Heinz-Hermann Krüger · Cathleen Grunert (Hrsg.)

Handbuch Kindheits- und Jugendforschung

Heinz-Hermann Krüger
Cathleen Grunert (Hrsg.)

Handbuch Kindheits- und Jugendforschung

2., aktualisierte und erweiterte Auflage

VS VERLAG FÜR SOZIALWISSENSCHAFTEN

Bibliografische Information der Deutschen Nationalbibliothek
Die Deutsche Nationalbibliothek verzeichnet diese Publikation in der
Deutschen Nationalbibliografie; detaillierte bibliografische Daten sind im Internet über
<http://dnb.d-nb.de> abrufbar.

1. Auflage 2002
2., aktualisierte und erweiterte Auflage 2010

Alle Rechte vorbehalten
© VS Verlag für Sozialwissenschaften | GWV Fachverlage GmbH, Wiesbaden 2010

Lektorat: Stefanie Laux

VS Verlag für Sozialwissenschaften ist Teil der Fachverlagsgruppe Springer Science+Business Media.
www.vs-verlag.de

Das Werk einschließlich aller seiner Teile ist urheberrechtlich geschützt. Jede
Verwertung außerhalb der engen Grenzen des Urheberrechtsgesetzes ist ohne
Zustimmung des Verlags unzulässig und strafbar. Das gilt insbesondere für
Vervielfältigungen, Übersetzungen, Mikroverfilmungen und die Einspeicherung
und Verarbeitung in elektronischen Systemen.

Die Wiedergabe von Gebrauchsnamen, Handelsnamen, Warenbezeichnungen usw. in diesem Werk
berechtigt auch ohne besondere Kennzeichnung nicht zu der Annahme, dass solche Namen im
Sinne der Warenzeichen- und Markenschutz-Gesetzgebung als frei zu betrachten wären und daher
von jedermann benutzt werden dürften.

Umschlaggestaltung: KünkelLopka Medienentwicklung, Heidelberg
Satz: format.absatz.zeichen, Susanne Koch, Niedernhausen
Druck und buchbinderische Verarbeitung: Ten Brink, Meppel
Gedruckt auf säurefreiem und chlorfrei gebleichtem Papier
Printed in the Netherlands

ISBN 978-3-531-15838-9

Inhalt

Vorwort 9

Heinz-Hermann Krüger | Cathleen Grunert
Geschichte und Perspektiven der Kindheits- und Jugendforschung 11

I Theoretische Ansätze in der Kindheits- und Jugendforschung

August Flammer
Psychologische Entwicklungstheorien 43

Mario Erdheim
Psychoanalytische Erklärungsansätze 65

Dieter Geulen
Sozialisationstheoretische Ansätze 85

Angelika Engelbert | Alois Herlth
Sozialökologische Ansätze 103

Johanna Mierendorff | Thomas Olk
Gesellschaftstheoretische Ansätze 125

Carol Hagemann-White
Geschlechtertheoretische Ansätze 153

Erich Renner
Kulturtheoretische und kulturvergleichende Ansätze 175

II Die Methodendiskussion in der Kindheits- und Jugendforschung

Sabine Walper | Rudolf Tippelt
Methoden und Ergebnisse der quantitativen Kindheits- und Jugendforschung. 205

Cathleen Grunert
Methoden und Ergebnisse der qualitativen Kindheits- und Jugendforschung 245

Hede Helfrich
Methoden und Ergebnisse der kulturvergleichenden Kindheits- und Jugendforschung . . 273

Heinz-Hermann Krüger
Methoden und Ergebnisse der historischen Kindheits- und Jugendforschung 309

III Kindheit und Jugend in historischer Perspektive

Michael-Sebastian Honig
Geschichte der Kindheit im „Jahrhundert des Kindes". 335

Peter Dudek
Geschichte der Jugend 359

IV Kindheit und Jugend in kulturvergleichender Perspektive

Hans Merkens
Kindheit und Jugend in Ost- und Westdeutschland.
Ansätze und Ergebnisse der Kindheits- und Jugendforschung seit der Wende 379

Manuela du Bois-Reymond
Kindheit und Jugend in Europa 399

Nicolle Pfaff
Kindheit und Jugend in den USA 419

Klaus Boehnke
Kindheit und Jugend in Lateinamerika 443

Alfred Schäfer
Kindheit und Jugend in Afrika 457

Andreas Helmke | Hermann-Günter Hesse
Kindheit und Jugend in Asien 479

Inhalt

V   Ausgewählte Gebiete der Kindheits- und Jugendforschung

Familiale Lebensbedingungen und öffentliche Erziehung

Peter Büchner
Kindheit und Familie 519

Wolfgang Tietze
Betreuung von Kindern im Vorschulalter 543

Jutta Ecarius
Jugend und Familie 569

Schule, Ausbildung, Beruf

Friederike Heinzel
Kindheit und Grundschule 595

Werner Helsper, Jeanette Böhme
Jugend und Schule 619

Walter R. Heinz
Jugend, Ausbildung und Beruf 661

Barbara Friebertshäuser | Birte Egloff
Jugend und Studium 683

Freizeit, Medien und Kultur

Burkhard Fuhs
Kindheit und mediatisierte Freizeitkultur 711

Werner Thole
Jugend, Freizeit, Medien und Kultur 727

Burkhard Müller
Kinder und Jugendliche in sozialpädagogischen Institutionen 765

Recht und Politik

Heinz Sünker | Thomas Swiderek
Kinder: Politik und Kinderpolitik 789

Karin Bock | Sibylle Reinhardt
Jugend und Politik 805

Günter Albrecht
Jugend: Recht und Kriminalität 831

Religion

Ulrich Schwab
Kinder und Jugendliche in Kirchen und Verbänden 907

Andreas Feige
Jugend und Religion 917

Besondere und schwierige Lebenssituationen

Ursula Apitzsch
Ausländische Kinder und Jugendliche 935

Wolfgang Melzer | Karl Lenz | Ludwig Bilz
Gewalt in Familie und Schule 957

Georg Neubauer
Kindheit, Jugend und Sexualität 987

Christian Palentien | Marius Harring
Kindheit, Jugend und Drogen 1005

Roland Schleiffer
Kinder und Jugendliche in Institutionen der psychosozialen Versorgung 1019

Verzeichnis der Autorinnen und Autoren 1041

Stichwortregister . . . .

Vorwort

In diesem Handbuch werden die bislang eher unverbunden nebeneinander stehenden Bereiche der Kindheits- und Jugendforschung erstmals miteinander verknüpft und deren inzwischen sehr ausdifferenzierte Forschungserträge im ersten Jahrzehnt des 21. Jahrhunderts bilanzierend zusammengefasst. Es versucht durch die Auswahl der Themen und der beteiligten Autorinnen und Autoren dem interdisziplinären Charakter der Kindheits- und Jugendforschung gerecht zu werden und wichtige Erkenntnisse der an diesen Forschungsgebieten beteiligten Disziplinen (Erziehungswissenschaft, Soziologie, Psychologie, Geschichte etc.) zu berücksichtigen. Methodologisch werden sowohl Ansätze und Ergebnisse der qualitativen wie der quantitativen Sozialforschung gleichberechtigt mit einbezogen.

Im einleitenden Beitrag der Herausgeber wird zunächst versucht, die Theorie- und Methodengeschichte der Kindheits- und Jugendforschung im 20. Jahrhundert, die differenten Entwicklungslinien, aber auch ihre Berührungspunkte und Gemeinsamkeiten, in knappen Umrissen zu skizzieren und auf der Basis der historischen Bestandsaufnahme einige Perspektiven für eine theoretische und methodologische Weiterentwicklung der Kindheits- und Jugendforschung abzustecken.

Im Theoriekapitel (Abschnitt I) werden jene Ansätze vorgestellt, die die grundlagentheoretische Diskussion in der Kindheits- und Jugendforschung in den vergangenen Jahrzehnten maßgeblich beeinflusst haben. Ausgewählt wurden psychologische Entwicklungstheorien, die über einen längeren Zeitraum die theoretische Diskussion primär im Bereich der Kindheitsforschung dominiert haben. Berücksichtigt werden daneben psychoanalytische und sozialisationstheoretische Ansätze, die sich mit anderen Schwerpunktsetzungen ebenfalls bemühen, die Prozesse der Persönlichkeitsentwicklung im Kindes- und Jugendalter zu erklären. Vorgestellt werden ferner sozioökologische, gesellschaftstheoretische und kulturtheoretische Ansätze, die sich vor allem mit den sozialräumlichen, gesellschaftlichen und unterschiedlichen kulturellen Bedingungen von Prozessen der Persönlichkeitsentwicklung im Kindes- und Jugendalter befassen. Ergänzt werden diese Artikel durch einen Beitrag, in dem die theoretischen Bezugspunkte und aktuellen Trends der geschlechtertheoretisch orientierten Kindheits- und Jugendforschung dargestellt werden. Die meisten Beiträge zur Theoriediskussion in der Kindheits- und Jugendforschung berücksichtigen die historischen Entwicklungslinien des jeweiligen Theorieansatzes, die zentralen Begriffe sowie unterschiedliche Theorievarianten und weisen auf Wechselbezüge zwischen theoretischen Ansätzen und empirischen Studien, die sich auf die jeweiligen Konzepte stützen, hin.

In dem Methodenkapitel (Abschnitt II) werden die verschiedenen in der Kindheits- und Jugendforschung eingesetzten Erhebungs- und Auswertungsverfahren vorgestellt sowie zentrale Ergebnisse der quantitativen, qualitativen, kulturvergleichenden und historischen Kindheits- und Jugendforschung skizziert. Daneben wird in den meisten Beiträgen jeweils ein kurzer Abriss zur Forschungsgeschichte gegeben. Außerdem werden relevante Zielsetzungen, Untersuchungstypen und methodische Probleme verschiedener Forschungsdesigns ebenso wie Möglichkeiten und Grenzen der Kombination quantitativer und qualitativer Forschungslogiken diskutiert.

Die beiden Beiträge in Abschnitt III liefern einen umfassenden Überblick über die Sozialgeschichte der Kindheit und Jugend insbesondere im 20. Jahrhundert, während in den sechs Beiträgen in Kapitel IV versucht wird, auf der Basis aktueller Forschungsbefunde die unterschiedlichen Lebenslagen von Kindern und Jugendlichen in Ost- und Westdeutschland, in Europa, in den USA, in Lateinamerika, in Afrika sowie in Asien zu analysieren.

Die einundzwanzig Artikel in Kapitel V nehmen ihren Ausgangspunkt von Theorien und empirischen Forschungsergebnissen, die sich auf unterschiedliche Sozialisationsbereiche oder besondere Problemlagen von Kindern und Jugendlichen in Deutschland beziehen. Zunächst werden in drei Unterkapiteln die Lebensbedingungen von Kindern und Jugendlichen in allen wichtigen Sozialisationsinstanzen und Lebenswelten von der Familie über die öffentliche Erziehung in Kinderkrippen und Kindergärten, die Grundschule, die weiterführenden allgemeinbildenden Schulen, die Berufsschulen und Hochschulen, die sozialpädagogischen Institutionen bis hin zu Freizeitbedingungen, medialen Umwelten und jugendkulturellen Szenen beschrieben. Mit speziellen Querschnittsthemen, wie Politik, Recht, Religion, familiale und schulische Gewalt, Sexualität, Drogenkonsum sowie mit den besonderen Lebenssituationen von Kindern und Jugendlichen mit Migrationshintergrund oder von Heranwachsenden in Institutionen der psychosozialen Versorgung beschäftigen sich die verschiedenen Beiträge in den drei abschließenden Unterkapiteln des Handbuches.

Die Entstehung eines Handbuches mit insgesamt 41 Einzelbeiträgen ist stets auch ein Abenteuer mit Unwägbarkeiten. Es bleibt deshalb allen beteiligten Autorinnen und Autoren für die konstruktive Zusammenarbeit und dafür zu danken, dass sie ihre Beiträge für die hier nun vorliegende zweite Auflage des Handbuches Kindheits- und Jugendforschung umfassend aktualisiert haben. Zudem hat Dr. Nicolle Pfaff für die zweite Auflage einen neuen Beitrag zu den Lebenslagen von Kindern und Jugendlichen in den USA verfasst. Unserer besonderer Dank gilt zudem Petra Essebier, die uns bei den organisatorischen Arbeiten zur Edition der 2. Auflage dieses Handbuches tatkräftig unterstützt hat sowie vor allem bei Marie Rätz, die die umfassenden Redaktionsarbeiten mit großer Sorgfalt und Engagement realisiert hat. Zu danken haben wir auch dem VS-Verlag, insbesondere Frau Stefanie Laux, die uns sechs Jahre nach Erscheinen der ersten Auflage zur Überarbeitung und Aktualisierung dieses Handbuches ermuntert hat.

Halle-Wuppertal, Sommer 2009
Cathleen Grunert, Heinz-Hermann Krüger

Heinz-Hermann Krüger | Cathleen Grunert

Geschichte und Perspektiven der Kindheits- und Jugendforschung

Eine Geschichte der Kindheits- und Jugendforschung zu schreiben, wäre ein wahrhaft enzyklopädisches Unternehmen. Im Rahmen dieses Handbuches bleibt damit nur der Raum für eine systematische Skizze, die lediglich die globalen Entwicklungstrends in der Kindheits- und Jugendforschung nachzeichnen kann. Dabei wird der Wandel der disziplinären Zugänge und Akzentsetzungen, der zentralen erkenntnisleitenden Orientierungen und theoretischen Modellvorstellungen, der methodischen Vorgehensweisen sowie der thematischen Forschungsschwerpunkte in groben Umrissen rekonstruiert. Auch wird in kurzen Exkursen die spezifische Entwicklung der Kindheits- und Jugendforschung in der DDR mit berücksichtigt.

Auf der Basis der historischen Bestandsaufnahme wird abschließend eine Bilanz zum gegenwärtigen Stand der Kindheits- und Jugendforschung in Deutschland gezogen und es werden einige Perspektiven für die zukünftige Weiterentwicklung dieser Forschungsrichtungen im Bereich der Theorie- und Methodendiskussion sowie der Neuorientierung der Forschungsplanung und der inhaltlichen Ausgestaltung der Forschungsschwerpunkte skizziert.

1 Historische Entwicklungslinien

1.1 Ursprünge und Blütezeiten – Kindheits- und Jugendforschung im Aufbruch

Die Suche nach den Anfängen von Kindheits- und Jugendforschung führt zunächst zurück in das 18. Jahrhundert. Denn hier wurde mit Jean Jacques Rousseaus autobiographischem Erziehungsroman „Emile" (1772/1971) zum einen der Grundstein für eine Betrachtung von Kindheit bzw. Jugend als eigenständige Lebensphase gelegt, zum anderen wurde damit die Aufmerksamkeit der Pädagogik auf den individuellen Lebensverlauf gelenkt. Dem folgten Ende des 18. Jahrhunderts erste Versuche, eine moderne, empirisch orientierte wissenschaftliche Pädagogik zu begründen, die vornehmlich von Ernst Christian Trapp und August Hermann Niemeyer ausgingen. Beide Hallenser Professoren betonten die grundlegende Bedeutung der Beobachtung von Heranwachsenden und der Analyse von Autobiographien für die Theorie und Praxis der Erziehung (vgl. Krüger 2000). Auch der Pädagoge Kajetan von Weiller forderte im Jahre 1800, die „Jugendkunde als eigne vollständige Wissenschaft aufzustellen", damit die „Erziehung als Wissenschaft auftreten und wirken" kann (Weiller 1800, S. 4f., zit. n. Dudek 1990, S. 21f.). Für die Kindheitsforschung von Bedeutung ist auch der 1785 erschienene autobiographische Entwicklungsroman „Anton Reiser", mit dem Karl Philipp Moritz die Bedeutung von Erinnerungen und Selbstbeobachtungsprotokollen für eine empirisch fundierte „Erfahrungsseelenkunde" deutlich macht (vgl. Heinritz 2003, S. 342).

Kann man vor dem Hintergrund dieser Befunde von einer ersten Blütezeit insbesondere einer qualitativ orientierten Kindheits- und Jugendforschung am Ende des 18. Jahrhunderts sprechen, so wurden im 19. Jahrhundert derartige Ansätze kaum weiterverfolgt. In dieser Zeit lag der Fokus erziehungswissenschaftlicher Theoriebildung auf bildungsphilosophischen und unterrichtswissenschaftlichen Ansätzen (Herder, Humboldt). Auch in der Soziologie blieb die Anerkennung einer solchen Forschung bis in das 20. Jahrhundert hinein aus. Hauptthema soziologischer Überlegungen war im 19. Jahrhundert in erster Linie der Nachweis der gesellschaftlichen Bestimmtheit des Individuums.

Erst um die Jahrhundertwende setzte schließlich eine intensive Diskussion um eine wissenschaftlich begründete Jugendkunde ein. Es sind vor allem Vertreter der experimentellen Psychologie und Pädagogik, die gemeinsam mit den Lehrervereinen eine wissenschaftliche Erforschung dieser Lebensphase fordern. Gründe für eine sich etablierende Jugendforschung gerade in diesem Zeitraum liegen vor allem darin, dass das Phänomen Jugend infolge der entstehenden bürgerlichen Jugendbewegung sowie der sich abzeichnenden problematischen Situation der proletarischen Großstadtjugend zunehmend in das gesellschaftliche Bewusstsein rückt. Der Beginn dieses Jahrhunderts ist nämlich auch die Zeit, in der der Begriff des Jugendlichen sich erst herausbildet und eine stete Normalisierung erfährt (vgl. Roth 1983). Damit verbunden ist die Entdeckung von Jugend als eigenständiger Lebensphase für eine breitere Gruppe der Bevölkerung, aber auch als gesellschaftliches und pädagogisches Problemfeld (vgl. Dudek 1990). Gleichzeitig spielen die reformpädagogischen Bestrebungen dieser Zeit eine nicht unerhebliche Rolle für die Etablierung einer empirisch orientierten Kindheits- und Jugendforschung. Aufgrund der Betonung der Selbstbestimmungsrechte der Heranwachsenden in diesen Ansätzen entwickelte sich auch ein starkes Interesse an der Entdeckung der Eigenwelt der Kinder (vgl. Krüger 2006).

In den 1920er Jahren kommt es schließlich zu einer institutionellen Konsolidierung wissenschaftlich orientierter Kindheits- und Jugendforschung. Bis dahin haben sich im deutschsprachigen Raum bereits 26 Institute gegründet, die sich mit einer solchen Thematik beschäftigten. Die Hochburgen der Kindheits- und Jugendforschung lagen in dieser Zeit in Hamburg und in Wien. In Hamburg führte William Stern das von Ernst Meumann gegründete Institut für Jugendkunde weiter und in Wien leiteten Karl und Charlotte Bühler das Institut für Kindheits- und Jugendforschung. An beiden Instituten arbeiteten Forschergruppen an einer theoretisch ausgewiesenen und für unterschiedliche Methoden offenen Kinder- und Jugendpsychologie und integrierten auch soziologische und (sozial-)pädagogische Fragestellungen in ihre Forschungsarbeit (vgl. Dudek 1990). In diesen Instituten wurde vor allem versucht, biographische und ethnographische Methoden für die Psychologie wie auch für die Pädagogik fruchtbar zu machen.

Neben diesen institutionellen Formen einer wissenschaftlichen Beschäftigung mit Kindheit und Jugend arbeiteten in dieser Zeit auch zahlreiche Einzelforscher und -forscherinnen auf diesem Gebiet. Bspw. arbeitete Eduard Spranger auf der Grundlage einer Analyse von Tagebüchern und Autobiographien an einer geisteswissenschaftlichen Jugendpsychologie (vgl. Spranger 1924). Der Nohl-Schüler Adolf Busemann befasste sich auf der Basis von 4000 Aufsätzen von Kindern und Jugendlichen sowie unter Bezugnahme auf die zeitgenössischen empirischen Untersuchungen mit einer pädagogischen Jugendkunde (vgl. Busemann 1926).

Abgesehen von dem qualitativen mainstream in der Jugendforschung, gab es in der Zwischenkriegszeit auch schon Anfänge einer quantitativen Jugendforschung. Im Bereich der Jugendsoziologie stützte sich vor allem Lazarsfeld (1931; Lazarsfeld/Leichter 1936) auf statistische Materialien, um die Lebenssituation von Arbeiterjugendlichen zu untersuchen. Aber auch in der Jugendpsychologie und Jugendpädagogik wurden in dieser Zeit eine Reihe von Tests, Umfragen und quantitativen Analysen von Niederschriften zur Begabungsentwicklung, Arbeitsorientierung oder sittlichen Einstellungen von Jugendlichen durchgeführt (vgl. etwa Dinse 1930; Meves 1929; Wagener 1931).

Vorherrschend in den theoretischen Ansätzen zu Kindheit und Jugend in der Zwischenkriegszeit war die Betonung der entwicklungspsychologischen Dimension des Kindes- und Jugendalters. Grob klassifizierend kann man die erkenntnisleitende Sichtweise der Theorieansätze dieser Zeit als individualpsychologischen Blick mit organismischer Orientierung charakterisieren (vgl. Krüger 1993). Entwicklung wurde in erster Linie als naturwüchsiger Prozess begriffen, der nach bestimmten erkennbaren Regelmäßigkeiten verläuft und auf einen organismusimmanenten Ziel- bzw. Endpunkt hinausläuft. Vor allem Eduard Sprangers „Psychologie des Jugendalters" (1924), die ein erster pädagogischer Versuch einer Gesamtdarstellung des Jugendalters ist, konnte auf eine erhebliche Resonanz verweisen und beeinflusste bis weit in die 1960er Jahre hinein den jugendtheoretischen Diskurs in der Pädagogik (vgl. Flitner 1963). Ebenso nahm Charlotte Bühler mit ihrem Werk über „Das Seelenleben des Jugendlichen" (1921) für sich in Anspruch, eine psychologische Gesamtdarstellung des „Innenlebens" von Jugendlichen vorgelegt zu haben (vgl. Dudek 1990). Gemeinsam ist beiden Ansätzen, dass sie zwar die historische Bedingtheit und Wandelbarkeit der Entwicklung von Jugendlichen mit berücksichtigten, diese Einsichten jedoch eher als Rahmenbedingung in die Überlegungen eingehen, als dass sie angemessen analysiert würden. Kritik an der Annahme einer einheitlichen Grundstruktur der Kindheits- und Jugendentwicklung kam in dieser Zeit etwa von Martha Muchow, die vor dem Hintergrund ihrer Untersuchung zur Lebenswelt und Raumaneignung von Großstadtkindern die Notwendigkeit einer „systematischen kulturtypologischen Orientierung der Erforschung des Kindes und seiner Welt, vor allem des Jugendlichen und seiner Welt" (Muchow 1931, S. 195, zit. n. Dudek 1990) betonte.

Ein Blick auf die Entwicklung der Kindheits- und Jugendforschung in den ersten beiden Jahrzehnten des 20. Jahrhunderts macht somit deutlich, dass in dieser Zeit noch keine klare Trennung zwischen beiden Forschungsfeldern auszumachen ist. Insbesondere das starke Interesse der Psychologie an diesen Themenbereichen sowie die entwicklungspsychologische Ausrichtung der Forschungsfragen können hierfür als Gründe angesehen werden.

1.2 Kindheits- und Jugendforschung in der Nachkriegszeit bis zum Beginn der 1970er Jahre – Die Dominanz von Jugendsoziologie, Entwicklungspsychologie und quantitativen Methoden

Im kindheits- und jugendtheoretischen Diskurs der Nachkriegsjahre lässt sich dann aber eine deutliche Entwicklung hin zu einer Trennung der beiden Forschungsfelder erkennen. Während die Kindheitsforschung zu einer Domäne der **Entwicklungspsychologie** avancierte, kamen auf dem Gebiet der Jugendforschung die entscheidenden Impulse für eine theoretische Diskussion um Jugend vor allem aus dem Lager der Jugendsoziologie, die bis zum Beginn der 1970er Jahre dieses Forschungsfeld dominierte (vgl. Hornstein 1970; Oerter 1979).

Somit konnte sich in der Nachkriegszeit eine sozialwissenschaftlich orientierte Kindheitsforschung kaum etablieren. Vielmehr spielte sich die wissenschaftliche Auseinandersetzung mit Kindern und Kindheit vornehmlich auf dem Gebiet der Entwicklungspsychologie ab. Theoretisch knüpften die entwicklungspsychologischen Ansätze in den 1950er und 1960er Jahren an den organismischen Modellvorstellungen der 1920er Jahre an. Bis in die 1970er Jahre hinein waren hier Reifungs- und Stufenmodelle, wie sie etwa von Oswald Kroh, Sigmund Freud oder Jean Piaget formuliert worden waren, dominierend. Eine der einflussreichsten Konzeptionen, die spätestens seit Beginn der 1960er Jahre den entwicklungstheoretischen Diskurs bestimmte, war die von Jean Piaget (1948, 1972) herausgearbeitete Theorie der geistigen Entwicklung. Damit wandte man sich einem Erklärungsansatz zu, der im Gegensatz zu den bisherigen Theorien die kognitive Seite der Entwicklung in den Vordergrund stellte. Der Prozess der geistigen Entwicklung weist nach Piaget verschiedene Stadien auf, die zusammengenommen eine unveränderliche Sequenz bilden, indem die einzelnen Phasen aufeinander aufbauen und das Durchlaufen einer Phase gleichzeitig die Voraussetzung für das Erreichen der nächsthöheren bildet. Persönlichkeitsentwicklung wird hier also als systematischer Prozess verstanden, in dem schrittweise Fähigkeiten aufgebaut werden, die eine flexible und aktiv gesteuerte Anpassung an Umweltbedingungen ermöglichen (vgl. auch Flammer und Geulen in diesem Band). Forschungsthematisch ging es einer an solchen Stufenmodellen orientierten Entwicklungspsychologie vor allem um die Beschreibung alterstypischer Entwicklungsniveaus und -veränderungen (vgl. Oerter/Montada 1998).

Diese Dominanz der Entwicklungspsychologie auf dem Gebiet der Kindheitsforschung hatte auch methodische Konsequenzen für den Zugang zum Thema Kindheit. Obwohl sich die methodische Orientierung der Entwicklungspsychologie zu Beginn des 20. Jahrhunderts vorrangig durch qualitative Verfahren, wie die Analyse von Tagebuchaufzeichnungen und Beobachtungen, auszeichnete, wurde in der Nachkriegszeit kaum an derartige methodische Vorgehensweisen angeknüpft. Ein Grund dafür war die Orientierung an Entwicklungen und Standards in der nordamerikanischen Psychologie, die sich vorrangig auf eine quantitative Methodenlehre stützte. Auch in Deutschland konnten sich in den 1950er und 1960er Jahren quantitative Verfahren in der Entwicklungspsychologie immer mehr etablieren und ausbreiten, so dass qualitative Arbeiten zunehmend an Bedeutung verloren und als „anekdotisch" und „unwissenschaftlich" eingestuft wurden (vgl. Mey 2001). Zwar gab es auch in den 1950er Jahren vereinzelte Bemühungen, die biographische Methode auch für Fragestellungen der Entwicklungspsychologie nutzbar zu machen und als anerkanntes Verfahren zu etablieren (vgl. etwa Thomae 1956); diese waren jedoch kaum von Erfolg gekrönt. Qualitative Forschungsansätze wurden vom Mainstream in der Entwicklungspsychologie allenfalls als explorative Vorstudien zu quantitativen Untersuchungen, wie Entwicklungstests und Längsschnittstudien, akzeptiert.

Auf dem Gebiet der Jugendforschung ging mit dem „Vormarsch" der **Jugendsoziologie** gleichzeitig ein Perspektivenwechsel auf den Gegenstand Jugend einher. Die Auseinandersetzung mit den entwicklungspsychologischen Dimensionen des Jugendalters, die noch in der Zwischenkriegszeit die dominierende Perspektive auf Jugend darstellte, machte nun einer Betrachtungsweise von Jugend Platz, in der gesellschaftliche und politische Zusammenhänge im Mittelpunkt standen.

Insbesondere Schelskys Buch „Die skeptische Generation – eine Soziologie der deutschen Jugend" (1957/1963) eroberte sich in den 1950er Jahren „rasch den Rang der umstrittensten wissenschaftlichen Nachkriegsveröffentlichung" (Flitner 1963, S. 69). In diesem Werk entfaltet Schelsky, auf der Basis von empirisch gewonnenem Material über die westdeutsche Nachkriegsjugend einen generationstypologischen Ansatz mit dem Ziel, ein Gesamtbild der Jugend nach 1945 zu entwerfen. Jugend versteht Schelsky dabei als „Übergangsphase von der eigenständiger gebliebenen sozialen Rolle des Kindes und der heute weitgehend als sozial generell und endgültig gedachten Rolle des Erwachsenen" (Schelsky 1957/1963, S. 17). Dabei knüpft er theoretisch zum einen an dem Generationenkonzept von Karl Mannheim (1928) an und betont die generationsprägende Kraft der zeitgeschichtlichen Einflüsse auf die Jugend. Vor diesem Hintergrund versucht er die unterschiedlichen Generationsgestalten von der „Generation der Jugendbewegung" über die „Generation der politischen Jugend" im Nationalsozialismus bis hin zu der von ihm sogenannten „skeptischen Generation" der Nachkriegszeit zu beschreiben und vergleichen. Zum anderen orientiert sich Schelsky in seiner idealtypischen Strukturanalyse des langfristigen Wandels der Rolle der Jugend vor dem Hintergrund des Übergangs von der vorindustriellen zur industriellen Gesellschaft an Denkmustern aus der strukturfunktionalistischen Tradition von Parsons (1951) und diagnostiziert einen strukturellen Konflikt zwischen dem familiären System und gesellschaftlich-öffentlichen Lebensbereichen, durch den der Übergang von der Kindheit zur Welt der Erwachsenen in der industriell-bürokratischen Gesellschaft zum Problem wird und in der Zeit der Ablösung der Jugendlichen von der Herkunftsfamilie zu Verhaltensschwierigkeiten führt. Der „Schritt aus der Rolle des Kindes in die des Erwachsenen in der modernen Gesellschaft ist ein Übergang zwischen zwei sozialen Verhaltenshorizonten, die weitgehend gegensätzlich strukturiert sind" (Schelsky 1957/1963, S. 36). Gelöst werden diese Verhaltensunsicherheiten und Orientierungsprobleme durch eine frühzeitige Integration der Jugendlichen in die Erwachsenengesellschaft, die sich in einer starken Ausbildungs- und Berufsorientierung, einer Betonung privater Bindungen sowie einer starken Realitätsbezogenheit ausdrückt. Daraus leitet Schelsky schließlich seine These von der Nivellierung der Alters- und Schichtunterschiede ab, die gleichzeitig die Annahme einer Eigenständigkeit der Lebensphase Jugend negiert.

Demgegenüber kommt Eisenstadt (1956) zu einer ganz anderen Einschätzung der jugendlichen Lebensphase. Ebenfalls in Orientierung an Parsons fragt er nach den historischen Entstehungsbedingungen und der gesellschaftlichen Funktion von Jugend im Prozess der Modernisierung. Dabei entwirft er, ähnlich wie Schelsky, ein Gesellschaftsbild, das durch ein Auseinanderklaffen des primären (Familie, Verwandtschaft) und des sekundären (Gesellschaft) Sozialisationsbereiches gekennzeichnet ist. Aus diesem Strukturdilemma komplexer, universalistisch organisierter Gesellschaften leitet Eisenstadt jedoch nicht, wie Schelsky, das Verschwinden von Jugend als eigenständiger Lebens- und Verhaltensphase ab. Vielmehr entstehen aus dieser Diskrepanz zwischen Familie und Gesellschaft, durch die die primäre Sozialisation die jungen Menschen nicht genügend auf später erwartetes Rollenverhalten und Wertorientierungen vorbereiten kann, in der Übergangsphase zur Erwachsenenwelt neue Bedürfnisdispositionen, die zu einer verstärkten Orientierung an altershomogenen Gruppen führen. Die peer group stellt für Eisenstadt eine „interlinking sphere" zwischen „Familie" und „Gesellschaft" dar, die einen funktionalen Stellenwert besitzt, in dem sie Übergangsprobleme löst und damit die Kontinuität des sozialen Systems sichert.

In Erweiterung dieses Ansatzes von Eisenstadt hat Tenbruck (1962) die Bedeutung altershomogener Gruppen für die Jugendphase eingehender untersucht und auf die damit verbundene Ablösung von der Gesamtkultur verwiesen, die zu einer Verlängerung und relativen Ausgliederung der Jugend in komplexen Gesellschaften führt. Jugend wird somit zu einer eigenständigen Lebens- und Sozialisationsphase, die durch eine relativ autonome Jugendkultur gekennzeichnet ist.

Deutlich wird bisher, dass die jugendsoziologische Theoriediskussion der Nachkriegszeit bis in die 1960er Jahre hinein von **strukturell-funktionalen Ansätzen** beherrscht wurde. Eine Änderung zeichnete sich ab, als diese Tradition Anfang der 1970er Jahre von verschiedenen neomarxistischen Schulen, teilweise mit psychoanalytischer oder materialistisch-ökonomischer Orientierung attackiert wurde (vgl. Kreutz 1989). Generell geriet die soziologische Jugendforschung gegen Ende der 1960er Jahre unter Druck, da die bisherigen theoretischen Ansätze die Jugendunruhen und die „kollektive Abweichung" der jungen Generation im Zusammenhang mit der Schüler- und Studentenrevolution von 1968 nicht erklären konnten. So kritisierten vor allem Lessing und Liebel (1974; auch van Onna 1976) die konventionelle Jugendforschung ihrer Zeit aus marxistischer Perspektive, indem sie u.a. aufzuzeigen versuchen, dass diese Ansätze die materiellen Verhältnisse ausklammern, sich nur auf die Jugendlichen der Mittelschicht konzentrieren sowie einen klassenunspezifischen Jugendbegriff entwickeln. Besondere Kritik erfahren aber die normativen Implikationen dieser Theoriekonzepte, die Jugend ausschließlich unter dem Gesichtspunkt der Systemerhaltung betrachten. Im Gegensatz dazu setzt eine **historisch-materialistische Jugendforschung** bei der Analyse der kapitalistischen Gesellschaft an und interpretiert Jugend als klassenspezifisches Phänomen. Mit diesem Ansatz legen Lessing und Liebel jedoch keine soziologische Theorie der Jugend vor, sondern sie analysieren den Lebenszusammenhang von Jugendlichen unter kapitalistischen Systembedingungen im Bezugsrahmen marxistischer Theoreme von Grundwiderspruch und Klassenantagonismen (vgl. Griese 1982).

Auch die Entwicklung der Methodendiskussion in der Jugendforschung weist bis zum Anfang der 1970er Jahre deutliche Parallelen zwischen den jeweiligen theoretischen Sichtweisen und den methodischen Zugriffen auf das Forschungsfeld Jugend auf. So wurde Deutschland nach dem zweiten Weltkrieg zu einem „Eldorado der empirischen Jugendsoziologie" (Dudek 1990, S. 11), die sich in erster Linie an quantitativen Verfahren orientierte. Themen der Jugendforschung waren in den ersten Jahren nach Kriegsende vor allem die Einstellung der Jugendlichen zu Demokratie und Nationalsozialismus sowie Fragen der Nichtsesshaftigkeit und der Jugendkriminalität (vgl. Markefka 1989). Methodisch orientierten sich diese ersten Untersuchungen am amerikanischen Vorbild der Meinungsforschung (vgl. Flitner 1963). Zu nennen sei hier, neben zahlreichen „Hörerforschungen" der Rundfunksender bspw. die Umfrage über die politische Gesinnung und totalitären Neigungen der westdeutschen Jugend, die im Auftrag des französischen Oberkommandos in Deutschland durchgeführt wurde (Lahy 1948). Im Verlauf der 1950er und 1960er Jahre wandelte sich das Forschungsinteresse hin zu Fragestellungen, die sich mit verschiedenen Teilgruppen der Jugend, wie jungen Arbeitern und Arbeiterinnen oder der Landjugend beschäftigen. In diesem Themenbereich wurden zum einen Gemeindestudien, aber auch repräsentative Umfragen (etwa Jaide/Wurzbacher 1958; Planck u.a. 1956) durchgeführt. Während die ersten Untersuchungen nach dem Krieg noch starken methodischen Mängeln unterlagen, bekam die quantitative Forschung mit den Anfang der 1950er-Jahre durchgeführten Gemeindestudien, besonders mit der Darmstädter Gemeindestudie zur „Jugend in der Nachkriegszeit" (Baumert 1952) methodisch langsam etwas „Grund unter den Füßen" (Flitner 1963, S. 39). Die erste große repräsentative bundesweite Jugenduntersuchung wurde schließlich Anfang der 1950er Jahre auf Initiative des Deutschen Gewerkschaftsbundes zum Thema „Arbeitslosigkeit und Berufsnot der Jugend" (Schelsky 1952) durchgeführt. In dem Sammelband „Arbeiterjugend gestern und heute" (1955) versuchen Schelsky und einige seiner Mitarbeiter zudem, auf der Basis eines Vergleichs sozialwissenschaftlicher Erhebungen mit Darstellungen und Zeugnissen aus den 1920er Jahren, den Wandel der Arbeiterjugend zu beschreiben.

In den 1950er Jahren rückte aber auch ein weiterer quantitativer Untersuchungstypus in den Mittelpunkt, der dem spezifischen Interesse der jugendsoziologischen Forschung und ihrer staatlichen oder wirtschaftlichen Auftraggeber an der gesellschaftlich-politischen Seite der Jugendproblematik und an der Frage der Integrationsbereitschaft der Jugend in die Gesellschaft in besonderer Weise entsprach. Empirische Erkenntnisse über die Einstellungen von Jugendlichen zu verschiedenen Themenbereichen von der Familie über die Schule und den Beruf bis hin zu Politik und Freizeit wurden seit Mitte der 1950er Jahre vor allem durch das Meinungsforschungsinstitut EMNID auf der Basis repräsentativer demoskopischer Untersuchungen in sogenannten **Panoramastudien** gewonnen. So wurden zwei Untersuchungen zur Situation der deutschen Jugend im Bundesgebiet (EMNID 1953, 1955) und eine Untersuchung zur Frage „Wie stark sind die Halbstarken?" (EMNID 1956) durchgeführt.

Qualitativ orientierte Untersuchungen, die sich etwa über eine Sammlung von Tagebüchern, Biographien und Aufsätzen und deren geisteswissenschaftlicher Interpretation dem Forschungsgegenstand Jugend näherten, waren in dieser Zeit eher die Ausnahme. Zu erwähnen seien hier dennoch die Studien von Roessler zur „Jugend im Erziehungsfeld" (1957), Bertlein zum „Selbstverständnis der Jugend" (1960) und Küppers zu „Mädchentagebüchern in der Nachkriegszeit" (1964), die an die Tradition qualitativer Forschungsmethodik aus den 1920er Jahren anknüpfen.

1.3 Die 1970er- und 1980er Jahre – Die „erziehungswissenschaftliche Wende" und die Renaissance qualitativer Verfahren in der Kindheits- und Jugendforschung

Die 1970er- und 1980er Jahre sind für die Kindheits- und Jugendforschung durch eine deutliche Trendwende gekennzeichnet. Dabei erfolgt eine Umorientierung sowohl in theoretischer als auch in methodischer zunächst in den 1970er Jahren vor allem in der Jugendforschung, während die Kindheitsforschung Anfang der 1980er Jahre beginnt, ähnliche Ansätze zu verfolgen.

Spätestens Mitte der 1970er Jahre lässt sich also für die Jugendsoziologie eine „Identitätskrise" diagnostizieren, die sich vor allem in einer theoretischen Desorientierung ausdrückte (vgl. Griese 1982). Dies ist auch die Zeit, in der sich in der Jugendforschung eine „erziehungswissenschaftliche Wende" abzeichnet. Wesentliche Impulse für eine theoretische Neuorientierung der Jugendforschung kommen nun von einer inzwischen sozialwissenschaftlich orientierten Erziehungswissenschaft (vgl. Krüger 1993). So waren es vor allem Studien aus dem Kontext der **pädagogischen Jugendforschung** (Projektgruppe Jugendbüro 1975, 1977; Arbeitsgruppe Schulforschung 1980), die zuerst **symbolisch-interaktionistische** und **phänomenologische Theorien**, wenn auch vorerst nur in Ansätzen, rezipierten und einer neuen Sichtweise in der Jugendforschung den Weg bereiteten, die Jugendliche nicht mehr als bloße Objekte, sondern als handelnde Subjekte begreift (vgl. Lenz 1986, S. 106).

Ähnliches kann auch seit den frühen 1980er Jahren von der Kindheitsforschung behauptet werden. So beginnt sich auch hier allmählich eine sozialwissenschaftlich orientierte Kindheitsforschung neu herauszubilden. Ebenso wie in der Jugendforschung ist es ein veränderter Blick auf diese Lebensphase, der die wissenschaftliche Auseinandersetzung mit Kindheit in neue Bahnen lenkt. Die bis dahin dominante entwicklungspsychologische Perspektive auf Kindheit betrachtete Kinder in erster Linie als zukünftige Erwachsene einer Gesellschaft. Ein solches einseitiges Forschungsparadigma gerät jedoch in den 1980er Jahren zunehmend in die Kritik. Kinder lediglich als „unfertige Erwachsene" oder als Menschen in Entwicklung zu betrachten wird zumindest als unzureichend empfunden (vgl. Markefka/Nauck 1993). Die neue Perspektive auf Kindheit betont in erster Linie die Eigenständigkeit dieser Lebensphase. Kinder sind nicht nur werdende Erwachsene, sondern auch „Personen aus eigenem Recht" (Honig/Leu/Nissen 1996). Damit wird das Interesse in der Erziehungswissenschaft sowie in der Soziologie auf die alltägliche Lebensführung der Kinder gelenkt. Kindliche Alltagserfahrungen, Sozialbeziehungen und Lebensbedingungen sollen nun im Mittelpunkt einer Forschung stehen, die wenn möglich die Perspektive der Kinder selbst zum Gegenstand ihrer Analysen macht. Auch hier sind es die Vertreter einer sozialwissenschaftlich orientierten Erziehungswissenschaft, die die Notwendigkeit einer veränderten Sichtweise auf Kindheit sowie einen interdisziplinären Zugang zu kindheitstheoretischen Fragestellungen betonten. So forderte Flitner in einem programmatischen Beitrag bereits 1978 die Beschäftigung mit den Ausdrucks-, Tätigkeits- und Erlebnisweisen, mit den Lebensläufen und dem Alltag von Kindern wieder in den Mittelpunkt einer pädagogischen Kindheitsforschung zu stellen (Flitner 1978, S. 185). Dadurch konnten vielfältige Verbindungslinien zu neueren Ansätzen in der Entwicklungspsychologie der Kindheit und zu einer sich parallel herausbildenden Soziologie der Kindheit hergestellt werden (vgl. Zinnecker 1990, S. 21).

Begründet liegt diese Neuorientierung in beiden Forschungsfeldern in der Anknüpfung an die theoretischen Diskussionen um den Begriff der Sozialisation bzw. der sich entwickelnden **Sozialisationsforschung**. Zwar wurden amerikanische Forschungs- und Theorieansätze auf diesem Gebiet in der Bundesrepublik bereits in den 1960er Jahren diskutiert (vgl. Claessens 1962; Wurzbacher 1963), jedoch blieben diese ersten Rezeptionsversuche bis zum Beginn der 1970er Jahre weitgehend folgenlos. Seitdem entwickelte sich Sozialisationsforschung als ein interdisziplinäres Arbeitsgebiet mit maßgeblicher Beteiligung von Soziologie, Psychologie und Erziehungswissenschaft (vgl. Hurrelmann 1986; Oerter/Montada 1998). In diese sozialisationstheoretische Diskussion flossen Grundansätze bzw. Basistheorien sowohl aus der Psychologie (v.a. lerntheoretische Konzepte, etwa Bandura; entwicklungstheoretische Konzepte, etwa Piaget) als auch aus der Soziologie (interaktionistische Konzepte, etwa Mead; struktur-funktionalistische Konzepte, etwa Parsons) ein, die die Annahme gemeinsam haben, dass Persönlichkeitsentwicklung in einem Prozess der Auseinandersetzung mit der inneren und äußeren Realität (vgl. Hurrelmann 1986, S. 63) des Individuums geschieht. Diese Grundannahme wurde in den verschiedenen Ansätzen jedoch in sehr unterschiedlicher Weise berücksichtigt. Das Konzept der Sozialisation zielt damit primär auf die wechselseitigen Beziehungen zwischen Subjekt und gesellschaftlich vermittelter Realität und fasst das Individuum als produktiven Verarbeiter dieser Realität. Die soziale Umwelt wird somit als konstitutives Element der Persönlichkeitsbildung betrachtet, die von den in ihr handelnden Subjekten permanent beeinflusst und verändert wird und gleichzeitig auf deren Aneignungs-, Verarbeitungs- und Gestaltungsprozesse von Realität wirkt. Eine solche Sichtweise schärfte in der Kindheits- und Jugendforschung den Blick für die Eigentätigkeit des Subjektes auf der einen Seite und die Einflüsse gesellschaftlich vermittelter Umweltbedingungen auf der anderen Seite und forcierte eine interdisziplinäre Ausrichtung beider Forschungsfelder.

In der Jugendforschung forderte Hornstein bereits 1970 eine Berücksichtigung von entwicklungs- und sozialpsychologischen, organisations- und makrosoziologischen Aspekten und Erkenntnissen, um die individuelle, die institutionelle und die gesamtgesellschaftliche Dimension des Gegenstandsfeldes Jugend analytisch fassen zu können (vgl. Hornstein 1970). Diesen Gedanken hat er in seinem „social-problem-Ansatz" (1979) weiterentwickelt, in dem er für eine jugendtheoretische Sichtweise plädiert, die die sozialen Bedingungszusammenhänge von institutionell zum Vorschein kommenden Problemen in übergreifenden Zusammenhängen thematisiert.

Einen anderen Ansatz wählt Ziehe, der sich in seinem 1975 erschienen Buch „Pubertät und Narzißmus" mit den Auswirkungen einer veränderten frühkindlichen Sozialisation auf die Adoleszenzverläufe auseinandersetzt (vgl. Ziehe 1975, 1979). Mit Hilfe psychoanalytischer Erklärungsansätze aus der neueren Narzissmusforschung und unter Rückgriff auf gesellschaftstheoretische Ansätze von Habermas und Offe versucht er, die primäre und die sekundäre Sozialisation vor dem Hintergrund veränderter Psychostrukturen von Jugendlichen in spätkapitalistischen Gesellschaften zu beschreiben. Ziehes Darstellung eines „neuen" narzisstischen Sozialisationstypus wurde unter Sozialwissenschaftlern, Pädagogen und in der allgemeinen Öffentlichkeit sehr kontrovers diskutiert (vgl. Griese 1982; Bohleber 1989; Ziehe 1979). Kritikpunkte waren vor allem eine psychologisch verkürzende Ableitung jugendlichen Verhaltens aus frühkindlichen Erfahrungen und damit eine Beschränkung der Jugendprobleme auf vorödipale Sozialisationsdefizite sowie in methodischer Hinsicht eine fehlende empirische Basis seiner Thesen und der Verzicht auf eine Schicht- und Geschlechtsdifferenzierung (vgl. Griese 1982).

Insbesondere in dem **sozialökologischen Ansatz** von Dieter Baacke (1980) wird die verstärkte Forderung nach einer interdisziplinär ausgerichteten Jugendforschung deutlich. In Anknüpfung an das Konzept der ökologischen Systeme von Bronfenbrenner (1976, 1981), entwickelt Baacke sein Konzept der „ökologischen Zonen" (ökologisches Zentrum – etwa Familie, ökologischer Nahraum – etwa Nachbarschaft, ökologische Ausschnitte – etwa Schule, ökologische Peripherie – etwa Urlaub), die die Lebenswelt der Jugendlichen bestimmen und deren Einfluss sich mit zunehmendem Alter verändert. Damit ist der Übergang von der Kindheit in die Jugendphase in sozialökologischer Perspektive eine Ausweitung des Handlungsfeldes und damit eine Veränderung der Lebenswelt. Neben einer Theorie der Umwelt fließen in Baackes Überlegungen auch Elemente einer Handlungstheorie, einer Systemtheorie und einer Theorie des Lebenszyklus ein. Diese theoretische Komplexität des Ansatzes von Baacke soll tiefgreifender als bisherige Ansätze in der Jugendforschung dazu beitragen, den komplexen Reichtum der Beziehungen zwischen Jugendlichen und ihrer Umwelt zu rekonstruieren und zur Erklärung jugendlicher Verhaltensweisen beitragen. Zwar erfährt dieses Theoriemodell Kritik vor allem aufgrund der nicht hinreichenden Reflexion des Problems der metatheoretischen Vermittelbarkeit der aus unterschiedlichen wissenschaftstheoretischen Traditionen stammenden Theoriebezüge, dennoch ist es ein Verdienst dieser Überlegungen, den Blick für die Mehrdimensionalität des Gegenstandsfeldes Jugend geschärft und auf die Notwendigkeit interdisziplinärer Sichtweisen hingewiesen zu haben.

Auch auf dem Gebiet der Kindheitsforschung wurde in den 1980er Jahren der ökologische Kontext als wirksame Bedingung für die Entwicklung von Kindheit zunehmend in das Zentrum der theoretischen Diskussionen um Kindheit gerückt (vgl. etwa Bertram 1982; Vaskovics 1982). Hier wurden ebenso wie in der Jugendforschung die Arbeiten Bronfenbrenners und das von ihm entwickelte Konzept einer „ecology of childhood" aufgegriffen, die entscheidend zu einem neuen Umweltverständnis für die Erklärung kindlicher Entwicklungsverläufe beigetragen haben (vgl. Engelbert/Herlth 1993). Bronfenbrenner (1981) fasst Umwelt als einen Satz ineinandergeschachtelter Strukturen, in deren Zentrum sich das Kind als sich entwickelnde Persönlichkeit befindet. Neben den unmittelbaren Lebensbereichen des Kindes (Mikro- und Mesosysteme) werden in diesem theoretischen Ansatz auch die Lebensbedingungen und Umweltereignisse außerhalb der Bereiche mit erfasst, in denen das Kind nicht unmittelbar aktiv ist (Exo- und Makrosystem). Die Person-Umwelt-Interaktion wird hier als ein Prozess der gegenseitigen Anpassung aufgefasst, in dessen Verlauf der sich entwickelnde Mensch das Milieu, in dem er lebt, fortschreitend in Besitz nimmt und umformt (vgl. Hurrelmann 1986). Damit fanden zum einen die räumlich-dinghaften Merkmale der Umwelt von Kindern und zum anderen die Einflüsse der personalen Beziehungen von Kindern, insbesondere die Gruppe der Gleichaltrigen, zunehmende Beachtung in der Diskussion um die kindliche Sozialisation (vgl. etwa Krappmann/Oswald 1989; Zeiher/Zeiher 1991).

Die jugendtheoretische Diskussion der 1980er Jahre scheint dann vor allem geprägt von der Frage, ob angesichts der gesellschaftlichen Veränderungen überhaupt noch von einer einheitlichen „Lebenslage Jugend" die Rede sein kann. So entwirft von Trotha (1982) im Anschluss an Gillis (1980) und Roth (1983) sowie in Orientierung an den Arbeiten von Foucault (1969) und Elias (1969, zuerst 1939) die These vom „Ende der Jugend". Dabei geht er davon aus, dass die „Erfindung" der Jugend in engem Zusammenhang mit einem Prozess der radikalen Transformation der sozialen Kontrolle im 19. Jahrhundert steht. Die Erfindung und Institutionalisierung von Jugend wird also als eine Form sozialer Kontrolle und als Teil des Prozesses der Sozialdisziplinierung verstanden. Aufgrund der veränderten gesellschaftlichen Bedingungen kann die entsprechende Form der sozialen Kontrolle jedoch nicht mehr aufrechterhalten werden. Gerade in der Ablehnung der sozialen Kontrolle durch die Jugendlichen selbst (Forderung nach einem eigenen Sexualleben, nach politischen Mitspracherechten) sowie im Wegfall des vorbereitenden Lernens als Spezifikum der Jugendphase sieht von Trotha Anzeichen für einen Prozess der Auflösung von Jugend.

Demgegenüber ist die These vom Strukturwandel der Jugend formuliert worden, die zwar einen grundlegenden Wandel der Jugendphase konstatiert, jedoch nicht das Ende der Jugend ankündigt. Diese Diskussion um eine Veränderung der Jugendphase steht seit Mitte der 1980er vor allem bei solchen Arbeiten im Vordergrund, die soziale und kulturelle, psychische und gesellschaftliche Aspekte von Jugend, in Anlehnung u.a. an Beck's Gesellschaftsdiagnosen (Beck 1983, 1986), mit den Theoremen der Individualisierung und Pluralisierung verknüpfen (vgl. etwa Esser 1989; Ferchhoff 1984, 1985; Ferchhoff/Neubauer 1989; Fuchs-Heinritz/Krüger 1991; Heitmeyer/Olk 1990; Zinnecker 1986, 1987). Herausgestellt wird in diesen Arbeiten vor allem der durch gesellschaftliche Modernisierungsprozesse verursachte Strukturwandel der Jugendphase, die Veränderungen in ihrer gesellschaftlichen Funktion, sozialstrukturellen Ausprägung sowie in ihrer lebensbiographischen Bedeutung erfahren hat. Im Gegensatz zum bisherigen sozialwissenschaftlichen Verständnis, das Jugend als kollektive Statuspassage fasst, führten die gesellschaftlichen Individualisierungstendenzen auch zu einer Entstrukturierung und Destandardisierung der Lebensphase Jugend, die sich vor allem darin ausdrückt, dass „die einheitliche kollektive Statuspassage Jugend zerfällt und auf diese Weise in eine Vielzahl subsystemspezifischer Übergangsphasen mit je eigenen Erscheinungsformen und Zeitstrukturen zerlegt wird" (Olk 1985, S. 294). Zinnecker beschreibt diesen Prozess des Strukturwandels der Jugendphase vor allem als einen Wandel der Formen der sozialen Kontrolle des Jugendalters. Dabei ist die Bedeutung der soziokulturellen Nahwelten und Milieus sowie der betrieblichen Arbeitsorganisation rückläufig, während die Relevanz insbesondere von Bildungs- und Ausbildungsinstitutionen, pädagogischen Experten sowie der Freizeit- und Medienindustrie zunimmt (vgl. Zinnecker 1987).

Auch in der Kindheitsforschung bildeten in den 1980er Jahren die langfristigen Veränderungen in den Sozialisationsbedingungen von Kindern einen Forschungsschwerpunkt. Damit rücken hier eher umfassendere Fragestellungen in den Mittelpunkt (vgl. Preuss-Lausitz u.a. 1983; Fend 1988; Rolff/Zimmermann 1985), so etwa die Frage nach den Veränderungen der kindlichen Lebenswelt seit der Nachkriegszeit. Dabei diente eine generationenvergleichende Perspektive als Interpretationsfolie für den Einfluss gesellschaftlicher Entwicklungstendenzen auf die Lebensphase Kindheit. Diagnostiziert wurden in diesem Zusammenhang Modernisierungstendenzen von Kindheit und kindlichen Lebensbedingungen, die sich als veränderte Aufwachsbedingungen auf das Kinderleben niederschlagen und zum Wandel der kindlichen Normalbiographie beitragen (vgl. Büchner 1990). Kindheit, so die These, ist ebenso wie die Jugend von Individualisierungstendenzen betroffen, die gesteigerte Ansprüche an die Entscheidungs- und Handlungskompetenzen der Kinder in immer früherem Alter stellt. Gleichzeitig verändern sich die kindlichen Erfahrungsräume derart, dass es durch das Zerfallen städtischer Räume in Teilräume, die nicht mehr multifunktional genutzt werden können, sondern nur noch einzelnen Aktivitäten dienen, zu einer Verinselung des kindlichen Lebensraums kommt (vgl. Zeiher 1983).

Mit der stärker in den Vordergrund tretenden sozialwissenschaftlich orientierten Kindheits- und Jugendforschung seit Mitte der 1970er Jahre veränderte sich auch die methodische Zugangsweise zum Gegenstand Kindheit und Jugend.

Kritik wurde in der Jugendforschung in erster Linie an dem rein quantitativen Paradigma der Umfrageforschung geübt. Die Vorbehalte gegenüber den Methoden der repräsentativen Meinungsumfrage betrafen insbesondere drei Punkte. Zum ersten bietet dieser Untersuchungstyp den Jugendlichen kaum die Chance, selber zu Wort zu kommen. Zweitens wird durch Einstellungsbefragungen nicht die Ebene des faktischen Verhaltens und der realen Handlungsprozesse gefasst. Und drittens können die aus repräsentativen Panoramastudien abgeleiteten pauschalen Generationsbilder von der einheitlichen Jugend wohl kaum der Verschiedenartigkeit und Differenziertheit jugendlicher Lebenslagen gerecht werden (vgl. Hornstein 1985). Beeinflusst durch die Anfang der 1970er Jahre einsetzende Diskussion um die Aktionsforschung und die Renaissance interaktionstheoretischer, phänomenologischer und wissenssoziologischer Theoriekonzeptionen bzw. die Neuentdeckung ökologischer Orientierungen entstanden vor allem in dem von der DFG finanzierten Schwerpunktbereich „Pädagogische Jugendforschung" (zusammenfassend Hornstein 1989) eine Reihe von Forschungsprojekten, die auf offene, kommunikative Forschungsmethoden zurückgreifen und damit den Jugendlichen die Möglichkeit geben, ihre eigenen Wahrnehmungsmodi zu artikulieren und die daran interessiert sind, die Ganzheitlichkeit des alltäglichen Lebens von Jugendlichen in ihrer soziokulturellen Umgebung zu analysieren. Insbesondere der von Alfred Schütz geprägte Begriff der Lebenswelt sowie der aus der interaktionistisch-wissenssoziologischen Tradition stammende Begriff der subjektiven Situationsdefinition wurden zu Schlüsselkonzepten für diese stärker qualitativ orientierten Projekte.

Dabei kristallisierten sich insbesondere zwei Forschungsansätze heraus. Zum einen ökologisch orientierte Lebensweltanalysen, die quantitative Rahmendaten, etwa zur Sozial- und Siedlungsstatistik und ethnographische Beschreibungen der Wohngegend, Treffpunkte, Szenen und Cliquen von Jugendlichen verbinden, um zu einer differenzierten Milieu- und Lebensweltdeskription zu gelangen (vgl. etwa Projektgruppe Jugendbüro 1975, 1977; Becker/Eigenbrodt/May 1984); andererseits eher biographisch orientierte Projekte, die sich entweder darauf beschränken, Lebensgeschichten literarisierend nachzuzeichnen (vgl. Jugendwerk der Deutschen Shell 1981) oder in Anlehnung an interaktionistisch beeinflusste Konzepte sozialwissenschaftlicher Paraphrasierung versuchen, die Realitätsinterpretationen und Situationsdeutungen von Jugendlichen in ihren aktuellen Ausdrucksformen bzw. ihrem biographischen Verlauf zu rekonstruieren (vgl. etwa Arbeitsgruppe Schulforschung 1980; Kieper 1980).

Natürlich wurden auch in den 1970er und 1980er Jahren quantitative Untersuchungen zum Gegenstand Jugend durchgeführt. Wohl am bekanntesten sind dabei die repräsentativen Jugendstudien des Jugendwerks der deutschen Shell (Jugendwerk der Deutschen Shell 1981, 1985). Zudem wurden in den 1980er Jahren auch Replikationsversuche früherer Jugendstudien unternommen, um den Wandel von Jugend analysieren zu können. Zu nennen wären hier die Shell-Jugendstudie von 1985, die systematische Vergleiche zu den EMNID-Studien der 1950er Jahre anstrebt (vgl. Jugendwerk der Deutschen Shell 1985; Zinnecker 1985) oder die Replikation einer Jugendstudie aus den frühen 1960er Jahren, die 1983 von Allerbeck und Hoag (1985) durchgeführt wurde.

Themenbereiche der Jugendforschung dieser Zeit sind etwa Integrationsprobleme Jugendlicher in institutionelle Gesellschaftsbereiche – insbesondere in die Arbeitswelt (vgl. etwa Heinz u.a. 1985; Blossfeld 1988). Zudem zeigte die Jugendforschung immer mehr Interesse am Freizeitleben der Jugendlichen, so dass vermehrt Forschungen zu jugendkulturellen Ausdrucksformen sowie zur jugendlichen Alltagswelt durchgeführt wurden (vgl. etwa Jugendwerk der Deutschen Shell 1981; Becker/Eigenbrodt/May 1984; Breyvogel/Krüger 1987), die an theoretische Arbeiten und empirische Studien aus dem Kontext der englischen Jugendkulturforschung anknüpften (vgl. Clarke u.a. 1976). Insbesondere fällt auch seit Mitte der 1980er Jahre auf, dass die Mädchen als eigenständiger Forschungsgegenstand entdeckt wurden (vgl. etwa Diezinger u.a. 1983; BMJFG 1984).

Die neue Sichtweise auf Kindheit, die Kinder nicht mehr nur als Menschen in Entwicklung begreift, sondern die Eigenständigkeit dieser Lebensphase betont und Kindheit auch als ein spezifisches kulturelles Muster wahrnimmt, trug ebenfalls zu einem Umdenken in den methodischen Zugängen zu diesem Lebensabschnitt bei. Wesentliche Anstöße dafür kommen in den 1980er Jahren auch aus dem Bereich der phänomenologischen Pädagogik. Hier sind es etwa die Arbeiten von Wilfried Lippitz u.a. (vgl. Lipptitz/Meyer-Drawe 1986; Lippitz/Rittelmeyer 1989), die vor dem Hintergrund einer kritischen Auseinandersetzung mit den Studien von Langeveld (1964) zum Selbst- und Welterleben von Kindern, zur Wiederbelebung einer subjekt- und alltagsorientierten Kindheitsforschung beigetragen haben. Kindheit wird dabei als sinnkonstituierende und sinneignende Tätigkeit begriffen, die den Erwachsenen als eine fremde Eigenwelt entgegentritt (vgl. Krüger 1997, S. 121).

Diese theoretisch veränderten Sichtweisen führten auch in der Kindheitsforschung zu einer Betonung der Notwendigkeit, **biographische** und **ethnographische Methoden**, wieder in das Zentrum der Erforschung von Kindheit zu rücken. Mit einigen Ausnahmen (vgl. etwa Krappmann/Oswald 1989; Zeiher 1989) blieben jedoch die Forderungen nach einer Kindheitsforschung, die sich aus der Perspektive der Kinder selbst ihren Alltagserfahrungen und Lebensbedingungen nähert in den 1980er Jahren noch eher Programmatik als weitläufig realisierte Forschungspraxis (vgl. Büchner 1990).

Seit Ende der 1970er Jahre werden Daten von Kindern auch über Surveystudien erhoben. Während dies in der Jugendforschung bereits seit längerer Zeit eine Rolle spielt, lässt sich nun ein Sinken der befragten Altersjahrgänge auch in der Umfrageforschung beobachten. So wurden etwa im Konstanzer Schülerlängsschnitt auch 11-13jährige befragt (vgl. Fend 1990). Zudem wurde 1980 der erste *Kindersurvey* mit 8-10jährigen in Westdeutschland durchgeführt (vgl. Lang 1985).

1.4 Die letzten 10 Jahre im 20. Jahrhundert – Ausweitung der Kindheitsforschung und neue Fragen für die Jugendforschung

Während somit seit den 1980er Jahren Kindheits- und Jugendforschung eine ähnliche Entwicklung sowohl in den methodischen als auch in den theoretischen Zugängen, genommen haben, kommt es in den 1990er Jahren zu einer starken Ausdifferenzierung beider Forschungsbereiche, was im Folgenden eine getrennte Betrachtung des Forschungsstandes in den 1990er Jahren sinnvoll erscheinen lässt.

1.4.2 Kindheitsforschung in den 1990er Jahren

Im theoretischen Diskurs der Kindheitsforschung wird in den 1990er Jahren zum einen an die Entwicklungen der 1980er Jahre angeknüpft, zum anderen werden aber auch neue, etwa **konstruktivistische Ansätze** verfolgt und für die Kindheitsforschung fruchtbar gemacht.

So sind es einerseits die sozialökologischen Sichtweisen auf Kindheit, die sich, in Fortsetzung der Diskussion in den 1980er Jahren, in der erziehungswissenschaftlichen, psychologischen und soziologischen Kindheitsforschung etabliert haben. Untersucht werden vor diesem Hintergrund die verschiedenen ökologischen Dimensionen von kindlichen Lebenswelten bzw. die Raumaneignung von Kindern (vgl. etwa Zeiher/Zeiher 1994).

Gleichzeitig wird andererseits der sich bereits in den 1980er Jahren herauskristallisierende Blick auf Kindheit aus einer modernisierungstheoretischen Perspektive auch in der Folgezeit beibehalten und nicht mehr nur auf die langfristigen Veränderungen kindlicher Sozialisationsbedingungen bezogen. Vielmehr wird ein solcher theoretischer Zugang gewählt, um die Pluralisierungsprozesse von familialen und kindlichen Lebenslagen, den Wandel von Verhaltensstandards in Eltern-Kind-Beziehungen oder soziale Ungleichheiten in den kulturellen Freizeitpraxen von Kindern analysieren zu können (vgl. du Bois-Reymond/Büchner/Krüger 1994; Sünker 1993; Zinnecker 1995).

Die gesamtgesellschaftlichen Bedingungen von Kindheit spielen auch bei der sich in den 1990er Jahren neu herausbildenden strukturbezogenen Kindheitsforschung eine wesentliche Rolle. Hervorgegangen ist diese Perspektive auf Kindheit, die **Kinder als** eine **sozialstrukturelle Bevölkerungsgruppe** fasst, für die ein spezifischer Wohlfahrtsstatus kennzeichnend ist (vgl. Honig 1999), aus einer massiven Kritik an der Praxis der Sozialberichterstattung zur Kindheit. Die Tatsache, dass Kinder in den meisten amtlichen Statistiken entweder überhaupt nicht oder lediglich als Haushalts- und Familienmitglieder erscheinen (vgl. Bertram 1993), führte zu einer verstärkten Forderung nach einer Analyse des Sozialstatus Kind und der Untersuchung der Lebensverhältnisse von Kindern. Kindheit soll zu einer eigenständigen Untersuchungseinheit gemacht werden, um so ein angemesseneres Bild über Kinder als soziale Kategorie zu gewinnen (vgl. Qvortrup 1993, S. 119). Vor diesem Hintergrund kommt es in den 1990er Jahren vermehrt zu Berichterstattungen über die Lebenslagen von Kindern in der Bundesrepublik (vgl. etwa Nauck 1995; BMFSFJ 1998). Demgegenüber werden in Kindersurveys auch die Kinder selbst als individuelle Meinungsträger ernst genommen, so dass auch die subjektive Sichtweise der Kinder selbst zunehmend Eingang in die Berichterstattung über Kindheit findet (vgl. etwa Zinnecker/Silbereisen 1996).

Ein ebenfalls in den 1990er Jahren in der Kindheitsforschung neu aufgegriffener Ansatz ist die biographietheoretische Perspektive. Dabei steht die Analyse von Kindheit als Teil des Lebenslaufes und der Versuch, die biographischen Wege des Erwachsenwerdens zu rekonstruieren im Zentrum des Forschungsinteresses. Hier geht es also darum, den Wandel von Kindheit biographieanalytisch zu untersuchen und die subjektiven, biographisch geformten Erfahrungen und Werte von typischen Kindheiten herauszuarbeiten. Ähnlich wie die sozialisations- und entwicklungspsychologischen Ansätze begreift auch das biographietheoretische Konzept Kinder als aktive Subjekte ihrer Realitätsverarbeitung und Lerntätigkeit. Darüber hinaus wird versucht, biographieanalytische Perspektiven mit **modernisierungstheoretischen Ansätzen** zu verknüpfen, um den Wandel von Kinderbiographien vor dem Hintergrund der Chancen und Risiken von Modernisierungs- und Individualisierungsprozessen verorten zu können (vgl. Krüger/Ecarius/Grunert 1994, S. 221; Zinnecker 1990, S. 31).

Seit den späten 1980er- und vor allem im Verlauf der 1990er Jahre lässt sich aber auch ein neues Verständnis von Kindheit und Kindheitsforschung beobachten. Diese sogenannte „Neue Kindheitsforschung", die in erster Linie von der sich neu herausbildenden **Soziologie der Kindheit** forciert wurde und an der mittlerweile verschiedene Wissenschaftsdisziplinen, wie die Soziologie, die Psychologie und vor allem auch die Erziehungswissenschaft beteiligt sind, lässt sich als konsequente Fortschreibung der sozialisationstheoretischen Ansätze der 1980er Jahre bezeichnen. Vor deren Hintergrund fiel der Blick in der Kindheitsforschung in erster Linie auf die aktive Auseinandersetzung der Kinder mit ihrer Umwelt. Dieser Gedanke des Kindes als produktivem Verarbeiter seiner Realität wird nun noch stärker in das Zentrum der wissenschaftlichen Aufmerksamkeit gerückt. Kinder werden hier als Personen betrachtet, die spezifische eigene Muster der Verarbeitung ihrer Lebensumwelt ausbilden und ihre Sozialbeziehungen selbst mitgestalten (vgl. Zeiher 1996; Honig/Leu/Nissen 1996). In diesem Zusammenhang kommt in der Kindheitsforschung ein neuer Denkansatz auf, der sich gleichzeitig aber auch als Kritik an der bisherigen Sozialisationsforschung versteht, der der Vorwurf gemacht wird, Kinder nicht bereits als Mitglieder der Gesellschaft, sondern immer noch als zukünftige Erwachsene zu betrachten (vgl. Honig/Leu/Nissen 1996; kritisch Zinnecker 1996). Wie bereits in der Abwendung vom Entwicklungsbegriff wird nun also auch der Sozialisationsbegriff in Frage gestellt. Beiden wird die Zielperspektive einer Integration des Subjektes in die Gesellschaft vorgeworfen, durch die der Blick auf die spezifischen kinderkulturellen Muster mit ihren je eigenen Handlungsregeln und Bedeutungszuschreibungen verdeckt wird (vgl. Breidenstein/Kelle 1998). Die Konstruktion subjektiver Strukturen, so die Annahme einer sozial-konstruktivistischen Perspektive, findet permanent in jedem sozialen Kontakt statt, erfolgt also über interaktives Handeln mehrerer Subjekte (vgl. Schulze/Künzler 1991). Damit wird die Aufmerksamkeit verstärkt auf die aktuellen Konstruktionsleistungen der Kinder und ihre spezifischen Interaktionsstrukturen gelenkt. Kinder, so die Forderung, sollen nicht nur als „Werdende", sondern als jetzt so „Seiende" betrachtet werden (vgl. Lange 1999; James/Jenks/Proud 1998). Empirische Studien, die eine solche Auffassung konsequent verfolgen, sind vor allem im Kontext einer ethnographisch orientierten Kindheitsforschung entstanden und widmen sich in erster Linie der Interaktion von Kindern in der Gleichaltrigengruppe (vgl. Breidenstein/Kelle 1998).

Thematisch beschäftigt sich die Kindheitsforschung bspw. mit den Formen kindlicher Alltagsorganisation und fragt nach deren Veränderungstendenzen (vgl. etwa Büchner/Fuhs 1994; Lange 1996; Zeiher/Zeiher 1994). Weiterhin werden in Untersuchungen zu schulischen Handlungszusammenhängen etwa Lerngewohnheiten und Lernschwierigkeiten, Schüler-Lehrer-Beziehungen und -Interaktionen sowie Denkweisen und Verarbeitungsmuster von SchülerInnen herausgearbeitet (vgl. etwa Petillon 1993; Ziegler 1996). Der Frage nach den Interaktionsprozessen zwischen Gleichaltrigen, deren spezifischen Regeln, Erfordernissen und Funktionen als Ausdruck kinderkultureller Praxis widmet sich die Kindheitsforschung vor allem aus der ethnographischen Perspektive (vgl. etwa Breidenstein/Kelle 1998; Krappmann/Oswald 1995). Einen weiteren Forschungsschwerpunkt bilden Studien, die sich mit den familialen Bedingungen des Aufwachsens auseinandersetzen. Hier werden Modernisierungstendenzen vor allem im Hinblick auf familiale Beziehungsmuster untersucht (vgl. etwa Bois-Reymond 1994, 1998). Während in der Jugendforschung zu Beginn der 1990er Jahre deutsch-deutsche Vergleiche sowie Reanalysen von Daten aus der Forschung in der DDR einen zentralen Forschungsschwerpunkt bildeten, spielte dies in der Kindheitsforschung kaum eine Rolle. Im Gegensatz zur Jugendforschung gab es auf dem Gebiet der **Kindheitsforschung in der DDR** keine sozialwissenschaftliche Forschungstradition. Ausnahmen bilden hier etwa die Greifswalder Studie zur Genese des Selbstbildes bei 9- bis 13jährigen SchülerInnen (Krause 1991, S. 95) und die Leipziger Intervallstudie zum Freizeitverhalten von 9- bis 13-jährigen SchülerInnen (Günther/Karig/Lindner 1991, S. 192). Während es aber auf dem Gebiet der Jugendforschung zu zahlreichen Vergleichsstudien zwischen ost- und westdeutschen Jugendlichen kam, blieb die Kindheitsforschung in dieser Perspektive zunächst weitgehend unbeachtet. Erst im Verlauf der 1990er Jahre widmete sich die Kindheitsforschung auch der Analyse der unterschiedlichen Aufwachsbedingungen von Kindern in beiden Teilen Deutschlands (vgl. etwa Nauck 1993; Krüger/Ecarius/Grunert 1994; Büchner u.a. 1998; Kötters 2000).

Auch in methodischer Hinsicht zeichnet sich auf dem Gebiet der Kindheitsforschung zu Beginn der 1990er Jahre ein Perspektivenwechsel ab, der sich in einer verstärkten Hinwendung zu detaillierteren und fallbezogenen Forschungsdesigns ausdrückt (vgl. Fölling-Albers 1995). Damit wird der Anspruch einer Bezugnahme auf die Perspektive der Kinder selbst zunehmend eingelöst. Kindheitsforschung greift für die Untersuchung des kindlichen Alltagslebens und der Kultur der Kinder nun immer mehr auf qualitative Forschungsmethoden, wie Interviewverfahren oder ethnographische Zugänge zurück (vgl. auch Grunert in diesem Band). Forciert wurden diese Entwicklungen durch die Einsicht, dass sich die in den 1980er Jahren herausgearbeiteten globaleren Wandlungstendenzen kindlicher Aufwachsbedingungen nicht gleichmäßig und in derselben Intensität vollziehen, sondern, dass sich diese Veränderungen, soziokulturell bedingt, sehr unterschiedlich auf die kindlichen Lebensverläufe auswirken.

Im Gegensatz zur Jugendforschung ist bisher der Zugang zu Kindern und Kindheit auf der Basis von Surveyerhebungen in der Kindheitsforschung vergleichsweise selten. Jedoch wurde auch hier an die Entwicklung der 1980er Jahre angeknüpft. Die schriftliche Befragung von Kindern zu ihren Lebensbedingungen, Einstellungen und Bewertungen ist, wie bereits angedeutet, für die neue Kindheitsforschung von großem Interesse. Indem sie sich vor dem Hintergrund ihrer Forderung nach Anhebung des politischen und gesellschaftlichen Status von Kindern auch einem Kampf um die Rechte der Kinder verschrieben hat (vgl. Zinnecker 1999), gewinnen Kindersurveys als eine Form der Kinderberichterstattung, die die subjektive Sichtweise von Kindern hervorhebt, an Bedeutung. In den 1990er Jahren sind in diesem Zusammenhang etwa der 1993 durchgeführte Kindersurvey „Kindheit in Deutschland" (vgl. Zinnecker/Silbereisen 1996) oder der in verschiedenen Regionen erhobene Kindersurvey von Büchner/Fuhs/Krüger (1996) zu nennen, der sich mit 11-15-Jährigen aus Ost- und Westdeutschland beschäftigt.

1.4.2 Jugendforschung in den 1990er Jahren

Die theoretische Diskussion der Jugendforschung der 1990er Jahre zeichnet sich ähnlich wie in der Kindheitsforschung zunächst durch eine weitere Anknüpfung an die Modernisierungsdebatte aus. So haben etwa Heitmeyer und Olk (1990) in ihrem Sammelband unterstrichen, dass das **Individualisierungstheorem** Anknüpfungspunkte sowohl für gesellschaftstheoretische Diskurse als auch für sozialisations- und identitätstheoretische Fragestellungen bietet und damit für die Jugendforschung von großer Bedeutung ist. Deutlich werden in dieser Debatte aber auch die Kehr- und Schattenseiten des gesellschaftlichen Modernisierungsprozesses herausgearbeitet, die den Jugendlichen selbst Entscheidungs- und Verantwortungslasten aufbürden, die nicht immer angemessen bearbeitet werden können (vgl. Beck/Beck-Gernsheim 1994). So stellt etwa Heitmeyer (1994) einen Zusammenhang von Individualisierung und Gewalt heraus, der deutlich zu machen versucht, dass im Zuge der Auflösung von sozialen Milieus und traditionalen Sicherheiten, Gewalt zu einem „normalen" Muster der Selbsterprobung und Positionsfindung werden kann.

Gleichzeitig ist die theoretische Diskussion in der Jugendforschung der letzten 10 Jahre aber auch durch die Anfang der 1990er Jahre geführte Debatte um Moderne und Postmoderne geprägt (für einen Überblick vgl. etwa den Band von Helsper 1991). Der Diskurs um die **Postmoderne**, gekennzeichnet bspw. durch die Thesen von einer radikalen Pluralisierung und einer Auflösung von Ganzheiten, einer Überwältigung der Realität durch simulierte Realitäten und einer Auflösung des Subjekts, stellte an die Jugendforschung die Frage nach den Auswirkungen dieser Zeitdiagnosen auf die Jugendphase. So betrachtet bspw. Lenzen (1991) die Jugendphase lediglich als Fiktion, da aufgrund fehlender Transitionsriten in der heutigen Gesellschaft, die eine zentrale Voraussetzung für die Überführung in eine neue Lebensphase darstellen, eine Entdifferenzierung von Kindlichem und Erwachsenem auszumachen sei. Damit, so Lenzen, expandiert das Kindliche in alle Lebensalter. Gleichzeitig kommt es zudem zu einem Verschwinden des Erwachsenenstatus infolge des gesellschaftlichen „Jugendkultes", den Lenzen als „*das Phantasma der Moderne*" bezeichnet (Lenzen 1991, S. 48). Vor diesem Hintergrund wird die zentrale Funktion von Jugend, nämlich die Ausbildung einer Ich-Identität, zu einer Identitätssuche auf Dauer. Damit wird auch die Pluralisierung von Jugendkulturen, deren Entstehung als Kampf um Sinn, als Suche nach Identität gedeutet wird, zu einem dauernden Differenzierungsprozess, der „erst an der Stelle [endet], wo jedes Individuum seine eigene Jugendkultur ist" (ebd.).

Thematisch ergaben sich zu Beginn der 1990er Jahre mit dem Zusammenbruch der DDR und der schnellen Wiedervereinigung beider deutscher Staaten auch für die Jugendforschung völlig neue Forschungsfragen. So wurde der gesellschaftliche Transformationsprozess und seine Auswirkungen auf die Heranwachsenden zu einem zentralen Forschungsfeld. Was folgte war ein regelrechter Boom von Untersuchungen zur Lage der Jugend in Ostdeutschland und den Folgen des gesellschaftlichen Umbruchs in der DDR. Die Jugenddebatten und damit auch die Jugendforschung dieser Zeit haben gleichzeitig einen politischen Stellenwert, was Zinnecker auch als generelles Spezifikum deutscher Jugendforschung herausarbeitet: „Es gibt wahrscheinlich keine industrielle Gesellschaft, in der Jugenddebatten ein höherer politischer Stellenwert zugesprochen wird als in Deutschland" (Zinnecker 1993, S. 96). So lassen sich bspw. in dieser Euphorie von Jugenddiskursen und Jugendbefragungen Parallelen zur Jugendforschung der Nachkriegszeit erkennen, wo ebenso wie in der Phase der Wiedervereinigung Fragen nach dem demokratischen Potential der Jugendlichen im Mittelpunkt standen (vgl. Lahy 1948; Schelsky 1957; Behnken u.a. 1991; Deutsches Jugendinstitut 1992; Jugendwerk der Deutschen Shell 1992; Hoffmann-Lange 1995). Die Frage nach der Bewältigung von Wende und Vereinigungsprozess durch die Jugendlichen umfasst jedoch neben den politischen Orientierungen auch den Bereich aktuell-politischer Probleme, wie Gewalt und Fremdenhass bzw. sozialpolitische Fragestellungen, wie die Bewältigung von Arbeitslosigkeit. Hinzu kommen in den ersten Jahren nach den Ereignissen im Herbst 1989 eine ganze Reihe deutsch-deutscher Vergleichsstudien, die Gemeinsamkeiten und Unterschiede in den Einstellungen und Wertorientierungen, den Lebenslagen und Lebensstilen etc. ost- und westdeutscher Jugendlicher zu analysieren suchen (vgl. etwa Barz 1992, 1993; Behnken u.a. 1991; Deutsches Jugendinstitut 1992; Jugendwerk der Deutschen Shell 1992).

Bedeutend ist in diesem Zusammenhang auch die Reinterpretation von Daten der Jugendforschung aus der Zeit der DDR. Insbesondere ostdeutsche Jugendforscher versuchten nach dem gesellschaftlichen Umbruch, das Bild der DDR-Jugend auf der Grundlage von vormals häufig nicht zur Veröffentlichung freigegebenen Daten neu zu zeichnen (vgl. Friedrich/Griese 1991; Hennig/Friedrich 1991).

Während die Jugendforschung in Westdeutschland in den Nachkriegsjahren noch an Theorien und Theoretiker der Zwischenkriegszeit anknüpfte, erfolgte in der DDR eine Distanzierung vor allem von der „bürgerlichen Jugendpsychologie" (vgl. Dudek 1990). „Die ‚verstehende' Methode in der Jugendpsychologie ist nicht von der Sache her zu erklären, sondern eindeutig Ausdruck der Philosophie einer untergehenden Gesellschaftsordnung" (Friedrich/Kossakowski 1962, S. 16). Das methodische Vorgehen wurde als unwissenschaftlich und realitätsfern eingeschätzt, da es auf exakte empirische Untersuchungen verzichte (ebd.). Als anschlussfähig galten lediglich die empirischen Jugendstudien aus dem sozialpädagogisch-soziologischen Bereich. So etablierte sich die **Jugendforschung in der DDR** seit Mitte der 1960er Jahre als eine eigenständige sozialwissenschaftliche Forschungsrichtung, die ausschließlich mit Hilfe quantitativer Methoden, die Jugend in der DDR nach verschiedenen sozialdemographischen Kriterien vor allem in Längsschnittstudien untersuchte (vgl. Friedrich 1993). Forschungen in dieser Hinsicht gingen insbesondere vom Zentralinstitut für Jugendforschung mit Sitz in Leipzig aus. Im Laufe ihrer Forschungstätigkeit hatten die Mitarbeiter des ZIJ jedoch immer wieder mit Schwierigkeiten zu kämpfen, ihre Ergebnisse auch veröffentlichen zu können. Vor allem Daten zum politischen Bewusstsein und Verhalten von Jugendlichen, aber häufig auch zu politikfernen Themenfeldern fielen der politischen Zensur zum Opfer (vgl. Hennig/Friedrich 1991). Erst im Anschluss an die Wende in der DDR hatten die Forscher und Forscherinnen die Möglichkeit, solche Ergebnisse zu veröffentlichen und damit ein angemesseneres Bild der DDR-Jugend zu zeichnen.

Mit der Frage nach den Auswirkungen des gesellschaftlichen Umbruchs ist ein weiteres großes Thema der Jugendforschung der 1990er Jahre verbunden, mit dem ebenfalls eine politisch-öffentliche Jugenddebatte einhergeht. Dies ist der Bereich der Gewaltbereitschaft und des Rechtsextremismus von Jugendlichen in (Ost-)Deutschland (umfassend hierzu der Band von Otto/Merten 1993; zusammenfassend Schubarth/Melzer 1995; zum Thema Antisemitismus etwa Schoeps/Sturzbecher 1995; zum Thema Gewalt etwa Heitmeyer u.a. 1995). Die Zunahme rechtsradikaler Gewalt von nicht nur ostdeutschen Jugendlichen zu Beginn der 1990er Jahre, die in den ausländer- und asylantenfeindlichen Übergriffen von Hoyerswerda, Rostock, Mölln und Solingen nur ihren öffentlichkeitswirksamsten Ausdruck fanden, stellten an die Jugendforschung die Aufgabe, dieses Phänomen, entgegen vorschnellen Zuschreibungen und verkürzten Analysen, umfassender nach seinen Ursachen und Bedingungen zu untersuchen.

Betrachtet man neben diesen beiden großen Themenbereichen die weiteren Fragestellungen der Jugendforschung in den 1990er Jahren, so fallen einige neue Akzente auf, die der Pluralisierung von Lebenslagen und Lebensstilen Jugendlicher Rechnung tragen. Der Blick der Forscher richtet sich zunehmend auf bestimmte Gruppen von Jugendlichen, die vorher kaum Thema der Jugendforschung waren. So werden nun auch religiöse bzw. an magisch-okkulten

Phänomen orientierte Jugendliche zum Gegenstand der Forschung (vgl. etwa Barz 1992, 1993; Helsper 1992). Untersucht werden zudem Jugendliche aus dem Umfeld der Techno- oder Hip-Hop-Szene (vgl. Richard/Krüger 1997; Eckert/Reis/Wetzstein 2000). Interesse zeigt die Jugendforschung aber auch an Jugendlichen im ländlichen Raum (vgl. etwa Böhnisch u.a. 1991; Funk 1993) oder in Jugendverbänden (vgl. etwa Reichwein/Freund 1992). Fortgesetzt wird die sich bereits seit Mitte der 1980er Jahre etablierende Forschung zu Mädchen bzw. jungen Frauen. Mit der zunehmenden Verbreitung der neuen Medien, die mittlerweile zu einem selbstverständlichen Bestandteil jugendlichen Alltags geworden sind, wird auch in der Jugendforschung der Bereich der jugendlichen Mediennutzung zu einem wichtigen Forschungsthema (vgl. etwa Baacke/Sander/Vollbrecht 1990; Schorb/Stiehler 1992; Geier/Korfkamp 1998).

Mit den negativen Folgen gesellschaftlicher Veränderungen für Jugendliche setzt sich die Risikoforschung auseinander. Hier wird danach gefragt, welche Entwicklungs- und Sozialisationsbedingungen besondere Risikopotentiale für die Jugendlichen und ihre Persönlichkeitsentwicklung enthalten (vgl. Zinnecker 1993). So wird bspw. untersucht, welche Wege etwa in Suchtkarrieren, delinquente Laufbahnen oder unaufholbare Entwicklungsdefizite bei Jugendlichen führen (vgl. etwa Mansel/Hurrelmann 1991; Mansel/Brinkhoff 1998; Mansel 1994; Seiffge-Krenke 1990, 1996; Permien/Zink 1998). In diesem Forschungsbereich, der danach fragt: „Wie groß ist das Risiko, dass das Subjekt und seine weitere Entwicklung Schaden nehmen, bzw. welche Schutzfaktoren sozialer, psychologischer Art gilt es zu fördern, damit entsprechende Risiken nicht eintreten?" (Zinnecker 1993, S. 103), werden auch pädagogische Konsequenzen offensichtlich.

In methodischer Hinsicht ist in der Jugendforschung neben der Weiterführung und -entwicklung der großen nationalen Surveys, allen voran die Studien des Jugendwerks der Deutschen Shell (1992, 1997, 2000), die sich durch immer größere Befragtenzahlen, vermehrte Zusatzuntersuchungen sowie bessere Möglichkeiten der Sekundärauswertung der erhobenen Daten auszeichnen (vgl. Zinnecker 1993), ein Trend hin zu einer vermehrten Durchführung von **Längsschnittuntersuchungen** zu verzeichnen (etwa Fend 1991; Silbereisen/Vaskovics/Zinnecker 1996). Aber auch in der qualitativen Forschung werden, wenn auch relativ selten, Längsschnittuntersuchungen durchgeführt (vgl. Hurrelmann/Wolf 1986; Lenz 1991; Ecarius/Grunert 1996).

Deutlich wird in den großen Surveystudien aber auch eine Verschiebung der Altersgrenzen der zu untersuchenden Personen. Da die Ausdehnung der Jugendphase nicht nur den Übergang von der Jugend in das Erwachsenenalter, sondern auch den von der Kindheit in die Jugendphase betrifft, geraten verstärkt auch Jüngere in das Blickfeld der Jugendforschung. Während etwa in früheren Shell-Jugendstudien eine Altersspanne von 15-24 Jahren untersucht wurde, beginnt in der Jugendstudie '92 die erhobene Altersspanne mit 13 und endet mit 29 Jahren.

Auf dem Gebiet der qualitativ orientierten Jugendforschung findet sich zudem ein breites Spektrum von Erhebungsverfahren, das von offenen oder teilstandardisierten Interviews über Gruppendiskussionen bis hin zu teilnehmender Beobachtung reicht (vgl. Baacke/Sander 1999). Intensive Methodendebatten führten hier zu einer Orientierung an elaborierten Verfahren sozialwissenschaftlicher Hermeneutik, wie etwa der objektiven Hermeneutik (Oevermann), der grounded theory (Strauss), dem narrationsstrukturellen Verfahren (Schütze) oder der Dokumentarischen Methode (Bohnsack).

Die noch in den 1980er Jahren vehement geführten methodologischen Debatten über den Einsatz quantitativer oder qualitativer Methoden im Rahmen der empirischen Sozialforschung haben sich in der Folgezeit eher beruhigt. Stattdessen wird in der Jugendforschung stärker die Forderung artikuliert, qualitative und quantitative Verfahren der Datenerhebung und Datenauswertung miteinander zu kombinieren (vgl. Krüger 1993), da „eine Orientierung der Jugendforschung an der systematischen Analyse der Realität der Persönlichkeitsentwicklung und der Aufklärung des Spannungsverhältnisses zwischen Individuation und Integration" darauf angewiesen ist, „‚introspektive' Erhebungs- und Auswertungsverfahren mit objektiven, sozialstrukturell analysierenden Verfahren zusammenzubringen" (Hurrelmann 1994, S. 85).

2 Bilanz der Kindheits- und Jugendforschung zu Beginn des 21. Jahrhunderts

Zieht man eine Bilanz zum aktuellen Entwicklungsstand der Kindheits- und Jugendforschung so lässt sich feststellen, dass nicht nur die Jugendforschung im vergangenen Jahrzehnt einen Boom, sondern auch die Kindheitsforschung einen enormen Aufschwung erlebt hat. In beiden Forschungsgebieten wurden inzwischen eine Vielzahl von empirischen Studien durchgeführt, die sich mit den Lebenslagen und Orientierungen von Kindern und Jugendlichen in familialen, schulischen und außerschulischen Lebenswelten beschäftigt haben.

Auch im ersten Jahrzehnt des 21. Jahrhunderts wurde diese Forschungsintensivität in beiden Arbeitsgebieten fortgesetzt. Dabei wurden einerseits in der Kindheits- und Jugendforschung bereits begonnene Forschungslinien fortgeschrieben, z.B. in der Sozialberichterstattung zur Kindheit (vgl. Joos 2004) und der Kindersurveyforschung (vgl. Alt 2005) oder in Untersuchungen zur politischen Sozialisation und Orientierungen von Jugendlichen (vgl. Helsper/Krüger u.a. 2006; Jugendwerk der Deutschen Shell 2006; Oesterreich 2002) sowie in der Jugendkulturforschung etwa zur Gothic-Szene (vgl. Schmidt/Neumann-Braun 2005; Richard 2006), zur Hip-Hop-Kultur (vgl. Pfaff 2006) oder zu verschiedenen Fankulturen (vgl. Kuhn/Uhlendorff 2004). Andererseits wurden neue Forschungsfelder entdeckt bzw. ‚alte' Forschungsthemen wieder verstärkt ins Zentrum der empirischen Analyse gerückt. Angesichts der gegenwärtig sich abzeichnenden zunehmenden Polarisierung sozioökonomischer Lebenswelten wurden verstärkt qualitative und quantitative Studien zur biographischen Bewältigung und den psychosozialen Folgen von Kinderarmut (vgl. Chassée/Zander/Rasch 2004) sowie zu den Auswirkungen von Arbeitslosigkeit auf Jugendliche und junge Erwachsene (vgl. im Überblick Wilke/Ittel 2004) durchgeführt. Auch wurden die Bildungsbenachteiligung und die Alltagskulturen von Heranwachsenden aus Familien mit Migrationshintergrund zu zentralen Themen vor allem in der Jugendforschung (vgl. z.B. Nauck 2004; von Wensierkski/Lübcke 2007). Impulse für die Kindheits- und Jugendforschung gingen auch von der neuen Debatte um das informelle Lernen aus, in der darauf hingewiesen und empirisch aufgezeigt wurde, dass Kinder und Jugendliche auch an außerschulischen Bildungsorten wichtige Kompetenzen erwerben (vgl. Grunert 2005; Krüger/Rauschenbach 2007).

Weitere Indikatoren für die Konsolidierung und Ausdifferenzierung der Wissenschaftszweige der Kindheits- und Jugendforschung sind zudem zwei DFG-Schwerpunktprogramme aus den frühen 1980er und 1990er Jahren, ein Sonderforschungsbereich an der Universität Bielefeld, in dem zwischen 1986 und 1998 das Thema „Prävention und Intervention im Kindes- und Jugendalter" untersucht worden ist, sowie drei bilanzierende Handbücher aus den 1990er Jahren (vgl. Markefka/Nave-Herz 1989; Markefka/Nauck 1993; Krüger 1993), ein zu Beginn des 21.

Jahrhunderts erschienenes Handbuch zu Kindheit und Lebensgeschichte (vgl. Behnken/Zinnecker 2001), ein ab 2001 kontinuierlich erschienenes Jahrbuch Jugendforschung (vgl. z. B. Merkens/Zinnecker 2004) sowie eine seit 2006 erscheinende Zeitschrift mit dem Titel ‚Diskurs Kindheits- und Jugendforschung', die den Stand der Forschung zusammenfassen.

Trotz dieser Fortschritte darf man jedoch nicht übersehen, dass die Themen- und Fragestellungen sowie die Finanzierungsspielräume der Kindheits- und vor allem der Jugendforschung immer noch zu stark von kurzfristigen Verwertungsinteressen politischer und ökonomischer Auftraggeber abhängig sind und sich u.a. deshalb auch gegenwärtig zeitlich und inhaltlich klar konturierte Forschungsprogramme und Forschungslinien in den Bereichen der Kindheits- und Jugendforschung nicht erkennen lassen. Zur Verbesserung dieser Situation sind die Wissenschaftsbereiche der Kindheits- und Jugendforschung zum einen auf eine kontinuierliche Forschungsförderung durch die DFG, private Stiftungen oder bundesministerielle Instanzen angewiesen. Zum anderen ist insbesondere im Bereich der qualitativen Kindheits- und Jugendforschung der Aufbau umfassender Archivierungs- und Dokumentationssysteme notwendig, die erst die Voraussetzungen für systematisch aufeinander aufbauende Forschung abgeben können. Mit Hilfe des Internets oder unter Verwendung von CD-Rom's könnten neue Wege zu einer Dokumentation und öffentlichen Zugänglichkeit qualitativer, aber auch quantitativer Materialien und Daten beschritten werden, durch die die Voraussetzungen für die kontinuierliche Weiterentwicklung und für zwei Typen von Anschlussforschung geschaffen werden könnten: für die Realisierung von Sekundäranalysen bereits vorliegender Studien sowie für Replikationsstudien, die die Fragestellungen und Erhebungsinstrumente älterer Kindheits- und Jugendstudien unter veränderten gesellschaftlichen Rahmenbedingungen wiederholen (vgl. Krüger/Grunert 2000, S. 193).

Blickt man auf die Entwicklung der Theoriediskurse in der Kindheits- und Jugendforschung im letzten Jahrzehnt, so ist es zu einer Annäherung der theoretischen Sichtweisen gekommen. Das Konzept vom Jugendlichen als Akteur seiner Selbst oder als produktivem Verarbeiter seiner Realität, das beeinflusst durch interaktionistische oder sozialisationstheoretische Diskurslinien spätestens seit den 1980er Jahren im jugendtheoretischen Diskurs dominant geworden ist und auch in den Diskussionen um die Individualisierung von Lebenslagen ungebrochene Aktualität behielt, hat sich in begrifflicher Variation ein Jahrzehnt später auch in der Kindheitsforschung durchgesetzt (vgl. Lüders/Mack 2001, S. 123). Stichworte wie frühe Formen des kindlichen Selbst, Kinder als Akteure, kindliche Selbstbildung dokumentieren einen tief greifenden Perspektivenwechsel auf Kindheit und liefern gemeinsame Bezugspunkte für Studien im Bereich der Entwicklungspsychologie, der Kindheitssoziologie und der **erziehungswissenschaftlichen Kindheitsforschung** (vgl. Behnken/Zinnecker 2001, S. 13; Stern 1998). Wenig hilfreich für eine Weiterführung der Theoriediskussion scheinen hingegen insbesondere in der Kindheitsforschung vorgenommene Unterscheidungen und Aufteilungen in eine subjekt- und lebensweltliche Kindheitsforschung auf der einen und eine sozialstrukturelle Kindheitsforschung auf der anderen Seite zu sein (vgl. Honig/Leu/Nissen 1996, S. 20).

Aufgabe zukünftiger Kindheits- und Jugendforschung muss es vielmehr sein, solche vermeintlichen Trennungen in eine akteursbezogene und eine strukturbezogene Forschung zu überwinden, da erst Binnen- und Außenperspektive zusammen, sich wechselseitig ergänzend und korrigierend, ein komplexeres Bild von kindlichen und jugendlichen Biographieverläufen und von deren Bedingungsfaktoren ergeben (vgl. Grunert/Krüger 2006, S. 21; Zeiher 1996, S. 10). Notwendig ist deshalb für die Kindheits- und Jugendforschung die Entwicklung eines komplexen und interdisziplinär orientierten Theoriedesigns, das gesellschaftstheoretische, sozialökologische und persönlichkeitstheoretische Ansätze miteinander verbindet, um so die makro- und mesosozialen Kontextbedingungen ebenso wie die Prozesse der Persönlichkeitsentwicklung im Kindes- und Jugendalter gleichzeitig analytisch fassen zu können.

Die Bezugnahme auf Ansätze einer kritischen Modernisierungstheorie (vgl. Beck/Giddens/ Lash 1996; Heitmeyer 1997) bietet die Möglichkeit, die historische Entwicklung und aktuelle Verfasstheit kindlicher und jugendlicher Lebenszusammenhänge vor dem Hintergrund der ambivalenten Folgen gesellschaftlicher Modernisierungsprozesse zu analysieren, die nicht nur zu einer Ausdifferenzierung gesellschaftlicher Teilsysteme und insbesondere durch den Ausbau des Bildungssystems seit der Nachkriegszeit zu einer Scholarisierung der Lebensphasen Kindheit und Jugend geführt haben. Die systemischen Imperativen folgenden Vergesellschaftungsprozesse kapitalistischer Rationalisierung haben zugleich zu einer Globalisierung von Kapital, Finanz- und Arbeitsmärkten sowie Kommunikationsnetzen, zu einer Verschärfung sozialer Ungleichheiten, zu einer Erosion traditioneller sozialer Milieus und überlieferter sinnstiftender Weltbilder sowie zu einer Zersplitterung und Atomisierung kindlicher und jugendlicher Lebenslagen geführt. Diese Ausdifferenzierungsprozesse auf der Ebene der unmittelbaren sozialen und räumlichen Umgebung oder in übergeordneten Sozialisationskontexten zu beschreiben, dafür liefern sozialökologische Theorieansätze (vgl. etwa Baacke 1993; Bronfenbrenner 1981; Engelbert/Herlth in diesem Band) ein geeignetes Instrumentarium. Mit Hilfe persönlichkeitstheoretischer Ansätze, wie sie in der neueren Diskussion in kritischer Weiterführung klassischer identitätstheoretischer Ansätze etwa von Joas (1996) und Keupp (1996) entwickelt worden sind, ließen sich schließlich die Auswirkungen gesellschaftlicher Individualisierungsprozesse auf die Identitätsgenese und die alltägliche Identitätsarbeit von Kindern und Jugendlichen ebenso untersuchen wie die Frage, in welchen Sozialisationskontexten ihnen Anerkennung eingeräumt bzw. verweigert wird. Solch ein interdisziplinär orientierter Theorieverbund von Gesellschafts-, Umwelt- und Persönlichkeitstheorie eröffnet nicht nur die Möglichkeit, die verschiedenen makro-, mesosozialen und individuellen Analyseebenen des Gegenstandsfeldes Kindheit und Jugend theoretisch zu fassen, sondern auch akteurs- und strukturbezogene Perspektiven zu verbinden, da alle gewählten Bezugstheorien von handlungstheoretischen Grundannahmen ausgehen und dabei gleichzeitig strukturtheoretische bzw. systemische Modellvorstellungen mit berücksichtigen.

Zieht man eine Bilanz zur Entwicklung der Methodendiskussion in der Kindheits- und Jugendforschung, so lässt sich konstatieren, dass insgesamt gesehen im Bereich der quantitativen wie auch der qualitativen methodischen Zugänge vor allem im vergangenen Jahrzehnt enorme Fortschritte gemacht wurden. Im Feld der quantitativen Jugendforschung wurden inzwischen eine Reihe nationaler Jugendsurveys mit immer größeren Stichproben und unter Berücksichtigung umfassenderer Altersspannen (vgl. Zinnecker 2001), eine Vielzahl von Längsschnittuntersuchungen (vgl. zusammenfassend Butz/Gaedicke 2001) sowie einige **Replikationsstudien** und Kohortenanalysen durchgeführt, während hingegen solche quantitativen Forschungsdesigns in der Kindheitsforschung immer noch die seltene Ausnahme sind und hier zukünftig somit noch ein erheblicher Nachholbedarf besteht. Verstärkt eingesetzt werden sollte in der quantitativen Kindheits- und Jugendforschung auch das methodische Auswertungsverfahren der Mehrebenenanalyse (vgl. Ditton 1998), das bei der Auswertung quantitativer Daten die Einflüsse von Kontext- und Individualvariablen auf ein zu untersuchendes Phänomen getrennt berücksichtigt und sich somit als quantitatives methodisches Instrumentarium für die empirische Umsetzung von mehrebenenanalytisch angelegten kindheits- und jugendtheoretischen Konzepten optimal eignet (vgl. dazu Helsper/Krüger u.a. 2006).

Die qualitative Jugendforschung und zeitlich etwas verzögert auch die qualitative Kindheitsforschung sind inzwischen zu wichtigen Forschungsgebieten geworden, in denen fast das gesamte Spektrum qualitativer Erhebungsmethoden von der teilnehmenden Beobachtung, über differente Formen von Interviews bis hin zu Gruppendiskussionen sowie verschiedene elaborierte Auswertungsverfahren (z.B. narrationsstrukturelles Verfahren, dokumentarische Methode, Objektive Hermeneutik) eingesetzt werden. Forschungsdesiderata in beiden Wissenschaftsgebieten stellen hingegen noch die verstärkte Durchführung von qualitativen Längsschnittstudien, die Sammlung und hermeneutische Interpretation von visuellen Dokumenten (z.B. Fotos und Filme) oder die Analyse von digitalen Sozialisationsumwelten dar (vgl. Krüger/Grunert 2001, S. 141). Methodisch wünschenswert wäre in der qualitativen Kindheits- und Jugendforschung zudem, wenn zukünftig noch ausgeprägter verschiedene qualitative Methoden, z.B. biographische und ethnographische Methoden, miteinander trianguliert würden, um auf diese Weise komplexere Zusammenhänge zwischen Biographieentwicklung und institutionellen Strukturen oder soziokulturellen Kontexten empirisch untersuchen zu können (vgl. Bohnsack/Marotzki 1998; Krüger/Köhler/Zschach/Pfaff 2008).

Diese Forderung nach mehr **Triangulation** gilt erst recht für die Verbindung quantitativer und qualitativer methodischer Zugänge, die in der Kindheits- und Jugendforschung zwar oft programmatisch postuliert, aber nur selten und wenn dann häufig in additiver Form, etwa. in den Shell-Jugendstudien von 1992 oder 1997, wo biographische Porträts von Jugendlichen unvermittelt neben quantitativen Ergebnissen stehen, eingelöst worden ist. Erst durch die Verknüpfung von Fall- und Surveystudien in zeitlich sequentiell angelegten Phasenmodellen können nicht nur ganzheitliche Analysen von Handlungsräumen und individuellen Ausprägungen vorgenommen und systematische Überblicke über Entwicklungsdaten im Kindes- und Jugendalter gewonnen werden. Vielmehr kann auf diese Weise auch eine auf der Basis ausführlicher Einzelfallinterpretation gewonnene Typologie z. B. von biographischen Handlungsorientierungen in einem zweiten Schritt mit Hilfe quantitativer Verfahren auf ihre Verteilung nach Häufigkeiten untersucht werden (vgl. etwa Kötters 2000; Pfaff 2006). Eine zweite Variante der Triangulation quantitativer und qualitativer Verfahren und Daten besteht in sogenannten Komplementäritätsmodellen, die bereits in der ökologischen Kindheits- und Jugendforschung angewandt worden sind (vgl. Krüger/Pfaff 2004). Hier werden Sekundäranalysen statistischer Daten über Gesellschaft und Umwelt, mit Fragebogenerhebungen und ethnographischen Methoden der teilnehmenden Beobachtung gleichzeitig miteinander verbunden, um zu differenzierenden Analysen von kindlichen oder jugendlichen Lebensräumen und Situationsdefinitionen im gesamtgesellschaftlichen Kontext zu gelangen. Gerade solche Modelle der Triangulation quantitativer und qualitativer Zugänge scheinen somit forschungsmethodisch in besonderer Weise geeignet zu sein, einen mehrperspektivischen Blick auf die Lebenslagen und Orientierungen von Kindern und Jugendlichen zu eröffnen, bei dem individuelle Entwicklungsprozesse und Verarbeitungsmuster in ihrer Abhängigkeit von ökologischen und gesamtgesellschaftlichen Einflussfaktoren gleichzeitig erfasst werden. Insofern stellen sie ähnlich wie qualitative Triangulationsversuche oder quantitative Mehrebenenanalysen sinnvolle und konsequente methodische Ergänzungen zu komplexen und mehrdimensional angelegten Entwürfen zu einer Theorie der Kindheit und Jugend dar.

Wirft man einen bilanzierenden Blick auf die bisherigen thematischen Forschungsschwerpunkte der Kindheits- und Jugendforschung, so zeigt sich, dass in den vergangenen Jahrzehnten die verschiedensten Facetten der Lebenslagen und des Alltags von Kindern und Jugendlichen untersucht worden sind. Auch ist im Überschneidungsbereich zwischen Kindheits- und Jugendforschung in den letzten Jahren insbesondere die Altersgruppe der 10- bis 14-Jährigen mit ihren biographischen Übergängen ins Jugendalter, ihren familialen Lebenswelten und ihren kulturellen Freizeitpraxen ins Zentrum der Analysen mehrerer Studien gerückt worden (vgl. Büchner/Krüger/Fuhs 1996; Zinnecker/Silbereisen 1996; Krüger/Köhler/Zschach/Pfaff 2008), die lange Zeit als in der Forschung vernachlässigte „Lücke-Kindheit" galt. Kaum untersucht wurden hingegen bislang die Muster der Lebensführung und der Alltag von Kindern im Alter zwischen 4 und 8 Jahren, insbesondere auch in pädagogischen Institutionen, wie dem Kindergarten oder den Eingangsklassen der Grundschule. Bei der Analyse dieser Forschungsbereiche ist die Kindheitsforschung insbesondere auf den Einsatz spezifischer qualitativer Erhebungsmethoden, wie z.B. teilnehmende Beobachtung, Gruppendiskussionen oder die Sammlung von Kinderzeichnungen angewiesen, da biographische Interviewverfahren bei Kindern im Vorschul- und Grundschulalter noch nicht verwendet werden können (vgl. Krüger/Grunert 2001, S. 11).

Eine zweite wichtige Forschungsaufgabe, die sich insbesondere für die zukünftige erziehungswissenschaftliche Kindheits- und Jugendforschung stellt, ist die Untersuchung der Lern- und Sozialisationsprozesse von Kindern und Jugendlichen im interdependenten Kontext unterschiedlicher Bildungsorte. Während aktuelle Schulstudien, wie etwa die PISA-Studie (vgl. Baumert u.a. 2001) nur die durch Schule erzeugten Lernleistungen sowie die Familie als Unterstützungsinstanz für solche Lernerfolge analysieren, hat sich die bisherige Kindheits- und Jugendforschung vorrangig mit dem Alltag von kindlichen Peer-Welten (vgl. z.B. Breidenstein/ Kelle 1998) oder von jugendlichen Subkulturen in der Schule (vgl. etwa Helsper 1989) beschäftigt und dabei den Unterricht als zentrale Dimension von Schule weitgehend ausgeblendet. Notwendig ist es deshalb, Frage- und Themenstellungen der Kindheits- und Jugendforschung sowie der Schulforschung stärker miteinander zu verbinden und etwa zu untersuchen, welche ähnlichen oder unterschiedlichen kognitiven und sozialen Kompetenzen Heranwachsende im schulischen Unterricht bzw. in schulischen oder außerschulischen peer-groups erwerben.

Ein drittes Forschungsfeld, das von der Kindheits- und Jugendforschung noch weitgehend neu zu erschließen ist, ist die kulturvergleichende Forschung. Zwar gibt es im Kontext der ethnologischen Kindheitsforschung bereits einige spannende qualitative Studien zum Alltagsleben von Kindern in außereuropäischen Kulturkreisen (vgl. den Beitrag von Renner in diesem Band) und auch in der psychologisch orientierten Kindheits- und Jugendforschung wurden erste komparativ angelegte quantitative Untersuchungen durchgeführt (vgl. den Beitrag von Helfrich in diesem Band). Insgesamt gesehen steht die **kulturvergleichende Kindheits- und Jugendforschung** trotz eines angesichts der Internationalisierung von kindlichen und jugendlichen Lebenslagen und Lebensverläufen steigenden Bedarfs an grenzüberschreitenden Projekten jedoch immer noch eher am Anfang (vgl. du Bois-Reymond/Sünker/Krüger 2001; Krüger/Helsper/ Kramer u.a. 2008). Finanzierungsprobleme und sprachlich kulturelle Verständigungsprobleme erweisen sich oft als Hemmnisse. Hinzu kommt die Tatsache, dass die Methodik einer interkulturellen Kindheits- und Jugendforschung erst in Ansätzen entwickelt ist. Gerade aus den sozialen Folgeproblemen einer ökonomischen politischen und kulturellen Globalisierung mit ihren Auswirkungen auf Arbeitslosigkeit, soziale Armut und Migration, die auch die Lebensbedingungen eines Teils der Kinder und Jugendlichen zukünftig bestimmen, ergaben sich nur nicht für die deutsche, sondern auch für die international orientierte Kindheits- und Jugendforschung eine Vielzahl neuer Herausforderungen.

Es stellt sich abschließend noch die grundsätzliche Frage, ob angesichts der zukünftigen demographischen Entwicklung in den ersten drei Jahrzehnten des 21. Jahrhunderts, wo die Altersgruppe der über 60-Jährigen in Deutschland auf gut ein Drittel der Gesamtbevölkerung steigen und die Altersgruppe der unter 20-Jährigen von 20 auf 16 Prozent zurückgehen wird (vgl. Münz 1997), die Kindheits- und Jugendforschung überhaupt noch eine Zukunft hat oder ob sie nicht im Spektrum der Forschungen zu den verschiedenen Lebensaltern durch die Altersforschung verdrängt wird. Dass nach den Wissenschaftsgebieten der Kindheits- und Jugendforschung in den ersten Jahrzehnten des 21. Jahrhunderts noch eine Nachfrage besteht, dafür sprechen jedoch zumindest drei Gründe. Erstens wird der demographische Rückgang bei den Heranwachsenden einen Umbau der pädagogischen Institutionen von der Schule bis hin zur Jugendarbeit erforderlich machen, dessen Realisierung auf wissenschaftliche Expertisen angewiesen ist. Zweitens werden, wenn die Altersgruppen Kindheit und Jugend zu Minoritäten werden, der Mythos Kindheit und die Orientierung von Markt und Mode am Jugendideal nicht verschwinden, sondern vermutlich noch an Attraktivität gewinnen. Drittens wird auf die Kindheits- und Jugendforschung auch die Aufgabe zukommen, die Interessen ihrer Klientel in einer Gesellschaft mit zu vertreten, wo bereits demnächst eine Mehrheit der Wahlberechtigten über 50 Jahre alt sein wird. Man darf gespannt sein, wie sich die Forschungsprioritäten der Kindheits- und Jugendforschung sowie die Wechselbeziehungen zwischen beiden Wissenschaftsgebieten vor diesem Hintergrund entwickeln werden und wie sich die Beiträge von Erziehungswissenschaft, Psychologie, Soziologie, Ethnologie und Geschichtswissenschaft zu diesen Forschungsfeldern dabei gruppieren.

Literatur

Allerbeck, K./Hoag, W.: Jugend ohne Zukunft? Einstellungen, Umwelt, Lebensperspektiven. München 1985
Alt, C. (Hrsg.) Kinderleben – Aufwachsen zwischen Familie, Freunde und Institutionen. Bd. 1 Wiesbaden 2005
Arbeitsgruppe Schulforschung: Leistungen und Versagen. Alltagstheorien von Schülern und Lehrern. München 1980
Baacke, D./Sander, U./Vollbrecht, R.: Lebensgeschichten sind Mediengeschichten. Opladen 1990
Baacke, D./Sander, U.: Biographieforschung und pädagogische Jugendforschung. In: Krüger, H.-H./Marotzki, W. (Hrsg.): Handbuch erziehungswissenschaftliche Biographieforschung. Opladen 1999, S. 243-258
Baacke, D.: Der sozialökologische Ansatz zur Beschreibung und Erklärung des Verhaltens Jugendlicher. In: deutsche jugend (1980), H. 11, S. 493-505
Baacke, D.: Sozialökologische Ansätze in der Jugendforschung. In: Krüger, H.-H. (1993), S. 135-158
Barz, H.: Postmoderne Religion: am Beispiel der jungen Generation in den Alten Bundesländern. Opladen 1992
Barz, H.: Postsozialistische Religion: am Beispiel der jungen Generation in den Neuen Bundesländern. Opladen 1993
Baumert, G.: Jugend in der Nachkriegszeit. Darmstadt 1952
Baumert, J. u.a. (Hrsg.): PISA 2000: Basiskompetenzen von Schülerinnen und Schülern im internationalen Vergleich. Opladen 2001
Beck, U./Beck-Gernsheim, E. (Hrsg.): Riskante Freiheiten. Individualisierung in modernen Gesellschaften. Frankfurt a.M. 1994
Beck, U./Giddens, A./Lash, S.: Reflexive Modernisierung. Frankfurt a. M. 1996
Beck, U.: Jenseits von Stand und Klasse? Soziale Ungleichheiten, gesellschaftliche Individualisierungsprozesse und die Entstehung neuer Formationen und Identitäten. In: Kreckel, R. (Hrsg.): Soziale Ungleichheiten. Göttingen 1983, S. 35-74
Beck, U.: Risikogesellschaft, Frankfurt a.M. 1986
Becker, H./Eigenbrodt, J./May, M.: Unterschiedliche Sozialräume von Jugendlichen in ihrer Bedeutung für pädagogisches Handeln. In: Zeitschrift für Pädagogik 30 (1984), H. 4, S. 498-517
Behnken, I. u.a.: Schülerstudie '90. Jugendliche im Prozeß der Vereinigung. Weinheim/München 1991
Behnken, I./Zinnecker, J. (Hrsg.): Kinder, Kindheit, Lebensgeschichte. Ein Handbuch. Seelze-Velber 2001
Behnken, I./Zinnecker, J.: Die Lebensgeschichte der Kinder und die Kindheit in der Lebensgeschichte. In: Behnken, I./Zinnecker, J. (2001), S. 16-32
Bertlein, H.: Das Selbstverständnis der Jugend heute. Hannover/Berlin/Darmstadt/Dortmund 1960

Bertram, H.: Sozialberichterstattung zur Kindheit. In: Markefka, M./Nauck, B. (1993), S. 91-108
Bertram, H.: Von der schichtspezifischen zur sozialökologischen Sozialisationsforschung. In: Vaskovics, L.A. (Hrsg.): Umweltbedingungen familialer Sozialisation. Stuttgart 1982, S. 25-54
Blossfeld, H.-P.: Bildungsexpansion und Berufschancen. Empirische Analysen zur Lage der Berufsanfänger in der Bundesrepublik. Frankfurt a.M./New York 1988
Bohleber, W.: Jugend – Ausgang der Sozialisation: Narziß? In: Markefka, M./Nave-Herz, R. (1989), S. 93-101
Böhnisch, L./Funk, H./Huber, J. (Hrsg.): Ländliche Lebenswelten. Fallstudien zur Landjugend. München 1991
Bohnsack, R./Marotzki, W. (Hrsg.): Biographieforschung und Kulturanalyse. Opladen 1998
Bois-Reymond, M. du/Büchner, P./Krüger, H.-H. u.a.: Kinderleben. Modernisierung von Kindheit im interkulturellen Vergleich. Opladen 1994
Bois-Reymond, M. du/Sünker, H./Krüger, H.-H. (Hrsg.) : Childhood in Europe. New York/Washington u.a. 2001
Bois-Reymond, M. du: Der Verhandlungshaushalt im Modernisierungsprozeß. In: Büchner, P. u.a.: Teenie-Welten. Aufwachsen in drei europäischen Regionen. Opladen 1998, S. 83-112
Bois-Reymond, M. du: Die moderne Familie als Verhandlungshaushalt. Eltern-Kind-Beziehungen in West- und Ostdeutschland und in den Niederlanden. In: Bois-Reymond, M. du/Büchner, P./Krüger, H.-H. u.a. (1994), S. 137-219
Breidenstein, G./Kelle, H.: Geschlechteralltag in der Schulklasse. Ethnographische Studien zur Gleichaltrigenkultur. Weinheim/München 1998
Breyvogel, W./Krüger, H.-H. (Hrsg.): Land der Hoffnung – Land der Krise. Jugendkulturen im Ruhrgebiet 1900-1987. Berlin/Bonn 1987
Bronfenbrenner, U.: Die Ökologie der menschlichen Entwicklung. Stuttgart 1981
Bronfenbrenner, U.: Ökologische Sozialisationsforschung. Stuttgart 1976
Büchner, P. u.a.: Teenie-Welten. Aufwachsen in drei europäischen Regionen. Opladen 1998
Büchner, P./Fuhs, B./Krüger, H.-H. (Hrsg.): Vom Teddybär zum ersten Kuss. Wege aus der Kindheit in Ost- und Westdeutschland. Opladen 1996
Büchner, P./Fuhs, B.: Kinderkulturelle Praxis: Kindliche Handlungskontexte und Aktivitätsprofile im außerschulischen Lebensalltag. In: Bois-Reymond, M. du/Büchner, P./Krüger, H.-H. u.a. (1994), S. 63-135
Büchner, P./Krüger, H.-H. (Hrsg.): Aufwachsen hüben und drüben. Deutsch-deutsche Kindheit und Jugend vor und nach der Vereinigung. Opladen 1991
Büchner, P./Krüger, H.-H./Chisholm, L. (Hrsg.): Kindheit und Jugend im interkulturellen Vergleich. Opladen 1990
Büchner, P.: Aufwachsen in den 80er Jahren. Zum Wandel kindlicher Normalbiografien in der Bundesrepublik Deutschland. In: Büchner, P. /Krüger, H.-H./Chisholm, L. (1990), S. 79-94
Bühler, C.: Das Seelenleben des Jugendlichen. Jena 1921
Bundesministerium für Familie, Senioren, Frauen und Jugend (Hrsg.): 10. Kinder- und Jugendbericht. Bericht über die Lebenssituation von Kindern und die Leistungen der Kinderhilfen in Deutschland. Bonn 1998
Bundesministerium für Jugend, Familie und Gesundheit (Hrsg.): Verbesserung der Chancengleichheit von Mädchen in der Bundesrepublik Deutschland. Sechster Jugendbericht. Bonn 1984
Busemann, A.: Jugend im eigenen Urteil. Eine Untersuchung zur Jugendkunde. Langensalza 1926
Butz, P./Gaedicke, J.: Längsschnittstudien in der Jugendforschung. In: Merkens, H./Zinnecker, J. (2001), S. 399-420
Chassé, K.A./Zander, M./Rasch, K.: Meine Familie ist arm. Wie Kinder im Grundschulalter Armut erleben und bewältigen. Wiesbaden ²2004
Claessens, D.: Familie und Wertsystem. Berlin 1962
Clarke, J. u.a.: Jugendkultur als Widerstand. Frankfurt a.M. 1976
Deutsches Jugendinstitut (Hrsg.): Schüler an der Schwelle zur deutschen Einheit Politische und persönliche Orientierung in Ost und West. Opladen 1992
Diezinger, A. u.a.: Zukunft mit beschränkten Möglichkeiten. Entwicklungsprozesse arbeitsloser Mädchen. 2 Bde., München 1983
Dinse, R.: Das Freizeitleben der Großstadtjugend. Berlin 1930
Ditton, H.: Mehrebenenanalyse. Weinheim/München 1998
Dudek, P.: Jugend als Objekt der Wissenschaften. Geschichte der Jugendforschung in Deutschland und Österreich. Opladen 1990
Ecarius, J./Grunert, C.: Verselbständigung als Individualisierungsfalle. In: Mansel, J. (1996), S. 192-216
Eckert, R./Reis, C./Wetzstein, T.: „Ich will halt sein wie die andern". Abgrenzungen, Gewalt und Kreativität bei Gruppen Jugendlicher. Opladen 2000
Eisenstadt, S.N.: From generation to generation. Age groups and social structure. Glencoe 1956
Elias, N.: Über den Prozeß der Zivilisation. Soziogenetische und psychogenetische Untersuchungen. 2 Bde. 1936, Bern/München 1969

Emnid: Jugend zwischen 15 und 24. Emnid I. Bielefeld 1953
Emnid: Jugend zwischen 15 und 24. Emnid II. Bielefeld 1955
Emnid: Wie stark sind die Halbstarken? Emnid III. Bielefeld 1956
Engelbert, A./Herlth, A.: Sozialökologie der Kindheit: Wohnung, Spielplatz und Straße. In: Markefka, M./Nauck, B. (1993), S. 403-415
Esser, H.: Gesellschaftliche „Individualisierung" und das Schicksal der (Bindestrich-)Soziologie. In: Markefka, M./ Nave-Herz, R. (1989), S. 197-216
Fend, H.: Identitätsentwicklung in der Adoleszenz. Lebensentwürfe, Selbstfindung und Weltaneignung in beruflichen, familiären und politisch-weltanschaulichen Bereichen. Bern/Stuttgart/Toronto 1991
Fend, H.: Sozialgeschichte des Aufwachsens. Frankfurt a.M. 1988
Fend, H.: Vom Kind zum Jugendlichen. Der Übergang und seine Risiken. Bern 1990
Ferchhoff, W./Neubauer, G.: Jugend und Postmoderne. Analysen und Reflexionen über die Suche nach neuen Lebensorientierungen. Weinheim/München 1989
Ferchhoff, W.: Die Wiederverzauberung der Modernität? Krise der Arbeitsgesellschaft, Wertwandel, Individualisierungsschübe bei Jugendlichen. In: Kübler, H.D. (Hrsg.): Jenseits von Orwell. Analysen zur Instrumentierung der Kultur. Frankfurt a.M. 1984, S. 94-168
Ferchhoff, W.: Zur Pluralisierung und Differenzierung von Lebenszusammenhängen bei Jugendlichen. In: Baacke, D./ Heitmeyer, W. (Hrsg.): Neue Widersprüche. Jugendliche in den 80er Jahren. Weinheim/München 1985, S. 46-85
Flitner, A.: Eine Wissenschaft für die Praxis. In: Zeitschrift für Pädagogik 24 (1978), H. 2, S. 183-193.
Flitner, A.: Soziologische Jugendforschung. Darstellung und Kritik aus pädagogischer Sicht. Heidelberg 1963
Fölling-Albers, M.: Kindheitsforschung und Schule. Überlegungen zu einem Annäherungsprozeß. In: Behnken, I./Jaumann, O. (1995), S. 11-20
Friedrich, W./Griese, H.M. (Hrsg.): Jugend und Jugendforschung in der DDR. Weinheim/München 1991
Friedrich, W./Kossakowski, A.: Zur Psychologie des Jugendalters. Berlin 1962
Friedrich, W.: Zur Geschichte der Jugendforschung in der ehemaligen DDR. In: Krüger, H.-H. (Hrsg.): Handbuch der Jugendforschung. 2. Aufl., Opladen 1993, S. 31-42
Fuchs-Heinritz, W./Krüger, H.-H. (Hrsg.): Feste Fahrpläne durch die Jugendphase? Jugendbiographien heute. Opladen 1991
Funk, H.: Mädchen in ländlichen Regionen. Historische Klärungen und aktuelle Untersuchungen. München 1993
Geier, A./Korfkamp, J. (Hrsg.): Jugend und Neue Medien. Eine empirische Untersuchung an Schulen in Nordrhein-Westfalen mit Beiträgen zur Informationsgesellschaft. Duisburg 1998
Gillis, J.R.: Geschichte der Jugend. Weinheim/Basel 1980
Griese, H.M.: Sozialwissenschaftliche Jugendtheorien. 2. erw. Aufl., Weinheim/Basel 1982
Grunert, C. Kompetenzerwerb von Kindern und Jugendlichen in außerunterrichtlichen Sozialisationsfeldern. In: Sachverständigenkommission Zwölfter Kinder- und Jugendbericht (Hrsg.) Kompetenzerwerb von Kindern und Jugendlichen im Schulalter. München 2005, S. 9-94
Grunert, C./Krüger, H.-H.: Biographieforschung und pädagogische Kindheitsforschung. In: Krüger, H.-H./Marotzki, W. (Hrsg.): Handbuch erziehungswissenschaftliche Biographieforschung. Opladen 1999, S. 227-242
Grunert, C./Krüger, H.-H.: Kindheit und Kindheitsforschung in Deutschland. Opladen 2006
Günther, C./Karig, U./Lindner, B.: Wendezeit – Kulturwende? Zum Wandel von Freizeitverhalten und kulturellen Lebensstilen bei Heranwachsenden in Ostdeutschland. In: Büchner, P./Krüger, H.-H. (1991), S. 187-201
Heinritz, Ch.: Autobiographien als erziehungswissenschaftliche Quellentexte. In: Friebertshäuser, B./Prengel, A. (Hrsg.): Handbuch Qualitative Forschungsmethoden in der Erziehungswissenschaft. Weinheim/München 2003, S. 341-353.
Heinz, W.R. u.a.: „Hauptsache eine Lehrstelle". Jugendliche vor den Hürden des Arbeitsmarktes. Weinheim/Basel 1985
Heitmeyer, W. (Hrsg.): Was treibt die Gesellschaft auseinander? Frankfurt a. M. 1997
Heitmeyer, W. u.a.: Gewalt. Weinheim/München 1995
Heitmeyer, W./Olk, T. (Hrsg.): Individualisierung von Jugend. Gesellschaftliche Prozesse, subjektive Verarbeitungsformen, jugendpolitische Konsequenzen. Weinheim/München 1990
Heitmeyer, W.: Entsicherungen. Desintegrationsprozesse und Gewalt. In: Beck, U./Beck-Gernsheim, E. (Hrsg.): Riskante Freiheiten. Individualisierung in modernen Gesellschaften. Frankfurt a.M. 1994
Helsper, W. (Hrsg.): Jugend zwischen Moderne und Postmoderne. Opladen 1991
Helsper, W.: Jugendliche Gegenkultur und schulisch-bürokratische Rationalität. In: Breyvogel, W. (Hrsg.): Pädagogische Jugendforschung. Opladen 1989, S. 161-181
Helsper, W.: Okkultismus. Die neue Jugendreligion? Die Symbolik des Todes und des Bösen in der Jugendkultur. Opladen 1992

Helsper, W./Krüger, H.-H. u.a.: Unpolitische Jugend? Eine Studie zum Verhältnis von Schule, Anerkennung und Politik. Wiesbaden 2006
Hennig, W./Friedrich, W. (Hrsg.): Jugend in der DDR. Daten und Ergebnisse der Jugendforschung vor der Wende. Weinheim/München 1991
Hoffmann-Lange, U. (Hrsg.): Jugend und Demokratie in Deutschland. Opladen 1995
Honig, M.-S./Lange, A./Leu, H.R. (Hrsg.): Aus der Perspektive von Kindern. Zur Methodologie der Kindheitsforschung. Weinheim/München 1999
Honig, M.-S./Leu, H.R./Nissen, U.: Kindheit als Sozialisationsphase und als kulturelles Muster. Zur Strukturierung eines Forschungsfeldes. In: Honig, M.-S./Leu, H.R./Nissen, U. (Hrsg.): Kinder und Kindheit. Weinheim/München 1996, S. 9-29.
Honig, M.-S.: Forschung „vom Kinde aus"? Perspektivität in der Kindheitsforschung. In: Honig, M.-S./Lange, A. /Leu, H.R. (1999), S. 33-50
Hornstein, W.: Aspekte und Dimensionen erziehungswissenschaftlicher Theorien zum Jugendalter. In: Neidhardt, F. u.a.: Jugend im Spektrum der Wissenschaft. München 1970, S. 151-202
Hornstein, W.: Ein halbes Jahrzehnt „Pädagogische Jugendforschung". Überlegungen am Ende eines Forschungsprogrammes. In: Breyvogel, W. (1989), S. 227-257
Hornstein, W.: Jugend als Problem. In: Zeitschrift für Pädagogik 25 (1979), H. 5, S. 671-696
Hornstein, W.: Jugendforschung – Kennt sie die Jugend? In: Deutsches Jugendinstitut (Hrsg.): Immer diese Jugend? München 1985, S. 351-362
Hurrelmann, K./Wolf, H.K.: Schulversagen im Jugendalter. Weinheim/München 1986
Hurrelmann, K.: Einführung in die Sozialisationstheorie. Über den Zusammenhang von Sozialstruktur und Persönlichkeit. Weinheim/Basel 1986
Hurrelmann, K.: Lebensphase Jugend. Eine Einführung in die sozialwissenschaftliche Jugendforschung. Neuausgabe. Weinheim/München 1994
Jaide, W./Wurzbacher, G.: Die junge Arbeiterin. München 1958
James, A./Jenks, C./Proud, A.: Theorizing childhood. Cambridge 1998
Joas, H.: Kreativität und Autonomie. Die soziologische Identitätskonzeption und ihre postmoderne Herausforderung. In: Barkhaus, A. u.a. (Hrsg.): Identität, Leiblichkeit, Normativität. Frankfurt a. M. 1996, S. 357-369
Joos, M.: Die soziale Lage der Kinder. Sozialberichterstattung über Lebensverhältnisse von Kindern in Deutschland. Weinheim/München 2004
Jugendwerk der Deutschen Shell (Hrsg.): Jugend '81. Lebensentwürfe, Alltagskulturen, Zukunftsbilder. Hamburg 1981
Jugendwerk der Deutschen Shell (Hrsg.): Jugend '92. 4 Bde., Opladen 1992
Jugendwerk der Deutschen Shell (Hrsg.): Jugend '97. Opladen 1997
Jugendwerk der Deutschen Shell (Hrsg.): Jugend 2000. 2 Bde., Opladen 2000
Jugendwerk der Deutschen Shell (Hrsg.): Jugend 2006. Frankfurt a.M. 2006
Jugendwerk der Deutschen Shell (Hrsg.): Jugendliche und Erwachsene '85. 5 Bde., Opladen 1985
Keupp, H.: Bedrohte und befreite Identitäten in der Risikogesellschaft. In: Barkhaus, A. u.a. (Hrsg.): Identität, Leiblichkeit, Normativität. Frankfurt a. M. 1996, S. 380-409
Kieper, M.: Lebenswelten verwahrloster Mädchen. München 1980
Kötters, C.: Wege aus der Kindheit. Biographische Schritte der Verselbständigung im Ost-West-Vergleich. Opladen 2000
Krappmann, L./Oswald, H.: Alltag der Schulkinder. Beobachtungen und Analysen von Interaktionen und Sozialbeziehungen. Weinheim/München 1995
Krappmann, L./Oswald, H.: Fremde, Gleichaltrigengruppen, Geflechte. Die soziale Welt der Kinder im Grundschulalter. In: Fölling-Albers, M. (Hrsg.): Veränderte Kindheit – veränderte Grundschule. Frankfurt a.M. 1989
Krause, C.: Familiale Sozialisation von Jungen und Mädchen in Ostdeutschland. In: Büchner, P./Krüger, H.-H. (1991), S. 89-96
Kreutz, H.: Neuere Theorien zum Jugendverhalten. In: Markefka, M./Nave-Herz, R. (1989), S. 169-195
Krüger, H.-H. (Hrsg.): Handbuch der Jugendforschung. 2. erw. Aufl., Opladen 1993
Krüger, H.-H.: Einführung in Theorien und Methoden der Erziehungswissenschaft. Opladen 1997.
Krüger, H.-H.: Geschichte und Perspektiven der Jugendforschung – historische Entwicklungslinien und Bezugspunkte für eine theoretische und methodische Neuorientierung. In: Krüger, H.-H. (1993), S. 17-30
Krüger, H.-H.: Outlines of a Modern Critical Educational Science in Germany. Frankfurt a.M. u.a. 2007
Krüger, H.-H.: Stichwort: Qualitative Forschung in der Erziehungswissenschaft. In: Zeitschrift für Erziehungswissenschaft (2000), H. 3, S. 323-342

Krüger, H.-H./Ecarius, J./Grunert, C.: Kinderbiographien: Verselbständigungsschritte und Lebensentwürfe. In: Bois-Reymond, M. du/Büchner, P./Krüger, H.-H. u.a. (1994), S. 221-271.
Krüger, H.-H./Grunert, C.: Biographische Interviews mit Kindern. In: Behnken, I./Zinnecker, J. (2001), S. 129-142
Krüger, H.-H./Grunert, C.: Jugendforschung in Deutschland von der Nachkriegszeit bis zum Beginn des 21. Jahrhunderts. In: Götte, P./Gippert, W. (Hrsg.): Historische Pädagogik am Beginn des 21. Jahrhunderts. Essen 2000, S. 181-202
Krüger, H.-H./Pfaff, N.: Triangulation quantitativer und qualitativer Zugänge in der Schulforschung. In: Helsper, W./Böhme, J. (Hrsg.): Handbuch der Schulforschung. Opladen 2004, S. 159-182
Krüger, H.-H./Helsper, W./Kramer, R. u.a. (Ed.): Family, School, Youth Culture. International Perspectives of Pupil Research. Frankfurt a.M. u.a. 2008
Krüger, H.-H./Köhler, S. /Zschach, M./Pfaff, N.: Kinder und ihre Peers. Freundschaftsbeziehungen und schulische Bildungsbiographien. Opladen 2008
Krüger, H.-H./Rauschenbach, T.: Bildung im Schulalter – Ganztagsbildung als eine neue Perspektive. In: 6. Beiheft der Zeitschrift für Erziehungswissenschaft (2007), S.97-108
Kuhn, H.P./Uhlendorff, H.: Jugend und Fankultur – eine Übersicht. In: Merkens, H./Zinnecker, J. (Hrsg.) Jahrbuch Jugendforschung. 4, Wiesbaden 2004, S. 383-419
Küppers, W.: Mädchentagebücher in der Nachkriegszeit. Stuttgart 1964
Lahy, B.: Untersuchungen über die Ansichten und das Verhalten der Jugend. Französ. Oberkommando in Deutschland, Abt. f. öff. Erziehung I., Jan. 1948
Lang, S.: Lebensbedingungen und Lebensqualität von Kindern. Frankfurt a.M. 1985
Lange, A.: Der Diskurs der neuen Kindheitsforschung. In: Honig, M.-S./Lange, A. /Leu, H.R. (1999), S. 51-68
Lange, A.: Kindsein heute: Theoretische Konzepte und Befunde der sozialwissenschaftlichen Kindheitsforschung sowie eine Explorativuntersuchung zum Kinderalltag in einer bodenseenahen Gemeinde. Konstanz 1996
Langeveld, M.: Studien zur Anthropologie des Kindes. Tübingen 1964.
Lazarsfeld, P.F./Leichter, K.: Erhebung bei Jugendlichen über Autorität und Familie. In: Horkheimer, M. u.a.: Studien über Autorität und Familie. Paris 1936, S. 353-456
Lazarsfeld, P.F.: Jugend und Beruf. Jena 1931
Lenz, K.: Alltagswelten von Jugendlichen. Frankfurt a.M./New York 1986
Lenz, K.: Prozeßstrukturen biographischer Verläufe in der Jugendphase und danach. Methodische Grundlagen einer qualitativen Langzeitstudie. In: Combe, A./Helsper, W. (Hrsg.): Hermeneutische Jugendforschung. Opladen 1991
Lenzen, D.: Moderne Jugendforschung und postmoderne Jugend: Was leistet noch das Identitätskonzept? In: Helsper, W. (1991), S. 41-56
Lessing, H./Liebel, M.: Jugend in der Klassengesellschaft. München 1974
Lippitz, W./Meyer-Drawe, K. (Hrsg.): Lernen und seine Horizonte. Frankfurt a. M. 1986.
Lippitz, W./Rittelmeyer, C. (Hrsg.): Phänomene des Kinderlebens. Bad Heilbrunn 1989
Lüders, C./Mack, W.: Jugendliche als Akteure ihrer Selbst. In: Merkens/Zinnecker (2001), S. 121-135
Mannheim, K.: Das Problem der Generationen. In: Kölner Vierteljahreshefte für Soziologie 7 (1928), S. 157-185
Mansel, J. (Hrsg.): Glückliche Kindheit – Schwierige Zeit? Über die veränderten Bedingungen des Aufwachsens. Opladen 1996
Mansel, J. (Hrsg.): Reaktionen Jugendlicher auf gesellschaftliche Bedrohung. Untersuchungen zu ökologischen Krisen, internationalen Konflikten und politischen Umbrüchen als Stressoren. 2. Aufl., Weinheim/München 1994
Mansel, J. Hurrelmann, K.: Alltagsstress bei Jugendlichen. Eine Untersuchung über Lebenschancen, Lebensrisiken und psychosoziale Befindlichkeiten im Statusübergang. Weinheim/München 1991
Mansel, J./Brinkhoff, K.-P. (Hrsg.): Armut im Jugendalter. Soziale Ungleichheit, Gettoisierung und die psychosozialen Folgen. Weinheim/München 1998
Markefka, M./Nauck, B. (Hrsg.): Handbuch der Kindheitsforschung. Neuwied u.a. 1993
Markefka, M./Nauck, B.: Vorwort. In: Markefka, M./Nauck, B. (1993), S. IX-XIII
Markefka, M./Nave-Herz, R. (Hrsg.): Handbuch der Familien- und Jugendforschung. Bd. 2: Jugendforschung. Neuwied/Frankfurt a.M. 1989
Markefka, M.: Jugend und Jugendforschung in der Bundesrepublik. In: Markefka, M./Nave-Herz, R. (1989), S. 19-40
Merkens, H./Zinnecker, J. (Hrsg.) Jahrbuch Jugendforschung. 4, Wiesbaden 2004
Merkens, H./Zinnecker, J. (Hrsg.): Jahrbuch Jugendforschung, 1. Opladen 2001
Meves, B.: Die erwerbstätige Jugend. Eine statistische Untersuchung. Berlin/Leipzig 1929
Mey, G.: Qualitative Forschung und Prozessanalyse. Überlegungen zu einer „Qualitativen Entwicklungspsychologie". In: Forum Qualitative Sozialforschung/Forum: Qualitative Social Research (Online-Journal) 1 (2001), http://www.qualitative-research.net/fqs/fqs.htm
Moritz, K. Ph.: Anton Reiser. Ein psychologischer Roman (1785). München 1997

Muchow, M.: Zur Frage einer lebensraum- und epochaltypischen Entwicklungspsychologie des Kindes und des Jugendlichen. In: 59. Beiheft der Zeitschrift für angewandte Psychologie (1931), S. 185-202
Münz, R.: Rentnerberg und leere Schulen. In: Krappmann, L./Lepenies, A. (Hrsg.): Alt und jung. Spannung und Solidarität zwischen den Generationen. Frankfurt a. M. 1997, S. 49-65
Nauck, B.: Kinder als Gegenstand der Sozialberichterstattung. In: Nauck, B./Bertram, H. (Hrsg.): Kinder in Deutschland. Opladen 1995, S. 11-87
Nauck, B.: Sozialstrukturelle Differenzierung der Lebensbedingungen von Kindern in West- und Ostdeutschland. In: Markefka, M./Nauck, B. (1993), S. 143-164
Nauck, B.: Familienbeziehungen und Sozialintegration von Migranten. In: Bade, K.J. /Bommes, M.: Migration – Integration – Bildung. Grundfragen und Problembereiche. Osnabrück 2004, S. 83-104
Oerter, R./Montada, L. (Hrsg.): Entwicklungspsychologie. Ein Lehrbuch. 4. Aufl., Weinheim 1998
Oerter, R.: Sozialisation im Jugendalter: Kritik und Neuorientierung. In: Montada, L. (Hrsg.): Brennpunkte der Entwicklungspsychologie. Stuttgart/Berlin 1979, S. 231-252
Oesterreich, D.: Politische Bildung von 14-jährigen in Deutschland. Studien aus dem Projekt civic Education. Opladen 2002
Olk, Th.: Jugend und gesellschaftliche Differenzierung. Zur Entstrukturierung der Jugendphase. In: Zeitschrift für Pädagogik. 19. Beiheft (1985), S. 290-301
Otto, H.-U./Merten, R. (Hrsg.): Rechtsradikale Gewalt im vereinigten Deutschland: Jugend im gesellschaftlichen Umbruch. Bonn 1993
Parsons, T.: The Social System. Glencoe 1951
Permien, H./Zink, G.: Endstation Straße? Straßenkarrieren aus der Sicht von Jugendlichen. München 1998
Petillon, H.: Das Sozialleben des Schulanfängers. Die Schule aus der Sicht des Kindes. Weinheim 1993
Pfaff, N.: Jugendkultur und Politisierung. Eine multimethodische Studie zur Entwicklung politischer Orientierungen im Jugendalter. Wiesbaden 2006
Piaget, J.: Psychologie der Intelligenz. Zürich 1948
Piaget, J.: Urteil und Denkprozeß des Kindes. Düsseldorf 1972
Planck, U. u.a.: Die Lebenslage der westdeutschen Landjugend: Meinungen und Verhaltensweisen der ländlichen Jugend. München 1956
Preuss-Lausitz u.a.: Kriegskinder, Krisenkinder, Konsumkinder. Zur Sozialisationsgeschichte seit dem Zweiten Weltkrieg. Weinheim/Basel 1983
Projektgruppe Jugendbüro und Hauptschülerarbeit: Die Lebenswelt von Hauptschülern. Ergebnisse einer Untersuchung. München 1975
Projektgruppe Jugendbüro: Subkultur und Familie als Orientierungsmuster. Zur Lebenswelt von Hauptschülern. München 1977
Qvortrup, J.: Die soziale Definition von Kindheit. In: Markefka, M./Nauck, B. (1993), S. 109-124
Reichwein, S./Freund, T: Jugend im Verband – Karrieren, Action, Lebenshilfe. Opladen 1992
Richard, B./Krüger, H.-H.: Welcome to the Warehouse. In: Ecarius, J./Löw, M. (Hrsg.): Raumbildung, Bildungsräume. Opladen 1997, S. 147-166
Richard, B.: Schwarzes Glück und dunkle Welle. Gotische Kultursedimente im jugendkulturellen Stil und magisches Symbolrecycling im Netz. In: Jacke, C./Kimminich, F./Schmidt, S.J. (Hrsg.): Kulturschutt. Über das Recycling von Theorien und Kulturen. Bielfeld 2006, S. 235-256
Roessler, W.: Jugend im Erziehungsfeld. Düsseldorf 1957.
Rolff, H.-G./Zimmermann, P.: Kindheit im Wandel. Eine Einführung in die Sozialisation im Kindesalter. Weinheim/Basel 1985
Roth, L.: Die Erfindung des Jugendlichen. München 1983
Rousseau, J.-J.: Emile (1772). Hrsg. von Ludwig Schmidts. Paderborn 1971.
Schelsky, H. (Hrsg.): Arbeiterjugend gestern und heute. Heidelberg 1955
Schelsky, H.: Arbeitslosigkeit und Berufsnot der Jugend. Köln 1952
Schelsky, H.: Die skeptische Generation. Eine Soziologie der deutschen Jugend (1957). Düsseldorf/Köln 1963
Schmidt, A./Neumann-Braun, K.: Die Welt der Gothics. Wiesbaden 2005
Schoeps, J./Sturzbecher, D. (Hrsg.): Einstellungen Jugendlicher in Brandenburg zu Juden und zum Staat Israel. Schriftenreihe zur politischen Bildung. Brandenburgische Landeszentrale für politische Bildung. Potsdam 1995
Schorb, B./Stiehler, H.-J. (Hrsg.): Neue Lebenswelt – neue Medienwelt? Jugendliche aus der Ex- und Post-DDR im Transfer zu einer vereinten Medienkultur. Opladen 1992
Schubarth, W./Melzer, W. (Hrsg.): Schule, Gewalt und Rechtsextremismus. Analyse und Prävention. Opladen 1995
Schulze, H.-J./Künzler, J.: Funktionalistische und systemtheoretische Ansätze in der Sozialisationsforschung. In: Hurrelmann, K./Ulich, D. (Hrsg.): Neues Handbuch der Sozialisationsforschung. Weinheim/Basel 1991

Seiffge-Krenke, I. (Hrsg.): Krankheitsverarbeitung bei Kindern und Jugendlichen. Berlin/Heidelberg/New York u.a. 1990

Seiffge-Krenke, I.: Chronisch kranke Jugendliche und ihre Familien : Belastung, Bewältigung und psychosoziale Folgen. Stuttgart/Berlin/Köln 1996.

Silbereisen, R./Vaskovics, L./Zinnecker, J. (Hrsg.): Jungsein in Deutschland. Opladen 1996

Spranger, E.: Psychologie des Jugendalters. Heidelberg 1924

Stern, D.: Die Lebenserfahrung des Säuglings. Stuttgart 1998

Sünker, H.: Kindheit zwischen Individualisierung und Institutionalisierung. In: Zentrum für Kindheits- und Jugendforschung (Hrsg.): Wandlungen der Kindheit. Opladen 1993, S. 15-31

Tenbruck, F.H.: Jugend und Gesellschaft. Freiburg 1962

Thomae, H.: Der Lebenslauf und die biographische Methode. In: Haseloff, O.W./Stachowiak, H. (Hrsg.): Moderne Entwicklungspsychologie. Bd. 1, Berlin 1956, S. 132-142

Trotha, T. v.: Zur Entstehung von Jugend. In: KZfSS 34 (1982), H. 2, S. 254-277

Van Onna, B.: Jugend und Vergesellschaftung. Frankfurt a.M. 1976

Vaskovics, L.A.: Sozialökologische Einflussfaktoren familialer Sozialisation. In: Ders. (Hrsg.): Umweltbedingungen familialer Sozialisation. Stuttgart 1982, S. 1-24

Wagener, H.: Der jugendliche Industriearbeiter und die Industriefamilie. Münster 1931

Weiller, K. von: Versuch einer Jugendkunde. München 1800

Wensierski, H.J. von/Lübcke, C. (Hrsg.) Junge Muslime in Deutschland. Lebenslagen, Aufwachsprozesse und Jugendkulturen. Opladen 2007

Wilke, F./Ittel, A.: Auswirkungen der Arbeitslosigkeit bei Jugendlichen und jungen Erwachsenen. In: Merkens, H./Zinnecker, J. (Hrsg.): Jahrbuch Jugendforschung. 4, Wiesbaden 2004, S. 359-382

Wurzbacher, G.: Sozialisation, Enkulturation, Personalisation. In: Wurzbacher, G. (Hrsg.): Der Mensch als soziales und personales Wesen. Stuttgart 1963

Zeiher, H./Zeiher, H.: Orte und Zeiten der Kinder. Weinheim/München 1994.

Zeiher, H./Zeiher, H.: Wie Kinderalltage zustande kommen. In: Berg, Ch. (Hrsg.): Kinderwelten. Frankfurt a.M. 1991, S. 243-269

Zeiher, H.: Die vielen Räume der Kinder. Zum Wandel räumlicher Lebensbedingungen seit 1945. In: Preuss-Lausitz u.a. (1983), S. 176-194

Zeiher, H.: Modernisierungen in den sozialen Formen von Gleichaltrigenkontakten. In: Geulen, D. (Hrsg.): Kindheit. Weinheim 1989, S. 68-87

Zeiher, H.: Von der Natur aus Außenseiter oder marginalisiert? In: Zeiher, H./Büchner, P./Zinnecker, J. (Hrsg.): Kinder als Außenseiter. Weinheim/München 1996, S. 7-27

Ziegler, K.: Psychosoziale Bewältigung von Streß im Kindesalter. In: Mansel, J. (1996), S. 40-83

Ziehe, T.: Gegen eine soziologische Verkürzung der Diskussion um den neuen Sozialisationstyp. Nachgetragene Gesichtspunkte zur Narzißmusproblematik. In: Häsing, H./Stubenrauch, H./Ziehe, T. (Hrsg.): Narziß, ein neuer Sozialisationstypus? (1979), 3. Aufl., Bensheim 1980, S. 119-136

Ziehe, T.: Pubertät und Narzißmus. Sind Jugendliche entpolitisiert? Frankfurt a.M./Köln 1975

Zinnecker, J./Silbereisen, R. (Hrsg.): Kindheit in Deutschland. Aktueller Survey über Kinder und ihre Eltern. Weinheim/München 1996

Zinnecker, J.: Forschen für Kinder – Forschen mit Kindern – Kinderforschung. In: Honig, M.-S./Lange, A. /Leu, H.R. (1999), S. 69-80

Zinnecker, J.: Fünf Jahrzehnte öffentliche Jugendbefragung in Deutschland. Die Shell-Jugendstudien. In: Merkens/Zinnecker (2001), S. 243-278

Zinnecker, J.: Jugend im Raum gesellschaftlicher Klassen. In: Heitmeyer, W. (Hrsg.) Interdisziplinäre Jugendforschung. Weinheim/München 1986, S. 99-132

Zinnecker, J.: Jugendforschung in Deutschland. In: Erziehungswissenschaft 4 (1993), H. 8, S. 96-110

Zinnecker, J.: Jugendkultur 1940 – 1985. Opladen 1987

Zinnecker, J.: Kindheit, Jugend und soziokultureller Wandel in der Bundesrepublik Deutschland. In: Büchner, P./Krüger, H.-H./Chisholm, L. (1990), S. 17-36

Zinnecker, J.: Literarische und ästhetische Praxen in Jugendkultur und Jugendbiographie. In: Jugendwerk der Deutschen Shell (1985), S. 143-348

Zinnecker, J.: Pädagogische Ethnographie. In: Behnken, J./Jaumann, O. (Hrsg.): Kindheit und Schule. Weinheim/München 1995, S. 21-38

Zinnecker, J.: Soziologie der Kindheit oder Sozialisation des Kindes? In: Honig, M.-S./Leu, H.R./Nissen, U. (Hrsg.): Kinder und Kindheit. Weinheim/München 1996, S. 31-54

I Theoretische Ansätze in der Kindheits- und Jugendforschung

August Flammer

Psychologische Entwicklungstheorien

An eine Entwicklungstheorie darf man den Anspruch stellen, dass sie grundsätzliche und auf möglichst viele Funktionsbereiche generalisierbare Aussagen zu Entwicklungsveränderungen anbietet. Solche Funktionsbereiche sind kognitive Prozesse, Emotionen, Motorik, Sprache usw.[1] Entwicklung besteht – in allen nachhaltigen Veränderungen von Kompetenzen in diesen Bereichen; das sind sowohl die bleibenden einzelnen als auch jene kurzzeitigen Veränderungen, die weitere nach sich ziehen (Flammer 2009, S. 22).

In diesem Beitrag wird zuerst die Rede sein von Entwicklungsauffassungen in der Geschichte und im zweiten Teil von verschiedenen Wegen, auf denen Entwicklungstheorien entstehen, und den Bewährungsproben, die sie zu bestehen haben. Dabei wird eine größere Menge von Theorien angesprochen werden, von denen einige im dritten Teil ausführlicher dargestellt werden.

1   Die Anfänge

Dass Menschen sich entwickeln, insbesondere dass Menschen als Kinder auf die Welt kommen und sich langsam zu Erwachsenen entwickeln, dürfte den Menschen aller Kulturen nicht entgangen sein (Kreppner 1998). Allgemeine Formulierungen der herrschenden Auffassung (wenigstens der schreibenden Elite) sind uns z.B. von den alten Griechen überliefert. Sie teilten die Entwicklung in Stufen ein und beschrieben das typische Verhalten auf jeder Stufe. Dadurch weckten sie ein vertieftes Verständnis für die Kinder und Jugendlichen; und meistens verbanden sie ihre Einsichten mit Erziehungsempfehlungen.

Offensichtlich machten ihnen vor allem die Jugendlichen zu schaffen. So beklagte sich Sokrates darüber, dass sie dazu neigen, ihren Eltern zu widersprechen und die Lehrer zu tyrannisieren (vgl. Arnett 1999, S. 317). Und Platon empfahl, Kinder mit Gymnastik (für den Körper) und Musik (für die Seele) zu erziehen und Jugendlichen Mathematik und Philosophie zu lehren, damit sie ihre Kritikfähigkeit üben könnten. Im Übrigen sollten Kinder und Jugendliche bis zum 18. Lebensjahr keinen Wein trinken: „Feuer sollte nicht auf Feuer geschüttet werden" (Platon, zit. nach Muuss 1996, S. 3, übers. A.F.).

Aristoteles schließlich klärte seine Zeitgenossen darüber auf, dass die Jugendlichen „zu Begierde disponiert, ... aber leicht wandelbar [sind]... Alle ihre Fehler aber liegen ... im Bereich des Übermaßes und der übertriebenen Heftigkeit" (Aristoteles: Rhetorik II, dt. 1980, S. 120-122).

Eine Zeitlang glaubte man, im Mittelalter hätten die Menschen gar nicht wirklich wahrgenommen, dass Kinder anders sind als Erwachsene (Ariès 1960, dt. 1992). Das sei etwa daran zu erkennen, dass Kinder auf mittelalterlichen Bildern zwar kleiner, aber mit erwachsenen Körperproportionen dargestellt sind (vgl. Koops 1996). Obwohl diese Vorstellung mit einer naiven

Erschaffungstheorie übereinstimmt, weiß man heute doch, dass die Menschen auch im Mittelalter Kinder liebten, ihre Entwicklung beobachteten und mit ihnen anders als mit Erwachsenen umgingen (Pollock 1983); und es gibt viele Text- und Bildzeugnisse zu den Unterschieden zwischen den Lebensaltern (Herkommer 2000).

Unter den vielen späteren Zeugen einer differenzierten Auffassung von Kindheit und Jugend sticht Rousseau hervor. Rousseau (1762) sah die Entwicklung in fünf ungleich großen Abschnitten ablaufen, die je durch zentrale Lernaufgaben gekennzeichnet seien: (1) Umgang mit Lust und Unbehagen sowie Sensumotorik, (2) Spiel, Sport, Gedächtnis, (3) Verstand und Urteil, (4) Gefühl und Sittlichkeit, (5) Wille. Da die fünfte Entwicklungsstufe nach dieser Auffassung erst im dritten Lebensjahrzehnt erreicht wird, kann man Rousseau zugute halten, als einer der ersten die Entwicklung bis über die Jugendzeit hinaus gesehen und formuliert zu haben.

Rousseau hatte erkannt, dass der Mensch von seiner Geburt an sehr viel, sozusagen alles erst lernen muss, es aber aus eigenem Antrieb tut und mit eigenem Tempo, das man weder beschleunigen noch bremsen soll. Besonderes Interesse finden wir auch bei Rousseau für die **Adoleszenz:** „Wie das Meeresgrollen den Sturm ankündigt, so kündet sich diese stürmische Umwandlung durch das Raunen der erstarkenden Leidenschaften an: eine dumpfe Gärung zeigt die nahende Gefahr an. Stimmungswechsel, häufige Zornausbrüche, ständige geistige Erregung machen das Kind fast unlenkbar. ... In seinem Fieber ist es wie ein Löwe, der seinen Führer nicht mehr kennt und nicht mehr gelenkt werden will. ... Verlass keinen Augenblick das Steuer, oder alles ist verloren" (Rousseau 1762, dt. 1975, S. 210-211).

Definitiv bedeutsam wurde eine differenzierte Ausgliederung von **Entwicklungsphasen,** als mit der zunehmenden technologischen Entwicklung und der damit einhergehenden Arbeitsteilung die allgemeine und die berufliche Schulung zu notwendigen Voraussetzungen für eine erfolgreiche Sozialisation wurden. Und nicht zufällig wurde etwa gleichzeitig das genaue Beobachten von zu beschreibenden Phänomenen zum wissenschaftlichen Standard. So wurde gegen Ende des 19. Jahrhunderts die mehr pädagogische Beschreibung der Entwicklung zu einer empirisch-psychologischen. Die Anfänge gehorchten sogar methodischen Ansprüchen, die bald wieder verlassen wurden und erst in neuerer Zeit wieder erhoben werden, nämlich Ansprüche an die Verhaltensnähe der Beobachtungen und an wiederholte Datenerhebung an den gleichen Individuen (sog. Längsschnittdesign). Ihre erste Erfüllung fanden sie in den minutiösen Tagebucheintragungen, die wissenschaftliche Ehepaare über ihre Kinder anfertigten (z.B. Scupin/Scupin 1907, 1910; weitere Quellen in Hoppe-Graff 1998).

Damit gelangen wir ins 20. Jahrhundert, in dem Zehntausende von empirischen entwicklungspsychologischen Studien durchgeführt und Dutzende von mehr oder weniger umfassenden theoretischen Vorschlägen präsentiert wurden. Sie sind sehr verschiedenen psychologischen Schulen und Menschenbildern verpflichtet und entsprechend vielfältig. Interessanterweise hat sich aber – insbesondere innerhalb der letzten drei Jahrzehnte – ein Konsens über wichtige Konzepte ergeben. Dazu gehören etwa die Überzeugung, dass die Menschen sich ein Leben lang entwickeln und es wissenschaftlich sinnvoll ist, für alle Lebensalter nach gleich(artig)en Entwicklungsprozessen zu suchen. Allgemeinen Konsens genießt auch die Auffassung, dass es sowohl Entwicklung zum Besseren als auch Entwicklung zum weniger Guten gibt, dass beides meistens koexistiert, ja dass gelegentlich das eine das andere bedingt und dass es deshalb ratsam ist, beides unter einem gemeinsamen Entwicklungskonzept zu untersuchen (Baltes 1990).

2 Wie Entwicklungstheorien entstehen und sich durchsetzen

Wissenschaftliche Aussagen betreffen resp. sind immer Theorien. Auch empirische Studien basieren auf bestimmten Annahmen und zielen praktisch immer auf Generalisierung ab. Empirische Untersuchungen dienen nämlich entweder der Generierung von theoretischen Entwürfen oder der Prüfung von aus diesen Theorien abgeleiteten Hypothesen. Viele dieser Hypothesen beschränken sich mitsamt ihrem theoretischen Anspruch auf einen sehr kleinen Realitätsausschnitt; dafür sind sie meistens desto präziser. Ausgesprochen oder unausgesprochen sind sie aber eingebettet in umfassendere Sichtweisen oder theoretische Positionen. Diese umfassenderen Theorien interessieren in diesem Kapitel.

2.1 Ausgangspunkte für Entwicklungstheorien

Bestimmt gibt es viele Wege, über welche Forscherinnen und Forscher zur Formulierung von Theorien kommen. Das ersieht man durchaus auch aus der bisherigen Geschichte der Entwicklungstheorien:

Die meisten Entwicklungstheorien stellen eine *Neupositionierung* gegenüber geläufigen Theorien dar. Solches gilt z.B. ausgesprochen für die sog. humanistische Entwicklungstheorie, die sich als dritte Kraft neben Behaviorismus und Psychoanalyse verstand, oder für die **ökologische Entwicklungstheorie** Urie Bronfenbrenners (1974), der sozial-ökologische Entwicklungsbedingungen in den Vordergrund rückte und damit seine Theorie sozialpolitisch relevanter gestalten wollte.

Viele Entwicklungstheorien sind *Weiterentwicklungen* von vorausgehendem theoretischem Denken. So postulieren nicht wenige Theorien ein Streben nach Gleichgewicht zwischen verschiedenen Tendenzen, Wissenselementen, Überzeugungen und Werten. Und sie beziehen sich dabei direkt oder indirekt auf alte gestaltpsychologische Überlegungen. Gleichgewicht oder Äquilibration sind z.B. bedeutsame Komponenten in den Entwicklungstheorien von Werner (1926) und von Jean Piaget. Nach dieser Auffassung strebt Entwicklung immer zu Gleichgewichten. Und genau darauf haben die frühen dialektischen Entwicklungspsychologen in Amerika reagiert: Entwicklung ist und produziert permanent Konflikte und Ungleichgewichte, sonst käme sie ja zu einem Stillstand (Riegel 1978).

Gewisse Entwicklungstheorien bestehen in der *Anwendung* einer allgemeineren Entwicklungstheorie auf spezifische Funktionen. Das stellt zwar eine Einschränkung des Generalisierungsbereichs dar, gestattet aber meistens eine höhere Präzision der Aussagen. Solche Theorien stammen etwa von Lawrence Kohlberg, der Piagets Theorie der Intelligenzentwicklung auf die Entwicklung des **moralischen Urteils** anwendete, und von Oser und Gmünder, die Kohlbergs Theorie auf die Entwicklung des religiösen Urteils übertrugen.

Wieder andere Entwicklungstheorien sind *Neuformulierungen*, Anreicherungen oder Formalisierungen bestehender Theorien. Das ist etwa der Fall in Kurt W. Fischers Theorie der sog. **Fertigkeitsentwicklung** und Robbie Case's Theorie der Intelligenz als Problemlösekompetenz, die beide auf Piagets Theorie basieren. Es gilt auch für Erik H. Erikson, der die Freudsche Entwicklungstheorie mit psychosozialen Aspekten anreicherte und so ergänzte, dass sie den ganzen Lebenslauf umfasst.

Ohne Zweifel wurzeln viele Entwicklungstheorien, besonders die ‚Ein-Mann-Theorien' auf starken persönlichen Weltanschauungen und *Menschenbildern*. Nicht selten ist die Absicht spürbar, die Welt resp. die Lebensbedingungen der Menschen zu verbessern. Solches gilt mit Sicherheit für Erikson, der Krisen und Identitätssuche in sein zentrales Programm aufnahm, oder für Rogers, der bei allen religiösen Interessen autoritäre Setzungen, wie er sie u.a. in seinem Elternhaus erlebt hatte, ersetzen wollte durch ein Grundvertrauen in die einzelne Persönlichkeit, die sich – wenn unbehelligt und akzeptiert – spontan entfaltet und ihren richtigen Weg findet.

Es gibt Entwicklungstheorien, die ursprünglich gar nicht als solche gedacht waren, jedoch eine *Anwendung einer allgemeinpsychologischen Theorie* auf die Entwicklung darstellen. Solches gilt etwa für die behavioristische Tradition, in welcher Entwicklung auf Lernen reduziert wurde (Burrhus F. Skinner, Sidney W. Bijou), oder für die systemische Entwicklungsauffassung, die aus dem Studium der Veränderungsbedingungen von Systemen sehr umfassende Aussagen für die ‚Bedingungen der Möglichkeit' von Entwicklung ableitete. Analoges gilt für die **dialektische Entwicklungstheorie** russischer Herkunft (Leontjew 1959; Luria 1974; Schmidt 1977): Die Theorie hatte den Axiomen des dialektischen Materialismus zu genügen.

Einige Theorien muten an wie *wissenschaftlich formulierte Alltagstheorien*, z.B. die von Busemann (1959), der Entwicklung als ein lebensalter-gebundenes Schwingen eines Pendels zwischen Erregung (z.B. Trotzalter, Pubertät) und Beruhigung (z.B. Schulkind) postulierte, oder die von Gesell (1946; Gesell/Ilg 1946; Gesell/Ilg/Ames 1940, 1956), der eine exakte und detaillierte Stufenbeschreibung der beobachtbaren Entwicklungsfortschritte vornahm, gewissermaßen ein Maßstab für alle, die die Entwicklung ihrer Kinder beobachten und vergleichen wollten, oder auch die von Remplein (1963), der das damals doch schon umfassende Wissen mit einer Persönlichkeitstheorie verband und alltagstheoretisch formulierten Entwicklungsstufen zuordnete.

Gewisse Theorien entstanden in *außergewöhnlich eigenwilligen Köpfen*. Das gilt vor allem für Sigmund Freud und für Jean Piaget. Freud stemmte sich mit aller Kraft und ein Leben lang gegen die damalige, gegenüber psychischen Vorgängen immune Medizin sowie gegen die spätviktorianische, prüde Sexualmoral — was sein Leben durchaus nicht leicht machte. Dennoch musste auch er nicht die ganze Theorie selber erfinden; er nahm u.a. große Ideen seiner Zeit auf und verband sie originell, z.B. die physikalische Theorie der Energieerhaltung oder Darwins Evolutionstheorie, aber auch die Hysterietheorie seines Mentors Charcot. – Piaget seinerseits hegte zeitlebens eine große Aversion gegen alle Auffassungen, die entweder die ererbte Anlage oder die Umwelt oder beides in Proportionen als Voraussetzungen und Rahmen der Entwicklung thematisierten; ihm ging es um die durch das Individuum selbst initiierte Interaktion mit der Welt. Als ausgebildeter Biologe mit starken erkenntnistheoretischen Interessen und in Verarbeitung der in seiner Familie vorgelebten Prinzipien wollte er eine empirische Philosophie schreiben. Und als Kind seiner Zeit wollte er diese Philosophie genetisch konzipieren. Damit ist gemeint, dass alles aus seinem Werden zu verstehen ist (vgl. Darwin 1859). Mit einigen Startelementen von anderen Autoren (Baldwin 1894; Janet 1936) ging er daran, ein höchst originelles System der kognitiven Entwicklung zu entwerfen.

Es gibt Entwicklungstheorien, die *aus sozialen oder politischen Notwendigkeiten* entstanden sind, so z.B. die schon genannte dialektische Entwicklungstheorie russischer Prägung, die ursprünglich politisch diktiert war, oder die ausformulierte Auffassung von Entwicklung als Gewinn und Verlust bis ins hohe Alter, die durch die neuen demographischen Veränderungen und die Bedeutung der alten Menschen in unserer Gesellschaft zuerst zu einem sozialpolitischen Anliegen und erst dann zu einer entwicklungstheoretischen Formulierung gedieh (Paul B. Baltes, Schaie 1994).

Während viele der Entwicklungstheorien des frühen und mittleren 20. Jahrhunderts von einzelnen Personen formuliert und ausdauernd vertreten wurden, ist das neuere entwicklungstheoretische Denken simultan und interagierend auf mehrere Köpfe verteilt.

Es fällt auf, dass praktisch alle prominenten großen Entwicklungstheorien von Männern stammen. Gab oder gibt es denn keine Frauen in diesem Bereich? Oder waren sie weniger bemüht um nachhaltige Rezeption? Es gab und vor allem gibt viele Frauen in der entwicklungspsychologischen Forschung. Einige von ihnen waren bedeutsame Mitarbeiterinnen, die die erste Ehre aber jemand anders überliessen, z.B. Bärbel Inhelder, die zeitlebens für sehr viele Studien Piagets verantwortlich war. Charlotte Bühler gilt als Initiantin des modernen psychologischen Humanismus, der dann doch unter anderen Namen berühmt wurde. Carol Gilligan war langjährige Lebenspartnerin Kohlbergs und hat seine Theorie in einem wesentlichen Punkt in Frage gestellt und korrigiert. Andere traten erst langsam aus dem Schatten der ‚Anonymität', z.B. Mary Ainsworth, die die Theorie Bowlbys weiterentwickelte, oder Anna Freud, die in Fortsetzung der Arbeiten ihres Vaters eine vertiefte Pubertätstheorie vorlegte. Zu nennen ist auch Margret Mead, eine Pionierin der kulturrelativen Entwicklungspsychologie. Unter den zeitgenössischen Entwicklungstheoretikern und Entwicklungstheoretikerinnen befinden sich viele prominente Frauen, die einmal als Erstautorinnen in die Geschichte der Entwicklungstheorien eingehen könnten, z.B. Roberta Simmons, Sandra Scarr, Esther Thelen, Jacqueline Goodnow, Margret M. Baltes und Judy Dunn, um nur einige zu nennen und ohne Absicht, irgendwelche Berechtigte nicht zu nennen.

2.2 Wie sich Entwicklungstheorien bewähren

Einfache Theorien kann man mit wenigen Experimenten, meistens Falsifikationsexperimenten, prüfen und allenfalls widerlegen. Als Beispiele aus der Entwicklungspsychologie seien die (falsifizierten) Theorien genannt, nach denen hormonelle Veränderungen in der Pubertät die Hauptdeterminanten von Stimmungen und Selbstwertproblemen seien oder dass Vorschulkinder noch keine Hypothesen aufstellen könnten. Größere Theoriegebilde umfassen (oder implizieren) viele mögliche und empirisch überprüfbare Aussagen. Darum tut die Falsifikation einer einzelnen Aussage einer solchen Theorie meistens geringen Abbruch.

Sie schränkt allenfalls den ohnehin weit gespannten Generalisierungsbereich ein oder lädt zur Formulierung von Zusatzbedingungen ein, unter denen die Theorie dennoch gilt, oder die Falsifikation wird gar zurückgewiesen mit der Begründung, die entsprechende Hypothese sei in dieser Form nicht zwingend aus der Theorie ableitbar.

Woran lassen sich denn so große Theoriegebäude prüfen? Welche sind ihre Bewährungskriterien? Im Grunde sind die Bewährungsansprüche für solche Theoriegebäude höher als für eine Einzeltheorie, wenn auch weniger genau prüfbar. Die wichtigste Prüfung einer Entwicklungstheorie ist ihre Bewährung in der Anwendung sowohl in der weiteren (Spezial-) Theoriebildung und in der Generierung und Interpretation von Befunden als auch in der Anwendungspraxis. Eine Entwicklungstheorie, die detaillierte und bald einmal in der Praxis bewährte pädagogische Anleitungen oder psychotherapeutische Empfehlungen ermöglicht, ist deshalb besonders wertvoll. Das gilt erst recht, wenn nicht eine andere, allenfalls sogar einfachere Theorie verfügbar ist, die die gleichen Empfehlungen generiert.

Da häufig solche praktischen Konsequenzen nicht einfach formulierbar und empfehlbar sind, erscheint es auch bedeutsam festzustellen, ob eine Theorie viele Menschen, insbesondere

Fachpersonen, überzeugt, begeistert, zu neuen Einsichten und Interpretationsmöglichkeiten, ja zu fruchtbarem eigenem Denken anregt. Wer fühlt sich denn durch welche Theorie angesprochen?

In erster Linie müssen sich Theorieproduzenten und Theorierezipienten in den elementaren Grundannahmen über die Welt und über die Menschen („Menschenbilder"; vgl. Flammer 2009) einig sein. Da Menschenbilder u.a. im Zeitgeist wurzeln und der Zeitgeist im weiten Sinn auch etwas Modisches an sich hat, kann es Entwicklungstheorien passieren, dass sie nach Höhenflügen später ganz einfach „aus der Mode fallen".

In zweiter Linie müssen die Theorien jene Realitätsbereiche ansprechen, an denen die Theorierezipienten interessiert sind. Darum werden z.B. Entwicklungstheorien, die die ganze Lebensspanne umfassen, von den Gerontologinnen und Gerontologen jenen Theorien vorgezogen, nach denen Entwicklung im dritten Lebensjahrzehnt aufhört.

In dritter Linie gibt es Vorlieben für bestimmte Denkmuster und Argumentationsstrukturen. Theorien, die den Lebenslauf in Abschnitte einteilen, sind z.B. bei vielen wegen ihrer Anschaulichkeit beliebt; andere Rezipienten stören sich gerade an solchen ‚stilistischen' Begradigungen. Oder: einige mögen Theorien, die Entwicklung als quantitative Veränderungen konzeptualisieren und andere ziehen qualitative und von Messtheorien unabhängige Theorieformulierungen vor.

3 Entwicklungstheoriefamilien

Im Rahmen dieses Kapitels können nicht einzelne Theorien gründlich besprochen werden. Vielmehr sollen ‚Theoriefamilien' und dabei gelegentlich durchaus auch enge Partialtheorien zur Darstellung kommen.

3.1 Strukturgenetische Entwicklungstheorien

An erster Stelle soll die Theoriefamilie beschrieben werden, die vermutlich im 20. Jahrhundert die bedeutendste war und heute noch bei vielen als Standard gilt. Diese Theorie geht auf den Schweizer Jean Piaget (1896-1980) zurück.

3.1.1 Jean Piagets genetische Epistemologie

Wie oben schon angedeutet, war Piaget Biologe, Philosoph, Wissenschaftshistoriker und Psychologe, um nur einige der Disziplinen zu nennen, aus denen er schöpfte und denen er Erkenntnisanstöße gab (Piaget 1975, 1979). Piaget beschrieb Entwicklung als Veränderung der kognitiven Kompetenzen mit sozialen und emotionalen Konsequenzen (1947, 1964, 1966). Allen diesen Kompetenzen ist gemeinsam, dass sie die Wahrnehmung und den Umgang mit der Welt steuern (**Assimilation**) und sich nach Bedarf den objektiven Gegebenheiten anpassen (**Akkommodation**). Der Mensch lebt mit Erkenntnis- und Wirkschemata, wodurch die Erkenntnis und das Handeln ‚schematisch' werden (Konstruktivismus); aber die meisten Schemata bleiben nur so lange beibehalten, als sie sich bewähren (vgl. die obigen Ausführungen zur Bewährung und zum Überleben von Theorien; vgl. aber auch Darwins Selektionstheorie).

Schemata können widersprüchliche Repräsentationen von der Realität ergeben. Dafür ist ihnen die natürliche Tendenz mitgegeben, solche ‚Ungleichgewichte' zu überwinden (Äquilibration). Schemata, die gegenseitig kompatibel sind, ermöglichen eine große Flexibilität im Wahrnehmen, Denken und Handeln. Diese Flexibilität bewahrt vor ‚Sackgassen', indem sie gestattet, dass man alles korrigieren, negieren oder zurückdenken kann, ja dass man auf verschiedenen Wegen zu gleichen Zielen gelangen kann. Piaget bezeichnete solche epistemologischen Strukturen als reversibel. Er hat sogar versucht, diese Flexibilität oder Reversibilität auf mathematische Gruppen zu projizieren.

In guter europäischer Tradition hat Piaget seine Entwicklungstheorie als Stufentheorie formuliert. Er verwendete dafür allerdings alles andere als irgendwelche oberflächlichen Kriterien. Seine Stufen sind definiert durch die Art der Schemarepräsentation. Auf der ersten Stufe ‚verfügt' das Baby sensumotorisch über die Welt und das nur insofern, als es mit ihr aktive Umgangserfahrung gemacht hat. D.h., dass es alles, was es von der Welt weiß, in der Form des physischen Umgangs mit der Welt weiß. Anfänglich sind diese Erfahrungen gegenseitig noch nicht koordiniert, ja sind nach Piaget nicht einmal die Wahrnehmungen der einzelnen Sinne koordiniert. Erst mit der Zeit bildet sich ein vom Subjekt unabhängiges und schlüssiges Verständnis der (Um-) Welt. Auch unterscheidet der Säugling nach Piaget die Welt noch nicht von sich selbst.

Es sind gerade diese Befunde, die in den letzten Jahren dank neuer Daten in Zweifel gezogen wurden.[2] So weiß man heute, dass das Baby mindestens sehr früh (mit 2 bis 4 Monaten) die Welt als etwas von sich Getrenntes versteht (Stern 1985). Ebenfalls gegen die Erwartung von Piaget können Säuglinge schon im Alter von drei Wochen den Input verschiedener Wahrnehmungskanäle koordinieren, indem sie z.B. mit ihren Augen Schnuller verschiedener Oberfläche der vorausgehenden haptisch-oralen Erfahrung zuordnen können (Meltzoff/Borton 1979). Andere Befunde haben gezeigt, dass das Baby schon in der ersten Lebensjahrhälfte imstande ist, Ursache-Wirkungs-Zusammenhänge von irgendwelchen anderen Phänomenstrukturen zu unterscheiden und zwar auch in Bereichen, in denen nicht angenommen werden kann, dass es konkrete Handlungserfahrung gemacht hätte (Leslie 1982, 1984). Auch scheint Piaget das Erreichen bestimmter Kompetenzen, wie das Erkennen von Identität und von Objektpermanenz, altersmäßig zu spät angesetzt zu haben (vgl. z.B. Wang/Baillargeon/Brueckner 2005).

Aus einer oberflächlichen Sicht kann man sagen, dass Piaget die meisten Altersangaben für die Erreichung spezifischer Kompetenzen zu spät angesetzt hat. Das lässt sich unter anderem erklären mit der Tatsache, dass raffinierte Beobachtungsmethoden mit ihrer theoretischen Absicherung damals nicht bekannt waren. Dazu zählen etwa das Habituierungs-Dishabituierungs-Paradigma, das Fixationszeit-Paradigma oder die Verbindung von Elementarreaktionen mit klassischer Konditionierung (Flammer, 2009; Krist/Natour/Jäger/Knopf 1998). Zu sehr hat Piaget auf die sprachlichen Äußerungen der Kinder und damit auf ihre Sprech- und Mitteilungsfähigkeit abgestellt.

Die zweite Repräsentationsstufe, die nicht etwa die erste ablöst, sondern dazu kommt, nannte Piaget die konkrete[3]. Sie deckt etwa die Altersspanne zwischen 2. und 11. Lebensjahr ab und ist dadurch gekennzeichnet, dass das Kind Vorstellungen von der externen Realität erwirbt. Piaget nahm an, dass die Strukturen des sensumotorischen Umgangs interiorisiert werden. Aber es ist immer noch konkrete Realität oder es sind einzelne Dinge, die repräsentiert sind. Die Anfänge der Vorstellungen erschloss Piaget aus Beobachtungen der verzögerten Nachahmung. Diese Vorstellungsrepräsentationen ermöglichen dem Kind einen Umgang mit der Realität in symbolisierter Form, also durchaus auch in Abwesenheit des Vorgestellten. Dadurch entsteht eine beträchtliche Unabhängigkeit im mentalen Umgang mit der Welt. Ein besonders hilfreiches Mittel der symbolischen Repräsentation ist die Sprache. Sie wird nach Piaget aber erst möglich, nachdem erste Vorstellungen (die sog. semiotische Funktion) erreicht sind.

Wie auf der sensumotorischen Stufe sind die einzelnen „konkreten" Schemata anfänglich nicht verbunden oder spärlich sowie – aus der Sicht der Erwachsenen oder der älteren Kinder – oft falsch verbunden. Die meisten Vorschulkinder glauben z.B., dass eine länger ausgerollte Lehmwurst „mehr Lehm" sei, als wenn sie nicht so stark ausgerollt sei. Einige sagen aber im Gegenteil, dass die weniger ausgerollte Wurst „mehr" sei, weil sie dicker sei. Erst mit dem Erreichen der Reversibilität der entsprechenden Vorstellungsschemata (konkrete Operationen) gelingt es den Kindern, beide Aspekte, die Länge und die Dicke, zu beachten und miteinander in (eine kompensatorische) Beziehung zu setzen. Diese Reversibilität kann aber auch zur Einsicht verhelfen, dass das Ausrollen rückgängig gemacht werden kann, weshalb die Masse doch die gleiche bleibt, oder zur Einsicht, dass das ‚Hinzufügen von nichts' die Masse eben nicht verändert. Die erste Einsicht nannte Piaget mit den gruppentheoretischen Begriffen der Mathematik Negation resp. Inversion, die zweite Identität.

Natürlich ist unterdessen auch an diesen Interpretationen Kritik geübt worden. Eine besteht darin, dass das voroperatorische Kind eben oft die geeigneten Konzepte und Wörter nicht kennt, d.h. z.B. „lang" mit „viel" verwechselt. Grundsätzlicher ist die Kritik an der synthetischen Auffassung von Entwicklung bei Piaget. Piaget ging davon aus, dass die Entwicklung immer die Koordination von vorher isolierten Schemata einschließe (sog. majorisierende Äquilibration), eine an sich sparsame Annahme. Je öfter aber heute sichtbar wird, dass Kinder Dinge können, die sie auf ihrer Stufe noch nicht können sollten, desto mehr Zweifel kommen an der Kompositionsidee auf. Krist et al. (1998) brachten darum einen Neo-Nativismus in die Diskussion ein, nach dem viele zentrale Fähigkeiten schon sehr früh in sehr vereinfachter Form vorhanden sind. Nicht nur findet man schon vor der Geburt ein elementares Verstehen von resp. Vertrautwerden mit Mutter-Sprache Sprache (Fifer/Moon 2003), sondern auch schon in den ersten nachgeburtlichen Wochen ‚Kommunikationsspiele' zwischen Kind und Mutter resp. Pflegeperson (Bruner 1983). Eindrücklich ist auch der Nachweis einer frühen, intuitiven Physik (Baillargeon/DeVos 1991; Aguiar/Baillargeon 1999), wonach schon Babys eine „natürliche" Vorstellung von wahrnehmungsmäßig nicht zugänglichen, d.h. verdeckten Gegenständen haben. Es könnte also sein, dass schon Säuglinge und Kleinkinder unter maximal erleichternden Umständen „alles" oder sehr viel in der elementarsten Form können.

Schließlich ist die dritte Repräsentationsstufe zu nennen. Piaget nannte sie die formal-operatorische. Auf dieser Stufe wird die Realität in abstrakter Form in Zeichensystemen abgebildet, z.B. ihre quantitative Mächtigkeit im Zahlensystem oder Typen von Aussagen in logischen Zeichen. Bei so radikaler Abstraktion wird ein Umgang mit den Zeichen möglich, auch wenn die abzubildende Realität nicht einmal vorgestellt wird, ja wenn vielleicht überhaupt keine Realität abgebildet ist, aber irgendwann abgebildet werden könnte (Beispiel Algebra). Diese Repräsentation ermöglicht noch mehr Unabhängigkeit von der Realität. Sie bietet unter anderem den Vorteil des viel leichteren Umgangs (mit den Zeichen allein). Das konnte Piaget schön anhand der Kombinatorik zeigen: Wenn Schulkinder die geeignete Kombination von Wirkfaktoren (z.B. Licht, Sauerstoff, Lärmschutz) für ein Ereignis (z.B. das Wachstum einer Pflanze) experimentell feststellen sollen, stellen sie meistens eine Menge von experimentellen Anlagen her und kommen dann auf eine Lösung, die logisch nicht zwingend richtig ist, während formal-operatorische Jugendliche anhand einer mit Zeichen hergestellten Kombinatorik-Tafel genau herausfinden, wie viele und welche Kombinationen möglich und nötig sind, um sichere Schlussfolgerungen zu ziehen. Auch

Kinder können Hypothesen aufstellen, aber nur Jugendliche (und Kinder), die der formalen Operationen mächtig sind, können sie verlässlich prüfen.

Piaget hat auch für diese Stufe eine mathematische Modellierung vorgeschlagen, die aber die Logiker nicht recht zu befriedigen vermochte. Wichtig bleibt aber auch hier, dass Piaget die Entwicklung als das Erarbeiten von reversiblen Schemastrukturen auf allen Repräsentationsebenen versteht. Das ist eine interessante Idee mit enormen pädagogischen Implikationen. Sie besagt nämlich, dass in der aktiven Auseinandersetzung mit der Welt (und mit eigenen Ideen) Widersprüche und Ungereimtheiten entdeckt werden, die zu bereinigen die natürliche Tendenz jedes Menschen ist. Schule soll also Gelegenheit zur Aktivität bieten und allfällige Erfahrungswidersprüche erlebbar machen. Überdies: Repräsentationsebenen gehen nicht verloren, sondern überlagern sich. Ein erwachsener Mensch kann sich auf allen drei Ebenen bewegen und oft auch das auf einer höheren Ebene Ausgedachte auf einer tieferen Ebene realisieren. So sollte es wenigstens sein, auch wenn gewisse abstrakte akademische Gedankenspiele(r) manchmal die Verbindung zu den Vorstellungen und dem konkreten Handeln verlieren.

Mag die Kompositionsidee als einziges Modell der kognitiven Entwicklung zu kurz greifen; für die praktische Arbeit, z.B. das didaktisch angeleitete Lernen, hat sie sich als brauchbar erwiesen. Und noch etwas bleibt bei aller Kritik erhalten: Es mag sein, dass Kinder gewisse Konzepte oder gewisse Verstehensweisen ohne irgend eine einschlägige Vorerfahrung besitzen (Beispiel: kausale Beziehungen); dennoch deckt Piagets Überzeugung, dass der Mensch die Welt konstruktiv erobert resp. sie an seine Schemata assimiliert und dass er im Umgang mit der Welt immer differenzierter und beweglicher wird, offensichtlich sehr viel Entwicklungsrealität ab.

In der gegenwärtigen Entwicklungspsychologie steht Piagets Theorie eigentlich doppelt im Zentrum, einerseits wegen einiger sehr zentraler und bewährter Aussagen (Konstruktivismus, Repräsentationsebenen, Gleichgewichtsherstellung, Egozentrismus und Dezentrierung etc.) und andererseits als theoretischer Block, an dem sich Kritik entzündet und die Suche nach neuen Erklärungen misst. So findet sich in der neuen Auflage der „Entwicklungstheorien" (Flammer, 2009), wo jeder großen Theorie ein Kapitel gewidmet ist, nacheinander sowohl ein Kapitel über Piaget als auch ein ganzes zur kritischen Auseinandersetzung mit Piaget.

3.1.2 In Piagets Spuren

Entwicklung in Stufen darzustellen, war nicht eine Erfindung Piagets, wohl aber seine Definition von vollendeten Stufen als Menge gegenseitig stimmiger Aussagen, wobei das Individuum diese Stimmigkeit aktiv sucht und herstellt. Diese Idee haben mehrere spätere Entwicklungstheoretiker beibehalten und neu formalisiert.

Fähigkeitsentwicklung nach Kurt W. Fischer

K.W. Fischer (1980) nahm vier Stufen der kognitiven Entwicklung an, nämlich eine Reflexstufe, eine sensumotorische Stufe (ab 15./17. Woche), eine repräsentationale oder Vorstellungsstufe (ab Kinderkrippenalter) und eine abstrakte Stufe (ab Sekundarschulalter). Auf jeder Stufe findet über vier Schritte ein sukzessiver Koordinationsprozess der stufenspezifischen Aktionen statt, nämlich zuerst die einfache Realisierung einzelner Aktionen, dann die einfache gegenseitige Zuordnung oder Koordination von Aktionen, dann die Systembildung oder Zuordnung von Zuordnungen und schließlich das Verständnis von Systemen der Systeme. In einem konkreten Beispiel: (1) Ball ergreifen, (2) Ball ergreifen und werfen, (3) ergreifen – werfen und hingehen

– ergreifen, (4) Ballwurfspiel mit anderen. Immer der vierte dieser Koordinationsschritte stellt den Beginn der nächsthöheren Stufe dar; dieses bis dann komplexe Verständnis von Systemen der Systeme kann auf der höheren Ebene mental als eine einzige neue Einheit gehandhabt werden und als solche weitere Koordinationen eingehen. Fischer hat mit dieser These plausibel auch die Entwicklung von selten untersuchten kognitiven Konzepten erklärt, z.B. die Konzepte der Ehrlichkeit und der sozialen Lüge (Lamborn/Fischer/Pipp 1994), der Verantwortung (Fischer/Hand/Russell 1984, S. 46-53), der Aggression (Fischer/Elmendorf 1986) oder der Moral (Fischer et al. 1984). Die Fischer'schen Fertigkeiten oder Skills sind psychische Instrumente der Verhaltenskontrolle. Solche Kontrolle lässt sich – unter Umständen gleichzeitig – mit kognitiven und mit emotionalen Fertigkeiten ausführen. Ihre koordinierte Wirkung führt zu Aktionssystemen (vgl. Reversibilität bei Piaget).

Fischers Theorie bietet nicht nur ein elegantes allgemeines, formalisiertes System von Entwicklung, sondern enthält auch Empfehlungen für die Erziehung und den Schulunterricht, u.a. für die sorgfältige Beachtung der jeweiligen Entwicklungsvoraussetzungen jeder Leistung oder für den Einsatz der sog. Transformationsregeln (Differenzierung oder Erkennen einzelner Identitäten, Substitution oder Generalisierung, Fokussierung oder Aufmerksamkeitslenkung, Interkoordination oder Systematisierung von Systemen).

Entwicklung als progressives Problemlösen nach Robbie Case

Case (1985, 1992) verstand menschliche Aktivität immer als eine Form von Problemlösung. Diese besteht in der Auswahl und Realisierung einer Strategie, die eine Ist- oder Problemsituation in eine Sollsituation oder einen Zielzustand überführen soll. Nach Case besteht Entwicklung in der Verwendung von immer komplexeren Strategien; Case sprach etwa von Koordinationen einzelner einfacher und später komplexerer Operationen sowie von Koordinationssystemen.

Wie Fischer postulierte Case vier Entwicklunsstufen, nämliche eine sensumotorische, eine relationale (Vorstellungen, Erinnerungen), eine dimensionale (vergleichbar mit den konkreten Operationen bei Piaget) und eine abstrakte oder vektorielle Stufe. Und auch wie bei Fischer wird jede Stufe über vier Schritte erreicht. Der Übergang vom vierten Schritt auf eine neue Stufe macht wie bei Fischer eine komplexe Struktur zu einer neuen Einheit. Wenn man solche höheren Einheiten versteht resp. gegebenenfalls wieder auflösen kann, kann man über sie mit sehr wenig kognitivem Aufwand verfügen. Das entlastet unser Arbeitsgedächtnis während des Denkens und gestattet ‚einfaches' Denken von immer komplexeren Gedanken. Das ist eine Idee, die schon früher von Piagetianern aufgebracht worden ist (z.B. Pascual-Leone 1984). Zum einen entwickelt sich die Nettokapazität des Arbeitsgedächtnisses und zum anderen ermöglichen diese Stufen eine immer effizientere Auslastung des Arbeitsgedächtnisses.

Strukturgenetische Entwicklung des moralischen Urteils nach L. Kohlberg

Enger an Piagets Vorbild, aber auch enger im Anwendungsbereich und weniger formal als Fischer und Case hat Kohlberg (1974, 2006) seine Theorie der Entwicklung des **moralischen Urteils** gehalten. Unter dem Eindruck der grausamen Verirrungen seines Jahrhunderts (kollektive Kriegsentschlossenheit, Genozid) ging es ihm darum, Menschen zu individuellem und möglichst ausgewogenem, prinzipienorientiertem Urteilen über das, was richtig und was falsch ist, zu führen. Dafür widmete er sich der Erforschung der Entwicklung solcher Urteile.

Auch Kohlberg schlug eine Stufentheorie vor und zwar sechs Stufen. Die ersten beiden Stufen sind präkonventionelle, nämlich (1) Orientierung an Strafe und Gehorsam (gut ist, was man muss und wofür man belohnt wird; schlecht ist, wofür man bestraft wird) und (2) naiver instrumenteller Hedonismus (Kalkulation von Kosten und Nutzen; helfen, wo man auch mal Hilfe erwarten kann etc.). Darauf folgen zwei Stufen der konventionellen Moral, die so etwas wie gute Bürgerqualitäten charakterisieren: (3) interpersonale oder Gruppenperspektive (Anstand, edle Absicht ist moralisch wichtiger als das Handlungsergebnis) und (4) Gesellschaftsperspektive (Orientierung an staatlichen Gesetzen, Pflichten und Rechten; Gesetze gehen über alles, weil sie die größere Gesellschaft vor dem Chaos bewahren und Gerechtigkeit sichern; Gesetz und Ordnung). Die höchsten beiden Stufen, die der postkonventionellen Moral, sind (5) Orientierung am sozialen Kontrakt (Grundrechte und demokratische Verfahren bei der Aufstellung von Gesetzen haben Priorität; auch ein gut organisierter Staat kann unmoralisch sein; ziviler Ungehorsam kann zum Gebot werden) und (6) Orientierung an universellen ethischen Prinzipien (fundamentale Ethik, persönlich reflektierter, an prinzipieller Gerechtigkeit orientierter Standpunkt).

Nach Kohlberg bestimmt die Stufe der moralischen Argumentation nicht schon a priori, welche von zwei Alternativen eines moralischen Dilemmas die moralisch bessere ist. Die Stufe sagt nur etwas über das Niveau der Reflexion und der Argumentation aus. Je höher die Stufe, desto mehr verschiedene Gesichtspunkte werden einbezogen und desto differenzierter ist die Hierarchie der Werte.

Kohlberg beanspruchte für seine Theorie sog. Universalität, d.h. Generalisierbarkeit über alle Kulturen. Mit etwas Großzügigkeit blieb dieser Anspruch bislang empirisch nicht widerlegt. Dennoch ist z.B. zu beachten, dass Carol Gilligan aufgrund des Befunds, dass Frauen nach Kohlbergs Messverfahren teilweise ein tieferes Niveau des moralischen Urteils aufweisen, eine sehr berechtigte Kritik übte. Kohlbergs Theorie betrifft nämlich die rationale Argumentation für ‚kalte' Gerechtigkeit; Gilligan (1982; Linn/Gilligan 1990; Gilligan/Attanucci 1988) schlug ergänzend dazu eine Moral der interpersonalen Beziehungen und des persönlichen Engagements vor (care anstelle von justice). Vermutlich kommt Gilligans Auffassung dem Handeln im konkreten Leben näher. Jedenfalls hat die kohlbergsche Theorie immer damit zu kämpfen, dass zwischen moralischem Urteil und moralischem Handeln zwar eine gewisse, aber keine starke Übereinstimmung besteht. Unterschiede zwischen moralischem Urteilsniveau und Handeln können teilweise auch darauf zurückgeführt werden, das schon Kinder heute vieles nicht mehr als eine ‚moralische', sondern eher als eine Angelegenheit der (harmlosen) Konvention betrachten (Turiel 2002), z.B. Naschereien, Erschleichung eines unbezahlten Eintritts ins Konzert oder gar Mobbing.

Die Pflege des moralischen Urteilsvermögens bleibt gesellschaftlich und individuell (Selbstwert!) wünschbar. In guter piagetianischer Manier und mit Erfolg hat darum Kohlberg vorgeschlagen, dass die Entwicklung des moralischen Urteils dadurch angetrieben wird, dass dem Individuum Widersprüche in seinen Überzeugungen bewusst werden. Natürlich kann auch das Gespräch das Argumentationsniveau steigern, insbesondere wenn der Gesprächspartner oder die Gesprächspartnerin auf einem leicht höheren Niveau argumentiert (Plus-eins-Strategie; parallel zum Konzept der Zone der nächsten Entwicklung, s. unten).

3.1.3 Unter Piagets indirektem Einfluss

Piagets Idee der Entwicklung über Stufen von komplexen Gleichgewichten zwischen Überzeugungen und zwischen Überzeugungen und Realitätserfahrungen hat viele Theoretiker nach ihm beinflusst. Hier seien vier kurz genannt:

Die Entwicklungstheorie des Freundschaftsverständnisses nach Selman (1984) folgt einem formalen Stufenschema. Auf der untersten Stufe werden fremde und eigene Perspektive nicht unterschieden, auf der nächsten wird ihre Unterschiedlichkeit erkannt, aber erst in der folgenden koordiniert. Auf der zweitletzten Stufe ist auch eine Drittperspektive (Sicht von aussen) möglich, und auf der letzten Stufe sind grundsätzliche Überlegungen zur Freundschaft zugänglich.

Robert Kegan (1982) vertritt eine Stufentheorie der Entwicklung des Selbst. Er folgt dabei einem interessanten Muster vom Sein zum Haben (nicht umgekehrt!) und meint damit, dass man zunächst gewissen Bedürfnissen, Perspektiven etc. ausgeliefert ist und sie mit der Zeit versteht, d.h. damit umgehen kann, eben: sie hat. Entwicklung besteht nach Kegan in der schrittweisen Differenzierung des Selbst von seiner Welt und der fortlaufenden Integration neuer kognitiver Elemente. Mit jedem Schritt gewinnt das Individuum neue Distanz, Überblick und Kontrolle. Die Stufen nach dieser Theorie sind: (1) das einverleibende Selbst (man ‚ist' Reflexe[4]), (2) das impulsive Selbst (‚hat' Reflexe und ‚ist' Wahrnehmungen und Impulse), (3) das souveräne Selbst (‚hat' Wahrnehmungen und Impulse und ‚ist' Bedürfnisse, Interessen und Wünsche), (4) das zwischenmenschliche Selbst ('hat' Bedürfnisse, Interessen und Wünsche und ‚ist' zwischenmenschliche Beziehungen), (5) das institutionelle Selbst ('hat' zwischenmenschliche Beziehungen und ‚ist' im System von Autorität, Identität, Ideologie und psychischer Verwaltung) und (6) das überindividuelle Selbst (‚hat' resp. überblickt Autorität, Identität, Ideologie, psychische Verwaltung und ‚ist' Überindividualität und Austausch zwischen verschiedenen Selbstsystemen).

Enger an Kohlbergs System angelehnt ist Osers und Gmünders (1984; Oser/Reich 1992) Darstellung der Entwicklung des religiösen Urteils über fünf Stufen, reichend von der naiven Vorstellung eines allmächtigen und jederzeit alles kontrollierenden Gottes über einen belohnenden und bestrafenden Gott zu immer mehr Autonomie und Verantwortung des Menschen innerhalb eines nur teilweise verstandenen Kosmos. – Etwas differenzerter (7 Stufen) und weniger kognitiv orientiert ist die Glaubens-Stufentheorie von James W. Fowler (1981, 1991). Er beschreibt Prozesse von einem Glauben als Urvertrauen über einen intuitiv-projektiven, einen buchstabenorientierten, einen synthetisch-konventionellen, einen persönlich reflektierten, einen versöhnlichen bis zu einem universalisierenden Glauben.

Allen diesen Theorien ist gemeinsam, dass sie wie die von Piaget die Entwicklung über qualitativ unterscheidbare Stufen der Komplexität und Integration beschreiben und die Herstellung eines Gleichgewichts als einen zentralen Entwicklungsmotor verstehen. Ein wesentlicher Unterschied zu Piagets Theorie ist aber, dass sie nicht in klar unterscheidbaren Repräsentationsmodi verankert sind.

Natürlich bedeutet der Schritt von einer Stufe zur nächsten Veränderung resp. Entwicklung; man könnte sich aber genauere Beschreibungen der Übergangsprozesse wünschen. Nur Fischers Transformationsregeln bieten hierzu wirklich interessante Ansätze.

3.2 Psychoanalytische Entwicklungstheorien

Ebenfalls in der europäischen Tradition verankert sind psychoanalytische Entwicklungsvorstellungen.

3.2.1 Entwicklungsstufen nach Sigmund Freud

So wie Piagets Interesse an einer empirischen genetischen Epistemologie ihn zum Entwicklungspsychologen werden ließ, so führte Sigmund Freuds Interesse, psychisch gestörte Menschen zu heilen, zur Formulierung einer Persönlichkeitstheorie und einer Entwicklungstheorie (Freud 1917, 1933). Seine ebenfalls aus dem 19. Jahrhundert mitgenommene Überzeugung war, dass man aktuelle Zustände resp. Störungen nur aus ihrer Genese verstehen könne. Und die Suche nach der Genese führte Freud in die frühe Kindheit.

Freuds Entwicklungstheorie ist vergleichsweise rudimentär. Sie unterscheidet fünf Phasen, die orale, die anale und die phallische Phase sowie die Latenz- und die Pubertätsphase. Während Piaget die Entwicklung aus der Auseinandersetzung mit der Realität erklärte (immer auf der Basis selbstverständlicher somatisch-neurologischer Voraussetzungen), war Entwicklung für Freud innengesteuert. Sie lässt sich zunächst festmachen am schrittweisen Erwachen erogener Körperzonen: Mundschleimhaut, After, Genitalien. Die dritte dieser Körperzonen gewinnt mit einem Intervall, der Latenz, zweimal an primärer Bedeutung, nämlich in der infantil-genitalen oder phallischen Phase und in der Pubertät. Beide sind u.a. gekennzeichnet durch subjektiv bedrohliche Liebesansprüche an den gegengeschlechtlichen Elternteil (Ödipus- resp. Elektrakomplex) und ihre Bewältigung durch die Bildung resp. Stärkung des Über-Ichs.

Von besonderem entwicklungspsychologischen Interesse sind die beiden Mechanismen der Fixierung (= Entwicklungsstillstand) und der Regression (= Entwicklungsrückschritt). Unbefriedigender resp. repressiver oder auch exzessiver Umgang mit den Ansprüchen jeder Phase hinterlassen charakterologische Spuren bis ins Erwachsenenalter. Orale (partielle) Fixierung (auf Einnehmen, Festhalten, Beißen, Ausspeien, Schließen) kann sich später etwa in exzessivem Trinken, in fleißigem Studieren, in Zielstrebigkeit, Hartnäckigkeit oder in Sarkasmus, Zynismus und Dominanz äußern. Anale Fixierungen können sich in Geiz und Knausrigkeit, in einem Reinlichkeitsfimmel, in Pedanterie, in der Freude an Zoten oder aber in gerade übertriebener Generosität, Großzügigkeit und Aufopferung zeigen. Die Fixierung infantil-genitaler Wünsche beeinträchtigen soziale, insbesondere intime Beziehungen, können sich aber auch als Forscherdrang (Modus des Eindringens) oder als Dominanzverhalten (Modus des Sich-Bemächtigens) äußern.

Vielleicht unter dem Eindruck der damaligen repressiven Gesellschaft hegte Freud ein großes Unbehagen gegenüber der Gesellschaft, der Erziehung und überhaupt der Kultur (1930). Die wichtigste Aufgabe der Erziehung sollte die Vermeidung von entwicklungsstörender Repression sein.

3.2.2 Horizontale und vertikale Erweiterungen durch Erik H. Erikson

Während Freuds Theorie für die Entwicklungspsychologie heute vor allem einen historischen Wert hat, gilt Eriksons Vorschlag nach wie vor als gut getroffen. Erikson, ein Psychoanalytiker, erweiterte Freuds System der psychosexuellen Modalitäten durch die Ausdehnung auf psychosoziale Modalitäten (horizontale Erweiterung). Er beschrieb das Individuum weniger als ein isoliertes Opfer seiner Anlagen und der erzieherischen Umgebung denn als Person, die mit der sozialen Umwelt im Austausch steht und sich dadurch und mit ihr entwickelt.

Ebenso bedeutsam ist aber die vertikale Erweitung der Freudschen Entwicklungstheorie. Erikson fügte den fünf Phasen noch drei weitere hinzu, die dann das Erwachsenenalter und das höhere Alter mit abdecken. Besonders eindrucksvoll ist, was er selbst als alter Mann über die letzte Phase ausgesagt hat. Er sah nämlich für diese Phase die Aufgabe vor, zu seiner eigenen Geschichte zu stehen und so seine Integrität zu bewahren sowie sein eigenes Leben schließlich in einen größeren Gang der Welt sinnvoll eingeordnet zu verstehen (Erikson 1982).

In gewisser Weise vergleichbar mit Piaget nahm Erikson an, dass in jeder Entwicklungsphase eine Art befriedigendes Gleichgewicht gefunden werden müsse. Er sprach von Krisen, d.h. von einander entgegenstehenden Polen resp. Tendenzen, mit denen man sich auseinandersetzen und gegenüber welchen man sich positionieren müsse. Er nannte acht solche Krisen, die zwar alle ein Leben lang wichtige Themen sind, aber – nach einem sog. epigenetischen Prinzip – in folgender Reihenfolge virulent werden: Vertrauen–Misstrauen, Autonomie–Scham und Zweifel, Initiative–Schuldgefühl, Werkssinn–Minderwertigkeitsgefühl, Identität–Identitätsdiffusion, Intimität und Solidarität–Isolierung, Generativität–Selbstabsorption, Integrität–Verzweiflung.

Man kann diese Reihenfolge hinterfragen; die Themen selbst und die persönliche Positionierung darin sind aber ohne Zweifel sehr zentral im Menschenleben. Einige von ihnen haben eine riesige Forschungstradition hinter sich resp. ausgelöst, z.B. das Urvertrauensthema (Bindung, s. Ainsworth/Blehar/Waters/Wall 1978; Kontrolle, s. Flammer 1990) das Werkssinnsthema (Leistungsmotivation) oder das Identitätsthema (von Erikson selbst intensiv bearbeitet, z.B. 1968).

Das Krisenkonzept hatte und hat ebenfalls eine große Tradition (spätestens von Busemann, 1959, bis zu modernen Aufassungen der kritischen Lebensereignisse; Filipp 1995). Diesen Krisen ist der Mensch nach Erikson nicht einfach ausgeliefert; vielmehr stellen sie Herausforderungen, zu lösende Aufgaben dar. Auch diese Idee hat sich in der Entwicklungspsychologie mehrfach bewährt, etwa im heute noch bedeutsamen Konzept der Entwicklungsaufgabe (Havighurst 1948; Flammer 1992) oder in der modernen Auffassung, dass der Mensch ein Stück weit selbst seine eigene Entwicklung handelnd steuert (Flammer 2009) oder schließlich in der fast überbordenden Menge so genannter Coping- oder Bewältigungsliteratur.

3.2.3 Psychoanalytische Weiterentwicklungen

Natürlich gibt es viele neuere psychoanalytische (Teil-) Theorien. Einige seien hier kurz angeführt, andere nur genannt, z.B. die interessanten und prominent gewordenen Kleinkind-Entwicklungstheorien von Margaret Mahler (Mahler/Pine/Bergman 1975: Sechsphasentheorie zur Individuation und zur Separation von der Mutter während der ersten drei Lebensjahre) und Daniel Sterns (1985) Selbstentwicklungstheorie während der ersten zwei Lebensjahre.

Anna Freuds erweiterte Adoleszenztheorie

Während ihr Vater sich mit der Pubertät vergleichsweise wenig beschäftigt hatte, nahm sich Anna Freud (1958, 1969) dieser Phase besonders an. Sie sprach dabei aber häufiger von **Adoleszenz.** Auch nach ihr wird in dieser Phase die Ödipus-Situation wieder aktualisiert. Während der Ödipus-Konflikt in der infantil-genitalen Phase via Identifikation mit dem gleichgeschlechtlichen Elternteil überwunden wird, gelingt seine Meisterung in der Adoleszenz mit verschiedenartigen Abwehrmitteln, insbesondere mithilfe von Intellektualisierung, Sublimierung, Projektion, Reaktionsbildung und Askese (wovon die Anorexie eine besondere Extremform sein kann). Anna Freud differenzierte den Verlauf der Entwicklung in der Adoleszenz nach vier Unterphasen: (1) Triebveränderungen, (2) Veränderungen der Ich-Organisation, (3) Veränderungen der Objektbeziehungen, (4) Aufbruch zu neuen Idealen und sozialen Beziehungen. – Anna Freud hat diese Entwicklung als sehr turbulent beschrieben, was spätere empirische Untersuchungen nicht durchgehend bestätigten (vgl. Flammer/Alsaker 2002).

Phasen der adoleszenten Ablösung nach Peter Blos

Bis heute am breitesten rezipiert wurde Peter Blos' (1962, 1979) Weiterentwicklung der Adoleszenzentwicklungstheorie Anna Freuds. Er unterschied gar sechs Unterphasen: (1) Latenz (Aufbau einer differenzierten Ich-Struktur, konsolidierte Erfahrung der relativen Unabhängigkeit von den Eltern), (2) Präadoleszenz (Zunahme der Triebproduktion, Jungen distanzieren sich von Mädchen und Frauen, Mädchen übernehmen weibliche Rollen), (3) Frühe Adoleszenz (zunehmende Dominanz der Genitalität über die anderen Triebansprüche, Lockerung der Bindung an die Eltern, intensivierter Umgang mit meistens gleichgeschlechtlichen Gleichaltrigen), (4) Eigentliche Adoleszenz (heterosexuelle Objektwahl, verstärkter Narzissmus, Tagebuchschreiben als typischer Ausdruck), (5) Späte Adoleszenz (Bemühung um Identitätsfindung und Selbstakzeptation, realistischere Selbsteinschätzung), (6) Postadoleszenz (Aufnahme fester neuer Beziehungen).

James E. Marcias Theorie der Identitätsentwicklung

Der bedeutsame Teil der **Identitätsentwicklung** nach Erikson hat eine unmittelbare Weiterentwicklung durch seinen Schüler Marcia (1966, 1967) erfahren, allerdings nur bezogen auf die Entwicklung in der **Adoleszenz.** Marcia unterschied vier Typen von Identität, nämlich: übernommene Identität (foreclosure; geringes Maß an Explorationsanstrengung, aber hohes Maß an Verpflichtung und Engagement oder commitment), gekennzeichnet durch die Übernahme von Werten und Rollen von Eltern und anderen Autoritätspersonen; diffuse Identität (geringe Exploration und geringes Engagement), gekennzeichnet durch relativ geringe Reflektiertheit bis zu Indifferenz gegenüber den Werten); kritische Identität oder Moratorium (Exploration hoch, Engagement gering), gekennzeichnet durch intensives Suchen, Beschäftigung mit der eigenen Zukunft, Berufswahl und Wahl von Freunden, aber vorläufig geringe Verpflichtung; erarbeitete Identität (Exploration und Engagement hoch), gekennzeichnet durch persönlich entschiedene Verpflichtung gegenüber Werten und allenfalls Personen.

Die Reihenfolge der Aufzählung bot Marcia als typischen Entwicklungsverlauf an. Unterdessen aber wurde sichtbar, dass alle Übergänge vorkommen. Neuenschwander (1995) hat Befunde dafür, dass diese Abfolgen im gesamten Leben mehrfach durchlaufen werden.

3.3 Abkehr von den ontogenetischen Stufen

Ob man Entwicklung als kontinuierlichen oder als sprunghaften Verlauf verstehen soll, hängt vom Auflösungsgrad der Analyse und der Definition allfälliger Stufen (z.B. Repräsentationsstufen nach Piaget) ab. Die Beschreibung in Stufen ist allemal attraktiv, weil sie eine geordnete Übersicht über den Lebenslauf ermöglicht. Andererseits gefällt an der Annahme von Kontinuitäten die größere Flexibilität der Theorien. Das gilt insbesondere für Theorien, die gleiche Mechanismen über die ganze Entwicklung unterstellen.

3.3.1 Entwicklungspsychologie als Lernpsychologie

Die behavioristische Perspektive auf die lebenslange Entwicklung unterstellt die beliebig häufige Anwendbarkeit der gleichen Lernmechanismen, z.B. der klassischen und der operanten Konditionierung und des sozialen Lernens (Skinner 1948; Bijou 1984, 1992). In dieser Konzeption hat die physische und soziale Umgebung einen beträchtlichen, wenn nicht den Haupteinfluss auf den Gang der Entwicklung. Dass sich die Menschen dennoch erstaunlich gleichartig entwickeln, liegt nach Bijou und Baer (1961) daran, dass die meisten Menschen vergleichbare biologische Randbedingungen besitzen, eine relative Gleichförmigkeit der sozialen Umwelt vorfinden, sich vor die gleiche Schwierigkeitshierarchie der zu lernenden Verhaltensweisen gestellt sehen und dass eben viele zu lernende Verhaltensweisen bestimmte bereits gelernte Verhaltensweisen voraussetzen (z.B. setzt das Rennen das Gehenkönnen voraus).

3.3.2 Entwicklungskonzepte in der Humanistischen Psychologie

Die Humanistische Psychologie, zunächst formuliert von Charlotte Bühler (Bühler/Allen 1982) und weitergeführt von Maslow (1962) und Rogers (1961, 1969) hat sich nie explizit als eine lebenslaufbezogene Entwicklungstheorie präsentiert, aber sie beschreibt beliebig wiederholbare Prozesse auf dem Weg zur entfalteten und erfüllten Persönlichkeit (fully functioning person). Dieser Weg führt von einer primitiven Selbstwahrnehmung über vorübergehenden Kontrollverlust bis zur angstfreien Selbsterfahrung und -annahme sowie zur Offenheit für neue Gefühle und Veränderungen. Das Studium und die Beschreibung dieser Prozesse stammt aus therapeutischen Erfahrungen mit neurotischen und anderen Menschen in persönlichen Schwierigkeiten. Man kann – großzügig – annehmen, dass solche Zyklen im Menschenleben immer wieder mal fällig werden.

Zwar wird in dieser Theorie nach allgemeinem Entwicklungsniveau oder Lebensalter nicht differenziert, aber es ist offensichtlich, dass sie auf Säuglinge und Kleinkinder nicht anwendbar ist. Attraktiv an dieser Theorie ist, dass sie davon ausgeht, dass Menschen sich unter geeigneten Bedingungen, z.B. soziale Akzeptiertheit, spontan in Richtung des Besseren entwickeln, dass sie den Entwicklungskompass zum Besseren oder Höheren in sich selbst besitzen und dass spezielle Entwicklungsförderung nur bei Fixierungen nötig wird. Diese Förderung entspricht, sehr generell, der Vermittlung der Erfahrung des Akzeptiertseins. Wer von anderen bedingungslos akzeptiert resp. gelten gelassen wird, kann sich auch selbst besser akzeptieren; und genau das gibt der spontanen Entwicklung den Weg frei.

3.3.3 Eine Ökologie der Entwicklung

Viel radikaler als Erikson verstand Bronfenbrenner (1979) den sich entwickelnden Menschen eingebettet in soziale Systeme. Am Beispiel des sog. Mikrosystems der unmittelbaren Bezugspersonen lässt sich zeigen, dass es „ein Muster von Tätigkeiten und Aktivitäten, Rollen und zwischenmenschlichen Beziehungen [ist], die die in Entwicklung begriffene Person in einem gegebenen Lebensbereich mit den ihm eigentümlichen physischen und materiellen [und symbolischen; Zusatz in Bronfenbrenner 1990, S. 106] Merkmalen erlebt" (1979, dt. 1981, S. 38). Diese Einbettung bedeutet Lernen und Sozialisation. Die Sozialisations- oder Entwicklungsprozesse werden weitergeführt, wenn sich das Individuum von einem Mikrosystem in ein anderes bewegt (sog. ökologische Übergänge). So werden z.B. in der Schule und in der Familie unterschiedliche Aktivitäten möglich und gefordert und unterschiedliche Rollen angeboten.

Oft interagieren Mikrosysteme auch gegenseitig, durchaus mit Auswirkungen auf die Zielperson (Beispiel: Lehrerin und Mutter besprechen sich). „Die Wechselbeziehungen zwischen den Lebensbereichen, an denen die sich entwickelnde Person aktiv beteiligt ist", nannte Bronfenbrenner (1979, dt. 1981, S. 41) Mesosystem. Bronfenbrenner sprach auch von Exosystemen, die Lebensbereiche einschließen, „an denen die sich entwickelnde Person nicht selbst beteiligt ist, in denen aber Ereignisse stattfinden, die diejenigen in ihrem Lebensbereich beeinflussen oder von ihnen beeinflußt werden" (S. 224). Mit der Zeit bekommt das Kind resp. der/die Jugendliche auch ein vertieftes Verständnis der Beziehungen und Verschachtelungen verschiedener Systeme, die auch Systeme einschließen, die sehr umfassend sind, z.B. Kulturen (= Makrosysteme) und geschichtliche Epochen (= Chronosystem).

Bronfenbrenners Theorie formuliert keine Kompetenzen, die im Verlauf der Entwicklung erworben werden, sie enthält vielmehr ‚Bedingungen der Möglichkeit' von Entwicklung. Wenn man davon ausgeht, dass Individuen (und soziale Einheiten) sich unter geeigneten Bedingungen spontan entwickeln, reicht das für die praktischen Belange der Erziehung. Aber natürlich ist diese Theorie in manch anderer Beziehung unspezifisch; weder Intelligenz noch Sprache noch Emotionen noch Motorik sind explizit artikuliert. Man kann diese Theorie darum als eine Rahmentheorie verstehen, komplementär zu anderen Theorien (Flammer 2009).

Mit Bronfenbrenners Auffassung verwandt sind sog. Systemische Entwicklungsauffassungen. Ausgehend von systemtherapeutischen Erfahrungen hat Flammer 1988 (2009) Elemente einer Entwicklungstheorie herausgearbeitet, die sowohl dem Verständnis von Entwicklung als auch der Förderung von Entwicklung dienen können. Systeme weisen eine spezifische Dynamik auf und weisen ihren Elementen bestimmte Rollen und bestimmte Freiheiten zu (Lerner/Theokas/Bobek 2005; Luhmann 2002). Das gilt z.B. für Organismen und ihre Organe, für Staaten und ihre Institutionen, aber auch für soziale Gruppen und ihre Mitglieder. Systemische Theorien in der Psychologie sind eher Performanzbedingungstheorien denn Entwicklungsprozesstheorien. Aber durch Handeln (Performanz) lernt man, reichert man sein Kompetenzrepertoire an, entwickelt man sich.

3.3.4 Individualentwicklung, eingebettet in den Lauf der Geschichte

Die Entwicklung ist nach der russischen kulturhistorischen Schule eingespannt in eine Dialektik. Nach Hegel und nach Engels gibt es in allen Dingen so etwas wie eine natürliche Dialektik, die in dem gegenseitigen Durchdringen der polaren Gegensätze, mithin in der Entwicklung durch den Widerspruch oder durch Negation der Negation und durch das Umschlagen von Quantität in Qualität gekennzeichnet ist (Schwemmer 1980, S. 466).

Auch die dialektische Entwicklungsauffassung ist dem genetischen Ansatz verpflichtet, weil nach dieser Philosophie alle Erscheinungen durch die realen Vorgegebenheiten (mit-) bestimmt, also in ihrer Entstehung „aus den objektiven Notwendigkeiten des wirklichen, materiellen Lebensprozesses" verstanden werden müssen (Holzkamp/Schurig 1980, S. XXVI). Und wenn wir nun davon ausgehen, dass menschliches Handeln, sowohl das individuelle wie das gesellschaftliche, Spuren oder Werke in Form von angelegten Straßen, geschriebenen Büchern, erzogenen Kindern, Gesetzen etc. hinterlässt, wird sofort einsichtig, dass die durch die gegebene Realität mitbedingte Entwicklung immer historisch und kulturell spezifisch ist. Menschen schaffen die Voraussetzung für ihre eigene weitere Entwicklung und für die Entwicklung anderer. Aus diesem Grund beschäftigten sich die großen Theoretiker der russischen Entwicklungspsychologie sowohl mit der Phylo- wie auch der Anthropo- wie auch der Ontogenese (vgl. Leontjew 1959). Darum meinte Rogoff (2003, S. 10), dass es so etwas wie ein „ewiges Kind" nicht gebe; es gebe nur das „historische Kind".

Individualentwicklung besteht nach dieser russischen Auffassung wesentlich in Verinnerlichungsprozessen (Galperin 1967). Diese haben zwei Dimensionen: (1) Die individuellen mentalen Leistungen können zuerst als soziale Leistungen realisiert werden. (2) Überdies bestehen sie zunächst in konkreten, ja sensumotorischen Leistungen.

So wird auch die Sprache zunächst nur in der sozialen Interaktion verwendet und erst mit der Zeit auch für die individuelle Regulation eigenen Verhaltens (Wygotski 1934). Das „egozentrische" Sprechen folgt demnach genetisch dem sozialen Sprechen nach und nicht umgekehrt, wie Piaget es dargestellt hat. Für Wygotski ist egozentrisches Sprechen verinnerlichtes soziales Sprechen, während es für Piaget genuin egozentrisch ist und das soziale Sprechen erst vorbereitet. Diese Abfolge vom Sozialen zum Individuellen gestattet denn auch, die „Zone der individuellen nächsten Entwicklung" zu identifizieren, was einem wichtigen pädagogischen Anliegen entspricht.

Auch diese Theorie zeichnet keine individualpsychologisch begründeten Entwicklungsstufen vor. Ganz im Geiste dieses Theorieansatzes nannte Leontjew (1959, dt. 1980, 398ff.) als bedeutsame Stufenübergänge gesellschaftlich bestimmte, nämlich Schuleintritt, Pubertät und Berufsausbildung.

3.3.5 Alterung und Entwicklungspsychologie

Aus demographischen Gründen hat die Alternspsychologie in den letzten Jahren viel Aufmerksamkeit erlangt. In der Hand einiger Vertreterinnen und Vertreter ist daraus eine eigentliche Alternsentwicklungspsychologie entstanden (Baltes 1997; Baltes/Baltes 1990), die durch ihre Integration in die allgemeine Entwicklungspsychologie zu einer eigentlichen Lebenslaufpsychologie geworden ist (Baltes 1990).

Die Berliner-Gruppe (Baltes/Baltes 1990; Marsiske u.a. 1995) hat ihre Erkenntnisse in den letzten Jahren in ein System von drei universellen Klassen von Entwicklungsprozessen gegossen. Diese Prozessklassen sind Selektion, Optimierung und Kompensation. Selektion bedeutet, dass jedes Individuum von den vielen möglichen Wegen einen wählt und andere abwählt. Optimierungsprozesse bestehen in Übung und Lernen, überhaupt in den Prozessen der Funktionssteigerung und Adaptation. Kompensation kann Ziel- oder Mittelkompensation sein und macht aus, dass einzelne Grenzen nicht absolute Grenzen für jegliche Entwicklung werden. In diesen Konzepten hat Platz, dass Altern zwar durchaus Entwicklungen zum weniger Guten einschließt, dank Anpassung und Kompensation aber das Beste daraus heraus holen kann.

3.4 Neuropsychologie und Entwicklung

Neue Forschungsmethoden (z.B. bildgebende Verfahren) haben in den letzten Jahren echte Chancen eröffnet, Entwicklung auch auf neurologischer Basis zu verfolgen. Fürs erste stellt man mit Erstaunen und Befriedigung fest, wie viele psychologische Erkenntnisse ansprechende Parallelen resp. Bestätigung in neurologischen Forschungslabors gefunden haben. Daneben gibt es aber auch Befunde, die der Psychologie Anlass geben, die Forschung mit ihren eigenen

Methoden auf neue Hypothesen auszurichten (Flammer 2009; Johnson 2005; Zeitschrift „Developmental Neuroscience").

Auch wenn einstweilen nicht eine umfassende neue Entwicklungstheorie auf neurologischer Basis vorliegt, so sind doch mögliche Elemente einer solchen Theorie sichtbar, z.B. die folgenden: (1) Gehirnentwicklung erfolgt interaktiv, sie ist also auf Rückmeldung von der Umwelt angewiesen; (2) die Gehirnentwicklung ist zunächst überproduktiv, die Selektion der überlebenden Hirnzellen und ihre Vernetzung basiert auf Erfahrung und Bewährung im Umgang mit der Umwelt; (3) der neurologische Energieaufwand wird im Lauf der entwicklungsmäßigen Selektion und Strukturierung der neurologischen Basis kleiner, (4) das Gehirn erwirbt bereits im Mutterleib eine erste Vertrautheit mit der Muttersprache im Sinn der Mutter-Sprache; (5) viele psychologische Eigenheiten sowie eigentliche Entwicklungsstörungen wurzeln in vorgeburtlichen hormonellen, neurologischen und besonders auch genetischen Auffälligkeiten; (6) Variationen psychischer Phänomene wie Temperament, Stressanfälligkeit oder Schüchternheit sind auch hirnphysiologisch lokalisierbar.

4 Abschluss

Laut Lewin (1951, dt. 1963, S. 205) gibt es nichts Praktischeres als eine gute Theorie. Theorien ordnen das Denken, leiten die Wahrnehmung und ihre Interpretation und führen zu neuen Fragen und Beobachtungen. Insbesondere sind größere theoretische Gebäude in der Anwendung meistens hilfreicher als viele und oft doch nicht passende einzelne empirische Befunde.

Selbstverständlich können Theorien auch die Sicht auf die Realität verstellen, ja sie können sogar irreleiten und zu Empfehlungen führen, die sich nicht bewähren. Nachdem es, wie eingangs betont, keine wahre und keine wirklich richtige Theorie gibt, ist im Verlauf dieses Kapitels vermutlich auch klar geworden, dass keine Theorie für alles die beste ist. Man könnte in die Versuchung kommen, je nach Problem die am passendsten erscheinende Theorie zu wählen. Ich möchte das nicht empfehlen, denn oberflächliche Vorlieben oder vorschnelle Interpretationen eines vorliegenden Problems könnten zu Wahlen führen, die gute Chancen außer Acht lassen. Ich möchte vielmehr anregen, dass in wichtigen Problemlagen die Anwendung mehrerer Theorien versucht wird. Die daraus resultierenden Interpretationen und die Handlungsanleitungen könnten unterschiedlich sein und unterschiedliche Handlungsperspektiven eröffnen.

Anmerkungen
1   Dieser Beitrag handelt nur von der menschlichen Individualentwicklung.
2   Ich gehe auf die Kritik an der Piaget-Theorie besonders ausführlich ein, weil die Auseinandersetzung mit dieser Theorie und ihren Schwachstellen die heutige entwicklungspsychologische Diskussion in starkem Maße prägt.
3   Manche Autoren differenzieren diese Stufe in eine präoperatorische und eine konkret-operatorische Stufe. Auch in Genf werden beide Auffassungen vertreten. Ich ziehe die Dreiteilung vor, weil sie für alle (drei) Stufen (die sensumotorische, die konkrete und die formale) die gleiche Bewegung zur Erlangung der Reversibilität beinhaltet.
4   Ausformuliert hier und im Folgenden sollte es statt „man ist" heißen: „man ist eingebunden in..."

Literatur

Aguiar, A./Baillargeon, R.: 2.5-Month-old infants' reasoning about when objects should and should not be occluded. In: Cognitive Psychology 39 (1999), H. 2, S. 116-157

Ainsworth, M. D. S./Blehar, M. C./Waters, S./Wall, S.: Patterns of attachment: A psychological study of the strange situation. Hillsdale, NJ 1978

Ariès, P.: L'enfant et la vie familiale sous l'ancien régime. 1960 (dt. Geschichte der Kindheit. München 1992)

Aristoteles (o. J.). Rhetorik [übersetzt von F. G. Sieveke]. München 1980

Arnett, J. J.: Adolescent storm and stress, reconsidered. In: American Psychologist 54 (1999), H. 5, S. 317-326

Baillargeon, R./DeVos, J.: Object Permanence in Young Infants: Further Evidence. In: Child Development 62 (1991), H. 6, S. 1227-1246

Baldwin, J.M.: The development of the child and of the race. New York 1894

Baltes, P.B.: Entwicklungspsychologie der Lebensspanne: Theoretische Leitsätze. In: Psychologische Rundschau 41 (1990), H. 1, S. 1-24

Baltes, P.B.: On the incomplete architecture of human ontogeny: Selection, optimization, and compensation as foundation of developmental theory. In: American Psychologist 52 (1997), H. 4, S. 366-380

Baltes, P.B./Baltes, M.M.: Psychological perspectives on successful aging: The model of selective optimization with compensation. In: Baltes, P.B./Baltes, M.M. (Hrsg.): Successful aging: Perspectives from the behavioral sciences. New York 1990, S. 1-34

Bijou, S.W.: Cross-sectional and longitudinal analysis of development: the interbehavioral perspective. In: The Psychological Record 34 (1984), H. 4, S. 525-535

Bijou, S.W.: Behavior analysis. In: Vasta, R. (Hrsg.): Six theories of child development: Revised formulations and current issues. London 1992, S. 61-83

Bijou, S.W./Baer, D.M.: Child development I. A systematic and empirical theory. New York 1961

Bijou, S.W./Baer, D.M.: Child development II. Universal stage of infancy. New York 1965

Blos, P.: The adolescent passage. New York 1979

Blos, P.: On adolescence. New York 1962 (dt. Adoleszenz. Stuttgart 1983)

Bronfenbrenner, U.: Developmental research, public policy, and the ecology of childhood. In: Child Development 45 (1974), H. 1, S. 1-5

Bronfenbrenner, U.: The ecology of human development. Experiments by nature and design. Cambridge, MA 1979 (dt. Die Ökologie der menschlichen Entwicklung. Stuttgart 1981)

Bronfenbrenner, U.: The ecology of cognitive development. In: Zeitschrift für Sozialisationsforschung und Erziehungssoziologie 10 (1990), H. 2, S. 101-114

Bruner J.: Wie das Kind sprechen lernt. Bern 1983

Bühler, C./Allen, M.: Einführung in die humanistische Psychologie. Stuttgart 1982

Busemann, A.: Krisenjahre im Ablauf der menschlichen Jugend. (2. Aufl.) Ratingen 1959

Case, R.: Intellectual development. Birth to adulthood. New York 1985

Case, R.: The mind's staircase. Hillsdale, NJ 1992

Darwin, C.: The origin of species by means of natural selection. London 1859

Erikson, E.H.: Identity and the life cycle. 1959 (dt. Identität und Lebenszyklus. Frankfurt 1977).

Erikson, E.H.: Identity. Youth and crisis. New York 1968 (dt. Jugend und Krise. Weinheim 1981).

Erikson, E.H.: The life cycle completed. A review. New York 1982 (dt. Der vollständige Lebenszyklus. Frankfurt a.M. 1988)

Fifer, W.P./Moon, C.: Prenatal development. In: A. Slater, A./Bremner, G. (Hrsg.): Developmental psychology. London 2003, S. 95-114

Filipp, S.H. (Hrsg.): Kritische Lebensereignisse. München 1995

Fischer, K.W.: A theory of cognitive development: The control and construction of hierarchies of skills. In: Psychological Review 87 (1980), H. 6, S. 477-531 Fischer, K.W./Elmendorf, D.M.: Becoming a different person: transformations in personality and social behavior. In: Perlmutter, M. (Hrsg.): Cognitive perspectives on children's social development. Hillsdale, NJ 1986, S. 137-178

Fischer, K.W./Hand, H.H./Russell, S.: The development of abstractions in adolescence and adulthood. In: Commons, M.L./Richards, F.A./Armon, C. (Hrsg.): Late adolescent and adult cognitive development. Beyond formal operations. New York 1984, S. 43-73

Flammer, A.: Erfahrung der eigenen Wirksamkeit. Einführung in die Psychologie der Kontrollmeinung. Bern 1990

Flammer, A.: Entwicklungskontrolle: Chance oder Hybris? In: Gerhard, U. (Hrsg.): Psychologische Erkenntnisse zwischen Philosophie und Empirie. Bern 1992, S. 61-71

Flammer, A.: Entwicklungstheorien. Psychologische Theorien der menschlichen Entwicklung. Bern 2009

Flammer, A./Alsaker, F.D.: Entwicklungspsychologie der Adoleszenz. Die Erschließung innerer und äußerer Welten im Jugendalter. Bern 2002
Fowler, J.W.: Stages of faith: The psychology of human development and the quest for meaning. San Francisco 1981
Fowler, J.W.: States in faith consciousness. In: Oser, F.K., Scarlett, W.G. (Hrsg.): Religious development in childhood and adolescence. San Francisco 1991, S. 27-46
Freud, A.: Adolescence. In: Psychoanalytic study of the child 13 (1958), S. 255-278
Freud, A.: Adolescence as a developmental disturbance. In: Caplan, G. /Lebovici, S. (Hrsg.): Adolescence. New York 1969, S. 52-56
Freud, S.: Vorlesungen zur Einführung in die Psychoanalyse. Frankfurt 1917, Nachdruck 1981
Freud, S.: Das Unbehagen in der Kultur. Frankfurt 1930, Nachdruck 1964
Freud, S.: Neue Folge der Vorlesungen zur Einführung in die Psychoanalyse. Frankfurt a.M. 1933, Nachdruck 1981
Galperin, P.J.: Die Entwicklung der Untersuchungen über die Bildung geistiger Operationen. In: Hiebsch, H. (Hrsg.): Ergebnisse der sowjetischen Psychologie. Berlin 1967, S. 367-405
Gesell, A.: The ontogenesis of infant behavior. In: Carmichael, L. (Hrsg.): Manual of child psychology. New York 1946
Gesell, A./Ilg, F.L.: The child from five to ten. New York 1946 (dt. Das Kind von fünf bis zehn. Bad Nauheim 1954)
Gesell, A./Ilg, F.L./Ames, L.B.: The first five years of life. New York 1940
Gesell, A./Ilg, F.L./Ames, L.B.: Youth: Years from ten to sixteen. New York 1956 (dt. Jugend. Alter von zehn bis sechzehn. Bad Nauheim 1958)
Gilligan, C.: In a different voice. Cambridge, MA 1982 (dt. Die andere Stimme. München 1984)
Gilligan, C./Attanucci, J.: Two moral orientations: Gender differences and similarities. In: Merrill Palmer Quarterly 34 (1988), H. 3, S. 223-237
Havighurst, R.J.: Developmental task and education. New York 1948
Herkommer, H.: Von der Wiege bis zum Grabe. Die Darstellung der Lebensalter in literarischen und bildlichen Zeugnissen des europäischen Mittelalters. Vorlesungsskript. Universität Bern: Institut für Germanistik 2000
Holzkamp, K./Schurig, V.: Einführung. In: Leontjew, A.N.: Probleme der Entwicklung des Psychischen. Königstein/Ts. 1980 (Original 1959), S. XI-LII
Hoppe-Graff, S.: Tagebücher, Gespräche und Erzählungen: Zugänge zum Verstehen von Kindern und Jugendlichen. In: Keller, H. (Hrsg.): Lehrbuch der Entwicklungspsychologie. Bern 1998, S. 261-294
Janet, P.: L'intelligence avant le langage. Paris 1936
Johnson, M.H.: Developmental cognitive neuroscience. Malden 2005
Kegan, R.: The evolving self. Cambridge, MA 1982 (dt. Die Entwicklungsstufen des Selbst. München 1986)
Kohlberg, L.: Zur kognitiven Entwicklung des Kindes. Frankfurt 1974
Kohlberg, L.: Die Psychologie der Moralentwicklung. Stuttgart 1996
Koops, W.: Historical developmental psychology: The sample case of paintings. In: International Journal of Behavioral Development 19 (1996), H. 2, S. 393-413
Kreppner, K.: Vorstellungen zur Entwicklung der Kinder: Zur Geschichte von Entwicklungstheorien in der Psychologie. In: Keller, H. (Hrsg.): Lehrbuch der Entwicklungspsychologie. Bern 1998, S. 121-146
Krist, H./Natour, N./Jäger, S./Knopf, M.: Kognitive Entwicklung im Säuglingsalter: Vom Neo-Nativismus zu einer entwicklungsorientierten Konzeption. In: Zeitschrift für Entwicklungspsychologie und Psychologie 30 (1998), S. 153-173
Lamborn, S.D./Fischer, K.W./Pipp, S.: Constructive criticism and social lies: A developmental sequence for understanding honest and kindness in social interactions. In: Developmental Psychology 30 (1994), H. 4, S. 495-505
Leontjew, A.N.: Probleme der Entwicklung des Psychischen. Königstein/Ts. 1959, dt. 1980
Lerner, R.M./Theokas, C./Bobek, D.L. (2005). Concepts and theories of human development. In Bornstein, M.H./Lamb, M.E. (Hrsg.): Developmental science. Mahwah, NJ 2005, S. 3-43
Leslie, A.M.: The perception of causality in infants. In: Perception 11 (1982), H. 2, S. 173-186
Leslie, A.M.: Spatiotemporal continuity and the perception of causality in infants. In: Perception 13 (1984), H. 3, S. 287–305
Lewin, K.: Field theory in social science. New York 1951 (dt. Feldtheorie in den Sozialwissenschaften. Bern 1963)
Linn, R./Gilligan, C.: One action, two moral orientations: The tension between justice and care voices in Israeli selective conscientious objectors. In: New Ideas in Psychology 8 (1990), H. 2, S. 189-203
Luhmann, N. Einführung in die Systemtheorie. Heidelberg 2002
Luria, A.R.: Cognitive development. Its cultural and social foundations. Cambridge 1974, engl. 1976
Mahler, M.S./Pine, F./Bergman, A.: The psychoanalytical birth of the human infant. New York 1975 (dt. Die psychische Geburt des Menschen. Frankfurt 1978)

Marcia, J.E.: Development and validation of ego-identity status. In: Journal of Personality and Social Psychology 3 (1966), H. 5, S. 551-558

Marcia, J.E.: Ego identity status: relationship to change in self-esteem, ‚general maladjustment', and authoritarianism. In: Journal of Personality 35 (1967), H. 1, S. 119-133

Marsiske, M./Lang, F.R./Baltes, P.B./Baltes, M.M.: Selective optimization with compensation: Life-span perspectives on successful human development. In: Dixon, R.A./Bäckman, L. (Hrsg.): Compensating for psychological deficits and declines: Managing losses and promoting gains. Hillsdale, NJ 1995, S. 35-79

Maslow, A.A.: Toward a psychology of being. (2. Aufl.) New York 1962 (dt. Psychologie des Seins. München 1973)

Meltzoff, A.N./Borton, W.: Intermodal matching by human neonates. In: *Nature 282 (1979)*, S. 403-404

Montada, L.: Die geistige Entwicklung aus der Sicht Jean Piagets. In: Oerter, R./Montada, L. (Hrsg.): Entwicklungspsychologie. München 1987, S. 413-462

Muuss, R.E.: Theories of adolescence. (6. Aufl.) New York 1996

Neuenschwander, M.P.: Entwicklung und Identität im Jugendalter. Bern 1995

Oser, F./Gmünder, P.: Der Mensch; Stufen seiner religiösen Entwicklung. Zürich 1984

Oser, F./Reich, K.H.: Entwicklung und Religiosität. In: Schmitz, E. (Hrsg.): Religionspsychologie. Göttingen 1992, S. 65-99

Pascual-Leone, J.: Attention, dialectic and mental effort: Toward an organismic theory of life stages. In: Dommons, M.L./Richqards, F.A./Armon, A. (Hrsg.): Beyond formal operations. New York 1984, S. 182-215

Piaget, J.: Psychologie de l'intelligence. Paris 1947 (dt. Psychologie der Intelligenz. Zürich 1948)

Piaget, J.: Six études de psychologie. Genève 1964 (dt. Theorien und Methoden der modernen Erziehung, Kapitel II: Sechs psychologische Studien. Frankfurt 1972, S. 153-278)

Piaget, J.: La psychologie de l'enfant (5me édition, 1973). Paris 1966 (engl. The psychology of the child. New York 1969)

Piaget, J.: L'équilibration des structures cognitives. Paris 1975

Piaget, J.: Jean Piaget. In: Pongratz, L.J./Traxel, W./Wehner, E.G. (Hrsg.): Psychologie in Selbstdarstellungen. Bern 1979, S. 149-209

Pollock, L.: Forgotten children. Cambridge 1983

Remplein, H.: Die seelische Entwicklung des Menschen im Kindes- und Jugendalter. (11. Aufl.) Basel 1963

Riegel, K.F.: Psychology – mon amour. A countertext. Boston 1978 (dt. Psychologie – mon amour. Ein Gegentext. München 1981)

Rogoff, B.: *The cultural nature of human development.* New York 2003

Rogers, C.R.: On becoming a person. Boston 1961 (dt. Entwicklung der Persönlichkeit. (4. Aufl.) Stuttgart 1982)

Rogers, C.R.: Freedom to learn. Ohio 1969 (dt. Lernen in Freiheit. München 1974)

Rousseau, J.J.: Emil oder Über die Erziehung. München 1762, dt. 1975

Schaie, K.W.: The course of adult intellectual development. In: American Psychologist 49 (1994), H. 4, S. 304-313

Schmidt, H.D.: Allgemeine Entwicklungspsychologie. Berlin 1977

Schwemmer, O.: Dialektik. In: Mittelstraß, J. (Hrsg.): Enzyklopädie Philosophie und Wissenschaftstheorie (Band 1). Mannheim 1980, S. 463-471

Scupin, E./Scupin G.: I. Bubis erste Kindheit. II. Bubi im vierten bis sechsten Lebensjahr. Leipzig 1907/1910

Selman, R.L.: Die Entwicklung des sozialen Verstehens. Frankfurt 1984

Skinner, B.F.: Walden Two. New York 1948

Stern, D.: The interpersonal world of the infant. New York 1985 (dt. Die Lebenserfahrung des Säuglings. Stuttgart 1992)

Turiel, E.: The culture of morality. Cambridge, UK 2002

Wang, S.H./Baillargeon, R./Brueckner, L. (2005). Young infants' reasoning about hidden objects. In: Cognition 93, S. 167-198

Werner, H.: Einführung in die Entwicklungspsychologie, 3. Auflage. Leipzig 1926

Wygotski, L.S.: Denken und Sprechen. Frankfurt 1934, dt. 1977

Mario Erdheim

Psychoanalytische Erklärungsansätze

1   Gegenstand

Die Psychoanalyse ist dafür bekannt, dass sie sich hauptsächlich auf die Erforschung der **frühen Kindheit** konzentriert. Erst allmählich rückten die Latenzzeit (ab dem 6. Jahr bis zur Pubertät) sowie die **Adoleszenz** – der Untersuchungsgegenstand der Jugendforschung – in ihr Blickfeld. Das Spezifische an der psychoanalytischen Jugendforschung ist die durch die psychoanalytische Methode angeleitete Untersuchung der unbewussten Dimension, in der sich „Jugend" abspielt. „Unbewusst" bedeutet hier all das, was dem Individuum – aus was für Gründen auch immer – nicht bewusst werden darf: 1. die Geschichte seiner Sexualität, also die Aufeinanderfolge der oralen, analen, phallischen und genitalen Phase samt den darin implizierten sozialen Beziehungsmustern; 2. die Summe all dessen, was im Verlauf der individuellen Entwicklung persönlicher Konflikte wegen unbewusst gemacht werden musste, seien es Traumata, Lustgewinne und -fixierungen, Wünsche oder Versagungen; und 3. die gesellschaftlich produzierte Unbewusstheit, die sich aus der Verflochtenheit des Individuums mit Institutionen (Familie, Schule, Peergroups, Berufslehre, Militär, etc.) ergibt. Als psychoanalytische Jugendforschung im engeren Sinn bezeichne ich die mittels der psychoanalytischen Methode (vgl. A. Freud 1936; Eissler 1958; Morgenthaler 1978) gewonnenen Theorien über den Zusammenhang zwischen Jugend und Kultur; im weiteren Sinne zähle ich auch die Ansätze dazu, die mit Hilfe der psychoanalytischen Theorie (aber ohne ihre Methode) Materialien erarbeitet haben.

2   Problemgeschichte

2.1   Freuds Beitrag

Die psychoanalytische Jugendforschung wurde durch Freuds „Bruchstück einer Hysterieanalyse" (1905a) sowie seine „Drei Abhandlungen zur Sexualtheorie" (1905b) inauguriert. Das „Bruchstück" berichtete von der (abgebrochenen) Behandlung einer l8jährigen Frau und vermittelte einen eindrücklichen Einblick sowohl in die Adoleszenz einer Frau aus der Wiener Oberschicht der Jahrhundertwende, als auch in die technischen Schwierigkeiten der psychoanalytischen Arbeit mit Adoleszenten (vgl. auch King 1995). Die „Drei Abhandlungen zur Sexualtheorie" setzten den theoretischen Rahmen für das psychoanalytische Verständnis der kindlichen ebenso wie der pubertären Entwicklung. Das psychoanalytische Interesse konzentrierte sich aber auch bei Freud auf die Schicksale der **frühen Kindheit.** Es hatte fast den Anschein, als ob Freuds Erkenntnisse über die Pubertät in Vergessenheit geraten würden. Zentral für Freuds entwicklungspsychologischen Ansatz war die These von der „Zweizeitigkeit der sexuellen Entwicklung": „Der erste Schub nimmt in den Jahren zwischen zwei und fünf seinen

Anfang und wird durch die Latenzzeit zum Stillstand oder zur Rückbildung gebracht; er ist durch die infantile Natur seiner Sexualziele ausgezeichnet. Der zweite setzt mit der Pubertät ein und bestimmt die definitive Gestaltung des Sexuallebens" (1905b, S. 100). Diese These der Zweizeitigkeit ermöglichte die Verknüpfung der Ergebnisse aus der Erforschung der ersten Jahre mit denjenigen der Pubertät und gab somit einen Einblick in die Struktur des Lebenslaufes: das Individuum macht keine kontinuierliche Entwicklung durch, sondern erlebt Brüche und Krisen, welche ihm zwar Neuorientierungen gestatten, sich aber immer auf die weiterhin wirkende Vergangenheit beziehen müssen. Die Eindrücke und Erlebnisse der frühen Jahre verfallen in der Regel der Amnesie, bleiben im Unbewussten jedoch wirksam.

In dieser krisenhaften Entwicklung spielt die Zweizeitigkeit eine entscheidende Rolle, auch in der Beziehung des Individuums zur Kultur: „Die Tatsache des zweizeitigen Ansatzes der Sexualentwicklung beim Menschen, also die Unterbrechung dieser Entwicklung durch die Latenzzeit, erschien uns besonderer Beachtung würdig. Sie scheint eine der Bedingungen für die Eignung des Menschen zur Entwicklung einer höheren Kultur, aber auch für seine Neigung zur Neurose zu enthalten." (Freud 1905b, S. 135) Freud hat sich später, nach dem Erscheinen der dritten Auflage der „Drei Abhandlungen", nicht mehr systematisch mit der Pubertät auseinandergesetzt, aber er bezog sich in seinen Arbeiten, zuletzt im „Abriss der Psychoanalyse" (1938, S. 113), immer auf die Zweizeitigkeit der sexuellen Entwicklung. Mit seinen Theorien eröffnete Freud der Jugendforschung neue Gebiete. Mit Hilfe der psychoanalytischen Methode wurde es möglich, die gleichsam mikroskopischen Sozialisationsprozesse, die das Kleinkind an die Familie und umgekehrt die Familie an das Kleinkind anpassen, zu studieren. Freud thematisierte aber auch den Ablösungsprozess des Individuums von der Familie, wodurch dieses zum eigentlichen Kulturträger wird. Und indem er die Triebschicksale und deren Strukturierung durch den Ödipuskomplex untersuchte, fand er Zugang zur Tiefe der Verinnerlichungsprozesse, die den Menschen zu einem durch und durch von seinem sozialen Umfeld geprägten Wesen machen.

2.2 Das pädagogische Interesse

Im Anschluss an die Kultur- und Bildungskritik von Nietzsche, Langbehn u.a.m. entwickelte sich um die Jahrhundertwende ein starker pädagogischer Impetus, der die Entfaltung der Psychoanalyse wesentlich mitbestimmte (vgl. Rehm 1968). Die Psychoanalyse wurde in den Dienst der Pädagogik gestellt, und ihre Forschungen konzentrierten sich auf das Problem der Erziehbarkeit des Kindes (vgl. Pfister 1912), wobei immer an einem emanzipatorischen Anspruch festgehalten wurde. Anna Freud bezeichnete diese Phase als „eine Periode des Optimismus, in der fast die ganze Schuld an der neurotischen Entwicklung des Kindes auf Handlungen der Eltern geschoben wurde, wie z.B.: falsche Schlafanordnungen, Verbot sexueller Äußerungen, Unterdrückung der Sexualneugier, Kastrationsdrohungen, Missbrauch elterlicher Autorität usw. Man hoffte, dass eine Modifizierung dieser elterlichen Haltungen die infantile Angst und folglich die infantilen Neurosen aus der Welt schaffen würde" (1954, S. 1312). 1926 wurde die „Zeitschrift für Psychoanalytische Pädagogik" begründet und von Heinrich Meng und Ernst Schneider herausgegeben. Zum Redaktionsstab gehörten neben Anna Freud auch August Aichhorn, Paul Federn, Wilhelm Hofer und Hans Zulliger. „Die Zeitschrift hatte nach der Meinung der Herausgeber eine dreifache Aufgabe: die Veröffentlichung der Anwendungsergebnisse des psychoanalytischen Verfahrens bei Kindern und Jugendlichen, das Bekanntmachen der Erfahrungsberichte psychoanalytisch eingestellter Erzieher und die Förderung der für den Erzieher wichtigen Gebiete." (Bittner/Rehm 1964, S. 18)

Das Denkmodell, an dem sich die damalige Jugendforschung orientierte, war die Es-, Ich-, Über-Ich-Struktur, und die meisten Arbeiten konzentrierten sich auf das Ich in seinem Verhältnis zu Es und Über-Ich. „Als allgemein geltende Ziele kann man das Vermeiden von Neurosen und krankhafter Triebhaftigkeit, die Stärkung des Ichs und des Gewissens bezeichnen. Beide sollen harmonisch verbunden sein mit dem Es. Die Befreiung von krankhaften Hemmungen und das Aufrichten normaler Hemmungen, die Lösung aus abnormen Identitifizierungen sind Ziele der Erziehung, ferner die Förderung der Sublimierungsfähigkeit und die Entwicklung zur normalen Erotik, also zu einer gesunden Sexualität und Liebesfähigkeit. Innerhalb dieser allgemeinen Ziele haben alle Sonderziele Raum, die individuell und durch die Zugehörigkeit zur Gruppe bedingt sind" (Meng 1939, S. 177-178). Die auf diese Orientierung ausgerichteten Arbeiten beschäftigten sich vorwiegend mit den Problemen im Elternhaus und in der Schule, und zwar unter dem Aspekt der Anpassung. Die in diesem Zusammenhang entwickelten Fragestellungen wurden in den fünfziger Jahren von der amerikanischen Soziologie wieder aufgenommen (vgl. Parsons 1952, 1964).

In zunehmenden Widerspruch zu diesen bürgerlich-pädagogischen Tendenzen der Psychoanalyse geriet Wilhelm Reich mit seinen die sozio-ökonomischen Verhältnisse berücksichtigenden sexualrevolutionären Theorien. Reich thematisierte das Problem der Sexualunterdrückung in ihrem Verhältnis zur Politik, und die von ihm begründete Sexpol-Bewegung sollte aufklärend und erziehend auf die Massen wirken: Die sexuelle Unterdrückung ist ein reaktionärer Faktor von großem Gewicht, denn: „(...) sie stützt die Familien- und Eheordnung, welche zu ihrem Bestande Verkümmerung der Sexualität erfordert; sie macht die Kinder und Jugendlichen den Eltern und auf diese Weise später die Erwachsenen der staatlichen Autorität und dem Kapital hörig, indem sie in den Unterdrückten autoritäre Ängstlichkeit hervorruft; sie lähmt die Kritik der Unterdrückten, denn die sexuellen Schwierigkeiten verbrauchen viel Energie, die sonst zur kritischen Verstandesarbeit verwendet würde; sie lähmt, indem sie die Menschen scheu und unentschlossen macht, die revolutionären Kräfte im Individuum". (Zur Geschichte der Sexpol-Bewegung 1934/35, S. 164) Reich selber entwickelte in seiner 1930 erstmals unter dem Titel „Sexualität im Kulturkampf" erschienenen Schrift ein eindrückliches Bild vom sexuellen Elend der Arbeiterjugend. In späteren Auflagen (mit dem neuen Titel „Die sexuelle Revolution") kritisierte er auch die „Sexualreaktion in Russland" sowie die Jugendkommunen, welche die vorrevolutionären Sexual- und Ehenormen wieder einführten. Reichs Theorien beeinflussten die „Frankfurter Schule" (Jay 1973, S. 283), wurden von der Studentenrevolte der sechziger Jahre aufgenommen und prägten wesentlich das Bild „revolutionärer" Jugend. Reichs „Programm", die Verknüpfung objektiver gesellschaftlicher Tendenzen mit subjektiven Interessen, blieb ein zentraler, wenn auch verschieden interpretierbarer Anspruch der psychoanalytischen Jugendforschung.

Während Reichs Jugendforschung unter dem Primat der Politik und einer in den Dienst der Revolution gestellten Pädagogik stand, orientierten sich Siegfried Bernfelds Vorstellungen mehr an einem wissenschaftlichen Paradigma. Aufgabe der Jugendforschung ist die Untersuchung des Gemeinschaftslebens, der Produktivität und des Sexuallebens der Jugend; die Methode ist die der „intimen Dokumentation" (Rosenmayr 1971, S. 29), die der Introspektion einen entscheidenden Platz zuweist. „Und jedenfalls ist die Introspektion das einzige Verfahren, das uns unmittelbare Erfahrung vom psychischen Leben vermittelt. (…) Ohne introspektive Erinnerung bleibt uns alles, was wissenschaftliche Beobachtung vom Kinde und dem Jugendlichen festzustellen vermag, letztlich unverständlich, oder wir sind in Gefahr, es im Sinne des erwachsenen Seelenlebens aufzufassen" (Bernfeld 1922, S. 5). In „Vom dichterischen Schaffen der Jugend" (1924) und „Trieb und Tradition im Jugendalter" (1931) verknüpfte Bernfeld literaturwissenschaftliche, soziologische und psychologische Ansätze, um das Jugendphänomen zu fassen.

Zusammen mit seiner pädagogischen Erfahrung – er hatte im Kinderheim Baumgarten gearbeitet (vgl. Ekstein 1966; Gubrich-Simitis 1981) – und seinen psychoanalytischen Kenntnissen entwickelte Bernfeld eine neue, Freuds Thesen weiterführende Theorie über die Pubertät und **Adoleszenz.** In seinem Aufsatz „Über eine typische Form der männlichen Pubertät" (1923) zeigte er den Zusammenhang auf zwischen der „gestreckten Pubertät" und dem beschleunigten Kulturwandel. In „Zur Psychologie der ‚Sittenlosigkeit' der Jugend" (1926-27), illustrierte er am Beispiel einer Erzählung Alexandra Kollontais seine weitreichende These über den „sozialen Ort der Neurose": Arbeits-, Genuss- und Liebesfähigkeit sind an einen sozialen Ort gebunden, und „eine Bewertung ist im extremen Fall nur innerhalb des gleichen sozialen Ortes möglich" (S. 790). Je nach sozialem Ort und infolge der Klassenstruktur der Gesellschaft sei die Aufgabe der Triebbewältigung eine andere, die Größe der Entbehrung bemesse sich nicht bloß nach der Stärke der Triebregung, sondern auch nach den erreichbaren Befriedigungsmitteln: „Proletariat und Bürgertum sind in bezug auf die Einschränkungen, die sie fordern, die Befriedigungsmittel, die sie bieten und die Libidoökonomie, die daraus für den Einzelnen folgt, keineswegs einheitliche Schichten, sondern sie zerfallen in eine Reihe psychologisch wohl charakterisierbarer, verschiedener sozialer Orte, die freilich durch eine große Zahl von Übergängen miteinander verbunden sind." (Bernfeld 1931, S. 659) 1935 wendete Bernfeld diesen Ansatz auf die Probleme der Pubertät an und untersuchte ihren Verlauf einerseits im proletarischen, andererseits im bürgerlichen Milieu. Er stellte die These auf, dass die Verschiedenheit der sozialen Umstände den Verlauf der Pubertät grundlegend beeinflussten (1935, S. 637f.). Obwohl er von Freud als einer seiner bedeutendsten Schüler bezeichnet wurde (Ekstein 1966, S. 425), blieben Bernfelds Arbeiten merkwürdig unbeachtet. Noch 1981 schrieb die Frankfurter Psychoanalytikerin Ilse Grubrich-Simitis: „Eine genuin psychoanalytische Rezeption der Bernfeldschen Forschungen, etwa seines Konzepts des ‚sozialen Orts' oder seiner Adoleszenzstudien, hat meines Wissens nicht stattgefunden." (S. 23)

2.3 „The Psychoanalytic Study of the Child"

Der sich ausbreitende Nationalsozialismus trieb die meisten Psychoanalytiker ins Exil, das auch die Ausrichtung des wissenschaftlichen Interesses grundlegend beeinflusste. Der Optimismus der frühen Jahre, von dem Anna Freud sprach, schlug nicht bloß aus Psychoanalyseimmanenten Gründen in den Pessimismus der zweiten Phase um; es waren vielmehr die geschichtlichen Erfahrungen selber, welche ein düsteres Bild menschlicher Möglichkeiten nahelegten. Die für das Verständnis der Adoleszenz außerordentlich wichtige kulturkritische Einstellung der Psychoanalyse verlor sich zunehmend; der Anpassungsdruck, dem sich die Emigranten in den fremden Kulturen ausgesetzt sahen, verstärkte vermutlich auch das Bedürfnis, die gesellschaftliche Nützlichkeit der Psychoanalyse zu beweisen. Das eindrückliche Ergebnis dieser Einstellung bildet „The Psychoanalytic Study of the Child", ein von 1945 an erscheinendes Jahrbuch, zuerst von Anna Freud, Heinz Hartmann und Ernst Kris, später von Ruth S. Eissler, Marianne Kris und Seymour L. Lustman herausgegeben. In ihm haben alle Autoren, die die psychoanalytische Jugendforschung vorangetrieben haben, publiziert. Es fällt auf, dass neuere, d.h. nicht emigrierte Analytiker aus dem deutschen Sprachbereich darin nicht vertreten sind, auch nicht in Übersetzungen. Die psychoanalytische Jugendforschung entwickelt sich nun vor allem im angelsächsischen Gebiet. Verglichen mit der „Zeitschrift für psychoanalytische Pädagogik" ist „The Psychoanalytic Study of the Child" fachspezifischer und widerspiegelt so auch die erfolgreiche Professionalisierung der Psychoanalyse. Der kulturrevolutionäre Impetus der ersten Phase ist einem betont wissenschaftlichen, klinischen Interesse gewichen, welches sich vor allem auf die Schicksale der frühen Kindheit konzentriert. Da es hier nicht darum gehen kann, einen Abriss der psychoanalytischen Entwicklungstheorie zu geben (vgl. Lorenzer 1972; Mertens 1983; Tyson/Tyson 1990), begnüge ich mich mit einer kurzen Darstellung der Relevanz der psychoanalytischen Untersuchungen der ersten Jahre für die Jugendforschung.

Die Arbeiten von Spitz (1954, 1965) sowie Mahler (1952, 1968; Mahler et al. 1975) stellten die Brücke her zwischen den auf Grund der psychoanalytischen Introspektion verbal gewonnenen Daten und dem an Säuglingen beobachteten Verhalten. Die Entwicklung des Säuglings interessiert uns hier vor allem wegen seiner Tendenz, die Kommunikation mit der Umwelt immer weiter auszudehnen. Anfangs ist „der Wahrnehmungsapparat des Neugeborenen gegen die Außenwelt durch eine außerordentlich hohe Reizschranke geschützt ... Infolgedessen glauben wir mit Recht behaupten zu können, dass ganz sicher während der ersten Tage und in abnehmendem Maß auch noch während des ersten Monats die Außenwelt für den Säugling praktisch nicht existiert" (Spitz 1965, S. 54). Allmählich konstelliert sich der Bezug zum „Objekt", zur Mutter; vom ersten Lächeln an, in der Zeit zwischen dem dritten und sechsten Monat, über die sogenannte Achtmonatsangst organisieren sich die auf einen Partner bezogenen Kommunikationsformen. Zwischen dem zehnten und achtzehnten Monat intensiviert sich die Zuwendung zur Umgebung. „Die libidinöse Besetzung verschiebt sich im wesentlichen zugunsten des rasch wachsenden autonomen Ichs und seinen Funktionen, und das Kind scheint von seinen eigenen Fähigkeiten und der Größe seiner Welt wie berauscht." (Mahler et al. 1975, S. 94) . Die Anfälligkeit des Kleinkindes für Störungen ist gerade wegen seiner Plastizität außerordentlich groß, und dementsprechend vielfältig ist auch die „Pathologie der Objektbeziehungen" (Spitz 1965, S. 211f.).

Mehr oder weniger parallel zu diesen Ansätzen entwickelte sich die von John Bowlby entworfene **Bindungstheorie** (Bretherton 1995), die die Bindung zwischen Säugling und Mutter in den Mittelpunkt stellte. Stark beeinflusst von der Ethologie und von Konrad Lorenz' Prägungsmodell, postulierte Bowlby, der Mensch suche nicht in erster Linie nach Lust, sondern nach Sicherheit und Geborgenheit. Aus diesen Arbeiten entwickelte sich allmählich ein neues Bild der frühen Kindheit: der Säugling erschien nicht mehr als ein Bündel von sexuellen und aggressiven Triebimpulsen, das durch Fütterung allmählich eine innere Struktur erhielt, sondern als „kompetenter Säugling", der über eine Vielfalt von Kompetenzen verfügte, um mit seiner Bezugsperson eine Beziehung aufzubauen: „Der Säugling erscheint nun als aktiv, differenziert und beziehungsfähig, als Wesen mit Fähigkeiten und Gefühlen, die weit über das hinausgehen, was die Psychoanalyse bis vor kurzem für möglich und wichtig gehalten hatte" (Dornes 1993, S. 21).

Je nachdem, an welchem Entwicklungsmodell man sich orientierte, ergaben sich verschiedene Interpretationen der Adoleszenz. Betrachtete man Symbiose und Individuation als von aggressiven und libidinösen Trieben gelenkte Prozesse der frühkindlichen Entwicklung, so wurde die Grundproblematik der Adoleszenz als eine Wiederaufnahme der frühkindlichen Konflikte interpretiert. Arbeitete man hingegen mit der Bindungshypothese, so betonte man die Kontinuität der Bindungsentwicklung: „Das Jugendalter wird auf Grund einer Vielzahl empirischer

Untersuchungen nicht mehr als eine Zeit betrachtet, die sowohl intra-psychisch als auch in den sozialen Interaktionen von heftigen Konflikten geprägt ist, wie frühere aus klinischer Erfahrung stammende Konzepte annahmen (A. Freud 1958; Blos 1962). Dementsprechend beschreiben aktuelle Ansätze die Veränderung der Eltern-Kind-Beziehung im Jugendalter weniger als Ablösung oder Streben nach Unabhängigkeit, sondern als die wachsende Fähigkeit, für sich selbst zu sorgen und selbstständig zu handeln (...) oder als den Aufbau symmetrischer, eher reziproker Beziehungen zu den Eltern (...)" (Zimmermann 1995, S. 207).

Beide Richtungen gehen von einem die Entwicklung des Subjekts beherrschenden Determinismus der frühen Kindheit aus. Aber gerade dieser Determinismus ist immer wieder infrage gestellt worden. C. Ernst und N. von Luckner haben 1985 Einwände gegen die Determinismus-These zusammengetragen. Sie untersuchten die Arbeiten über die Folgen früher Deprivationen und kamen zum Schluss, dass die These, wonach „durch Umwelteinflüsse in der Frühkindheit die Persönlichkeit dauernd verändert werden kann, d.h. dass in dieser Zeit Bereitschaften und Verwundbarkeiten geschaffen werden, welche das Verhalten lebenslänglich, in relevantem Grad und anhaltend beeinflussen" (S. 152) nicht bestätigt werden kann. Auch der Psychoanalytiker R. N. Emde (1988) erklärte: „Die Forscher haben mit Enttäuschung feststellen müssen, dass die Vorhersagbarkeit für Verhalten von der frühen Kindheit auf spätere Jahre gering ist (...) In ähnlicher Weise wurden Kliniker, die von den unauslöschlichen Wirkungen früher Erfahrungen ausgegangen waren, durch gut belegte Fälle überrascht, in denen ein größeres Defizit oder Trauma der frühen Kindheit ohne nachhaltige Wirkung blieb (...)" (S. 747). Einerseits belegt eine eindrückliche, heute fast hundertjährige Erfahrung, dass Traumata das Subjekt in vielfältige innere Konflikte stürzen, und dass die Kindheitserfahrungen von großer Relevanz für die spätere Entwicklung sind; andererseits ist es aber offenbar nicht möglich, aus traumatischen Erfahrungen sinnvolle Voraussagen in Hinblick auf zu erwartende psychische Strukturen abzuleiten. Dieser Widerspruch erweist sich als obsolet, sobald man das Prinzip der Nachträglichkeit berücksichtigt.

2.4 Adoleszenz und Nachträglichkeit

„Der Begriff der Nachträglichkeit", schreiben die Psychoanalytiker H. Thomä und H. Kächele, „verbietet es, die Geschichte des Subjekts auf einen linearen Determinismus, der lediglich den Einfluss der Vergangenheit auf die Gegenwart beachtet, zu reduzieren" (1988, Bd. 2, S. 115). Die **Adoleszenz** ist insofern eine Voraussetzung, dass das Prinzip der **Nachträglichkeit** wirksam werden kann, als sie bereits auf Grund des physiologischen Geschehens (Wachstum, hormonale Veränderungen) das Individuum zwingt, neue Erfahrungen zu machen: die neu erwachte Sexualität muss wegen des Inzestverbots auf Individuen außerhalb der Familie gerichtet werden, die körperliche und intellektuelle Stärke schafft ungeahnte Möglichkeiten in Bezug auf die Realisierung von Größen- und Allmachtsphantasien (vgl. Erdheim 1993). Entscheidend ist, dass diese neuen Erfahrungen in einem existenziellen und in der Regel unbewussten Sinn Neuinterpretationen früherer Erfahrungen ermöglichen. Wenn Louise Kaplan scheibt: „Der Zweck der Adoleszenz ist es, die Vergangenheit zu revidieren, nicht sie auszulöschen" (Kaplan 1984, S. 387), so verweist sie auf die Chance, sich nun bei Fremden (d.h. nicht Familienangehörigen) das zu holen, was einst im familiären Rahmen defizitär gewesen ist. Gelingt das, so kann die frühere Erfahrung revidiert werden; scheitert es, so ist die Voraussetzung für eine Kumulation des Traumas gegeben, und dann scheint es, als ob die frühkindliche Geschichte des Individuums determinierend wird. Mit anderen Worten: der Determinismus der frühen Kindheit wird nur dann wirksam, wenn es nicht gelingt, die zweite Chance der Adoleszenz zu nutzen.

Erst die Theorie der Nachträglichkeit macht die anfangs erwähnte These Freuds über den Zusammenhang zwischen Zweizeitigkeit und Kultur bzw. Neurose verständlich. Die Latenzzeit, d.h. der Umstand, dass der Mensch nicht mit fünf oder sechs Jahren, sondern erst im Verlauf der Pubertät geschlechtsreif wird, schafft den Abstand, dank dem die Prägungen der frühen Kindheit in der Adoleszenz umgewandelt und in einen symbolischen Kosmos aufgenommen werden können. Erst durch die Adoleszenz wird der Mensch geschichtsfähig, d.h. fähig, Neues zu erleben und sich eine Geschichte zu schaffen, indem er Vergangenes symbolisiert und dem Prinzip der Nachträglichkeit zugänglich macht.

Während der Adoleszenz bildet sich eine neue bedeutunggebende Struktur heraus, die sowohl vergangenheitsorientiert ist, indem sie andere Bedeutungen aus den positiven und negativen Erfahrungen der Kindheit herausholt, als auch zukunftsbezogen, indem sie Erwartungen erzeugt, die die Zukunft beeinflussen werden. Die Adoleszenz wird damit auch zur kulturellen Produktivkraft in dem Sinn, als die Erfahrungen dieser Phase das Reservoir bilden, aus dem das Individuum psychische Energie für das Mitwirken am Kulturwandel ziehen kann.

Psychische Störungen können in diesem Zusammenhang als Hemmnisse verstanden werden, das Prinzip der Nachträglichkeit zur Wirkung kommen zu lassen, was zu einer Einfrierung der inneren Konflikte und zu einer Fixierung des Individuums auf seine Herkunftsfamilie führt. Der Vergesellschaftungsprozess des Individuums wird bei dieser Fixierung, die Freud als „Neigung zur Neurose" bezeichnete, blockiert, denn die sexuellen Strebungen können nicht durch die Wahl von außerfamiliären Liebesobjekten im Rahmen der Kultur umgesetzt werden. Das Individuum kann sich von seiner Herkunftsfamilie nicht ablösen und die Möglichkeiten nicht nutzen, die ihm die Kultur zur Umsetzung seiner Omnipotenzphantasien anbietet.

Diese psychischen Störungen können somit auch als Versuche interpretiert werden, der Tatsache auszuweichen, dass die Adoleszenz das Individuum zu völlig neuen Erfahrungen zwingt. Sexualität, Aggression und Narzissmus (Größen- und Allmachtsphantasien) zwingen das Individuum zu neuen Erfahrungen und erlauben ihm auch eine Neubestimmung der Ressourcen seiner Vergangenheit. Deshalb besteht eine wesentliche Strategie in der Adoleszenz darin, die Vergangenheit in der Gegenwart neu zu inszenieren, um sie so zu revidieren und zu verarbeiten. „Während der Adoleszenz" schreibt Kaplan, „kehrt sich die dynamische Beziehung zwischen Innenleben und Außenwelt häufig um. Indem er gewisse Aspekte seines längst schon verinnerlichten psychischen Lebensraumes aufs neue veräußerlicht, eröffnet sich dem Jugendlichen die Chance, den Ausgang von bereits als erledigt abgehakten Problembearbeitungen wieder offen zu halten" (Kaplan 1984, S. 185).

2.5 Das ethnologische Interesse

In ihrem Bestreben, die Reichweite psychoanalytischer Theorien zu prüfen, wandten sich die Analytiker auch dem Studium fremder Kulturen zu. 1915/16 veröffentlichte Theodor Reik seinen Aufsatz über „Die Pubertätsriten der Wilden", in welchem er die aus der Ethnologie gut bekannten Initiationsriten mit Hilfe des Ödipus-Komplexes interpretierte. „Wir glauben nun, auch in den anscheinend unsinnigen und absonderlichen Pubertätsriten der Wilden einen Sinn gefunden zu haben: sie sollen die Inzestschranke aufrichten, den Jüngling aus dem Familienverband loslösen und ihn in die Männerbünde einführen, damit aber auch die unbewussten

Regungen der Feindschaft und des Hasses, welche in den Jünglingen gegen ihre Väter wirkten, in freundschaftliche verkehren." (S. 102). Das Studium der Initiationsriten wäre an sich ein sehr guter Zugang zur Analyse des Verhältnisses zwischen **Adoleszenz und Kultur,** aber Reiks Arbeit beschränkte sich darauf, die Universalität des Ödipuskomplexes belegen zu wollen, und vermied die Frage nach der Spezifität des Zusammenhangs zwischen Adoleszenz, Initiation und den historischen Wandel einfrierenden Kulturen.

Die psychoanalytische Entwicklungstheorie wurde in der amerikanischen Ethnologie mit großem Interesse aufgenommen. Am New Yorker „Institute of Psychoanalysis" leiteten 1936-37 A. Kardiner, Psychiater und Psychoanalytiker, sowie die Ethnologin Cora Du Bois Seminare, an welchen auch Edward Sapir, Ruth Benedict und Margaret Mead teilnahmen (vgl. Barnouw 1973, S. 148). Ergebnisse dieser Seminare waren Kardiners Bücher „The Individual and His Society" (1939) und „The Psychological Frontiers of Society" (Kardiner et al. 1945). Zusammen mit dem Ethnologen Ralph Linton entwickelte er das auch für die Jugendforschung relevante Konzept der „typischen Grundpersönlichkeit" („Basic personality type"): „Die für irgendeine Gesellschaft typische Grundpersönlichkeit ist jene Persönlichkeitskonfiguration, welche von der Mehrzahl der Gesellschaftsangehörigen geteilt wird als Ergebnis der frühkindlichen Erfahrungen, die sie gemeinsam haben." (Kardiner et al. 1945, S. VII)

Die Tendenz der psychoanalytischen Pädagogik fortführend, reduzierte Kardiner den Kulturbegriff auf die Erziehung und damit auf die Phase der frühen Kindheit, während die sozialpsychologische und kulturelle Eigenart der Adoleszenz verschwamm. Zwar ist Kultur ja tatsächlich erlernbar und so erscheint der pädagogische Ansatz sinnvoll, aber Kardiner hob einseitig die (passive) Anpassung des Individuums an die Kultur hervor und übersah die konflikthaften Beziehungen. Er orientierte sich an einem homöostatischen Gesellschaftsmodell, in dem die integrativen Kräfte im Zentrum des Interesses standen (vgl. Kardiner/Preble 1974, S. 250) und Konflikte nur als Störung begriffen werden konnten. Wiederum stoßen wir auf den Zusammenhang zwischen Kulturtheorie und Adoleszenzverständnis: mit einem homöostatischen Gesellschaftsmodell muss die konfliktreiche Adoleszenz unverstanden bleiben. Es war bezeichnend, dass Kardiner – ähnlich wie andere Psychoanalytiker z.B. Heinz Hartmann und Erik Erikson – Freuds Kulturtheorie, in welcher der Widerspruch zwischen Individuum und Gesellschaft zentral ist, in ein komplementäres Verhältnis uminterpretierte: „Die Kultur hat eine Schutzfunktion für den Einzelnen. Als Gegenleistung muss er auf bestimmte Sachen verzichten. Die Gesellschaft muss ihn für diesen Verzicht entschädigen." (1974, S. 240) Kardiner unterschlug, dass Freud die Frage nach dem stellte, was von der Kultur nicht integriert werden konnte. Freud definierte die Kultur nicht als ein System von Gegenseitigkeiten, sondern schrieb: „So bekommt man den Eindruck, dass die Kultur etwas ist, was einer widerstrebenden Mehrheit von einer Minderheit auferlegt wurde, die es verstanden hat, sich in den Besitz von Macht- und Zwangsmittel zu setzen." (1927, S. 327) Freud thematisierte nicht – wie es Kardiner tat – die Kulturfähigkeit, sondern die Kulturfeindlichkeit des Menschen, und bot damit auch einen schärferen Kulturbegriff an, um die Konflikthaftigkeit der Adoleszenz, ihre Kreativität ebenso wie ihre Destruktivität zu verstehen.

1954 nahm Bruno Bettelheim das Thema der Initiation wieder auf, und verwies auf die Bedeutung des Gebärneides für die Entwicklung der männlichen Pubertät in traditionellen Kulturen. Er interpretierte die männlichen Pubertätsriten als vom Kollektiv getragene Versuche, den Jugendlichen zu helfen, mit ihrem Gebärneid fertig zu werden. Auf diese Weise relativierte Bettelheim die allgemein akzeptierte These, wonach es der Penisneid sei, der das Rivalitätsverhältnis zwischen den Geschlechtern beherrsche, und der das männliche Geschlecht zum

Modell der Sexualentwicklung machte. Bettelheims Gegenthese besagt, dass, besonders von der Pubertät an, der Mann die Frau um ihre Gebärfähigkeiten beneide und sich ihr – z.B. durch das Erleiden spezieller Wunden (etwa Pubertätsbeschneidung) – anzugleichen versuche. Während in traditionellen Kulturen dieser Neid kulturell elaboriert und symbolisiert werden könne, verfalle er in unserer Kultur der Verdrängung.

Bettelheims hochinteressante Hypothesen fanden kaum Resonanz. Die damalige Psychoanalyse konnte mit ihnen nichts anfangen, weil sie ohne Kulturtheorie in Bettelheims Überlegungen nur Exotisches sehen konnte, und die Jugendforschung bemühte sich noch nicht um eine spezifische Theorie weiblicher Entwicklung. Zudem litt Bettelheims Arbeit an einer funktionalistischen Sicht gesellschaftlicher Verhältnisse, die ihn das Problem der Macht in den Beziehungen sowohl zwischen den Geschlechtern als auch zwischen den Generationen verkennen ließ.

Der Psychoanalytiker, der den stärksten Einfluss auf die Jugendforschung ausgeübt hat, ist zweifellos Erik Homburger Erikson (vgl. Coles 1970). Mit „Identität", „Identitätskrise" und „psychosoziales Moratorium" stellte er Grundbegriffe zur Verfügung, die ein neues, auch die kulturelle Dimension umfassendes Verständnis der Adoleszenz zu ermöglichen versprachen. 1902 als Sohn dänischer Eltern in der Nähe von Frankfurt geboren, vierjährig von einem jüdischen Kinderarzt adoptiert, verbrachte er seine Kindheit in Mannheim. 1927 holte ihn Peter Blos, der sich später ebenfalls auf die Adoleszenz spezialisieren sollte, nach Wien, wo er als Hauslehrer der Kinder jener Amerikaner wirkte, die bei Freud in Analyse waren. Bald fing er selber bei Anna Freud eine Psychoanalyse an und bildete sich, ohne ein Hochschulstudium absolviert zu haben, zum Analytiker aus. 1933 wanderte er mit seiner Frau nach Boston aus. In Cambridge lernte er Margaret Mead, Gregory Bateson, Ruth Benedict, Henry Murray, Kurt Lewin sowie andere Psychologen und Sozialwissenschaftler kennen. Sie regten Erikson zu ethnologischen Studien an, die er 1950 in seinem Buch „Kindheit und Gesellschaft" publizierte. Darin postulierte er einen Zusammenhang zwischen Lebenszyklus und Gesellschaftsverhältnissen: „Wir wissen jetzt, dass der Primitive seine eigene erwachsene Normalität, seine eigene Form der Neurosen und Psychosen hat, und dass er, was am wichtigsten ist, auch seine eigenen Variationen der Kindheit besitzt" (S. l07). Erikson untersuchte die soziale Relevanz der sexuellen Entwicklungsphasen und ordnete ihnen spezifische Konflikte zu.

„Das menschliche Kind erlernt während seiner langen Kindheit diese Weisen der körperlichen Annäherung und mit ihnen die Modalitäten des sozialen Lebens. Es lernt in Raum und Zeit zu existieren, während es schon lernt, ein Organismus in der Raum-Zeit seiner Kultur zu sein" (1950, S. 90).

In seinen Arbeiten legte Erikson besonderen Wert auf die psychosoziale Dimension, wobei er zu einer harmonistischen Interpretation des Verhältnisses Individuum-Gesellschaft neigte. Die „negativen Seiten" des Menschseins (Isolierung, Lebensekel, etc.) hoffte er dadurch in Schach zu halten, „dass das Individuum an geeigneter Stelle an sozialen Bestrebungen teilnimmt, die ihm ‚Möglichkeiten für Ichfunktionen in einer konfliktfreien Sphäre' gewähren" (1956, S. 198-199). Dabei braucht die ältere Generation die jüngere genauso, wie die jüngere von der älteren abhängig ist.

Verglichen mit Siegfried Bernfelds Arbeiten über Adoleszenz, auf die Erikson sich kaum bezieht, tritt der harmonisierende Ansatz Eriksons besonders klar zutage. Während Bernfeld seine Erfahrungen mit Unterschichtskindern theoretisch verarbeitete, und die gesellschaftlichen Verhältnisse aus deren Sicht wahrnahm, scheint es, als ob Erikson seine ersten Erfahrungen mit Kindern und Jugendlichen aus der Oberschicht verallgemeinert und sich an den Werten des liberalen amerikanischen Bürgertums orientiert hätte (vgl. auch N. Elrods Kritik am Indianerbild Eriksons in Elrod et al. 1978). Durch diesen Einklang mit den herrschenden Werten, ist auch Freuds kulturkritischer Ansatz, in welchem der Gegensatz zwischen Individuum und Gesellschaft, Trieb und Kultur eine zentrale Rolle spielte, von Erikson aufgegeben worden. Indem Erikson den Schwerpunkt von der Sexualität auf die Identität verlagerte, neutralisierte er diese Widersprüche und entschärfte den Begriff der Krise. Diese Entschärfung kommt auch in seinen historischen Studien zum Ausdruck. 1958 erschien sein Buch „Der junge Mann Luther. Eine psychoanalytische und historische Studie". Zwar hebt Erikson die Bedeutung der Adoleszenzkrise für den historischen Wandel hervor, aber er übersieht, wie Luther in seiner Adoleszenz gebrochen wird, und gerade wegen dieser Gebrochenheit Vorbild-Charakter erhält.

3 Zur aktuellen Forschungsproblematik

3.1 Methodische Probleme

Solange die Psychoanalyse vor allem als Therapie verstanden wird, und zwar sowohl von einer Mehrheit von Psychoanalytikern als auch von Sozialwissenschaftlern, wird die Reichweite psychoanalytischer Jugendforschung dadurch beschränkt bleiben, dass nur Krankheit den Einsatz der analytischen Methode rechtfertigen kann. Das hieße, dass ein genuin psychoanalytisches Verständnis von Jugend nur über die Krankheit möglich wäre. Bereits Freud bemühte sich aber um die Relativierung der Gegensätze zwischen normal und anormal, bzw. zwischen Krankheit und Gesundheit, um so die Psychoanalyse aus einem rein therapeutischen Rahmen herauszulösen. Soll die Psychoanalyse zu einer allgemeinen, auch im Hinblick auf die Jugend anwendbaren Forschungsmethode werden, muss sie wichtige Veränderungen in ihrem Selbstverständnis in Kauf nehmen. Eine möchte ich besonders hervorheben: An die Stelle des Paares „Leidensdruck des Patienten" und „therapeutischer Wille des Analytikers" als Antriebskräfte des analytischen Prozesses müssten Neugierde und „Verführung" treten (vgl. Erdheim 1986).

Rosenmayr forderte 1971 methodologische Innovationen, um eine theoretische Neuorientierung der Jugendsoziologie herbeizuführen: „Die Problematik der Freiheitsräume und der Spontaneität der beobachteten und befragten Individuen und Gruppen sind im Forschungsprozess zu erweitern. (...) Die Entwicklung des Sozialverhältnisses etwa im Interview, also im Forschungsprozess selber, muss in Zukunft in viel stärkerem Mass zusätzlich Gegenstand der Forschung werden." (S. 229-230). An sich verfügt die Psychoanalyse über ein großes Reservoir an Methoden und Erfahrungen, um jugendliche Subjektivität, Freiheit und Spontaneität zu untersuchen, aber das, was man das therapeutische Selbstmissverständnis der Psychoanalyse nennen könnte, verbaut oft den Zugang dazu. Eine Folge davon ist, dass Forscher, die sich an das Gebiet von Jugend, Kultur und Unbewusstem heranwagen, unter einer Art von theoretischem und methodischem Legitimationsdefizit leiden: sie scheinen immer das Gefühl zu haben, etwas Verbotenes zu tun, sich nämlich des psychoanalytischen Denkens unberechtigterweise (das heißt in einem nichttherapeutischen Sinn) zu bedienen. Das Ergebnis einer solchen Haltung ist, dass gerade das passiert, was man zu vermeiden suchte: die Pathologisierung der Jugend, bzw. des zu untersuchenden Phänomens.

Beispielhaft dafür ist die Theorie des **„neuen Sozialisationstyps"** (Ziehe 1975), in welcher Befunde der klinischen Psychoanalyse zum Verständnis der „neuen Adoleszenz" herangezogen werden. Kennzeichnend für diesen „neuen Sozialisationstypen" sind, nach Ziehe „psychische

Störungen, deren Genesis eindeutig auf die prägenitale Entwicklung zurückweist und die in viel höherem Maße in der Mutter-Kind Beziehung angelegt worden sind als im Verhältnis zum Vater. Wir werden später entwickeln, dass es sich hierbei um narzisstische Störungen handelt, die tendenziell die ‚klassischen' psychischen Kindheitsmuster an die Seite drücken und uns damit erheblichen Aufschluss über die Herausbildung einer ‚neuen' Adoleszenz bieten können" (1975, S. 107). Ziehe übernahm den therapeutischen Diskurs der Psychoanalyse; dadurch dass er den Prozess, aufgrund dessen jene Krankheitsbilder entworfen worden waren, außeracht ließ, kam es zur Verdinglichung der Begriffe. Eine Folge davon war die Pathologisierung der Adoleszenz.

Psychoanalytische Jugendforschung ist – wie bereits Bernfeld klar machte – nur möglich durch die Verknüpfung verschiedener, der spezifischen Jugendproblematik angepasster Methoden. Thomas Leithäuser und Birgit Vollmerg beziehen sich in Hinblick auf die Methodenkonstruktion auf Wittgenstein: „Es kommt in der Entwicklung der Forschungsfragen und deren methodischer Umsetzung ... darauf an, den Spielraum des Forschungshandelns so flexibel wie möglich zu halten und sich nicht vorschnell einzugrenzen und festzulegen" (1988, S. 131). Laut Leithäuser und Vollmerg sind die zentralen Prinzipien für die Methodenkonstruktion folgende: „Sollen Methoden angemessen sein, haben sie sich an die Beschaffenheit der sozialen Realität anzupassen. Der Sinn sozialen Handelns kann nur verstanden werden, wenn der Kontext, in dem das Handeln Bedeutung hat, geklärt ist. Der Kontext kann nur ermittelt werden, wenn die Forschenden selbst Mitglieder der Regeln werden, die in der Situation des Handelns gelten" (ebenda). Die ethnopsychoanalytische Jugendforschung orientierte sich seit den Arbeiten von Paul Parin, Fritz Morgenthaler und Goldy Parin-Matthèy an diesen Prinzipien (Reichmayr 1995, S. 83ff) und versucht die ethnologische mit der psychoanalytischen Sichtweise zu verbinden (Stutz/Erdheim 1991). Auch Hans Bosse verknüpft in seiner Untersuchung über Jugend und Männlichkeit in Papua-Neuguinea verschiedene Interpretationsformen: die ethnographische Interpretation, in der Männlichkeit im ethnischen Kontext verstanden wird, mit der soziologischen Interpretation, die das Rollen- und Statussystem innerhalb der zivilen Gesellschaft des neuen Staates berücksichtigt. Hinzu kommen die psychoanalytische Interpretation, in der Männlichkeit als innerpsychisches Phänomen, „als Lebensäußerung im Kampf zwischen Triebbedürfnis und einer nach innen (...) verlagerten Kontrolle" (1994, S. 82) verstanden wird, und schließlich die gruppenanalytische Interpretation, in der „Männlichkeit als ein während des Sprechens ablaufender dynamischer psychosozialer Prozess in der Gruppe" (ebenda) erscheint. Ähnlich plurimethodische Zugänge (nur mit anderen Kombinationen – Aktionsforschung, Psychodrama, Inhaltsanalysen) weisen auch die Arbeiten von Leuzinger-Bohleber/Garlichs 1993, Schröder/Leonhardt 1998 und Menschik-Bendele/Ottomeyer 1998 auf.

3.2 Aktuelle Forschungsaufgaben

Die sich heute auf die Psychoanalyse im weitesten Sinn berufende Jugendforschung spaltet sich in zwei grundverschiedene Richtungen. Die eine geht vom Primat des Psychischen, die andere von dem der Gesellschaft aus. Beispiele für die erste sind die Arbeiten von Gerard Mendel und von Lloyd deMausse (1974). Die von Mendel begründete „sociopsychoanalyse" versucht den historischen Prozess als Ergebnis psychischer Wandlungen, etwa als Übergang von der Dominanz mütterlicher zu derjenigen väterlicher Imagines, zu verstehen. Mendel fragt: „Wird es eines Tages – vielleicht schon bald – möglich sein, von einer gegebenen Gesellschaft eine diagnostische, prognostische und therapeutische Bilanz zu ziehen, wie dies heutzutage bei einem kranken Individuum bereits geschieht" (1968, S. 365). Die Problematik der (68er) Adoleszenz begriff Mendel als Unfähigkeit, sich mit dem Vater auseinanderzusetzen. Die Jugend lieferte sich seiner Ansicht nach den Phantasien über die Mutter und damit dem Irrationalen aus.

Auch Lloyd deMausse ebenso wie die um die seit 1973 erscheinende Zeitschrift „Journal of Psychohistory" gruppierten Historiker gehen davon aus, „dass die zentrale Antriebskraft historischen Wandels weder in der Technologie noch in der Ökonomie zu finden ist, sondern in den ‚psychogenen' Veränderungen der Persönlichkeits- oder Charakterstruktur, die sich aufgrund der Generationenfolge der Interaktionen zwischen Eltern und Kindern ergeben" (1974, S. 14). Sowohl für Mendel als auch für deMausse liegt das Geheimnis der Adoleszenz in den Schicksalen der frühen Kindheit verborgen.

Die Forschungsrichtung, die vom Primat der Gesellschaft ausgeht, kann ebenfalls in zwei Gruppen, mit je verschiedenen Schwerpunkten, unterteilt werden. Die eine orientiert sich an einem Modell, das die Übergänge zwischen **Familie und Kultur** als Kontinuum und dementsprechend auch die Lebensphasen als ineinander gleitende begreift. Die andere Gruppe hingegen postuliert zwischen Familie und Kultur einen Antagonismus und versteht den Lebenslauf, insbesondere das Verhältnis zwischen früher Kindheit und Adoleszenz, als diskontinuierlich.

Ein Beispiel für die Jugendforschung, die mit der Kontinuumshypothese arbeitet, sind die Arbeiten Kenneth Kenistons (1960, 1968, 1971). In „The Uncomitted" (1960) untersucht er jene Jugendlichen, die sich der Gesellschaft verweigern, indem sie jedes Engagement für gesellschaftlich anerkannte Werte ablehnen. Eine in ihren technologischen Zielsetzungen entfremdete Gesellschaft wirkt sich laut Keniston entfremdend auf das Familienleben aus und bewirkt auch ein bestimmtes ödipales Schicksal. Bei den „besiegten Siegern" handelt es sich um Kinder, die zwar ihre Mütter für sich gewannen, ihre Väter ausschalteten und das Glück genossen, aber allmählich erkennen mussten, dass es die Mutter war, die den eigentlichen Sieg davontrug, und die Kinder als bloße Instrumente für ihre Wünsche ausnützte. Weil sie gleichsam am Erfolg scheiterten, ziehen sie sich zurück und können der gesellschaftlichen Entfremdung nichts entgegensetzen.

1968 veröffentlichte Keniston seine Arbeit über „Young Radicals. Notes on Comitted Youth". Charakteristisch für diese durch den Vietnam-Krieg radikalisierte Jugend sei nicht ihre Weigerung erwachsen zu werden, um Kind bleiben zu können, sondern die Ablehnung der von der Gesellschaft vorgeschriebenen Art des Erwachsenseins. Diese Radikalen hätten die Werte der amerikanischen Gesellschaft geprüft und für schlecht befunden; deshalb würden sie sich für deren Veränderung einsetzen. Keniston fand, dass es zwischen den Werten und Überzeugungen der Eltern einerseits und den radikalen Studenten andererseits grundsätzliche Übereinstimmungen gab (1971, S. 94). Seine These war, dass es die Erziehung liberaler Eltern war, die eine freiheitsdurstige und konfliktfreudige Jugend geschaffen hatte.

Unter dem Einfluss der klinischen psychoanalytischen Forschung, die sich zunehmend dem Studium der Psychosen zuwandte und ihr Interesse auf die präödipalen Entwicklungsphasen konzentrierte, versuchte man, Zusammenhänge zwischen den Schicksalen des Narzissmus und der kapitalistischen Gesellschaftsstruktur herzustellen. Marcuse (1963) und Mitscherlich (1957, 1963) knüpften an den Thesen der Frankfurter Schule über den Zerfall der bürgerlichen Familie an (vgl. Horkheimer 1936 und 1949) und untersuchten die Auswirkungen auf das Individuum. Sie kamen zum Ergebnis, dass dem ödipalen Konflikt nicht mehr eine zentrale Bedeutung zukam, sich folglich auch kein starkes Über-Ich mehr entwickelte, und das Individuum wehrloser den gesellschaftlichen Manipulationen ausgesetzt sei. Ziehe (1975) trieb diese Untersuchungen weiter voran. Seine These lautete, die spätkapitalistische Gesellschaft könne sich individuell nur über narzisstische Strukturen reproduzieren.

Eine Auseinandersetzung mit dieser Position führt immer auch zur Frage nach dem Verhältnis zwischen Familie und Kultur sowie früher Kindheit und Adoleszenz. In ihrer Arbeit über „Adoleszenzkrise und Identitätsbildung" (1975) nehmen Döbert und Nunner-Winkler die Diskontinuitätsthese auf. Sie gehen davon aus, „dass die traditionelle, unter dem Eindruck von Freud auf die frühkindliche Phase beschränkte Sozialisationsforschung (…) nicht ausreichen kann. In der frühen Kindheit werden nur sehr formale kognitive und emotionale Grundqualifikationen erworben. (…) Im folgenden wird gezeigt werden, dass die für dieses Problem (Wertwandel, M.E.) bedeutsamen Deutungsmuster sich überhaupt erst in der Adoleszenzphase verfestigen" (1975, S. 19). Die Autoren verknüpften Eriksons psychoanalytischen Ansatz mit dem symbolischen Interaktionismus von G. H. Mead und dem genetischen Strukturalismus, wie ihn L. Kohlberg vertritt (vgl. Döbert et. al. 1977). Ihr Ziel war es, Zusammenhänge zwischen der Legitimationskrise des Kapitalismus und der Adoleszenzkrise des Individuums zu erkennen. Aufgrund des Defizites des kulturellen Systems prognostizierten sie „einen problematischeren Verlauf der Adoleszenzkrise in spätkapitalistischen als in früheren Gesellschaften" (1975, S. 60).

Der Methoden- und Theoriepluralismus birgt eine Reihe ungelöster Probleme. Piagets und Kohlbergs Theorien postulieren Entwicklungsnormen, die psychoanalytisch nicht unbedingt abgestützt werden können. Eriksons „Tugendlehre" mit ihrer „Stufenfolge der Grund-Tugenden" (1963, S. 95f.) widerspiegelt philosophische Traditionen, aber keineswegs psychoanalytische, das Es sowie das Unbewusste betreffende Einsichten. Die normative Position verführt Döbert und Nunner-Winkler auch dazu, die Defizite, also die Mängel des Kapitalismus als Erklärung für den problematischeren Verlauf der Adoleszenzkrise heranzuziehen. Impliziert wird daher, ohne „Defizite" wäre die Adoleszenzkrise weniger problematisch – wäre es aber dann noch eine Krise?

Erdheim (1982, 1983, 1985, 1989) fiel bei seinen Untersuchungen mexikanischer Minenarbeiter auf, dass diese, aufgrund ihrer in den meisten Fällen traumatischen frühen Kindheit, in ihrem Verhältnis zur Realität sehr gestört sein müssten. Die Frage, warum das nicht der Fall war, führte zu einer gründlicheren Analyse der Zweizeitigkeit der sexuellen Entwicklung, des Verhältnisses zwischen **früher Kindheit** und **Adoleszenz** sowie des von Freud postulierten Antagonismus zwischen Familie und Kultur (Eisenstadt 1956; Lévi-Strauss 1956; Tyrell 1979). Indem die Adoleszenz als „zweite Chance" (Eissler 1958) im Verhältnis zu (eventuellen) Schädigungen in der frühen Kindheit begriffen wird, erweist sie sich als Wendepunkt, in welchem Kräfte wirksam werden können, die nicht nur die Korrektur der in der Familie erlittenen Schädigungen, sondern auch die Schaffung neuer Werte ermöglichen. Wirth hat in seiner Arbeit „Die Schärfung der Sinne. Jugendprotest als persönliche und kulturelle Chance" (1984) besonders auf die kreativen Aspekte in der Adoleszenz, die sich im Antagonismus zwischen Familie und Kultur entfalten, hingewiesen. In seiner elementarsten Form erscheint dieser Antagonismus im **Inzestverbot** (Lévi-Strauss 1949), wodurch die Familie von der Kultur „gesprengt" und das Individuum gezwungen wird, seine Liebesobjekte in der Fremde, also außerhalb der Familie zu suchen. Auf diese Art erweist sich das Fremde als ein wichtiges Konzept der psychoanalytischen Kulturtheorie (Erdheim 2002): Kultur ist ein Prozeß, der in der Auseinandersetzung zwischen dem Eigenen und dem Fremden entsteht. Verständlich wird so auch die kulturelle Kraft der Adoleszenz: Unter dem Druck des Inzestverbotes treibt die adoleszentäre Sexualität das Individuum in die Fremde und eröffnet neue Möglichkeiten.

In den letzten Jahren haben sich neue Schwerpunkte der psychoanalytischen Jugendforschung herausgebildet. Ins Zentrum rückte nun die weibliche Adoleszenz. Während noch 1974 die französische Psychoanalytikerin Chasseguet-Smirgel einen Reader über „Weibliche Sexualität" veröffentlichen konnte, ohne auch nur ein Wort über die Menstruation zu verlieren, so erlaubte die Fokussierung auf die Adoleszenz neue Interpretationen dieses physiologischen Ablaufs (Waldeck 1988). Karin Flaake untersuchte 1989 die Schwierigkeiten junger Frauen, die Adoleszenz als „zweite Chance" zur Entwicklung eines besseren Selbstbewusstseins zu nutzen und stellte die These auf: „Kulturelle Definitionen der körperlichen Weiblichkeit prägen die Entwicklung und das Selbstbild der jungen Frauen auf eine Weise, die es ihnen in dieser Lebensphase schwer macht, die Basis zu erwerben für ein von äußeren – insbesondere männlichen – Bestätigungen relativ unabhängiges Selbstbewusstsein" (S. 138). 1992 gab Karin Flaake mit Vera King einen Reader heraus, in dem sie die wichtigsten Beiträge zu einer neuen Auffassung der Adoleszenz versammelten. Sonja Düring veröffentlichte 1993 ihre Untersuchung über „Wilde und andere Mädchen". Sie schreibt: „Statt weiter den Blick vorzugsweise auf die Unterdrückung der Frauen zu richten, möchte ich ins Auge fassen, was es Frauen möglich macht, aus der traditionellen Frauenrolle auszubrechen und sich zu den herkömmlichen Geschlechter- und Machtverhältnissen quer zu stellen. Mich interessiert dabei die Pubertät und Adoleszenz von Frauen als Schnittstelle individueller und gesellschaftlicher Räume. Dabei wird mein Augenmerk auf den Verlauf der Konflikte gerichtet sein, die sich für Frauen in ihrer Adoleszenz aus der patriarchalen Struktur des Geschlechterverhältnisses ergeben" (S. 9). Wichtige Erkenntnisse über die Adoleszenz liefern Arbeiten, die mit dem psychoanalytischen Instrumentarium literarische Texte untersuchen (Cremerius et al. 1997). Diskutiert werden insbesondere **weibliche Adoleszenzprozesse** in literarischen Texten unterschiedlicher Epochen, in neueren Jugendromanen und im Film. Daraus ergeben sich interessante Perspektiven auf die individualpsychologischen und psychohistorischen Formationen von Adoleszenz.

Ein weiterer Schwerpunkt der psychoanalytischen Jugendforschung bildet die Auseinandersetzung mit den Folgen des Holocaust auf die sogenannte „zweite Generation" (Bergmann et al. 1982). Wie verläuft die Adoleszenz und insbesondere der Ablösungsprozess in einer Familie, deren Eltern am Trauma der Verfolgung leiden? Wie wirkt der Nationalsozialismus in der zweiten Generation weiter? (Eckstaedt 1989). Wie beeinflusst die die Eltern traumatisierende Geschichte die adoleszente Identitätsbildung und ihre Beziehungsfähigkeit? (Bar-On et al. 1979; Grünberg 2000). Diese Studien sind vor allem wichtig in Hinblick auf ein vertieftes Verständnis davon, wie Geschichte abläuft und sich im Subjekt niederschlägt. Auf diese Weise kommt auch die Problematik der Generationengeschichte in den Vordergrund. Schneider et al. (1996) untersuchten mit Hilfe psychoanalytischer Mittel einerseits, wie sich eine „totale Institution" wie die „Nationalpolitischen Erziehungsanstalten" (Napola) auf den Verlauf der Adoleszenz auswirkten und andererseits, welches „Nachleben" jene Erfahrungen auf die Nachkommen der einst davon Betroffenen hatten.

Diese Auseinandersetzungen mit dem Holocaust eröffneten auch ein bereits heute unübersehbares Forschungsfeld: die psychischen Auswirkungen von **Krieg, Gewalt und Migrationen** auf Kinder und Jugendliche (Psychotraumatologie). Dabei handelt es sich um ein Gebiet, „wohin die Sprache nicht reicht", wie es der Psychoanalytiker Hans Keilson umschrieben hat (1984). Das unerträgliche Leiden, die Grausamkeit, das Grauen, unauslotbar, entzieht sich der Sprache und schlägt sich im Verhalten zu anderen Menschen, in Stimmungen und Ängsten nieder. Es braucht viel Zeit bis traumatische Erfahrungen im Rahmen einer therapeutischen

Beziehung symbolisierbar werden können. Folgt man den statistischen Einschätzungen der UNICEF:

- über 1,5 Millionen Kinder sind während der achtziger Jahre in Kriegen gestorben,
- 5 Millionen Kinder leben in Flüchtlingslagern,
- 4 Millionen Kinder leiden an kriegsbedingten Behinderungen,
- 200 000 Kinder unter 18 Jahren haben als Soldaten im Krieg gekämpft (Fischer und Riedesser 2003[3]: 312, Misek-Schneider 2005),

und berücksichtigt man noch die Folgen alltäglicher (oft struktureller) Gewalt wie Hunger und Verwahrlosung, so kann man nicht umhin einzugestehen, daß traumatische Erfahrungen einen prägenden Charakter für Jugendverläufe haben. Die Bedeutung der Psychoanalyse (Bohleber 2000) liegt nicht zu letzt darin, dass sie in ihren Fallgeschichten deutlich das Leiden sichtbar macht, das sich hinter den statistischen Zahlen verbirgt (Bürgin 1995; Cohen 2004; Landolt 2004; Streeck-Fischer 2006). Es geht nicht nur um die unmittelbaren Verletzungen, sondern auch um die Spätfolgen von Kriegen (Radebold 2004). Wie wirkt sich das in der Adoleszenz Erlebte auf die späteren Lebensphasen aus? Theoretisch gesehen handelt es sich also um den Bezug der verschiednen Lebensphasen untereinander und um die **Relevanz der adoleszentären Erfahrungen für das Alter**.

Ein weiterer Bereich der psychoanalytischen Jugendforschung, der aus politischen Gründen in den letzten Jahren zunehmend vertieft wurde, ist der Zusammenhang zwischen **Adoleszenz und Rechtsextremismus.** Streeck-Fischer interpretierte 1992 die rechtsextremen Äußerungen von Jugendlichen als Externalisierung innerer Spannungen, die dazu führen, dass wesentliche Kategorien, die der sozio-kulturellen Orientierung dienen, verloren gehen. „Innen" und „Aussen", „Phantasie" und „Realität", Vergangenheit, Gegenwart und Zukunft sind als psychische Räume nicht mehr verfügbar. Was Erinnerung ist, kann vom Aktuellen nicht auseinandergehalten werden. Ebenso vermischen sich auf undurchdringliche Art und Weise „Phantasie" und „Realität": Gewaltvideos und die Möglichkeit, Ausländer oder Invalide zu quälen, vermischen sich, „Traum" und „Wachen" sind Zustände, die ebenfalls nicht mehr klar unterschieden werden können. Und schließlich kommen hier auch die Zeiten durcheinander: die frühkindlichen Ängste determinieren das Verhalten des Adoleszenten und bringen die Zeit mit den in ihr gemachten Erfahrungen zum Verschwinden. Ähnliches gilt auch für rechtsradikale Gruppen, die die Zeit zwischen 1933 und der Gegenwart löschen möchten. Werner Bohleber untersuchte 1992 in einem Aufsatz die Übernahme nationalistischer Ideologeme durch einen 18-Jährigen als „Pseudo-Lösung einer neurotischen Problematik", die die „Ausbildung einer manifesten Neurose eine Zeitlang verhindern konnte" (S. 696). 1998 erschienen drei Veröffentlichungen über die Sozialpsychologie des Rechtsradikalismus, in welchen von verschiedenen Autoren der Zusammenhang zwischen gesellschaftlicher Anomie und Adoleszenzkrise für die Bildung rechtsradikaler Gruppen diskutiert wurde (Menschik-Bendele u.a. 1998; König 1998; Modena 1998).

Die moderne Gesellschaft ist eine multikulturelle Gesellschaft und Produkt, Produkt komplexer **Migrationsbewegungen**, die sich aus ökologischen, ökonomischen und politischen Umwälzungen ergeben. Eine Vielfalt verschiedener Kulturen muss am gleichen Ort miteinander koexistieren. Jede Kultur, die sich eine Zukunft sichern will, muss sich um die Jugend bemühen. Es muss ihr während der Adoleszenz gelingen, die kulturelle Identität im Individuum zu verankern. Eine solche Aufgabe stößt in multikulturellen Gesellschaften auf besondere

Hindernisse. Die Konfrontation mit anderen Wertsystemen verlockt entweder zur Relativierung der bisherigen Haltungen oder aber zu einer besonders rigiden Einhaltung der überlieferten Normen. Die Relativierung verschärft den **Generationskonflikt** und droht dem Heranwachsenden den Boden unter den Füssen zu entziehen, während die Verabsolutierung den Ablösungsprozess der Adoleszenten von der Familie erschwert (Gontovos 2000; Kronsteiner 2003). Besonders Frauen sind von dieser Alternative betroffen (Rohr/Jansen 2002). Die entscheidende Frage, die sich dem Migranten stellt, ist, ob der Neubeginn glückt oder nicht (Scheifele 2008). Für viele Menschen bedeutet das, dass sie so leben möchten, wie es den Idealen ihrer Kultur entspricht, und das bedeutet, dass ihnen ihre kulturelle Identität ein wichtiger, ja ein zentraler Wert darstellt. Die psychoanalytisch erarbeiteten Kranken- bzw. Lebensgeschichten bezeugen auf eindrucksvolle Weise, wie sich der Kampf um die Aufrechterhaltung oder Neuerschaffung der kulturellen Identität in den Leidenssymptomen der Migranten niederschlägt (Pedrina et al. 1999; Asyl-Organisaation des Kantons Zürich 1999; Bründl/ Kogan 2005).

Literatur

Asyl-Organisation für den Kanton Zürich (Hrsg.): Überlebenskunst in Übergangswelten. Ethnopsychologische Betreuung von Asylsuchenden. Berlin 1999
Bar-On et al. (Hrsg.): „Da ist etwas kaputtgegangen an den Wurzeln...". Identitätsformation deutscher und israelischer Jugendlicher im Schatten des Holocaust. Frankfurt a.M. 1997
Barnouw, U.: Culture and Personality. Homewood/Illinois 1973
Bergmann, M. S. et al.: Kinder der Opfer, Kinder der Täter. Psychoanalyse und Holocaust. Frankfurt a.M. 1995 (zuerst 1982)
Bernfeld, S.: Die Psychoanalyse in der Jugendforschung. In: Bernfeld, S. (Hrsg.): Vom Gemeinschaftsleben der Jugend. Leipzig/Wien/Zürich 1922, S. 1-11
Bernfeld, S.: Über eine typische Form der männlichen Pubertät. In: Bernfeld, S.: Antiautoritäre Erziehung und Psychoanalyse. Ausgewählte Schriften, Bd. 3, Frankfurt a.M. 1969-70 (zuerst 1923), S. 750-767
Bernfeld, S.: Vom dichterischen Schaffen der Jugend. Neue Beiträge zur Jugendforschung. Leipzig/Wien/Zürich 1924
Bernfeld, S.: Zur Psychologie der „Sittenlosigkeit" der Jugend. In: Bernfeld, S.: Antiautoritäre Erziehung und Psychoanalyse. Ausgewählte Schriften, Bd. 3, Frankfurt a.M. 1969-70 (zuerst 1924), S. 782-793
Bernfeld, S.: Der soziale Ort und seine Bedeutung für Neurose, Verwahrlosung und Pädagogik. In: Bernfeld, S.: Antiautoritäre Erziehung und Psychoanalyse. Ausgewählte Schriften, Bd. 1, Frankfurt a.M. 1969-70 (zuerst 1929), S. 198-211
Bernfeld, S.: Die Tantalussituation. Bemerkungen zum kriminellen Über-Ich. In: Bernfeld, S.: Antiautoritäre Erziehung und Psychoanalyse. Ausgewählte Schriften, Bd. 2, Frankfurt a.M. 1969-70 (zuerst 1931), S. 648-663
Bernfeld, S.: Trieb und Tradition im Jugendalter. Kulturpsychologische Studien an Tagebüchern. Leipzig 1931a. Reprint: Frankfurt a.M. 1978
Bernfeld, S.: Über die einfache männliche Pubertät. In: Bernfeld, S.: Antiautoritäre Erziehung und Psychoanalyse. Ausgewählte Schriften, Bd. 2, Frankfurt a.M. 1969-70 (zuerst 1935), S. 630-648
Bettelheim, B.: Die symbolischen Wunden. Pubertätsriten und der Neid des Mannes. München 1975 (zuerst 1954)
Bittner, G./Rehm, W.: Psychoanalyse und Erziehung. In: Bittner, G./Rehm, W. (Hrsg.): Psychoanalyse und Erziehung. Bern/Stuttgart 1964, S. 10-32
Blos, P.: Adoleszenz. Eine psychoanalytische Interpretation. Stuttgart 1978 (zuerst 1962)
Bohleber, W.: Die Entwicklung der Traumatheorie in der Psychoanalyse. In: Psyche 54 (2000), S. 796-839
Bopp, J.: Wir wollen keine neuen Herren. Streitschriften zur Jugend- und Psychoszene. Frankfurt a.M. 1982
Bosse, H.: Der fremde Mann. Jugend, Männlichkeit, Macht. Eine Ethnoanalyse. Unter Mitarbeit von Werner Knauss. Fankfurt 1994
Bretherton, I.: Die Geschichte der Bindungstheorie. In: Spangler,G./Zimmermann, P. (Hrsg.): Die Bindungstheorie. Grundlagen, Forschung und Anwendung. Stuttgart 1995
Bründl, P./Kogan, I. (Hrsg.): Kindheit jenseits von Trauma und Fremdheit. Psychoanalytische Erkundungen von Migrationsschicksalen im Kindes- und Jugendalter. Franfurt a.M. 2005

Bürgin, D.: Psychic Traumatization in Children and Adolescents. In: Adam, H. et al. (eds.): Children, War and Persecution. Proceedings of the Congress Hamburg 1993. Osnabrück 1995, S. 14-25

Cohen, J.: Das mißhandelte Kind. Ein psychoanalytisches Konzept zur integrierten Behandlung von Kindern und Jugendlichen. Frankfurt a. M. 2004

Coles, R.: Erik H. Erikson. Leben und Werk. München 1974 (zuerst 1970)

Cremerius, J. et al.: Adoleszenz. In: Freiburger Literaturpsychologische Gespräche. Jahrbuch für Literatur und Psychoanalyse, Bd. 16, Würzburg 1997

DeMausse, L. (Hrsg.): Hört die kleinen Kinder weinen. Eine psychogenetische Geschichte der Kindheit. Frankfurt a.M. 1980 (zuerst 1974)

Deutscher Werkbund e.V. (Hrsg.): Schock und Schöpfung. Jugendästhetik im 20. Jahrhundert. Darmstadt/Neuwied 1986

Döbert, R./Nunner-Winkler, G.: Adoleszenzkrise und Identitätsbildung. Frankfurt a.M. 1975

Döbert, R. et.al. (Hrsg.): Entwicklung des Ichs. Köln 1977

Dornes, M.: Der kompetente Säugling. Die präverbale Entwicklung des Menschen. Frankfurt a.M. 1993

Düring, S.: Wilde und andere Mädchen. Die Pubertät. Freiburg i. Br. 1993

Eckstaedt, A.: Nationalsozialismus in der ‚zweiten Generation'. Psychoanalyse von Hörigkeitsverhältnissen. Frankfurt a.M. 1989

Eisenstadt, S.N.: Von Generation zu Generation. Altersgruppen und Sozialstruktur. München 1966 (zuerst 1956)

Eissler, K.R.: Bemerkungen zur Technik der psychoanalytischen Behandlung Pubertierender nebst einigen Überlegungen zum Problem der Perversion. In: Psyche XX (1966) (zuerst 1958), S. 837-872

Ekstein, R.: Siegfried Bernfeld 1892-1953. Sisyphus or the Boundaries of Education. In: Alexander, F. et. al.: Psychoanalytic Pioneers. New York/London 1966, S. 415-429

Elrod, N./Heinz, R./Dahmer, H.: Der Wolf im Schafspelz. Erikson, die Ich-Psychologie und das Anpassungsproblem. Frankfurt a.M. 1978

Emde, R. N.: Die endliche und die unendliche Entwicklung. In: Psyche 45 (1991) (zuerst 1988), S. 745-779

Ende, A.: Historische Gruppenphantasien und Geschichte der Kindheit. In: Leber, A. et al. (Hrsg.): Die Bedeutung der Gruppe für die Sozialisation. Kindheit und Familie. Göttingen 1985, S. 11-19

Erdheim, M.: Adoleszenz zwischen Familie und Kultur. Ethnopsychoanalytische Überlegungen zur Funktion der Jugend in der Kultur. In: Psychosozial (1983), H. 17, S. 104-116

Erdheim, M.: Zur Psychogenese der Imagines von Kultur und Familie. In: Friedrich, V./Ferstel, H. (Hrsg.): Bruchstellen in der Psychoanalyse. Eichbom 1985, S. 66-73

Erdheim, M.: Fritz Morgenthaler und die Entstehung der Ethnopsychoanalyse in Zürich. In: Morgenthaler, F.: Der Traum. Frankfurt a.M. 1986

Erdheim, M.: Subjektivität als Erkenntnismedium und ihre Krisen im Forschungsprozess. In: Breyvogel, W. (Hrsg.): Pädagogische Jugendforschung. Opladen 1989, S. 81-93

Erdheim, M.: Siegfried Bernfeld, Erik H. Erikson und die zwei Kulturen der Psychoanalyse. In: Hörster, R./Müller, B. (Hrsg.) Jugend, Erziehung und Psychoanalyse. Zur Sozialpädagogik Siegfried Bernfelds. Neuwied/Berlin 1992, S. 75-88

Erdheim, M.: Psychoanalyse, Adoleszenz und Nachträglichkeit. In: Psyche 47 (1993), S. 934-950

Erdheim, M.: Verzerrungen des Fremden in der psychoanalytischen Perspektive. In: Gutjahr, O. (Hrsg.): Fremde. Freiburger literaturpsychologische Gespräche. Jahrbuch für Literatur und Psychoanalyse Bd 21. Würzburg 2002, S. 21-45

Erikson, E.H.: Das Problem der Ich-Identität. In: Erikson, E.H.: Identität und Lebenszyklus. Frankfurt a.M. 1966 (zuerst 1956), S. 123-215

Erikson, E.H.: Kindheit und Gesellschaft. Stuttgart 1971 (zuerst 1950)

Erikson, E.H.: Einsicht und Verantwortung. Die Rolle des Ethischen in der Psychoanalyse. Frankfurt a.M. 1971 (zuerst 1963)

Ernst, C./v. Luckner, N.: Stellt die Frühkindlichkeit die Weichen. Eine Kritik an der Lehre von der schicksalshaften Bedeutung erster Erlebnisse. Stuttgart 1987 (erstmals 1985)

Fischer, G./Riedesser, P.: Lehrbuch der Psychotraumatologie. München 2003

Flaake, K.: Weibliche Adoleszenz und Einschreibungen in den Körper. Zur Bedeutung kultureller Definitionen von körperlicher Weiblichkeit für die Entwicklungsmöglichkeiten von Mädchen. In: Trescher, H. G. et al. (Hrsg.): Jahrbuch für psychoanalytische Pädagogik 4, 1989, S. 137-148

Flaake, K./King, V.: Weibliche Adoleszenz. Zur Sozialisation junger Frauen. Frankfurt 1992

Freud, A.: Das Ich und die Abwehrmechanismen. München 1936

Freud, A.: Psychoanalyse und Erziehung. In: Die Schriften der Anna Freud, Bd. V, 1945-1956 (zuerst 1954), S. 1311-1320

Freud, A.: Probleme der Pubertät. In: Freud, A.: Die Schriften der Anna Freud, Bd, VI, München 1980 (zuerst 1958), S. 1738-1769
Freud, S.: Bruchstück einer Hysterieanalyse. In: G.W. V, London 1941 (zuerst 1905a), S. 161-286
Freud, S.: Drei Abhandlungen zur Sexualtheorie. In: G.W. V, London 1941 (zuerst 1905b), S. 27-159
Freud, S.: Die Zukunft einer Illusion. In: G.W. XIV, London 1945 (zuerst 1927), S. 323-380
Freud, S.: Abriss der Psychoanalyse. In: G.W. XVII, London 1945 (zuerst 1938), S. 63-138
Gontovos, K.: Psychologie der Migration. Über die Bewältigung von Migration in der Nationalgesellschaft. Argument Sonderband NF 273, Hamburg/ Berlin 2000
Grubrich-Simitis, I.: Siegfried Bernfeld: Historiker der Psychoanalyse und Freud-Biograph. In: Bernfeld, S. und Cassirer-Bernfeld, S.: Bausteine der Freud-Biographik. Frankfurt a.M 1981, S. 7-50
Grünberg, K.: Liebe nach Auschwitz. Die Zweite Generation. Psychoanalytische Beiträge aus dem Sigmund-Freud-Institut. Bd. 5, Tübingen 2000
Helsper, W.: Selbstkrise und Individuationsprozess. Opladen 1989
Horkheimer, M.: Theoretische Entwürfe über Autorität und Familie. Allgemeiner Teil. In: Institut für Sozialforschung (Hrsg.): Studien über Autorität und Familie. Paris 1936, S. 3-76
Horkheimer, M.: Autorität und Familie in der Gegenwart. In: Horkheimer, M.: Zur Kritik der instrumentellen Vernunft. Herausgegeben von A. Schmidt. Frankfurt a.M. 1967 (zuerst 1949), S. 269-287
Jay, M.: Dialektische Phantasie. Die Geschichte der Frankfurter Schule und des Instituts für Sozialforschung 1923-1950. Frankfurt a.M. 1976 (zuerst 1973)
Kaplan, L. Abschied von der Kindheit. Eine Studie über die Adoleszenz. Stuttgart 1988 (zuerst 1984).
Kardiner, A.: The Individual and His Society. The Psychodynamics of Primitive Social Organization. New York 1939
Kardiner, A. et.al.: The Psychological Frontiers of Society. New York 1945
Kardiner, A./Preble, E.: Wegbereiter der modernen Anthropologie. Frankfurt a.M. 1974
Keilson, H.: Wohin die Sprache nicht reicht. Essays – Vorträge – Aufsätze 1936-1996. Giessen 1998
Keniston, K.: The Uncommitted, Alienated Youth in American Society. New York 1960
Keniston, K.: Young Radicals. Notes on Committed Youth. New York 1968
Keniston, K.: Neue empirische Forschungen zu den Studentenrevolten: die amerikanische Studentenbewegung. In: Allerbeck, K.R./Rosenmayr, L. (Hrsg.): Aufstand der Jugend? Neue Aspekte der Jugendsoziologie. München 1971, S. 83-107
King, V.: Die Urszene der Psychoanalyse. Adoleszenz und Geschlechterspannung im Fall Dora. Stuttgart 1995
König, H. D.: Sozialpsychologie des Rechtsextremismus. Frankfurt a.M. 1998
Kronsteiner, R.: Kultur und Migration in der Psychotherapie. Ethnologische Aspekte psychoanalytischer und systemischer Therapie. Frankfurt a.M. 2003
Landolt, M.: Psychotraumatologie des Kindesalters. Göttingen/ Bern 2004
Leuzinger-Bohleber, M./Garlichs, A.: Früherziehung West-Ost. Zukunftserwartungen, Autonomieentwicklung und Beziehungsfähigkeit von Kindern und Jugendlichen. Eine angewandte psychoanalytische Studie im pädagogischen Feld. Weinheim 1993
Lévi-Strauss, C.: Die elementaren Formen der Verwandtschaft. Frankfurt a. M. 1992
Lévi-Strauss, C.: Die Familie. In: Der Blick aus der Ferne. München 1985 (zuerst 1956), S. 73-104
Leithäuser, Th./Vollmerg, B.: Psychoanalyse in der Sozialforschung. Eine Einführung. Opladen 1988
Lorenzer, A.: Zur Begründung einer materialistischen Sozialisationstheorie. Frankfurt a.M. 1972
Mahler, M.S.: On child psychosis and schizophrenia: autistic and symbiotic infantile psychoses. In: Psychoanalytic Study of the Child. VII 1952, S. 286-305
Mahler, M.S.: Symbiose und Individuation. Bd. 1: Psychosen im frühen Kindesalter. Stuttgart 1972 (zuerst 1968)
Mahler, M.S. et al.: Die psychische Geburt des Menschen. Symbiose und Individuation. Frankfurt a.M. 1978 (zuerst 1975)
Marcuse, H.: Das Veralten der Psychoanalyse. In: Marcuse, H.: Kultur und Gesellschaft, Bd. 2, Frankfurt a.M. 1963, S. 85-106
Mendel, G.: Die Revolte gegen den Vater. Eine Einführung in die Soziopsychoanalyse. Frankfurt a.M. 1972 (zuerst 1968)
Meng, H.: psychoanalytische Erziehung und Kinderanalyse. In: Federn, P./Meng, H. (Hrsg.): Das psychoanalytische Volksbuch. Bern 1939, S. 175-192
Menschik-Bendele, J./Ottomeyer, K.: Sozialpsychologie des Rechtsextremismus. Entstehung und Veränderung eines Syndroms. Opladen 1998
Mertens, W. (Hrsg.): Psychoanalyse. Ein Handbuch in Schlüsselbegriffen. München 1983
Misek-Schneider, K.: Seelische Folgen von Kriegserleben bei Kindern und Jugendlichen. In: Seidler, G.H. /Eckart, W. (Hrsg.): Verletzte Seelen. Möglichkeiten und Perspektiven einer historischen Traumaforschung. Giessen 2005

Mitscherlich, A.: Pubertät und Tradition. In: Grunert-Bronnen, B. (Hrsg.): Pubertät. München/Bern 1968 (zuerst 1957), S. 221-250
Mitscherlich, A.: Auf dem Weg zur vaterlosen Gesellschaft. Ideen zur Sozialpsychologie. München 1963
Menschik-Bendele/Ottomeyer, K. u.a.: Sozialpsychologie des Rechtsextremismus. Entstehung und Veränderung eines Syndroms. Opladen 1998
Modena, E. (Hrsg.): Das Faschismus-Syndrom. Zur Psychoanalyse der Neuen Rechten in Europa. Giessen 1998
Morgenthaler, F.: Technik. Zur Dialektik der psychoanalytischen Praxis. Frankfurt a.M. 1978
Nadig, M.: Zur ethnopsychoanalytischen Erarbeitung des kulturellen Raums der Frau. In: Psyche 40 (1986), H. 3, S. 193-219
Parsons, T.: Das Über-Ich und die Theorie der sozialen Systeme. In: Parsons, T.: Sozialstruktur und Persönlichkeit. Frankfurt a.M. 1968 (zuerst 1952), S. 25-45
Parsons, T.: Sozialstruktur und Persönlichkeit. Frankfurt a.M. 1968 (zuerst 1964)
Pedrina, F. et al. (Hrsg.): Kultur, Migration, Psychoanalyse: therapeutische Konsequenzen theoretischer Konzepte. Tübingen 1999
Pfister, O.: Anwendungen der Psychoanalyse in der Pädagogik und Seelsorge. In: Imago 1 (1912), S. 56-82
Projektgruppe „Schule und Subkultur": Subjektive Verarbeitung schulischer Anforderungen und Selbstkrisen Jugendlicher – Schülerfallstudien und deren vergleichende Interpretation. Universität Essen – Gesamthochschule Fachbereich Erziehungswissenschaften 1983
Radebold, H.: Kindheiten im II. Weltkrieg und ihre Folgen. Giessen 2004
Rehm, W.: Die psychoanalytische Erziehungslehre. Anfänge und Entwicklung. München 1968
Reich, W.: Die sexuelle Revolution. Zur charakterlichen Selbststeuerung des Menschen. Frankfurt a.M. 1966 (zuerst 1930)
Reichmayr, J.: Einführung in die Ethnopsychoanalyse. Geschichte, Theorien, Methoden. Frankfurt a.M. 1995
Reik, Th.: Die Pubertätsriten der Wilden. In: Probleme der Religionspsychologie. Leipzig/Wien 1919 (zuerst 1915/16), S. 59-131
Rohr, E./Jansen, M.M. (Hrsg.): Grenzgängerinnen. Frauen auf der Flucht, im Exil und in der Migration. Giessen 2002
Rosenmayr, L.: Zur theoretischen Neuorientierung der Jugendsoziologie. In: Allerbeck, K.R./Rosenmayr, L. (Hrsg.): Aufstand der Jugend? Neue Aspekte der Jugendsoziologie. München 1971, S. 229-268
Scheifele, S. (Hrsg.): Migration und Psyche. Aufbrüche und Erschütterungen. Giessen 2008
Schneider, C./Stillke, C./Leineweber, B.: Das Erbe der Napola. Hamburg 1996
Schröder, A./Leonhardt, U.: Jugendkulturen und Adoleszenz. Verstehende Zugänge zu Jugendlichen in ihren Szenen. Neuwied 1998
Spitz, R.A.: Die Entstehung der ersten Objektbeziehungen. Stuttgart 1957 (zuerst 1954)
Spitz, R.A.: Vom Säugling zum Kleinkind. Naturgeschichte der Mutter-Kind-Beziehungen im ersten Lebensjahr. Stuttgart 1965
Streeck-Fischer, A.: „Geil auf Gewalt". Psychoanalytische Bemerkungen zu Adoleszenz und Rechtsextremismus. In: Psyche 46 (1992), S.745-768
Streek-Fischer, A.: Selbst- und fremddestruktives Verhalten in der Adoleszenz. Folgen von Traumatisierung in der Entwicklung. In: Streek-Fischer, A. (Hrsg.): Trauma und Entwicklung. Frühe Traumatisierungen und ihre Folgen in der Adoleszenz. Stuttgart 2006, S. 9-42
Stutz, D./Erdheim, M.: Zur ethnopsychoanalytischen Problematik der Adoleszenz. In: Combe, A./Helsper, W. (Hrsg.): Hermeneutische Jugendforschung. Theoretische Konzepte und methodologische Ansätze. Opladen 1991, S. 175-199
Thomä, H./Kächele, H.: Lehrbuch der psychoanalytischen Therapie, Bd. 2: Praxis. Berlin/Tokyo 1988
Tyrell, H.: Familie und gesellschaftliche Differenzierung. In: Pross, H. (Hrsg.): Familie wohin? Leistungen, Leistungsdefizite und Leistungswandlungen in hochindustrialisierten Gesellschaften. Reinbek 1979, S. 13-78
Tyson, Ph./Tyson, R. L.: Lehrbuch der psychoanalytischen Entwicklungspsychologie, Stuttgart 1997 (zuerst 1990)
Waldeck, R.: Der rote Fleck im dunklen Kontinent. In: Zeitschrift für Sexualforschung 1 (1988), S. 189-205; S. 337-350
Wirth, H.J.: Die Schärfung der Sinne. Jugendprotest als persönliche und kulturelle Chance. Frankfurt a.M. 1984
Ziehe, T.: Pubertät und Narzissmus. Frankfurt a.M./Köln 1975
Zimmermann, P.: Bindungsentwicklung von der frühen Kindheit bis zum Jugendalter und ihre Bedeutung für den Umgang mit Freundschaftsbeziehungen. In: Spangler, G./Zimmermann, P. (Hrsg.) Die Bindungstheorie. Grundlagen, Forschung und Anwendung. Stuttgart 1995
Zur Geschichte der Sexpol-Bewegung 1934/35. In: Gente, H.P. (Hrsg.): Marxismus Psychoanalyse Sexpol. Bd. 1, Frankfurt a.M. 1970, S. 155-182

Dieter Geulen

Sozialisationstheoretische Ansätze

Menschen, die in verschiedenen Kulturen, Gesellschaften, Milieus, auch in verschiedenen historischen Epochen aufgewachsen sind, unterscheiden sich voneinander hinsichtlich ihres Verhaltens, ihrer Denkweisen, ihrer Wertvorstellungen und vieler psychologischer Merkmale. Dies sind triviale Tatsachen unserer heutigen Alltagserfahrung; unklar ist jedoch zunächst, wie sie im Einzelnen zu erklären sind. Die Unterschiede sind nicht zufällig, sondern hängen offenbar mit bestimmten Gegebenheiten und Erfahrungen in unserer Kindheit und Jugend zusammen und damit, wie wir sie innerpsychisch verarbeitet haben. Die Gesamtheit dieser Prozesse nennt man „**Sozialisation**", und ihre Aufklärung durch wissenschaftliche Forschung ist Gegenstand der Sozialisationstheorie (einen guten Überblick über den Forschungsstand vermitteln die Handbücher von Hurrelmann/Ulich 1991; Hurrelmann u.a. 2008 und von Schneewind 1994. Lehrbücher und Einführungen liegen vor von Hurrelmann 2006; Tillmann 2000; Faulstich-Wieland 2000; Geulen 1994, 2007).

1 Zum Begriff der Sozialisation und seiner Bedeutung

Der Begriff der Sozialisation ist ursprünglich in der Soziologie entstanden und bezeichnete dort den Sachverhalt, dass die in einer gegebenen Gesellschaft lebenden Menschen die in dieser geltenden Wertvorstellungen und Verhaltensweisen konsensuell teilen, d.h. verinnerlicht haben müssen, soll diese Gesellschaft überhaupt funktionieren (funktionalistischer Sozialisationsbegriff). Dieser Zusammenhang ist sicher von großer Bedeutung, doch ergäben sich Probleme, wenn wir den Sozialisationsbegriff nur auf diesen Ausschnitt beschränkten. Erstens würde dabei unterstellt, dass alle in den Individuen tatsächlich ablaufenden Sozialisationsprozesse nur auf ihre endliche Konformität mit den jeweils herrschenden Werten und Normen hinausliefen. Dies ist jedoch keineswegs der Fall, denn viele Entwicklungsprozesse führen zu Persönlichkeitsmerkmalen, die sich gar nicht direkt auf diese Werte und Normen beziehen, und nicht selten führen sie zu ihnen geradezu widersprechenden Ergebnissen, die sich gerade in von diesen Normen „abweichendem" Verhalten zeigen. Zweitens wird daran deutlich, dass der unreflektierte Bezug auf die herrschenden Werte und Normen einer Gesellschaft selbst fragwürdig ist, denn sie sind keineswegs als absolut gültig anzunehmen. Drittens unterliegen sie faktisch einem unter Umständen rapiden historischen Wandel. Bedenken wir, dass gesellschaftlicher Wandel letztlich immer vom Handeln der Individuen, also auch von ihrer tatsächlichen Sozialisation abhängig ist, so wäre Wandel gar nicht zu erklären, wenn die Individuen nicht auch schon in ihrer Sozialisation ein über die gegebenen Werte und Normen hinaus gehendes – wenn man will: kreatives bzw. innovatives – Handlungspotential erworben hätten. Aus diesen Gründen empfiehlt es sich, als theoretischen Bezugspunkt der Sozialisationstheorie eher den

Begriff des „gesellschaftlich handlungsfähigen Subjekts" (Geulen 1989) anzusetzen, der unter den vielfältigen psychologischen Bedingungen der Handlungsfähigkeit insbesondere auch die Fähigkeiten umfasst, in einer sich wandelnden Realität im Hinblick auf andere einen Konsens durch Kommunikation erst zu bilden.

Unter dem Einfluss der Kritik am Funktionalismus und auch der ab den 1950er Jahren zunehmenden **empirischen Sozialisationsforschung** hat sich heute eher ein „kausalistisch" zu nennendes Sozialisationsverständnis durchgesetzt, das von den gegebenen gesellschaftlichen Bedingungen ausgeht und ihre *tatsächlichen* sozialisatorischen Auswirkungen auf die Individuen untersucht (Geulen 2005b).

Freilich hatten schon die verfügbaren theoretischen Ansätze deutlich gemacht, dass diese Prozesse nicht als einfache und deterministische Kausalbeziehung aufgefasst werden dürfen, in denen der Mensch als völlig von seiner **Umwelt** geprägtes und abhängiges Wesen erschiene. Vielmehr ist schon das kleine Kind in seiner Umwelt immer auch selber tätig. Wir haben es also mit komplexen Prozessen der Wechselwirkung mit einer Vielzahl von Gegebenheiten in der Umwelt zu tun, in denen das sich bildende Subjekt aktiv beteiligt ist. In diesem Sinne kann gesagt werden, dass die Sozialisation durch die Umwelt bestimmt wird, in der sich ein Subjekt handelnd bewegt und in der es Erfahrungen macht, die es innerpsychisch verarbeitet und die es auf diese Weise weiterentwickeln und prägen.

„Umwelt" kann etwa durch Begriffe wie „soziale Lebenswelt", „subkulturelles Milieu", im Nahfeld als „Familie", „Spiel- bzw. Peergruppen", „Straße", „Schule" usw. beschrieben werden. Es scheint sinnvoll, zwischen (1) materiellen Rahmenbedingungen bzw. Anregungen (z.B. Wohnung, Spielzeug, Gebäude, Natur usw.), (2) kulturellen Bedingungen (z.B. Bücher und Medien aller Art) und (3) den besonders wichtigen sozialen Bedingungen (Erfahrungen in Interaktionen mit anderen, insbesondere mit den näheren Bezugspersonen) zu unterscheiden. Theoretisch sind diese Bedingungen aufzufassen einerseits als Anregungen bzw. Herausforderungen zu bestimmten Tätigkeiten und entsprechenden subjektiven Prozessen, die dann sozialisationsrelevant werden, andererseits aber auch als Beschränkungen, die bestimmte andere Möglichkeiten ausschließen und die deshalb für die Sozialisation folgenlos bleiben. Die Unterscheidung ist nur analytisch; tatsächlich sind fast immer alle Aspekte zugleich im Spiel, wenn auch mit unterschiedlichem Gewicht (z.B. stellen Wohnung, Spielzeug und Gebäude auch „Kultur" dar und sind etwa für die ästhetische Bildung von Bedeutung, und gesellschaftliche Normen werden durch Interaktion mit konkreten anderen Individuen vermittelt).

Nach diesen Vorüberlegungen kann **Sozialisation** nunmehr definiert werden als die Entstehung und Bildung der Persönlichkeit aufgrund ihrer Interaktion mit einer stets historisch spezifischen materiellen, kulturellen und sozialen Umwelt (Geulen 1973). Beziehen wir die obigen Überlegungen zum gesellschaftstheoretischen Bezug dieses Begriffs mit ein, so wäre der zunächst allgemeine Begriff der Persönlichkeit im Sinne eines Begriffs vom gesellschaftlich handlungsfähigen Subjekt, bzw. Sozialisation als Genese der Fähigkeiten zu gesellschaftlichem Handeln zu präzisieren.

Sozialisation ist ein Prozess, der im Prinzip die gesamte Lebensspanne bis ins Alter umfasst. Daraus ergibt sich unter anderem die Konsequenz, dass wir Sozialisation nicht als eine einmalige Prägung, aber auch nicht als eine bloße Ansammlung punktueller Erfahrungen anzusehen haben. Da unser psychischer Apparat systematische Zusammenhänge zwischen unseren Erfahrungen herstellt, bestimmen vielmehr die innerpsychisch gespeicherten früheren Erfahrungen die Verarbeitung anderer Erfahrungen sowie das spätere Handeln und damit wiederum die daraus resultierenden neuen Sozialisationserfahrungen mit. Wir haben es also auch mit komplexen innerpsychischen Wechselwirkungen im zeitlichen Längsschnitt zu tun. Man denke beispielsweise daran, welchen Einfluss die Sozialisation in der Familie auf Verhalten, Leistungen und Sozialisation in der Schule hat, die ihrerseits den weiteren Lebensweg mitbestimmen. Auch diese Zusammenhänge sind nicht als eindeutige Kausalität aufzufassen, denn es gibt stets mehrere Möglichkeiten der Weiterentwicklung, nicht zuletzt auch auf Grund selbstreflexiver und autonomer biographischer Entscheidungen. Andererseits lassen sich frühere Sozialisationseinwirkungen aber auch nicht beliebig ungeschehen machen bzw. aufheben, sondern höchstens – und nur in begrenztem Maße – korrigieren, z.B. durch Bildungs- und Therapiemaßnahmen.

Aus all dem wird deutlich, dass den ersten, in der Kindheit stattfindenden sozialisatorischen Einflüssen ein besonders großes Gewicht zukommt, ja vielleicht kann man sogar sagen, dass solche Erfahrungen die Persönlichkeit umso tiefer und nachhaltiger prägen, je früher sie stattfinden. Dies liegt nicht nur an der soeben genannten Tatsache, dass sie das weitere Geschehen mitbestimmen, also Multiplikatoreffekte zur Folge haben, sondern vor allem auch daran, dass sie ja die ersten Ereignisse sind, die gleichsam auf das noch unbeschriebene Blatt der kindlichen Seele fallen. Daher hat die bisherige Sozialisationsforschung dann auch zunächst und besonders ausführlich die Sozialisation in der frühen Kindheit und in der Familie untersucht.

Aus diesen Überlegungen folgt, dass die sozialisationstheoretische Fragestellung im Zusammenhang der Forschung über Kindheit und Jugend einen besonderen Stellenwert einnimmt; sie ist die Perspektive, unter der wir Bedingungen und Erscheinungen in Kindheit und Jugend betrachten, wenn wir an deren Auswirkungen auf die junge Generation und ihr späteres Verhalten interessiert sind. Darüber hinaus kann Sozialisationsforschung empirische Zusammenhänge aufdecken, deren Kenntnis zur Prävention etwa im Bereich der frühen Familiensozialisation oder auch zu späterer pädagogischer oder therapeutischer Intervention unerlässlich ist. Ein eindrucksvolles Beispiel der praktisch-politischen Relevanz der Sozialisationsforschung ist auch die Umsetzung bestimmter Erkenntnisse der **schichtenspezifischen Sozialisationsforschung** bei der Bildungs- und Schulreform der 1970er Jahre in der Bundesrepublik.

Der Sozialisationsbegriff wird noch deutlicher, wenn wir ihn von zwei anderen Auffassungen über die Genese der Persönlichkeit abgrenzen, nämlich der Annahme, dass diese durch **Erbanlagen** festgelegt sei, sowie vom Begriff der Erziehung. Dass die Merkmale der Persönlichkeit im Wesentlichen durch die individuelle genetische Ausstattung ein für alle mal fixiert seien, wobei Entwicklung nur noch als „Reifung" dieser Anlagen verstanden und der Umwelt keine entscheidende Rolle dabei zugestanden wird, ist eine vor allem in der darwinistischen Denktradition in England vertretene Auffassung, die neuerdings durch die rapiden Fortschritte der Genforschung neuen Auftrieb erhält. Sie liegt implizit auch den älteren in der Psychologie vertretenen Theorien von menschlicher Entwicklung zugrunde, die einen universalen, für alle Menschen gleichen Entwicklungsverlauf behaupten (vgl. Geulen 1987).

Eine solche Auffassung verkennt jedoch die überragende Bedeutung von Erfahrung und Lernen für die menschliche im Unterschied zur tierischen Entwicklung. Bei Tieren ist tatsächlich ein großer Teil ihres Verhaltensrepertoires als „Instinkte" (angeborene Auslösemechanismen) angeboren, die ihnen z.B. Nahrungssuche, Verteidigung und Fortpflanzung in ihrer natürlichen Umwelt ermöglichen, also eine spezifische, stammesgeschichtliche Form der Anpassung an diese darstellen. Nun ist heute nicht zu bestreiten, dass auch der Mensch sich in einem langen evolutionären Prozess aus tierischen Vorfahren entwickelt hat und sicher auch noch Anteile seines animalischen Erbes mit sich herumträgt. Jedoch hat die Anthropologie (Gehlen 1940) gezeigt, dass der Mensch nur noch über relativ wenige und schwache instinktive Verhaltensschemata verfügt, und diese reichen nicht mehr aus, um ihm ein Überleben in seiner Umwelt zu ermöglichen, die ja auch nicht mehr natürlich, sondern eine neue, von ihm selbst in einem historischen Prozess geschaffene zivilisatorische Umwelt ist. Wie das im Vergleich zu unseren nächsten tierischen Verwandten außerordentlich entwickelte Großhirn des Menschen zeigt, das kaum mehr Verhaltensprogramme enthält, sondern auf die Aufnahme, Verarbeitung und Speicherung von Informationen aus der Umwelt spezialisiert ist, hat die Evolution beim Menschen eine andere, effektivere Strategie der Anpassung an die Umwelt eingeschlagen, nämlich die Anpassung durch Lernen im weiteren Sinne bzw. Sozialisation, die es auch erlaubt, in neuen Umwelten zurecht zu kommen. Übrigens war eben dies wiederum Voraussetzung für die erwähnte zivilisatorische Entwicklung. Man sieht also, dass der Sozialisationsbegriff gerade auch im Rahmen einer naturwissenschaftlich-evolutionstheoretischen Sicht vom Menschen begründet ist. Darüber hinaus wird deutlich, dass auch im Sinne der philosophischen Traditionen der Anthropologie oder pädagogischer Bildungstheorien „der Mensch" überhaupt erst durch Sozialisation zum Menschen wird.

Nun soll keineswegs behauptet werden, dass die Gene keine Rolle in der Epigenese des Menschen spielten. Zu kritisieren ist nur die Ansicht, dass sie bereits zureichende Bedingungen der Entwicklung seien und die Umwelt dabei keine oder nur eine untergeordnete Rolle spiele. Tatsächlich bedürfen genetische Anlagen geradezu bestimmter Umweltbedingungen, um sich überhaupt auszuprägen, und die Art der Ausprägung in Persönlichkeitsmerkmalen hängt wesentlich auch von diesen ab. Dies gilt übrigens auch für spätere Entwicklungsschritte, etwa in der Pubertät oder auch im Alter. Wir müssen daher von dem theoretischen Modell einer höchst komplexen Wechselwirkung (Interaktion) zwischen Genen untereinander und mit bestimmten Umweltbedingungen, auch im zeitlichen Längsschnitt, ausgehen (Asendorpf 1994). Die Forschung steht in der Aufdeckung dieser Zusammenhänge allerdings erst am Anfang.

Der oben dargelegte Begriff von Sozialisation umfasst die Gesamtheit aller Prozesse der Persönlichkeitsgenese, in denen Umweltbedingungen relevant sind, bzw. die Gesamtheit aller entsprechenden Lernprozesse, gleichgültig, ob diese bewusst oder von irgendwem gewünscht oder geplant sind, ob andere direkt daran beteiligt sind oder nicht. Der Begriff der „**Erziehung**" meint dagegen ein intentionales, normativ-zielgerichtetes und geplantes Handeln von in der Regel professionellem und ausgebildetem Personal in einem speziellen, eigens dazu hergestellten institutionellen Kontext (z.B. in Kindergarten, Heim oder Schule). Der Sozialisationsbegriff ist also von dem der Erziehung zu unterscheiden, schließt diesen allerdings ein. Die sozialisationstheoretische Perspektive sensibilisiert besonders für die Frage, ob und wieweit die tatsächlichen Folgen pädagogischen Handelns überhaupt den intendierten Erziehungszielen entsprechen, wie es Erzieher bzw. die Pädagogik ja unterstellen müssen. Zahlreiche Untersuchungen haben – angeregt etwa von psychoanalytischen oder sozialpsychologischen Einsichten über unbewusste Prozesse – gezeigt, dass diese Annahme bestenfalls teilweise, häufig genug jedoch gar nicht zutrifft. Oft stehen Eltern und Erzieher der tatsächlichen Entwicklung ihrer Sprösslinge verständnislos gegenüber, da sie etwas anderes und „nur das Beste gewollt" haben. Sozialisationsforschung, die die Bedingungen menschlicher Bildungsprozesse untersucht, ist daher als eine notwendige erfahrungswissenschaftliche Grundlage einer realitätsgerechten Pädagogik anzusehen.

Angesichts der großen Zahl vorliegender empirischer Einzeluntersuchungen zur Sozialisation (s. die angegebenen Handbücher von Hurrelmann/Ulich und von Schneewind sowie die Hinweise auf die umfangreiche amerikanische Literatur in Geulen 2005c) könnte sich die Frage nach dem Sinn einer Beschäftigung mit Theorie erheben, auch wenn das vorrangige Interesse an diesem Forschungsgebiet vielleicht eher ein praktisches ist. Dazu ist Folgendes zu sagen: Wissenschaft kann zwar keine generellen und unmittelbar anwendbaren Handlungsrezepte für einzigartige und komplexe Situationen liefern. Aber Theorie kann, und das ist vielleicht ihre wichtigste Aufgabe, verschiedene und scheinbar unzusammenhängende Phänomene bzw. Einzelergebnisse in einen allgemeineren begrifflichen Zusammenhang bringen und erklären, und dies ist eine Voraussetzung für ein Verständnis des betreffenden Forschungsfeldes bzw. einer Situation überhaupt. Darüber hinaus sind theoretische Begriffe und Hypothesen immer auch schon eine Vorbedingung der empirischen Forschung, die wiederum dazu dient, sie zu prüfen und gegebenenfalls zu revidieren und weiterzuentwickeln. Dem Praktiker, der im Feld der Erziehung handeln und oft schnelle Entscheidungen treffen muss, gibt nur Theorie eine Handlungsorientierung. Er darf sich einerseits nicht seinen unreflektierten Impulsen überlassen, kann andererseits aber auch nicht erst umständlich nach einschlägigen Einzelstudien suchen, die außerdem immer unter anderen Rahmenbedingungen stattgefunden haben und daher erst kritisch zu interpretieren wären.

2   Zur Entwicklung der Sozialisationsforschung und sozialisationstheoretischen Ansätze

Die Frage nach der Bedeutung der Umwelt für die Entwicklung des Menschen ist in der Geschichte der Philosophie schon seit der Antike immer wieder und in unterschiedlicher Weise thematisiert worden (vgl. auch zum Folgenden Geulen 2005a). So hat z.B. die englische Aufklärung im 17. Jahrhundert den Gedanken stark gemacht, dass alle Erkenntnisse aus der Erfahrung, also der Umwelt entspringen. Die französische und insbesondere deutsche Aufklärungsphilosophie des 18. Jahrhunderts wiederum hat den Begriff des Menschen als erkennendes und moralisch handelndes Subjekt am breitesten ausgearbeitet. Die Philosophie des 19. Jahrhunderts schließlich hat unser Bewusstsein von der Verschiedenheit der Kulturen und ihrer Historizität und damit auch der gesellschaftlichen Relativität des Menschen geschärft.

Der Begriff der Sozialisation bzw. die sozialisationstheoretische Fragestellung im engeren Sinne hat sich im Wesentlichen erst im 20. Jahrhundert entwickelt. Allerdings ist zu bemerken, dass „die" Sozialisationsforschung nicht von Anfang an als ein festumrissenes Paradigma auftrat, sondern sich erst im Laufe der Zeit zu einem solchen entwickelt hat. Dabei lassen sich verschiedene, zunächst voneinander unabhängige Stränge unterscheiden, die erst später zusammenfanden. Auch wurden die von den genannten soziologischen Klassikern vertretenen Positionen und Fragen abgewandelt bzw. erweitert, andererseits wurden neue Ansätze insbesondere aus der Psychologie aufgenommen, die sich selber zunächst gar nicht als „sozialisationstheoretische" verstanden hatten. Wie in der Entwicklung wohl jeder Wissenschaft spielen dabei auch in der Sozialisationsforschung bestimmte gesellschaftspolitische Probleme der Zeit zumindest unausgesprochen eine große Rolle.

Den soziologischen Ausgangspunkt der sozialisationstheoretischen Fragestellung kann man (mit Parsons 1937) in der auf Th. Hobbes (1588-1679) zurückgehenden Frage sehen, wie angesichts der ursprünglich triebhaft-egoistischen Natur des Menschen soziale Ordnung überhaupt möglich ist. Die von Hobbes gesehene Lösung, dass ein den Individuen gegenüberstehender starker Staat die Ordnung erzwingen müsse, war nach Etablierung der bürgerlichen Gesellschaftsordnung im Gefolge der französischen Revolution, die ja auf dem demokratischen Konsens aller beruhen sollte und sich später vor allem in England zum Liberalismus weiterentwickelte, nicht mehr akzeptabel. Die darauf um die Wende zum 20. Jahrhundert vor allem von E. Durkheim gefundene Lösung lautet, dass die Individuen diese Ordnung bzw. die entsprechenden Werte und Normen verinnerlicht haben müssen. Die Bildung dieses „kollektiven Bewusstseins" ist ein Prozess, der vor allem in der Kindheit (nach Meinung Durkheims in der Schule) abläuft und den er „Sozialisation" nannte. T. Parsons (1952), der führende Theoretiker der struktur-funktionalistischen Schule der amerikanischen Soziologie, hat diesen Gedanken später weitergeführt und dem Sozialisationsbegriff einen zentralen Platz in einer Theorie der Gesellschaft zugewiesen.

Daneben hatten zu Beginn des Jahrhunderts auch amerikanische Autoren (Ch.H. Cooley; besonders G.H. Mead 1934), die an einer Philosophie und Psychologie der Sozialität und des Handelns interessiert waren, eine Theorie der Verinnerlichung unserer Erfahrungen in sozialer Interaktion mit anderen, d.h. der virtuellen Übernahme ihrer Einstellung uns gegenüber (Perspektivenübernahme), sowie der konstitutiven Bedeutung der Sprache als Medium sozialen Handelns vorgelegt (s.u.).

Eine dritte Wurzel ist die amerikanische Kulturanthropologie, die ab Ende der 1920er Jahre die Frage thematisierte, wie die in ethnographischen Studien an außereuropäischen Kulturen (insbesondere in der Südsee) aufgefundenen Verhaltensweisen und Persönlichkeitsstrukturen, die sich von denen der Amerikaner auffallend unterschieden, genetisch zu erklären seien (Malinowski, M. Mead). Hierzu zog man die von S. Freud in einem ganz anderen, nämlich individual-therapeutischen Kontext seit Jahrhundertbeginn in Wien entwickelte Theorie der **Psychoanalyse** heran, die bald auch in den USA auf großes Interesse stieß. Die Psychoanalyse ist daher als eine weitere Wurzel der Sozialisationstheorie anzusehen (s.u.). Freud hatte systematische Zusammenhänge zwischen neurotischen Symptomen und Charakterstrukturen Erwachsener und bestimmten, traumatischen Erfahrungen in ihrer frühen Kindheit aufgedeckt. Diese wurden von der Kulturanthropologie als empirische Gesetzmäßigkeiten interpretiert und zur Erklärung der Zusammenhänge zwischen beobachteten Praktiken frühkindlicher Erziehung und späterem Verhalten in den von ihr untersuchten Kulturen benutzt. Man kann sagen, dass dieses Zusammentreffen des ethnologischen, also eines auf eine jeweils bestimmte Gesellschaft bezogenen, mit einem psychologischen, auf die menschliche Ontogenese gerichteten Forschungsansatz die Geburtsstunde der empirischen Sozialisationsforschung ist, von der später wiederum wichtige Anregungen zur Weiterentwicklung auch theoretischer Modelle ausgegangen sind.

Ein nächster wichtiger Schritt war dann in den 1950er Jahren die Anwendung dieses empirischen Forschungsansatzes auf die eigene Gesellschaft, und zwar insbesondere unter der Fragestellung, wie sich Wertvorstellungen und Verhaltensweisen in verschiedenen Gruppen und besonders sozialen Klassen innerhalb der amerikanischen Gesellschaft unterscheiden und wie diese durch entsprechende Sozialisationserfahrungen in den Familien vermittelt sind. Dass dabei lange Zeit Persönlichkeitsvariablen wie Konformität mit den herrschenden Normen, auch Leistungsmotivation, bzw. umgekehrt Aggressivität und andere Formen abweichenden Verhaltens im Vordergrund standen, lässt sich als Interesse am Problem der sozialen Integration der amerikanischen Gesellschaft interpretieren, also das gleiche Motiv, das auch der zeitgenössischen Sozialisationstheorie zugrunde lag.

Mit der Rezeption der Sozialisationsforschung in der Bundesrepublik in den 1960er Jahren kommen neue Motive ins Spiel. Im Kontext der durch die Frankfurter Schule sowie die Studentenbewegung geprägten akademischen Soziologie wurde unter der Perspektive eines „emanzipatorischen" Interesses das Modell des auf Konformität mit seinen Rollen beschränkten Akteurs als Bezugspunkt der Sozialisationstheorie kritisiert und um Begriffe wie „Rollendistanz", „Kommunikation", „Identität" u.a. zum Begriff des „gesellschaftlich handlungsfähigen Subjekts" erweitert (vgl. Geulen 1989, 2005d). In diesem Zusammenhang gewann der von G.H. Mead begründete Ansatz und der daraus hervorgegangene symbolische Interaktionismus weiter an Bedeutung. Die empirische, insbesondere die **schichtenspezifische Sozialisationsforschung** lieferte einen Schlüssel zur Erklärung des schlechteren Abschneidens von Kindern aus der Arbeiterschaft im damaligen Bildungssystem, seiner sozialen Selektivität, deren Aufhebung dann zu einem politischen Ziel der Bildungsreform wurde. Dabei rückte die von J. Piaget entwickelte Theorie der Konstruktion kognitiver Strukturen zunehmend in das Blickfeld und wurde als ein weiterer Ansatz in den sozialisationstheoretischen Diskurs einbezogen. Dieser Kontext insgesamt hat in der Bundesrepublik die originäre Weiterentwicklung der Sozialisationsforschung angeregt, sowohl was die genauere und differenziertere Erforschung der gesellschaftlichen Bedingungen familialer Sozialisation betrifft als auch die Thematisierung weiterer Sozialisationsinstanzen wie z.B. die Schule, die Arbeitswelt, die Hochschule, die Medien u.a., aber auch die Betrachtung des ganzen Lebenslaufs und des zu beobachtenden rapiden Wandels kindlicher Lebenswelten unter sozialisationstheoretischer Perspektive.

Im Folgenden sollen zunächst die wichtigsten in den sozialisationstheoretischen Diskurs eingegangenen Theorieansätze zur Erklärung der Entstehung von Persönlichkeitsstrukturen aus der Interaktion mit der Umwelt systematisch skizziert und in ihrer Bedeutung für die sozialisationstheoretische Problemstellung diskutiert werden. Diese im Wesentlichen in der ersten Hälfte des 20. Jahrhunderts und unter spezifischen wissenschaftshistorischen Bedingungen entstandenen Theorien setzen bestimmte Akzente und decken keineswegs schon den ganzen Problemhorizont einer Sozialisationstheorie ab; in diesem Sinne sind sie als provisorisch zu betrachten.

3 Psychogenetische Theorieansätze

3.1 Der psychoanalytische Ansatz

Der für die Entwicklung der Sozialisationstheorie und empirischen Sozialisationsforschung erste und einflussreichste Ansatz ist wohl die von Sigmund Freud (1856-1939) begründete Theorie der Psychoanalyse (Freud 1940ff.; Brenner 1967). Freud war Arzt und an der Frage der Entstehung bzw. Heilung bestimmter psychischer Erkrankungen (Hysterie, Zwangsneurose u.a.) interessiert, denen die organische Medizin der Zeit hilflos gegenüber stand. Bei den Anamnesen seiner Patienten stieß er darauf, dass deren Symptome in einem sinnhaften, den Betreffenden selber jedoch nicht bewussten Zusammenhang mit bestimmten Erfahrungen ihrer frühen Kindheit stehen und dass deren Macht über das Verhalten gerade darauf beruht, dass sie unbewusst sind. Dies führte ihn zunächst dazu, eine entsprechende, „psychoanalytische" Methode zu entwickeln, die im Wesentlichen darin besteht, in einem längeren Behandlungsprozess diese Erfahrungen und ihre Verarbeitung durch den Patienten – ausgehend von seinen Träumen und daran anschließenden Assoziationen – verstehend zu rekonstruieren und bewusst zu machen. Wie bald deutlich wurde, kann auch für alle „normalen" Menschen, die nicht unter einer schweren Neurose leiden, angenommen werden, dass bestimmte im Erwachsenenalter gezeigte Verhaltensweisen bzw. Charakterstrukturen auf Erfahrungen in der Kindheit zurückgeführt werden können, die als solche nicht mehr bewusst sind.

Die Anwendung dieser Methode führte Freud zu weiteren Einsichten über die menschliche Entwicklung und den psychischen Apparat. Wie sich herausstellte, beruht die Tatsache, dass diese Zusammenhänge dem Patienten zunächst nicht bewusst sind, darauf, dass die betreffenden Erfahrungen einen traumatischen Charakter hatten, d.h. für das Kind einen Konflikt darstellten, auf den sein noch unentwickeltes ICH mit einem Abwehrmechanismus, der Verdrängung in das Unbewusste, reagierte. Konflikte dieser Art sind nicht zufällig, sondern systematisch darin begründet, dass schon das Kind bestimmte, als phylogenetisches Erbe anzusehende und von Freud in der Instanz des „ES" zusammengefasste Triebe mitbringt, die gemäß dem Lustprinzip auf Befriedigung drängen, dass aber die vorgefundene Realität, insbesondere die zunächst durch die Eltern repräsentierte Gesellschaft, diese Triebe mehr oder weniger zurückweist, d.h. ihre Befriedigung untersagt. Allgemeiner ist gemäß der psychoanalytischen Theorie die Sozialisation die Geschichte des Konfliktes zwischen konstitutioneller Triebstruktur und jeweiliger Realität, und viele Charaktermerkmale sind als Ergebnis dieses Konfliktes, genauer als die manifestierten Formen seiner Bewältigung aufzufassen.

Freud war der Meinung, dass alle Triebäußerungen im Grunde sexueller Natur sind und auf eine „Libido" genannte gemeinsame Energie zurückgeführt werden können (später nahm er als weiteren Grundtrieb den Aggressionstrieb an), die sich jedoch in sehr unterschiedlichen Verhaltensweisen, Tendenzen und Beziehungen zu Objekten äußern kann. Im Laufe der frühkindlichen Entwicklung zentriert sie sich auf verschiedene Körperzonen; Freud spricht von einer „oralen", „analen", „phallischen" bzw. „ödipalen" Phase, Formen der Trieborganisation, die an die Perversionen bei Erwachsenen erinnern und das Kind als „polymorph pervers" erscheinen lassen. Nach dieser Frühblüte der Sexualität folgt noch eine Latenzzeit und schließlich die Phase der genitalen Sexualität. Vor allem die ersten Phasen sind durch typische konflikthafte Erfahrungen mit der sozialen Umwelt gekennzeichnet. So spielen in der oralen Phase z.B. Erfahrungen bei der Nahrungsaufnahme, besonders aber Erfahrungen der Trennung von der Mutter eine große Rolle, die sich z.B. im späteren Bindungsverhalten äußern können. In der analen Phase geht es um Reinlichkeitserziehung bzw. um einen ersten Machtkampf zwischen dem Willen des Kindes und dem der Eltern, dessen Verarbeitung sich später unter anderem im Verhältnis zu Autoritäten bemerkbar macht. Besonders wichtig ist die phallische bzw. ödipale Phase; in ihr entwickelt das Kind eine erotische Einstellung zum gegengeschlechtlichen Elternteil und erfährt den gleichgeschlechtlichen Elternteil als Rivalen. Dieser Konflikt wird durch Phantasien, für seine Wünsche bestraft zu werden, noch verschärft.

Eine normale bzw. gesunde Bewältigung solcher Konflikte besteht darin, dass das ICH, die der Realität zugewandte und mit den Funktionen der Wahrnehmung, des Denkens, des Gedächtnisses und der motorischen Kontrolle betraute Instanz, eine Kompromisslösung findet, die den Ansprüchen sowohl des ES wie auch der Realität (und des ÜBER-ICH, siehe unten) gerecht wird. Das noch schwache ICH des Kindes ist dazu jedoch nicht immer in der Lage und greift dann zu archaischen Abwehrmechanismen, die den Konflikt und die damit verbundene Angst im Bewusstsein vermindern, aber keine echte, realitätsgerechte Lösung herbeiführen. Mechanismen dieser Art sind z.B. die Verdrängung in das Unbewusste (die insbesondere der Neurose zugrunde liegt), die Identifizierung mit dem Angreifer (die uns ebenso stark macht wie ihn), die Projektion eigener Triebwünsche auf andere (die z.B. bei der Vorurteilsbildung eine Rolle spielt), die Sublimierung der Energie unerwünschter Triebäußerungen in gesellschaftlich akzeptierten Formen (z.B. in Kunst, Arbeit, Sport).

Unter sozialisationstheoretischem Aspekt spielt die Identifizierung eine besondere Rolle. Die in der Ödipus-Situation phantasierte Bedrohung durch den gegengeschlechtlichen Elternteil

(Freud hat dies vor allem am Jungen gezeigt) wird dadurch weggeschafft, dass das Kind sich mit dem gleichgeschlechtlichen Elternteil identifiziert, also in der Phantasie an seine Stelle tritt. Dies kann psychologisch auch so ausgedrückt werden, dass das Bild des Elternteils verinnerlicht, d.h. als dauerhafter Bestandteil in das ICH aufgenommen wird. Da diese Vorstellung vor allem die elterlichen Gebote und Verbote enthält, die wiederum nichts anderes als gesellschaftliche Normen sind, werden letztlich diese verinnerlicht. Sie bilden so eine neue Instanz, das „**ÜBER-ICH**", das unsere Idealvorstellungen enthält, aber auch eine Instanz der kritischen Selbstbeobachtung und Selbstbelohnung bzw. -bestrafung ist, kurz: unser Gewissen.

Sozialisation erscheint in der psychoanalytischen Theorie daher als Zähmung, d.h. Unterdrückung bzw. Umlenkung unserer angeborenen Triebe durch die bei der Bewältigung des ödipalen Konfliktes in der frühen Kindheit im ÜBER-ICH etablierten Normen unserer Gesellschaft. Die Gedanken Freuds sind später von zahlreichen Autoren weiterentwickelt und abgewandelt worden, auf die hier nicht näher eingegangen werden kann (s. den einschlägigen Artikel in diesem Handbuch). Als besonders fruchtbar hat sich der Ansatz bei der Analyse der Sozialisation in der Familie, z.B. unbewusster Rollenzuschreibungen (Richter 1963) und der Ausbildung eines die Sozialisation von Kindern bestimmenden Familienklimas (Richter 1970) erwiesen.

Für den Erziehungspraktiker können Kenntnisse der psychoanalytischen Theorie und besonders auch der Methode in mehrfacher Hinsicht nützlich sein: Sie lehren eine unverkrampfte Sicht und Reaktion auf kindliche Triebäußerungen. Sie können für Probleme insbesondere im interpersonalen Verhalten bei anderen und bei sich selbst sensibilisieren, deren Ursachen nicht bewusst sind und die in frühkindlichen Erfahrungen des Betreffenden, auch seiner aktuellen familiären Situation liegen. Sie schulen den Blick dafür, welche Verhaltensprobleme mit den normalen Methoden des Erziehers nicht zu korrigieren sind, sondern spezieller therapeutischer Hilfe bedürfen.

Die große Bedeutung der psychoanalytischen Theorie für die heutige Sicht von Sozialisation liegt nicht nur in ihrer historischen Rolle – die insofern ambivalent ist, als ja durch die Dominanz dieser Theorie die Entwicklung anderer Ansätze behindert wurde –, sondern vor allem in zwei sachlichen Einsichten, nämlich erstens, dass die innerpsychische Verarbeitung von Erfahrungen sehr komplex ist und dass sie außerhalb unseres Bewusstseins, d.h. unbewusst abläuft, und zweitens darin, dass die Psychoanalyse die große Bedeutung frühkindlicher Erfahrungen mit den nahen Bezugspersonen für die spätere Persönlichkeitsentwicklung herausgearbeitet hat.

Beide Thesen bieten jedoch auch eine Angriffsfläche für Kritik. Das Interesse Freuds besonders für die unbewussten Prozesse und Motive führte dazu, dass die Entwicklung des ICHs und seiner für die Handlungsfähigkeit so wesentlichen Funktionen (Wahrnehmung, Denken, Sprache, Gedächtnis usw.) und ihre Bedingungen weit weniger ausführlich erforscht wurden. Freuds oft zitierte Theorie des ÜBER-ICHs als im Sozialisationsprozess entstehender Persönlichkeitsinstanz ist durch neuere Theorien, die den Schwerpunkt eher in der Entwicklung sozial-kognitiver Strukturen im ICH sehen, überholt worden (s.u.). Und der exklusive Blick auf die frühe Kindheit und die Familie hat dazu geführt, dass die Sozialisationstheorie die Frage nach anderen Sozialisationsinstanzen (z.B. Schule, Peer-Gruppe) und den späteren Entwicklungsphasen lange nicht gestellt hat. Nicht zuletzt wäre anzumerken, dass die eigentümliche, wesentlich auf Verstehen unbewusster Prozesse beruhende Methode der Psychoanalyse eine empirische Überprüfung ihrer Aussagen erschwert und ein Grund dafür ist, dass in der Psychologie der wissenschaftliche Charakter der Psychoanalyse bis heute umstritten ist (exemplarisch hierzu Grünbaum 1988).

3.2 Der strukturgenetische Ansatz

Ein zweiter sozialisationstheoretischer Ansatz zur Erklärung der Psychogenese, der in der Diskussion zunehmend an Bedeutung gewonnen hat, ist die von Jean Piaget (1896-1980) entwickelte Theorie der Entwicklung kognitiver Strukturen (vgl. Ginsburg/Opper 1969; Kesselring 1988). Sie führt an den Punkten, die wir oben am psychoanalytischen Ansatz kritisiert haben, weiter. Obwohl die ersten Veröffentlichungen schon in den 1920er und 1930er Jahren (in französischer Sprache) erschienen waren, wurde Piagets Theorie erst in den 1960er Jahren im Zuge der „kognitiven Wende" in der amerikanischen Psychologie rezipiert und dann zögernd auch in den sozialisationstheoretischen Diskurs einbezogen, eine Entwicklung, die in der Bundesrepublik durch die Bildungsreform und das Interesse an der kognitiven Sozialisation gefördert wurde.

Piagets Ausgangspunkt ist die Frage nach der Entwicklung der menschlichen **Intelligenz**, d.h. unserer Fähigkeit, die Welt begrifflich zu erfassen. Daher versteht er selbst sein Forschungsprogramm als „genetische Epistemologie". Er stieß schon früh darauf, dass das Denken von Kindern im Vergleich zu dem Denken Erwachsener nicht einfach als „falsch" und unvollkommen angesehen werden sollte, vielmehr weist die Tatsache, dass Kinder der gleichen Altersstufe in gleicher Weise denken bzw. die gleichen Fehler machen, darauf hin, dass ihr Denken eigenen Gesetzmäßigkeiten folgt. Zur näheren Untersuchung des kindlichen Bewusstseins entwickelte Piaget eine von ihm „klinische" genannte Methode, die im wesentlichen darin besteht, Kindern einer bestimmten Altersstufe eine kurze Problemgeschichte oder ein Handlungsproblem vorzulegen, sie bei der Lösung zu beobachten, sie anschließend nach den Gründen zu befragen und schließlich daraus die ihrem Denken zugrunde liegende Logik und die ihrer Entwicklung zu rekonstruieren. Die Probleme beziehen sich hauptsächlich auf die physische und die mathematisch-logische, aber auch auf die soziale Welt.

Piaget stellte fest, dass das Denken des Kindes charakteristische Entwicklungsstufen durchläuft, von denen jede eine in sich relativ konsistente Struktur darstellt. (1) Auf der sensumotorischen Stufe (0 bis 1 1/2 Jahre) erlernt das Kind den ersten Umgang mit Gegenständen seiner Nahwelt, z.B. das Greifschema und die entsprechende Koordination seiner Sinne und seiner Motorik. (2) Auf der Stufe des anschaulichen und symbolischen Denkens (1 1/2 bis 7 Jahre) spielen verinnerlichte Vorstellungen von der erfahrenen Welt und Phantasien darüber eine große Rolle, später bilden sich auch symbolische Repräsentanzen. Die kindliche Vorstellungswelt ist auf dieser Stufe noch ganz durch die Sinneseindrücke bestimmt und folgt noch nicht den Regeln der Erwachsenenlogik (z.B. glauben Kinder auf dieser Stufe, dass sich die Menge einer Flüssigkeit beim Umschütten in ein anders geformtes Glas verändere, dass eine in die Augen springende Teilmenge, z.B. weiße Perlen, größer sei als die Gesamtmenge der Perlen, dass der Mond beim abendlichen Gang durch die Straßen mit uns gehe usw.). (3) Auf der Stufe der konkreten Operationen (7 bis 11 Jahre) wendet das Kind dann zunehmend die Regeln der Logik auf ihm sinnlich gegebenes Material an, um (4) schließlich auf der Stufe der formalen Operationen auch mit unanschaulichen, abstrakten Symbolen etwa in der Mathematik operieren und hypothetische, nicht sinnlich erfahrene bzw. nichtreale Zusammenhänge konstruieren zu können. Mit Erreichen dieser Stufe zu Beginn der Adoleszenz ist nach Piaget die Entwicklung der Intelligenz im Wesentlichen abgeschlossen.

Piaget stellte fest, dass diese Entwicklungssequenz immer in der genannten gleichen Reihenfolge durchlaufen wird, weil die früheren Stufen Voraussetzung für Erreichen der jeweils nächsten sind und in sie eingehen, und dass außerdem keine Stufe übersprungen wird. Allerdings geschieht der Übergang auf eine höhere Stufe nicht unbedingt gleichzeitig in allen Gegenstandsbereichen, vielmehr gibt es dabei „Verschiebungen". Außerdem durchlaufen verschiedene Individuen diese Abfolge nicht unbedingt im gleichen Tempo.

Dass es sich bei Piagets Theorie tatsächlich um einen sozialisationstheoretischen Ansatz handelt, wird deutlich, wenn wir die Bedingungen und Mechanismen betrachten, die der Entwicklung zugrunde liegen. Zunächst ist schon Piagets These wichtig, dass alles Denken aus dem Handeln hervorgeht, d.h. in der tätigen Auseinandersetzung mit der Welt gewonnene und verinnerlichte Erfahrungen sind. Denkoperationen sind also verinnerlichte Handlungen, die von den konkreten Umständen abstrahiert bzw. generalisiert und zunehmend miteinander koordiniert und zu Strukturen organisiert wurden. Man kann sich das etwa an elementaren Rechenoperationen wie dem Addieren, Subtrahieren bzw. Multiplizieren und Dividieren verdeutlichen. Begriffliche Strukturen und ihre Entwicklung sind zwar Konstruktionen des Subjekts, aber sie beruhen letztlich auf dem Handeln, und insofern gehen in sie immer die entsprechenden Erfahrungen auch von den realen Bedingungen des Handelns in der Umwelt ein.

Piagets Analyse dieser Prozesse zeigt weitere Bedingungen auf, von denen die Entwicklung abhängig ist, in unserer Sprache also Sozialisationsbedingungen. So lange ein Subjekt mit den ihm verfügbaren Operationen bzw. Strukturen in seinem Handlungsfeld auftretende Probleme lösen kann, wird es die Gegebenheiten in seine Strukturen einordnen bzw. an diese anpassen („Assimilation"), sich selbst also nicht verändern. Treten jedoch Probleme bzw. Widersprüche zu seinen Strukturen auf, die zunächst nicht lösbar erscheinen, so muss es seine kognitiven Strukturen weiter entwickeln, so wie dies auch in der wissenschaftlichen Theoriebildung geschieht („Akkommodation"). Allerdings muss das Problem gewissermaßen in Reichweite der vorhandenen Strukturen liegen und darf das Subjekt nicht überfordern. Daraus folgt, dass Entwicklung bzw. Sozialisation nur stattfindet, wenn die Umwelt das Subjekt mit entsprechenden Herausforderungen konfrontiert. Dass dies nicht immer der Fall ist, ist der Grund für die erwähnten Unterschiede im Entwicklungstempo. Piaget nahm an, dass diese Mechanismen eine dem Subjekt innewohnende Tendenz voraussetzen, ein Gleichgewicht zwischen seinem Denken und seinen Erfahrungen herzustellen (Äquilibrationstendenz).

Den Erziehungspraktiker kann der strukturgenetische Ansatz für Beobachtungen darüber sensibilisieren, auf welchem Stand seiner kognitiven Entwicklung ein bestimmter Zögling angelangt ist. Erziehung besteht nach diesem Ansatz dann darin, an ihn genau solche Anforderungen zu stellen, die einen Schritt darüber hinaus in Richtung der nächsten Entwicklungsstufe liegen und von ihm mit einiger Anstrengung bewältigt werden können.

3.3 Der Ansatz der sozial-kognitiven Entwicklung

Hätte Piaget nur die Entwicklung des logisch-mathematischen Denkens untersucht, wäre er für die Sozialisationstheorie, der es ja um die Genese der sozialen Handlungsfähigkeit geht, nur von eingeschränktem Interesse. Piaget hat jedoch, wenn auch weniger ausführlich, auch Untersuchungen dazu vorgelegt, wie sich das soziale Denken entwickelt. Dieses unterscheidet sich vom logisch-mathematischen, auf die Ding-Welt bezogenen Denken vor allem dadurch, dass wir andere Menschen nicht als äußere Gegenstände, sondern als Subjekte, die unseresgleichen sind, ansehen und dass wir versuchen, uns in ihre Perspektive zu versetzen und sie zu verstehen, denn dies ist eine notwendige Voraussetzung für ein auf sie bezogenes, z.B. kommunikatives und kooperatives Handeln.

In einer frühen Arbeit über die Entwicklung der sprachlichen Kommunikationsfähigkeit (1923) fand Piaget, dass kleine Kinder gegenüber anderen zunächst eher Monologe halten und sich erst später zunehmend auf den Gesprächspartner einstellen. In einer anderen Studie zeigte er, dass sich auch die Fähigkeit, ein räumliches Arrangement (ein aus Pappmaché hergestelltes Relief dreier verschiedener Berge) aus der Perspektive eines Subjekts zu rekonstruieren, das einen anderen Platz einnimmt als das Kind selbst, erst schrittweise entwickelt. In jedem Fall bestehen die entscheidenden Entwicklungsschritte darin, dass der ursprüngliche „Egozentrismus" des Kindes, d.h. die Wahrnehmung der Welt nur aus seiner eigenen Perspektive, überwunden wird und das Kind die Fähigkeit erwirbt, auch die Perspektive anderer einzunehmen. Der bedeutendste Beitrag Piagets zur **sozial-kognitiven Entwicklung** ist seine Untersuchung über das **moralische Bewusstsein** (1932). Hier fand er unter anderem, dass Kinder zunächst glauben, moralische bzw. soziale Normen seien wie reale Dinge objektiv und unantastbar vorgegeben (heteronome Moral), und erst später erkennen, dass Normen auf Übereinkunft beruhen, von Menschen, d.h. auch von ihnen selbst geschaffen sind und auch geändert werden können (autonome Moral). In diesem Zusammenhang hat Piaget seine Aussagen über Sozialisationsbedingungen präzisiert: Die ursprüngliche, heteronome Sicht der Moral ist eine Folge der zunächst exklusiven Beziehung des Kindes zu den Eltern, die in seiner Wahrnehmung als überlegen, allwissend und mächtig erscheinen. Die später folgenden Erfahrungen in Spielgruppen von Gleichaltrigen (Peers) konfrontieren das Kind mit der Relativität von Normen und der Notwendigkeit, sie selber auszuhandeln. Dieses für die moralische und politische Sozialisation wichtige Ergebnis ist von anderen Autoren aufgegriffen und weitergeführt worden (Krappmann/Oswald 1995).

Die neuere Forschung zur sozial-kognitiven Entwicklung und ihren sozialisatorischen Bedingungen ist durch die Arbeiten Piagets stark angeregt worden. Eine zweite wichtige Quelle ist die Theorie G.H. Meads (1934). Diese ist zwar eher philosophisch und nicht empirisch-psychologisch, auch nicht entwicklungsgenetisch gehalten, doch hat sie für die Sicht von Sozialisation bzw. vergesellschafteter Subjektivität wichtige Grundgedanken entwickelt. Mead hat die Operation der Perspektivenübernahme (taking the attitude of the other, role-taking) noch weiter analysiert und misst ihr eine grundlegende Bedeutung als Bedingung für die Entwicklung der Subjektivität selbst zu. Er stellt fest, dass Menschen im Unterschied zu Tieren – die nur auf äußerlich wahrnehmbare Reize reagieren – Verhaltenserwartungen gegenüber anderen hegen und gleichzeitig wissen, dass auch diese Erwartungen an uns haben. Dies ist damit zu erklären, dass wir uns virtuell an ihre Stelle versetzen und die Situation und uns selber gleichsam von dort wahrnehmen. Dabei spielt die **Sprache** eine entscheidende Rolle: Wenn wir eine sprachliche Äußerung abgeben, so sind wir nicht nur Autoren, die diese Äußerung geplant haben – oft genug sprechen wir auch spontan und ungeplant – sondern wir sind gleichzeitig auch Zuhörer unserer eigenen Äußerung, so wie die anwesenden anderen, und erleben diese Äußerungen so wie sie. Nach Mead ist es die Verinnerlichung der antizipierten Wahrnehmung durch die anderen, die Sozialisation ausmacht. Dabei können wir uns auch sozusagen an die Stelle der ganzen Gruppe oder aller anderen versetzen; Mead nennt diese den „generalisierten Anderen". Sprache ist allen Beteiligten als gemeinsame bewusst, d.h. sie ist nicht individuell-subjektiv, sondern ihrem Wesen nach intersubjektiv. Nur Kraft der Sprache haben wir eine mit anderen kommunikativ geteilte Welt, die uns auch aus diesem Grund als „objektiv" erscheint. Das bedeutet umgekehrt, dass Sprache geradezu konstitutiv ist für unsere mit anderen geteilte Lebenswelt und ihre Gegenstände bzw. deren Bedeutungen. Auf andere Teile der interessanten Theorie Meads wie seine Analyse des Handelns oder der Identität kann hier nicht näher eingegangen werden.

Seit den 1950er Jahren haben vor allem empirisch arbeitende Psychologen die Forschung zur sozial-kognitiven Entwicklung und ihren Bedingungen weitergeführt und dabei auch z.B. die Entwicklung der Vorstellungen über Selbstbewusstsein, Freundschaft, Peer-Gruppe, Autorität und Gerechtigkeit untersucht (vgl. Damon 1984; Selman 1984). Von grundlegender Bedeutung für alle sozial-kognitiven Bereiche sind die Arbeiten verschiedener Autoren über die Entwicklung der Fähigkeit zur **Perspektivenübernahme** (vgl. Geulen 1982), von denen hier besonders R. Selman (1982; 1984) genannt sei. Er stellte fest, dass Kinder ab etwa 4 Jahren zwischen Selbst und anderen unterscheiden, aber noch nicht sehen, dass andere einen anderen Standpunkt haben. Dies ist erst auf der nächsten Stufe der Fall, wobei sie aber noch nicht in der Lage sind, sich selbst aus der Sicht anderer zu objektivieren. Dies wiederum können sie auf den nächsten Stufen, allerdings zuerst nur nacheinander. Auf der dann folgenden Stufe kann das Kind die Perspektiven mehrerer anderer, auch Dritter in ihrem wechselseitigen Bezug erkennen. Schließlich ab etwa 12 Jahren kann es auch den idealisierten allgemeinen Standpunkt, den des generalisierten Anderen einnehmen.

Der in den letzten Jahrzehnten am eingehendsten erforschte Bereich ist Dank der bahnbrechenden Arbeiten Lawrence Kohlbergs die Entwicklung des **moralischen Bewusstseins** (Kohlberg 1995; Oser/Althof 1992). Kohlberg knüpft an Piaget an und übernimmt auch dessen allgemeine Annahmen über die Entwicklung kognitiver Strukturen, bezieht aber auch weitere, insbesondere philosophische Autoren in seine Überlegungen ein. Methodisch stützt sich Kohlberg auf Interviews mit Jugendlichen, denen er ein moralisches Dilemma vorlegte und sie danach befragte, wie sich die dabei Beteiligten verhalten sollten und warum; die interessierenden Informationen stecken in den Begründungen. Er fand, dass die Entwicklung des moralischen Bewusstseins im Prinzip bei allen Befragten eine ganz bestimmte Sequenz durchläuft (wobei nicht alle die höheren Stufen erreicht hatten). Kohlberg identifiziert drei Entwicklungsniveaus, die wiederum in jeweils zwei Stufen unterteilt sind: Auf dem ersten, vorkonventionellen Niveau ist der Bezugspunkt für die moralische Beurteilung der materielle Nutzen bzw. Schaden im Sinne von Bedürfnisbefriedigung, auf Stufe zwei die für alle optimale Bedürfnisbefriedigung. Auf dem zweiten, konventionellen Niveau werden soziale Normen zum Bezugspunkt, zunächst auf Stufe drei die Erwartungen einer bestimmten Bezugsgruppe, auf Stufe vier die gegebene soziale Ordnung als solche. Auf dem dritten, postkonventionellen Niveau orientiert sich das moralische Bewusstsein an allgemeinen Prinzipien, auf Stufe fünf an dem Gedanken des Vertrages und des konsensuellen Rechts, auf Stufe sechs an universellen ethischen Prinzipien wie z.B. der Würde der menschlichen Person.

Ähnlich wie Piaget sieht auch Kohlberg diese Entwicklung als abhängig von bestimmten externen Bedingungen. Insbesondere nimmt er an, dass moralische Diskussionen z.B. in einer Gruppe die Entwicklung stimulieren, wenn das Subjekt dort mit Argumenten konfrontiert wird, die gerade eine Stufe über seinem aktuellen Stand liegen. Wichtig ist auch ein entsprechendes moralisches Klima in der Institution (z.B. der Schule). Neuere Forschungsergebnisse und ihre Diskussion legen nahe, dass einige Thesen Kohlbergs relativiert werden müssen (Uhl 1996; Garz/Oser/Althof 1999). So scheint der ermittelte Bewusstseinsstand bereichsspezifisch, von der Art des moralischen Problems abhängig zu sein. Die behauptete Universalität der Entwicklung ist im Hinblick auf verschiedene Kulturen bestritten worden. Die unterstellte Konvergenz von moralischem Bewusstsein und tatsächlichem Handeln ist nicht eindeutig. Und die psychologischen und sozialisatorischen Bedingungen der Moralität scheinen insgesamt noch viel komplexer zu sein.

Für die Erziehungspraxis lässt sich aus diesem Ansatz zumindest folgern, dass sie dafür sorgen sollte, dass die Zöglinge vielfältigen, durchaus auch konfliktuösen sozialen Erfahrungen besonders auch in einer Gruppe ausgesetzt sind und darüber diskutieren. Durch pädagogische Intervention, die vom erreichten sozialkognitiven Entwicklungsstand ausgehen muss und die jeweils nächste Entwicklungsstufe anregen sollte, lässt sich die grundlegende Fähigkeit zur Übernahme der Perspektive anderer und dann auch die komplexere Fähigkeit zum Begreifen moralisch relevanter Situationen fördern (s. Selman 1984; Oser/Althof 1992).

Unter dem Einfluss der Forschung, die die sozialisationstheoretische Fragestellung auf den gesamten Lebenslauf erweitert (Hoerning 2000), zeichnet sich eine neue Position ab, die einerseits an Grundannahmen der strukturgenetischen Position, insbesondere an einem durch Erfahrungen in der Umwelt angeregten kognitiven Konstruktivismus festhält, jedoch die Annahme der Universalität der Entwicklung bei allen Menschen zu Gunsten der Annahme mehrerer möglicher Entwicklungspfade aufgibt (Edelstein/Hoppe-Graff 1993; Geulen 2005g). Sozialisationstheoretisch interessant ist diese Weiterentwicklung besonders, wo eine Konstruktion subjektiver Strukturen im gemeinsamen, interaktiven Handeln mehrerer Subjekte angenommen wird (Sozialer Konstruktivismus), da sich hierdurch einerseits die jeweiligen situativen Randbedingungen systematischer einbeziehen und andererseits das Konsensproblem einer Lösung zuführen lassen (Grundmann 1999). Dieser Ansatz hat inzwischen auch zu konkreten Forschungsarbeiten geführt (etwa Breidenstein/Kelle 1998).

4 Theoretisch relevante Ergebnisse der empirischen Sozialisationsforschung

Die oben dargestellten Theorien thematisieren die zentrale Frage einer Theorie der Sozialisation, nämlich die Entstehung und Entwicklung der Persönlichkeit auf Grund ihrer Interaktion mit der gesellschaftlichen Umwelt. Insofern sind sie als Ansätze zu einer solchen Theorie – und nach dem derzeitigen Diskussionsstand als die wichtigsten – anzusehen, auch wenn keine von ihnen alle daran anschließenden Fragen geklärt hat und wir bisher noch nicht über eine ausgearbeitete Sozialisationstheorie verfügen. Die **empirische Sozialisationsforschung** nun hat sich nicht immer im engen Bezug auf diese Theorieansätze entwickelt, sondern wurde auch z.B. durch aktuelle gesellschafts- bzw. bildungspolitische Probleme bestimmt (siehe oben). Daher ließe sich fragen, ob nicht auch sie zu Begriffen und Modellen geführt hat, die – wenn schon nicht als Ansätze zu einer Sozialisationstheorie im vollen Sinne – wenigstens als mögliche Teilstücke einer solchen Theorie relevant sind. Auf einige Entwicklungen, die insbesondere unser Verständnis der gesellschaftlichen Bedingungen von Sozialisation erweitert haben und auch für die Kindheits- und Jugendforschung von Interesse sind, sei daher noch kurz eingegangen.

Die **schichtenspezifische Sozialisationsforschung** der 1950er und 1960er Jahre hatte gezeigt, dass sich die familiale Sozialisation in der Unterschicht (d.h. Arbeiterschaft) einerseits im Hinblick auf elterliche Wertvorstellungen, Erziehungspraktiken und Sprachgebrauch, andererseits hinsichtlich der daraus resultierenden Motivationsstruktur und den kognitiven und sprachlichen Fähigkeiten der Kinder von der Sozialisation in der Mittelschicht unterscheidet (Steinkamp 1991). Da die Schule wie das weiterführende Bildungssystem durch die Kultur der bürgerlichen Mittelschicht geprägt ist, haben Unterschichtkinder in diesem System größere Schwierigkeiten, scheitern häufiger und erreichen oft wiederum nur solche Berufspositionen, die der Unterschicht entsprechen; so entsteht ein Kreis der Reproduktion der Klassengesellschaft über die familiale Sozialisation und das Bildungssystem (Rolff 1997). Der Zusammenhang zwischen familialem Sozialisationsmilieu und sozialer Lage der Eltern wurde damit erklärt, dass der Arbeitsplatz des Vaters in der Arbeiterschaft typischerweise durch Gehorsam bzw. eine äußere Autorität, geringe Selbständigkeit, keine differenziertere sprachliche Kommunikation und nur kurzfristige Handlungsperspektiven gekennzeichnet ist und dass genau diese Verhaltensweisen in der Familie gegenüber den Kindern als „Erziehung" praktiziert werden, weshalb die Kinder dann ebenso werden wie die Eltern.

Die zunächst methodenorientierte Kritik an diesem plausiblen Modell (Bertram 1981) führte in der folgenden Diskussion zu differenzierteren Vorstellungen und theoretischen Modellen. Zum einen wurde deutlich, dass mit den verwendeten pauschalen Indices zur Messung der sozialen Lage nicht die wirklich relevanten gesellschaftlichen Bedingungen familialer Sozialisation erfasst worden waren. Solche waren eher ein bürokratischer bzw. unternehmerischer Charakter der beruflichen Tätigkeit und der Grad an Autonomie am Arbeitsplatz (Kohn 1981). Darüber hinaus erwiesen sich auch Faktoren als relevant, die sich gar nicht auf den Arbeitsplatz der Eltern zurückführen lassen, nämlich Religion, regionale Bedingungen (z.B. Stadt-Land), Wohngegend und nicht zuletzt der kulturelle und ethnische Hintergrund der Eltern. Da man annehmen muss, dass alle diese Bedingungen auch miteinander interagieren, sind einfache Kausalmodelle nicht mehr angemessen, vielmehr ist von systemhaften horizontalen Zusammenhängen auszugehen (vgl. hierzu Bertram u.a. 1993).

Die Bedingungsstruktur ist aber noch komplexer, insofern die unmittelbaren Sozialisationsbedingungen auch noch von vorgelagerten, gesellschaftlichen Bedingungen abhängig sind, also auch eine vertikale Struktur bilden. Dieses Problem ist besonders von der auf einen Vorschlag U. Bronfenbrenners zurückgehenden **ökologischen Sozialisationsforschung** untersucht worden. Bronfenbrenner (1976) sieht ein hierarchisches Modell miteinander verschachtelter Systeme der Umwelt vor. Die unterste Ebene (das Mikrosystem) bildet die unmittelbare Umgebung, in der sich das Kind gerade befindet (z.B. Wohnung, Schule, Straße). Die darüber liegende Ebene (das Mesosystem) bildet die Gesamtheit und den Zusammenhang der verschiedenen Mikrosysteme (z.B. informelle soziale Netzwerke wie Freundes- und Bekanntenkreise). Als eine dritte Ebene (das Exosystem) werden die Lebensbereiche angesetzt, die die unteren Ebenen bestimmen (z.B. das Erziehungs- und Sozialwesen, die Wirtschaft, Infrastruktur usw.). Das übergreifende Makrosystem schließlich umfasst die allgemeineren der jeweiligen Gesellschaft zugrunde liegenden kulturellen, rechtlichen, ökonomischen und politischen Bedingungen. Der ökologische Ansatz hat zu einer regen Forschungstätigkeit und zu einer wesentlich differenzierteren Sicht sozialisationsrelevanter Bedingungen geführt (Walter/Oerter 1979; Grundmann/Lüscher 2000), doch ist die Verknüpfung dieser mit der psychologisch-ontogenetischen Ebene der individuellen Sozialisationsprozesse bisher noch nicht ausreichend gelungen. Dieser Ansatz hat inzwischen zu einer immer differenzierteren Sicht und Beschreibung der Situation von Kindern geführt. In dieser neuen Kindheitsforschung (vgl. Honig 1999) tritt allerdings sowohl die Thematik der sozialen Ungleichheit wie auch die eigentlich sozialisationstheoretische Problemstellung als theoretischer Bezugspunkt zurück. Es scheint sinnvoll zu sein, in einem nächsten Schritt die neuen Ergebnisse der Kindheitsforschung wiederum unter sozialisationstheoretischen Perspektiven zu interpretieren.

In ähnlicher Weise hat auch die psychologische Familienforschung zu differenzierteren Vorstellungen der innerhalb der Familie relevanten Sozialisationsbedingungen und ihrer theoretischen Modellierung geführt (Schneewind 1999). Die ältere Sozialisationsforschung hatte – wohl noch unter dem Einfluss der klassischen pädagogischen Sichtweise – unterstellt, dass Eltern von bestimmten Wertvorstellungen geleitet werden und diese intentional gegenüber ihren Kindern in erzieherisches Handeln umsetzen, bzw. dass die Kinder diese übernehmen. Wie vor allem die klinisch-therapeutische Familienforschung gezeigt hat, enthält diese Sicht zumindest drei theoretische Implikationen, die problematisch bzw. falsch sind. Erstens sind weniger die bewussten, abfragbaren Wertvorstellungen der Eltern als ihr tatsächliches, sinnhaftes Verhalten für die Sozialisation der Kinder relevant, dieses wird aber in nicht geringem Ausmaß durch unbewusste Strukturen bestimmt (vgl. Richter 1963). Zweitens ist, wie schon oben dargelegt, Sozialisation keine einseitige Kausalbeziehung, die von den Eltern ausginge, sondern ein interaktiver Prozess, in dem auch das Kind eine aktive Rolle spielt. Drittens ist das sozialisationsrelevante Geschehen in der Familie nicht als Summe der Handlungen Einzelner, sondern als ein komplexer, systemhafter Zusammenhang zu begreifen, in dem das Handeln Einzelner von dem aller anderen abhängt und umgekehrt (vgl. Richter 1970). Aufschlussreich ist hier auch die Forschung zur sozialisatorischen Bedeutung der Geschwisterposition (Toman 1991; Bank/Kahn 1982; Forer/Still 1982).

5 Schluss

Sicher sind auch noch viele andere Forschungsergebnisse von Bedeutung für eine Sozialisationstheorie, auf die hier nicht näher eingegangen werden kann. Überschaut man die Sozialisationsforschung der letzten Jahrzehnte insgesamt, so ist zunächst festzustellen, dass sich auf verschiedenen Teilgebieten theoretische Strukturen gebildet haben und weiter entwickeln, so insbesondere auf dem Gebiet der Frage nach Wesen und Struktur vergesellschafteter Subjektivität, nach den für ihre Bildung relevanten gesellschaftlichen Bedingungen, nach den vermittelnden psychogenetischen Prozessen, auch nach ihrer weiteren Entwicklung im Lebenslauf und andere (vgl. Damon/Lerner 1998; Veith 2001; Geulen 2005a). Diese Prozesse der Theoriebildung haben aber weder in Bezug auf die jeweiligen Teilgebiete selbst noch im Hinblick auf eine begriffliche Integration zu einer umfassenden Sozialisationstheorie bisher einen akzeptablen Abschluss erreicht. Vielmehr ist, abgesehen von wenigen Ausnahmen (etwa Greenspan 1976), die Tendenz zu beobachten, sich auf die immanente Diskussion einzelner, begrenzter „Ansätze" zu beschränken, die im wesentlichen bereits in der ersten Hälfte des 20. Jahrhunderts entstanden sind und deren Erklärungspotential nach Jahrzehnten der Rezeption inzwischen ausgereizt erscheint, anstatt die Bildung *einer* Theorie ins Auge zu fassen, in der die Erkenntnisse aller relevanten Ansätze und auch der neueren empirischen Forschung in einer vergleichenden und kritischen Diskussion angemessen zur Geltung kommen sollten.

Das ist allerdings schwierig (vgl. Geulen 2004), zum einen, weil das Thema „Sozialisation" eine Zusammenarbeit sehr verschiedener wissenschaftlicher Disziplinen (Soziologie, Psychologie, Pädagogik, Ethologie, Neurowissenschaften u.a.) erfordert, und zum anderen, weil der Gegenstand der Theorie selbst, insbesondere die für Sozialisation schon in der Kindheit relevanten Instanzen, in einem rapiden historischen Wandel begriffen ist (Wandel der Formen familialen Zusammenlebens, zunehmende Bedeutung der neuen Medien und der Computertechnologie, Globalisierung der Lebenswelt usw.).

Diese komplexe Situation mag für Sozialisationsforscher bzw. -theoretiker eine Herausforderung sein, für die Praktiker in den Feldern der Pädagogik und Familien-, Jugend- und Bildungsarbeit und -politik, die zu Recht von der Sozialisationsforschung Antworten auf ihre Fragen erwarten, ist sie wohl eher unbefriedigend. Zu lösen sind diese Fragen letztlich nicht durch ad hoc eingesetzte Einzelforschung, sondern nur durch beharrliche systematische Arbeit an einem besseren theoretischen Verständnis menschlicher Sozialisation insgesamt.

Literatur

Asendorpf, J.: Entwicklungsgenetik der Persönlichkeit. In: Schneewind, K. (1994), S. 107-134
Bank, St./Kahn, M.D.: Geschwister-Bindung. München 1989
Bertram, H.: Sozialstruktur und Sozialisation. Zur mikroanalytischen Analyse von Chancenungleichheit. Darmstadt 1981
Bertram, H./Bayer, H./Bauereiß, R.: Familien-Atlas: Lebenslagen und Regionen in Deutschland. Opladen 1993
Breidenstein, G./Kelle, H.: Geschlechteralltag in der Schulklasse. Weinheim/München 1998
Brenner, Ch.: Grundzüge der Psychoanalyse. Frankfurt a.M. 1967
Bronfenbrenner, U.: Ökologische Sozialisationsforschung. Stuttgart 1976
Damon, W.: Die soziale Welt des Kindes, Frankfurt a.M. 1984 (zuerst 1977)
Damon, W./Lerner, E. (Hrsg.): Handbook of child psychology. 5. Aufl., Bd. 1. New York u.a.1998
Edelstein, W./Hoppe-Graff, S. (Hrsg.): Die Konstruktion kognitiver Strukturen. Bern 1993
Faulstich-Wieland, H.: Individuum und Gesellschaft. München/Wien 2000
Forer, L.K./Still, H.: Erstes, zweites, drittes Kind. Reinbek 1982
Freud, S.: Ges. Werke. London 1940ff.
Garz, D./Oser, F./Althof, W. (Hrg.): Moralisches Urteil und Handeln. Frankfurt a.M. 1999
Gehlen, A.: Der Mensch. Frankfurt u.a. 1962 (zuerst 1940)
Geulen, D.: Thesen zur Metatheorie der Sozialisation. In: Walter, H. (Hrsg.): Sozialisationsforschung. Bd. 1, Stuttgart 1973, S. 85-101
Geulen, D. (Hrsg.): Perspektivenübernahme und soziales Handeln. Frankfurt a.M. 1982
Geulen, D.: Das vergesellschaftete Subjekt – Zur Grundlegung der Sozialisationstheorie. Frankfurt a.M. 1989
Geulen, D.: Sozialisation. In: Lenzen, D. (Hrsg.): Erziehungswissenschaft – Ein Grundkurs. Reinbek 1994, S. 99-132
Geulen, D.: Ungelöste Probleme im sozialisationstheoretischen Diskurs. In: Geulen, D./Veith, H. (Hrsg.): Sozialisationstheorie interdisziplinär. Aktuelle Perspektiven. Stuttgart 2004, S. 3-24
Geulen, D.: Subjektorientierte Sozialisationstheorie. Sozialisation als Epigenese des Subjekts in Interaktion mit der gesellschaftlichen Umwelt. Weinheim u.a. 2005
Geulen, D.: Die historische Entwicklung sozialisationstheoretischen Denkens. In: Geulen, D. (2005a), S.13-91
Geulen, D.: Sozialisation und Gesellschaftstheorie. In: Geulen, D. (2005b), S.107-124
Geulen, D.: Das Theoriedefizit der empirischen Sozialisationsforschung und der Bezugspunkt einer subjektorientierten Theorie gesellschaftlichen Handelns. In: Geulen, D. (2005c), S. 125-147
Geulen, D.: Subjektbegriff und Sozialisationstheorie. In: Geulen, D. (2005d), S. 149-169
Geulen, D.: Externe und subjektive Bedingungen der Persönlichkeitsentwicklung. Zur Integration von Sozialisationstheorie und Entwicklungspsychologie. In: Geulen, D. (2005g), S. 243-271
Geulen, D.: Sozialisation. In: Joas, H. (Hrsg.): Lehrbuch der Soziologie. Frankfurt u.a. 2007, S. 137-158
Ginsburg, H./Opper, S.: Piagets Theorie der geistigen Entwicklung. Stuttgart 1969
Greenspan, S.J.: Intelligence and adaptation. An integration of psychoanalytic and Piagetion developmental psychology. Psychol. Issues Vol. 12, Nos. 3/4, Monograph 47/48, 1976
Grünbaum, A.: Die Grundlagen der Psychoanalyse. Eine philosophische Kritik. Stuttgart 1988
Grundmann, M. (Hrsg.): Konstruktivistische Sozialisationsforschung. Frankfurt a.M. 1999
Grundmann, M./Lüscher, K. (Hrsg.): Sozialökologische Sozialisationsforschung. Konstanz 2000
Hoerning, E. (Hrsg.): Biographische Sozialisation. Stuttgart 2000
Honig, M.-S.: Entwurf einer Theorie der Kindheit. Frankfurt a.M. 1999
Hurrelmann, K.: Einführung in die Sozialisationstheorie. Weinheim/Basel 2006, zuerst 1986
Hurrelmann, K./Ulich, D. (Hrsg.): Neues Handbuch der Sozialisationsforschung, Weinheim 1991

Hurrelmann, K./Grundmann, U./Walper, S. (Hrsg.): Hauptbuch Sozialisationsforschung. Vollständig überarbeitete 7. Auflage. Weinheim/Basel 2008
Kesselring, Th.: Jean Piaget. München 1988
Kohlberg, L.: Die Psychologie der Moralentwicklung. Frankfurt a.M. 1995
Kohn, M.L.: Persönlichkeit, Beruf und soziale Schichtung. Stuttgart 1981
Krappmann, L./Oswald, H.: Alltag der Schulkinder. Weinheim/München 1995
Mead, G.H.: Geist, Identität und Gesellschaft. Frankfurt a.M. 1968 (zuerst 1934)
Oser, F./Althof, W.: Moralische Selbstbestimmung. Stuttgart 1992
Parsons, T.: The structure of social action. Glencoe 1937
Parsons, T.: The social system. London 1952
Piaget, J.: Sprechen und Denken des Kindes. Düsseldorf 1972 (zuerst 1923)
Piaget, J.: Das moralische Urteil beim Kinde. Frankfurt a.M. 1973 (zuerst 1932)
Richter, H.E.: Eltern, Kind und Neurose – die Rolle des Kindes in der Familie. Stuttgart 1970 (zuerst 1963)
Richter, H.E.: Patient Familie. Reinbek 2007 (zuerst 1970)
Rolff, H.-G.: Sozialisation und Auslese durch die Schule. Weinheim u.a.1997 (zuerst 1967)
Schneewind, K.A. (Hrsg.): Psychologie der Erziehung und Sozialisation. Göttingen u.a. 1994
Schneewind, K.A.: Familienpsychologie. Stuttgart u.a. 1999
Selman, R.L.: Sozial-kognitives Verständnis. In: Geulen, D. (1982), S. 223-256
Selman, R.L.: Die Entwicklung des sozialen Verstehens – Entwicklungspsychologische und klinische Untersuchungen. Frankfurt a.M. 1984
Steinkamp, G.: Sozialstruktur und Sozialisation. In: Hurrelmann, K./Ulich, D. (1991), S. 251-277
Tillmann, H.-J.: Sozialisationstheorien – Eine Einführung in den Zusammenhang von Gesellschaft, Institution und Subjektwerdung. Reinbek 2000
Toman, W.: Familienkonstellationen, München 1991
Uhl, S.: Die Mittel der Moralerziehung und ihre Wirksamkeit. Bad Heilbrunn 1996
Veith, H.: Das Selbstverständnis des modernen Menschen. Theorien des vergesellschafteten Individuums im 20. Jahrhundert. Frankfurt/M. 2001
Walter, H./Oerter, R. (Hrsg.): Ökologie und Entwicklung. Donauwörth 1979

Angelika Engelbert | Alois Herlth

Sozialökologische Ansätze

Die Frage, wie und in welchem Maße **Umweltfaktoren** die Lebens- und Entwicklungschancen von jungen Menschen bestimmen, ist seit jeher Kernbestandteil der sozialwissenschaftlichen Beschäftigung mit den Bedingungen des Aufwachsens von Kindern und Jugendlichen – vor allem in den Erziehungswissenschaften, der Entwicklungspsychologie und der Sozialisationsforschung. Seit den siebziger Jahren des 19. Jahrhunderts fand dabei eine wissenschaftliche Betrachtungsweise dieser **Umwelteinflüsse** zunehmende Beachtung, die sich selbst als „ökologisch" oder „sozialökologisch"[1] versteht und insbesondere der Frage nachgeht, *wie* **Umwelteinflüsse** für das Verhalten und die Entwicklung junger Menschen wirksam werden und *mit welchen Folgen* das verbunden ist. Der Bezug auf den ursprünglich in der Biologie (Haeckel 1866) beheimateten Begriff der **Ökologie** erfolgte mit Bedacht: die Umwelt, in der junge Menschen aufwachsen, soll *„ökologisch"* betrachtet und theoretisch rekonstruiert werden. Diese Orientierung ist programmatisch – soll doch damit der für eine ökologische Betrachtung zentrale Gedanke einer *„interrelatedness of life"* (Hawley 1944) und der damit einhergehenden *Wechselbeziehungen* zwischen Organismen und ihrer Umwelt in den Blick geraten.

Die Ausarbeitung einer solchen Betrachtungsweise im Hinblick auf die Analyse kindlicher Entwicklung ist vor allem mit den Arbeiten von Urie Bronfenbrenner und dem von ihm entwickelten Konzept der „ecology of childhood" verbunden (1979). Es zielt darauf, die für das Leben und die Entwicklung von Kindern und Jugendlichen tatsächlich gegebenen und bedeutsamen „physikalischen, räumlichen und sozialen Umweltbedingungen" zu erfassen (Bertram 1981, S. 120). Wichtig ist dabei zum einen, dass in einer sozialökologischen Betrachtungsweise neben den sozialen auch die zuvor häufig ausgeblendeten räumlich-dinghaften Faktoren in das Blickfeld geraten und dass zum anderen *Umwelteinfluss* nicht einzelnen isolierbaren Faktoren (z.B. elterliche Erziehungsstile, Wohnbedingungen oder Schichtzugehörigkeit) zugeschrieben wird. Vielmehr muss die Verflochtenheit und das Zusammenwirken der dauerhaften alltäglichen Lebensbedingungen von Kindern und Jugendlichen Beachtung finden. Eine ökologische Betrachtung impliziert dabei eine spezifische methodologische Ausrichtung, die man als „**Kontextuierung**" bezeichnen kann (Strohmeier 1981, S. 320; vgl. auch Bronfenbrenner 1986a, S. 724f.). Es geht darum, das, was Menschen tun oder was mit ihnen geschieht, innerhalb ihres *ökologischen Kontextes* zu beobachten und als *Wechselwirkung* zwischen Individuum und Umwelt zu analysieren.

Im Folgenden werden wir zunächst die wissenschaftsgeschichtlichen Quellen sozialökologischer Ansätze kurz beleuchten und anhand richtungsweisender Konzepte die Spezifika ökologischer Betrachtungsweisen vorstellen, für die eine inter- und multidisziplinäre Ausrichtung besonders charakteristisch ist (Baacke 1993; Grundmann/Lüscher 2000). Des Weiteren werden wir die Bedeutung sozialökologischer Ansätze im Rahmen der Kindheits- und Jugendforschung skizzieren und dabei beispielhaft auf einschlägige Ansätze und Studien verweisen, wobei wir nicht systematisch zwischen Kindern und Jugendlichen unterscheiden werden.[2] Abschließend werden wir auf einige aktuelle Forschungsthemen im Bereich der Kindheits- und Jugendforschung verweisen, in denen die **sozialökologische Perspektive** aufgenommen und weiterentwickelt wird.

1 Die sozialökologische Perspektive: disziplinspezifische Quellen

Die geistesgeschichtlichen Wurzeln sozialökologischer Ansätze reichen weit zurück (vgl. hierzu Dippelhofer-Stiem 1995). Sie beziehen sich vornehmlich auf die „alte" Frage, ob der Mensch durch Erziehung und durch äußere Einflüsse „formbar" ist oder ob der Verlauf der menschlichen Entwicklung weitestgehend durch Anlage und Vererbung vorherbestimmt ist. In den bis heute andauernden Debatten zur Anlage-Umwelt-Frage haben sozialökologische Ansätze insgesamt zwar die Sicht auf Umweltfaktoren verstärkt, aber zugleich auch eine deterministische Sichtweise zurückgewiesen. Vielmehr werden die Wechselwirkungsprozesse zwischen Mensch und Umwelt hervorhoben (vgl. Lerner 2005; Moen 2006).

Den Begriff „Ökologie" verwendete erstmals der Zoologe Ernst Haeckel (1866) zur Bezeichnung der Wissenschaft von den Wechselbeziehungen zwischen den Organismen. Auch der Biologe von Uexküll hatte entscheidenden Anteil an der Begriffsbildung, indem er das Augenmerk auf die „Beziehungen des Körpers zu der ihn umgebenden Welt" lenkte (von Uexküll 1921, S. 4). Seine Unterscheidung zwischen der *Umgebung* als das gleichsam objektiv oder intersubjektiv prüfbare Vorhandene, der *Umwelt* als das Ergebnis eines vom Organismus geleisteten Selektionsprozesses, den das Lebewesen sich sinnlich merken kann („Merkwelt") und auf den es zurückwirkt („Wirkwelt"), sowie der *Innenwelt,* die sich durch das *Zusammenspiel* von **Umwelteinflüssen** und den dadurch im Nervensystem hervorgerufenen Wirkungen konstituiert, findet sich auch heute noch teils implizit, teils explizit in den ökologischen Ansätzen.

In der *Psychologie* hat Hellpach (1911) als einer der ersten an Umwelteinflüssen interessierten Wissenschaftler die Geopsychologie mit den Erkenntnissen der Biometeorologie und Bioklimatologie angereichert. Auch vor dem Hintergrund der „sozialökologischen" Arbeiten soziologischer Provenienz (s. u.) entwickelte sich dann in den 1960er Jahren in den USA die *environmental psychology*. In sie flossen nach Kruse et al. (1990) insbesondere die Arbeiten von drei Personen ein: Brunswik, Koffka und Lewin. Brunswik unterschied 1943 zwischen einer „*psychologischen Ökologie*", die mit einer objekt- oder stimuluszentrierten Vorgehensweise verbunden wird, und der „*ökologische(n) Psychologie*", die die Art der Auseinandersetzung des Individuums mit solchen „Umweltwahrscheinlichkeiten" untersucht und die mit einer subjekt- oder verhaltenszentrierten Vorgehensweise in Verbindung gebracht werden kann. Koffkas Unterscheidung von „geographischer" oder „Verhaltensumwelt" (1935) und Lewins (1963) Verhaltensformel (Verhalten als Funktion von Person und Umwelt) trugen ebenso dazu bei, dass sich letztlich zwei zentrale Themenbereiche der Ökopsychologie herausbildeten: „die stärker objekt-zentrierte und die von der subjektiven Erfahrung ausgehende Beschäftigung mit der Umwelt bzw. der Wechselwirkung von Person(en) und Umwelt(en)" (Kruse et al. 1990, S. 4). Die **ökologische Psychologie** der s. g. Kansas-Schule um Barker (1968) hat in der Folge mit dem Konzept des „behavior settings" systematische, „synomorphe" Beziehungen zwischen der räumlich-dinghaften Ausstattung solcher Settings und den in ihnen dominierenden Verhaltensmustern unterstellt. Wohlwill und Heft (1987) verweisen allerdings auf die stark deterministische Anlage dieses Konzeptes. Zur allmählichen Etablierung der Umweltpsychologie

Sozialökologische Ansätze

auch in der BRD in den 1970er Jahren trugen schließlich nicht nur solche disziplinspezifischen Vorarbeiten bei, sondern auch krisenhaft verlaufende bzw. wahrgenommene gesellschaftliche Entwicklungen, wie z. B. Misserfolge im Städtebau oder die zunehmende Umweltverschmutzung.

In der *Soziologie* wurden sozialökologische Betrachtungsweisen systematisch erstmals durch die sog. „Chicago-Schule" unter dem Stichwort „human ecology" vorgestellt (McKenzie 1926; Park 1936). Hierbei ging es vornehmlich um eine Analyse der Stadt als ökologische Einheit und um die im Zuge der Stadtentwicklung beobachtbaren Prozesse sozialräumlicher Differenzierung, die insbesondere zu unterschiedlichen Nutzungen aufgrund funktionaler Spezialisierung und zu spezifischen Bevölkerungsstrukturen aufgrund von Segregationsprozessen führten. Sozialräume sind Stadtteile (später auch Gemeindetypen), die sich in ihren Grenzen durch spezifische Nutzungsformen und Bevölkerungsstrukturen bestimmen und von angrenzenden Sozialräumen unterscheiden lassen. Sie repräsentieren auch bestimmte Formen des sozialen Handelns, so dass in sozialökologischer Perspektive nicht mehr nur die Zugehörigkeit zu *Sozialschichten*, sondern auch das Leben in **Sozialräumen** für die Entwicklung und Verfestigung von Werten, Normen und Handlungsweisen von Bedeutung ist. Eine zweite und hiermit eng verbundene Annahme betrifft den *physikalischen* Raum und seine räumlich-dinghafte Ausstattung als Ort sozialen Handelns. Diese gebaute (oder gestaltete) Umwelt ist immer nur als sinnhafte Umwelt handlungsrelevant. Sie ist zum einen Ausdruck gesellschaftlicher Strukturen und Normen und vermittelt diese auch. Zum anderen werden bei der Nutzung Sinnstrukturen und Sichtweisen im Hinblick auf den Raum und auf die Raumnutzung eingebracht. Beides variiert mit der jeweiligen Perspektive der Menschen und damit auch mit ihrem sozialen Umfeld.

Umweltpsychologie und **Humanökologie** hatten zunächst weder einen expliziten Bezug zu Problemen des Aufwachsens junger Menschen, wie sie in der Entwicklungspsychologie und der Sozialisationsforschung behandelt wurden, noch hatten sie aufeinander Bezug genommen. Erst im Laufe der 1970er Jahre öffneten sich Entwicklungspsychologie und Sozialisationsforschung ökologischen Paradigmen (vgl. Dippelhofer-Stiem 1995, S. 10f.). Diese ökologische Wende wurde initiiert und am nachhaltigsten vorangetrieben durch den amerikanischen Psychologen Urie Bronfenbrenner (vgl. Grundmann et al. 2000, S. 18f.), dessen Arbeiten zur „Ökologie der menschlichen Entwicklung" die wichtigste Referenz sozialökologischer Ansätze sind.

2 Die „Ökologie der menschlichen Entwicklung": der sozialökologische Ansatz Bronfenbrenners

Unter dem Label **„Ökologie der menschlichen Entwicklung"** hat Bronfenbrenner seit Mitte der 1970er Jahre einen sehr spezifischen Ansatz für das Verständnis und die Analyse insbesondere kindlicher Entwicklungsprozesse ausgearbeitet (Bronfenbrenner 1976, 1979, 1981). Dieser Ansatz wurde in den 1980er und 1990er Jahren verschiedentlich erweitert und modifiziert (z. B. Bronfenbrenner 1986a u. 1986b; Bronfenbrenner/Morris 1998) und in der letzten Publikation Bronfenbrenners kurz vor seinem Tod im Jahr 2005 noch einmal anhand der wesentlichen Beiträge zusammenfassend vorgestellt (Bronfenbrenner 2005). Bronfenbrenner betrachtet Entwicklungsprozesse als Psychologe, der den trotz aller genetischen Einflüsse nicht zu verkennenden Umwelteinflüssen auf die Spur kommen will (vgl. Lüscher 2006). Dabei entwickelt er seinen eigenen Ansatz vor allem in Auseinandersetzung mit den entwicklungspsychologischen

Forschungsgepflogenheiten (z. B. Laborexperimente), deren unzureichendes Umweltverständnis und Mangel an ökologischer Validität er besonders beklagte. Sein *ökologischer* Ansatz setzt darum auch am Umweltbegriff an: Umwelt wird „als ein Satz ineinander geschachtelter Strukturen" verstanden (1981, S. 19). Dabei geraten nicht nur unterschiedliche Ebenen oder Schichten einer Umwelt ins Blickfeld, sondern ebenso die Verknüpfungen zwischen ihnen. Im Einzelnen wurden von Bronfenbrenner zunächst vier solcher Schichten unterschieden, in deren Zentrum sich das Kind als sich entwickelnde Person befindet.

Die unmittelbare Umgebung des Kindes nennt Bronfenbrenner „*Mikrosystem*", verstanden als ein „Muster von Aktivitäten, Rollen und zwischenmenschlichen Beziehungen, die die in Entwicklung begriffene Person in einem Lebensbereich mit den ihm eigentümlichen physischen und materiellen Merkmalen erlebt" (1981, S. 38). **Mikrosysteme** sind also die in Lebensbereiche (z. B. Familie, Kindergarten) eingebetteten und voneinander abgrenzbaren Umwelten, in denen das Kind *aktiv* ist und so unmittelbar Umwelt *erfährt*. Den Zusammenhang mehrerer Mikrosysteme, an denen Kinder im Alltag partizipieren, nennt Bronfenbrenner „*Mesosystem*". Es umfasst „die Wechselbeziehungen zwischen den Lebensbereichen, an denen die sich entwickelnde Person aktiv beteiligt ist..." (1981, S. 41). Weitere Einflüsse auf die jeweiligen „Mikro-" und „Mesosysteme" resultieren aus dem sog. „*Exosystem*". Damit bezeichnet Bronfenbrenner die „Lebensbereiche, an denen die sich entwickelnde Person nicht selbst beteiligt ist, in denen aber Ereignisse stattfinden, die das beeinflussen, was in ihrem Lebensbereich geschieht" (1981, S. 42). Das „*Makrosystem*" schließlich umfasst alle anderen Systeme und stellt die „grundsätzliche formale und inhaltliche Ähnlichkeit der Systeme niedrigerer Ordnung" sicher (ebd.) – es charakterisiert sozusagen Kulturen oder Subkulturen.

Will man das zentrale Anliegen dieses Ansatzes auf den Punkt bringen, so wäre dieses im Bemühen um die „ökologische Validität" der wissenschaftlichen Umweltrekonstruktion zu sehen. Es kam Bronfenbrenner darauf an, diese möglichst in Übereinstimmung mit dem zu bringen, was von Kindern alltäglich als Umwelt erfahren wird und was diese Erfahrungen tatsächlich beeinflusst: das Zusammenwirken sozialer, symbolischer und auch räumlich-dinghafter Faktoren, wobei der sich entwickelnden Person (Kind, Jugendlicher) eine *aktive Rolle* als „Produzent" seiner eigenen Entwicklung zugewiesen wurde.[3]

Letzteres wurde von Bronfenbrenner in jüngeren Veröffentlichungen besonders akzentuiert, indem er seinen Ansatz „bioökologisch" nannte (Bronfenbrenner/Morris 1998, 2000). Basis der Entwicklung sind für Bronfenbrenner *die dauerhaften Formen der Interaktion* zwischen einem *aktiven* „biopsychologischen" menschlichen Organismus und den Personen, Objekten und Symbolen seiner unmittelbaren Umwelt. Diese Interaktionsmuster bezeichnet er als „proximale Prozesse" – z. B. das Stillen oder Füttern eines Kindes, das Spielen, das Erlernen eines Gedichtes usw. Proximale Prozesse sind die „primären Motoren der Entwicklung" (Bronfenbrenner/Morris 1998, S. 996). Ihre jeweilige Form, Stärke, Inhalt und Richtung entfalten sich aber unterschiedlich, und zwar als „eine gemeinsame Funktion von Eigenschaften der sich entwickelnden Person; der Umwelt (...) in der die Prozesse stattfinden; der Natur der jeweils untersuchten Entwicklungsbereiche und der sozialen Kontinuität bzw. Diskontinuität über die Zeit ..." (Bronfenbrenner/Morris 2000, S. 31f.). Gegenüber früheren Darstellungen wird jetzt *ausdrücklich* betont, dass in einem solchen „Person-Prozess-Kontext-Zeit-Modell" die sich entwickelnde Person zugleich auch als ihr eigener Kontextbestandteil und somit auch „Einflussfaktor" in Erscheinung tritt. Betont wird ferner der Blick auf die zeitliche Dimension von Entwicklungsprozessen, indem Bronfenbrenner eine weitere Kontextebene einführt, nämlich das „Chronosystem" (1986a, 1986b). Gemeint sind damit die Veränderungen der Umwelt im

Zeitverlauf. Damit bezieht sich Bronfenbrenner vor allem auf Forschungsarbeiten von Elder (1974; Elder et al. 1985, 1993), der mit seinen Forschungsteams die Bedeutung von einschneidenden Ereignissen im Lebenslauf („life events") für das Aufwachsen von jungen Menschen nachgewiesen hat.

Schon mit den ersten sozialökologisch orientierten Veröffentlichungen (1976) und erst recht mit der umfassenden Darstellung der „Ökologie der menschlichen Entwicklung" (1979, 1981) konnte Bronfenbrenner eine international breite und über die Fachgrenzen der Entwicklungspsychologie hinausgehende Resonanz erfahren. Die neuere Sozialisations-, Kindheits- und Jugendforschung sind dadurch maßgeblich geprägt worden.

3 Entwicklung im sozialräumlichen Kontext: die sozialökologische Sozialisationsforschung

Die Beschäftigung mit den Lebens- und Entwicklungschancen von Kindern und Jugendlichen aus sozialökologischer Sicht erfolgte zunächst vor allem im Rahmen der Sozialisationsforschung und war zentral auf die Frage gerichtet, welche Umweltfaktoren Unterschiede in der Entwicklung bedingen und wie man sich solche Effekte erklären kann (für den deutschen Sprachraum z. B. Walter 1980; Lüscher 1982; Bertram 1982; vgl. auch zusammenfassend Dippelhofer-Stiem 1995 und Grundmann et al. 2000). Teilweise in Ergänzung, teilweise in expliziter Abkehr von dem bis dahin dominierenden „sozialstrukturellen Ansatz" gewann der sozialökologische Ansatz Bronfenbrennerscher Prägung zunehmende Beachtung. Ebenso trug die seinerzeit einflussreiche humanökologisch orientierte Stadt- und Regionalforschung dazu bei, dass auch die räumlich-dinghaften Umweltbedingungen der Sozialisation erstmals auf breiterer Grundlage untersucht wurden (vgl. Herlyn 1985).

Ausgehend von Bronfenbrenners Betonung des „enduring environment" konzentrierte man sich auf die Erfassung der alltäglichen, lebensweltlichen Strukturen des Aufwachsens: *Sozialisationsforschung wurde Alltagsforschung*. Am deutlichsten wurde dies daran, dass das zentrale Erklärungskonzept der Sozialisationsforschung, nämlich Sozialstruktur, sozialökologisch revidiert wurde (Bertram 1982). Es entstanden Milieukonzepte, die über die rein schichtspezifischen Aspekte hinausgehend um weitere Umweltdimensionen erweitert wurden: soziale Netzwerke der Kinder und der Erwachsenen, die räumlich dinghafte Beschaffenheit der Wohnung, der unmittelbaren Wohnumwelt und des **Wohnquartiers**, soziale Infrastruktur, Arbeitswelt, Freizeit und Medien.

Neben der Erfassung der für Kinder und Jugendliche bedeutsamen Aspekte der dauerhaften Umwelt wurde die Sozialisationswirksamkeit der Umwelt in Übernahme des Bronfenbrennerschen Konzeptes als *Mehrebenenproblem* betrachtet: Die Eltern-Kind-Beziehung vollzieht sich im Kontext des Familiensystems. Familienleben findet im Kontext der Wohnung und des Wohnquartiers statt. Familienmitglieder sind über die Familienbeziehungen hinaus eingebunden in soziale Netzwerke sowie in die Arbeitswelt und in die soziale Infrastruktur. Sie partizipieren wie andere Familien und die Personen ihres dauerhaften Umfeldes an einer gemeinsamen gesellschaftlichen Kultur und teilen sich zeitbezogene, medial vermittelte Ereignisse und Erfahrungen.

In mehreren größeren Forschungsprojekten wurden diese Überlegungen realisiert, wobei vor allem die bis dato unterbelichteten sozialräumlichen Aspekte betont wurden (Bargel et al. 1982; Mundt 1980; Kaufmann et al. 1980; Schneewind et al. 1983). Kindliche Umwelten wurden dabei auf unterschiedlichen Ebenen räumlich abgegrenzt und klassifiziert. Eine erste Ebene betraf die Wohnung der Familie und hier insbesondere die Wohnungsgröße sowie die Belegungsdichte (Personen pro Raum). Zusammenhänge wurden zum einen mit Indikatoren der familialen Interaktion (z.B. Kontrollhaltung der Eltern), zum anderen aber auch mit der kindlichen Entwicklung (z.B. psychomotorische Entwicklung) festgestellt (Mundt 1980; Vascovics/Watzinger 1982; BMJFG 1975). Neben der Familienwohnung wurden auch erstmals in größerem Umfang die Spielmöglichkeiten für Kinder im Freien in die Untersuchungen einbezogen (z.B. Verkehrsbelastung der Wohnstraße, Freiräume am Haus; vgl. zusammenfassend Engelbert/Herlth 1993). Hier zeigten sich nicht nur deutliche Unterschiede in den räumlichen Lebensbedingungen von Kindern, sondern auch Zusammenhänge mit ihren Spielmöglichkeiten (Mundt 1980; Herlth 1986; Engelbert 1986).

Besonderes Augenmerk der Forschungsarbeiten dieser Zeit galt der sozialräumlichen Dimension **sozialer Ungleichheit**. Hierbei ging man – in Anlehnung an die Arbeiten der Sozialraumanalyse – davon aus, dass die Verfügungsmöglichkeiten über baulich-räumliche und soziale Ressourcen in einem „**Soziotop**" (Bargel et al. 1983; Mundt 1980) bzw. in einem „**Wohnquartier**" (Kaufmann et al. 1980; Strohmeier/Herlth 1981) eine bislang noch nicht mitbedachte, jedoch für den Familienalltag und insofern auch für die Sozialisation von Kindern wichtige bedingende Größe sei. Die Ergebnisse verwiesen z. B. auf die problematische Spielsituation von Kindern in innenstadtnahen Wohnquartieren, vor allem aber auf die Bedeutung eines kindgewöhnten und toleranten sozialen Umfeldes, wie es etwa in bevölkerungsstrukturell „jungen" Quartieren anzutreffen ist (Strohmeier 1983; Mundt 1980). Hier finden sich ebenfalls Belege dafür, dass solche Wirkungen von Sozialräumen unterschiedlich ausfallen und dass z. B. im Hinblick auf die sprachliche Förderung von Vorschulkindern die sozialstrukturelle Zusammensetzung eines Quartiers für Unterschichtfamilien bedeutsamer ist (Strohmeier/Herlth 1981), während günstigere baulich-räumliche Lebensbedingungen vor allem für die Kinder aus den mittleren Sozialschichten mit einer Verlängerung der Zeiten für Spielkontakte einhergehen (Engelbert 1986, S. 289). Wenngleich sich durchaus auch isolierbare Effekte der räumlichen Umwelt zeigten, so stimmten diese frühen sozialökologisch ausgerichteten Studien doch darin überein, dass weniger die objektiven räumlich-dinghaften Strukturen der kindlichen Umwelt zentrale Parameter der Sozialisation sind, als vielmehr der auf Regeln und Normen, auf Wahrnehmungen und Definitionen basierende Umgang mit ihnen. Entsprechend fällt auch das Fazit in einschlägigen Überblicksartikeln über den Nachweis von Raumwirkungen aus. Vaskovics (1988) zeigte sich eher skeptisch und sah weder Hinweise für generalisierende Aussagen zur Bedeutung der Wohnumwelt noch für eine Widerlegung entsprechender Thesen, wobei er vor allem auf das Problem der Multikollinearität in den Variablenzusammenhängen hinwies, das bis dahin noch nicht zufriedenstellend gelöst schien. Außerdem seien die unterschiedlichen Selektionsmöglichkeiten der Eltern aufgrund ihrer finanziellen Lage ein wesentlicher Punkt, der den Einfluss von „Raum" relativiere. Herlyn (1985) ging noch weiter und hinterfragte grundsätzlich den Sinn sozialökologischer Ansätze, da i. E. über die sozialökologischen Umweltvariablen nur solche Dimensionen der Schichtzugehörigkeit erfasst würden, die mit den üblichen Indikatoren nur unzureichend ermittelt werden konnten. Diese Einschätzung verkennt jedoch eindeutig den entscheidenden Beitrag der **sozialökologischen Sozialisationsforschung**: die Einbindung von Lebensführung und Entwicklung junger Menschen in einen mehrdimensionalen *Kontext von Wirkungszusammenhängen,* die auch heute noch die Kindheits- und Jugendforschung prägt.

4 Schwerpunkte der sozialökologischen Kindheits- und Jugendforschung: konzeptionelle Grundlagen und Forschungsbereiche

Allgemeiner Nenner einer sozialökologischen Perspektive ist die Betrachtung der (sich entwickelnden) Person, die sich mit den Gegebenheiten ihrer alltäglichen **Umwelt** *aktiv* auseinandersetzt. Beispielhaft kann hier auf das „integrative Modell des Person-Umwelt-Bezugs" von Schneewind und Pekrun (1994, S. 4; vgl. auch Wissenschaftlicher Beirat für Familienfragen 1998, S. 102ff.) verwiesen werden: Eine wahrnehmungsaktive, lernfähige und erfahrungsverarbeitende Person setzt sich – bedürfnisorientiert – aktiv mit den vorfindlichen natürlichen und soziokulturellen Lebensbedingungen auseinander. Dabei sind die entwicklungsinitiierenden („developmentally-instigative") Charakteristika sowohl der Person (z. B. aktive und responsive Umweltorientierung) als auch der Umwelt (z. B. Responsivität, Aufforderung zur Exploration) von entscheidender Bedeutung (Bronfenbrenner 1990).

Auch wenn der **sozialökologische Ansatz** darauf gerichtet ist, den Kontext der Entwicklung und Lebensführung von Kindern und Jugendlichen möglichst umfassend zu rekonstruieren, kann man sowohl in konzeptioneller als auch in forschungspraktischer Hinsicht Schwerpunktsetzungen beobachten. Sie dienen zum einen dazu, innerhalb eines umfassenden sozialökologischen Bezugsrahmens auf bestimmten Analyseebenen zu einem genaueren Verständnis der Zusammenhänge zu gelangen, die in Bronfenbrenners Mehrebenenmodell nur grob skizziert sind. Zum anderen ist jedes konkrete Forschungsdesign auf inhaltliche Schwerpunktsetzungen angewiesen, um überhaupt realisierbar zu sein. Dementsprechend versteht auch Bronfenbrenner seinen Ansatz vor allem als Forschungsprogrammatik, die kontextbezogene Forschung initiieren und anleiten soll, wodurch sich dann – basierend auf einer Vielzahl von Untersuchungen – unser Verständnis menschlicher Entwicklung mosaikartig ergibt. Einige der wesentlichen Schwerpunkte (soziale Beziehungen und sozialer Raum) wollen wir im Folgenden kurz skizzieren.

4.1 Soziale Beziehungen: Familie und Peergruppe

Unter den entwicklungsrelevanten sozialen Beziehungen werden seit jeher die ***Familienbeziehungen*** als eine besonders bedeutsame Kontextebene betrachtet, weil in den engen und unmittelbaren Eltern-Kind-Bindungen sowie in den daraus resultierenden wechselseitigen Beeinflussungen entscheidende Voraussetzungen für die kindliche Entwicklung gesehen werden. Dementsprechend finden **Familienbeziehungen** im Sinne von Elterneinfluss oder Eltern-Kind-Kommunikation auch in sozialökologischer Perspektive eine besondere Beachtung. Dabei steht das Interesse im Vordergrund, „Familieneinfluss" weder auf *unidirektionale* Effekte (etwa der elterlichen Erziehung auf das Kind), noch auf *dyadische* bzw. *triadische* Beziehungen (Vater-, Mutter-, und Geschwisterbeziehungen), noch auf sozialstrukturelle oder persönlichkeitsspezifische Einflüsse zu beschränken. Es geht vielmehr darum, Familien selbst als dauerhafte und sich im Zeitablauf verändernde sozialökologische Einheiten zu betrachten, die gekennzeichnet sind durch ein generationales Beziehungsgeflecht, durch Muster gemeinschaftlicher Alltagsbewältigung und durch Einbindung in umfassendere soziale, räumliche und kulturelle Umweltstrukturen. Vorliegende programmatisch-konzeptionelle Beiträge betonen demzufolge zum einen den systemischen Charakter von Familien als Nahumwelt für Kinder, zum zweiten die Einbettung familialer Lebenszusammenhänge in umgreifende **sozialökologische Kontexte** und zum dritten die für Familien charakteristischen Steuerungs- und Vermittlungsleistungen im Hinblick auf die Beschaffenheit des Alltags von Kindern.

Auf konzeptioneller Ebene wurden hierzu eine Reihe von Modellen vorgelegt, die sich explizit an Bronfenbrenner anlehnen (insbesondere Belsky 1984; Petzold/Nickel 1989; Schneewind et al. 1983; Lüscher et al. 1985). Auch Bronfenbrenner selbst (1984) hat seinen Ansatz im Hinblick auf die **„Ökologie der Familie"** spezifiziert und zielt darauf, *Familienprozesse* zu kontextuieren („person-process-context-model"), doch bleibt in seinem Konzept die Familie selbst als dauerhafte multifunktionale Lebensform relativ konturenlos. Im Rahmen der sozialökologischen Sozialisationsforschung hat es aber eine Reihe von Versuchen gegeben, den besonderen Charakter familialer Lebensformen in ihrer Bedeutung für das Aufwachsen von Kindern und Jugendlichen herauszuarbeiten. Kaufmann et al. (1980) und Herlth (1986) haben im Rahmen ihrer sozialökologischen Forschungen die Bedeutung der Familie als *Umweltvermittlungsinstanz* herausgearbeitet: Was sich auf der Mikroebene für ein Kind als Umwelteinfluss realisiert, ist weitgehend von elterlichen Steuerungs- und Vermittlungsleistungen abhängig (vgl. auch Parke/Buriel 1998, S. 476ff.), wobei allerdings die Binnenwelt der Familie und ihr systemischer Charakter nur angedeutet wurden. Belsky (1984) hat mit seinem „process model of the determinants of parenting" ebenfalls ein sozialökologisches Erklärungsmodell für die Persönlichkeitsentwicklung von Kindern vorgestellt, das binnenfamiliale Kontextvariablen im Zusammenspiel mit weiteren Kontextvariablen berücksichtigt. Dabei handelt es sich um die in der Persönlichkeitsstruktur von Eltern angesiedelten *psychologischen Ressourcen* des Elternverhaltens (z.B. psychische Befindlichkeit), *Eigenschaften des Kindes* selbst sowie kontextuelle Quellen von Stress und Unterstützung auf den Ebenen der *Ehebeziehungen*, der elterlichen *Erwerbstätigkeit* und der sozialen *Netzwerkintegration*. Auf der Grundlage bereits vorliegender Studien sieht Belsky vor allem im „psychologischen Funktionieren" der Eltern die Basis für eine gedeihliche Entwicklung von Kindern. Neuere Studien, die sich am Belskyschen Modell orientieren, konnten das z. T. bestätigen, nehmen aber eine stärkere Differenzierung zwischen den Eltern vor (vgl. Böcker et al. 1996; Herlth 2002). Neben der Ehequalität scheint auch das innerfamiliale elterliche Rollenarrangement in Form väterlicher Haushaltstätigkeit für die Qualität der Eltern-Kind-Beziehung von Bedeutung zu sein (vgl. Herlth 2006).

Ebenso wurden in der explizit sozialökologisch angelegten Studie von Schneewind et al. (1983) Merkmale der Qualität des familialen Zusammenlebens einbezogen: neben dem **Erziehungsstil** und elterlichen Persönlichkeitsmerkmalen werden die elterliche Paarbeziehung und das Familienklima berücksichtigt. Es konnte damit beispielsweise belegt werden, dass die Wirksamkeit sozialer Netzwerke nicht unabhängig vom Familienklima zu sehen ist. Damit wird bereits verstärkt dem Umstand Rechnung getragen, dass die Familie – wie Schneewind in späteren Beiträgen entwickelt (1987, 1991) – als ein „intimes Beziehungssystem" verstanden werden muss, das durch einen „gemeinschaftlichen Lebensvollzug" geprägt ist (1991, S. 16). In ähnlicher Weise gehen Lüscher et al. bei ihrem Versuch, die „ökologische Gestalt" von Familien zu bestimmen, von den „Aufgaben" aus, die im Familienalltag erfüllt werden müssen (Lüscher et al. 1985). Die Persönlichkeitsentwicklung des Einzelnen vollzieht sich abhängig davon, wie die miteinander lebenden Personen ihr gemeinschaftliches Leben organisieren – ein Aspekt der zuvor bereits von Kaufmann et al. (1980) als „familiale Alltagsorganisation" angesprochen worden war. Damit verbindet sich die Vorstellung, der Familie als einer dauerhaften Lebensform von Kindern und Jugendlichen so genannte „Systemeigenschaften" zuzuerkennen und die binnenfamilialen Prozesse als „*systemische*" zu interpretieren. Petzold und Nickel (1989) entwickeln ein *ökopsychologisches* Familienkonzept als „Beitrag zu einer entwicklungspsychologisch orientierten Familienforschung" und führen damit den familienpsychologischen Ansatz von Schneewind wie auch die Überlegungen von Bronfenbrenner und Belsky weiter, wobei sie dem systemischen Charakter familialer Lebensformen besondere Aufmerksamkeit zukommen lassen. Sie betrachten die Familie als eine „systemische Einheit", die spezifische Charakteristika aufweist: „Ganzheitlichkeit, Zielorientierung und Regelhaftigkeit", „transaktionale Beziehungen", „Äquilibrationsprozesse", „offene und diffuse Grenzen" und „interne Erfahrungsmodelle". Noch detaillierter und elaborierter fallen die Ansätze von Broderick (1993) und Parke und Buriel (1998) aus, die ebenfalls den Familieneinfluss auf die Entwicklung von Kindern und Jugendlichen von einer systemtheoretischen Betrachtung der Familie ausgehend konzipieren. Die sozialökologische Spezifität der Familie in ihrer Bedeutung für die Lebensführung und Entwicklung junger Menschen lässt sich vor diesem Hintergrund folgendermaßen charakterisieren:

- in struktureller Hinsicht (vgl. Parke/Buriel 1998) als miteinander verschränktes Geflecht unterschiedlicher Kontextebenen (unmittelbare Eltern-Kind-Interaktionen, elterliche Steuerungs- und Vermittlungsaktivitäten, Beziehungen zwischen binnenfamilialen Subsystemen, die Familie als systemische Einheit, familienexterne Umweltfaktoren);
- in prozessualer Hinsicht als zirkuläres und kumulatives Geschehen mit reziproken, direkten und indirekten sowie multifinalen und äquifinalen Wirkungszusammenhängen (vgl. Broderick 1993, S. 234ff.);
- in zeitlicher Hinsicht als andauernde Verarbeitung von Veränderungsdruck etwa infolge lebens- oder familienzyklischer Übergänge (Wandel der Familienentwicklungsaufgaben) oder sonstiger Stress induzierender Lebensereignisse (vgl. Elder et al. 1985; Schneewind 1991, S. 97ff.).

In letzter Zeit findet der Wandel der familialen Lebensformen besonderes Interesse: die zunehmende Abkehr vom traditionellen Rollenarrangement, die wachsende Instabilität der elterlichen Paarbeziehung und die vor allem daraus resultierende Zunahme des „Alleinerziehens" oder der neuen „Patchwork-Familien" (vgl. Walper 2004). Dieser Wandel der **Familienstrukturen** verändert in einem erheblichen Maße die Rahmenbedingungen des Aufwachsens von Kindern und Jugendlichen und stellt insbesondere die Eltern-Kind-Beziehungen vor neue Herausforderungen (Wilk 2000). Unter Bezug auf den Belskyschen Ansatz (s. o.) betont Walper (2004), dass sich die Familie als Sozialisationsinstanz insgesamt verändert hat. Zwar erweist sich die Qualität der Eltern-Kind-Beziehungen „als der wichtigere Einfluss" (ebd. S. 225), jedoch ist dieser Einfluss im Kontext der umgreifenden Rahmenbedingungen (Erwerbstätigkeit, Ehebeziehungen, Medien, soziale Netzwerke etc.) zu analysieren (vgl. ebd., S. 242).

Für die proximalen Prozesse (s. o.) von unmittelbarer Bedeutung sind neben den binnenfamilialen Beziehungen besonders die sozialen Netzwerkbeziehungen von Kindern und Jugendlichen innerhalb ihrer **Gleichaltrigengruppe** (Rubin et al. 1998). Die Peergruppe findet demzufolge im Rahmen sozialökologischer Studien eine starke Beachtung. Besonders interessieren zum einen die peergruppenspezifischen Eigenaktivitäten junger Menschen in Abhängigkeit von weiteren sozialökologischen Rahmenbedingungen wie z.B. sozialräumliche Faktoren (vgl. Engelbert/Herlth 1993) oder auch in Abhängigkeit von familialen Einflüssen (vgl. Krappmann/Oswald 1990; Rubin et al. 1998, S. 662ff.). Zum anderen interessieren **Peergruppen** als Kontextfaktoren der Lebensführung und Entwicklung, wobei dann insbesondere die Beziehungen und Wechselwirkungen zwischen den Peergruppen und den Familien in den Blick geraten (vgl.

Kandel 1986). Während häufig vermutet wird, Einflüsse der Peergruppe seien mit Blick auf die Familie gleichsam „Gegeneinflüsse", mittels derer sich gerade Jugendliche auch dem elterlichen Einfluss entzögen, zeigen neuere sozialökologisch ausgerichtete Studien dagegen deutliche Einflüsse der Eltern z.B. auf die Auswahl der Peergruppenbeziehungen. Peergruppen – so das Resümee – dienen eher als „Verstärker" bereits etablierter Verhaltensmuster (Steinberg et al. 1995).

Eine bedeutsame Erweiterung der sozialökologischen Perspektive ist gegenwärtig in der Integration des „Sozialkapital"-Konzepts von Bourdieu und Coleman in die Analyse kindlicher und jugendlicher Entwicklungsverläufe zu sehen, wie es beispielsweise in der Studie von Stecher (2001) geschieht. Ausgangspunkt ist dabei das „Prozessmodell" von Zinnecker (vgl. Stecher 2001, S. 15ff.), in dem die Kontextbedingungen des Aufwachsens unter Rückgriff auf die Bourdieusche Kapitaltheorie und den Sozialkapital-Ansatz von Coleman rekonstruiert werden: Im Zentrum dieses Ansatzes steht die Habitusentwicklung, die insbesondere in Abhängigkeit von sozialen „Transferbeziehungen" (Einflüsse sozialer Beziehungen zu den Eltern und anderen „Sozialisationsagenten") gesehen wird. Über Transferbeziehungen werden Ressourcen wie materielle Güter, Informationen, Hilfe und Unterstützung zugänglich, und zwar in Abhängigkeit von weiteren Kontextbedingungen, nämlich dem kulturellen, sozialen und ökonomischen Kapital. Empirisch werden dabei „Einflüsse" vor allem als Ergebnisse von „Wechselwirkungen … zum einen zwischen verschiedenen Aspekten des sozialen Kapitals (und) zum anderen zwischen den verschiedenen Arten von Kapital" erkennbar (Stecher 2001, S. 309).

4.2 Raumbezogene Kindheits- und Jugendforschung

Seit den Anfängen der sozialökologischen Sozialisationsforschung ist der Raumbezug aus der Kindheits- und Jugendforschung kaum mehr wegzudenken. Dies gilt sowohl für die Untersuchung von kindlichem Wohlbefinden als auch für eine entwicklungsbezogene Perspektive. Anknüpfend an ökopsychologische Arbeiten werden Wirkungen der **räumlich-dinghaften Umwelt** insbesondere mit Bezug auf ihre Schutzfunktion und ihre identitätsstiftende Funktion sowie auf die Förderung von Selbstwirksamkeit und Kompetenzüberzeugung gesehen. Eine diesbezüglich günstige Raumwahrnehmung und Raumnutzung gelingt offensichtlich eher, wenn die räumliche Umwelt Angebote für Aktivitäten bereithält, wenn sie gestaltbar, strukturiert und responsiv ist (zusammenfassend: Wissenschaftlicher Beirat für Familienfragen 1998, S. 173ff.). Kinder und Jugendliche benötigen aber nicht nur eine räumliche Umwelt, die sie wahrnehmen und die sie aktiv werden lässt, sondern auch eine soziale Umwelt, die ihnen – altersgemäß – Sicherheit vermittelt, ihre Eigenaktivität zulässt bzw. fördert und ihnen Kontrollmöglichkeiten über die räumliche Umwelt zugesteht. Raumbezogene Forschung kann im engeren Sinne deshalb erst dann als sozialökologisch gelten, wenn diese sozialen Einflüsse in ihrer Bedeutung berücksichtigt werden, d.h. wenn sozial-räumliche Umwelt*kontexte* in ihren Zusammenhängen mit der Lebenswirklichkeit junger Menschen untersucht werden. Materiell-räumliche Elemente der Umwelt sind in dieser Perspektive vor allem bedeutungshaltige Objekte, die ihren Sinn aus der jeweiligen Perspektive von Menschen erhalten – z.B. als Handlungs- oder Erfahrungsraum (Gukenbiehl 1990, S. 142f.).

Für die sozialökologisch orientierte Kindheitsforschung mit **Raumbezug** wurden in den letzten Jahrzehnten spezifische, insbesondere modernisierungstheoretisch inspirierte Vorstellungen über die Umwelt von Kindern prägend. Häufig wurde dabei auf die These von den „Verinselungstendenzen" der Kindheit (Zeiher 1983) Bezug genommen. In Anbetracht des gesellschaftlichen Wandels seit der Mitte des 20. Jahrhunderts, den Zeiher (1983) vor allem als fortschreitende räumliche Differenzierung sieht, geht sie davon aus, dass nicht mehr eine allmähliche, schrittweise Umweltaneignung erfolgt, bei der der Lebensraum quasi ein Segment der realen räumlichen Welt ist, sondern dass Lebensräume aus „separaten Stücken" bestehen und der sie umgebende Gesamtraum als ganzer bedeutungslos und tendenziell unbekannt bleibt. Solche verinselten Räume können von den Kindern nur noch durch Transport- und Kommunikationsmedien erreicht werden, was z.B. Mobilitätschancen zu einem für Kinder ausschlaggebenden Aspekt von Raumaneignung und „moderne Kindheit" zu einem komplexen Termin- und Verabredungsgeschäft machen würde (Rabe-Kleberg/Zeiher 1984). Dadurch wurde das in den 1950er Jahren von Pfeil vertretene Modell des „einheitlichen Lebensraums", nach dem sich Kinder ihre Umwelt nach und nach immer weiter erschließen, durch das Modell des „verinselten Lebensraums", dessen Verbindungen zum Problem werden, ersetzt.

Wesentlich sind in diesem Zusammenhang die diagnostizierten bzw. antizipierten Folgen eines solchen Kindheitsmodells. Sie betreffen gravierende Veränderungen der Handlungsmöglichkeiten von Kindern, Spontaneitätsverluste, veränderte Möglichkeiten für Sozialkontakte aufgrund notwendiger Abstimmung und Zeitplanung, eine zunehmende Institutionalisierung der Kindheit sowie eine erhöhte Abhängigkeit der Kinder von elterlichen Organisations- und Gestaltungsleistungen, aber auch die damit verbundenen Probleme für die Entwicklung von Kindern. Dabei wird davon ausgegangen, dass dieses Modell keineswegs für alle Kinder gilt, sondern – gerade aufgrund der Relevanz elterlicher Leistungen und deren Ressourcenabhängigkeit – sich quasi zwei Kindheiten durchsetzen, von denen eine als verplante, verinselte, eben als „modernisierte" Kindheit und die andere als auf den Nahraum beschränkte und nicht kindgerechte Kindheit galt.

Dies kann in unmittelbarem Zusammenhang mit einer weiteren viel beachteten These gesehen werden. Zinnecker (1990) unterstellte, dass Straßensozialisation eher ein Unterschichtphänomen ist, da die Wohnverhältnisse in den unteren Sozialschichten aufgrund von begrenzten ökonomischen Ressourcen beengter seien und die Straße als Ausweichort dort eher genutzt werde. Er sah in diesem Zusammenhang eine grundsätzliche Tendenz zur **„Verhäuslichung"** und „Privatisierung" der Aktivitäten von Kindern. Solche Interpretationen der „modernen Kindheit" gehen also von „veränderten raum-zeitlichen Ordnungsprinzipien kindlicher Normalbiographien" aus (Büchner 1990). In sozialökologischer Perspektive geht es hier um solche Umwelt*kontexte*, die durch das Zusammenwirken räumlich-dinghafter Vorgaben (z.B. verinselte Lebenswelten) und sozialer Vorgaben (z.B. Nutzungsregeln oder Erziehungsverhalten der Eltern) die alltäglichen Handlungschancen von Kindern und Jugendlichen beeinflussen.

Die empirische Forschung rückte in der Folge zunehmend Kinder und ihre Aktivitäten und Sichtweisen in das Zentrum und setzte vor allem an einer Überprüfung der beiden Theoreme **Verinselung** und **Verhäuslichung** an. Mehrere größere Studien lieferten dabei gleichzeitig Beschreibungen der Wohn- und Wohnumfeldbedingungen und suchten Antworten auf die Frage nach veränderten Lebensbedingungen von Kindern, wobei vor allem die verbleibende Bedeutung des Spiel- und Lernortes Straße sowie die Verplanung der Kindheit ein viel beachtetes Thema waren (etwa Lang 1985; DJI 1992; Rauschenbach/Wehland 1989; Berg-Laase et al. 1985). Übereinstimmendes Ergebnis bezüglich einer allgemeinen Überprüfung des Verinselungs- bzw. Verhäuslichungsmodells war, dass Kinder nach wie vor „auf der Straße", d. h. insbesondere auf Bürgersteigen, in Parks, auf Freiflächen, auf halböffentlichen und auf öffentlichen Plätzen spielen (etwa Herzberg/Hössl 1996; Lipski 1996; Hüttenmoser/Degen-Zimmermann 1995). Der öffentliche Raum ist insofern keineswegs aus dem kindlichen Raumspektrum verdrängt worden. Er nimmt – nach dem Familienraum – die zweite Stelle ein (Grunert/Krüger 2006, S.171) und ist vor allem für gemeinsame Aktivitäten mit Gleichaltrigen wichtig (Roppelt 2003). Gleichzeitig wird aber auch die Bedeutung von Mobilität im Kinderalltag hervorgehoben. Diese bezieht sich zum einen auf den Wechsel zwischen verschiedenen Fortbewegungsmitteln und zum anderen auf die wichtige Rolle des Fahrrades – zumindest für Kinder im Alter von 8 bis 13 Jahren (Berg-Laase et al. 1985; Rauschenbach/Wehland 1989). Aufgrund der nach wie vor großen Bedeutung des öffentlichen Freiraums für Kinder und der erhöhten Mobilitätsnotwendigkeiten werden die Verkehrsbelastung und die potentielle Gefährdung durch den Autoverkehr als relevante räumlich-dinghafte Umweltdimensionen untersucht und in ihrer die Spielaktivitäten und Sozialkontakte einschränkenden Wirkung nachgewiesen (Flade 1987; Engelbert 1986; Hüttenmoser/Degen-Zimmermann 1995). Hinsichtlich der Relevanz von Mobilität zeigen sich u. a. deutliche Unterschiede nach den Bebauungsstrukturen der Wohnumwelt (Elskemper-Mader et al. 1991).

Insofern gibt es durchaus Belege für die Annahme einer modernen, „verinselten" Kindheit – Antworten auf die Frage nach einem insgesamt veränderten Raummodell der Kindheit konnten jedoch aufgrund fehlender Kontroll- und Vergleichsmöglichkeiten kaum gegeben werden. Dennoch haben auch diese Studien viele Einzelergebnisse zum Zusammenhang von räumlichen Strukturen und kindlichen Aktivitäten beisteuern können. Vor allem aber haben sie dazu beigetragen, die soziale Steuerung von Raumwirkungen und damit die Bedeutung von *sozialräumlichen Kontexten* deutlich hervortreten zu lassen. Rauschenbach (1990) und Nissen (1990) können z.B. belegen, dass für Mädchen eher als für Jungen ein verinseltes und damit ein modernes Kindheitsmodell zutrifft. Dass aber auch dieses geschlechtsspezifische (Erziehungs-) Verhalten kulturspezifisch variiert, ergibt sich z.B. daraus, dass entsprechende Unterschiede in den neuen Bundesländern nicht aufgetreten sind (Herzberg/Hössl 1996). Auch Wilk (1996) stellt fest, dass Verinselungsphänomene nur für einen relativ kleinen Teil der Kinder beobachtbar sind und außerdem mit sozialen Strukturen wie Geschlecht und kulturellem Kontext variieren (ähnlich auch Zeiher/Zeiher 1994 und Lange 1996). Dies gilt auch für die Präferenzen der Kinder für einzelne Aufenthaltsorte (Nagl/Kirchler 1994, S. 337f.) und für das Wohlbefinden der Kinder in der Wohnung, das vor allem durch das Familienklima beeinflusst wird (Bacher/Traxler 1994, S. 191).

Im Kinderpanel des Deutschen Jugendinstitutes werden auch Kontexteffekte als Zusammenwirken räumlicher Gegebenheiten auf verschiedenen Ebenen (Wohnsituation, Wohnumfeld, Urbanitätsgrad und soziale und wirtschaftliche Situation der Region) in den Blick genommen. Die Ergebnisse legen den Schluss nahe, dass Kinder zwar suboptimale räumliche Gegebenheiten durchaus abpuffern können, dass Grenzen eines solchen Umgangs mit der räumlichen Umwelt aber um so schneller erreicht werden, je mehr Belastungen bzw. Risiken gleichzeitig auf Kinder einwirken (Steinhübl 2005).

Die Betrachtung der **Umwelt** *als Handlungs- und Erfahrungsraum*, den sich junge Menschen eigenaktiv aneignen und der ihnen aufgrund seiner „ökologischen Valenz" Lern- und Entwicklungschancen bieten kann, ist das spezifische Charakteristikum auch der auf das Jugendalter bezogenen ökologischen Herangehensweisen (vgl. Baacke 1985). Baacke entwickelt dazu – angelehnt an Bronfenbrenner – ein Konzept konzentrisch angelegter „ökologischer Zonen", die für die Jugendlichen altersspezifische Anregungen und „Herausforderungen" beinhalten können. Indem sich Jugendliche diesen Herausforderungen stellen und sie bewältigen, erwerben sie Handlungskompetenz. Baacke unterstreicht damit, dass er die „*objektiven* Merkmale" der Umwelt – hier insbesondere des „Raumes" – für ebenso bedeutsam hält wie das Erleben des Raumes durch die Jugendlichen (Baacke 1993). Inwieweit solche Merkmale des Handlungsraumes die Verhaltensmuster von Jugendlichen oder gar die Bewältigung von biographischen Übergängen erklären können, ist eine der zentralen Forschungsfragen sozialökologischer Jugendforschung (so z. B. Hübner-Funk et al. 1983; Krauß/Tippelt 1985). Deutlich wird dabei die Wechselwirkung zwischen sozialräumlichen Gegebenheiten und den Eigenaktivitäten der Jugendlichen, die zum einen – wie Becker et al. (1984) konzeptionell besonders herausgearbeitet haben und anhand unterschiedlicher Typen von „Jugendcliquen" belegen – durch ihre „raumbezogenen Interessenorientierungen" ihren **Sozialraum** konstituieren und die zum anderen sich ihren Sozialraum eigenaktiv „aneignen" (Jacob 1984; Fuhrer/Quaiser-Pohl 1999), so dass mit Blick auf die Entwicklungsbedeutsamkeit dieser Wechselwirkungen *Entwicklung* als „Handeln im Kontext" (Silbereisen/Eyferth 1986) betrachtet werden kann. Silbereisen und Eyferth (s. a. Silbereisen et al. 1986) betonen mit ihrem Konzept insbesondere die auf die Umwelt bezogene Intentionalität und Zielorientiertheit jugendlicher Aktivitäten, durch die auch Umwelt als jeweiliger Handlungsraum verändert wird. Auf diese Weise ergeben sich Wechselwirkungsprozesse, vermittels derer Jugendliche den Übergang zum Erwachsensein meistern. Hier sind deutliche Bezüge zu der von Lerner angeregten Betrachtung der Jugendlichen als „Produzenten ihrer eigenen Entwicklung" (Lerner 1982) erkennbar (vgl. auch Butz 1998, S. 92ff.).

Als Fazit der sozialökologisch orientierten Forschungsarbeiten zur Bedeutung der **räumlich-dinghaften Umwelt** kann festgehalten werden, dass auch räumliche Merkmale handlungs- und entwicklungsrelevant sind, dass „Raumwirkung" aber stets im Zusammenhang mit einer sinnhaft strukturierten und damit sozial überformten Raumwahrnehmung und Raumnutzung, und zwar im Zuge kindlicher/jugendlicher *Eigenaktivitäten,* gedacht werden muss. Verallgemeinert als Vorgang einer eigenaktiven Auseinandersetzung mit Umweltgegebenheiten (s. hierzu das o. a. „integrative Modell des Person-Umwelt-Bezugs" von Schneewind/Pekrun 1994) wird dieser Gedanke besonders prägend für die **„neue Kindheitsforschung"** (vgl. Fuhrer/Quaiser-Pohl 1997).

5   Sozialökologische Grundlagen der „neuen Kindheitsforschung"

Die Kindheitsforschung der letzten 20 Jahre zeichnet sich auf den ersten Blick keineswegs durch eine kontinuierliche Weiterentwicklung des entwicklungspsychologisch und sozialisationstheoretisch ausgerichteten sozialökologischen Ansatzes aus. Vielmehr ist sie durch eine explizite Abkehr gerade von entwicklungs- und sozialisationsbezogenen Fragestellungen gekennzeichnet. Die sog. „**neue Kindheitsforschung**" rückt stattdessen das aktuelle Kinderleben und vor allem das Wohlbefinden von Kindern als Eigenwert in das Zentrum des Forschungsinteresses (hierzu als Überblick Honig 1996; Zeiher 1996).

Nicht zuletzt unter dem Eindruck unterschiedlichster Zeitdiagnosen, Zukunftsprognosen und modernisierungstheoretisch orientierter Charakterisierungen von Kindheit (Verhäuslichung, Verinselung, Verschwinden, Scholarisierung etc.) galt das Interesse in einer *Mikroperspektive* dabei zunächst den unterschiedlichen Kinderwelten und ihrer Nutzung sowie den Alltagsaktivitäten der Kinder, ihrem Freizeitverhalten und der räumlich-zeitlichen Organisation des Alltags (s. o.), wobei die ***Perspektive des Kindes***, seine subjektive Sicht, zunehmend Beachtung fand.

Dies schließt in einer konstruktivistischen Formulierung des Problems die Beiträge des Kindes selbst im Zusammenhang mit Umweltnutzung und Persönlichkeitsentwicklung, die „Selbstsozialisation" in Gleichaltrigengruppen und nicht zuletzt die Vorstellung einer für die Erwachsenen fremden Sinnwelt ein, auf die besonders in ethnographischen Studien eingegangen wird. Im Rahmen solcher mikroanalytischen Schwerpunkte der **neuen Kindheitsforschung** haben sich auch neue methodische Zugangsweisen entwickelt, die Kinder direkt beobachten und befragen und explizit beabsichtigen, soziale Wirklichkeit „aus der Perspektive von Kindern" zu erfassen (Honig et al. 1999).

In *makroanalytischer* Hinsicht wurde die gesellschaftliche Situierung der Kindheit in den 1990er Jahren zunehmend im Rahmen des *Verhältnisses der Generationen* diskutiert. Unter Bezug auf aktuelle Aspekte und Folgeprobleme des gesellschaftlichen Wandels (z.B. demographische Veränderungen, Wandel der Familienstrukturen, Krise der Arbeitsgesellschaft, die Bedeutung von Bürgerrechten etc.) ging es hier um den gesellschaftlichen Status von Kindern, was auch Fragen der Ressourcenverteilung („generationale Ungleichheit") einschloss und zur Etablierung einer kindheitsbezogenen **Sozialberichterstattung** führte (Engelbert/Buhr 1991). „Kindheit als soziales Phänomen" (Qvortrup 1991) zu sehen, schließt dabei ein, Kindheit auch als Objekt gesellschaftlich-staatlicher Steuerung wahrzunehmen. Mit dem Aufkommen einer solchen makrosoziologischen Perspektive gewann daher auch das Thema *„Sozialpolitik für Kinder"* wieder stärker an Aufmerksamkeit. Kinder wurden nun als Bevölkerungsgruppe mit einem eigenständigen Wohlfahrtsstatus wahrgenommen.

Bei näherer Betrachtung dieser neueren Entwicklungen in der Kindheitsforschung, kann man trotz der allenthalben betonten Distanzierung vom Entwicklungs- und Sozialisationskonstrukt in der verstärkten Hinwendung zum Kinderalltag und zur Kinderperspektive sowie zu Fragen der Politik für Kinder Elemente ökologischer Denk- und Betrachtungsweisen erkennen, auch wenn darauf häufig *explizit* kaum mehr hingewiesen wird (vgl. auch Fuhrer/Quaiser-Pohl 1997). Auch die kindheitsbezogene **Sozialberichterstattung** und die Forschung über Generationenbeziehungen sind stark sozialökologisch fundiert (Grundmann et al. 2000, S. 61f.), und die „**Perspektive des Kindes**" ist keineswegs im Rahmen neuerer Beiträge zur **ökologischen Sozialisationsforschung** (Gukenbiehl 1990; Wehrspaun et al. 1990) ausgespart worden. In vielen konzeptionellen Schwerpunkten der „**neuen Kindheitsforschung**" lassen sich also Überlegungen finden, die wir gleichsam der „ökologischen Wende" in der Sozialisationsforschung zu verdanken haben. So hat beispielsweise Bronfenbrenner in besonderem Maße darauf abgestellt, den Alltag der Kinder empirisch in den Blick zu nehmen und dabei der subjektiven Perspektive der Kinder Beachtung zu schenken. Ebenso hat der im Rahmen der „**neuen Kindheitsforschung**" betonte Blick auf das *Wechselverhältnis* von Individuum und Umwelt und auf die *Aktivität* von Kindern seine wissenschaftliche Fundierung im ökologischen Ansatz erfahren.

Ähnliches lässt sich auch mit Bezug auf die makroanalytischen Fragestellungen feststellen (s. hierzu insbesondere Liegle 2000). Schon für Bronfenbrenner war die Frage nach der Beeinflussbarkeit der kindlichen Entwicklung und insofern nach den sozial- und bildungspolitischen Einflussmöglichkeiten ein wichtiger Ausgangspunkt seiner Überlegungen. Im Rahmen des „Makrosystems" werden sowohl die Rolle des Kindes als auch die Rolle der Eltern und damit das Generationenverhältnis berücksichtigt, wie dies Lüscher (1975) in seinem wissenssoziologischen Ansatz zur sozialen Rolle des Kindes bereits dargelegt hat. Hier wie in anderen Veröffentlichungen spielt die sozialpolitische Gestaltung der Lebenssituation von Kindern eine zentrale Rolle. Lange (2003) hebt in einem konzeptionellen Beitrag zur sozialökologischen Sozialisationsforschung unter Bezugnahme auf sozialphilosophische Überlegungen noch einmal die Bedeutung einer Kontextsensitivität von Politik hervor, die insbesondere über die Zurverfügungstellung nicht-monetärer Ressourcen gewährleistet sein sollte.

Diese und andere Parallelen und Übereinstimmungen werden durchaus gesehen (z. B. Zinnecker/Silbereisen 1996) und haben manche dazu veranlasst, von einer stärkeren Annäherung der neuen Kindheitsforschung und der Sozialisationsforschung zu sprechen (Kränzl-Nagl 1998) oder eine stärkere Rückbesinnung der Kindheitsforschung auf sozialökologisch-sozialisationstheoretische Perspektiven anzuregen (Liegle 2000, S. 285f.). Da wir *Sozialökologisches* also sowohl in der „**neuen Kindheitsforschung**" als auch erst recht in der aktuellen Sozialisationsforschung erkennen können, könnte der sozialökologische Ansatz sogar die theoretisch-konzeptionelle Klammer für durchaus wünschenswerte unterschiedliche Forschungsinteressen und methodische Zugänge im Rahmen einer *Forschung über den Alltag und die Entwicklung junger Menschen* sein – jedenfalls dann, wenn das Interesse an deren Lebens- und Entwicklungschancen das Erkenntnisinteresse der Kindheits- und Jugendforschung leitet.

6 Zur Aktualität der sozialökologischen Perspektive

Gegenwärtig kann man sich des Eindruckes nicht erwehren, dass es um „den sozialökologischen Ansatz" etwas ruhig geworden ist. Barbara Dippelhofer-Stiem spricht sogar von einer „gewisse(n) Stagnation" in Bezug auf die Thematisierung von **Umweltkontexten** des Aufwachsens bei gleichzeitiger Diversifizierung der Ansätze (2008, S. 117). Unverkennbar sind zwar immer noch die Nachwirkungen – insbesondere des Bronfenbrennerschen Konzeptes (vgl. Moen 2006; Silbereisen 2006; Ditton 2006), aber explizite Bezüge in der Kindheits- und Jugendforschung sind aktuell kaum vorzuweisen. Dies darf aber keinesfalls als mangelnde Aktualität des sozialökologischen Ansatzes gewertet werden. Vielmehr zeigt sich eine deutliche Integration der sozialökologischen Perspektive in Weiterentwicklungen theoretischer Konstrukte. Dies äußert sich vielfach in Verknüpfungen mit weiterführenden Ansätzen. Gerade der Ansatz von Bronfenbrenner erweist sich dabei als wegweisende „Forschungsheuristik" (Grundmann 2006, S. 228). Sozialökologische Ansätze beinhalten zuförderst ein methodologisches Programm zur Analyse von Umwelteinflüssen, das aus den fachspezifischen Diskursen über das Aufwachsen und die Entwicklung von Kindern und Jugendlichen nicht mehr wegzudenken ist (vgl. Silbereisen 2006; ähnlich auch Schneewind 2004). Dementsprechend betont auch Ditton die zentrale Funktion des Ansatzes als „Denk- und Zugangsraster" zu einer „systematischen Einordnung und Zuordnung von Befunden der empirischen Sozialforschung" (2006, S. 279). Es würde also dem sozialökologischen Ansatz nicht gerecht, ihn als eine abgeschlossene Erklärungstheorie zu verstehen. Vielmehr handelt es sich um ein „auf Weiterentwicklung angelegtes Forschungsprogramm" (Ditton 2006, S. 272), wie dies beispielsweise in der oben bereits erwähnten Studie von Stecher (2001) geschehen ist oder von Lange (2003) programmatisch konzipiert wurde.

Ähnliche Weiterentwicklungen lassen sich aktuell in verschiedenen Bereichen erkennen. So erscheint etwa die jüngere **Sozialberichterstattung** über das Aufwachsen von Kindern und Jugendlichen stark sozialökologisch ausgerichtet, wie dies am Beispiel des DJI-Kinderpanels demonstriert werden kann (vgl. Alt 2005). Die sozialökologische Perspektive kommt darin ebenso zum Zug wie die von der „**neuen Kindheitsforschung**" betonte **Perspektive der Kinder**. Auch im Rahmen der kommunalen Familienberichterstattung gehört eine sozialräumliche Aufbereitung der Daten zur Lebenssituation von Kindern mittlerweile fast schon zum Standard.

Im Rahmen kleinräumiger Aufbereitung amtlicher Daten werden z. B. deutliche Zusammenhänge zwischen sozialräumlichen Indikatoren der Lebenslage und den Bildungschancen von Kindern nachgewiesen (Strohmeier 2007; ähnlich auch Ditton/Krüsken 2006, 2007). Entscheidende Startvorteile für die Entwicklung von Kindern liegen demnach in einem partizipationsfreundlichen Umfeld mit relativ stabilen sozialen Verhältnissen (Strohmeier 2007). Auf der Basis solcher Erkenntnisse wird „positive Diskriminierung" und „besondere institutionelle Förderung" angemahnt. Besonders weitgehend ist die sozialökologische Orientierung im Rahmen der **Sozialberichterstattung** der kanadischen Provinz British Columbia. Dort werden Ergebnisse einer flächendeckenden Entwicklungsstanderhebung bei 5jährigen Kindern mit verschiedenen Merkmalen ihres lokalen Milieus verknüpft. Der „Atlas of Child Development" fungiert als Diagnoseinstrument für kommunale Akteure und soll gezielte Interventionen begründen (Human Early Learning Partnership 2005).

Die sozialpolitische Bedeutung dieser **Sozialberichterstattung** liegt vor allem im Nachweis sozialer und soziokultureller *Ungleichheitsstrukturen* und deren Konsequenzen für das Aufwachsen von Kindern und Jugendlichen. Insbesondere bei der theoretischen Rekonstruktion des „Zustandekommens" und der „Wirkungen" sozialer Benachteiligung erweist sich eine sozialökologische Perspektive als besonders geeignet, wie etwa anhand der **Armutsforschung** belegt werden kann. Hier geht es aus sozialökologischer Sicht insbesondere um die Frage des Zustandekommens von Armutseffekten auf die Entwicklung und das Wohlbefinden oder die Gesundheit von Kindern und Jugendlichen (vgl. hierzu zusammenfassend Walper 2008). Weiterführend ist hier beispielsweise der vom Lebenslagenkonzept her entwickelte Ansatz von Chassé et al. (2007), der zur Analyse von Armutserfahrungs- und Armutsbewältigungsprozessen bei Kindern ein „Spielräumekonzept" entwickelt, das – ähnlich dem Bronfenbrennerschen Systemmodell (s. o.) – unterschiedliche das Kind betreffende Erfahrungs- und Handlungsebenen identifiziert und dabei die *Bewältigung* von Armutslagen durch die Kinder fokussiert (vgl. auch Zander 2008).[4]

Das in jüngster Zeit wieder verstärkte Interesse an der Erforschung gesellschaftlicher Ungleichheitsstrukturen und deren Konsequenzen für das Aufwachsen (vgl. Bauer/Vester 2008) erweckt auf den ersten Blick den Eindruck, dass hier die „sozialstrukturelle Sozialisationsforschung" der 1960er- und 1970er-Jahre zu neuem Leben erwacht. In gewisser Hinsicht mag das auch so sein, aber es handelt sich darüber hinaus um eine neue Perspektive, die das „Erbe" der sozialökologischen Kritik aufgearbeitet hat und so zeigt, dass sozialökologisches Gedankengut mittlerweile disziplinübergreifend bei der Erforschung der Lebens- und Entwicklungsbedingungen von Kindern und Jugendlichen herangezogen wird (vgl. hierzu etwa Ditton 2006; Reutlinger 2008; Grundmann 2008). Besondere Beachtung verdient in diesem Zusammenhang der *„Milieuansatz"* (Bittlingmayer 2006; Bauer/Vester 2008), der im Unterschied zum traditionellen „Schichtansatz" – ausgehend vom Bourdieuschen Habituskonzept – zum einen zu einer differenzierteren Betrachtung sozialer Struktur („Milieustruktur") gelangt und zum anderen eine „Akteursperspektive" entwickelt: Auf der Grundlage vorangegangener „Sozialisationserfahrungen", die sich in der Habitusentwicklung niederschlagen, wirkt die Person im Rahmen ihrer jeweils erreichten Handlungsbefähigung und Handlungsressourcen an ihrer Entwicklung mit (Bittlingmayer 2006). Zu Recht sprechen Bauer und Vester hier von einer „Struktur-Akteur-Kopplung" (2008, S. 191), auf deren „sozialökologische Prämissen" explizit verwiesen wird. Das „Sozialökologische" der neueren Milieuforschung liegt in der Betonung der aktiven Mitgestaltungsmöglichkeiten der Individuen – hier im Zusammenhang mit Opportunitätsstrukturen. Außerdem werden die Gestaltung von Beziehungen und Alltagsstrukturen unter Berücksichtigung **sozialökologischer Kontexte** stärker als Ausdruck einer sozialen Verfassung von Bezugsgruppen, Institutionen und sozialen Systemen gesehen (Grundmann 2008, S. 180). Es gibt somit Grund genug zu der Annahme, dass sozialökologische Prämissen auch künftig für die Forschung über die Lebens- und Entwicklungschancen von Kindern und Jugendlichen einen wesentlichen Beitrag leisten werden, wenn es darum geht, der „Kontextuiertheit" der damit implizierten („proximalen") Prozesse Rechnung zu tragen. „Struktur-Akteur-Kopplung" dürfte dafür das treffende Stichwort sein.

Anmerkungen

1 Wir gebrauchen beide Begriffe synonym, da sie auch in der wissenschaftlichen Literatur nicht systematisch voneinander unterschieden werden. Des Öfteren wird der Begriff „sozialökologisch" verwendet, um deutlicher den sozialen Verwendungskontext im Unterschied zu einem biologischen zu akzentuieren.
2 Sozialökologische Ansätze sind in der Regel auf die Erklärung kindlicher Entwicklungsprozesse konzentriert, so dass Kinder und ihre Lebensbedingungen häufiger im Blickpunkt stehen. Trotzdem gibt es auch in der „traditionellen" Jugendforschung eine Reihe von ausgewiesenen sozialökologischen Studien (vgl. bereits Baacke 1993).
3 Neuere sozialisationstheoretische Ansätze sprechen in diesem Zusammenhang vom „produktiv realitätsverarbeitenden Subjekt" (Hurrelmann 2002; Hurrelmann et al. 2008).
4 Weitere sozialökologisch ausgerichtete Studien problematisieren in den letzten Jahren insbesondere die „Ungleichheit" der Bildungschancen (z. B. Ditton/Krüsken 2007; Heintze 2007).

Literatur

Alt, Ch.: Das Kinderpanel: Einführung. In: Ders. (Hrsg.): Kinderleben – Aufwachsen zwischen Familie, Freunden und Institutionen. Bd. 1: Aufwachsen in Familien. Wiesbaden 2005, S. 7-22
Baacke, D.: Die 13- bis 18jährigen. 4. Aufl. Weinheim 1985
Baacke, D.: Sozialökologische Ansätze in der Jugendforschung. In: Krüger, H.-H. (Hrsg.): Handbuch der Jugendforschung. 2. erw. Aufl., Opladen 1993, S. 135-157
Bacher, J./Traxler, A.: Wie Kinder wohnen. In: Wilk, L./Bacher, J. (Hrsg.): Kindliche Lebenswelten. Opladen, 1994, S. 161-196
Bargel, T./Fauser, R./Mundt, J.W.: Lokale Umwelten und familiale Sozialisation: Konzeptionalisierung und Befunde. In: Vaskovics, L.A. (Hrsg.): Umweltbedingungen familialer Sozialisation. Stuttgart 1982, S. 204-236
Barker, R.G.: Ecological psychology: Concepts and methods for studying the environment of human behavior. Stanford, Calif. 1968
Bauer, U./Vester, M.: Soziale Ungleichheit und Milieus als Sozialisationskontexte. In: Hurrelmann, K./Grundmann, M./Walper, S. (Hrsg.): Handbuch Sozialisationsforschung. 7. vollst. überarb. Aufl. Weinheim/Basel 2008, S. 184-102
Becker, H./Eigenbrodt, J./May, M.: Pfadfinderheim, Teestube, Straßenleben. Frankfurt (Main) 1984
Belsky, J.: The Determinants of Parenting: A Process Model. In: Child Development 55 (1984), S. 83-96
Bertram, H.: Sozialstruktur und Sozialisation. Darmstadt 1981
Bertram, H.: Von der schichtspezifischen zur sozialökologischen Sozialisationsforschung. In: Vaskovics, L.A.: Umweltbedingungen familialer Sozialisation. Stuttgart 1982, S. 25-54
Berg-Laase, G./Berning, M./Graf, U./Jakob, J.: Verkehr und Wohnumwelt im Alltag von Kindern. Pfaffenweiler 1985
Bittlingmayer, U.: Grundzüge einer mehrdimensionalen sozialstrukturellen Sozialisationsforschung. Kapitel 1. In: Grundmann, M./Dravenau, D./Bittlingmayer, U.H./Edelstein, W.: Handlungsbefähigung und Milieu. Zur Analyse milieuspezifischer Alltagspraktiken und ihrer Ungleichheitsrelevanz. Berlin 2006, S. 38-73
BMJFG Bundesminister für Jugend, Familie und Gesundheit (Hrsg.): Familie und Wohnen. Stuttgart/Berlin/Köln/Mainz 1975
Böcker, S./Herlth, A./Ossyssek, F.: Modernität der Familie und Kompetenzentwicklung von Kindern. In: Zeitschrift für Sozialisationsforschung und Erziehungssoziologie 16 (1996), S. 270-283

Broderick, C.B.: Understanding Family Process. Theory. Newbury Park/London/New Delhi 1993
Bronfenbrenner, U.: Ökologische Sozialisationsforschung. Hrsgg. von K. Lüscher. Stuttgart 1976
Bronfenbrenner, U.: The Ecology of Human Development: Experiments by Nature and Design. Cambridge, MA 1979
Bronfenbrenner, U.: Die Ökologie der menschlichen Entwicklung: Natürliche und geplante Experimente. Stuttgart 1981
Bronfenbrenner, U.: The Ecology of the Family as a Context for Human Development: Research Perspectives. In: Developmental Psychology 22 (1986a), S. 723-742
Bronfenbrenner, U.: Recent Advances in Research on the Ecology of Human Development. In: Silbereisen, R.K./Eyferth, K./Rudinger, G. (Eds.): Development as Action in Context. Berlin/Heidelberg/New York/Tokyo 1986b, S. 287-309
Bronfenbrenner, U.: The Ecology of Cognitive Development. In: Zeitschrift für Sozialisationsforschung und Erziehungssoziologie 10 (1990), S. 101-114
Bronfenbrenner, U. (Ed.): Making Human Beings Human: Bioecological Perspectives on Human Development. Thousand Oaks/London/New Delhi 2005
Bronfenbrenner, U./Morris, P.M.: The Ecology of Developmental Processes. In: Damon, J. (Chief Ed.)/Learner, R.M. (Vol. Ed.): Handbook of Child Psychology, Vol. 1: Theoretical Models of Human Development. New York/Chichester/Weinheim/Brisbane/Singapore/Toronto 1998, S. 993-1028
Bronfenbrenner, U./Morris, P.M.: Die Ökologie des Entwicklungsprozesses. In: Lange, A./Lauterbach, W. (Hrsg.): Kinder in Familie und Gesellschaft zu Beginn des 21sten Jahrhunderts. Stuttgart 2000, S. 29-58
Brunswik, E.: Organismic Achievement and Environmental Probability. In: Psychological Review 50 (1943), S.255-272
Büchner, P.: Aufwachsen in den 80er Jahren. In: Büchner, P./Krüger, H.H./Chisholm, L. (Hrsg.): Kindheit und Jugend im internationalen Vergleich. Opladen 1990, S. 79-93
Butz, P.: Familie und Jugend im sozialen Wandel. Hamburg 1998
Chassé, K.A./Zander, M./Rasch, K.: Meine Familie ist arm. Wie Kinder im Grundschulalter Armut erleben und bewältigen. 3. Aufl., Wiesbaden 2007
Dippelhofer-Stiem, B.: Sozialisation in ökologischer Perspektive. Opladen 1995
Dippelhofer-Stiem, B.: Die Gestalt von Sozialisationsumwelten. In: Hurrelmann, K./Grundmann, M./Walper, S. (Hrsg.): Handbuch Sozialisationsforschung. 7. vollst. überarb. Aufl., Weinheim/Basel 2008, S. 117-128
Ditton, H.: Der Beitrag Urie Bronfenbrenners für die Erziehungswissenschaft. In: Zeitschrift für Soziologie der Erziehung und Sozialisation 26 (2006), S. 268-281
Ditton, H./Krüsken, J.: Sozialer Kontext und schulische Leistungen – zur Bildungsrelevanz segregierter Armut. In: Zeitschrift für Soziologie der Erziehung und Sozialisation 26 (2006), S. 135-157
Ditton, H./Krüsken, J.: Sozialräumliche Segregation und schulische Entwicklung. In: Diskurs Kindheits- und Jugendforschung 2 (2007), S.23-38
DJI, Deutsches Jugendinstitut (Hrsg.): Was tun Kinder am Nachmittag? Weinheim/München 1992
Elder, G.H. Jr.: The Children of the Great Depression. Chicago 1974
Elder, G.H. Jr./van Nguyen, T./Caspi, A.: Linking Family Hardship to Children's Lives. In: Child Development 56 (1985), S. 361-375
Elder, G.H. Jr./Modell, J./Parke, R.D. (Eds.): Children in Time and Place. Developmental and Historical Insights. Cambridge 1993
Elskemper-Mader, H./Ledig, M./Rijke, J. de: Die Rolle der Schule im Freizeitverhalten der Kinder. In: Zeitschrift für Pädagogik 37 (1991), S. 619-641
Engelbert, A.: Kinderalltag und Familienumwelt. Frankfurt/M./New York 1986
Engelbert, A./Buhr, P.: Childhood as a Social Phenomenon. National Report Federal Republic of Germany. Wien 1991
Engelbert, A./Herlth, A.: Sozialökologie der Kindheit: Wohnung, Spielplatz und Straße. In: Markefka, M./Nauck, B. (Hrsg.): Handbuch der Kindheitsforschung. Neuwied/Kriftel/Berlin 1993, S. 403-415
Flade, A./Behr, I./Gehrung, M.: Spielorte von Kindern in der Stadt. Darmstadt 1985
Fuhrer, U./Quaiser-Pohl, C.: Ökologisch-kulturbezogene Entwicklungspsychologie und neue soziologische Kindheitsforschung. In: Zeitschrift für Sozialisationsforschung und Erziehungssoziologie 17 (1997), S. 178-183
Fuhrer, U./Quaiser-Pohl, C.: Wie sich Kinder und Jugendliche ihre Lebensumwelt aneignen: Aktionsräume in einer ländlichen Kleinstadt. In: Psychologie in Erziehung und Unterricht 46 (1999), S. 96-109
Grundmann, M.: Humanökologie, Sozialstruktur und Sozialisation. In: Hurrelmann, K./Grundmann, M./Walper, S. (Hrsg.): Handbuch Sozialisationsforschung. 7. Aufl., Weinheim 2008, S. 173-182
Grundmann, M./Fuss, D./Suckow, J.: Sozialökologische Sozialisationsforschung: Entwicklung, Gegenstand und Anwendungsbereiche. In: Grundmann, M./Lüscher, K. (Hrsg.): Sozialökologische Sozialisationsforschung. Konstanz 2000, S. 17-76

Grundmann, M./Lüscher, K.: Überblick. In: Grundmann, M./Lüscher, K. (Hrsg.): Sozialökologische Sozialisationsforschung. Konstanz 2000, S. 9-13
Grunert, C./Krüger, H.H.: Kindheit und Kindheitsforschung in Deutschland. Opladen 2006
Gukenbiehl, H.L.: Materiell-räumliche Faktoren in der ökologischen Sozialisationsforschung. In: Zeitschrift für Sozialisationsforschung und Erziehungssoziologie 10 (1990), S. 130-146
Haeckel, E.: Generelle Morphologie der Organismen. Band 1 und 2, Berlin 1866
Hawley, A.H.: Ecology and Human Ecology. In: Social Forces 22 (1944), S.398-405
Heintze, I.: Sozialökologie, Arbeitslosigkeit und Aufwachsen. In: Diskurs Kindheits- und Jugendforschung. 2 (2007), S. 39-51
Hellpach, W.: Die geopsychischen Erscheinungen: Wetter, Klima und Landschaft in ihrem Einfluß auf das Seelenleben. Leipzig 1911
Herlth, A.: Die Chancen zu spielen. IBS-Materialien Nr. 20. Bielefeld 1986
Herlth, A.: Ressourcen der Vaterrolle. Familiale Bedingungen der Vater-Kind-Beziehung. In: Walter, H. (Hrsg.): Männer als Väter. Gießen 2002, S. 585-608
Herlth, A.: Wann ist die Familie erziehlich? Der Beitrag des Vaters zur Erziehlichkeit der Familie. In: Schweer, M.K.W. (Hrsg.): Das Kindesalter. Ausgewählte pädagogisch-psychologische Aspekte. Frankfurt/M. u.a. 2006, S. 91-112
Herlyn, I.: Sozialökologische Sozialisationsforschung: Ersatz, Ergänzung oder Differenzierung des schichtspezifischen Ansatzes? In: Kölner Zeitschrift für Soziologie und Sozialpsychologie 37 (1985), S. 116-128
Herzberg, I./Hössl, A.: Kinder des Umbruchs? In: Zeitschrift für Pädagogik 42 (1996), S. 365-385
Honig, M.-S.: Normative Implikationen der Kindheitsforschung. In: Zeitschrift für Sozialisationsforschung und Erziehungssoziologie 16 (1996), S. 9-25
Honig, M.-S./Lange, A./Leu, H.R. (Hrsg.): Aus der Perspektive von Kindern? Weinheim/München 1999
Hüttenmoser, M./Degen-Zimmermann, D.: Lebensräume für Kinder. Zürich 1995
Human Early Learning Partnership (Hrsg.): The British Columbia Atlas of Child Development, Victoria 2005
Hurrelmann, K.: Einführung in die Sozialisationstheorie. 8. Aufl. Weinheim/Basel 2002
Hurrelmann, K./Grundmann, M./Walper, S.: Zum Stand der Sozialisationsforschung. In: Hurrelmann, K./Grundmann, M./Walper, S. (Hrsg.): Handbuch Sozialisationsforschung. 7. vollst. überarb. Aufl., Weinheim/Basel 2008, S. 14-31
Hübner-Funk, S./Müller, H.-U./Gaiser, W.: Sozialisation und Umwelt. München 1983
Jacob, J.: Umweltaneignung von Stadtkindern. In: Zeitschrift für Pädagogik 30 (1984), S. 687-697
Kandel, D.B.: Processes of Peer Influences in Adolescence. In: Silbereisen, R.K., Eyferth, K., Rudinger, G. (Eds.): Development as Action in Context. Problem Behavior and Normal Youth Development. Berlin/Heidelberg/New York/Tokyo 1986, S. 203-227
Kaufmann, F.-X./Herlth, A./Strohmeier, K.P.: Sozialpolitik und familiale Sozialisation. Stuttgart/Berlin/Köln/Mainz 1980
Keller, C.: Selektive Effekte des Wohnquartiers. Sozialisation in räumlicher Segregation. In: Zeitschrift für Soziologie der Sozialisation und Erziehung. 27 (2007), S. 181-196
Koffka, K.: Principles of Gestalt psychology. New York 1935
Kränzl-Nagl, R.: Bilder von Kindheit und Kindern. In: Kränzl-Nagl, R./Riepl, B./Wintersberger, H. (Hrsg.): Kindheit in Gesellschaft und Politik. Frankfurt/M./New York 1998, S. 21-32
Krappmann, L./Oswald, H.: Sozialisation in Familie und Gleichaltrigenwelt. In: Zeitschrift für Sozialisationsforschung und Erziehungssoziologie 10 (1990), S. 147-162
Krauß, J./Tippelt, R.: Die Bedeutung der Wohngemeinde und der Bildung für das Freizeitverhalten junger Menschen. In: Neue Praxis 16 (1986), S. 236-248
Kruse, L./Graumann, C.F./Lantermann, E.-D.: Zur Einführung. In: Kruse, L./Graumann, C.F./Lantermann, E.-D. (Hrsg.): Ökologische Psychologie. München 1990, S. 3-13
Lang, S.: Lebensbedingungen und Lebensqualität von Kindern. Frankfurt/M./New York 1985
Lange, A.: Kinderalltag in einer modernisierten Landgemeinde. In: Honig, M.-S./Leu, H.R./Nissen, U. (Hrsg.): Kinder und Kindheit. Weinheim/München 1996, S. 77-97
Lange, A.: Zur Begründung von Kinderpolitik in Zeiten des Übergangs. In: Kränzl-Nagl, R./Mierendorff, J./Olk, T. (Hrsg.): Kindheit im Wohlfahrtsstaat. Frankfurt/M./New York 2003, S. 363-394
Lerner, R.M.: Children and Adolescents as Producers of Their Own Development. In: Developmental Review (1982), S. 342-370
Lerner, R.M.: Foreword. Urie Bronfenbrenner: Career Contributions of the Consummate Developmental Scientist. In: Bronfenbrenner, U. (ed.): Making Human Beeings Human. Bioecological Perspectives on Human Development. Thousand Oaks/London/New Delhi 2005, S. IX-XXVI
Lewin, K.: Feldtheorie in den Sozialwissenschaften. Stuttgart 1963

Liegle, L.: Familienkindheit und Kinderpolitik in sozial-ökologischer Perspektive. In: Herlth, A./Engelbert, A./Mansel, J./Palentien, Ch. (Hrsg.), Spannungsfeld Familienkindheit. Opladen 2000, S. 283-294

Lipski, J.: Freizeiträume ostdeutscher Schulkinder. In: Zeitschrift für Sozialisationsforschung und Erziehungssoziologie, 16 (1996), S. 353-371

Lüscher, K.: Perspektiven einer Soziologie der Sozialisation – Die Entwicklung der Rolle des Kindes. In: Zeitschrift für Soziologie 4 (1975), S. 359-379

Lüscher, K.: Ökologie und menschliche Entwicklung in soziologischer Sicht. In: Vaskovics, L.A. (Hrsg.): Umweltbedingungen familialer Sozialisation. Stuttgart 1982, S. 73-95

Lüscher, K.: Urie Bronfenbrenner 1917-2005 – Facetten eines persönlichen Porträts. In: Zeitschrift für Soziologie der Erziehung und Sozialisation, 26 (2006), S. 232-246

Lüscher, K./Fisch/R./Pape, T.: Die Ökologie von Familien. In: Zeitschrift für Soziologie 14 (1985), S. 13-27

Mc Kenzie, R.D.: The Scope of Human Ecology. In: American Journal of Sociology 32 (1926), S. 141-154

Moen, Ph.: Bronfenbrenner in Context and in Motion. In: Zeitschrift für Soziologie der Erziehung und Sozialisation, 26 (2006), S. 247-261

Mundt, J.W.: Vorschulkinder und ihre Umwelt. Weinheim/Basel 1980

Nagl, R./Kirchler, E.: Kinderfreundschaften und Freizeitgestaltung. In: Wilk, L./Bacher, J. (Hrsg.): Kindliche Lebenswelten. Opladen 1994, S. 295-348

Nissen, U.: Räume für Mädchen? In: Preuss-Lausitz, U./Rülcker, T./Zeiher, H. (Hrsg.): Selbständigkeit für Kinder – die große Freiheit? Weinheim/Basel 1990, S. 148-160

Park, R.E.: Human Ecology. In: American Journal of Sociology 42 (1936), S. 1-15

Parke, R.D./Buriel, R.: Socialisation in the Family: Ethnic and Ecological Perspectives. In: Damon, W. (Chief Ed.)/Eisenberg, N. (Vol. Ed.): Handbook of Child Psychology, Vol. 3: Social, Emotional, and Personality Development. New York/Chichester/Weinheim/Brisbane/Singapore/Toronto 1998, S. 463-552

Petzold, M./Nickel, H.: Grundlagen und Konzept einer entwicklungspsychologischen Familienforschung. In: Psychologie in Erziehung und Unterricht 36 (1989), S. 241-257

Qvortrup, J.: Childhood as a social phenomenon – An Introduction to a Series of National Reports. Wien 1991

Rabe-Kleberg, U./Zeiher, H.: Kindheit und Zeit. In: Zeitschrift für Sozialisationsforschung und Erziehungssoziologie 4 (1984), S. 29-43

Rauschenbach, B.: Hänschen klein ging allein....Wege in die Selbständigkeit. In: Preuss-Lausitz, U./Rülcker, T./Zeiher, H. (Hrsg.): Selbständigkeit für Kinder – die große Freiheit? Weinheim/Basel 1990, S. 161-177

Rauschenbach, B./Wehland, G.: Zeitraum Kindheit. Heidelberg 1989

Reutlinger, C.: Sozialisation in räumlichen Umwelten. In: Hurrelmann, K./Grundmann, M./Walper, S. (Hrsg.): Handbuch Sozialisationsforschung. 7. Aufl., Weinheim 2008, S. 333-350

Ries, H.A.: Fünf Forderungen zur Konzeptualisierung familiärer Umwelt aus der Sicht ökologischer Sozialisationsforschung. In: Vascovics, L.A. (Hrsg.): Umweltbedingungen familialer Sozialisation. Stuttgart 1982, S. 96-119

Rubin, K.H./Bukowski, W./Parker, J.G.: Peer Interactions, Relationships, and Groups. In: Damon, W. (Chief Ed.)/Eisenberg, N. (Vol. Ed.): Handbook of Child Psychology, Vol. 3: Social, Emotional, and Personality Development. New York/Chichester/Weinheim/Brisbane/Singapore/Toronto 1998, S. 619-700

Schneewind, K.A.: Familienpsychologie: Argumente für eine neue psychologische Disziplin. In: Zeitschrift für pädagogische Psychologie 1 (1987), S. 79-90

Schneewind, K.A.: Familienpsychologie. Stuttgart/Berlin/Köln 1991

Schneewind, K.A.: Sechs Thesen zur Sozialisationstheorie aus der Sicht der Persönlichkeitspsychologie. In: Geulen, D./Veith, H. (Hrsg.): Sozialisationstheorie interdisziplinär: Aktuelle Perspektiven. Stuttgart 2004, S. 117-130

Schneewind, K.A./Pekrun, R.: Theorien der Erziehungs- und Sozialisationspsychologie. In: Schneewind, K.A. (Hrsg.): Psychologie der Erziehung und Sozialisation (Enzyklopädie der Psychologie: Pädagogische Psychologie. Bd. 1). Göttingen 1994, S. 3-39

Schneewind, K.A./Beckmann, M./Engfer, A./Hecht, A./Hinderer, J./Rinke, R.: Kinder und ihre Eltern. Stuttgart 1983

Silbereisen, R.K./Eyferth, K.: Development as Action in Context. In: Silbereisen, R.K./Eyferth, K./Rudinger, G. (Eds.): Development as Action in Context. Berlin/Heidelberg/New York/Tokyo 1986, S. 3-16

Silbereisen, R.K./Noack, P./Eyferth, K.: Place for Development: Adolescents, Leisure Settings, and Developmental Tasks. In: Silbereisen, R.K./Eyferth, K./Rudinger, G. (Eds.): Development as Action in Context. Berlin/Heidelberg/New York/Tokyo 1986, S. 87-107

Stecher, L.: Die Wirkung sozialer Beziehungen: Empirische Ergebnisse zur Bedeutung sozialen Kapitals für die Entwicklung von Kindern und Jugendlichen. Weinheim/München 2001

Steinberg, L./Darling, N.E./Fletcher, A.C.: Authoritative Parenting and Adolescent Adjustment: An Ecological Journey. In: Moen, Ph./Elder, G.H. Jr./Lüscher, K. (Eds.): Examining Lives in Context. Washington, DC, 1995, S. 423-466

Steinhübl, D.: Sag mir, wo du wohnst... Risiken und Ressourcen unterschiedlicher Räume für Kinder. In: Alt, C. (Hrsg.): Kinderleben – Aufwachsen zwischen Familie, Freunden und Institutionen. Bd.1: Aufwachsen in Familien. Wiesbaden 2005, S. 239-276

Strohmeier, K.P.: Quartier und soziale Netzwerke. Frankfurt/M./New York 1983

Strohmeier, K.P.: Familien in der Stadt – Herausforderungen der städtischen Sozialpolitik. In: Baum, D. (Hrsg.): Die Stadt in der sozialen Arbeit. Wiesbaden 2007, S.246-261

Strohmeier, K.P./Herlth, A.: Sozialräumliche Bedingungen familialer Sozialisation. In: Walter, H. (Hrsg.): Region und Sozialisation Bd. 2. Stuttgart/Bad Cannstatt 1981, S. 95-136

Uexküll, J. von: Umwelt und Innenwelt der Tiere. 2. A., Berlin 1921

Vaskovics, L.A.: Veränderungen der Wohn- und Wohnumweltbedingungen in ihren Auswirkungen auf die Sozialisationsleistungen der Familie. In: Nave-Herz, R. (Hrsg.): Wandel und Kontinuität der Familie in der Bundesrepublik Deutschland. Stuttgart 1988, S. 36-60

Vaskovics. L.A./Watzinger, D.: Wohnumweltbedingungen der Sozialisation bei Unterschichtfamilien. In: Vaskovics, L.A.(Hrsg.): Umweltbedingungen familialer Sozialisation. Stuttgart 1982, S. 272-290

Walper, S.: Wandel von Familien als Sozialisationsinstanz. In: Geulen, D./Veith, H. (Hrsg.): Sozialisationstheorie interdisziplinär. Aktuelle Perspektiven. Stuttgart 2004, S. 217-252

Walper, S.: Sozialisation in Armut. In: Hurrelmann, K./Grundmann, M./Walper, S. (Hrsg.): Handbuch Sozialisationsforschung. 7. Aufl., Weinheim/Basel 2008, S. 203-216

Walter, H.: Ökologische Ansätze in der Sozialisationsforschung – Eine Problemskizze. In: Hurrelmann, K./Ulich, D. (Hrsg.): Handbuch der Sozialisationsforschung. Weinheim/Basel 1980, S. 285-298

Wehrspaun, C./Wehrspaun, M./Lange, A./Kürner, A.: Kindheit im Individualisierungsprozeß: Sozialer Wandel als Herausforderung der sozialökologischen Sozialisationsforschung. In: Zeitschrift für Sozialisationsforschung und Erziehungssoziologie 10 (1990), S. 115-129

Wilk, L.: Die Studie „Kindsein in Österreich". In: Honig, M.-S./Leu, H.R./Nissen, U. (Hrsg.): Kinder und Kindheit. Weinheim/München 1996, S. 55-76

Wilk, L.: Veränderte Familienformen – postmoderne familiale Lebenswelten? In: Herlth, A./Engelbert, A./Mansel, J./Palentien, Ch. (Hrsg.): Spannungsfeld Familienkindheit. Neue Anforderungen, Risiken und Chancen, Opladen 2000, S. 23-46.

Wissenschaftlicher Beirat für Familienfragen: Kinder und ihre Kindheit in Deutschland. Stuttgart 1998

Wohlwill, J.F./Heft, H.: The physical environment and the development of the child. In: Stokols, D./Altman, I. (Hrsg.): Handbook of environmental psychology. New York 1987, S. 281-328

Zander, M.: Armes Kind – starkes Kind? Die Chance der Resilienz. Wiesbaden 2008

Zeiher, H.: Die vielen Räume der Kinder. In: Preuss-Lausitz, U. (Hrsg.): Kriegskinder, Konsumkinder, Krisenkinder. Weinheim/Basel 1983, S. 176-196

Zeiher, H.: Kinder in der Gesellschaft und Kindheit in der Soziologie. In: Zeitschrift für Sozialisationsforschung und Erziehungssoziologie 16 (1996), S. 26-46

Zeiher, H./Zeiher, H.: Orte und Zeiten der Kinder. Weinheim/München 1994

Zinnecker, J.: Vom Straßenkind zum verhäuslichten Kind. In: Behnken, I. (Hrsg.): Stadtgesellschaft und Kindheit im Prozeß der Zivilisation. Opladen 1990, S. 142-162

Zinnecker, J.: Soziologie der Kindheit oder Sozialisation des Kindes? In: Honig, M.S./Leu, H.R./Nissen, U. (Hrsg.): Kinder und Kindheit. Weinheim/München 1996, S. 31-54

Zinnecker, J./Silbereisen, R.K.: Einleitung. In: Zinnecker, J./Silbereisen, R.K. (Hrsg.): Kindheit in Deutschland. Weinheim/München 1996, S. 11-19

Johanna Mierendorff | Thomas Olk

Gesellschaftstheoretische Ansätze

1 Einleitung

Gesellschaftstheoretische Ansätze in der Kindheits- und Jugendforschung thematisieren die Wechselbeziehungen zwischen Kindheit/Jugend und Gesellschaft. In seiner mittlerweile klassisch gewordenen Arbeit „Die skeptische Generation" hat Helmut Schelsky (1957) die hiermit angesprochenen Erkenntnisinteressen und Forschungsprobleme der Jugendforschung in die beiden Grundfragen gekleidet: „Was bedeutet die Jugend für die Gesellschaft?" und „Was bedeutet die Gesellschaft für die Jugend?" (a.a.O., S. 26f.) Ein gleiches wechselseitiges Frageverhältnis stellt sich für die Erforschung von Kindheit.

Die erste Frage zielt strukturtheoretisch auf die Funktion und Bedeutung von Kindheit und Jugend als soziale Konstrukte bzw. als eigenständige Kindheits- und Jugendphasen für die Reproduktion der Gesellschaft. Welche Bedeutung hat eine sich historisch herausgebildete generationale Ordnung und die damit verbundene generationale Arbeitsteilung für die Gesellschaft? Handlungstheoretisch zielt diese Frage auf die möglichen Rückwirkungen der „Agency" von Kindern und Jugendlichen auf Stabilität oder Veränderung gesellschaftlicher Verhältnisse. Die zweite Frage zielt umgekehrt auf die historischen und gesellschaftlichen Prozesse, die Kindheit und Jugend als soziale Konstrukte sowie als Lebenslagen hervorbringen und andauernd verändern. Welche gesellschaftlichen Faktoren bringen auf welche Weise die gesellschaftliche Position, die Lebenslage, die subjektiven Werte und Deutungen sowie die individuellen und kollektiven Verhaltensweisen der als Kinder oder Jugendliche definierten Teilmenge der Gesamtbevölkerung hervor?

Die Kombination beider Fragestellungen macht deutlich, dass zwischen Kindheit/Jugend und Gesellschaft keine einfache Ursache-Wirkung-Beziehung besteht. Weder ist Kindheit/Jugend reines Resultat gesellschaftlicher Einwirkungen und Bedingungskonstellationen, noch sind Kindheit und Jugend ohne weiteres dazu in der Lage, eigenständig sich selbst hervorzubringen und damit Gesellschaft zu gestalten. Gesellschaftstheoretisch angeleitete Kindheits- und Jugendforschung ist daher darum bemüht, das komplexe Wechselverhältnis zwischen Gesellschaft, ihrer Struktur, Wirtschaftsweise, Kultur etc. auf der einen Seite und Kindheit/Jugend, ihren Institutionalisierungsformen, Kulturen und Deutungen sowie Verhaltensweisen auf der anderen Seite aufzuklären.

Die beiden Forschungsstränge Kindheits- und Jugendforschung unter einen gemeinsamen gesellschaftstheoretischen Fokus zu stellen, ist durchaus nicht unproblematisch. Wir haben es mit zwei sich in Deutschland getrennt voneinander entwickelnden Forschungstraditionen zu tun, die bis zum heutigen Tag ihren jeweiligen Gegenstandsbereich keineswegs trennscharf voneinander abgegrenzt und keine grundlegenden gemeinsamen Erkenntnisinteressen formuliert haben. In den klassischen soziologischen Theorien wurde die Integration der jeweils nachwachsenden Generation in die hochdifferenzierte Gesellschaft als funktionales Problem der gesellschaftlichen Reproduktion thematisiert. Damit wurde – im Rückblick betrachtet – eine gemeinsame strukturfunktionalistische Wurzel (Parsons, Durkheim) für eine soziologische Kindheits- und Jugendforschung überhaupt hervorgebracht (siehe Kap. 2). Kindheit und Jugend wurden in den klassischen Theorien jedoch noch nicht als getrennte Lebensphasen betrachtet[1]. Vielmehr umfasste der klassische soziologische Begriff der Jugend die Lebensphase, die dem Erwachsensein vorausgeht. Kindheit als eigenständige Lebensphase, als soziales Konstrukt wurde nicht thematisiert. So kam es trotz dieser gemeinsamen Wurzel in den 1960er Jahren im Zuge der sich ausdifferenzierenden Gesellschaft und der Ausdifferenzierung der Lebensphasen zu einer Trennung in Kindheits- und Jugendforschung und somit zu sich eigenständig entwickelnden Forschungsansätzen (mit z.T. unterschiedlichen Theoriebezügen). Während Jugendforschung von Beginn an starke Bezüge zu den klassischen soziologischen Theorien aufwies, war Kindheitsforschung über lange Zeit hinweg überwiegend in den Nachbardisziplinen Psychologie, Pädagogik und in der soziologischen Sozialisationsforschung beheimatet.

Entsprechend dieser Entwicklungsgeschichte der beiden Forschungstraditionen gliedert sich der Aufsatz wie folgt: Als erstes werden wir eine Auseinandersetzung mit den klassischen soziologischen Ansätzen führen, in denen Kindheit und Jugend als Entwicklungsphasen bzw. **Bildungsmoratorium** gefasst werden (Kap. 2). In Kapitel 3 werden wir einen ersten Wandel in der Kindheits- und Jugendforschung aufzeigen, der dazu geführt hat, dass Kindheit und Jugend aus einer gegenwartsbezogenen Perspektive als gesellschaftliche Lebenslage betrachtet und analysiert werden – der Sozialisationsgedanke wird erstmals aufgebrochen. In Fortsetzung des Wandlungsgedankens werden wir im darauf folgenden Kapitel 4 argumentieren, dass gesellschaftliche und soziale Wandlungsprozesse in den 1980er und 1990er Jahren das Erziehungsprojekt der Moderne unter Legitimationsdruck gesetzt und damit auch den theoretischen Zugang verändert haben. Infolge dessen wird die These diskutiert, dass die Muster moderner Kindheit und Jugend starken Erosionstendenzen ausgesetzt sind. In Kapitel 5 wird eine Auseinandersetzung mit dem neuen Paradigma in der soziologischen Kindheitsforschung geführt und dessen mögliche Integrationsfunktion für die bisher getrennt stattfindende Kindheits- und Jugendforschung aufgezeigt. Dieser neue Forschungsansatz kann als wesentlicher, im eigentlichen Sinne gesellschaftstheoretischer Versuch bezeichnet werden, die nachwachsende Generation in der Sozialstruktur moderner Gesellschaften zu verorten.

Diese Gliederung folgt einerseits einem forschungsgeschichtlichen Gedanken, der die Entwicklung der Kindheits- und Jugendforschung seit dem Zweiten Weltkrieg aufzeigt, andererseits werden unterschiedliche Ansätze, die sich zwar nacheinander entwickelt haben, aber heute parallel existieren, gegenüber gestellt.

2 Kindheit und Jugend in klassischen gesellschaftstheoretischen Ansätzen: Entwicklungsphase und Bildungsmoratorium

Alle grundlegenden sozialtheoretischen Arbeiten, die sich mit dem Verhältnis von Kindheit/Jugend und Gesellschaft beschäftigen, stellen dieses Forschungsproblem in den generellen Kontext der gesellschaftlichen Strukturierung von Lebensaltern und Lebensläufen überhaupt. In jeder Gesellschaft vollziehen sich permanent in irgendeiner Form komplexe Auseinandersetzungen mit anthropologisch gegebenen Entwicklungsprozessen des Kindes, der Endlichkeit des Lebens und dem Prozess des Alterns als biologische Grundtatsache. Die Vielzahl von Altersphaseneinteilungen, alters- und geschlechtsspezifischen Zuordnungen von Rechten und Pflichten in den verschiedenen Gesellschaften und über unterschiedliche historische Epochen hinweg macht allerdings deutlich, dass die tatsächlich institutionalisierten Problemlösungen höchst unterschiedlich ausfallen.

Aus der Perspektive des älteren Funktionalismus hat bereits Linton (1942) darauf aufmerksam gemacht, dass alle Gesellschaften in irgendeiner Form die Kategorien Alter und Geschlecht in Anspruch nehmen, um soziale Zuordnungsregelungen von Rollenanforderungen und Pflichten zu den Mitgliedern der Gesellschaft zu institutionalisieren. Im Anschluss daran haben insbesondere Cain (1964) sowie Riley u.a. (1972) weiterführende Überlegungen zu Struktur und Funktion von Systemen der **Altersschichtung** beigesteuert. Altersstatussysteme reflektieren danach das Problem der Kontinuitätswahrung von Gesellschaften unter der Bedingung begrenzter Lebensdauer und des biologischen Alterns der Gesellschaftsmitglieder sowie der hiermit eng zusammenhängenden Tatsache, dass das Individuum altersbedingt unterschiedliche Fähigkeiten und Fertigkeiten zur Erfüllung der Anforderungen von gesellschaftlichen Schlüsselrollen aufweist. Strukturfunktionalistische Ansätze gehen davon aus, dass es die Einteilung des Lebenslaufs in unterschiedliche Altersphasen erlaubt, die ständig nachrückenden Gesellschaftsmitglieder in die zur Erfüllung von Rollenanforderungen notwendigen Normen, Werte und Wissensbestände schrittweise einzuweisen sowie auf der individuellen Ebene eine Überschaubarkeit, Kontinuität und damit individuelle Planbarkeit des Lebenslaufs zu ermöglichen. Wenn auch diese frühen theoretischen Bemühungen um die Klärung der Bedeutung von Alter (und Geschlecht) als sozialen Ordnungsprinzipien und -kategorien noch auf einer rein klassifikatorischen Ebene beruhen, und die Beziehungen solcher Altersgruppeneinteilungen zu anderen Bestandteilen der Sozialstruktur unklar bleiben (wie z.B. Klasse, ethnische Zugehörigkeit, Gender etc.), so weisen sie dennoch bereits auf die Tatsache hin, dass soziale Alterseinteilungen nicht unerhebliche – wenn auch wechselnde – Bedeutung für die Reproduktion übergreifender Sozialstrukturen besitzt.

Es wurde bereits angesprochen, dass in den klassischen soziologischen Theorien Kindheit und Jugend nicht unterschieden wurden. Erst in den 1950er und 1960er Jahren bildeten sich zwei klar getrennte soziologische, besser sozialisationstheoretische Forschungstraditionen heraus. Kindheit wurde als Altersklasse von der „Altersklasse der Jugend und der Erwachsenen" abgegrenzt (Fürstenau 1971/1967, S. 9). Bewusst wurde der „soziale Status des Kindes und die Altersklasse der Kindheit" in Bezug zu „der gesellschaftlichen Leistung der Erziehung" gestellt (a.a.O., S. 9). Familie wurde so in Anlehnung an Parsons als zentrale Sozialisationsinstanz bewertet, in der das Kind sich an die soziale Realität anpasst und „einen mehrstufigen Prozess, der zur Verinnerlichung bestimmter Verhaltensweisen, zur Identifikation des Kindes mit bestimmten sozialen Partnern und dem von ihnen repräsentierten Verhaltens- und Wertsystem führt", durchläuft (a.a.O., S. 91). Im Gegensatz dazu wurde die Jugendphase als dadurch geprägt gekennzeichnet, dass in ihrem Verlauf der Übergang zwischen zwei strukturell gegenläufig angelegten Lebensbereichen bewältigt werden muss. Im Anschluss an Parsons geht Eisenstadt (1956) in seiner Arbeit „From Generation to Generation" davon aus, dass die Beziehungen in der Familie durch Partikularität gekennzeichnet sind und auf affektiver Zuneigung beruhen, während in den übrigen gesellschaftlichen Bereichen, vor allem in Wirtschaft und Politik, universalistische, leistungsbezogene und affektiv neutrale Beziehungsstrukturen vorherrschen. Unter solchen Bedingungen tendieren Jugendliche dazu, ihre Identitäts- und Verhaltensprobleme durch Bildung altershomogener Gruppen zu bewältigen.

Mit dieser Trennung der Funktionen der beiden Lebensphasen wurde eine klare Abgrenzung der Altersphasen Kindheit und Jugend vorgenommen und damit auch die Grundlage für getrennte Forschungstraditionen geschaffen. Während Kindheit eher unter dem Aspekt der Familie als zentraler Sozialisationsinstanz betrachtet wurde, wurde Jugend dagegen aus der Perspektive konkurrierender Sozialisationsinstanzen und der **Gleichaltrigengruppen** als Vermittlungsinstanz zwischen Familie und Erwachsenenwelt analysiert. Das hohe Interesse, das in der sozialwissenschaftlichen Jugendforschung dabei insbesondere misslingenden Integrationsprozessen in Erwachsenenrollen – z.B. in Form unterschiedlicher Spielarten abweichenden Verhaltens sowie unterschiedlichen Formen politischen Protests – zukommt, macht dabei deutlich, dass speziell die Gruppe der Jugendlichen bzw. jungen Erwachsenen als eine im Hinblick auf die Funktionsweise der Gesellschaft irritierende (z.B. durch unterschiedliche Formen subkulturellen Verhaltens) bzw. destabilisierende (z.B. durch kriminelle Handlungen) Gruppe gilt, aber auch als ein Faktor sozialen Wandels (z.B. durch politischen Protest), ja sogar als Motor für Emanzipation und Demokratisierung angesehen wird.

In Bezug auf die Entstehung der soziologischen Kindheitsforschung kann rückblickend festgehalten werden, dass bis Mitte der 1960er Jahre keine eigenständige deutsche, theoriegenerierende soziologische Kindheitsforschung bestanden hatte. Erstmals plädierte Peter Fürstenau in seinem richtungsweisenden Werk „Soziologie der Kindheit" (1971/1967) dafür, diese Lücke zu schließen und eine eigenständige Forschungstradition zu entwickeln. Kindheit war in die Nachbardisziplinen Pädiatrie, Psychologie und Pädagogik verbannt, die an der individuellen Entwicklungstatsache ansetzten. Und auch die von Fürstenau vorangetriebene Forschung war eindeutig auf den *Prozess der Sozialisation* und nicht auf eine klare gesellschaftstheoretische Theoriebildung ausgerichtet. Zeiher (1996) hebt hervor, dass die soziologische Disziplin sich immer schwer mit einer eigenständigen Kindheitsforschung getan habe. Sie sieht die Gründe hierfür darin, dass aus der vorherrschenden reproduktions-funktionalistischen Perspektive heraus Kindheit als Prozess der Integration des Menschen in hochgradig ausdifferenzierte Gesellschaften betrachtet, dieser Prozess der Sozialisation aber als intraindividueller Prozess verstanden wurde, was zu einer Arbeitsteilung zwischen kindbezogenen Wissenschaften (Psychologie, Sozialisationsforschung und Entwicklungspsychologie) und Gesellschaftstheorie geführt habe. Unter der Ägide der kindbezogenen Wissenschaften sei der Blick vor allem auf Betreuungs- und Erziehungsverhältnisse gerichtet worden (vgl. Zeiher 1996, S. 30f.). Zwar bestanden insbesondere in den Anfängen starke Bezüge zu den klassischen Gesellschaftstheorien, in denen wie bei Parsons Sozialisation als Systemintegration und Rollenübernahme oder wie bei Durkheim als Prozess der Verinnerlichung gesellschaftlicher Normen und Werte in der individuellen Entwicklung begriffen wurde[2]. Dennoch kann zu dieser Zeit noch nicht von einem eigenständigen gesellschaftstheoretischen Ansatz in der Kindheitsforschung gesprochen werden. Vielmehr führte die Tatsache der gegebenen biologischen Abhängigkeit insbesondere der Kleinkinder von der Pflege und Versorgung durch Erwachsene sowie der Annahme von den Integrationsaufgaben in der ersten Lebensphase des Menschen[3] zur Durchsetzung des Entwicklungs- und Erziehungsparadigmas (Zinnecker 2000) sowie von Sozialisationstheorien in der Kindheitsforschung. Unhinterfragt wurden somit lange Zeit spezifische Konstruktionen des Generationenverhältnisses vorausgesetzt: Kindheit wurde ausschließlich als Phase des Werdens und der Entwicklung, der Rollenübernahme, der Gesellschaftsintegration und des sich Vorbereitens auf das Erwachsenenalter kategorisiert. An dieser Stelle können die erheblichen theoretischen Entwicklungen des Sozialisationstheorems, die insbesondere auch in den 1980er Jahren zu einer starken Auseinandersetzung mit der aktiven Rolle von Kindern in diesem Sozialisationsprozess

Gesellschaftstheoretische Ansätze

geführt haben (Modell des produktiv realitätsverarbeitenden Subjekts) (vgl. Hurrelmann 1983, 2002; Geulen 1994), nicht ausgeführt werden (vgl. hierzu Geulen in diesem Band).

Im Vergleich zur soziologischen Kindheitsforschung der 1960er und 1970er Jahre gelang es der damaligen Jugendsoziologie durchaus, eine konsequent strukturtheoretische Theorie der Jugend zu formulieren. Dabei betont die strukturfunktionalistische Jugendsoziologie weniger den individuellen Entwicklungsgedanken, als vielmehr das Problem der strukturellen Verortung der Bevölkerungsgruppe der Jugendlichen im gesamtgesellschaftlichen System von Statuspositionen und Rollen. In diesem Sinne wird das Jugendalter als diejenige Phase im Lebenslauf betrachtet, in der der Prozess der Integration in die zentralen erwachsenen-spezifischen Funktionen und Rollen bewältigt und zum Abschluss gebracht werden muss. Dabei werden den Jugendlichen allerdings in synchroner Perspektive noch bestimmte, erwachsenenspezifische Rechte und Pflichten vorenthalten. Sie werden also in eine Art von „altersphasenspezifischer Marginalsituation" (vgl. Kreutz 1974) festgehalten. Jugend ist in diesem Ansatz eine *altersphasenspezifische* **Status-Rollen-Konfiguration**, die die in dieser Lebensphase befindlichen Gesellschaftsmitglieder in der Sozialstruktur der Gesellschaft verortet und sie damit mit bestimmten legitimen Handlungschancen und Verhaltenserwartungen konfrontiert (vgl. Blancpain/Häuselmann 1974 sowie Neidhardt 1970). Dabei ist diese Status-Rollen-Konfiguration durch charakteristische Inkonsistenzen und Spannungen gekennzeichnet. Jugendliche werden in bestimmten gesellschaftlichen Bereichen bereits wie Erwachsene behandelt (z.B. in den Feldern Konsum und Freizeit), während sie in anderen Bereichen noch als unselbständig bzw. abhängig kategorisiert werden (etwa im Beschäftigungssystem). In diachroner Perspektive betrachtet bedeutet dies, dass der Übergang zum Erwachsenenalter erst dann beendet ist, wenn in allen relevanten gesellschaftlichen Handlungsbereichen die vollgültigen Mitgliedschaftsrechte erworben worden sind. Diese strukturtheoretische Begriffsbestimmung von Jugend als Übergangsphase zwischen der Status-Rollen-Konfiguration des Kindes einerseits und der des Erwachsenen andererseits hat den Vorzug, Jugend als *gesellschaftliches* Phänomen relativ unabhängig von Merkmalen wie „chronologisches Alter" bzw. „Stand der biologischen bzw. psychologischen Reifungsprozesse" zu verstehen. Aus dieser Perspektive ist z.B. der 17jährige Auszubildende ebenso wie der 27jährige Student unter die soziologische Kategorie „Jugend" zu subsumieren, da beide weder verheiratet sind noch ihre Berufsausbildung abgeschlossen haben. Obwohl die in diesem theoretischen Ansatz als zentrale Statuspassagen in das Erwachsenenalter gekennzeichneten Übergangsprozesse „Gründung einer eigenen (Zeugungs-)Familie" und „Erlangung der ökonomischen Selbständigkeit durch eigene Erwerbstätigkeit" selbst wiederum einem historischen Wandel unterliegen und zudem geschlechtsspezifisch unterschiedlich ausgestaltet sind, so ist es diesem Theorem dennoch gelungen, eine konsequent strukturtheoretische Fundierung der Lebensphase Jugend – prinzipiell ohne Bezug auf das individuelle Entwicklungsparadigma – zu formulieren. Denn es wird durch die Kennzeichnung einer spezifisch jugendgemäßen Status-Rollen-Konfiguration auch die Verortung der Bevölkerungsgruppe der Jugendlichen in das System gesellschaftlicher Ungleichheit und damit in das System der Verteilung von zentralen (Macht-) Ressourcen, vorgenommen.

Die zeitgenössische soziologische Kritik zielte insbesondere auf den empirisch nachweisbaren Sachverhalt, dass angesichts bestehender geschlechtsspezifischer Ungleichheiten und geschlechtspezifisch unterschiedlicher „Normalbiografien" unterschiedliche Erreichbarkeiten der genannten zentralen Statuspassagen für männliche und weibliche Jugendliche existieren. Solange ein relevanter Anteil der weiblichen Jugendlichen gar nicht in eine langfristig angelegte Erwerbskarriere einmündete und die ökonomische Reproduktion über den „Ernährer-Ehemann" organisieren musste, konnte die Erlangung ökonomischer Selbständigkeit durch eigene Erwerbstätigkeit keine „normale Statuspassage" für den weiblichen Teil der Jugend darstellen. Diese Sachlage stellt sich heute angesichts der gestiegenen Erwerbsbeteiligung der nachwachsenden Frauengenerationen anders dar. Dennoch hat sich der Übergang in Erwerbstätigkeit inzwischen insofern weiter verändert, als er infolge der schwieriger gewordenen Übergänge in das Erwerbssystem immer weiter nach hinten verschoben wird.

Auf einer weit grundsätzlicheren Ebene setzte in den 1970er Jahren die Kritik der marxistischen Jugendforschung an. Im Gegensatz zu der Behauptung „bürgerlicher" Jugendtheoretiker, dass sich Jugend tendenziell über alle Schichten und Klassen hinweg als ein relativ homogener Status mit vergleichbaren Handlungschancen und -zwängen ausbreite, hielten marxistische Autoren an der Dominanz der Klassenlage gegenüber altersgruppenbezogenen Differenzierungen der Lebenschancen fest. So betrachtete etwa Liebel (1974) den Prozess der Herausbildung und zeitlichen Verlängerung von Jugend als ein spezifisches Produkt der kapitalistischen Produktionsweise. Unter diesen Bedingungen könnten nämlich die Menschen ihre Fähigkeiten nicht mehr unmittelbar im Arbeitsprozess entfalten, sondern werden auf ein von der Produktion getrenntes Ausbildungssystem verwiesen. Mit anderer Akzentsetzung rekonstruiert Onna (vgl. 1976) den Prozess der Entstehung einer Jugendphase als ein Ergebnis funktionaler Erfordernisse der Kapitalverwertung. Da das Gesamtkapital auf ein allgemein verfügbares, disponibles Arbeitsvermögen angewiesen sei, die Einzelkapitale aber unter bestehenden Konkurrenzverhältnissen auf eine Vereinseitigung des Arbeitsvermögens im Hinblick auf die konkreten Arbeitsanforderungen drängen, sei eine Auslagerung der Qualifizierungsvorgänge aus dem unmittelbaren Produktionsprozess notwendig.

Die Gemeinsamkeit der unterschiedlichen marxistischen Ansätze in der Jugendforschung besteht darin, dass sie die Herausbildung und Entwicklung einer Jugendphase monokausal auf den Kapitalverwertungsprozess beziehen. Demgegenüber beziehen strukturfunktionalistische Ansätze den Prozess der Entstehung und Ausbreitung einer Jugendphase auf funktionale Erfordernisse, die mit der Ausdifferenzierung funktionsspezifischer Subsysteme und hiermit verbundener Komplexitätssteigerung von Rollenanforderungen entstehen. Zugleich lassen diese Ansätze auch multifunktionale Argumentationen zu. So verweist die Entstehung und zeitliche Ausdehnung einer Jugendphase als „interlinking sphere" zwischen Kindheit und Erwachsenenstatus durchaus auf unterschiedliche gesellschaftliche Funktionsbezüge. Zum einen lässt sich plausibel argumentieren, dass die jeweils nachwachsende Generation immer längere Zeiträume benötigt, um sich auf komplexe und z.T. widersprüchliche Rollenanforderungen des Erwachsenenalters vorbereiten zu können (Qualifikationsargument). Ebenso gute Gründe lassen sich allerdings auch für das Argument beibringen, die Jugendphase sei zumindest partiell im Verlaufe des historischen Prozesses der Durchsetzung des Verbots der Kinderarbeit und der Verlängerung von Ausbildungszeiten immer auch ein wichtiges Regulativ dafür gewesen, um im Konkurrenzkampf um knappe Arbeitsplätze und Einkommenschancen die Interessen der jeweils erwachsenen Arbeitskraftanbieter gegenüber nachdrängenden jugendlichen Arbeitskräften zu wahren (Jugend als Phase der Abhängigkeit und der Vorenthaltung erwachsenenspezifischer Teilhaberechte). In seiner Untersuchung zum Einfluss von demografischen und ökonomischen Entwicklungen und Veränderungen des Jugendstatus im Verlauf der letzten 200 Jahre in Großbritannien zeigt z.B. Musgrove (1963, S. 69ff.), dass die Ausgrenzung Jugendlicher aus dem Produktionsprozess durch Einführung der Pflichtschule nicht etwa wegen erhöhter Anforderungen an die Arbeitskräfte erforderlich wurde, sondern weil ein Überschuss an jugendlichen Arbeitskräften bestand, der einerseits ein Sicherheitsrisiko für den Staat und andererseits eine Konkurrenz für die erwachsenen Arbeitskräfte darstellte. Nicht also weil die Jugendlichen arbeiteten, sondern weil sie nicht arbeiten sollten, wurden sie in die Schulen hineingeschleust – so könnte man diese These pointiert zusammenfassen.

Obwohl also die Jugendsoziologie in den 1960er und 1970er Jahren durchaus gesellschaftstheoretisch angelegt war, konnte diese Verbindung von Jugendsoziologie und Gesellschaftstheorie in den späten 1970er und im Verlauf der 1980er Jahre nicht aufrechterhalten werden. Unter dem Druck ständig neuer Ausdrucksformen politischen Protests und auffälliger jugendkultureller Verhaltensweisen geriet die soziologische Jugendforschung immer mehr in den Sog außerwissenschaftlicher Verwertungserwartungen. Diese intensive gesellschaftliche Nachfrage nach jugendsoziologischen Erkenntnissen und Befunden führte unter dem Diktat unmittelbarer Verwertbarkeit zu einem deutlich wahrnehmbaren Theorieverlust jugendsoziologischer Forschung und zu einer Einengung des Gegenstandsbereichs auf die empirische Dauerbeobachtung des Jugendverhaltens unter dem Gesichtspunkt gesellschaftspolitischer Kontrolle und Befriedung. Die hohe gesellschaftspolitische Bedeutung und außerwissenschaftliche Publizität von empirischen Jugendstudien bezahlte die soziologische Jugendforschung daher mit einer weitgehenden theoretischen Irrelevanz und einem Verlust an theoretischen Erkenntnisfortschritten: Jugendsoziologie verlor ihren Status als Gesellschaftstheorie des Jugendalters und wurde zu einer „Bindestrich-Soziologie" (vgl. Olk 1986).

3 Die Genese von moderner Kindheit und Jugend

Wie bereits erwähnt, muss jede Gesellschaft mit der biologischen Entwicklungs- und Reifungstatsache der nachwachsenden Generation umgehen. Die sich stark unterscheidenden Riten und Statusübergänge in unterschiedlichen Gesellschaften zeigen, dass auf diese Tatsache keinesfalls gleichartig reagiert werden muss, und dass sehr unterschiedliche Formen von Kindheit und Jugend in den unterschiedlichen Gesellschaftstypen und Gesellschaftsphasen hervorgebracht werden können. Dies weist aber auch darauf hin, dass die Muster von Kindheit und Jugend generell wandelbar sind, so wie auch Gesellschaften sozialem Wandel unterworfen sind.

In der Kindheitsforschung hat insbesondere die historisch vergleichende Kindheitsforschung, die sich mit der Genese moderner Kindheit auseinandergesetzt hat (Ariès 1960; DeMause 1977; Postman 1983; Preuss-Lausitz u.a. 1983; Behnken u.a. 1989; Prout/James 1990; Golden 1990; Hendrick 1997; Honig in diesem Band), einen ersten Anstoß gegeben, Kindheit als veränderliche und gesellschaftsabhängige Lebenslage zu thematisieren. Über historisch vergleichende Studien wurde erstmals Aufmerksamkeit auf die Historizität und Gesellschaftsabhängigkeit von Kindheit gelenkt. Bühler-Niederberger weist darauf hin, dass durch die Arbeiten von Badinter (1984), Zelizer (1985) und Schütze (1991) „das reale Verhältnis der Alterskategorien an Selbstverständlichkeit" zu verlieren begann (1996, S. 99). Damit ist es zu einer Abkehr vom unhinterfragten Naturgedanken gekommen, der insbesondere die interdisziplinäre Kindheitsforschung (Pädagogik, Psychologie) lange Zeit implizit geprägt hat (vgl. ausführlich hierzu Honig 1999, S. 55-58; auch Bühler-Niederberger 2005). Erstmals ist hierdurch das Sozialisations- und Erziehungsparadigma in der Kindheitsforschung aufgebrochen worden. Es entwickelte sich Ende der 1980er, Anfang der 1990er Jahre eine sozialwissenschaftliche Kindheitsforschung, die an der Genese von Kindheit interessiert war (vgl. Zeiher 2006; Kränzl-Nagl/Mierendorff 2007).

Übereinstimmend kommen Kindheits- und Jugendforscher in Bezug auf die Herausbildung moderner Kindheit und Jugend zu dem Schluss, dass die demographischen, ökonomischen und politischen Bedingungen zu einem grundlegenden Gestaltwandel bzw. überhaupt erst zur Herausbildung eigenständiger Lebensphasen geführt hat (vgl. Gillis 1974; Ariès 1960). Die zentrale These lautet, dass erst in modernen funktionsspezifisch ausdifferenzierten Gesellschaften die sozialstrukturellen Voraussetzungen für die Entstehung und Ausbreitung einer vergleichsweise homogenen Kindheits- und auch Jugendphase tendenziell gegeben sind. Eine weitere wesentliche Voraussetzung für die Entstehung moderner Kindheit ist die Durchsetzung spezifischer pädagogischer und entwicklungspsychologischer Leitvorstellungen und Ideale in Reaktion und als Antwort auf die sich verändernden strukturellen Lebensverhältnisse (Gillis 1974; Bühler-Niederberger 1996, S. 105-107, 2005; Honig 1999; Zinnecker 2000). Es reicht also nicht aus, dass sich die sozialstrukturellen Voraussetzungen für die Entstehung einer Kindheits- und Jugendphase entwickeln. Darüber hinaus muss sich eine soziokulturelle „Idee" von Kindheit oder Jugend herausbilden, die diese Lebensphase mit inhaltlichen Vorstellungen und einem positiven Sinn versehen. Solche positiven Leitbilder wurden zunächst – etwa durch den Erziehungsroman „Emile" von Jean Jacques Rousseau oder durch die sozialkulturelle Bewegung der Pfadfinder im ausgehenden 19. Jahrhundert der USA – für die Lebensphase der Jugend und im Übergang zum 20. Jahrhundert, sowie dann auch – etwa durch das vielbeachtete Buch „Das Jahrhundert des Kindes" von Ellen Key (1926) – für die Lebensphase der Kindheit entwickelt und durchgesetzt (vgl. auch Kränzl-Nagl 1998). Strukturell sind die Entstehungsbedingungen von moderner Kindheit und Jugend vor allem in folgenden Prozessen gegeben: 1) Prozesse der Arbeitsteilung, 2) Freisetzung von Kindern und Jugendlichen aus Erwerbsarbeit, 3) Entstehung von Schutz- und Vorbereitungsräumen sowie 4) Entstehung und Durchsetzung der bürgerlichen Familie. Dies alles hat über einen langen Zeitraum hinweg die spezifische Form moderner Kindheit in westlichen Wohlfahrtsstaaten hervorgebracht, die man mit den Begriffen **Familienkindheit** und **Lernkindheit** kennzeichnen könnte und die Kinder und Jugendliche fast vollständig aus im klassischen ökonomischen Sinne produktiv-wertschöpfenden Prozessen ausgeschlossen hat (vgl. Zelizer 1985; Qvortrup 1995, S. 10-14).

Was die Veränderung der sozialstrukturellen Kontextbedingungen anbelangt, so muss auf die Durchsetzung eines neuen Vergesellschaftungsmodus der Individuen bzw. – anders gewendet – auf die Herausbildung eines neuen Lebenszeitregimes verwiesen werden. Hervorstechendes Merkmal der Modernisierung unter dieser Perspektive ist der Wechsel von einem Modus der Integration der Individuen in Gesellschaft über ständische Lebensformen zu einem chronologisierten, lebenslaufbezogenen Integrationsmodus in der modernen Gesellschaft. Wie insbesondere Kohli (1985, 1986) herausgearbeitet hat, erfolgt mit dem Übergang zur modernen funktionsspezifisch ausdifferenzierten Gesellschaft ein Übergang zu einem verzeitlichten, standardisierten Lebenslaufregime, das in der sich seit den 1980er Jahren fest etablierten Lebenslaufforschung idealtypisch in den Begriffen der männlichen Normalbiographie (dreigeteilter Lebenslauf) und der weiblichen Normalbiographie (viergeteilter Lebenslauf) gefasst wurde (hierzu ausführlich Kohli 1985; Lévy 1977).

Im Verlauf dieses Prozesses erfolgt nicht lediglich die Trennung von Arbeit und Familie, sondern auch die Herausbildung der Teilsysteme Politik, Religion, Erziehung und Wissenschaft etc. Die gesellschaftliche Teilnahme und Teilhabe an diesen, sich ausdifferenzierenden Funktionssystemen ist zwar im Prinzip für alle Gesellschaftsmitglieder offen (Inklusionsprinzip), wird aber aus pragmatischen Rationalisierungserwägungen und Machtinteressen nicht selten an das chronologische Alter geknüpft. Obwohl im Verlaufe des gesellschaftlichen Modernisierungsprozesses gerade auch sozialwissenschaftliche Forschung zunehmend den Beweis antritt, dass chronologisches Alter und funktionsbezogene Leistungsfähigkeit auseinandertreten (können), wird die Chronologisierung der Zugangsrechte sogar noch perfektioniert. Die Folge dieser Vorgänge besteht in der Aufteilung des Lebenslaufs in eine geordnete Sequenz von lebensaltersabhängigen Teilhabemöglichkeiten an unterschiedlichen gesellschaftlichen Bereichen bzw. in der idealtypischen Modellierung „standardisierter Normalbiographien" (vgl. Cain 1964; Clausen 1972; Mayer/Müller 1989).

Die Entstehung der Muster moderner Kindheit und Jugend in ihrer heutigen, modernen Form lässt sich im Kontext jener Entwicklungen und funktionaler Ausdifferenzierungsprozesse verorten. Es sind vor allem zwei gesellschaftliche Teilbereiche, die diese Entwicklung prägen: Die moderne intimisierte Privatfamilie und die Schule. Aus modernisierungstheoretischer Perspektive wurde vor allem Kindheit in den Begriffen **Familialisierung** und Scholarisierung gefasst (Zeiher 2006). Indem sich ein neues System der intimisierten Beziehungsstruktur in den Familien ausgehend vom Bürgertum herausbildet, wird der Binnenraum der Familie affektiv aufgeladen und gegen äußere Einflüsse abgeschirmt. Parallel hierzu werden mit der Herausbildung und Expansion des öffentlichen Bildungs- und Ausbildungswesens Kindheit und Jugend verschult und intern chronologisiert. Mit der Institutionalisierung von Kindheit und Jugend ging nach dem ersten Weltkrieg die „Verhäuslichung von Kindheit" einher, was Behnken/du Bois-Reymond/Zinnecker als eine wesentliche Etappe im „Prozess der Zivilisation" bezeichnen (1989; Behnken, Zinnecker 1987).

Unter den Bedingungen eines chronologisierten und standardisierten Lebenslaufs setzt sich eine Verzeitlichung und Standardisierung des Kindheits- und Jugendalters durch. Kindheit und Jugend stellen Phasen im Lebenslauf dar, an die sich je spezifische pädagogische und soziale Vorstellungen, Ideale und Handlungsanforderungen knüpfen und die mit je eigenen Handlungsbereichen und Lebenswelten verbunden sind. Der Erwerb erwachsenenspezifischer Teilhaberechte und Pflichten ist zunehmend an vorhergehende Vorbereitungs- und Schulungsphasen und die Bewältigung altersphasenspezifischer Entwicklungsaufgaben geknüpft, die in einer bestimmten Reihenfolge durchlaufen werden müssen, ehe die vollständige Teilhabe am Erwachsenenleben eingeräumt wird. Nauck weist darauf hin, dass Kindheit (hier ist Jugend mit eingeschlossen) die Lebensphase mit der höchsten Regelungsdichte sei (z.B. Recht auf Kindergartenplatz, Schulpflicht, zivile und strafrechtliche Mündigkeitsregeln) (1995, S. 16).

Speziell für die Jugendphase hat die Lebenslaufforschung herausgearbeitet, dass sich die Zeitpunkte zentraler Übergangsereignisse in das Erwachsenenalter in der ersten Hälfte des 20. Jahrhunderts bis weit in die 1960er Jahre hinein immer mehr angeglichen haben. Geht man davon aus – wie in Abschnitt 2 ausgeführt – dass Abschluss der Schulausbildung und Eintritt in den Beruf sowie Gründung einer eigenen Zeugungsfamilie (Heirat) die für den Übergang in das Erwachsenenalter zentralen Statuspassagen sind, so lässt sich zeigen, dass sich diese Lebensereignisse auf eine immer kürzere Lebensspanne konzentrieren und zeitlich aneinander angleichen (vgl. Modell u.a. 1978). Die Beendigung der Jugendphase wird von immer mehr Jugendlichen tendenziell in der Abfolge der Schritte Abschluss der Berufsausbildung – Berufseintritt – Heirat absolviert. Dieses Verlaufsmuster hat sich im Untersuchungszeitraum der ersten Hälfte des 20. Jahrhunderts immer weiter verbreitet und zugleich gilt, dass individuelle Abweichungen von diesem Normalprogramm zu Nachteilen (z.B. in Form von benachteiligten Lebenslagen) führen können (vgl. Hogan 1980). Solche Tendenzen einer „Homogenisierung" der Jugendphase bringen schicht- und klassenspezifische sowie geschlechtsspezifische Unterschiede keineswegs zum Verschwinden. Allerdings hatten sich diese differierenden Verläufe durch die Jugendphase, vor allem angetrieben von einer zunehmenden Bildungsbeteiligung auch unterer sozialer Schichten und vor allem der weiblichen Jugendlichen, bis in die späten 1970er Jahre hinein immer stärker abgeschwächt. In Folge solcher Angleichungsprozesse kann von einer „Standardisierung" der Wege durch die Jugendphase gesprochen werden.

Aus individualisierungstheoretischer Perspektive konstatiert Zeiher, dass Kindheit in Deutschland durch die Bildungsreform in den 1970er Jahren den letzten großen Individualisierungsschub erfahren habe. In dieser historisch bedeutenden Phase im Bildungswesen ist es unter dem Ideal der Chancengleichheit zu einer umfassenden Pädagogisierung und **Verschulung von Kindheit** über die Schule hinaus gekommen (1996, S. 33; vgl. auch Duncker/ Scheunpflug/Schultheis 2004 sowie Fölling-Albers 2000). Generell könnte man in diesem Zusammenhang davon sprechen, dass in dieser Phase nun auch (kleine) Kinder gesellschaftlichen Differenzierungs- und Institutionalisierungsprozessen ausgesetzt werden, die bereits zuvor die Bevölkerungsgruppe der Jugendlichen erreicht hatten. Konkret bedeutet dies, dass nun auch für Kinder die Familie zu einem Hort der Intimität und zu einem Rückzugsraum gegenüber professionell gesteuerten Spezialinstitutionen (Kindertageseinrichtungen, Horte etc.) geworden ist. Diese Kinderinstitutionen, die nun immer bedeutsamer für das Alltagsleben auch von kleinen Kindern werden, symbolisieren damit die Verregelung und Verschulung des Kinderalltags und des Kinderlebens.

Alles in allem kann davon ausgegangen werden, dass Kindheit und Jugend im 20. Jahrhundert Prozessen der Verzeitlichung, der Institutionalisierung, der Individualisierung, also einem umfassenden Prozess der Vergesellschaftung unterworfen sind – Prozesse, die die Gruppe der Erwachsenen zu historisch früheren Zeitpunkten im Übergang zur Moderne bereits durchlaufen hatte.

4 Erosion von Kindheit – Destandardisierung von Jugend

Seit den 1970er Jahren vollzieht sich in den westlichen Ländern ein massiver sozialer Wandel, der noch immer andauert. Dieser gesellschaftliche und vor allem auch wirtschaftliche Wandel, der grob mit den Begriffen Wandel von der Industrie- zur Dienstleistungsgesellschaft, Entstehung einer Sockelarbeitslosigkeit auf hohem Niveau, Erosion von Normalerwerbsverläufen, Pluralisierung der Familienformen, Umbau des Wohlfahrtsstaats, Mediatisierung der Gesellschaft und Globalisierung umrissen werden kann, hat erhebliche Auswirkungen auf die Gestalt von Kindheit und Jugend. In diesem Zusammenhang wird vom Wandel der Muster moderner Kindheit gesprochen. Die Thesen von der **Erosion von Kindheit** und der Destandardisierung der Jugendphase werden allerdings kontrovers diskutiert. Im Folgenden sollen die Ergebnisse der Kindheits- und Jugendforschung getrennt dargestellt werden.

4.1 Destandardisierung des Jugendalters

Seit Beginn der 1980er Jahre wird in der soziologischen Jugendforschung über einen „Strukturwandel der Jugendphase" diskutiert. Der empirische Anknüpfungspunkt ist der Sachverhalt, dass die Status-Rollen-Konfiguration Jugend immer mehr aus der Balance zu geraten scheint, durch zunehmende Inkonsistenzen und Spannungen geprägt ist und sich zeitlich immer mehr in die Länge zieht sowie zum Ende hin an inhaltlicher Struktur und Gestalt zu verlieren beginnt (Zerfaserung der Jugendphase). In der sozialwissenschaftlichen Jugendforschung sind diese Beobachtungen zu Thesen von einem „**Verschwinden der Jugend**" (vgl. von Trotha 1982), einer „Entstrukturierung der Jugendphase" (vgl. Olk 1985) bzw. einer „Individualisierung der Jugendbiografie" (vgl. Fuchs 1983) verdichtet worden. Hintergrund solcher Thesen ist die Beobachtung, dass sich die wichtigsten Übergangsereignisse vom Jugend- in das Erwachsenenalter inzwischen offensichtlich enttraditionalisiert und individualisiert haben (vgl. Mitterauer 1986). Ereignisse wie der Beginn einer Lehrzeit oder einer selbständigen Arbeit, Abitur, Heirat etc. werden seit den späten 1970er Jahren nicht mehr so stark durch entsprechende Initiationsriten und Feierlichkeiten in ihrer gesellschaftlichen Bedeutung markiert und sichtbar gemacht. Neue Übergangsereignisse (Erwerb des Führerscheins, Zugang zu bestimmten Konsumgütern) sind hinzugekommen. Der Übergang in das Erwachsenenalter scheint sich in eine tendenziell zusammenhanglose Abfolge von Teilübergängen, die zudem zeitlich immer breiter streuen, hin zu entwickeln, was in der These der „Destandardisierung" des Jugendalters (vgl. Olk 1985, 1986) gefasst worden ist (vgl. auch Schröder 1995). Besonders auffällig ist die Destandardisierung bzw. Deinstitutionalisierung des Familienzyklus. Seit Mitte der 1970er Jahre ist das mittlere Heiratsalter wieder angestiegen, die Streuung des Zeitpunktes des Eintritts in die Ehe wird wieder breiter, die Scheidungen haben zugenommen und Wiederverheiratungsraten sinken (vgl. Peuckert 2008). Da aber die Aufnahme von Intimbeziehungen und die Gründung eines gemeinsamen Haushaltes immer weniger mit dem formalen Akt der Ehe verknüpft sind, lässt sich von einer Tendenz zur „Deinstitutionalisierung" der Ehe (vgl. Tyrell 1979) sprechen. Hierauf verweist auch die Entwicklung zu einer Reduktion der Geburten und des Anstiegs der Zahlen freiwillig kinderloser Ehen bzw. Lebensgemeinschaften. Alternativ zum standardisierten Familienzyklus verbreiten sich nun Verlaufsformen wie verspätete Familiengründung, mehrmalige Familiengründung sowie alternative Formen der Familiengründung und das Zusammenleben ohne Kinder. Offensichtlich setzen sich im privatisierten Lebensbereich Differenzierungs- und Individualisierungsprozesse durch, die dem bisherigen Trend zur Durchsetzung eines einheitlichen Familienzyklus zuwider laufen.

Ähnliche Entwicklungen sind im Bereich der Aufnahme einer Erwerbstätigkeit zu beobachten. Alle empirischen Studien seit den späten 1970er Jahren zeigen, dass die Zäsur „Abschluss der Schulausbildung" und „Aufnahme einer Erwerbsarbeit" zeitlich immer später erreicht werden und wieder breiter streuen (vgl. Hurrelmann 1997). Jugendliche – und hier vor allem auch weibliche Jugendliche – verbleiben immer länger im weiterführenden Bildungssystem sowie in vollzeitschulischen „Warteschleifen" und der Übergang in das Beschäftigungssystem labilisiert sich. Demgegenüber erfolgt der Zeitpunkt der soziokulturellen Mündigkeit (also der Teilhabe an Freizeit, Konsum und Sexualität) immer früher (vgl. z.B. Fuchs 1985). Solche Prozesse einer Destandardisierung von Lebensverläufen verweisen auf den grundlegenden Prozess der Individualisierung und Pluralisierung von Lebenslagen und Lebensstilen (vgl. Beck 1986). Insbesondere die enorme Expansion universalistischer wohlfahrtsstaatlicher Sicherungssysteme, der Anstieg des Lohnniveaus, der „Massenkonsum" höherer Bildungsgänge und die Mobilisierung der Bevölkerung durch geografische und soziale Umschichtungen, verdichten sich zu einem „zweiten Individualisierungsschub", in dessen Folge sich die individuellen Lebenswege und Zukünfte gegenüber tradierten regionalen, milieuspezifischen, klassen- und schichtspezifischen Bindungen verselbständigen. Die Mitglieder dieser individualisierten Gesellschaft – Erwachsene, Jugendliche und zunehmend auch Kinder – werden zu selbstverantwortlichen Akteuren ihrer eigenen Zukunft, müssen sich also ihre Biografie selbst „zusammenbasteln".

Diese Individualisierung, die inzwischen die Jugend- und Kindheitsphase erreicht hat, weist „Sonnen-„ und „Schattenseiten" auf (vgl. Heitmeyer/Olk 1990). Zum einen bringt diese Entwicklung – auf der „Sonnenseite" – neue Wahlmöglichkeiten und Entscheidungschancen bei der Entwicklung biografischer Zukunftsentwürfe. Zum anderen laufen die Jugendlichen – auf der „Schattenseite" der Individualisierung – angesichts der Unsicherheiten und Intransparenzen gesellschaftlicher Entwicklungen Gefahr, nicht nur an den gesellschaftlichen Umständen und Widrigkeiten zu scheitern, sondern darüber hinaus auch noch für Misserfolge persönlich verantwortlich gemacht zu werden. Gerade in der Jugendphase verschärfen sich unter diesen Bedingungen die Spannungen und Ambivalenzen: Während die nachwachsende Generation – nun erst recht – immer mehr Zeit und Energie in die Akkumulation von Humankapital in Form von immer längeren und immer anspruchsvolleren Bildungsgängen investieren muss, um überhaupt eine Chance auf attraktive Berufspositionen wahren zu können, wird die Realisierung dieser Hoffnungen unter den Bedingungen verengter Arbeitsmärkte immer ungewisser. Ob sich die vermehrten Qualifizierungsbemühungen wirklich lohnen, kann immer weniger garantiert werden (**Qualifikationsparadox**). Die Jugendforschung der 1980er Jahre arbeitete entsprechende Reaktionsformen und Orientierungen Jugendlicher zur Bearbeitung dieser Spannungen heraus (vgl. Hornstein 1985). Danach richtete sich zumindest ein Teil der Jugendlichen in dieser neuen Situation ein, indem die gesellschaftlich zugemutete Orientierung an der Zukunft (in Form des Imperativs „Investiere jetzt in deine Zukunft, damit du später davon in Form verbesserter Lebenschancen profitieren kannst") abgelehnt wird. Stattdessen orientieren sie sich verstärkt an der Gegenwart. Jugendliche Ausdrucksformen des hedonistischen Lebens im „Hier und Jetzt" gelten in dieser historischen Phase als weit verbreitete Folge jugendspezifischer Verarbeitungsformen struktureller Spannungen. Damit wird zugleich offenkundig, dass sich Jugend als Schonraum und Moratorium auflöst.

In den 1990er Jahren setzt sich dieser Prozess der Verunsicherung angesichts weiter bestehender Massenarbeitslosigkeit und der fortschreitenden Labilisierung der Übergänge in das Erwerbsleben fort. Allerdings zeigt die empirische Jugendforschung, dass sich das zentrale Verarbeitungsmuster dieser Situation nun gegenüber den 1980er Jahren erneut wandelt. Das Risiko, keinen Ausbildungs- oder Erwerbsarbeitsplatz zu erhalten, und damit im Prozess der ökonomischen Verselbständigung und Entwicklung einer eigenen Lebensplanung zurückgeworfen zu werden, schlägt sich nun in einer allgemeinen Verunsicherung einer ganzen Jugendgeneration nieder. Die Jugendgeneration der 1990er Jahre betrachtet nun immer stärker Erwerbsarbeit als ein wichtiges und begehrtes Gut, dass grundsätzlich bis in die mittleren Schichten hinein für nachwachsende Generationen gefährdet ist (Jugendwerk der deutschen Shell 1997). Damit hat – wie die Shell-Studie formuliert – die gesellschaftliche Krise endgültig die Jugendgeneration der 1990er Jahre erreicht, wobei von dieser Krise insbesondere auch die Jugendlichen in den neuen Bundesländern betroffen sind.

Seit dem Beginn des 21. Jahrhunderts radikalisieren sich die Unsicherheiten und Unwägbarkeiten im Übergangssystem von Schule zu Beruf weiter und werden in der international vergleichenden Forschung mit dem Begriff der „Yoyoisierung" von Übergängen und Biographien belegt (vgl. Walther/ Stauber 2002; du Bois-Reymond 2007). Aus der jugendlichen „Normalbiographie" wird die jugendliche „Wahlbiographie" und weitgehend standardisierte und planbare Verläufe im Übergang zum Erwachsenenalter verwandeln sich in „Yoyo-Biographien", die nicht nur durch eine Abfolge vielfältiger Fort- und Rückschritte sowie Umwege und Warteschleifen, sondern auch durch eine Kette von Entscheidungen und notwendig gewordenen Revisionen von Entscheidungen geprägt sind. Die internationale Jugendforschung zeigt, dass sich junge

Menschen unter diesen Bedingungen durchaus als „kreative Bewältiger" ungewissheitsbelasteter Lebenslagen erweisen. Dabei verschieben sich die Koordinaten zwischen Vergangenheit, Gegenwart und Zukunft: Gegenwart kann nicht einfach als Vorbereitung auf eine (bessere) Zukunft verstanden werden, sondern Zukunft tritt hinter die Gegenwart zurück. Junge Menschen entwickeln ihre Lebensentwürfe schrittweise; sie haben durchaus eigene Lebenspläne, aber sie rechnen damit, dass diese eventuell nicht umsetzbar sind und revidieren ihre Vorstellungen Schritt für Schritt im Verlaufe ihrer Umsetzung.

4.2 Kindheit und Kindheitsforschung

Wie im vorangegangenen Kapitel angedeutet, ist Kindheit über das ganze 20. Jahrhundert hinweg starken Vergesellschaftungsprozessen ausgesetzt gewesen. Eine sich in den vergangenen Jahrzehnten etablierende soziologische Kindheitsforschung, die ihre Blickrichtung von der Analyse der Funktionsweisen der Kindheitsinstitutionen zu den Alltagsverhältnissen der Kinder verschiebt, hat gezeigt, dass Kinder durch den bereits angedeuteten sozialen Wandel neuen Anforderungen und Ambivalenzen ausgesetzt sind. Es haben Prozesse eingesetzt, die von Kindern ein erhebliches Maß an individuellen Integrationsleistungen und neue Formen der Lebensführung abfordern – Anforderungen, von denen man in der Nachkriegszeit glaubte, dass sie den Kinderalltag als geschützten Raum nicht erreichen bzw. nicht erreichen sollten (ausführlich Schweizer 2007). Damit wird die Vorstellung von Kindheit als einem Schutzraum und Moratorium immer weniger plausibel (Zeiher 1996; Schweizer 2007).

Rabe-Kleberg und Zeiher erörterten bereits 1984 das Eindringen moderner Zeitstrukturen in die Kindheit (Zeiher 2007). Die zunehmend institutionell gestaltete Freizeit und der damit verbundene Rückgang von traditionellen „Straßenkindheiten" (Behnken u.a. 1989) erfordern sowohl von Müttern und Vätern als auch von Kindern in der mittleren Kindheit erhebliche Koordinations- und Planungsfähigkeiten. Die fortschreitende Segregation von kindlichen Lebensräumen, also die **„Verinselung von Kindheit"**, setzt ebenso Fähigkeiten zur Integration von Tätigkeiten und zur zeitlichen Koordination voraus (Zeiher 1983). So ist Kindheit kein von modernen Zeit- und Raumstrukturen abgegrenzter Lebensraum, Kinder werden ebenso wie Erwachsene mit engen Zeitregimen und Anforderungen eines Zeitmanagements in der individuellen Lebensführung konfrontiert (Zeiher 2007). Als ein weiteres Element dieses Wandlungsprozesses stellt Beck (1994) fest, dass durch die funktionale Trennung der einzelnen Lebenswelten spezifische Integrationsleistungen zwischen den Lebensbereichen Familie – Institutionen – Peer-Group bereits von den Kindern selbständig erbracht werden müssen. Auch dies kann man als Prozesse der Individualisierung der Lebensführung beschreiben (vgl. Zeiher/Zeiher 1994; Kirchhöfer 1998). Eine weitere wesentliche Veränderung in der kindlichen Lebensführung hat sich durch die steigende Müttererwerbstätigkeit ergeben. Kinder müssen früher und vor allem in stärkerem Ausmaß selbständig agieren, d.h. hauswirtschaftliche bzw. selbstversorgerische Aufgaben übernehmen (Preuss-Lausitz u.a. 1990; Zeiher 2000; Wihstutz 2007b/2009). Zelizer (1985) und Solberg (1990) kommen sogar zu der These, dass Kinder ihre Eltern von Hausarbeit für Erwerbsarbeit freisetzen und somit eine erhebliche systemintegrierende Funktion innerhalb der modernen Erwerbsgesellschaft übernehmen, in der nicht mehr das alte „Ernährer-Ehemann-Modell" als vorrangig gilt (vgl. auch Zeiher 2005; Jurczyk/Lange 2007). Einen weiteren Aspekt sich verändernder Kindheit haben du Bois-Reymond, Büchner, Fuhs und Krüger in mehreren Studien herausgearbeitet: Kinder sind immer früher innerhalb der

Familie in Aushandlungsprozesse involviert (du Bois-Reymond 2001, 1994) und müssen bezogen auf die eigene Biographie immer früher Entscheidungen fällen, die Auswirkungen auf den gesamten Lebenslauf haben können. In diesem Zusammenhang ist die (nicht unumstrittene) These von der Biographisierung von Kindheit entwickelt worden (du Bois-Reymond u.a. 1994; Büchner/Fuhs/Krüger 1996; Behnken/Zinnecker 1998).

Diese in ihrem empirischen Ausmaß nur angedeutete Dynamik weist darauf hin, dass Kindheit dauerhaft Modernisierungsprozessen ausgesetzt ist, die sich gesamtgesellschaftlich vollziehen. Deutlich wird, dass sich zwar auf der einen Seite kindliche Lebensführung stärker den Mustern erwachsener Lebensführung angleicht, dass sich aber auf der anderen Seite eine zunehmende Trennung zwischen den Lebenswelten der Kinder und der Erwachsenen durchsetzt. Dies geschieht durch die Zuweisung von Kindern in speziell für sie vorgesehene Institutionen wie Kindertageseinrichtungen, Schulen, Freizeitinstitutionen etc. Angesichts solcher widersprüchlicher Entwicklungen kann das traditionelle Kindheitsbild vom passiven, sich vorbereitenden und unfertigen Kind nicht länger aufrechterhalten werden. Vielmehr vollziehen sich innerhalb der von der Gesellschaft abgetrennten Lebenswelten (bereits Kaufmann 1980) Wandlungsprozesse, die einen erneuten Schub der Vergesellschaftung einleiten. Eine zunehmende Anzahl von Autoren weist darauf hin, dass das Bild von Kindheit als Schutz- und Vorbereitungsraum erheblichen Erosionsprozessen ausgesetzt ist (exempl. Hengst 1981/ 2001; Zeiher 1996; Honig 1999; Hengst/Zeiher 2000) und dass derzeit eine Neujustierung von Kindheit einsetzt (Honig/ Ostner 2001). An vier zentralen Bereichen – Arbeit, Medien, Schule und bundesrepublikanisches Recht – lassen sich solche Erosionstendenzen exemplarisch aufzeigen:

Arbeit ist der Bereich, der aus dem Kindheitskonzept der Moderne lange Zeit systematisch ausgeblendet war (Hengst/Zeiher 2000; Hungerland u.a. 2007; Liebel 2005). Die Freisetzung von Kindern aus Erwerbsarbeit und die Einführung der allgemeinen Schulpflicht galten als die wichtigsten Errungenschaften des beginnenden 20. Jahrhunderts (vgl. Mierendorff 2008; Hendrick 1997; Therborn 1992). Mit Kindheit war das Ideal des Schonraums für die individuelle kindliche Entwicklung verbunden. Dieses einseitig auf Entwicklung ausgerichtete Kindheitskonzept steht seit geraumer Zeit unter Legitimationsdruck, da es u.a. durch die faktischen Entwicklungen im Kinderalltag in Frage gestellt wird (Hungerland u.a. 2007). Als erstes ist darauf hinzuweisen, dass dem steigenden Umfang der Kinderarbeit neben der Schule lange Zeit keine Aufmerksamkeit geschenkt worden ist. Darüber hinaus wird kritisiert, dass der gesellschaftlich wertschöpfende Anteil kindlicher Tätigkeit unterschätzt wird (Wihstutz 2007 a, b 2009). Aus einem etwas anderem Blickwinkel kritisiert Hengst diese Blindflecke in der gesellschaftlichen Wahrnehmung und in der Forschung und plädiert angesichts der Krise der Erwerbsarbeit für eine Neudefinition von Kinderarbeit jenseits von Haus- und Erwerbsarbeit. Kinder erbringen nicht lediglich Arbeit im ökonomisch produktiv-wertschöpfenden Sinne. Vielmehr muss ein „Arbeitskonzept entwickelt werden, das der kulturellen und sozialen Bedeutung von Arbeit größere Bedeutung schenkt als der ökonomischen" (1998, S. 33, vgl. auch Hungerland u.a. 2007). Hengst verweist hierbei auf Formen bürgerschaftlichen Engagements, die ein wesentlicher Bestandteil von Kinderkulturen seien. Im Gegensatz dazu setzt Qvortrup bei einem klassischen Arbeitsbegriff an und spricht von einer diachronen Arbeitsteilung der Generationen. Auf dieser Grundlage plädiert er für eine Neubewertung von Schularbeit als gesellschaftlich wertschöpfende Arbeit (1996, S. 17; vgl. auch Prout/James 1990, S. 227; Wintersberger 1998, 2005). Zelizer (1985) vertritt die bereits oben genannte zentrale These, dass Kinder durch Selbständigkeit und die Übernahme von Haushaltstätigkeiten ihre Eltern für Lohnarbeit freisetzen

Gesellschaftstheoretische Ansätze

und damit zur Auflösung der traditionellen Rollenverteilung zwischen den Geschlechtern und Generationen beitragen (auch Zeiher 2005; Wihstutz 2007b).

Medien: Erosionstendenzen am Kindheitskonzept der Moderne zeigen sich ebenfalls an der Bedeutung von Medien in der Kindheit (Richter/Trautmann 2001; Montgomery 2007; Brenner 2004; Fuhs in diesem Band). Am Umgang der Kinder mit Medien und am Umgang der Medien/ des Marktes mit der Gruppe der Kinder wird die Brüchigkeit des ausschließlich auf Vorbereitung fürs Erwachsenenleben ausgerichteten Konzeptes deutlich sichtbar. Hengst hat bereits Anfang der 1980er Jahre auf die Angleichung der Freizeitwelten von Erwachsenen und Kindern durch die Nivellierung der Altersunterschiede in der Nutzung von Medien hingewiesen (Hengst 1981, S. 45ff.; vgl. auch Postman 1983). Strukturelle Unterschiede der (Fernseh- und Spiel-) Angebote für Kinder haben sich weitestgehend aufgelöst, Unterschiede bestehen nur noch in der inhaltlichen Gestaltung (Hengst 1981, S. 48; kritisch Feil 2003). Später formuliert er die zentrale These von der Zunahme der „nicht pädagogisch gefilterten Lernprozesse" (Hengst 1981, S. 104). „In den Kindheits-Agenturen, den Kindergärten, den Schulen, den Medienangeboten, den Gleichaltrigengruppen sind immer mehr Elemente einer universellen Kultur präsent, die die pädagogischen Filter nicht passieren" (a.a.O., S. 100). In diesem Zusammenhang verweist er auf die Kompetenzen von Kindern in der Aneignung und im Umgang mit den neuen Medien: „In der Auseinandersetzung mit dem gesamten kulturellen Ambiente entwickeln Kinder eigene, nicht nur kindspezifische, sondern auch generationsspezifische Verarbeitungsweisen" (a.a.O., S. 100).Vor allem entwickeln sich daraus neue Formen der Kulturaneignung bzw. der Verarbeitung der zeitgenössischen Kultur, die nicht durch Schule vermittelt werden. Ein dritter zentraler Aspekt ist die Annahme, dass – umgekehrt – Medien durch die enge Verzahnung mit der Werbewirtschaft Kinder als Konsumenten und Käufer erkannt und sich vom „Erziehungskonzept der Moderne" verabschiedet haben (Hengst 1996). Kinder werden hier aus der Perspektive ihrer spezifischen Alltagskulturen und nicht aus der der Entwicklungsziele, die die Erwachsenengeneration formuliert hat, betrachtet und analysiert. Markt und Werbung setzen in ihren Expansionsbemühungen damit an den Bedürfnis- und Tätigkeitsstrukturen der Kinder selbst an.

Schule: Ein zentrales Element des klassischen Kindheitskonzeptes stellt, wie oben bereits beschrieben, die **Scholarisierung von Kindheit** dar (vgl. Duncker/Scheunenpflug/Schultheis 2004 sowie du Bois-Reymond 2005). Fölling-Albers stellt die These auf, dass sich ein Prozess der „Entscholarisierung von Schule" vollzogen habe (2000, S. 121). Dieser zeige sich erstens an der Öffnung der Schule für lebensweltliche Themen und dem Abschied von einer Institution der reinen Wissensvermittlung, zweitens an der Einbeziehung lebenslauf- und familienrelevanter Bereiche in die Schul- und Unterrichtsgestaltung (z.B. sozialpädagogische Betreuung, Freizeitgestaltung, Berufspraktika) sowie drittens an der Durchsetzung neuer Lernformen, die an den individuellen Entwicklungen der Kinder ansetzen. Gleichzeitig und konträr hierzu gehen Kinder und Jugendliche immer weniger gern zur Schule: Lerninhalte werden außerhalb der Schule gesucht – Schule wird als Ort der Herstellung und Pflege sozialer Kontakte gesehen. Dieses Phänomen bewegt Fölling-Albers zu der These der „Scholarisierung von Freizeit" (a.a.O., S. 124). Dies zeige sich vor allem an der wachsenden Nutzung institutionalisierter Lernangebote in der Freizeit und der Nutzung nicht-institutionalisierter moderner Medien und computergestützter Lernprogramme (vgl. auch Zeiher 1996). Auch Jobs, die zur Erlangung von Praxiserfahrung ausgeführt werden, fallen für sie unter diese Kategorie[4]. Überspitzt ausgedrückt werden Schüler in Anlehnung an den Voßschen Begriff des „Arbeitskraftunternehmers" zu „Lernunternehmern", die durch Selbstkontrolle und Selbstmanagement die eigene

Schulentwicklung steuern und sich fit für den Arbeitsmarkt machen (Fölling-Albers 2000, S. 130; vgl. auch Scholz 2005). Die Scholarisierung von Kindheit wird in der aktuellen Debatte um den „Pisa-Schock" auf die frühkindliche Phase ausgeweitet. Mit der Aufwertung des Kindergartens zur „ersten Stufe" des Bildungssystems wird auch die Institution des Kindergartens zu einem Bildungsort, in dem auf der Grundlage frühpädagogischer Konzepte und didaktischer Vorgehensweisen Wissen vermittelt und Kompetenzen erworben werden (vgl. die Beiträge in Thole u.a. 2008).

Entscholarisierung von Schule und die Scholarisierung von Freizeit, so Fölling-Albers' These, führen zu einer Entgrenzung von Kindheit und Erwachsensein" (a.a.O., S. 129). Wie auch Hengst weist sie auf die allmähliche Veränderung der traditionellen Rollen von Lehrern und Schülern hin.

Ein vierter zentraler Bereich, in dem sich ansatzweise die Erosion des traditionellen Kindheitskonzeptes zeigt, ist die *Rechtsauffassung* hinsichtlich der Kinder in westlichen Wohlfahrtsstaaten (vgl. Therborn 1992; Prout 2003; Mierendorff 2008; Wiesner 2003; Kränzl-Nagl/ Mierendorff/Olk 2003 a, b). Einen Meilenstein hierbei stellt die Verabschiedung der UN-Kinderrechtskonvention von 1989 dar, in der neben den traditionellen Rechten auf Schutz, Versorgung und Fürsorge auch Rechte auf Mitbestimmung fest verankert sind. Nachdem auch die Bundesrepublik die Konvention unterzeichnet hatte, sind auch im innerdeutschen Recht einige Veränderungen vollzogen worden, die ansatzweise auf eine veränderte Wahrnehmung von Kindern als Personen eigenen Rechts hindeuten. Angedeutet seien nur die Verabschiedung des KJHG im Jahr 1990, das dem Kind bspw. ein **Recht auf Erziehung** (§1) und auf entwicklungsgemäße Formen der Beteiligung zugesteht (§8); als weiteres das 1998 in Kraft getretene Kindschaftsrechtsreformgesetz sowie die Erbrechtsreform ebenfalls von 1998 (vgl. ausführlich hierzu Borsche 2002; Richter 2000, Wiesner 2003; kritisch zur aktuellen Entwicklung Ostner 2007, 2004; Olk 2007; Cockburn 1998).

Wie bereits mehrfach angedeutet, hatten die aufgezeigten Erosionstendenzen erhebliche Konsequenzen für die Rezeption von Kindheit in der Kindheitsforschung. Die angeführten, am Wandel von Kindheit interessierten Studien können zwar nicht als gesellschaftstheoretische Ansätze verstanden werden. Dennoch haben gerade die Beobachtung von Erosions- und De-Standardisierungserscheinungen, die Formulierung der Krise des Musters moderner Kindheit dazu beigetragen, dass neue gesellschaftstheoretische Ansätze in der Kindheitsforschung hervorgebracht wurden (vgl. Kränzl-Nagl/Mierendorff 2007). So sind das dominante Sozialisationsparadigma sowie die Annahme eines **Bildungsmoratoriums** aufgrund der äußeren, gesellschaftlichen Bedingungen und Wandlungsprozesse, die auch Kindheit massiv erreicht haben, als zentrale Bezugspunkte der Forschung in Frage gestellt worden (ausführlich hierzu Prout/James 1990; Zeiher 1996, 2006). Mit dem ersten Aufbrechen des Sozialisations- und Entwicklungsparadigmas sind zentrale soziologische Themen wie soziale Ungleichheit, Modernisierung und Individualisierung in die Kindheitsforschung eingeführt worden. Kindheit wurde als historisch veränderliches Phänomen und gesellschaftliches Konstrukt verstanden und die gegenwartsbezogene (synchrone) Perspektive auf Kinder wurde gegenüber dem traditionellen Zukunftsbezug (Kindheit als Vorbereitung auf das Erwachsensein) gestärkt. Dieser Wandel kann als Übergang von einer funktionalistisch reproduktionsorientierten Forschungstradition zu einer Forschungsperspektive verstanden werden, bei der Kindheit als eigenständige Lebensphase und als zentrales Element in der Sozialstruktur betrachtet wird. Seit den 1980er Jahren gibt es Bestrebungen, eigenständige Ansätze und Konzepte zu entwickeln, die Kindheit in ihrer gesellschaftlichen Verfasstheit und sozialen Konstruiertheit aufzudecken suchen. Auf der handlungstheoretischen Ebene verschiebt sich die Perspektive von Kindern als passiven Objekten gesellschaftlicher Beeinflussungsversuche auf Kinder als gestaltungsmächtige Akteure, die selbsttätig, vital und eigensinnig ihre Lebensumwelt mitgestalten (Corsaro 2009/1997).

5 Kindheit und Jugend als generationale Ordnung

Im vorangegangenen Kapitel wurde der Wandel in der Forschungsperspektive auf Kindheit und Jugend dargestellt, der in engem Zusammenhang mit den in den 1970er Jahren einsetzenden gesellschaftlichen und politischen Veränderungen gesehen wird. Es hat eine Bewegung weg von traditionellen strukturfunktionalistischen, rein sozialisations- und entwicklungstheoretischen Ansätzen hin zu Ansätzen gegeben, die die Alltagsverhältnisse von Kindern in ihrer gesellschaftlichen und kulturellen Verfasstheit betrachten. Diese Ansätze betonen die prinzipielle Handlungsbefähigung (Agency) von Kindern, sehen Kinder als aktive Mitgestalter ihrer Lebensumstände. In diesem Kapitel möchten wir Ansätze in der Kindheitsforschung vorstellen, die noch einen Schritt weiter gehen und umgekehrt an den gesellschaftlichen Kräften und Akteuren ansetzen, die Kindheit in ihrem konkreten Gehalt hervorbringen und formen. Diese Ansätze sind in unseren Augen richtungsweisend für die Entwicklung eines originär gesellschaftstheoretischen Ansatzes in der Kindheitsforschung und könnten in mancher Hinsicht eine theoretische Integration von Kindheits- und soziologischer Jugendforschung ermöglichen, was angesichts der eingestandenen Defizite in der sozialwissenschaftlichen Jugendforschung (vgl. Mansel/Griese/Scherr 2003) gerade für die Jugendsoziologie einen Ausweg aus einer Phase des Stillstands bedeuten könnte. In Kapitel 2 haben wir darauf verwiesen, dass in den klassischen Theorien der Begriff Jugend synonym für Kindheit und Jugend verwendet wurde. Wir möchten hier die These vertreten, dass die neuere soziologische Kindheitsforschung die Möglichkeit bietet, umgekehrt den Begriff der Kindheit synonym für Jugend zu verwenden, also als Kennzeichnung für eine soziale Lage, die der Erwachsenheit in der Gesellschaft gegenübersteht. Keinesfalls soll hiermit allerdings verneint werden, dass sich Kindheit und Jugend als getrennte Lebensphasen herausgebildet haben. Es geht aus einer strukturtheoretischen Perspektive vielmehr um die Bedeutung, Herstellung und Aufrechterhaltung der gesellschaftlichen Position der Gruppe der Minderjährigen. Kindheit kann als die Generation der Minderjährigen und damit als permanenter Teil der Sozialstruktur gefasst werden (Qvortrup 2009).

Erstmals in der Soziologie hat es Ende der 1980er, Anfang der 1990er Jahre in internationalen Zusammenhängen von Kindheitsforschern Bestrebungen gegeben, eine gesellschaftstheoretische Konzeptionalisierung von **Kindheit als Generationenverhältnis** und als Strukturmuster (exemplarisch Qvortrup 1994) voranzutreiben[5] (ausführlich zur Entstehungsgeschichte Prout/James 1990 und Zeiher 1996). Zentraler Ausgangspunkt der sich erst programmatisch entwickelnden Soziologie der Kindheit ist die These, dass **Kindheit** sowohl **ein soziales Konstrukt** als auch ein zentraler Teil moderner Sozialstruktur ist. Kindheit wird nicht als biologische Naturtatsache, sondern als soziales Phänomen gefasst (Alanen 1997; Qvortrup u.a. 1994; Schweizer 2007; Corsaro 2005). Kindheit wird nicht mehr an Altersphasen gekoppelt, die individuell und entwicklungsgerecht durchlaufen werden müssen, sondern an Strukturmerkmale, die die Lebenslage Kindheit von der der Erwachsenheit generell unterscheiden und Machtverhältnisse beschreiben (Qvortrup 2005, 2009). Damit sieht die neuere soziologische Kindheitsforschung in Abgrenzung zu strukturfunktionalistischen Auslegungen in der bestehenden Altersgraduierung in komplexen Gesellschaften nicht allein die Voraussetzung für die Übernahme von Rollen und Werten, sondern vor allem die gesellschaftliche Verteilung von Macht, Zugangsrechten und (ökonomischen) Ressourcen zwischen den Generationen (Alanen 1997; Qvortrup 2005, 2009). Alanen sieht in der institutionalisierten Alterszugehörigkeit Muster sozialer Ungleichheit (1992), die sich bspw. in der Armutsbetroffenheit von Kindern zeigt (Qvortrup 1996; Olk/Mierendorff 1998; Bradshaw 2000; Wintersberger 1998). Oakley (1993) fasst Kindheit als Lebenslage einer Minderheit, wie man parallel dazu auch die Lebenslage von Frauen in dieser Art kategorisieren könne. Auch in der Jugendforschung herrscht inzwischen die Annahme vor, dass das chronologische Lebensalter ein relevantes Selektionskriterium für Zugangschancen ist (Olk 1986, S. 48). Kindheit wird nicht aus einer entwicklungspsychologischen oder sozialisationstheoretischen Perspektive primär als Durchgangsphase zum Erwachsenenalter erforscht, sondern als Bestandteil der Sozialstruktur einer hoch differenzierten Gesellschaft. Damit ist es zu einem zentralen Perspektivwechsel in der soziologischen Kindheitsforschung gekommen: anstatt Kindheit als Durchgangsphase und vorübergehendes Stadium individueller Sozialisationsverläufe zu betrachten, geht es nun um die Positionierung von Kindern in der Sozialstruktur der Gesellschaft. Hiermit ist der Anspruch verbunden, Kindheit gesellschaftstheoretisch zu fassen[6].

Insbesondere Alanen (1997), Honig (1999) und Qvortrup (2000) haben die Bedeutung von Generationenverhältnissen (Verhältnis zwischen Erwachsenen und Kindern) und Generationenbeziehungen (Verhältnis zwischen Eltern und Kindern) als zentralen Ausgangspunkt für eine Soziologie der Kindheit hervorgehoben (ausführlich Hengst/Zeiher 2005 a,b; Alanen/Mayall 2001; Mayall/Zeiher 2003; Olk 2009). Zentrale These ist, dass Kindheit Ausdruck für eine asymmetrische Konstruktion des Generationenverhältnisses ist. Alanen (1997, 2005) wirft in diesem Zusammenhang in Rückgriff auf die Anfänge der feministischen Theoriebildung die These des „generational ordering" auf: Kindheit besteht nicht als naturgegebenes, anthropologisches Phänomen, vielmehr wird Kindheit durch Prozesse der Altersklassifikation und der altersbezogenen Typisierung sozial konstruiert (vgl. auch Kelle 2005; Corsaro 2005). So besteht ein wesentlicher Unterschied zwischen der biologischen Tatsache des Kindseins und der sozialen Tatsache der Kindheit, wenn auch Gesellschaften die anthropologische Tatsache des Kindseins zur Legitimation für die Durchsetzung altersgruppenbezogener Über- und Unterordnungsverhältnisse nutzen.

Durch Familialisierung und Scholarisierung ist ein spezifisches Erscheinungsbild moderner generationaler Ordnung entstanden, das innerhalb des bestehenden Wirtschaftssystems hoch funktional ist (vgl. auch Wilk/Bacher 1993; Zeiher 1996; Bühler-Niederberger 1996, 2005; Qvortrup 1996, 2005; Kränzl-Nagl u.a. 1998; Honig 1999; Mierendorff 2008). Die „ökonomisch nutzlose" Lernkindheit ist zur Voraussetzung für das Fortbestehen der differenzierten Industrie- und Dienstleistungsgesellschaft geworden. Die ausdifferenzierten Produktionsprozesse und spezialisierten Arbeitsweisen benötigen ein in langfristigen Lernprozessen ausgebildetes Expertenwissen. Qvortrup spricht in diesem Zusammenhang von der notwendigen altersgradierten Arbeitsteilung, auf der das Kindheitskonzept der Moderne beruht. Während die Schularbeit die notwendige Arbeit der Kindheit ist, ist das Erwachsenenalter durch ökonomisch produktive Arbeit im Erwerbssystem gekennzeichnet (Qvortrup 1996; auch Wintersberger 2005). Kindheit ist somit zu einem notwendigen Bestandteil der modernen Sozialstruktur geworden. Kindheit ist aus dieser Perspektive gekennzeichnet durch den (weitgehenden) Ausschluss aus dem System ökonomisch produktiver Arbeit, der altersabhängigen Verweigerung bürgerlicher Rechte (z.B. Religionsfreiheit, Wahlfreiheit, Bestimmung des Aufenthaltsortes,

Geschäftsfähigkeit) und der rechtlichen Verpflichtung zur Teilnahme am institutionalisierten Bildungssystem (Mierendorff 2008). Während dies bislang die Randständigkeit von Kindheit und Kindern in politischen Diskursen besiegelte, ändert sich diese Sachlage unter Bedingungen einer Entwicklung zur Wissensgesellschaft und der demographischen Alterung der Bevölkerung nachhaltig. Unter diesen Bedingungen wird die „Investition" in Kinder, die als Rohstoff der modernen Ökonomie betrachtet werden, zur zentralen Pflicht, wenn es um die Sicherung der Zukunftsfähigkeit moderner Gesellschaften geht. Insofern entwickeln sich Kinder und Kindheit im aktuellen Diskurs um den „Sozialinvestitionsstaat" von Randthemen zu Kernthemen im Umbau moderner Sozialstaaten. Ob dies zu einer veränderten Positionierung von Kindern in der Gesellschaft führt, bleibt abzuwarten (Olk 2007; Ostner 2007).

Oldman (1994) hebt aus einer radikalen und eng geführten Perspektive als weiteres Kennzeichen moderner Kindheit hervor, dass die Gruppe der Kinder für Erwachsene einen erheblichen Arbeitsmarkt bereitstellen – Pädagogen, Therapeuten, Ärzte, Freizeitanbieter. Da Kinder nicht die rechtliche und gesellschaftliche Macht haben, sich aus diesen institutionalisierten Abhängigkeitsbeziehungen zu befreien, können sie als „ausgebeutete Klasse" gelten.

Qvortrup vertritt die These, dass sich asymmetrische Machtverhältnisse in der Tatsache zeigen, dass die Gruppe der Kinder bei der Verteilung gesellschaftlichen Wohlstands und öffentlicher Ressourcen einen „ungeschützten Status" haben (1996; vgl. auch Olk/Wintersberger 2007). Kinderarmut ist die prominenteste und am häufigsten diskutierte Erscheinungsform. Ursachen hierfür werden in dem Ausschluss der Kinder aus dem System der Erwerbsarbeit gesehen: „Children were removed from the market between 1870 and 1930 in large part because it had become more economical and efficient to educate them" (Zelizer 1985, S. 112; vgl. auch Olk/Mierendorff 1998). „From useful to useless" ist dann auch einer der Schlüsselbegriffe, unter denen Kinder in dieser Debatte gefasst werden. Kinder sind im Prozess der gesellschaftlichen Arbeitsteilung zu einer im ökonomisch wertschöpfenden Sinne nutzlosen Gruppe geworden (Zelizer 1985). Vor allem für Eltern haben sie lediglich einen ideellen und emotionalen Wert behalten (Bühler-Niederberger 1996, 2005). Wintersberger entwickelt aus dieser Argumentation eine „*Ökonomie der Kindheit*" (1998, 2005). Er plädiert dafür, dass erstens Lerntätigkeit von Kindern ähnlich wie Hausarbeit, Erziehungs- und ehrenamtliche Tätigkeit als gesellschaftlich wertschöpfende Tätigkeiten und zweitens die demographische Bedeutung von Kindern anerkannt werden. Beide Aspekte sind für den Fortbestand und die Weiterentwicklung der Gesellschaft zentral. Aus einer ähnlichen Argumentation heraus plädiert Qvortrup dafür, die Lerntätigkeit der Kinder in Schulen und Bildungseinrichtungen durch die Gesellschaft, die einen hohen Nutzen aus dieser Tätigkeit zieht, formal als gesellschaftlich notwendige Arbeit anzuerkennen. Dies könnte dadurch geschehen, dass Kinder nicht länger ausschließlich als Privatangelegenheit der Eltern betrachtet werden. Der Staat müsse eine höhere Verantwortlichkeit für das materielle Wohlergehen der Kinder übernehmen. (Qvortrup 2000b)

Ein weiterer bedeutsamer Zugang in der neueren Soziologie der Kindheit ist die Untersuchung der Konstruktion von Kindheit durch die gesellschaftlichen Bedeutungs- (Symbol-, Sinn- und Semantik-) Systeme (Alanen 1997; Scholz 1994; Corsaro 2005; Kelle 2005; Schweizer 2007). Dieser Strang der neuen Kindheitsstudien versteht Kindheit als Bündel von Diskursen. Diskurse sind spezialisierte Wissensbereiche, die nicht nur auf bestimmte vorherrschende Vorstellungen, Denkkonzepte und Kindheitsrhetoriken verweisen, sondern die auch untrennbar mit sozialen Praktiken und mit den Institutionen, die sie konstituieren, verbunden sind. Vertreter dieser sozialkonstruktivistischen Kindheitstheorie sehen den Vorzug der Diskurstheorie vor allem in der Möglichkeit zur Überwindung vorherrschender Dualitäten von Struktur und Handeln sowie von Makro- und Mikrosoziologie (vgl. James/Prout 1990). Sie unterscheiden zwischen „harten" materiellen Strukturen und „weichen" Kindheitskonstruktionen. In der Diskurstheorie geht es darum, solche weichen Konstruktionen, also vorherrschende Vorstellungen über Kindheit, deren Abhängigkeit, aber auch über deren Unschuld und Wert, zu dekonstruieren, um ihnen ihren absoluten Wahrheitsanspruch zu nehmen und sie als historisch veränderliche und interessengeleitete soziale Konstruktionen freizulegen. Während James und Prout (1990) sowie James, Jenks und Prout (1998) bereits verschiedene dominante Kindheitsdiskurse, wie etwa psychologische Bedürfniskonzepte, die Globalisierung des Kindheitsmodells der Moderne, aber auch die Marginalisierung von Kindern in Sozialberichten und offiziellen Statistiken vorgeführt haben, haben auch deutsche Forscher an dieser Demontage vorherrschender Kindheitskonzepte mitgearbeitet. So hat etwa Bühler-Niederberger Diskursanalysen im Hinblick auf die Geschichte der Legasthenie, im Hinblick auf die Rolle von Kindheit in der deutschen Politik, aber auch Kindheitsbilder in Erziehungsratgebern dekonstruiert (vgl. Bühler-Niederberger/Hungerland/Bader 1999 sowie Bühler-Niederberger 2005). Kelle (2005) zeigt in ethnografischen Untersuchungen generationaler Verhältnisse im Schulleben, dass sowohl den Erwachsenen (Lehrer, Eltern), als auch den Schülerinnen und Schülern selbst dann bestimmte Konstruktionen von Kindsein und Erwachsensein handlungsleitend vor Augen stehen, wenn diese Bilder von dem jeweiligen Gegenüber in konkreten Interaktionssituationen gar nicht aktualisiert werden.

Alanen fügt einen weiteren Aspekt hinzu: „Enkulturation ist im generational ordering insofern bedeutsam, als dadurch die Vorstellung wieder aufgenommen wird von Kindern als ‚Wissenden', die kraft der ihnen in der sozialen Ordnung zugewiesenen Position als ‚Kinder' auch ein spezifisches Wissen (neben Identitäten und Wertungen) in Bezug auf das erwerben, was zu dieser Positionierung als ‚Kind' in der Gesellschaft, in der sie leben, dazugehört." (1997, S. 173) Kinder haben ein spezifisches Wissen von ihren „sozialen Welten". Alanen fordert daher die Entwicklung einer empirischen Forschung, die das Wissen der Kinder mit einbezieht und als Teil des Konstruktionsprozesses betrachtet (Alanen 2005; Ben-Arieh 2005; Lange/Mierendorff 2009). Unter dem (teilweise in den angrenzenden Sozialwissenschaften missverstandenen) Motto „Kinder als Akteure" hat sich gerade in Deutschland eine breite Forschungslandschaft entwickelt in denen Kinder als „Informanten" gesehen werden (Exemplarisch: Honig/Lange/Leu 1999; Breidenstein/Kelle 1998, Heinzel 2000; Alt 2004; vor dieser Theoriedebatte auch schon Hengst 1981, 1985).

Abschließend sei ein weiterer wesentlicher Bestandteil der neueren soziologischen Kindheitsforschung angesprochen. Kinder sind in der bundesdeutschen Sozialberichterstattung lange Zeit nicht als eigenständige Gruppe berücksichtigt worden (Nauck 1995; Leu 2002; Ben-Arieh 2001). Seit Mitte der 1980er Jahre beginnt sich eine Forschungsrichtung zu etablieren, die sich zum Ziel gesetzt hat, moderne Kindheitsverhältnisse, Auswirkungen struktureller Bedingungen und des sozialen Wandels auf Kindheit empirisch aufzuzeigen (Lang 1985; Nauck/Bertram 1995; Zinnecker/Silbereisen 1998; Alt 2004, 2005; Betz 2008). Wesentlicher Bestandteil hierbei ist auch die Entwicklung einer eigenständigen Sozialberichterstattung über Kinder (Nauck 1995). Insbesondere Joos hat wesentlich sowohl zur Entwicklung von kindbezogenen Sozialindikatoren beigetragen, als auch erstmalig eine umfassende Auswertung relevanter Daten zur kindlichen Wohlfahrt vorgelegt (2001). Nach Joos liegt das zentrale Anliegen einer Sozialberichterstattung darin, „über die Lebensverhältnisse von Kindern eine adäquate, fortschreibende Informationsgrundlage für eine Kinderpolitik [zu] schaffen, auf deren Basis ‚kinderfreundliche' Entscheidungen getroffen werden können" (2001, S. 16).

6 Forschungsdesiderat

Aus dem gegenwärtigen Stand der Kindheits- und Jugendforschung ergeben sich einige Ansatzpunkte für Fragestellungen künftiger Forschungsvorhaben. Dabei lassen sich zwei analytisch unterscheidbare Entwicklungsstränge benennen: Zum einen muss es darum gehen, die gesellschaftstheoretische Kindheitsforschung als eine die Lebensphasen und Lebensalter Kindheit und Jugend übergreifende Forschung voranzutreiben, die sich auf die Rekonstruktion der generationalen Ordnung einer gegebenen Gesellschaft und die damit zusammen hängende Verortung der Minderjährigen in der Gesellschaftsstruktur konzentriert. Zum anderen gilt es, in getrennten Forschungsprozessen die Übergangsprozesse vom Kindheits- in das Jugendalter sowie vom Jugend- in das Erwachsenenalter genauer zu markieren, um die individualisierten Wege durch die Kindheits- und Jugendphase in der modernen, hochdifferenzierten Gesellschaft nachzeichnen zu können.

Zu 1) Hinsichtlich einer umfassenden gesellschaftstheoretisch orientierten Kindheitsforschung im Sinne der „neuen Kindheitsstudien" gibt es einen erheblichen Nachholbedarf in der deutschsprachigen Forschungslandschaft. Die Verortung der Bevölkerungsgruppe der Kinder (hier in der Spanne von Kindheit und Jugend) im System der (Um-) Verteilung materieller Lebenschancen ist allenfalls in ersten Ansätzen vorhanden (Blome/Keck/Alber 2008). Für eine präzise Beschreibung der materiellen Lage der Bevölkerungsgruppe der Kinder ist aber ein Wissen darüber erforderlich, welchen Anteil gesellschaftlicher Ressourcen (an Zeit, Raum und Geld etc.) die Bevölkerungsgruppe der Kinder im Vergleich zu anderen Bevölkerungsgruppen (Erwachsene, ältere Menschen) erhalten und ob dahingehend weitere gruppeninterne Differenzierungen bestehen. Darüber hinaus ist zu klären, in welcher Weise die Lebenslage von Kindern von übergreifenden gesellschaftlichen Entwicklungen wie die demografische Alterung der Bevölkerung, ökonomische Konjunkturen, die Globalisierung des Wirtschaftsgeschehens, dem Umbau des Sozialstaates und dem Wandel familaler Lebensformen beeinflusst wird. In diesem Zusammenhang spielt der aktuelle Wandel von Leitbildern und Prioritäten des Sozialstaates eine prominente Rolle. Mit dem demografisch bedingten Rückgang der Anzahl von Kindern und der Entwicklung zur globalisierten Wissensgesellschaft erhält die Investition in Kinder eine neue sozialpolitische Relevanz. Damit sind zwar – zumindest den politischen Ankündigungen und Rhetoriken folgend – auch kindbezogene Ressourcenströme und Leistungsangebote (frühkindliche Bildung und Betreuung, Ganztagsschulen, Kindergelderhöhungen etc.) verbunden, allerdings geschieht dies nicht im Namen der Verbesserung der Rahmenbedingungen für eine „gute Kindheit", sondern vielmehr mit Blick auf die Qualifizierung der dringend benötigten Arbeitskräfte in der Zukunft. Inwiefern dieser Trend zu einer nachhaltigen Umverteilung gesellschaftlicher Ressourcen in Richtung Kindheit und Jugend führt, ist derzeit völlig offen.

Für eine an den Prinzipien und Erkenntnisinteressen der neuen Kindheitsstudien orientierte Kindheitsforschung ergeben sich hier allerdings eine Reihe von Forschungsthemen und Forschungsfeldern. So ist etwa klärungsbedürftig, welcher Umbau von Kindheit mit dem erneuten Schub des Ausbaus formaler Bildungsinstitutionen (frühkindliche Bildung und Betreuung, Ausweitung ganztagsschulischer Angebote, Vernetzung formeller und informeller Bildungsorte) eingeleitet wird. Darüber hinaus ist von Interesse, inwieweit der erneute Vergesellschaftungsschub von Kindheit und Jugend und die hiermit zusammenhängende Verdichtung der Kindheitsphase eine Um- und Neustrukturierung vorherrschender Rhetoriken und Konstruktionen von Kindheit und Jugend – etwa von der „Spielkindheit" und „Familienkindheit" zur „Bildungskindheit" bzw. „Kindheit als Ressource" – auslösen. Auch die Rekonstruktion der

Auswirkungen solcher gesellschaftlicher Verwertungsinteressen gegenüber Kindheit und Jugend auf die generationale Ordnung, also das System von altersgruppenspezifischen Rechten und Pflichten, steht auf der Tagesordnung.

Zu 2) Jenseits dieser gesellschaftstheoretisch angelegten Forschung zur sozialstrukturellen Lage und zu den sozialen Konstruktionen von Kindheit besteht ein weiteres Forschungsdesiderat dahingehend, wie sich die „Agency" von Kindern und Jugendlichen angesichts der Veränderung der Übergangsprozesse von der Kindheit in die Jugend und von der Jugend in das Erwachsenenalter entwickelt. Welche gesellschaftlichen Anforderungen stellen sich an die biografischen Konstruktionsleistungen von Kindern bei der Gestaltung ihrer Kindheitsbiografie unter den veränderten Bedingungen und mit Hilfe welcher Strategien und Gestaltungsleistungen konstruieren Kinder den Übergang in das Jugendalter? Was bedeutet es darüber hinaus, wenn Jugendliche ihre Wege durch die Jugendbiografie weitgehend selbst finden müssen, weil sie sich angesichts veränderter gesellschaftlicher Anforderungen immer weniger auf die Vorbilder und Empfehlungen von Angehörigen der Erwachsenengeneration verlassen können. Wie gehen junge Menschen damit um, dass sie ihre Lebensgestaltungskompetenzen unter den Bedingungen riskanter Übergangsprozesse nicht in formalen Bildungsinstitutionen entfalten, sondern in informellen Lernprozessen zum Teil mühsam selbsttätig erwerben müssen. Es muss empirisch geprüft werden, ob die bislang entwickelten Thesen zur Verlängerung und „Ausfaserung" der Jugendphase unter Bedingungen der demografischen Alterung der Bevölkerung Bestand haben beziehungsweise in welchen Hinsichten Verschiebungen und neue Spannungen entstehen. Ferner ist zu prüfen, ob sich Prozesse der Erosion von Kindheit und Jugend als Schutz- und Vorbereitungsraum fortsetzen und in welche Richtung sich die kulturellen und sozialen Konstruktionen kindheits- und jugendgemäßen Verhaltens unter Bedingungen einer fortschreitenden Vergesellschaftung von Kindheit und Jugend verändern.

Anmerkungen

1 Um Missverständnissen vorzubeugen sei an dieser Stelle angemerkt, dass sich eine pädagogische und psychologische Kindheits- und Jugendforschung bereits in den 1920er Jahren ausdifferenziert hatte. Honig merkt an, dass spätestens mit dem 1928 erschienenen Werk „Kindheit und Jugend" von Charlotte Bühler die Trennung zwischen Kindheits- und Jugendforschung vollzogen worden sei. (1999, S. 86)
2 Mead begreift Sozialisation als Individuation; Schütze/Luckmann verstehen Sozialisation als Wissensvermittlung.
3 Die Weiterentwicklung des sozialisationstheoretischen Ansatzes in der Kindheitsforschung, insbesondere die Abkehr von dem Prinzip des Kindes als Sozialisationsobjekt hin zum Kind als „Sozialisationsakteur", kann an dieser Stelle nicht ausgeführt werden (hierzu ausführlich Geulen in diesem Band).
4 Mit der Nutzung von pädagogischem Lehrmaterial in der Freizeit beleuchtet sie einen anderen Aspekt als Hengst, der eher zu der These der Expansion nicht pädagogisch gesteuerter Lernformen kommt.
5 In der deutschen Kindheitsforschung ist diese Entwicklung erst relativ spät – nämlich ab Mitte der 1990er Jahre – zur Kenntnis genommen worden, als im internationalen Forschungszusammenhang ein Programm der Soziologie der Kindheit längst formuliert war (vgl. Zeiher 1996).
6 Bisherige Ansätze einer soziologischen Kindheitsforschung, wie wir sie in den vorangegangenen Kapiteln analysiert haben, sind durch eine Vermischung von Kindheit als individuell zu durchlaufende Lebenszeit und als gesellschaftlich beeinflusste Lebensphase gekennzeichnet. Eine theoretisch begründete begriffliche Trennung gab es hier noch nicht.

Literatur

Alanen, L.: Rethinking childhood. In: Acta Sociologica,1988, Vol 31, No. 1., pp. 53-67
Alanen, L.: Modern Childhood? Exploring the Child Question in Sociology. Universitiy of Jyväskylä. Institut for Educational Research. Reasearch Reports, Bd. 50, Jyväskylä 1992
Alanen, L.: Soziologie der Kindheit als Projekt: Perspektiven für die Forschung. In: Zeitschrift für Sozialisationsforschung und Erziehungssoziologie 17 (1997), H. 2, S. 162- 177
Alanen, L.: Kindheit als generationales Konzept. In: Hengst, H./Zeiher, H. (Hrsg.): Kindheit soziologisch. Wiesbaden 2005, S. 65-82
Alanen, L./Mayall, B. (Eds.): Conceptualizing child-adult relations. London 2001
Allerbeck, K./Rosemayr, L.: Einführung in die Jugendsoziologie. Heidelberg 1976
Alt, C.: The DJI Panel Study on Childhood: How do children grow up in Germany? In: Hübner-Funk, S. (Ed.): Research in Progress. Selected Studies of the German Youth Institute. München 2004, pp. 75-85
Alt, C.: Kinderleben – Aufwachsen zwischen Familie, Freunden und Institutionen. Wiesbaden 2005
Ariès, P.: Geschichte der Kindheit. München/Wien (Org.: Paris 1960) 1975
Badinter, E. (1984): Die Mutterliebe. Geschichte eines Gefühls vom 17. Jahrhundert bis heute. München
Beck, U.: Risikogesellschaft. Auf dem Weg in eine andere Moderne. Frankfurt a.M. 1986
Beck, U.: Jenseits von Stand und Klasse. In: Beck, U./Beck-Gernsheim, E. (Hrsg.): Riskante Freiheiten. Individualisierung in modernen Gesellschaften. Frankfurt a.M. 1994, S. 43-60
Behnken, I./du Bois-Reymond, M./Zinnecker, J.: Stadtgeschichte als Kindheitsgeschichte. Lebensräume von Großstadtkindern in Deutschland und Holland um 1900. Opladen 1989
Behnken, I./Zinnecker, J.: Vom Straßenkind zum verhäuslichten Kind. Zur Modernisierung städtischer Kindheit 1900-1980. In: Sozialwissenschaftliche Informationen. Nr. 2 (1987), S. 87-96
Behnken, I./Zinnecker, J.:Kindheit und Biographie. In. Bohnsack, R./Marotzki, W. (Hrsg.): Biographieforschung und Kulturanalyse. Opladen 1998. S. 152-166
Ben-Arieh, A.: Measuring and Monitoring Children's Well-Being: The Role of Children. In: Klöckner, C. (Ed.): Kindheitsforschung und kommunale Praxis. Wiesbaden 2005, S. 57-76
Betz, T. (2008): Ungleiche Kindheiten. Theoretische und empirische Analysen zur Sozialberichterstattung über Kinder. Weinheim/München
Blancpain, R./Häuselmann, E.: Zur Unrast der Jugend. Frauenfeld/Stuttgart 1974
Blome, A./Keck, W./Alber, J.: Generationenbeziehungen im Wohlfahrtsstaat. Lebensbedingungen und Einstellungen von Altersgruppen im internationalen Vergleich. Wiesbaden 2008
Borsche, S.: Umbrüche in der Interessenpolitik für Kinder. In: Kränzl-Nagl, R./Mierendorff, J./Olk, T. (Hrsg.): Kindheit im Wohlfahrtsstaat. Gesellschaftliche und politische Herausforderungen. Frankfurt a.M./New York 2002
Bradshaw, J.: Poverty: The Outcomes for Children. London 2000
Breidenstein, G./Kelle, H.: Geschlechteralltag in der Schulklasse. Ethnographische Studien zur Gleichaltrigenkultur. Weinheim 1998
Brenner, G.: Kinder und Jugendliche in der Mediengesellschaft. In: Deutsche Jugend (2004), H. 6, S. 280-284
Büchner, P./Fuhs, B./Krüger, H.-H. (Hrsg.): Vom Teddybär zum ersten Kuss. Wege aus der Kindheit in Ost- und Westdeutschland. Opladen 1996
Büchner, P./Krüger, H.-H./Chisholm, L. (Hrsg.): Kindheit und Jugend im interkulturellen Vergleich. Opladen 1990
Bühler-Niederberger, D.: Teure Kinder – Ökonomie und Emotionen im Wandel der Zeit. In: Zeiher, H./Büchner, P./Zinnecker, J. (Hrsg.) (1996), S. 97-116
Bühler-Niederberger, D.: Kindheit und die Ordnung der Verhältnisse. Von der gesellschaftlichen Macht der Unschuld und dem kreativen Individuum. Weinheim/München 2005
Bühler-Niederberger, D./Hungerland, B./Bader, A.: Minorität und moralische Instanz – der öffentliche Entwurf von Kindern. In: Zeitschrift für Sozialisationsforschung und Erziehungssoziologie 19 (1999), H. 2, S. 128-150
Cain, L.D.: Life Course an Social Structure. In: Faris, R.E.L. (Ed.): Handbook of Modern Sociology. Chicago 1964, pp. 272-309
Clausen, J.A.: The Life Course of Individuals. In: Riley, M./Johnson, M./Foner, A.: Aging and Society, Bd. 3, New York 1972, pp. 457-476
Cockburn, T.: Children and Citizenship in Britain. In: Childhood 5 (1998), H. 1, S. 99-117.
Corsaro, W. A.: The Sociology of childhood. Thousand Oaks: Sage 2005, 1. Aufl. 1997
DeMause, L.: Hört ihr die Kinder weinen. Eine psychogenetische Geschichte der Kindheit. Frankfurt a.M. 1977.
du Bois-Reymond, M.: Die moderne Familie als Verhandlungshaushalt. In: du Bois-Reymond, M. u. a. (Hrsg.) (1994), S. 137-219
du Bois-Reymond, M.: Negotiating Families. In: du Bois-Reymond, M./Sünker, H./Krüger, H.-H.: Childhood in Europe. Approaches, Trends, Findings. New York 2001, S. 63-90

du Bois-Reymond, M.: Neue Lernformen – neues Generationenverhältnis. In: Hengst, H./Zeiher, H.: Kindheit soziologisch. Wiesbaden 2005, S. 227-244

du Bois-Reymond, M.: Europas neue Lerner. Ein bildungskritischer Essay. Opladen&Farmington Hills 2007

Duncker, L./Scheunpflug, A./Schultheis, K.: Schulkindheit. Anthropologie des Lernens im Schulalter. Stuttgart 2004

Eisenstadt, S.N.: From Generation to Generation. New York 1956 (deutsch: Von Generation zu Generation, München 1966)

Feil, C.: Kinder, Geld, Konsum. Die Kommerzialisierung der Kindheit. Reihe: Kindheiten. Bd. 24, Weinheim/München 2003

Fölling-Albers, M.: Entscholarisierung von Schule und Scholarisierung von Freizeit? Überlegungen zu Formen der Entgrenzung von Schule und Kindheit. In: Zeitschrift für Soziologie der Erziehung und Sozialisation 20 (2000), H. 2, S. 118-131

Fürstenau, P.: Soziologie der Kindheit. Heidelberg 3. Aufl. 1971, 1967 1. Aufl.

Fuchs, W.: Jugendliche Statuspassagen oder individualisierte Jugendbiographie? In: Soziale Welt 34 (1983), S. 341-371

Fuchs, W.: Jugend als Lebenslaufphase. In: Jugendwerk der Deutschen Shell: Jugendliche und Erwachsene '85. Generationen im Vergleich. Bd. 1, Opladen 1985, S. 195-263

Geulen, D.: Einführung. In: Geulen, D. (Hrsg.): Kindheit. Neue Realitäten und Aspekte. Weinheim 1994, S. 9-20

Gillis, J.R.: Youth and History. Tradition and Change in European Age relations 1770 – Present. New York 1974 (deutsch: Geschichte der Jugend. Weinheim/Basel 1980)

Golden, M.: Children and Childhood in Classical Athens. Baltimore (Maryland) 1990/1993

Heinzel, F.: Methoden der Kindheitsforschung. Ein Überblick über Forschungsperspektiven zur kindlichen Perspektive. Weinheim 2000

Heitmeyer, W./Olk, Th. (Hrsg.): Individualisierung von Jugend. Gesellschaftliche Prozesse, subjektive Verarbeitungsformen, jugendpolitische Konsequenzen. Weinheim/München 1990

Hendrick, Harry: Children, childhood and English society 1880-1990. Cambridge 1997

Hengst, H.: Tendenzen der Liquidierung von Kindheit. In: Hengst, H./Köhler, M./Riedmüller, B./Wambach, M.M. (Hrsg.) (1981), S. 11-72

Hengst, H.: Kinder an die Macht! Der Rückzug des Marktes aus dem Erziehungsprojekt der Moderne. In: Zeiher, H./Büchner, P./Zinnecker, J. (1996), S. 117-132

Hengst, H.: Kinderarbeit revisited. In: Zeitschrift für Sozialisationsforschung und Erziehungssoziologie 18 (1998), H.1, S. 25-37

Hengst, H.: Rethinking the Liquidation of Childhood. In: du Bois-Reymond, M./Sünker, H./Krüger, H.-H: Childhood in Europe. Approaches, Trends, Findings. New York 2001, S. 13-34.

Hengst, H./Köhler, M./Riedmüller, B./Wambach, M.M. (Hrsg.): Kindheit als Fiktion. Frankfurt a.M. 1981

Hengst, H./Zeiher, H. (Hrsg.): Die Arbeit der Kinder. Kinderkonzept und Arbeitsteilung zwischen den Generationen. Weinheim/München 2000

Hengst, H./Zeiher, H. (Hrsg.): Kindheit soziologisch. Wiesbaden 2005

Hengst, H./Zeiher, H. (Hrsg.): Von Kindheitswissenschaften zu generationalen Analysen. In: Hengst, H./Zeiher, H. (Hrsg.) (2005), S. 9-23

Hogan, D.P.: The Transition to Adulthood as a Career Contingency. In: American Sociological Review 45 (1980), S. 261-276

Honig, M.-S.: Entwurf einer Theorie der Kindheit. Frankfurt a.M. 1999

Honig, M.-S./Lange, A./Leu, H.R. (Hrsg.): Aus der Perspektive von Kindern? Zur Methodologie der Kindheitsforschung. Weinheim/München 1999

Honig, M./Ostner, I.: Das Ende der fordistischen Kindheit. In: Klocke, A./Hurrelmann, K. (Hrsg.): Kinder und Jugendliche in Armut. Wiesbaden 2001, S. 293-310

Hungerland, B./Liebel, M./Liesecke, A./Wihstutz, A.: Paths to participatory autonomy. The meanings of work to children in Germany. In: Childhood. A global journal of child research. Vol. 14 (2) (2007), pp. 257-258

Hornstein, W.: Jugend. Strukturwandel im gesellschaftlichen Wandlungsprozeß. In: Hradil, S. (Hrsg.): Sozialstruktur im Umbruch. Opladen 1985, S. 323-342

Huinink, J./Grundmann, M.: Kindheit im Lebenslauf. In: Markefka, M./Nauck, B. (1993), S. 67-78

Hurrelmann, K.: Das Modell des produktiv realitätsverarbeitenden Subjekts in der Sozialisationsforschung. In: Zeitschrift für Sozialisationsforschung und Erziehungssoziologie (1983), H. 3, S. 91-103

Hurrelmann, K.: Lebensphase Jugend. Eine Einführung in die sozialwissenschaftliche Jugendforschung. 5. Aufl., Weinheim/München 1997

Hurrelmann, K.: Einführung in die Sozialisationstheorie. Weinheim 2002

James, A./Jenks, C./Prout, A.: Theorizing Childhood. Cambridge, UK 1998

Joos, M.: Die soziale Lage der Kinder. Sozialberichterstattung über die Lebensverhältnisse von Kindern in Deutschland. Weinheim/München 2001

Jugendwerk der Deutschen Shell (Hrsg.): Jugend '97: Zukunftsperspektiven, gesellschaftliches Engagement, politische Orientierung. 12. Shell-Jugendstudie. Opladen 1997

Jurczyk, K./Lange, A.: Blurring Boundaries of Family and Work. Challenges for Children. In: Zeiher, H. u.a. Flexible Childhood? Exploring Children's Welfare in Time and Space. Vol. 2 of Cost A 19: Childrens Welfare. Odense. Denmark 2007, S. 215-238

Kaufmann, F.-X. (1980): Kinder als Außenseiter der Gesellschaft. Merkur, 34. Jg.,., H.387, pp. 761-771

Kelle, H.: Kinder und Erwachsene. Die Differenzierung von Generationen als kulturelle Praxis. In: Hengst, H./Zeiher, H. (Hrsg.) (2005), S. 83-108

Key, E.: Das Jahrhundert des Kindes: Studien. Berlin 1926

Kirchhöfer, D.: Aufwachsen in Ostdeutschland. Langzeitstudie über Tagesläufe 10- bis 14jähriger Kinder. Weinheim/München 1998

Kohli, M.: Die Institutionalisierung des Lebenslaufs. In: KZfSS 37 (1985), H. 1, S. 1-29

Kohli, M.: Gesellschaftsziel und Lebenszeit. Der Lebenslauf im Strukturwandel der Moderne. In: Berger, J. (Hrsg.): Die Moderne – Kontinuitäten und Zäsuren (Sonderband 4 der Sozialen Welt), 1986, S. 183-208

Kränzl-Nagl, R./Mierendorff, J.: Kindheit im Wandel – Annäherung an ein komplexes Phänomen. SWS-Rundschau. Jg. 47. (2007) H1. S. 5-28

Kränzl-Nagl, R./Mierendorff, J./Olk, Th. (Hrsg.): Kindheit im Wohlfahrtsstaat. Gesellschaftliche und politische Herausforderungen. Frankfurt/New York 2003a

Kränzl-Nagl, R./Mierendorff, J./Olk, Th. (Hrsg.): Die Kindheitsvergessenheit in der Wohlfahrtsstaatsforschung und die Wohlfahrtstaatsvergessenheit der Kindheitsforschung. In: ebenda 2003b

Kränzl-Nagl, R./Riepl, B./Wintersberger, H.: Kindheit in Gesellschaft und Politik. Eine multidisziplinäre Analyse am Beispiel Österreichs. Frankfurt a.M./New York 1998

Lang, S.: Lebensbedingungen und Lebensqualität von Kindern. Frankfurt a.M./New York 1985

Lange, A.: Kindsein heute: Theoretische Konzepte und Befunde der sozialwissenschaftlichen Kindheitsforschung sowie eine Explorativuntersuchung zum Kinderalltag in einer bodenseenahen Gemeinde. Konstanz 1994

Lange, A./Mierendorff, J. (2009): Methoden der Kindheitsforschung. In: Honig, M.S. (hrsg). Weinheim/München

Lange, A./Lauterbach, W. (Hrsg.): Kinder in Familie und Gesellschaft zu Beginn des 21sten Jahrhunderts. Stuttgart 2000

Leu, H.-R.(Hrsg.): Sozialberichterstattung zu Lebenslagen von Kindern. Opladen 2002

Levy, R.: Der Lebenslauf als Statusbiographie. Stuttgart 1977

Liebel, M.: Jugend als Gegenstand bürgerlicher Soziologie. In: Lessing, H./Liebel, M.: Jugend in der Klassengesellschaft. München 1974, S. 39-59

Liebel, M.: Kinder im Abseits. Kindheit und Jugend in fremden Kulturen. Weinheim/Basel 2005

Linton, R.: Age and Sex Categories. In: American Sociological Review 7 (1942), N. 5, pp. 589-603

Mansel, J./Griese, H.M./Scherr, A. (Hrsg.): Theoriedefizite der Jugendforschung. Standortbestimmung und Perspektiven. Weinheim/München 2003

Markefka, M./Nauck, B. (Hrsg.): Handbuch der Kindheitsforschung. Neuwied/Kriftel 1993

Mayall, B./Zeiher, H.(Eds.): Childhood in generational perspective. London 2003

Mayer K.U./Müller, W.: Individualisierung und Standardisierung im Strukturwandel der Moderne: Lebensläufe im Wohlfahrtsstaat. In: Weymann, A. (Hrsg.): Handlungsspielräume. Stuttgart 1989, S. 41-60

Mierendorff, J.: Kindheit und Wohlfahrtsstaat. In: Luber, E./Hungerland, B. (Hrsg.): Angewandte Kindheitswissenschaften – Eine Einführung für Studium und Praxis. Weinheim 2008, S. 199- 217.

Mitterauer, M.: Sozialgeschichte der Jugend. Frankfurt a.M. 1986

Modell, J. u.a.: Social Change and Transition to Adulthood in Historical Perspective. In: Journal of Family History 1 (1976), S. 7-32

Montgomery, K. C.: Generation Digital. Politics. Commerce and Childhood in the Age of the Internet. Cambridge 2007

Münchmeier, R.: Jugend im Spiegel der Jugendforschung. In: Bingel, G./Nordmann, A./Münchmeier, R. (Hrsg.): Die Gesellschaft und ihre Jugend. Strukturbedingungen jugendlicher Lebenslagen. Opladen&Farmington Hills 2008, S. 13-27

Musgrove, F.: Population Change and the Status of the Young. In: Sociological Review (1963), Bd. 11, S. 69-93

Nauck, B.: Sozialstrukturelle Differenzierung der Lebensbedingungen von Kindern in West- und Ostdeutschland. In: Markefka, M./Nauck, B. (Hrsg.) (1993), S. 143-163

Nauck, B.: Kinder als Gegenstand der Sozialberichterstattung. Konzepte, Methoden und Befunde im Überblick. In: Nauck, B./Bertram, H. (1995), S. 11-87

Nauck, B./Bertram, H. (Hrsg.): Kinder in Deutschland. Lebensverhältnisse von Kindern im Regionalvergleich. DJI: Familiensurvey 5, Opladen 1995

Neidhardt, F.: Bezugspunkte einer soziologischen Theorie der Jugend. In. Jugend im Spektrum der Wissenschaften. Beiträge zur Theorie des Jugendalters. München 1970, S. 11-48

Oakley, A.: Women and children first and last: Parallels and differences between children's and women's studies. In: Qvortrup, J. u.a. (Eds.): Childhood as a social phenomenon. Lessons from an international project. Vienna 1993, pp. 51-69

Oldman, D.: Adult-child Relations as Class Relations. In: Qvortrup, J./Bardy, M./Sgritta, G./Wintersberger, H. (Eds.) (1994), pp. 43-58

Olk, Th.: Jugend und gesellschaftliche Differenzierung – zur Entstrukturierung der Jugendphase. In: Zeitschrift für Pädagogik (1985), 19. Beiheft, S. 290-301

Olk, Th.: Jugend und Gesellschaft. Entwurf für einen Perspektivenwechsel in der sozialwissenschaftlichen Jugendforschung. In: Heitmeyer, W. (Hrsg.): Interdisziplinäre Forschung. Weinheim/München 1986, S. 41-62

Olk, Th.: Kinder im Sozialinvestitionsstaat. In: ZSE. Jg. 27 (2007), H. 1, S. 43-57

Olk, Th.: Children, Generational relations and Intergenerational Justice. In: Qvortrup, J./Corsaro, W. A./Honig, M.-S. (Eds.):Handbook of Childhood Studies. Basingstoke 2009

Olk, Th./Mierendorff, J.: Existenzsicherung für Kinder – Zur sozialpolitischen Regulierung von Kindheit im bundesdeutschen Sozialstaat. In: Zeitschrift für Soziologie der Erziehung und Sozialisation 18 (1998), H. 1, S. 38-52

Olk, Th./Wintersberger, H.: Welfare States and Generational Order. In: Wintersberger, H./Alanen, L./Olk, Th./Qvortrup, J. (Eds.): Childhood, Generational Order and the Welfare State: Exploring Children's Social and Economic Welfare. Odense 2007, pp. 59-90

Onna, B. van: Jugend und Vergesellschaftung. Eine Auseinandersetzung mit der Jugendsoziologie. Frankfurt 1976

Ostner, I.: Wem gehört das Kind? Von der elterlichen Gewalt zum Recht des Kindes. In: Nolte, G/Schreiber, H.- L. (Hrsg.): Der Mensch und seine Rechte. Grundlage und Brennpunkte der Menschenrechte zu Beginn des 21. Jahrhunderts. Göttingen 2004, S. 151-170

Ostner, I.: Whose Children? Families and Children in "Activating" Welfare States. In: Wintersberger, H./Alanen, L./Olk, Th./Qvortrup, J. (Eds.): Childhood, Generational Order and the Welfare State: Exploring Children's Social and Economic Welfare. Odense 2007, S. 45-57

Peuckert, R.: Familienformen im sozialen Wandel. 7. vollständig überarbeitete Auflage. Wiesbaden 2008

Postman, N.: Das Verschwinden der Kindheit. Frankfurt 1983

Preuss-Lausitz, U. u.a. (Hrsg.): Kriegskinder, Konsumkinder, Krisenkinder. Zur Sozialisationsgeschichte seit dem zweiten Weltkrieg. 2. Auflage, Weinheim/Basel 1993

Preuss-Lausitz, U./Rülcker, T./Zeiher, H. (Hrsg.): Selbständigkeit für Kinder – die große Freiheit? Kindheit zwischen pädagogischen Zugeständnissen und gesellschaftlichen Zumutungen. Weinheim/Basel 1990

Prout, A.: Participation, policy and the changing conditions of childhood. In: Prout, A./Hallet, C. (Eds.): Hearing the voices of children: challenges for a new country. New York 2003, pp. 11-25

Prout, A./James, A.: A New Paradigm for the Sociology of Childhood? Provenance, Promise and Problems. In: James, A./Prout, A. (1990), pp. 7-34

Qvortrup, J.: The Continued Intergenerational Interdependence. In: Wintersberger, H.: Children on the Way from Marginality towards Citizenship. Childhood Policies: Conceptual and Practical Issues. Euro Social, Report 61, Vienna 1995, pp. 9-24

Qvortrup, J.: Zwischen „fürsorglicher Belagerung" und ökonomischen Interessen. Zur Wahrnehmung von Kindern und Kindheit in den nordischen Ländern. In: Zeiher, H./Büchner, P./Zinnecker, J. (1996), S. 36-73

Qvortrup, J.: Generation – an Important Concept for the Study of Childhood. American Sociological Association's Meeting: A Generational Approach to a Sociology of Childhood. Washington D.C. 2000

Qvortrup, J.: Kinder und Kindheit in der Sozialstruktur. In: Hengst, H./Zeiher, H. (Hrsg.) (2005), S. 27-47

Qvortrup, J.: Childhood as a Structural Form. In: Qvortrup, J./Corsaro, W. A./Honig, M.-S. (Hrsg.): The Palgrave Handbook of Childhood Studies. Houndmills, Basingstroke 2009

Qvortrup, J./Bardy, M./Sgritta, G./Wintersberger, H. (Eds.): Childhood Matters. Social Theory, Practice and Politics. Adlershot et al. 1994

Rabe-Kleberg, U./Zeiher, H.: Kindheit und Zeit. Über das Eindringen moderner Zeitorganisation in die Lebensbedingungen von Kindern. Zeitschrift für Sozialisationsforschung und Erziehungssoziologie 4 (1984), H. 1, S. 29-43

Richter, I.: Das Recht der Kindheit in der Entwicklung. In: Lange, A./Lauterbach, W. (2000), S. 289-314

Richter, K./Trautmann, Th. (Hrsg.): Kindsein in der Mediengesellschaft. Interdisziplinäre Annäherungen. Weinheim/Basel 2001

Riley M./Johnson, M./Foner, A.: Elements in a Model of Age Stratification. In: Riley, M./Johnson, M./Foner, A.: Aging and Society, Bd. 3, New York 1972, pp. 3-26

Schelsky, H.: Die skeptische Generation. Düsseldorf/Köln 1957
Scholz, G.: Ökonomisierung des Lernens. In: Westphal, K. (Hrsg.): Zeit des Lernens. Perspektiven auf den Sachunterricht und die Grundschul-Pädagogik. Frankfurt 2005 (www.widerstreit-sachunterricht.de)
Schröder, H.: Jugend und Modernisierung. Strukturwandel der Jugendphase und Statuspassagen auf dem Weg zum Erwachsensein. Weinheim/München 1995
Schütze, Y. (1987): Die gute Mutter. Zur Geschichte des normativen Muster „Mutterliebe". Bielefeld
Schweizer, H.: Soziologie der Kindheit. Verletzlicher Eigensinn. Wiesbaden 2007
Solberg, A.: Negotiating Childhood: Changing Constructions of Age for Norwegian Children. In: James, A.; Prout, A. (1990), pp. 118-137
Therborn, G.: Children's Rights since the Constitution of modern Childhood. A comparative Study of Western Nations Eurosocial Report 47. Vienna 1992, pp. 105-138
Thole, W./Roßbachm H.-G./Fölling-Albers, M./Tippelt, R. (Hrsg.): Bildung und Kindheit. Pädagogik der frühen Kindheit in Wissenschaft und Lehre. Opladen/Farmington Hills 2008
Trotha, T.v.: Zur Entstehung von Jugend. In: KZfSS 34 (1982), H. 2, S. 254-277
Tyrell, H.: Familie und gesellschaftliche Differenzierung. In: Pross, H. (Hrsg.): Familie – wohin? Leistungen, Leistungsdefizite und Leistungswandlungen der Familie in hochindustrialisierten Gesellschaften. Reinbeck 1979, S. 13-77
Walther, A./Stauber, B. et al. (Eds.): Misleading Trajectories. Integration Policies for Young Adults in Europe? Opladen 2002
Wiesner, R. (2003): Die rechtliche Stellung von Kindern im Sozialstaat. In: Kränzl-Nagl, R./Mierendorff, J./Olk, T. (Eds.), S. 153-182
Wihstutz, A. (2009): Verantwortung und Anerkennung. Qualitative Studie zur Bedeutung von Arbeit für Kinder. Berlin u.a.
Wihstutz, A.: Kinder und Arbeit. In: Spenn, M./Beneke, D./Harz, F./Schweitzer, F. (Hrsg.): Handbuch Arbeit mit Kindern. Evangelische Perspektiven. Gütersloh 2007a, S. 179-186
Wihtstutz, A.: Wenn Kinder Verantwortung tragen – Haus- und Sorgearbeit von Kindern. In: SWS Rundschau. H. 1 (2007b), Jg. 47, S. 100-123
Wilk, L.: Kindsein in „postmodernen" Gesellschaften. In: Wilk, L./Bacher, J. (Hrsg.): Kindliche Lebenswelten. Eine sozialwissenschaftliche Annäherung. Opladen 1993, S. 1-32
Wintersberger, H.: Ökonomische Verhältnisse zwischen den Generationen – Ein Beitrag zur Ökonomie der Kindheit. Zeitschrift für Sozialisationsforschung und Erziehungssoziologie 18 (1998), H.1, S. 8-24
Wintersberger, H.: Generationale Arbeits- und Ressourceneinteilung. In: Hengst H./Zeiher, H.(Hrsg.). 2005, S. 181-200.
Zeiher, H.: Die vielen Räume der Kinder. Zum Wandle räumlicher Lebensbedingungen seit 1945. In: Preuss-Lausitz, U. u.a. (1983), S. 176-194
Zeiher, H.: Kinder in der Gesellschaft und Kindheit in der Soziologie. Zeitschrift für Sozialisationsforschung und Erziehungssoziologie 16 (1996), H. 1, S. 26-46
Zeiher, H.: Familienalltag und Kindheit. In: Herlth, A. u.a. (Hrsg.): Spannungsfeld Familienkindheit. Neue Anforderungen, Risiken und Chancen. Opladen 2000, S. 121-135
Zeiher, H.: Neue Zeiten – neue Kindheiten? Wandel gesellschaftlicher Zeitbedingungen und die Folgen Für Kinder. In: Zeitschrift für Familienforschung. Sonderheft 5 (2005), S. 74-91
Zeiher, H.: Kindheit. In: Grundbegriffe der Soziologie. 9. grundlegend überarbeitete Auflage. Wiesbaden 2006, S. 127-130
Zeiher, H.: Zeitwohlstand in der Kindheit. ZSE. Jg: 27 (2007) H. 1, S. 58-72
Zeiher, H./Büchner, P./Zinnecker, J. (Hrsg.): Kinder als Außenseiter? Umbrüche in der gesellschaftlichen Wahrnehmung von Kindern und Kindheit. Weinheim/München 1996
Zeiher, H. J./Zeiher, H.: Orte und Zeiten der Kinder. Soziales Leben im Alltag von Großstadtkindern. Weinheim/München 1994
Zelizer, V. A.: Pricing the priceless child. New York 1985
Zinnecker, J.: Vom Straßenkind zum verhäuslichten Kind. Kindheitsgeschichte im Prozeß der Zivilisation. In: Behnken, I. (Hrsg.): Stadtgesellschaft und Kindheit im Prozeß der Zivilisation. Opladen 1990, S. 142-162
Zinnecker, J.: Kindheit und Jugend als pädagogische Moratorien. Zur Zivilisationsgeschichte der jüngeren Generation im 20. Jahrhundert. In: Benner, D./Tenorth, H.-E.(Hrsg.): Bildungsprozesse und Erziehungsverhältnisse im 20. Jahrhundert. Praktische Entwicklungen und Formen der Reflexion im historischen Kontext. Zeitschrift für Pädagogik: 42. Beiheft. (2000), S. 36-68.
Zinnecker, J./Silbereisen, R., K. (Hrsg.): Kindheit in Deutschland. Aktueller Survey über Kinder und ihre Eltern. Weinheim/München 1996

Carol Hagemann-White

Geschlechtertheoretische Ansätze

Theoretische Ansätze, die bei der Betrachtung von Kindern und Jugendlichen dem Geschlecht eine zentrale Bedeutung zuweisen, oder auch – anders gesagt – eine **gender**-Perspektive geltend machen, teilen mit der Frauenforschung drei Merkmale:

- Sie haben „Querschnittscharakter": Die Reflektion über das Geschlecht kann mit jedem anderen theoretischen Ansatz einhergehen und auf jedem Feld der empirischen Beobachtung in den Mittelpunkt gerückt werden.
- Es ist ein Primat der Aufmerksamkeit für das weibliche Geschlecht festzustellen: Die spezifischen Widersprüche im Leben und Handeln von Mädchen und die von ihnen erlittene Beeinträchtigung war und ist zum größten Teil noch der hauptsächliche Motor dafür, in der Analyse nach Geschlecht zu differenzieren.
- Die Theoriebildung geschieht selten in „reiner" Grundlagenforschung: Insbesondere im deutschsprachigen Raum steht sie häufig in enger Verbindung mit dem Diskurs über Möglichkeiten und Grenzen verändernder Praxis, mit Erfahrungsbilanz und Evaluation. Es gab bis vor kurzem wenig eigenständige, auf vertiefte Erkenntnis angelegte Empirie.

Inzwischen werden in der gesamten Kindheits- und Jugendforschung Mädchen und Jungen unterschieden; insofern war das Feld für den vorliegenden Beitrag nicht leicht abzugrenzen. Geschlechtertheoretische Ansätze fragen nach der ordnungs- und sinnbildenden Funktion des Geschlechts und danach, wie Unterschiede, die gesellschaftlichen Ursprungs sind, in einer Art Verschmelzung mit der Zweigeschlechtlichkeit effektiv zur Natur werden.

Im Folgenden werden vor allem solche theoretische Ansätze dargestellt, die unmittelbar in der Kindheits- und Jugendforschung Einfluss gewonnen haben. Die historische Entwicklung lässt sich allerdings nicht als fortschreitende Abfolge von Denkmodellen verstehen, von denen die älteren durch neuere, aktuellere Theorien überholt werden. Viel eher gleicht sie einer komplexen musikalischen Komposition, bei der die Einführung eines neuen Themas mit der Fortführung und Ausdifferenzierung des vorangegangenen – teils harmonisch, teils dissonant – verbunden ist. Welches Modell übernommen wird, hängt nicht nur davon ab, wann der eigene Einsatz kommt, sondern auch davon, welches Instrument man spielt.

Im letzten Abschnitt werden einige Befunde der Gegenwart skizziert, die, verglichen mit der gängigen Zeitdiagnose beim Aufkommen dieser Theorieansätze, einen veränderten Rahmen für „Geschlechterdifferenzen" abgeben. Auf der Folie dieser Befunde werden verschiedene Wege der gesellschaftstheoretischen Geschlechtertheorie vorgestellt, mit denen die in Kindheit und Jugend wirkenden Widersprüche des 21. Jahrhunderts zu fassen sein könnten.

1 Geschlechtsspezifische Sozialisation

1.1 Historische Entwicklung

An erster Stelle steht – historisch ebenso wie hinsichtlich des lebensgeschichtlichen Ortes – die Theorie geschlechtsspezifischer Sozialisation, die in der Zeit nach 1968 in unmittelbarer Anlehnung an die Debatten um die Sozialisation des Arbeiterkindes entstand[1]. Bei beiden, den Frauen wie den Arbeiterkindern, wurde die frühe Kindheit als Zeit, die Familie als Ort der Verinnerlichung eigener Unterdrückung ausgemacht. Das Interesse an Sozialisation wurde durch die Frage nach Voraussetzungen und Hindernissen der sozialen Emanzipation hervorgerufen. Politisch war es das Anliegen zu verstehen, wie benachteiligte soziale Gruppen durch ihre Lage geprägt sind und bei welchem Bewusstsein daher Strategien der Veränderung ansetzen können. Pädagogisch zielte die Untersuchung von spezifischen Sozialisationsmustern darauf, eine mit den Angehörigen dieser Gruppen solidarische Praxis (Unterricht oder soziale Arbeit) zu entwickeln, um die sozial Schwächeren zu stärken. „Das Sozialisationsparadigma lieferte eine zentrale wissenschaftliche Begründung für eine Perspektive der Gesellschaftsveränderung durch Bildung und Erziehung." (Dausien 1999, S. 220)

In der Geschlechterperspektive erhielt das Paradigma durch das für feministische Theoriebildung maßgebliche Werk von Simone de Beauvoir (1949/1968) eine eigene Färbung. Weiblichkeit, so deren Botschaft, wird sozial produziert, indem die Frau von Kindheit an erfährt, dass sie als das Objekt des Mannes bestimmt ist. „Die Frau ist das Andere, das sich annektieren lässt und doch das Andere bleibt." (de Beauvoir 1968, S. 194) Damit wurde allein die weibliche Sozialisation als problematisch definiert, ging es ja darum, dass die Frau den zum menschlichen Bewusstsein notwendig gehörenden Drang nach Transzendenz aufgeben und in der Immanenz verbleiben soll. Von der Empörung getragen wurden daher Kindheit und Jugend von Mädchen nach Elementen der Aufzwingung von Unterlegenheit und Passivität abgesucht; als Schlüsseltexte können Ursula Scheu (1977) für die frühe Familienerziehung und Dagmar Schultz (1978) für die Schule genannt werden.

In den folgenden Jahrzehnten hat das Konzept geschlechtsspezifischer Sozialisation breite Akzeptanz sowohl in der Frauen-, der Familien- und der Jugendpolitik als auch in Erziehungswissenschaft und Bildungssoziologie gefunden – ohne sich von der kritischen Distanz irritieren zu lassen, die innerhalb der Frauenforschung sich bald abzeichnete (zur Entwicklung vgl. Breitenbach/Hagemann-White 1994). Dies war eine verkürzte Rezeption, die zugleich entschärfend wirkte, wie Dausien bemerkt, denn das Konzept wird „eher mit individuellen Erziehungs- und Entwicklungsprozessen assoziiert als mit Fragen von Macht und Herrschaft in einer patriarchalen Gesellschaft" (Dausien 1999, S. 224). In der feministischen Diskussion wurde daher bald die Sorge geäußert, es handele sich um ein Defizitkonzept; schon bald unterstrich die Literatur regelmäßig die eigentätige Auseinandersetzung der Mädchen mit Vorgaben, die ein Machtgefälle transportieren. Für die empirische Forschung hat der Sozialisationsgedanke bleibende Bedeutung erhalten, weil er einen Rahmen absteckt, in dem individuelle Subjektperspektive und Biographie auf der Folie gesellschaftlicher Anforderungen und durch die Geschlechterhierarchie gesetzter Einschränkungen zusammen zu interpretieren sind. Leitbegriffe dieser Forschung sind Fragen nach Identitätsentwicklung, nach Geschlechtsrolle und Geschlechtsrollenstereotypen und nach dem Selbst, wobei diese Begriffe alle kritisch diskutiert werden (vgl. etwa Faulstich-Wieland 1989).

Ursula Nissen (1998, S. 13) weist auf die parallelen Entwicklungen in der Sozialisations- und der Frauenforschung hin, von einem anfänglichen Focus auf Prägung durch gesellschaftliche Strukturen zu einer handlungstheoretischen Perspektive, in der Wechselwirkungen von Subjekt und Umwelt im Mittelpunkt stehen[2]. Zur Bestimmung der Sozialisation wurden in den 1980er Jahren Begriffe wie Tätigkeit, aktive Aneignung, Auseinandersetzung mit der Umwelt, Gestaltungsfähigkeit des Subjekts, produktive Realitätsverarbeitung, und kognitive **Selbstsozialisation** hervorgehoben (vgl. z.B. Bilden 1980). In der Frauenforschung wurden (auch eine Anleihe bei de Beauvoir) der Gedanke der Mittäterschaft der Frau, das Begriffspaar Widersprüche (für die Strukturanalyse) und Ambivalenz (für die subjektive Verarbeitung von Konfliktlagen, vgl. Becker-Schmidt 1983) und Fragen der Geschlechtsidentität sowohl bei Mädchen wie auch bei Jungen (vgl. Enders-Dragässer/Fuchs 1989) zum Thema; die Verlagerung wurde unter dem Stichwort „vom Defizit zur Differenz" diskutiert. Kritisch gegen die Tradition einer Beschreibung der gesellschaftlich dominierten Formierung der Individuen schlug Helga Bilden (1991) einen gänzlichen Verzicht auf den Sozialisationsbegriff vor; sie spricht von „Selbst-Bildung in sozialen Praktiken".

Die Debatte wurde 2002 durch Andrea Maihofer neu eröffnet durch einen Beitrag in der Zeitschrift EWE, der mit einer breiten kritischen Diskussion und einer abschließenden Stellungnahme der Autorin veröffentlicht wurde. Maihofer bezog allerdings ihre Kritik am feministischen Konstruktivismus vor allem auf die Ergebnisse von Sozalisationsprozessen im Erwachsenenleben und weniger auf Kindheit und Jugend. Ihr geht es um ein Konzept von (Geschlechts)-Identität als „hegemoniale Existenzweise", die gelebt wird und dadurch in den Individuen materielle Realität erhält. Eine Fortsetzung fand diese Debatte im Sammelband „Sozialisation und Geschlecht" (Bilden/Dausien 2006), in dem jedoch wenig empirische Forschung über Kindheit und Jugend vertreten ist. In ihrem Beitrag zeigt jedoch Kelle (2006) auf, wie in der neueren Theoriediskussion immer wieder eine starke Individualisierung von Sozialisation sowie Eindimensionalität wiederkehren. Die meist unterstellte Annahme einer Differenz der Kompetenzen zwischen Erwachsenen und Kind als Entwicklungsantrieb gelte prinzipiell für beide und auch für Kinder untereinander. „Kultur wird nicht als ein gegebenes Repertoire an Praktiken verstanden, in die Kinder (überwiegend durch Erwachsene) enkulturiert werden, sondern Kultur wird in sozialer Praxis immer auch prozessiert – und dabei modifiziert, moduliert und erneuert." (Kelle 2006, S. 127). Sie selbst plädiert für eine Mikroanalyse der Praktiken der Geschlechterunterscheidung, stellt aber die komplementäre Frage nach dem Zusammenhang mit Erfahrungsaufschichtung (deren Betrachtung Maihofer einforderte) als methodisch ungelöst in den Raum; zu untersuchen sei „wie das dauerhafte Ausgesetztsein gegenüber den Strukturen geschlechtlicher Differenzierung die Ausbildung von Selbstkomplexität beschneidet und Selbstrestriktionen konkret hervorbringt" (ebd., S. 132).

1.2 Geschlechtersozialisation in der empirischen Forschung

Im weitesten Sinne liegt ein sozialisationstheoretischer Geschlechteransatz dort vor, wo der Blick darauf gerichtet ist, wie sich Kinder und Jugendliche mit einer nach Geschlecht geordneten Umwelt auseinandersetzen und dabei relativ stabile Dispositionen, Eigenschaften und Verhaltensmuster entwickeln. Dem Sozialisationsansatz zufolge sind diese geschlechtstypisch verteilt und zudem geeignet, ein hierarchisches **Geschlechterverhältnis** auf der Interaktionsebene zu reproduzieren.

Obwohl in der Theorie die Sozialisationsinstanz Familie als maßgeblich gilt, gibt es kaum deutschsprachige empirische Forschung zur Einflussnahme und Entwicklung von **Geschlechtsidentität** in den frühen Lebensjahren. Das reflektierende Tagebuch von Grabrucker (1986) ist zwar aufschlussreich, betont aber eher die Durchlässigkeit der Familie für allgegenwärtige kulturelle Botschaften und die begrenzte Wirkung bewusster Erziehung. Analysen von Kinderbilderbüchern (Schmerl u.a. 1988), Daten über Unterschiede beim Spielzeugkauf (Müller-Heisrath/Kückmann-Metschies 1998) und über geäußerte elterliche Erziehungsziele für Mädchen und für Jungen (Faulstich-Wieland/Horstkemper 1998) deuten zwar auf den Fortbestand von tradierten Geschlechterstereotypen hin. Auch die pädagogische Ratgeberliteratur liefert Hinweise: Claudia Böger (1995) analysiert Elternbriefe, die dem Anspruch nach eine gleichberechtigte Erziehung von Mädchen und Jungen vermitteln wollen, unterschwellig jedoch eine pädagogische Semantik traditioneller Geschlechterrollen fortsetzen. Inwieweit allerdings die tatsächliche Erziehungspraxis von Müttern und Vätern den alten Stereotypen folgt, oder ob sie den bewussten Anspruch auf neue Gleichheit umsetzen, bleibt im Dunkeln, ebenso wie die Frage, wie Kinder im Vorschulalter die Erwartungen und Praktiken ihrer Familien erfahren und deuten.

Geschlechtersozialisation im Kindergarten wurde empirisch von Lilian Fried (1990) anhand des unterschiedlichen Sprechens der Erzieherinnen mit Mädchen und mit Jungen beleuchtet. Christian Büttner und Mara Dittman (1992) haben eher anekdotische Beobachtungen gesammelt (vgl. Dittmann 1998). Insgesamt ist aber festzustellen, dass eine sozialisationstheoretische Erforschung von Geschlechterdifferenzen vor allem bei Schulkindern und Jugendlichen zu finden ist. Eine herausragende Rolle spielt hierbei die feministische Schulforschung, deren Anliegen es ist, die Prozesse und Strukturen zu identifizieren, die dazu beitragen, dass Mädchen trotz formaler Gleichberechtigung auf Handlungsfelder verzichten und eine für sie ungünstige – weil in der Zukunft zur realen Benachteiligung führende – Fach-, Kurs- und Berufswahl treffen. Oft geht es dabei vor allem um den Zugang von Mädchen zu Naturwissenschaften und Technik. Die Begleitforschung praktischer Schulversuche der bewussten Mädchenförderung oder der (zeitweiligen) Aufhebung der **Koedukation** lässt meistens ein zugrundeliegendes Sozialisationskonzept erkennen (z.B. Nyssen 1996; Volmerg u.a. 1996). Allgemeiner geht es in der schulbezogenen Forschung darum, wie der Umgang mit den Geschlechtern im Unterricht, oder auch Strukturbedingungen der Schule dazu beitragen, dass Mädchen eingeschränkte Handlungsräume und Leistungskompetenzen in ihrem Selbstkonzept aufnehmen (Überblicke vgl. Nyssen/Schön 1992; Breitenbach 1994; Kampshoff/ Nyssen 1999).

Aufmerksamkeit für die schulische Sozialisation bei Jungen beginnt erst spät (Enders-Dragässer/Fuchs 1989; Prengel 1990). Die Analyse der Beobachtungen im Klassenzimmer zielt auf die paradoxen Effekte scheinbarer Bevorzugung: Sowohl der implizite Erwartungshorizont von LehrerInnen wie auch die selbst angeeigneten Postulate männlicher Überlegenheit, die demonstriert werden soll, bringen Jungen in die Lage, Wissen vorzutäuschen, das sie nicht haben, Lehrerinnen nicht ernst zu nehmen, Unterricht zu stören, und so Chancen des Lernens zu versäumen; zudem werden sie kaum dazu aufgefordert, das bei Mädchen eher vorhandene sozialverträgliche Verhalten zu erlernen (vgl. Kaiser 1997). Bei der in den 1990er Jahren einsetzenden Männlichkeitsforschung ist zwar eine Sozialisationsperspektive präsent (Böhnisch/ Winter 1993), die Schule als Ort oder Instanz dieser Sozialisation blieb jedoch zunächst bemerkenswert randständig. Das hat sich geändert mit der Hinwendung zu einem Blick auf die Konstruktion von Geschlecht in der Interaktion (s.u.). Schule als Sozialisationsmilieu für Mädchen untersucht Leonie Herwartz-Emden (2007) in ihrer multimethodischen Untersuchung in

Bayern (wo Mädchenschulen einen regulären Teil der Schullandschaft bilden), die sowohl das soziale Geschehen im Unterricht als auch Einstellungen und Erfahrungen im Vergleich zwischen monoedukativen und koedukativen Schulen umfasst. Die ersten Ergebnisse weisen auf signifikant positive Effekte der Mädchenschule als Sozialisationsmilieu hin.

1.3 Zum Verhältnis von Individuum und Gesellschaft

In der Sozialisationstheorie sind verschiedene Ansätze zu finden, die gesellschaftliche Strukturebene mit der Handlungs- und Interaktionsebene zu verbinden. Anfänglich herrscht, wie schon bei Schmerl 1978, die implizit struktur-funktionalistische Erklärung durch patriarchale Ungleichheit in der Macht- und Arbeitsteilung vor. In einer Gesellschaft, die Frauen systematisch benachteiligt, ihre unbezahlte Arbeit in Haushalt und Familie ausbeutet und Gewalt gegen sie duldet oder gar fördert, vollzieht die Schule einen „heimlichen Lehrplan der geschlechtsspezifischen Sozialisation" (Kreienbaum/Metz-Göckel 1992; Valtin 1993), deren Funktionieren in der Feinstruktur der Interaktionen sowohl im Klassenzimmer (Enders-Dragässer/Fuchs 1989) als auch auf dem Pausenhof (Pfister 1993) aufgezeigt werden kann. Dadurch kommt es, so der Befund von Marianne Horstkemper in ihrer (quantitativen) Längsschnittstudie in den Klassen 5 bis 7 und 7 bis 9 von Gesamtschulen in Hessen, zu einem Absinken des Selbstvertrauens bei Mädchen relativ zu ihren tatsächlichen Leistungen und im Vergleich zur Entwicklung bei den Jungen (Horstkemper 1987). Hier wird Gesellschaft als bestehendes Gefüge geschlechtsbezogener Ungleichheit aufgefasst, wobei die Entstehung dazu passender Verhaltensmuster bei Mädchen im Mittelpunkt steht.

Für eine Jugendforschung, die stärker auf kollektive Lebenslagen und Verhaltensmuster achten will und gesellschaftliche Erklärungen sucht, sind Analysen der Modernisierung fruchtbar geworden, die z.B. das Theorem der **Individualisierung** aufgreifen. Hier konnte plausibel gezeigt werden, dass Mädchen und Frauen im 20. Jahrhundert eine Moderne nachholen, die zuvor dem (bürgerlichen) männlichen Individuum vorbehalten war. Helga Bilden und Angelika Diezinger (1988) entfalten die These, dass eine genuine Jugendphase für Mädchen sich erst in den 1950er Jahren zu konstituieren begann; sie betonen zugleich die Widersprüchlichkeit und Ambiguität der Individualisierungsprozesse gerade für Mädchen aus Arbeiterfamilien bzw. mit geringer Schulbildung (Bilden/Diezinger 1984). In dem historischen Augenblick, in dem Frauen auf breiter Ebene den Zugang zur Eigenständigkeit und Autonomie erschließen, verliert das Individuum insgesamt seine Einbindung in feste soziale Rahmenbedingungen, wird riskant und brüchig. Die Bewältigung dieser Verunsicherung wird vorrangig den Frauen überantwortet, die für letzte unaufgebbare Verbindlichkeiten, wie z.B. Schutz und Sorge für Kinder, weiterhin Verantwortung tragen. Aus dieser gesamtgesellschaftlichen Entwicklung erwächst für Mädchen und junge Frauen die Notwendigkeit, schon bei der Suche nach dem für sie richtigen Bildungsweg eine künftige Lebensführung zu antizipieren und die Verbindungsmöglichkeiten und Gewichtung von Erwerbstätigkeit und Familie abzuwägen.

Diese „widersprüchliche Modernisierung weiblicher Lebensführung" (Oechsle/Geissler 1998) bildet dann auch den gesellschaftstheoretischen Rahmen für eine Vielzahl empirischer Studien, etwa zur Berufsorientierung von Mädchen (vgl. Lemmermöhle 1992), zur doppelten Lebensplanung junger Frauen (Geissler/Oechsle 1996) oder zur Identitätsentwicklung von 12- und 16-jährigen Mädchen und Jungen im Vergleich (Kampshoff 1996). Überwiegend wird die Doppelorientierung als Vorgriff auf erkennbare Anforderungen des Erwachsenenlebens gefasst, wobei das Dilemma der Mädchen vor allem darin besteht, keines der sich anbietenden Leitbilder realisieren zu können, solange keine vergleichbare Doppelorientierung in den Lebensentwürfen und der späteren Realität ihrer männlichen Partner Platz hat.

An diesen Analysen fällt das relativ starre Gesellschaftsmodell auf, das keinen Wandel in der Zuweisung von Aufgaben nach Geschlecht erwarten lässt. Einen anderen Zugang bietet Vera King (2002). Sie argumentiert, dass die Etablierung einer Jugendphase für Mädchen „die Entwicklungs- und Bildungsprozesse *beider* Geschlechter grundlegend verändert" (S. 39) hat. Denn mit der Universalisierung der Adoleszenz können Bindung und Autonomie nicht mehr geschlechterpolarisierend aufgeteilt werden; dadurch stelle sich deren Vermittlung als historisch neue „adoleszente Integrationsaufgabe", und diese erst habe den Möglichkeitsraum für einen Prozess der Individualisierung eröffnet.

Bei einer dichteren Beschreibung der Entwicklungs- und Bewältigungsprozesse bei Jugendlichen verbindet sich der Rahmen der Modernisierungstheorie vielfach mit individualpsychologischen theoretischen Zugängen. So beschreiben z.B. Karin Flaake (1990) und Lotte Rose (1991), wie die widersprüchlichen Zukunftsmodelle sich mit den ebenfalls widersprüchlichen gegenwärtigen Botschaften an Mädchen während der Adoleszenz, etwa in Bezug auf ihren Körper oder auf die Sexualität, überlagern. Oder es wird hervorgehoben, dass der Individualisierung eine sehr grundlegende Ambivalenz von Autonomie und Bezogenheit anhaftet; hier werden, wenn auch dort nicht ausreichend theoretisiert, die Analysen von Lyn Brown und Carol Gilligan (1994) relevant. Nach King fließt diese Ambivalenz in die Psychodynamik der Adoleszenz ein, da die Aufgabe der Generativität sich sowohl für die Eltern, die einen Möglichkeitsraum für ihre jugendlichen Kinder eröffnen (zulassen, ertragen) müssen, als auch für die Jugendlichen selbst neu stellt. Das eigene Potential bei der „Entstehung des Neuen" ist eben nicht mehr eindeutig auf die Fortpflanzung zu beziehen. Auch wenn das Vokabular der traditionellen Zuschreibungen noch verwendet wird: Mädchen wie Jungen müssen sich zu einer breiteren Palette von Möglichkeiten positionieren, Kinder zu haben ist eine abzuwägende Option generativer Möglichkeiten.

Ursula Nissen (1998) untersucht die Aneignung öffentlicher Räume in der Kindheit unter dem Aspekt, inwieweit dies geschlechtsspezifisch verläuft und welche Auswirkungen für eine unterschiedliche Befähigung zur Mitgestaltung von Gesellschaft folgen (vgl. auch Flade/Kustor 1994). Sie fordert eine empirische Erforschung der Schnittstelle zwischen handelndem Subjekt und objektiven Umweltgegebenheiten, die vom eigenaktiven Kind als Subjekt der Sozialisation ausgeht, um genauer zu erfassen, wie die **symbolische Ordnung** (geschlechtsspezifisch) gelernt und angeeignet, aber potentiell auch verändert wird. Nach Sichtung der neueren Forschung zum Aufenthalt in öffentlichen Räumen und zum Freizeitverhalten von Kindern in der Altersgruppe von 8 bis 14 Jahren fasst Nissen zusammen, dass alle Studien deutliche Unterschiede nach Geschlecht ausweisen. Insbesondere sind Mädchen stärker von den als „Veränderung der Kindheit" beschriebenen Tendenzen der Verhäuslichung, Verinselung und Institutionalisierung betroffen. Damit ist zwar ein Zugewinn an individueller Autonomie (vor allem für Mädchen aus den gehobenen sozialen Schichten) verbunden, aber es ergeben sich auch Ambivalenzen und Einschränkungen. Ihre vielfältige Teilhabe an musisch-kulturellen Aktivitäten bedeutet, dass Mädchen ein kulturelles Kapital ansammeln, das sie zur gesellschaftlichen Gestaltung befähigen und motivieren kann; aber die noch immer eingeschränkte Bewegungsfreiheit in öffentlichen Räumen erschwert die Umsetzung solcher Impulse, solange die sexuelle Missachtung von Mädchen und Frauen zur Normalität gehört und die soziale Geringschätzung für den von Frauen erbrachten Anteil in der geschlechtsspezifischen Arbeitsteilung ihre Chancen auf Anerkennung verringert.

Eine Verknüpfung der Individualisierungstheorie mit sozialisationstheoretischen Analysen von Identitätsentwicklung bildet den Rahmen der Längsschnittstudie Kurt Möllers zur Gewaltakzeptanz und Gewaltdistanzierung bei Jugendlichen zwischen dem 13. und dem 15. Lebensjahr. Für den auch in seinen Daten deutlich hervortretenden Zusammenhang von Gewaltakzeptanz und Geschlecht nimmt Möller Bezug auf kulturübergreifende Funktionszuschreibungen für Männlichkeit und Weiblichkeit und deren widersprüchliche Anforderungen insbesondere an Jugendliche, etwa wie sie Connell (1999) beschreibt. Kritisch vermerkt Möller allerdings, dass die sozialwissenschaftliche Gewaltforschung zwar die geschlechtsspezifischen Besonderheiten männlicher Gewaltanfälligkeit, wenn auch spät, entdeckt, jedoch spezifische Gewaltdistanzierungsprozesse nicht untersucht habe. Von Interesse müsse es aber sein, diejenigen Faktoren zu bestimmen, die Gewaltdistanz bzw. Gewaltreduktion speziell bei Jungen und Männern ermöglichen (Möller 2001, S. 391). Das will er mit einer differenzierenden Betrachtung von Sozialisationsprozessen leisten; das Verhältnis der einzelnen Jugendlichen zur Gewalt wird in Bezug gesetzt zur Erziehungskultur in der Familie und den Beziehungserfahrungen mit Gleichaltrigen, insbesondere des anderen Geschlechts. Auch Wassilis Kassis (2003) legt seine Studie über Einflussfaktoren auf die Gewaltentwicklung bei männlichen Jugendlichen im Alter von 13-15 Jahren multifaktoriell an. Sowohl bei Täter-Jungen als auch bei Opfer-Jungen findet er eine Aufschichtung von Belastungen als auch ein belastetes soziales Umfeld, die beide im Zusammenhang mit männlicher Sozialisation und Stereotypen stehen.

Insgesamt kann keine Rede davon sein, dass der Sozialisationsansatz in der Geschlechterforschung überholt oder unproduktiv sei; ebenso wenig ist dem Ansatz vorzuwerfen, dass er zwingend die Kinder als bloße Empfänger von kulturellen Vorgaben oder lediglich als noch unfertige künftige Erwachsene zu sehen vermag. Wohl trifft es zu, dass das Konzept der Sozialisation auf die Individuen verweist, dabei eine Entwicklungsperspektive im Hinblick auf altersmäßig gestufte und institutionell gerahmte typische Erfahrungsräume zeichnet, und eine Neigung hat, den (im deutschsprachigen Raum meist als fragwürdig geltenden) „Erfolg" in den Vordergrund zu rücken, um den Fortbestand eines kritisch betrachteten Geschlechterverhältnisses besser zu verstehen.

2 Feministische psychoanalytische Ansätze

2.1 Erklärungsmodelle für Geschlechterdifferenz

Als Variante der Sozialisationstheorie gelten psychoanalytische Erklärungsmodelle für die Verinnerlichung männlicher Dominanz und weiblicher Unterwerfung. Zweifellos brachte die feministische Hinwendung zur Psychoanalyse den Wunsch zum Ausdruck, die eigenen Verstrickungen zu verstehen, zudem folgte sie teilweise der Neigung, in der frühen Kindheit, und dort in der Beziehung zur Mutter, den Ort nachhaltiger Prägungen zu sehen. Doch die Ähnlichkeiten zum Sozialisationsparadigma liegen nur an der Oberfläche. Die Faszination psychoanalytischen Denkens erwächst aus der Chance, hinter dem scheinbar glatten Ergebnis der Sozialisation zur Weiblichkeit (und Männlichkeit) eine Dynamik zu erkennen, die auch auf das verweist, was beschnitten und verboten wurde, aber in der Verdrängung noch anwesend und wirksam ist.

Nicht zufällig haben wichtige Strömungen postmodernen Denkens, wie etwa Jacques Lacan, Luce Irigaray oder Jane Flax, mit der Frage nach dem Ausgeschlossenen ihren Ausgang bei der Psychoanalyse genommen (vgl. Rendtorff 1998). Bei psychoanalytischen Theorien wird daher die Verinnerlichung kultureller Normen mit der Frage nach den Quellen eines möglichen Widerstandes verbunden[3]. Damit können sie den Blick für das Eigene der Kindheit öffnen.

Einen ersten anspruchsvollen Entwurf entwickelte Dinnerstein 1976. Frühkindliche Wünsche, Ängste und Phantasien werden unbewältigt in der Geschlechterdifferenz aufbewahrt und zugleich verborgen, als Folge der Tatsache, dass die Pflege und Sorge für kleine Kinder den Frauen zugewiesen wird. Der Weg des Kindes zum eigenständigen Ich schwankt zwischen der Lust, die Welt zu entdecken und zu meistern, und der Sehnsucht, aber auch Kränkung, auf Schutz und Geborgenheit zurückgreifen zu dürfen bzw. zu müssen. Die Macht der ersten Bezugsperson wird als grenzenlos und unberechenbar erlebt; im Gefühlsleben von Mädchen und von Jungen bleibt die Mutter mit allen Erinnerungen und Bildern behaftet, die dieser frühen Zeit angehören. Bei der Begegnung mit dem (realen oder phantasierten) Vater hingegen werden die Vorgänge der frühesten Kindheit und die damit verknüpften Gefühle nicht wachgerufen; von ihm muss sich das Kind nicht allererst mühselig abgrenzen, sondern er kommt von vornherein „von außen". Die nachhallende Wut des Kleinkindes gegen die erste Bezugsperson treibt den Jungen zur Identifizierung und Solidarität mit dem eigenen Geschlecht, zunächst dem Vater; mit seinen Geschlechtsgenossen teilt er den Drang, den von Frauen bestimmten Raum einzugrenzen und sich davon zu distanzieren. Dieselbe Wut gleichen Ursprungs im Mädchen treibt sie von der Solidarität mit dem eigenen Geschlecht fort und gibt ihr Antrieb, den Mann zu idealisieren. Das Streben nach Zurückweisung und Begrenzung der bedrohlichen Übermacht übersetzt sich für das Mädchen in Zögerlichkeit der eigenen Willensäußerungen, in Einsicht gegenüber Verbot, Strafe und Grenzsetzung, in Wehrlosigkeit gegen Aggression, da sie den Wunsch, eine Frau zu bestrafen oder auszubeuten, selbst nachvollziehen kann.

Verwandte Gedanken entwickelte Carol Hagemann-White (1979), betonte aber vorrangig, wie die tatsächliche Ungleichheit von Macht und Arbeitsteilung zwischen den Geschlechtern den Rahmen für das emotionale Erleben und auch die unbewussten Phantasien der Kinder bildet. Die reale Ohnmacht der Mutter, ihr Unvermögen zur freimütigen Auseinandersetzung und eigenverantwortlichen Entscheidung, steigert die kindliche Vorstellung ihrer Macht: Die Tatsache, dass der Vater sich der Verantwortung für alltägliche Versorgung entziehen kann, während die Mutter präsent und verfügbar scheint, wirkt sich auf den geschlechtsspezifischen Zugang zu Aggressionsphantasien aus. Die Frage nach Aggressionsphantasien und Geschlecht greift später Christiane Micus (2002) empirisch auf; sie bezieht auch das „psychologische Geschlecht" im Sinne der Selbstzuschreibung von kulturell als weiblich oder männlich konnotierten Eigenschaften mit ein und zeichnet ein komplexes Bild, das Differenzen und Überschneidungen der Geschlechter auf beiden Ebenen aufweist.

Eine breite Rezeption fand das Buch von Nancy Chodorow (1985). Die Tatsache, dass es Frauen sind, die Kinder am Lebensanfang bemuttern, schafft, so Chodorow, den emotionalen Boden dafür, dass erwachsene Frauen jene Fürsorgebereitschaft entwickeln, die sie dazu bringt, selbst wieder Mutter werden zu wollen und dafür die männliche Vorherrschaft im öffentlichen Leben und in der Erwerbsarbeit zu dulden. Mit einer Sekundäranalyse von Fallgeschichten und Problembeschreibungen aus der Behandlung von psychischen Störungen beschreibt Chodorow unterschiedliche und komplementäre Lagen von Tochter und Sohn. Das Verhältnis von Loslösung und Bindung bildet sich je nach Geschlecht unterschiedlich aus. Beim Jungen wird die Autonomie als eigenständiges Ich mit der sexuellen Identität vermischt, mit der Folge, dass der

Sohn die Wiederkehr früher Verschmelzungsgefühle als drohenden Verlust seiner Männlichkeit befürchtet und abwehrt. Beim Mädchen hält die Auseinandersetzung um Verschmelzung und Trennung länger an. Die Beziehung zur Mutter ist konfliktreich, aber die Tochter ist nicht darauf angewiesen, frühe Gefühle von Nähe und Einssein abzuwehren. Sie neigt eher dazu, Gefühle einer anderen Person als die eigenen zu empfinden, sich weniger scharf abgegrenzt zu fühlen, und sie beschäftigt sich kontinuierlich und differenziert mit Beziehungen. All dies schafft, so Chodorow, eine Bereitschaft zur mütterlichen Beziehungsaufnahme, die sie darauf vorbereitet, den Erwartungen gesellschaftlicher Institutionen zu entsprechen. Mit dieser Entsprechungsthese, bei der die psychosoziale Entwicklung des Kindes vorrangig als funktional für gesellschaftliche Herrschaftsverhältnisse erscheint, ordnet sich Chodorow dem älteren Typus von Sozialisationstheorie zu, welcher eine Eigentätigkeit des Subjekts ausblendet. In diesem Sinne wurde sie rezipiert.

2.2 Empirische Forschung und Weiterentwicklung der Geschlechtertheorie

Empirisch legte diese Diskussion eine Aufmerksamkeit für die vorschulische Kindheit nahe. Ulrike Schmauch (1987) untersuchte mit teilnehmender Beobachtung in einer Krabbelstube die Entwicklung der Beziehungen zwischen Mädchen bzw. Jungen und ihren Müttern und Vätern während der Kleinkindphase von 8 bis 11 Monaten hin zum Alter von 3 bis 5 Jahren. Aufgrund ihres Materials bezweifelt Schmauch, dass der Junge durch (problemlose) Ablösung von der Mutter und Solidarisierung mit dem Vater zu einer eigenständigen Identität gelangt. Vielmehr ist der Sohn spezifischen Zumutungen ausgesetzt, die seine Entwicklung ebenso mit widersprüchlichen Botschaften belasten, wie die der Tochter. Auf der einen Seite wird die Abhängigkeit des Jungen lange gestattet und gefördert; auf der anderen Seite wird aggressive und motorische Aktivität von ihm erwartet, anerkannt und zum Teil „hochgeputscht" – eine paradoxe Botschaft, die vom Vater noch verstärkt wird.

Das Verhältnis der Mutter zur Tochter beschreibt Schmauch in den ersten Lebensjahren als vertraut und überwiegend harmonisch; die Mädchen fühlen sich in dieser Zeit in ihrem Körper sicher. Zum Einbruch in das Selbstbewusstsein kommt es etwa im dritten Lebensjahr; die Mutter zeigt Anzeichen einer unbewussten Enttäuschung, denn die mit der engen Beziehung zur Tochter einhergehende Gebundenheit steht der Realisierung eigener Lebensinteressen im Wege. Anwandlungen von Ungeduld und innerer Abwehr bei der Mutter lösen bei dem Mädchen Verlustängste und Anklammerung aus, worauf die Mutter erst recht ungeduldig reagiert. Ein Wechselspiel von Loslösungsängsten und Abwertung der Weiblichkeit kommt in Gang, wodurch die Tochter die in diesem Alter beginnende Selbständigkeit als bedrohlich empfindet und zurücknimmt.

Für solche unbewusste Wechselwirkungen bot die Weiterentwicklung feministischer Psychoanalyse durch Jessica Benjamin (1990) einen weitergesteckten Rahmen. In Anlehnung an die neuere Säuglingsforschung postuliert sie ein ursprüngliches Vermögen, „das andere Subjekt als von uns verschieden und uns doch ähnlich anzuerkennen" (Benjamin 1990, S. 23). Im intersubjektiven Raum vollzieht sich nach Benjamin die entscheidende Ausformung der **Geschlechtsidentitäten**. Anfangs sind Geschlechtsidentitäten fließend, Kinder identifizieren sich mit beiden Elternteilen, weibliche und männliche Elemente werden im Wechsel aufgegriffen, um das Verhältnis von Ähnlichkeit und Unterschied auszutarieren. Benjamin wertet dies als höchst differenzierte Handhabung von Bindung und Trennung. Die Erwachsenen sind jedoch nicht in der Lage, die in Anlehnung und Verschmelzung wurzelnde Liebe zur Mutter und die den Weg in die Selbständigkeit weisende Identifikationsliebe zum Vater unabhängig vom Geschlecht anzunehmen. Dem Jungen werden Distanzierung von der Mutter und von den eigenen Abhängigkeitswünschen nahegelegt, forcierte Männlichkeit legt eine Basis für „rationale Gewalt", die Berührung und Kontrolle in eins erlaubt. Im Konflikt zwischen Anlehnungsbedürfnis und Autonomiewunsch bietet sich ihm die Spaltung, seine widersprüchlichen Strebungen auf zwei Personen unterschiedlichen Geschlechts aufzuteilen, wobei die weibliche Seite entwertet wird. Der Versuch des Mädchens, sich dem Vertreter der Außenwelt mit identifikatorischer Liebe zuzuwenden, wird zurückgewiesen, meist ohne auch nur wahrgenommen zu werden. Denn die Abwehrstruktur seiner eigenen männlichen Identität macht es dem Vater unmöglich, ihr Angebot, ihm gleichen zu wollen, anzunehmen; statt dessen sexualisiert er ihr Werben um seine Nähe. So verfallen für beide, Mädchen wie Jungen, mit ihren von Chodorow beschriebenen Mustern von Trennung und Bindung wesentliche Teile der eigenen Bedürfnisse und Selbstgefühle der Verdrängung oder Verleugnung.

2.3 Forschungsthema Adoleszenz

Spätere Ansätze haben das psychoanalytische Instrumentarium zur Interpretation der **Adoleszenz** herangezogen, die psychodynamisch als „zweite Chance" verstanden wird, in der „lebensgeschichtliche Konflikte oder auch Defiziterfahrungen schöpferisch transformiert werden können" (King 1997, S. 33). In einer biographischen Studie über junge Kunstturnerinnen hat Lotte Rose (1991) herausgearbeitet, welche Anziehungskraft diese Form des Leistungssports spezifisch auf Mädchen ausübt. In der Bereitschaft zum Risiko, der Angstlust und dem Aufsuchen der Bewährungsprobe bietet das Turnen einen Ausbruch aus den Grenzen der Weiblichkeit und befriedigt adoleszente Bedürfnisse nach Grandiosität. Jedoch kann die Größe kaum zur Ablösung von der Mutter eingesetzt werden, es bleibt vielmehr eine symbiotische Verwobenheit von Eltern und Tochter typisch. Es ist eine anhaltend mangelnde Selbstgewissheit, die zu grandiosen Leistungen antreibt. Die disziplinierte, auf Leistung ausgerichtete Körperlichkeit hält in gewisser Weise die Weiblichkeit auf Abstand, zugleich verlangt das Turnen eine sexualisierte Präsentation des Körpers, der strenge Normen der Schönheit, Anmut und Grazie zu erfüllen hat. „Das Mädchen hat sich mit einem sexuellen Status zu identifizieren, der durchzogen ist von Ambivalenzen – einerseits idealisiert und verehrt, andererseits entmachtet und missachtet ... Diese zwiegespaltene Identifikation macht das narzisstische Selbst verletzlich und unentwegt abhängig von äußeren Bestätigungen." (Rose 1991, S. 253)

Die psychoanalytische Jugendforschung (vgl. Flaake/King 1995) macht das Besondere der weiblichen Adoleszenz vor allem in der Auseinandersetzung mit der Mutter aus, denn „Ursprung, sexuelle Vereinigung, Zeugung und Geburt (sind)... *im* Körper der Mutter sinnlich und psychisch verortet... und real und virtuell im eigenen weiblichen Körper und Geschlecht"; das Mädchen muss sich von der Mutter ablösen und gleichzeitig sich neu mit ihr identifizieren (King 1997, S. 38). Die schöpferische Aneignung der Weiblichkeit ist zugleich Aneignung des Innenraumes. Allerdings: Nur wenn Mädchen und junge Frauen kulturell und biographisch über den Spielraum verfügen, um den inneren Raum zu bearbeiten, kann von Adoleszenz gesprochen werden. Bis Mitte des 20. Jahrhunderts herrschte der „Kurzschluss" vor, mit dem das junge Mädchen von Tochter zur Ehefrau zu werden hatte, in einem direkten Übergang von Kind sein zum Kind haben; dies ist nicht mehr die Norm, aber in manchen, besonders belasteten sozialen Lagen durchaus noch Realität. Für die große Mehrheit der Mädchen gilt heute zwar das psychosoziale Moratorium „Jugend", doch Begrenzungen des Spielraumes und Botschaften der Entwertung des Weiblichen sind subtil noch immer wirksam. Karin Flaake zeigt dies in einer empirischen Studie: Junge Mädchen, deren Mütter und zum Teil auch Väter wurden zur Bedeutung der körperlichen Veränderungen in der Adoleszenz befragt. Durchweg zeigte sich eine große Bedeutung dieser Veränderungen für die familiale Dynamik; insbesondere die Menstruation kann als Symbol für die Sexualität der Tochter fungieren, löst hinter dem Schein eines unbefangenen modernen Umgangs erhebliche Ängste und Verunsicherung aus, die es wiederum dem Mädchen erschweren, ein im Körper verankertes Selbstbewusstsein zu entwickeln. Die Reduzierung der Menstruation auf ein Hygiene-Problem vermittelt, so Flaake, „eine latente Botschaft über das Unsaubere und Zum-Verschwinden-zu-Bringende der eigenen Lust" (Flaake 1997, S. 104).

In letzter Zeit wird die männliche Adoleszenz zum Thema. In Kränkungs- und Konfliktsituationen reagieren Mädchen, so die psychoanalytische Beschreibung, eher mit Selbstabwertung, während Jungen sich häufiger durch ein aggrandisiertes Selbst stabilisieren, wobei der Ort der Auseinandersetzung ein äußerer ist. Diese Einschätzung wird durch die empirischen Ergebnisse von Reed Larson und Joseph Pleck (1998) über Emotionen und deren Anlässe bei Jungen und Männern unterstrichen: Männliche Jugendliche geben – im Vergleich zu gleichaltrigen jungen Frauen – in aller Regel äußere Umstände und Sachverhalte als „Grund" für starke Gefühle aller Art an, während junge Frauen häufig auch auf Interaktionsgeschehen und Beziehungen verweisen. Dafür wird in den neueren deutschen Theorien die geringe realisierte Praxis von Väterlichkeit verantwortlich gemacht (vgl. Bosse/King 2000; Böhnisch/Winter 1993). Der Junge schützt sich vor Entwertungen, indem er die Verbindung mit dem real oft distanzierten, insgeheim idealisierten Vater herstellt, wofür auch kulturelle Helden einstehen können. Das (unvermeidliche) Erleben eigener Unzulänglichkeiten führt zur Suche nach Einheit und Vollkommenheit. Jugendliche Subkulturen, die dem Mythos vom richtigen Mann mit Hilfe von Gewalt pflegen, können diesen Bedürfnissen entgegenkommen und sie festschreiben, so dass sie in einen destruktiven Verlauf einmünden (Streeck-Fischer 1997).

Dem psychoanalytischen Zugang gelingt es sehr viel eher als der Sozialisationstheorie, die Körperlichkeit und die innerlich erlebte Sexualität (im Unterschied zur Befragung der Sexualpraktiken) geschlechtsspezifisch einzubeziehen (vgl. z.B. Luca 1998). Durch die Thematisierung des Unbewussten kommen Dimensionen der Verletzung und Unterdrückung zur Sprache. Verknüpfungen mit ethnographischen Zugängen zur Lebenswelt von Kindern und Jugendlichen sind häufiger geworden, so z.B. bei Anja Tervooren (2006), die ihren Blick auf Rituale bzw. Inszenierungen und „das Einüben von Geschlecht und Begehren" richtet, um den „Prozess des Verkörperns" von Geschlecht in der ausgehenden Kindheit kulturanalytisch zu erfassen (vgl. auch Fritzsche 2003; Hackmann 2003). Hierbei löst eine Öffnung für Vielfalt die älteren Modelle für heteronormative Triebschicksale in früher Kindheit ab, während der Umgang mit Gleichaltrigen und mit dem Körper in den Vordergrund rückt.

3 Konstruktivistische Theorien, Diskurstheorie und Dekonstruktion

Der radikale feministische Impuls in der zweiten Hälfte des 20. Jahrhunderts warf die Frage auf, ob irgendetwas an Unterschiedlichkeit der Geschlechter als gegeben anzusehen sei. Von de Beauvoirs Bezeichnung der Frau als „Erfindung" des Mannes zur westdeutschen Matriarchatsdiskussion in Anlehnung an Mathilde Vaerting in den 1970er Jahren wurde die Polarisierung in zwei Geschlechter als ideologisches Konstrukt gewertet. Empirisch gewendet wurde die konstruktivistische Sicht auf das Geschlecht zuerst in der amerikanischen Soziologie, im Zuge einer Aufwertung der Erforschung der Mikrostruktur des Alltags (Garfinkel; Goffmann; Kessler/McKenna) sowie innerhalb der Ethnologie (Ortner/Whitehead). Der Gedanke, die **Zweigeschlechtlichkeit** sei eine kulturelle Setzung, die Kategorien Frau und Mann Teil eines symbolischen Systems, hat Hagemann-White (1984) in die deutsche Diskussion eingeführt, wobei zu beachten ist, dass dies im Rahmen einer versuchten Neuinterpretation von Sozialisationstheorie (und als Konkretisierung der kognitiven Selbstsozialisation) geschah. Es mag der nach 1984 sich verstärkenden Aufmerksamkeit für Männlichkeit in der feministischen Diskussion (vgl. Hagemann-White/Rerrich 1988) zu verdanken sein, dass Konstruktionen von Geschlecht in der Interaktion zum Thema für die Empirie (vgl. Hirschauer 1989) und dann auch der Jugendforschung wurde.

3.1 Konstruktion von Geschlecht als Forschungsgegenstand

Cornelia Helfferich legte wohl die erste größere Arbeit in der Jugendforschung vor, die eine konstruktivistische Richtung einschlägt, indem sie es explizit ablehnt, „immer schon vorab zu wissen, was Weiblichkeit und Männlichkeit bedeuten" (Helfferich 1994, S. 8). Sie betrachtet kulturelle Körperpraktiken mit Risikocharakter (z.B. Umgang mit Alltagsdrogen) als „imaginäre Lösungen bei der Suche nach einer sexuellen Identität" (ebd., S. 9). Geschlechtsspezifische somatische Kulturen, die dem Prinzip folgen „Je härter, desto männlicher" sind eine symbolische Ressource, um den eigenen Ort in der Zweigeschlechtlichkeit darzustellen (vgl. inzwischen auch Raithel 2005, allerdings ohne den konstruktivistischen Hintergrund). Allerdings erhalten solche Körperpraktiken erst im Zusammenhang mit dem Alter, der sozialen Schicht und z.T. durch situative Bedingungen ihre Bedeutung; man müsse sehr genau hinhören, „um in der Symbolik nicht mehr, nicht weniger und vor allem nichts anderes zu finden, als die Jugendlichen selbst dort angesiedelt haben" (ebd., S. 204). Wo eine symbolische Verbindung auszumachen ist, spricht Helfferich (1997) von „geschlechtsgebundenen Verhaltensmustern". Zugleich betont sie, dass diese Verbindung den Jugendlichen „Raum für spielende Gestaltung lässt" (Helfferich 1997, S. 152).

Das Gesundheitsthema setzt Petra Kolip (1997) mit einer breit angelegten Arbeit fort; ihr Ansatz bei der „Konstruktion von Geschlechtlichkeit im frühen Jugendalter" geht nun explizit davon aus, dass die Geschlechtlichkeit in einem interaktiven Prozess („**doing gender**") hergestellt und dargestellt wird. Gerade im Jugendalter wird der Körper in besonderem Maße zum Medium der Darstellung von Geschlechtlichkeit. „Somatische Kulturen" sind schicht-, altersund geschlechtsspezifisch ausdifferenziert, zeigen sich in gesundheitsrelevanten Praktiken, aber auch in den geschlechtsunterschiedlichen Indikatoren für Gesundheitsstatus.

Allerdings geht Kolip davon aus, dass Individuen ein früh ausgebildetes „Kerngeschlecht" besitzen (Kolip 1997, S. 272), das von Konstruktionsprozessen nicht mehr berührt wird, sondern diese vielmehr notwendig machen, um Bestätigung zu erhalten. Dieser Gedanke gilt im Einflusskreis poststrukturalistischer Theorien bald als überholt. In den späten 1990er Jahren nimmt die Rede von einem „doing gender-Ansatz" – bei gleichzeitig wachsender Unschärfe – immer breiteren Raum in der Frauenforschung ein. Wie schon die Worte „Diskurs" und „Konstruktion" und etwas später **„Dekonstruktion"** werden die neuen Begriffe größtenteils über unveränderte Fragestellungen und Methoden rhetorisch übergestülpt. Es „werden die Schlagwörter von der sozialen Konstruktion und vom ‚doing gender' tendenziell in die Sorte Forschung eingeführt, die bereits durchgeführt wurde, bevor die Texte von West, Zimmermann und Fenstermaker ... rezipiert wurden" (Kelle 2000, S. 117). Tatsächlich gibt es noch verhältnismäßig wenig Forschung, die konstruktivistisch angelegt ist.

Für die Erforschung der **Konstruktion von Geschlecht** bei Kindern und Jugendlichen war die amerikanische Schulethnographie von Barrie Thorne (1989) wegweisend, die das Konzept der Grenzbearbeitung („boundary work") in die Geschlechterdiskussion eingeführt hat. Das auffällige Überwiegen geschlechtshomogener Freundschaftsgruppen und die ausgeprägten Muster der Geschlechtersegregation im Grundschulalter haben sozialisationstheoretisch dem „Zwei-Welten-Theorem" Nahrung gegeben (vgl. Maccoby 1998). Dem hält Thorne entgegen, dass Geschlecht flüssig und situationsbezogen hergestellt wird, dass der Gehalt sozialer Kategorien sich eher daraus erschließt, wann und wie Grenzen gesetzt und aufrechterhalten werden, als durch den Versuch, inhaltliche Unterschiede zwischen den Gruppenangehörigen dingfest zu machen.

Den Anregungen von Thorne folgen ethnographische Studien in Schulen. Georg Breidenstein und Helga Kelle (1998) kündigen programmatisch eine Verschiebung der Perspektive an „von den Unterschieden der Geschlechter zur Praxis der Unterscheidung zwischen Mädchen und Jungen", denn: „Eine Forschung, die an den Konstruktionsprozessen interessiert ist, die in ‚Geschlecht' eingehen, muss diese Kategorie in *Abhängigkeit* von Praktiken, Situationen und Themen untersuchen." (Breidenstein/Kelle 1998, S. 16) In diesen Praktiken erweisen sich die Geschlechterkategorien als vielschichtig. Im Material von Breidenstein und Kelle funktionieren die Kategorien inhaltsleer als Klassifikationsmerkmal, das zwischen „uns" und „den anderen" unterscheidet und so Fremdheit konstituiert; sie stellen eine zweigeteilte Ordnung für das Phänomen der Beliebtheit bereit; Geschlechterdifferenz ist aber auch Thema von Inszenierungen. Geschlecht fassen die AutorInnen schließlich als eine von mehreren Formen der Zugehörigkeit; entscheidend ist zum einen, dass sie jederzeit aktivierbar ist, zum anderen die „Selbstbezüglichkeit und Zirkularität dieser Figur" (ebd., S. 268). Neuere Studien beobachten die Separierung in „Geschlechterreviere" (schon im Kindergarten: Rohrmann 2008) und interessieren sich wieder stärker dafür, wie symbolische Zuschreibungen hergestellt und institutionalisiert werden. Budde (2005) analysiert Protokolle von Unterrichtsgeschehen im Gymnasium, um die Einübung gerade jener Form von Männlichkeit zu sehen, die zu einer hegemonialen Stellung in der Gesellschaft erforderlich sind. Offen für Phänomene der Entdramatisierung, achtet er darauf, wann und wie Strategien zur Herstellung von Männlichkeit im Alltag der Jungen auftreten; es werden sich überlagernde Hierarchien deutlich. In seiner auf Connell und Bourdieu fußenden Analyse identifiziert Budde als „männliche Absicht" „alles, was die patriarchale Dividende sichert oder erweitert" (Budde 2005, S. 81). Dabei beschreibt er auch Anzeichen für Transformationen von Männlichkeiten, Brüche und Irritationen, und überlegt, wie die pädagogische Praxis anknüpfen kann.

Eine andere methodische Annäherung nimmt die fallrekonstruktive Untersuchung von Mädchenfreundschaften in Gleichaltrigengruppen bei Eva Breitenbach (2000). Mit Gruppengesprächen, ergänzt um Einzelinterviews, erkundet sie die Wechselbeziehungen zwischen „jugendlich sein" und „weiblich" bzw. „männlich sein", wie diese in der Freundschaftsgruppe von Gleichaltrigen gleichen Geschlechts in unterschiedlichen Altersstufen ausgestaltet werden[4]. Breitenbach will „die konstruktivistische Öffnung ernst (nehmen) und gleichzeitig weiterhin am Konzept der Lebensphasen bzw. an einem biographischen Konzept (festhalten)" (Breitenbach 2000, S. 38). Innerhalb der Jugendphase differenzieren sich geschlechtliche Normen nach Alter. Die Freundinnengruppe begleitet Mädchen auf ihrem Weg durch die Adoleszenz; dabei werden verschiedene Dimensionen sichtbar. Mädchenfreundschaft ist eine spezifische Kommunikationskultur und zugleich Instrument der Geschlechtsdarstellung. Das zentral bedeutsame Gespräch wird in einem „zirkulären Prozess der Geschlechtsattribuierung" als etwas verstanden, was nur unter Mädchen möglich ist, eben weil sie Mädchen sind. Die Freundschaftsgruppe ist aber zugleich „Arbeitsraum" für die adäquate Aneignung der Praxis, Jugendliche zu sein, und fungiert dabei als soziale Kontrolle, etwa für den Umgang mit Alkohol, Drogen und Sexualität. Als Fazit schlägt Breitenbach vor, „die Vorstellung einer inhaltlich eindeutig definierbaren Phase der Adoleszenz zugunsten einer Beschreibung von adoleszenten Praktiken und Orientierungen und zugunsten der Vorstellung einer Inszenierung von Adoleszenz" aufzulockern (ebd., S. 327-328). Der empirische Blick auf Konstruktionsprozesse hat sich damit erweitert, um außer Geschlecht auch noch Jugend zu erfassen.

Die Stärke der konstruktivistischen Forschung liegt offenbar darin, kollektive Erfahrungen und Konstruktionen zu erfassen. So analysiert auch Gunter Gebauer (1997) Kinderspiele als „Aufführungen von Geschlechtsunterschieden". Kelle spricht von der „relativen Eigenständigkeit des Ablaufs kultureller Praktiken" (Kelle 2000, S. 128). Zugespitzt könnte gesagt werden, dass die im jeweiligen sozialen Kontext geregelte Praxis die Subjekte und ihre Positionen in einer Geschlechterordnung allererst möglich macht, aber sie selbst sind es, die diese Praxis ergreifen, was einschließt, dass sie Möglichkeiten der Veränderung haben.

3.2 Die „linguistische Wende" und Dekonstruktion

Noch während diese recht junge konstruktivistische Empirie im Entstehen war, schien die feministische Theoriediskussion über sie hinweg gegangen: nach einer Phase der Beschäftigung mit Diskurstheorie in Anlehnung an Foucault und Laqueur war vielfach nur noch von **Dekonstruktion** die Rede. In Frage steht dabei, ob von Subjekten überhaupt noch sinnvoll gesprochen werden kann, wenn keine inhaltliche Festlegung möglich ist, Zweifel an der Zulässigkeit oder Brauchbarkeit der Kategorie Frau wurden debattiert. Unter Berufung auf Judith Butler wird der Verdacht verhandelt, jede zweigeschlechtlich kategorisierende Theorie oder Empirie könnte mit der Benennung auch die Festschreibung der Hierarchie zementieren (vgl. Lemmermöhle u.a. 2000).

Eine andere Sicht der mit Dekonstruktion gemeinten prinzipiellen Unbestimmbarkeit und Bewegung des Denkens rückt die Frage nach Differenz eher ins Zentrum: kein Abschied von Geschlechterkategorien, sondern deren Zerlegung, um zu entdecken, wie sie aufeinander verweisen. Das Verständnis von Geschlecht als Teil einer symbolischen Ordnung, der Zugang zur leiblichen Geschlechtlichkeit über Text und Sprache und die stete Aufmerksamkeit für das, was bei Polaritäten und Zweiteilungen jeder Art implizit ausgeschlossen ist, sowie dafür, wie scheinbare Gegensätze sich wechselseitig hervorbringen, bedeuten keineswegs, dass Geschlechterdifferenz sich in Beliebigkeit auflöst.

Heike Kahlert (1996) diskutiert den Streit zwischen Dekonstruktion und Enthierarchisierung der (Geschlechter-)Differenz in der Absicht, ihn als eine im tieferen Sinne Scheinkontroverse aufzulösen. Barbara Rendtorff (1996) sieht leiblich erfahrene Geschlechterdifferenz und Sprache als Ort einer originären Zerrissenheit. Sprache und Symbolbildung eröffnen Möglichkeiten, die zugleich Verlust sind; und auch das Bewusstwerden des Geschlechtsunterschiedes bringt beiden Geschlechtern die Kränkung bei, nicht beides sein zu können. Die Geschlechtlichkeit des Menschen „trägt in den Körper den Verlust einer Möglichkeit ein, die es nie gegeben hat" (Rendtorff 1997, S. 108). Die Verleugnung des Mangels fällt allerdings so aus, dass die männliche Seite die Illusion von Potenz und Vollständigkeit erhält: „Das Weibliche ist so ‚Geschlecht schlechthin', um den Preis, dass das Männliche den Zugang zu Geschlecht verliert" (Rendtorff 1998, S. 115). Differenz existiert somit auf zwei Ebenen: in der Begrenztheit des Leibes und in einer symbolischen Tradition, der zufolge allein der Frau etwas fehlt, und die dem kleinen Mädchen keine Möglichkeit anbietet, das Erleben des eigenen Körpers in Sprache zu fassen. In Arbeitstexten für Eltern und Erzieherinnen vermag Rendtorff (1997) Begebenheiten des Alltags sinnreich zu interpretieren, und sie fordert dazu auf, darauf zu achten, wie Mädchen und Jungen unterschiedlich in ihrer Körperlichkeit und in ihren symbolischen Handlungen und Spielen mit sich und miteinander umgehen.

Empirische Forschung, die der poststrukturalistischen Diskurstheorie im Sinne einer Abkehr von Geschlechterkategorien folgt, scheint es bisher nur im Ausland zu geben, etwa in der australischen Gruppe um Bronwyn Davies (1992) und Barbara Kamler (1999). Anders als im **Konstruktivismus** nimmt diese poststrukturalistische Forschung pointiert gegen den Gedanken der Sozialisation Stellung. Durch Teilhabe an multiplen Diskursen begeben sich Kinder in unterschiedliche Positionen: hier ohnmächtig und ausgegrenzt, dort machtvolle Akteure, aber nie Empfänger einer zuvor bestehenden Kultur. Das Forschungsinteresse ist vor allem auf die Konstituierung von Bedeutung in konkreten Situationen und auf die jeweils aufscheinenden Handlungspotentiale gerichtet. Dabei setzt sich eine Betonung der einzelnen Akteure durch.

Zugleich behalten auch diese Studien das Anliegen, Chancen der Veränderung in Richtung auf mehr Gleichberechtigung auszumachen. Hinter aller Rhetorik von Diskursanalyse, Dekonstruktion und multiplen Subjektivitäten vereint diese Beiträge die Abgrenzung gegen ein lineares Machbarkeitskonzept der Sozialisation. Im Kern diskutieren die einzelnen Beiträge grundlegende pädagogische Themen des Wechselverhältnisses von Bildsamkeit und Selbsttätigkeit und der Grenzen intentionaler Erziehung, für die es in der englischsprachigen Sozialisationsdiskussion keine Kategorien gibt (die allerdings dort in der Moralphilosophie großen Raum einnehmen).

4 Materielle Praktiken und Strukturen

4.1 Neue Herausforderung an Geschlechtertheorie

Trotz der neueren Verbreitung der poststrukturalistischen Philosophie sehen sich die Forschung und die Praxis mit einer beharrlich strukturierenden Bedeutung des Geschlechts konfrontiert. Hier setzen Theorieansätze ein, die das Geschlecht als Relation begreifen, das in materiellen und ökonomischen Verhältnissen eingebunden ist, die sich nicht auf Diskurse reduzieren lassen. Lange vor der „konstruktivistischen Wende" hatten diese theoretischen Richtungen die Relationalität hervorgehoben, die es ausschließt, Geschlecht auf die Merkmale der Angehörigen einer Gruppe zurückzuführen. Gemeinsam ist diesen Ansätzen die Suche nach Begriffen und Modellen, um die Verbindung zu artikulieren, die zwischen den materiellen Praktiken der handelnden Subjekte und den herrschenden Strukturen sozialer Ungleichheit bestehen. Angesichts der neuen Komplexität im Forschungsfeld „Kindheit und Jugend" gewinnen diese Ansätze an Aktualität.

Die Einführung der Kategorie Geschlecht als Perspektivwechsel berief sich auf den Vorwurf, die bisherige Wissenschaft sei androzentrisch, geschlechtsblind und durch Geschlechterstereotypen geprägt. Dies wird heute unter dem Oberbegriff „gender bias" gefasst; dazu gehören: die unbedachte Setzung des Männlichen (und männlichen Dominanzverhaltens) als Norm; die Ausblendung von Geschlechterdifferenzen dort, wo sie reale Bedeutung haben; und die Unterstellung von Geschlechterpolarität und Differenzen dort, wo sie in Wirklichkeit nicht vorhanden sind. Eine solche Kritik impliziert die Notwendigkeit von Korrektur und Ergänzung: Oft geschah dies in der Form, dass vorhandene Theoriemodelle als in Wahrheit nur für männliche Individuen gültig bewertet wurden.

Die Geschlechterperspektive auf Kindheit und Jugend ist jedoch in einer gesellschaftlichen Großwetterlage wirksam geworden, in der Kindheit und Jugend selbst sich zu verändern scheinen. So stellt sich weniger die Anforderung, Erkenntnisse über Jugendliche als männerzentriert zu relativieren und einen Korpus entsprechender Forschungsergebnisse über Mädchen hinzuzufügen. Vielmehr scheinen Mädchen und Jungen als solche sichtbar zu werden, weil und indem bisherige Erkenntnisse über Jugend ins Wanken geraten.

Als widersprüchliche Befunde der Gegenwart könnten genannt werden:

1. **Individualisierung**, Optionsvielfalt, Gleichberechtigung und Selbstbewusstsein der Jugend allgemein stehen neben einem bemerkenswerten Beharren traditioneller Muster der Interaktion, der Beziehungskulturen, der Arbeitsteilung: es ist eine Gleichzeitigkeit von Freisetzung und Gebundenheit zu beobachten.
2. Ein globales Bewusstsein der Relativität kultureller Normen erzeugt Toleranz (und oft Experimentierlust) in fast allen Verhaltensbereichen, erlaubt eine postmodern ästhetische Verbindung von Kulturelementen, Ethiken; zugleich wächst der Glaube an verborgene Mächte, die über uns schicksalhaft bestimmen, darunter auch ein Glaube an die biologische Determiniertheit der Persönlichkeit. Relativität und Festlegung durch die Natur stehen nebeneinander.
3. Die Eigengeltung von Kindheit und Jugend ist gewachsen, diese Lebensphasen sollen kein bloßes Durchgangsstadium mehr sein, sondern im Hier und Jetzt zu ihrem Recht kommen, in der Forschung und in der Politik ebenso wie auf dem Warenmarkt; zugleich intensiviert sich die Zuschreibung von Versorgungs- und Erziehungsverantwortung: Die Eltern, die Schule, die Politik und viele Akteure mehr sollen erziehen. Frühe Mündigkeit und längere Entmündigung gelten zugleich.
4. Ein gesellschaftlicher Wertewandel verschafft zunehmende Anerkennung und auch Integration der traditionell als weiblich und privat geltenden Sensibilität, Familienbindungen, Kooperation und Einfühlsamkeit – bei gleichzeitigem Wegbrechen der organisatorischen Grundlagen sozialer Solidarität, bei wachsender Härte der Konkurrenz und sozialer Kälte. Noch nie schienen weibliche Anteile im öffentlichen Leben so wertvoll, während männliche Sekundärtugenden mehr denn je das Überleben sichern sollen.

4.2 Theoretisierung materieller Praktiken und Strukturen

Eine Grundeinsicht feministischer Theoriebildung besagt, dass das Geschlecht zutiefst relational ist (Becker-Schmidt/Knapp 1987), dass nicht die gesammelten Eigenschaften von Individuen zu untersuchen sind, sondern ein **Geschlechterverhältnis** als Strukturzusammenhang. „Kein Element einer Relation hat seine eigene Identität, es ist immer auch das Nicht-Identische des anderen; keines hat als selbständiges seine soziale Stellung in der Gesellschaft, sondern jedes gewinnt sie erst aus der Entgegensetzung zum anderen. ‚Relationalität' in diesem sozialwissenschaftlichen Verständnis ist das Konstituens eines sozialen Verhältnisses, in dem die Verteilung von Eigentum und Arbeitsformen, Positionen und Macht geregelt ist." (Becker-Schmidt/Knapp 2000, S. 46-47). Dies lässt sich auch auf der Ebene der Organisationen beschreiben, die nacheinander (etwa im Bildungssystem) oder gleichzeitig auf die Biographie zugreifen und das „faktische Gebot des Handelns" geschlechtsspezifisch einfärben (Krüger 2001, S. 80).

Dichter an Jugendhilfe und Jugendforschung ist das Konzept eines „geschlechtshierarchischen Verdeckungszusammenhangs". Bei diesem Ansatz „interessiert uns weniger, *wie* die Geschlechter-Bilder *gefüllt* sind, sondern *was* im Prozess von Zuschreibungen und Selbstzuordnungen *herausfällt*" (Bitzan 2000, S. 146). Geschlechterhierarchie wird als ein Herrschaftszusammenhang gefasst, dessen Erscheinungen und Wirkungsweisen ihren eigenen Ursprung verdecken; die Aufmerksamkeit der Forschung geht dahin, „tabuisierte stillschweigende Übereinkünfte der Normalität" als hergestellte sichtbar und damit zum möglichen Verhandlungsgegenstand zu machen. Dieser Ansatz ist mit dem marxistischen Konzept der Ideologiekritik verwandt, indem er betont, dass ein Herrschaftsverhältnis „nicht nur Benachteiligungen, eingeschränkte Lebensmöglichkeiten und geschlechtsspezifische Einseitigkeiten produziert, sondern dass dieser Mechanismus gleichzeitig verdeckt wird und für die Beteiligten nicht erkennbar" ist (Bitzan/Daigler 2001, S. 26).

Lothar Böhnisch arbeitet ebenfalls mit dem Begriff der Verdeckungen, um die Gleichzeitigkeit von Individualisierung und beharrlichen Zuweisungen zu fassen. „Männer und Frauen suchen sich aus geschlechternivellierenden Lebensstilen das heraus, was für ihre biografische Verwirklichung, zur Optimierung ihres eigenen Lebens passt, und fragen weniger danach, ob es sich hier um ein gelungenes Mann- oder Frausein im Sinne kollektiv zugemuteter Lebensmuster handelt ... So werden die Männlichkeiten und Weiblichkeiten nicht aufgehoben, aber von konsumtiven und erfolgskulturellen Lebensstilen überdeckt." In biografischen Krisen treten sie allerdings „in schonungsloser Eindeutigkeit hervor" (Brückner/Böhnisch 2001, S. 46). Die Aufschlüsselung einer Reihe von „Verdeckungen", die unter der Oberfläche des alltäglichen Handelns wirken, soll aufzeigen, dass Männlichkeit nicht allein als gesellschaftliche Konstruktion, sondern ebenso als „kulturanthropologische Verstrickung" zu sehen ist. So bildet die spannungsreiche Bedürftigkeit, die als Folge der Blockierung des Zugangs zum eigenen Inneren entsteht, eine verdeckte Grundstruktur des Mannseins, die u.a. durch Gewalt verborgen gehalten werden kann. Die zwiespältige Mutter-Sohn-Beziehung wird durch forcierte Selbständigkeit und Dominanzgebaren verdeckt. Männerbünde verdecken den Fluchtaspekt im Drang des Mannes nach außen, seine Abwehr des Weiblichen und das Homosexualitätstabu. Mit der Beschreibung solcher Verdeckungen können Verbindungslinien vom vormodernen Patriarchat über die industriekapitalistische Gesellschaft zur Postmoderne aufgezeigt werden, ebenso wie zwischen sozialen Verhältnissen und leibseelisch verankerter Geschlechtlichkeit.

Das theoretische Werk von Pierre Bourdieu hat eine Feinanalyse von Herrschaftsstrukturen ausgearbeitet, die in der Geschlechtertheorie aufgegriffen wurde. Insbesondere sein Begriff des

Habitus wurde von Beate Krais als Möglichkeit zur Verbindung von Körperlichkeit und sozialer Ordnung aufgegriffen, denn: „Die Regelhaftigkeit der Gesellschaft und der sozialen Subjekte entsteht im körperlichen Handeln." (Krais 2001, S. 321) Bourdieus These, dass männliche Herrschaft durch symbolische Gewalt gebildet und aufrechterhalten wird, bietet eine Interpretation für zwei zentrale Problemkreise der Frauenforschung: die Verbreitung physischer und sexueller Gewalt gegen Frauen und Mädchen im Alltag einerseits und die offenbar einverständlichen Beziehungen weiblicher Unterordnung in Familien und in der Arbeitswelt andererseits. Ein wesentliches Element symbolischer Gewalt liege *vor* der Interaktion darin, dass Frauen „mit der Inkorporation der geltenden Ordnung sich selbst als minderwertige Subjekte identifizieren müssen ... Man trägt immer auch in sich, was einen angreift, herabwürdigt und sogar zerstört" (ebd., S. 325). Im Habitus verzahnen sich Identität, Interaktion und Sozialstruktur, dort treffen sich Klasse, Ethnie und Geschlecht, die allerdings unterschiedliche Regelsysteme sind (Krais 1993; Döge/Meuser 2001). Petra Frerichs und Margarete Steinrücke (1993) z.B. bestimmen Geschlecht als eine Unterscheidungspraxis, die auf Vereindeutigung und Ausschließung des Gegengeschlechtlichen beruht. Klasse verortet die Individuen im sozialen Gefüge oben oder unten; die Verschränkung beider wird im Habitus zur sozialen Praxis. Sie können empirisch eindrucksvoll zeigen, wie klassenspezifisch die Ausprägungen des Geschlechterverhältnisses sind (Frerichs 1997).

Als die Untersuchung der „Verleiblichung von Herrschaft" hat auch Hagemann-White (1988) das eigentliche Thema des Feminismus bestimmt. Die kulturelle Ordnung der **Zweigeschlechtlichkeit** muss kontinuierlich produziert und bestätigt werden, wobei die Interaktion nur eine Arena dieser Reproduktion darstellt, für die Leiblichkeit und die Sexualität ebenso wesentlich sind. In dem Prozess der Aneignung dieses Systems seien die Entstehung von Geschlechtsunterschieden in Kindheit und Jugend zu verorten (Hagemann-White 1984, S. 91). In diesem Sinne definiert auch R.W. Connell (1999, 2000) Geschlecht (gender) als „körperreflexive Praktiken": Sie werden durch die Art und Weise, wie wir uns auf unseren Körper beziehen, konstituiert und erhalten – aber auch verunsichert und unterlaufen. Männlichkeiten und Weiblichkeiten beschreiben die Konfigurierung sozialer Praxis in den Herrschaftsverhältnissen, den Produktionsverhältnissen und in den Begierden. Mit der Mehrzahl lenkt Connell den Blick darauf, dass jede konkrete Konfiguration in Relation nicht nur zum polarisierten Gegensatz, sondern noch viel stärker zu anderen Formen der Praxis des eigenen Geschlechts ausgestaltet wird: Geschlecht ist relational auch (und vielleicht vorrangig) *innerhalb* jeder Geschlechterkategorie. Während Bourdieu mit seinem Kapitalbegriff dazu einlädt, die Individuen als Besitzer von Ressourcen zu denken, setzen sie sich bei Connell mit Körper und Begehren in wechselnden sozialen Kontexten auseinander. Nach Connell kommt Geschlecht auch Organisationen und Institutionen zu. Diesem Konzept ist vor allem daran gelegen, das Potential der Psychoanalyse mit einer kompromisslosen Betrachtung von Geschlecht als kulturelle Konstruktion, als Prozess der nie ganz gelingenden Unterdrückung von Vielfalt durch Polarisierungen, zu verbinden, und dies im Kontext von gesellschaftlicher Macht und Herrschaft auszuarbeiten.

Die hier skizzierten Ansätze, die in einem vollständigen Überblick um weitere Nuancen und Denkrichtungen zu ergänzen wären, erschließen auf unterschiedliche Weise Zugänge zur Interpretation der widersprüchlichen Befunde der „Postmoderne", ohne die Fruchtbarkeit gehaltvoller Konzepte aufzugeben, wie sie bei der Untersuchung von sozialer Ungleichheit und Herrschaft entwickelt worden sind. Die Einbeziehung des Geschlechts macht existierende Ansätze der Gesellschaftskritik auf neue Weise für die Forschung über Kindheit und Jugend fruchtbar.

Anmerkungen

1 Zuvor wurde im deutschsprachigen Raum die „Übernahme von Geschlechtsrollen" erörtert.
2 Allerdings hat schon 1978 Christiane Schmerl die Unterschiede im gesellschaftspolitischen Kontext der Etablierung des Sozialisationskonzeptes in den USA und der Bundesrepublik herausgearbeitet und für die hiesige Diskussion die Begriffe der Selbstsozialisation und der Selbsterziehung – gerade für die Entstehung geschlechtstypischen Verhaltens – zentral platziert.
3 Die folgenden Ausführungen sind ausführlicher in Hagemann-White 1998 zu finden.
4 Das vorliegende Buch bezieht sich ausschließlich auf Mädchen; im zweiten Teil derselben Studie untersuchte Sabine Jösting (2005) mit dem gleichen Ansatz Jungenfreundschaften.

Literatur

Beauvoir, S. de: Das andere Geschlecht. Sitte und Sexus der Frau. Reinbek 1968 (Orig.: Le Deuxieme Sèxe. 1949, dt. 1951)
Becker-Schmidt, R.: Widerspruch und Ambivalenz: Theoretische Überlegungen, methodische Umsetzungen, erste Ergebnisse im Projekt „Probleme lohnabhängiger Mütter". In: Becker-Schmidt, R./Brandes-Erlhoff. U./Rumpf, M./Schmidt, B.: Arbeitsleben – Lebensarbeit. Konflikte und Erfahrungen von Fabrikarbeiterinnen. Bonn 1983, S. 13-43
Becker-Schmidt, R./Knapp, G.-A.: Geschlechtertrennung – Geschlechterdifferenz. Suchbewegung sozialen Lernens. Bonn 1987
Becker-Schmidt, R./Knapp, G.-A.: Feministische Theorien zur Einführung. Hamburg 2000
Benjamin, J.: Die Fesseln der Liebe: Psychoanalyse, Feminismus und das Problem der Macht. Frankfurt a.M. 1990 (Orig.: The Bonds of Love. Psychoanalysis, Feminism and the Problem of Domination. 1988)
Bilden, H.: Geschlechtsspezifische Sozialisation. In: Hurrelmann, K./Ulich, D. (Hrsg.): Handbuch der Sozialisationsforschung. Weinheim 1980, S. 777-812
Bilden, H.: Geschlechtsspezifische Sozialisation. In: Hurrelmann, K./Ulich, D. (Hrsg.): Neues Handbuch der Sozialisationsforschung. Weinheim 1991, S. 279-301
Bilden, H./Diezinger, A.: Individualisierte Jugendbiographie? Zur Diskrepanz von Anforderungen, Ansprüchen und Möglichkeiten. In: Zeitschrift für Pädagogik 30 (1984), H. 2, S. 191-207
Bilden, H./Diezinger, A.: Historische Konstitution und besondere Gestaltung weiblicher Jugend – Mädchen im Blick der Jugendforschung. In: Krüger, H.-H. (Hrsg.): Handbuch der Jugendforschung. Opladen 1988, S. 135-155
Bilden, H./ Dausien, B.(Hrsg.): Sozialisation und Geschlecht. Theoretische und methodologische Aspekte. Opladen 2006
Bitzan, M.: Geschlechtshierarchischer Verdeckungszusammenhang. Überlegungen zur sozialpädagogischen Mädchen- und Frauenforschung. In: Lemmermöhle, D. u.a. (2000), S. 146-160
Bitzan, M./Daigler, C.: Eigensinn und Einmischung. Einführung in Grundlagen und Perspektiven parteilicher Mädchenarbeit. Weinheim 2001
Böger, C.: Erziehung und weibliche Identität. Zur Thematisierung der Geschlechterdifferenz in der pädagogischen Semantik. Weinheim 1995
Böhnisch, L./Winter, R.: Männliche Sozialisation: Bewältigungsprobleme männlicher Geschlechtsidentität im Lebenslauf. Weinheim 1993
Bosse, H./King, V. (Hrsg.): Männlichkeitsentwürfe. Wandlungen und Widerstände im Geschlechterverhältnis. Frankfurt a.M. 2000
Breidenstein, G./Kelle, H.: Geschlechteralltag in der Schulklasse. Ethnographische Studien zur Gleichaltrigenkultur. Weinheim 1998
Breitenbach, E.: Geschlechtsspezifische Interaktion in der Schule. Eine Bestandsaufnahme der feministischen Schulforschung. In: Die Deutsche Schule 86 (1994), S. 179-191
Breitenbach, E.: Mädchenfreundschaften in der Adoleszenz. Eine fallrekonstruktive Untersuchung von Gleichaltrigengruppen. Opladen 2000
Breitenbach, E./Hagemann-White, C.: Von der Sozialisation zur Erziehung - der Umgang mit geschlechtsdifferenter Subjektivität in der feministischen Forschung. In: Bracht, U./Keiner, D. (Hrsg.): Jahrbuch für Pädagogik. Frankfurt a.M. 1994, S. 249-264
Brown, L.M./Gilligan, C.: Die verlorene Stimme. Wendepunkte in der Entwicklung von Mädchen und Frauen. Frankfurt a.M./New York 1994

Brückner, M./Böhnisch, L. (Hrsg.): Geschlechterverhältnisse. Gesellschaftliche Konstruktionen und Perspektiven ihrer Veränderung. Weinheim 2001
Budde, J: Männlichkeit und gymnasialer Alltag. Doing Gender im heutigen Bildungssystem. Bielefeld 2005
Büttner, Ch./Dittmann, M. (Hrsg.): Brave Mädchen, böse Buben? Erziehung zur Geschlechtsidentität in Kindergarten und Grundschule. Weinheim 1992
Chodorow, N.: Das Erbe der Mütter: Psychoanalyse und Soziologie der Geschlechter. München 1985 (Orig.: The Reproduction of Mothering 1978)
Connell, R.W.: Der gemachte Mann. Konstruktion und Krise von Männlichkeiten. Opladen 1999 (Orig.: Masculinities. Cambridge 1995)
Connell, R.W.: The men and the boys. St Leonards NSW 2000
Dausien, B.: „Geschlechtsspezifische Sozialisation" Konstruktiv(istisch)e Ideen zur Karriere und Kritik eines Konzepts. In: Dausien, B. u.a. (Hrsg.): Erkenntnisprojekt Geschlecht: feministische Perspektiven verwandeln Wissenschaft. Opladen 1999, S. 216-246
Davies, B.: Frösche und Schlangen und feministische Märchen. Hamburg 1992 (Orig. Frogs and snails and feminist tales. Preschool children and gender. 1989)
Dinnerstein, D.: Das Arrangement der Geschlechter. Stuttgart 1979 (Orig.: The Mermaid and the Minotaur. Sexual Arrangements and Human Malaise. 1976)
Dittmann, M.: Mädchen und Jungen im Kindergarten – Beschreibung eines Beziehungsfeldes. In: Horstkemper, M./Zimmermann, P. (1998), S. 69-82
Döge, P./Meuser, M. (Hrsg.): Männlichkeit und soziale Ordnung. Neue Beiträge zur Geschlechterforschung. Opladen 2001
Enders-Dragässer, U./Fuchs, C.: Interaktionen der Geschlechter. Sexismusstrukturen in der Schule. Weinheim 1989
Faulstich-Wieland, H. (Hrsg.): Weibliche Identität. Dokumentation einer Fachtagung der AG Frauenforschung in der Deutschen Gesellschaft für Erziehungswissenschaft. Bielefeld 1989
Faulstich-Wieland, H./Horstkemper, M.: Veränderte familiäre Erziehungsnormen oder: Verschwindet die Geschlechterdifferenz? In: Horstkemper, M./Zimmermann, P. (1998), S. 213-231
Flaake, K.: Geschlechterverhältnisse, geschlechtsspezifische Identität und Adoleszenz. In: Zeitschrift für Sozialisationsforschung und Erziehungssoziologie 10 (1990), H. 1, S. 2-13
Flaake, K.: „Mit der Pubertät kommt die Zukunft nicht nur näher, sie richtet sich im Körper ein..." Zur Bedeutung der körperlichen Veränderungen in der weiblichen Adoleszenz. In: Krebs, H. u.a. (1997), S. 93-107
Flaake, K./King, V. (Hrsg.): Weibliche Adoleszenz: zur Sozialisation junger Frauen. Frankfurt a.M. 1995
Flade, A./Kustor, B.: Sozialisation und Raumaneignung. Weinheim 1993
Frerichs, P.: Klasse und Geschlecht 1. Arbeit. Macht. Anerkennung. Interessen. Hrsg. von Hradil, S. in der Reihe „Sozialstrukturanalyse", Bd. 10, Opladen 1997
Frerichs, P./Steinrücke, M.: Klasse und Geschlecht als Strukturkategorien moderner Gesellschaften. In: Aulenbacher, B./Goldmann, M. (Hrsg.): Transformationen im Geschlechterverhältnis. Frankfurt a.M. 1993, S. 231-245
Fried, L.: Werden Mädchen im Kindergarten anders behandelt als Jungen? Analyse von Stuhlkreisgesprächen zwischen Erzieherinnen und Kindern. In: Zeitschrift für Pädagogik 35 (1989), H. 4, S. 471-492
Fritzsche, B.: Popfans. Studien einer Mädchenkultur. Opladen 2003
Gebauer, G.: Kinderspiele als Aufführungen von Geschlechtsunterschieden. In: Dölling, I./Krais, B. (Hrsg.): Ein alltägliches Spiel. Geschlechtskonstruktion in der sozialen Praxis. Frankfurt a.M. 1997, S. 259-284
Geissler, B./Oechsle, M.: Lebensplanung junger Frauen. Zur widersprüchlichen Modernisierung weiblicher Lebensläufe. Weinheim 1996
Grabrucker, M.: „Typisch Mädchen ...": Prägung in den ersten drei Lebensjahren: ein Tagebuch. Frankfurt a.M. 1986
Hackmann, K.: Adoleszenz, Geschlecht und sexuelle Orientierung. Opladen 2003
Hagemann-White, C.: Frauenbewegung und Psychoanalyse. Frankfurt a.M. 1979
Hagemann-White, C.: Sozialisation: weiblich - männlich? Opladen 1984
Hagemann-White, C.: Weiblichkeit, Leiblichkeit und die kulturelle Konstruktion der Geschlechterpolarität. In: Werkstatt. Zeitschrift für Psychoanalyse und Gesellschaftskritik 5 (1988), H. 3/4, S. 51-67
Hagemann-White, C.: Adoleszenz und Identitätszwang in der weiblichen und männlichen Sozialisation. In: Krebs, H. u.a. (1997), S. 67-79
Hagemann-White, C.: Subjektbezogene Theorien zur Geschlechtersozialisation: Psychoanalytische Ansätze. In: Horstkemper, M./Zimmermann, P. (1998), S. 17-46
Hagemann-White, C./Rerrich, M. (Hrsg.): FrauenMännerBilder. Männer und Männlichkeit in der feministischen Diskussion. Bielefeld 1988
Helfferich, C.: Jugend, Körper und Geschlecht. Opladen 1994

Helfferich, C.: „Männlicher" Rauschgewinn und „weiblicher" Krankheitsgewinn? Geschlechtsgebundene Funktionalität von Problemverhalten und die Entwicklung geschlechtsbezogener Präventionsansätze. In: Zeitschrift für Sozialisationsforschung und Erziehungssoziologie 17 (1997), H. 2, S. 148-161
Herwartz-Emden, L. (Hrsg.): Neues aus alten Schulen – empirische Studien in Mädchenschulen. Opladen 2007
Hirschauer, S.: Die interaktive Konstruktion von Geschlechtszugehörigkeit. In: Zeitschrift für Soziologie 18 (1989), S. 100-108
Horstkemper, M.: Schule, Geschlecht und Selbstvertrauen. Eine Längsschnittstudie über Mädchensozialisation in der Schule. Weinheim 1987
Horstkemper, M./Zimmermann, P. (Hrsg.): Zwischen Dramatisierung und Individualisierung. Opladen 1998
Josting, S.: Jungenfreundschaften. Zur Konstruktion von Männlichkeit in der Adoleszenz. Wiesbaden 2005
Kahlert, H.: Konstruktion und Dekonstruktion von Geschlecht. In: Lemmermöhle, D. u.a. (2000), S. 20-44
Kaiser, A. (Hrsg.): Koedukation und Jungen. Soziale Jungenförderung in der Schule. Weinheim 1997
Kamler, B. (ed.): Constructing gender and difference. Critical research perspectives on early childhood. Cresskill, NJ, 1999
Kampshoff, M.: Jugend – Schule – Identität. 12- und 16jährige Schülerinnen und Schüler im Vergleich. Bielefeld 1996
Kampshoff, M./Nyssen, E.: Schule und Geschlecht(erverhältnisse) – Theoretische Konzeptionen und empirische Analysen. In: Rendtorff, B./Moser, V. (1999), S. 223-245
Kassis, W.: Wie kommt die Gewalt in die Jungen? Soziale und personale Faktoren der Gewaltentwicklung bei männlichen Jugendlichen im Schulkontext. Bern 2003
Kelle, H.: Das ethnomethodologische Verständnis der sozialen Konstruktion der Geschlechterdifferenz. In: Lemmermöhle, D. u.a. (2000), S. 116-132
Kelle, H.: Sozialisation und Geschlecht in kindheitssoziologischer Perspektive. In: Bilden, H./Dausien, B.(Hrsg.): (2006), S. 121-137
King, V.: Weibliche Adoleszenz im Wandel. Innere und äußere Räume im jugendlichen Schöpfungsprozess. In: Krebs, H. u.a. (1997), S. 32-49
King, V.: Die Entstehung des Neuen in der Adoleszenz, Individuation, Generativität und Geschlecht in modernisierten Gesellschaften. Opladen 2002
Kolip, P.: Geschlecht und Gesundheit im Jugendalter. Die Konstruktion von Geschlechtlichkeit über somatische Kulturen. Opladen 1997
Krais, B.: Geschlechterverhältnis und symbolische Gewalt. In: Gebauer, G./Wulf, Chr. (Hrsg.): Praxis und Ästhetik. Neue Perspektiven im Denken Pierre Bourdieus. Frankfurt a.M. 1973, S. 208-250
Krais, B.: Die feministische Debatte und die Soziologie Pierre Bourdieus: Eine Wahlverwandtschaft. In: Knapp, G.-A./Wetterer, A.: Soziale Verortung der Geschlechter. Gesellschaftstheorie und feministische Kritik. Münster 2001, S. 317-338
Krebs, H. u.a. (Hrsg.): Lebensphase Adoleszenz. Junge Frauen und Männer verstehen. Mainz 1997
Kreienbaum, M.-A./Metz-Göckel, S. (Hrsg.): Koedukation und Technikkompetenz von Mädchen. Der heimliche Lehrplan der Geschlechtererziehung und wie man ihn ändert. Weinheim 1992
Krüger, H.: Gesellschaftsanalyse: der Institutionenansatz in der Geschlechterforschung. In: Knapp, G.-A./ Wetterer, A.: Soziale Verortung der Geschlechter. Gesellschaftstheorie und feministische Kritik. Münster 2001, S. 63-90
Larson, R./Pleck, J.: Hidden Feelings: Emotionality in boys and men. In: Bernstein, D. (ed.): Gender and Motivation. Nebraska Symposium on Motivation 45. Lincoln/London 1998, S. 25-74
Lemmermöhle, D.: Zukunft planen zwischen Ansprüchen und Wirklichkeit – Berufsfindung von Mädchen und didaktische Konsequenzen. In: Luca, R./Kahlert, H./Müller-Balhorn, S. (Hrsg.): Frauen bilden – Zukunft planen. Dokumentation des 8. Fachkongresses Frauen und Schule. Bielefeld 1992, S. 30-42
Lemmermöhle, D./Fischer, D./Klika, D. (Hrsg.): Lesarten des Geschlechts. Zur De-Konstruktionsdebatte in der erziehungswissenschaftlichen Geschlechterforschung. Opladen 2000
Luca, R.: Medien und weibliche Identitätsbildung. Körper, Sexualität und Begehren in Selbst- und Fremdbildern junger Frauen. Frankfurt a.M. 1998
Maccoby, E.E.: The Two Sexes: Growing up apart, coming together. Cambridge, MA 1998
Maihofer, A.: Geschlecht und Sozialisation. Erwägen, Wissen, Ethik 13 (2002) H. 1, S. 13-26
Micus, Ch.: Friedfertige Frauen und wütende Männer? Theorien und Ergebnisse zum Umgang der Geschlechter mit Aggressionen. Weinheim 2002
Möller, K.: Coole Hauer und brave Engelein. Gewaltakzeptanz und Gewaltdistanzierung im Verlauf des frühen Jugendalters. Opladen 2001
Müller-Heisrath, A./Kückmann-Meitschies, H.: Aufwachsen in der Familie. In: Horstkemper, M./Zimmermann, P. (1998), S. 47-67

Nissen, U.: Kindheit, Geschlecht und Raum. Sozialisationstheoretische Zusammenhänge geschlechtsspezifischer Raumaneignung. Weinheim/München 1998

Nyssen, E.: Mädchenförderung in der Schule. Ergebnisse aus einem Modellversuch. Weinheim 1996

Nyssen, E./Schön, B.: Traditionen, Ergebnisse und Perspektiven feministischer Schulforschung. In: Zeitschrift für Pädagogik 38 (1992), H. 6, S. 855-871

Oechsle, M./Geissler, B. (Hrsg.): Die ungleiche Gleichheit. Junge Frauen und der Wandel im Geschlechterverhältnis. Opladen 1998

Pfister, G.: Der Widerspenstigen Zähmung. Raumaneignung, Körperlichkeit und Interaktion. In: Pfister, G./Valtin, R.(Hrsg.): MädchenStärken. Probleme der Koedukation in der Grundschule. Frankfurt a.M. 1993, S. 67-83

Prengel, A.: Der Beitrag der Frauenforschung zu einem anderen Blick auf die Erziehung von Jungen. In: Sozialmagazin 15 (1990), H.7-8, S. 36-47

Raithel, J.: Die Stilisierung des Geschlechts. Jugendliche Lebensstile, Risikoverhalten und die Konstruktion von Geschlechtlichkeit. Weinheim/ München 2005

Rendtorff, B.: Geschlecht und symbolische Kastration. Über Körper, Matrix, Tod und Wissen. Königstein i.T. 1996

Rendtorff, B.: Geschlecht und Kindheit: psychosexuelle Entwicklung und Geschlechtsidentität: Arbeitstexte für Erzieherinnen, Lehrerinnen und Mütter. Koenigstein i.T. 1997

Rendtorff, B.: Geschlecht und différance. Die Sexuierung des Wissens. Eine Einführung. Königstein i.T. 1998

Rendtorff, B./Moser, V.: Geschlecht als Kategorie – soziale, strukturelle und historische Aspekte. In: Rendtorff, B./Moser, V. (1999), S. 11-68

Rendtorff, B./Moser, V. (Hrsg.) Geschlecht und Geschlechterverhältnisse in der Erziehungswissenschaft. Opladen 1999

Rohrmann, T.: Zwei Welten? Geschlechtertrennung in der Kindheit: Forschung und Praxis im Dialog, Opladen 2008

Rose, L.: Das Drama des begabten Mädchens. Lebensgeschichten junger Kunstturnerinnen. Weinheim 1991

Scheu, U.: Wir werden nicht als Mädchen geboren, wir werden dazu gemacht. Frankfurt a.M. 1977

Schmauch, U.: Anatomie und Schicksal. Zur Psychoanalyse der frühen Geschlechtersozialisation. Frankfurt a.M. 1987

Schmerl, Ch.: Sozialisation und Persönlichkeit. Zentrale Beispiele zur Soziogenese menschlichen Verhaltens. Stuttgart 1978

Schmerl, Ch./Schülke, G./Wärntges-Möschen, J.: Die Helden von gestern sind noch nicht müde. Über die Zähigkeit von Geschlechterklischees in Kinderbilderbüchern. In: Zeitschrift für Sozialisationsforschung und Erziehungssoziologie 8 (1988), H. 2, S. 130-151

Schultz, D.: „Ein Mädchen ist fast so gut wie ein Junge." Sexismus in der Erziehung. Interviews, Berichte, Analysen. 2 Bde., Berlin 1978

Streeck-Fischer, A.: Männliche Adoleszenz – Krisen und destruktive Verlaufsformen. In: Krebs, H. u.a. (1997), S. 50-66

Tervooren, A.: Im Spielraum von Geschlecht und Begehren. Ethnographie der ausgehenden Kindheit. Weinheim 2006

Thorne, B.: Gender Play. Boys and Girls in School. New Brunswick 1993

Valtin, R.: Koedukation macht Mädchen brav? – Der heimliche Lehrplan der geschlechtsspezifischen Sozialisation. In: Pfister, G./Valtin, R. (Hrsg.): MädchenStärken. Probleme der Koedukation in der Grundschule. Frankfurt a.M. 1993, S. 8-37

Volmerg, B./Creutz, A./Reinhardt, M./Eiselen, T.: Ohne Jungs ganz anders? Geschlechterdifferenz und Lehrerrolle am Beispiel eines Schulversuchs. Bielefeld 1996

Erich Renner

Kulturtheoretische und kulturvergleichende Ansätze

1   Vorbemerkungen

Die Entwicklung der Ethnologie ist eng mit ihrer kulturtheoretischen Positionierung verknüpft. Fragestellungen der Kindheits- und Jugendforschung sind darin, Kultur- und Persönlichkeitsforschung sowie einige daraus entstandene ethnostatistische kulturvergleichende Arbeiten (crosscultural studies) ausgenommen, zumeist „nur" impliziter Bestandteil dieser Positionen. Überblicke, die die kulturtheoretischen und methodischen Entwicklungslinien der Ethnologie nachzeichnen, liegen in vielen Publikationen vor (z.B. Kohl 1993; Rossi 1980; Stagl 1974; Streck 2000). Insgesamt handelt es sich, im Hinblick auf Kindheits- und Jugendforschung, um einen komplexen, nicht ganz leicht zu überblickenden Hintergrund. Das liegt auch an dem unterschiedlichen Verständnis von Kindheit und Jugend. In vielen traditionellen Gesellschaften schließt Erwachsensein bzw. Übernahme von Verantwortung wie ein Erwachsener unmittelbar an die Kindheitsphase an, zumeist durch spezielle Übergangsriten markiert. Eindeutiger dagegen ist der von Stanley Hall (1907) eingeführte Begriff **Adoleszenz** als Zeit um die Pubertät. Der Verfasser versteht seine Aufgabe als Versuch, in diesem historisch gewachsenen Forschungsfeld eine vermutlich unkonventionelle Spur zu legen, die sowohl explizite als auch implizite Manifestationen des Themas berücksichtigt. Stationen dieser Spur sollen anhand typischer Publikationen kenntlich gemacht werden. Im Sinne eines Handbuchartikels, der den Benutzern detaillierte Informationen vermitteln will, handelt es sich hier nicht um den Versuch eines Überblicks, sondern um den eines werkorientierten Einblicks anhand charakteristischer Publikationen, ihrer Konzepte, Methoden, Resultate. Die Kapitelfolge entspricht in etwa der historischen Entwicklung.

2   Ein enzyklopädischer Zugriff als Kulturvergleich

Das umfangreiche Werk „Das Kind in Brauch und Sitte der Völker" (Völkerkundliche Studien), in erster Auflage begonnen von dem Mediziner Heinrich Ploß (1876) – von der Ethnologin Barbara Renz in dritter Auflage auf zwei Bände erweitert (Ploß/Renz, Band 1, 1911; Band 2, 1912), kann als vermutlich erste enzyklopädisch vergleichende Darstellung des Wissens über Kinder und Kindheit aller bekannten Kulturen angesehen werden. Auf der Basis von rund 1.800 Quellen hat die Verfasserin außereuropäische und europäische Kulturen in 60 Kapiteln und 399 Paragraphen dargestellt. Anlass der erweiterten 3. Auflage ist für Renz die „erstaunliche Zunahme des ethnographisch-ethnologischen Materials aus den letzten Jahrzehnten" (Band 1: Vorrede, S. IV) und das Ziel, die „reiche pädagogisch-psychologische Literatur, welche besonders in diesem Jahrhundert als Frucht der Liebe zum Kind in unseren Kulturstaaten aufgeblüht ist, völkerkundlich zu ergänzen". Die einleitenden Paragraphen der Kapitel beginnen jeweils mit einer vorauskommentierenden Einleitung. Danach folgen die einzelnen Beispiele in aufzählender Manier, so dass ein erstaunlich variantenreiches Bild von Kindheit und Kindsein entsteht. Neben dem Wissen über die indoeuropäischen Völker stehen Überlieferungen aus der Antike, den orientalischen und amerikanischen Hochkulturen und alle verfügbaren Berichte über die verschiedenen Völker quer durch die Kontinente. Die Vorauskommentare zu den Kapiteln sind ethnologisch und einstellungsmäßig auf dem Stand der damaligen Zeit, ohne dass man eine theoretisch-ideologische Überfrachtung der Beispiele erkennen kann. Das Themenspektrum der sechzig Kapitel reicht vom „Wunsch nach Kindern" über „Geburt", „Kind und Dämonenwelt", „Kindermord", „Taufe", „Namengebung", „Ernährung", „Krankheit", „Tod", „Wiegenlieder", „Sexuelle Operationen", „Spiel und Spielzeug", „Kleidung", „Feste", „Charakterbildung", „Arbeit", „Schulwesen", „Religion", „Rechtsverhältnisse", „Adoption", „Pubertätsfeste" bis zur „Liebe zwischen Eltern und Kindern". Einerseits nötigt die enzyklopädische Systematisierung des außerordentlich umfangreichen Materials Respekt ab, andererseits erweckt eine Darstellung ohne Einzel-Kommentierung auch leicht den Eindruck eines Kuriositäten-Kabinetts. Aber die Verfasserin ist sich der Schwierigkeit ihrer Aufgabe durchaus bewusst, wenn sie im Kapitel „Pflege, Abhärtung, Charakterbildung und körperliche Züchtigung des Kindes" schreibt: „An die Untersuchung individueller Charaktere und individueller pädagogischer Endziele kann das vorliegende Kapitel selbstverständlich nicht herantreten; vielmehr muss es, der Anlage des ganzen Werkes entsprechend, Völkercharaktere bzw. bewusste Endziele in der Völkerpädagogik im Auge haben und selbst diese Charakterisierung kann kaum mehr als ein Versuch genannt werden, da sich die Berichte nicht selten widersprechen, wo überhaupt mehr als einer vorliegt" (Band 2, S. 407). Trotzdem versucht die Verfasserin, „das Wesentliche wenigstens dieser Berichte mit einem zusammenfassenden Blick zu streifen". Gehorsam als Erziehungsziel, „diese Grundlage aller Pädagogik" sieht sie in einem solchen Überblick im Erziehungsplan des überwiegenden Teils der Menschheit (vgl. ebenda). Das Abgleiten ins Kuriose kann die Verfasserin dennoch nicht immer vermeiden, wie ein Beispiel im gleichen Kapitel unter § 291 „Abhärtung und Pflege des heranwachsenden Kindes" belegt: „Während es im heutigen bayrischen Schwaben Bauern gibt, deren Söhne und Töchter im Sommer womöglich jeden Abend ein Bad im nächsten Fluss nehmen, gibt es wieder andere, die man wasserscheu nennen könnte. Sie baden, wenn größer, niemals mehr, sondern halten das Baden für einen Luxus. Zur letzteren Sorte gehört nach Hoffmann-Krayers Mitteilung auch das gewöhnliche Volk in St. Gallen. Hier waschen sich die kleineren Kinder in der Früh mit den erwachsenen Mädchen und Frauen in einem Waschbecken. Tagsüber genügt es, wenn die Mutter ihre Schürze oder ihr Taschentuch mit Speichel benetzt und damit dem Kind über Gesicht und Hände fährt. Mädchen, die dem ‚Badgelteli', d.h. der Badewanne, entwachsen sind, kommen in ihrem Leben nicht mehr dazu, den ganzen Körper zu waschen. Die Knaben baden nach Feierabend, was als Zeitvertreib gilt und mit dem 17.-18. Lebensjahr für immer aufhört." (Band 2, S. 412)

Latente Unterscheidungen in „höher- und niederstehende Völker" werden durch solche kurios daherkommenden Informationen, gewollt oder ungewollt, ironisch relativiert. Aus heutiger Sicht bleibt diese enzyklopädische Aufbereitung des völkerkundlichen Wissens um die Wende vom 19. zum 20. Jahrhundert durch Barbara Renz verdienstvoll, wenn auch die episodenhaft verkürzte Reihung der Informationen für spezielle Themenstellungen unbefriedigend sein muss. Jedoch ergibt sich mit Hilfe der Quellenangaben (Band 2, S. 826-923) ein verlässlicher Einblick in den damaligen Wissensstand.

Die Ethnologin Barbara Renz hat ihr Anliegen, völkerkundliches Wissen „zur Erweiterung des geistigen Gesichtskreises" verfügbar zu machen, in weiteren Publikationen verwirklicht. In „Völkerschau – Illustrierte Monatsschrift bzw. Populärwissenschaftliche Quartalsschrift" eröffnet sie ein ethnologisches Informations- und Diskussionsforum (1901-1904), offensichtlich mit kurzer Erscheinungsdauer. Gezielt an die „reifere (wissbegierige) Jugend" wendet sie sich mit einer Schriftenreihe „Völkerleben in Wort und Bild", von der nur der erste Band erschienen ist: „Des Indianers Familie, Freund und Feind". (1907) In sieben Kapiteln breitet sie darin das vorliegende Material über Völker zwischen Feuerland und Alaska aus. In ihren „Schluß-Gedanken" diskutiert sie die Frage der Unterscheidung in Natur- bzw. Kulturvölker, plädiert jedoch für niederstehende bzw. höherstehende Völker. Daraus leitet sie ab, den höherstehenden erwachse damit „die Berechtigung, ja die Pflicht", die „geistig niederstehenden (zu) lehren, (zu) erziehen und zu sich empor(zu)heben."

3 Atlantis – frühe (implizite) Quellen der Kindheits- und Jugendforschung

Die zwölfbändige Sammlung afrikanischer Volksdichtung, unter dem Reihentitel Atlantis bekannt, war für Leo Frobenius kein eigenständiges Projekt, sondern sie war als Materialbasis angelegt und sollte Baustein für seine kulturmorphologisch konzipierte afrikanische Kulturgeschichte werden. In seinem umfangreichen Hauptwerk „Kulturgeschichte Afrikas" mit dem Untertitel „Prolegomena zu einer historischen Gestaltlehre" verarbeitet er deshalb einen Großteil des aufgenommenen Erzählgutes. „Frobenius glaubte, in der Vielfalt der afrikanischen Kulturen zwei Grundschichten zu erkennen, deren gegensätzliche Inventarien und geistige Äußerungen im Erzählgut einen besonders charakteristischen Niederschlag fanden..." (Braukämper 1987, S. 380). Die ersten drei Bände sind den nordafrikanischen Kabylen oder Berbern gewidmet. Bei der Befragung von kabylischen Informanten über ihre Lebensformen sah sich einer seiner Gewährsleute, ein alter Kabyle, bemüßigt, auf die Bedeutung der nachwachsenden Generation hinzuweisen: „Nach den Angelegenheiten der Männer und Frauen sollst du auch die der Kinder nicht vergessen, denn diese sind ebenso wichtig." (Band I, 1921, S. 41) Offensichtlich hatte der alte Mann wahrgenommen, wie das Interesse des Europäers vor allem auf die Erwachsenengesellschaft gerichtet war. Das Kapitel „Zeremonien der Knaben" im ersten Band ist wohl auf die Mahnung des alten Mannes zurückzuführen, womit sich der zuerst ignorante Forscher als lernfähig erweist. Ob er aber mit Kindern und Jugendlichen selbst gearbeitet hat, bleibt sein Geheimnis. Man vermutet, eher nicht! Jedoch entpuppt sich das umfangreiche ethnographische Beiwerk zu den Textsammlungen aus den befragten Völkern (Band I, S. 3-51[Kabylen]; Band V, S. 3-172 [Tschamba, Dakka u.a.]; Band VI, S. 1-45 [Wolof, Malinke, Fulbe u.a.]; Band VII, S. 69-135[Bosso], 213-264[Jukum]; Band VIII, S. 10-35[Mande], 187-223[Mossi]; Band IX, S. 13-97[Nupe]; Band X, S. 12-115[Yoruba]; Band XI, S. 5-65 [Bassari], 135-176 [Tim], 239-266 [Muntschi oder Tiwi]) bei näherem Hinsehen auch *als eine Fundgrube* an Informationen über afrikanische Kindheit und Jugend. Die nachfolgenden Beispiele daraus haben zwei Schwerpunkte: **Kindergesellschaften** und **Altersklassen** sowie der Zusammenhang zwischen **Spiel** und Arbeit.

„Die Kabylen-Burschen, die an Akli-vuzale (einem siebentägigen Kindermaskenfest) teilnahmen, bildeten untereinander eine Art Buschgemeinde. An ihrer Spitze stand der aghalidz uamhrar uakroch (Chef der Leute uakarusch). Dieser Häuptling, der im Busch über die Leute eine gewisse Gerichtsbarkeit ausübte, hatte als Würdezeichen einen Stab. Ein Hemdchen ohne Ärmel über den Kopf geworfen, ein um die Lenden geschlagenes Tuch wie ein Frauenrock, der übliche Turban um den Kopf, – so sah sein Kleid aus. Dieser kleine Häuptling betete vor und nahm die Gaben in Empfang. Jedes Kind, das etwas schenkte, nahm er auf den Arm und flehte Gottes Segen auf dessen Kopf herab. Auch verteilte er die Gaben, setzte den Zeitpunkt für die Spiele fest, bestimmte die Persönlichkeiten für die Maskerade usw. Er war der Richter und Ordner; meist war es ein Fünfzehnjähriger und somit der älteste der kleinen Gesellschaft. Seine Anweisungen besprach er mit einem Greise der ersten Altersklasse. Alle Knaben, die die gleichen Feste in dieser Weise begingen, waren für ihr ganzes Leben bis in die höchsten Greisenjahre hinein mehr als nur altersgemäß miteinander verbunden. Man bezeichnet die entsprechende Gruppe mit dem Namen des Anführers." (Band I, S. 46/47)

Gerade dieser letzte Satz des Zitats verweist auf eine zentrale Funktion solcher Kindergesellschaften oder auch Altersklassen. Die Zugehörigkeit zu einer Gruppe verbindet die Mitglieder zeitlebens aufs Engste, sie verpflichtet sie in weitaus höherem Maße füreinander als die Blutsverwandtschaft. Man könnte sagen, sie sind zur Freundschaft und zum Zusammenhalt verdammt.

Der fünfte Band „Sudan" enthält Berichte über neun verschiedene Völker: Tschamba, Dakka, Mundang, Lakka, Baja, Bokko-Nandji, Durru, Bum, Mulgoi-Kanuri. Kulturell stimmen alle in einer deutlichen männlichen Altersklassifizierung überein. Sie beginnt mit dem Baby oder Kleinkind, setzt sich fort mit den Phasen: Unbeschnittene, Beschnittene, Verheiratete, Familienväter, Greise. Eine Ausnahme bilden die Lakka: „Genau wie die Baschama kennen auch diese, an der Peripherie Adamauas wohnenden Lakkastämme, die Beschneidung der Burschen nicht, ebensowenig wie eine Exzision der Mädchen" (Band V, S. 97). Aber es existiert eine klare Klassifizierung in Altersgruppen. Man unterscheidet die Jungen in Gong (o) tigiriba = Säugling, (o) dariba = Bube von drei bis fünf Jahren, (o) gadji = Bube von sechs bis neun Jahren, (o) togo = Bursche vor der Ehe, dingau = junge verheiratete Männer, dogo-togo = ältere leitende Familienväter, bukau = Greise. Mit diesen Begriffen sind Stellung, Aufgaben und Möglichkeiten der einzelnen Altersphasen in der Gesellschaft verbunden. Da alle diese Phasen durchlaufen, und der Übergang vom Kindsein zum Erwachsenen durch Initiationsrituale klar markiert ist, gibt es für die Mitglieder der fortgeschrittenen Gruppen keinen Grund, auf die vorangegangenen herabzuschauen. Bei den Gesellschaften, in denen die Beschneidung den Wendepunkt von familienzugehöriger Kindheit zur stammesgesellschaftlichen Orientierung bezeichnet, kann es für die Jungen ein großes Problem werden, wenn sie aus nicht selbst zu verantwortenden Gründen nicht im rechten Alter beschnitten werden. Sie müssen dann häufig unter Diskriminierungen ihrer Altersgenossen leiden, wie der Fulbe Amkoullel Bâ (1993, S. 372/373) berichtet. Das Bestreben, zu den Großen, eigentlich zu den Erwachsenen zu gehören, ist ein weltweit beobachtbares „natürliches" Entwicklungsphänomen.

Andere Beispiele zeigen, wie westafrikanische Völker ihren Nachwuchs allmählich, aber konsequent in die Tätigkeiten der Erwachsenen einbinden. Beim Volk der Nupe ähnelt dies einem gut durchdachten Erziehungsprogramm. Frobenius' Beobachtungen dokumentieren, dass die Einbindung in den Arbeitsprozess des Erwachsenenlebens mit der Entwicklung eigener wirtschaftlicher Grundlagen für die Kinder verbunden ist. Offensichtlich wissen die Erwachsenen, dass sich das Interesse des Nachwuchses an der Arbeit am besten erhalten lässt, wenn man ihn am wirtschaftlichen Besitz und Ertrag beteiligt. Mit dem Recht auf eigenen Besitz werden die Kinder aber auch als vollwertige Persönlichkeiten respektiert.

„Wächst (der Sohn) weiter heran (...), so wird sein Selbstgefühl dadurch gesteigert, dass der Vater ihm ein eigenes Feld gibt, Korn und Saat schenkt, so dass er neben der Pflichtarbeit für den Alten noch für sein eigenes Besitztum Sorge tragen kann. Dieses Besitztum wird immer vermehrt, so dass er immer selbständiger wird. Auch weist der Vater ihm einen eigenen Platz im Gehöfte an, wo er erst eine oder mehrere Kammern bewohnen, später aber mit Hilfe seiner Kameraden und Altersgenossen ein eigenes Haus bauen kann." (Band X, S. 33) In diesen Beobachtungen Frobenius' bei den Yoruba in Nigeria ist systematische Entwicklung von Selbständigkeit dokumentiert.

Bei den Bosso ist das Beispiel der Mädchen wiederum ein Beleg für ihre Anerkennung als vollwertige Mitglieder ihrer Gruppe. Über den hohen Wert früher Selbständigkeit gibt eine kleine Episode aus dem Land der Nupe Auskunft: „Eine ältere Nupefrau in Mokwa plauderte einmal mit uns. Ich fragte sie danach, was wohl in ihrem Leben das Schönste gewesen sei. Nachdem wir uns mühsam über den Begriff, dass einmal im Leben etwas viel schöner sein könne, als alles andere, geeinigt hatten, sagte sie prompt und klar: ‚Als meine Mutter mir das erstemal erlaubte, mein eigenes Issa zu kochen und selbst auf dem Markte zu verkaufen." (Band IX, S. 39/40) Bei der Kommentierung dieser Antwort kann auch der Afrikaforscher Frobenius nicht aus seiner eurozentristischen Haut heraus: „Drollige Menschen in unserem Sinne! Von den meisten europäischen Frauen hätte man aber als Antwort auf die Frage gehört von der ersten Liebe, dem ersten Kinde, bei einigen vom ersten Ball, bei anderen vom Tanz mit einem verehrten Künstler, bei Schwärmerinnen von Musik und Lyrik – aber bei keiner vom ersten selbstgekochten und selbstverkauften Mehlbrei. Die Unterschiede der Kulturen sind zu groß!" (ebd., S. 40)

An dieser Stelle sind Ähnlichkeiten zu mitteleuropäischen Verhältnissen interessant (vgl. Ariès 1975; Weber-Kellermann 1979). Insbesondere Ariès' These, die Teilnahme und Beteiligung der Kinder und Jugendlichen am alltäglichen Leben der Erwachsenen habe bis ins 17./18. Jahrhundert maßgeblich erzieherisch gewirkt. Dagegen sei der Nachwuchs seitdem durch die Erfindung der Kindheit, die Privatisierung des Lebens und den Zwang zur Schule gesellschaftlich isoliert. Pädagogisierung und Psychologisierung habe die Kluft zwischen Kindheit und Erwachsensein noch vertieft.

4 Kultureller Determinismus: Margaret Meads Samoa-Forschungen in der Diskussion

Der Sammelband „Authentizität und Betrug in der Ethnologie", herausgegeben von Hans Peter Duerr (1987), enthält auch den Beitrag des Samoa-Forschers Lowell D. Holmes über sogenannte Restudies. Dazu rechnet er auch den mit massiver Kritik verbundenen Widerlegungsversuch von Margaret Meads Untersuchung der Adoleszenz-Problematik in Samoa durch den Australier Derek Freeman. Von ihrem Doktorvater Franz Boas 1925 nach Samoa geschickt, sollte Mead Material erarbeiten, mit dem man die kulturelle Bedingtheit der menschlichen Entwicklung belegen konnte. Die Ergebnisse dieser Forschungsarbeit „Coming of Age in Samoa" (1928) galten seitdem als Grundpfeiler der Milieutheorie oder auch der kulturellen Bestimmtheit des

Menschen. Mead zeigt darin am Beispiel adoleszenter samoanischer Mädchen, wie der Übergang von der Kindheit ins Jugend- bzw. Erwachsenenalter vergleichsweise krisenfrei verläuft, misst man ihn an der Situation in den westlichen Kulturen. Ein wichtiger Faktor dabei ist die größere Unbefangenheit und Freiheit im sexuellen Bereich. Obwohl gerade diese Seite der Untersuchung im Westen die größte Aufmerksamkeit gefunden hat, ist die Argumentation der Forscherin breiter angelegt: „Nachdem (samoanische Kinder) vier oder fünf Jahre alt sind, haben sie verpflichtende Aufgaben, die ihren Kräften und ihrer geistigen Entwicklung angemessen sind, Aufgaben jedoch, die für die Gesellschaft bedeutungsvoll sind. Aber eine Periode, in der sie von jeglicher Verantwortung freigestellt sind, ist ihnen nie zugestanden worden, ganz im Gegensatz zu unserer Gesellschaft." (Mead 1961, S. 22) Mit dieser zusammenfassenden Bemerkung erhält die bei uns wahrgenommene freizügige und konfliktfreie Entwicklung bei samoanischen Kindern und Jugendlichen ein anderes Profil. Es deutet sich an, dass die verantwortliche Einbindung der Heranwachsenden in familiäre und gesellschaftliche Lebenszusammenhänge krisenträchtige Entwicklungsphasen entschärft.

Indem Freeman Margaret Meads grundlegende Forschungsarbeit als unhaltbar zu belegen versucht, will er die Annahme kultureller Bedingtheit der menschlichen Entwicklung generell ad absurdum führen. Sein umfangreiches Werk „Liebe ohne Aggression" (1983) ist jedoch nicht wirklich eine Wiederholungsstudie, denn dann müsste sie als Feldforschungsarbeit angelegt sein. Freeman hat seine Arbeit ganz als Kampagne gegen die berühmte Kollegin konzipiert, was der Aufbau des Buches belegt. Und er legt darin eine missionarische Haltung an den Tag, indem er versucht „seine Fakten" ständig gegen tatsächliche und angenommene Fakten bei Mead aufzurechnen. Dabei geht Freeman, wie Stichproben zeigen, nicht zimperlich mit den verwendeten Quellen um, er formuliert sie so, wie er sie braucht. Im Kapitel „Ein Mythos nimmt Gestalt an" zitiert er aus dem ethnologischen Standardwerk von Melville Herskovits dessen Rezeption von Margaret Meads Samoa-Arbeit: „(Herskovits) meinte, die Anthropologen seien dadurch zu der Schlussfolgerung gezwungen worden, dass die emotionalen Reaktionen während der Adoleszenz ‚kulturell, nicht biologisch bedingt' seien." (1983, S. 124) Liest man bei Herskovits nach, dann heißt es dort: „Yet in a South Seas society, where some of the inhibitions imposed by Euroamerican conventions of sexual behavior do not exist, these ‚crises' were found to be absent. The only conclusion to be drawn from such findings is that such emotional reactions are culturally, not biologically, determined. The human organism is sufficiently plastic so the enculturative experience can direct it toward a stormy or calm passage through this ‚critical' period. But it must not be concluded that the individual is solely a passive element in the process." (1966, S. 44) Bemerkenswert an diesem Originalzitat von Herskovits ist die differenzierte Aufnahme von Meads Samoa-Ergebnissen und ihr Bezug zu europäischen Verhältnissen. Gleichzeitig wird die individuelle Komponente der menschlichen Entwicklung ins Spiel gebracht und im weiteren Verlauf der Darstellung am Beispiel weiter diskutiert. Der Samoa-Forscher Lowell Holmes, der Margaret Meads Samoa-Arbeit systematisch überprüft hat, kritisiert ebenfalls die unsaubere Verwendung der Quellen durch Freeman: „Auch geht Freeman nicht redlich mit der anthropologischen Literatur um. Durchweg übernimmt er die Aussagen von Autoren, die mit ihm übereinstimmen oder ihn in seiner Kritik an Mead bestätigen, während er andere Autoren ignoriert – teils vollständig, teils dort, wo sie seiner Sicht der samoanischen Kultur widersprechen. Während ich an der Qualität von Margaret Meads Feldforschung im großen und ganzen nichts auszusetzen habe, handelt es sich bei den 26 Fällen, in denen Freeman mich zitiert, allein um kritische Anmerkungen zu Meads Forschungsergebnissen." (Holmes 1987, S. 245) Und selbst auf Samoa gearbeitet hat Freeman „auch nur" 1966/67 (vgl. 1983 unter Danksagung, S. 378), also 42 Jahre später, und zwar auf den westlichen Inseln, während Mead auf der östlichen Manu'a-Gruppe gewesen ist.

Einem Reporter der New York Times gegenüber hat Freeman Margaret Meads Arbeit über Samoa als „Täuschung großen Stils in der Geschichte der Verhaltenswissenschaft" bezeichnet und sie selbst damit als Betrügerin (Holmes 1987, S. 246). Die Weltpresse hat sich auf diese vermeintliche Sensation gestürzt, zu bekannt war die Kulturforscherin Margaret Mead zu Lebzeiten. Mit ihren Rezensionen des Freeman-Buches beteiligten sich auch die Feuilletons großer deutscher Zeitungen an dieser Kampagne. „Das Ende einer wissenschaftlichen Legende: Margaret Meads Samoa ist doch kein Paradies" oder „Die falschen Perlen der Südsee" titeln Redakteure der ZEIT und der FAZ im Jahr 1983. Die damaligen Zeitungstexte machen deutlich, ihre Verfasser haben die Originalveröffentlichung niemals selbst eingesehen, zu sehr wiederholen sie den Freemanschen Verriss. Margaret Meads Buch ist weit davon entfernt, „das leichte Leben und die leichte Liebe auf Samoa in glühenden Farben zu beschreiben" (Zimmer 1983, S. 33), wie es in einem Zwischentitel in der ZEIT heißt. Das Gegenteil ist der Fall. Eher sachlich und nüchtern beschreibt sie das Verhalten ihrer Gesprächspartnerinnen. Ihre Schlussfolgerungen erscheinen dagegen nicht immer stichhaltig oder logisch. Beispiel: „Samoanische Mädchen ernten nie die Früchte romantischer Liebe, wie wir sie kennen, aber nie leiden sie als alte Jungfer daran, keinen Liebhaber gehabt zu haben oder als frustrierte Ehefrau an hohen, doch unerfüllten Erwartungen." Wie sollte romantische Liebe als typisch europäisches Gefühlsprodukt samoanische Mädchen befallen können? Darf aber schwärmerische Fixierung auf einen bestimmten männlichen Partner deshalb ausgeschlossen werden? Hier geht die Verfasserin, wie es Forschungsneulingen leicht passiert, ein Stück zu weit.

Die Diskussion unter den Samoaspezialisten, die Meads Samoastudie seit Jahrzehnten rezipiert, kritisiert und diskutiert haben, findet keine Resonanz in der Presse, also auch nicht deren Auseinandersetzung mit Freeman. Lowell D. Holmes kritisiert detailliert die Vorwürfe Freemans und fasst zusammen: „Jedoch komme ich – und das möchte ich besonders hervorheben – zum gleichen Schluss wie Margaret Mead, dass nämlich der Übergang ins Erwachsenenalter 1925 in Samoa zweifellos leichter war als in den Vereinigten Staaten und dass das Fehlen emotionaler Spannungen bei den Samoanern auf kulturelle Eigentümlichkeiten zurückführbar ist." (...) „Wenn (Freeman) z.B. den Leser vom restriktiven Charakter des samoanischen Sexualkodex zu überzeugen versucht, (...) ignoriert (er andererseits) reales Verhalten, das zeigt, dass die Samoaner vor- und außerehelichem Sex gegenüber ziemlich unbefangen sind." (1987, S. 245) Freemans Samoabild lehne er mit „sämtlichen Fachkollegen, die in den letzten 50 Jahren in Samoa gearbeitet haben" (ebd., S. 249), ab. Es handele sich vielmehr um einen gezielten Versuch der Demontage Margaret Meads zum Zwecke eigenen Ruhms. Klaus-Peter Koepping kommentiert die Arbeit Meads so: „Abgesehen von der detaillierten Hypothesentesting gelang es Margaret Mead zumindest, die Unhaltbarkeit von rassisch-genetischem Determinismus als universaler und apodiktischer Wahrheit nachzuweisen." (1987, S. 13) Und er fragt weiter, wieso nicht eigentlich Freemans Arbeit ein sehr schönes Korrektiv für die Mead-Perspektive abgeben könnte? Freemans ethnographisches Bild von Samoa sei, ob er es wolle oder nicht, ein ebenfalls „kulturell kanalisiertes", nicht ein biologisch bestimmtes. In der Tat hat Freeman mit seiner Version samoanischer Adoleszenz prinzipiell die Argumente des **Kulturdeterminismus** bestätigt.

Begegnung in Samoa 2007. Die Frage nach der Kenntnis der Meadschen Forschungen löst bei Teresa, der samoanischen Reiseführerin mit deutschem Ehemann, heftige Reaktionen aus. Diese Mead habe sich damals mit ahnungslosen jungen Mädchen befreundet, die ihr dann absichtlich das erzählt hätten, was sie habe hören wollen. Nichts davon sei ernst zu nehmen. Es scheint, die Reiseführerin möchte jeden Anschein „loser Sitten" unter den Samoanern gegenüber Europäern vermeiden. Vermutlich spiegelt sich in ihrer impulsiven Abwehr der Einfluss strenggläubiger christlicher Gemeinschaften und Sekten, die, wie man hört und sieht, die Samoaner fest im Griff haben. Zahlreiche sakrale Gebäude, die tropische Vegetation überragend, dokumentieren das. Besonders auffällig die der Mormonen. 13% der Samoaner seien Mormonen, auch sie Kinder des verlorenen Stämme Israels.

An der außerordentlichen Bedeutung Margaret Meads für die Entwicklung kulturtheoretischer und -vergleichender Kindheits- und Jugendforschung hat die Auseinandersetzung um ihr Frühwerk nichts ändern können. Eine dringend notwendige Aktualisierung ihres Oeuvres hat Jürgen Zinnecker begonnen. „Ethnographie der Kindheit in pädagogischer Absicht" nennt er seine Rekonstruktion der Rezeptionsgeschichte von Margaret Mead (1995). Drei Schichten des **Kulturvergleichs** sieht er in ihren insgesamt 1.397 Publikationen: Überprüfung von Universalien des Aufwachsens und der Entwicklung; kleine Gesellschaften als ‚natürliche Experimente' im Sinne von Varianten der Persönlichkeitsentwicklung und Erziehung; fremde Kulturen als pädagogischer Spiegel (vgl. S. 216-226).

5 Basale Persönlichkeitsstruktur: Psychoanalyse und Ethnologie

Margaret Meads Samoa-Studie und ihre Forschungen in Neuguinea sowie Ruth Benedicts Dreier-Vergleich (Pueblo-Indianer, Kwakiutl-Indianer der Nordwestküste, Dobu aus West-Melanesien) können als die erste Phase dieser Forschungsrichtung angesehen werden. Sie sind vor allem an typischen kulturellen Leitideen, den **Kulturmustern** (pattern), interessiert, die Kinder und Jugendliche im Lauf ihrer Entwicklung milieubedingt internalisieren.

5.1 Die Alor-Studie von DuBois (und Kardiner)

Mit der Annahme und Formulierung einer **Basispersönlichkeit** (Kardiner, Linton) gewinnen in der Folge psychoanalytische Aspekte an Einfluss. Die Basispersönlichkeit setzt sich zusammen aus denjenigen Persönlichkeitselementen, die die Mitglieder einer Gesellschaft aufgrund der gemeinsamen Erfahrungen in der frühen Kindheit miteinander teilen. Danach ist die Entstehung einer basalen Persönlichkeitsstruktur vor allem in Sozialisationspraktiken und -erfahrungen wie Stillen, Entwöhnen, Reinlichkeitstraining begründet. Cora DuBois, Schülerin von Abram Kardiner, liefert mit ihrer Studie auf der indonesischen Insel Alor eine modellhafte Untersuchung dazu (1944). Teilnehmende Beobachtung, Interviews, acht Autobiographien von je vier Männern und Frauen, 37 Rorschachprotokolle führen sie und Kardiner zu dem Ergebnis, die typische Alor-Persönlichkeit sei aufgrund frühkindlich erfahrener Inkonsistenzen bei Entwöhnung/Nahrung und bei Mutterbeziehungen, d.h. häufige Nahrungs- und Mutterentbehrung, ängstlich, abergläubig, unsicher und misstrauisch. Kardiner, der in der Untersuchung die Interpretation der Autobiographien verantwortet, fasst im Kapitel „Conclusions to the Autobiographies" seine Beurteilung zusammen: „What we see in each of the four men is a highly individual character. Each has some features of the basic personality structure, but each is in turn molded by the specific factors in his individual fate. (...) All men are equally envious and greedy, all have an extraordinary sensibility which they need to conceal with lies and misinterpretation. With the exception of Fantan (the interpreter) all are equally fearful of new enterprise and totally devoid of self-confidence (...) all men have unsatisfactory relations with women." (1944, S. 548, 549) Diese Schlussfolgerungen sind beispielhaft für Kardiners Versuch, unter allen Umständen seine theoretischen Grundannahmen zu bestätigen. Mit dem Zugeständnis, die vier Männer seien wegen ihrer speziellen Lebensbedingungen charakterlich höchst verschieden, erledigen sich eigentlich alle anderen Behauptungen. Selbst wenn die als basal angesehenen negativen Persönlichkeitsmerkmale zuträfen, fehlten ihnen die individuellen Kontexte, um sie zu verstehen. Außerdem fällt auch in dieser Hinsicht einer aus der Reihe, Fantan, der Dolmetscher. Auch wenn die Interpretation der Rorschachprotokolle das autobiographische Material bestätigt, wie die Autoren darlegen, fällt es schwer, auf dieser Grundlage alle Aloresen, nicht nur die 600 des Dorfes Atimelang, sondern alle anderen der damals vielleicht 10.000 Bewohner nach dem gleichen Muster zu beurteilen.

5.2 Die Rakau-Studie aus Neuseeland

Eine Untersuchung in der Maori-Gemeinde Rakau aus den 1950er Jahren (Beaglehole/Ritchie 1961) arbeitet mit einem weiterentwickelten Basic-Personality-Design, das fünf Phasen umfasst (vgl. S. 496ff.). In Phase I (Exploration) haben die Autoren, die sich selbst als Ethnopsychologen bezeichnen (S. 495), Anregungen über die Maori-Basis-Persönlichkeit aufgegriffen, die aus einer einige Jahre zuvor untersuchten anderen Maori-Gemeinde stammen. Diese Vorgaben wurden verknüpft mit qualitativ erhobenem Beobachtungsmaterial und Interviews von sehr unterschiedlichen Informanten, so dass eine deskriptive Darstellung des Maori-Verhaltens möglich wurde. Im Verlauf von Phase II (Formulation) wurden projektive Essays und Interviews mit Kindern zu einer Formalisierung des Konzeptes verarbeitet, so dass daraus 20 Arbeitsthemen oder Hypothesen abgeleitet werden konnten. Eine Auswahl daraus: a) Die frühen Jahre eines Maorilebens sind charakterisiert durch elterliche Nachgiebigkeit und Verwöhnen, wodurch die Persönlichkeit so vorgeprägt wird, dass sie direkte Befriedigung der Bedürfnisse erwartet. b) Dieses Muster wird abrupt unterbrochen, weil die Kontinuität enger elterlicher Fürsorge und Beachtung (etwa vom zweiten Lebensjahr an) fehlt. c) Angst vor der Erwartung weiterer Zurückweisung bleibt als permanenter Charakterzug. d) Die Maori-Persönlichkeit hat große Bedürfnisse nach emotionaler Zuwendung, verursacht durch die frühe Deprivation. e) Wenn sich eine Person einer anderen nähert, verhält sie sich ausgesprochen zugänglich, um bei dem anderen anzukommen, ohne sich aber selbst stark dabei einzubringen. f) Wichtig sind vor allem persönliche Orientierung und persönlicher Ausdruck, weniger die objektiven Tatsachen in der Welt; das Selbst und die Beziehungen zu anderen werden höher bewertet als Güter, Materielles und Zerstreuung. Andere Thesen beinhalten eine begrenzte intellektuelle Leistungsfähigkeit sowie eine eingeschränkte Wahrnehmungsfähigkeit und Vorstellungskraft der Maori-Persönlichkeit. Die Phasen III (Assessment) und IV (Amplification) dienen der schrittweisen experimentellen Überprüfung dieser Thesen. Im Mittelpunkt von III steht das projektive Rorschach-Testverfahren. Phase IV umfasst drei Entwicklungsstudien nach den Altersgruppierungen early, middle und adolescent years, wobei die Forscher neben Interviews, teilnehmender Beobachtung, verschiedenen Spielen, weitere projektive Tests und soziometrische Analysen einsetzen. Phase IV konzentriert sich auf die Prüfung von vier Schwerpunkten: urban adjustment; mental health; deviant adjustment; achievement motivation. Im Gegensatz zur Alor-Studie erheben die Autoren kein autobiographisches Material, eine Unterlassung nach Kardiner, der dies als unabdingbar betrachtete.

Die Verfasser sehen die Annahmen ihrer 20 Hypothesen mit vier Ausnahmen bestätigt und fassen die Ergebnisse folgendermaßen zusammen: „Die frühen Jahre im Leben eines Rakau-Kindes sind solange von Nachgiebigkeit und Toleranz bestimmt, bis durch das nächste Kind die elterliche Zuwendung abreißt. Von nun an wird das Kind zunehmend unabhängig von der elterlichen Kontrolle, jedoch auch zunehmend abhängig von Ersatzbefriedigungen. Sehr früh schon sorgt die Gleichaltrigengruppe für diese Befriedigung, aber die Angst vor Zurückweisung wird nie mehr vergehen. Diese Erfahrung hat Vorsicht zur Folge, einen Mangel an echtem Vertrauen und die Befürchtung weiterer Zurückweisungen. Abwehrmechanismen gegen diese Erfahrung beginnen zu wirken, in der Hauptsache Zurückhaltung in indigenen sozialen Situationen; Rückzug in meist praktische statt abstrakte Tätigkeit. Glaube an die hohe Bedeutung der Selbsteinschätzung sowie Gegenzurückweisung, die sich zumeist in Aggression gegenüber Erfolgreichen ausdrückt, indem diese verleumdet werden und ihr Verhalten als eigennützig gedeutet wird. Das starke Bedürfnis nach Zuwendung bleibt und zeigt sich in spontaner Wärme und Vitalität im sozialen Bereich, aber deren Vordergründigkeit begrenzt solche Spontaneität." (1961, S. 507) Zu guter Letzt entwerfen die Autoren die Arbeitsbiographie einer fiktiven Maori-Persönlichkeit namens Joe. An seinem Beispiel wollen sie (die erforschten) kulturell verursachten maori-typischen Schwierigkeiten illustrieren, um Arbeitgebern, Managern und Personalchefs Verständnishilfen bei konkreten Problemen mit Maoris zu liefern (vgl. S. 508-511). In einer Untersuchung über den Schulerfolg von Minderheiten (Ogbu 1978) werden auch die Ergebnisse von Beaglehole/Ritchie bei den Maori diskutiert. Die Kritik an den Resultaten setzt bei der Verwendung von Rorschach-Antworten für die Beurteilung der intellektuellen Leistungsfähigkeit an. Außerdem habe man auf der Basis der nicht repräsentativen Rakau-Studie unzulässige Verallgemeinerungen über die Kindererziehung in Maori-Familien formuliert. Schließlich sei der Leistungsbegriff zu eng definiert, denn er berücksichtige nicht Bereiche traditioneller Leistungssanktionen (vgl. 1978, S. 278/279). Vergleicht man die Ergebnisse der Alor- mit denen der Rakau-Studie, dann kommt man, ungeachtet der größeren Differenziertheit der letzteren, zu einer ähnlichen Einschätzung. Persönlichkeit wird in beiden Projekten nicht in ihrem kulturellen Kontext untersucht und gedeutet, sondern nach als universell angesehenen westlich geprägten Kategorien (vgl. auch Becker-Pfleiderer 1975, S. 41/42).

5.3 Ethnostatistische Arbeiten

Eine dritte Phase der Kultur- und Persönlichkeitsforschung kann man in den ethnostatistischen Arbeiten sehen, die Whiting und Child auf der Grundlage des Datenmaterials des HRAF (Human Relations Area Files, Murdock seit 1937) begonnen haben. In der Arbeit „Childtraining and personality" (1953) wurde Material aus 75 Kulturen verarbeitet. Im Mittelpunkt steht die Untersuchung der klassischen psychoanalytischen Primärtriebe (oral, anal, sexual) sowie der sogenannten Sekundärtriebe (dependence, aggression). Aber, „der Differenziertheit des Ausgangsmaterials kann mit der ethnostatistischen Methode nicht Rechnung getragen werden". (Becker-Pfleiderer 1975, S. 66)

Wegen dieser Unterschiedlichkeit der in HRAF versammelten Daten entwickelte Whiting einen speziellen Field Guide und praktizierte ihn in der viel zitierten Forschungsarbeit „Six Cultures: Studies of child rearing" (1963). Als unabhängige Variable fungiert in dieser Untersuchung das Konzept Kultur, unterschieden jedoch nach ihrer Komplexität. Von hier aus sollen Zusammenhänge zur Entwicklung von Kindern nachgewiesen werden. Abhängigkeit/Dominanz sei typisch für komplexe Kulturen, Helfen/Verantwortung für weniger komplexe Kulturen.

Auch aus heutiger Sicht hält das HRAF-Material noch immer umfangreiche Grundlagen für kulturvergleichende Forschung bereit, allerdings weniger bei statistisch angelegten Konzepten. Für kulturvergleichend arbeitende Pädagogen könnten beispielsweise die thematischen Kategorien (categories) 867: Transmission of Cultural Norms; 868: Transmission of Skills; 869: Transmission of Beliefs interessante Materialgrundlagen darstellen.

5.4 Kultur und Persönlichkeit: ein Fazit

Überblickt man die Forschungstradition Kultur/Persönlichkeit insgesamt, dann wird deutlich, dass bei der Frage nach Werden und Entwicklung einer bestimmten Persönlichkeit in einer bestimmten Kultur immer pädagogische Grundverhältnisse diskutiert werden, und zwar der Zusammenhang zwischen Kindheit/Jugend und Erwachsensein im Sinne einer pädagogisch-anthropologischen Dimension. Kritisch hinzuweisen ist hier auf die Vorstellung von Kultur als relativ geschlossenes System, auf die Annahme unilinearer sozialisatorischer Wirkungen und auf die fehlende Berücksichtigung intrakultureller und individueller Unterschiede.

Das Konzept der Kultur- und Persönlichkeitsschule, thematisch als Zusammenhang von **„Kind und Kultur"** gefasst, hat in der Folge einen regelrechten Forschungsboom ausgelöst. Und es ist bis heute ein interessantes Basis-Design geblieben, das in den einzelnen Projekten variantenreich weiterentwickelt worden ist. Die dabei erzielten Forschungsresultate sind jedoch bisher nicht ausreichend wissenschaftlich wahrgenommen worden (vgl. dazu die Literaturangaben in Renner 2000, S. 10, 21-26). Beispielhaft für sorgfältig erhobene Ethnographien kindlicher Entwicklung sind die Arbeiten der Benediktiner-Nonne Inez Hilger. Das Forschungskonzept ihrer bekanntesten Publikationen „Arapaho Child Life and its cultural Background" (1952) und „Chippewa Child Life and its cultural Background" (1951) basiert auf umfangreichem Interviewmaterial. Bei den Chippewa hat sie 96 Männer und Frauen aus neun verschiedenen Reservationsgebieten befragt, bei den Arapaho sind es 57 Personen aus den zwei Reservationen. In beiden Werken behandeln elf Abschnitte die Entwicklung und Erziehung des Kindes, z.B. „training children", „moral training", „mental training", acht weitere Kapitel das kulturelle Milieu. Die Auszüge aus den Interviews sind nicht nur kulturelle Dokumente, sondern vermitteln durch Erzählhaltung und die teilweise verwendete Ich-Perspektive authentische Innenansichten. Auch in ihren Zusammenfassungen vermeidet Hilger eine theoretische Formalisierung ihrer Resultate.

Die ethnopsychoanalytischen Forschungen Eriksons bei den Sioux (1937) und den Yurok (1943) gehören zu den Grundlagen seiner Theorie über den Zusammenhang von „Identität und Lebenszyklus" (1973). In seinem weiteren Hauptwerk „Kindheit und Gesellschaft" (1965) sind sie als Kapitel über „Kindheit in zwei amerikanischen Indianerstämmen" detailliert eingearbeitet. In diesem Kontext formuliert er folgende Ergebnisse: „Jedes System versucht auf seine Weise, aus allen Mitgliedern gleichartige Menschen zu machen, aber jedes gewährt auch spezifische Befreiungen und Nachlässe von den Forderungen, mit denen es die Individualität oder das individuelle Ich belegt." (1973, S. 180) Nicht zuletzt auf der Basis dieser kulturvergleichenden Untersuchungen hat Erikson einen achtstufigen Lebenszyklus entwickelt, der in der Kindheitsforschung als bedeutsame Ergänzung zu Jean Piagets kognitivem Entwicklungskonzept gilt (vgl. Erikson 1973, S. 241-270; Baacke, 6. Aufl. 1999, S. 158-169).

6 Anthropology and Education

Im Jahr 1954 trafen sich unter der Leitung von George D. Spindler führende Anthropologen (Ethnologen) und Pädagogen, um über Zusammenarbeit zu diskutieren, darunter Margaret Mead, Alfred Kroeber und andere Prominente. In der Folge entstand eine Bewegung, die unter dem Stichwort Anthropology and Education bekannt geworden ist. Aus europäischer Sicht handelt es sich hier um ethnologisch-pädagogische Kindheits- und Jugendforschung. Man einigte sich dort auf vier Programmpunkte: Entwicklung einer umfassenden, Anthropologie und Erziehung verknüpfenden Theorie; Berücksichtigung der soziokulturellen Kontexte des Erziehungsprozesses; Bedeutung kulturell bestimmter Entwicklungsphasen im Lebenszyklus; Merkmale interkulturellen Verstehens und Lernens. (Spindler 1984) Spindler und Gearing, ein anderer führender Vertreter dieser Forschungsrichtung, lassen bei einem Blick über den großen Teich nur Maria Montessoris Schrift „Pedagogical Anthropology" (1913), die bei uns wenig beachtet wird, als historische Grundlage gelten. „Obwohl sie keine bäuerliche oder Stammesgesellschaft untersucht habe, arbeitete sie doch zumeist mit städtischen Armen, mit obdachlosen Gassenkindern aus römischen Slums, deren Kultur nicht exotischer sein könne. Wichtiger noch, sie handele wie ein Ethnologe in ihrem Beharren, das menschliche Wesen lerne nicht mit Zunge, Ohr und Gehirn allein, sondern mit seiner individuellen Gesamtheit, lerne nicht nur durch Aktivitäten zwischen Erwachsenen und Kindern allein, sondern ebenso durch Interaktion mit der gesamten physischen und menschlichen Umwelt. Es ist so, als habe sie den Prozess der kulturellen Vermittlung innerhalb einer Menge von Stammesgesellschaften akribisch genau untersucht und erkennen lassen, dies sind die vorherrschenden Muster in derartigen Gesellschaften..." (Gearing 1973, S. 1226)

Vor diesem Hintergrund wird das Problemfeld **Kulturvermittlung** (cultural transmission) zum zentralen Forschungsziel der Untersuchung kleiner, großer und heterogener Gesellschaften. In der Folge hat auch diese Initiative einen regelrechten Forschungsboom ausgelöst. (Renner 2000, S. 11-15) Mit der Gründung der Zeitschrift „Anthropology & Education Quarterly" hat man sich außerdem ein entsprechendes Publikationsorgan geschaffen. Eine kritische Sichtung der ersten Phase theoretischer und methodischer Ansätze von Anthropology and Education findet sich bei Funnell/Smith (1981) und Sindell (1969). Auch die folgenden Debatten über die wissenschaftliche Weiterentwicklung der Disziplin spiegeln sich im genannten Periodikum. Dazu gehören der Einsatz ethnographischer Feldforschungsmethoden (school ethnography); Untersuchungen über Schulsysteme in vielen Teilen der Welt; die Schulsituation von Minoritäten und Immigranten, darunter auch eine Ausgabe zur schulischen Betreuung von Migranten in Europa (Vol. 22, 1991, Nr. 2); alternative Visionen für Schulen; Wygotskis Theorie der Entwicklung (Vol. 26, 1995, Nr. 4); Sprache, Kulturerhalt und Schulerfolg u.v.a.

Eine europäische Variante einer solchen systematischen Kooperation existiert nicht. Allerdings liegen eine Reihe ethnopädagogischer Publikationen vor, die sich auf das gleiche Forschungsfeld beziehen (Brock-Utne 1994; Erny 1981, zuerst 1972; Müller/Treml 1992; Renner 2000; Rothe 1969, 1984; Seidenfaden 1983, zuerst 1969).

7 Prägephasen der Kultur: Kindheit versus Jugend

Für die Entwicklung der Persönlichkeit habe man die Macht der frühen Jahre überschätzt, heißt es in einem Artikel des Harvard-Psychologen Jerome Kagan (2000). Allerdings bestreitet er nicht, dass kindliche Erfahrungen Einfluss auf die Entwicklung des Seelenlebens und der Persönlichkeit haben, „kontrovers ist nur die Unabänderlichkeit dieser ersten Profile" und „kein Wissenschaftler hat auch nur mit, sagen wir, zwanzigprozentiger Wahrscheinlichkeit beweisen können, dass bestimmte Erfahrungen in den ersten beiden Lebensjahren ein bestimmtes Ergebnis im Erwachsenenalter bewirken" (S. 49). Kagan argumentiert insgesamt gegen die Annahme eines „Kindheitsdeterminismus", wie er vor allem von der psychoanalytischen Schule ausgegangen ist. Und er führt als Belege auch ethnologische Beispiele wie das der Mehinaku-Indianer in Zentral-Brasilien an, bei denen kindlicher Ungehorsam rigoros bestraft werde, ohne dass die Erwachsenen deswegen „aggressiver, duckmäuserischer oder ängstlicher" wären als in Kulturen mit sanfteren Methoden.

Doch Kagan ist nicht der erste, der die unausweichliche Bedeutung frühkindlicher Erfahrungen bezweifelt. Der Ethnologe C.W.M. Hart hat auf der Basis seiner Feldforschungen bei den Tiwi auf den nordaustralischen Melville-Inseln (1963) die adoleszenten kulturspezifischen Erfahrungen als bedeutsamer als die kindlichen eingeschätzt und für ihre Berücksichtigung plädiert. Bei den Vertretern der Kultur- und Persönlichkeitsschule hatte er deshalb einen schweren Stand (vgl. Spindler 1984, S. 7/8). Harts Argumente: Es gäbe in keiner der untersuchten Kulturen eine standardisierte präpubertäre Erziehung, zu variantenreich seien die Verhaltensweisen der Individuen in den familiären Gruppierungen, vor allem sei der Einfluss der Spielkameraden von großer Bedeutung. Auch neuere Reanalysen bekannter ethnographischer Feldforschungen (bei den Bambuti, !Kung, Inuit, Jatmul, Alor, Tallensi, Hausa) ermitteln „vielfältige **Interaktionsmodelle**" frühkindlicher Sozialisation und heben hervor, dass vor allem die **Spielgruppen** „maßgeblichen Einfluss auf die Herausbildung von Werten und Normen der Kinder ausüben". Anpassend und widerständig würden in den Spielgruppen die gesellschaftlich relevanten Verhaltensweisen erprobt (Grohs 1992). Inzwischen kommen auch aus der Gruppe der Psychoanalytiker Argumente für eine stärkere Beachtung der **Adoleszenz.** Der Schweizer Ethnopsychoanalytiker Mario Erdheim gibt unumwunden zu, man habe die Bedeutung der Adoleszenz für die Entwicklung der Persönlichkeit im Vergleich zur frühen Kindheit „falsch eingeschätzt" (1982, S. 279). In diesem Zusammenhang entwickelt er die These, „dass es nicht die Schicksale der frühen Kindheit, sondern diejenigen der Adoleszenz sind, die die Einstellung des Individuums zur Kultur bestimmen" (1982, S. 39). Unterschiede sieht er hinsichtlich der Herkunftskulturen, die er mit Lévi-Strauss als „kalte" bzw. „heiße" Kulturen bezeichnet. Während in kalten Kulturen die Inhaber der kulturellen Macht die Entwicklungsrichtung über Initiation im eigenen Sinne festlegen, bleibt für die Adoleszenten in heißen Kulturen, wie sie die abendländisch-westlichen darstellen, die Entwicklungsrichtung unbesetzt.

Der Anthropologe Paul Riesman, der sich selbst als ursprünglichen Freudianer bezeichnet, kommt nach kritischer Sichtung der Resultate von Langzeitstudien über die Persönlichkeitsentwicklung zu der Folgerung, „dass Persönlichkeit – egal wie sie definiert wird – einfach nicht auf der Basis der frühen Kindheit bis zum Erwachsenenalter vorhersagbar ist, und dass auch in den direkt darauf folgenden Entwicklungsstadien beträchtliche Veränderungen stattfinden" (1993, S. 157). Für seine eigenen langjährigen Feldforschungen (1966-68, 1974-76) hat er mit den Fulbe (Fulani) und ihren ehemaligen Sklaven, den Riimaaybe, die zusammen in der Jelgobe-Region von Burkina Faso leben, eine modellhafte Forschungssituation gewählt. Das

Forschungsinstrumentarium der teilnehmenden Beobachtung verfeinert Riesman durch eine Komponente, die er als „disciplined introspection" oder „reflexive introspection" bezeichnet. Dieses Procedere beschreibt er wie folgt: „I compare my feelings and reactions in particular situations with what I think the Fulani feel in those situations. And because the main problem is to know how they feel in those situations, I try to show the reader as best I can how I got the evidence that leads me to my conclusions. Ultimately, I hope to learn as much about myself as about the Fulani with this approach, for in using it I participate in both Western and Fulani cultural patterns, each of which has its particular effects on me." (1992, S. 2)

Anhand dieser sorgfältig reflexiven Ethnographie gewinnt er die Einsicht, dass sich die Grundpersönlichkeit der Fulbe von der der Riimaaybe deutlich unterscheidet, trotz weitgehend übereinstimmender Erziehungspraktiken während der frühen Kindheit. Während sich Fulbe in der Regel würdevoll, zurückhaltend und vornehm benehmen, sind die Riimaaybe emotional, spontan und ausgelassen. Die Verarbeitung seiner Feldforschungsergebnisse führen ihn zur Entwicklung eines „neuen" theoretischen Ansatzes mit folgender Kontur: „Ich schlage deshalb eine alternative Theorie von Persönlichkeit vor, keine, die aus einem Bestand an Charakterzügen oder Qualitäten besteht, die während der Kindheit erworben worden sind, sondern durch aktive Darstellung – manchmal bewusst, manchmal unbewusst – des Selbstverständnisses einer Person. Persönlichkeit ist die Deutung einer Person durch andere, indem sie deren Selbstverständnis aus ihren Handlungen lesen. Obwohl das Selbstverständnis einer Person in Bezug auf jedes andere Individuum ganz subjektiv ist, gründet es trotzdem auf gemeinsamen Werten mit diesen Individuen und anderen Mitgliedern der Gesellschaft. Die einzigartige und besonders wichtige Komponente, so meine ich, ist **Identität,** darunter verstehe ich, den Platz, den eine Person im Beziehungssystem einer Gesellschaft hat. Obwohl die Konstruktion der Identität einer Person von anderen ausgeht, wird sie schrittweise angenommen und transformiert von dieser Person, indem sie sie in ihr Selbstverständnis inkorporiert. Ob jemand in der Lage ist, ein klares Bild seiner eigenen Identität zu entwickeln, hängt zum Großteil von der Übereinstimmung der Informationen ab, die andere über einen selbst geben. Obwohl es einen Zusammenhang zwischen Persönlichkeit und Identität in allen Gesellschaften gibt, haben wir gesehen, dass die Fulani beides nie vermengen. Statt dessen betrachten sie bestimmte Aspekte von Persönlichkeit als abhängig von der Identität durch Verwandtschaft und andere davon unabhängig. Diese Theorie lehnt die Bedeutung der Kindheit nicht völlig ab. Kindheit ist für die Entwicklung der Persönlichkeit insoweit bedeutsam, als während dieser Zeit jeder ein Beziehungssystem zu den Mitgliedern der Familie entwickelt. Jedoch, die Identität einer Person und das entsprechende Selbstverständnis, das jemand von sich hat, umfasst mehr als die Beziehungen zu den Familienmitgliedern. Es ist verwurzelt in dem Beziehungsgefüge zur weiteren Lebenswelt. Deshalb, die kulturelle Deutung der Sozialstruktur, in der jemand lebt, der Sozialbeziehungen, der Nachbargesellschaften und der Natur sind grundlegend für das Selbstverständnis eines jeden und daher für die Persönlichkeit, die er darstellt." (1992, S. 196/197)

Das Programm, das Paul Riesman für Feldforschung formuliert, lautet vor diesem Hintergrund: „Um zu verstehen, warum die Mitglieder einer speziellen Gesellschaft bestimmte Persönlichkeitsmerkmale gemein haben, ist es nicht erforderlich, sich auf die prägenden Wirkungen frühkindlicher Erfahrungen zu konzentrieren. Es erfordert jedoch, dass man erforscht, wie die Menschen sich innerhalb ihres sozialen Kontexts wahrnehmen, welche Faktoren ihre Selbsterfahrung beeinflussen und wie die Auswahl und die Ausführung von Handlungen aus dem kulturellen Repertoire diesen Sinn für das Selbst ausdrücken." (1993, S. 173)

Das Kontinuum-Konzept der Amerikanerin Jean Liedloff gründet auf der Annahme eines angeborenen **Sozialtriebes**. Die Fähigkeit optimaler Kinderbetreuung sei im Lauf des Zivilisationsprozesses den westlichen Kulturen verlorenen gegangen. Mit Beobachtungen bei den Yequana im Orinoko-Quellgebiet begründet sie die These, dass diese noch naturnah lebende Ethnie die evolutionär entwickelten Fähigkeiten für Kinderbetreuung bewahrt habe, so dass deren Praktizierung zu einer optimalen Entwicklung der Persönlichkeit, zu Ausgeglichenheit, Affektkontrolle, Selbstdisziplin, ja zum Glücklichsein führe. Als Schlüsselhandlung derart optimaler Erziehung in früher Kindheit sieht sie das permanente Tragen des Säuglings und Kleinkindes. Die entsprechende Publikation hat z.B. in Deutschland eine halbe Million Leser gefunden (Liedloff 1980-1995). Darin spiegelt sich ein allgemeines Interesse an Erziehung und Kinderbetreuung, aber auch die Bereitschaft, auf einfache Modelle zu vertrauen. Eine Untersuchung des ethnographischen Wissensbestandes über die Yequana, wie er in der Forschungsliteratur vorliegt, ergibt jedoch ein völlig anderes Bild. Die Beobachtung Liedloffs, dass die Yequana über eine ausgeprägte Selbstdisziplin verfügen, wird zwar in allen Forschungsberichten bestätigt und auch entsprechend gewürdigt. Jedoch, Forschungsarbeiten über Weltbild und Sozialstruktur der Yequana belegen eindeutig, dass sie einen aus ihrer religiösen Anschauung abgeleiteten strengen Verhaltenscode für Selbstdisziplin definiert haben, der in sieben Aspekten alle Bereiche des sozialen Lebens durchdringt (vgl. Renner 1989). Das von Liedloff beobachtete Verhalten und die damit verknüpften Hoffnungen sind vor diesem Hintergrund unhaltbar. Selbstdisziplin und Affektkontrolle sind Konsequenz ihrer kulturspezifischen Weltbewältigung. Das kulturelle Milieu ist entscheidend, nicht das frühkindliche Tragen der Kinder.

Das Beispiel der Yequana/Makiritare ist auch aus einem anderen Grunde interessant, weil dieses Volk, wie die von Riesman untersuchten Fulbe und Riimaaybe, teilweise mit einer sprachlich und kulturell völlig anderen Ethnie, den Sanema-Yanomami, in enger Symbiose lebt. Beobachtern ist dabei aufgefallen, dass sich das Persönlichkeitsbild dieser Sanema von dem der Yequana fundamental unterscheidet. Selbstbeherrscht und gelassen die Yequana; ausgelassen, gefühlsbetont und aggressiv die Sanema, obwohl ihre Praxis der Kinderbetreuung, wozu das ausgeprägte Tragen gehört, bei beiden Völkern weitgehend identisch ist (Schuster 1976; Bruder Francois 1973; Renner 1989). „Beherrschung der Gefühlsregungen gilt bei den Sanema-Yanomami offensichtlich nicht als Erziehungsziel", meinen Zerries und Schuster (1974). Immerhin, das symbiotische Zusammenleben von Yequana und Sanema ergäbe eine interessante Forschungskonstellation für die Arbeit mit dem Riesman-Ansatz.

8 Offenheit und Vielfalt

Die Auswertung ethnologischer Wissensbestände durch weiterführende Forschung bleibt, trotz verschiedener Projekte, das umfangreiche Material zu sichten und verfügbar zu machen (Ploß/Renz 1911/1912; HRAF – Murdock 1937 ff.), bisher eher eine Randerscheinung. Dies gilt insbesondere für Problemstellungen der Kindheits- und Jugendforschung. Groß angelegte Arbeiten mit diesem Material sind seit der Kultur- und Persönlichkeitsschule (Whiting/Child) ausgeblieben. Man musste akzeptieren, dass die Komplexität der darin vorliegenden Datenfülle, Quantifizierungen unzuverlässig macht.

Aber auch andere Versuche, die als Überblicke angelegt sind, ohne die Vergleichbarkeit der Wissensbestände angemessen in Betracht zu ziehen, können der Differenziertheit und den Kontexten vorliegender Forschungsergebnisse nicht gerecht werden, weil sie zwangsläufig vereinfachen (vgl. dazu Müller 1992 a, b).

Zudem ist im Laufe der Jahrzehnte die Formulierung umfassender theoretischer Konstrukte und damit verknüpfter Methoden einer großen Offenheit und Vielfalt gewichen. Einige Schwerpunkte lassen sich erkennen.

8.1 Quellensammlungen

Eine Sammlung von 15 wichtigen Studien zum Thema „From child to adult" hat Middleton (1970) herausgegeben. Es handelt sich um Arbeiten von Ammar (Egyptian village), Eggan (Hopi), Firth (Tikopia), Fortes (Taleland), Herskovits (Dahomey), Hogbin (New Guinea), Hunt (rural Mexico), Little (Mende), Mead (primitive perspective), Nadel (Nupe), Nash (Upper Burma), Raum (Chaga), Read (Africa), Redfield (Highlands of Guatemala) und Williams (Papago). Es gäbe überraschenderweise wenig gute Abhandlungen über Erziehung (Kindheit und Jugend), die von Anthropologen verfasst seien, kommentiert der Herausgeber seine Auswahl. Deshalb sei es schwierig, sowohl geographisch als auch bezüglich des Gesellschaftssystems einen angemessenen Überblick vorzulegen. (1970, S. xvi/xvii) Heterogenität der Forschungsansätze und –methoden sind ein konstitutives Merkmal dieser Sammlung.

Eine Textsammlung „Kindsein in fremden Kulturen" (Renner/Seidenfaden, 2 Bände, 1997, 1998) präsentiert authentisches Material über selbst erfahrene Kindheit (und Jugend) von 82 Individuen aus 45 Kulturen in aller Welt. Darin sind sowohl autobiographische Texte vertreten, die durch Forscher initiiert worden sind (professionelle Texte) als auch solche, die aus Eigeninitiative veröffentlicht wurden (populäre Texte). Die Auswahl möchte einen Beitrag zum Verstehen der Probleme des Kindesalters (und Jugendalters) leisten, auch im Sinne der Eröffnung eines Diskursuniversums (Baacke 1999, S. 41-53). Es geht in diesem Zusammenhang u. a. um ursprüngliche und aktuelle Bedeutung von Kindheitserinnerungen in autobiographisch-ethnologischen Texten (vgl. Renner 2001a).

Unter dem Thema „Wie man zum Wilden wird" liegt jetzt eine verdienstvolle Sammlung von Quellentexten aus vier Jahrhunderten vor (Müller/Treml 2002). Die getroffene Auswahl umfasst neben wichtigen philosophisch-pädagogischen Grundlagen der Auseinandersetzung mit fremden Kulturen (z.B. Las Casas, Rousseau, Hegel); historisch-ethnologische Klassiker über Erziehung bei Naturvölkern (Schmidt, Weule); klassische Texte der Kulturanthropologie (Mead, Benedict); sowie neuere ethnographische Standardwerke (Raum, Whiting, Opler, Elwin, Michl). Auf diese Weise repräsentieren die vorgelegten Texte nicht nur philosophisch-kulturtheoretische Voreingenommenheit, ja Doktrinen der Europäer bei der Erforschung fremder Völker, sondern auch nüchterne, wirklichkeitsnahe teilnehmende Beobachtung und Reflexion fremder Lebenswelten. Beide Aspekte ermöglichen eine Vielfalt von Anschlussdiskussionen.

8.2 Reanalysen ethnologischer Wissensbestände

Eine Studie von Johannes W. Raum zielt auf einen Vergleich der „Stellung von Kindern und Jugendlichen in einer repräsentativen Auswahl von Stammesgesellschaften" (1978), ein Thema mit einem rechtsethnologischen Hintergrund. Der Verfasser beklagt zunächst die Minderausstattung ethnologischer Institute an deutschen Universitäten, ein Tatbestand, der nicht nur das

Außenseitertum des Faches dokumentiere, sondern auch seine Auswahl an Stammesgesellschaften bestimme: „Auch aus diesem Grunde war eine Beschränkung auf eine geringe Anzahl von Stammesgesellschaften, über die einigermaßen gesichertes ethnographisches Material hinsichtlich der Stellung von Kindern und Jugendlichen vorliegt, unumgänglich." (S. 183) Wichtigstes Vergleichskriterium für die ausgewählten fünf Ethnien ist ihre ökologisch-ökonomische Varianz. Deshalb wählt Raum die San bzw. !Kung San als Jäger und Sammler der Kalahari-Wüste, die Tikopia als Fischer und Pflanzer aus der Südsee, die Tallensi als Pflanzerhirten in Nord-Ghana, die Gusii als Hirtenpflanzer und die Samburu als reine Hirten, beide in Kenia. Als Zielrichtung seiner Reanalysen formuliert Raum eine zweiteilige Hypothese: a) „Die ökologisch-ökonomischen Grundlagen einer Kultur bedingen weitgehend den in dieser Kultur vorherrschenden Erziehungsstil und damit auch die Stellung des Kindes und Jugendlichen im gesellschaftlichen Zusammenhang." b) „....die auf einer bestimmten ökologisch-ökonomischen Grundlage ruhende Kultur steckt lediglich den Rahmen für die Entfaltung des einzelnen Kindes und Jugendlichen ab; in allen bekannten Stammesgesellschaften gibt es erstaunlich weitreichende individuelle Unterschiede sogar zwischen Personen, die aus der gleichen Familie und somit aus dem gleichen sozialen Milieu stammen." (S. 179) Diese Ausgangsposition wurde in einem acht Fragestellungen umfassenden Katalog umgesetzt: a) Entwicklungsstufen und Initiationsriten; b) Rechte der Kinder und Jugendlichen (Selbstbestimmung); c) Eingliederung in das Wirtschaftsleben; d) Verhältnis zu den Eltern; e) Erziehung durch andere Personen als die Eltern; f) Kontrolle durch die Gemeinschaft; g) Erziehungsmittel; h) sexuelles Verhalten. Entlang dieser inhaltlichen Kriterien hat Raum die vorliegenden ethnographischen Quellen in einem ersten Durchgang sorgfältig ausgewertet. Um die Plausibilität seiner Hypothese zu prüfen, hat er in einem zweiten Arbeitsschritt jede einzelne Ethnie mit jeder anderen verglichen, so dass Kontraste und Ähnlichkeiten besonders deutlich herausgearbeitet werden konnten: San/Tikopia; Tikopia/Tallensi; Tallensi/Gusii; Gusii/Samburu; San/Tallensi; San/Gusii; San/Samburu; Tikopia/Gusii; Tikopia/Samburu; Tallensi/Samburu. Das Resümee der Analysen fasst Raum in einer prägnanten Formulierung: „Die ökologisch-ökonomischen Bedingungen einer Kultur bedingen weitgehend den in dieser Kultur vorherrschenden Erziehungsstil und damit auch die Stellung des Kindes und Jugendlichen im gesellschaftlichen Zusammenhang." (S. 312) Er interpretiert diesen Zusammenhang als eine durchaus pragmatische Haltung der Erwachsenen in den jeweiligen Stammesgesellschaften, die von dem Bewusstsein geleitet sei, dass nur auf diese Weise der Bestand des ökonomischen Systems, der Gesellschaftsordnung, der Kultur überhaupt garantiert werden könne. Kinder und Jugendliche brauchten eine klare Positionierung innerhalb der jeweiligen Gesellschaftsstrukturen sowie angemessene Erziehungsformen, um die Rollen der Erwachsenen später übernehmen zu können. „Ein Ethnologe kann nur vermuten, dass Entsprechendes auch für unsere Gesellschaft gilt. Wenn wir von den Stammesgesellschaften lernen könnten, dass sie häufig im Rahmen ihrer Möglichkeiten optimale Lösungen für gesellschaftliche Probleme wie das der Stellung von Kindern und Jugendlichen entwickelt haben, während wir die Möglichkeiten, die uns die technische Überlegenheit unserer Kultur bietet, noch keineswegs ausgeschöpft haben, dann wären wir einen erheblichen Schritt weiter gekommen." (S. 323)

In der unter 7. bereits zitierten Studie versteht Elisabeth Grohs „Sozialisation als Prozess der Interaktion". Bei der Auswahl ihrer Beispiele betont die Verfasserin notwendige Sorgfalt: „Das reichhaltige, aber äußerst heterogene und an verschiedene Theorieansätze gebundene Material macht es schwierig, einen Überblicksartikel zu verfassen." (1992, S. 32) Das von ihr zusammengestellte Sample umfasst deshalb sieben traditionelle Gesellschaften mit dem Ziel, möglichst vielfältige Interaktionsmodelle vorlegen zu können, deren Unterschiedlichkeit auch durch geographische Bedingungen und Wirtschaftsform geprägt ist: Die Bambuti im Uturi-Urwald von Zaire; die !Kung San der Kalahari; die Inuit der Arktis; die Iatmul aus Neuguinea; die Alor aus Indonesien; die Tallensi aus Nord-Ghana; die Hausa aus Nord-Nigeria. Auch in diesem Analysekonzept bildet Kontrastivität ein wichtiges Vergleichskriterium der Beispiele. Außerdem betont Grohs die Beachtung der ethnographischen Qualität der Untersuchungen. Und sie verwendet möglichst auch autobiographisches Material, ein Hinweis auf ihre Wertschätzung authentischer Innenansichten. Als gemeinsame Merkmale aller Beispiele sieht sie eine große Vielfalt kultureller Wirkungsfaktoren, ohne dass dabei starre Muster vorherrschend seien. Kinder hätten die Möglichkeit, durch eigenen Zugriff auszuwählen. „Bei der Herausbildung von Werten und Normen" hätten die Spielgruppen größeren Einfluss als die Eltern. Als wichtigstes Resultat dieser Reanalyse bleibt der Hinweis auf die eigenständige Rolle der Kinder im Sozialisationsprozess.

Sozialisationsstudien, in denen autobiographisch-ethnologische Wissensbestände analysiert oder reanalysiert werden, sind ebenfalls relativ selten, obwohl gerade lebensgeschichtliche Dokumente eine Fülle von authentischem Material über Kindheit und Jugend enthalten. Der retrospektiven Sicht von Erwachsenen kommt außerdem eine spezielle Qualität zu, denn Autobiographen äußern sich als Experten ihrer eigenen Kindheit und Jugend, eine Perspektive, die durch kein anderes Datenmaterial geleistet werden kann. Seit 1979 liegt ein systematischer Überblick „Zur Geschichte persönlicher Dokumente in Ethnologie, Soziologie, Psychologie" von Sigrid Paul vor (2 Bände, 1979). Den Schwerpunkt Afrika hat sie in einem weiteren Artikel aktualisiert und vertieft (1996). Selbstbiographische Texte bilden darin den Mittelpunkt, obwohl auch andere „persönliche" Dokumente erfasst sind. Die vorliegenden Selbstbiographien werden in beiden Veröffentlichungen inhaltlich umfassend und relativ vollständig dargestellt. Sie bilden eine günstige Planungsgrundlage für weiterführende Analysen oder Reanalysen.

In der Studie „Sozialisation in zwei Kulturen" (Renner 1986) wurde die 79er Publikation von Sigrid Paul als Anregung und Leitlinie für die Auswahl der zu analysierenden selbstbiographischen Texte verwendet. Zielrichtung: das kulturelle Selbstverständnis der Selbstbiographen zwischen traditionellen Kindheits- und modernen Schuleinflüssen zu ermitteln. Auswahl und Vergleichbarkeit des Samples von 15 autobiographischen Texten folgt zunächst dem sozialisatorischen Strukturkonzept Entwicklungsphase a) intaktes traditionelles familiäres Milieu, b) Kontrasterfahrungen in einem fremdkulturellen westlichen Schulmilieu, das dann ergänzt wird durch die Kriterien „Entstehungshintergrund" sowie „verwendete Sprache". Quellenlage und Auswahlkriterien führten zu einem Auswahlschwerpunkt Nordamerika inklusive Arktis mit elf Texten; drei weitere stammen aus Afrika, einer aus Neuguinea. Bei dreien dieser Texte handelt es sich um Reanalysen (1986, S. 89-96; 114-128; 154-163), sechs gehören in die Gruppe professionell erhobener Selbstbiographien, fünf wurden von den Autoren aus eigener Initiative publiziert (populäre Texte). Die Ergebnisse der Analysen insgesamt zeigen kein einheitliches Muster der Verarbeitung derart kontrastiver kultureller Sozialisationseinflüsse, sondern ein Spektrum von sieben Varianten zwischen traditionell und modern, wobei jeweils vier Personen diesen beiden Kategorien zugeordnet werden konnten, allerdings in je unterschiedlicher Ausprägung. Die aus den Autobiographien herausgearbeiteten Hintergründe und Bedingungen wurden als zentrale Themen gefasst: Vorbilder; kulturelle „Zwänge"; „Geschichten" als Erziehungsmittel; Umerziehungszwänge mit den Aspekten Trennung, Änderung der Namen, Änderung des Aussehens, Sprachverlust, Einschulungsalter und Schuldauer, Disziplin und Strafe; Lerninhalte; besondere (kritische) Ereignisse. Dabei ergibt sich keine Dominanz familiärer oder sekundärer Sozialisationseinflüsse. Die zentralen Themen zeigen dagegen Wechselwirkungen zwischen

Einflussfaktoren sowie die Eigenaktivität der einzelnen Persönlichkeiten bei der Verarbeitung ihrer gegenläufigen Erfahrungen.

Eine andere Arbeit auf der Basis selbstbiographischer Texte, teilweise der oben zitierten Textsammlung entnommen, vergleicht und analysiert Lebenswelten des Aufwachsens bei den Navajos im Südwesten der USA und bei den Fulbe in Mali (Renner 1997).

Judy DeLoache und Alma Gottlieb (2000) haben eine unkonventionelle Auswertung historischen und ethnologischen Wissens über **frühkindliche Kinderbetreuung** in sieben Gesellschaften publiziert. Darin lassen verschiedene Autorinnen fiktive Personen aus der jeweiligen Kultur ihre Erfahrungen und ihr Wissen in Form und Diktion eines handbuchartigen Leitfadens darlegen. Dazu gehört, dass die fiktiven Berater ihre Zuhörer (Leser) direkt ansprechen. Im einzigen historischen Beispiel erteilt eine puritanische „Gentlewoman" Ratschläge für puritanische Eltern. Über Kinderbetreuung bei den Beng der Elfenbeinküste sprechen eine Großmutter und ein männlicher Wahrsager. Über balinesische Kindererziehung berät ein traditioneller Heiler, ein „balian". Über bäuerlich-türkische Kinderaufzucht gibt eine schwangere Mutter das Wissen ihrer großmütterlichen Hebamme weiter. Eine traditionelle Großmutter vermittelt ihrer Enkelin das Wissen der Aboriginals. Eine junge, traditionell und modern erzogene Fulani-Mutter, selbst Lehrerin, gibt Betreuungs- und Erziehungsratschläge, die sich an der traditionellen Kindererziehung orientieren. Eine Ifaluk-Großmutter auf einer Insel des Karolinen-Archipels berät ihre Stammesgenossinnen. Der Leitfaden über die westafrikanischen Beng und der über die bäuerliche Türkei sind insoweit eine Ausnahme, als sie auf eigener Feldforschung ihrer Verfasserinnen basieren. Die anderen Autorinnen entwickeln die fiktional vermittelten Betreuungskonzepte durch Auswertung der aktuellen Forschungsliteratur. Ein kurzer Ausschnitt aus den Ratschlägen des balinesischen Heilers soll die Arbeitsweise erläutern. Unter dem Stichwort „Temperament" äußert sich dieser unter anderem so: „Ein Teil der Persönlichkeit und des Charakters deines Kindes wird durch den Tag der Geburt bestimmt. Trotzdem ist der Charakter deines Babys nicht vollkommen festgelegt. (...) Ein ‚balian' kann dir sagen, was der Tag der Geburt für Charakter und Persönlichkeit des Kindes bedeutet. Hast du Probleme mit der Persönlichkeit deines Kindes, wenn es etwa sehr oft weint, ziehe einen ‚balian' zu Rate, der den Tag der Geburt nach den damit verknüpften spirituellen Kräften untersucht, wodurch deine Schwierigkeiten gelöst werden können. Durch gezielte Gebete und Opfer kannst du es schaffen, unerwünschte Charaktermerkmale deines Kindes zu ändern. Der ‚balian' kann auch herausfinden, welche Tiere, Vögel und Götter mit dem Geburtsdatum korrespondieren, so dass sich dein Kind zu diesen Wesen besonders verhalten lernt.

Einige Experten sagen, dass die vier Geist-Verwandten deines Kindes sich nach der Sechs-Monate-Zeremonie zu den beiden Geistern seiner Seele zusammenschließen: Kala und Dewa. Geist Kala ist verantwortlich für schlechte Gedanken, Emotionen und Verhalten des Kindes, während Dewa für die guten zuständig ist und für Gemütsruhe.

Eine andere Lösung für unerwünschte Charakterzüge eines Kindes liegt in einem neuen Namen. Ein Name kann zu schwer wiegen oder zu einfach sein, wodurch der Geist des Kindes aus dem Gleichgewicht gerät. Wenn dein Kind viel schreit oder sonst schwierig ist, kann das ein Zeichen sein, dass es gegen einen unangemessenen Namen protestiert. Ein ‚balian' kann einen neuen Namen auswählen." (S. 106/107)

Bei diesem interessanten Versuch, fremdkulturelles Wissen über die Praxis der Kinderbetreuung zu vermitteln, bleibt ungeklärt, ob entsprechend qualifizierte Individuen aus den ausgewählten Ethnien mit den Ratschlägen ihrer fiktiven, durch westliche Spezialisten bestimmten Vorgänger tatsächlich übereinstimmen könnten.

Eine systematische Auswertung von 36 Ethnien anhand von 105 Quellentexten hat Uwe Krebs (2001) vorgelegt, darunter auch eine Reihe von autobiographischen Insiderperspektiven. Das Erkenntnisinteresse dieser Arbeit zielt auf die Darstellung und Diskussion ethnographischen Wissens über die Ontogenese, also im Hinblick auf eine biologisch argumentierende pädagogische Anthropologie. Krebs eröffnet mit dieser Auswahl und seinem Ansatz eine wichtige Diskussion über Vergleichbarkeit ethnologischer Quellen und die Chance, scheinbar kindheits- und jugendtheoretische Selbstverständlichkeiten infrage zu stellen.

Wissen und Erfahrungen über Erziehung von Kindern und Jugendlichen aus vielen Kulturen aller Kontinente sind in einem wörterbuchartigen, populär angelegten Werk nach 27 Stichwörtern von „Aggression" bis „Vorbilder" dargestellt (Renner 2001b). Dem Verfasser geht es darum, einen Erfahrungsaustausch anzubieten, von dem aus alle, die in unserer Gesellschaft mit Erziehung befasst sind, profitieren können, ohne nachzuahmen. Der Aufbau der einzelnen Stichwörter beginnt mit einer Problematisierung aus unserer Sicht, erläutert aktuelle wissenschaftliche Standpunkte und Ergebnisse, und konfrontiert beides mit authentischen Quellen aus verschiedenen Kulturen. In einem Schlussgedanken wird ein eigener Standpunkt formuliert.

Eine zweite Publikation „Wie Kinder die Welt verstehen" (Renner 2003), ebenfalls mit eher populärer Zielrichtung, arbeitet und argumentiert auf ähnliche Weise. Sie verwendet vor allem autobiographisch-ethnologisches Material, folgt jedoch in ihrer thematischen Gliederung einer individuellen Entwicklungsperspektive: Kindsein, Lebenswelt, Beziehungswelt.

7.3 Ethnologie der Altersstufen

Kindheit und Jugend als natürliche Altersstufen sind in die Generationenfolge eingebettet, ohne dass sie einfach in ihr aufgehen. Die Frage altersheterogener oder altershomogener Gruppierungen, also auch der in Kindheit und Jugend, hängt nach Eisenstadt (1956) mit der gesellschaftlichen Rollenzuweisung zusammen. Ist der soziale Status der Kinder und Jugendlichen kulturell garantiert, besteht kein Grund, sich in altershomogenen Gruppierungen selbst zu organisieren. Das erstere trifft für viele traditionelle Ethnien zu, weniger oder kaum noch für solche, die einem kulturellen Wandel unterliegen. (Renner 2000)

Zur Frage der gesellschaftlich-kulturellen Konstruktion von Lebensaltern bzw. von Kindheit und Jugend haben Elwert/Kohli/Müller (1990) und Dracklé (1996) gearbeitet. Der Sammelband von Elwert/Kohli/Müller hat mit Untersuchungen über Toposa und Turkana, Borana-Omo und Rendille einen ethnischen Schwerpunkt in Ostafrika, denn die dortigen Völker sind für ihre komplexen Altersklassensysteme bekannt. Lebensverlaufsphasen wie Kindheit und Jugend sind in solchen **Altersklassen** unzweifelhaft geregelt und von Phase zu Phase jeweils durch ritualisierte Interaktionen bzw. rites de passage markiert.

Der von Dracklé herausgegebene Band umfasst neben Forschungsergebnissen zur Kindheits- und Jugendproblematik in West-Sumatra (Bräunlein/Lauser), von den Philippinen (Metje) auch vergleichende Beiträge zur kulturellen Konstruktion von Kindheit und Jugend. Die Herausgeberin selbst kritisiert die mangelnde „kulturelle Repräsentation von Jugend in der Ethnologie" (1996, S. 14-53) und liefert darin einen wichtigen Überblick über den Stand der Forschungen und gleichzeitig den Nachweis, dass „Kinder und Jugendliche nicht als aktive Produzenten von Kultur wahrgenommen werden" (S. 38).

Bei den Erfurter Tagungen zur interdisziplinären Kindheitsforschung (seit 1994) wurde ein in Deutschland eher seltener ethnologisch-pädagogischer Diskurs eröffnet. Unter dem Tagungsthema „Kinderwelten" diskutierten neben anderen Florence Weiss über Aussagen der Kinder in der Ethnologie; Gerhard Kubik über Kindheit in außereuropäischen Kulturen am Beispiel von Ostangola; Jean Lydall über Forscherfamilien-Kindheit bei den äthiopischen Hamar; Erich Renner über traditionelle Kindheit und kulturelles Selbstverständnis von Navajo-Informanten; Jürgen Zinnecker über die kindheitsforscherische Relevanz von Margaret Meads Werk. (Renner 1995)

„Spiele der Kinder", das zweite Tagungsthema 1996, erbrachte Beiträge von Fritz Seidenfaden über „Imitation, Identifikation, ironische Distanz des Kinderspiels in traditionellen Gesellschaften", von Sigrid Paul über „Sozialisationsfunktion des Spiels in traditionellen afrikanischen Gesellschaften"; von Ute Meiser über „Spiel, Kreativität und Gruppe bei tonganischen Kindern"; von Erich Renner über „Western-Filme als Identifikation für das Spiel indianischer Kinder"; Tora Korsvold über norwegische Spielparks. (Renner/Riemann/Schneider/Trautmann 1997)

„Kindsein in der Schule" hieß das Tagungsthema des Jahres 1998. Marcelo Larricq sprach über „Indianische Kinder und weiße Schule in Argentinien"; Sigrid Paul über „Frühe afrikanische Schulerfahrungen"; Ute Meiser über Kindheit und Adoleszenz in Tonga; Helga Unger-Heitsch über das kulturelle Selbstkonzept beduinischer Schüler in Jordanien; Erich Renner über schulische Versionen traditioneller Kultur am Beispiel der Navajos. (Renner/Riemann/ Schneider 1999)

Der Band „Beiträge zur Ethnologie der Kindheit", herausgegeben von Werner Egli und Uwe Krebs (2004), versammelt Reflexionen und Forschungsergebnisse von Ethnologen und Ethnopädagogen. Die Herausgeber sehen sich einem interdisziplinären und kulturvergleichenden Zugang verpflichtet. Ein Schwerpunkt liegt dabei auf Afrika, zwei weitere Beiträge beziehen sich auf Amerika und Melanesien: Kubik (Kindheit und Oralliteratur in Zambia); Alber (Soziale Elternschaft in Benin); Alex (Kastenhierarchie in Indien); Egli (Erbrechte in Nepal); Renner (Familie, Schule, Gesellschaft bei den Navajos); Schiefenhövel (Traditionelles Wissen der Eipo in Neuguinea). Die darin vorliegenden Ergebnisse sind „weit streuende Momentaufnahmen im Fluss der Forschung", meinen die Herausgeber. Sie hofften dennoch, dass allgemeine und besondere Aspekte des Phänomens Kindheit zu Worte kämen.

„Ethnologie der Jugend – Soziale Praxis, moralische Diskurse und inszenierte Körperlichkeit" titelt ein Sammelband von Ute Luig und Jochen Seebode (2003). Die Herausgeber wollen „der Frage nach den Bedingungen und Selbstrepräsentationen der heutigen Jugend genauer nachgehen und einen kurzen Einblick in die wissenschaftlichen Debatten geben..." (S. 10) Kapiteleinteilung und Beiträge spiegeln diesen Anspruch. Unter „'Lern-Orte' männlicher Jugendlicher" geht es um Georgische Cliquen (Koehler); Adoleszenz und Arbeit in der Türkei (Nohl); afrikanische Flüchtlinge in Hamburg (Niedrig, Schroeder, Seukwa).

Ein Schwerpunkt „Identitätsfindung durch performative Praxis" enthält Beiträge über die HipHop-Szene in Berlin (Liell); die HipHop-Szene in Sao Paulo (Weller); über jugendliche Popfans in Berlin (Fritzsche).

„Der Körper als Medium gesellschaftlicher Kritik" versammelt Untersuchungen über Jugend und Aids in Tanzania (Dilger), über Sport und Gewalt in Berlin (Groeger) sowie über die US-Jugendkultur „straight edge" (Maybaum).

Einblicke und Ergebnisse dieser Forschungen sind so bemerkenswert wie selten. „Viele der oben skizzierten Jugendkulturen sind Reaktionen auf weltweit erfahrbare Marginalisierung...", kommentieren die Herausgeber. Auffallend, die Protagonisten der in Deutschland angesiedelten Studien besitzen nicht die deutsche Staatsangehörigkeit (S. 17).

9 Paradigmenwechsel

Die Sozialisationsforschung außerhalb der Ethnologie diskutiert mit dem Thema Selbstsozialisation schon seit längerer Zeit einen Paradigmenwechsel in der Kindheitsforschung (Honig u.a. 1996; James/Jenks/Prout 1998; Jenks 1996; Krappmann 1993; Renner/Schneider ²2002; Zinnecker 1996). Was unter handlungsorientierter oder „akteursbezogener Kinderforschung" (Honig u.a. 1993, S. 21) firmiert, ist mittlerweile in vielen Projekten forschungsmethodisch präzisiert worden (vgl. Leu 1996; Krappmann 1996; Oswald 1997, 2008; Zeiher 1996).

Eine Vorreiterrolle aus anthropologisch-ethnologischer Perspektive kommt der Studie „The Culture of Childhood" von Mary Ellen Goodman (²1973) zu. Ihr Ziel ist es, sogenannte Trugschlüsse amerikanischer Pädagogik und Kindererziehung anhand interkulturellen Materials aufzudecken. Sie meint damit vor allem zwei Trugschlüsse: der eine setze voraus, es gäbe universelle altersspezifische Verhaltensweisen in der kindlichen Entwicklung, der andere zeige sich als Unterschätzung des Kindes in seiner Fähigkeit, soziale Zusammenhänge wahrzunehmen und auf sie zu reagieren. Während Untersuchungen über Kindererziehung, über Sozialisation, darüber berichteten, was Erwachsene sehen, wenn sie Kinder beobachten und was sie für Kinder und mit Kindern tun, untersuchten „Culture of Childhood-Studien", was Kinder sehen, wenn sie die Welt beobachten, in der sie sich befinden (vgl. S. 2). Zur Diskussion ihrer Problemstellung reanalysiert und interpretiert Goodman in kulturvergleichender Anlage vorliegende Forschungsberichte und Selbstzeugnisse über Entwicklung und Erziehung aus Kulturen sehr unterschiedlicher Komplexität quer durch alle Kontinente. Ihre Analysen arbeiten die Konturen der kindlichen Sicht auf eigene Lebensverhältnisse heraus, z.B.: Kinder im Alter zwischen sechs und dreizehn Jahren nehmen die Konfiguration des Eltern-Kind-Verhältnisses wahr und strukturieren ihre eigenen Erwartungen entsprechend (S. 62); Kinder (der gleichen Altersgruppierung) haben generell eine Neigung, genau und kritisch zu beobachten. Ihre Urteile über sich und andere sind im Kontext der eigenen, der beobachteten Lebenswelt angesiedelt (S. 94).

Marie-José van de Loo und Margarete Reinhart haben in den Beiträgen ihres Sammelbandes „Kinder", ethnologische Forschungen in fünf Kontinenten (1993), „Kindheit als eine eigene Lebenswelt" (S. 10) ins Gespräch gebracht. Sie wollen die Verschiedenheit und Unvergleichbarkeit von Kindheiten belegen und Argumente dafür liefern, dass Kindsein kein prototypisches Erwachsensein bedeuten könne. Damit dokumentieren die Beiträge ein verändertes Verständnis von Kindheit in der Ethnologie und zeigen dies vor allem in ihren Forschungsansätzen. Kinder als Subjekte ethnologischer Forschungsfragen finden sich in den Arbeiten von Ingrid Kummels bei den Raramuri (Tarahumara) in Nordmexiko, von Florence Weiss bei den Iatmul auf Neuguinea, von Unni Wikan in den Armenvierteln Kairos, von Charlotte Hardman bei den Schulkindern von St. Barnabas/Oxford. Jean Lydall und Edith Turner praktizieren Feldforschung in Begleitung und unter Einbezug ihrer eigenen Kinder bei den Hamar, Äthiopien bzw. den Ndembu, Sambia. Unni Wikan und Florence Weiss äußern sich, über ihre Forschungsresultate hinaus, dezidiert zu den Problemen, „über Kinder zu forschen" (vgl. Weiss 1995).

Die Norwegerin Unni Wikan hat über einen Zeitraum von 20 Jahren das Leben von 47 Kindern in 27 Familien in einem Kairoer Armenviertel bis ins Erwachsenenalter begleitet. Am Ende ihres Langzeitprojektes stellt sie fest, dass alle Kinder in diesen Familien eine relativ positive Entwicklung durchlaufen, niemand ist kriminell, drogen- oder alkoholabhängig, trotz schwierigster familiärer Verhältnisse (vgl. 1993). Obwohl Wikan ihre Beobachtungen und Aufzeichnungen der erzählten Geschichten von Kindern als „objektive Muster", als „Fakten" bezeichnet, fragt sie dennoch skeptisch, ob es Erwachsenen „überhaupt möglich (sei), die Erfahrungen eines Kindes, das einer anderen Kultur angehört, zu erfassen" (S. 233). Sie bezweifelt die Fähigkeit der Forschenden, die situative Differenz zu den Kindern zu überwinden, und vor allem die Relevanz psychologischer Verfahren und Tests, weil diese westliche Vorstellungen transportierten. Den zweiten Aspekt, die Negierung der Kultur beim Vergleich, kann man als ein aktuelles Problem der Psychologisierung von Cross-Cultural Studies ansehen. Darin geht es eigentlich nur um das Prüfen von Theorien (Beispiele: vgl. Trommsdorf 1989, 1993 und Kritik vgl. Renner 2000, S. 182ff.; Schubert 1992, S. 66, 77).

Die Forschungsarbeit der Ethnopsychoanalytikerin Florence Weiss bei den Iatmul auf Neuguinea „Kinder schildern ihren Alltag" (1981) qualifiziert ihre Verfasserin in besonderer Weise für prinzipielle Aussagen über ethnologische Kindheitsforschung. In einem Beitrag zur interdisziplinären Tagung über Kindheitsforschung in Erfurt (Renner 1995) diskutiert sie das Thema „Kinder erhalten das Wort". Nach ihrer allgemeinen Kritik an der Ignoranz der Ethnologie, Kinder als Informanten in Betracht zu ziehen, formuliert sie Grundsätze, die auch außerhalb ethnopsychoanalytischer Forschung zu gelten hätten:

a) Es genüge nicht, sich auf „reine Beobachtungen und Tests" zu verlassen, „Erlebnisse und Verarbeitung von Erfahrungen" seien davon zu unterscheiden.
b) Gespräche mit Kindern seien das am besten geeignete Mittel, damit Kinder sich selbst darstellen können.
c) Voraussetzung für Gespräche sei fundiertes Wissen über die Kultur, aus der die Kinder kommen. Zu leicht neigten Forschende zur Projektion ihrer kulturellen Erfahrungen.
d) Die Aufzeichnung der Gespräche müsse die Wechselbeziehung zwischen den Partnern transparent werden lassen.
e) Die Forschenden hätten bei der Interpretation ihre „eigenen Gefühle und Befindlichkeiten zu reflektieren" (vgl. 1995, S. 143/144).

Über diese Grundsätze hinaus, die sich wie eine Agenda qualitativer kulturorientierter Kindheits- *und* Jugendforschung lesen, käme es zukünftig auf zweierlei an:

a) vorliegende Quellen und Forschungsergebnisse im Hinblick auf die in ihnen enthaltenen Wissensbestände zu sichten und anhand kindheits- und jugendspezifischer Problemstellungen systematisch auszuwerten;
b) vor allem qualitative Forschungsprojekte zu konzipieren, in denen die Lebens- und Bewusstseinslagen von Kindern und Jugendlichen aus Ethnien und Kulturen untersucht werden, in denen sowohl traditionelle als auch „moderne", eigentlich gegenläufige Bildungskonzepte verarbeitet werden müssen. Die kindlich-jugendlichen Modi dieser Verarbeitung hätten dabei im Mittelpunkt zu stehen.

Einen expliziten Paradigmenwechsel verzeichnet auch die ethnologisch-pädagogische Schulforschung. Unter dem Stichwort „**indigene Pädagogik**" geht es um schulische Relevanz traditioneller Wissensbestände, um deren Akzeptanz innerhalb des allgemeinen Bildungskanons; um eine angemessene Didaktisierung/Operationalisierung dieses Wissens sowie um die Qualifizierung indigener Lehrer. In der Untersuchung „Indigene Pädagogik als Motor kultureller Selbstbestimmung" am Beispiel der Navajo Reformschule Rough Rock (Renner ²2008) werden die damit verbundenen Probleme diskutiert. Eine Ausgabe der Zeitschrift Anthropology & Education (Vol. 36, 2005, Nr. 1) widmet sich dieser Thematik mit Beispielen über Alaska Natives, Hawaii, Ojibway, Maori, Ramah-Navajo, inklusive eines Kommentarteils von indigenen Autoren.

Ein völliges Umdenken verlangt auch die Berücksichtigung traditioneller Lernformen, wie sie die norwegische Ethnopädagogin Birgit Brock-Utne fordert (1993): „Indigenous education has many things zu offer. The same is true about modern education. What is needed is open minds and hardwork."(S. 152) Schiefenhövel untersucht das botanische Wissen der steinzeitlich lebenden Eipo, einem Bergpapua-Volk in West-Neuguinea. Er ist fasziniert von dem außerordentlichen Kenntnisreichtum dieses Volkes und fragt: „Wie kann sich solches Wissen bilden? Warum ist dieses Wissen so ähnlich jenem, das wir in Schulen und Universitäten den Heranwachsenden so mühsam beizubringen versuchen? Und warum haben die Kinder und Jugendlichen diese präzisen Kenntnisse, wo sie doch ohne jede Schule, ohne jeden formalisierten Unterricht groß werden?" (2004, S. 170/171) Zurecht befürchtet er, dass auch solchen Kindern und Jugendlichen eines Tages unser Schul- und Lernsystem übergestülpt wird.

Literatur

Ariès, Ph.: Die Geschichte der Kindheit. München 1975
Anthropology & Education Quarterly, Vol. 36, 2005, Nr. 1
Bâ, Amadou Hampâté: Jäger des Wortes. Eine Kindheit in Westafrika. Wuppertal 1973
Baacke, D.: Die 6-12jährigen. Einführung in die Probleme des Kindesalters. 6. Aufl., Weinheim 1999
Beaglehole, E./Ritchie, J.E.: Basic Personality in an New Zealand Maori Community. In: Kaplan, B. (ed.): Studying Personality Cross-Culturally. New York/London 1961, S. 493-517
Becker-Pfleiderer, B.: Sozialisationsforschung in der Ethnologie. Eine Analyse der Theorien und Methoden. Saarbrücken 1975
Boyer, B.L.: Kindheit und Mythos. Eine ethnopsychoanalytische Studie der Apachen. Stuttgart 1982 (1979)
Brady, M.K.: „Some Kind of Power". Navajo Children's Skinwalker Narratives. Salt Lake City 1984
Braukämper, U.: Stichwort „Frobenius, Leo". In: Enzyklopädie des Märchens, Bd. 5, 1987, S. 378-383
Brock-Utne; B.: Indigenous forms of Learning in Afrika. Oslo 1994
Bruder François: Die Kleinen Brüder am Orinoco. Sechs Jahre unter den Ye'cuana. Freiburg/Basel/Wien 1973
DeLoache, J./Gottlieb, A.: A World of Babies. Imagined Childcare Guides for Seven Societies. Cambridge 2000
Dracklé, D. (Hrsg.): Jung und wild. Zur kulturellen Konstruktion von Kindheit und Jugend. Berlin 1996
DuBois, C.: The people of Alor. Minneapolis 1944
Duerr, H.P. (Hrsg.): Authentizität und Betrug in der Ethnologie. Frankfurt a.M. 1987
Egli, W./Krebs, U. (Hrsg.): Ethnologie der Kindheit. Erziehungswissenschaftliche und kulturvergleichende Aspekte. Münster 2004
Eisenstadt, S.N.: Von Generation zu Generation. Altersgruppen und Sozialstruktur. München 1956
Elwert, G./Kohli, M./Müller, H.K. (Hrsg.): Im Lauf der Zeit. Ethnographische Studien zur gesellschaftlichen Konstruktion von Lebensaltern. Saarbrücken 1990
Erdheim, M.: Die gesellschaftliche Produktion von Unbewusstheit. Eine Einführung in den psychoanalytischen Prozess. Frankfurt a.M. 1982
Erikson, E.H.: Identität und Lebenszyklus. Frankfurt a.M. 1973 (1959)

Erikson, E.H.: Kindheit und Gesellschaft. Stuttgart 1965
Erikson, E.H.: Observations on the Yurok: Childhood and World Image. Publications in American Archaeology and Ethnology, Vol. 35, Nr. 10, Berkeley 1943, S. 257-302
Erikson, E.H.: Observations on Sioux Education. In: The Journal of Psychology, 7 (1937), S. 101-156
Erny, P. The Child and his environment in Black Afrika. Nairobi 1981 (1972)
Freeman, D.: Liebe ohne Aggression. Margaret Meads Legende von der Friedfertigkeit der Naturvölker. (Originaltitel: Margaret Mead and Samoa. The Making and Unmaking of an Anthropological Myth.) München 1983
Frobenius, L.: Atlantis. Volksmärchen und Volksdichtungen Afrikas. 12 Bde., Jena 1921-1928
Funnell, R./Smith, R.: Search for a theory of cultural transmission in an anthroplogy of education: notes on Spindler and Gearing. In: Anthropology & Education Quarterly, Vol. XII, Number 4, 275-303
Gearing, F.O.: Anthropology and education. In: Honigman, J.J. ed.: Handbook of Social and Cultural Anthropology. Chicago 1973, 1223-1249
Goodman, M.E.: The Culture of Childhood. Childs-Eye Views of Society and Culture. New York ²1973
Grohs, E.: Frühkindliche Sozialisation in traditionellen Gesellschaften. In: Müller, K.E./Treml, A.K. (1992), S. 31-60
Hall, S.: Adolescence: Its Psychology and its Relation to Physiology, Anthropology, Sociology, Sex, Crime, Religion and Education. 2 Bde., New York 1904
Hart, C.W.M.: Contrasts between Prepubernal and Postpubernal Education. In: Spindler, G.E. (ed.): Education and Culture. Anthropological Approaches. New York 1963, S. 400-425
Herskovits, M.J.: Man and his Works. The Science of Cultural Anthropology. 10. Aufl., New York 1966
Hilger, I.: Chippewa Child Life and its Cultural Background. Washington 1951
Hilger, I.: Arapaho Child Life and its Cultural Background. Washington 1952
Holmes, L.D. (1987). Über Sinn und Unsinn von ‚restudies'. In: Duerr, H.P. (Hrsg.): Authentizität und Betrug. Frankfurt a.M., S. 225-256
Honig, M.-S./Leu, H.R./Nissen, U.: Kindheit als Sozialisationsphase und als kulturelles Muster. In: Dies. (1996), S. 9-29
Honig, M.-S./Leu, H.R./Nissen, U. (Hrsg.): Kinder und Kindheit. München 1996
James, A./Jenks, Ch./Prout, A.: Theorizing Childhood. Cambridge 1998
Jenks, Ch.: Childhood. Key Ideas. London 1996
Kagan, J.: Es gibt ein Leben nach der Kindheit. In: Psychologie heute, Heft März 2000, S. 46-51
Kaplan, B. (ed.): Studying Personality Cross-Culturally. New York/London 1961
Koepping, K.-P.: Authentizität als Selbstfindung durch den anderen ... In: Duerr, H.P. (Hrsg.): Authentizität und Befreiung. Frankfurt a.M., (1987), S. 7-37
Kohl, K.-H.: Ethnologie – die Wissenschaft vom kulturell Fremden. München 1993
Krappmann, L.: Kinderkultur als institutionalisierte Entwicklungsaufgabe. In: Markefka, M./Nauck, B. (1993), S. 365-376
Krappmann, L.: Streit, Aushandlungen und Freundschaften unter Kindern. In: Honig, M.-S./Leu, H.R./Nissen, U. (1996), S. 99-116
Krebs, U.: Erziehung in Traditionalen Kulturen. Quellen und Befunde aus Afrika, Amerika, Asien und Australien 1898-1983. Berlin 2001
Leu, H.R.: Selbständige Kinder – Ein schwieriges Thema für die Sozialisationsforschung. In: Honig, M.-S./Leu, H.R./ Nissen, U. (1996), S. 174-198
Liedloff, J.: Auf der Suche nach dem verlorenen Glück. München 1980
Loo, J.-M./Reinhart, M. (Hrsg.): Kinder. Ethnologische Forschungen in fünf Kontinenten. München 1993
Luig, U./Seebode, J. (Hrsg.): Ethnologie der Jugend. Hamburg 2003
Markefka, M./Nauck, B. (Hrsg.): Handbuch der Kindheitsforschung. Neuwied 1993
Mead, M.: Coming of Age in Samoa. A Psychological Study of Primitive Youth for Western Civilisation. New York 1961 (1928)
Middleton, J. (ed.): From child to adult. Austin 1970
Müller, K.E.: Initiationen. In: Müller, K.E./Treml, A.K. (1992), S. 61-82
Müller, K.E.: Kindheitsvorstellungen. In: Müller, K.E./Treml, A.K. (1992), S. 11-30
Müller, K.E./Treml, A.K. (Hrsg.): Ethnopädagogik. Sozialisation in traditionellen Gesellschaften. Berlin 1992
Müller, K.E./Treml, A.K. (Hrsg.): Wie man zum Wilden wird. Ethnopädagogische Quellentexte aus vier Jahrhunderten. Berlin 2002
Murdock, G.P. u.a.: Outline of cultural Materials. New Haven: 5th revised edition 1987
Ogbu, J.U.: Minority Education and Caste. The American System in Cross-Cultural Perspektive. New York/London 1978
Oswald, H.: Helfen, Streiten, Spielen, Toben: Die Welt der Kinder einer Grundschulklasse. Opladen 2008

Oswald, H.: Zur sozialisatorischen Bedeutung von Kampf- und Tobespielen (Rough and tumble play). In: Renner, E. u.a. (Hrsg.): Spiele der Kinder. Interdisziplinäre Annäherungen. Weinheim 1997, S. 154-167
Paul, S.: Begegnungen. Zur Geschichte persönlicher Dokumente in Ethnologie, Soziologie und Psychologie. 2 Bde., Hohenschäftlarn 1979
Paul, S.: Bausteine zu einer Geschichte der Biographie-Forschung in Afrika. In Paideuma 42 (1986), S. 183-213
Ploß, H./Renz, B.: Das Kind in Brauch und Sitte der Völker. Völkerkundliche Studien. 2 Bde., Leipzig 1911, 1912
Raum, J.W.: Die Stellung des Kindes und Jugendlichen in einer repräsentativen Auswahl von Stammesgesellschaften. In: Kühn, E. u.a. (Hrsg.): Das Selbstbestimmungsrecht des Jugendlichen im Spannungsfeld von Familie, Gesellschaft und Staat. Bielefeld 1978, S. 173-238
Renner, E.: Yequana oder das verlorene Glück. Untersuchungen zu einem pädagogisch-anthropologischen Bestseller und seiner aktuellen Diskussion. In: Zeitschrift für Ethnologie 114, (1989), S. 205-222
Renner, E. (Hrsg.): Kinderwelten. Pädagogische, ethnologische und literaturwissenschaftliche Annäherungen. Weinheim 1995
Renner, E.: Kinderwelten – zur ethnographischen Dimension von Kindheit. In: Köhnlein, W. u.a. (Hrsg.): Kinder auf dem Weg zum Verstehen der Welt. Bad Heilbrunn 1997, S. 180-199
Renner, E./Seidenfaden, F.: Kindsein in fremden Kulturen. Band 1: Afrikanische, asiatische Welten. Band 2: Nordamerikanische Welten, lateinamerikanische Welten, pazifische Welten, Welt europäischer Minderheiten. Weinheim 1997, 1998
Renner, E.: Ethnopädagogik. Ein Report. Weinheim 2000
Renner, E.: Generation in Stammesgesellschaften. In: Ders. (2000), S. 191-211
Renner, E.: Autobiographien in der Kulturanthropologie. In: Behnken, I./Zinnecker, J. (Hrsg.): Kinder, Kindheit, Lebensgeschichte. Ein Handbuch. Seelze-Velber 2001a, S. 199-217
Renner, E.: Andere Völker andere Erziehung. Eine pädagogische Weltreise. Wuppertal 2001b
Renner, E.: Wie Kinder die Welt verstehen. Erziehung als Vertrauenssache. Wuppertal 2003
Renner, E.: Indigene Pädagogik als Motor kultureller Selbstbestimmung. Das Beispiel der Navajo-Reformschule Rough Rock. In: Popp, S./Forster, J. (Hrsg.): Curriculum Weltgeschichte. Globale Zugänge für den Geschichtsunterricht. Schwalbach/Ts.: Wochenschau Verlag ²2008, S. 143-169
Renner, E./Schneider, I.K.: Qualitative Verfahren in der Kindheitsforschung. In: König, E./Zedler, P.(Hrsg.): Qualitative Forschung. ²2002, S. 9-30
Renner, E. u.a. (Hrsg.): Kindsein in der Schule. Interdisziplinäre Annäherungen. Weinheim 1999
Renner, E. u.a. (Hrsg.): Spiele der Kinder. Interdisziplinäre Annäherungen. Weinheim 1997
Riesman, P.: Stimmt Freud in Afrika? Über das Verhältnis von Erziehung und Person. In: Loo, M.-J. van de/Reinhart, M. (Hrsg.): Kinder. Ethnologische Forschungen in fünf Kontinenten. München 1983, S. 156-183
Riesman, P.: First find your Child a good Mother. The Construction of Self in two African Communities. New Brunswick 1992
Renz, B.K.: Des Indianers Familie, Freund und Feind. Völkerleben in Wort und Bild. I. Münster i.W. 1907
Renz, B.K. (Hrsg.): Völkerschau. Illustrierte Monatsschrift bzw. Populärwissenschaftliche Quartalsschrift. München 1901-1904
Rossi, I. (Hrsg.): People in Culture. A Survey of Cultural Anthropology. New York 1980
Rothe, F.K.: Kultur und Erziehung. Umrisse einer Ethnopädagogik. Köln 1984
Rothe, F.K.: Stammeserziehung und Schulerziehung. Braunschweig 1969
Schiefenhövel, W.: Homo discens, Homo docens – Kulturenvergleichende und evolutionsbiologische Perspektiven der Pädagogik. In: Egli, W./Krebs, U. (2004), S. 165-175
Schubert, V.: Die Inszenierung der Harmonie. Erziehung und Gesellschaft in Japan. Darmstadt 1992
Schuster, M.: Dekuana. Beiträge zur Ethnologie der Makiritare. München 1976
Seidenfaden, F.: Indianische Erziehung. Idstein/Ts. 1993 (1969)
Sindel, P.S.: Anthropological approaches to the study of education. In: Review of Educational Research, Vol 39, 1969, S. 593-605
Spindler, G.E.: Roots revisited: Three Decades of Perspective. In: Anthropology & Education Quarterly 15 (1984), S. 3-10
Stagl, J.: Kulturanthropologie und Gesellschaft. München 1974
Streck, B. (Hrsg.): Wörterbuch der Ethnologie. Wuppertal 2000
Trommsdorf, G.: Kulturvergleichende Jugendforschung. In: Nave-Herz, R./Markefka, M. (Hrsg.): Handbuch der Familien- und Jugendforschung. Neuwied 1989, S. 245-270
Trommsdorf, G.: Kindheit im Kulturvergleich. In: Markefka, M./Nauck, B. (1993), S. 45-65
Weber-Kellermann, I.: Kindheit. Eine Kulturgeschichte. Frankfurt a.M. 1979

Weiss, F.: Kinder schildern ihren Alltag. Die Stellung des Kindes im ökonomischen System einer Dorfgemeinschaft in Papua Neuguinea. Basel 1981

Weiss, F.: Kinder erhalten das Wort. Aussagen der Kinder in der Ethnologie. In: Renner, E. (Hrsg.): Kinderwelten. Weinheim 1995, S. 133- 147

Whiting, B.B. (ed.): Six cultures. New York 1963

Whiting, J.W.M./Child, I.L.: Child training and personality. New Haven 1953

Wikan, U.: Geraubte Kindheit. Was uns die Armen Kairos lehren. In: Loo, J.-M./Reinhart, M. (Hrsg.): Kinder. Ethnologische Forschungen in fünf Kontinenten. München 1993, S. 212-237

Zeiher, H.J.: Konkretes Leben, Raum-Zeit und Gesellschaft. In: Honig, M.-S./Leu, H.R./Nissen, U. (1996), S. 157-173

Zerries, O./Schuster, M.: Mahekodotedi. Monographie eines Dorfes der Waika-Indianer. Stuttgart 1974

Zimmer, D.E.: Adam und die Detektive. Das Ende einer wissenschaftlichen Legende ... In: DIE ZEIT, Nr. 19, 1983, S. 33-35

Zinnecker, J.: Margaret Mead (1901-1978). Ethnographie der Kindheit in pädagogischer Absicht. In: Renner, E. (Hrsg.): Kinderwelten. Pädagogische, ethnologische und literaturwissenschaftliche Annäherungen. Weinheim 1995, S. 202-227

Zinnecker, J.: Soziologie der Kindheit oder Sozialisation des Kindes? Überlegungen zu einem aktuellen Paradigmenstreit. In: Honig, M.-S./Leu, H.R./Nissen, U. (1996), S. 31-54

II Die Methodendiskussion in der Kindheits- und Jugendforschung

Sabine Walper | Rudolf Tippelt

Methoden und Ergebnisse der quantitativen Kindheits- und Jugendforschung

1 Einleitung: Zur Bedeutung empirischer Kindheits- und Jugendforschung

Während die Jugendforschung auf eine lange Tradition der Theorienbildung und empirischer Forschungsaktivitäten zurückblicken kann, hat sich ihr die sozialwissenschaftliche Kindheitsforschung erst in vergleichsweise jüngerer Vergangenheit – in den letzten zwanzig Jahren – beigesellt. Zwar waren Kinder im Rahmen entwicklungspsychologischer und erziehungswissenschaftlicher Fragestellungen schon lange Zielgruppe und Teilnehmer empirischer Studien. Allerdings fehlte bis in die 1980er Jahre hinein der stärker soziologisch geprägte und sozialpolitisch motivierte Blick auf Kindheit als sozial konstruierte Lebensphase und auf Kinder als soziale Akteure in der Auseinandersetzung mit den jeweiligen Bedingungen ihres Aufwachsens. Diese Perspektive hatte sich in der Analyse von Sozialisationseinflüssen sowie Entwicklungs- und Bildungsprozessen im Jugendalter schon weitaus früher und stärker etabliert.

Mit dem erweiterten Blick der Kindheitsforschung haben sich Forschungsfragen eröffnet, die durchaus an Problemstellungen der Jugendforschung anknüpfen und oftmals durch vergleichbare Strategien empirischer Forschung angegangen werden. Dies betrifft vor allem (1) die **sozialwissenschaftliche Berichterstattung** über die Lebenslagen von Kindern und Jugendlichen und deren Transformationen im sozialen und ökonomischen Wandel (BMFSFJ 2005). Weniger neu weil stärker in der Entwicklungspsychologie und in den Erziehungswissenschaften verankert sind (2) Fragen nach Risiko- und Schutzfaktoren für den Entwicklungsverlauf im Kindes- und Jugendalter. Besonderes Interesse gilt hierbei möglichen Diskontinuitäten etwa im Übergang von der Kindheit ins Jugendalter (Stecher 2001; Zinnecker/Silbereisen 1996) sowie neuerdings vermehrt im Übergang vom Jugend- ins Erwachsenenalter, wobei sich das frühe Erwachsenenalter zunehmend als eigener Entwicklungsabschnitt herauskristallisiert (z.B. Papastefanou 2000; Seiffge-Krenke/Gelhaar 2006). Auch innerhalb der Kindheitsforschung werden solche Übergänge stärker in den Blick genommen, insbesondere Übergänge im Bildungssystem (Autorengruppe Bildungsberichterstattung 2008). Und schließlich ist zu nennen (3) die Perspektive der Sozialisationsforschung, die nach der Weitergabe kultureller Grundmuster zwischen den Generationen und Prozessen des Hineinwachsens in gesellschaftlich geprägte Rollen- und Handlungsmuster fragt (zur Verknüpfung dieser Forschungsrichtungen in der Kindheitsforschung siehe z.B. Zinnecker/Silbereisen 1996; für spätere Entwicklungsphasen siehe Silbereisen/Pinquart 2008). Welche Bedeutung hierbei der quantitativ orientierten Forschung zukommt, welcher Strategien der Datenerhebung und Datenanalyse sie sich bedient und mit welchen typischen Problemen sie konfrontiert ist, ist Gegenstand dieses Kapitels.

Die Erhaltung und Erweiterung der empirischen Forschungskapazität ist im sozial- und erziehungswissenschaftlichen Bereich der Kindheits- und Jugendforschung von zentraler Bedeutung, da im Zuge sich verändernder Lebens- und Entwicklungsbedingungen einerseits und durch die Weiterentwicklung und Ausdifferenzierung theoretischer Perspektiven andererseits ständig neue und komplexere Fragen aufgeworfen werden, die die Entwicklung von Forschungsmethoden voran treiben und vice versa. Wesentlicher Motor für die empirische Jugendforschung ist nicht zuletzt ihr Bezug zu aktuellen sozialen Problemen, als deren Spiegel das Verhalten Jugendlicher oftmals gilt (zu entsprechenden Deutungen der Gewaltbereitschaft unter Jugendlichen siehe z.B. Heitmeyer et al. 1995, Schmidt/Tippelt 2004). Mehr als andere Forschungszweige steht die Jugendforschung unter dem unkomfortablen Erwartungsdruck einer ungeduldigen Öffentlichkeit, die anwendungsfähige, praxisnahe und umfassende Lösungen und Deutungen sozialer Probleme erwartet. Diese Erwartungshaltung der die Jugendforschung finanzierenden Öffentlichkeit und die gegebene zeitkritische Funktion der Jugendforschung macht es umso notwendiger, theoretische Deutungsformeln einer beständigen empirischen Prüfung zu unterziehen. Nicht minder unabdingbar ist es in der Kindheitsforschung, mit den Mitteln der methodisch kontrollierten empirischen Forschung die theoretischen Sinndeutungen und Konstruktionen sozialer Wirklichkeit empirisch einzuholen.

Durch die Akkumulation gewonnener Erkenntnisse entstand in den letzten Jahren ein spezialisiertes Expertenwissen, auf das bei jugend-, bildungs- und sozialpolitischen Entscheidungen auch zunehmend zurückgegriffen wird. Dies war in der Vergangenheit nicht immer so, da die Forschungsergebnisse mitunter zu wenig „Anwendungsbezug" aufwiesen, zumal empirische Analysen das prinzipielle Problem bergen, eher zur wissenschaftlichen Komplexitätserweiterung als zur anwendungsfreundlichen Komplexitätsvereinfachung beizutragen. Teilweise harmonieren empirische Ergebnisse auch schlicht nicht mit den normativen Prämissen von Entscheidungsträgern. Insgesamt hat jedoch die Kindheits- und Jugendforschung eher politisches Gewicht gewonnen, insbesondere in ihren Schnittfeldern zur Bildungsforschung (Krüger/Grunert 2009, S. 641ff.), zur Familienforschung (Wissenschaftlicher Beirat für Familienfragen 2005) und aktuell zu Forschung im Bereich frühe Risiken und frühe Hilfen (Brisch/Hellbrügge 2008; Schieche/Wurmser/Papousek 2007).

Institutionell bedeutsam ist, dass sich die empirische Kindheits- und mehr noch Jugendforschung zunehmend als systematische Dauerbeobachtung jugend-, erziehungs- und bildungsspezifischer gesellschaftlicher Probleme an Hochschulen und speziellen Forschungsinstituten etablierte. Von herausgehobener Bedeutung sind hierbei das Kinderpanel (Alt 2005, 2007) und der Jugendsurvey (Gille/Sardei-Biermann/Gaiser/de Rijke 2006) des Deutschen Jugendinstituts sowie die Shell-Jugendstudie, die seit der Nachkriegszeit regelmäßig durchgeführt wird (siehe Deutsche Shell 2002), zuletzt (15. Shell-Jugendstudie) unter der Federführung von Klaus Hurrelmann (Shell Deutschland Holding 2006). Analog zur Shell-Jugendstudie wurde mittlerweile auch eine erste Kinderstudie – die World Vision Kinderstudie – vorgelegt (Hurrelmann/Andresen/TNS Sozialforschung 2007). Speziell die Mediennutzung und das Medienverhalten der 6- bis 13-jährigen Kinder (KIM-Studie 2006) und der 12- bis 19-jährigen Jugendlichen (JIM-Studie 2008) werden seit 1999 (KIM-Studie) bzw. 1998 (JIM-Studie) sogar im Jahresabstand regelmäßig erhoben.

Ein besonderes Feld der Bildungsforschung mit starkem politischen und methodologischen Einfluss und mit wichtigen Implikationen für die Jugendforschung hat sich seit dem Jahr 2000 (Deutsches Pisa-Konsortium 2001) im Kontext des internationalen Vergleichs von Basiskompetenzen von 15-jährigen Schülerinnen und Schülern etabliert. Im Jahr 2006 wurden die

Kompetenzen von Jugendlichen in den Bereichen Naturwissenschaften, Lesen und Mathematik erfasst, wobei zuletzt die naturwissenschaftlichen Kompetenzen im Mittelpunkt auch des deutschlandinternen Ländervergleichs standen (vgl. PISA-Konsortium Deutschland 2008).

Die Befunde dieser groß angelegten Befragungen sowie die Ergebnisse zahlreicher anderer Untersuchungen fließen in die Kinder- und Jugendberichte ein, die seit 1965 regelmäßig vorgelegt werden. Ursprünglich standen allerdings Jugendliche bei dieser Berichterstattung im Vordergrund. Durch die im Jahre 1961 gesetzlich geregelte Form der **Jugendberichterstattung** konnte die empirische Jugendforschung weitgehend institutionalisiert werden. Die Jugendberichterstattung erfolgt nach § 25 JWG im Blick auf Konsequenzen für die **Jugendhilfe**, wird von einer unabhängigen Sachverständigenkommission geleistet, und die Berichte werden mit einer Stellungnahme der Bundesregierung, dem Bundestag und Bundesrat vorgelegt. Erstmals hat 1998 der 10. Kinder- und Jugendbericht explizit Kinder einbezogen und einen Bericht auch über die Lebenssituation von Kindern und die Leistungen der **Kinderhilfen** in Deutschland vorgelegt (Lüders/Behr 2009). Der 12. Kinder- und Jugendbericht (2005) fokussierte das Thema „Bildung, Betreuung und Erziehung vor und neben der Schule", während der 13. Kinder- und Jugendbericht sich mit Fragen der „Gesundheitsbezogenen Prävention und Gesundheitsförderung in der Kinder- und Jugendhilfe" auseinandersetzen wird (2009, in Vorb.).

In der früheren DDR hatte das Zentralinstitut für Jugendforschung (ZIJ) in den letzten zwei Jahrzehnten vor der Wende zahlreiche größere quantitative Erhebungen bei Schülern, Studenten, Lehrlingen und jungen Arbeitern durchgeführt. Allerdings konnten diese Forschungsergebnisse bis Herbst 1989 nicht veröffentlicht werden, sofern sie für das DDR-System kritische Befunde enthielten. In der Folgezeit richteten sich wesentliche Forschungsbemühungen auf den Vergleich der Entwicklungsbedingungen und -verläufe in Ost- und Westdeutschland. Hierbei sind vielfältige Arbeiten mit einem breiten Spektrum von Fragestellungen entstanden, die unterschiedliche methodische Strategien verfolgten, wie breit angelegte Surveys (z.B. Behnken et al. 1991; Silbereisen/Pinquart 2008; Zinnecker/Silbereisen 1996), vergleichende intensive Längsschnittstudien, die zum Teil in die Zeit vor der Vereinigung zurück reichen bzw. mit starken thematischen Ähnlichkeiten zu Zeiten der DDR und ehemaligen Bundesrepublik initiiert wurden (Rostocker und Mannheimer Längsschnittstudien mit Risikokindern, siehe Ihle et al. 2001; Meyer-Probst/Reis 1999), größtenteils jedoch erst in der Zeit nach der Wende begonnen wurden (z.B. Boehnke et al. 1998; Juang/Silbereisen 2001; Noack/Hofer/Kracke/Klein-Allermann 1994; Oswald/Krappmann 1994; Silbereisen/Vondracek/Berg 1997; Trommsdorff/Kornadt 1995; Walper 2001; Walper/Schwarz 2001; Wild/Hofer 2001; siehe auch Noack/Hofer/Youniss 1994; Youniss 1995).

Unter methodologischen Gesichtspunkten dominierten in der Jugendforschung noch während der 1980er Jahre die Dispute zwischen Vertretern quantitativer und qualitativer Forschungsmethoden, die lange für ein unterschiedliches Wissenschaftsverständnis und Menschenbild standen. Zahlreiche Aspekte der gegensätzlich-dichotomisierenden Charakterisierungen beider Arten der Datenerhebung und -auswertung sind bei Bortz und Döring (2006) nachzulesen, die jedoch auch vor den Fallstricken dieser Dichotomien (und den damit verbundenen Wertungen) warnen. Mittlerweile ist man dazu übergegangen, verschiedene Forschungsmethoden innerhalb einzelner Studien gezielt zu kombinieren – wie beispielsweise in den Shell-Studien seit 1992 (Jugendwerk der Deutschen Shell 1992, 1997; Deutsche Shell 2000; Shell Deutschland Holding 2006). Dieses methodenpluralistische Verfahren hat sich als sehr sinnvoll erwiesen, da jeder der unterschiedlichen Zugänge zu den Lebenswelten junger Menschen spezifische Lücken lässt, die durch den jeweils anderen Forschungszugang ergänzt werden können (Flick 2008).

Bestimmte Fragestellungen lassen sich nur auf der Basis repräsentativ erhobener Daten beantworten, beispielsweise wenn Lebensverhältnisse von Kindern im Regionalvergleich (z.B. Nauck/Bertram 1995) oder Wandlungsprozesse der sozialen Integration und Partizipation von jugendlichen Teilgruppen in einem bestimmten geographischen Raum untersucht werden (vgl. Allerbeck/Hoag 1985; Friedrich 1990; Sinus 1983). Schon angesichts der dann in aller Regel beträchtlichen Stichprobengröße erfordern sie eine standardisierte Datenerhebung mit zumeist geschlossenen Antwortvorgaben und eine quantifizierende Auswertung. Es gibt aber auch Sozialisationsprobleme und Entwicklungsaspekte, die besser (oder nur) auf der Basis qualitativer Beobachtungsverfahren, Tiefeninterviews und Fallstudien rekonstruiert werden können. In der Kindheits- und Jugendforschung wird zunehmend anerkannt, dass quantitative und qualitative Methoden zueinander komplementär stehen und beide Untersuchungsmethoden zur kontrollierten erziehungs- und sozialwissenschaftlichen Erkenntnisgewinnung beitragen können. Im Folgenden wird aus Gründen der Arbeitsteilung der Beitrag quantitativ orientierter Jugendforschung diskutiert.

Grundsätzlich steht der quantitativ orientierten Kindheits- und Jugendforschung das entwickelte Instrumentarium der **empirischen Sozialforschung** zur Verfügung. An dieser Stelle sollen spezifische Aspekte der Anwendung dieser Methoden in der Jugendforschung dargelegt werden; zur allgemeinen Einführung in die Methoden der empirischen Sozialforschung (Messen, Skalierung, Stichprobentheorie, Beobachtung, Soziometrie, Befragung, Experiment u.a.) wird auf die einschlägigen Lehrbücher verwiesen (z.B. Bortz/Döring 2006).

2 Datenerhebungsstrategien in der quantitativen Kindheits- und Jugendforschung

2.1 Fragestellungen, Art der Daten und Erhebungsstrategien

Das grundlegende Interesse empirischer Kinder- und Jugendstudien ist es, die Beziehung zwischen den proximalen und distalen Umweltbedingungen als Charakteristika der jeweiligen Lebenslage junger Menschen einerseits und ihrem Verhalten, Denken, Fühlen bis hin zu ihrer körperlichen Entwicklung und Gesundheit andererseits aufzuzeigen. Aus *soziologischer Perspektive* geht es hierbei vor allem um die Suche nach Unterschieden zwischen abgrenzbaren Gruppen innerhalb einer Generation bzw. Kohorte, nach den historisch interessanten Wandlungsprozessen zwischen Generationen (im Sinne sowohl von Geburtskohorten als auch von Generationen in der Familie) und nach gesellschaftstypischen Formen sozialer Integration und Partizipation. Aus *entwicklungspsychologischer Perspektive* setzt sich die empirische Kindheits- und Jugendforschung primär mit altersabhängigen individuellen Veränderungen und interindividuellen Unterschieden in den Entwicklungsverläufen von Kindern und Jugendlichen in komplexen Umwelten auseinander. Aus *pädagogischer Perspektive* stehen typischerweise die Implementierung und Evaluation von Handlungsstrategien in verschiedenen Erziehungs- und Sozialisationsinstanzen im Vordergrund der Fragestellungen. Allerdings greifen diese Perspektiven deutlich ineinander und Grenzlinien zwischen den genannten Nachbardisziplinen lassen sich nur bedingt ziehen. Entsprechend hat sich die empirische Kindheits- und Jugendforschung zunehmend als interdisziplinäres Feld sozialwissenschaftlicher Forschung herausgebildet, in dem auf ein gemeinsames methodisches Instrumentarium zurückgegriffen wird.

Wesentliche Entscheidungen bei der Planung von Untersuchungen betreffen die Strategie bei der Datenerhebung, also im weitesten Sinne das Forschungsdesign. Hierzu gehört (a) die Bestimmung der Stichprobe hinsichtlich relevanter Merkmale der Zielgruppe, über die generalisierende Aussagen gemacht werden sollen, sowie hinsichtlich der erforderlichen Größe dieser Stichprobe. Insbesondere wenn seltene Ereignisse oder Gruppen mit seltenen Charakteristika (z.B. delinquente Jugendliche, chronisch kranke Kinder) im Mittelpunkt der Fragestellung stehen, die Untersuchung jedoch repräsentativ angelegt sein soll, ist eine sorgfältige Planung der Stichprobengröße erforderlich, da sonst die interessierenden Gruppen möglicherweise nicht hinreichend vertreten sind. Gleichzeitig ist zu berücksichtigen, dass bei sehr großen Stichproben vielfach auch minimale Gruppenunterschiede bzw. Effekte statistisch signifikant werden (siehe z.B. Klocke/Becker 2003). Insofern erweist es sich aus forschungsökonomischen Gründen als hilfreich, verfügbare Erkenntnisse über die erwartbare Stärke der interessierenden Effekte bei der Stichprobenplanung einzubeziehen. Weitere Entscheidungen betreffen (b) die Art der Daten, die erhoben werden sollen, einschließlich der Quelle, aus der diese Daten stammen sowie (c) die Frage der zeitlichen Lokalisierung und Erstreckung der Erhebungen. Auf diese beiden letztgenannten Aspekte soll in diesem Abschnitt näher eingegangen werden.

Art der Daten

Bei der Datenerhebung kann auf unterschiedliche Arten von Daten zurückgegriffen werden. Zumeist werden in der Kindheits- und Jugendforschung Daten aus mündlichen oder **schriftlichen Befragungen** herangezogen (z.B. Alt 2005, 2007; Gille et al. 2006), seltener **Beobachtungsdaten**, die z.B. aus teilnehmender Beobachtung im Feld oder aus systematischen Beobachtungen in mehr oder minder kontrollierten Settings stammen können (z.B. Gerhard 2005; Hofer 2003). Mitunter finden auch **Dokumentenanalysen** Verwendung, wenn z.B. Tagebuchaufzeichnungen analysiert werden. Vor allem in der entwicklungspsychologischen und pädagogischen Forschung wird häufiger auch auf standardisierte **Tests** (z.B. Intelligenz- oder Schulleistungstests) zurückgegriffen (z.B. PISA-Konsortium 2001). Noch vergleichsweise selten finden **physiologische oder neurologische Messungen** Verwendung (etwa bei Studien zur Pubertät, z.B. Belsky et al. 2007) oder bei neueren Studien zu neurologischen Veränderungen im Zuge der Hirnentwicklung im Jugendalter und deren Bezug zu Risikoverhalten (Steinberg 2008).

Bei Befragungen ist hinsichtlich der Datenquelle zwischen *Selbstauskünften* der betreffenden Kinder und Jugendlichen einerseits und *Fremdauskünften* Außenstehender (z.B. der Eltern, Lehrer/-innen oder Freund/-innen) andererseits zu unterscheiden. Selbstauskünfte sind immer dann unverzichtbar, wenn es um subjektive Einstellungen, Werthaltungen, Ziele und Orientierungen geht, die Außenstehenden, selbst engen Angehörigen, nur begrenzt zugänglich sind. Angesichts der zunehmenden Subjektorientierung in der Kindheits- und Jugendforschung kommt den Selbstauskünften ein zentraler Stellenwert zu. Gerade im Bereich der Kindheitsforschung ist es jedoch oft unabdingbar, mehrere Datenquellen einzubeziehen, da die Kinder über bestimmte Aspekte ihrer Umweltbedingungen – etwa die finanzielle Situation ihrer Familie oder strukturelle Merkmale ihrer Betreuungseinrichtung – nicht hinreichend informiert sind (siehe z.B. das DJI-Kinderpanel: Alt 2005, 2007). Zudem mögen ihre Selbstauskünfte bestimmten Verzerrungen unterliegen (z.B. durch soziale Erwünschtheit oder ein unrealistisches Selbstkonzept), die durch die Einbeziehung zusätzlicher Informationen bzw. Datenquellen „korrigiert" werden können (siehe z.B. Gödde/Walper/Engfer 1996; Zimmermann/Gliwitzki/Becker-Stoll 1996). Selbst- wie auch Fremdauskünfte können eher *objektiv-verhaltensorientierte* oder mehr *subjek-*

tiv-erfahrungsorientierte Daten liefern. Ein Beispiel für objektiv-verhaltensorientierte Daten aus beiden Quellen wären Selbstauskünfte von Jugendlichen und Fremdauskünfte ihrer Lehrer/-innen zum aggressiven Verhalten der Jugendlichen im schulischen Kontext oder zur Anzahl ihrer Schulfreunde. Hinsichtlich subjektiv-erfahrungsorientierter Daten aus unterschiedlichen Quellen wäre an Angaben von Kindern und ihren Eltern zu schulbezogenen Einstellungen der Kinder zu denken.

Ein zentrales Instrument der empirischen Kindheits- und Jugendforschung stellt nach wie vor die repräsentative **Umfrage** dar, die – mehr oder minder repräsentativ – vor allem über die Verbreitung von Meinungen, Einstellungen und Verhaltensweisen in einzelnen Gruppen informiert. Aktuelle Beispiele sind die KIM- und JIM-Studien zum Mediengebrauch von Kindern und Jugendlichen, die seit 1999 (KIM-Studie) bzw. 1998 (JIM-Studie) jährlich durchgeführt werden und so auch über Wandlungstendenzen in diesem Bereich Auskunft geben (Medienpädagogischer Forschungsverbund Südwest 2006, 2008) (zu Zeitwandelstudien siehe auch Abschnitt 2.4). Derartige Umfragen unter Kindern und Jugendlichen dienen vor allem dazu, deren Lebenslagen, Perspektiven und Orientierungen aus der eigenen Perspektive der Befragten und nicht (nur) aus der Perspektive von Experten und Erwachsenengruppen zu erkunden. Sie sind auch als Informationsquelle über Sozialisations- und Entwicklungskontexte notwendig, weil die amtliche Bildungs-, Jugend- und Jugendhilfestatistik zwar wichtige Informationen über institutionelle Entwicklungen, teilweise auch im Zeitvergleich, enthält, aber über die Lebensbedingungen von differenzierten Milieus und insbesondere die subjektive Bewertung dieser Lebensbedingungen durch Jugendliche kaum bzw. nicht informiert. Für die Jugendarbeit und die Jugend- und Bildungspolitik auf kommunaler, länderspezifischer und bundesweiter Ebene sind entsprechende Informationen aber handlungsrelevant.

Da Umfragen oftmals darauf abzielen, Einstellungen auf möglichst forschungsökonomische Art zu erfassen, wird diesem methodischen Instrument unter Praktikern und Jugendforschern vielfach mit Skepsis begegnet. Berechtigt sind solche Zweifel bei unzulänglichen Generalisierungen auf der Basis nicht repräsentativer Stichproben und wenn isolierte Zahlen überbewertet werden. Offen bleibt zudem – aber dies ist ein generelles Problem vieler Befragungen – inwieweit der Befragungskontext das Antwortverhalten beeinflusst. Jugendliche können sich z.B. in der Schule durchaus anders verhalten und andere Einstellungen präsentieren als im Elternhaus oder ihrem jugendlichen Freundeskreis. Derartige Effekte des Kontextes sind bislang empirisch am ehesten im Hinblick auf Verhaltensunterschiede – beispielsweise hinsichtlich Aggressivität oder anderen Formen des Problemverhaltens – untersucht worden (z.B. Pettit/Bates/Dodge 1993), während mögliche Abweichungen in der Präsentation von Einstellungen je nach Untersuchungskontext bislang noch nicht hinreichend geprüft wurden.

Zeitlicher Bezug

Wesentliche Implikationen für die Aussagen zu Fragen nach Entwicklungseinflüssen und –verläufen hat die Wahl des Designs im engeren Sinne. Der Rückgriff auf Retrospektivdaten hat sich vielfach als problematisch erwiesen, da die Erinnerung durch aktuelle Befindlichkeiten überlagert wird (Amato 1991) und sich allenfalls für markante Ereignisse wie eine Scheidung der Eltern als zuverlässig erweist (Esser et al. 2002). Insofern sind Erinnerungen an frühere Ereignisse und Lebensbedingungen immer als aktuelle mentale Repräsentationen zu werten, die subjektiven Umdeutungen und Neubewertungen unterliegen. Valide Auskünfte über die Wirkung von Einflussfaktoren über die Zeit liefern nur **Längsschnittstudien** mit wiederholten Erhebungen bei denselben Personen zu unterschiedlichen Zeitpunkten. Auch wenn es darum geht, altersgradierte Unterschiede im Entwicklungsverlauf auszumachen, sind sie den gängen **Querschnittstudien** (mit einmaliger Datenerhebung bei unterschiedlichen Altersgruppen) überlegen, da die einzelnen Altersgruppen möglicherweise nicht nur im Alter differieren, sondern auch systematische Unterschiede hinsichtlich ihrer Entwicklungsbedingen aufweisen können, etwa bedingt durch spezifische historische Ereignisse, soziale Wandlungsprozesse oder institutionelle Veränderungen, die nicht alle Altersgruppen gleichermaßen erlebt haben. Derartige Wandlungsprozesse lassen sich allerdings durch **Zeitwandelstudien** ausmachen, die – wie die schon erwähnten KIM- und JIM-Studien – zu unterschiedlichen Zeitpunkten bei einem vergleichbaren Personenkreis – z.B. einer definierten Altersgruppe – wiederholt vergleichbare Erhebungen durchführen (ausführlicher siehe unten).

Abbildung 1 illustriert die Methoden der Querschnitt-, Längsschnitt- und Zeitwandelstudie und verdeutlicht zugleich ihre Unterschiede. Angegeben ist das Alter einer fiktiven Untersuchungsgruppen im Koordinatenkreuz von Erhebungszeitpunkt (horizontale Achse) und Kohorte bzw. Geburtsjahr der untersuchten Zielgruppen (vertikale Achse). Die senkrecht markierte Kolumne hebt ein mögliches Querschnitt-Design hervor, in dem hier beispielsweise 10- bis 30-Jährige zu einem Erhebungszeitpunkt (hier: 1995) erfasst werden. Die horizontal hervorgehobene Reihe indiziert eine Längsschnittstudie, in der Angehörige der Geburtskohorte 1975 jeweils im 5-Jahres-Abstand zwischen 1985 und 2005, also im Alter zwischen 10 und 30 Jahren, untersucht werden. Schließlich hebt die diagonal verlaufende Reihe das Design einer Zeitwandelstudie hervor, in der zwischen 1995 und 2015 im 5-Jahres-Abstand jeweils 30-Jährige die Zielgruppe der Untersuchung sind.

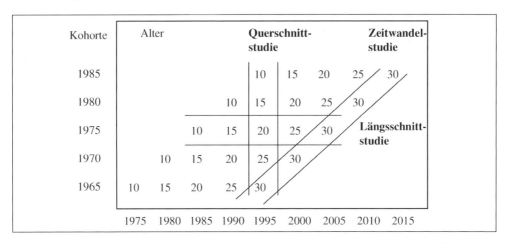

Abbildung 1: Beispiel für Querschnitt-, Längsschnitt- und Zeitwandelstudien: Altersangaben für Geburtskohorten nach Testzeit

Gerade im Hinblick auf soziale Wandlungsprozesse und gesellschaftliche Transformationen wird zunehmend auf komplexe Forschungsdesigns zurückgegriffen, die mögliche Einflüsse von Alter, Kohorte (Generation) und Befragungszeitpunkt berücksichtigen. In der Datenanalyse stehen multifaktorielle und multivariate Auswertungsverfahren im Vordergrund, die komplexe Konstellationen von Einflussfaktoren und unterschiedliche individuelle Charakteristika in die Analyse einbeziehen. Zudem entwickelten sich komplexe Mehrebenenmodelle, die den Zusammenhang von Makro-, Exo-, Meso- und Mikrosystemen im Blick haben. Im Folgenden werden zunächst Querschnitt-, Längsschnitt- und Zeitwandelstudien dargestellt, um dann auf komplexere Designs einzugehen.

2.2 Querschnittstudien

Die Querschnittstudie zeichnet sich zunächst durch ihre Ökonomie aus, denn in Abgrenzung zu Längsschnittstudien werden definierte altersspezifische Stichproben nur zu einem Messzeitpunkt untersucht. Wenngleich hier laut Design das Alter (oder z.B. ähnlich: die Klassenstufe) ein wesentliches Unterscheidungsmerkmal der einbezogenen Teilnehmer/-innen darstellt und die Fragestellung in der Regel auf altersbezogene Unterschiede beispielsweise in den Kompetenzen oder Einstellungen abzielt, sind entsprechende Vergleiche jedoch nicht unproblematisch. Wesentliche Voraussetzung ist die Vergleichbarkeit der Altersgruppen hinsichtlich anderer Merkmale, wie ihrer Zusammensetzung nach sozialer Herkunft. Vergleicht man beispielsweise Kinder im Grundschulalter und Kinder und Jugendliche in weiterführenden Schulen, so ist bei der Stichprobenziehung zu bedenken, dass Grundschulen sozial stärker heterogen sind als weiterführende Schulen.

Zudem ist das Alter regelmäßig mit anderen Faktoren konfundiert, die vielleicht bedeutsamer sind als das Alter selbst. Von Konfundierung ist zu sprechen, wenn sich mindestens zwei Variablen in ihrem Informationsbereich überlappen. Stellen wir beispielsweise in einer Querschnittstudie fest, dass das politische Interesse von 19-Jährigen größer als jenes von 16-Jährigen ist, wissen wir nicht präzise, ob es sich um einen reinen Alterseffekt handelt oder ob das Wahlrecht der Volljährigen deren Interesse geweckt hat (Konfundierung von Alter und Statusübergängen). Zudem könnte es sich um einen Kohorteneffekt handeln. Nimmt das politische Interesse mit wachsendem Alter zu oder sind die verschiedenen Altersgruppen (Kohorten) in der kulturell oder sozial sich rasch wandelnden Gesellschaft in ihrer Sozialisation unterschiedlichen Einflüssen bzw. Anregungen ausgesetzt? Über sozialen Wandel sind auf der Basis einer Querschnittstudie keine Aussagen zu machen, denn hierzu sind mindestens zwei Messzeitpunkte erforderlich (siehe unten).

Schließlich stellt sich das Problem der Vergleichbarkeit von Messungen: Werden die gestellten Fragen von verschiedenen Altersgruppen gleichermaßen verstanden? Erfassen die Indikatoren jeweils das gleiche Konstrukt? Um altersangemessene Operationalisierungen zu gewährleisten, muss oftmals auf formal unterschiedliche Erhebungs- bzw. Testverfahren zurückgegriffen werden (z.B. in Untersuchungen der Intelligenzentwicklung oder in Studien zur Eltern-Kind-Beziehung und zum elterlichen Erziehungsverhalten). Deren funktionale Äquivalenz ist jedoch erst sicherzustellen, sollen Fehlschlüsse in der Interpretation von Altersunterschieden vermieden werden. Trotz dieser Probleme sind Querschnittstudien – bei entsprechender Fragestellung – in der Kindheits- und Jugendforschung fruchtbar und haben eine lange Tradition.

2.2.1 Anfänge und Panoramastudien

Die Anfänge empirischer Querschnittstudien im Jugendbereich sind mit den Forschungsaktivitäten von P. Lazarsfeld verbunden (1931). Dominierten zu Beginn wissenschaftlicher Jugendkunde die qualitativen Analysen von Tagebüchern (z.B. Bühler 1929), deren begrenzte Verallgemeinerbarkeit schon dadurch gegeben war, dass vor allem Jugendliche der mittleren und höheren Sozialschichten Tagebücher schrieben, so sah sich Lazarsfeld bei der Untersuchung von Arbeiterjugendlichen gezwungen, auf andere empirische Materialien zurückzugreifen. Aus erhobenen Fragebogendaten über politische und sportliche Beteiligungen, über Berufswahl und Lektüre u.a. schließt Lazarsfeld auf die Persönlichkeitsentwicklung jugendlicher Arbeiter und interpretiert diese Ergebnisse im Kontext von Umweltvariablen. Bereits in diesen frühen Studien ist von „gestreckter" und „verkürzter" Pubertät die Rede (Schüler/Lehrlinge), werden „subjektive Berufswünsche" und „objektive ökonomische Strukturen" der Umwelt (Städte) im Zusammenhang gesehen. Nach dem Zweiten Weltkrieg knüpfte insbesondere L. Rosenmayr (1976, 1982) in Österreich an diese, für die quantitative Jugendforschung wichtige, Tradition an und versuchte dem völligen Mangel empirisch wissenschaftlicher Information über Verhalten und Einstellungen Jugendlicher der Nachkriegszeit durch zielgruppenspezifische Studien auf repräsentativer Basis abzuhelfen. In der Bundesrepublik Deutschland legten Schelsky (Die skeptische Generation, 1957) und V.G. Blücher (Die Generation der Unbefangenen, 1966) publizistisch äußerst wirksame theoretische und empirische Studien vor, wobei insbesondere Blüchers Arbeit als ein typisches Beispiel für den Entwurf eines „enzyklopädischen Bildes der deutschen Jugend" gelten kann (vgl. Rosenmayr 1976, S. 3).

In den 1960er Jahren forderte das Bundesministerium für Familie und Jugend, dass ein „annähernd geschlossenes Bild von der Situation der deutschen Jugend in der modernen Gesellschaft" von der Jugendforschung erarbeitet werde. Dieser (problematischen) Zielsetzung des ersten Jugendberichtes entsprechen die sogenannten **Panoramastudien** der damaligen Meinungsforschungsinstitute am besten. Die frühen Emnid-Studien, teilweise vom Jugendwerk der Deutschen Shell finanziert, teilweise von staatlicher Stelle veranlasst, liefern auf der Basis repräsentativer demoskopischer Untersuchungen die damals erwünschten breiten empirischen Erkenntnisse (zur historischen Entwicklung dieses Zweiges quantitativer Jugendforschung bis hin zu den neuorientierten Shell-Jugendstudien '81 und '85 vgl. Jugendwerk der Deutschen Shell 1985, Bd. 3, S. 409ff.; Großegger/Heinzlmaier 2002).

Die Schwächen der Panoramastudien liegen in der enormen Breite der angesprochenen Themen, die vertiefend-systematische Analysen erschwert, und der einseitigen Konzentration auf die Erfassung von Einstellungen: Jugend und Religion, Politik, Bildung, Familie, Region, Konsum, Massenkommunikation etc. Mit der stärkeren Fokussierung auf Einzelthemen, aber auch mit der nach durchgängigen unabhängigen Variablen (z.B. Geschlecht, Bildung, Milieu, Region) vorgenommenen selektiven Auswertung und Interpretation der Daten, wie sie sich in den letzten Shell-Studien finden (z.B. Hurrelmann/Albert/TNS Infratest Sozialforschung 2006), kann zumindest einigen dieser Schwächen wirksam begegnet werden. Insbesondere kann die systematische Einbeziehung der „objektiven Entwicklungen" (über Mikrozensen, Indikatorenforschung) und die Analyse jeweils angesprochener Organisationen und Institutionen den Erkenntniswert der weiterhin notwendigen repräsentativen Attitüdenforschung erhöhen.

2.2.2 Kultureller und regionaler Vergleich

Sinnvoll lassen sich im Querschnitt Lebenslagen und Orientierungen von Jugendlichen verschiedener Länder, verschiedener Kulturen und ethnischer Gruppen vergleichen (z.B. Nauck/Schönpflug 1997). Es gibt noch immer einen großen Mangel solcher interkulturell vergleichender Studien, insbesondere im Bereich der Kindheitsforschung, wo am ehesten Fragen der familiären Sozialisation aufgegriffen werden (z.B. Nauck 2007; Trommsdorff 2001). Die am häufigsten diskutierten methodischen Probleme des interkulturellen Vergleichs sind diejenigen der Vergleichbarkeit von Messungen, der Übertragbarkeit von theoretischen Konzepten und deren formal identischen Operationalisierungen in verschiedenen Kulturen (Rippl/Seipel 2008). Dies betrifft nicht nur den Bereich subjektiver Einstellungen und die Deutung von Verhaltensweisen, sondern auch objektive Indikatoren der Lebensbedingungen, da entsprechende Informationen nicht immer in den länderspezifischen amtlichen Statistiken in derselben Weise operationalisiert sind. Eine positive Ausnahme findet sich in der relativ jungen Armutsforschung bei Kindern und Jugendlichen, in der sich zunehmend vergleichbare Indikatoren für Armutslagen – zumindest bei innereuropäischen Vergleichen – durchsetzen (z.B. Klocke 2001). In der Regel wird die vergleichende Jugendforschung jedoch – ähnlich entwicklungspsychologischen Arbeiten – auf formal identische Messungen verzichten und stattdessen funktional äquivalente Vergleiche verschiedener Kulturen vornehmen müssen.

Ebenfalls sinnvoll ist die Querschnittstudie für den regionalen Vergleich zu nutzen. In einer eigenen Regionalstudie konnte die Lebenssituation von Jugendlichen (Freizeit, Gleichaltrigenkontakte, Einstellungen zum Wohnort, politische Partizipation) in einem urbanen Dorf, einer traditionellen Arbeitersiedlung, einer Trabantensiedlung und einem Quartier des Besitz- und Bildungsbürgertums verglichen werden (vgl. Tippelt u.a. 1986). Es konnte nachgewiesen werden, dass sich je nach Wohnkontext unterschiedliche soziale Basisprozesse am Wohnort finden und verschiedene soziale und politische Orientierungen der Jugendlichen vorherrschen. Hierbei zeigte sich u.a., dass sich eine dualistische Auffassung eines einfachen Stadt-Land-Gegensatzes nicht aufrecht erhalten lässt. Für die Jugendlichen vom Dorf sind keine „kulturell-politischen Lücken" oder „Provinzialität" typisch, vielmehr werden kulturelle Mischformen erkennbar, die im Prozess der fortgesetzten Modernisierung entstehen. Traditionelle, überlieferte Gewohnheiten bestehen neben modernen, ursprünglich urbanen Orientierungen (vgl. Tippelt 1985).

2.2.3 Gruppenvergleiche

Einfache Gruppenvergleiche haben zunächst überwiegend deskriptiven Charakter und dienen primär dazu empirisch aufzuzeigen, inwieweit einzelne „Gruppen" unter den Kindern und Jugendlichen hinsichtlich ihrer Einstellungen, Werthaltung und Verhaltensweisen variieren. Um Hinweise auf die vertikale Ungleichheit in unserer Gesellschaft zu erhalten, wurde in vielen Jugendstudien immer wieder die Schichtzugehörigkeit oder das Bildungsniveau von Jugendlichen in ihren Auswirkungen auf Verhalten, Einstellungen und Wertorientierungen geprüft (z.B. Hurrelmann et al. 2003, 2006), wobei sich angesichts der aktuellen Diskussion um die erhöhten Armutsrisiken von Kindern und Jugendlichen der Blick neuerdings wieder vermehrt auf die finanziellen Lebensverhältnisse von Familien und speziell Kindern und Jugendlichen gerichtet hat (z.B. Klocke/Hurrelmann 2001; Walper 2008). Auch askriptive Merkmale wie die ethnische Herkunft und das Geschlecht von Jugendlichen erwiesen sich als wichtige Variablen, um Unterschiede der Sozialisation und Persönlichkeitsentwicklung zu verdeutlichen. Allerdings ist bei der Interpretation solcher Daten Vorsicht geboten, da einfache Gruppenvergleiche keine Kausalaussagen über die Wirkung der Gruppierungsmerkmale erlauben: Vielfach sind Merkmale wie die Schichtzugehörigkeit mit anderen relevanten Faktoren (z.B. Migrationshintergrund) konfundiert.

Selbstverständlich eignen sich auch Variablen, die der unmittelbaren sozialen Umwelt der Jugendlichen zuzurechnen sind, für vergleichende Analysen – wie die Qualität ihrer Beziehungen zu Gleichaltrigen, ihre Mitgliedschaft in Vereinen oder der Erziehungsstil der Eltern (siehe z.B. die Beiträge in Zinnecker/Silbereisen 1996). Wenngleich derartige proximale Kontextmerkmale vielfach analytisch als Wirkfaktoren interpretiert werden, ist doch zu berücksichtigen, dass sie möglicherweise auch durch die Kinder und Jugendlichen selbst mit beeinflusst werden. Entsprechende Wechselwirkungen lassen sich im Kontext einfacher Gruppenvergleiche nicht bzw. nur in Ausnahmefällen aufzeigen (siehe Abschnitt 2.3 und 3.4).

Besonderes Interesse gilt nach wie vor der Gegenüberstellung von Jungen und Mädchen, nicht nur im Hinblick auf politische Interessen, Berufsorientierung und ihre Perspektiven auf die Vereinbarkeit von Familie und Beruf, sondern vermehrt mit Bezug auf schulisches Lernen und Kompetenzerwerb. Hierbei werden zunehmend die Jungen als Problemgruppe erkannt, die häufiger eine Klasse wiederholen mussten (Hurrelmann et al. 2006) und die vor allem im Jugendalter Defizite in der Kompetenzentwicklung aufweisen (Stanat/Kunter 2001), wie sie im Grundschulalter noch nicht gleichermaßen auszumachen sind (Bos et al. 2003). Wenngleich derartige Befunde noch offen lassen, welche Faktoren für die beobachtbaren Unterschiede ausschlaggebend sind, dienen sie doch dazu, weiterführende Fragen aufzuwerfen und Handlungsbedarf sichtbar zu machen. Auch im Hinblick auf Problemverhalten, insbesondere Aggressivität und Delinquenz, sind Geschlechtsunterschiede markant. Gerade dieser Forschungsbereich macht jedoch auch deutlich, wie vielfältig die involvierten Wirkfaktoren sind (Salisch/Ittel/Bonekamp 2005), und wie sehr viel aufschlussreicher derartige Gruppenvergleiche sind, wenn sie in komplexen Längsschnittuntersuchungen aufgegriffen werden, die es erlauben, Jungen und Mädchen hinsichtlich ihrer Exponiertheit gegenüber relevanten Wirkfaktoren zu vergleichen und ihre möglicherweise differenziellen Reaktionen auf diese Einflüsse zu analysieren (Moffitt/Caspi/Rutter/Silva 2001).

Will man über die Deskription hinaus auf Ursachen eingehen, benötigt man also – theoriegeleitet – weitere Informationen, Diese betreffen möglicherweise auch Faktoren, die Aspekte des sozialen Wandels reflektieren. Über den geschlechtsspezifischen Rollenwandel in der modernen Gesellschaft oder intrapersonale Veränderungen des Rollenverhaltens über die Zeit lassen sich allerdings auf der Basis von Querschnittstudien keine Aussagen ableiten. Historische Interpretationen werden lediglich im Rekurs auf zurückliegende (vergleichbare) Studien möglich: Dass Frauen im Vergleich zu Männern, was Bildungs- und Berufsaspirationen betrifft, „aufgeholt" haben, ist aus einer einzelnen Querschnittstudie nicht abzulesen, sondern erfordert den Bezug auf historisches Material. Nichtsdestotrotz ist der Gruppenvergleich von Jugendlichen zur Deskription der Differenzierung im Jugendmilieu nicht wegzudenken.

2.2.4 Typisierende Jugendstudien

Typisierungen haben in der Jugendforschung eine lange Tradition. Gemeint sind an dieser Stelle nicht die globalen Benennungen von Jugendgenerationen, wie „skeptische" (Schelsky 1957), „unbefangene" (Blücher 1966), „verunsicherte" (Sinus 1983), „pragmatische" (Hurrelmann et al. 2006) Generation oder einfach chronologisch „Jugend '81" (Jugendwerk der Deutschen Shell 1981), „Mädchen '82" (Seidenspinner/Burger 1982) und „Jugend 2000" (Deutsche Shell 2000), sondern die innerhalb eines ausdifferenzierten Lebensbereiches vorgenommenen Typisierungen von Einstellungen und Wertorientierungen. So fanden Müller/Nimmermann (1969, S. 27) bei Berliner Jugendlichen in Jugendfreizeitheimen „Jugendangepasste, Erwachsenenangepasste und Cliquenangepasste" oder Sugerman (1968) bei Londoner Studenten hinsichtlich der Freizeitgewohnheiten „Sport- und Spielbegeisterte, Bummler und hard boys". Im Rückgriff auf Deutungen der Autoritarismusforschung wurden auch dichotome Konzepte der **Jugendkultur** vorgetragen und „jugendzentrierte und erwachsenenzentrierte" Jugendliche unterschieden (vgl. Projektgruppe Jugendbüro 1977, S. 16; Jugendwerk der Deutschen Shell 1981, S. 628), eine

Unterscheidung, die mittlerweile problematisch erscheint, da sich das Gros der Jugendlichen sowohl an Eltern als auch an Gleichaltrigen orientiert, jedoch bereichsspezifisch differenziert, wer Ansprechpartner für welche Fragen und Probleme ist (vgl. Fend 1998, 2000).

Von einer deskriptiv-typisierenden Auswertung empirischer Befunde wurde beispielsweise in der Sinus-Studie (1983; 1985) und in der Shell-Studie „Jugend 2000" (Fritzsche 2000) Gebrauch gemacht. Mit Hilfe der Clusteranalyse wurden befragte Jugendliche, die ein ähnliches Antwortprofil über die Statements eines Themenkomplexes aufwiesen, zu typisierten Gruppen (Cluster) zusammengefasst. Die so bestimmten Einstellungstypen weisen ein Maximum an Homogenität bei der Beantwortung von Fragen innerhalb eines Typs mit der größtmöglichen Distanz zwischen verschiedenen gefundenen Einstellungstypen auf. So ergaben sich in der **Clusteranalyse** der acht erhobenen Werthaltungen in der Shell-Studie fünf Typen: Die „Distanzierten" (mit durchgängig geringer Ausprägung aller acht erfassten Aspekte von Werthaltungen), die „Vielseitigen" (mit durchgängig hoch ausgeprägten Werthaltungen), die „Freizeitorientierten" (mit hoher Wertung von Attraktivität, Authentizität und Familienorientierung), die „Modernen" (mit hoher Wertung von Modernität) und die „Traditionellen" (mit hoher Wertung von Menschlichkeit, Selbstmanagement, Familien- und Berufsorientierung).

Der Vorteil dieses deskriptiven Auswertungsverfahrens besteht in der Komplexitätsreduktion von Umfrageergebnissen, denn hinsichtlich wichtiger Einstellungen und Werte lassen sich Jugendliche zu überschaubaren typisierten Gruppen zusammenfassen. Deutlicher als in der Shellstudie kommt dieser Vorteil beispielsweise in der clusteranalytisch bestimmten Typologie von Eltern-Kind-Beziehungen aus Kindersicht zum Ausdruck, wo anhand von 16 Skalen zur Beziehung und Kommunikation zwischen Eltern und Kindern vier Typen von Eltern-Kind-Beziehungen bestimmt werden konnten (Zinnecker/Georg/Strzoda 1996). Auf der Basis derartiger Typisierungen kann etwa die quantitative Bedeutung bestimmter Einstellungsmuster in der Grundgesamtheit (mittels relativer Häufigkeiten) bestimmt werden (zu entsprechenden Daten der Shell-Studie siehe Fritzsche 2000, S. 138ff.). Allerdings ist zu bedenken, dass die sprachliche Benennung statistisch gefundener, typisierter Einstellungsmuster auf der kreativen, theoretisch geleiteten Zuschreibung der Jugendforscher/innen beruht und sich keineswegs immer eindeutig aus den Daten ableiten lässt, insbesondere wenn viele distinkte Merkmale in die Typisierung eingehen (Shell Jugendstudie 2006).

In der Regel ist die Clusterbildung nur ein vorgeordneter Schritt für weitere Analysen, die im Sinne des Gruppenvergleichs die einzelnen Typen hinsichtlich anderer Merkmale gegenüberstellen. Theoretische Bedeutung kommt solchen deskriptiven Beschreibungen der Einstellungstendenzen von Jugendlichen z.B. in Zusammenhang mit der Analyse differenzierter Lebensstile und milieutheoretischer Erörterungen zu. So konnten etwa Zinnecker et al. (1996) für ihre Erziehungstypologien zeigen, dass sich die Beziehungsmuster sozialstrukturellen Merkmalen zuordnen lassen. Neben dem eher deskriptiv-induktiven Zugang der Clusteranalyse kann allerdings auch eine theoriegeleitete Typisierung vorgenommen werden, die a priori spezifische Merkmalskonstellationen identifiziert. Insbesondere in der Erziehungsstilforschung ist dies das gängige Vorgehen (Fuhrer 2005; Steinberg/Silk 2002; Steinberg/Lamborn/Darling/Mounts/Dornbusch 1994).

2.3 Längsschnittstudien

Traditionelle **Längsschnittstudien** (Panel) wurden zu Recht als „Lebensnerv der Entwicklungspsychologie" (McCall 1977, S. 341) charakterisiert und stellen in gewisser Hinsicht den Königsweg für die Untersuchung individueller und gruppenbezogener *Veränderungen* im Zeitverlauf dar. Sie gehen von einer (oft altershomogenen) Stichprobe aus und untersuchen diese mit dem gleichen Frageninventar zu verschiedenen Messzeitpunkten (T_1 ... T_n). Auf diese Weise werden Aussagen über (altersbezogene bzw. zeitabhängige) Veränderungen von Individuen und Gruppen möglich. Die Stabilität und Veränderung von Merkmalen (Einstellungen, Verhaltensweisen etc.) lässt sich hierbei sowohl *absolut* ermitteln (als Zunahme oder Rückgang bestimmter Merkmale der Personen im untersuchten Altersbereich bzw. Zeitfenster) als auch *relativ* (als Variationen dieser Veränderungen innerhalb einer Bezugsgruppe, z.B. festgemacht daran, inwieweit die einzelnen Personen ihre relative Position innerhalb der Untersuchungsgruppe beibehalten).

Wenngleich Längsschnittstudien in der Regel dazu herangezogen werden, um altersgradierte Veränderungen aufzuklären, ist doch zu berücksichtigen, dass in einfachen Längsschnittstudien Alter und Erhebungszeitpunkt konfundiert sind. Steigt beispielsweise im Verlauf einer solchen Studie die Fremdenfeindlichkeit Jugendlicher, so mag dies eher aktuelle soziale Tendenzen und politische Strömungen reflektieren als altersabhängige Veränderungen. Komplexere Designs, die Alter und Erhebungszeitpunkt getrennt berücksichtigen, können hier Abhilfe schaffen (siehe Abschnitt 2.5.1).

Besondere Bedeutung kommt Längsschnittstudien auch in der Prüfung von Kausalhypothesen zu, umso mehr, wenn – wie so oft – von reziproken Interdependenzen auszugehen ist. Dies betrifft eine Vielzahl von Zusammenhängen zwischen Umweltbedingungen und individuellem Verhalten und Erleben, beispielsweise wechselseitige Einflüsse zwischen Eltern und Kindern, zwischen Jugendlichen und ihren Freunden etc. So wird die Beziehung zwischen Umweltmerkmalen und individuellen Einstellungen und Verhaltensweisen in neueren Ansätzen keineswegs einseitig im Sinne eines Umweltdeterminismus interpretiert, sondern zunehmend auch daraufhin betrachtet, welchen aktiven Einfluss die Kinder und Jugendlichen auf ihre Umwelt nehmen, sei es in der Auswahl oder in der Gestaltung ihres Entwicklungskontextes (vgl. Engfer/Walper/Rutter 1994; Hurrelmann 2000), keineswegs nur im außerfamiliären Kontext, sondern auch im Hinblick auf die Qualität der Beziehungen im Familiensystem (Crouter/Booth 2003). Entsprechende Fragen, z.B. danach, ob deviantes Verhalten den Anschluss Jugendlicher an bestimmte Cliquen bzw. deviante Peers begünstigt, oder ob umgekehrt die Zugehörigkeit zu einer bestimmten Gruppe Gleichaltriger zu mehr deviantem Verhalten der Jugendlichen beiträgt, lassen sich zwar auch mit geschickten Querschnittdesigns prüfen (z.B. Dukes/Martinez/Stein 1997). Sie sind mit Längsschnittdaten aber letztlich schlüssiger zu untersuchen (z.B. Keenan et al. 1995), da in Längsschnittstudien nicht nur individuelle Veränderungen, sondern auch vorauslaufende oder nachfolgende Veränderungen der Umweltbedingungen festgehalten werden können und so wechselseitige Prozesse der Beeinflussung im zeitlichen Verlauf erfassbar werden. Interessante Befunde, die derartigen Interdependenzen Rechnung tragen, liegen mittlerweile zum Übergang von der Schule in den Beruf vor (Braun/Reißig/Skrobanek 2009).

Zentrale Probleme der Längsschnittstudien liegen, neben der schon erwähnten Konfundierung von Alter und Erhebungszeitpunkt, in den Schwierigkeiten der Stichprobengewinnung, den höheren finanziellen Kosten, den systematischen drop-outs bei langfristigen Untersuchungen und der sinnvollen Wahl von Messzeitpunkten. Sinnvolle Messzeitpunktintervalle lassen sich nicht allgemein festlegen, sondern hängen von der inhaltlichen Fragestellung einer Studie und vor allem den untersuchten Merkmalen bzw. deren Entwicklungsdynamik ab. Ist von relativ raschen Veränderungen in kürzerer Zeit auszugehen, so bieten sich kurze Erhebungsintervalle an, während bei weitgehend stabilen Merkmalen oder wenig entwicklungsintensiven Altersabschnitten eher längere Erhebungsintervalle angezeigt sind.

Längsschnittstudien erfordern von Seiten der Jugendlichen ein relativ hohes Engagement, das man nicht bei allen Befragten voraussetzen kann. Neben Desinteresse können auch andere Gründe, wie Schul-, Berufs- oder Wohnortwechsel zum Ausscheiden aus Untersuchungen führen. Letzteres ist immer dann der Fall, wenn die Datenerhebung an diese Kontexte gebunden ist und die Teilnehmer/-innen der Untersuchung nicht über den Kontext- oder Rollenwechsel hinaus verfolgt werden. Stehen die Ausfälle mit den in einer Studie berücksichtigten Variablen im Zusammenhang, spricht man von selektiven Ausfällen (z.B. wenn bei einer Berufswahlstudie die arbeitslos gemeldeten Jugendlichen ausfallen; oder man bei einer Studie zur Drogenabhängigkeit jene nicht mehr untersucht, die von Drogen freikommen, usw.). Selektive Ausfälle sind besonders problematisch, da sich hierdurch die Stichprobe systematisch verändert, an Repräsentativität verliert und Generalisierungen zunehmend problematisch werden. Zudem kann sich so die Varianz der untersuchten Merkmale verringern, so dass es unwahrscheinlicher wird, Zusammenhänge aufdecken zu können.

Eine andere Schwierigkeit resultiert – selbst bei begrenzter Zahl der Messzeitpunkte – aus den Problemen der Testungseffekte, also dem Einfluss, den frühere Testungen auf spätere Erhebungen haben. Testungseffekte können sich sowohl durch Routinisierung als auch durch Ermüdung und Motivationsverlust der Befragten einstellen, sofern sie das Antwortverhalten beeinflussen.

2.4 Zeitwandel-Untersuchungen

2.4.1 Replikationsstudien

Neben der traditionellen Längsschnittstudie lassen sich auch in den sogenannten **Replikationsstudien** Zeitvergleiche durchführen. Im Gegensatz zu Panelstudien, bei denen dieselben Personen mehrfach befragt werden, gehen Replikationsstudien jedoch nicht altersbezogenen und individuellen Veränderungen nach, sondern zielen darauf ab, Generationeneffekte (Kohorteneffekte) oder Zeitwandeleffekte aufzudecken, also zu erkunden, wie sich die Jugendlichen eines zurückliegenden Zeitpunktes von jenen eines späteren Zeitpunktes unterscheiden. Verglichen werden unabhängige Stichproben Jugendlicher aus zwei oder mehreren Geburtskohorten, die jeweils im gleichen Alter untersucht werden. Weil auf sozialen Wandel geschlossen wird, muss immer kontrolliert werden, welche besonderen gesellschaftlichen Entwicklungen unterschiedliche Antworttendenzen auslösen.

Bereits frühzeitig gab es Mahnungen an die Meinungsforschung, auch für die Geschichtsforschung einen Beitrag zu leisten, aber erst in den 1980er Jahren entstand im Rückgriff auf methodologische Hinweise Duncans (1969) in der Bundesrepublik eine methodisch reflektierte und bewusst durchgeführte jugendspezifische Replikationsstudie (vgl. Allerbeck/Hoag 1985). Im Jahre 1983 führten Allerbeck/Hoag eine für die 16- bis 18-Jährigen repräsentative Jugendstudie durch und wählten als base-line-study die 1962 vom Divo-Institut unter der wissenschaftlichen Leitung von v. Friedeburg/Becker/Baumert vorgelegte Jugendstudie (siehe in Allerbeck/Hoag 1984, S. 760f.). Diese 1962 ausgearbeitete Studie entsprach in mehrerlei Hinsicht den Voraussetzungen einer Ausgangsuntersuchung für eine Replikation, denn:

- sie beruhte auf einer replizierbaren nationalen Wahrscheinlichkeitsstichprobe;
- die (maschinenlesbaren) Daten der Studie waren (im Zentralarchiv für empirische Sozialforschung in Köln) erhältlich;
- die Studie enthielt ein hinreichend interessantes und für den historischen Zeitvergleich geeignetes Frageninventar.

Der Zeitvergleich in Replikationsstudien lässt einige interessante Rückschlüsse auf soziale und kulturelle Veränderungen im Jugendbereich zu: So offenbarte sich zwischen 1962 und 1983 eine dramatische Zunahme der Mitgliedschaft von Jugendlichen in informellen Gruppen (vgl. Allerbeck/Hoag 1985, S. 40). Die Haltung gegenüber autoritären Erziehungsvorstellungen wurde kritischer, und die Abgrenzung „der Jugendkultur" von der Welt der Erwachsenen erfolge deutlicher als früher. Entgegen verbreiteten Vermutungen zeigen die Replikationsergebnisse des empirischen Zeitvergleichs, dass neonazistische Tendenzen in den 1980er Jahren noch häufiger abgelehnt wurden, als in den 1960er Jahren. Der Wunsch, selbst einmal zu heiraten, war weniger stark zurückgegangen als erwartet (bei männlichen Befragten von 96,3% auf 85,6%, bei weiblichen von 98,4% auf 89,4%). Allerdings wollten Jugendliche zwanzig Jahre nach der Ersterhebung deutlich häufiger vor der Ehe miteinander zusammen leben (vgl. Allerbeck/Hoag 1984, S. 768), ein Wunsch, der nach dem Fall des Kuppeleiparagraphs Ende der 1960er Jahre auch sanktionsfreier und damit leichter zu realisieren war.

Auf der Basis solcher Replikationsstudien kann Friedrich (1990, S. 25ff.) den Mentalitätswandel der jungen Generation in der ehemaligen DDR im Zeitverlauf von 1970 bis 1990 für zentrale Orientierungsbereiche dokumentieren. Die Betrachtung der Verlaufsformen politischer Überzeugungen zeigt massive Veränderungen, die am Ende der achtziger Jahre zu einer weit reichenden Abkehr von den propagierten Werten des realsozialistischen Systems führten. Weisen die Daten in den siebziger Jahren auf ein kritisch-distanziertes Verhältnis der DDR-Jugend zur Bundesrepublik hin, so belegen die späteren Replikations-Befunde einen starken Identitätsverlust gegenüber der DDR und eine zunehmende Verbundenheit mit der Bundesrepublik. Interessanterweise trat die kritische Distanz zum realsozialistischen System der DDR bei Lehrlingen, Arbeitern und Schülern früher und viel deutlicher auf als dies bei Studenten zu beobachten war. Mit Hilfe von Replikationsstudien lässt sich auch der tief greifende Wandel in Bezug auf die Lebensziele und Bedürfnisse junger DDR-Bürger beschreiben. Das Streben nach Selbstbestimmung und Selbstverwirklichung, nach Lebensgenuss und Spannung, informellen Sozialkontakten und nach materiellen Werten sowie das Bedürfnis nach persönlicher Sicherheit haben in den 1980er Jahren stark zugenommen (vgl. Friedrich 1990, S. 34f.).

Auch in kürzeren Zeiträumen lassen sich Veränderungen ausmachen. Mit besonderer Aufmerksamkeit werden Wandlungstendenzen im Rahmen der wiederholten Erhebungen von Schülerkompetenzen und bildungsrelevanten Verhaltensweisen bei den PISA-Studien verfolgt. So ergab sich etwa im Vergleich der Befragungen im Jahr 2000 und 2006 ein leichter Anstieg der Lesekompetenzen deutscher Schüler/innen, der zwar angesichts der starken Streuung in den Lesekompetenzen nicht statistisch abgesichert werden konnte, aber immerhin nicht dem Trend des OECD-Durchschnitts folgte, der rückläufig war. Gleichzeitig berichteten Jungen wie Mädchen häufiger, dass Lesen eines ihrer liebsten Hobbys ist oder dass sie täglich mindestens eine Stunde zum Vergnügen zu lesen (Drechsel/Artelt 2007). Inwieweit dies Veränderungen im deutschen Schulsystem oder dem Vormarsch von Harry Potter zuzuschreiben ist, bleibt allerdings dahin gestellt.

Bei Replikationsstudien ist – ebenso wie bei Längsschnittstudien – genau darauf zu achten, dass die Fragen und die Antworten zu verschiedenen Messzeitpunkten in derselben Form den Befragten vorgelegt werden. Selbstverständlich müssen auch die zugrunde gelegten Populationen und die Stichproben vergleichbar sein. Bereits leichte Abweichungen bei den Frage- und Antwortvorgaben können sich auf die Randverteilungen von Umfragedaten auswirken, und es wird für die Jugendforscher unentscheidbar, ob veränderte Messzahlen einen realen historischen Trend signalisieren oder ob es sich lediglich um Artefakte der methodischen Vorgehensweise handelt. Auch „Nachbesserungen" und „kreative Umformulierungen" von in base-line-Studien enthaltenen Fragen erweisen sich als problematisch (mögen sie sich auch noch so aufdrängen), denn bei der gegebenen Sensibilität von Umfrageergebnissen wird dadurch jede Aussage über historische Trends und sozialen Wandel unmöglich. Selbstverständlich kann sich die Replikation einer Studie auch auf ausgewählte Altersgruppen, Themenkomplexe und Fragen beziehen (vgl. z.B. Jugendwerk der Deutschen Shell 1985). Insofern müssen base-line-studies nicht einfach wiederholt werden. Aufgrund des sprachlichen und normativen Wandels lässt sich ohnehin manches nicht mehr replizieren. So können zeitabhängige Veränderungen im Sprachstil den Vergleich von Antworten in Befragungen deutlich erschweren. In standardisierten Befragungen mag die Ablehnung von zu beurteilenden Aussagen schon dadurch steigen, dass die Formulierungen nicht mehr zeitgemäß sind.

Als weiteres methodisches Problem stellt sich in Zeitwandelstudien – ähnlich wie bei Querschnittstudien – vor allem die Frage der Vergleichbarkeit der einzelnen Stichproben. So liegen beobachtbaren Unterschieden zwischen den einzelnen Erhebungen leicht Kompositionseffekte zugrunde, d.h. die Zusammensetzung der Stichproben entspricht sich nicht. Würde man beispielsweise 16-Jährige aus dem Jahr 1950 mit heutigen 16-Jährigen vergleichen, so wären die Bildungsexpansion und die verlängerten Ausbildungszeiten zu berücksichtigen: Die frühere Stichprobe dürfte mehr Lehrlinge und Erwerbstätige, die spätere mehr Schülerinnen und Schüler umfassen. Durch den zwischenzeitlichen Zuzug von Arbeitsmigranten wären in der späteren Stichprobe zudem mehr ausländische Jugendliche zu erwarten. Entsprechende Kompositionseffekte lassen sich methodisch kontrollieren, indem beispielsweise gezielte Zeitvergleiche nur innerhalb homogener Subgruppen vorgenommen werden oder Effekte der Zugehörigkeit zu unterschiedlich stark repräsentierten Subgruppen statistisch kontrolliert werden.

2.4.2 Amtliche Statistiken und nicht-reaktive Datenerhebung

Erste Anhaltspunkte über Entwicklungstrends und die aktuelle Situation von Jugendlichen in der Bundesrepublik Deutschland liefern die **amtlichen Statistiken** in den Fachserien des Statistischen Bundesamtes: Die Daten der Fachserien, z. B. Bevölkerung und Erwerbstätigkeit (1), Bildung und Kultur (11), Sozialleistungen (13), Rechtspflege (10), Gesundheitswesen (12) basieren auf den jährlich stattfindenden Mikrozensus-Erhebungen (1% – Repräsentativstatistik der Bevölkerung) und verschiedener nationaler repräsentativer Sozialerhebungen. Je nach Fragestellung lassen sich den verschiedenen Reihen der amtlichen Fachserien Informationen über die Lebenslage verschiedener Altersgruppen und über institutionelle Entwicklungen entnehmen. Besondere Relevanz kommt im Jugendbereich der Bildungs- und der Jugendhilfestatistik zu (13/Reihe 6), wie auch der mittlerweile etablierten Bildungsberichterstattung (Autorengruppe Bildungsberichterstattung 2008; zur methodologischen und theoretischen Reflektion dieser indikatorengestützten nationalen und internationalen Berichte siehe Tippelt 2009). Diese Statistiken liefern Hinweise auf institutionelle Entwicklungen im Zeitverlauf, weil aus den statistischen Daten **Zeitreihen** gebildet werden können (soweit sich die Erfassungskriterien nicht geändert haben).

Die Jugendhilfestatistik über „erzieherische Hilfen", „Jugendarbeit", „Einrichtungen und dort tätige Personen" sowie „Ausgaben und Einnahmen" gibt einen in Zahlen gefassten Überblick über diese Bereiche. Beispielsweise können wir der Jugendhilfestatistik neben differenzierten Expansionstendenzen im sozialen Bereich entnehmen, dass in den Jahren zwischen 1991 und 1997 die „institutionelle Beratung" als zahlenmäßig umfangreichste Hilfeart deutlich expandiert hat (vgl. Statistisches Bundesamt 2000, S. 80ff.). So stieg die Quote minderjähriger Kinder und Jugendlicher, die diese Hilfe nutzen, von 88 je 10.000 dieser Altersgruppe (1991) auf 141 je 10.000 (1997), was einem Zuwachs von 60,2% entspricht. Junge Erwachsene zwischen 18 und 27 Jahren finden sich zwar insgesamt seltener in institutioneller Beratung, sind aber von einem vergleichbaren Quotenzuwachs betroffen. Auch die Betreuung einzelner junger Menschen bis 27 Jahre (als ambulante Einzelbetreuung) hat deutlich zugenommen, vor allem in der sozialen Gruppenarbeit und in der Unterstützung durch Betreuungshelfer. Wie bei der institutionellen Beratung sind es auch hier vor allem die Mädchen und jungen Frauen, deren Zahl bei diesen Hilfen deutlich zugenommen hat. Insgesamt sind sie allerdings wesentlich seltener in institutioneller Beratung und Einzelbetreuung vertreten als Jungen. Trotz ihrer unzweifelhaften Bedeutung kann die amtliche Statistik nicht jenen Grad der Differenzierung erreichen, der spezielle Umfragen und Untersuchungen der Lebenslage von Jugendlichen überflüssig werden ließe. Insbesondere zur Erfassung der Dynamik von Lebenslagen und subjektiven Wertorientierungen kann die amtliche Statistik keine Auskunft geben.

Für die Beantwortung der Frage, ob sich in modernen Industrie- und Dienstleistungsgesellschaften die Jugendphase weiter verlängert, lassen sich der amtlichen Statistik dagegen mehrere Argumente entnehmen: Operationalisiert man mit Neidhardt (1970) oder Allerbeck/Rosenmayr (1976, S. 28) das Ende der Jugendphase nicht durch eine bestimmte Altersangabe, sondern nimmt das – im Kontext der Entstrukturierungsthese freilich umstrittene – interindividuell stark variierende Alter bei Berufseintritt oder Heirat zum Kriterium, zeigen sich folgende Trends: ,

- Seit 1960 sinkt die Erwerbstätigkeitsquote der 15-20jährigen Frauen und Männer erheblich, wobei insbesondere die verlängerten Ausbildungszeiten – nicht zuletzt im Zuge höherer Bildungsabschlüsse – zu einem späteren Erwerbseintritt beigetragen haben (vgl. Statistisches Bundesamt 1985a, S. 159). So stieg die Studienanfängerquote zwischen 1980 und 1990 im früheren Bundesgebiet von 19,5% auf 30,2% und während der 1990er Jahre auch im gesamten Bundesgbiet nochmals an (vgl. Statistisches Bundesamt 2000, S. 44). Mittlerweile nehmen beinahe 40% aller Jugendlichen ein Studium auf. Entsprechend waren im Jahr 2004 unter den 15- bis 19-jährigen nur 22% der Mädchen bzw. jungen Frauen und 29% der jungen Männer erwerbstätig, unter den 20- bis 24-jährigen auch noch weniger als zwei Drittel (58% der Frauen und 61% der Männer) (Bundesministerium für Familie, Senioren, Frauen und Jugend 2005).
- Nach einer historisch langfristigen Senkung des Heiratsalters hat sich gegen Ende der 1970er Jahre in Ost- und Westdeutschland der Trend umgekehrt; seither heiraten Frauen und Männer wieder später. Waren unter den zwischen 1946 bis 1955 Geborenen im Alter von 26 Jahren nahezu 80% verheiratet, so gilt dies nur für 60% der 1956 bis 1965 Geborenen und lediglich für 37% der Geburtsjahrgänge 1966 bis 1981 (Statistisches Bundesamt

2006). Dieser Trend scheint eher eine Verschiebung des Heiratsalters als eine generelle Ehemüdigkeit zu reflektieren, denn weniger als 20 Prozent der mittleren Geburtskohorte sind bis zum 40. Lebensjahr unverheiratet geblieben.

Neben der amtlichen Statistik ist für die Beantwortung verschiedener Fragestellungen die Sammlung und Sichtung sogenannter prozessgebundener Daten sinnvoll, also solcher Daten, die im sozialen Prozess selbst entstehen. So können die Karteien der Arbeitsämter wichtige Informationen über Berufswahl- und Berufsfindungsprozesse enthalten, können die Lesekarteien von Bibliotheken Rückschlüsse auf das Leseverhalten junger Menschen zulassen, können Verkaufsauflagen populärer Schriften Hinweise auf die Jugendkultur geben und die Analyse von Mitgliedszahlen in Vereinen und Verbänden wichtige Aspekte sozialer Integration und politischer Partizipation signalisieren. Auf die Nutzung und den Vergleich solcher verschiedener Informationsquellen, zum Teil in Kombination mit empirischen Erhebungen, kann in der empirischen Jugendforschung nicht verzichtet werden (Lazarsfeld 1931). Prozessgebundene Daten können meist zu verschiedenen Messzeitpunkten erhoben werden und dadurch zur Analyse sozialen Wandels beitragen.

2.5 Komplexe Untersuchungsmodelle

2.5.1 Sequenz-Modelle zur Analyse von Alters-, Kohorten- und Testzeiteffekten

Um die bereits genannten Fehlerquellen von Quer- und Längsschnitt- sowie Zeitwandelstudien zu minimieren, wurde der Versuch gemacht, die verschiedenen Datenerhebungsstrategien zu kombinieren (vgl. Baltes u.a. 1977, S. 132ff.). Im Anschluss an Schaie (1965) wurde vor allem in der entwicklungspsychologischen Jugendforschung berücksichtigt, dass jedes Verhalten als Ergebnis von Alterseffekten, Kohorten- (Generationen-)effekten und Testzeit- (Perioden-)effekten interpretiert werden kann. Laut Schaie umfassen hierbei Alterseffekte reifungsbedingte Einflüsse (neurophysiologische Prozesse), Kohorteneffekte beinhalten alle Umwelteinflüsse, die auf die Mitglieder einer Kohorte (Generation) in ähnlicher Weise wirken, und Testzeiteffekte subsumieren die historisch sich wandelnden kulturellen, sozialen, ökonomischen und politischen Einflüsse, die zu einem festgelegten Messzeitpunkt auf die untersuchten Kohorten einwirken (diese inhaltlichen Zuschreibungen blieben nicht unstrittig, vgl. Trautner 1978, S. 412).

Abbildung 2 skizziert mit fiktiven Beispielen drei Minimalpläne von Sequenzmodellen, wobei der Begriff „Sequenzmodell" auf die sequentielle Strategie der Datenerhebung bzw. den wiederholten Einsatz der traditionellen Erhebungsverfahren verweist. Der linke Teil der Abbildung illustriert (1) die Kohorten-Sequenz-Analyse als eine Erweiterung der Längsschnittstudie durch Einbeziehung mehrerer Kohorten. In der Mitte dargestellt ist (2) die Testzeit-Sequenz-Analyse als eine Erweiterung der Zeitwandelstudie bzw. des Testzeit-Vergleichs um mehrere Altersgruppen. Schließlich findet sich im rechten Teil der Abbildung (3) die Quersequenz-Analyse als eine Erweiterung des Querschnittvergleichs um zusätzliche Erhebungszeitpunkte. Angegeben ist jeweils das Alter der untersuchten Jugendlichen und jungen Erwachsenen für die unterschiedlichen Kohorten (vertikale Achse) zu den einzelnen Erhebungszeitpunkten (horizontale Achse).

Bei den drei genannten Modellen können immer nur zwei der drei Komponenten Alter, Kohorte, Testzeit unabhängig voneinander berücksichtigt werden. In der **Kohorten-Sequenz-Analyse** werden mindestens zwei Kohorten (in unserem Beispiel die Geburtsjahrgänge 1960 und 1965) auf mindestens zwei verschiedenen Altersstufen untersucht (hier: im Alter von 20 und 25 Jahren). Dies erlaubt zum einen bei beiden Kohorten den Altersvergleich zwischen 20- und 25-Jährigen, zum anderen den Kohortenvergleich über die einzelnen Altersstufen, lässt also beispielsweise bestimmen, ob die Angehörigen des Geburtsjahrgangs 1960 den fünf Jahre später Geborenen in den untersuchten Bereichen gleichen. Mögliche Unterschiede zwischen den beiden Geburtskohorten lassen sich jedoch nur dann schlüssig auf Besonderheiten der jeweiligen Kohorten zurückführen, wenn Testzeit-Effekte auszuschließen sind. Führen etwa besondere Ereignisse im Jahr 1990 zu verändertem Antwortverhalten der Befragten, so würde das die Befunde für die Kohorte der 1965 Geborenen beeinflussen und einen fälschlichen Schluss auf Kohortenunterschiede nahe legen. Der Ausschluss von Testzeiteffekten ist somit die Interpretationsgrundlage dieses Designs (siehe unterste Zeile der Abbildung).

Testzeiteffekte sind demgegenüber in den beiden anderen Designs direkt prüfbar. In der **Testzeit-Sequenz-Analyse** werden mindestens zwei Altersgruppen (hier: 20- und 25-Jährige) zu mindestens zwei aufeinander folgenden Zeitpunkten untersucht. Dies erlaubt, Testzeit- und Alterseffekte unabhängig voneinander zu ermitteln. Äußern beispielsweise die 1980 befragten 20-Jährigen andere Einstellungen als die 1985 erfassten 20-Jährigen, so wird dieser Unterschied auf Testzeiteffekte zurückgeführt. Nicht berücksichtigt werden hierbei Kohorteneffekte, denn in der Interpretation der Befunde zu Alters- und Testzeiteffekten muss unterstellt werden, dass sich die Kohorten gleichen.

Die **Quer-Sequenz-Analyse** schließlich untersucht zwei Kohorten an mindestens zwei aufeinander folgenden Zeitpunkten. Hierbei lassen sich Kohorten- und Testzeit-Effekte unabhängig voneinander prüfen. Grundlage ist zum einen der Querschnittsvergleich der beiden Geburtskohorten (hier: 1960 und 1965 Geborene), zum anderen der Vergleich der Daten für beide Erhebungszeitpunkte (1980 und 1985). Bemerkenswert hierbei ist, dass ähnliche Befunde für identische Altersgruppen der beiden Kohorten nicht nur darauf schließen lassen, dass keine Testzeiteffekte vorliegen, sondern dass zudem die so erhobenen Daten analog zu Daten einer Längsschnittstudie behandelt werden können, die in unserem Beispiel Altersränge von 15 bis 25 Jahren umfassen, jedoch nur fünf Jahre Erhebungszeit erforderlich machte (Anderson 1995; vgl. auch Hartmann/George 1999).

Kohorte (Geburtsjahr)	Kohorten - Sequenz	Testzeit - Sequenz	Quer - Sequenz
1955	25	25	25
1960	20 25	20 25	20 25
1965	15 20 25	15 20 25	15 20 25
	1980 1985 1990 Testzeit	1980 1985 1990 Testzeit	1980 1985 1990 Testzeit
geprüft werden:	Alterseffekte Kohorteneffekte ---	Alterseffekte --- Testzeiteffekte	--- Kohorteneffekte Testzeiteffekte
Interpretations- grundlage:	Testzeit - Diff. = 0	Kohorten - Diff. = 0	Alters - Diff. = 0

Abbildung 2: Minimalpläne von Sequenz-Analysen

Als Beispiel für eine frühe Quer-Sequenz-Studie im Bereich der Jugendforschung sei eine Studie von Baltes genannt, in der 1.800 männliche und weibliche Jugendliche der Kohorten 1954-1957 (Alter: 13-18) in den Jahren 1970, 1971 und 1972 mit verschiedenen Persönlichkeitsfragebogen untersucht wurden. Die Ergebnisse zeigen, dass die Veränderung verschiedener Persönlichkeitsmerkmale im genannten Zeitraum unabhängig von der Kohortenzugehörigkeit (bzw. dem Alter) erfolgte, so dass der Schluss nahe lag, dass statt dessen der gewandelte Zeitgeist die beobachteten Veränderungen bewirkte. Diese Interpretation ergab sich, weil beispielsweise der Rückgang von Über-Ich-Stärke, von emotionaler Ängstlichkeit und Leistungsmotivation und die gleichzeitige Zunahme von Unabhängigkeitswünschen zwischen 1970 und 1972 bei allen Altersgruppen der Jugendlichen auftrat (vgl. Nesselroade/Baltes 1974). Weder in einer einfachen **Längsschnittstudie** (die eine Altersgruppe mehrfach untersucht), noch in einer einfachen **Querschnittstudie** (die mehrere Altersgruppen einmal untersucht) hätten die Effekte des kulturellen Wandels aufgezeigt werden können.

Dass es sinnvoll ist, zwischen Testzeiteffekten und Kohorteneffekten zu differenzieren, zeigt Trautner (1978, S. 417) anschaulich, wenn er darauf hinweist, dass das seit Mitte des vergangenen Jahrhunderts beobachtete Phänomen der säkularen Akzeleration, d.h. der Vorverlegung des puberalen Wachstumsschubs und des Anstiegs der endgültigen Körperhöhe als Kohorteneffekt zu interpretieren ist, während sich die vorübergehenden Verlangsamungen des Körperwachstums, wie sie im Zusammenhang mit extrem ungünstigen Ernährungsbedingungen während Kriegs- und Nachkriegszeiten auftreten können, besser als Testzeiteffekte interpretieren lassen. Es sei allerdings darauf hingewiesen, dass die Abgrenzung von Kohorten (Generationen) – wenn man sich nicht formal auf die Altersjahrgänge bezieht – große definitorische Schwierigkeiten birgt.

Neuere groß angelegte Längsschnittstudien wie das soeben gestartete Beziehungs- und Familienpanel PAIRFAM (siehe http://www.pairfam.uni-bremen.de) sowie das in Vorbereitung befindliche Bildungspanel (siehe www.uni-bamberg.de/neps) bedienen sich ebenfalls eines Sequenzdesigns, zunächst beginnend mit einem Quer-Sequenz-Plan, der ersten Aufschluss über unterschiedliche Altersgruppen gibt, und geplanter Fortsetzung als Kohorten-Sequenz-Plan. Mit großem Interesse ist aus der Sicht lebenslanger Bildung und Entwicklung dem Bildungspanel in Deutschland entgegenzusehen, der allerdings erst in einigen Jahren Ergebnisse vorlegen kann.

2.5.2 Mehrebenen-Analysen

In den letzten Jahren haben sich die Bemühungen verstärkt, die Lage der Jugendlichen im Zusammenhang mit ökonomischen, kulturellen, politischen und sozialen Wandlungsprozessen und Strukturveränderungen der Gesellschaft aufzuzeigen. Um dem Anspruch komplexer und umfassender Sozialisationstheorien zu entsprechen, die gesellschaftlichen, institutionellen, interaktionellen und individuellen Wandel in seinen differenzierten Beziehungen analysieren, wurden komplexe strukturelle Analysemodelle entwickelt, die in der Lage sind, die theoretischen Überlegungen empirisch einzuholen (siehe auch Abschnitt 3.4). Insbesondere in der **ökologischen Jugendforschung** wird in Anknüpfung an eine mehrebenenanalytische Sichtweise seit den 1980er Jahren versucht, den Einfluss der Gesellschaftsebene, der Institutionenebene und der Interaktionsebene bei der Entwicklung von Persönlichkeitsmerkmalen differenziert herauszuarbeiten (vgl. Bertram 1982; Bronfenbrenner 1981; Geulen/Hurrelmann 1980, S. 65; Hurrelmann 2007; Tippelt u.a. 1986).

Zentral ist für **Mehrebenen-Analysen** der Gedanke, dass Einflüsse auf individuelles Verhalten von unterschiedlichen Ebenen hierarchisch strukturierter Systeme ausgehen können. Sie haben vor allem in der Schulforschung Verbreitung gefunden, um der Frage nachzugehen, inwieweit indivuelles Leistungsverhalten oder Bildungsentscheidungen auf personegebundene Einflüsse, Merkmale der Schulklasse oder der Schule zurückzuführen sind. Bryk und Raudenbusch (1989; Raudenbush/Bryk 2002) verweisen auf die Grenzen klassischer statistischer Verfahren bei der Beantwortung entsprechender Fragestellungen und stellen Analysen im Rahmen des Mehrebenen-Ansatzes nach dem **Hierarchisch-linearen Modell** vor. Hierbei verwenden sie Daten aus fünf Erhebungswellen einer Längsschnittstudie zu den Effekten kompensatorischer Erziehung (Sustaining Effects Study). Untersucht wurden die Rechen- und Lese-/Rechtschreibeleistungen von Schülerinnen und Schülern in Abhängigkeit von personegebundenen Einflussfaktoren (mütterliche Bildung und Familieneinkommen unter- vs. oberhalb der Armutsgrenze) und schulbezogenen Merkmalen (Armutskonzentration an der Schule). Hierbei zeigte sich neben dem erwartbar positiven Einfluss der mütterlichen Bildung, dass der Einfluss der individuellen familialen Finanzlage auf das anfängliche Niveau schulischer Leistungen an Bedeutung verlor, wenn die schulspezifische Konzentration der von Armut betroffenen Schülerinnen und Schüler in die Analysen einbezogen wurde: Hatten die Daten zunächst nahegelegt, dass Kinder aus armen Familien schlechtere Leistungen erbringen als jene aus finanziell gesicherten Verhältnissen, so verdeutlichte die Mehrebenenanalyse, dass schulbezogene Risikofaktoren, nämlich die Häufung armer Schülerinnen und Schüler an einer Schule, für die schlechteren Eingangsleistungen im Lesen und Rechnen ausschlaggebend waren. Der Zuwachs der Leseleistungen im Verlauf der Schuljahre wurde jedoch sowohl durch Belastungen der individuellen familialen Finanzlage als auch durch die Armutskonzentration an der Schule beeinträchtigt.

Ähnlich verbindet Ditton (1992, 2007) in seinen Analysen zu Bildungsentscheidungen Individual- und Aggregatdaten in Mehrebenenanalysen, wobei er hinsichtlich der Kontexteffekte auf Schulklassen fokussiert und herausarbeitet, dass die schulische Leistungsbewertung durch Zensuren nicht nur von den indivuellen Leistungen sowie der Motivation und sozialen Herkunft der jeweiligen Schülerinnen und Schüler abhängt, sondern auch von der sozialen Zusammensetzung der Schulklassen, vor allem der „Bildungsnähe" der Familien.

Auch in der Familienforschung lassen sich diese Ansätze fruchtbar machen, um Personeffekte von Dyaden- bzw. Subsystem- und Familien- oder Gesamtsystemeffekten zu unterscheiden (siehe Snjders/Kenny 1999). Hier sei neben dem Hierarchisch-linearen Modell das **Social Relations Model** (SRM, Kenny/La Voie 1984) erwähnt, das Sozialverhalten in komplexen Systemen dekomponiert in Einflüsse des Handelnden, der Zielperson, der spezifischen Beziehung zwischen beiden und des umgebenden Systems (z.B. der Familie als Gesamtsystem). Voraussetzung hierfür sind Daten, die die Beziehung (Verhalten, Gefühle etc.) von jedem Mitglied zu jedem anderen Mitglied des Systems beschreiben (round-robin design). Mittlerweile hat dieses Verfahren in einer Vielzahl von Untersuchungen, auch Studien mit Jugendlichen, Verwendung gefunden, sowohl in der Analyse dyadischer Daten zur Beziehungsqualität und Sexualität von Jugendlichen und jungen Erwachsenen aus Sicht beider Partner (Wendt 2008) als auch in der Analyse von Gruppenphänomenen, etwa im Familienkontext (z.B. *Branje/Finkenauer/Meeus 2008; für eine Übersicht einschlägiger Studien* siehe http://davidakenny.net/srm/srm.htm). So verwendet Cook (2001) dieses Verfahren, um in 2-Eltern-Familien mit je zwei jugendlichen Kindern Prozesse interpersoneller Beeinflussung zu untersuchen. Die Befunde legen nahe, dass sowohl Charakteristika der Interaktionspartner und die individuelle Passung zwischen Akteur und Partner systematische Quellen interpersoneller Beeinflussung sind und dass wechselseitiger Einfluss in den meisten – wenngleich nicht in allen – Familiendyaden zu finden ist.

Andere Anwendungsbeispiele des SRM finden sich in der Aggressionsforschung, um zu prüfen, inwieweit aggressives Verhalten auf Besonderheiten des Akteurs, des Opfers oder der Beziehung zwischen beiden zurückzuführen ist. Coie et al. (1999) finden, dass Spezifika der Beziehung zwischen wechselseitig aggressiven Jungen neben der individuellen Aggressionsneigung beider Kinder einen eigenständigen Einfluss haben und ebenso bedeutsam sind wie die individuelle Aggressionsneigung der beiden zusammengenommen. Wechselseitige Zuschreibungen von Feindseligkeiten, die in einer negativen Vorgeschichte dieser Beziehungen entstanden zu sein scheinen, sind in diesen Dyaden besonders verbreitet. Derartige Befunde liefern wichtige Hinweise für die pädagogische Praxis, da sie nicht nur personbezogene Interventionen, sondern auch die Arbeit an konkreten Beziehungen nahe legen.

Häufig wird dieses Verfahren auch verwendet, um Besonderheiten sozialer Wahrnehmung näher aufzuklären, etwa die Genauigkeit von wechselseitigen Einschätzungen zu prüfen und gleichzeitig zu erkunden, was die „objektive" Basis wechselseitiger Wahrnehmungen ist. Beispielsweise untersuchen Branje et al. (2003) in ihrer Studie mit 288 holländischen 2-Eltern-Familien mit jeweils zwei jugendlichen Kindern wechselseitige Persönlichkeitseinschätzungen der Familienmitglieder und finden u.a. deutliche Beziehungseffekte, wobei Eltern ihre Urteile stärker der jeweiligen Zielperson anpassen als Jugendliche dies tun, und deutliche Wahrnehmer-Effekte vor allem seitens der Jugendlichen, die ihre jeweiligen Familienmitglieder vergleichsweise ähnlich einschätzen.

2.5.3 Das ökologische Experiment

In der **ökologischen Jugendforschung** kommt dem „ökologischen Experiment" besondere Bedeutung zu. Der Begriff wurde von Bronfenbrenner (1981, S. 52ff.) eingeführt, um hervorzuheben, dass der wissenschaftliche Erkenntnisprozess in der Erforschung der komplexen Interdependenzen zwischen Person und Umwelt einen Zugang erfordert, der nicht – wie das klassische Experiment – darauf basiert, Kontexteinflüsse „wegzukontrollieren", sondern sie durch „so viele relevante ökologische Kontraste ‚einzukontrollieren', wie strenge experimentelle Planung und praktische Durchführbarkeit erlauben" (S. 55). In der allgemeinen Definition von Bronfenbrenner erforscht ein ökologisches Experiment „die fortschreitende Anpassung zwischen dem sich entwickelnden menschlichen Organismus und seiner Umwelt durch den systematischen Vergleich von zwei oder mehr Umweltsystemen oder ihrer Strukturkomponenten; die Kontrolle anderer Einflüsse geschieht entweder durch Zuordnung nach Zufall (geplantes Experiment) oder durch sorgfältig abgestimmte Zuordnung einander entsprechender Bedingungen (natürliches Experiment)." (S. 53)

Bei dieser Form des Experiments konzentriert man sich auf „ökologische Übergänge", d.h. darauf, dass Jugendliche ihre Position in der ökologisch verstandenen Umwelt durch den Wechsel ihrer Rollen und ihrer Lebensbereiche verändern (vgl. Bronfenbrenner 1981, S. 43). Solche Übergänge kommen in Kindheit und Jugendalter häufig vor, wobei einige wesentlich durch das Bildungssystem und seine Altersnormen vorgegeben sind: Das Kind tritt in den Kindergarten und später die Schule ein, wechselt von der Grund- in die weiterführende Schule und als Jugendliche(r) oder junge(r) Erwachsene(r) von der Schule (überwiegend) in die berufliche Ausbildung und danach (oder bei un- und angelernten Berufen nach der Schule) in den Beruf. Diese Kontextwechsel sind nicht nur mit neuen Aufgaben und Anforderungen verbunden, sondern auch mit einer Veränderung der Bezugsgruppe. Darüber hinaus mögen sich Kinder und Jugendliche (weniger normativ) Cliquen oder Vereinen anschließen. Erste Liebesbeziehungen werden aufgenommen, bei einem Umzug wechseln Wohnung, Nachbarschaft oder Wohnort, und beim Auszug aus dem Elternhaus auch die Haushaltszusammensetzung. Hinzu kommen familiale Veränderungen wie Geburt eines Geschwisters, Trennung der Eltern, etc. Nach Bronfenbrenner (1976) ist „jeder ökologische Übergang Folge wie Anstoß von Entwicklungsprozessen", die man in der Forschung entdecken kann.

Während manche Übergänge (wie die Einschulung) strikt altersnormiert sind und somit lediglich ein vorher-nachher-Vergleich der Kinder und Jugendlichen im Verlauf dieses Übergangs möglich ist, besteht bei anderen Ereignissen die Möglichkeit eines Vergleichs zwischen jenen Kindern und Jugendlichen, die den Übergang vollzogen haben bzw. mit einem spezifischen Lebensereignis konfrontiert waren, und jenen, die hiervon nicht betroffen waren oder bei denen sich der Übergang bzw. das Lebensereignis anders gestaltete. Voraussetzung für solche Analysen ist die Vergleichbarkeit der Gruppen hinsichtlich anderer Merkmale.

So gilt es vor allem, Variationen im Auftreten und in der Ausgestaltung bestimmter Übergänge oder Lebensereignisse zu nutzen, die nicht (oder wenig) der Selbst- oder Fremdselektion unterliegen, die also dem Prinzip der Zufallszuweisung relativ nahe kommen. Beispielhaft wäre hier bei der Untersuchung des Übertritts an weiterführende Schulen daran zu denken, unterschiedliche Regelungen der einzelnen Bundesländer zu nutzen (z.B. Übertritt nach der 4. versus nach der 6. Klasse; siehe Eccles et al. 1993). Auch die Studien von Glen H. Elder (1974; Elder/Caspi 1988) zu den Folgen der Weltwirtschaftskrise für die betroffenen Familien und die Entwicklung der mit betroffenen Kinder und Jugendlichen, wird oft als „natürliches Experiment" zu den Folgen finanzieller Verknappung dargestellt, da wirtschaftliche Einbrüche im Zuge dieser Krise so weit verbreitet waren. Dennoch ist es beim ökologischen Experiment unabdingbar, möglichst viele Faktoren abzuklären, die zu Unterschieden zwischen Untersuchungsgruppe und Kontrollgruppe oder zwischen „vorher" und „nachher" beitragen könnten, ohne Teil des interessierenden ökologischen Übergangs zu sein. Leitlinien sind hierbei die strenge experimentelle Planung und praktische Durchführbarkeit (vgl. ausführlich Shadish/Cook/Campbell 2002).

3 Ausgewählte methodische und methodologische Probleme

Im Folgenden wird auf einige selektiv gewählte Probleme des Forschungsprozesses hingewiesen, wie sie typischerweise bei empirischen Kindheits- und Jugendstudien auftreten. Dabei folgt die Reihenfolge der diskutierten Probleme den Arbeitsschritten im empirischen Forschungsprozess.

3.1 Theorien, Modelle und Indikatoren

Forschung hat in theoretischen Überlegungen ihren Ausgangspunkt. *Theorien* beinhalten eine spezifische Begrifflichkeit, die durch Definitionen geklärt wird, und machen Annahmen über Regelmäßigkeiten. Jede Theorie menschlichen Verhalten und Erlebens basiert auf anthropologischen Grundannahmen, auf Menschenbildern, die ein allgemeines Vorverständnis des Gegenstandes schaffen. Mit Montada (1995) lassen sich auf einer sehr allgemeinen Ebene vier prototypische Theoriefamilien unterscheiden, die jeweils unterschiedliche Vorannahmen hinsichtlich der Aktivität von Subjekt und Umwelt treffen: (a) endogenistische Theorien, die weder dem Subjekt noch der Umwelt eine aktive Rolle in der Entwicklung zuschreiben, sondern überwiegend von (biologisch gesteuerten) Reifungsprozessen ausgehen, (b) exogenistische Theorien, die nicht dem Subjekt, wohl aber der Umwelt eine aktive Rolle beimessen, also die Entwicklung von Kindern und Jugendlichen als Ergebnis ihrer Umweltbedingungen auffassen (z.B. frühe behavioristische Lerntheorien), (c) Selbstgestaltungstheorien, die nicht der Umwelt, wohl aber dem Subjekt einen aktiven Einfluss auf seine Entwicklung zuschreiben und Entwicklung als selbstgesteuerten Konstruktionsprozess verstehen (z.B. die organismische Theorie von Jean Piaget), sowie (d) interaktionistische Theorien, die individuelle Entwicklung als Zusammenspiel von aktiven Einflüssen sowohl des Subjekts als auch seiner Umwelt auffassen. Der Grundgedanke dieser interaktionistischen Theorien findet sich in sozialen Lerntheorien und in transaktionalen, dialektischen Modellen der Entwicklung und Sozialisation, die von einer reziproken Dynamik zwischen sich entwickelndem Individuum und seiner – von ihm mitgestalteten – Umwelt ausgehen (siehe auch Hurrelmann 2000). Jedes empirische Forschungsprojekt sollte geklärt haben, welchem Theorietyp der eigene Ansatz grundsätzlich zuzuordnen ist, weil dadurch Design und Interpretation von Studien stark bestimmt werden (vgl. Baltes u.a. 1977, S. 23f.).

Von Theorien sind Modelle zu unterscheiden. *Modelle* dienen der Präzisierung und Formalisierung der oft alltagssprachlich formulierten Theorien und helfen so, ihren Informationsgehalt transparent zu machen (vgl. Bortz/Döring 2006, S. 339ff.). Hierbei gilt es, zentrale Elemente einer Theorie herauszuarbeiten und deren Vernetzung darzustellen. Vor allem graphische Modelle haben sich als hilfreich erwiesen, um die in der Theorie postulierten Parameter und deren Relationen als Modellkomponenten zu veranschaulichen. Typische Beispiele sind Flussdiagramme, die den zeitlichen Ablauf von Prozessen mit ihren wesentlichen Zwischenschritten bzw. Stationen und deren Verzweigungen darstellen, weiterhin Pfeildiagramme (Pfadmodelle), die Kausalbeziehungen anschaulich machen und dazu zwingen, Annahmen über gerichtete Wirkungszusammenhänge festzulegen und sichtbar zu machen, sowie strukturelle Modelle, die den Aufbau von Konstrukten und Systemen verdeutlichen. Die so formalisierte Darstellung von theoriegeleiteten Hypothesen erleichtert nicht nur die Verständigung zwischen Autor und Rezipienten, sondern erlaubt mit Hilfe geeigneter statistischer Verfahren (z.B. Pfadanalysen, s.u.) auch eine stringente empirische Überprüfung der getroffenen Modellannahmen.

Indikatoren wiederum stellen Operationalisierungen theoretischer Begriffe bzw. Konstrukte dar. Die Operationalisierung von Konstrukten durch die Wahl geeigneter Indikatoren ist entscheidende Voraussetzung dafür, dass in der Theorie angenommene Zusammenhänge empirisch überprüft werden können (vgl. Döbert u.a. 2009). Gerade bei komplexen Konstrukten mit breitem Bedeutungsbereich hängt die Qualität des Indikators wesentlich davon ab, ob alle relevanten Aspekte bzw. Dimensionen des Konstrukts in der Indikatorbildung berücksichtigt und angemessen gewichtet werden. Auch wenn in der Regel jeder Einzelindikator nur eine operationale Partialdefinition eines Begriffes sein kann, ist die Wahl der „richtigen" Indikatoren, die insbesondere in der Umfrageforschung so gefasst werden müssen, dass sie jeder Befragte in gleicher Weise versteht, ein wichtiger und kreativer Teil eines Forschungsprojektes. Schicht-, Milieu- und Erfahrungsdifferenzen zwischen Forschern und Befragten haben schon in manchem Forschungsprojekt Resultate verzerrt (sehr bemüht um jugend- und zeitgemäße Operationalisierungen siehe Jugendwerk der Deutschen Shell 1981).

Die Qualität einer empirischen Studie hängt wesentlich auch davon ab, ob die Messung gewählter Indikatoren den Bedingungen der Reliabilität (Zuverlässigkeit oder Genauigkeit, mit der der gewählte Indikator das geprüfte Merkmal misst) und Validität (Gültigkeit, mit der der Indikator oder Test tatsächlich das misst, was er zu messen vorgibt) entspricht. Die **Reliabilität** bezieht sich allgemein auf die Konsistenz und Stabilität einer Messung. Die zeitliche Stabilität von Messungen kann durch die Wiederholungsreliabilität bestimmt werden, ist jedoch nur dann ein angemessenes Maß der Reliabilität, wenn das zu messende Konstrukt zeitlich stabil ist (z.B. Werthaltungen, nicht Stimmungen). Die Reliabilität von Skalen kann weiterhin durch die „Halbierungsreliabilität" (Split-Half-Reliabilität als Äquivalenz von zwei Hälften aller Items, die den Indikator bilden), durch die „Paralleltest-Reliabilität" (als Äquivalenz von zwei Testversionen, die beide Operationalisierungen des selben Konstrukts darstellen) oder als interne Konsistenz aller Items eines Indikators ermittelt werden. Sehr häufig wird auf Cronbach's Alpha als Maß der internen Konsistenz zurückgegriffen, das sowohl auf dichotome als auch polytome Items angewendet werden kann und formal der mittleren Testhalbierungs-Reliabilität für alle möglichen Testhalbierungen entspricht (vgl. ausführlich Bortz/Döring 2006, S. 181ff.).

Bei der **Validität** wird zwischen drei Typen unterschieden: Inhalts-, Kriteriums- und Konstruktvalidität (vgl. Bortz/Döring 2006, S. 185ff.). Gerade in Umfragen wird häufig auf die Inhaltsvalidität (Face Validity, Augenscheinvalidität, Logische Validität) rekurriert, die jedoch lediglich auf subjektiven Einschätzungen basiert, nämlich dann besteht, wenn der Inhalt des Indikators (bzw. Inhalt der Items) das zu erfassende Konstrukt in seinen wichtigsten Aspekten erschöpfend erfasst. Demgegenüber wird die Kriteriumsvalidität dadurch bestimmt, dass die Messung auf Übereinstimmung mit einem anderen Außenkriterium überprüft wird (z.B. als Korrelation zwischen einem gewählten Indikator für Berufseignung und dem späteren beruflichen Erfolg; auf mannigfache Probleme machen Baltes u.a. 1977, S. 38ff. aufmerksam). In quantifizierenden Jugendstudien am gebräuchlichsten dürfte die Ermittlung der Konstruktvalidität sein, die den Vorteil hat, nicht auf die Existenz eines passenden Außenkriteriums angewiesen zu sein. Voraussetzung ist, dass ein Netz von Hypothesen über das Konstrukt und seine Relation zu anderen Variablen formuliert und geprüft werden kann. Der Hauptzweck von Zuverlässigkeits- und Gültigkeitsprüfungen liegt darin, die von Forschern vorgenommenen Schlussfolgerungen über den Zusammenhang von Variablen abzusichern.

Ein weiteres Interesse der Kindheits- und Jugendforschung ist es, dass über die interne Validität hinaus die Ergebnisse einer empirischen Arbeit auch verallgemeinerbar sind. Forscher fragen sich „to what populations, settings, treatment variables and measurement variables can what has been observed be generalized?" (Baltes u.a. 1977, S. 48). Eines dieser Probleme externaler Validität stellt sich in der quantitativen Jugendforschung besonders dringlich – das Verhältnis von Sample zur Population.

3.2 Stichprobenziehung: Das Problem der Repräsentativität

Voraussetzung für die Verallgemeinerung von Aussagen von quantitativen Kindheits- und Jugendstudien ist die **Repräsentativität** der untersuchten Stichprobe. Insbesondere bei Studien, die auf Populationsbeschreibungen abzielen, ist die Repräsentativität der Stichprobe entscheidend. Die Güte der Stichprobe ist hierbei davon abhängig, inwieweit ihre Gewinnung nach dem Zufallsprinzip erfolgte, also alle Angehörigen derjenigen Population, über die Aussagen gemacht werden sollen, die gleiche Chance haben, in die **Stichprobenziehung** zu gelangen. Bei probabilistischen Stichproben kann auf einfache Zufallsstichproben zurückgegriffen werden, auf geschichtete Stichproben, wobei innerhalb einzelner Teilpopulationen nach dem Zufallsprinzip verfahren wird, auf Klumpenstichproben, in denen per Zufall nicht einzelne Personen, sondern natürliche Gruppen (z.B. Schulklassen) erfasst werden, und mehrstufige Stichproben, in denen das Zufallsprinzip in anderer Weise erweitert wird. Zufallsstichproben sind jedoch oft schwer zu realisieren, so dass sehr häufig auf nicht-probabilistische Stichproben zurückgegriffen wird, seien es ad-hoc-Stichproben, theoretische Stichproben, die nach theoretischen Vorgaben typische und untypische Fälle aussuchen (ein wichtiges Vorgehen in der qualitativen Forschung) oder Quotenstichproben (vgl. Bortz/Döring 2006, S. 370ff.).

In der Vergangenheit dominierte in der Jugendforschung bei der Stichprobenziehung die sogenannte *Quotenauswahl* (auch in der Shell-Jugendstudie 2006; siehe Schneekloth/Leven in Hurrelmann et al. 2006). Der Vorteil von quotierten Stichproben nach vorgegebenen Kategorien (Alter, Geschlecht, Bildungsgrad) liegt in der Ökonomie, da der einzelne Interviewer zeitsparend lediglich gehalten ist, Personen zu finden, welche den vorgegebenen Quoten entsprechen. Der gravierende Nachteil der Quotenauswahl besteht aber darin, dass durch die den Interviewern gewährten Spielräume, die Befragten selbst zu bestimmen, eklatante Verzerrungen der Stichproben auftreten und die Forschungsergebnisse durch einen entsprechenden Bias verfälscht werden können. Höher ist daher die sogenannte *Random-Auswahl* einzuschätzen, die bei **Survey-Studien** auf der zufälligen Ziehung von Adressen aus vorliegenden Einwohnermelderegistern beruht (z.B. realisiert z.B. im Kinderpanel (Alt 2003, 2005), in Sinus 1983; 1985; Tippelt u.a. 1986). Jedes Mitglied der (in der Einwohnermelde-Datei verzeichneten) Population hat hierbei grundsätzlich die gleiche Chance, in eine Stichprobe (sample) zu gelangen. Soll die Studie für das Bundesgebiet repräsentativ sein, müssen auch die Gemeinden, in denen Befragungen durchgeführt werden, einer Random-Auswahl unterzogen werden. Kommen Interviews mit den vorher ausgewählten (und verständigten) Jugendlichen aus verschiedenen Gründen nicht zustande (nicht anzutreffen, eigene, elterliche Ablehnung), werden Ausfälle registriert, um die möglichen Verzerrungen von Stichproben zu kontrollieren. Erfahrungsgemäß fordert die freiwillige Teilnahme Vertrauen in einen gesicherten Datenschutz (vgl. Glatzer/Zapf 1984, S. 393), Verständnis der grundlegenden Fragestellung der jeweiligen Jugendstudie sowie eine generell hohe Bereitschaft, an Untersuchungen teilzunehmen. Freiwillige Untersuchungsteilnehmer weisen bedauerlicherweise eine Reihe von Besonderheiten auf, die sie von Verweigerern unterscheiden und damit die Repräsentativität von entsprechenden Untersuchungen generell einschränken: Sie verfügen eher über eine bessere Bildung und höhere Intelligenz, benötigen mehr soziale Anerkennung, sind geselliger, geben sich zum Teil unkonventioneller, sind weniger autoritär und häufiger Frauen (vgl. Bortz/Döring 2006, S. 71). Während sich die höhere Teilnahmebereitschaft von Frauen durch eine geschichtete Stichprobe kontrollieren lässt, sind die anderen Merkmale meist nicht oder nur schwer zu kontrollieren. Erweisen sich z.B. untere Bildungsgruppen als unterrepräsentiert, so kann auch durch eine anschließende Gewichtung der Stichprobe eine Korrektur der Populationsschätzungen vorgenommen werden. In dieser Hinsicht sollte auch bei einer Random-Auswahl durch den Vergleich mit den bekannten Charakteristiken der Grundgesamtheit die Qualität der Stichprobe überprüft werden.

3.3 Datenerhebung: Interviewereffekte

Befragungen oder Beobachtungen in der Kindheits- und Jugendforschung sind als eine Interaktion von mindestens zwei Subjekten aufzufassen, die wechselseitig Erwartungen aneinander richten. In diesem Interaktionsprozess wird aktuelles Verhalten beeinflusst, und entsprechend gibt es eine Reihe von Regeln, die „gute Interviewer" berücksichtigen sollten (z.B. aufmerksame Beobachtung des Verhaltens anderer, kritische Selbstkontrolle, hohe Anpassungsfähigkeit; siehe Bortz/Döring 2006, S. 226f.). Die Interaktion zwischen einem Interviewer/Beobachter und einem Untersuchungssubjekt in einer gegebenen Situation enthält eine Fülle von Fehlerquellen, die sich auf Untersuchungsergebnisse verfälschend auswirken können (Reinecke 1991). Zu den bekanntesten Fehlerquellen gehören (vgl. McDavid/Harari 1974, S. 14ff.):

- *Interviewereffekte*: Geschlecht, Alter, ethnische Herkunft, persönliche Charaktereigenschaften und besonders erkennbare Erwartungen an die Ergebnisse durch Interviewer können unvorhersagbare Effekte auf die Antworttendenzen von Befragten haben (z.B. Rosenthal-Effekt).
- *Effekte des settings*: der Ort, an dem Jugendliche Interviews geben, kann sich auf die Antworten stark auswirken. So wissen wir, dass Jugendliche in Anwesenheit ihrer Eltern, Lehrer oder Freunde durchaus unterschiedliche Antworten auf Fragen geben können.
- *Hawthorne-Effekte*: Obwohl Sozialforscher mit Recht auf die Offenheit von Interview- und Beobachtungssituationen hinweisen, weil z.B. die Fremdheit des Interviewers und der punktuelle Kontakt zu ihm vor Sanktionen schützt (vgl. Glatzer/Zapf 1984, S. 393), daher auch ehrliche Antworten zu erwarten sind, muss damit gerechnet werden, dass allein die Tatsache, an einer Untersuchung teilzunehmen, zu Veränderungen des Verhaltens bzw. von Antworttendenzen beiträgt.

Zur Minimierung solcher Fehlerquellen sind Interviewerschulungen und eine genaue Reflexion des Untersuchungssettings unabdingbar. Es sei nur darauf hingewiesen, dass Tiefeninterviews und andere qualitative Methoden mit diesen Problemen in ähnlicher Weise konfrontiert sind.

3.4 Datenauswertung: zum Umgang mit Komplexität

Wie in anderen sozial- und erziehungswissenschaftlichen Teilbereichen dominieren in der Kindheits- und Jugendforschung mittlerweile multivariate und multifaktorielle Auswertungsverfahren, d.h. man untersucht in der Regel die Veränderungen nicht nur einer, sondern mehrerer Variablen (z.B. in Studien zum Drogengebrauch: der Gebrauch von diversen legalen und illegalen Substanzen; in Studien zur Solzialentwicklung: soziometrische Daten zur Beliebtheit und zur Ablehnung etc.) in Abhängigkeit von mehreren anderen Variablen (z.B. Alter, Geschlecht, Bildungsniveau, elterlicher Erziehungsstil). Multivariate Strategien erlauben also, mehrere Aspekte eines interessierenden Verhaltens- oder Entwicklungsbereichs gleichzeitig in den Blick zu nehmen, statt diese Aspekte isoliert zu betrachten. Multifaktorielle Analysen machen es demgegenüber möglich, den relativen und/oder gemeinsamen Einfluss mehrerer Faktoren zu ermitteln, die oftmals untereinander zusammenhängen und sich so in ihren Effekten überlappen, die sich jedoch auch wechselseitig in ihrer Wirkung potenzieren oder abschwächen können. Zielt die Fragestellung darauf ab, mögliche Überlappungen z.B. zwischen sozialer

Herkunft (Bildungsniveau der Eltern) und Bildungsniveau der Jugendlichen auszupartialisieren und den eigenständigen Einfluss beider Faktoren auf die Freizeitinteressen von Jugendlichen zu ermitteln, so bieten sich Verfahren wie die Regressionsanalyse an. Geht es jedoch darum, Wechselwirkungen zwischen diesen Faktoren zu prüfen (z.B. mögliche Potenzierungseffekte oder spezifische Effekte von Abwärtsmobilität der Jugendlichen), so sind auch Varianzanalysen sehr geeignet.

Generell geht es in der Datenanalyse in der Regel zunächst darum, Verteilungsparamter (Mittelwerte, Standardabweichungen) zu ermitteln und für die jeweils interessierenden Subgruppen zu vergleichen oder Zusammenhangsmaße – z.B. Korrelationen – zwischen Variablen zu ermitteln. Einfache Zusammenhangsmaße sind äußerst gebräuchlich, bleiben in ihrer Interpretierbarkeit jedoch oft hinter den theoretischen Annahmen zurück. Wenn beispielsweise festgestellt wird, dass das Bildungsniveau von Jugendlichen hoch mit deren politischem Interesse korreliert (.80), kann dies nicht kausal interpretiert werden, denn es ist durchaus wahrscheinlich, dass eine Vielzahl von Variablen an der Ausprägung der Korrelation beteiligt sind (z.B. gleichgerichtete Einflüsse des Elternhauses auf Bildungsverhalten und politisches Interesse). Ein Kausalzusammenhang mag zwar existieren, man weiß jedoch angesichts von Korrelationen nicht, in welchem Ausmaß und welche weiteren Faktoren als Verbindungsstücke oder Mediatoren fungieren. Korrelationen müssen also als deskriptive Maße und nicht als kausalerklärende interpretiert werden.

Besonders deutlich wird dies, wenn von wechselseitigen Prozessen der Beeinflussung auszugehen ist, wie beispielsweise in der Analyse von elterlichem Erziehungsverhalten und Problemverhalten der Kinder und Jugendlichen (z.B. Dodge 2002). Hier sind Längsschnittstudien aufschlussreich, da sie mit Hilfe von Kreuzkorrelationen ermitteln lassen, welcher Einfluss stärker ist (siehe Abschnitt 2.3 und die nachfolgende Abbildung 3): der Effekt des elterlichen Erziehungsverhaltens auf späteres kindliches Problemverhalten (Pfad A), oder der umgekehrte Effekt kindlichen Problemverhaltens auf die nachfolgend beobachtbaren Erziehungsmaßnahmen der Eltern (Pfad B). In Rechnung ist hierbei die jeweilige Stabilität im Erziehungsverhalten der Eltern (Pfad C) und im Problemverhalten der Kinder (Pfad D) zu stellen. Werden diese Stabilitäten kontrolliert bzw. auspartialisiert, so lässt sich Pfad A als Effekt des elterlichen Erziehungsverhaltens auf Veränderungen im Verhalten der betroffenen Kinder interpretieren und Pfad B als Effekt der kindlichen Verhaltensweisen auf Veränderungen im elterlichen Erziehungsverhalten. Abbildung 3 skizziert dieses Vorgehen.

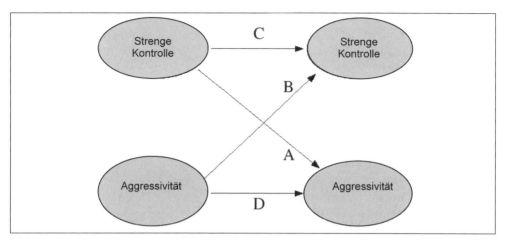

Abbildung 3: Längsschnittliches Analyse-Modell zu wechselseitigen Einflüssen zwischen strenger Kontrolle durch die Eltern und Aggressivität der Kinder

Alternativ kann auf experimentelle Strategien zurückgegriffen werden, in denen der vermutete Kausalfaktor variiert wird, um so zu prüfen, ob diese gezielten Veränderungen auch Änderungen der Effektgröße nach sich ziehen (z.B. ein Elterntraining zur Vermeidung von Problemverhalten der Kinder; siehe Cowan/Cowan 2002; Dishion/Patterson/Kavanagh 1992). Studien mit von Forschern herbeigeführten oder in natürlichen Feldexperimenten gegebenen Variationen der unabhängigen Variablen, die kausal interpretiert werden können, sind in der Jugendforschung allerdings äusserst selten.

Um komplexe Variablenverknüpfungen zu prüfen, bietet sich das Verfahren der **Pfadanalyse** an, mit deren Hilfe die – in Pfadmodellen formalisiert dargestellten – Annahmen zur Interdependenz mehrerer Faktoren gezielt geprüft werden können (Engel/Reinecke 1994; Reinecke 2005). Globale Korrelationen zwischen einer (oder mehreren) unabhängigen und einer (oder mehreren) abhängigen Variable(n) lassen sich so in zwischengeschaltete Effekte vermittelnder Variablen (Mediatoren) zerlegen. Der Effekt einer Modellkomponente auf nachfolgende Modellkomponenten ist hierbei jeweils um die Effekte der anderen Faktoren bereinigt, die als vorauslaufende oder auf gleicher Ebene in der Wirkkette angesiedelte Modellkomponenten einbezogen sind. Für diese Effekte werden Pfadkoeffizienten ermittelt, die – bei vorgegebener Richtung – das Ausmaß des Einflusses auf die Zielvariable angeben. Wesentlich ist, dass nicht nur einzelne Pfade, sondern die Passung des Gesamtmodells zu den Daten über entsprechende „Fit-Indizes" getestet wird. Wie schon erwähnt zwingen Pfadanalysen die Jugendforscher/-innen, sich auf ein theoretisches System zu beziehen, das die zu berücksichtigenden Variablen benennt und deren vermutete Abhängigkeitsstruktur angibt. Allerdings ist zu bedenken, dass sich in aller Regel mehrere unterschiedliche Pfadmodelle auf der Basis der einbezogenen Modellkomponenten formulieren lassen und selbst bei Passung des postulierten Modells alternative Modelle nicht a priori ausgeschlossen werden können. Insofern kommt der Testung alternativer Modelle und deren Vergleich wesentliche Bedeutung zu (vgl. auch Bortz/Döring 2006, S. 486ff.)

Abbildung 4 gibt ein Beispiel für die pfadanalytische Formalisierung und empirische Überprüfung von Modellannahmen zur Rolle ökonomischer Belastungen als Vermittler zwischen

Familienstruktur und der Befindlichkeit von Kindern und Jugendlichen (siehe Walper et al. (2001). Gleichzeitig lässt sich an dieser Stelle illustrieren, wie auch Kategorialdaten in Pfadmodellen (und ähnlich in Regressionsanalysen) berücksichtigt werden können: Variationen in der Familienstruktur sind hier dargestellt durch zwei Dummy-Variablen, die zum einen den Kontrast zwischen „strukturell intakten" Kernfamilien und unterschiedlichen Typen von Trennungsfamilien indizieren, zum anderen den Kontrast zwischen Familien alleinerziehender Mütter und Zwei-Eltern-Familien (hier: Kern- und Stieffamilien) anzeigen (zur Nutzung und Kodierung von Dummy-Variablen in der Behandlung von nominalskalierten Daten siehe Bortz/Döring 2006, S. 479ff.). Als vermittelnde Variablen umfasst das Modell zunächst den ökonomischen Druck in der Haushaltsführung (nach Angaben der Mutter), der in Kernfamilien geringer ausfällt als in Trennungsfamilien und darüber hinaus in Mutterfamilien höher ist als in Zwei-Eltern-Familien, sodann das Gefühl ökonomischer Benachteiligung gegenüber Gleichaltrigen, wie die Kinder und Jugendlichen es als Konsequenz der verknappten Haushaltsführung erleben, und schließlich Beeinträchtigungen der Sozialbeziehungen, einerseits in der Familie (indiziert durch weniger unterstützendes Erziehungsverhalten der Mütter), andererseits unter Gleichaltrigen (angezeigt durch die Ablehnung durch Peers). Nach den getroffenen Modellannahmen, die sich hier gut bestätigen ließen, sind es die geringeren sozialen Ressourcen der ökonomisch deprivierten Kinder und Jugendlichen, die deren größere Belastungen des Wohlbefindens erklären. Letztere wiederum sind als latentes Konstrukt aus dem Selbstwertgefühl und der Depressivität geschätzt, um den entsprechend breiteren Bedeutungsbereich der Befindlichkeit in den Blick zu nehmen und gleichzeitig zu zeigen, dass die Effekte für beide Aspekte der Befindlichkeit in ähnlicher Weise gelten. Geschlechtsunterschiede in der Befindlichkeit und den Peerbeziehungen sind hierbei kontrolliert.

Zu Recht weist bereits Köckeis-Stangl (1980, S. 342) darauf hin, dass Annahmen zu komplexeren Variablenverknüpfungen, die in eine multivariate Datenanalyse eingebracht werden, sich nicht einfach (optimal) den vorhandenen empirischen Daten anpassen sollen, sondern dass multivariate Datenanalysen (z.B. auch Faktor- und Clusteranalysen) auf entsprechende theoretische Hypothesen bezogen sein müssen. Nur so kann der potentiellen Willkür in der Modellbildung vorgebeugt werden. Gerade mit Blick auf die Differenziertheit und Komplexität jugendspezifischer Theorien ist jedoch deutlich, dass nicht nur die Anforderungen an die Forschungsmethodik von Jugendstudien gestiegen sind, sondern sich auch die Möglichkeiten für deren empirische Umsetzung verbessert haben.

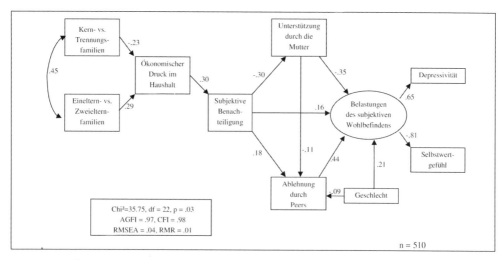

Abbildung 4: Ökonomische und soziale Belastungen als Mediatoren zwischen Familienstruktur und Befindlichkeit der Jugendlichen (Walper et. al. 2001, S. 282)

3.5 Dateninterpretation

Die Dateninterpretation ist an die Art der Datenauswertung gekoppelt, die wiederum an die Fragestellung eines Forschungsvorhabens gebunden ist. Schlüssige Interpretationen sind nicht zuletzt darauf angewiesen, dass die Datenauswertungsstrategie mit der zugrunde liegenden Fragestellung und den theoretischen Grundlagen eines Forschungsvorhabens harmoniert und nicht an den durch die Analyseverfahren gegebenen Möglichkeiten vorbeigeht. Allgemein lassen sich *hypothesen-testende* von *explorativen* Forschungsarbeiten unterscheiden. Die Interpretation von *hypothesen-testenden* Studien ist strenger an die zugrunde liegenden theoretischen Annahmen gebunden, während *explorative* Studien nicht von einem klaren, theoretisch begründeten Hypothesennetz ausgehen, sondern das Ziel haben, gerade solche Hypothesen und theoretische Zusammenhänge zu generieren, die später genauerer Überprüfung ausgesetzt werden. Ergeben sich in hypothesen-testenden Studien Befunde, die den Erwartungen widersprechen, so ist zunächst kritisch zu sichten, welche nicht-substantiellen Faktoren hierzu beigetragen haben mögen (z.B. Besonderheiten der Stichprobe, Gütemängel der Indikatoren etc.). Sodann gilt es, alternative Erklärungen hierfür anzuführen und deren Plausibilität im Kontext der Gesamtbefunde sowie vor dem Hintergrund anderer Studien zu prüfen. Auch hypothesenkonforme Befunde sollten dahingehend diskutiert werden, wie stark sie den Erwartungen entsprechen, d.h. ob die gefundenen – und bestätigten – Effekte eher stark oder schwach sind. Hierbei ist die statistische Signifikanz je nach Stichprobe nur ein bedingt geeignetes Maß, da sie stark mit der Stichprobengröße variiert.

3.6 Anwendung und Praxisrelevanz

Über eine systematische Wirkungsgeschichte der Jugendforschung, in der u.a. die komplexen Wechselwirkungen von quantitativer (und qualitativer) Jugendforschung, von pädagogischer

Praxis, Öffentlichkeit und politischem Handeln analysiert wären, verfügen wir nicht, eine Lücke, die schon vor geraumer Zeit diagnostiziert wurde (vgl. Hornstein 1982, S. 59ff.). Es fällt jedoch auf, dass die in den letzten Jahrzehnten stattgefundene Ausdifferenzierung von Wissenschaftssystem, praktischem Erziehungssystem und ressortspezifischem politischen System nicht dazu beigetragen hat, die Kooperation von Forschung, pädagogischer und politischer Praxis leichter werden zu lassen. Jugendforschung, die im Wissenschaftssystem geleistet wird, ist aus der Perspektive der Anwendung und Praxisrelevanz weiter zu differenzieren. So ist von der *Grundlagenforschung* besonders ein hohes Konsistenzniveau von Begriffen und Theorien zu erwarten und, damit verbunden, die Entwicklung von besonderen wissenschaftlichen Sprachen und der Ausbau des problemspezifischen Wissens- und Methodenstands. Die unmittelbare Verwertung von Forschungsergebnissen wird dagegen nicht angestrebt. Dennoch kann Grundlagenforschung einen im einzelnen schwer nachzuweisenden Bedeutungswert erlangen. Grundlagenforschung wird in erster Linie durch *Anträge* von Forscher/innen in Gang gesetzt, die nur bedingt den Bedürfnissen von Praktiker/-innen folgen.

In Ergänzung hierzu steht eine auf Anwendung ausgerichtete *Maßnahmenforschung,* die den zweckgerichteten Transfer spezifischen Wissens in eine soziale Situation oder Struktur zum Ziel hat, um mit Hilfe von Forschungsergebnissen planvoll Veränderungen in der sozialen Praxis einzuleiten (vgl. schon Rosenmayr 1982, S. 36). Maßnahmenforschung wird vermutlich häufiger als Auftragsforschung in Gang gesetzt. Vorschläge, Praktiker in Forschungsgruppen zu integrieren, um die Praxisnähe und Verwendbarkeit von Forschungsergebnissen zu steigern, scheint bei diesem Forschungstypus besonders naheliegend und angemessen.

Ein dritter abgrenzbarer Bereich ist die praxisbeziehbare *Orientierungsforschung,* die durchgeführt wird, um über politische, moralische, wertorientierte und religiöse Grundhaltungen verschiedener Teilgruppen in einer Gesellschaft Wissen, häufig auch im historischen oder kulturellen Vergleich, zu erarbeiten. Es soll ein Überblick gewonnen werden, um erste Ansatzpunkte für Handlungsstrategien und Maßnahmen zu erhalten. Mit Recht wurde hervorgehoben, dass jugendspezifische Orientierungsforschung immer dann Konjunkturen erlebt, wenn im Zusammenhang mit Jugendlichen beobachtbare Probleme und Symptome gesellschaftlich wahrgenommen und interpretiert werden: Schulmüdigkeit, resignativer Rückzug aus Organisationen, motivationale Probleme, Kriminalität und Verhaltensstörungen, politische Unruhe, Drogenmissbrauch etc. Auch wenn der Anlass für die Jugendstudien aus spezifischen Verunsicherungen und einem besonderen Informationsbedürfnis der Öffentlichkeit entspringen mag, sind solche Studien meist breit angelegt. Aufgrund ihrer leichten Auswertbarkeit nutzen Massenmedien deren Informationsgehalt für diverse „propagandistische" Zwecke. Sofern solche Studien reflektiert durchgeführt werden, sind sie in der Lage, durch Wissen auch Aufklärung zu leisten, indem sie beispielsweise verbreiteten abwertenden Stereotypen von jungen Menschen sachliche Informationen entgegensetzen. Die Gefahren liegen jedoch darin, neue unzutreffende Jugendbilder zu kreieren. Nur durch methodische Sorgfalt lassen sich die Gefahren fehlgeleiteter Zuschreibungen reduzieren. Chancen jugendspezifischer Orientierungsforschung mögen auch dort bestehen, wo noch diffuse Bewusstseinsänderungen durch Wissensvermittlung eingeleitet werden können. Der Praxisbezug von Ergebnissen der Jugendforschung – so ist zusammenfassend festzuhalten – ist keineswegs ausschließlich auf die gezielte Anwendung und Umsetzung der Forschungsergebnisse gerichtet, sondern Forschungsergebnisse können zunächst auch „nur" bewusstseinsbildend, damit jedoch auch gesellschaftswirksam werden (Schmidt/Tippelt 2009).

4   Ausblick

Abschließend lassen sich – selektiv und thesenartig – einige Anregungen für die weitere Entwicklung quantitativ orientierter Kindheits- und Jugendforschung formulieren:

Die **amtliche Statistik**, insbesondere die Jugendhilfestatistik, bedarf der Fortschreibung und weiteren Differenzierung. Jugendstudien können prinzipiell die Daten der Mikrozensen und prozessgebundene Daten intensiver nutzen. Angesichts des größeren Erkenntniswertes von Längsschnittstudien sind diesbezügliche Forschungsbemühungen jedoch stärker in den Vordergrund zu stellen.

Replikationsstudien zur Analyse sozialen Wandels haben einen unbestreitbaren Erkenntniswert und sollten methodisch reflektiert und inhaltlich gezielt weiter durchgeführt werden. In der Kindheitsforschung mangelt es hierbei noch an Vorläuferstudien, so dass neu initiierte Studien schon vorab Fragestellung und Design dahingehend reflektieren sollten, inwieweit sie sich für spätere Replikationen anbieten. Darüber hinaus besteht in der Kindheits- und Jugendforschung ein Mangel von Kohorten-Sequenz-Analysen.

Groß angelegte repräsentative Survey- und Längsschnittstudien bieten ein reichhaltiges Datenreservoir, das keineswegs nur von den Initiatoren dieser Studien genutzt werden sollte, sondern vielfach auch einer interessierten Fachwelt zur Verfügung steht. So wird gerade der Nutzen von Großprojekten wie das Bildungspanel oder das Beziehungs- und Familienpanel davon abhängen, dass sich zahlreiche Forscherinnen und Forscher dieser Daten bedienen, um ihre Fragestellungen nicht nur anhand eigener gezielter Erhebungen, sondern auch anhand der aufwändig erhobenen Repräsentativdaten zu bearbeiten.

Die **ökologische Jugendforschung** darf keine vorübergehende Erscheinung bleiben, sondern gemäß Bronfenbrenners Vorschlägen (1976, 1981) bietet dieser Ansatz Möglichkeiten, gesellschaftliche Strukturveränderungen (Makroebene), institutionelle Entwicklungen (Meso- und Exoebene) sowie Lebenslagen und Orientierungen von Jugendlichen im Zusammenhang zu erforschen. Die externe Validität ökologischer Feldforschung ist hoch zu gewichten. Allerdings bedarf die ökologische Jugendforschung weiterer theoretischer Ausformulierungen, da sie zunächst nur einen allgemeinen konzeptuellen Rahmen liefert.

Die gewünschte Anwendungs- und Praxisrelevanz von Forschungsergebnissen kann dadurch gesteigert werden, dass die Jugendforschung stark dem Prozess der gesellschaftlichen Differenzierung Rechnung trägt und sich intensiv der fokussierenden Analyse ausdifferenzierter Lebensbereiche (Beruf und Arbeit, Freizeit und Kultur, Familie, Schule und Bildung, Wohnort und Region, Freundschaft und peer-group, Jugendarbeit, Vereine und Organisationen) widmet, hierbei jedoch auch deren Interdependenzen empirisch fundiert besser herausarbeitet.

Es hat sich als nützlich erwiesen, objektive Indikatoren zur Lebenslage in engen Bezug zu subjektiven Daten zu setzen und hierbei nicht nur Orientierungen, Werte und Einstellungen von Individuen zu diskutieren (vgl. schon Glatzer/Zapf 1984), sondern auch die enger auf die objektiven Merkmale bezogenen Reflexionen und Einschätzungen der Kinder und Jugendlichen in den Blick zu nehmen. Mit diesem Fokus auf die subjektive Interpretation erlebter Kontextbedingungen lassen sich theoretische Vorgaben vielfach besser einholen (z.B. das Thomas-Theorem: „If situations are perceived as real, they are real in their consequences."). Empirische Jugendstudien sollten daher objektive und subjektive Indikatoren berücksichtigen.

In der Nachkriegszeit hat sich die Jugendforschung stark auf die gesellschaftlich-soziale Seite der Lebenssituation von Jugendlichen konzentriert. So wichtig soziologisch und pädagogisch orientierte Studien sind, sollten doch die entwicklungspsychologischen Dimensionen der

Jugendforschung, die noch in den 1920er und 1930er Jahren dominant waren, weitere intensive Beachtung finden (Fend 2008).

Der speziell sozialpädagogische Bereich der Jugendforschung könnte durch eine stärkere Konzentration empirischer Forschung auf einzelne vergleichbare Typen von Institutionen und durch eine entsprechende Stärkung des kumulativen Charakters von Forschung an Einfluss gewinnen. Insbesondere die Maßnahmenforschung kann eine wesentliche Aufwertung erfahren, wenn Evaluationen nicht nur als Begleitforschung im Prozess der Implementierung angelegt sind, sonder im Sinne einer Wirkungsforschung auch die erzielten Effekte auf den Prüfstand stellen (Stockmann 2004).

Die quantitative Jugendforschung ist gut beraten, auch künftig auf publikumswirksame vereinheitlichende Generationenbilder zu verzichten (vgl. Hornstein 1985, S. 352f.), besonders wenn es sich um gehaltvolle, differenzierte und daher wissenschaftlich kritisierbare Studien handelt, die über Lebenslagen und soziale Orientierungen verschiedener Gruppen informieren.

Sowohl quantitative Daten als auch qualitative Befunde können in der Kindheits- und Jugendforschung zur theorieorientierten Erkenntnissicherung und zur anwendungsorientierten Erkenntnisgewinnung beitragen. Beide forschungsmethodischen Zugänge bedürfen daher einer sinnvollen Verschränkung (Erzberger 1998) und der kontinuierlichen finanziellen und institutionellen Zuwendung.

Literatur

Allerbeck, K./Hoag, W.: Umfragereplikation als Messung sozialen Wandels. Jugend 1962-1983. In: KZFSS (1984), S. 755-772

Allerbeck, K./Hoag, W.: Jugend ohne Zukunft? Einstellungen, Umwelt, Lebensperspektiven. München (1985)

Allerbeck, K./Rosenmayr, L.: Einführung in die Jugendsoziologie. Methoden, Theorien, Materialien. Heidelberg (1976)

Alt, C. (Hrsg.): Kinderleben. Aufwachsen zwischen Familie, Freunden und Institutionen. Band 1: Aufwachsen in Familien. Wiesbaden 2005

Alt, C. (Hrsg.): Kinderpanel - Start in die Grundschule. Band 3: Ergebnisse aus der zweiten Welle. Wiesbaden 2007

Amato, P.R.: Psychological distress and the recall of childhood family characteristics. Journal of Marriage and the Family, 1991, 53, S. 1011-1019

Anderson, E.R.: Accelerating and maximizing information from short-term longitudinal research. In: Gottman, J.M. (Hrsg.): The analysis of change. Mahwah, N.J. (1995), S. 139-163

Autorengruppe Bildungsberichterstattung: Bildung in Deutschland 2008. Ein indikatorengestützter Bericht mit einer Analyse zu Übergängen im Anschluss an den Sekundarbereich I. Bielefeld 2008

Baltes, P.B./Reese, H.W./Nesselroade, J.R.: Life-Span Developmental Psychology: Indroduction to Research Methods. Belmont 1977

Behnken, I. u.a.: Schülerstudie '90. Jugendliche im Prozeß der Vereinigung. Weinheim/München 1991

Belsky, J./Steinberg, L.D./Houts, R.M./Friedman, S.L./DeHart, G./Cauffman, E./Roisman, G.I./Halpern-Felsher, B.L./Susman, E.: Family Rearing Antecedents of Pubertal Timing. In: Child Development, 2007, 78, S. 1302-1321

Bertram, H.: Von der schichtspezifischen zur sozialökologischen Sozialisationsforschung. In: Vaskovics, L.A. (1982), S. 25-54

Blücher, V.G.: Die Generation der Unbefangenen. Düsseldorf/Köln 1966

Boehnke, K./Hefler, G./Merkens, H./Hagan, J.: Jugendlicher Rechtsextremismus: Zur Bedeutung von Schulerfolg und elterlicher Kontrolle. In: Zeitschrift für Pädagogische Psychologie 12 (1998), H. 4, S. 236-249

Bortz, J./Döring, N.: Forschungsmethoden und Evaluation für Human- und Sozialwissenschaftler. Vierte, vollständig überarbeitete und aktualisierte Auflage. Berlin/Heidelberg/New York 2006

Bos, W./Lankes, E.-M./Prenzel, M./Schwippert, K./Walther, G./Valtin, R. (Eds.): Erste Ergebnisse aus IGLU. Schülerleistungen am Ende der vierten Jahrgangsstufe im internationalen Vergleich. Münster 2003

Branje, S. J. T./Finkenauer, C./Meeus, W. H. J.: Modeling interdependence using the Social Relations Model: The investment model in family relationships. In: N. A. Card/J. P. Selig/T. D. Little (Eds): Modeling interdependent data in the developmental and behavioral sciences. New York 2008, S. 277-308

Branje, S.J.T./van Aken, M.A.G./van Lieshout, C.F.M./Mathiejssen, J.J.J.P.: Personality judgments in adolescents' families: The perceiver, the target, their relationship, and the family. Journal of Personality 71 (2003), pp. 49-81

Braun, F./Reißig, B./Skrobanek, J.: Jugendarbeitslosigkeit und Benachteiligtenförderung. In: Tippelt, R./Schmidt, B. (Hrsg.): Handbuch Bildungsforschung 2. Auflage, Wiesbaden: VS Verlag für Sozialwissenschaften 2009, S. 953-966

Brisch, K. H./Hellbrügge, T. (Hrsg.): Die Anfänge der Eltern-Kind-Bindung: Schwangerschaft, Geburt und Psychotherapie. Stuttgart 2008

Bronfenbrenner, U.: Ökologische Sozialisationsforschung. Stuttgart 1976

Bronfenbrenner, U.: Die Ökologie der menschlichen Entwicklung. Stuttgart 1981

Bryk, A.S./Raudenbusch, S.W.: Toward a more appropriate conceptualization of research on school effects: A three-level hierarchical linear model. In: Bock, R.D. (Hrsg.): Multilevel Analysis of Educational Data. San Diego 1989, S. 159-204

Bühler, C.: Das Seelenleben des Jugendlichen. Jena 1929

Bundesministerium für Jugend, Familie und Gesundheit (BMFSFJ) (Hrsg.): Zwölfter Kinder- und Jugendbericht. Bericht über die Lebenssituation junger Menschen und die Leistungen der Kinder- und Jugendhilfe in Deutschland. München 2005

Bundesministerium für Familie, Senioren, Frauen und Jugend (BMFSFJ) (Hrsg.): Gender Datenreport. 1. Datenreport zur Gleichstellung von Männern und Frauen in der Bundesrepublik Deutschland. München 2005

Coie, J.D./Cillessen, A.H.N./Dodge, K.A./Hubbard, J.A./Schwartz, D./Lemerise, E.A./Bateman, H.: It takes two to fight: A test of relational factors and a method for assessing aggressive dyads. In: Developmental Psychology 35 (1999), H.5, S. 1179-1188

Cook, W.: Interpersonal influence in family systems: A social relations model analysis. In: Child Development 72 (2001), H. 4, S. 1179-1197

Cowan, P. A./Cowan, C. P.: What an intervention design reveals about how parents affect their children's academic achievement and behavior problems. In: J. G. Borkowsk/S. L. Ramyey/M. Bristol-Power (Eds.): Parenting and the child's world: Influences on academic, intellectual and social-emotional development. Mahwah/NJ 2002

Crouter, A. C./Booth, A. (Eds.): Children's influence on family dynamics. The neglected side of family relationships. Mahwah/New Jersey 2003

Deutsche Shell: 50 Jahre Shell Jugendstudie – 100 Jahre Shell in Deutschland. Von Fräuleinwundern bis zu neuen Machern. Berlin 2002

Dishion, T.J./Patterson, G.R./Kavanagh, K.A.: An experimental test of the coercion model: Linking theory, measurement, and interventions. In: McCord, J./Tremblay, R.E. (Hrsg.): Preventing antisocial behavior. Interventions from birth through adolescence (1992), S. 253-282.

Ditton, H.: Ungleichheit und Mobilität durch Bildung. Weinheim/München 1992

Ditton, H.: Schulübertritte, Geschlecht und soziale Herkunft. In: H. Ditton (Hrsg.): Kompetenzaufbau und Laufbahnen im Schulsystem. Münster 2007, S. 63-87

Dodge, K. A.: Mediation, moderation and mechanisms in how parenting affects children's aggressive behavior. In J. G. Borkowsk/S. L. Ramyey/M. Bristol-Power (Eds.): Parenting and the child's world: Influences on academic, intellectual and social-emotional development. Mahwah/NJ 2002

Döbert, H. et al.: Das Indikatorenkonzept der nationalen Bildungsberichterstattung. In: Tippelt, R. (Hrsg): Steuerung durch Indikatoren. Methodologische und theoretische Reflexionen zur deutschen und internationalen Bildungsberichterstattung. Vorstandsreihe der Deutschen Gesellschaft für Erziehungswissenschaften DGfE. Opladen 2009, S. 207-272

Drechsel, B./Artelt, C.: Lesekompetenz. In D. PISA-Konsortium (Ed.), PISA 2006. Die Ergebnisse der dritten internationalen Vergleichsstudie. Münster 2007, pp. 225-247

Dukes, R.L./Martinez, R.O./Stein, J.A.: Precursors and consequences of membership in a youth gang. Youth and Society 29 (1997), S. 139-165

Duncan, O.D.: Towards Social Reporting: Next Steps, New York 1969

Eccles, J.S./Wigfield, A./Migley, C./Reuman, D. et al.: Negative effects of traditional middle schools on students' motivation. In: Elementary School Journal 93 (1993), H. 5, S. 553-574

Elder, G.H., Jr.: Children of the Great Depression. Chicago 1974

Elder, G.H., Jr./Caspi, A.: Economic stress in lives: Developmental perspectives. In: Journal of Social Issues 44 (1988), S. 25-45
Engel, U./Reinecke, J.: Panelanalyse. Grundlagen. Techniken. Beispiele. Berlin 1994
Engfer, A./Walper, S./Rutter, M.: Individual characteristics as a force in development. In: Rutter, M./Hay, D. F. (Hrsg): Development through life. A handbook for clinicians. Oxford 1994, pp. 79-111
Erzberger, C.: Zahlen und Wörter. Die Verbindung quantitativer und qualitativer Daten und Methoden im Forschungsprozeß. Weinheim 1998
Esser, G./Steigleider, P./Lange, S./Ihle, W./Blanz, B./Schmidt, M. H.: Die Validität des autobiographischen Gedächtnisses - Ergebnisse einer prospektiven Längsschnittstudie von der Kindheit bis zum Erwachsenenalter. Kindheit und Entwicklung 11 (2002), S. 228-237
Fend, H.: Eltern und Freunde. Soziale Entwicklung im Jugendalter (Entwicklungspsychologie der Adoleszenz in der Moderne (Band 5)). Bern 1998
Fend, H.: Entwicklungspsychologie des Jugendalters. Ein Lehrbuch für pädagogische und psychologische Berufe. Opladen 2000
Fend, H.: Lebensverläufe und Lebensbewältigung von der späten Kindheit ins Erwachsenenalter. Wiesbaden 2008
Flick, U.: Triangulation. Eine Einführung. Wiesbaden 2008
Friedrich, W.: Mentalitätswandlungen der Jugend in der DDR. In: Aus Politik und Zeitgeschichte. Beilage zur Wochenzeitung Das Parlament, B. 16 (1990), S. 25-37
Fritzsche, Y.: Die quantitative Studie: Stichprobenstruktur und Feldarbeit. In: Deutsche Shell (Hrsg.): Jugend 2000. Band I. Opladen 2000, S. 349-378
Fritzsche, Y.: Moderne Orientierungsmuster: Inflation am „Wertehimmel". In: Deutsche Shell (Hrsg.): Jugend 2000. Band I. Opladen 2000, S. 93-156
Fuhrer, U.: Lehrbuch Erziehungspsychologie. Bern 2005
Gerhard, A.-K.: Autonomie und Nähe. Individuationsentwicklung Jugendlicher im Spiegel familiärer Interaktion. Weinheim 2005
Geulen, D./Hurrelmann, K. (Hrsg.): Zur Programmatik einer umfassenden Sozialisatonstheorie. In: Hurrelmann, K./Ulich, D. (Hrsg.): Handbuch der Sozialisationsforschung. Weinheim/Basel 1980, S. 321-370
Gille, M./Sardei-Biermann, S./Gaiser, W./de Rijke, J.: Jugendliche und junge Erwachsene in Deutschland. Lebensverhältnisse, Werte und gesellschaftliche Beteiligung 12- bis 20jähriger. Wiesbaden 2006
Glatzer, W./Zapf, W. (Hrsg.): Lebensqualität in der Bundesrepublik. Objektive Lebensbedingungen und subjektives Wohlbefinden. Frankfurt/M. 1984
Gödde, M./Walper, S./Engfer, A.: Die Peernetzwerke neunjähriger Kinder: Zum Verhältnis von Netzwerkressourcen, kindlicher Kompetenz und mütterlichen Strategien der Kontaktsteuerung. In: Psychologie in Unterricht und Erziehung 43 (1996), S. 100-113
Großegger, B./Heinzlmaier, B.: 50 Jahre Shell Jugendstudie. Berlin 2002
Hartmann, D.P./George, T.P.: Design, measurement, and analysis in developmental research. In: Bornstein, M.H./Lamb, M.E. (Hrsg.): Developmental psychology. An advanced textbook. Mahwah/N.J. 1999, S.125-195
Heitmeyer, W./Collmann, B./Conrads, J./Matuschek, I./Kraul, D./Kühnel, W./Möller, R./Ulbrich-Hermann, M.: Gewalt. Schattenseiten der Individualisierung bei Jugendlichen aus unterschiedlichen Milieus. Weinheim/München 1995
Hofer, M.: Selbständig werden im Gespräch. Wie Jugendliche und Eltern ihre Beziehung verändern. Bern 2003
Hornstein, W.: Sozialwissenschaftliche Jugendforschung und gesellschaftliche Praxis. In: Beck, U.(Hrsg.): Soziale Welt, Sonderband 1 (1982), S. 59-92
Hornstein, W.: Jugendforschung – kennt sie die Jugend?. In: Deutsches Jugendinstitut (Hrsg.): Immer diese Jugend! Ein zeitgeschichtliches Mosaik 1945 bis heute. München 1985, S. 351-362
Hurrelmann, K.: Einführung in die Sozialisationstheorie. Weinheim 2000
Hurrelmann, K.: Lebensphase Jugend. Eine Einführung in die sozialwissenschaftliche Jugendforschung. Weinheim 2007
Hurrelmann, K./Klocke, A./Melzer, W./Ravens-Sieberer, U. (Eds.): Jugendgesundheitssurvey. Internationale Vergleichsstudie im Auftrag der Weltgesundheitsorganisation WHO. Weinheim (2003)
Hurrelmann, K./Albert, M./TNS Infratest Sozialforschung: Jugend 2006. Eine pragmatische Generation unter Druck. Frankfurt/M. 2006
Hurrelmann, K./Andresen, S./TNS Sozialforschung: 1. World Vision Kinderstudie. Frankfurt/M. 2007
Ihle, W./Esser, G./Schmidt, M. H./Blanz, B./Reis, O./Meyer-Probst, B.: Prevalence, course, and risk factors for mental disorders in young adults and their parents in East and West Germany. In: American Behavioral Scientist 44 (2001), S. 1918-1936

Juang, L. P./Silbereisen, R. K.: Family transitions for young adult women in the context of a changed Germany. Timing, sequence, and duration. American Behavioral Scientist 44 (2001), S. 1899-1917

Jugendwerk der Deutschen Shell (Hrsg.): Jugend '81 – Lebensentwürfe, Alltagskulturen, Zukunftsbilder, Shell-Studie. Hamburg 1981

Jugendwerk der Deutschen Shell (Hrsg.): Jugendliche und Erwachsene 1985, Generationen im Vergleich, Bd. 1-5, Opladen 1985

Jugendwerk der Deutschen Shell (Hrsg): Jugend '92. Opladen 1992

Jugendwerk der Deutschen Shell (Hrsg): Jugend '97. Opladen 1997

Jugendwerk der Deutschen Shell (Hrsg): Jugend 2000. Band I. Opladen 2000

Keenan, K./Loeber, R./Zhang, Q./Stouthamer-Loeber, M./Kammen, W.B. van: The influence of deviant peers on the development of boys' disruptive and delinquent behavior: A temporal analysis. Development and Psychopathology 7 (1995), S. 715-726

Kenny, D. A./La Voie, L.: The Social Relations Model. In: L. Berkowitz (Ed.): Advances in Experimental Social Psychology (Vol. 18, pp. 141-182). San Diego/Ca. 1984

Klocke, A.: Die Bedeutung von Armut im Kindes- und Jugendalter – ein europäischer Vergleich. In: Klocke, A./Hurrelmann, K. (2001), S. 272-290

Klocke, A./Hurrelmann, K. (Hrsg.): Kinder und Jugendliche in Armut. 2. vollst. Überarb. Aufl., Wiesbaden 2001

Klocke, A./Becker, U.: Die Lebenswelt Familie und ihre Auswirkungen auf die Gesundheit von Jugendlichen. In K. Hurrelmann/A. Klocke/W. Melzer/U. Ravens-Sieberer (Eds.): Jugendgesundheitssurvey. Internationale Vergleichsstudie im Auftrag der Weltgesundheitsorganisation WHO. Weinheim 2003, pp. 183-241

Köckeis-Stangl, E.: Methoden der Sozialisationsforschung. In: Hurrelmann, K./Ulich, D. (Hrsg.): Handbuch der Sozialisationsforschung. Weinheim/Basel 1980, S. 321-370

Krüger, H.-H./Grunert, C.: Jugend und Bildung. In: Tippelt, R./Schmidt, B. (Hrsg.): Handbuch Bildungsforschung. 2. Auflage, Wiesbaden 2009, S. 641-660

Lazarsfeld, P.R: Jugend und Beruf. Jena 1931

Lüders, C./Behr, A.: Außerschulische Jugendbildung. In: Tippelt, R./Schmidt, B.: Handbuch Bildungsforschung, 2. Auflage. Wiesbaden 2009

McCall, R.B.: Challenges to a science of developmental psychology. In: Child Development 48 (1977), S. 333-344

Mc David, J.W./Harari, H.: Psychology and Social Behavior. New York 1974

Medienpädagogischer Forschungsverbund Südwest: KIM-Studie 2006. Kinder + Medien, Computer + Internet. Basisuntersuchung zum Medienumgang 6- bis 13-Jähriger in Deutschland. Stuttgart 2006

Medienpädagogischer Forschungsverbund Südwest: JIM-Studie 2008. Jugend, Information, (Multi-)Media. Basisuntersuchung zum Medienumgang 12- bis 19-Jähriger in Deutschland. Stuttgart 2008

Meyer-Probst, B./Reis, O.: Von der Geburt bis 25 Jahre - Rostocker Längsschnittstudie. Kindheit und Entwicklung 13 (1999), S. 23-38

Moffitt, T. E./Caspi, A./Rutter, M./Silva, P. A.: Sex differences in antisocial behavior. Conduct disorder, delinquency, and violence in the Dunedin Longitudinal Study. Cambridge 2001

Montada, L.: Fragen, Konzepte, Perspektiven. In: Oerter, R./Montada, L. (Hrsg.): Entwicklungspsychologie. Weinheim 1995, S. 1-83

Müller, C.W./Nimmermann, P.: In Jugendclubs und Tanzlokalen. München 1969

Nauck B./Bertram H. (Hrsg.): Kinder in Deutschland. Lebensverhältnisse von Kindern im Regionalvergleich. Opladen 1995

Nauck, B./Schönpflug, U. (Hrsg.): Familien in verschiedenen Kulturen. Stuttgart 1997

Nauck, B.: Familiensystem und Kultur. In: G. Trommsdorff/H.-J. Kornadt (Eds.): Enzyklopädie der Psychologie, Themenbereich C: Theorie und Forschung, Serie IV: Kulturvergleichende Psychologie, Band 1: Theorien und Methoden der kulturvergleichenden Psychologie (pp. 407-486). Göttingen 2007

Neidhardt, E.: Jugend im Spektrum der Wissenschaften. München 1970

Nesselroade, J.J./Baltes, P.B.: Adolescent personality development and historical change: 1970-1972. In: Monographs of the Society for Research in Child Development, (1974), 39 (1), Serial No. 154, S. 1-79

Noack, P./Hofer, M./Kracke, B./Klein-Allermann, E.: Adolescents and their parents facing social change: Families in East and West Germany after unification. In Noack, P./Hofer, M./Youniss, J. (Hrsg.): Psychological responses to social change: Human development in changing environments. Berlin 1994, S. 129-148

Noack, P./Hofer, M./Youniss, J. (Hrsg.): Psychological responses to social change: Human development in changing environments. Berlin 1994

Oswald, H./Krappmann, L.: Social life of children in a former bipartite city. In: Noack, P./Hofer, M./Youniss, J. (Eds.): Psychological responses to social change: Human development in changing environments. Prevention and intervention in childhood and adolescence. Berlin 1994, S. 163-185

Papastefanou, C.: Der Auszug aus dem Elternhaus - ein vernachlässigter Gegenstand der Entwicklungspsychologie. In: Zeitschrift für Sozialisationsforschung und Erziehungssoziologie 20 (2000), S. 55-69
Pettit, G.S./Bates, J.E./Dodge, K.A.: Family interaction patterns and children's conduct problems at home and school: A longitudinal perspective. School Psychology Review 22 (1993), H. 3, S. 403-420
PISA-Konsortium, D. (Hrsg.): PISA 2000. Basiskompetenzen von Schülerinnen und Schülern im internationalen Vergleich. Opladen 2001
PISA-Konsortium Deutschland (Hrsg.): PISA'06 in Deutschland. Die Kompetenzen der Jugendlichen im dritten Ländervergleich. Münster 2008
Raudenbush, S. W./Bryk, A. S.: Hierarchical linear models. Applications and data analysis methods (2nd ed.). Thousand Oaks/CA 2002
Reinecke, J.: Interviewer- und Befragtenverhalten. Theoretische Ansätze und methodische Konzepte. 1991
Reinecke, J.: Strukturgleichungsmodelle in den Sozialwissenschaften. 2005
Rippl, S./Seipel, C.: Methoden kulturvergleichender Sozialforschung. Eine Einführung. Wiesbaden (2008).
Rosenmayr, L.: Jugend. Handbuch der empirischen Sozialforschung, hrsg. v. Rene König, Bd. 6. Stuttgart 1976
Rosenmayr, L.: Wider die Harmonie – Illusion, Praxisbeziehung als Herausforderung zur Neubestimmung der Soziologie. In: Beck, U. (Hrsg.): Soziale Welt, Sonderband 1, 1982, S. 27-58
Salisch, M. v./Ittel, A./Bonekamp, E.: Geschlechtsunterschiede bei externalisierendem Problemverhalten im Kindesalter. In A. Ittel/M. v. Salisch (Hrsg.), Lügen, Lästern, Leiden lassen. Aggressives Verhalten von Kindern und Jugendlichen . Stuttgart 2005, S. 67-91
Schaie, K.W.: A general model for the study of developmental problems. In: Psychological Bulletin 64 (1965), S. 92-107
Schelsky, H.: Die skeptische Generation. Düsseldorf 1957
Schieche, M./Wurmser, H./Papousek, M.: Regulationsstörungen der frühen Kindheit. Frühe Risiken und Hilfen im Entwicklungskontext der Eltern-Kind-Beziehungen. Bern 2007
Schmidt, B./Tippelt, R. (Hrsg.): Jugend und Gewalt: Problemlagen, empirische Ergebnisse und Präventionsansätze. Ein Projekt in Kooperation mit der Münchner Sportjugend. München 2006
Schneekloth, U./Leven, I.: Methodik. In: Hurrelmann, K./Albert, M. (Hrsg.): Infratest Sozialforschung: Jugend 2006. Eine pragmatische Generation unter Druck. Frankfurt/M. 2006
Seidenspinner, G./Burger, A.: Mädchen '82. Eine repräsentative Untersuchung über die Lebenssituationen und das Lebensgefühl 15-19jähriger Mädchen in der Bundesrepublik. München 1982
Shadish, W. R./Cook, T. D./Campbell, D. T.: Experimental and Quasi-Experimental Designs for Generalized Causal Inference. Boston/MA 2002
Shell Jugendstudie: Jugend 2006. Frankfurt 2006
Shell Deutschland Holding (Hrsg.): Jugend 2006. Eine pragmatische Generation unter Druck. Frankfurt/M. 2006
Seiffge-Krenke, I./Gelhaar, T.: Entwicklungsregulation im jungen Erwachsenenalter. Zeitschrift für Entwicklungspsychologie und Pädagogische Psychologie 38 (2006), S. 18-31
Silbereisen, R.K./Vondracek, F.W./Berg, L.A.: Differential timing of initial vocational choice: The influence of early childhood family relocation and parental support behaviors in two cultures. In: Journal of Vocational Behavior 50, 1997, H. 1, S. 41-59
Silbereisen, R. K./Pinquart, M. (Hrsg.): Individuum und sozialer Wandel. Eine Studie zu den Anforderungen, psychosozialen Ressourcen und individueller Bewältigung. Weinheim 2008
Sinus (Hrsg.): Die verunsicherte Generation. Jugend und Wertewandel. Opladen 1983
Sinus (Hrsg.): Jugend privat. Opladen 1985
Snijders, T.A.B./Kenny, D.A.: The social relations model for family data: A multilevel approach. Personal Relationships 6, 1999, H. 4, S. 471-486
Stanat, P./Kunter, M.: Geschlechtsunterschiede in Basiskompetenzen. In: M. Weiß (Ed.), PISA 2000. Basiskompetenzen von Schülerinnen und Schülern im internationalen Vergleich. Opladen 2001, S.249-269
Statistisches Bundesamt (Hrsg.): Erzieherische Hilfe und Aufwand für die Jugendhilfe, Fachserie 13, Reihe 6.1. Wiesbaden 1982
Statistisches Bundesamt (Hrsg.): Bevölkerung gestern, heute und morgen. Wiesbaden 1985a
Statistisches Bundesamt (Hrsg.): Im Blickpunkt: Jugend in Deutschland. Stuttgart 2000
Statistisches Bundesamt (Hrsg.): Datenreport 2006. Zahlen und Fakten über die Bundesrepublik Deutschland. Auszug aus Teil II. Wiesbaden 2006
Stecher, L.: Die Wirkung sozialer Beziehungen. Empirische Ergebnisse zur Bedeutung sozialen Kapitals für die Entwicklung von Kindern und Jugendlichen. Weinheim/München 2001
Steinberg, L.: A social neuroscience perspective on adolescent risk-taking. In: Developmental Review, 2008, 28, S. 78-106

Steinberg, L./Lamborn, S. D./Darling, N./Mounts, N. S./Dornbusch, S. M.: Over-time changes in adjustment and competence among adolescents from autoritative, authoritarian, indulgent, and neglectful families. In: Child Development, 1994, 65, S. 754-770
Steinberg, L./Silk, J. S.: Parenting adolescents. In: M. H. Bornstein (Ed.):, Handbook of parenting (pp. 103-133). Mahwah/N.J. 2002
Stockmann: Evaluationsforschung. Grundlagen und ausgewählte Forschungsfelder. Opladen 2004
Tippelt, R.: Soziale Haltungen und Politische Einstellungen arbeitsloser Jugendlicher. In: Neue Praxis (1979), S. 273-183
Tippelt, R.: Jugend und Region. Soziallleben, Freizeit und Politik auf dem Lande und in großstädtischen Wohngebieten. In: Aus Politik und Zeitgeschichte. Beilage zur Wochenzeitung das Parlament. (1985), S. 3-15
Tippelt, R. (Hrsg.): Steuerung durch Indikatoren. Methodologische und theoretische Reflexionen zur deutschen und internationalen Bildungsberichterstattung. Vorstandsreihe der Deutschen Gesellschaft für Erziehungswissenschaften DGfE. Opladen 2009
Tippelt, R./Krauß, J./Baron, S.: Jugend und Umwelt. Soziale Orientierungen und soziale Basisprozesse im regionalen Vergleich. Weinheim/Basel 1986
Tippelt, R./Schmidt, B. (Hrsg.): Handbuch Bildungsforschung 2. Auflage, Wiesbaden 2009
Trautner, H.M.: Lehrbuch der Entwicklungspsychologie. Göttingen u.a. 1978
Trommsdorff, G./Kornadt, H.J.: Prosocial and antisocial motivation of adolescents in East and West Germany. In: Youniss, J. (Ed): After the wall: Family adaptations in East and West Germany. (New Directions for Child Development, Nr. 70, San Francisco/CA/US 1995, S. 39-56
Trommsdorff, G.: Eltern-Kind-Beziehungen aus kulturvergleichender Sicht. In: Walper, S./Pekrun, R. (Hrsg.): Familie und Entwicklung: Aktuelle Beiträge der Familienpsychologie. Göttingen 2001
Walper, S.: Ökonomische Knappheit im Erleben ost- und westdeutscher Kinder und Jugendlicher: Einflüsse der Familienstruktur und Auswirkungen auf die Befindlichkeit. In: Klocke, A./Hurrelmann, K. (2001), S. 169-187
Walper, S./Schwarz, B.: Adolescents' indiviatuation in East and West Germany. In: American Behavioral Scientist 44 (2001), H. 11, S. 1937-1954
Walper, S:. Sozialisation in Armut. In: Hurrelmann, K./Grundmann, M./Walper, S. (Eds.): Handbuch der Sozialisationsforschung. Weinheim 2008, S. 204-214
Wendt, E.-V.: Sexualität und Bindung. Qualität und Motivation sexueller Paarbeziehungen im Jugend- und jungen Erwachsenenalter. Weinheim 2008
Wild, E./Hofer, M.: Innerfamiliale Beziehungserfahrung und Entwicklung in Zeiten sozialen Wandels. In: Walper, S./ Pekrun, R. (Hrsg.): Familie und Entwicklung: Perspektiven der Familienpsychologie. Göttingen 2001, S.131-154
Wissenschaftlicher Beirat für Familienfragen: Familiale Erziehungskompetenzen. Beziehungsklima und Erziehungsleistungen in der Familie als Problem und Aufgabe. Weinheim 2005
Youniss, J. (Hrsg.): After the wall: Family adaptations in East and West Germany. (New Directions for Child Development, No. 70). San Francisco/CA/US 1995
Zimmermann, P./Gliwitzki, F./Becker-Stoll, F.: Bindung und Freundschaftsbeziehungen im Jugendalter. In: Psychologie in Erziehung und Unterricht, 43 (1996), S. 141-154
Zinnecker, J./Silbereisen, R.K. (Hrsg.): Kindheit in Deutschland. Aktueller Survey über Kinder und ihre Eltern. Weinheim/München 1996
Zinnecker, J./Georg, W./Strzoda, C.: Beziehungen zwischen Eltern und Kindern aus Kindersicht. Eine Typologie. In: Zinnecker, J./Silbereisen, R.K (Hrsg.): Kindheit in Deutschland. Aktueller Survey über Kinder und ihre Eltern. Weinheim/München 1996, S. 213-228

Cathleen Grunert

Methoden und Ergebnisse der qualitativen Kindheits- und Jugendforschung

1 Einleitung

An qualitativen Methoden orientierte Forschungszugänge zur Untersuchung von Kindheit und Jugend sind keineswegs neue Wege, diesen Phasen im menschlichen Lebenslauf wissenschaftlich-empirisch zu begegnen. Jedoch haben sich solche Ansätze im Bereich der Jugendforschung erst seit den 1970er-Jahren und im Bereich der Kindheitsforschung sogar erst seit den 1980er-Jahren wirklich etablieren können.

Inzwischen existiert eine Vielzahl von Studien im Bereich der Kindheits- und Jugendforschung, die sich qualitativer Forschungsmethoden bedienen. Dieser Beitrag nähert sich zunächst über eine Darstellung der historischen Entwicklungslinien qualitativer Kindheits- und Jugendforschung dem gegenwärtigen Forschungsstand in diesen beiden Forschungsfeldern. Im Anschluss an diese Skizze der bisherigen Forschungsschwerpunkte wird ein Überblick über die zentralen Erhebungs- und Auswertungsmethoden in diesen Feldern gegeben. Resümierend wird am Ende des Beitrages nach den sich abzeichnenden Forschungsdesiderata gefragt, die sowohl unter einem methodischen als auch einem thematischen Blickwinkel diskutiert werden.

2 Historische Entwicklungslinien

Trotz der Tatsache, dass sich qualitative Forschungsansätze in den beiden Forschungsfeldern erst relativ spät etabliert haben, haben sie, etwa in Gestalt der Biographieforschung oder der Ethnographie, bereits eine lange Tradition, die bis ins 18. Jahrhundert zurückgeht. Gerade für die biographisch orientierte Kindheits- bzw. Jugendforschung hat Rousseaus autobiographischer Erziehungsroman „Emile" (1772/1971) einen zentralen Stellenwert. Rousseau betont hier den spezifischen Eigensinn der Kindheit und des Jugendalters und lenkt somit zum einen die Aufmerksamkeit der Pädagogik auf die Kindheit bzw. Jugend als eigenständige Lebensphase und betont zum anderen die Bedeutung des individuellen Lebensverlaufs. Dabei weist er der Erziehung die Aufgabe zu, die sich zeigende und entwickelnde Subjektivität der Heranwachsenden zu unterstützen. Die ersten Versuche, eine moderne, empirisch orientierte wissenschaftliche Pädagogik zu begründen, gingen in dieser Zeit von Ernst Christian Trapp und August Hermann Niemeyer aus. Sie betonten vor allem die grundlegende Bedeutung biographischer und ethnographischer Ansätze für eine Theorie und Praxis der Erziehung und sahen in der Sammlung und Auswertung von Autobiographien und in der Beobachtung von Heranwachsenden die empirische Grundlage pädagogischen Denkens (vgl. Krüger 2000). Niemeyer, ein Hallenser Theologieprofessor und Direktor der Franckeschen Waisenhäuser, stellte in seinem 1796 erschienenen Kompendium „Grundsätze der Erziehung und des Unterrichts für Eltern, Hauslehrer und Erzieher" die Anleitung zukünftiger Pädagogen zur Selbstbeobachtung und Analyse der eigenen Kindheitserfahrungen als zentrales Element neben dem theoretischen Studium für die Vorbereitung auf pädagogische Berufe heraus (vgl. Herrmann 1991, S. 46). Zum anderen sah Trapp, der den ersten deutschen Lehrstuhl für Pädagogik in Halle inne hatte, in der teilnehmenden Fremdbeobachtung von Kindern eine wichtige Erkenntnisquelle der wissenschaftlichen Pädagogik (vgl. Trapp 1780/1977). Um eine „Innenansicht" vom kindlichen Leben und Erleben zu gewinnen, müsste man die Kinder nach Trapp „...auf allen ihren Schritten und Tritten belauschen, und zusehen was sie wollen und was sie thun. Man müßte dabei die Kunst verstehen, sie auszufragen, wie ihnen dieser Einfall oder Gedanke, diese oder jene Begierde gekommen sei..." (ebd., S. 68). Auch in anderen Disziplinen kam es im 18. Jahrhundert zu einer wissenschaftlichen Auseinandersetzung vor allem mit dem Gegenstand der Biographie (vgl. Krüger 2000). Insbesondere für die Psychologie und den Bereich der autobiographischen Kindheitsforschung von Bedeutung sind die Arbeiten von Karl Philipp Moritz, der 1785 seinen autobiographischen Entwicklungsroman „Anton Reiser" veröffentlichte und hierbei die Aufmerksamkeit darauf lenkt, dass „dasjenige...was anfänglich klein und unbedeutend schien... oft im Fortgange des Lebens sehr wichtig werden kann..." (Moritz 1785/1997, S. 3). Gerade in Erinnerungen und Selbstbeobachtungsprotokollen vor allem aus der frühen Kindheit sah Moritz ein herausragendes Quellenmaterial für eine empirisch fundierte „Erfahrungsseelenkunde" (vgl. Heinritz 1997, S. 342).

Kann man also im 18. Jahrhundert erste Ansätze insbesondere einer an qualitativen Methoden orientierten Kindheitsforschung entdecken, so wurde diese Entwicklung im 19. Jahrhundert weder in der Pädagogik noch in der Soziologie fortgeführt. Hier standen vielmehr bildungs- und unterrichtswissenschaftliche Ansätze im Mittelpunkt des pädagogischen Interesses und der Soziologie ging es in den theoretischen Arbeiten dieser Zeit vornehmlich um den Nachweis der gesellschaftlichen Bestimmtheit des Individuums; Lebensgeschichte als von einzelnen Menschen erlebte und produzierte Lebensgeschichte blieb in den großen Theorieentwürfen dieser Zeit eher ausgeblendet.

Erst gegen Ende des 19. Jahrhunderts lässt sich ein Wiederaufleben einer an qualitativen Methoden orientierten Kindheits- und Jugendforschung feststellen. Eine erste Studie in diesem Sinne wurde bereits 1882 von Wilhelm Preyer, Professor an den Universitäten Jena und Berlin, veröffentlicht. Preyer, den man wohl als den einflussreichsten Reformpädagogen des deutschen Kaiserreiches bezeichnen kann, stützt sich in seiner Studie zur „Seele des Kindes" auf Tagebuchbeschreibungen von der Entwicklung seiner eigenen Kinder. Diese Untersuchung fand von der methodischen Anlage her Nachahmer zunächst im Ausland, dann aber auch im deutschsprachigen Raum (vgl. Dudek 1990).

Um die Jahrhundertwende entfachte sich dann eine intensive Diskussion um eine wissenschaftlich begründete Jugendkunde. Im Zuge der Herausbildung der Jugendbewegung sowie der sich zunehmend verschlechternden Situation der großstädtischen Arbeiterjugend rückte das Phänomen Jugend verstärkt in das gesellschaftliche Bewusstsein. Forderungen nach einer wissenschaftlichen Erforschung dieser Lebensphase kommen nun vor allem von den Vertretern der experimentellen Psychologie und Pädagogik sowie aus den Reihen der Lehrervereine. Aber auch aus dem Lager der Reformpädagogik kamen, aufgrund ihres starken Interesses an der Eigenwelt der Kinder, wichtige Impulse für die Etablierung einer empirisch orientierten Kindheits- und Jugendforschung (vgl. Krüger 2000).

Wenn hier stets Kindheits- und Jugendforschung in einem Atemzug genannt werden, so vor allem deswegen, weil zu dieser Zeit noch keine klare Trennung der beiden Forschungsfelder auszumachen ist. Gründe hierfür liegen wohl vor allem in dem starken Interesse der Psychologie an diesen Thematiken. Dabei sind kinderpsychologische Studien, die mit qualitativen Methoden, zumindest in ersten Ansätzen, arbeiten, schon vor der „Entdeckung" der Jugend als Forschungsfeld durchgeführt worden. Jugend als Lebensphase gerät also, auch aufgrund der oben genannten Ursachen, erst später in den Blick psychologischer Forschung. So sehen es auch Hildegard Hetzer und Charlotte Bühler, die in einem Beitrag zur Geschichte der Kinderpsychologie die moderne Kinderpsychologie mit Wilhelm Preyers Studie „Zur Seele des Kindes" beginnen lassen und den Zugang zum Feld der Jugendforschung zeitlich später einordnen: „Ein Forscher wie W. Stern, der in der Kinderpsychologie selbst zu den bedeutendsten Begründern exakter Methodik und systematischer Forschung gehörte, begann tastend gleichzeitig in dieser neuen Jugendpsychologie den Lebensforderungen, zunächst unabhängig von System- und Methodenfragen, nachzugehen." (Bühler/Hetzer 1929, S. 216, zit. nach Dudek 1990, S. 27).

So kam es in den ersten beiden Jahrzehnten des 20. Jahrhunderts zu einer verstärkten Institutionalisierung wissenschaftlich orientierter Kindheits- und Jugendforschung. Allein in dieser Zeit entstanden im deutschsprachigen Raum 26 Institute, die sich mit einer solchen Thematik beschäftigten (vgl. Krüger 1997, S. 290). Die wohl berühmtesten Institutsgründungen waren das von Ernst Meumann gegründete und später von William Stern weitergeführte Hamburger Institut für Jugendkunde sowie das von Karl und Charlotte Bühler geleitete Wiener Institut für Kindheits- und Jugendforschung. An beiden Instituten arbeiteten Forschergruppen an einer theoretisch ausgewiesenen und für unterschiedliche Methoden offenen Kinder- und Jugendpsychologie und integrierten auch soziologische und (sozial-)pädagogische Fragestellungen in ihre Forschungsarbeit (vgl. Dudek 1990). In diesen Instituten wurde vor allem versucht, biographische und ethnographische Methoden für die Psychologie wie auch für die Pädagogik fruchtbar zu machen.

Von Beginn an ging mit der Diskussion um eine wissenschaftlich begründete Kindheits- und Jugendforschung auch eine intensive Methodendiskussion einher. Waren es zunächst die Methoden der von Wilhelm Wundt begründeten naturwissenschaftlich orientierten experimentellen Psychologie, die in Experimenten und Tests ihren Niederschlag fanden und die auch Anhänger unter den Pädagogen hatten (etwa bei Meumann oder Lay), so rückten in der Folgezeit zunehmend qualitative Methoden in den Mittelpunkt der damaligen Kindheits- und Jugendforschung. Allgemein kann man in dieser Zeit von einer Skepsis gegenüber quantitativen Verfahren sprechen. Jedoch wurden auch die anfänglich angewandten Methoden der Fremd- bzw. Selbstbeobachtung nicht als ausreichend empfunden, um dem „verschlossenen Seelenleben der Jugendlichen auf die Spur" (Dudek 1990, S. 198) zu kommen. Um diese Frage bearbeiten zu können wurden in den 1920er-Jahren Selbstaussagen der Heranwachsenden, etwa in Form von Tagebüchern, Briefen, Aufsätzen oder Autobiographien zur wissenschaftlichen Bearbeitung genutzt.

Entscheidende Impulse kamen hier zum einen von Siegfried Bernfeld, der sich in seiner Dissertation „Über den Begriff der Jugend" (1915) auch mit der Frage nach angemessenen Methoden für das Feld der Jugendforschung auseinandersetzte und die Jugendforschung aufforderte, nach Quellen zu suchen, die über Fragebogenerhebungen und Methoden der experimentellen Psychologie hinausgehen. Geeignete Datenquellen für eine umfassende Beantwortung der Frage nach der Verfasstheit von Jugend sieht Bernfeld in Material, „das spontan entstanden ist, ... um ... echte jugendliche Subjektivität zu erhalten" (Bernfeld 1915, S. 61). Ergänzend zu solchen Quellen, wie Tagebücher, Briefe, Gedichte, Zeichnungen etc. empfiehlt Bernfeld auch die systematische Beobachtung jugendlichen Gemeinschaftslebens.

Ebenso wie Siegfried Bernfeld verwies zum anderen Charlotte Bühler auf die Analyse von Tagebüchern, die sie aufgrund der Spontaneität und Ursprünglichkeit des Datenmaterials als geeignetes Instrumentarium für die Jugendforschung betrachtete. Ihr 1921 erschienenes Buch über „Das Seelenleben des Jugendlichen" basierte dann auch auf der Analyse von Tagebüchern.

Kritik an einer solchen Datenbasis kam vor allem von denjenigen Forschern, die sich mit Heranwachsenden aus dem proletarischen Milieu beschäftigten. Hier war das Tagebuchschreiben eben kein für die Jugendphase typisches Phänomen, wie Charlotte Bühler es behauptete, sondern Untersuchungen in diesem Bereich erforderten eine gänzlich andere methodische Vorgehensweise, wie etwa die Analyse von Aufsätzen Jugendlicher (vgl. etwa Dehn 1930; Dinse 1930).

An den Instituten in Hamburg und Wien läßt sich aber allgemein eine Methodenvielfalt ausmachen, die von der Analyse von Aufsätzen über Interviews und teilnehmende Beobachtungen bis hin zu quantitativen Erhebungen reichte. Am Hamburger Institut für Jugendkunde wurde neben den eigenen Arbeiten von William Stern und denen seiner zahlreichen Schüler, die sich auch auf qualitatives Material stützten, von Martha Muchow eine Studie zur Lebenswelt und Raumaneignung von Großstadtkindern durchgeführt, die als einer der ersten fundierten Beiträge für eine ökologisch orientierte Lebensweltforschung zur Straßensozialisation von Kindern und Jugendlichen bezeichnet werden kann (vgl. Muchow/Muchow 1935/1980).

Während also qualitative Materialien und Forschungsansätze zur Untersuchung von Kindern und Jugendlichen im Bereich der Psychologie und der Pädagogik in den 1920er-Jahren eine erste Blütezeit erlebten, spielten sie in der deutschsprachigen Soziologie weiterhin keine große Rolle. Anders stellte sich die Situation zu dieser Zeit in den USA dar, wo, angeregt durch die Untersuchung von Thomas und Znaniecki (1918/1958) zur Lebenswelt polnischer Bauern in Polen und den USA, eine breite Forschungstätigkeit einsetzte, die sich qualitativer Methoden bediente. Hier entstanden im Umkreis der Chicagoer Schule der Soziologie eine Vielzahl von Fallstudien etwa zur Lebensweise von Kriminellen und devianten Gruppen, zur kulturellen Problematik von Immigrantengruppen oder zur Lebensgeschichte jugendlicher Straftäter (vgl. Fuchs 1984).

Eine sowohl für die Jugendforschung als auch unter methodischen Gesichtspunkten bedeutende Studie ist die von Clifford R. Shaw über einen jugendlichen Straftäter (1930/1966). Mit dieser Studie versuchte Shaw den Wert des Eigenberichtes, der „own story", für die Analyse von und den Umgang mit jugendlichen Straftätern zu demonstrieren. Shaw betonte jedoch, dass der Eigenbericht durch weitere Materialien, wie Informationen zur Familiengeschichte, zu medizinischen, psychiatrischen und psychologischen Untersuchungen, zu weiteren Delikten etc., zu einer umfassenden Fallstudie ergänzt werden müsse. Im Mittelpunkt dieser Untersuchung stand das Interview als methodisches Instrumentarium, das stenographisch aufgezeichnet und anschließend transkribiert wurde.

Trotz dieser intensiven, auf qualitativem Material basierenden Forschungstätigkeit verlor diese Forschungsrichtung seit Beginn der 1930er-Jahre in den USA zunehmend an Bedeutung und wurde durch die sich durchsetzende statistisch operierende Sozialforschung verdrängt (vgl. Fuchs 1984).

In Deutschland kam es mit der Machtübernahme durch die Nationalsozialisten ebenfalls zu einem Abbruch qualitativer Forschungstätigkeit. Gründe hierfür waren zum einen die Vertreibung vieler Sozialwissenschaftler aus Deutschland, zum anderen widersprach eine solche Forschungsorientierung den zentralen nationalsozialistischen Ideologemen von Rasse und Vererbung.

In der Nachkriegszeit waren dann qualitative Untersuchungen, die sich etwa mittels Tagebüchern, Biographien oder Aufsätzen und deren geisteswissenschaftlicher Interpretation den Forschungsgegenständen Kindheit und Jugend näherten, eher die Ausnahme. Während diese Methoden in den 1920er-Jahren eine erste Blütezeit erlebten, wurde Deutschland nach dem Zweiten Weltkrieg zu einem „Eldorado der empirischen Jugendsoziologie" (Dudek 1990, S. 11), die sich in erster Linie an quantitativen Verfahren orientierte. Auch in der Kindheitsforschung erfolgte kaum eine Anknüpfung an die methodischen Zugänge zu dieser Lebensphase, wie sie sich in der Zwischenkriegszeit etabliert hatten. Vielmehr wurde dieses Forschungsfeld zu einer Domäne der Entwicklungspsychologie, die ebenfalls quantitative Methoden favorisierte. Ausnahmen bildeten etwa die Studie von Roessler zur „Jugend im Erziehungsfeld" (1957) und Bertlein zum „Selbstverständnis der Jugend" (1960), die an die Tradition der 1920er-Jahre anknüpften, indem sie auf der Basis von Schüleraufsätzen das Selbstverständnis und die Mentalität der westdeutschen Nachkriegsjugend herauszuarbeiten suchten. Ebenso griff Waltraud Küppers Anfang der 1960er-Jahre die Tradition der Tagebuchforschung wieder auf und veröffentlichte eine Sammlung und Interpretation von Mädchentagebüchern der Nachkriegszeit (1964). Zudem ist die Studie von Stückrath und Welzel „Vom Ausdruck des Kindes" (1962), ein seltenes Beispiel einer in Photos dokumentierten Ethnographie von Kindern im Unterricht (vgl. Zinnecker 1995, S. 24).

3 Die Etablierung qualitativer Forschungsansätze in der Kindheits- und Jugendforschung

Seit Mitte der 1970er-Jahre kamen insbesondere aus dem Kontext der pädagogischen *Jugendforschung* (vgl. Projektgruppe Jugendbüro 1975, 1977; Arbeitsgruppe Schulforschung 1980) neue Impulse für eine veränderte Sichtweise auf Jugend. In Anknüpfung an symbolisch-interaktionistische und phänomenologische Theorieansätze wurden Jugendliche nun nicht mehr als bloße Objekte, sondern als handelnde Subjekte begriffen (vgl. Lenz 1986) – eine Perspektive, die gleichzeitig eine Kritik an den bisherigen Methoden der Jugendforschung nach sich zog. Insbesondere richtete sich diese Kritik gegen das rein quantitative Paradigma der Umfrageforschung, mit dem nicht die Ebene des faktischen Verhaltens und der realen Handlungsprozesse erfasst werden kann und das die Verschiedenheit und Differenziertheit jugendlicher Lebenswelten vernachlässigt (vgl. Hornstein 1985). Um die Ganzheitlichkeit des alltäglichen Lebens von Jugendlichen in ihrer soziokulturellen Umgebung analysieren zu können, sollten die Jugendlichen selbst zu Wort kommen. Beeinflusst durch die Anfang der 1970er-Jahre einsetzende Diskussion um die Aktionsforschung und die Renaissance interaktionstheoretischer, phänomenologischer und wissenssoziologischer Theoriekonzeptionen bzw. die Neuentdeckung ökologischer Orientierungen entstanden vor allem in dem von der DFG finanzierten Schwerpunktbereich „Pädagogische Jugendforschung" (zusammenfassend Hornstein 1989) eine Reihe von Forschungsprojekten, die auf offene, kommunikative Forschungsmethoden zurückgriff und damit den Jugendlichen die Möglichkeit gaben, ihre eigenen Wahrnehmungsmodi zu artikulieren.

Dabei kristallisierten sich insbesondere zwei Forschungsansätze heraus. Zum einen ökologisch orientierte Lebensweltanalysen, die quantitative Rahmendaten, etwa zur Sozial- und Siedlungsstatistik und ethnographische Beschreibungen der Wohngegend, Treffpunkte, Szenen und Cliquen von Jugendlichen verbanden, um zu einer differenzierten Milieu- und Lebensweltdeskription zu gelangen (vgl. etwa Projektgruppe Jugendbüro 1975, 1977; Becker/ Eigenbrodt/May 1984). Andererseits eher biographisch orientierte Projekte, die sich entweder darauf beschränkten, Lebensgeschichten literarisierend nachzuzeichnen (vgl. Jugendwerk der Deutschen Shell 1981, Bd. 2) oder in Anlehnung an interaktionistisch beeinflusste Konzepte sozialwissenschaftlicher Paraphrasierung versuchten, die Realitätsinterpretationen und Situationsdeutungen von Jugendlichen in ihren aktuellen Ausdrucksformen bzw. ihrem biographischen Verlauf zu rekonstruieren (vgl. etwa Arbeitsgruppe Schulforschung 1980; Kieper 1980).

Auch auf dem Gebiet der *Kindheitsforschung* kam es Ende der 1970er-Jahre zu einem Perspektivenwechsel in den Sozialwissenschaften. In erster Linie ist es hier die Kritik am vorherrschenden Entwicklungsparadigma, die zu neuen Sichtweisen auf die Lebensphase Kindheit herausforderte. Der bisherige Blick auf Kinder, die in erster Linie als „Menschen in Entwicklung" bzw. als Rezipienten der Erwachsenenkultur begriffen wurden, wurde zunehmend als Bevormundung kritisiert (vgl. Honig/Leu/Nissen 1996). Der verkürzten Perspektive auf Kindheit als Vorbereitungsphase auf das Erwachsensein wurde eine neue Sichtweise von Kindheit als eigenständiger Lebensphase und als kulturelles Muster entgegen- bzw. zur Seite gestellt. Damit kommt es in der Soziologie sowie in der Erziehungswissenschaft zu einer Verschiebung der Forschungsschwerpunkte im Bereich der Kindheitsforschung. So forderte Flitner in einem programmatischen Beitrag bereits 1978 die Beschäftigung mit den Ausdrucks-, Tätigkeits- und Erlebnisweisen, mit den Lebensläufen und dem Alltag von Kindern wieder in den Mittelpunkt einer pädagogischen Kindheitsforschung zu stellen (Flitner 1978, S. 185). Die alltägliche Lebensführung, die Auseinandersetzung der Kinder mit ihren Lebensbedingungen sowie ihre sozialen Beziehungen rückten also zunehmend in den Vordergrund des wissenschaftlichen Interesses. Informanten zu diesen Themenbereichen sollten möglichst die Kinder selbst sein. Wesentliche Impulse für die Wiederbelebung einer subjekt- und alltagsorientierten Kindheitsforschung gingen auch von den jüngeren VertreterInnen einer phänomenologischen Pädagogik (vgl. Lippitz/Meyer-Drawe 1986; Lippitz/Rittelmeyer 1989) aus, die in kritischer Weiterentwicklung der Arbeiten von Langeveld (1964) Kindheit als sinnkonstituierende und sinneignende Tätigkeit begreifen, die den Erwachsenen als eine fremde Eigenwelt entgegentritt (vgl. Krüger 1997, S. 121). Neu konturiert wurde die pädagogische Kindheitsforschung zudem seit den späten 1970er- und in den 1980er-Jahren durch die Vertreter einer sozialwissenschaftlich orientierten Erziehungswissenschaft, die nicht nur wieder biographische und ethnographische Methoden ins Zentrum der Erforschung von Kindheit rückten, sondern die an die interaktionistischen, sozialökologischen und gesellschaftstheoretischen Diskurse in der Sozialisationsforschung anknüpften und die damit vielfältige Verbindungslinien zu neueren Ansätzen in der Entwicklungspsychologie der Kindheit und zu einer sich parallel herausbildenden Soziologie der Kindheit herstellten (vgl. Zinnecker 1990, S. 21).

Während sich in den 1980er-Jahren eine sozialwissenschaftlich und empirisch orientierte Kindheitsforschung immer mehr etablierte, konzentrierten sich in dieser Zeit die Untersuchungen überwiegend auf umfassendere Fragestellungen wie die Wandlungen in der kindlichen Lebenswelt insbesondere seit der Nachkriegszeit (vgl. Preuss-Lausitz u.a. 1983; Fend 1988; Rolff/Zimmermann 1985). Die Veränderungen in der Lebensphase Kindheit werden hier im Zusammenhang mit gesellschaftlichen Entwicklungstendenzen betrachtet und vor allem unter generationenvergleichender Perspektive analysiert. Ausgehend von diesen Ergebnissen, die Modernisierungstendenzen (vgl. Beck 1986) auch für die Kindheit diagnostizieren, lässt sich mit Beginn der 1990er-Jahre ein Perspektivenwechsel in der empirischen Kindheitsforschung erkennen, der sich in einer Hinwendung zu detaillierteren und fallbezogenen Analysen ausdrückt (vgl. Fölling-Albers 1995). Ausschlaggebend hierfür war sicher nicht zuletzt die Einsicht, dass sich die herausgearbeiteten globaleren Entwicklungsprozesse nicht bei allen Kindern einheitlich und in gleicher Ausprägung vollziehen. Durch diese stärkere Betonung fallbezogener Untersuchungen, die sich auf dem Gebiet der Jugendforschung bereits seit den 1980er-Jahren etablieren konnten, werden in der empirischen Kindheits- und Jugendforschung zunehmend Methoden der qualitativen Forschung für die Analyse des Alltags und der Kultur von Kindern und Jugendlichen genutzt.

Im theoretischen Diskurs der *Kindheits- und Jugendforschung*, die sich qualitativer Methoden bedient, wurde in der Folgezeit bis heute zum einen an die Entwicklungen der 1980er-Jahre angeknüpft und zum anderen – insbesondere in der Kindheitsforschung – neue, etwa konstruktivistische Ansätze integriert und für die qualitativ orientierte Kindheitsforschung fruchtbar gemacht.

So sind es einerseits die sozialökologischen Sichtweisen auf Kindheit und Jugend, die sich, anschließend an die Diskussion in den 1980er-Jahren, in der erziehungswissenschaftlichen und soziologischen Kindheits- und Jugendforschung etabliert haben. Untersucht werden vor diesem Hintergrund die verschiedenen ökologischen Dimensionen von kindlichen Lebenswelten bzw. die Raumaneignung von Kindern und Jugendlichen (vgl. etwa Zeiher/Zeiher 1994; Zinnecker 2001; Grundmann u.a. 2000; Swiderek/Bühler-Niederberger/Heinzel/Sünker/Thole 2006). Gleichzeitig wird andererseits der sich bereits in den 1980er-Jahren herauskristallisierende Blick auf Kindheit aus einer modernisierungstheoretischen Perspektive auch in der Folgezeit beibehalten und nicht mehr nur auf die langfristigen Veränderungen kindlicher Sozialisationsbedingungen bezogen. Vielmehr wird ein solcher theoretischer Zugang gewählt, um die Pluralisierungsprozesse von familialen und kindlichen Lebenslagen, den Wandel von Verhaltensstandards in Eltern-Kind-Beziehungen oder soziale Ungleichheiten in den kulturellen Freizeitpraxen von Kindern analysieren zu können (vgl. Bois-Reymond/Büchner/Krüger 1994; Sünker 1993; Zinnecker 1995; Chassé u.a. 2007). Dabei spielen in den letzten Jahren Theorien sozialer Ungleichheit, wie etwa der Ansatz Pierre Bourdieus, eine zunehmend wichtige Rolle, um den veränderten Aufwachsbedingungen von Kindern und Jugendlichen und deren Einfluss etwa auf Bildungs- und Schulbiographien Rechnung tragen zu können (vgl. etwa Krüger u.a. 2008).

Ein in den 1990er-Jahren in der Kindheitsforschung neu aufgegriffener und in der Jugendforschung weiter verfolgter Ansatz ist die biographietheoretische Perspektive. Dabei steht die Analyse von Kindheit und Jugend als Teil des Lebenslaufes und der Versuch, die biographischen Wege des Erwachsenwerdens zu rekonstruieren im Zentrum des Forschungsinteresses (vgl. etwa Baacke/Sander 2006; Grunert/Krüger 2006). Hier geht es also darum, den Wandel von Kindheit und Jugend biographieanalytisch zu untersuchen sowie Bildungs- und Lernprozesse vor dem Hintergrund der individuellen Lebensgeschichte zu rekonstruieren (vgl. etwa Garlichs 2000; Schneider 1997, 2001; Wensierski/Schützler/Schütt 2005). Ähnlich wie die sozialisations- und entwicklungspsychologischen Ansätze begreift auch das biographietheoretische Konzept Kinder und Jugendliche als aktive Subjekte ihrer Realitätsverarbeitung und Lerntätigkeit. Darüber hinaus wird versucht, biographieanalytische Perspektiven mit modernisierungstheoretischen Ansätzen zu verknüpfen, um den Wandel von Kinder- und Jugendbiographien vor dem Hintergrund der Chancen und Risiken von Modernisierungs- und Individualisierungsprozessen verorten zu können (vgl. Krüger/Ecarius/Grunert 1994, S. 221; Zinnecker 1990, S. 31).

Seit den späten 1980er- und vor allem im Verlauf der 1990er-Jahre lässt sich aber auch ein neues Verständnis von *Kindheit und Kindheitsforschung* beobachten (vgl. etwa Fölling-Albers 2001). Diese so genannte „Neue Kindheitsforschung", die in erster Linie von der sich neu herausbildenden Soziologie der Kindheit forciert wurde und an der mittlerweile verschiedene Wissenschaftsdisziplinen, wie die Soziologie, die Psychologie und vor allem auch die Erziehungswissenschaft beteiligt sind, lässt sich als konsequente Fortschreibung der sozialisationstheoretischen Ansätze der 1980er-Jahre bezeichnen. Vor deren Hintergrund fiel der Blick in der Kindheitsforschung in erster Linie auf die aktive Auseinandersetzung der Kinder mit ihrer Umwelt. Dieser Gedanke vom Kind als produktivem Verarbeiter seiner Realität wird nun durch den Einbezug interaktionistischer und konstruktivistischer Perspektiven auf Kindheit noch stärker in das Zentrum der wissenschaftlichen Aufmerksamkeit gerückt. Kinder werden hier als Personen betrachtet, die spezifische eigene Muster der Verarbeitung ihrer Lebensumwelt ausbilden und ihre Sozialbeziehungen in Familie, Schule und außerschulischen Lebensbereichen selbst gestalten (vgl. Zeiher 1996; Honig/Leu/Nissen 1996; Heinzel 2005). In diesem Zusammenhang kommt in der Kindheitsforschung ein neuer Denkansatz auf, der sich gleichzeitig aber auch als Kritik an der bisherigen Sozialisationsforschung versteht, der vorgeworfen wird, Kinder nicht bereits als Mitglieder der Gesellschaft, sondern immer noch ausschließlich als zukünftige Erwachsene zu betrachten (vgl. Honig/Leu/Nissen 1996). Wie bereits in der Abwendung vom Entwicklungsbegriff wird nun also auch der Sozialisationsbegriff in Frage gestellt. Beiden wird die Zielperspektive einer Integration des Subjektes in die Gesellschaft vorgeworfen, durch die der Blick auf die spezifischen kinderkulturellen Muster mit ihren je eigenen Handlungsregeln und Bedeutungszuschreibungen verdeckt wird (vgl. Breidenstein/Kelle 1998; Prengel/Breidenstein 2005).

4 Bisherige Forschungsschwerpunkte und Ergebnisse der qualitativen Kindheits- und Jugendforschung

4.1 Forschungsschwerpunkte und Ergebnisse der qualitativen Kindheitsforschung

Qualitativ orientierte Kindheitsforschung richtet ihr Augenmerk vor allem auf verschiedene Aspekte des alltäglichen Lebens von Kindern und ihrer Kultur. Die zentralen Forschungsschwerpunkte gruppieren sich dabei um 5 größere Bereiche:

a) kindliche Biographieverläufe
Vor allem vor dem Hintergrund der Diskurse um eine gesellschaftliche Modernisierung fragen Studien, die sich Kindern aus einer biographischen Perspektive nähern, nach den Konsequenzen dieser Entwicklungstendenzen für die kindliche Biographie. Dabei wird zum einen versucht, den Wandel von Kindheit im 20. Jahrhundert näher zu beschreiben und längerfristige Veränderungsprozesse herauszuarbeiten (vgl. Behnken u.a. 1991). Gefragt wird danach, ob und wie sich etwa die proklamierte „Pädagogisierung", „Verhäuslichung" oder „Individualisierung" des Kinderalltags niederschlagen und wie die Akteure selbst mit den veränderten Lebensbedingungen umgehen (vgl. Pasquale/Behnken/Zinnecker 1995). Zum anderen beschäftigt sich etwa die Studie von Krüger/Ecarius/Grunert (1994) mit den verschiedenen Facetten mo-

dernen Kinderlebens und fragt nach den Auswirkungen gesellschaftlicher Modernisierung auf den Übergang in die Jugendphase. Deutlich wird hier eine, aus der Perspektive der Modernisierungstheorie, historische Gleichzeitigkeit von Ungleichzeitigen, da verschiedene Varianten modernen Kinderlebens aufgefunden werden konnten, die sich durch unterschiedliche Grade an Modernität auszeichnen. Dabei ist ein beschleunigter Weg in die Jugendphase, ganz entgegen der Diskussion um eine frühe Biographisierung von Kindheit (vgl. Büchner 1990) eher die Ausnahme. Jedoch werden auch in **Kinderbiographien** bereits die Schattenseiten gesellschaftlicher Modernisierung deutlich, indem sich vor dem Hintergrund einer frühen Verselbständigung und einer prekären Ausbildungs- und Arbeitsmarktsituation schon im frühen Alter Risikobiographien abzeichnen können (vgl. Ecarius/Grunert 1996, 1998; Büchner 2001).

b) Kindheit und Familie

Kindheit ist heute immer noch in erster Linie Familienkindheit. Jedoch haben sich vor dem Hintergrund gesellschaftlicher Individualisierungstendenzen und der Pluralisierung familialer Lebensformen die Bedingungen des Aufwachsens gravierend verändert. Untersuchungen, die sich mit diesen Wandlungstendenzen beschäftigen, betrachten deren Auswirkungen etwa auf familiale Beziehungsmuster (vgl. z.B. Bois-Reymond 1994, 1998), Lebenslagen von Kindern (vgl. z.B. Braches-Chyrek 2002) oder familiale Armutsrisiken (Hock/Holz/Wüstendörfer 2000; Chassé u.a. 2007). So wird deutlich, dass sich in heutigen Eltern-Kind-Beziehungen eine Kindbezogenheit der Eltern im Gegensatz zu einer früher noch vorherrschenden Elternbestimmtheit der Kinder schichtübergreifend durchgesetzt hat (vgl. Büchner/Fuhs/Krüger 1997). Eine solche Liberalisierung des elterlichen Erziehungsverhaltens läßt sich etwa seit Ende der 1960er-Jahre beobachten. Im Hinblick auf die elterlichen **Erziehungsstile** kann dies, so die Studie von du Bois-Reymond, an einer Entwicklung vom traditionellen Befehlshaushalt hin zu einem Verhandlungshaushalt nachgezeichnet werden (vgl. auch Büchner in diesem Band). Mit den veränderten Lebenslagen von Kindern in Ein-Eltern-Familien beschäftigt sich etwa die Studie von Braches-Chyrek (2002), die eine Typologie herausarbeitet, in der deutlich wird, dass Kinder eine solche Lebenssituation je nach Art und emotionaler Qualität des familialen Netzwerks unterschiedlich erfahren. Zudem zeigen die Untersuchungen von Hock/Holz und Wüstendörfer (2000), dass sich Armut von Kindern in der Regel anhand von „unauffälligen Auffälligkeiten" zeigt und sowohl mit materiellen als auch immateriellen Problemlagen einhergeht. Deutlich wird in diesen Studien, dass die Familie die zentrale Bedingungs- und Vermittlungsinstanz ist, die die Zugänge zur sozialen und dinglichen Umwelt der Kinder determiniert und dass soziale und institutionelle Netzwerke eine wichtige Rolle bei der Bewältigung armutsbedingter Benachteiligungen durch die Kinder spielen.

c) Interaktion in der Gleichaltrigenkultur

Die Perspektive auf Kindheit als eigenständige Lebensphase und kulturelles Muster verweist auch darauf, dass Interaktionen zwischen Kindern nicht als bloße Nachahmungen der Praktiken von Erwachsenen zu verstehen sind, sondern auch als Ausdruck **kinderkultureller Praxis** verstanden werden müssen. Dieser Frage nach den Interaktionsprozessen zwischen Gleichaltrigen, deren spezifischen Regeln, Erfordernissen und Funktionen widmet sich qualitative Kindheitsforschung vor allem aus der ethnographischen Perspektive (vgl. etwa Breidenstein/Kelle 1998; Kauke 1995; Krappmann/Oswald 1995; Krüger u.a. 2008). In der Studie von Krappmann und Oswald (1995), die sich insbesondere mit Aushandlungen unter Gleichaltrigen, deren Normverständnis und Sanktionsverhalten beschäftigt, zeigt sich, dass Kinder nicht nur Moralvorstellungen der Erwachsenen übernehmen, sondern selbständig die Normen ihres Zusammenlebens kreieren. Kauke (1995) hat diesbezüglich herausgearbeitet, dass 7- bis 12-Jährige „eine Ordnung aus sich heraus erzeugen können, die partnerschaftliche, das heißt gleichrangige bzw. symmetrische Verhältnisse befördert" (ebd., S. 61). In der Untersuchung von Krüger u.a. (2008) stehen Interaktionen in der Peergroup und deren Einfluss auf schulische Bildungsbiographien im Fokus. Hier zeigt sich, dass zur Aufrechterhaltung symmetrischer Beziehungen schulische Leistungen häufig aus der Peerinteraktion ausgeschlossen und Nivellierungstendenzen im Hinblick auf Leistungsunterschiede der Gruppenmitglieder zu beobachten sind.

d) kindliche Alltagsorganisation und außerschulische Freizeit

Gesellschaftliche Wandlungstendenzen, wie die zunehmende Urbanisierung und Mobilität, die Ausweitung von Bildungs- und Freizeitangeboten sowie die ansteigende Berufstätigkeit der Mütter verändern auch die kindliche Alltagswelt und damit gleichzeitig das Freizeitverhalten und die Freundschaftsbeziehungen der Kinder. Studien, die sich mit der Art und Weise der kindlichen Alltagsorganisation beschäftigen, fragen vor allem nach diesen Veränderungsprozessen im **Kinderalltag** (vgl. etwa Büchner/Fuhs 1994; Lange 1996; Zeiher/Zeiher 1994; Kirchhöfer 1999, 2001). Hier ist das Augenmerk vornehmlich auf die späte Kindheitsphase, die 8- bis 12-Jährigen, gerichtet, da erst hier eigenständige Aktivitäten in zunehmendem Maße möglich werden. Deutlichster Ausdruck der Veränderungen der kindlichen Alltagswelt ist dabei sicher die enorme Zunahme an Spezialorten für Kinder, wie institutionelle Freizeitangebote, Spiel- oder Sportplätze, die häufig durch Erwachsene (PädagogInnen, TrainerInnen, Eltern) betreut werden. Damit kommt es zu einer Verinselung des kindlichen Lebensraumes (Zeiher 1983) und die Straße als traditioneller Ort kindlicher Sozialisationsprozesse verliert mehr und mehr an Bedeutung. Kindliches Alltagsleben, so wird es etwa in der Untersuchung von Zeiher/Zeiher (1994) deutlich, steht damit heute im Spannungsfeld zwischen institutioneller und individueller Organisation. Büchner und Fuhs (1994) stellen in diesem Zusammenhang fest, dass vor allem bei Kindern aus Elternhäusern, die einen hohen sozialen Status aufweisen, eine deutliche Tendenz zu institutionellen Aktivitäten in Form von Vereinen, Musikschulen etc. besteht. Eine solche, an mehreren festen Terminen orientierte, kindliche Alltagsorganisation hat gleichzeitig Folgen für den Umgang der Kinder mit Zeit sowie für die Beschaffenheit ihrer Sozialbeziehungen. So erfordert diese Art der Freizeitgestaltung eine vorausschauende Terminplanung und kann eher kurzlebige, meist oberflächliche und ausschnitthafte Gleichaltrigenbeziehungen nach sich ziehen (vgl. Büchner/Fuhs 1994; Zeiher 1995; auch Fuhs in diesem Band).

Eine Reihe von Untersuchungen befasst sich dann auch mit der Frage, wie die Kinder ihre von Schule freie Zeit verbringen und zunehmend auch mit der Thematik, was dabei an Lern- und Bildungsprozessen stattfindet. Ein breiter Bereich ist dabei der Umgang der Kinder mit Medien (z.B. Feil/Decker/Gieger 2004; Fuhs 2007; Richter 2004; Rohlfs 2006) sowie die Rolle institutionalisierter Freizeit (Fuhs 2000; Rohlfs 2006; Roppelt 2003). So konnten etwa Feil, Decker und Gieger (2004) feststellen, dass sich die Auseinandersetzung von Kindern mit dem Internet nicht nur durch ein informell-entdeckendes Lernen charakterisieren lässt, sondern aufgrund der vornehmlichen Textbasiertheit des Netzes auch von Überforderung begleitet sein kann, die eine Unterstützung durch kompetente Erwachsene erfordert. Gleichwohl stellen eine Reihe von Untersuchungen fest, dass auch die außerschulische Freizeit deutlich von Momenten sozialer Ungleichheit geprägt ist, so dass deren Lernpotentiale vor allem von den ökonomischen, sozialen und kulturellen sowie den zeitlichen Ressourcen der Herkunftsfamilie abhängig sind (vgl. Chassé u.a. 2007; Sander 2000; Roppelt 2003).

e) Kindheit und Schule

An der Schnittstelle zwischen Grundschulforschung und Kindheitsforschung sind vor allem in den vergangenen zwei Jahrzehnten eine Reihe von qualitativen Studien durchgeführt worden, die sich mit Fragen des Schulanfangs und der Schulfähigkeit, mit Schulleistungen und Bedingungen des Lernerfolges sowie dem Alltag und den sozialen Beziehungen von Grundschulkindern beschäftigt haben (vgl. im Überblick Heinzel in diesem Band). Obgleich insbesondere die grundschulbezogene Schul- und Unterrichtsforschung in ihren Hauptströmungen bislang lehrerzentriert war (vgl. Zinnecker 2000), wird zunehmend nach einer Verbindung von Schulforschung und Kindheitsforschung gefragt (vgl. Panagiotopoulou/Brügelmann 2003; Breidenstein/Prengel 2005) und gibt es inzwischen eine relevante Anzahl von Untersuchungen, die die Kinder in den Mittelpunkt des Forschungsinteresses gerückt haben. Dabei wird etwa nach der Sicht von Schülerinnen und Schülern auf Schule und Unterricht, nach ihren Sozialbeziehungen oder nach ihrem Erleben von Ritualen, Regeln und Unterrichtsbedingungen in der Schule gefragt (vgl. etwa Petillon 1993; Ziegler 1996; Christen u.a. 2002; Fölling-Albers/Schwarzmeier 2005; Wulf u.a. 2004). Eine frühe Studie ist dabei die von Petillon (1993) zum Sozialleben des Schulanfängers, die sich der Frage widmet, wie Erstklässler die neue Situation und die meist fremden MitschülerInnen wahrnehmen und dementsprechend ihr eigenes Handeln gestalten. Dabei kommt Petillon zu dem Schluss, dass am Beginn der Schulzeit Beziehungen und Freundschaften zu den MitschülerInnen von großer Bedeutung sind und im Gegensatz zu der Person des Lehrers oder schulischer Lerninhalte im Mittelpunkt stehen. Ein weiteres Thema in diesem Forschungsbereich sind etwa die Stressmomente von Schule und deren psychosoziale Bewältigung durch die Kinder. Dabei stellt Ziegler (1996) in ihrer Untersuchung fest, dass die Schule im Spektrum der belastungsverursachenden Sozialisationsinstanzen eine Schlüsselrolle einnimmt, da hier in besonderem Maße Belastungsmomente aufgefunden werden konnten, die sich auch auf andere Lebensbereiche der Kinder auswirken können oder durch diese verursacht werden. So können zu hohe Leistungserwartungen der Eltern Stress hervorrufen und schulisches Leistungsversagen kann wiederum zu Konflikten in der Familie führen. Christen u.a. (2002) widmen sich in ihrer Untersuchung der Entwicklung von inhaltlichen Interessen im Grundschulalter und fragen nach der Bedeutung von Themen des Sachunterrichts.

4.2 Forschungsschwerpunkte und Ergebnisse der qualitativen Jugendforschung

Qualitativ orientierte Jugendforschung erlebte spätestens seit Beginn der 1980er-Jahre einen enormen Aufschwung. Vor dem Hintergrund einer beobachtbaren Pluralisierung und Individualisierung jugendlicher Lebenslagen und Lebensstile wandelt sich gleichzeitig die Perspektive auf Jugend. Jugend wird nun nicht mehr nur als gesellschaftliche Größe betrachtet, sondern die Entwicklung in der Jugendforschung führte hin zum konkreten Jugendlichen und seiner Lebenswelt. Diesem Perspektivenwechsel in der Jugendforschung folgten zahlreiche qualitative Forschungsarbeiten, so dass dieses Forschungsfeld heute durch eine große Heterogenität und eine starke Ausdifferenzierung gekennzeichnet ist. Strukturierungsversuche können deshalb nur einen grob skizzierenden Charakter haben und keinen Anspruch auf Vollständigkeit erheben.

a) biographische Perspektiven auf die Jugendphase

Im Zentrum einer allgemeinen biographischen Perspektive auf Jugend steht die Frage nach dem Stellenwert von Jugend als Teil des Lebenslaufes und der Versuch, jugendliche Lebensentwürfe und Gestaltungsspielräume sowie Zukunfts- und Zeitvorstellungen zu rekonstruieren (vgl. etwa Diezinger 1995; Fuchs-Heinritz/Krüger 1991; Lenz 1988). Der Diskurs um einen Strukturwandel der Jugendphase, der sich in einer Individualisierung der Jugendphase (Fuchs 1983) bzw. in einer Destandardisierung der Jugendphase (Olk 1985, 1988) ausdrückt, ist hier Auslöser dafür, nach biographischen Thematisierungen dieser Veränderungsprozesse zu fragen. Dabei stellt Lenz (1988) eine Ausdifferenzierung unterschiedlicher jugendlicher Handlungstypen fest, die ein Spektrum an differenten Wegen durch die Jugendphase deutlich machen. Dass „Jugend im Plural" (Lenz 1990, S. 115) aufgefasst werden muss, darauf verweisen auch die Analysen von Fuchs-Heinritz/Krüger (1991), die sich kritisch mit dem Altersnormenkonzept auseinandersetzen und dabei ebenfalls eine Ausdifferenzierung von Jugendbiographien vorfinden. Eine geregelte Verlaufsform im Sinne einer Altersnormiertheit des Durchgangs durch die Jugendphase findet sich hier eher als ein randständiges Phänomen. Vielmehr zeichnet sich die **Jugendbiographie** durch eine Pluralität von Zeitlinien und Verlaufsformen aus. Zum anderen werden aber auch zunehmend Biographien von Jugendlichen mit Migrationshintergrund in Deutschland untersucht, um etwa der Frage nach Integrations- und Desintegrationsprozessen (vgl. etwa Juhasz/Mey 2003) nachzugehen oder deren bildungsbiographische Verläufe (Hummrich/Wiezorek 2005) zu rekonstruieren.

b) jugendkulturelle Orientierungen und Lebensstile

Mit dieser konstatierten Pluralisierung jugendlicher Lebensformen setzen auch seit Beginn der 1980er-Jahre zahlreiche Forschungen zu jugendkulturellen Ausdrucksformen ein. Die enorme Ausdifferenzierung jugendkultureller Szenen und Gruppen weckte das Interesse der Jugendforschung an deren Lebenslagen und Lebensstilen sowie an deren Bedeutung und Funktion für die Jugendlichen. Während diese jugendkulturellen Ausdrucksformen zu Beginn der 1980er-Jahre noch einigermaßen überschaubar waren, haben sie sich seitdem sprunghaft entwickelt und sind heute zu einem kaum noch entwirrbaren Geflecht aus Stilrichtungen und Stilmixen geworden (vgl. Ferchhoff 1999; im Überblick auch Hitzler/Bucher/Niederbacher 2005). Dies hat dann auch eine breite Forschungspraxis auf diesem Gebiet zur Folge, die von Untersuchungen über Hooligans (vgl. etwa Bohnsack u.a. 1995) über okkulte Jugendgruppen (vgl. etwa Helsper 1992; Schöll/Streib 2001) bis hin zu Star-Trek-Fans (vgl. Brüdigam 2001) oder Veganern (Schwarz 2005) reicht, aber auch übergreifende Themen, wie Fragen von Selbstinszenierungen und Handlungspotentialen in Jugendkulturen (Stauber 2004) oder zur Politisierung von Jugendkulturen (Pfaff 2006) aufgreift. Deutlich wird in der Zusammenschau der Forschungen zu jugendkulturellen Lebensstilen, dass sich Jugend heute als eine Lebensphase darstellt, die nicht mehr auf einen Nenner gebracht werden kann und sich Heterogenität und Pluralität der Erscheinungen des Jugendlebens nicht mehr zu einem Gesamtbild der Jugend vermitteln lassen. Darüber hinaus wird zunehmend auch nach der Bildungsrelevanz (vgl. etwa Nohl 2006; Stauber 2007) sowie dem berufsorientierenden Gehalt jugendkultureller Selbstinszenierungen gefragt (vgl. etwa von Gross 2007).

c) Jugend in Schule und Studium

Untersuchungen, die sich mit schulischen Handlungszusammenhängen von Jugendlichen auseinandersetzen, bilden einen weiteren zentralen Bereich qualitativer Jugendforschung. Diese widmen sich bspw. der biographischen Bedeutung schulischer Erfolgs- bzw. Versagenserfahrungen (vgl. etwa Hurrelmann/Wolf 1986; Nittel 1992). Hier konnte u.a. aufgezeigt werden, dass schulisches Scheitern durchaus zu längerfristigen biographischen Beeinträchtigungen führen kann, die etwa in psychischen Verletzungsanfälligkeiten sowie in diskontinuierlichen Ausbildungsverläufen ihren Ausdruck finden. Einer Vermittlung solcher schülerbiographischer Untersuchungen mit institutionellen Analysen wenden sich Helsper u.a. 2001 (vgl. auch Böhme 2000; Helsper/Böhme 2000) zu, indem sie nach dem Verhältnis von Schülerbiographien und Schulkulturen fragen. Andere Untersuchungen in diesem Bereich setzen sich auch mit dem Verhältnis von Schule und jugendlicher Lebenswelt bzw. jugendlichen Gleichaltrigenbeziehungen auseinander (vgl. etwa Bietau 1989; Helsper 1989; Krüger u.a. 2008). Dabei zeigt sich, dass Lernprozesse und Lerninhalte kaum noch sinnstiftend für die Jugendlichen wirken. Vielmehr sind es die in der Institution Schule möglichen Beziehungen zu Gleichaltrigen, die als Vermittler eines positiven Schulbezuges fungieren.

Eine Vielzahl qualitativ orientierter Forschungsarbeiten hat sich in den letzten Jahren auch mit dem Themenbereich Jugend und Studium beschäftigt. Hier werden zum einen die verschiedenen Stadien des Hochschulstudiums näher beleuchtet (vgl. zum Eintritt in die Hochschule Friebertshäuser 1992; zum Studienverlauf Sturzenhecker 1993; Egloff 2004; Alheit u.a. 2008; zum Übergang in den Beruf Nittel/Marotzki 1997; Grunert 1999). Zum anderen wird in diesem Forschungsbereich etwa nach der Lebenswelt der Studierenden (vgl. etwa Kreutz 1981) oder nach den fachkulturellen Spezifika einzelner Studienfächer und deren Bedeutung für die Studierenden gefragt (vgl. Liebau/Huber 1985; Apel u.a. 1995). Bei Letzterem wird deutlich, dass sich eine Differenz zwischen dem biographisch erworbenen Habitus der Studierenden und den Anforderungen des jeweiligen fachkulturellen Milieus negativ auf den Studienerfolg auswirken kann (dazu auch Friebertshäuser 1992). Darüber hinaus befassen sich etwa Alheit u.a. (2008) mit dem Studienverlauf und -erfolg von „nicht-traditionellen Studierenden", also Studierenden des 2. oder 3. Bildungsweges.

d) Berufswahl und Arbeitsorientierungen

Vor dem Hintergrund einer zunehmend unsicheren Arbeitsmarktsituation und in Verbindung mit der seit Mitte der 1970er-Jahre geführten Wertewandeldiskussion ist auch immer wieder ein Bedeutungsverlust von Arbeit für Jugendliche angenommen worden. Diesbezüglich kommen qualitative Untersuchungen (vgl. etwa Baethge u.a. 1988; Heinz u.a. 1985) zu dem Schluss, dass die **Arbeitsorientierung** der Jugendlichen nach wie vor sehr groß ist und keinem allgemeinen Wertewandel unterliegt (vgl. Heinz/Krüger 1990). Jedoch lässt sich ein Individualisierungsschub dieser Arbeitsorientierung verzeichnen, da die Jugendlichen heute gestiegene Ansprüche an Arbeit haben, die Selbstverwirklichungs-, Kreativitäts- und Selbständigkeitsoptionen beinhalten soll (vgl. Baethge u.a. 1988; Baethge-Kinsky/Kupka 2001; Bühler 2007).

Gerade für Jugendliche mit einem Hauptschulabschluss ergeben sich daraus enorme Widersprüche zwischen Ansprüchen und Realisierungschancen. Dabei zeigen Heinz u.a. (1985), dass bei diesen Jugendlichen bereits sehr früh eine Anpassung der Berufswünsche an die Bedingungen des Arbeitsmarktes stattfindet. Diese notwendige Reduktion der eigenen Ansprüche und Erwartungen an den Beruf wird von den Jugendlichen als Folge ihrer eigenen unzureichenden Leistungen angesehen (vgl. auch Heinz in diesem Band).

Qualitative Studien, die sich mit dem Übergang von der Schule in den Beruf auseinandersetzen, zeigen zudem auf, dass für Jugendliche, deren **Berufsbiographie** durch Diskontinutitäten, wie das Wechseln zwischen Erwerbsarbeit, Arbeitslosigkeit und Maßnahmen der Jugendberufshilfe gekennzeichnet ist, die Lebensphase Jugend nicht mehr den Charakter eines Bildungsmoratoriums, sondern eher den eines Zwangsmoratoriums hat (vgl. Alheit/Glass 1986; Helsper u.a. 1991a; Lex 1997). Demgegenüber wird auch auf eine Gruppe von Jugendlichen hingewiesen, die sogenannten „Trendsetter-Lerner", die ihre berufliche Orientierung eher an den schulischen Inhalten und Strukturen vorbei, in an den eigenen Interessen ausgelegten Projekten und Initiativen, umzusetzen suchen (vgl. Bois-Reymond/Diepstraten 2007).

e) Jugendliche im Prozess der Wiedervereinigung
Erinnert man sich an das Ende der 1980er-Jahre, dann zählt wohl der Zusammenbruch der DDR und die rasche Wiedervereinigung beider deutscher Staaten zu den bedeutendsten Ereignissen der jüngsten Vergangenheit. Auch und gerade für die Jugendforschung wurde diese gesellschaftliche Transformation zu einem wichtigen Forschungsfeld. Dabei beschäftigten sich qualitative Studien zu dieser Thematik in erster Linie mit der biographischen Verarbeitung dieser gesellschaftlichen Ereignisse und fragten nach deren Auswirkungen auf die Lebensverläufe und Lebensentwürfe ostdeutscher Jugendlicher (vgl. etwa Grunert 1999; Wensierski 1994). Zuzuordnen sind diesem Forschungsbereich auch jene Untersuchungen, die sich mit jugendlichen Übersiedlern aus der ehemaligen DDR nach Westdeutschland auseinandersetzten (vgl. etwa Helsper u.a. 1991b; Stelmaszyk 1999; Vollbrecht 1993).

f) Jugend, Rechtsextremismus und Gewalt
In den vergangenen Jahren sind auch eine Reihe von qualitativen Studien durchgeführt worden, die sich mit den Biographien jüngerer rechtsorientierter Jugendlicher (vgl. Möller 2000), mit dem **Ethnozentrismus** bei jungen Männern (vgl. Rieker 1997), mit den Entstehungsbedingungen und dem Alltagsleben von Skinhead- oder Hooligangruppen (vgl. Groffmann 2001; Eckert/Reis/Wetzstein 2000; Bohnsack u.a. 1995) oder mit der familialen Sozialisation von rechtsextrem orientierten jungen Männern beschäftigt haben (vgl. Hopf u.a. 1995). Direkt mit den Entwicklungsverläufen jugendlicher Gewaltstraftäter, die eine rechtsextreme, fremdenfeindliche oder antisemitische Tatmotivation aufweisen, befasst sich die Studie von Kopp und Betz (2007) mit dem Ziel, verbesserte Präventions- und Interventionsmaßnahmen zu entwickeln.

Dabei zeigen die Studien einerseits, dass etwa ein positives Familienklima, liebevolle Zuwendung, Anerkennung und emotionale Nähe rechtsextremen Orientierungen bei den untersuchten Jugendlichen entgegenwirken (vgl. etwa Hopf u.a. 1995). Zum anderen wird deutlich, dass die Einbindung in cliquenförmige Gleichaltrigenzusammenhänge für die rechtsextreme Sozialisation von zentraler Bedeutung ist (vgl. etwa Bohnsack u.a. 1995). In diesem Zusammenhang zeigen einige Untersuchungen aber auch, dass rechte Jugendliche zwar ebenso häufig wie der Durchschnitt der übrigen Jugendlichen in festen Cliquen eingebunden sind, dass die sozialen Kontakte aber eher oberflächlicher Art sind, tragfähige individuelle Freundschaften, vor allem auch verbindliche Beziehungen zu gleichaltrigen Mädchen, eher fehlen (vgl. Möller 2000).

Mit dem Einfluss medialer Gewalt auf die Gewaltbereitschaft von Jugendlichen befassen sich etwa die Untersuchungen von Meister/Sander/Treumann u.a. (2007) oder von Hopf (2001). Dabei kommt Letztere zu dem Ergebnis, dass Jugendliche, die bereits als gewaltbereit charakterisiert werden können, durch filmische Gewaltdarstellungen durchaus Bestätigung finden. Gleichzeitig spielt aber auch die familiale Situation eine zentrale Rolle, insbesondere dann, wenn familiale Gewalthandlungen oder restriktive Erziehungsstile zum Erfahrungspotential der Jugendlichen gehören.

5 Erhebungs- und Auswertungsmethoden in der qualitativen Kindheits- und Jugendforschung

5.1 Methoden der Datenerhebung in der qualitativen Kindheits- und Jugendforschung

a) Interviewverfahren

Verschiedene Formen qualitativer Interviews gehören mittlerweile zum Standard im Methodenrepertoire der *Jugendforschung*. Vor allem das von Fritz Schütze (1983) entwickelte **narrative Interview**, das auf die Hervorlockung einer autobiographischen Stegreiferzählung abzielt, findet in zahlreichen Forschungsprojekten Verwendung, die sich mit biographischen Verläufen Jugendlicher beschäftigen. Nur beispielhaft sollen hier etwa die Studie von Fuchs-Heinritz und Krüger (1991), die sich mit der Bedeutung von Altersnormen für die Jugendbiographie beschäftigt, die Untersuchung von Wensierski (1994) zu Jugendbiographien im gesellschaftlichen Umbruch, die von Stelmaszyk (1999) zu biographischen Verläufen jugendlicher Übersiedler oder die von Wensierski (2006) zu Jugendbiographien junger Muslime in Deutschland genannt sein. Während dieses sehr offene methodische Vorgehen den Jugendlichen die Möglichkeit gibt, ihre Erzählung selbst zu strukturieren und eigene Relevanzsetzungen vorzunehmen, werden auch weniger offene Interviewverfahren in der qualitativen Jugendforschung eingesetzt. Ein Beispiel für solche teilstandardisierten Interviews ist etwa das von Witzel (1982) entwickelte Verfahren des **problemzentrierten Interviews**, das mittels eines Leitfadens Erzählungen im Hinblick auf ein bestimmtes Problem zu erheben sucht (vgl. etwa Diezinger 1991; Mey 1999). So ist beispielsweise Angelika Diezinger (1991) mit Hilfe problemzentrierter Interviews der Frage nachgegangen, wie sich Individualisierungsprozesse in den Lebensentwürfen junger Frauen niederschlagen. Generell ist der Einsatz von Leitfadeninterviews ein sehr häufig anzutreffendes Verfahren in der qualitativen Jugendforschung. Dennoch prägen kritische Einwände sowohl gegen narrative als auch gegen teilstandardisierte Interviewformen die Methodendiskussion nicht nur in der qualitativen Jugendforschung. Haupteinwände gegen ein weitgehend offenes Vorgehen, wie es beim narrativen Interview der Fall ist, sind etwa der Zweifel an der Annahme, das aufgrund der Zugzwänge des Erzählens (vgl. Schütze 1983) alle für das jeweilige Forschungsthema wichtigen Inhalte zur Sprache kommen, die Betonung der Freisetzungsfunktion gezielter Fragen, die erst Erinnerungen aktivieren sowie die unterschiedliche Erzählkompetenz bzw. -intensität Jugendlicher (vgl. Lenz 1991). Leitfadeninterviews werden demgegenüber aufgrund ihrer teilweisen Vorabstrukturierung der Erzählung kritisiert, die die Gefahr beinhaltet, bestimmte Kontextinformationen zu übergehen oder Erzählungen vorschnell abzubrechen (vgl. Hopf 1978, 2000; Küsters 2006). Zudem gibt es bisher, im Gegensatz zum narrativen Interview, kaum elaborierte, methodisch reflektierte Auswertungsverfahren für Leitfadeninterviews (vgl. Lenz 1991; erste Ansätze hierzu vgl. etwa Schmidt 2000).

Auf dem Gebiet der *Kindheitsforschung* gestaltet sich der Einsatz qualitativer Interviewtechniken weitaus schwieriger. Während diese in anderen Bereichen der qualitativen Forschung, wie eben in der Jugendforschung, zweifellos zu den zentralen Erhebungstechniken gerechnet werden können, wird einem solchen Vorgehen innerhalb der Kindheitsforschung noch häufig mit Skepsis begegnet. Zweifel an der Kompetenz der Kinder, ihre eigene Sicht auf die Dinge darzustellen und verständlich zu artikulieren sind dabei die zentralen Kritikpunkte (vgl. Grunert/Krüger 1999). Will man jedoch die Lebenswelt von Kindern untersuchen, so genügt es vor dem Hintergrund der Anerkennung von Kindheit als eigenständiger Lebensphase und als kulturelles Muster nicht, die Eltern oder andere Erwachsene zu befragen, sondern die Kinder müssen selbst zu Wort kommen und als eigenständige Personen ernst genommen werden (vgl. Fuhs 2000). Aus diesem Grund bedienen sich in der empirischen Kindheitsforschung immer mehr Untersuchungen solcher Interviewtechniken. Gleichzeitig lässt sich aber nicht leugnen, dass einem solchen methodischen Vorgehen auf dem Gebiet der Kindheitsforschung Grenzen gesetzt sind. Zunächst ist es aufgrund der allgemeinen sprachlichen Fähigkeiten wahrscheinlich problematisch Kinder unter 5 Jahren mittels qualitativer Interviews zu untersuchen. Hingegen erwiesen sich bspw. in der Untersuchung von Petillon (1993) 6- bis 8-jährige Kinder durchaus dazu in der Lage, über ihre Lebensumstände Auskunft zu geben. Allerdings wurden bei Kindern unter 10 Jahren bisher noch keine narrativen Interviews durchgeführt, da angenommen wird, dass diese aus entwicklungspsychologischen Gründen kaum ihre eigene Biographie als Ganzes erfassen und darstellen können. Bei Kindern dieser Altersgruppe werden vielmehr teilstandardisierte Interviewverfahren angewendet (vgl. etwa Zeiher/Zeiher 1994), bei denen häufig Hilfsmittel, wie Bildkarten, Photos oder Handpuppen eingesetzt werden, um die Erzählung anzuregen. Studien, die ausschließlich auf ein narratives Vorgehen zurückgreifen sind in der Kindheitsforschung bisher eher selten anzutreffen und werden vor allem bei älteren Kindern angewendet (vgl. etwa Krüger/Ecarius/Grunert 1994; Behnken u.a. 1991; Krüger u.a. 2008). Weiterhin stellen etwa die Frage nach dem Wahrheitsgehalt kindlicher Erzählungen sowie die Generationendifferenz, die sich in der Erhebungssituation und im Auswertungsprozess niederschlägt, methodische Herausforderungen dar, die bei der Anwendung interviewbasierter Erhebungstechniken berücksichtigt werden müssen (zu den Besonderheiten qualitativer Interviews mit Kindern vgl. Fuhs 2000).

b) Gruppendiskussion

Die Methode der **Gruppendiskussion**, die im deutschsprachigen Raum seit den Untersuchungen des Frankfurter Institutes für Sozialforschung (vgl. Pollock 1955) als mögliches Datenerhebungsverfahren in den Sozialwissenschaften diskutiert wird, erfreut sich in den letzten Jahren nicht nur auf dem Gebiet der *Jugendforschung* eines großen Interesses. Beigetragen haben dazu vor allem die Arbeiten von Ralf Bohnsack (1989, 1995, 1999; Bohnsack/Nentwig-Gesemann/Nohl 2007), die sich einer methodologischen Neubegründung dieses Verfahrens zuwenden und es damit für die Jugendforschung methodisch begründet nutzbar gemacht haben. Gruppendiskussionen in der Jugendforschung zielen darauf ab, gruppenspezifische Deutungsmuster und kollektive Orientierungen Jugendlicher zu rekonstruieren (vgl. Schäffer 1996), die sich mittels Einzelinterviews nur schwer erfassen lassen. Auch bei der Gruppendiskussion ist die Offenheit der Gesprächssituation ein grundlegendes Prinzip, um zu gewährleisten, dass sich „der Fall, hier also die Gruppe, in seiner Eigenstrukturiertheit prozesshaft entfalten kann" (Bohnsack 2000, S. 381). Anwendung finden Gruppendiskussionen in der qualitativen Jugendforschung in verschiedenen Bereichen. So etwa bei der Untersuchung jugendlicher Cliquen und den darin wirkenden biographischen Orientierungen (Bohnsack u.a. 1995), bei der Frage nach dem Einfluss jugendkultureller Einbindungen auf politische Orientierungen (etwa Pfaff 2006) oder bei der Auseinandersetzung mit den Alltagswelten ausländischer Jugendlicher in Deutschland (Unger 2000).

Auf dem Gebiet der *Kindheitsforschung* finden Gruppendiskussionen demgegenüber kaum Anwendung, wenngleich die möglichen Potenziale eines solchen methodischen Vorgehens durchaus gesehen und diskutiert werden (vgl. Heinzel 2000; Nentwig-Gesemann 2002; Michalek 2006). So können auch Kindergespräche als Dokumentation kollektiver Erfahrungen verstanden werden, die Aufschluss über ihre Lebenswelt sowie über gruppendynamische Prozesse unter Gleichaltrigen geben können. Bedenken gegenüber der Anwendung dieses Verfahrens bei Kindern richten sich vor allem auf kommunikative Schwierigkeiten, die bspw. in einer fehlenden Diskussionskultur unter Kindern, einer eingeschränkten Verbalisierungsfähigkeit sowie in Sprachhemmungen von Kindern in Gruppensituationen gesehen werden (vgl. Richter 1997). Heinzel (2000) hält demgegenüber an den Potenzialen eines solchen Vorgehens fest und verweist dabei auf die Praxis von Kreisgesprächen in Grundschulen, die den Kindern die Möglichkeit bieten, sich über eigene Erfahrungen und Erlebnisse auszutauschen. Eine solche, in vielen Grundschulen etablierte, Diskussionskultur von Kindern bietet durchaus Anknüpfungspunkte für die Kindheitsforschung, die bisher jedoch kaum genutzt werden.

c) Beobachtungsverfahren

Die **teilnehmende Beobachtung** findet sich in der Jugendforschung kaum als alleinstehendes Verfahren, sondern wird vielmehr in der Kombination mit anderen Methoden verwendet. Verfolgt man den Diskussionsverlauf um eine Methodologie teilnehmender Beobachtung (zusammenfassend vgl. Lüders 2000), so scheint ein solches Vorgehen nur stringent, da teilnehmende Beobachtung heute „in einem weitergefaßten Sinn als eine flexible methodenplurale kontextbezogene Strategie" verstanden wird, die unterschiedliche Verfahren beinhalten kann (ebd., S. 389). Für ein solches Vorgehen, das seine Methoden den Gegebenheiten des jeweiligen Feldes unterordnet, hat sich der Begriff der **Ethnographie** durchgesetzt. Dennoch sind nicht alle Forschungsprojekte in der qualitativen Jugendforschung, die sich der teilnehmenden Beobachtung bedienen, mit ethnographischen Studien gleichzusetzen, da diese häufig als ein Erhebungsverfahren neben anderen eingesetzt wird, um verschiedene Perspektiven auf den zu erforschenden Gegenstand anzulegen (vgl. etwa Bohnsack u.a. 1995; Krüger u.a. 2008). Ziel ethnographischer Zugänge ist die Beschreibung von kleinen Lebenswelten, die nicht mehr nur außerhalb der eigenen Kultur liegen, sondern die gerade vor dem Hintergrund einer sich ausdifferenzierenden und pluralisierenden Gesellschaft auch innerhalb der eigenen Kultur zu „fremden" Lebenswelten werden. In der Jugendforschung gilt ein solches Interesse bspw. verschiedenen jugendkulturellen Gruppen (vgl. etwa Apel u.a. 1995), der Lebenswelt obdachloser Jugendlicher (vgl. etwa Thomas 2005) oder etwa dem Alltag von Jugendlichen in pädagogischen Institutionen (vgl. etwa Küster 2003).

Auch auf dem Gebiet der qualitativen *Kindheitsforschung* kommen Beobachtungsverfahren zum Einsatz (Breidenstein/Kelle 1998; Krappmann/Oswald 1995; Röhner 2003). So haben etwa Breidenstein und Kelle (1998) eine ethnographische Studie vorgelegt, die sich auf der Basis von teilnehmenden Beobachtungen und ethnographischen Interviews, mit der Frage nach der Praxis der Geschlechterunterscheidung innerhalb der Gleichaltrigenkultur beschäftigt. Versteht sich in solchen Projekten der Beobachter als Teilnehmer, so ergibt sich vor allem für Untersuchungen in Schulklassen (vgl. etwa ebd.; Krappmann/Oswald 1995; Kauke 1995) das Problem, in welcher Rolle er von den Kindern wahrgenommen wird. Ist er eine „neutrale" Person oder ist er, da er ja ein Erwachsener ist, doch eher so etwas wie ein Lehrer? Diese Frage nach der Rolle der Forscher in der Perspektive von Kindern wurde bisher kaum methodisch reflektiert (vgl. Beck/Scholz 2000).

Generell ergibt sich für ethnographische Studien die Frage, welcher Art die von den Forschern produzierten Daten, etwa die Beobachtungsprotokolle, eigentlich sind. Dieser grundlegende methodologische Vorbehalt verweist darauf, dass die Daten zur beobachteten Handlungspraxis der unhintergehbaren und nicht kontrollierbaren Selektivität der Wahrnehmung des

Forschers unterworfen sind (vgl. Bohnsack u.a. 1995). Oevermann (2001) sieht hier vor allem das methodische Defizit der „zirkulären Verschlingung von Datenerhebung und -auswertung" (ebd., S. 85) und schlägt statt des Protokollierens das Verfahren der technischen Aufzeichnung vor. In einigen Projekten wird ein solches Vorgehen bereits praktiziert, indem Beobachtungssituationen mittels Videotechnik aufgezeichnet werden (vgl. etwa Kauke 1995; zur methodischen Reflexion des Videographierens vgl. Huhn u.a. 2000).

d) Selbstzeugnisse von Kindern und Jugendlichen

Selbstzeugnisse von Kindern und Jugendlichen, wie etwa Tagebücher, Briefe, autobiographische Materialien oder auch Aufsätze haben als Datenbasis in der qualitativen Kindheits- und Jugendforschung eine lange Tradition. Ihre Blütezeit erlebten diese Materialarten in den 20er-Jahren des vorigen Jahrhunderts. Insbesondere die Analyse von Tagebüchern, auf der etwa die Studie von Charlotte Bühler zum „Seelenleben des Jugendlichen" (1921) basiert, erfuhr in dieser Zeit eine erhebliche Resonanz. Gleichzeitig stand ein solches Vorgehen von Beginn an auch in der methodischen Diskussion um die Wahrhaftigkeit und die Reichweite dieses Materials. Kritik galt in erster Linie der Beschränkung auf einen Teilbereich von Jugend. Charlotte Bühler, die für sich in Anspruch nahm, eine psychologische Gesamtdarstellung des „Innenlebens" von Jugendlichen vorgelegt zu haben (vgl. Dudek 1990), konnte sich in ihren Aussagen eigentlich nur auf die bürgerliche Jugend beschränken, da das Tagebuchschreiben etwa für Jugendliche aus dem Arbeitermilieu kein typisches Phänomen darstellte. Hier mußten andere methodische Vorgehensweisen Berücksichtigung finden. Dehn (1930) und Dinse (1930) wendeten sich aus diesem Grund der Analyse von Aufsätzen zu, die vor allem in Schulen erhoben wurden und mit denen auch Jugendliche aus anderen sozialen Schichten erreicht werden konnten. Während die Analyse von Tagebüchern für die gegenwärtige Jugendforschung kaum noch eine Rolle spielt, wurden Aufsätze ab und an in der Jugendforschung als Materialbasis genutzt (vgl. Behnken/ Zinnecker 1997; Jugendwerk der Deutschen Shell 1985).

In der Kindheitsforschung spielen Aufsätze bisher eine eher geringe Rolle. Jedoch werden in letzter Zeit zunehmend die Potenziale betont, die Erlebnisaufsätze bzw. freie Texte von Kindern beinhalten (vgl. Heinritz 2001; Kohl 2000; Röhner 2000). Als Selbstzeugnisse von Kindern bieten diese Aufsätze einen Zugang zur Erlebnis-, Erfahrungs- und Gedankenwelt von Kindern und stellen aufgrund ihrer großen Unmittelbarkeit und Nähe zum kindlichen Erleben „hervorragende Quellen" für dessen Erforschung dar (Heinritz 2001, S. 104). Eine andere Art von Selbstzeugnissen sind Kinderzeichnungen, die jedoch gegenwärtig in der qualitativen Kindheitsforschung nur wenig Beachtung finden (vgl. etwa Mollenhauer 1996; Reiß 1996, 2000).

5.3 Auswertungsverfahren in der qualitativen Kindheits- und Jugendforschung

Die intensiven Methodendebatten in den 1980er-Jahren führten auf dem Gebiet der qualitativen Forschung insgesamt zu einer Ausdifferenzierung und einem verstärkten Einsatz qualitativer **Auswertungsverfahren**. Bestehende Ansätze wurden theoretisch untermauert und weiterentwickelt, neue Datenmaterialien, wie etwa Fotos oder Filme, erforderten differente Analysestrategien, Entwicklungen im anglo-amerikanischen Raum wurden aufgegriffen. Bezüglich der Auswertung erhobener Daten lässt sich zunächst einmal grob klassifizierend zwischen codierend vorgehenden und Kategorien bildenden Verfahren, wie etwa der qualitativen Inhaltsanalyse oder der grounded theory, und denjenigen Verfahren unterscheiden, die sequenzanalytisch vorgehen und der hermeneutischen Tradition verpflichtet sind, wie etwa narrative Analysen (vgl. Schütze 1983; Fischer-Rosenthal 1997), die Dokumentarische Methode (vgl. Bohnsack 1995, 1999) oder die objektive Hermeneutik. Die existierenden Analyseverfahren unterscheiden sich zudem hinsichtlich ihrer Eignung für bestimmte Datensorten sowie in ihren Zielsetzungen voneinander. So hat etwa die Dokumentarische Methode, die Bohnsack u.a. (1995) für die Analyse von Gruppendiskussionen mit Jugendlichen einsetzen, das Ziel, kollektive Erfahrungsräume zu erschließen und im Vergleich mit anderen Fällen schließlich zu einer Typenbildung zu gelangen (z.B. Bohnsack 1995; Bohnsack u.a. 2007; Krüger u.a. 2008; Nentwig-Gesemann 2002). Mittlerweile gibt es aber auch Bemühungen, dieses Analyse-Verfahren auch auf andere Materialien, wie etwa biographisch-narrative Interviews anzuwenden (vgl. Nohl 2008). Das durch die grounded theory von Glaser und Strauss (1967) beeinflusste Verfahren der Herausarbeitung biographischer Prozess-Strukturen von Fritz Schütze (1983), bezieht sich demgegenüber vornehmlich auf die Analyse biographisch-narrativer Interviews. Einer solchen Biographieanalyse geht es in erster Linie um die Erschließung individueller Erfahrungsräume anhand der Rekonstruktion narrativer Strukturen; ihr geht es aber auch um die Generierung sozialwissenschaftlicher Typen und die Herausarbeitung allgemeiner Muster. Dieses Verfahren findet in biographisch orientierten Studien sowohl in der Jugend- als auch teilweise in der Kindheitsforschung eine breite Anwendung (vgl. etwa Fuchs-Heinritz/Krüger 1991; Grunert 1999; Wensierski 2006; Krüger/Ecarius/Grunert 1994).

Ein anderes Ziel verfolgt etwa das von Ulrich Oevermann entwickelte Konzept der objektiven Hermeneutik, indem es darauf ausgerichtet ist, das zu untersuchende soziale Handeln im Hinblick auf handlungsgenerierende latente Sinnstrukturen hermeneutisch auszulegen (vgl. Reichertz 2000). Mittels dieser Methode werden nicht nur Interviewtexte, sondern alle vorkommenden Texte, wie etwa Protokolle, Akten, Annoncen etc., aber auch Photos, Filme Architektur, Malerei, die als Texte aufgefasst werden (vgl. Garz 1994) analysiert. Die objektive Hermeneutik spielt in verschiedenen Untersuchungen im Bereich der Jugendforschung eine wichtige Rolle (vgl. etwa Helsper u.a. 1991; Helsper/Böhme 2000; Stelmaszyk 1999; Kramer 2002).

5.4 Triangulationsverfahren

Triangulation in der Sozialforschung (vgl. Flick im Überblick 2007) meint die Betrachtung eines Forschungsgegenstandes von (mindestens) zwei Punkten aus. Dabei lassen sich nach Denzin (1978) vier verschiedene Formen von Triangulation unterscheiden: die Daten- Triangulation, bei der verschiedene Daten unter einer gemeinsamen Fragestellung in Beziehung gesetzt werden; die Investigator- oder Forscher-Triangulation, die darauf abzielt, Interpretationen in Gruppen durchzuführen, um subjektive Sichtweisen kontrollieren und korrigieren zu können; die Theorien-Triangulation, bei der es darum geht, Daten vor dem Hintergrund verschiedener theoretischer Perspektiven und Hypothesen zu betrachten sowie die Methoden-Triangulation, die versucht, verschiedene Methoden miteinander zu kombinieren, die unterschiedliche Schwächen aufweisen (vgl. Flick 2000; Marotzki 1999). Triangulation, die ursprünglich mit dem Ziel in die sozialwissenschaftliche Methodendiskussion eingeführt wurde, die Validität und Objektivität der gewonnenen Aussagen zu stärken, wird heute vielmehr als Strategie verwendet, die Tiefe und Breite der Analyse zu erweitern, indem der Gegenstand aus verschiedenen Perspektiven betrachtet wird.

In der Kindheits- und Jugendforschung existieren mittlerweile mehrere Untersuchungen, die ohne zum Teil den Terminus selbst zu gebrauchen, triangulierend vorgehen. Insbesondere für ethnographische Projekte (vgl. etwa Apel u.a. 1995; Breidenstein/Kelle 1998), die sich unterschiedlicher methodischer Zugänge bedienen, ist Triangulation grundlegend. Aber auch in anderen Projekten gehört Triangulation gegenwärtig zum Forschungsalltag, etwa wenn narrative und Leitfadeninterviews (vgl. etwa du Bois-Reymond u.a. 1994); Selbstzeugnisse, wie Aufsätze, mit Interviews (vgl. etwa Behnken/Zinnecker 1997) oder wenn Gruppendiskussionen mit Interviewverfahren (vgl. etwa Unger 2000; Krüger u.a. 2008) und teilnehmender Beobachtung (vgl. etwa Bohnsack u.a. 1995) kombiniert werden. Als problematisch an einem solchen Vorgehen kann jedoch die teilweise kaum vorhandene methodische Reflexion der Verwendung unterschiedlicher Datensorten und Methoden erachtet werden.

Darüber hinaus gibt es in den letzten Jahren auch erste systematische Überlegungen zu Fragen der Triangulation insbesondere auch von qualitativen und quantitativen Daten (vgl. etwa Krüger/Pfaff 2004) sowie erste Versuche, dies angemessen umzusetzen (vgl. Kötters 2000; Pfaff 2006; Helsper/Krüger/Fritzsche u.a. 2006).

6 Forschungsdesiderata und -perspektiven

Zieht man eine Bilanz zum gegenwärtigen Stand der Kindheits- und Jugendforschung, so wird zunächst einmal deutlich, dass sich qualitative Forschungsmethoden in diesen Feldern durchgesetzt haben und mittlerweile neben den quantitifizierenden Verfahren zum Standard gehören. Eine Reihe von Forschungsthemen wurde, wie der Überblick in Abschnitt 4 zeigt, bisher auf der Basis qualitativer Zugänge untersucht. In der Zusammenschau dieser bearbeiteten Forschungsschwerpunkte und verwendeten Methoden sollen nun abschließend noch einige Forschungsdesiderata aufgezeigt werden, die sich vor dem Hintergrund aktueller gesellschaftlicher Entwicklungen und theoretischer Debatten abzeichnen.

Gerade angesichts der Diskussion um eine zunehmende Pädagogisierung des außerschulischen Kinderalltags wurden bisher die Muster kindlicher Lebensführung und der Alltag von Kindern in pädagogischen Institutionen, wie dem Kindergarten, dem Hort oder in Einrichtungen der offenen Kinder- und Jugendarbeit kaum erforscht. Ein ähnliches Forschungsdesiderat ergibt sich für die qualitative Jugendforschung. Mit wenigen Ausnahmen (vgl. etwa Thole 1991; Thiersch u.a. 1998; Delmas/Reichert/Scherr 2004; Müller/Schulz/Schmidt 2005), die sich explizit mit der Frage nach den bildungsmäßigen Gelegenheitsstrukturen in der offenen Jugendarbeit beschäftigen, haben auch hier die Alltagswelten und die Gestaltungsspielräume von Jugendlichen in (sozial-)pädagogischen Institutionen sowie deren biographische Relevanz als ein zentrales Thema für die Jugendforschung bisher noch wenig Beachtung gefunden.

Ein weiteres wichtiges Forschungsfeld, das sowohl in der Kindheits- als auch in der Jugendforschung noch in den Anfängen steckt, wäre eine interkulturell vergleichende Forschung. Hier sind qualitative Studien, die sich aus einer subjekt- und erlebnisorientierten Perspektive dem Gegenstand nähern, im Gegensatz zu quantitativen Vergleichsstudien bisher stark unterrepräsentiert. Zwar gibt es in beiden Forschungsfeldern bereits erste Überblicke zu den Lebenslagen von Kindern und Jugendlichen in verschiedenen Ländern (vgl. etwa Chisholm/Büchner/Krüger u.a. 1995; Heinz 1999) oder bikulturelle Vergleichsstudien (vgl. Bois-Reymond u.a. 1994; Büchner u.a. 1998), von einer interkulturell vergleichenden Kindheits- und Jugendforschung kann jedoch bisher noch kaum die Rede sein. Dies liegt nicht zuletzt daran, dass eine Methodik qualitativ-interkultureller Forschung bisher noch kaum erarbeitet worden ist (vgl. Furstenberg 1993). Insbesondere die Frage nach den Auswirkungen einer voranschreitenden europäische Integration sowie der ökonomischen und kulturellen Globalisierung auf das Alltagsleben und die biographischen Chancen und Risiken von Kindern und Jugendlichen in verschiedenen Ländern stellt die Kindheits- und Jugendforschung vor eine Vielzahl neuer Herausforderungen (vgl. auch Bois-Reymond in diesem Band).

In methodischer Hinsicht lässt sich für die letzten Jahre eine stärkere Orientierung an anspruchsvollen Erhebungs- und Interpretationsverfahren, etwa biographieanalytischen, ethnographischen oder objektiv-hermeneutischen Methoden in beiden Forschungsfeldern beobachten. Die Suche nach geeigneten Analyseverfahren führte dabei zu einer intensiven Methodendiskussion, die gleichzeitig neue Forschungswege hervorgebracht hat (vgl. für die Jugendforschung etwa die dokumentarische Methode – Bohnsack 1999; für die Kindheitsforschung etwa das Tageslaufinterview – Zeiher/Zeiher 1994; Kirchhöfer 1999). In der Kindheitsforschung zeigt sich in der Auseinandersetzung um geeignete Erhebungs- und Analyseverfahren, dass hier noch längst nicht alle Möglichkeiten, einen Zugang zur kindlichen Lebenswelt zu finden, ausgeschöpft sind. So ist etwa die von Friederike Heinzel (2000) vorgeschlagene Nutzung der an vielen Grundschulen etablierten Gesprächskreise für die Analyse kindlichen Alltagslebens eine neue Form des Zugangs gerade auch zu jüngeren Altersgruppen und ihren erzählten Erfahrungen, die in der Kindheitsforschung bisher kaum verwendet wird (erste Ansätze vgl. etwa Nentwig-Gesemann 2002).

Generell sind Untersuchungen jüngerer Kinder in der sozialwissenschaftlich orientierten Kindheitsforschung noch eher selten. Insbesondere hier ist qualitative Kindheitsforschung aber auf spezifische Erhebungsmethoden angewiesen, wie etwa die teilnehmende Beobachtung oder die Sammlung von Kinderzeichnungen, da Interviewverfahren aufgrund der eingeschränkten Erzählkompetenzen im Vorschulalter wenig angemessen erscheinen.

Zudem ist eine Kombination qualitativer Fallstudien und quantitativer Surveystudien zwar häufiger programmatisch gefordert worden (vgl. etwa Krüger 1993; Grunert/Krüger 2000), in der konkreten Forschungspraxis wurden solche komplexeren methodischen Zugänge bislang jedoch kaum realisiert. Mit einem derartigen Vorgehen bestünde jedoch die Chance, intensive rekonstruktive Analysen von Handlungsräumen und individuellen Ausprägungen vornehmen und zugleich systematisch angelegte Überblicke über Entwicklungsdaten im Kindes- und Jugendalter gewinnen zu können (vgl. Krüger 1993). Eine Variante eines solchen methodischen Zugangs wäre etwa, eine auf der Basis ausführlicher Einzelfallinterpretationen qualitativ gewonnene Typologie von biographischen Handlungsorientierungen in einem zweiten Schritt mit Hilfe quantitativer Verfahren auf ihre Verteilung nach Verteilungen hin zu untersuchen. Derartig angelegte Untersuchungen bilden bisher jedoch eher die Ausnahme (für die Übergangsphase Kindheit – Jugend vgl. etwa Kötters 2000).

Literatur

Alheit, P./Glaß, C.: Beschädigtes Leben. Soziale Biographien arbeitsloser Jugendlicher. Frankfurt a.M./New York 1986
Alheit, P./Rheinländer, K./Watermann, R.: Zwischen Bildungsaufstieg und Karriere. Studienperspektiven „nicht-traditioneller Studierender". In: Zeitschrift für Erziehungswissenschaft (2008), H. 4, S. 577-606

Apel, H. u.a.: Kulturanalyse und Ethnographie. Vergleichende Feldforschung im studentischen Raum. In: König, E./ Zedler, P. (1995), S. 343-375

Arbeitsgruppe Schulforschung: Leistungen und Versagen. Alltagstheorien von Schülern und Lehrern. München 1980

Baacke, D./Sander, U.: Biographieforschung und pädagogische Jugendforschung. In: Krüger, H.-H./Marotzki, W. (Hrsg.): Handbuch erziehungswissenschaftliche Biographieforschung. 2. akt. Aufl., Wiesbaden 2006, S. 257-272

Baethge, M. u.a.: Jugend: Arbeit und Identität. Lebensperspektiven und Interessenorientierungen von Jugendlichen. Opladen 1988

Baethge-Kinsky, V./Kupka, P.: Ist die Facharbeiterausbildung noch zu retten? Zur Vereinbarung subjektiver Ansprüche und betrieblicher Bedingungen in der Industrie. In: Bolder, A./Heinz, W.R./Kutscha, G. (Hrsg.): Deregulierung der Arbeit-Pluralisierung der Bildung? Opladen 2001, S. 166-182

Beck, G./Scholz, G.: Teilnehmende Beobachtung von Grundschulkindern. In: Heinzel, F. (2000), S. 147-170

Beck, U.: Risikogesellschaft, Frankfurt a.M. 1986

Becker, H./Eigenbrodt, J./May, M.: Unterschiedliche Sozialräume von Jugendlichen in ihrer Bedeutung für pädagogisches Handeln. In: Zeitschrift für Pädagogik 30 (1984), H. 4, S. 498-517

Behnken, I. u.a.: Projekt Kindheit im Siegerland. Fallstudien zur Modernisierung von Kindheit. Methoden Manuale. Broschüre Nr. 2. Siegen 1991

Behnken, I./Jaumann, O. (Hrsg.): Kindheit und Schule. Kinderleben im Blick von Grundschulpädagogik und Kindheitsforschung. Weinheim/München 1995

Behnken, I./Zinnecker, J.: Expressives Schreiben in der Adoleszenz. Bericht aus einer qualitativ-empirischen Studie. In: Behnken, I./Schulze, Th. (Hrsg.): Tatort Biographie. Opladen 1997

Bernfeld, S.: Über den Begriff der Jugend. Wien 1915

Bertlein, H.: Jugendleben und soziales Bildungsschicksal. Hannover 1960

Bietau, A.: Arbeiterjugendliche zwischen Schule und Subkultur – Eine Straßenclique in einer ehemaligen Bergarbeitersiedlung des Ruhrgebietes. In: Breyvogel, W. (1989), S. 131-159

Böhme, J.: Schulmythen und ihre imaginäre Verbürgung durch oppositionelle Schüler. Bad Heilbrunn 2000

Bohnsack, R./Loos, P./Schäffer, B./Städtler, K./Wild, B.: Die Suche nach Gemeinsamkeit und die Gewalt in der Gruppe. Hooligans, Musikgruppen und andere Jugendcliquen. Opladen 1995

Bohnsack, R.: Generation, Milieu und Geschlecht. Ergebnisse aus Gruppendiskussionen mit Jugendlichen. Opladen 1989

Bohnsack, R.: Gruppendiskussion. In: Flick, U./Kardorff, E. von/Steinke, I. (2000), S. 369-383

Bohnsack, R.: Rekonstruktive Sozialforschung – Einführung in Methodologie und Praxis. 3. überarb. u. erw. Aufl., Opladen 1999

Bohnsack, R./Nentwig-Gesemann, I./Nohl, A.-M. (Hrsg.): Die dokumentarische Methode und ihre Forschungspraxis: Grundlagen qualitativer Sozialforschung. 2. Aufl., Wiesbaden 2007

Bois-Reymond, M. du/Büchner, P./Krüger, H.-H. u.a.: Kinderleben. Modernisierung von Kindheit im interkulturellen Vergleich. Opladen 1994

Bois-Reymond, M. du/Oechsle, M. (Hrsg.): Neue Jugendbiographie? Zum Strukturwandel der Jugendphase. Opladen 1990

Bois-Reymond, M. du: Der Verhandlungshaushalt im Modernisierungsprozeß. In: Büchner, P. u.a.: Teenie-Welten. Aufwachsen in drei europäischen Regionen. Opladen 1998, S. 83-112

Bois-Reymond, M. du: Die moderne Familie als Verhandlungshaushalt. Eltern-Kind-Beziehungen in West- und Ostdeutschland und in den Niederlanden. In: Bois-Reymond, M. du/Büchner, P./Krüger, H.-H. u.a. (1994), S. 137-219

Bois-Reymond, M. du/Diepstraten, I.: Neue Lern- und Arbeitsbiographien. In: Kahlert, H./Mansel, J. (Hrsg.): Bildung und Berufsorientierung: Der Einfluss von Schule und informellen Kontexten auf die berufliche Identitätsentwicklung. Weinheim/München 2007, S. 207-226

Braches-Chyrek, R.: Zur Lebenslage von Kindern in Ein-Eltern-Familien. Opladen 2002

Breidenstein, G./Kelle, H.: Geschlechteralltag in der Schulklasse. Ethnographische Studien zur Gleichaltrigenkultur. Weinheim/München 1998

Breidenstein, G./Prengel, A. (Hrsg.): Schulforschung und Kindheitsforschung - ein Gegensatz? Wiesbaden 2005

Breyvogel, W. (Hrsg.): Pädagogische Jugendforschung. Erkenntnisse und Perspektiven. Opladen 1989

Brüdigam, U.: Strukturale Aspekte moderner Bildungsprozesse. Das Beispiel der Star-Trek-Fans. Opladen 2001

Büchner, P. u.a.: Teenie-Welten. Aufwachsen in drei europäischen Regionen. Opladen 1998

Büchner, P./Fuhs, B./Krüger, H.-H.: Transformation der Eltern-Kind-Beziehungen? Facetten der Kindbezogenheit des elterlichen Erziehungsverhaltens in Ost- und Westdeutschland. In: Zeitschrift für Pädagogik. 37. Beiheft (1997), S. 35-52

Büchner, P./Fuhs, B.: Kinderkulturelle Praxis: Kindliche Handlungskontexte und Aktivitätsprofile im außerschulischen Lebensalltag. In: Bois-Reymond, M. du/Büchner, P./Krüger, H.-H. u.a. (1994), S. 63-135
Büchner, P./Krüger, H.-H./Chisholm, L. (Hrsg.): Kindheit und Jugend im interkulturellen Vergleich. Opladen 1990
Büchner, P.: Aufwachsen in den 80er Jahren. Zum Wandel kindlicher Normalbiografien in der Bundesrepublik Deutschland. In: Büchner, P./Krüger, H.-H./Chisholm, L. (1990), S. 79-94
Büchner, P.: Kindliche Risikobiographien. Über die Kulturalisierung von sozialer Ungleichheit im Kindesalter. In: Rohrmann, E. (Hrsg.): Mehr Ungleichheit für alle. Fakten, Analysen und Berichte zur sozialen Lage der Republik am Anfang des 21. Jahrhunderts. Heidelberg 2001, S. 97-114
Bühler, Ch./Hetzer, H.: Zur Geschichte der Kinderpsychologie. In: Brunswik, E. (Hrsg.): Beiträge zur Problemgeschichte der Psychologie. Jena 1929, S. 204-224
Bühler, Ch.: Das Seelenleben des Jugendlichen. Versuch einer Analyse und Theorie der psychischen Pubertät. Jena 1921
Bühler, C.: Zwischen Flexibilität und Resignation. Berufliche Identität junger Erwerbstätiger. In: Mansel, J./Kahlert, H. (Hrsg.): „Arbeit und Identität im Jugendalter". Weinheim/München 2007, S. 33-48
Chassé, K.A./Zander, M./Rasch, K.: Meine Familie ist arm. Wie Kinder im Grundschulalter Armut erleben und bewältigen. 3. Aufl., Wiesbaden 2007
Chisholm, L./Büchner, P./Krüger, H.-H. u.a.: Growing up in europe. Berlin/New York 1995
Christen, F./Vogt, H./Upmeier zu Belzen, A.: Typologische Einstellungsausprägungen bei Grundschulkindern zu Schule und Sachunterricht und der Zusammenhang zu ihrer Interessiertheit. In: Heinzel, F./Prengel, A. (Hrsg.): Heterogenität, Integration und Differenzierung in der Primarstufe. Jahrbuch Grundschulforschung 6. Opladen 2002, S. 216-221
Dehn, G.: Proletarische Jugend. Lebensgestaltung und Gedankenwelt der großstädtischen Proletarierjugend. 2. Aufl., Berlin 1930
Delmas, N./Reichert, J./Scherr, A.: Bildungsprozesse in der Jugendarbeit – Evaluation von Praxiseinrichtungen der Jugendarbeit. In: Akademie der Jugendarbeit Baden-Württemberg e.V. (Hrsg.): Jugendarbeit ist Bildung! Die Offensive Jugendbildung in Baden-Württemberg 2003 – 2004. Materialien: Berichte, Expertisen, empirische Studien. Stuttgart 2004, S. 86-107
Denzin, N.K.: The Research Act. Chicago 1978
Diezinger, A.: Biographien im Werden. Qualitative Forschung im Bereich von Jugendbiographieforschung. In: König, E./Zedler, P. (1995), S. 265-289
Diezinger, A.: Frauen: Arbeit und Individualisierung. Chancen und Risiken. Opladen 1991
Dinse, R.: Das Freizeitleben der Großstadtjugend. Berlin 1930
Dudek, P.: Jugend als Objekt der Wissenschaften. Geschichte der Jugendforschung in Deutschland und Österreich. Opladen 1990
Ecarius, J./Grunert, C.: Ostdeutsche Heranwachsende zwischen Risiko- und Gefahrenbiographie. In: Büchner, P. u.a.: Teenie-Welten. Aufwachsen in drei europäischen Regionen. Opladen 1998, S. 245-260
Ecarius, J./Grunert, C.: Verselbständigung als Individualisierungsfalle. In: Mansel, J. (1996), S. 192-216
Eckert, R./Reis, C./Wetzstein, Th.: „Ich will halt anders sein als die anderen." Abgrenzung, Gewalt und Kreativität bei Gruppen Jugendlicher. Opladen 2000
Egloff, B.: Möglichkeitsraum Praktikum. Zur studentischen Aneignung einer Phase im Pädagogik- und Medizinstudium. In: Zeitschrift für Erziehungswissenschaft, (2004), H. 2, S. 263-276
Fend, H.: Sozialgeschichte des Aufwachsens. Frankfurt a.M. 1988
Ferchhoff, W.: Jugend an der Wende vom 20. zum 21. Jahrhundert. Lebensformen und Lebensstile. Opladen 1999
Fischer-Rosenthal, W./Rosenthal, G.: Narrationsanalyse biographischer Selbstpräsentationen. In: Hitzler, R./Honer, A. (Hrsg.): Sozialwissenschaftliche Hermeneutik. Opladen 1997, S. 133-164
Flick, U./Kardorff, E. von/Steinke, I. (Hrsg.): Qualitative Forschung. Ein Handbuch. Reinbek 2000
Flick, U.: Triangulation in der qualitativen Forschung. In: Flick, U./Kardorff, E. von/Steinke, I. (2000), S. 309-318
Flick, U.: Triangulation. Eine Einführung. 2. Aufl., Wiesbaden 2007
Flitner, A.: Eine Wissenschaft für die Praxis. In: Zeitschrift für Pädagogik 24 (1978), H. 2, S. 183-193
Fölling-Albers, M.: Kindheitsforschung und Schule. Überlegungen zu einem Annäherungsprozeß. In: Behnken, I./Jaumann, O. (1995), S. 11-20
Fölling-Albers, M.: Veränderte Kindheit - revisited. Konzepte und Ergebnisse sozialwissenschaftlicher Kindheitsforschung der vergangenen 20 Jahre. In: Dies./Richter, S. u.a. (Hrsg.): Kindheitsforschung, Forschung zum Sachunterricht. Jahrbuch Grundschule III. Fragen der Praxis – Befunde der Forschung. Seelze/Velber 2001, S. 10-51
Fölling-Albers, M./Schwarzmeier, K.: Schulische Lernerfahrungen aus der Perspektive von Kindern. In: Breidenstein, G./Prengel, A. (Hrsg.): Schulforschung und Kindheitsforschung - ein Gegensatz? Wiesbaden 2005, S. 95-114

Friebertshäuser, B.: Übergangsphase Studienbeginn. Eine Feldstudie über Riten der Initiation in eine studentische Fachkultur. Weinheim/München 1992

Fuchs, W.: Biographische Forschung. Eine Einführung in Praxis und Methoden. Opladen 1984

Fuchs, W.: Jugendliche Statuspassage oder individualisierte Jugendbiographie? In: Soziale Welt 34 (1983), S. 341-371

Fuchs-Heinritz, W./Krüger, H.-H. (Hrsg.): Feste Fahrpläne durch die Jugendphase? Jugendbiographien heute. Opladen 1991

Fuhs, B.: Qualitative Interviews mit Kindern. Überlegungen zu einer schwierigen Methode. In: Heinzel, F. (2000), S. 87-104

Fuhs, B.: Kinderfreizeit als Familienprojekt. In: Herlth, A./Engelbert, A./Palentien, C. (Hrsg.): Spannungsfeld Familienkindheit. Neue Anforderungen, Risiken und Chancen. Opladen 2000 S. 202-217

Fuhs, B.: Kinderkultur und Internet. Überlegungen aus Sicht der Kindheitsforschung. In: Rosenstock, R./Schubert, C./Beck, K. (Hrsg.): Medien im Lebenslauf. Demographischer Wandel und Mediennutzung. München 2007, S. 163-180

Furstenberg, F.F.: Reflections on the sociology of Childhood. In: Qvortrup, J. (Ed.): Childhood as a social phenomenon. Eurosocial Report 47 (1993), Wien 1993, S. 29-43

Garz, D.: Die Welt als Text. Frankfurt a.M. 1994

Glaser, B.G./Strauss, A.L.: The discovery of grounded theory. Strategies for qualitative research. Chicago 1967

Groffmann, A. C.: Das unvollendete Drama. Jugend- und Skinheadgruppen im Vereinigungsprozess. Opladen 2001

Grunert, C./Krüger, H.-H.: Biographieforschung und pädagogische Kindheitsforschung. In: Krüger, H.-H./Marotzki, W. (Hrsg.): Handbuch erziehungswissenschaftliche Biographieforschung. Opladen 1999, S. 227-242

Grunert, C.: Vom Pionier zum Diplom-Pädagogen. Lebensgeschichten und Berufsperspektiven von Diplom-PädagogInnen in den neuen Bundesländern. Opladen 1999

Grundmann, M./Fuss, D./Suckow, J.: Sozialökologische Sozialisationsforschung: Entwicklung, Gegenstand und Anwendungsbereiche. In: Grundmann, M./Lüscher, K. (Hrsg.): Sozialökologische Sozialisationsforschung. Konstanz 2000, S. 17-76

Heinritz, Ch.: Autobiographien als erziehungswissenschaftliche Quellentexte. In: Friebertshäuser, B./Prengel, A. (Hrsg.): Handbuch Qualitative Forschungsmethoden in der Erziehungswissenschaft. Weinheim/München 1997, S. 341-353

Heinritz, Ch.: Erlebnis und Biographie: freie Aufsätze von Kindern. In: Behnken, I./Zinnecker, J. (Hrsg.): Kinder. Kindheit. Lebensgeschichte. Seelze-Velber 2001

Heinz, W.R. (Ed.): From education to work. Cross – National Perspektives. Cambridge 1999

Heinz, W.R. u.a.: „Hauptsache eine Lehrstelle". Jugendliche vor den Hürden des Arbeitsmarktes. Weinheim/Basel 1985

Heinz, W.R./Krüger, H.: Jugendliche vor den Hürden des Arbeitsmarktes. In: Bois-Reymond, M. du/Oechsle, M. (1990), S. 79-93

Heinzel, F. (Hrsg.): Methoden der Kindheitsforschung. Ein Überblick über Forschungszugänge zur kindlichen Perspektive. Weinheim/München 2000

Heinzel, F.: Kinder in Gruppendiskussionen und Kreisgesprächen. In: Heinzel, F. (2000), S. 117-131

Heinzel, F.: Subjekt und Methode – Wege einer kindzentrierten Grundschulforschung. In: Götz, M./Müller, K. (Hrsg.): Grundschule zwischen den Ansprüchen der Individualisierung und Standardisierung. Wiesbaden 2005, S. 53-68

Helsper, W. u.a.: Jugendliche Außenseiter. Zur Rekonstruktion scheiternder Bildungs- und Ausbildungsverläufe. Opladen 1991

Helsper, W. u.a.: Jugendliche Übersiedler zwischen vordergründiger Integration und Ausschlusserfahrung. In: Büchner, P./Krüger, H.-H. (Hrsg.): Aufwachsen hüben und drüben. Opladen 1991, S. 267-285

Helsper, W. u.a.: Schulkultur und Schulmythos. Rekonstruktionen zur Schulkultur. Opladen 2001

Helsper, W./Böhme, J.: Rekonstruktionen zu einer Mythologie der Schule – zur Konstruktion pädagogischen Sinns. In: Kraimer, K. (Hrsg.): Die Fallrekonstruktion. Frankfurt a.M. 2000

Helsper, W.: Jugendliche Gegenkultur und schulisch-bürokratische Rationalität: Zur Ambivalenz von Individualisierungs- und Informationsprozessen. In: Breyvogel, W. (1989), S. 161-185

Helsper, W.: Okkultismus. Die neue Jugendreligion? Die Symbolik des Todes und des Bösen in der Jugendkultur. Opladen 1992

Helsper, W./Böhme, J.: Handbuch der Schulforschung. Wiesbaden 2004

Helsper, W./Krüger, H.-H./Fritzsche, S. u.a.: Unpolitische Jugend? Eine Studie zum Verhältnis von Schule, Anerkennung und Politik. Wiesbaden 2006

Herrmann, U.: „Innenansichten" Erinnerte Lebensgeschichte und geschichtliche Lebenserinnerung, oder Pädagogische Reflexion und ihr „Sitz im Leben". In: Berg, Ch. (Hrsg.): Kinderwelten. Frankfurt a.M. 1991, S. 41-67

Hitzler, R./Bucher, T./Niederbacher, A.: Leben in Szenen: Formen Jugendlicher Vergemeinschaftung heute. Wiesbaden 2005

Hock, B./Holz, G./Wüstendörfer, W.: Folgen familiärer Armut im frühen Kindesalter – Eine Annäherung anhand von Fallbeispielen. Frankfurt am Main 2000

Honig, M.-S./Leu, H.R./Nissen, U.: Kindheit als Sozialisationsphase und als kulturelles Muster. Zur Strukturierung eines Forschungsfeldes. In: Honig, M.-S./Leu, H.R./Nissen, U. (Hrsg.): Kinder und Kindheit. Weinheim/München 1996, S. 9-29

Hopf, Ch. u.a.: Familie und Rechtsextremismus. Familiale Sozialisation und rechtsextreme Orientierungen junger Männer. Weinheim/München 1995

Hopf, Ch.: Die Pseudo-Exploration – Überlegungen zur Technik qualitativer Interviews in der Sozialforschung. In: Zeitschrift für Soziologie (1978), H. 7, S. 97-115

Hopf, Ch.: Qualitative Interviews – ein Überblick. In: Flick, U./Kardorff, E. von/Steinke, I. (2000), S. 349-359

Hornstein, W.: Ein halbes Jahrzehnt „Pädagogische Jugendforschung". Überlegungen am Ende eines Forschungsprogrammes. In: Breyvogel, W. (1989), S. 227-257

Hornstein, W.: Jugendforschung – Kennt sie die Jugend? In: Deutsches Jugendinstitut (Hrsg.): Immer diese Jugend? München 1985, S. 351-362

Hummrich, M.: Die Fremdheit bildungserfolgreicher Migrantinnen. In: Geisen, T./Riegel, C. (Hrsg.): Jugend, Partizipation und Migration: Orientierungen im Kontext von Integration und Ausgrenzung. Wiesbaden 2007, S. 195-214

Hummrich, M./Wiezorek, C.: Elternhaus und Schule. Pädagogische Generationsbeziehungen im Konflikt? In: Hamburger, F./Badawia, T./Hummrich, M. (Hrsg.): Migration und Bildung: Über das Verhältnis von Anerkennung und Zumutung in der Einwanderungsgesellschaft. Wiesbaden 2005, S. 105-120

Huhn, N. u.a.: Videografieren als Beobachtungsmethode in der Sozialforschung – am Beispiel eines Feldforschungsprojekts zum Konfliktverhalten von Kindern. In: Heinzel, F. (2000), S. 185-202

Hurrelmann, K./Wolf, H.: Schulerfolg und Schulversagen im Jugendalter. Weinheim/München 1986

Jugendwerk der Deutschen Shell (Hrsg.): Jugend '81. Lebensentwürfe, Alltagskulturen, Zukunftsbilder. 5 Bde., Hamburg 1981

Jugendwerk der Deutschen Shell (Hrsg.): Jugendliche und Erwachsene '85. 5 Bde., Opladen 1985

Kauke, M.: Kinder auf dem Pausenhof. Soziale Interaktion und soziale Normen. In: Behnken, I./Jaumann, O. (1995), S. 51-62

Kieper, M.: Lebenswelten „Verwahrloster" Mädchen. München 1980

Kirchhöfer, D.: Kinder zwischen selbst- und fremdbestimmter Zeitorganisation. In: Fromme, J./Kommer, S./Mansel, J./Treumann, K.-P. (Hrsg.): Selbstsozialisation, Kinderkultur und Mediennutzung. Opladen 1999, S. 100-112

Kirchhöfer, D.: Tageslaufanalyse als biographische Erkenntnismethode. In: Behnken, I./Zinnecker, J. (Hrsg.): Kinder, Kindheit, Lebensgeschichte. Seelze-Velber 2001, S. 115-128

Kohl, E.M.: Schreibspielräume für Kinder. In: Heinzel, F. (2000), S. 217-230

König, E./Zedler, P. (Hrsg.): Bilanz qualitativer Forschung. Bd. 2: Methoden. Weinheim 1995

Kötters, C.: Wege aus der Kindheit. Biographische Schritte der Verselbständigung im Ost-West-Vergleich. Opladen 2000

Kramer, R.-T.: Schulkultur und Schülerbiographien. Wiesbaden 2002

Krappmann, L./Oswald, H.: Alltag der Schulkinder. Beobachtungen und Analysen von Interaktionen und Sozialbeziehungen. Weinheim/München 1995

Kreutz, H.: Wohnungsnot unter Studierenden: Realität oder ideologische Anklage? Nürnberg 1981

Krüger, H.-H./Ecarius, J./Grunert, C.: Kinderbiographien: Verselbständigungsschritte und Lebensentwürfe. In: Bois-Reymond, M. du/Büchner, P./Krüger, H.-H. u.a. (1994), S. 221-271

Krüger, H.-H./Grunert, C.: Jugendforschung in Deutschland von der Nachkriegszeit bis zum Beginn des 21. Jahrhunderts. In: Götte, P./Gippert, W. (Hrsg.): Historische Pädagogik am Beginn des 21. Jahrhunderts. Essen 2000, S. 181-202

Krüger, H.-H.: Einführung in Theorien und Methoden der Erziehungswissenschaft. Opladen 1997.

Krüger, H.-H.: Geschichte und Perspektiven der Jugendforschung – historische Entwicklungslinien und Bezugspunkte für eine theoretische und methodische Neuorientierung. In: Krüger, H.-H. (Hrsg.): Handbuch der Jugendforschung. 2. Aufl., Opladen 1993, S. 17-30

Krüger, H.-H.: Stichwort qualitative Forschung in der Erziehungswissenschaft. In: Zeitschrift für Erziehungswissenschaft (2000), H. 3, S. 323-342

Krüger, H.-H./Köhler, S./Zschach, M./Pfaff, N.: Kinder und ihre Peers. Freundschaftsbeziehungen und schulische Bildungsbiographien. Opladen/Farmington Hills 2008

Krüger, H.-H./Pfaff, N.: Triangulation quantitativer und qualitativer Zugänge in der Schulforschung. In: Helsper, W./ Böhme, J. (Hrsg.): Handbuch der Schulforschung. Wiesbaden 2004
Küppers, W.: Mädchentagebücher in der Nachkriegszeit. Stuttgart 1964
Küster, E.-U.: Fremdheit und Anerkennung: Ethnographie eines Jugendhauses. Weinheim/München 2003
Küsters, I.: Narrative Interviews Grundlagen und Anwendungen: Grundlagen und Anwendungen. Wiesbaden 2006
Lange, A.: Kindsein heute: Theoretische Konzepte und Befunde der sozialwissenschaftlichen Kindheitsforschung sowie eine Explorativuntersuchung zum Kinderalltag in einer bodenseenahen Gemeinde. Konstanz 1996
Langeveld, M.: Studien zur Anthropologie des Kindes. Tübingen 1964
Lenz, K.: Alltagswelten von Jugendlichen. Frankfurt a.M. 1986
Lenz, K.: Die vielen Gesichter der Jugend. Jugendliche Handlungstypen in biographischen Portraits. Frankfurt a.M. 1988
Lenz, K.: Jugend im Plural. Theoretische Grundlagen, Methodik und Ergebnisse aus einem Forschungsprojekt. In: Bois-Reymond, M. du/Oechsle, M. (1990), S. 115-134
Lenz, K.: Prozeßstrukturen biographischer Verläufe in der Jugendphase und danach. Methodische Grundlagen einer qualitativen Langzeitstudie. In: Combe, A./Helsper, W. (Hrsg.): Hermeneutische Jugendforschung. Opladen 1991
Leu, H.R.: Sozialberichterstattung über die Lage von Kindern – ein weites Feld. In: Ders. (Hrsg.): Sozialberichterstattung zu Lebenslagen von Kindern. Wiesbaden 2002, S. 9-34
Lex, T.: Berufswege Jugendlicher zwischen Integration und Ausgrenzung. Weinheim 1997
Liebau, E./Huber, L.: „Die Kulturen der Fächer". In: Neue Sammlung, Themenheft 3 (1985), 314-339
Lippitz, W./Meyer-Drawe, K. (Hrsg.): Lernen und seine Horizonte. Frankfurt a. M. 1986
Lippitz, W./Rittelmeyer, C. (Hrsg.): Phänomene des Kinderlebens. Bad Heilbrunn 1989
Lüders, Ch.: Beobachten im Feld und Ethographie. In: Flick, U./Kardorff, E. von/Steinke, I. (2000), S. 384-401
Mansel, J. (Hrsg.): Glückliche Kindheit – Schwierige Zeit? Über die veränderten Bedingungen des Aufwachsens. Opladen 1996
Marotzki, Winfried: Forschungsmethoden und -methodologie der Erziehungswissenschaftlichen Biographieforschung. In: Krüger/Marotzki (Hrsg.): Handbuch erziehungswissenschaftliche Biographieforschung. Opladen 1999, S. 109-133
Meister, D./Sander, U./Treumann, K.P./Burkatzki, E./Hagedorn, J./Strotmann, M.: Mediale Gewalt: Ihre Rezeption, Wahrnehmung und Bewertung durch Jugendliche. Wiesbaden 2007
Mey, G.: Adoleszenz, Identität, Erzählung. Theoretische, methodologische und empirische Erkundungen. Berlin 1999
Michalek, R.: „also, wir Jungs sind...": Geschlechtervorstellungen von Grundschülern. Münster u.a. 2006
Mollenhauer, K.: Grundfragen ästhetischer Bildung. Weinheim/München 1996
Möller, K.: Rechte Kids. Weinheim/München 2000
Moritz, K. Ph.: Anton Reiser. Ein psychologischer Roman (1785). München 1997
Muchow, M./Muchow, H.H.: Der Lebensraum des Großstadtkindes (Hamburg 1935). Bensheim 1980
Müller, B./Schulz, M./Schmidt, S.: Offene Jugendarbeit als Ort informeller Bildung. In: deutsche jugend 53 (2005), H. 4, S. 151-160
Nentwig-Gesemann, I.: Gruppendiskussion mit Kindern. Die dokumentarische Interpretation von Spielpraxis und Diskursorganisation. Zeitschrift für Qualitative Bildungs-, Beratungs- und Sozialforschung (2002), H. 1, S. 41-63
Niemeyer, A.H.: Grundsätze der Erziehung und des Unterrichts für Eltern, Hauslehrer und Erzieher (Halle 1796). Paderborn 1970
Nittel, D./Marotzki, W. (Hrsg.): Berufslaufbahn und biographische Lernstrategien. Eine Fallstudie über Pädagogen in der Privatwirtschaft. Baltmannsweiler 1997
Nittel, D.: Gymnasiale Schullaufbahn und Identitätsentwicklung. Eine biographieanalytische Studie. Weinheim 1992
Nohl, A.-M.: Bildung und Spontaneität.Phasen biographischer Wandlungsprozesse in drei Lebensaltern - Empirische Rekonstruktionen und pragmatistische Reflexionen. Opladen 2006
Oevermann, U.: Das Verstehen des Fremden als Scheideweg hermeneutischer Methoden in den Erfahrungswissenschaften. In: Zeitschrift für Qualitative Bildungs-, Beratungs- und Sozialforschung (2001), H. 1, S. 67-92
Olk, Th.: Gibt es eine Krise der Jugendverbände? Herausforderungen der Jugendverbandsarbeit durch den Strukturwandel der Jugend. In: Benseler, F. u.a. (Hrsg.): Risiko Jugend. Leben, Arbeit und politische Kultur. Münster 1988, S. 199-216
Olk, Th.: Jugend und gesellschaftliche Differenzierung. Zur Entstrukturierung der Jugendphase. In: Zeitschrift für Pädagogik. 19. Beiheft (1985), S. 290-301
Panagiotopoulou, A./Brügelmann, H. (Hrsg.): Grundschulpädagogik meets Kindheitsforschung: Zum Wechselverhältnis von schulischem Lernen und ausserschulischen Erfahrungen im Grundschulalter. Wiesbaden 2003
Pasquale, J./Behnken, J./Zinnecker, J.: Pädagogisierte Kindheit in Familien – Ethnographische Fallstudien. In: Renner, E. (Hrsg.): Kinderwelten. Weinheim 1995, S. 65-94.

Petillon, H.: Das Sozialleben des Schulanfängers. Die Schule aus der Sicht des Kindes. Weinheim 1993
Pfaff, N.: Jugendkultur und Politisierung: Eine multimethodische Studie zur Entwicklung politischer Orientierungen im Jugendalter. Wiesbaden 2006
Pollock, F. (Hrsg.): Gruppenexperiment – Ein Studienbericht. In: Frankfurter Beiträge zur Soziologie, Bd. 2, Frankfurt a.M. 1955
Prengel, A./Breidenstein, G. (Hrsg.): Schulforschung und Kindheitsforschung – ein Gegensatz? Wiesbaden 2005
Preuss-Lausitz u.a.: Kriegskinder, Krisenkinder, Konsumkinder. Zur Sozialisationsgeschichte seit dem Zweiten Weltkrieg. Weinheim/Basel 1983
Preyer, W.: Die Seele des Kindes. Beobachtungen über die geistige Entwicklung des Menschen in den ersten Lebensjahren. Leipzig 1882
Projektgruppe Jugendbüro und Hauptschülerarbeit: Die Lebenswelt von Hauptschülern. Ergebnisse einer Untersuchung. München 1975
Projektgruppe Jugendbüro: Subkultur und Familie als Orientierungsmuster. Zur Lebenswelt von Hauptschülern. München 1977
Reichertz, J. Objektive Hermeneutik und hermeneutische Wissenssoziologie. In: Flick, U./Kardorff, E. von/Steinke, I. (2000), S. 514-523
Reiß, W.: Die Kinderzeichnung. Wege zum Kind durch seine Zeichnung. Neuwied u.a. 1996
Reiß, W.: Zur Produktion und Analyse von Kinderzeichnungen. In: Heinzel, F. (Hrsg.): Methoden der Kindheitsforschung. Ein Überblick über Forschungszugänge zur kindlichen Perspektive. Weinheim/München 2000, S. 231-245
Richter, R.: Qualitative Methoden in der Kindheitsforschung. In: Österreichische Zeitschrift für Soziologie 22 (1997), H. 4, S. 74-98
Richter, S.: Die Nutzung des Internets durch Kinder. Eine qualitative Studie zu internetspezifischen Nutzungsstrategien, Kompetenzen und Präferenzen von Kindern im Alter zwischen 11 und 13 Jahren. Frankfurt am Main 2004
Rieker, P.: Ethnozentrismus bei jungen Männern. Weinheim/München 1997
Roessler, W.: Jugend im Erziehungsfeld. Düsseldorf 1957
Rohlfs, C.: Freizeitwelten von Grundschulkindern. Eine qualitative Sekundäranalyse von Fallstudien. Weinheim/München 2006
Röhner, Ch.: Freie Texte als Selbstzeugnisse des Kinderlebens. In: Heinzel, F. (2000), S. 205-216
Röhner, Ch.: Kinder zwischen Selbstsozialisation und Pädagogik. Wiesbaden 2003
Rolff, H.-G./Zimmermann, P.: Kindheit im Wandel. Eine Einführung in die Sozialisation im Kindesalter. Weinheim/Basel 1985
Rousseau, J.-J.: Emile (1772). Hrsg. von Ludwig Schmidts. Paderborn 1971
Schäffer, B.: Die Band. Stil und ästhetische Praxis im Jugendalter. Opladen 1996
Schmidt, Ch.: Analyse von Leitfadeninterviews. In: Flick, U./Kardorff, E. von/Steinke, I. (2000), S. 456-467
Schneider, I. K.: Kinder erleben ihre Einschulung. Eine biographietheoretische Studie. In: Glumpler, E./Luchtenberg, S. (Hrsg.): Jahrbuch Grundschulforschung. Bd. 1, Weinheim 1997, S. 141-151
Schneider, I. K.: Kinder kommen in die Schule – Schulanfang aus biographischer Perspektive. In: Behnken, I./Zinnecker, J. (Hrsg.): Kinder – Kindheit – Lebensgeschichte. Ein Handbuch. Seelze/Velber 2001, S. 456-472
Schöll, A./Streib, H.: Wege der Entzauberung. Jugendliche Sinnsuche und Okkultfaszination – Kontexte und Analysen. Münster 2001
Schütze, F.: Biographieforschung und narratives Interview. In: Neue Praxis 13 (1983), S. 283-293
Schwarz, T.: Veganismus und das Recht der Tiere. Historische und theoretische Grundlagen sowie ausgewählte Fallstudien mit Tierrechtlern bzw. Veganern aus musikorientierten Jugendszenen. In: Breyvogel, W. (Hrsg.): Eine Einführung in die Jugendkulturen. Wiesbaden 2006, S. 69-163
Shaw, C.R.: The Jack-Roller. A Delinquent Boy's Own Story (1930). 5. Aufl., Chicago/London 1966
Stauber, B.: Junge Frauen und Männer in Jugendkulturen: Selbstinszenierungen und Handlungspotentiale. Wiesbaden 2004
Stelmaszyk, B.: Jugendliche Übersiedler. Zwischen Familien- und Gesellschaftsgeschichte. Opladen 1999
Stückrath, F./Welzel, E.: Vom Ausdruck des Kindes. Lübeck/Hamburg 1962
Sturzenhecker, B.: Wie studieren Diplom-PädagogInnen? Studienbiographien im Dilemma von Wissenschaft und Praxis. Weinheim 1993
Swiderek, Th. u.a.: Welten von Kindern – Alltag in institutionellen Räumen. In: Promotionskolleg „Kinder und Kindheiten im Spannungsfeld gesellschaftlicher Modernisierung" (Hrsg.): Kinderwelten und institutionelle Arrangements – Modernisierung von Kindheit. Wiesbaden 2006, S. 7-16
Thiersch, H. u.a.: Leistungen und Grenzen der Heimerziehung. Ergebnisse einer Evaluationsstudie stationärer und teilstationärer Erziehungshilfen. Stuttgart u.a. 1998

Thole, W.: Familie, Szene, Jugendhaus. Alltag und Subjektivität einer Jugendclique. Opladen 1991
Thomas, S.: Berliner Szenetreffpunkt Bahnhof Zoo: Alltag junger Menschen auf der Strasse. Wiesbaden 2005
Thomas, W.I./Znaniecki, F.: The Polish Peasant in Europe and America. 2 Bde. (zuerst 1918-1922), New York 1958
Trapp, E.Ch.: Versuch einer Pädagogik (Berlin 1780). Paderborn 1977
Unger, N.: Alltagswelten türkischer Jugendlicher in Deutschland. Opladen 2000
Vollbrecht, R.: Ost-Westdeutsche Widersprüche. Ostdeutsche Jugendliche nach der Wende und im Westen. Opladen 1993
von Gross, F.: Der Erwerb einkommensrelevanter Leistungskompetenzen in Jugendkulturen am Beispiel der Visual Kei-Szene. In: Mansel, J./Kahlert, H. (Hrsg.): Arbeit und Identität im Jugendalter. Weinheim/München 2007, S. 183-200
Walper, S.: Wandel von Familien als Sozialisationsinstanz. In: Geulen, D./Veith, H. (Hrsg.): Sozialisationstheorie interdisziplinär. Aktuelle Perspektiven. Stuttgart 2004, S. 217-252
Wensierski, H.-J. von: „Mit uns zieht die alte Zeit". Biographie und Lebenswelt junger DDR-Bürger im Umbruch. Opladen 1994
Wensierski, H.-J. von/Schützler, C./Schütt, S.: Berufsorientierende Jugendbildung: Grundlagen, empirische Befunde, Konzepte. Weinheim/München 2005
Wensierski, H.-J. von: Junge Muslime in Deutschland. Jugendbiografien und Lebenswelten. In: Sozial Extra (2006), H. 2, S. 17-22
Witzel, A.: Verfahren der qualitativen Sozialforschung. Überblick und Alternativen. Frankfurt a.M. 1982
Wulf, C./Althans, B./Audehm, K. u.a. (Hrsg.): Bildung im Ritual. Schule, Familie, Jugend, Medien. Wiesbaden 2004
Zeiher, H./Zeiher, H.: Orte und Zeiten der Kinder. Weinheim/München 1994
Zeiher, H.: Die vielen Räume der Kinder. Zum Wandel räumlicher Lebensbedingungen seit 1945. In: Press-Lausitz u.a. (1983), S. 176-194
Zeiher, H.: Öffentliche Freizeitorte und individuelle Zeitdisposition. In: Behnken, I./Jaumann, O. (1995), S. 119-130
Ziegler, K.: Psychosoziale Bewältigung von Streß im Kindesalter. In: Mansel, J. (1996), S. 40-83
Zinnecker, J.: Kindheit, Jugend und soziokultureller Wandel in der Bundesrepublik Deutschland. In: Büchner, P./Krüger, H.-H./Chisholm, L. (1990), S. 17-36
Zinnecker, J.: Pädagogische Ethnographie. In: Behnken, J./Jaumann, O. (1995), S. 21-38
Zinnecker, J.: Soziale Welten von Schülern und Schülerinnen. In: Zeitschrift für Pädagogik 46 (2000), H. 5, S. 667-690
Zinnecker, J.: Stadtkids – Kinderleben zwischen Straße und Schule. Weinheim/München 2001

Hede Helfrich

Methoden und Ergebnisse der kulturvergleichenden Kindheits- und Jugendforschung

1 Die Ziele der kulturvergleichenden Erforschung von Kindheit und Jugend

Betrachtet man die Erwartungen, die Erwachsene in unterschiedlichen Kulturen an ein Kind vergleichbaren Alters stellen, wird man beträchtliche Unterschiede feststellen, die sich in teilweise widersprüchlichen Rollenbildern äußern: das Kind kann als Schulkind, als vielversprechender Nachwuchs, als Pflegeobjekt, als Arbeitskraft, als Haushaltsvorstand oder als Kindersoldat wahrgenommen werden. Auch wenn man die Kinder selbst beobachtet, sind auffällige Verschiedenheiten anzutreffen – etwa im Umgang mit Erwachsenen, in der Art der Spiele, in der Bewältigung alltäglicher Verrichtungen und dem, worüber sie sprechen. Trotz dieser auffälligen Verschiedenheiten ist aber gleichzeitig nicht zu übersehen, dass der Mensch sich in allen Kulturen von einem bei der Geburt auf umfassende Unterstützung angewiesenen Wesen zu einem relativ selbständig handelnden Individuum entwickelt.

So kann man sich fragen, ob und inwieweit sich trotz der manifesten Vielfalt in allen Kulturen unter der Oberfläche des jeweils Andersartigen doch ähnliche Prinzipien der kindlichen und jugendlichen Entwicklung im Denken und Handeln entdecken lassen und inwieweit die jeweilige Kultur Bedingungen schafft, die die menschliche Entwicklung in entscheidender Weise modifizieren.

Die Beantwortung solcher Fragen setzt einen Vergleich verschiedener Kulturen – entweder explizit oder implizit – voraus. Im Mittelpunkt eines solchen Vergleichs steht aus psychologischer Sicht nicht das Phänomen „Kultur" selbst, sondern der Vergleich der Individuen in verschiedenen Kulturen. Untersucht wird „Kultur" entweder als Kontext, innerhalb dessen sich individuelles Verhalten ereignet (vgl. Munroe/Munroe 1997, S. 173) oder als Antezedens individuellen Verhaltens (vgl. Lonner/Adamopoulos 1997).

2 Ein kurzer historischer Überblick

Kindheit und Jugend entwickelten sich zum Gegenstand psychologischer Forschung parallel zur allgemeinen Einführung der Schulpflicht in Westeuropa und Nordamerika gegen Ende des 19. Jahrhunderts. In Amerika wurde diese Entwicklung durch Stanley G. Hall (1846-1924), in Deutschland durch William Stern (1871-1938) eingeleitet. Das Interesse der folgenden Jahrzehnte richtete sich zum einen auf die Erstellung von Tests zur Bestimmung der Intelligenz von Schulkindern (Alfred Binet, 1857-1911) und zum anderen, angeregt durch Sigmund Freud

(1856-1939), auf den Verlauf der kindlichen Entwicklung. Dabei bestand die Tendenz, die in der westlichen Welt gewonnenen Erkenntnisse auf die menschliche Spezies als Ganzes zu übertragen. Dieser Universalitätsanspruch wurde von dem deutschen Kulturanthropologen Franz Boas (1858-1942) – seinerseits ein Schüler von Wilhelm Wundt (1832-1920), der mit seiner „Völkerpsychologie" den Grundstein für die kulturvergleichende Psychologie gelegt hat – und seinen Schülerinnen Ruth Benedict (1887-1948) und Margaret Mead (1901-1978) in Frage gestellt. Ihr sog. „anthropologisches Veto" (vgl. LeVine 1998, S. 106) setzte der nativistischen Einseitigkeit die Behauptung der Umweltabhängigkeit und Kulturdeterminiertheit der menschlichen Entwicklung entgegen. Großes Aufsehen erregte Margaret Meads Buch „Coming of Age in Samoa" (1928), in dem sie eine Gesellschaft schildert, in der Kinder und Jugendliche sich einer unbeschwerten Lebensweise erfreuen und in der Aggression so gut wie unbekannt sei (vgl. Kornadt 2003, S. 352). Mead macht hierfür eine Erziehung verantwortlich, die sich durch Vermeidung einer engen Mutter-Kind-Bindung sowie durch sexuelle und sonstige Freizügigkeit auszeichne. Statistische Daten über die Häufigkeit von Mord und Körperverletzung (Freeman 1983) sowie die von anderen Forschern festgestellte Striktheit sozialer Regeln auf Samoa (Krämer 1902/1903; Scheurmann 1990; vgl. Kornadt 2003, S. 352f.) standen allerdings in krassem Gegensatz zu den Behauptungen Meads.

Im sog. ökologischen Ansatz (vgl. Bronfenbrenner 1979; Whiting/Edwards 1988) wurde die These von der Umweltabhängigkeit der menschlichen Entwicklung differenzierter betrachtet. Ein Meilenstein war die sog. „Six Cultures Study" (Whiting 1963; Whiting/Whiting 1975; Whiting/Edwards 1988), eine vergleichende Feldstudie mit dem Ziel, die Ausprägung verschiedener Motive in Abhängigkeit von soziokulturellen Entwicklungsbedingungen zu untersuchen. Die Autoren fanden eine vergleichbare Motivstruktur in allen sechs untersuchten Kulturen, doch variierte die Ausprägung der einzelnen Motive (vor allem Aggression und Hilfeleistung) in Abhängigkeit von der jeweiligen sozioökonomischen Struktur (vgl. Kornadt 2003, S. 356). In derselben Tradition steht die Untersuchung von Barry und Mitarbeitern (1959) zum Zusammenhang zwischen der bevorzugten Wirtschaftsform und der Kindererziehung in nicht-industrialisierten Kulturen. Auf der Grundlage von Sekundärdaten aus 100 Gesellschaften belegen sie, dass die Erziehung in bäuerlichen Kulturen Kooperation und Verantwortung betont, während in Jägerkulturen eher Werte wie Initiative und Kreativität bevorzugt werden (vgl. Trommsdorff 2003, S. 151). Der ökologische Ansatz hat die nativistische Position nicht verdrängt: sie wird von Ethologen (z.B. Eibl-Eibesfeldt 1981) und Soziobiologen (vgl. Dawkins 2008) weiter ausgebaut. Gleichzeitig wird aber auch herausgestellt, dass angeborenes stammesgeschichtliches Potential und Kultur keine Gegensätze darstellen. Boyd und Richerson (1985; vgl. auch Richerson/Boyd 2006) sprechen in diesem Zusammenhang von der „dual inheritance theory", die besagt, dass Traditionen sowohl auf kulturellem als auch auf genetischem Wege weitergegeben werden und sich die beiden Transmissionsarten gegenseitig beeinflussen (vgl. Abschnitt 7.1).

3 Der Kulturbegriff in der kulturvergleichenden Kindheits- und Jugendforschung

3.1 Kultur als tradiertes Orientierungs- und Handlungssystem

In der kulturvergleichenden Psychologie wird „**Kultur**" nicht im humanistisch-klassischen Sinne als eine mit bildender Kunst, Literatur und aufklärerischem Denken angereicherte höhere Lebensart verstanden, sondern in dem ursprünglich auf Herder (1887, S. 4) zurückgehenden anthropologischen Sinne, gemäß dem jede Gesellschaft über eine Kultur verfügt und der mit „Kultur" nicht die Vorstellung eines linearen Fortschritts von der Barbarei zur Zivilisation verknüpft. Damit stellt „Kultur" keinen Gegensatz zu „Natur" dar, sondern es wird unterstellt, dass es als Konsequenz einer stammesgeschichtlichen Traditionsbildung zur „natürlichen" Ausstattung des Menschen gehört, eine Kultur zu haben. Variieren können allerdings die verschiedenen Ausprägungsformen der Kultur. Die in diesem Sinne verstandene „Kultur" bezieht sich auf eine „Lebenswelt" (Schütz 1979), die mit bestimmten Mustern des Denkens, Fühlens und Handelns einhergeht, die über die einer Gesellschaft je eigenen Symbole erworben und weitergegeben werden (vgl. Kroeber/Kluckhohn 1952, S.181, zit. n. Berry et al. 2003, S. 227). Für die Angehörigen einer Kultur sind diese Muster häufig nicht explizit abrufbar, sondern stellen nur implizit als „Selbstverständlichkeiten" (Hofstätter 1966, S. 57) die Grundlage für ein sinnhaftes, plausibles und weitgehend routinemäßiges Handeln bereit (vgl. auch Munroe/Munroe 1997, S. 173).

Im Laufe seiner individuellen Entwicklung, der sog. Ontogenese, wächst der Mensch in diese Lebenswelt hinein. Dieses Hineinwachsen muss als dynamischer Prozess betrachtet werden, bei dem Kultur und Individuum in Wechselwirkung stehen: einerseits trifft das Individuum diese Lebenswelt in Gestalt von Institutionen und Instanzen wie etwa Schule, Eltern, Lehrer und Gleichaltrige an, andererseits wird es selbst Teil dieser Lebenswelt (vgl. Helfrich 2006, S. 430).

3.2 Die „etische" und die „emische" Perspektive der Kulturbetrachtung

Bei der Betrachtung von Kulturen lassen sich zwei Sichtweisen unterscheiden: eine Außensicht oder „etische" Perspektive und eine Innensicht oder „emische" Perspektive (vgl. Helfrich 1999, 2006). Bei ersterer nimmt der Forscher eine kulturübergreifende Position ein, bei letzterer versucht er, die Phänomene mit den Augen der jeweils Betroffenen zu betrachten.

Die Unterscheidung stammt ursprünglich von dem Linguisten Pike (1954/1967), der sie zur Beschreibung der Lautstruktur von Sprachen entwickelte. Die *Phonetik* richtet ihr Augenmerk auf Lautmerkmale, mit Hilfe derer sich der Lautbestand aller Sprachen beschreiben lässt, während die *Phonemik* diejenigen Lautmerkmale identifiziert, die innerhalb der untersuchten Sprache zur Bedeutungsunterscheidung beitragen. Übertragen auf den Kulturvergleich heißt dies, dass der **etische Ansatz** universell gültige Vergleichsmaßstäbe anzuwenden bestrebt ist, während der **emische Ansatz** die funktional relevanten Aspekte innerhalb eines bestimmten kulturellen Kontextes zu erfassen sucht. Teilweise korrespondiert die Unterscheidung mit der aus der Persönlichkeitspsychologie bekannten Dichotomie zwischen dem „nomothetischen" und dem „idiographischen" Ansatz (vgl. Helfrich 1999, S. 132). Übertragen auf den Kulturvergleich wird beim nomothetischen Ansatz ein für alle Kulturen gültiges Beschreibungssystem gefordert, während man beim idiographischen Ansatz jede Kultur in ihrer Einzigartigkeit erfassen will.

Das Ziel des Kulturvergleichs aus etischer Perspektive besteht darin, die Empfänglichkeit individuellen Handelns und Denkens gegenüber kulturellen Einflüssen zu prüfen. Meist wird hierbei der Faktor „Kultur" in Form bestimmter kultureller Merkmale wie etwa schulische Bedingungen, Erziehungsstile oder soziale Wertorientierungen operationalisiert. Kultur wird damit als ein Satz von außerhalb der Person liegenden „unabhängigen" Variablen betrachtet, deren Auswirkung auf individuelles Erkennen, Lernen und Handeln bzw. deren Entwicklung in Form von „abhängigen" Variablen untersucht wird.

„Auswirkung" muss hier in einem doppelten Sinne verstanden werden: zum einen als die substanzielle Wirkung eines *systematischen* Bedingungsfaktors, und zum anderen als die zu vernachlässigende Wirkung eines *Zufalls*faktors. Im ersten Fall sollen in sog. Differenzierungsstudien kulturelle Faktoren als *Einflussgrößen* oder Antezedenzien für individuelles Verhalten gefunden werden, d.h. Unterschiede im individuellen Verhalten sollen auf kulturelle Unterschiede zurückgeführt werden. Ein Beispiel wäre hier das unterschiedliche Ausmaß an jugendlicher Aggression in Abhängigkeit vom kulturell geprägten Erziehungsstil.

Im zweiten Fall strebt der Kulturvergleich in sog. Generalisierungsstudien eine *Validierung* oder Verallgemeinerbarkeit psychologischer Gesetzmäßigkeiten an, die ursprünglich in einem bestimmten kulturellen Umfeld gefunden wurden (vgl. Helfrich 2006, S. 430). Man möchte also herausfinden, ob sich Untersuchungsergebnisse in einem veränderten kulturellen Kontext, am besten universell, replizieren lassen. Kulturvergleichende Studien sollen hier die Möglichkeit einer Entflechtung von vermeintlichen und tatsächlichen Einflussgrößen bieten, indem Versuchsanordnungen an ein neues Umfeld adaptiert werden. Ein Beispiel ist die veränderte Deutung des sog. Ödipus-Komplexes durch den Kulturanthropologen Malinowski (1927) aufgrund der Betrachtung der matrilinearen Gesellschaft der Trobriander, eines Inselvolkes nahe von Papua-Neu-Guinea. Malinowski stellte fest, dass sich die aggressiven Vernichtungsträume der Trobriander-Jungen nicht auf den Vater als den Liebespartner der Mutter, sondern auf den Bruder der Mutter, also den Onkel, als die den Jungen strafende Autorität richtete. Durch den Kulturvergleich wurden also in diesem Falle die unabhängigen Variablen „Liebespartner" und „Autoritätsperson" entflechtet. Ein zweites Beispiel beinhaltet die Prüfung der universellen Gültigkeit des Modells kognitiver Entwicklung des Schweizer Entwicklungspsychologen Jean Piaget. Untersucht wurde hierbei, inwieweit die von Piaget als epistemisch notwendig angenommene Abfolge der einzelnen Stufen kognitiver Entwicklung universelle Gültigkeit beanspruchen kann (vgl. Abschnitt 7.3.1).

Während aus etischer Perspektive ein für alle Kulturen einheitliches Beschreibungssystem – sowohl für die unabhängigen als auch die abhängigen Variablen – gefordert wird, bemüht man sich beim emischen Ansatz, jede Kultur in den ihr gemäßen Beschreibungskategorien zu erfassen. „Kultur" ist nach dieser Auffassung kein außerhalb des Individuums liegender externer Faktor, dessen „Auswirkungen" auf das Individuum untersucht werden könnten, sondern Kultur ist ein integraler Bestandteil des menschlichen Denkens und Handelns (vgl. z.B. Gergen 1985). Daher ist jede Psychologie ausnahmslos *Kulturpsychologie*, da psychische Phänomene außerhalb ihres kulturellen Kontextes und ihrer kulturellen Bedeutung gar nicht verstehbar sind (vgl. auch Keller/Eckensberger 1998, S. 59). Daraus ergibt sich, dass jede Kultur in den ihr gemäßen Beschreibungskategorien erfasst werden muss. Ein Vergleich zwischen verschiedenen Kulturen ist nach dieser Position nicht zwingend, von manchen radikalen Vertretern wird sogar die Möglichkeit des Vergleichs gänzlich bestritten (vgl. Helfrich 1999, S. 137).

Aus emischer Sicht wird das stets im kulturellen Kontext sich vollziehende Denken und Handeln nicht durch *Ursachen* bestimmt, die sich mit naturwissenschaftlichen Methoden erforschen lassen, sondern durch *Gründe*, die von den Betroffenen selbst expliziert werden können. Betont wird damit die *Selbststeuerung* und *Selbstreflexion* des Individuums (vgl. Eckensberger 1992). Entsprechend dominieren *qualitative* gegenüber *quantitativen* Forschungsmethoden.

Die Kulturabhängigkeit jeglicher Psychologie betrifft nach der emischen Auffassung aber nicht nur die Gegenstände und Methoden der Forschung, sondern auch die zugrunde liegenden *Prämissen*, die häufig vom technisch-naturwissenschaftlichen Weltbild des westlichen Menschen geprägt sind. Die sog. „indigenous" oder einheimische Psychologie (vgl. Berry et al. 2003, S. 332f.; Dasen/Mishra 2000; Kim 2000; Ratner 2008) bemüht sich demgegenüber, Erkennen und Handeln auch aus der Sicht von Forschern der jeweils betroffenen Kulturen zu untersuchen und damit die Relativität der aus der westlichen Perspektive gewonnenen Erkenntnisse aufzudecken (vgl. Helfrich 1996a, 1999).

Trotz teilweise konträrer Positionen schließen sich etische und emische Sichtweise – worauf schon Pike hinweist – nicht gegenseitig aus, sondern stellen Stufen innerhalb eines Forschungsprozesses dar, die sich wechselseitig ergänzen (vgl. Helfrich 1999).

3.3 Die Klassifikation von Kulturen

Sollen kulturelle Faktoren als systematische Einflussgrößen für die individuelle Entwicklung identifiziert werden, erfordert dies zunächst die theoretische Spezifikation der in Frage stehenden kulturellen Faktoren als mögliche Wirkgrößen. Eine Möglichkeit besteht darin, Dimensionen herauszufinden, auf denen sich jede Kultur als spezifische Ausprägungskombination repräsentieren lässt. Dieser Weg wurde im Vorgehen von Hofstede (1980, 2006) beschritten. Ausgangspunkt war die anthropologisch und soziologisch begründete Annahme, dass alle Gesellschaften mit ähnlichen Grundproblemen konfrontiert sind, zu deren Lösung sie aber unterschiedliche Antworten gefunden haben (vgl. Hofstede 2006, S. 29). Vier solcher Grundprobleme[1] wurden spezifiziert: 1. die Beziehung zwischen Individuum und Gesellschaft, 2. soziale Ungleichheit und das Verhältnis zur Autorität, 3. die Vorstellungen von Maskulinität und Femininität und 4. der Umgang mit Konflikten und Unsicherheit (vgl. Hofstede 2006, S. 29).

Aus einer umfangreichen Befragung über Einstellungen und Werte von Probanden aus über 50 verschiedenen Ländern – alles Mitarbeiter in einem multinationalen Konzern – ließen sich mittels einer Faktorenanalyse die postulierten Grundprobleme empirisch als Dimensionen reproduzieren (vgl. Hofstede 1980, 2006), die als *Individualismus-Kollektivismus*, *Machtdistanz*, *Femininität-Maskulinität* und *Unsicherheitsvermeidung*[2] benannt wurden (vgl. Hofstede 2006, S. 30). Die ermittelten Dimensionen bzw. Faktoren sind als bipolare Skalen zu verstehen, deren beiden Pole die jeweiligen Extremausprägungen repräsentieren. Die einzelnen Faktoren sind nicht orthogonal, d.h. wechselseitig völlig unabhängig, sondern oblique, d.h. sie korrelieren leicht untereinander (vgl. Pawlik 1971). Damit wird der Besonderheit einzelner Kulturen und der langfristigen gesellschaftlichen Entwicklung besser Rechnung getragen als mit einer auf höherer Abstraktionsebene angesiedelten orthogonalen Faktorenstruktur, deren Bezug zu den beobachtbaren kulturellen Erscheinungen oftmals nur schwer herstellbar wäre. Obwohl die Ermittlung der Dimensionen auf Einstellungen und Werten beruhte, wird unterstellt, dass sich ihre jeweiligen Ausprägungen im Sozialverhalten manifestieren (vgl. z.B. Kagitcibasi 1997).

In der kulturvergleichenden Psychologie wurde vor allem die Dimension *Individualismus-Kollektivismus*[3] untersucht (vgl. Berry et al. 2003; Kagitcibasi 1997; Triandis 1995). In kollektivistischen Kulturen ist man im Vergleich zu individualistischen Kulturen stärker *personen*- als *aufgaben*zentriert, und die Aufrechterhaltung *sozialer Harmonie* wird den *eigenen Bedürfnissen* vorangestellt (vgl. Arzhenowskij et al. 2000; Helfrich 1996b; Triandis 1995). Im Sozialverhalten soll sich dies dadurch manifestieren, dass in kollektivistischen Kulturen im Vergleich zu individualistischen eine erhöhte Sensibilität gegenüber den Erwartungen des Interaktionspartners anzutreffen ist, die eigene Meinung eher zurückgehalten wird und Höflichkeit und Bescheidenheit wichtige Verhaltensmaximen darstellen (vgl. Sugitani 1996).

Der Faktor Kollektivismus ist nicht völlig unabhängig vom Faktor *Machtdistanz*: kollektivistische Kulturen neigen tendenziell eher zu höherer und individualistische Kulturen tendenziell eher zu geringerer *Machtdistanz*. In Kulturen mit hoher Machtdistanz sind *vertikale*, also hierarchisch strukturierte, Beziehungen wichtiger als horizontale, also Beziehungen unter gleichrangigen Partnern, während in Kulturen mit geringer Machtdistanz *horizontale* Beziehungen dominieren und Hierarchieunterschiede eine wesentlich geringere Rolle spielen (vgl. Triandis 1995).

Als Länder mit vertikal-kollektivistischer Orientierung gelten vor allem die ostasiatischen, die meisten lateinamerikanischen und die arabischen Länder (Hofstede 1980, 2006). Die Gruppe der horizontal-individualistischen Länder wird vor allem durch die „germanisch" geprägten Länder Nord- und Mitteleuropas sowie die angloamerikanischen Länder (USA und Kanada) und Australien gebildet, während die „romanisch" geprägten Länder Europas, also Frankreich, Italien und Spanien, den vertikal-individualistischen Kulturen zugerechnet werden (vgl. Hofstede 2006, S. 111ff).

Hofstedes Untersuchungen sind zur Beschreibung von Kulturen als nicht erschöpfend zu betrachten. Dies ergibt sich schon daraus, dass auf Grund der Zugehörigkeit zu dem von ihm untersuchten multinationalen Konzern nur solche Länder, die einen relativ hohen Grad der Industrialisierung aufweisen, beteiligt waren. Angehörige von sog. Naturvölkern tauchten demgegenüber so gut wie nicht auf. Will man letztere einbeziehen, müsste das Klassifikationssystem sicherlich durch einen Faktor ergänzt werden, den man mit Smith und Inkeles (1974) als *Modernisierungsgrad* mit den Polen „traditionell" und „modern" kennzeichnen könnte. Auch dieser Faktor wäre nicht als orthonal zu den übrigen zu betrachten, erfordert aber dennoch eine eigenständige Berücksichtigung, wenn man den möglichen kulturellen Einflussgrößen Rechnung tragen will.

Wenn sich Kultur auf eine Lebenswelt bezieht, die mit bestimmten Mustern des Denkens, Fühlens und Handelns einhergeht (vgl. Abschnitt 3.1), so muss bei diesen Mustern doch unterschieden werden, ob es sich um normative Muster handelt, die sich in sog. Kulturstandards (vgl. Thomas 2003, S. 437) widerspiegeln, oder um Muster, die auch innerhalb einer bestimmten Kultur eher als aufgezwungen empfunden werden. Als ein solches aufgezwungenes Muster kann das Phänomen der *Armut* gelten, charakterisiert im wesentlichen durch niedriges Haushaltseinkommen, niedrigen Sozialstatus, zusammengepferchte Wohnverhältnisse und Mangelernährung (vgl. Sinha 1990, S. 78). Versucht man, Armut an einem universellen Maßstab zu messen, ist sie sicherlich nicht unabhängig von der jeweiligen Kultur (vgl. Diamond 1998) – dafür spricht ihre ungleichmäßige Verteilung über die einzelnen Länder (vgl. Sinha 1990, S. 80), doch muss die mit ihr verbundene Lebenswelt eher als Subkultur betrachtet werden, bei der die normativen Muster der Gesamtkultur durch das aufgezwungene Muster defizitärer Umweltbedingungen überlagert werden. Bei der Betrachtung von kulturellen Faktoren als mögliche Einflussgrößen der ontogenetischen Entwicklung kann dieser Faktor deshalb nicht vernachlässigt werden.

4 Die Vergleichbarkeit der Untersuchungsgegenstände

Ein Vergleich setzt immer einen Vergleichsgegenstand und einen Vergleichsmaßstab voraus (vgl. Helfrich 2003, S. 112). Der Vergleichsgegenstand ist das, was verglichen werden soll, der Vergleichsmaßstab ist die gemeinsame Skala, auf der die potenziell auftretenden Unterschiede abgebildet werden. Der Vergleichsgegenstand kann durch Phänomene wie Lächeln oder Weinen, durch Merkmale wie bestimmte intellektuelle Fähigkeiten oder durch Strukturen wie bestimmte Denkmuster konstituiert werden. Damit diese überhaupt vergleichbar sind, müssen sie bestimmte Gemeinsamkeiten oder Äquivalenzen aufweisen. Hierbei lässt sich zunächst eine grobe Unterscheidung treffen zwischen einer **materialen** und einer **funktionalen Äquivalenz**. Eine materiale Äquivalenz ist dann gegeben, wenn es sich um physikalisch ähnliche Phänomene handelt, beispielsweise um die räumliche Distanz zwischen Mutter und Kind. Eine funktionale Äquivalenz liegt vor, wenn das beobachtete Phänomen in den verglichenen Kulturen in gleicher Weise als Indikator für ein zugrunde liegendes psychologisches Konstrukt gelten kann (vgl. Helfrich 2003, S. 114; Hui/Triandis 1985, S. 134), beispielsweise wenn die räumliche Distanz kulturübergreifend als Indikator für die Bindungsqualität der Mutter-Kind-Beziehung dienen könnte. Funktionale und materiale Äquivalenz brauchen sich keinesfalls zu entsprechen, so können physikalisch gleiche Phänomene unterschiedliche Konstrukte indizieren – beispielsweise könnte einem Lachen sowohl Feindseligkeit als auch freundliche Zuwendung gegenüber einer anderen Person zugrunde liegen – und umgekehrt kann dasselbe psychologische Konstrukt sich in unterschiedlichen Phänomenen manifestieren – beispielsweise könnte sich dieselbe intellektuelle Fähigkeit in der Bewältigung ganz unterschiedlicher Aufgaben äußern.

Oft sind die zu untersuchenden Phänomene gar nicht unmittelbar beobachtbar, sondern müssen erst durch eine Situation mit Aufforderungscharakter – prototypisch hierfür ist eine Testsituation – hervorgerufen werden. Die Vergleichbarkeit der erhobenen Daten, die sog. *Erhebungsäquivalenz* (Helfrich 2003, S. 114) ist nur dann gewährleistet, wenn der Erhebungsvorgang den Individuen jeder der untersuchten Kulturen dieselbe Chance einräumt. Die Chancengleichheit kann vor allem durch einen unterschiedlichen Grad mit der Vertrautheit der Testsituation und durch kulturell unterschiedlich ausgeprägte Antworttendenzen (z.B. die Tendenz zur Zustimmung oder zum Widerspruch) beeinträchtigt werden.

Der Vergleichsgegenstand muss in seiner Ausprägung variieren können, d.h. der Grad oder die Art der Ausprägung müssen Unterschiede aufweisen können. Die Bewertung dieser Unterschiede erfordert einen Vergleichsmaßstab, der erlaubt, die unterschiedlichen Grade oder Arten der Ausprägung in jeder der verglichenen Kulturen auf dieselbe oder eine gleichwertige Skala abzubilden. Diese *Skalenäquivalenz* kann – wie generell in der psychologischen Forschung – auf *Nominal-*, *Ordinal-*, *Intervall-* oder *Verhältnis*niveau gegeben sein (vgl. z.B. Sydow/Petzold 1981, S. 31f.).

Ein Beispiel für eine Äquivalenz auf Nominalskalenniveau wäre, wenn jedes auftretende aggressive Verhalten einer bestimmten Kategorie wie etwa körperliche Verletzung, verbale Beleidigung oder mimische Geringschätzung zugeordnet würde. Die Häufigkeit der einzelnen Kategorien könnte in diesem Fall die Grundlage für einen Vergleich bilden. Besonders schwer zu erzielen ist die Äquivalenz auf Intervall- oder gar Verhältnisskalenniveau, insbesondere dann, wenn ein psychologisches Konstrukt (ein Beispiel wäre etwa „Intelligenz") durch mehrere Variablen repräsentiert wird, die mit unterschiedlicher Gewichtung in die gemeinsame Skala eingehen. Für den Kulturvergleich ergibt sich daraus die Forderung, dass die Gewichtung in allen verglichenen Kulturen gleich sein muss. Sie wäre dann erfüllt, wenn die Interkorrelationen zwischen den einzelnen, quantitativ erhobenen Variablen innerhalb jeder der untersuchten Kulturen dieselbe oder zumindest eine ähnliche Struktur aufweisen (vgl. Poortinga 1975) und damit die Faktorstruktur des zu untersuchenden Konstruktes ähnlich ist.

5 Die Auswahl geeigneter Untersuchungseinheiten

Wie bei jeder empirischen Forschung stellt sich auch beim Kulturvergleich das Problem, dass man nur bestimmte Ausschnitte aus dem interessierenden Bereich untersuchen kann, die gewonnenen Aussagen aber dennoch auf einen größeren Bereich generalisieren möchte. In den meisten Fällen geht man davon aus, dass man kleinere Stichproben aus einer größeren Population entnimmt und anschließend die aus den Stichproben abgeleiteten Aussagen auf die in Frage stehende Population überträgt. Die Übertragbarkeit hängt hierbei in entscheidendem Maße von der Repräsentativität bzw. Typikalität der Stichprobe für die Population ab. Die Repräsentativität lässt sich quantitativ bestimmen, wenn die Stichprobe durch eine Zufallsauswahl aus der in Frage stehenden Population gewonnen wurde (vgl. Kellerer 1952) – eine Bedingung, die bei der kulturvergleichenden Psychologie fast nie erfüllt ist, da die Stichproben in den meisten Fällen nach dem Kriterium der Zugänglichkeit ausgewählt werden (vgl. auch Keller/Eckensberger 1998, S. 63). Häufig wird aber implizit von der Annahme ausgegangen, dass es sich bei der untersuchten Stichprobe um eine für die Population „typische" handelt, d.h. es wird unterstellt, dass die untersuchte Stichprobe ein gutes oder sogar ideales Beispiel für die in Frage stehende Population darstellt.

Das Problem der Stichprobenauswahl tritt in der kulturvergleichenden psychologischen Forschung in dreifacher Weise auf: erstens in der Auswahl geeigneter *Kulturen* bzw. kultureller Gruppen, zweitens in der Auswahl von *Individuen*, die eine Kultur bzw. kulturelle Gruppe repräsentieren sollen, und drittens in der Auswahl geeigneter *Situationen* und *Instrumente*, in bzw. mit denen die in Frage stehenden Phänomene beobachtet, erhoben und gegebenenfalls hervorgerufen werden.

5.1 Die Auswahl von Kulturen

Das Vorgehen bei der Auswahl geeigneter Kulturen ist wesentlich vom Untersuchungsziel und der Betrachtungsperspektive bestimmt. Unter der radikal-emischen Perspektive der „indigenous" oder einheimischen Psychologie scheint es zunächst unproblematisch: es wird derjenige Kulturraum ausgewählt, dem sich der Forscher bzw. die Forscherin zugehörig fühlt. Sobald jedoch Aussagen über die „Einzigartigkeit" oder „Andersartigkeit" der dort ermittelten Phänomene oder Konstrukte getroffen werden, kommt man nicht umhin, spezifizieren zu müssen, für welche Kultur oder welchen Aspekt der Kultur die Einzigartigkeit besteht und von welcher anderen Kultur oder kulturellen Aspekten sich die Andersartigkeit abgrenzen lässt.

In besonderem Maße stellt sich das Auswahlproblem, wenn kulturelle Bedingungen – wie etwa kollektivistische versus individualistische Orientierung, Wirtschaftsform, Schulsystem oder Erziehungsstil – als Einflussgrößen oder Antezedenzien für individuelle Merkmalsausprägungen untersucht werden sollen. Da die kulturelle Variable in diesem Falle als *systematischer Faktor* betrachtet wird, müssen die in die Untersuchung einbezogenen Stufen – also die untersuchten

Kulturen bzw. kulturellen Gruppen – typische Ausprägungen des gesamten Faktors repräsentieren (vgl. Edwards 1971, S. 347). Sie müssen zumindest so viel Variation gewährleisten, dass eine systematische Beziehung zwischen der Ausprägung des kulturellen Faktors und der Ausprägung bestimmter psychischer Gegebenheiten herstellbar ist, im Extremfall kann ihre Anzahl auf zwei beschränkt sein. So können beispielsweise die Stufen „individualistisch" und „kollektivistisch" systematische Stufen des kulturellen Faktors *Individualismus-Kollektivismus* bilden, wenn man sie als Pole der Gesamtdimension konzipiert. Das Auswahlproblem verschärft sich dadurch, dass es sich bei kulturellen Faktoren nicht um experimentelle Behandlungsfaktoren handelt, die isoliert untersucht werden könnten, sondern um „organismische Variablen", die nur „gebündelt" mit anderen Variablen – beispielsweise der genetischen Ausstattung – auftreten. Besonders bei bilateralen Kulturvergleichen ist daher oft nicht auszuschließen, dass man möglicherweise nicht die in Frage stehenden kulturellen Faktorstufen, sondern lediglich Länder, Sprachgemeinschaften oder Subkulturen verglichen hat. Ein Rückschluss auf einen kulturellen Faktor als Antezedens individuellen Verhaltens ist letztlich nur dann gerechtfertigt, wenn mehrere Kulturen gleicher Ausprägungsstufe zusammengefasst werden und mit anderen Kulturen einer anderen Ausprägungsstufe verglichen werden. Nur so lässt sich abschätzen, ob die Variation zwischen den einzelnen Stufen der quasi-experimentellen Faktoren signifikant größer ist als die durch die Besonderheiten der spezifischen Kulturen bedingte „Störvarianz" innerhalb der einzelnen Stufen und somit der Einfluss der quasi-experimentell variierten kulturellen Faktoren als wahrscheinlich gelten darf (vgl. Helfrich 2003, S. 124).

In anderer Weise stellt sich das Auswahlproblem, wenn das Untersuchungsziel im Auffinden universell gültiger Gesetzmäßigkeiten steht. Man geht in diesem Falle davon aus, dass der kulturelle Kontext zwar berücksichtigt werden muss, bezogen auf das Untersuchungsziel aber eine „Störvariable" darstellt (vgl. Keller/Eckensberger 1998, S. 59). Angewandt auf das Problem der Stichprobenselektion bedeutet dies, dass es sich bei der kulturellen Variable um einen „Zufallsfaktor" handelt, dessen Einfluss nur durch eine entsprechende Auswahl kontrolliert bzw. nivelliert werden kann. Die Stufen eines Zufallsfaktors werden als Zufallsauswahl aus einer größeren Population von möglichen Stufen aufgefasst (vgl. Edwards 1971, S. 347). Sollen also universell gültige Gesetzmäßigkeiten aufgedeckt werden, sind im Idealfall die untersuchten Kulturen nach Zufall aus der Population aller Kulturen auszuwählen.

5.2 Die Auswahl von Individuen

Für die Auswahl von Individuen gilt, dass sie repräsentativ bzw. typisch für die Individuen sein müssen, auf die die gewonnenen Ergebnisse generalisiert werden sollen. Dies können je nach Fragestellung die Individuen sowohl bestimmter Kulturen oder Subkulturen als auch der gesamten Menschheit sein.

Wird die Kultur als systematischer Einflussfaktor betrachtet, bedeutet dies, dass die Individuen, die die jeweilige Faktorstufe repräsentieren, eine Stichprobe aus der Population der für die jeweilige Faktorstufe in Frage kommenden Individuen darstellen. Als Problem ergibt sich hierbei die Variation zwischen den Individuen innerhalb einer Kultur, die in der Regel für unterschiedliche Kulturen als unterschiedlich betrachtet werden muss. D.h. in Bezug auf andere, nicht interessierende Variablen – wie beispielsweise Region, soziale Gruppierung oder Geschlecht – können die Individuen aus unterschiedlichen Kulturen nicht als homogen betrachtet werden. Die ideale Lösung, die aber in der Praxis kaum realisierbar ist, wären nach dem Zufallsgesetz ausgewählte Stichproben. Oft handelt es sich eher um sog. anfallende Stichproben (vgl. Kellerer 1952, S. 13), die nach dem Kriterium der Zugänglichkeit ausgewählt werden. Dem Problem der interkulturellen Inhomogenität der interindividuellen Variation versucht man – gerade bei geringem Stichprobenumfang – häufig dadurch zu begegnen, dass man die Stichproben hinsichtlich nicht interessierender Variablen parallelisiert. Dieser Weg führt allerdings dann in die Irre, wenn die Variable, deren Einfluss ausgeschaltet werden soll, in systematischem Zusammenhang mit der zu untersuchenden unabhängigen Variable steht (vgl. Helfrich 1999).

Wird die kulturelle Variable – wie im Falle von Validierungsstudien – als Zufallsfaktor aufgefasst, stellen die in die Untersuchung einbezogenen Individuen eine Stichprobe aus einer universellen Population dar. Die einzelnen Kulturen können hierbei als Schichten betrachtet werden, die in diesem Fall nicht einzelne Stufen eines kulturellen Faktors, sondern die universelle Population repräsentieren.

5.3 Die Auswahl von Situationen und Instrumenten

Auch für die in die Untersuchung einbezogenen Situationen und Instrumente ergibt sich das Problem der Auswahl aus einer größeren Gesamtheit möglicher Situationen und Instrumente und damit die Gefahr einer für die einzelnen Kulturen unterschiedlichen Repräsentativität. So ist es sicherlich nicht einfach, bei der Auswahl von Spiel-, Lern- oder Interaktionssituationen solche zu finden, die für die verglichenen Kulturen in gleicher Weise repräsentativ für die Gesamtheit möglicher Situationen sind.

In noch stärkerem Maße gilt dies für die Auswahl von Instrumenten wie beispielsweise Testverfahren. Das Repräsentativitätsproblem ist in diesem Fall eng mit dem Äquivalenzproblem verknüpft. Bei einem Testverfahren wird in der Regel unterstellt, dass die einzelnen Aufgaben – deren Lösung als Indikator für eine zugrunde liegende Fähigkeit gilt – eine Stichprobe aus einem Universum möglicher Aufgaben bilden, auf das – ausgehend von der konkreten Aufgabenauswahl – generalisiert werden kann (vgl. Cronbach 1990; Helfrich 2003, S. 121). Sollen Individuen unterschiedlicher Kulturen hinsichtlich der in Frage stehenden Fähigkeit verglichen werden, ist sicher zu stellen, dass in jeder der verglichenen Kulturen ein vergleichbarer Zusammenhang zwischen den ausgewählten Testaufgaben und dem hypothetischen Universum von Testaufgaben existiert.

6 Methodische Vorgehensweisen

Die in diesem Kapitel vorgestellten Untersuchungsmethoden nehmen in unterschiedlichem Ausmaß die etische bzw. die emische Sichtweise ein. An einem Extrem sind die quasi-experimentellen Untersuchungen anzusiedeln, die auf der Suche nach allgemeinen Gesetzmäßigkeiten ein möglichst universelles Beschreibungssystem anstreben. Das andere Extrem bilden die ethnografischen Feldstudien, bei denen die emische Perspektive dominiert und ein Vergleich mitunter gänzlich abgelehnt wird.

Ziel *ethnografischer Feldstudien* ist in erster Linie, die besondere Eigenart von Kindern und Jugendlichen in einer bestimmten Kultur oder Subkultur aufzuzeigen. Die Beschreibung erfolgt weitgehend „von innen heraus", also „mit den Augen" der betroffenen Kinder und Jugendlichen (vgl. Burton/Price-Spratlen 1999). Bevorzugte Untersuchungsmethoden sind teilnehmende Beobachtung, Tiefeninterviews und Gesprächsmitschnitte, also Methoden, die der sog. qualitativen Sozialforschung zuzurechnen sind. Ein direkter Vergleich mit anderen Kulturen wird zunächst nicht angestrebt, doch ist implizit die Intention zu erkennen, durch den Hinweis auf die Andersartigkeit der untersuchten Kinder und Jugendlichen die im eigenen Kulturraum vorherrschenden „Gesetzmäßigkeiten" zu relativieren oder sogar gänzlich in Frage zu stellen.

In *kulturvergleichenden Entwicklungsstudien* wird die kognitive, soziale und emotionale Ontogenese in unterschiedlichen Kulturen untersucht. Ziel ist sowohl das Herausfinden allgemeiner Gesetzmäßigkeiten der menschlichen Entwicklung als auch die Suche nach kulturellen Bedingungen, die interindividuelle Unterschiede entstehen lassen (vgl. Trommsdorff 2003). So wird etwa gefragt, inwieweit die Entwicklung kognitiver Strukturen sich nach einheitlichen Gesetzmäßigkeiten vollzieht und inwieweit sie in Abhängigkeit von kulturellen Anregungsbedingungen unterschiedlich verläuft. Meist werden hierbei Längsschnittstudien mit Querschnittsstudien verknüpft.

Der *ethologische Ansatz*, auch als *Verhaltensbiologie* oder *vergleichende Verhaltensforschung* bekannt, beschreibt und analysiert das menschliche Verhalten mit den Methoden und Axiomen der Evolutionsbiologie. Die Daten können hierbei sowohl durch Verhaltensbeobachtungen gewonnen als auch bereits vorliegenden Statistiken (z.B. Geburts- oder Sterberegistern) entnommen werden. Im Mittelpunkt steht die Analyse der für die menschliche Spezies typischen Organismus-Umwelt-Interaktion, die sowohl kausal als auch final betrachtet wird. Einerseits wird untersucht, wie das artspezifische Verhalten organisiert und strukturiert ist, andererseits versucht man zu verstehen, welche adaptiven Funktionen das Verhalten hat, und wie diese Umweltangepasstheit sich phylogenetisch und ontogenetisch herausbildet (vgl. Bogin 1998; Immelmann et al. 1988).

Insbesondere zur Erforschung möglicher Ursachen von kindlichen Fehlentwicklungen bzw. Gesundheit und Sterblichkeit werden *demografische Daten* wie Fruchtbarkeit, Sterblichkeit und Krankheit sowie *anthropometrische Daten* wie Längenwachstum und Gewichtszunahme mit Kontextvariablen wie Haushaltsgröße, Einkommen, Ernährung, Geburtsintervallen und frühkindlichen Erziehungspraktiken in Beziehung gesetzt. Ziel ist die Ermittlung von Indikatoren nicht nur von Ergebnissen wie Krankheit oder Tod, sondern auch von Prozessgrößen wie insbesondere kindliche „Vulnerabilität", d.h. besonderer Anfälligkeit für Fehlentwicklungen (vgl. Panter-Brick 1998b). Die kulturvergleichende Betrachtung ermöglicht hierbei sowohl eine ausreichend große Variation der erhobenen Einzelvariablen als auch eine Entflechtung der oft innerhalb einer bestimmten Kultur spezifisch auftretenden Kovariationen von Variablen.

Ziel des *psychometrischen Ansatzes* ist, mit Hilfe von Testverfahren kulturelle Unterschiede in bestimmten Persönlichkeitsmerkmalen, kognitiven Fähigkeiten oder intellektuellen Leistungen zu ermitteln. Der psychometrische Ansatz ist im Wesentlichen differential-diagnostisch orientiert. Während er ursprünglich entwickelt wurde, um Individuen hinsichtlich eines bestimmten Merkmals zu diagnostizieren, wird er im Kulturvergleich eingesetzt, um Unterschiede zwischen verschiedenen Kulturen in der mittleren Ausprägung einzelner Merkmale festzustellen. Notwendige Voraussetzung für die sinnvolle Anwendung des psychometrischen Ansatzes ist zum einen, dass das in Frage stehende Konstrukt auf einer universell gültigen Skala abgebildet werden kann (Skalenäquivalenz), und zum anderen, dass die Anforderungsstruktur der Testaufgaben für alle Kulturen gleich ist (Erhebungsäquivalenz).

Während sich der psychometrische Ansatz auf die adäquate Erfassung der abhängigen Variablen konzentriert, zeichnet sich der *quasi-experimentelle Ansatz* dadurch aus, dass sich das

Augenmerk auf die Variation der unabhängigen Variablen richtet. Als unabhängige Variablen dienen bestimmte kulturelle Faktoren wie etwa ökologische Gegebenheiten, Erziehungsstil oder Schulsystem. Sie sollen in ihrer Auswirkung auf bestimmte abhängige Variablen – wie etwa Denk-, Wahrnehmungs- oder Gedächtnisleistungen, Einstellungen oder soziale Handlungen – geprüft werden (vgl. Helfrich 2003, S. 123f.).

Als „quasi-experimentell" wird dieses Vorgehen deshalb bezeichnet, weil ein kultureller Faktor kein experimenteller Faktor im eigentlichen Sinne ist, da die Individuen den einzelnen Faktorstufen nicht vom Experimentator zugeordnet werden können, sondern lediglich nach ihrer – unabhängig von der Untersuchung bestehenden – Zugehörigkeit zu einer bestimmten Faktorstufe ausgewählt werden können (vgl. Helfrich 1999, S. 134). Das Problem dieser „natürlichen" Zugehörigkeit ist, dass sie in aller Regel mit anderen Merkmalen bzw. Merkmalsausprägungen kovariiert. Der Versuchsplan erlaubt daher nicht, auftretende Unterschiede in der abhängigen Variablen kausal auf die Variation des untersuchten kulturellen Faktors zurückzuführen. Eine kausale Interpretation lässt sich allenfalls durch theoretische Überlegungen rechtfertigen.

7 Ausgewählte Themenstellungen und Ergebnisse

7.1 Die Anlage-Umwelt-Kontroverse aus der Sicht des Kulturvergleichs

Innerhalb der wissenschaftlichen Psychologie ist eine der besonders kontrovers geführten Diskussionen die um **„Anlage"** und **„Umwelt"** bzw. um „nature" und „nurture", also die Frage nach dem, was durch das genetische Erbe vorbestimmt, und dem, was durch umweltbedingtes Lernen erworben ist (vgl. auch Weinert 1994). In der kulturvergleichenden Psychologie wird diese Diskussion häufig mit der um „Natur" und „Kultur" gleichgesetzt. Der Begriff „Natur" nimmt hier unterschiedliche Bedeutungen an, die gleichzeitig mit unterschiedlichen Fragestellungen einhergehen. Die eine Bedeutung von „Natur" korrespondiert mit der Kontroverse zwischen universellen Gesetzmäßigkeiten des menschlichen Verhaltens und der menschlichen Entwicklung einerseits und der Beeinflussbarkeit dieser Gegebenheiten durch kulturelle Bedingungen andererseits (vgl. Abschnitt 3.1) „Natur" wird hier aufgefasst als die allen Menschen bzw. der Menschheit als Gattung gemeinsame genetische Ausstattung.

Die zweite Bedeutung von „Natur" konzentriert sich auf den differentiellen Aspekt der genetischen Ausstattung. Ähnlich wie in der Differentiellen Psychologie oder der differentiellen Entwicklungspsychologie fragt man nachdem relativen Beitrag von spezifischer genetischer Ausstattung („Anlage") und spezifischen soziokulturellen Bedingungen („Umwelt") zum Zustandekommen von Unterschieden in der Ausprägung bestimmter Merkmale (z.B. Intelligenz) oder bestimmten Entwicklungsverläufen (z.B. verfrühtes oder verspätetes Einsetzen der Pubertät). Während sich das Augenmerk innerhalb der Differentiellen Psychologie oder der differentiellen Entwicklungspsychologie auf die genetischen Unterschiede zwischen den Individuen *innerhalb* einer Kultur oder einer Population richtet, betrachtet die kulturvergleichende Psychologie Unterschiede in der genetischen Ausstattung *zwischen* verschiedenen Kulturen oder Populationen. Wenn also etwa konsistente Unterschiede in der Entwicklung bzw. in einzelnen Fähigkeiten, Verhaltensweisen oder Persönlichkeitsmerkmalen von Individuen in Abhängigkeit vom kulturellen Umfeld gefunden werden, konkretisiert sich die Frage nach „Natur" und „Kultur" dahingehend, ob diese Unterschiede eher der genetischen Ausstattung zuzuschreiben sind oder ob sie eher durch die kulturellen Einflüsse zustande kommen (vgl. Helfrich 2006). Beispielsweise wüsste man gerne, ob die geringere Aggressivität ostasiatischer im Vergleich zu westlichen Jugendlichen (vgl. Abschnitt 7.5.1) eher angeborenen Temperamentsunterschieden oder eher der Erziehung zuzuschreiben ist.

Innerhalb der Differentiellen Psychologie und der differentiellen Entwicklungspsychologie wird zur Abschätzung des relativen Beitrags von Anlage und Umwelt für das Zustandekommen einer Merkmalsausprägung (z.B. der Intelligenz) häufig die sog. Zwillingsmethode angewandt (vgl. Asendorpf 1998). Hierbei versucht man den relativen Anteil der Umwelt dadurch abzuschätzen, dass man genetisch gleiche Individuen (eineiige Zwillinge), die gemeinsam (also in derselben Umwelt) aufwachsen, mit solchen vergleicht, die getrennt (also in unterschiedlichen Umwelten) aufwachsen. Den relativen Anteil der Anlage versucht man dadurch zu ermitteln, dass man gemeinsam aufwachsende genetisch identische Individuen (eineiige Zwillinge) mit gemeinsam aufwachsenden genetisch nur zur Hälfte gleichen Individuen (zweieiigen Zwillingen) vergleicht.

Wollte man die Logik eines solchen Vorgehens auf den Kulturvergleich übertragen, müsste man zur Abschätzung des Beitrags der Kultur verschiedene Stichproben von genetisch ähnlichen Individuen, die in verschiedenen Kulturen aufwachsen, miteinander vergleichen, und zur Abschätzung des Beitrages der Anlage verschiedene Stichproben genetisch unähnlicher Individuen, die in derselben Kultur aufwachsen. Da es sich aber sowohl bei der Kulturzugehörigkeit als auch bei der genetischen Ausstattung um „organismische Variablen" handelt (vgl. Abschnitt 5.1), die immer „gebündelt" mit anderen Variablen auftreten, ist dieses Vorgehen starken naturgegebenen Einschränkungen unterworfen. Dies spricht nicht grundsätzlich gegen die Realisation solcher „quasi-experimenteller" Versuchspläne, setzt aber der Interpretation der gewonnenen Ergebnisse beträchtliche Grenzen. Studien dieser Art – wie etwa die von Herrnstein und Murray (1994), die die intellektuelle Unterlegenheit von schwarzen gegenüber weißen Amerikanern (also von genetisch unähnlichen Individuen im selben kulturellen Umfeld) nachzuweisen glaubten – wurden daher mit Recht kritisiert (vgl. z.B. Diamond 1998, S. 24; Ogbu 2002; Reifman 2000).

Vor allem greift aber ein solcher Ansatz deshalb zu kurz, weil er in seiner Dichotomisierung von einem additiven Modell des Beitrags von Anlage und Umwelt ausgeht, d.h. es wird inneren und äußeren Kräften eine jeweils unabhängig voneinander bestehende kausale Wirkung bei der Formung des Individuums unterstellt. Tatsächlich stehen aber sowohl auf individueller als auch auf kultureller Ebene Anlage und Umwelt stets in einer Wechselbeziehung. Auf individueller Ebene zeigt das bekannte Beispiel des Kaspar Hauser, dass das für die ontogenetische Entwicklung des Menschen notwendige Lernen sich nur innerhalb des sozialen Kontextes vollziehen kann. Aber auch auf kultureller Ebene sind genetische Basis und kulturelle Regeln keine voneinander unabhängigen Größen, sondern bedingen sich gegenseitig (vgl. Wilson 1998, S. 201). Bereits Darwin (1859) hat darauf hingewiesen, dass Kulturen nicht getrennt von der genetischen Vererbung geschaffen werden, sondern „Teil des einen großen Systems" sind, „das durch Generationen miteinander verbunden ist" (zit. nach Grossmann et al. 2003, S. 91). Auch die Kultur ist einer Evolution unterworfen, und zwar in einem doppelten Sinne. Einerseits sind alle menschlichen Kultursysteme durch Abstammung mit einer gemeinsamen Kultur unserer Vorfahren verbunden (vgl. Durham 1990), andererseits können sich auch je spezifische Kulturtraditionen aus dem Zusammenspiel von sozial vermittelten Informationsstrukturen und genetischer Selektion herausbilden. Eine wichtige treibende Kraft dieser spezifischen Kulturentwicklung könnte, wie Barkow (1989) vorschlägt, der symbolisch bewertete Selbstwert bzw. das Prestige sein. Demnach strebt der Mensch das an, was in der eigenen Lebenswelt als erfolgreich gilt. Er verinnerlicht die durch die eigene Kultur vermittelten Prestige-Kriterien, und diese bringen ihn dazu, bestimmte Eigenschaften und Handlungsweisen gegenüber anderen zu bevorzugen und auszubauen (vgl. Grossmann 1993, S. 63). Gleichzeitig werden bei der Partnerwahl Individuen bevorzugt, die die in einer Kultur hoch bewerteten Eigenschaften in hohem Maße aufweisen, so dass auch über den Weg der genetischen Selektion die Ausprägung der hoch bewerteten Eigenschaften sich verstärkt. Bezogen auf die ontogenetische Entwicklung des Individuums bedeutet dies, dass die Möglichkeit der Selbstverwirklichung in höherem Maße gegeben ist, wenn die eigene Persönlichkeitsstruktur und die Ausrichtung der jeweiligen Kultur im Sinne einer „Passung" einander entsprechen (vgl. Trommsdorff 2003). Beispielsweise wird sich ein „allozentrisches" Individuum leichter in einer kollektivistischen Kultur und ein „idiozentrisches" Individuum leichter in einer individualistisch orientierten Kultur verwirklichen können (vgl. Triandis 1995). Kulturelle Veränderungsprozesse sind hierbei nicht ausgeschlossen, da man davon ausgehen muss, dass das Individuum bestimmte Wahlmöglichkeiten hat (vgl. Eckensberger 1992; Trommsdorff 2003). Bezogen auf die ontogenetische Entwicklung bedeutet dies, dass sie als Ergebnis von Wechselwirkungen zwischen der individuellen genetischen Ausstattung, der kulturellen Genese und den aktuellen kulturellen Umweltbedingungen verstanden werden muss (vgl. Helfrich 1999). Methodisch kann dieser Verflechtung von Individuum, Kultur und Entwicklung noch am ehesten Rechnung getragen werden, wenn eine Querschnittsbetrachtung durch eine Längsschnittbetrachtung ergänzt wird.

7.2 Die Bedeutung von Kindheit und Jugend in unterschiedlichen Kulturen

In unserer westlichen Welt gehen wir im Allgemeinen davon aus, dass es vor dem Eintritt ins Erwachsenenalter eine Zeit der Kindheit und eine Zeit der Jugend gibt. Etwas klischeehaft ausgedrückt, gilt die Kindheit als eine Art Schonzeit, während der das Spiel gegenüber dem „Ernst des Lebens" dominiert, und die Jugend als eine Zeit des „Sturm und Drang"[4] (vgl. Broude 1995, S. 7), während der das Individuum verwirrt durch seine Sexualität und rebellisch gegenüber der elterlichen Autorität ist. Nicht wenige Forscher bestreiten jedoch die Allgemeingültigkeit dieser Aufteilung und betrachten die Kategorien „Kindheit" und „Jugend" als historische und soziokulturelle Konstrukte (vgl. Panter-Brick 1998a, S. 4). In seiner extremsten Ausprägung beruft sich dieser soziologische Standpunkt auf den französischen Historiker Phillipe Ariès (1962), gemäß dem in der mittelalterlichen Gesellschaft Europas der Status der Kindheit nicht existiert haben soll (vgl. James 1998, S. 46).

7.2.1 Evidenz für unterschiedliche Entwicklungsstadien

Zur Klärung des Widerspruchs ist es sinnvoll, den Vorgang der Entwicklung von den expliziten Rollenerwartungen, die an das sich entwickelnde Individuum gestellt werden, zu trennen. Was ersteren betrifft, scheint unbestreitbar, dass der Mensch in allen Kulturen eine Entwicklung durchläuft, die durch **Reifung** und **Lernen** geprägt ist. Unter „Reifung" versteht man hierbei diejenigen psychophysischen Veränderungen, die vorwiegend aus innerorganismischen Gründen entstehen – wie etwa Längenwachstum und Knochenkernbildung, während als „Lernen" jene Vorgänge gelten, die eine aktive Auseinandersetzung des Individuums mit seiner Umwelt beinhalten (vgl. Hofstätter 1957, S. 92; Clauß et al. 1995, S. 391). Reifung und Lernen stellen zwar insofern keine Gegensätze dar, als sie sich wechselseitig bedingen und der Mensch – wie andere Lebewesen auch – von Natur aus auf Lernen angewiesen ist (vgl. Boyd/Richerson 1985), doch haben sie ihre jeweilige Spezifik, die sich im unterschiedlichen Ausmaß ihres Differenzierungsgrades äußert.

Innerhalb der Säugetierreihe ist die Geschwindigkeit, in der die Reifungsprozesse ablaufen, umgekehrt proportional zur Höhe des erreichbaren Entwicklungsniveaus und dieses proportional zur Höhe der Gehirnentwicklung (vgl. Hofstätter 1957, S. 92; Clauß et al. 1995, S. 391). Unter allen Säugetieren hat damit der Mensch – als das Lebewesen mit dem höchstentwickelten Gehirn – die deutlich längste Reifungsphase bzw. die geringste Reifungsgeschwindigkeit (vgl. Bjorklund/Pellegrini 2002). Betrachtet man die menschliche Wachstumskurve – am Beispiel des Längenwachstums von Jungen – im Einzelnen, so ist zunächst einmal festzuhalten, dass die Gesamtgestalt in allen Kulturen ähnlich ist, wenn auch die einzelnen Alterszuordnungen eine gewisse Variabilität aufweisen (vgl. Bogin 1998, 1999). Kulturunabhängig lassen sich deutliche Diskontinuitäten in der Geschwindigkeit (cm pro Jahr) feststellen (vgl. Bogin 1998): beginnend von einem hohen Niveau sinkt die Wachstumsgeschwindigkeit zunächst rapide, bleibt während einiger Jahre auf einem relativ konstanten Niveau, weist dann einen neuerlichen kurzen Anstieg auf, um dann schließlich gänzlich abzufallen (vgl. Abbildung 1). Vom biologischen Standpunkt aus liefert die Gestalt dieser Wachstumskurve eine gewisse Rechtfertigung für die Einteilung in zumindest vier Entwicklungsstadien[5]: 1. Säuglingsalter bzw. frühe Kindheit, 2. mittlere und späte Kindheit, 3. Adoleszenz und 4. Erwachsenenalter[6].

Man kann sich fragen, ob die Art der Lernvorgänge, die in den drei Kindheit und Jugend umfassenden Wachstumsphasen ablaufen, kulturübergreifend eine ähnliche Einteilung zulassen. Beim Lernen vollzieht das Individuum eine Anpassung an die ihn umgebende Um- und Lebenswelt, die durch ein Konglomerat von ökologischen, ökonomischen, sozialen und kulturellen Gegebenheiten geprägt ist, die zwar einerseits ohne bestimmte Reifungsprozesse nicht vorstellbar ist – so sprechen wir etwa vom „Laufenlernen", die aber andererseits die aktive Auseinandersetzung des Individuums mit seiner Umwelt hervorhebt. Diese Auseinandersetzung beinhaltet die erfolgreiche Bewältigung bestimmter an das Individuum gestellter Erfordernisse oder Aufgaben, manche Entwicklungspsychologen (z.B. Erikson 1976; Havighurst 1972) sprechen hier von „Entwicklungsaufgaben". Die Frage stellt sich also, ob sich kulturinvariante Entwicklungsaufgaben finden lassen, deren Abgrenzung mit der Einteilung in die Wachstumsphasen korrespondiert.

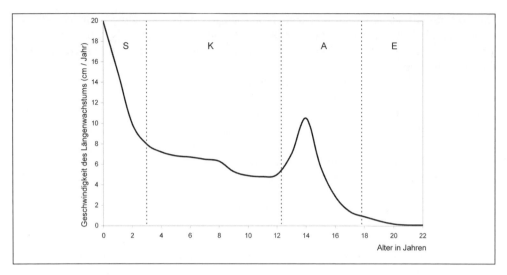

Abbildung 1: Geschwindigkeit des Längenwachstums in Abhängigkeit vom Lebensalter bei Jungen (in Anlehnung an Bogin 1998, S. 24). Die durch die Diskontinuitäten voneinander abgegrenzten Entwicklungsabschnitte sind markiert als S = Säuglingsalter, K = Kindheit, A = Adoleszenz und E = Erwachsenenalter

Am leichtesten scheint die universelle Homogenität solcher Entwicklungsaufgaben für die **frühe Kindheit** herstellbar – deren Existenz ja auch nicht einmal von Ariès für das europäische Mittelalter bestritten wird. Im allgemeinsten Sinne besteht die Entwicklungsaufgabe der frühen Kindheit darin, dass das Kind in bestimmte Muster der Befriedigung elementarer Bedürfnisse wie Nahrungsaufnahme, Ausscheidungsvorgänge und Sozialkontakt hineinwachsen sowie seine Muttersprache erwerben muss. Die Muster selbst können hierbei – wie auch die jeweilige Sprache, die es zu erwerben gilt – in den einzelnen Kulturen stark differieren, ebenso wie die mit ihrem Erwerb verbundene Schwierigkeit – man denke etwa daran, dass die Nahrungsaufnahme je nach Kultur mit der Hand, mit dem Löffel oder mit Stäbchen erfolgen muss. In allen Kulturen wird den Kindern auf Grund deren eigener Unselbständigkeit in dieser Phase besondere Pflege und Aufmerksamkeit zuteil, in deren Art sich allerdings deutliche Unterschiede zeigen. Diese betreffen vor allem die Art der Kommunikation mit dem Kind. So sind in individualistischen Kulturen Blickkontakt und verbale Ansprache häufiger als in kollektivistischen Kulturen, während dort Körperkontakt und räumliche Nähe im Vergleich zu individualistischen Kulturen stärker ausgeprägt sind (vgl. Keller/Eckensberger 1998, S. 73). Die Kulturen unterscheiden sich auch darin, welche Bedeutung neben der Mutter anderen Personen für die Betreuung des Säuglings zukommt, in westlichen Kulturen ist die Mutter-Kind-Beziehung oft exklusiv, während in vielen nicht-westlichen Kulturen das Kind von mehreren Betreuungspersonen – Erwachsenen und Kindern – umgeben ist (vgl. z.B. Chaudhary 2000; Keller/Eckensberger 1998).

Die jeweiligen Interaktionsmuster sind gleichzeitig mit bestimmten vorgegebenen Bedingungen und Einschränkungen verbunden, die das kindliche Verhalten in bestimmte Bahnen lenken sollen (vgl. Keller/Eckensberger 1998, S. 69). Vereinfachend ausgedrückt, soll das Kind in individualistischen Kulturen früh zu Autonomie und Selbständigkeit gelangen, während in kollektivistischen Kulturen die harmonische Einbindung in die soziale Gemeinschaft angestrebt wird (vgl. Trommsdorff 2003, S. 161).

Weniger leicht scheint die Identifikation kulturübergreifender Entwicklungsaufgaben für die Phase der *eigentlichen Kindheit*, deren Beginn sich meistens durch einen deutlich erweiterten Aktionsradius, durch die Ausweitung von Sozialkontakten (vgl. Keller/Eckensberger 1998, S. 69) und durch ein beginnendes symbolisches Verständnis abzeichnet, bei manchen sog. Naturvölkern auch durch das Abstillen markiert ist (vgl. Bogin 1998, S. 20; Valsiner 2000, S. 214f.). Dennoch lässt sich vorsichtig formulieren, dass die Entwicklungsaufgabe in allen Kulturen darin besteht, die für das Erwachsenenleben notwendigen Kompetenzen zu erlangen. Der Erwerb dieser Kompetenzen erfolgt in den industrialisierten Gesellschaften weitgehend institutionell formalisiert – durch Kindergarten und Schule, während er in weniger oder gar nicht industrialisierten Gesellschaften stärker in den konkreten Lebens- und Arbeitskontext der Erwachsenenwelt eingebunden ist. Entsprechend kann die soziale Interaktion entweder stärker durch Gleichaltrige (sog. „peer groups") oder eher durch altersheterogene Gruppen (vor allem Familie bzw. Verwandtschaft) geprägt sein. Eine Unterscheidung lässt sich auch treffen zwischen einem eher gezielten Lernen durch explizite pädagogische Instruktion einerseits und einem eher impliziten oder inzidentellen Lernen durch Beobachtung und Partizipation andererseits. Beides findet in allen Kulturen statt, doch unterscheiden sich die Anteile zum einen in Abhängigkeit vom Grad der Industrialisierung einer Gesellschaft und zum anderen zwischen westlichen und nicht-westlichen Kulturen (vgl. LeVine 1998, S. 116f.).

Die Kulturen unterscheiden sich auch darin, welche Bedeutung dem kindlichen Spiel beigemessen wird (vgl. Broude 1995, S. 253ff.). Alle Kinder auf der Welt spielen, aber es gibt beträchtliche Unterschiede hinsichtlich der Zeit, die den Kindern zum Spielen eingeräumt wird, hinsichtlich der Art der Spielzeuge (Alltagsgegenstände versus spezielles Spielmaterial) sowie hinsichtlich des Institutionalisierungsgrades des Spiels (Erwachsenenumgebung versus spezielle Kinderspielplätze). Aus Erwachsenensicht kann eher die konstruktive oder eher die expressive Funktion des Spiels betont werden (vgl. Valsiner 2000, S. 230). In seiner konstruktiven Funktion gilt das Spiel als symbolisches Mittel zum Erwerb von Fähigkeiten und Fertigkeiten sowie zur Übernahme unterschiedlicher Rollen, manchmal auch zur Schaffung einer spirituellen Realität (vgl. Valsiner 2000, S. 28f.). In seiner expressiven Funktion gilt es als Ausdruck kindlicher Konflikte und Störungen oder als Zeichen genereller Unreife. Die jeweilige Interpretation dürfte allerdings überlagert sein von durch extreme wirtschaftliche Bedingungen aufgezwungenen Mustern wie etwa der Notwendigkeit des kindlichen Beitrags zum Haushaltseinkommen oder zur Landbestellung.

Die Phase der Jugend oder *Adoleszenz*, deren Beginn man auf die Pubertät, also die Entwicklung zur Reproduktionsfähigkeit, festlegt (vgl. Silbereisen/Schmidt-Rodermund 1998), ist wegen der drastischen körperlichen Veränderungen, die das Individuum erfährt, im Vergleich zur Kindheit sicherlich leichter auszumachen. Die Existenz einer solchen Übergangsphase zwischen Kindheit und Erwachsenenstatus wird in den modernen westlichen Gesellschaften wohl kaum bestritten, sie wurde aber von Schlegel und Barry (1991) auch in den von ihnen untersuchten 175 Kulturen, die man als sog. Naturvölker bezeichnen könnte, gefunden (vgl. Silbereisen/ Schmidt-Rodermund 1998, S. 382). Die Entwicklungsaufgabe dieser Phase kann als bewusste Auseinandersetzung mit der eigenen Identität und dem Erwachsenwerden beschrieben werden (vgl. Broude 1995, S. 7f.). Diese Auseinandersetzung wird sich im allgemeinen um so schwieriger gestalten und um so stärker mit Turbulenzen und Rebellion verbunden sein, je weniger die Erwartungen, die an die Jugendlichen gestellt werden, institutionell vorgegeben sind (vgl. ebd., S. 10). Doch selbst in der westlichen Welt, wo der Lebenslauf stark individualisiert ist, ist sie nicht notwendigerweise mit offener Rebellion verbunden, sondern kann sich auch in Form eines kontinuierlichen Prozesses der Übernahme der Erwachsenenrolle vollziehen. Umgekehrt kann – wie das Beispiel der gegenwärtigen Jugend in Japan zeigt (vgl. Fuchs 2001) – Rebellion auch dann auftreten, wenn der Lebenslauf in starkem Maße vorstrukturiert ist.

7.2.2 Rollenerwartungen in unterschiedlichen Entwicklungsstadien

Stellen wir uns nun die Frage, ob auch die Rollenerwartungen, die an das sich entwickelnde Individuum gestellt werden, eine universell gültige Einteilung in die genannten Entwicklungsstadien zulassen. Altersspezifische Rollenerwartungen können sich in vielfacher Weise niederschlagen, hier sollen drei von ihnen betrachtet werden: explizite pädagogische Handlungsanweisungen, eine altersspezifische Ansprechweise und sog. Übergangsriten (rites de passage).

Die Normen darüber, was in einer Kultur von einem Säugling, einem Kind oder einem Jugendlichen erwartet wird, sind oft nur daraus zu erkennen, was als Abweichung erkannt oder benannt wird, in Schriftkulturen existieren aber meistens auch direkte pädagogische Handlungsanweisungen in Form von Büchern. Das Mittelalter macht hier – entgegen der Interpretation von Ariès – keine Ausnahme, ein umfangreiches Schrifttum aus der Feder von Priestern, Kirchenvätern und Juristen beschreibt die erwünschten Verhaltensweisen und zu erbringenden Leistungen in der Kindheit nicht nur global in ihrer Abgrenzung vom Erwachsenenalter, sondern lässt detailliert sogar einzelne Stufen des Kindesalters erkennen, die in ihrer Beschreibung den Gedanken an Piagets Stufeneinteilung aufkommen lassen (Shahar 1990, S. 7; vgl. LeVine 1998, S. 113f.).

In allen Kulturen gibt es Unterschiede in der Sprechweise nicht nur in Abhängigkeit vom Alter der Person, die gerade spricht, sondern auch in Abhängigkeit vom Alter und Entwicklungsstand derjenigen Person, die angesprochen wird; bereits Kinder verändern ihren Sprachstil hinsichtlich Sprechtempo, Wortwahl und Syntax in Abhängigkeit davon, ob sie zu jüngeren Kindern, zu Gleichaltrigen oder zu Erwachsenen sprechen (vgl. Helfrich 1979). Das am meisten untersuchte Phänomen in diesem Bereich ist die sog. „Ammen-" oder „Baby-Sprache" (bzw. „baby-talk"). Sie ist in allen Kulturen anzutreffen und kann somit den Status einer sprachlichen Universalie beanspruchen (vgl. Kitamura et al. 2002; Ruke-Dravina 1976). Teilweise sind sogar ihre Merkmale universell: hohe Stimme, ausgeprägte Satzmelodie, Verdoppelungen, Gebrauch von Diminuitiva sowie Ersatz von Personalpronomen durch Namen (vgl. Kempe/Brooks 2002). Ihre Funktion soll darin bestehen, einerseits die Äußerung der Aufmerksamkeits- und Gedächtnisspanne des Kindes anzupassen, andererseits eine besondere affektive Zuwendung zu signalisieren (vgl. Helfrich 1979, S. 94f., Kitamura et al. 2002). Eine beträchtliche kulturelle Variation gibt es allerdings hinsichtlich des Höchstalters der in der Baby-Sprache angesprochenen Kinder sowie im Umfang des Benutzerkreises (vgl. Helfrich 2007).

Nahezu in jeder Kultur finden sich „Übergangsriten" oder „rites de passage", die den Übergang in eine neue Entwicklungsstufe markieren (vgl. Helfrich 1996c; Keller/Eckensberger 1998; Valsiner 2000, S. 273), wenn auch ihre Anzahl in den einzelnen Kulturen beträchtlich schwankt. Am häufigsten sind sie dokumentiert als Übergang von der Kindheit zur Jugend: in traditionellen Kulturen finden sie in Form von „Initiationszeremonien" statt, aber auch in den westlichen Industriestaaten sind sie nicht unbekannt – man denke an die Konfirmation zur Erlangung der religiösen Mündigkeit oder die „Jugendweihe" in der ehemaligen DDR, die inzwischen in Ostdeutschland in etwas entideologisierter Form wiederbelebt wird (vgl. Keller/ Eckensberger 1998, S. 85).

Aber auch während des Kindesalters sind häufig Rituale anzutreffen, die den Übergang in einen neuen Lebensabschnitt anzeigen. Sie können religiös geprägt sein wie etwa der Besuch des Shinto-Schreins mit den 5-jährigen Knaben und den 3- und 7-jährigen Mädchen („shichi-go-san"[7]) in Japan (vgl. Lewin 1981, S. 208f.) oder in Indien das mit 3-jährigen Kindern durchgeführte „chudakarna" (vgl. Keller/Eckensberger 1998, S. 69), das symbolisiert, dass das Kind nun für den Prozess der Disziplinierung bereit ist; oder sie können auch institutionell geprägt sein wie etwa der Schulanfang in Deutschland.

7.3 Die Prüfung der universellen Gültigkeit kognitiver Entwicklungsmodelle

Eine wichtige Frage innerhalb der Entwicklungspsychologie ist die, ob es universell gültige Gesetzmäßigkeiten in der kognitiven Entwicklung des Individuums gibt oder ob die Entwicklung in Abhängigkeit vom kulturellen Umfeld jeweils qualitativ unterschiedlich verläuft. Hier soll die Entwicklung des Denkens und der Sprache betrachtet werden.

7.3.1 Piagets Stufenmodell der Entwicklung des kindlichen Denkens

Als prototypische Realisierung der kulturvergleichenden Prüfung kognitiver Entwicklungsmodelle kann die Prüfung der universellen Gültigkeit des von Jean Piaget aufgestellten Modells der Entwicklung kindlichen Denkens gelten (vgl. Piaget 2000). Nach Piaget entwickelt sich das Denken als handlungsmäßige Auseinandersetzung des Individuums mit der Umwelt. Sie spielt sich in Form einer Wechselbeziehung zwischen biologischer Reifung und äußerer Umwelt ab und schreitet in mehreren Stufen auf einem Weg der immer stärkeren Ablösung der Handlung vom jeweiligen Umfeld voran. Jede Stufe beinhaltet eine qualitative Veränderung der Denk-*strukturen*. Die vier Hauptstufen werden als *sensumotorisch, prä-operativ, konkret-operativ und formal-operativ* bezeichnet. Sie folgen einer inneren, einer „epistemischen" Gesetzmäßigkeit und sind daher in ihrer Abfolge invariant und irreversibel. Der Kulturvergleich soll prüfen, inwieweit die Abfolge der einzelnen Stufen universelle Gültigkeit beanspruchen kann. Inkompatibel mit dem Modell sind zum einen Verletzungen der Reihenfolge der einzelnen Stufen, also etwa Regressionen in eine frühere Stufe, wenn vorher eine höhere erreicht war, oder Überspringungen, d.h. Erklimmen einer höheren Stufe unter Auslassung einer niedrigeren, und zum anderen ein frühes Abbrechen der Entwicklung, also ein Nicht-Erreichen der höheren Stufen.

Die meisten kulturvergleichenden Untersuchungen haben sich auf den Übergang von der prä-operativen Stufe zur Stufe der konkreten Operationen, die die Invarianz von Volumen, Gewicht und Menge beinhaltet, konzentriert. Ob ein Kind schon der konkret-operativen oder noch der prä-operativen Stufe zugeordnet wird, hängt von der Art der Beantwortung der jeweils gestellten Testaufgaben ab (vgl. Helfrich 2006).

In einer typischen Aufgabe zur Volumeninvarianz werden dem Kind zwei gleiche zylinderförmige Glasbehälter gezeigt, die beide dieselbe Flüssigkeitsmenge enthalten. Sodann wird die Flüssigkeit aus einem der beiden Behälter in einen dritten umgegossen, der ebenfalls zylinderförmig ist, aber einen geringeren (oder größeren) Durchmesser hat. Kinder auf der prä-operativen Stufe meinen, die Flüssigkeitsmenge habe sich geändert, da sie nur eine der beiden Dimensionen (Höhe oder Breite) der Flüssigkeitssäule im Gefäß beachten. Kinder auf der konkret-operativen Stufe erkennen die Gleichheit der Flüssigkeitsmenge und begründen sie auch.

Das Alter der Kinder dient als unabhängige Variable, der Prozentsatz der Kinder einer Altersstufe, die die entsprechenden Aufgaben richtig lösen, bildet die abhängige Variable. Entsprechend dem Modell muss sich als Funktion des Alters ein monoton steigender Verlauf des Prozentsatzes richtiger Lösungen ergeben. Tatsächlich war in allen untersuchten Kulturen innerhalb einer bestimmten Altersspanne – deren Grenzen von Kultur zu Kultur variierten – der postulierte Verlauf zu beobachten. Allerdings gab es Kulturen, wo selbst bei Einbeziehung höherer Altersstufen bis hin zum Erwachsenenalter nicht mehr als die Hälfte der Testpersonen die Stufe der konkreten Operationen erreichte (Dasen/Heron 1981, S. 296; vgl. Helfrich 2003, S. 128).

Über dieses Ergebnis wurde viel spekuliert (vgl. Ashton 1984, S. 78), die am meisten einleuchtende Erklärung ist darin zu sehen, dass die Kinder aus traditionellen Kulturen mit der Art der Testaufgaben weit weniger vertraut sind als Kinder aus den westlichen Industrienationen, d.h. dass das Postulat der Erhebungsäquivalenz nicht erfüllt ist. Hierfür spricht vor allem, dass in den meisten traditionellen Kulturen ein beachtlicher Trainingserfolg zu verzeichnen war, wenn die Aufgaben in leicht abgewandelter Form mehrmals durchgeführt wurden. Nach einem solchen Training ergab sich ein den westlichen Kulturen vergleichbares Ergebnismuster. Dies galt selbst dann, wenn die Kinder keine Schule besucht hatten, ein Vorteil der Schulbildung ergab sich nur in Untersuchungen, in denen der Übergang zur formal-operatorischen Stufe einbezogen wurde (vgl. ebd., S. 90). Zusammengenommen lassen die kulturvergleichenden Untersuchungen den Schluss zu, dass die Entwicklung der Kompetenz im Piagetschen Sinne tatsächlich universell ist, wenn auch die tatsächlich gezeigte Leistung (die sog. Performanz) kulturspezifisch überformt ist (vgl. Dasen/de Ribaupierre 1988; Helfrich 2006).

7.3.2 Kognitive Entwicklung als gradueller Prozess

Wenn auch die referierten Studien die Validität des Piagetschen Stufenmodells nicht prinzipiell in Frage stellen, kann daraus dennoch nicht auf die gänzliche Kontextunabhängigkeit der kindlichen Denkentwicklung geschlossen werden. Nach Piaget sollte der gesetzmäßige Ablauf der strukturellen Veränderungen des Denkens *allgemein* sein, d.h. gleichermaßen für *alle* kognitiven Phänomene und Funktionen gelten. So sollte also ein Kind, das eine bestimmte Stufe in einem der Teilbereiche erreicht hat, dieselbe Stufe auch in anderen Teilbereichen ohne allzu große zeitliche Verzögerung erreichen. Beispielsweise sollte auf der Stufe der konkreten Operationen die Invarianz von Mengen, Volumen und Gewichten zu etwa derselben Zeit als „structure d'ensemble" (vgl. Piaget 2000) erfasst werden. In empirischen Untersuchungen fand man jedoch häufig ein großes zeitliches Auseinanderklaffen zwischen den einzelnen Teilbereichen einer Stufe, ein sog. „horizontal décalage". Dabei konnte die Geschwindigkeit und die Reihenfolge des Erwerbs der einzelnen Teilbereiche häufig mit den Erfahrungen in der kulturellen Lebensumwelt des Kindes in Zusammenhang gebracht werden (vgl. Berry et al. 2003, S. 132; Greenfield 1984, S. 103).

Solche Befunde ließen manche Forscher (z.B. Carey 1984) generell an der inneren Logik der Stufenfolge zweifeln. Viele Phänomene, die Piaget als Beleg für die von ihm postulierten strukturellen Veränderungen anführte, lassen sich auch anders interpretieren (vgl. Schneider/Sodian 2008; Sodian 1993, S. 181, 1998, S. 160). So wird argumentiert, dass ältere Kinder einfach deshalb Aufgaben, an denen jüngere Kinder scheitern, besser lösen, weil sie in bestimmten Inhaltsbereichen über effiziente Problemlösestrategien und Automatisierungen elementarer Denkoperationen verfügen und damit die naturgegebenen Begrenzungen der Informationsverarbeitungskapazität teilweise kompensiert werden. Das junge Kind ist nach dieser Auffassung ein „universeller Novize" (Brown/DeLoache 1978). Im Laufe der Entwicklung erwirbt es – entweder durch implizites Lernen oder durch explizite Instruktion – Kenntnisse in den verschiedenen Inhaltsbereichen, wobei die Zeitpunkte und Verlaufsformen bei den einzelnen Kindern sehr unterschiedlich sein können.

Bei Gültigkeit dieses Ansatzes müsste die Entwicklung des Denkens in hohem Maße vom kulturellen Umfeld abhängen. Im Vorteil müssten die Individuen derjenigen Kulturen sein, die ein breites Erfahrungsfeld zur Ausbildung von Denk- und Problemlösestrategien bereitstellen, also Kulturen mit einer Vielzahl und hoher Qualität von Anregungsbedingungen. Man könnte vermuten, dass dies am ehesten Kulturen von hoher „Komplexität" (vgl. z.B. Eckensberger 1998, S. 502) – weitgehend deckungsgleich mit dem Grad der Industrialisierung – sind. Allerdings lässt sich auch genau umgekehrt argumentieren (vgl. hierzu auch Diamond 1998, S. 24f.): Kinder aus Kulturen von hoher Komplexität werden häufiger bereits mit fertigen Lösungen oder zumindest Lösungsschemata vertraut gemacht und sind von daher gar nicht herausgefordert, den eigentlichen Lösungsweg selbst vollziehen zu müssen, was zwar das Faktenwissen anreichern, nicht aber die allgemeine Informationsverarbeitungskapazität und Denkfähigkeit erhöhen würde. Systematische Untersuchungen über die Angemessenheit dieser Hypothesen stehen bisher aus.

7.3.3 Kohlbergs Stufenmodell der Entwicklung des moralischen Urteils

In sicherlich noch stärkerem Maße umstritten als Piagets Stufenmodell ist die Universalität der Entwicklung moralischer Denkstrukturen, wie sie von Piagets Schüler Kohlberg (vgl. Kohlberg 1996) postuliert wurde; die Kontroverse zwischen Kohlberg und Gilligan (vgl. Gilligan 1999) hinsichtlich der Geschlechtsspezifität der Stufenausprägung selbst im westlichen Kulturkreis belegt dies deutlich. Kohlberg beschreibt die Entwicklung moralischer Denkstrukturen als ein Fortschreiten von hedonistischer Ausrichtung zu abstrakten Prinzipien von Gerechtigkeit. Als Indikator für das Erreichen einer bestimmten Stufe dient die Art der Stellungnahme zu sog. moralischen Dilemmata. Aus den Ergebnissen zweier Meta-Analysen aller kulturvergleichenden Studien (Eckensberger 2003; Gielen/Markoulis 2001) – meist Längsschnittstudien – lassen sich zwei Schlussfolgerungen ableiten: Erstens spricht die Mehrzahl der Studien für die kulturübergreifende Gültigkeit einer epistemisch begründeten Hierarchie der Stufenabfolge, da in den meisten Fällen weder Regressionen in frühere Stufen noch Überspringungen von Zwischenstufen (ausgenommen die allererste Stufe) zu beobachten waren. Zweitens hing das Erreichen bzw. Nicht-Erreichen der höheren Stufen von verschiedenen kulturellen Faktoren wie Industrialisierung, Gelegenheit zur Verantwortungspartizipation und liberaler Erziehung ab, fiel aber interessanterweise nicht mit der Unterscheidung zwischen westlichen bzw. individualistischen und nicht-westlichen bzw. kollektivistischen Kulturen zusammen (vgl. auch Eckensberger 1998).

7.3.4 Die Entwicklung der Sprache

Einen Sonderfall der kognitiven Entwicklung stellt sicherlich die Entwicklung der Sprache dar. Es liegt auf der Hand, dass die einzelnen Sprachen unterschiedlich sind. Trotzdem kann man sich fragen, ob es strukturelle Ähnlichkeiten in der ontogenetischen Entwicklung des **Spracherwerbs** gibt. Tatsächlich legen vergleichende Sprachentwicklungsstudien bestimmte Invarianzen in der Abfolge des Spracherwerbs unabhängig von der konkreten Einzelsprache, die ein Kind erlernt, nahe. So durchlaufen alle Kinder im Alter von etwa ein bis zwei Jahren ein holophrastisches Einwortstadium, das von einem Zweiwortstadium im Alter von etwa zwei Jahren abgelöst wird (vgl. Slobin 1972). Grundprinzipien der Grammatik werden im Alter von etwa zwei bis vier Jahren erworben, danach ist die Beherrschung der Grammatik im Wesentlichen abgeschlossen (vgl. Slobin 1992). Egal, wie schwierig dem Nicht-Muttersprachler die Grammatik einer bestimmten Sprache erscheinen mag, ein Kind, das in dieser Sprache aufwächst, erwirbt sie mühelos (vgl. Bierwisch 1992; Broude 1995, S. 195). Erstaunlich ist aber, dass Kinder unabhängig von der Grammatik ihrer Muttersprache während der Entwicklung ähnliche Fehler machen (vgl. Pinker 1996, S. 36f.). Dies wird von einigen Forschern als Beleg für eine biologisch fundierte Universalgrammatik (Chomsky 1977, 2006) angesehen. Die oberflächenmäßige Verschiedenheit der Einzelsprachen resultiert nach dieser Auffassung daher, dass die „Leerstellen" der Universalgrammatik unterschiedlich besetzt sein können, etwa mit „default"-Fixierungen, die beim Spracherwerb zu vergleichsweise wenig Fehlern führen, oder mit ungewöhnlichen Fixierungen, deren Erwerb fehleranfälliger ist (vgl. Helfrich 2007).

7.4 Leistungsverhalten im Kindes- und Jugendalter

Während es bei der Prüfung von Entwicklungsmodellen um die Frage der kulturellen Invarianz bzw. Varianz der Aufeinanderfolge einzelner Entwicklungsschritte geht, kann man auch die Frage nach der unterschiedlichen Ausprägung von Fähigkeiten und Leistungen im Kindes- und Jugendalter in Abhängigkeit vom kulturellen Umfeld stellen. Im Mittelpunkt steht hierbei nicht der Prozess der Entwicklung, sondern die differentialdiagnostische Ermittlung kulturbedingter Unterschiede. Die prototypische Untersuchungsmethode ist der psychometrische Ansatz (vgl. Abschnitt 6) mit dem Ziel, mit Hilfe von Testverfahren Lageunterschiede auf universell gültigen Dimensionen festzustellen. Zwei Untersuchungsbeispiele sollen hier erörtert werden: zum einen der Versuch der Feststellung von interkulturellen Unterschieden in der Ausprägung der allgemeinen Intelligenz und zum anderen die Prüfung von Unterschieden in der Leistung im mathematisch-naturwissenschaftlichen Bereich.

7.4.1 Allgemeine Intelligenz

Bei der Feststellung der „allgemeinen **Intelligenz**" möchte man ein Potential prüfen, das man mit Weinert (1994, S. 262) als „System kognitiver Kompetenzen" bezeichnen kann, „das es dem Menschen ermöglicht, neue Probleme mit Hilfe des verfügbaren Wissens und des operativen Denkens in effektiver Weise zu lösen". Dies setzt voraus, dass die im Rahmen der Testaufgaben zu lösenden Probleme für alle Individuen in gleichem Maße „neu" sind. Die Testaufgaben müssen also „kulturfrei" oder zumindest „kulturfair" konzipiert sein, so dass die Anforderungsstruktur der Testaufgaben für alle Kulturen identisch ist. Die im westlichen Kulturkreis entworfenen Testverfahren zur Messung der allgemeinen Intelligenz sind im Allgemeinen so konstruiert, dass im Sinne des sog. Generalfaktormodells (Spearman 1904) verschiedenartige Testaufgaben in ihrer Gesamtheit das Konstrukt „Intelligenz" operationalisieren und auf einer gemeinsamen metrischen Skala abbilden. Soll ein Vergleich zwischen verschiedenen Kulturen erfolgen, muss die Skala für alle untersuchten Kulturen in gleicher Weise gültig sein. Dieses Postulat kann dann als erfüllt gelten, wenn die Korrelationen zwischen den Einzelaufgaben in allen untersuchten kulturellen Gruppen die gleiche Struktur aufweisen. In empirischen Untersuchungen hat sich jedoch herausgestellt, dass auftretende Mittelwertsunterschiede zwischen verschiedenen kulturellen Gruppen fast immer mit Unterschieden in den Korrelationen zwischen den Einzeltests einhergingen (vgl. Poortinga/van de Flier 1988), d.h. dass die erforderliche Strukturgleichheit gerade nicht gegeben war. Selbst der Ausschluss der strukturverzerrenden Testaufgaben stellt in diesem Fall insofern keine Lösung dar, als die verbleibenden Aufgaben nicht mehr dem Repräsentativitätskriterium genügen. Das Konzept der allgemeinen Intelligenz erfordert nämlich, dass die einzelne Testaufgabe eine Zufallsauswahl aus einer Vielzahl von möglichen Aufgaben darstellt (vgl. Cronbach 1990). Da dieses Zufallsprinzip zwar bei der ursprünglichen Auswahl in einer bestimmten Kultur – konkret der westlichen – gültig war, aber bei der Itemauswahl in anderen Kulturen nicht eingehalten werden konnte, kann von der beobachteten Leistung nicht auf eine vergleichbare Kompetenzstruktur geschlossen werden (vgl. Helfrich 2004).

Theoretisch ist allerdings auch gar nicht zu erwarten, dass eine konkrete Aufgabenauswahl eine Zufallsstichprobe aus einem für alle Kulturen gemeinsamen Aufgabenuniversum sein kann, denn die Definition dessen, was als „intelligentes" Verhalten gilt, ist immer kulturell vermittelt, nämlich als die Bewältigung der in der jeweiligen Kultur bedeutsamen kognitiven Anforderungen. Da manche Leistungen innerhalb der einen Kultur hoch geschätzt werden, innerhalb einer anderen aber wenig Beachtung erfahren (vgl. hierzu auch Abschnitt 7.1), muss die Definition dessen, was die „allgemeine" Intelligenz ausmacht, per se kulturspezifisch sein.

Aus dem Gesagten folgt, dass es keinen Sinn ergibt, kulturelle Unterschiede in der allgemeinen Intelligenz feststellen zu wollen. Auch ein „emisches" oder „indigenous" Vorgehen mit der Konsequenz, dass innerhalb jeder Kultur eine Intelligenzdefinition aus „einheimischer" Sicht erfolgt, stellt keine Lösung dar, wenn ein Vergleich zwischen verschiedenen Kulturen erfolgen soll. Denn dieser anschließende Vergleich liefe letzten Endes auf eine Prüfung der Frage hinaus, ob die Individuen einer bestimmten Kultur an ihre eigene Kultur kognitiv mehr oder weniger angepasst wären als die Individuen einer anderen Kultur an deren Kultur.

7.4.2 Spezifische intellektuelle Fähigkeiten

Ein Kulturvergleich kann aber demgegenüber durchaus sinnvoll sein, wenn nicht die allgemeine Intelligenz, sondern spezifische Fähigkeiten geprüft werden. Die erforderliche Strukturgleichheit ist in diesem Fall leichter herzustellen, da die Leistungen in den Einzelaufgaben als typische Indikatoren für die in Frage stehende Fähigkeit konzipiert werden. Als prototypisch für einen solchen Vergleich können die sog. **TIMSS**-Studien[8] (vgl. Baumert et al. 1997; Baumert et al. 2000) herangezogen werden, die die mathematisch-naturwissenschaftliche Bildung am Ende der Sekundarstufe I (8. Jahrgangsstufe) sowie der Sekundarstufe II (Ende der Pflichtschulzeit) in verschiedenen Ländern vergleichen. Im Sinne von Piaget würde es sich hierbei um Fähigkeiten handeln, die der formal-operatorischen Stufe zuzurechnen sind. Eine differentielle Ausprägung dieser Fähigkeiten muss also nicht in Widerspruch zum Piagetschen Entwicklungsmodell stehen.

In den TIMSS-Studien ging man davon aus, dass die mathematisch-naturwissenschaftliche Bildung in allen Teilnehmerstaaten gleich hoch bewertet wird; diese Annahme der funktionalen Äquivalenz (vgl. Abschnitt 4) wird dadurch gestützt, dass in allen verglichenen Ländern ein Kerncurriculum identifiziert werden konnte, das die untersuchten Fähigkeiten als Normvorgaben in den jeweiligen Lehrplänen in vergleichbarer Weise verankert. Die Testaufgaben wurden so ausgewählt, dass eine für alle Teilnehmerstaaten vergleichbare Faktorstruktur resultierte, die

die Abbildung der Fähigkeitsausprägung auf einer gemeinsamen Intervallskala erlaubt[9]. Die Ergebnisse zeigen, dass die Leistungen der deutschen Schülerinnen und Schüler zusammen mit den angelsächsischen Ländern England, Schottland, USA, Kanada und Neuseeland im Mittelfeld liegen. Die Spitzengruppe am Ende der Sekundarstufe I[10] bilden die ostasiatischen Länder Singapur, Korea und Japan. Man könnte nun darüber spekulieren, ob die Leistungsunterschiede mit den in Abschnitt 3.3 aufgeführten Kulturdimensionen zusammenhängen. Nach Hofstedes Untersuchungen wären die ostasiatischen Länder als eher kollektivistisch und hierarchisch orientierte Kulturen zu klassifizieren, während Deutschland und die angelsächsischen Länder eher als individualistisch und egalitär einzuordnen wären. Gegen einen solchen Zusammenhang zwischen Leistungsniveau und Kultur spricht allerdings, dass auch am unteren Ende der Leistungsskala Länder mit kollektivistischer und hierarchischer Orientierung zu finden sind (Kolumbien, Iran und Kuwait). Außerdem ist die Richtung der Unterschiede sicherlich nicht erwartungskonform, da ja gerade in individualistischen Ländern der Leistungsaspekt stärker gewichtet wird als in kollektivistischen Kulturen (vgl. Abschnitt 3.3). Auch die alltagspsychologische Vorstellung, dass sich die ostasiatischen Länder stärker durch Fleiß, die westlichen Länder dagegen eher durch eigenes Denken auszeichnen, greift nicht: die relativen Schwächen der deutschen Jugendlichen lagen gerade im Bereich des konzeptuellen Verständnisses und weniger im Bereich der Routineverfahren. Ein zusätzlich durchgeführter Drei-Länder-Vergleich (Deutschland, Japan, USA) anhand von Video-Aufzeichnungen lässt die Vermutung zu, dass die Ursachen für die Leistungsunterschiede eher in der Art des Schulunterrichts zu suchen sind. Während der Mathematikunterricht in den USA und Deutschland eher auf Wissenserwerb und die Beherrschung von Verfahren ausgerichtet ist, zielt er in Japan eher auf die Lösung von Problemen ab und fördert dadurch das mathematische Verständnis. Mathematische Konzepte werden in Deutschland im Unterrichtsgespräch, das auf eine einzige Lösung hinführt, entwickelt, in den USA vom Lehrer vorgestellt und von den Schülern angewandt. Dagegen lassen die im japanischen Unterricht häufig angewandten offenen Aufgabenstellungen zum einen Lösungen unterschiedlicher Güte zu und erlauben zum anderen auch einen leichteren Transfer einmal erworbener Konzepte auf neue Situationen. Auch in Japan bestimmt – ebenso wie in Deutschland und den USA – der Lehrer oder die Lehrerin das Unterrichtsgeschehen, aber das Interaktionstempo ist langsamer und lässt möglicherweise dadurch den Jugendlichen mehr Zeit zur individuellen Aneignung. Zudem wird Gruppen- und Partnerarbeit häufiger praktiziert als in Deutschland und den USA.

7.5 Sozialverhalten im Kindes- und Jugendalter

Kinder in unterschiedlichen Kulturen wachsen in unterschiedlichen sozialen Konstellationen heran: die Anzahl der Bezugspersonen ist unterschiedlich, die Form der Mutter-Kind-Beziehung variiert, die Interaktion mit Gleichaltrigen wird unterschiedlich gewichtet, und die Idealvorstellungen in Bezug auf die Gestaltung sozialer Beziehungen unterscheiden sich. Aus entwicklungspsychologischer Sicht stellt sich daher die Frage, inwieweit diese unterschiedlichen sozialen Settings, Erziehungsstile und Erziehungsideale mit einer unterschiedlichen Entwicklung des Sozialverhaltens auf Seiten der sich entwickelnden Individuen einhergehen. Zwei Aspekte sollen hier beleuchtet werden: die Entwicklung aggressiven Verhaltens und die Entwicklung prosozialen Verhaltens. Es soll nicht verschwiegen werden, dass diese Auswahl aus westlicher Perspektive erfolgt: angesichts wachsender Gewalt in Schulen und der immer wieder vorgebrachten Forderung nach Teamarbeit im Berufsleben erscheint die Frage nach pädagogischen Maßnahmen zur Eindämmung von aggressivem und Förderung von prosozialem Verhalten nur zu berechtigt. Aber auch auf dem Hintergrund soziobiologischer Ansätze, gemäß denen Aggression und Altruismus im wesentlichen durch den „Egoismus der Gene" motiviert sind (vgl. z.B. Dawkins 2008), gewinnt die Frage nach der potentiell moderierenden Funktion kultureller Faktoren besonderes Interesse.

Die Mehrzahl der empirischen Studien bezieht sich auf Vergleiche zwischen einerseits individualistischen Kulturen (vorwiegend USA und Deutschland) und andererseits kollektivistischen Kulturen (vorwiegend asiatische Länder, aber auch Russland). Vereinfacht ausgedrückt unterscheiden sich die Erziehungspraktiken vor allem darin, dass in individualistischen Kulturen die frühe Selbständigkeit betont und die eigenständige Auseinandersetzung mit der Außenwelt sowie mit kulturellen Normen gefördert wird, während in kollektivistischen Kulturen die Einordnung in soziale Bindungen und Normen dominiert (vgl. Abschnitt 7.2.1).

7.5.1 Aggressives Verhalten

Ausgehend von einer Motivationstheorie der **Aggression**, untersuchte Kornadt (vgl. Kornadt 1982, 1990/91, 2003), inwieweit und warum das Aggressionsmotiv bei Jugendlichen in drei östlichen Kulturen (Japan, Bali und Batak) im Vergleich zu zwei westlichen Kulturen (Deutschland und Schweiz) unterschiedlich stark ausgeprägt ist. Er unterschied zwischen einer offenen Aggression, die im Verhalten zu Tage tritt, und einer Aggressionshemmung, die sich als latente Aggressionstendenz nur indirekt in projektiven Testverfahren äußert.

Die Befunde ergaben ein deutlich niedrigeres Aggressionsniveau bei den Jugendlichen der ostasiatischen im Vergleich zu denen der westlichen Kulturen (vgl. Kornadt 2003, S. 368), und zwar nicht nur hinsichtlich der offenen Aggression, sondern auch hinsichtlich der Aggressionshemmung. Die bereits aus früheren Studien bekannte niedrigere Verhaltensaggressivität in den östlichen Kulturen kann also offenbar nicht einfach dadurch erklärt werden, dass die offene Aggression durch die zweifellos restriktiveren sozialen Normen unterdrückt wird. Damit stellen die Befunde eine Herausforderung triebtheoretischer Annahmen sowohl im Sinne der psychoanalytischen Theorie von Freud (vgl. Freud 1940) als auch im Sinne ethologischer (Lorenz 1963; Eibl-Eibesfeldt 1981) und soziobiologischer Theorien (Dawkins 2008) dar. Auf Grund vergleichender Analysen von Mutter-Kind-Interaktionen in Deutschland und Japan (Kornadt et al. 1992; Kornadt et al. 1994; Trommsdorff 1991) kann vermutet werden, dass im Laufe der kindlichen Sozialisation ein kulturspezifisch unterschiedlicher Umgang mit frustrierenden Erlebnissen gelernt wird. Während im Alter von zwei Jahren die Kinder aus Japan und Deutschland sich im Ärgeranlass und -ausdruck kaum unterscheiden, tritt im Alter von fünf Jahren bereits eine erhebliche Divergenz auf (Trommsdorff 1991; vgl. Kornadt et al. 1994, S. 245). Innerhalb des Lernprozesses dient die Mutter als Modell für das kindliche Verhalten. Das deutsche Kind lernt, Frustrationen als absichtliche und ungerechtfertigte Schädigungen seiner Person zu interpretieren, während in Japan eine solche Interpretation eher vermieden wird. Dies zeigt sich vor allem in der Erziehung zur Einhaltung von Normen. Die deutsche Mutter fasst ein nicht-normkonformes Verhalten des Kindes als absichtliche Beleidigung auf, reagiert entsprechend und fordert dadurch einen Konflikt mit dem Kind heraus. Die japanische Mutter versucht demgegenüber, flexibel auf die Nicht-Einhaltung von Normen zu reagieren. Sie macht zwar ihre Forderung klar, doch wenn das Kind unfähig oder unwillens ist, der Forderung nachzukommen, nimmt sie ihren Anspruch schrittweise zurück und vermeidet einen offenen Konflikt (vgl. auch Schubert 1992, S. 56f.). Somit hält sie einerseits die harmonische Beziehung zum Kind aufrecht und vermittelt gleichzeitig eine entpersonalisierte Reaktion auf frustrierende Ereignisse.

Auf der anderen Seite sollte nicht übersehen werden, dass die beschriebenen Erziehungspraktiken nicht ganz so kulturspezifisch sind, wie sie auf den ersten Blick scheinen. Eine frühe Untersuchung von Sears und Kollegen (Sears et al. 1957) in den USA ging dem Zusammenhang zwischen elterlichem Erziehungsverhalten und kindlicher Aggressivität nach. Im Hinblick auf die Einhaltung von Normen unterschieden sie zwei Dimensionen elterlichen Verhaltens, die sie als „Permissivität" und „Punitivität" kennzeichneten. Das Aggressionsniveau der Kinder war am geringsten, wenn die Eltern klare Regeln setzten, d.h. wenig permissiv waren, gleichzeitig aber Regelverstöße nur gering bestraften, also gleichzeitig wenig punitiv waren. Ebenso zeigen Arbeiten von Rohner und Kollegen (vgl. Rohner et al. 1992; Ajdukovic 1990), dass die Erziehungspraktiken auch innerhalb einer Kultur so stark variieren, dass es nicht ohne weiteres möglich ist, eine klare Trennung zwischen fernöstlichen und westlichen Praktiken vorzunehmen.

7.5.2 Prosoziales Verhalten

Ähnliche Beachtung wie aggressives Verhalten hat das Hilfehandeln oder „prosoziale"[11] Verhalten in der kulturvergleichenden Psychologie gefunden. Analog zum aggressiven Verhalten wurde hier die Frage gestellt, ob und warum helfendes Verhalten bei Kindern kollektivistischer Kulturen stärker ausgeprägt ist als bei Kindern individualistischer Kulturen. Auch hier wird meist ein motivationstheoretisches Modell zu Grunde gelegt, das affektive und kognitive Prozesse, die der eigentlichen Handlung vorausgehen, einbezieht (vgl. Trommsdorff 1993, S. 12). Die an Kindergartenkindern in Deutschland, Japan und Russland durchgeführten Untersuchungen beinhalteten ein Szenario, in dem die nonverbalen (mimischen und gestischen), verbalen und handlungsmäßigen Reaktionen des Kindes auf das Unglück einer anderen Person in einem möglichst natürlichen Kontext beobachtet wurden (vgl. Kienbaum 1995; Trommsdorff 1993). Die Ergebnisse waren weit weniger eindeutig als im Falle von aggressivem Verhalten. Hinsichtlich des aktiven helfenden Eingreifens zeigte sich kein Unterschied zwischen den untersuchten Kulturen, Unterschiede ergaben sich allerdings in der Art der Betroffenheit. Bei den deutschen Kindern äußerte sich die Betroffenheit in stärkerem Mitgefühl, die japanischen und die russischen Kinder zeigten dagegen ihre Betroffenheit eher in einer „Erstarrung" der Mimik und Gestik. Innerhalb der russischen Stichprobe zeigte sich darüber hinaus ein deutlicher Geschlechtsunterschied: während die Jungen stärker aktive Hilfe leisteten, zeigten die Mädchen eine höhere Betroffenheit. Die Ergebnisse sind nicht einfach zu interpretieren, vor allem, da sie möglicherweise dadurch konfundiert sind, dass es sich bei dem Opfer um eine Autoritätsperson handelte. Da in kollektivistischen Kulturen Autoritätspersonen im Allgemeinen mehr Respekt entgegengebracht wird als in individualistischen (vgl. Abschnitt 3.3), ist eine direkte Hilfeleistung möglicherweise deshalb unangemessen, weil sie die Schwäche der Autoritätsperson bloß stellen würde (vgl. Kienbaum 1995, S. 102).

7.6 Fehlentwicklungen im Kindes- und Jugendalter

Als Fehlentwicklungen lassen sich defizitäre Anpassungen an die Bewältigung der jeweiligen Entwicklungsaufgaben kennzeichnen, wobei die Kriterien dafür, was als defizitär zu gelten hat, sowohl aus etischer als auch aus emischer Sicht aufgestellt werden können. Im Folgenden sollen nur solche Phänomene betrachtet werden, die gleichermaßen aus etischer und emischer Sicht als defizitäre Anpassungen anzusehen sind. Dabei erfolgt eine Beschränkung auf solche Fehlentwicklungen, die potentiell mit kulturellen Faktoren kovariieren, damit sollen individuelle Fehlentwicklungen, wie sie etwa durch genetische Anomalien oder vorgeburtliche bzw. geburtliche Traumata hervorgerufen werden, ausgeklammert werden. Beleuchtet werden sollen zum einen kognitive Defizite im Kindesalter, die mit Armut im Zusammenhang stehen, und zum anderen normabweichendes Verhalten von Jugendlichen.

7.6.1 Armut und kindliche Fehlentwicklungen

Wie Studien aus Indien, Lateinamerika und anderen Teilen der Welt zeigen, scheint die mit Armut verbundene Mangelernährung nicht nur das körperliche Wachstum, sondern auch die Entwicklung kognitiver und sprachlicher Fähigkeiten zu beeinträchtigen (vgl. Crane/Heaton 2008; Sinha 1990). So ergaben in Indien Vergleiche zwischen normal und unzureichend ernährten Kindergarten- und Schulkindern der Unterschicht, dass Mangelernährung mit beträchtlichen Minderleistungen in Tests der allgemeinen Intelligenz, in feinmotorischer Koordination, in Wahrnehmungs- und Gedächtnisaufgaben sowie in Aufgaben zum schlussfolgernden Denken einhergingen und dass auch die kommunikative und soziale Kompetenz im Vergleich zu den normal ernährten Kindern beeinträchtigt war (Agarwal et al. 1988; Werner/Murlidharan 1970; vgl. Sinha 1990). Selbst wenn die mangelhaft ernährten Schulkinder einen durchschnittlichen Intelligenzquotienten aufwiesen, blieben sie in ihren schulischen Leistungen zurück, was auf Lernschwierigkeiten hindeutet (Agarwal et al. 1988), die möglicherweise durch die mit der Armut verbundenen sozialen Ausgrenzungen mitbedingt sind. Werden die Mangelbedingungen nicht beseitigt, kann es im Laufe der Jahre zum „kumulativen Defizitsyndrom" kommen (vgl. Sinha 1990, S. 83). Bei geeigneten Gegenmaßnahmen können die Defizite aber auch aufgehoben werden. So wiesen koreanische Waisenkinder, die nach Mangelernährung in der frühen Kindheit durch Adoption in günstigere Umgebungen kamen, in späteren Jahren deutlich bessere Intelligenz- und Schulleistungen auf als vergleichbare Kinder, die in ihrer alten Umgebung verblieben (Lien et al. 1977).

Es wäre voreilig, zu vermuten, dass allein die materielle Armut der kausale Faktor für die Entwicklungsdefizite wäre. Eine vermittelnde Rolle scheinen die Einstellungen und Verhaltensweisen der Mütter zu spielen. So konnte in mehreren Studien gezeigt werden, dass Kinder aus ärmlichen Verhältnissen, deren Mütter ein Training in Kindererziehung und Gesundheitsverhalten absolvierten, nach dieser Maßnahme deutliche Leistungsverbesserungen im Vergleich zu Kindern untrainierter Mütter erzielten (Bhogle 1979; Murlidharan/Kaur 1987; vgl. Sinha 1990, S. 82).

Auch aus den sog. PISA-Studien (Artelt et al., 2001; Baumert et al., 2002; Baumert/Maaz 2006; Baumert 2006) lässt sich schließen, dass der Zusammenhang zwischen Armut und kognitiven Kompetenzen kein deterministischer ist. Zwar zeigt sich in allen untersuchten Ländern ein deutlicher Kompetenzabstand zwischen der niedrigsten Sozialschicht einerseits und mittlerer und höherer Sozialschicht andererseits, doch gibt es eine erhebliche kulturelle Variabilität hinsichtlich des Ausmaßes dieses Abstandes. Während in Deutschland ein sehr enger Zusammenhang zwischen sozialer Lage der Familie und Kompetenzerwerb der Kinder zu beobachten ist, scheint es in anderen Ländern ganz unterschiedlicher geografischer Lage und kultureller Tradition zu gelingen, trotz ähnlicher Sozialstruktur der Bevölkerung, die negativen Auswirkungen schwacher sozioökonomischer Verhältnisse zu begrenzen. Die Autoren führen dies auf eine erfolgreichere Förderung von Kindern und Jugendlichen aus sozial schwächeren Schichten zurück (Artelt et al. 2001, S. 41).

7.6.2 Kindliche und jugendliche Verhaltensstörungen

Hinsichtlich der Einschätzungen kindlicher und jugendlicher Verhaltensstörungen herrscht eine beträchtliche interkulturelle Variabilität. Beispielsweise gibt es bezogen auf das Kindesalter kulturspezifische Schwellen für den Übergang zwischen „normal aktiv" und „hyperaktiv" sowie zwischen „explorativ" und „destruktiv". Hierbei scheint die Schwelle amerikanischer, aber auch japanischer Psychiater deutlich höher zu liegen als die chinesischer und indonesischer Psychiater (Mann et al., 1992). Fehlanpassungen können in allen Kulturen sowohl durch eine mangelnde als auch durch eine zu starke Identifikation mit den gesellschaftlichen Normen entstehen. Das wird durch den Vergleich klinischer Populationen von Kindern in Thailand, Jamaika und den USA illustriert. Zwar war in allen drei Kindergruppen die Häufigkeit von zu impulsiven Kindern höher als die von zu wenig impulsiven, doch gab es in Thailand und Jamaika, wo die Erziehung auf Selbstkontrolle und soziale Harmonie ausgerichtet ist, deutlich mehr Kinder mit Problemen, die auf eine übermäßige Selbstkontrolle schließen lassen – wie etwa Angstzustände und Schlaflosigkeit, als in den USA, wo die Erziehung die Selbstbehauptung betont und entsprechend Störungen, die einen Mangel an Kontrolle reflektieren – wie etwa delinquentes Verhalten – deutlich stärker überwogen (vgl. Helfrich 2004; Silbereisen et al. 1993, S. 343; Tanaka-Matsumi/Draguns 1997, S. 463).

In allen Kulturen treten mit der Phase der Adoleszenz oft Verhaltensweisen und Zustände auf, die gegen normative Orientierungen verstoßen (vgl. Silbereisen et al. 1993). Dazu gehören neben Drogenkonsum der frühzeitige Genuss von Alkohol, vorzeitige sexuelle Kontakte sowie Verstöße gegenüber elterlichen oder gesellschaftlichen Regeln, aber auch suizidnahes Verhalten sowie Rückzug und Angstzustände. Dieses als „Problemverhalten" gekennzeichnete Verhalten (ebd., S. 339) kann zwar, sofern es nur kurzzeitig auftritt, in manchen Fällen positiv funktional für die Bewältigung altersgerechter Entwicklungsaufgaben sein (vgl. Silbereisen/Noack 1988), bei längerer Dauer verstellt es jedoch leicht positive Entwicklungsoptionen und kann daher zu Fehlentwicklungen führen.

Besonders das Phänomen des jugendlichen Selbstmords hat viele kulturvergleichende Untersuchungen angeregt, wobei anzumerken ist, dass „Selbstmordattentäter" aus der Betrachtung ausgeklammert sind, die Untersuchungen sich also auf den „normalen" Selbstmord beschränken (vgl. Helfrich 2004). Verschiedenartige Variablen wurden als mögliche Kandidaten für Risikofaktoren untersucht: makroökonomische und politische Umbrüche, sozioökonomische Gegebenheiten, religiöse Überzeugungen, gesellschaftliche Toleranz gegenüber Selbstmord, Familienstrukturen, Erziehungspraktiken, Alkoholkonsum und andere mehr (vgl. Schmidtke 1997). Keiner der Risikofaktoren hat sich als kulturübergreifend haltbar erwiesen, und ebenso wenig konnten im westlichen Kulturkreis aufgestellte Selbstmordtheorien (z. B. Durkheim 1993) bestätigt werden. Während in den westlichen Ländern zerrüttete Familienstrukturen und Alkoholkonsum häufige Begleiterscheinungen von Selbstmord sind, trifft dies für die ostasiatischen Länder nicht zu (vgl. Lester et al., 1992). Auch die psychoanalytisch inspirierte These, dass die Häufigkeit von Selbstmorden in einer Gesellschaft sich kompensatorisch zur Häufigkeit von Morden verhält, erfährt durch den Kulturvergleich wenig Unterstützung (vgl. Tanaka-Matsumi/Draguns 1997, S. 457). Aus den Untersuchungen zum jugendlichen Selbstmord lässt sich am ehesten die These ableiten, dass die Motive gesellschaftliche Wertorientierungen widerspiegeln: Auslösende Faktoren sind in den USA und in Deutschland vorwiegend interpersonelle Beziehungsprobleme, während in Japan Schulschwierigkeiten dominieren (vgl. Silbereisen et al., 1993). Dem entspricht, dass in Japan Schulen das stärkste soziale Platzierungsinstrument darstellen und von daher der elterliche Druck auf den Nachwuchs besonders stark ist (vgl. Silbereisen et al. 1993, S. 342).

8 Zusammenfassung und Ausblick

Ziel des Beitrags war es, kulturelle Universalien und kulturspezifische Besonderheiten im Kindes- und Jugendalter aufzuzeigen. Es wurde gefragt, ob und inwieweit sich in allen Kulturen ähnliche Prinzipien der kindlichen Entwicklung im Denken und Handeln entdecken lassen und inwieweit die jeweilige Kultur Bedingungen schafft, die die ontogenetische Entwicklung in entscheidender Weise beeinflussen.

Festhalten lässt sich, dass Kindheit und Jugend sowohl biologisch geprägt als auch sozial konstruiert sind. In allen Kulturen ist die Entwicklung von der Geburt bis zum Erwachsenenalter in bestimmte Epochen unterteilt, die Anzahl und Dauer dieser Epochen variiert aber kulturspezifisch. Die biologischen Reifungsveränderungen spiegeln sich als Einschnitte in allen Kulturen wider, seien auch die Altersgrenzen und Altersausdehnungen meist nur vage festgelegt. Oft werden aber die grundlegenden Einschnitte durch zusätzliche institutionelle Markierungen ergänzt, die nur einen schwachen Zusammenhang zu biologisch bedingten Reifungsveränderungen erkennen lassen.

Kindes- und Jugendalter sind in allen Kulturen mit bestimmten Entwicklungsaufgaben verbunden. In der frühen Kindheit muss das Kind kulturangemessene Muster der Bedürfnisbefriedigung sowie die Muttersprache erlernen, in der mittleren und späten Kindheit muss es die für das Erwachsenenleben notwendigen Kompetenzen erwerben, und in der Adoleszenz muss eine Auseinandersetzung mit der Übernahme der Erwachsenenrolle erfolgen.

Die kognitive Entwicklung weist zumindest bis zum Ende des Kindesalters erstaunliche kulturelle Gemeinsamkeiten auf. So lässt die Entwicklung des analytischen, schlussfolgernden Denkens universelle Prinzipien erkennen, wenn auch die Zeitpunkte, zu denen die einzelnen Niveaus erreicht werden, sowie die Inhaltsbereiche, auf die die Kompetenzen angewandt werden können, kulturspezifisch variieren. Einige Rätsel gibt die Rolle des Schulunterrichts für die kognitive Entwicklung auf, unerwartete Befunde in systematischen Leistungsvergleichen machen einen großen Forschungsbedarf deutlich.

Die am meisten auffälligen kulturellen Unterschiede offenbaren sich in der Entwicklung des Sozialverhaltens. Das Ausmaß aggressiven Verhaltens scheint in kollektivistisch orientierten Kulturen deutlich niedriger als in individualistisch orientierten, was am ehesten durch einen kulturspezifischen Umgang mit frustrierenden Erlebnissen zu erklären ist.

Die methodische Diskussion sollte aber auch gezeigt haben, dass es nicht einfach ist, auftretende Unterschiede eindeutig auf kulturelle Faktoren zurückzuführen. Verschiedene Gründe sind dafür verantwortlich. Zum einen handelt es sich bei kulturellen Variablen nie um experimentelle Faktoren, sondern immer um „organismische" Variablen, die nur „gebündelt" mit anderen Variablen auftreten. Insbesondere genetische Faktoren können nicht unabhängig von kulturellen betrachtet werden, da von einer Wechselwirkung zwischen sozial vermittelten Informationsstrukturen und genetischer Selektion ausgegangen werden muss. Zum zweiten stellt „Kultur" keine unausweichliche Behandlung dar, sondern steckt eher einen Rahmen von Handlungsmöglichkeiten ab, was erhebliche interindividuelle Unterschiede im Grad der kulturellen Durchdringung mit sich bringen kann.

Dies gilt um so mehr, als es zunehmend weniger homogene Kulturgemeinschaften gibt und die gegenwärtige Welt manchmal stärker von kulturellem Wandel als von kultureller Tradition beherrscht scheint. Nicht nur die gegenwärtige westliche Gesellschaft zeichnet sich gerade durch Heterogenität und Pluralität aus, auch andere Gesellschaften weisen immer weniger homogene Strukturen auf. Beispielsweise wirken in Japan, einer als kollektivistisch geltenden Gesellschaft, individualistische Tendenzen zunehmend dem Gruppenzwang entgegen (vgl. Möhwald 1996; Tanako/Osaka 2002).

Anmerkungen

1 Die Reihenfolge der Aufzählung wurde leicht abgeändert.
2 Die vier Dimensionen wurden später durch eine weitere ergänzt, die als Zeitorientierung beschrieben wird (vgl. Hofstede 2006, S. 37 ff.). Ihr Bezug zur Entwicklungspsychologie wurde bisher aber kaum untersucht.
3 Wegen der mit der Bezeichnung „Kollektivismus" manchmal als abwertend empfundenen Konnotation wird auch von „Kontextualismus" gesprochen (vgl. Sugitani 1996). Hier wird wegen der stärkeren Verbreitung die Bezeichnung „Kollektivismus" beibehalten.
4 Der Ausdruck „Sturm und Drang" entstammt ursprünglich der deutschen Romantik, ist aber als Fremdwort auch in die anglo-amerikanische Literatur der Entwicklungspsychologie eingegangen (vgl. z.B. Broude 1995, S. 7); als „storm and stress" kennzeichnete zuerst G. Stanley Hall (1904) die Adoleszenz (vgl. Valsiner 2000, S. 272).
5 Bogin (1998) unterscheidet fünf Phasen, da er den leichten Abwärtstrend in der Präadoleszenzphase als eigenes Stadium interpretiert.
6 Das Erwachsenenalter soll hier nicht weiter betrachtet werden, da es sich ja um einen Beitrag für das Handbuch für Kindheits- und Jugendforschung handelt.
7 wörtlich übersetzt: „7-5-3"
8 TIMSS ist die abkürzende Schreibweise für „Third International Mathematics and Science Study".
9 Die Konstruktion der Skala erfolgte in diesem Fall nicht wie bei der Prüfung der allgemeinen Intelligenz nach der sog. klassischen Testtheorie, sondern nach dem sog. probabilistischen Modell (vgl. Baumert et al. 2000, S. 60).
10 In der Studie am Ende der Sekundarstufe II waren die ostasiatischen Länder nicht vertreten.
11 Die Bezeichnung „altruistisches" Verhalten wird bewusst vermieden, weil sie unterstellt, dass einem prosozialen Verhalten ausschließlich selbstlose Motive unterliegen würden.

Literatur

Agarwal, K.N./Agarwal, D.K./Upadhyay, S.K.: Malnutrition and mental function in school children. In: Agarwal, K.N./Bhatia, B.D. (Hrsg.): Update growth. Benares 1988
Ajdukovic, M.: Differences in parent's rearing style between female and male predelinquent youth. Psychologische Beiträge 32 (1990), H. 1, S. 7-15
Ariès, P.: Centuries of childhood. London 1962
Artelt, C./Baumert, J./Klieme, E./Neubrand, M./Prenzel, M./Schiefele, U./Schneider, W./Schümer, G./Stanat, P./Tillmann, K.-J./Weiß, M.: Pisa 2000. Zusammenfassung zentraler Befunde. Berlin 2001
Arzhenowskij, I.W./Helfrich, H./Romanova, N.T.: Sozial'nyje deistwija w mezhkulturnom srawnenii (Soziale Handlungen im Kulturvergleich) (in russischer Sprache). In: Makarycheva, A.S. (Hrsg.): Analititscheskije materialy „Meshdunarodnye otnoschenija w XXI weke: regional'noje w global'nom, global'noje w regional'nom". Nishnij Nowgorod 2000, S. 194-214
Asendorpf, J.B.: Entwicklungsgenetik. In: Keller, H. (1998), S. 97-118

Ashton, P.T.: Kulturvergleichende Piaget-Forschung: Eine empirische Perspektive. In: Schöfthaler, T./Goldschmidt, D. (1984), S. 75-95
Barkow, J.H.: Darwin, sex, and status. Biological approaches to mind and culture. Toronto 1989
Barry, H./Child, I.L./Bacon, M.K.: Relation of child training to subsistence economy. American Anthropologist 61 (1959), S. 51-63
Baumert, J. (Hrsg.): Herkunftsbedingte Disparitäten im Bildungswesen: differenzielle Bildungsprozesse und Probleme der Verteilungsgerechtigkeit. Wiesbaden 2006
Baumert, J./Artelt, C./Klieme, E./Neubrand, M./Prenzel, M./Schiefele, U./Schneider, W./Tillmann, K.-J./Weiß, M.: Pisa 2000: Die Länder der Bundesrepublik Deutschland im Vergleich. Opladen 2002
Baumert, J./Bos, W./Lehmann, R. (Hrsg.): TIMSS/III. Dritte Internationale Mathematik- und Naturwissenschaftsstudie – Mathematische und naturwissenschaftliche Bildung am Ende der Schullaufbahn. 2 Bde. Opladen 2000
Baumert, J./Lehmann, R./Lehrke, M. u.a.: TIMSS – Mathematisch-naturwissenschaftlicher Unterricht im internationalen Vergleich. Deskriptive Befunde. Opladen 1997
Baumert, J./Maaz, K.: Das theoretische und methodische Konzept von PISA zur Erfassung sozialer und kultureller Ressourcen der Herkunftsfamilie. In: Baumert, J. (2006), S. 11-29
Berry, J.W./Poortinga, Y.H./Segall, M.H./Dasen, P.R.: Cross-cultural psychology. 2. Aufl. Cambridge, UK 2003
Bhogle, S.: Effects of supplementary food on motor development of rural infants. Social Change 9 (1979), S. 18-22
Bierwisch, M.: Probleme der biologischen Erklärung natürlicher Sprache. In: Suchsland, P. (Hrsg.): Biologische und soziale Grundlagen der Sprache. Tübingen 1992, S. 7-45
Bjorklund, D.F./Pellegrini, A. D. (2002): The origins of human nature: Evolutionary developmental psychology. Washington, DC 2002
Bogin, B.: Patterns of human growth. Cambridge 1999
Bogin, B.: Evolutionary and biological aspects of human growth. In: Panter-Brick, C. (1998), S. 10-44
Boyd, R./Richerson, P.J.: Culture and the evolutionary process. Chicago 1985
Bronfenbrenner, U.: Two worlds of childhood: U.S. and U.S.S.R.. New York 1979
Broude, G.J.: Growing up. A cross-cultural encyclopedia. Santa Barbara/Denver/Oxford, UK 1995
Brown, A.L./DeLoache, J.: Skills, plans, and self-regulation. In: Siegler, R. (Hrsg.): Children's thinking: What develops? Hillsdale 1978, S. 3-35
Burton, L.M./Price-Spratlen, T.: Through the eyes of children: An ethnographic perspective on neighborhoods and child development. In: Masten, A. (Hrsg.): Cultural processes in child development. Mahwah/London 1999, S. 77-96
Carey, S.: Cognitive development: The descriptive problem. In: Gazzaniga, M.S. (Hrsg.): Handbook of cognitive neuroscience. New York 1984, S. 37-66.
Chaudhary, N.: Childhood and the Indian Family. Vortrag an der Universität Hildesheim. 22. Juni 2000
Chomsky, N.: Reflexionen über die Sprache. Frankfurt a.M. 1977
Chomsky, N.: Language and mind. 3. Aufl., Cambridge, UK 2006
Clauß, G. (Hrsg.): Fachlexikon ABC Psychologie. Thun/Frankfurt a.M. 1995
Crane, D.R./Heaton, T.B. (Hrsg.): Handbook of families and poverty. Los Angeles 2007
Cronbach, L.J.: Essentials of psychological testing. 5. Aufl., New York 1990
Darwin, C.: On the origin of species by means of natural selection. London 1859
Dawkins, R.: Das egoistische Gen. Heidelberg 2008
Dasen, P.R./de Ribaupierre, A.: Neo-Piagetian theories: Cross-cultural and differential perspectives. In: Demetrion, A. (Hrsg.): The Neo-Piagetian theories of cognitive development: Toward an integration. Amsterdam 1988, S. 287-326
Dasen, P.R./Heron, A.: Cross-cultural tests of Piaget's theory. In: Triandis, H.C./Heron, A. (Hrsg.): Handbook of cross-cultural psychology. Bd. 4, Boston 1981, S. 295-341
Dasen, P.R./Mishra, R.C.: Cross-cultural views on human development in the third millennium. International Journal of Behavioral Development 24 (2000), H. 4, S. 428-434
Durham, W.H.: Advances in evolutionary culture theory. Annual Review of Anthropology 19 (1990), S. 187-210
Durkheim, E.: Der Selbstmord. 4. Auflage. Frankfurt a. M. 2003
Eckensberger, L.: Agency, action and culture: Three basic concepts for psychology in general, and for cross-cultural psychology, in specific. Arbeiten der Fachrichtung Psychologie der Universität des Saarlandes (Saarbrücken) 165 (1992)
Eckensberger, L.: Kultur und Moral. In: Thomas, A. (2003), S. 310-345
Eckensberger, L.H.: Die Entwicklung des moralischen Urteils. In: Keller, H. (1998), S. 475-516
Edwards, A.L.: Versuchsplanung in der psychologischen Forschung. Weinheim 1971

Eibl-Eibesfeldt, I.: Stammesgeschichtliche Anpassung im aggressiven Verhalten des Menschen. In: Kornadt, H.-J. (Hrsg.): Aggression und Frustration als psychologisches Problem. Bd. 1, Darmstadt 1981, S. 200-232
Erikson, E.H.: Identität und Lebenszyklus. Frankfurt a.M. 1976
Freeman, D.: Liebe ohne Aggression. Margaret Meads Legende von der Friedfertigkeit der Naturvölker. München 1983
Freud, S.: Gesammelte Werke. London/Frankfurt a.M. 1940
Fuchs, C.: Bunt ist beautiful. In: Stern 36 (2001)
Gergen, K.J.: Social constructionist inquiry: Context and implications. In: Gergen, K.J./Davis, K.E. (Hrsg.): The social construction of the person. New York/Berlin 1985, S. 3-18
Gielen, U.P./Markoulis, D.C.: Preference for principled moral reasoning: A developmental and cross-cultural perspective. In: Adler, L./Gielen, U.P. (Hrsg.): Cross-cultural topics in psychology. 2. Aufl., Westport 2001, S. 81-101
Gilligan, C.: Die andere Stimme: Lebenskonflikte und Moral der Frau. 5. Aufl., München/Zürich 1999
Greenfield, P.M.: Kulturvergleichende Forschung und Piagets Theorie: Paradox und Fortschritt. In: Schöfthaler, T./Goldschmidt, D. (1984), S. 96-111
Grossmann, K.E.: Universalismus und kultureller Relativismus psychologischer Erkenntnisse. In: Thomas, A. (1993), S. 53 - 80
Grossmann, K.E/Keppler, A./Grossman, K.: Universalismus und kultureller Relativismus: eine Analyse am Beispiel der Bindungsforschung. In: Thomas, A. (2003), S. 81-110
Havighurst, R.J.: Developmental tasks and education. 3. Aufl., New York 1972
Helfrich, H.: Age markers in speech. In: Scherer, K.R./Giles, H. (Hrsg.): Social markers in speech. Cambridge, UK/London/New York 1979, S. 63-107
Helfrich, H.: Cross-cultural psychology in Germany. In: Grad, H./Blanco, A./Georgas, J. (Hrsg.): Key issues in cross-cultural psychology. Lisse 1996a, S. 52-67
Helfrich, H.: Soziale Handlungsmuster im Vergleich zwischen Japan und Deutschland. In: Trommsdorff, G./Kornadt, H.-J. (1996)b, S. 319-330
Helfrich, H.: Psychology of time from a cross-cultural perspective. In: Helfrich, H. (Hrsg.): Time and mind. Seattle/Toronto/Göttingen/Bern 1996c, S. 105-120
Helfrich, H.: Beyond the dilemma of cross-cultural psychology: resolving the tension between etic and emic approaches. Culture & Psychology 5 (1999), H. 2, S. 131-153
Helfrich, H.: Ist das Gefühl weiblich? In: Helfrich, H. (Hrsg.): Patriarchat der Vernunft – Matriarchat des Gefühls? Münster 2001, S. 185-215
Helfrich, H.: Methodologie kulturvergleichender psychologischer Forschung. In: Thomas, A. (2003), S. 111-138
Helfrich, H.: Persönlichkeit und Individualität im Kulturvergleich. In: Pawlik, K. (Hrsg.): Theorien und Anwendungsfelder der Differentiellen Psychologie. Enzyklopädie der Psychologie. Göttingen 2004, S. 1021-1089
Helfrich, H.: Kulturvergleichende Psychologie. In: Pawlik, K. (Hrsg.): Handbuch Psychologie. Berlin 2006, S. 429-444
Helfrich, H.: Sprachliche Kommunikation im Kulturvergleich. In: Kornadt, H.J./Trommsdorff, G. (Hrsg.): Erleben und Handeln im kulturellen Kontext. Enzyklopädie der Psychologie. Göttingen 2007, S. 109-155
Herder, J.G.: In: B. Suphan (Hrsg.): Herders Sämtliche Werke. Berlin 1887
Herrnstein, R./Murray, C.: The bell curve. New York 1994
Hofstätter, P.: Psychologie. Frankfurt a.M. 1957
Hofstätter, P.: Einführung in die Sozialpsychologie. Stuttgart 1966
Hofstede, G.: Culture's consequences: International differences in work-related values. Beverly Hills 1980
Hofstede, G./Hofstede, G. J.: Lokales Denken, globales Handeln. Interkulturelle Zusammenarbeit und globales Management. München 2006
Hui, H./Triandis, H.: Measurement in cross-cultural psychology: A review and comparison of strategies. Journal of Cross-Cultural Psychology 16 (1985), S. 131-152
Immelmann, K./Scherer, K.R./Vogel, C.: Was ist Verhalten? In: Immelmann, K./Scherer, K.R./Vogel, C./Schmook, P. (Hrsg.): Psychobiologie. Stuttgart/New York/Weinheim u.a. 1988, S. 3-39
Inkeles, A./Smith, D.H.: Becoming modern : Individual change in six developing countries. London 1974
James, A.: From the child's point of view: Issues in the social construction of childhood. In: Panter-Brick, C. (1998), S. 45-65
Kagitcibasi, C.: Individualism and collectivism. In: Berry, J.W./Segall, M.H./Kagitcibasi, C. (Hrsg.): Handbook of cross-cultural psychology. Bd. 3: Social behavior and applications. 2. Aufl., Boston 1997, S. 1-49
Keller, H. (Hrsg.): Lehrbuch Entwicklungspsychologie. Bern/Göttingen/Toronto/Seattle 1998
Keller, H./Eckensberger, L.H.: Kultur und Entwicklung. In: Keller, H. (1998), S. 57-96

Kellerer, H.: Theorie und Technik des Stichprobenverfahrens. Einzelschriften der Deutschen Statistischen Gesellschaft, Nr. 5, München 1952

Kempe, V./Brooks, P. J.: The role of diminutives in the acquisition of Russian gender: Can elements of child-directed speech aid in learning morphology? Language Learning, 51 (2002), S. 221-256

Kienbaum, J.: Sozialisation von Mitgefühl und prosozialem Verhalten. Ein Vergleich deutscher und sowjetischer Kindergartenkinder. In: Trommsdorff, G. (Hrsg.): Kindheit und Jugend in verschiedenen Kulturen. Weinheim/ München 1995, S. 83-107

Kim, U.: Indigenous, cultural, and cross-cultural psychology: A theoretical, conceptual, and epistemological analysis. Asian Journal of Social Psychology 3 (2000), H. 3, S. 265-287

Kitamura, C./Thanavishuth, C./Chulalongkorn U./Burnham, D./Luksaneeyanawin, S. (2002): Universality and specificity in infant-directed speech: Pitch modifications as a function of infant age and sex in a tonal and non-tonal language. Infant Behavior and Development 24 (2002), S. 372-392

Kohlberg, L.: Die Psychologie der Moralentwicklung. Frankfurt a.M. 1996

Kornadt, H.-J.: Beiträge des Kulturvergleichs zur Motivationsforschung. In: Thomas, A. (2003), S. 348-383

Krämer, A.: Die Samoa-Inseln. Stuttgart 1902/1903

Kroeber, A.L./Kluckhohn, C.: Culture: A critical review of concepts and definitons. Cambridge: Peabody Museum. Bd. 47 (1952), Nr. 1

Lester, D./Motohashi, Y./Yang, B.: The impact of the economy on suicide and homicide rates in Japan and the United States. The International Journal of Social Psychiatry 38 (1992), S. 314-317

LeVine, R.A.: Child psychology and anthropology: An environmental view. In: Panter-Brick, C. (1998), S. 102-130

Lewin, B.: Kleines Wörterbuch der Japanologie. Wiesbaden 1981

Lien, N.M./Meyer, K./Winick, M.: Early malnutrition and later adoption into American families. American Journal of Clinical Nutrition 30 (1977), S. 1734-1739

Lonner, W.J./Adamopoulus, J.: Culture as antecedent to behavior. In: Berry, W./Poortinga, Y.H./Pandey, J. (Hrsg.): Handbook of cross-cultural psychology. Bd. 1: Theory and method. 2. Aufl., Boston 1997, S. 43-83

Lorenz, K.: Das sogenannte Böse. Wien 1963

Malinowski, B.: Sex and repression in savage society. London 1927

Mandl, H./M. Dreher, M./Kornadt, H.-J. (Hrsg.): Entwicklung und Denken im kulturellen Kontext. Göttingen/Bern/ Toronto/Seattle 1993

Mann, E. M., Ikeda, Y., Mueller, C. W., Takahashi, A., Tao, K. T., Humris, E., Li, B. L., & Chin, D.: Cross-cultural differences in rating hyperactive-disruptive behavior in children. American Journal of Psychiatry 149 (1992). S. 1539-1992.

Mead, M.: Coming of Age in Samoa. New York 1928

Möhwald, U.: Wertewandel in Japan: Einige Aspekte der Ergebnisse des Forschungsprojektes des Deutschen Instituts für Japanstudien. In: Trommsdorff, G./Kornadt, H.-J. (1996), S. 169-188

Munroe, R.L./Munroe, R.H.: A comparative anthropological perspective. In: Berry, W./Poortinga, Y.H./Pandey, J. (Hrsg.): Handbook of cross-cultural psychology. Bd. 1: Theory and method. 2. Aufl., Boston 1997, S. 171-213

Murlidharan, R./Kaur, B.: A study of the relationship between physical development and language and cognitive development of tribal preschool children. Bombay Psychologist 9 (1987), H. 1/2, S. 7-17

Ogbu, J.U.: Cultural amplifiers of intelligence: IQ and minority status in cross-cultural perspective.In: Fish, J.M. (Hrsg.): Race and intelligence: Separating science from myth. Mahwah 2002, S. 241-278

Panter-Brick, C.: Introduction: Biosocial research on children. In: Panter-Brick, C. (1998)a, S. 1-9

Panter-Brick, C.: Biological anthropology and child health: Context, process and outcome. In: Panter-Brick, C. (1998)b, S. 66-101

Panter-Brick, C. (Hrsg.): Biosocial perspectives on children. Cambridge, UK 1998

Pawlik, K.: Dimensionen des Verhaltens. 2. Aufl., Bern/Göttingen/Toronto/Seattle 1971

Piaget, J.: Psychologie der Intelligenz. 10. Aufl., Stuttgart 2000

Pike, K.L.: Emic and etic standpoints for the description of behavior. In: Pike, K.L. (Hrsg.): Language in relation to a unified theory of the structure of human behavior. Glendale 1954, S. 8-28

Pike, K.L.: Language in relation to a unified theory of the structure of human behavior. Den Haag 1967

Pinker, S.: Der Sprachinstinkt. München 1996

Poortinga, Y.: Limitations on international comparison of psychological duta. Nederlands Tijdschrift voor de Psychologie 30 (1975), H. 1, S. 23-39

Poortinga, Y.H./Kop, P.F.M./van de Vijver, F.J.R.: Differences between psychological domains in the range of cross-cultural variation. In: Drenth, P.J.D./Sergeant, J.A./Takens, R.J. (Hrsg.): European perspectives in psychology. Bd. 3, Chichester 1990, S. 355-376

Poortinga, Y./van de Flier, H.: The meaning of item bias in ability tests. In: Irvine, S./Berry, J.W. (Hrsg.): Human abilities in cultural context. Cambridge, UK 1988, S. 166-183
Popper, K.R.: Logik der Forschung. 10. Aufl., Tübingen 1994
Ratner, C.: Cultural psychology, cross-cultural psychology and indigenous psychology. New York 2008
Richerson, P.J./Boyd, R.: Not by genes alone : how culture transformed human evolution. Chicago 2006
Rohner, R.P./Hahn, B.C./Koehn, U.: Occupational mobility, length of residence, and perceived maternal warmth among Korean immigrant families. Journal of Cross-Cultural Psychology 23 (1992), S. 366-376
Ruke-Dravina, V.: Gibt es Universalien in der Ammensprache? In: Drachmann, G. (Hrsg.): Akten des 1. Salzburger Kolloquiums über Kindersprache. Tübingen 1976
Scheurmann, E.: Samoa aus der Sicht des Papalagi. München 1990
Schlegel, A./Barry, H.: Adolescence: An anthropological inquiry. New York 1991
Schmidtke, A. (1997). Perspective: Suicide in Europe. Suicide and Life Threatening Behavior 27. Special Issue: Suicide: Individual, Cultural, International Perspectives (1997), S. 127-136.
Schneider, W./Sodian, B.: Kognitive Entwicklung in der Kindheit. Stuttgart 2008
Schöfthaler, T./Goldschmidt, D. (Hrsg.): Soziale Struktur und Vernunft: Jean Piagets Modell entwickelten Denkens in der Diskussion kulturvergleichender Forschung. Frankfurt a.M. 1984
Schütz, A.: Strukturen der Lebenswelt. Frankfurt a.M. 1979
Sears, R.R./Maccoby, E.E./Levin, H.: Patterns of child rearing. Evanston 1957
Shahar, S.: Childhood in the Middle Ages. London 1990
Silbereisen, R.K./Noack, P.S.: On the constructive role of problem behavior in adolescence. In: Bolger, N./Caspi, A./Downey, G./Moorehouse, M. (Hrsg.): Persons in context: Developmental processes Cambridge 1988, S. 152-180
Silbereisen, R.K./Schwarz, B./Kracke, B.: Problemverhalten Jugendlicher im Kulturvergleich. In: Thomas, A. (1993), S. 339-357.
Silbereisen, R.K./Schmitt-Rodermund, E.: Entwicklung im Jugendalter. Prozesse, Kontexte und Ergebnisse. In: Keller, H. (1998), S. 377-397
Sinha, D.: Interventions for development out of poverty. In: Brislin, R.W. (Hrsg.): Applied cross-cultural psychology. Newbury Park/London/Neu Delhi 1990, S. 77-97
Slobin, D.I.: Children and language: They learn the same way all around the world. In: Psychology Today 6 (1972), S. 71-74, S. 82
Slobin, D.I.: Introduction. In: Slobin, D.I. (Hrsg.): The crosslinguistic study of language acquisition. Bd. 3, Hillsdale 1992, S. 1-13
Sodian, B.: Kognitive Entwicklung – nur Wissensakkumulation? In: Mandl, H. u.a. (1993), S. 181-201
Sodian, B.: Theorien der kognitiven Entwicklung. In: Keller, H. (1998), S. 147-169
Spearman, C.: „General intelligence", objectively determined and measured. American Journal of Psychology 15 (1904), S. 72-101
Sugitani, M.: Kontextualismus als Verhaltensprinzip: „Kritisch"s erlebte Interaktionssituationen in der japanisch-deutschen Begegnung. In: Thomas, A. (Hrsg.): Psychologie interkulturellen Handelns. Göttingen/Bern/Toronto/Seattle 2003, S. 227-245
Sydow, H./Petzold, P.: Mathematische Psychologie. Berlin 1981
Tanaka-Matsumi, J./Draguns, J.: Culture and psychopathology. In: Berry, J.W./Segall, M-H./Kagitçibasi, M.-H. (Hrsg.): Handbook of cross-cultural psychology. 2. Aufl. Vol. 3. Social behavior and applications (S. 449-491). Boston (1997), S. 449-491
Tanako, Y./Osaka, E.: An unsupported common view: Comparing Japan and the U.S. on individualism/collectivism. Asian Journal of Social Psychology 2 (2002), H. 3, S. 311-341
Thomas, A.: (Hrsg.). Kulturvergleichende Psychologie. Göttingen/Bern/Toronto/Seattle 1993
Thomas, A.: Psychologie interkulturellen Lernens und Handelns. In: Thomas, A. (2003), S. 432-485
Thomas, A.: (Hrsg.): Kulturvergleichende Psychologie. Göttingen/Bern/Toronto/Seattle 2003
Triandis, H.C.: Individualism and collectivism. Boulder 1995
Trommsdorff, G.: Kulturvergleichende Entwicklungspsychologie. In: Thomas, A. (2003), S. 139 – 179
Trommsdorf, G.: Kulturvergleich von Emotionen beim prosozialen Handeln. In: Mandl, H. u.a. (1993), S. 3-25
Trommsdorff, G./Kornadt, H.-J. (Hrsg.): Gesellschaftliche und individuelle Entwicklung in Japan und Deutschland. Konstanz 1996
Valsiner, J.: Culture and human development. London/Thousand Oaks/Neu Delhi 2000
van de Vijver, F.J.R./Poortinga, Y.H.: Cross-cultural generalization and universality. Journal of Cross-Cultural Psychology 13 (1982), S. 287-408

Weinert, F.E.: Entwicklung und Sozialisation der Intelligenz, der Kreativität und des Wissens. In: Schneewind, K.A./ Pekrun, R. (Hrsg.): Psychologie der Erziehung und Sozialisation. Göttingen/Bern/Toronto/Seattle 1994, S. 259-284

Weisz, J.R./Suwanlert, S./Chaiyasit, W./Walter, B.R.: Over- and undercontrolled referral problems among children and adolescents from Thailand and the United States. Journal of Consulting and Clinical Psychology 55 (1987), S. 719-726

Werner, E./Murlidharan, R.: Nutrition, cognitive status and achievement motivation of New Delhi nursery school children. Journal of Cross-Cultural Psychology 3 (1970), S. 271-281

Whiting, B.B.: Six cultures: Studies of child rearing. New York 1963

Whiting, B.B./Whiting, J.W.M.: Children of six cultures: A psychocultural anlysis. Cambridge 1975

Whiting, B.B./Edwards, C.P.: Children of different worlds. Cambridge 1988

Wilson, E.O.: Die Einheit des Wissens. 2. Aufl., Berlin 1998

Heinz-Hermann Krüger

Methoden und Ergebnisse der historischen Kindheits- und Jugendforschung

In diesem Beitrag werden zunächst die Entwicklungslinien der **historischen Kindheits- und Jugendforschung** seit den 20er Jahren des 20. Jahrhunderts in knappen Zügen skizziert, die nach bescheidenen Anfängen vor allem im Zuge der Ausformulierung des Konzeptes einer historischen Sozialisationsforschung seit den 1970er Jahren einen enormen Aufschwung erlebte. Inzwischen sind eine Vielzahl von Studien zum Wandel von Kindheit und Jugend erschienen, die anschließend sortiert nach thematischen Forschungsschwerpunkten exemplarisch vorgestellt werden sollen. In einem weiteren Schritt werden die verschiedenen quantitativen und qualitativen Forschungsmethoden, die in der historischen Kindheits- und Jugendforschung eingesetzt werden, dargestellt und am Beispiel ihrer Verwendung in historischen Projekten konkretisiert. In einem abschließenden Ausblick werden einige zentrale Forschungsdesiderata der historischen Kindheits- und Jugendforschung aufgezeigt und einige thematische und methodologische Perspektiven für die Weiterentwicklung dieses Forschungsschwerpunktes skizziert.

1 Entwicklungslinien der historischen Kindheits- und Jugendforschung

Die Anfänge der historischen Kindheits- und Jugendforschung gehen bereits in die zwanziger Jahre des letzten Jahrhunderts zurück. So waren es insbesondere die Vertreter der klassischen Jugendpsychologie wie Eduard Spranger (1924) und Hans Schlemmer (1926), die ausdrücklich die Formulierung einer Geschichte des Kindes bzw. des jungen Menschen forderten. Zu bemerkenswerten historischen Ausführungen dieses Themas kam es in den zwanziger Jahren jedoch nicht (vgl. Flitner/Hornstein 1964, S. 311). Eine Ausnahme im Bereich der Jugendforschung stellten neben Blühers (1912) einflussreicher Erzählung vom romantisch-rebellischen Aufbruch der Steglitzer Wandervögel lediglich die Arbeiten Charlotte Bühlers (1925, 1927, 1934) dar, die auf der Basis des Vergleichs von Tagebüchern verschiedene Jugendgenerationen voneinander abzugrenzen versuchte.

Während Arbeiten zur Geschichte der Kindheit auch in der Nachkriegszeit kaum eine Rolle spielten (vgl. als Ausnahmen Berg 1960; Alt 1966), erlebte die historische Jugendforschung eine erste Blüte. Ihre stärksten Impulse erhielt die geschichtliche Betrachtung des Jugendlebens durch Arbeiten aus der Psychologie, der Pädagogik und der Soziologie. In der westdeutschen Geschichtswissenschaft hingegen war das Thema „Jugend" bis weit in die 1960er Jahre kein relevanter Forschungsgegenstand, da die Beschäftigung mit jugendgeschichtlichen Fragestellungen eher die Aufgabe einer „minderwissenschaftlichen" Disziplin, nämlich der Volkskunde sein sollte (vgl. Klönne 1986). So erklärt es sich auch, dass die ersten umfassenderen Arbeiten zur Geschichte der Jugend aus der Jugendpsychologie, der Jugendsoziologie und der Jugendpädagogik kamen.

Dass die Erscheinungen des Jugendlebens historisch betrachtet werden müssen, ist einem größeren Publikum vor allem durch die Arbeiten Hans Heinrich Muchows (1953, 1959, 1962) nahe gebracht worden. Die „epochaltypologische Jugendpsychologie", die der Autor in Fortführung der Arbeiten Martha Muchows entwickelt hat, knüpfte theoretisch und methodologisch an die geisteswissenschaftliche Jugendpsychologie Sprangers an und versuchte die von Spranger formulierte Forderung nach einer Geschichte der Jugend einzulösen. Methodisch stützt sich Muchow bei seinem Versuch, das Jünglingskonzept in der Zeit von 1770 bis 1920 zu rekonstruieren, auf eine traditionell hermeneutische Interpretation von Tagebüchern, literarischen Erzeugnissen und Autobiographien (vgl. Muchow 1962, S. 203). Neben den Studien Muchows waren es aus dem Bereich der Jugendsoziologie insbesondere die Untersuchungen Helmut Schelskys, die in der wissenschaftlichen Diskussion der Nachkriegszeit in Westdeutschland eine große Beachtung fanden. In seinem Buch die „Skeptische Generation" (1957) unternahm Schelsky den Versuch, unterschiedliche Jugendgenerationen für das Deutschland der ersten Hälfte des 20. Jahrhunderts zu umreißen. Ausgehend von der anthropologisch-soziologischen Grundannahme, dass Jugend in modernen Gesellschaften nach Verhaltenssicherheit strebe, fragt Schelsky, welche Möglichkeiten und Formen der Lösung dieses Grundstrebens die zeitgeschichtlichen Situationen der deutschen Geschichte den verschiedenen Jugendgenerationen geboten haben. Vom Material her bezieht er sich auf die zeitgenössische Fachliteratur sowie für die Nachkriegszeit auf die Ergebnisse von Repräsentativumfragen.

Ähnlich wie Schelsky versuchten in der Pädagogik in kleineren Arbeiten Wilhelm (1963) und Spranger (1958) sowie in einer umfassenden Studie, die sich auf die hermeneutische Auswertung von Tagbüchern und anderen Selbstzeugnissen Jugendlicher stützt, Wilhelm Roessler (1957), den historischen Wandel verschiedener Jugendgenerationen in den ersten fünfzig Jahren des 20. Jahrhunderts in Deutschland nachzuzeichnen. Dabei geht Roessler von der Grundannahme der engen Verflochtenheit des jugendspezifischen Lebens- und Erlebnisfeldes mit dem kulturräumlichen und gesellschaftlichen Strukturwandel in dieser Zeit aus. Von analogen Prämissen lässt sich auch Walter Hornstein in seiner Studie „Jugend in ihrer Zeit" (1966) leiten, bei der es sich um eine vornehmlich ideengeschichtlich orientierte historisch-pädagogische Annäherung an die Geschichte der Jugend in der abendländisch-europäischen Welt von der Antike bis in das 20. Jahrhundert handelt. Hornstein (1966, S. 349) charakterisiert seine umfangreiche Studie selbst nur als Skizze und Hinweis und er formuliert in dem Ausblick dieses Buches programmatische Leitlinien für die zukünftige historische Jugendforschung, die stärker sozialgeschichtliche und sozialpsychologische Analyseperspektiven berücksichtigen und miteinander verknüpfen sollte, die für die nachfolgenden jugendgeschichtlichen Theoriediskurse richtungsweisend sind.

Während Studien zur Geschichte der Jugend in Westdeutschland allerdings mit zumeist geistesgeschichtlicher Orientierung und traditionell hermeneutischer Ausrichtung in den ersten Nachkriegsjahrzehnten eine erste Blüte erlebten und auch in der DDR 1963 unter der Leitung des Historikers Karl Heinz Jahnke eine „Arbeitsgemeinschaft zur Erforschung der Geschichte der revolutionären deutschen Jugendbewegung" eingerichtet wurde, die allerdings zu einem wissenschaftlichen Koordinationszentrum der parteikonformen Jugendgeschichte in der DDR avancierte (vgl. Malmede 2000, S. 113), steckte die historische Kindheitsforschung in dieser Zeit noch in den „Kinderschuhen". Erst im Verlaufe der 1970er Jahre wurde die Geschichte der

Kindheit in Westdeutschland zunächst in den Sozialwissenschaften und in der Volkskunde und anschließend in der Erziehungswissenschaft als wichtiger Forschungsgegenstand entdeckt.

Wesentliche Impulse für diese Entwicklungen kamen dabei aus der Kindheitsforschung in Frankreich und im angloamerikanischen Raum (vgl. Giehler/Lüscher 1975). Insbesondere die Studie von Philippe Ariès, die 1960 unter dem Titel „L'Enfant et la vie familiale sous l'Ancien Régime" erstmals in Frankreich erschien und 1976 in deutscher Sprache veröffentlicht wurde, erwies sich als zentraler Bezugspunkt für die weitere Diskussion. In dieser Arbeit, die sich noch auf eine dem ideengeschichtlichen Forschungsinstrumentarium verpflichtete Analyse von Bildmaterial, Kinderspielen, Traktatliteratur und zeitgenössischen Lebensbeschreibungen stützt, geht Ariès (1976, S. 209) von der zentralen Ausgangsthese aus, dass es Kindheit als eigenständige Lebensphase im Mittelalter nicht gegeben habe. Gleichsam schwebend in der Ambivalenz zwischen Gleichgültigkeit und Zuneigung sei das Kind bruchlos in die Lebenswelt der Erwachsenen integriert worden. Erst die im Verlaufe des 17. Jahrhunderts sich durchsetzende neue Form der modernen bürgerlichen Familie habe ihren Alltag zunehmend um das Kind zentriert und zusammen mit der Ausbildung intensiver Gefühlsbeziehungen zwischen Eltern und Kindern, die seit dem 17. Jahrhundert sich immer stärker verbreitende Aufforderung zur Erziehung in der Literatur der Pädagogen, Mediziner und Moralisten als Aufgabe in ihr pädagogisches Selbstverständnis übernommen. Das Kind sei auf diese Weise durch den Wandel des Familienlebens und den kontinuierlich wachsenden Einfluss der schulischen Institutionen aus der Gesellschaft der Erwachsenen herausgelöst worden, für Ariès ein Rückschritt aus der Sicht der Kinder gegenüber der Offenheit, Indifferenz und Sozialität der mittelalterlichen Lebensformen (vgl. Ariès 1976, S. 562; Neumann 1993, S. 1992).

Gegen Aries Thesen von der Entdeckung der Kindheit, der Isolierung der Kinder vom Leben der Erwachsenen und der daraus folgenden Verarmung der Kinderwelt sind zunächst vor allem von dem amerikanischen Historiker und Psychoanalytiker Lloyd De Mause (1977) kritische Einwände vorgetragen worden. Während Ariès die Geschichte der Kindheit als Verfallsgeschichte interpretiert, deutet De Mause sie als Fortschrittsgeschichte. Gestützt auf die Auswertung umfangreichen Quellenmaterials u.a. über Sauberkeitserziehung und Disziplinierungsmaßnahmen zeigt er dabei auf, dass sich das Eltern-Kind-Verhältnis vom Mittelalter bis zum 20. Jahrhunderts von einem Disziplinierungsmodus zu einem Unterstützungsmodus gewandelt hat. Ausgelöst durch die kontroversen Deutungen von Ariès und De Mause und in Abgrenzung von deren Diagnosen wurden in den späten 1970er Jahren erste deutschsprachige Studien zur Kindheitsgeschichte durchgeführt, die ebenfalls einen großen historischen Zeitraum (16.-20. Jahrhundert) umfassen. Im Kontext der Sozialgeschichte untersucht Johanson (1978) die Bereiche Wohnraum, Seuchen und Überlebenskämpfe, Kinderarbeit und Bettelkinder sowie die Entdeckung der Kindheit in den oberen Schichten. Im Umfeld der Ethnologie erforscht Weber-Kellermann (1979) die Alltagsgeschichte von Kindern zu den Lebensbereichen Wohnung, Arbeit, Kleidung und Spiel differenziert nach sozialen Ständen, Klassen bzw. Schichten und Epochen. Beide Studien beziehen wirtschafts-, sozial- und kulturgeschichtliche Resultate mit ein und verwenden als Quellenmaterial Autobiographien, Zeitschriften und ikonographisches Material (vgl. auch Klika 2003, S. 299). In beiden Studien dokumentiert sich zugleich ein theoretischer und methodologischer Perspektivenwechsel im Hinblick auf die Analyse historischer Phänomene, der seit den 1970er Jahren zeitgleich in mehreren Fachdisziplinen stattfand.

2 Historische Kindheits- und Jugendforschung als Teilbereiche der historischen Sozialisationsforschung

2.1 Programmatische Bezugsgrößen

Die Entdeckung des Forschungsgegenstandes „Geschichte der Kindheit" bzw. die Neuentdeckung des Forschungsfeldes „Geschichte der Jugend" im Verlaufe der 1970er Jahre ging einher mit einem Wandel der theoretischen und methodologischen Orientierungen in den sich mit diesem Gegenstandsbereich beschäftigenden Disziplinen, der Geschichtswissenschaft, der Volkskunde, der Soziologie und der Pädagogik. In der Geschichtswissenschaft kam es in dieser Zeit zu einer Öffnung gegenüber den Theorieansätzen und Methoden der Sozialwissenschaft. Die Ablösung der traditionell, historisch geprägten Geschichtswissenschaft durch das Konzept einer Sozialgeschichte bedeutete nicht nur eine Annäherung an die sozialwissenschaftliche Theoriebildung und eine Verknüpfung der traditionell vorherrschenden hermeneutisch-verstehenden mit analytischen Verfahren, sondern führte auch dazu, dass die moderne Sozialgeschichte nach einer vorübergehenden Konzentration auf ihre klassischen Schwerpunkte in Ökonomie und Strukturgeschichte sich zunehmend auch der Familien-, Kindheits- und Jugendgeschichte zuwandte (vgl. Wehler 1979; Mommsen 1984). Verstärkt wurde dieser Trend noch durch das Aufkommen einer alltagsorientierten Sozialgeschichte, der **„oral history"**, die sich ähnlich wie die Volkskunde für die Bedingungen des Aufwachsens der kleinen Leute oder gesellschaftlicher Minderheiten interessierte (vgl. Wierling 1991). Genau wie die Geschichtswissenschaft sich in dieser Zeit gegenüber der Soziologie öffnete, so fand auch umgekehrt eine Historisierung der Sozialwissenschaften statt. Die Soziologie, die in ihrer Entstehungsphase ja keineswegs unhistorisch gearbeitet, in der ersten Hälfte des Jahrhunderts und besonders nach 1945 die historische Dimension jedoch weitgehend vernachlässigt hatte, begann erst in den 1970er Jahren die Geschichte wieder zu entdecken (vgl. Lundgreen 1977). Insbesondere die Forschungsergebnisse der neu belebten historischen Anthropologie brachten für die historische Kindheits- und Jugendforschung sowie für die historische Sozialisationsforschung insgesamt neue Erkenntnisse, da sie zeigten, dass für elementar gehaltene menschliche Verhaltensweisen wie Sexualität oder Affektregulierung oder oft als quasi natürlich angesehene Lebensphasen wie Kindheit und Jugend keine konstanten anthropologischen Gegebenheiten sind, sondern sich im Verlaufe der Geschichte verändert haben (vgl. Lepenies 1977; Lenzen 1989; Süßmuth 1984). Wesentliche Impulse gingen auch von der in der Bundesrepublik in den späten 1970er Jahren neu begründeten **Lebenslaufforschung** (vgl. Kohli 1978) sowie von der wiederentdeckten **Biographieforschung** (vgl. Fuchs 1984; Krüger 2006) aus, die mit der Untersuchung des Wandels von Lebensläufen von Gruppen bzw. Einzelnen vor dem Hintergrund historischer Bedingungen, Anschluss an geschichtliche Fragestellungen zu gewinnen suchten.

Durch diese Forschungen und Entwicklungen wurde auch die historische Pädagogik beeinflusst. Anschluss an die Ansätze und Methoden der modernen Sozialgeschichte gewann die historische Pädagogik, die sich bis dahin auf die Ideengeschichte der klassischen Denker und auf eine eher narrative Institutionengeschichte der Verfassung und Einrichtung pädagogischer Einrichtungen konzentriert hatte, erst im Verlaufe der 1970er Jahre. Die Historisierung einer sozialwissenschaftlich orientierten Erziehungswissenschaft hatte zunächst Auswirkungen im Bereich der historischen Schulforschung, wo bildungssoziologische und bildungsökonomische Theorieansätze rezipiert und detaillierte empirisch-quantitative Forschungen zur historischen Schulentwicklung durchgeführt wurden (vgl. Zymek 1983, S. 57). Eine Ausweitung der Untersuchungen auf außerschulische Sozialisationsbereiche und damit einhergehend eine Weiterentwicklung der historischen Pädagogik in Richtung auf ein umfassendes Konzept der historischen Sozialisationsforschung, das Anschluss an die Theorien- und Methodendiskussion in der historischen Gesellschaftswissenschaft und der Sozialisationsforschung zu gewinnen sucht, setzte in den späten 1970er Jahren ein.

Das Programm und die Zielsetzungen eines komplexen und interdisziplinär angelegten Konzepts der historischen Sozialisationsforschung, das die Themenbereiche der Kindheits-, Jugend- und Familienforschung verbindet, wurde seitdem von einer Reihe von Autoren und Autorinnen ausführlich begründet (vgl. Berg 1991; Herrmann 1978, 1980,1991 b; Klika 2003; Cloer 2006). Zentrales Anliegen ist ein explizit bildungsgeschichtliches Interesse, das die Heranwachsenden als aktiv handelnde und realitätsverarbeitende Subjekte begreift. Aufwachsen, Lernen und Sich-Bilden, angeeignete und verworfene Präsentationen der jeweiligen Lebenswelt, individuelle und kollektive Sicht-, Erlebnis-, Erfahrungs- und Handlungsweisen von Individuen, Gruppen, Sozialschichten sollen in bestimmten Epochen, Regionen und Generationen rekonstruiert werden. Theoretisch bezieht man sich dabei häufig auf Mehrebenen-Modelle, auf eine Verknüpfung von gesellschafts-, kultur- oder generationstheoretischen mit persönlichkeitstheoretischen Erklärungsansätzen, um so die makro- und mikrosozialen Bedingungen sowie die subjektiven Dimensionen vergangenen Kinder- und Jugendlebens erfassen zu können (vgl. Klika 2003, S. 304). Forschungsmethodologisch wird im Kontext der historischen Sozialisationsforschung eher dafür plädiert, quantitative und qualitative Daten und Methoden zu verbinden, um sowohl Informationen zu den objektiven Determinanten der Lebenswelt als auch Einblicke in das Denken und Gefühlsleben von Kindern und Jugendlichen in der Vergangenheit zu erhalten. D. h. umgekehrt nicht, dass nicht auch rein quantitative oder ausschließlich qualitative Forschungsansätze in der historischen Sozialisationsforschung ihre Relevanz und Berechtigung haben. Bevorzugt wird in vielen Projekten jedoch eine Kombination mehrerer Sichtweisen, etwa von ideengeschichtlichen Zugängen, die sich mit staatlich-gesellschaftlichen Absichten und pädagogischen Programmen befassen, sozialgeschichtlichen Zugängen, die die tatsächliche historische Entwicklung im Bildungs- und Sozialisationsbereich unter Bezug auf quantitative Methoden und statistische Zeitreihen untersuchen sowie alltagsgeschichtlichen Zugängen, die sich auf die Auswertung alltagskultureller Materialien und erzählter Lebensgeschichten stützen, um so die Komplexität der objektiven Bedingungen und individuellen Verarbeitungsformen vergangener Bildungs- und Sozialisationsprozesse von Kindern und Jugendlichen in ihrer Perspektivenvielfalt analytisch fassen zu können (vgl. Krüger 2006).

2.2 Bisherige Forschungsschwerpunkte

Anknüpfend an diese hier nur in groben Umrissen skizzierten programmatischen Bezugsgrößen sind in der historischen Kindheits- und Jugendforschung als Teildisziplinen einer historischen Sozialisationsforschung in den vergangenen zwei Jahrzehnten eine Vielzahl von Studien in der historischen Erziehungswissenschaft, der Geschichtswissenschaft, der **historischen Anthropologie**, der Lebenslauf- und Biographieforschung sowie der Ethnologie durchgeführt worden, von denen einige zentrale Untersuchungen sortiert nach Forschungsschwerpunkten und Forschungsfeldern im Folgenden kurz vorgestellt werden sollen.

2.2.1 Überblicksdarstellungen

Historische Analysen, die die Geschichte der Kindheit in einem umfassenderen historischen Zeitraum (16.-20. Jahrhundert) betrachten, sind die bereits erwähnten Studien von Ariès (1976), De Mause (1977), Johanson (1978) und Weber-Kellermann (1979). Zu erwähnen ist in diesem Zusammenhang auch die autobiographische Quellensammlung von Hardach-Pinke/ Hardach (1981), in der Textauszüge aus 36 Autobiographien zusammengestellt sind, die sich auf Kindheit im 18. und 19. Jahrhundert beziehen und nach sozialen Ständen bzw. Klassen differenziert sind. Überblicke zur Geschichte der Kindheit vom Mittelalter bis zum Ende des 19. Jahrhunderts bzw. zur Sozialgeschichte der Kindheit im 20. Jahrhundert geben die Handbuchbeiträge von Neumann (1993) und Honig (1993) (vgl. auch Harney/Groppe/Honig 2006), während Herrmann/Renft/Roth bereits 1980 eine Bibliographie zur Geschichte der Kindheit, Jugend und Familie vorgelegt haben.

Eine erste sozialgeschichtliche Überblicksdarstellung zur Geschichte der Jugend von der zweiten Hälfte des 18. Jahrhunderts bis in die 1960er Jahre hat der amerikanische Historiker John R. Gillis (1974; dt. 1980) vorgelegt. Diesem Buch folgte 1986 die Studie von Michael Mitterauer zur „Sozialgeschichte der Jugend", die in zeitlicher Hinsicht die Spanne vom Spätmittelalter bis in die zweite Hälfte des 20. Jahrhunderts umfasst. Mitte der 1990er Jahre haben Giovanni Levi und Jean-Claude Schmitt eine zweibändige Aufsatzsammlung zur Geschichte der Jugend (1996, 1997) herausgegeben, die zeitlich von der griechischen Polis bis zu den 1990er Jahren reicht und die sich geographisch vornehmlich auf Italien und Frankreich bezieht. Von der Frühen Neuzeit bis in die Mitte des 20. Jahrhunderts in Deutschland führt Winfried Speitkamps 1998 veröffentlichte Monographie „Jugend in der Neuzeit", die sich vor allem auf politik- und bildungsgeschichtliche Aspekte konzentriert.

2.2.2 Wissenschaftsgeschichte

Studien zu einer Wissenschaftsgeschichte der Kindheitsforschung gibt es bislang nur in ersten Ansätzen (vgl. Flitner/Hornstein 1964; Neumann 1993; Klika 2003). Etwas günstiger stellt sich die Forschungslage zu diesem Themenkomplex im Bereich der Jugendforschung dar. Erste Vorarbeiten zu einer „internen" Geschichte der Jugendforschung wurden bereits von Hornstein (1965, 1966) und Rosenmayr (1976) geleistet. Anfang der 1990er Jahre haben dann Bühler (1990) und Dudek (1990) umfassende Darstellungen der Entstehungsgeschichte der Jugendforschung um die Jahrhundertwende vorgelegt. Arbeiten, die sich auf die „externe" Geschichte der Kindheits- und Jugendforschung konzentrieren, d.h. die Herausbildung und Weiterentwicklung des wissenschaftlichen Wissens über Kindheit und Jugend insbesondere seit dem 18. Jahrhundert vor dem Hintergrund gesamtgesellschaftlicher Wandlungsprozesse analysieren, sind hingegen noch weitgehend ein Desiderat (erste Ansätze zur „externen" Wissenschaftsgeschichte der Kindheitsforschung bei Gstettner 1981).

2.2.3 Konzepte und Konstruktionen von Kindheit und Jugend

Mit der Kindheit als mentalem Konstrukt in den Köpfen der Erwachsenen sowie mit der Mythodologie der Kindheit hat sich vor allem Dieter Lenzen (1985, 1989) im Rahmen seiner Studien zur **historischen Anthropologie** beschäftigt. Auf die Untersuchung von Jugendkonzepten von Erwachsenen, die Leitvorstellungen, die Erwachsene über Jugend hatten, haben sich Hornstein (1965) für das 18. Jahrhundert und Muchow (1962[5] sowie später Roth (1983) für das 19. Jahrhundert konzentriert. Während der Schwerpunkt dieser Arbeiten auf der begriffs- und ideengeschichtlichen Rekonstruktion von Jugendkonzepten an Hand literarischer Quellen liegt, haben sich neuere Arbeiten z.B. von Stratmann (1992) und Obendiek (1988) bemüht, die Herausbildung und Verallgemeinerung des Begriffs des Jugendlichen, der zunächst nur zur Charakterisierung auffälliger Heranwachsender diente, vor dem Hintergrund sozialgeschichtlicher Entwicklungen zu erklären.

2.2.4 Geschichte der Lebensphasen Kindheit und Jugend

Mit dem historischen Wandel der Lebensphase Kindheit seit dem 16. Jahrhundert haben sich zunächst vor allem Ariès und de Mause (1977) im Rahmen historisch sehr weiträumig angelegter Analysen und orientiert an kontroversen Lesarten beschäftigt. In den vergangenen Jahren sind inzwischen eine Reihe, teilweise auch materialreicher Analysen zu diesem Themenfeld durchgeführt worden, die aufzeigen, dass die Übergangszeiten von der Kindheit in die Jugend abhängig von Lebensraum und Lebensumständen sehr stark variierten und dass für die Kinder der armen Leute in der Stadt und auf dem Land bis weit in die zweite Hälfte des 19. Jahrhunderts von einer Kindheit ohne den Schonraum Kindheit gesprochen werden kann, da sie zur Entlastung des schmalen Familieneinkommens mit arbeiten mussten (vgl. etwa Arnold 1996, S. 145). In der historischen Jugendforschung hat sich zunächst insbesondere Mitterauer (1986, S. 21) mit den sozialen Regelungen, durch die der Übergang vom Kind zum Erwachsenen in verschiedenen historischen Gesellschaften geordnet ist, aus einer sozialgeschichtlichen Perspektive beschäftigt. Im Verlaufe der 1980er und 1990er Jahre sind zudem Studien zur Realgeschichte der Jugend nach 1945 durchgeführt worden, die sich auf statistische Daten und die Ergebnisse empirischer Umfragen stützen (vgl. Fischer/Fuchs/Zinnecker 1985; Grunert/Krüger 2000). In diesen Arbeiten wird aufgezeigt, dass eine Realgeschichte von Jugend erst seit den späten 1950er Jahren begonnen hat, da insbesondere bedingt durch den Ausbau des Bildungswesens sich eine Verallgemeinerung und Homogenisierung der Jugendphase abzeichnet.

2.2.5 Geschichte der Binnendifferenzierungen des Kinder- und Jugendlebens

Die Geschichte der Binnendifferenzierung des Kinder- und Jugendlebens lässt sich in verschiedenen Schichten und sozialen Milieus, in verschiedenen Gruppen und Jugendkulturen in der Stadt und auf dem Land getrennt nach Jungen und Mädchen etc. untersuchen.

- Zur Geschichte der Kindheit in der Zeit zwischen 1700 und 1850 differenziert nach sozialen Ständen hat bereits Schluhmbohm 1983 eine Anthologie mit unterschiedlichem Quellenmaterial zusammengestellt, die deutlich macht, dass sich in dieser Zeit das medizinische und pädagogische Interesse an Kindheit herausbildet. Mit den Lebensbedingungen von Arbeiterkindern im 19. Jahrhundert in Familie, Schule und Freizeit hat sich die Studie von Flecken (1981) beschäftigt, die sich auf Autobiographien und wirtschafts- bzw. sozialgeschichtliche Quellen stützt. Nach Flecken (1981, S. 175) ist diese Zeit gekennzeichnet durch die allmähliche Entwicklung einer abgegrenzten Kindheitsphase im Proletariat, wo es im Gegensatz zur bürgerlichen Familie nicht eine prinzipielle, sondern lediglich eine graduelle Abgrenzung zwischen Kindern und Erwachsenen gegeben hat. Zwei Studien zu Arbeiter- und Bürgerkindheit im Wilhelminischen Kaiserreich wurden in der Forschergrup-

pe um Cloer (u.a. 1991) von Seyfarth-Stubenrauch (1985) und Klika (1990) abgeschlossen, die auf der Basis der Analyse von Autobiographien Individual- und Kollektivbiographien rekonstruieren. Erste sozialgeschichtliche Gesamtdarstellungen zur Geschichte der bürgerlichen und proletarischen Jugend mit ihren Leitbildern und Traditionen haben Gillis (1980) und Mitterauer (1986) vorgelegt. Aus dem breiten Spektrum an Veröffentlichungen zur bürgerlichen bzw. proletarischen Jugendbewegung bzw. zur Geschichte von Jugendprotest und oppositionellen Jugendsubkulturen sei neben dem international vergleichend ausgerichteten Sammelband von Dowe (1986) zum Jugendprotest in Deutschland, Frankreich, Italien und England, auf den zusammenfassenden Reader „Schock und Schöpfung. Jugendästhetik im 20. Jahrhundert" (1986) sowie auf das Begleitbuch zur Ausstellung „Land der Hoffnung – Land der Krise. Jugendkulturen im Ruhrgebiet von 1980-1987" (Breyvogel/Krüger 1987) hingewiesen (vgl. auch Krüger 1985; Maase 1996; Herrmann 2002).
- Neben einigen interessanten sozialgeschichtlichen Skizzen zur Bedeutung des städtischen Lernorts Straße für Kinder und Jugendliche von Schlumbohm (1979), Zinnecker (1979) und Lindner (1984) haben Behnken, du Bois-Reymond und Zinnecker (1989) in einer ökologisch orientierten und kulturvergleichend angelegten Fallstudie den Wandel von Kindheit in den Städten Wiesbaden und Leiden um 1900 bis 1920 untersucht. In einem Nachfolgeprojekt haben Behnken u.a. (1994) gestützt insbesondere mit qualitativen Interviews mit Mitgliedern aus drei Generationen einer Familiengruppe die Modernisierung von Kindheit seit den 1920er Jahren im Rahmen der Industrieregion des Siegerlandes analysiert. Mit der Situation von Kindern und Jugendlichen im ländlichen Raum eines schwäbischen Dorfes seit der zweiten Hälfte des 19. Jahrhunderts haben sich im Tübinger Forschungskontext um Herrmann (1991 a) die Studien von Muschtler (1985) und Gestrich (1986) beschäftigt.
- Erst in Ansätzen vorhanden ist bislang eine Geschlechtergeschichte der Kindheit und Jugend (vgl. Benninghaus 1999 b, S. 22). Zwar hat Rößler bereits 1979 auf der Basis der Auswertung von Ratgeberliteratur und Autobiographien Zusammenhänge zwischen Ideologien von Weiblichkeit und der faktischen Mädchensozialisation in bürgerlichen Familien im 19. Jahrhundert untersucht. Ein gestiegenes Interesse an der Sozial-, Alltags- und Erfahrungsgeschichte der weiblichen Jugend zeichnet sich jedoch erst im letzten Jahrzehnt ab. Es sind inzwischen eine Reihe von Studien erschienen, die sich zumeist in ihrer Analyse auf kürzere historische Zeiträume im 20. Jahrhundert beziehen (vgl. Andresen 1997; Benninghaus 1999 a; Benninghaus/Kohtz 1999; Ras 1988; Reese 1989; Wierling 1985).

2.2.6 Geschichte von Kindheit und Jugend in pädagogischen Institutionen

Umfangreiche auch auf quantitative Daten sich stützende Untersuchungen sind in den vergangenen Jahrzehnten zur Geschichte der Schule vor allem seit dem 18. Jahrhundert durchgeführt worden (vgl. Drewek 2006; Herrlitz/Hopf/Titze 1993). Eine Reihe von Studien gibt es inzwischen auch zur Situation der Jugend in der beruflichen Bildung seit dem ausgehenden 19. Jahrhundert (vgl. Harney 1991, 2006; Stratmann 1992). Erste sozialgeschichtliche Überblicksdarstellungen zur Geschichte der Jugendarbeit haben Krafeld (1984), zur Jugendfürsorge Peukert (1986) und zur jugendkriminalrechtlichen Praxis im Umgang mit normabweichenden Jugendlichen Dörner (1991) vorgelegt.

2.2.7 Geschichte der Kindheit und Jugend in der DDR

Mit der deutschen Vereinigung ist die Gesellschaft der DDR zu einem formal abgeschlossenen, wenngleich inhaltlich noch gründlich zu erforschenden Kapitel deutscher Zeitgeschichte geworden. Während zur Geschichte der Kindheit in der DDR bislang nur wenige Arbeiten vorliegen (vgl. Busch 1998; Häder 1998; Kirchhöfer 1993), ist die Geschichte der Jugend in Ostdeutschland bereits stärker zum Forschungsgegenstand der zeitgeschichtlichen historischen Jugendforschung geworden. Neben einigen kleineren Arbeiten zur Geschichte der Jugendforschung in der DDR (vgl. Friedrich 1993) hat sich das Forschungsinteresse zunächst vor allem auf die Sozial- und Alltagsgeschichte der Partei und Staatsjugend der FDJ gerichtet (Mählert/Stephan 1996; von Wensierski 1994; Wierling 1999). Inzwischen liegen jedoch auch einige interessante Studien zum Jugendprotest, zur Rockkultur und zu den Jugendkulturen seit den 1960er Jahren vor (vgl. Rauhut 1993; Stock/Mühlberg 1991; Wierling 1994; von Wensierski 1998).

2.2.8 Verbindungslinien zwischen Lebenslauf-, Biographie- sowie oral-history-Forschung und historischer Kindheits- und Jugendforschung

In Anlehnung an Fragestellungen der **Lebenslaufforschung** bzw. der Biographie- und oral-history-Forschung hat sich die historische Kindheits- und Jugendforschung in den vergangenen Jahrzehnten nicht nur darauf beschränkt, die objektiven Bedingungen und Determinanten vergangenen Kinder- und Jugendlebens zu untersuchen, sondern auch die Langzeitfolgen von Kindheitserfahrungen auf den späteren Lebenslauf bzw. die lebensgeschichtliche Konstituierung von Sinn und Bedeutung im vergangenen Kinder- und Jugendalltag und die daraus entstehenden subjektiven Verarbeitungsformen zu analysieren. Dabei richtet die Lebenslaufforschung ihr Interesse auf den ersten Themenkomplex, d.h. sie untersucht unter Bezug auf quantitative Daten und Verfahren die Bedeutung kohortenspezifischer historischer Kindheits- und Jugenderfahrungen für den weiteren Lebensweg (vgl. Huinink/Grundmann 1993, S. 76; Meulemann 1999). Studien aus dem Bereich der Biographie- und Autobiographie- sowie der oral-history-Forschung bemühen sich um eine alltags- und erfahrungsgeschichtliche Rekonstruktion vergangener kindlicher oder jugendlicher Lebenswelten, die durch andere Materialbereiche und Informationselemente ergänzt werden, oder sie konzentrieren sich ausschließlich auf die Rekonstruktion autobiographischer Erfahrungsmodi bzw. von Lebenskonstruktionen. Während eine Reihe von bereits erwähnten Projekten, z.B. von Herrmann u.a. (1983), Breyvogel/Krüger (1987); Behnken/du Bois-Reymond/Zinnecker (1989); Wierling (1994), zur ersten Gruppe gerechnet werden können, gehören zur zweiten Gruppe neben einer Vielzahl von Arbeiten aus dem Kontext der **Autobiographieforschung** (vgl. im Überblick Heinritz 1997) aus der jüngeren Zeit z.B. die Arbeiten von Fuhs (1999), der mit Hilfe narrativer Interviews die Kindheitserinnerungen der heutigen Elterngeneration an die 1960er Jahre untersucht oder die Studie von Bock (2000), die gestützt auf ähnliche Methoden danach fragt, wie Mitglieder aus drei Generationen einer Familie in Ostdeutschland, den gesellschaftlichen Transformationsprozess biographisch verarbeiten und welchen Stellenwert dabei innerfamiliale Interaktionsbeziehungen haben.

3 Methoden und Ergebnisse der historischen Kindheits- und Jugendforschung

Die strikte Trennung in qualitativ-verstehende und quantitativ-analytische Zugriffe gibt es in vielen neueren Projekten und Arbeiten aus dem Kontext der historischen Kindheits- und Jugendforschung nicht. Denn im Unterschied zum gegenwartsbezogenen arbeitenden Kindheits- und Jugendforscher, der seine Materialbasis durch Interviews, Beobachtung oder Experiment selber schaffen kann, ist der historisch forschende Wissenschaftler oft allein auf Quellen angewiesen, die seinerzeit von anderen und zu anderen Zwecken produziert und mehr oder weniger zufällig übrig geblieben sind. Demographische, Zensus und ähnliche quantitative Daten liefern allgemeine Informationen zu familialen, schulischen oder außerschulischen Lebensbedingungen von Kindern und Jugendlichen. Pädagogische Schriften enthalten oft Aussagen über eine für verbesserungswürdig gehaltene Wirklichkeit. Überlieferungen, Lieder, Reime, Sprichworte, Fotos bieten Fragmente vergangener kinder- bzw. jugendkultureller Ausdrucksformen. Autobiographien und Biographien geben einen detaillierten Einblick in die psychischen Mechanismen eines einzelnen Sozialisationsprozesses. Gerade durch die Kombination dieser heterogenen Informationselemente ergibt sich oft ein komplexes Gesamtbild von den objektiven Bedingungen und den subjektiven Dimensionen des vergangenen Kinder- und Jugendlebens.

Dennoch haben die verschiedenen Forschungsrichtungen und -ansätze innerhalb der historischen Kindheits- und Jugendforschung eine unterschiedliche Affinität zu eher quantitativen bzw. eher qualitativen Verfahren und Daten. Ansätze aus dem Kontext der strukturorientierten Sozialgeschichte haben in den vergangenen Jahrzehnten verstärkt hermeneutische durch analytische Verfahren quantifizierender Art ergänzt. Arbeiten der historisch ausgerichteten Lebenslaufforschung stützen sich auf Sozialstatistiken, die Ergebnisse von Längsschnittuntersuchungen oder von Retrospektivbefragungen. Die historisch orientierte quantitative Jugendforschung ist seit den 1980er Jahren bemühte repräsentative Jugendumfragen aus vergangenen Jahrzehnten mit dem Ziel zu wiederholen, Jugendgenerationen miteinander vergleichen zu können. Umgekehrt stützen sich Arbeiten aus der alltagsorientierten Sozialgeschichte, der „**oral history**" und der **Biographieforschung** vor allem auf alltagskulturelle Materialien (Tagebücher, autobiographische Darstellungen, Schulhefte und neuerdings auch auf Fotos und Bilder) und auf erzählte Lebensgeschichten. Sie konzentrieren sich auf die Untersuchungen von Einzelfällen und sozialen Mikroeinheiten. Im Vordergrund steht nicht das Interesse an statistischer Repräsentativität, sondern das Bemühen aus der Analyse des Einzelfalls zu Generalisierungen zu gelangen.

3.1 Methoden und Resultate der quantitativ orientierten historischen Kindheits- und Jugendforschung

Der Einsatz quantitativer Verfahren in den an der historischen Kindheits- und Jugendforschung beteiligten Disziplinen ist noch jüngeren Datums. Dies gilt sowohl für die Geschichtswissenschaft, wo vor allem in den Bereichen der Wirtschaftsgeschichte, der historischen Demographie, der Familien- und der Schulgeschichte erste seit Mitte der 1970er Jahre mit diffizilen statistischen Verfahren gearbeitet wird als auch für den Bereich der Lebenslaufforschung, wo quantitative Studien insbesondere in Gestalt von Kohortenanalysen, die den Einfluss längerfristiger historischer Trends auf den Lebenslauf von unterschiedlichen Geburtskohorten untersuchen, zumeist seit den späten 1970er Jahren durchgeführt werden. Eine längere Tradition hat hingegen der quantitative Typus der Replikation von Jugendumfragen. Bereits 1964 wiederholte EMNID aus Anlass des Ersten Jugendberichts der Bundesregierung erstmals Teile der Basisstudien aus den Jahren 1953 – 1955.

3.1.1 Historische Sozialstatistik

Erste wichtige Informationen zur historischen Lebenssituation von Kindern und Jugendlichen liefert der umfangreiche Fundus statistischen Quellenmaterials zur Bevölkerungsentwicklung, zur Familiengröße und Anzahl der Geschwister, zum Schuleintritt und zur Dauer des Schulbesuchs, zum Heiratsalter, zur Erwerbstätigkeit etc., der für einzelne deutsche Staaten etwa seit Anfang des 19. Jahrhunderts, für Gesamtdeutschland etwa ab 1880 vorliegt (vgl. Hohorst 1977, S. 117). So zeigen z.B. die statistischen Daten, dass der Studentenanteil an der Gesamtgruppe der 20-25jährigen im Verlaufe des 20. Jahrhunderts erst seit den 1980er Jahren gravierend anstieg: 1900 betrug die Quote in Deutschland 0,89%, 1930 1,96%, 1950 in Westdeutschland 4,39%, 1960 6,31%, 1970 9,9%, 1980 15,9%, 1990 22,0%, 1998 in Deutschland insgesamt 28,9% (vgl. Mitterauer 1986, S. 85; BMBF 2000, S. 141). Gerade die Bildung solcher **Zeitreihen** stellt für die historische Kindheits- und Jugendforschung jedoch oft ein schwieriges Problem dar, da die Erhebungskategorien und die Erhebungstechniken beträchtlichen Wandlungen im Zeitablauf unterliegen und statistische Materialien für einzelne Amtsbezirke und Kreise nur schwer auffindbar oder gar verloren gegangen sind. Aufgrund solcher Datenmängel ist es dem historisch arbeitenden Forscher oft nicht möglich, einen statistischen Hypothesentest überhaupt durchzuführen. Da er auf die vorfindlichen Materialien angewiesen ist, muss er sich zumeist mit einer theoretischen Begründung und einer Indiziensammlung, die diese empirisch plausibel macht, zufrieden geben.

3.1.2 Kohortenanalysen

Ein vor allem in der historisch orientierten Lebenslaufforschung zugrunde gelegter quantitativer Untersuchungstypus ist das Modell der Kohortenanalyse. Unter Kohorte wird eine Gruppe von Individuen verstanden, die im selben Zeitraum geboren werden oder einen Übergang im Lebenslauf abschließen, z.B. Schul- oder Berufseintritt. Die gleichzeitig lebenden Kohorten unterscheiden sich nach dem Alter und nach früher gemachten Erfahrungen. Historische Ereignisse haben für sie nun unterschiedliche Bedeutungen, da sie sie an unterschiedlichen Punkten des Lebenslaufes und auf der Grundlage unterschiedlicher Erfahrungen erleben (vgl. Kohli 1980; Mayer 1987). Im Mittelpunkt des Interesses der historisch ausgerichteten Lebenslaufforschung steht nun die Analyse von Periodeneffekten, d.h. der Auswirkungen des historischen Wandels auf den Lebenslauf und Kohorteneffekten, d.h. der Nachwirkungen der spezifisch früheren Erfahrungen in Kindheit und Jugend auf den weiteren Sozialisationsprozess einer Kohorte, während die Entwicklungspsychologen eher an Alterseffekten, d.h. an Veränderungen durch den Lebenslauf als Altersprozess, interessiert sind.

Kohortenanalysen stützen sich zum einen auf bereits vorliegendes Datenmaterial aus der allgemeinen Statistik oder der Umfrageforschung, das sekundäranalytisch verarbeitet wird oder sie beziehen sich auf die Ergebnisse von eigenen retrospektiven Befragungen von Mitgliedern verschiedener Geburtskohorten zu zeitbezogenen Informationen über Ereignisse und Zustände im individuellen Lebensverlauf (vgl. Blossfeld/Hemmerle/Mayer 1986; Grundmann 1992). So hat z.B. Müller (1978) auf der Grundlage von Bildungs-, Ausbildungs- und Berufsstatistiken die kohortenspezifischen Bildungs- und Berufsverläufe von Männern der Geburtenjahrgänge zwischen 1901 und 1946 untersucht und aufgezeigt, dass Bildungs- und Berufschancen vom Auf und Ab der wirtschaftlichen Konjunktur, von politischen Ereignissen und demographischen Größen abhängen. Elder und seine Mitarbeiter (vgl. Elder/Rockwell, 1978; Elder/Caspi 1990) unterzogen hingegen die Daten aus mehreren entwicklungspsychologischen Längsschnittuntersuchungen einer Sekundäranalyse unter der Fragestellung des Kohortenansatzes. Dabei kamen sie zu dem interessanten Resultat, dass Entwicklungsnachteile aus der Kindheit und Jugend in der Zeit der amerikanischen Weltwirtschaftskrise später zu einem großen Teil wieder aufgeholt wurden. Die Ursachen dafür sehen sie zum einen in späteren historischen Entwicklungen (z.B. erhöhten Bildungschancen durch einen Ausbau des Collegesystems nach dem Krieg), zum anderen in persönlichen Entscheidungen für Laufbahnmuster, die die persönliche und berufliche Entwicklung förderten (vor allem Militärdienst, Collegebesuch sowie frühe und stabile Festlegung auf eine Berufslaufbahn). Gestützt auf die Daten der Berliner Lebensverlaufsstudie, bei der es sich um eine repräsentative Retrospektivbefragung von männlichen und weiblichen Mitgliedern aus zunächst drei Geburtskohorten (1929-31, 1939-41, 1949-51) in Westdeutschland handelt, hat Grundmann (1992) u.a. die historischen bzw. periodenspezifischen Formen der Vaterabwesenheit (kriegsbedingte versus nicht kriegsbedingte) und –deren Konsequenzen für die eigene spätere Familienbildung untersucht. Die Analysen zeigen, dass sich für die untersuchten männlichen Befragten dieser Studie nur bei nicht-kriegsbedingter Vaterabwesenheit negative Auswirkungen auf ihre Familienentwicklung, d.h. auf den Übergang in Ehe oder eigene Vaterschaft, nachweisen lassen.

3.1.3 Replikationsstudien und Retrospektivbefragungen

Replikationsstudien, die für den Vergleich von zwei oder mehreren Jugendgenerationen wichtige Informationen liefern, sind in methodisch reflektierter Form in der Jugendforschung seit den 1980er Jahren häufiger durchgeführt worden (vgl. Allerbeck/Hoag 1985; Fischer/Fuchs/Zinnecker 1985; Fischer/Zinnecker 1992; Silbereisen/Vaskovics/Zinnecker 1996), während sie in der quantitativ orientierten Kindheitsforschung bislang kaum eine Rolle spielen (vgl. erste Ansätze bei Büchner/Fuhs/Krüger 1996; Krüger/Kötters 1998). Bei Replikationsstudien ist darauf zu achten, dass die Fragen wortgetreu wiederholt werden und dass die zugrunde gelegten Stichproben vergleichbar sind. Auch lassen sich aufgrund des normativen und sprachlichen Wandels nicht alle Fragen replizieren.

So zeigt z.B. die Shell-Jugendstudie '85, die die Jugendgenerationen der 1950er und 1980er Jahre in Westdeutschland miteinander vergleicht, dass die Jugendlichen der 1980er Jahre in ihren Erziehungsvorstellungen liberaler, in ihren politischen Orientierungen toleranter und demokratischer geworden sind (vgl. Fischer/Fuchs/Zinnecker 1985). In dieser Studie wurden jedoch nicht nur einige Fragen aus den Jugendstudien der 1950er Jahre repliziert. Zusätzlich wurde eine repräsentative Stichprobe von Erwachsenen im Alter zwischen 45 und 54 Jahren in einer quantitativen **Retrospektivbefragung** nach ihrer Jugend in den 1950er Jahren, z.B. in welchem Lebensjahr sie bestimmte Lebenslaufereignisse erlebt haben, befragt. Die Ergebnisse verdeutlichen, dass die Mehrzahl der Jugendlichen in diesem historischen Zeitraum die Jugend als Lebenslaufphase in einer sozial normierten Abfolge durchliefen: mit 14 bzw. 15 Jahren wurde die Schule, mit 18 Jahren die Berufsausbildung abgeschlossen, dann mit dem Beginn der Berufstätigkeit wurden erste sexuelle Erfahrungen gemacht, erst nach dem Abschluss der

Ausbildung mit etwa 22 Jahren wurde das Elternhaus verlassen und ein bis zwei Jahre später wurde geheiratet (vgl. Fischer/Fuchs/Zinnecker 1985, Bd. 5, S. 269-277).

Die Frage nach dem Eintritt von bestimmten Lebenslaufereignissen wurde im Rahmen der 10. Shell-Jugendstudie auch den Jugendlichen der 1980er Jahre sowie im Rahmen der 11. Shell-Jugendstudie (vgl. Fischer/Zinnecker 1992) sowie der Studie von Silbereisen/Vaskovics/ Zinnecker (1996), den Jugendlichen der 1990er Jahre in West- und Ostdeutschland gestellt. Ein Quervergleich zwischen den wichtigen Lebenslaufereignissen der westdeutschen Jugendlichen der 1950er und 1990er Jahre zeigt, dass der Übergang ins Erwachsenenalter sich in eine tendenziell zusammenhanglose Abfolge von Teilübergängen ausdifferenziert hat. Die ersten sexuellen Erfahrungen werden im Schnitt ein Jahr früher, mit 17 Jahren gemacht, die Schul- und Berufsausbildung wird jeweils drei Jahre später abgeschlossen, während der Auszug aus dem Elternhaus ein Jahr früher, die Heirat hingegen fünf Jahre später als in den 1950er Jahren stattfindet. Während es zwischen den befragten ost- und westdeutschen Jugendlichen Mitte der 1990er Jahre bezüglich der ersten sexuellen Erfahrungen und des Heiratsalters keine signifikanten Unterschiede gab, schlossen die ostdeutschen Jugendlichen zu dieser Zeit ihre Schul- und Berufsausbildung noch etwa ein Jahr früher ab als ihre westdeutschen Altersgenossen (vgl. Grunert/Krüger 2000, S. 203).

Quantitative Retrospektivbefragungen, wie sie in der Traditionslinie der Shell-Studien sowie in der Untersuchung von Schörken (1984, 1990) durchgeführt wurden, der ehemalige Luftwaffenhelfer nach ihrer Jugend im zweiten Weltkrieg befragte, implizieren jedoch einige methodisch noch nicht hinreichend gelöste Probleme. Während die repräsentative Qualität von retrospektiv abgefragten Lebensverlaufsdaten, z.B. Schuleintritt, Abschluss der Berufsausbildung, als ausgesprochen gut bezeichnet werden kann, wie kontrollierende Vergleiche mit Zensus- oder Mikrozensusdaten gezeigt haben, gilt dies nicht unbedingt für einstellungsbezogene Erinnerungsfragen bzw. -antworten (vgl. Blossfeld/Hemmerle/Mayer 1986, S. 19). Hierzu haben die wenigen vorliegenden empirischen Untersuchungen bislang gezeigt, dass die Befragten dazu neigen, sich gerne von heute aus in einem „besseren Licht" darzustellen.

3.2 Methoden und Ergebnisse der qualitativ orientierten historischen Kindheits- und Jugendforschung

Während der Rekurs auf quantitative Verfahren in der historischen Kindheits- und Jugendforschung noch neueren Datums ist, haben qualitative Methoden zumindest in der Jugendforschung eine längere Tradition. Bereits in den 1920er Jahren widmete sich Charlotte Bühler (1925, 1934) der Sammlung und geisteswissenschaftlichen Interpretation von Jugendtagebüchern mit dem Ziel, den historischen Wandel der Lebenssituation und Lebensvorstellungen verschiedener Jugendgenerationen seit dem späten 19. Jahrhundert zu rekonstruieren. Die Tradition dieser älteren (Auto-)Biographieforschung war in der Nachkriegszeit jedoch abgerissen, sieht man einmal von den singulären Arbeiten von Küppers (1964) und Bertlein (1966) ab. Erst mit der Alltagswende in der Geschichtswissenschaft, der Entdeckung der **„oral history"** und der Renaissance der **Biographieforschung**, die das Interesse an Dokumenten des Alltagslebens, an Autobiographien und erinnerten Lebensgeschichten verbindet, erlebten auch qualitative Methoden seit den späten 1970er Jahren in der historischen Jugendforschung einen erneuten, in der historischen Kindheitsforschung einen ersten Aufschwung. Die Methode des diachronen Interviews, die die offene Frage nach der Lebensgeschichte mit anschließenden

Informationsfragen zu bestimmten lebens- und sozialgeschichtlichen Ereignissen verknüpft, bekam als Erhebungsmethode neben dem narrativen Interview eine zentrale Bedeutung und ergänzte die klassischen biographischen Materialbereiche in Gestalt von Autobiographien und Tagebüchern. Um das vergangene „Alltagsbewusstsein" nicht nur beschreiben, sondern auch erklären zu können, wurden individualisierend-verstehende und sozialgeschichtlich-generalisierende Interpretationsverfahren miteinander kombiniert.

Im Mittelpunkt der stärker qualitativ orientierten historischen Kindheits- und Jugendforschung steht die historische Fallstudie. In **historischen Regionalstudien** wird der vergangene Lebensalltag von Kindern und Jugendlichen in begrenzten zeitlichen und räumlichen Kontexten analysiert. Die sozialgeschichtlich ausgerichtete **(Auto-)Biographieforschung** versucht an Einzelfällen, Zusammenhänge zwischen Lebensgeschichte und Zeitgeschichte exemplarisch aufzuzeigen. Zudem wurden Bilder und Bildmaterial sowie Fotografien insbesondere im vergangenen Jahrzehnt als neue Erkenntnisquelle für die historische Kindheits- und Jugendforschung entdeckt (vgl. Cloer 2006, S. 185-189), deren Nutzung und Analyse teilweise in historische Regionalstudien oder biographische Untersuchungen eingebunden ist, partiell aber auch auf die Erschließung eigenständiger historischer Gegenstandsfelder abzielt.

3.2.1 Historische Regionalstudien

Im Rahmen der alltagsorientierten Sozialgeschichte wurden in den letzten Jahrzehnten eine Reihe von historischen Feldstudien durchgeführt, die die objektiven Determinanten und subjektiven Dimensionen des Alltagslebens von Kindern und Jugendlichen in überschaubaren historischen und sozialen Kontexten untersucht haben (vgl. z.B. Steinbach 1980; Hermann u.a. 1983; Safrian/Sieder 1985; Behnken/du Bois-Reymond/Zinnecker 1989; Lutz/ Behnken/ Zinnecker 1997; Haupert/Schäfer 1991). Um ein möglichst komplexes Bild vom vergangenen Lebensalltag von Kinder oder Jugendlichen in einem städtischen Quartier oder einer dörflichen Gemeinde zeichnen zu können, stützen sich die Arbeiten zumeist auf ein breites Spektrum unterschiedlicher Daten- und Quellentypen. Demographische Daten wurden dabei oft ebenso berücksichtigt wie überlieferte amtliche Dokumente (Rats- und Kirchenkonventsprotokolle, Erlasse, Zeugnisse), die im Lichte des alltagsgeschichtlichen Erkenntnisinteresses neu interpretiert wurden. Außerdem wurden neue Überreste und Quellen der Sachkultur des Alltagslebens (wie Kleiderordnungen für Schule und Arbeit, Grundrisse, Hausordnungen, Fotografien, Reiseführer etc.) erschlossen. Da die archivalen Quellen und die Sekundärüberlieferung über die Familienorganisation, das Wohnen, die Arbeit und das Freizeitverhalten unterprivilegierter Bevölkerungsgruppen nur sehr begrenzte Informationen liefern, nimmt das lebensgeschichtliche Interview mit Zeitzeugen in diesen Projekten einen zentralen Stellenwert ein.

Gerade der Bereich der Alltagsroutine, der Nahrung- und Kleidungsgewohnheiten, des alltäglichen Freizeitverhaltens lässt sich durch das diachrone Interview relativ zuverlässig ermitteln, weil er der im Laufe eines Lebens sich ändernden Deutung am wenigsten zu unterliegen scheint (vgl. Wierling 1985, S. 31). Werden solche Auskünfte von mehreren Mitgliedern einer durch gemeinsame Praxis verbundenen Bevölkerungsgruppe erfragt, so kann man durch die Auswertung vergleichbarer Erinnerungen zur „dichten Beschreibung" sozialer Beziehungen in der vergangenen Lebenswelt gelangen. Der ethnologische Blick, der gerade die Fremdheit des Forschers gegenüber der vergangenen historischen Lebenswirklichkeit betont, ermöglicht neue Erkenntnisse über die Veränderung alltäglicher Lebensweisen, die auch die Grundannahmen makrosoziologischer Theorieansätze infrage stellen können (vgl. Medick 1984, S. 314).

Ein gutes Beispiel dafür findet sich in der Untersuchung von Hermann (1991a) zur Familie, Kindheit und Jugend im schwäbischen Dorf Ohmhausen seit dem späten 19. Jahrhundert. In dieser historischen Feldstudie wurden gestützt auf archivalische Quellenbestände und mündliche Überlieferungen die vielfältigen Formen des Jugendbrauchtums in dieser Gemeinde, für die weibliche Jugend das gemeinsame Handarbeiten in der Spinnstube, für die männliche Jugend das Zusammensitzen in den Lichtstuben, untersucht. Die Studie machte deutlich, dass die Traditionen der jugendlichen Kultur nicht, wie vermutet, durch die Prozesse der Industrialisierung und Modernisierung der dörflichen Struktur zerstört wurden. Vielmehr unterbrach aus der Sicht der Befragten der Erste Weltkrieg diese Tradition, da die älteren Jugendlichen einrücken mussten und viele für Jahre oder für immer fortblieben.

3.2.2 (Auto-)Biographie und Geschichte

Ein zweites Ziel, das eine Reihe von kindheits- und jugendgeschichtlich orientierten „oral-history"-Projekten mit den Studien der sozialgeschichtlichen (**Auto-)Biographieforschung** verbindet, ist das Interesse an den biographischen Verarbeitungsformen historisch vergangener Lebenserfahrungen (vgl. Glaser/Schmid 2006). Während zur Analyse der Zusammenhänge zwischen biographischer und historischer Entwicklung in der historischen Biographieforschung bereits seit längerem auf Tagebücher und Autobiographien als zentrale Materialbereiche zurückgegriffen wurde, ist der Einsatz reaktiver Verfahren in Gestalt verschiedener Interviewtechniken erst jüngeren Datums. Neben den aus dem Kontext der oral-history-Forschung stammenden diachronen Interviews wird in neueren Projekten (vgl. Ecarius 2003; Fuhs 1999) auch auf das von Fritz Schütze entwickelte narrative Interview rekurriert, das auf eine möglichst umfassende Generierung der gesamten Lebensgeschichte abzielt. Eine Spezialform dieses Interviews ist das von Lutz, Behnken und Zinnecker (2003, S. 414) im Rahmen des Projektes „Modernisierung von Kindheit im 20. Jahrhundert" entwickelte Verfahren der narrativen Landkarte, mit dessen Hilfe Angehörige dreier noch lebender Generationen aus einer Familie zu ihren Kindheitsräumen in verschiedenen historischen Zeitepochen befragt wurden. Dabei handelt es sich um eine Methode der visuellen Sozialforschung, deren Ziel es ist, persönliche Lebensräume von Befragten und deren subjektive Relevanz zu rekonstruieren. Das geschieht mittels zeichnerischer und ergänzend dazu biographisch erzählender Darstellungsformen. Versucht man nun das in der historisch orientierten (Auto-)Biographieforschung inzwischen eingesetzte breite Spektrum an Auswertungsverfahren systematisch zu sortieren, so kann man zunächst einmal nach formalen Merkmalen zwischen Querschnittsanalysen und Längsschnittanalysen unterscheiden. Ein vor allem in autobiographischen Studien zur Geschichte der Kindheit häufig eingesetztes Verfahren ist eine Querschnittsauswertung, bei der aus verschiedenen Autobiographien zu bestimmten Themenbereichen Zitate herangezogen werden. Dabei dienen diesen Aussagen oft als Belegstellen für historische Sachverhalte oder Hypothesen, ohne dass sie vor dem Hintergrund der gesamten Autobiographie interpretiert werden (vgl. Heinritz 2003, S. 347). Längsschnittstudien, die den Kontext einer ganzen Lebensgeschichte berücksichtigen, sind in der historischen Autobiographieforschung im Unterschied zur sozialgeschichtlich orientierten Biographieforschung hingegen immer noch eher selten (vgl. Hoeppel 1995, S. 291).

Unter forschungsmethodologischen Gesichtspunkten lassen sich in der historischen (Auto-)Biographieforschung zumindest drei Interpretationsrichtungen unterscheiden, die bei der Analyse der Zusammenhänge von individueller Lebensgeschichte und kollektiver Geschichte Verwendung finden. Eine Reihe von ForscherInnen stützt sich inzwischen auf das narrative

Verfahren, wie es insbesondere Schütze (1982) zur Interpretation narrativ-biographischer Stehgreiferzählungen entwickelt hat. So beziehen sich Fuchs und Heinritz (1985) bei der Analyse der Bedeutung zeitgeschichtlicher Ereignisse der 1950er Jahre in den Jugenderinnerungen von 45-55jährigen auf die von Schütze entwickelten Verfahren der formalen und inhaltlichen Interviewanalyse. Diese Studie mündet in dem Ergebnis, dass die zeitgeschichtlichen Bedingungen der 1950er Jahre in den Jugenderinnerungen der Erwachsenen nur wenig präsent sind, da sich die ruhigen 1950er Jahre nach den hohen Wellengängen der Zeitgeschichte in Krieg und Nachkriegszeit nur relativ schwach ins individuelle und kollektive Gedächtnis eingeprägt haben.

Neben dem erzählanalytischen Zugriff, der danach fragt, wie sich makrohistorische Ereignisse in biographischen Verlaufsmustern und Erzählstrukturen widerspiegeln, hat sich in der sozialgeschichtlichen Biographieforschung noch ein zweiter Interpretationsansatz herausgebildet, der in biographischen Erinnerungen nach latenten kulturellen Deutungsmustern sucht, die sich auf lebens- und sozialgeschichtliche Erfahrungszusammenhänge zurückführen lassen. An dieses im Rahmen der Geschichtswissenschaft insbesondere von Niethammer (1985) entwickelte Verfahren knüpfen Möding und von Plato (1986) bei der Analyse der Einflüsse und weiterwirkenden Elemente oder Sozialisationserfahrungen in der Hitler-Jugend an, die sie am Beispiel biographischer Erinnerungen von ehemaligen HJ-Führern und BDM-Führerinnen untersucht haben. Sie zeigen auf, dass die Befragten im Kontext der Sozialisation in den NS-Jugendorganisationen latente Deutungsmuster, weitgehend unbewusste und dauerhafte Dispositionen erworben haben, die auch ihr weiteres Handeln strukturieren. In HJ und BDM haben die ehemaligen Führer und Führerinnen Aufstiegs-, Selbständigkeits- und Aktivitätserfahrungen gemacht, die sie unter veränderten zeitgeschichtlichen Bedingungen der Nachkriegszeit und der 1950er Jahre in beruflichem Aufstiegsaktivismus, in der Aufopferung für die Familien und in den Bemühungen, die eigenen Kinder früh zur Selbständigkeit anzuleiten, fortzusetzen suchen.

Eine dritte Interpretationsrichtung, die in der sozialgeschichtlichen (Auto-)Biographieforschung in den letzten Jahren zunehmend an Bedeutung gewinnt, ist eine konstruktivistische Interpretationsperspektive. So wird von Jacobi (1999, S. 288) bezweifelt, ob man mit Hilfe von Autobiographien überhaupt historisch vergangene Erfahrungsmodi in Kindheit und Jugend erschließen kann oder ob die Autobiographie als inszenierte Erfahrung des Ichs nicht eher einen Beitrag zur Sozialgeschichte der Diskurse und Selbstentwürfe über Kindheit und Jugend liefern kann. Von ähnlichen Prämissen geht auch Fuhs (1999, S. 79) in seiner Studie zu den Kindheitserinnerungen heutiger Erwachsener über die 1960er Jahre aus. Er begreift die in den narrativen Interviews erhobenen Kindheitserinnerungen nicht als Abbild historischer Wirklichkeit, sondern als Gestaltungsprodukte der Befragten, die als Erwachsene von ihren Erfahrungen erzählen.

3.2.3 Bilder und Fotografien als historische Quellen

Obwohl Ariès (1976) bereits in seiner Geschichte der Kindheit mittelalterliche Bilder als Ausdruck von Kindheitsvorstellungen interpretiert und Weber-Kellermann (1979) in ihren historischen Studien Kinderfotos als Zeichen für soziale Bedingungen deutet, sind Bilder und Fotos als Quellenbereiche erst im vergangenen Jahrzehnt umfassender in der historischen Kindheits- und Jugendforschung genutzt worden. Bei der Erschließung von Bildmaterialien als historischen Quellen gilt es, darauf hat Mollenhauer (2003, S. 252) bereits detailliert hingewiesen, die Gesichtspunkte und Operationen einer kulturwissenschaftlichen Hermeneutik zu berücksichtigen (vgl. auch Talkenberger 1997). D. h. es müssen bei der **Bildinterpretation** die historischen Kontextbedingungen bzw. Epochenregeln, die Darstellungstechniken, der jeweilige Verwendungssinn der Bilder sowie die differenten Sujets, z.B. ob es sich um Einzelporträts oder um Gruppenszenen von Kindern und Jugendlichen handelt, beachtet werden. Die kindheits- und jugendgeschichtliche Bildinterpretation unterscheidet sich von der Kunstgeschichtsschreibung durch ein eingeschränktes thematisches Interesse. Nicht Bilderwelten überhaupt sind ihr Thema, sondern solche Bildmaterialien, die sich auf die Verhältnisse zwischen den Generationen, auf pädagogische Beziehungskonstellationen sowie auf Bilder beziehen, in denen sich der Erwachsene in seinem Verhältnis zum Kind oder zum Jugendlichen deutend darstellt. Im Zentrum der bisherigen Untersuchungen, die sich auf Bildinterpretationen stützen, steht die Analyse von Generationsverhältnissen und pädagogischen Paarbeziehungen (vgl. Mollenhauer 2003; Schulze 1993) sowie der deutende Blick der Erwachsenengeneration auf das Kind (vgl. etwa Lenzen 1993), während Bilder von Jugendlichen bislang selten analysiert wurden.

Ähnlich wie beim Bild ist es auch bei der Auswertung von Fotografien wichtig, nicht nur den Inhalt und ästhetischen Aufbau eines Fotos zu berücksichtigen, sondern auch die Entstehungsbedingungen und die Verwendungskultur (vgl. Fuhs 2003, S. 279). Obwohl das Foto aufgrund der großen Bedeutung des fotografischen Blicks durchaus seine konstruktive Dimension von Wirklichkeit hat, ist es doch zugleich auch Dokumentation von Situationen (vgl. Cloer 2006, S. 188). Deshalb ist es auch lange Zeit in der historischen Kindheits- und Jugendforschung als Illustration und Beleg oder neuerdings auch als Hilfsmittel in narrativen Interviews eingesetzt worden. Anspruchsvollere Ansätze der Bildinterpretation haben etwa Haupert und Schäfer (1991) im Rahmen ihrer historischen Fallstudie zu biographischen Rekonstruktionen einer Jugend zwischen Kreuz und Hakenkreuz vorgelegt, in der sie die Fotos des jungen Soldaten Josef Schäfer mit Hilfe der Methode der Objektiven Hermeneutik interpretieren. Pilarczyk und Mietzner (2000, S. 351) stützen sich im Rahmen des Projektes „Umgang mit Indoktrination" bei der Fotointerpretation im Anschluss an Panofsky auf eine ikonografisch-ikonologische Bildanalyse mit dem Ziel, das Foto in seinen Details und als ganzes, mit seiner Technik-, Motiv- und Rezeptionsgeschichte und die Funktionen des Bildes zu berücksichtigen. Am Beispiel der Interpretation eines Schulklassenfotos, das im Rahmen einer Pressekampagne zum XI. Parteitag der SED im Jahre 1986 gemacht wurde, arbeiten sie heraus, dass hier die politische Erziehung in der DDR nicht greift, da alle Abgebildeten bei der politischen Inszenierung zwar mitspielen, sich aber nicht mit der politischen Kampagne identifizieren (vgl. Pilarczyk/Mietzner 2000, S. 354; vgl. auch Pilarzcyk 2004).

4 Fazit und Ausblick

In diesem Beitrag wurde der aktuelle Forschungsstand bilanziert sowie die Methodendiskussion in der historischen Kindheits- und Jugendforschung skizziert und an ausgewählten Untersuchungen exemplarisch verdeutlicht. Dabei wurde gezeigt, dass die historische Kindheits- und Jugendforschung in den vergangenen drei Jahrzehnten Anschluss an die theoretischen Diskurse in den historischen Sozialwissenschaften sowie der historischen Sozialisations- und Bildungsforschung gefunden hat und dass inzwischen eine Vielzahl von Studien vor allem zur Geschichte der Jugend, eingeschränkter auch zur Geschichte der Kindheit vorliegen. Dennoch gibt es eine Reihe von Bereichen, die bislang noch kaum systematisch untersucht worden sind. In der historischen Kindheitsforschung fehlen etwa Studien zur Geschichte der adeligen Kindheit, zum Wandel von Kindsein im 19. Jahrhundert über verschiedene Generationen hinweg ebenso wie systematische Untersuchungen zur Veränderung von Kindheit von den 1920er bis zu den 1970er Jahren in Deutschland einschließlich Analysen zur Sozial- und Alltagsgeschichte von Kindheit in der DDR (vgl. Klika 2003, S. 305). In der historischen Jugendforschung gibt es u.a. Forschungsdefizite im Bereich der Geschichte der Jugend in archaischen und traditionellen Gesellschaften, der Geschichte der ländlichen Jugend im 19. und 20. Jahrhundert sowie im Rahmen einer Geschlechtergeschichte vor allem zur Historie der weiblichen Jugend im 19. Jahrhundert (vgl. Malmede 2000, S. 130; Benninghaus 1999 b, S. 22).

In methodischer Hinsicht wurde verdeutlicht, dass die historische Kindheits- und Jugendforschung bei der Untersuchung ihres mehrdimensionalen Gegenstandsfeldes in der Regel sowohl auf quantitative Daten angewiesen ist, die Informationen zu den objektiven Determinanten der Lebenswelt der Heranwachsenden liefern, als auch auf qualitative Daten und Quellen, die Einblicke in das Denken und Gefühlsleben in der Vergangenheit geben. Sicherlich haben auch rein quantitative Forschungsansätze in der historischen Kindheits- und Jugendforschung ihre Relevanz und Berechtigung. So gehört die Verstärkung bzw. Fortschreibung und methodische Verfeinerung von **Replikationsstudien**, die interessante Hinweise zum historischen Wandel der Lebenssituation und Einstellungen von Kindern und Jugendlichen bieten, ebenso zu den zentralen Aufgaben der historischen Kindheits- und Jugendforschung wie die Fortsetzung von **Kohortenanalysen** vor allem unter Berücksichtigung jüngerer Geburtskohorten (z.B. die Jahrgänge 1959-61, 1969-71), um so Zusammenhänge zwischen historischen Ereignissen, Familienentwicklung und Bildungslaufbahnen im letzten Drittel des 20. Jahrhunderts untersuchen zu können.

Im Zentrum der historischen Kindheits- und Jugendforschung sollte jedoch weiterhin die **historische Fallstudie** stehen, da viele Aussagen über vergangene Bildungs- und Sozialisationsprozesse von Kindern und Jugendlichen von außerordentlich begrenzter zeitlicher und räumlicher Reichweite sind. Denn es gab und gibt nicht die Kindheit oder die Jugend. Vielmehr macht es einen fundamentalen Unterschied aus, ob Heranwachsende in einem städtischen Arbeiterquartier oder in einem schwäbischen Dorf groß werden. Deshalb sollten die bislang realisierten **historischen Regionalstudien** in Nachfolgestudien fortgeführt werden, die zeitgeschichtliche, sozioökonomische, ökologische und kulturelle Rahmenbedingungen systematisch variieren.

Sinnvoll und notwendig erscheint darüber hinaus die Fortsetzung der **Autobiographieforschung**, die autobiographische Quellen weniger als historische Informationsquellen, sondern eher als Beitrag zu einer Sozialgeschichte der Diskurse über Kindheit und Jugend lesen sollte (vgl. Jacobi 1999, S. 279). Intensiviert werden müssten zudem Studien, die visuelle Quellen, wie das künstlerische Bild, Fotos, aber auch Filme, für exemplarische Fallstudien in der historischen Kindheits- und Jugendforschung nutzen. Verstärkt durchgeführt werden müssten in der historischen Kindheits- und Jugendforschung schließlich auch Projekte mit einer interkulturell vergleichenden Forschungsperspektive. Während die historische Volkskunde oder Ethnographie dieses Feld seit längerem nutzt, stecken historische Projekte mit einer komparativen Orientierung in den Sozial- und Erziehungswissenschaften immer noch eher in den Kinderschuhen (vgl. Krüger 2006, S. 28).

Literatur

Allerbeck, K./Hoag, W.: Jugend ohne Zukunft. München 1985
Alt, R.: Bilderatlas zur Schul- und Erziehungsgeschichte. 2 Bde., Ost-Berlin 1966
Andresen, S.: Mädchen und Frauen in der bürgerlichen Jugendbewegung. Soziale Konstruktion von Mädchenjugend. Neuwied/Kriftel/Berlin 1997
Ariès, Ph.: Geschichte der Kindheit. München 1976
Arnold, K.: Familie, Kindheit, Jugend. In: Berg, C. u.a. (Hrsg.): Handbuch der deutschen Bildungsgeschichte. Bd. I, München 1996, S. 135-152
Behnken, I. u.a.: Modernisierung von Kindheit im inter- und intragenerativen Vergleich. Arbeitsbericht. Siegen 1994
Behnken, I./du Bois-Reymond, M./Zinnecker, J.: Stadtgeschichte als Kindheitsgeschichte. Opladen 1989
Benninghaus, C./Kohtz, K. (Hrsg.): „Sag mir, wo die Mädchen sind ..." Beiträge zur Geschlechtergeschichte der Jugend. Köln u.a. 1999
Benninghaus, C.: Die anderen Jugendlichen. Arbeitermädchen in der Weimarer Republik. Frankfurt a. M. 1999 (a)
Benninghaus, C.: Verschlungene Pfade – Auf dem Weg zur Geschlechtergeschichte der Jugend. In: Benninghaus, C./Kohtz, K. (Hrsg.): „Sag mir, wo die Mädchen sind ..." Beiträge zur Geschlechtergeschichte der Jugend. Köln u.a. 1999 (b), S. 9-32
Berg, C.: Kinderleben in der Industriekultur. In: Berg, C. (Hrsg.): Kinderwelten. Frankfurt a. M. 1991, S. 15-39
Berg, J. H. van: Metabletika. Über die Wandlungen des Menschen. Göttingen 1960
Bertlein, H.: Jugendleben und soziales Bildungsschicksal. Hannover 1966
Blossfeld, P./Hemmerle, A./Mayer, K.-M.: Ereignisanalyse. Frankfurt a. M./New York 1986
Blüher, H.: Wandervogel. Geschichte einer Jugendbewegung. Berlin 1912
Bock, K.: Politische Sozialisation in der Drei-Generationen-Familie. Opladen 2000
Breyvogel, W./Krüger, H.-H. (Hrsg.): Land der Hoffnung – Land der Krise, Jugendkulturen im Ruhrgebiet 1900-1987. Berlin/Bonn 1987
Bucher, W./Pohl, K. (Hrsg.): Schock und Schöpfung – Jugendästhetik im 20. Jahrhundert. Darmstadt/Neuwied 1986
Büchner, P./Fuhs, B./Krüger, H.-H. (Hrsg.): Vom Teddybär zum ersten Kuss. Opladen 1996
Bühler, Ch.: Drei Generationen im Jugendtagebuch. Jena 1934
Bühler, Ch.: Zwei Knabentagebücher. Jena 1925
Bühler, Ch.: Zwei Mädchentagebücher. Jena 1927
Bühler, J. Ch. von: Die gesellschaftliche Konstruktion des Jugendalters. Weinheim 1990
Bundesministerium für Bildung und Forschung: Grund- und Strukturdaten 1999/2000. Bonn 2000
Busch, F. W.: Familie und Kindheit. In: Führ, C./Furck, C.-L. (Hrsg.): Handbuch der deutschen Bildungsgeschichte, Bd. VI, 2, München 1998, S. 101-116
Cloer, E./Klika, D./Seifert-Stubenrauch, M.: Versuch zu einer pädagogisch-biographischen historischen Sozialisations- und Bildungsforschung. In: Berg, C. (Hrsg.): Kinderwelten. Frankfurt a. M. 1991, S. 68-102
Cloer, E.: Pädagogisches Wissen in biographischen Ansätzen der Historischen Sozialisations- und Bildungsforschung. In: Krüger, H.-H./Marotzki, W. (Hrsg.): Handbuch erziehungswissenschaftliche Biographieforschung. Wiesbaden ²2006, S. 171-204
Dittrich, E./Dittrich-Jacobi, J.: Die Autobiographie als Quelle zur Sozialgeschichte der Erziehung. In: Baacke, D./Schulze, T. (Hrsg.): Aus Geschichten lernen. München 1979, S. 99-120
Dörner, Ch.: Erziehung durch Strafe. Weinheim/München 1991
Dowe, D. (Hrsg.): Jugendprotest und Generationenkonflikt in Europa im 20. Jahrhundert. Bonn 1986
Drewek, P.: Geschichte der Schule. In: Harney, K./Krüger, H.-H. (Hrsg.): Einführung in die Geschichte von Erziehungswissenschaft und Erziehungswirklichkeit. Opladen ³2006, S. 205-230
Dudek, P.: Jugend als Objekt der Wissenschaften. Opladen 1990
Ecarius, J.: Qualitative Methoden in der historischen Sozialisationsforschung. In: Friebertshäuser, B./Prengel, A. (Hrsg.): Handbuch Qualitative Forschungsmethoden der Erziehungswissenschaft. Weinheim/München 2003, S. 309-322
Elder, G. H./Caspi, A.: Persönliche Entwicklung und sozialer Wandel. Die Entstehung der Lebensverlaufsforschung. In: Mayer, K. U. (Hrsg.): Lebensverläufe und sozialer Wandel. Sonderheft 31 der Kölner Zeitschrift für Soziologie und Sozialpsychologie. Opladen 1990, S. 22-57
Elder, G. H./Rockwell, R. C.: Historische Zeit im Lebenslauf. In: Kohli, M. (Hrsg.): Soziologie des Lebenslaufs. Darmstadt/Neuwied 1978, S. 78-103
Fischer, A./Fuchs, W./Zinnecker, J.: Jugendliche und Erwachsene 1985, 5 Bde, Opladen 1985
Fischer, A./Zinnecker, J.: Jugend '92. Opladen 1992
Flecken, M.: Arbeiterkinder im 19. Jahrhundert. Weinheim/Basel 1981

Flitner, A./Hornstein, W.: Kindheit und Jugend in geschichtlicher Betrachtung. In: Zeitschrift für Pädagogik 10 (1964), S. 311-339
Friedrich, W.: Zur Geschichte der Jugendforschung in der DDR. In: Krüger, H.-H. (Hrsg.): Handbuch der Jugendforschung. Opladen ²1993, S. 31-42
Fuchs, W./Heinritz, C.: Erinnerungen an die fünfziger Jahre. In: Fischer, A./Fuchs, W./Zinnecker, J.: Jugendliche und Erwachsene 1985, Bd 3, Opladen 1985, S. 43-96
Fuchs, W./Zinnecker, J.: Nachkriegsjugend und Jugend heute. Werkstattbericht aus einer laufenden Studie. In: Zeitschrift für Sozialisationsforschung und Erziehungssoziologie 5 (1985), H. 1, S. 5-28
Fuchs, W.: Biographische Forschung. Opladen 1984
Fuhs, B.: Fotografie und qualitative Forschung. In: Friebertshäuser, B./Prengel, A. (Hrsg.): Handbuch Qualitative Forschungsmethoden in der Erziehungswissenschaft. Weinheim/München 2003, S. 265-285
Fuhs, B.: Kinderwelten aus Elternsicht. Opladen 1999
Gestrich, A.: Traditionelle Jugendkultur und Industrialisierung. Göttingen 1986
Giehler, W./Lüscher, K.: Die Soziologie des Kindes in historischer Sicht. In: Neue Sammlung 15 (1975), S. 442-463
Gillis, R.: Geschichte der Jugend. Weinheim 1980
Glaser, E./Schmid, P.: Biographieforschung in der Historischen Pädagogik. In: Krüger, H.-H./Marotzki, W. (Hrsg.) Handbuch erziehungswissenschaftliche Biographieforschung. Wiesbaden ²2006, S. 363-389
Grundmann, M.: Familienstruktur und Lebensverlauf. Frankfurt a. M. 1992
Grunert, C./Krüger, H.-H.: Zum Wandel von Jugendbiographien im 20. Jahrhundert. In: Sander, U./Vollbrecht, R. (Hrsg.): Jugend im 20. Jahrhundert. Neuwied u.a. 2000, S. 192-210
Gstettner, P.: Die Eroberung des Kindes durch die Wissenschaft. Reinbek 1981
Häder, S.: Schülerkindheit in Ost-Berlin. Sozialisation unter den Bedingungen der Diktatur. (1945-1958). Köln 1998
Hardach-Pinke, J./Hardach, G. (Hrsg.): Kinderalltag. Deutsche Kindheiten in Selbstzeugnissen 1700 bis 1900. Reinbek 1981
Hardach-Pinke, J.: Bleichsucht und Blütenträume. Junge Mädchen 1750-1850. Frankfurt a. M. 2000
Harney, K./Groppe, C./Honig, M. S.: Geschichte der Familie, Kindheit und Jugend. In: Harney, K./Krüger, H.-H. (Hrsg.): Einführung in die Geschichte der Erziehungswissenschaft und Erziehungswirklichkeit. Opladen ³2006, S. 177-203
Harney, K.: Fortbildungsschulen. In: Berg, C. (Hrsg.): Handbuch der Bildungsgeschichte. Bd. IV, München 1991, S. 380-389
Harney, K.: Geschichte der beruflichen Bildung. In: Harney, K./Krüger, H.-H. (Hrsg.): Einführung in die Geschichte der Erziehungswissenschaften und Erziehungswirklichkeit. Opladen ³2006, S. 231-267
Haupert, B./Schäfer, F. J.: Jugend zwischen Kreuz und Hakenkreuz. Frankfurt a. M. 1991
Heinritz, C.: Autobiographien als erziehungswissenschaftliche Quellentexte. In: Friebertshäuser, B./Prengel, A. (Hrsg.): Handbuch Qualitative Forschungsmethoden in der Erziehungswissenschaft. Weinheim/München 2003, S. 341-353
Herrlitz, H.-G./Hopf, W./Titze, H.: Deutsche Schulgeschichte von 1800 bis zur Gegenwart. Weinheim/München 1993
Herrmann, U : Historische Sozialisationsforschung. In: Hurrelmann, K./Uhlich, D. (Hrsg.): Neues Handbuch der Sozialisationsforschung. Weinheim/Basel 1991 (b), S. 231-248
Herrmann, U. (Hrsg.) Protestierende Jugend. Jugendopposition und politischer Protest in der deutschen Nachkriegsgeschichte. Weinheim 2002
Herrmann, U./Gestrich, A./Mutschler, S.: Kindheit, Jugendalter und Familienleben in einem schwäbischen Dorf im 19. und 20. Jahrhundert (bis zum Ersten Weltkrieg). In: Borscheid, P./Teuteberg, H. J. (Hrsg.): Ehe, Liebe, Tod. Münster 1983, S. 66-80
Herrmann, U./Renftle, S./Roth, L.: Bibliographie zur Geschichte der Kindheit, Jugend und Familie. München 1980
Herrmann, U.: Historische Bildungsforschung und Sozialgeschichte der Bildung. Weinheim 1991 (a)
Herrmann, U.: Pädagogik und geschichtliches Denken. In: Thiersch, H./Ruprecht, H./Herrmann, U.: Die Entwicklung der Erziehungswissenschaft. München 1978, S. 173-230
Herrmann, U.: Probleme und Aspekte historischer Ansätze in der Sozialisationsforschung. In: Hurrelmann, K./Ulich, d. (Hrsg.): Handbuch der Sozialisationsforschung. Weinheim/Basel 1980, S. 227-252
Hoeppel, R.: Historische Biographieforschung. In: König, E./Zedler, P. (Hrsg.): Bilanz qualitativer Forschung. Bd. 2, Weinheim 1995, S. 289-310
Hohorst, G.: Historische Sozialstatistik und statistische Methoden in der Geschichtswissenschaft, Literaturbericht. In: Geschichte und Gesellschaft 3 (1977), S. 109-124
Honig, M. S.: Sozialgeschichte der Kindheit im 20. Jahrhundert. In: Markefka, M./Nauk, B. (Hrsg.): Handbuch der Kindheitsforschung. Neuwied u.a. 1993, S. 207-220
Hornstein, W.: Jugend in ihrer Zeit. Hamburg 1966

Hornstein, W.: Vom „jungen Herrn" zum „hoffnungsvollen Jüngling". Heidelberg 1965
Huinink, J./Grundmann, M.: Kindheit im Lebensverlauf. In: Markefka, M./Nauk, B. (Hrsg.): Handbuch der Kindheitsforschung. Neuwied u.a. 1993, S. 67-78
Jacobi, J.: Zur Konstruktion und Rekonstruktion des Selbstentwurfes – Historische Kindheits- und Jugendforschung und autobiographische Quelle. In: Benninghaus, C./Kohtz, K. (Hrsg.): „Sag mir, wo die Mädchen sind ..." Beiträge zur Geschlechtergeschichte der Jugend. Köln u.a. 1999, S. 275-290
Johanson, E. M.: Betrogene Kinder. Eine Sozialgeschichte der Kindheit. Frankfurt a. M. 1978
Kirchhöfer, D.: Die kindliche Normalbiographie in der DDR. In: Deutsches Jugendinstitut (Hrsg.): Was für Kinder. München 1993, S. 294-296
Klika, D.: Erziehung und Sozialisation im Bürgertum des Wilhelminischen Kaiserreichs. Frankfurt a. M. 1990
Klika, D.: Methodische Zugänge zur historischen Kindheitsforschung. In: Friebertshäuser, B./Prengel, A. (Hrsg.): Handbuch Qualitative Forschungsmethoden in der Erziehungswissenschaft. Weinheim/München 2003, S. 286-308
Klönne, A.: Einige Bemerkungen zum Stand zeitgeschichtlich-politischer Jugendforschung. In: Heitmeyer, W. (Hrsg.): Interdisziplinäre Jugendforschung. Weinheim/München 1986, S. 89-95
Kohli, M.: Lebenslauftheoretische Ansätze in der Sozialisationsforschung. In: Hurrelmann, K./Ulich, D. (Hrsg.): Handbuch der Sozialisationsforschung. Weinheim/Basel 1980, S. 299-318
Kohli, M.: Soziologie des Lebenslaufs. Darmstadt/Neuwied 1978
Krafeld, F. J.: Geschichte der Jugendarbeit. Weinheim/Basel 1984
Krüger, H.-H. (Hrsg.): „Die Elvis-Tolle, die hatte ich mir unauffällig wachsen lassen". Lebensgeschichte und jugendliche Alltagskulturen in den 50er Jahren. Opladen 1985
Krüger, H.-H./Kötters, C.: Zum Wandel der Freizeitaktivitäten und kulturellen Orientierungen von Heranwachsenden in Ostdeutschland in den 90er Jahren. In: Büchner, P. u.a.: Teenie-Welten. Aufwachsen in drei europäischen Regionen. Opladen 1998, S. 201-212
Krüger, H.-H.: Einführung in Theorien und Methoden der Erziehungswissenschaft. Opladen ^{4}2006
Krüger, H.-H.: Entwicklungslinien, Forschungsfelder und Perspektiven der erziehungswissenschaftlichen Biographieforschung. In: Krüger, H.-H./Marotzki, W. (Hrsg.): Handbuch erziehungswissenschaftliche Biographieforschung. Wiesbaden ^{2}2006, S. 13-34
Küppers, W.: Mädchentagebücher in der Nachkriegszeit. Stuttgart 1964
Lenzen, D.: Heiliges Kind oder Kreatur? Anmerkungen zum Kinderbild von Otto Dix. In: Herrlitz, H. G./Rittelmeyer, L. (Hrsg.): Exakte Phantasie. Weinheim/München 1993, S. 55-67
Lenzen, D.: Historische Anthropologie. In: Lenzen, D. (Hrsg.): Pädagogische Grundbegriffe. Bd. 1, Reinbek 1989, S. 78-82
Lenzen, D.: Mythologie der Kindheit. Reinbek 1985
Lepenies, W.: Probleme einer historischen Anthropologie. In: Rürup, R. (Hrsg.): Historische Sozialwissenschaften. Göttingen 1977, S. 126-159
Levi, G./Schmitt, J.-C. (Hrsg.): Geschichte der Jugend. 2 Bde. Frankfurt a. M. 1996, 1997
Lindner, R.: Bandenwesen und Klubwesen im wilhelminischen Reich und in der Weimarer Republik. In: Geschichte und Gesellschaft 10 (1984), H. 3, S. 352-375
Lundgreen, P.: Historische Bildungsforschung. In: Rürup, R. (Hrsg.): Historische Sozialwissenschaften. Göttingen 1977, S. 96-125
Lutz, M./Behnken, J./Zinnecker, J.: Narrative Landkarten. In: Friebertshäuser, B./Prengel, A. (Hrsg.): Handbuch Qualitative Forschungsmethoden in der Erziehungswissenschaft. Weinheim/München 1997, S. 414-435
Maase, K.: Amerikanisierung von unten. In: Lütke, A./Marßolek, I./Saldern, A. v. (Hrsg.): Amerikanisierung. Stuttgart 1996, S. 291-313
Mählert, U./Stephan, G.-R.: Blaue Hemden – Rote Fahnen. Die Geschichte der Freien Deutschen Jugend. Opladen 1996
Malmede, H.: Historische Jugendforschung in Deutschland. In: Götte, P./Gippert, V. (Hrsg.): Historische Pädagogik am Beginn des 21. Jahrhunderts. Essen 2000, S. 111-140
Mausse, L. de: Hört ihr die Kinder weinen. Frankfurt a. M. 1977
Mayer, K.-U.: Lebenslaufforschung. In: Voges, W. (Hrsg.): Methoden der Biographie- und Lebenslaufforschung. Opladen 1987, S. 51-73
Medick, H.: Missionare im Ruderboot? Ethnologische Erkenntnisweisen als Herausforderung an die Sozialgeschichte. In: Geschichte und Gesellschaft 10 (1984), H. 3, S. 295-319
Meulemann, H.: Stichwort: Lebenslauf, Biographie und Bildung. In: Zeitschrift für Erziehungswissenschaft 2 (1999), H. 3, S. 305-324
Mitterauer, M.: Sozialgeschichte der Jugend. Frankfurt a. M. 1986

Möding, N./von Plato, A.: Siegernadeln – Jugendkarrieren in BDM und HJ. In: Deutscher Werkbund (Hrsg.): Schock und Schöpfung, Jugendästhetik im 20. Jahrhundert. Darmstadt/Neuwied 1986, S. 292-301

Mollenhauer, K.: Methoden der erziehungswissenschaftlichen Bildinterpretation. In: Friebertshäuser, B./Prengel, A. (Hrsg.): Handbuch Qualitative Forschungsmethoden in der Erziehungswissenschaft. Weinheim/München 2003, S. 247-264

Mommsen, W.: Gegenwärtige Tendenzen in der Geschichtsschreibung der Bundesrepublik. In: Geschichte und Gesellschaft 7 (1984), H. 2, S. 149-188

Muchow, H. H.: Jugend im Wandel. Schleswig 1953

Muchow, H. H.: Jugend im Zeitgeist. Reinbek 1962

Muchow, H. H.: Sexualreife und Sozialstruktur der Jugend. Reinbek 1959

Müller, W. Der Lebenslauf von Geburtskohorten. In: Kohli, M. (Hrsg.): Soziologie des Lebenslaufs. Darmstadt/Neuwied 1978, S. 54-78

Mutschler, S.: Ländliche Kindheiten in Lebenserinnerungen. Tübingen 1985

Neumann, K.: Zum Wandel der Kindheit vom Ausgang des Mittelalters bis an die Schwelle des 20. Jahrhunderts. In: Markefka, M./Nauk, B. (Hrsg.): Handbuch der Kindheitsforschung. Neuwied u.a. 1993, S. 191-206

Niethammer, L.: Fragen – Antworten – Fragen, Methodische Erfahrungen und Erwägungen zur Oral history. In: Niethammer, L./von Plato, A. (Hrsg.): „Wir kriegen andere Zeiten", Berlin/Bonn 1985, S. 392-445

Obendiek, H.: Arbeiterjugend und Fortbildungsschule im Kaiserreich. Darmstadt 1988

Peukert, D.: Grenzen der Sozialdisziplinierung. Köln 1986

Pilarczyk, U./Mietzner, U.: Bildwissenschaftliche Methoden in der erziehungs- und sozialwissenschaftlichen Forschung. In: Zeitschrift für qualitative Bildungs-, Beratungs- und Sozialforschung 1 (2000), H. 2, S. 343-364

Pilarzcyk, U.: Das Kind mit dem Teddy. Kinderbilder im 20. Jahrhundert. In: Zeitschrift für pädagogische Historiographie 10 (2004), H. 1, S. 22-32

Ras, M.E.P. de: Körper, Eros und weibliche Kultur. Pfaffenweiler 1988

Rauhut, M.: Beat in der Grauzone. DDR-Rock 1964-1972. Berlin 1993

Reese, D.: „Straff, aber nicht stramm..." zur Vergesellschaftung der Mädchen im Bund Deutscher Mädel. Weinheim 1989

Roessler, W.: Jugend im Erziehungsfeld. Düsseldorf 1957

Rosenmayer, K.: Schwerpunkte der Jugendsoziologie. In: König, r. (Hrsg.): Handbuch der empirischen Sozialforschung. Bd. 6, München 1976

Roth, L.: Die Erfindung des Jugendlichen. München 1983

Safrian, H./Sieder, R.: Gassenkinder – Straßenkämpfer, Zur politischen Sozialisation einer Arbeitergeneration in Wien 1900-1938. In: Niethammer, L./von Plato, A. (Hrsg.): „Wir kriegen andere Zeiten", Berlin/Bonn 1985, S. 117-151

Sander, U.: Jugend. In: Krüger, H.-H./Grunert, C. (Hrsg.) Wörterbuch Erziehungswissenschaft. Opladen [2]2006, S. 256-262

Schelsky, H.: Die skeptische Generation. Düsseldorf/Köln 1957

Schlemmer, H.: Die Seele des jungen Menschen. Stuttgart/Heilbronn 1926

Schlumbohm, J.: Straße und Familie, kollektive und individualisierende Formen der Sozialisation im kleinen und gehobenen Bürgertum Deutschlands um 1800. In: Zeitschrift für Pädagogik 25 (1979), H. 5, S. 698-726

Schörken, R.: Jugend 1945. Politisches Denken und Lebensgeschichte. Opladen 1990

Schörken, R.: Luftwaffenhelfer und Drittes Reich. Stuttgart 1984

Schulze, T.: Ikonologische Betrachtungen zur pädagogischen Paargruppe. In: Herrlitz, H.-J./Rittelmeyer, C. (Hrsg.): Exakte Phantasie. Weinheim/München 1993, S. 147-171

Schütze, F.: „Narrative Repräsentation kollektiver Schicksalsbetroffenheit". In: Lämmert, E. (Hrsg.): Erzählforschung. Stuttgart 1982, S. 568-590

Seyfahrt-Stubenrauch, M.: Erziehung und Sozialisation in Arbeiterfamilien im Zeitraum 1870-1914 in Deutschland. 2 Bde. Frankfurt a. M./Bern/New York 1985

Silbereisen, R./Vaskovics, L./Zinnecker, J. (Hrsg.): Jungsein in Deutschland. Opladen 1996

Speitkamp, W.: Jugend in der Neuzeit. Deutschland vom 16. bis zum 20. Jahrhundert. Göttingen 1998

Spranger, E.: Fünf Jugendgenerationen 1900-1949. In: Ders.: Pädagogische Perspektiven. Heidelberg [5]1958, S. .25-57

Spranger, E.: Psychologie des Jugendalters. Heidelberg 1924

Steinbach, L.: Lebenslauf, Sozialisation und „erinnerte Geschichte". In: Niethammer, L. (Hrsg.): Lebenserfahrung und kollektives Gedächtnis. Frankfurt a. M. 1980, S. 291-322

Stock, M./Mühlberg, M.: Die Szene von innen. Berlin 1991

Stratmann, W.: ‚Zeit der Gärung und Zersetzung'. Arbeiterjugend im Kaiserreich zwischen Schule und Beruf. Weinheim 1992
Süssmuth, H. (Hrsg.): Historische Anthropologie. In: Ders. (Hrsg.): Historische Anthropologie. Göttingen 1984, S. 5-18
Talkenberger, H.: Historische Erkenntnisse durch Bilder? In: Schmitt, H. H./Link, J.-W./Tosch, F. (Hrsg.): Bilder als Quellen der Erziehungsgeschichte. Bad Heilbrunn 1997, S. 11-26
Weber-Kellermann, J.: Die Kindheit. Kleidung und Wohnen – Arbeit und Spiel. Frankfurt a. M. 1979
Wehler, H. U.: Geschichtswissenschaft heute. In: Habermas, J. (Hrsg.): Stichworte zur „geistigen Situation der Zeit", Bd. 2, Frankfurt a. M. 1979, S. 709-753
Wensierski, H.-J. v.: Flüstern und Schreien. DDR-Jugend zwischen Anpassung und Widerstand. In: Behnke, K./Wolf, J. (Hrsg.): Stasi auf dem Schulhof. Berlin 1998, S. 60-77
Wensierski, H.-J. v.: Mit uns zieht die alte Zeit. Opladen 1994
Wierling, D.: Die Grenzen der Mobilisierung – Mädchen in der FDJ der sechziger Jahre. In: Benninghaus, C./Kohtz, K. (Hrsg.): „Sag mir, wo die Mädchen sind ..." Beiträge zur Geschlechtergeschichte der Jugend. Köln u.a. 1999, S. 103-126
Wierling, D.: Die Jugend als innerer Feind. In: Kaeble, H./Kocka, J./Zwahr, H. (Hrsg.): Sozialgeschichte der DDR. Stuttgart 1994, S. 404-425
Wierling, D.: Dienstmädchen im städtischen Haushalt der Jahrhundertwende – eine kollektive Lebensgeschichte, Diss. Essen 1985
Wierling, D.: Geschichte. In: Flick, U./Kardorff, E. v./Keupp, H. u.a. (Hrsg.): Handbuch Qualitative Sozialforschung. München 1991, S. 47-52
Wilhelm, T.: Die Vorstellungswelt dreier Jugendgenerationen. In: Zeitschrift für Pädagogik 9 (1963), H. 3, S. 242-262
Zinnecker, J.: Straßensozialisation. In: Zeitschrift für Pädagogik 25 (1979) H. 5, S. 727-746
Zymek, B.: Evolutionistische und strukturalistische Ansätze einer Geschichte der Erziehung. In: Lenzen, D./Mollenhauer, K. (Hrsg.): Theorien und Grundbegriffe der Erziehung und Bildung, Bd. 1 der Enzyklopädie Erziehungswissenschaft, Stuttgart 1983, S. 55-78

III Kindheit und Jugend in historischer Perspektive

Michael-Sebastian Honig

Geschichte der Kindheit im „Jahrhundert des Kindes"

In den mehr als vierzig Jahren seit Philippe Ariès und den Kontroversen um sein Werk „L'enfant et la vie familiale sous l'ancien régime" (1960, dt. „Geschichte der Kindheit", Ariès 1975; Anderson 1980; Pollock 1983; Shahar 1991) ist die Historische Kindheitsforschung zu einem internationalen Forschungsgebiet von beträchtlicher Produktivität und Differenziertheit geworden.

Methodische Vorbemerkung

Der britische Historiker Hugh Cunningham hat eine brillante Gesamtdarstellung des Forschungsstandes gegeben, die auch in deutscher Übersetzung vorliegt (Cunningham 2006). Der folgende Beitrag zur Historischen Kindheitsforschung sucht dagegen die Erwartungen, die an einen Handbuch-Artikel gerichtet werden können, unter vier Einschränkungen zu erfüllen:

- Er bezieht sich lediglich auf das 20. Jahrhundert (vgl. Honig 1993). Diese zeitliche Eingrenzung wird inhaltlich bestimmt, nicht chronologisch: Als das „Jahrhundert des Kindes" (Key) sollte es sich von allen früheren Epochen der Kindheitsgeschichte unterscheiden (Baader/Jacobi/Andresen 2000; Lingelbach/Zimmer 2000; Moser/Grunder 2000; Solzbacher 2001).
- Dieter Lenzen hat 1985 sechs Ansätze der Kindheitsgeschichtsschreibung unterschieden (Lenzen 1985, S. 16ff.). Der vorliegende Beitrag versteht Kindheitsgeschichte als Sozialgeschichte (vgl. zuerst Hardach-Pinke/Hardach 1981). Sozialgeschichtlich betrachtet hat das „Jahrhundert des Kindes" eine Universalisierung des Kindheitsideals und eine Differenzierung und Pluralisierung empirischer Kindheitsmuster mit sich gebracht.
- Deutsche Kindheit teilt zentrale Motive „westlicher" Kindheitsentwicklung. Aber die Unterscheidung zwischen „deutscher Kindheit" und „Kindheit in Deutschland" ist nicht nur eine sprachliche Differenz (vgl. Bundesministerium für Familie 1998a; Bundesministerium für Familie 1998b).[1] Sie verweist auf die kulturelle und nationalstaatliche Konstituierung von Altersnormierungen, Entwicklungsprozessen und Lebenslagen.[2] Die Vernichtung deutscher Kinder jüdischer Herkunft während des Nationalsozialismus (Benz/Distel 1993; Bromberger/Mausbach 1987; Dwork 1994) hat die Unterscheidung in einen äußersten Gegensatz verwandelt. Der Umstand, dass mehr als jedes vierte Kind unter sechs Jahren in Deutschland Eltern hat, die nicht in Deutschland aufgewachsen sind (Bundesministerium für Familie 1998b), sollte vor dem Hintergrund dieser Erfahrung für den Eigen-Sinn empirischer Verhältnisse sensibilisieren.

- Zu den für einen Nicht-Historiker wohl zwangsläufigen Eingrenzungen zählt es, dass meine Argumentation auf Sekundärliteratur basiert, keine Ergebnisse eigener Quellenstudien vorträgt. Es handelt sich um einen Forschungsbericht, der einen historischen Sachverhalt mit sozialwissenschaftlichen Fragestellungen und Methoden bearbeitet (vgl. Hendrick 1997).[3]

1 Problemstellung

Philipp Ariès hat für die Historische Kindheitsforschung u.a. deshalb eine so wichtige Bedeutung, weil er den Begriff der Kindheit selbst als historisches Phänomen gefasst hat. Entscheidend ist daher nicht, *wann* die Kindheit entdeckt oder erfunden wurde, entscheidend ist vielmehr die Unterscheidung, die Ariès mit seiner These von der „Entdeckung der Kindheit" zwischen *jungen Menschen* – den Neulingen der Gesellschaft – und ihrer Attribuierung als *Kinder* trifft. Eine solche Unterscheidung versteht „Kind" als Zuschreibungsprädikat, vergleichbar den Prädikaten „männlich" vs. „weiblich" oder „weiß" vs. „schwarz" (Coontz 2000; Nemitz 2001). „Kind" ist keine Bezeichnung, sondern eine Privilegierung: „Kind" ist man nicht, „Kind" wird man; man kann den Status „Kind" verlassen, man kann „um die Kindheit betrogen" werden: „Kinder werden nicht geboren" (Elschenbroich 1977). Allerdings kann man Kind nur „werden", wenn man in einem genealogischen Sinne Kind „ist". Kind seiner Eltern bleibt man ein Leben lang. Insofern bleibt jede Historisierung, jede Re-Konstruktion der Kindheit als soziales, historisches Attribut zurückgebunden an die Tatsache der Abkunft und der Leiblichkeit. Erst unter dieser Rücksicht könnte es nicht nur eine Geschichte der Kindheit, sondern auch eine der Kinder geben – allerdings ist diese, wie Hugh Cunningham betont (Cunningham 2006, S. 12), viel schwerer zu schreiben.

Der folgende Gedankengang wendet sich dagegen, die Geschichte der Kindheit selbstverständlich am Maßstab einer primär anthropologisch bestimmten Bedürftigkeit zu messen. Dieser normative Ansatz ist die Regel; die Geschichte der Kindheit erscheint dann als eine Geschichte der Humanisierung, die im 20. Jahrhundert ihren bisherigen Höhepunkt erreicht. In diesem Zugang spiegelt sich die Universalisierung eines **Kindheitsideals**, die ein Merkmal der Kindheit und der Kindheitsgeschichte des 20. Jahrhunderts ist. Er ontologisiert die Kindheit und versetzt Kinder gleichsam *a priori* in eine Position der geschützten Abhängigkeit. Ein solcher Ansatz ist sehr selektiv. Er vermag Abweichungen von diesem Ideal nur als „noch nicht" oder als „nicht mehr" einzuordnen und nimmt nicht wahr, dass Kindheit auch anders möglich ist, sogar anders idealisiert werden kann. Diese Beobachtung gewinnt umso stärkere Überzeugungskraft, als der westliche Ethnozentrismus des Kindheitsdiskurses in Frage gestellt wird (Bühler-Niederberger/van Krieken 2008).

Der vorliegende Beitrag nimmt die Kategorie „Kind" daher nicht zum Ausgangspunkt der Analyse historischer Prozesse, sondern als ihr Ergebnis. Er fasst *Kindheit als eine Problemstruktur moderner Sozialität* auf, die sich im 20. Jahrhundert transformiert, und untersucht die Relationen – u.a. zwischen Kindheit und Familie, Jugend, Schule, öffentlichem Raum, politischen Institutionen, Arbeitsmarkt – unter der Perspektive der Herstellung von Unterschieden (und Gemeinsamkeiten!) zwischen Kindern und Erwachsenen als **Institutionalisierung von Kindheit** (vgl. Honig 1999; Nemitz 1996). Von den Kinderrechten bis zum „bösen Kind" und zum „lebenslangen Lernen", von der „Kinderarmut" bis zu Präimplantationsdiagnostik und Leihmutterschaft vollzieht sich eine Re-Kontextualisierung von „Kindheit" (Honig/Ostner

2001), welche die **generationale Ordnung** des modernen Kindheitsmusters selbst zur Disposition stellt.

Der Gedankengang wird in folgenden Schritten entfaltet: Zunächst setze ich die Sozialgeschichte der Kindheit in ein Verhältnis zur Historischen Familien-, Jugend- und Sozialisationsforschung. Beim nächsten Argumentationsschritt stehen Genese und Struktur der Kindheitsfrage des 20. Jahrhunderts im Vordergrund. Anschließend stelle ich drei Studien als exemplarische Analysen zur Sozialgeschichte der Kindheit im 20. Jahrhundert vor. Der Beitrag endet mit der Frage nach dem charakteristisch Neuen der Kindheit am Beginn des 21. Jahrhunderts.

2 Zugänge zur Geschichte der Kindheit im 20. Jahrhundert

Die Historische Kindheitsforschung hat das Ariès'sche Erbe auf durchaus verschiedenartige Weise angetreten; dabei lassen sich folgende Kontexte unterscheiden:

- Mit guten Gründen lässt sich behaupten, die Historische Kindheitsforschung sei eigentlich eine Subdisziplin der *Historischen Familienforschung* (Gestrich/Krause/Mitterauer 2003).[4] Schon Philippe Ariès hatte die Geschichte der Kindheit wie selbstverständlich in den Kontext der Geschichte der Familie gestellt. Seine „Geschichte der Kindheit" handelt vom Familienleben im Frankreich des 16.-18. Jahrhunderts: Es geht um die Repräsentationen von Beziehungen zu Kindern, vornehmlich im Adel und aufsteigendem Bürgertum. Auch die autoritative Ariès-Kritikerin, Linda Pollock, argumentiert im Horizont von Eltern-Kind-Beziehungen (Pollock 1983). In der deutschen Historischen Familienforschung haben bei der Berücksichtigung von Kindern, anders als in der angelsächsischen Forschung, ökonomische Interessen gegenüber Beziehungen und Gefühlen eine weit geringere Rolle gespielt (Medick/Sabean 1984). Zumindest in Deutschland hat die Historische Familienforschung allenfalls die Eigenständigkeit der Geschlechtergeschichte, aber noch nicht die der Kindheitsgeschichte entdeckt (vgl. Gestrich 1999a).
Was also trägt die Historische Familienforschung zu einer Sozialgeschichte der Kindheit bei? Zunächst erlaubt sie, einen familienzentrierten Kindheitsbegriff zu erkennen und zu unterscheiden. Er hat zwei Komponenten: eine soziale und rechtliche (Kindheit als Verwandtschaftsverhältnis) einerseits, eine altersbezogene (Kindheit als Lebensalter) andererseits. Im 18. Jahrhundert setzt eine sprachgeschichtliche Differenzierung ein, die bis heute maßgeblich ist (Böth 1987; Wild 1993). In der sozialen Komponente machte „Kind", wie Wild (ebd., S. 10) festhält, zunächst keinen Unterschied zwischen „Kindheit" und „Jugend" und konnotierte allgemeine Vormundschaftsverhältnisse – nicht nur gegenüber den eigenen Nachkommen, sondern zum Beispiel auch gegenüber den politischen Untertanen („Landeskinder"); darin drückt sich die alte Ungeschiedenheit von „Familie" und „Haushalt" aus. Nun aber werden Vormundschaftsverhältnis und Unmündigkeit an die kindliche Entwicklung gebunden; Kindheit und Jugend werden hinsichtlich Unwissenheit und Lernfähigkeit bzw. Erwerb und Verfügung über Vernunft und Kräfte nach dem Kriterium der Hilfsbedürftigkeit unterschieden; die Oppositionsbegriffe lauten nun „Eltern" und „Erwachsene".
Im Blick auf die Kindheit der Moderne ist dies ein wichtiger begriffsgeschichtlicher Einschnitt, der die Entstehung einer Altersordnung anzeigt, die durch eine synchronische (Machtverhältnisse) und eine diachronische (Entwicklung, Lebenslauf) Dimension bestimmt

ist und in der rechtlich-pädagogischen Doppelbedeutung des Konzepts „**Mündigkeit**" zum Ausdruck kommt. Dabei hat sich seit der pädagogischen „Entdeckung des Kindes" im 18. Jahrhundert das Verhältnis von „Alter" und „Entwicklung" umgekehrt: Das Lebensalter ist zum Index individueller Entwicklungsprozesse und zum medizinisch-psychologischen Bezugspunkt von Pädagogik und Politik der Kindheit geworden (vgl. Altersgrenzen, „Lesealter"; Wild ebd., S. 14). Die Familie wird zu der „Institution, durch die die Abgrenzbarkeit und Verselbständigung des Kindheits- und Jugendzyklus zeitlich und sozial bestimmt wird" (Harney/Groppe/Honig 1997, S. 160). Familiale Privatheit ist nicht vom öffentlichen Leben getrennt, sondern „ein hoch regulierter, mit starken Erwartungen, mit Tabus und Leitbildern besetzter Bereich des gesellschaftlichen Lebens", der bis heute „Erwartungen von massiver Regulationskraft an die familiale Erziehung" (ebd.) richtet.

- Auch die *Historische Jugendforschung* hat sich zu einem breiten Feld von Einzelstudien und thematisch-methodologisch unterschiedlichen Ansätzen entwickelt (vgl. Dudek i.d.B.). Im deutschen Sprachraum lag bereits 1986 ein Überblickswerk vor (Mitterauer 1986; vgl. für den angelsächsischen Sprachraum Gillis, dt. 1980). Das Verhältnis zur Kindheit ist für die Jugendforschung kein Thema, im Vordergrund steht das Verhältnis zu den Erwachsenen. Sie bildet aber gerade deshalb einen wichtigen Kontext für die Herausbildung einer eigenständigen Historischen Kindheitsforschung, weil die Frage nach Kontinuität und Diskontinuität von Kindheit und Jugend, aber auch nach der Ausdifferenzierung von Kindheit und Familienzugehörigkeit ihren Konzepten und Befunden eine weiter reichende Bedeutung verschaffen könnte. Allerdings wird in der Kindheitssoziologie eine unreflektierte „Verjugendlichung des kollektiven Subjekts der Kinder- und Kindheitsforschung" kritisiert (Hengst/Kelle 2003, S. 9). Dies weist darauf hin, dass zu den wichtigen Desideraten der Historischen Kindheitsforschung in Deutschland nach wie vor die Frage nach dem sozialen und kulturellen Wandel der Unterschiede und Übergänge zwischen den Lebensphasen gehört.

Was also kann eine Sozialgeschichte der Kindheit von der Historischen Jugendforschung gewinnen? Die Entstehung von „Jugend" verweist zunächst ebenso wie die Entstehung von „Kindheit" auf den Strukturwandel der neuzeitlichen und die Herausbildung der bürgerlichen Familie. Auch stand der „Mythos Jugend" dem „Mythos Kind" am Beginn des 20. Jahrhunderts in nichts nach. Während die Kinderwissenschaften jedoch mehrheitlich in gleichsam „natürlicher Einstellung" auf einer Anthropologie der Erziehung, des Schutzes und der Fürsorge beharrten, erwies die Jugendforschung „den Jugendlichen" (Roth 1983, S. 96ff.) als ein Produkt der Diskurse zur kapitalistischen Industrialisierung, wobei Gefahr durch Jugendliche und Gefährdung von Jugendlichen Kehrseiten einer Medaille bilden. Die Sozialgeschichte der Kindheit kann von der Historischen Jugendforschung daher einen Blick für die sozialpolitische Konstruktion, Regulation und Normalisierung der Kindheit im 20. Jahrhundert (Peukert 1986) sowie für die *agency* und die „Generationsgestalten" (Fend 1988), für die Kultur der Kinder lernen. Zu den wichtigsten Beiträgen der deutschsprachigen Kindheitsforschung zählen denn auch Studien zu städtischen Kindergesellschaften im historischen und kulturellen Vergleich (Behnken/Bois-Reymond/Zinnecker, 1989; Behnken 1990).

- Die dritte Forschungstradition, die in Deutschland einen Zugang zur Sozialgeschichte der Kindheit im 20. Jahrhundert eröffnet, ist die *Historische Sozialisations- bzw. Bildungsforschung* (Gestrich 1999b; Herrmann 1991a). Es handelt sich hier nicht eigentlich um ein weiteres Forschungsgebiet, sondern um einen Forschungsansatz, der die Historische Familien-, Jugend- und Kindheitsforschung perspektivisch einander zuordnet (Herrmann/Renftle/Roth 1980); diese Perspektive richtet sich auf die „Personagenese". Das Programm der Historischen Sozialisationsforschung verknüpft Individual- und Gesellschaftsgeschichte, „indem sie die selbstreflexiven Bewusstseinsinhalte und -formen der personalen Identität ... in den Mittelpunkt ihres ... Interesses ... stellt" (Herrmann, 1991b, S. 236). Auf der Basis narrativer Quellen und autobiographischer Dokumente bringt sie Kinder als „Erziehungszeugen" (Rutschky 1983) zur Sprache. Unter dieser Programmatik sind eine relativ große Zahl materialreicher Studien mit Schwerpunkt im 19. und frühen 20. Jahrhundert entstanden (Berg 2004; weitere Nachweise u.a. bei Honig 1993). Brigitte Niestroj hat einen Überblick über die deutschsprachigen Beiträge zur Historischen Sozialisationsforschung der 1980er Jahre gegeben (Niestroj 1989, vgl. auch Böth, 1984; 1987; zur französischen Debatte Morel 1989). Ihr Literaturbericht fasst die Motive und Konzepte zusammen, die Historische Anthropologie und Kindheitsforschung seit Mitte der 1970er Jahre anleiten. Niestroj diskutiert die methodologischen Probleme und unterschiedlichen theoretischen Zugänge im Spiegel der seinerzeit wichtigsten Veröffentlichungen. Mit den jüngsten Bänden des Handbuchs der deutschen Bildungsgeschichte (Führ/Furck 1998) ist auch die lange Zeit bestehende Lücke für die Zeit nach dem Zweiten Weltkrieg in einem Gesamtentwurf geschlossen worden.[5]

Was trägt die Historische Sozialisations- bzw. Bildungsforschung zur Sozialgeschichte der Kindheit bei? Zunächst erschließt sie dem Sozialisationsbegriff als der „Zentralperspektive" der Kinderwissenschaften die Erfahrung der Kinder mit ihrer Kindheit. Sie lässt fragen, welche Bedeutung organisierte Sozialisation und Erziehung für Selbstverständnis und alltägliches Handeln der Kinder und Jugendlichen tatsächlich haben. Damit öffnet die Historische Bildungsforschung die Tür zu einer eigenständigen Historischen Kindheitsforschung. Herrmann freilich markiert eine Grenze: „Im Unterschied zur Sozialgeschichte der Kind*heit* steht im Mittelpunkt einer Historischen Sozialisationsforschung von *Kindern* (und Heranwachsenden) die lebensgeschichtliche Dimension in der Selbstinterpretation der Betroffenen, sie ist Lebenslaufforschung unter dem Blickwinkel der Bedeutung, Verarbeitung, Bewertung und Wirkung von Sozialisationserfahrungen" (Herrmann 1991b, S. 237; Hervorh. i. Orig.). Wie Personagenese und **Institutionalisierung von Kindheit** miteinander verschränkt sind, bleibt ein Desiderat sowohl von Historischer Bildungs- wie Kindheitsforschung.[6]

Jürgen Zinnecker und Imbke Behnken haben diese Grenze durch eine Rezeption von Elias' „Prozess der Zivilisation" zu überschreiten gesucht. Ihr Konzept der Verhäuslichung (Zinnecker 1990) erlaubt, individuelle Sozialisationserfahrungen auf den sozialgeschichtlichen Prozess der Urbanisierung und ihre pädagogisch-professionelle Codierung zu beziehen. Dabei spielt der sozialhygienische Zugriff auf den kindlichen Körper (vgl. einige Beiträge in Behnken 1990) eine in der deutschsprachigen Historischen Kindheitsforschung notorisch unterbelichtete Rolle. In der Einleitung zu ihrem Handbuch „Kinder, Kindheit, Lebensgeschichte" (Behnken/Zinnecker 2001) gehen sie noch einen Schritt weiter und entfalten ihre These von der **Biographisierung** des Lebenslaufs als modernisierungstheoretische Grundlegung einer Kindheitsforschung, die sowohl kindheitssoziologisch als auch erziehungswissenschaftlich anschlussfähig ist. „Roter Faden" einer Sozialgeschichte der Kindheit im 20. Jahrhundert wäre entsprechend eine **Institutionalisierung des Lebenslaufs,** die eine **Biographisierung** des Kindseins forciert und dem kindheitssoziologischen Konzept des Kindes als kompetentem sozialen Akteur eine spezifische theoretische Bedeutung verleiht.

Anders als in Deutschland hat sich im angelsächsischen Sprachraum eine eigenständige Historische Kindheitsforschung ausdifferenziert; sie fand in Deutschland allerdings bislang nur eine relativ geringe Beachtung (vgl. aber bereits Giehler/Lüscher 1975; Lüscher 1975).[7] Ludmilla Jordanova hatte Ende der 1980er Jahre den *state of the art* dargestellt (Jordanova 1989; aktuelle Überblicke bieten Gillis 2009; Hendrick 2009). Jordanova betonte die Aufgabe historischer Forschung, „Kindheit" zu dekonstruieren und zu zeigen, wie Kindheitskonstrukte die Realitäten des Aufwachsens bestimmen. Sie demonstriert dies am Beispiel von Arbeit und Sexualität der Kinder.

Das Buch „Die Geschichte des Kindes in der Neuzeit" des britischen Historikers Hugh Cunningham (Cunningham 2006, orig. 1995), ist eine neuere Bilanz der historischen Kindheitsforschung. Sie basiert auf dem differenzierten und traditionsreichen Fundus angelsächsischer Sozialgeschichtsschreibung. Cunningham geht über die Ariès-Debatte insofern hinaus, als er zwischen einer Geschichte der Kindheit und einer Geschichte der Kinder unterscheidet und fragt, wie kulturelle Kindheitskonzepte, demographische und ökonomische Bedingungen des Kinderlebens und die Erfahrungen von Kindern mit ihrer Kindheit untereinander verknüpft sind (vgl. auch Cunningham 1991). Am Beispiel von philanthropischen Programmen, Erziehungsratgebern, und nicht zuletzt von rechtlichen Regelungen und politischen Maßnahmen staatlicher Wohlfahrt rücken in dieser Perspektive Diskurse und Praktiken der Regulierung in den Blick, die Kindheitsideale in operative Praktiken verwandeln.

Cunningham hatte eingeräumt, dass sich eine Geschichte der Kindheit leichter schreiben lässt als eine Geschichte der Kinder. Daher sind Beiträge zur Sozialgeschichte der Kindheit bemerkenswert, welche die Perspektive der Kinder selbst zur Geltung bringen (vgl. Corsaro 2005, S. 67ff.). Provokativ und inspirierend ist die Studie von David Nasaw, der die soziale Kindheit amerikanischer Großstädte im ersten Viertel des 20. Jahrhunderts beschrieben hat (Nasaw 1985). Es ist eine Zeit des Übergangs, in dem das sozialreformerische Kindheitsprogramm des 20. Jahrhunderts noch umkämpft ist (vgl. Zelizer 1985; Gordon 1988), so dass Nasaw die Arbeit der Kinder in der Ambivalenz von Ausbeutung und Kompetenzerfahrung der Kinder darstellen kann. Bruce Bellingham (Bellingham 1988) bringt die Bedeutung von öffentlichen Moralisierungskonflikten für die gesellschaftliche Durchsetzung von Wertorientierungen und Einstellungsmustern zur Geltung: Ohne generalisierte normative Konzepte sind individuelle Dispositionen gegenüber Kindern nicht erklärbar, betont Bellingham, und umgekehrt lassen sich Strategien der Institutionalisierung nicht ohne Verankerung in individuellen Interessen durchsetzen. In diesem Zusammenhang kommt **Kinderwohlfahrtspolitik** *(child welfare policies)* eine besondere Bedeutung zu; sie bildet einen Schwerpunkt der jüngeren angelsächsischen Historischen Kindheitsforschung (vgl. Cooter 1992; Hendrick 1997; 2003; Richardson 1989).

3 Die Kindheitsfrage im 20. Jahrhundert

In der Zeit nach dem Ersten Weltkrieg setzte sich die *Kindheit als universaler Wert* und als Recht und Anspruch aller Kinder auf eine glückliche und geschützte Kindheit durch (Cunningham 1991); dieser universale Maßstab *(„proper childhood")* ist historisch neu.[8] Er basiert auf einer romantischen Idee, aber einmal durchgesetzt, tritt das neue Ideal jeder historisch-spezifischen Kindheit als eine unabhängige und kritische Instanz gegenüber.[9] Die klassen- und geschlechterübergreifende Verallgemeinerung von **Kindheitsidealen** verspricht eine Freisetzung aus persongebundenen Abhängigkeitsverhältnissen, bringt aber auch neue Normalitätsmaßstäbe sowie Kriterien der Unterscheidung und Behandlungsbedürftigkeit mit sich (Zinnecker 1995), die medizinisch und psychologisch instrumentiert werden.

Das Ideal einer „Kindheit aus eigenem Recht" ist jedoch keineswegs unabhängig von den gesellschaftlichen Umwälzungen, aus denen die modernen westlichen Gesellschaften des 20. Jahrhunderts hervorgegangen sind; diese sollen zunächst in groben Strichen historiographisch skizziert werden.

3.1 Durchsetzung der Erziehungskindheit

Für die Ausdifferenzierung der **Kindheit als** einer eigenständigen **Sozialform** ist die Relation von Arbeit und Erziehung – zunächst als Erziehung zur Arbeit, später Erziehung statt Arbeit – von entscheidender Bedeutung.

Erziehung durch und zur Arbeit ist für den Typus des „Ganzen Hauses" als Regulationszusammenhang von Ökonomie, Politik, Recht und Generationenfolge in einer ständischen Ordnung kennzeichnend. Kinder tragen zur Haushaltsökonomie der Bauern-, Heimarbeiter- und Arbeiterfamilien unverzichtbar bei. Die Verbetrieblichung des Erwerbs durch die Industrialisierung verwandelt den Reichtum, den Kinder in der vorindustriellen Familienökonomie strukturell bedeuteten (vgl. aber Cunningham 2006, S. 124f.), in eine Last (klassisch Kuczynski 1968). Kinder werden zu einem Kostenfaktor, der mit Verschulung und verzögerter Selbständigkeit an Bedeutung gewinnt. Um 1890 geht die Fabrikarbeit von Kindern zwar drastisch zurück, aber sie verschwindet keineswegs. Sie lässt sich in ländlichen Räumen noch bis ins frühe 20. Jahrhundert hinein feststellen (Gestrich 1999a, S. 37); bis in die Weimarer Zeit hinein arbeiten noch hunderttausende Kinder zwischen sechs und vierzehn Jahren täglich mehrere Stunden in der Heimarbeit und in anderen Gewerben (a.a.O., S. 41). Verantwortlich für den Rückgang sind Arbeitsschutzgesetzgebung und vor allem die zunehmende Frauenerwerbstätigkeit (Tilly/Scott 1987). Der gesetzliche Kinderarbeitsschutz (Quandt 1978) reguliert die Erwerbsarbeit der Kinder, beseitigt sie nicht etwa; er spielt seine Rolle bei der Herausbildung der Kindheit des 20. Jahrhunderts mindestens so sehr durch die Normierung eines Kindheitsmodells wie durch seine unvollständige Realisierung; das gilt im übrigen bis heute (Honig 2000). Der Staat konnte, worauf Cunningham hinweist, seine Bemühungen um Durchsetzung einer Allgemeinen Schulpflicht letztlich nicht gegen die Kinderarbeit, sondern u.a. wegen der großen Erwerbslosigkeit von Kindern durchsetzen (Cunningham 2006, S. 225). Die Schulpflicht verwandelte Kinder von Menschen, die Familien angehören, in Menschen, die zur Schule gehen sollen.

Das schulisch-familial organisierte Bildungsmoratorium, als das uns die moderne Kindheit vertraut ist, lässt sich nicht trennen von der zunächst normativen, nach dem Zweiten Weltkrieg aber auch faktischen Hegemonie der *male-breadwinner-family*. Die historische Sozialpolitikforschung meint damit das Modell eines Familienhaushalts, in dem der Mann als einziger erwerbstätig ist, während die Frau mit unbezahlter Arbeit ihre Familie versorgt und die Kinder erzieht (Lewis 2001). Janssens (Janssens 1998, S. 3) erläutert dieses „Ernährer-Modell" und macht die Position der Kinder darin deutlich: „Durch diese elterliche Arbeitsteilung werden die Kinder bis zu einem bestimmten Alter von produktiven Aktivitäten freigestellt und mit Zeit für Erziehung und persönliche Entwicklung ausgestattet." Der Epochaltypus der **Erziehungskindheit** ist also nicht nur eine familiale und eine politische, sondern auch eine ökonomische Struktur. Es war der Fordismus

– eine Form der Organisation industrieller Arbeit, aber mit spezifischen Folgen für die Haushaltsproduktion der Lohnarbeiterfamilien –, der nach dem Zweiten Weltkrieg mit der standardisierten Massenproduktion von Gebrauchsgütern den Haushalt in einen Dienstleistungshaushalt verwandelte und die Verallgemeinerung des „Ernährer-Modells" möglich machte (Ostner 1999, S. 69; Honig/Ostner 2001).

Die Dissoziierung von Familie und Haushalt brachte auch den Gegensatz zwischen Familie, Schule und Straße hervor, den Gegensatz zwischen einer pädagogisierten Sonderwelt (das Kinderzimmer als Indikator kindgemäßer Lebensumstände, vgl. Büchner/Fuhs 1998) und einer kindlichen Sozialwelt. „Die in der Differenz von Familie und Straße begründete Einschrumpfung des familiären Kommunikations- und Erfahrungsraums hat die Chancen der auf elterliche Autorität gegründeten direkten Formierung der Lebenspraxis von Kindern und Jugendlichen geschmälert und die Jugendlichen sozial gesehen aus der Alterskette der Erwachsenen herausgelöst." (Harney/Groppe/Honig 1997, S. 178) Die proletarischen Straßenkinder der Jahrhundertwende waren nicht nur die Protagonisten einer autonomen Kinderkultur, die seit der Jahrhundertwende ins Visier politischer Hoffnungen und pädagogischer Untergangsszenarien gleichermaßen geriet (Zinnecker 1979; Zinnecker 2001), sondern vor allem die Repräsentanten einer eltern- bzw. familienlosen Kindheit, die ebenso gefährdet wie bedrohlich erschien. In der agrarisch strukturierten Familienökonomie war eine Eheschließung faktisch nur bei Erbberechtigung in Frage gekommen; entsprechend hoch war die Rate nicht ehelich geborener Kinder. Im letzten Drittel des 19. Jahrhunderts fielen die letzten Heiratsverbote im Deutschen Reich, aber nun musste man sich seine Familie leisten können. Ohne Alimentation durch den (Sozial-)Staat waren (und sind) eigene Kinder für große Teile der Bevölkerung strukturell zu teuer. Dies ist auch nicht zuletzt ein Grund, warum im letzten Drittel des 19. Jahrhunderts ein säkularer, bis heute anhaltender **Geburtenrückgang** einsetzt (vgl. Heinsohn/Knieper 1974). Abtreibungen waren an der Tagesordnung (Gestrich 2003, S. 36f.). Das Problem der Lohnarbeiterfamilie, Subsistenzsicherung und Kindererziehung zu vereinbaren, macht sie zu einem geteilten Sozialisationsfeld (Reyer 1981). „Aus der Perspektive des Kindes gesehen macht es die Grundstruktur seiner Lebenswelt aus, dass diese einen familial-privaten und einen öffentlich-institutionellen Bereich aufweist, wobei sich beide gegenseitig ‚definieren'" (ebd., S. 301; vgl. Dencik 1989).

Im Kampf um die Schulpflicht wird der (Sozial-)Staat zum Paten der modernen Kindheit und Treuhänder von Kinderinteressen. Waisen, wohnungslose, verarmte und ausgesetzte Kinder („Straßenkinder") sind die ersten Adressaten staatlicher Fürsorge, später geht es um den Schutz der Kinder *in* ihren Familien. „Kindheit und Jugend werden (...) zur sozialstaatlichen Aufgabe, die in dem Maße, wie sie Kinder und Jugendliche zum Objekt staatlichen Handelns macht, in die familialen Beziehungsstrukturen eingreift, indem sie dieser einer besonderen administrativen Kontrolle und Verrechtlichung unterwirft" (Harney/Groppe/ Honig 1997, S. 159). Die rhetorische Figur der „familienergänzenden Erziehung" verdeckt diesen Anspruch; er wird im „sozialpädagogischen Doppelmotiv" (Reyer/Kleine 1997) öffentlich veranstalteter Kleinkindererziehung indes greifbar – und dies deutlicher als in der Schule, deren institutionalisierte Sonderwelt ihn in den unaufhebbaren Widersprüchen zwischen Intentionen und Folgen seiner Pädagogisierung (Herrmann 1986) repräsentiert. Ein Beleg ist Gertrud Bäumers berühmter Aufsatz „Die historischen und sozialen Voraussetzungen der Sozialpädagogik und die Entwicklung ihrer Theorie" (Bäumer 1929). Bäumer sieht, dass der Volkskindergarten nicht lediglich eine fakultative „Unterstützung" von Familien, sondern integraler Bestandteil, ein Strukturmerkmal der modernen Lohnarbeiterfamilie ist. Von ihm soll „die pädagogische Durchdringung des häuslichen

Lebens, der häuslichen Arbeit und des familienhaften Pflichtenkreises" (ebd., S. 14) seinen Ausgang nehmen. Er hat den Sinn, dem Kind neben der Familie eine weitere Erziehungsgemeinschaft zu geben, „zugleich als Forschungsstätte der Pädagogik, Bildungsstätte der Mütter und Verbindungsorgan zwischen Familie und Volksgemeinschaft" (ebd., S. 13). Der Status des Kindes in diesem „Zwischenreich" (Nohl) wird im Reichsjugendwohlfahrtsgesetz (RJWG) durch sein *Recht auf Erziehung* definiert, das staatlich garantiert und von den pädagogischen Professionen anwaltschaftlich eingelöst wird. Diesem Recht des Kindes entspricht das Recht der Gesellschaft auf einen fähigen Nachwuchs. Der Staat wird dadurch zum subsidiären Träger der Erziehung, die Priorität der Familie – so interpretiert Bäumer den neuen § 1 des RJWG – „ist rein praktischer Natur" (ebd., S. 9). Die Privatsphäre der Familie hat einem übergeordneten, auf die Behütung von Kindheit und Jugend gerichteten Anspruch zu genügen (Harney/Groppe/Honig ebd., S. 171f.). „Der familiale Beitrag zur Erziehung der Kinder ist ein Beitrag auf Probe", den sie stellvertretend für die Öffentlichkeit ausführt, und dessen Wert sich erst an den Resultaten erweist (ebd., S. 173). Die kindzentrierte Familie gerät in Abhängigkeit vom politischen System.

Kinderarbeitsschutz und Schulpflicht sind nicht zu trennen von der Konstituierung des bürgerlichen Nationalstaats im 19. Jahrhundert; diese bestimmt den Rahmen der Sozialreformen, aus denen der Sozialstaat des 20. Jahrhunderts hervorgeht. Die deutsche Diskussion hat die Bedeutung der Fürsorgepolitik in diesem Zusammenhang zwar immer stärker erkannt (Sachße/Tennstedt 1988), vernachlässigt aber nach wie vor die Gesundheitspolitik von Staat und medizinischer Profession.[10] Die britische Sozialgeschichtsschreibung dagegen zeigt materialreich, dass die Transformation der modernen Kindheit wesentlich mit der politischen und gesellschaftlichen Bedeutung zusammenhängt, die Gesundheit und Wohlfahrt der Kinder an der Wende vom 19. zum 20. Jahrhundert gewinnen. Für das Vereinigte Königreich zeigt beispielsweise Deborah Dwork (Dwork 1987), dass es die Sorge um die *national efficiency* ist, die nach dem Desaster des Burenkriegs die Säuglingssterblichkeit und den **Geburtenrückgang** als gesellschaftliche Herausforderung erster Priorität erscheinen lässt. Der erste Weltkrieg mit seinen riesigen Männerverlusten verlieh dieser Sorge eine zwingende Überzeugungskraft. Der politische Stellenwert, den Fragen der Gesundheit von Kindern erhalten, macht auch die Dominanz der psychologisch-medizinischen Begrifflichkeit plausibel, in der die Einheit des Kindes seit dem frühen 20. Jahrhundert formuliert wird.

Die westliche Kindheit – so lässt sich zusammenfassend pointieren – wird im 19. Jahrhundert in einem empirisch beschreibbaren Prozess sozial konstruiert. Gesetzgebung, Philanthropie und Arbeitsmarkt spielen dabei eine hervorragende Rolle. Die Regulierung von Altersgrenzen macht das Kind zu jemandem, der zu jung ist, um zu arbeiten, und zu jemandem, der seine Schulbesuchspflicht noch nicht erfüllt hat (vgl. Therborn 1993). Die Rechtsstellung der Kinder bezieht sich nicht lediglich auf die Unterschiede zwischen Kindern und Erwachsenen, sondern auch auf die Unterschiede *zwischen* Kindern (z.B. solchen, die in einer Familie und solchen, die nicht-ehelich geboren sind) und auf die Autonomie und Integrität von Kindern (z.B. Recht auf gewaltfreie Erziehung).[11] Dabei werden Kindheitsmodelle und Kindheitstheorien ebenso sehr voraus- wie durchgesetzt (Cunningham 1991).

3.2 Kindheit als Problemstruktur

Das Kindheitsideal, das sich im ersten Drittel des 20. Jahrhunderts sozial generalisiert, gibt eine einzigartige Antwort auf „die Frage nach der sinnhaften Eigenständigkeit der Kindheit"

(Harney/Groppe/Honig 1997, S. 159) Diese Antwort fällt jedoch allenfalls in der Form des Ideals konsistent aus; die empirischen Verhältnisse können ganz anders sein. Häufig müssen die emphatischen Programme der Kinderfreundlichkeit, beispielsweise der Reformpädagogik, als Belege für eine „neue Kindheit" des 20. Jahrhunderts herhalten. Tatsächlich ist der Rückgang der Säuglings- und Kindersterblichkeit in der ersten Hälfte des 20. Jahrhunderts in der Geschichte der Kindheit ohne Beispiel. Wenn man sich klar macht, dass sich die Raten zwischen Beginn und Ende des 19. Jahrhunderts in vielen Ländern Europas kaum verändert hatten (Cunningham 2006, S. 217), gewinnt die Rede vom „Jahrhundert des Kindes" eine Überzeugungskraft, welche die verquaste Rhetorik von Ellen Key für sich genommen wohl kaum hätte entfalten können. Die Akteure und Professionen, die Praktiken und politischen Strategien, die Interessen und Wissensformen, die das Kindheitsprojekt begleiten, werden jedoch – zumindest in der bundesdeutschen Diskussion – selten untersucht.[12]

Wie also lässt sich die Besonderheit der Geschichte der Kindheit im „Jahrhundert des Kindes" sichtbar machen, ohne zu übergeneralisieren, lineare Entwicklungen zu fingieren und Widersprüche zu verleugnen? Der folgende Vorschlag stellt sie in den Wechselwirkungen und Spannungsverhältnissen einer Problemstruktur dar, in der dann auch die Wirkmächtigkeit von Idealen, Werten, Bildern ihren Stellenwert hat. Er skizziert einen dreidimensionalen konzeptuellen Raum, in dem Prozesse der **Institutionalisierung** von Kindheit (vgl. auch Honig 2001) beschreibbar werden.

- Die erste Achse dieser Problemstruktur ist bestimmt durch die *Beziehungen zwischen Kindheit, Familie, Markt und Staat*. In der Kindheitsgeschichte des 20. Jahrhunderts ist das Kinderhaben Privatsache, aber Kinder sind ein öffentliches Gut, Zukunft der Gesellschaft, und als solche Gegenstand von **Kinderwohlfahrtspolitik**. Kinder von Lohnarbeiterfamilien gibt es strukturell zu wenige („Generationenvertrag") *und* zu viele („Kinderkosten"). Das Verhältnis der Eltern zu ihren Kindern ist intensiv, aber fragil. Während generationale Ordnungen Kindsein als Nicht-Erwachsensein durch den normativen Ausschluss der Kinder von Erwerbsarbeit, politischer Beteiligung und Sexualität zu regulieren suchen, eröffnet die Medien- und Marktvergesellschaftung Kindern Zugang zu vielen Attributen des Erwachsenenstatus. Arbeit, Armut, Rechte und Sexualität von Kindern sind daher kritische Themen der Kindheitsgeschichte des 20. Jahrhunderts, weil sie die Grenzen der **Erziehungskindheit** markieren.

In dieser Dimension der Problemstruktur lässt sich die *flexible Kontextualität* der Kindheit im 20. Jahrhundert (Bardy 1994; Makrinioti 1994) beschreiben. Marktvergesellschaftung und sozialstaatliche Vergesellschaftung sprechen **Kinder als Marktteilnehmer** bzw. als Leistungsberechtigte, zunehmend aber auch als Akteure an. Kinder werden zu einer durch regional-, schicht- und geschlechtsspezifisch differenzierte Lebensverhältnisse geprägten Altersgruppe bzw. zu einer altersspezifischen Versorgungsklasse des Sozialstaats. Diese doppelte Tendenz berührt die Relationierung von Kindheit und Erwachsenheit. Margaret Mead hatte bereits in den 1970er Jahren (Mead 2000, orig. 1978) mit ihren Überlegungen zum Wandel von präfigurativen über kofigurativen zu postfigurativen Generationenbeziehungen darauf aufmerksam gemacht.

- Gleichsam quer zu der ersten steht eine zweite Achse der Problemstruktur: Sie ist bestimmt durch die *Beziehungen zwischen Normierungen und Strukturierungen* von Kindheit. Eine Vision beispielsweise, wie sie Ellen Key emphatisch und breitenwirksam artikulierte, ist nicht lediglich eine poetische Idee, sondern ein Selbst-Entwurf der Erwachsenengesellschaft. Die Realgeschichte der *Kinder* im 20. Jahrhundert lässt sich nur dann als Geschichte der *Kindheit* identifizieren, wenn sie im Horizont solcher Kodierungen gedeutet wird; insofern ist die Einheit der Kindheit eine gegenstandskonstituierende Fiktion. Die Sozialgeschichte der Kindheit im 20. Jahrhundert ist in erheblichem Maße eine Geschichte diskursiver Konstruktionen. „Kinder sind unsere Zukunft" ist nicht nur eine Floskel, sondern aktuelles Leitmotiv einer Politik des Humanvermögens und Entwurf einer Altersordnung als generationaler Ordnung. Gleichheitsideale und Wohlfahrtsversprechen, denen sich die bürgerliche Gesellschaft verdankt, verweisen auf inhärente Spannungsverhältnisse der kapitalistischen Modernisierung (vgl. Fend 1988, S. 59ff.) und sind – wie die Diskussion um Rechte der Kinder belegt – eine gesellschaftliche Herausforderung.

In dieser Dimension der Problemstruktur lässt sich die *Rhetorik* untersuchen, in der Kindheit im Kontext öffentlicher Kommunikation symbolisch erzeugt wird (Lange 1996). Dies geschieht etwa in Moralisierungskonflikten, die sich an den Vergesellschaftungsprozessen entzünden, aber auch in Gestalt von regulativen Konzepten und Normen, Problemdiagnosen und Handlungsstrategien (vgl. etwa Spree 1986; Luke 1990), die Kinderwissenschaften (vor allem Medizin, Psychologie und Pädagogik) und kindbezogene Professionen formulieren (Bühler-Niederberger 2005).

- Die dritte, diachronische Achse des konzeptuellen Raums bezieht sich mit den Beziehungen zwischen *Entwicklungstatsache und* **Kinderkultur** auf die aktive Rolle der Kinder im historischen Prozess. Wie unterschätzt ihre Varianz ist, lässt sich im internationalen Vergleich oft noch deutlicher erkennen als in der Betrachtung der eigenen Kultur (Hart 2002; Liebel 2005). Die Sozialwelt der Kinder kann den Bezugsrahmen für eine eigenständige Kinderkultur bilden, weil sie sozialräumlich und nicht nur biographisch-entwicklungsbezogen strukturiert ist. Sie gewinnt ihre Themen an den Erfahrungen der Kinder mit den Ambivalenzen und Konflikten von Abhängigkeit und Verselbständigung in den Übergängen des Lebenslaufs und entwickelt ihre eigene Sprache und Perspektive als dynamische Momente der Sozialgeschichte von Kindheit. (Zeitgenossenschaft; vgl. Hengst 2004)

In dieser Dimension der Problemstruktur lassen sich *kindliche Bildungsprozesse* untersuchen. Sie sind einerseits verwiesen auf die Leiblichkeit der Kinder, andererseits auf historische Voraussetzungen der Handlungsbefähigung. Kultur und Lebensführung der Kinder gewinnen nach dem Zweiten Weltkrieg eine wachsende Eigenständigkeit gegenüber der Kindheit als Bildungsmoratorium; die Kindheit hat sich von einem Bildungs- zu einem kulturellen Moratorium gewandelt (vgl. Zinnecker 1995 2001). Das Konzept der **Biographisierung** bringt die Nötigung zur Verselbständigung zum Ausdruck, welche Erosion und Pluralisierung des klassischen Kindheitsmodells der Moderne mit sich bringen; das Konzept der Selbst-Sozialisation artikuliert, dass Vergesellschaftung und kulturelle Überlieferung gleichsam in eigener Regie verknüpft werden müssen (Zinnecker 2000a).

4 Exemplarische materiale Analysen

Anstelle einer Übersicht über die historiographische Befundlage stelle ich im Folgenden exemplarisch drei Studien – eine amerikanische, eine britische und eine deutsche – relativ eingehend vor. Sie sind nicht den Achsen der Problemstruktur zugeordnet, lassen sich aber in dem soeben skizzierten konzeptuellen Raum positionieren. Viviana A. Zelizer stellt den Wandel des

Wertes von Kindern in der Interdependenz von Familien- und Marktökonomie dar; Harry Hendrick rückt die institutionellen Praktiken der sozialstaatlichen Generalisierung von *Kindheit als Altersordnung* in den Mittelpunkt; Jürgen Zinnecker analysiert die *Kindheit als pädagogisches und kulturelles Moratorium*.

4.1 Der Wert des Kindes

Es ist relativ unstrittig, dass für die Kindheitsgeschichte des 20. Jahrhundert ein **Kindheitsideal** kennzeichnend war, das normativ und sozial allgemeine Geltung erlangt hat. Weniger klar ist, wie sich diese Generalisierung vollzogen hat. Dies ist Thema von *„Pricing the priceless child"* (Zelizer 1985), einem Meilenstein der Sozialgeschichtsschreibung zur Kindheit. Die Untersuchung gilt der sozialen Generalisierung des neuen Kindheitsideals in den USA. Die Autorin stellt dar, wie sich in den USA zwischen 1870 und 1930 der Wert der Kinder von ihrer Arbeitskraft löst und zu einem Eigenwert wird.

Dieser Prozess vollzieht sich nicht lediglich als Begleiterscheinung eines sozioökonomischen Umbruchs, sondern als eigenständiger kultureller Wandel, den Zelizer als „Sakralisierung des Kindes" bezeichnet. Der Begriff ist nicht lediglich metaphorisch gemeint; Zelizer will damit zum Ausdruck bringen, dass Kinder eine Bedeutung erlangen, die Gefühle von religiöser Intensität hervorruft. „While in the nineteenth century, the market value of children was culturally acceptable, later the new normative ideal of the child as an exclusively emotional and affective asset precluded instrumental or fiscal considerations. In an increasingly commercialized world, children were reserved a separate non-commercial place, *extra-commercium*. The economic and sentimental value of children were thereby declared to be radically incompatible" (a.a.O., S. 11; Hervorh. i. Orig.). „Sakralisierung" bezeichnet also einen Prozess der Ausgrenzung als Hervorhebung, als Auszeichnung; damit charakterisiert Zelizer eine Besonderheit der gesellschaftlichen Position von Kindern, die man vielleicht als anti-ökonomische Marktvergesellschaftung bezeichnen könnte. Diese Paradoxie wird in der neueren kindheitssoziologischen, kinderrechtlichen und anti-pädagogischen Diskussion oft übersehen, wenn sie Kinder als „Außenseiter der Gesellschaft" (Kaufmann 1980) im Sinne einer rechtlosen, marginalisierten Bevölkerungsgruppe charakterisiert. Während Marginalisierung eine Trennung vom Zentrum der Gesellschaft bezeichnet, verweist Ausgrenzung als Auszeichnung auf die Dialektik von Zentrum und Peripherie. Diese Dialektik steht im Zentrum der Untersuchungen der Autorin: Es ist die Dialektik von (ökonomischem) Preis und (kulturellem) Wert. Zelizers Untersuchung zur Sozialgeschichte der Kindheit ist eine kultursoziologische Untersuchung der Marktökonomie.

In den bürgerlichen Mittelschichten wurde das neue Kindheitsideal bereits Mitte des 19. Jahrhunderts kultiviert; die Arbeiterklasse hatte es – nicht zuletzt unter dem Druck von Kinderarbeitschutzgesetzen und Schulpflicht – bis 1930 übernommen. Anders als viele Studien zur Geschichte der Kindheit stellt Zelizer diesen Prozess nicht als Wandel der Eltern-Kind-Beziehungen dar; vielmehr stehen das Verhältnis von Familien- und Marktökonomie sowie öffentliche Kämpfe um legitime Einstellungen gegenüber Kindern im Vordergrund, in denen die Entökonomisierung des Kindes durchgesetzt wird.

In den Dokumenten, die Zelizer analysiert, hat die Rhetorik von Moralisierungskampagnen große Bedeutung. In ihnen wird die Transformation des Kindheitsmodells oft konzeptionell formuliert. Philanthropische Gesellschaften spielten dabei eine wichtige Rolle. Linda Gordon hat die Arbeit der *Massachusetts Society for the Prevention of Cruelty to Children* (MSPCC) analysiert (Gordon 1988; vgl. Frost/Stein 1989, S. 43f.). Die MSPCC wurde 1878 gegründet. Gordon zeigt, dass die MSPCC den Schutz der Kinder vor Misshandlung und Ausbeutung als Initiative zur Modernisierung von Familie praktizierte. „Their casework ... attempted to reinforce a model of the breadwinning father, the nurturing mother and the children, healthy and clean and regularly attending school" (Frost/Stein ebd., S. 43). Das moderne Kindheitsmodell lässt sich daran als institutionelle Praktik einer Geschlechter- und Generationenordnung explizieren, die in der Familie ihren Stützpunkt hat:[13]

„1. The children's respect for parents needed to be inculcated ideologically, moralistically, and psychologically, since it no longer rested on an economic dependence lasting beyond childhood.
2. That the father, now as wage labourer rather than a slave, artisan, peasant or entrepreneur, had single-handed responsibility for economic support of his family.
3. That women and children should not contribute to the family, at least not monetarily.
4. That children should spend all their time in learning cognitive things from professional teachers, psychological and moral things from the full-time attention of a mother.
5. That women in turn should entirely domestic and devote themselves to full-time mothering" (ebd.).

Der materiale Kern der Studie Zelizers gilt Wertbildungsprozessen am Beispiel von drei großen Institutionen, die mit der ökonomischen und emotionalen Bewertung des Lebens von Kindern zu tun haben:

- *Lebensversicherungen für Kinder* sind vor dem Hintergrund der großen Säuglings- und Kindersterblichkeit und vor dem Hintergrund einer Familienökonomie zu sehen, in der die Kindererwerbsarbeit einen unverzichtbaren Beitrag zum Familieneinkommen leistet. In England gab es solche Versicherungen bereits seit 1854, in den USA entstanden sie seit 1875. Sie waren zunächst gedacht als Ausgleich für den Verlust der Einkünfte, der durch den Tod eines Kindes bedingt war; aber ihren überwältigenden Erfolg hatte sie als Sterbeversicherung: So konnten die Eltern der Arbeiterklasse ihren Kindern das Armenbegräbnis ersparen. Binnen weniger Jahre wurden Millionen Kinder von ihren Eltern versichert. Weil die Versicherungssummen höher waren als die Einbußen durch den Verlust der arbeitsfähigen Kinder, entstand um die Jahrhundertwende ein mehrjähriger, publizistisch und politisch ausgetragener öffentlicher Konflikt zwischen Lebensversicherern und Kinderschutzbewegung. Während die Kinderschützer in den Lebensversicherungen eine Verlängerung der Kinderarbeit sahen, verteidigten sich die Versicherungsgesellschaften mit dem Hinweis, dass die Eltern mit den Versicherungssummen die Trauer über ihre verstorbenen Kinder angemessen ausdrücken können.
- Wenn Kinder bei einem Unfall oder durch anderes Fremdverschulden ums Leben kamen, konnte bereits im 19. Jahrhundert vor Gericht um *Schadensersatz* gestritten werden. Seine Höhe bemaß sich dann selbstverständlich nach dem materiellen Verlust, den der Familienhaushalt durch den Ausfall der kindlichen Arbeitskraft erlitten hatte. Wie aber bemisst man den Wert eines Kindes, das seine ökonomische Funktion verloren hat, ja: seinen Wert erst gerade dadurch unter Beweis stellt, dass es keinen ökonomischen Nutzen hat? Der zunehmende Straßenverkehr in den 1920er Jahren ließ – insbesondere in den großen Städten – die tödlichen Unfälle von Kindern und damit auch die entsprechenden Schadensersatzprozesse

zunehmen. Zelizer schildert die erbitterten Kontroversen, in denen es um ein Maß für den emotionalen Verlust ging und zeigt, wie dabei die Kosten in den Blick rücken, die Kinder ihren Eltern verursachen. In den 1960er Jahren des 20. Jahrhunderts war die De-Kommodifizierung des Kindes durchgesetzt: Zum Maß des erlittenen Verlusts werden die Kosten, die Kinder ihren Eltern verursacht haben.

- Die Vorstellung, dass es einen Markt für Kinder gibt, erscheint uns heute verwerflich. Dennoch demonstriert gerade die Analyse von *Fremdunterbringung und Adoption,* dass es Märkte für Kinder gibt, und wie sie funktionieren. Als im 19. Jahrhundert die Arbeitskraft von Kindern selbstverständlich in Rechnung gestellt wurde, war die Unterbringung von Waisen bei Pflegefamilien kein Problem. Sie wurden als Arbeitskräfte vermittelt; unvermittelbar waren hingegen Babies. Ihnen blieben die Waisenhäuser vorbehalten oder sie gelangten in kommerzielle Pflegestellen, sogenannte *baby farms*; dies betraf besonders uneheliche Kinder, die dort ohne große Umstände gegen einen bestimmten Betrag untergebracht werden konnten. Mit der Sentimentalisierung der Kinder änderte sich das. Nun wurde die hohe Kindersterblichkeit des *baby farming* von den Kinderrettern als *baby killing* gebrandmarkt, die Adoption gewann an Bedeutung, und an Stelle der Arbeitskraft suchten adoptionswillige Eltern nun die Liebe und Zuneigung der Kinder und nahmen dafür in Kauf, dass ihnen diese Kinder erhebliche Kosten verursachten. Es entstand ein Markt für sentimentale Werte: Für die Möglichkeit, ein Baby zu adoptieren, wurde nun gezahlt. Als die Adoption im Interesse der Kinder reguliert wurde, entstand ein Schwarzmarkt, ein Handel mit Babies. Körperliche Eigenschaften erlangten Geldwert: Blonde blauäugige Mädchen waren bei adoptionswilligen Eltern besonders begehrt, Kinder über sechs dagegen unvermittelbar.

4.2 Die Regulierung der Altersordnung

Thema der Arbeiten des britischen Historikers Harry Hendrick (Hendrick 1990; 1997; 2003) ist die britische Fürsorgepolitik vom ausgehenden 19. Jahrhundert bis in die 1980er Jahre des 20. Jahrhunderts. Gegenüber der Dominanz von Schule und Familie in historischen Darstellungen der Kindheit (vgl. aber bereits Pinchbeck/Hewitt 1969, 1973) rückt hier die Sozialpolitik in den Mittelpunkt der Darstellung. Hendrick schreibt indes keine Geschichte der britischen Kinderpolitik, ihrer Gesetzgebung und Institutionen, sondern stellt die Geschichte der Kindheit als Geschichte der Beziehungen zwischen Altersgruppen und ihrer Regulierung durch Politik und Recht dar, als Geschichte von *„ageism".*

Auch dieser Ansatz erlaubt, die Frage nach der Genese sozialer Kindheit zu stellen, ohne ein Modell oder Ideal zum normativen Ausgangspunkt der Untersuchung zu machen. Das Lebensalter nicht zur quasi-biologischen Voraussetzung zu nehmen, sondern nach seiner Institutionalisierung – seiner „Konstruktion" – zu fragen, unterscheidet diesen Ansatz auch von den deutschsprachigen Diskussionen über die sozialpolitische Relevanz von Generationenbeziehungen (vgl. allerdings Olk/Mierendorff 1998). Anders als die gängigen Analysen zur Kinderpolitik nimmt Hendrick nicht Bedürfnisse bzw. Diagnosen der Verwundbarkeit und Schutzbedürftigkeit von Kindern zum Bezugspunkt seiner Darstellung, sondern die unterschiedlichen Kontexte, in denen das politisch-rechtliche System Kindheit als soziales Problem definiert. Hendrick versteht die *„politics of age relations"* in Anlehnung an Foucault als institutionalisierte Praktiken: „This means that through welfare, health, education and legal provisions, children are ‚monitored', ‚surveyed' ‚calculated' – nearly always in relation to their families – and that their health and welfare is fused with the broader political health of the nation" (Hendrick 1997, S. 5). Eine Schlüsselrolle bei der Regulierung der Relationen kommt Experten sowie der Assoziierung von wissenschaftlicher Expertise mit politischen Maßnahmen und rechtlich verfassten Instrumentarien zu, die das Verhältnis zwischen Altersgruppen regulieren. Das Lebensalter wird so zu institutionalisierter Alterszugehörigkeit (vgl. Honig 1999, S. 191ff.); sie relationiert das Verhältnis zwischen Kindern, Familie, Markt und Staat. Als solche ist sie eine Kategorie der soziographischen Analyse mit einem vergleichbaren Status wie Geschlechts-, Klassen- oder ethnische Zugehörigkeit.

Dieses systematische Konzept nutzt Hendrick (1997) zu einer Sozialgeschichte des Wissens über Kinder in Großbritannien. Es hat vier Kristallisationskerne:

- *Moralische Ökonomie der Generationenbeziehungen.* Familiengröße und Familienökonomie, Einstellungen zu Gesundheit und Tod, Gehorsamserwartungen und Erziehungsmethoden bestimmen zusammen mit der Zuneigung und dem Interesse der Eltern an der Welt der Kinder die Forschung zur Kindheit; nach dem Zweiten Weltkrieg nimmt das Thema Erziehungspraktiken und ihre Verbesserung eine dominierende Stellung ein.
- *Sozialpolitik für Kinder.* Dies ist ein in Großbritannien breit und detailliert behandeltes Thema wissenschaftlicher Publizistik. Sie umfasst den Bereich der staatlichen Verpflichtungen gegenüber Kindern; dabei ist eine im Vergleich zu Deutschland andere Strukturierung von Sozialpolitik und Sozialer Arbeit zu berücksichtigen. Hier muss u.a. von Gesundheitsfürsorge und Armutspolitik ebenso die Rede sein wie von der institutionellen Kleinkindererziehung, dem Jugendstrafrecht und – neuerdings – den Rechten von Kindern.
- *Geschichte des Verhältnisses von Kindern, Schule und Unterricht.* Die Literatur zu diesem Knotenpunkt der modernen Kindheitskonfiguration erzählt wenig über die Erfahrungen der Kinder selbst, aber erlaubt Einblicke in die Übergänge von Kinderarbeit und Mithilfe in der Familie zur schulischen Arbeit im späten 19. Jahrhundert, die Differenzierung und Erweiterung des Schulsystems und die Disziplinarordnung des Unterrichts. Schule ist eine zentrale Instanz der auf das Lebensalter bezogenen Regulierung der Beziehungen zwischen Kindern und Gesellschaft.
- *Freizeit der Kinder.* Dieses Themenfeld gewinnt in jüngerer Zeit stark an Bedeutung, ist aber schwer abzugrenzen. Es betrifft organisierte Angebote ebenso wie Aktivitäten in der sozialen Kinderwelt und ihre Ausstattung mit Spielwaren.

Hendricks Begriff von *child welfare policies* überschreitet die Grenzen zwischen Familien-, Bildungs- und Sozialpolitik einerseits, Politik und Ökonomie andererseits und erlaubt, die konzeptuellen Traditionen zu berücksichtigen, unter denen politische und professionelle Prioritäten und Strategien formuliert werden (vgl. Hendrick 2003, S. 1-18). So rücken beispielsweise die (sozial-)darwinistischen und eugenischen Traditionen des modernen Kindheitsdiskurses ins Licht, die wesentliche Begründungen für die Versozialstaatlichung der Kindheit im 20. Jahrhundert geliefert haben (vgl. Dwork 1987). Ein anderes Beispiel ist die Rolle der Medizin. Die Definitionsmacht der medizinischen Profession basiert nicht zuletzt darauf, dass sie ihre Expertise mit einer Idee von der Wohlfahrt des schutzbedürftigen, unvollständigen, auf Hilfe angewiesenen Kindes und von den Aufgaben der Frau und Mutter in der Familie verknüpft; umgekehrt liefert sie starke Argumente für den Ausbau der Rolle des Staates. In den 1920er Jahren avanciert sie so zur zentralen Instanz der körperlichen und geistigen Beobachtung der Kinder; es entsteht eine „somatische Kultur", in der medizinisches und pädagogisches Wissen, staatliche Verwaltung und kindlicher Körper ineinander verschränkt sind (Cooter 1992; Kelle/ Tervooren 2008). Leider werden aktive Rolle und Erfahrungen der Kinder in Hendrick's Ansatz nicht berücksichtigt.

4.3 Kindheit als pädagogisches Moratorium

Jürgen Zinnecker schreibt die Geschichte der Kindheit (und Jugend) im 20. Jahrhundert „als Schicksal einer utopischen Idee" (Zinnecker 2000b, S. 36), der Idee moderner Kindheit als *pädagogischem* Moratorium. Diese Herangehensweise erinnert an Fragestellungen der Jugendforschung, die den Kindheits- und Jugendzyklus eher unter dem Gesichtspunkt der Ausdifferenzierung des Bildungssystems und des Lebenslaufs als der Familienzugehörigkeit betrachten. Es geht um die Wirkungsgeschichte der Moratoriumsidee und um die Spannung von Diskurs- und Realgeschichte, die Zinnecker als Prozess der **Institutionalisierung** von Kindheit und Jugend darstellt. Pädagogische Moratorien waren zunächst eine Utopie, sie wurden später zum Privileg und im 20. Jahrhundert zum durchschnittlichen Muster des Aufwachsens; dabei hat sich nicht nur die Wirklichkeit von Kindern und Jugendlichen, sondern auch die Idee des pädagogischen Moratoriums selbst verändert (Zinnecker 2001).

Zinnecker betrachtet das pädagogische Moratorium als Spezialfall sozialer Moratorien, die in vielfältiger Form existieren und Gegenstand unterschiedlicher Wissenschaften, namentlich der Ethnologie und der Sozialanthropologie sind. Die Institution des Moratoriums ist eine Art anthropologische Universalie; das *pädagogische* Moratorium setzt die Jüngeren von ihren Reproduktionsverpflichtungen frei (Arbeitsverbot, „Unschuld"), um Lernen zu ermöglichen. Es ist in ein spezifisches Generationenverhältnis eingelassen, das als sozialer Vorbereitungsraum durch stellvertretende Inklusion (vgl. Baecker 1994) strukturiert ist, das heißt: Pädagogische Experten deuten stellvertretend für die Erwachsenen die Fremdheit der Novizen und vermitteln diesen die Erwachsenenwelt und ihre kulturellen Traditionen. Das pädagogische Moratorium ist zeitlich und örtlich bestimmt; es hat Grenzen. Die stellvertretende Inklusion durch Erwachsene findet in Familie, Schule etc. seine institutionelle Form als „pädagogische Provinz" und ist spezifischen „Zeitfenstern" im Lebenslauf der Heranwachsenden zugeordnet.

Die Realgeschichte des pädagogischen Moratoriums vollzieht sich nicht linear, als Fortschritts- oder Verfallsgeschichte, sondern in Tendenzen und Gegentendenzen, in denen es sich in das Element eines spezifischen Kindheitsmusters transformiert und mit seiner sozialen Verwirklichung als institutionalisierte Lebensphase zugleich seinen Universalitätsanspruch aufgeben muss; es ist eine Geschichte der Durchsetzung und Verallgemeinerung bei gleichzeitiger Differenzierung und Erosion (Zinnecker 2000b, S. 43ff.; vgl. Zeiher 1996). Die Verallgemeinerung bezieht nicht nur beide Geschlechter und tendenziell alle Schichten und Milieus mit ein, sondern expandiert auch in andere Lebensphasen als die Kindheit. Die Erosionstendenzen entstehen im Modell selbst: Zum einen räumt es als Moratorium Kindern und Jugendlichen einen Raum der Selbstregulation ein, zum anderen ist die Idee der Integration durch Separation von strukturellen Ambivalenzen bestimmt; sie treten in der Diskursgeschichte dieser Idee ebenso zutage wie in ihrer Realgeschichte. Als entscheidend erweist sich die diskurs- und realgeschichtlich zu beobachtende Ablösung der Idee des Moratoriums von chronologisch bestimmten Altersgruppen („lebenslanges Lernen"). Sie manifestiert sich u.a. in einer Schere von soziokultureller Selbständigkeit und ökonomischer Abhängigkeit, wie sie in der Jugendforschung schon seit geraumer Zeit beschrieben wird; auch Kinder werden zu „kleinen Bürgern" und „jungen Konsumenten" (Zinnecker 2000b, S. 60f.). Die Kommerzialisierung der Kindheit folgt dem Erziehungsprojekt der Moderne nicht mehr (Feil 2003; Hengst 1996). Die Kinderpolitik agiert in diesem Kontext seit einigen Jahren mit einer Partizipationsdebatte.

Zinnecker prognostiziert, dass pädagogische Moratorien nicht verschwinden, sondern sich segmentieren werden. „Aus der Neugestaltung moderner Lebensverläufe und Biographien lässt sich eine Neuverteilung und Durchmischung aller Altersphasen mit Elementen pädagogischer Moratorien prognostizieren" (Zinnecker 2000b, S. 61). Es werde unterschiedliche Typen (post-)moderner Kindheit geben, und die Moratoriumskindheit werde nurmehr eine unter mehreren Mustern des Aufwachsens sein. Zinnecker unterscheidet vier Typen: einen post-modernen Typus der Kindheit als *Experimentierfeld* von Modernisierung, einen klassisch-modernen Typus von Kindheit als *Bildungsmoratorium*, einen traditionalen Typus der Kindheit als *Schutzraum* und einen gleichsam fundamentalistischen Typus moderner Kindheit als *Gegengesellschaft*, wie er paradigmatisch in der Reformpädagogik entworfen wurde. Das Moratorium lässt sich denn auch als Spezialfall generationaler Ordnungen auffassen und als Instrument zur Analyse der Interdependenzen zwischen der **Institutionalisierung des Lebenslaufs** und der **Biographisierung** des Kinderlebens verwenden (Behnken/Zinnecker 2001; zu den Unterschieden zwischen den pädagogischen Moratorien in der DDR und der Bundesrepublik vgl. Andresen 2000b).

5 Kindheit am Beginn des 21. Jahrhunderts

Mit ihrem Manifest „Das Jahrhundert des Kindes" hat Ellen Key zu Beginn des 20. Jahrhunderts Stichworte für eine Vision geliefert, die Beschreibungen und Bewertungen der sozialen Wirklichkeit von Kindern bis heute beeinflusst (vgl. Honig 1996). Dennoch taugt sie nicht zum Maßstab eines Jahrhunderts, das in Deutschland von mehreren politischen und ökonomischen Umbrüchen (Andresen 2006) und einem Rückfall in die Barbarei (Benz/Benz 1992; Dwork 1994; Mann 1989) gekennzeichnet war.

Mein Beitrag ist stattdessen von der Ariès'schen Unterscheidung zwischen jungen Menschen und der Bewusstheit ausgegangen, dass sie Kinder sind, Kindheit repräsentieren. Für eine Sozialgeschichte der Kindheit ergibt sich daraus die Aufgabe, die historischen Kontexte der sozialen Genese von „Kindern", von „Kindheit" zu untersuchen. Daher wurde die Kindheit als ein Muster sozialer Beziehungen aufgefasst, die sich um die Unterscheidung zwischen Kindern und Erwachsenen herum gruppieren. Die Forschungsfrage lautete daher: Wie werden diese Beziehungen im 20. Jahrhundert institutionalisiert? Markieren sie eine *pädagogische* Differenz (Nemitz 1996)? Der Beitrag hat das Verhältnis von Kindheitsbegriffen und Kinderleben als Problemstruktur modelliert, deren Dimensionen in spannungsvollen Wechselbeziehungen zueinander stehen; in diesen Spannungsverhältnissen lässt sich die Forschungsfrage systematisch bearbeiten.

Im „Jahrhundert des Kindes" hat sich die Erwachsenen-Kind-Differenz in der westlichen Welt als „stellvertretende Inklusion" (Zinnecker 1997; 2001 unter Bezug auf Baecker 1994) kulturell universalisiert. Keys Vision griff auf Ideen der Romantik zurück und wollte sie mit Hilfe von Wissenschaft und Staat bei primärer Verantwortung der Eltern für ihre Kinder verwirklichen; es war eine Vision humanen Fortschritts, und die Kindheit war ihr Projekt. Prüfsteine waren Gesundheit (Morbidität und Mortalität) und Bildung (Schule vs. Arbeit) im Kontext einer *male-breadwinner-family*. Die Erfolge dieses Programms haben indes seine inhärenten

Ambivalenzen verdeckt. Diese haben dazu unbeabsichtigt beigetragen, Kinder unmittelbar, jenseits pädagogischer Provinzen, zu inkludieren. Heute lässt sich nicht mehr vernachlässigen, daß Kinder nicht nur „Kinder" sind: Kinder sind Kinder bestimmter Eltern, es sind Jungen und Mädchen, Kinder aus Migrantenfamilien. Arbeit und Armut der Kinder sind in ihren aktuellen Erscheinungsformen eher Hinweise auf Entwicklungen einer Dienstleistungsgesellschaft bzw. auf Disparitäten sozialstaatlicher Sicherungssysteme als Belege für eine gesellschaftliche Marginalisierung von Kindern als Kinder.

Seit der zweiten Hälfte des 20. Jahrhunderts steht das moderne Kindheitsprojekt zur Disposition. Aus der Sicht der Kinder war es immer ambivalent, weil es die Motive des advokatorischen Schutzes und der Selbstbestimmung miteinander verknüpfte. Diese Verknüpfung konnte solange gelingen, wie die Natur des Kindes als lernende und verwundbare Natur verstanden werden konnte, deren soziale Orte die private Intimität der Familie und der öffentliche Raum der Schule sind. Aber nicht die Reformpädagogik hat das Manuskript zeitgenössischer Kindheit geschrieben, sondern die Medien und der Konsummarkt, aus denen sich auch die Objektivationen einer eigenen Kultur der Kinder speisen (Oelkers 2001). Kinder sind nicht nur Lerner und Opfer, sie sind auch Konsumenten und soziale Akteure, die darin eine zwiespältige Autonomie gewinnen. Die Zerfaserung des Kindheitsmoratoriums als Etappe eines institutionalisierten Lebenslaufs wirft ebenso sehr die Frage nach der Identität des Erwachsenseins wie nach der des Kindseins auf. Lange Zeit schien ein wissenschaftlich begründetes Konzept „normaler Entwicklung" einen Standard zu begründen, an dem sich das Projekt einer „Kindheit für alle" orientieren könne; aber die Entwicklungspsychologie tut sich heute äußerst schwer damit. Die Kinderpolitik, soweit sie sich nicht als Politik für oder durch Kinder kostümiert (Honig 2005), sondern mit Kindern Politik macht, betrachtet Kinder als Humanvermögen, deren Bildung in einer *knowledge-based economy* als Ökonomie des Wissens zählt. Die vorgeblich unverfügbare Natur des Kindes, der Sinn der Entwicklungstatsache, erweist sich als gentechnisch manipulierbar.

Die gegenwärtige Situation scheint daher davon bestimmt, daß die Ambivalenz von Schutz und Selbstbestimmung sich in eine Paradoxie verwandelt hat. Exemplarisch lässt sich dies am Verständnis der Rechte von Kindern verdeutlichen. Im Jahrhundert des Kindes wurde um Rechte auf Schutz der Kinder gekämpft, aber sie werden zunehmend ergänzt durch Rechte auf Partizipation, Teilhabe, und damit auf Selbstbestimmung, auf eine wie immer begrenzte Autonomie, um Bürgerrechte. Dies stimmt nicht mehr überein mit dem Ideal der autonomen, weil von der Welt der Erwachsenen getrennten Kindheit. Daher kann man auch keinen verlässlichen Kindheitsbegriff mehr erwarten, wenn man ohne die Stimmen der Kinder selber auskommen will.

So lautet das womöglich wichtigste Ergebnis dieser Überlegungen, dass die Sozialgeschichte der Kindheit im 20. Jahrhundert an Hand des modernen Kindheitsideals verständlich wird, aber auch Genese und Wandel dieses Modells selbst umfasst und seine Grenzen deutlich werden lässt. Kern dieses Ideals ist die Unterscheidung von Kindern und Erwachsenen als ein Verhältnis der personengebundenen Kulturvermittlung. Am Beginn des 21. Jahrhundert stellt sich die Frage, ob das Generationenverhältnis als pädagogische Differenz für die Beschreibung der historischen Wirklichkeit von Kindern noch zum zentralen Bezugspunkt taugt.

Anmerkungen

1 Martin/Nitschke (1986) und Hawes/Hiner (1991) haben mittlerweile klassisch zu nennende Bände zur vergleichenden Historischen Kindheitsforschung herausgegeben, in denen sich jeweils Beiträge zur „deutschen Kindheit" neben solchen zu Kindheiten anderer Kulturen finden. Es gibt eine reichhaltige historische Literatur zur Kindheit in Großbritannien (klassisch Pinchbeck/Hewitt 1969, 1973); zur US-amerikanischen Kindheit in der ersten Hälfte des 20. Jahrhunderts vgl. Hawes, 1997; zur Kindheit in Frankreich vgl. Heywood 2002, 2007.
2 Diese ist zugleich eine bedeutsame Forschungslücke. Desiderat ist auch eine vergleichende Untersuchung der europäischen Wohlfahrtskulturen im Hinblick auf zugrundeliegende Kindheitsmodelle, auf ihre Kindheitsrhetorik, auf die Zuordnung der Kinder zu Familie, Staat und Markt. Die Diskussion um Rechte von Kindern könnte von solchen Studien sehr profitieren.
3 Das Verhältnis von Soziologie und Geschichte ist in der bundesdeutschen sozialgeschichtlichen Forschung von Beginn an diskutiert worden (vgl. etwa Wehler 1972). Coontz (2000) hat das Spannungsverhältnis zwischen einem soziologisch inspirierten modernisierungstheoretischem Zugriff mit seiner Neigung zu Linearität, Übergeneralisierung und Systematik einerseits, einem genuin geschichtswissenschaftlichen Zugriff mit seinem Sinn für Paradoxien, Kontextualität und Vielfalt andererseits an Hand einer Besprechung des *state of the art* der angelsächsischen Historischen Familienforschung materialreich erörtert (vgl. aus soziologischer Perspektive James/James 2001).
4 Kindheitshistorische Arbeiten ließen sich auch einem der drei Ansätze der Historischen Familienforschung (Anderson 1980) zuordnen: einem mentalitätsgeschichtlichen, historisch-demographischen oder einem haushaltsökonomischen Ansatz.
5 Trotz fortbestehender Ungleichgewichte sind auch die Lücken in Bezug auf die DDR nicht mehr so groß (vgl. Büchner/Krüger 1991; Bois-Reymond/Büchner/Krüger/Ecarius/Fuhs 1994; Führ/Furck 1998, Zweiter Teilband; Kirchhöfer 2000; Kirchhöfer et al. 2003; Andresen 2000a; Andresen 2000b).
6 Der Ansatz zu einer Theorie der Entwicklung der Kindheit als Institution, den Kurt Lüscher seinerzeit vorlegte (Lüscher 1975), wurde m.W. kaum rezipiert.
7 Zu den Klassikern der angelsächsischen Historischen Kindheitsforschung zählen Pinchbeck/Hewitt (1969; 1973), Hawes/Hiner (1985) und Hiner/Hawes (1985).
8 Ellen Keys Buch „Das Jahrhundert des Kindes" (Key 1992) wurde als Artikulation dieses Anspruchs verstanden; dies machte das Buch (Andresen/Baader 1998) vor dem Ersten Weltkrieg zum Bestseller (Dräbing 1990).
9 Kennzeichnend ist etwa der Titel einer Anthologie autobiographischer Dokumente von Arbeiterkindheiten zwischen 1870 und 1920 „Wir lebten nie wie Kinder" (Kürbisch 1983).
10 Allerdings gewinnt die Bedeutung der Eugenik für die Entstehung der deutschen Wohlfahrtspolitik und für die Formulierung des Kindheitsmodells im 20. Jahrhundert in jüngerer Zeit größere Aufmerksamkeit; vgl. insbesondere die Arbeiten von Jürgen Reyer (1991, 2000; Barth 2004).
11 Einen Versuch zur systematischen Begründung der Stellung von Kindern im deutschen Recht unternimmt Richter (Bundesministerium für Familie 1998a, Kap. 3; Richter 2000); einen Überblick über die Rechte der Kinder in Deutschland gibt Borsche (2001); zum Subjektstatus von Kindern im neuen Kindschaftsrecht vgl. Zitelman (2001).
12 Dadurch entgehen auch die Verbindungen der Aufmerksamkeit, die zwischen reformpädagogischer Emphase und der frühen Sozialpolitik für das Kind, insbesondere der Eugenik bestehen (vgl. Allen 2000; Dwork 1987; Reyer 1991; 2000).
13 Im Blick auf die Geschichte der Sozialen Arbeit ist dieses Kindheitsmodell bemerkenswert, weil es nicht Hilfsbedürftigkeit, sondern Normalitätserwartungen definiert. Eine Geschichte der Sozialen Arbeit müsste entsprechend als Geschichte der Durchsetzung von „Kindheit" als universellem Wert und nicht als Geschichte der Rettung von Kindern vor Not und Gefährdung geschrieben werden.

Literatur

Allen, A. T.: „Das Recht des Kindes, seine Eltern zu wählen". Eugenik und Frauenbewegung in Deutschland und Großbritannien 1900 – 1933. In: Baader, M. S./Jacobi, J./Andresen, S. (2000), S. 105-124

Anderson, M.: Approaches to the history of the western family, *1500-1914*. London 1980

Andresen, S.: Die generationale Ordnung der Pionierorganisation. Zur Konstruktion politisierter Kindheit in der DDR. Ms., 30. Kongreß der Deutschen Gesellschaft für Soziologie, Köln 2000a

Andresen, S.: „Die Kindheit im Sozialismus ist eine glückliche Zeit". Vom Wandel des Kindheitskonzeptes in der DDR und seiner Bedeutung für sozialpädagogisches Denken. In: neue praxis 30 (2000), H.2, S. 120-134 (2000b)

Andresen, S.: Sozialistische Kindheitskonzepte. Politische Einflüsse auf die Erziehung. München 2006
Andresen, S./Baader, M. S.: Wege aus dem Jahrhundert des Kindes. Tradition und Utopie bei Ellen Key. Neuwied/Kriftel 1998
Ariès, P.: Geschichte der Kindheit. München 1975.
Baader, M. S./Jacobi, J./Andresen, S. (Hrsg.): Ellen Keys reformpädagogische Vision. Das „Jahrhundert des Kindes" und seine Wirkung. Weinheim/Basel 2000
Baecker, D.: Soziale Hilfe als Funktionssystem der Gesellschaft. In: Zeitschrift für Soziologie 23 (1994), H.2, S. 93-110
Bardy, M.: The manuscript of the 100-years project. Towards a revision. In: Qvortrup, J./Bardy, M./Sgritta, G./Wintersberger, H. (1994), S. 299-317
Barth, G. (Hrsg.): Kindheit, Eugenik, Sozialpädagogik. Hohengehren 2004
Bäumer, G.: Die historischen und sozialen Voraussetzungen der Sozialpädagogik und die Entwicklung ihrer Theorie. In: Nohl, H./Pallat, L. (Hrsg.): Handbuch der Pädagogik. Fünfter Band: Sozialpädagogik. Langensalza 1929, S. 3-26
Behnken, I. (Hrsg.): Stadtgesellschaft und Kindheit im Prozess der Zivilisation. Konfigurationen städtischer Lebensweise zu Beginn des 20. Jahrhunderts. Opladen 1990
Behnken, I./DuBois-Reymond, M./Zinnecker, J.: Stadtgeschichte als Kindheitsgeschichte. Lebensräume von Großstadtkindern in Deutschland und Holland um 1900. Opladen 1989
Behnken, I./Zinnecker, J.: Die Lebensgeschichte der Kinder und die Kindheit in der Lebensgeschichte. In: dies. (Hrsg.): Kinder. Kindheit. Lebensgeschichte. Ein Handbuch. Seelze 2001, S. 16-32
Bellingham, B.: The history of childhood since the „invention of childhood": Some issues in the eighties. In: Journal of Family History, 1 (1988), H. 2, S. 47-58
Benz, U./Benz, W. (Hrsg.): Sozialisation und Traumatisierung. Kinder in der Zeit des Nationalsozialismus. Frankfurt a.M. 1992
Benz, W./Distel, B. (Hrsg.): Die Verfolgung von Kindern und Jugendlichen. In: Dachauer Hefte 9 (1993), H. 9
Berg, C. (Hrsg.): Kind/Kindheit. In: Benner, D./Oelkers, J. (Hrsg.): Historisches Wörterbuch der Pädagogik. Weinheim 2004, S. 497-517
Bois-Reymond, M. du/Büchner, P./Krüger, H.-H./Ecarius, J./Fuhs, B.: Kinderleben. Modernisierung von Kindheit im interkulturellen Vergleich. Opladen 1994
Borsche, S.: Kinderrechte. In: Otto, H.-U./Thiersch, H. (Hrsg.): Handbuch der Sozialarbeit/Sozialpädagogik. 2., völlig überarb. Aufl.. Neuwied/Kriftel 2001, S. 949-963
Böth, G.: „Geschichte der Kindheit" als Forschungsgegenstand in den Sozialwissenschaften. Eine Auswertung von Fachliteratur für den Bereich der Bundesrepublik Deutschland. Ms., München 1984
Böth, G.: Sozialhistorische Kindheitsforschung in der Bundesrepublik Deutschland. Forschungstendenzen und interdisziplinäre Strukturen. In: Kinderkultur. Hefte des Focke-Museums (Jg. 73). Bremen 1987, S 61-68
Bromberger, B./Mausbach, H.: Feinde des Lebens. NS-Verbrechen an Kindern. Köln 1987
Büchner, P./Krüger, H.-H. (Hrsg.): Aufwachsen hüben und drüben. Deutsch-deutsche Kindheit vor und nach der Vereinigung. Opladen 1991
Bühler-Niederberger, D.: Kindheit und die Ordnung der Verhältnisse. Von der kreativen Macht der Unschuld und dem kreativen Individuum. Weinheim/München 2005
Bühler-Niederberger, D./van Krieken, R.: Persisting inequalities: childhood between global influences and local traditions. In: Childhood, 15 (2008), H. 2, S. 147-155
Buchner-Fuhs, J.: Das Kinderzimmer. Historische und aktuelle Annäherungen an kindliches Wohnen. In: Büchner, P./DuBois-Reymond, M./Ecarius, J./Fuhs, B./Krüger, H.-H. (Hrsg.): Teenie-Welten. Aufwachsen in drei europäischen Regionen. Opladen 1998, S. 147-178
Bundesministerium für Familie, Senioren, Frauen und Jugend (Hrsg.): Kinder und ihre Kindheit in Deutschland. Eine Politik für Kinder im Kontext von Familienpolitik. Stuttgart 1998a
Bundesministerium für Familie, Senioren, Frauen und Jugend (Hrsg.): Zehnter Kinder- und Jugendbericht. Bericht über die Lebenssituation von Kindern und die Leistungen der Kinder- und Jugendhilfe in Deutschland. Bonn 1998b
Coontz, S.: Historical perspectives on family studies. In: Journal of Marriage and the Family 62 (2000), Mai, S. 283-297
Cooter, R. (Hrsg.): In the name of the child: Health and Welfare, 1880-1940. London/New York 1992
Corsaro, W. A.: The Sociology of Childhood. Thousand Oaks a.o. 2005 (2nd ed.)
Cunningham, H.: The Children of the Poor. Representations of Childhood since the Seventeenth Century. Oxford 1991
Cunningham, H.: Die Geschichte des Kindes in der Neuzeit. Düsseldorf 2006

Dencik, L.: Growing up in the post-modern age: On the child's situation in the modern family, and on the position of the family in the modern welfare state. In: Acta Sociologica 32 (1989), H. 2, S. 155-180
Dräbing, R.: Der Traum vom „Jahrhundert des Kindes". Geistige Grundlagen, soziale Implikationen und reformpädagogische Relevanz der Erziehungslehre Ellen Keys. Frankfurt a.M. u.a. 1990.
Dwork, D.: War is good for babies and other young children: A history of the infant and child welfare movement in England 1898-1918. London/New York 1987
Dwork, D.: Kinder mit dem gelben Stern. Europa 1933-1945. München 1994
Elschenbroich, D.: Kinder werden nicht geboren. Studien zur Entstehung der Kindheit. Frankfurt/M. 1977
Feil, C.: Kinder, Geld und Konsum. Die Kommerzialisierung der Kindheit. Weinheim und München 2003
Fend, H.: Sozialgeschichte des Aufwachsens. Bedingungen des Aufwachsens und Jugendgestalten im zwanzigsten Jahrhundert. Frankfurt a.M. 1988
Frost, N./Stein, M.: The politics of child welfare. Inequality, power and change. New York/London u.a.: 1989
Führ, C./Furck, C.-L. (Hrsg.): Handbuch der deutschen Bildungsgeschichte, Bd. VI. 1945 bis zur Gegenwart. Zwei Teilbde. München 1998
Gestrich, A.: Geschichte der Familie im 19. und 20. Jahrhundert. München 1999a
Gestrich, A.: Vergesellschaftungen des Menschen. Einführung in die Historische Sozialisationsforschung. Tübingen 1999b
Gestrich, A./Krause, J.-U./Mitterauer, M.: Geschichte der Familie. Stuttgart 2003
Giehler, W./Lüscher, K.: Die Soziologie des Kindes in historischer Sicht. Hinweise auf neuere Literatur. In: Neue Sammlung 15 (1975), S. 442-463.
Gillis, J. R.: Geschichte der Jugend. Weinheim/Basel 1980
Gillis, J. R.: Transitions to modernity. In: Qvortrup, J./Corsaro, W.A./Honig M.-S. (Hrsg.): Handbook of Childhood Studies. Houndmills 2009 (im Erscheinen)
Gordon, L.: Heroes of their own lives. The politics and history of family violence. New York a.o. 1988
Hardach-Pinke, I./Hardach, G. (Hrsg.): Kinderalltag. Reinbek 1981
Harney, K./Groppe, C./Honig, M.-S.: Geschichte der Familie, Kindheit und Jugend. In: Harney, K./Krüger, H.-H. (Hrsg.): Einführung in die Geschichte der Erziehungswissenschaft und der Erziehungswirklichkeit. Opladen 1997, S. 157-181
Hart, J.: Children and nationalism in a Palestinian refugee camp in Jordan. In: Childhood 9 (2002), H. 1, S. 35-47
Hawes, J. M.: Children between the wars. American childhood, 1920 – 1940. New York 1997
Hawes, J. M./Hiner, N. R. (Hrsg.): American childhood. A research guide and historical handbook. Westport/London 1985
Hawes, J. M./Hiner, N. R. (Hrsg.): Children in historical and comparative perspective. An international Handbook and research guide. New York u.a. 1991
Heinsohn, G./Knieper, R.: Theorie des Familienrechts. Geschlechtsrollenaufhebung, Kindesvernachlässigung, Geburtenrückgang. Frankfurt a.M. 1974
Hendrick, H.: Constructions and reconstructions of british childhood: An interpretative survey, 1800 to the present. In: James, A./Prout, A. (Hrsg.): Constructing and reconstructing childhood. Contemporary issues in the sociological study of childhood. London u.a. 1990, S. 35-59
Hendrick, H.: Children, childhood and English society 1880-1990. Cambridge 1997
Hendrick, H.: Child Welfare. Historical dimensions, contemporary debate. Bristol 2003
Hendrick, H.: Origin and Evolution of Childhood c.1400-1750. In: Qvortrup, J./Corsaro, W. A./Honig, M.-S. (Hrsg.): Handbook of Childhood Studies. Houndmills 2009 (im Erscheinen)
Hengst, H.: Kinder an die Macht! Der Rückzug des Marktes aus dem Kindheitsprojekt der Moderne. In: Zeiher, H./ Büchner, P./Zinnecker, J. (1996), S. 117-133
Hengst, H.: Differenzierte Zeitgenossenschaft. In: Geulen, D./Veith, H. (Hrsg.): Sozialisationstheorie interdisziplinär. Aktuelle Perspektiven. Stuttgart 2004, S. 273-291
Hengst, H./Kelle, H. (Hrsg.): Kinder – Körper – Identitäten. Theoretische und empirische Annäherungen an kulturelle Praxis und sozialen Wandel. Weinheim und München 2003
Hering, S./Münchmeier, R.: Geschichte der Sozialen Arbeit. Eine Einführung. Weinheim/München 2000
Herrmann, U.: Die Pädagogisierung des Kinder- und Jugendlebens in Deutschland seit dem ausgehenden 18. Jahrhundert. In: Martin, J./Nitschke, A. (1986), S. 661-683
Herrmann, U.: Historische Bildungsforschung und Sozialgeschichte der Bildung. Weinheim/Basel 1991a
Herrmann, U.: Historische Sozialisationsforschung. In: Hurrelmann, K./Ulich, K. (Hrsg.): Neues Handbuch der Sozialisationsforschung. Weinheim/Basel 1991b, S. 231-250
Herrmann, U./Renftle, S./Roth, L.: Bibliographie zur Geschichte der Kindheit, Jugend und Familie. München 1980

Heywood, C.: Childhood in nineteenth-century France: Work, health and education among the 'classes populaires'. Cambridge 2002
Heywood, C.: Growing up in France: From the ancien régime to the third republic. Cambridge 2007
Hiner, N. R./Hawes, J. M. (Hrsg.): Growing up in America. Children in historical perspective. Urbana and Chicago 1985
Honig, M.-S.: Sozialgeschichte der Kindheit im 20. Jahrhundert. In: Markefka, M./Nauck, B. (1993), S. 207-218
Honig, M.-S.: Normative Implikationen der Kindheitsforschung. In: Zeitschrift für Sozialisationsforschung und Erziehungssoziologie 16 (1996), H. 1, S. 9-25
Honig, M.-S.: Entwurf einer Theorie der Kindheit. Frankfurt a.M. 1999
Honig, M.-S.: Müssen Kinder vor Arbeit geschützt werden? In: PÄDForum, 28/13 (2000), H. 6, S. 455-460.
Honig, M.-S.: Praktiken generationaler Ordnung. Überlegungen zur Konzeptualisierung pädagogischer Qualität von Kindertageseinrichtungen. In: Konrad, F.M. (Hrsg.): Kindheit und Familie. Beiträge aus interdisziplinärer und kulturvergleichender Sicht. Münster 2001, S. 111-130
Honig, M.-S.: Kinderpolitik. In: Otto, H.-U./Thiersch, H. (Hrsg.): Handbuch Sozialarbeit Sozialpädagogik. München 2005, S. 936-948
Honig, M.-S./Ostner, I.: Das Ende der fordistischen Kindheit. In: Klocke, A./Hurrelmann, K. (Hrsg.): Kinder und Jugendliche in Armut. Umfang, Auswirkungen und Konsequenzen. 2., vollst. überarb. Aufl.. Opladen 2001, S. 293-310
James, A./James, A. L.: Childhood: Toward a theory of continuity and change. In: The Annals of the American Academy of Political and Social Science, 575 (2001), Mai, S. 25-37
Janssens, A.: The rise and decline of the male breadwinner family? An Overview over the debate. In: International Review of Social History, 42 (1998) Supplement, S. 1-23
Jordanova, L.: Children in history: Concepts of nature and society. In: Scarre, G. (Hrsg.): Children, parents and politics. Cambridge u.a. 1989, S. 3-24
Kaufmann, F.-X.: Kinder als Außenseiter der Gesellschaft. In: Merkur 34 (1980), H. 387, S. 761-771
Key, E.: Das Jahrhundert des Kindes. Weinheim 1992 (Reprint der deutschen Erstausgabe Berlin 1902)
Kelle, H./Tervooren, A. (Hrsg.): Ganz normale Kinder. Heterogenität und Standardisierung kindlicher Entwicklung. Weinheim/München 2008
Kirchhöfer, D.: Kindheit als soziale Bewegungsform. Widersprüche in der sozialen Konstruktion von Kindheit in der DDR. In: Lingelbach, K.-C./Zimmer, H. (2000), S. 247-263
Kirchhöfer, D./Neuner, G./Steiner, I./Uhlig, Ch. (Hrsg.): Kindheit in der DDR. Frankfurt/M. 2003
Kuczynski, J.: Studien zur Geschichte der Lage des arbeitenden Kindes in Deutschland von 1700 bis zur Gegenwart. Berlin 1968
Kürbisch, F. G. (Hrsg.): Wir lebten nie wie Kinder. Ein Lesebuch. Berlin/Bonn 1983
Lange, A.: Formen der Kindheitsrhetorik. In: Zeiher, H./Büchner, P./Zinnecker, J. (1996), S. 75-95
Lenzen, D.: Mythologie der Kindheit. Die Verewigung des Kindlichen in der Erwachsenenkultur. Versteckte Bilder und vergessene Geschichten. Reinbek 1985
Lewis, J.: The decline of the male- breadwinner model: Implications for work and care. In: Social Politics 8 (2001), H. 2, S. 152-169
Liebel, M.: Kinder im Abseits. Kindheit und Jugend in fremden Kulturen. Weinheim/München 2005
Lingelbach, K.-C./Zimmer, H. (Hrsg.): Das Jahrhundert des Kindes? Jahrbuch für Pädagogik 1999. Frankfurt a.M. 2000
Luke, C. : Constructing the child viewer. A history of the american discourse on television and children, 1950-1980. New York u.a. 1990
Lüscher, K.: Perspektiven einer Soziologie der Sozialisation – Die Entwicklung der Rolle des Kindes. In: Zeitschrift für Soziologie, 4 (1975), H.4, S. 359-379
Makrinioti, D.: Conceptualization of childhood in a welfare state: A critical reappraisal. In: Qvortrup, J./Bardy, M./Sgritta, G./Wintersberger, H. (1994), S. 267-283
Mann, E.: Zehn Millionen Kinder. Die Erziehung der Jugend im Dritten Reich. München 1989
Markefka, M./Nauck, B. (Hrsg.): Handbuch der Kindheitsforschung. Neuwied/Kriftel/Berlin 1993
Martin, J./Nitschke, A. (Hrsg.): Zur Sozialgeschichte der Kindheit. Freiburg 1986
Mead, M.: Der Konflikt der Generationen: Jugend ohne Vorbild. Eschborn 2000
Medick, H./Sabean, D. (Hrsg.): Emotionen und Interessen. Sozialanthropologische und historische Beiträge zur Familienforschung. Göttingen 1984
Mitterauer, M.: Sozialgeschichte der Jugend. Frankfurt a.M. 1986
Morel, M.-F.: Some recent French literature on the history of childhood. In: Continuity and Change, 4 (1989), H. 2, S. 323-338.

Moser, H./Grunder, H.-U. (Hrsg.): Jahrhundert des Kindes. Eine Bilanz. Zürich 2000
Nasaw, D.: Children of the city. At work and at play. New York 1985
Nemitz, R.: Kinder und Erwachsene. Zur Kritik der pädagogischen Differenz. Berlin/Hamburg 1996
Nemitz, R.: Frauen/Männer, Kinder/Erwachsene. In: Lutz, H./Wenning, N. (Hrsg.): Unterschiedlich verschieden. Differenz in der Erziehungswissenschaft. Opladen 2001, S. 179-196
Neumann, K.: Zum Wandel der Kindheit vom Ausgang des Mittelalters bis an die Schwelle des 20. Jahrhunderts. In: Markefka, M./Nauck, B. (1993), S. 191-205
Niestroj, B. H. E.: Some recent German literature on socialization and childhood in past times. In: Continuity and Change 4 (1989), H. 2, S. 339-357
Oelkers, J.: Die pädagogische Erfindung des Kindes. Unv. Ms.. Zürich 2001
Olk, T./Mierendorff, J.: Existenzsicherung für Kinder – Zur sozialpolitischen Regulierung von Kindheit im bundesdeutschen Sozialstaat. In: Zeitschrift für Soziologie der Erziehung und Sozialisation 18 (1998), H. 1, S. 38-52
Ostner, I.: Das Ende der Familie wie wir sie kannten. In: Blätter für deutsche und internationale Politik, 44 (1999), H.1, S. 69-76
Peukert, D. J. K.: Grenzen der Sozialdisziplinierung. Aufstieg und Krise der deutschen Jugendfürsorge 1878 bis 1932. Köln 1986
Pinchbeck, I./Hewitt, M.: Children in English society. Vol. I. London/Toronto 1969
Pinchbeck, I./Hewitt, M.: Children in English society. Vol. II. London/Toronto 1973
Pollock, L.A.: Forgotten children: Parent-child relations from 1500 to 1900. Cambridge a.o. 1983
Quandt, S. (Hrsg.): Kinderarbeit und Kinderschutz in Deutschland 1783-1976. Paderborn 1978
Qvortrup, J./Bardy, M./Sgritta, G./Wintersberger, H. (eds.): Childhood matters. Social theory, practice and politics. Aldershot a.o. 1994
Reyer, J.: Familie, Kindheit und öffentliche Kleinkinderziehung. Die Entstehung „geteilter Sozialisationsfelder" im 19. Jahrhundert in Deutschland. In: Sachße, C./Tennstedt, F. (Hrsg.): Jahrbuch der Sozialarbeit 4. Geschichte und Geschichten. Reinbek 1981, S. 299-343
Reyer, J: Alte Eugenik und Wohlfahrtspflege. Entwertung und Funktionalisierung der Fürsorge vom Ende des 19. Jahrhunderts bis zur Gegenwart. Freiburg i.Br. 1991
Reyer, J.: Die genetische Verbesserung des Menschen im „Jahrhundert des Kindes". In: Lingelbach, K.-C./Zimmer, H. (2000), S. 115-130
Reyer, J./Kleine, H.: Die Kinderkrippe in Deutschland. Sozialgeschichte einer umstrittenen Einrichtung. Freiburg i.Br. 1997
Richardson, Th.R.: The century of the child. The mental hygiene movement & social policy in the United States and Canada. Albany 1989
Richter, I.: Das Recht der Kindheit in der Entwicklung. In: Lange, A./Lauterbach, W. (Hrsg.): Kinder in Familie und Gesellschaft zu Beginn des 21sten Jahrhunderts. Stuttgart 2000, S. 289-313
Roth, L: Die Erfindung des Jugendlichen. München 1983
Rutschky, K.: Erziehungszeugen. In: Zeitschrift für Pädagogik 29 (1983), S. 499-517
Sachße, C./Tennstedt, F.: Geschichte der Armenfürsorge in Deutschland. Band 2: Fürsorge und Wohlfahrtspflege 1871-1929. Stuttgart u.a. 1988
Shahar, S.: Kindheit im Mittelalter. München 1991
Solzbacher, C. (Hrsg.): Kindheit zwischen Mythos und Realität. Münster 2001
Spree, R.: Sozialisationsnormen in ärztlichen Ratgebern zur Säuglings- und Kleinkindpflege. Von der Aufklärungs- zur naturwissenschaftlichen Pädiatrie. In: Martin, J./Nitschke, A. (1986), S. 609-659
Therborn, G.: The politics of childhood: The rights of children in modern times. A Comparative study of western nations. In: Castles, F.G. (Hrsg.): Families of nations. Patterns of public policy in western democracies. Dartmouth 1993, S. 241-291
Tilly, L. A./Scott, J. W.: Women, work and family. New York 1987
Wehler, H.-U. (Hrsg.): Geschichte und Soziologie. Köln 1972
Wild, R.: Kind, Kindheit, Jugend. Hinweise zum begriffsgeschichtlichen Wandel im letzten Drittel des 18. Jahrhunderts. In: Heidtmann, H. (Hrsg.): Jugendliteratur und Gesellschaft. Beiträge Jugendliteratur und Medien, 4. Beiheft. Weinheim/München 1993, S. 9-16
Zelizer, V. A.: Pricing the priceless child. The changing social value of children. New York 1985
Zeiher, H.: Kinder in der Gesellschaft und Kindheit in der Soziologie. In: Zeitschrift für Sozialisationsforschung und Erziehungssoziologie 16 (1996), H. 1, S. 26-46
Zeiher, H./Büchner, P./Zinnecker, J. (Hrsg.): Kinder als Außenseiter? Umbrüche in der gesellschaftlichen Wahrnehmung von Kindern und Kindheit. Weinheim/München 1996
Zinnecker, J.: Straßensozialisation. In: Zeitschrift für Pädagogik 29 (1979), S. 727-746

Zinnecker, J.: Vom Straßenkind zum verhäuslichten Kind. Kindheitsgeschichte im Prozess der Zivilisation. In: Behnken, I. (1990), S. 142-162

Zinnecker, J.: The cultural modernization of childhood. In: Chisholm, L./Büchner, P./Krüger, H.-H./DuBois-Reymond, M. (Hrsg.): Growing up in Europe. Contemporary horizons in childhood and youth studies. Berlin a.o. 1995

Zinnecker, J.: Sorgende Beziehungen zwischen Generationen im Lebensverlauf. Vorschläge zur Novellierung des pädagogischen Codes. In: Lenzen, D./Luhmann, N. (Hrsg.): Bildung und Weiterbildung im Erziehungssystem. Lebenslauf und Humanontogenese als Medium und Form. Frankfurt a.M. 1997, S. 199-227

Zinnecker, J.: Selbstsozialisation – Essay über ein aktuelles Konzept. In: Zeitschrift zur Soziologie der Erziehung und Sozialisation 20 (2000), H. 3, S. 272-290

Zinnecker, J.: Kindheit und Jugend als pädagogische Moratorien. Zur Zivilisationsgeschichte der jüngeren Generation im 20. Jahrhundert. In: Zeitschrift für Pädagogik (2000b), 42. Beiheft, S. 36-68

Zinnecker, J.: Children in young and aging societies: The order of generations and models of childhood in comparative perspective. In: Hofferth, S.L./Owens, T.J. (Hrsg.): Children at the millennium: Where have we come from, where are we going? Amsterdam a.o. 2001, S. 11-52

Zinnecker, J.: Stadtkids. Kinderleben zwischen Straße und Schule. Weinheim und München 2001

Zitelmann, M.: Kindeswille und Kindeswohl im Spannungsfeld von Pädagogik und Recht. Münster 2001

Peter Dudek

Geschichte der Jugend

1 Was heißt „Jugend" historisch?

Geschichte der Jugend ist immer schon interpretierte Geschichte, überformt von den Etiketten der Erwachsenengesellschaft, geprägt von Jugendlichkeitsmythen in Literatur, Kunst, politischer Öffentlichkeit und gefiltert durch je zeitspezifische **Jugendbilder**, denen zufolge Jugend nicht nur eine Geschichte hat, sondern selbst Geschichte macht. Aus der historischen Distanz wird deutlich, dass eine solche These selbst das Kind seiner Zeit ist, denn als ihr Begründer, John Gillis, seine „Geschichte der Jugend" schrieb, stand er unter dem Eindruck der Jugendrevolten Ende der sechziger, Anfang der siebziger Jahre des 20. Jahrhunderts und damals schien diese Sichtweise naheliegend (Gillis 1980). Wer sich mit Jugend beschäftigt, der weiß, dass es „die Jugend" nicht gibt, dass begrifflich damit eine Alterskohorte, eine ontogenetische Entwicklungsphase oder eine soziale Gruppe gemeint sein kann, dass aber auch zwischen Land- und Stadt-, Arbeiter- und Bürgerjugend, zwischen Schülern und Auszubildenden, Jungen und Mädchen unterschieden werden muss. Aber solche Distinktionen schlichten nicht die Kontroversen über „die Jugend", und sie haben bislang auch nicht dazu beigetragen, die wissenschaftlich erzeugten und medial multiplizierten Jugendbilder kritisch zu hinterfragen oder ihre Verwendungsformen in Politik und Jugendarbeit zu untersuchen (Lüders 1990; Hornstein 1999, S. 23ff.). Wer sich der Geschichte „der Jugend" nähert, sieht sich einer Vielzahl unterschiedlichster Theorieangebote und pädagogischer Deutungsmuster ausgesetzt (Abels 1993), die bewusst machen, dass man mit schlichten Definitionen den gesellschaftlichen Phänomenen nicht beikommt, eher schon durch die historische Rekonstruktion von Jugendbildern und die sozialgeschichtliche Analyse jugendlicher Lebenswelten. Denn Jugend und jugendtheoretisches Wissen unterliegen selbst einem historischen Funktionswandel. Die Frage, was heißt Jugend, ist also falsch gestellt bzw. so nicht beantwortbar. Im folgenden soll es deshalb nicht um die Erörterung begriffstheoretischer und methodischer Probleme der Historischen Jugendforschung gehen (Grippert/Götte 2000), sondern um eine knappe Skizze der Geschichte der deutschen Jugend von der Jahrhundertwende bis in die fünfziger Jahre, wie sie auf der Grundlage neuerer Forschungen und zeitgenössischer Studien unter ausgewählten Aspekten schon möglich ist. Erschwert wird ein solcher Versuch durch die Geschichte selbst. Denn die Befunde der Historischen Jugendforschung der letzten Jahre zeigen, dass die Lage der Jugend in jener Zeit „bemerkenswert uneinheitlich" (Peukert 1987, S. 304) war, und dass die gesellschaftlich verbreiteten Jugendbilder die Lebenswelten und Lebensentwürfe von Jugendlichen nicht angemessen wiedergeben.[1]

Natürlich hat es zu allen Zeiten der Menschheitsgeschichte institutionelle Formen und Riten gegeben, die symbolisch die Übergänge ins Erwachsenenalter regelten. Die gesellschaftlichen Bedingungen des Aufwachsens waren aber für Nicht-Erwachsene in der Antike (Koliadis 1988; Müller 1990; Baumgarten 2006) andere als in der mittelalterlichen Gesellschaft (Feilzer 1971) oder im Vormärz (Kolk 2007), in Europa andere als auf den Südsee-Inseln. Feilzers Untersuchung war ein erster, von den Befunden her heute nicht mehr aktueller Versuch, das zeitliche Terrain der Historischen Jugendforschung in die Vormoderne zu verlagern. Inzwischen sind zwar einige wenige Untersuchungen erschienen, die Jugendleben in der Antike, im Mittelalter, in religiösen vormodernen Kontexten, in Regionalanalysen im europäischen Raum untersucht haben (Horn 1998; Levi/Schmitt 1996), dennoch bleibt die Beschäftigung mit der vormodernen Jugend ein Desiderat der Historischen Jugendforschung. Dies ist natürlich zum einen der schwierigen Quellenlage geschuldet, zum anderen aber der Tatsache, dass es in der Vormoderne keinen universellen Begriff von Jugend gab, wenngleich auch hier Heranwachsenden eine besondere erzieherische und kontrollierende Aufmerksamkeit zuteil wurde (Dette 1994). So unterschiedlich die bislang vorliegenden Gesamtdarstellungen zur Geschichte der Jugend (Gillis 1980; Mitterauer 1986; Speitkamp 1998) ihren Gegenstand akzentuieren, gemein ist ihnen die zeitliche Schwerpunktsetzung auf das 19. und 20. Jahrhundert und dies ist nicht nur der günstigen Quellenlage geschuldet.

Denn wir wissen heute: Das gesellschaftliche Sozialsystem begrenzt historisch jeweils auch die Lebenshorizonte Heranwachsender, bestimmt ihre soziale Lage, das Spannungsfeld verschiedener Sozialisationsinstanzen (Familie, Schule, Arbeitswelt, peer-groups) und variiert die zeitliche Dauer, den Verlauf, die Struktur, die Autonomie und selbst die biologischen Determinanten (Geschlechtsreife, Körperwachstum) jener Lebensphase, die wir Jugend oder Adoleszenz nennen. Historischem Wandel und regionalen Unterschieden unterliegen auch die Zäsuren des **Jugendalters**, ihr Anfang und Ende, die Existenz oder das Fehlen von Trennungs- und Anschlussriten, die zivil- und strafrechtlichen Mündigkeitsbestimmungen. Je komplexer die Strukturen funktional differenzierter Gesellschaften werden, umso mehr verstärken sie die Kontingenz von Jugendentwicklung. Der Prozess funktionaler Differenzierung hat in der zweiten Hälfte des 20. Jahrhunderts zu einer zeitlichen Ausdehnung, und damit zu einer Entstrukturierung der Jugendphase geführt, die „Jugend" immer weniger als Entfaltung eines „Lebensplans" (Spranger) oder als einheitlich strukturierte Lebensphase im Sinne einer weiblichen oder männlichen Normalbiographie deuten lassen (Sander 2000). Historische Längsschnittuntersuchungen zu den Veränderungen der Jugend und der Geschichte ihrer Bewegungen interpretieren diesen Wandel soziokulturell als Übergang von sozialmilieugeprägten Jugendsubkulturen zu individualitätsbezogenen Jugendkulturen (Ferchhoff 1990), sozialgeschichtlich im Modell politischer Generationen (Fogt 1982)[2], sozialpsychologisch im Theoriekonzept sozialer Bewegungen (Scherer 1988; Brand 1993; Barth 2006) sowie konvergenz- und modernitätstheoretisch mit Blick auf das inflationär gebrauchte, aber nicht unumstrittene Individualisierungstheorem (Schröder 1995).

In den vorindustriellen europäischen Gesellschaften sind die Lebenslagen junger Heranwachsender mit geringer Kontingenz durch Stand und Status bestimmt, in der kapitalistischen Gesellschaft des 19. Jahrhunderts durch die soziale Schicht und die Universalisierung eines staatlich kontrollierten Bildungssystems, das gegen Ende des Jahrhunderts faktisch alle Heranwachsenden erfasst, ihre Schulphase erweitert und differenzierte Bildungsangebote und Berechtigungen zum sozialen Aufstieg bereitstellt. Über die Zeitachse hinweg und im Vergleich zwischen verschiedenen europäischen Regionen (Levi/Schmitt 1997), zwischen Stadt und Land und zwischen verschiedenen Schichten lassen sich recht deutliche Unterschiede der Jugendentwicklung beobachten, die man kaum ideengeschichtlich, sondern am ehesten historisch und sozialwissenschaftlich erklären kann.

Ein einheitliches soziokulturelles Konzept für die Jungfrauen und Jünglinge, die Mägde und Knechte, die Lehrlinge, Gesellen, die „Jungen Herren", die Gymnasiasten und Volksschüler kennt man deshalb bis zum Beginn des 20. Jahrhunderts noch nicht. Sie alle aber verweisen auf jene, dem sozialen Wandel unterliegende, Zwischenstufe zwischen kurzer Kindheit und dem späten Erreichen des vollen Erwachsenenstatus. In den einschlägigen pädagogischen Lexika jener Zeit sucht man vergeblich nach einem Stichwort „Jugend". Wilhelm Reins berühmtes „Encyklopädisches Handbuch der Pädagogik" (1903ff.) enthält aber schon reichhaltige und bezeichnende Stichworte, etwa jugendliche Verbrecher, Jugendspiele, Jünglingsvereine, Jugendfreundschaften, Verfrühung und Verführung, Alkohol und Jugend, Jugendliteratur, Lehrlingsvereine, Schülervereine, Kinderfehler und Fehler der Jugend, Entwicklungskrankheiten etc.

Das Bemühen um einen theoretisch ambitionierten **„Begriff der Jugend"** (Bernfeld) hat die Ende des 19. Jahrhunderts entstehende Jugendforschung (Dudek 1990) vor allem nach den biologischen und anthropologischen Determinanten sowie nach den psychologischen Entwicklungsphasen des Jugendalters suchen lassen. Jugend wurde unter anthropologischen, somatischen, entwicklungspsychologischen, pädagogischen und soziologischen Fragestellungen als Phase des Übergangs vom Kind zum Erwachsenen erforscht. Die Forderung nach einer Geschichte der Jugend ist zu jener Zeit aber noch ganz Programm. Sie inspiriert noch keine entsprechenden Forschungen, die, abgesehen von wenigen Ausnahmen, erst in den fünfziger und sechziger Jahren des 20. Jahrhunderts und dann unter ideengeschichtlicher (Hornstein 1965, 1966) bzw. in der Tradition Sprangers unter epochalpsychologischer Perspektive (Muchow 1959, 1962) einsetzen. Das wesentlich durch Ulrich Herrmann seit den siebziger Jahren ausformulierte Konzept einer Historischen Sozialisationsforschung (Herrmann 1980, 1984, 1984a) hat in jüngerer Zeit die Historische Jugendforschung als theoretische und methodische Innovation spürbar beeinflusst, ihr den Anschluss an die moderne Sozialgeschichte ermöglicht und sie die Chancen interdisziplinärer und internationaler Forschungskooperationen nutzen gelehrt.[3]

Unter sozialgeschichtlicher Perspektive wird modern der Lebenszyklus Jugend, ähnlich wie Kindheit, Familie, Sexualität oder Geschlechterrollen, als gesellschaftlich bedingt und historisch wandelbar gesehen. Nicht zufällig haben sich die Hoffnungen der frühen Jugendforschung, ihre theoretische Identität in einem konsensfähigen Begriff „der Jugend" zu finden, nicht erfüllt. Siegfried Bernfeld musste sich nach über zwanzig Jahren eigener Forschungen eingestehen: Da die kontingenten Adoleszenzprozesse der Jugendphase so zahlreich sind, „entsteht jene unerschöpfliche Fülle von Verlaufsformen, welche die Verzweiflung des Wissenschaftlers bildet, der eine einheitliche Formel für die Pubertät sucht" (Bernfeld 1935, S. 360). Jüngere Forschungen sprechen sogar von der „gesellschaftlichen Konstruktion des Jugendalters" (Bühler 1990), von der „Erfindung des Jugendlichen" (Roth 1983) und in Anlehnung an Foucault davon, dass diese Erfindung eine „Erfindung und Durchsetzung eines neuen Systems sozialer Kontrolle (ist), das als Teil jenes säkularen Entwicklungsvorgangs entsteht, der heute unter dem Stichwort ‚Sozialdisziplinierung' diskutiert wird" (Trotha 1982, S. 258). Solche Thesen basieren auf der Annahme, die Geschichte der Jugend sei maßgeblich bestimmt durch die Geschichte der gesellschaftlich erzeugten **Jugendbilder** und -mythen (Dahlke 2006). Mitterauer kann dagegen aber sozialgeschichtlich zeigen, dass der Rückgriff auf einzelne Indikatoren wie der Erfindungsthese dem historischen Prozess ebenso wenig gerecht wird wie der Rückgriff auf die weit verbreitete Scholarisierungsthese, nach der die Konstitution der modernen Jugendphase maßgeblich durch das Bildungssystem bewirkt werde. Vielmehr sieht er für das beginnende 20. Jahrhundert eine Reihe von Entwicklungen, die Jugend als eine „Phase vielfacher Teilübergänge" (Mitterauer 1986, S. 48) bestimmen: die „Tendenz zu mehr Selbstbestimmung", die „Entritualisierung der Statusübergänge", die „Differenzierung der Jugendzäsuren", den Bedeutungsverlust „milieuspezifischer Besonderheiten" und die Angleichung der differenten geschlechtsspezifischen Muster (Mitterauer 1986, S. 92ff.), die schließlich ihren Ausdruck in der geschlechtsübergreifenden Kollektivbestimmung „Jugend" fanden.

2 Jugend: Geschichte der Leitbilder und Vorstellungen des Jugendalters

Ideengeschichtlich wurde im 18. Jahrhundert Jugend als Zeit des Lernens und Aufwachsens durch Rousseau in einer neuen Perspektive formuliert, die in Deutschland vor allem durch die Philantrophen popularisiert wurde (Dudek 1997) und in der Romantik ihren klassischen Ausdruck fand (Oesterle 1997). Rousseau dachte Jugend nicht mehr von den sozialen Ständen und feudalen Lebensordnungen her, sondern anthropologisch, eingebettet in seine Kultur- und Gesellschaftskritik, und er sah Jugend als eine Altersstufe mit eigenen Bedürfnissen. Mit seinem Jugendbild wird pädagogisch das Bewusstsein einer natürlichen Eigenwertigkeit des **Jugendalters** vorbereitet und hier liegt erstmals die Vision einer subjektiv gelingenden Identitätsfindung in einer entfremdeten Gesellschaft vor, die zwei Aspekte betont: Jugend ist einmal Zeit der Ideal-Bildung, in der der junge Mensch seine Zukunftspläne entwirft, seine sexuelle Reifung erfährt, Mitmenschlichkeit und Verantwortung ausbildet. Sie ist andererseits auch die Zeit eines sozialen Moratoriums, an dessen Ende mit der Familiengründung die ökonomische Selbständigkeit steht. Jugend als Moratorium, als pädagogische Provinz und als gesellschaftlicher Wert, diese Grundmuster des Rousseauschen Jugendbildes beeinflussen entscheidend die Stilisierung des Leitbildes des **„Jünglings"** im 18. und frühen 19. Jahrhundert, das aber eher durch unterschiedliche esoterische Lebensstile kleiner Gruppen im Leipziger und Göttinger Studentenmilieu repräsentiert wurde, denn ein konzises erziehungstheoretisches Konzept darstellte. Zwar ist die Jünglingsmetapher noch um 1900 im öffentlichen Sprachgebrauch präsent, aber sie bedeutete „etwas ganz anderes als zur Zeit der Freiheitskriege, am Ende der Jünglingsära" (Roth 1983, S. 53). Begriffsgeschichtliche Untersuchungen zur Entstehung und Wandel des Jünglingskonzepts haben gezeigt, dass das gesellschaftlich erzeugte und alltagsgeschichtlich akzeptierte Jugendbild des 19. Jahrhunderts das des männlichen christlichen Jünglings war, das vorwiegend auf den Sohn aus bürgerlichen Schichten, nämlich den Gymnasiasten, zielte. Nach Roth ist das Leitbild nach 1871 in zwei Varianten ausdifferenziert worden, nämlich dem „Jüngling" im Gymnasium und den „Jünglingen aus dem Volk", eine zeitgenössische Beschreibung der aus der Volksschule entlassenen männlichen Jugendlichen, für die der Dresdener Pädagoge Richard Seyfert eine „verhängnisvolle Lücke im Erziehungsplane" (Seyfert 1901) diagnostizierte.[4] Der Begriff des „Jugendlichen" tauchte dagegen Ende des 19. Jahrhunderts erst in der Semantik der Juristen auf, und er identifizierte dort die potentiell kriminellen und verwahrlosten jungen Menschen. Erst mit Beginn der aktiven staatlichen Jugendpolitik zwischen 1911 und 1914 vollzog sich eine Imagekorrektur und Umwertung des Bildes vom „Jugendlichen" in eine „ins Positive gewendete Konzeption vom jungen Menschen, den es für Staat und Gesellschaft zu gewinnen gilt" (Roth 1983, S. 137).

Als psychologischen Begriff und pädagogische Leitfigur komponierte mit großem Erfolg Eduard Spranger 1924 ein Idealbild des „neuen deutschen Jünglings" (Bühler 1990, S. 385), in das „wie in einem Brennspiegel fast alle in der Zeit nach dem ersten Weltkriege wirkenden Erziehungstheorien zusammengefaßt werden" (Roessler 1957, S. 73). Spranger interpretiert männliche Jugend als „geistige Wiedergeburt", die sich an drei Leitmotiven orientiert:

a) der Entdeckung des Ichs
b) der Entstehung eines Lebensplanes und
c) dem Hineinwachsen in einzelne Lebensgebiete (Spranger 1924, S. 38).[5]

Mit den Instrumentarien der verstehenden Psychologie legte er eine pädagogische und psychologische Theorie des **Jugendalters** vor, die systematisch-anthropologisch die Entwicklung im Jugendalter mittels einer Wert-Typologie beschreibt. Persönlichkeitsentwicklung vollzieht sich nach Spranger primär als geistige Krise und Reifung in der Auseinandersetzung mit der objektiven Kultur und ihrem Wertesystem. Seine Jugendtheorie wurde mit großer Wirkung bis weit in die sechziger Jahre hinein rezipiert und – entgegen den Intentionen Sprangers – als ahistorisch gültiges Jugendkonzept wahrgenommen, ein Konzept, an dem zeitgenössische Kritiker allerdings monierten, dass Jugendliche, wie sie die Theorie beschreibt, in der Realität „nur als seltene Prachtexemplare vorkommen" (Mann 1928, S. 350), und dass der Theorie „mehr der Künstler als der Gelehrte Pate gestanden" (Kraudelat 1924, S. 967) habe. Unübersehbar, und den Erfolg dieses Jugendbildes bestätigend, sind die Orientierungsleistungen und Sinnstiftungsfunktionen, die Sprangers Jugendpsychologie für die Zunft der Pädagogen erbracht und übernommen hatte. So unterschiedlich im Einzelnen die wissenschaftlich erzeugten Jugendbilder auch sind, sie münden häufig in Krisendiagnosen und Erlösungsversprechen. Gesellschaftlich als Krise der Jugend, entwicklungspsychologisch Jugend als Krise im Lebenslauf beschrieben, setzen solche Wahrnehmungsmuster auch Visionen ihrer Überwindung frei.

Seit Ende des 19. Jahrhunderts werden nämlich nicht nur in wissenschaftlichen und pädagogischen Reflexionen, sondern auch gesellschaftspolitisch Termini wie „Jugend" und „junge Generation" zu schillernden Schlüsselbegriffen, die sich nicht nur von den hier skizzierten Jugendbildern, sondern auch von Jugend als Altersphase und Statuspassage ablösen. Zunächst in der zeitgenössischen Diskussion um die Schülerselbstmorde und die „Überbürdungsfrage" schon in der Rolle der Opfer, aber noch als Adressat des Bildungssystems wahrgenommen (Schiller 1992), stilisiert der literarische Expressionismus das Jugendthema zu einem grundsätzlichen Vater-Sohn-Konflikt, der Jugend einerseits als Opfer familiärer und schulischer Erziehung beschreibt, andererseits Jugend als sozialen Träger einer kulturellen und ethischen Alternative zur Gesellschaft der Väter stilisiert. Im expressionistischen Drama begann eine Phase jugendlicher Selbstthematisierung, die in der Jugendkulturbewegung um Gustav Wyneken, Siegfried Bernfeld und Walter Benjamin (Dudek 2002) eher ihren Repräsentanten fand als in der von liberalen Eltern und Lehrern geschützten Rebellion des Wandervogels (Herrmann 2006). Angesichts der Krisenerfahrungen einzelner Bevölkerungsschichten und der Nation, des raschen Wandels und Prestigeverlusts des kulturellen Kapitals Bildung, angesichts der notorischen Kulturkritik des Bildungsbürgertums und des grassierenden Kulturpessimismus knüpften sich an Jugend als gesellschaftlicher Erneuerungskraft hochgespannte Erwartungen und Hoffnungen, die in Visionen vom „neuen Menschen" ihren Ausdruck fanden (Dudek 1999, S. 23ff.). Im ersten Jahrzehnt des 20. Jahrhunderts wurde „Jugend" so auch zu einem Etikett für Gesellschaftserneuerung und für einen neuen Lebensstil, der sich sowohl in der politischen Propaganda wie in der Werbung für den expandierenden Konsumgütermarkt einen festen Platz eroberte.

Gesellschaftspolitisch lässt sich bis in die dreißiger Jahre hinein beobachten, wie Jugend als Mythos kultiviert und reproduziert wurde. Über die politischen und gesellschaftlichen Lager hinweg ventilieren die Parolen von den prometheischen Aufgaben der Jugend und ihre Heilsbotschaft lautet: Rettung durch die Jugend. Die Zeichen des **Jugendmythos** werden zwar durch die bürgerliche **Jugendbewegung** gesetzt, gehen jedoch weit über diese hinaus (Stambolis 2003). Sie sind teils selbst-, teils fremdbestimmt, teils gelebt in den Männerbünden der Jugendbewegung, teils literarisch in der politisch-kulturellen Publizistik als „Mission ohne Ziel" (Koebner u.a. 1985, S. 14ff.) beschworen. Jugend als Chiffre für einen über den Parteien und Ideologien stehenden sozialen Träger einer neuen Gesellschaft wurde spätestens nach der Reichstagswahl von 1930, mit der die NSDAP zur Massenpartei aufstieg, zu einem politisch folgenreichen Mythos, der auch die Reihen der Sozialdemokraten mit ihrem überalterten Funktionärsapparat erreichte. Politisch allerdings profitierte vor allem die NSDAP vom Mythos der jungen Generation. Sie bediente sich ihm nicht nur in ihrer Propaganda, sondern die Generationsspannungen wurden selbst ein zentraler Entwicklungsfaktor der NS-Bewegung vor 1933. Mit der auf Opfer, Kampf, Gewalt, Befreiung, Einsatz und Idealismus abgestellten Selbstinszenierung der NS-Bewegung wurde der Jugendmythos politisch formiert und instrumentalisiert.

Trotz der HJ-Parole „Jugend führt Jugend" und der Semantik des Jugendzentrismus machte das NS-Regime ab 1933 aber unmissverständlich deutlich, dass es an der Fortsetzung einer eigenständigen Jugendideologie kein Interesse hatte. Die staatliche Jugendpolitik nach 1933 liquidierte den Mythos „Jugend" zugunsten einer generationsübergreifenden Volksgemeinschaftsideologie und mit ihm das oppositionelle Potential, das er auch verkörperte. In den Gliederungen der Staatsjugendorganisation wurden nun neue, geschlechtsspezifisch differenzierte Jugendleitbilder entworfen. Die Erziehung und Sozialisation in Formationen, die mit den traditionellen Erziehungsinstanzen Familie und Schule konkurrieren, sollte nicht nur alle Jugendlichen und alle ihre Lebensbereiche erfassen, sie führte in den Augen der NS-Erziehungspolitiker zu einer neuartigen Zäsur. Das nun staatlich verordnete Leitbild des HJ-Jugendlichen war der „äußerlich aktivierte und leicht aktivierbare, körperlich leistungsfähige, beruflich tüchtige, an Organisationsdisziplin gewöhnte Junge, der... an die Einhaltung der von der Organisation gelieferten Normen sich unreflektiert binden, Initiative nur im Rahmen dieser Normen entfalten und sein Selbstgefühl auf die Stellung seiner Organisation und seine Position innerhalb derselben beziehen sollte" (Klönne 1999, S. 84 f.). Das Weiblichkeitsbild für die im Bund Deutscher Mädel (BDM) sozialisierten Mädchen orientierte sich an einer Synthese von körperlicher Ertüchtigung, Gesundheit, Pflichtbewusstsein und der Bereitstellung von Angeboten, die ein jugendliches Eigenleben auch für die Mädchen garantieren sollten. Entgegen einer weit verbreiteten These war Erziehung im BDM „nicht Erziehung zur Weiblichkeit, Erziehung zur Mütterlichkeit, geschlechtspolare Erziehung, sondern eine Erziehung zu Fungibilität, die auf Vereinzelung gründete, und in deren Mittelpunkt für die Mädchen wie für die Jungen Körperbeherrschung und Disziplin, Rationalität und Effizienz standen" (Reese 1989, S. 59).[6]

Nach 1945 nimmt die Entwicklung von **Jugendbildern** in den beiden deutschen Staaten unterschiedliche Züge an. In der DDR war es der **Freien Deutschen Jugend** (FDJ) gelungen, faktisch ein Organisationsmonopol durchzusetzen, das sich in hohen Organisationsgraden niederschlug. Sieht man einmal von der kurzen Phase der Jahre 1946/47 ab, in der die FDJ und SED mit einem jugendspezifischen Konzept für neue Mitglieder warb, so sprachen seit 1948 beide der Jugend jeden Anspruch auf Eigenständigkeit ab und ebneten die Jugendfrage entsprechend der marxistisch-leninistischen Ideologie als Klassenfrage ein. Seit Gründung der DDR wurde die FDJ dann völlig für die Politik der SED instrumentalisiert. Unbestreitbar haben die Sozialisationsverhältnisse in der DDR und die Erziehungspolitik der SED unübersehbare Integrationsleistungen erbracht und spezifische DDR-Bindungen erzeugt. Die Bindungen an die Erziehungsdiktatur sind auch mit lebensgeschichtlichen und generationstypischen Erfahrungen verwoben gewesen. Am stärksten waren diese Bindungen bei den Geburtsjahrgängen von 1920 bis 1929 ausgeprägt, obwohl gerade sie am stärksten den NS-Sozialisationsinstanzen ausgesetzt waren. Sie bildeten den Kern der FDJ-Aufbaugeneration und haben die DDR in erster Linie getragen. Die Biographien ihrer Angehörigen sind geprägt durch das Aufbauerlebnis, das Wiedergutmachungserlebnis und das Erlebnis des Parteieintritts. Speziell für diese Alterskohorten gilt nach Zwahr: „Das (negative) Kriegserlebnis wurde zu einem (positiven) Nachkriegserlebnis: Es entstand die feste DDR-Bindung der sogenannten Aufbaugeneration. Es war eine zweimal, zum einen durch den Nationalsozialismus, zum anderen durch den kommunistischen Kader disziplinierte Durchhaltegeneration, die ihrerseits disziplinierend wirkte und den ihr anvertrauten ‚neuen Menschen' nach Kräften zu formen versuchte. Aus ihr sind trotz krisenhafter Entwicklung vergleichsweise wenige ausgebrochen" (Zwahr 1994, S. 450). Das mag für die fünfziger Jahre gelten, aber schon in den sechziger Jahren war das offiziell proklamierte Leitbild, Jugend als Kämpfer für eine kommunistische Gesellschaft zu definieren und am männlichen Ideal einer „allseits gebildeten sozialistischen Persönlichkeit" zu orientieren, eher ideologischer Wunsch als Realität. Vor allem die männliche, proletarische Großstadtjugend entsprach am wenigsten dem verordneten Ideal, aber auch nicht jene Jugendlichen, die sich z.B. in der evangelischen Kirchenarbeit engagierten und deshalb politischen Repressalien ausgesetzt waren (vgl. Henneberg 2002; Ohse 2003; Ueberschär 2003). Nach einer kurzen Phase der Liberalisierung der Jugend- und Kulturpolitik in der ersten Hälfte der sechziger Jahre, kehrte die DDR Ende 1965 zu einer reglementierenden Jugendpolitik zurück, um die an der westlichen Jugendkultur orientierten Jugendlichen vor allem ideologisch stärker an ihren Staat zu binden. Einst Hoffnungsträger wurde Jugend während der sechziger Jahre in den Augen der SED zunehmend zu einem Sicherheitsrisiko (Skyba 2000), das auch innerhalb des Bildungssystems das kontrollierende Interesse der Staatssicherheit hervorrief (Wiegmann 2007).

„Der politisch zuverlässige Teil der Jugend war deshalb kaum in der Lage, den großen Rest zu Engagement und Leidenschaft zu verführen. Vielmehr wurde er selbst mit seinem Heer von Berufsjugendlichen zum Instrument der Erziehungsdiktatur, während ein immer größer werdender Teil der jüngeren Generation sich passiv und schweigsam verhielt und eine starke Minderheit unangepaßt und widerständig, wobei das Politische oft zum bloßen Zeichen eines allgemeineren Widerstandes gegen die Erziehungsdiktatur wurde. Damit aber war die gesamte Jugend für das sozialistische Projekt verloren" (Wierling 1994, S. 420).

In der Bundesrepublik wurde das öffentliche Jugendbild in den 1950er-Jahren durch das von Helmuth Schelsky in die Welt gesetzte Schlagwort von der „**skeptischen Generation**" geprägt (Schelsky 1963). Deren Lebenseinstellung und soziale Haltung sei geprägt durch Skeptizismus, Konkretismus und Privatismus. Danach strebten Jugendliche Verhaltenssicherheit in Familie, Beruf, Ausbildung und Alltag an. Durch die Betonung privater Bindungen und den starken Realitätsbezug erscheinen die Jugendlichen als Quasi-Erwachsene, die die eigene Verhaltensunsicherheit durch Anpassung an die Anforderungen der Moderne kompensieren. Schon zeitgenössischen Beobachtern fiel auf und jüngere Untersuchungen haben dies bestätigt, dass eine nennenswerte Minderheit Jugendlicher sich nicht in das von Schelsky konstruierte Generationsschema einpasste, sondern sich eigene Männlichkeits- und Weiblichkeitsideale modellierte. Hier ist vor allem der Bedeutungsverlust vom Bild des zackigen, am Ideal des Soldaten orientierten Jugendlichen zu erwähnen. Unter dem Einfluss der westlichen, vor allem amerikanischen Kulturindustrie entwickelten sie das subkulturell weiter, was unter den Bedingungen des Zweiten Weltkrieges die „Swing-Jugend" entdeckte, nämlich das Ideal der Lässigkeit – verkörpert vor allem in James Dean. Der Blick auf die Halbstarken vor dem Ersten Weltkrieg, die wilden Cliquen in der Weimarer Republik, während des Zweiten Weltkriegs und in der unmittelbaren Nachkriegszeit (Kenkmann 1996) zeigt, dass die Betonung des provokativ Lässigen, des Unordentlichen, Anti-Soldatischen in den Kreisen der proletarischen und subproletarischen Jugend eine gewisse subkulturelle Tradition besaß. „Nicht um die Erfindung der Lässigkeit geht es also, sondern um ihre Verallgemeinerung und Legitimierung als zunächst generationsspezifischer Habitus – unter kräftiger Mithilfe US-amerikanischer Vor-Bilder und Stilmittel" (Maase 1992, S. 119; vgl. Maase 1999, S. 82ff.). Sowohl die vor allem in der Arbeiterjugend verankerte Subkultur der Halbstarken (Grotum 1994) als auch die in der zweiten Hälfte der 1950er- Jahre entstandene Teenager-Kultur unterlagen trotz ihres Provokationspotentials gegenüber der älteren Generation doch schon deutlich den kommerziellen Interessen eines Marktes, der Jugend als Zielgruppe entdeckt hatte. Dennoch hielt sich die Amerikanisierung des jugendlichen Lebensstils in deutlichen Grenzen. In seiner Fallstudie über die Eimsbüttler Jugend der fünfziger Jahre kommt Böge z.B. zu dem Befund, „dass Oberschüler sehr viel weniger beeindruckt und beeinflusst waren von der US-Populärkultur als Lehrlinge, organisierte Jugendliche weniger als unorganisierte, Mädchen weniger als Jungen, und dass Amerikanisierung eine Erscheinung weit stärker der zweiten als der ersten Hälfte der 50er war" (Böge 1997, S. 115).

In der westdeutschen Öffentlichkeit stießen die Tendenzen zur Amerikanisierung des jugendlichen Lebensstils mit einem gewissen Hang zur Dramatisierung und Skandalisierung auf nicht zu unterschätzende Ablehnung. In der DDR dagegen galten sie als Indiz für die kulturelle Aggressivität des amerikanischen Imperialismus und als Gefahr einer kulturellen Überfremdung, der man entschieden mit einer Erziehung zum Patriotismus begegnen müsse. Die in der ersten Hälfte der 1950er- Jahre noch gemeinsame ablehnende Haltung gegenüber amerikanischen Kultureinflüssen, löste sich in den folgenden Jahren zunehmend auf. Während in der DDR diese Phänomene der Jugendkultur weiterhin politisiert wurden, ließ sich in der Bundesrepublik der entgegengesetzte Prozess beobachten.

3 Geschichte der Jugend in Staat und Gesellschaft

Seit Ende des 19. Jahrhunderts begann der Staat rechtlich die Jugendphase zu normieren und damit die gesellschaftliche Normalität jugendlicher Existenz zu definieren. Damit wurde einerseits ein Zugewinn an Autonomie freigesetzt, andererseits die Möglichkeit sozialer und pädagogischer Kontrolle ausgebaut. Die Einführung einer besonderen Jugendgesetzgebung blieb dabei eng an die Entwicklung der Jugendfürsorge und **Jugendpflege** gebunden. Ihrem Ursprung nach war sie im Sinne einer Zwangserziehung zunächst an „verwahrloste" Kinder adressiert[7], dann im Preußischen Fürsorgegesetz von 1900 aber schon auf „verwahrloste" Jugendliche ausgedehnt. Hier löste dann der Begriff der Fürsorgeerziehung den der Zwangserziehung ab und der sozialpädagogische Gedanke griff um sich, die Fehlentwicklungen des Modernisierungsprozesses erzieherisch zu korrigieren bzw. ihnen in Form einer staatlich angeregten und finanziell geförderten Jugendpflege präventiv zu begegnen. Adressiert waren diese Regelungen an die Arbeiterjugend und den politischen Einfluss der Sozialdemokratie auf sie. Auf schulischer Seite hieß das vermeintliche Zauberwort „staatsbürgerliche Erziehung" und

Pädagogen sahen in der Einführung der „Fortbildungsschule" ein geeignetes Instrument sozialer Kontrolle (Dudek 1996). Verbot noch 1908 das Reichsvereinsgesetz Jugendlichen die Zugehörigkeit zu politischen Vereinigungen sowie die Teilnahme an politischen Versammlungen, so erklärte der Preußische Jugendpflegeerlass vom 18.1.1911 Jugendpflege zu einer nationalen Aufgabe, welche die Freizeiterziehung der schulentlassenen männlichen Jugend zu organisieren habe. Der mit 1 Million Mark ausgestattete Erlass stärkte die Arbeit der bestehenden nationalen und konfessionellen Jünglingsvereine und schloss faktisch alle sozialdemokratischen Jugendorganisationen von der Finanzierung aus. 1913 wurde der Etat finanziell aufgestockt, mit dem Erlass vom 30.4.1913 auch die weibliche Jugend in die Jugendpflege einbezogen. Um die „Kontrolllücke" zwischen Volksschule und Militär zu schließen, erwog man zeitweilig sogar eine Jugendpflegepflicht für die schulentlassene Jugend.

Der besorgte Blick der Pädagogen galt zwar auch dieser Alterskohorte, im Besonderen aber den 14- bis 21-jährigen Industriearbeitern, die nicht mehr der schulischen Kontrolle und noch nicht der Kontrolle des Militärs unterlagen. In ihnen sah man eine Gefahr für die bürgerliche Ordnung und sie selbst als potentiell gefährdet, politisch, moralisch oder strafrechtlich in Konflikt mit der bürgerlichen Gesellschaft zu kommen (Dudek 1996). In Westfalen z.B. lebten 1910 insgesamt 1,5 Millionen Kinder unter 14 Jahren sowie eine halbe Millionen Jugendliche zwischen 14 und 21 Jahren. Das bedeutet, dass 49% der westfälischen Bevölkerung Minderjährige unter 21 Jahren waren. „Besonders jung war die Bevölkerung im industriellen Ballungsgebiet des Ruhrgebiets. Das hatte seine Ursache nicht allein im fortdauernden Zuzug jugendlicher Arbeiter in diese Region, sondern auch darin, daß die aus den agrarischen Ostprovinzen Preußens stammenden Einwanderer zunächst ihre vorindustrielle Familienplanung beibehielten, d.h. eine weit überdurchschnittlich hohe Geburtenrate aufwiesen" (Köster 1999, S. 23 f.).

Industrialisierung und Urbanisierung veränderten die Bedingungen und Erfahrungen des Aufwachsens junger Menschen auf eine sehr dramatische Weise und schufen dabei die Voraussetzungen für die Entstehung einer eigenständigen Jugendphase und damit für die „Entdeckung der Jugend". Einerseits erzeugte die industriegesellschaftliche Modernisierung „den Qualifizierungsbedarf und die nötigen wirtschaftlichen Ressourcen, um einen wachsenden Teil der inderjährigen von den Pflichten des Arbeitslebens freizustellen und ihnen den ‚Luxus' einer dem schulischen Lernen vorbehaltenen Lebensphase zu gewähren. Andererseits lockerte die städtisch-industrielle Sozialform die familiale, nachbarschaftliche und kirchliche Einbindung der Heranwachsenden und rief so die Öffentlichkeit auf den Plan" (Köster 1999, S. 23).

Jugendpflege und Jugendfürsorge unterlagen seitdem wie die gesamte Soziale Arbeit (Hering/Münchmeier 2000) einem Prozess der Verrechtlichung und Pädagogisierung (Peukert 1986)[8], aber entsprechende Vorstöße in Richtung eines einheitlichen Jugendgesetzes, das vom Recht des Kindes auf Erziehung ausgeht, wurden auch in der Weimarer Republik nicht realisiert. Dennoch enthielt die Weimarer Verfassung eine Reihe einschlägiger Artikel, die unter dem Gedanken des Jugendschutzes und des Rechts auf Erziehung das staatliche Zugriffsrecht auf die Jugend sanktionierten. Das 1922 verabschiedete und 1924 in Kraft gesetzte Reichsjugendwohlfahrtsgesetz (RJWG) erklärte Jugenderziehung zu einer öffentlichen Aufgabe, fasste Jugendpflege und Jugendfürsorge unter dem Begriff der öffentlichen Jugendhilfe zusammen und schuf ein Netz kommunaler Jugendämter, deren Aufgabendefinitionen bei allen pädagogischen Ambitionen die polizei- und strafrechtliche Herkunft nicht verleugnen konnten. Mit diesem Gesetz wurde Jugendpflege zu einer kommunalen Aufgabe in den Händen der neu geschaffenen Jugendämter (Uhlendorff 2003), die 1928 aber nur zu 30,6% eigenständig und zu 65,7% Teil des Wohlfahrtsamtes waren (Hasenclever 1978, S. 100 ff.).

Das 1923 verabschiedete Reichsjugendgerichtsgesetz (RJGG) setzte die Altersgrenze für den Beginn der Strafmündigkeit von 12 auf 14 Jahre hinauf, definierte die Phase von 14 bis 18 Jahren als das Alter relativer Strafunmündigkeit und mangelnder Einsichtsfähigkeit. Es trug zwar alle Züge eines Kompromisses, setzte aber doch den Vorrang der Erziehungsmaßregeln vor denen der Strafe. 1920 trat das Lichtspielgesetz in Kraft, nach dem Kindern und Jugendlichen zwischen 6 und 18 Jahren Filme nur nach Genehmigung durch die Filmprüfstellen vorgeführt werden durften. Das Verbot des Verkaufs indizierter Schriften regelte das 1926 verabschiedete Gesetz zur „Bewahrung der Jugend vor Schund- und Schmutzliteratur". Nach 1933 blieb das RJWG unverändert in Kraft, aber das NS-Regime schuf eine Reihe neuer gesetzlicher Regelungen zur Formierung der Jugend in einem integrierenden und separierenden Sinne.

Die Nationalsozialisten werteten vor allem das System der außerschulischen Zwangsformationen auf. Am 29.3.1934 wurde das Preußische Gesetz über das Landjahr verabschiedet, nach dem 14-15-jährige Schulentlassene für 8 Monate in Lagern auf dem Lande erzogen wurden. 1935, dem Jahr der Einführung der allgemeinen Wehrpflicht, wurde die „arische" männliche Jugend zwischen 18 und 25 Jahren zu einem halbjährigen Arbeitsdienst verpflichtet (Dudek 1988), 1939 dann die weibliche Jugend, um „die deutsche Jugend im Geiste des Nationalsozialismus zur Volksgemeinschaft und zur wahren Arbeitsauffassung, vor allem zur gebührenden Achtung der Handarbeit (zu) erziehen" (RGBl. I, 1935, S. 769). Bereits am 1.12.1936 trat das Gesetz über die **Hitler-Jugend** in Kraft, um die HJ zu ermächtigen, „die gesamte deutsche Jugend ... körperlich, geistig und sittlich im Geiste des Nationalsozialismus zum Dienst am Volk und zur Volksgemeinschaft zu erziehen" (RGBl. I, 1936, S. 993). Am Ende des Weges zur totalen Erfassung aller Jugendlichen stand die 2. Durchführungsverordnung zum HJ-Gesetz vom 25.3.1939, nach dem alle Jugendlichen deutscher Staatsangehörigkeit zwischen 10 und 18 Jahren zum HJ-Dienst verpflichtet wurden und damit einer öffentlich-rechtlichen Erziehungsgewalt unterlagen. Für die von den NS-Behörden als asozial, arbeitsscheu, unerziehbar und politisch oppositionell eingestuften Jugendlichen entwickelte das NS-Regime eine Reihe repressiver Maßnahmen, die teils in der Tradition des Ausleseparadigmas der Weimarer Republik standen, teils neuartigen Charakter hatten wie die NSV-Jugendhilfe, der 1940 eingeführte Jugendarrest, die Arbeitserziehungslager und Jugendschutzlager als SS-Sonderlager.[9] Nicht zu übersehen aber ist die Tatsache, dass Regelungen wie das Jugendarbeitsschutzgesetz von 1938 oder die Novellierung des RJGG von 1943, Aktivitäten der HJ oder der NSV den als förderungswürdig angesehenen Jugendlichen auch soziale und rechtliche Vorteile brachten.

In der Dreiteilung von Erziehungsfürsorge, Fürsorgeerziehung und Jugendschutzlager spiegelte sich die Grundauffassung der „völkischen" Jugendhilfe wider. Sie knüpfte damit an die im RJWG getroffene Unterscheidung zwischen Erziehungswürdigen und Unverbesserlichen an, die dann „im Nationalsozialismus nur noch rassebiologisch überhöht und mit der Bedenkenlosigkeit der Diktatur praktiziert werden musste. Am Ende stand der Anspruch von Himmlers Polizei, über die präventive ‚Behandlung Gemeinschaftsfremder' die gesamte Kontrolllücke zwischen Gefängnis und Irrenhaus zu besetzen" (Peukert 1989, S. 332).

Nach 1945 gingen die Systeme der Jugendpflege und Jugendfürsorge als Medien der Integration und Kontrolle in beiden deutschen Staaten getrennte Wege. In der Bundesrepublik bestimmte bis 1970 das alte Jugendwohlfahrtsgesetz (JWG), dessen Grundstruktur maßgeblich durch das RJWG bestimmt war, den gesetzlichen Rahmen und die gesetzliche Grundlage der Jugendhilfe. Nach der weitgehenden Überwindung der materiellen Notsituation knüpfte sie in den 1950er- Jahren wieder an Weimarer Traditionen an – auch im Bemühen, soziale Probleme so zu pädagogisieren, dass sie sozialpädagogisch lösbar erschienen. In der DDR dagegen wurde der Jugendhilfe durch das Erste Jugendgesetz vom 8.2.1950 ein sehr eingeschränktes Aufgabenfeld zugewiesen. Einerseits wurde Jugendhilfe zur gesamtgesellschaftlichen Aufgabe erklärt, an der das Volksbildungswesen ebenso wie die FDJ oder andere gesellschaftliche Organisationen beteiligt sein sollten, andererseits blieben die Organisationen der Jugendhilfe darauf ausgerichtet, Mängel zu beheben, die in der Familie entstanden.

4 Geschichte der Jugend in Organisationen

Diskutiert man die Geschichte der Jugend vom Aspekt des **Jugendmythos** her, so entsteht für die Zwischenkriegszeit das Zerrbild einer hochgradig politisierten Jugend, die aktiv an der Zerstörung der Republik beteiligt war. In der Realität waren die Verhältnisse komplizierter, das Bild der organisierten Jugend differenzierter und der Politisierungsgrad schwächer. Die politische Kultur der deutschen Gesellschaft vor 1933 war geprägt durch die Existenz unterschiedlicher sozial-moralischer Milieus, die sowohl schichtenspezifische wie –übergreifende Figurationen bildeten und die politische Kultur der Zwischenkriegszeit polarisierten.

Wenn Jugendliche um die Jahrhundertwende überhaupt organisiert waren, dann vor allem in den konfessionell gebundenen Jünglingsvereinen mit geringer Autonomie. Erst mit der Gründung des Wandervogels am 4.11.1901 ist organisatorisch die Geburtsstunde jener **Jugendbewegung** beschrieben, die in zahlreichen Gleichaltrigen-Gruppen und Bünden eigene symbolische Formen und Kommunikationsstile zur gemeinsamen Gestaltung der Freizeit entwickelten, im Erlebnis der Gemeinsamkeit auf Wanderungen, Fahrten und Heimabenden eine jugendliche Subkultur praktizierten, deren Faszination weit über die zahlenmäßige Bedeutung der Bewegung hinausging. Dies unterschied ihn grundsätzlich von allen anderen Jugendvereinen, speziell von den Jugendabteilungen der nationalistischen Agitationsverbände, die in der Mehrzahl zu Beginn des 20. Jahrhunderts gegründet wurden. Umgangston und Verkehrsformen waren im Wandervogel anfangs noch dem studentischen Verbindungswesen entlehnt, wie die Selbstbezeichnungen „Burschen", „Vaganten" oder „Scholaren" andeuten. Ihre typische Organisationsform fanden sie in dem kleinen Bund der Gleichgesinnten, einem eher dezentralen Konzept, das zu zahlreichen Spaltungen und Gegengründungen führte. Höhepunkt der Vorkriegsentwicklung der bürgerlichen Jugendbewegung war der legendäre Freideutsche Jugendtag im Oktober 1913 auf dem Hohen Meißner, den ein Dutzend Jugendbünde und zahlreiche sympathisierende Erwachsene als Gegenveranstaltung zur Hundertjahrfeier der Völkerschlacht bei Leipzig organisierten (Mogge/Reulecke 1988). Diese in Teilen antinationalistische und antimilitaristische Demonstration jugendlichen Selbstbewusstseins konnte aber nicht verhindern, dass ein Jahr später die jugendbewegten Wandervögel begeistert in den Krieg zogen.

Zwar in der Minderheit und vielen antifeministischen Widerständen ausgesetzt, kannte die bürgerliche Jugendbewegung doch auch eigene Mädchengruppen und koedukative Vereinigungen, die erst in den letzten Jahren und in ihrer Bedeutung noch immer unzureichend wahrgenommen werden. Auch ein dezidierter Antisemitismus war der bürgerlichen Jugendbewegung ebenso wie der Studentenschaft nicht fremd wie andererseits jüdische Jugendliche und Studenten seit 1912 nach dem Vorbild des Wandervogels und unter dem Einfluss von Erwachsenen eigene Jugendgruppen gründeten. Sie boten ihren Mitgliedern nicht nur das Gefühl innerer Geborgenheit. Beeinflusst auch von nationaljüdischen Ideen entwickelte sich hier eine häufig vergessene Jugendbewegung, die nicht mehr bereit war, „das permanent schlechte jüdische Gewissen der älteren Generation mit sich herumzuschleppen. Als Alternative zum Selbsthass als krassester Ausdrucksform des seelischen Zwischen-den-Stühlesitzens bot sich ihr die projektive Revolte, die alles und jedes, was man als schlecht empfand, mit der Generation der Eltern identifizierte" (Meier-Cronemeyer 1969, S. 18).

Nach dem Zusammenbruch des Kaiserreiches und dem verlorenen Weltkrieg organisierte sich die Jugendbewegung in dem Bewusstsein neu, eine umfassende gesellschaftliche Erneuerung müsse angestrebt und in den Bünden der Bewegung vorgelebt werden. Den Kern dieser bündischen Bewegung bildete die 1926 entstandene Deutsche Freischar. Heimat und Volk, Führer und Gefolgschaft, Natur- und Kriegserlebnis wurden zu Schlüsselbegriffen der politisch-sozialen Identität der Bewegung (Schröder 1996) und sie äußerten sich in der Vereinheitlichung der Kluft, der Änderung des Fahrtenstils, dem Ausbau des Lagerlebens. Der Marsch ersetzte das wilde Wandern, das romantisch verbrämte Liedgut wich politischen Liedern, das Führer-Gefolgschafts-Verhältnis des Bundes löste die eher informellen Hierarchien der Vorkriegszeit ab.

1904 deutete sich mit der Gründung des „Vereins der Lehrlinge und jugendlichen Arbeiter Berlins" an, dass auch innerhalb der Arbeiterbewegung die Identifikationsangebote der Sozialdemokratie nicht mehr völlig die Problemlagen junger Arbeiter abdeckten. Die Resonanz, welche die proletarische Jugendbewegung trotz politischer Repressionen vor 1914 erlangen konnte, zeigt, dass auch organisierte Arbeiterjugendliche auf der Suche nach neuen Wegen der Selbstfindung waren, diese zwar noch innerhalb des Organisationszusammenhangs der Arbeiterbewegung suchten, doch deren Vorgaben nicht mehr unbesehen folgten. Auch wenn ihre Lebenswelt, ihr sozial-moralisches Milieu und ihre politischen Ausgangspunkte andere waren als die der Wandervögel, so ist doch unverkennbar, dass diese organisierte Jugend eigene politische und jugendspezifische Forderungen entwickelte. Ähnlich wie die bürgerliche Jugendbewegung organisationsgeschichtlich vielfältige Sezessionen kannte, machte die Arbeiterjugendbewegung durch ihre enge Anbindung an die Erwachsenenorganisationen auch deren Entwicklungen und Spaltungen mit. Nach 1918 zersplitterte deshalb die Bewegung in den Kommunistischen Jugendverband (KJVD) einerseits, die Sozialistische Arbeiterjugend (SAJ), die Jungsozialisten, die Naturfreunde und die mit über 200.000 Mitgliedern pädagogisch bedeutsame Kinderfreundebewegung andererseits. Das Schwergewicht der politischen Arbeit dieser Organisationen lag einmal in dem Bemühen um die Verbesserung der sozialen und betrieblichen Lage der Arbeiterjugend, zum anderen in der demokratischen Selbsterziehung und Bildung ihrer Mitglieder, verbunden mit der Vision, in einer entfremdeten Gesellschaft so den Grundstein für den „neuen Menschen" (Max Adler) des Sozialismus zu legen.

Für die Zwischenkriegszeit gilt, dass nicht nur die Zahl der Jugendverbände rapide anstieg, der Organisationsgrad der Weimarer Jugend relativ hoch war, sondern auch, dass ihr sozialpolitisches Engagement bei allen machtpolitisch begrenzten Einflussmöglichkeiten beachtlich ausgebildet war. Im Frühjahr 1927 gehörten 3,6 Millionen Jugendliche zwischen 14 und 21 Jahren (= 40%) den Jugendorganisationen an, die im Reichsausschuss der Deutschen Jugendverbände zusammengeschlossen waren.[10] Von den 4,6 Millionen männlichen Jugendlichen dieser Alterskohorten waren 54%, von den 4,5 Millionen weiblichen Jugendlichen 26% in Jugendverbänden organisiert. Zahlenmäßig am bedeutendsten waren mit über 1,5 Millionen Mitgliedern die Sportverbände, gefolgt von den katholischen (881.121), den evangelischen Gruppen (595.772) und den berufsständischen Verbänden (401.897). Dagegen kamen die bündischen Gruppen etwa auf 30.000 und die Jugendverbände der Parteien auf 44.300 Mitglieder (Kneip 1974, S.

205f.). Im November 1932 waren dem Reichsausschuss 117 Mitgliederverbände mit 4,75 Millionen Jugendlichen angeschlossen.

Eine vollends marginale Rolle in der jugendpolitischen Landschaft der Weimarer Republik spielten dagegen die Schüler- und Jugendgruppen der NSDAP. Anfang 1933 hatte die HJ ca. 55.000 Mitglieder, der BDM maximal 15.000 Mitglieder. In einer Kombination von Verordnungen, Polizeiunterstützung, Einschüchterung und nackter Gewalt gelang es der HJ-Führung sukzessive die konkurrierenden Jugendverbände mit Ausnahme der bis 1937/38 unter dem Schutz des Konkordates stehenden katholischen Gruppen zu verbieten bzw. zu integrieren. Bereits im April ließ Schirach im Handstreich die Räume des Reichsjugendausschusses besetzen, enthob den amtierenden Vorstand und übernahm selbst den Vorsitz. Zwang und Repression erklären aber noch nicht allein den enormen Mitgliederzuwachs von HJ und BDM. Denn gerade in der Frühphase des NS-Regimes übten beide Gruppen durch ihre vielfältigen und durchaus modernen Freizeitangebote, die speziell für die Mädchen bislang nicht gekannte Entfaltungsmöglichkeiten boten, erhebliche Faszination auf viele Jugendliche aus. Ende 1933 waren bereits 30,5% der Jugendlichen Mitglieder, 1936 waren es ca. 62% und zu Beginn des Jahres 1939 trugen dann über 91% der 10-18jährigen die Uniform der Staatsjugendorganisation.

Abseits von den großen Jugendverbänden, die mit ihrer Arbeit stets selbst ein Teil der Jugendpflege waren, gab es in der Geschichte der Jugend immer auch eine Vielzahl mehr oder weniger loser Zusammenschlüsse vorwiegend männlicher Jugendlicher in Banden, Cliquen oder Freundschaftsgruppen, die nicht selten das Objekt sozialpädagogischer Jugendarbeit waren. Entstanden im proletarischen Milieu der Großstädte entwickelten diese Jugendlichen Verhaltensmuster und Formen der Freizeitgestaltung, die von den Pädagogen besorgt als Einstieg in die Verwahrlosung und Kriminalität wahrgenommen wurden, ihnen als Projektionsfolie eines negativen Jugendbildes dienten und die Debatten über die Grenzen der Erziehbarkeit (Dudek 1999) belebten. Im Hamburg der Vorkriegszeit waren es die „Halbstarken" (Dudek 1990a), im Berlin der zwanziger Jahre die „wilden Cliquen", im Ruhrgebiet und der Industrieregion um Leipzig in den vierziger Jahren die Meuten und Edelweißpiraten, deren Subkultur bis in die Nachkriegszeit Alfons Kenkmann in einer bahnbrechenden Studie untersucht hat (Kenkmann 1996). Über drei unterschiedliche politische Systeme hinweg begründeten sie zwar keinen genuinen Traditionszusammenhang einer Jugendbewegung, aber gemeinsam ist ihnen doch, dass sie sich konsequent dem gesellschaftlich gewünschten Sozialverhalten entzogen, von pädagogisch gestalteter Jugendarbeit unbeeindruckt und unzugänglich blieben, Straße und Kneipen als ihre sozialen Orte bevorzugten, ein Leben zwischen Spontaneismus und Kriminalität führten und dabei jeweils einen eigenen subkulturellen Stil ausprägten. Verweigerung als Verhaltensmuster führte dann in den Jahren des Zweiten Weltkrieges manche der Edelweißpiraten in die Grauzone von politischer Opposition und lokalem Untergrundkampf gegen HJ und Gestapo. Als „bündisch", „gegenvölkisch" und „homosexuell zersetzend" verfolgte die HJ-Führung in Zusammenarbeit mit Gestapo und Polizei die illegalen Jugendgruppen. Einen präzisen Eindruck in den Prozess der Kriminalisierung und Verfolgung dieser Jugendgruppen bieten zwei Schlüsseldokumente, die auch das Ausmaß und die Schwierigkeiten bei der Verfolgung nicht systemkonformer Jugendgruppen dokumentieren. Es handelt sich zum einen um die 1941 als „streng vertraulich" von der Reichsjugendführung erstellte Denkschrift über „Kriminalität und Gefährdung der Jugend" (Klönne 1981), zum anderen um den vom Reichsführer-SS ebenfalls als „streng vertraulich" deklarierten Erlass zur Bekämpfung jugendlicher Cliquen vom 25.10.1944 (Reidegeld 1999).

Erst seit den frühen 1980er- Jahren sind die verschiedenen Formen von Resistenz, Verweigerung und organisierter Opposition unter Jugendlichen näher beleuchtet worden. Diese Untersuchungen haben die langjährige Verengung des Jugendwiderstandes auf die Geschwister Scholl und die „Weiße Rose" aufgebrochen. Man ist inzwischen informierter über den Widerstand bündischer Gruppen, die Unterdrückung, Opposition, aber auch Ohnmacht der katholischen Jugendbewegung, die schwierigen Bedingungen evangelischer Jugendarbeit, den Widerstand der organisierten Arbeiterjugend, die Lage jüdischer Jugendlicher und die Entwicklung des Reichsausschusses der jüdischen Jugendverbände während der NS-Diktatur. Dass selbst das Hören von Swingmusik den staatlichen Repressionsapparat gegen Jugendliche in Gang setzte, belegt die Untersuchung von Kurz (1995). Diese historischen Forschungen haben neben zahlreichen autobiographischen Zeugnissen inzwischen die Vielfalt von Verhaltensmustern Jugendlicher unter den Bedingungen der Diktatur des nationalsozialistischen Erziehungsstaates nachgewiesen, gleichzeitig auch das Ausmaß an Hoffnung und Terror regional- und alltagsgeschichtlich beleuchtet.

Nach 1945 ging die Geschichte der organisierten Jugend in beiden deutschen Staaten getrennte Wege, die hier nicht näher verfolgt werden können. Die kurzzeitige Vision einer „Freien Deutschen Jugend" in Ost und West oder eines gesamtdeutschen Jugendringes, wie er in dem Altenberger Gespräch von 1947 angedacht wurde, ging rasch in der Spirale des Kalten Krieges unter. Die neu entstandenen Jugendverbände im Westen schlossen sich schon im Oktober 1949 zum Deutschen Bundesjugendring zusammen, der als Dachverband eine Vielzahl von Jugendverbänden zusammenführte. In der SBZ/DDR trat die FDJ die Nachfolge der „antifaschistischen Jugendausschüsse" an und belastete sich zugleich auch mit der Frage, ob und inwieweit ehemalige HJ-Führer mit ihren Kenntnissen in der staatlichen Jugendarbeit die zweite Staatsjugendorganisation unterstützen konnten und sollten. Während eine profunde Geschichte der westdeutschen Jugendorganisationen noch aussteht, liegen seit dem Zusammenbruch der DDR einige luzide Untersuchungen zur Geschichte der FDJ und ihrem Scheitern im Erziehungsstaat DDR vor (z.B. Mählert/Stephan 1996).

Anmerkungen
1 Dass sich die aktuelle empirische Jugendforschung zum Teil bemüht, diese Perspektive zu verfolgen, verdeutlicht z.B. wieder die jüngste Shell-Jugendstudie (Shell Deutschland 2006).
2 Die Literatur zur Generationsthematik ist in der Erziehungswissenschaft Legion, gleichwohl ist der Generationsansatz auch in der Historischen Jugendforschung nicht unumstritten. Über den Stand der Diskussion informieren aus unterschiedlichen Perspektiven z.B. Herrmann (1993), Liebau/Wulf (1996), Müller (1999), Reischmann (1999), Reulecke (2003), Stiksrud (1994). Für die deutschsprachige Schweiz hat Monika Wicki die Veränderungen der Vorstellungen über Kindheit und Jugend und den Wandel der Generationenbeziehungen seit dem späten 19. Jahrhundert materialreich nachgezeichnet (Wicki 2008).
3 Es ist hier nicht möglich auf einzelne Studien aus diesem Forschungsfeld einzugehen. Einen lohnenswerten Überblick zu theoretischen Ansätzen, Methoden und Ergebnissen bietet Gestrich (1999).
4 Zum Wandel des bürgerlichen Mädchenbildes im 19. und 20. Jahrhundert vgl. (Jacobi 1993).
5 Von Spranger inspiriert legte Else Croner eine Untersuchung zur „Psyche der weiblichen Jugend" (Croner 1928) vor. Zu den Mädchenbildern in der zeitgenössischen Jugendforschung vgl. Dudek (1990, S. 206 ff.), zu Normalitätsannahmen und Normenverstöße im europäischen Raum Benninghaus/Kohtz (1999), zur Situation von Arbeitermädchen Benninghaus (1999). Den Forschungsstand zu den Mädchen und Frauen in der bürgerlichen Jugendbewegung fasst Kliemannel (2006) zusammen. Über die Vielfalt und Funktion von Jugendbildern informieren knapp Hafeneger (1995) sowie Sander und Vollbrecht (2000).
6 Zur Geschichte des BDM sind in den letzten Jahren einige Untersuchungen abgeschlossen worden, die sich ihrem Thema teils organisationsgeschichtlich, teils lebens- und alltagsgeschichtlich durch die Befragung von Zeitzeugen

nähern (Gehmacher 1994; Hering/Schilde 2000; Jürgens 1994; Kock 1994; Strien 2000; Offermanns 2004) und als wertvolle Quellensammlung (Miller-Kipp 2001). Jüngere Studien zur HJ konzentrieren sich auf deren Frühgeschichte (Schubert-Weller 1993), auf bestimmte Regionen (Pahmeyer/van Spankeren 1998; Hainmüller 1998), auf das Liedgut der HJ (Klopffleisch 1995), auf deren Jugendpresse (Schruttke 1997) ihre speziellen Disziplinarpolitik (Kollmeier 2007) oder auf andere Spezialaspekte (Büttner 2005). Den nicht immer widerspruchs- und fehlerfreien Versuch einer Gesamtdarstellung bietet Kater (2005); sehr ergiebig nimmt sich dagegen die 2-bändige Studie von Buddrus (2003) aus.

7 So im Anschluss an die Novellierung des Reichsstrafgesetzbuches von 1876 durch das Preußische Gesetz betreffend die Unterbringung verwahrloster Kinder v. 13.3.1878, wonach straffällig gewordene Kinder bis zu 12 Jahren einer öffentlichen Zwangserziehung unterworfen wurden.

8 Ebenso instruktiv wie die bahnbrechenden Arbeiten Peukerts liest sich die Studie von Gräser (1995), der allerdings die Geschichte der Jugendfürsorge mit guten Gründen anders akzentuiert und anders bewertet als Peukert dies tat.

9 Zur Entwicklung der Jugendgerichtsbarkeit nach 1933 vgl. Dörner (1991), Wolff (1992), zum Jugendarrest Meyer-Hoeger (1998).

10 Fundamentaloppositionelle Gruppen wie die NSDAP-Jugendorganisationen oder der KJVD gehörten dem Reichsausschuss ebenso wenig an wie die kleineren und elitären Bünde der bürgerlichen Jugendbewegung. Zu Programm und Entwicklung der Jugendorganisationen der bürgerlichen Parteien vgl. Krabbe (1995).

Literatur

Abels, H.: Jugend vor der Moderne. Soziologische und psychologische Theorien des 20. Jahrhunderts. Opladen 1993
Barth, R.: Jugend in Bewegung. Die Revolte von Jung gegen Alt in Deutschland im 20. Jahrhundert, Berlin 2006
Baumgarten, R.: Jugend. Griechenland. In: Christes, J. u.a. (Hrsg.): Handbuch der Erziehung und Bildung in der Antike, Darmstadt 2006, S. 59-71
Benninghaus, Ch.: Die anderen Jugendlichen. Arbeitermädchen in der Weimarer Republik. Frankfurt/New York 1999
Benninghaus, Ch./Kohtz, K. (Hrsg.): „Sag mir, wo die Mädchen sind...". Beiträge zur Geschlechtergeschichte der Jugend. Köln/Weimar 1999
Bernfeld, S.: Über die einfache männliche Pubertät. In: Zeitschrift für psychoanalytische Pädagogik 9 (1935), S. 360-379
Böge, V.: Außer Rand und Band. Eimsbüttler Jugend in den 50er Jahren. Hamburg 1997
Brand, V. Jugendkulturen und jugendliches Protestpotential. Frankfurt/Bern 1993
Buddrus, M.: Totale Erziehung für den Krieg. Hitlerjugend und nationalsozialistische Jugendpolitik. München 2003
Bühler, J.-Chr.: Die gesellschaftliche Konstruktion des Jugendalters. Zur Entstehung der Jugendforschung zu Beginn des 20. Jahrhunderts. Weinheim 1990
Büttner, M.: Nicht minderwertig, sondern mindersinnig... Der Bann G für Hörgeschädigte in der Hitler-Jugend, Frankfurt/Berlin 2005
Croner, E.: Die Psyche der weiblichen Jugend. Langensalza [4]1928
Dahlke, B.: Jünglinge der Moderne. Jugendkult und Männlichkeit in der Literatur um 1900. Köln/Weimar/Wien 2006
Dette, Ch.: Kinder und Jugendliche in der Adelsgesellschaft des frühen Mittelalters. In: Archiv für Kulturgeschichte 76 (1994), S. 1-34
Dörner, Ch.: Erziehung durch Strafe. Die Geschichte des Jugendstrafvollzugs 1871-1945. Weinheim/München 1991
Dudek, P.: Erziehung durch Arbeit. Opladen 1988
Dudek, P.: Jugend als Objekt der Wissenschaft. Geschichte der Jugendforschung in Deutschland und Österreich. Opladen 1990
Dudek, P.: „Bewußte Feinde jeder Ordnung". Die Entdeckung der „Halbstarken" und der Lehrlingsverein als eine sozialpädagogische Antwort. In: Neue Praxis 20 (1990a), S. 25-36
Dudek, P.: Von der „Entdeckung der Jugend" zur „Geschichte der Jugend". Zeitgenössische Beobachtungen über ein neues soziales Phänomen vom Ende des 19. Jahrhunderts bis 1933. In: Dietz. B. u.a. (Hrsg.): Jugend zwischen Selbst- und Fremdbestimmung. Historische Jugendforschung zum rechtsrheinischen Industriegebiet im 19. und 20. Jahrhundert. Bochum 1996, S. 15-42
Dudek, P.: Jugend und Jugendbilder in der pädagogischen Reflexion seit dem späten 18. Jahrhundert. In: Niemeyer, Chr./Schroer, W./Bönisch, L. (Hrsg.): Grundlinien Historischer Sozialpädagogik, Weinheim/München 1997, S. 43-58

Dudek, P.: Grenzen der Erziehung im 20. Jahrhundert. Allmacht und Ohnmacht der Erziehung im pädagogischen Diskurs. Bad Heilbrunn 1999
Dudek, P.: Fetisch Jugend. Walter Benjamin und Siegfried Bernfeld – Jugendprotest am Vorabend des Ersten Weltkrieges, Bad Heilbrunn 2002
Feilzer, H.: Jugend in der mittelalterlichen Ständegesellschaft. Wien 1971
Ferchhoff, W.: Jugendkulturen im 20. Jahrhundert. Frankfurt/Bern 1990
Fogt, H.: Politische Generationen. Empirische Bedeutung und theoretisches Modell. Opladen 1982
Gehmacher, J.: Jugend ohne Zukunft. Hitler-Jugend und Bund Deutscher Mädel in Österreich vor 1938. Wien 1994
Gestrich, A.: Vergesellschaftungen des Menschen. Einführung in die historische Sozialisationsforschung. Tübingen 1999
Gillis, J.: Geschichte der Jugend. Weinheim/Basel 1980
Gräser, M.: Der blockierte Wohlfahrtsstaat. Unterschichtsjugend und Fürsorgeerziehung in der Weimarer Republik. Göttingen 1995
Grippert, W./Götte, P. (Hrsg.): Historische Pädagogik am Beginn des 21. Jahrhunderts. Bilanzen und Perspektiven. Essen 2000
Grotum, Th: Die Halbstarken. Zur Geschichte einer Jugendkultur der 50er Jahre. Frankfurt/New York 1994
Hafeneger, B.: Jugendbilder. Zwischen Hoffnung, Kontrolle, Erziehung und Dialog. Opladen 1995
Hainmüller, B.: Erst die Fehde – dann der Krieg. Jugend unterm Hakenkreuz – Freiburgs Hitler-Jugend. Freiburg 1998
Hasenclever, Chr.: Jugendhilfe und Jugendgesetzgebung seit 1900. Göttingen 1978
Henneberg, H.: Meuterei vor Rügen – was geschah auf der Seebad Binz? Der Prozeß gegen die Junge Gemeinde 1961 in Rostock, Rostock 2002
Hering, S./Münchmeier, R.: Geschichte der Sozialen Arbeit. Eine Einführung. Weinheim/München 2000
Hering, S./Schilde, K.: Das BDM-Werk „Glaube und Schönheit". Berlin 2000
Herrmann, U.: Probleme und Aspekte historischer Ansätze in der Sozialisationsforschung. In: Hurrelmann, K./Ulich, D. (Hrsg.): Handbuch der Sozialisationsforschung. Weinheim/Basel 1980, S. 227-252
Herrmann, U.: Geschichte und Theorie. Ansätze zu neuen Wegen in der erziehungsgeschichtlichen Erforschung von Familie, Kindheit und Jugendalter. In: Zeitschrift für Sozialisationsforschung und Erziehungssoziologie 4 (1984), H. 1, S. 11-28
Herrmann, U.: Neue Wege der Sozialgeschichte. Zur Forschungspraxis der Historischen Sozialisationsforschung und zur Bedeutung ihrer Ergebnisse für pädagogische Theoriebildung. In: Pädagogische Rundschau 38 (1984a), S. 171-187
Herrmann, U.: Das Konzept der „Generation". In: Herrmann, U. (Hrsg.): Jugendpolitik in der Nachkriegszeit. Weinheim/München 1993, S. 99-117
Herrmann, U. (Hrsg.): „Mit uns zieht die neue Zeit…" Der Wandervogel in der deutschen Jugendbewegung, Weinheim/München 2006
Horn, Kl.-P. u.a. (Hrsg.): Jugend in der Vormoderne. Annäherungen zu einem bildungshistorischen Thema. Köln/Weimar 1998
Hornstein, W.: Vom „jungen Herrn" zum „hoffnungsvollen Jüngling". Heidelberg 1965
Hornstein, W.: Jugend in ihrer Zeit. Geschichte und Lebensformen des jungen Menschen in der europäischen Welt. Hamburg 1966
Hornstein, W.: Jugendforschung und Jugendpolitik. Weinheim/München 1999
Jacobi, J.: Das junge Mädchen. Kontinuität und Wandel eines Weiblichkeits-Konzepts im 19. und 20. Jahrhundert: vom „Jüngling" zum „new girl". In: Jahrbuch für Historische Bildungsforschung 2. Weinheim/München 1995, S. 215-235
Jürgens, B.: Zur Geschichte des BDM (Bund Deutscher Mädel) von 1923 bis 1939. Frankfurt/Berlin 1994
Kater, M. H.: Hitlerjugend, Darmstadt 2005
Kenkmann, A.: Wilde Jugend. Lebenswelt großstädtischer Jugendlicher zwischen Weltwirtschaftskrise, Nationalsozialismus und Währungsreform. Essen 1996
Kliemannel, Chr.: Mädchen und Frauen in der deutschen Jugendbewegung im Spiegel der historischen Forschung. Hamburg 2006
Klönne, A.: Jugendkriminalität und Jugendopposition im NS-Staat. Ein sozialgeschichtliches Dokument. Münster 1981
Klönne, A.: Jugend im Dritten Reich. Die Hitlerjugend und ihre Gegner. Köln 1999
Klopffleisch, R.: Lieder der Hitlerjugend. Eine psychologische Studie an ausgewählten Beispielen. Frankfurt/Berlin 1995
Kneip, R.: Jugend der Weimarer Zeit. Handbuch der Jugendverbände 1918-1933. Frankfurt a.M. 1974

Kock, L.: „Man war bestätigt und konnte was!" Der Bund Deutscher Mädel im Spiegel der Erinnerungen ehemaliger Mädelführerinnen. Münster/New York 1994
Koebner, Th. u. a. (Hrsg.): „Mit uns zieht die neue Zeit". Der Mythos Jugend. Frankfurt a.M. 1985
Köster, M.: Jugend, Wohlfahrtsstaat und Gesellschaft im Wandel. Westfalen zwischen Kaiserreich und Bundesrepublik, Paderborn 1999
Koliadis, M.: Die Jugend im Athen der klassischen Zeit. Frankfurt/Bern 1988
Kolk, R. (Hrsg.): Jugend im Vormärz, Bielefeld 2007
Kollmeier, K.: Ordnung und Ausgrenzung. Die Disziplinarpolitik der Hitler-Jugend. Göttingen 2007
Krabbe, W.: Die gescheiterte Zukunft der Ersten Republik. Jugendorganisationen bürgerlicher Parteien im Weimarer Staat. Opladen 1995
Kraudelat, J.: Zur geisteswissenschaftlichen Seelenkunde des Jugendalters. In: Allgemeine Deutsche Lehrerzeitung Nr. 52 (1924), S. 967-969
Kurz, J.: „Swinging Democracy". Jugendprotest im 3. Reich. Münster 1995
Levi, G./Schmitt, J.-C. (Hrsg.): Geschichte der Jugend. Von der Antike bis zum Absolutismus. Frankfurt a.M. 1996
Levi, G./Schmitt, J.-C. (Hrsg.): Geschichte der Jugend. Von der Aufklärung bis zur Gegenwart. Frankfurt a.M. 1997
Liebau, E./Wulf, Chr. (Hrsg.): Generation. Weinheim 1996
Lüders, Chr.: Jugendtheorie zwischen Banalität und Sinnstiftung. In: Drerup, H./Terhart, E. (Hrsg.): Erkenntnis und Gestaltung. Weinheim 1990, S. 201-225
Maase, K.: BRAVO Amerika. Erkundungen zur Jugendkultur der Bundesrepublik in den fünfziger Jahren. Hamburg 1992
Maase, K.: ‚Lässig' kontra ‚zackig' – Nachkriegsjugend und Männlichkeiten in geschlechtergeschichtlicher Perspektive. In: Benninghaus, Ch./Kohtz, K. (1999), S. 79-101
Mählert, U./Stephan, G.-R.: Blaue Hemden, rote Fahnen. Die Geschichte der Freien Deutschen Jugend. Opladen 1996
Mann, A.: Kritische Gedanken zu Sprangers „Psychologie des Jugendalters". In: Die Scholle 4 (1928), S. 348-351
Meier-Cronemeyer, H.: Jüdische Jugendbewegung. In: Germania Judaica 8 (1969), S. 1-123
Meyer-Hoeger, M.: Der Jugendarrest. Entstehung und Weiterentwicklung einer Sanktion. Baden-Baden 1998
Miller-Kipp, G. (Hrsg.): „Auch Du gehörst dem Führer." Die Geschichte des Bundes Deutscher Mädel (BDM) in Quellen und Dokumenten. Weinheim/München 2001
Mitterauer, M. Sozialgeschichte der Jugend. Frankfurt a.M. 1986
Mogge, W./Reulecke, J. (Hrsg.): Hoher Meißner 1913. Der Erste Freideutsche Jugendtag in Dokumenten, Deutungen und Bildern. Köln 1988
Muchow, H. H.: Sexualreife und Sozialstruktur der Jugend. Reinbek 1959
Muchow, H. H.: Jugend und Zeitgeist. Reinbek 1962
Müller, C.: Kindheit und Jugend in der griechischen Frühzeit. Gießen 1990
Müller, H.-R.: Das Generationsverhältnis. Überlegungen zu einem Grundbegriff der Erziehungswissenschaft. In: Zeitschrift für Pädagogik 45 (1999), S. 787-805
Oesterle, G. (Hrsg.): Jugend – ein romantisches Konzept? Würzburg 1997
Offermanns, A.: „ ..die wussten, was uns gefällt." Ästhetische Manipulation und Verführung im Nationalsozialismus, illustriert am BDM-Werk „Glaube und Schönheit", Münster 2004
Ohse, M.-D.: Jugend nach dem Mauerbau. Anpassung, Protest und Eigensinn (DDR 1961-1974). Berlin 2003
Pahmeyer, P./van Spankeren, L.: Die Hitlerjugend in Lippe (1933-1939). Totalitäre Erziehung zwischen Anspruch und Wirklichkeit. Bielefeld 1998
Peukert, D.: Grenzen der Sozialdisziplinierung. Köln 1986
Peukert, D.: Jugend zwischen Krieg und Krise. Köln 1987
Peukert, D.: Sozialpädagogik. In: Langewiesche, D./Tenorth, H.E. (Hrsg.): Handbuch der deutschen Bildungsforschung, Bd. V. München 1989, S. 307-335
Reese, D.: „Straff, aber nicht stramm – herb, aber nicht derb". Zur Vergesellschaftung von Mädchen durch den Bund Deutscher Mädel im sozialkulturellen Vergleich zweier Milieus. Weinheim/Basel 1989
Reideged, E.: Jugendsubkultur und Staatsmacht. Der Erlass über die Bekämpfung jugendlicher Cliquen vom 25. 10. 1944. In: Neue Praxis 29 (1999), S. 470-489
Rein, W.: Encyklopädisches Handbuch der Pädagogik. Bad Langensalza 1903-1910
Reischmann, J. (Hrsg.): Generationen. Andragogische Überlegungen. Bad Heilbrunn 1999
Reulecke Jürgen (Hrsg.): Generationalität und Lebensgeschichte im 20. Jahrhundert, München 2003
Roessler, W.: Jugend im Erziehungsfeld. Düsseldorf 1957
Roth, L.: Die Erfindung des Jugendlichen. München 1983
Sander, U.: 100 Jahre Jugend in Deutschland. In: Aus Politik und Zeitgeschichte B 19-20 (2000), S. 3-11

Sander, U./Vollbrecht, R.: Jugend im 20. Jahrhundert. Neuwied 2000
Schelsky, H.: Die skeptische Generation. Eine Soziologie der deutschen Jugend. Düsseldorf/Köln ²1963
Scherer, K.-J.: Jugend und soziale Bewegung. Opladen 1988
Schiller, J.: Schülerselbstmorde in Preußen. Spiegelungen des Schulsystems? Frankfurt/Berlin 1992
Schröder, H.: Jugend und Modernisierung. Strukturwandel der Jugendphase und Statuspassagen auf dem Weg zum Erwachsensein. Weinheim/München 1995
Schröder, P.: Die Leitbegriffe der deutschen Jugendbewegung in der Weimarer Republik. Münster 1996
Schruttke, T.: Die Jugendpresse des Nationalsozialismus. Köln/Weimar 1997
Schubert-Weller, Chr.: Hitlerjugend. Vom „Jungsturm Adolf Hitler" zur Staatsjugend des Dritten Reiches. Weinheim/München 1993
Seyfert, R.: Zur Erziehung der Jünglinge aus dem Volke. Vorschläge zur Ausfüllung einer verhängnisvollen Lücke im Erziehungsplane. Leipzig 1901
Shell Deutschland Holding (Hrsg.): Jugend 2006: eine pragmatische Generation unter Druck, Frankfurt a.M. 2006
Skyba, P.: Vom Hoffnungsträger zum Sicherheitsrisiko. Jugend in der DDR und Jugendpolitik der SED 1949-1961. Köln/Weimar 2000
Speitkamp, W.: Jugend in der Neuzeit. Deutschland vom 16. bis zum 20. Jahrhundert. Göttingen 1998
Spranger, E.: Psychologie des Jugendalters. Leipzig 1924
Stambolis, B.: Mythos Jugend. Leitbild und Krisensymptom. Ein Aspekt der politischen Kultur im 20. Jahrhundert. Schwalbach/Ts. 2003
Stiksrud, A.: Jugend im Generationenkontext. Opladen 1994
Strien, R. Mädchenerziehung und –sozialisation in der Zeit des Nationalsozialismus und ihre lebensgeschichtliche Bedeutung. Opladen 2000
Trotha von, T.: Zur Entstehung von Jugend. In: Kölner Zeitschrift für Soziologie und Sozialpsychologie 34 (1982), S. 254-277
Ueberschär, E.: Junge Gemeinde im Konflikt. Evangelische Jugendarbeit in SBZ und DDR 1945-1961, Stuttgart 2003
Uhlendorff, U.: Geschichte des Jugendamtes. Entwicklungslinien öffentlicher Jugendhilfe 1871-1929, Weinheim/Basel 2003
Wicki, M.: Gleichzeitig – Ungleichzeitig. Stabilität und Wandel von Vorstellungen über Kindheit, Jugend und Generationenbeziehungen. Bern/Berlin 2008
Wiegmann, U.: Pädagogik und Staatssicherheit. Schule und Jugend in der Erziehungsideologie und –praxis des DDR-Geheimdienstes. Berlin 2007
Wierling, D.: Die Jugend als innerer Feind. In: Kaelble, H. u.a. (Hrsg.): Sozialgeschichte der DDR. Stuttgart 1994, S. 404-425
Wolff, J.: Jugendliche vor Gericht im Dritten Reich. München 1992
Zwahr, H.: Umbruch durch Ausbruch und Aufbruch: Die DDR auf dem Höhepunkt der Staatskrise 1989. In: Kaelble, H. u.a. (Hrsg.): Sozialgeschichte der DDR. Stuttgart 1994, S. 426-465

IV Kindheit und Jugend in kulturvergleichender Perspektive

Hans Merkens

Kindheit und Jugend in Ost- und Westdeutschland. Ansätze und Ergebnisse der Kindheits- und Jugendforschung seit der Wende

Die Kinder- und Jugendforschung hat nach der Wende einen Boom erlebt (Zinnecker 1993). Dieser ist mit dadurch ausgelöst worden, dass von der DFG ein Schwerpunktprogramm für diesen Bereich genehmigt worden ist, das zum Ziel hatte, die Erforschung der nach der Vereinigung beginnenden Veränderungen bei Kindern und Jugendlichen in Deutschland zu gewährleisten (Oswald 1998). Dabei hat es unterschiedliche wissenschaftliche Interessen gegeben. Die Wende ist einerseits im Sinne einer Gelegenheit verstanden worden, vorhandene Theorien kritisch zu überprüfen, andererseits ist versucht worden, erwartete Anpassungsprozesse der neuen an die alten Bundesländer theoretisch zu rahmen. Nicht zu übersehen sind auch die Arbeiten, in denen versucht worden ist, Differenzen und Ähnlichkeiten zwischen Transformation, **Transition**, sozialem Wandel und Eigenlogiken am Beispiel der Veränderungen, auch in den neuen Bundesländern, herauszuarbeiten (Benner/Merkens 1996). Bei den Forschungsdesigns wurden häufig Muster auf die neuen Bundesländer übertragen, die vor der Wende für die alten Bundesländer entwickelt worden waren, wie sich an folgenden Beispielen zeigt: ‚Jugenduntersuchungen mit Fragebögen'; der überwiegende Teil der Fragen wurde aus westdeutschen Untersuchungen übernommen, vgl. z.B. Behnken u.a. 1991; ‚Tagesverläufe' von Kirchhöfer (1998) – er übernahm ein Konzept von Zeiher/Zeiher (1994) und ‚Prosoziales Verhalten in Schulklassen' von Kauke (1998) – sie orientierte sich bei ihrer Untersuchung an dem Projekt von Krappmann/Oswald (1988).

1 Forschungsansätze

Für das Interesse an der Kinder- und Jugendforschung lassen sich nach der Wende verschiedene Gründe benennen: Kindheit und Jugend wurden einerseits besondere Aufmerksamkeit gewidmet, weil Kinder und Jugendliche häufig als Avantgarde einer neuen Entwicklung betrachtet worden sind, bei der sich die Transformationsprozesse schneller abspielen würden als in der gesamten Bevölkerung (Büchner 1993, S. 44). Es wurde angenommen, dass diese Altersgruppen, weil sie in ihrer Persönlichkeitsentwicklung noch nicht so gefestigt sind, am sensibelsten und schnellsten auf Wandlungsprozesse reagieren (Merkens 1991). Dem unterliegt eine funktionale Auffassung hinsichtlich möglicher Bedingungsfaktoren von Entwicklung: Der **soziale Wandel** wurde als gegeben angenommen und auf sein Wirken sollte aus Veränderungen über die Zeit bei untersuchten Jugendlichen geschlossen werden. Diese Annahme erscheint vielleicht plausibel, sie ist aber insbesondere in den ersten Jahren der Nachwendeforschung kaum systematisch kontrolliert worden. Elaboriertere Designs und Modelle wie das von Elder/Caspi (1990) oder Conger/Elder (1994) sind zumindest am Beginn der neuen Untersuchungen wenig rezipiert worden (für die Möglichkeiten vgl. Meier/Müller 1997). Conger/Elder (1994) gehen davon aus, dass in Familien Ressourcen aktiviert werden können, um die Folgen sozialen Wandels abzusenken bzw. zumindest abmildern zu können, sie nehmen also keine direkte Wirkung des sozialen Wandels auf die Sozialisation von Kindern und Jugendlichen an. In den Untersuchungen der Arbeitsgruppe Hofer in Mannheim und Leipzig, die schon sehr frühzeitig Ideen von Elder übernommen hat (vgl. z.B. Kracke/Noack/Hofer/Klein-Allermann 1993; Kabat Vel Job 1997), ist nochmals eine Erweiterung dieses Ansatzes vorgenommen worden, indem die Wahrnehmung des sozialen Wandels durch die Eltern mitberücksichtigt wird. Diese Arbeitsgruppe konnte beispielsweise nachweisen, dass familiäre Ressourcen in der Form funktionierender Netzwerke bei Jugendlichen aus den neuen Bundesländern eine positive Wirkung ausübten.

Andererseits wurden für die Kinder und Jugendlichen sowie die Familien in den neuen Bundesländern besondere Belastungen gesehen. Daraus wurde die Notwendigkeit einer begleitenden Forschung hergeleitet, um möglichst frühzeitig Fehlentwicklungen zu entdecken (Oswald 1998, S. 5; Büchner 1993). Es ist noch immer zu früh, um feststellen zu können, ob diese Erwartung sich erfüllt hat. Elder (1974) hatte bei seinen bahnbrechenden Untersuchungen die Kinder erst im Elternalter wieder befragt. Kabat Vel Job (1997) hat beispielsweise einerseits besondere Belastungen – z.B. Arbeitslosigkeit der Eltern – nachweisen können. Ein hoher Prozentsatz der Schuljugendlichen hatte kritische Lebensereignisse wie die Trennung der Eltern oder deren Arbeitslosigkeit zu erleiden. Dennoch konnte er andererseits bei den Jugendlichen aus solchen Belastungen resultierende Effekte nicht identifizieren. Das mag damit zusammenhängen, dass die entsprechende sensible Phase, in der solche Wirkungen erwartbar sind, eher in der Kindheit zu verorten ist (Elder 1974). Ebenso muss geprüft werden, ob sich Wirkungen bei Jugendlichen erst verzögert einstellen. Eine andere Ursache könnte sein, dass es bei Konsum und materieller Ausstattung junger Leute einen raschen Angleichungsprozess von ostdeutschen an westdeutsche Jugendliche gegeben hat (Reitzle 1999, S. 66f.) und dadurch andere Wirkungen überlagert werden. Insoweit sind hier weitere Untersuchungen mit jüngeren Kohorten dringend geboten. Außerdem fehlt eine systematische Untersuchung der in Deutschland migrierten Jugendlichen.

Eine weitere Gruppe von Untersuchungen hat eher kurzatmig Beziehungen der Art vermutet, dass bestimmte Verhältnisse, welche die Jugendlichen in der ehemaligen DDR erlebt haben, nach der Wende Ursache dafür waren, dass bei ihnen verstärkt rechtsextreme und antisemitische Tendenzen zu beobachten sind (vgl. Pfeiffer/Wetzels 1999). Mit Recht hat Friedrich (1997, S. 47) darauf verwiesen, dass Belege für solche Annahmen fehlen. Schon die unterstellte autoritäre Einstellung der Eltern in den Familien habe sich nicht dokumentieren lassen. Gerade bei den Forschungen, die dennoch solche Zusammenhänge behaupten, werden in ärgerlicher Weise Kausalbehauptungen scheinbar empirisch bestätigt, indem nicht zusammenhängende Untersuchungen in einen Zusammenhang gebracht werden. Trommsdorf/Kornadt/Hessel-Scherf (1998) konnten darüber hinaus belegen, dass es keine Einwirkung der Sozialisation vor der Wende auf die sozialen Motive von Kindern gegeben hat. Das ist ein Befund, der den Alltagsannahmen genau entgegensteht, die häufig geäußert werden.

Weder für die erste Annahme – Einfluss des sozialen Wandels – noch für die dritte Vermutung – die anhaltende Wirkung von Sozialisation in der DDR – gibt es aus wissenschaftlicher Sicht zufriedenstellende Beweise. Es werden vielmehr einerseits mehr oder weniger beliebig Aussagen, die sich auf der Makroebene verorten lassen, mit solchen auf der Mikroebene verknüpft und andererseits Aussagen, die bei verschiedenen Stichproben zu verschiedenen Zeiten gewonnen worden sind, so dargestellt, als handele es sich um eine Längsschnittuntersuchung. In beiden Fällen werden sie in einen Zusammenhang gebracht, der schlüssig erscheint, ohne dass entsprechende Beweise vorgelegt werden. Allein die unter zweitens aufgeführten Typen von Untersuchungen haben Ergebnisse hervorgebracht, die einer kritischen Überprüfung standhalten. Allerdings nimmt generell das Interesse an einfachen Ost-West-Vergleichen in Jugenduntersuchungen ab, wie auch eine Gegenüberstellung verschiedener Shell-Jugendstudien belegt (z.B. 14. Shell-Jugendstudie 2002; 15. Shell-Jugendstudie 2006).

2 Theoretische Rahmungen

Allgemein bleibt zunächst festzuhalten, dass die Untersuchungen nach der Wende eher empiriegetrieben und weniger von theoretischen Positionen aus durchgeführt worden sind. Damit wurde einem allgemeinen Trend gefolgt, der in der Jugendforschung vorherrscht (Merkens 2008; Tamke 2008). Das ist weniger ein Nichtvorhandensein von Theorien, sondern eher in den fehlenden Operationalisierungen dieser Theorien begründet (Tamke 2008). Wenn theoretische Modelle am Beginn standen – wie in anderen Bereichen auch (Zapf 1994) – ist modernisierungstheoretischen Überlegungen besondere Aufmerksamkeit eingeräumt worden (Melzer 1991; Kötters 2000). Folgt man Kötters (2000), dann ist die Entstrukturierungstheorie (Olk 1985; Hurrelmann 1994), d.h. die Annahme, dass die Übergänge von der Kindheit in die Jugendzeit und die von der Jugend in das Erwachsenenalter nicht in sich konsistent, sondern bezüglich verschiedener Variablen inkonsistent verlaufen, eine Variante der **Modernisierungstheorie**. Allerdings hat dieser Ansatz in der Jugendforschung, wenn es um den Vergleich Ost-West ging, keine dominierende Rolle gespielt. Für die neuen Bundesländer wurde ein Modernisierungsrückstand im Vergleich zu den alten Bundesländern angenommen (Zapf 1994). Dabei sind Entwicklungen im Wirtschafts- und Gesellschaftssystem als Leitlinien gewählt worden. Es wurde nicht gefragt, ob, unabhängig vom Zutreffen solcher Annahmen in Bezug auf die wirtschaftliche Entwicklung und die Sozialstruktur, Kinder und Jugendliche in ähnlicher Weise davon betroffen gewesen sind. Es wurde auch nicht beachtet, dass es in bestimmten Bereichen sehr ähnliche Entwicklungen in der DDR und der ehemaligen BRD gegeben hat, so etwa bei der Pluralisierung der die Familie betreffenden Lebensformen (Kabat Vel Job 1997). Klein (1995) konnte allerdings nachweisen, dass die Prozesse von Familiengründung, Zerfall der Familie und Neugründung einer Kernfamilie in der DDR sowie in den neuen Bundesländern anders verlaufen sind als in der ehemaligen BRD. Vor allem wurde im Kontext der Überlegungen zur Modernisierungstheorie nicht berücksichtigt, ob es in der DDR bestimmte Modernisierungsvorsprünge im Vergleich zu den westlichen Industrienationen gegeben hat: Der Ausbau von Kinderkrippen und Kindertagesstätten in der DDR kann unter modernisierungstheoretischen Überlegungen kaum als Rückschritt gewertet werden. Hier wäre eher die Frage, was die Veränderungen nach der Wende gerade in diesem Bereich längerfristig für Folgen haben. Demgegenüber weist schon das systematisch kürzere **Bildungsmoratorium** bei den Jugendlichen der DDR, das sich nach der Wende verlängert hat, in eine Richtung, die sich mit Modernisierung beschreiben lässt. Dem standen im Bildungssystem der DDR wiederum stärkere Bemühungen um die Sicherung der Gleichberechtigung der Geschlechter in der Erziehung und um eine niedrigere Quote bei den Schulversagern gegenüber, die man als moderner ansehen kann.

Hradil (1992) hat Modernisierungsvorsprünge der Bevölkerung aus der DDR in mehreren Bereichen konstatiert. Insoweit dürfte es fraglich sein, dass die **Transformation** nach der Wende, welche die Jugendlichen durchlaufen haben, angemessen mit der Modernisierungstheorie erfasst werden kann. Von Versuchen dieser Art ist allerdings die Vorgehensweise von Zinnecker (2000) zu unterscheiden, der verschiedene Typen der Modernisierung bei Kindern und Jugendlichen identifiziert. Sobald nicht mehr die Ost-West-Differenz dominiert, sondern danach gefragt wird, wie sich Kindheit und Jugend in der Gesellschaft organisieren, kann ein solcher Ansatz fruchtbar sein, wie auch Hradil (1992) mit seinen milieutheoretischen Überlegungen gezeigt hat. Dann stellt sich bei einem Ost-West-Vergleich die Frage nach der Verbreitung bestimmter Milieus und nicht mehr die nach dem allgemeinen Grad der Modernisierung. Befunde von Büchner/Fuhs/Krüger (1997), nach denen der Sozialstatus ein besserer Prädikator für Differenzen im familiären Zusammenleben von Eltern und Kindern ist als der Ost-West-Gegensatz, weisen in die gleiche Richtung (Büchner/Fuhs/Krüger 1997). Zinnecker (1991), der bereits früher das Konzept der selektiven Modernisierung mit der Unterscheidung von Jugend als Übergangsphase und als Bildungsmoratorium entwickelt hatte, hatte bereits in diesem Kontext davor gewarnt, bei ostdeutschen bzw. europäischen Jugendlichen einfach einen Modernisierungsrückstand anzunehmen (du Bois-Reymond 1997, S. 94).

Zu den modernisierungstheoretischen Arbeiten können auch die Arbeiten von du Bois-Reymond/Büchner/Krüger (1993) gerechnet werden, die, ausgehend von Büchners (1983) Ansatz, dass sich die **Familie** in der Moderne von einem Befehlshaushalt in einen Verhandlungshaushalt gewandelt habe, entsprechend erwarteten, dass Kinder und Eltern aus der ehemaligen DDR, verglichen mit Kindern und Eltern aus den alten Bundesländern, eher von einem Befehlshaushalt für die ehemalige DDR berichten würden. In dieser Deutlichkeit hat sich diese Annahme nicht bestätigt. Jedoch meinen die Autoren hinreichende Hinweise für einen gewissen Rückstand in der DDR gefunden zu haben. Wichtig im Kontext dieser Übersicht ist das Design dieser Untersuchung: Es wurden Stichproben von Eltern und Kindern kulturvergleichend in den Niederlanden sowie in Ost- und Westdeutschland befragt. Dazu wurde die Methode der narrativen Interviews gewählt (du Bois-Reymond/Büchner/ Krüger 1993). Untersuchungen diesen Typs, bei denen Kinder bzw. Jugendliche und deren Eltern einbezogen worden sind, sind zu selten durchgeführt worden. Erwähnenswert sind hier vor allem diejenigen von Zinnecker/Silbereisen (1996) bzw. Silbereisen/Zinnecker (1999, S. 21ff) sowie die von Hofer et al. (1995). Solche Untersuchungen gestatten die Prüfung, ob die Sozialisationsagentur Familie in Ost wie West in ähnlicher Weise bei Kindern und Jugendlichen gewirkt hat. Dabei haben sich nicht die erwarteten, gravierenden Unterschiede ergeben. Vielmehr hat sich gezeigt, dass der Erziehungsstil sowohl in Ost wie in West wenig autoritär gewesen ist, wenn man die Durchschnittswerte betrachtet. Eine interessante Facette, deren Wirkung bisher nicht untersucht worden ist, ist darin zu sehen, dass in der Schule in den neuen Bundesländern zum weit überwiegenden Teil die gleichen Lehrkräfte unterrichten wie in der DDR (Aretz 2006; Lindner 2006).

Ebenso bereitet der Rückgriff auf Transformationstheorien Probleme. In einer einfachen, häufig verwendeten Variante ist in der Jugendforschung unter Transformation die Anpassung der ostdeutschen Muster an die westdeutschen verstanden worden. Dabei hat von Beginn an das Individualisierungstheorem eine große Bedeutung gehabt (Heitmeyer/ Olk 1990; Melzer 1991), das insbesondere von Beck (1986) entwickelt worden ist. Die westdeutsche Gesellschaft wurde als weitgehend individualisiert betrachtet; für die ostdeutsche wurde angenommen, dass sie schon vor der Wende einen entsprechenden Weg eingeschlagen habe, der nun fortgesetzt werde. Der Transformationsbegriff wurde eher alltagssprachlich verwendet (vgl. z.B. Büchner/ Fuhs/Krüger 1997). Häufig findet er auch eine allenfalls implizite Anwendung, wenn beispielsweise über Anpassungsprozesse von Ost und West berichtet wird (vgl. Merkens 1996). Für die Politikwissenschaft unterscheidet Merkel (1999) zwischen System-, Struktur-, Kultur- und **Akteurstheorien**. Nach der Wende ist vor allem der Transfer von westdeutschen Institutionen in die neuen Bundesländer für die neuen Bundesländer im Sinne einer Transformation interpretiert worden (Zapf 1994). Demgegenüber ist die Akteursperspektive vernachlässigt worden (Silbereisen/Zinnecker 1999, S. 17). Wählt man diese Unterteilung, dann sind in der Jugendforschung vor allem Kulturtheorien zur Anwendung gekommen, indem davon ausgegangen worden ist, dass sich bei den Jugendlichen in den neuen Bundesländern Werte, Einstellungen und das politische Bewusstsein verändert hätten. Ausgangspunkt war häufig die Annahme, dass sich das soziale Kapital geändert habe. Diesem Ansatz ist insbesondere bei den Shell-Studien gefolgt worden, wenn Wertvorstellungen und Zukunftsbilder sowie Ängste in den Mittelpunkt der Darstellung gerückt worden sind (vgl. Jugendwerk der Deutschen Shell 1997; Deutsche Shell 2000; Deutsche Shell 2002, S. 94ff.). Damit wurde ein Ansatz gewählt, der in der bundesrepublikanischen Jugendforschung eine Tradition hatte, die sich vor allem auf Werte, Einstellungen und Zukunftsperspektiven der Jugendlichen fokussiert hat (Melzer/Schubarth/Lukowski 1991, S. 109). Es wurde allerdings weniger beachtet, dass andere Unterschiede als der Gegensatz Ost-West mehr Differenz bei den Einstellungen und Werten bewirkten (vgl. 14. Shell-Jugendstudie 2002, S. 95ff.).

Eine interessante Variante stellt das Generationenkonzept dar, weil hier nur die Annahme ist, dass sich eine **Generation** von einer anderen unterscheide. Differenzen dieser Art entstehen durch Lagerung (Mannheim 1928). Lindner (1997) ist beispielsweise davon ausgegangen, dass das System der DDR die Lebensform der in ihr lebenden Jugendlichen geprägt haben müsse. Wenn wiederum die Bundesrepublik in derselben Funktion gesehen wird, dann liegt die Annahme nahe, dass mit der Wende ein Generationenunterschied verbunden sein müsse. Allerdings sieht Lindner (1997) auch in der DDR drei verschiedene Generationen – Aufbau- oder Ausstiegsgeneration (1930 bis 1950 Geborene), Generation mit stabiler Bindung (1950 bis 1960 Geborene) und Generation der Nicht-Mehr-Eingestiegenen (1960 bis 1975 Geborene) – und bezeichnet die nach 1975 als die Generation der nicht mehr Beratenen. Deren Vorteil sieht er darin, dass sie die DDR-Sozialisation nicht mehr so prägend erlebt hätten und deshalb anpassungsfähiger seien. Sucht man nach empirischen Belegen, so wird man etwas enttäuscht. Das trifft auch für Lindner (2006) zu, bei dem die Mischung aus Daten, Romanen und Erleben als Quellen nicht überzeugt. Hinweise dafür, dass es sich zumindest bei der Wende von 1989 um ein Ereignis gehandelt hat, das man als differenzstiftend für zwei Generationen halten kann, finden sich bei Boehnke/Merkens/Steiner/Wenzke (1998), die zumindest bei den Arbeitswerten Differenzen nachweisen können, interessanterweise nicht aber bei den Werten für Anomie, obwohl gerade hier Unterschiede zu erwarten gewesen wären, wenn man davon ausgeht, dass mit der Wende in den neuen Bundesländern ein starker sozialer Wandel verbunden gewesen ist (vgl. Durkheim 1983; Elder 1974). Bei den Arbeitswerten hat es offensichtlich einen raschen Angleichungsprozess an Wertvorstellungen, wie sie für die BRD typisch waren, gegeben (vgl. Classen/Bergs-Winkels/Merkens 1998). Wenig ist dabei die Frage geprüft worden, welche Jugendlichen für den Wandel sensibel waren. Es sind im Allgemeinen Studien durchgeführt worden, bei denen Veränderungen, Ähnlichkeiten oder Differenzen über Mittelwertdifferenzen bzw. Varianzunterschiede beschrieben worden sind.

3 Probleme eines fairen Vergleichs

Die Erwartungen, die in die Forschung gesetzt wurden, das sei an dieser Stelle bereits vorweggenommen, haben sich zum größten Teil nicht erfüllt. Dafür lassen sich aus heutiger Sicht mehrere Gründe benennen. Zuerst ist zu bemerken, dass die Annahme einheitlicher kultureller Muster von Kindern und Jugendlichen in einem bestimmten Kulturraum empirisch nicht haltbar ist, wie entsprechende Studien in der BRD (vgl. Zinnecker 1981a) demonstrieren. Es ist vielmehr anzunehmen, dass sich auch innerhalb einer Kultur erhebliche Differenzen ergeben, wie Friedrich (1997, S. 43 u. 48; vgl. auch Rink 2004) thesenartig für die Jugend aus Ostdeutschland formuliert und Gericke (1997) am Beispiel der Landjugend inklusive des Vergleichs zu städtischen Jugendlichen demonstriert hat. So hat Tamke (2008) folgerichtig den Begriff Jugenden gewählt. Diese werden sich nach Geschlecht und Bildung, aber auch dem Sozialstatus bzw. dem Milieu ausbilden, wie sich in Jugenduntersuchungen unschwer nachweisen lässt (vgl. z.B. Büchner/Fuhs/Krüger 1997; Merkens 1999). Zu fragen ist dann bei einer Bilanzierung, ob solche Differenzen innerhalb der Stichproben aus verschiedenen Kulturen oder mit unterschiedlicher Herkunft im deutsch-deutschen Vergleich nicht gravierender sind als die nach der Region. Gerade beim deutsch-deutschen Vergleich gibt es viele Hinweise, dass das tatsächlich der Fall ist: Die Differenzen zwischen den Geschlechtern, der Schulform, die besucht wird, bzw. dem Sozialstatus der Eltern sind häufig größer als die nach der Region (vgl. 14. Shell-Jugendstudie 2002, S. 95ff.). Dabei gibt es allerdings erhebliche Probleme für die neuen Bundesländer, eine faire Einteilung nach dem Sozialstatus vorzunehmen (Bulmahn 1996; Geissler 1995), die ebenfalls häufig unterschätzt worden sind, weil vor allem in den ersten Jahren nach der Wende eine Beziehung zum Sozialstatus in der DDR hergestellt werden musste. Es lassen sich demnach mehr Unterschiede zwischen den Familien ermitteln, aus denen die Jugendlichen stammen, die sich im Sinne einer unterschiedlichen familiären Sozialisation und nicht als Ost-West-Differenz interpretieren lassen (Zinnecker 1997). Das lässt sich auch als die Frage nach der Familie als Ressource wenden und gewinnt dann eine andere Bedeutung. Zu dieser Problematik liegen bisher weniger Untersuchungen vor. Das hängt vor allem damit zusammen, dass für sie komplexere Designs erforderlich sind.

Generell ändert sich – bezogen auf einen Vergleich mit Befunden dieser Art – die Ausgangslage: Zu prüfen ist vor dem Beginn einer entsprechenden empirischen Untersuchung, ob die Annahme zutreffend ist, dass die Ressourcen, über die Kinder und Jugendliche verfügen, in Bezug auf Sozialisation und Erziehung über eine ähnliche Qualität verfügen. Eher vereinzelt finden sich Hinweise darauf, dass ein solches Problem gesehen wird (Melzer 1991, S. 15f.; du Bois-Reymond 1997, S. 96f.). Während es in der kulturvergleichenden Psychologie eine intensive Diskussion über die Unterschiede zwischen Etic- und Emic-Ansätzen gibt (Triandis 1972), die auch mit der Entgegensetzung von indigenous und universal constructs geführt wird (Kagitcibasi 1992), hat man sich in der Forschung nach der Wende wenig an Debatten dieser Art orientiert, wie bereits Friedrich (1997) beklagt hat, der die zu geringe Berücksichtigung spezifischer ostdeutscher Kontexte bemängelt hat. Die Ursache für diesen Mangel liegt in Deutschland sicherlich vor allem darin, dass sprachliche Probleme keine Relevanz zu haben schienen, man schien sich zu verstehen. Darüber ist vernachlässigt worden zu fragen, ob denn funktionale Äquivalenz gegeben sei. Ein kleines Beispiel mag hinreichen, um diesen Punkt zu beleuchten. Bei der Schule ist davon ausgegangen worden, dass sie als Sozialisationsagentur in Ost wie West ähnlich sei. Dabei ist übersehen worden, dass die Schule in der Regel in der ehemaligen Bundesrepublik als Halbtagsschule organisiert war und ihr wenige Aufgaben bezüglich der Integration in die Arbeitswelt sowie die Lebenswelt übertragen worden sind. Gerade das gehörte aber auch zum gesellschaftlichen Auftrag der Schule in der DDR. Insoweit kann gefragt werden, ob die beiden Typen von Schule jenseits aller Differenzen im Aufbau des Schulwesens funktional überhaupt äquivalent gewesen sind (vgl. Malpass/Poortinga 1986, S. 65). Hinweise dafür, dass sich zumindest die Funktion schulischer Bildung unterschieden hat und dass diese Differenz nach der Wende fortgedauert haben könnte, finden sich bei Wild (1997), wenn sie Ergebnisse präsentiert, dass das Übergangsverhalten innerhalb des Schulsystems und vom Schul- ins Ausbildungssystem bei ost- und westdeutschen Schuljugendlichen von deren Eltern differiert. Ebenso wenig ist geprüft worden, ob es bezüglich des Alltags von Jugendlichen konzeptuelle Äquivalenz gegeben hat, obwohl beispielsweise in der alten BRD von Lebens- bzw. Gruppenstilen (Zinnecker 1981a, S. 476ff.; Georg 1991) und in der DDR von der sozialistischen Lebensweise (Meier et al. 1978) gesprochen worden ist. Mögliche Unterschiede auf diesen Ebenen sind kaum beachtet worden. Erst bei der metrischen Äquivalenz hat man geprüft, indem z.B. die Reliabilität kontrolliert worden ist, und dann implizit auf das Gegebensein der beiden zuvor benannten Äquivalenzarten geschlossen wurde.

Selbst in den Fällen, in denen man davon ausgegangen ist, dass Unterschiede bei der Familie vorhanden sein müssten, ist man nicht stutzig geworden, wenn sich Ähnlichkeiten ergaben. Dabei war es offensichtlich, dass die Alltagsorganisation in den DDR-Familien nach einem anderen Muster verlaufen ist, als in der ehemaligen BRD (Kirchhöfer 1998a). Ebenso ist dokumentiert worden, dass die Belastungen der Familie in den neuen Bundesländern größer waren als in den alten (Wiesner/Pinquart 1999). Generell ist der Frage nach der konzeptuellen bzw. funktionalen Äquivalenz verwendeter Begriffe traditionell Aufmerksamkeit geschenkt worden. So hat erst Rink (2004, S. 315ff.) darauf verwiesen, dass Punks sich in der DDR anders artikuliert haben als in der BRD und auch ein differentes soziales Verhalten gezeigt haben.

Die Frage, wieweit die Messinstrumente die Ergebnisse beeinflusst haben, hat allenfalls eine untergeordnete Bedeutung gespielt. Hoffnungen, solche Nachteile dadurch verringern zu können, dass man auch Messinstrumente aus dem jeweils anderen Raum mit eingesetzt hat, zeigen eine gewisse Hilflosigkeit, weil sich darüber letzten Endes nur die Fairness für den jeweiligen anderen Bereich sichern ließ, nicht aber die grundsätzlich mit dem Messen verbundene Problematik verringert werden konnte. Arbeit war z.B. in den Schulen in Ost und West vor der Wende mit einer anderen Bedeutung ausgestattet: In der Polytechnischen Oberschule der DDR kam der Arbeit eine zentrale Funktion in der schulischen Bildung zu, in der Schule der BRD war Arbeitslehre in einigen Formen der Sekundarstufe I zwar ein Unterrichtsfach, aber die schulische Bildung war nicht auf Arbeit, sondern auf allgemeine Bildung fokussiert. Wieweit man solche Differenzen mit den traditionellen Messmethoden angemessen abbilden kann, ist wenig geprüft worden.

Allgemein lässt sich konstatieren, dass das methodologische Bewusstsein in den Ost-West-Untersuchungen hinter den Standards zurückgeblieben ist, die bereits entwickelt worden waren (Lonner/Berry 1986). Das lässt sich in dieser Allgemeinheit für die quantitativen Untersuchungen formulieren. Bei den qualitativen Untersuchungen hat man häufig einen gegenteiligen Effekt beobachten können: Unterschiede bzw. Besonderheiten wurden, falls sie wahrgenommen wurden, gerne mit makrosozialen Bedingungen in Beziehung gesetzt, ohne dass eine nähere Prüfung stattgefunden hat, die im Rahmen solcher Untersuchungen auch schlecht möglich ist. Wenn dann trotzdem große Ähnlichkeiten bei den familiären **Erziehungsstilen** entdeckt werden (du Bois-Reymond/Büchner/Krüger 1993), dann ist das, wie Boehnke/Merkens (1994) argumentiert haben, ein unerwartetes Ergebnis und kann als Beleg für große Ähnlichkeiten verwendet werden. Boehnke/Merkens (1994) haben vorgeschlagen, dass immer dann, wenn man einem Emic-Ansatz folgt – das ist in der Regel der Fall bei qualitativen Studien mit kleinen Stichproben aus einem spezifischen Setting – ein Ergebnis, das sich mit dem Etic-Ansatz vereinbaren lässt, eine höhere Wahrscheinlichkeit aufweist, dass mit ihm etwas Relevantes mitgeteilt wird. Ebenso kann man in die andere Richtung formulieren, dass immer dann, wenn man eine Etic-Herangehensweise wählt, Resultate, die sich sinnvollerweise dem Emic-Konzept zuordnen lassen, eine höhere Wahrscheinlichkeit für Angemessenheit haben. Das heißt, es wird eine systematisch kritische Haltung gegenüber dem Untersuchungsansatz vorgeschlagen. Vorsichtsmaßnahmen dieser Art sind in aller Regel nicht ergriffen worden. Vielmehr ist eher nach einem Modell vorgegangen worden, bei dem das Untersuchungskonzept nicht in Frage gestellt worden ist.

4 Ergebnisse zur Reaktion Jugendlicher auf den sozialen Wandel nach der Wende

In den meisten Untersuchungen ist angenommen worden, dass nach der Wende ein Prozess des **sozialen Wandels** beginnen würde. Es ist aber unterschätzt worden, welche Schwierigkeiten sich bei dessen Erforschung ergeben würden. Das hat schon bei der Dokumentation des sozialen Wandels seinen Anfang genommen: Da die erwarteten Ost-West-Unterschiede häufig nicht gefunden worden sind, hat es sich angeboten, die Reaktionen der Jugendlichen auf den sozialen Wandel in Ost und West zu untersuchen. Mit Ausnahme der Arbeitsgruppe Hofer et al. (1995) hat man sich anfangs damit begnügt, den sozialen Wandel als Prozess hinzunehmen, ohne ihn genauer zu erfassen. Erst mit Butz (1998) und später Merkens (1999) bzw. Reitzle (1999) beginnen Bemühungen, den sich im Rücken der Jugendlichen vollziehenden sozialen Wandel zu dokumentieren. Hofer et al. (1995) haben dem schon frühzeitig den Aspekt der Wahrnehmung des sozialen Wandels hinzugefügt.

Mit dem Versuch, über die sich ändernden Reaktionen von Jugendlichen auf einen diese verursachenden sozialen Wandel zurückzuschließen, schien man ein ökonomisches Vorgehen gewählt zu haben. Probleme resultierten nur daraus, dass erstens sowohl der soziale Wandel als auch die sich ändernden Reaktionen mit denselben Messergebnissen dokumentiert werden sollten und zweitens, wie sich später herausgestellt hat, der soziale Wandel bei vielen Befragten gar keine Veränderungen in Reaktionen bzw. Einstellungen verursacht hat (Wiesner/Pinquart 1999). Zusätzlich wurde bei den Menschen in den neuen Bundesländern eine Anpassung an Muster vermutet, die in der alten Bundesrepublik schon bestanden hatten. Diese Annahme hat auch dadurch an Plausibilität gewonnen, dass auf der Ebene der politischen Institutionen und des Wirtschaftssystems dieser Typ von Veränderungen vorherrschend gewesen ist: In Jugenduntersuchungen ist deshalb für die neuen Bundesländer anfangs wahrscheinlich **Transformation** vorwiegend in der Weise betrachtet worden, dass sich ein für bekannt gehaltener Zustand, die Situation der Kinder und Jugendlichen am Ende der DDR, in einen anderen für bekannt gehaltenen Zustand, die Situation der Jugendlichen in der BRD, wandelte. Als sich dieses Ergebnis nicht einstellte bzw. genau genommen weder für den Anfang noch für das Ende verlässlich dokumentieren ließ, ist eine implizite Modifikation des Transformationsbegriffs vorgenommen worden, ohne dass diese Wendung explizit gemacht worden ist, indem darauf verwiesen wurde, dass sich die Jugend in der DDR bereits in den 1980er Jahren verändert habe und zumindest in Einstellungen und Werten an die westdeutsche Jugend angepasst habe (Friedrich 1993, S. 38f.). Es hat also bereits eine Veränderung vor der Wende gegeben. Das hat Friedrich (1990) mit Mentalitätswandel bezeichnet. Dieser Prozess ist unter veränderten Rahmenbedingungen nach der Wende fortgeführt worden. Die Transformation hat aus dieser Sicht keinen bestimmten Anfangspunkt, sie hat ebensowenig einen fixierbaren Endpunkt, wie das beim Wandel von Institutionen der Fall zu sein scheint, wenn man nur die Aufbauorganisation betrachtet. Vielmehr hat ein sozialer Wandel, der bereits in der DDR stattgefunden hatte, nach der Wende eine andere Richtung genommen.

Erkenntnisse dieser Art haben in der Folgezeit zu einem verstärkten Interesse an Ergebnissen der Jugendforschung aus der DDR geführt. Insbesondere die Untersuchungen des ZIJ sind reanalysiert worden (vgl. z.B. Hennig/Friedrich 1991). Ebenso sind die Datensätze der Abteilung Bildungssoziologie der Akademie der pädagogischen Wissenschaften reanalysiert worden (Merkens 2000). Dabei hat sich herausgestellt, dass die ursprüngliche Annahme über eine uniforme Jugendzeit in der DDR einer näheren Prüfung nicht standhalten konnte. Besonders wichtig ist in diesem Zusammenhang gewesen, dass viele Untersuchungen in der DDR so angelegt gewesen sind, dass sie Zeitreihen bzw. Pseudozeitreihen ermöglichen, es also gelingt, den sozialen Wandel in der DDR zu dokumentieren: Es hat beispielsweise einen erheblichen Loyalitätsverlust bei den Jugendlichen der DDR gegeben (Friedrich 1997). Auf einen Typ von Datensätzen soll hier noch hingewiesen werden, der zumindest für die Zeit vor der Wende vorliegt und dem unter dem Aspekt besondere Bedeutung zukommt, dass häufig Vermutungen über den Zusammenhang des Aufwachsens in der DDR und den heutigen politischen Einstellungen formuliert werden: Es gibt Interviews mit jugendlichen Außenseitern der rechten Szene aus der DDR vor der Wende (Steiner/Wenzke 2000), die bisher noch nicht systematisch analysiert worden sind, die aber als Material zugänglich sind. Diesen Interviews kommt besondere Bedeutung zu, weil sie geeignet sind, die vorliegenden quantitativen Reanalysen zu ergänzen und in Bezug auf politische Einstellungen, Loyalität zum Regime der DDR sowie Lebensweise zu ergänzen bzw. zu unterfüttern.

Gerade den politischen Einstellungen ist in vielen Untersuchungen große Aufmerksamkeit geschenkt worden. Dabei gibt es sehr unterschiedliche Ansätze und Erkenntnisse. Förster (1997, S. 222) sieht die Jugendlichen der neuen Bundesländer noch auf dem Wege zu „politischen Orientierungen und Identifikationen ihrer politischen Realität". Melzer (1992) und Fobe (1997, S. 244f.) konstatierten eine Unsicherheit in Bezug auf die persönliche und gesellschaftliche Zukunft. Darauf ist partiell auch der Erfolg der Neonazis in der Nachwendezeit zurückgeführt worden (Rink 2004).

Während nun der Prozess vor der Wende durch die Arbeiten des ZIJ und der Abteilung Bildungssoziologie bei der Akademie der Pädagogischen Wissenschaften gut dokumentiert ist, und inzwischen auch entsprechende Sekundäranalysen vorliegen, ist die Forschungslage nach der Wende keineswegs ähnlich günstig für die hier interessierende Fragestellung. Das hängt vor allem damit zusammen, dass in den ersten Jahren Vergleiche zwischen Ost und West durchgeführt worden sind. Deshalb ist auch bei Untersuchungen zu Werthaltungen und Einstellungen eher Anschluss an bundesrepublikanische Untersuchungen gesucht worden. Die Tradition des ZIJ, die es für die DDR gab, wurde nicht fortgesetzt (Kuhnke/Mittag 1997, S. 225). Die bundesrepublikanischen Untersuchungen sind aber durch eine erhebliche begriffliche und methodische Variabilität gekennzeichnet (Klages 1984), was Vergleiche untereinander fast unmöglich macht. Speziell für die hier interessierende Vergleichsstudie war das Erkenntnisinteresse bei diesen Untersuchungen mehr auf die Differenz zwischen Ost und West und weniger auf die Eigendynamiken in der Entwicklung der Kinder und Jugendlichen gerichtet. Das trifft in dieser

Weise nicht auf Kirchhöfer (1998a) und die Arbeiten der Leipziger Dependance des Deutschen Jugendinstitutes (Bien/Kuhnke/Reissig 1999; Kuhnke/Mittag 1997) sowie Förster (1998) zu, die die Veränderungen der Zukunftssicht ostdeutscher Jugendlicher z.B. vor und nach der Wende dokumentieren und dabei auch einen Bezug zum sozialen Wandel, der nicht näher erfasst wurde, behaupten konnten. In Arbeiten diesen Typs, die längsschnittlich angelegt sind, kann man etwas von der Eigenlogik einer eigenen Entwicklung der Jugendlichen und Kinder in den neuen Bundesländern erkennen, wie Kuhnke/Mittag (1997) demonstriert haben.

Schemata wie das von ‚Rechts' und ‚Links' scheinen z.B. nicht mehr wie gewohnt zu funktionieren (Karig/Schuster 1999, S. 151); ein Ergebnis, das sich auch bei Münchmeier (2000) wiederfindet, wenn er bemerkt, dass in den neuen Bundesländern auch Anhänger der PDS zur Ausländerfeindlichkeit tendieren. Von ebensolchem Interesse sind die Befunde bei Kuhnke (1999) zur Entwicklung der Werteorientierung in zwei Kohorten des Leipziger Längsschnitts einschließlich des Hinweises darauf, dass sich Jungen eher in Richtung Erwerbsorientierung entwickeln, während Mädchen ästhetische und soziale Werte präferieren. Es gibt also Hinweise darauf, dass sich auch 10 Jahre nach der Wende in den neuen Bundesländern jenseits aller Ähnlichkeiten bei Persönlichkeitsvariablen bzw. Einstellung zu Familie und Schule doch so etwas wie eine eigene Lebensweise der Jugendlichen herausgestellt hat. Das lässt sich ebenso bei Eltern (Reitzle 1999) wie bei Jugendlichen dokumentieren (Merkens 1998). Reitzle (1999, S. 77) resümiert seine Befunde mit „Ost-Identität nach West-Konsum". Förster (1997, S. 209ff.) konnte diese Ergebnisse weitgehend bestätigen. Er konstatierte ein starkes Verharren bei der DDR-Identifikation und eine geringe Bereitschaft zur Hinwendung zur BRD. Diese Tendenz wird teilweise auch auf der Verhaltensebene bestätigt: In den neuen Bundesländern lässt sich eine nostalgische Rückbesinnung auf die Zeit der DDR auch heute noch finden, die teilweise folkloristische Züge aufweist.

Für den Bereich der Kinder- und Jugendforschung lassen sich weitere Aspekte benennen, denen nur geringe Aufmerksamkeit gewidmet worden ist: In der Jugendforschung war bereits vor der Wende dem Moratoriumsansatz Aufmerksamkeit gewidmet worden (Zinnecker 2000). Dabei war richtig gesehen worden, dass das **Bildungsmoratorium** in den westlichen Gesellschaften länger dauerte als in den östlichen (Zinnecker 1991). Es war aber nicht in die aktuelle, dann beginnende Forschung einbezogen worden, was es bedeuten würde, wenn plötzlich ein Anpassungsprozess der neuen Bundesländer an die alten bezüglich der Dauer des Moratoriums ergeben würde, das zusätzlich den Charakter eines verlängerten Bildungsmoratoriums annehmen musste. Wenig Aufmerksamkeit ist auch der Tatsache geschenkt worden, dass in der DDR der Alltag der Jugendlichen über außerunterrichtliche Aktivitäten, die im Kontext der Schule stattfanden, weithin geregelt worden ist (vgl. Steiner 1999). Ebenso ist unbestritten, dass sich die Alltagsorganisation der Schule gewandelt hat (Schubarth 1997; Böttcher/Plath/Weishaupt 1999). Nach der Wende ist vor allem die Infrastruktur zusammengebrochen, über die die gesellschaftliche Integration der Schule in der DDR erreicht werden sollte. Damit nehmen die Freiräume der Jugendlichen zu, die soziale Kontrolle hat sich verringert. Sozialraumanalysen, in denen solchen Fragen nachgegangen wurde, haben kaum stattgefunden, sie werden eher indirekt berichtet, wenn im Zusammenhang mit Forschung bzw. Berichterstattung zum **Rechtsextremismus** von befreiten Zonen die Rede ist. Das sind Zonen, in denen rechtsextreme Jugendliche keinen anderen dulden. Ebenso ist im Zusammenhang mit Jugendkulturen in den neuen Bundesländern häufiger die Annahme verknüpft worden, dass diese Jugendlichen dann auch soziale Räume besetzen würden. Häufig ist darüber aber auch im Stil der politischen Berichterstattung geschrieben worden, wenn einzelne Orte als von Rechtsradikalen beherrscht geschildert worden sind. Von Interesse sind hier die Interviews zur Sozialisation und die Berichte eines Beobachters bei Watts (1997), die verdeutlichen, was es heißt, wenn Jugendlichen nur eine anreizarme Umwelt zur Verfügung steht. Unter diesen Bedingungen wird Gewalt wahrscheinlich, wenn zusätzlich noch eine nur schwach ausgeprägte soziale Kontrolle hinzukommt.

Für den Bereich der Kindheit ist ebenfalls weniger Aufmerksamkeit darauf gerichtet worden, was es für Folgen für Kindheit haben musste, wenn die flächendeckenden Angebote der DDR bei Kinderkrippen und Kindergärten nicht beibehalten werden konnten. Das heißt, es ist im Prinzip der Blick zu wenig auf die Familien und deren sich verändernde Situation gerichtet worden. Ebenso sind zu wenig der Geburtenrückgang und die daraus resultierenden dramatischen Veränderungen beachtet worden. Erst auf der Ebene der Schule gibt es entsprechende Ansätze (vgl. Weishaupt 1997b). Diese gibt es ebenso bei den demographischen Studien (Joos/ Nauck 1998; Bertram/Hennig 1995). Sie sind aber bei der Kinder- und Jugendforschung im engeren Sinne eher nur peripher einbezogen worden.

Weiterhin ist wenig untersucht worden, wie sich die Rolle der Familie im Alltag verändert hat. In der DDR hatte sie durchaus in vielen Fällen den Charakter eines Refugiums. Insbesondere an Wochenenden bot sie einen Platz, an dem emotionale Wärme und Geborgenheit vermittelt werden konnten. Das hat offensichtlich unabhängig von der Tatsache einer späten Heirat, die Kinder waren häufig schon größer, sowie einer hohen Scheidungs- und abschließenden Wiederverheiratungsquote gegolten (Klein 1995). Demgegenüber mussten beide Eltern in der Regel während der Woche einer Erwerbstätigkeit nachgehen. Das hatte ein erhöhtes Maß an Selbständigkeitserwartungen auch schon für jüngere Kinder zur Folge (vgl. Kirchhöfer 1998a). Wenn Mütter nach der Wende ihre Arbeit verloren, folgte daraus, dass sie über mehr Zeit verfügten, um sich um ihre Kinder zu kümmern. Wieweit die hohe Selbständigkeitserwartung in der DDR bzw. die nachfolgende geringere Selbständigkeitserwartung nach der Wende bei den Kindern einen Einfluss ausgeübt hat, ist zu wenig untersucht worden. Ebenso sind die typischen Veränderungen in der Alltagsorganisation, die Kirchhöfer (1998) berichtet, wenig beachtet worden, wenn Kinder ein Verhalten zeigen, Ab- und Wegschließen der Fahrräder, welches in dieser Doppelung in der DDR nicht erforderlich gewesen ist.

Insgesamt sind Veränderungen der **Alltagssituation** bei Jugendlichen und Kindern nur wenig Aufmerksamkeit geschenkt worden. Insofern stellt sich die Frage, ob die Forschung, über die hier berichtet wird, überhaupt den Zentralbereich der Kinder und Jugendlichen betrifft, oder ob nicht eher Marginales für berichtenswert gehalten wird.

Eine weitere Fragestellung ist wenig beleuchtet worden, obwohl ihr große Bedeutung zukommt wie sich immer an berichteten Einzelergebnissen zeigt: Der Einfluss sozialer Ungleichheit auf die Ausprägung von Werten (Tamke 2008). Erst auf diese Weise könnte die Differenz jugendlicher Lebenslagen angemessen abgebildet werden. Pickel (2006) konnte einen stärkeren Einfluss sozialer Deprivationen auf die Politikverdrossenheit nachweisen als den der einfachen Ost-West-Unterschiede.

5 Zum Typ der Untersuchungen

Will man die Untersuchungen, welche nach der Wende in den neuen Bundesländern allein oder als Vergleich zwischen neuen und alten Bundesländern durchgeführt worden sind, charakterisieren, so fällt auf, dass es sich in der Regel um Querschnittsstichproben gehandelt hat, die meistens den Charakter gelegentlicher Stichproben hatten, obwohl die einzelnen Untersuchungen großen Wert darauf gelegt haben, nachzuweisen, dass es sich um repräsentative Stichproben gehandelt habe. Das ist zumindest bei den quantitativ angelegten Untersuchungen der Fall gewesen. Dabei ist übersehen worden, dass es schwer fallen dürfte unter den Bedingungen der Wende, repräsentative Stichproben zu ziehen (Silbereisen/Zinnecker 1999, S. 19). Als Beispiele hierfür können die Shell-Jugendstudien herangezogen werden, die in den Jahren 1992, 1997 und 2000 als Vergleichsuntersuchungen zwischen Ost und West durchgeführt worden sind. Erst 2006 spielt der Vergleichsaspekt nur noch eine Nebenrolle (15. Shell-Jugendstudie 2006). Die methodischen Probleme hat Fischer (1992) anschaulich geschildert, der nachgezeichnet hat, warum die Stichprobe des Jahres 1991 wie geschichtet worden ist und was das für Folgen für die anschließenden statistischen Analysen hatte: Die Stichproben mussten jeweils verzerrt werden, damit man vergleichende Aussagen über die Jugend in Ost und West machen konnte. Fritzsche (2000) schildert das Vorgehen bei der Untersuchung von 1999, das sich im Kern nicht unterschieden hat. Eine der Grundbedingungen, die für repräsentative Stichproben erfüllt sein müssen, dass jedes Mitglied der Grundgesamtheit die gleiche Wahrscheinlichkeit hatte, in die Stichprobe aufgenommen zu werden, war bei einer solchen Vorgehensweise nicht mehr erfüllt. Schaut man genau hin, dann ist bei den Vergleichen zwischen Ost und West in der Regel mit geschichteten oder Klumpenstichproben gearbeitet worden. Häufig sind beide Vorgehensweisen miteinander kombiniert worden. Die Vorteile dieser Vorgehensweise liegen auf der Hand: Man erhält für die Stichproben, die man miteinander vergleichen will, hinreichend große Gruppen. Die Vorsichtsmaßnahme, die man dann noch ergreifen kann, ist, dass man beim Ziehen der Stichproben nicht systematisch bestimmte Gruppen ausschließt. Nicht die Repräsentativität der Stichprobe in Bezug auf Personen, sondern in Bezug auf definierbare Gruppen, welche ähnlich wie in der Grundgesamtheit repräsentiert sein müssen, ist das Ziel des Vorgehens.

Es fällt auf, dass, obwohl im Zusammenhang mit der Wende häufig Kausalbehauptungen aufgestellt worden sind, nur vereinzelt Längsschnittuntersuchungen durchgeführt worden sind. Allein diese würden es aber erlauben, solche Behauptungen aufzustellen. Im Mangel an Längsschnittstichproben ist eines der größten Defizite, vor allem auch angesichts der Tatsache zu sehen, dass häufig Annahmen über die Sozialisation der Jugendlichen enthalten sind und entsprechende Aussagen formuliert werden. Dabei besteht eine der Einschränkungen darin, dass es für Längsschnittstichproben relativ aussichtslos ist, Repräsentativität zu erreichen. Es gibt bei diesem Stichprobentyp zwischen den Messzeitpunkten jeweils einen Schwund, der meistens systematisch ist.

6 Ergebnisse, Trends in den Untersuchungen

Summiert man die Forschungen bei Kindern und Jugendlichen, so lassen sich bestimmte Trends in der Berichterstattung ermitteln: Es fällt auf, dass es eine Fülle von Untersuchungen gegeben hat, in denen davon ausgegangen wird, dass die Familienstruktur in der DDR und anschließend in den neuen Bundesländern autoritärer gewesen sei als in den alten Bundesländern, zumindest ist das eine wiederkehrende Fragestellung. Bei genauem Hinsehen fällt dann aber auf, dass es dazu widersprüchliche Befunde gibt, wenn man die Jugendlichen selbst als Auskunftspersonen wählt.

Von Interesse ist zweitens gewesen, wie sich unter den Bedingungen sozialen Wandels die geschlechtsspezifische Sozialisation vollzieht. Hinsichtlich der Berufswünsche konnten Schmitt-Rodermund/Christmas-Best (1999) zeigen, dass in Westdeutschland die Jungen mehr und mehr in geschlechtsneutrale Berufe drängten, während das in den neuen Bundesländern bei den Mädchen der Fall war. Demgegenüber bevorzugten Jungen in Ostdeutschland 1996 eher jungentypische Berufe, die Mädchen in den alten Bundesländern eher Berufe mit einem weiblichen Profil. Gerade für die Jungen der neuen Bundesländer wurde daraus auf eine hohe Anpassungsbereitschaft an den Arbeitsmarkt geschlossen. Demgegenüber konnte Fobe (1997) für die neuen Bundesländer nachweisen, dass sich Mädchen in ihren Lebensentwürfen an die Realverhältnisse anzupassen versuchten, während sich Jungen stärker an Wunschvorstellungen zu orientieren begannen. Bei fast allen Untersuchungen ließen sich sowohl bei politischen Einstellungen sowie Wertvorstellungen und Persönlichkeitskonzepten große geschlechtsspezifische Differenzen sowohl in Ost als auch in West ermitteln (vgl. z.B. Merkens 1999). Das Programm der DDR, weniger geschlechtsspezifisch zu sozialisieren, ist offensichtlich gescheitert, weil sich solche Unterschiede auch schon direkt nach der Wende nachweisen ließen.

Ein dritter Trend hat sich den politischen Einstellungen zugewendet. Friedrich (1997, S. 44) vermutet, dass sich die Jugendlichen mit der BRD arrangiert hätten, sich aber nicht für sie engagierten. Häufig wird von einer zunehmenden Politikverdrossenheit berichtet (Merkens/Steiner/Wenzke 1998). Unterschiede zwischen Ost und West gibt es bei den Parteipräferenzen (Förster 1998; Wahlergebnisse bei Jungwählern, Bundestagswahl 1998). Dabei ist immer wiederkehrend der Frage nachgegangen worden, ob sich die Ergebnisse, dass Jugendliche aus den neuen Bundesländern stärker zu **Rechtsextremismus**, Ausländerfeindlichkeit und **Antisemitismus** neigen würden, bestätigen ließen. Solche Ergebnisse haben sich vielfach bestätigen lassen.

Sowohl bei der älteren Generation als auch bei den Jugendlichen haben rechtsextreme Positionen in den neuen Bundesländern mehr Zustimmung erfahren als in den alten (Heitmeyer 1991, 1993; Butz 1998, S. 234; Rink 2004). Ergebnisse dieser Art haben Anlass geboten, die Ursachen für die Differenzen in den unterschiedlichen Gesellschaftssystemen BRD und DDR bzw. in unterschiedlichen Erziehungspraktiken in den Familien zu suchen. Dies hat sich empirisch nicht bestätigen lassen. Die wenigen Kausalanalysen lassen vielmehr vermuten, dass die Entstehung rechtsextremer Einstellungen in Ost wie in West nach dem gleichen Muster erfolgt, dass es nur Umweltvariablen aus der Gegenwart sind (Politikverdrossenheit z.B.), die gegenwärtig eine höhere Auftretensrate verursachen (Hagan/Merkens/Boehnke 1995; Merkens/Steiner/Wenzke 1998). Es ist das Verdienst von Watts (1997) gewesen, zu zeigen, dass die oft unterstellte Annahme, es handele sich dabei um verschiedene Äußerungsformen der gleichen zugrunde liegenden Haltung bzw. Einstellung in dieser Weise nicht haltbar ist, indem er gezeigt hat, dass es zwischen diesen Äußerungsformen zwar ein hohes Maß an Übereinstimmungen gibt, dass sich aber ebenso Differenzen ermitteln lassen (vgl. auch Rink 2004). Solange nur Differenzen zwischen Ost und West berichtet werden, ist die allein interessierende Frage, ob es sich um repräsentative Stichproben gehandelt hat. Wenn aber zusätzlich Untersuchungen dazu eingeschlossen werden, mit denen herausgefunden werden soll, welche Ursachen sich identifizieren lassen, ändert sich das Bild. Nunmehr sind Fragen der Repräsentativität nicht mehr so wichtig. Entscheidender werden andere Aspekte. Hier fällt auf, dass viele Ergebnisse auf der Basis klinischer Stichproben gefunden worden sind. Das gilt für Untersuchungen mit quantitativen wie qualitativen Methoden. Untersuchungen diesen Typs führen häufig dazu, dass man nach zutreffenden Merkmalen sucht und bei deren Identifikation die weitere Suche einstellt. Es werden also Beziehungen eher auf Plausibilitätsniveau hergestellt. Das kann vom Erziehungsstil in der Familie über die Schule bis hin zur Freizeitgestaltung von Jugendlichen reichen, um das gesamte Spektrum zu beschreiben. Will man solche Fallen vermeiden, dann muss man Stichproben wählen, in denen die Wahrscheinlichkeit für das Auftreten anderer Verhaltensweisen hinreichend groß ist. Für die Auswahl der Mitglieder darf es kein Grund sein, Merkmalsträger zu sein, also z.B. Rechtsextremer. Allein reicht aber eine solche Vorsichtsmaßnahme noch immer nicht aus, weil man letzten Endes gesellschaftliche Ursachen und individuelle Ursachen für das Auftreten bestimmter Persönlichkeitsmerkmale identifizieren will. Dazu bedarf es komplexerer theoretischer Modelle. Differenzierende Modelle wie das von Bronfenbrenner (1988) mit der Unterscheidung verschiedener Systemebenen vom Mikro- bis zum Makrosystem sind zwar häufiger im theoretischen Teil zitiert, aber nur in Ausnahmefällen empirisch eingelöst worden. Damit sind Chancen vertan worden, weil die Möglichkeit, Erscheinungen auf verschiedenen Systemebenen in Beziehung zueinander zu setzen vergeben worden ist, obwohl im theoretischen Teil entsprechende Annahmen formuliert worden waren.

Bemerkenswerte Veränderungen konnten bei der Einstellung zur Arbeit nachgewiesen werden. Hier hat es einerseits konzeptionelle Veränderungen beim Begriff der Arbeit gegeben, eine konzeptionelle Nichtäquivalenz hat sich sehr schnell in eine Äquivalenz gewandelt, wie Merkens (1996) beschrieben hat. Parallel dazu hat sich die Akzeptanz einer Vorstellung zur Arbeit im Sinne von Job zu Lasten einer Vorstellung im Sinne von Beruf vergrößert (Fobe 1997; Merkens 1999). Beide Veränderungen können mit zunehmender Jugendarbeitslosigkeit in Zusammenhang gebracht werden.

Von Interesse sind auch die Untergruppen, in denen es darum ging, Formen und Praktiken der jugendlichen Sexualität in Ost und West zu erforschen (Plies/Nickel/Schmidt 1999). Dabei verdienen Verhütungsmethoden und Aids-Prophylaxe besondere Aufmerksamkeit. Von Interesse ist dabei, wie risikobereit Jugendliche mit wachsendem Alter beim Geschlechtsverkehr geblieben sind. Die Aids-Prophylaxe scheint bei einem großen Teil der Jugendlichen keine größeren Spuren hinterlassen zu haben.

Nicht zuletzt sind mit Hilfe quantitativer Methoden epidemiologische Untersuchungen in den neuen Bundesländern mit dem Ziel durchgeführt worden, das Drogenverhalten der Jugendlichen zu kontrollieren (Kirschner 1996). In den neuen Bundesländern hat dabei vor allem interessiert, wie sich das Verhältnis Jugendlicher zu Drogen in der Zeit verändert hat (Reissig 1999; Kappeler et al. 1999). Das kann wiederum als ein Typ von Forschung angesehen werden, bei dem im Prinzip angezielt wird, Aufschlüsse darüber zu gewinnen, wie sich in der Jugend neue Verhaltensweisen und Einstellungen verbreiten, wenn bestimmte Restriktionen entfallen, die bisher Jungsein reglementiert haben. Besonders nachhaltig sind die großen Shell-Jugenduntersuchungen rezipiert worden (Jugendwerk der Deutschen Shell 1992, 1997; Deutsche Shell 2000). Weniger Aufmerksamkeit haben die IBM-Studien erreicht. Beiden Typen von Studien ist der Anspruch gemeinsam gewesen, repräsentative Aussagen zur Situation der Jugend in Ost und West, zu politischen Einstellungen, Zukunftsängsten etc. zu präsentieren. Es ist jeweils mit Querschnittsstichproben gearbeitet worden. Dabei sind dann Quasi-Zeitreihen – vor allem bei den Shell-Studien – erstellt worden. Vergleicht man die Untersuchungen von 1997 und 2000, dann zeigt sich die Problematik solcher Untersuchungen: Waren 1997 noch die Zukunftsängste dominant, so hatten sich diese bis 2000 fast schon wieder verflüchtigt. Jugendforschung reicht in dieser Darstellungsweise in die Nähe der Meinungsforschung. Davon zu unterscheiden sind die Untersuchungen, in denen versucht wird, Ursachen Jugendlicher Verhaltensweisen zu erforschen. Diese haben im Zentrum der vorangehenden Darstellung gestanden.

Ein Fazit der Untersuchungen sollte bei den Trends eine zunehmende Angleichung der Muster von Jugendlichen nicht unterschlagen (vgl. z.B. Rink 2004).

7 Ausblick

Generell lässt sich als Ergebnis zusammenfassen, dass weder Kindheit noch Jugend in ihren Erscheinungsformen in Ost- bzw. Westdeutschland ein einheitliches Erscheinungsbild bieten (Tamke 2008). Es gibt angesichts der widersprüchlichen Ergebnisse in der Forschung Hinweise dafür, dass die interne Varianz der Erscheinungsformen in beiden Teilen des Landes größer ist als die zwischen den beiden Teilen. Das lässt es als aussichtsreich erscheinen, mit einem neuen Typ von Forschung zu beginnen, wenn der Vergleich zwischen Ost und West angestrebt wird: Man muss nach Milieus suchen (Hradil 1992; Vester 1995). Auf der Ebene der Milieus lassen sich wahrscheinlich jeweils Ähnlichkeiten entdecken (Pickel 2006). Dann kommt es nur noch darauf an, den Verbreitungsgrad der Milieus in beiden Teilen von Deutschland zu untersuchen. Dieser Typ von Forschungen muss ergänzt werden um einen zweiten, den es bisher nicht gibt: Es muss geprüft werden, ob eine in den für Jugendliche und Kinder zentralen Räumen des Alltags auf der institutionellen und der Alltagsebene überhaupt funktionale und konzeptuelle Äquivalenz gegeben ist. Hierzu zählt auch die Frage danach, wie sich soziale Disparitäten entwickeln und welche Einflüsse daraus resultieren. Drittens muss mit Hilfe von Längsschnittstudien untersucht werden, welche Ressourcen Kindern und Jugendlichen in den verschiedenen Institutionen und im Alltag, der nicht institutionell geprägt ist, zur Verfügung stehen. In diesem Zusammenhang besteht vor allem ein Interesse daran, weiter aufzuklären, wie Kinder und Jugendliche ihren Alltag organisieren. Auf der theoretischen Ebene sind noch zu viele Studien funktionalistischen Annahmen verhaftet. An Bedeutung müssen Akteurstheorien gewinnen. Deren Kombination mit kultur- oder strukturtheoretischen Ansätzen erscheint besonders erfolgversprechend. Ein großes Manko muss bisher auch darin gesehen werden, dass ein empirischer Bezug zu mikro- und zu makrosozialen Prozessen bisher allenfalls in Ausnahmefällen gesucht wird bzw. gelingt. Der soziale Wandel bzw. die Veränderung im Makrosystem werden als gegeben vorausgesetzt, allenfalls ihre Wahrnehmung durch Akteure wird geprüft (Hofer). Auf eine unabhängige Dokumentation solcher Einflüsse wird weitgehend verzichtet. Der Wandel erscheint als Ereignis trivial.

Ergänzt werden müssen die Untersuchungen um den Aspekt der innerdeutschen Migration, die offensichtlich in Abhängigkeit von Bildung erfolgt. Da weibliche Jugendliche bei den Bildungsabschlüssen erfolgreicher abschneiden, resultieren daraus Verschiebungen, die der Beobachtung bedürfen.

Literatur

Aretz, J.: Schwierige Orientierungssuche. Anmerkungen von Jugend, Bildung und Kirche in den neuen Ländern. In: Gieseking, E., Gückel, I., Scheidgen, H.-J., Tiggemann, A. (Hrsg.): Zum Ideologieproblem in der Geschichte, Lauf 2006, S. 295-306
Beck, U.: Risikogesellschaft. Auf dem Weg in eine andere Moderne. Frankfurt a.M. 1986
Behnken, I. u.a.: Schülerstudie 90. Jugendliche im Prozess der Vereinigung. Weinheim 1991
Benner, D./Merkens, H: Fortsetzungsantrag Forschergruppe und Zwischenbericht. Berlin 1996
Bertram, H./Hennig, M.: Eltern und Kinder: Zeit, Werte und Beziehungen zu Kindern. In: Nauck, B./Bertram, H. (Hrsg.): Kinder in Deutschland. Opladen 1995, S. 91-120
Bien, W./Kuhnke, R./Reissig, M. (Hrsg.): Wendebiographien. Zur ökonomischen, sozialen und moralischen Verselbständigung junger Erwachsener. Ergebnisse der Leipziger Längsschnitt-Studie 3, München 1999

Boehnke, K./Merkens, H.: Methodologische Probleme des Ost-West-Vergleichs am Beispiel der Wertforschung zu Individualismus und Kollektivismus. In: Zeitschrift für Sozialisationsforschung und Erziehungssoziologie 14 (1994), S. 212-226

Boehnke, K./Merkens, H./Steiner, I./Wenzke, G.: Gibt es eine Generation der 89er? Versuch einer empirischen Antwort anhand von Studien zu Werthaltungen und psychosozialer Befindlichkeit ostdeutscher Jugendlicher von 1977 bis 1995. In: Zeitschrift für Soziologie der Erziehung und Sozialisation, 2. Beiheft, 1998, S. 103-120

Bois-Reymond, M. du/Büchner, P./Krüger, H.-H.: Die moderne Familie als Verhandlungshaushalt. Zum Wandel des Generationenverhältnisses im interkulturellen Vergleich. In: Neue Praxis. Zeitschrift für Sozialarbeit, Sozialpädagogik und Sozialpolitik, 23 (1993), Heft 1+2, S. 32-42

Bois-Reymond, M. du: Deutsch-deutsche Kindheit und Jugend aus verschiedenen Blickwinkeln betrachtet. In: Zeitschrift für Pädagogik, 37. Beiheft, 1997, S. 89-112

Böttcher, I./Plath, M./Weishaupt, H.: Gestaltung einer neuen Schulstruktur. Zur inneren Entwicklung von Regelschule und Gymnasien in Thüringen. Münster 1999

Bronfenbrenner, U.: Die Ökologie der menschlichen Entwicklung. Stuttgart 1988

Bulmahn, T.: Sozialstruktureller Wandel: Soziale Fragen, Erwerbsstatus, Ungleichheit und Mobilität. In: Zapf, W./Habich, R. (Hrsg.): Sozialstruktur, Sozialer Wandel und Lebensqualität. Berlin 1996, S. 25-49

Büchner, P.: Vom Befehlen und Gehorchen zum Verhandeln. In: Preuss-Lausitz, U. u.a.: Kriegskinder, Konsumkinder, Krisenkinder. Weinheim 1983, S. 196-212

Büchner, P.: Jugend im vereinten Deutschland – Herausforderungen für die zukünftige Jugendforschung. In: Krüger, H.-H. (1993), S. 43-62

Büchner, P./Fuhs, B./Krüger, H.-H.: Transformation der Eltern-Kind-Beziehungen? Facetten der Kindbezogenheit des elterlichen Erziehungsverhaltens in Ost- und Westdeutschland. In: Zeitschrift für Pädagogik, 37. Beiheft, 1997, S. 35-52

Butz, P.: Familie und Jugend im sozialen Wandel. Dargestellt am Beispiel Ost- und Westberlins. Hamburg 1998

Classen, G./Bergs-Winkels, D./Merkens, H.: Zur Entwicklung von Arbeitsorientierung Jugendlicher im sozialen Wandel. In: ZSE, 2. Beiheft 1998, hrsg. v. H. OSWALD: Sozialisation und Entwicklung in den neuen Bundesländern. Ergebnisse empirischer Längsschnittforschung. 1998, S. 188-198

Conger, R.D./Elder, G.H.: Families in Troubled Times. Adapting to Change in Rural America. New York 1994

Deutsche Shell (Hrsg.): Jugend 2000. 13. Shell Jugendstudie. Bd. 1+2. Opladen 2000

Durkheim, E.: Der Selbstmord. stw. Bd. 431. Frankfurt a.M. 1983

Elder, G.H.: Children of the Great Depression: Social Change in the Life Experience. Chicago 1974

Elder, G.H./Caspi, A.: Persönliche Entwicklung und sozialer Wandel. Die Entstehung der Lebensverlaufsforschung. In: Mayer, K.U. (Hrsg.): Lebensverläufe und sozialer Wandel. Sonderheft 31 der Kölner Zeitschrift für Soziologie und Sozialpsychologie, 1990, S. 22-57

Fischer, A.: Zur Stichprobe. In: Jugendwerk der Deutschen Shell (Hrsg.): Jugend '92, Bd. 4, Methodenberichte, Tabellen, Fragebogen. Opladen 1992, S. 59-63

Fobe, K.: Lebensentwürfe an der Schwelle zum Beruf. In: Schlegel, U./Förster, P. (1997), S. 243-262

Förster, P.: Der lange Weg vom DDR- zum Bundesbürger. In: Schlegel, U./Förster, P. (1997), S. 207-223

Förster, P.: Systemwechsel und politischer Mentalitätswandel. Ergebnisse einer Längsschnittstudie bei ostdeutschen Jugendlichen zwischen 1987 und 1996. In: Zeitschrift für Soziologie der Erziehung und Sozialisation, 2. Beiheft, 1998, S. 69-84

Friedrich, W.: Mentalitätswandlungen der Jugendlichen in der DDR. In: Aus Politik und Zeitgeschichte. Beilage der Wochenzeitung Das Parlament, 1990, S. 16-17

Friedrich, W.: Zur Geschichte der Jugendforschung in der ehemaligen DDR. In: Krüger, H.-H. (1993), S. 31-41

Friedrich, W.: Zur Mentalität der ostdeutschen Jugendlichen. In: Schlegel, U./Förster, P. (1997), S. 39-51

Fritzsche, Y.: Die quantitative Studie: Stichprobenstruktur und Feldarbeit. In: Deutsche Shell (Hrsg.): Jugend 2000, Bd. 1, Opladen 2000, S. 349-378

Geissler, R.: Neue Strukturen der sozialen Ungleichheit im vereinten Deutschland. In: Hettlage, R./Lenz, K. (Hrsg.): Deutschland nach der Wende. Eine Fünf-Jahres-Bilanz. München 1995, S. 1-30.

Geissler, R.: Von der realsozialistischen zur sozialstaatlichen Struktur der sozialen Ungleichheit. Umbrüche im ostdeutschen Ungleichheitsgefüge. In: Diewald, M./Mayer, U. (Hrsg.): Bilanz der Wiedervereinigung. Mobilitätsprozesse im Transformationsprozess. Opladen 1995, S. 1-16

Georg, W.: Lebensstile Jugendlicher in der Freizeit. Eine Fallstudie. In: Neue Praxis (1991), H. 4, S. 358-370

Gericke, T.: Landjugendliche im Osten Deutschlands. In: Schlegel, U., Förster, P. (1997), S. 141-151

Hagan, J./Merkens, H./Boehnke, K.: Delinquency and disdain: Social capital and the control of right-wing extremism among East and West Berlin youth. In: American Journal of Sociology. 100 (1995), S. 1028-1052

Heitmeyer, W.: Die Widerspiegelung von Modernisierungsrückständen im Rechtsextremismus. In: Heinemann, K.H./ Schubarth, W. (Hrsg.): Der antifaschistische Staat entlässt seine Kinder. Jugend und Rechtsextremismus in Ostdeutschland. Köln 1991, S. 100-115

Heitmeyer, W.: Hostility and violence toward foreigners in Germany. In: Björgo, T./Witte, R. (Hrsg.): Racist violence in Europe. London 1993, S.17-28

Heitmeyer, W./Olk, T. (Hrsg.): Individualisierung von Jugend. Weinheim/München 1990

Hennig, W./Friedrich, W. (Hrsg.): Jugend in der DDR. Daten und Ergebnisse der Jugendforschung vor der Wende. Weinheim 1991

Hofer, M./Kracke, B./Klein-Allermann, E./Kessel, W./Jahn, U./Ettrich, U.: Der soziale Wandel aus der Sicht ost- und westdeutscher Familien, psychisches Befinden und autoritäre Vorstellungen. In: Nauck, B./Schneider, N./Tölke, A. (1995), S. 154-171

Hradil, S.: Die „objektive" und die „subjektive" Modernisierung. Der Wandel der westdeutschen Sozialstruktur und die Wiedervereinigung. In: Das Parlament (Wochenzeitung). Beilage: Aus Politik und Zeitgeschichte, 1992, S. 29-30, 3-14

Hradil, S.: Soziale Milieus und ihre empirische Untersuchung. Frankfurt a.M. 1992

Hurrelmann, K: Neuausgabe. Lebensphase Jugend. Eine Einführung in die sozialwissenschaftliche Jugendforschung. Weinheim/München 1994

Joos, M./Nauck, B.: Ost-West-Vergleiche: Armut und seelische Gesundheit. In. Zeitschrift für Soziologie der Erziehung und Sozialisation. 2. Beiheft 1998, hrsg. V. H. Oswald: Sozialisation und Entwicklung in den neuen Bundesländern. Ergebnisse empirischer Längsschnittforschung, S. 248-264

Jugendwerk der Deutschen Shell (Hrsg.): Jugend 92. Lebenslagen, Orientierungen und Entwicklungsperspektiven im vereinigten Deutschland. 4 Bde. Opladen 1992

Jugendwerk der Deutschen Shell (Hrsg.): Jugend 97. Zukunftsperspektiven, Gesellschaftliches Engagement, Politische Orientierungen. Opladen 1997

Kabat Vel Job: Familiensozialisation im Jugendalter – Familie als Ressource. In: Schlegel, U./Förster, P. (1997), S. 63-78

Kagitcibasi, C.: Linking the Indigenous and Universalist Orientations. In: Iwawaki, S, Kashima, Y., Leung, K. (Hrsg.): Innovations in Cross-Cultural Psychology, Amsterdam 1992, S. 29-37

Kappeler, M./Barsch, G./Gaffron, K./Hayner, E./Leinen, P./Ulbricht, S.: Jugendliche und Drogen. Ergebnisse einer Längsschnittuntersuchung in Ost-Berlin nach der Maueröffnung. Opladen 1999

Karig, U./Schuster, K.-D.: Abseits oder mittendrin? Zu jugendkulturellen Szenen und Stilen. In: Bien, W./Kuhnke, R./Reissig, M. (1999), S. 139-164

Kauke, M.: Beobachtungsstudien zu Kontext und Wandel von prosozialem Verhalten unter Grundschulkindern in Ostberlin. In: Zeitschrift für Soziologie der Erziehung und Sozialisation, 2. Beiheft, 1998, S. 52-68

Kirchhöfer, D.: Aufwachsen in Ostdeutschland. Langzeitstudie über Tagesläufe 10- bis 14jähriger Kinder. Kindheiten Bd. 14, Weinheim/München 1998a

Kirchhöfer, D.: Veränderungen in den alltäglichen Lebensführungen ostdeutscher Kinder – ein qualitativer Längsschnitt. In: Zeitschrift für Soziologie der Erziehung und Sozialisation, 2. Beiheft, 1998b, S. 34-51

Kirschner, R.: Jugend und illegale Drogen in Ostdeutschland: eine bevölkerungsrepräsentative Längsschnittuntersuchung. München 1996

Klages, L.: Wertorientierungen im Wandel. Rückblick, Gegenwartsanalyse, Prognosen. Frankfurt a.M. 1984

Klein, T.: Ehescheidung in der Bundesrepublik und der früheren DDR: Vom traditionellen Muster zur individuellen Lebensplanung? In: Nauck, B./Schneider, N./Tölke, A. (1995), S. 76-89

Kötters, C.: Wege aus der Kindheit in die Jugendphase. Studien zur Jugendforschung, Bd. 20, Opladen 2000

Kracke, B./Noack, P./Hofer, M./Klein–Allermann, E.: Die rechte Gesinnung: Familiale Bedingungen autoritärer Orientierungen ost- und westdeutscher Jugendlicher. In: Zeitschrift für Pädagogik, 39 (1993), S. 971-988

Krappmann, L./Oswald, H.: Probleme des Helfens unter Kindern. In: Bierhoff, H.W./Montada, L. (Hrsg.): Altruismus. Bedingungen der Hilfsbereitschaft. Göttingen 1988, S. 206-223

Krüger, H.-H. (Hrsg.): Handbuch der Jugendforschung. 2.Aufl., Opladen 1993

Kuhnke, R.: Zur Entwicklung eines individuellen Wertesystems. Die Herausbildung eines individuellen Wertesystems als Entwicklungsaufgabe. In: Bien, W./Kuhnke, R./Reissig, M. (1999), S. 73-110

Kuhnke, R./Mittag, H.: Entwicklung von Lebenszielen bei ostdeutschen Jugendlichen. In: Schlegel, U./Förster, P. (1997), S. 225-242

Lindner, B.: Sozialisation und politische Kultur junger Ostdeutscher vor und nach der Wende – ein generationsspezifisches Analysemodell. In: Schlegel, U./Förster, P. (1997), S. 23-37

Lindner, B.: Die Generation der Unberatenen. In: Schüle, A./Anke, T./Gries, R. (2006): Die DDR aus generationengeschichtlicher Perspektive. Eine Inventur. Leipzig, S. 93-112

Lonner, W.R./Berry, J.W. (Hrsg.): Field Methods in Cross-Cultural Research. Beverly Hills 1986
Malpass, R.S./Poortinga, Y.H.: Strategies for Design and Analysis. In: Lonner, W.R./Berry, J.W. (1986), S. 47-83
Mannheim, K.: Das Problem der Generationen. In: Kölner Vierteljahressschrift für Soziologie, 7 (1928), S. 157-185, 309-330
Meier, A./Grund, I./Nickel, H.-M./Reimann, A./Wenzke. G: Zur sozialistischen Lebensweise älterer Schüler. Manuskriptdruck. Akademie der Pädagogischen Wissenschaften der DDR, Abteilung Soziologie des Bildungswesens. 1978
Meier, A./Müller, J: Die letzte Generation? Jugend und Familie auf dem Lande in Ostdeutschland und in den USA. Berlin 1997
Melzer, W.: Jugend in Polen, West- und Ostdeutschland. In: Melzer, W./Lukowski, W./Schmidt, L. (1991), S. 13-38
Melzer, W.: Jugend und Politik in Deutschland. Gesellschaftliche Einstellungen, Zukunftsorientierungen und Rechtsextremismus-Potential Jugendlicher in Ost- und Westdeutschland. Opladen 1992
Melzer, W./Lukowski, W./Schmidt, L. (Hrsg.): Deutsch-polnischer Jugendreport. Lebenswelten im Kulturvergleich. Weinheim/München 1991
Melzer, W./Schubarth, W./Lukowski, W.: Politische Orientierungen und Handlungsformen von Jugendlichen. In: Melzer, W./Lukowski, W./Schmidt, L. (1991), S. 105-133
Merkel, W.: Systemtransformation. UTB, Bd. 2076, Opladen 1999
Merkens, H.: Jugend im vereinten Berlin: Ein theoretischer Ansatz. In: Kirchhöfer, D./Merkens, H./Steiner, I. (Hrsg.): Schuljugendliche im vereinten Berlin. Pilotstudie, Arbeitsbericht Nr. 1, Berlin (FU Berlin, Arbeitsbereich für Empirische Erziehungswissenschaft und Zentrum für Europäische Bildungsforschung. e.V.), 1991, S. 3-10
Merkens, H.: Arbeit als knappes Gut. In: Paragrana. Internationale Zeitschrift für Historische Anthropologie. Bd. 6, Nr. 2, 1996, S. 113-134
Merkens, H.: Die Mauer in den Köpfen – Jugendliche in Ost und West. In: Heidelberger Institut Beruf und Arbeit (Hg.): Innovation braucht starke Träger. Dokumentation der Fachkonferenz Benachteiligtenförderung am 23. und 24. September 1997 in Erfurt. Hiba-Weiterbildung, Bd. 10/50, 1998, S. 5-10
Merkens, H.: Schuljugendliche in beiden Teilen Berlins seit der Wende. Reaktionen auf den sozialen Wandel. Baltmannsweiler Jugendforschung aktuell, Bd. 5, Baltmannsweiler, 1999
Merkens, H. (Hrsg.): Übereinstimmung und Differenz – Jugend in der DDR. Jugendforschung aktuell, Bd. 6, Baltmannsweiler 2000
Merkens, H./Steiner, I./Wenzke, G.: Lebensstile Berliner Jugendlicher 1997. Zentrum für Europäische Bildungsforschung e.V. und Freie Universität Berlin, Institut für Allgemeine Pädagogik, Abtlg. Empirische Erziehungswissenschaft (Hg.). Berlin 1998
Münchmeier, R.: Miteinander – Nebeneinander – Gegeneinander? Zum Verhältnis zwischen deutschen und ausländischen Jugendlichen. In: Deutsche Shell (Hrsg.): Jugend 2000. Bd. 1, Opladen 2000, S. 221-260
Nauck, B./Schneider, N./Tölke, A. (Hrsg.): Familie und Lebensverlauf im gesellschaftlichen Umbruch. Stuttgart 1995
Olk, T.: Jugend und gesellschaftliche Differenzierung – Zur Unstrukturierung der Jugendphase. In: Zeitschrift für Pädagogik, 19. Beiheft, 1985, S. 290-301
Oswald, H.: Editorial. In: Zeitschrift für Soziologie der Erziehung und Sozialisation, 2. Beiheft, 1998, S. 4-16
Pfeiffer, C./Wetzels, P.: Zur Struktur und Entwicklung der Jugendgewalt in Deutschland. Ein Thesenpapier auf der Basis aktueller Forschungsbefunde. In: Aus Politik und Zeitgeschichte. Beilage zur Wochenzeitung Das Parlament B 26, 1999, S. 3-22
Pickel, G.: Die ostdeutsche Jugend – im deutschen Vergleich verdrossen oder auf dem Weg in eine gemeinsame politische Kultur? In: Roller, E./Brettschneider. F/Beth, J.W. van (Hrsg.): Jugend und Politik: „Voll normal". Der Beitrag der politischen Soziologie zur Jugendforschung. Wiesbaden 2006, S. 99-131
Plies, K./Nickel, B./Schmidt, P.: Zwischen Lust und Frust. Jugendsexualität in den 90er Jahren. Opladen 1999
Reissig, M.: Jugend und Drogen – Konsum und Missbrauch legaler und illegaler Suchtmittel. In: Bien, W./Kuhnke, R./Reissig, M. (1999), S. 183-204
Reitzle, M.: Anhaltende Kluft oder Annäherung zwischen Ost und West? Ausgewählte demoskopische Befunde. In: Silbereisen, R.K./Zinnecker, J. (1999), S. 63-79
Rink, D.: Jugend- und Subkulturen in der ostdeutschen Transformationsgesellschaft. In: Hufnagel R./Simon, T. (Hrsg.): Problemfall deutsche Einheit. Interdisziplinäre Betrachtungen zu gesamtdeutschen Fragestellungen: Wiesbaden 2004, S. 313-325
Schlegel, U./Förster, P. (Hrsg.): Ostdeutsche Jugendliche. Vom DDR-Bürger zum Bundesbürger. Opladen 1997
Schmitt-Rodermund, E./Christmas-Best, E.: Kranführer oder Krankenschwester – Berufliche Vorstellungen Jugendlicher aus Ost und West. In: Silbereisen, R.K./Zinnecker, J. (1999), S. 169-186
Schubarth, W.: „Zuerst haben wir geglaubt, jetzt wird alles anders" – Schule und Schülersein nach der Wende. In: Schlegel, U./Förster, P. (1997), S. 81-93

Silbereisen, R.K./Zinnecker, J. (Hrsg.): Entwicklung im sozialen Wandel. Weinheim/München 1999
Silbereisen, R.K./Zinnecker, J.: Einleitung. In: Silbereisen, R.K./Zinnecker, J. (1999), S. 13-37
Steiner, I.: Spielraum im Plan – die Schulen der Stadt Brandenburg 1982—1983 (eine Fallstudie). Jugendforschung aktuell, Bd. 4, Baltmannsweiler 1999
Steiner, I./Wenzke G.: Interviews aus der Vorwendezeit. 2000
Tamke, F.: Jugenden, soziale Ungleichheit und Werte. Theoretische Zusammenführung und empirische Überprüfung. Wiesbaden 2008
Triandis, H.C.: The Analysis of Subjective Culture. New York 1972
Trommsdorf, G./Kornadt, H.-J./Hessel-Scherf, M.: Soziale Motivation ost- und westdeutscher Kinder. In: Zeitschrift für Soziologie der Erziehung und Sozialisation. 2. Beiheft, 1998, S. 121-136
Vester, M./Hofmann, M./Zierke, I. (Hrsg.): Soziale Milieus in Ostdeutschland. Gesellschaftliche Strukturen zwischen Zerfall und Neubildung. 1995
Watts, M.W.: Xenophobia in United Germany. Generations, Modernization, and Ideology. New York 1997
Weishaupt, H.: Folgen der demographischen Veränderungen für die Schulentwicklung in den neuen Bundesländern. In: H.-H. Krüger/J.H. Olbertz (Hrsg.): Bildung zwischen Staat und Macht. Opladen 1997b, S. 607-619
Wiesner, M./Pinquart, M.: Sozialer Wandel aus der Sicht ost- und westdeutscher Erwachsener: Folgen für generalisierte Selbstwirksamkeitserwartungen und Zukunftsoptimismus. In: Silbereisen, R.K./Zinnecker, J. (1999), S. 81-100
Wild, E.: Bedingungen der Schullaufbahn ost- und westdeutscher Jugendlicher am Ende der Sekundarstufe I. In: Zeitschrift für Pädagogik, 37. Beiheft, 1997, S. 229-254
Zapf, W.: Modernisierung, Wohlfahrtsentwicklung und Transformation. Berlin 1994
Zeiher, H./Zeiher, H.: Orte und Zeiten der Kinder. Weinheim/München 1994
Zinnecker, J.: Die Gesellschaft der Altersgleichen. In: Jugendwerk der Deutschen Shell (Hrsg.): Jugend 81, Lebensentwürfe, Alltagskulturen, Zukunftsbilder, Bd.1, 1981a, S. 422-674
Zinnecker, J.: Jugendliche und Kulturen. Ansichten einer zukünftigen Jugendforschung. In: Zeitschrift für Pädagogik 27 (1981b), S. 421-440
Zinnecker, J: Jugend als Bildungsmoratorium. Zur Theorie des Wandels der Jugendphase in west- und osteuropäischen Gesellschaften. In: Melzer, W./Heitmeyer, W./Liegle, L./Zinnecker, J. (Hrsg.): Osteuropäische Jugend im Wandel. Ergebnisse vergleichender Jugendforschung in der Sowjetunion, Polen, Ungarn, und der ehemaligen DDR. Weinheim/München 1991, S. 9-25
Zinnecker, J.: Jugendforschung in Deutschland. Eine Zwischenbilanz. In: Erziehungswissenschaft, 1993, Heft 4, 1993, S. 96-108
Zinnecker, J.: Stresskinder und Glückskinder. Eltern als soziale Umwelten von Kindern. In: Zeitschrift für Pädagogik 43 (1997), S. 7-34
Zinnecker, J.: Kindheit und Jugend als pädagogische Moratorien. Zur Zivilisationsgeschichte der jüngeren Generation im 20. Jahrhundert. In: Zeitschrift für Pädagogik, 42. Beiheft: Bildungsprozesse und Erziehungsverhältnisse im 20. Jahrhundert. Praktische Entwicklungen und Formen der Reflexion im historischen Kontext, 2000, S. 36-68
Zinnecker, J./Silbereisen, R.K.: Kindheit und Jugend in Deutschland. Aktueller Survey über Kinder und ihre Eltern. Weinheim/München 1996

Manuela du Bois-Reymond

Kindheit und Jugend in Europa

1   Einstimmung auf ein grenzenloses Thema

„Kindheit und Jugend in Europa in kulturvergleichender Perspektive" ist in mehrfacher Hinsicht ein grenzenloses Thema: Es geht um reale und verwissenschaftlichte Kindheiten und Jugenden, und zwar in einem bestimmten geopolitischen und historisch-kulturellen Raum. Wo anfangen? Vielleicht bei ‚Europa'. Was verstehen wir unter diesem Begriff – und wer ist ‚wir'? Für Bewohner zentral- und westeuropäischer Länder hat Europa eine alle anderen möglichen Kontexte überformende politisch-wirtschaftliche Bedeutung: wer heute ‚Europa' sagt, meint das Projekt eines zu vereinigenden Europas mit allen darin enthaltenen Schwierigkeiten und Risiken. Sowie wir diese politisch-institutionelle Ebene verlassen, versinken wir tief in den besonderen kulturellen Landschaften der einzelnen Länder, die sich seit altersher zu Europa rechnen – ob sie nun bereits zur EU gehören oder (noch) nicht. Eine europäische Kindheit und Jugend im engeren Sinn, mit ähnlichen Lebenslagen und Erfahrungen, gibt es nicht: die Lebenschancen rumänischer Kinder sind mit niederländischen nicht zu vergleichen; der Übergang von der Ausbildung in den Beruf ist für Jugendliche in Polen ein anderer als in Italien. Und versammelte man 27 Kinder und Jugendliche aus den derzeitigen EU Ländern um einen Tisch, so hätten sie Mühe, eine gemeinsame Sprache zu finden. Ähnlich divergent sind die wissenschaftlichen Traditionen, die sich mit Kindheit und Jugend in Europa beschäftigen: es sind ganz überwiegend nationale Traditionen. Sie sind je nach Land für Kindheitsforschung ebenso wie für Jugendforschung andere.

Und doch gibt es Gemeinsames in diesem grenzenlosen Thema: ‚Europa' grenzt sich in vieler Hinsicht von ‚Asien' oder ‚Afrika' ab. Es hat historische, religiöse und politische gemeinsame Wurzeln, die die Länder untereinander verbinden. Ebenso schafft ein vereinigtes Europa neue Beziehungen zwischen den Ländern. Die alten europäischen Nationalstaaten sind in den letzten Jahrzehnten zu multikulturellen Gegenwartsgesellschaften geworden, die sich in den politisch-wirtschaftlichen Rahmen der Europäischen Union integrieren. Sie lassen sich damit in den übergreifenden Modernisierungsprozess aufnehmen, der ihnen von der EU und anderen Weltorganisationen auferlegt wird und den sie durch ihre Teilnahme mitgestalten. An dem Tisch mit den 27 Kindern und Jugendlichen entwickelt sich bald über alle Sprachschwierigkeiten hinaus ein Gespräch in holprigem Englisch. Dergleichen geschieht auch in den wissenschaftlichen Gemeinschaften: stets mehr europäische Kindheits- und Jugendforscher vernetzen sich über ihre nationalen Wissenschaftskulturen hinweg, organisieren europäisch-internationale Konferenzen und Publikationen und unterhalten ihre diversen Netzwerke in pidgin Englisch über e-mail. Englisch ist sowohl für die Jugend als auch für die Forscher zur lingua franca im neuen Europa geworden.

Es sind insbesondere die kommenden Generationen, die den europäischen Integrationsprozess tragen müssen. Es besteht daher keineswegs nur ein wissenschaftliches Interesse an der

Lebenssituation von heutigen Kindern und Jugendlichen, sondern auch ein eminent politisches: welche sozialpolitischen Maßnahmen sind auf EU Ebene erforderlich, um diesen Integrationsprozess zu befördern?

Es kann nicht unsere Aufgabe sein, den Stand der Kindheits- und Jugendforschung und -politiken in allen europäischen Ländern in vergleichender Absicht zu inventarisieren und zu beurteilen. Eine solche Aufgabe wäre ein spannendes Langzeitprojekt für ein interdisziplinäres Forscherkollektiv –wir kommen darauf am Schluss unseres Beitrags zurück. Was die deutsch-deutsche Vergleichsforschung betrifft, so ist ihr im vorliegenden Handbuch ein eigener Beitrag gewidmet.

Wir gehen im Folgenden von der These aus, dass eine *europäische* Kindheits- und Jugendforschung erst in Ansätzen existiert, dass es aber einen steigenden Bedarf an einer solchen Forschung gibt. Dabei ist die soziologische Perspektive gegenüber anderen sozialwissenschaftlichen Disziplinen, die sich mit Kindheit und Jugend befassen, dominant. Das ist nicht erstaunlich, da eine soziologische Perspektive für eine europäische Integrationspolitik bedeutsam ist.

2 Probleme kulturvergleichender Forschung

2.1 Traditionen

Der Wissenschaftstypus interkulturell vergleichende Forschung ist in der *Anthropologie* und *Kulturpsychologie* beheimatet (Berg et al. 1992; s. auch Van der Vijver/Portinga 1997; Ginrich /Fox 2002).[1] Es ist ihr explizites Erkenntnisprogramm, ‚fremde' Kulturen zu erforschen und im Vergleich mit der ‚eigenen' Kultur zu beschreiben und ggf. zu beurteilen. Das Problem einer wertenden Warte, von der aus ‚das Fremde' betrachtet und beurteilt wird, stellt sich einer jüngeren Generation Ethnologen und Anthropologen seit dem Zusammenbruch des westlichen Kolonialismus und den darauf folgenden Emanzipationsbestrebungen der befreiten Völker auf eine neue Art, seit diese nämlich eigene anthropologische Schulen hervorbringen. Einheimische Anthropologen bestreiten die Interpretationen ihrer westlichen Kollegen und verwickeln sie mit eigenen, anderen Interpretationen, in einen interkulturellen wissenschaftstheoretischen Diskurs (vgl. hierzu Matthes 1992; Berry et al. 1992; Berg/Fuchs 1993; Geertz 1988; auch Kohn 1996, S. 41).

Aber sowohl in der alten, als auch in der neuen Anthropologie führen Kinder und Jugendliche als eigenständige Gruppen und Subjekte nur eine Randexistenz; sie sind Teil der Makrosysteme Familie und Verwandtschaftsbeziehungen. Margaret Mead war die erste Anthropologin von Rang, die Kinder- und Jugendkulturen als ein eigenes Thema behandelte. In vielen späteren Vorträgen und Schriften zu den Aufwachsbedingungen nordamerikanischer Kinder und Jugendlicher hat sie als Anthropologin pädagogische Werturteile gefällt (Bateson 1986).

Inwieweit sich unter den historisch und politisch gewandelten Verhältnissen in Europa eine ‚neue' ethnographisch-anthropologisch-volkskundliche Tradition etablieren wird, die sich mit Kinder- und Jugendkulturen befasst und an Regionalkulturen anknüpft, muss abgewartet werden (vgl. Feldföldi/Sandor 1999).

In kulturvergleichender Absicht ist eine *transkulturelle Sozialisationsforschung* entstanden, die sich mit Persönlichkeitsentwicklung und den diese beeinflussenden gesellschaftlichen Bedingungen beschäftigt. Es geht hier noch weitgehend um ein Forschungsprogramm. Das Ziel einer auskristallisierten empirischen Forschung, die die an Sozialisation beteiligten Disziplinen Psychologie, Soziologie, Erziehungswissenschaften zu einer konsistenten kulturvergleichenden Forschung verbände, liegt noch in der Ferne (Trommsdorff 1989 – s. aber weiter unter 2.2). Der amerikanische Kulturpsychologe Jaan Valsiner sagt hierzu: „Developmental research .. should be.. interested in the comparative-cultural study of development. As the study of child development stands, that is not be the case" (Valsiner 1989).

Vergleichsstudien kennt auch die *historisch-pädagogische Kindheits- und Jugendforschung*. In einer gegenüber den empirischen Sozialwissenschaften methodisch weniger stringenten Weise werden darin ‚europäische' Kindheiten und Jugenden beschrieben, indem derartige Studien sich von der je unterschiedlichen Quellenlage für die verschiedenen Länder und Lebensalter leiten lassen (vgl. Becchi/Julia 1998; Behnken u.a.).

Schließlich ist die *Politologie* prädestiniert für Vergleichsstudien, hier geht es in der Regel um Einstellungsforschung. Jugendliche, von Kindern nicht zu reden, spielen dabei eine untergeordnete Rolle (s. aber Vanandruel et al. 1996; Weiss 1996; Friesel u.a. 1993).

Inzwischen ist eine rege Diskussion innerhalb und auch zwischen diesen Disziplinen entstanden; davon zeugen z.B. Zeitschriften wie YOUNG – Nordic Journal of Youth Research, Journal of Youth Studies, ZSE Zeitschrift für Soziologie der Erziehung und Sozialisation, CHILDHOOD – A Journal of Global Child Research, und viele andere. Sie beschäftigen sich alle mit europäischen Jugenden und Kindheiten – aber nicht ausschließlich; außereuropäische Länder und Kontinente werden ebenfalls aus den verschiedenen sozialwissenschaftlichen Disziplinen in den Blick genommen (vgl. ferner Helve/Holm 2005; Leccardi/Ruspini 2006; Camstra 1997; Rappenglück 2006).

Wir beschränken uns im Folgenden weitgehend auf kinder- und jugendsoziologische Studien und Diskussionen, obgleich eine disziplinäre Abgrenzung nicht immer möglich oder erwünscht ist. Aber für Vergleichsstudien im europäischen Kontext ist eine soziologische Perspektive am ergiebigsten, wobei dies, wie sich zeigen wird, mehr für Jugend als für Kindheit gilt. Außerdem muss gleich zu Anfang gesagt werden, dass die hier zu besprechenden Studien implizit oder explizit von einem Wertemaßstab ausgehen, dessen Provenienz die westeuropäische Zivilisation ist (s.w.u. 2.3).

2.2 Typologie

Um vorhandene Studien zu Kindheit und Jugend unter einem vergleichenden Gesichtspunkt zu ordnen, bedienen wir uns einer eher entwickelten Typologie, die auf den Grad der Integration abhebt: Inwieweit wird ein Ländervergleich zu Kindheit oder Jugend mit vorab integrierten Fragen und Instrumenten durchgeführt? Unter welchen Gesichtspunkten sind die Vergleichsländer/Populationen ausgesucht? Welche Vergleichsmaßstäbe werden angelegt?[1] Folgende Forschungstypen lassen sich unter diesen Gesichtspunkten unterscheiden (vgl. du Bois-Reymond/ Hübner-Funk 1993 S. 77ff.).

Der additiv-deskriptive Typus (A)
Dieser Forschungstypus bildet sozusagen die erste Stufe auf der Treppe zu einer integrierten vergleichenden Kindheits- und Jugendforschung: die Lebenslagen von Kindern und Jugendlichen aus verschiedenen Ländern werden dargestellt, ohne dass vorab gemeinsame Vergleichsmaßstäbe entwickelt worden sind. Es handelt sich zumeist um kompendienartig zusammenge-

stellte Länderberichte, die oft aus international-europäischen Konferenzen hervorgehen oder im Auftrag europäischer Gremien entstehen. Seit den 1980er Jahren und verstärkt nach dem Zusammenbruch des Staatssozialismus und Kommunismus in Osteuropa, nahmen transnationale Konferenzen zu Problemen von Kindheit und Jugend und einer auf diese Lebensphasen gerichtete Politik zu.[2] Die Europäische Kommission und der Europarat fördern u.a. Projekte, die diesem Typus entsprechen, seit dem letzten Jahrzehnt aber auch stärker integrierte Forschungsvorhaben.[3]

Trotz aller Unvollkommenheiten dieses Typs für Vergleiche, sollte man derartige Studien nicht gering achten: sie enthalten Material, das für stärker integrierte Forschung unerlässlich ist. Auch zeigt sich an ihrer stetigen Zunahme der politisch-wissenschaftliche Fortgang einer immer weitergehenden (trans-)europäischen Vernetzung.

Der erweiterte additiv-deskriptive Typus (B)

Hierunter sind europaweite Jugendbefragungen gefasst, wie insbesondere die seit 1982 durchgeführten EU Studien über die ‚Jungen Europäer' (Eurobarometer) (European Commission 1997; 2001; 2007; Europäische Kommission 2001), sowie Datensätze der Europäischen Wertestudie (World Value Survey WVS), des European Social Survey ESS und anderer Datensätze, in denen (auch) Jugend behandelt wird.

Bei dem Typus B geht es um mehr als ein loses Nebeneinanderstellen unverbundener nationaler Forschungsergebnisse wie im ersten Typus (A), nämlich um identische Meinungssurveys in einer Vielzahl von europäischen Ländern zu einer Vielzahl von Themen. Additiv bleibt dieser Forschungszugriff insofern, als die national vergleichend aufaddierten Befragungsergebnisse nur deskriptiv miteinander verglichen werden. Eine korrelative Tiefeninterpretation lassen die geringen Stichproben und die flachen Befragungsinstrumente von Studien wie der Jungen Europäer nicht zu. Weiter fallen unter diesen Typus Studien im Auftrag der EU, um z.B. die Wohnsituation oder den Gesundheitszustand Jugendlicher in den Mitgliedstaaten zu vergleichen (Avramov 1997; Bendit et al. 1999; Hackauf/Winzen 1998), sowie zahlreiche Projekte im Rahmen von Leonardo, Socrates und Youth for Europe (Osler 1997).

Der erweiterte additive Typus befasst sich vor allem mit **Übergangsforschung** sowie politisch-kulturellen Einstellungen und betrifft insbesondere Jugendliche, weniger Kinder (Evans/ Heinz 1994; Chisholm u.a. 1995; Tham 1999; López Blasco et al. 2003; Walther et al. 2006; Walther/Stauber 2002; Bendit/Hahn-Bleibtreu 2008). Dies hängt mit dem Instrument des Surveys zusammen, das für die Befragung Jugendlicher geeigneter erscheint als für Kinder.[4] Für Kinderforschung ist hier aber auf das COST Projekt (Zeiher 2007; Wintersberger 2007) hinzuweisen, auf das wir weiter unten noch genauer eingehen.

Der partiell integrierte Typus (C)

Hierunter fallen ausgewählte Ländervergleiche oder auch Regional- und Städtevergleiche. Das Forschungsdesign ist thematisch und methodisch anspruchsvoller als bei den beiden ersten Typen. Es werden bereits bei der Konzeption der Studie übergreifende Fragestellungen und Theorieansätze entwickelt, etwa eine Theorie der selektiven Modernisierung, unter der ungarische und westdeutsche Jugend miteinander verglichen wird (vgl. Zinnecker/ Molnar 1988), oder ein entwicklungspsychologischer Ansatz, mit dem eine Gruppe um Silbereisen polnische und deutsche Jugendliche untersuchte (Silbereisen et al. 1986). Wegen seines größeren Anspruchs an Theorie und Methode ist ein solches Design nicht umstandslos auf eine (sehr) große Zahl von Länderpopulationen übertragbar; die Fragestellungen erfordern meist mehrdimensionale

Verfahren (Bynner/Silbereisen 2000; Evans/Heinz 1994; Bynner/Koklyagina 1995; Behnken u.a. 1989; Büchner u.a. 1998; Wallace/Kovacheva 1998; Kieselbach 2000).[5]

Neuerdings zeichnet sich in der Forschungspolitik der EU die Tendenz ab, von rein additiven Studien zu stärker integrierten Vergleichen überzugehen – und damit auch von Surveys zu qualitativen Methoden. Es scheint, dass das Ungenügen am geringen Erklärungswert von oberflächlichen Surveys wie den ‚Jungen Europäern' wächst. Der Jugendsurvey der Europäischen Kommission fragt zurecht: "Can we still refer to a rift between north and south, large and small countries, industrialised or rural countries, etc. when young people from neighbouring countries show considerably different behaviour and express diverging opinions? There are striking differences on key issues between pairs of countries that some would have thought comparable: Spain and Italy, Germany and Denmark, Belgium and the Netherlands, etc." Hieran zeigt sich, wie groß noch der Bedarf an differenzierten (Regional-)Vergleichen und an qualitativen Daten ist. Eine der wenigen europäisch-regionalen Vergleichsstudien über die Lebenssituation von Jugendlichen in zurückgebliebenen ländlichen Gebieten in Nordfinnland, Estland, Schweden, Süditalien und Ostdeutschland hat H. Helve 1998 durchgeführt.

Besondere Erwähnung verdient ein europaweiter Vergleich zur Lebenslage von Kindern und ihren Familien. ‚Childhood as a Social Phenomenon' – so der Titel – setzte sich das Ziel, auf der Grundlage einer umfassenden Datenbank zu einer eigenständigen Soziologie der (europäischen) Kindheit zu kommen. Das Projekt lief von 1987 bis 1992 und umfasste insgesamt 19 (am Ende 16) Länder[6] (Qvortrup 2001; s. auch unter 4).

Vor ein paar Jahren ist eine umfangreiche Vergleichsstudie über *Young People in Changing Societies* (2000) von UNICEF herausgekommen. Daten aus 27 osteuropäischen Ländern zur Übergangsphase Jugendlicher (15-24 Jahre) werden in Großtabellen präsentiert, die Datensätze sind über Internet abrufbar (www.unicef-icdc.org). Obgleich auch einige qualitative Daten erhoben wurden (persönliche und Gruppeninterviews), ist hiervon im Report selbst kaum etwas wiederzufinden. Ebenfalls von UNICEF erschien 2007 eine Studie über die Lebenssituation von Kindern in 21 überwiegend europäischen Ländern (s. 4.2).

Typ C ist z.Zt., soweit wir sehen, führend in der europäischen vergleichenden Kindheits- und Jugendforschung. Er besteht, wie gesagt, aus einer Mischung von Nationaldaten und Länderberichten und mehr oder weniger gelungenen Versuchen, die Ergebnisse zu integrieren; dies aber zumeist ohne entsprechende theoretische und methodische Unterbauung.

Der erweiterte integrierte Typus (D)

Der erweiterte integrierte Typus unterscheidet sich vom partiell integrierten Typus nicht prinzipiell. Mit ihm sollen hier Forschungsvorhaben charakterisiert werden, in denen unter vorab geplanten und explizierten Kriterien Vergleichsdimensionen festgelegt werden. Während der gesamten Laufzeit des Projektes stehen die beteiligten Forscher in einem stetigen Kommunikationsprozess über methodische und theoretische Fragen und über empirische Ergebnisse, die es zu integrieren gilt. Je mehr Länder unter derart anspruchsvollen Bedingungen einbezogen sind, um systematisch die Variationsbreite europäischer Kindheiten und Jugenden zu ermitteln, desto mehr entspricht ein solches Vorhaben diesem Typus. Dabei stellt ein longitudinales Forschungsdesign die höchsten methodischen sowie organisatorisch-finanziellen Anforderungen. Hier ist das seit 1970 (!) laufende anspruchsvolle Projekt von G. Trommsdorff und ihrer Mitarbeiter zu nennen, das eine Langzeitstudie in (bisher) 13 Ländern/Kulturen über „The value of children (VOC) and intergenerational relations" in intergenerativer (3 Generationen!) Perspektive mit integrierten Instrumentarien durchführt.[7]

Methodisch und theoretisch stellt der partiell integrierte Typus C das ‚Vorfeld' zu dem erweiterten Typus dar, indem dort in kleinerem Maßstab Erfahrungen mit den Schwierigkeiten der Kombination verschiedener Methoden und Theorien experimentiert wird.

2.3 Probleme

Die meisten der diesen vier Typen zugeordneten Studien gehen von einer *modernisierungstheoretischen Perspektive* aus, d.h. sie setzen als Vergleichsmaßstab die entwickelten nord- und westeuropäischen Länder, um daran die Lebensbedingungen von ost- und südeuropäischen Kindern und Jugendlichen zu messen. Hierin äußert sich die Hegemonie westeuropäischer Forschungsgemeinschaften und ihrer Finanzierungsquellen. Wie gesagt dienen viele neuere Forschungsprojekte in diesem Bereich der Unterbauung einer von den EU Mitgliedstaaten gewünschten und geförderten Sozialpolitik. Es bleibt kritisch zu fragen, inwieweit diese Forschung sich offen hält für den Eigensinn national-kultureller Kontexte und Theorietraditionen. Dies gilt umso mehr für Kindheiten und Jugenden aus nicht europäischen Ländern und anderen Migrantengruppen. Nicht nur, dass über sie insgesamt wenig europäische Forschung betrieben wird, und wenn, so unter einer Problemperspektive, sondern auch, dass dies nicht unter verschiedenen denkbaren vergleichenden Blickwinkeln geschieht, wie z.B. Vergleiche zwischen türkischer Kindheit und Jugend in Deutschland und den Niederlanden oder von Roma Kindheit und Jugend in verschiedenen europäischen Ländern.

Seit dem Erscheinen der einflussreichen Publikationen von G. Esping-Andersen ist es für europäische Vergleichsforschung gängig geworden, Länder nach der von ihm und seinen Mitautoren vorgeschlagenen Wohlfahrtsstaatstypologie zu bündeln und unter einer Reihe von zentralen makrosoziologischen Variablen zu vergleichen (Esping-Andersen 1990; Esping-Andersen et al. 2002; Gallie & Paugham 2000). Insbesondere von Gender- und Familienstudien ist der pauschalierende Makro-Ansatz bemängelt worden; die Ländercluster eignen sich umso weniger, je kulturabhängiger die Fragestellungen.

Auch aus unserer Typologie gehen eine Reihe methodisch-theoretischer und organisatorischer Probleme hervor, deren Überwindung für den Ausbau einer europäischen Kindheits- und Jugendforschung entscheidend ist. Ein erster Schritt ist, dass sich die an Forschung Beteiligten und für Forschungspolitik Zuständigen dieser Probleme in ihrer ganzen Tragweite bewusst werden und sie in einem eigenständigen Diskurs bearbeiten.

Die unter den additiven Typus fallenden Forschungsprojekte haben für die übrigen Typen Signalfunktion: das schiere Ausmaß der Heterogenität in Wissenschaftstraditionen, Forschungsmethoden, thematischen Schwerpunkten, Theorieansätzen und -präferenzen sowie vorhandener bzw. fehlender Datensätze und dazu noch spezifische kinder- und jugendpolitische Maßnahmen in den jeweiligen Ländern – all diese Faktoren verweisen auf den langen und fallenreichen Weg hin zu stärker integrierten Projekten.

Unterschätzt – zumindest nicht gebührend thematisiert – werden *kommunikationspraktische* Hindernisse. Auch wenn Englisch mehr und mehr die Funktion einer lingua franca in Europa übernimmt, so sind damit ja keineswegs Sprachtraditionen außer Kraft gesetzt, die die länderspezifischen Wissenschaftstraditionen prägen. Zudem ruft eine Drittsprache neue Probleme hervor: es kann zu einer Verflachung des Diskussionsniveaus wegen mangelnder Sprachkompetenz der beteiligten Forscher kommen[8]. Missverständnisse bei Dateninterpretation und ganz allgemein Unklarheiten hinsichtlich methodischer und theoretischer Konzeptäquivalenz sind eher an der Tagesordnung als die Ausnahme, ohne dass dies als Gefahr erkannt und kaum in den Veröffentlichungen thematisiert wird (Van de Vijver/Portinga 1997).

Ist das Sprach- und Kulturproblem bei *relativ* kontextunabhängigen Strukturindikatoren wie SES, bürgerlicher Stand, Schulungsniveau, Beruf etc. noch zu meistern[9], so beginnen die Schwierigkeiten bei der vergleichenden Interpretation qualitativer, erlebnisorientierter Daten, die gerade in der Kinder- und Jugendforschung eine große Rolle spielen (sollten): Man muss viel über die jeweiligen Kulturen und demographischen Entwicklungen wissen, um ein Scheidungskind im orthodox katholischen Polen mit einem schwedischen zu vergleichen, wo sowohl die demographische wie kulturelle Entwicklung ganz anders verläuft; vorzeitiger Schulabgang in Amsterdam hat sowohl für den einzelnen Schüler als für die Schulpolitik insgesamt eine andere Bedeutung als in London, etc. Auch stellen wörtliche Übersetzungen von Fragen allein noch keine Instrumentäquivalenz her, wenn der Bedeutungshof der benutzten Begriffe von Land zu Land und von Kultur zu Kultur (Subkultur) ein je anderer ist. Begriffe und Ausdrücke selbst haben ja ihre national-lokale Geschichte. Es ist also keineswegs ausgemacht, dass sämtliche Kinder- und Jugendlichen-Teilpopulationen dasselbe unter einer (wörtlich übersetzten) Frage verstehen. Ohne eine sensible Kontextualisierung sind Vergleiche nicht wirklich aussagekräftig, auch wenn sie noch so viele Vergleichsdaten produzieren, wie dies auf viele Studien vom Typus B zutrifft.

3 Jugend

Überblickt man die **europäische Jugendforschung** aus den etwa letzten zwei Jahrzehnten, so zeichnen sich die folgenden Themenschwerpunkte ab:

3.1 Jugendarbeitslosigkeit und (Re-)qualifizierung

Die gesellschaftspolitische Brisanz von Jugendforschung im Bereich von Arbeit und Qualifikation ist unübersehbar: Die Krise der Arbeitsgesellschaft spielt sich, wenn auch in verschiedenen Formen, in allen europäischen Ländern ab und betrifft insbesondere die Zukunftschancen der jungen Generation. Es ist nicht übertrieben zu behaupten, dass sich die überwiegende Mehrzahl aller europäischen Jugendprojekte mit **Übergangsforschung** beschäftigt, also mit Problemen der Eingliederung Jugendlicher in den Arbeitsmarkt (Richter/Sardei-Biermann 2000; Kieselbach 2000; López Blasco et al. 2003; du Bois-Reymond/Stauber 2005; Walther et al. 2006; Silbereisen/Schoon 2009; Bendit/Hahn-Bleibtreu 2008; vgl. auch Journal of Youth Studies, in dem regelmäßig Artikel zum Thema erscheinen). Arbeitslose Jugendliche sind von *sozialem Ausschluss* bedroht und stellen eine Gefahr für die gesellschaftliche Integration dar – dies ist das Hauptmotiv für EU-finanzierte Projekte. Vergleichsprojekte bieten sich gerade in diesem Bereich an: welche Ausbildungssysteme sind erfolgreich, welche kontraproduktiv? Und unter welchen Bedingungen? Hier zeigt sich, dass ungenügende Kontextualisierung zu falschen Schlussfolgerungen führen kann: während z.B. das deutsche duale System für seine Qualifikationsleistung gelobt und als Lösung für sinnvolle Berufsausbildung breit empfohlen wird, entmutigt es gleichzeitig die Übernahme Jugendlicher ohne formale Berufsschulabschlüsse in Arbeitsverhältnisse, wie dies wiederum in England möglich ist.

Die Transformation von Arbeitsgesellschaften in Informationsgesellschaften macht neue Lernformen und Lernwege nötig. In der europäischen Jugendforschung schlägt sich dieser Umschlag in einem wachsenden Interesse an dem Thema **lebenslanges Lernen und non-formal education,** sowie *ICT-Lernen* nieder: Weiterqualifizierung ist nicht mehr an die Jugend- und Jungerwachsenenphase gebunden, sondern lebenslanges Lernen wird zu einer durchgängigen Lernhaltung im gesamten Lebenslauf europäischer Bürger. Vergleichsforschung zu diesen Themen betrifft nicht nur aktuelle Probleme, sondern grundlegende jugendsoziologische Fragen: inwieweit wird die Jugendbiographie durch Diskontinuitäten und neue Entwicklungen auf dem Arbeitsmarkt aufgebrochen – und wie reagieren junge Menschen auf diese neuen Chancen und Risiken? Damit erweitert sich die klassische Übergangsforschung und bezieht sich zunehmend auf den gesamten Lebenslauf.

Die Forschungsgruppe EGRIS (European Group for Integrated and Social Research) führt seit gut zehn Jahren europäische Projekte zum Thema **Übergangsforschung** durch. Als Ausgangspunkt und Vergleichsfolie dient uns hier der Esping-Andersen Ansatz (s. unter 2.3), den wir entsprechend unseren Fragestellungen differenzieren, um auf Jugend (nicht Kindheit) bezogene Indikatoren (u.a. sozialpädagogische) einbauen zu können (Walther et al. 2006).

3.2 Jugendkulturelle Lebensmuster und politische Haltungen in multikulturellen Gegenwartsgesellschaften

Das Zusammenleben in europäischen Gesellschaften mit vielen verschiedenen ethnisch-kulturellen Gruppen führt zu neuen Ausgrenzungen und fremdenfeindlichen Haltungen. Die Erforschung von *Rassismus* und *Rechtsradikalismus* sind in der Jugendforschung zu einem Schwerpunkt geworden. Was die europäische Dimension betrifft, so wird in vergleichender Absicht nach dem Demokratiepotential der jungen Generation gefragt und nach dem Potential für die Herausbildung einer ‚europäischen Identität' und der gesellschaftlichen **Partizipation** der jungen europäischen Bürger (Lister et al. 2007; www.up2youth.org). Die Young European- und andere Studien (s. 2.2 unter Typ B) haben ermittelt, dass ‚Europa' Jugendlichen wenig Anhaltspunkte bietet, um sich mit diesem Konzept konkret auseinander zu setzen, vor allem auch deshalb nicht, weil die kulturelle Dimension eines vereinigten Europas nur in wenigen europäischen Jugendprogrammen zum Ausdruck kommt. Andererseits zeigen interkulturelle Begegnungen, wie sie z.B. im Straßburger und Budapester Jugendzentrum des Europarates stattfinden, dass Jugendliche sehr wohl zu interkulturellem Lernen und zu Reflexionen über politische Haltungen in einem multikulturellen Europa bereit und in der Lage sind (vgl. CYRCE 1995; 1999; Lauritzen 1999). Es erstaunt nicht, dass die Fragen nach dem ‚Demokratiepotential' der Jugend insbesondere in den post-kommunistischen Ländern vergleichende Analysen provoziert haben (Weiss 1999; UNICEF 2000).

Fragt man nach europäischer Vergleichsforschung zu jugendlichen (Sub-)kulturen, so gibt es hierzu kaum etwas. Nicht nur auf nationaler Ebene sind derartige Studien im Verhältnis zu unmittelbarer jugendpolitisch relevanten Themen wie Ausbildung und Arbeit eher selten; erst recht ist dies auf europäischem Niveau der Fall (vgl. aber Miles et al. 2002). Die Vernachlässigung gerade der Bereiche, in denen Jugendliche am meisten ‚bei sich sind' – Mode, Musik, Geschmack, Reisen, Körper – ist ein Versäumnis, das auch andere, ‚harte' Daten, wichtiger Erklärungen entkleidet: warum z.B. greifen Nachschulungsmaßnahmen in der Regel zu kurz? Vor einem weiten Theoriehorizont liegt die Frage, ob nicht wesentliche Modernisierungen der

Jugendbiographie gerade in kulturellen Bereichen stattfinden (vgl. Pais 2000). Hier muss insbesondere auf den Mangel an Studien in vergleichender Absicht hingewiesen werden, die sich mit dem **Mediumkonsum** von Kindern und Jugendlichen befassen. Ein beeindruckendes Beispiel hierzu liefern Liesbeth de Block und David Buckingham (2007) mit einer ethnographischen 6-Länder Studie.[10]

3.3 Das Verhältnis zwischen den Generationen

Sowohl auf nationaler wie europäischer Ebene spielen die sozialpolitischen Folgen einer wachsenden demographischen Disproportion zwischen Jung und Alt – Stichwort sozialstaatlicher Generationenvertrag – eine zunehmend wichtige Rolle. Dieser hat nicht nur eine monetäre und demographische Dimension, sondern auch eine subjektive, die den Lebenslauf von Jugendlichen und jungen Erwachsenen beeinflusst und ihn strukturiert: Wann verlassen sie das elterliche Haus, wann gründen sie eine Familie? Zu diesem großen Thema sind in den letzten Jahren zahlreiche europäische Studien erschienen (unter vielen: Pfau-Effinger/Geissler 2005; Leccardi/Ruspini 2006; Lewis 2006/2007; www.up2youth.org). In diesen Studien geht es zentral um die Vereinbarkeitsproblematik Beruf-Familie, mit der junge Erwachsene konfrontiert sind. Es wird in diesem Zusammenhang gern zwischen einem nord- und einem südeuropäischen Modell unterschieden: in nordeuropäischen Ländern (Schweden, Dänemark, Niederlande, Deutschland) verlassen Jugendliche das elterliche Haus relativ früh und leben vor einer dauerhaften Partnerschaft und Familiengründung mehrere Jahre als Singles oder mit wechselnden Partnern zusammen. Demgegenüber leben Jugendliche in südeuropäischen Ländern (Spanien, Portugal, Italien) länger mit ihren Eltern und anderen Familienmitgliedern unter einem Dach und verlassen das elterliche Haus erst, wenn sie selbst heiraten und eine Familie gründen. Hinter diesen beiden Modellen verbergen sich eine Fülle von intervenierenden Variablen und länderspezifischen Nuancen, die kontextsensible Vergleichsforschung erforderlich machen. Auf zwei Einflussfaktoren sei hingewiesen: erstens hat sich in praktisch allen Ländern das Verhältnis zwischen Eltern und Kindern enthierarchisiert zugunsten von mehr Kommunikation zwischen den **Generationen** und mehr Freiheitsspielräumen für die Heranwachsenden. Diese Entwicklung im Verein mit mehr elterlichem Wohnraum und längeren Ausbildungsgängen führt dazu, dass Jugendliche und junge Erwachsene das Elternhaus nicht mehr so schnell verlassen. Zweitens aber spielt mangelnder öffentlicher Wohnraum für Jugendliche und junge Erwachsene sowie erschwerte Übergänge auf den Arbeitsmarkt für den Zeitpunkt der Verselbständigung eine Rolle, nicht nur in südlichen, sondern auch in einigen nördlichen Ländern, wie z.B. Schweden.

Einen anspruchsvollen Generationsansatz verfolgt das COST Projekt (Zeiher 2007; Wintersberger 2007), indem dort eine „Wohlfahrtsstaattheorie vom Kinde aus" mit einem Generationenansatz verbunden wird: Kindheit als Teil der generationellen gesellschaftlichen Ordnung.

3.4 Das Verhältnis zwischen den Geschlechtern

Ebenso wie das intergenerative Verhältnis, ist das zwischen den Geschlechtern in allen europäischen Ländern einem tiefgreifenden Wandel unterworfen, der zu einer größeren Gleichstellung der Frau führt. Jugend(-mädchen)forschung in diesem Bereich ist im Wesentlichen nationale Forschung. In den unter Typ A genannten Studien wird das Problem der Vereinbarkeit von

Kind und Beruf angesprochen, das sich für junge Frauen trotz einer Abschwächung der geschlechtsspezifischen Normalbiographie in praktisch allen Ländern (viel) stärker stellt als für junge Männer. Trotzdem dürfen länder- und regionenspezifische Vergleiche nicht ausbleiben: die Situation junger Frauen (und Männer) ist in Süditalien eine wesentlich andere als in Norditalien (Leccardi 1995); in den Niederlanden ist die Gleichstellung der Frau vergleichsweise gesetzlich gut abgesichert und wird kulturell anerkannt bei gleichzeitig der höchsten weiblichen Teilzeitarbeitquote in den EU Ländern, sowie der höchsten Quote teilzeitarbeitender Männer (du Bois-Reymond u.a. 1999). Demographische Veränderungen in den osteuropäischen Ländern sind so gewaltig, dass hierdurch das Geschlechterverhältnis in vielfacher Weise beeinflusst wird. So sanken beispielsweise die Geburtsraten dramatisch, wodurch sich eine gänzlich neue Familienstruktur (und damit eine andere Erziehung) entwickelt. Von den 16-24jährigen jungen Osteuropäern heirateten 1998 die Hälfte weniger als 1989 (UNICEF 2000; www.up2youth.org).

3.5 Vergleichende europäische Jugendpolitik

Als tragende Prinzipien einer **europäischen Jugendpolitik** können drei Schwerpunkte festgestellt werden:

- Partizipation und citizenship
- Maßnahmen gegen soziale Ausschließung
- außerschulische Bildung (non-formal education).

Diese drei Schwerpunkte tauchen immer wieder in europäischen Dokumenten auf und stehen in einem forschungspolitischen Zusammenhang: Maßnahmen gegen sozialenAusschluss sind politisch das größte Problem und stellen deshalb den größten Teil der theoretisch-empirischen Jugendforschung; um es anzugehen, ist Bildung das Wichtigste; formale Bildung ihrerseits muss mit außerschulischer Bildung (non-formal education)erweitert werden, um den (jugendlichen) Lebenslauf auf veränderte Arbeitsmarktverhältnisse einzustellen (Stichwort: lebenslanges Lernen, Flexibilisierung der Arbeitskraft – Otto/Ziegler 2008). Schließlich sollen Partizipationsangebote und ein neues Verständnis von Bürgertum (citizenship) Jugendliche und junge Erwachsene dazu aktivieren, sich den neuen Lebensaufgaben zu stellen, womit theoretisch Anschluss an die Lebenslaufforschung gewonnen wird.

Für eine (zukünftige) europäische Jugendpolitik ist entscheidend, welche Position sie zwischen den beiden Auffassungen von *Jugend als Problemkategorie* und *Jugend als Ressource* einnimmt. Im ersten Fall konzentrieren sich Maßnahmen (und die Finanzierung von Forschungsprojekten) stärker auf Jugendarbeitslosigkeit, die Wiedereingliederung von Risikogruppen, die Bekämpfung von Rassismus etc. Im zweiten Fall steht die Nutzung jugendlicher Innovationen und die Schaffung von Voraussetzungen, um dieses Innovationspotential zu nutzen, mehr im Vordergrund: jugendlicher Erfindungsgeist, ICT-Lernen, kulturelle Projekte, etc. (du Bois-Reymond 2007). Insbesondere in den osteuropäischen Ländern wird Jugend gern als Erneuerungspotential für gesellschaftliche Transformationen angesprochen (Kovacheva et al. 2005).

Insgesamt ist in der europäischen Jugendforschung ein deutlicher Trend von nationaler zu transnationaler Forschung auszumachen. Ein wesentlicher Grund ist die Krise der Arbeitsgesellschaft; sie ist schon lange kein nationales, sondern ein europäisch-internationales Problem.

Die (westeuropäische) Jugendsoziologie hat mit dem Theorem ‚Strukturwandel der Jugendphase' einen breiten theoretischen Rahmen geschaffen, innerhalb dessen Modernisierungsfolgen und -effekte empirisch erfasst werden. Dieser Strukturwandel lässt sich – wenn auch mit sehr großen Unterschieden – für alle europäischen Länder belegen. Es besteht, auch in Osteuropa, eine Tendenz zu stets längeren Ausbildungsgängen, einer zunehmenden Unübersichtlichkeit des Übergangs in Arbeitsverhältnisse, einem Verschwimmen deutlich abgrenzbarer Lebensphasen, einem enthierarchisierten Generationenverhältnis und egalitärer werdenden Geschlechterbeziehungen. Gleichzeitig – und laufend neue Widersprüche produzierend – nehmen Ausgrenzungsprozesse sowohl in authochtonen wie allochthonen Jugendpopulationen zu. Die Kluft zwischen Bevorrechteten und Ausgestoßenen erweitert sich nicht nur innerhalb europäischer Länder, sondern vor allem auch zwischen ihnen. **Lebenslanges Lernen** und gesellschaftliche **Partizipation** soll die jungen Europäer/Innen auf eine unsichere, aber aussichtsreiche Zukunft in multikulturellen Gegenwartsgesellschaften vorbereiten, so europaweit das politische Credo.

4   Kindheit

Europäische Kindheitsforschung ist schwieriger auf den Punkt zu bringen als europäische Jugendforschung. Dies hat mehrere Gründe. Der wichtigste lässt sich auf die Formel bringen: *Kindheit ist **Familienkindheit***. Entsprechend behandelt die Forschung Kinder und Kindheit vorwiegend im Rahmen von Familienforschung. „Children are marginal at the big stage of political and economic actors" (Jensen 2004, Vol. I p. 13; Jensen et al. 2004 Vol. I & II). Das gilt auch für europäische Vergleichsforschung; EU finanzierte Projekte sind ausschließlich interessiert an familienpolitischen Fragen und mit Familienpolitik zusammenhängenden arbeitsrechtlichen und demographischen Problemen (wie beeinflusst Frauenarbeit die Reproduktionsrate; wie lässt sich die Reproduktionsrate durch außerhäusliche Kinderversorgung beeinflussen; kommt der Generationenvertrag durch zu geringe Kinderanzahlen in Gefahr – vgl. OECD Family database 2008; Lutz et al. 2006; Bradshaw/Hatland 2006). Seit der Verabschiedung der UN-Convention zu Kinderrechten (1989) wird auch Fragen des Kinderrechts und der Kinderpartizipation mehr Aufmerksamkeit gewidmet (The child as citizen 1996).

Ein weiterer Grund für die stärkere Position der Jugendlichen gegenüber Kindern ist die größere Politikrelevanz von Jugend gegenüber Kindheit: Probleme der Ausbildung, der Eingliederung in den Arbeitsmarkt, der Marginalisierung durch Arbeitslosigkeit u.a. sind bei Jugendlichen evident, Kinder befinden sich sozusagen noch im Vorfeld dieser Brennpunkte. Als Untersuchungsobjekte werden Jugendliche in der Öffentlichkeit von Ausbildung und Arbeit sichtbar; Kinder hingegen verbleiben weitgehend in der dem öffentlichen Blick entzogenen Privatsphäre der Familie oder in den Blick einschränkenden Institutionen ((Vor-)schule; Kindertagesstätten u.ä.).

Seit relativ kurzer Zeit hat sich in Europa eine Wissenschaftsrichtung entwickelt, die Kinder und Kindheit zu einem eigenen Forschungsgebiet erklärt und die unter dem label ‚Kindheitssoziologie' (childhood sociology) fungiert. Hierbei kommt dem bereits erwähnten Projekt ‚Childhood as a Social Phenomenon' (CSP) eine herausragende Bedeutung zu (vgl. Qvortrup u.a. 1994; Qvortrup 2001; 2007).[11] Die dort vergleichend behandelten Schwerpunkte sind bewusst nicht von den zentralen Sozialisationsinstanzen Familie und Schule abgeleitet. Kindheit ist für das Individuum eine Übergangsphase im Lebenslauf, aber sozial gesehen eine permanente Struktur in modernen Gesellschaften. Kinder sind nicht (nur) zu sozialisierende und abhängige Wesen, sondern gesellschaftliche Ko-Produzenten (King 2007). Hierbei stellt sich allerdings die Frage, wie Kindheit von Jugend abzugrenzen ist, welche Lebensalter zum Kind und welche zum Jugendlichen gehören. Kindheitssoziologen und Sozialwissenschaftler beantworten diese Frage je nach wissenschaftstheoretischer Ausrichtung und thematischen Interessen verschieden; oft auch bleibt sie ungestellt.[12]

Wir beschränken uns im Folgenden weitgehend auf den kindheitssoziologischen Ansatz, da insbesondere hier eine europäisch-vergleichende Perspektive expliziert wird.[13] In Anlehnung an diesen Ansatz unterscheiden wir a) Kinder als Akteure, nehmen also eine subjektzentrierte Perspektive ein, und b) Kindheit als gesellschaftliche Struktur, in der es um die Verknüpfung von Strukturvariablen geht. Im Rahmen der oben dargestellten Typologie ging es zunächst, bis auf wenige Ausnahmen, fast ausschließlich um den Typus A (Pfeffer & Bekera 1996; Prout 1998, Kinney 2001). Einige wenige Studien waren dem Typus C zuzurechnen. In den letzten Jahren sind, angeregt durch den kindheitssoziologischen Ansatz sowie EU geförderten Projekten[14] anspruchsvolle Mehrländerstudien entstanden, die den Typen B und C zuzurechnen sind (Zeiher et al. 2007, Wintersberger et al. 2007).

4.1 Kinder als Akteure in ihren verschiedenen Lebenswelten

Der wissenschaftlichen Auffassung von Kindern als aktive Teilnehmer und Ko-konstrukteure ihrer Lebenswelten (Corsaro 1997) entspricht ihre gewandelte Position in modernen Gesellschaften aufgrund demographischer Veränderungen (weniger Kinder), zunehmender Frauenarbeit (Verschiebungen in der genderspezifischen Arbeitsteilung), zunehmender Bildung (von Kinderarbeit zu Lernarbeit), sowie einer zunehmenden öffentlichen Sensibilisierung für die Rechte des Kindes. In praktisch allen zentral-europäischen Ländern sind die Familien kleiner geworden, hat sich die Machtbeziehung zwischen Eltern und Kindern zugunsten der Kinder verschoben und ist der Aktionsradius von Kindern größer geworden. Es stehen ihnen mehr und vielfältige Freizeitangebote zur Verfügung, sie sind die erste ‚Medienkid-Generation' in der europäischen Geschichte. Während es nun aber zu all diesen einzelnen Lebensbereichen zunehmend mehr nationale Studien gibt, fehlt es an Vergleichsstudien, die sich um Fragen kümmern wie etwa folgende: Worin unterscheidet sich das Freizeitangebot polnischer und deutscher Kinder? Benutzen französische Kinder das Internet anders als slowakische? Erfahren tschechische Kinder die Grundschule auf ähnliche Weise wie niederländische? Sind die Gleichaltrigenbeziehungen in europäischen Nachbarländern in ähnlicher Weise strukturiert oder worin bestehen wesentliche Unterschiede, etc. Als eine Forschungslücke großen Ausmaßes muss auch verbucht werden, dass es soweit wir sehen, keinerlei europäisch-vergleichende Kinder-Geschlechterforschung gibt. Wissen wir, ob kleine italienische Mädchen eine ähnliche Erfahrungswelt haben wie norwegische? Betreiben tschechische Jungen andere Spiele als dänische? Und ebenso wenig systematische Kindheitsvergleiche zwischen europäischen Ländern gibt es über die verschiedenen Kindergruppen mit Migrationshintergrund.[15]

Hier ließe sich an das große englische nationale Programm ‚Children 5-16: Growing into the 21st Century' unter Leitung von A. Prout (Prout 1998) anschließen, in dem die folgenden Themen bearbeitet wurden:

- Kinder und Familienwandel
- Formen kindlicher Aktivitäten
- die Werte und Identitäten von Kindern
- Kinder als Teilnehmer in Organisationen und Institutionen
- Kinder als Benutzer und Produzenten ihrer Umgebung

In dem Maße wie sich die Lebenschancen von europäischen Kindern insgesamt verbessern, werden Fragen nach *Disparitäten* im gesamteuropäischen Raum akuter. Kinderarmut ist hier der Hauptindikator für Vergleichsstudien (Cornia/Danziger 1997; Children at Risk in Central and Eastern Europe 1997; Nicaise 2000; Ridge 2007; Bradshaw 2007; UNICEF 2007), während die Subjektperspektive unterbelichtet bleibt. Das COST Project unternahm große Anstrengungen, um hier zwischen einem *agency* und einem *structure* Ansatz zu vermitteln. Insbesondere der Zeiher Band (2007) eröffnet neue theoretische und empirische Wege, in der die Ressource Zeit und Raum in Beziehung zu Kindern und Kindheit(-en) gesetzt wird.

4.2 Kindheit als gesellschaftliche Struktur

Das erwähnte europäische Projekt ‚Childhood as a Social Phenomenon' hatte sich aufgrund der beschränkten Datenlage noch weitgehend auf Strukturthemen konzentriert, in denen die Subjektperspektive von Kindern nur indirekt eingenommen werden konnte. Es kam aber bereits einer kleinen Revolution gleich, um etwa zu fordern – und nach entsprechenden Daten zu suchen bzw. vorhandene umzuinterpretieren –, dass nationale Statistiken nicht nur von den Haushaltsvorständen einer Familie ausgehen sollten, sondern auch von den in ihr lebenden Kindern; dies führt zu einer ganz anderen Sicht auf die Lebensbedingungen von Kindern (vgl. Saporiti 2001). Inzwischen hat insbesondere das COST Projekt (das – kein Zufall – von Forschern des Childhood as a Social Phenomenon mit entwickelt wurde) eine Fülle von Strukturdaten zu Kindheit gesammelt, und zwar unter konsequenter Anwendung eines kindheitssoziologischen Theorierahmens, in dem Kindheit als eine generationelle Kategorie aufgefasst wird: Kindheit ist ein struktureller Teil aller Gesellschaftsformationen, wie sehr Kinder und Kindergruppen im Einzelnen auch als abhängige Familienkinder oder sozialpädagogisch zu Betreuende gesehen werden oder wie sehr Altersdefinitionen historisch und kulturell variieren. Kinder werden in dieser Sicht als Untersuchungseinheit, Kindheit als Analyseniveau in Zusammenhang mit anderen generationellen Einheiten (Erwachsene) definiert und untersucht.

Die Dimensionen, die im COST Projekt untersucht wurden waren:

- Materielle Wohlfahrt der Kinder (Zugang zu Ressourcen; Kinderarmut)[16]
- Zugang zu Räumen und Zeitbudgets (hierzu gibt es kaum Vergleichsdaten)
- Kinderrechte
- Gesellschaftliche Diskurse über Kinder und Kindheit.

Eine eigenständige Tradition im Rahmen von vergleichender Kindheitsforschung bildet die sog. VOC Forschung, wobei VOC für „value of children" steht und (inter-) kulturelle Verschiebungen in der sozialen und emotionalen Wahrnehmung von Erwachsenen (Eltern) über (ihre) Kinder untersucht (vgl. Trommsdorff/Nauck 2005).

Eine besondere Bedeutung kommt der Kinderrechts- und Partizipationsdebatte in Europa zu, wie sie seit der UN Kinderrechtskonvention von 1989 (auch) in Europa geführt wird und inzwischen von allen Ländern außer Somalia und den Vereinigten Staaten (!) unterschrieben ist (vgl. The Child as Citizen 1996; Sünker 1999; Güthoff/Sünker 2001). Obgleich in der UN Konvention eine kindzentrierte Perspektive eingenommen wird, ist damit nicht gewährleistet, dass diese Perspektive auch in der Praxis durchgehalten wird. Letztlich müssen Kinderrecht und *Kinderpartizipation* im Rahmen von systemischen und ideologischen Zwängen und Freiheitsgraden gestaltet werden. Inwieweit sich die realen Lebensbedingungen von Kindern in Europa, insbesondere in Osteuropa, durch diese Debatten verbessern, ist eine empirische Frage; dass Kindheitskonzeptionen durch diese Debatten mit verändert werden, steht außer Frage. Insofern ist die Kinderrechts- und Partizipationsbewegung ein Kristallisationspunkt, an dem die Subjektperspektive mit der Strukturperspektive zusammentrifft: Eine Kindheitsressourcenpolitik muss „focus on the functional requirements of a healthy, curious, productive, and motivated child. This change in perspective draws attention to the child as an actor in a larger social system and to the institutional networks and resources present in a larger environment." (Heath/McLaughlin 1983, S. 337).

4.3 Vergleichende europäische Kindheitspolitik

Eine Durchsicht von europäischen Forschungsprojekten ergibt, dass die Subjektperspektive (‚vom Kinde aus') nur in sehr wenigen Projekten zum Ausdruck kommt. Dagegen überwiegt Vergleichsforschung zu Fragen von Familienpluralisierung und anderen strukturellen Veränderungen in diesem Bereich. Dabei wird außer den ‚klassischen' familiensoziologischen Themen auch solchen Rechnung getragen, die auf neue Ungleichheiten und Benachteiligungen eingehen, wie etwa: Kinderarbeit, Missbrauch und Vernachlässigung von Kindern, Kinderarmut, **Kinderpartizipation** durch Hausarbeit, sowie außerfamiliale Betreuungsformen. Eine besondere Position für europäisch vergleichende Kinderforschung kommt dem UNICEF International Child Development Centre (ICDC) zu, das 1988 errichtet wurde. In einer neueren Studie von 2007 hat dieses Institut sechs Dimensionen zur Lebenssituation von Kindern in 27 überwiegend europäischen Ländern ermittelt, die Vergleiche zulassen und die sich zum Teil mit dem COST Projekt decken: materielle Wohlfahrt, Gesundheit und Sicherheit, Schulwohlbefinden, Familien- und Peer- beziehungen, Risikoverhalten und subjektives Wohlbefinden. Auf dieser Skala nehmen die Niederlande, Schweden und Dänemark die drei ersten Plätze ein, Ungarn, die Vereinigten Staaten (!) und Großbritannien die drei letzten (UNICEF 2007).

Diese Forschungen und Debatten beeinflussen europäische Kinderpolitik direkt und indirekt. Politische Organe wie die EU und der Europarat sowie zahlreiche NGO's – letztere im übrigen eine kaum ausgeschöpfte Fundgrube für Daten zu Kindheit und Jugend insbesondere in den südost-europäischen Ländern -, EURONET, das European Children's Network (ein Zusammenschluss von Organisationen die sich für Kinderrechte einsetzen) und Save the Children (Hilfe für Kinder in Not) sorgen dafür, dass Kinder als gesellschaftliche Gruppe auf der europäischen und internationalen Agenda bleiben.

5 Abschließende – nicht abgeschlossene – Überlegungen zu einer vergleichenden europäischen Kindheits- und Jugendforschung

Welche Bilanz können europäische Kindheits- und Jugendforscher aus dem hier gegebenen (gewiss nicht vollständigen) Überblick ziehen und welche Aufgaben sind der Zukunft vorbehalten? Zunächst steht außer Frage, dass im Vergleich mit der Zeit vor den achtziger Jahren des 20. Jahrhunderts große Fortschritte zu verbuchen sind: die Anzahl der Forschungsprojekte mit einer europäisch-vergleichenden Perspektive hat deutlich zugenommen. Weiter muss festgestellt werden, dass vergleichende Kindheitsforschung trotz Fortschritten in den letzten Jahren hinter der Jugendforschung zurückbleibt.

Sowohl in der vergleichenden Jugend- wie Kindheitssoziologie überwiegen Strukturanalysen; subjektorientierte Vergleichsprojekte sind demgegenüber unterrepräsentiert. Hierfür gibt es Gründe: es ist forschungstechnisch einfacher und rentabler Strukturmerkmale von Teilpopulationen zu vergleichen, als subjekt- und erlebnisorientierte Daten zu erheben und zu interpretieren. Im ersten Fall ermöglichen quantitative Forschungsdesigns den Vergleich, im zweiten Fall wären stärker qualitative Verfahren nötig. Ist aber schon der methodische Aufwand bei quantitativen Vergleichsstudien enorm, so erst recht bei qualitativen, in denen Äquivalenzprobleme von Bedeutungen benutzter Instrumente viel größer sind.

Ohne in die alte Dichotomie ‚quantitativ' vs. ‚qualitativ' zu verfallen, muss man doch sagen, dass nicht nur Jugend öfter erforscht wird als Kindheit, sondern auch, dass quantitative Vergleichsstudien gegenüber qualitativen in der Mehrzahl sind. Schematisch ergibt dies eine Vierfelder-Tabelle:

quantitativ-vgl. Jugendforschung	qualitativ-vgl. Jugendforschung
qualitativ-vgl. Kindheitsforschung	quantitativ-vgl. Kindheitsforschung

Europäisch vergleichende Jugendforschung überwiegt sowohl im quantitativen wie qualitativen Bereich, wobei sich zunehmend Mischformen entwickeln, in denen quantitative mit qualitativen Methoden kombiniert werden. Das ist eine erfreuliche Entwicklung und es bleibt zu hoffen, dass sie sich durchsetzt. Denn wie eindrucksvoll man rein quantitative Datenvergleiche zwischen einer Vielzahl an Ländern auch finden mag, bei all diesen Studien erhebt sich immer wieder die Frage nach den Handlungsmotiven der Befragten, Zweifel an der Gründlichkeit zur Feststellung von Bedeutungsäquivalenz und Frustration über mangelnde Kontextualisierung von Daten bei der Interpretation. Umgekehrt leiden Projekte, die mit stark qualitativ ausgerichteten Methoden arbeiten unter mangelnder Generalisierbarkeit und Beschränkung der Zahl der Befragten und der Vergleichsländer.

Vergleichsweise selten ist qualitativ vergleichende Kindheitsforschung. Die Gründe sind evident: die Kindheitsperspektive mit subjektorientierten qualitativen Methoden in verschiedenen europäischen Regionen zu erforschen, erfordert womöglich noch mehr Mühe als dies für Jugend zu tun. Hinzu kommt, dass ein solcher Forschungstypus weniger gesellschaftlichen Nutzen verspricht als die anderen: nicht nur quantitative, sondern zunehmend mehr qualitative Daten über europäische Jugend werden von Politikern und anderen Gesellschaftsvertretern angefordert, um insbesondere Anschlussprobleme zwischen Ausbildung und Arbeitsmarkt zu lösen und Verschiebungen im Wertehorizont von Jugendlichen zu ermitteln. Quantitativ-vergleichende Kindheitsforschung, sofern sie Strukturdaten zur sozio-ökonomischen Lage von Familie und dem Gebrauch wohlfahrtsstaatlicher Leistungen produziert, hat ebenfalls gesellschaftspolitischen Nutzen. Demgegenüber ist der gesellschaftliche Nutzen von subjektorientierter Vergleichsforschung von Kindheit weniger deutlich.

So wünschenswert es ist, dass die Europäische Kommission transnationale Forschung fördert – Jugend- und Kindheitsforscher sollten ihre eigene Forschungsagenda bewachen und verfolgen. Sie sollten sich dabei vor allem der Themen annehmen, die weniger Chancen haben, offiziell gefördert zu werden. Die bereits vorhandenen Netzwerke von Forschern und Forschungseinrichtungen können hierzu gut genutzt werden. Das Forschungsprogramm ist vorgegeben: es geht um eine systematische Variation von Kindheits- und Jugendmustern über die gesamte Breite europäischer Kulturen und Politiken – eine immense Aufgabe, an der sich die europäische Forschungsgemeinde in diesem Bereich disziplinär und interdisziplinär abarbeiten könnte. Wichtig in diesem Zusammenhang ist es auch, einen europäisch orientierten Methodendiskurs zu eröffnen, in dem die schwierigen und gleichzeitig so spannenden Fragen von Vergleichsforschung behandelt werden, damit auch hier Lernprozesse stattfinden.

Anmerkungen

1 Vgl. auch die Arbeit und Konferenzen der IACCP International Association for Cross-Cultureal Psychology) Vgl. zu allgemeinen Problemen von komparativen Studien im Bereich Jugend den ausgezeichneten Übersichtsartikel von J. Bynner und L. Chisholm 1998 sowie den Sonderband 8 Soziale Welt, Hrsg. J. Matthes (1992): Zwischen den Kulturen.
2 Vgl. Für viele Ferchhoff/Olk 1988; Büchner u.a. 1990; Chisholm u.a. 1990, 1995; du Bois-Reymond/Oechsle 1990; Heinz 1991; Deutsches Jugendinstitut 1993; Cavalli/Galland 1994; Qvortrup u.a. 1994; du Bois-Reymond u.a. 1995, 2001; Jobert u.a. 1995; Helve/Bynner 1996; Helve 1998; Walther 1996; Bynner u.a. 1997; Heinz 1999; Richter/Sardei-Biermann 2000; Lange 1998; Otten/Lauritzen 2004.
3 Die Europäischen Forschungsprogramme/Frame Work Programs wurden zum ersten Mal 1984 aufgelegt; die COST Netzwerk Programme (European Coopearation in the Field of Scientific and Technical Research) laufen seit 1971. Vgl. auch das International Bulletin of Youth Research IBYR des Research Committee 34 Sociology of Youth der International Sociological Association ISA, in dem regelmäßig Länderberichte stehen.
4 Vgl. zu den Besonderheiten von Kinderforschung Christensen/James 2000; Zinnecker 1999.
5 Vgl. hierzu auch die Arbeiten des Scientific Network of the European Science Foundation (ESF): http://www.esf.org./social/sn/old/TIY/sn_001b.htm.
6 Es nahmen teil: Canada, (damals noch:) Tschechoslowakai, Dänemark, England und Wales, Finnland, Griechenland, Irland, Israel, Italien, Norwegen, Schottland, Schweden, Schweiz, USA, Westdeutschland und (damals noch:) Yugoslawien.
7 http://www.uni-konstanz.de/FuF/SozWiss/fg-psy/ag-entw/VOCproject.html - dort auch weitere Literatur.
8 Das kann in der Praxis dazu führen, dass ein english native speaker, der sich entsprechend nuanciert auszudrücken vermag, von den anderen Forschern, die Englisch nur als Fremdsprache beherrschen, schlecht verstanden wird (Beobachtung aus eigener Erfahrung mit interkulturellen Projekten).
9 Man sollte aber auch bei diesen Indikatoren nicht von völliger Kontextunabhängigkeit ausgehen, sondern bedenken, dass z.B. ein handwerklicher Beruf des Vaters in einem südeuropäischen Land etwas anderes bedeutet, als in einem nordeuropäischen.
10 Die Länder sind: Italien, Griechenland, Deutschland, Niederlande, Schweden und Großbritannien.
11 Dieses Projekt gab auch einen entscheidenden Anstoß zur Gründung eines eigenständigen Childhood Research Committee in der International Sociological Association (ISA): seit 1999 besteht das RC 53. Auf der 4. European Conference of Sociology (1999, Amsterdam) war zum 1. Mal ein eigener ‚stream on sociology of childhood' vertreten.
12 Zinnecker (1990) und andere Kindheitsforscher haben den kindheitssoziologisch und insbesondere für Vergleichsstudien fruchtbaren Vorschlag gemacht, von einer Verschiebung der klassischen Lebensphasen auszugehen: Kindheit verkürzt sich in modernen Gesellschaften, während Jugend sich umgekehrt – und auf Kosten von Kindheit

– verlängert. Ob und wie sich diese Tendenz aber in den verschiedenen europäischen Ländern durchsetzt, ist noch ein weitgehend unerforschtes Feld.
13 Damit behaupten wir nicht, dass nicht auch in anderen sozialwissenschaftlichen Disziplinen Vergleichsstudien entstehen (s. Einleitung).
14 Es handelt sich insbesondere um das COST Projekt A19 „Children's Welfare in Aging Europe", das von 2000 – 2006 lief. An dem Projekt partizipierten 13 eurpäische Länder sowie Israel. Die Auswahl repräsentiert die Bandbreite der verschiedenen ökonomischen, politischen, religiösen und kulturellen Verfasstheiten, die sich auf dem europäischen Kontinent befinden.
15 Siehe aber zu mehreren dieser Themen Wintersberger et a. 2007; Zeiher et al. 2007, sowie J. Tudge (2008), der Dreijährige in europäischen und außereuropäischen Ländern mit ethnographischen Methoden erforscht hat und mit großer Sensibilität über Probleme kultureller Vergleichsforschung in verschiedenen Disziplinen spricht.
16 In Nr. 11, 6/2008 der Europäischen Zeitschrift Kinder- und Jugendpolitik (European Journal on Child and Youth Policy; Revue européenne de politique de lénfance et de la jeunesse) finden sich die aktuellesten Zahlen und Entwicklungen in den EU Ländern zu Kinderarmut (Maquet-Engsted 2008). Es werden vier Ländergruppen unterschieden, in denen erwartungsgemäß die die skandinavischen Länder die geringste Kinderarmut haben (aber auch Slowenien), Deutschland sich in der zweitbesten Gruppe befindet und Italien, Spanien und die meisten neuen EU Länder in der prekärsten (Tab. S. 92).

Literatur

Avramov, D. (Ed.): Youth Homelessness in the European Union. Brüssel 1997
Bateson, M.C.: Mit den Augen einer Tochter. Meine Erinnerung an Margaret Mead und Gregory Bateson. Reinbek bei Hamburg 1986
Becchi, E./Julia, D.: Histoire de l'Enfance en Occident. 2 Tomes. Paris 1998
Behnken, I./du Bois-Reymond, M./Zinnecker, J.: Stadtgeschichte als Kindheitsgeschichte. Soziale Lebensräume von Großstadtkindern in Deutschland und Holland um 1900. Opladen 1989
Bendit, R./Gaiser, W./Marbach, J.H. (Eds.): Youth and Housing in Germany and the European Union. Opladen 1999
Bendit, R./Hahn-Bleibtreu, M. (Eds.): Youth Transitions, Process of social inclusion and patterns of vulnerability in a globalised world. Opladen & Farmington Hills 2008
Berg, J.W./Portinga, Y.H./Segall, M.H./Dasen, P.R.: Crosss-cultural psychology: Research and applications. NewYork 1992
Berg, E./Fuchs, M. (Hrsg.): Kultur, soziale Praxis, Text. Die Krise der ethnographischen Repräsentation. Frankfurt a.M. 1993
Berry, J./Phinney, J./Sam, D./Vedder, P.: Immigrant Youth in cultural Transition: acculturation, identity and adaptation across national contexts. NJ:Mahwah, Lawrence Erlbaum Ass., 2006
Block, L. de/Buckingham, D.: Global Children, Global Media. Migration, Media and Childhood. Palgrave 2007
Bois-Reymond, M. du: Europas neue Lerner. Ein bildungspolitischer Essay. Opladen/Farmington Hills 2007
Bois-Reymond, M. du/Oechsle, M. (Hrsg.): Neue Jugendbiogaphie? Zum Strukturwandel der Jugendphase. Opladen 1990
Bois-Reymond, M. du/Hübner-Funk, S.: Jugend und Jugendforschung in Europa. In Krüger, H.-H. (Hrsg.): Handbuch der Jugendforschung. Opladen 1993, S. 63-88
Bois-Reymond, M. du/Diekstra, R./Hurrelmann, K./Peters, E.: Childhood and Youth in Germany and the Netherlands. Berlin/New York 1995
Bois-Reymond, M. du/te Poel, Y./Ravesloot, J.: Moderne Kindheit zwischen familialer und außerfamilialer Häuslichkeitspädagogik. Diskurs und Praxis in den Niederlanden. In: Zeitschrift für Soziologie der Erziehung und Sozialisation 19 (1999), H. 3, S. 243-258
Bois-Reymond, M. du/Sünker, H./Krüger, H.-H. (Eds.): Childhood in Europe: Approaches, Trends, Findings. New York 2001
Bois-Reymond, M. du/Stauber, B.: Biographical Turningpoints in Young People's Transition to Work Across Europe. In: Helve, H./Holm, G. (2005), pp.63-75
Bradshaw, J./Hatland, A. (eds.): Social Policy, Employment and Family Change in Comparative Perspective. Cheltenham, UK., Northhampton, MA, USA 2006
Bradshaw, J.: Some Problems in the International Comparison of Child Income Poverty. In: Wintersberger et al. (2007), pp. 93-108

Büchner, P./du Bois-Reymond, M./Ecarius, J./Fuhs, B./Krüger, H.-H.: Teenie-Welten. Aufwachsen in drei europäischen Regionen. Opladen 1998

Bynner, J./Chisholm, L./Furlong, A. (Eds.) Youth, Citizenship and Social Change in a European Context. Aldershot 1997

Bynner, J./Chisholm, L.: Comparative Youth Transition Research: Methods, Meanings, and Research Relations. *European Sociological Review*, 14 (1998), No. 2, S. 131-150

Bynner, J./Silbereisen, R.K. (Eds.): Adversity and Challenge in Life in the New Germany and England. Hampshire/ London 2000

Bynner, J./Koglyagina, L.: Transition to Employment in Great Britain, Russia and Estonia: towards a Comparative Analysis of Longitudinal Data on Young People's Labour Market Entry. In: CYRCE (1995), S. 89-103

Camstra, R. (Ed.): Growing Up in a Changing Urban Landscape. Assen 1997

Cavalli, A./Galland, O. (Eds.): L'Allongement de la Jeunesse. Poitier 1994

The Child as Citizen. Debates. Council for Europa Publishing. Strasbourg 1996

Children at Risk in Central and Eastern Europe: Perils and Promises. 1997 http://ideas.repec.org/p/ucf/remore/remore97-4.html

Chisholm, L./Krüger, H.-H./Brown, P. (Eds.): Childhood, Youth and Social Change. A Comparative Perspective. London/New York/Philadelphia 1990

Chisholm, L./Büchner, P./du Bois-Reymond, M./Krüger, H.-H. (Eds.): Growing up in Europe. Berlin/New York 1995

Christensen, P./James, A. (Eds.): Research with children. Perspectives and Practices. London. New York 2000

Cornia, G.A./Danzinger, S. (Eds.): Child Poverty and Deprivation in the Industrialized Countries, 1945-1995. Oxford 1997

Corsaro, W.: The Sociology of Childhood. Thousand Oaks, CA 1997

CYRCE Hübner-Funk, S./Chisholm, L./du Bois-Reymond, M./Sellin, B. (Eds.): The Puzzle of Integration. European Yearbook on Youth Policy and Research. Berlin/New York 1995

CYRCE Hübner-Funk, S./du Bois-Reymond, M. (Eds.): Intercultural Reconstruction. European Yearbook on Youth Policy and Research. Vol. 2. Berlin/New York 1999

Deutsches Jugendinstitut (Hrsg.): Jugend – Wirtschaft – Politik. Lernen und Arbeiten in Europa. München 1993

EGRIS (European Group for Integrated Social Research): Misleading Trajectories: Transition Dilemma's of Young Adults in Europe. *Journal of Youth Studies*, 4 (2001), No. 1, pp. 101-119

Esping-Andersen, G.: The Three Worlds of Welfare Capitalism. Princeton 1990

Esping-Andersen, G./Galie, D./Hemerijck, A./Myles, J.: Why We Need A New Welfare State. Oxford 2002

European Commission: The Young Europeans. Eurobarometer 47.2 (XXII/183/97-EN) 1997,
    2001(http://ec.europa.eu/public_opinion/archives/eb/eb55/eb55_en.pdf),
    2007 (http://ec.europa.eu/dgs/education_culture/publ/pdf/youth/results-eurobarometer2007_en.pdf)

European Social Survey ESS: http://www.europeansocialsurvey.org/index

Europäische Kommission: Neuer Schwung für die Jugend Europas. Luxembourg 2001

Evans, K./Heinz, W.R. (Eds.): Becoming Adults in England and Germany. London 1994

Felföldi, L./Sandor, I.: Multicultural Europe: Illusion or Reality. Budapest. European Centre for Traditional Culture 1999

Ferchhoff, W./Olk, Th. (Hrsg.): Jugend im internationalen Vergleich. Sozialhistorische und soziokulturelle Perspektiven. Weinheim und München 1988

Friesel, C./Richter, M./Zulehner, P.M.: Werthaltungen und Lebensstile junger Menschen in Europa. Wien: Bundesministeriums für Umwelt, Jugend und Familie 1993

Gallie, D./Paugham, S. (eds.): Welfare Regimes and the Experience of Unemployment in Europe. Oxford 2000

Geertz, C.: Works and Lives. The Anthropologist as Author. Stanford, Cal. 1988

Ginrich, A./Fox, R. (eds.): Antrhopology, by Comparison. London/New York 2002

Güthoff, F./Sünker, H. (Hrsg.): Handbuch Kinderrechte, Partizipation, Kinderpolitik, Kinderkultur. Münster 2001

Hackauf, H./Winzen, G.: On the State of Young People's Health in the European Union. München 1998

Heath, S.B./McLaughling, M.W.: A Child Resource Policy: Moving Beyond Dependences on School and Family. In: M. Woodhead/McGrath, A. (Eds.). Family, School and Society. London 1988, S. 332-339

Heinz, W.R. (Ed.): The Life Course and Social Change: Comparative Perspectives. Weinheim 1991

Heinz, W.R. (Ed.): From Education to Work. Cross-National Perspectives. Cambridge 1999

Helve, H. (Ed.): Unification and Marginalisation of Young People. Helsinki 1998

Helve, H. (Ed.): A Comparative Study of Living Conditions and Participation of Rural Young People in Changing Europe (RYPE). Report. Part 1. European Commission. Directorate XXII. Brussels 1998

Helve, H./Bynner, J.: Youth and Life Management. Yliopistopaino. Helsinki 1996

Helve, H./Holm, G. (eds.): Contemporary Youth Research. Local Expressions and Global connections. Aldershot 2005
Jensen, A.-M.: Introduction. In: Jensen et al. (2004)
Jensen, A.-M./Ben-Arieh, A./Conti, C./Kutsar, D./Nic Ghiolla Phádraig, M./Warming Nielsen, H. (Eds.): Childrens's Welfare in Ageing Europe. Vol. I and II. Norwegian Centre for Child Research. Norwegian University of Science and Technology, NTNU, Trondheim 2004
Jobert, A./Marry, C./Tanguy, L. (Eds.): Education et Travail en Grande-Bretagne, Allemagne et Italie. Paris 1995
Kieselbach, Th. (Ed.): Youth Unemployment and Social Exclusion. A Comparison of Six European Countries. Opladen 2000
King, M.: The Sociology of Childhood as Scientific Communication: observations from a social systems perspective. In: CHILDHOOD. 14 (2007), No 2, pp. 193-213
Kinney, D.A. (Ed.): Sociological Studies of Children and Youth. Stanford, Cal. 2001
Kohn, M.L.: Cross-National Research as an Analytical Strategy. In: Inkeles, A./Sasaki, M. (Eds.): Comparing Nations and Cultures. Englewood Cliffs, New Jersey 1996, pp. 28-53
Kovacheva, S./Lewis, S./Demireva, N.: Changing Cultures in Changing Workplaces: UK and Bulgaria Compared. In: Sociological Problems, Special Issue: The Socioeconomic Cultures on the Balkan - Sustainability and Chang. 2005, pp. 62-81
Lange, Th. (Ed.): Understanding the School-to-Work Transition: an International Perspective. Commach, New York 1998
Lauritzen, P.: Intercultural Learning – Big Bluff or Leaarning Strategy for the Future? Concepts and Practices of Intercultural Learning in Informal Education. In: CYRCE 1999, pp. 217-229
Leccardi, C.: Growing Up in Southern Italy: Between Tradition and Modernity. In: Chisholm, L. u.a. (1995), S. 995-104
Leccardi, C./Ruspini, E. (Eds.): A New Youth? Young People, Generations and Family Life. Aldershot 2006
Lewis, J.: Strukturwandel der Familie. In: Transit. Europäische Revue 3,2 Winter 2006/2007, S. 157-173
Lister, R./Wilimas, F./Anttonen A. et al. Gendering Citizenship in Western Europe. New Challenges for Citizenship Research in a Cross-national Context. Bristol 2007
López Blasco, A./McNeish, W./Walther, An. (Eds.): Young People and Contradictions of Inclusion; towards Integrated Transition Policies in Europe. Bristol 2003
Lutz, W./Richter, R./Wilson, C. (Eds.): The New Generations of Europeans. Demography and Families in the Enlarged European Union. IIASA/Earthscan. London/Sterlin va
Matthes, J. (Hrsg.): Zwischen den Kulturen? Die Sozialwissenschaften vor dem Prblem des Kulturvergleichs. In: Soziale Welt. Sonderband 8, 1992
Melzer, W./Heitmeyer, W./Liegle, L./Zinnecker, J. (Hrsg.): Osteuropäische Jugend im Wandel. Ergebnisse vergleichender Jugendforschung in der Sowjetunion, Polen, Ungarn und der ehemaligen DDR. Weinheim/München 1991
Miles, S./Pohl, A./Stauber, B./Walther, A./Bargiela Banka, R.M./Carmo Gomes, M.: Communities of Youth. Aldershot 2002
Nicaise, I. (Ed.): The Right to Learn. Educational Strategies for Socially Excluded Youth in Europe. Bristol 2000
Nissen, U.: Wie leben Mädchen und junge Frauen heute in Europa? In: Lieber gleich als berechtigt. Internationale Konferenz zur Mädchenarbeit in Europa. München 2000, S. 37-70 (zu beziehen über Bayrischer Jugendring München)
OECD Family database 2008: www.oecd.org/els/social/family/database
Osler, A.: The Contribution of Community Action Programmes in the Fields of Education, Training and Youth to the Development of Citizenship in a European Dimension. Tender no. XXII/29/96 to the European Commission. 1997
Otten, H./Lauritzen, P. (Hrsg.): Jugendarbeit und Jugendpolitik in Europa. Wiesbaden 2004
Otto, H.-U./Ziegler, H. (Hrsg.): Capabilities – Handlungsbefähigung und Verwirklichungschancen in der Erziehungswissenschaft. Wiesbaden 2008
Pais, J.M.: Routes to Adulthood in a Changing Society: the Portuguese Experience. Journal of Education Policy, 8 (1993), No. 1, pp. 9-15.
Pais, J.M.: Transitions and Youth Cultures: Forms and Performances. International Social Science Journal, 164, UNESCO, 2000, pp. 219-232
Pfau-Effinger, B./Geissler, B. (Eds.): Care and Social Integration in European Societies. Bristol 2005
Pfeffer, G./Bekera, D.K. (Eds.): Childhood and Complex Order. New Delhi 1996
Prout, A.: Studying Children as Social Actors: A New Progamme of Childhood Research in the UK. In: Zeitschrift für Sozialisationsforschung und Erziehungswissenschaft, 18 (1998), H. 1, S. 99-104

Qvortrup, J.: European Childhood - Diverging or Converging? In: Wintersberger, H. et al. (2007), pp. 253-274
Qvortrup, J./Bardy, M./Sgritta, G./Wintersberger, H. (Eds.): Childhood Matters. Aldershot 1994
Qvortrup, J.: Childhood as a Social Phenomen Revisited. In: du Bois-Reymond, M. et al. 2001, S. 215-241
Rappenglück, S.: Jugend in der Europäischen Union. In: APuZ aus Politik und Zeitgeschichte 47 (2006), S.3-7
Ridge, T. : Negotiating Child Poverty : children's subjective experience of life on a low income. In Wintersberger et al. (2007), pp. 161-180
Richter, J./Sardei-Biermann, S. (Hrsg.): Jugendarbeitslosigkeit. Ausbildungs- und Beschäftigungsprogramme in Europa. Opladen 2000
Saporiti, A.: A Methodology for Making Children Count. In: du Bois-Reymond, M. u.a. (2001), S. 243-272
Silbereisen, R.K./Eyferth, K,/Rudinger/G.: Prosocial Motives from 12 to 18. A Comparison of Adolescents from Berlin (West) and Warsaw. In: Silbereisen, R.K. et al. (Eds.): Development as Action in Context. Berlin/New York 1986, pp. 137-164
Silbereisen, R.K./Schoon, I.: Transitions from School to Work: Globalisation, Individualisation, and Patterns of Diversity. Cambridge 2009
Sünker, H.: Politics of Childhood, Children's Rights, and Intergenerational Relations. European Journal of Social Work, 1 (1999), No. 2, pp. 77-81.
Tham, B.: Jugendarbeitslosigkeit in der Europäischen Union. Bonn 1999
Trommsdorff, G. (Hrsg.): Sozialisation im Kulturvergleich. Stuttgart 1989
Trommsdorff, G./Nauck, B. (Ed.): The Value of Children in Cross-cultural Perspective. Case Studies from Eioght Countries. Lengerich: Pabst 2005
Tudge, J.: The Everyday Lives of Young Children. Culture, Class and Child Rearing in Diverse Societies. Cambridge: Cambridge University Press 2008
UNICEF: Young People in Changing Societies. United Children's Fund. Innocenti Research Centre Florence 2000
UNICEF: Child Poverty in Perspective: An overview of child-well-being in rich countries. Innocenti Reserch Centre. Florence 2007
Valsiner, J. (Ed.): Child Development in Cultural Context. Toronto/Lewiston, N.Y./Göttingen/Bern 1989
Vanandruel, M./Amerio, P./Stafseng, O./Tap, P.: Young People and Associations in Europe. Strasbourg, Council of Europe, Youth Directorate 1996
Vijver, F. van der/Portinga, Y.: Towards an integrated analysis of bias in cross-cultural assessment. In: European Journal of Pychological Assessment, 13 (1997), pp. 21-29
Wallace, C./Kovacheva, S.: Youth in Society. The Construction and Deconstruction of Youth in East and West Europe. Houndsmills/Basingstoke/Hampshire/London 1998
Walther, A. (Hrsg.): Junge Erwachsene in Europa. Opladen 1996
Walther, A./Stauber, B. u.a.: Misleading Trajectories Integration Policies for Young Adults in Europe? Opladen 2002
Walter, A./du Bois-Reymond, M./Biggart, A. (Eds.): Participation in Transition. Motivation of Young Adults in Europe for Learning and Working. Frankfurt a.M. 2006
Weiss, H.: Youth in Four Post-communist Countries: Political Values and National Traditions. In: CYRCE (1999), S. 13-32
Wintersberger, H./Alanen, L./Olk, Th./Qvortrup, J. (Eds.) : Childhood, Generational Order and the Welfare State : Exploring Children's Social and Economic Welfare. Vol I of COST 19: Children's Welfare. Odense, South Denmark 2007
World Value Survey WVS http://www.worldvaluesurvey.org
Zeiher, H./Devine, D./Kjørholt/ Strandell, H. (Eds.) : Flexible Childhood? Exploring Children's Welfare in Time and Space. Vol II of COST 19 : Children's Welfare. Odense, South Denmark 2007
Zinnecker, J.: Kindheit, Jugend und soziokultureller Wandel in der Bundesrepublik Deutschland – Forschungsstand und begründete Annahmen über die Zukunft von Kindheit und Jugend. In: Büchner, P./Krüger, H.-H./Chisholm, L. (Hrsg.): Kindheit und Jugend im interkulturellen Vergleich. Opladen 1990, S. 17-36
Zinnecker, J.: Forschen für Kinder – Forschen mit Kindern – Kinderforschung. Über die Verbindung von Kindheits- und Methodendiskurs in der neuen Kindheitsforschung zu Beginn und am Ende des 20. Jahrhunderts. In: Honig, M.S./Lange, A./Leu, H.R. (Hrsg.): Aus der Perspektive von Kindern? Weinheim/München 1999, S. 69-80
Zinnecker, J/Molnar, P.: Lebensphase Jugend im historisch-interkulturellen Vergleich: Ungarn 1985 – Westdeutschland 1954-Westdeutschland 1984. In Ferchhoff et al. 1988 (pp.181-206)

Nicolle Pfaff

Kindheit und Jugend in den USA

1 Einleitung

Ein Schmelztiegel der Ethnien, Kulturen und Religionen, in dem einerseits jeder die Chance hat, durch Leistung zu Anerkennung und Wohlstand zu gelangen und in dem andererseits unverändert ein starkes Wohlstandsgefälle und soziale Ungleichheit ethnische Minderheiten und bestimmte Einwanderergruppen drastisch benachteiligen – dieser Gegensatz prägt das Bild vom Aufwachsen in den Vereinigten Staaten im Ausland. Interessanterweise ist das von den US-amerikanischen Sozialwissenschaften gezeichnete Bild von Kindheit und Jugend ganz ähnlich gelagert. Denn die stark interdisziplinär angelegte Forschung zu Heranwachsenden legt ihre gegenwärtigen Schwerpunkte auf Fragen der Leistungsfähigkeit, der Leistungen sowie der gesellschaftlichen Teilhabe von Kindern und Jugendlichen auf der einen und der Bedeutung von Ungleichheitslagen für viele Aspekte des Aufwachsens, wie z.B. Familie, Freundschaft, Bildung, Gesundheit und Kriminalität auf der anderen Seite.

Dabei sind Kindheit und Jugend in der akademischen und außeruniversitären Forschung in den USA weniger die zentralen Gegenstände einer erziehungswissenschaftlichen Perspektive, sondern bilden je eigene Schwerpunkte innerhalb der Disziplinen Psychologie (vgl. zusammenfassend Damon 1989; Damon/Lerner/Eisenberg 2006), Soziologie und Anthropologie (vgl. zusammenfassend Maira/Soep 2004) und Erziehungswissenschaft (vgl. zusammenfassend z.B. Goodson/Walker 1991; Edwards 2001). Diese unterschiedlichen Forschungstraditionen legen verschiedene Alterskonzepte von Kindheit und Jugend zugrunde, die jedoch stärker an Entwicklungsschritten und Bildungsstufen orientiert sind, als an gesetzlichen Vorgaben, die in den USA je nach Bundesstaat unterschiedlich geregelt sind. Der Fokus der interdisziplinären nordamerikanischen Kindheits- und Jugendforschung liegt insgesamt gesehen zunächst auf der Schulzeit und dabei besonders auf der **Adoleszenz** (vgl. Richter 2006, S. 1902).

Insgesamt sind etwa 27 Prozent der Bevölkerung der Vereinigten Staaten unter 18 Jahre alt, das sind ca. 74 Millionen Kinder und Jugendliche. Ihr Anteil ist analog zu den meisten Industriestaaten seit den 1960er-Jahren deutlich zurückgegangen, blieb aber im Unterschied zu anderen Ländern seit Anfang der 1990er-Jahre stabil (vgl. US Census 2003) und ist seit dem Jahr 2000 sogar leicht steigend.

Dieser Beitrag hat zum Ziel, die Lebensbedingungen dieser 74 Millionen Minderjährigen zu skizzieren und bezieht sich neben sozialstatistischen Untersuchungen und Befunden auf ausgewählte Studien aus der aktuellen disziplinübergreifenden Forschung zu Kindheit und Jugend in den USA. Dazu sollen die verschiedenen sozialwissenschaftlichen Zugänge zu Phänomenen des Aufwachsens zunächst in einem ersten Schritt überblicksartig zusammengefasst werden, um die Daten- und Materialbasis des Beitrages hinreichend zu erläutern. Diese umfassen soziologische und anthropologische Zugänge (2.1), die vielfältigen psychologischen Arbeiten und Forschungsperspektiven (2.2), bildungs- und erziehungswissenschaftliche Ansätze (2.3) und schließlich zentrale Untersuchungen aus der Sozialberichterstattung zu Kindheit und Jugend. In einem weiteren Schritt wird es dann um die Lebensbedingungen von Heranwachsenden in den USA gehen, wobei die Darstellung im Wesentlichen einigen Schwerpunkten der US-amerikanischen Forschung zu Kindheit und Jugend folgt. Dazu werden eingangs einige sozialstatistische Befunde zu den sozioökonomischen und familialen Bedingungen des Aufwachsens referiert (3.1), anschließend stehen zunächst Bildung und Arbeit (3.2), die Lage der Minderheiten (3.3), die Problembereiche Gesundheit und Delinquenz (3.4), die Werthaltungen, die jugendkulturellen sowie die medialen Bezüge (3.5) und schließlich die aktuellen Fragen des ‚Youth Development' und der gesellschaftlichen Partizipation (3.6) im Mittelpunkt.

Die gesamte Darstellung zeichnet dabei ein notwendigerweise stark verkürztes, sowie auf den gegenwärtigen Moment beschränktes Bild von Kindheit und Jugend in den USA und richtet aus einer distanzierten Perspektive und unter Bezugnahme auf US-amerikanische Studien einen Blick auf das Aufwachsen in einem fremden Land.

2 Perspektiven auf Kindheit und Jugend

Die Bedingungen des Aufwachsens nachfolgender Generationen sind in den USA bereits seit der frühen sozialwissenschaftlichen Anthropologie Mitte des 19. Jahrhunderts regelmäßig Thema wissenschaftlicher Auseinandersetzungen. Und wie das Aufwachsen selbst, ist dabei auch die Forschung zu Kindheit und Jugend durch spezifische nationale soziale Bedingungen gekennzeichnet, die Maira und Soep (2004, S. 246) wie folgt zusammenfassen: „Conditions within the United States that help produce youth culture for young people, and the scholars who study them, include: a selfproclaimed status as the only world super-power; the military interventions and migration and labor patterns associated with that status; the legacies of settlement, slavery, and civil rights movements; as well as the ideology of meritocracy and freemarket individualism that marks youth institutions from the school to the family to the street."

Unter diesen sich wandelnden sozialen Konditionen dominierte anfangs eine anthropologische und soziologische Forschung zu Kindheit und Jugend, die in den 1950er-Jahren von einer psychologischen Perspektive abgelöst wurde, die sich bis heute stark ausdifferenziert hat und um eine Forschungslinie der erziehungswissenschaftlichen Schülerforschung ergänzt wurde.

2.1 Soziologische und anthropologische Zugänge

In der US-amerikanischen Anthropologie haben sich früh Untersuchungen mit dem Aufwachsen in fremden Kulturen befasst und dieses mit der Situation von Kindern und Jugendlichen in den USA verglichen (z.B. Boas 1940; Benedict 1959). Margaret Meads ‚Coming of Age in Samoa' (1928/1961) gilt bis heute als eines der zentralen Werke der Anthropologie der Kindheit und Jugend und explizierte erstmals den Gedanken der sozialen Konstruktivität des Aufwachsens in unterschiedlichen Kulturen. Dieser ethnographische Zugang zu Jugend als Teil und Konstitutionsbedingung fremder Lebenswelten prägt die amerikanische Jugendforschung bis heute und wurde zu einem wichtigen methodischen Zugang in einer Reihe von Disziplinen.

In der Soziologie waren Jugendliche zuerst in den ethnographischen Studien der Chicago School Thema (z.B. Trasher 1927, White 1943), die Straßengangs und Gruppen von Einwandererkindern als soziale Phänomene der Großstadt in den Blick nahmen. Im Unterschied zur europäischen (vgl. Willis 1977; Brake 1985) und insbesondere deutschen Jugendkulturforschung hat sich in den USA mit diesen Studien ein Fokus auf Jugend und Jugendkultur etabliert, der diese unter dem Gesichtspunkt der Delinquenz und Abweichung von den Normen und Werten der Erwachsenengesellschaft betrachtet (vgl. Parsons 1964; aktuell Wooden 1995; Lucas 1998). In der Tradition der Chicago School (Trasher 1927; White 1943) werden Jugendgruppen dabei bis heute mit ihren spezifischen Stilen und Praxen in erster Linie als Phänomen der Gefährdung der sozialen Ordnung betrachtet (z.B. Curry 2001). Daneben hat sich in jüngerer Zeit auch in den Vereinigten Staaten eine Forschungstradition etabliert, die die musikalischen, politischen und wertebezogenen Stile von Jugendlichen in den Blick nimmt (vgl. z.B. Rose 1994; Epstein 1998; Hetherington 1998). Die Australierin Judith Bessant (2001) beschreibt den Perspektivwechsel in der Jugendforschung insbesondere mit Blick auf US-amerikanische Forschungstraditionen als einen von einer Jugendsoziologie der Abweichung zu einer des Risikos, in der Jugendliche nicht mehr als Gefahr für die öffentliche Ordnung, sondern als durch die gesellschaftlichen Bedingungen ihres Aufwachsens Gefährdete thematisiert werden. Aktuelle Analysen zu vielen der im Nachfolgenden vorgestellten Themen, wie Arbeitslosigkeit, Drogenmissbrauch oder Gewalt, die unter dem Stichwort ‚Multi-Risk-Environment' realisiert werden, verfolgen diese Perspektive der Kinder und Jugendlichen als Opfer der Bedingungen ihres Aufwachsens.

Ein vergleichsweise neues Forschungsfeld der US-amerikanischen soziologischen und anthropologischen Forschung ist die Schule als soziale Institution, wo seit Anfang der 1990er-Jahre verstärkt ethnographische Studien im Bereich der Peer-Forschung realisiert wurden (vgl. z.B. Thorne 1993; Adler/Adler 1998).

2.2 Sozial- und Entwicklungspsychologische Zugänge

Wie Maira und Soep (2004) feststellen, basiert ein Großteil der US-amerikanischen Forschung über Kindheit und Jugend auf entwicklungspsychologischen Perspektiven und Ausgangspunkten. Als einer der Grundpfeiler gilt in diesem Zusammenhang Stuard Halls „Adolescence: Its Psychology and Its Relations to Physiology, Anthropology, Sociology, Sex, Crime, Religion, and Education" aus dem Jahr 1904. Einen weiteren zentralen Schritt markieren Eriksons (1968) Stufenmodell der Identitätsbildung und Kohlbergs Stufen der Moralentwicklung (Colby et.al. 1983), in denen zwar Sozialität als Umweltfaktor des Aufwachsens und der psychischen Entwicklung grundsätzlich mit angelegt ist, die aber, wie ein Großteil der entwicklungspsychologischen Kindheits- und Jugendforschung, die Entwicklungsprozesse zunächst losgelöst von den kulturellen und historischen Bedingungen des Aufwachsens begreifen (vgl. Maira/Soep 2004, S. 250). Dieses Manko haftet einem Großteil aktueller Untersuchungen entwicklungspsychologischer Prägung noch immer an. Das zeigt auch die Einleitung zur Neuauflage des ‚Handbook of Child Psychology' von 2006, in der die Herausgeberin Nancy Eisenberg (2006, S. 1ff.) die neueren Schwerpunkte der Entwickungspsychologie mit den Stichworten Emotion, Regulation, Kognition, Biologie sowie Umwelt- und Beziehungseinflüsse auf Entwicklung zusammenfasst. Eine Überwindung dieser Blickverengung leisten die in jüngerer Zeit verstärkt realisierten kulturvergleichenden Untersuchungen zu speziellen Aspekten des Aufwachsens und der Entwicklung (vgl. zusammenfassend Berry et.al. 2002).

Insgesamt betrachtet ist die entwicklungspsychologische Perspektive für die Kindheits- und Jugendforschung in den USA noch immer als dominant zu bezeichnen, da viele ihrer Grundannahmen auch in soziologischen und erziehungswissenschaftlichen Studien unhinterfragt zum Ausgangspunkt genommen werden.

2.3 Bildungs- und erziehungswissenschaftliche Ansätze

In der US-amerikanischen Erziehungswissenschaft sind verschiedene Perspektiven auf Kindheit und Jugend zu unterscheiden, die jedoch meist von der Schule als Institution ausgingen und außerschulische Lebenswelten Heranwachsender erst neuerdings mit in den Blick nehmen. Dabei haben erziehungswissenschaftliche Perpektiven in den Vereinigten Staaten im Allgemeinen weniger den Charakter von Grundlagenforschung, sondern orientieren sich in vielen Bereichen explizit an Ansätzen der Aktions- und Handlungsforschung (vgl. z.B. Gay/Mills/Airasian 2000, S. 591ff.).

Die gegenwärtig umfassendste Forschungstradition innerhalb der Erziehungswissenschaft, die außerdem stark entwicklungspsychologisch geprägt ist, beinhaltet umfangreiche, auf quantitativen Tests beruhende Schulleistungsstudien (z.B. Livingston 2006). Zu dieser Tradition gehören darüber hinaus eine Vielzahl von Studien, die die soziale Bedingtheit von Schulleistungen in den Blick nehmen (z.B. Damico 1975; Juvonen/Murdock 1995).

Eine zweite Forschungsperspektive umfasst eine Reihe stärker ethnographischer Studien zum Schulleben, schulischen Praxen bzw. sozialen Aspekten des Schulalltags (z.B: Thorne 1993; Eder/Evans/Parker 1995; Adler/Adler 1998; Fergusson 2001), wobei die Grenzen zur Soziologie durchaus fließend sind.

Schließlich nimmt eine dritte jüngere Tradition vorwiegend quantitativer empirischer Studien unter Stichworten wie informelles Lernen oder ‚Service Learning' Bildungsprozesse Jugendlicher, die im Zuge außerunterrichtlicher und freizeitbezogener Aktivitäten ablaufen (z.B. Eccles u.a. 2003; Mahoney u.a. 2005), in den Blick. Dabei stehen neben Fragen der Steigerung von Schulleistungen durch Tätigkeiten im Freizeitbereich vor allem sozialisatorische Aspekte im Mittelpunkt, wie Fragen der politischen Sozialisation (z.B. Youniss/Yates 1999) oder etwa des Schulabbruchs (z.B. Eccles/Barber 1999).

Während diese beiden Forschungszugänge einzelne Lernende und ihre leistungsbezogene oder soziale Entwicklung zum Gegenstand haben, befassen sich weitere erziehungswissenschaftliche Traditionen in den USA in erster Linie mit der Schule als Institution. Dazu gehören z.B. die School-Effectiveness-Forschung (vgl. zusammenfassend Teddly/Reynolds 2000), die Lehrplanforschung (vgl. z.B. Goodson 2001) oder die stark handlungspraktisch orientierte Forschung von Lehrenden (vgl. zusammenfassend Fang 1996) und zur Lehrerbildung (vgl. z.B. Cochran-Smith/Zeichner 2005).

2.4 Sozialberichterstattung

Ein Großteil der aktuellen Arbeiten zu Kindheit, Jugend und den Bedingungen des Aufwachsens in den USA besteht aus quantitativen Analysen, die neben psychologischen Testsettings vor allem auf der Auswertung einer Vielzahl von großen **Jugendsurveys** und **Bevölkerungsumfragen** beruhen. Diese Surveys und Studien basieren je nach erstellender Agentur auf internationalen (z.B. UNICEF 2004; OECD 2005), bundesweiten (z.B. die Publikationen der Child Trends DataBank oder von NAHIC), bundesstaatspezifischen und regionalen Daten.

Die umfassendste regelmäßig realisierte quantitative Studie in den USA ist das *State Community Survey[1] (ACS)*, das die zentrale Grundlage des US-amerikanischen CENSUS bildet und seit dem Jahr 2005 mit der Befragung von über 3 Millionen Haushalten eine differenzierte Untersuchung zu Fragen zu sozialen, demographischen, ökonomischen und wohnbezogenen Aspekten vornimmt. Monatlich aktualisierte nationale Daten liefert darüber hinaus seit den 1950er-Jahren der *Current Population Survey[2]*, der auf der regelmäßigen Befragung von 50.000 Haushalten in der USA basiert, vor allem auf soziodemographische und ökonomische Aspekte hin ausgewertet wird und auf dessen Grundlage seit 2002 in alternierender Form auch Jahresberichte zu den Themen Familie und Kindheit (vgl. z.B. Fields 2003) sowie zu Bildungsthemen (vgl. z.B. Stoops 2004; Davis/Baumann 2008) herausgegeben werden.

Diese beiden zentralen Untersuchungen für das gesamte Bundesgebiet der USA stehen Forschenden bezogen auf eine große Themenvielfalt für Analysen zur Verfügung und werden von Forschungsgruppen, Regierungs- und Nichtregierungsorganisationen auch auf Fragen des Aufwachsens hin ausgewertet. So publiziert bspw. das Federal Interagency Forum on Child and Family Statistic (FCFS) seit 1997 jährlich unter anderem Berichte unter dem Titel "*America's Children: Key National Indicators of Well-Being*", die auf sozialstatistischen Daten öffentlicher Einrichtungen der amerikanischen Bundesstaaten basieren. Der Report, der neben klassischen Indikatoren des Wohlbefindens und der allgemeinen Soziodemographie jährlich spezifische Schwerpunkte aufgreift, richtet sich an Akteure im pädagogischen und politischen Bereich. Ergänzend dazu publiziert das Forum auch technische Berichte sowie Kurzreports zu Spezialthemen des Aufwachsens und pflegt eine statistische Online-Datenbank[3]. Im Bereich der NGO's kann zum Beispiel das ACT for Youth Center of Excellence genannt werden, das Daten zu Kindheit und Jugend des nationalen CENSUS in regelmäßigen Jugendberichten mit Schwerpunkt auf der Stadt New York zusammenfasst.

Darüber hinaus bestehen eine Reihe kindheits- und jugendbezogener Surveys, die sich auf die Themen Gesundheit, Gewalt und Bildung konzentrieren. So untersucht der *National Youth Risk Behaviour Survey[4]* auf der Basis von schulbezogenen Querschnitts-Umfragen seit 1988 regelmäßig das Vorkommen gesundheitsbezogener Entwicklungsrisiken, wie Drogenmissbrauch oder Sexualität und das Auftreten bestimmter Krankheiten. Schüler, Studierende und junge Erwachsene stehen im Zentrum der Untersuchung ‚*Monitoring the Future*'[5], die seit 1975 mit inzwischen stark erweitertem Sample jährlich ca. 50.000 junge US-Amerikaner nach ihren Werten und Einstellungen, ihren Lebensbedingungen und ihren Verhaltensweisen befragt. Auswertungsschwerpunkte des Surveys liegen vor allem im Bereich des Drogenmissbrauchs und der Gewalt. Eine weitere Studie, auf der eine Reihe von Publikationen zum Aufwachsen in den USA basieren, ist das in den Jahren 1997 und 1999 realisierte *National Survey of America's Families* (NSAF)[6]. Dabei handelt es sich um eine repräsentative Befragung von Haushalten mit Personen unter 65 Jahren zu Fragen der wirtschaftlichen Lage, der Gesundheit und Gesundheitsversorgung, sowie zu sozialen Gesichtspunkten mit über 44.000 Befragten aus dem gesamten Bundesgebiet der USA.

Bildungsbezogene Daten beziehen die meisten einschlägigen US-amerikanischen Studien aus den internationalen Vergleichsstudien der International Association of Educational Achievement (IEA) und der Organisation of Economic Cooperation and Development (OECD), wie TIMMS, PISA, IGLU oder dem Adult Literacy and Lifeskills Survey (ALL). Darüber hinaus liefert bspw. der *State Nonfiscal Public Elementary/Secondary Education Survey*[7] Daten zu allen Grund- und weiterführenden Schulen in den USA, einschließlich Daten zu Personal, Schülerschaft und Schulabschlüssen. Informationen zum Leistungsstand US-amerikanischer Lernender der 4., 8. und 12. Jahrgangsstufe erhebt das National Assessment of Educational Progress (NAEP) Programm[8], in dessen Rahmen auf den Verwaltungsebenen von Bund, Bundesstaat, Schulbezirk und Gemeinde das Leistungsniveau Lernender in den Kernfächern Lesen, Mathematik, Naturwissenschaft und Schreiben über Testverfahren erfasst wird.

Interessant sind darüber hinaus insbesondere Längsschnittuntersuchungen, wie bspw. die *Michigan Panel Study of Income Dynamics*[9], die seit 1968 rund 1.700 US-amerikanische Familien im Hinblick auf die Bedingungen des Aufwachsens von Kindern und Jugendlichen untersucht. Zu gesundheitsbezogenen Themen arbeitet seit 1994 die *National Longitudinal Study of Adolescent Health* (Add Health)[10] mit fast 20.000 befragten Lernenden der Schuljahrgänge 7 bis 12 in allen Bundesstaaten der USA sowie zusätzlichen Daten aus qualitativen und Elterninterviews.

Die meisten der hier kurz angesprochenen Studien dienen als Basis einer Vielzahl thematisch breit gestreuter Publikationen von Kindheits- und Jugendforschern in- und außerhalb der USA. In den meisten Fällen bieten gut aufbereitete Internetpräsentationen ausführliche Informationen zum Design der Studien sowie zu Instrumenten, Daten und Ergebnissen.

3 Lebenslagen von Kindern und Jugendlichen

Da sich die US-amerikanische Mehrheitsgesellschaft bezogen auf zentrale kulturelle Aspekte, Werte und Normensysteme nur bedingt von anderen westlichen Industrieländern unterscheidet, liegt der Fokus der nachfolgenden Darstellung auf den konkreten Bedingungen des Aufwachsens von Kindern und Jugendlichen in unterschiedlichen Bevölkerungssegmenten der USA. Dabei wird vor allem zwischen verschiedenen Ethnien und sozialen Klassen, aber auch zwischen unterschiedlichen Regionen und Bundesstaaten zu unterscheiden sein.

3.1 Bedingungen des Aufwachsens: Familie und Wohlstand

Anders als in vielen europäischen Ländern wachsen in den USA noch immer mehr als zwei Drittel aller Kinder und Jugendlichen bei ihren verheirateten leiblichen Eltern auf, gleichwohl deren Anteil von 77 Prozent im Jahr 1980 auf 68 Prozent im Jahr 2007 gefallen ist (vgl. FCFS 2007, S. 3). Angestiegen ist dagegen vor allem die Zahl von Geburten unverheirateter Frauen, deren Anteil 2006 insgesamt 38 Prozent betrug. Insgesamt wachsen 23 Prozent der Kinder und Jugendlichen bei ihrer leiblichen Mutter und 3 Prozent bei ihrem leiblichen Vater auf, weitere 3 Prozent leben bei den leiblichen, aber unverheirateten Eltern und die verbleibenden Heranwachsenden wohnen nicht mit den Eltern zusammen. Diese Resultate gelten für die meisten Bevölkerungsgruppen mit Ausnahme afroamerikanischer Jugendlicher, von denen nur etwas mehr als jeder Dritter mit beiden Elternteilen, aber fast die Hälfte der Heranwachsenden nur mit der Mutter aufwächst (NAHIC 2003). Zugleich leben Kinder und Jugendliche aus afroamerikanischen Familien aber auch häufiger in großfamiliären Zusammenhängen mit Eltern- und Großelternteilen in einem Haushalt.

Analog zu Deutschland bildet auch in den USA die **Familienform** einen zentralen Faktor für die ökonomische Lage von Heranwachsenden (vgl. Fields 2003). Während in fast allen Zwei-

Eltern-Familien mindestens ein Elternteil berufstätig ist und damit Zugang zu Krankenversicherung und anderen Sozialleistungen für Kinder bietet, war im Jahr 2002 rund ein Viertel der allein erziehenden Mütter arbeitslos.

Auch wenn die Erziehungsarbeit von Vätern in den vergangenen Jahren in den USA ein zentrales Forschungsthema war (z.B. Lamb 2004), zeigen sozialstatistische Analysen des US-Census (z.B. Fields 2003), dass sich in der Mehrheit der Familien die Mütter den Kindern und dem Haushalt widmen, während die Väter berufstätig sind.

Ein im Zusammenhang mit den familialen Bedingungen des Aufwachsens in den USA viel diskutiertes und auch breit erforschtes Phänomen sind die sog. ‚**Teenager-Schwangerschaften**', denen in den vergangenen Jahren eine Vielzahl von Bildungs- und Gesundheitsprogrammen, aber auch ethische und religiöse Kampagnen gewidmet waren. Nimmt man die statistischen Daten zu den realisierten Geburten bei 15-17-Jährigen ernst, dann waren diese politisch-pädagogischen Bemühungen erfolgreich, denn die Geburtenrate bei minderjährigen afroamerikanischen Mädchen sank bspw. von 85 auf 35 pro 1000 Geburten seit Mitte der 1990er-Jahre, und auch bei den lateinamerikanischen jungen Frauen halbierte sich die Rate der Teenager-Schwangerschaften in dieser Zeit (FCFS 2007a, S. 5). Nach wie vor werden Mädchen aus diesen beiden Bevölkerungsgruppen jedoch noch 3- bis 5-mal so häufig als Minderjährige Mütter wie einheimische US-Amerikanerinnen (ebd.). Generell ist die Rate der Schwangerschaften bei den 15-19-Jährigen in den USA mit 8,34 Prozent im Jahr 2000 noch immer deutlich höher als in allen europäischen Ländern (vgl. Arnett 2002, S. 318).

In engem Zusammenhang mit der Bevölkerungsgruppe und der Familienform steht in den USA das Aufwachsen unter der Bedingung von **Armut**. So lebten im Jahr 2006 etwa 10 Prozent der Einheimischen, 27 Prozent der Familien lateinamerikanischer Einwanderer und 33 Prozent der afroamerikanischen Familien in Armut (FCFS 2007a, S. 7). Armut wird dabei vom US-amerikanischen Zensus als das Fehlen von Gütern und Dienstleistungen definiert, die zum jeweiligen Zeitpunkt der überwiegenden Mehrheit der US-Amerikaner zur Verfügung stehen[11]. Nach Angaben von UNICEF (2004, S. 28) war im Zeitraum zwischen 1993 und 2003 etwa jedes fünfte US-amerikanische Kind von Armut betroffen. Insgesamt lebten im Jahr 2002 3,4 Millionen Kinder und Jugendliche (5 Prozent) in Familien, die staatliche Sozialleistungen und 7,9 Millionen (11 Prozent) in Familien, die Lebensmittelmarken erhielten (vgl. Fields 2003).

Dabei erweist sich erneut die Familienform als stärkster Bedingungsfaktor für das Aufwachsen unter Armutsbedingungen in den USA. Während nämlich insgesamt nur etwa 8 Prozent der Kinder verheirateter Paare Armut erfahren müssen, trifft dies für 42 Prozent der Kinder allein erziehender Mütter und auf fast jede zweite **Alleinerziehenden**-Familie afroamerikanischer bzw. lateinamerikanischer Herkunft zu (vgl. Fields 2003). Nach einer bundesweiten Studie basierend auf Selbstauskünften betroffener Familien bestand dabei im Jahr 2006 in 18 Prozent aller Familien Nahrungsunsicherheit, d.h. eine zeitweise oder dauerhafte Reduzierung oder Einschränkung der sonst üblichen Ernährungsweise (vgl. Nord 2000). Als Ursache für Armut gilt dabei in erster Linie **Arbeitslosigkeit** bzw. unsichere oder temporäre Arbeitsverhältnisse. Umgekehrt lebt in den USA etwa jeder sechste Heranwachsende unter Bedingungen des Reichtums, d.h. in Familien, in denen das Einkommen um das 600-fache über der staatlichen Armutsgrenze liegt.

Ein anderes sozioökonomisches Problem in den USA stellt die Frage des Wohnens dar. Nach Angaben des National Adolescent Health Information Center (2002) lebten um die Jahrtausendwende mehr als die Hälfte aller 10-17-Jährigen in Vorstädten, 27 Prozent in ländlichen Regionen, und ca. 19 Prozent in den Innenstädten des Landes. Dabei bestanden nach Angaben von FCFS (2007a, S. 12) bereits im Jahr 2005 bei 40 Prozent der Haushalte Probleme mit zu kleinem, nicht ausreichend ausgestattetem, überfülltem oder zu teurem Wohnraum. Diese Probleme dürften sich in den darauf folgenden Jahren bedingt durch die sich gegenwärtig ausweitende Immobilien- und Finanzkrise noch deutlich verschärft haben.

Damit im Zusammenhang steht die im Vergleich zu anderen westlichen Demokratien hohe **Obdachlose**nzahl in vielen US-amerikanischen Großstädten und Ballungszentren. So schätzt die jüngste einschlägige Studie die Zahl der obdachlosen Jugendlichen unter 18 Jahren auf knapp 1,7 Millionen, gleichverteilt auf die Geschlechter und im Schwerpunkt im Alter zwischen 15 und 17 Jahren (vgl. NCH 2008). Als Gründe werden meist zerrüttete Familienverhältnisse, Drogensucht der Jugendlichen oder ihrer Eltern, Teenager-Schwangerschaften sowie Gewalt bzw. sexueller Missbrauch in der Familie angegeben. Insgesamt machen die Jugendlichen unter den Obdachlosen jedoch gerade einmal 1 Prozent aus (vgl. NCH 2008).

3.2 Teilhabe an Bildung und Arbeit

Wie in den meisten Staaten weltweit hat auch in den USA der allgemeine Bildungsstand der Bevölkerung in den letzten Jahrzehnten deutlich zugenommen. Auch wenn dabei nach wie vor deutliche Unterschiede in den Qualifikationen, aber auch im Zugang zu Bildung zwischen den Geschlechtern, Generationen und Angehörigen ethnischer Gruppen sowie im Hinblick auf die soziökonomische Lage von Heranwachsenden zu beobachten sind, zeigen neuere bildungsstatistische Analysen, dass gerade in vormals benachteiligten Bevölkerungssegmenten die **Bildungsbeteiligung** in der jüngeren Vergangenheit wesentlich gestiegen ist (z.B. Stoops 2004).

Das **Bildungssystem** in den USA ist föderal ausgerichtet, und wird lokal und auf der Ebene der Einzelschule je unterschiedlich organisiert. Jutta Almendinger (1989) beschreibt das Schulsystem der Vereinigten Staaten im Vergleich mit dem anderer Länder als hochgradig unstandardisiert, weil von den Bildungsausgaben der Gemeinde über Curricula bis hin zu Examen und Lehrergehältern zwischen Regionen und einzelnen Schulen große Differenzen bestehen. Als solches dezentral organisiertes und im Wesentlichen lokal ausgerichtetes System wurde es bereits im Jahr 1787 durch einen Erlass des Kontinentalkongresses angelegt, der neu entstehende Städte zur Anlage eines Schulgrundstücks verpflichtete und 1885 als universelles, öffentlich gefördertes und kostenloses System offiziell eingeführt (vgl. Katz 1971). Mit dieser Etablierung von Schule als Institution in den Vereinigten Staaten und ihrer Historie bis heute sind sowohl eine klassenbezogene als auch eine ethnische Dimension der **Bildungsungleichheit** zentral verbunden (ebd.), die in einer deutlichen Segregation des Schulsystems Ausdruck finden (vgl. Almendinger 1989; Kozol 2005). So stellt der Bildungsforscher Jonathan Kozol (2005, S. 4) in einer aktuellen Analyse fest, „that segregation by race and class creates a separate and unequal education system that cannot right itself without dealing with this fundamental issue". Dabei besteht die Ungleichheit weniger im Zugang zu Bildung an sich als vielmehr in der Qualität der jeweils erreichbaren Bildungsangebote (ebd.; Almendinger 1989, S. 236). Der aktuelle Leitspruch einer Kampagne des Bildungsministeriums „No Child left behind" zeigt zwar, dass es an Bewusstsein über die vielfältigen strukturellen Benachteiligungen nicht mangelt, zugleich besteht jedoch massive Kritik sowohl aus der Forschung (z.B. Kozol 2005) als auch von der Seite einiger Bürgerbewegungen (z.B. National Urban League 2004) an mangelndem Engagement zum Abbau der bestehenden Ungleichheiten.

Fast 90 Prozent der Lernenden in den USA besuchten Ende der 1990er-Jahre öffentliche, kostenlose Schulen, nur wenige gingen auf kostenpflichtige Privatschulen meist in religiöser Trägerschaft oder wurden von ihren Eltern daheim unterrichtet (z.B. Nechyba 2003). Dabei ist jedoch in den vergangenen Jahren eine Abkehr vom öffentlichen Schulsystem zu verzeichnen (vgl. Livingston 2006, S. 4). Die **Schulpflicht** in den USA reicht in den meisten Staaten bis zum sechzehnten, in manchen auch bis zum achtzehnten Lebensjahr und umfasst in der Regel die Zeit vom letzten Kindergarten- oder Vorschuljahr bis zum 8. Schuljahr einschließlich der Zeit in der Elementary, und in einigen Bundesstaaten auch die Middle School. Im Anschluss an diese Schulformen bestehen drei- bis vierjährige High-School-Kurse, die eine Voraussetzung für den Besuch eines Colleges oder einer Universität darstellen. Gleichzeitig bilden sie den ersten berufsqualifizierenden Abschluss (vgl. z.B. Dichanz 1990; FCFS 2007c). Zu diesem Zweck umfasst die High-School-Bildung in den meisten Fällen neben allgemeinbildenden Inhalten auch staatsbürgerliche, gesundheitsbezogene sowie berufsvorbereitende Kompetenzen (z.B. Dichanz 1990). Darüber hinaus bezieht das Schulleben an einer US-amerikanischen High School eine Vielzahl außercurricularer Aktivitäten auf Gebieten, wie Sport, Theater, Kunst und Musik ein, die im Zusammenhang mit der spezifischen Einbindung der Schule in die Gemeinde und ihren Kooperationen mit Organisationen der Wirtschaft und Verwaltung die Spezifik der Einzelschule ausmachen (z.B. de Young/Wynn 1972). Europäischen Beobachtern erscheint angesichts dieser **Lebensweltorientierung** der Schule in den Vereinigten Staaten und einer vergleichsweise geringen Hierarchie zwischen Lehrenden und Lernenden (vgl. Dichanz 1990, S. 158f.) die gleichzeitige Fokussierung auf textbezogene Lehr-Lernmethoden und die hohe Verbreitung von Test- und Leistungsvergleichsprozessen (ebd., S. 161) widersprüchlich. Doch der starke Bezug auf individuelle Lernende und kollektive **Schulleistungen** ist zentral für das Verständnis des US-amerikanischen Bildungssystems. So liefern ausführliche vergleichende Leistungstests in den zentralen Fächern seit 1990 in kurzen Abständen aktuelle Diagnosen des Kenntnisstandes der Lernenden an allgemein bildenden Schulen (vgl. z.B. Livingston 2006).

Analog zu vielen europäischen Ländern wurden in den USA in den späten 1960er- und frühen 1970er-Jahren vielfältige Reformbewegungen angestoßen, die zu einer besseren und demokratischeren Schule führen sollten (vgl. z.B. Kratz 1971; Smith/O'Day 1990). Zentraler Ausgangspunkt dieser Bestrebungen war zunächst der sog. ‚Sputnikschock' im Jahr 1957, von dem ausgehend das Bildungssystem der Vereinigten Staaten als zentraler Mechanismus zum Erhalt der wirtschaftlichen, politischen und wissenschaftlichen Wettbewerbsfähigkeit des Landes begriffen wurde. Dem folgte im Jahr 1966 der ‚Coleman-Report', in dem der Soziologe James S. Coleman drastische sozioökonomische und ethnische Ungleichheiten im US-amerikanischen Bildungssystem feststellte. Trotz vielfältiger bildungspolitischer Bemühungen in den 1970er-Jahren erlebten die USA bereits im Jahr 1980 in internationalen Leistungsvergleichsstudien ihren ‚PISA-Schock', der zu einer Vielzahl von nationalen Reports und Reformplänen führte (vgl. zusammenfassend Smith/O'Day 1990). Etwa zur gleichen Zeit realisierten John Goodlad und seine Kollegen eine umfassende ethnographische Studie in ausgewählten Schulen Californiens, die bis heute zu den größten bildungsbezogenen Untersuchungen in den USA zählt (Goodlad 1984/2004). Eine der zentralen Feststellungen dieser Studie bestand in der Betonung der Unterschiede zwischen Schulen bei fast identischen innerschulischen Prozessen. Eine wichtige Forderung der Forscher damals zielte auf das Halten von Schule, die bestehenden Rollenverhältnisse, die eingefahrenen Unterrichtspraxen und die Lebensweltfremde von Unterricht. Genau diese Praxis des Schule-Haltens wurde jedoch durch die nachfolgend realisierten Bildungsreformen, deren Bestrebungen die US-amerikanische Erziehungswissenschaft als Disziplin bis heute wesentlich prägen, nicht infrage gestellt. Vielmehr wurde eine noch stärkere Konzentration auf Lerninhalte und organisatorische Aspekte von Schule gefordert (ebd.; Smith/ O'Day 1990, S. 233f.). Und obgleich seither die Bildungsausgaben stark gestiegen sind und die Zahl der qualifizierten Jugendlichen kontinuierlich angewachsen ist, blieben die Reformbestrebungen weit hinter den in sie gesetzten Erwartungen zurück (z.B. ebd.; Kozol 2005).

So hatten im Jahr 2005 88 Prozent der jungen Erwachsenen im Alter zwischen 18 und 24 die High School absolviert und insgesamt 9,4 Prozent dieser Altersgruppe hatten die Schule ohne Abschluss verlassen. Dabei wiesen fast die Hälfte aller Schulabbrecher einen eigenen oder familialen lateinamerikanischen Migrationshintergrund auf und die Mehrzahl der Abbrecher war männlich (vgl. z.B. FCFSc 2007; Childs Data Bank 2008). Die **Bildungsbeteiligung** afroamerikanischer Jugendlicher hat sich dagegen seit den 1970er-Jahren zunehmend gesteigert und unterscheidet sich derzeit z.B. bezüglich der Schulabgänger ohne Abschluss nur noch geringfügig von Jugendlichen ohne Migrationshintergrund (z.B. Livingston 2006, S. 11). Ebenso wesentlich wie das generelle Vertrauen der US-Amerikaner in Bildung im Allgemeinen ist das in konkrete schulische Institutionen, das eng mit dem jeweiligen sozialen und kulturellen Prestige der Einrichtung, mit ihren Finanzquellen und Förderern sowie zentral mit den verfügbaren Lehrkräften verbunden ist (vgl. z.B. Coleman 1966; Peske/Haycock 2006). Untersuchungen unter dem Stichwort ‚education trust' zeigen, dass Lehrende an Schulen mit hohen Armutsquoten in der Schülerschaft weitaus schlechter ausgebildet sind und über weniger Erfahrung verfügen als an Schulen mit besser situiertem Klientel (ebd., S. 1): „Poor and minority children don't underachieve in school just because they often enter behind; but, also because the schools that are supposed to serve them actually shortchange them in the one resource they most need to reach their potential-high-quality teachers."

Dass diese strukturellen Benachteiligungen auch in der pädagogischen Arbeit eine Entsprechung haben, zeigt bspw. Ann A. Fergusson (2001) in einer ethnographischen Studie über die Herstellung afroamerikanischer Männlichkeit durch die Schule, in der sie zeigt, dass afroamerikanische Jungen von Lehrenden in vieler Hinsicht benachteiligt werden: indem ihnen keine Leistungen und kein Lerneifer zugetraut werden, indem sie für Disziplinarvergehen schärfer bestraft werden und indem ihnen aufgrund bestimmter Verhaltensweisen die Teilnahme am Unterricht verweigert wird.

Zugleich haben sich bestimmte asiatische **Einwanderergruppen** gerade über eine starke Bildungsorientierung ihren privilegierten Platz in der Gesellschaft der Vereinigten Staaten gesichert (z.B. Barringer/Takeuchi/Xenos 1990; Takaki 1993; Bankston/Caldas/Zhou 1997). In einer Untersuchung von Schulleistungen aus der National Educational Longitudinal Study 1988 kommt Kao (1995) zu dem Ergebnis, dass die besseren Testleistungen von Lernenden mit asiatischem Migrationshintergrund fast vollständig durch Merkmale des familialen Hintergrunds erklärt werden können. Einzig die höheren Schulnoten asiatischer Jugendlicher sind demzufolge auf kulturelle und Verhaltensspezifika in dieser Einwanderergruppe zurückzuführen (ebd.; vgl. auch Bankston/Caldas/Zhou 1997).

Noch segregierter als das Schulwesen ist in den USA der College- und Universitätsbetrieb. So hat sich insgesamt zwar die Zahl der 20- bis 24-Jährigen, die sich noch in Institutionen des Bildungssystems befinden, seit den 1970er-Jahren fast verdoppelt (vgl. Kridl/Livingston/ Snyder 2006, S. 20), und die USA verfügen mit insgesamt fast 60 Prozent Akademikeranteil an der Bevölkerung im internationalen Vergleich über eine überdurchschnittlich hohe Bildungsbeteiligung im Hochschulbereich (OECD 2005, S. 242). Dennoch ist die US-amerikanische Hochschulbildung durch vielfältige Ungleichheiten gekennzeichnet, die sich analog zum Schulsystem nicht so sehr in allgemeinen Beteiligungsquoten ausdrücken, sondern vielmehr in den verschiedenen Qualitäten der Einrichtungen, ihrer Akteure, Ausstattung und der dort praktizierten Forschung und Lehre. So besuchen afroamerikanische Heranwachsende inzwischen fast genau so oft ein College oder eine Universität wie weiße Amerikaner (Kridl/Livingston/Snyder 2006, S. 37), allerdings lernen sie zum großen Teil an verschiedenen Einrichtungen, da Studiengebühren und die nicht nur auf Leistung, sondern auch auf Einstellungen und sozialen Netzwerken basierende Studierendenauswahl durch die Hochschulen stark sozial selektive Effekte haben. Wie erfolgreiche Studierende diese Formen der Benachteiligung erleben, untersucht bspw. eine rekonstruktive Studie zu den Bedingungen höherer Bildung für lateinamerikanische Einwandererkinder (Solorzano 1998). Eine Studentin bringt darin die bestehenden Ungleichheiten wie folgt auf den Punkt: „You can feel out of place in so many ways. For instance, having equal access is not only sitting in the same classroom with Whites, hearing the same lectures as Whites, reading the same books as Whites, or performing the same experiments as Whites. This is not equal opportunity because the content of these varied experiences validates the experiences of White men and ignores or invalidates the experiences of women and men of color and to a lesser extent White women." (ebd., S. 128).

Anders als in vielen europäischen Ländern gibt es in den USA keine institutionalisierte Form des Übergangs von der Schule in den Beruf. Nur ein Bruchteil der Jugendlichen partizipiert hier an bestehenden Job-Training- oder Ausbildungs-Programmen der Bundesstaaten. Für die breite Mehrheit der Jugendlichen gilt, dass sie ihren Weg in den Beruf nach Verlassen der HighSchool selbst finden müssen und dabei allenfalls von Familie, Freunden oder Arbeitgebern unterstützt werden (vgl. z.B. Arnett 2001, S. 322).

Im Zusammenhang damit steht eine drastisch hohe **Jugendarbeitslosigkeit** als eines der zentralen sozioökonomischen Probleme des Aufwachsens in den USA. So waren im Jahr 2002 rund ein Viertel der 15- bis 17-Jährigen zumindest zeitweise berufstätig, ein weiteres Fünftel dagegen durchgängig arbeitslos (im Vergleich zu 5 Prozent der Erwachsenen zwischen 25 und 54 Jahren). Dabei arbeiteten mehr weibliche als männliche, und weniger afro- und lateinamerikanische Jugendliche unter 18 Jahren, die zugleich die höchsten Arbeitslosenquoten aufwiesen (vgl. Fields 2003). Die geringste Jugendarbeitslosigkeit bestand dagegen unter Heranwachsenden aus Familien mit akademischen Qualifikationen bzw. in Familien mit hohem Familieneinkommen (über 75.000 USD). Aber auch bei Jugendlichen, die beruflich tätig sind, bestehen Unterschiede in der Bezahlung nach Geschlecht und Ethnizität, wenngleich sich diese seit den 1980er-Jahren stark nivelliert haben (vgl. Danziger/Rouse 2007, S. 145). So verdiente ein weißer männlicher Amerikaner zwischen 20 und 22 Jahren im Jahr 2002 rund 11 Dollar für seine Arbeit, ein lateinamerikanischer Einwanderer 10,38 $ und ein Afroamerikaner nur 10,14 $. Eine weiße junge Frau verdiente demgegenüber ca. 9.53 $ und damit weniger als lateinamerikanische Frauen, die im Durchschnitt 9,63 $ erhalten haben, aber deutlich mehr als afroamerikanische Frauen, die ca. einen Dollar weniger pro Stunde verdienten als Gleichaltrige anderer Ethnien (ebd.).

3.3 Minderheiten im Blickpunkt: Class, Race and Ethnicity, Sexuality

In kaum einem Land der Welt leben so viele Menschen aus unterschiedlichen Kulturen wie in den USA. Vielleicht begründet sich darin auch der vergleichsweise umfassende Untersuchungsstand zu sozialen Minderheiten im Allgemeinen, wobei der Begriff nicht nur auf **eth-**

nische Minderheiten und Einwanderergruppen (hierzu vgl. Takaki 1993; Cooper u.a. 1998) beschränkt ist, sondern auch sozial benachteiligte Bevölkerungssegmente (z.B. Sewell/Sah 1968; Evans 2004) und **sexuelle Minderheiten** (z.B. Savin-Williams 2001) einschließt.

Die ethnische Diversität in den USA ist in den vergangenen Jahrzehnten weiter dramatisch gestiegen. Dies gilt besonders für nachwachsende Generationen, denn analog zu den westeuropäischen Staaten ist die Kinderzahl in den meisten Einwanderergruppen höher als in einheimischen Bevölkerungssegmenten. Gegenwärtig stellen die verschiedenen Minderheitengruppen bereits fast die Hälfte der Kinder und Jugendlichen in den USA: 2007 waren 21 Prozent lateinamerikanischer, 15 Prozent afroamerikanischer und 4 Prozent asiatischer Herkunft (vgl. FCFS 2007b, S. 3). Insbesondere der Anteil lateinamerikanischer Einwanderer hat sich seit 1980, als Kinder und Jugendliche lateinamerikanischen Ursprungs nur 9 Prozent an der minderjährigen Gesamtbevölkerung ausmachten, deutlich erhöht. Knapp ein Fünftel der Kinder und Jugendlichen aus Familien der ersten und zweiten Migrantengeneration ist also selbst in die USA eingewandert oder als Kind von Einwanderern in der USA geboren (ebd.). Rund 2,7 Millionen Kinder und Jugendliche verfügten im Jahr 2002 selbst über einen Migrationshintergrund (vgl. Fields 2003). Dabei sprechen 20 Prozent der Kinder und Jugendlichen im schulpflichtigen Alter zuhause die Sprache ihres Herkunftslandes, wobei dieser Anteil stark nach Region und Einwanderergruppe variierte und im Mittelwesten mit 11 Prozent am niedrigsten und im Westen in den Bundesstaaten mit den meisten lateinamerikanischen Einwanderern mit etwa einem Drittel am höchsten war (FCFS 2007b, S. 5).

Wie die vorangegangenen Resultate zu den Bedingungen des Aufwachsens und zum Themenfeld Bildung und Arbeit zeigen, sind mit der ethnischen Vielfalt der Bevölkerung der USA eine Vielzahl von sozialen Benachteiligungen und Risiken für bestimmte ethnische Gruppen verbunden. Dabei galten bis Mitte der 1990er-Jahre insbesondere afroamerikanische Heranwachsende als strukturell besonders benachteiligt, d.h. sie lebten am häufigsten in Armut, waren in Bildungsinstitutionen und bei der Vergabe von Arbeitsplätzen benachteiligt und wiesen die höchsten Raten hinsichtlich Gesundheitsrisiken und im Bereich der Delinquenz (Gewalt und Kriminalität) auf (z.B. O'Connor 1999, S. 137). Und wie die umstrittenen Berichte der National Urban League (NUL) belegen, sind Afroamerikaner in den zentralen Lebensbereichen weißen Amerikanern bis heute noch nicht gleichgestellt (vgl. NUL 2004): sie verfügen über weniger Wohneigentum und höhere Schulden, haben eine um 6 Jahre geringere Lebenserwartung, an ihren Schulen unterrichten die unerfahreneren Lehrenden und sie werden für gleiche Verbrechen härter bestraft – trotz überdurchschnittlichem politischem, sozialem und militärischem Engagement und trotzdem 2008 der erste Präsident mit afroamerikanischen Wurzeln gewählt wurde.

Zugleich entstand mit den zahlenmäßig zunehmenden lateinamerikanischen Einwanderern eine neue Gruppe der sozial Benachteiligten, die teilweise unter noch schlechteren Lebensbedingungen leben als Afroamerikaner (Moore/Pinderhughes 1993; Saenz 2004; US Census Buero 2007). Dies betrifft vor allem diejenigen Einwanderer lateinamerikanischer Herkunft, die ohne Aufenthaltsstatus illegal in den USA leben und daher keinen Zugang zu sozialen Leistungen und politischen Rechten haben. Nach Schätzungen des Pew Hispanic Center erreichte die Zahl der im Jahr 2005 illegal in den USA lebenden Lateinamerikaner 11 Millionen, von denen mehr als 6 Millionen aus Mexiko kommen und von denen 17 Prozent (1,7 Mio.) jünger als 18 Jahre alt sind (vgl. Passel 2005, S. 4). Weitere 3 Millionen Kinder und Jugendliche leben diesen Annahmen zufolge als Töchter und Söhne illegaler Einwanderer unregistriert in den Vereinigten Staaten (ebd.).

Eine weitere Achse der **sozialen Ungleichheit** stellen nach wie vor klassenspezifische Lebenslagen in Form der Verteilung ökonomischer Ressourcen dar. Denn obgleich der amerikanische Traum vom individuellen sozialen Aufstieg durch Leistung und Bemühen nach einer Umfrage der New York Times aus dem Jahr 2005 auch innerhalb der Vereinigten Staaten noch immer allgegenwärtig ist[12], determiniert die Zugehörigkeit zur sozialen Klasse eine Vielzahl von Lebensbedingungen, biographisch relevanten Entscheidungen und Handlungen (z.B. Warner/Meeker/Eels 2006, S. 68). Dabei variieren Konzepte von der amerikanischen Klassengesellschaft stark zwischen dem trichotomen Bild der Öffentlichkeit, die nur Reiche, Mittelschicht und Arme kennt und sehr komplexen Klassenmodellen, die eine Vielzahl von Abstufungen umfassen (vgl. Eichar 1989; Gilbert 1998). Aktuelle Modelle unterscheiden zwischen der gehobenen oder kapitalistischen Klasse der Reichen und Mächtigen, einer gehobenen Mittelklasse der Hochgebildeten und gut bezahlten Angestellten, einer unteren Mittelschicht der akademisch gebildeten ausführenden Angestellten, einer Arbeiterklasse von Personen, die anerkannte, aber hoch routinierte Tätigkeiten ausführen und einer sog. unteren Klasse, die dauerhaft arme Werktätige und ungebildete Arbeitslose umfasst (z.B. Thompson/Hickey 2005). Besonders relevant für Fragen des Aufwachsens wird die Klassenzugehörigkeit in der Unterschicht im Fall von **Armut** oder im Zusammenhang mit dem Leben in so genannten Low-Income-Neighbourhoods. Wie Evans (2004) zusammenfassend feststellt, leiden Kinder, die unter Armutsbedingungen aufwachsen unter einer Akkumulation von Entwicklungsrisiken, die sich u.a. auf die Bereiche Familie, Gesundheit, Bildung, Gewalt und deviantes Verhalten, Wohnen und Sicherheit beziehen.

Studien zu **sexuellen Minderheiten**, wie homo- oder bisexuellen Jugendlichen beziehen sich in der US-amerikanischen Forschung schließlich in erster Linie auf die Entwicklung von Pathologien, darunter vor allem Drogenkonsum, Suizid oder psychischen Erkrankungen (vgl. kritisch dazu Savin-Williams 2001). Eine andere Forschungslinie in diesem Feld untersucht die schulischen Leistungen und Umgangsformen von sexuellen Minderheiten (z.B. Russel/Seif/Troung 2001). Einen neueren und wertneutraleren Zugang wählt bspw. Anderson (1998), der die Ressourcen und Kompetenzen beschreibt, die homosexuelle junge Frauen und Männer im Zuge ihres Coming Outs erwerben und die ihnen ein höheres Selbstbewusstsein verleihen als gleichaltrigen Heterosexuellen. Auch die Add Health Studie zur Gesundheit im Jugendalter thematisierte sexuelle Minderheiten. Analysen dazu untersuchen bspw. den Zusammenhang von Homosexualität und Drogenmissbrauch (z.B. Hahm u.a. 2008), Suizid (z.B. Russel 2003) und Gewalt in der Partnerschaft (z.B. Halpern u.a. 2004). Wie Maira und Soep (2004, S. 252f.) feststellen, dominiert jedoch auch in der Forschung zu sexuellen Minderheiten eine Perspektive die „queer youth as an 'at risk' category", als Mode oder gar als eine Entwicklungsphase im Prozess des Heranwachsens versteht.

3.4 Gesundheit und Delinquenz: Jugend als soziales Problem

Mit Ausnahme weniger jüngerer Forschungstraditionen (vgl. Abschnitt 3.5) muss für die US-amerikanische Kinder- und Jugendforschung immer noch ein stark defizitorientierter und auf Pathologien konzentrierter Blick auf nachwachsende Generationen diagnostiziert werden. Dies zeigt sich vor allem bei den Themen Gesundheit und Delinquenz, die gänzlich auf Problemfelder des Aufwachsens gerichtet sind bzw. gesellschaftlich sanktionierte oder negativ klassifizierte Phänomene in den Mittelpunkt stellen.

Bezogen auf den Zugang von Kindern und Jugendlichen zu medizinischer Versorgung besteht in den USA zunächst die Frage der **Krankenversicherung**, über die im Jahr 2006 nach Angaben des FCFS (2007a, S. 10) nur 88 Prozent aller Minderjährigen wenigstens zeitweise verfügten. Damit war jedoch mehr als jede/r Zehnte unter 18-Jährige ganzjährig ohne Versicherung (6,7 Mio.) und insofern von medizinischer Versorgung weitgehend ausgeschlossen, insgesamt 6 Prozent der Kinder und Jugendlichen hatten gar keinen personellen bzw. institutionellen Zugang zu medizinischer Hilfe im Krankheitsfall. Dabei waren rund zwei Drittel der Versicherten privat versichert und für ein Drittel kamen öffentliche Versicherungssysteme auf. Nicht versichert waren vor allem Kinder aus Familien mit geringem Einkommen, Kinder lateinamerikanischer Einwanderer sowie Kinder von Alleinerziehenden. Entsprechend des Bevölkerungsanteils nicht registrierter lateinamerikanischer Einwanderer war der Anteil nicht versicherter Minderjähriger im Süden und Westen der USA am höchsten. 4,5 Millionen Kinder (7 Prozent) hatten im Jahr 2006 unbehandelte Zahnprobleme, weil ihre Versicherung nicht für die Behandlung aufkam und die Eltern sie nicht zahlen konnten (Bloom/Cohen 2007, S. 12).

Bezogen auf das Essverhalten stehen insbesondere weibliche Jugendliche im Zentrum vielfältiger Studien. Kreipe (2006) beziffert demnach den Anteil von jugendlichen Mädchen mit Symptomen von Essstörungen auf etwa 10 Prozent im Jahre 2003. Nach Angaben der Child Trends Data Bank (2008) waren zum gleichen Zeitpunkt 17 Prozent der Jugendlichen übergewichtig, wobei für afroamerikanische Mädchen ein besonders hohes Risiko bestand.

Im Bereich der psychischen Erkrankungen berichten Knopf, Park und Mulye (2008) nach Auswertung jugendlicher Selbsteinschätzungen, dass knapp ein Fünftel der Heranwachsenden Symptome psychischer Störungen angibt, darunter Depressionen, Angst- und Aufmerksamkeitsstörungen sowie die Sucht nach illegalen Substanzen. Im Hinblick auf **Drogenkonsum** stehen schließlich vor allem Rauchen und Alkoholgenuss im Zentrum der Betrachtungen, die in den meisten US-Bundesstaaten Erwachsenen ab 21 Jahre vorbehalten sind. Dennoch zeigen aktuelle Studien, dass die Hälfte aller Lernenden zwischen der 8. und 12. Jahrgangsstufe bereits Erfahrungen mit Zigarettenrauchen gesammelt haben, 12 Prozent rauchen regelmäßig (CDCP 2008). Bezogen auf den Alkoholgenuss gab in einer Befragung aus dem Jahr 2007 fast jede/r zweite Jugendliche an, in den letzten 30 Tagen getrunken zu haben (ebd.). Ein Fünftel der Heranwachsenden unter 18 Jahre nahm darüber hinaus im Monat vor dem Survey Marihuana zu sich, bis zu 10 Prozent verfügen über Erfahrungen mit härteren Drogen und halluzinogenen Substanzen. Insgesamt betrachtet hat sich der Drogengenuss bei unter 21-Jährigen seit 1976 fast verdoppelt (NAHIC 2007).

Auch Phänomene und Praxen der **Jugendsexualität** werden in US-amerikanischen Sozialstatistiken in der Regel mit unter dem Stichwort der Gesundheit abgehandelt. Sie besitzen je nach Bundesstaat und den dort verbreiteten religiösen Bezügen unterschiedliche Relevanz und werden unterschiedlich reglementiert und ideologisiert. West (1999) diagnostiziert in diesem Zusammenhang auf der Basis einer multimethodischen Studie nur eine eng begrenzte Akzeptanz für sexuelle Praxen von Jugendlichen und zum Teil massive Regulierungsversuche sowohl normativ-gesellschaftlicher Art, als auch in der Familie. Die Untersuchung zeigt auch auf, wie unterschiedlich Jugendsexualität in verschiedenen Segmenten der US-amerikanischen Gesellschaft gehandhabt wird. Ryan und Rivers (2003) weisen in ihrer Aufarbeitung der bestehenden Forschung zu sexuellen Minderheiten unter Jugendlichen auf deren besondere Stigmatisierung in den USA und dort insbesondere in Bildungseinrichtungen hin (vgl. auch Asher 2007). Dass Jugendsexualität auch in der Sozialforschung mit gemischten Gefühlen betrachtet wird, zeigt die Tatsache, dass sie im Rahmen des Youth Risk Behaviour Survey untersucht wird. Die Studie zeigt, dass die sexuelle Aktivität Jugendlicher in den USA zwischen 1970 und 1990 stark anstieg, im Verlauf der 1990er-Jahre jedoch aufgrund einer Vielzahl öffentlicher Kampagnen gegen Teenager-Schwangerschaften und für jugendliche Keuschheit deutlich sank (vgl. Mackay 2001). Im Jahr 2002 hatten demnach fast die Hälfte aller High-School-Studierenen bereits sexuelle Erfahrungen gesammelt (YRBSS 2008), den ersten Geschlechtsverkehr hatten die Jugendlichen im Durchschnitt mit 17 Jahren. Andere Aspekte, die entsprechende Studien thematisieren, sind Verhütung, HIV-Infektionen und sog. sexuelles Risikoverhalten bei sehr früher sexueller Aktivität und wechselnden Sexualpartnern (z.B. Ryan/Rivers 2003; AfY 2008).

Bezogen auf das Thema **Gewalt** zeigen aktuelle Studien zunächst, dass die amerikanische Familie der Ort ist, in dem Kinder und Jugendliche am ehesten Opfer von Gewalt werden (vgl. Straus/Gelles/Steinmetz 2006, S. 15). Zugleich hat sich jedoch die Zahl der gewaltanwendenden Eltern in den letzten Jahrzehnten deutlich verringert (ebd., S. 18). Deutlich intensiver als die Gewalt an Kindern und Jugendlichen wird in den USA jedoch seit den 1990er-Jahren das Phänomen der Jugendgewalt diskutiert und politisch behandelt (vgl. Zimmring 1998, S. 6ff.). In diesem Zusammenhang wurde Ende der 1990er-Jahre das Jugendstrafrecht verschärft. Nach staatlichen Kriminalstatistiken wurden Anfang der 1990er-Jahre fast doppelt so viele Festnahmen von Jugendlichen wegen Mord und schwerer Körperverletzung getätigt als ein Jahrzehnt zuvor (vgl. ebd., S. 32). So ist bspw. die Zahl der Todesfälle im Jugendalter auf der Basis von Schusswaffengebrauch in den USA deutlich höher als in vergleichbaren Industrieländern (vgl. Kung et.al. 2008). Mitte der 1990er-Jahre waren 0,5 Prozent aller verstorbenen 15- bis 24-jährigen Amerikaner durch eine Schusswaffe ums Leben gekommen (vgl. Arnett 2001, S. 330). Dies betrifft vor allem die Gruppe der männlichen, afroamerikanischen Jugendlichen, unter denen Mord vom National Adolescent Health Information Center (2007) als häufigste Todesursache angesehen wird. Dabei ist jedoch auch der einfache Zugang zu Schusswaffen in Betracht zu ziehen: in einer Studie des Centers for Desease Control and Prevention (2008) gaben 18 Prozent der befragten High-School Studierenden an, in den letzten 30 Tagen eine Waffe getragen zu haben. Anfang der 1990er-Jahre erlebte die USA einen Höhepunkt von Formen der Jugendgewalt, woraufhin eine Vielzahl von Bildungsprogrammen zur Gewaltverhinderung eingerichtet wurde. In den nachfolgenden Jahren sank die Zahl der Jugenddelikte und Verurteilungen kontinuierlich, ist jedoch seit 2004 wieder im Ansteigen begriffen (vgl. Adams/Puzzanchera 2007). Im Jahr 2006 war einer von vier Personen unter Arrest wegen Raub und Schusswaffengebrauch unter 18 Jahre alt und an jedem zehnten Mord waren Jugendliche beteiligt (ebd.). Nach Angaben des Bureau of Justice Statistics Correctional Surveys (2007a) hat sich die Zahl der inhaftierten Jugendlichen unter 18 seit 1990 mehr als verdreifacht, insgesamt saßen im Juni 2007 2.600 unter 18- und 86.600 unter 20-Jährige in staatlichen Gefängnissen ihre Strafen ab (BJS 2007b). Eine große Diskussion ist dabei die gemeinsame Unterbringung von Minderjährigen und Erwachsenen, die nach Ansicht mehrer NGO's die Jugendlichen in Gefahr bringt (z.B. YJC 2007).

3.5 Religion, Medien, Wertorientierungen und Jugendkultur

Im Unterschied zur Jugendforschung im deutschsprachigen Raum und in Europa stehen in der US-amerikanischen Sozialforschung zur Jugend deutlich weniger die Einstellungen, kulturellen Praxen und Werte Heranwachsender im Blickfeld als vielmehr sozialisatorische Bedingungen und vor allem Risiken des Aufwachsens. Schwerpunkte im Bereich der Studien zu

Wertorientierungen und **Jugendkultur** bilden religiöse Bezüge der Jugend (z.B. Smith u.a. 2002), die **Mediennutzung** (z.B. Roberts/Foehr 2004), Einstellungen zu Wirtschaft und Militär (z.B. Sacket/Avor 2003) sowie Fragen der sozialen und politischen Jugendpartizipation (vgl. Abschnitt 3.5).

Bezogen auf die Unterhaltungsindustrie gelten die Vereinigten Staaten nach wie vor als Trendsetter, auf dem Feld der Unterhaltung der Jugend gilt dies für Musikfernsehen, Neue Fernsehformate und Shows, aber auch im Bereich der Video-, PC- und Onlinespiele sowie der mobilen und digitalen Kommunikation. Studien zum Thema in den USA gehen soweit, den Medien ihren eigenen Platz als Sozialisationsinstanz neben den klassischen Agenten Familie, Schule und Peers zuzuweisen (z.B. Schultze 1991, S. 77). US-amerikanische Kinder und Jugendliche wachsen demnach in extrem medienreichen Lebenswelten auf. So haben praktisch alle Familien mindestens ein Fernsehgerät, auf dem je nach Region zwischen 20 und 50 Fernsehprogramme zu empfangen sind, die Mehrheit der Familien verfügt außerdem über eine Reihe weiterer technischer Geräte zur Unterhaltung. Der typische Haushalt in den Vereinigten Staaten verfügte im Jahr 2001 über 3 Fernsehgeräte, 3 Radios und Kasetten- bzw. CD-Player, 2 Video- bzw. DVD-Player, eine Spielekonsole und einen PC (vgl. Roberts/Foehr 2004, S. 32). Dabei bestanden teilweise deutliche Unterschiede zwischen den verschiedenen Ethnien: so verfügten afroamerikanische Haushalte insgesamt über die umfassendste Medienpräsenz, wobei Computer und Internetverbindung eine Ausnahme bildeten, da ihr Vorhandensein stärker an das durchschnittliche Haushaltseinkommen gebunden war als die aller übrigen Medienempfänger (ebd., S. 46ff.). Auch das Geschlecht und das Alter der Heranwachsenden haben demnach Einfluss auf die Verfügbarkeit bestimmter Medien im Haushalt. Am stärksten aber bestimmte der sozioökonomische Status, welche Geräte in den Kinderzimmern standen. Dabei waren in Familien mit geringem Einkommen eher Fernseher und Videokonsolen vorhanden und in Familien mit hohem Einkommen eher Radios und Computer (ebd., S. 43f.).

Nach wie vor haben die USA die höchste Dichte an Internetzugängen, bereits 2001 verfügten fast 50 Prozent der Haushalte über eine Internetverbindung. Im Jahr 2006 hatten schließlich über 90 Prozent der Jugendlichen in der Schule, in Clubs oder zuhause Zugriff auf das Internet (Pew Internet & American Life Project 2007). Der Studie zufolge (ebd.) nutzen Heranwachsende das Netz in erster Linie zur Informationsbeschaffung (77%), aber auch zu kreativen Tätigkeiten, wie der Veröffentlichung von Texten, Bildern, Musik oder Videos (59%). Waren Ende der 1990er-Jahre noch Chatrooms das beliebteste Online-Medium Jugendlicher, sind inzwischen Soziale Netzwerke, wie MySpace oder Facebook, die beliebtesten Online-Treffpunkte. Zur Kommunikation in der Peergroup werden jedoch Handy- und Festnetzverbindungen nach wie vor am meisten genutzt (vgl. ebd.).

Wie Schultze (1991) aufzeigt, sind die rasante Entwicklung der Massenmedien seit dem 2. Weltkrieg und die Entstehung einer stark medienzentrierten **Jugendkultur** in den USA untrennbar miteinander verbunden. Beide verbindet heute eine ausdifferenzierte Unterhaltungsindustrie, die auf die Vorlieben und Bedürfnisse der Altersgruppen vom Kleinkind bis zum jungen Erwachsenen spezialisiert ist. Das Phänomen einer differenzierten Jugendkulturlandschaft und ihrer Unterhaltungsindustrie hat sich in den späten 1940er- und frühen 1950er-Jahren in den USA entwickelt und trat von dort aus seinen Siegeszug durch die gesamte westliche Welt an (vgl. Brake 1985; Elteren 2004). Gegenwärtig besteht in den USA wie in den meisten anderen westlichen Industrieländern ein breit gefächertes Netz aus jugendkulturellen Stilen mit globalen Bezügen, das für die Forschung kaum noch zu überblicken ist.

Im Bereich der musikalischen Jugendstile ist dabei nach wie vor Hip-Hop als ein übergeordnetes Phänomen zu nennen, mit dem sich viele jugendliche Einwanderer und Afroamerikaner identifizieren und der mit regionalen Ausprägungen, wie den bekannten Rivalitäten zwischen US-amerikanischem Ost- und Westküstenrap, und diversen musikalischen sowie bewegungsbezogenen und künstlerischen Substilen eine enorme Ausdifferenzierung erfahren hat (vgl. z.B. Rose 1994a, b). Neben dem Hip-Hop als ursprünglich afroamerikanische Ausdrucksform sind inzwischen auch die multikulturellen Stile und Szenen verschiedener anderer Minderheiten- und Einwanderergruppen in den Blick geraten (z.B. Cepeda 2001). So praktizieren bspw. die jugendlichen Kinder indischer Einwanderer in New York eine Mischung aus indisch traditionellen Musik- und Tanzstilen und aktuellen US-amerikanischen Stilformen, wie Dance, Hip-Hop oder Reggae, worin sich zugleich die Suche nach den kulturellen Wurzeln ausdrückt wie das Bestreben, sich in der gegenwärtigen westlichen Jugendkulturlandschaft zu verorten und innerhalb dieser als junge Amerikanerinnen und Amerikaner anerkannt zu werden. Für muslimische Jugendliche asiatischer Herkunft beschreibt Maira (2004) nach dem 11. September 2001 und der damit verbundenen drastischen Verschärfung der Sicherheitsbestimmungen und Erweiterung der Befugnisse der Sicherheitsbehörden, wie sich jugendspezifische und in Verbindung mit jugendkulturellen Distinktionen stehende Auseinandersetzungen mit politischen Stigmatisierungen mischen und die jugendlichen Muslime zwingen, ihre jugendkulturellen Identitäten aufgrund ihrer religiösen Zugehörigkeit zu rechtfertigen.

Neben den Minderheitenstilen finden auch in den USA vor allem Action-Kulturen, wie Sportfans (z.B. Redhead 1997), und Jugendliche mit besonderen Wertvorstellungen und Lebensweisen, wie bspw. die New Age Bewegung (z.B. Hetherington 1998) öffentliche Beachtung. Im Bereich der schulbezogenen Jugendforschung in den USA werden in diesem Zusammenhang die Breitenkulturen der leistungs- und bildungsorientierten ‚Brains' und der sportorientierten ‚Jocks' unterschieden (z.B. Arnett 2001, S. 319).

Bezogen auf Wertorientierungen amerikanischer Jugendlicher zeigen Studien eine hohe Stabilität über die Zeit und eine ebenso hohe Übereinstimmung zwischen Männern und Frauen (vgl. Sacket/Avor 2003). Nach Analysen des ‚Monitoring the Future' Surveys aus den Jahren 1984 und 1998 gaben zu beiden Untersuchungszeitpunkten ca. 2/3 der jungen Frauen und jeder Zweite junge Mann als wichtigstes Ziel an, Sinn und Bedeutung im Leben finden zu wollen. Weitere wichtige Ziele waren, viel Geld zu verdienen oder einen Beitrag zur gesellschaftlichen Entwicklung zu leisten (ebd.).

Die deutlich höhere religiöse Teilhabe der US-Bürger, vor allem an christlichen Religionen und Subgruppen bestätigt sich mehreren quantitativen Untersuchungen zufolge auch für die Jugend des Landes. Nach Daten des Add-Survey gaben im Jahr 1995 nur 13 Prozent der Jugendlichen an, keiner **Religion** anzugehören, wohingegen sich fast je ein Viertel mit dem Katholischen Glauben und der Baptistischen Kirche identifizierten (Smith u.a. 2002). Die übrigen fast 40 Prozent verteilen sich auf mehr als 27 religiöse Gruppen. Religion spielt nach Angaben der Child Data Bank (2008) für ein Drittel der Heranwachsenden in den USA eine wichtige Rolle, dabei insbesondere für Mädchen und für afroamerikanische Jugendliche. In der Untersuchung ‚Monitoring the Future' gaben insgesamt 40 Prozent der Befragten Heranwachsenden an, mindestens einmal pro Woche einen Gottesdienst zu besuchen und fast genauso viele sind Teil einer christlichen Jugendgruppe (vgl. Smith u.a. 2002, S. 603). Dabei sind einzelne Religionsgemeinschaften bei den verschiedenen Einwanderergruppen in den USA unterschiedlich stark verbreitet (vgl. ebd.). Auch regional gibt es Differenzen, vor allem in der generellen Partizipation Jugendlicher an religiösen Zusammenhängen, die im Süden der USA deutlich höher ausgeprägt ist, als im Nordosten und im Westen des Landes.

3.5 ‚Youth Development' und Partizipation: Fokus Jugend

Eine ganz neue Perspektive für die US-amerikanische Jugendforschung ergab sich mit der Analyse von Ehrenamt und **politischer Partizipation** in der Jugend seit den 1990er Jahren. Studien wie CIRCLE (2006) machten darauf aufmerksam, dass Jugendliche fast doppelt so häufig ehrenamtlich oder politisch engagiert sind wie Erwachsene. Dabei stachen die gerade in der Forschung oft im Zusammenhang mit Abweichungen, Gewalt oder Problemverhalten diskutierten ethnischen Minderheiten positiv hervor. So sind afroamerikanische Jugendliche überdurchschnittlich häufig politisch engagiert und Heranwachsende mit asiatischem Migrationshintergrund auffallend oft in gemeindebezogene Aktivitäten eingebunden (vgl. z.B. Marcelo/Lopez/Kirby 2007). Nach einem Survey der Corporation for National and Community Service (CNCS 2005) arbeiten über die Hälfte aller 12- bis 18-Jährigen ehrenamtlich, im Durchschnitt 29 Stunden im Jahr. Der größte Teil des Engagements entfällt dabei auf religiöse Organisationen (31%) sowie Jugendorganisationen (34%) (CTDB 2008a).

Bezogen auf das politische Engagement und Verständnis Heranwachsender legen aktuelle Studien ähnliche Probleme offen, wie sie aus der europäischen Forschung zum Verhältnis von Jugend und Politik bekannt sind. Nach Angaben der Childs Trends Data Bank (2008b) versteht ein Drittel grundlegende regierungspolitische Zusammenhänge nicht. Die Wähleranteile unter Jugendlichen waren lange Zeit stark rückläufig und nur wenige Jugendliche glauben, politischen Einfluss ausüben zu können (z.B. Garlston 2001, S. 219). Dennoch stieg die Wahlbeteiligung Heranwachsender im letzten Jahrzehnt kontinuierlich von etwa einem Drittel in den Jahren 1996 und 2000 auf 42 Prozent im Jahr 2004 (vgl. CTDB 2008b) und über 50 Prozent im Jahr 2008 (vgl. CivicYouth 2008).

Ein vergleichsweise neuer Ansatz in der Jugendforschung wie in der praktischen pädagogischen Arbeit mit Jugendlichen steht im Zusammenhang mit der Analyse des Engagements von Jugendlichen und setzt sich in den USA seit einigen Jahren unter der Bezeichnung ‚Positive Youth Development' durch (vgl. z.B. Catalano et.al 2004; Damon 2004). Die Bewegung ging aus der Kritik an der amerikanischen Jugendforschung und Pädagogik hervor, zu stark die Defizite und Problemfelder des Aufwachsens und jugendlicher Praxen und Lebensstile zu thematisieren und dabei die Entwicklungspotentiale Jugendlicher strukturell zu vernachlässigen. „The positive youth development perspective emphasizes the manifest potentialities rather than the supposed incapacities of young people—including young people from the most disadvantaged backgrounds and those with the most troubled histories." (Damon 2004, S. 17) Dabei setzt der Ansatz theoretisch vor allem auf entwicklungspsychologische Theoriekonzepte und basiert forschungspraktisch auf Studien zu Moralentwicklung, zu Schulkarrieren und der Herausbildung von Lebenszielen (vgl. Damon 2008). Die meisten der unter dieser Prämisse realisierten Untersuchungen haben zugleich eine handlungsbezogene Komponente, indem sie eng mit den Bildungseinrichtungen kooperieren, an denen sie forschen (vgl. zusammenfassend Catalano et.al. 2004).

4 Ausblick

Vielleicht markiert der zuletzt skizzierte Ansatz des ‚Positive Youth Development' einen Pespektivwechsel in der traditionell skeptischen und problemzentrierten Blickweise der US-amerikanischen Öffentlichkeit, Politik und auch Sozialforschung auf Heranwachsende. Bereits der vorliegende und stark verkürzte Bericht macht deutlich, dass die interdisziplinäre Kindheits- und Jugendforschung mit ihrer traditionellen Fokussierung auf Risiken und Abweichungen an der Realität des Aufwachsens in den Vereinigten Staaten vorbei geht. Denn letztlich ist das Leben der überwiegenden Mehrheit der Kinder und Jugendlichen in den USA durch die Sicherheit an Nahrung, Wohnraum, Gesundheitsversorgung und Bildung gekennzeichnet. Gleichwohl ist es wichtig, die für ein westliches Industrieland extrem hohen sozialen und bildungsbezogenen Ungleichheiten hinsichtlich der Differenzierungslinien des Geschlechts, der sozialen Klasse und der Ethnie im Blick zu behalten. Die sozialwissenschaftliche Auseinandersetzung mit den Lebensphasen der Kindheit und der Jugend in den USA leistet dazu einen wesentlichen Beitrag – und bestätigt damit zugleich das gegensätzliche Bild vom Leben zwischen dem ‚Amerikanischen Traum' und der andauernden Benachteiligung von Minderheiten.

Anmerkungen

1. http://www.census.gov/acs/
2. http://www.census.gov/cps/
3. http://www.childstats.gov/datasources/
4. http://www.cdc.gov/HealthyYouth/yrbs/index.htm
5. http://www.monitoringthefuture.org/
6. http://www.urban.org/center/anf/nsaf.cfm
7. http://nces.ed.gov/ccd/stnfis.asp
8. http://www.ed.gov/programs/naep/index.html
9. http://psidonline.isr.umich.edu/Guide/
10. http://www.nichd.nih.gov/health/topics/add_health_study.cfm
11. Der sog. Armuts-Schwellenwert wird dabei abhängig von der Zahl der Familienmitglieder in jährlichem Abstand in Form eines Familieneinkommens von der US-Regierung veröffentlicht. Der Armutsgrenzwert für eine 4-köpfige Familie im Jahr 2007 betrug 21.000 US$ (vgl. http://www.census.gov/hhes/www/poverty/povdef.html).
12. http://www.nytimes.com/packages/html/national/20050515_CLASS_GRAPHIC/index_04.html

Literatur

Adams, B./Puzzanchera, C.: Juvenile justice system: A national snapshot.Retrieved June 10, 2008, from http://modelsforchange.net/pdfs/nationalsnapshot_2007_final.pdf

Adler, P./Adler, P.: Peer Power, Preadolescent Culture and Identity. Brunswick 1998

Allmendinger, J.: Educational Systems and Labor Market Outcomes. In: European Sociological Review, Vol. 5, No. 3 (Dec., 1989), pp. 231-250

Anderson, A. L. : Strengths of Gay Male Youth: An Untold Story. Child and Adolescent Social Work Journal. Volume 15, Number 1, February 1998

Arnett, J. J.: Adolescents in Western Countriesin the 21st Century: Vast Opportunities- For All? In: Brown, B. Bradford/Larson, W.Reed/Saraswathi, T.S.: The World's Youth: Adolescence in Eight Regions of the Globe, Cambridge: Cambridge University Press, 2002, S.307-343.

Asher, N.: Made in the (Multicultural) U.S.A.: Unpacking Tensions of Race, Culture, Gender, and Sexuality in Education. In: Educational Researcher, Vol. 36, (2007), No. 2, pp. 65-73

Bankston, C. L./Caldas, S. J./Zhou, M.: The academic achievement of Vietnamese American students: Ethnicity as social capital. In: Sociological focus. (1997) vol. 30, no1, pp. 1-16

Barringer, H. R./Takeuchi, D. T./Xenos, P.: Education, Occupational Prestige and Income of Asian Americans. In: Sociology of Education. 63 (1990), S. 27-43

Benedict, R. (1959): Patterns of Culture. New York: New American Library.

Berry, J. W./Poortinga, Y. H./Segall, M. H./Dasen, P. R.: Cross-cultural Psychology: Research and Applications. Cambridge, 2002

Bessant, J.: From sociology of deviance to sociology of risk. Youth homelessness and the problem of empiricism. In: Journal of Criminal Justice 29 (2001), pp. 31- 43

Bishaw, A./Semega, J.: Income, Earnings, and Poverty. Data From the 2007 American Community Survey. U.S. Department of Commerce. ACS-09, August 2008

Bloom, B./Cohen, R.A.: Summary Health Statistics for U.S. Children: National Health Interview Survey, 2006. National Center for Health Statistics. Vital Health Stat 10 (234), 2007

Boas, F.: Race, Language and Culture. New York: (1940)

Brake, M.: Comparative Youth Culture: The Sociology of Youth Cultures and Youth Subcultures in America, Britain, and Canada. London, 1985

Bureau of Justice Statistics: Correctional Surveys. The Annual Survey of Jails and Census of Jail Inmates. 2007a online unter: http://www.ojp.usdoj.gov/bjs/glance/tables/jailagtab.htm

Bureau of Justice Statistics: Prison Inmates at Midyear 2007b. June 2008, NCJ 221944

Capsi, A./Shiner, R. L.: Personality Development. In: Damon, W./Lerner, R. (Eds.): Handbook of Child Psychology: The sixth edition (Vols. 1-4). New York (2006) S. 300-365

Catalano, R. F./Berglund, M. L./Ryan, J. A. M./Lonczak, H. S./Hawkins, J. D.: Positive Youth Development in the United States: Research Findings on Evaluations of Positive Youth Development Programs In: The ANNALS of the American Academy of Political and Social Science 2004; 591, pp. 98-124

Centers for Disease Control and Prevention. YRBSS: Youth online: Comprehensive results: Sexual behaviors. Retrieved June 10, 2008, from http://apps.nccd.cdc.gov/yrbss/CategoryQuestions.asp?Cat=4&desc=Sexual Prozent-20Behaviors

Centers for Disease Control and Prevention. (2008, June 6). Youth risk behavior surveillance – United States, 2007 [electronic version]. Morbidity and Mortality Weekly Report, 57(SS-4), pp. 11-12 Retrieved June 12, 2008, from http://www.cdc.gov/mmwr/pdf/ss/ss5704.pdf

Cepeda, M., E.: Columbus Effect(s): Chronology and Crossover in the Latin(o) Music „Boom". In: Discourse - 23.1, Winter 2001, pp. 63-81

Child Trends Data Bank (CTDB) (2008a): Volunteering. Online unter: www.childtrendsdatabank.org/indicators/20Volunteering.cfm

Child Trends DataBank. (n.d.) Overweight children and youth. Retrieved June 10, 2008, from http://www.childtrendsdatabank.org/indicators/15OverweightChildrenYouth.cfm

Child Trends DataBank. (n.d.). High school dropout rates. Retrieved June 12, 2008, from http://www.childtrendsdatabank.org/indicators/1highschooldropout.cfm

Child Trends DataBank. (n.d.). Religiosity. Retrieved June 13, 2008, from http://www.childtrendsdatabank.org/indicators/35Religiosity.cfm

Child Trends DataBank. (n.d.). Youth voting. Retrieved June 13, 2008, from http://www.childtrendsdatabank.org/indicators/83Voting.cfm

CivicYouth (2008): Youth Turnout Rate Rises to at Least 52 Prozent. Online unter: http://www.civicyouth.org/?p=323

Cochran-Smith, M./Zeichner, K. M.: Studying Teacher Education: The Report of the AERA Panel on Research and Teacher Education (hrsg. vom AERA Panel on Research and Teacher Education). Routledge, 2005

Colby, A./Gibbs, J./Lieberman, M./Kohlberg, L.: A Longitudinal Study of Moral Judgment: A Monograph for the Society of Research in Child Development. Chicago 1983

Coleman, J.: Equality of Educational Opportunity. Washington: US. Government Printing Office, 1966

Connelly, M.: How Class Works. In: The New York Times. 15.5.2005. Online: http://www.nytimes.com/packages/html/national/20050515_CLASS_GRAPHIC/index_04.html

Cooper, C. R./Jackson, J. F./Azmitia, M./Lopez, E. M.: Multiple selves, multiple worlds: Three useful strategies for research with ethnic minority youth on identity, relationships, and opportunity structures. In: V. C. McLoyd and L. Steinberg (Eds.): Studying minority adolescents: Conceptual, methodological, and theoretical issues. (pp. 111-125). Mahwah, NJ: 1998

Corporation for National & Community Service (2005, November): Youth helping America: The role of social institutions in teen volunteering. Retrieved June 13, 2008, from http://www.nationalservice.gov/pdf/05_1130_LSA_YHA_SI_factsheet.pdf

Curry, D.: The Proliferation of Gangs in the United States. Klein, Malcolm W. (Hrsg.): The Eurogang Paradox: Street Gangs and Youth Groups in the U.S. and Europe. Springer, 2001, S. 79-92

Damico, S. B.: The effects of clique membership upon academic achievement. In: Adolescence 10 (1975), pp. 93-100

Damon, W. (Ed.): Child Development Today and Tomorrow. San Francisco 1989

Damon, W./Lerner, R./Eisenberg. N. (Eds.): Handbook of Child Psychology: The sixth edition (Vols. 1- 4). New York: 2006

Damon, W.: The Path to Purpose: Helping Our Children Find Their Calling in Life. Free Press. 2008

Damon, W.: What is positive Youth Development? In: The ANNALS of the American Academy of Political and Social Science 2004; 591, pp. 13-24

Danziger, S./Rouse, C. E.: The Price of Independence. The economics of Early Adulthood. Russel Sage Foundation. New York 2007

D'Augelli, A.R./Hershberger, S.L./Pilkington. N.W.: Lesbian, gay, and bisexual youth and their families: disclosure of sexual orientation and its consequences. In: Am J Orthopsychiatry. 1998 Jul;68(3):361-71; discussion 372-5

De Young, C. A./Wynn, R.: American education. McGraw-Hill Education 1972

Dichanz, H.: Schulen in den USA: Einheit und Vielfalt in einem flexiblen Schulsystem. Weinheim/München, 1991

Eccles, J. S./Barber, B. L./Stone, M./Hunt, J.: Extracurricular Activities and Adolescent Development. In: Journal of Social Issues. Volume 59, Heft 4/2003, S. 865-889

Eccles, J. S./Barber, B. L.: Student Council, Volunteering, Basketball, or Marching Band: What Kind of Extracurricular Involvement Matters? In: Journal of Adolescent Research, Volume 14, Number 1/1999, S.10-43

Eder, D./Evans, C. C./Parker, St.: School Talk. Gender and Adolescent Culture. New Brunswick/New Jersey 1995

Edwards, A.: Researching Pedagogy: A Sociocultural Agenda. In: Pedagogy, Culture & Society. Volume 9 Issue 2/2001, S. 161-186

Eichar, D.: Occupation and Class Consciousness in America. Westport/Connecticut, 1989

Eisenberg, N.: Introduction. In: Damon, W./Lerner, R. (Eds.) (2006) Handbook of Child Psychology: The sixth edition (Vols. 1- 4). New York: 2006, S. 1-23

Elteren, Mel van: Conceptualizing the Impact of US Popular Culture Globally. In: The Journal of Popular Culture. Volume 30 Issue 1/2004, pp. 47 - 89

Epstein, J. S.: Youth Culture: Identity in a Postmodern World. Blackwell Publishing, 1998

Erikson, E.H. Identity: Youth and Crisis. NewYork: 1968

Evans, G. W.: The Environment of Childhood Poverty. In: American Psychologist. Vol. 59, No. 2/2004, pp. 77–92

Fang, Z. :'A review of research on teacher beliefs and practices', Educational Research, (1996) 38:1, pp. 47-65

Federal Interagency Forum on Child and Family Statistics (2007a): America's children: Key national indicators of well-being, 2007: Child poverty and family income. Retrieved June 13, 2008, from http://www.childstats.gov/americaschildren/eco1.asp

Federal Interagency Forum on Child and Family Statistics. (2007b). America's children: Key national indicators of well-being, 2007: Children of at least one foreign-born parent. Retrieved June 24, 2008, from http://www.childstats.gov/americaschildren/famsoc4.asp

Federal Interagency Forum on Child and Family Statistics. (2007c). America's children: Key national indicators of well-being, 2007: High school completion. Retrieved June 13, 2008, from http://www.childstats.gov/america-schildren/edu4.asp

Fergusson, A. A.: Bad boys. Public Schools in the Making of Black Masculinity. Michigan 2001

Fields, J. : Children's Living Arrangements and Characteristics: March 2002. Current Population Reports, pp. 20-547. U.S. Census Bureau, Washington, DC. 2003

Galston, W. A.: Political Knowledge, Political Engagement, and Civic Education. In: Annual Review of Political Science Vol. 4/2001, S. 217-234

Garrison, E. K.: U.S. Feminism-Grrrl Style! Youth (Sub)Cultures and the Technologics of the Third Wave. In: Feminist Studies, Vol. 26, No. 1 (Spring, 2000), pp. 141-170

Gay, L. R./Mills, G. E./Airasian, P. W.: Educational Research: Competencies for Analysis and Applications. New Jersey 2000

Gilbert, D. The American Class Structure. New York: 1998

Goodlad, J. I.: A Place Called School: Prospects for the Future. McGraw-Hill Professional, 2004

Goodson, I./Walker, R.: The Development of Education Research. In: dies. (Hrsg.): Biography, Identity, and Schooling: Episodes in Educational Research. London 1991, S. 197-204

Goodson, I.: On Understanding Curriculum. The Alienation of Curriculum Theory. In: Goodson, I./Walker, R. (Hrsg.): Biography, Identity, and Schooling: Episodes in Educational Research. London 1991, S. 150-167

Hahm, H. C./Wong, F. Y./Huang, Z. J./Ozonoff, A./Lee, J.: Asian American Pacific islanders (AAPI) Sexual Minority Adolescents' Longitudinal Patterns of Substance Use and Abuse: Findings from the National Longitudinal Study of Adolescent Health. Journal of Adolescent Health, 42 (2008), S. 275-283

Halpern, C. T./Young, M. L./Waller, M./Martin, S. L./Kupper, L.: Prevalence of Partner Violence in Same-Sex Romantic and Sexual Relationships in a National Sample of Adolescents. Journal of Adolescent Health, 35 (2004) (2), pp. 124-131

Haveman, R./Wolfe B.: Succeeding generations: on the effects of investments in children. New York, Russell Sage Foundation, 1994.

Hetherington, K.: Vanloads of Uprarious Humanity: New Age Travellers and the utopics of the countryside. In: Skelton, T./Valentine, G. (Hrsg.): Cool Places: Geographies of Youth Cultures. Routledge 1998, S. 328-342

Hobsbawm, E. J.: Class Consciousness in History. In: Alcoff, L. M./Mendieta, E. (Hrsg.): Identities: Race, Class, Gender, and Nationality. Blackwell Publishing, 2003, S. 126-135

Juvonen, J./Murdock, T. B.: Grade-Level differences in the social value of effort: Implications for self-presentation tactics of early adolescents. In: Child Development 66 (1995), pp. 1694-1705

Kao, G.: Asian Americans as Model Minorities? A Look at Their Academic Performance. In: American Journal of Education, Vol. 103, No. 2 (Feb., 1995), pp. 121-159

Katz, M. B.: Class, Bureaucracy, and Schools: The Illusion of Educational Change in America. Frederick A. Praeger, Inc. New York 1971

Knopf, D./Park, M.J./Mulye, T. : The Mental health of adolescents: A national profile, 2008. Retrieved June 9, 2008, from http://nahic.ucsf.edu/downloads/MentalHealthBrief.pdf

Kortenkamp, K./Ehrle, J.: The Well-Being of Children Involved with the Child Welfare System: A National Overview. In: New Federalism- National Survey of America's Families. Series B, No. B-43, January 2002

Kozol, J.: The Shame of the Nation: The Restoration of Apartheid Schooling in America. New York 2005

Kreipe, R. E.: Eating disorders and adolescents. Research fACTs and Findings. Retrieved June 26, 2008, from http://www.actforyouth.net/documents/Nov063.pdf

Kridl, B./Livingston, A./Snyder, Th.: The Condition of Education 2006. U.S. Department of Education NCES 2006-071

Kung, H.C./Hoyert, D.L./Xu, J.Q./Murphy, S.L.: Deaths: Final data for 2005. National Vital Statistics Reports, 56 (10). Hyattsville, MD: National Center for Health Statistics 2008

Lamb, M. E.: The Role of the Father in Child Development. John Wiley and Sons, 2004

Livingston, A.: The condition of education 2006 in Brief. Edited ba the US Department of Education. NCES 2006-072

Lucas, T.: Youth Gangs und Moral Panics in Santa Cruz, California. In: Skelton, T./Valentine, G. (Hrsg.): Cool Places: Geographies of Youth Cultures. London 1998, S. 145-160

Mackay, J. (2001): Global sex: sexuality and sexual practices around the world. In: Sexual and Relationship Therapy, Vol. 16, No. 1, 2001, S. 71-82

Mahoney, J. L./Larson, R. W./Eccles, J. S./Lord, H.: Organized Activities as Developmental Contexts for Children and Adolescents. In: Mahoney, J. L./Larson, R. W./Eccles, J. S. (Hrsg.): Organized Activities as Contexts of Development: Extracurricular Activities, Afterschool, and Community Programs. London 2005

Maira, S./Soep, E.: United States of Adolescence? Reconsidering US Youth Culture Studies. In: Young, Vol. 12, No. 3, 245-269 (2004)

Maira, S.: Desis in the House: Indian American Youth Culture in New York City. Temple University Press, 2002

Maira, S.: Youth Culture, Citizenship and Globalization: South Asian Muslim Youth in the United States after September 11th. In: Comparative Studies of South Asia, Africa and the Middle East, 24:1 (2004), S. 221-235

Marcelo, K. B./Lopez, M. H./Kirby, E. H. (2007): CIRCLE fact sheet: Civic engagement among minority youth. Retrieved June 24, 2008, from http://www.civicyouth.org/PopUps/FactSheets/FS_07_minority_ce.pdf

Mead, M.: ‚Coming of Age in Samoa' (1928/1961) Boas, Franz (1940) Race, Language and Culture. New York: Macmillan

Moore, J. (Ed.): Pinderhughes, Raquel, Ed.: In the Barrios: Latinos and the Underclass Debate. Russell Sage Foundation: Ithaca 1993

National Adolescent Health Information Center (NAHIC) (2007). 2007 Fact sheet on substance abuse: Adolescents and young adults. Retrieved June 4, 2008, from http://nahic.ucsf.edu//downloads/SubstanceUse2007.pdf

National Adolescent Health Information Center. (2003). Fact sheet on demographics: Adolescents. Retrieved June 4, 2008, from http://nahic.ucsf.edu/downloads/Demographics.pdf

National Adolescent Health Information Center. (2003). Fact sheet on demographics: Adolescents. Retrieved June 4, 2008, from http://nahic.ucsf.edu/downloads/Demographics.pdf

National Coalition for the Homeless (NCH) (Hrsg.): Homeless Youth. Washington, NCH Fact Sheet #13, June 2008, Online verfügbar: http://www.nationalhomeless.org/publications/facts/youth.pdf

National Urban League (Hrsg.): Executive Summary: The State of Black America 2004. online unter: www.mwul.org/docs/2004SOBAExecSummary.pdf

Nechyba, Thomas, J.: Cantralization, Fiscal Ferderalism, and Private School Attendance. In: International Economic Review. Vol.44, Nr. 1, 2003, S. 179-204

Nord, M. (2002): Food Insecurity in Households with Children (Food Assistance and Nutrition Research Report FAN-RR34–13). Washington, DC: United States Department of Agriculture, Economic Research Service. Websource: http://www.ers.usda.gov/publications/fanrr34/fanrr34-13

O'Connor C.: Race, class, and gender in America : Narratives of opportunity among low-income African American youths. In: Sociology of education (1999), vol. 72, no3, pp. 137-157

OECD (Hrsg.): Education at a glance. 2005

Osgerby, B.: Youth Media. London, 2004

Parsons, T. : 'Essays in Sociological Theory' New York (1964)

Passel, J. S.: Estimates of the Size and Characteristics of the Undocumented Population. Pew Hispanic Centre. Washington 2005

Peske, Heather G./Haycock, Kati: Teaching Inequality. How Poor and Minority Students Are Shortchanged on Teacher Quality. A Report and Recommendations by the Education Trust. In: The Education Trust. June 2006, S. 1-20

Pew Internet & American Life Project. (2007): Teens and social media (pp. 26-28). Retrieved June 11, 2008, from http://www.pewinternet.org/pdfs/PIP_Teens_Social_Media_Final.pdf

Redhead, S.: Post-fandom and the Millennial Blues: The Transformation of Soccer Culture. Taylor & Francis, 1997

Richter, L. M.: Studying Adolescence. In: SCIENCE. Vol 312/30. Juni 2006, S. 1902-1905

Roberts, D. F./Foehr, U. G.: Kids and Media in America. Cambridge University Press, 2004

Rose, T.: Black Noise: Rap Music and Black Culture in Contemporary America. Wesleyan University Press, 1994a

Rose, T.: Microphone Fiends: Youth Music & Youth Culture. London, 1994b

Russel, St. T./Seif, H./Troung, N. L.: School outcomes of sexual minority youth in the United States: evidence from a national study. Journal of Adolescence Volume 24, Issue 1, February 2001, pp. 111-127

Russell, S. T.: Sexual Minority Youth and Suicide Risk. American Behavioral Scientist, (2003) 46(9), 1241-1257

Ryan C./Rivers I. (2003): Lesbian, gay, bisexual and transgender youth: victimization and its correlates in the USA and UK. Culture, Health & Sexuality, Volume 5, Number 2, March 2003 , pp. 103-119

Sackett, P./Avor, A.: Attitudes, Aptitudes, and Aspirations of American Youth. Implications for Military Recruitment. National Academies Press: Washington 2003

Saenz, R.: Latinos and the Changing Face of America. Russell Sage Foundation and Population Reference Bureau

Savin-Williams, R. C.: A critique of research on sexual-minority youths. Journal of Adolescence Volume 24, Issue 1, February 2001, pp. 5-13

Schultze, Q. J. (Hrsg.): Dancing in the Dark: Youth, Popular Culture, and the Electronic Media. Calvin Center for Christian Scholarship. Eerdmans Publishing, 1991

Sewell, W. H./Shah, V. P.: Social Class, Parental Encouragement, and Educational Aspirations. In: The American Journal of Sociology, Vol. 73, No. 5 (Mar., 1968), pp. 559-572

Smith, Ch./Lundquist D. M./Faris, R./Regnerus, M.: Mapping American Adolescent Religious Participation. In: Journal for the Scientific Study of Religion 41: 4, 2002, S. 597-612

Smith, M. S./O'Day, J.: Systemic school reform. In: POLITICS OF EDUCATION ASSOCIATION YEARBOOK 1990, 233-267

Solorzano, D. G.: Critical race theory, race and gender microaggressions, and the experience of Chicana and Chicano scholars 1998, IN: International Journal of Qualitative Studies in Education, Volume 11, Number 1, 1 January 1998 , pp. 121-136

Stoops, N.: Educational Attainment in the United States: 2003. Population Characteristics. Current Population Reports. P20-550. June 2004

Straus, M. A./Gelles, R. J./Steinmetz, S. K.: Behind Closed Doors: Violence in the American Family. Transaction Publishers, 2006

Takaki, R.: A Different Mirror: A History of Multicultural America. Little, Brown and Company/Publishers: Boston 1993

Teddlie, C./Reynolds, D. (Hrsg.): The International Handbook of School Effectiveness Research: An International Survey of Research on School Effectiveness. London 2000

Thompson, W./Hickey, J. . Society in Focus. Boston, MA: 2005)

Thorne, B.: Gender Play. Girls and Boys in School. New Brunswick N.Y., 1993.

Thrasher, F.: The gang: A study of 1,313 gangs in Chicago. Chicago: 1927

U.S. CENSUS BUREAU (2003): Children's Living Arrangements and Characteristics: March 2002 (http://www.census.gov/prod/2003pubs/p20-547.pdf)

UNICEF (Hrsg.): The state of the worlds children 2005. Childhood under thread. New York 2004

US Census Buerau (Hrsg.): The American Community - Hispanics: 2004. American Community Survey Reports. U.S. Department of Commerce Economics and Statistics Administration. ACS-03. Issued February 2007

Warner, W. L./Meeker, M./Eels, K.: What Social Class Is in America. In: Levine, Rhonda F. (Hrsg.): Social Class and Stratification. Rowman & Littlefield, 2006, S. 67-92

West, J.: (Not) talking about sex: youth, identity and sexuality. In: Sociological Review. Volume 47 (1995) Issue 3, S. 525-547

Whyte, W.: Street corner society: The social structure of an Italian slum. Chicago 1943

Willis, P.: Learning to Labour: How Working Class Kids Get Working Class Jobs. Aldershot 1977

Wooden, W. S.: Renegade Kids, Suburban Outlaws: From Youth Culture to Delinquency. Belmont: 1995

Youniss, J./Yates, M.: Youth Service and Moral-Civic Identity: A Case for Everyday Morality. In: Educational Psychology Review, Volume 11, Number 4/1999, S. 361-376

Youth Justice Campaign (YJC): Jailing Juveniles: The Dangers of Incarcerating Youth in Adult Jails in America. November 2007. Online: http://www.campaignforyouthjustice.org/Downloads/NationalReportsArticles/CFYJ-Jailing_Juveniles_Report_2007-11-15.pdf

Zimring, F. E.: American Youth Violence. Oxford 1998

Klaus Boehnke

Kindheit und Jugend in Lateinamerika[1]

1 Einleitung

Ein deutschsprachiger Beitrag zum Thema „Kindheit und Jugend in Lateinamerika" muss sich zunächst mit der Tatsache auseinandersetzen, dass Kindheit und Jugend außerhalb Europas und des anglo-amerikanischen Sprachraums weitgehend eine *terra incognita* für die erziehungs- und sozialwissenschaftliche Forschung in Deutschland ist.

Bevor der Beitrag sich einem Überblick über Themen der Kindheits- und Jugendforschung Lateinamerikas zuwenden kann, wird deshalb die Lebenssituation von Kindern und Jugendlichen in Mittel- und Südamerika skizziert. Festzuhalten ist zunächst, dass Mittel- und Südamerika sich in 33 unabhängige Staaten gliedert[2]. Die Region beginnt definitorisch, z.B. für die Vereinten Nationen und viele ihrer Unterorganisationen, an der Grenze zwischen den USA und Mexiko. Anders als dies etwa im nordamerikanischen Geographieunterricht gelehrt wird[3], ist Südamerika in diesem Kapitel *nicht* ein eigener Kontinent, sondern wird als Teil eines einheitlichen – Nord-, Mittel- und Südamerika umfassenden – amerikanischen Kontinents gesehen. Dies hat zur Folge, dass Mexiko Gegenstand des Beitrags ist, während es nach landläufigen US-amerikanischen Vorstellungen zu Nordamerika gehören würde.

2 Zur Lebenssituation von Kindern und Jugendlichen in Lateinamerika

Tabelle 1 dokumentiert für alle Länder Mittel- und Südamerikas das jährliche kaufkraftkorrigierte Bruttosozialprodukt pro Kopf der Bevölkerung im Jahre 2007, das durchschnittliche jährliche Wachstum des Bruttosozialprodukts zwischen 1990 und 2006, das Ausmaß sozialer Ungleichheit (definiert als Quotient des Einkommens der oberen 20% der kumulierten Haushaltseinkommen und des Einkommens der unteren 40% der kumulierten Haushaltseinkommen), den Bevölkerungsanteil von Kindern unter 15 Jahren, die Sterblichkeit in Promille der Lebendgeburten von Kindern unter 1 und von Kindern unter 5 Jahren, den auf alle Länder der Erde bezogenen Kindersterblichkeitsrang des jeweiligen Landes und die prozentualen Anteile der Kinder, die in den Ländern Mittel- und Südamerikas Primarschulen besuchen. Die Daten sind z.T. unmittelbar Angaben von UNICEF entnommen[4], z.T. aus diesen Angaben vom Autor berechnet.

Tabelle 1: Die Lebenssituation von Kindern und Jugendlichen in Lateinamerika und der Karibik[23]

Land	Kaufkraftjustiertes Bruttosozialprodukt pro Kopf in US $	Durchschnittlicher jährlicher Zuwachs im Bruttosozialprodukt zwischen 1990 und 2006	Ausmaß sozialer Ungleichheit (Einkommen der oberen 20 %/ Einkommen der unteren 40 %)	Kinder unter 15 in Prozent der Gesamtbevölkerung	Kindersterblichkeit bis 1 Jahr in Promille der Lebendgeburten	Kindersterblichkeit bis 5 Jahre in Promille der Lebendgeburten	Kindersterblichkeitsrang in der Welt	Primarschulbesuch in %	
								Mädchen	Jungen
Antigua und Barbuda	18300	1,8	xxx	27,2	10	11	143	xxx	xxx
Argentinien	13300	1,3	5,00	25,8	14	16	125	98	99
Bahamas	25000	0,4	xxx	26,4	13	14	130	91	91
Barbados	19300	1,5	xxx	19,3	11	12	138	98	98
Belize	7900	2,3	xxx	38,4	14	16	125	96	93
Bolivien	4000	1,3	9,00	33,5	50	61	61	96	94
Brasilien	9700	1,1	6,78	27,0	19	20	113	95	95
Chile	13900	3,7	5,45	23,6	8	9	148	89	91
Costa Rica	10300	2,4	4,50	27,2	11	12	138	93	91
Dominika	9000	1,4	xxx	24,7	13	15	128	85	83
Dominikanische Republik	7000	3,7	4,75	31,8	25	29	92	88	87
Ekuador	7200	1,0	5,27	32,1	21	24	101	98	97
El Salvador	5800	1,6	5,60	35,8	22	25	91	93	93
Grenada	10500	2,3	xxx	32,4	16	20	113	83	84
Guatemala	4700	1,2	5,90	40,1	31	41	71	92	96
Guyana	3800	3,0	3,57	25,9	46	62	60	xxx	xxx
Haiti	1300	-2,0	7,00	41,8	60	80	48	xxx	xxx
Honduras	4100	0,6	5,27	38,7	23	27	95	92	90
Jamaika	7700	0,7	3,71	32,0	26	31	88	90	90
Kolumbien	6700	0,8	7,00	29,4	17	21	1110	87	87
Kuba	4500	3,5	xxx	18,5	5	7	157	96	98
Mexiko	12800	1,5	4,23	29,6	29	35	81	98	98
Nicaragua	2600	1,9	3,27	34,6	29	36	79	86	88
Panama	10300	2,3	6,67	29,6	18	23	106	98	99
Paraguay	4500	-0,5	6,89	36,9	19	22	108	88	87
Peru	7800	2,3	5,18	29,7	21	25	97	97	96
Saint Kitts und Nevis	13900	2,8	xxx	26,7	17	19	116	96	91
Saint Lucia	10700	1,1	3,20	25,2	12	14	130	96	98
St. Vincent & Grenadines	9800	1,7	xxx	25,1	17	20	113	88	92
Surinam	7800	1,4	xxx	27,5	29	39	74	96	93
Trinidad und Tobago	18300	4,7	2,85	19,0	33	38	75	90	90
Uruguay	11600	1,2	3,57	22,7	11	12	138	93	92
Venezuela	12200	-0,6	4,33	31,0	18	21	110	92	91
zum Vergleich									
Deutschland	34200	1,4	1,69	13,8	4	4	175	96	96
USA	45800	2,1	2,88	20,1	6	8	151	93	92
Angola	5600	2,1	xxx	43,6	154	260	2	xxx	xxx
Sierra Leone	700	-0,8	21,00	44,6	159	270	1	xxx	xxx

Die Tabelle macht deutlich, dass das durchschnittliche jährliche Bruttosozialprodukt pro Kopf in Lateinamerika mit gut 9500 US$ nur ein gutes Viertel bzw. Fünftel der Werte Deutschlands bzw. der USA erreicht. Selbst die beiden reichsten Inselstaaten (Bahamas, Barbados) erreichen maximal etwa drei Viertel des deutschen Wertes. Die beiden ärmsten Länder, Haiti und Nicaragua, hingegen weisen pro Kopf der Bevölkerung nur maximal knapp 8% des Pro-Kopf-Bruttosozialprodukts von Deutschland oder den USA auf. Dies macht deutlich, dass die Länder Lateinamerikas in der Regel zu den Entwicklungsländern[5] gehören und dass es innerhalb von Lateinamerika ein erhebliches Wohlstandsgefälle gibt. Insgesamt hat sich die Wirtschaftslage in Lateinamerika allerdings in allen Ländern und auch im Vergleich zu Ländern wie Deutschland und den USA in den letzten 10 Jahren leicht verbessert.

Hinsichtlich der allgemeinen ökonomischen Prosperität – gemessen an den Veränderungsraten im Bruttosozialprodukt seit 1990 – ergibt sich hingegen ein durchwachsenes Bild. Nur ein Viertel der Länder Lateinamerikas erreicht seit 1990 das durchschnittliche Weltwachstum von 2,3%, wobei Trinidad/Tobago und Chile die wachstumsstärksten Länder sind. Nur 3 Länder hatten seit 1990 im Durchschnitt ein sinkendes Bruttosozialprodukt zu verzeichnen (Haiti, Venezuela und Paraguay), wobei Haiti im Jahre 1990 bereits unterdurchschnittliche Ausgangswerte hatte. Insgesamt bilden diese Indexwerte eine deutliche Veränderung zu früheren Zeiträumen ab; Grant (1989) zeigte z.B. auf, dass in den 1980er Jahren das Bruttosozialprodukt in drei Vierteln der Länder Mittel- und Südamerikas gesunken war, in der gesamten Region durchschnittlich um 9%. Im Weltvergleich ist festzuhalten, dass Mittel- und Südamerika in toto kein Zentrum dynamischer Wirtschaftsentwicklung, aber auch deutlich davon entfernt ist, das Armenhaus der Erde zu sein. Mehr als die Hälfte der Länder des Subkontinents hat eine unterdurchschnittliche Kindersterblichkeit, Kuba erreicht sogar bessere Werte als die USA. Haiti ist das einzige Land südlich der Grenze zwischen den USA und Mexiko, das in seiner Kindersterblichkeit zum besonders problematischen oberen Viertel der Staaten der Welt gehört. Festzuhalten ist allerdings, dass es Länder gibt, die entgegen dem kontinentalen Trend die Kindersterblichkeit in den letzten Jahren nicht weiter senken konnten: Jamaika, Mexiko, Panama, Surinam und Trinidad und Tobago. Insgesamt ist die ökonomische und die damit verbundene gesundheitliche und bildungsbezogene Lage Lateinamerikas im Weltmaßstab als leicht unterdurchschnittlich bis durchschnittlich zu bezeichnen. Dramatisch prekäre Lebenssituationen von Kindern und Jugendlichen finden sich *bezogen auf gesamte Staatswesen* – wie erwähnt – fast ausschließlich in Haiti.

Wesentlich problematischer als der summarische Lebensstandard ist in Mittel- und Südamerika das Ausmaß an sozialer Ungleichheit *innerhalb* der Staaten der Region. Auch wenn entsprechende Daten nur für gut zwei Drittel der Länder vorliegen, so wird doch deutlich, dass hier ein sehr gravierendes Problem der Region liegt. Schaut man sich die in Tabelle 1 dokumentierten Quotienten der Einkommenssituation in den 20% reichsten und den 40% ärmsten Haushalten an, so wird deutlich, dass die sozialen Ungleichheitskoeffizienten in Mittel- und Südamerika durchweg deutlich über denen Deutschlands liegen. Dies wäre nun an sich noch nicht verwunderlich. Im Weltmaßstab ist Mittel- und Südamerika aber die Region mit der ausgeprägtesten sozialen Ungleichheit. Liegt der oben definierte Quotient im Weltdurchschnitt bei 2,1 und in Afrika südlich der Sahara – der jenseits von Lateinamerika „ungleichsten" Region – bei 4,23, so erreichen Mittel- und Südamerika einen durchschnittlichen Wert von 4,67. Ein Vergleich der Daten von Ländern, für die Werte aus den Jahren 1997[6] und 2006 vorliegen, machen zudem deutlich, dass es nur eine geringe, statistisch nicht signifikante Abnahme sozialer Ungleichheit in Lateinamerika gegeben hat. Innerhalb von Mittel- und Südamerika ist das Maß an sozialer Ungleichheit dabei noch größer als im Vergleich von Weltdurchschnitt und lateinamerikanischem Durchschnittswert. Während Trinidad und Tobago als das Land – soweit Daten vorliegen – mit der geringsten sozialen Ungleichheit auf einen Wert von 2,85 kommt (und damit auf einen marginal besseren Wert als die USA), liegt der Wert in Bolivien bei 9,00 und ist damit fast doppelt so hoch wie der Durchschnitt des Subkontinents.

Interessant für die Charakterisierung der Lebenssituation von Kindern und Jugendlichen in Lateinamerika ist auch ein Blick auf demographische Kennwerte. Auch hier prägt wieder Diversität das Bild. Liegt etwa in Kuba der Prozentsatz von Kindern unter 15 an der Gesamtbevölkerung bei einem Wert von 18,5%, wie er durchaus auch in Industriestaaten üblich ist, macht die gleiche Bevölkerungsgruppe in Guatemala und Haiti fast 40% der Bevölkerung aus und liegt damit nur unwesentlich unter den Werten von Sierra Leone und Angola, die Kindern und Jugendlichen im Weltmaßstab die problematischsten Lebensbedingungen bieten.

Unterwirft man die in Tabelle 1 dokumentierten – zuvor z-standardisierten ggf. mittelwertssubstituierten – Daten einer Clusteranalyse (QUICK CLUSTER), so zeigt sich, dass Mittel- und Südamerika auf der Basis der dokumentierten Daten in drei Ländergruppen unterteilt werden kann. Ein Cluster bilden die relativ wohlhabenden Inselstaaten Antigua und Barbuda, Bahamas, Barbados und Trinidad und Tobago. Bolivien, die Dominikanische Republik, Ekuador, El Salvador, Guatemala, Guyana, Haiti, Honduras, Jamaika, Kolumbien, Kuba, Nicaragua, und Paraguay bilden eine zweite Gruppe. Diese Ländergruppe hat bezogen auf den lateinamerikanischen Subkontinent und bezogen auf den Weltmaßstab im Regelfall unterdurchschnittliche Kennwerte. Die verbleibenden Länder haben im lateinamerikanischen Vergleich und im Weltmaßstab durchschnittliche Kennwerte.

Insgesamt lässt sich aus dem Blick auf Kennwerte zur Lebenssituation von Kindern und Jugendlichen in Mittel- und Südamerika ableiten, dass die Region insgesamt im Weltmaßstab eine Region knapp unterdurchschnittlicher Prosperität ist, in der es aber die dramatische soziale Ungleichheit *innerhalb* von Ländern verbietet, ganz allgemein von *den* Kindern und *den* Jugendlichen zu sprechen: Ein Blick auf die jeweilige konkrete soziale Situation von Kindern und Jugendlichen ist zwingend, wenn man deren Lage und die Themen der sie betreffenden Forschung analysiert.

3 Forschung zu Kindern und Jugendlichen in Lateinamerika

Wie im einleitenden Abschnitt dieses Kapitels deutlich geworden sein dürfte, ist Lateinamerika ein relativ ‚junger' Kontinent: Im Durchschnitt sind fast 30% der Bevölkerung unter 15 Jahren, etwa doppelt so viele wie in Deutschland. Auch hier ist aber die Variabilität innerhalb des Subkontinents hoch: In Kuba liegt der Anteil – wie angemerkt – bei 18,5%, in Belize, Honduras, Guatemala und Haiti ist er hingegen mehr als doppelt so hoch. Das Bruttosozialprodukt pro Kopf und der Prozentsatz der Unter-15-Jährigen in einem Land steht dabei in einem negativen Verhältnis: Je jünger eine Gesellschaft, desto ärmer ist sie auch.

Was es nun allerdings darüber hinaus bedeutet, in Mittel- und Südamerika Kind oder Jugendlicher zu sein, ist mit dem Befund, es in der Regel mit einer ‚jungen' Gesellschaft zu tun zu haben, noch nicht gesagt. Liebel (1990) hebt hervor, dass Jugend und Kindheit in Lateinamerika nur schwer voneinander abzugrenzen sind und beide Konzepte im alltäglichen Sprachgebrauch auch nicht klar abgegrenzt werden. Es gibt, so Liebels Befund, keine Lebensphasen „eigener

Gestalt", die man für Menschen unter 18 Jahren unabhängig vom konkreten Lebenskontext umschreiben könnte. Bereits die selektive Beschäftigung mit dem Thema Kindheit und Jugend in Lateinamerika birgt also gewisse Paradoxien: Einerseits behandelt ein Kapitel, das sich diesem Thema zuwendet, viel größere Bevölkerungssegmente als dies bei einem Text über Europa, aber auch manche Staaten Ost- und Südostasiens der Fall wäre, andererseits ist eine genaue definitorische Bestimmung des Gegenstands der Abhandlung sehr schwierig.

Vielleicht ist es auch diese Paradoxie, die zu einer Fremdheit zwischen der deutschen Kindheits- und Jugendforschung und dem lateinamerikanischen Subkontinent geführt hat. Nach wie vor scheint Liebels (1990) Feststellung zu gelten, dass es im deutschen Sprachraum zwar eine nicht unerhebliche Anzahl von wissenschaftlichen Veröffentlichungen über Lateinamerika gibt, unter diesen aber nur sehr selten Publikationen sind, die sich explizit dem Jugendalter zuwenden. Etwas häufiger sind Arbeiten, die sich mit Kindern bzw. Kindheit beschäftigen. Aktuelle Recherchen im Social Sciences Citation Index sowie im Arts & Humanities Citation Index erbringen – bei einer Sichtung der Publikationsjahrgänge von 1998 bis 2007 – 90 deutschsprachige Texte zu Lateinamerika, davon aber keinen, der gleichzeitig das Schlüsselwort Kindheit (childhood) oder Jugend (adolescence/youth) enthält. Eine Erweiterung auf die Schlüsselworte ‚child' und ‚adolescent' erbringt keine zusätzlichen Quellen. Bezieht man alle Publikationssprachen ein, so liegt der Prozentsatz wissenschaftlicher Zeitschriftenpublikation mit lateinamerikanischer Thematik für die Kindheit bei 2,2%, für die Jugend bei 1,6% aller Lateinamerika-Arbeiten.

Sieht man sich die Titel der seit 1998 erschienenen Texte genauer an, so ergibt sich folgendes Bild: Ein wesentliches Thema der publizierten Arbeiten sind die sog. **Straßenkinder** (z.B. Dybicz 2005; Kuznesof 2005; Panter-Brick 2002; Lalor 1999; le Roux/Smith 1998). Weitere zentrale Themen jüngerer Arbeiten sind *Gesundheit* (z.B. Ahmad/Lopez/Inoue 2000; Palloni/Rafalimanana 1999; Kliewer/Murelle 2007; Gannotti/Handwerker 2002) und – hiermit eng verknüpft – *Sexualität/Fertilität* einschließlich ‚*Teenage Pregnancy*' (z.B. Ramella/De La Cruz 2000; Feyisetan/Casterline 2000; Murray/Zabin/Toledo-Dreves/Luengo-Charath 1998; Blanc/Way 1998; Halcon et al. 2003). Ein drittes Thema der vorliegenden Arbeiten ist *Bildung und Erziehung* im Rahmen des allgemeinen Wohlfahrtssystems (z.B. Ivanovic et al. 2004; La Belle 2000; Pilotti 1999; Capovilla/Capovilla 1998).

Wirft man zu guter Letzt noch einen kurzen und dabei zwangsläufig unvollständigen Blick auf die deutschsprachige ‚graue', journalistische und belletristische bzw. Sachbuchliteratur der letzten 20 Jahre, so steht auch hier das Thema Straßenkinder im Vordergrund. Viele solcher Texte sind in enger Kooperation mit der Organisation ‚*terre des hommes*' entstanden. Conto de Knoll (1991) etwa legte eine Arbeit über Straßenkinder in Bogotà vor, Pollmann (1992) ein ähnlich angelegtes Bändchen über Straßenkinder in Recife, Zuber (1992) einen Reportageband über Straßenkinder in verschiedenen lateinamerikanischen und auch anderen Ländern. Becker (2001) berichtet aus einer Perspektive der Pädagogik Paolo Freires über Straßenkinder in Brasilien. Das Thema Jugend steht im Vordergrund zweier Sammelbände von Strack (1995).

Der bis hierher gegebene Überblick macht deutlich, dass vier Themen im Vordergrund der auf Lateinamerika bezogenen Kindheits- und Jugendforschung stehen: Straßenkinder, Gesundheit, Sexualität/Fertilität und Erziehung. Diese vier Bereiche werden deshalb in ihrem Forschungsstand im Weiteren näher betrachtet.

3.1 Straßenkinder

Die sozialwissenschaftliche und medizinische Forschung unterscheidet zwei Arten von **Straßenkindern,** nämlich „children on the street" und „children of the street" (Scanlon/Tomkins/Lynch/Scanlon 1998). Unter der ersten Gruppe von Straßenkindern versteht man solche Kinder, die zwar auf der Straße leben, aber eine irgendwie geartete Verbindung zu ihrer Herkunftsfamilie haben und in der Regel nachts zu dieser zurückkehren. Bei der zweiten Gruppe von Straßenkindern handelt es sich um Kinder, die Tage und Nächte auf der Straße verbringen und keinen funktionellen Kontakt zur Herkunftsfamilie haben (vgl. Lusk 1989). Vorliegende Studien (z.B. Lusk 1989; Aptekar 1988) gehen davon aus, dass in Lateinamerika über 80% der Straßenkinder durchaus funktionellen Kontakt zu ihrer Herkunftsfamilie haben, nur etwa 5% - 7% sind Waisen, der Rest hat keinen Kontakt zur Herkunftsfamilie ohne zu den Waisen zu gehören (Raffaelli 1999). Neoliberale Wirtschaftsreformen haben in den letzten Jahren die Verbreitung des Straßenkinder-‚Phänomens' als Form des Broterwerbs von Familien erhöht (Kusnesof 2005). Straßenkinder sind ganz überwiegend Jungen zwischen 8 und 17 Jahren (der geschätzte Mädchenanteil liegt bei 10% bis 15%), die im Durchschnitt ab dem 9. Lebensjahr auf der Straße leben (vgl. Rizzini/Rizzini/Munhoz/Galeano 1992). Zur Frage, warum Kinder zu Straßenkindern werden, liegen eine ganze Reihe von Studien vor (u.a. Wright/Witting/Kaminsky 1993), die auf Individualebene problematische Lebenssituationen aufzeigen, die dazu beitragen, dass Kinder zu Straßenkindern werden, etwa die Vaterlosigkeit der Familien, aus denen diese Kinder kommen. Weitgehende Übereinstimmung besteht in der Literatur aber dahingehend, dass die Hauptursache für hohe Prozentsätze von Straßenkindern in einer Gesellschaft „ökonomische Gewalt" ist (Swift 1989). Es kommt nicht von ungefähr, dass die größte Anzahl von Straßenkindern in Brasilien zu finden ist, einem Land mit besonders ausgeprägter sozialer Ungleichheit. Belegten schon die in Tabelle 1 dokumentierten Daten einen besonders hohen sozialen Ungleichheitsindexwert, so wird die prekäre Situation in diesem Land noch deutlicher, wenn man herausarbeitet, dass bei einem Vergleich der Einkommen der 20% reichsten mit den 20% (und nicht 40%, wie in Tabelle 1) ärmsten Haushalten, ein Ungleichheitskoeffizient von 26,0 resultiert; das reichste Fünftel der Bevölkerung hat also ein 26 mal so hohes Einkommen wie das ärmste Fünftel. In Brasilien lebte die ärmere Hälfte der Bevölkerung in den 1980er Jahren von ganzen 14%, die reichere Hälfte somit von 86% des Nationaleinkommens (Swift 1989), und es gibt keine Anzeichen dafür, dass sich diese Situation gravierend zugunsten der Ärmeren verbessert hätte: Die Ungleichheit hat sich auch in den letzten 10 Jahren nur unwesentlich verändert. Zwar liegt Brasilien – anders als beim Erst-Erscheinen dieses Handbuchs – nicht mehr an der Spitze der Ungleichheitsrangliste (Bolivien, Kolumbien und Haiti weisen mittlerweile höhere Ungleichheitskoeffizienten auf), aber die Grundsituation der brasilianischen Gesellschaft hat sich nicht geändert. Die ‚Entscheidung', Straßenkind zu werden, hat in der Regel einen völlig rationalen Hintergrund: Sie ist für viele Kinder und Jugendliche subjektiv der einzige Weg zu überleben. Konsequenzen des Straßenkinderdaseins sind allerdings in der Regel verheerend. Gesundheitliche Konsequenzen werden im Unterabschnitt zu Gesundheit bzw. Sexualität angesprochen. Zu diesen hinzu kommt jedoch die allfällige soziale Ausgrenzung, die bis hin zu Morden durch Todesschwadrone geht (Human Rights Watch 1994). Ältere Schätzungen aus dem Jahre 1990 (Movimento Nacional de Meninos e Meninas de Rua 1990) gehen von jährlich knapp 1000 Morden an Straßenkindern allein in Brasilien aus; auch hier gibt es keinen Anlass zu der Annahme, dass es eine substanzielle Wendung zum Besseren gegeben hat. Erstaunlicherweise etwas weniger prekär scheinen die psychischen Folgen des Straßenkinderdaseins zu sein; De Souza, Koller, Hutz und Forster (1995) berichten von ähnlichen Depressionswerten von Straßenkindern und Mittelschichtkindern. Andererseits ist trügerischer Optimismus völlig fehl am Platze: über 90% der von Oliveira, Baizerman und Pellet (1992) befragten Straßenkinder wollten zukünftig „keinesfalls" Straßenkinder bleiben, sondern diesen Lebenskontext so schnell wie möglich verlassen.

Zusammenfassend lässt sich zum Thema Straßenkinder festhalten, dass sich deren Situation in den letzten 20 Jahren, eigentlich eine Zeit ökonomischer Verbesserungen in Lateinamerika, nicht nachhaltig verändert hat. Ökonomisches Wachstum geht offenbar an dieser Gruppe von Kindern und Jugendlichen vorbei; bestenfalls ließe sich konstatieren – was fast zynisch klingt –, dass sich ihre Lebenssituation im letzten Vierteljahrhundert nicht weiter verschlechtert hat. An die Forschung ist die Forderung zu stellen, sich vermehrt auch mit der so genannten Resilienz zu beschäftigen (vgl. Bernat 1999; D'Abreu/Mullis/Cook 1999), mit der Fähigkeit einer ganzen Reihe von Straßenkindern, trotz widrigster Umstände ihren Weg zu gehen. Hier könnte ein Schlüssel auch für die Verbesserung der allgemeinen Lebenssituation dieser Kinder und Jugendlichen liegen.

3.2 Gesundheit

Der Themenbereich **Gesundheit** von Kindern und Jugendlichen in Lateinamerika kann weder losgelöst von der allgemeinen sozioökonomischen Situation des Subkontinents, noch vom Thema Straßenkinder betrachtet werden. Auch hinsichtlich des Gesundheitszustandes von Kindern und Jugendlichen geht der Blick zunächst wieder auf die ausgeprägte **soziale Ungleichheit** in vielen Ländern Mittel- und Südamerikas. Während der von der World Health Organization (WHO) bewertete allgemeine Gesundheitszustand der Bevölkerung des Subkontinents durchaus positiv eingeschätzt werden kann (immerhin 10 Länder gehören zum „gesündesten" Viertel der Mitgliedsstaaten der WHO, nur Haiti zum untersten Viertel)[7], so ist es um die Gleichheit der Verteilung von Gesundheitsdiensten erneut schlechter bestellt. Von allen Staaten Lateinamerikas attestiert die WHO nur Barbados, Chile, Costa Rica, Dominika, Kolumbien und Kuba ein bezogen auf die Gesundheitsversorgung von Kindern gerechtes Gesundheitssystem mit einem „Equality of Child Survival Index (ECSI)" von mehr als 0,90[8]. Hervorzuheben ist hierbei allerdings, dass Chile einen Wert von 0,99 aufweist und damit den Weltspitzenplatz in der Gesundheitsgerechtigkeit für Kinder einnimmt, auch wenn ein detaillierter Blick auf chilenische Verhältnisse auch dort noch gravierende soziale Unterschiede in der Gesundheitsversorgung von Kindern aufdeckt (Hollstein/Vega/Carvajal 1998). In Deutschland liegt dieser Wert bei 0,977 (Platz 20). Immerhin 13 Staaten Mittel- und Südamerikas haben einen ECSI-Index von unter 0,80 und gehören damit zur unteren Hälfte aller 197 Mitgliedsstaaten der WHO. Guyana, Ekuador und Haiti haben sogar einen Index von weniger als 0,70.

Über die letzten 50 Jahre betrachtet, konnte die Sterblichkeit von Kindern unter 5 Jahren in acht lateinamerikanischen Ländern um über 50% verringert werden (Ahmad/Lopez/Inoue 2000): Spitzenreiter ist auch hier wieder Chile, wo die Kindersterblichkeit von 157‰ in der zweiten Hälfte der 1950er Jahre auf nur noch 9‰ im Jahre 2006 zurückging.

Ein Blick auf die gesundheitliche Situation von Kindern und Jugendlichen in Lateinamerika bliebe unvollständig, wenn man nicht auch hier wieder gezielt die Situation von Straßenkindern aufzeigen würde. Jenseits der höheren Prävalenz von HIV-Infektionen liegt das Hauptgesundheitsrisiko von Straßenkindern im Drogenbereich und im Ernährungsbereich. Etwa 80% von ihnen haben Drogenerfahrung (Pinto et al. 1994), meist mit Schnüffelstoffen. Sehr problematisch ist auch die Nahrungsmittelversorgung dieser Kinder: Pinto et al. (1994) zeigen in ihrer Studie an Straßenkindern in Belo Horizonte, dass 28% der von ihnen untersuchten Kinder einen Body Mass Index (BMI)[9] von weniger als 17 haben und damit nach WHO/FAO[10]-Normen an einem Chronischen Energie-Defizit (CED) zweiten oder dritten Grades leiden. In Brasilien insgesamt ist dies für 1,7% der männlichen und 3,8% der weiblichen Bevölkerung der Fall[11].

Zusammenfassend lässt sich zum Gesundheitszustand von Kindern und Jugendlichen in Lateinamerika festhalten, dass dieser im Weltmaßstab durchschnittlich bis leicht überdurchschnittlich ist. Die Länder Mittel- und Südamerikas wenden in der Regel mehr als 5% ihres Bruttosozialprodukts für den Gesundheitssektor auf[12], Spitzenreiter ist im Jahre 2005 Argentinien, das genau 10,2% aufwendet.[13] Problem der Kindergesundheit ist in vielen Ländern erneut die soziale Ungleichheit, wobei allerdings anzumerken ist, dass Ungleichheit im Gesundheitswesen in Lateinamerika deutlich geringer ausgeprägt ist als die allfällige sozioökonomische Ungleichheit.

3.3 Sexualität/Fertilität

Zum Themenfeld **Sexualität** ist vor gut 10 Jahren ein Sammelband von Balderston und Guy (1997) erschienen, auf den zunächst verwiesen sei. Der besagte Band enthält allerdings nur wenige explizite Befunde zur Sexualität im Kindes- und Jugendalter. Aussagekräftiger sind hier die Ergebnisse einer Studie von Blanc und Way (1998). Diese analysieren u.a. Befragungsdaten aus – je nach Datensatz – acht bis dreizehn lateinamerikanischen Ländern. Sie zeigen auf, dass 18% bis 30% der in dieser Studie befragten 15-19-jährigen jungen Frauen angeben, Geschlechtsverkehr gehabt zu haben. Dies sind Prozentsätze, die deutlich unter denen in Afrika liegen, wo bis zu 69% (Kamerun) dieser Altersgruppe angeben, Geschlechtsverkehr gehabt zu haben. Kenntnisse über Kontrazeptiva haben je nach Land zwei Drittel bis über 99% der befragten jungen Frauen, genutzt werden diese hingegen von sehr wenigen. Maximal ein Viertel der sexuell Aktiven (z.B. in Kolumbien) nutzt Kontrazeptiva beliebiger Art.[14] Dieser Wert liegt unter dem vieler afrikanischer Staaten: In Kamerun etwa erreicht er 53%. Trotz dieser vergleichsweise geringen Verbreitung von Kontrazeptiva liegt die Infektionsrate mit HIV im Weltmaßstab nur im mittleren Bereich, allerdings sind hier Südamerika und die Karibik deutlich zu unterscheiden. In Südamerika liegt die Infektionsrate der erwachsenen Bevölkerung mit 0,5% unter der von Nordamerika (0,6%), aber über der von Westeuropa (0,24%). In der Karibik hingegen liegt die Rate bei 2,3%, in Afrika südlich der Sahara zum Vergleich bei 8,8%[15]. Die länderspezifischen Raten variieren zwischen 5,6% für Haiti und 0,1% für Kuba[16]. Separate Daten über Infektionsraten bei Kindern und Jugendlichen liegen nur sehr sporadisch vor. Sowohl die von Blanc und Way berichteten Daten als auch länderspezifische Daten zu HIV-Infektionsraten machen auch hier wiederum große Unterschiede auf dem lateinamerikanischen Subkontinent deutlich. Diese finden eine Fortsetzung in den von der WHO zur Verfügung gestellten sog. Fruchtbarkeitsraten (durchschnittliche Anzahl der Geburten von Frauen im gebärfähigen Alter). Diese variieren in Lateinamerika zwischen 1,65 in Barbados und 4,79 in Haiti. Deutschland hat einen Wert von unter 1,4, ein Wert von über 2 garantiert Bevölkerungsstabilität. Relativ hoch sind in Mittel- und Südamerika die Geburtenraten von Jugendlichen. Hierzu legt Singh (1998) umfangreiche Daten vor. ‚Teenage-Pregnancy'-Raten variieren in Mittel- und Südamerika zwischen 46 Geburten pro 1000 Jugendlichen auf den Bahamas und 120 Geburten pro

1000 Jugendlichen in Guatemala[17]. Insbesondere in Brasilien und Kolumbien gibt es hier im Vergleich mit den 1980er Jahren einen steigenden Trend (vgl. Buvinic 1998). In allen Ländern, für die derartige Daten vorliegen, ist die „Teenage-Pregnancy"-Rate in ländlichen Regionen höher als in städtischen. Sie kovariiert zudem hochgradig mit Bildung: Die Rangkorrelation des Bildungsabschlusses (kein Abschluss, Primarabschluss, Sekundarabschluss) mit der Geburtenrate bei Jugendlichen liegt bei 0,90.

Auch zum Ende des Unterabschnitts zur Sexualität von Kindern und Jugendlichen in Lateinamerika muss wieder ein Blick auf **Straßenkinder** geworfen werden, ohne deren gesonderte Erwähnung das Bild unvollständig bliebe. Eine Studie von Raffaelli et al. (1993) bzw. Campos et al. (1994) an Straßenkindern in Belo Horizonte zeigt auf, dass für diese das Alter des ersten Geschlechtsverkehrs bei 10,8 Jahren (Jungen) bzw. 12,4 Jahren (Mädchen) liegt. Mehr als ein Viertel der minderjährigen Mädchen unter den Straßenkindern hat schon mindestens eine Abtreibung hinter sich (Scanlon/Scanlon/Nobre Lamarao 1993). Knapp die Hälfte der Straßenkinder haben Geschlechtsverkehr regelmäßig unter Drogeneinfluss und obwohl Prozentsätze der Kondomnutzung unter Straßenkindern leicht über dem für Lateinamerika typischen Wert liegen, gibt es Schätzungen, dass etwa 6% der Straßenkinder HIV-infiziert sind (Porto et al. 1994; Inciardi/Surratt 1998).

Zusammenfassend lässt sich zum Themenbereich Sexualität festhalten, dass die Staaten Lateinamerikas – vermutlich unter dem Einfluss des Katholizismus – im Weltmaßstab in der Regel nicht zu den libertären Gesellschaften zählen. Die Geburtenraten sind im Durchschnitt niedriger als in vielen anderen Entwicklungsländern, die sexuelle Praxis junger Menschen beginnt nicht außergewöhnlich früh. Wie bereits beim Themenbereich Gesundheit muss allerdings auch hier wiederum auf die prekäre Situation von Straßenkindern hingewiesen werden.

3.4 Bildung und Erziehung

Der Themenbereich Bildung und Erziehung lässt sich erneut, wie schon die Bereiche Gesundheit und Sexualität/Fertilität nicht ohne Rekurs auf die ausgeprägte **soziale Ungleichheit** in vielen Ländern des lateinamerikanischen Subkontinents analysieren. Insbesondere diese war Katalysator vieler innovativer und kontroverser pädagogischer Konzepte der Educación Popular bzw. Liberadora (Freire 1971; Illich 1972; vgl. auch Liebel 1991; La Belle 2000). Es ist deshalb sinnvoll, bei einer Betrachtung der Bildungs- und Erziehungssituation von Kindern und Jugendlichen in Mittel- und Südamerika nicht nur die Bereiche formeller (schulischer) Bildung im Prä-Primar-, Primar- und Sekundarabschnitt zu dokumentieren, sondern auch informelle Bildungs- und Erziehungsprozesse zumindest kurz zu streifen.

Im Prä-Primar-Abschnitt werden in Lateinamerika derzeit gut 18,5 Millionen Kinder institutionell betreut[18], davon etwa ein Viertel in privaten Einrichtungen, was insgesamt – grob geschätzt – etwa 15% der noch nicht beschulten Kinder des Subkontinents entspricht. Im Primarbereich sind es gut 69 Millionen, im Sekundarbereich etwa 58 Millionen beschulte Kinder und Jugendliche. Im tertiären Bildungsbereich sind es dann noch knapp 15 Millionen. Der Prozentsatz der beschulten Kinder im Primarstufenalter liegt im Mittel aller Länder Mittel- und Südamerikas bei 94%, im Sekundarabschnitt sinkt diese Quote auf 68%. In den letzten zehn Jahren ist ein deutlicher Anstieg der Beschulungsquoten im Sekundarbereich zu verzeichnen. Interessant vielleicht noch, dass im Primarbereich gleich viele Jungen wie Mädchen, im Sekundarbereich hingegen mehr Mädchen als Jungen beschult werden. Der Primarbereich umfasst in verschiedenen Ländern unterschiedliche Altersgruppen[19]. Typisch sind 6 Jahrgangsklassen, wobei das Einschulungsalter jedoch zwischen 5 (z.B.: Antigua & Barbuda, Belize) und 7 (z.B.: El Salvador, Honduras) variiert, wobei es allerdings am häufigsten bei 6 Jahren liegt (z.B.: Argentinien, Cuba, Mexiko). Abweichungen von der 6-klassigen Primarstufe gibt es u.a. in Costa Rica (4-klassig) und in Guatemala (8-klassig). Das Übergangsalter in die Sekundarstufe liegt typischerweise bei 12 Jahren, nicht selten aber auch erst bei 13 Jahren; unter 12 Jahren liegt es nur im Ausnahmefall. Die Sekundarstufe, die – wie erwähnt – über den gesamten Subkontinent verteilt nur etwa zwei Drittel der einschlägigen Geburtskohorten besucht, ist in der Regel zweigeteilt. Ausnahmen hierzu bilden u.a. Chile, Nicaragua und Panama, deren System nicht in eine Sekundarstufe I und II untergliedert ist. Schülerinnen und Schüler verlassen die Sekundarstufe I zwischen 13 (Barbados) und 16 (Surinam), in der Regel aber mit 15 Jahren (z.B. Argentinien, Kolumbien, Paraguay). Schüler, die die Sekundarstufe II besuchen, verlassen die Schule dann endgültig zwischen 16 (z.B. Peru) und 19 Jahren (Surinam), wobei Schulabschlüsse mit 17 (z.B. Argentinien, Cuba, Mexiko) und mit 18 Jahren (z.B. El Salvador, Jamaika, Panama) etwa gleich häufig vorkommen.

Wie La Belle (2000) aufzeigt, hat **informelle Erziehung** in den letzten 20 Jahren erheblich an Bedeutung verloren. Mit sozialen Bewegungen verknüpfte Volkserziehungsprogramme (vgl. Liebel 1991) gibt es zwar nach wie vor auf lokaler Ebene in großer Anzahl, sämtliche größeren Programme sind jedoch eingestellt worden (La Belle 2000). Dies hat zwei Konsequenzen: Einerseits erhält die schulische Bildung von Kindern und Jugendlichen mehr Aufmerksamkeit, andererseits werden Bevölkerungsgruppen, die noch nicht (hinreichend) in Prozesse formeller Bildung einbezogen sind (wie indigene Völker, Straßenkinder, Arme ganz allgemein) stärker ausgegrenzt und erhalten weniger Bildung als in der Hoch-Zeit des Erfolgs informeller, oft von revolutionärem Elan getragener Erziehungsprojekte in den 1950er bis 1970er Jahren. Mit Liebel (2000) könnte man allerdings konstatieren, dass sich ein substantieller Teil der Jugenderziehung – insbesondere für die urbane deklassierte Jugend – in Form von **Selbstsozialisation** in einer Unzahl voneinander abgegrenzten Jugendkulturen abspielt: „Sie entstehen als integrierter Teil der Überlebensstrategien und der praktischen Versuche, den Lebensrisiken zu begegnen und das Beste aus seinem Leben zu machen" (S. 97).

Auch wenn es vielleicht noch zu früh ist, ein Fazit zur Situation von Bildung und Erziehung in den letzten 20 Jahren in Lateinamerika zu ziehen, so zeichnet sich doch ein zentrales Dilemma ab: Mit der fortschreitenden deutlichen Verbesserung der formalen Bildung und Erziehung immer größerer Teile der Kinder und Jugendlichen Lateinamerikas verschlechtert sich die Erziehungs- und Bildungssituation deklassierter Kinder und Jugendlicher, da diese in ihrem relativen Ausbildungsstand noch weiter ‚absacken'.

4 Diskussion und Ausblick

Nach einer allgemeinen, auf sozialstrukturellen Daten basierenden Charakterisierung der Lebenssituation von Kindern und Jugendlichen in Lateinamerika hat dieses Kapitel versucht, in vier Teilabschnitten die wichtigsten Themen der Forschung zu Kindheit und Jugend in Lateinamerika darzustellen (Straßenkinder, Gesundheit, Sexualität/Fertilität sowie Bildung und Erziehung). Alle Teilabschnitte des hier vorgelegten Beitrags haben deutlich zu machen versucht, dass Kinder und Jugendliche in Lateinamerika aus der Vogelperspektive einer Betrachtung hoch aggregierter Indikatoren in einer – insbesondere im Vergleich zu anderen Entwicklungsländern – durchaus annehmbaren Situation leben. Auch wenn man diesen Befund nicht gänzlich aus den Augen verlieren sollte, so ist er doch trügerisch, wenn man einen fokussierten Blick auf die Problemgruppen lateinamerikanischer Gesellschaften wirft. Bei einer im Mittel durchaus beobachtbaren deutlichen Verbesserung der Lebenssituation von Kindern und Jugendlichen in Lateinamerika – insbesondere im Bereich formaler Bildung – stagniert, ja verschlechtert sich die Situation für Gruppen deklassierter Kinder und Jugendlicher. Ist bereits auf gesamtgesellschaftlicher Ebene die sozioökonomische Ungleichheit lateinamerikanischer Gesellschaften eklatant, so besteht im Zeichen von Globalisierungsprozessen die realistische Gefahr, dass sich diese – etwa im *für lateinamerikanische Verhältnisse* recht egalitären Gesundheits- und Bildungswesen – noch verschärft.

Versucht man eine Bewertung des aktuellen Forschungsstandes der Kindheits- und Jugendforschung zu Lateinamerika, so lässt sich im Bereich der Erziehungswissenschaft und Pädagogik, wie auch in den anderen Sozialwissenschaften, kaum ein einheitlicher Trend ausmachen. Zwar hat sich in den letzten 25 Jahren die Anzahl nicht nur ‚grau' publizierter Arbeiten zum Thema Kindheit und Jugend Lateinamerikas auch prozentual zur gestiegenen Gesamtzahl von Publikationen durchaus merklich erhöht, doch sind systematische Studien etwa zu Entwicklungsverläufen von Kindern und Jugendlichen in Mittel- und Südamerika nach wie vor rar. Im Vordergrund stehen weiterhin vor allem Fallstudien zu sozialen und pädagogischen Brennpunktproblemen. Diese sollen nun keineswegs als Arbeiten minderer Qualität charakterisiert werden, Lateinamerika bedarf solcher angewandter Forschung, die oft in sozialpädagogische Projekte eingebunden ist, weiterhin *dringlich*. Andererseits führt das weit gehende Fehlen systematischer Studien, etwa von Längsschnittstudien[20] oder Studien, die auf Repräsentativstichproben basieren, oder Studien, die einen Multi-Trait-Multi-Method-Ansatz umsetzen oder innerhalb von Lateinamerika verschiedene Kulturen miteinander vergleichen[21], zu einem *Missing Link* zwischen den Ergebnissen von Fallstudien auf der einen und Studien, die auf hoch aggregierten sozialstatistischen Erhebungen beruhen, auf der anderen Seite.

Eine Schlussbemerkung scheint noch notwendig: Manche Leserin und mancher Leser mag in einem Kapitel eines erziehungswissenschaftlich ausgerichteten Handbuchs zu Kindheit und Jugend in Lateinamerika eigentlich eine Eloge auf die **Pädagogik der Befreiung,** eine Hommage etwa an Paolo Freire erwartet und erhofft haben. Eine solche Laudatio wäre auch durchaus am Platz gewesen, haben doch insbesondere Freire und seine Anhänger die Erziehungssituation der Ärmsten der Armen verbessern helfen (La Belle 2000). Andererseits liegen Freires zentrale Texte in deutscher Sprache vor (Freire 1973), engagierte Rezeptionstexte wurden ebenfalls vorgelegt (z.B. Rothe 1975; Hagleitner 1996). Das nach wie vor aktuelle Buch *Mala Onda – Wir wollen nicht überleben, sondern leben* von Manfred Liebel (1990) sei allen empfohlen, die in dem hier vorgelegten Text die – notwendige – pädagogische Parteilichkeit vermisst haben. Verwiesen sei in diesem Kontext auch auf die von Dobles (1997) vorgelegte Verortung marxistischer Ansätze in der lateinamerikanischen Psychologie oder die Arbeiten des 1989 ermordeten spanisch-salvadorianischen Sozialpsychologen von Ignacio Martín-Baró (1994) zur Psychologie der Befreiung. Der aktuelle Beitrag versteht sich selbstverständlich auch als Beitrag zur Verbesserung der Lebensbedingungen von Kindern und Jugendlichen in Lateinamerika! Er hat aber versucht, sein Ziel nicht durch eine Wiederholung bekannt wichtiger Ziele pädagogischer Arbeit in Mittel- und Südamerika zu erreichen, sondern aktuelle Rahmendaten für diese Arbeit zur Verfügung zu stellen[22].

Anmerkungen

1 Das Kapitel verdankt Ignacio Dobles, Universidad de Costa Rica, Rolando Diaz Loving, Universidad Nacional Autonoma de Mexico, und Katrin Münch, Universidad de Las Américas, A.C., wertvolle Hinweise zu seiner Gestaltung. Während der Fertigstellung der Neubearbeitung des Kapitels hielt sich der Autor als Gastprofessor am Department of Psychology der National University of Singapore auf.
2 Vgl. hierzu auch die einschlägigen Landkarten unter http://www.lib.utexas.edu/ maps; es gibt acht weitere nicht unabhängige Staaten (Aruba, Aguilla, Bermuda, Britische Jungferninseln, Cayman Inseln, Montserrat, Niederländische Antillen, Turks und Caicos Inseln)
3 Vgl. http://gis.esri.com/esripress/shared/images/99/Module7.pdf
4 Vgl. http://www.unicef.org/statis; die Angaben zum kaufkraftjustierten Bruttosozialprodukt pro Kopf wurden dem CIA World Factbook entnommen (https://www.cia.gov/library/publications/the-world-factbook)
5 zur Begrifflichkeit vgl. Boehnke/Reddy (1993)
6 Auf Daten von 1997 basierte die analoge Darstellung in der ersten Auflage des Handbuchs.
7 Die in diesem Abschnitt berichteten Daten entstammen Veröffentlichungen der WHO: http://www.who.int/whr/2000/en/whr00_annex_en.pdf.
8 1,00 steht nach den komplexen Indexberechnungen der WHO für vollständige Gleichheit der Lebenserwartungen von Kindern über verschiedene soziale Kontexte.
9 Für den BMI wird das Gewicht in Kilogramm durch die quadrierte Körpergröße geteilt.
10 Food and Agriculture Organization der Vereinten Nationen.
11 Vgl. http://www.fao.org/documents
12 Vgl. http://www.who.int/whosis/en
13 In Deutschland liegt dieser Wert bei 10,7% (http://www.who.int/whosis/data/ Search.jsp).
14 Eine gewisse Ausnahme stellt die Teilgruppe der bereits verheirateten nicht Volljährigen dar. Für diese berichten Blanc und Way (1998) Kontrazeptionsnutzungsquoten von z.T. fast 50%.
15 Vgl. http://www.unaids.org/en
16 https://www.cia.gov/library/publications/the-world-factbook/rankorder/2155rank.html
17 http://www.who.int/whosis/data/Search.jsp
18 Vgl. http://stats.uis.unesco.org/unesco/ReportFolders/ReportFolders.aspx
19 Informationen hierzu entstammen Husén/Postlethwaite 1994
20 Ausnahmen, wie etwa die Längsschnittstudie von Runyan et al. 1998 bestätigen hier nur die Regel.
21 Einzig Kolumbien hat an der Third International Mathematics and Science Study (TIMSS) teilgenommen, vgl. http://www.mpib-berlin.mpg.de/TIMSS_II. An den verschiedenen PISA-Studien nahmen Fisher Argentinien, Brasilien, Kolumbien und Mexiko teil, vgl. http://www.oecd.org/dataoecd/20/19/39711579.pdf
22 Leserinnen und Leser, die zum Thema weiterlesen wollen, seien vor allem auf die auf Lateinamerika bezogene Website der University of Texas verwiesen (http://lanic.utexas.edu), die wohl nicht zu Unrecht als derzeit vollständigste Linksammlung zum Thema bezeichnet wird.
23 Die Angaben beziehen sich in der Regel auf das Jahr 2007, lagen diese nicht vor, so wurde auf die jeweils nächstjüngsten Daten zurückgegriffen.

Literatur

Ahmad, O.B./Lopez, A.D./Inoue, M.: The decline in child mortality: a reappraisal. In: Bulletin of the World Health Organization 78 (2000), H. 10, S. 1175-1191
Aptekar, L.: Street children of Cali. Durham 1988
Balderston, D./Guy, D.J. (Hrsg.): Sex and sexuality in Latin America. New York 1997
Becker, A.: Straßenkinder in Sao Leopoldo. Perspektiven gegen die Hoffnungslosigkeit - Zur Pädagogik Paulo Freires. Oldenburg 2001
Bernat, J.C.: Children and the politics of violence in Haitian context - Statist violence, scarcity and street child agency in Port-an-Prince. In: Critique of Anthropology 19 (1999), H. 2, S. 121-138
Blanc, A.K./Way, A.A.: Sexual behavior and contraceptive knowledge and use among adolescents in developing countries. In: Studies in Family Planning 29 (1998), H. 2, S. 106-116
Boehnke, K./Reddy, N.Y.: Kindheit in Armutsgesellschaften. In: Markefka, M./Nauck, B. (Hrsg.): Handbuch der Kindheitsforschung. Neuwied 1993, S. 177-189

Buvinic, M.: The costs of adolescent childbearing: Evidence from Chile, Barbados, Guatemala, and Mexico. In: Studies in Family Planning 29 (1998), H. 2, S. 201-209

Campos, R./Raffaelli, M./Ude, W./Greco, M./Ruff, A./Rolf, J./Antunes, C.M./Halsey, N./Greco, D./Jeronymo, M./Kendau, C./Merritt, A.P./Pinto, J.A./Siqueira, E./Dezalduondo, B.: Social networks and daily activities of street youth in Belo Horizonte, Brazil. In: Child Development 65 (1994), H. 2, S. 319-330

Capovilla, F.C./Capovilla, A.G.: The development of receptive and expressive vocabulary in Brazilian children. In: Revista Interamericana De Psicologia 32 (1998), H. 2, S. 33-49

Conto de Knoll, D.: Die Straßenkinder von Bogotà. Ihre Lebenswelt und ihre Überlebensstrategien. Frankfurt a.M. 1991

D'Abreu, R.C./Mullis, A.K./Cook, L.R.: The resiliency of street children in Brazil. In: Adolescence 34 (1999), H. 136, S. 745-751

De Souza, E./Koller, S./Hutz, C./Forster, L.: Preventing depression among Brazilian street children. In: Interamerican Journal of Psychology 29 (1995), H. 2, S. 261-265

Dobles, I.: Marxism, ideology and psychology. In: Theory & Psychology 9 (1999), H. 3, S. 407-410

Dybicz, P.: Interventions for street children - An analysis of current best practices. In: International Social Work 48 (2005), H. 6, S. 763-771

Feyisetan, B./Casterline, J.B.: Fertility preferences and contraceptive change in developing countries. In: International Family Planning Perspectives 26 (2000), H. 3, S. 100-109

Freire, P.: Pädagogik der Unterdrückten. Reinbek 1973

Gannotti, M.E./Handwerker, W.P.: Puerto Rican understandings of child disability: Methods for the cultural validation of standardized measures of child Elath. In: Social Science & Medicine 55 (2002), H. 12, S. 2093-2105

Grant, J.P.: The state of the world's children. UNICEF Yearbook. Oxford 1989

Hagleitner, S.: Mit Lust an der Welt — in Sorge um sie. Feministisch-politische Bildungsarbeit nach Paolo Freire und Ruth C. Cohn. Mainz 1996

Halcon, L./Blum, R.W./Beuhring, T./Pate, E./Campbell-Forrester, S./Venema, A.: Adolescent health in the Caribbean: A regional portrait. In: American Journal of Public Health 93 (2003), H. 11, S. 1851-1857

Hollstein, R.D./Vega, J./Carvajal, Y.: Socioeconomic level and infant mortality in Chile in the period 1985-1995. In: Revista Medica de Chile 126 (1998), H. 3, S. 333-340

Human Rights Watch: Final justice: Police and death squad homicides of adolescents in Brazil. New York 1994

Husén, T./Postlethwaite, N.N.: The International Encyclopedia of Education. 2. Auflage, Oxford 1994

Illich, I.: Entschulung der Gesellschaft. München 1972

Inciardi, J.A./Surratt, H.L.: Children in the streets of Brazil: Drug use, crime, violence, and HIV risks. In: Substance Use & Misuse 33 (1998), H. 7, S. 1461-1480

Ivanovic, D.A./Perez, H.T./Olivares, M.G./Diaz, N.S./Leyton, L.D./Ivanovic, R.A.: Scholastic achievement: A multivariate analysis of nutritional, intellectual, socioeconomic, sociocultural, familial, and demographic variables in Chilean school-age children. In: NUTRITION 20 (2004), H. 10, S. 878-889

Kliewer, W./Murrelle, L.: Risk and protective factors for adolescent substance use: Findings from a study in selected Central American countries. In: Journal of Adolescent Health 40 (2007), H. 5, S. 448-455

Kuznesof, E.A.: The house, the street, global society: Latin American families and childhood in the twenty-first Century. In: Journal of Social History 38 (2005), H. 4, S. 859-872

La Belle, T.J.: The changing nature of non-formal education in Latin America. In: Comparative Education 36 (2000), H. 1, S. 21-36

Lalor, K.J.: Street children: A comparative perspective. In: Child Abuse & Neglect 23 (1999), H. 8, S. 759-770

le Roux, J./Smith, C.S.: Causes and characteristics of the street child phenomenon: A global perspective. In: Adolescence 33 (1998), H. 131, S. 683-688

Liebel, M.: Mala Onda – Wir wollen nicht überleben, sondern leben: Jugend in Lateinamerika. Frankfurt a.M. 1990

Liebel, M.: Zur Aktualität Bernfelds. Straßen- und Gemeindeschulen in Lateinamerika. In: Hörster, R./Müller, B. (Hrsg.): Jugend, Erziehung und Psychoanalyse. Neuwied 1991, S. 197-213

Liebel, M.: Mit dem Tod vor Augen im Leben auf's Ganze gehen. Sozialwissenschaftliche Literaturrundschau 23 (2000), H. 41, S. 89-100

Lusk, M.W.: Street children programs in Latin America. In: Journal of Sociology and Social Welfare 16 (1989), H. 1, S. 55-77

Martín-Baró, I.: Writings for a liberation psychology: Ignacio Martín-Baró. Cambridge, MA 1994

Movimento Nacional de Meninos e Meninas de Rua: Vidas em risco: Assacinatos de criancas e adolescentes no Brasil. Rio de Janeiro 1990

Murray, N.J./Zabin, L.S./Toledo-Dreves, V./Luengo-Charath, X.: Gender differences in factors influencing first intercourse among urban students in Chile. In: International Family Planning Perspectives 24 (1998), H. 3, 139-147

Oliveira, W./Baizerman, M./Pellet, L.: Street children in Brazil and their helpers: Comparative views on aspirations and the future. In: International Social Work 35 (1992), H. 1, S. 163-176

Palloni, A./Rafalimanana, H.: The effects of infant mortality on fertility revisited: New evidence from Latin America. In: Demography 36 (1999), H. 1, S. 41-58

Panter-Brick, C.: Street children, human rights, and public health: A critique and future directions. In: Annual Review of Anthropology 31 (2002), S. 147-171

Pilotti, F.J.: The historical development of the child welfare system in Latin America - An overview. In: Childhood-A Global Journal of Child Research 6 (1999), H. 4, S. 408-422

Pinto, J.A./Ruff, A.J./Paiva, J.V./Antunes, C.M./Adams, I.K./Halsey, N.A./Greco, D.B.: HIV risk behaviour and medical status of underprivileged youths in Belo Horizonte, Brazil. In: Journal of Adolescent Health 15 (1994), H. 2, S. 179-185

Pollmann, U.: Im Netz der grünen Hühner. Die Straßenkinder von Recife. Göttingen 1992

Porto, S.O./Cardoso, D.D./Queiroz, D.A./Rosa, H./Andrade, A.L./Zicker F./Martelli, C.M.: Prevalence and risk factors for HIV infection among street youth in central Brazil. In: Journal of Adolescent Health 15 (1994), H. 7, S. 577-581

Raffaelli, M./Campos, R/ Merritt, A.P./ Siguera, E./Antunes, C.M./Parker, R./Greco, M./Greco, D./Halsey, N.: Sexual pratices and attitudes of street children in Belo Horizonte, Brazil. In: Social Science & Medicine 37 (1993), H. 5, S. 661-670

Raffaelli, M.: Homeless and working street youth in Latin America: A developmental review. In: Revista Interamericana de Psicologia 33 (1999), H. 2, S. 7-27

Ramella, M./De La Cruz, R.B.: Taking part in adolescent sexual health promotion in Peru: Community participation from a social psychological perspective. In: Journal of Community & Applied Social Psychology 10 (2000), H. 4, S. 271-284

Rizzini, I./Rizzini, I./Munhoz, M./Galeano, G.: Childhood and urban poverty in Brazil: Street and working children and their families. Geneva 1992

Rothe, F.K.: Erziehung und Entfremdung. – Zu den Thesen von Ivan Illich und Paolo Freire. Essen 1975

Runyan, D.K./Hunter, W.M./Socolar, R.R./Amaya-Jackson, L./English, D./Landsverk, J./Dubowitz, H./Browne, D.H./ Bangdiwala, S.I./Mathew, R.M.: Children who prosper in unfavorable environments: The relationship to social capital. In: Pediatrics 101 (1998), H. 1, S. 12-18

Scanlon T.J./Tomkins. A./Lynch, M.A./Scanlon, F.: Street children in Latin America. In: British Medical Journal 316 (1998), H. 7144, S. 1596-1600

Scanlon, T.J./Scanlon, F./Nobre Lamarao, M.L.: Working with street children. In: Development in Practice 3 (1993), H. 1, S. 16-26

Singh, S.: Adolescent childbearing in developing countries: A global review. In: Studies in Family Planning 29 (1998), H. 2, S. 117-136

Strack, P. (Hrsg.): Kein Papst, kein Che. Jugendliche in Lateinamerika. Göttingen 1995

Swift, A.: Victims of rescue. In: New Internationalist 194 (1989), S. 13-15

Thayenthal, R.: Die Schuhe der Senores. Eine Geschichte aus Peru. Reinbek 1992

Wright, J.D./Wittig, M./Kaminsky, D.C.: Street children in North and Latin-America - preliminary data from Proyecto Alternativos in Tegucigalpa and some comparisons with the US case. In: Studies in Comparative International Development 28 (1993), H. 2, S. 81-92

Zuber, H.: Straßenkinder – Ein Report. Hamburg 1992

Alfred Schäfer

Kindheit und Jugend in Afrika

1 ‚Tradition und Moderne': Eine scheinbar klare Alternative zur Disqualifikation des Anderen

Als Einheit existiert Afrika vor allem in der Imagination des durchschnittlichen Europäers: Irgendwo zwischen gefährlich-faszinierender Irrationalität und ökonomischem Elend orientiert sich dieses Bild relativ ungestört an einem Wissen über Verhältnisse und Zustände vor Ort. Gegen diese Relikte eines kolonialen Imaginären stehen Afrikanisten, Ethnologen und andere, die sich um die Rehabilitierung der Eigenwertigkeit des Fremden[1] kümmern, auf ziemlich verlorenem Posten. Leichter scheint es da jene (gerade auch im pädagogischen und psychologischen Bereich) missionarische Tradition[2] zu haben, die sich selbst und der Welt kundtut, dass die Afrikaner eigentlich auch nicht anders sind als wir, dass es aber da noch ein paar Probleme gibt. Wenn man zudem berücksichtigt, dass aus der Sicht der Rehabilitationsfraktion die Missionsfraktion sich vor allem auf städtische Modernisierer als Maßstab des eigenen Selbstverständnisses stützt und dass aus der Sicht der säkularen Missionare sich die Rehabilitierer auf ländliche oder gar abgeschiedene Bereiche, auf Zonen, die in den Sog der unvermeidlichen Modernisierung noch nicht eingetreten sind, stützen, dann hat man jene politisch-wissenschaftlichen Konfliktlinien, unter denen wie selbstverständlich (auch) Phänomene von Kindheit und Jugend in Schwarzafrika thematisiert werden.[3] Das Spannungsfeld lautet ‚zwischen **Tradition und Moderne**' und zeichnet sich dadurch aus, dass die Universalisierer das Gewicht der Tradition als ein zu überwindendes betrachten und die Traditionalisten diese Tradition noch in den städtischen, politischen, ökonomischen und sozialen Verhältnissen finden.

Dieses (zugegeben etwas grobe) Raster von ‚Tradition' und ‚Moderne' verweist gerade dadurch, dass (was für andere Kontinente durchaus unüblich sein dürfte) mit dem Gesichtspunkt der ‚Tradition' die Ethnologie einen starken Stellenwert erhält, noch auf ein weiteres Spannungsverhältnis. Die Ethnologie betont die Differenz der von ihr untersuchten Kulturen gerade auch hinsichtlich der je eigenen Rationalitätsmaßstäbe[4], wohingegen die ‚Moderne' und die deren Standpunkt vertretenden Wissenschaften das Erbe der ‚einen' methodisch kontrollierten Vernunft und des dieser korrespondierenden Erkenntnissubjekts angetreten haben. Dieses Spannungsverhältnis ist insofern von demjenigen von ‚Tradition' und ‚Moderne' unterschieden, als mit der Frage der kulturellen Differenz von Rationalitäten und der universalen Geltung einer wissenschaftlichen Gegenstandskonstruktion zugleich eine unterschiedliche Perspektive auf die ‚Wertigkeit' von ‚Tradition' und ‚Moderne' eingezogen wird. So kann ‚Tradition' dann nicht nur als das gesehen werden, was eben noch da ist: als (irrationales) Relikt, sondern zugleich auch als ein in sich stimmiger Lebensentwurf, der für die sich über ihn Identifizierenden ‚vernünftig' ist. Und umgekehrt kann dieser Verweis auf die Rationalität von Tradition dazu führen, dass die Paradoxien der Moderne, die kulturellen Implikationen ihrer Gegenstandskonstruktion (von ‚Kind‘, ‚Erziehung‘ etc.) und damit der Gewaltcharakter von Universalisierungsansprüchen deutlich werden.

Es verwundert nicht, dass die Konfliktlinien dieses Feldes dort am deutlichsten werden, wo die Hoffnungen auf Verbesserung der ökonomischen Lebensbedingungen ihren (zumindest für Afrika, wo kein brachliegendes Kapital oder bereitstehende industrielle Produktionsmittel auf ihren Anwender warten) einzigen Bezugspunkt seit den Jahren der Unabhängigkeit haben: im schulischen Sektor, der zumindest die subjektiven Voraussetzungen für etwas schaffen soll, was dann vielleicht doch nicht gebraucht wird – für ‚Humankapital‘. Die ‚Hoffnung Schule‘ bildet daher einen Gegenstand, an dem die behaupteten Konfliktlinien illustriert werden können (II). In einem weiteren Schritt soll ein Blick geworfen werden auf die Betrachtung von Kindheit unter einer vergleichenden Perspektive, wobei es mir vor allem um Probleme hinsichtlich der kategorialen und theoretischen Bezugspunkte geht (III). Anschließend möchte ich zeigen, dass das Konzept der ‚Erziehungskindheit‘ (Honig), also die Vorstellung einer kindlichen Persönlichkeitsentwicklung in Abhängigkeit von pädagogischen Eingriffen vielleicht kein sinnvolles Modell darstellt, um afrikanische Perspektiven auf Kindheit zu rekonstruieren. Dazu werde ich mich vorsichtiger Generalisierungen der Konzepte von ‚Respekt‘ und **Scham**‘ bedienen (IV). Zuletzt werde ich mich bemühen, die damit angesprochene Logik des Selbstverhältnisses am Konzept der ‚Initiation‘ zu verdeutlichen (V). Mein Vorgehen besteht also sowohl in einer (kritischen) Bestandsaufnahme der Beschäftigung mit Kindheit und Jugend in Afrika[5] wie auch im Entwurf einer Perspektive, die das Spannungsfeld von ‚Tradition‘ und ‚Moderne‘ vielleicht auf eine neue Weise zu thematisieren erlaubt.

Eine solche Vorgehensweise, die sich auf die (vor allem und immer noch westliche) Thematisierung von Kindheit und Jugend in Afrika bezieht, mag allzu theoretisch erscheinen im Hinblick auf jene doch augenscheinlich drängenden Probleme, die sich aus der Lage von Kindern und Jugendlichen auf diesem Kontinent zu ergeben scheinen. Zu erwähnen sind hier beispielsweise die Kindersterblichkeitsrate, die bis zum 5. Lebensjahr in Afrika zwischen 6 und über 30% beträgt,[6] das Problem der Straßenkinder (zu dem es keine verlässlichen Zahlen gibt), die Probleme von Ernährung und Gesundheit, in vielen Ländern rückläufige Alphabetisierungsquoten[7] u.ä. Jedoch sind diese Probleme nicht unabhängig zu sehen von den hier verhandelten Perspektiven. Das Problem der Kindersterblichkeit etwa ist nicht unabhängig von den so häufig vergeblichen Versuchen der Aufklärung über ‚basale hygienische Standards‘, die sich brechen an ‚traditionellen‘ Umgangsformen, die wiederum von der Vorstellung von ‚Kindheit‘ nicht unabhängig sind. Analphabetismus bzw. Schulbesuch sind verbunden mit der Hoffnung auf wirtschaftlichen Fortschritt, aber gerade auch auf andere Subjektivierungs- und Rationalitätsformen. Und man staunt, dass der Output nicht in ‚westlichen Subjekten‘ besteht. Die Differenz von Stadt und Land, das Problem der sozialen Desintegration, häufig kompensiert durch die selbst in den Städten funktionierende Logik der ‚extended family‘, stellt deshalb ein ernstzunehmendes Problem dar, weil weder auf die Integrationskraft gesellschaftlicher Institutionen noch auf die soziale Stabilisierung ‚traditioneller‘ Selbst- und Fremdwahrnehmungen zurückgegriffen werden kann. Auch hier bildet also die nicht eingeholte Differenz von ‚traditionell‘ und ‚modern‘ ein Analyseraster, das als solches zuallererst zu konkretisieren wäre.

2 Trügerische Hoffnung ‚Schule'

Die Diskussion um die **Schule in Afrika** ist, wie sie seit der Unabhängigkeit der afrikanischen Staaten, die meist zu Beginn der 1960er Jahre erstritten wurde, durch einen scheinbar problemlosen Bezug zweier Diskursstränge gekennzeichnet. Zum ersten ist dies ein funktionaler Argumentationshorizont, in dem sich der Aufbau der unabhängigen Staaten mit der egalitären Formel einer ‚Bildung für alle' verknüpfte. Nach einer Zeit der Missions- und Kolonialschulen, die ebenfalls nach funktionalen, d.h. hauptsächlich: Verwaltungserfordernissen den Schulzugang steuerten, erschien nun – nach dem Abzug der Kolonialverwaltung – eine funktionale Bestimmung und flächendeckende Ausweitung des Schulwesens unter mindestens drei Gesichtspunkten sinnvoll. Da die auf der Berliner Konferenz von 1884/85 erfolgte Aufteilung Afrikas unter die Kolonialmächte Grenzziehungen ohne Rücksicht auf ethnische Identitäten und Konfliktlinien vorgenommen hatte, kam es nun darauf an, die in den Unabhängigkeitserklärungen durchweg übernommenen Grenzziehungen mit einer die ethnischen Identitäten übergreifenden ‚nationalen Identität' zu sanktionieren. Diese Funktion des ‚nation building', deren Erfolg wohl sehr unterschiedlich beurteilt werden kann, wurde dem Schulwesen zugesprochen. Dies ist einer der Gründe dafür, warum man häufig auf die Kolonialsprache als Schulsprache zurückgriff. Die Annahme einer Lokalsprache als lingua franca (für die es auch gelungene Beispiele wie etwa das des Kiswahili in Tansania gibt) bedeutete häufig die Gefahr der Auszeichnung einer Ethnie und damit die Möglichkeit von Konflikten, die den Prozess der nationalen Identitätsbildung in Frage gestellt hätten. In Tansania waren Sekundarschulen nur als Internate angelegt, für die als Selektionsprinzip galt, dass in ihnen möglichst viele Ethnien vertreten sein sollten.

Ein zweites funktionales Erfordernis bestand in der Rekrutierung des Personals für eine einheimische Verwaltung. Die Übernahme der Strukturen der Kolonialverwaltung bedeutete die Übernahme seiner hierarchisch gestuften Qualifikationsprofile und der dazu gehörigen Abschlüsse und Ausbildungsgänge – kurzum: eine Kopie des westlichen Schul- und Qualifikationssystems mit der entsprechenden Orientierung am Selektionsprinzip. Die Orientierung hin auf formale Abschlüsse (‚diploma') war – jenseits der inhaltlichen Qualität der Ausbildungsgänge, worauf noch zurückzukommen ist – ein äußerst erfolgreicher Exportartikel. So kopiert etwa Tansania das englische Modell mit einer siebenjährigen Grundschule und einer darauf aufbauenden Sekundarschule, an der man nach vier Jahren den O-Level und nach sechs Jahren den A-Level erreicht.

Die zweite Funktion der Rekrutierung qualifizierten Verwaltungspersonals ist eng verbunden mit der Konjunktur der entwicklungstheoretisch orientierten ökonomischen Modelle seit der Unabhängigkeit.[8] Diese Vorstellungen gingen und gehen (allerdings zunehmend skeptischer) davon aus, dass es – da Afrika nicht über ökonomisches Kapital und auch nicht über eine ökonomische Infrastruktur verfüge – entscheidend sei, den zukünftigen *homo oeconomicus* durch schulische Qualifikation hervorzubringen. Dieser werde dann eine rege wirtschaftliche Tätigkeit entfalten, die wiederum zur Kapitalakkumulation und damit unweigerlich zum Fortschritt führen werde: Die Idee war also, dass der schulisch gebildete *homo oeconomicus* sich gleichsam das westliche Beschäftigungssystem selbst schaffen würde.

Die Diskussion um die Erfüllung dieser drei genannten (auf die gesellschaftliche Entwicklung bezogenen) funktionalen Erfordernisse, von denen heute eindeutig die Qualifikationsfunktion dominiert, fand ihre pädagogische Entsprechung nun nicht in persönlichkeitstheoretisch formulierten Voraussetzungen und methodisch darauf bezogenen pädagogischen Vermittlungsüberlegungen der Erfüllung solcher Erwartungen, sondern in curricularen Erörterungen. Es schien und scheint bis heute vor allem eine Frage der vermittelten Inhalte zu sein, ob die Revolution ökonomischer Entwicklung nun eintritt oder nicht. Wenn man angesichts der ungebremsten Produktion von Sekundarschulabgängern und der damit einhergehenden ungehemmten Zunahme von beschäftigungslosen Sekundarschulabgängern die Frage stellt, ob das denn akzeptabel sei oder ob Schule nicht vielmehr ein ‚Entwicklungshindernis'[9] darstelle, weil diese Abgänger einerseits nicht mehr in den Kreislauf ländlicher Subsistenzwirtschaft zu integrieren seien und andererseits ein politisches Unruhepotential von Beschäftigungslosen bildeten, so reagiert man darauf mit Konzepten wie der ‚Ruralisierung', der Grundbedarfsorientierung u.ä. Damit ist eine inhaltliche Ausrichtung des Unterrichts auf ‚ländliche Bedürfnisse', auf Verbesserung der Subsistenzwirtschaft durch die Einführung neuen Saatguts etc. gemeint. Oder angestrebt wird eine Selbsthilfeorientierung dadurch, dass man lokale Autoritäten in den Unterricht integriert. Solche Versuche hatten allerdings nicht nur den Effekt, dass sie von den Einheimischen (vor dem Hintergrund der funktionalen Vorgaben: ‚white collar job') als Bildung ‚zweiter Klasse' betrachtet wurden, sondern dieser Verdacht wurde gerade dadurch gestützt, dass diese Inhalte in der Form curricularer Einheiten vermittelt werden sollten. Als solche aber, als Unterrichtsinhalte und nicht als außerschulische Fortbildung, gewinnen sie unter den funktionalen Prämissen einen nur noch strategischen Stellenwert für das soziale Vorwärtskommen – und eben dazu tragen sie nichts bei.

Es ist wahrscheinlich nicht übertrieben, wenn man feststellt, dass alle pädagogischen Bemühungen, den Primarschulbereich als zentrale Bildungsinstitution zu etablieren, an dieser Vorstellung der alleinigen Bedeutung der Sekundarschulbildung gescheitert sind. Versuche, die Lebenssituation der Kinder, die lokale Ökonomie, lokale Sozialstrukturen und aus diesen Zusammenhängen heraus verstehbare konkrete Probleme zum Ausgangspunkt einer Grundbildung zu machen, die die Menschen befähigen sollte, mit ihren Lebensbedingungen auf andere Weise umzugehen,[10] haben dann kaum eine Chance auf Akzeptanz, wenn der alleinige Sinn der Primarbildung in der Sekundarbildung gesehen wird.[11] Eine solche Einschätzung hat bedeutsame Konsequenzen. So kann man davon ausgehen, dass die Akzeptanz des Schulbesuches vielleicht weniger mit vermuteten ‚kulturellen Brüchen' gegenüber der Herkunftssituation der Schüler zusammenhängt als mit der Sinnbestimmung der Primarschule. Wenn deren Sinn in der Ermöglichung des Sekundarschulbesuches liegt, so bedeutet dies eine Entwertung des Primarschulbesuches. Darin dürfte – neben den bekannten Begründungen wie der schlechten Ausstattung, den Problemen mit der Absenz von Schülern und Lehrern, der schlechten Ausbildung vor allem der Primarschullehrer usw. – ein entscheidender Grund für die weitgehend desolate Situation der Primärbildung liegen. Eine solche These geht von der Vermutung aus, dass es neben den gewohnten ökonomischen Gründen auch subjektive Gründe geben könnte, die (vielleicht auch ökonomisch bedingte) Situation zu akzeptieren bzw. sie als nicht besonders problematisch wahrzunehmen. Obwohl eine solche These (als These aus europäischer Sicht) selbst nicht ganz ungefährlich ist,[12] möchte ich das Gesagte doch an einem Beispiel aus Tansania erläutern. So ist konstatierbar, dass es in den Grundschulen an Büchern für die Schüler fehlt, weshalb gar keine andere Wahl bleibt als die Schüler frontal zu unterrichten derart, dass sie mitschreiben können. Das Mitgeschriebene bildet dann die Grundlage des Memorierens. Aber ebenso ist festzustellen, dass diese Situation, die den Schülern das eigenständige Arbeiten erschwert, von den Lehrern nicht als Problem wahrgenommen wird: Frontalunterricht und memorierende Wissensaneignung gelten als unproblematisch, d.h. auch wenn das Fehlen der Bücher beklagt wird, so nicht aus dem Grunde, dass dies eben eine äußere Wissensvermittlung notwendig mache, sondern nur als Hinweis auf eine mangelnde materielle Ausstattung der Schule. Dem entspricht, dass Fragen danach, auf welche Weise sich die Kinder den Stoff aneignen oder welche Bedeutung das Gelernte für sie hat, keine bedeutsame Rolle spielen. Die Ergebnisse der Tests und damit der (formal im Vergleich zu anderen Kindern angebbare) Wissenstand des Kindes wird diesem nicht mitgeteilt. Versetzt wird man auch mit schlechten Ergebnissen oder wenn man zwar angemeldet, aber das ganze Jahr abwesend war.

Der sich vermeintlich zwischen der bloßen Orientierung an äußerlich angeeignetem, aber benotungsrelevantem Wissen und der scheinbaren Gleichgültigkeit gegenüber dieser sich in Testergebnissen niederschlagenden Aneignung ergebende Widerspruch wird als solcher nicht wahrgenommen. Aus europäischer Sicht konstituiert sich ein solcher Widerspruch, weil die über die Selektionsfunktion der Schule ablaufende Sozialisation hier leerläuft: Auch wenn bei uns die Selektionsfunktion nicht für die intrinsische Bedeutung des Gelernten sorgt, so konstituiert sie doch gerade durch die ständige und komparative Rückmeldung der eigenen sozialen Stellung in der Klasse das Selbstbild einer Person, die sich über ihre Leistungen zu definieren lernt und die zugleich lernt, sich diese Leistungen als (mehr oder weniger ausschließlich) eigene zuzurechnen. Man kann eine solche Sozialisationsleistung durchaus im Sinne der sozialisationstheoretischen Diskussion der 1960er und 1970er Jahre als Produktion einer ideologischen Verkennung des eigenen Subjektstatus kritisieren, wonach jeder seines Glückes Schmied sein soll. Damit gewinnt man eine Position, von der aus sich die beschriebene Situation nicht als bloßes Versagen ansehen lässt. Und auch wenn die Lehrer in Tansania betonen, dass dieses System der vergleichenden Verantwortungszuschreibung in der uns vertrauten Härte grausam sei, so ändert dies doch zunächst nichts daran, dass ihr Schulsystem zumindest formal in der Notengebung das gleiche Zurechnungskriterium des komparativen Vergleichs vorsieht: Die **Subversion** dieses Systems beruht letztlich auf der Vermeidung solcher Zurechnungen – und damit auf der Vermeidung einer Subjektivierung im westlichen Verständnis. Eine solche harte Zurechnung erfolgt dann aber doch in den landesweit organisierten Abschlussprüfungen der Grundschule, die den Ergebnisstand des einzelnen Schülers unerbittlich und unter polizeilicher Kontrolle in landesweite Ranglisten der Leistungen eintragen. Ein solches Vorgehen kann von den Primarschülern dann nur als mit ihren bisherigen Erfahrungen nicht zu vermittelndes ‚Gottesurteil' wahrgenommen werden. Eine solche Selektion hat mit ihrer bisherigen Selbstwahrnehmung wenig zu tun und kann auch kaum den eigenen kontinuierlichen Bemühungen, der eigenen ‚Karriere' zugeordnet werden.

Aussicht auf einen Platz an (kostenpflichtigen) staatlichen Sekundarschulen haben nur Schüler, die 125 von 150 möglichen Punkten im Abschlussexamen erreicht haben. Aber auch gegen diese ‚Grausamkeit', die die überwältigende Mehrzahl der Primarschüler mit der Sinnlosigkeit ihres bisherigen Schulbesuchs konfrontieren würde, gibt es einen Ausweg: Eine nicht-staatliche Entwicklungsorganisation baut mit privaten Mitteln eine regionale (aber staatlich anerkannte und ausgestattete) Sekundarschule, deren Besuch zwar teurer ist, für deren Besuch aber nur 60 Punkte erforderlich sind.[13] Wenn man nun bedenkt, dass der Unterricht an der Sekundarschule in Englisch erfolgt, dass selbst die besten Grundschulabgänger aber nicht in der Lage sind, einem solchen Unterricht zu folgen, dann kann man schließen, dass das Memorieren von zum großen Teil unverstandenen Lektionen zumindest in den ersten Jahren die grundlegende Form des Lernens darstellen wird. Man kann sich den gleichen Punkt einer aus westlicher Perspektive gegebenen Ineffektivität, die aber zugleich mit einer gewissen Weigerung einhergeht, die mit diesem westlichen Verständnis gegebene Subjektvorstellung zu akzeptieren, auch am Beispiel der Grundschullehrer – speziell ihrem Absentismus – klar machen. Grundschulen sind in Tansania siebenjährige Ganztagsschulen, und die staatlich angestellten Lehrer erhalten für ihre

Tätigkeit nicht soviel Gehalt, dass sie davon leben könnten. Sie müssen also nebenher Landwirtschaft betreiben (wozu sie auch, was von den Eltern kritisiert wird, Kinder heranziehen können). Da die Schule bis 16.30 Uhr dauert, es aber um 18.30 Uhr dunkel wird, kann man nachvollziehen, dass ein großer Teil dieser Tätigkeiten während der regulären Schulzeit stattfinden *muss*. Dies hat nicht nur zur Folge, dass man in der von mir untersuchten Region selten eine Situation antrifft, in der mehr als zwei von sieben Klassen gleichzeitig unterrichtet werden, sondern vor allem ist mit einer solchen Lage des Lehrers gleichsam eine universale Entschuldigungsmöglichkeit gegeben. Eine Verantwortungszuschreibung für den effektiven Ablauf von Schule an die Lehrer ist dort nicht mehr möglich, wo der Verweis auf ökonomische Notwendigkeiten jede Rechtfertigungsdiskussion im Keim erstickt. Die Frage, die hier interessant erscheint, ist die, warum es offenkundig keine Diskussion gibt, hier Abhilfe zu schaffen: Halbtagsschule mit Präsenzpflicht und der Möglichkeit, nachmittags Subsistenzwirtschaft zu betreiben.

Es geht hier nicht darum, kurios anmutende Zustände zu beschreiben. Ich halte es auch für den beschriebenen Sachverhalt vollständig unangemessen, ihn in Schemata wie vormodern/modern, irrational/rational oder auch nur ineffektiv/effektiv einzuordnen. Solche Einordnungen sind nicht nur deshalb wenig sinnvoll, weil sie das westliche Modell – und nicht die auch nicht gerade überwältigende Realität des westlichen Schulmodells – mit (dazu noch ausschnitthaften und möglicherweise auch nicht repräsentativen) Beschreibungen einer afrikanischen Alltagssituation konfrontieren. Sie sind auch und gerade deshalb nicht sinnvoll, weil in den Beschreibungen doch deutlich geworden sein dürfte, dass offensichtlich die Kriterien für das, was rational, effektiv oder zumutbar ist, differieren. Diese Differenz ist nicht mit der platten Gegenüberstellung zu fassen, nach der die Schule ‚in Afrika' deshalb nicht richtig funktioniere, weil das in ihr propagierte wissenschaftlich-kritische Denken der Verhaftung in traditionellen Strukturen und deren irrationalen Begründungen widerspreche.[14] Solche Thesen, die Denkstile und damit Identitäten einander abstrakt gegenüberstellen, helfen nicht weiter. Man könnte auf die marktgängige Verwurstung der in wissenschaftlich-kritischem Denkstil sozialisierten Jugend im Westen ebenso verweisen wie auf jene Hochschulabgänger in Afrika, die sich dem Willen ihres Vaters auch dann beugen, wenn sie nicht seiner Meinung sind, ihn aber respektieren und dies für unverzichtbar halten. Aber solche Verweise würden es sich wohl auch zu einfach machen, weil die vorstehenden Beschreibungen doch auf zumindest unterschiedliche Zentrierungen dessen, was in der Schule passiert, hinweisen.

Diesen Zentrierungen liegen unterschiedliche Selbstverständnisse und damit einhergehend auch unterschiedliche soziale Umgangsformen zugrunde. So scheint auf den ersten Blick gerade die Karriere-Orientierung, die Orientierung auf den Sekundarschulabschluss und den ‚white collar job' eine Subjektivität im westlichen Verständnis, ein strategisch die Bedingungen seiner sozialen Existenz planendes Subjekt vorauszusetzen. Die Frage ist aber, warum dieses Subjekt dann nicht protestiert, wenn sich Lehrer weder methodisch noch persönlich um seine intrinsische Motivation, seinen Spaß am Lernen und sein Begreifen des Gelernten bemühen; wenn das Gelernte nicht zum Prozesskriterium für persönliches Gelingen und Scheitern im Vergleich zu Mitschülern gemacht wird, wenn Urteilsfähigkeit auf der Basis des Gelernten nicht geübt wird, weil das, was sozial relevant ist, von der sozialen Stellung des es Behauptenden und nicht von der kritisierbaren, aber bestätigten Geltung eines dadurch autorisierten Wissens abhängt usw. Gerade Letzteres deutet auf einen sozialen Horizont, der die im Prozess schulischen Lernens zu konstatierende Äußerlichkeit[15] abzustützen scheint: Schulisches Lernen hat unter den (selektiv) beschriebenen Bedingungen kognitive Resultate, aber die sozialisatorischen Effekte, also die Auswirkungen auf das Selbst- wie Fremdbild etwa derart, dass man lernt, sich selbst als urteilsfähiges Subjekt der eigenen sozialen Umgebung entgegenzustellen, scheinen gering zu sein. Dies kann man auch anders formulieren: Aus der Sicht eines ‚afrikanischen Selbstverständnisses' ist die Schule effektiv in dem Sinne, dass sie einen Wissenszuwachs ohne die Zerstörung der sozialen Identität erlaubt.

Vielleicht ist das der Grund, warum Fragen der schulischen Sozialverhältnisse, von Unterrichtsmethoden, die auf Eigeninitiative, Expressivität und Urteilsfähigkeit der Kinder setzen, in den Schulreformbemühungen kaum eine Rolle gespielt haben.[16]

3 Vom Verschwinden indigener Perspektiven in einer scheinbar universalistisch orientierten Kindheitsforschung

Es wäre sicherlich falsch zu behaupten, dass es in der kulturvergleichenden Untersuchung von Kindheit und kindlicher Entwicklung kein Bewusstsein von jener Problematik des Fremdverstehens geben würde, die daraus entsteht, dass sich Menschen in anderen Kulturen an anderen Konzepten orientieren, die für sie ihre Handlungsweisen sinnvoll machen.[17] Dennoch – und das macht die Crux des Kulturvergleichs aus – braucht man einen allgemeinen Rahmen, der die Vergleichbarkeit gestattet: „A truly comparative educational discipline would ... (have – A.S.) the purpose of developing a universally applicable theory of education through systematic comparisons of the same categories of educational experience in different cultures and the exploration of functional interdependencies within and between these categories"[18]. Das Problem besteht also in folgendem Dilemma: Entweder nimmt man die kulturellen Sinnbestimmungen sowie deren semantische Codes und die sich an ihnen entfaltenden Orientierungen wie auch Emotionen ernst (womit man sich ein Problem bei der Vergleichbarkeit einhandelt) oder aber man setzt immer schon Kategorien als universal geltende Allgemeinheiten an, in die sich dann kulturelle Differenzen als Besonderheiten eintragen lassen: Dann aber braucht man den Vergleich nicht mehr, um die Allgemeinheit der Kategorien zu bestätigen, die für den Vergleich schon vorausgesetzt waren.

Wenn etwa Fortes in seiner ethnologischen Betrachtung von soziologischen und psychologischen Aspekten der Erziehung bei den Tallensi konstatiert, dass die Erwachsenen nicht über ein differenziertes Profil zur Identifikation voneinander unterschiedener Fähigkeiten verfügen, die dann als einzelne zu trainieren und in ihrer Entwicklung zu beobachten wären,[19] so kann man davon ausgehen, dass die Tallensi etwa in folgendem kulturvergleichenden Setting äußerst schlechte Karten hätten. Es handelt sich um die Zusammenfassung eines Beispiels, in dem Mira Schiff das Verhältnis von kindlichem Neugierverhalten und elterlichen Erziehungspraktiken unter dem Verdacht untersucht, dass die Ganda, eine große Ethnie im heutigen Uganda, „may suppress a child's overt curiosity". Neugier wird dabei in vier Merkmalen operationalisiert und damit messbar gemacht: verbale Nachfragen, Suche nach neuen Stimuli, kreativer Umgang mit diesen Stimuli und manipulierend-forschender Umgang mit Objekten. Das Resultat lautet: „Traditional mothers activily discourage the child from asking questions and exploring. The child of the traditional mother is therefore passive and scores low on autonomy ratings"[20].

Für die Tallensi dürften nun beispielsweise die gleichen ‚**child rearing practices**' gelten. Das Problem besteht offensichtlich darin, dass sie sich einfach keine Gedanken über die ‚autonomy ratings' machen, sondern damit zufrieden sind, wenn ihre siebenjährigen Kinder so autonom sind, eigenständig eine Ziegenherde in einem durch Wildtiere gefährdeten Gebiet zu hüten, was wahrscheinlich auf der ‚autonomy rating scale' der Erwachsenen als ziemlich verantwortungslos erscheinen würde, da das doch mehr ‚autonomy' ist als einem gleichaltrigen westlichen Kind zugemutet werden kann: Hier besteht Traumatisierungsverdacht. Worüber redet man also eigentlich, wenn man über ‚Neugier' oder ‚Autonomie' spricht? Über Neugier als eine abstrakte Orientierung, die als (mitlaufender) Selbstwert erst einmal in messbare und kulturneutrale Merkmale zerlegt werden muss – oder über legitime/illegitime Neugier, über eine Neugier, die den Anderen belästigt und daher respektlos ist, über eine schamlose Neugier? Von welcher Autonomie ist die Rede: derjenigen der selbstgesetzgebenden Autonomie eines reinen Vernunftsubjekts? Derjenigen eines ausschließlich für die Bedingungen seiner Handlungen Verantwortlichen und damit im modernen Sinne Schuldfähigen? Oder von einer Autonomie, die zwar (wie etwa auch im Fall der Tallensi) Verantwortung konzediert, aber keine ausschließliche Schuldzuschreibung gestattet?[21]

Man hat mit solchen Fragen nur dann kein Problem, wenn man die eigene Begrifflichkeit für universal gültig hält. Dazu trägt zwar einerseits die abstrakte Fassung psychischer Merkmale und Fähigkeiten und deren Operationalisierung bei, aber verlangt ist auch eine damit einhergehende Ontologie des Gegenstandsbereichs. Das in den Operationalisierungen Gemessene ist die ‚Wirklichkeit' in den von Spindler angemahnten Merkmalen der universalen Anwendung von Kategorien in einem Netz variabler Wirkungszusammenhänge. Was ‚Neugier' bedeutet, ist klar und man kann dann fragen, was sie befördert oder behindert. Damit gehört auch ein abstrakt-psychologisch fundiertes pädagogisches Konzept zu jener Ontologie: Man geht davon aus, dass es psychische Faktoren als eindeutige und in der Wirklichkeit vorkommende Sachverhalte gibt, deren Förderung oder Unterdrückung dann gesetzmäßig anzugeben ist. Ein Einheimischer, der sich keine Gedanken darüber macht, was ‚Neugier' oder ‚Autonomie' in ihrem Kern bedeuten, wie sie sich zueinander als Kategorien verhalten und wie ihre Entwicklung in sozialer Interaktion beeinflusst wird, der Sachverhalte vielleicht im Rahmen eines ganz anderen Kindheitskonzepts betrachtet, weiß eben einfach nicht, was er tut – aber er tut es.

Eine solche Sichtweise kann zwar zugestehen, dass das Handeln in anderen Kulturen in einem eigenen Sinnhorizont verankert sein mag, aber der ‚wahre Sinn' ergibt sich im interkulturellen Vergleich anhand universaler Standards – die die unsrigen sind. Man kann schließlich das Verhalten der anderen Menschen beobachten (unabhängig davon, was für sie Verhalten zu sinnhafter Handlung macht) und Wirkungen messen – wozu man sich des wissenschaftlich konstruierten Vokabulars über psychische Eigenschaften und eines methodischen Instrumentariums bedient, das von der Metaphysik stabiler funktionaler Einflussprozesse ausgeht, die eines nicht sein sollen: Interpretationen. So kann man feststellen, dass die (intrinsische) Leistungsmotivation afrikanischer Kinder nicht so hoch ist, dass bestimmte Merkmale operativer Intelligenz (nach Piaget) nicht so ausgeprägt sind, dass Autonomie nicht so gefördert wird usw. – doch was besagen solche Ergebnisse anderes, als dass die Messenden ein auf einem bestimmten Persönlichkeitsmodell beruhendes psychologisches Instrumentarium universalieren (und damit andere kulturelle Vorstellungen über unseren Leisten schlagen)?[22] Wir könnten zwar (spätestens) seit den Untersuchungen Foucaults zur Entstehungsgeschichte der modernen Seele als des ‚Täters hinter dem Tun' wissen, dass die den Humanwissenschaften zugrunde liegende Vorstellung des Menschen eine historische Konstruktion darstellt, deren inhaltliche Ausgestaltung eng mit Normalisierungsentwürfen verbunden ist.[23] Wir könnten wissen, dass wir in diesem Rahmen gelernt haben, das Äußere als symbolischen Ausdruck für ein (ontologisch) dahinter liegendes Inneres anzusehen, von dem wir durch die objektivierende Wissenschaft wissen, wann es in welcher Dimension und in welchem Alter als normal anzusehen ist. Und wir könnten (mit Foucault) wissen, dass es Signum dieser Vorstellungswelt ist, das Normale mit dem Natürlichen kurzzuschließen. Aber dieses Wissen hindert uns keineswegs daran, uns und andere in diesem Modell mit aller dazu gehörigen Emotionalität zu verorten. Wenn man etwa bei Riesman über die Fulani liest, dass diese glauben, dass Kinder, solange sie noch keinen ‚sozialen Verstand' haben, d.h. bis zum Alter von etwa sieben Jahren, nicht für Fehlverhalten bestraft werden,[24] so sind wahrscheinlich romantisierende Pädagogen kaum davon abzuhalten, darin nicht ein positives Modell zu sehen, das eine Gängelung der Kinder vermeidet. Wenn man dann aber bedenkt, dass dies eben auch bedeutet (um ein Beispiel vom den Fulani benachbarten Volk der Dogon zu nehmen), dass man sich um das, was ‚in' den Kindern vorgeht, nicht kümmert – also etwa als Mutter seine kleinen Kinder für Wochen unbelastet verlässt, weil man davon ausgeht, dass diese zum einen bei anderen Bezugspersonen gut aufgehoben sind und zum anderen nicht genügend sozialen Sinn haben, um die Mutter als Mutter zu vermissen, dann schlägt die Sache gerade auch in den Augen romantisierender Pädagogen um: Man geht von schweren psychischen Schädigungen aus und wäre wahrscheinlich verwundert, dass man sich mit einem Fulani oder Dogon ohne Hilfe eines Psychiaters verständigen kann: Aus den ‚guten Wilden' werden dann ganz schnell ‚Barbaren'.

Riesman beschreibt dieses hier an einem einfachen Beispiel gezeigte, aber auch grundsätzliche Forschungsproblem als Rationalitätsdilemma. Man könnte sich (zumindest theoretisch) auf einen emischen Standpunkt stellen und die indigenen Kindheitskonzeptionen und das ihnen korrespondierende Handeln als rational und als legitimerweise nicht von außen durch ein anderes Rationalitätsmodell problematisierbar akzeptieren. Dieser Position, die Riesman der französischen Griaule-Schule[25] zuschreibt, stellt er für die Ethnologie das Modell der gebrochenen Rationalität der englischen Sozialanthropologie gegenüber. Diese habe zwar auch eine indigene Rationalität angenommen, diese aber doch durch westliche Standards relativiert[26]: So hat etwa Evans-Pritchard die Rationalität der Hexereivorstellung der Zande rekonstruiert und sich gleichzeitig von dieser Irrationalität distanziert.[27] Man könnte vielleicht sagen, dass die bisher diskutierte (vor allem psychologische) kulturvergleichende Forschung die Skrupel der britischen Sozialanthropologie überflüssig macht, weil hier die indigene Rationalität als solche keine Rolle spielt. Die Untersuchungen über den Einfluss einzelner ‚**child rearing practices**' auf methodisch isolierte Persönlichkeitsvariablen, wie sie im Anschluss an die Untersuchungen von Whiting und Child[28] über Jahrzehnte dominant waren, konnten das kulturelle Selbstverständnis zu einem kognitiven Inhalt und zu einer die Erziehungspraktiken beeinflussenden Haltung neutralisieren. Unabhängig von der subjektiven bzw. indigenen Bedeutungszuschreibung konnte man sich so auf das wissenschaftlich ‚objektiv Konstatierbare' beschränken: das Verhältnis von Erziehungspraktiken zu Persönlichkeitsmerkmalen.

Dabei sind die Kategorien, mit denen das ‚Innere' der Persönlichkeit zergliedert und vermessen wird, nicht nur Ausdruck einer symbolisch erschlossenen Konstruktion, sondern allein in ihrem Licht ergibt sich auch sinnvoll die Grundannahme eines funktionalen Zusammenhangs von (frühkindlichen) pädagogischen Bemühungen und späterer (mit Hilfe dieser Kategorien vermessbarer) Persönlichkeitsstruktur. Diese Annahme, dass bestimmten Handlungsstrategien der Erwachsenen eine bestimmte Charakterform des Kindes als abhängige Variable korrespondiere, gehört sowohl auf individualpsychologischer wie auch auf kulturvergleichender Ebene (der sogenannten ‚basic personality') zu den großen Mythen dieses Jahrhunderts. Ungeachtet der bereits frühen grundsätzlichen Kritik bei Thomae[29], die von der These der Unmöglichkeit eines empirischen Nachweises dieses Zusammenhangs ausgeht, oder konkurrierenden Ansätzen wie etwa dem Symbolischen Interaktionismus, der Ethnomethodologie bis hin zu Theoremen der Selbstorganisation, die alle die Gebrochenheit äußerer Einwirkungen durch die dadurch gerade nicht determinierte Außeneinwirkung in den Vordergrund rücken, hat diese globale Vorstellung als Hintergrundannahme einen Siegeszug angetreten, der bis in das Alltagsbewusstsein pädagogisch Verantwortlicher reicht.[30] Dabei ist die Konstruktion eines solchen Zusammenhangs selbst schon – was bei Mythen üblich ist – eine Verkehrung ihrer Herkunft. Freuds Psychologie, von der diese Vorstellungswelt lebt, war eine Metapsychologie: eine Erzählfolie zur Rekonstruktion der eigenen Biographie nicht als eines ‚objektiven Geschehens', sondern als Geschichte eines Erlebniszusammenhangs, deren Ziel nicht ‚Wahrheit', sondern die Aufhebung eines an diesen Erlebniszusammenhang gebundenen Leidens ist.[31] Diese Perspektive arbeitet mit Grundannahmen wie etwa der besonderen Bedeutung kindlicher Erlebnisse für spätere Blockaden, aber eben auch mit der Annahme, dass alle Ereignisse überdeterminiert sind, d.h. eben, dass eine lineare, von ihnen gleichsam mit kausaler Notwendigkeit ausgehende ‚Prägung' als kontingent betrachtet werden muss. Vereinfacht könnte man sagen: Alles kann ‚prägend' sein, aber was, das wiederum kann man als subjektive Wahrheit erst im Nachhinein sagen – und das ist gar nicht so leicht. Aus einer solchen Rekonstruktion subjektiver Erlebniswahrheiten gegen subjektive Widerstände wurde dann schließlich ein Erklärungsmodell typisierter Charakterproduktionen.

Auf dieser Ebene ist es dann auch für pädagogische Handlungstheorien ‚anschlussfähig'. Das Problem, was sich aber weiter oben (auch schon am Beispiel der Schule) zeigte, war, dass der behauptete Wirkungszusammenhang in afrikanischen Vorstellungen keine Entsprechung zu finden scheint: dass man dort zwar von äußeren Einflussmöglichkeiten auszugehen scheint, aber das Moment der Abhängigkeit eines persönlichen, in psychologischem Vokabular vermessbaren Charakters von den eigenen Umgangsformen mit Kleinkindern kaum eine Rolle zu spielen scheint. Dies betrifft aber direkt die seit der Aufklärung im Westen vorherrschende Konstruktion einer ‚Erziehungskindheit'.

4 Plädoyer für den Abschied vom Modell einer ‚Erziehungskindheit' bei der Betrachtung fremdkulturellen Umgangs mit Kindern

‚Erziehungskindheit'[32] – dieses Konzept impliziert nicht nur eine analytisch zergliedernde Konstruktion von Kindheit als Konglomerat von (normalisierten und normalisierbaren) Dispositionen oder Charaktermerkmalen oder Kompetenzen, sondern vor allem eine handlungstheoretisch konzipierbare Vorstellung von Erziehung. Der Erzieher handelt, und das hat Auswirkungen, die sich in diesem persönlichkeitstheoretischen Vokabular thematisieren lassen. Der Erzieher hat damit nicht nur Steuerungskompetenz, sondern auch Verantwortung für den normalisierenden Personbildungsprozess. Als Pädagoge kann und sollte man aber zumindest zwei Dinge im Kopf behalten. Erstens handelt es sich bei dieser Konzeption um eine Erfindung des 18. Jahrhunderts. Und zweitens ist sie nicht ohne eine Reihe von Paradoxien, die sich sowohl auf den technischen wie auch auf den moralischen Aspekt beziehen, formulierbar, die hier nicht weiter thematisiert werden sollen[33]: Es reicht der Hinweis darauf, dass man sich mit dieser Vorstellung nicht unerhebliche und wahrscheinlich im Rahmen dieser Konzeption auch unlösbare Probleme einhandelt.

Dies aber verhindert wohl (wie schon im Falle der persönlichkeitstheoretischen Kindheitskonstruktion oder der verkehrten psychoanalytischen Wirkungsvorstellung) nicht die Universalisierung dieses handlungstheoretischen Konstrukts von ‚Erziehung'. So geht etwa Rothe in seinem Buch mit dem Untertitel ‚Umrisse einer Ethnopädagogik' davon aus, dass Kulturen nicht nur das beeinflussen, was wahrgenommen wird, sondern auch die (kategoriale) Art und Weise, wie etwas wahrgenommen wird.[34] Aber wenn er davon spricht, dass Kulturen als Wertsysteme zu betrachten sind, und dass das jeweilige Wertsystem „sich in Erziehungszielen und Erziehungsmethoden niederschlägt"[35], dass Erziehung „sich, wenn wir sie weltweit betrachten, mit zwei unterschiedlichen Zielrichtungen abspielen (kann): Erziehung kann einmal als Identifikationsprozess verwirklicht werden, zum anderen ist es aber auch möglich, Erziehung als Innovation anzusehen und zu betreiben"[36], dann wird deutlich, dass der Autor die eigene Einsicht in der Durchführung seiner Betrachtungen vermissen lässt. Erziehung, so wie wir sie verstehen, findet überall statt: Sie hat nur verschiedene Ziele – aber auch nur zwei, damit wir bei all den Kulturen nicht den Überblick verlieren. Ziel ist entweder, dass die Kinder parieren, oder aber, dass man sie fördert.[37]

Nun kann man zwar eine solche ethnozentrische Sichtweise einnehmen und aus dieser Perspektive etwa auf afrikanische Umgangsformen mit Kindern hinweisen, die an äußerem Wohlverhalten orientiert und dabei auch nicht zimperlich sind. So wird etwa scheinbar problemlos geschlagen, um ein bestimmtes, sozial als negativ bewertetes Verhalten abzustellen. Eine solche Vorgehensweise, die sich wenig darum zu kümmern scheint, wie denn das Kind nun etwa die Schläge verarbeitet oder die ständigen, als Befehle formulierten Verhaltensaufforderungen wahrnimmt, gerät unter der Perspektive einer an Persönlichkeitsformung orientierten ‚Erziehungskindheit' fast zwangsläufig in den Ruf einer bloßen Anpassung an soziale Erwartungen, einer Unterdrückung der Individualität, der Produktion einer regelgeleiteten sozialen Identität. **Respekt** vor positional definierten Autoritäten scheint das einzige Ziel des Umgangs mit den Kindern zu sein.[38] In der Kategorie des ‚Respekts' scheinen afrikanisches Selbstverständnis und (entlarvende) westliche Erziehungsperspektive zu konvergieren. Der Jüngere muss den Älteren, die Kinder die Eltern und die Frauen die Männer respektieren, was man weitgehend mit ‚gehorchen' übersetzen kann. Eigene Ansichten und Wünsche müssen zurückgestellt werden. Wer das nicht tut, gilt als ‚schlecht erzogen' und muss sich schämen. Die Angelegenheit wird allerdings komplizierter, wenn man berücksichtigt, dass Respekt nicht gleichbedeutend mit verantwortungsloser Willkür ist. Auch die Eltern haben ihre Kinder zu respektieren, der Mann hat auch die Frau zu respektieren. Dies ist nun in dem Modell von Befehl und Gehorsam nicht so einfach zu denken, weil es dieses Modell noch einmal an externe Bedingungen knüpft: Befehl und Gehorsam werden noch einmal an einen Respektbegriff gebunden, der in Befehl und Gehorsam eben nicht aufgeht. Und es hilft auch nicht weiter, wenn man sagt, dass auch die Grenzen von Befehl und Gehorsam in einem Abhängigkeitsverhältnis noch über soziale Erwartungen definiert sind, weil eben diese sozialen Erwartungen einen anderen Bezugspunkt haben müssen als das positional definierte Autoritätsverhältnis. Wenn etwa ein Vater seinem Sohn befiehlt, ihm etwas zu bringen und der Sohn dies tut, so gilt es als respektlos gegenüber dem Sohn, wenn der Vater das Gewollte nicht nimmt, sondern ihm aufträgt, es zurückzubringen. Wenn ein Mann seiner Frau aufträgt, etwas zu kochen und es dann nicht isst, so ist dies respektlos gegenüber der Frau. Wenn man diese Respektlosigkeit als solche begründen will, kann man nicht darauf verweisen, dass auch ein abhängiger Mensch ein ‚Mensch' sei. Dies einfach deshalb nicht, weil das positionsunabhängige Abstraktum ‚Mensch', jene Erfindung, von der Foucault spricht, (noch?) nicht erfunden ist: Wäre sie es, gäbe es unsere Autonomievorstellung, die seit Rousseau den ‚Menschen' gegen den ‚Bürger', universalistische Moral gegen politische Regelsetzung ausspielt. Was also rechtfertigt die Rede von der Respektlosigkeit? Es kann auch nicht die Übernahme der persönlichen Perspektive des Anderen sein, weil dies wiederum die Äußerlichkeit der Regelbefolgung auch für die afrikanischen Eltern als Problem definieren würde, was es aber doch gerade nicht zu sein scheint.

Das Problem, die Rede von Respektlosigkeiten unter Bedingungen zu verstehen, die Hierarchien unangetastet lassen und nicht auf egalitäre ‚Menschheitsauffassungen' als Kriterium zurückgreifen, zeigt, wie schwierig es ist, mit westlichen Kategorien, die auf der Differenz von innerer Persönlichkeit und äußeren Verhältnissen beruhen, zu begreifen, wie ‚Kindheit' (oder eben auch andere abhängige Positionen) unter dem Begriff des ‚Respekts' zu verstehen sind. Diese Schwierigkeit wird noch deutlicher, wenn man berücksichtigt, dass ‚Egalität' in einer ganz bestimmten Hinsicht besteht. Der Befehl des Vaters zielt nicht auf die ‚innere Einstellung': Er wird nicht problematisieren, ob der Sohn seiner Anordnung nur folgt, weil es eine Anordnung ist, weil er Angst vor Strafe hat oder weil er es gerne für den Vater tut. Eine solche ‚pädagogische Strategie' gilt nicht nur als sinnlos, sondern ebenfalls als respektlos. Ein Sohn kann vorsichtig andeuten, dass er eine andere Sache vorziehen würde, aber er wird nach einer ablehnenden Äußerung des Vaters auf keinen Fall in einen Rechtfertigungsdiskurs eintreten. Das gilt als respektlos. Jemanden in einer ernsthaften Diskussion mit Argumenten zur Einsicht bringen zu wollen, ihn auf das von ihm Gesagte festlegen zu wollen, ihn unter moralischen Rechtfertigungszwang zu setzen – dies gilt unter allen Umständen als respektlos. Man gewinnt mit diesen Beispielen eine andere Perspektive auf den über asymmetrische Positionen definierten Respekt: ‚**Respekt**' meint nun nicht nur die Achtung der Position des Anderen, seiner sozialen Identität, sondern darüber hinaus das, was man vielleicht den ‚Respekt vor der Eigensphäre' des Anderen nennen könnte. Diese Dimension des Respekts äußert sich gerade auch in der Äußerlichkeit: Sich nur im ‚Äußerlichen' zu bewegen, bedeutet eben auch, das ‚Innere' des Anderen weder zum Bezugspunkt der eigenen Orientierung zu machen noch zum Thema intersubjektiver Verständigung. Es bildet eine ‚unsagbare Identität'[39].

Dieser doppelte Respekt drückt sich auch in einem zweifachen Verständnis der **Scham** aus: Man kann sich – und das korrespondiert jener Auffassung einer ‚äußerlichen Anpassung' – schämen, weil man die sich aus der sozialen Position ergebenden Verhaltenserwartungen nicht befolgt und Angst vor Sanktionen hat. Man kann sich aber auch schämen, weil der andere einen mehr respektiert als er dies aufgrund seiner Position müsste. Wenn ein Vater seinem Sohn mehr Aufmerksamkeit widmet als dieser das erwarten kann, wird der Sohn sich schämen und diese Scham ist produktiv: Sie führt dazu, dass der Sohn alles tun wird, um den Vater nicht durch ein respektloses Verhalten anderen Personen gegenüber zu beschämen.[40] Die auf diese Weise induzierte ‚Arbeit an sich selbst' verweist auf eine ‚**Pädagogik der Unverfügbarkeit**', die der ‚Erziehungskindheit' diametral entgegengesetzt ist.

Diese Unverfügbarkeit meint nicht nur den Sachverhalt, dass besten pädagogischen Absichten schlechte Wirkungen entsprechen können und umgekehrt; in afrikanischem Verständnis[41] meint diese Unverfügbarkeit nicht eine der einen Person über das Innere der anderen, sondern noch die Voraussetzung dieser Vorstellung: Man geht von einem ‚Riss im Subjekt'[42] aus, einer dezentralisierten Auffassung der Person, die beinhaltet, dass der Einzelne sein Eigenes nicht als Einheit zu thematisieren vermag, sondern dass dies nur in Form eines Verhältnisses zu sich selbst als Differenz möglich ist. Dafür, dass diese Differenz weder durch Reflexion noch durch ‚Arbeit an sich selbst' zur Einheit zu bringen ist, sorgt die Bindung des Eigenen an transzendente Instanzen, die typisch zu sein scheint für afrikanische Personauffassungen.[43] So bilden bei den Dogon Bestimmungsahnen, die Körner der ihnen bei der Weltschöpfung gegebenen Feldfrüchte, die sich im Schlüsselbein befinden, eine Lebenskraft, die sich im Blut lokalisiert und acht dem Körper und Geschlecht zugeordnete spirituelle Prinzipien, die ihren Sitz zum Teil außerhalb des Körpers in Schreinen haben,[44] ein Ensemble des eigenen ‚Inneren', das als solches vom Individuum nicht zur Einheit gebracht werden kann, sondern seine Intentionen, Emotionen und Wahrnehmungen immer schon durchkreuzt und damit nur begrenzt zuverlässig macht. Damit umzugehen, verlangt einen Respekt vor der Unverfügbarkeit des Inneren und damit eine ‚äußerliche Orientierung'.

Man kann daraus die Folgerung ziehen, dass ‚Kindheit' keine entwicklungspsychologisch rekonstruierbare Kategorie darstellt, sondern dass sich das, was ‚Kindheit' meint, an der Äußerlichkeit sozialer Pflichterfüllung orientieren wird und dass es von daher nachvollziehbar ist, dass ‚Kindheit' ebenso wie ihre Periodisierung in Entwicklungsstufen sozial definiert und organisiert sein wird. Jedoch ist aus dem Gesagten ebenso einsichtig, dass eine solche Periodisierung von Stufen der Kindheit niemals nur funktional verstanden werden darf als jeweils neu definierte Kompetenz in der Regelbefolgung, die nun von dem Kind erwartet werden darf. Eine solche Betrachtung wird immer auch das damit induzierte Verhältnis des Kindes zu sich selbst als gegenüber den sozialen Erwartungen differentem Wesen berücksichtigen. Sozial organisierte (rituelle) Übergänge (wie das Zahnausbrechen, das Durchstechen der Ohrläppchen und die Beschneidung bei den Batemi[45]) sind zugleich Stufen einer ‚Arbeit an sich selbst', eines neuen Selbstverständnisses, das sich im Bezug zur Gesellschaft zugleich als das diese Überschreitende und damit Unfassbare konstituiert. Dies wird dort besonders deutlich, wo die Gesellschaft in der Integration des Einzelnen aus der Rolle fällt und ihm damit einen Reflexionsraum eröffnet und zugleich begrenzt: in der Initiation.

5 Initiation: Zur Logik eines anderen Selbst- und Weltverhältnisses

Initiationen bezeichnen ritualisierte Übergänge von der Kindheit in den Erwachsenenstatus. In ihnen vollzieht sich meist in drei halbwegs unterscheidbaren Phasen, die von der (abrupten) Herausnahme aus den kindlich-familialen Lebenszusammenhängen und einen ‚rituellen Tod' über eine Seklusionszeit bis zum ‚coming out' als Erwachsener reichen.[46] Der erzwungene Abschied von der kindlichen Identität, die Zeit ‚zwischen den Identitäten' und die Konstitution der neuen sozialen Identität sind dabei nicht als kontinuierlicher Wandlungsprozess organisiert, sondern als Bruch: Die neue Identität hat mit der alten nichts mehr zu tun.[47] Deshalb ist der Zustand zwischen den beiden Identitäten auch nicht als Lernprozess organisiert – auch wenn manche Pädagogen meinen, dass es sich bei Initiationen um Vorformen organisierten Lernens mit Abschlussprüfung handele.[48] Bei Initiationen geht es nicht um einen kognitiven Lernprozess[49]: Selbst wenn Verhaltensweisen des Erwachsenen dargestellt werden, so handelt es sich doch um Verhaltensweisen, die die Novizen schon lange kennen.

Die Initiation stellt einen Wandlungsprozess der Person dar, dessen zentrales Kennzeichen gerade darin zu bestehen scheint, dass die Novizen nicht wissen, was mit ihnen geschieht. Dies betrifft zumindest zwei verschiedene Ebenen. Zum einen ist das, was mit ihnen passiert, von ihnen nicht vorhersehbar: Es verlässt den Rahmen des sozial als normal Erwartbaren und kann Schmerz, Erniedrigung und auch Todesangst bedeuten. Tuzin hat diese Ebene der Erfahrung einmal treffend so charakterisiert: „to the young mind the initiation is by all indication a mass of inchoate, mostly terrifying sensations"[50]. Es handelt sich um eine Zeit, in der die sozialen Regeln außer Kraft sind, in der man sich auf nichts, auch nicht auf die Mitmenschlichkeit der Verwandten verlassen kann. Die zweite Ebene besteht darin, dass das, was passiert, eine Bedeutung hat, die über den Bereich des Kommunizierbaren hinausgeht, die sich auch dem Wissen und der Verfügungsgewalt derjenigen, die die Initiation leiten, entzieht.[51] In der Initiation wird man mit transzendenten Mächten konfrontiert, deren Kraft sich auch der Verfügungsgewalt der initiierten Männer entzieht, die aber ihre Identität als Männer gerade dem in der Initiation konstituierten Verhältnis zu diesen Mächten verdanken.[52]

So werden die Batemi alle sieben bis zehn Jahre in Altersklassen initiiert,[53] Diese Initiation findet während des einmal jährlich in den Dörfern sich ereignenden zentralen religiösen Festes statt. Während dieses Festes, das *mase* heißt, findet der engste Kontakt der Batemi mit den von ihnen verehrten transzendenten Kräften statt: Diese manifestieren sich in Klängen, die ‚die Stimme Gottes' darstellen und von initiierten Männern mit Hilfe von Hörnern der großen Kudu-Antilope hervorgebracht werden. Dieser Sachverhalt, dass es Männer sind, die die Klänge hervorbringen, darf von Kindern und Frauen nicht gewusst werden. Aber es wäre falsch zu meinen, dass man es hier mit einem bloßen Herrschaftsinstrument der Männer zu tun hätte, da auch die Männer Angst vor der von ihnen erzeugten Kraft haben: Der Klang ist Zeichen des Anderen und geht nicht in ihrer Fähigkeit auf, Töne zu produzieren.

Die Stimme selbst bildet eine unfassbare Einheit, einen offenen Verweisungszusammenhang. Die Stimme steht (gleichsam als Repräsentanz) für den Pantheon transzendenter Wesen, die die Batemi auch in ihren Tempeln verehren oder mit Gebeten anrufen. Zugleich aber steht sie auch für sich selbst: Sie hat einen eigenen (göttlichen) Namen und eine unabhängige Entstehungsgeschichte. Als ‚Identität' aber zerfällt sie zugleich wiederum in verschiedene ‚Figuren', die mit bestimmten Klangnamen assoziiert werden. Als derart offener Verweisungszusammenhang steht die Stimme für die Unbestimmbarkeit der Transzendenz. Man kann sie während des Festes um Hilfe bitten und sie wird über einen Übersetzer antworten.

Aus Anlass des Festes werden die zu initiierenden Jungen, die meist im Alter zwischen zwölf und zwanzig Jahren sind, nach einer Kopfrasur, die meist durch die Großmutter erfolgt, von den Männern in den Wald gebracht. In diesen Wald und zu den in ihm liegenden Quellen, deren Wasser die ökonomische Existenzgrundlage der Batemi bildet, haben Frauen und Kinder keinen Zutritt. Bereits auf dem Weg werden sie von Tierlauten, die von in Tierfellen gekleideten Kriegern im Unterholz hervorgebracht werden, geängstigt. Man sagt ihnen, dass sie entweder von ‚Gott'[54] oder den wilden Tieren, die er geschickt habe, verschlungen würden. Es erfolgt dann eine erste Konfrontation mit der (für sie noch nicht als Hörner identifizierbaren) göttlichen Stimme. Diese, Grundlage und Sicherungspunkt der Kultur, fordert sie nun über einen Übersetzer auf, eben diese Grundlagen in Frage zu stellen. Sie sollen beschämende Dinge tun – wie etwa ihren Vater beleidigen oder sogar schlagen. Wenn aber das, was als göttlicher Garant der Kultur gilt, deren aktuale Negation verlangen kann, so bedeutet dies zweierlei (was nicht erklärt, sondern agiert wird): Zum einen ist damit angezeigt, dass die transzendente Grundlage der Kultur nicht selbst an diese gebunden ist, sondern sie immer schon übersteigt; zum zweiten bedeutet dies eben auch, dass – wenn die Kultur auf diese Grundlage verwiesen ist – die Kultur selbst kontingent ist. Sie ist durch das, was sie bedingt, auch zerstörbar.

Anschließend werden die Initianden von der göttlichen Stimme nach ihren Verfehlungen gefragt: Es wird also das Gegenteil, die Konformität mit sozialen Regeln, zum Bezugspunkt. Im Einklang mit der furchterregenden Stimme wird das Gebrüll der ‚Tiere' aus dem Unterholz immer lauter und bedrohlicher. Man bringt die verängstigten Initianden dann an einen anderen Ort, deckt sie mit einer Ziegenhaut zu und sagt ihnen, dass ‚Gott' sie nun holen werde. Manchmal kommt ihnen auf dem Weg zu dieser Stelle ein blutüberströmter Mann entgegen, der ‚Gott' entronnen ist. Nachdem sie eine Zeitlang gelegen haben, holt man sie und führt sie zu einer Seklusionshütte im Wald, wo sie wiederum durch die Hörner verhört werden. Während dieser Situation werden ihnen zum ersten Mal die Hörner gezeigt, wobei die meisten der initiierten Krieger der voraufgehenden Altersklasse in Weinkrämpfe und ekstatische Zuckungen verfallen. Man erklärt den Novizen nun die Herkunft und die Funktion des Horns und sagt ihnen, dass nur dieses transzendente Medium die Kraft habe, sie zu wahren Männern zu machen. Sie werden mit einigen Regeln des Kriegerstatus vertraut gemacht, die sie allerdings schon vorher kannten. Sie werden, nachdem sie aus ihrem Kreis einen Sprecher bestimmt haben, aufgefordert, auf die Hörner zu schwören, dieses Geheimnis nicht zu verraten. Manchmal trinken sie das Blut einer geopferten Ziege, dessen magische Kraft sie töten wird, wenn sie das Geheimnis verraten. Doch schon der Fluch der Hörner, der den trifft, der das Geheimnis verrät, reicht aus, ihn zu töten.

Auch hier bliebe man nur an der Oberfläche, wenn man sagen würde, das Geheimnis bestehe nur darin, dass Frauen und Kinder nicht wüssten, dass die Männer versteckt Hörner blasen, um die göttliche Stimme zu erzeugen. Das Geheimnis, das die Hörner bergen, ist ihre magische Kraft: Dieses Geheimnis, das auch die Männer nicht kennen, vor dem aber auch sie Angst haben, können sie gar nicht verraten.

Die Novizen, die nach diesem Schwur als neugeboren gelten und sich mühsam mit Hilfe von langen Stöcken, die sie eng am Körper halten und die ‚Nabelschnüre' genannt werden, fortbewegen, erhalten als Erklärung die Aussage, dass dieses sich auch ihnen entziehende Geheimnis von nun an als ihr Innerstes anzusehen sei: Wie Frauen, die ihr Geschlecht niemals zeigen dürfen, so dürfen auch sie ihr Innerstes nicht zeigen. Die materialisierte Transzendenz wird nun zum Anderen des männlichen Selbst – ohne dieses Andere hat der Mann keine Identität und mit ihm eine, zu der er sich zwar über rituelle Handlungen in ein Verhältnis setzen kann, die aber immer mehr ist als seiner Intentionalität zugänglich ist. Der Mann kann sich zu sich in ein Verhältnis setzen, indem er sich zu sich als zu einem für ihn nicht zugänglichen Anderen in Beziehung setzt.

Dies bedeutet, dass die Initiation ihn über die bindende Konfrontation mit einem Anderen in ein Verhältnis zu sich selbst setzt, das seine soziale Identität immer schon überschreitet: Er ‚ist' mehr als eine soziale Funktion. Das ist er zwar auch schon im System des Respekts, das ihm einerseits immer Spielräume offen lässt, die nicht geregelt sind, und ihm andererseits immer den Verweis auf andere Verpflichtungen nahelegt. Als initiierter Mann nimmt er einen autonomen Standpunkt gegenüber den sozialen Regeln ein, von denen er weiß, dass ihre Grundlage kontingent ist. Aber diese Autonomie ist keine im westlichen Verständnis: keine Fähigkeit zur Selbstgesetzgebung jenseits jeder sozialen Einbindung in einem intelligiblen Reich der Zwecke. Seine Autonomie gegenüber den sozialen Regeln beruht auf einer Bindung an deren kontingente, auch für ihn nicht verfügbare, ihn aber als Differenz zur ‚blinden sozialen Identität' konstituierende Transzendenz. Die Differenz zwischen sozialem Selbst und transzendentem Anderen, die ihn als Mann nun ausmacht, bedeutet mit der erlangten Souveränität eine Erfahrung ihrer unaufhebbaren Grenze.

6 Schlussbetrachtung

Man wird davon ausgehen müssen, dass es problematisch ist, mit einem abstrakt als universal behaupteten Gegenstandsverständnis von Kindheit, Entwicklung und Persönlichkeit sowie mit jener pädagogischen Idee der Beeinflussbarkeit und Verantwortbarkeit von Entwicklung, wie sie im 18. Jahrhundert in Europa entwickelt wurde, an die Betrachtung fremder Kulturen heranzugehen. Dies ist eine unliebsame Vorstellung, weil sie die Logik wissenschaftlicher Wahrheitsproduktion in Zweifel zieht, sofern diese von den Standards der Operationalisierung klar definierter Konzepte und der universellen Anwendbarkeit wissenschaftlicher Erhebungsmethoden ausgeht. Fremde Kulturen sind jedoch kaum als differente Ausprägungen desselben Musters zu verstehen: Zumindest dürfte man ihnen so kaum gerecht werden. Ob und inwieweit man das kann, ist Gegenstand einer nun schon lange andauernden Kontroverse in der Ethnologie. Diese methodischen Schwierigkeiten des Fremdverstehens und der Möglichkeit einer Repräsentation des Fremden von seinem Anderen, dem Unseren her[55] entheben nicht der Aufgabe, mit Hilfe ethnologisch inspirierter Feldforschung sich jenen Selbst- und Fremdbildern zu nähern, in deren Rahmen Kindheits-, Entwicklungs-, Selbstdisziplinierungs- und Bildungsprozesse ihren Sinn gewinnen. Erst eine solche Grundorientierung mit ihrer Sensibilität und ihrer ständigen Problematisierung des eigenen kategorialen Zugriffs vermag – ohnehin als Methodenverbund konzipiert – auch psychologischen Untersuchungsperspektiven ihren Ort anzugeben. Eine bildungsethnologische Herangehensweise, wie sie in den letzten beiden Abschnitten angedeutet wurde, verweist nicht nur auf andere Logiken des Aufwachsens, sondern auch und gerade auf die Notwendigkeit, dass sich im Versuch des Begreifens dieser Logiken die eigenen Kategorien verändern müssen. Es ‚gibt' nicht nur andere Bildungsprozesse, sondern auch andere Bildungsverständnisse, deren Dignität – soweit muss der Kulturrelativismus reichen – nicht davon abhängig ist, ob sie mit neuzeitlichen Konzepten von ‚Bildung' übereinstimmen. Mit einer solchen Forschungsperspektive lässt man die eingangs in ihrer Problematik aufgezeigte und abstrakt-universalistische Gegenüberstellung von ‚Tradition' und ‚Moderne' ebenso hinter sich wie den damit verbundenen Anspruch, die Welt nach eigenem Muster (letztlich normativ) vermessen zu wollen.

Anmerkungen

1 Das Bild von der Ethnologie als einer Wissenschaft mit dem praktischen Ziel der Rehabilitation abgewerteter Kulturen findet sich bei Streck 1997.
2 Zu dieser missionarischen Tradition werden hier auch die ‚Universalisten' gezählt, die mit westlichen Wertmaßstäben, aber auch mit für universell gültig gehaltenen wissenschaftlichen Erkenntnissen psychologischer und sozialwissenschaftlicher Art aufbrechen, ‚Defizite' zu bekämpfen.
3 Die folgenden Ausführungen beziehen sich – mit allen Abstrichen, die man bei der auferlegten Generalisierung machen muss – auf Schwarzafrika, also auf Afrika südlich der Sahara. Sie lassen mithin die Maghreb-Staaten unberücksichtigt, deren Behandlung sicherlich auch ein eigenes Thema darstellen würde.
4 Die Ethnologie betont die indigene Rationalität des ‚wilden Denkens' (Lévi-Strauss) auch dann, wenn sie Probleme mit der Gleichwertigkeit hat. Dies kann man aus der Diskussion um das Hexereikonzept der Zande (vgl. Evans-Pritchard 1978) und der um den Rationalitätsbegriff kreisenden Diskussion der Möglichkeit des Fremdverstehens lernen (vgl. Kippenberg/Luchesi 1978 und den Vermittlungsvorschlag von Sperber 1989 sowie dazu Schäfer 2000).
5 Es verwundert, dass sich (auch afrikanische) Untersuchungen von Kindheit und Jugend fast ausschließlich auf das Problem der Schule beziehen. Dies liegt nicht nur daran, dass es keine bzw. so gut wie keine anderen pädagogischen Einrichtungen in Afrika gibt: Untersuchungen zu Lebensentwürfen Jugendlicher, zur Situation von

Straßenkindern, zum Sich-Durchschlagen im informellen Sektor, zur Jugendkriminalität, zum Umgang mit zerbrochenen Familien aufgrund von Arbeitsmigration stellen weithin ein Desiderat dar. So gibt es zwar Untersuchungen über die Leistungsmotivation von Jugendlichen im ländlichen Ghana mit Hilfe europäischer Standards, d.h. ohne Berücksichtigung der Lebensbedingungen und Valenzen dieser Jugendlichen; aber mir ist keine Untersuchung bekannt, die sich mit der Frage beschäftigt, warum die in ganz Schwarzafrika verbreitete Praktik, kleine Kinder auf Dauer zu weit entfernt lebenden Verwandten zu geben, für die Eltern kein Problem darzustellen scheint.

6   Vgl. Unicef 2001, S. 120ff.
7   Vgl. ebenda S. 154ff.
8   Die in der entwicklungstheoretischen Diskussion vor allem der 1970er Jahre so beliebte Alternative zwischen Entwicklungstheorie und Dependenztheorie (exogen: weltmarkt-, imperialismus- oder neokolonialismusverursachte Abhängigkeit der Peripherie) hat für Afrika (im Gegensatz zu Südamerika) niemals eine ernstzunehmende Rolle gespielt. Die Entwicklungstheorie, die weitgehend von (nach und nach zu behebenden) internen Entwicklungshindernissen ausgeht und eine gleichsam naturnotwendige Verbesserung der Verhältnisse predigt, hat hier weiterhin Geltung. Dies mag nicht zuletzt an einer Außenstützung dieses Modells durch offizielle/staatliche und inoffizielle/nicht-staatliche Unterstützungen liegen, die die Eigeninitiative auf das Erwartungsprofil der Geberorganisationen einstellen.
9   Vgl. Hanf u.a. 1977 und zur Diskussion Adick 1992.
10 Es hat weder an dieser Einsicht in die zentrale Bedeutung des Primarschulwesens noch an gutgemeinten Konzepten zur ‚intrinsischen' Bedeutungssteigerung dieser Primarschulbildung gefehlt: Vgl. etwa Adick u.a. 1982; Kordes 1982; Mergner 1991; Bude 1992; Laaser 1992.
11 Es ist daher kein Zufall, wenn sich die Abgangszeugnisse der Primarschüler, die nicht den Übergang zur Sekundarschule geschafft haben, in den Primarschulen einer von mir untersuchten Region in Tansania stapeln: Was soll man schließlich damit? (Vgl. Schäfer 1999, S. 250).
12 Gefährlich ist eine solche These nicht nur deshalb, weil der, der im Glashaus (vgl. die Situation unserer Hauptschulen) sitzt, nicht mit Steinen werfen sollte. Sie ist es vor allem deshalb, weil sie die humanistische Attitüde und damit das caritativ-solidarische Motiv in Frage stellt, das aus Einheimischen arme Opfer der Umstände macht, deren Kampf gegen die Widrigkeiten, an denen wir nicht unschuldig sind, wir doch unterstützen müssen. Es könnte aber sein, dass das Genießen der eigenen Güte, das sich auch aus der angenommenen Opferrolle heraus ganz gut kalkulieren lässt, den Blick dafür verstellt, dass selbst, wenn man glaubt, über das Gleiche mit Hilfe als gemeinsam vorgestellter Kriterien zu reden, man doch nicht über das Gleiche redet. Es kommt mir also an dieser Stelle darauf an, Einbruchstellen afrikanischer Vorstellungen zu markieren, die jenseits ethnischer Zentrierungen eine Rolle zu spielen scheinen und die später wieder aufgenommen werden sollen.
13 Dieses Eintrittsquorum kann variieren. Aber die 60 Punkte, die im von mir untersuchten Bereich in Geltung sind, dürften so etwas wie das Minimum darstellen. Neben nicht-staatlichen Entwicklungsorganisationen, die auf europäische oder amerikanische Partnerorganisationen angewiesen sind, sind es vor allem die Kirchen, die in Tansania in den letzten Jahren verstärkt Sekundarschulen bauen.
14 Vgl. zu dieser These Demele 1988.
15 Die Äußerlichkeit wird weiter unten unter Rückgriff auf den Respekt vor dem Anderen positiv zu begründen versucht.
16 Dies kann vor dem Hintergrund des bisher Gesagten nicht als einfaches Plädoyer dafür verstanden werden, nun endlich mit solchen Vorhaben anzufangen. In Mali hat man in den letzten Jahren mit einer Grundschulreform begonnen, die vor dem Hintergrund eines eklektizistischen Konzepts, das von einem Europäer entworfen wurde, gruppenpädagogische und sogar expressive Methoden in den Vordergrund stellt. Erste von mir angestellte Untersuchungen verweisen aber darauf, dass bestimmte dieser Methoden von vorne herein wohl kaum eine Chance haben, angewendet zu werden, als dass gerade jene sozialisatorischen Effekte, die man sich in Europa von solchen Methoden verspricht, zum einen nicht zum Zuge zu kommen scheinen und zum anderen von den Lehrern in genau diesem Potential nicht thematisiert werden. So wird etwa die subjektive Bedeutung der in Gruppenprozessen zum Rollenspiel dramatisierten Geschichten ebensowenig thematisiert wie der Gruppenprozess selbst. Interessant und lohnend wäre auch in diesem Zusammenhang eine Untersuchung, was aus der individualistischen und expressiven Montessoripädagogik wird, wenn man sie – wie in Tansania – für eine afrikanische Kindergartenpädagogik adaptiert, in der ein solches Individualitätsverständnis kaum einen Platz hat.
17 Vgl. z.B. Spindler 1963, S. 11f. oder Leiderman u.a. 1973, S. 3ff.
18 Spindler 1963, S. 12.
19 Vgl. Fortes 1938, S. 27.
20 Evans 1970, S. 90f.
21 Vgl. Fortes 1966, S. 71 und dazu Schäfer 1999a, S. 13ff.

22 Ich halte aus diesem Grunde nicht für besonders sinnvoll, Ergebnisse dieser Forschungen zu referieren. Man müsste jede der verwendeten Kategorien (und nicht nur deren Operationalisierung) problematisieren und mit indigenen Verständnissen konfrontieren.
23 Vgl. Foucault 1976.
24 Vgl. Riesman 1992 und 1998.
25 Aus der Umgebung des französischen Dogon-Forschers Marcel Griaule haben sich vor allem G. Dieterlen (1941) und G. Calame-Griaule (1965) mit Persönlichkeitsvorstellungen und sozialen Umgangsformen beschäftigt.
26 Vgl. Riesman 1986, S. 71-75.
27 Vgl. Evans-Pritchard 1978.
28 Vgl. Whiting/Child 1953 und für eine deutsche Darstellung des Ansatzes und seiner Rezeption Fend 1969, S. 74ff. Dieses funktionalistische Modell ging von einem sozialen System aus, das zu seiner Aufrechterhaltung auf grundlegende Bräuche angewiesen ist. In frühkindlichen ‚child training practices' werden dann kulturspezifische Persönlichkeitsvariablen vermittelt, die aufgrund der Befragung des projektiven Systems erschlossen werden können, dessen Kategorien ebenso wie die (psychoanalytisch fundierte) Annahme der Bedeutung frühkindlicher Erziehungspraktiken für spätere Persönlichkeitsstrukturen in einem abstrakt-universalen Bezugsrahmen definiert werden. Auf eine andere ‚Erfolgsgeschichte' eines universalistischen Konzepts, desjenigen von Piaget (vgl. etwa Dux 1992 und dort angegebene Literatur) soll hier nicht eingegangen werden. Zu einer phänomenologischen Kritik vgl. Meyer-Drawe 1984. Seit etwa 1980 gibt es auch eine vor allem über die Rekonstruktion kulturabhängiger emotionaler Selbstverhältnisse sich von kognitivistisch-universalistischen Paradigmen absetzende ‚romantic rebellion' in der Ethnologie: vgl. Shweders Auseinandersetzung mit Piaget in ders. 1979/80; Myers 1979; Rosaldo 1980 und 1983; Shweder/LeVine 1984. Auf diesen Ansatz, der im vorliegenden Zusammenhang deshalb interessant ist, weil er noch die in kulturvergleichender Perspektive meist als ‚Naturbasis' in Anspruch genommene Emotionalität als kulturellen Code analysiert, kann hier nicht eingegangen werden. Hinsichtlich der Kindheitsforschung in Afrika ist dieser Ansatz auch noch nicht besonders fruchtbar gemacht geworden.
29 Vgl. Thomae 1952. Den Bezugspunkt dieser Arbeit bildeten nicht zuletzt jene schönen Theorien der Basispersönlichkeit, die dann in den 1960er Jahren Anlass zu menschheitsverbessernden Hoffnungen gaben: Wenn – wie man etwa bei Benedict 1955 nachlesen konnte – aggressives Verhalten gegenüber Kindern in einer aggressiven Kultur aggressive Menschen hervorbringt, nettes Verhalten in einer netten Kultur aber nette Menschen, dann wollen wir doch mal nett zu unseren Kindern werden. Heute hat diese kritische Argumentation gegenüber einem nachweisbaren Zusammenhang zwischen elterlichem Erziehungsverhalten und der Ausbildung einer kindlichen Persönlichkeitsstruktur ihre Fortsetzung gefunden in den Arbeiten von Oerter 1993 oder Göppel 1997.
30 Yvonne Schütze hat den alltagsweltlichen Siegeszug dieser Vorstellung und ihre verunsichernd-absurden Konsequenzen, die darin bestehen, dass, wenn man davon ausgeht, dass jede Handlungsweise gegenüber einem Kleinkind unvorhersehbare, aber auf jeden Fall gravierende persönlichkeitsstrukturierende Auswirkungen haben kann, man immer alles falsch machen muss, nachgezeichnet. Auch sie verweist auf die (gemessen an dem analytischen Anspruch der These) empirische Uneingelöstheit: „Der prognostische Zusammenhang zwischen elterlichem bzw. mütterlichem Erziehungsverhalten und Ausbildung von Persönlichkeitsmerkmalen ließ sich empirisch weder nachweisen, geschweige denn vorhersagen" (Schütze 1986, S. 125).
31 Das ist sicherlich eine grobe und verkürzende Vereinfachung: Mir aber geht es nur um den zentralen Bezugspunkt der ‚subjektiven Realität', der als solcher mit ‚objektiven Vorkommnissen' nicht verwechselt werden darf.
32 Ich übernehme diesen Begriff von Honig 1999.
33 Vgl. dazu Meyer-Drawe 1990 und Honig 1999, Kap 2, sowie mit besonderer Berücksichtigung des Paradoxieproblems Wimmer 2006.
34 Vgl. Rothe 1984, S. 48.
35 Ebenda S. 29.
36 Ebenda S. 62f.
37 Das Buch von Rothe ist eine Fundgrube, wenn man nach einem heillosen Durcheinander von Wesensanthropologie und der doch beanspruchten Betonung kultureller Differenz sucht.
38 So formuliert dies Lloyd (1970, S. 88) für Afrika. Und auch die Psychoanalytiker M.C. und E. Ortigues, die im Senegal gearbeitet haben, weisen auf den Respekt und die Scham des Kindes vor den Erwachsenen als jene Identitätsmerkmale hin, die die Eltern als einzige mit positiver oder negativer Valenz zur Beschreibung ihrer Kinder verwenden (vgl. dies. 1984, S. 33f.). Dass eine solche Perspektive mit der in der Soziologie gepflegten Sicht auf ‚traditionelle Gesellschaften' übereinkommt, in denen die Menschen noch keine Ich-Identität ausbilden, die Urteilsgesichtspunkte beinhaltet, mit deren überprüfter Geltung ein Individuum die an es herangetragenen sozialen Erwartungen reflektiert, kann hier nur erwähnt werden (vgl. Habermas 1981). Und auch die unter Pädagogen geläufige Vorstellung, dass in vormodernen Gesellschaften so etwas wie ein unproblematisches Hineinwachsen, ein ‚mitgängiges Lernen' stattgefunden habe, über das sich das Kind in einen unbefragten Kosmos eingegliedert habe, hat hier einen Anknüpfungspunkt.

39 Ich habe dies am Beispiel der Batemi daran zu zeigen versucht, dass die Unterscheidung von ‚gutem' und ‚schlechtem Charakter' eine solche ist, die nicht mit individuellen Merkmalszuschreibungen operiert, sondern eine Leerstelle dadurch markiert, dass sie mit sozialen Normalitätsmustern etwas beschreibt, was sich mit diesen gerade nicht fassen lässt (vgl. Schäfer 1999).
40 Ich habe diese These der doppelten Scham und des doppelten Respekts in einer Untersuchung der Liebessemantik der Dogon in Mali zu entwickeln versucht (Schäfer 2003).
41 Es handelt sich bei solchen Formulierungen (‚afrikanisches Verständnis') um unvertretbare Generalisierungen. Auch wenn eine solche Abstraktion insofern vielleicht ‚konkret' sein mag, dass man das Thema ‚Respekt' und ‚Scham' wahrscheinlich in sehr vielen afrikanischen Kulturen als zentrales Medium der Selbstverständigung über den Umgang miteinander finden mag, so wäre es abenteuerlich, sowohl das konkrete jeweilige Verständnis, das sich immer einem konkreten kulturellen Hintergrund verdankt, wie auch die sich damit ergebenden unterschiedlichen Umgangsformen umstandslos in einen Topf zu werfen. Das hier grob vorgestellte theoretische Gerüst hat seine empirische Grundlage in Untersuchungen bei den Batemi (Tansania) und den Dogon (Mali) und es will allenfalls als heuristischer Rahmen verstanden werden. Nur in dieser Hinsicht halte ich solche Generalisierungen für vertretbar.
42 Vgl. Parin 1992.
43 Man vergleiche hierzu die wohl umfangreichste Darstellung afrikanischer Personkonzeptionen in: Colloques Internationaux du Centre National de la Recherche Scientifique 1973: La notion de personne en Afrique noire.
44 Vgl. Dieterlen 1941 und Calame-Griaule 1965. Solche Personkonzeptionen legen den Respekt vor dem unfassbaren Eigenen des Anderen nahe, aber es wäre falsch davon auszugehen, dass sie ihn im Sinne einer vorgängigen Begründung diktieren. Man kann die Frage ruhig offenlassen, ob es sich bei solchen mythisch gestützten Personkonzeptionen um theoretische Vergewisserungen des Gelebten handelt oder ob das Gelebte die Konsequenz der mythischen Vergewisserungen darstellt.
45 Vgl. Schäfer 1999, S. 147ff.
46 Diese drei Phasen sind die von van Gennep (1986) zu Beginn dieses Jahrhunderts für Übergangsriten konstatierten Stufen, die vor allem von Turner (1967) wieder analytisch fruchtbar gemacht worden sind.
47 Dies ist der Grund, warum man in der Literatur (im Anschluss an Eliade 1961) häufig von Wiedergeburt spricht, die als solche den Tod der alten, der kindlichen Identität voraussetzt. Erwähnt werden muss, dass die meisten bekannten Initiationsriten das männliche Geschlecht betreffen. Mädchen werden nicht so häufig initiiert. Zu erwähnen ist auch, dass Initiationen zwar mit Beschneidungen zusammenfallen können, die Beschneidung allein aber noch keine Initiation ausmacht.
48 Vgl. Treml 1987, S. 73.
49 Vgl. Droogers 1980, S. 265f.; Boyer 1990, S. 94ff.
50 Tuzin 1980, S. 45.
51 Vgl. LaFontaine 1985, S. 15; Porter-Poole 1982, S. 136.
52 Vgl. allgemeiner zu dieser These, dass die Initiation die Konfrontation mit einem transzendenten Anderen darstellt, das als solches dann zum Bestandteil des Eigenen wird, womit die Einheit der eigenen Identität unmöglich wird, Schäfer 1999a, S. 31-54.
53 Für eine ausführliche Darstellung dieser Initiation vgl. Schäfer 1999, S. 169ff.
54 ‚Gott' steht hier deshalb in Anführungszeichen, weil sich hinter dem Singular immer jener bereits erwähnte offene Verweisungszusammenhang und nicht etwa eine anthropomorph-monotheistische Projektion verbirgt.
55 Vgl. für einen Überblick über diese Debatte Berg/Fuchs 1993.

Literatur

Abbink, J.: Vanguard or vandals: youth, politics, and conflict in Africa. Leiden 2005
Adick, C. u.a.: Bildungsprobleme Afrikas zwischen Kolonialismus und Emanzipation. Hamburg 1982
Adick, C.: Die Universalisierung der modernen Schule. Paderborn 1982
Benedict, R.: Urformen der Kultur. Reinbek 1955
Berg, E./Fuchs, M. (Hrsg.): Kultur, soziale Praxis, Text. Die Krise der ethnographischen Repräsentation. Frankfurt a.M. 1993
Boyer, P.: Tradition as Truth and Communication. A cognitive Descripition of traditional Discourse. Cambridge 1990
Bude, U. (Hrsg.): Culture and Environment in Primary Education. Bonn 1992
Calame-Griaule, G.: Ethnologie et Langage. La Parole chez les Dogon. Paris 1965

Colloques Internationaux du Centre National de la Recherche Scientifique No 544: La Notion de Personne en Afrique noire. Paris 1973
Demele, I.: Abstraktes Denken und Entwicklung. Der unvermeidliche Bruch mit der Tradition. Frankfurt a.M. 1988
Dieterlen, G.: Les Âmes des Dogon. Paris 1941
Droogers, A.: The dangerous Journey. Symbolic Aspects of Boy's Initiation among the Wagenia of Kisanguru, Zaire. The Hague/Paris/New York 1980
Dux, G.: Die Zeit in der Geschichte. Frankfurt a.M. 1992
Eliade, M.: Das Mysterium der Wiedergeburt. Zürich/Stuttgart 1961
Evans, J.L.: Children in Africa: A Review of Psychological Research. New York 1970
Evans-Pritchard, E.-E.: Hexerei, Orakel und Magie bei den Zande. Frankfurt a.M. 1978
Falola, T. (ed.): Teen life in Africa. Westport, Conn. u.a. 2004
Fend, H.: Sozialisierung und Erziehung. Weinheim 1969
Fortes, M.: Social and Psychological Aspects of Education in Taleland. Oxford 1938
Fortes, M.: Ödipus und Hiob in westafrikanischen Gesellschaften. Frankfurt a.M. 1966
Foucault, M.: Überwachen und Strafen. Die Geburt des Gefängnisses. Frankfurt a.M. 1976
Gennep, A. van: Übergangsriten. Frankfurt a.M. 1986
Göppel, R.: Ursprünge seelischer Gesundheit. Würzburg 1997
Habermas, J.: Theorie des kommunikativen Handelns. 2 Bde., Frankfurt a.M. 1981
Hanf, T. u.a.: Erziehung – ein Entwicklungshindernis? Überlegungen zur politischen Funktion der Erziehung in Afrika und Asien. In: Zeitschrift für Pädagogik 23 (1977), S. 9-33
Honig, M.-S.: Entwurf einer Theorie der Kindheit. Frankfurt a.M. 1999
Kippenberg, H.G./Luchesi, B. (Hrsg.): Magie. Die sozialwissenschaftliche Kontroverse um das Verstehen fremden Denkens. Frankfurt a.M. 1978
Knispel, M.: Auf der Suche nach Heimat: junge Menschen in Ghana zwischen Tradition und Moderne. Frankfurt a.M. 2006
Kordes, H.: Curriculum und Entwicklung. In: Goldschmidt, D. (Hrsg.): Die Dritte Welt als Gegenstand erziehungswissenschaftlicher Forschung. 16. Beiheft der Zeitschrift für Pädagogik, Weinheim/Basel 1981, S. 145-168
Laaser, U.: Bildungselend und Bildungshilfe – Strukturen, Probleme, Perspektiven. In: Müller, K.E./Treml, A.K. (Hrsg.): Ethnopädagogik. Sozialisation und Erziehung in traditionellen Gesellschaften. Berlin 1992, S. 161-177
LaFontaine, J.: Initiation. New York 1985
Leiderman, P.H./Tulkin, S.R./Rosenfeld, A. (eds.): Culture and Infancy. Variations in the Human Experience. New York u.a. 1977
Lloyd, B.B.: Yoruba's Mother Reports of Child Rearing. In: Mayer, P. (ed.): Socialization. The Approach from Social Anthropology. London 1970, S. 75-107
Mergner, G.: Theoretischer und praktischer Zugang zu sozialgeschichtlichen Lernfeldern im interkulturellen Vergleich. In: Nestvogel, R. (Hrsg.): Interkulturelles Lernen oder verdeckte Dominanz? Hinterfragung ‚unseres' Verhältnisses zur ‚Dritten Welt'. Frankfurt a.M. 1991, S. 55-84
Meyer-Drawe, K.: Leiblichkeit und Sozialität. Phänomenologische Beiträge zu einer pädagogischen Theorie der Inter-Subjektivität. München 1984
Meyer-Drawe, K.: Illusionen von Autonomie. Diesseits von Ohnmacht und Allmacht des Ich. München 1990
Myers, F.R.: Emotions and the Self. A Theory of Personhood and Political Order among Pintupi Aborigines. In: Ethos 7 (1979), S. 343-370
Oerter, R.: Ist Kindheit Schicksal? Kindheit und ihr Gewicht im Lebenslauf. In: Deutsches Jugendinstitut (Hrsg.): Was für Kinder. Aufwachsen in Deutschland. Ein Handbuch. München 1993, S. 78-90
Ortigues, M.-C. und E.: Oedipe Africain. Paris 1984
Parin, P.: Der Widerspruch im Subjekt. Hamburg 1992
Porter-Poole, F.J.: The Ritual Forging of Identity. Aspects of Person and Self in Bimin-Kuskusmin Male Initiation. In: Herdt, G./Keesing, R.M. (Hrgs.): Rituals of Manhood. Male Initiation in Papua New Guinea. Berkeley/Los Angeles/London 1982
Riesman, P.: The Person and the Life Cycle in African Social Life and Thought. In: The African Studies Review 29 (1986), S. 71-138
Riesman, P.: First find your Child a Good Mother. The Construction of Self in two African Communities. New Brunswick/New Jersey 1992
Riesman, P.: Freedom in Fulani Social Life. An Introspective Ethnography. Chicago 1998
Rosaldo, M.: Knowledge and Passion. Ilongot Notions of Self and Social Life. Cambridge 1980
Rosaldo, M.: The Shame of Headhunters. In: Ethos 11 (1983), S. 135-151
Rothe, F.K.: Kultur und Erziehung. Umrisse einer Ethnopädagogik. München/Köln/London 1984

Schäfer, A.: Unsagbare Identität. Das Andere als Grenze in der Selbstthematisierung der Batemi (Sonjo). Berlin 1999
Schäfer, A.: Unbestimmte Transzendenz. Bildungsethnologische Betrachtungen zum Anderen des Selbst. Opladen 1999a
Schäfer, A.: Rationalität – Glaube – Subjektivität. Eine bildungsethnologische Annäherung. In: Bauer, W. u.a. (Hrsg.): Jahrbuch Erziehungsphilosophie 3. Hohengehren 2000, S. 69-86
Schäfer, A.: Nähe als Distanz. Sozialität, Intimität unmd Erziehung bei den Dogon. Münster 2007
Schütze, Y.: Die gute Mutter. Zur Geschichte des normativen Musters ‚Mutterliebe'. Bielefeld 1986
Shweder, R.A.: Rethinking Culture and Personality Theory. In: Ethos 7/8 (1979/80), S. 255-278; S. 279-311 und S. 60-95
Shweder, R.A./LeVine, R.A. (Hrsg.): Culture Theory. Essais on Mind, Self and Emotion. Cambridge 1984
Sperber, D.: Das Wissen des Ethnologen. Frankfurt a.M./New York 1989
Spindler, G.D.: The Structure of Anthropology and Education. In: Ders. (Hrsg.): Education and Culture. Anthropological Approaches. New York u.a. 1963, S. 1-114
Streck, B.: Fröhliche Wissenschaft Ethnologie. Eine Führung. Wuppertal 1997
Thomae, H.: Entwicklung und Prägung. In: Ders. (Hrsg.): Entwicklungspsychologie (Handbuch der Psychologie Bd. 3). Göttingen 1952, S. 240-312
Treml, A.K.: Einführung in die Allgemeine Pädagogik. Stuttgart 1987
Turner, V.: The Forest of Symbols. Aspects of Ndembu Ritual. Ithaca 1967
Tuzin, D.F.: The Voice of the Tambaran. Truth and Illusion in Ilahita Arapesh Religion. Berkeley/Los Angeles/London 1980
UNICEF (Hrsg): Der Start ins Leben. Zur Situation der Kinder in der Welt 2001. Frankfurt a.M. 2001
Whiting, J.W.M./Child, I.L.: Child Training and Personality: A Cross-Cultural Study. New Haven 1953
Wimmer, M.: Dekonstruktion und Erziehung. Studien zum Paradoxieproblem in der Pädagogik. Bielefeld 2006

Andreas Helmke | Hermann-Günter Hesse

Kindheit und Jugend in Asien

1 Einleitung

Die Diskussion über Gesellschaft, Politik und Kultur in Asien wird durch Extreme geprägt. „Miserabilistischen" Themenstellungen steht die Beschäftigung mit „glamourösen" Aspekten gegenüber. Auf der einen Seite erregen Kastenwesen und Armut, Kinderarbeit und -prostitution, Vermassung und Uniformismus, Drill und schulischer Leistungsdruck Bedauern, Mitleid oder Ablehnung, auf der anderen Seite faszinieren die Jahrtausende alten Kulturen mit ihren Kunstwerken, ihrer Philosophie und Religion. Asiatische Mystik und Meditation wie *Yoga*, *taiji* oder *qigong* beeinflussen seit langem und neuerdings verstärkt den Westen. Aber auch zukunftsweisende Technologien und Produkte, herausragende Schulleistungen und wissenschaftliche Potenziale im Bereich der Informatik sind beeindruckend. Der Grat zwischen Bewunderung und Ablehnung ist schmal, die Gefahr von Stereotypisierungen und Vereinfachungen groß.

Das Unterfangen, Kindheit und Jugend „in Asien" zu skizzieren, erscheint auf den ersten Blick nahezu aussichtslos. Kinder- und Jugendsoziologie, Entwicklungspsychologie und Sozialisationstheorie setzen bei der Fülle der Themen und Probleme unterschiedliche Akzente. Der mehr als drei Milliarden Menschen umfassende Anspruch, der mit dem Attribut „in Asien" verbunden ist, führt unweigerlich in das Bandbreite-Genauigkeits-Dilemma, das entweder die kursorische Erörterung vieler oder die vertiefte Behandlung weniger ausgewählter Regionen und Themen zulässt.

Wir haben eine pragmatische Lösung durch das Setzen von Schwerpunkten versucht[1]:

Angesichts der kulturellen, politischen und wirtschaftlichen Bedeutung der drei „Riesen" – China, Indien und Japan – werden wir den Schwerpunkt auf die durch *Konfuzianismus*, *Hinduismus* und *Buddhismus* charakterisierten Regionen Ost- und Südostasiens legen. Anstelle einer schematischen Gliederung des Artikels nach Regionen bevorzugen wir eine Auswahl spezifischer Themen der Kindheit und Jugend, soweit sie das Schulalter betreffen, und nehmen entsprechend dem uns verfügbaren Forschungsstand auf Literatur aus unterschiedlichen Regionen Bezug.

Nach einem Überblick über regionale, nationale und kulturelle Subsysteme Asiens (2) konzentrieren wir uns auf vier Themenkomplexe: (3) Familie und Sozialisation, (4) Lehren, Lernen und Leistung, (5) schulische und außerschulische Sozialisation sowie (6) Problemfeld Kinderprostitution. Andere Bereiche, wie z.B. die gesundheitliche Lage von Kindern und Jugendlichen (vgl. UNICEF 2008; WHO 2008), bleiben weitgehend außer Betracht. Wir begrenzen die Altersabschnitte „Kindheit" und „Jugend" auf den Zeitraum bis etwa zum vollendeten 17. Lebensjahr.

Unser Beitrag kann lediglich einladen, sich mit Kindheit und Jugend in Asien näher zu beschäftigen. Deshalb verweisen wir auf einige grundlegende und weiterführende Werke zur Thematik.

Eine sehr kenntnisreiche Darstellung mit dem bezeichnenden Titel „Die Asiaten" stammt von Weggel (1997), dessen Überlegungen wir auch in diesem Artikel streckenweise folgen. Der Autor charakterisiert aus soziologischer Sicht grundlegende Aspekte des Regierens, der Wirtschaft, des Glaubens, der Denkstile und der asiatischen Sozialisation, und fügt dem noch ein bemerkenswertes Kapitel „Vom alltäglichen Umgang zwischen und mit Asiaten" bei.

Als Standardwerke für kulturvergleichende Forschung gelten das „Handbook of Cross-Cultural Psychology" (Berry/Poortinga/Pandey/Dasen/Saraswathi/Segall/Kağıtçıbaşı 1997) und die 2007 von Trommsdorff und Kornadt herausgegebenen drei Bände zur Kulturvergleichenden Psychologie der Enzyklopädie der Psychologie. Auf Asien bezogene Darstellungen stammen von Bond (2008) und Watkins/Biggs (1996, 2001). Das Asian Journal of Social Psychology unterrichtet in Einzelbeiträgen über Asien bezogene Themen.

Über die Bildungssysteme der jeweiligen Länder informieren die länderspezifischen Kapitel in der International Encyclopedia of Education (Husén/Postlethwaite 1994).

Die reichhaltigsten und aussagekräftigsten empirischen kulturvergleichenden Untersuchungen (Vergleiche USA vs. China/Taiwan/Japan) stammen von der Forschergruppe um Stevenson und Stigler aus Michigan/USA (Stevenson/Stigler 1992; Stigler/Hiebert 1999); vgl. auch Stigler/Fernandes/Yoshida (1996), die Ergebnisse der TIMSS-Einzelfallstudie von Stevenson (1999) und den zusammenfassenden Bericht der beiden TIMSS-Videostudien (Stigler/Gallimore/Hiebert 2000).

Allerdings gibt es zur Methodik der Stevenson-Gruppe auch kritische Stimmen; siehe hierzu die Hinweise bei Stanat/Lüdtke 2007.

Die indischen Forschungen zu Kindheit und Jugend sind mit den Namen Pandey (1988), Saraswathi (1999) und D. Sinha (1981, 1993) verbunden.

Im deutschen Sprachraum gehören Kornadt und Trommsdorff zu den führenden Autoren, (z.B. Trommsdorff/Kornadt 1996; Kornadt 1987; Trommsdorff 1995; Kornadt 1999; Teichler/Trommsdorff 2002).

Für Japan gibt es eine reichhaltige Literatur. Wichtige Autoren und Arbeiten sind aus unserer Sicht: Lewis (1995), Peak (1991), Elschenbroich (1994, 1995), Schubert (1992, 1999), Rohlen/LeTendre (1998) sowie Haasch (2000).

2 Asien: Regionen, nationale und kulturelle Subsysteme

2.1 Sozioökonomische und Bildungsdaten asiatischer Länder

Tabelle 1 stellt einige Rahmendaten der berücksichtigten Länder dar (für Nordkorea konnten nur wenige Daten ermittelt werden; für Taiwan stehen bei UNICEF keine Daten zur Verfügung) und kontrastiert sie mit den entsprechenden Daten Deutschlands und der USA. Auf die in den asiatischen Ländern sehr unterschiedlichen Staatsformen gehen wir nicht ein; Nationen Zentralasiens (wie Afghanistan, Mongolei, Kasachstan etc.) und Vorderasiens (wie Libanon, Syrien, Iran etc.) bleiben außer Betracht.

Kindheit und Jugend in Asien

Tabelle 1: Ausgewählte soziale und ökonomische Indikatoren asiatischer Länder - im Vergleich zu Deutschland und den USA
Quellen: United Nations Children's Fund (UNICEF, 2008); World Health Organization (WHO, 2008); International Telecommunication Union (ITU, 2007)

	BSP in $ pro Einwohner	Einwohner in Mio.	Ärzte pro 10.000 Einwohner	Sterbl. Kleinkinder (0-5) pro 1000	Sterbl. Säugl. pro 1000 Geburten	Lebenserwartung in Jahren	Alphabetis. bei Erwachs.	Internet Nutzer pro 100 Einw.	Prozentant. städtischer Regionen	Einschulungsrate für Grundschule m	Einschulungsrate für Grundschule w	Anteil Erstkl., die die 5. Klasse erreichen	Einschulungsrate für weiterführende Schule (+) m	Einschulungsrate für weiterführende Schule (+) w
Ostasien														
China	2010	1320,864	14	24	20	73	91	16	41	99	99	91	74	75
Japan	38.410	127,953	21	4	3	82	99**	69	66	100	100	*100*	102	102
Nordkorea	750	23,708	33	55	42	67	100	-	62	*97*	*98*	*100*	-	-
Südkorea	17.690	48,050	16	5	5	78	99	72	81	100	99	99	96	96
Südasien														
Bangladesh	480	155,991	3	69	52	63	48	<1	25	93	96	65	47	48
Bhutan	1.410	0,649	<1	70	63	65	42	5	11	80	79	93	7	2
Indien	820	1151,751	6	76	57	64	61	17	29	92	86	73	63	50
Malediven	2680	0,300	9	30	26	68	96	11	30	79	79	92	68	78
Nepal	290	27,641	2	59	46	63	49	1	16	90	83	79	48	40
Pakistan	770	160,943	8	97	78	65	50	11	35	77	59	70	31	23
Sri Lanka	1300	19,207	6	13	11	72	91	4	15	99	98	100	82	83
Südostasien														
Brunei	24.100	0,382	11	9	8	77	93	42	74	93	94	100	94	98
Indonesien	1420	228,864	1	34	26	70	90	6	49	97	94	90	64	63
Kambodscha	480	14,197	2	82	59	59	18	<1	20	93	90	56	35	24
Laos	500	5,759	4	59	64	64	27	2	19	86	81	63	53	40
Malaysia	5.490	26,114	7	12	10	74	89	56	68	96	95	98	72	81
Myanmar	220	48,379	4	104	74	61	90	0	31	89	91	70	41	40
Philippinen	1.420	86,264	12	32	24	71	93	6	63	93	95	75	81	90
Singapur	29.320	4,382	15	3	2	80	89	61	100	93	92	100	*70*	77
Thailand	2.990	63,444	4	8	7	70	93	21	33	90	86	97	69	72
Vietnam	690	86,206	6	17	15	74	90	20	27	97	92	87	77	75
Deutschland	36.620	82,641	34	4	4	79	99**	51	75	96	96	99	101	99
USA	44.970	302,841	26	8	6	78	99**	72	81	92	93	99	94	96

- keine Daten verfügbar (kursiv: Daten aus Erstauflage des Beitrages übernommen)
** https://www.cia.gov/library/publications/the-world-factbook/
+ Unbereinigt – Zahl der Kinder, die eine weiterführende Schule besuchen, unabhängig davon, ob sie der entsprechenden Altergruppe angehören, geteilt durch die Gesamtzahl der Altersgruppe, die dem amtlichen Alter der jeweiligen Schulstufe entspricht

Vier Punkte sollen besonders hervorgehoben werden:

a) Die sozioökonomischen Rahmendaten verdeutlichen markante innerasiatische Unterschiede. Je nachdem, ob es sich um ein Entwicklungsland (wie Laos, Kambodscha, Vietnam, Bangladesh), ein Schwellenland („Tigerstaaten" wie Taiwan, Thailand oder Malaysia) oder eine führende Industrienation (wie Japan) handelt, finden Kinder und Jugendliche unterschiedliche Bedingungen des Aufwachsens vor – mit gewichtigen Folgen nicht nur für den Lebensstandard (Armut, Säuglings- und Kindersterblichkeit, Obdachlosigkeit, Hunger vs. Wohlstand), sondern auch für die Quantität und Qualität der schulischen Bildung. Zu den schwerwiegenden sozialen Problemen der asiatischen Entwicklungsländer gehören die *Kinderprostitution* und in zunehmendem Maße auch *Jugendkriminalität*, gekoppelt mit einem enormen Anstieg des Anteils der *HIV-Infektion*.
b) In den asiatischen Entwicklungsländern haben bei vielen Kindern und Jugendlichen Fragen der Sicherung des alltäglichen Überlebens der Familie Vorrang vor der Schulbildung oder der Bewältigung individueller Entwicklungsaufgaben; ein erheblicher Teil der Kinder wird bereits früh in den Arbeitsprozess eingegliedert (vgl. Abschnitt 6), wie es sich an den Prozentsätzen der Kinder ablesen lässt, die die 5. Klasse erreichen.
c) Dies spiegelt sich auch in den sehr unterschiedlichen *Aphabetisierungsraten* der Bevölkerung asiatischer Länder wider. Die Nichtbeherrschung elementarer Kulturtechniken ist eine schwerwiegende Restriktion für diese Kinder und Jugendlichen und stellt zugleich einen gravierenden Nachteil im internationalen Wettbewerb der jeweiligen Länder dar. Hier sind seitens internationaler Organisationen (wie UNESCO und UNICEF) sowie der Entwicklungsbanken (insbesondere World Bank und Asian Development Bank) enorme finanzielle und personelle Anstrengungen zur Verbesserung der Situation in diesen Ländern gemacht worden.
d) Die durchschnittliche *Lebenserwartung* in wohlhabenden Ländern wie Japan oder Singapur einerseits und asiatischen Ländern mit geringem Wohlstand variiert um über 20 Jahre. Je kürzer die erwartbare Lebensspanne, desto mehr gewinnen die Phasen der Kindheit und Jugend an Gewicht.

2.2 Sozialisationsrelevante Aspekte der asiatischen Weltanschauungen

In Anlehnung an Weggel (1997) unterscheiden wir innerhalb Asiens fünf Subsysteme, deren Wertesysteme sich in charakteristischer Weise voneinander unterscheiden:

- Metakonfuzianische Gesellschaften: China (incl. Hong Kong), Taiwan, Japan, Korea, Vietnam, sowie der überwiegende Teil von Singapur;
- Die durch den (Theravada-)Buddhismus geprägten Länder: Thailand, Laos, Myanmar und Sri Lanka (singhalesische Kultur);
- Hinduistisch geprägte Länder: Indien, Nepal, Regionen Indonesiens (Bali) sowie Sri Lankas (tamilische Kultur);
- Islamische Gesellschaften Asiens: Indonesien, Malaysia, Süd-Philippinen, malayischer Teil Singapurs (malaio-islamisch) sowie Bangladesch, Malediven und Pakistan (indo-islamisch);

- Philippinen: Diese Gesellschaft unterscheidet sich von den anderen vor allem durch den Katholizismus (des überwiegenden Teils der Bevölkerung), durch ausgeprägtes Großfamiliendenken und eine ausgeprägte Affinität zu westlichen (insbesondere US-amerikanischen) Leitbildern und Verhaltensmustern.

Die genuin asiatischen Weltanschauungen des **Konfuzianismus**, des Hinduismus und des Buddhismus zeichnen sich dadurch aus, dass sie keine einheitliche Religionslehre, kein Religionsoberhaupt und keine klare Abgrenzung zwischen dem Religiösen und dem Säkularen kennen. Insbesondere der Konfuzianismus (nach *Konfuzius*, auch *Kongfuzi*[2], 551 bis 479 v. u. Z.) ist eher eine Mischung aus Verhaltens- und Sozialehre, Weltanschauung und Staatsphilosophie. Hinduismus und Buddhismus (nach *Siddhartha Gautama*, genannt *Buddha*, ca. 563 bis 486 v. u. Z.) legen ein besonderes Schwergewicht auf die persönliche Erlösung, sowohl im Sinne der Selbstverwirklichung als auch der Transzendenz. Während der traditionelle Hinduismus davon ausgeht, dass mit der Geburt die äußeren Rahmenbedingungen eines Menschen festgelegt sind, innerhalb derer er sich entwickeln kann und soll, lehnten Buddha und Konfuzius den Gedanken einer Beschränkung der persönlichen Entwicklung durch soziale Schicht oder Kastenzugehörigkeit ab.

Bei aller Verschiedenheit der Weltanschauungen gibt es aber durchaus sozialisationsrelevante Aspekte, die über Religionen und Kulturkreise hinweg als „typisch asiatisch" gelten können (vgl. hierzu Weggel 1997, S. 38, 162, 289). Deshalb sollen im Folgenden einige der gemeinsamen Grundelemente und einige der Besonderheiten – ohne Anspruch auf Systematik oder Vollständigkeit – skizziert werden, deren Kenntnis uns für das Verständnis der Sozialisation in Asien wichtig erscheint. Wir verzichten dabei auf die Erörterung islamischer, christlicher oder anderer spezifisch religiöser Wertesysteme und verweisen auf die Grundlagenliteratur.

Kollektivismus: Die Menschen sind in Gruppen (Familie, Schulklasse, Schule, Betrieb) integriert, die ihren Mitgliedern Schutz gewähren und im Gegenzug dafür ihre Loyalität erwarten. Soziabilität ist wichtiger als Individualität. Lernen erfolgt fast immer in Gemeinschaft. Außenseitertum ist nicht erwünscht, ebensowenig individuelle Leistungen Einzelner auf Kosten anderer. Der westliche Individualismus erscheint fremd. Ihm setzen die Asiaten Ganzheitlichkeit gegenüber. Dort, wo die Ganzheitlichkeit bedroht wird, entstehen Unbehagen und Reizbarkeit.

Harmonieprinzip: Soziale Interaktionen zielen auf die Herstellung und Aufrechterhaltung eines positiven und entspannten Klimas, auch wenn dies nicht den subjektiven Empfindungen entsprechen mag. „Authentizität" des Ausdrucks wird nicht geschätzt. Streit soll auf der Grundlage von Loyalität und Gegenseitigkeit entschärft werden. Konflikte werden demzufolge nicht offen ausgetragen, sondern indirekt behandelt. Um potenzielle Konflikte zu vermeiden, übernehmen Mittelsmänner oder -frauen die Anbahnung von Kontakten und gegebenenfalls die Aufgabe der Schlichtung.

Gesichtsverlust und Schamprinzip: Insbesondere in den metakonfuzianischen Gesellschaften stellt die wichtigste Quelle der individuellen Selbstachtung die wahrgenommene Ein- und Wertschätzung wichtiger anderer Personen aus den jeweiligen Bezugsgruppen dar. Im Gegensatz zur westlichen „Schuldkultur" (Selbstvorwürfe, Gewissenszweifel) spricht man deshalb auch von der asiatischen „Schamkultur". Die schlimmste Beschämung besteht darin, sein (soziales) Gesicht zu verlieren, und ebenso anstößig und fatal ist es (etwa durch Bloßstellung), anderen ihr Gesicht zu nehmen.

Impuls- und Emotionskontrolle: Laute Töne, Gefühle oder gar Gefühlsausbrüche jeglicher Art werden in der Öffentlichkeit nicht gezeigt. Aggressives Verhalten, Neugier, exploratives und Risikoverhalten werden bereits von der frühen Kindheit an systematisch kontrolliert. Erwartet wird ein leises, gemessenes, kontrolliertes, ausbalanciertes und entspanntes Verhalten, das jederzeit berechenbar ist; im Zweifel ist eher Zurückhaltung und Schweigen angebracht.

Die Respektierung spiritueller Kräfte: Übernatürliche Kräfte spielen im täglichen Leben von Asiaten eine selbstverständliche Rolle – verbunden mit Stichworten wie Animismus, Dämonen, Geister, Magie, Riten, Horoskop, Mondkalender, Feng Shui.

Hohe Regelungsdichte: Das vorherrschende Organisationsmuster ist die Vertikale innerhalb der Familie, im Arbeitsleben, in der Gesellschaft und zwischen den Generationen – im Konfuzianismus einschließlich der Ahnen. Diese Hierarchien werden sehr ernst genommen und sorgfältig beachtet. Entsprechend dem *Senioritätsprinzip* besitzen Vertreter der älteren Generation innerhalb der Familie einen höheren Status und haben Vorrang vor nachfolgenden Generationen. Innerhalb von Gruppen und Organisationen ist es für das Ansehen und die Gewährung von Vergünstigungen und Beförderungen entscheidend, wie lange jemand bereits Mitglied der Gruppe oder Firma ist und wie loyal er sich verhalten hat; Leistungs- oder Kompetenzgesichtspunkte sind demgegenüber untergeordnet. Auch die für die Bindungen der Lernenden an den Lehrer verbreitete Metapher des Meister-Schüler-Verhältnisses, das sich durch das Nachahmen eines weisen Lehrers auszeichnet, folgt dem Senioritätsprinzip.

Die metakonfuzianisch und hinduistisch geprägten Gesellschaften sind zudem durch *Paternalismus* geprägt, anders als die Gesellschaften mit bilateralen, partnerschaftlichen Familienstrukturen, wie z.B. in Thailand und Indonesien, oder mit matrilinearen Strukturen in Teilen Malaysias. Am Vorrang der Männer vor den Frauen hat sich in den durch patrilineare Familienstrukturen gekennzeichneten Ländern Asiens nur wenig geändert. Vater, Ehemann und Sohn stellen immer noch je nach Lebensabschnitt die dominierenden Personen im Leben einer Frau dar.

Ein besonderes Merkmal metakonfuzianischer Länder sind die Wertschätzung und die Erhaltung der überkommenen *Sittenordnung*. Unübersichtlichkeit und Unberechenbarkeit, sei es in Form „spontanen" Verhaltens oder gar in Form eines „kreativen Chaos", werden negativ bewertet. Als ähnlich unverständlich und wenig erstrebenswert gelten Spielarten des Pluralismus, z.B. in Form miteinander konkurrierender, aber sich widersprechender Theorien zum gleichen Gegenstandsbereich. In übertragenem Sinne steht Konfuzianismus somit für eine konservative Bewahrung des Bewährten; Wandel und Veränderungen werden eher mit Misstrauen und Ablehnung bedacht.

Im Gegensatz zu anderen Asiaten fühlen sich aber Inder nicht unwohl, wenn sie rationale Gegensätze unintegriert nebeneinander bestehen lassen. Für den Hinduismus sind *Relativität* und *Pluralität* kennzeichnend. Dualitäten des menschlichen Lebens werden nicht als kontradiktorisch, sondern als komplementär, als Aspekte ein und derselben übergreifenden Realität verstanden. Das Besondere des Hinduismus ist es, statt einer universellen Ethik eigene Regelwerke für jede gesellschaftliche Gruppe und jeden Lebensabschnitt entwickelt zu haben (*Svadharma*). Daraus erklären sich das gesellschaftliche Nebeneinander und das Zusammenwirken verschiedener Wertvorstellungen, wie sie sich im System der *Kasten* ausdrücken. Das Kastenwesen ist zwar in der indischen Union offiziell abgeschafft, dennoch stellt das Kastenbewusstsein nach wie vor einen sozial wirksamen Regelungsmechanismus dar, wenn sich auch seine Manifestationen zum Teil verändert haben. Die Zugehörigkeit zu einer bestimmten sozialen Schicht und zu einer Großfamilie ist für die meisten Hindus nicht nur ein Teil ihrer Identität, sondern bedeutet auch soziale Sicherheit.

Leistungsorientierung: Eine Besonderheit in konfuzianisch geprägten Kulturen ist die seit jeher sehr hoch bewertete Leistungs- und Anstrengungsbereitschaft. Im Gegensatz etwa zu islamischen Vorstellungen („*kismet*" = Ergebung in Allahs Willen) oder zum Hinduismus (Schicksalsergebenheit) oder buddhistischen, aber nicht zugleich konfuzianisch geprägten Gesellschaften (z.B. Laos oder Thailand) werden dort die Handlungskompetenz aus eigener Kraft und die aktive Gestaltung des Lebens hervorgehoben. Dies ist mit pädagogischem Optimismus, aber zugleich mit der Verpflichtung zur ständigen Selbstvervollkommnung und auch mit chronischem Leistungsdruck bereits ab dem Grundschulalter verbunden (vgl. hierzu Abschnitt 4). Vertikale Mobilität gilt – anders als im traditionellen Hinduismus – als erstrebenswert.

3 Familie und Sozialisation

Gilt der westliche Prototypus der Familie als ein System weitgehend „unabhängiger" sozialer Beziehungen, so wird der Idealtypus der asiatischen Familie als ein Beziehungsgeflecht wechselseitig abhängiger, interdependenter sozialer Bindungen beschrieben. Die Beziehungen gehen über die Kernfamilie hinaus und umfassen sowohl mehrere Generationen als auch die Verwandtschaftsverhältnisse derselben Generation. Kulturen mit interdependenten Familienstrukturen werden auch als „kollektivistisch", Kulturen mit unabhängigen persönlichen Beziehungen als „individualistisch" bezeichnet (Triandis 1994, 1995; Kim et al. 1994).

‚*Xiao Shun*': *die wechselseitige Verpflichtung zwischen den Generationen:* Auf Konfuzius geht das Konzept der „filial piety", der gegenseitigen Bindung zwischen den Generationen zurück. „Xiao" bedeutet den Respekt und die Liebe der Kinder gegenüber ihren Eltern und „Shun" fordert die Befolgung der Normen im gegenseitigen Umgang. Dies impliziert den Unterhalt und die Pflege der Eltern bis zu ihrem Tod (Zheng/Shi/Tang 2005). Diese in China verbreiteten Konzepte reflektieren die Wertschätzung von Kindern in einer traditionellen Agrargesellschaft. Der interdependente Familientypus sichert in Gesellschaften ohne staatliche Sicherungssysteme das Überleben des Einzelnen: Eltern sorgen für ihre Kinder, und die jungen Erwachsenen sorgen für ihre Eltern. Der Alterssicherungswert von Kindern ist ein typisches Kennzeichen interdependenter Familien. Die vor etwa 30 Jahren auf der Basis von repräsentativen Stichproben aus Süd-Korea, den Philippinen, Singapur, Taiwan, Thailand, der Türkei sowie der Bundesrepublik Deutschland und den USA durchgeführte „Value-of-Children"-Studie mit ingesamt über 20.000 verheirateten Befragten belegte den Zusammenhang zwischen der sozioökonomischen Situation des Landes und dem utilitaristischen Wert von Kindern: Der materielle Beitrag der Kinder zum Familieneinkommen wurde in ökonomisch weniger entwickelten und landwirtschaftlich stärker orientierten Regionen als weit wichtiger angesehen als in industriellen und städtischen Gebieten (Arnold et al. 1975; Kağıtçıbaşı 1982, 1996). Die materielle Abhängigkeit impliziert die wechselseitige emotionale Abhängigkeit zwischen den Generationen. Während in „individualistischen" Kulturen die emotionalen Beziehungen zwischen den Generationen von den Eltern auf die jeweils nachwachsende Generation gerichtet sind, bestehen in „kollektivistischen" Kulturen ebenso enge emotionale Beziehungen auch zur jeweils vorangehenden Generation.

Auch wenn die materielle Abhängigkeit zwischen den Generationen durch die zunehmende Urbanisierung und Schulbildung im Abnehmen begriffen ist, so gilt dies nicht für die emotionale Abhängigkeit (Kağıtçıbaşı 1996). Die hohe Wertschätzung der Familie und der engen wechselseitigen Beziehungen zwischen Eltern und Kindern besitzt in Asien nach wie vor eine sehr hohe Priorität. Trotz der zunehmenden vielfältigen Einwirkungen des modernen Lebens bleiben die grundlegenden kulturellen Sozialisationsmuster erhalten (Kao/Sek-Hong 1988) oder werden wieder neu entdeckt (Saraswathi/Pai 1997). Inzwischen erfolgte eine erweiterte Replikation der Value-of-Children Studie mit Datenerhebungen in den Jahren 2002 und 2003. Dabei standen vor allem die Beziehungen zwischen den Generationen im Mittelpunkt (Trommsdorff/Nauck 2005). Die Ergebnisse bestätigen die weiterhin starken Bindungen der Generationen untereinander trotz der erheblichen sozialen, ökonomischen und politischen Veränderungen (für Korea: Kim/Park 2005; Kim/Park/Kwon/Koo 2005).

Die gegenseitigen Bindungen zwischen den Generationen in der Familie werden aber nicht nur positiv gesehen. Die jüngere Generation sei in übergroßem Maße der älteren durch Gehorsam und Schuldgefühle verpflichtet, verbunden mit erhöhter Impulskontrolle. Das Wohlverhalten werde durch Überprotektion, Härte und Unterdrückung der Entwicklung zu einer selbständigen Persönlichkeit erreicht (Ho 1996). Yeh und Bedford (2003) schlagen vor, zwei Dimensionen der "filial piety", der Bindungen zwischen den Generationen zu unterscheiden: eine, die sich auf die emotionale und spirituelle Reziprozität der Generationen bezieht und eine andere, die die autoritär geforderte Beherrschung und Zurückstellung eigener Bedürfnisse bezeichnet. Auf Grund der Ergebnisse einer in Taiwan durchgeführten Studie schlussfolgern sie, dass die reziproken Bindungen weiterhin bestehen, der autoritäre Aspekt jedoch im Verlauf der Modernisierung in den Hintergrund tritt.

Zheng, Shi und Tang (2005) fanden deutliche Unterschiede zwischen Müttern auf dem Land und in der Stadt der Volksrepublik China. Für die auf dem Land lebenden Mütter stehen ökonomische Gründe Kinder zu haben mehr im Vordergrund als für die in der Stadt lebenden Mütter. Die emotionalen Gründe sind für beide gleichermaßen hoch.

Aus dem interdependenten Familiensystem leiten sich die Erziehungsstile und zwischenmenschlichen Beziehungen ab. Unter dieser Prämisse ist es nicht verwunderlich, dass in Asien die Überzeugung vorherrscht, die Formung des Menschen erfolge zuallererst und in erster Linie im Kreise der Familie.

Enge frühkindliche Bindung: Zwischen Mutter und Kind entwickelt sich eine feste affektive Bindung, die von dem Japaner Takeo Doi als „Freiheit in Geborgenheit" charakterisiert wird (Doi 1982). Von frühester Kindheit an ist eine intime physische und psychische Nähe bestimmend. Gemeinsames Schlafen, langes Stillen, häufiger Körperkontakt, nachsichtiges Umgehen mit Fehlern und Betonung des Modelllernens fördern die Entwicklung einer hohen Bindungssicherheit. Das führt zur Akzeptanz der Mutter seitens der Kinder und in der Folge zur Internalisierung elterlicher Forderungen. Japanische Kinder können die elterlicherseits erwünschten Verhaltensweisen früh erkennen und ausüben (Trommsdorff 1997). Das veranlasst die Kinder, sich den Müttern im Konfliktfall noch mehr zuzuwenden, um die Mutter nicht traurig zu stimmen oder zu enttäuschen (Kornadt/Trommsdorff 1997). Weil ein Kind als „Geschenk Gottes" verstanden wird, gilt in Indien die frühe Kindheit als „goldener" Abschnitt der Entwicklung. Niemand versucht, das junge Kind in eine Richtung zu lenken, in der Autonomie und Selbständigkeit erworben werden können (Saraswathi/Pai 1997).

Erziehung zu „sanften" Strategien der Konfliktlösung: Die asiatische Erziehung, insbesondere in Japan, begünstigt die Ausbildung geringer Aggressivität. Mit Konflikten – wenn sie nicht vermieden werden können – geht man „sanft" um. Während in Deutschland auf eine Frustration sehr häufig mit Ärger reagiert, die auslösende Situation als böswillig verursacht interpretiert wird und schließlich in einer vorgestellten oder tatsächlichen Aggressionshandlung mündet, beklagen Japaner eher die auslösende Situation und bezeichnen sie als bedauerlich, ohne dass sie damit in jedem Fall eine Ärgerreaktion verbinden. Die erfahrene Frustration wird nicht als absichtlich böswillig verursacht, sondern als harmlos gedeutet.

Im Falle von Mutter-Kind Konflikten, in denen die momentanen Bedürfnisse des Kindes denen der Mutter entgegenstehen, zeigen sich kulturelle Unterschiede in den Interaktionssequenzen: Japanische Mütter wenden vorwiegend Deutungen an, die das Kind entlasten; sie reagieren mit eher unspezifischen Emotionen, nicht mit Ärger; sie gehen auf das Kind ein und versuchen schließlich einen Ausweg aus dem Konflikt, der eine Übereinstimmung von kindlichen und mütterlichen Interessen darstellt, so dass die Harmonie zwischen beiden nicht bedroht wird. Bei deutschen Müttern hingegen herrschen Deutungen vor, mit denen das Kind belastet wird; sie reagieren ärgerlich und zeigen dies auch, sie kritisieren nicht selten in einer selbstwertverletzenden Form. Unterschiedlichkeiten von mütterlichen und kindlichen Bedürfnissen werden betont (Kornadt/Trommsdorff 1997).

Die japanischen Sozialisationsbedingungen sind offenbar in der Lage, die Ausbildung eines niedrigen Aggressivitätsniveaus zu begünstigen. Neben der Bereitschaft und Fähigkeit der Mütter, sich auf die Kinder einzustellen und feinfühlig mit ihren Bedürfnissen umzugehen, ohne auf die Vermittlung von Regeln zu verzichten, treten die entsprechenden Einstellungen und Verhaltensweisen von Lehrern und die im soziokulturellen Alltag zum Ausdruck gebrachten Werte, Regeln und Verhaltensweisen (Kornadt/Tromsdorff 1997, S. 46).

Der Mutter kommt bei dieser Erziehung eine erhebliche Bedeutung zu. Durch die zunehmende Industrialisierung und die inzwischen eingetretenen wirtschaftlichen Schwierigkeiten verändert sich aber auch in den asiatischen Industrienationen die Situation der Familien. Auch die bildungspolitische Betonung von Erziehungsidealen wie „Selbständigkeit" oder „Kreativität", die im Gegensatz zum Ideal der Einpassung des Einzelnen in die Gruppe stehen, wirkt sich auf die Erziehungseinstellungen aus. In einer Längsschnittuntersuchung verschwanden die Unterschiede zwischen japanischen und deutschen Müttern in Hinblick auf die Bewertung der Harmonisierung der Bedürfnisse, der Aggressivität unter Kindern und der Ermutigung zu kooperativem Verhalten neun Jahre nach der Ersterhebung (Kornadt/Tachibana, 1999, S. 438ff.). Diese Angleichung an westliche Ideale mag mit der sich ändernden Akzeptanz der traditionellen Mutterrolle in Japan zusammenhängen.

Erziehung zur Interdependenz: Die Erziehung zur Harmonie mit der gesellschaftlichen, natürlichen und übernatürlichen Welt erfordert die Zurückstellung eigener Wünsche hinter das Streben nach Gegenseitigkeit, das mit der Entwicklung eines Gespürs für das Gesicht des anderen verknüpft ist. Jugendliche zeigen sich durch das Akzeptieren der Autorität der Eltern anpassungsbereit, wobei die Kombination von elterlicher Strenge und dem gleichzeitig erlebten Geborgenheitsgefühl bei asiatischen Jugendlichen zu deutlich weniger dysfunktionalem Verhalten führt, als das in den westlichen Ländern der Fall ist (Trommsdorff 1995).

So legen etwa japanische Mütter großen Wert auf Kooperation, Nachgiebigkeit, Rücksichtnahme, Empathie und die harmonische Einbettung ihres Kindes als interdependentes Glied in die Gesellschaft. Wie man sich in diesen sozialen Kontext einfügt, lernen bereits kleine Kinder am Vorbild der Mutter; das Lernen durch Beobachtung wird durch Instruktion ergänzt. Negative Emotionen der Kinder, welche die Harmonie stören könnten, werden gemeinsam mit der Mutter reguliert (Trommsdorff 1999). Dies setzt bei der Mutter die Fähigkeit zu sensiblem, situationsbezogenem Antwortverhalten voraus.

Die Familie als erste Sozialisationsinstanz stellt für alle weiteren sozialen Beziehungen die Grundlage dar und ist folglich sowohl für das Individuum als auch für die Gesellschaft von zentraler Bedeutung. Die Rolle der Mutter besteht darin, den schulischen Erfolg der Kinder zu fördern und zu sichern. Der Vater auf der anderen Seite hat eine hohe wirtschaftliche Bedeutung für die Familie und wendet aufgrund seiner beruflichen Abhängigkeit weniger Zeit für die Erziehung der Kinder auf (für Japan: Trommsdorff 1999; für Indien: Saraswathi/Pai 1997). Die Erziehung zur Gegenseitigkeit ist ein Ideal, das sich trotz sozialen Wandels kaum verändert hat. Dies gilt sowohl für hoch entwickelte als auch für wirtschaftlich schwächere asiatische Länder.

Sozial orientierte Leistungsmotivation: Lange ist das Leistungsmotiv ausschließlich im Sinne individuellen Strebens im Wettstreit mit anderen verstanden worden. Der Wettstreit zwischen Individuen entspricht dem Ethos einer individualistischen Kultur, birgt jedoch Probleme für Kulturen, die sich durch das Streben nach zwischenmenschlicher Harmonie auszeichnen. Die frühere Behauptung McClellands, in Indien sei die Leistungsmotivation sehr schwach ausgeprägt, ließ sich empirisch nicht halten (hierzu Petzold, 1992). Für Indien zeigen neuere Arbeiten, dass sich bei gleicher Motivationsdynamik lediglich die Leistungsziele von den westlichen unterscheiden (Niles 1998; vgl. auch Strohschneider 2001, S. 29).

Das Leistungsmotiv ist in Asien sozial orientiert und impliziert die Vermengung des Selbst mit der Gruppe (J.B.P. Sinha 1984; Yu/Yang 1994). Dies ist nur dann ein Paradox, wenn man von einem prinzipiellen Gegensatz zwischen Individuum und Gruppe ausgeht. Selbstverwirklichung und Gruppenloyalität stehen in einer familienorientierten Kultur jedoch nicht in Widerspruch zueinander. Das japanische Leistungsmotiv wurde als ein überdauerndes Bedürfnis, zu anderen zu gehören und an den Tätigkeiten anderer beteiligt zu werden, bezeichnet. Dagegen wird der Erfolg eines einzelnen als „Akt exzessiven amoralischen Egoismus" betrachtet (DeVos 1973, S. 181).

Entwicklungsverlauf im Jugendalter: Ist die Adoleszenz eine westliche Erfindung? Das hinduistische *ashramadharma* gibt die menschliche Entwicklung als eine Stufenfolge von zu erfüllenden Aufgaben wieder. Obgleich nur noch wenige Menschen in einer modernen Gesellschaft diesen Stufen entsprechend ihr Leben einteilen, so dient es dennoch als Folie für einen „idealen" Lebensverlauf. Während sich die frühe Kindheit durch ein hohes Maß an Gewährenlassen seitens der Eltern auszeichnet, stellt die erste der vier ‚echten' Entwicklungsstufen, die der Lehrzeit (*brahmacharya*), eine Entwicklungsphase dar, in der eine gezielte Sozialisation einsetzt, mit dem Ziel, sozial angemessene Verhaltensweisen und Eigenschaften wie Fleiß, Kompetenz und Treue zu erwerben. Nach alter Tradition wurden die Jugendlichen der oberen Kasten von der Familie getrennt, um zusammen mit anderen Schülern bei einem weisen Lehrer (*guru*) zu leben, um so diejenigen Kompetenzen zu erwerben, die für ihre künftige Rolle als Erwachsene für wichtig erachtet wurden. Nach dieser ersten Stufe folgt bereits die Stufe des jungen Erwachsenenalters (*grahashya*), das durch die Elternschaft geprägt und durch den Erwerb von Intimität, Liebe und Fürsorge charakterisiert ist. Bei dieser Abfolge fällt auf, dass die Adoleszenz als Entwicklungsstufe gar nicht vorgesehen ist.

Im Anschluss an die hinduistische Sicht der menschlichen Entwicklung wird die These vertreten, dass die Adoleszenz die Erfindung der industriellen Gesellschaft sei, die sich durch die Diskontinuität zwischen Kindheit und Erwachsenenalter auszeichne. Je größer aber die Kontinuität von der Kindheit zum Erwachsenenalter, und je ähnlicher der individuelle Lebensverlauf mit den an ihn gerichteten Erwartungen sei, desto unwahrscheinlicher stelle sich die Adoleszenz als eigenständige Lebensphase dar (Saraswathi 1999; Kakar 1979; Saraswathi/Dutta 1987; Sharma 1996). Die These des Fehlens einer Adoleszenz im Sinne einer Phase der Sinn- und Beziehungskrise reicht über den indischen Kontext hinaus.

Geschlechts- und schichtspezifische Entwicklung: Am deutlichsten ist die Kind-Erwachsenen-Kontinuität bei den Mädchen (mit Ausnahme der oberen sozio-ökonomischen Gruppen). „Girls learn to be mothers even before they are wives" (Srinivas 1960): Dies trifft immer noch für einen großen Bevölkerungsteil Indiens zu. Tabelle 1 zeigt, dass bereits die Einschulungsrate von Mädchen mit 86% deutlich unter derjenigen der Jungen (92%) liegt; noch stärker ist diese Kluft z.B. in Pakistan: 59% (Mädchen) vs. 77% (Jungen). Die Selbstwahrnehmung der indischen Frauen der Unterschicht leitet sich aus ihren Beziehungen zum Vater, zum Ehemann und zum Sohn ab. Unverheiratete, kinderlose Frauen und Witwen werden geringschätzig behandelt. Eltern behandeln ihre Töchter als „privilegierte Gäste", die als künftige Ehefrauen in eine andere Familie wechseln. Die Sozialisation der Mädchen zielt auf den Erwerb von Eigenschaften wie Zurückhaltung, Aufopferung, Unterwerfung, Keuschheit, Treue, Schmerztoleranz, Zähigkeit und Geduld.

Die Aktualität dieser weiblichen Sozialisationsziele spiegelt sich in den „Seifenopern" der reichhaltigen indischen Fernsehproduktionen wider. Die Protagonistinnen erleiden zumeist schwere Schicksalsschläge. Thema der Serien ist es zu zeigen, wie es die Frauen lernen, ihre Bestimmung anzunehmen und sich an ihre neue Situation anzupassen. Palliative, emotionsregulierende Strategien überwiegen gegenüber instrumentellen, problemlösenden Arten der Situationsbewältigung (Halcour/Tauchert 2000).

Zwar geht Konfuzius von der zu seiner Zeit beachtlichen Forderung aus „Wo es um Erziehung geht, darf es keinen Unterschied geben" (Kungfutse: Lun-yü, 15/39), aber die Mädchenerziehung blieb nur eine Randerscheinung. Die geringe Erziehung, die die Mädchen genossen, vollzog sich bei den Familienälteren oder den Sippenlehrerinnen und zielte darauf ab, die drei Gehorsamspflichten (als Mädchen gegenüber dem Vater, als Ehefrau gegenüber dem Ehemann, als Witwe gegenüber dem Sohn) zu vermitteln.

Das Frauenideal ähnelt sich in den meisten asiatischen Gesellschaften. Das Männerbild hingegen ist in den ostasiatischen Ländern eher herb (Schlüsselfiguren des Samurai, Mandarin), während in der philippinischen Gesellschaft (teils auch in Thailand) eher der weiche, auf Europäer manchmal feminin wirkende Typ bevorzugt wird.

Bis vor kurzem wurde die Ehe in Asien nicht als Liebes-, sondern als Zeugungsgemeinschaft verstanden, die einer Reihe von sozialen und wirtschaftlichen Kriterien genügen musste. Da Gefühle eine Nebenrolle spielten, traten die gesellschaftlichen Voraussetzungen in den Vordergrund, und solche Ehen wurden fast immer nur vermittelt. In den bevölkerungsstarken metakonfuzianischen und hinduistischen Gesellschaften herrscht der *patrilineare Familientyp* vor. Verehelichung bedeutet vielfach auch heute die Übergabe der Braut an die Familie des Bräutigams, wobei die Brauteltern, wie im heutigen Indien, einen beträchtlichen Preis für eine „gute Partie" zu zahlen haben. Das Mädchen, das in seiner Herkunftsfamilie relativ viel Freiheit genossen hat, ist jetzt der Schwiegermutter unterstellt. Patrilineare Gesellschaften pflegen Eheregeln sehr genau zu nehmen, Scheidungen sind die Ausnahme (hierzu Weggel 1997, S. 275f.).

Auch wenn die Rolle der Frau in den patrilinearen Gesellschaften Asiens vielfach als Kern der Familie und Hüterin der Traditionsbewahrung gesehen wird, so sollte diese Rolle jedoch nicht in einem miserabilistischen Sinne interpretiert werden. Bei Umfragen stellte sich immer wieder heraus, dass in der Mehrheit der befragten Familien die Ehefrau die Entscheidung in allen wichtigen Familienangelegenheiten trifft (Hung 1975). In der Familie läuft im Allgemeinen nichts ohne ihre Zustimmung. Die Macht der Frau war im Innern der Familie immer schon selbstverständlich, so dass es nicht weiter verwunderlich erscheint, wenn Frauen im politischen Bereich Asiens eine deutliche und sichtbare Rolle spielen (Weggel 1997, S. 280).

Noch immer pflegt sich die gesellschaftliche Anerkennung junger Frauen in China und Indien nach der Geburt des ersten Sohnes deutlich zu verbessern. In hinduistischen Familien besteht zwischen Mutter und Sohn eine besondere und liebevolle Beziehung (Kakar 1988, S. 69ff.).

Ein nicht zu unterschätzender Veränderungsfaktor liegt im Emanzipierungsprozess der Frauen. In den 1990er Jahren kam es überall in Asien zur Gründung von Frauenvereinigungen wie der philippinischen „Womens Association of Scientists" oder der indischen „Self Employed Womens Association" (Weggel 1999, S. 98f.).

Bei den Jungen ist eine stärkere Differenzierung je nach sozialer Schicht erkennbar. Für die vielen Kinder aus den unteren ökonomischen Schichten stellt sich die Aufgabe, Geld zu verdienen, bevor daran gedacht werden kann, etwas zu lernen. „As his senses were actively engaged with the world outside him, he had no time to reflect on the luxury of the existentialist problem of whether life was meaningful" (Murthy 1979, S. 110). In der sozioökonomischen Mittelklasse Indiens herrschen hohe Laufbahnerwartungen und eine starke Kontrolle seitens der Eltern vor, sowie ein wettbewerbsorientiertes Schulsystem. In dieser Schicht scheinen die männlichen Jugendlichen zwischen familiären Obliegenheiten und individuellen Bedürfnissen hin- und hergerissen zu sein. Dies ist eine Situation, die Psychoanalytiker veranlasst, eine in das frühe Erwachsenenalter aufgeschobene Adoleszenz zu postulieren, die sich auf Grund der langanhaltenden emotionalen Abhängigkeit von den Eltern, insbesondere der Mutter ergebe und eine ungelöste Identitätskrise der männlichen Jugendlichen nach sich ziehe (Kakar 1988). Dieser Gedanke scheint von Organisationspsychologen bestätigt zu werden, die auf den Erfolg paternalistischer, erziehender und aufgabenorientierter Führungspersönlichkeiten im Vergleich zu demokratischen, partizipatorischen Führungsstilen verweisen. Entsprechende Resultate wurden bei indischen und chinesischen Probanden gefunden (Sinha 1984). In der sozialen Oberschicht hingegen, in der es für Jugendliche nicht notwendig ist, aus materiellen Gründen eine gute Ausbildung zu erwerben, werden am ehesten Pubertätskrisen in Form von Beziehungskrisen berichtet.

Während einige Autoren das Verschwinden der asiatischen Ideale befürchten, behaupten andere ihren Fortbestand. Zwar belegen die empirischen Daten Veränderungen. So sei ein Wandel hin zu einer wärmeren Beziehung zu den Kindern zu beobachten, wenn man die Großeltern- mit der Elterngeneration vergleicht, zu einer offeneren Kommunikation und zu einem sensiblen, respektvollen aber nicht mehr in allen Fällen gehorsamen Umgang miteinander. Aber elterliche Hingabe, Aufopferung und Nachsicht charakterisieren nach wie vor die Sozialisation (Sung 1998). Die Jugendlichen sehen es immer noch als ihre Pflicht, ihre Eltern, wenn sie alt sind, nicht nur materiell sondern auch emotional zu unterstützen. Damit bleibt die gegenseitige Verpflichtung der Generationen als zentraler Wert erhalten (Schwarz et al. 2006). Hieraus kann man den Schluss ziehen, dass sich die grundlegenden ostasiatischen Werte nicht verändert haben (hierzu auch Hesse 2003).

4 Lehren, Lernen und Leisten in Asien: Mythen und Paradoxien

4.1 Konfuzius und „die Liebe zum Lernen"

Die „Gespräche" (*Lun Yü*) des Konfuzius veranschaulichen auf beeindruckende Weise die herausragende Bedeutung des Lernens im Denken des Mannes, der das Ideal der überwältigenden Mehrheit des chinesischen Volkes und anderer süd- und südostasiatischer Völker durch die Jahrtausende darstellte. „Ist Lernen und das Gelernte immer wieder zu wiederholen nicht wunderbar!?" (nach Weggel 2002, 44). Im klassischen konfuzianischen Schrifttum ist der Glaube an die Erziehbarkeit und Perfektionierbarkeit des Menschen zentral. Wer nicht lernt gerät schnell auf Abwege, d.h. verlässt den „Rechten Weg", das *dao*. Lernen genießt nicht nur eine außerordentliche Wertschätzung, die konfuzianischen Kulturen scheinen geradezu um das Lernen herum organisiert zu sein. Das Primat des Lernens geht soweit, dass selbst erstrebenswerte gute menschliche Eigenschaften in Übelstände umschlagen, wenn man nicht das Lernen liebt (Kungfutse: Lun-yü, 17/8). Lernen ist für Konfuzius eine lebenslange Aufgabe, ein Prozess, der nie abgeschlossen ist (Kungfutse: Lun-yü, 7/16). „Lerne, als hättest du's nicht erreicht, und dennoch fürchtend, es zu verlieren." (Kungfutse: Lun-yü, 8/17)

Das Verhältnis des Lehrers zu seinen Schülern ist durch liebende Sorge um den Schüler gekennzeichnet. Insbesondere soll sich der Lehrer bemühen, ein lebendes Vorbild für seine Schüler zu sein. Einer der Nachfolger des Konfuzius, Xunzi, verfasste eine Theorie über den Lehrer und stellte dabei die These der totalen Autorität des Lehrers auf. Als Schüler hat man sich seinem Lehrer zu unterwerfen und mit der von ihm vertretenen Lehre in Übereinstimmung zu bleiben. „Wer dem Lehrer etwas vorwirft, der hat keinen Lehrer" (Xunzi: Hsün-tzu, 2, 14).

Die klassische konfuzianische Erziehung zielte auf die Vervollkommnung der Persönlichkeit ab. Der Ausbildung spezifischer, berufsorientierter Fähigkeiten wurde demgegenüber kaum Interesse entgegengebracht. Erst nach der Konfrontation mit dem Westen erfolgte eine Fachdifferenzierung (Wei 1993, S. 155). Materielle Produktion und körperliche Arbeit jedenfalls waren für Konfuzius kein Thema. Derjenige, der mit dem Kopf arbeitet, herrscht als „großer Mensch", derjenige, der mit dem Körper arbeitet, wird als „kleiner Mensch" beherrscht (Wei 1993, S. 158). Unentbehrliches Element der konfuzianischen Erziehung ist die Lernmotivation. Der Lernprozess selbst erfolgt in fünf Stufen. Zunächst stellt der Lehrer die Anforderung, ein *umfassendes Studium* durch Hören und Sehen zu betreiben. Da die Rezeption von Wissen gewöhnlich auf Schwierigkeiten stößt, ist zweitens das *ausführliche Fragen* im Dialog mit dem Lehrer gefordert. Lernen soll drittens mit dem *Denken* in einem wechselseitigen Verhältnis stehen, denn „Lernen und nicht denken ist nichtig. Denken und nicht lernen ist ermüdend" (Kungfutse: Lun-yü, 2,15). Die Lernenden sollen das zu Lernende analysieren, zusammenfassen und reflektierend verarbeiten. Viertens ist zwischen *Richtigem und Falschem* zu differenzieren. Dabei sind vier Fehler zu vermeiden: grundlose Vermutungen, unbeugsame Verabsolutierungen, starrsinniges Festhalten und selbstsüchtige Eingebildetheit (Kungfutse: Lun-yü, 9,4). Das erworbene Wissen ist fünftens *regelmäßig zu üben* (Kungfutse: Lun-yü, 2,11). Wissen ist kein Selbstzweck, sondern dient dem moralischen Handeln mit dem Ziel, Harmonie in die menschliche Gesellschaft zu bringen (hierzu Wei 1993, S. 160ff.). Konfuzius legt damit Konzepte vor, die auch in der modernen Lern- und Unterrichtsforschung eine Rolle spielen („selbstreguliertes Lernen"; aktive, tiefenorientierte Lernstrategien). Sie finden bis heute in den metakonfuzianischen Gesellschaften eine große Anerkennung.

Eine weitere konfuzianische Besonderheit ist die Familiarisierung des Rechts. Für die Verfehlungen eines ihrer Mitglieder haftet die Familie kollektiv. Denn nicht die etwaige schlechte Natur eines Menschen kann als Ursache für abweichendes Verhalten gesehen werden, sondern vielmehr die Verfehlungen in der Erziehung und die unzureichende Anbindung an die Familie. Dies ist der Grund, weshalb die familiäre Erziehung neben der schulischen in den metakonfuzianischen Gesellschaften eine so große Bedeutung hat (hierzu Behne 1998, S. 107).

In China entwickelte sich schon früh ein Prüfungssystem heraus. Der Staat wurde von einem durch Prüfungen legitimierten Adel gelenkt. Der Lernerfolg definierte den sozialen Status. Auch heute ist der schulische Erfolg direkt mit hoher sozialer Reputation verbunden, die wiederum den Zugang zu Berufen mit hohem ökonomischem Status eröffnet (Weggel 1994). Da aber nur sehr wenige Kinder einen Platz an der Universität erhalten, herrscht ein starker Wettkampf bereits vom Kindergarten an. Die Anstrengungen um einen Vorsprung im Bildungswettlauf prägen die Beziehung zwischen Eltern und Kindern schon vor dem ersten Schultag, aber insbesondere während der Jugendzeit. Ursprung für den Bildungswettlauf sind die Hochschuleintrittsprüfungen. Dabei geht es darum, einen Platz an einer möglichst angesehen Universität zu erhalten. Von ihrem Renomée ist die spätere berufliche Laufbahn fast vollständig abhängig. So gut wie alle Absolventen der Sekundarschule nehmen an den jährlichen Eingangsprüfungen für die weiterführenden Bildungseinrichtungen teil. Was Japan betrifft, wird der Oberschulabschluss fast von allen Jugendlichen erreicht; fehlt er, ist das ein schwerwiegendes Risiko für die soziale Sicherheit und die Karriere des jeweiligen Jugendlichen (Schubert 1992).

Die konfuzianischen Gedanken sind auch im nach-revolutionären China wirksam. In den wirtschaftlich erfolgreichsten Ländern Asiens – Hong Kong, Taiwan, Japan, Singapur und Süd-Korea – besitzen die konfuzianischen Werte Durchhaltevermögen, Beharrlichkeit, Statusorientierung, Sparsamkeit und Schamgefühl den höchsten Stellenwert (Chinese Culture Connection 1987; Hofstede/Bond 1988; Hofstede 1991; Kim/Park 2005; Zheng 2005).

Auch die traditionelle moralische Erziehung übt eine stärkere Wirkung aus, als die in China während der vorangegangenen Jahrzehnte propagierte (Lee/Zhen 1991, S. 364). Das Lernen am Modell, wurde von Munroe (1975, S. 335) in Form dreier Prinzipien zusammengefasst: (a) Kinder, Jugendliche und Erwachsene lernen primär durch das Imitieren von Modellen; (b) die wirksamste Weise der Verhaltensformung ist es, ein Modell einzuführen, und (c) es ist ein erstrebenswertes Lebensziel, ein Modell für andere zu werden. Dementsprechend erfolge die Wissensvermittlung durch Lernen am Modell, wobei „der Lehrer als Virtuose" das Modell ist (Paine 1990, S. 50). Dass diese Art des Lernens auch mit Schwächen behaftet ist, wird uns noch später beschäftigen: (a) Die bevorzugte Praxis, auf Reproduktion zu achten, ist konservativ; (b) das Lernen tendiert zur Passivität; (c) die Möglichkeiten zur Interaktion kommen zu kurz; (d) interindividuelle Unterschiede werden kaum berücksichtigt, und (e) es schreibt die Rolle für den Lehrer und die Unterrichtsmaterialien fest (Paine 1990, S. 75). Zu welchen Ergebnissen führt dieses Lernen?

4.2 Ergebnisse internationaler Leistungsvergleichsstudien

Bereits die frühen internationalen **Leistungsvergleichsstudien** der IEA (beispielsweise die Second International Math Study, SIMSS) und später die kulturvergleichenden Leistungsstudien von Stevenson und Stigler hatten gezeigt, dass sich die asiatischen Staaten durchweg an der Spitze befanden. Die 1995 durchgeführte Third International Mathematics and Science Study

TIMSS, an der auch Deutschland teilnahm (Baumert et al. 1997), hat hierzulande den bekannten „TIMSS-Schock" ausgelöst: Entgegen den Erwartungen und Hoffnungen schnitten die deutschen Schülerinnen und Schüler bei den Leistungstests nur mittelmäßig ab. Hong Kong, Japan, Korea und Singapur waren die einzigen ostasiatischen Ländern, die an TIMSS 1995 teilnahmen und sowohl im Bereich der Sekundarstufe I als auch in der Grundschule an der Leistungsspitze zu finden waren. Bezogen auf Merkmale des Lernumfeldes bestehen zwischen diesen vier Ländern wenig Gemeinsamkeiten, außer dass alle vier aus dem *konfuzianischen* Kulturkreis stammen (Leung 2002; Tweed/ Lehmann 2002). Die Wiederholung von TIMSS im Jahre 1999, an der 38 Länder teilnahmen, ergab für die Achtklässler in Mathematik eine „rein asiatische" Spitzengruppe: Singapur, gefolgt von Korea, Taiwan, Hongkong und Japan; bei den Naturwissenschaften lagen Taiwan, Singapur, Ungarn, Japan und Korea an der Spitze (http://timss. bc.edu/timss1999.html). Fast identisch fiel das Ergebnis für TIMSS (nunmehr Abkürzung für „Trends in International Mathematics and Science Study") im Jahre 2003 aus: Auch hier teilen sich die ostasiatischen Ländern die Spitzenplätze im Fach Mathematik: in der 8. Klasse: Singapur, Korea, Hong Kong, Taiwan und Japan und in der 4. Klasse: Singapur, Hong Kong, Japan und Taiwan (http://timss.bc.edu/timss2003.html).

Ähnlich fiel ein Vergleich der Mathematikleistungen von deutschen und vietnamesischen Grundschülern in München und Hanoi aus. Im Rahmen einer Replikation der Münchner Grundschul-Langzeitstudie SCHOLASTIK (Weinert/Helmke 1997) erhielten Dritt- und Viertklässler vergleichbare Mathetiktests und Instruktionen. Die Ergebnisse zeigen, dass die deutschen Schüler und Schülerinnen bei verständniszentrierten Textaufgaben etwas, bei Rechenfertigkeit sogar deutlich schlechter als die vietnamesische Vergleichsgruppe abschnitten (Helmke et al. 2003).

Bei PISA 2006 schnitten Japan, Südkorea, Hong Kong (China), Taiwan und Macao (China) deutlich überdurchschnittlich bei den naturwissenschaftlichen Leistungen ab. In Bezug auf Lesekompetenz nimmt Korea deutlich den ersten Rang unter allen teilnehmenden Ländern ein. Auch die Leseleistungen in Hong Kong China befinden sich an der Spitze während die in Japan, Taiwan und Macao China im Mittelfeld (vergleichbar den Leistungen Deutschlands) liegen (OECD 2007). Das Ergebnismuster zur Lesekompetenz in der Grundschule in der IEA-Studie PIRLS 2006 (Progress in International Reading Literacy Study), an der drei der o.g. ostasiatischen Länder teilnahmen, weicht etwas ab: Hong Kong und Singapur befinden sich in der Spitzengruppe (Rangplätze 2 und 4), während Taiwan im oberen Mittelfeld liegt. Wie sind diese insgesamt sehr guten und konsistenten Leistungserfolge der Schüler aus ost-asiatischen Ländern zu erklären?

4.3 Auf der Suche nach Gründen für die überlegenen asiatischen Schulleistungen

Der Ertrag der zahlreichen Leistungsvergleichsstudien der Gruppe um Stevenson/Stigler, an der die USA, Taiwan, China und Japan beteiligt waren und die sich auf die Bereiche Mathematik und Lesen im Grundschulalter beziehen, ist in zwei Büchern mit den bezeichnenden Titeln „The learning gap" (Stevenson/Stigler 1992) und „The teaching gap" (Stigler/ Hiebert 1999) enthalten. Legt man die Studien dieser Gruppe zugrunde (für einen Überblick hierzu auch Helmke/Schrader 2001), ergänzt durch die IEA-Studien und weitere Berichte und Erfahrungen

(Ho/Peng/Chan 2001; Helmke/Schrader 1999; Helmke/Vo 1999), dann kann für die Länder mit metakonfuzianischem Hintergrund wie folgt resümiert werden:

Außerschulische Lerngelegenheiten: Neben den öffentlichen Schulen gibt es zahlreiche private (und kostenpflichtige) Neben-, Zusatz- oder Wochenendschulen und -kurse. In wirtschaftlich schwachen Ländern (wie Vietnam) sichern solche zusätzlichen Kurse überhaupt erst die Existenz von Lehrkräften, die von ihrem staatlichen Lohn alleine kaum überleben könnten. Da der überwiegende Teil der Schüler an Formen des Zusatzunterrichts teilnimmt, wird bereits rein quantitativ mehr gelehrt und gelernt.

Hausaufgaben: Ähnliches gilt für die Hausaufgabenzeit. In einer der bekanntesten Studien der Stevenson/Stigler-Gruppe (Stevenson/Lee/Ziegler 1986) zeigte sich, dass bereits in der ersten Klasse der Grundschule die wöchentliche Hausaufgabenzeit der japanischen Schüler dreimal und die der chinesischen (Taiwan) Schüler sogar siebenmal so hoch wie die der Kinder aus den USA war. Als ebenfalls unterschiedlich erwiesen sich die entsprechenden Zeiten für die Fünftklässler: Die Schüler aus Minneapolis (USA) verbrachten im Durchschnitt 5 Stunden pro Woche mit Hausaufgaben, die aus Sendai (Japan) 6 und die aus Taipeh (Taiwan) sogar 13 Stunden. Dazu kommt, dass in Asien nicht nur während der Schulzeit, sondern auch über die Ferienzeit hinweg Hausaufgaben aufgegeben werden.

Lehrerausbildung und Schulalltag: Speziell über die japanische Lehreraus- und weiterbildung und über den Berufsalltag ist viel geschrieben worden (für eine Übersicht vgl. Schümer 1999; Roeder 2001 und Shimahara 1991, 2001). Die folgenden Aspekte können zur Erklärung der Qualität des Unterrichts, der Lernkultur und der schulischen Sozialisation herangezogen werden:

- hohes Prestige, gutes Einkommen des Lehrerberufes, verbunden mit einer verglichen mit anderen Berufen höheren Autonomie und einer besonders scharfen Auslese;
- Verpflichtung zur ständigen schulinternen wie -externen Fortbildung, für die häufig die – ohnehin knappen – Sommerferien verwendet werden;
- eine (verglichen z.B. mit Deutschland) geringe Unterrichtsverpflichtung von 18 Stunden pro Woche (Grundschule, 1.-6. Klasse) bzw. 14/15 Stunden (Mittel- und Oberstufe), jedoch verbunden mit ganztägiger Anwesenheit in der Schule; damit Verfügbarkeit als ständiger Ansprechpartner, Vorbild auch beim obligatorischen gemeinsamen Mittagessen, Saubermachen der Klassenzimmer, Flure, Toiletten etc.;
- häufige gemeinsame Unterrichtsvorbereitung innerhalb der Schule; Praktizieren von „Lernen am Modell" durch sog. „Schaustunden" besonders guter und erfolgreicher Kollegen;
- Unterstützung und Erleichterung der Aufgaben der Lehrkräfte durch zahlreiche spezifische Schülerämter (z.B. Verantwortlichkeit für korrekte Begrüßung, Tafeldienst, Einhaltung von Ruhe, Essensausgaben u.v.m.), deren Autorität innerhalb der Klasse ernst genommen und anerkannt wird.

Lerngelegenheiten, Absentismus und „time-on-task": Ohne dass es den Lehrkräften auffällt, kommt es in den USA relativ häufig vor, dass Fünftklässler dem Unterricht fernbleiben (bei 18.4% aller Schüler), in den asiatischen Ländern dagegen so gut wie nie (die Rate liegt sowohl in Taiwan als auch in Japan unter 0.2%) (Stevenson/Lee/Stigler 1986).

Der Zeitanteil, während dem Erstklässler im Unterricht „on-task" sind, beträgt in den USA 69.8%, kontrastiert mit 85.1% in Taiwan und 79.2% in Japan. Für die Fünftklässler sind die

Vergleichszahlen 64.5% time-on-task in den USA, verglichen mit 87.4% (Japan) und 91.5% (Taiwan).

Dazu kommt die Ferien- und Stundenplangestaltung: Hier ergab der Vergleich zwischen den drei Ländern, dass die amerikanischen Kinder die Schule im Durchschnitt an 178, die chinesischen und japanischen Kinder dagegen an 240 Tagen pro Jahr besuchen. Schließlich ist der durchschnittliche Schultag bei japanischen Schülern um eine Stunde, bei chinesischen Schülern um zwei Stunden länger als der Schultag in den USA.

Summiert man dies alles, dann resultieren enorme Unterschiede in der Jahresunterrichtszeit und damit der Lerngelegenheiten. So kommen etwa die Kinder in Japan während der ersten neun Schuljahre auf 14.490 Schulstunden, die deutschen dagegen lediglich auf 9.450 (von Kopp 2000, S. 173).

Anstrengungsbereitschaft: Die hohe Wertigkeit von Leistung, die sich durch hohe elterliche Leistungserwartungen sowie durch starken Leistungsdruck in der Schule manifestiert, findet ihren Niederschlag in einem – verglichen mit westlichen Standards – hochkonzentrierten Lern- und Arbeitsklima innerhalb der Klasse. Schulleistungsrelevante motivationale Merkmale wie Ehrgeiz und Engagement sind hoch ausgeprägt. Das „Null-Bock-zum-Lernen"-Syndrom, über das hiesige Lehrkräfte oft klagen und das zu ausgeklügelten Strategien der Schülermotivierung zwingt, ist in Asien weitgehend unbekannt. Einige asiatische Kritiker argwöhnen allerdings, dass zwar die extrinsische (der zugrunde liegende „Motor" ist der Anreizwert von Fremdbewertung, Oberzielen und Noten), nicht jedoch die intrinsische Lernmotivation (Motor ist das Sachinteresse) davon betroffen sei; letzteres sei für lebenslanges Lernen jedoch mindestens ebenso wichtig.

Entgegen stereotypen Vorstellungen von einem „gnadenlosen Leistungsdruck bereits im frühen Kindesalter" werden Kinder – jedenfalls in Japan – im Kindergarten- und Vorschulalter jedoch noch an einer „sehr langen Leine" gelassen; sie werden zwar vielfach angeregt, jedoch in spielerischer und kindgerechter Weise. Dies entspricht der Konzeption der zwei Phasen „age of innocence" (ca. die ersten sechs Lebensjahre) vs. „age of reason" (danach), vgl. Stevenson/ Stigler 1992, S. 74f. Der Leistungsdruck beginnt erst später.

Subjektive Erklärungstheorien für Leistungserfolg und -misserfolg: Prinzipiell lassen sich Erfolge und Misserfolge bei schulischen Leistungen bekanntlich durch vier grundlegende Faktoren erklären, die sich aus der Kombination der Dimensionen internal vs. external und stabil vs. variabel ergeben (vgl. Weiner 1980). Bezogen auf die Attribution von Misserfolg ergibt die Kombination niedriger vs. hoher Ausprägung dieser Dimensionen vier Felder, nämlich (1) internal und stabil (Erklärung von Misserfolgen durch Begabungsdefizite), (2) internal und variabel (unzureichende Anstrengung), (3) external und stabil (z.B. zu schwieriger Stoff) und (4) external und variabel (Pech). Fatal ist die Zurückführung eigener Misserfolge auf mangelnde Fähigkeiten, weil dies einen verhängnisvollen Kreislauf in Gang setzt: Wer seine Misserfolge mangelnder Begabung zuschreibt, der tendiert nach Misserfolgen zu Resignation und Passivität, was wiederum die Aussichten für gute Leistungen verringert etc. Japanische Mütter, nach Gründen für die schlechteren Leistungen ihrer Kinder befragt, erklären diese deutlich häufiger mit internalen und variablen Faktoren (z.B. „hat sich nicht genug angestrengt") und seltener mit mangelnder Begabung, verglichen mit amerikanischen Müttern. Damit ist ein zusätzlicher Antrieb für anhaltende Anstrengung gegeben, die sich letztlich immer lohnt. Die Kehrseite dieser anstrengungs- und damit leistungsförderlichen Haltung ist allerdings, dass Minderleistungen *trotz* maximaler Anstrengung, die z.B. tatsächlich durch kognitive Defizite bedingt sind, unentschuldbar sind, was zu drop-outs, zum „Gesichtsverlust" der Familie und zu ausweglosen psychosozialen Situationen führen kann.

Auch abseits von TIMSS zeigen neuere Untersuchungen, dass japanische Gymnasiasten in ihrem mathematischen Verständnis gegenüber deutschen Gymnasiasten deutlich besser abschneiden (Randel/ Stevenson /Witruk 2000). Analog zu den oben genannten Ursachen machen die Autoren drei wesentliche Gründe hierfür verantwortlich: 1. deutsche Schüler/-innen stehen ihren Leistungen und Fähigkeiten weniger kritisch gegenüber; 2. legen geringere Leistungsstandards zugrunde und 3. führen Erfolge weniger auf Anstrengung zurück. Chuansheng und Stevenson (1995) stellten in ihrer Untersuchung heraus, dass das bessere Abschneiden asiatischer Elftklässler mit höheren Standards innerhalb des gesamten Lebensumfeldes, einer höheren Anstrengungsbereitschaft, einer positiveren Leistungseinstellung, mehr Fleiß und weniger Interferenzen während des Lernens assoziiert ist.

Sprachliche Sozialisation: Verschiedentlich wurde argumentiert, die in den konfuzianisch geprägten Ländern (mit Ausnahme Vietnams) andere Gestalt der Sprache (Zeichen statt Buchstaben) führe zu einem frühen und anhaltenden Gedächtnistraining, was wiederum eine günstige Voraussetzung für den späteren Wissenserwerb sei. So umfasst das Japanische beispielsweise über 2000 unterschiedliche Zeichen, im Gegensatz zu lediglich 26 Buchstaben unseres Alphabets.

Test- und Evaluationskultur: Ein weiterer Faktor, der das gute Abschneiden asiatischer Schüler im Vergleich zum Westen erklären könnte, ist die sehr frühe Gewöhnung asiatischer Schüler an Leistungskontrollen und Testsituationen. Auf diese Weise könnten leistungsbeeinträchtigende akute Ängste durch Gewöhnung abgebaut werden, begleitet von der Entwicklung intelligenter Strategien des Umgangs mit Testsituationen („test wiseness"), z.B. wie man am effizientesten mit Fragen des multiple choice-Formats umgeht, knappe Testzeit einteilt etc.

Genetische Ausstattung: Es gab auch Versuche, die asiatische Überlegenheit genetisch zu begründen: Asiaten hätten von Natur aus ein höheres Intelligenzniveau, insbesondere eine bessere Fähigkeit zur Lösung abstrakter Probleme (Lynn 1986; Lynn/Hampson 1986; Rushton 1997). Allerdings erwiesen sich die zugrundeliegenden empirischen Studien sowie die daraus abgeleiteten Folgerungen als fehlerhaft und unhaltbar (vgl. Stevenson/Stigler 1992, S. 48).

Nimmt man alle diese Faktoren zusammen, dann erscheint die „sensationelle" Leistungsüberlegenheit asiatischer Schüler im Bereich von Mathematik und Naturwissenschaften in einem anderen Licht: Sie ist dann nicht mehr überraschend, sondern es wäre im Gegenteil erstaunlich, wenn diese Schüler angesichts einer Ballung leistungsförderlicher Faktoren *keine* überlegenen Leistungen zeigen würden. Allerdings muss immer der Geltungsbereich der oben skizzierten Leistungsvergleichsstudien bedacht werden:

- Sie beziehen sich ausschließlich auf die konfuzianisch geprägten Länder Südost- und Ostasiens; Verallgemeinerungen auf Asien insgesamt sind unzulässig.
- die Ergebnisse beziehen sich auf Schulen, aber nicht auf Hochschulen.

4.4 Konfuzianisches Paradox: Gute Leistungen, aber anachronistischer Unterricht?

Prominente asiatische Autoren (wie Ho 1994) bezeichnen es als „paradox of Confucian heritage education", dass in konfuzianisch geprägten Ländern einerseits Leistung einen hohen Stellenwert hat und das Leistungsniveau international gesehen hoch, jedoch andererseits der traditionelle Schulunterricht durch schwerwiegende Mängel gekennzeichnet sei. Ho nimmt Bezug auf die von ihm so genannten „anachronistischen" Lehrmethoden (absolute Dominanz von Frontalunterricht), den autoritären Stil der Lehrer-Schüler-Interaktion, die extreme Überbetonung von Prüfungen und die Vernachlässigung alternativer Zielkriterien wie Selbstständigkeit, Problemlösen, Kreativität, Kritikfähigkeit, die heute weltweit als Schlüsselkompetenzen angesehen werden (OECD 2000; Klieme et al. 2001). Vergleichbares gilt auch für Indien. Umfrageergebnisse zum indischen Schulsystem zeigen, dass es in der Schule weitgehend üblich ist, die Lösungen von Aufgaben auswendig zu lernen. Individuelle Vorgehensweisen werden nicht bekräftigt, manchmal sogar bestraft (PROBE 1997). In experimentellen Problemlösestudien konnte gezeigt werden, dass deutsche Studenten mehr aktive und kontrollorientierte Problemlösestrategien einsetzen als ihre indischen Kommilitonen, die mehr strategische und taktische Fehler machen (Strohschneider/Guss 1999). Es liegt nahe, auch für dieses Ergebnis zumindest teilweise die mangelhafte Unterrichtsqualität verantwortlich zu machen.

Wie ist diese negative Beurteilung der Unterrichtsqualität zu bewerten?

Zur Frage der Qualität des Mathematikunterrichts in der 8. Klassenstufe gibt die TIMSS-Videostudie (Stigler/Gonzales/Kawanaka/Knoll/Serrano 1999; Stigler/Hiebert 1999; Stigler/Gallimore/Hiebert 2000) interessante Aufschlüsse – zumindest für Japan, das gemeinsam mit den USA und Deutschland an dieser Zusatzstudie teilnahm; für den Bereich der Grundschule (Mathematik und Lesen) haben Stevenson und Stigler interessante Ergebnisse vorgelegt. Unter Berücksichtigung der uns verfügbaren empirischen Studien lassen sich Unterricht, Klassenführung und Klassenkontext in asiatischen Schulen mit metakonfuzianischem Hintergrund in etwa wie folgt charakterisieren:

Störungsarmut des Unterrichts: Der Unterricht wird so gut wie gar nicht durch Disziplinprobleme gestört oder durch sozialpädagogische Maßnahmen angefüllt; auch Übergänge zwischen verschiedenen Segmenten des Unterrichts erfolgen gleitender und schneller. Die Zeit wird folglich in deutlich höherem Maße für Stoffdurchnahme genutzt, was in der Summe eine deutlich höhere effektive Unterrichtszeit ergibt.

Autorität der Lehrkräfte: Lehrkräfte werden als absolute Respektspersonen angesehen; ihre Anweisungen werden nicht in Frage gestellt. Dies gilt für alle asiatischen Staaten und wurde erst kürzlich wieder in einer Vergleichsstudie Australien – Singapur (Aldridge/Fraser 2000) empirisch belegt.

Klassengröße: Im Durchschnitt sind asiatische Klassen wesentlich größer als in Deutschland; Klassengrößen mit über 50 Schülern sind keine Seltenheit. Dass große Klassen nicht das Lehren und Lernen beeinträchtigen, dafür sorgt eine sehr wirksame Klassenführung. Diese wird insbesondere dadurch erreicht, dass bereits zu Beginn der Grundschule ausführlich und ausdrücklich Regeln der sozialen Interaktion und der Lerntechnik besprochen und buchstäblich eingeübt werden.

Abbildung 1: Mathematikunterricht in einer vietnamesischen Grundschulklasse

Unterrichtsstile und -skripts: Analysen der Unterrichtsvideografien im Rahmen der TIMSS-Videostudie zeigten, dass es kulturspezifische Skripts des Mathematikunterrichts zu geben scheint: Während der japanische Unterricht stark problemzentriert ist, häufig mit Kleingruppen und Varianten offenen Unterrichts arbeitet, die Schüler zum eigenständigen Denken und alternativen Lösungswegen motiviert werden, dominiert im deutschen Mathematikunterricht das Skript des fragend-entwickelnden Unterrichtsgesprächs, das häufig mit einer Engführung auf eine einzige richtige Antwort verbunden ist. Dem japanischen Sekundarstufenunterricht vergleichbar ist die Charakterisierung des chinesischen und japanischen Grundschulunterrichts durch Stevenson/Stigler. Problemorientierung ist aber nicht gleichbedeutend mit geringer Lehrerzentrierung. Im Gegenteil: Der japanische Unterricht ist – wie Stevenson et al. (1986) zeigen konnten – verglichen mit den USA deutlich stärker lehrergesteuert: In Taiwan erwiesen sich 90% der Unterrichtszeit in Mathematik als lehrergesteuert, in Japan über 70%, in den USA dagegen weniger als 50%.

Fehlerkultur: Fehler werden weniger als Beleg für Versagen gehalten, sondern – so resümieren es Stevenson/Stigler (1992): „Japanese and Chinese teachers ... regard mistakes as an index what still needs to be learned. They expect that with persistence and effort, people will eliminate errors and eventually make the correct response" (S. 17). Diese Konzeption befindet sich bemerkenswerterweise im Einklang mit modernen psychologisch und didaktisch fundierten Forderungen nach einer verbesserten Fehlerkultur im Unterricht, die Fehler (auch) als Chance ansieht und vor allem bei der Einführung neuen Stoffs ausdrücklich zulässt, anstatt sie zu vermeiden und negativ zu sanktionieren (Bund-Länder-Kommission für Bildungsplanung und Forschungsförderung 1997; Oser et al. 1999; Weinert 1999; Reusser 1999). Ein solcherart positives Fehlerklima wird dadurch begünstigt, dass in Asien mangelnde Fähigkeit praktisch nicht als Grund für Fehler in Betracht gezogen wird; Fehler können prinzipiell durch verstärkte Anstrengung überwunden werden.

Ist diese Charakterisierung eines „fortschrittlichen" und „konstruktiven" Mathematikunterrichts typisch für Japan und lässt sie sich für ganz Asien verallgemeinern? Die Professionalität und wissenschaftliche Solidität der TIMSS-Videostudie ist unbestritten. Gleichwohl muss gesagt werden: Der *japanische* Mathematikunterricht kann sich den „Luxus" eines derartigen (aus westlicher Sicht „innovativen") Unterrichts ohne nachteiligen Effekt auf die Mathematik-Kompetenz möglicherweise nur deshalb leisten, weil „niedere" Formen der Instruktion – wie Automatisierung, Übung, Konsolidierung, bis hin zum Drill – ganz selbstverständlich von den Eltern sowie von *jukus* (Nebenschulen in Japan) bzw. *buxaban* (Taiwan) erwartet und auch geleistet werden.

Legt man alle uns verfügbaren Quellen zugrunde, dann ergibt sich ein zwiespältiges Bild der Qualität des asiatischen Unterrichts. Die TIMSS-Videostudie 1995 und auch die Beobachtungen von Stevenson und Stigler zeichnen (für den Mathematikunterricht) für *Japan* das Bild eines kohärenten, anregenden, das Denken und die Selbständigkeit fördernden Unterrichts, der in vielerlei Hinsicht dem entspricht, was auch die moderne (westliche) konstruktivistische Mathematikdidaktik und Lehr-Lern-Forschung fordern. In krassem Gegensatz dazu, so zeigte die TIMSS-Videostudie 1999 (Hiebert et al., 2003) steht der stark lehrerzentrierte und übungsintensive Unterricht mit repetitiven Aufgaben in Hong Kong, dessen Leistungsniveau bei der TIMSS-Studie ebenso hoch war wie dasjenige Japans.

Es gibt jedoch auch weniger positive Einschätzungen des „asiatischen" Unterrichts:

- Chinesische Autoren (wie Ho/Peng/Chan 2001; Winter 1997) kritisieren vehement den in China verbreiteten Unterrichtsstil und das exzessive Prüfungswesen als anachronistisch. In der chinesischen Erziehungspraxis dominiert nach wie vor die „Entenmast" – das Auswendiglernen – über das „Am Knochen herumnagen" – das Analysieren (Weggel 1994, 173).
- Japanische Autoren äußern sich diesbezüglich ebenfalls kritisch (beispielsweise Ito 1997; Shimahara 2001).
- In der japanischen Öffentlichkeit wird das Phänomen der „Prüfungshölle" beklagt (vgl. Nakane 1973; Mochizuki 1989; vgl. hierzu besonders Schubert 1999).
- Die Regierung Singapurs, vertreten durch Premierminister Goh, rief 1997 zu dringenden Reformen des Unterrichts auf, wolle das Land im 21. Jahrhundert im internationalen Wettbewerb an vorderer Stelle mitspielen: Gefragt seien insbesondere „independent thought" und „creativity"; vor allem sei es unabdingbar „to ignite a passion for learning, instead of studying for the sake of getting good grades in examinations" (zit. nach Ho/Peng/Chan 2001).
- Der Erstautor hat im Rahmen einer mehrjährigen Gastprofessur des DAAD an der Nationalen Universität Hanoi zahlreiche – oft auch unangekündigte – Besuche in Schulklassen Vietnams, Hongkongs und Singapurs gemacht und dabei niemals einen Unterricht erlebt, der auch nur annähernd so offen, problemzentriert und kleingruppenorientiert gewesen ist, wie es die TIMSS-Videostudie für Japan belegt.
- Authentische Berichte von Schülern der Sekundarstufe in Hongkong und Hanoi belegen im Gegenteil das Vorherrschen eines durch extremen Drill und Auswendiglernen (z.B. im Biologie- und Geschichtsunterricht) gekennzeichneten Unterrichts. Impressionen anderer Autoren (z.B. Valtin 2000) gehen in die gleiche Richtung.

Die Bewertung der asiatischen Lernkultur ist auch aus europäischer Sicht zumindest ambivalent. Lernen um des Lernens willen erscheint uns als wenig originell, eher langweilend, die von uns positiv bewertete Eigenständigkeit, Flexibilität und den Erfindergeist behindernd. Das konfuzianische Ideal des ausdauernden, vorbehaltlosen Lernens ist nicht das, was sich im Westen als Ideal der Bildung im Sinne einer sich entwickelnden autonomen Individualität herauskristallisiert hat.

Der volkstümliche Konfuzianismus bietet Lehrern, Eltern und Schülern eine Reihe von Überzeugungen, die aus westlicher Sicht einer effizienten Erziehung und Bildung im Wege stehen (Chang, 2000). Sprichwörter, wie „Kinder werden verdorben, wenn sie gelobt werden", oder „Tadel bildet den Charakter" und „Misserfolg ist das Ergebnis von Faulheit" reflektieren gängige Erziehungsvorstellungen (Watkins/Biggs 2001). Maximen, wie „Lernen ist Härte, kein Spaß", „Spielen und Lernen schließen sich gegenseitig aus" oder „Lies das Buch einhundert Mal, und der Sinn wird sich ergeben" unterstreichen die bevorzugte Lernstrategie des disziplinierten wiederholenden Lernens als ein populäres Modell des schulischen Lernens, nicht nur zum Einprägen und zum Verstehen von Inhalten, sondern auch zur Festigung des Charakters.

Unter diesen Umständen erscheint es uns unangemessen, die Leistungserfolge der Schüler in konfuzianisch geprägten Nationen dem exzellenten Unterricht zuzuschreiben. Es könnte eher umgekehrt sein: dass die Erfolge dieser Nationen nicht *wegen*, sondern *trotz* eines didaktisch suboptimalen Unterrichts zustande kommen, so dass der Leistungsvorsprung der Asiaten – würde dort ein didaktisch modernerer Unterricht praktiziert – noch wesentlich größer wäre, als er es jetzt bereits ist. Wir wollen hierzu keine Spekulationen anstellen, denn diese Frage kann nur mit Hilfe sorgfältiger kulturvergleichender empirischer Forschungen geklärt werden.

4.5 Das „Paradox des Chinese Learner"

Unter diesem Begriff wird ein weiteres Paradox diskutiert: Wie kann es sein, dass Lerner in Ländern mit „Confucian heritage education" trotz des (angeblichen) exzessiven Auswendiglernens, trotz des Überwiegens rezeptiver Formen des Lernens, trotz massiven und monotonen Übens und Drills gleichwohl erfolgreich sind, und zwar durchaus auch bei Leistungen, die über Reproduktion hinaus Verständnis erfordern?

Hätte es sich bei den Mathematik-Testaufgaben von TIMSS ausschließlich um solche gehandelt, die lediglich Routinen, Rechenfertigkeiten, Faktenwissen und „lower order skills" erfordern, dann wäre dieses Paradox leicht aufzulösen, denn der Erwerb dieses Typs von Kompetenzen erfordert gewiss keinen komplexen und konstruktivistischen Unterricht, sondern kann auch durch Drill und rezeptives Lernen erfolgen. Davon kann jedoch keine Rede sein. Im Gegenteil: TIMSS enthält sehr wohl anspruchsvolle und komplexe Aufgaben. Bei solchen, Verständnis und Transfer erfordernden Aufgaben war die Kluft zwischen den durchschnittlichen Leistungen z.B. deutscher vs. japanischer Schüler noch größer als bei den Aufgaben, deren Bewältigung lediglich Fertigkeiten und Routinen erforderte.

Watkins und Biggs behaupten, gestützt auf zahlreiche eigene empirische Untersuchungen in ihrem Buch „The Chinese learner: Cultural, psychological, and contextual influences" (1996): Die Einschätzung, dass Lernformen wie Wiederholen oder Auswendiglernen notwendigerweise oberflächlich seien und nicht in die Tiefe gehen können (surface vs. deep processing), sei ein typisches westliches Missverständnis; mehrfaches Wiederholen (bis hin zum Auswendiglernen) sei vielmehr mit einer fortlaufenden Annäherung an den Sinn des Textes verbunden. Umfangreiche Studien auf der Grundlage von Ergebnissen mit Hilfe von Lernstrategie-Fragebögen haben gezeigt, dass ostasiatische Schüler und Studenten im Vergleich zu anderen Lernenden nicht nur weniger, sondern im Gegenteil sogar häufiger „Tiefenstrategien" einsetzen. Personen, die tiefenorientierte Lernstrategien einsetzen, organisieren den Lernstoff, nehmen Elaborationen vor und überwachen ihr Verständnis, beispielsweise, indem sie Fragen an den Text stellen, versuchen, den Textinhalt auf andere Situationen zu übertragen, oder ihn kritisch bewerten. Die Ergebnisse legen den Schluss nahe, dass Personen aus Kulturen mit konfuzianischem Hintergrund Lernzugänge mit ausgeprägter Verarbeitungstiefe bevorzugen, und zwar sowohl in ihren eigenen kulturellen Lernumgebungen (Hongkong und Singapur) (Kember/Gow 1990) als auch in „westlichen" (Australien, USA) (Stevenson/Lee 1996). In einem kulturvergleichenden Projekt (Vergleich des Lernverhaltens und lernbezogener Einstellungen bei Studienanfängern in Deutschland und Vietnam) findet sich ein weiterer Beleg (Helmke/Schrader 1999): Die vietnamesischen Studierenden berichteten über ein höheres Ausmaß tiefenorientierter und anspruchsvoller Lernstrategien, insbesondere auch kritischen Denkens.

Die Ergebnisse der Studien über Lernzugänge weisen auf ein Problem hin, das bei kulturvergleichenden Arbeiten zuweilen leicht übersehen wird. Begnügt man sich mit Analysen auf der oberflächlichen Ebene der Phänomene und unterlegt sie mit Interpretationen, die in spezifischen Kontexten ihre Richtigkeit haben mögen, dann unterliegt man schnell der Gefahr von Fehlschlüssen. So beruht offenbar die Meinung, Lernende aus konfuzianischen Kulturen würden nur oberflächlich lernen, weil sie vor allem repetitive Lernstrategien einsetzten, auf einem Missverständnis, das auf westlichen Überlegungen basiert. Anders als für westliche Schüler stellt die Wiederholung für Lernende aus konfuzianischen Ländern ein bewusst eingesetztes Mittel dar, um bedeutungshaltiges Wissen und Verstehen zu erzeugen. Aus vermeintlich aussagekräftigen äußeren Indikatoren des Lerngeschehens lassen sich keine Aussagen über das Lernen und den Lernerfolg ableiten. Diese müssen vielmehr vermittels Prozessanalysen untersucht werden (Watkins/Biggs 2001). Hier sehen wir ein fruchtbares Feld für weitere empirische Forschung (vgl. Artelt 2000).

4.6 Die Kosten des Prüfungs- und Leistungsdrucks

Der kontinuierliche Leistungsdruck führt in den konfuzianischen Ländern zu einem derart hohen Stellenwert des Lernens für die Schule, dass andere Entwicklungsaufgaben im Kindes- und Jugendalter demgegenüber an Gewicht verlieren. Angesichts der ständigen zusätzlichen Belastung durch Zusatz-, Neben- und Wochenendunterricht gilt dies auch in zeitlicher Hinsicht: Für alternative Aktivitäten bleibt buchstäblich so gut wie keine Zeit mehr (für Japan: von Kopp 2000, S. 176).

In den Ländern, in denen Leistungsprüfungen weitgehend den erreichbaren sozialen Status determinieren, ist die Belastung der Jugendlichen extrem. In Taiwan hat das Konkurrenzbewusstsein zwischen den Schülern und vor allem den Eltern inzwischen dazu geführt, dass es nicht mehr ausschlaggebend ist, ob ein Schüler einen Zusatzunterricht besucht, sondern inwiefern er seine gesamte Schulzeit in Bezug auf Schul- und Zusatzunterricht optimieren kann (Behne 1998, S. 346). Dementsprechend besucht etwa jeder zwanzigste Einwohner Taiwans eine Ergänzungsschule. Die Erziehung der Schüler erfolgt auf der Grundlage eines streng reglementierten Schulalltags und eines rigiden Prüfungssystems. Die Rolle der Eltern bei der Gewährleistung zureichender Leistungen und die zugleich an die Kinder gestellten familiären

Erwartungen sind wesentliche Faktoren bei der Reproduktion dieses Erziehungssystems (Behne 1998, S. 348).

Die verbreitete Meinung von der angeblich extrem hohen Suizidrate von Jugendlichen in metakonfuzianischen Gesellschaften trifft allerdings nicht zu (vgl. Kreitz-Sandberg 1996). Die neuesten uns verfügbaren Statistiken der WHO[3] geben z.B. für 2004 Raten von 16.9/8.4 Suiziden (männliche/weibliche Personen zwischen 15 und 24 Jahren) pro 100.000 Personen in der Bevölkerung für Japan, Südkorea 11.3/8.0 (2004), ausgewählte Regionen Festlandchinas 5.4/8.6 (1999) an. Im Vergleich dazu sind die Raten für Litauen 42.9/7.4 (2004), Belarus 34.6/5.6 (2003), Finnland 33.1/9.7 (2004), Irland 20.4/3.2 (2005), Österreich 15.7/3.6 (2005), Schweiz 14.5/4.9 (2004), Deutschland 10.5/2.7 (2004).

Zu den prominenten selbstkritischen Stimmen im Hinblick auf schulischen Leistungsdruck zählt – vielleicht überraschend – Mao Tse-tung (1964): „At present, there is too much study going on, and this is extremely harmful... (The) burden is too heavy, it puts students in a constant state of tension... The students should have time for recreation, swimming, playing ball, and reaching freely outside their course work... The present method of education ruins talent and ruins youth" (zitiert nach Ho/Peng/Chan 2001). Dass sich an den kritisierten Aspekten der chinesischen Schulerziehung weder während des Mao-Regimes noch in der Folgezeit etwas Nennenswertes geändert hat, kann als Beleg für die außerordentlich hohe Stabilität der konfuzianischen Tradition gegenüber ideologischen Beeinflussungen angesehen werden. Allerdings muss man mit der Heranziehung Maos als Kritiker überzogenen Lernens vorsichtig sein, da er im Vergleich zu den konfuzianischen Lehrmethoden eher ins andere Extrem umgeschlagen ist und z.B. nahezu jegliche Fachausbildung mit Bannfluch belegt hat.

Zu den Kosten des Prüfungs- und Leistungsdrucks wird in Japan auch die **Jugendkriminalität** gezählt (Foljanty-Jost 2000). Dabei rangiert die Jugendkriminalitätsbelastung in Japan weit am Ende der Industrieländerskala. Während etwa bei den Körperverletzungsdelikten durch Jugendliche zwischen 14 und 18 Jahren in Japan 54 Fälle je 100.000 Einwohner im Jahr 1996 polizeilich erfasst wurden, lag die entsprechende Anzahl in Deutschland bei 1.148 Fällen. Hinsichtlich der Rangfolge der Deliktarten sind Deutschland und Japan weitgehend vergleichbar. An der Spitze der Gewalttaten stehen in beiden Ländern verbale Gewalt, gefolgt von leichten Formen physischer Gewalt und Gewalt gegen Sachen. Verbale Gewalt tritt in Japan vor allem als Schikane auf. Beschimpfen, Verleumden, Ausschluss aus der Gruppe, Nötigung, immer von einer Gruppe gegen einzelne gerichtet. Als eine spezifische Reaktionsform auf die schulischen Erziehungsbedingungen gilt in Japan die Schulverweigerung. Die Zahl derer, die mehr als 50 Tage pro Jahr „aus Abneigung gegen die Schule" dem Unterricht fernbleiben nimmt kontinuierlich zu (Kornadt 1999, S. 214). Schwere Gewalttaten und Gewalt gegen Lehrer sind eher selten.

Die Unterschiede liegen in den Erklärungen und den Schlussfolgerungen, die aus der Jugendkriminalität gezogen werden. In Japan werden die Ursachen der jugendlichen Devianz nahezu ausschließlich den Anpassungsschwierigkeiten an die Schulkultur zugeschrieben. Devianz entstehe, so wird argumentiert, wenn Jugendliche befürchten, den Leistungsanforderungen nicht gerecht zu werden und damit den erstrebten Bildungserfolg nicht zu erreichen. In einem meritokratischen Bildungssystem, wie in Japan (vgl. Behne 1998 zu Taiwan), wird Leistung als das einzige Selektionskriterium für die spätere berufliche und soziale Position gesehen. Aus dieser Sicht liegt es deshalb nahe, Misserfolgsbefürchtungen als Ursache von Devianz anzunehmen. In der deutschen Diskussion stehen viel mehr die ungleichen Lebensbedingungen und die unterschiedlichen Chancen zur Selbstverwirklichung im Vordergrund der Erklärungen jugendlicher Delinquenz. Dementsprechend gegensätzlich sind die vorgeschlagenen Präventivmaßnahmen. Während in Deutschland eine Ausweitung schulischer Funktionen als Mittel zur Kompensation milieubedingter ungleicher Lebensbedingungen empfohlen wird, zielt man in Japan die Reduktion schulischer Funktionen an.

Im Gefolge dieser Überlegungen hat das japanische Kultusministerium die Neuordnung des Schulwesens in Angriff genommen. Als Gegenbild zu einer die Jugendlichen – wie das bisher der Fall gewesen sein soll – verwaltenden Erziehung soll eine allgemeine Liberalisierung des Erziehungswesens Platz greifen. Fünf-Tage-Woche, Lockerung der Schulregeln, Verminderung der Stundenzahl und der Stoffmenge, vermehrt Angebote von Wahlmöglichkeiten und insbesondere die Reduktion der schulbezogenen außerunterrichtlichen Aktivitäten sollen zu einer Rücknahme der schulischen Funktionen führen. Insgesamt soll die Schule nicht mehr die allumfassende Instanz für die Ausbildung und Bildung der Schüler darstellen, sondern sich auf die Ausbildungsfunktion zurückziehen. Da deviantes Verhalten als Folge des überzogenen Konkurrenzkampfes um Bildungserfolg gesehen wird, sollen die zeitintensiven Bestandteile schulischer Organisation reduziert und dem Gestaltungsfreiraum der Jugendlichen und ihrer Eltern mehr Gewicht gegeben werden (hierzu Foljanty-Jost 2000).

5 Schulische und außerschulische Sozialisation

5.1 Freizeit

Der Begriff „Freizeit" impliziert die Abgrenzbarkeit der Zeiträume, die der Arbeit einerseits und „privaten" und sozialen Beschäftigungen andererseits gewidmet sind. Die Vorstellung einer Dualität von Arbeit und Freizeit entstammt primär der europäischen Tradition (Hampsch 1998). In kollektiv orientierten Gesellschaften wie den asiatischen fällt die Trennung sowohl individueller und gruppenbezogener als auch arbeitsbezogener und nicht arbeitsbezogener Tätigkeiten schwer. Für große Bevölkerungsteile, deren Lebensweise landwirtschaftlich geprägt ist, ist zudem eine solche Aufteilung fremd. So kann man von „Freizeitverhalten" erst dann sprechen, wenn man die wohlhabenderen Kreise der zumeist städtischen Bevölkerung betrachtet. Aber selbst hier ist es schwierig, schulische und außerschulische Lebenswelten auseinanderzuhalten. In diesem Zusammenhang muss erwähnt werden, dass die Schule in den meisten asiatischen Ländern Ganztagscharakter hat (vgl. Husén/Postlethwaite 1994).

Unmittelbar mit dem wachsenden Wohlstand erfolgte ein Wandel im Lebensstil von Kindern und Jugendlichen, der sich durch Fernsehen, Videogames, Einkaufen, Window-shopping, Besuch von Karaokebars, sportliche und touristische Aktivitäten ausdrückt. Viele Jugendliche arbeiten nebenher, um sich diesen Wohlstand leisten zu können. Aber das Freizeitverhalten lässt sich kaum vom schulischen Bereich abgrenzen. Wenn Prüfungstermine näher rücken oder mit dem Eintritt ins Berufsleben der „Ernst des Lebens" einsetzt, dann kann sich das Freizeitverhalten deutlich verändern. Insbesondere bei sportlichen Aktivitäten spielt die Schule eine erhebliche Rolle, aber auch viele andere Freizeitbeschäftigungen gehen von der Schule aus, werden dort organisiert und in einem funktionalen Zusammenhang mit den schulbezogenen Aktivitäten gesehen. Eine klare Abgrenzung zwischen schulischem und außerschulischem Freizeitverhalten wird damit erschwert. Andererseits bieten gerade die zusätzlichen Lernzeiten und die schulverbundenen freizeitlichen Beschäftigungen Gelegenheiten für Kontakte und gemeinsame Aktivitäten in der peer-group, die sich bei der knappen zur Verfügung stehenden Zeit anderswo kaum finden lassen.

Das, was als wichtiges Ziel von Freizeitaktivitäten gesehen wird, nämlich die psychische, kognitive, körperliche und soziale Entwicklung (United Nations 1997), wird also in hohem Maße von der Schule mitbestimmt oder zumindest mitbeeinflusst (von Kopp 2000, S. 173f.). Es gibt auf den ersten Blick viele Gründe, den expansiven Raum, den die Schule im Leben der Kinder einnimmt, negativ zu beurteilen. Dabei ist jedoch auch die Gegenposition zu bedenken, dass der starke Schulbezug zu konstruktiveren Zielen von peer-group-Aktivitäten führt als Ziele, die autonome peer-groups nach Mustern von Gegenkulturen übernehmen (Duke 1986, S. 33).

5.2 Bildung und Kinderarbeit

Der Versuch, Sozialisation in Asien zu beschreiben, wäre unvollständig, würde man die große Anzahl der Kinder und Jugendlichen außer Acht lassen, die keine Schule besuchen oder nur für sehr kurze Zeit oder nebenher eine schulische Ausbildung erhalten (vgl. Tabelle 1), da ihre Arbeitskraft zur Existenzsicherung der Familie benötigt wird. Während viele Länder die Existenz von **Kinderarbeit** verneinen oder die Veröffentlichung entsprechender Statistiken verweigern, gehört Indien zu den wenigen, in denen das Problem der Kinderarbeit öffentlich diskutiert wird. In Indien muss man davon ausgehen, dass etwa 10 Prozent der gesamten Bevölkerung zwischen 5 und 14 Jahren arbeiten, was immerhin 7 Prozent der Erwerbstätigen ausmacht (Gupta 1996; Mikota 1997; Naidu 1987a).

Schulbesuch und gleichzeitige Erwerbstätigkeit: Ein nicht unbeträchtlicher Teil dieser Kinder versucht, trotz der Notwendigkeit für den Erhalt der Familie beizutragen, durch den Besuch von Abendschulen schulische Bildung zu erlangen. Ein anderer Teil geht in die reguläre Tagesschule, verbringt aber die restliche Zeit mit erwerbsorientierter Arbeit. Die meisten arbeiten in ländlichen Gebieten. Die Arbeit auf den Feldern ist oft so beschwerlich, dass sie zu einer Beeinträchtigung der körperlichen und geistigen Entwicklung führt. Das Fehlen der Schulbildung hat fast immer zur Folge, dass eine Aufwärtsmobilität für diese Kinder und Jugendlichen verhindert wird.

Negative Einstellung gegenüber der schulischen Bildung: Dem Gedanken, dass die schulische Erziehung ein wesentliches Mittel zur Verbesserung der ökonomischen Situation großer Bevölkerungsteile darstellt, stehen jedoch die Einstellungen vieler Eltern und mancher Unternehmer gegenüber. Kinder, die zum Familieneinkommen beitragen, werden als ein Aktivposten gesehen, wohingegen Kinder, die zur Schule gehen, als Passivposten zur Ausgabenseite gezählt werden. Diese Sicht der Eltern erfährt ihre Bestätigung durch die hohe Zahl der arbeitslosen Jugendlichen, die die Schule abgeschlossen haben. Der Wert der schulischen Bildung wird über die funktionale Seite des Lesen- und Schreibenkönnens hinaus nicht als Erfolg versprechende Vorbereitung für eine Erwerbstätigkeit angesehen. Seit die britische Kolonialmacht die formale Erziehung eingeführt hat, ist in Indien die Überzeugung, durch Schulbildung einen „white collar job" zu erhalten, weit verbreitet. Die Eltern befürchten, ein Jugendlicher, dem es nicht gelingt, einen white collar job trotz Schulbildung zu erhalten, werde sich weigern, Handarbeit oder einen blue collar job anzunehmen. Um eine solche Situation zu vermeiden, sei es besser, von Anfang an die Kinder an die Erwerbsarbeit zu gewöhnen und zwar in den Bereichen, in denen die Familie traditionellerweise tätig ist (Naidu 1987a).

Demzufolge sehen es die großen Entwicklungsprojekte der World Bank und der Asian Development Bank in Asien als eines ihrer Hauptziele an, die Bildungsbeteiligung (*net enrolment*) und den Prozentsatz von Schulabschlüssen (*completion rate*) zu erhöhen und zugleich die Dropout- und Klassenwiederholungsrate zu reduzieren.

Traditionell orientierte Eltern sehen die Schulbildung von Mädchen als überflüssig an. In den Familien mit niedrigem Einkommen sind die Mütter erwerbstätig, den Töchtern kommt damit die wichtige Aufgabe zu, sich um die jüngeren Kinder zu kümmern und den Haushalt zu führen. Ein Schulbesuch ist unter solchen Bedingungen nicht realisierbar.

Aber auch erwerbstätige Kinder und Jugendliche sehen den Schulbesuch vielfach als Zeitverschwendung an. Die Lehrpläne sind nicht berufsorientiert und bereiten nicht auf für sie realisierbare Berufstätigkeiten vor. Sie selbst interpretieren die eigene frühe Erwerbstätigkeit aus der Erwachsenenperspektive, indem sie hierin eine Möglichkeit sehen, die jüngeren Geschwister zu erziehen und zu unterstützen. Sie sind sich bewusst, einen unverzichtbaren Beitrag zum Familienunterhalt zu leisten (Naidu 1987b).

Dominierende Perspektive der Arbeitswelt: Auch für diejenigen, welche die reguläre Schule besuchen, stellt die Arbeitswelt – weit stärker als dies in reichen Ländern der Fall ist – eine bedeutende Rahmenbedingung für ihre Sozialisation dar. Laut Singh (1996) lag die Anzahl der im informellen Sektor Beschäftigten Indiens 1991 bei 90%. „Informeller Sektor" steht für Tätigkeiten, die arbeitsintensiv, gering produktiv und familienbetrieblich strukturiert sind, mit eigenem Kapital und lokalen Ressourcen in Kleinbetrieben organisiert werden und im Sinne des „self-employment" gegenüber abhängiger Lohnarbeit im formellen Sektor abgegrenzt werden können (Komlosy et al. 1997; Lang-Wojtasik 1998). Die Nähe zur Beschäftigungswelt und die wahrnehmbare schwierige ökonomische Situation wirkt auf die Heranwachsenden in starkem Maße ein.

5.3 Analphabetismus, Breiten- und Elitebildung

In Indien werden nach offiziellen Angaben zwar alle Kinder eingeschult, aber ein Viertel von ihnen verlässt die Schule bis zur zweiten Klasse, ein weiteres Viertel bis zur vierten Klasse mit dem Ergebnis, dass nur 61 Prozent der Inder lesen und schreiben können (World Health Organization 2008). Gleichzeitig hat Indien die höhere und die akademische Bildung stark fortentwickelt, so dass in wissensintensiven Bereichen hohe Wachstumsraten erzielt werden konnten. Indien ist eines der führenden Länder für Software-Exporte, rund 30 Prozent der weltweit tätigen Software-Ingenieure sind Inder. Aber der Weg dorthin ist steinig: Etwa 500.000 bewerben sich alljährlich für den Eingangstest, 120.000 werden zugelassen, aber nur 2.000 dürfen sich an der Hochschule einschreiben. Der Lehrplan ist streng, kein Fach darf ausgelassen, keine Prüfung wiederholt werden. Vor allem in den USA warten hervorragende Arbeitsmöglichkeiten auf die Absolventen. Damit hat Indien zwei Extreme gleichzeitig erreicht: Im höheren Bildungssektor ist Indien unter den Entwicklungsländern führend; bei der **Alphabetisierung** gehört es zu den rückständigsten.

Ein vollkommen anderes Bild geben die metakonfuzianischen Gesellschaften ab. So können z.B. 91 Prozent der Chinesen lesen und schreiben, das Ziel einer allgemeinen Alphabetisierung ist damit so gut wie erreicht (World Health Organization 2008). Fast bei allen Kriterien der Entwicklung schneidet China besser ab als Indien: höhere Lebenserwartung, hohes Pro-Kopf-Einkommen, breit gestreute gesundheitliche Grundversorgung und Schulbildung, niedrigere

Kindersterblichkeit und Armut. Das durchschnittliche Pro-Kopf-Einkommen ist in China mehr als doppelt so hoch wie in Indien. Aber Indien schickt im Vergleich zu China proportional zur Bevölkerung sechsmal so viele junge Leute auf Universitäten.

Auch Bildung hängt in Indien mit der Kastenzugehörigkeit zusammen. Die oberen Kasten haben einen Bildungsvorsprung und profitieren von der wirtschaftlichen Entwicklung. Während aber im traditionellen Indien die Dorflehrer weniger praktische Fähigkeiten wie Lesen und Schreiben als vielmehr das Denken und die Regeln der Kastengesellschaft weitergaben, war in China Bildung seit alters her ein akzeptierter Weg, um gesellschaftlich voranzukommen. Nicht zuletzt aus kulturellen Gründen fällt es der hinduistischen Gesellschaft schwer, einen breiten grundlegenden Bildungsstand für alle zu erreichen (Fritz/ Kämpchen 1998; Stern 1993).

6 Problemfeld Kinderprostitution

Ein Problemfeld, nicht nur Asiens, aber dort besonders, ist das der Prostitution von Kindern und Jugendlichen. Das Bundesministerium für Gesundheit schätzt in seiner Studie „Aids, Sex, Tourismus" für das Jahr 1995 zwischen 200.000 und 400.000 deutsche Sextouristen, von denen – aufgrund von Selbstangaben – rund 5.000 Kontakt mit minderjährigen Prostituierten hatten (Taschenbuch der Kinderpresse 1998, S. 229, nach Grandt/Grandt/van der Let 1999). In Thailand war es üblich, dass die Mädchen aus den Dörfern ihre Familien finanziell unterstützten. Prostitution gilt deswegen nicht als ehrenrührig. Oft folgen die Mädchen dem Beispiel ihrer Mütter. Nach Regierungsangaben sind 10.000 Kinder Prostituierte, nach Angaben des Centre for the Protection of Children's Rights 800.000 Kinder, davon etwa 30.000 bis 250.000 Kinder unter 14 Jahren (O'Grady 1997, S. 154). Den größten Anteil unter den Kinderprostituierten stellen Mädchen unter 16 Jahren, die in Bordellen arbeiten, in denen Thai-Männer und Besucher aus asiatischen Nachbarstaaten Kunden sind. „Asia Watch" geht dabei von etwa 50% bis 70% HIV infizierten Kinderprostituierten aus (Wuttke 1998, S. 33-35). Die Prostitution von Jungen befriedigt vor allem ausländische Sextouristen. Der Eintritt in die Prostitution ist häufig mit einer Art Schuldknechtschaft verbunden. Die Familie des Kindes erhält einen Geldbetrag und das Mädchen muss arbeiten, bis die Summe abbezahlt ist. Solche Schuldknechtschaften sind auch in Indien, Nepal, Myanmar und Pakistan üblich. Da die Mädchen in den Bordellen sehr wenig verdienen, sind sie gezwungen, sehr viele Kunden zu empfangen und keine Kondome zu benutzen, um dadurch ein möglichst hohes Einkommen zu erreichen. Fast in der gesamten Dienstleistungs- und Tourismusbranche tritt kommerzieller Kindersex auf. Thailand gilt als der bedeutendste Importeur, Exporteur und Transitland für den organisierten internationalen Menschenhandel (O'Grady 1997, S. 156). Besonders aus Kambodscha, Myanmar und China werden junge Frauen und Kinder mit falschen Arbeitsversprechen angelockt und nach Thailand geschmuggelt. Nach Berichten der chinesischen Polizei wurden seit 1989 etwa 5.000 chinesische Mädchen über die burmesischen Berge verschleppt. Die Mehrzahl der gekidnappten Mädchen waren Angehörige der Tai- und Akha- Minderheit (in China als Hani benannt). Um der Armut auf dem Lande zu entgehen, flüchten jedes Jahr Tausende junger laotischer Frauen nach Thailand, wo die meisten von ihnen zur Arbeit in Bordellen angeworben werden.

Auch in Indien ist die **Kinderprostitution** kulturell verwurzelt. Obwohl heute verboten, ist die seit historischen Zeiten übliche Tempelprostitution (*devadasi*) auch heute noch anzutreffen. Die Hindustani Times berichtete 1994, dass es im Unionsstaat Karnataka 50.000 aktive Devadasi gäbe (O'Grady, S. 159). Etwa zwei Drittel der Prostituierten Indiens gehören zu den niederen Kasten (Frederick/Kelly 2001, S.148). Ethnische Gruppen, wie die Rajnat aus Rajasthan, leben von den Einkünften von Kinderprostituierten. Insgesamt soll es um die 400.000 Kinderprostituierte in Indien geben, die vor allem einheimische und westasiatische Kunden bedienen. Der „Human Rights Watch Report" 1995 (O'Grady, S. 159) sagt aus, dass 20% der Bordellprostituierten in Mumbay Mädchen unter 18 Jahren sind. Die Hälfte von ihnen sei HIV-positiv. Eine besondere Nachfrage herrscht in Indien nach nepalesischen Mädchen. Etwa 200.000 nepalesische Mädchen unter 16 Jahren befinden sich in indischen Bordellen (O'Grady 1997, S. 160). Ganze Dörfer beschäftigen sich mit dem Mädchenhandel. Ein Mädchen, das erfolgreich an ein Bordell verkauft werden kann, soll um die 800 US$ einbringen (O'Grady 1997, S. 161). Bestimmte nepalesische Ortschaften verlassen sich inzwischen auf das Geld, das ihre Töchter in den indischen Bordellen verdienen. Dabei nimmt das Durchschnittsalter ständig ab, das inzwischen bei 10-14 Jahren liegen soll.

Taiwan ist, ähnlich wie Thailand, eine Drehscheibe des Menschenhandels. Da den illegal eingereisten Mädchen bei Entdeckung die Verhaftung droht, werden sie gut versteckt. Taiwanesische Mädchen werden hauptsächlich für Japan rekrutiert. Die größte Nachfrage nach der Kinderprostitution stammt von einheimischen Taiwanesen selbst und anderen asiatischen Geschäftsleuten. Seit den Zeiten der japanischen Okkupation ist Taiwan Ziel japanischer Sextouristen. Insbesondere die Kinder aus der Urbevölkerung stellen mit 20% den größten Teil der Kinderprostituierten (O'Grady 1997, S. 157).

Für westliche Sextouristen gilt Sri Lanka als Zentrum der Jungenprostitution. Die Prostitution von Jungen scheint weniger eine Armutsfolge zu sein, sondern durch den Gruppendruck Gleichaltriger oder aus dem Wunsch zu resultieren, sich Geld für den Erwerb von Konsumgütern zu verdienen. Geschätzt werden 10.000 Kinderprostituierte (GrandtGrandt/van der Let 1999, S. 128).

Die Prostitution ist in einigen Staaten Asiens somit keine Erscheinung der Moderne, vielmehr hat sie dort eine lange Tradition und dient zum großen Teil auch einem asiatischen Kundenkreis. In den letzten Jahrzehnten nimmt jedoch die Nachfrage nach Kinderprostituierten aus westlichen Ländern zu. Die Ursachen der Prostitution in Asien sind unterschiedlich. Tradition, Armut, Konsumorientierung oder schlichte Kriminalität durch Kidnapping führen viele Kinder und Jugendliche zu einer Existenz am unteren Ende der ökonomischen und sozialen Skala, die ihnen kaum eine Aufwärtsmobilität gestattet.

7 Asien: Koexistenz von Gegensätzen

Modernisierung wurde lange Zeit als vom Westen ausgehende Industrialisierung der „armen" Welt mit dem Ergebnis ihrer „Verwestlichung" verstanden. Tatsächlich wird diese Gefahr durch fundamentalistische Bewegungen auch in Asien immer wieder heraufbeschworen. Aber gerade Asien kann zeigen, dass sozialer Wandel nicht zwangsläufig die Eliminierung alter Werte zur Folge haben muss, vielmehr ist nach panasiatischen Vorstellungen das Nebeneinander des Alten und des Neuen der Normalfall. Wenn das westliche Denken gerne zu Dichotomien greift, um sich die Welt zurechtzulegen, zieht das asiatische Denken die Koexistenz der Gegensätze vor oder versucht, sie zu harmonisieren. Damit ist Asien in der Lage, Neues aufzunehmen und zu integrieren, ohne die eigenen Werte grundlegend zu verändern. Die asiatischen Kulturen haben es weitgehend verstanden, Verteilungskämpfe unblutig zu lösen und enges Zusammenleben möglichst konfliktfrei zu gestalten. Im Rahmen der Globalisierung bieten sie somit Muster an, die sich auch anderswo entfalten könnten (hierzu auch Weggel 1999).

Anmerkungen
1   Dies ist nicht zuletzt getragen von den subjektiven Präferenzen und beruflichen Erfahrungen der Autoren und ihrer beruflichen Identität als Psychologen. Der Erstautor war mehrere Jahre als Gastprofessor an der Nationalen Universität Hanoi tätig und berät den Minister für Erziehung und Bildung der Sozialistischen Republik Vietnam in Fragen der Schulreform und der Hochschullehrerausbildung.
2   Pinyin-Umschrift, Schreibung laut Oskar Weggel
3   http://www.who.int/mental_health/prevention/suicide/country_reports/en/index.html, (Stand 03.08.2008)

Literatur

Aldridge, J.M./Fraser, B.J.: A cross-cultural study of classroom learning environments in Australia and Taiwan. In: Learning Environments Research 2 (2000), S. 101-134
Althof, W. (Hrsg.): Fehlerwelten. Vom Fehlermachen und Lernen aus Fehlern. Opladen 1999
Arnold, F./Bulatao, R. A./Buripakdi, C./Chung, B. J./Fawcett, J. T./Iritani, T., et al.: The value of children: A cross-national study. Vol. 1. Introduction and comparative analysis. Honolulu, HI 1975
Artelt, C.: Strategisches Lernen. Münster 2000
Baumert, J./Lehmann, R./Lehrke, M./Schmitz, B./Clausen, M./Hosenfeld, I./Köller, O./Neubrand, J.: TIMSS – Mathematisch-naturwissenschaftlicher Unterricht im internationalen Vergleich. Deskriptive Befunde. Opladen 1997
Behne, M.: Harmonie und Konflikt – soziokulturelle Entwicklung auf Taiwan. Eine Untersuchung zum Zusammenhang von Handlungsstrukturen, sozialem Wandel und Konflikt in der Gesellschaft Taiwans mit einem ausführlichen chinesisch-deutschen Glossar. Münster 1998
Benedict, R.: The chrysantemum and the sword: patterns of Japanese culture. Tokyo 1954
Berry, J.W./Dasen, P.R./Saraswathi, T.S. (Hrsg.): Handbook of cross-cultural psychology. Vol. 2 Basic processes and human development (2. Aufl., Bd. 2). Boston 1997
Berry, J.W./Poortinga, Y.H./Pandey, J. (Hrsg.): Handbook of cross-cultural psychology. Theory and method (Bd. 1). Boston 1997
Bond, M.H. (Hrsg.): The psychology of the Chinese people. Hong Kong 2008
Bundesminsterium für Gesundheit: Taschenbuch der Kinderpresse. Bonn 1998
Bund-Länder-Kommission für Bildungsplanung und Forschungsförderung: Gutachten zur Vorbereitung des Programms „Steigerung der Effizienz des mathematisch-naturwissenschaftlichen Unterrichts" (Materialien zur Bildungsplanung und zur Forschungsförderung, H. 60). Bonn 1997
Chang, W. C.: In search of the Chinese in all the wrong places! In: Journal of Psychology in Chinese Societies, 1(2000), S. 125-142.
Chinese Culture Connection: Chinese values and the search for culture-free dimensions of culture. In: Journal of Cross-Cultural Psychology 18(1987), S. 143-164
Chuansheng, C./Stevenson, H.W.: Motivation and mathematics achievement: a comparative study of Asian-American, Caucasian-American, and east Asian high school students. In: Child Development, 66(1995), S.1215-1234
CIA. The world factbook (last updating: 13 December 2007). Retrieved January 21, 2008, from https://www.cia.gov/library/publications/the-world-factbook/index.html.
Deutsches Komitee für UNICEF: Der Start ins Leben. Zur Situation der Kinder in der Welt. Frankfurt am Main 2001
DeVos, G.A.: Socialization for achievement. Berkeley 1973
Doi, T.: Amae. Freiheit in Geborgenheit. Zur Struktur japanischer Psyche. Frankfurt am Main 1982
Duke, B.: The Japanese school. Lessons for industrial America. New York 1986
Elschenbroich, D. (Hrsg.): Aufwachsen und Lernen in Japan. Eine kommentierte Bibliographie angloamerikanischer, japanischer und deutscher Literatur. Weinheim 1994
Elschenbroich, D.: Anleitung zur Neugier. Grundlagen japanischer Erziehung. Frankfurt am Main 1995

Falbo, T./Poston, D.L./Triscari, R.S./Zhang, X.: Self-enhancing illusions among Chinese school children. In: Journal of Cross-Cultural Psychology 28 (1997), S. 172-191
Foljanty-Jost, G.: Schule und Gewalt in Deutschland und Japan – Problemstand, Analyse und Prävention im Vergleich. Halle, Wittenberg: Seminar für Japanologie der Martin-Luther-Universität 2000
Frederick, J./Kelly, T.L.: Für Brot und Götter. Tradition und Alltag der Prostituierten in Südasien. Frankfurt am Main 2001.
Friedlmeier, W./Trommsdorff, G.: Emotion regulation in early childhood. A cross-cultural comparison between German and Japanese toddlers. In: Journal of Cross-cultural Psychology 30 (1999), S. 684-711
Fritz, M./Kämpchen, M.: Krishna, Rikscha, Internet. Indiens Weg in die Moderne. München 1998
Geertz, C.: On the nature of anthropological understanding. In: American Scientist 63 (1975), S. 47-53
Grandt, G./Grandt, M./van der Let, P.: Ware Kind: Missbrauch und Prostitution. Düsseldorf 1999
Gupta, M.: Lost childhood. The plight of South Asian children continues to worsen. In: Sunday 15 (1996), S. 49
Haasch, G. (Hrsg.): Bildung und Erziehung in Japan. Ein Handbuch zur Geschichte, Philosophie, Politik und Organisation des japanischen Bildungswesens von den Anfängen bis zur Gegenwart. Berlin 2000
Halcour, D./Tauchert, M.: „Good times – bad times". Models for coping with problems in Indian and German daily soaps. Paper presented at the 15th International Congress of the International Association for Cross-Cultural Psychology. Pułtusk, Poland. July 16-21, 2000
Hampsch, H.: Freizeit und Schule. Die Selektion von Freizeitaktivitäten und ihr Einfluss auf schulisches Leistungs- und Sozialverhalten. Frankfurt am Main 1998
Hannover, B.: Das dynamische Selbst. Zur Kontextabhängigkeit selbstbezogenen Wissens. Bern 1997
Helmke, A./Schrader, F.-W.: Lernt man in Asien anders? Empirische Untersuchungen zum studentischen Lernverhalten in Deutschland und Vietnam. In: Zeitschrift für Pädagogik 45 (1999), S. 81-102
Helmke, A./Schrader, F.-W.: Jenseits von TIMMS: Messungen sprachlicher Kompetenzen, komplexe Längsschnittstudien und kulturvergleichende Analysen. Ergebnisse und Perspektiven ausgewählter Leistungsstudien. In: Weinert, F.E. (Hrsg.): Leistungsmessungen in Schulen. Weinheim 2001, S. 237-250
Helmke, A./Schrader, F.-W./Vo, T. A. T./Le, D. P./Tran, T. B. T.: Selbstkonzept und schulische Leistungen im Kulturvergleich: Ergebnisse der Grundschulstudie SCHOLASTIK in München und Hanoi. In: Schneider, W./Knopf, M. (Hrsg.), Entwicklung, Lehren und Lernen: Zum Gedenken an Franz Emanuel Weinert. Göttingen 2003, S. 187-206
Helmke, A./Vo, T.A.T: Do Asian and Western students learn in a different way? An empirical study on motivation, study time, and learning strategies of German and Vietnamese university students. In: Asia Pacific Journal of Education 19 (1999), S. 30-44
Hesse, H.-G.: Jugend in Asien: gegenwärtige Situation und Perspektiven. In: H. Merkens, H./Zinnecker, R. (Hrsg.), Jahrbuch Jugendforschung Band 3. Opladen 2003, S. 259-282
Hesse, H.-G.: Lernen innerhalb und außerhalb der Schule aus interkultureller Perspektive. In: Trommsdorff, G./Kornadt, H.-J. (Hrsg.), Anwendungsfelder der Kulturvergleichenden Psychologie. Enzyklopädie der Psychologie. C/VII, Kulturvergleichende Psychologie (Band 3) Göttingen 2007, S.187-278
Hiebert, J./Gallimore, R./Garnier, H./Bogard Givvin, K./Hollingsworth, S./Jacobs, J./Chui, A. M. Y./Wearne, D./Smith, M./Kersting, N./Manaster, A./Tseng, E./Etterbeek, W./Manaster, C./Gonzales, P./Stigler, J. W.: *Teaching Mathematics in Seven Countries: Results from the TIMSS 1999 Video Study*: National Center for Education Statistics, U.S. Department of Education. Washington 2003.
Ho, D.Y.F.: Cognitive socialization in Confucian heritage cultures. In: Greenfield, P.M./Cocking, R.R. (Hrsg.): Cross-cultural roots of minority child development. Hillsdale 1994, S. 284-312
Ho, D.Y.F.: Relational orientations in Asian social psychology. In: Kim, U./Berry, J.W. (Hrsg.): Indigenous psychologies: research and experience in cultural context. Newbury Park 1993, S. 240-259
Ho, D. Y.-F.: Filial piety and its psychological consequences. In: Bond, M.H. (Hrsg.), The handbook of Chinese psychology. Hong Kong 1996, S. 155-165
Ho, D.Y.F./Peng, S./Chan, S.F: Authority and learning in Confucian-heritage education: A relational methodological analysis. In: Chiu, C.-Y./Salili, F./Hong, Y.-Y. (Hrsg.) Multiple competencies and self-regulated learning: Implications for multicultural education. Greenwich, CT 2001
Hofstede, G.: Cultures and organizations: Software of the mind. London 1991
Hofstede, G./Bond, M.H.: Confucius/economic growth: New trends in culture's consequences. In: Organizational Dynamics 16 (1988), S. 4-21
Hung, L.K.: The myth of the Chinese patriarchy. In: Asian Profile, 3 (1975), S. 1-4
Husén, T./Postlethwaite, T.N. (Hrsg.): The International Encyclopedia of Education (Second Edition). Oxford 1994
International Telecommunication Union (2007). http://www.itu.int/ITU-D/ict/statistics/
Ito, T.: Zwischen „Fassade" und „wirklicher Absicht". In: Zeitschrift für Pädagogik 43 (1997), S. 449-466

Kağıtçıbaşı, Ç.: Old-age security value of children. Cross-national socioeconomic evidence. In: Journal of Cross-Cultural Psychology, 13(1982), S. 29-42

Kağıtçıbaşı, Ç.: Family and human development across cultures. A view from the other side. Mahwah 1996

Kakar, S.: Identity and adulthood. New Delhi 1979

Kakar, S.: Kindheit und Gesellschaft in Indien. Eine psychoanalytische Studie. Frankfurt am Main 1988

Kao, H.S.R./Sek-Hong, Ng.: Minimal 'self' and Chinese work behavior: Psychology of the grass-roots. In: Sinha, D./ Kao, H.S.R. (Hrsg.): Social values and development: Asian perspectives. London 1988, S. 254-272

Kember, D./Gow, L.: Cultural specificity of approaches to study. British Journal of Educational Psychology 60 (1990) S. 356-363

Kim, U./Triandis, H.C./Kağıtçıbaşı, Ç./Choi, S.C./Yoon, G.: Individualism and collectivism: Theory, method, and application. Thousand Oaks 1994

Kim, U./Park, Y.-S. (2005). Family, parent-child relationships, fertility rates, and value of children in Korea: Indigenous, psychological, and cultural analysis. In: Trommsdorff, G./Nauck, B. (Hrsg.), The value of children in cross-cultural perspective. Case studies from eight societies. Lengerich 2005, S. 209-238

Kim, U./Park, Y.-S./Kwon, Y.-E./Koo, J. S.: Values of children, parent-child relationship, and social change in Korea: Indigenous, psychological, and cultural analysis. In: Applied psychology: An international review (54) 2005, S. 338-354

Klieme, E./Funke, J./Leutner, D./Reimann, P./Wirth, J.: Problemlösen als fächerübergreifende Kompetenz – Theoretische Fragestellungen, diagnostische Konzepte und erste Resultate aus einer Schulleistungsstudie. In: Zeitschrift für Pädagogik (2001), S. 179-200

Komlosy, A./Parnreiter, C./Stacher, I./Zimmermann, S.: Der informelle Sektor: Konzepte, Widersprüche und Debatten. In: Komlosy, A./Parnreiter, C./Stacher, I./Zimmermann, S. (Hrsg.): Ungeregelt und unterbezahlt. Der informelle Sektor in der Weltwirtschaft. Frankfurt am Main 1997, S. 9-28

Kornadt, H.-J.: The aggression motive and personality development: Japan and Germany. In: Halisch, F./Kuhl, J. (Hrsg.), Motivation, intention, and volition. Berlin 1987, S. 115-140

Kornadt, H.-J.: Kindheit und Jugend in Japan. In Berger, G./Hartmann, P. (Hrsg.): Soziologie in konstruktiver Absicht. Festschrift für Günter Endruweit. Knut Reim Verlag 1999, S. 191-220

Kornadt, H.-J./Tachibana, Y.: Early child-rearing and social motives after nine years: a cross-cultural longitudinal study. In: Lonner, W. J./Dinnel, D. L./Forgays/Hayes, S. A. (Eds.): Merging past, present, and future in cross-cultural psychology. Lisse 1999, S. 429-441

Kornadt, H.-J./Trommsdorff, G.: Perspektiven der Japan-Forschung. In: Fisch, R./Lüscher, K. (Hrsg.): Deutsch-japanische Begegnungen in den Sozialwissenschaften. Konstanzer Beiträge zur sozialwissenschaftlichen Forschung Bd. 6. Konstanz 1993, S. 9-43

Kornadt, H.-J./Trommsdorff, G.: Sozialisationsbedingungen von Aggressivität in Japan und Deutschland. In: Foljanty-Jost, G./Rössner, D. (Hrsg.): Gewalt unter Jugendlichen in Deutschland und Japan. Ursachen und Bekämpfung. Baden-Baden 1997, S. 27-51

Kreitz-Sandberg, S.: Suizid bei Jugendlichen in Japan und Deutschland. Ein Beitrag zur kulturvergleichenden Jugendforschung. München 1996, S. 287-318

Kungfutse: Gespräche – Lun-yü. Aus dem Chinesischen übersetzt und herausgegeben von Richard Wilhelm. Kreuzlingen 1979

Kurman, J./Sriram, N.: Self-enhancement, generality of self-evaluation, and affectivity in Israel and Singapore. In: Journal of Cross-cultural Psychology 28 (1997), S. 421-441

Kwok, D. C./Lytton, H.: Perceptions of mathematics ability versus actual mathematics performance: Canadian and Hong Kong Chinese children. In: British Journal of Educational Psychology 66(1996), S. 209-222

Lang-Wojtasik, G.: Bildung im informellen Sektor Indiens. In: Zeitschrift für internationale Bildungsforschung und Entwicklungspädagogik 21 (1998), S. 15-18

Lee, L.C./Zhen, G.: Political socialization and parental values in the People's Republic of China. In: International Journal of Behavioral Development 14 (1991) S. 337-373

Leung, F.K.S.: Behind the High Achievement of East Asian Students. In: Educational Research and Evaluation 8 (2002), S. 87-108

Lewis, C.C. (Hrsg.): Educating hearts and minds. Reflections on Japanese preschool and elementary education. Cambridge 1995

Lynn, R.: The intelligence of the Japanese. In: Bulletin of the British Psychological Society 30 (1986), S. 69-72

Lynn, R./Hampson, S.: The rise of national intelligence: Evidence from Britain, Japan and the United States. In: Personality and Individual Differences 7 (1986), S. 23-32

Mao Tse-tung: Remarks at the spring festival (summary record). [Original given on February 13, 1964]. In Mao Tse-tung, Mao Tse-tung unrehearsed: Talks and letters, 1956-1971. Edited and introduced by Stuart Schram. Translated by John Chinnery and Tieyun (S. 197-211). Harmondsworth, England: 1974 http://www.etext.org/Politics/MIM/classics/mao/sw9/mswv9_14.html (Stand: 03.08.2008)

Markus, H.R./Kitayama, S.: Culture and the self: Implications for cognition, emotion, and motivation. In: Psychological Review 98 (1991), S. 224-253

Mikota, U.: Kinderarbeit in der Dritten Welt – Rücksichtlos billig. DGB-Bildungswerk. Düsseldorf 1997

Mochizuki, K.: The present climate in Japanese Junior High Schools. In: Shields (Hrsg.): Japanese Schooling. Patterns of sozialisation, equality, and political control. University Park/London 1989, S. 139-144

Munroe, D.J.: The Chinese view of modeling. In: Human Development, 18(1975) S. 333-352

Murthy, A.U.R.: Search for an identity: a viewpoint of a Kannada writer. In: Kakar, S. (1979), S. 105-117

Naidu, U. S.: Child labour and education in India – a perspective. In: Ghosh, R./Zachariah, M. (Hrsg.): Education and the process of change. New Delhi 1987a, S. 178-197

Naidu, U. S.: Health problems of working children: Some issues for planning long term care. In: Naidu, U.S./Kapadia, K.R. (Hrsg.): Child labour and health – problems and prospects. Bombay 1987b

Nakane, C.: Die „Examenshölle". In: Wittig, H.E. (Hrsg.): Menschenbildung in Japan. München/Basel 1973, S. 139-141

Niles, S.: Achievement goals and means: A cultural comparison. Journal of Cross-Cultural Psychology, 29 (1998) S. 656-667

O'Grady, R.: Die Vergewaltigung der Wehrlosen: Sextourismus und Kinderprostitution. Unkel 1997

OECD: Measuring student knowledge and skills: A new framework for assessment. Paris 2000

OECD: PISA 2006: Science competencies for tomorrow's world. Band 1 und Band 2. Paris 2007

Oerter, R.: Jugendalter. In: Oerter, G./Montada, L. (Hrsg.): Entwicklungspsychologie. 3. Aufl., Weinheim 1995.

Oerter, R./Oerter, R.: Zur Konzeption der autonomen Identität in östlichen und westlichen Kulturen. Ergebnisse von kulturvergleichenden Untersuchungen zum Menschenbild junger Erwachsener. In: Trommsdorff, G. (Hrsg.): Kindheit und Jugend in verschiedenen Kulturen. Weinheim 1995, S. 153-173

Oser, F./Hascher, T./Spychiger, M.: Lernen aus Fehlern. Zur Psychologie des „negativen" Wissens. In: Althof, W. (1999), S. 11-41

Osterweil, Z./Nagano, K. N.: Maternal views on autonomy: Japan and Israel. In: Journal of Cross-Cultural Psychology 22 (1991), S. 363-375

Paine, L.W.: The teacher as a virtuoso: A Chinese model for teaching. In: Teachers College Record 92 (1990), S. 49-81

Pandey, J. (Hrsg.): Psychology in India: The state-of-the-art (Bde. 1-3). New Delhi 1988

Peak, L.: Learning to go to school in Japan. The transition from home to preschool life. Berkely 1991

Petzold, M.: Kulturvergleichende Sozialisationsforschung. In: Psychologie in Erziehung und Unterricht 39 (1992), S. 301-314

PROBE (Public Report on Primary Education) Primary Education: Class Struggle. In: India Today, 22 (1997), S. 68-73

Randel, B./Stevenson, H.W./Witruk, E.: Attitudes, beliefs, and mathematics achievement of German and Japanese high school students. In: International Journal of Behavioral Development, 24(2000), S.190-198

Reusser, K.: Schülerfehler – die Rückseite des Spiegels. In: Althof, W. (1999), S. 203-231

Roeder, P.M.: Vergleichende ethnographische Studien zu Bildungssystemen: USA, Japan, Deutschland. In: Zeitschrift für Pädagogik 47 (2001), S. 201-215

Rohlen, T.P./LeTendre, G.K.: Conclusion: themes in the Japanese culture of learning. In: Rohlen, T.P./LeTendre, G.K. (Hrsg.), Teaching and learning in Japan. Cambridge 1998, S. 369-376

Rushton, J.P.: Race, IQ, and the APA report on the Bell Curve. In: American Psychologist, 52 (1997), S. 69-70

Salili, F.: Explaining Chinese student's motivation and achievement: A sociocultural analysis. In: Maehr, M./Pintrich, P. (Hrsg.): Advances in motivation and achievement (Bd. 9). Greenwich 1995, S. 73-119

Sampson, E. E.: The challenge of social change for psychology: Globalization and psychology's theory of the person. In: American Psychologist 44 (1989), S. 914-921

Saraswathi, T. S.: Adult-child continuity in India: Is adolescence a myth or an emerging reality? In: Saraswathi, T.S. (Hrsg.): Culture, socialization and human development: theory, research and applications in India. New Delhi 1999, 213-232

Saraswathi, T.S./Dutta, R.: Developmental psychology in India, 1975-1986: An annotated bibliography. New Delhi 1987

Saraswathi, T.S./Kaur, B.: Human development and family studies in India. New Delhi 1993

Saraswathi, T.S./Pai, S.: Socialization in the Indian context. In: Kao, H.S.R./Sinha, D. (Hrsg.): Asian Perspectives on Psychology. New Delhi 1997, S. 74-92

Schubert, V.: Die Inszenierung der Harmonie. Erziehung und Gesellschaft in Japan. Darmstadt 1992

Schubert, V.: Kooperatives Lernen lernen? Zur Diskussion über das Bildungswesen in Japan. In: Zeitschrift für Pädagogik 44 (1998), S. 397-409

Schubert, V. (Hrsg.): Lernkultur. Das Beispiel Japan. Weinheim 1999

Schümer, G.: Mathematikunterricht in Japan – Ein Überblick über den Unterricht in öffentlichen Grund- und Mittelschulen und privaten Ergänzungsschulen. Unterrichtswissenschaft 3 (1999), S. 195-229

Schwarz, B./Trommsdorff, G./Kim, U./Park, Y.-S.: Intergenerational support: Psychological and cultural analyes of Korean and German women. In: Current Sociology, 54, S. 315-340

Seginer, R./Trommsdorff, G./Essau, C.A.: Adolescent control beliefs: Cross-cultural variations of primary and secondary orientations. In: International Journal of Behavioral Development, 16, S. 243-260

Sharma, N.: Identity of the adolescent girl. New Delhi 1996

Shimahara, N.K.: Teacher education in Japan. In: Beauchamp, E.R. (Hrsg.): Windows on Japanese education. New York 1991

Shimahara, N.K.: Die berufliche Weiterbildung von Grund- und Sekundarschullehrern in Japan. In: Zeitschrift für Pädagogik (2001), S. 81-99

Singh, M.: Überlebenssicherung und Kompetenzerwerb im städtischen informellen Sektor in Indien. Untersucht am Beispiel von Kleinproduzenten in Neu-Delhi. Frankfurt am Main 1996

Sinha, D.: Socialization of the Indian child. New Delhi 1981

Sinha, D.: Indigenization of psychology in India and its relevance. In: Kim, U./Berry, J.W. (Hrsg.): Indigenous psychologies: research and experience in cultural context. Newbury Park 1993, S. 30-43

Sinha, D./Tripathi, R.C.: Individualism in a collectivist culture: A case of coexistence of opposites. In: Kim, U./Triandis, H.C./Kağıtçıbaşı, Ç./Choi, S.C./Yoon, G. (1994), S. 123-136

Sinha, J.B.P.: A model of effective leadership styles in India. In: International Studies of Man and Organizations 14(1984), S. 86-98

SPIEGEL-Buchverlag (Hrsg.): SPIEGEL-Almanach 2001. Hamburg 2001

Srinivas, M.N.: India's villages. Bombay 1960

Stanat, P./Lüdtke, O.: Internationale Schulleistungsvergleiche. In G. Trommsdorff & H. J. Kornadt (Hrsg.), Anwendungsfelder der kulturvergleichenden Psychologie (Enzyklopädie der Psychologie, Serie VII: Kulturvergleichende Psychologie, Band 3, S. 279-347). Göttingen 2007

Stern, R.W.: Changing India. Bourgeois revolution on the subcontinent. Cambridge 1993

Stevenson, H.W.: The Case Study Project of TIMSS. In: Kaiser, G./E. Luna, E./Huntley, I. (Hrsg.), International Comparisons in Mathematics Education. Hong Kong 1999, S. 104-120

Stevenson, H. W./Lee, S.: The academic achievement of Chinese students. In: Bond, M.H. (Hrsg.), The Handbook of Chinese psychology Hong Kong 1996, S. 124-142

Stevenson, H.W./Lee, S./Stigler, J.W.: Mathematics achievement of Chinese, Japanese, and American children. Science 231 (1986), S. 693-699

Stevenson, H.W./Stigler, J.W.: The learning gap. Why our schools are failing and what we can learn from Japanese and Chinese education. New York 1992

Stigler, J.W./Fernandez, C./Yoshida, M.: Cultures of mathematics instruction in Japanese and American elementary classrooms. In: Rohlen, T.P./G. K. LeTendre, G.K. (Hrsg.) Teaching and learning in Japan Cambridge, MA 1996, S. 213-247

Stigler, J.W./Gallimore, R./Hiebert, J.: Using video surveys to compare classrooms and teaching across cultures: Examples and lessons from the TIMSS Video studies. In: Educational Psychologist 35 (2000), S. 87-100

Stigler, J.W./Gonzales, P./Kawanaka, T./Knoll, S./Serrano, A.: The TIMSS videotape classroom study: Methods and preliminary findings. Prepared for the National Center for Edcuational Statistics, U.S. Department of Education. Los Angeles 1999

Stigler, J.W./Hiebert, J.: The teaching gap. Best ideas from the world's teachers for improving education in the classroom. New York 1999

Stigler, J.W./Smith, S.: The self-perception of competence by Chinese children. In: Child Development 56 (1985), S. 1259-1270

Strohschneider, S.: Kultur – Denken – Strategie: eine indische Suite. Bern 2001

Strohschneider, S./Güss, D.: The fate of the Moros: A cross-cultural exploration of strategies in complex and dynamic decision making. In: International Journal of Psychology 34 (1999) S. 235-252

Sung, K.-T.: Filial piety in modern times: Timely adaptation and practice patterns. In: Australasian journal of ageing 17 (1998) S. 88-92.

Teichler, U./Trommsdorff, G. (Hrsg.). Challenges of the 21st century in Japan and Germany. Lengerich 2002
Thomas, A.: Analyse der Handlungswirksamkeit von Kulturstandards. In: Thomas, A. (Hrsg.): Psychologie interkulturellen Handelns. Göttingen 1996, S. 107-135
Triandis, H.C.: Culture and social behavior. New York 1994
Triandis, H.C.: Motivation and achievement in collectivist and individualist cultures. In: Maehr, M./Pintrich, P. (Hrsg.): Advances in motivation and achievement (Bd. 9). Greenwich 1995, S. 1-31
Trommsdorff, G.: Werthaltungen und Sozialisationsbedingungen von Jugendlichen in westlichen und asiatischen Gesellschaften. In: Nauck, B./Onnen-Isemann, C. (Hrsg.): Familie im Brennpunkt von Wissenschaft und Forschung. Neuwied 1995, S. 279-295
Trommsdorff, G.: Familie und Eltern-Kind-Beziehungen in Japan. In: Nauck, B./Schönpflug, U. (Hrsg.): Familien in verschiedenen Kulturen. Stuttgart 1997, S. 44-63
Trommsdorff, G.: Cultural and developmental aspects of values of children. In: Social and psychological change of Japan and Germany. The last decade of the 20th century. Proceedings of the 5th Meeting of the German-Japanese Society for Social Sciences. Tokyo 1999, S. 209-229
Trommsdorff, G./Friedlmeier, W.: Control and responsiveness in Japanese and German mother-child interactions. In: Early development and parenting 2(1993), S. 65-78
Trommsdorff, G./Kornadt, H.-J.: Gesellschaftliche und individuelle Entwicklung in Japan und Deutschland. Konstanz 1996
Trommsdorff, G./Kornadt, H.-J. (Hrsg.): Enzyklopädie der Psychologie: Themenbereich C Theorie und Forschung, Serie VII Kulturvergleichende Psychologie (3 Bände). Göttingen 2007
Trommsdorff, G./Nauck, B. (Hrsg.): The value of children in cross-cultural perspective. Case studies from eight societies. Lengerich 2005
Tweed, R. G./Lehman, D. R.: Learning considered within a cultural context. Confucian and Socratic approaches. In: American Psychologist, 57(2002), S. 89–99
UNESCO's World Education Report 2000. http://www.unesco.org/education/information/wer/index.htm
UNICEF: Zur Situation der Kinder in der Welt 2001. Frankfurt 2001
UNICEF-Jahresbericht: Zur Situation der Kinder in der Welt 2008. Frankfurt
United Nations Department of Public Information: The world programme for action for youth to the year 2000 and beyond. Priority 8: Leisure-time activities. http://www.un.org/ecosocdev/geninfo/youth/youth.htm 1997
Valtin, R.: Von den fünf Lieben zu den vier Lieben. Chinas andere Lernkultur. In: Pädagogik 52(2000), S. 40-44
von Kopp, B.: Schulzeit und Unterrichtszeit. In: Haasch, G. (2000), S. 172-174
Watkins, D.A./Biggs, J.B. (Hrsg.): The Chinese learner: cultural, psychological, and contextual influences. Hong Kong 1996
Watkins, D. A./Biggs, J. B.: The paradox of the Chinese learner and beyond. In: Watkins, D.A./Biggs, J.B. (Hrsg.): Teaching the Chinese learner: Psychological and pedagogical perspectives. Hong Kong 2001, S. 3-23
Watkins, D.A./Biggs, J.B. (Hrsg.): Teaching the Chinese learner: Psychological and pedagogical perspectives. Hong Kong 2001
Weggel, O.: Alltag in China (Folge 4) Jung und Alt: Stationen der Lebensreise. In: CHINA aktuell (1994) (Bd. 23 (1), Hamburg: Institut für Asienkunde 162-206
Weggel, O.: Die Asiaten. Gesellschaftsordnungen, Wirtschaftssysteme, Denkformen, Glaubensweisen, Alltagsleben, Verhaltensstile. München 1997
Weggel, O.: Wie mächtig wird Asien? Der Weg ins 21. Jahrhundert. München 1999
Weggel, O.: China. München 2002
Wei, Y.: Das Lehrer-Schüler-Verhältnis bei Rousseau und Konfuzius. Eine vergleichende Untersuchung zu zwei klassischen Erziehungsparadigmen. Münster 1993
Weiner, B.: Human motivation. New York 1980
Weinert, F. E.: Aus Fehlern lernen und Fehler vermeiden lernen. In: Althof, W. (1999), S. 101-109
Weinert, F. E./Helmke, A.: Entwicklung im Grundschulalter. Weinheim 1997
Weisz, J.R./Rothbaum, F.M./Blackburn, T.C.: Standing out and standing in: The psychology of control in America and Japan. In: American Psychologist 39 (1984), S. 955-969
World Health Organization: World health statistics 2008. WHO Press 2008
Winter, S.: Social development in Hong Kong school children. In: Winter, S.: Child development in a social context. Hong Kong 1997
World Health Organization: World health statistics 2008. Genf 2008 http://www.who.int/whosis/whostat/EN_WHS08_Full.pdf (Stand 03.08.2008)
Wuttke, G.: Kinderprostituition, Kinderpornographie, Tourismus. Göttingen 1998
Xunzi: Hsün-tzu. Ins Deutsche übertragen v. H. Köster. Kaldenkirchen 1967

Yeh, K.-H./Bedford, O.: A test of the dual filial piety model. In: Asian Journal of Social Psychology, 6 (2003), S. 215-228.
Yu, A.-B./Yang, K-S.: The nature of achievement motivation in collectivistic societies. In: Kim, U./Triandis, H.C./ Kağıtçıbaşı, Ç./Choi, S.C./Yoon, G. (1994), S. 239-250
Zheng, G./Shi, S./Tang, H.: Population development and the value of children in the People's Republic of China. In: Trommsdorff, G./Nauck, B. (Hrsg.), The value of children in cross-cultural perspective. Case studies from eight societies. Lengerich 2005, S. 239-282

V Ausgewählte Gebiete der Kindheits- und Jugendforschung

Familiale Lebensbedingungen und
öffentliche Erziehung

Peter Büchner

Kindheit und Familie

1   Einleitung

Die Familie als Ort des Privaten, abgetrennt von der Sphäre des Öffentlichen, gilt ideen- und sozialgeschichtlich nicht zuletzt aufgrund der von ihr übernommenen Aufgabe, Kinder zu schützen, zu versorgen, zu erziehen und zu bilden (Familialisierung der Kindheit), als soziale und kulturelle Errungenschaft der Moderne. Auf jeden vermeintlichen oder tatsächlichen „Angriff" auf diese Form der Kindererziehung, wie sie sich in der Familie, unterstützt durch öffentliche Instanzen wie z.B. der Schule („Scholarisierung der Kindheit"), herausgebildet hat, erfolgen besonders aus kulturkritischer Sicht zumeist heftige Reaktionen mit düsteren Prognosen über die Zukunft von Kindheit und Familie. So ist in Krisenszenarios z.B. warnend die Rede vom drohenden „Verschwinden der Kindheit" (Postman 1983; Elkind 1991), wobei das Kind zum unfreiwilligen Opfer der gesellschaftlichen Entwicklung erklärt wird, oder aber der Niedergang der Familie wird angekündigt. Trotz vieler Prophezeiungen über Krise, Auflösung und „Tod der Familie" (Cooper 1972) wird aber auch zu Beginn des neuen Jahrtausends die überwältigende Mehrheit der heranwachsenden Kinder in Deutschland in familialen Lebensgemeinschaften von seinen leiblichen Eltern erzogen.

Hinter dem „Normalentwurf" einer modernen Vater-Mutter-Kind-Familie verbirgt sich zwar eine wachsende Vielfalt von Familienverhältnissen und familialen Lebensformen, aber die – wenn auch zunehmend individualisierte und pluralisierte – **Familienkindheit** als Grundmuster kindlicher Lebensrealität gehört auch weiterhin zu den zentralen biographischen Erfahrungen der heutigen Kinder- (und Eltern-) Generation. Zugleich nehmen aber die Stabilitätsrisiken familialer Lebensgemeinschaften kontinuierlich zu, selbst wenn sie das hohe Ausgangsniveau der Nachkriegsgeneration noch nicht in vollem Umfang erreicht haben (Nauck 1991, S. 428). Dennoch bleiben die Chancen eines Kindes relativ hoch, auch heute noch in einem gemeinsamen Familienhaushalt mit seinen leiblichen Eltern aufzuwachsen (Nauck 1993; Brake/Büchner 1996, S. 43ff.), ohne dass damit bereits eine Bewertung der Lebensqualität von Kindern verbunden sein kann, wie sie in den je unterschiedlichen Familienformen gegeben ist.

Auch das Interesse von Eltern, bestimmte Elternaufgaben und die Erziehungsverantwortung für ihre Kinder zu übernehmen und diese möglichst optimal zu versorgen, scheint derzeit größer denn je zu sein (Beck-Gernsheim 1990), selbst wenn das traditionelle Junktim von Ehe und Elternschaft seinen Zwangscharakter zu verlieren scheint und heute bewusst zwischen biologischer und sozialer Elternschaft unterschieden wird. Es finden also immer noch große Teile der kindlichen Sozialisation und Erziehung in der Herkunftsfamilie statt. Gleichzeitig wird die **Familienerziehung** aber immer öfter auch durch andere außerfamiliale Sozialisationsagenturen nachhaltig ergänzt, die wichtige Betreuungs- und Erziehungsleistungen übernehmen (können), die zuvor weitgehend als Elternaufgaben definiert und allein in der häuslichen Zuständigkeit der Familie angesiedelt waren. Insofern müssen wir davon ausgehen, dass sich die gesellschaftlichen Erwartungen, Normen und institutionellen Regelungen für die Familienkindheit verändert haben und weiter verändern. Die Versorgungs- und Erziehungsleistungen der Familie behalten ihren hohen gesellschaftlichen Stellenwert (Lange 2007), aber Kinder und Kindheit werden von der Gesellschaft heute zum Teil anders wahrgenommen, und die Familienkindheit wird stärker in ihrem gesamtgesellschaftlichen Kontext betrachtet. Neben den Leistungen der Familie werden zunehmend auch die sozialstaatlichen Leistungen gegenüber Kindern in den Blick gerückt, obwohl Kinder in der heutigen Erwachsenengesellschaft gleichzeitig auch als soziale „Außenseiter" (Kaufmann 1980) gelten. Der derzeitigen gesellschaftlichen Wahrnehmung von Kindern und Kindheit liegen insofern Paradoxien zugrunde: Einerseits kann man im Denken der Menschen von einem hohen Ansehen und einem hohen Prestigewert von Kindern und Kindheit ausgehen, gleichzeitig lässt sich aber eine strukturelle Rücksichtslosigkeit der Gesellschaft gegenüber Kindern (Kaufmann 1995) feststellen, die u.a. in einer faktischen Vernachlässigung von Kinderbelangen und Kinderinteressen im (nicht zuletzt auch familialen) Alltagshandeln zum Ausdruck kommt (Qvortrup 1995, S. 9; Büchner 1996, S. 13ff.; Zeiher/Büchner/Zinnecker 1996).

Zur allgemeinen Kennzeichnung der modernen Familie am Beginn des 21. Jahrhunderts wird von der multilokalen Mehrgenerationenfamilie gesprochen, die den Standardtypus der traditionellen Haushalts- und Kernfamilie abgelöst hat: „Zunehmend längere Lebenszeiten und eine zunehmende Mobilität führen dazu, dass Familienmitglieder nur noch den kleineren Teil ihres Lebens miteinander verbringen und zusammen in einem Haushalt leben. Der größere Teil des Lebens von Eltern und Kindern spielt sich multilokal an verschiedenen Orten ab, ohne dass die Beziehungen der Generationen zueinander abbrechen. (...) Die Verbesserung von Kommunikations- und Interaktionsmöglichkeiten in postindustriellen Gesellschaften erlaubt es, an verschiedenen Orten zu leben und dennoch miteinander in Kontakt und Beziehung zu stehen" (Bertram 1995, S. 15). Zwar findet die moderne Familienkindheit für die meisten Kinder bis zum Ende des Schulpflichtalters (und manchmal auch länger) überwiegend im Familienhaushalt statt, aber das Kinderleben ist zunehmend schon im frühen Kindesalter multilokal (innerhalb und außerhalb der Familie) organisiert. Bezogen auf eine ganze Reihe von Aktivitäten der Kinder kann man vor diesem Hintergrund zum Teil sogar von einer partiellen Entfamilialisierung des Kinderlebens sprechen, weil wichtige Betreuungs- und Unterstützungsleistungen für Kinder teilweise schon im Vorschulalter nicht von den Eltern im Elternhaus, sondern von anderen (Betreuungs-) Personen außerhalb der elterlichen Wohnung erbracht werden (vgl. dazu auch Lange 2007). Aus sozialgeschichtlicher Perspektive ist in diesem Zusammenhang zu klären, ob und inwieweit wir es hier gleichzeitig mit einer partiellen Entprivatisierung der Familienkindheit zu tun haben.

2 Familienkindheit: ein sozialgeschichtlicher Rückblick

2.1 Familiengeschichtliche Aspekte

Ein kurzer Blick in die Sozialgeschichte der **Familienkindheit** mag verdeutlichen, von welchen, zum Teil recht ambivalenten Entwicklungen der Familienkindheit wir ausgehen müssen, wenn wir die gesellschaftliche Stellung und die aktuellen Lebenslagen von Kindern im Kontext familialer Lebensverhältnisse verstehen wollen. Als Familie wird derzeit in der Regel eine historisch so gewordene soziale Lebensform bezeichnet, die mindestens Kinder und Eltern (manchmal auch nur einen Elternteil) umfasst (also auf Verwandtschaft beruht) und im Inneren einen dauerhaften, durch Solidarität und persönliche Verbundenheit charakterisierten Zusammenhang aufweist (Fuchs-Heinritz 1994, S. 197). Dem Familienleitbild der **bürgerlichen Familie** folgend (vgl. dazu Weber-Kellermann 1974), ist die Vorstellung von einer modernen Familie eng mit der Emotionalisierung der Gattenbeziehungen verbunden, was Shorter (1977) als Erwärmung des emotionalen Binnenklimas im Familienleben des Bürgertums seit dem späten 18. Jahrhundert bezeichnet. Was bei der „Geburt der modernen Familie" (Shorter) zuerst noch mehr Ideal und Wunschdenken war und sich in den folgenden Jahrhunderten erst allmählich in der Lebensrealität der bürgerlichen Familie – und später Schritt für Schritt auch für breitere Schichten der Bevölkerung – durchsetzte, gilt heute als zentrales Wesensmerkmal einer modernen Familie: Persönliche Zuneigung und gegenseitige Achtung und weniger ökonomisch-sachliche Erwägungen sind die Grundlage für eheliches Glück und familiales Zusammenleben.

Hinzu kommen – als zweiter Säule des bürgerlichen Familienmodells – die **Kindzentrierung** und die Betonung der Mutterrolle („Mütterlichkeit als das Eigenste im Weibe") als Merkmale der geschlechtsspezifischen Arbeitsteilung im bürgerlichen Familienalltag, die in den zurückliegenden Jahrhunderten einherging mit einer entsprechenden weiblichen Normalbiographie als Hausfrau und Mutter (Beck-Gernsheim 1980; Schütze 1986). Als „Insel der friedlichen Häuslichkeit" – abgeschottet von den als bedrohlich empfundenen Mächten des Draußen (Rerrich 1988, S. 36) – wurde die Familie zum Inbegriff des Privaten mit einer klaren Grenzziehung zur Außenwelt, insbesondere zur Berufs- und Arbeitswelt des Mannes. Auch wenn das „Dasein für die Familie" (Beck-Gernsheim 1988) und die weitgehend alleinige Zuständigkeit der Ehefrau und Mutter für den häuslich-erzieherischen Bereich inzwischen, also am Beginn des 21. Jahrhunderts, nicht mehr mit den Wesensunterschieden der Geschlechter legitimiert wird und die geschlechtsspezifische Arbeitsteilung – im ehelichen Alltag ebenso wie bei der Kindererziehung – normativ eher dem Gebot der Gleichberechtigung der Geschlechter verpflichtet ist, bleibt auch die moderne Kernfamilie bis heute eine soziale Formation, die im Spannungsfeld von unterschiedlichen Familienbildern (Wahl 1997), aber auch in einer teilweise widersprüchlichen Familienrhetorik (Lüscher 1995) verfangen ist. Das ist nicht zuletzt darauf zurückzuführen, dass es keinen einheitlichen Strukturtypus von Familie gab und gibt, sondern eine Vielfalt familialer Lebensformen mit einer großen historischen Variabilität ihrer spezifischen Merkmale (Böhnisch/Lenz 1997). Insofern erweist sich die Familie sozialgeschichtlich gesehen als paradoxes Konstrukt, das einerseits eine Erfindung der Moderne, andererseits aber auch eine Institution ist, die sich dem Sog des gesellschaftlichen Modernisierungsprozesses immer wieder entzieht (Rerrich 1988, S. 42).

Zunächst wurde das bürgerliche Familienmodell im 18. Jahrhundert neben der in der vorindustriellen Gesellschaft dominanten, gemeinsam wirtschaftenden Bauernfamilie („ganzes Haus") und der sich formierenden Heimarbeiterfamilie vor allem in Abgrenzung zur adeligen Familie entwickelt. Im Zuge der einsetzenden Industrialisierung im 19. Jahrhundert und frühen 20. Jahrhundert und in der Folge der damit verbundenen Verstädterung der Lebensweisen (Landflucht, Lohnarbeiterexistenz) ergaben sich neue gesellschaftliche Rahmenbedingungen. Die Entstehung der proletarischen (Arbeiter-)Familie kann man als Ergebnis dieser gesellschaftlichen Entwicklungsphase verstehen, wobei besonders die proletarische Familienkindheit insofern als Variante des familialen Zusammenlebens erwähnenswert ist, weil sie den normativen Vorgaben des bürgerlichen Familienmodells nicht gerecht werden konnte, sich aber dennoch aufgrund der gesellschaftlichen Verhältnisse daran messen lassen musste. Das Elend der proletarischen Existenz (materielle Not, moralischer Druck des Bürgertums, staatliche Kontrolle) mit allen Folgen für das familiale Zusammenleben und das Aufwachsen der (zumeist vielen) Kinder führte zur Entstehung von Familienfürsorge und sozialpädagogischer Familienhilfe als gesellschaftliche Reaktion auf die daraus sich ergebenden sozialen Probleme. Konnte sich doch im Zusammenhang von ökonomischer Not, Milieustress und Moralkontrolle kein sozial und kulturell produktiver Milieuzusammenhang entfalten, obwohl sich die Volks- und Arbeiterbildung am Ideal der bürgerlichen Familie orientierte (Böhnisch/Lenz 1997, S. 21ff.).

Erst in der zweiten Hälfte des 20. Jahrhunderts können wir von der Durchsetzung des bürgerlichen Familienmodells für breite Schichten der Bevölkerung ausgehen. Nicht nur die Abschaffung der Kinder(lohn)arbeit und die politische Durchsetzung der allgemeinen Schulpflicht sind Indikatoren für eine gesellschaftliche Entwicklung, die nahezu allen Kindern eine Kindheit ermöglicht, wie sie im Leitbild des bürgerlichen Familienlebens vorgesehen ist. Die rasche Entwicklung der deutschen Nachkriegsgesellschaft hin zur Dienstleistungsgesellschaft (Entstehung der „neuen Mittelklasse") ermöglichten zudem Entwicklungen wie die Bildungsexpansion seit den 1960er-Jahren oder die weite Verbreitung der vorschulischen Erziehung, die neben anderen Rahmenbedingungen (demographische Entwicklung, Wandel der Frauenrolle, 5-Tage-Woche, Wandel der Erziehungsvorstellungen) die Voraussetzungen dafür schufen, dass für die große Mehrheit der heutigen Kinder überhaupt so etwas wie Familienkindheit möglich wurde, auch wenn nun die Familien ihrerseits in Konkurrenz zu anderen außerfamilialen Sozialisations- und Erziehungsinstanzen (Kindergarten, Betreuungsinstitutionen, außerschulische Angebote) stehen. Kaum dass also die Bedingungen für eine für die große Mehrheit der Kinder vertretbare Familienkindheit gesellschaftlich gegeben waren, nimmt die Geschichte der Familienkindheit einen anderen Verlauf: Nachdem der bürgerliche Mann schon einige Jahrhunderte zuvor das Haus verlassen hatte, um der Erwerbsarbeit nachzugehen, und nachdem die proletarische Frau schon im 19. Jahrhundert gezwungen war, zusammen mit ihrem Mann das Haus zu Erwerbszwecken zu verlassen, schickt sich die Frau (und Mutter) nun am Ende des 20. und zu Beginn des 21. Jahrhunderts an, freiwillig der außerhäuslichen Erwerbsarbeit nachzugehen und damit die Familienkindheit neu zu gestalten. Die geschlechtsspezifische Arbeitsteilung im Hinblick auf Erwerbsarbeit, Hausarbeit und Kindererziehung wird normativ und vielfach auch lebenspraktisch neu geregelt und „neue Väter", die in der Folge der Veränderungsdynamik der Familienformen und Familienrollen in die Familiengeschichte eintreten, tragen neben außerfamilialen Betreuungsvarianten für Kinder dazu bei, die Familienkindheit auf eine neue soziale und kulturelle Grundlage zu stellen. Allerdings sollte man diese Entwicklung weniger unter dem Gesichtspunkt der Entprivatisierung der Familienkindheit sehen, sondern vielmehr aus zivilisationstheoretisch begründeter Perspektive als zunehmende **Verhäuslichung** der Kindheit betrachten (Zinnecker 1990).

2.2 Kindheitsgeschichtliche Aspekte

Die Sozialgeschichte der Familie ist in vielerlei Hinsicht eng mit der Sozialgeschichte der Kindheit verknüpft, obwohl wir es hier mit zwei verschiedenen wissenschaftlichen Diskursen zu tun haben, die jeweils nur wenig aufeinander bezogen sind. Ebenso wie die Familie ist auch die Kindheit keine anthropologisch bedingte, sondern eine historisch determinierte Form des sozialen Zusammenlebens der Generationen. Während Kindheit heute als eigenständige Lebensphase gilt, die durch Erwerbsfreiheit und (institutionalisiertes) Lernen gekennzeichnet ist und einen geschützten Status hat, indem Kinder von den Rechten und Pflichten der Erwachsenen ausgenommen sind (Honig/Leu/Nissen 1996, S. 9), wurden Kinder im ausgehenden Mittelalter noch als kleine Erwachsene angesehen, die für sich selbst genommen uninteressant waren und keiner besonderen (pädagogischen) Aufmerksamkeit bedurften (Ariès 1975; de Mause 1977). Kindheit als **Familien-** und **Schulkindheit** und als Schonraum zur pädagogisch angeleiteten individuellen Entfaltung im heutigen Verständnis war der mittelalterlichen feudalen Gesellschaft fremd, denn sie beruhte auf dem ständischen Nachfolgeprinzip und „Erziehung" (besser: Sozialisation) fand in der Sozialität der (Lebens-) Gemeinschaft aller Altersgruppen statt. Nicht die Schule, sondern das Leben selbst war die Schule, und – ohne dass die Erwachsenen besondere Vorkehrungen dafür getroffen hätten – mischten sich die Kinder, kaum dass sie selbständig laufen und sich verständigen konnten, übergangslos unter die Erwachsenen. Indem sie als kleine Erwachsene teilhatten am Leben und Arbeiten der Erwachsenengemeinschaft, eigneten sie sich durch Dabei-Sein und Mittun die erforderlichen Fähigkeiten und Fertigkeiten an. Bei dieser Form des Lehrens und Lernens gab es keinen Platz für die Schule.

Erst der Rückzug der Familie von der Straße, aus dem Gemeinschaftsleben der mittelalterlichen Gesellschaft, in der Wissen und Kultur durch Teilnahme für alle Altersgruppen gleichermaßen zugänglich waren, in die (beschränkte) Privatheit und Intimität einer einzigen Kernfamilie machte für die heranwachsenden Kinder einen „Ersatz" für die einstige Erziehung in der Lebensgemeinschaft der Erwachsenen notwendig und führte zur allmählichen Ausgliederung der Kindheit als besonderer Lebensphase aus der Welt der Erwachsenen. Insofern wurde Kindheit im Verlauf dieser gesellschaftlichen Entwicklung von der subsistenzwirtschaftlichen feudalen zur arbeitsteiligen Industriegesellschaft auch als Ressource entdeckt, die nicht nur für die Entfaltung der kindlichen Persönlichkeit bedeutsam war, sondern von deren planmäßiger und richtiger Nutzung auch das Wohl der (bürgerlichen) (Klassen-) Gesellschaft entscheidend abhing (Neumann 1993, S. 194).

Bereits am Ende der Renaissance beginnt die allmähliche Herauslösung des Kinderlebens aus der Gesellschaft der Erwachsenen und die zunehmende Organisation der Kindheit als pädagogischer Schonraum. Die Vorstellung vom „Eigenrecht des Kindes", die das Kind als lernendes Subjekt mit eigenen Triebkräften und eigenem Gestaltungswillen begreift, wird zu einer von Rousseau (1762) paradigmatisch auf den Begriff gebrachten antiständischen Programmatik einer individualisierten Kindheit im Kontext einer ebenso naturgemäßen wie vernunftgeleiteten Erziehung: „Die Natur will, dass Kinder Kinder sind, bevor sie zum Erwachsenen werden. (...) Die Kindheit hat ihre eigene Weise zu sehen, zu denken und zu empfinden. Nichts ist unsinniger, als ihr die unsrige unterschieben zu wollen" (Rousseau 1976, S. 206f.). Dieses Grundverständnis von Kindheit und bürgerlicher Erziehung und Bildung begründet nicht nur den noch heute aktuellen kindlichen Autonomie- und Emanzipationsgedanken, sondern es transportiert zugleich auch die Vorstellung vom Erlöser-Kind, vom Kind als Friedens- und Freiheitsbringer, als Lehrmeister für ein wahrhaft menschliches Leben sowie von einem Kind, das die gegenwärtigen gesellschaftlichen Deformationen in Zukunft korrigieren und so gesellschaftliche Emanzipationsprozesse in Gang setzen kann (Richter 1989, S. 138; Neumann 1993, S. 199).

Entscheidend für die Entstehung und Verbreitung der Kindheit als „Erziehungstatsache" ist der Wandel der gesellschaftlichen Aufwachsbedingungen für Kinder, der im 17. Jahrhundert einsetzt und bis ins 20. Jahrhundert andauert. Bernfeld (1979, S. 51) definiert Kindheit als Erziehungstatsache und versteht darunter die „Summe der Reaktionen einer Gesellschaft auf die Entwicklungstatsache", also auf die anthropologisch begründete Differenz zwischen Erwachsenen und Kindern. Er stellt damit klar, dass es zwar in allen geschichtlichen Epochen schon immer Kinder gegeben hat, dass aber die Kindheit mit ihrer expliziten Unterscheidung von Kind-Dasein und Erwachsenenexistenz als historisch besondere Sozialform verstanden werden muss, die Ausdruck der Folgewirkungen der sich durchsetzenden, nach Marktgesichtspunkten organisierten Wirtschafts- und Gesellschaftsordnung ist. Mit der einsetzenden Trennung der Orte für Arbeiten und Wohnen im Zuge des Übergangs von der vorindustriellen (überwiegend agrarisch-handwerklichen) zur industriellen Produktionsweise auf der Basis einer kapitalistischen Wirtschafts- und Gesellschaftsordnung entfällt für die davon betroffenen Kinder die Möglichkeit des lernenden Mittuns, der Anschauung und der Nachahmung in der Erwachsenengesellschaft. In der Folge der Herausverlagerung der Erwerbsarbeit aus dem Familienverband und der Aufspaltung der Arbeitsbereiche in Betrieb und Haushalt tritt die Rationalität des Betriebes der Sentimentalität der Familie gegenüber (Brunner 1978, S. 89). Die Familie entwickelt sich zu einem Ort unabdingbarer affektiver Verbundenheit zwischen den Ehegatten und den Kindern, was sie zuvor nicht gewesen war (Ariès 1975, S. 48). Der Vater ist in diesem Familienmodell für den Gelderwerb und die familialen Außenbeziehungen verantwortlich; die Haushaltsführung und die Kindererziehung fällt in den Zuständigkeitsbereich der von der Erwerbsarbeit freigestellten Ehefrau und Mutter. Auch wenn sich zunächst für längere Zeit nur eine Minderheit der (bürgerlichen) Familien einen derartigen Luxus der Arbeitsteilung und des Sentiments leisten konnten (v. Hentig 1975, S. 10), setzt sich diese Familien- und Sozialform bis Mitte des 20. Jahrhunderts auf breiter Basis als Normalfall für nahezu alle sozialen Gruppierungen durch.

Parallel zu diesem gesellschaftlichen Entwicklungsprozess, der die Bedingungen für die „**Entdeckung der Kindheit**" (Ariès 1975) schafft, wird die pädagogisch motivierte Vorstellung von der Kindlichkeit des Kindes geboren, um deren Anerkennung Rousseau in seinem Emile (1762) noch mit Nachdruck werben musste. Die darin enthaltene Idee von Erziehung als besonderer Kunst, als absichtvoller Entwicklung der in einem Kind angelegten Fähigkeiten entfaltet im Zeitalter der Aufklärung ihre volle Wirkung und ist bis heute weiterhin aktuell. Im Zuge der sich im 19. Jahrhundert etablierenden sozio-ökonomischen Vorherrschaft des Bürgertums orientierte sich das (vor allem von der Aufklärung umfassend entwickelte) neue Leitbild der Kindheit immer stärker am Anspruch der Emanzipation des Bürgertums gegenüber den Privilegien des Adels, wobei vor allem der Zugang zu (schulischen) Bildungs- und (beruflichen) Ausbildungsmöglichkeiten als Medien des sozialen Aufstiegs eine wichtige Rolle spielte (Neumann 1993, S. 195f.).

Über die gezielte und „offensive" Propagierung und Gestaltung einer privaten bürgerlichen Familienkindheit mit „eigenen" Erziehungs- und Sozialisationspraktiken sowie der schrittweisen Institutionalisierung einer öffentlichen **Schulkindheit** wurden in sich geschlossene pädagogische Schonräume für Kinder geschaffen, die sich im weiteren historischen Verlauf tatsächlich als wichtige Medien der sozialen Statusreproduktion erweisen sollten (vgl. dazu Büchner 1985; Herrlitz/Hopf/Titze 1993). In den (in diesem Zusammenhang entwickelten) pädagogischen Programmen für die Familienerziehung und den schulischen Unterricht stand allerdings immer der *generalisierende* Anspruch im Vordergrund, dass es für *alle* Kinder einer nachwachsenden Generation entsprechende pädagogische Schonräume zu deren individueller Entfaltung einzurichten gelte. Im Zentrum der historischen Debatte über Kindheit stand also die Idee einer modernen Kindheit für *alle* Kinder einer nachwachsenden Generation, obwohl die dafür erforderlichen Realisierungsvoraussetzungen für die größere Mehrheit der Bevölkerung erst sehr viel später geschaffen werden konnten.

Bis weit ins 20. Jahrhundert war es nur für eine Minderheit der (bürgerlichen) Familien möglich, eine „gute Kinderstube" (Weber-Kellermann 1979) einzurichten und dem Anspruch der elterlichen (vor allem der mütterlichen) Zuständigkeit und Verantwortlichkeit für die kontinuierliche emotionale und kognitive Entwicklung der eigenen Kinder gerecht zu werden. Eine behütete Spielkindheit und eine erfolgreiche Schulkindheit zu erleben, war für viele Kindergenerationen lange Zeit vor allem ein Privileg, das für Haushalte ohne ein Familienleben im bürgerlichen Sinne undenkbar war. Weder die Wohnverhältnisse noch die materiellen Umstände ließen es z.B. in den kleinbürgerlichen, kleinbäuerlichen oder proletarischen Familien des 19. Jahrhunderts zu, die Mütter und vielfach auch die Kinder von der Erwerbsarbeit freizustellen. Insofern müssen wir trotz der heute inzwischen für die große Mehrheit der Kinder realisierbare Vorstellung von Kindheit immer noch den ideologischen Kern der historischen Leit- und Rollenbilder des Familien- und Kinderlebens beachten (Neumann 1993, S. 198). „Der Idealtypus der **bürgerlichen Familie** steigerte seine normative Ausstrahlungskraft sogar noch überall da, wo die Voraussetzungen zu seiner imitativen Übernahme gerade fehlten: Unter kleinbürgerlichen und proletarischen Existenzbedingungen wuchs die sozial- und eheromantische Sehnsucht nach dem ‚trauten Heim' besonders" (Berg 1991, S. 95). Das gilt für das Ideal einer erfüllten Familienkindheit – wenn auch unter veränderten gesellschaftlichen Voraussetzungen – bis heute. Insofern ist der pädagogische Schonraumgedanke, wie er in der Folge der Aufklärung im Sinne der bürgerlichen Kindheitskriterien entwickelt wurde, eng mit einem sozio-kulturellen Schonraumdenken verbunden, das darauf ausgerichtet ist, über Kinder und spezifische Kindheitsformen die soziale Statusreproduktion in der Erwachsenengesellschaft abzusichern.

Der Blick in die Geschichte der Kindheit zeigt also, dass sich die Kindheit ideengeschichtlich seit dem ausgehenden Mittelalter zu entwickeln beginnt (Ariès 1975; de Mause 1977; Hansmann 1995), dass sich aber realgeschichtlich das, was wir heute unter Kindheit verstehen, erst seit Mitte des 20. Jahrhunderts voll entfaltet hat. Das mit dieser Entwicklung verknüpfte Prinzip der herkunftsabhängigen sozialen Statusweitergabe durch Erziehung und Bildung macht bis heute die Widersprüchlichkeit des auf Verallgemeinerung angelegten bürgerlichen Erziehungs- (und Bildungs-) Denkens aus. Denn: „In einem durch mütterliche Liebe auf der einen und väterlicher Autorität auf der anderen Seite ausgezeichneten Erziehungsklima, freigestellt von Arbeit, begleitet von kontinuierlicher emotionaler Zuwendung und pädagogischer Aufmerksamkeit, durch die Eltern selber oder angestellte Erzieher, wurde für Kinder ein ‚abgeschlossenes Sozialisations- und Erziehungsfeld' (Herrmann 1987, S. 59) geschaffen" (Neumann 1993, S. 196). Im pädagogischen Schonraum einer Familie mit den entsprechenden Gegebenheiten und Rahmenbedingungen entsteht so eine Form von idealisierter Familienkindheit mit allen Folgen für den weiteren Biographieverlauf eines Kindes. Dies umso mehr, als jenseits der guten und wohlbehüteten Kinderstube der bürgerlichen Familie die Straßenkinder und Gassenjungen (z.B. aus proletarischen Familien) als negative Gegenbilder streng ausgegrenzt wurden (ebd., S. 197). Und so entstehen neben der „privaten" Familienerziehung als Ausdruck der (bürgerlichen) Vereinswohltätigkeit Einrichtungen für die „öffentliche" Kleinkinderziehung als Tagesbetreuung vor allem für Kinder der sozialen Unterschichten, deren Erziehung vom „Normalfall" der bürgerlichen Familienerziehung abweicht (Reyer 1983). Allerdings werden solche Einrichtungen schnell zu Bewahranstalten für Kinder, die in der Folge der Erwerbstätigkeit ihrer Mütter zu verwahrlosen drohen. Und weil diese Kinder im 19. Jahrhundert nicht nur als gefährdet, sondern auch als gefährdend wahrgenommen wurden, trat neben den Gedanken der wohltätigen Hilfe rasch auch derjenige der autoritären Fürsorge mit dem Ziel einer Erziehung zur proletarischen (!) Sittlichkeit (ebd., S. 158, 175).

Es wäre also verfehlt, das idealisierte bürgerliche Familienleben als Idylle oder unumstrittenes Leitbild hochzustilisieren, ohne gleichzeitig die jeweils sehr unterschiedlichen Realisierungsbedingungen einer solchen Familienkindheit mit zu berücksichtigen. Die in dieser Überlegung steckenden Ambivalenzen im Hinblick auf eine historisch angemessene Bewertung der „Geschichte der Kindheit" lassen sich am Beispiel der Kontroverse über das entsprechende Buch von Philippe Ariès (1975) verdeutlichen. Während Ariès zivilisations- bzw. kulturkritisch anmerkt, dass der für Kinder geschaffene pädagogische Schonraum nicht nur als Freistellung von der Erwerbsarbeit und Schutz vor Willkür und Vernachlässigung zu sehen sei, sondern dass Kinder zugleich auch aus der für sie zuvor frei zugänglichen Erwachsenenwelt ausgesperrt, ja verbannt wurden („Kinder werden in Schutzhaft genommen") und dass vieles von der vermeintlichen pädagogischen Zuwendung zum vermeintlich Besten der Kinder in der Alltagspraxis auch zur Bevormundung und Entmündigung der Kinder mit entsprechenden Kontrollansprüchen und im Eigeninteresse der Erwachsenen benutzt wird (bis hin zur „besitzergreifenden elterlichen Liebe"), betont sein Gegenspieler de Mause (1977) die andere Seite der Medaille. Er arbeitet die deutliche Abnahme der Kindersterblichkeit, die zunehmende elterliche Empathie gegenüber Kindern und die Lern- und Entwicklungsmöglichkeiten sowie die Bildungschancen heraus, die Kindern heute im Vergleich zu vergangenen Jahrhunderten geboten werden. Vor diesem Hintergrund bleibt die mit der Geschichte der Kindheit verbundene **Pädagogisierung** der Kindheit ein bis heute umstrittener Vorgang, der zwischen „Schwarzer Pädagogik" (Rutschky 1977), pädagogischer Endzeitstimmung (z.B. Postman 1983) und kritischer (Quellen-) Analyse (Arnold 1980; Elschenbroich 1980; Lenzen 1985; Berg 1991) hin und her schwankt.

2.3 Schulgeschichtliche Aspekte

Mit der fortschreitenden Ausbreitung des kapitalistischen Wirtschaftssystems gerät die hierarchisch gestufte Privilegienstruktur der geschlossenen Ständegesellschaft und das damit verbundene Prinzip der sozialen Statusvererbung als dominierendes Muster der Generationenfolge („Geburtsstände") ins Wanken. Es bedurfte neuer Verfahren, um den Zugang zu höheren Ämtern und den damit verbundenen Privilegien im Spannungsfeld zwischen geburtsständischen Ansprüchen und liberaler Freisetzungspolitik zu regeln. Nachdem neben dem Adel auch das Bürgertum in Positionen der sich entwickelnden Hof-, Militär- und Staatsadministration nachrückt und für die Übernahme solcher Funktionen ein bestimmtes Wissen vorausgesetzt wird, öffnet sich neben dem Bürgertum auch der Adel zunehmend gegenüber dem bürgerlichen Bildungsideal, auch wenn die darin enthaltenen egalitären Bildungsansprüche im 17. und 18. Jahrhundert weitgehend Programm blieben und es durchaus noch ständisch getrennte Bildungswege gibt (vgl. dazu Herrlitz/Hopf/Titze 1993).

Im Zuge von so mächtigen kulturellen Bewegungen wie Aufklärung und Neuhumanismus wird das Konzept einer allgemeinen Schulpflicht entwickelt, das nicht zuletzt auch mit der Erziehungsbedürftigkeit des Kindes begründet wird. Die Verschulung von Erziehungsprozessen liegt aber zugleich im Interesse einer ganzen neu entstehenden Gesellschaftsschicht, aus der sich die Inhaber der neuen privilegierten Positionen in Staat und Gesellschaft rekrutieren. Deshalb sind es vor allem diese gesellschaftlichen Interessengruppen, die Einfluss nehmen auf die Gestaltung des neu entstehenden Berechtigungswesens, das die Zugänge zu schulischen und beruflichen Laufbahnen regeln soll. Vor diesem Hintergrund etabliert sich im 19. Jahrhundert eine Klassengesellschaft, bei der für jeden Staatsbürger seinen gesellschaftlichen Aufgaben entsprechend ein bestimmtes Maß an Bildung vorgesehen war (Heinemann 1974, S. 200). Während sich die Anwärter für höhere gesellschaftliche Positionen vor allem aus Familien des gehobenen Bürgertums rekrutierten und zum Besuch höherer Schulen zugelassen wurden, waren die Elementarschulen dem niederen Volk vorbehalten. Für das entstehende Proletariat entwickelte der sich etablierende „Policeystaat" im Rahmen der Elementarschulen das Prinzip der (auch schulisch organisierten) „Sozialdisziplinierung" (Oestreich 1968), um die im Laufe der Zeit immer dringlicher werdende „soziale Frage" in den Griff zu bekommen.

Die auf diese Weise entstehenden unterschiedlichen Schulkindheiten (in höheren, mittleren und elementaren Schulen) korrespondieren natürlich eng mit den jeweiligen Familienkindheiten in den Herkunftsfamilien der Kinder. Zwar soll – programmatisch – allen heranwachsenden Mitgliedern der Gesellschaft, auch den ärmsten, eine allgemeine Menschenbildung vermittelt werden, aber dem stand das Konzept einer „naturgemäßen Ungleichheit der Ständeerziehung und das Prinzip der Glaubenserziehung zum christlichen Untertanen" entgegen (Herrlitz u.a. 1993, S. 47ff.). Neben einer sozialrestriktiven Begrenzung der höheren Bildung wird die Schule im Rahmen der Sozialistengesetzgebung auch systematisch als Herrschaftsmittel gegen die sich organisierende Arbeiterklasse eingesetzt, so dass besonders am Beispiel der Geschichte der Schulkindheit deutlich wird, wie sehr die historische Entwicklung von Kindheit als sozialer Tatsache in den Paradoxien der gesellschaftlichen Entwicklungsabläufe verfangen ist (Qvortrup 1993, 1995).

Die Geschichte der **Schulkindheit** muss, ohne dass hier näher darauf eingegangen werden kann, als Geschichte der Realisierung der bürgerlichen Idee von Kindheit (einschließlich institutionalisierter Formen von Erziehung und Bildung) gesehen werden; gleichzeitig ist sie aber auch eine Geschichte des politischen und kulturellen Kampfes um den Zugang zu gesellschaftlichen Privilegien in der Generationenfolge. Bis heute lässt sich die Geschichte der Schule als Geschichte des Widerstands der jeweils herrschenden sozialen Schichten gegen die tatsächliche Verwirklichung von Chancengleichheit beim Zugang zu (höherer) schulischer Bildung und den damit verbundenen Privilegien verstehen, die allerdings erst dann vollends nachvollziehbar wird, wenn die Wechselwirkung von Familienkindheit und Schulkindheit berücksichtigt wird. Ohne die kulturellen Vorleistungen der Familien, deren Kinder für „weiterführende" schulische Bildungsgänge vorgesehen werden, und ohne die begleitenden Unterstützungsleistungen der Familien sind vor allem höhere Bildungsgänge nur möglich, wenn eine möglichst weitgehende Komplementarität zwischen Familienerziehung und schulischer Bildung sichergestellt ist. Insofern bleibt die soziale Reproduktionsfunktion der Familie trotz Schule – wenn auch verdeckt – bestehen (de Singly 1995, S. 30).

Bis heute ergibt sich aus der beruflichen Form der gesellschaftlichen Arbeitsteilung, die als Ausdruck der (beruflich vermittelten) Strukturen sozialer Ungleichheit zu begreifen ist, dass die Entwicklung von Bildungsansprüchen und entsprechenden Versorgungs- und Statuserwartungen interessenorientiert verläuft und durch geeignete Maßnahmen politisch, sozial und kulturell abgesichert wird. Das Kind wird zum Träger von Bildungskapital und die Familie muss sich den immer wieder modernisierten Spielregeln für die soziale Statusreproduktion anpassen und entsprechende Strategien entwickeln, um die Bildungschancen ihrer Kinder zu sichern und umgekehrt die jeweilige schulische Mitgift in geeigneter Form statusrelevant umzusetzen (ebd., S. 29ff.).

3 Kindheit und Familie in der neueren Forschung

3.1 Kindheit und Familie als Gegenstand der Generationenforschung

Es ist hier nicht der Platz, zu den vielen Versuchen, den Familienbegriff zu klären, einen weiteren hinzuzufügen (vgl. dazu u.a. Nave-Herz 1994; Kaufmann 1995; Böhnisch/Lenz 1997). Hier soll als zentrales Kennzeichen von Familie die Zusammengehörigkeit von zwei oder mehreren aufeinander bezogenen Generationen, die zueinander in einer Eltern-Kind-Beziehung stehen, verstanden werden (Böhnisch/Lenz 1997, S. 28). Damit werden die **Generationenbeziehungen** als Spezifikum von Familie herausgestellt (Lüscher/Liegle 2003). Gleichzeitig lässt sich Familie als gesellschaftliche Institution begreifen und das Familienleben mit sich verändernden Leitbildern, Regeln, Handlungsmustern und Aufgaben(erfüllung) in Verbindung bringen, so dass z.B. das Familienleben als das private Zusammenleben der Generationen nach außen abgrenzbar wird und auf diese Weise die Qualität von Familienbeziehungen untersucht werden kann. Die Familie kommt bei dieser Betrachtungsweise sowohl als Interaktionssystem als auch als Lebens-, Versorgungs- und Haushaltsgemeinschaft in den Blick und kann sowohl in synchroner als auch in diachroner Perspektive analysiert werden (Rauschenbach 1998).

Auch auf die z.T. kontrovers geführte Diskussion über die gesellschaftliche Wahrnehmung von Kindern und Kindheit und die damit verbundenen begrifflichen Schwierigkeiten kann hier nur kurz verwiesen werden (vgl. dazu Qvortrup 1993; Büchner u.a. 1996, 1998; Zeiher u.a. 1996; Honig u.a. 1996, 1999; Kränzl-Nagl u.a. 2003). Während Kinder in der „traditionellen" Sozialisationsforschung weitgehend als Noch-Nicht-Erwachsene in ihrer Besonderheit als entwicklungs- und sozialisationsbedürftige Wesen betrachtet werden, die in die Erwachsenengesellschaft integriert werden müssen, betonen die Vertreterinnen und Vertreter der „modernen" Kindheitsforschung die Eigenständigkeit der Kinder als Altersgruppe „eigenen Rechts" (Oerter/Montada 1995; Hurrelmann 1986; Büchner/du Bois-Reymond 1998). Indem Kinder als eigenständige Subjekte und Akteure in der Erwachsengesellschaft und Kindheit als soziales Konstrukt gesehen werden, das dem sozialen Wandel unterliegt, wird ein Verständnis von Kindheit deutlich, das einerseits den eigenständigen sozialen Status von Kindern als Altersgruppe betont, das zugleich aber auch – zumindest implizit – den Gedanken des Aufeinander-Verwiesenseins von Kindern und Erwachsenen im Rahmen der generationalen Ordnung enthält. Das Aufwachsen von Kindern in der Familie wird hier als Familienkindheit bezeichnet.

Eine Untersuchung der Familienkindheit kann in diesem Sinne vor allem das grundsätzliche Wechselverhältnis zwischen den verschiedenen Lebensaltersgruppen und die damit verbundenen intergenerationalen Beziehungskonstellationen in ihrem relationalen Entwicklungszusammenhang (Soziogenese von Generationenverhältnissen und Generationenbeziehungen) erfassen, wobei neuerdings auch die Mehrgenerationenperspektive verstärkt in den Blick gerückt wird (Ecarius 1998, 2002; Büchner 2000). Ausgangs- und Bezugspunkt einer solchen Forschungsperspektive ist die (mehr-)generationale Ordnung des menschlichen Zusammenlebens in Familie und Gesellschaft und die darin enthaltenen Generationenverhältnisse und Generationenbeziehungen, wobei dies begrifflich in Anlehnung an Kaufmann (1993) formuliert ist, der mit Generationenverhältnissen und Generationenbeziehungen zwischen Makro- und Mikroebene unterscheidet und somit kollektive Schicksale einzelner Altersgruppen in gesamtgesellschaftlichen Zusammenhängen von interaktiven Bezügen im sozialen Nahraum abgrenzt. Eine solche begriffliche Differenzierung ist auch im Hinblick auf die jüngste erziehungswissenschaftliche Diskussion über die generationale Ordnung sinnvoll (Honig 1996; Zeiher u.a. 1996; Zinnecker 1997; Ecarius 1998, 2002).

3.2 Die generationale Ordnung als Fokus für die Erforschung von Kindheit und Familie

In Anbetracht der zunehmenden Biographisierung und der sich verändernden Temporalisierung aller Phasen des Lebenslaufs (frühes Ende der Kindheit, Verlängerung der Jugendphase, verkürzte Lebensarbeitszeit, Entberuflichung des Alters und frühe soziale Entpflichtung der alten Generation bei gleichzeitig verlängerter Lebensspanne) sind wir mit einer wachsenden Vielfalt von neuen bzw. veränderten Generationenverhältnissen und Generationenbeziehungen konfrontiert. Die Vermittlung und Aneignung von Bildung und Kultur – Voraussetzung für die Teilhabe am sozialen und kulturellen Leben – ist längst nicht mehr nahezu ausschließlich auf den Prozess des Erwachsenwerdens in der Kernfamilie und die nachwachsende „zu erziehende" Kindergeneration als Zielgruppe beschränkt. Um in einer sich rasch verändernden Welt kulturell und sozial teilhabe- bzw. anschlussfähig zu bleiben, müssen auch Erwachsene immer wieder lebensgeschichtliche Reorganisierungsanstrengungen unternehmen (Schweppe 1998), wobei auch die Jüngeren für die ältere Generation pädagogisch unterstützend tätig werden oder Vorbildcharakter für die Älteren haben.

In diesem Zusammenhang werden im erziehungswissenschaftlichen Diskurs teilweise Ansätze und Ergebnisse aus der Familien- und Kindheitsforschung, der Lebensstil- und Sozialisationsforschung rezipiert (vgl. dazu auch Grunert/Krüger 2006). Allein schon die Tatsache, dass die Dreigenerationenfamilie heute zur Normalität geworden ist und Kinder bis zum Alter von 20-25 Jahren immer häufiger mit ihren Großeltern aufwachsen, verweist auf neue Konstellationen im familialen Zusammenleben im Mehrgenerationenzusammenhang (Alt 1994; Marbach 1994). Die Pluralisierung der Familienformen, die Verlängerung der Jugendphase oder die Entfamiliarisierung und Professionalisierung der Kinderbetreuung sind z.B. Einflussgrößen, die auch das Verhältnis und die Beziehungen zwischen den Generationen verändert haben (vgl. dazu auch Lüscher/Liegle 2003).

Im Zuge des Übergangs in die Vier-Generationen-Gesellschaft hat die klassische Dualität des pädagogischen Generationenverhältnisses (zwischen älterer, erziehender und jüngerer, erzogener Generation) ihre lebensweltliche Grundlage verloren (Rauschenbach 1998). Das traditionell binäre pädagogische Verhältnis zwischen Älteren und Jüngeren muss künftig als ein pädagogisches Mehrgenerationenverhältnis und als pädagogisches Sorgeverhältnis zwischen (mehreren) Generationen konzipiert werden, bei dem die Rollen von pädagogischen Hilfegebern und Hilfenehmern im Rahmen von intergenerationalen Austauschprozessen neu bestimmt werden müssen (Zinnecker 1997). Deshalb wäre auch aus erziehungswissenschaftlicher Sicht zu überlegen, ob nicht der Begriff pädagogische „Mehrgenerationennetzwerke" (Alt 1994) angemessener das abbilden könnte, was normalerweise mit pädagogischen Generationenverhältnissen bezeichnet wird.

In der erziehungswissenschaftlichen Forschung gibt es eine lange Tradition der – auch sozialhistorisch angeleiteten – Betrachtung des Verhältnisses von älterer und jüngerer Generation im Erziehungszusammenhang (z.B. Herrmann 1987), die im Kern auf Klassikern wie Schleiermacher oder Rousseau beruht. Eine Akzentverschiebung von der traditionell geisteswissenschaftlich geprägten Diskussion über das pädagogische Verhältnis der Generationen hin zu einer sozialwissenschaftlich inspirierten und empirisch ausgerichteten Untersuchung der generationalen Ordnung ist deutlich jüngeren Datums (Liebau 1997; Ecarius 2002). Besonders die sozialwissenschaftliche Kindheitsforschung hat hier wichtige Impulse geliefert (Alanen 1988; Qvortrup et al. 1994; Corsaro 1997; James/Jenks/Prout 1998; Oswald 1998). „Das Generationenverhältnis neu denken", so lautet das Motto dieser auch in Skandinavien, Großbritannien und Nordamerika geführten Diskussion, bei der es im Kern um die soziale Stellung der Altersgruppen zueinander und die Infragestellung der in pädagogischen Generationenverhältnissen enthaltenen Machtstrukturen geht. Ein wichtiger Strang dieses neuen erziehungswissenschaftlichen Diskurses ist auch auf die Familie (Liebau 1997), das Geschlechterverhältnis (Beck-Gernsheim 1996; Oakley 1994) und die Erforschung der vielfältigen Familienkulturen und innerfamilialen Kommunikationsformen ausgerichtet. Dabei geht es vor allem um die Folgen von Prozessen des sozialen Wandels für die Familie und die teilweise historisch neuen Formen des Zusammenlebens der Generationen (Ecarius 2002; Liebau 1997). Nachdem aus pädagogischer Sicht lange zumeist die Kinder- und Jugendgeneration als „problematische" und zu erziehende Fokusgeneration im Mittelpunkt des Forschungsinteresses stand, wird neuerdings zunehmend auch die Großelterngeneration als pädagogisch zu „betreuende" Zielgruppe entdeckt (Rauschenbach 1998; Zinnecker 1997). Aus pädagogischer Sicht gilt in diesem Sinne die Großeltern- wie die Enkelgeneration als nicht mehr (oder noch nicht) erwerbstätige Generation und als Adressat für pädagogische Hilfen bei der Formung ihres Lebenslaufs (Lenzen 1997).

Nur selten wird dabei berücksichtigt, dass pädagogische Hilfen keineswegs nur für eine erfolgreiche „Verberuflichung" der Biographie der Jungen und eine ebenso gelingende „Entberuflichung" der Alten gebraucht werden. Auch jenseits des Arbeitsweltbezuges gibt es genügend Bedarf für pädagogische Sorgeverhältnisse und Sorgebeziehungen (Zinnecker 1997). Hier geht es vor allem um den Dialog zwischen den Generationen, dessen faktische Qualität und Quantität und – noch wichtiger – dessen pädagogische Potentiale empirisch kaum untersucht sind. Die oft als selbstverständlich angenommene Asymmetrie zwischen sog. Hilfegebern und Hilfenehmern verträgt sich nicht mit dem Modell des lebenslangen Lernens, das davon ausgeht, dass in Anbetracht der vielfältigen beruflichen wie außerberuflichen Bildungsanforderungen alle beteiligten Generationen Lernende und Lehrende zugleich sind. Deshalb muss der Blick geöffnet werden für die Reziprozität des Helfens und damit des Gebens und Nehmens in unterschiedlichen Lebensphasen im Rahmen von intergenerationalen pädagogischen Austauschprozessen (vgl. auch Brake/Büchner 2007).

In dem sich gerade erst neu etablierenden Forschungsstrang, den man als „pädagogische Generationenforschung" bezeichnen kann, geht es vor diesem Hintergrund nicht mehr ausschließlich darum, eine einzelne Altersgruppe jeweils für sich als isolierte Untersuchungseinheit zu definieren. Auch in den Nachbardisziplinen gibt es entsprechende Überlegungen (Becker 1997; Mansel u.a. 1997; Wagner/Schütze 1998). So empfehlen Böhnisch/ Lenz (1997) ein grundlegend neues sozialwissenschaftlich erweitertes Verständnis von Familie, und sie schlagen auch für die Erziehungswissenschaft eine interdisziplinäre Öffnung der Familienforschung vor. Außerdem wird die Relativierung der Lebensalter und traditionellen Alterszuschreibungen im Zusammenleben der Generationen als neue pädagogische Blickrichtung propagiert (Liebau/Wulf 1996; Liebau 1997). Diese Renaissance des pädagogischen Denkens in Generationen(-bezügen) ist mit einer Sicht von Familie als gelebte Struktur und als Kommunikationszusammenhang verbunden, wobei allerdings erst in der Differenz zwischen Lebenswelt und Alltagshandeln die konkreten Leistungen der Familie erkennbar werden (Lüscher 1989; Lange 2007). Über eine teilweise explizite Anknüpfung (Ecarius 1998) an die zentrale Studie von Mollenhauer/Brumlik/Wudtke (1975) wird vor diesem Hintergrund gefragt: „Was ist die ‚Wirklichkeit' einer Familie, wenn nicht das, was sich in ihren Interaktionen, Erfahrungen und Deutungen selbst konstruiert" (ebd., S. 76)?

4 Kindheit und Familie im Modernisierungsprozess des 20. Jahrhunderts

4.1 Veränderte familiale Lebensbedingungen

Das „Spannungsfeld **Familienkindheit**" (Herlth u.a. 2000) lässt sich als Ergebnis von gesellschaftlichen Modernisierungsprozessen und dem damit verbundenen Wandel von Ehe, Familie und Kindheit begreifen, der durch eine Vielzahl von Diskontinuitäten, Widersprüchlichkeiten, Ambivalenzen und Unvereinbarkeiten gekennzeichnet ist. Zentrale Entwicklungstendenzen sind hierbei die fortschreitende Individualisierung der Kindheit und die Pluralisierung der Familienformen, in deren Kontext Familienkindheit stattfindet. Zu den mit diesen Schlagworten beschriebenen gesellschaftlichen Veränderungsprozessen, die das Leben von Kindern am Übergang ins 21. Jahrhundert beeinflussen, gehören, dass

- Heiratsneigung und Heiratshäufigkeit abnehmen,
- mehr Kinder in nicht-ehelichen Lebensgemeinschaften aufwachsen,
- die Kinderzahlen pro Ehe sinken und mehr Ehen kinderlos bleiben,
- die Zahl der Scheidungen zunimmt,
- mehr Kinder als Einzelkinder heranwachsen,
- die Zahl der Alleinerziehenden steigt,
- es eine wachsende Zahl von „Scheidungswaisen" und Stiefelternschaften gibt,
- sich die Formen des partnerschaftlichen und familialen Zusammenlebens verändert haben,
- sich die Rolle der Frau verändert und die Erwerbstätigkeit von Müttern zugenommen hat mit dem Folgeproblem der Vereinbarkeit von Erwerbstätigkeit und Kinderbetreuung für Mütter und Väter und
- sich vor diesem Hintergrund die Anforderungen an die familialen Erziehungs- und Versorgungsleistungen der Eltern verändert haben, was auch Rückwirkungen auf das Selbstverständnis der Eltern gehabt hat.

Werfen wir zunächst einen Blick auf die Familie als familiale Lebenswelt für heranwachsende Kinder. Hier kommt es darauf an, die sich verändernden materiellen und normativen Rahmenbedingungen für heutige Familienkindheiten in den Blick zu rücken. Auf der einen Seite hat der aus der Geschichte der Familie und der Geschichte der Kindheit bekannte gesellschaftliche Zwang zur Konformität im Hinblick auf die Gestaltung der Familienkindheit abgenommen; eine „bunte" Vielfalt des Familienlebens auf der Basis der unterschiedlichsten Familienformen ist möglich und sowohl in den Familienleitbildern als auch in der Alltagspraxis anzutreffen und gesellschaftlich toleriert. Auf der anderen Seite hat aber der gesellschaftliche Druck auf die Eltern zugenommen, sich der Versorgungs- und Erziehungsverantwortung gegenüber Kindern und den damit verbundenen Alltagsanforderungen zu stellen und entsprechenden pädagogischen Normen gerecht zu werden (Engelbert u.a. 2000, S. 7). Das Elternrecht (Art. 6, Abs. 2 Grundgesetz) – einst im Bürgerlichen Gesetzbuch als besonderes Gewaltverhältnis gegenüber dem Kind definiert – wird heute als Gestaltungsrecht der elterlichen Sorge verstanden, als Schutzverhältnis im Interesse des Kindes (Stein-Hilbers 1994, S. 12). Insofern ist die Maxime des **Kindeswohls** zur zentralen Norm bei der alltäglichen Gestaltung der Familienkindheit und der Ausübung des elterlichen Sorgerechts geworden, über deren Einhaltung der Staat zu wachen hat. In Anbetracht der Pluralisierung der Familienformen und des Anstieges nicht-ehelicher Lebensgemeinschaften stellt sich aber aus Kindersicht zunehmend die Frage, ob neben der biologischen Elternschaft auch die soziale („gelebte") Elternschaft rechtlich so geregelt werden müsste, dass das elterliche Sorgerecht besser auf die kindliche Lebensrealität abgestimmt werden kann (Jopt 1989).

In Anbetracht der zunehmenden Protoprofessionalisierung der Elternrolle (du Bois-Reymond 1998, S. 104ff.), also dem Eindringen professioneller Standards in den nichtprofessionellen Bereich der Familie, werden Eltern bei gleichzeitiger **Informalisierung** des Eltern-Kind-Verhältnisses (ebd., S. 100ff.) vor Aufgaben gestellt, die sie nur unter besonders günstigen Umständen bewältigen können, auch wenn die Bereitschaft von Eltern, dies zu tun, nie zuvor stärker entwickelt gewesen zu sein scheint als gerade in der zweiten Hälfte des 20. Jahrhunderts (Beck-Gernsheim 1990; Burkart 1995, S. 12f.). Besonders die strukturelle Rücksichtslosigkeit der Gesellschaft gegenüber Kindern (Kaufmann 1995) erschwert vielfach die elterlichen Versorgungs- und Betreuungsaufgaben: Kinder werden aufgrund schwieriger Rahmenbedingungen faktisch – trotz der ständigen Proklamation von Kindeswohl und Kinderrechten als politische Leitmotive – zu „Außenseitern der Gesellschaft" (Kaufmann) und dies vor allem dann, wenn vorhandene materielle Defizite im Familienalltag nicht hinreichend kompensiert werden (können). Aber auch in Fällen, wo elterliche Erziehungs- und Unterstützungsleistungen im Familienrahmen nicht oder nicht hinreichend erbracht werden (können) und familienunterstützende oder familienersetzende Maßnahmen unzulänglich bleiben (Kinder als Opfer von Gewalt, spezifische Belastungen und Gefährdungen), besteht dringend politischer Handlungsbedarf, um die kindlichen Belange in einer Erwachsenengesellschaft bundesrepublikanischen Zuschnitts zu stärken (vgl. dazu den Zehnten und Zwölften Kinder- und Jugendbericht 1998, 2005). Zwar enthält das Kinder- und Jugendhilfegesetz zahlreiche Angebote, um Eltern zu helfen, ihre Erziehungsaufgaben zu erfüllen, aber bei der praktischen Umsetzung fehlen nicht selten die sozialen Netzwerke und die notwendigen sozialen Dienste, um familiale Notsituationen im Sinne der Kinder angemessen bewältigen zu können (Nestmann 1997).

Betrachtet man die Entwicklung des heutigen Kinderlebens in materieller Hinsicht, dann ist vor allem erwähnenswert, dass in jüngster Zeit besonders das Problem der Kinderarmut (Otto 1997; Mansel/Neubauer 1998; Beisenherz 2002; Butterwegge u.a. 2004), genauer die in den 1990er Jahren überdurchschnittliche Zunahme des Armutsrisikos von Kindern im Vergleich zu anderen Altersgruppen (Nauck 1995, S. 33ff.; Wintersberger 1998; Kränzl-Nagl u.a. 2003) „entdeckt" worden ist. Bei der familien- und sozialpolitisch akzentuierten Diskussion über die Folgen von Kinderarmut und deren Wirkungen auf Kinder wird deutlich, dass z.B. kinderreiche Familien oder Alleinerziehende besonders betroffen sind und die entsprechenden kindlichen Entwicklungsprozesse erheblich beeinflussen (z.B. Lauterbach/Lange 1998; Edelstein 2006). Welch merkwürdige Formen dabei der Streit zwischen Experten und Politikern über das Armutsthema in Deutschland annehmen kann, zeigt der Zehnte Kinder- und Jugendbericht (1998) und die entsprechende Stellungnahme der Bundesregierung zum Bericht der Sachverständigenkommission (ebd., S. XV): Der Lebenslagenansatz und der verwendete relative Armutsbegriff sei kein geeignetes Messkonzept, um Problemlagen von Familien und Kindern zutreffend zu beschreiben. Offensichtlich ist es für die offiziell Verantwortlichen besonders schmerzlich, eingestehen zu müssen, dass am Beispiel der zunehmenden Infantilisierung der Armut ein bestehender Verteilungskonflikt zwischen den Generationen thematisiert und zudem noch empirisch untermauert wird. Inzwischen ist allerdings die Sozialberichterstattung zu Lebenslagen von Kindern (Leu 2002) als notwendige Datenquelle für die Kinder-, Sozial- und Familienpolitik anerkannt (UNICEF 2005; World Vision 2007), auch wenn die Debatte über Kinderarmut in reichen Gesellschaften noch nicht zu einem entscheidenden Paradigmenwechsel geführt hat (Betz 2008).

4.2 Verändertes Eltern-Kindverhältnis

Da die Familie in ihrer Vielfältigkeit nach wie vor zu den bedeutungsvollsten Umwelten gehört, in der Kinder heute leben, ist die Familie, verstanden als zumeist intensives Interaktionssystem, von großer Bedeutung für die Familienkindheit. Im Interaktionssystem Familie hat sich in den vergangenen Jahrzehnten vor allem eine deutliche Transformation der Eltern-Kind-Beziehungen und der darin eingebetteten Erziehungsnormen und -praktiken vollzogen, die man als Enthierarchisierung der Eltern-Kind-Beziehungen bezeichnen kann. Der Übergang von der Elternbestimmtheit der Kinder zur Kindbezogenheit der Eltern (Wurzbacher 1961, S. 84f.), der sich seit Mitte des 20. Jahrhunderts abzeichnete, hat sich inzwischen, wie jüngste Untersuchungen zeigen, auf breiter Front durchgesetzt (Büchner/Fuhs/Krüger 1997). Die traditionell starke Verfügungsgewalt der Eltern (und besonders des Vaters) über das Kind und die Betonung der kindlichen Folgsamkeit und Unterordnung als Leitbild für die elterliche Erziehung wurde Schritt um Schritt abgelöst durch neue Prinzipien für die Gestaltung der Generationenbeziehungen und besonders des **Eltern-Kind-Verhältnisses**. Statt der noch in den 1950er-Jahren weithin befürworteten Elternzentriertheit des Familienlebens hat sich ein stärker kindorientiertes Elternverhalten als dominierende Umgangsnorm zwischen Eltern und Kindern durchgesetzt: Vom Befehlen und Gehorchen zum Verhandeln – so lässt sich die Entwicklung des Eltern-Kind-Verhältnisses schlagwortartig charakterisieren (Büchner 1983).

Trotz dieser allgemeinen Tendenz muss auch weiterhin beachtet werden, dass das Eltern-Kind-Verhältnis und die darin sich widerspiegelnden Machtbalancen zwischen Eltern und Kind einen hohen Komplexitätsgrad aufweisen. Es gibt eine Vielfalt von Eltern-Kind-Beziehungsformen, die sich hinsichtlich ihrer sozialstatistischen Zuordnungsmerkmale, aber auch hinsichtlich ihrer besonderen Qualitätsmerkmale (gemessen am Grad des Wohlbefindens und der Zufriedenheit der Kinder) mehr oder weniger deutlich unterscheiden. Die am allgemeinen **Kindeswohl** festgemachte Kindorientierung hat sich zwar als positive Leitnorm für das Eltern-Kind-Verhältnis offenbar auf breiter Ebene durchgesetzt und ist inzwischen besonders auch in unteren sozialen Statusgruppen anzutreffen. Daneben finden wir in heutigen Familien aber zunehmend auch eine neuere Variante von Kindorientierung des Elternverhaltens, die sich nicht allein an den Normen des Kinderschutzgedankens, sondern zusätzlich auch an der konkreten Respektierung kindlicher Interessenäußerungen festmachen lässt. Beide Varianten, die normgeleitete und die subjektbezogene Kindorientierung beim Elternhandeln kommen gleichzeitig vor und ergänzen sich vielfach in den einzelnen Familien. Dennoch legen besonders die hohen sozialen Statusgruppen den Schwerpunkt ihres Erziehungshandelns auf eine primär subjektbezogene Kindorientierung. Je höher der soziale Status der Eltern ist, desto wichtiger wird diese eher subjektbezogene **Kindorientierung** (verbunden mit einem an konkreten Alltagssituationen festgemachten elterlichen Erziehungshandeln) und desto weniger bedeutsam erweist sich der Stellenwert einer normgeleiteten Kindorientierung, bei der das Erziehungshandeln der Eltern mehr an allgemeingültigen Prinzipien festgemacht ist (Büchner/Fuhs/Krüger 1997).

Eine derartig subjektbezogene Kindorientierung ist durch eine familiale Verhandlungskultur bestimmt, in der Kinder in den Grenzen dessen, was als kindgemäße Teilhabe am familialen Alltag angesehen wird, in die elterlichen Entscheidungen einbezogen und die kindlichen

Interessen mehr oder weniger deutlich berücksichtigt werden. Dieses auf die Akzeptanz von ausgehandelten Regeln gerichtete Eltern-Kind-Verhältnis zielt auf eine Einbindung des Kindes in die familiale Lebensweise ab und setzt die Fähigkeit und Bereitschaft zu selbstkontrolliertem kindlichen Handeln in den ausgehandelten Grenzen voraus.

Vor einem solchen Hintergrund bewegt sich das heutige Kinderleben im Spannungsfeld zwischen individueller Optionserweiterung im Rahmen einer selbständigen und eigenverantwortlichen Entscheidungsbeteiligung des Kindes in biographischen Angelegenheiten einerseits und gleichzeitiger gesellschaftlicher Vereinnahmung des Kinderlebens andererseits, indem sich viele vermeintliche kindliche Freiheitsgewinne im nachhinein als janusköpfig erweisen und zu neuen Abhängigkeiten führen, weil soziale Unterstützungspotentiale und individuelle Bewältigungspotentiale nicht hinreichend mobilisierbar sind (Büchner 1996, S. 17; Büchner 1998, S. 261ff.). Einerseits haben Kinder mehr Chancen, ihre eigene Biographie zu beeinflussen und ihr Leben individuell zu gestalten. Andererseits wachsen die Gefährdungen und Risiken, wenn es um die Realisierung bestimmter Optionen unter Konkurrenzbedingungen geht und Freiräume zu Selbständigkeitsfallen werden können. Bei der Wahrnehmung solcher „riskanter Chancen" ist die Familienkindheit nach wie vor eine wichtige unterstützende, aber auch restriktive Bedingungsgröße. Sowohl der Fünfte Familienbericht (1994) als auch der Zehnte Kinder- und Jugendbericht (1998) der Bundesregierung machen dies im Einzelnen deutlich.

Der Wandel des Eltern-Kind-Verhältnisses wird schließlich auch dadurch beeinflusst, dass wir neben den veränderten Rollenmustern im Interaktionssystem Familie auch einen Wandel der Aufgabenverteilung zwischen Familie und außerfamilialen Sozialisationsinstanzen beobachten können. Nicht nur die „Freisetzung" der Mütter und die veränderte Mutterrolle (Schütze 2000) und die stärkere Familienorientierung der („neuen") Väter (Herlth 2000) beeinflussen das Leben der Kinder und die Kindererziehung in den heutigen Familien, auch die zunehmende Etablierung und Inanspruchnahme der familienergänzenden Versorgungs- und Betreuungsangebote (Krippe, Kindergarten, Hort, Tagesmutterbetreuung etc.) verändern die Rahmenbedingungen für die Betreuung und Erziehung heutiger (Klein-)Kinder. Dabei ist der sehr unterschiedliche Grad des Ausbaus und der Inanspruchnahme der öffentlichen Kindererziehung in den alten und neuen Bundesländern erwähnenswert, was u.a. auf unterschiedliche Traditionen im Hinblick auf die Beteiligung von Frauen (und Müttern) an der Erwerbsarbeit zurückzuführen ist, die vor allem in der ehemaligen DDR – im Vergleich zur alten BRD – besonders hoch war.

Neben neuen Formen der häuslichen Arbeitsteilung (Büchner/Fuhs 1996, S. 164ff.; Zeiher 2000) führen weitere gesellschaftliche Entwicklungen dazu, dass sich das moderne Kinderleben in diesem Kontext verändert: So tragen z.B. die zunehmende **Verhäuslichung** und Verinselung der Kindheit (Zinnecker 1990; Zeiher 1983) dazu bei, dass die zeitlichen Anteile, die Kinder im Laufe eines Tages oder einer Woche zusammen mit ihren Eltern verbringen, abnehmen und der Anteil der elternunabhängigen (betreuten) Freizeit zunimmt (Büchner/Fuhs 1994). Insofern wächst die Bedeutung der außerfamilialen Einflüsse auf das Kinderleben, aber es werden gleichzeitig auch neue Familienprojekte mit Kindern realisiert (Büchner/Fuhs 1999, S. 73ff.; Fuhs 2000). Insofern kommt es vor allem auf den besonderen Zuschnitt und die Wechselwirkung von Familienkindheit und außerschulischer Kindheit außerhalb der Familie an (vgl. dazu auch Wiss. Beirat f. Familienfragen 1998). Und nicht zuletzt stellen sich vor diesem Hintergrund auch Fragen nach der Chancengleichheit beim Bildungserwerb von Kindern in unterschiedlichen sozio-kulturellen Kontexten (Büchner 1996, 2003, 2008).

5 Familie, Kindheit und soziale Ungleichheit

Unter Individualisierung der Kindheit wird auch die Befreiung des Kindes aus der Herrschaft der Herkunftsfamilie verstanden. Die „Bindungslosigkeit" moderner Kinder gilt als Voraussetzung für die angemessene Bewältigung der kindlichen Entwicklungsaufgaben in der postindustriellen Gesellschaft, auch wenn damit zugleich Risiken für das Individuum verbunden sind. Für das biographische Projekt des kindlichen Erwachsenwerdens (Büchner/Fuhs 1998, S. 113ff.; Büchner 1998, S. 261ff.) gilt es unter solchen Voraussetzungen genauer zu prüfen, welche Realisierungsbedingungen nötig sind, um diese biographische Etappe erfolgreich zu bewältigen.

So ist die Herkunftsfamilie eines Kindes immer noch von zentraler Bedeutung, wenn es um die Frage des (höheren) Bildungserwerbs in der Generationenfolge geht (vgl. dazu Büchner/ Brake 2006). Dass es zwischen sozialem Status und Bildungshintergrund der Herkunftsfamilie und den Chancen zum schulischen und auch außerschulischen Bildungserwerb einen Zusammenhang gibt, wissen wir vor allem aus bildungs- und kindheitssoziologischen Untersuchungen (Rolff 1997; Hansen/Pfeiffer 1998). Auf der anderen Seite wissen wir aus der sozialen Ungleichheitsforschung aber auch, dass der berühmt-berüchtigte zirkuläre Verlauf des Sozialisationsprozesses, von dem wir seit den 1970er-Jahren ausgehen (Rolff 1997), nur ein sehr ungenaues und grobes und damit wenig differenziertes Bild über die gegebenen Zusammenhänge vermitteln kann und vor allem keine Auskunft über das *Wie* der Reproduktion von **sozialer Ungleichheit** gibt.

Aufgrund vorliegender Forschungsergebnisse gibt es Anhaltspunkte für die Vermutung, dass wir beim kindlichen Erwachsenwerden einen Prozess der Kulturalisierung der sozialen Ungleichheit beobachten können, wie er in der soziologischen Lebensstilforschung für andere Zusammenhänge beschrieben wird (vgl. dazu auch Stecher/Zinnecker 2007). Nicht allein objektive, sozial-ökologisch bestimmbare allokative oder distributive Bedingungsfaktoren erklären das Zustandekommen von sozialen Ungleichheiten, sondern es sind auch personen- und interaktionsbezogene Mechanismen in der Form von unterschiedlich gelebten familialen Lebensstilen und entsprechenden biographischen Mustern, die sich – trotz sonst identischer Gegebenheiten – zu Attributen von Individuen verfestigen. In diesem Sinne werden Lebensstile zu einer kulturellen Ressource; sie haben Signal- und Katalysatorfunktion für biographische Optionen und Wahlentscheidungen innerhalb und außerhalb der Familie und stellen zudem ein wichtiges Bindeglied zwischen Mentalitätsebene und alltagskultureller Praxisebene dar (Berger 1994).

In der Familien- und Kindheitsforschung müssen wir deshalb davon ausgehen, dass neben Faktoren wie Kinderarmut und materieller Deprivation des Kindes auch andere, lebensstilbedingte kinderkulturelle und familienkulturelle Einflüsse berücksichtigt werden müssen, die die Richtung der kindlichen Biographiegestaltung auch unter dem Gesichtspunkt der Chancengleichheit bestimmen (Büchner/Wahl 2005). Am Beispiel der kindlichen Selbständigkeitsentwicklung lassen sich die Ambivalenzen aufzeigen, die diese allgemeine Entwicklungstendenz des kindlichen Erwachsenwerdens kennzeichnen: Biographisch frühe kindliche Selbständigkeit ist einerseits zunehmend unverzichtbar als persönliche und **soziale Schlüsselkompetenz** von Heranwachsenden, andererseits hat ihr Erwerb aber nicht nur soziale, sondern auch kulturelle Grenzen, so dass es im Lebensalltag der Kinder darauf ankommt, entsprechende Unterstützungspotentiale zum Erwerb sozialer Schlüsselkompetenzen mobilisieren zu können. Ist dies nicht möglich, kann es zu sozialen Segregationserscheinungen und zu entsprechend riskanten biographischen Weichenstellungen kommen.

Neben einer ökonomisch begründeten Ungleichheit, die sich auf die ungleiche Verteilung von und den ungleichen Zugang zu materiellen Ressourcen bezieht, gibt es somit auch eine Variante von sozialer Ungleichheit, die sich über die kinderkulturelle Praxis, den gelebten familialen Lebensstil und über dabei entstehende und sich verfestigende biographische Muster interaktionsbezogen im Kinder- und Familienalltag realisiert. Familien- und kinderkulturelle Praxisformen verdichten sich über den gelebten Lebensstil zu Attributen von Individuen, die sich lebensverlaufsbezogen verfestigen und dazu beitragen, dass bestimmte Optionen (Möglichkeitsräume) für die Lebensgestaltung offen stehen oder nicht (mehr) verfügbar sind. Bei dieser kulturalisierten Form der Reproduktion von sozialer Ungleichheit sind die Betroffenen insofern aktiv beteiligt, als sie über bewusste oder unbewusste Zuordnungs- und Abgrenzungsentscheidungen ihre sozialen Anschluss- und kulturellen Teilhabechancen beeinflussen.

Bezogen auf die Familienkindheit sind solche Einsichten aus der empirischen Lebensstilforschung (Bourdieu 1982; Dangschat/Blasius 1994; Schwenk 1996) wichtig, weil wir auch hier von individuell und sozial unterschiedlichen Nutzungsformen kultureller Ressourcen ausgehen müssen. Im (kindlichen) Biographieverlauf führen gelebte Lebensstile zu biographischen Mustern, die nicht nur unterschiedliche, sondern eben auch ungleiche Grade von kultureller Teilhabefähigkeit und sozialer Anschlussfähigkeit zur Folge haben. Insofern bleibt die Familienkindheit auch weiterhin ein wichtiger ungleichheitsrelevanter Forschungsgegenstand sowohl für die Familien- als auch für die Kindheitsforschung.

6   Ausblick

Neben dieser wichtigen Frage der Kulturalisierung der sozialen Ungleichheit und deren Bedeutung für Familie und Kindheit, werden in der künftigen Familien- und Kindheitsforschung vor allem die Kontinuitäten und Diskontinuitäten der sich verändernden Generationenverhältnisse und Generationenbeziehungen als wichtige Aspekte des sozialen Wandels und der Modernisierung von Familie und Kindheit im Mittelpunkt des Interesses stehen [müssen] (vgl. dazu auch Lüscher/Liegle 2003). Das schließt eine Problematisierung der bisherigen Fixierung der erziehungswissenschaftlichen Forschung auf die Dualität des Generationenverhältnisses ein. Im wesentlichen wird es darum gehen müssen, die multilokale Mehrgenerationenfamilie (Bertram 1995) als soziales Netzwerk gelebter Beziehungen (Bien 1994) zu begreifen und die pädagogischen Sorgeverhältnisse zwischen (mehreren) Generationen im Rahmen von intergenerationalen Austauschprozessen in den Blick zu nehmen und empirisch zu erforschen (vgl. dazu auch Zinnecker 1997). Dabei muss die generationale Ordnung des menschlichen Zusammenlebens in Familie und Gesellschaft (Honig 1999), die Folgen der Pluralisierung der Familienformen und das sich verändernde Wechselverhältnis von familialen und außerfamilialen Bildungs-, Interaktions-, Betreuungs- und Unterstützungszusammenhängen thematisiert werden (Fölling-Albers/Heinzel 2007). Vor einem solchen Hintergrund ist es dann z.B. möglich, den Wandel der familialen Organisation des Aufwachsens von Kindern im Kontext von sich verändernden gesellschaftlichen Rahmenbedingungen und familienkulturellen Besonderheiten zu untersuchen, so dass die sich abzeichnende Verlagerung von ehedem privaten bzw. familialen Erziehungsleistungen in öffentliche Einrichtungen und soziale Dienste („Entprivatisierung der Familienkindheit"/„Scholarisierung der Kindheit") erklärbar bzw. verstehbar wird (vgl. dazu auch Lange 2007; BMFSFJ 2005). Nur vor einem derart erweiterten Forschungshorizont ist es möglich, die notwendigen kindheits-, familien-, sozial- und bildungspolitischen Perspektiven zu begründen und entsprechende Maßnahmekataloge zu entwickeln (vgl. dazu auch Büchner 2002, S. 405ff.).

Literatur

Alanen, L.: Rethinking Childhood. In: Acta Sociologica 31/1988, S. 53-67
Alt, Ch.: Reziprozität von Elternkind Beziehungen in Mehrgenerationennetzwerken. In: Bien, W. (1994), S. 197-222
Ariès, P.: Geschichte der Kindheit. München 1975
Arnold, K.: Kind und Gesellschaft in Mittelalter und Renaissance. Beiträge und Texte zur Geschichte der Kindheit. Paderborn 1980
Becker, R. (Hrsg.): Generationen und sozialer Wandel. Opladen 1997
Beck-Gernsheim, E.: Das halbierte Leben: Männerwelt Beruf, Frauenwelt Familie. Frankfurt a.M. 1980
Beck-Gernsheim, E.: Die Kinderfrage: Frauen zwischen Kinderwunsch und Unabhängigkeit. München 1988
Beck-Gernsheim, E.: Generation und Geschlecht. In: Liebau, E./Wulf, C. (1996), S. 24-41
Beck-Gernsheim, E.: Alles aus Liebe zum Kind. In: Beck, U./Beck-Gernsheim, E.: Das ganz normale Chaos der Liebe. Frankfurt a.M. 1990, S. 135-183
Behnken, I./Zinnecker, J. (Hrsg.): Kinder – Kindheit – Lebensgeschichte. Ein Handbuch. Seelze-Velber 2001
Beisenherz, H. G.: Kinderarmut in der Wohlfahrtsgesellschaft. Opladen 2002
Berg, C. (Hrsg.): Kinderwelten. Frankfurt a.M. 1991
Berger, P.: „Lebensstile" – strukturelle oder personenbezogene Kategorie? In: Dangschat, J./Blasius, J. (1994), S. 137-149
Bernfeld, S.: Sisyphos oder die Grenzen der Erziehung. 3. Aufl., Frankfurt a.M. 1979 (zuerst 1925)
Bertram, H. (Hrsg.): Die Familie in Westdeutschland. Opladen 1991
Bertram, H. (Hrsg.): Das Individuum und seine Familie. Opladen 1995
Bertram, H.: Familienwandel und Generationenbeziehungen. In: Buba, H.P./Schneider, N.F. (Hrsg.): Familie. Zwischen gesellschaftlicher Prägung und individuellem Design. Opladen 1996
Betz, T.: Ungleiche Kindheiten. Theoretische und empirische Analysen zur Sozialberichterstattung über Kinder. Weinheim/München 2008
Bien, W. (Hrsg.): Eigeninteresse oder Solidarität. Opladen 1994
Böhnisch, L./Lenz, K. (Hrsg.): Familien. Eine interdisziplinäre Einführung. Weinheim/München 1997
Bois-Reymond, M. du: Der Verhandlungshaushalt im Modernisierungsprozeß. In: Büchner, P. u.a. (1998), S. 83-112
Bourdieu, P.: Die feinen Unterschiede. Kritik der gesellschaftlichen Urteilskraft. Frankfurt a.M. 1982
Brake, A./Büchner, P.: Kindsein in Ost- und Westdeutschland. Allgemeine Rahmenbedingungen des Lebens von Kindern und jungen Jugendlichen. In: Büchner, P./Fuhs, B./Krüger, H.-H. (1996), S. 43-65
Brake, A./Büchner, P.: Großeltern in Familien. In: Ecarius, J. (Hrsg.): Handbuch Familie. Wiesbaden 2007, S. 199-219
Brunner, O.: Vom „ganzen Haus" zur „Familie". In: Rosenbaum, H. (Hrsg.): Seminar: Familie und Gesellschaftsstruktur. Frankfurt a.M. 1978, S. 83-91
Büchner, P.: Vom Befehlen und Gehorchen zum Verhandeln. Entwicklungstendenzen von Verhaltensstandards und Umgangsformen seit 1945. In: Preuss-Lausitz, U. u.a.: Kriegskinder, Konsumkinder, Krisenkinder. Zur Sozialisationsgeschichte seit dem Zweiten Weltkrieg. Weinheim/Basel 1983, S. 196-212
Büchner, P.: Einführung in die Soziologie der Erziehung und des Bildungswesens. Darmstadt 1985
Büchner, P.: Das Kind als Schülerin oder Schüler. Über die gesellschaftliche Wahrnehmung der Kindheit als Schulkindheit und damit verbundene Forschungsprobleme. In: Zeiher, H. u.a. (Hrsg.): Kinder als Außenseiter? Umbrüche in der gesellschaftlichen Wahrnehmung von Kindern und Kindheit. Weinheim/München 1996, S. 157-188
Büchner, P.: Das Grundschulkind. Kindheitssoziologische Überlegungen zum Kindsein heute. In: Becher, H.R./Bennack, J./Jürgens, E. (Hrsg.): Taschenbuch Grundschule. 3., völlig neubearb. Aufl., Baltmannsweiler 1998, S. 33-41
Büchner, P.: Kinder als Enkel. Ein vernachlässigter Aspekt der Kindheitsforschung. In: Thomas, H. Z./Weber, N. H. (Hrsg.): Kinder und Schule auf dem Weg. Weinheim/Basel 2000, S. 7-22
Büchner, P.: Biographische Strategien des Erwachsenwerdens. In: Krüsselberg, H.-G./Reichmann, H. (Hrsg.): Zukunftsperspektive Familie und Wirtschaft. Grafschaft 2002, S. 263-326 und 405-414

Büchner, P.: Stichwort: Bildung und soziale Ungleichheit. In: Zeitschrift für Erziehungswissenschaft 6 (2003), S. 5-24
Büchner, P.: Soziale Herkunft und Bildung. Über das Reproduktionsdilemma von Akademikerfamilien und das Aufwachsen in Bildungsarmut. In: Liebau, E./Zirfas, J. (Hrsg.): Ungerechtigkeit der Bildung - Bildung der Ungerechtigkeit. Opladen 2008, S. 133-151
Büchner, P./Brake, A. (Hrsg.): Bildungsort Familie. Transmission von Bildung und Kultur im Alltag von Mehrgenerationenfamilien. Wiesbaden 2006
Büchner, P./du Bois-Reymond, M./Ecarius, J. u.a.: Teenie-Welten. Aufwachsen in drei europäischen Regionen. Opladen 1998
Büchner, P./Fuhs, B.: Der Lebensort Familie. Alltagsprobleme und Beziehungsmuster. In: Büchner, P./Fuhs, B./Krüger, H.-H. (1996), S. 159-200
Büchner, P./Fuhs, B.: Zur Sozialisationswirkung und biographischen Bedeutung der Kindersportkultur. In: Kleine, W./Schulz, N. Modernisierte Kindheit – sportliche Kindheit? St. Augustin 1999, S. 58-86
Büchner, P./Fuhs, B./Krüger, H.-H. (Hrsg.): Vom Teddybär zum ersten Kuss. Wege aus der Kindheit in Ost- und Westdeutschland. Opladen 1996
Büchner, P./Fuhs, B./Krüger, H.-H.: Transformation der Eltern-Kind-Beziehungen? Facetten der Kindbezogenheit des elterlichen Erziehungsverhaltens in Ost- und Westdeutschland. In: Zeitschrift für Pädagogik Beiheft 37/1997, S. 35-52
Büchner, P./Wahl, K.: Die Familie als informeller Bildungsort. Über die Bedeutung familialer Bildungsleistungen im Kontext der Entstehung und Vermeidung von Bildungsarmut. In: Zeitschrift für Erziehungswissenschaft 8 (2005), S. 356-373
Bundesministerium für Familie, Senioren Frauen und Jugend (Hrsg.): Familie und Familienpolitik im geeinten Deutschland. Zukunft des Humanvermögens. Fünfter Familienbericht. Bonn 1994
Bundesministerium für Familie, Senioren, Frauen und Jugend (Hrsg.): Zehnter Kinder- und Jugendbericht. Bericht über die Lebenssituation von Kindern und die Leistungen der Kinderhilfen in Deutschland. Bonn 1998
Bundesministerium für Familie, Senioren, Frauen und Jugend (Hrsg.): Zwölfter Kinder- und Jugendbericht. Bericht über die Lebenssituation junger Menschen und die Leistungen der Kinder- und Jugendhilfe in Deutschland. Berlin 2005
Burkart, G.: Zum Strukturwandel der Familie. In: Aus Politik und Zeitgeschichte B 52-53/1995, S. 3-15
Cooper, D.: Der Tod der Familie. Reinbek 1972
Butterwegge, C. u. a.: Armut und Kindheit. Wiesbaden 2004
Corsaro, W.: The sociolology of childhood. California 1997
Dangschat, J./Blasius, J. (Hrsg.): Lebensstile in den Städten. Konzepte und Methoden. Opladen 1994
Ecarius; J. (Hrsg.): Was will die jüngere mit der älteren Generation? Generationenbeziehungen und Generationenverhältnisse in der Erziehungswissenschaft. Opladen 1998
Ecarius, J.: Familienerziehung im historischen Wandel. Opladen 2002
Edelstein, W.: Bildung und Armut. Der Beitrag des Bildungssystems zur Vererbung und zur Bekämpfung von Armut. In: Zeitschrift für Soziologie der Erziehung und Sozialisation 26 (2006), S. 120-134
Elkind, D.: Das gehetzte Kind. Werden unsere Kinder zu schnell groß? Hamburg 1991
Elschenbroich, D.: Kinder werden nicht geboren. Studien zur Entstehung der Kindheit. Bensheim 1980
Engelbert, A. u.a.: Postmoderne Familienkindheit? In: Herlth, A. u.a. (2000), S. 7-22
Fölling-Albers, M./Heinzel, F.: Familie und Grundschule. In: Ecarius, J. (Hrsg.): Handbuch Familie. Wiesbaden 2007, S. 300-320
Fuchs-Heinritz, W.: Lexikon der Soziologie. 3. Aufl., Opladen 1994 (3. Aufl.), S. 197
Fuchs-Heinritz, W./Krüger, H.-H./Ecarius, J. u.a.: Feste Fahrpläne durch die Jugendphase? Opladen 1991
Fuhs, B.: Das Kind als Objekt der Wissenschaft. In: Larass, P. (Hrsg.): Kindsein kein Kinderspiel. Das Jahrhundert des Kindes (1900-1999). Halle 2000, S. 375-389
Grunert, C./Krüger, H.-H.: Kindheit und Kindheitsforschung in Deutschland. Opladen 2006
Hansen, R./Pfeiffer, H.: Bildungschancen und soziale Ungleichheit. In: Rolff, H.-G. u.a. (Hrsg.): Jahrbuch der Schulentwicklung Bd. 10, Weinheim/München 1998, S. 51-86
Hansmann, O: Kindheit und Jugend zwischen Mittelalter und Moderne. Weinheim 1995
Heinemann, M.: Schule im Vorfeld der Verwaltung. Eine Entwicklung der preußischen Unterrichtsverwaltung von 1771-1800. Göttingen 1974
Hentig, H. v.: Vorwort zu Ariès, P.: Geschichte der Kindheit. München 1975
Herlth, A.: Wozu sind Väter gut? In: Herlth, A. u.a. (2000), S. 106-120
Herlth, A./Engelbert, A./Mansel, J./Palentien, Ch. (Hrsg.): Spannungsfeld Familienkindheit. Neue Anforderungen. Risiken und Chancen. Opladen 2000

Herrlitz, G./Hopf, W./Titze, H.: Deutsche Schulgeschichte von 1800 bis zur Gegenwart. Eine Einführung. Weinheim/ München 1993

Herrmann, U.: Das Konzept der „Generation". In: Neue Sammlung 27 (1987), S. 364-377

Herrmann, U. (Hrsg.): „Neue Erziehung", „Neue Menschen". Ansätze zur Erziehungs- und Bildungsreform in Deutschland zwischen Kaiserreich und Diktatur. Weinheim/Basel 1987

Honig, M.-S.: Wem gehört das Kind? Kindheit als generationale Ordnung. In: Liebau, E./Wulf, C. (1996), S. 201-221

Honig, M.-S.: Entwurf einer Theorie der Kindheit. Frankfurt a.M. 1999

Honig, M.S./Leu, H.R./Nissen, U. (Hrsg.): Kinder und Kindheit. Soziokulturelle Muster – sozialisationstheoretische Perspektiven. Weinheim/München 1996

Hurrelmann, K.: Einführung in die Sozialisationstheorie. Weinheim/Basel 1986

James, A./Jenks, C./Prout, A.: Theorizing Childhood. Oxford 1998

Jopt, U.-J.: Kindeswohl und soziale Elternschaft. In: Melzer, W./Sünker, H. (Hrsg.): Wohl und Wehe der Kinder. Weinheim/München 1989, S. 169-188

Kaufmann, F.-X.: Kinder als Außenseiter der Gesellschaft. In: Merkur 34 (1980), S. 761-771

Kaufmann, F.-X.: Generationenbeziehungen und Generationenverhältnisse im Wohlfahrtsstaat. In: Lüscher, K./Schultheis, F. (1993), S. 95-108

Kaufmann, F.-X.: Zukunft der Familie im vereinten Deutschland: gesellschaftliche und politische Bedingungen. München 1995

Kränzl-Nagl, R. u.a. (Hrsg.): Kindheit im Wohlfahrtsstaat. Frankfurt/New York 2003

Lange, A.: Kindheit und Familie. In: Ecarius, J. (Hrsg.): Handbuch Familie. Wiesbaden 2007, S. 239-259

Lauterbach, W./Lange, A.: Aufwachsen mit oder ohne Großeltern? Die gesellschaftliche Relevanz multilokaler Mehrgenerationenfamilien. In: Zeitschrift für Soziologie der Erziehung und Sozialisation (1998), H. 3, S. 227-249

Lenzen, D.: Mythologie der Kindheit. Die Verewigung des Kindlichen in der Erwachsenenkultur; versteckte Bilder und vergessene Geschichten. Reinbek 1985

Lenzen, D.: Lebenslauf oder Humanontogenese? Vom Erziehungssystem zum kurativem System – von der Erziehungswissenschaft zur Humanvitologie. In: Lenzen, D./Luhmann, N. (1997), S. 228-247

Lenzen, D./Luhmann, N.: Bildung und Weiterbildung im Erziehungssystem. Lebenslauf und Humanontogenese als Medium und Forum. Frankfurt a.M. 1997

Leu, H. R. (Hrsg.): Sozialberichterstattung zu Lebenslagen von Kindern. Opladen 2002

Liebau, E: Die Drei-Generationen-Familie. In: Liebau, E./Wulf, C. (1996), S. 13-23

Liebau, E. (Hrsg.): Das Generationenverhältnis. Über das Zusammenleben in Familie und Gesellschaft. Weinheim/ München 1997

Liebau, E./Wulf, C. (Hrsg.): Generation. Versuch über eine pädagogisch-anthropologische Grundbedingung. Weinheim 1996

Lüscher, K.: Von der ökologischen Sozialisationsforschung zur Analyse familialer Aufgaben und Leistungen. In: Nave-Herz, R./Markefka, M. (1989), S. 95-112

Lüscher, K.: Generationenbeziehungen – Neue Zugänge zu einem alten Thema. In: Lüscher, K./Schultheis, F. (1993), S. 17-47

Lüscher, K.: Was heißt heute Familie. Thesen zur Familienrhetorik. In: Gerhardt, U. u.a. (Hrsg.): Familie der Zukunft. Opladen 1995, S. 51-65

Lüscher, K.: Politik für Kinder – Politik mit Kindern. Konzeptionelle Überlegungen zu einem aktuellen Thema. In: Recht der Jugend und des Bildungswesen 44 (1996) 4, S. 407-418

Lüscher, K./Liegle, L.: Generationenbeziehungen in Familie und Gesellschaft. Konstanz 2003

Lüscher, K./Schultheis, F. (Hrsg.): Generationenbeziehungen in „postmodernen" Gesellschaften. Konstanz 1993

Mannheim, K.: Das Problem der Generationen. In: Friedeburg, L. v. (Hrsg.): Jugend in der modernen Gesellschaft. Köln 1965

Mansel, J./Neubauer, G. (Hrsg.): Armut und soziale Ungleichheit bei Kindern. Opladen 1998

Mansel, J./Rosenthal, G./Tölke, A. (Hrsg.): Generationen-Beziehungen, Austausch und Tradierung. Opladen 1997

Marbach, J.H.: Der Einfluß von Kindern und Wohnentfernung auf die Beziehungen zwischen Eltern und Großeltern. In: Bien, W. (1994), S. 77-111

Markefka M./Nauck, B. (Hrsg.): Handbuch der Kindheitsforschung. Neuwied 1993

Mause, L. de (Hrsg.): Hört ihr die Kinder weinen? Eine psychogenetische Geschichte der Kindheit. Frankfurt a.M. 1977

Mollenhauer, K./Brumlik, M./Wudtke, H.: Die Familienerziehung. München 1975

Nauck, B.: Familien- und Betreuungssituation im Lebenslauf von Kindern. In: Bertram, H. (1991), S. 389-428

Nauck, B.: Sozialstrukturelle Differenzierungen der Lebensbedingungen von Kindern in West- und Ostdeutschland. In: Markefka, M./Nauck, B. (1993), S. 143-163

Nauck, B.: Kinder als Gegenstand der Sozialberichterstattung – Konzepte, Methoden und Befunde im Überblick. In: Nauck, B./Bertram, H. (Hrsg.): DJI Familiensurvey 5: Kinder in Deutschland. Lebensverhältnisse von Kindern im Regionalvergleich. Opladen 1995, S. 11-87

Nave-Herz, R./Markefka, M. (Hrsg.): Handbuch der Familien- und Jugendforschung. Neuwied 1989

Nave-Herz, R.: Familie heute. Darmstadt 1994

Nestmann, F.: Beratung und soziale Netzwerke. Eine Lern- und Praxisanleitung zur Förderung sozialer Unterstützung. Weinheim/Basel 1996

Neumann, K.: Zum Wandel der Kindheit vom Ausgang des Mittelalters bis an die Schwelle des 20. Jahrhunderts. In: Markefka, M./Nauck, B. (1993), S. 191-205

Oakley, A.: Women and Children First and Last: Parallels and Differences between Children's and Women's Studies. In: Mayall, B. (Ed.): Children's Childhood. Observed and Experienced. London 1994, S. 13-32

Oerter, R./Montada, L. (Hrsg.): Entwicklungspsychologie. Ein Lehrbuch. Weinheim 1995

Oestreich, G: Strukturprobleme des europäischen Absolutismus. In: Vierteljahresschrift für Sozial- und Wirtschaftsgeschichte 55 (1968), S. 329-347

Oswald, H. (Hrsg.): Sozialisation und Entwicklung in den neuen Bundesländern. Ergebnisse empirischer Längsschnittforschung. Weinheim 1998

Otto, U. (Hrsg.): Aufwachsen in Armut. Erfahrungswelten und soziale Lagen von Kindern armer Familien. Opladen 1997

Postman, N.: Das Verschwinden der Kindheit. Frankfurt a.M. 1983

Preuss-Lausitz, U./Büchner, P./Fischer-Kowalski, M. u.a.: Kriegskinder, Konsumkinder, Krisenkinder. Zur Sozialisationsgeschichte seit dem Zweiten Weltkrieg. Weinheim/Basel 1983

Qvortrup, J.: Die soziale Definition von Kindheit. In: Markefka, M./Nauck, B. (1993), S. 109-124

Qvortrup, J.: Childhood Matters: An Introduction. In: Bardy, M./Qvortrup, J./Sgritta, G. u.a. (Hrsg.): Childhood Matters: Social Theory, Practice and Politics. Avebury/Wien 1994, S. 1-23

Qvortrup, J.: From useful to useful: The Continuity in Children's Constructive Participation. In: Ambert, A.-M. (Hrsg.): Theory and Linkages between Theory and Research on Children/Childhood. In Sociological Studies of Children. Greenwich/Connecticut 1995

Rauschenbach, T.: Generationenverhältnisse im Wandel. In: Ecarius; J. (1998), S. 13-39

Rerrich, M. S.: Balanceakt Familie. Freiburg 1988

Reyer, J: Wenn Mütter arbeiten gehen... . Köln 1983

Richter, D: „Kindheit" als Utopie. In: Bundesministerium für Jugend, Familie, Frauen und Gesundheit (Hrsg.): 40 Jahre Bundesrepublik Deutschland. Zur Zukunft von Familie und Kindheit. Bonn 1989, S. 135-139

Rolff, H.-G./Zimmermann, P.: Kindheit im Wandel. Eine Einführung in die Sozialisation im Kindesalter. Weinheim/ Basel 1993; 5. völlig neu bearb. Aufl. 1997 (zuerst 1985)

Rousseau, J.-J.: Emile oder über die Erziehung. 4. Aufl., Paderborn 1978

Rutschky, K. (Hrsg.): Schwarze Pädagogik. Quellen zur Naturgeschichte der bürgerlichen Erziehung. Frankfurt a.M. 1977

Schleiermacher, F.E.D.: Ausgewählte pädagogische Schriften. Paderborn 1983

Schütze, Y.: Die gute Mutter. Zur Geschichte des normativen Musters „Mutterliebe". Bielefeld 1986

Schütze, Y.: Wandel der Mutterrolle – Wandel der Familienkindheit? In: Herlth, A. u.a. (2000), S. 92-105

Schwenk, O.: Lebensstil zwischen Sozialstrukturanalyse und Kulturwissenschaft. Opladen 1996

Schweppe, C.: Biographie und Alter(n) auf dem Land. Opladen 1998

Shorter, E.: Die Geburt der modernen Familie. Reinbek 1977

Singly, F. de: Die Familie der Moderne. Eine soziologische Einführung. Konstanz 1995

Stecher, L./Zinnecker, J.: Kulturelle Transferbeziehungen. In: Ecarius, J. (Hrsg.): Handbuch Familie. Wiesbaden 2007, S. 389-405

Stein-Hilbers, M.: Wem gehört das Kind? Frankfurt/New York 1994

Tornieporth, G.: Familie, Kindheit, Jugend. In: Führ, C./Furck, C.-L. (Hrsg.): Handbuch der deutschen Bildungsgeschichte. Band VI/1. München 1998, S. 159-191

UNICEF: Child poverty in rich countries. Florence 2005

Wagner, M/Schütze, Y. (Hrsg.): Verwandtschaft. Stuttgart 1998

Wahl, K: Familienbilder und Familienrealität. In: Böhnisch, L./Lenz, K. (1997), S. 99-112

Weber-Kellermann, I.: Die deutsche Familie. Frankfurt a.M. 1974

Weber-Kellermann, I.: Die Kindheit: Kleidung und Wohnen, Arbeit und Spiel. Eine Kulturgeschichte. Frankfurt a.M. 1979

Wimmer, M.: Fremdheit zwischen den Generationen. Generative Differenz, Generationsdifferenz, Kulturdifferenz. In: Ecarius; J. (1998), S. 81-113

Wintersberger, H.: Ökonomische Verhältnisse zwischen den Generationen – Ein Beitrag zur Ökonomie der Kindheit. In: Zeitschrift für Soziologie der Erziehung und Sozialisation (1998), H. 1, S. 8-24
Wissenschaftlicher Beirat für Familienfragen: Kinder und ihre Kindheit in Deutschland. Eine Politik für Kinder im Kontext von Familienpolitik. Stuttgart 1998
World Vision e.V. (Hrsg.): Kinder in Deutschland 2007. Frankfurt 2007
Wurzbacher, G.: Das Dorf im Spannungsfeld industrieller Entwicklung. 2. Aufl., Stuttgart 1961
Zeiher, H.: Die vielen Räume der Kinder. Zum Wandel räumlicher Lebensbedingungen seit 1945. In: Preuss-Lausitz, U. u.a.: Kriegskinder, Konsumkinder, Krisenkinder. Weinheim/Basel 1983, S. 176-195
Zeiher, H.: Hausarbeit: Zur Integration der Kinder in die häusliche Arbeitsteilung. In: Hengst, H./Zeiher, H. (Hrsg.): Die Arbeit der Kinder. Weinheim/München 2000, S. 45-69
Zeiher, H./Büchner, P./Zinnecker, J. (Hrsg.): Kinder als Außenseiter? Umbrüche in der gesellschaftlichen Wahrnehmung von Kindern und Kindheit. Weinheim/München 1996
Zinnecker, J.: Vom Straßenkind zum verhäuslichten Kind. Kindheitsgeschichte im Prozess der Zivilisation. In: Behnken, I. (Hrsg.): Stadtgesellschaft und Kindheit im Prozess der Zivilisation. Opladen 1990, S. 142-200
Zinnecker, J.: Sorgende Beziehungen zwischen Generationen im Lebenslauf. Vorschläge zur Nivellierung des pädagogischen Codes. In: Lenzen, D./Luhmann, N. (1997), S. 199-227

Wolfgang Tietze

Betreuung von Kindern im Vorschulalter

1 Einleitung

Bezogen auf seine individuelle Entwicklung wird das Menschenjunge zu einem deutlich früheren Zeitpunkt geboren als die Jungen jeder anderen Spezies von Säugern (Altmann 1987). Es lebt über viele Jahre hinweg in elterlichen oder anderen Betreuungsarrangements und ist abhängig von diesen. Auf diese Weise wird sein Überleben gesichert und es erfährt die grundlegende Sozialisation, die es für sein Leben im jeweils gegebenen ethnohistorischen Kontext benötigt. Die Betreuungsformen wie auch die in diesen sich manifestierenden sozialisatorischen Orientierungen ändern sich dabei entsprechend den vorherrschenden historischen, ökonomischen, kulturspezifischen und politischen Bedingungen der jeweiligen Gesellschaften. In ihrem Wandel dokumentieren sich evolutionäre Adaptionsleistungen an jeweils neue menschliche Lebensbedingungen.

Der gesellschaftliche, politische und z.T. auch der wissenschaftliche Blick auf Betreuungsarrangements für Kinder ist indessen bis heute durch eine Vorstellung geprägt, die die exklusive Betreuung durch die Mutter als die natürliche Form der Betreuung zumindest des jungen Kindes betrachtet. Damit wird eine an einen engen historischen Kontext gebundene Rolle der Mutter, die zudem nur für eine Minderheit von Müttern galt (Schütze 1986; Paterak 1999), ontologisiert und zum Maßstab erhoben, gemessen an dem die verschiedenen Formen nicht-mütterlicher Betreuung schwerpunktmäßig als unnatürlich, defizitär und gefahrenträchtig erscheinen. Historische Betrachtungen (Ariès 1985; Barow-Bernstorff et al. 1986; Rosenbaum 2001; Sieder 1987) und kulturvergleichende Studien (Martin/Nitschke 1986; Weisner/Gallimore 1977) aber belegen in allen untersuchten Gesellschaften hohe Zeitanteile nicht-mütterlicher Betreuung auch für Kleinkinder. Historisch neu für die meisten Gegenwartsgesellschaften ist allerdings die Tatsache, dass sich in einem vor rund zweihundert Jahren begonnenen, in den letzten drei Jahrzehnten rapide beschleunigten Prozess die Betreuung auch von kleinen Kindern aus dem informellen Bereich der erweiterten Familie, der Nachbarschaft und entsprechender Netzwerke in den formellen Bereich spezialisierter Betreuungsinstitutionen verlagert hat (vgl. Cochran 1993) und sich damit die Verantwortung für die Betreuung von Kindern zu einer geteilten Aufgabe entwickelt hat, an der die Herkunftsfamilie des Kindes und die Öffentlichkeit in gleicher Weise beteiligt sind.

Die öffentliche Verantwortung erstreckt sich dabei nicht nur auf die Bereitstellung geeigneter Einrichtungen mit der Aufgabe der Betreuung, Bildung und Erziehung von Kindern im vorschulischen Alter (Kinder- und Jugendhilfegesetz), sondern auch auf die Unterstützung bei der Wahrnehmung dieser Aufgabe im familialen Kontext (vgl. Bundeselterngeld- und Elternzeitgesetz – BEEG §§ 1-16). Die jeweiligen Maßnahmen haben vielfältige, nicht nur kindbezogene Rückwirkungen. Zu nennen sind hier u.a. die Möglichkeit einer Veränderung der Frauen- und Mutterrolle im familialen Kontext, eine Veränderung des Arbeitsmarktes durch eine erhöhte

Mütterbeteiligung, die Entstehung und Ausweitung eines neuen Arbeitsmarktsegments öffentlicher Kinderbetreuung sowie verschiedene individual-, haushalts- und sozialökonomische Konsequenzen (vgl. Roßbach 1996; Tietze 2008).

Im Folgenden wird zunächst die Entwicklung öffentlicher Betreuung in Deutschland während der letzten 200 Jahre nachgezeichnet und der aktuelle Stand beschrieben (2). Die Bereitstellung öffentlicher Betreuungsangebote besagt noch nichts über ihre Nutzung und die tatsächliche Betreuungssituation von Kindern. Diese ist Gegenstand eines weiteren Abschnitts (3). In einem vierten Abschnitt wird ein Überblick über Forschungen zur Qualität öffentlicher Betreuungsformen und ihrer Auswirkungen besonders auf Kinder gegeben (4). Der Beitrag schließt mit einem Blick auf gegenwärtig diskutierte Formen der Qualitätssicherung (5) und einem Ausblick auf aktuelle fachpolitische Herausforderungen (6).

Der Kürze halber wird in diesem Beitrag vorzugsweise von Betreuung bzw. Betreuungsformen gesprochen. Die breitere Aufgabenstellung, wie sie vom KJHG (§ 22) mit der Trias „Erziehung, Bildung und Betreuung" gefasst wird oder in dem im anglo-amerikanischen Sprachgebrauch benutzten Begriffspaar „care and education" zum Ausdruck kommt, ist dabei mitzudenken. Betreuungsnotwendigkeiten enden nicht mit dem Eintritt des Kindes in die Schule. Mit dem Hort hat sich eine eigens darauf gesonderte Institution herausgebildet (Rolle/Kesberg 1988); zudem werden seit einigen Jahren Betreuungsaufgaben im Rahmen eines erweiterten Grundschulangebots wahrgenommen (BMFSFJ 2006, S. 232ff.). In diesem Beitrag werden jedoch vorzugsweise Betreuungsformen für Kinder im vorschulischen Alter (0-6 Jahre) thematisiert.

2 Institutionelle Betreuung: Entstehung, Entwicklung

2.1 Entstehung und gesellschaftlicher Kontext

Vorschulische Betreuung und Erziehung in eigenen Institutionen hat sich in Deutschland wie in anderen zentraleuropäischen Ländern in den letzten 200 Jahren entwickelt. Ihre Entstehung ist – und das mag zunächst paradox klingen – vor dem Hintergrund der Herausbildung einer bürgerlichen Familienkonzeption in der zweiten Hälfte des 18. Jahrhunderts zu sehen, die durch eine „Erwärmung des familialen Binnenklimas" (Shorter 1977; Rosenbaum 2001, S. 255ff.; Sieder 1987, S. 125ff.) gekennzeichnet ist und die einer engen Mutter-Kind-Beziehung sowie einer aufmerksamen Erziehung des kleinen Kindes in der Familie einen zentralen Stellenwert zumisst. Die Frau findet in diesem Konzept ihre „natürliche" Bestimmung als Ehefrau und Mutter in der Familie. Dem korrespondiert eine veränderte Sicht der frühen Kindheit, die nun der Aufmerksamkeit, Erklärung und bewussten Gestaltung bedarf. Jean Jacques Rousseau dekretierte in seinem epochemachenden Erziehungsroman Emile 1762: „Auf die erste Erziehung kommt es am meisten an, und diese erste Erziehung ist unbestreitbar Sache der Frauen. Wenn der Schöpfer der Natur gewollt hätte, dass sie Sache der Männer sei, er hätte ihnen Milch gegeben, die Kinder zu ernähren. Sprecht also in euren Abhandlungen über Erziehung immer vorzugsweise zu Frauen ... " (Rousseau 1958, S. 10). In der Folgezeit thematisierten Mediziner und Pädagogen, besonders aus dem Umkreis des Philanthropismus (unter anderem Basedow, Wolke, Salzmann, Campe), die große Bedeutung der frühen Lebensphase des Menschen für sein Erwachsensein und gaben Anleitungen für eine entsprechende Früherziehung der Kinder (Heiland 1987, S. 158; Paterak 1999).

Indessen fehlten weiten Bevölkerungsschichten allein die materiellen Voraussetzungen, um ein solches bürgerliches Familienideal mit der Zuständigkeit der Frau für Kind und Haus zu füllen. Während die Mütter arbeiten gingen, waren viele Kinder auch schon in sehr frühem Alter aufsichtslos sich selbst überlassen. Unglücksfälle der Kinder waren häufig, und ein erheblicher Teil von ihnen war der Verwahrlosung ausgesetzt (Barow-Bernstorff et al. 1986, S. 112ff.; Erning 1987; Reyer 1983, S. 65ff.).

Aus dieser Konstellation heraus entwickelten sich verschiedene lokale Formen einer *institutionellen Betreuung und Erziehung* für junge Kinder (Warteschulen, Bewahranstalten, Kleinkinderschulen). Reyer (1987b, S. 252ff.) spricht hier von einem „*Doppelmotiv* öffentlich veranstalteter Kleinkindererziehung": Die Zielsetzung war danach sowohl auf die Ermöglichung mütterlicher Erwerbstätigkeit und damit auf eine ökonomische und soziale Stabilisierung der Unterschichthaushalte gerichtet als auch auf eine Erziehung der kleinen Kinder nach bürgerlichen Ordnungsvorstellungen. Konkret erhoffte man sich, der physischen und psychischen Verwahrlosung der Kinder vorzubeugen, eine auf ihre Klassenlage bezogene Sittlichkeit in ihnen zu befestigen, aber auch Armenkassen zu entlasten und das sich herausbildende Schulwesen von der teilweise übernommenen Bewahrfunktion für junge Kinder zu befreien (vgl. Erning 1987; Paterak 1999).

Ein eigenständiges, ausschließlich *kindbezogenes Motiv* für eine außerfamiliale Erziehung des kleinen Kindes gab es in den Erziehungskonzeptionen solcher Einrichtungen nicht. Ein solches bildete sich erst in der zweiten Hälfte des 19. Jahrhunderts heraus. Zugleich war diese Entwicklung mit einer Altersdifferenzierung der Kinder verbunden. In den meisten Einrichtungen wurde das Mindestalter für den Eintritt auf etwa drei Jahre erhöht. Diesen älteren Kindern wurde im institutionellen Erfahrungsfeld zunehmend *ein eigenständiger Erziehungsanspruch* zusätzlich zu dem in der Familie zuerkannt. Demgegenüber befestigte sich für die jüngeren, unter drei Jahre alten Kinder der Pflege- und Nothilfecharakter in den Einrichtungen.

Die Schaffung eines eigenständigen, pädagogisch legitimierten institutionellen Erfahrungsfeldes für Kinder lag anfangs auch nicht Friedrich Fröbels Idee des Kindergartens zugrunde. Fröbel begriff den **Kindergarten** vielmehr als ein pädagogisches Prinzip, das auf eine neue Fundierung der Kleinkindererziehung in den Familien gerichtet war (Heiland 1987, S. 168). Fröbels Absicht war es, den Müttern durch die Entwicklung didaktischen Spielmaterials Hilfe und Anleitung für eine verbesserte vorschulische Erziehung in der Familie zu geben.

Allerdings war es dann nicht der Kindergarten in seiner Variante als pädagogisches Modell für Mütter, sondern der Kindergarten als die auf Spielpflege gerichtete pädagogische Institution, der die Kleinkindpädagogik in Deutschland und weit über seine Grenzen hinaus nachhaltig beeinflusste, so dass der Begriff „Kindergarten" direkt oder in Übersetzung Eingang in verschiedene Sprachen fand.

Fröbels Konzept einer vorschulischen Erziehung spielte eine wichtige Rolle in den Bestrebungen um einen nationalen Erziehungsplan während der bürgerlichen Revolution von 1848. Es ist u.a. darauf zurückzuführen, dass nach dem Scheitern der bürgerlichen Revolution von 1848 der Kindergarten in Preußen von 1851 an über zehn Jahre verboten war (Barow-Bernstorff et al. 1986, S. 202).

2.2 Entwicklungstendenzen bis zum Ende des Zweiten Weltkriegs

Die zweite Hälfte des 19. Jahrhunderts ist in Deutschland durch eine *fortlaufende Ausbreitung der vorschulischen Einrichtungen* gekennzeichnet (siehe Tabelle 1). Dabei existierten verschiedene Einrichtungstypen nebeneinander. Beim Fröbel-Kindergarten standen *Bildungsintentionen* im Vordergrund (Öffnungszeiten für wenige Stunden). In den Kleinkinderschulen und Bewahranstalten dominierte der sozialfürsorgerische Aspekt und der der christlichen Belehrung. Die äußeren Bedingungen waren viel ungünstiger, die Kinder verblieben oft den ganzen Tag über in den Einrichtungen. Vorzugsweise wurden hier Kinder der unteren sozialen Klassen in großen Gruppen betreut.

Tabelle 1: Entwicklung der Kindergartenversorgung in Deutschland vor 1950*

Gebiet	Jahr	Anzahl der Institutionen	Anzahl der Kinder	Versorgungsquote (3-6)
Preußen	ca. 1850	400	26.000	1%
Berlin	ca. 1850	33	3.800	7,5%
Deutsches Reich	ca. 1910	7.300	559.000	13%
	1930	7.300	422.000	13%
	ca. 1940	20.000	1.123.000	31%

*Quelle: Tietze 1993

Im Konzept der sogenannten „Volkskindergärten" wurde versucht, die *Fröbelpädagogik* in Einrichtungen mit vorwiegend sozialfürsorgerischem Charakter hineinzutragen. Dadurch wurde eine *Annäherung der Konzepte* der verschiedenen Einrichtungen eingeleitet (Reyer 1987a, S. 52ff.).

Anders als die Einrichtungen für die älteren Kinder, die alle eine mehr oder weniger ausgeprägte pädagogische Überformung in der zweiten Hälfte des Jahrhunderts erfuhren, blieb es bei den Einrichtungen für die Jüngsten, den *Krippen*, bei der Nothilfe- und Bewahrfunktion. Die erste **Kinderkrippe** in Deutschland wurde nach S. Tugendreich (1919; hier zit. nach Reyer 1982, S. 717), 1851 in Berlin eingerichtet. Die gesonderte Unterbringung dieser jüngsten Kinder hatte keine pädagogischen, sondern pragmatische und hygienische Gründe.

Nach dem Ende des Ersten Weltkriegs und dem Übergang vom Kaiserreich zur Republik kam es zu einer weitgehenden Neugestaltung des gesamten Erziehungswesens. Jedoch konnten sich die Kräfte, die den **Kindergarten** dem Bildungssystem zuordnen und ihn zum Fundament eines für alle Kinder einheitlichen Erziehungssystems machen wollten, nicht durchsetzen. Im Reichsjugendwohlfahrtsgesetz von 1922 wurden die Festlegungen getroffen, die im Prinzip bis in die jüngste Vergangenheit die Situation des Kindergartenwesens in der Bundesrepublik Deutschland (West) bestimmten. Das Gesetz sprach jedem deutschen Kind ein *Recht auf Erziehung* zu, für das öffentliche Einrichtungen einzutreten hatten, wenn der Anspruch des Kindes auf Erziehung durch die Familie nicht erfüllt wurde. Nach dem Subsidiaritätsprinzip bestimmte das Gesetz zudem einen Vorrang der Träger der freien Wohlfahrtspflege bei der Einrichtung und Betreibung von Kindergärten. Mit den Jugendämtern wurden die *öffentlichen Organe* geschaffen, die für eine Deckung des Bedarfs an Plätzen und die Einhaltung von Standards zu sorgen hatten und die die Aufsicht über alle privaten und öffentlichen Einrichtungen führten (Reyer 1987a, S. 70ff.).

Die Betreuung und Erziehung von Kleinkindern war damit als eine unabweisbare öffentliche Aufgabe definiert, die staatlich zu regeln und zu fördern war, auch wenn vieles zunächst Programmatik blieb. In der Zeit des Nationalsozialismus stand der Kindergarten wie die meisten Erziehungsinstitutionen unter starkem Gleichschaltungsdruck (vgl. Berger 1986). Teilweise wurden die Trägerorganisationen der Kindergärten gleichgeschaltet, teilweise wurden kirchliche Kindergärten von der nationalsozialistischen Wohlfahrtsorganisation „Nationalsozialistische Volkswohlfahrt" (NSV) übernommen, zu einem erheblichen Teil gründete die NSV eigene Einrichtungen.

Besonders im Zuge der kriegswirtschaftlichen Erfordernisse kam es (wie in anderen kriegsführenden Ländern) zu einem starken Ausbau von Kinderbetreuungsplätzen (siehe Tabelle 1).

2.3 Nachkriegsentwicklungen und aktueller Stand

Beim Wiederaufbau des Kindertagesstättenwesens wurden in Ost-Deutschland, der späteren DDR, und in West-Deutschland, der späteren BRD, unterschiedliche Wege gegangen. In Ost-Deutschland erfolgte bereits 1946 die Einbindung des Kindergartenbereichs in das staatliche Bildungswesen und wurde 1965 durch das „Gesetz über das einheitliche sozialistische Bildungswesen" (Krecker 1983, S. 378ff.) endgültig befestigt. Dem **Kindergarten** kam dabei eine doppelte Aufgabe zu: Er sollte einen Beitrag für eine *verbesserte Volksbildung* leisten und möglichst *viele Mütter für den Arbeitsprozess freistellen*. In organisatorischer Hinsicht hatte dies eine Ausweitung der Plätze, eine Umstellung auf Ganztagsbetrieb sowie die Gründung zahlreicher Betriebskindergärten zur Konsequenz (Waterkamp 1987, S. 116; Barow-Bernstorff et al. 1986, S. 426), in pädagogisch-didaktischer Hinsicht eine Ausrichtung auf Schulvorbereitung und unterrichtsbezogene Formen der Kindergartenarbeit (Waterkamp 1987, S. 78ff.). Die jeweils im Abstand von einigen Jahren vom Volksbildungsministerium immer wieder neu herausgegebenen zentralen Erziehungsprogramme oszillierten zwischen einengender schulischer Orientierung und deren Rücknahme zugunsten eines dem vorschulischen Kind angemessenen breiteren Pädagogikverständnisses (Waterkamp 1987, S. 91ff.). Die Verselbständigung des Kindergartens als Einrichtung und Stufe des Bildungswesens kommt auch darin zum Ausdruck, dass 1953 eine eigenständige Ausbildung für Kindergärtnerinnen eingeführt wurde, die von der der Krippenerzieherinnen und Hortnerinnen getrennt war (Barow-Bernstorff et al. 1986, S. 443).

Tabelle 2: Entwicklung der Kindergarten- und Krippenversorgung im Gebiet der alten und neuen Bundesländer (alte BRD und DDR) seit 1950*

Angaben in %

Jahr	Gebiet Alte Bundesländer		Gebiet Neue Bundesländer	
	Krippe[1]	Kindergarten[2]	Krippe[1]	Kindergarten[2]
1950	0,4	29,1	6,3	ca. 30
1960	0,7	28,1	9,9	49,4
1970	0,6	32,9	32,6	69,1
1980	1,5	67,5	40,5	98,8
1990	1,8	67,1	55,2	>100
1994	2,2	73	41,3	>100
1998	2,8	87	36,3	>100
2002	2,4[3]	90,6[3]	37,0[3]	>100[3]
2007	8,1[4]	87,8[4]	37,4[4]	93,6[4]

1 Plätze bezogen auf Kinder unter 3 Jahren.
2 Plätze bezogen auf Kinder von 3 - 6;7 Jahren, (in der DDR bis 1980 von 3 - 6;9, 1985: 6;6)
3 ohne Stadtstaaten.
4 Besuchsquoten, Kinder in Einrichtungen bezogen auf Kinder der Altersgruppe, ohne Berlin.
*Quelle: Statistisches Bundesamt 2001, 2004a, 2004b, 2008, Tietze et al. 1998

Für die Entwicklung des Krippenwesens in der DDR waren weniger pädagogische Gründe als das Bestreben, auch die Mütter jüngerer Kinder in die Arbeitswelt einzubeziehen, ausschlaggebend. 1952 wurden die Krippen dem Gesundheitswesen unterstellt, mit der Konsequenz, dass die Tätigkeit nur an medizinisch-hygienischen Kriterien ausgerichtet war und als Fachpersonal – neben zahlreichen Pflegekräften ohne Ausbildung – nur Säuglingsschwestern eingestellt wurden (Waterkamp 1987, S. 62f.). Ab 1957 in breiter Form durchgeführte Untersuchungen zur Entwicklung von Kindern in Krippen führten zu alarmierenden Ergebnissen (zusammenfassend: Schmidt-Kolmer 1986, S. 321ff.; Zwiener 1994) und zu nachhaltigen Anstrengungen, die pädagogische Qualität der Krippen zu verbessern (Weber 1985).

Die quantitative Entwicklung des Krippen- und Kindergartenwesens in der DDR ist der Tabelle 2 zu entnehmen. 1989 war für 55% der unter Dreijährigen ein Krippenplatz gegeben. Berücksichtigt man, dass praktisch nur Kinder im zweiten und dritten Lebensjahr aufgenommen wurden, da Kinder im ersten Lebensjahr während des Babyjahres der Mütter zu Hause betreut wurden, ergibt sich ein Versorgungsgrad von 80%. Für den Kindergartenbereich war in der DDR eine Vollversorgung gegeben.

Ein staatliches Engagement an Aufbau und Weiterentwicklung des Kindergartenwesens war demgegenüber in der Bundesrepublik bis in die zweite Hälfte der 1960er Jahre gering, für den Krippenbereich eigentlich nicht vorhanden. Familienpolitik und öffentliche Diskussion waren weitgehend auf die Restauration eines traditionellen Familienbildes gerichtet, nach dem es einen allgemeinen Bedarf an zusätzlicher außerfamilialer Erziehung für Kinder im vorschulischen Alter nicht gab. Dem sozialfürsorgerischen Charakter, der in der öffentlichen Bewertung des **Kindergartens** vorherrschte, korrespondierten entwicklungspsychologische Auffassungen, nach denen sich die kindliche Entwicklung als ein von innen gesteuerter Reifungsprozess vollzieht (Schmalohr 1970). Die Auffassungen und Bewertungen änderten sich radikal, als im Zuge der Bildungsreform in der zweiten Hälfte der 1960er-Jahre vorschulische Erziehung im Kontext der Bemühungen um Ausschöpfung der sogenannten Begabungsreserven und der kompensatorischen Erziehung ein besonderer Stellenwert zuerkannt wurde und der Kindergarten zur Elementarstufe des gesamten Bildungswesens erklärt wurde (Deutscher Bildungsrat 1970). Frühes Lernen und entwicklungsfördernde Anregungen wurden nun betont und im Rahmen der allgemeinen Bildungsexpansion kam es Anfang der 1970er-Jahre zu einem nachhaltigen Ausbau an Plätzen. Mit dem in dieser Zeit entwickelten Situationsansatz (Zimmer 1985) war zugleich eine curriculare Orientierung gegeben, die der Kindergartenpädagogik eine eigene Identität verlieh. Allerdings schon in der zweiten Hälfte der 1970er-Jahre verlor der Kindergarten im Kontext einer allgemeinen bildungspolitischen Reformmüdigkeit an bildungspolitischer Priorität und der Platzausbau blieb hinter den gesellschaftlichen Erfordernissen zurück (Tietze/Roßbach/Roitsch 1993).

Die im Elementarbereich feststellbaren Reformbemühungen der späten 1960er- und frühen 1970er-Jahre erreichten den Krippenbereich nicht. In dem 1970 vom Deutschen Bildungsrat veröffentlichten und in vielen Hinsichten zukunftsweisenden „Strukturplan für das Bildungswesen" heißt es, „dass ein Kind während seiner ersten drei Lebensjahre in seiner Entwicklung am besten gefördert wird, wenn ihm seine Familie eine verständnisvolle und anregende Umwelt bietet. Wie Kinder dieses Alters außerhalb einer solchen Familie mehr Anregung erfahren könnten, ist bislang unbekannt" (Deutscher Bildungsrat 1970, S. 40). Der Nothilfecharakter der Krippenerziehung und der Mangel an einem expliziten pädagogischen Anspruch können auch als Ursache dafür angesehen werden, dass kaum rechtliche Regelungen und pädagogische Konzepte für die Krippenarbeit entwickelt wurden (Martin/Pettinger 1985). Eine gewisse Aufweichung erfuhr die vorherrschende Doktrin durch die ab 1970 sich ausbreitenden Elterninitiativen, die wesentlich auch aus pädagogischen Gründen Gruppenbetreuung für unter dreijährige Kinder nachsuchten (Lachenmaier 1990). Zusammen mit dem Ansatz, die institutionelle Betreuung unter dreijähriger Kinder im Rahmen von altersgemischten Gruppen (Merker 1998) in ein erweitertes Kindergartenkonzept zu integrieren, führte diese Entwicklung dazu, dass der institutionellen Betreuung auch jüngerer Kinder ab Mitte der 1980er-Jahre nun auch in offiziellen Dokumenten nicht mehr nur eine Nothilfe-, sondern auch eine pädagogische Funktion zugeschrieben und dementsprechend ihr Ausbau befürwortet wurde (Siebter Jugendbericht 1986, S. VIIff. 35, 55).

Die Möglichkeiten einer Fremdbetreuung von unter Dreijährigen wurden auch durch die Mitte der 1970er Jahre aufkommende Tagesmütter-Bewegung (vgl. BMFSFJ 1998) nicht wesentlich erweitert. Ende der 1980er Jahre gab es geschätzte 40.000 Plätze für unter Dreijährige (Tietze/Roßbach/Roitsch 1993, S. 101).

Auch zwei Jahrzehnte nach der Wiedervereinigung, der Überführung der ost-deutschen Einrichtungen in die westdeutsche Jugendhilfestruktur, der Anpassungsqualifizierung von Erzieherinnen, der Umstellung der Kindergärtnerinnenausbildung auf die westdeutsche Breitbanderzieherinnenausbildung (Rauschenbach et al. 1996) sind die Nachwirkungen zweier ehemals unterschiedlicher Systeme in der Tagesbetreuung von Kindern zu spüren. Dabei sind zwei gegenläufige Tendenzen zu verzeichnen: In Ostdeutschland wurden aufgrund des Geburteneinbruchs Kindergartenplätze in großer Zahl abgebaut; ebenfalls verringerte sich im Zusammenhang der hohen Müttererwerbslosigkeit in Ostdeutschland die Versorgung mit Krippenplätzen. Darüber hinaus sind politische Tendenzen erkennbar, die relativ teuren Krippenplätze abzubauen und diese ggf. durch Tagespflegeplätze zu ersetzen. In den alten Bundesländern erfolgte als Konsequenz der Einführung des Rechtsanspruchs auf einen Kindergartenplatz (§24 KJHG) im Jahre 1996 eine starke Ausweitung des Platzangebots. Dagegen hat sich das Platzangebot für die unter Dreijährigen nur leicht erhöht, auch wenn seit einigen Jahren ein Anstieg zu verzeichnen ist. Die Versorgungsquote lag 2007 in den westlichen Flächenländern (ohne Berlin) bei 8,1% (gegenüber 37,4% in den östlichen Flächenländern) und befindet sich damit noch weit unter der für eine Vollversorgung erforderlichen Quote, wie sie mit dem im Kinderförderungsgesetz (KiFöG) für 2013 vorgesehenen Rechtsanspruch vorgesehen ist. Auch die öffentlich geförderte Kindertagespflege leistet mit einer Versorgungsquote von 1,7% in den alten sowie 3,6% in den neuen Bundesländern (jeweils ohne Berlin) nur einen vergleichsweise geringen Beitrag zur Betreuung der unter Dreijährigen (Statistisches Bundesamt 2008).

3 Betreuungsalltag von Kindern

Auch wenn in der gesellschaftlichen und z.T. auch in der wissenschaftlichen Diskussion die **institutionelle Betreuung** von Kindern häufig im Mittelpunkt steht, bestimmt diese keineswegs allein die Betreuungswirklichkeit von Kindern. Sie bildet für die meisten Kinder auch nicht die zeitlich bedeutsamste Form. Am Betreuungsalltag des einzelnen Kindes sind zumeist mehrere Instanzen, wenn auch in individuell sehr unterschiedlichen Mischungsverhältnissen beteiligt. Einer Einteilung von Tietze und Roßbach (1991) folgend können vier gesellschaftliche Ressourcenbereiche mit Potenzialen für die Betreuung von Kindern unterschieden werden: die Betreuung in der *Kernfamilie* (Mutter, Vater, Geschwister), die Betreuung in der erweiterten Familie und im sozialen Netzwerk (Großeltern, Verwandte, Freunde, Nachbarn), die Betreuung im *privat organisierten* **Betreuungsmarkt** (Babysitter, Kinderfrau, Tagesmutter) sowie die *institutionelle Betreuung* (Kindertagesstätten). Bei der Einordnung und Interpretation der mittlerweile recht zahlreichen Studien zum Betreuungsalltag von Kindern im vorschulischen Alter sind die z.T. unterschiedlichen methodischen Zugänge zu beachten. U.a. ist danach zu unterscheiden, ob nur Wach- oder auch Schlafenszeiten des Kindes berücksichtigt werden, ob die regelmäßige oder auch die akzidentielle Betreuung (bei besonderen Anlässen) untersucht wird, ob das Vorkommen einer Betreuungsform oder ihre zeitliche Dauer untersucht wird, wem bei einer gleichzeitigen Betreuung durch mehrere Personen (z.B. Mutter und Vater) Betreuungszeiten zugerechnet werden, wie Zeiten erfasst werden (z.B. Befragung, retro- oder prospektive Zeitbudgeterhebungen) und mit Bezug auf welche Zeiteinheiten (z.B. Werktag, Werkwoche, Wochenende, typische Woche) dies geschieht. Nicht zuletzt ist zu berücksichtigen, ob Betreuungszeiten nur mit Bezug auf die Kinder berichtet werden, bei denen diese Betreuungsform gegeben ist (z.B. durchschnittliche Zeit der Vater-Betreuung bei Kindern mit Vater-Betreuung) oder ob die Gesamtpopulation zugrunde gelegt wird, also auch Kinder ohne **Vaterbetreuung** einbezogen werden. Vor diesem Hintergrund überrascht es nicht, dass die vorliegenden Studien zu z.T. unterschiedlichen Aussagen gelangen.

3.1 Betreuung in der Kernfamilie

In einer repräsentativen Erhebung für die alten Bundesländer ermittelten Tietze und Roßbach (1991; vgl. auch Tietze 1998), dass – neben der Mutterbetreuung – 75% der Kinder regelmäßig eine eigenständige Vater-Betreuung in einer typischen Woche erhielten (Kriterium: wenigstens eine Stunde), und 7-10% eine Geschwister-Betreuung. Das soziale Netzwerk war bei 54% an der Betreuung beteiligt, mit dem Löwenanteil bei den Großeltern (47%), der privat organisierte **Betreuungsmarkt** (Babysitter, Kinderfrau, Tagesmutter) mit 7%. Zeitlich liegt der größte Betreuungsumfang bei den Müttern.

Nach der aktuellen Betreuungsstudie des Deutschen Jugendinstituts (DJI) für ganz Deutschland (Bien/Rauschenbach/Riedel 2007) werden wenigstens 95% der Kinder im vorschulischen Alter an einem Werktag durch ihre Mütter, wenigstens 65% durch ihre Väter betreut. Geschwisterbetreuung kommt bei 5-6% der Kinder vor, Großelternbetreuung bei einem Drittel. Von Verwandten wurden an einem Werktag 3-4% der Kinder, von Fremden 5-10%, von Babysittern 3-13% und von Tagesmüttern 2-4% betreut (Alt/Teubner 2007, S. 166). Die Untersuchungsmethodik war in beiden Studien ähnlich, wenn auch nicht identisch, so dass ein vorsichtiger Vergleich über gut eineinhalb Jahrzehnte möglich ist. Danach haben sich die Häufigkeiten, mit denen die verschiedenen Instanzen an der Betreuung von Kindern an einem Werktag beteiligt sind nicht wesentlich verändert, mit der Ausnahme, dass ein gewisser Rückgang der Großelternbetreuung zu verzeichnen ist. Beide Erhebungen zeigen, dass der konkrete Betreuungsmix für ein Kind (die Beteiligungen der verschiedenen Instanzen an einem Werktag) von verschiedenen Faktoren wie Familienstatus und Erwerbstätigkeit der Mutter, Bildungsstatus von Mutter und Vater oder Haushaltseinkommen abhängig ist.

Väter sind in den Familien die zweithäufigste Betreuungsinstanz. Aktuelle Daten zum zeitlichen Umfang väterlicher Betreuung liegen nicht vor. Nach der Untersuchung von Tietze und Roßbach (1991) auf der Grundlage einer Zeitbudgeterhebung liegt die tägliche **Vaterbetreuung** im Durchschnitt bei knapp einer Stunde (vgl. auch Tietze 1996a, S. 198) – ein Wert, der sich auch in einer Zeitbudgeterhebung des Statistischen Bundesamtes zeigt (Blanke et al. 1996). Bertram et al. (1994, S. 33, 129) kommen – wie bei eher pauschalierenden Befragungen zu erwarten – mit ca. drei Stunden auf deutlich höhere Werte. Nach dieser Erhebung liegt die Väterbeteiligung in den alten Bundesländern höher als in den neuen und es ergeben sich bei den Selbstauskünften der Väter höhere Werte, als wenn die Mütter befragt werden. Väterliche Betreuung unterscheidet sich auch qualitativ von der mütterlichen. Väter tendieren in ihrer Betreuungszeit mehr zum Spiel und zu engen Interaktionen mit dem Kind und beteiligen sich weniger an pflegeorientierten Aufgaben, während Mütter die gesamte Bandbreite der Aktivitäten abdecken (Tietze 1996a, S. 202f.). Bei mütterlicher (Voll-)Erwerbstätigkeit nimmt die väterliche Betreuung zu, ebenso bei einem höheren Bildungsstatus des Vaters (Alt/Teuber 2007, S. 167ff.; Bertram et al. 1994, S. 33; Tietze 1996a, S. 198ff.). Geschwisterbetreuung als dritter Bestandteil kernfamilialer Betreuungsressourcen kommt in ausländischen Familien häufiger vor als in deutschen (Amoneit/Nieslony 1993; Tietze/Roßbach 1991). Sie wird im Übrigen von Müttern überwiegend als problematisch beurteilt (Bertram et al. 1994, S. 131).

3.2 Betreuung im sozialen Netzwerk

Im sozialen Netzwerk (erweiterte Verwandtenfamilie, Nachbarn, Freunde) sind es ganz überwiegend die Großeltern, die zur Betreuung beitragen. Die regelmäßige Betreuung durch andere Verwandte, Nachbarn und Freunde ist demgegenüber von untergeordneter Bedeutung. (Alt/Teuber 2007; vgl. auch Amoneit/Nieslony 1963; Schwarz/Wirth 1996, S. 141ff.). Großeltern der maternalen Linie sind dabei im Verhältnis 3:2 häufiger beteiligt als die der paternalen Linie

(Tietze/Roßbach 1991, S. 563; vgl. auch Templeton/Bauerreis 1994, S. 258f.). Die Großelternbetreuung hat darüber hinaus in bestimmten Situationen (Krankheit der Eltern, des Kindes, Ausgehen und Urlaub der Eltern) eine besondere Bedeutung und sie kommt in den alten Bundesländern etwas häufiger vor als in den neuen (Kügler 2007). Die Großelternbetreuung findet in zwei Drittel der Fälle im Haushalt der Großeltern, in einem Drittel im Haushalt der Kinder statt. Sie kommt häufiger vor, wenn nur ein Kind zu betreuen ist, wenn die Mutter einer Erwerbstätigkeit nachgeht und wenn die Entfernung eher gering ist (Kügler 2007).

3.3 Betreuung im privat organisierten Betreuungsmarkt

Deutlich seltener als das soziale Netzwerk (mit dem Schwerpunkt der Großelternbetreuung) wird der privat organisierte Betreuungsmarkt (Betreuung durch Kinderfrau im Haushalt der Eltern des Kindes, Tagesmutterbetreuung, Babysitterbetreuung) als regelmäßige Betreuungsform in Anspruch genommen. Nach der Untersuchung von Tietze und Roßbach (1991) kommt diese Form bei ca. 7% der westdeutschen Kinder im vorschulischen Alter als regelmäßige Betreuungsform in einer typischen Woche vor. Vergleichbare Werte ergeben sich in der aktuellen DJI-Betreuungsstudie (Alt/Teuber 2007). Bei der Bezeichnung „privat organisierter Betreuungsmarkt" ist zu berücksichtigen, dass ein Teil der Tagespflegebetreuung öffentlich organisiert und vermittelt wird. Diese Tendenz ist in den neuen Bundesländern deutlich ausgeprägter als in den alten (Statistisches Bundesamt 2008; van Santen 2007a).

Insgesamt ist über den privat organisierten Betreuungsmarkt wenig bekannt (vgl. Bien/Rauschenbach/Riedel 2007). Dies gilt z.T. auch für die öffentlich organisierte **Tagespflege**, die seit 2006 (wieder) in der Jugendhilfestatistik erfasst wird. Kindertagespflege kommt als eigenständige Betreuungsform hauptsächlich bei Kindern unter drei Jahren vor; bei Kindern im Kindergartenalter (und seltener auch im Schulalter) bildet sie eine Ergänzungsform (van Santen 2007a, S. 131). Tagespflege für die jüngeren Kinder wird häufiger von Familien mit erwerbstätigen und allein erziehenden Müttern sowie von einkommensstärkeren Familien in Anspruch genommen (van Santen 2007b). Nach politischen Planungen soll die öffentliche Tagespflege einen substanziellen Beitrag zur Betreuung speziell unter Dreijähriger leisten (BMFSFJ 2006, S. 177ff.). Der konkrete Aufbau eines leistungsfähigen Tagespflegesystems steht allerdings noch vor vielfältigen Herausforderungen (Jurczyk/Rauschenbach/Tietze 2004).

3.4 Betreuung in Einrichtungen

Für nahezu alle Kinder gehört die institutionelle Bildung, Betreuung und Erziehung in einem **Kindergarten** zur Normalbiografie. Allerdings ergeben sich beachtenswerte Disparitäten regionaler, altersbezogener und sozialer Art wie auch hinsichtlich der täglichen Besuchsdauer (vgl. BMFSFJ 2006, S. 291ff.; Fendrich/Pothmann 2007; Brunnbauer/Riedel 2007). Besonders deutlich treten entsprechende Zusammenhänge bei den unter Dreijährigen hervor. Neben der Ost-West-Differenz ergeben sich Angebotslücken besonders in ländlichen Räumen. Mehr oder weniger große Zugangsbarrieren bestehen für Kinder aus Erwerbslosenhaushalten, aus Familien mit geringem Einkommen und niedriger Bildung sowie aus Migrationsfamilien (BMFSFJ 2006, S. 192ff.; Berg-Lupper 2007; Brunnbauer/Riedel 2007).

4 Pädagogische Qualität in der Betreuung

In den letzten Jahrzehnten standen quantitative Fragen des Betreuungsangebots im Vordergrund des öffentlichen und auch des wissenschaftlichen Interesses. Obwohl längst nicht alle diesbezüglichen Probleme gelöst sind (vgl. Öffnungszeiten, Ganztagsangebote, Angebote für unter Dreijährige und Kinder im Hortbereich), konzentriert sich in den letzten Jahren die wissenschaftliche und zunehmend auch die öffentliche Diskussion auf die Qualitätsfrage. Die Qualitätsfrage zieht nicht zuletzt deshalb eine besondere Aufmerksamkeit auf sich, als die Expansion des (west)deutschen Kindertagesstättensystems zu einem nicht unerheblichen Teil durch die Absenkung bzw. Deregulierung von qualitativen Standards (z.B. Gruppengrößen, Erzieher-Kind-Schlüssel, räumliche Bedingungen) finanziert wurde (vgl. Reidenbach 1996, Städtetag 1997). Zudem weisen vorliegende Untersuchungen zur **pädagogischen Qualität** in Kindertageseinrichtungen auf eine im Durchschnitt nur mittelmäßige Qualität hin (vgl. Tietze et al. 1998, S. 236f.); nicht selten wird das vergleichsweise schwache Abschneiden deutscher Schüler in internationalen Schulleistungsvergleichen (Deutsches PISA-Konsortium 2001) auch auf einen Mangel an früher Förderung zurückgeführt (Bos et al. 2003, S. 127ff.) und aktuelle Empfehlungen zur Bildungsreform sehen in einer verbesserten frühen Förderung prioritäre Erfordernisse (Arbeitsstab Forum Bildung 2001).

Indessen wird die Frage nach der Qualität der frühkindlichen Betreuungsarrangements nicht nur in Deutschland, sondern international gestellt, wobei die ganz überwiegende Mehrzahl der Untersuchungen aus dem anglo-amerikanischen Raum stammt (Übersichten vgl. Barnett/Boocock 1998; Clarke-Stewart/Allhusen 2005; Hayes/Pamler/Zaslow 1990; Lamb 1998; Roßbach 2005; Vandell/Wolfe 2002).

4.1 Qualität als perspektivenabhängiges Konstrukt

Allerdings ist das Konstrukt Qualität in der Tagesbetreuung von Kindern durchaus schillernd und je nach Perspektive dessen, wer die Qualitätsfrage aufwirft, treten unterschiedliche Aspekte in das Gesichtsfeld (Cryer 1999, S. 40ff.). So mag sich die Qualität einer Kindertagesstätte als eines multifunktionalen Gebildes aus der Sicht von Eltern, die an Betreuungsentlastung interessiert sind, anders darstellen als aus der Sicht von Erzieherinnen, bei denen auch die Arbeitsplatzqualität eine große Rolle spielt. Wiederum andere Perspektiven mögen für einen Träger mit einer bestimmten weltanschaulichen Ausrichtung gelten, und nicht zuletzt auch für die betreuten Kinder, für die die Kindertagesstätten einen Lebens- und Anregungsraum bilden, in dem sie einen großen Teil ihrer Wachzeit mit Freude oder Unlust und Langeweile verbringen und von dem für ihre Entwicklung wichtige Impulse ausgehen oder auch unterbleiben (Tietze et al. 1998, S. 19f.). Sogenannte postmoderne Auffassungen bezweifeln, dass Qualitätsdefinitionen mit generalisiertem Geltungsanspruch überhaupt möglich seien (Dahlberg/Moss/Pence 1999). Im Folgenden wird von einem Konstrukt pädagogischer Qualität ausgegangen, das die Perspektive auf das Wohlbefinden und die Entwicklung von Kindern zum Bezugspunkt wählt und dem Hauptstrom der empirischen Qualitätsforschung in der Tagesbetreuung von Kindern zugrunde liegt.

4.2 Messung pädagogischer Qualität

In der internationalen Forschung hat es sich eingebürgert, wenigstens zwei Qualitätsbereiche zu unterscheiden: die Qualität pädagogischer Prozesse und die Qualität pädagogischer Strukturen. Tietze et al. (1998, S. 21f.) unterscheiden darüber hinaus noch einen dritten Qualitätsbereich, den der pädagogischen Orientierungen. *Prozessqualität* bezieht sich dabei auf die aktuellen Interaktionen und Erfahrungen, die das Kind in der Kindergartengruppe mit seiner sozialen und räumlich-materialen Umwelt macht; *Strukturqualität* bezeichnet zeitlich stabile Rahmenbedingungen wie räumliche Gegebenheiten, Gruppengrößen oder Erzieher-Kind-Schlüssel, innerhalb derer Prozessqualität als der dynamische Aspekt pädagogischer Qualität sich vollzieht, und mit *Orientierungsqualität* werden die Vorstellungen, Werte und Überzeugungen der an den pädagogischen Prozessen unmittelbar beteiligten Erwachsenen bezeichnet. Während zentrale Aspekte der Struktur- und Orientierungsqualität mit relativ einfachen Methoden der Befragung und Beobachtung erfasst werden können, stellt sich die Erfassung der Prozessqualität schwieriger dar.

Die international am stärksten verbreiteten pädagogischen Prozessmaße dürften die Early Childhood Environment Rating Scale (ECERS), die Infant/Toddler Environment Rating Scale sowie – für den Bereich der Kindertagespflege – die Family Daycare Environment Rating Scale von Harms, Clifford und Cryer darstellen, Skalen, die unter der Bezeichnung Kindergarten-Skala (KES-R), Krippen-Skala (KRIPS-R) und Tagespflege-Skala (TAS) auch als deutsche Adaptionen vorliegen (Tietze et al. 2007 a, b, c). Die Skalen erfassen neben Platz und Ausstattung, Betreuung und Pflege der Kinder, sprachliche und kognitive Anregungen, fördernde Aktivitäten in verschiedenen Domänen, soziale Interaktionen zwischen den Kindern und mit Erwachsenen sowie die Strukturierung der pädagogischen Arbeit. Eine im Engeren auf den Bildungsgehalt der Kindergartenumwelt ausgelegte und als Ergänzung zur ECERS konzipierte Skala wurde mit der ECERS-E von Sylva et al. (2006; deutsche Version Roßbach/Tietze in Vorbereitung) vorgelegt. Tietze et al. (in Vorb.) haben das internationale Skalen-Set (bestehend aus KES-R, KRIPS-R und ECERS-E) um eine Reihe speziell auf die deutsche Situation bezogener Merkmale erweitert (vgl. Diskowski 2006). Diese Integrierten Qualitäts-Skalen IQS ermöglichen damit beides: international anschlussfähige und auf die deutsche Situation abgestellte Qualitätsmessungen. Die Skalen haben gute psychometrische Eigenschaften, ihre sichere Handhabung erfordert jedoch ein ausführliches Training. Ihre Begrenzung liegt in ihrer settingspezifischen Auslegung.

Mit dem Observational Record of the Caregiving Environment (ORCE) wurde ein Instrument entwickelt, das settingübergreifend einsetzbar ist. In einer Kombination von Beobachtungen im Zeitstichprobenverfahren und übergreifenden qualitativen Ratings wird das Betreuerverhalten gegenüber einzelnen Kindern erfasst. Grundlage sind wenigstens vier jeweils 44-minütige Beobachtungszyklen, verteilt auf zwei Tage. Die Skala enthält Verhaltensdeskriptoren für Betreuer, ausgelegt für Säuglinge, Kleinkinder und Kinder im Vorschulalter und kann in allen Betreuungsformen und auf allen Altersstufen für Kinder im vorschulischen Alter eingesetzt werden (NICHD Early Child Care Research Network, 1996, 2000a). Eine Verwendung dieses Instrumentariums im deutschen Sprachraum ist bislang nicht bekannt geworden, auch scheint es außerhalb des erwähnten Early Child Care Research Networks bislang kaum eingesetzt worden zu sein.

Ein weiteres häufig genutztes Instrument bildet die Caregiver Interaction Scale (CIS) von Arnett (1989). Es handelt sich um eine 26 Items umfassende Skala, mit der „Ton und Klima" der Interaktion des Betreuers mit den Kindern eingeschätzt werden. Eine deutschsprachige Version wurde in Deutschland und Österreich eingesetzt (Tietze et al. 1998, S. 226ff.; ECCE Study Group 1997, S. 231ff.). Übersichten über (weitere) Instrumentarien zur Erfassung der **pädagogischen Qualität** in Betreuungssettings finden sich bei Roßbach (1993), Cryer (1999) und Tietze (2006).

4.3 Niveau pädagogischer Prozessqualität

Untersuchungen zum Niveau pädagogischer Prozessqualität auf der Grundlage von in strengem Sinne repräsentativen nationalen Stichproben sind bislang in keinem Land bekannt geworden. Allerdings existieren verschiedene breit angelegte nationale Studien in europäischen Ländern und in den USA, nach denen – auch im Kindergartenbereich – in keinem Land eine im Durchschnitt gute Qualität (ECERS-Werte ≥ 5) erreicht wird (Tietze et al. 1996, Tietze/Cryer 1999, S. 189). Die Untersuchungen zeigen zudem eine hohe Variabilität der Prozessqualität zwischen verschiedenen Einrichtungen. Nach der deutschen Studie von Tietze et al. (1998, S. 255ff.) weist ein knappes Drittel der Kindergartengruppen gute Qualität auf, der überwiegende Teil mittelmäßige, 2% unzureichende. In Ganztagsgruppen ist unzureichende Qualität häufiger anzutreffen als in Halbtagsgruppen. Vorliegende Untersuchungen in den USA, wie auch in anderen Ländern (Tietze/Cryer 1999, S. 189) sprechen dafür, dass in Gruppen für Kinder im Kindergartenalter eine im Durchschnitt höhere Prozessqualität erreicht wird als für Kinder im Krippenalter. Das geringste Qualitätsniveau scheint in der **Tagespflege** gegeben zu sein (Kontos et al. 1995). In solchen Ergebnissen dürfte zum Ausdruck kommen, dass die einzelnen Teilsysteme der Tagesbetreuung von Kindern unterschiedlich etabliert sind und auch einem unterschiedlichen Professionalisierungsgrad unterliegen. Zu berücksichtigen ist allerdings auch, dass die zugrunde gelegten Skalen potenziell unterschiedlich „streng" messen.

4.4 Antezedente Bedingungen pädagogischer Prozessqualität

Eine Fülle US-amerikanischer Studien (vgl. z.B. Blau 2000; NICHD Early Child Care Research Network, 1996, 2000a, 2005; Phillipsen et al. 1997; Scarr/Eisenberg/Deater-Deckard 1994, Vandell/Wolfe 2002) wie auch mehrere europäische Studien (ECCE Study Group 1997, Cryer et al. 1999) weisen substanzielle Beziehungen zwischen Merkmalen der Strukturqualität und Orientierungsqualität einerseits und der realisierten Prozessqualität in den Kindergruppen andererseits nach. Bei gegebenen Unterschieden von Studie zu Studie kann als ein allgemeines Muster festgehalten werden: Ein höheres Niveau der Prozessqualität ist gegeben, (d.h. die Kinder erfahren einen stärker entwicklungsfördernden und sensitiveren Umgang), wenn die Gruppen kleiner sind, der Erzieher-Kind-Schlüssel günstiger ausfällt, das pädagogische Personal höhere formale bzw. berufsbezogene Qualifikationen aufweist und mehr verdient, mehr Raum für die Kinder gegeben ist und den Erzieherinnen mehr Zeit für die Vor- und Nachbereitung der pädagogischen Arbeit zugestanden wird. Je nach Untersuchungsanlage erklären solche antezedente Bedingungen bis zu 50% der Varianz in den Maßen pädagogischer Prozessqualität (ECCE Study Group 1997, S. 268; Cryer et al. 1999, S. 351; Tietze et al. 1998, S. 273f.). Die Befunde verweisen darauf, dass Verbesserungen pädagogischer Prozessqualität sowohl über eine Verbesserung der – zumeist politisch verantworteten – antezedenten Bedingungen der

Struktur- und Orientierungsqualität als auch über eine direkte Verbesserung der Prozessqualität vor Ort erfolgen können und müssen.

4.5 Zusammenhang zwischen pädagogischer Qualität und kindlicher Bildung/ Entwicklung

Obwohl in der alten Bundesrepublik seit 1970 eine beachtenswerte Reformgeschichte der Bildung, Betreuung und Erziehung jüngerer Kinder zu verzeichnen ist, wurden mögliche Auswirkungen auf die Entwicklung von Kindern so gut wie nicht untersucht (vgl. Fried et al. 1992). Effekte pädagogischer Qualität im Hinblick auf die mögliche Entwicklung sind in breiterer Form erst in jüngeren Studien thematisiert worden (Tietze et al. 1998, Wolf/Becker/Conrad 1999). In der DDR durchgeführte Entwicklungskontrollen von Kindern wurden nicht systematisch mit der **pädagogischen Qualität** in den Kindertagesstätten in Beziehung gesetzt (vgl. Zwiener 1994). Bildungs- und Entwicklungsunterschiede bei Kindern auf Unterschiede in der pädagogischen Qualität bestimmter Betreuungsformen zurückzuführen, ist allerdings ein methodisch schwieriges Unterfangen. So können sich bivariate Zusammenhänge zwischen pädagogischer Qualität einer Betreuungsform und kindlicher Entwicklung als Artefakte erweisen und z.B. dadurch zustande kommen, dass Eltern mit höherem Bildungsstatus und/oder höherem Einkommen qualitativ bessere Betreuungsformen auswählen. Andererseits mögen Qualitätseffekte allein deswegen nicht in Erscheinung treten, wenn – etwa in kleinen Stichproben – die Variabilität in der Qualität, die Kinder erfahren, zu gering ausfällt. Den sonst üblichen Vortest-Nachtest-Untersuchungsanordnungen sind dadurch Grenzen gesetzt, als sich bereits im Vorfeld Effekte unterschiedlicher Betreuungsqualitäten im kindlichen Entwicklungsstand niederschlagen können (Burchinal 1999).

In methodischer Hinsicht können zwei unterschiedliche Stränge von Untersuchungen unterschieden werden, um eindeutige Beziehungen zwischen pädagogischer Qualität und kindlicher Entwicklung herzustellen. Zum einen sind dies (quasi-)experimentelle Untersuchungen, in denen potenzielle andere Einflussfaktoren auf kindliche Bildung und Entwicklung durch Randomisierung kontrolliert werden. Ein Nachteil besteht zumeist in der „äußeren Gültigkeit", insofern als unklar ist, inwieweit die Qualität eines experimentellen Programms den im Feld vorfindbaren Bedingungen entspricht. Zum anderen handelt es sich um sog. Korrelationsstudien, die von den im Feld existierenden Betreuungsformen mit ihren Qualitätscharakteristika ausgehen und über eine gezielte Kontrolle von familialen und anderen potentiellen Einflussfaktoren die Effekte pädagogischer Qualität der Betreuungsform auf die Entwicklung von Kindern zu isolieren suchen. Weitere wichtige Unterschiede von Studien bestehen darin, ob Effekte auf den Entwicklungsstand im Vorschulalter oder darüber hinaus untersucht werden (vgl. Lamb 1998; Roßbach 2005).

Nach verschiedenen vorliegenden Untersuchungen kann davon ausgegangen werden, dass bei einer pädagogischen Prozessqualität, die sich durch entwicklungsangemessene Aktivitäten und ein hohes Maß an Involviertheit und Responsivität der Erzieherinnen auszeichnet, das Wohlbefinden der Kinder größer ist, sie weniger negative Affekte und eine sicherere Bindung zu den Erzieherinnen zeigen (Barnett 1998, Elicker et al. 1999; Hestenes/Kontos/Bryan 1993, Roßbach 2005). Kinder mit einer höheren pädagogischen Prozessqualität in ihren Betreuungsformen schneiden zudem in Sprach- und Intelligenztests wie auch in Maßen der sozial-emotionalen Entwicklung besser ab (Burchinal et al. 1996, 2000; NICHD Early Child Care Research

Network 2000b, 2005; Peisner-Feinberg/Burchinal 1997; Roßbach 2005). Solche positiven Effekte auf den kindlichen Entwicklungsstand sind nicht nur für die pädagogische Prozessqualität, sondern auch für Merkmale der Strukturqualität (z.B. Qualifikation des pädagogischen Personals, Erzieher-Kind-Schlüssel) dokumentiert (Burchinal et al. 1996; Howes 1997; Ruopp et al. 1979; Vandell/Wolfe 2002).

In der deutschen Studie von Tietze et al. (1998, S. 315ff.) ergaben sich ebenfalls - nach Berücksichtigung von Kindmerkmalen und vielfältigen Familienmerkmalen – substanzielle Beziehungen zwischen der **pädagogischen Qualität** in der Kindertagesstätte (Prozess-, Struktur- und Orientierungsqualität zusammengenommen) und dem kindlichen Entwicklungsstand in den Bereichen Sprache, soziale Kompetenz und Bewältigung von Lebenssituationen. Ähnliche Ergebnisse wurden auch in einer portugiesischen und spanischen Studie ermittelt. (ECCE Study Group 1997, S. 301ff.). Nach den Ergebnissen von Tietze et al. (1998, S. 319ff.) können im Extremfall Entwicklungsunterschiede von bis zu einem Jahr auf Qualitätsunterschiede in den Kindergartengruppen zurückgeführt werden. Zugleich zeigt sich, dass die Effekte, die von der Qualität des Familiensettings auf den Entwicklungsstand ausgehen, deutlich größer sind als die des institutionellen Settings (S. 316, vgl. auch ECCE Study Group 1997, S. 301). Auf der Grundlage verschiedener Untersuchungen kann davon ausgegangen werden, dass die von der Familienqualität ausgehenden Effekte etwa zwei- bis dreimal so groß sind wie die des institutionellen Settings (Tietze 2008, S. 282).

Gute vorschulische Erziehung hat langfristige Auswirkungen auf Kinder. Peisner-Feinberg et al. (2001) fanden in einer über vier Jahre sich erstreckenden Längsschnittstudie mit mehreren Messzeitpunkten, dass Kinder, die im Alter von vier Jahren in Gruppen mit höherer Qualität betreut wurden, über die Zeit hin ein besseres Sprachverständnis (am Ende der zweiten Klasse allerdings nicht mehr statistisch signifikant) und bessere mathematische Fähigkeiten zeigten, wobei die Effekte für Kinder von Müttern mit niedrigem Bildungsstatus deutlicher ausfielen (kompensatorischer Effekt). In ähnlicher Weise ergaben sich auch in der schwedischen Studie von Broberg et al. (1997) für achtjährige Kinder, die im Alter bis zu 4½ Jahren eine qualitativ bessere Betreuung erfuhren, bessere mathematische Fähigkeiten. In allen Studien wurden Kind- und Familienmerkmale statistisch kontrolliert. In der bislang einzigen deutschen Studie, die parallel auch in Österreich und Spanien durchgeführt wurde (ECCE Study Group 1999), ergab sich, dass die Kinder, die als vierjährige eine höhere pädagogische Qualität (Prozess-, Struktur- und Orientierungsqualität) erfahren hatten, nach vier Jahren am Ende der zweiten Klasse von ihren Lehrern als in höherem Maße sozial- und gruppenkompetent beurteilt wurden und ein besseres Sprachverständnis aufwiesen. Auch schnitten sie besser in Schulleistungstests ab. Diese letztgenannte Tendenz konnte allerdings statistisch nicht gesichert werden. Ähnliche Ergebnisse zeigten sich auch für die österreichische und die spanische Stichprobe (ECCE Study Group 1999, S. 220, 230). Im Durchschnitt betrachtet lagen in allen drei Ländern die Effekte pädagogischer Qualität im **Kindergarten** auf die Leistungs- und Entwicklungsmaße am Ende der zweiten Klasse (in Spanien 3. Klasse) in einer ähnlichen Größenordnung wie die (zeitlich näher liegenden) von der Schul-/Unterrichtsqualität ausgehenden Effekte. Positive Effekte bis weit in das Schulalter hinein werden auch von der englischen EPPE-Studie berichtet (Sammons et al. 2004). Experimentelle und quasi-experimentelle Langzeitstudien in den USA speziell an sozial benachteiligten Kindern (vgl. Ramey et al. 2000; Reynolds et al. 2002; Schweinhart et al. 2005) mit einer bis auf 35 Jahre sich erstreckenden Langzeitbetrachtung verweisen auf perspektivisch lebenslange positive Auswirkungen qualitativ gehaltvoller vorschulischer Bildung, Betreuung und Erziehung.

4.6 Ökonomische Aspekte

Die gesellschaftliche Investition in eine gute vorschulische Bildung, Betreuung und Erziehung ist mit einem hohen Nutzen verbunden. Ein klassisches Beispiel sind die Kosten-Nutzen-Analysen zum Perry Preschool Project (vgl. Schweinhart et al. 2005), die zu allen wichtigen Erhebungszeitpunkten im Laufe dieser (bisher) rund 35-jährigen Längsschnittstudie durchgeführt wurden. Die günstigere Schulbiografie der durch ein gutes Vorschulprogramm geförderten Kinder der Experimentalgruppe gegenüber der Kontrollgruppe, ihre geringere Delinquenzrate im Jugendalter, ihre seltenere Abhängigkeit von öffentlicher Wohlfahrt, ihre höheren Steuerleistungen aufgrund ihrer höheren Einkommen als Erwachsene u.a. lassen ein über die Lebenszeit wachsendes Kosten-Nutzen-Verhältnis erkennen, das sich bei der gegenwärtig letzten Erhebung auf 1:12 belief (Schweinhart et al. 2005). Günstige Kosten-Nutzen-Effekte werden auch von der Abecedarian-Study (Pungello et al. 2006) und vom Chicago Child-Parent-Center Projekt (Reynolds et al. 2002) berichtet. Die Relationen fallen hier eingeschränkter aus, da die Längsschnittbetrachtungen sich auf kürzere Zeiträume beziehen. Auch in Deutschland bzw. im deutschsprachigen Raum sind in den letzten Jahren Studien vorgelegt worden, die den volkswirtschaftlichen Nutzen der öffentlichen Investition in frühe institutionelle Bildung, Betreuung und Erziehung unter verschiedenen Gesichtspunkten abschätzen. Spieß et al. (2002) kommen in einer Studie auf der Basis des SOEP zu dem Schluss, dass auch bei konservativen Annahmen die Bereitstellung von Kinderbetreuungsplätzen für Mütter, die erwerbstätig sein wollen, zu Einkommensteuermehreinnahmen, zusätzlichen Sozialversicherungsbeiträgen und Einsparungen bei der Sozialhilfe (allein erziehende Mütter) von mehreren Milliarden Euro jährlich führen könnte. Eine detaillierte Kosten-Nutzen-Analyse im Rahmen der Stadt Zürich weist aus, dass bei einem in die Kinderbetreuung investierten Franken zwischen 3 und 4 Franken an die Gesellschaft zurückfließen (Müller-Kucera/Bauer 2001). Eine aktuelle Studie des Instituts der Deutschen Wirtschaft (Anger/Plünnecke/Tröger 2007) schätzt auf der Grundlage der PISA-Daten ab, dass bei einem „Gesamtkonzept" frühkindlicher Bildung mit qualitativen Verbesserungen (z.B. Einführung von Mindeststandards im Kindergartenbereich, Höherqualifizierung von Erzieherinnen) bemerkenswerte Kompetenzzuwächse bei Jugendlichen erzielt werden könnten und auf diesem Wege der Anteil der jungen Erwachsenen ohne abgeschlossene Berufsausbildung um 6 Prozentpunkte auf 10 Prozent gesenkt und der Anteil der Hochqualifizierten um gut 6 Prozentpunkte auf 37 bis 38 Prozent erhöht werden könne. Die Rendite für den Staat als Investor beläuft sich danach auf 8, für die Volkswirtschaft auf 13 Prozent. Zusammen genommen verweisen die verschiedenen Befunde darauf, dass erhebliche Nutzen an verschiedenen Stellen für Investitionen in gute kindliche Bildung anfallen, dass die Nutzen die Kosten deutlich übersteigen und dass gute frühkindliche Bildung eine hervorragende Möglichkeit der Verbesserung des Humankapitals einer Gesellschaft darstellt (Heckman 2006).

5 Maßnahmen zur Entwicklung und Sicherung pädagogischer Qualität

5.1 Verbesserung pädagogischer Qualität

Angesichts der Bedeutung pädagogischer Qualität stellt sich die Frage, wie diese verbessert werden kann. Bemühungen um Verbesserungen können sich dabei auf alle drei Qualitätsbereiche beziehen: Orientierungsqualität, Strukturqualität, Prozessqualität.

Nachdem die pädagogischen Ausrichtungen in den Kindertageseinrichtungen traditionell den Trägern vor Ort – im Rahmen sehr allgemeiner gesetzlicher Bestimmungen (KJHG und Kita-Gesetze der Länder) – überlassen waren, hat sich die Jugendministerkonferenz der Länder auf einen „Gemeinsamen Rahmen der Länder für die frühe Bildung in Kindertageseinrichtungen verständigt (JMK 2004), der in den einzelnen Bundesländern zu einerseits ähnlichen, andererseits in verschiedenen Hinsichten (z.B. Umfang, Verbindlichkeitsgrad) sehr unterschiedlichen Rahmenrichtlinien geführt hat (vgl. BMFSFJ 2006, S. 205ff.). Zu Akzeptanz und Umsetzung im Feld liegen nur sehr wenige Informationen vor (Schreiber 2007). Ob durch die neuen Rahmenrichtlinien Verbesserungen der Prozessqualität und bessere Bildungs- und Entwicklungsergebnisse bei Kindern erreicht werden können, ist bislang nicht untersucht worden und demzufolge unbekannt.

Bildung, Betreuung und Erziehung ist eine stark personalgeprägte pädagogische Dienstleistung. Deswegen wird in einer Verbesserung der Erzieherinnenausbildung als einem wesentlichen Element der Strukturqualität bundesweit ein weiterer zentraler Ansatz der Qualitätsverbesserung gesehen, hier insbesondere durch eine Anhebung auf ein akademisches Niveau (BMFSFJ 2006, S. 2005ff.). Nach einer aktuellen Übersicht existieren gegenwärtig 28 Studiengänge für Erzieherinnen an Fachhochschulen und Universitäten in Deutschland (Hermann 2008). Ob durch diese Anhebung des Ausbildungsniveaus eine bessere pädagogische Prozessqualität und darüber bessere Bildungsergebnisse bei Kindern erreicht werden können, ist bislang nicht untersucht.

Ausländische Erfahrungen raten zu gedämpften Erwartungen. Zwar zeigen einige Untersuchungen, dass Erzieherinnen mit einer höheren Ausbildung bei Betrachtung der pädagogischen Prozessqualität einfühlsamer und anregungsreicher mit den Kindern umgingen. Die Effekte sind jedoch inkonsistent und, wenn vorhanden, nur schwach ausgeprägt (Whitebook/Howes/Phillips 1990; Blau 2000; Clarke-Stewart/Allhusen 2005, S. 127ff.). In der aktuell umfassendsten und sehr breit angelegten Teacher Education Studie in den USA ergaben sich keine bzw. erwartungswidrige Beziehungen zwischen dem Ausbildungsniveau der Erzieherinnen und der pädagogischen Prozessqualität in den Gruppen wie auch mit den Bildungsergebnissen der Kinder (Early et al. 2007).

Andere Ansätze beziehen sich auf eine direkte Verbesserung der pädagogischen Prozessqualität in den Kindertageseinrichtungen bei laufendem Betrieb. Einschlägige Verfahren hierzu wurden im Rahmen der Nationalen Qualitätsinitiative des BMFSFJ (2000) entwickelt. Mit dem Nationalen Kriterienkatalog von Tietze/Viernickel (2007) liegt ein für die Hand von Praktikern konzipierter Best-Practice Katalog vor, der alle wesentlichen Bereiche der pädagogischen Praxis abdeckt; ebenso wurden Methoden zur Umsetzung entwickelt und erprobt (Tietze 2007). Vorher-Nachher-Untersuchungen zu angeleiteten, sich über ein Jahr erstreckenden Qualitätstrainings zeigen neben Qualitätsgewinnen im Urteil der beteiligten Erzieherinnen substanzielle Verbesserungen in der extern erfassten Prozessqualität, die nach statistischen Kriterien mit d = .80 als groß anzusehen sind (Tietjen 2007).

In ihrer Metaanalyse von 17 (quasi-experimentellen) Untersuchungen fanden Fukkink/Lont (2007) Effekte sowohl im Hinblick auf die berufliche Handlungskompetenz der Erzieherinnen (hauptsächlich gemessen mit ECERS und der ITERS; deutsche Version Tietze et al. 2007 a, b; als auch im Hinblick auf Bildungsergebnisse bei den Kindern. Die durchschnittliche Effektstärke lag im mittleren Bereich mit d = .45 bezüglich der Prozessqualität und mit d = .55 bezüglich der Bildungsergebnisse bei den Kindern; sie war im letztgenannten Fall aufgrund der geringen Anzahl der Studien statistisch nicht signifikant. Die Autoren verweisen darauf, dass Effekte von der Art des Trainings, seiner Struktur, Form und seinen Inhalten abhängen und nicht in allen Studien nachweisbar waren.

5.2 Zertifizierung pädagogischer Qualität

Um allen Kindern (und deren Eltern) die für die kindliche Bildungs- und Entwicklungsbiografie so bedeutsame gute Qualität gewährleisten zu können, setzt sich international wie national zunehmend die Erkenntnis durch, pädagogische Qualität in Kindertageseinrichtungen nach klaren Standards zu prüfen und im positiven Fall nach außen, speziell auch für Eltern, durch Zertifizierung sichtbar zu machen. In diesem Sinne fordert der Zwölfte Kinder- und Jugendbericht: „Qualitätssteuerung muss auch ein internes Qualitätsmanagement der Träger und ein externes, von Trägern und Finanzgebern unabhängiges, nach bundeseinheitlichen Kriterien arbeitendes Qualitätssicherungssystem umfassen, das Informationen für die einzelne Kindertageseinrichtung bzw. Tagespflegestelle öffentlich bereitstellt. Diese Informationen der externen Qualitätssicherung sind so aufzubereiten, dass sie dem Verbraucherschutz, der Orientierung der Nachfrager (Eltern/Kinder) und der Stimulierung eines qualitätsorientierten Wettbewerbs dienen" (BMFSFJ 2006, S. 350). Zertifizierungssysteme mit einer entsprechenden Stoßrichtung haben sich mittlerweile in zahlreichen Ländern etabliert (Überblicke: Esch et al. 2006; Tietze 2009).

In Deutschland werden von den freien Trägern von Kindertageseinrichtungen zur Qualitätssicherung hauptsächlich die aus der Industrie und dem kommerziellen Dienstleistungsbereich entlehnten Verfahren der Organisationsentwicklung und Organisationszertifizierung nach *bereichsneutralen* Organisationsstandards (ISO, EN, DIN-Normen) angewandt (vgl. Esch et al. 2006). Verbindliche und übergreifende pädagogische Qualitätskriterien sind allerdings nicht Bestandteil dieser Verfahren; Qualität wird vielmehr trägerspezifisch ausgelegt. Bislang existieren auch keine Untersuchungen dazu, ob durch diese Art der Qualitätssicherung tatsächlich ein höheres Niveau der pädagogischen Prozessqualität und bessere Bildungs- und Entwicklungsergebnisse bei Kindern erreicht werden.

Mit dem Deutschen Kindergarten Gütesiegel (www.paedquis.de, vgl. auch Spieß/Tietze 2002) wurde ein fachwissenschaftlich basiertes Zertifizierungsverfahren auf der Grundlage empirisch validierter, international anerkannter Qualitätsindikatoren entwickelt, das den Anspruch eines konzept- und trägerübergreifenden, bundesweit einsetzbaren Prüfverfahrens erhebt. Das Verfahren ist so angelegt, dass es neben der Zertifizierung als Ja/Nein-Entscheidung auch ein differenziertes Qualitätsprofil liefert, das als empirische Grundlage für weitere Qualitätsentwicklung dienen kann. Auch wenn die im Deutschen Kindergarten Gütesiegel einbezogenen Qualitätsindikatoren sich in zahlreichen Einzeluntersuchungen als prädiktiv für kindliche Bildung und Entwicklung erwiesen haben, stehen umfassende Validierungsuntersuchungen auch zu diesem Gütesiegel noch aus.

6 Ausblick

Die nähere Zukunft institutioneller Früherziehung in Deutschland ist durch drei übergreifende Herausforderungen gekennzeichnet: eine quantitative, eine qualitative und eine auf Funktionserweiterung bezogene Herausforderung.

Quantität: Um den Rechtsanspruch auf einen Platz auch für die jüngeren Kinder im Alter von 1 bis unter 3 Jahren einzulösen, sind nach Berechnungen der Bundesregierung bis zum Jahr 2013 insgesamt 750.000 neue Plätze für diese Altersgruppe zu schaffen. Quantitative Erweiterungen stehen aber auch im Elementarbereich an. Nach Berechnungen im Zwölften Kinder- und Jugendbericht (BMFSFJ 2006, S. 196ff.) muss die vorhandene Anzahl der Ganztagsplätze auf 50% aller Plätze verdoppelt werden, um den Bedarf zu decken. Weitere Notwendigkeiten zur Kapazitätserweiterung ergeben sich durch einen zunehmenden Bedarf an Wochenendbetreuungen. Aufgrund des substanziellen Rückgangs der Jahrgangsstärken (vgl. BMFSFJ 2006, S. 197), werden zwar Kapazitäten im bestehenden System frei („demografische Rendite"). Durch Umlenkung frei werdender Ressourcen kann jedoch nur ein Teil der neuen quantitativen Herausforderungen gedeckt werden. Es besteht die reale Gefahr, dass – ähnlich wie beim Ausbau des Elementarbereichs in den 1990er-Jahren im Zuge des Rechtsanspruchs auf einen Kindergartenplatz (vgl. Reidenbach 1996) – die erforderlichen Mittel nicht zusätzlich aufgebracht, sondern zu einem erheblichen Teil durch Absenkung von Standards aus dem bestehenden System genommen werden.

Qualität: Quantitativer Ausbau und qualitative Verbesserung stehen in einem gewissen Konkurrenzverhältnis um dieselben Mittel. Angesichts der großen Bedeutung pädagogischer Qualität für Bildung und Entwicklung der Kinder im vorschulischen Alter und weit darüber hinaus stellt die Entwicklung und Sicherung pädagogischer Qualität auf einem hinreichend hohen Niveau eine zweite übergreifende Herausforderung dar. Dabei muss von der naiven Vorstellung Abstand genommen werden, dass pädagogische Qualität über Einzelmaßnahmen wie Rahmenpläne für die pädagogische Arbeit oder Verbesserung der Erzieherinnenausbildung nachhaltig beeinflusst werden könne. Die aufgrund von Forschungsergebnissen schon lange bestehende Einsicht „good things tend to go together" (Phillips 1987) verlangt danach, die pädagogische Qualität institutioneller Früherziehung als ein facettenreiches und vielfach bedingtes Konstrukt in den Blick zu nehmen, für das rechtliche Normierungen von Rahmenbedingungen und geeignete Ausbildungsanforderungen für das pädagogische Personal ebenso bedeutsam sind wie Stützsysteme in Gestalt von Fachberatungen und systematischer tätigkeitsbegleitender Fortbildung und Nachweissysteme zur Überprüfung erreichter pädagogischer Qualität. Die Sachverständigenkommission des Zwölften Kinder- und Jugendberichts (2006, S. 350) schlägt zur Qualitätssteuerung des Früherziehungssystems bundeseinheitliche Qualitätsstandards vor, verbunden mit einem Zertifizierungs- und Monitoringsystem, das Qualitätssicherung und -überprüfung auf der Ebene der einzelnen Einrichtung wie auch eine gesellschaftliche Dauerbeobachtung auf der Grundlage zentraler Qualitätsindikatoren ermöglicht. Eine Voraussetzung für nachhaltige Qualitätsverbesserungen dürfte darin bestehen, dass die öffentliche Finanzierung von Einrichtungen, unabhängig davon, in welcher Trägerschaft sie sich befinden, an einen von unabhängiger Stelle geprüften Qualitätsnachweis gebunden werden (vgl. Kreyenfeld/Spieß/Wagner 2002). Zu den qualitativen Herausforderungen gehört auch, die für den vorschulischen Bereich charakteristische Trias von Erziehung, Bildung und Betreuung zu einem integrierenden Bildungsbegriff weiter zu entwickeln, so dass eine (in ihrem Aufgabenspektrum um Erziehungs- und Betreuungsaufgaben erweiterte) Schule und die Einrichtungen des Vorschulbereichs (Elementarbereich) wechselseitig anschlussfähig werden (BMFSFJ 2006, S. 337ff.).

Funktionserweiterung: Mit einem voraussehbaren flächendeckenden System, das jedem Kind im vorschulischen Alter (1 Jahr bis Schuleintritt) einen Platz in einer öffentlich geförderten Einrichtung mit der Maßgabe der Bildung, Betreuung und Erziehung auf einem qualitativ möglichst hohen Niveau anbietet und einen integrierten Bestandteil des gesamten Bildungssystem darstellt, findet eine 200jährige Entwicklung ihren Abschluss, die unter quantitativem Gesichtspunkt lange Zeit nur zögerlich voranschritt und ihre Funktionen der Bildung, Betreuung und Erziehung nur unzureichend erfüllte. Indessen zeigt sich, dass eine nur auf die direkte Förderung der Kinder gerichtete Arbeit offensichtlich zu kurz greift angesichts der großen Bedeutung, die Faktoren des Familiensettings für die Bildung und Entwicklung von Kindern im vorschulischen Alter haben, Effekte, die im Durchschnitt rund zwei- bis dreimal so stark sind wie die der Einrichtungen. Vor diesem Hintergrund ist die Funktionserweiterung von Kindertageseinrichtungen zu „Familienzentren" zu betrachten, die über eine vielfältige Stützung von Familien und die Erweiterung ihrer Erziehungskompetenz Kinder indirekt zusätzlich zu fördern. Nach vorliegenden Recherchen (Peucker/Riedel 2004) gibt es in Deutschland vielfältige Ansätze in diesem Bereich, die sich z.T. auch an ausländischen Modellen orientieren. Die Grundintention besteht darin, die im Sozialraum vorhandenen familienstützenden Programme und Einrichtungen (z.B. Erziehungsberatungsstellen, Familien- und Elternbildungsprogramme, soziale Unterstützungssysteme) in lokalen Netzwerken zu bündeln und über Kindertageseinrichtungen Eltern in Form eines niedrigschwelligen Angebots zugänglich zu machen. Ein flächendeckender Ansatz dieser Art wird seit kurzem im Bundesland Nordrhein-Westfalen realisiert (Stöbe-Blossey/Mierau/Tietze 2008). Wie solche funktionserweiterten Modelle im Einzelnen beschaffen sein sollten, welche Bedingungen für ihre Realisierung vor Ort erforderlich sind und ob bzw. welche Förderungseffekte bei Kindern durch solche zu Familienzentren erweiterten Kindertageseinrichtungen erzielt werden können, ist eine Aufgabe zukünftiger Forschungen.

7 Literatur

Alt, Ch./Teubner, M.: Private Betreuungsverhältnisse. Familien und ihre Helfer. In: Bien,W./Rauschenbach, T./Riedel, B. (2007), S. 159-171

Altmann, J.: Life Span Aspects of Reproduction and Parental Care in Anthropoid Primates. In: Lancaster, J.B./Altmann, J./Rossi, A.S./Sherrod, L.R. (Hrsg.): Parenting across the Life Span: Biosocial Perspectives. Hawthorne 1987, S. 15-29

Amoneit K./Nieslony, F.: Zur Tagesbetreuung unter 3jähriger Kinder. Politische Notwendigkeit und Kommunaler Bedarf. In: Neue Praxis 23 (1993); H. 1 + 2, S. 78-86

Anger, C./Plünnecke, A./Tröger, M.: Renditen der Bildung – Investitionen in den frühkindlichen Bereich. Wissensfabrik – Unternehmen für Deutschland. Köln 2007

Arbeitsstab Forum Bildung: Empfehlungen des Forum Bildung. Bonn 2001

Ariès, Ph.: Geschichte der Kindheit. München 1985

Arnett, J.: Caregivers in Day-care Centers: Does Training Matter? In: Journal of Applied Developmental Psychology 10 (1989), S. 541-552

Barnett, W.S.: Long-Term Effects on Cognitive Development and School Success. In: Barnett, W.S/Boocock, S.S. (Hrsg.): Early Care and Education for Children in Poverty. Promises, Programs, and Long-Term Results. New York 1998, S. 11-44

Barnett, W.S/Boocock, S.S.: Early Care and Education for Children in Poverty. Promises, Programs, and Long-Term Results. New York 1998

Barow-Bernstorff, E./Günther, K.-H./Krecker, M./Schuffenhauer, H. (Hrsg.): Beiträge zur Geschichte der Vorschulerziehung. Berlin (Ost) 1986

Berg-Lupper, U.: Kinder mit Migrationshintergrund. Bildung und Betreuung von Anfang an? In: Bien, W./Rauschenbach, T./Riedel, B. (2007), S. 83-104

Berger, M.: Vorschulerziehung im Nationalsozialismus. Recherchen zur Situation des Kindergartenwesens 1933-1945. Weinheim/Basel 1986

Bertram, B./Erler, G./Jaeckel, M./Sass, J.: Auswirkungen und Einschätzungen familienpolitischer Maßnahmen für Familien mit Kindern unter 6 Jahren im europäischen Vergleich. Abschlußbericht. Deutsches Jugendinstitut. München 1994

Bien, W./Rauschenbach, T./Riedel, B. (Hrsg.): Wer betreut Deutschlands Kinder? DJI-Kinderbetreuungsstudie. Berlin 2007

Blanke, K./Ehling, M./Schwarz, N.: Zeit im Blickfeld. Ergebnisse einer repräsentativen Zeitbudgeterhebung. Schriftenreihe des Bundesministeriums für Familie, Senioren, Frauen und Jugend Bd. 121. Stuttgart/Berlin/Köln 1996

Blau, D.M.: The Production of Quality in Child Care Centers: Another Look. In: Applied Developmental Science 4 (2000), S. 136-148

BMFSFJ (Bundesministerium für Familie, Senioren, Frauen und Jugend) (Hrsg.): Nationale Qualitätsinitiative im System der Tageseinrichtungen für Kinder. Berlin 2000

BMFSFJ (Bundesministerium für Familie, Senioren, Frauen und Jugend) (Hrsg.): Zwölfter Kinder- und Jugendbericht. Berlin 2006

BMFSFJ (Bundesministerium für Familie, Senioren, Frauen und Jugend) (Hrsg.): Kinderbetreuung in Tagespflege. Tagesmütter-Handbuch. Stuttgart 1998

Bos, W./Lankes, E./Prenzel, M./Schwippert, K./Walther, G./Valtin, R. (Hrsg.): Erste Ergebnisse aus IGLU. Münster 2003

Broberg, A.G./Wessels, H./Lamb, M.E./Hwang, C.P.: Effects of Day Care on the Development of Cognitive Abilities in 8-Year-olds: A Longitudinal Study. In: Developmental Psychology 33 (1997), S. 62-69

Brunnbauer, B./Riedel, B.: Neue Nutzer, heterogene Bedürfnisse? Inanspruchnahme von Tageseinrichtungen bei Kindern unter drei Jahren. In: Bien, W./Rauschenbach, T./Riedel, B. (2007), S. 43-59.

Burchinal, M.R.: Childcare experiences and developmental outcomes. In: Helburn, S. (Hrsg.): Annals of the American Academy of Political and Social Science, 563 (1999), S. 73-97.

Burchinal, M.R./Roberts, J.E./Nabors, L.A./Bryant, D.M.: Quality of Center Child Care to Early Cognitive and Language Development. In: Child Development 67 (1996), S. 606-620

Burchinal, M.R./Roberts, J.E./Riggins, R./Zeisel, S.A. /Neebe, E./Bryant, D.: Relating Quality of Center Child Care to Early Cognitive and Language Development Longitudinally. In: Child Development 67 (2000), S. 339-357

Clarke-Stewart, A./Allhusen, V.: What we know about childcare. Cambridge 2005

Cochran, M.: Public Child Care, Culture and Society: Crosscutting Themes. In: Cochran, M. (Hrsg.): International Handbook of Childcare Policies and Programs. Westport, Connecticut; London 1993, S. 627-658

Cryer, D.: Defining and Assessing Early Childhood Program Quality. In: The Annals of the American Academy of Political and Social Science Vol. 563 (1999), S. 39-55

Cryer, D./Tietze, W./Burchinal, M./Leal, T./Palacios, J.: Predicting Process Quality in Preschool Programs: A Cross-Country Comparison. In: Early Childhood Research Quarterly 14 (1999), S. 339-361

Dahlberg, G./Moss, P./Pence, A.: Beyond Quality in Early Childhood Education and Care. Postmodern Perspectives. Philadelphia 1999

Deutscher Bildungsrat: Strukturplan für das Bildungswesen. Stuttgart 1970

Deutsches Pisa-Konsortium (Hrsg.): PISA 2000. Basiskompetenzen von Schülerinnen und Schülern im internationalen Vergleich. Opladen 2001

Diskowski, D.: Ein Ansatz integrierter Bildungssteuerung in der Kindertagesbetreuung. In: KiTa aktuell MO 12 (2006), S. 249-253

Early, D. M./Maxwell, K. L./Burchinal, M. et al.: Teachers' Education, Classroom Quality, and Young Children's Academic Skills: Results From Seven Studies of Preschool Programs. In: Child Development. 78 (2007), S. 558-580

ECCE Study Group: European Child Care and Education Study: School-age assessment of child development: Long-Term impact of pre-school experiences on school success, and family-school relationship. Report written by W. Tietze, J. Hundertmark-Hansen and H.-G. Roßbach. Submittet to: European Union DG XII: Science, Research and Development. RTD Action: Targetet Socio-Economic Research. 1999: [http://www.uni-bamberg.de/fileadmin/uni/fakultaeten/ppp_lehrstuehle/elementarpaedagogik/Team/Rossbach/Ecce_Study_Group.pdf] [08.09.2008]

ECCE Study Group: European Child Care and Education Study: Cross National Analyses of the Quality and Effects of Early Childhood Programmes on Children's Development. (Unveröffentlichter Forschungsbericht) Berlin 1997

Elicker, J./Fortner-Wood, C./Noppe, I.C.: The Context of Infant Attachment in Family Child Care. In: Journal of Applied Developmental Psychology 20 (1999), S. 319-336
Erning, G.: Geschichte der öffentlichen Kleinkinderziehung von den Anfängen bis zum Kaiserreich. In: Erning, G./ Neumann, K./Reyer, J. (Hrsg.): Geschichte des Kindergartens Bd. 1. Freiburg 1987, S. 13-41
Esch, K./Klaudy, E.K./Micheel, B./Stöbe-Blossey, S.: Qualitätskonzepte in der Kindertagesbetreuung. Ein Überblick. Wiesbaden 2006
Fendrich, S./Pothmann, J.: Wie zufrieden sind die Eltern? Die Qualität der Kindertageseinrichtungen aus der Sicht der Eltern. In: Bien, W./Rauschenbach, T./Riedel, B. (2007), S. 255-265
Fried, L./Roßbach, H.-G./Tietze, W./Wolf, B.: Elementarbereich. In: Ingenkamp, K./Jäger, R.S./Petillon, H./Wolf, B. (Hrsg.): Empirische Pädagogik 1970-1990. Eine Bestandsaufnahme der Forschung in der Bundesrepublik Deutschland. Weinheim 1992, S. 197-263
Fukkink, R.G./Lont, A.: Does training matter? A Meta-analysis and Review of Caregiver Training Studies. In: Early Childhood Research Quarterly. 22 (2007), pp. 294-311
Harms, T./Clifford, R.M./Cryer, D.: Early Childhood Environment Rating Scale. Revised Edition. New York 1998
Harms, T./Cryer, D./Clifford, R.M.: Infant/Toddler Environment Rating Scale. New York 1990
Hayes, C.D./Palmer, J.L./Zaslow, M.S.: Who Cares for America's Children? Child Care Policy for the 1990s. Washington, D.C. 1990
Heckman, J.J.: Skill formation and the economics of investing in disadvantaged children. In: Science. 5728 (2006), S. 1901-1902
Heiland, H.: Erziehungskonzepte der Klassiker der Frühpädagogik. In: Erning, G./Neumann, K./Reyer, J. (Hrsg.): Geschichte des Kindergartens Bd. 2. Freiburg 1987, S. 148-184
Hermann, T.C.: Entwicklung der akademischen Erzieher/innen-Ausbildung. Gewerkschaft Erziehung und Wissenschaft. 2008: [http://www.gew.de/Binaries/Binary27928/Erz-Tabellen-3.pdf] [08.09.2008]
Hestenes, L.L./Kontos, S./Bryan, Y.: Children's Emotional Expression in Child Care Centers Varying in Quality. In: Early Childhood Research Quarterly 8 (1993), S. 295-307
Howes, C.: Children's Experiences in Center-Based Child Care as a Function of Teacher Background and Adult: Child Ratio. In: Merrill-Palmer Quarterly 43 (1997), S. 404-425
JMK (Jugendministerkonferenz): Gemeinsamer Rahmen der Länder für die frühe Bildung in Kindertagesstätten. Beschluss der Jugendministerkonferenz vom 13./14.05.2004
Jurczyk, K./Rauschenbach, T./Tietze, W. u.a.: Von der Tagespflege zur Familientagesbetreuung. Zur Zukunft öffentlich regulierter Kinderbetreuung in Privathaushalten. Weinheim 2004
Kommunale Gemeinschaftsstelle für Verwaltungsvereinfachung: Outputorientierte Steuerung in der Jugendhilfe (Bericht 9). Köln 1994
Kontos, S./Howes, C./Shinn, M./Galinsky, E: Quality in Family Child Care and Relative Care. New York 1995
Krecker, M. (Hrsg.): Quellen zur Geschichte der Vorschulerziehung. Berlin (Ost) 1983
Kreyenfeld, M./Spieß, K./Wagner, G.: Kinderbetreuungspolitik in Deutschland: Möglichkeiten nachfrageorientierter Steuerungs- und Finanzierungsinstrumente. In: Zeitschrift für Erziehungswissenschaft 5 (2002), S. 201-221
Kügler, K.: Großeltern als Betreuungspersonen. Eine wichtige Säule für die Eltern in der Kinderbetreuung. In: Bien, W./Rauschenbach, T./Riedel, B. (2007), S. 173-186
Lachenmaier, H.: Selbstorganisierte Kinderbetreuungseinrichtungen. In: Kreft, D./Lukas, H. et al.: Perspektivenwandel der Jugendhilfe. Bd. 2: Expertisentexte. Neue Handlungsfelder der Jugendhilfe. Berichte und Materialien aus der sozialen und kulturellen Arbeit 5. Nürnberg 1990, S. 155-172
Lamb, M.E.: Nonparental Child Care: Context, Quality, Correlates, and Consequences. In: Damon, W./Sigel, I.E./Renninger, K.A. (Hrsg.): Handbook of Child Psychology, Vol.4 : Child Psychology in Practice. New York 1998, S. 73-133
Martin, B./Pettinger, R.: Frühkindliche institutionalisierte Sozialisation. In: Zimmer, J. (Hrsg.): Erziehung in früher Kindheit. Enzyklopädie Erziehungswissenschaft. Bd. 6. Stuttgart 1985, S. 235-252
Martin, J./Nitschke, A. (Hrsg.): Zur Sozialgeschichte der Kindheit. Freiburg/München 1986
Merker, H.: Kleinkinder in altersheterogenen Gruppen. In: Ahnert, L. (Hrsg.): Tagesbetreuung für Kinder unter drei Jahren. Bern 1998, S. 125-135
Müller-Kucera, K./Bauer, T.: Volkswirtschaftlicher Nutzen von Kindertagesstätten. Edition Sozialpolitik 5. Sozialdepartment der Stadt Zürich 2001
NICHD Early Child Care Research Network: Characteristics of Infant Child Care: Factors Contributing to Positive Caregiving. In: Early Childhood Research Quarterly 11 (1996), S. 269-306
NICHD Early Child Care Research Network: Characteristics and Quality of Child Care for Toddlers and Preschoolers. In: Applied Developmental Science 4 (2000a), S. 116-135

NICHD Early Child Care Research Network: The Relation of Child Care to Cognitive and Language Development. In: Child Development 71 (2000b), S. 960-980
NICHD Early Child Care Research Network (Hrsg.): Child Care and Child Development. New York, London 2005
Paterak, H.: Institutionelle Früherziehung im Spannungsfeld normativer Familienmodelle und gesellschaftlicher Realität. Münster 1999
Peisner-Feinberg, E.S./Burchinal, M.R.: Relations between Preschool Children's Child-Care Experiences and Concurrent Development: The Cost, Quality, and Outcomes Study. Merrill-Palmer Quarterly 43 (1997), S. 452-477
Peisner-Feinberg, E.S./Burchinal, M.R./Clifford, R.M./Culkin, M.L./Howes, C./Kagan, S.L./Yazeian, N.: The Relation of Preschool Child-Care Quality to Children's Cognitive and Social Developmental Trajectories through Second Grade. In: Child Development 70 (2001), H. 5, S. 1534-1553
Peucker, C./Riedel, B.: Recherchebericht Häuser für Kinder und Familien. München 2004
Phillips, D.A.: Quality in child care: What does research tell us? Washington DC. 1987
Phillipsen, L.C./Burchinal, M.R./Howes, C./Cryer, D.: The Prediction of Process Quality from Structural Features of Child Care. In: Early Childhood Research Quaterly 12 (1997), S. 281-303
Pungello, E.P./Compbell, F.A./Barnett, W.S.: Poverty and Early Childhood Educational Intervention. Policy Brief for the UNC Law School's Center on Poverty, Work and Opportunity. Abecedarian Study 2006
Ramey, C.T./Campbell, F.A./Burchnial, M./Skinner, D.M./Gardner, D.M./Ramey, S.L.: Persistent Effects of Early Childhood Education on High-Risk Children and Their Mothers. In: Applied Developmental Science 4 (2000), S. 2-14
Rauschenbach, Th./Beher, K./Knauer, D.: Die Erzieherin. Ausbildung und Arbeitsmarkt. Weinheim/München 1996
Reidenbach, M.: Kommunale Standards in der Diskussion. Setzung und Abbau von Standards am Beispiel der Kindergärten. Berlin 1996
Reyer, J.: Geschichte der öffentlichen Kleinkinderziehung im deutschen Kaiserreich und in der Weimarer Republik in der Zeit des Nationalsozialismus. In: Erning, G./Neumann, K./Reyer, J. (Hrsg.): Geschichte des Kindergartens Bd. 1. Freiburg 1987a, S. 43-81
Reyer, J.: Kindheit zwischen privat-familialer Lebenswelt und öffentlich veranstalteter Kleinkinderziehung. In: Erning, G./Neumann, K./Reyer, J. (Hrsg.): Geschichte des Kindergartens Bd. 2. Freiburg 1987b, S. 232-284
Reyer, J.: Wenn die Mütter arbeiten gingen...Eine sozialhistorische Studie zur Entstehung der öffentlichen Kleinkinderziehung im 19. Jahrhundert in Deutschland. Köln 1983
Reyer, J.: Entstehung, Entwicklung und Aufgaben der Krippen im 19. Jahrhundert in Deutschland. In: Zeitschrift für Pädagogik 28 (1982), S. 715-736
Reynolds, A.J./Temple, J.A./Robertson, D.L./Mann, E.A.: Age 21 cost-benefit analysis of the Title I Chicago Child-Parent Centers. Educational Evaluation and Policy Analysis 24 (2002), S. 267-303
Rolle, J./Kesberg, E.: Der Hort im Spiegel seiner Geschichte. Der Hort: Handbuch für die Praxis, Bd. 4. Köln 1988
Rosenbaum, H.: Formen der Familie. Untersuchungen zum Zusammenhang von Familienverhältnissen, Sozialstruktur und sozialem Wandel in der deutschen Gesellschaft des 19. Jahrhunderts, 7. Aufl. Frankfurt 2001
Roßbach, H.G.: Effekte qualitativ guter Betreuung, Bildung und Erziehung im frühen Kindesalter auf Kinder und ihre Familien. In: Sachverständigenkommission Zwölfter Kinder- und Jugendbericht (Hrsg.): Materialien zum Zwölften Kinder- und Jugendbericht. Band 1. Bildung, Betreuung und Erziehung von Kindern unter sechs Jahren. München 2005, S. 55-174
Roßbach, H.-G: Bildungsökonomische Aspekte in der Weiterentwicklung des Früherziehungssystems. In: Tietze, W. (Hrsg.): Früherziehung. Trends, internationale Forschungsergebnisse, Praxisorientierungen. Neuwied 1996, S. 279-293
Roßbach, H.-G.: Analyse von Messinstrumenten zur Erfassung von Qualitätsmerkmalen frühkindlicher Betreuungs- und Erziehungsumwelten. Münster 1993
Rousseau, J.J.: Emile oder über die Erziehung. Paderborn 1958
Ruopp, R./Travers, J./Glantz, F./Coelen, C.: Children at the Center: Final Report on the National Day Care Study. Cambridge 1979
Sammons, P./Sylva, K./Melhuish, E.C./Siraj-Blatchford, I./Taggart, B./Elliot, K./Marsh, A.: The effective Provision of PreSchool Education (EPPE) Project. Technical Paper 11. The continuing effects of preschool education at ages 7 years. London 2004
Santen, E.v.: Wie verbreitet ist die Kindertagespflege? Öffentliche und informelle Tagespflege in Ost- und Westdeutschland. In: Bien, W./Rauschenbach, T./Riedel, B. (2007a), S. 123-139
Santen, E.v.: Tagespflege. Wer wünscht sie, wer nutzt sie und wie wird sie genutzt? In: Bien, W./Rauschenbach, T./Riedel, B. (2007b), S. 141-158
Scarr, S./Eisenberg, M./Deater-Deckard, K.: Measurement of Quality in Child Care Centers. In: Early Childhood Research Quarterly, 9 (1994), S. 131-151

Schmalohr, E. Möglichkeiten und Grenzen einer kognitiven Frühförderung. In: Zeitschrift für Pädagogik 16 (1970), S. 1-25
Schmidt-Kolmer, E.: Frühe Kindheit. Heidelberg 1986
Schreiber, N.: Wissenschaftliche Begleitstudien zur Einführung der Bildungspläne in den Kindertageseinrichtungen von Niedersachsen, Rheinland-Pfalz und Schleswig-Holstein. Konzeption, Methoden, Ergebnisse. In: Textor, M.R. (Hrsg.): Kindergartenpädagogik. Online-Handbuch. 2007: [http://www.kindergartenpaedagogik.de/1623.html] [03.09.2008]
Schütze, Y.: Die gute Mutter. Zur Geschichte des normativen Musters „Mutterliebe". Schriftenreihe des Instituts Frau und Gesellschaft. Hannover 1986
Schwarz, N./Wirth, N.: Netzwerkhilfe als Teil der Haushaltsproduktion. In: Blanke, K./Ehling, M./Schwarz, N.: Zeit im Blickfeld. Ergebnisse einer repräsentativen Zeitbudgeterhebung. Im Auftrag des Bundesministerium für Familie, Senioren, Frauen und Jugend. Stuttgart/Berlin/Köln 1996
Schweinhart, L.J./Montie, J./Xiang, Z./Barnett, W.S./Belfield, C.R./Nores, M.: Lifetime Effects. The High/Scope Perry Preschool Study through Age 40. Ypsilanti 2005
Shorter, E.: Die Geburt der modernen Familie. Reinbek 1977
Siebter Jugendbericht: Jugendhilfe und Familie – die Entwicklung familienunterstützender Leistungen der Jugendhilfe und ihre Perspektiven. Bonn 1986
Sieder, R.: Sozialgeschichte der Familie. Frankfurt a. Main 1987
Spieß, C.K./Tietze, W.: Qualitätssicherung in Kindertageseinrichtungen - Gründe, Anforderungen und Umsetzungsüberlegungen für ein Gütesiegel. In: Zeitschrift für Erziehungswissenschaft, 5 (2002), S. 139-162
Städtetag: Kindergarten-Rechtsanspruch unter Druck. In: Der Städtetag, 11 (1997), S. 743-744
Statistisches Bundesamt: Kindertagesbetreuung regional – Ein Vergleich aller 439 Kreise in Deutschland. Wiesbaden 2008
Statistisches Bundesamt: Kindertagesbetreuung regional – Krippen-, Kindergarten und Hortplätze im Kreisvergleich. Wiesbaden 2004a
Statistisches Bundesamt: Statistiken der Kinder- und Jugendhilfe III.1, Einrichtungen und tätige Personen. Tageseinrichtungen für Kinder (2002). Arbeitsunterlagen. Wiesbaden 2004b
Statistisches Bundesamt: Arbeitsmaterialien Jugendhilfestatistik 1998. Wiesbaden 2001
Stöbe-Blossey, S./Mierau, S./Tietze, W.: Von der Kindertageseinrichtung zum Familienzentrum – Konzeption, Entwicklungen und Erprobung des Gütesiegels „Familienzentrum NRW". In: Roßbach, H.-G./Blossfeld, H.-P. (Hrsg.): Frühpädagogische Förderung in Institutionen. In: Zeitschrift für Erziehungswissenschaft. Sonderheft 11 (2008), S. 105-122
Sylva, K./Siraj-Blatchford, I./Taggart, B.: Assessing Quality in the Early Years: Early Childhood Environment Rating Scale (ECERS-E). Staffordshire 2006
Tempelton, R./Bauereiss, R.: Kinderbetreuung zwischen den Generationen. In: Bien, W. (Hrsg.): Eigeninteresse und Solidarität. Beziehungen in modernen Mehrgenerationenfamilien. Opladen 1994
Tietjen, A.: Helfen Kita-Wettbewerbe bei der Entwicklung der pädagogischen Qualität? Teil 2. In: MBJS Brandenburg: Kita-Debatte, 1 (2007), S. 99-105.
Tietze, W. (Hrsg.): Qualitätssicherung in der Früherziehung. Opladen 2009
Tietze, W.: Sozialisation in Krippe und Kindergarten. In: Hurrelmann, K./Grundmann, M./Walper, S. (Hrsg.): Handbuch Sozialisationsforschung. Weinheim 2008, S. 274-289
Tietze, W.: Frühpädagogische Evaluations- und Erfassungsinstrumente. In: Fried, L./Roux, S. (Hrsg.): Pädagogik der frühen Kindheit. Handbuch und Nachschlagewerk. Weinheim 2006, S. 243-253
Tietze, W.: Betreuungssituationen von Kindern unter drei Jahren in den westlichen Bundesländern Deutschlands. In: Ahnert, L. (Hrsg.): Tagesbetreuung für Kinder unter drei Jahren. Bern 1998, S. 45-57
Tietze, W.: Beteiligung von Vätern an der Betreuung und Erziehung von kleinen Kindern. In: Tietze, W. (Hrsg.): Früherziehung. Trends, internationale Ergebnisse, Praxisorientierungen. Neuwied 1996a, S. 193-209
Tietze, W. (Hrsg.): Früherziehung. Trends, internationale Forschungsergebnisse, Praxisorientierungen. Neuwied/Kriftel/Berlin 1996b
Tietze, W.: Institutionelle Erfahrungsfelder für Kinder im Vorschulalter. Zur Entwicklung vorschulischer Erziehung in Deutschland. In: Tietze, W./Roßbach, H.-G. (Hrsg.): Erfahrungsfelder in der frühen Kindheit. Bestandsaufnahme, Perspektiven. Freiburg 1993, S. 98-125
Tietze, W. (Hrsg.): Pädagogische Qualität entwickeln. Berlin 2007
Tietze, W.: Qualitätssicherung im Elementarbereich. In: Zeitschrift für Pädagogik. 53. Beiheft (2008), S. 16-35
Tietze, W./Viernickel, S. (Hrsg.): Pädagogische Qualität in Tageseinrichtungen für Kinder. Ein nationaler Kriterienkatalog. Berlin 2007

Tietze, W./Cryer, D.: Current Trends in European Early Child Care and Education. In: The Annals of the American Academy of Political and Social Science 563 (1999), S. 175-193

Tietze, W./Roßbach, H.-G.: Die Betreuung von Kindern im vorschulischen Alter. In: Zeitschrift für Pädagogik, 37 (1991), H. 4, S. 55-579

Tietze, W./Knobeloch, J./Gerszonowicz, E.: Tagespflege-Skala (TAS). Feststellung und Unterstützung pädagogischer Qualität in der Kindertagespflege. Berlin 2007c

Tietze, W./Roßbach, H.-G./Roitsch, K.: Betreuungsangebote für Kinder im vorschulischen Alter. Ergebnisse einer Befragung von Jugendämtern in den alten Bundesländern. Schriftenreihe des Bundesministeriums für Frauen und Jugend Bd. 14. Stuttgart 1993

Tietze, W./Schuster, K.-M./Grenner, K./Roßbach, H.-G.: Kindergarten-Skala (KES-R). Feststellung und Unterstützung pädagogischer Qualität in Kindergärten. Berlin 2007a

Tietze, W./Bolz, M./Grenner, K./Schlecht, D./Wellner, B.: Krippen-Skala (KRIPS-R). Feststellung und Unterstützung pädagogischer Qualität in Krippen. Berlin 2007b

Tietze, W./Cryer, D./Bairrao, J./Palacios, J./Wetzel, G.: Comparison of Observed Process Quality in Early Child Care and Education Programs in Five Countries. In: Early Childhood Research Quarterly 11 (1996), S. 447-475

Tietze, W. (Hrsg.)/Meischner, T./Gänsfuß, R./Grenner, K./Schuster, K.-M./Völkel, P./Roßbach, H.-G.: Wie gut sind unsere Kindergärten? Eine Untersuchung zur pädagogischen Qualität in deutschen Kindergärten. Neuwied 1998

Vandell, D. L./Wolfe, B.: Child care quality: Does it matter and does it need to be improved? Madison: University of Wisconsin-Madison, Institute for Research on Poverty 2002 [http://www.irp.wisc.edu/publications/sr/pdfs/sr78.pdf] [08.09.2008]

Waterkamp, D.: Handbuch zum Bildungswesen der DDR. Berlin 1987

Weber, Ch.: Strukturen und Inhalt des neuen Programms für die Erziehungsarbeit in Kinderkrippen. In: Neue Erziehung im Kindergarten 38 (1985), S. 108-111

Weisner, T.S./Gallimore, R.: My Brother's Keeper: Child and Sibling Caretaking. In: Current Anthropology 18 (1977), S. 971-975

Whitebook, M./Howes, C./Phillips, D.: Who Cares? Child care Teachers and the Quality of Care in America. Final report: National Child Care Staffing Study. Oakland, CA: Child Care Employee Project 1990

Wolf, B./Becker, P./Conrad, S.: Der Situationsansatz in der Evaluation. Ergebnisse der Externen Empirischen Evaluation des Modellvorhabens „Kindersituationen". Landau 1999

Zimmer, J.: Der Situationsansatz als Bezugsrahmen der Kindergartenreform. In: Zimmer, J. (Hrsg.): Erziehung in früher Kindheit. Enzyklopädie Erziehungswissenschaft Bd. 6. Stuttgart 1985, S. 21-39

Zwiener, K.: Kinderkrippen in der DDR. München 1994

Jutta Ecarius

Jugend und Familie

1   Einleitung

Jugendliche leben gegenwärtig in der Regel bei ihren Eltern, besuchen eine Schule oder befinden sich in der Ausbildung im dualen System. Sie sind normalerweise eng in familiale Kontexte eingebunden und das soziale Milieu der Eltern wirkt auf die Bildungsorientierung der Heranwachsenden. Betrachtet man die Forschungsfelder Jugend und Familie, handelt es sich um eigenständige Forschungsbereiche, die sich nur bedingt aufeinander beziehen. Zwar findet sich gegenwärtig in der Jugendforschung eine stärkere Gewichtung der Familie, aber bis in die späten 1980er Jahre war die Jugendforschung davon geprägt, dass in den theoretischen Konzeptionen Jugend jenseits von Familie definiert wurde, denn vorrangig interessierten die juvenilen Tätigkeiten außerhalb der Familie, die kulturellen Stilbildungen. Die Familienforschung wiederum fokussiert vorrangig private Lebensformen der Erwachsenen, das Heirats- und Scheidungsverhalten, den Wandel von Familienformen im Kontext von Gesellschaft sowie den Zeitpunkt der Heirat und die Geburt des ersten Kindes und der weiteren Kinder, um die Struktur von Familie zu erfassen. Jugendliche werden eher aus der Perspektive der Verweildauer in der Familie analysiert. Insofern weisen beide Forschungsfelder thematische Ausgrenzungen und Ausblendungen auf. In diesem Beitrag werden beide Forschungsfelder erstmals aufeinander bezogen. Gewählt wird eine historische Zugangsweise, mit der die Themen und theoretischen Ansätze sichtbar gemacht werden können. So kann nachgezeichnet werden, wie sich beide Forschungsbereiche nach einer Periode der gegenseitigen Ausblendung langsam aufeinander – in je unterschiedlicher Weise – zubewegen.

2   Familie und Aufwachsen:
von der Undifferenziertheit der Lebensphasen in der
Vormoderne bis hin zur Jugendphase in der Moderne

Das mittelalterliche Feudalsystem betont die Produktionsgemeinschaft und weniger die Abstammung. Das „Haus" – ein gängiger Begriff für familiäres Zusammenleben bis ins 18. Jahrhundert – umfasst Familienangehörige sowie das Gesinde und die unverheirateten Verwandten. Jedoch spielt die verwandtschaftliche Zugehörigkeit keine dominante Rolle. Nur im Adel regelt die Abstammung die Nachfolge. Es gibt je nach Produktionsform vielgestaltige Lebensformen. Die **Familienform** ist eng mit der Produktionsweise verknüpft und das Haus vereint in sich Produktion, Konsumtion, Sozialisation, Erziehung, Alters- und Gesundheitsvorsorge. Ökonomische Gründe regeln die Heirat und nur wenige Familienmitglieder erhalten die Berechtigung, eine Ehe einzugehen. Die Jugendphase ist in dieser Zeit unbekannt, denn die Zeit des Aufwachsens geht übergangslos in die Zeit der Arbeitstätigkeit über. Heranwachsende sind potentielle Arbeitskräfte, die zur Sicherung des Hauses beitragen. Die Produktionsgemeinschaft, das Haus, ist nicht mit einer Mehrgenerationengemeinschaft gleichzusetzen, denn die hohe Sterblichkeitsrate in den ersten Lebensjahren, die geringe Lebenserwartung, Epidemien, Kriege und die große Anzahl der Unverheirateten machten es unwahrscheinlich, dass mehrere Generationen unter einem Dach leben (Mitterauer 1977). Bis Mitte des 17. Jahrhunderts herrscht die Zweigenerationenfamilie (Borscheid 1989, S. 77) vor, da das Greisenalter weitgehend fehlt. So genießt auch das junge Erwachsenenalter gegenüber dem Alter mehr Rechte und normative Überlegenheit.

Ein langsamer Wandel setzt mit dem Protestantismus sowie der Aufklärung und später mit der aufkommenden Industrialisierung ein. Wesentlich beeinflusst ist die Familienform auch vom Christentum, denn sie führt die zölibatäre Lebensform, das Wiederverheiratungsverbot für Witwen, die kirchliche Ehe und die Möglichkeiten des Heiratens in Bezug auf die Verwandtschaftsgrade ein. Es kommt eine bilaterale Abstammungsordnung auf, die relative Gleichstellung der mütterlichen und väterlichen Verwandtschaftslinie. Aber auch jetzt ist das Leben nicht planbar. Im Anschluss an den dreißigjährigen Krieg setzt eine Welle der Versittlichung ein, mit der sich Alter als positiver gesellschaftlicher Wert durchsetzt und die Vorstellung von der Stärke des jungen, produktionsfähigen Menschen in den Hintergrund drängt. Ein umfassender Prozess der Sozialdisziplinierung beginnt, der über Staat, Kirche, Heer, Schule und Familie Einstellungen und Verhaltensweisen verändert. Die derbe Fröhlichkeit und ungebundene Maßlosigkeit weicht Vorstellungen der Moralisten und Volksprediger, die mit einer christlichen Morallehre eine Ordnung des Trieblebens, der Tugend und Unterordnung sowie der Selbstzucht fordern. Der Pietismus und mit ihm August Hermann Francke verbinden durch einen Aufruf zur Sitte und Moral den „intensiven gegenseitigen Verkehr der frommen Seele Stände und Generationen" (Borscheid 1989, S. 175). Die Herrnhuter Brüdergemeinde fordert Toleranz gegenüber Menschen, Geschlechtern und Generationen. Die Achtung vor Erwachsenen und alten Menschen nimmt zu und Jugend wird als langsam aufkommende Lebensform dieser vorgelagert (Borscheid 1989, S. 173).

Die gravierendste Veränderung vollzieht sich mit der Entwicklung einer absatzorientierten Produktionsweise, die zu einer Trennung von Arbeits- und Wohnstätte führt. In der Folge der gesellschaftlichen Differenzierungsprozesse setzt sich, beginnend im wohlhabenden Bürgertum (Unternehmer, Kaufleute, hohe Beamte) langsam die bürgerliche Familienform durch, mit der Frauen und Kinder von der Arbeit freigestellt werden und sich langsam die Jugendphase als Probier- und Lernphase herausbildet. 1794 wird im Allgemeinen Preußischen Landrecht erstmals zwischen dem Haus als Produktionsgemeinschaft und der Familie in Form von Ehe und Elternschaft unterschieden (Kaufmann 1995, S. 159). Der entstehende Staat verdrängt den christlich verbrämten Absolutismus mit einer Vernunfts- und Religionskritik. Christian Wolff, ein Vater der deutschen Aufklärung, fordert eine neue innere Bildung und eine Vermittlung sittlicher Ideen. Die Frauen sind dabei diejenigen, die den Heranwachsenden diese neuen Werte vermitteln sollen. Jugendliche erhalten eine normative Aufwertung, denn sie gelten nun als die Zukunft der bürgerlichen Gesellschaft.

Die Bedeutung der Generationen nimmt zu. Friedrich Schleiermacher (1983) stellt diese in das Zentrum seiner Überlegungen mit der Frage, wie Heranwachsende erzogen werden sollen, damit über Tradierung und Erneuerung die Aufklärung umgesetzt werden kann. Aber erst mit dem Sturm und Drang erfährt die Jugend einen wirklichen Bedeutungszuwachs. Nach Rousseau ist die Jugendphase als eigenständige Lebenszeit sicherzustellen, in der Bildungsprozesse in Gang gesetzt werden und mit der die Erneuerung der Gesellschaft erlangt werden kann.

Damit interessiert sich der Staat für die nachkommende Jugend und sie wird aus der Familie ein Stück weit herausgenommen. In Frankreich werden mit den politischen Ereignissen Jugend und Erneuerung sogar gleichgesetzt (Gillis 1980). Dennoch hebt Basedow 1770 in seinem Methodenbuch für Väter und Mütter, der Familie und Völker ausdrücklich die Bedeutung der Familie für die Jugendlichen neben dem Lehrer hervor. Kant (1982) und Schleiermacher (1983) diskutieren den Zusammenhang von Familie, Jugend und Schule, betrachten aber die Schule als notwendige Institution zur Wissensvermittlung. Hiermit ist zugleich nur eine kleine privilegierte Schicht angesprochen, denn nur wohlhabende und adelige Familien konnten den Jugendlichen Bildung zukommen lassen.

Mit der zunehmenden Hochschätzung des Lernens und eines entsprechenden Moratoriums, der Jugend, verliert das Alter und die Tradierung alter Werte wieder an Bedeutung. Auch wenn in der Familie die Erziehung der Heranwachsenden weiterhin autoritär ist und Schläge zur „guten" Erziehung gehören, wirken sich die aufklärerischen und romantischen Gedanken auf die Bildung der nachkommenden Generation aus. Es entsteht mit der Pädagogisierung nicht nur langsam die Kindheit (Ariès 1975), sondern auch die Jugend als Lern- und Probierstatus. Damit treten Jugendliche zugleich aus dem direkten familialen Kontext heraus, denn die Bildung erfolgt über ausgebildete Pädagogen, die mit der Scholarisierung zur Entstehung der Jugendphase beitragen.

Diese Entwicklung, die am Ende des 19. Jahrhunderts langsam zur Entstehung des Jugendlichen führt, der in der Familie lebt, die Schule besucht und sich in einer Moratoriumsphase befindet, ist jedoch nicht nur auf die Umwälzungsprozesse seit der Neuzeit, die Aufklärung und Pädagogisierung sowie die zunehmende Industrialisierung zurückzuführen, die ausgebildete Arbeitskräfte benötigt und das Modell des „Hauses" ablöst, sondern die Verlängerung der Lebenszeit führt ebenfalls zum Entstehen der Jugendphase. Noch im 17. Jahrhundert besteht das Leben aus nur zwei Lebensphasen (Imhof 1988), der Zeit des Aufwachsens und der der Reproduktion. Aus den ursprünglich zwei Lebensphasen werden vier Lebensphasen: Kindheit, Jugend, Erwachsenenalter und Alter, die alle der Familie zugeordnet und mit unterschiedlichen Positionen und sozialen Typisierungen verbunden sind. Aus Statistiken von 1841 bis 1900 ist eine langsame Vereinheitlichung der Lebensphasen abzulesen, d.h., die Varianz von Jugend und Erwachsenenalter, dessen Scheidepunkt die Berufstätigkeit und Ehe ist, nimmt ab. Für die Jahre 1691-1840 kann noch kein Mittelwert ausgemacht werden. Das Heiratsalter und damit auch das Jungsein erstrecken sich vom 17. bis fast zum 40. Lebensjahr.

Erst ab Mitte des 19. Jahrhunderts tritt langsam der Normallebenslauf hervor, der zur Standardisierung von Jungsein beiträgt. Gesellschaftliche und finanziell-rechtliche Privilegien, verbunden mit dem vierten Gebot der Bibel und den sozialen Typisierungen des Alltags, diktieren in Familien über die Position des Vaters den Jugendlichen den Werdegang. Die zunehmende Entflechtung von Staat, Wirtschaft, Kirche und Familie beeinflusst die alltägliche Lebensform von Eltern mit ihren Kindern. Die Ehe gilt nun als Vertrag, der einvernehmlich und unter bestimmten Bedingungen (z.B. Sorgerecht) geschlossen wird und durch Verletzung der Rechte geschieden werden kann. Selbst das Sorgerecht und die väterliche Gewalt werden im Preußischen Landesrecht geregelt. So bezieht die vom Vater vorgesehene Berufswahl ein Klagerecht des 14-jährigen Sohnes ein.

Die äußere Struktur der Ehe (Jakob 2001) wird inhaltlich mit Gedanken der Romantik, der Liebe und Intimität gegenüber den Ehepartnern und den eigenen Kindern angefüllt. Die Familien werden kleiner, die Anzahl der Familienmitglieder nimmt ab. Zugleich wächst die Bevölkerung (Fend 1988, S. 80). Die Familie bildet sich zunehmend zu einem separaten Bereich aus mit privaten und individuell zu gestaltenden Beziehungen. Die Methodisierung von Erziehung und Lernen ist dabei von einer „Dominanz der Lebensformen der Erwachsenen", geringen „Individualisierungsmöglichkeiten", wenigen „Freiheitsgraden", den Tugenden „Gehorsam (gegen Eltern und andere Autoritären), Fleiß und Bereitschaft zur Mithilfe (...), Achtung vor Autorität" sowie einer „Kultur der Bedürfnislosigkeit, des Ausblendens und der Unterdrückung von Sinnlichkeit" (Fend 1988, S. 63f.) gekennzeichnet. Die Familie wird zur Privateinheit, die mit rechtlichen Regelungen institutionell verankert ist und sich zur Reproduktionsstätte mit einer geschlechtsspezifischen Rollenverteilung für Mann und Frau entwickelt. Die selbstverständlichen Leistungen der Familie, die Sicherung und Erziehung des Nachwuchses von der Kindheit bis zum frühen Erwachsenenalter, unterscheiden sich nun von der öffentlich-wirtschaftlichen Sphäre.

Langsam entsteht im 20. Jahrhundert (Kertzer/Barbagli 2003) für alle Jugendlichen eine Jugendphase, die von zwei Aspekten gekennzeichnet ist: zum einen ist Voraussetzung die Familialisierung und Verhäuslichung in der bürgerlichen Gesellschaft und zum anderen begründet die zunehmende Pädagogisierung nicht nur die Kindheit, sondern mit der Durchsetzung der allgemeinen Schulpflicht auch die Jugend (Schäfers 1982). Während in den Familien unterschiedliche Generationen miteinander kommunizieren, befördern die Schulklassen altershomogene Gruppen. Jugendliche, vorwiegend bürgerlicher Herkunft, fangen an, ein eigenständiges Freizeitleben jenseits von Familie und Kirche zu führen. Die Wandervogelbewegung gibt Zeugnis davon (Dudek 1993). Im 20. Jahrhundert wird Jugend das Recht zugesprochen, „anders" zu sein (Oelkers 1995). Selbst der proletarischen Wandervogelbewegung gewinnt man idealistische Züge ab. Damit wird Jugend eine bedeutsame Rolle zugeschrieben. Sie soll, zwar noch als Mitglied der Familie, aus ihr heraustreten und in altershomogenen Gruppen sich während der Pubertät in Form eines Bildungsmoratoriums der gesellschaftlichen Situation in kritischer Distanz bewusst werden und zu einer eigenen, aufgeklärten Lebenseinstellung und sozialen wie politischen Lebensform gelangen.

3 Entstehen der Jugendphase: psychologische Phasenmodelle und die Loslösung von familialen Orientierungen

In den 20er-Jahren des 20. Jahrhunderts ist es die Theorie von Spranger (1925), mit der Jugend aus psychologischer Sicht gefasst wird und deren Einfluss bis in die 1970er-Jahre hineinreicht. In Anlehnung an die Psychoanalyse (Freud) beginnt der Prozess der Loslösung von der Familie mit dem Eintritt in die Pubertät, der sich entlang eines inneren Bauplans „von innen, aus dem Wachstum der Seele" (Spranger 1925, S. 37) vollzieht. Über einen Blick nach innen, als Form der Reflexion, gelingt im pubertären Schub, in dem die Triebenergie sublimiert wird, die Entdeckung des Ich, das allmähliche Entstehen eines Lebensplanes und das Hineinwachsen in gesellschaftliche Lebensbereiche (Spranger 1925, S. 38). Damit verlieren die Eltern an Bedeutung. Sie sind nicht mehr primäres Liebes- und interaktives Austauschobjekt. Mit der Abwendung oder sogar konflikthaften Auseinandersetzung mit den Eltern vollziehen die Jugendlichen einen wichtigen Schritt in Richtung Erwachsenenalter. Hierbei kommt es zu Spannungen und Konflikten mit den Eltern, die als notwendig für den seelischen Prozess gedeutet werden: „In der Tat gelangen die Söhne, die ohne tiefere Krisis einfach der Linie des Vaters folgen, selten über ein Mittelgut hinaus" (Spranger 1925, S. 151). Diese Krise geht über in eine Hinwendung zum gesellschaftlichen Leben, verbunden mit der Entwicklung einer gesellschaftlichen und kollektiven Moral, die auf der Grundlage eines persönlichen Ethos basiert. Für Spranger ist die Jugendbewegung ein typisches Beispiel, mit der Jugendliche aus der Familie heraustreten, sich von gesellschaftlichen Strukturen distanzieren und zu eigenen kulturell-sozialen Lebensformen gelangen.

Mannheim (1928) verwendet Generation, um das Heraustreten der Heranwachsenden aus der Familie als generationentypische Gestaltformung zu beschreiben, mit der sozialer Wandel vorangetrieben wird. Die jungen Generationen entwickeln vor dem Hintergrund der Sozialgeschichte in eine Richtung gehende Erlebnis-, Denk- und Gefühlsgehalte. Voraussetzung dafür ist das Hineinwachsen der neuen Generation in bereits vorhandene Lebenshaltungen und -einstellungen (Mannheim 1928, S. 182). Die Traditionsvermittlung vollzieht sich in der Familie und der Schule, sie ist die Grundlage für das Entstehen kritischen Denkens. Interessanterweise aber bleiben in diesem Ansatz die älteren Generationen, die Eltern, die Lehrer oder Erzieher, unsichtbar. Es sind die Jugendlichen selbst, die einer inneren Gesetzmäßigkeit folgen. Während Spranger noch ein psychologisches Phasenmodell beschreibt, wird bei Mannheim der innere Bauplan des Menschen nicht thematisiert, aber implizit angenommen. Insofern unterstellen beide eine innere Entwicklungsbedingtheit vom jugendlichen Leben, das notwendigerweise aus der Familie herausführt.

Diese Thematiken werden nach 1945 wieder aufgegriffen und verlaufen als zwei Strömungen eine Zeitlang parallel. Zum einen sind es Ansätze von Eisenstadt (1966), Tenbruck (1962) und Schelsky (1957), die an Mannheim ansetzen, zum anderen wird das Modell der endogenen Entwicklung von Busemann (1965) und Blättner (1955) verfochten. In den 1950er-Jahren wird Jugend aus der Sicht entwicklungspsychologischer Theorien betrachtet. Hierbei fällt vor allem die Theoriekonstruktion auf. Sicherlich besteht ein Grund dafür in dem Erfolg der Phasenmodelle, da sie eine Art Strukturkategorie enthalten, die es erlauben, pädagogisch handlungsinitiativ zu werden, wenn sich der innere Bauplan des Jugendlichen nicht von alleine vollzieht. Pädagogisches Handeln beginnt für Eltern als auch Pädagogen dann in Anlehnung an das Phasenmodell. Von einem Zusammenhang **familialer Interaktion** zwischen Eltern und Jugendlichen und der Gestaltung der Jugendphase wird nicht ausgegangen. In Anlehnung an die Entwicklungspsychologie von Kroh (1944) und Busemann (1965) wird Jugend mit Altersangaben versehen, wobei sich die gesamte Phase vom 15. bis zum 25. Lebensjahr erstreckt. Dem Jugendlichen obliegt die Aufgabe, sich von der elterlichen Autorität mit Hilfe eines Triebschubes zu lösen und sich an gesellschaftlicher Autorität zu orientieren. In diesen theoretischen Konstrukten tritt die elterliche Bindung in den Hintergrund, denn der innere Bauplan des Menschen entwickelt sich unabhängig vom familialen Geschehen. Die Aufgabe der Eltern, die Erziehung wird in der Zeit vor der Jugendphase angesiedelt. Probleme der Akzeleration, das verfrühte Einsetzen der Pubertät, sind entlang dieser Typisierungen Verhaltensauffälligkeiten, wenn nicht sogar kriminelles Handeln der Jugendlichen (Muchow 1953).

Als Folie dient die Unterscheidung in Primitiv- und Kulturpubertät (Roth 1961). In der Primitivpubertät bleiben nach Ansicht von Roth (1961) die Liebesbeziehungen im Vital-Sexuellen stecken, die Interessen beschränken sich auf elementare Bedürfnisse, das Denken bewegt sich im Konkreten und hat keine Beziehung zum Sinnhaften und Weltanschaulichen. Auch bleibt die Verantwortung instinkthaft und konzentriert sich auf die Selbsterhaltung der eigenen Person und die familialen Bindungen des Jugendlichen gehen über in Bandenbildungen. Der Jugendliche betrachtet den Beruf als Versorgungsbasis und in der Freizeit steht die Erfüllung von Genüssen im Vordergrund. Davon unterscheidet sich die Kulturpubertät: die Liebesbeziehungen werden erotisch überhöht und Eros und Sexus fallen auseinander, es entwickelt sich ein Interesse am Geistigen, Werthaften in kultureller Anteilnahme und das Denken tritt in die Sphären des Abstrakten in Form theoretischer Betrachtung von Lebenssinn und -philosophie. Die Verantwortung geht über die Familie hinaus und der Jugendliche übernimmt gesellschaftliche Verantwortung, so dass Jugendbeziehungen in Treffen kultivierter Jugendvereine und -verbindungen übergehen, wobei der Beruf als Berufung in ethischer Sicht betrachtet und gefunden wird. Die Freizeit dient der Hobbypflege und der Weiterbildung.

Diese beiden Jugendformen entsprechen bei näherem Hinsehen den Lebensformen der Arbeiterjugendlichen und bürgerlichen Jugendlichen und enthalten Stigmatisierungen. Jugend wird vorrangig aus der Sicht des Erwachsenenalters in einer aufgeklärten Gesellschaft betrachtet und kommt selbst mit ihren Interessen und Bedürfnissen nicht zu Wort. Weder gibt es dadurch empirische Studien über die familialen Lebensbedingungen aus der Sicht von Jugendlichen, ihre Bedürfnisse und Lebensformen, noch wird Familie und Jugend im Zusammenhang betrachtet. Der entwicklungspsychologische Blick auf Jugend verhindert eine solche Betrachtungsweise.

Aber auch in der Familienforschung liegt der Fokus nicht auf den Interaktionen zwischen Eltern und Jugendlichen. Vorrangig wird von den Kindern der Eltern gesprochen und nicht zwischen jungen Kindern und älteren Jugendlichen unterschieden. Die Debatte ist bestimmt von Thesen um den Funktionsverlust oder -wandel der Familie (Rosenbaum 1978), mit dem der Wandel zur Kleinfamilie, die in einem Haushalt wohnt, wobei die Frau für die Erziehung der Kinder verantwortlich ist und der Vater einer Berufstätigkeit nachgeht, diskutiert wird. Die Familiensoziologie der Nachkriegszeit begreift Familie als Institution oder Gruppe. Schelsky (1953) argumentiert anthropologisch, indem er Institutionen aus der Natur des Menschen ableitet, wobei Familie als letzter Stabilitätsrest der Nachkriegsgesellschaft gedeutet wird. Familie wird dabei weniger aus den Interaktionen von Eltern und Heranwachsenden heraus betrachtet, sondern in Form von Institutionen als überindividuelle, überpersönliche Struktur, die es zu erhalten gilt. Zu den institutionellen Restfunktionen gehört die Erfüllung menschlicher Grundbedürfnisse, wobei der Gegenspieler der Familie die Öffentlichkeit ist. In diese Dichotomie fallen die Begriffe natürliche und abstrakte Autorität, wobei die Wesensbestimmung der Familie die natürliche Autorität ist. Die Familienaufgabe besteht in der Erziehung der Kinder. Es entfaltet sich eine natürliche Autorität, die die Vermittlung von Traditionen ermöglicht.

König (1946) versteht die Familie als Gruppe eigener Art, wobei auch hier die einzelnen Mitglieder Gruppenfunktionen übernehmen. Da erst die Familie als Gruppe verstanden wird und die Ehe unvollständig ist, zielt sie auf Kinder ab. Erst dann entsteht eine Gemeinschaft. Mann und Frau verbinden sich, um Kinder zu gebären und zu erziehen. Binnenfamiliäre Phänomene wie gegenseitige Hilfe, Gemeinschaft und Familienzusammenhalt bestimmen die Struktur. Diese besteht unabhängig von der gesellschaftlichen Struktur. Unter Desintegration versteht König die veränderten Beziehungen der Familie zur Gesellschaft, wobei dieser Begriff auf den Verlust familialer Aufgaben, wie sie noch in der vorindustriellen Zeit gegeben waren, hinweist. Übrig bleibt Intimität und Privatheit, so dass die Familie insgesamt als desintegriert verstanden wird, da kein eindeutiger Zusammenhang zwischen familialen Tätigkeiten und anderen Lebensbereichen mehr auszumachen sei. Familie ist dadurch ein unabhängiger, autonomer Bereich. Der Autorität in der Familie misst König keine besondere Bedeutung zu. Schon Anfang der 1960er-Jahre stellt er die These auf, dass Autorität rein rational begründet sei: „die Kinder stehen heute (...) nicht mehr Kraft der Hausgemeinschaft unter der Autorität des Vaters oder der Eltern, sondern der Grund ihrer Unterwerfung liegt einzig in ihrer Hilfsbedürftigkeit und Minderjährigkeit" (König 1946, S. 138). Grundlage seien das gegenseitige Anerkennen von Rechten und Pflichten jenseits patriarchalischer Strukturen. Auch hier werden wie bei Schelsky die einzelnen Personen zu Rollenträgern, die zwangsläufig am Bestand der Familie interessiert sind (vgl. Rosenbaum 1978), wobei die Positionen der Eltern und Jugendlichen unverrückbar zugeschrieben sind.

Diese Ansätze, die gegenwärtig kaum noch Erklärungskraft besitzen, zeigen den Blick auf Familie und Jugend, auf die Sichtweise, wie Jugend verstanden und welche Bedeutung ihr beigemessen wurde. Hierbei fällt auf, dass mit dem Begriff Kind nur die Sicht der Eltern thematisiert und keine Unterscheidung in Kinder und Jugendliche vorgenommen wird. Die Sichtweisen der Jugendlichen bleiben unberücksichtigt. Psychologische Phasenmodelle oder struktur-funktionale Rollenmodelle unterstellen ein spezifisches Baumodell von einem schematischen Durchgang durch die Jugendphase. Den Eltern kommt für die Jugendphase kaum Bedeutung zu, da aus der Sicht der theoretischen Ansätze der Erziehungs- und Sozialisationsprozess abgelaufen ist und zentrale Lernprozesse bei den Jugendlichen stattgefunden haben. Während in den psychologischen Entwicklungsmodellen der Jugendliche von einer inneren Gesetzmäßigkeit gelenkt wird, sind es in den familiensoziologischen Ansätzen die Rollen sowie die Gruppenstruktur, die das familiale Leben zwischen Kindern und ihren Eltern organisieren.

4 Familie als partikularistische Form – Jugend und Jugendkulturen

In den 60er-Jahren des 20. Jahrhunderts ändert sich die wissenschaftliche Sicht auf Jugend und Familie. Beeinflusst von der Studentenrevolte und Umbrüchen in der Gesellschaft gewinnen sozialwissenschaftliche Annahmen an Einfluss. Schelsky (1957) verwendet zur Beschreibung der Wandlungen in der Jugendphase von der vorindustriellen zur industriellen Gesellschaft struktur-funktionale Erklärungsmuster von Parsons, um den strukturellen Konflikt zwischen gesellschaftlich-öffentlichem und familiärem System analytisch zu fassen. Er geht von einer zunehmend mehr altersindifferenten Organisiertheit von Gesellschaft aus, wobei er sich auf Tartlers Überlegungen zur Jugend stützt. Rollen oder Sozialrollen haben danach die Tendenz, altersunspezifisch zu werden, d.h. zwischen Jugend- und Erwachsenenalter bestehen keine strukturellen Unterschiede mehr. Für Schelsky schmilzt die Jugendphase zu einer Übergangsphase zusammen, einem nicht mehr Kindsein und noch nicht Erwachsensein. Während Schelsky aus dem Strukturdilemma moderner Gesellschaften eine Nivellierung von Generationsgegensätzen ableitet, formulieren Tenbruck (1962) und Eisenstadt (1966) Theoreme von der Herausbildung einer eigenständigen Jugendkultur. Tenbruck versteht die Jugendphase als eine eigenständige Teilkultur, die sich unabhängig von der Erwachsenenphase neben diese schiebt und ihr gleichwertig ist. Jugend ist gekennzeichnet von einer strukturellen Unabhängigkeit, in der gleichwertig zur Erwachsenenphase Rechte und Pflichten vorhanden sind (Tenbruck 1965, S. 95f.). Die Altersphase Jugend ist damit nicht mehr ein endogen bestimmter Entwicklungsabschnitt, sondern ist wesentlich bestimmt durch die Gruppenzugehörigkeit zu anderen Jugendlichen. Als eigene Teilkultur der Gesellschaft weist sie einen hohen Grad an Selbständigkeit auf, in denen die Jugendlichen Rollenträger sind. Dies zeichnet zugleich den Sozialisationsprozess aus: „Jede Gesellschaft muss das kulturelle Erbe stetig an die folgenden Generationen vermitteln. (...)

Dieser als Sozialisierung bezeichnete Prozess ist überaus subtil, kompliziert und fundamental (...). Denn das Neugeborene ist nicht, es wird Person. Und Person ist nicht das Ergebnis eines automatischen Reifungsprozesses, sondern eines langwierigen und komplizierten sozialen Lernens" (Tenbruck 1965, S. 55f.). Sozialisation und Lernen avancieren zu Kernbegriffen. Sie lösen die Vorstellung von familialer Erziehung und psychologischen Entwicklungsmodellen ab (vgl. Ecarius 1998).

Nach Eisenstadt reicht aufgrund einer zunehmenden gesellschaftlichen Differenzierung die familiale Erziehung nicht mehr aus, um Heranwachsende für die soziale Welt außerhalb der Familie vorzubereiten (ähnlich Tenbruck 1962; Schelsky 1957). In der peer-group üben sich die Heranwachsenden in emotional distanzierte Rollenmuster ein, die zugleich solidarisch und integrativ sind. Die peer-group als zentrales Verbindungsglied zwischen primärer (Familie) und sekundärer (Gesellschaft) Sozialisation verknüpft partikularistisch-diffuse mit universalistisch-spezifischen Inhalten (vgl. Buchhofer/Friedrichs/Lüdtke 1970, S. 312). Die in hochkomplexen Gesellschaften erforderlichen Anforderungen von Verhaltensweisen, die solidarisch, expressiv sowie instrumentell sind, können Eltern nicht mehr alleine vermitteln. Damit verliert die Familie als Vertreter der älteren Generation an Bedeutung und erzieherischer Aufgabe. Es sind nun die Gleichaltrigengruppen, in denen Heranwachsende instrumentelles Handeln einüben.

Mit den Überlegungen von Eisenstadt und auch Schelsky ist in den 1960er-Jahren ein wichtiger Schritt in Richtung einer sozialwissenschaftlich orientierten pädagogischen Jugendforschung getan (vgl. Krüger 1993). Psychologische Interpretationen verlieren an Bedeutung, wenn auch Strukturähnlichkeiten in den Argumentationen zu finden sind, denn in beiden Debatten ist die Jugendphase ein Moratorium, das aus der Familie herausführt. Aber das klassische Jugendkonzept wird obsolet, da in einer modernen Gesellschaft der Beginn der Jugendphase nicht mit dem Beginn der Pubertät gleichgesetzt werden kann und der Übergang ins Erwachsenenalter nicht mehr eindeutig mit dem Eintritt ins Berufsleben verbunden ist (Hornstein 1966, S. 324).

5 Selbstbildung der Jugendlichen und lebenslanges Lernen der Eltern

Die Lebensphase Jugend wird dann aus sozialwissenschaftlicher Sicht in den **Lebenslauf** integriert. Insofern erhält das Verhältnis von Eltern und Jugendlichen eine neue Bedeutung. Kindheit, Jugend und Erwachsenenalter sind nicht mehr biologisch bedingte naturwüchsige Größen, sondern der Menschwerdungsprozess vollzieht sich in Beziehung zur sozialen Umgebung, den Institutionen und sozialen Zuschreibungen (Kaiser 1970). Mit der Loslösung von Erklärungsmodellen, die die Erblichkeit von Intelligenz betonen und an deren Stelle die Entwicklungsfähigkeit von Intelligenz und abstrakten, kognitivem Denken tritt, wird die Legitimation für die traditionelle Schulform brüchig. Der Deutsche Bildungsrat legt Anfang der 1970er-Jahre Reformvorschläge zur Schule vor, in denen eine stärkere Partizipation von Schülern, Lehrern und Eltern vorgesehen ist (Froese 1962). Jenseits politischer Meinungsverschiedenheiten entsteht der Konsens, die Ausbildungsbedingungen und die soziale Infrastruktur mit einer Verlängerung der Pflichtschule, der Einführung der Gesamtschule sowie der Öffnung von Realschule, Gymnasium und Hochschule zur Verbesserung und Sicherung des wissenschaftlich-technischen Personals gegenüber anderen ökonomisch starken Staaten durchzusetzen. Damit greift die

Schule in familiale Bildungsinteressen ein und versucht, tradierte soziale Hierarchien durch die Förderung der Jugendlichen aufzubrechen.

Diese Entwicklungen bewirken, dass Jugendliche und ihre Eltern aus der Perspektive des Lernens bzw. lebenslangen Lernen betrachtet werden und nun auch Eltern aufgefordert sind, immer wieder neu dazu zu lernen. So schreibt Girschner: „Besonders bei den Eltern wird systematisch ein Lernprozess gefördert werden müssen, um ihnen Verhaltensänderungen ihrer Kinder, stärkere Kritikbereitschaft z.B. verständlich zu machen. Gleichermaßen muss ihnen einsichtig gemacht werden, dass nicht nur sehr viel mehr Diskussion mit allen ihren Folgeerscheinungen in der Schule stattfinden wird, sondern dass auch konkurrierende gesellschaftliche Interessen und Normen in der Schule sich verdeutlichen dürfen und müssen" (Girschner 1974, S. 861). Der Lebenslauf als Sozialisationsprozess umfasst auch solche Bereiche wie Sexualität und Aufklärung. Eltern sind aufgefordert, umzudenken und sich mit enttabuisierten Bereichen in Interaktion mit ihren heranwachsenden Kindern auseinanderzusetzen (Isermann 1970, S. 591). Sie sind nicht mehr „fertige" Menschen, sondern ihnen kommen immer wieder neue Aufgaben zu. Beide Altersgruppen, die Lebensphasen Jugend und Erwachsenenalter, sollen in der Familie und der Schule miteinander und voneinander lernen. Jugendlichkeit gewinnt an Wert und diese Aufwertung führt zur Abwertung der Erwachsenenphase und damit der Rechte der Eltern.

Ziehe (1980) richtet seinen Blick auf die Generationsbeziehungen zwischen Eltern und Jugendlichen und beschreibt mit einer materialistischen Sozialisationstheorie und psychoanalytischen Überlegungen die Selbstbezogenheit der Heranwachsenden. Er prägt den Begriff des jugendlichen narzisstischen Sozialisationstypus. Nach Ziehe sind es die frühkindliche Sozialisation, die vaterlose Familie, das Verschwinden des autoritären Vaters und die überbehütende Mutter, die das Kind zur Stabilisierung ihrer eigenen Aufwertung benutzt, die zum gegenwartsbezogenen Hedonismus, zum Vermeidungsverhalten und zur starken Peergroup-Orientierung der Jugendlichen führen. Durch die Familie wird an die Jugendlichen die Forderung nach Leistungsorientierung und Konsumfreudigkeit herangetragen. Den Eltern wird als Funktionsträger der Gesellschaft die Schuld für das Verhalten der Jugendlichen gegeben, die sich mit den jugendlichen Lebensformen auseinanderzusetzen haben.

Damit ist immer noch nicht geklärt, welche Bedeutung Jugendliche ihren Eltern zusprechen. In der Shell-Jugend-Studie 1975 wird erstmals dieses Thema aufgegriffen, auch wenn es nicht zu den dominanten Themen gehört. Ein Blick in die Shell-Jugendstudie 1975 macht deutlich, dass Jugendliche durchaus familienorientiert und auch mit den familialen Interaktionsstrukturen zufrieden sind. In einem Vergleich von Jugendlichen (1964 und 1975), die zwischen 15 und 24 Jahren sind, zeigt sich, dass über 70% der Befragten bei den Eltern und nur 1% in Wohnkommunen leben. Die elterliche Zuwendung empfinden in beiden Befragungen 72% bzw. 73% der Jugendlichen gerade richtig (Jugendwerk der Deutschen Shell, Bd. 3, 1975, S. 34). Über zuwenig Beachtung beklagen sich 7% der Jugendlichen 1964 und 10% der Jugendlichen 1975. So ist auch der Wunsch, in der Familie zu leben unverändert hoch. Auch überwiegt der Wunsch nach eigenen Kindern bei 86% der Jugendlichen 1954 und 70% der Jugendlichen 1975, wobei in dieser Gruppe weitere 8% schon Kinder haben. Ein Unterschied zeichnet sich jedoch in den Erziehungsformen ab, die sie ihren Kindern zukommen lassen würden. Im Unterschied zu ihren eigenen Erziehungserfahrungen mit den Eltern würden 16% der Jugendlichen ihren Kindern eine größere Selbständigkeit und Freiheit einräumen. Dieser Wert steigt von 1954 bis 1975 von 4% auf 16%, wobei sich die Ungelernten und die obere Mittelschicht am stärksten von den Erziehungspraktiken ihrer Eltern distanzieren.

Weiteren Aufschluss gibt die Frage nach dem Erziehungsregime der Eltern, in dem die Jugendlichen zu 40% für den Vater und 47% für die Mutter angeben, dass sie von ihnen eher nicht streng erzogen wurden. Weitere 26% sagen, dass die Mutter und 15% sagen, dass der Vater überhaupt nicht streng ist. Auch sind die familialen Hilfen groß. 57% der Eltern helfen „nach Kräften". Dazu zählen finanzielle Unterstützungen, Hilfen bei den Schulaufgaben und Beratung. Zudem empfinden 72% der Jugendlichen, die 1975 befragt wurden, keinen Unterschied zwischen der Intimgruppe Familie und anderen institutionellen Organisationen. Allerdings betonen 28% aus der Unterschicht oder mit geringer Bildung, dass eine Diskrepanz besteht. Es zeigt sich ein schichtspezifischer Zusammenhang zwischen bildungsnaher Schule und bildungsfernen sozialen Milieus. Nur eine kleine Anzahl versteht die Eltern als notwendiges Übel (2%) oder steht ihnen gleichgültig (3%) gegenüber und 1% hasst die eigenen Eltern (Jugendwerk der Deutschen Shell 1975).

Rosenmayr (1975) kritisiert den von Eisenstadt und Schelsky aufgemachten Gegensatz zwischen Familie und öffentlichem Bereich. Er bezweifelt, dass gerade der Gegensatz zwischen Familie und Arbeitswelt zur Herausbildung altershomogener Jugendgruppen führt (Rosenmayr 1975, S. 95). Insofern steht dann auch zur Frage, ob die familialen Beziehungen zwischen Eltern und Jugendlichen tatsächlich nur partikularistisch und diffus sind, während sie im öffentlichen erwachsenen Bereich universalistisch und instrumental sein sollen. Die empirischen Ergebnisse zeigen, dass der angenommene Gegensatz von Familie und Gesellschaft für die Jugendlichen gar nicht vorhanden ist. Auch ist nicht ersichtlich, warum Differenzerfahrungen eine Besonderheit der Jugendphase sein sollen, da eine moderne Gesellschaft sich generell durch Differenzen und unterschiedliche Interaktions- und Handlungsmuster auszeichnet, die Heranwachsende spätestens dann erfahren, wenn sie in die Schule kommen. In diesen Jugendtheorien sind Konstruktionen enthalten, die auf die Erklärung von Jugendkulturen jenseits von Familie abzielen. Jugend und Familie bleibt ein Randthema, zumal eine Betonung familialer Bindungen das Theoriegebäude der Jugendkulturansätze in Frage gestellt hätte. Das Konzept des lebenslangen Lernens bezieht sich vorrangig auf die Erwachsenenphase und damit die Eltern und umschließt nicht das Lernen durch **familiale Interaktion**. Aber auch das gesellschaftliche Interesse richtet sich auf jugendkulturelle Stile, politische Partizipation und schulische Bildung. Eine stärkere Auseinandersetzung mit den Überlegungen von Rosenmayr (1975) hätte bedeutet, die in den strukturfunktionalen Jugendkulturtheorien enthaltenen Restelemente psychologischer Entwicklungstheorien zu überdenken und die Thesen vom pubertären Kritikpotential kritisch zu durchleuchten.

Trotz der Ergebnisse der Shell-Studie '75, die aufgrund der empirischen Ergebnisse zu einem anderen Denken hätten anregen können, stehen auch in der Jugendstudie 1981 die Selbständigkeitspotentiale der Jugendlichen im Vordergrund. Das intergenerationale Verhältnis von Eltern und Jugendlichen wird über äußere Aspekte wie die Wohnform mit den Eltern, ob ein Einzelzimmer zur Verfügung steht oder der Jugendliche in einer Wohngemeinschaft lebt oder im elterlichen Haushalt mithilft, beleuchtet. Fuchs betont, dass es sich bei der Hilfe im Haushalt um das „letzte Reservat geschlechtsspezifischer Lebenserfahrung" (Fuchs 1981, S. 334) handele, da Mädchen mehr als Jungen ihren Eltern helfen. Fast alle Jugendlichen bekommen von ihren Eltern die Wäsche gewaschen und Mahlzeiten zubereitet. Eltern unterstützen ihre Kinder auch, wenn sie ausgezogen sind. Es sind nur wenige Jugendliche, die keine Unterstützung von ihren Eltern erhalten und nonkonformistische Orientierungen favorisieren. Fuchs kommt zu dem Schluss: „Insgesamt ergibt sich aus diesen Ergebnissen das Bild einer in großen Zügen funktionierenden und regelmäßigen Unterstützung der Jugendlichen durch ihre Eltern" (Fuchs

1981, S. 339). Auch führt die Gründung eines eigenen Haushaltes nicht zu einem Abbruch familialer Beziehungen. Aus der Sicht der Jugendtheorien führt dies zu einem Widerspruch, denn die Jugendlichen sind zugleich jugendkulturell orientiert und leben Alltagsflips. Erklärt wird der scheinbare Widerspruch folgendermaßen: „Dieser mögliche Widerspruch in ihrer Situation dürfte auf den Versuch zurückgehen, auf der Ebene von Orientierungen und Sprüchen ihre Selbständigkeitsansprüche anzumelden und unter Gleichaltrigen im gemeinsamen Alltag abzusichern, ohne dass sie immer schon lebenspraktische Bedeutung für das Verhältnis zu den Eltern haben oder haben können" (Fuchs 1981, S. 343). Mit anderen Worten: jugendkulturelle Stile und familiale Orientierung widersprechen sich nicht für die Jugendlichen, aber lassen sich nicht mit den theoretischen Ansätzen beantworten. Die Ergebnisse sind vor allem für die Forscher überraschend und es bleibt aus, nach Zusammenhängen zu suchen.

6 Ende der Erziehung und Sozialisation

Zwar beklagen Forscher wie Hornstein (1985), dass die Jugendforschung wesentlich mit zur Ästetisierung von Jugendkulturen beiträgt und daher eine Richtungsänderung vorzunehmen sei, die die gesellschaftlichen, kulturellen und sozialen Lebensverhältnisse von Jugendlichen in Familie, Schule und Freizeit analysiert, jedoch bewegt sich die Forschung in eine andere Richtung. Feministische Forscherinnen entdecken ein geschlechtsspezifisches Bias in der Jugendforschung, denn Mädchen orientieren sich (Rentmeister 1983; Fromm/ Savier 1984; Bilden/Diezinger u.a. 1981) stärker an verhäuslichten, familialen Bereichen. Verhaltensweisen von Jungen werden zur Norm von Jugend hochstilisiert und die weibliche Jugend wird vergleichend daran gemessen und als defizitär bezeichnet.

Die Diskussion geht aber dann in eine ganz andere Richtung. Wurde der Erziehungsanspruch der Jugendlichen durch die ältere Generation bislang nicht infrage gestellt, kommt mit der Veränderung der sozialen Typisierung von Jugendlichen und Erwachsenen sowie durch den Einfluss der Kritischen Theorie mit der Antipädagogik der Gedanke auf, dass die Idee der Erziehung aufzugeben sei. Braunmühl (1976) plädiert für die Abschaffung der Erziehung, da pädagogisches Handeln hauptsächlich bzw. grundsätzlich autoritär, kinder- und jugendfeindlich sowie seelisch verkrüppelnd sei (von Braunmühl 1976, S. 21f., 30). Kupffer (1980) versteht Erziehung als perfiden Angriff auf die Freiheit der Heranwachsenden. Erziehung werde zum Überwachungs- und Strafsystem, da die individuelle Freiheit geopfert werde. Nach Ansicht von Baacke (1987) hat sich das Verständnis von Erziehung gewandelt. Der Zielpunkt, das Erwachsenenalter, hat für Jugendliche an Attraktivität verloren. Jugendliche können schon früh in den Bereich der Erwachsenenwelt über Konsum, Mode, Freizeit und Sexualität eintreten. Da sich die Jugendlichen geändert haben, müssen sich auch die Erziehungs- und Bildungsvorstellungen ändern. Auch nach Giesecke (1982) ist die Erziehung in eine Krise geraten. An die Stelle der persönlichen Verantwortung und eines erzieherischen Verhältnisses sind die verantwortungslosen Anderen, die Administration, Gremien, Ausschüsse und massenhafte Verschulung getreten. Eltern erschließen ihre Erziehungsziele nicht mehr aus eigener Erfahrung und Einsicht, sondern in Anlehnung an kollektive Leitbilder der Massenmedien oder in Selbsthilfegruppen. Die Krise der Erziehung sei Ausdruck einer tiefgehenden kulturellen Krise, wobei Eltern nur noch wie Funktionäre gegenüber ihren heranwachsenden Kindern handeln. An die Stelle der persönlichen Beziehung, die verbunden ist mit einem unmittelbaren personenbezogenen Gehorsam, tritt die unpersönliche Macht bürokratischer Strukturen. Nach Giesecke hat Erziehung nur noch als Hilfe zur Selbsterziehung eine Chance (vgl. Giesecke 1982, S. 363). Selbsterziehung bedeutet, dass die Jugendlichen selbst aufgefordert sind, durch eine aktive Teilnahme an der Umwelt sich mit dieser auseinanderzusetzen und in sukzessiver Auseinandersetzung mit widersprüchlichen Erwartungen einen eigenen Lebensplan zu entwerfen. Den Erwachsenen und Eltern kommt die Aufgabe zu, den persönlichen Bezug im Umgang mit den Heranwachsenden zu verstärken. Dabei steht zugleich die Forderung im Raum, dass sich die Älteren auf die Erfahrungen der Jüngeren einlassen und bereit sind, von den Jugendlichen zu lernen. „Im Rahmen eines solchen Austauschs der Erfahrungen kann sich der Jüngere selbst bilden und erziehen" (Giesecke 1982, S. 363). Diese Thesen überspitzen den Wandel in den familialen Beziehungen zwischen Eltern und Jugendlichen. Dennoch trifft der Wandel hin zur Abnahme einer autoritären Erziehung zu.

Zeitgleich werden mit dem Aufkommen der Sozialisationsforschung (Hurrelmann/ Ulich 1980) Erziehungsprozesse in der Familie zu Sozialisationsprozessen und Familie zur Sozialisationsinstanz. Allmählich ändern sich die Diskussionen und es entstehen neue Ansätze. Besonders in der Familienforschung setzt mit den paradigmatischen Analysen von Rosenbaum (1978), aber auch mit dem Wandel in den privaten Lebensformen eine Abwendung von restaurativen Ansätzen ein. Die Pluralisierung familialer Lebensformen, die Lebensform unverheirateter Paare und das Leben in Singlehaushalten erfordern ein neues Denken. Die Kinderzahl reduziert sich auf zwei Kinder und 1970 gibt es 2,2 Millionen Privathaushalte, von denen 74,8% Mehrpersonenhaushalte sind, die weiter unterteilbar sind in 63,8% Haushalte, in denen Eltern mit ihren ledigen Kindern leben. Bis 1986 erhöhen sich die privaten Haushalte auf 3,5 Millionen. Hier bestehen 68,7% aus Mehrpersonenhaushalten, von denen 60,5% Eltern mit ledigen Kindern sind (Kaufmann 1995, S. 23). Im Jahr 1972 leben 93% der Kinder bei ihren Eltern, 1991 sind es 88% der Kinder unter 18 Jahren. Davon wiederum lebt ein Zehntel zwar in einer vollständigen Familie, aber mit einem Stiefelternteil. Auch ist der Anteil der weiblichen Alleinerziehenden von 6% im Jahr 1972 auf 10% im Jahr 1991 gestiegen. Bei den Vätern ist der Anteil von 1% im Jahr 1972 auf 2% im Jahr 1991 gestiegen. Während im ersten Dreiviertel des 20. Jahrhunderts eine Homogenisierung der privaten Lebensform Ehe und Familie zu verzeichnen ist, zeichnen sich im letzten Viertel Veränderungen ab (Beck 1986; Beck-Gernsheim 1983).

Um diesen Wandlungen gerecht zu werden, wird von pluralen privaten Lebensformen gesprochen, die einerseits aus der Verlängerung des Lebens und seiner Phasierung in Kindheit, Jugend, Erwachsenenalter mit verschiedenen Abschnitten und Lebensformen (Single-Leben, unverheiratet heterosexuelle oder homosexuelle Zusammenlebende, Familie, Alleinerziehende, Empty-nest-Phase) resultieren, die andererseits berücksichtigen, dass über den Prozess der **Individualisierung** die Handlungsmöglichkeiten und Optionen zugenommen haben und das Projekt der eigenständigen Lebensplanung Programm geworden ist, mit der auch Frauen die Möglichkeit haben, weg von einem Leben für andere ein Stück weit ihr eigenes Leben zu gestalten (Beck-Gernsheim 1983). Die Familiengründung beruht nun auf dem freien Willen des Zusammenlebens, bedingt durch die Zuneigung der Partner, der Komplementarität ihrer Bedürfnisse und auch der ökonomischen Zwänge (Kaufmann 1995). Der Familienhaushalt wird durch die Ehe und die Geburt von Kindern begründet, wobei die Phasen voreheliches Zusammenleben, Eheschluss, kinderloser Haushalt, Leben mit Kleinkindern, Schulkindern, Jugendlichen, Zusammenleben des Ehepaares nach Verlassen der Kinder und Alleinleben sind. Die Familie ist auf ein Leben mit Kindern in ihren verschiedenen Lebensformen (Kleinkind, Kind, Jugendliche/r) ausgerichtet, wobei Erziehung und familiale Interaktion zwischen den Generationen, zu der die

Reproduktionsarbeit, die Mithilfe im Haushalt, die gegenseitige Unterstützung und Anleitung und der Freiraum eigener Tätigkeiten für Eltern und Kinder gehört, im Zentrum stehen.

Mitte der 1980er-Jahre wird dann auch nicht mehr ein möglicher **Generationenkonflikt** thematisiert, sondern ansetzend an Annahmen der Lebenslaufforschung (Kohli 1986) wird Jugend zu einem Teilsegment des Lebenslaufs. Analysen bestätigen, dass Konflikte zwischen den Generationen sich weniger zwischen Eltern und Jugendlichen abspielen, sondern sich auf eine gesellschaftliche Ebene beziehen. Allerbeck, Kaase und Klingemann (1979) kommen aufgrund eines Vergleichs von fünf Ländern über die politische Meinungsbildung von Eltern und Jugendlichen zu dem Ergebnis, dass sich beide Generationen in ihren Ansichten nur graduell unterscheiden, so dass von einem direkten Zusammenhang zwischen familialem Konflikt und politischem Protest nicht gesprochen werden kann. Vor dem Hintergrund modernisierungstheoretischer Annahmen zur Individualisierung kommt die These von der Verzeitlichung, Chronologisierung und Standarisierung des Lebenslaufs auf, mit der die Entstehung der Jugendphase als Zeit der schulischen Vorbereitung auf den Erwerbsstatus (Olk 1986, S. 41f.) begründet wird. In einem weiteren Schritt wird mit der Annahme von der Individualisierung des Lebenslaufs (Kohli 1988) von einer Destandardisierung der Jugendphase ausgegangen. Sie ist begleitet von mehr Wahlmöglichkeiten und Dispositionschancen (Fuchs 1983). Der Übergang Jugend-Erwachsenenalter wird fließend, Schul- und Ausbildungszeit (Hornstein 1985, S. 158f.; Fuchs 1985, S. 239) verlängern sich und es verändert sich das Heiratsverhalten sowie die Teilhabemöglichkeit der Jugendlichen in den Bereichen Konsum und Freizeit. Die Lebensphasen Kindheit, Jugend und Erwachsenenalter verlieren ihre Konturen und es entsteht eine Lebensphase der Postadoleszenz, bedingt auch durch die Öffnung höherer Bildungseinrichtungen (Zinnecker 1981). Jugendliche verselbständigen sich in dieser Zeit, probieren neuartige Lebensformen und Lebensstile (Kandlbinder 2005) aus und nutzen in vielfältiger Weise Medien- und Konsumangebote. Dies führt zu einer Annäherung in der Machtbalance zwischen Erwachsenen und Jugendlichen. Eltern berücksichtigen kindliche und jugendliche Interessen (vgl. Fend 1988, S. 62). Für die familialen Interaktionen zwischen Jugendlichen und Eltern gilt im Umgang das Prinzip der Eigenverantwortung und Selbständigkeit.

7 Interaktionsmuster zwischen Jugendlichen und Eltern

Mit diesen Konzepten von Familie und Jugend beginnt eine neue Ära. Zentrale Annahme ist, dass Jugendliche und Eltern interaktiv sind und die Bedeutung der jeweils anderen Generation groß ist. Nach Hurrelmann, Rosewitz und Wolf (1985), die Familie und Jugend im Kontext thematisieren, hängt die Bedeutung der Familie als Sozialisationsinstanz für die Jugendlichen von den sozialen und milieuspezifischen Bedingungen ab und ist in jedem Fall einflussreich für die kognitive und soziale Entwicklung. „Die Familie übt trotz des einsetzenden Ablösungsprozesses bei Jugendlichen erhebliche Sozialisationseinflüsse aus" (Hurrelmann/Rosewitz/Wolf 1985, S. 66). Sie ist ein vielseitig wirksames soziales Beziehungssystem, von der Bewältigung der Anforderungen der Schule, der Planung der beruflichen Laufbahn bis hin zur Entfaltung eines Werte- und Normensystems. Die Autoren, die auch auf die Nutzung der Medien eingehen, betonen, dass sich selbst die Mediennutzung aus dem familialen Geschehen heraus erschließen lässt. Hierbei entwickeln Jugendliche innerhalb der Familie eine relativ große Eigenständigkeit. Kulturelle Emanzipation und Individuationsanstrengungen der Jugendlichen stehen neben Familienverbundenheit und emotionaler Unterstützung durch die Eltern. Die Familie stellt für die Jugendlichen „häufig ein vielseitiges und umfassendes soziopsychologisches Bezugssystem dar, zu dem intensive emotionale Bindungen bestehen, so dass Loslösung und Bindung gleichermaßen das Verhältnis der Jugendlichen zu ihrer Familie charakterisieren" (Hurrelmann/Rosewitz/Wolf 1985, S. 68). Diese besteht auch fort, wenn die Jugendlichen aus dem Elternhaus ausziehen und sich räumlich von den Eltern lösen.

Empirische Studien zeigen, dass 97% der 15- bis 18-Jährigen 1985 bei den Eltern leben (Jugendwerk 1985, Bd. 5, S. 171; Allerbeck/Hoack 1985, S. 54), wobei Mädchen im Durchschnitt etwas früher ausziehen als Jungen. Von den 21-bis 22-Jährigen leben 1985 circa die Hälfte bei den Eltern oder haben einen eigenen Haushalt. Trotz Scheidungsraten und einer Individualisierung privater Lebensformen ist bis zum 20. Lebensjahr die Familie mit Vater, Mutter oder einem Stiefelternteil der zentrale Lebens- und Wohnort. Die meisten Jugendlichen haben einen Geschwisterteil (ca. 30%) oder mehrere Geschwister (ca. 50%) (vgl. Burger/ Seidenspinner 1988) und die Jugendlichen sind auch für die Eltern von großer Bedeutung. 73% der 45- bis 49-Jährigen und 88% der 50-54jährigen Väter besprechen ihre Sorgen mit ihren heranwachsenden Kindern (Jugendwerk der Deutschen Shell 1985). Hinzu kommen die näheren Verwandten, vor allem die Großeltern (Chvojka 2003), die in der Regel in der näheren Umgebung wohnen (Bien 1994) und ebenfalls die Kinder und Jugendlichen erziehen (Ecarius 2003).

Die Verweildauer im Elternhaus ist jedoch kein Indiz für einen engen Familienzusammenhalt, denn sie verweist eher auf materielle Gründe und solche der Versorgung mit Nahrung, Kleidung und Wohnraum. Näheren Aufschluss gibt die Frage, ob Gleichaltrige und Medien eine stärkere erzieherische und sozialisatorische Wirkung auf Heranwachsende als Eltern haben. Nach Tippelt (1988) schließen sich Cliquenbildung und Elternbindung keineswegs aus, auch wenn außerfamiliäre Sozialisationsinstanzen an Bedeutung gewinnen. Eltern sind im Erziehungsprozess für die Jugendlichen wichtige Bezugspersonen in bestimmten Lebensbereichen. „Es mag paradox erscheinen, dass in dieser Situation, in der es zu einer deutlichen Verlagerung von Bildungs- und Sozialisationsaufgaben aus der Familie kommt, in der die außerfamilialen Rollen zeitlich und inhaltlich an Bedeutung zunehmen, die Sozialisationsleistung der Familie aufgewertet wird" (Tippelt 1988, S. 767). Bestätigt werden die Annahmen mit der quantitativen Studie von Oswald und Boll (1992). Herangezogen werden Daten einer Familien- und Jugenduntersuchung in Berlin (1986-1988). Bei den Wiederholungsbefragungen wurden 1700 Personen in West-Berlin einbezogen. Zusätzlich wurden in 314 Familien ein Elternteil und ein Kind (zwischen 12 und 18 Jahren) befragt. Die Ergebnisse zeigen, dass **Generationenkonflikte** (Hick 2000) abnehmen. War in den 1960er-Jahren ein Rückgang der Zustimmung zum elterlichen Erziehungsstil festzustellen, ist die Zustimmung der Heranwachsenden zum elterlichen Erziehungsstil gegenwärtig gleich hoch wie in den 1950er Jahren. Anstelle einer intergenerationalen Abgrenzung nimmt die Bindung (Schubert 2005) zwischen Jugendlichen und ihren Eltern zu. Erziehung ist nicht mehr nur mit dem Ziel der Ablösung in Form eines Generationenkonflikts verbunden. Eltern und Gleichaltrige sind gleichwertige Einflussquellen für die Jugendlichen. Die Gleichaltrigen sind Berater in Fragen der Freizeitgestaltung sowie der Kleidung und die Eltern dominieren im Bereich der Berufs- und Zukunftspläne. Konflikte entstehen hauptsächlich in der Alltagsorganisation und bei schulischen Problemen, aber weniger wegen unterschiedlicher politischer Einstellungen. Werden solche Konflikte genannt, dann wird auch der Erziehungsstil der Eltern kritisiert. Je mehr Konflikte mit den Eltern bestehen, wobei es sich hier um etwa 5-10% der Fälle handelt, desto stärker orientieren sich die Jugendlichen an Gleichaltrigen. Das bedeutet zugleich, dass die Mehrzahl der Eltern bemüht sind, mit ihren adoleszenten Kindern einen Umgang des Verhandelns zu praktizieren und versuchen, sie in Entscheidungen zu unterstützen, anstatt ihnen einen Weg zu befehlen (Schütze 1993, S. 345).

Auch ist qualitativen Studien die Bedeutung der Familie zu entnehmen. In der Studie über biographische Strukturierungsformen von Jugendlichen (Fuchs-Heinritz/Krüger/Ecarius 1990) wird deutlich, dass das Familiengeschehen, die Erfahrungen und Erlebnisse mit den Eltern für Jugendliche Strukturelement ihrer biographischen Erzählung sein kann. Biographische Erfahrungen werden entlang familialer Ereignisse aufgeschichtet und bewertet. Auch Lenz (1988), der narrative Interviews mit Jugendlichen analysierte, zeigt, dass neben hedonistischen, maskulinen und subjektorientierten Handlungstypen auch der familienorientierte Handlungstyp ein typisches Muster jugendlicher Biographie ist. Die Familie ist zentrales Bezugssystem für ihre Lebensorientierung. Aber auch die anderen jugendlichen Handlungstypen sind charakterisiert von den Umgangsweisen und Erfahrungen mit den Eltern.

Hinzu kommen in den 1990er-Jahren erste Analysen über Alltagserfahrungen von DDR-Jugendlichen in Schule und Familie (Nickel 1991). Aufwachsen war in der ehemaligen DDR ein Balanceakt zwischen familiärer Nischenwirklichkeit und formalisierter, institutionalisierter Erziehung. Die Familie ist für die Heranwachsenden zugleich Nische und Widerstandsort. „Die Familie war der Puffer für Aggression, aber auch der Ort der emotionalen Konditionierung der Heranwachsenden. Sie vermittelte notwendige Überlebensstrategien für den Alltag im Staatssozialismus" (Nickel 1991, S. 607). In der ehemaligen DDR hatten die Jugendlichen gegenüber ihren Eltern durchweg positive Einstellungen (Hille/Jaide 1990).

Nun ist endlich der Blick frei für Studien zur Interaktion zwischen Jugendlichen und Eltern, sowohl für die Gegenwart als auch die Vergangenheit. Reuband (1992) thematisiert den Zusammenhang von Zufriedenheit und Erziehungsstil und nimmt eine Sekundäranalyse von zwei repräsentativen Befragungen aus den Jahren 1959 und 1983 vor. 1959 wurden 995 und 1983 3284 14- bis 18-Jährige befragt. Neu ausgewertet werden Fragen zum Ausmaß familialer Partizipationsmöglichkeiten und zum Grad der Zufriedenheit. Danach korrespondieren die Zufriedenheit der Heranwachsenden und die Verhandlungsbereitschaft der Eltern mit den Selbstbestimmungsmöglichkeiten der Heranwachsenden. Zugleich zeigt die Untersuchung, dass die Bedeutungsgehalte von Autoritarismus und elterlicher Dominanz erst im Kontext sozialgeschichtlicher normativer Orientierungen verständlich sind. Die Kohorten der älteren Generationen (1954-55) beurteilen mehrheitlich ihre Erziehung als zufriedenstellend, obwohl nicht alle über Entscheidungsfreiräume verfügten. Mangelnde Einflussnahme wird je nach Generation und Sozialgeschichte unterschiedlich bewertet. Soziale Typisierungen über „Normalität" bestimmen mit, wie Realität wahrgenommen und verarbeitet wird. Die älteren Generationen beurteilten ihre Erziehungserfahrungen im Durchschnitt positiv. Dieses Ergebnis veranlasst Reuband zu einer Kritik an der Annahme, dass Generationsspannungen um die Jahrhundertwende ein typisches Muster **familialer Interaktion** waren. „Konsens und nicht Dissens scheint das typische Muster der Familienbeziehungen um die Jahrhundertwende zu sein" (Reuband 1992, S. 105). Hinterfragt wird damit die These vom Generationenkonflikt. Reuband verweist auf soziale Typisierungen, mit denen Normalität festgeschrieben wird. Wird eine autoritäre Erziehung als Normalität gedeutet, ist es wahrscheinlich, dass intergenerationale Konflikte nicht auftreten, da die altersspezifischen Rechte und Pflichten akzeptiert werden. Ein autoritärer Befehlshaushalt führt daher nicht unabdingbar zu Generationskonflikten.

8 Bedeutung der Familie für Jugendliche in der Gegenwart

Mit diesen Erkenntnissen werden neue Akzente in der Jugendforschung gesetzt. Analysiert werden nun auch die familialen Bindungsmuster, der Zusammenhang von jugendlichem Lebensentwurf und familialer Erziehung bzw. der Zusammenhang von Familie, familialen Interaktionsmustern und jugendlichen Werteeinstellungen (Sturzbecher 2007). Auch interessieren die Wirkungsverhältnisse von jugendlichen Lebensformen und familialer Armut (Eder 2008). Mit dieser Sichtweise ist Jugend nicht mehr alleine Motor gesellschaftlicher Erneuerungen, der jenseits familialer Erfahrungen über reflexive Prozesse politisch aktiv wird und damit zugleich mahnend der Erwachsenengesellschaft gegenübertritt. Die differenzierte moderne Gesellschaft und die Pluralisierung von Lebensbereichen und privaten Lebensformen sowie das Aufbrechen der bisher voneinander abgegrenzten Lebensphasen mit innerem Aufbau führt zu einem Bild von Jugend, in dem die verschiedensten Ebenen berücksichtigt werden. Das erfordert auch eine methodische Offenheit.

Vorherrschend ist gegenwärtig als theoretischer Zugang eine sozialwissenschaftlich und modernisierungstheoretische Interpretationsweise. Jugend wird verstanden als individualisierte Jugend (Ferchhoff 1999; Ecarius/Fromme 2000), die ihre Lebensbereiche weitgehend selbsttätig organisiert und in Auseinandersetzung damit zu eigenen Welt- und Selbstsichten gelangt. Zugleich ist Jugend Schul- und Bildungsjugend (Ferchhoff 1999). Die Institution Schule (Wiezorek 2005) hat nicht nur zur Hervorbringung der Jugend beigetragen, sie führt auch zur Lernjugend, versehen mit einer spezifischen Struktur. Die Verschulung geht mit einer Familialisierung der Jugendphase (Ferchhoff 1999, S. 184) einher. Die Jugendlichen leben lange mit den Eltern zusammen und sind ihnen – auch aufgrund zivilisatorischer Informalisierungs- und Intimisierungsprozesse – verbunden. Eltern pflegen in der Regel einen modernen, liberalen Erziehungsstil, dem das Prinzip des Verhandelns und Argumentierens bei Respektierung gleichberechtigter Bedürfnisse des Anderen zugrunde liegt (Ecarius 2007). Schule und Arbeitsferne sowie familiale Bindungen sind strukturelle Eigenheiten der Jugendphase, die Autonomie sowie Abhängigkeit gleichermaßen produzieren. Die Kluft zwischen den Generationen ist tendenziell begradigt oder ist eher aufgrund differenter Lebensbereiche verschieden. Jugendliche stehen in engem Kontakt zu ihren Eltern, gehen aber in Bezug auf Medien (Sander 2001), Konsum, Kleidung, Sexualität und Bildung eigene Wege, die zwar von den Eltern (Buhl 2007) beeinflusst sein können, aber nicht sein müssen. Hierbei lernen Eltern auch von ihren Kindern (Ecarius 2003; Schmidt-Wenzel 2008). Die Familie hat neben der Schule, den Massenmedien und Auswirkungen der Neuen Technologien eine eigene Bedeutung für die Jugendlichen. Zugleich aber ist Jugend weiterhin Gleichaltrigenjugend, die nicht nur geschlechtsspezifisch, ethnisch und nach Sozialmilieu strukturiert, sondern auch von spezifischen Interessen geprägt ist. Diese Strukturbedingungen macht Jugend zur Patchworkjugend, denn die Biographie ist gegenwärtig weder teleologisch noch kann eine abgeschlossene Gewissheit über das persönliche Ich entwickelt werden. **Jugend als Lernjugend** ist nun plural und ohne einheitlichen Identitätskern.

Besonders deutlich wird der Zusammenhang von Jugend und Familie in der Shell Jugend-Studie 2000. Diese liefert ausführliche Ergebnisse über gegenwärtige jugendliche Lebensformen im Kontext von Familie. Sie zeigt empirisch die enge Verbindung von familialer Unterstützung, Werteeinstellung, biographischem Selbstverständnis und Zukunftseinstellung. Sie bestätigen die Annahme, dass Jugend als Lernjugend, versehen mit eigenen Handlungsoptionen, von der familialen Interaktion beeinflusst ist. Jugend ist somit gleichermaßen Lernjugend und Familienjugend. Die Untersuchung von 4544 Jugendlichen ergibt im Überblick: „Gegenwartsorientierung, schwere Herausforderungen in der Zukunft, Rückwärtsgewandtheit und Commitment auf Widerruf haben jeweils die höchsten Koeffizienten bei elterlichem Zutrauen (negativ) und bei ängstlicher Besorgtheit (positiv). Alle vier Einstellungen also sind mitbestimmt durch ein Erziehungsklima, das das Selbstbewusstsein des Kindes und vielleicht auch seine Sicherheit im Dasein nicht gefördert, sondern seine problematischen Seiten und seine Entwicklungsgefahren betont hat" (Fuchs-Heinritz 2000, S. 90). Für eine positive oder negative Einstellung zur Zukunft ist die Art der elterlichen Zugewandtheit zum Jugendlichen ausschlaggebend. Das bedeutet, dass vor allem Jugendliche, die in der Familie soziale und emotionale Unterstützung erhalten, über eine klare Lebensplanung und Zukunftsvorstellung verfügen, während Jugendliche mit geringer oder keiner elterlichen Unterstützung verstärkt gegenwartsorientiert sind und Angst vor schweren Herausforderungen haben. Vor allem jene Jugendliche, die mit ihren Eltern respektvoll verbunden sind, treiben zu einem größeren Anteil Sport, gehen spazieren oder besuchen Jugendzentren, interessieren sich für Politik, blicken zuversichtlich mit einer langfristigen Lebensplanung in die Zukunft und wollen zumeist ihre Kinder genauso erziehen wie sie selbst erzogen worden sind (Fuchs-Heinritz 2000, S. 75).

Aus diesen Ergebnissen resultiert die Frage, wie groß der elterliche Einfluss auf die Wertorientierung der Jugendlichen ist. Auch hierzu gibt die Studie Auskunft. Eine respektvolle Verbundenheit mit den Eltern fördert die Werte Selbstmanagement und Familienorientierung und die Erfahrung von elterlichem Zutrauen in die eigene Person fördert die Berufs- und Familienorientierung, die Liberalität und die Ausbildung eines Autonomiebewusstseins. „So können als wichtigste ‚wertbildende' Erziehungsstile also diejenigen der achtungsvollen emotionalen Zuwendung genannt werden, respektvolle Verbundenheit zwischen Eltern und Kind, Stolz auf und Zutrauen in das Kind und Anteilnahme an seinem Geschick. Beinahe ebenso wichtig ist die fordernde Erziehungshaltung" (Fritzsche 2000, S. 121). Hierbei gibt es nochmals Unterschiede je nach elterlichem Sozialmilieu. Jugendliche mit Eltern eines hohen Bildungsniveaus vertreten am meisten die Werte Berufsorientierung, Autonomie, Modernität und Menschlichkeit. Jugendliche, deren Eltern der mittleren Bildungsschicht angehören, bevorzugen die Werte Familienorientierung, Attraktivität und Authentizität, und die Dimension des Selbstmanagements bekommt von Jugendlichen aus der unteren Bildungsschicht den größten Zuspruch. Darüber hinaus ist die Bedeutung der Eltern über alle sozialen Schichten hinweg konstant hoch und steigt sogar mit höherem Bildungsniveau der Eltern an.

Nimmt man nun noch die einzelnen Wertetypen hinzu, die in der Shell-Jugend-Studie ausgemacht werden, kann ein differenziertes Bild von deutschen und ausländischen Jugendlichen (Yada 2005) nach Geschlecht und Bildung vorgenommen werden. Ausgemacht werden fünf Wertetypen: die Distanzierten, die Freizeitorientierten, die Vielseitigen, die Modernen und die Traditionellen. Vorgestellt werden hier die drei markantesten Typen. Zu den Distanzierten zählen 17% der Stichprobe. Sie sind im Durchschnittsalter 19,6 Jahre, wobei der Männeranteil überproportional bei 56% liegt. Hier finden sich auch die meisten ausländischen und vor allem türkischen Jugendlichen. Vorwiegend sind sie Berufsschüler, Arbeitslose und junge Arbeiter. Ihr elterliches Bildungsniveau ist niedrig: 50% der Väter haben eine Hauptschulabschluss oder keinen Abschluss. 44% der Jugendlichen geben an, streng oder sehr streng erzogen worden zu sein und ein Drittel möchte die eigenen Kinder anders erziehen. Die Eltern sind nur selten Bezugspersonen. In dieser Gruppe überwiegt die ängstliche Besorgtheit der Eltern. Sie blicken pessimistisch in die Zukunft und erwarten schwere Herausforderungen in der Zukunft. Folglich haben sie auch keine klare Zukunftsplanung. Entsprechend leben sie gegenwartsbezogen und präferieren ein Commitment auf Widerruf. Über 80% sehen täglich mehr als eine Stunde Fernsehen, einen Computer haben 46% und 23% der Jugendlichen nutzen das Internet. 41% fühlen sich keiner politischen Gruppierung nahe.

Die Gruppe der Vielseitigen umfasst 25% der Stichprobe und besteht zu 49% aus Mädchen. Das Durchschnittsalter liegt bei 19,4 Jahren und sie sind in der Mehrzahl Schüler, die einen Realschulabschluss anstreben. In dieser Gruppe sind 10% Ausländer. Ihre Eltern gehören dem mittleren Bildungsniveau an. Der Erziehungsstil der Eltern ist von einer respektvollen Verbundenheit, elterlichem Zutrauen, Eigenständigkeit in das Kind und verständnisvoller elterlicher Anteilnahme geprägt. Entsprechend verfügen sie über hohe Persönlichkeitsressourcen und 65% haben längerfristige Ziele, wobei 63% leistungsorientiert sind. Sie sind wenig gegenwartsbezogen oder gar rückwärtsgewandt. Sie suchen nach einer Balance zwischen Beruf und Familie, sind technikinteressiert (71%) und 61% verfügen über einen eigenen Computer.

Die Traditionellen haben einen Stichprobenanteil von 20%. Sie favorisieren überdurchschnittlich Menschlichkeit, Selbstmanagment sowie Familien- und Berufsorientierung. Authentizität und Attraktivität sind für sie weniger wichtig. Das Durchschnittsalter ist 19,7 Jahre, 53% sind älter als 20 Jahre. Die Traditionellen haben das höchste Bildungsniveau, 19% haben nur einen Hauptschulabschluss und 11% sind Ausländer. Die familiale Beziehung ist von überdurchschnittlichem elterlichen Zutrauen geprägt. Entsprechend ist die ängstliche Besorgtheit der Eltern relativ gering und nur ein Drittel ist streng oder sehr streng erzogen worden. Nur 24% möchten ihre Kinder anders erziehen. Diese Jugendlichen verfügen über hohe Persönlichkeitsressourcen, 68% sind leistungsorientiert, 62% betonen Gemeinsamkeit vor Individualität und 71% favorisieren längerfristige Nützlichkeitserwägungen. Sie blicken überdurchschnittlich positiv in die Zukunft, sind politikinteressiert und verfolgen sogar zu 61% die Diskussion um die europäische Einigung.

In den Shell-Studien 2002 und 2006 setzt sich die Orientierung an der Familie fort (Shell Studie 2002, 2006). In diesen Shell-Studien sind alle Altersgruppen von 12 bis 25 Jahren, differenziert nach Geschlecht und Statusgruppen, enthalten, wobei auch Migrantenjugendliche berücksichtigt werden. Danach sind die Jugendlichen gegenwärtig sogar noch stärker familienorientiert: Dieser Trend hat kontinuierlich seit 1985 zugenommen. 72 Prozent der Jugendlichen (Shell 2006) sind der Ansicht, dass man eine Familie braucht, um ein gutes Leben zu haben. Die Familie ist der Ort der Sicherheit, des sozialen Rückhaltes und der emotionalen Unterstützung, ca. 90 Prozent kommen gut mit ihren Eltern zurecht. Auch wenn die Peers eine große Bedeutung haben, bleibt der familiale Status maßgeblich für biographische Orientierungen. Dabei macht sich ein schichtbezogener Zusammenhang von Familienorientierung und ökonomischem Kapital bemerkbar. Die kreative Freizeitelite gehört dem oberen sozialen Milieu an. Die Jugendlichen aus den unteren sozialen Milieus formieren sich zu Technikfreaks. 30 Prozent aller Familien, die über gute ökonomische Mittel verfügen, ermöglichen ihren Kindern beste Bedingungen und befördern sie mit sozialer Kompetenz und Selbstvertrauen. Das mittlere Drittel der Familien verfügt nicht über jene Ressourcen, kann aber der jungen Generation immer noch vergleichsweise günstige Voraussetzungen mitgeben. Das untere Drittel – Eltern mit niedrigen Bildungsabschlüssen – kann nur schlechte Bedingungen für die Entwicklung der Jugendlichen offerieren. Ein Stück weit spiegelt sich dies in den Familienbeziehungen wider. So geben 48 Prozent aus der Oberschicht an, dass sie bestens mit den Eltern auskommen, während es in der Unterschicht nur 20 Prozent sind (Shell-Jugendstudie 2006, S. 60). Dies korrespondiert mit dem erfahrenen Erziehungsstil: Jugendliche der sozialen Oberschicht erfahren zu 58 Prozent einen regelgeleiteten Verhandlungshaushalt, während dies nur 27 Prozent der Jugendlichen aus dem unteren sozialen Milieu für sich beanspruchen können. Dennoch hat das Ideal der Familie einen hohen sozialen Stellenwert: 69 Prozent der Jungen und 76 Prozent der Mädchen betonen, dass man eine Familie braucht, um glücklich zu sein.

Die Jugendforschung berücksichtigt in den theoretischen Konzeptionen diese Erkenntnisse. Jugend wird als ein ambivalentes Moratorium interpretiert (Hurrelmann/Albert/Quenzel/Langness 2006, S. 35). Durch den Ausbau des Bildungssystems sind Jugendliche freigesprochen von einer ökonomischen Erwerbstätigkeit und -verpflichtung, wodurch sie sich in den Bereichen Konsum-, Medien- und Freizeitsektor intensiv orientieren und ausprobieren können, zugleich aber der Übergang in das Berufsleben manchen Jugendlichen versagt bleibt. Das Moratorium ist ambivalent, da es eine produktive Auseinandersetzung mit gesellschaftlichen Belangen und Produktionsprozessen erfordert und gleichzeitig die Entwicklungsaufgabe stellt, die körperliche und psychische Innenwelt mit der sozialen gegenständlichen Außenwelt in Einklang zu bringen. Der Widerspruch zwischen soziokultureller Selbstständigkeit und sozioökonomischer Unselbstständigkeit steigert persönliche Autonomiebedürfnisse bei gleichzeitigen ökonomischen Hemmnissen. Das „Doing Adolescence" bezüglich Zukunftsplanung, Berufswahl, Familiengründung, Freizeit- und Werteorientierung enthält Entwicklungsaufgaben, die individuell zu bearbeiten und zugleich in Bezug auf die eigene Identitätsbildung zu lösen sind (Stauber 2004). Reinders (2003) unterscheidet in Moratorium und Transition, wobei er diese Thesen (Reinders 2006) überführt in ein Bildungsmoratorium und Freizeitmoratorium. Grundlegend ist dabei der Gedanke eines Verweilens in einer gegenwartsorientierten Zeit und einer gleichzeitigen Ausrichtung einer Transition über das Erlangen von Bildungstiteln in das Erwachsenenalter. Die Ausgestaltung der Jugendphase in Form von Assimilation, Integration, Segregation und Marginalisierung korrespondiert mit familialen Unterstützungsleistungen, die sich in positiver wie auch in negativer Weise in der Selbstwirksamkeit der Jugendlichen auswirken.

Auch im internationalen Vergleich hat die Familie für die Jugendlichen eine enorme Bedeutung (vgl. Meil 2006; Ponce 2006). Unabhängig von der traditionellen oder modernen Ausrichtung der jeweiligen Gesellschaft hat für Jugendliche die Familie in Spanien, Polen, Litauen, Südkorea, Chile und Deutschland einen hohen Stellenwert (Busch/Scholz 2006). Sie ist bedeutsam für die eigene Zukunftsplanung in Bezug auf Partnerschaftsbindungen, die Planung der eigenen Biografie und den Wunsch der Jugendlichen, eine eigene Familie zu gründen. In einer international empirisch vergleichenden Studie (Busch/Scholz 2006; Yoo/Choi 2006) mit jeweils mehr als 1.400 Jugendlichen je Land zeichnet sich eindeutig ab, dass die junge Generation trotz unterschiedlicher Erfahrungen die Gründung einer eigenen Familie plant, auch wenn inzwischen Modelle bzw. Interimsphasen wie das Leben ohne Trauschein oder kurzfristige Partnerschaften vor der Ehe als moderne Lebensformen toleriert werden, diese jedoch mit dem Ziel interpretiert werden, dass sie sich letztendlich in eine Familiengründung transformieren lassen. Generativität als wesentliches Moment der Jugendphase, die Veränderung der Bindungsformen zwischen Jugendlichen und Eltern, beeinflusst nach King (2002) Möglichkeiten und Behinderungen der Entstehung des Neuen in jugendlichen Lebensformen. Ungleiche Chancen ergeben sich aus geschlechtsspezifischen, ethnischen und milieuspezifischen familialen Erfahrungen der Jugendlichen (King 2006). Der Blick ist dabei auch gerichtet auf die besonderen Lebenslagen von Migrantenjugendlichen (Hummrich 2006), wobei Bildungserfolge und Misserfolge (Boos-Nünning/Karakasoglu 2005) sowie jugendliche Lebensformen (von Wensierkski/Lübcke 2007) im Kontext familialer Bedingungen analysiert werden. Ebenfalls rückt auch in Analysen über gewaltbereite Jugendliche in rechtsextremen Milieus die Familie in den Blick (Möller/Schuhmacher 2007), wenn nach den Hintergründen der Entstehungsbedingungen von gewalttätigem Handeln gefragt wird. Hier zeichnet sich ein vielfältiges Bedingungsgeflecht ab:

Weder die familialen Bedingungen noch die milieuspezifischen Erfahrungen der Jugendlichen (Wippermann/Zarcos-Lamolda/Krafeld 2002) sind je alleine ausschlaggebend für rechte und zugleich gewalttätige Orientierungen der Jugendlichen. Im Kontext dieser Forschungen wird gegenwärtig auch danach gefragt, welche Lernprozesse Eltern durchlaufen, um den Bedürfnissen an Unterstützung für ihre Kinder gerecht zu werden (Schmidt-Wenzel 2008; Wissenschaftlicher Beirat für Familienfragen 2005).

9 Abschließende Überlegungen

Die Forschungsfelder Familie und Jugend haben sich, auch wenn sie in der sozialen Wirklichkeit eng miteinander verknüpft sind, erst langsam angenähert. Ging es zuerst um die Entdeckung der Jugend als Moratorium für das Erwachsenenleben und damit um eine aufgeklärte Gesellschaft, kommen in der Folge Modelle auf, die ideelle Vorstellungen von Jugend transportieren, anhand derer jugendliches Leben gemessen und beurteilt wird. Entwicklungspsychologische Phasenmodelle und strukturfunktionalistische Ansätze zur Jugend blenden die Familie aus, obwohl sie für Jugendliche von Bedeutung ist. Aber auch die Familienforschung hat sich bis in die späten 1970er-Jahre auf traditionelle Modelle von Familie, der Kleinfamilie als Gruppe mit mindestens zwei Kindern, konzentriert und damit die Frage der intergenerationalen Interaktion ausgeblendet. Erst seit dem Ende der Debatte um einen Generationenkonflikt, aber auch der Diskussion der Antipädagogik um das Ende von Erziehung, konnte der Blick auf die intergenerationalen Interaktionsbeziehungen gelenkt werden und wieder an Fragen gearbeitet werden, die die tatsächlichen Interaktionsformen und Bindungsmuster ins Visier nehmen. Hier wird deutlich, wie stark der elterliche Einfluss auf Jugendliche ist. Dies wirft für Pädagogen und Pädagoginnen, die in unterschiedlichen Bereichen mit Jugendlichen arbeiten, ganz neue Fragen auf: Kann die familiale Erziehung und ihr Einfluss auf die Heranwachsenden von außen beeinflusst werden und wenn ja, wie ist anzusetzen und welche Aspekte sind zu berücksichtigen? Wie können sich Familie und Schule aufeinander beziehen, welchen Bildungsauftrag hat die Schule und welche Bedeutung kommt der Familie zu (Giesecke 1999)? Wie kann die Pädagogik mit ihren Institutionen auf ungünstige Erziehungserfahrungen der Jugendlichen reagieren und Orte der Kompensation schaffen? Dies alles sind Fragen, die sowohl empirisch, theoretisch als auch praktisch zu diskutieren sind, wobei ein wechselseitiger Bezug sinnvoll wäre.

Literatur

Allerbeck, K./Hoag, W.: Jugend ohne Zukunft? München 1985
Allerbeck, K./Kaase, M./Klingemann, H. D.: Politische Ideologie, politische Beteiligung und politische Sozialisation. In: Politische Vierteljahreszeitschrift 20 (1979), H. 4, S. 357-378
Arbeitsgruppe Schulforschung: Leistung und Versagen. München 1980
Ariès, P.: Geschichte der Kindheit. München 1975
Baacke, D.: Jugend und Jugendkulturen. Weinheim/München 1987
Beck, U.: Risikogesellschaft. Frankfurt a.M. 1986.
Beck-Gernsheim, E.: Vom „Dasein für Andere" zum Anspruch für ein Stück „eigenes Leben". In: Soziale Welt 34 (1983), H. 3, S. 307-340
Bien, W. (Hrsg.): Eigeninteresse und Solidarität. Opladen 1994

Bilden, H./Diezinger, A./Marquardt, R./Dahlke, K.: Arbeitslose junge Mädchen. In: Zeitschrift für Pädagogik 27 (1981), S. 677-693
Blättner, F.: Die psychologischen und pädagogischen Probleme des Jugendalters. In: Zeitschrift für Pädagogik 1 (1955), S. 145ff.
Boos-Nünning, U./Karakasoglu, Y.: Viele Welten leben. Zur Lebenssituation von Mädchen und jungen Frauen mit Migrationshintergrund. Münster u.a. 2005
Borscheid, P.: Geschichte des Alters. München 1989
Braunmühl, E. v.: Antipädagogik. Studien zur Abschaffung der Erziehung. Weinheim/Basel² 1976
Buchhofer, B./Friedrichs, J./Lüdtke, H.: Alter, Generationsdynamik und soziale Differenzierung. In: KZfSS 22, 1970, S. 300-334
Buhl, H. M.: Die Beziehung zwischen Erwachsenen und ihren Eltern. Individuation und biographische Übergänge. Wiesbaden 2007
Burger, A./Seidenspinner, G.: Töchter und Mütter. Opladen 1988
Busch, F. W./Scholz, W.-D. (Hrsg.): Familienvorstellungen zwischen Fortschrittlichkeit und Beharrung. Ergebnisse einer empirischen Untersuchung von Ehe- und Familienvorstellungen Jugendlicher im internationalen Vergleich. Würzburg 2006
Busemann, A.: Krisenjahre im Ablauf der menschlichen Jugend. 3. Aufl., Ratingen 1965
Chvojka, E.: Geschichte der Großelternrollen vom 16. bis zum 20. Jahrhundert. Böhlau 2003
Dudek, P.: Geschichte der Jugend. In: Krüger, H.-H. (1993), S. 305-331
Ecarius, J. (Hrsg.): Handbuch Familie. Wiesbaden 2007
Ecarius, J. (Hrsg.): Was will die jüngere mit der älteren Generation? Generationenverhältnisse und Generationsbeziehungen in der Erziehungswissenschaft. Opladen 1998
Ecarius, J./Fromme, J.: Außerpädagogische Freizeit und jugendkulturelle Stile. In: Sander, U./Vollbrecht, R. (Hrsg.): Jugend im 20. Jahrhundert. Berlin (2000), S. 138-157
Ecarius, J.: Familienerziehung im historischen Wandel. Eine qualitative Studie über Erziehung und Erziehungserfahrungen von drei Generationen. Opladen 2003
Eder, A.: Familiäre Konsequenzen elterlicher Arbeitslosigkeit. Hamburg 2008
Eisenstadt, S. N.: Von Generation zu Generation. München 1966
Fend, H.: Sozialgeschichte des Aufwachsens. Frankfurt 1988
Fritzsche, Y.: Moderne Orientierungsmuster: Inflation am „Wertehimmel". In: Jugendwerk der Deutschen Shell (2000), S. 93-157
Froese, L: Der Bedeutungswandel des Bildungsbegriffs. In: ZfPäd. 8 (1962), S. 121-141
Fromm, C./Savier, M.: Widerstandsformen von Mädchen in Subkulturen. In: 6. Jugendbericht (Hrsg.): Alltagsbewältigung: Rückzug – Widerstand. Leverkusen 1984, S. 15-47
Fuchs, W.: Jugend als Lebenslaufphase. In: Jugendwerk der Deutschen Shell (1985), Bd. 1., S. 195-264
Fuchs, W.: Jugendbiographie. In: Jugendwerk der Deutschen Schell (1981), S. 124-344
Fuchs, W.: Jugendliche Statuspassage oder individualisierte Jugendbiographie? In: Soziale Welt 34 (1983), S. 341-371
Fuchs-Heinritz, W./Krüger, H.-H./Ecarius, J.: Feste Fahrpläne durch die Jugendphase. In: Bois-Reymond, M. du/Oechsle, M. (Hrsg.): Neue Jugendbiographie. Opladen 1990, S. 25-40
Fuchs-Heinritz, W.: Zukunftsorientierungen und Verhältnis zu den Eltern. In: Jugendwerk der Deutschen Shell (2000), S. 23-92
Giesecke, H.: Brauchen wir noch Erziehungsziele? In: Neue Sammlung 22 (1982), S. 357-365
Gillis, J. R.: Geschichte der Jugend. Weinheim/Basel 1980
Girschner, W.: Selbst- und Mitbestimmung als Steuerungsprobleme im Schulwesen. In: Zeitschrift für Pädagogik 20 (1974), H. 4, S. 839-864
Hick, B.: Autonomieentwicklung und familiale Konfliktgespräche im Längsschnitt. Freiburg/Breisgau 2000
Hille, B./Jaide, W. (Hrsg.): DDR-Jugend. Politisches Bewußtsein und Lebensalltag. Opladen 1990
Hornstein, W.: Jugend in ihrer Zeit. Hamburg 1966
Hornstein, W.: Jugend. Strukturwandel im gesellschaftlichen Wandlungsprozess. In: Hradil, S. (Hrsg.): Sozialstruktur im Umbruch. Opladen 1985, S. 323-342
Hummrich, M.: Migration und Bildungsprozess. In: King, V./Koller, H.-Ch. (Hrsg.): Adoleszenz – Migration – Bildung. Wiesbaden (2006), S. 85-102
Hurrelmann, K./Albert, M./Quenzel, G./Langness, A.: Eine pragmatische Generation unter Druck. Shell Deutschland Holding (Hrsg.): Jugend 2006. Frankfurt 2006
Hurrelmann, K./Rosewitz, B./Wolf, H.K.: Lebensphase Jugend. Weinheim/München 1985
Hurrelmann, K./Ulich, D. (Hrsg.): Handbuch der Sozialisationsforschung. Weinheim/Basel 1980

Imhof, A.E.: Die Lebenszeit. München 1988
Isermann, G.: Zur Literatur über Sexualfragen. In: Neue Sammlung 10 (1970), 591-620
Jakob, B.: Liebe und Ehe am Scheideweg ins neue Jahrtausend. Berlin 2001
Jugendwerk der Deutschen Schell (Hrsg.): Jugend 2006. Frankfurt 2006
Jugendwerk der Deutschen Schell (Hrsg.): Jugend ,81. Lebensentwürfe, Alltagskulturen, Zukunftsbilder. Bd. 1 u. 2, Opladen 1981
Jugendwerk der Deutschen Schell (Hrsg.): Jugendstudie. Hamburg 2002
Jugendwerk der Deutschen Shell (Hrsg.): Jugend 2000. Bd. 1, Opladen 2000
Jugendwerk der Deutschen Shell (Hrsg.): Jugend zwischen 13 und 24. Vergleich über 20 Jahre. Bd. 1-3, Hamburg 1975
Jugendwerk der Deutschen Shell (Hrsg.): Jugendliche und Erwachsenen '85. 5 Bde. Opladen 1985
Kaiser, G.: Der Einfluss des Jugendrechts auf die Struktur der Jugendkriminalität. In: Zeitschrift für Pädagogik 16 (1970), S. 337-364
Kandlbinder, J.: Halbstark und cool. Ausgewählte Jugendkulturen seit den 1950er Jahren. Münster 2005
Kant, I.: Ausgewählte Schriften zur Pädagogik und ihrer Begründung. Paderborn 1982
Kaufmann, F.-X.: Zukunft der Familie im vereinten Deutschland. München 1995
Kertzer, D.I./Barbagli, M.: Family life in the twentieth century. New Haven 2003
King, V.: Die Entstehung des Neuen in der Adoleszenz. Wiesbaden 2002
King, V.: Ungleiche Karrieren. Bildungsaufstieg und Adoleszenzverläufe bei jungen Männern und Frauen aus Migrantenfamilien.. In: King, V./Koller, H.-Ch. (Hrsg.): Adoleszenz – Migration – Bildung. Wiesbaden (2006), S. 27-46
Kohli, M.: Antizipation, Bilanzierung, Irreversibilität. In: Hurrelmann, K. (Hrsg.): Lebenslage, Lebenswelten, Lebenszeit. Weinheim 1986, S. 123-136
Kohli, M.: Normalbiographie und Individualität: Zur institutionellen Dynamik des gegenwärtigen Lebenslaufregimes. In: Brose, H.-G./Hildenbrand, B. (Hrsg.): Vom Ende des Individuums zur Individualität ohne Ende. Opladen 1988, S. 33-54
König, R.: Materialien zur Soziologie der Familie. Bern 1946
Kroh, O.: Entwicklungspsychologie des Grundschulkindes. 13.-19. Aufl., Langensalza 1944
Krüger, H.-H. (Hrsg.): Handbuch der Jugendforschung. 2. erw. Aufl., Opladen 1993
Kupffer, H.: Erziehung – Angriff auf die Freiheit. Weinheim/Basel 1980
Lenz, K.: Die vielen Gesichter der Jugend. Frankfurt a. M. 1988
Mannheim, K.: Das Problem der Generationen. In: KZfSS 7 (1928), H. 2, S. 157-185; H. 3, S. 309-330
Meil, G.: Familienvorstellungen Jugendlicher in Spanien. In: Busch, F. W./Scholz, W.-D. (Hrsg.): Familienvorstellungen zwischen Fortschrittlichkeit und Beharrung. Würzburg (2006), S. 85-135
Mitterauer, M.: Der Mythos von der vorindustriellen Großfamilie. In: Mitterauer, M./Sieder, R. (Hrsg.): Vom Patriarchat zur Partnerschaft. München 1977, S. 38-63
Möller, K./Schuhmacher, N.: Rechte Glatzen. Rechtsextreme Orientierungs- und Szenezusammenhänge – Einstiegs-, Verbleibs- und Ausstiegsprozesse von Skinheads. Wiesbaden 2007
Muchow, H.-H.: Jugend im Wandel. Schleswig 1953
Nickel, H.: Sozialisation im Widerstand? In: Zeitschrift für Pädagogik 37 (1991), S. 603-617
Oelkers, J.: Jugendkultur gestern und heute. In: Jahrbuch des Archivs der deutschen Jugendbewegung. Bd. 17, Burg Ludwigstein/Witzenhausen (1995), S. 13-36.
Olk, Th.: Jugend und Gesellschaft. In: Heitmeyer, W. (Hrsg.): Interdisziplinäre Jugendforschung. Weinheim/München 1986, S. 41-62
Oswald, H./Boll, W.: Das Ende des Generationenkonflikts? In: ZSE 12 (1992), H. 1, S. 30-51
Ponce, M. S. H.: Familienvorstellungen Jugendlicher in Chile. In: Busch, F. W./Scholz, W.-D. (Hrsg.): Familienvorstellungen zwischen Fortschrittlichkeit und Beharrung. Würzburg (2006), S. 259-295
Projektgruppe Jugendbüro: Subkultur und Familie als Orientierungsmuster. München 1977
Reinders, H.: Jugendtypen. Ansätze zu einer differentiellen Theorie der Adoleszenz. Opladen 2003
Reinders, H.: Jugendtypen. Zwischen Bildung und Freizeit. Münster 2006
Rentmeister, C.: Kultur. In: Bayer, J./Lamott, F./Meyer, B. (Hrsg.): Frauenhandlexikon. München 1983
Reuband, K.-H.: Veränderungen in den familialen Lebensbedingungen Jugendlicher seit der Jahrhundertwende. In: ZSE 12 (1992), S. 99-114
Rosenbaum, H.: Familie als Gegenstruktur zur Gesellschaft. 2.Aufl., Stuttgart 1978
Rosenmayr, L.: Sozialisation der Jugend als gesellschaftliche Transformation. In: Jugendwerk der Deutschen Shell (1975), Bd. 1, Hamburg 1975, S. 87-103
Roth, H.: Jugend und Schule zwischen Reform und Restauration. Berlin/Hannover/Darmstadt 1961
Rusinek, B.-A.: Das Glück der Provokation. In: Breyvogel, W. (Hrsg.): Lust auf Randale. Bonn 1993, S. 83-115

Sander, E.: Common Culture und neues Generationenverhältnis. Die Medienerfahrungen jüngerer Jugendlicher und ihrer Eltern im empirischen Vergleich. München 2001
Schäfers, B.: Soziologie des Jugendalters. Opladen 1982
Schelsky, H.: Die skeptische Generation. Düsseldorf/Köln 1957
Schelsky, H.: Wandlungen der deutschen Familie in der Gegenwart. Stuttgart 1953
Schleiermacher, F.E.D.: Ausgewählte pädagogische Schriften. Paderborn 1983
Schmidt-Wenzel, A.: Wie Eltern lernen. Eine empirisch qualitative Studie zur innerfamilialen Lernkultur. Opladen, Farmington Hills 2008
Schubert, I.: Die schwierige Loslösung von Eltern und Kindern. Frankfurt/Main [u.a.] 2005
Schütze, Y.: Jugend und Familie. In: Krüger, H.-H. (1993), S. 335-350
Spranger, E.: Psychologie des Jugendalters. Heidelberg 1925
Stauber, B.: Junge Frauen und Männer in Jugendkulturen. Opladen 2004
Sturzbecher, D.: Werte, Familie, Politik, Gewalt. Was bewegt die Jugend. Berlin [u.a.] 2007
Tenbruck, F. H.: Moderne Jugend als soziale Gruppe. In: Friedeburg, L. v. (Hrsg.): Jugend in der modernen Gesellschaft. Köln/Berlin 1965
Tenbruck, F.H.: Jugend und Gesellschaft. Freiburg 1962
Tippelt, R.: Kinder und Jugendliche im Spannungsfeld zwischen der Familie und anderen Sozialisationsinstanzen. In: Zeitschrift für Pädagogik 34 (1988), S. 621-640
Wensierski von, H.-J./Lübcke, C. (Hrsg.): Junge Muslime in Deutschland. Opladen, Farmington Hills 2007
Wiezorek, Ch.: Schule, Biografie und Anerkennung. Wiesbaden 2005
Wippermann, C./Zarcos-Lamolda, A./Krafeld, F. J.: Auf der Suche nach Thrill und Geborgenheit. Lebenswelten rechtsradikaler Jugendlicher und neue pädagogische Perspektiven. Opladen 2002
Wissenschaftlicher Beirat für Familienfragen: Familiale Erziehungskompetenzen. Beziehungsklima und Erziehungsleistungen in der Familie als Problem und Aufgabe. Weinheim/München 2005
Yada, S.: Zum Vergleich der Erziehungsmilieus deutscher und türkischer Familien und ihre Bedeutung für die Schule. Stuttgart 2005
Yoo, D./Choi, S.: Familienvorstellungen Jugendlicher in Südkorea. In: Busch, F. W./Scholz, W.-D. (Hrsg.): Familienvorstellungen zwischen Fortschrittlichkeit und Beharrung. Würzburg (2006), S. 227-258
Ziehe, T.: Trendanalyse zur Situation der jungen Generation aus psychologischer Sicht. In: Ilsemann, W. v. (Hrsg.): Jugend zwischen Anpassung und Ausstieg? Hamburg 1980, S. 47-55
Zinnecker, J.: Die Gesellschaft der Altersgleichen. In: Jugendwerk der Deutschen Shell (1981), S. 422-672

Schule, Ausbildung, Beruf

Friederike Heinzel

Kindheit und Grundschule

Die Grundschule unterscheidet sich von anderen Schularten. Im Gegensatz zu den weiterführenden Schulen wird sie (1.) von Kindern besucht und stellt im Schulsystem der Bundesrepublik Deutschland damit die einzige **Kinderschule** dar. Alle anderen Schulen führen in das Jugend- oder Erwachsenenalter hinein. Für Kinder eröffnet der Besuch der Grundschule (2.) ihre ersten Schulerfahrungen und sie werden hier zu Schülerinnen und Schülern sozialisiert. Da in die Grundschule alle Kinder eines Wohngebietes aufgenommen werden, ist die Schülerschaft (3.) nicht ausgelesen und sehr heterogen. Nur Kinder mit Behinderungen bilden noch eine Ausnahme, weil sie meist in Primarstufen an Sonderschulen und eher selten in Integrationsklassen ihrer Schulpflicht nachkommen. Außerdem (4.) sieht die Grundschule ihren Auftrag darin, „Grundlegende Bildung" zu vermitteln. Als grundlegende Schule besteht die zentrale Aufgabe darin, die Voraussetzung für den Zugang zu Kultur und Gesellschaft zu schaffen, indem in sprachliche und mathematische Symbolsysteme, in naturwissenschaftliches und sozialwissenschaftliches Denken sowie in ästhetische Bildung und religiöse Überlegungen eingeführt wird (vgl. Schorch 2007).

Mit der Grundschule als einziger Kinderschule im Schulsystem der Bundesrepublik Deutschland wird – seit ihrer Gründung – der Anspruch verbunden, dass sie eine kindgemäße Bildungseinrichtung zu sein habe. Die inhaltliche Bestimmung von „**Kindgemäßheit**" hängt dabei ab von der Bedeutung, die Kinder in der Gesellschaft zugewiesen bekommen. Beim Begriff „Kindgemäßheit" handelt es sich um einen normativen bzw. präskriptiven Terminus. Grundschulpädagogische Ansätze und Konzeptionen waren und sind daher erheblich beeinflusst von den jeweils aktuellen Kindheitskonstruktionen. Das Prinzip der Kindgemäßheit kann sich also nicht auf einen feststehenden, empirischen Kindheitsbegriff beziehen, sondern es muss als wandelbare Konstruktion innerhalb einer geschichtlich-gesellschaftlichen Wirklichkeit analysiert werden (vgl. Fournés 2008; Götz 2008; Rosenberger 2005; Fölling-Albers 1994).

In diesem Beitrag wird zunächst (Kapitel 1) die historische Entwicklung der grundschulpädagogischen Konzepte seit der Einrichtung der Grundschule durch Artikel 146 der Weimarer Verfassung im Jahre 1919 skizziert und dabei besonders auf die jeweiligen Vorstellungen von „Kindgemäßheit" im Spannungsfeld von „Kindzentrierung" und „Gesellschaftszentrierung" eingegangen. Es folgt (Kapitel 2) die Darstellung zentraler Begriffe und theoretischer Ansätze zum Verhältnis von Kindheit und Grundschule. Reifungs- und Stufenmodelle, lernpsychologische- und sozialisationstheoretische Ansätze sowie das Theoriekonzept der Neuen Kindheitsforschung, Lebensweltorientierung und sozial-konstruktivistische Lerntheorien werden hier in ihrer Bedeutung für das Bild des Grundschulkindes und den Unterricht in der Grundschule umrissen. Schließlich (Kapitel 3) werden Ergebnisse quantitativer und qualitativer Studien dargestellt, die sich auf Schnittstellen zwischen Grundschul- und Kindheitsforschung beziehen. Zuletzt (Kapitel 4) werden Wechselbezüge zwischen der Grundschule und anderen Sozialisationsinstanzen thematisiert und Umrisse einer generationenvermittelnden Grundschule entworfen.

1 Zwischen Kind und Gesellschaft – Pendelbewegungen in der Geschichte der Grundschulkonzepte

Die wesentlichen Impulse für die Entstehung der Grundschule stammten aus der „Einheitsschulbewegung" und der „Reformpädagogik". Diese beiden Strömungen beeinflussten die rechtliche und organisatorische Gestalt der Grundschule ebenso wie ihre pädagogische Ausgestaltung (vgl. Neuhaus 1994; Rodehüser 1987). Vier Phasen der Grundschulentwicklung können unterschieden werden:

1.1 Weimarer Grundschule (1920 bis 1933)

Die Einrichtung der Grundschule als gemeinsamer Schule für alle Kinder in den vier unteren Jahrgängen wurde in Artikel 146 der „Weimarer Verfassung" festgelegt und im Grundschulgesetz von 1920 sowie den „Richtlinien zur Aufstellung von Lehrplänen für die Grundschule in Preußen" von 1921 konkretisiert. Die Weimarer Grundschule wurde als Stätte kindgemäßer, grundlegender Bildung und Schonraum für eine ruhig reifende Kindheit konzipiert. Wissensstoff und Fertigkeiten sollten nicht bloß „äußerlich angeeignet" sondern „innerlich erlebt und erworben" werden (ebd., S. 55). Favorisiert wurde eine **Pädagogik „Vom Kinde aus"** im Rahmen eines Gesamtunterrichts, in welchem Themen aus dem Erlebnisbereich der Kinder sowie das „Heimatprinzip" im Mittelpunkt stehen sollten (vgl. Knörzer/Grass 1998; Wittenbruch 1995; Neuhaus 1994). Das Prinzip der Kindgemäßheit implizierte die Berücksichtigung altersgemäßer Entwicklung, war reifungs- und stufentheoretisch bestimmt und wurde didaktisch ausgearbeitet (vgl. Fölling-Albers 1994). Mit der Grundschule entstand demgemäß eine Schulart, die Kindorientierung und Kindgerechtheit des Unterrichts verlangte.

1.2 Grundschule im Nationalsozialismus (1933 bis 1945)

In der Zeit des Nationalsozialismus wurde die vierjährige gemeinsame Schule für alle Kinder als Volksschulunterstufe beibehalten, während ihr Charakter als relativ selbständige Schulform geschwächt wurde (vgl. Götz 1997). Bereits seit 1933 erfuhren – durch länderspezifische Maßnahmen – Teile der Grundschularbeit eine Ideologisierung (vgl. Ottweiler 1979). Im Jahre 1937 erfolgte der Erlass reichseinheitlicher „Richtlinien für die unteren Jahrgänge der Volksschule" (DWEV 1937, S. 200), welche nicht länger eine Pädagogik „Vom Kinde aus" sondern eine Pädagogik „Vom Volke aus" propagierten (vgl. Götz 1997, S. 199). In den Begründungen für die Ausgestaltung der Volksschule wurde vor allem weltanschaulich argumentiert. Gegenwart und Zukunft des Kindes interessierten im nationalsozialistischen Erziehungsverständnis vor allem im Hinblick auf das Erstarken des völkischen Staates (vgl. Rodehüser 1987, S. 301ff.). Reformpädagogische Ideen wurden teilweise transformiert und umgedeutet. In der Binnengestalt der Fächer erhielt die Heimatkunde einen zentralen Stellenwert, die zusammen mit dem Deutschunterricht das zentrale Gefüge nationalsozialistischer Erziehung bilden sollte (DWEV 1937, S. 200).

1.3 Getrennte Entwicklungen: Unterstufe und Grundschule (1945 bis 1989)

Die Wiederherstellung des Schulwesens nach 1945 schloss an Weimarer Reformen und Strukturen an, wobei die Grundschulzeit zunächst in einigen Ländern verlängert werden konnte, in Berlin und der Sowjetischen Besatzungszone (SBZ) auf acht, in einigen anderen Bundesländern auf sechs Jahre. Im Folgenden werden nun die Entwicklungen in den beiden deutschen Staaten getrennt skizziert.

1.3.1 Unterstufe in der DDR

Mit dem „Gesetz zur Demokratisierung der deutschen Schule" von 1946 wird in der SBZ zunächst die achtklassige Grundschule eingerichtet (vgl. Quellen 1962). Viele LehrerInnen versuchten in der SBZ und der 1949 gegründeten DDR zunächst an reformpädagogische Unterrichtskonzepte anzuknüpfen. Später standen Konzepte der Sowjetpädagogik im Zentrum und die Pädagogik „Vom Kinde aus" wurde zunehmend zurückgewiesen (vgl. Fournés 1996, S. 5). Kinder sollten „zu Erbauern und Aktivisten im sozialistischen Staat" und „allseitig entwickelten sozialistischen Persönlichkeiten" erzogen werden (ebd., S. 7). 1959 wurde dann die zehnklassige allgemeinbildende polytechnische Oberschule (POS) mit einer Unterstufe in den Klassen 1 bis 4 eingeführt (ebd., S. 13). Der Unterstufe wurde eine Fundamente schaffende Funktion zugewiesen: Sie sollte für das gesamte nachfolgende Lernen Grundlagen schaffen und zudem die Kinder zur aktiven Auseinandersetzung mit ihrer Umwelt befähigen. Die jüngeren Schüler und Schülerinnen sollten „Liebe" zum sozialistischen Vaterland, zum Lernen und zur Arbeit, zur Arbeiterklasse und ihrer Partei sowie ein freundschaftliches Verhältnis zur Sowjetunion entwickeln (ebd. S. 54ff.).

Das Lernen im lehrerzentrierten kognitiv ausgerichteten Unterricht und im Rahmen gelenkter kollektiver Tätigkeiten außerhalb des Unterrichts galt als wesentliche Tätigkeit für Kinder (vgl. Geiling/Heinzel 2000). Ende der achtziger Jahre deuteten sich dann Veränderungen in der Schulpolitik und Pädagogik der DDR an. In der pädagogischen Psychologie hatte „eine subjektorientierte, aktive Aneignungspädagogik" gegenüber einer „objektbezogenen Vermittlungspädagogik" an Bedeutung gewonnen (vgl. Geiling 1999; Kollakowski 1994). Eine flexiblere Handhabung der Lehrpläne durch die Lehrkräfte wurde angestrebt, selbstgesteuertes Lernen und individuelle Zugänge der Kinder sollten gestärkt werden (vgl. Fournés 1996, S. 33ff.).

1.3.2 Grundschule in der BRD

In der BRD können zwei Abschnitte der Grundschulentwicklung unterschieden werden, die erste soll als *Rekonstruktion nach dem Zusammenbruch (1945 bis 1965)* tituliert werden (vgl. Götz/Sandfuchs 2005; Neuhaus 1994; Rodehüser 1987). In dieser Periode wurde an die Traditionen von Weimar angeknüpft und die Grundschule als kindgemäße, auf die kindlichen Erlebnisse und Entwicklungen bezogene und ganzheitliche Lebensstätte gestaltet. Es kam zu einer Renaissance reformpädagogischer Konzepte und der Pädagogik „Vom Kinde aus". Die Reifungstheorie wurde ausdifferenziert (Schenk-Danzinger 1969) und der (heimatkundliche) an kindlichen Gegenwartsbedürfnissen orientierte Gesamtunterricht weiterentwickelt (Lichtenstein-Rother 1969). Volkstümliche Bildung galt als kindgemäß und empfehlenswert für die Grundschule. Die Stoffauswahl wurde am Kind, an seiner Erfahrungswelt orientiert.

Seit Mitte der 1970er-Jahre gerieten Theorie und Praxis der Weimarer Grundschule zunehmend in Kritik und es folgte eine zweite Periode der Grundschulentwicklung in der BRD, auch *Curriculumsphase* genannt. Diese Etappe wurde eingeleitet durch den Grundschulkongress 1969 in Frankfurt, auf dem der Schonraumgedanke verworfen und der Grundschule vorgehalten wurde, dass sie den Herausforderungen der Zeit nicht gefolgt sei (vgl. Schwartz 1969). Nun wurden Umwelt- und Lernbedingungen für die Entwicklung des Kindes stärker verantwortlich gemacht. Begabung galt nicht mehr als die einzige Ursache für Schulerfolg und die Wahrnehmung von Bildungsmöglichkeiten wurde als schichtspezifisch bestimmt (vgl. Rolff 1967). Um soziale Unterschiede zwischen Kindern auszugleichen und mehr Bildungsgerechtigkeit herstellen zu können, wurde eine kompensatorische Erziehung und eine Optimierung des Lernens in den ersten Schuljahren verlangt. Die Lehrinhalte sollten an die Veränderungen in Wissenschaft und Gesellschaft durch neue anspruchsvolle Curricula angepasst werden (vgl. Bruner 1974). Der Strukturplan des Deutschen Bildungsrates von 1970 empfiehlt die Umwandlung der Grundschule in einen Primarbereich mit Eingangsstufe, Grundstufe und Orientierungsstufe (Deutscher Bildungsrat 1970). Die Vermittlung der Kulturtechniken erfolgte in Lehrgängen; die Eigengesetzlichkeit der Fächer wurde durch die Ablösung des Gesamtunterrichts und die Einführung von Lehrbereichen gestärkt. Kindgemäßheit galt nun als schülerorientierte Startchancen- und Bildungsgerechtigkeit (vgl. Schorch 2006, S. 133). Leitziel der Curriculumsphase war die Förderung der Gleichheit der Bildungschancen.

Da die Kritik und Programmatik dieser Phase allerdings Übersteigerungen in der Wissenschafts- und Lernzielorientierung und bei der Verfachlichung des Unterrichts aufwies, entstand bald die *(Gegen-)Bewegung „Offener Unterricht",* welche nicht den Lehrplan sondern das Kind im Zentrum der Grundschule sehen wollte und eine Balance von Kindorientierung und Sachorientierung verlangte. Kritisiert wurden die Überbetonung kognitiver Ziele, die zu frühe Vermittlung bestimmter Inhalte, Stofffülle und Zeitknappheit sowie die lebensfremde Auffächerung. Gefordert wurden individuelle Differenzierung im Grundschulunterricht und – unter Rückgriff auf reformpädagogische Konzepte – die Selbsttätigkeit und Selbststeuerung des Lernens von Kindern im Offenen Unterricht.

1.4 Grundschule nach der Herstellung der deutschen Einheit – Veränderte Kindheit als gemeinsamer Bezugspunkt (seit 1989/90)

Nach der Herstellung der Deutschen Einheit 1990 wurde in Brandenburg die sechsjährige und in allen übrigen neuen Bundesländern die vierjährige Grundschule eingeführt. In den alten wie in den neuen Bundesländern wurden Bemühungen um die innere Reform der Grundschule jetzt vor allem mit dem „Wandel der Kindheit" begründet. Bereits vor der Vereinigung hatte sich in beiden deutschen Staaten die Wahrnehmung für die – durch Modernisierungsschübe bewirkten – Veränderungen in der Lebenswelt und den Lebenslagen von Kindern geschärft (vgl. Büchner/Krüger 1991). Auch in einem Manifest des Bundesgrundschulkongresses 1989 zum Thema „Kindheit heute – Herausforderung für die Schule" in Frankfurt a.M. wurde gefordert, dass Grundschule sich verändern müsse, weil Kindheit sich verändert habe (Faust-Siehl u.a. 1990).

Die gesellschaftlichen Umbruchprozesse *in den neuen Bundesländern* hatten gravierende Auswirkungen auf den Alltag der dort lebenden Kinder und forcierten Pluralisierungs- und Individualisierungsprozesse. Bei der Suche nach neuen pädagogischen Konzepten diente die veränderte Kindheit als Begründungsrahmen. Dies galt für die Einführung offener Lern- und

Unterrichtsformen und für die Umsetzung von Schulkonzepten wie „Gesunde Schule", „Umweltfreundliche Schule" oder „Soziale Schule". Mit dem Schlagwort vom „Wandel der Kindheit" konnten darüber hinaus westdeutsche Einflüsse problematisiert werden.

In den alten Ländern zeigten Grundschullehrerinnen und Grundschullehrer großes Interesse an den Ergebnissen der seit den 1980er-Jahren entstandenen sozialwissenschaftlichen Kindheitsforschung, wobei unterschiedliche Rezeptionsweisen auftraten. Aus einer kulturkritischen oder kulturpessimistischen Perspektive erschien die moderne Kindheit als Verlust- oder Defizitkindheit und Ursache besonderer Belastungen der Lehrkräfte. Kinder wurden hier nicht selten zu Medien-, Konsum-, Scheidungs- und Terminkindern stilisiert (zur Kritik s. Heinzl 2004; Krüger 2000; Behnken/Jaumann 1995; Fölling-Albers 1995). Aus einer an Reformen interessierten Perspektive gingen von den Diskussionen um die Diversifikation von Kindheitsmustern Impulse für Veränderungen an Grundschulen aus, in Richtung einer Öffnung des Unterrichts, der Förderung selbständigkeitsorientierter Lehr- und Lernformen, einer stärker sozialpädagogischen Orientierung und der Erweiterung des Zeitrahmens der Grundschule. Befürworter von Reformanstrengungen wiesen darauf hin, dass der Unterricht seine Störungen auch hervorbringt, weil er für heutige Kinder nicht (mehr) angemessen und zu wenig von ihren Lernmöglichkeiten, Zuwendungs- und Bewegungsansprüchen her konzipiert sei. Fölling-Albers forderte, Kindgemäßheit nicht länger aus der Perspektive von Erwachsenen zu formulieren. Sie spricht von einem „Individualisierungsanspruch" heutiger Kinder, den diese durch mangelnde Akzeptanz der Angebote, Aggressionen und die Etablierung von Hinterbühnen einklagen (vgl. Fölling-Albers 1993, 1994, 1995).

Auf der konzeptionellen Ebene wurde eine kindgemäße Grundschule als offene Institution entworfen, die den gesellschaftlichen Wandlungsprozessen und den Lebensbedingungen heutiger Kinder entsprechen sollte. Als Leitkonzept der Grundschule galt die Schule der Vielfalt und Gemeinsamkeit (vgl. Prengel 1999, 2006; Schmitt 1999). Durch die Internationalen Grundschul-Lese-Untersuchungen (IGLU-Studien, vgl. Bos u.a. 2003, 2007) wurden die aktuellen Leistungen, aber auch die Probleme der Grundschule deutlicher. Es zeigte sich, dass die Kompetenzen deutscher Grundschülerinnen und Grundschüler im Lesen zwar über dem internationalen Durchschnitt liegen, die Leistungen deutscher Schüler und Schülerinnen aber besonders eng mit der sozialen Herkunft zusammenhängen. Zudem wurde deutlich, dass Kinder aus Migrationsfamilien besonders schlechte Schulleistungen zeigen. Diese Ergebnisse schärften den Blick für die Lern- und Leistungsbedingungen von Kindern. Das einzelne Kind, sein individueller Lernstand und die Förderung seiner Lernentwicklung erhalten nun besondere Aufmerksamkeit.

Insgesamt hat die Grundschule in den 1990er-Jahren eine intensive Auseinandersetzung mit den Herausforderungen einer veränderten Kindheit begonnen und Erkenntnisse über die Lebenslagen von Kindern in pädagogischen Reflexionen und innere Reformen eingebracht. Die veränderte Kindheit und vorhandener Reformwille wurden bei der Suche nach einer angemessenen Ausformung zum gemeinsamen Bezugspunkt in den Grundschulen der neuen und alten Länder. Bei zukünftigen Entscheidungen zum Profil der Grundschule und zur Gestaltung der inhaltlichen Arbeit wird es noch stärker darum gehen, wie es gelingen kann, auf die unterschiedlichen Voraussetzungen der Kinder individuell einzugehen, um so allen Kindern gleiche Chancen zu eröffnen. „Allen Kindern gerecht werden" lautet entsprechend das Motto des Bundesgrundschulkongresses 2009, zu dem der Grundschulverband nur alle 10 Jahre einlädt.

2 Zentrale Begriffe und theoretische Ansätze

Erst mit Beginn der Neuzeit und in erster Linie mit dem Aufkommen des Bürgertums konstituierte sich Kindheit als eigenständige Lebensphase und als Schutzraum, in welchem Spielen und allgemeinbildendes Lernen als erwünschte und akzeptierte Tätigkeiten von Kindern Geltung erlangten (vgl. deMause 1977; Ariès 1975). Die Einrichtung von Schulen trug wesentlich dazu bei, dass sich eine institutionell abgesicherte Kindheit etablieren konnte. Durch die Prozesse der *Scholarisierung und Familialisierung* wurde Kindheit als Vorbereitungsphase auf die Anforderungen des Erwachsenenlebens und als Schonraum ausdifferenziert (vgl. Zeiher 1996). *Familialisierung* meint die Unterbringung der Kinder in der sich nach außen abschließenden und sich um die Kinder organisierenden Kernfamilie, im historischen Prozess verbunden mit der Verlagerung produktiver Arbeit in außerhäusliche Bereiche. *Scholarisierung* beinhaltet historisch die Befreiung, jedoch auch den Ausschluss der Kinder von Lohnarbeit sowie ihre Unterrichtung, aber auch Kontrolle in besonderen Institutionen. Kindheit wurde auch deshalb zum *Schutz und Vorbereitungsraum*, weil Kinder als Erwachsene Produktions- und Lebensweisen weiterführen und als nachwachsende Generation den Fortbestand der Gesellschaft garantieren sollen.

Der Grundschule wurde im Prozess der Entwicklung von Kindern dabei besondere Bedeutung zugemessen. Mit ihr bildete sich eine Schulform heraus, die weitgehend „*Vom Kinde aus*" konzipiert und in der eine Stufe der Kindheit akzeptiert und gefestigt wurde. Das reformpädagogische Programm „Vom Kinde aus" entstand im Kontext des von Ellen Key (1902, Neuauflage 1992) proklamierten „Jahrhunderts des Kindes", welches die Anerkennung des Kindes als einer sich entwickelnden Persönlichkeit erreichen sollte. Das Kind wird nun als Zentrum eigener Aktivität verstanden, nicht als „empirisches Ich", sondern als „teleologisches Subjekt" (Oelkers 1989, S. 94), das sich – durch Erziehung unterstützt – entwickeln muss. Die Grundrichtung des Entwicklungsprozesses wird als dem Kind eigen und somit vorgegeben entworfen (ebd.). Die Konkretisierung von „**Kindgemäßheit**" ist, wie bereits im historischen Abriss deutlich wurde, zentral für die theoretische Bestimmung des Verhältnisses von Kindheit und Grundschule und erfährt einen Bedeutungswandel in der Geschichte der Grundschule, von der Entwicklungsgemäßheit zum Individualisierungsanspruch und von der Kindgerechtheit zur Lebensweltorientierung.

Neben dem reformpädagogischen Programm „Vom Kinde aus" bestimmten entwicklungspsychologische Theorien und Forschungen das die Grundschule kennzeichnende Denken über Kinder und Kindheit. In der ersten Hälfte des 19. Jahrhunderts waren **Reifungs- und Stufenmodelle** der Entwicklung dominant, die eine natürliche Abfolge qualitativ unterschiedlicher Stadien annahmen. Seit den 1970er-Jahren gewannen dann (teilweise daneben) *lernpsychologische- und sozialisationstheoretische Ansätze* an Bedeutung. Zwei Konzepte können zunächst unterschieden werden: Kindorientierung als Entwicklungsorientierung und Kindorientierung als Orientierung an der Lernfähigkeit des Kindes. Dann beeinflussten *neue sozialwissenschaftliche Kindheitsforschung und sozial-konstruktivistische Lerntheorien* die Vorstellungen über Grundschulkinder und Diskussionen um angemessene Reformen in der Primarstufe.

2.1 Reifungs- und Stufenmodelle

Besonders einflussreich war in der ersten Phase der Grundschulentwicklung das entwicklungspsychologische Konzept Oswald Krohs. Er ging davon aus, dass die Entwicklungsphasen des

Kindes Stufen der Entwicklung der Menschheit repräsentieren, deren Abfolge durch äußere Einwirkungen kaum ausgeschaltet werden könne (Kroh 1935, S. 66). Kroh unterschied drei Phasen der Jugendentwicklung: die Stufen der frühen Kindheit, der Schulfähigkeit und Reifezeit. Die Stufe der Schulfähigkeit (vom 3./4. bis zum 12./13. Lebensjahr) hielt er für die eigentliche Lernzeit des Menschen (ebd., S. 135). Für ihn bildete die Grundschulzeit den wesentlichen Ausschnitt aus der Gesamtperiode der schulfähigen Kindheit. Kroh typisierte die Eigenart der kindlichen Entwicklung im Grundschulalter, indem er das Ich-Erleben der Kinder, ihre intellektuelle Entwicklung und Verarbeitung, die Entwicklung der aufnehmenden und reproduktiven Vorgänge des Gefühls- und Wertlebens, ihre sittliche, religiöse und soziale Entwicklung, die Entfaltung ihres Ausdrucks sowie die Bedeutung von Spiel, Arbeit und Geschlecht detailliert beschrieb und diese Ausführungen dann zu einem „Gesamtbild des Grundschulkindes" verdichtete (ebd. S. 378ff.). Kennzeichnend für diese Periode sei das Zurücktreten der Ichbezogenheit und ein Hervortreten der Umweltbeziehungen (ebd. S. 382). Kroh wollte neben die politische Begründung der Grundschule ausdrücklich eine kinderpsychologische Fundierung dieser Schulform stellen (ebd. S. 386). Als Resultat seiner reifungstheoretischen Ausführungen entwarf er die „Wesensgestalt der Grundschule" (ebd. S. 386ff.) und forderte „mehr echte Kindgemäßheit", kein „verfrühendes Erwachsen-scheinen-lassen" (ebd. S. 389) sowie „Totalbildung statt Intellektualismus" (ebd. S. 393). Die Grundschule sollte nach Kroh eine vierjährige Heimatschule sein, in der das Prinzip der Anschauung und der Gesamtunterricht zentralen Stellenwert erhalten; erst am Ende der Grundschulzeit sollte eine zunehmende Auffächerung vorgenommen werden (ebd. S.386ff.).

Die Reifungstheorie wurde später durch Schenk-Danzinger (1969) entscheidend erweitert, denn diese unterschied Lernen und Reifung. Sie nahm an, dass Entwicklung als vom Reifungsgeschehen gesteuert, aber doch in wesentlichen Bereichen als von der Umwelt determinierter Lernprozess zu sehen sei. Reifung wird hier als Teil des biologischen Erbes angesehen und drückt aus, dass organische Veränderungen spezifische Fähigkeiten ermöglichen, ohne dass Lernvorgänge nötig sind (Schenk-Danzinger 1980, S. 26f.). Lernen dagegen ergebe sich vor allem aus der Reaktion auf eine Umweltsituation (ebd. S. 27). Nach Schenk-Danzinger zeigt das Schulkind gegenüber dem Kleinkind in den ersten beiden Schuljahren Fortschritte im kognitiven Bereich und in der Persönlichkeitsentwicklung (ebd. S. 181f.).

Nach und neben den Reifungsmodellen erhielt die Theorie der kognitiven Entwicklung zunehmendes Gewicht in der Grundschulpädagogik. Die Grundidee der kognitiven Entwicklung besteht in der Annahme, dass der Mensch durch handelnde Aktivität zu einem Verständnis der Umwelt gelangt. Nach Auffassung Piagets, dem Hauptvertreter der kognitiven Entwicklungspsychologie, schreitet die geistige Entwicklung in Stadien voran, wobei jede Phase auf der vorhergehenden aufbaut und selbst wiederum Voraussetzung für die nächsthöhere ist. Die einzelnen Stufen sind durch Strukturen charakterisiert, welche aus Handlungen und Denkleistungen erschlossen werden können (Piaget 1936, 1973). Die in den einzelnen Entwicklungsstufen aufgebauten Erkenntnisinstrumente führen dazu, dass Unterschiedliches erfahren wird und erfahren werden kann. Lernen ist demnach Konstruktion im Sinne von Strukturierung und Organisation, ob nachvollzogen oder selbsttätig entdeckt. In Anlehnung an die Analysen von Piaget hat Kohlberg (1974) ein Stufenmodell der moralischen Entwicklung vorgelegt, welches in der Grundschulpädagogik ebenfalls Beachtung fand.

Die **Reifungs- und Stufenmodelle** bezogen sich entweder auf den gesamten Entwicklungsprozess (Schenk-Danzinger 1969; Bühler 1967, 1933; Busemann 1953; Kroh 1951, 1935; Gesell 1954) oder konzentrierten sich auf bestimmte Aspekte wie die Entfaltung der Libido

(Freud 1940), der Identität (Erikson 1973), die kognitiv-strukturelle (Piaget 1936, 1973) oder moralische Entwicklung (Kohlberg 1974). Bei aller Unterschiedlichkeit der einzelnen Modelle gehen diese Theorien davon aus, dass die Entwicklung in qualitativ unterscheidbaren Abschnitten verläuft, in Stufen fortschreitend (z.B. Kroh) oder schwankend (z.B. Busemann), durch endogene Schübe oder endogen gesteuertes Aufsteigen. Für den Unterricht bedeutete dies, spezifische Inhalte erst dann sinnvoll einsetzen zu können, wenn bestimmte Phasen erreicht waren. Den Phasen- und Entwicklungsmodellen entsprachen bestimmte institutionalisierte Organisationsformen der Grundschule (z.B. Einschulungsalter, Schulreifetests, Jahrgangsklassen, Leistungsbewertung).

2.2 Lernpsychologische und sozialisationstheoretische Ansätze

Seit Ende der 1960er-Jahre wurden die Annahmen der Reifungs- und Stufenmodelle, die in der Grundschule nicht selten zu einer stereotypen Ausrichtung am „Durchschnittskind" geführt hatten, teilweise revidiert. In verschiedenen psychologischen Untersuchungen ergaben sich erhebliche Überlappungen in den einzelnen Entwicklungsstufen und beträchtliche interindividuelle Unterschiede (vgl. Nickel 1980). Aebli widersprach der These von Entwicklungssprüngen und beschrieb die Steigerung der intellektuellen Leistungsfähigkeit des Kindes als kontinuierliche Zunahme seiner geistigen Kraft. Bei gegebenem Reifezustand und gegebener Begabung seien „völlig verschiedene Leistungen möglich" (Aebli 1969, S. 183). Untersuchungen zur soziokulturellen Benachteiligung von Kindern der Unterschicht und der unteren Mittelschicht führten zu einer Betonung des Zusammenhangs von Begabung und Lernen (Roth 1969). Montada (1971) pointierte die Theorie Piagets lernpsychologisch und sah die Entwicklung des Kindes als akkumulierenden sozialen Prozess an. Die Bedeutung der äußeren Bedingungen und der Lernprozesse für die Leistungen von Kindern wurden nun stärker betont und teilweise radikale Gegenpositionen zu den Reifungs- und Stufentheorien vertreten. So stellte Bruner die Hypothese auf, dass „jeder Stoff jedem Kind in jedem Stadium der Entwicklung in intellektuell redlicher Weise vermittelt werden kann" (Bruner 1967, S. 102). Insgesamt überwog aber die theoretische Annahme, dass Reifungs- und Lernprozesse in einem interaktionalen Zusammenhang stehen, wobei allein die Gewichtung ihrer Anteile kontrovers blieb (vgl. Nickel 1980).

Im Grundschulbereich nutzte man lerntheoretische Ansätze, um die Konzepte für einen wissenschaftsorientierten und um Optimierung bemühten Unterricht in der Primarstufe zu fundieren. Die Vorstellung wurde stark gemacht, dass Kindheit und Grundschulalter „in optimaler Weise Zeitpunkte für einen frühen Lernbeginn und Zeiträume für effektive Lernprozesse anbieten" (Schwarz 1969, S. 110). Aus dem ruhig reifenden Kind wurde das kognitiv zu fördernde Kind, wobei es zu einer Überbewertung lerntheoretischer Annahmen kam. Nach der Euphorie über die Möglichkeiten curricularer Festlegungen und pädagogischer Förderungs- und Einwirkungsmöglichkeiten trat aber bald Ernüchterung ein.

Neben lernpsychologischen gewannen in der Schulpädagogik in den 1960er- und 1970er-Jahren soziologische Basistheorien – vor allem die struktur-funktionale Theorie (Parsons 1969; Fend 1976, 1969) und der Interaktionismus (Heinze 1976; Ulich 1976) – sowie Untersuchungen im Kontext der Sozialisationsforschung an Gewicht. Während sich die Entwicklungspsychologie mit den gerichteten und uniformen Veränderungen des Individuums im Kindesalter beschäftigt, befasst sich die Sozialisationsforschung mit dem gesellschaftlich bestimmten Leben von Kindern, die als produktiv realitätsverarbeitende Subjekte (Hurrelmann 1986) verstanden werden. In der Untersuchung „Erfolg und Versagen in der Grundschule" (1967) belegte Kemmler den signifikanten Einfluss der Sozialvariablen (schichtspezifische Herkunft, Familiengröße, elterliches Interesse) auf Schulleistung und Fortkommen in der Schullaufbahn. Heckhausen (1969) wies nach, dass Erfolgszuversicht vom Erziehungsverhalten der Eltern und deren Schichtzugehörigkeit abhängt. Die große Bedeutung soziokultureller und sozioökonomischer Faktoren wurde besonders eindrucksvoll im Bereich der Sprachentwicklung von Kindern aufgezeigt (Bernstein 1972; Oevermann 1972). Die Schule wird nun als Subsystem von Gesellschaft und als Sozialisationsinstanz verstanden, das Rollenhandeln in der Schule sowie die Interaktionen im Schulalltag werden analysiert (vgl. Tillmann 1989) und ihre gesellschaftlichen Funktionen herausgearbeitet (Fend 1976). Fend stellte fest, dass schulische Sozialisation nicht nur zur Reproduktion der Gesellschaft sondern auch zur Handlungsfähigkeit der Subjekte zu führen habe (vgl. Fend 1980). Die Tragweite dieses Spannungsverhältnisses, dem Kind und der Gesellschaft verpflichtet zu sein, zeigt sich besonders in der Grundschule, denn hier werden die Kulturtechniken vermittelt und die Entscheidungen über die weitere Schullaufbahn des Kindes angebahnt. Der Slogan „Begabung heißt Begaben" wurde in der Grundschulpädagogik seit Anfang der siebziger Jahre stark gemacht (vgl. Schwarz 1969). Begabung sollte nicht mehr als Voraussetzung für das Lernen von Kindern gelten, sondern als abhängig von Lernprozessen, welche wiederum auf Sozialisations- und Lehrprozessen beruhen.

Mit der ökologischen Sozialisationsforschung wurde schließlich in einem interdisziplinären Ansatz der Versuch unternommen, die Perspektiven der Entwicklungspsychologie und der Sozialisationsforschung zusammen zu führen (Oerter/Montada 1987; Bronfenbrenner 1981, 1976; Nickel 1980). Das diesem Ansatz zugrunde liegende umfassende Sozialisationsmodell von Bronfenbrenner beschreibt menschliche Entwicklung als eine Verschachtelung verschiedener interagierender Systeme, wobei sich die forschungsstrategische Verwirklichung der Vision Bronfenbrenners allerdings als schwierig erweist (vgl. Weinert/Helmke 1997, S. 460). Für die Grundschule folgte aus dieser theoretischen Orientierung z.B. die Forderung nach Berücksichtigung des Kind-Umfeld-Verhältnisses in der Schuleingangsphase (vgl. Prengel/Geiling/Carle 2001; Prengel 1999; Faust-Siehl/Portmann 1992). Der Schulanfang wird in der ökosystemischen Perspektive als ökologisch-gesellschaftliche Übergangssituation interpretiert, die von den vier Teilkomponenten Schule (mit spezifischen Anforderungen), Schülerin bzw. Schüler (mit besonderen Lernvoraussetzungen), Ökologie (im Sinne der häuslichen, vorschulischen und schulischen Lernumwelt) und dem gesamtgesellschaftlichen System beeinflusst wird (vgl. Nickel/Schmidt-Denter 1988, S. 211ff.). Insgesamt legt die Theorieperspektive der ökologischen Sozialisationsforschung eine Abkehr von der Selektionsdiagnostik in der Grundschule und eine Verstärkung der individuellen schulischen Förderung nahe.

2.3 Neue Kindheitsforschung, sozial-konstruktivistische Lerntheorien und Wissenserwerb unter konstruktivistischer Perspektive

Die Neue Kindheitsforschung, die seit Ende der 1980er-Jahre große Resonanz fand und in Deutschland sowohl von SoziologInnen als auch von ErziehungswissenschaftlerInnen initiiert wurde, ergänzt die wissenschaftlich fundierten Auffassungen über Kindheit als Entwicklungsphase und sozialisierende Vorbereitungsphase für das Erwachsenendasein um eine weitere Perspektive: Kindheit wird als Strukturkategorie und Konstrukt generationaler Verhältnisse angesehen. Kinder werden als Subjekte und Akteure in ihrer Lebensumwelt und Betroffene gesellschaftlicher Entwicklungen und Entscheidungen betrachtet. Die neue sozialwissenschaftliche Kindheitsforschung sieht Kinder als Personen, die – wie alle übrigen Gesellschaftsmitglieder auch – in konkreten aktuellen Verhältnissen leben, ihre sozialen Beziehungen mitgestalten und eigene Muster der Verarbeitung ihrer lebensweltlichen Umwelt ausbilden (vgl. Honig/Leu/ Nissen 1996; Zeiher 1996; Markefka/Nauck 1993). Methodisch erhält die „**Perspektive von Kindern**" größeres Gewicht (Heinzel 2000, 1997; Honig/Lange/Leu 1999). Der bereits durch die Sozialisationsforschung geschärfte Blick auf den aktiven Umgang von Kindern mit ihrer Umwelt bestimmt nun noch stärker die Art der wissenschaftlichen Aufmerksamkeit. Die Neue Kindheitsforschung wird von einem konstruktivistischen Denkansatz getragen und kritisiert die Sozialisationsforschung, weil diese Kinder nicht bereits als Mitglieder der Gesellschaft wahrnehme, sondern auf ihr Mitglied-Werden fixiert sei. Die Sozialisationsforschung sei in der Dichotomie von Subjekt und Gesellschaft verfangen, ihr wird ein erwachsenendominiertes „advokatorisches" Kindheitsbild nachgesagt und ihre normativ-pädagogischen Implikationen werden reklamiert (vgl. z.B. Alanen 1997; Kelle/Breidenstein 1996; dazu Zinnecker 1996a). Einige – aus der Sozialisationsforschung kommende – KindheitsforscherInnen wenden sich jedoch gegen die scharfe Abgrenzung von Kindheits- und Sozialisationsforschung, wobei sie die innovativen Impulse der Kindheitsforschung betonen. So erhofft sich Zinnecker durch die Neue Kindheitsforschung eine Erneuerung des Paradigmas Sozialisation (Zinnecker 1996a, S. 50) und Oswald erklärt, dass Studien aus dem Bereich der Kindheitsforschung sozialisationstheoretisch fruchtbar gemacht werden könnten (Oswald 2000, S. 13). Dass die Entdeckung des kindlichen Akteurs zwar eine Entzauberung des Mythos „Kind" bewirke, aber auch bestimmt sei durch „das Pathos der Emanzipation aus personengebundenen Abhängigkeitsverhältnissen" gibt Honig (1999, S. 212) zu bedenken. Besonders die erziehungswissenschaftlich motivierte Kindheitsforschung kann die Ambivalenzen der Unterscheidung zwischen Kind und Erwachsenem nicht leugnen, weil sie die Handlungsperspektive einbeziehen muss.

Auch in der Grundschule gerät das **Kind als Akteur** stärker in den Blick. Die Vernachlässigung der Perspektive des lernenden Kindes wird beanstandet und eine verstärkte Hinwendung zu den Alltagserfahrungen von Kindern gefordert. Büchner konstatiert in der Grundschulpädagogik eine verstärkte Wendung der Blickrichtung vom Schüler zum Kind (Büchner 1996, S. 158). Zunehmend wird in den Lehrplänen auf geschlossene Curricula zugunsten offener Lernsituationen verzichtet. Die Lehrpläne stützen sich dabei weniger auf entwicklungspsychologische Daten sondern auf die soziologischen Befunde veränderter Kindheit und erschwerter Lebensbedingungen (vgl. Haarmann/Horn 1998, S. 139).

Der Einfluss konstruktivistischer und sozial-konstruktivistischer Lerntheorien (Gerstenmaier/Mandl 1995) steigt fast zeitgleich mit der Rezeption der Kindheitsforschung in der Grundschulpädagogik (vgl. Köhnlein u.a. 1997; Kahlert 1998; Möller 2001a,b). Lernen gilt als konstruierende Aktivität und von Kindern wird angenommen, dass sie zur selbstgesteuerten, verstehenden Auseinandersetzung fähig seien. Aus dem kognitiv zu fördernden Kind wird in dieser Theorierichtung das im Umweltkontext autonom konstruierende Kind, das Subjekt seines Lernprozesses ist. Den Lehrerinnen und Lehrern an Grundschulen kommt die Aufgabe der Gestaltung von anregenden und sozialen Lernumgebungen zu. Für die Lehrkräfte ergibt sich aus dieser theoretischen Orientierung zudem der Anspruch, den Blick für das Lerngeschehen im Klassenzimmer zu schärfen, um Lernprozesse von Kindern besser beobachten, verstehen und fördern zu können (vgl. Hempel 1999; Eberwein/Knauer 1998; Beck/Scholz 1995b).

In den letzten Jahren wurde deutlich, dass neben die Grundschule außerschulische Bildungsangebote getreten sind, die einen steigenden Einfluss verzeichnen können. Gleichzeitig wurden außerschulische Lern- und Bildungsprozesse als Thema der Kindheitsforschung entdeckt (vgl. Grunert 2007). Auch die Wechselwirkungen von formalen und informellen Lernprozessen oder die Bedeutung der Peerbeziehungen für die Leistungsentwicklung im Unterricht erhalten zunehmend mehr Aufmerksamkeit (Oswald/Krappmann 2004; Krüger u.a. 2008).

3 Grundschulforschung und Kindheitsforschung

Eine eigenständige **empirische Grundschulforschung** bildete sich in Westdeutschland in den 1970er- und 1980er-Jahren heraus. In dieser Zeit wurden die ersten Grundschulforschungsinstitute in Erlangen-Nürnberg und Münster gegründet. In den 1990er-Jahren kamen Institute für Grundschulpädagogik in den neuen Bundesländern (z.B. Halle, Leipzig, Potsdam) hinzu und die Arbeitsgruppe Grundschulforschung entstand, die etwa zehn Jahre später eine Kommission der Deutschen Gesellschaft für Erziehungswissenschaft (DGfE) wurde. Die Etablierung empirischer Grundschulforschung beruht 1. auf der zunehmenden Ausdifferenzierung der Erziehungswissenschaften und 2. auf der Ergänzung der in der Schulpädagogik dominierenden geisteswissenschaftlichen Methodik durch empirisch-quantitative Forschung (vgl. Einsiedler 1997a). Begründet wird die Notwendigkeit einer eigenen Grundschulpädagogik und Grundschulforschung 3. mit den Besonderheiten dieser Schulform: ihrer grundlegenden Aufgabe, der Heterogenität der Schülerschaft und den Spezifika der Altersstufe. Petillon betont den Charakter der Grundschule als Schule des Kindes und hebt zudem 4. hervor, dass Grundschulforschung auf die Prozesse der individuellen Auseinandersetzung des Kindes mit der schulischen und außerschulischen Umwelt fokussieren und „die Perspektive des Kindes" erfassen müsse (Petillon 1992, S. 269f).

Die Schülerperspektiven wurden im Hauptstrom der Schulforschung lange vernachlässigt (vgl. Zinnecker 2000a, 2000b, 1995; van Buer/Nenninger 1992; Fromm 1987; Petillon 1987). Fromm untersuchte in den 1980er-Jahren das Bild der Schüler in theoretischen pädagogischen Konzepten und stellte dabei fest, dass die Sicht von SchülerInnen kaum thematisiert wurde. Stattdessen stünden die Ziele der Erziehung sowie ihre Relevanz und Realisierungsmöglichkeiten im Zentrum (Fromm 1987, S. 166f). Van Buer und Nenninger bilanzierten, dass die empirische Lehr-Lernforschung im Zeitraum von 1970 bis 1990 fast ausschließlich Daten zum unterrichtlichen Hauptgesprächsstrang und zur unterrichtlichen Interaktion aus der Perspektive der Lehrenden erhob (van Buer/Nenninger 1992, S. 434f.). Und Zinnecker konstatierte zehn Jahre später, dass der Hauptstrom der Unterrichts- und Schulforschung noch immer lehrerzentriert sei. Die Schulforschung wende sich viel zu wenig den alltäglichen Handlungsroutinen, szenischen Interaktionen, alltäglichen Wissensbeständen und Bewältigungsstrategien sowie kulturellen Praxen und Traditionen von Schülerinnen und Schülern zu (Zinnecker 2000a, 2000b). Kinder würden gesehen „im Fadenkreuz didaktischer Modelle, spezifischer Handlungsprobleme des Lehrpersonals, eingefangen mit den Mitteln einer messenden Variablenwissenschaft" (Zinnecker 1995, S. 21). Erst seit wenigen Jahren werden Forschungsmethoden, die eine Rekonstruktion kindlicher Perspektiven ermöglichen, intensiver diskutiert (vgl. Grunert/Krüger 2006; Heinzel 2000, 2003b). Die Perspektiven von Kindern in der Schule, ihr Erleben der Grundschulzeit und das Wohlbefinden der Kinder in der Schule haben inzwischen auch deshalb eine größere Aufmerksamkeit erhalten, weil Kinderaussagen und Kinder als Befragte ernst genommen werden (z.B. Zinnecker u.a. 2002, S. 41ff; World Vision 2007, S. 111ff).

Wenn über die Verbindung von Grundschul- und Kindheitsforschung nachgedacht wird, dann geht es zudem darum, wie das Nachdenken über Kinder in der Schule aufgegriffen oder außerschulische Alltagserfahrungen und informelle Bildungsprozesse als Kontexte für schulische Lernprozesse berücksichtigt werden. Außerdem stellt sich die Frage, welche Bedeutung der Grundschule als Teil der Lebenswelt von Kindern zukommt (vgl. Behnken/Jaumann 1995; Panagiotopoulou/Brügelmann 2003; Breidenstein/Prengel 2005).

Im Folgenden wird deshalb zunächst ein Überblick über Forschungsergebnisse zum Schulerleben, den Lernbiographien und Lernerfahrungen von Kindern gegeben, dann wird auf die Bedeutung der Peerbeziehungen in der Schule eingegangen, anschließend wird das Wechselverhältnis von schulischem Lernen und außerschulischen Erfahrungen behandelt. Zuletzt wird auf anthropologische Betrachtungsweisen des Kindes eingegangen, die mit phänomenologischen und philosophisch-hermeneutischen Verfahren arbeiten.

3.1 Schulerleben von Kindern

Hanns Petillon untersuchte Anfang der 1990er-Jahre, welche schulischen Situationen bei Kindern Freude, Trauer, Wut oder Angst auslösen. In dieser Untersuchung wurde deutlich, dass der Umgang mit den Mitschülern ein „großes Thema" (Petillon 1993, S. 71f) für die untersuchten Kinder ist. Der Beginn einer Freundschaft und schöne Erlebnisse mit Freunden im Rahmen der Schule lösen bei Kindern Freude aus. Trauer löst der Verlust eines Freundes aus oder der misslungene Versuch, Anschluss zu finden. Die Person des Lehrers hingegen bewegt die Kinder nur selten. Auch die Schule wurde im Vergleich zur Schülergruppe in den Geschichten selten erwähnt (ebd., S. 71f.).

Ilona Katharina Schneider (1996) untersuchte die biographische Bedeutung von Einschulungserlebnissen. In ihrer Studie wurde deutlich, dass sich viele Kinder auf den Übergang in die Grundschule freuen, weil sie zu den „Großen" gehören möchten. Bei anderen Kindern ist der Eintritt in die Grundschule aber auch mit Ängsten vor dem Unbekannten oder Leistungsversagen besetzt.

Im Rahmen der Kinder- und Jugendstudie „Null zoff und voll busy" des Siegener Zentrums für Kindheits-, Jugend- und Biographieforschung wurden 873 Schüler und Schülerinnen der vierten Jahrgangsstufe nach ihrem Schulerleben befragt (Stecher 2003). Die Schulfreude, das soziale Klima in der Klasse und das Verhältnis zu den Lehrpersonen wurden untersucht. Dabei zeigte sich, dass die Mehrheit der befragten Kinder recht gerne in die Schule geht (Durchschnittswert von 3,1 bei einer Skala von 1-4). Auch die Lernfreude ist am Ende der Grundschulzeit noch auf eher hohem Niveau vorhanden. Den Zusammenhalt in den Klassen bewerten die Kinder sehr positiv und Konkurrenz halten sie für wenig ausgeprägt. Im Großen und Ganzen sind die Schüler und Schülerinnen auch mit ihren Lehrkräften zufrieden. Allerdings werden sowohl das Klassenklima als auch die Beziehungen zu Lehrpersonen in unterschiedlichen Klassen sehr unterschiedlich wahrgenommen. Dabei ergibt sich folgender Zusammenhang: In Klassen, in denen der Zusammenhalt zwischen den Schülern hoch ist und sie gut mit ihren Lehrern auskommen, gehen die Kinder gerne zur Schule und ihre Einstellung zum Lernen fällt positiv aus (ebd. S. 68).

In der ersten World Vision Kinderstudie „Kinder in Deutschland 2007", die auf den Ergebnissen einer repräsentativen Befragung von 1.600 Kindern im Alter von 8 bis 11 Jahren beruht, wurde u.a. das Wohlbefinden von Kindern in der Schule erhoben. Im Ganzen fällt die Bewertung der Schule positiv aus, denn 69% der befragten Kinder (davon 76% Mädchen und 62% Jungen) geben an, dass es ihnen in der Schule gefällt oder sehr gefällt (World Vision 2007, S. 129). Ihre Mitbestimmungsmöglichkeiten in der Grundschule empfinden die Kinder allerdings als recht beschränkt (ebd. S. 136). Bis zur vierten Klasse schätzen sich Kinder mehrheitlich als gute Schüler ein, Kinder aus der Oberschicht allerdings deutlich häufiger als Kinder aus der Unterschicht (ebd. S. 131). Die soziale Herkunftsschicht hat starken Einfluss auf die Bildungsziele der Kinder (S. 115). Das Üben für die Schule und die Hausaufgaben beanspruchen einen nicht unwesentlichen Teil der freien Zeit der Kinder (ebd. S. 124). Der „lange Arm der Schule" strukturiert also Teile des Nachmittags und auch die Schlafenszeiten. Die Frage, ob sich Kinder eine Ganztagsschule wünschen, fallen entsprechend differenziert aus. Bei den Ganztagsschülern dominiert die Zustimmung zu dieser Schulform, aber auch bei Halbtagsschülern werden attraktive Nachmittagsangebote gebilligt. Auf Ablehnung stößt hingegen die Fortsetzung des normalen Unterrichts am Nachmittag (ebd. S. 138).

Zu einem etwas anderen Ergebnis zur Bewertung der Grundschule durch Kinder kommt die Untersuchung von Schönknecht und Michalik (2005), die Gruppendiskussionen mit Kindern in der dritten Jahrgangsstufe zum Thema „Schule" durchgeführt haben. In den Gesprächen unter Gleichaltrigen wurde das Thema „Schule" nämlich vorwiegend negativ konnotiert (Schönknecht/Michalek 2005, S. 69). Die Monotonie der Stundenabläufe wurde kritisiert und „normaler Unterricht" erwies sich als nicht besonders beliebt. Auch Hausaufgaben wurden angesprochen und überwiegend negativ beurteilt. Bestätigt wurde auch in dieser Studie das Ergebnis, dass die Perspektive der Kinder beim Thema „Schule" vor allem auf ihre sozialen Beziehungen in der Klasse zentriert ist. Zudem spielen Kinderquatsch oder Fragen der Gerechtigkeit eine gewichtige Rolle.

Fölling-Albers und Schwarzmeier (2003) entwickelten ein Verfahren zur Rekonstruktion schulischer Lernerfahrungen, in welchem Kinder an mehreren Tagen ihre Nachmittagsaktivitäten protokollieren und jeweils am Abend zu den Nachmittagsaktivitäten und den schulischen Lernerfahrungen am Vormittag befragt wurden. Die Interviewer saßen auch als Beobachter im Unterricht und konnten in den Interviews deshalb Hinweisreize geben. Erst diese Reize führten dazu, dass einzelne Unterrichtsszenen genauer beschrieben werden konnten. Insgesamt zeigte sich, dass die Kinder ein und denselben Unterricht verschieden rekonstruieren. Sie bilden eigene Erinnerungspfade aus und legen das erlebte Unterrichtsgeschehen nach für sie persönlich wichtigen Aspekten ab, wobei bereits Drittklässler das schulische Lernen als ritualisierten Vorgang „abspeichern".

3.2 Lernerfahrungen und Lernentwicklungen von Grundschulkindern

Mit schulischen Lernangeboten und deren Wirkungen auf Kinder befassen sich verschiedene quantitative Untersuchungen im Bereich der Schulanfangsforschung (vgl. Faust u.a. 2004), zu Entwicklungsprozessen in der Schule (Weinert/Helmke 1997), zu Schulleistungen (Bos 2003, 2007), zur Interessenentwicklung (zusammenfassend Hartinger/Fölling-Albers 2002, S.49ff.) sowie qualitative Studien zu Mikroprozessen im Unterricht.

Der Übergang vom Kindergarten in die Grundschule muss als bedeutender Entwicklungsabschnitt für das einzelne Kind mit merklichen Veränderungen angesehen werden. Er gilt dann als erfolgreich bewältigt, wenn „das Kind sich emotional, psychisch und intellektuell angemessen in der Schule präsentiert" (Griebel/Niesel 2003, S. 142), wobei Schülersein und Kindsein aktiv verbunden werden müssen. Aus der empirischen Forschung ist bekannt, dass das Selbstkonzept in den ersten Schuljahren einem Abwärtstrend unterliegt (Weinert/ Helmke 1997). Untersuchungen von Kammermeyer/Martschinke (2003) zeigen, dass die Leistungsunterschiede am Ende der ersten Klasse in erster Linie auf bereits bestehende Unterschiede am Schuljahresanfang zurückzuführen sind und dass auch in der weiteren Grundschulzeit ein Aufholen der schwächeren Schülerinnen und Schüler nicht gelingt.

Als Hauptergebnis der bedeutenden – als qualitative Längsschnittstudie angelegten – Grundschulstudie SCHOLASTIK „Schulorganisierte Lernangebote und Sozialisation von Talenten, Interessen und Kompetenzen" kann festgehalten werden, dass sich im Verlauf der Grundschulzeit alle Leistungsdispositionen sowohl im Bereich der Denkfähigkeit als auch in den bereichsspezifischen Kenntnissen verbessern, wobei sowohl der Klassenkontext als auch die Unterrichtsqualität Einfluss auf die Lernfortschritte der Schülerinnen und Schüler nehmen (Weinert/Helmke 1997, S. 461). Im Unterschied zur Entwicklung kognitiver Kompetenzen konnten bei den motivationalen Kompetenzen keine linearen Zuwächse ermittelt werden. Das Selbstvertrauen und die Lernfreude gingen während der Grundschulzeit zurück (ebd. S. 464).

Die Internationale Grundschul-Lese-Untersuchung (IGLU) erhebt die Lesekompetenzen von Grundschulkindern am Ende der vierten Jahrgangsstufe. Mit IGLU hat sich Deutschland an der internationalen Schulleistungsstudie PIRLS (Progress in International Reading Literacy Study) in den Jahren 2001 und 2006 beteiligt (Bos u.a. 2003, 2007). Die Ergebnisse belegen, dass deutsche Grundschülerinnen und Grundschüler am Ende der vierten Klasse über vergleichsweise hohe Lesekompetenzen verfügen, offenbaren allerdings auch die fehlende Chancengleichheit beim Übergang von der Grundschule ins Gymnasium und die hohe soziale Selektivität der deutschen Grundschule. Kinder aus bildungsnahen Elternhäusern haben in Deutschland einen deutlichen Leistungsvorsprung vor Kindern aus bildungsfernen Elternhäusern. Dieser Vorsprung fällt signifikant größer aus als im internationalen Mittel.

Die neuere Interessensforschung erfolgt vor dem Hintergrund von Individualisierungsprozessen und damit einer verfeinerten Ausprägung kindlicher Interessen. Hartinger (1997) zeigt in einer Studie zum Sachunterricht, dass es zur Interessenentwicklung beiträgt, wenn Kinder die Möglichkeit erhalten, eigene Anliegen und Ideen in den Unterricht einzubringen. Im Rahmen der Längsschnittstudie PEIG (Personale Einflüsse bei der Interessenentwicklung von Grundschulkindern) hat Christen (2004) drei Einstellungsausprägungen von Grundschülern zu Schule und Sachunterricht ermittelt: „Lernfreude-Typ", „Zielorientierter Leistungs-Typ" und „Gelangweilt-Frustrierter-Typ." Nur die Schülerinnen und Schüler mit der letztgenannten Einstellungsausprägung haben demnach eine negative Einstellung zum Unterricht. Diese ergibt sich durch Unterforderung, durch uninteressante didaktisch-methodische Unterrichtsgestaltung oder durch eine falsch eingeschätzte Selbstwirksamkeitserwartung. Wieder (2009) befasste sich im Rahmen der Fortsetzung dieser Längsschnittstudie mit der Frage, wie Interessen und Nicht-Interessen von Kindern im Alter von vier bis sechzehn Jahren entstehen und wie sie gefördert werden können. Sie fand heraus, dass für alle Kinder in allen Altersstufen die Möglichkeit besteht, individuelle Interessen auszubilden, diese Fähigkeit mit dem Alter aber zunimmt (ebd. S. 170). Zudem wird gezeigt, dass Interessen von Grundschulkindern in der Regel im außerschulischen Bereich – besonders von den Eltern – angestoßen und schon in der Grundschule, stärker aber in der Sekundarstufe auch durch Peers beeinflusst werden (ebd. S.104). Die Ergebnisse lassen ferner erkennen, dass mit zunehmendem Alter Nicht-Interesse (Desinteresse und Abneigung) in der Schule ausgeprägt werden, was vor allem auf fehlendes Kompetenz- und Autonomieerleben zurückzuführen ist (ebd. S.182).

Lernerfahrungen und Lernprozesse von Kindern werden zudem in qualitativen, interpretierenden Studien untersucht. Diese nehmen Mikroprozesse im Feld des Grundschulunterrichts,

Herstellungspraktiken der Akteure und die soziale Konstitution des Lernens in den Blick. Die Haltungen von Kindern gegenüber Schule, ihre Formen des Bezugs auf Unterrichtssituationen, ihr Umgang mit schulischen Anforderungen oder ihre Positionen und Strukturierungsmaßnahmen innerhalb der Schulklasse werden intensiv beobachtet und analysiert. Dabei wird in der Grundschulforschung vor allem mit handlungstheoretischen Ansätzen und der Forschungsstrategie der Ethnografie gearbeitet (Wiesemann 2000; de Boer 2006; Huf 2006), aber auch mit Konzepten der interpretativen Unterrichtsforschung, die sich auf die Analyse sprachlicher Interaktionen aus Unterrichtsverläufen stützt (Krummheuer/Naujock 1999; Krummheuer/Fetzer 2005; Fetzer 2007) sowie mit lernbiografischen Zugängen (Brinkmann/Brügelmann 2001; Panagiotopoulou 2002).

3.3 Peerbeziehungen unter Grundschulkindern

Modelle der moralischen Entwicklung weisen den Peerbeziehungen und Interaktionen unter Kindern spezifische Aufgaben zu, indem sie davon ausgehen, dass ein Kind für eine selbstbestimmte Befolgung von Regeln die Auseinandersetzung mit anderen Kindern benötigt (Piaget 1973; Youniss 1982; Krappmann 2001). Im Alltag der Grundschule, in vielen Konflikten und Aushandlungen unter Kindern spielen Fragen der Gerechtigkeit, Anerkennung oder Solidarität eine sehr große Rolle. Untersuchungen zeigen, dass Kinder sehr zugewandt, freundlich und sozial kompetent miteinander umgehen, aber auch sehr egoistisch handeln und wesentliche Normen eines angemessenen sozialen Verhaltens verletzen können (Krappmann/Oswald 1995; Oswald 2008).

Krappmann und Oswald (1995) konnten in ihren Studien vielfältige Auswirkungen der sozialen Integration auf Lernen und Entwicklung darlegen. Sie kommen deshalb zu dem Fazit, dass Kinder Freiräume im Rahmen der Grundschule zu ihrer Entwicklung brauchen. Auch die vierjährigen ethnografischen Beobachtungen einer Grundschulklasse von Beck/Scholz (1995a) ergaben, dass sich auf den vermeintlichen „Hinterbühnen" (Zinnecker 1978) der Schule, die durch die Beziehungen der Gleichaltrigen bestimmt werden, soziales Lernen und soziale Entwicklung vollzieht. Weitere Beobachtungen an Freien Schulen ließen erkennen, wie Kinder im Umgang miteinander und im Spiel lernen (Scholz 1996).

Außerdem ist die Schule für Kinder zum wichtigsten Ort geworden, um Freunde zu treffen. Die Beziehungen und Freundschaften zu Mitschülern nehmen am Beginn der Grundschulzeit einen hohen Stellenwert ein. Intakte Peerbeziehungen in der Schule beeinflussen das schulische Wohlbefinden und die Schulfreude positiv (Petillon 1993). Freunde gehören im dritten und vierten Schuljahr fast immer dem gleichen Geschlecht an und unter Grundschulkindern werden Geschlechterterritorien festgelegt (vgl. Heinzel/Prengel 1998; Kelle 1999; World Vision 2007, S. 151f.).

Zwischen der sozialen Akzeptanz von Kindern innerhalb der Schulklasse und den Freundschaften dieser Kinder besteht ein enges Netz von Zusammenhängen (Krappmann/Uhlendorf 1999). Die Wahl der Freundschaft wird auch von der sozialen Herkunft beeinflusst und hat, wie neuere Untersuchungen zeigen, auch Einfluss auf schulische Bildungsbiografien. Individuelle Orientierungen im Hinblick auf schulische Leistungserwartungen und außerschulische Freizeiterwartungen passen bei den Peers meist gut zusammen. Sie können die schulischen Leistungen positiv beeinflussen, sich aber auch negativ auf die Schulbiografie auswirken (Oswald/Krappmann 2004; World Vision 2007, S. 143ff.; Krüger u.a. 2008).

Untersuchungen zu Konflikten an Grundschulen verweisen auf Diskrepanzen und notwendige Vermittlungsleistungen zwischen der Lebenswelt von Schülerinnen und Schülern sowie dem Wertesystem der Lehrkräfte (Breidenstein/Kelle 1998; Heinzel 2003; Wagner-Willi 2005). Im Alltag von Schule und Unterricht bilden die Peers spezifische kulturelle Praktiken und Normen aus. Breidenstein und Kelle (1998) zeigen, welchen Gebrauch Kinder im Schulalltag von der Geschlechterunterscheidung machen und wie sie mit Ansätzen einer geschlechterbewussten Pädagogik aktiv – und deren Zielsetzung teilweise konterkarierend – umgehen. Die Beobachtungen von Scholz (1996) ergeben, dass Lernen in der Schule in sehr unterschiedlichen Kulturen (z.B. Kinder-, Schüler-, Schulkultur) stattfindet und Lehren als Begegnung unterschiedlicher Kulturen gestaltet werden sollte. In einer Untersuchung über Kreisgespräche an Grundschulen wird deutlich, wie Kinder schulische Anforderungen und die Normen der Peergroup ausbalancieren (Heinzel 2001, 2003). Röhner (2003, S. 276) spricht in diesem Zusammenhang von einer Interdependenz von Lernkultur und Peerkultur, die aber noch genauer untersucht werden muss.

3.4 Schulalltag und außerschulische Lebenswelt der Kinder

Schulforschung und Kindheitsforschung siedelten sich in unterschiedlichen disziplinären Kontexten an und verfügten über differente Forschungspraktiken (vgl. Breidenstein/Prengel 2005). Die im Kontext der Kindheitsforschung entstandenen Arbeiten konzentrierten sich zunächst auf die außerschulische Lebenswelt von Kindern.

Zur familialen Lebenswelt und dem Freizeitverhalten von Kindern wurden differenzierte Forschungsergebnisse vorgelegt (zusammenfassend Fölling-Albers 2001; Grunert/Krüger 2006). Schon bald zeigte sich allerdings, dass die Kindheitsforschung besonders intensiv in der Grundschulpädagogik rezipiert wurde, weil Lehrkräfte Kinder als verändert gegenüber früheren Berufsjahren erlebten und mit den Ergebnissen der Kindheitsforschung notwendige Unterrichtsreformen begründet werden konnten (vgl. Fölling-Albers 1992, 1993; Heinzel 2004).

Einige Untersuchungen betonen zudem die Zusammenhänge zwischen formalem, nonformalem und informellem Lernen und verweisen darauf, dass Freizeitaktivitäten und außerschulische Lernangebote zu Schulerfolg und guten Bildungschancen beitragen (Büchner/Koch 2001). Es lassen sich deutliche Unterschiede zwischen Kindern in Bezug auf Umfang und Art der Nutzung institutionalisierter Freizeit- und Förderangebote feststellen. Bei der Nutzung dieser Angebote spielen Alter, Geschlecht, Sozialmilieu, Region und Religion eine Rolle (World Vision 2007).

Zudem wurde in verschiedenen Arbeiten darauf hingewiesen, dass die Schule durch ihre Expansion in die Lebenszeit zu einem zentralen Lebensort für Kinder geworden ist (du Bois-Reymond/Büchner/Krüger u.a. 1994; World Vision 2007; Zeiher/Schröder 2008). Im Rahmen der Grundschule lassen sich Tendenzen einer Entgrenzung von Schule und Freizeit feststellen. Einerseits reicht der „lange Arm der Schule" in das außerschulische Kinderleben hinein und andererseits werden in der Schule Lernsituationen (wie der Morgenkreis) geschaffen, welche die Passungsprobleme zwischen Schule und außerschulischer Lebenswelt vermindern sollen (Fölling-Albers 2000; Heinzel 2003).

3.5 Anthropologie des Kindes

Untersuchungen zur Anthropologie des Kindes widmen sich der Frage nach dem jeweiligen Grundverständnis vom Kind und zielen darauf, praktisches Handeln und die Verantwortung in Erziehung und Bildung zuverlässig abzustützen (vgl. Duncker 2005). In der anthropologischen Betrachtungsweise des Kindes wird vor allem mit phänomenologischen und philosophisch-hermeneutischen Verfahren gearbeitet. Eine wichtige Grundlage für diese Forschungsrichtung hat Langeveld in seinen „Studien zur Anthropologie des Kindes" (1956) geschaffen.

Neuere Forschungen zur Anthropologie widmen sich den symbolischen Ausdrucksformen und „Sprachen" des Kindes, die als Formen der Verarbeitung von Erfahrung analysiert und im Hinblick auf Muster kindlicher Aneignung von Wirklichkeit interpretiert werden. Die anthropologische Position versteht Lernen als Aneignung und Hervorbringen von Kultur und versucht, Kindheit in den sprachlichen und symbolischen Mitteilungen des Kindes zu entdecken (Duncker 2005, S. 143f.).

Untersucht werden kindliche Phantasie und Imagination, Spiel und Leiblichkeit, das Erfinden und Ausmalen von Geschichten, Bilder und Produkte von Kindern, die Kultur des Sammelns und Tauschens, Kinderwitz und Humor, Wünsche von Kindern, ihr staunender und fragender Umgang mit der Lebenswelt, ihre Deutungen und ihre Erkenntnistätigkeit sowie ihre Bedingungen des In-der-Welt-Seins (Lippitz/Rittelmeyer 1989; Duncker/Maurer/Schäfer 1993; Fatke 1994).

4 Wechselbezüge und Umrisse einer generationenvermittelnden Grundschule

Wenn die Beziehungen zwischen Kindheit und Grundschule thematisiert werden, dann – so belegen sowohl die referierten theoretischen Perspektiven als auch die Forschungsergebnisse – ergeben sich zwingend Wechselbezüge zu weiteren Sozialisationsinstanzen. Die Entwicklung von Kindern in der Grundschule wird von der Familie und den Gleichaltrigen beeinflusst. Im Forschungsüberblick wurde auf Wechselbezüge zwischen schulischer und außerschulischer Bildungsbiografie hingewiesen. Ferner bestehen Zusammenhänge zwischen dem Wandel des Eltern-Kind-Verhältnisses und veränderten Anforderungen an das Lehrer-Schülerverhältnis. Überdies hängen Schulerfahrungen mit der Verankerung des einzelnen Kindes in der Sozialwelt der Gleichaltrigen zusammen.

Der außerschulische Wandel von Kindheit dient – wie bereits ausgeführt – als Begründungszusammenhang für eine Veränderung der Grundschule, weil sich Passungsprobleme zwischen Schule und pluralisierter, individualisierter außerschulischer Lebenswelt ergeben haben (dazu auch Heinzel/Brencher 2008). Doch erhalten die komplexen Wechselwirkungen zwischen den Sozialisationsinstanzen Grundschule, Familie, Freizeit und Gleichaltrigengruppe ebenso wie die zwischen den Sozialisationsfeldern Kindergarten, Primar- und Sekundarstufe noch immer zu wenig Aufmerksamkeit in der Grundschulpädagogik und ihrer Forschung. Ob die aktuellen Reformbemühungen an Grundschulen (wie methodische Öffnung des Unterrichts und aktive Lernzeitnutzung durch selbstgesteuertes Lernen mit individualisierter Lernbeobachtung oder strukturelle Maßnahmen wie Flexible Eingangsstufe, Grundschule mit festen Öffnungszeiten und Ganztagsschule) eher als „pädagogischer Akt von Erwachsenen" (Büchner/Fuhs 1998, S.

387) und „zunehmende Bindung persönlicher Zeitressourcen" (Nießeler 2008, S. 20) von Kindern zu verstehen sind, muss weiter untersucht werden.

Die Verbindung der Diskurse von Grundschulpädagogik und Kindheitsforschung hat zu einem Perspektivenwechsel hin zu den Kindern und dem Lernen beigetragen. Schulkinder werden nicht mehr nur als „Empfänger" schulischer Erziehung sondern auch als Ko-Konstrukteure schulischer Wirklichkeit gesehen (Kelle 2005, S. 148). Es muss aber noch intensiver analysiert werden, in welcher Weise die veränderten Lebenswelten von Kindern aufgenommen und verarbeitet werden und welche Orientierungen und Verhaltensweisen sich in der Grundschule daraus entwickeln. Außerdem sind weitere Forschungen zum konkreten Umgang der Kinder mit Lernangeboten, Raum, Zeit und Materialien notwendig.

Die Verknüpfung theoretischer Ansätze von Kindheitsforschung und Grundschulpädagogik kann auch zur Klärung der Frage beitragen, in welchem Verhältnis der Funktionszusammenhang der Institution zur lebensweltlichen Perspektive des Kindes stehen soll und wie sich die Grundschule im Spannungsverhältnis von gesellschaftlicher und individueller Ausrichtung definiert. Die Konzentration auf das Handeln der Kinder in der Grundschule eröffnet einen neuen Schwerpunkt in der Schulpädagogik bzw. belebt einen alten und akzentuiert ihn neu: Der Wandel von der Allgemeinen Didaktik bzw. Unterrichtslehre zur Schulpädagogik wurde u.a. vollzogen, um die isolierte Auseinandersetzung mit Unterricht zu überwinden. Diese „Befreiung aus einem bloß innerpädagogischen Zirkel" (Lichtenstein-Rother 1971, S. 38) ermöglichte, didaktische Fragestellungen in den größeren Zusammenhang einer Schultheorie einzuordnen. Unterricht konnte im Kontext institutioneller Voraussetzungen und gesellschaftlicher Bedingungen betrachtet und im Rahmen einer kritischen Theorie der Schule unter neuen Fragestellungen erörtert werden. Besonderes Gewicht in der Schultheorie haben strukturfunktionale Perspektiven erhalten, die den Aspekt pädagogischen Handelns zurückdrängten. Die Verbindung von Grundschul- und Kindheitsforschung hat nun zu einer erneuten Hinwendung zum Unterricht beigetragen, wobei sich das Forschungsinteresse auf die Mikroebene des Unterrichts und die Perspektiven der Kinder im Unterrichtsalltag richtet. Dabei geraten Spannungsverhältnisse, Struktur- und Handlungsprobleme in den Blick.

Der doppelseitige Auftrag der Grundschule, gegenüber dem Kind wie gegenüber der Gesellschaft verpflichtet zu sein, kann Erfolg versprechender als in der Vergangenheit erfüllt werden, wenn ein Wandel vom Prinzip der **Kindgemäßheit** zum Prinzip der Generationenvermittlung erfolgt, wobei Vermittlungsprozesse als Aushandlungen zu verstehen sind (Heinzel 2009). Die seit der Einrichtung der Grundschule bestehende Debatte um deren Gestaltung nach dem Prinzip der Kindgemäßheit hält immer noch an. Einerseits wird dieses Prinzip bis heute in Frage gestellt, indem kritisiert wird, dass die Forderung, den Unterricht „kindgemäß" zu gestalten, die gesellschaftliche Funktion der Schule verkürze, weil diese vom kindlichen Leben weg zum Erwachsenendasein zu führen habe und das Schülerdasein Passage und nicht Sinn des Lebens sei (Diederich/Tenorth 1997, S. 165f.). Andererseits wird gefordert, Kindgemäßheit nicht mehr aus der Perspektive von Erwachsenen zu definieren, sondern – vor dem Hintergrund von gesellschaftlicher Pluralisierung und Individualisierung und dem Wandel von Kindheit – als „**Individualisierungsanspruch** des Kindes" (Fölling-Albers 1993, 1994) zu verstehen. Beide Positionen können als Versuche verstanden werden, den doppelten Anspruch der Schule, dem Kind und der Gesellschaft verpflichtet zu sein, theoretisch einzulösen bzw. eine Gewichtung vorzunehmen.

Der Grundwiderspruch dieses Anspruches beruht auf dem Konstrukt, dass Kinder erst Mitglieder der Gesellschaft werden. Wenn das Kind aber als gleichwertiges Mitglied der Gesellschaft akzeptiert wird, bedeutet dies, dass im Rahmen der Grundschule Generationenperspektiven in zwei Richtungen vermittelt werden müssen: in die der Kinder und in die der erwachsenen Lehrerinnen und Lehrer.

Erst die **„generationenvermittelnde Grundschule"** vermag die doppelte Verpflichtung gegenüber dem Kind und gegenüber der Gesellschaft real einzulösen. Sie zielt darauf ab, die Dimensionen einer dem Kind und der Gesellschaft gleichermaßen verpflichteten Schule zusammenzuführen und in pädagogisches Handeln umzusetzen: die Ansprüche der Kinder, in ihrem Erleben und ihrer aktiven Bemühung um das Verstehen der Welt als einzelne und Generation anerkannt zu werden und die Aufgabe der Erwachsenengeneration, Wissen und Erfahrungen im Unterricht an die Kinder zu vermitteln.

Ganz generell unterstellt dieses Konzept, dass Kinder lernen und verstehen wollen. Von Lehrerinnen und Lehrern wird eine fundierte und die Deutungssysteme der einzelnen Kinder berücksichtigende Vermittlung der kulturellen Werte und Inhalte der Erwachsenengeneration erwartet. Den Kindern wird Raum gegeben für die Thematisierung ihrer Interessen. Kinderkultur würde weniger als bisher auf Hinterbühnen verbannt und in ihrer Funktion als Quelle andauernder Störungen diskutiert. Im Gegenteil: Die generationenvermittelnde Grundschule muss auch faktische Partizipation und Widerspruch von Kindern zulassen. Denn nur wenn das Verhältnis zwischen (lehrenden) Erwachsenen und (lernenden) Kindern auf Anerkennung beruht (vgl. Honneth 1994; Prengel 2005) und nicht durch einseitige Dominanz oder widersinnige Autonomiezumutungen gefährdet wird, kann eine neue Balance zwischen Kind, Schule und Gesellschaft entstehen.

Literatur

Aebli, H.: Die geistige Entwicklung als Funktion von Anlage, Reifung, Umwelt und Erziehungsbedingungen. In: Begabung und Lernen. Ergebnisse und Folgerungen neuer Forschungen. Stuttgart 1969, S. 217-226
Alanen, L.: Soziologie der Kindheit als Projekt: Perspektiven für die Forschung. In: Zeitschrift für Soziologie der Erziehung und Sozialisation 17 (1997), H. 1, S. 162-177
Ariès, Philippe: Geschichte der Kindheit. München 1978
Beck, G./Scholz, G.: Soziales Lernen in der Grundschule. Reinbek bei Hamburg 1995a
Beck, G./Scholz, G.: Beobachten im Schulalltag. Ein Studien- und Praxisbuch. Frankfurt a.M. 1995b
Behnken, I./Jaumann, O. (Hrsg.): Kindheit und Schule. Kinderleben im Blick von Grundschulpädagogik und Kindheitsforschung. Weinheim/München 1995
Bernstein, B: Studien zur sprachlichen Sozialisation. Düsseldorf 1972
Boer de, H.: Klassenrat als interaktive Praxis. Auseinandersetzung, Kooperation, Imagepflege. Wiesbaden 2006
Bois-Reymond du, M./Büchner, P./Krüger, H.-H. u.a.: Kinderleben. Modernisierung von Kindheit im interkulturellen Vergleich. Opladen 1994
Bos, W. u.a. (Hrsg.): Erste Ergebnisse aus IGLU. Schülerleistungen am Ende der vierten Jahrgangsstufe im internationalen Vergleich. Münster 2003
Bos, W. u.a. (Hrsg.): Erste Ergebnisse aus IGLU. Schülerleistungen am Ende der vierten Jahrgangsstufe im internationalen Vergleich. Münster 2007
Breidenstein, G./Kelle, H.: Geschlechteralltag in der Schulklasse. Ethnographische Studien zur Gleichaltrigenkultur. Weinheim/München 1998
Breidenstein, G./Prengel, A. (Hrsg.): Schulforschung und Kindheitsforschung – ein Gegensatz? Wiesbaden 2005
Brinkmann, E./Brügelmann, H.: Lernbiografien „auf dem Weg zur Schrift". In: Behnken, I./Zinnecker, J. (Hrsg.): Kinder. Kindheit. Lebensgeschichte. Ein Handbuch. Seelze/Velber 2001, S. 289-306
Bronfenbrenner, U.: Ökologische Sozialisationsforschung. Stuttgart 1976
Bronfenbrenner, U.: Die Ökologie der menschlichen Entwicklung. Stuttgart 1981

Brügelmann, H./Fölling-Albers, M./Richter, S.: Jahrbuch Grundschule. Fragen der Praxis – Befunde der Forschung. Seelze 1998
Bruner, J. S.: Bereitschaft zum Lernen. In: Weinert, F.E. (Hrsg.): Pädagogische Psychologie. Köln 1967, S. 105-117
Bruner, J. S. (Hrsg): Lernen, Motivation und Curriculum. Frankfurt a.M. 1974
Büchner, P.: Das Kind als Schülerin oder Schüler. Über die gesellschaftliche Wahrnehmung der Kindheit als Schulkindheit und damit verbundene Forschungsprobleme. In: Zeiher, H./Büchner, P./Zinnecker, J. (Hrsg.): Kinder als Außenseiter? Umbrüche in der gesellschaftlichen Wahrnehmung von Kindern und Kindheit. Weinheim/München 1996, S. 157-187
Büchner, P./Fuhs, B.: Gibt es im Rahmen der Schulkultur Platz für Kinder. In: Keuffer, J. u.a. (Hrsg.): Schulkultur als Gestaltungsaufgabe. Partizipation – Management – Lebensweltgestaltung. Weinheim 1998, S. 385-404
Büchner, P./Koch, K.: Von der Grundschule in die Sekundarstufe 1. Der Übergang aus Kinder- und Elternsicht. Opladen 2001
Büchner, P./Krüger, H.-H. (Hrsg.): Aufwachsen hüben und drüben. Deutsch-deutsche Kindheit und Jugend vor und nach der Vereinigung. Opladen 1991
Buer van, J./Nenninger, P.: Lehr-Lern-Forschung: Traditioneller Unterricht. In: Ingenkamp, K. (1992), Bd. 2, S. 407-470
Bühler, C.: Der menschliche Lebenslauf als psychologisches Problem. Leipzig 1933
Bühler, C.: Kindheit und Jugend. Genese des Bewußtseins. Göttingen 1967 (zuerst 1928)
Busemann, A.: Krisenjahre im Ablauf der menschlichen Jugend. Ratingen 1953
Carle, U.: Neustrukturierung des Schulanfangs – Inhalte des Konzepts und Stand der Forschung. In: Roßbach, H.-G./Nölle, K./Czerwenka, K. (2001), S. 205-212
Christen, F.: Einstellungsausprägungen bei Grundschülern zu Schule und Sachunterricht und der Zusammenhang mit ihrer Interessiertheit. Kassel 2004
Dathe, G.: Erstleseunterricht. Berlin 1981
DeMause, L. (Hrsg.): Hört ihr die Kinder weinen. Eine psychogenetische Geschichte der Kindheit. Frankfurt a.M. 1977
Deutsche Wissenschaft, Erziehung und Volksbildung (DWEV). Amtsblatt des Reichsministeriums für Wissenschaft, Erziehung und Volksbildung und der Unterrichtsverwaltungen der Länder. 1935ff
Deutscher Bildungsrat: Strukturplan für das Bildungswesen. Stuttgart 1970
Diederich, J./Tenoth, H.-E.: Theorie der Schule. Ein Studienbuch zu Geschichte, Funktionen und Gestaltung. Berlin 1997
Duncker, L. (2005): Pädagogische Anthropologie des Kindes. In: Einsiedler, W. u.a. (Hrsg.): Handbuch Grundschulpädagogik und Grundschuldidaktik. 2. Auflage. Bad Heilbrunn 2005, S. 141-146
Duncker, L./Maurer, F./Schäfer, G. E. (Hrsg.): Kindliche Phantasie und ästhetische Erfahrung. Wirklichkeiten zwischen Ich und Welt. 2. Auflage, Langenau-Ulm 1993
Eberwein, H./Knauer, S. (Hrsg.): Handbuch Lernprozesse verstehen. Wege einer (sonder-)pädagogischen Diagnostik. Weinheim/Basel 1998
Einsiedler, W.: Empirische Grundschulforschung im deutschsprachigen Raum – Trends und Defizite. In: Unterrichtswissenschaft 25 (1997a), H. 4, S. 291-315
Erikson, Erik H.: Identität und Lebenszyklus. Frankfurt a.M. 1973
Fatke, R. (Hrsg.): Ausdrucksformen des Kinderlebens. Bad Heilbrunn 1994.
Faust-Siehl, G. u.a. (Hrsg.): Kinder heute – Herausforderungen für die Zukunft. Frankfurt a.M. 1990
Faust-Siehl, G./Portmann, R. (Hrsg.): Die ersten Wochen in der Schule. Beiträge zur Reform der Grundschule. Bd. 98. Arbeitskreis Grundschule. Frankfurt a.M. 1992
Faust, G. u.a. (Hrsg.): Anschlussfähige Bildungsprozesse im Elementar- und Primarbereich. Bad Heilbrunn 2004
Fend, H.: Sozialisierung und Erziehung. Weinheim 1969
Fend, H.: Gesellschaftliche Bedingungen schulischer Sozialisation. Weinheim 1976
Fend, H.: Theorie der Schule. München 1980
Fetzer, M.: Interaktionen am Werk. Eine Interaktionstheorie fachlichen Lernens, entwickelt am Beispiel von Schreibanlässen im Mathematikunterricht der Grundschule. Bad Heilbrunn 2007
Fölling-Albers, M. (Hrsg.): Veränderte Kindheit – Veränderte Grundschule. Beiträge zur Reform der Grundschule. Bd. 75. Arbeitskreis Grundschule. Frankfurt a.M. 1989
Fölling-Albers, M.: Schulkinder heute. Auswirkungen veränderter Kindheit auf Unterricht und Schulleben. Weinheim 1992
Fölling-Albers, M.: Der Individualisierungsanspruch der Kinder – eine neue pädagogische Orientierung „vom Kinde aus"? In: Neue Sammlung 33 (1993), H. 3, S. 465-478

Fölling-Albers, M.: Kindgemäßheit – neue Überlegungen zu einem alten pädagogischen Anspruch. In: Götz, M. (Hrsg.): Leitlinien der Grundschularbeit. Langenau-Ulm 1994, S. 117-132

Fölling-Albers, M.: Kindheit und Schule. Überlegungen zu einem Annäherungsprozeß. In: Behnken, I./Jaumann, O. (1995), S. 11-20

Fölling-Albers, M.: Entscholarisierung von Schule und Scholarisierung von Freizeit? In: Zeitschrift für Soziologie der Erziehung und Sozialisation 20 (2000), H. 2, S. 118-131

Fölling-Albers, M.: Veränderte Kindheit – revisited. Konzepte und Ergebnisse sozialwissenschaftlicher Kindheitsforschung der vergangenen Jahre. In: Fölling-Albers, M. u.a. (2001), S. 10-51

Fölling-Albers, M. u.a. (Hrsg.): Kindheitsforschung, Forschung zum Sachunterricht. Jahrbuch Grundschule III. Fragen der Praxis – Befunde der Forschung. Beiträge zur Reform der Grundschule. Arbeitskreis Grundschule. Seelze 2001

Fölling-Albers, M./Schwarzmeier, K.: Schulische Lernerfahrungen aus der Perspektive von Kindern – Empirische Grundschulforschung mit Methoden der Kindheitsforschung. In: Breidenstein, G./Prengel, A. (Hrsg.) (2005), S. 95-114

Fournés, A.: Entwicklung der Grundschule. Von der Unterstufe (Ost) zur aktuellen grundschulpädagogischen Diskussion. Frankfurt a.M. 1996

Fournés, A.: Kindgemäßheit als „roter Faden". In: Jürgens, E./Standop, J. (Hrsg.): Taschenbuch Grundschule. Grundschule als Institution. Hohengehren 2008, S. 23-36

Freud, S.: Vorlesungen zur Einführung in die Psychoanalyse. London 1940

Fromm, M.: Die Sicht der Schüler in der Pädagogik. Untersuchungen zur Behandlung der Sicht von Schülern in der pädagogischen Theoriebildung und in der quantitativen und qualitativen empirischen Forschung. Weinheim 1987

Geiling, U.: Schulfähigkeit und Einschulungspraxis in der DDR – Ein Rückblick im Spannungsfeld von Förderung und Ausgrenzung. In: Prengel, A. (1999), S. 161-219

Geiling, U./Heinzel, F. (Hrsg.): Erinnerungsreise – Kindheit in der DDR. Studierende erforschen ihre Kindheiten. Baltmannsweiler 2000

Gerstenmaier, J./Mandl, H.: Wissenserwerb unter konstruktivistischer Perspektive. In: Zeitschrift für Pädagogik 41 (1995), H. 6, S. 867-888

Götz, M.: Die Grundschule in der Zeit des Nationalsozialismus. Eine Untersuchung der inneren Ausgestaltung der 4 unteren Jahrgänge der Volksschule auf der Grundlage amtlicher Maßnahmen. Bad Heilbrunn 1997

Götz, M.: Kindorientierung unter den Bedingungen veränderter Kindheit. In: Hartinger, A./Bauer, R./Hitzler, R. (Hrsg.): Veränderte Kindheit: Konsequenzen für die Lehrerbildung. Bad Heilbrunn 2008, S. 13-22

Götz, M./Sandfuchs, U.: Geschichte der Grundschule. In: Einsiedler, W. u.a. (Hrsg.): Handbuch Grundschulpädagogik und Grundschuldidaktik. Bad Heilbrunn 2005. 2. überarb. Auflage, S. 13-30

Griebel, W./Niesel, R.: Die Bewältigung des Übergangs vom Kindergarten in die Grundschule. In: Fthenakis, W.E. (Hrsg.): Elementarpädagogik nach PISA. Wie aus Kindertagesstätten Bildungseinrichtungen werden. Freiburg/Basel/Wien 2003, S. 136-151

Grunert, C.: Bildung und Lernen – ein Thema der Kindheits- und Jugendforschung. In: Rauschenbach, T./Düx, W./Sass, E. (Hrsg.): Informelles Lernen im Jugendalter. Vernachlässigte Dimension der Bildungsdebatte. Weinheim/München 2007, S. 15-34

Grunert, C./Krüger, H.-H.: Kindheit und Kindheitsforschung in Deutschland. Forschungszugänge und Lebenslagen. Opladen 2006

Haarmann, D./Horn, A.: Innovative Tendenzen in den Lehrplänen der Grundschulen. Lehrplanentwicklung in der Bundesrepublik seit 1980. In: Brügelmann, H. u.a. (1998)

Hartinger, A.: Interessenförderung. Eine Studie zum Sachunterricht. Bad Heilbrunn 1997

Hartinger, A./Fölling-Albers M.: Schüler motivieren und interessieren. Ergebnisse aus der Forschung, Anregungen für die Praxis. Bad Heilbrunn 2002

Heckhausen, H.: Förderung der Lernmotivation und der intellektuellen Tüchtigkeiten. In: Roth, H. (1969), S. 193-208

Heinze, T.: Unterricht als soziale Situation. Zur Interaktion von Schülern und Lehrern. München 1976

Heinzel, F.: Qualitative Interviews mit Kindern. In: Friebertshäuser, B./Prengel, A. (Hrsg.): Handbuch Qualitative Forschungsmethoden in der Erziehungswissenschaft. Weinheim/München 1997, S. 396-413

Heinzel, F. (Hrsg.): Methoden der Kindheitsforschung. Ein Überblick über Forschungszugänge zur kindlichen Perspektive. Weinheim/München 2000

Heinzel, F.: Kinder im Kreis. Kreisgespräche in der Grundschule als Sozialisationssituationen. Halle 2001

Heinzel, F.: Zwischen Kindheit und Schule. Kreisgespräche als Zwischenraum. In: ZBBS (2003), H. 1, S. 105-122

Heinzel, F.: Methoden der Kindheitsforschung – Probleme und Lösungsansätze. In: Prengel, A. (Hrsg.): Im Interesse von Kindern. Forschungs- und Handlungsperspektiven in Pädagogik und Kinderpolitik. Weinheim/München 2003b, S. 123-136

Heinzel, F.: Traktat vom „schwierigen Kind" oder pädagogischer Optimismus? In: Heinzel, F./Geiling, U. (Hrsg.): Demokratische Perspektiven in der Pädagogik. Wiesbaden 2004, S. 114-125

Heinzel, F./Brencher, G.: Reflexionen zum Thema Veränderte Kindheit im Rahmen von Lerntagebüchern. In: Bauer, R./Hartinger, A./Hitzler, R. (Hrsg.): Veränderte Kindheit: Konsequenzen für die Lehrerbildung, Bad Heilbrunn 2008, S. 33-49

Heinzel, F. (Hrsg.): Generationenvermittlung in der Grundschule. Bad Heilbrunn 2009 (in Vorbereitung)

Heinzel, F./Prengel, A.: Gemeinsam leben und lernen in der Grundschule. In: Horstkemper, M./Zimmermann, P. (Hrsg.): Zwischen Dramatisierung und Individualisierung. Geschlechtstypische Sozialisation im Kindesalter. Opladen 1998, S. 83-107

Hempel, M.: Lernwege der Kinder. Subjektorientiertes Lernen und Lehren in der Grundschule. Hohengehren 1999

Honig, M.-S.: Entwurf einer Theorie der Kindheit. Frankfurt a.M. 1999

Honig, M.-S./Lange, A./Leu, H.-R. (Hrsg.): Aus der Perspektive von Kindern? Zur Methodologie der Kindheitsforschung. Weinheim/München 1999

Honig, M.-S./Leu, H.-R./Nissen, U.: Kindheit als Sozialisationsphase und kulturelles Muster. Zur Strukturierung eines Forschungsfeldes. In: Honig, M.-S./Leu, H.-R./Nissen, U. (1996), S. 9-29

Honig, M.-S./Leu, H.-R./Nissen, U. (Hrsg.): Kinder und Kindheit. Soziokulturelle Muster – sozialisationstheoretische Perspektiven. Weinheim/München 1996

Honneth, A.: Kampf um Anerkennung. Zur moralischen Grammatik sozialer Konflikte. Frankfurt a.M. 1994

Huf, C: Didaktische Arrangements aus der Perspektive von SchulanfängerInnen. Eine ethnographische Feldstudie über Alltagspraktiken, Deutungsmuster und Handlungsperspektiven von SchülerInnen der Eingangsstufe der Bielefelder Laborschule. Bad Heilbrunn 2006

Hurrelmann, K.: Einführung in die Sozialisationstheorie. Über den Zusammenhang von Sozialstruktur und Persönlichkeit. Weinheim 1986

Ingenkamp, K. (Hrsg.): Empirische Pädagogik 1970-1990. Eine Bestandsaufnahme der Forschung in der BRD. 2 Bde., Weinheim 1992

Kahlert, J. (Hrsg.): Wissenserwerb in der Grundschule. Perspektiven erfahren, vergleichen, gestalten. Bad Heilbrunn 1998

Kammermeyer, G./Martschinke, S.: KILIA – Selbstkonzept- und Leistungsentwicklung im Anfangsunterricht. In Faust, M. u.a. (Hrsg.): Anschlussfähige Bildungsprozesse im Elementar- und Primarbereich. Bad Heilbrunn 2003, S. 204-217

Kelle, H.: Geschlechterterritorien. Eine ethnographische Studie über Spiele neun- bis zwölfjähriger Schulkinder. In: Zeitschrift für Erziehungswissenschaft 2 (1999), H. 2, S. 211-228

Kelle, H.: Kinder in der Schule. In: Breidenstein, G./Prengel, A. (2005), S. 139-160

Kelle, H./Breidenstein, G.: Kinder als Akteure: Ethnographische Ansätze in der Kindheitsforschung. In: Zeitschrift für Sozialisationsforschung und Erziehungssoziologie 16 (1996), H. 1, S. 47-67

Kemmler, L.: Erfolg und Versagen in der Grundschule. Göttingen 1967

Key, E.: Das Jahrhundert des Kindes. Neu herausgegeben mit einem Nachwort von U. Herrmann. Weinheim/Basel 1992 (zuerst 1902)

Knörzer, W./Grass, K.: Einführung Grundschule. Weinheim/Basel 1998

Kohlberg, L.: Zur kognitiven Entwicklung des Kindes. Frankfurt a.M. 1974

Köhnlein, W./Marquard-Mau, B./Schreier, H.: Kinder auf dem Weg zum Verstehen der Welt. Bad Heilbrunn 1997

Kollakowski, A.: Die pädagogische Psychologie der DDR im Spannungsfeld zwischen kindorientierter Forschung und bildungspolitischen Forderungen. In: Cloer, E./Wernstedt, R. (Hrsg.): Pädagogik in der DDR. Eröffnung einer notwendigen Bilanzierung. Weinheim 1994, S. 205-223

Krappmann, L.: Soziale Beziehungen unter Grundschülern als Kontext von Lernen und Entwicklung. In: Ingenkamp, K. (1992), Bd. 2, S. 298-304

Krappmann, L./Oswald, H.: Schulisches Lernen in Interaktionen mit Gleichaltrigen. In: Zeitschrift für Pädagogik 31 (1985), H. 3, S. 321-337

Krappmann, L./Oswald, H.: Alltag der Schulkinder. Beobachtungen und Analysen von Interaktionen und Sozialbeziehungen. Weinheim/München 1995

Krappmann, L./Uhlendorf, H.: Soziometrische Akzeptanz in der Schulklasse und Kinderfreundschaften. In: Renner, E./Riemann, S./Schneider, I.K. (1999), S. 94-104

Krummheuer, G./Naujok, N.: Grundlagen und Beispiele interpretativer Unterrichtsforschung. Opladen 1999

Krummheuer, G./Fetzer, M.: Der Alltag im Mathematikunterricht. Beobachten, Verstehen, Gestalten. Heidelberg/Berlin 2005

Kroh, O.: Entwicklungspsychologie des Grundschulkindes. Langensalza 1935

Kroh, O.: Psychologie der Entwicklung. In: Lexikon der Pädagogik. Bern 1951, S. 438-447

Krüger, H.-H.: Zwischen Computer und Teddybär – Kindheit von 1980 bis 2000. In: Larras, P. (Hrsg.): Kindsein kein Kinderspiel. Das Jahrhundert des Kindes (1900-1999). Halle 2000, S. 77-90
Krüger, H.-H. u.a.: Kinder und ihre Peers. Freundschaftsbeziehungen und schulische Bildungsbiographien. Opladen, Farmington Hills 2008
Laus, M./Schöll, G.: Aufmerksamkeitsverhalten von Schülern in offenen und geschlossenen Unterrichtskontexten. Berichte und Arbeiten aus dem Institut für Grundschulforschung. Nr. 78. Nürnberg 1995
Langeveld, M.J. (1956): Studien zur Anthropologie des Kindes. Tübingen.
Lichtenstein-Rother, I.: Schulanfang. Pädagogik und Didaktik in den ersten beiden Schuljahren. 7. Auflage, Neufassung, Frankfurt a.M., Berlin/München 1969 (zuerst 1955)
Lichtenstein-Rother, I.: Schulpädagogik. In: Rambach, H. (Hrsg.): Lexikon der Pädagogik. Bd. 4. Freiburg, Basel/Wien 1971, S. 37-39
Lippitz, W./Rittelmeyer, Ch. (Hrsg.): Phänomene des Kinderlebens. Bad Heilbrunn 1989
Markefka, M./Nauck, B. (Hrsg.): Handbuch der Kindheitsforschung. Neuwied/Kriftel/Berlin 1993
Möller, K.: Konstruktivistische Sichtweisen für das Lernen in der Grundschule? In: Roßbach, H.-G./Nölle, K./Czerwenka, K. (2001a), S. 16-31
Möller, K.: Die naturwissenschaftliche Perspektive im Sachunterricht. In: Fölling-Albers, M. u.a. (2001b), S. 105-111
Montada, L.: Die Lernpsychologie Jean Piagets. Stuttgart 1971
Neuhaus, E.: Reform der Grundschule. Bad Heilbrunn 1994 (6. Aufl.)
Nickel, H.: Entwicklungstheorien und ihre Bedeutung für den Grundschullehrer. In: Rost, D.H. (Hrsg.): Entwicklungspsychologie für die Grundschule. Bad Heilbrunn 1980, S. 26-40
Nickel, H./Schmidt-Denter, U.: Vom Kleinkind zum Schulkind. 3. erw. Auflage, München 1988
Nießeler, A.: Bildungszeit der Grundschule. In: ZfG (2008), H. 1, S. 11-22
Oelkers, J.: Reformpädagogik. Eine kritische Dogmengeschichte. Weinheim/München 1989
Oerter, R./Montada, L.: Entwicklungspsychologie. 2. erw. Auflage, München/Weinheim 1987
Oevermann, U.: Sprache und soziale Herkunft. Frankfurt 1972
Oswald, H.: Geleitwort. In: Heinzel, F. (2000), S. 9-15
Oswald, H.: Helfen, Streiten, Spielen, Toben. Die Welt der Kinder einer Grundschulklasse. Opladen 2008
Oswald, H./Krappmann, L.: Soziale Ungleichheit in der Schulklasse und Schulerfolg. Eine Untersuchung in dritten und fünften Klassen Berliner Grundschulen. In: Zeitschrift für Erziehungswissenschaft 7 (2004), H. 4, S. 479-496
Ottweiler, O.: Die Volksschule im Nationalsozialismus. Weinheim/Basel 1979
Panagiotopoulou, A.: Lernbiografien von Schulanfängern im schriftkulturellen Kontext. In: Heinzel, F./Prengel, A. (Hrsg.): Heterogenität, Integration und Differenzierung in der Primarstufe. Jahrbuch Grundschulforschung Bd. 6. Opladen 2002, S. 235-241
Panagiotopoulou, A./Brügelmann, H. (Hrsg.): Grundschulpädagogik *meets* Kindheitsforschung. Zum Wechselverhältnis von schulischem Lernen und außerschulischen Erfahrungen im Grundschulalter. Opladen 2003
Parsons, T.: Die Schulklasse als soziales System. In: Parsons, T.: Sozialstruktur und Persönlichkeit. Frankfurt a.M. 1969, S. 161-193
Petersen, P./Petersen, E.: Die Pädagogische Tatsachenforschung. Paderborn 1965
Petillon, H.: Der Schüler. Rekonstruktion der Schule aus der Perspektive des Kindes. Darmstadt 1987
Petillon, H.: Versuch einer Systematisierung der Grundschulforschung. In: Ingenkamp, K. (1992), Bd. 2, S. 267-276
Petillon, H.: Das Sozialleben des Schulanfängers. Die Schule aus der Sicht des Kindes. Weinheim 1993
Piaget, J.: La naissance de l'intelligence chez l'enfant. Delachaux et Niestlé 1936
Piaget, J.: Das moralische Urteil beim Kinde. Frankfurt a.M. 1973
Prengel, A. (Hrsg): Vielfalt durch gute Ordnung im Anfangsunterricht. Opladen 1999
Prengel, A./Geiling, U./Carle, U.: Schulen für Kinder. Flexible Eingangsphase und feste Öffnungszeiten in der Grundschule. Bad Heilbrunn 2001
Prengel, A. (Hrsg.): Im Interesse von Kindern? Forschungs- und Handlungsperspektiven in Pädagogik und Kinderpolitik. Weinheim 2002
Prengel, A.: Anerkennung von Anfang an – Egalität, Heterogenität und Hierarchie im Anfangsunterricht und darüber hinaus. In: Geiling, U./Hinz, A.: Integrationspädagogik im Diskurs. Auf dem Weg zu einer inklusiven Pädagogik? Bad Heilbrunn 2005, S. 15-34
Prengel, A.: Pädagogik der Vielfalt. Verschiedenheit und Gleichberechtigung in Interkultureller, Feministischer und Integrativer Pädagogik. 3. Auflage Opladen 2006 (zuerst 1993)
Renner, E./Riemann, S./Schneider, I.K. (Hrsg.): Kindsein in der Schule. Interdisziplinäre Annäherungen. Weinheim 1999
Rodehüser, F.: Epochen der Grundschulgeschichte. Bochum 1987
Röhner, C.: Kinder zwischen Selbstsozialisation und Pädagogik. Opladen 2003

Rolff, H.G.: Sozialisation und Auslese durch die Schule. Heidelberg 1967
Rosenberger, K.: Kindgemäßheit im Kontext. Zur Normierung der (schul)pädagogischen Praxis. Wiesbaden 2005
Roßbach, H.-G./Nölle, K./Czerwenka, K. (Hrsg.): Forschungen zu Lehr- und Lernkonzepten für die Grundschule. Jahrbuch Grundschulforschung 4. Opladen 2001
Roth, H. (Hrsg.): Begabung und Lernen. Ergebnisse und Folgerungen neuer Forschungen. Stuttgart 1969
Schenk-Danzinger, L.: Entwicklungspsychologie. 14. Aufl., Wien 1980 (zuerst 1969)
Schmitt, R.: Bundesgrundschulkongress 1999. An der Schwelle zum dritten Jahrtausend. Beiträge zur Reform der Grundschule. Bd. 105. Arbeitskreis Grundschule. Frankfurt a.M. 1999
Schneider, I.K.: Einschulungserlebnisse im 20. Jahrhundert. Weinheim 1996
Schönknecht, G./Michalek, R.: Kinder sprechen über Schule – Inhalte von Gruppendiskussionen mit Kindern im Grundschulalter. In: Götz, M./Müller, K. (Hrsg.): Grundschule zwischen den Ansprüchen der Individualisierung und Standardisierung. Jahrbuch Grundschulforschung Band 9. Wiesbaden 2005, S. 69-76
Scholz, G.: Kinder lernen von Kindern. Baltmannsweiler 1996
Schorch, G.: Die Grundschule als Bildungsinstitution. 2., völlig überarb. Auflage. Bad Heilbrunn 2006
Schorch, G.: Grundschulpädagogik – Studienbuch Grundschulpädagogik, Bad Heilbrunn 2007
Schwarz, E.: Die Grundschule – Funktion und Reform. Braunschweig 1969
Stecher, L.: Schulerleben am Ende der Grundschule. In: Panagiotopoulou, A./Brügelmann, H. (2003), S. 55-68
Tillmann, K.: Sozialisationstheorien. Eine Einführung in den Zusammenhang von Gesellschaft, Institution und Subjektwerdung. Reinbek bei Hamburg 1989
Ulich, D.: Pädagogische Interaktion. Weinheim 1976
Weinert, F.E./Helmke, A. (Hrsg.): Entwicklung im Grundschulalter. Weinheim 1997
Wieder, B.: Entwicklung von Interessen und Nicht-Interessen bei Kindern im Kindergarten, in der Grundschule und in der Sekundarstufe 1. Dissertation. Kassel 2009
Wiesemann, J.: Lernen als Alltagspraxis. Bad Heilbrunn 2000
Wittenbruch, W.: Grundschule. Texte und Bilder zur Geschichte einer jungen Schulstufe. Heinsberg 1995
World Vision Deutschland e.V. (Hrsg.): Kinder in Deutschland 2007. 1. World Vision Kinderstudie. Frankfurt 2007
Youniss, J.: Die Entwicklung und Funktion von Freundschaftsbeziehungen. In: Edelstein, W./Keller, M. (Hrsg.): Perspektivität und Interpretation. Frankfurt a.M. 1982, S. 78-109
Zeiher, H.: Kinder in der Gesellschaft und Kindheit in der Soziologie. In: Zeitschrift für Sozialisationsforschung und Erziehungssoziologie 16 (1996), H. 1, S. 26-46
Zeiher, H./Schröder, S. (Hrsg.): Schulzeiten, Lernzeiten, Lebenszeiten. Pädagogische Konsequenzen und zeitpolitische Perspektiven schulischer Zeitordnungen. Weinheim, München 2008
Zinnecker, J.: Die Schule als Hinterbühne oder Nachrichten aus dem Unterleben der Schüler. In: Reinert, G.B./Zinnecker, J. (Hrsg.): Schüler im Schulbetrieb. Reinbek bei Hamburg 1978, S. 29-121
Zinnecker, J.: Pädagogische Ethnographie. In: Behnken, I./Jaumann, O. (1995), S. 21-38
Zinnecker, J.: Soziologie der Kindheit oder Sozialisation des Kindes? – Überlegungen zu einem aktuellen Paradigmenstreit. In: Honig, M.-S./Leu, H.-R., Nissen, U. (1996), S. 31-54
Zinnecker, J.: Soziale Welten von Schülern und Schülerinnen. Über populäre, pädagogische und szientifische Ethnographien. In: Zeitschrift für Pädagogik 46 (2000a), H. 5, S. 667-690
Zinnecker, J.: Pädagogische Ethnographie. In: Zeitschrift für Erziehungswissenschaft 3 (2000b), H. 3, S. 381-400
Zinnecker, J. u.a.: null zoff & voll busy. Die erste Jugendgeneration des neuen Jahrhunderts. Opladen 2002

Werner Helsper | Jeanette Böhme

Jugend und Schule

1 Einleitung

Die Schule ist zur zentralen gesellschaftlichen Organisation des Kindes- und des Jugendalters geworden, die Kindheit und Jugend als Lebensphasen entscheidend konstituiert und den jugendlichen Alltag stark beeinflußt. Trotzdem ist häufiger noch ein unverbundenes Nebeneinander von Schul- und Jugendforschung festzustellen. Allerdings mehren sich inzwischen Versuche, die Modernisierung des Bildungssystems mit Überlegungen zum Strukturwandel der Jugend und Kindheit zu verbinden und die daraus resultierenden Konsequenzen für die jugendlichen Lebenslagen zu durchdenken (vgl. Fend 1988, 2000; Hornstein 1989; Melzer/Hurrelmann 1990; Büchner 1996; du Bois-Reymond 1998; Helsper 2000, 2008a). Im letzten Jahrzehnt sind auch verstärkt reflexive Brückenschläge zwischen Jugend- und Schulforschung festzustellen. In qualitativen Studien wurden schon früh die komplexen Beziehungen zwischen schulischen und außerschulischen Lebensbereichen in den Blick genommen. Etwa in jugendbiographischen Studien (vgl. Fuchs-Heinritz/Krüger 1990; Helsper/Müller/Nölke/Combe 1991; Nittel 1992; Kramer 2002; Wiezorek 2005) wird die biographische Konstitution und Konstruktion in Kindheit und Jugend im Zusammenspiel familiärer, schulischer und Peerkonstellationen erschlossen. Das Gleiche gilt für Fallstudien zu Jugendlichen bzw. für ethnographische Studien zu jugendlichen Lebenszusammenhängen, jugendlichen Kulturen und der Schule (vgl. schon Willis 1979; Zinnecker 2000; zuletzt Krüger u.a. 2008). Auch im Bereich der quantitativen Forschung sind analoge Entwicklungen festzustellen: Etwa in den Längsschnittstudien von Fend zu Entwicklungsprozessen im Jugendalter werden neben der Schule Peernetze, familiäre Zusammenhänge und die Entwicklung des jugendlichen Selbst in den Blick genommen (vgl. Fend 1997, 2000). Der Kindersurvey (vgl. Zinnecker/Silbereisen 1996) fragt nach der Relevanz und dem Zusammenspiel familiärer, schulischer und kinderkultureller Räume im kindlichen Aufwachsen. Das Gleiche gilt für die sowohl schul- wie jugendtheoretisch angelegte Studie von Krüger u.a., in der jugendliche Lebenswelten im Zusammenhang mit der Schule als Lebensraum analysiert werden (vgl. Krüger/Grundmann/Kötters 2000) oder auch für Studien, die den Zusammenhang von Anerkennungsprozessen, Schule und politischen Orientierungen im Zusammenhang mit peer- und jugendkulturellen Verortungen untersuchen (vgl. Heslper/Krüger u.a. 2006; Pfaff 2006). Nicht zuletzt überwindet die PISA-Studie (vgl. Baumert/Lehmann u.a. 2001; PISA-Konsortium Deutschland 2007, 2008) die Trennung, indem die schulische Leistungsforschung auch die familiären und sozialen Lebensverhältnisse, die Lebensbedingungen von Jugendlichen, Freizeit und Freunde mit einbezieht. In diesen Forschungen kommen Entwicklungen zum tragen, die als Relativierung der Schulzentrierung der Schulforschung und als Relativierung der Jugendkulturzentrierung der Jugendforschung zu verstehen sind.

2 Zum Verhältnis von Schule und Jugend in schultheoretischen Ansätzen

Im Folgenden wird anhand exemplarisch ausgewählter schultheoretischer Positionen verdeutlicht, wie das Verhältnis von Jugend und Schule bestimmt werden kann.

Die Gemeinsamkeit zwischen strukturfunktionalistischen und materialistisch-gesellschaftskritisch orientierten Ansätzen besteht – trotz aller Divergenz – darin, dass sie die Schule als die zentrale Institution der sozialen, qualifikatorischen und ideologischen Reproduktion der Gesellschaft betrachten. Dadurch werden Jugendliche zu gesellschaftlich integrierten Individuen mit entsprechenden Wertmustern, was in der strukturfunktionalistischen Perspektive positiv kommentiert wird als gelingende Reproduktion moderner Gesellschaften, indem Heranwachsende systematisch in „individuelle Modernität" und in dezentrierte Selbst- und Weltverhältnisse eingeführt werden, durch die universalistische, distanzierte, reflexive, zunehmend verwissenschaftlichte Tiefenstruktur der globalisierten, universalisierten Schule, die alle partikularen Lebensformen relativiert (vgl. Parsons 1981; Dreeben 1980; Fend 1980; modifiziert auch Baumert 2003; Meyer 2005; Leschinsky/Cortina 2008). In materialistisch-gesellschaftskritischen Ansätzen wird dies kritisch kommentiert, als Reproduktion und Legitimation von sozialer Ungleichheit und von Herrschaftsverhältnissen (vgl. Bourdieu/Passeron 1971; Bourdieu u.a. 1997; Bowles/Gintis 1978; Huisken 1998). Gelingt es diesen Ansätzen einen umfassenden Blick auf die gesellschaftliche Einbettung und Funktion der Schule zu werfen, so bleibt der Blick auf die Jugendlichen doch eher verengt: Die schulischen Mikroprozesse werden aus der sozialen Logik „abgeleitet". Dadurch entsteht die Gefahr – auch wenn auf eine bloß äußerlich bleibende Formierung der Jugendlichen hingewiesen wird (vgl. Lenhardt 1984; Sünker/Timmermann/Kolbe 1994; Lenhardt/Stock 1997) – einer subsumtionslogischen Ableitung des Jugendlichen als Objekt der Reproduktionsprozesse.

In modernitäts- und zivilisationskritischen Ansätzen – etwa in Anlehnung an Elias oder Weber (Rumpf 1981; Fend 1988, 2006; du Bois-Reymond 1998), an Foucault (Thiemann 1985; Pongratz 2004; Rabenstein 2007), an kritisch-theoretische Positionen (Ziehe/Stubenrauch 1982) oder Positionen einer reflexiven Modernisierung (Melzer/Hurrelmann 1990; Helsper 2000, 2008a) – wird das Verhältnis von Schule und Jugend als spannungsreiches entworfen. Die schulische Sozialisation ist selbst in die Widersprüche der Modernisierung verstrickt: Sie fordert etwa eine rationalistische, asketische Lebensführung ein, angesichts der Freisetzung umfassender Erlebnisansprüche in der Jugendkultur und einer Enttraditionalisierung kultureller Lebensformen. Sie fördert Optionen auf kulturelle Verselbständigung und konfrontiert Jugendliche mit den Risiken der Exklusion bei schulischem Scheitern. Neben den Chancen einer Expansion des Schulischen in den jugendlichen Lebensraum werden auch die Risiken der Beschulung immer deutlicher. Die modernitätstheoretische Perspektive ermöglicht einerseits eine Verortung des Verhältnisses von Jugend und Schule in den gesellschaftlichen Rationalisierungsprozessen. Allerdings besteht auch hier aufgrund des makrosozialen Blicks die Gefahr subsumtionslogischer Ableitungen des Verhältnisses von Jugend und Schule.

In Anknüpfung an die Feldtheorie Lewins und Weiterentwicklungen bei Barker und Bronfenbrenner wurde in der Schulforschung der ökologische Ansatz in Gestalt von ökologischer Psychologie oder pädagogischer Ökologie relevant (vgl. Lange/Kuffner/Schwarzer 1983; Kleber 1985). Damit wird der Blick auf die „Umwelt" von Schülern eröffnet. Den gemeinsamen Nenner der verschiedenen ökologischen Ansätze bildet die Frage nach den Effekten, die spezifische Merkmale der schulischen Umwelt auf seiten der Individuen hervorrufen sowie die daran anschließende Frage, wie die Umwelt gestaltet sein muss, um (erwünschte) Effekte zu erzielen. Diese schulische Wirkungsforschung entwickelte sich zur dominierenden empirischen Schulforschung der 70er- und 80er-Jahre Jahre (vgl. Fend u.a. 1976; Rutter 1980; Pekrun 1985). Einerseits kommt damit die Komplexität des Verhältnisses von Jugend und Schule im Zusammenspiel von Mikro-, Meso- und Makroebene in den Blick. Andererseits zeigt sich, dass es aufgrund der Komplexität der Zusammenhänge kaum möglich ist, generalisierend Wirkungen zu formulieren.

Im gewissen Sinne tritt in den 1990er-Jahren der systemisch-konstruktivistische Ansatz das „Erbe" des ökologischen Ansatzes an. Analog wird im systemischen Zugang die Komplexität und Interdependenz der sozialen Welt Schule hervorgehoben, aber weitaus radikaler die Autopoiesis und Unverfügbarkeit der Subjektseite beachtet (vgl. Reich 1997; Huschke-Rhein 1999). In dieser systemisch–konstruktivistischen Spielart werden vor allem die Selbstgestaltungspotenziale von Jugendlichen betont und eine Schulkritik formuliert, die auf die Dominanz linearer Lernkonzepte verweist. In diesem spannungsreichen Verhältnis zwischen der Schule und den eigenkonstruktiven, vielfältigen Akteursperspektiven wird ein „autopoietischer Explosionsstoff im System" (Huschke-Rhein 1999, S. 37) vermutet, der durch eine Steigerung der Vielfältigkeit von Lernumgebungen entschärft werden könnte, die den Jugendlichen unterschiedliche Perspektiven der Weltkonstruktionen ermöglichen.

Diese Sichtweise wird in der systemtheoretischen Position zur Schule radikalisiert (vgl. Luhmann 2002). Das Erziehungssystem, in seiner organisationsspezifischen Gestalt der Schule, und das psychische System, der Jugendliche, sind autopoietisch geschlossene Systeme, die sich im Selbstbezug erhalten. Wissen, Bildung, kognitive Kompetenzen können nur eigenaktiv vom psychischen System erzeugt werden. Die schulischen Vermittlungs- und Erziehungsabsichten vermögen das psychische System nicht zu erreichen, allenfalls zu irritieren. Der „Schüler" ist jene Form, die dem Jugendlichen im schulischen System gegeben wird, um das unverfügbare psychische System des Jugendlichen als anschlussfähig an die Vermittlungsabsichten der Schule zu denken. Genau darin wird aber das nicht triviale, sich selbst erzeugende psychische System wie ein triviales behandelt, dessen Output steuerbar ist, obwohl das Erziehungssystem über keine Technologie verfügt, die dies zu sichern vermag, vielmehr auf kontingente Interaktion angewiesen bleibt. Gerade die deutliche Absicht zu erziehen und die Formung des psychischen Systems zum Schüler kann nun aber auf seiten der Jugendlichen umso deutlicher Ergebnisse der Verweigerung und Indifferenz hervorrufen.

In strukturtheoretischen Ansätzen wird das Verhältnis von Schule und Jugend im Spannungsfeld von Reproduktion und Transformation verortet (vgl. Oevermann 1996, 2001, 2004; Wagner 2004). Strukturell gewinnt die Schule in modernisierten Gesellschaften die Bedeutung der systematischen Erzeugung des psychisch Neuen für Jugendliche und damit einen besonderen Stellenwert für die Individuationskrise der Adoleszenz als einer transformatorischen Phase der Verselbständigung, die eine von der Herkunftsfamilie besonderte, eigene Lebensführung eröffnet. Dabei gewinnt insbesondere auch die schulisch generierte, aber nicht schulisch präformierte Gleichaltrigengruppe in der Spannung einer schulischen Neugierigengemeinschaft und der jugendlichen Eigenkultur eine zentrale Bedeutung. Inzwischen liegen eine Reihe von Rekonstruktionen vor, die das Verhältnis von Jugendlichen und Schule im Spannungsfeld von Reproduktion und Transformation, von Bindung und Individuation verorten. Diese Studien verweisen darauf, dass im Rahmen organisatorischer Widersprüche, pädagogischer Antinomien und schulkultureller Strukturprobleme die Schule sowohl freisetzende, individuierende, aber auch deutlich bindend-reproduktive Bedeutung gewinnen kann (vgl. Böhme 2000; Kramer 2002; Helsper u.a. 2001, 2009; Helsper/Ullrich u.a. 2007; Graßhoff 2008).

In symbolisch-interaktionistischen und kritisch-kommunikativen Theorien werden das lebensweltliche Alltagshandeln und die interpretativen Deutungen der schulischen Akteure in den Mittelpunkt gerückt. Jugendliche erscheinen jenseits sozialer oder organisatorischer Vorgaben als handelnde, „produktiv-realitätsverarbeitende Subjekte" (Hurrelmann/Neubauer 1986), die Situationsdefinitionen und schulische Regeln aushandeln (Hargreaves/Hester/Mellor 1981; Kalthoff/Kelle 2000), die Schule mit subjektivem Sinn versehen und deren Absichten umdefinieren (Zinnecker 1978). In Verbindung mit sozialkonstruktivistischen Ansätzen – am prägnantesten in der gegenwärtigen ethnographischen Kindheitsforschung (vgl. Breidenstein/Kelle 1998) – wird die interaktive Eigenwelt von Schülern betont, die ihre eigene soziale Realität der peerculture im schulischen Rahmen jenseits sozialisatorischer Funktionen und pädagogischer Absichten erzeugen und dabei auch den Unterricht mit konstituieren und mit Eigensinn versehen (vgl. Breidenstein 2006). Allerdings wird der Blick auch auf gestörte oder verzerrte Kommunikationsprozesse gelenkt, in denen die Einigung auf Situations- und Selbstdefinitionen scheitert, die Kompetenzentwicklung behindert wird und gleichzeitig massive Schul- und biographische Schwierigkeiten auf Seiten der Jugendlichen produziert werden.

Wird in den reproduktionstheoretischen Ansätzen der Jugendliche als Objekt schulischer Reproduktionsprozesse begriffen, in interaktionistischen und kritisch-kommunikativen Ansätzen aus der Alltagsperspektive als Interpret und Konstrukteur seiner schulischen Situation, im schulisch-ökologischen Ansatz als „Schnittmenge" sozialisatorischer Effekte einer Lernumwelt verstanden, in systemtheoretischer Perspektive als unerreichbares psychisches System konzipiert und in strukturtheoretischen Ansätzen in der Spannung von Reproduktion und Transformation verortet, so wird der Jugendliche in psychoanalytischen Schultheorien als sinnlich-leidenschaftliches Subjekt begriffen, dessen Lebensgeschichte in unbewussten Szenen und Beziehungsdynamiken fundiert ist. Die Schule und die Lehrer-Schüler-Beziehungen stellen für Jugendliche ein Feld dar, auf dem sie im Rahmen der Adoleszenzkrise ihre lebensgeschichtlichen Konflikte reinszenieren. Die Schule erscheint so als Wiederbelebung symbiotischer, ödipaler oder narzißtischer Wünsche und Gefühle, die von der Schule als verbietender Kulturinstanz abgewiesen werden (vgl. Freud 1970; Muck/Muck 1985; Hirblinger 1999). Daraus kann sich eine emotionale Dramatik in schulischen Prozessen ergeben und die Produktion von Unbewusstheit als institutionelle Entthematisierung und Abwehr von Verpöntem, das dadurch „unsagbar" wird (vgl. Wellendorf 1973; Erdheim 1982). In diesem Sinne kann die Schule zur Verschärfung von Adoleszenzkrisen beitragen (vgl. Wagner-Winterhager 1990; Winterhager-Schmid 2000).

In den skizzierten Ansätzen wird das Verhältnis von Schule und Jugend als harmonisch-integratives oder spannungsvolles entworfen. Zudem werden Jugendliche in unterschiedlicher Weise vor allem als Schüler aus einer institutionellen Perspektive oder als jugendliche Akteure mit komplexen Handlungsbezügen konstruiert. Schließlich werden Jugendliche in unterschiedlicher Weise als handelnde Akteure mit Eigensinn konzipiert. Gegenüber eindimensionalen Sichtweisen erscheint eine Verschränkung von System- und Subjektperspektive, Struktur und Handlung bzw. Organisation und Interaktion als weiterführend.

Jugend und Schule

3 Bildungsexpansion, die Verlängerung der Jugendphase und das Bildungsmoratorium

Die Herausbildung einer eigenständigen Jugendphase ist eng mit der Entstehung des Schulsystems, seiner Expansion und Universalisierung verbunden (vgl. Hadjar/Becker 2006; Adick 2008). Die **Bildungsexpansion** ist ein internationales Phänomen, das in den sogenannten „Dritte-Welt-Ländern" vor allem in einer Durchsetzung der Schulpflicht beruht, in weit modernisierten Gesellschaften seinen Ausdruck in einer Expansion der höheren Bildungsgänge findet. Während etwa für die 4. oder 5. Klassen eine hohe Übereinstimmung im prozentualen Schulbesuch festzustellen ist, der nahezu alle Kinder erfaßt, variiert mit steigendem Alter die Schulbeteiligung deutlich zwischen weit und weniger modernisierten Ländern.

Seit den 1960er-Jahren erfolgt in Deutschland aufgrund der Verlängerung der Pflichtschulzeit und der Ausweitung qualifizierter Schulabschlüsse eine deutliche lebensgeschichtliche Ausdehnung des Schulbesuchs. Allerdings zeigt sich in den 1990er-Jahren eine Verlangsamung der Bildungsexpansion mit Stagnationstendenzen im Bereich der höheren Bildung, deren Anteil im Vergleich zu anderen weit modernisierten Staaten in Deutschland deutlich niedriger liegt. Auch setzen sich in den letzten Jahren im Bereich der allgemeinbildenden Sekundarstufe II Tendenzen zu einer Verkürzung der gymnasialen Schulzeit auf 12 oder 12,5 Jahre durch, Zeitmodelle, die in den Neuen Bundesländern aus der DDR übernommen wurden und inzwischen auch in den Alten Bundesländern breit eingeführt worden sind. Dieser Trend zu einer Verkürzung der Gymnasialzeit hält vor dem Hintergrund der Ergebnisse weiter an, dass deutsche Schüler in ihrem Leistungsstand teilweise ein bis eineinhalb Schuljahre hinter Altersgleichen anderer Länder rangieren und sich zwischen Gymnasiasten mit 12- oder 13-jähriger Schulzeit in Deutschland keine gravierenden Unterschiede, etwa in der Belastung zeigen (Baumert u.a. 2001; Böhm-Kasper u.a. 2001). Diese Trends nötigen nicht zu einer Revision der Expansionsthese. Allerdings verweisen diese Veränderungen darauf, dass wir unter dem Vorzeichen der verschärft wahrgenommenen und bildungspolitisch artikulierten internationalen Bildungskonkurrenz und -effizienz – auch in Verbindung mit der neuen Zeitorganisation der Bachelor- und Masterstudiengänge – eine stärkere zeitliche Straffung und Regulierung des jugendlichen Bildungsmoratoriums beobachten können (vgl. auch Zymek 2008).

Dabei bestanden deutliche Unterschiede im „**Bildungsmoratorium**" der ehemaligen DDR und Westdeutschlands: Gegenüber dem stärker selegierenden, aber auch vielfache Übergangsmöglichkeiten beinhaltenden Schulwesen der BRD, ist das Schulwesen der DDR standardisierter und vorstrukturierter. Das Bildungsmoratorium der DDR-Schüler war sozial stärker reguliert und weniger individualisiert (vgl. Behnken u.a. 1991). Während sich im Schulsystem der BRD eine „Informalisierung" der pädagogischen Kultur vollzog, eine stärkere Forderung von Selbstkontrolle, verbunden mit einem Zurücktreten von Unterordnung und Gehorsam, dominierten im Schulwesen der DDR stärker Ordnungs- und Disziplinforderungen. Dies verband sich mit einer stärkeren Gesinnungsorientierung: Während das bundesrepublikanische Schulsystem zunehmend eine individualisierte Leistungskultur mit einer stärkeren Zurückhaltung gegenüber partikularen weltanschaulichen Überzeugungen besitzt (vgl. Fend 1988, 1998a, 2007), zielte die DDR-Schule auf die Formung der „sozialistischen Persönlichkeit" und die Erziehung des „ganzen Jugendlichen". Die „ideologische Okkupation" der Schule, die sich bis zum Ende der 1950er-Jahre vollzog (vgl. Anweiler 1988, S. 40ff.,), lässt die DDR-Schule als eine staatlich kontrollierte und enggeführte „Gesinnungsschule" erscheinen, mit einer in Ritualen, Disziplinierungen und teleologischen Vollendungskonzepten sich manifestierenden säkularisierten „Erziehungsreligion". Die Statuspassage Jugend war damit in der DDR sowohl vorhersehbarer, sicherer aber auch sozial stärker kontrolliert. Es gab zudem eine stärkere Übersichtlichkeit der alltäglichen schulischen Verhältnisse in der Spannung von Unterstützung und stärkerer Kontrolle: die Klassen waren kleiner, die Schüler-Lehrer-Relation günstiger, die Durchdringung von Schule, Freizeit, Familie und Betrieb dichter, ebenso wie die Verbindung von Wohngebiet und Schule (vgl. Steiner 1991). Diese Befunde zu deutlichen Unterschieden in der Ausgestaltung des kindlich-jugendlichen Bildungsmoratoriums in den beiden deutschen Staaten, dürfen aber nicht zu dem Trugschluss führen, als sei das „Bildungsmoratorium" der DDR-Jugendlichen vollends formiert und politisiert gewesen. Vielmehr zeigen sich viele Gegenströmungen und nicht selten ein Scheitern der Kontroll- und Formierungsabsichten (vgl. Tenorth/Kudella/Paetz 1996; Lenhardt/Stock 1997; Leschinsky/Gruner/Kluchert 1999).

Während für den größten Teil der deutschen Jugendlichen in den 1950er-Jahren die Schulzeit mit 14 Jahren beendet war, trifft dies heute erst für die 16- oder 17-Jährigen zu, wobei sich ein beträchtlicher Teil 18-Jähriger im Bildungssystem befindet. Die Verweildauer in der Schule ist gegenüber den 1950er-Jahren somit um zwei bis drei Jahre gewachsen, (vgl. Fuchs 1985; Klemm 1996; Lenhardt/Stock 1997). Diese Tendenz gilt auch für die ehemalige DDR mit der Ausdehnung der regulären Schulzeit auf 10 Schuljahre. So stieg der Anteil der Absolventen des 10. Jahrganges von 1965 bis 1985 von 52,7% auf 86,8% eines Jahrganges (vgl. Anweiler 1988). Während die Bildungsexpansion in der ehemaligen DDR zunächst sowohl im unteren, mittleren wie auch im höheren Bildungswesen stärker war als in Westdeutschland, ergab sich ab Mitte der 1970er-Jahre für die höhere Bildung eine Verschiebung: Aufgrund stärkerer Restriktionen im Zugang zur Erlangung der Hochschulreife in der DDR, fiel die Abiturientenquote auf deutlich unter 15% eines Jahrganges, während sie für Westdeutschland ab Mitte der 1980er-Jahre auf deutlich über 20% anstieg (Lenhardt/Stock 1997, S. 202ff.; Huschner 2001). Der Übergang auf die EOS, der 1969 noch 14,8% betrug, fiel bis 1980 auf 9,1% und betrug 1984 10,1%. Unmittelbar nach der Wende ergab sich aber innerhalb von zwei Jahren eine sprunghafte Expansion der Bildungsambitionen, des Gymnasialbesuchs und der Abiturientenquote (vgl. Steiner 1991; Behnken u.a. 1991): 1992/93 besuchten bereits 30,6% des 7. Jahrganges das Gymnasium und 1997 33,9% gegenüber 31,0% in Westdeutschland (Mauthe/Rösner 1998). Dieser Trend hält für die neuen Bundesländer auch weiterhin an: So liegen die Zahlen für die Fünftklässler im Schuljahr 2006/2007 für Sachsen bei 46%, für Sachsen-Anhalt bei 45% und für Thüringen bei 44,9% (vgl. Autorengruppe Bildungsberichterstattung 2008, S. 253).

Die lebensgeschichtliche Ausdehnung der Schulzeit wird von erheblichen Verschiebungen in der Verteilung der Schüler auf die Schulformen begleitet: Von den 1950er- zu den 1980er-Jahren kommt es zu einer Verkehrung des Verhältnisses der Volks- bzw. Hauptschüler zu den Schülern weiterführender Schulen. Besuchten 1952/53 79,3% aller Schüler des 7. Jahrganges die Volksschule, 6,1% die Realschule und 13,2% das Gymnasium, so lauten die entsprechenden Zahlen für das Schuljahr 1980/81: 38% Hauptschüler, 26,4% Realschüler und 27,2% Gymnasiasten (Hansen/Rolff 1990, S. 48ff.). 1998 besuchten nur noch 22,8% der Achtklässler die Hauptschule, 26,3% die Realschule, 29,1% das Gymnasium und 16,4% integrierte oder kooperative Schulformen (Bellenberg/Böttcher/Klemm 2001, S. 103f.). Im Schuljahr 2006/07 besuchten von den Fünftklässlern nur noch 18,9% die Hauptschule, 24,8% die Realschule, 6,3% Schulen mit mehreren Bildungsgängen, 8,4% Gesamtschulen und 39,9% das Gymnasium (Autorengruppe Bildungsberichterstattung 2008, S. 253). Zudem sind wir seit den 1990er Jahren Zeugen einer deutlichen Expansion von Schulen in freier Trägerschaft (vgl. Ullrich/Strunck 2008): So stieg der Anteil der Schüler, die Schulen in privater Trägerschaft besuchen von 1996 bis 2006 von 4,9% auf 6,9% aller Schüler (Autorengruppe Bildungsberichterstattung 2008, S. 254).

Damit setzt sich einerseits der Trend zur Randständigkeit der Hauptschule – allerdings mit starken regionalen Unterschieden (im Schuljahr 2004/05 in Bayern 36,5%, in Nordrhein-Westfalen 23,2 und in Hessen 11,9%, vgl. Konsortium Bildungsberichterstattung 2006, S. 238) – und zur Expansion des Gymnasiums fort. Zum anderen hat seit den 1980er Jahren auch eine deutliche Ausweitung integrativer Schulformen stattgefunden, wobei dieser Trend durch die länderspezifisch variierende, aber sich immer stärker durchsetzende Gründung von teilintegrativen Schulformen (z.B. die Zusammenlegung von Haupt-, Real- und Gesamtschulen) weiter anhalten dürfte.

Damit aber geht auch eine alltägliche Ausweitung der Schulzeit einher, denn neben der Ausdehnung der täglichen Unterrichtszeit, wachsen auch die schulischen Fahr- und Wartezeiten und wird für immer mehr Schüler an weiterführenden Schulen ein höheres Maß an häuslicher Schularbeit notwendig. Parallel zu dieser lebensgeschichtlichen und alltäglichen Ausdehnung der Schulzeit reduziert sich die Bedeutung von Arbeit und Erwerbstätigkeit für Jugendliche (vgl. Fuchs 1985). Die damit einhergehende Verlängerung der Jugend wird gegensätzlich eingeschätzt. Eröffnet für die einen der längere Aufenthalt in Bildungsinstitutionen umfassendere Verselbständigungsmöglichkeiten sowie jugendliche Freiräume und entsteht damit erstmalig eine Universalisierung des „jugendlichen Moratoriums", sowie ein Strukturwandel der Jugendphase von einem „Übergangs-" zu einem „Bildungsmoratorium" (Zinnecker 1987), so weisen andere auf schulische Sinndefizite, den Verlust produktiver Erfahrungen und insbesondere eine Kolonialisierung lebensweltlicher Zusammenhänge durch schulische Leistungs- und Platzierungszwänge hin, eine These, die im Zuge der neuen Kindheitsforschung noch zugespitzt wird: Die Schule trage wesentlich zur sozialen Konstruktion von Kindheit als defizitärer, pädagogisierter und heteronomer bei (vgl. Büchner 1996; Qvortrup 2000). Allerdings lassen sich hier kaum generelle Aussagen formulieren, denn die kindlich-jugendliche „Lebensform" Schüler bedeutet für Jugendliche mit verschiedenen Lebens- und jugendkulturellen Stilen wiederum sehr Verschiedenes (vgl. auch Helsper 2008a).

4   Benachteiligung und Ungleichheit in der Schule

In dem Maße, wie das Bildungssystem als Dirigierungsstelle sozialer Chancen interpretiert und im Zuge des Bildungskatastrophentheorems die Ausschöpfung ungenutzter Bildungsressourcen angezielt wurde, richtet sich das Augenmerk auf die Bildungsbenachteiligung spezifischer Bevölkerungsgruppen und die Chancengleichheit. Besondere Beachtung finden vor allem schicht-, aber auch geschlechtsspezifische, regionale oder konfessionelle Benachteiligungen (vgl. Roth 1968; Rolff l973).

Muss für die 1960er-Jahre noch von einer deutlichen **geschlechtsspezifischen Bildungsbenachteiligung** von Mädchen ausgegangen werden – das „katholische Arbeitermädchen vom Land" galt als Inbegriff des Ausschlusses von weiterführenden Bildungsmöglichkeiten –, so kommen neuere Studien, auch im internationalen Vergleich, zum Ergebnis, dass im Laufe der 1970er-Jahre die Bildungsbenachteiligung zurückgegangen und die Mädchen seit den 1990er-Jahren, vor allem seit der deutsch-deutschen Vereinigung, erfolgreicher im allgemeinbildenden Schulsystem sind als die Jungen (vgl. Faulstich-Wieland/Nyssen 1998; Bellenberg 1999; Bellenberg/Klemm 2000; Konsortium Bildungsberichterstattung 2008). Dieser Trend zeigt sich – wenn auch mit unterschiedlicher Deutlichkeit – auch in anderen Ländern (für England etwa Kampshoff 2007; für Österreich Bacher u.a. 2008). So wird die Hauptschule seit Anfang der 1970er-Jahre von Mädchen deutlich weniger als von Jungen frequentiert. In den weiterführenden Schulen sind Mädchen demgegenüber stärker vertreten als Jungen. Der Anteil der Gymnasiastinnen an allen 16-jährigen Mädchen betrug 1960 10,9% gegenüber 15,1% bei den Jungen, steigerte sich 1970 auf 14,7% gegenüber 18% um 1980 mit 22,8% den Anteil der Jungen mit 21,0% zu übertreffen. 1995 besuchten 31,6% der sechzehnjährigen Mädchen und nur 24,2% der Jungen das Gymnasium, also eine weitere deutliche Verstärkung der Differenz (vgl. Faulstich-Wieland/Nyssen 1998). Dieser Vorteil der Mädchen im Bildungssystem – auch in der ehemaligen DDR (vgl. Lenhardt/Stock 1997) – zeigt sich durchgängig in verschiedenen Soziallagen. So gilt für die 13- bis 14-jährigen Arbeitermädchen: Sie besuchen die Hauptschule eindeutig seltener als Arbeiterjungen (55,5% gegenüber 64,3% aller Arbeiterjungen des Jahrganges), sind in der Realschule eindeutig stärker (28,6% gegenüber 21,4%) und im Gymnasium noch leicht überrepräsentiert (12,2% gegenüber 10,3%) (vgl. Klemm u.a. 1990, S. 98). Mädchen verlassen die Schule auch seltener ohne Abschluss, sind eher bei den Aufsteigern in höhere Schulformen zu finden und stellen weniger Klassenwiederholer (vgl. Autorengruppe Bildungsberichterstattung 2008, S. 259). Allerdings ist dies für Schülerinnen mit Migrationshintergrund weniger deutlich (vgl. Krohne/Meier 2004). Sie erzielen in der Tendenz auch bessere Noten als Jungen. In den domänenspezifischen Kompetenzen schneiden sie insbesondere im Lesen deutlich besser ab als Jungen, während die Unterschiede in den naturwissenschaftlichen Kompetenzen zwischen Jungen und Mädchen nur gering sind und die Jungen in den mathematischen Kompetenzen einen Vorsprung besitzen (vgl. Baumert/Lehmann u.a. 1997; Köller/Klieme 2000; PISA-Konsortium Deutschland 2007; Kampshoff 2007).

Dieser „Siegeszug" der Mädchen relativiert sich allerdings bei differenzierter Betrachtung. Das neu entstehende „Bildungsprivileg" der Mädchen zahlt sich nicht in entsprechenden Beteiligungen im nachschulischen Bereich aus. Vielmehr sind Mädchen bei den unvermittelten Ausbildungsplatzbewerbern überrepräsentiert und ihr Anteil an den Auszubildenden im dualen beruflichen Ausbildungssystem liegt deutlich unter dem der Jungen: Er beträgt 1997 39,8% in den alten und 37,5% in den neuen Bundesländern. Hinzu kommt, dass die Mädchen sich in wenigen, durchgängig nicht technischen Ausbildungsberufen sammeln, die zudem schlechtere Vermittlungs- und Verdienstmöglichkeiten besitzen. Auch in Studium und Hochschule können Frauen ihren Vorsprung nicht halten: Zwar stellen die Frauen inzwischen fast die Hälfte der Studienanfänger, aber mit steigenden Abschlüssen geht der weibliche Anteil deutlich zurück (vgl. Faulstich-Wieland u.a. 1984; Faulstich-Wieland/Nyssen 1998; Burkhardt 2001).

Die Frage geschlechtsspezifischer Benachteiligung ist aber auf der Ebene quantitativer Bildungsbeteiligung nur unzureichend zu beantworten. So zeigen sich etwa geschlechtsspezifische Kurs- und Fächerwahlen und Interessenpräferenzen (vgl. etwa Rost u.a. 1999; Todt 2000), die sich auch in der Studienwahl fortsetzen, die einen „feminisation process" einleiten, der zu einer Reproduktion geschlechtsspezifischer Ausbildungsgänge, Bildungs- und Studienverläufe führt und damit in oft weniger gut bezahlte oder von Arbeitslosigkeit besonders betroffene Berufsbereiche. Zugleich bestehen subtile geschlechtsspezifische Benachteiligungen nach wie vor im curricularen Bereich, auch wenn hier in den letzten Jahrzehnten das Problembewußtsein geschlechtsstereotyper Darstellungen deutlich gestiegen ist sowie in den Lehrer-Schüler- und vor allem auch den Peerinteraktionen, etwa in dem Sinne, dass Mädchen von Lehrern weniger beachtet werden, die „auffälligen" Jungen den Unterricht dominieren und Mädchen zudem oftmals die „Sozialarbeit" in der Klassengemeinschaft übernehmen. Trotz besserer Schulleistungen weisen Mädchen eher ein geringeres Selbstwertgefühl als Jungen auf, unterschätzen die eigene Leistungsfähigkeit und bleiben in ihrer Selbsteinschätzung stärker an schulische Leistungen gebunden, während Jungen schulische Leistungsprobleme außerschulisch kompensieren können (vgl. Horstkemper 1988; Baumert/Lehmann 1997; Köller/Klieme 2000; Fend 2000, S. 356ff., aus qualitativer Sicht Faulstich-Wieland u.a. 2004). Dabei kommt den Lehrkräften insofern Relevanz zu, als ihre impliziten geschlechtsspezifischen Konstrukte, etwa wenn Mathematik als eine männliche Domäne betrachtet wird (vgl. Keller 1998), zu diesen geschlechtsspezifischen Differenzen beitragen. Die im Gefolge der Koedukationsdebatte erhobenen Forderungen nach reflexiver Geschlechtertrennung zumindest in spezifischen Schulfächern und daraus resultierende Modellversuche, sind bislang nur ansatzweise erforscht. Zum einen deutet sich an, dass die Geschlechtertrennung in der Schule bei Schülern auf keine breite Akzeptanz stößt (vgl. Faulstich-Wieland/Horstkemper 1995) und zudem weniger die Trennung selbst positive Effekte auf Selbstvertrauen, Interessenausbildung und Leistungsfähigkeit besitzt, als vielmehr die besondere Zuwendung in derartigen Projekten sowie wiederum die Haltung der Lehrer gegenüber geschlechtsspezifischen Zuschreibungen.

Die Perspektive eines **„doing-gender"** bzw. auch „undoing gender", die Konstruktion von Geschlecht in der Spannung von Dramatisierung und Neutralisierung im schulischen Beziehungszusammenhang, wird erst in den letzten Jahren intensiver erforscht (vgl. Krappmann/Oswald 1995; Breidenstein/Kelle 1998; Faulstich-Wieland u.a. 2001, 2004; Budde 2005, 2006; Willems 2007; Budde u.a. 2008). Dabei richtet sich inzwischen der Blick gleichermaßen auf Jungen und Mädchen. Einerseits kann verdeutlicht werden, dass die Konstruktion und Zuweisung von Geschlecht in den schulischen und unterrichtlichen Interaktionen durch Lehrkräfte und im Rahmen der Peers bedeutsam ist und sich mit Unterrichtsinhalten und Fächern verbindet. Allerdings sind dramatisierende Formen des „doing gender", wie sie lange Zeit in der geschlechtsspezifischen Perspektive einer Benachteiligung der Mädchen im Vordergrund des Interesses standen, keineswegs zu verallgemeinern. Es zeigen sich auch Formen des „undoing gender", einer Neutralisierung von Geschlecht, vor allem aber auch eine Überlagerung und Kombination von Geschlecht mit anderen Differenzkategorien (vgl. im Zusammenhang des „Diversity"- bzw. des Konzeptes der Intersektionalität, Faulstich-Wieland u.a. 2004; Budde u.a. 2008; Weber 2008). So kann etwa das Zusammenspiel von „doing gender", „doing student" und „doing discipline" sehr deutlich in der Kontrastierung der Unterrichtspraktiken und Unterrichtskonzepte der Fachkulturen Deutsch und Physik verdeutlicht werden: Physik erscheint dabei als ein „hartes", rationales, also „männliches" Fach und Deutsch eher als ein individuelles, kreatives, weiches, also „weibliches" Fach, was sich in unterschiedlichen Unterrichtspraktiken, Erwartungen, Anforderungen und Geschlechterkonstruktionen äußert (vgl. Willems 2007; Budde u.a. 2008).

Gegenüber dem lange dominierenden Blick auf die zunächst offensichtliche und dann – selbst beim „Überholen" der Jungen im Bildungserfolg – subtile geschlechtsspezifische Diskriminierung der Mädchen hat sich in den letzten Jahren die These einer stärkeren Benachteiligung der Jungen in den Vordergrund geschoben, wobei diese Benachteiligung als Ausdruck einer Feminisierung der Schule und der Lehrerschaft gedeutet wurde (vgl. Diefenbach/Klein 2002). Insbesondere Budde kann in seinen Studien verdeutlichen, dass Lehrkräfte – im Horizont einer Neubewertung und -konstruktion von Weiblichkeit und Männlichkeit – zu Formen des „doing gender" neigen, die homogenisierende Bilder „der Jungen" mit impliziten Negativzuweisungen erzeugen. Zumindest für einen Teil der Jungen kann daraus ein Dilemma erwachsen, nämlich sich „entweder genderadäquat – und damit schuloppositionell – oder aber schuladäquat – und damit genderunangepasst – zu verhalten." (Budde 2006, S. 113)

Ist auf der quantitativen Ebene eine Aufhebung der geschlechtsspezifischen schulischen Benachteiligung für Mädchen mit eher neuen Nachteilen für Jungen festzustellen, so zeigt sich demgegenüber eine nach wie vor deutliche schicht- bzw. milieuspezifische **soziale Bildungsbenachteiligung**, wenn im Verlauf der letzten Jahrzehnte auch eine Verringerung festzustellen ist (vgl. Rodax 1989; Ditton 1995; Hansen/Pfeifer 1998; Böttcher/Klemm 2000). Obwohl 1988 11,1% aller Arbeiterkinder gegenüber ca. 5% in den 1950er Jahren das Gymnasium besuchen, und auch eine Steigerung des Realschulbesuchs festzustellen ist, wird die schichtspezifische Benachteiligung im Vergleich mit den Beamtenkindern drastisch deutlich: 1997 gehen 61,7% der 13- bis 14-jährigen Beamtenkinder und 20,2% der Arbeiterkinder auf das Gymnasium (Hansen/Pfeifer 1998, S. 67f.). Während also sechs von zehn Beamtenkindern das Gymnasium besuchen, gilt dies lediglich für zwei von zehn Arbeiterkindern. Und die PISA-Studie ermittelte für 2003, dass 61% aller Kinder aus der oberen Sozialschicht und lediglich 8% der Kinder aus der untersten Sozialschicht das Gymnasium besuchen (vgl. Ehmke u.a. 2005, S. 260f.). Auch im internationalen Vergleich zeigt sich, dass die Bildungsbenachteiligung weiterhin nahezu unverändert fortbesteht (Blossfeld/Shavit 1993). Dabei deutet sich aber an, dass die Schärfe der Bildungsbenachteiligung, vor allem bei den mittleren Bildungswegen eher nachgelassen hat, während sie für den Abschluss der gymnasialen Bildung und den Hochschulzugang deutlich fortbesteht oder wieder zunimmt (vgl. Müller/Haun 1994; Henz/Maas 1995; Müller 1998; Schimpl-Neimanns 2000; Vester 2004; Geißler 2005; Becker 2006). Auch die Durchlässigkeit im Schulsystem stärkt eher die soziale Selektivität: Erstens zeigt sich nur eine geringe Aufwärtsmobilität. Schüler, die einmal in der Hauptschule sind, haben damit kaum eine Chance auf weiterführende Schulen zu wechseln. Selbst in Fachgymnasien, die gezielt Schüler anderer Schulformen in der 10. Klasse ansprechen, sind sie nur marginal repräsentiert (vgl. Köller u.a. 2004; Maaz 2006). Zweitens dominiert deutlich der Abstieg von weiterführenden Schulformen, von dem wiederum Kinder aus Arbeiterschichten und bildungsfernen Milieus besonders deutlich betroffen sind. Schließlich führen die frühen und häufigen Schaltstellen im deutschen Schulsystem dazu, dass unterschiedliche Bildungsaspirationen und die größere Distanz gegenüber weiterführenden Schulen bei sozial benachteiligten und bildungsfernen Familien stark zum tragen kommen (vgl. Bellenberg 1999; Bellenberg/Klemm 2000; Koch 2001; Büchner/Koch 2001; Ditton 2007; Arnold u.a. 2007). Dabei zeigt sich, dass die Lehrerurteile zum Übergang auf die Schulformen der Sekundarstufe in der Tendenz sozial ausgleichender sind, während die Bildungsaspirationen der Eltern – trotz des insgesamt deutlichen Anstiegs der Bildungsaspirationen – stark von der sozialen Lage und dem Bildungsmilieu abhängen. Allerdings zeigen sich insbesondere im mittleren Notenbereich, dass auch die Urteile der Lehrkräfte Kinder aus bildungsferneren und sozial unterprivilegierten Lagen deutlich benachteiligen (vgl. Ditton 1992, 2007; Ditton u.a. 2005, 2006; Merkens/Wessel 2002).

Auch in Studien zum Leistungsstand und zu Leistungsunterschieden in der Schule ergeben sich Hinweise, dass schulische Leistungen entscheidend von der sozialen Herkunft mitbestimmt werden (vgl. Lehmann/Peek 1997; Schnabel/Schwippert 2000; Baumert/Schümer 2001; Baumert/Stanat/Watermann 2006; PISA-Konsortium Deutschland 2007). Insbesondere das elterliche Bildungskapital, der erreichte Bildungsabschluss und die familiäre Bildungsatmosphäre sind bedeutsam. So kann anhand des Buchbestandes fast geradlinig auf die schulischen Leistungen geschlossen werden (vgl. Lehmann/Peek 1997). Insbesondere die PISA-Studie kann aber verdeutlichen, dass es hier international deutliche Unterschiede gibt: Im Vergleich der

Leseleistungen von 15-jährigen Jugendlichen aus dem oberen und dem unteren Viertel der Sozialstruktur hat Deutschland, zusammen mit Belgien und der Schweiz die deutlichsten Diskrepanzen. Japan, Korea, aber auch Island und Finnland weisen demgegenüber deutlich geringere Differenzen auf (Baumert/Schümer 2001). Dem deutschen Schulsystem scheint es im internationalen Vergleich recht wenig zu gelingen, nicht zuletzt ein Ausdruck der frühen Selektivität und Differenzierung des Schulsystems, die sozialen Unterschiede entscheidend zu vermindern. Zwar zeigt sich zwischen 2000 und 2006 eine leichte Abschwächung des Zusammenhangs zwischen Kompetenzentwicklung und sozialer Lage insbesondere für die Lesekompetenz, was die Autoren als Trend in eine wünschenswerte bildungspolitische Richtung betrachten, aber Deutschland zählt nach wie vor zu den Ländern mit einer besonders hohen Bedeutung des sozialen Hintergrundes für die Bildungsprozesse und -verläufe (vgl. Ehmke/Baumert 2007).

Über die kausalen Zusammenhänge zwischen sozialer Lage, milieuspezifischen Einstellungen, familialen Interaktionsverhältnissen und Bildungsaspirationen besteht zum Teil noch Unklarheit. Obwohl die Relevanz der sozioökonomischen Platzierung nach wie vor wichtig ist, wird verstärkt auf milieu- und lebensstilspezifische Aspekte und binnenfamiliäre Interaktionszusammenhänge verwiesen (vgl. Hradil 1994; Ditton 1995, 2007; Böttcher/Klemm 2000; Vester 2004). So wird die Bedeutung der mütterlichen Bildungsaspiration betont, wird der soziokulturellen Homogenität oder Heterogenität des Wohnquartiers eine wichtige Rolle für die Schullaufbahnentscheidung zugeschrieben. Vor allem wird auf die intergenerationelle Statusinkonsistenz im Sinne von Aufwärts- oder Abwärtsmobilität und die familiale Binnendynamik hingewiesen, also die affektive Bedeutung des Schulbesuchs für die Eltern, das kulturelle Anregungspotenzial der Familie, gemeinsame „hochkulturelle" Aktivitäten von Kindern und Eltern, das familiäre Sozialkapital, aber auch auf Peerkonstellationen – etwa die „beste Freundin" – für den Schulerfolg verwiesen (vgl. Bolder 1983; Meulemann 1985, 1995; Meulemann/Birkelbach/Hellwig 2001; Ditton 1992, 1995; Zinnecker/Georg 1996; Stecher 2001; Baumert/Stanat/Watermann 2006). In biographieanalytischen Studien zu „unerwarteten" Bildungsverläufen, etwa bei bildungserfolgreichen Migrantinnen oder Arbeitertöchtern (vgl. Brendel 1998; Hummrich 2002a,b) erweist sich der Bildungsverlauf als Ergebnis eines komplexen Zusammenspiels von familiären, intergenerativen, milieu- und peerspezifischen Konstellationen und den individuellen Formen der Auseinandersetzung mit diesen Zusammenhängen.

Inzwischen liegen deutliche Hinweise vor, dass die bestehende **Bildungsungleichheit** in Deutschland als ein Ergebnis des Zusammenspiels primärer und sekundärer Ungleichheiten zu verstehen ist (vgl. Maaz u.a. 2008). Die aus primären Ungleichheiten der sozialen Lage, des Milieus, des kulturellen Kapitals und der Bildungsorientierung der Familie resultierende Benachteiligung in Kompetenzen, kulturellen Fähigkeiten, Bildungsorientierungen und -aspirationen – hier lässt sich im Anschluss an Bourdieu auch von einem familiär erzeugten primären Habitus der Heranwachsenden sprechen (vgl. Büchner/Brake 2006; Kramer u.a. 2009) – gehen in die schulischen Bildungsverläufe immer schon als Voraussetzungen ein. In der Schule treten sekundäre Ungleichheiten hinzu, die aus mangelnder Förderung, Diskriminierungen und Benachteiligungen resultieren. Dabei deutet sich an – ohne dass die schulisch erzeugten sekundären Ungleichheiten irrelevant wären – dass die primären Ungleichheiten von größerer Relevanz für die Entstehung von Bildungsungleichheit sind und dass hier insbesondere das kulturelle Kapital und die Bildungsmilieus eine besondere Bedeutung besitzen (vgl. Baumert u.a. 2006; Ditton 2007; Arnold u.a. 2007; Paulus/Blossfeld 2007). Das genaue Zusammenspiel bleibt allerdings noch weiter aufzuklären.

Vor allem aber ist auf die Benachteiligung von Heranwachsenden aus Bevölkerungsgruppen hinzuweisen, die entlang ethnischer Grenzen im Zusammenspiel mit sozialer Lage, Geschlecht und Milieu verläuft (vgl. Hansen/Hornberg 1996; Karakasoglu-Aydin 2001; Gomolla/Radtke 2002; Diefenbach 2007; Walter/Taskinen 2007; Walter/Stanat 2008). Insgesamt sind Migrantenkinder in den Sonderschulen und Hauptschulen deutlich über- und in den weiterführenden Schulen deutlich unterrepräsentiert: 1983 verließen 8,9% aller Schüler die Schule ohne Hauptschulabschluss. Bei den ausländischen Schülern waren dies 33,1%. 1998 lauteten die Werte: 8,9% zu 19,5%. 1983 verließen 20,4% aller Schüler die Schule mit dem Abitur. Von den Migrantenkindern hingegen nur 3,8%. 1998 lauten die Werte: 23,5% zu 8,7% (Karakasoglu-Aydin 2001, S. 295). Damit kann in den letzten Jahrzehnten zwar von einer Verringerung der Bildungsbenachteiligung bei Migrantenkindern gesprochen werden. Die deutliche Benachteiligung gegenüber Schülern ohne Migrationshintergrund besteht aber nach wie vor. So sind im Schuljahr 2004/05 lediglich 16,6% der Schüler der 9. Klassenstufe ohne Migrationshintergrund an der Hauptschule gegenüber 31,8% mit Migrationshintergrund. Und während 33,2% der Neuntklässler ohne Migrationshintergrund das Gymnasium besuchen gilt dies lediglich für 12,5% der Schüler mit türkischem Hintergrund (vgl. Konsortium Bildungsberichterstattung 2006, S. 152). Dabei ergeben sich je nach Ethnie und soziokulturellem Hintergrund der Migranten wiederum sehr unterschiedliche Grade der Bildungsbeteiligung (vgl. ebd.). Es sind auch weiterhin verstärkt Studien erforderlich, in denen die schulischen Mikroprozesse zwischen Lehrern und Schülern, aber auch zwischen Schülern in den Blick genommen werden, in denen es zur Konstruktion ethnischer Differenz und schulischen Erfolgs bzw. Scheiterns kommt, die als Ausdruck kulturalistischer Etikettierungen und verallgemeinernder, typisierender Zuschreibungen zu verstehen sind (vgl. Weißköppel 2001; Mecheril 2000; Walter 2001; Gomolla/Radtke 2002; Weber 2003, 2008).

Auch regionale Unterschiede sind keineswegs aufgehoben: So zeigen sich zwischen unterschiedlichen Bundesländern deutliche Differenzen, etwa für den Besuch der Hauptschule oder auch die Gymnasialquote (vgl. Konsortium Bildungsberichterstattung 2008; Prenzel u.a. 2008). Auch wenn die Deutlichkeit regionaler Disparitäten zurückgegangen ist sind unterschiedliche Übergangsquoten auf das Gymnasien zwischen sehr ländlichen und großstädtischen Regionen festzustellen (vgl. Ditton 2004).

Trotz aller Veränderungen seit den 1950er-Jahren ist die Schule damit eine Institution der Reproduktion sozialer Ungleichheit geblieben, eine Instanz sozialer Schließungsprozesse vor allem für Jugendliche aus Arbeiter- und bildungsfernen Milieus sowie für Migrantenkinder. Daran ändert auch die inzwischen deutliche Entkopplung von Schulform und Schulabschluss (vgl. etwa Köller u.a. 2004) – also etwa die Möglichkeit, den Realschulabschluss auch an Hauptschulen realisieren zu können – nichts, denn von derartigen Entkopplungen scheinen auch wieder Heranwachsende aus bildungsnäheren Familien überproportional zu profitieren (vgl. Hillmert/Jakob 2004; Schuchart 2006). Und ob der Ausbau von Ganztagsschulen hier zu einer – wie erhofft – bedeutsamen stärkeren Förderung von Schülern aus bildungsfernen Milieus und zur Reduktion von Bildungsungleichheit beitragen kann, ist zum gegenwärtigen Zeitpunkt noch nicht zu beantworten (vgl. Holtappels u.a. 2007). Insgesamt ermitteln empirische Untersuchungen eine geringere eigenständige Relevanz schulischer Bedingungen für die Bildungskarrieren Jugendlicher gegenüber außerschulischen, schicht-, milieu- und familienspezifischen Faktoren (vgl. schon Bourdieu/Passeron 1971). Dass Schulen und nationale Schulsysteme hier allerdings in unterschiedlichem Maße Möglichkeiten der Kompensation sozialer Ungleichheit besitzen, kann der internationale Vergleich der PISA-Studie verdeutlichen, in dem das deutsche Schulsystem nach wie vor einen Spitzenplatz in der mangelnden Kompensation sozialer Ungleichheit einnimmt (vgl. oben). Dies hat sicherlich auch mit der stark gegliederten und früh selektierenden Struktur des deutschen Bildungssystems zu tun, in der insbesondere die frühen Schaltstellen – zumeist in der vierten Klasse – zu Weichenstellungen mit erheblichen Nachteilen für Heranwachsende aus unteren sozialen und bildungsfernen Lebenslagen werden (vgl. Helsper/Hummrich 2005; Maaz u.a. 2007).

5 Bedingungen der Schulleistung und die psychosoziale Problembelastung Jugendlicher

In der Schule geht es vorrangig um kognitive Leistungen, die individuell zugerechnet werden und deren Entwicklung Schule leisten soll. Damit erfahren die Schüler in den schulischen Alltagsprozessen eine ständige Bewertung, erleben Erfolg und Versagen und müssen sich in einer Hierarchie individualisierter Fähigkeitsbesitzer verorten, wodurch das jugendliche Selbst nicht nur erheblichen Belastungen ausgesetzt, sondern als konkurrierende Monade auch formiert wird. Zugleich stellen die schulischen Beurteilungsprozesse die unauffälligste Form der Machtausübung und Sanktionierung dar, auch dadurch, dass die schulische Leistung und Leistungsbewertung hochgradig anfällig ist für implizite Persönlichkeitsbewertungen, soziale Typisierungen und eher als sozial konstruierte „Indices für eine bestimmte Sicht auf Schüler und ihr Verhalten" (Terhart/Langkau/Lüders 1999, S. 273) verstanden werden muss, die in Aushandlungsprozessen generiert wird (Kalthoff 1997; Breidenstein u.a. 2007; Gellert/Hümmer 2008). Außerdem ist davon auszugehen, dass das Leistungs- und Selektionsprinzip für die schulischen Prozesse zentraler wird, eine These, die im Zusammenhang des Verdrängungswettbewerbs um knappe berufliche Chancen, die Erhöhung der elterlichen Bildungsaspirationen und die im Rahmen der internationalen Leistungsvergleiche wachsende Sensibilität für Leistung im Bildungssystem Plausibilität gewinnt (vgl. Baumert/Lehmann u.a. 1997; Helsper 2000; Baumert u.a. 2001) und sich auch in Verschiebungen der Wertorientierungen von Jugendlichen und jungen Erwachsenen seit den frühen 1990er-Jahren abzeichnet (vgl. Gille 2008, S. 130ff.).

Im internationalen Vergleich sind die **Schulleistungen** der deutschen Schüler bei den ersten PISA- und TIMM-Studien im Mittelfeld bzw. auch unterhalb des OECD-Durchschnitts anzusiedeln (Baumert/Lehmann u.a. 1997; Baumert/Lehmann/Bos 2000; Baumert u.a. 2001). Dies gilt für die mathematischen Fähigkeiten, abgeschwächt auch für die naturwissenschaftlichen Kompetenzen und insbesondere für die Lesekompetenz. Dabei liegt die Leistungsfähigkeit der deutschen Schüler in allen drei Kompetenzbereichen zum Teil deutlich unterhalb des durchschnittlichen Leistungsvermögens aller einbezogenen Länder (Baumert u.a. 2001). Bei den deutschen Schülern zeigen sich in der Lesekompetenz die größten Abstände zwischen den leistungsstärksten und leistungsschwächsten Schülern in allen beteiligten Ländern, wobei insbesondere die leistungsschwächsten Schüler im Vergleich mit den leistungsschwachen Schülern anderer Staaten besonders negativ abschneiden. Aber auch die deutschen Spitzenschüler liegen lediglich im Durchschnitt des Ländervergleichs. Die Ergebnisse zeigen, dass deutsche Schüler weit hinter dem Leistungsniveau zurückbleiben, das Schüler im Bildungssystem anderer Länder realisieren können.

Zwischen 2000 und 2006 haben sich allerdings Veränderungen ergeben, ohne dass dafür einfache und abgesicherte Erklärungen vorliegen: In den naturwissenschaftlichen Kompetenzbereichen ist Deutschland inzwischen deutlich über dem Durchschnitt angesiedelt, ein auch statistisch signifikanter Anstieg von 2000 bis 2006. Für die mathematische und die Lesekompetenz rangieren die deutschen Schülerinnen und Schüler leicht oberhalb des OECD-Durchschnitts (vgl. PISA-Konsortium Deutschland 2007). Diese Steigerung darf nicht unterschlagen werden, ist aber nur für die naturwissenschaftliche Kompetenz statistisch bedeutsam. Entscheidend ist aber, dass die Kompetenzen der deutschen Fünfzehnjährigen gegenüber den Spitzenländern immer noch gravierend geringer ausfallen.

Daneben finden sich in den nationalen und internationalen Leistungsstudien auch deutliche Leistungsunterschiede zwischen den Schülern verschiedener Schulformen mit intern allerdings hoher Varianz zwischen Schulen der gleichen Schulform (Baumert/Lehmann u.a. 1997; Baumert u.a. 2001): Gymnasiasten weisen deutlich höhere schulische Leistungen auf als Realschüler und diese wiederum als Hauptschüler. Gesamtschüler rangieren leicht unterhalb der Realschüler. Es zeigen sich aber große Überlappungsbereiche sowohl für die mathematischen, naturwissenschaftlichen und Lesekompetenzen zwischen den Schulen: So liegen 13% der Realschüler, 8% der Gesamtschüler und 1% der Hauptschüler über dem Mittelwert der Gymnasiasten im Bereich der mathematischen Fähigkeiten (Baumert u.a. 2001, S. 180; vgl. auch PISA-Konsortium Deutschland 2004, 2005). Die Streubreite der Leistungen ist – entsprechend der heterogenen Schülerpopulation und der großen Differenzen zwischen einzelnen Schulen – für die Gesamtschule am größten.

Inzwischen werden diese deutlichen Schulformeffekte hinsichtlich der Leistungsunterschiede zusätzlich zur stattfindenden Leistungsselektion, die unterschiedlich leistungsstarke Schüler auf verschiedene Schulformen verteilt, auch dadurch erklärt, dass die Schulformen unterschiedliche **schulische Lernmilieus** für die Heranwachsenden darstellen, in denen die Schüler unterschiedlich deutlich gefordert und gefördert werden (vgl. Schümer 2004; Baumert u.a. 2006). So entwickeln sich am Beginn der Sekundarstufe I ähnlich kompetente Schüler in ihren Kompetenzen deutlich auseinander, wenn sie in unterschiedlichen Schulformen beschult werden, mit deutlichen Kompetenzzuwächsen für Gymnasiasten gegenüber Real- und insbesondere Hauptschülern. Zusätzlich zu diesen Schulformeffekten wird auch auf sogenannte „Kompositionseffekte" verwiesen, also die spezifische Zusammensetzung der Schülerschaft (vgl. ebd.; Walter 2008; Bellin 2009). Sind in Schulklassen viele Schüler vertreten, die geringe Kompetenzen aufweisen, aus sozial unterprivilegierten Familien mit hohen ökonomischen und sozialen Belastungen stammen oder aus Familien, in denen Deutsch nicht die Alltagssprache ist, zudem mit belasteten, brüchigen und versagenden Schulkarrieren, dann wirkt sich dies zusätzlich negativ auf die Kompetenzentwicklung aus. Weisen Schulform- und Kompositionseffekte in die gleiche Richtung – etwa in stark ausgelesenen Haupt- oder auch Gesamtschulen – in deren Klassen sich problembelastete, kulturkapitalarme, sozial benachteiligte Schüler mit negativen schulischen Karriereverläufen sammeln – kommt es zu einer „doppelten Benachteiligung" dieser bereits sozial benachteiligten Schüler (vgl. Schümer 2004; Solga/Wagner 2004).

Auch innerhalb Deutschlands lassen sich bedeutsame Leistungsunterschiede zwischen Regionen und Ländern feststellen: So entsprachen die Differenzen zwischen zwei Bundesländern am Ende der achten Klasse für mathematische und naturwissenschaftliche Leistungen in etwa dem Leistungszuwachs von 1,5 Schuljahren (Baumert/Lehmann 1997, S. 121f.). Unterschiede zwischen Ost- und Westdeutschland zeigten sich mit leichten Vorteilen für Ostdeutschland für den mathematischen und naturwissenschaftlichen Unterricht in den 1990er-Jahren, wobei dies vor allem aus der besseren Förderung der leistungsschwächeren Schüler in den neuen Bundesländern resultiert, wohl ein Effekt des stärker integrierten POS-Systems. Mitte der neunziger Jahre hat sich dieser Vorteil für jene Schüler, für die die POS keine Bedeutung mehr hatte, allerdings reduziert (vgl. Baumert/Lehmann u.a. 1997, S. 117ff.).

Für die Lesekompetenz entspricht die Differenz zwischen dem leistungsstärksten Bundesland (Sachsen) und dem schwächsten (Bremen) – obwohl sich die Diskrepanz zwischen den Bundesländern zumindest für die Lesekompetenz seit 2000 verringert hat – auch 2006 immer noch dem Lernergebnis von über einem Schuljahr (PISA-Konsortium Deutschland 2008, S. 109ff.) und ist für die naturwissenschaftlichen Kompetenzen noch gravierender (ebd., S. 76ff.).

Wodurch lassen sich nun diese Leistungsunterschiede erklären? Die PISA-Autoren weisen darauf hin, dass weitreichende Bedingungsanalysen auf der Grundlage ihrer Studien nur ansatzweise möglich sind (Baumert u.a. 2001, S. 228). Trotz großer Vorsicht zeigen sich aber relevante Befunde: Die Sozialschicht, das Geschlecht, mangelnde Bildungs- und Berufsabschlüsse der Eltern, Familien mit Migrationshintergrund, insbesondere gravierende Probleme mit der deutschen Sprache, schließlich die allgemeinen kognitiven Fähigkeiten und die fachspezifischen Selbstkonzepte sind bedeutungsvolle Einflussgrößen für die Schulleistung. Demgegenüber hat die Qualität des Schulklimas und die konkrete Ausformungen der Lehrer-Schüler-Beziehungen und der Unterrichtsgestaltung keinen weitreichenden Einfluss auf die schulischen Leistungen (ebd., S. 490ff.), auch nicht die autoritäre oder eher permissive Haltung von Lehrern (Fend 1998, S. 300ff.). Dies scheint die skeptische Einschätzung der schulischen Einflüsse auf Schülerleistungen zu stärken, wie sie in der Position „schools don't make a difference" gipfelte (vgl. Coleman 1966; Jenks 1973).

Allerdings ist dies zu relativieren: Andere Studien belegen durchaus die Relevanz der Unterrichtsqualität, der Lehrerhaltungen und des Lehrerhandelns, auch wenn familiäre und habituelle Hintergrunde, also außerschulische Zusammenhänge und die kognitiven Voraussetzungen, die Kinder bereits in die Schule mitbringen, deutlich bedeutsamer bleiben als die innerschulischen Einflüsse (vgl. Weinert 2001a,b; Helmke/Weinert 1997; Fend 1998; Gruehn 2000). So kann Fend verdeutlichen, dass es kein konsistentes Set schulisch-unterrichtlicher Prädikatoren für gute Schulleistungen gibt, sich aber schulformspezifische Konstellationen zeigen, die mit der Spezifik dieser Lernräume zu tun haben. Besonders deutlich kontrastieren Hauptschulen und Gymnasien: In „guten Hauptschulen" arbeiten Lehrer, die hohe Leistungen fordern, mit äußerem Druck arbeiten, Kontrolle und Führung hervorheben und darin Resonanz bei den Hauptschülern finden. Je leistungsstärker demgegenüber Gymnasien sind, umso negativer wird das Lehrerhandeln in allen Dimensionen wahrgenommen (Fend 1998, S. 149ff.). Sehr leistungsstarke Gymnasien verfügen aber über eine besonders ausgelesene Schülerschaft, die sich eine Distanzierung von Schule und Lehrerschaft erlauben kann. Auch die relative Bedeutung der Lehrer für die Schulleistungen der Schüler variiert: Sie ist am größten in jenen Gesamtschulen, die den geringsten institutionellen Grad der Vorstrukturierung aufweisen, so dass hier die Haltungen der Lehrer besonders bedeutsam werden können (ebd., S. 330ff.).

Auch die pädagogisch-psychologische Forschung kann den komplexen Zusammenhang der Determinanten der Schulleistung verdeutlichen (vgl. Helmke/Schneider/Weinert 1986; Helmke 1992; Weinert/Helmke 1995; Helmke/Weinert 1997; Weinert 2001a; Helmke 2003): Auch hier sind externe Faktoren wie das Vorwissen, die Intelligenz, familiäre Unterstützung etc. von zentraler Bedeutung. So hängt das durchschnittliche fachliche Leistungsniveau einer Schulklasse am stärksten von deren Vorkenntnissen bzw. der Klassenzusammensetzung zu Beginn des Schuljahres ab. Allerdings tragen die Zeitnutzung, die Klarheit des Unterrichts und die individuelle fachliche Unterstützung nicht unwesentlich zur Mathematikleistung ein Jahr später bei, wobei die Vorkenntnisse der Klasse wiederum bedeutsam für die Realisierung von Lehrerhaltungen werden, sich also auf das Lehrerhandeln auswirken. Aber auch für die Unterrichtsqualität läßt sich kein übergreifendes, homogenes Muster der optimalen Beförderung von Schulleistungen finden (vgl. Helmke/Weinert 1997): Spezifische Haltungen von Lehrern, Unterrichtsmethoden, Unterrichtsstile, Gestaltungen des Unterrichts etwa zwischen direkter, lehrerzentrierter Instruktion und offenen, schülerzentrierten Unterrichtsgestaltungen haben keine generelle Auswirkung, sondern sind je nach Klassenbedingungen und spezifischen Schülergruppierungen unterschiedlich wirksam. So zeigen sich zwar insgesamt positive Auswirkungen offenen, schülerzentrierten, problemfokussierten Unterrichtens (vgl. auch Baumert/Lehmann 1997), aber Schüler aus benachteiligten familiären Milieus, mit niedrigen Vorkenntnissen und hoher Leistungsängstlichkeit scheinen eher von strukturierten, lehrerzentrierten Unterrichtsformen zu profitieren. Die pädagogisch psychologische Forschung scheint somit zunehmend die Erkenntnis qualitativer, fallrekonstruktiver Forschung zu bestätigen: Die Spezifik konkreter Konstellationen und singulärer Fälle erlaubt kaum die Formulierung übergreifender genereller Effekte, sondern verweist auf komplexe Kontextbedingungen, prozesshafte, retroaktive Zusammenhänge und auch auf paradoxe Effekte und Nebenwirkungen. So sind Unterrichtsstile mit stärkster Leistungsorientierung bzw. intensiver Nutzung der Unterrichtszeit für die Stoffbehandlung, also Unterrichtsstiele, die in der Tendenz Schulleistung stärken, zugleich ein Risiko für die langfristige Entwicklung von Lernfreude, die in derartigen Unterrichtswelten eher abnimmt (Helmke/Weinert 1997, S. 149ff.).

Diese Ergebnisse verdeutlichen, dass es komplexe schulformspezifische, einzelschulische und klassenspezifische soziale Konstellationen gibt, die Schulleistungen beeinflussen. In den qualitativen Ergänzungsstudien zu TIMMS wird eindrucksvoll auf die Spezifik von Schulkulturen als komplexen Sinnzusammenhängen verwiesen (vgl. auch Fend 1998, S. 219ff.), insbesondere auf nationale Traditionen der Schulkultur, in der die jeweilige Leistungsstärke verankert scheint (vgl. Roeder 2001). So zeigt sich, dass es keineswegs nur die problemorientierten, schülerbezogenen Unterrichtsskripts an japanischen Schulen sind, die die mathematischen und naturwissenschaftlichen Spitzenleistungen japanischer Schüler erklären (vgl. Baumert/Lehmann u.a. 1997). Vielmehr sind die hohen Leistungen japanischer Schüler eingebettet in ein spezifisches Verhältnis von Familie, Schule, begleitenden Nachhilfeschulen und Leistung, also ein kulturelles Muster: Der Schule kommen umfassende Erziehungsfunktionen zu, die von der Familie unterstützt und gefordert werden (vgl. Toyama-Bialke 1998, 2000; Kreitz-Sandberg 2002; Schubert 2002).

Neben der Frage, was Schulen für die Leistungen ihrer Schüler leisten, muss aber auch gefragt werden, was **schulische Belastungen** sind, die durch das schulische Leistungssystem mit erzeugt werden, also Risiken der Beschulung in den Blick genommen werden. In der Schulstressdebatte der 1970er-Jahre wurde vor allem die Schulangst als ein Ergebnis der Leistungsorientierung hervorgehoben. Dass mit Leistungssituationen einhergehende psychische Belastungen von großer Relevanz sind, zeigt sich darin, dass Ende der 1970er-Jahre fast die Hälfte aller Schüler über Sorgen und Übelkeit vor Klassenarbeiten berichten, ein Drittel über stärkere psychosomatische Reaktionen klagt und über 20% aller Jugendlichen Vermeidungsreaktionen gegenüber schulischen Leistungssituationen zeigen (Fend u.a. 1976, S. 149). Auch in den 1990er-Jahren sind psychosomatische Reaktionen bei ca. der Hälfte der Schüler vor Klassenarbeiten festzustellen (Holler-Nowitzki 1994). Als gesichert kann der Zusammenhang von Leistungsangst und tatsächlichen schulischen Leistungen gelten: Je besser die Schulleistung, desto geringer die Angst vor Leistungssituationen (vgl. Helmke 1983). Allerdings konnte Helmke für die Spitzenschüler einen Anstieg der Leistungsangst feststellen, Ausdruck davon, dass sie etwas zu verlieren haben, und bei extrem schlechten Schülern ein Absinken des Angstniveaus am Ende der Regelschulzeit, Ausdruck davon, dass sie die Relevanz schulischer Leistung reduziert haben.

Während die organisatorischen Schulformunterschiede das Schulangstniveau nur unwesentlich beeinflussen, wird das Ausmaß der Leistungsangst und der psychosozialen Problembelastung zentral durch das Schul- oder Klassenklima beeinflusst (vgl. Lange/Kuffner/Schwarzer 1983; Pekrun 1983, 1991; Zeidner 1998; Fend 1998; Rost/Schermer 2001). Hoher Leistungsdruck, aber auch Anpassungsdruck und Strenge bzw. restriktive Kontrolle der Lehrer führen zu einer Erhöhung der Leistungsangst, ebenso wie zu Konkurrenz und mangelnder solidarischer Kooperation zwischen Schülern. Von großer Bedeutung für die Entstehung hoher Leistungsangst sind auch die elterlichen Erziehungseinstellungen. Wenn Eltern den schulischen Leistungsdruck verdoppeln, die Beziehungen zu ihren Kindern durch die Schulleistung bestimmt wird, sie zu Überforderung und negativer Sanktionierung neigen, dann erhält schulisches Versagen erst seine emotionale Bedrohlichkeit (vgl. Helmke 1983; Melzer 1987; Krohne-Hock 1994; Fend 1997).

In Längsschnittstudien ergeben sich Hinweise auf die Entwicklung der Leistungsangst in Abhängigkeit von Alter und Schulform (vgl. Lange/Kuffner/Schwarzer 1983; Tillmann u.a. 1984). Kann generell von einer Angstverminderung von der 5. Klasse bis zum Ende der Regelschulzeit ausgegangen werden, so ergeben sich doch schulformspezifische Differenzen. Während in der 5. Klasse die Angstwerte noch stark von den Leistungen der Grundschule bestimmt sind, Gymnasiasten die niedrigsten, Hauptschüler die höchsten Angstwerte zeigen, verschieben sich diese Verhältnisse bis zum Ende der Schulzeit. Während die Gesamtschüler ihre Leistungsangst immer deutlicher reduzieren, Ausdruck des positiven Schulklimas, die Hauptschüler ihre Ängstlichkeit ebenfalls deutlich senken, steigert sich bei den Gymnasiasten die Leistungsangst bis zum 10. Jahrgang. Damit ergibt sich das paradox anmutende Bild, dass die Gymnasiasten mit der erfolgreichsten Schulkarriere sich zu den ängstlichsten Schülern entwickeln, während die Hauptschüler mit der ungünstigsten Schullaufbahn die niedrigsten Angstwerte aufweisen. Als Erklärung bietet sich das Bezugsgruppentheorem an: Den Rahmen für die jeweilige Selbsteinschätzung bildet nicht der gesamte Schülerjahrgang, sondern die schulformspezifische Population. Während ein großer Teil der Hauptschüler gemessen an ihrer Grundschulerfahrung erfolgreich ist, erfährt ein großer Teil der Gymnasiasten gemessen an ihrem Grundschulerfolg im Gymnasium schulisches Versagen.

Auch für die psychosoziale Lage Jugendlicher, also depressive Syndrome, emotionale Anspannung oder psychosomatische Reaktionen, ist die Belastung durch schulische Leistungsanforderungen von Relevanz (vgl. Fend/Schroer 1989; Hurrelmann/Holler/Nordlohne 1988; Hurrelmann/EngeI 1989; Holler-Nowitzki 1994; Freitag 1998; Fend 2000). Etwa 20% der Jugendlichen weisen mittlere oder starke depressive Symptome auf (Fend/Schroer 1989), 48% der 14- bis 16-Jährigen klagen oft oder manchmal über Kopfschmerzen, 41% über Nervosität, 36% über Konzentrationsschwierigkeiten, 30 % über Magenschmerzen und 28% über Schlafprobleme (Hurrelmann/Holler/Nordlohne 1988, S. 31). Mit jenen, die dies manchmal erfahren, steigt die Zahl auf ca. 50% (Holler-Nowitzki 1994). Wenn die Schullaufbahn durch Leistungsversagen gekennzeichnet ist oder die schulischen Bildungswege nicht den elterlichen Erwartungen entsprechen und Schulabschlussbefürchtungen dominieren, verstärken sich diese psychosozialen Symptombelastungen. In einer Vergleichsstudie zwischen 1986 und 1996 wurde im Zuge der nochmals gestiegenen Bildungsanforderungen eine Verschlechterung des subjektiven gesundheitlichen Wohlbefindens und ein Anstieg des Medikamentenkonsums festgestellt, für Kopfschmerzmitteln bei Mädchen z.B. von 5,7% auf 12,2% (Hurrelmann/Mansel 1998).

Von großer Relevanz für die psychosoziale Befindlichkeit Jugendlicher ist auch das Selbstbild und Selbstwertgefühl (vgl. Trautwein 2003), wobei Leistungsangst und Leistungsselbstbild eng zusammenhängen. Zentral ist, dass im Laufe der Schulzeit die Selbsteinschätzung eigener Fähigkeiten zunehmend durch schulische Bewertungsprozesse beeinflusst wird und bei standardisierter Beurteilungspraxis und uniformen Lehrerverhalten der schulische Fähigkeitsbegriff immer wesentlicher für die Selbsteinschätzung wird (vgl. Pekrun 1983; Rosenholtz/Rosenholtz 1981; Helmke 1998). Während zu Beginn der Schulzeit die Einschätzung der eigenen Fähigkeit bei guten und schlechten Schülern noch eng zusammenliegt, entwickelt sie sich von Schuljahr zu Schuljahr bei den erfolgreichen Schülern immer positiver, um bei den schlechten Schülern ständig abzusinken (vgl. Kifer 1975). Helmke kann in einer Längsschnittstudie verdeutlichen, dass die fachspezifischen Fähigkeitsselbstkonzepte im Verlauf der Grundschulzeit, parallel zur deutlicheren Leistungsbewertung absinken (Helmke 1998). Das Fähigkeitsselbstbild von Schülern ist dabei eine Folge vorhergehender Erfolge oder Misserfolge. Es beeinflußt in der Grundschule die Leistung aber noch nicht entscheidend (vgl. Helmke/van Aken 1995). Dies ändert sich nach der Grundschule, wo das Fähigkeitskonzept deutlichen Einfluss auf die Leistung gewinnt (vgl. Helmke 1992, 1998; Köller u.a. 2000; Köller 2004). Die Auswirkungen der Schulleistung auf das allgemeine Selbstwertgefühl von Jugendlichen ist allerdings nicht so eindeutig (vgl. Fend 1984, 2000; Pekrun 1985). Jugendliche mit schlechten Leistungen können den subjektiven Stellenwert des Schulerfolgs reduzieren. In spezifischen Peermilieus finden sie kompensatorische Aufwertung gegen schulische Versagenserlebnisse.

Zudem zeigen sich für die schulbezogenen Fähigkeitsselbstkonzepte auch deutliche „Bezugsgruppeneffekte": So „erholen" sich die Fähigkeitsselbstkonzepte von „schlechten" Grundschülern etwa in der Hauptschule, während die von „guten" Grundschülern im Gymnasium in Folge des Vergleichs mit einer leistungsstarken und selektierten Schülerschaft eher Einbußen erleiden, wobei allerdings auch bedeutsam ist, ob sich die Schüler an „Aufwärts-," oder „Abwärtsvergleichen" orientieren (vgl. Trautwein 2003; Köller 2004). Die auch als „Big-fish-little-pond-effect" bekannte Bezugsgruppenorientierung kann vor allem auch für Jugendliche in besonders leistungsstark und bildungsambitioniert zusammengesetzten Klassen und Schulen – trotz Bildungsprivilegierung – zu negativen Konsequenzen führen, weil Schüler, die in anderen Klassen eine Spitzenposition inne hätten, hier eher im Mittelfeld oder auch darunter rangieren: In diesen Klassen kommt es daher zu einer verschärften Leistungsbewährung auf höchstem Niveau, mit dem Risiko „exklusiven" Scheiterns an höchsten eigenen Bildungsansprüchen und Leistungsanforderungen, wobei auch Lehrkräfte in diesen sehr leistungsstarken Klassen zur Benachteiligung von leistungsstarken Schülern neigen, weil sie sich ebenfalls an der Leistungsstärke der Klasse orientieren (vgl. Köller 2004; Trautwein/Baeriswyl 2007; Helsper u.a. 2008).

Während für die Kompetenzentwicklung und die schulische Leistung das Klassenklima und die soziale schulische Atmosphäre als weniger bedeutsam eingeschätzt wird (vgl. oben), kommt den sozialen Beziehungen, den schulischen Anerkennungsverhältnissen und dem Klassenklima für die psychosoziale Befindlichkeit der Heranwachsenden eine große Bedeutung zu: Die Qualität der Lehrer-Schüler-Beziehungen, die Höhe von Leistungsdruck und Überforderungserfahrungen, die Qualität der Schüler-Schüler-Beziehungen insbesondere auch hinsichtlich von

Abwertung und gewaltförmigen Orientierungen können bei positiver Ausprägung wesentlich zum psychosozialen und gesundheitlichen Wohlbefinden der Schülerinnen und Schüler beitragen (vgl. Bilz/Hähne/Melzer 2003; Böhm-Kasper 2004; Bilz 2008).

Eine qualitative Längsschnittstudie weist auf die große Bedeutung schulischen Erfolgs und Versagens hin (vgl. Hurrelmann/Wolf 1986). Ein zentrales Ergebnis ist, dass die versagenden wie die erfolgreichen Jugendlichen die Gültigkeit des schulischen Leistungsprinzips nicht grundlegend in Frage stellen. Die versagenden Jugendlichen führen zwar auch äußere Ursachen für ihr Versagen an, aber letztlich schreiben sie sich selbst die „Schuld" am Versagen zu. Die belastende Situation der versagenden Jugendlichen, die der Bedrohung ihrer Identität und ihres Selbstwertes trotz aller Verarbeitungsversuche nur wenig entgegenzusetzen haben, verdichtet sich noch in der Längsschnittperspektive. Bei den Jugendlichen mit scheiternder Hauptschullaufbahn und abgeschwächt auch bei den versagenden Gymnasiasten akkumulieren sich die Versagenserfahrungen auch im nachschulischen Bereich. Das schulische Versagen zieht beim größeren Teil dieser Jugendlichen weitere Brüche in der Biographie nach sich. Tendiert die Jugendbiographie der scheiternden Schüler zur Misserfolgs-, so die der erfolgreichen zur Erfolgskarriere. An diese Studien knüpft die biographieanalytische Arbeit von Nittel an (Nittel 1992): Darin wird deutlich, wie gravierend für schulischen Erfolg bzw. schulisches Versagen die durch die Lehrer vermittelten Me-Bilder der schulischen Leistungsfähigkeit bereits in der Grundschule sind. Frühe Zuschreibungen können lange nachwirken und sich tief in die Selbstdeutungen der Schüler einlagern und zu „Schulversagens-Verlaufskurven" beitragen (vgl. auch Wiezorek 2005). Anhand der „Anpassungs-Verlaufskurve" zeigt sich, dass auch schulischer Erfolg biographische Kosten mit sich bringen kann: Jugendliche entfernen sich aus ihren Milieu- und Familienbindungen, erfahren Entfremdungen aus Peernetzen, instrumentalisieren einen Großteil ihrer Lebenszeit für Schularbeit, mit Tendenzen zur sozialen Isolation und Exklusion aus jugendkulturellen Aktivitäten und können instrumentelle Haltungen gegenüber Bildungsprozessen erwerben. In Weiterentwicklung der Position von Nittel kann Kramer zeigen, dass die schulbiographischen Verläufe von Schülern, dass Erfolg und Versagen im schulischen Zusammenhang und deren biographischer Sinn in einem „schulbiographischen Passungsverhältnis" wurzelt (Kramer 2002), das in einem konkreten Zusammenspiel der jeweiligen Biographie mit der Sinnstruktur der Familie und der jeweiligen Schulkultur und der Auseinandersetzung der Jugendlichen damit wurzelt. Dieses Passungsverhältnis formt sich über verschiedene Stufen aus und erfährt während der gesamten Schülerbiographie immer wieder eine neue Ausgestaltung.

6 Schulinvolvement, Sinnbezug und Partizipation in schulischen Prozessen

Schulfreude oder Schulunlust – mit diesen Begriffen wird das Verhältnis von Jugendlichen gegenüber der Schule, das schulische Wohlbefinden und der Sinnbezug gegenüber der Schule thematisiert (vgl. Fend u.a. 1976; Tillmann u.a. 1984; Fend 1997, 2000). Es zeigt sich, dass die Akzeptanz des Lebensraumes Schule für einen Teil der Jugendlichen in Frage gestellt ist. Bis zur Hälfte aller Gymnasiasten zeigten deutliche Unlustreaktionen gegenüber der Schule. In den anderen Schulformen trifft dies für ca. 25% bis 40% der Jugendlichen zu (vgl. Fend u.a.

1976). Das SINUS-Institut ermittelte, dass 1982 42% aller Befragten mit der Schule unzufrieden waren. Allerdings zeigen sich deutliche Unterschiede bei verschiedenen „Jugendtypen", wobei die „autonom Jugendzentrierten" die größte Unzufriedenheit mit der Schule bekunden (vgl. SINUS-Institut 1983, 1985). In epochalen Vergleichen der Entwicklung der Schulfreude deuten sich gravierende Veränderungen an: Es scheint eine Steigerung der Schulunlust in den letzten Jahrzehnten zu geben (vgl. Fuchs/Zinnecker 1985; Fend/Prester 1985; Aster/Kuckartz 1988; Schröder 1995; Fend 1997). Zugespitzt kann festgehalten werden: In dem Maße, wie die Schulzeit verlängert wird, der Alltag Jugendlicher verschult wird, die Relevanz der Schule für zukünftige Lebenschancen wächst und gleichzeitig die schulischen Abschlüsse immer weniger eine Garantie für berufliche Chancen darstellen, die Schule immer stärkere Konkurrenz aus medialen und jugendkulturellen Erlebnisräumen erhält, um so negativer wird die Schule erlebt. So sinkt der Anteil der Jugendlichen, die gern oder sehr gern zur Schule gehen, von 1962 bis 1983 von 75% auf 43% (Allerbeck/Hoag 1985). In den 1990er-Jahren gehen nur noch 32% gern zur Schule (Schröder 1995, S. 81ff.). Zentral aber ist, worauf sich die Kritik an der Schule richtet: auf den Unterricht (1953: 5%, 1984: 20%), auf Tests und Leistungsdruck (6% zu 41%) und auf das Verhältnis zu den Lehrern (11% zu 47%). Damit sind gerade die institutionellen Kernzonen der Schule von einer Zunahme der Kritik betroffen (Behnken u.a. 1991; Schröder 1995).

Neben diesen historischen Veränderungen ergeben sich die deutlichsten Veränderungen der Schulfreude in Abhängigkeit von Alter und Jahrgangsstufe. Die Schule wird im Lauf der Schulzeit immer mehr zu einer Institution, die keinen Spaß macht und als Zwang empfunden wird. Dieser Prozess setzt bereits in der Grundschule ein: Dem Anstieg der Lernfreude im ersten Schuljahr folgt ein Rückgang bis zur 4. Klasse (vgl. Helmke 1993). Besonders drastisch bricht die Lernfreude im Sekundarbereich in der 6. und 7. Klassenstufe ein: Fühlen sich noch 69,6% aller Schüler der 6. Jahrgangsstufe sehr oder ziemlich wohl in der Schule, so sind dies nur noch 42,7% im 7. und nur noch 36,1% im 9. Schuljahr (Fend 1997). Besonders drastisch ist auch der Anstieg der Schulunlust von der 5. zur 6. Klasse. Tillmann u.a. stellen allerdings fest, dass an Schulen, die die Übergangserfahrungen der Schüler durch Erhaltung von Grundschulgruppen und Kontinuität der Lehrer-Schüler-Beziehungen positiver gestalten, die drastische Negativentwicklung abgeschwächt werden kann (Tillmann u.a. 1984). Dieses Ergebnis verdeutlicht die große Relevanz konkreter pädagogischer Maßnahmen und auch, dass der Anstieg der Schulunlust kein quasi naturwüchsiger Alterseffekt ist, sondern pädagogische und schulkulturelle Bedingungen bedeutsam sind. So zeigen sich auch in Abhängigkeit vom Klassenklima und Lehrerverhalten Unterschiede in der Schulzufriedenheit. Hoher Disziplin- und Anpassungsdruck führt eher zu Schulverdrossenheit, während emotionale Zuwendung von seiten der Lehrer, ein gut strukturierter, abwechslungsreicher Unterricht, Partizipation und Freiräume für Schüler und insgesamt ein gutes Klassenklima sich positiv auf die Lernfreude auswirken (vgl. Helmke 1997; Fend 1997; Bilz u.a. 2003; Bilz 2008). Auch das familiäre Klima spielt eine Rolle: „Kinder und Jugendliche, die über vertrauensvolle Beziehungen zu ihren Eltern berichten, sind durchgängig lern- und schulfreudiger als andere Kinder und halten diesen Vorsprung im weiteren Verlauf bis in die mittlere Jugend hinein." (Stecher 2000, S. 87)

Diese Trendaussagen zum Schulbezug decken sich mit Überlegungen zur Sinnproblematik Jugendlicher gegenüber der Schule und korrespondieren mit Ergebnissen qualitativer Forschungen zum Verhältnis von Schule und Jugendlichen: Die Lernprozesse und Lerninhalte erscheinen bei unterschiedlichsten Schülergruppierungen nur wenig sinnstiftend, am ehesten noch bei den institutionell integrierten, familienorientierten oder sich engagiert anpassenden Jugendlichen (vgl. Willis 1979; Furtner-Kallmünzer 1983; Lenz 1986; Nittel 1992; Wexler

1994). Der positive Schulbezug stellt sich eher durch die Beziehungen zu den Mitschülern, durch den Zusammenhang der Gleichaltrigenfreundschaften und die Schule als „alltäglichen Jugendtreffpunkt" her. Auch der schulische Leistungsbereich verliert für Teile der Jugendlichen aufgrund einer massiven Entwertung des „Bildungskapitals" seine sinnstiftende Relevanz. Zum anderen führt auch die Dominanz instrumentell-strategischer Handlungsorientierungen zur Destruktion inhaltlicher Sinnbezüge (vgl. Nittel 1992). Zudem können neue Studien verdeutlichen, dass auch Jugendliche, die sich positiv auf schulische Ideale und imaginäre pädagogische Sinnentwürfe beziehen, in gravierende Sinn- und Strukturprobleme der Schule verwickelt werden können (vgl. Helsper/Böhme/Kramer/Lingkost 2001; Böhme 2000; Kramer 2002; Helsper u.a. 2009b).

In diesen Zusammenhang gehören auch die Möglichkeiten für Kinder und Jugendliche in Schule und Unterricht zu partizipieren. Obwohl die Entwicklung der Schulkultur seit den 1950er Jahren – für Ostdeutschland verstärkt erst seit 1990 – durch eine Entwicklung vom besonderen Gewaltverhältnis zur umfassenderen **Partizipation** der Schüler gekennzeichnet ist (vgl. Mauthe/Pfeiffer 1996; Helsper 2000; Helsper/Lingkost 2001), geben die faktischen Partizipationsmöglichkeiten der Schüler eher Anlass zur Enttäuschung. Zwar ist die Dominanz der Lehrerzentrierung im Unterricht relativiert, aber es dominieren nach wie vor Unterrichtsformen, die Schülern Möglichkeiten der Einflussnahme erschweren (vgl. Hage u.a. 1985; Baumert/Lehmann u.a. 1997; Meyer/Schmidt 2000; Meyer/Jessen 2000; Meyer u.a. 2007). Auf die Frage, „die Lehrer lassen die Schüler mitbestimmen, wie im Unterricht vorgegangen wird", antworteten 8% der Schüler, das treffe für die meisten Lehrer zu. 45% sehen dies bei einigen und 47% bei wenigen oder keinem Lehrer gegeben. Dabei gaben 94% der Schüler an, dass eine derartige Haltung von Lehrern für sie sehr wichtig sei (vgl. Kanders/Rösner/Rolff 1996). In einer Studie aus den neuen Bundesländern geben ca. die Hälfte aller Schüler an, dass sie kaum Möglichkeiten der Einflussnahme auf das Unterrichtsgeschehen haben. Während bei der Ausgestaltung der Schule, bei schulischen Veranstaltungen und Ausflügen zwischen 70% bis über 90% der Schüler Mitwirkungsmöglichkeiten sehen, sinkt die Mitwirkung, je stärker die schulischen Kernzonen betroffen sind: Bei der Notengebung bzw. der Hausordnung sehen nur noch ca. 20% der Schüler Mitwirkungsmöglichkeiten (Krüger/Grundmann/Kötters 2000, S. 261ff.; Krüger/Reinhardt u.a. 2002, S. 100ff.). Schließlich weisen ca. 65% der Schüler der Schülervertretung keine große Bedeutung an ihrer Schule zu (ebd.). Diese Ergebnisse werden in der Tendenz auch in einer neueren Studie bestätigt, die insbesondere für die schulischen und unterrichtlichen Kernzonen geringe Mitwirkungsmöglichkeiten in einer repräsentativen Studie an sachsen-anhaltinischen und nordrhein-westfälischen Acht- und Neuntklässlern finden: An der Erstellung der Hausordnung sehen sich nur knapp 18%, an der Festlegung von Unterrichtsinhalten ca. 24% und an der Notengebung lediglich knapp 14% der Schüler beteiligt (vgl. Helsper/Böhm-Kasper/Sandring 2006).

Qualitative Studien zur moralischen Anerkennung der Schüler können weitere Aufschlüsse geben (vgl. Helsper 1995a; Helsper/Böhme/Kramer/Lingkost 2001; Helsper/Lingkost 2001; Böhme/Kramer 2001; Helsper/Krüger u.a. 2006): In der Rekonstruktion von schulischen Mitwirkungs- und Entscheidungsgremien zeigt sich einerseits, dass Schulen, wenn auch je nach Schulkultur in unterschiedlicher Deutlichkeit, ihre Schüler zur Partizipation auffordern. Allerdings werden die Schüler selbst in jenen Schulen, die als besonders exponierte partizipative Anspruchskulturen gefaßt werden können, bei der Mitwirkung im Rahmen der schulischen Gremien in schwierige, ja paradoxe Handlungsstrukturen verstrickt: Das Spektrum reicht von der simulierten Partizipation, in der bei faktisch gefallenen Entscheidungen Mitwirkungsmöglichkeiten simuliert werden, über die mehr oder weniger deutliche Verpflichtung zur Mitwirkung, die Verwendung der partizipierenden Schüler als schulische Kontrollorgane gegenüber Mitschülern bis hin zu offenen Formen der Negation von Partizipation. Dabei zeigen sich Zusammenhänge zur übergreifenden Schulkultur: Die mehr oder weniger deutliche Negation von Partizipation findet sich in paternalistischen, auf pädagogische Führung, Autorität, auf Kontrolle und Anordnung orientierten Schulkulturen (vgl. Helsper u.a. 2001; Helsper/Boehm/Kasper/Sandring 2006; Sandring/Gibson 2006). Die Formen der Simulation von Partizipation und der paradoxen Aufforderung zur Mitwirkung bei gleichzeitiger Verhinderung von Partizipation finden sich in imaginären partizipativen Anspruchskulturen, die aber keine gelebte Praxis der Partizipation entwickelt oder diese verloren haben (vgl. ebd.; Helsper 1995a). Aber auch in konsistenter an Partizipation orientierten Schulkulturen finden sich Probleme dahingehend, dass Schüler von Seiten der pädagogischen Autoritäten auf Partizipation verpflichtet und dazu aufgefordert werden (vgl. etwa de Boer 2004) und angesichts hoher kritischer Bildungs- und Autonomieansprüche in ihren partizipativen Bemühungen auch zum Gegenstand von Kritik werden bzw. ihnen anspruchsvolle eigenständige Beiträge nicht wirklich zugetraut werden (vgl. ebd.; Wiezorek/Brademann/Köhler 2006). Diese Ergebnisse verweisen darauf, dass die grundlegende Antinomie von Autonomie und Zwang im pädagogischen Handeln durch die nach wie vor bestehenden Zwangsrahmungen der Schul- und Anwesenheitspflicht zu paradoxen Entgleisungen tendiert und die materiale Beteiligung von Heranwachsenden an zentralen schulischen Belangen einen neuralgischen Punkt der Schule bildet, selbst in stark an Partizipation orientierten Schulkulturen (vgl. Oevermann 1996; Luhmann 2002).

7 Jugendkultur und Schule: Vom abweichenden Verhalten und schulischer Gewalt zur jugendlichen Peerculture und zu Jugendbiographien in der Schulkultur

Wenn Jugendliche den Sinn der Schule in den informellen Beziehungsnetzen suchen, dann zeigt sich, dass neben den offiziellen schulischen Anforderungen ein informeller Beziehungskontext besteht, dessen Werte mit den offiziellen nicht übereinstimmen müssen. Die Schule ist auch der Ort einer langdauernden Zusammenfassung von Jugendlichen zu altershomogenen Gruppen und damit ein Ort der Entstehung von Freundschaften und Cliquen, der als Multiplikator und Umschlagplatz der Jugendkultur und als Entstehungsort jugendlicher Subkulturen fungiert (vgl. Coleman 1961; Fend 1980; Specht 1982).

Die am Labeling-Ansatz orientierten Arbeiten zur schulischen Abweichung gehen davon aus, dass **abweichendes Verhalten** kein psychisches Merkmal ist, sondern Ergebnis von Typisierungsprozessen. Insbesondere schulisches Versagen legt nahe, vom Lehrer nicht nur als „schlechter Schüler", sondern auch als deviant eingestuft zu werden. Die Typisierung der definitionsmächtigen Lehrer setzt sich, wenn auch abgeschwächt, in der Wahrnehmung der Mitschüler fort und wird zu einem entsprechenden Selbstbild verdichtet (vgl. Brusten/Hurrelmann 1973; Holtappels 2000). Im Zusammenspiel mit gesellschaftlichen Kontrollinstanzen, z.B. dem Jugendamt (vgl. Brusten/Holtappels 1985), können die schulischen Typisierungen dann zur Einleitung „sekundärer Devianz" und einer devianten Karriere führen.

Aus der Kritik an der einseitigen Betonung der institutionellen Typisierung bei der Entstehung der Abweichung und dem Konzept des passiv in die Abweichung gedrängten Subjekts entwickelten sich Differenzierungen. So stellt etwa das, was aus der Sicht der Institution als abweichendes Verhalten erscheint, aus der Schülerperspektive problembewältigendes Handeln dar, wobei die Probleme durch die schulischen Lernbedingungen entscheidend mitbedingt werden (vgl. Holtappels 1987). Diese Bewältigungsversuche nehmen erst über ständige Devianztypisierungen den Charakter einer „abweichenden Rolle" an. Von besonderer Relevanz für die Entstehung einer abweichenden Identität ist aber die soziale Abstützung durch einen Zusammenhang mit abweichenden Werten, also einer jugendlichen Subkultur (vgl. Fend/Schneider 1984).

An der Frage des Verhältnisses der offiziellen „pädagogischen Programme" und der subkulturellen jugendlichen Wertekontexte setzen die Studien von Specht und Fend an (vgl. Fend 1980; Specht 1982). Für jede Schulform wird ein informelles Peer-Klima ermittelt, mit typischen jugendlichen Einstellungen zu schulischen Anforderungen. Insbesondere für städtische Hauptschulen ist eine „schulentfremdete" Altersgruppe festzustellen, mit Distanz gegenüber schulischen Leistungsanforderungen. Das Peer-Klima der Realschule ist demgegenüber schulkonform. Schulische Leistung besitzt einen hohen Stellenwert, wobei die Gleichaltrigengruppe zugleich auch kompensatorische Schutzhaltungen gegenüber schulischen Anforderungen wahrnimmt. Insbesondere die Realschulmädchen entsprechen dem Bild einer „konformen Altersgruppe". Für das Gymnasium ist eine „ambivalent-oppositionelle" Altersgruppe typisch. Von zentraler Bedeutung ist hier intellektuelles Leistungsvermögen und schulischer Erfolg, aber auch Distanz und Kritik gegenüber der Schule. Daraus resultiert eine Cross-Pressure-Situation für die Jugendlichen, denen die Anpassung an schulische Leistungsforderungen bei gleichzeitiger Demonstration von Schuldistanz gelingen muss. Die Gesamtschule schließlich ist durch ein „schulkonvergentes" Peer-Klima gekennzeichnet. Eine hohe Wertschätzung schulischer Leistung geht mit einer positiven Einschätzung der Gesamtschule einher. Hier kann von einer Kongruenz von informellem Wertekontext und kritisch-progressivem Gesamtschulklima gesprochen werden. Gegenüber diesen Studien bleibt kritisch anzumerken, dass die aus einer oft einmaligen Kumulation von organisatorischen, informellen und epochalen Aspekten resultierenden Milieus Gleichaltriger schulformspezifisch generalisiert und interne Differenzierungen eingeebnet werden. Trotz aller Bemühungen auch die positiven sozialisatorischen und stabilisierenden Funktionen der Altersgruppe zu berücksichtigen, bleibt eine Sichtweise dominant, in der die Gefahr des „heimlichen Miterziehers" Peergroup betont wird, der die Jugendlichen gegen erzieherische Bemühungen immunisieren könne.

Seit Anfang der 1990er-Jahre lösen Studien zu **schulischer Gewalt** die Forschungen zu schulischer Abweichung ab. Dabei nimmt die **schulische Gewaltforschung** einen Perspektivenwechsel vor: Stand in den 1970er-Jahren die Schule als institutionelles Gewaltverhältnis im Zentrum der Aufmerksamkeit, so thematisieren die Studien der 1990er-Jahre die Belastung der Schulen durch Gewalthandlungen von Schülern (zur Kritik vgl. Heitmeyer/Ulbrich-Herrmann 1997; Krumm/Weiß 2000). Waren die Studien anfänglich deskriptiv, methodisch unzulänglich und knüpften kaum an theoretisch gehaltvolle Diskussionen an (vgl. Holtappels 1997), so liegen inzwischen anspruchsvolle Studien vor (vgl. Forschungsgruppe Schulevaluation 1998; Tillmann u.a. 1999; Schubarth 2000; Fuchs u.a. 2005; Pfaff/Fritzsche 2006; als Überblick Melzer u.a. 2004; Klewin/Tilmann 2006).

Insgesamt wird der mediale Steigerungsdiskurs relativiert. Es zeigen sich zwar in einigen Studien, die epochale Zeitreihen ermitteln, Anstiege und Verschiebungen: So haben vom Anfang der 1970er-Jahre bis in die 1980er-Jahre mutwillige Zerstörungen in der Schule, das Ärgern von Lehrern und Schulschwänzen zugenommen und Mädchen näherten sich in ihrem Verhalten den Jungen eher an (vgl. Fend 1997, S. 165f.). Und in einem Vergleich zwischen 1972 und 1995 finden sich ebenfalls leichte Steigerungen: Die Gruppe der Schüler, die mutwillig fremdes Eigentum zerstört hat, nimmt von 11% auf 16% zu, die Mehrfachtäter von 4% auf 6,7%. Jemanden zusammengeschlagen oder arg zugerichtet haben 1972 95% und 1995 87,3% nie. Die Gruppe der Mehrfachtäter ist in diesem Zeitraum von 2% auf 5,6% gestiegen (Tillmann u.a. 1999, S. 141ff.). Leichte Steigerungen finden sich auch in einer Studie zwischen 1988 und 1996 (Hurrelmann/Mansel 1998). Eine Längsschnittstudie in Bayern kommt im Vergleich zwischen 1994, 1999 und 2004 zum Ergebnis, dass es leichte Schwankungen gibt. So nimmt etwa die verbale Gewalt von 1994 bis 1999 leicht zu. Insgesamt sind allerdings keine gravierenden Steigerungen feststellen, eher eine Tendenz zum Rückgang (vgl. Fuchs/Lamnek/Luedtke 2001, 2005; Melzer 2000 a,b). Die These eines durchgängigen Gewaltanstiegs an deutschen Schulen muss also relativiert werden.

Dabei ergeben sich gravierende Unterschiede für verschiedene Gewaltformen. Psychische und verbale Gewalt ist weit verbreitet: Andere Schüler gehänselt haben an hessischen Schulen 57% der Schüler im letzten Jahr, andere beschimpft 54%. Schulische Devianz ist ebenfalls weit verbreitet. Die „härteren" Gewaltformen sind deutlich geringer vertreten: gemeinsam jemanden verprügelt haben 13%, einen anderen bedroht 11% und ebenso viele haben mindestens einmal Waffen mitgebracht (Tillmann u.a. 1999, S. 97ff.). Allerdings sind jene, die dies häufig tun, mit 5 bzw. 6% lediglich eine kleine Minderheit. Dem entsprechen die Ergebnisse anderer Studien: Der Anteil der Mehrfachtäter im Bereich der härteren, physischen Gewalt schwankt zwischen unter 5% bis 10% (vgl. Schubarth 2000; Fuchs/Lamnek/Luedtke 2001, 2005). Eine Tendenz, die auch für andere europäische Länder gilt (vgl. etwa Olweus 1996; Schubarth 2000), während es im internationalen Vergleich deutliche Unterschiede gibt, wie etwa das Beispiel Japan mit einer sehr geringen Gewalt- und Devianzbelastung im Bereich der Schule zeigt (vgl. Foljanty-Jost 2002).

Für die Höhe und Qualität der Gewalt zeigen sich deutliche Unterschiede: Harte physische Gewalt ist nahezu ein reines Jungenphänomen, während sich im Bereich psychischer bzw. verbaler Gewalt die Werte stärker annähern. Für die wenigen Mädchen, die harte Formen physischer Gewalt praktizieren, gilt, dass sie weit stärker als Jungen in gewaltaffine Peers eingebunden sind, die zudem deutlich rechtsextremistische und fremdenfeindliche Haltungen zeigen (Popp/Meier/Tillmann 2001; Popp 2002). Dies verweist darauf, dass Mädchen stärker als Jungen eine Einbindung in Gewalt befürwortende Cliquen brauchen, um physische Gewaltformen zu realisieren, die zum kulturell vorherrschenden Weiblichkeitskonstrukt immer noch in einem Widerspruch stehen. Auch zwischen den Schulformen zeigen sich gravierende Unterschiede, wobei sich aber auch zwischen Schulen derselben Schulform große Differenzen in der Gewaltbelastung ergeben (vgl. Pfaff/Fritzsche 2006): Am stärksten belastet sind eindeutig Sonder- und Hauptschulen, während Gymnasien eine deutlich geringere Gewaltbelastung aufweisen. Eine erhebliche Zunahme der Gewaltbelastung scheint sich vor allem an besonders belasteten Hauptschulen zu vollziehen, die sich seit den 1970er-Jahren zu „Restschulen" entwickeln. Der Belastung der Schulen und Lehrer entspricht aber dort auch eine vielfach problembelastete, marginalisierte Schülerschaft, die ihrerseits erhebliche Schulprobleme hat. Allerdings ist auch hier wieder auf Differenzen zwischen Hauptschulen hinzuweisen (ebd.). Zudem gibt es Hauptschulen, denen es durch den Aufbau sehr positiver Lehrer-Schüler-Beziehungen gelingt, die interne schulische Gewaltbelastung – bei durchaus vorhandener schulexterner Gewalt der

Jugendlichen – sehr deutlich zu senken (vgl. Wiezorek 2006; Helsper/Wiezorek 2006). Zwischen Ost- und Westdeutschland sind keine gravierenden Unterschiede festzustellen, allerdings leichte Differenzen in den härteren Gewaltpraktiken, zu denen hessische Schüler etwas stärker neigen, als ihre sächsischen Altersgenossen (Forschungsgruppe Schulevaluation 1998).

Wie läßt sich Gewalt im schulischen Kontext erklären? Die vorliegenden Studien kommen übereinstimmend zum Ergebnis, dass die außerschulischen Einflüsse auf schulische Gewalthandlungen größer sind, als die innerschulischen: Familiäre Belastungen und Gewalterfahrungen, familiäre Restriktivität oder auch überhöhte Erwartungen und familiärer Leistungsdruck sowie die Einbindung in gewaltaffine, deviante Cliquen sind von hoher Bedeutung (vgl. Pfaff/Fritzsche 2006; zusammenfassend Klewin/Tillmann 2006). Daraus darf allerdings nicht die Irrelevanz der Schule für schulische Gewalt gefolgert werden. Vielmehr erweisen sich auch schulkulturelle Zusammenhänge als bedeutsam: So wird der Qualität der Lernkultur, insbesondere der Schülerorientierung im Unterricht eine gewaltmindernde Funktion zugewiesen. Von noch größerer Bedeutung ist das Sozialklima: Ein restriktives Lehrerhandeln, negative Stigmatisierungen gegenüber Schülern, abwertende Haltungen von Lehrern und Missachtungen, geringe Partizipationsmöglichkeiten für Schüler, inkonsistente, Vertrauen destruierende Lehrerhaltungen in Verbindung mit hohen Anforderungen und das Scheitern an schulischen Anforderungen fördern schulisches Gewalthandeln auf Schülerseite (vgl. Forschungsgruppe Schulevaluation 1998; Tillmann u.a. 1999; Krüger/Grundmann/Kötters 2000; Melzer 2000b; Schubarth 2000; Mansel 2001; Baumert u.a. 2001, S. 493; Fritzsche/Pfaff 2006) Analoge Ergebnisse finden sich auch in einer Studie zum Zusammenhang zwischen rechtsorientierten, gewaltaffinen Haltungen von Schülern und dem Schulklima (vgl. Krüger/Reinhardt u.a. 2002). Auch in einigen Jugendstudien finden sich Ergebnisse, die auf schulische Zusammenhänge verweisen: Gewaltorientierungen scheinen mit schwierigen und scheiternden Bildungsverläufen einher zu gehen, besonders in jenen Milieus, in denen schulischer Erfolg bedeutsam ist (vgl. Heitmeyer/Ulrich-Hermann 1997). Bei jungen Männern mit deutlicher Gewaltorientierung sind drei schulische Erfahrungen bedeutsam: fehlender Lebensweltbezug in der Schule, intensive Zusammenstöße mit schulischen Regeln und schulische Disziplinierungen sowie Leistungsschwierigkeiten, was zum Ausfallen schulischer Anerkennung führt (Möller 2001). Diese Studien verweisen – ähnlich wie die wenigen qualitativen Studien zur schulischen Gewalt (vgl. Combe/Helsper 1994; Helsper 1995b; Tillmann u.a. 1999; Wiezorek 2006) – auf die Bedeutung schulischer Anerkennungsbeziehungen. Allerdings bleiben beim gegenwärtigen Forschungsstand noch viele Fragen über die interaktiven Entstehungszusammenhänge schulischer Gewalt offen.

Die Studien zum abweichenden Verhalten und zur Schülergewalt in Schulen weisen eher einen durch die Organisationsperspektive gekennzeichneten Blick auf. Kinder und Jugendliche erscheinen hier eher als Bedrohung und Gefahr. Demgegenüber bemühen sich ethnographische Studien stärker um einen Blick, der die eigensinnigen jugendlichen Alltagspraxen und ihre Bedeutung für jugendliche Milieus betont. So arbeitet Zinnecker etwa die vielfältigen Aktivitäten der schulischen **Peerkultur** auf der schulischen Hinterbühne heraus, mit der die Schüler ihre schulischen Erfahrungen bewältigen und kreativ verarbeiten (Zinnecker 1978). Und Heinze verdeutlicht, wie Schüler mit diversen „Taktiken" im Unterricht ihre Selbstdarstellung betreiben (Heinze 1980). Willis verbindet in seiner Studie der Jugendkultur in der Arbeiterschule eine brillante Ethnographie des informellen Widerstandes mit einer reproduktionstheoretischen Analyse der Arbeiterkultur: Gerade im Widerstand gegen die schulischen Regeln werden die kulturellen Praxen der Arbeiterstammkultur von den Jugendlichen reproduziert und durch die

Auseinandersetzung mit der Schule erfolgt die Integration in die Arbeiterkultur und die Überführung in Arbeiter-Jobs (vgl. Willis 1979).

Obwohl die Annahme einer homogenen Arbeiterstammkultur inzwischen deutlich zu relativieren ist, vielmehr von weitreichenden Individualisierungsschüben in lebensweltlichen Milieus und Milieutransformationen ausgegangen werden muss, zeigen sich in bundesrepublikanischen Studien doch frappierende Ähnlichkeiten mit der Studie von Willis. Auch hier wird eine schulkonforme Jugendkultur der „Familienzentrierten", der „institutionell Integrierten" oder sich „engagiert Anpassenden" von einer schuloppositionellen „jugendzentrierten Subkultur", einem maskulin orientierten Handlungstypus oder einer verweigerten Anpassung unterschieden (vgl. Projektgruppe Jugendbüro 1975 u. 1977; Lenz 1986, auch Wiezorek 2005). Für die 1980er Jahre geht eine ethnographische Studie dezidiert von Individualisierungsschüben und einer fortgeschrittenen Auflösung lebensweltlicher Milieus aus und untersucht das Verhältnis von Schule und jugendlichen Kulturen am Beispiel einer maskulin orientierten Clique aus einer ehemaligen Zechensiedlung und der alternativen Gegenkultur einer Gesamtschule (vgl. Bietau 1989; Helsper 1989). Für beide Bereiche bestätigt die Studie eine krisenhafte Zuspitzung der Individualisierungsprozesse. Während die Zechensiedlungsclique sich in einer deutlichen Grenzziehung gegenüber der Schule und angesichts eines Zerbrechens des Bergarbeiterzusammenhangs, durch eine imaginäre Wiederbelebung von Arbeitertraditionen zu stabilisieren versucht, ist die Gegenkultur der Gesamtschule weit stärker durch die internen Widersprüche der Bildungsinstitution gekennzeichnet. Die Ambivalenz zwischen den Bildungsidealen der Gesamtschule, die bei den Jugendlichen Zuspruch finden, und den Enttäuschungen im instrumentell dominierten Schulalltag führt dazu, dass die Schule zum wesentlichen Schauplatz der Auseinandersetzung um ihre Lebensvorstellungen wird.

Diese Studien haben im deutschsprachigen Raum nur wenig Nachfolger gefunden. Hervorzuheben ist hier eine Studie (vgl. Krüger u.a. 2007, 2008; Krüger/Deppe 2008), in der im Übergang zwischen Kindheit und Frühadoleszenz die Bedeutung jugendlicher Peerkonstellationen für die schulischen Orientierungen, die Relation zwischen Schul- und Peerorientierung und insgesamt die Bedeutung der Peers für die Bildungsbiographie herausgearbeitet wird. Dabei zeigen sich bereits bei den ca. Elfjährigen spezifische Muster, die zwischen Schuldistanz und früher jugendkultureller Orientierung bis hin zu starker Bildungs- und Schulorientierung, verbunden mit bildungsaffinen Peeraktivitäten oszillieren, wobei in diesem Alter noch eine starke Verbindung mit familiären Bildungsorientierungen vorliegt, so dass vom „langen Arm" der Familie hinsichtlich der Bezüge zwischen Schul- und Peerorientierung gesprochen werden kann (vgl. Krüger/Deppe 2008).

Im Unterschied dazu sind etwa in England oder den USA weitere Studien entstanden (vgl. Wexler 1992; McLaren 1994; Wooden 1995; Blackman 1998; als Überblick Bank 1997; Zinnecker 2000). Insbesondere die Studie von Wexler verdeutlicht das Spannungsverhältnis zwischen Jugendlichen unterschiedlicher Milieus und der Schule: Auf der Seite von Arbeiterjugendlichen führt dies zu Spaltungen und Brüchen, auf der Seite der Jugendkultur der gehobenen Mittelschichten zu Selbstdistanzierung, Lethargie und auf seiten der ausgegrenzten marginalisierten großstädtischen Jugendlichen zur Negation des Selbst mit demonstrativen Versuchen der Inszenierung eines Gegenselbst als Anerkennungsrettung. Blackman illustriert aus einer feministischen Perspektive die Auseinandersetzung einer Gruppe von New-Wave-Girls mit der Schule. Im deutschsprachigen Raum haben den Platz derartiger Studien andere Forschungsrichtungen eingenommen: Studien zur Schülerbiographie, zu schulischen Ritualen, Festen und Mythen in ihrer Bedeutung für Schüler, Studien zur Peerculture im Rahmen der Schule sowie objektivhermeneutische Rekonstruktionen zu schulischen Sinnmustern.

Studien zur **Schülerbiographie** nehmen das Verhältnis von Schule, Jugend- bzw. Peerkultur, Familie und jugendlichen biographischen Verläufen in den Blick (vgl. Nittel 1992; Helsper 1995a, 2008b; Böhme 2000; Maas 1999; Pollard/Filer 1999; Hummrich 2002, 2005; Helsper/Bertram 2006; Kramer 2002; Wiezorek 2005, 2007; Idel 2007). In diesen Studien wird das komplexe Zusammenspiel der jugendlichen Lebensbereiche in ihrer biographischen Verschränkung untersucht: Etwa das spannungsreiche Verhältnis und die Balancierungsaufforderungen zwischen jugendkulturellen und schulischen Lebensräumen; die familiären Beziehungsdynamiken in ihrem Zusammenspiel mit schulischen Bildungsverläufen und Interaktionsdynamiken; die Bedeutung von Lehrerinnen und Lehrern als „biographischen Sachwaltern" oder auch „Beratern" für den Verlauf der Bildungsbiographie (Nittel 1992) oder die biographischen Idealkonstruktionen und imaginären Sinnstiftungen von Jugendlichen im Verhältnis zu pädagogischen Schulmythen und schulkulturellen Sinnentwürfen (vgl. Helsper 1995a; Böhme 2000), in denen sich schulbiographische Passungsverhältnisse als Spannung oder Verschränkung von Biographie und Schulkultur ergeben (vgl. Kramer 2002).

Diese Arbeiten stehen in einem engen Zusammenhang zur hermeneutischen Rekonstruktion schulkultureller Sinnstrukturen in Form von schulischen Ritualen, Feiern und der Konstruktion pädagogischen Sinns in Form von Schulmythen und deren Bedeutung für Schüler (vgl. Böhme 2000; Helsper/Böhme/Kramer/Lingkost 2001). Darin wird rekonstruiert, wie in der Konstruktion schulischer Bilder, Erzählungen und Mythen auf seiten der dominanten schulischen Akteure Sinnentwürfe bereit gestellt werden, die schulische Vergemeinschaftung erzeugen sollen. Diese imaginären Sinnentwürfe verweisen auf zugrundeliegende Strukturprobleme der **Schulkultur,** auf Antinomien und Widersprüche, in die die Schüler in je spezifischer Weise verwickelt sind. Darin wird das verbürgende, strategische oder auch negierende Verhältnis der Schüler zu den dominanten Schulmythen im Rahmen der Schulkultur rekonstruiert.

An diese schulkulturtheoretische Linie (vgl. Helsper 2009) schließen weitere Studien an, in denen die Passungskonstellationen zwischen Schülern und den jeweiligen Schulkulturen und die damit einhergehenden Bildungs- und Individuationspotenziale in den Blick genommen werden. Eine Reihe von Studien untersuchen erstmals die Bedeutung der – um ein starkes Professionsmodell pädagogischer Führung zentrierten – Waldorfschulkultur und hier insbesondere des Waldorfklassenlehrers für die Schüler (vgl. Graßhoff u.a. 2006; Helsper/Ullrich u.a. 2007; Idel 2007, 2008; Graßhoff 2008). Dabei zeigen sich höchst unterschiedliche Bedeutungen des Klassenlehrers für die Jugendlichen: Diese schwanken zwischen dem Klassenlehrer als einem signifikanten Anderen für die Bildungsprozesse und die psychosoziale Stabilisierung der Heranwachsenden, der grundlegenden Enttäuschung von Jugendlichen angesichts der Stabilisierungs- und Näheversprechen der Waldorfschulkultur, der konflikthaften Zuspitzung in Form von Verselbständigungskämpfen von Jugendlichen angesichts des Führungs- und Autoritätsanspruchs der Lehrkräfte bis hin zu Entgrenzungen und daraus resultierenden emotionalen und distanzlosen Übergriffen auf Jugendliche angesichts deren Autonomiebekundungen. Darin zeigen sich einerseits die Potenziale dieser spezifischen reformpädagogischen Schulkultur mit ihren weitreichenden Autoritäts-, Führungs- und Näheansprüchen, andererseits aber auch die besonderen Herausforderungen und Professionsprobleme, die in Entgrenzung münden und zur Miterzeugung emotionalisierter adoleszenter Ablösungskonflikte in der Schule beitragen (vgl. auch Idel 2007, 2008).

Eine ähnlich gelagerte Studie untersucht am Beispiel von drei kontrastreichen Schulkulturen – einer reformpädagogischen, einer exklusiv gymnasialen und einer ländlichen Gemeindeschule – das Zusammenspiel von Schule und Familie unter der Perspektive pädagogischer Generationsbeziehungen (vgl. Hummrich/Helsper 2004; Hummrich u.a. 2006; Helsper u.a. 2009b; Busse 2009). Dabei lassen sich im Zusammenspiel von Schulkultur, Milieu und Familie unterschiedliche pädagogische Generationsordnungen rekonstruieren, die für die Jugendlichen unterschiedliche Bildungs- und Individuationsoptionen eröffnen und zugleich „Aufträge" der Älteren beinhalten: Von der exklusiven Elitereproduktion und der Verpflichtung der Jugendlichen auf die Tradierung einer hochkulturellen-bürgerlichen Ordnung mit moderaten transformatorischen Möglichkeiten und dem Versprechen zukünftiger Exzellenz im internationalen Maßstab, über die reformpädagogische Bildung eines kritischen, sozial und ökologisch verantwortlichen Jugendlichen, der seinen eigenen Verselbständigungsweg suchen und zur Rettung von Gesellschaft und Natur im Weltmaßstab beitragen soll bis hin zum Auftrag der Älteren an die Jüngeren auf eigene Transformations- und Verselbständigungswege zu verzichten bzw. diese erst gar nicht ins Auge zu fassen, um die bedrohte Gemeinde und ihre Milieus vor dem Absterben zu bewahren. Dabei ergeben sich für die konkreten Jugendlichen, je nach Passungskonstellation zwischen ihnen und der Schule im Zusammenspiel mit der jeweiligen Familienstruktur und -dynamik im Rahmen dieser Generationsordnungen wiederum unterschiedliche Möglichkeiten zur Individuation.

Aus einer anderen Perspektive werden im Sinne der „cultural performance" (vgl. Wulf u.a. 2001, 2004, 2007) ebenfalls schulische Feste, insbesondere aber rituelle Übergänge und „heilige" Gegenstände des Schulalltages in einer ethnographischen Perspektive untersucht (vgl. Göhlich/Wagner-Willi 2001). In der Analyse von Schwellenphasen des Übergangs – der Klassentür und dem sozialen Geschehen um die Tür, dem Übergang von der Pause zum Unterricht, dem sozialen Geschehen in den Gängen und im Tafelbereich – wird die Herausbildung von Gemeinschaften als „gemeinsame rituelle Muster der Erzeugung und Bearbeitung von Differenzen" (Göhlich/Wagner-Willi 2001, S. 121) auf der Ebene der Schüler, aber auch der Lehrer-Schüler-Beziehungen in den Blick genommen. Die Übergangsphasen erscheinen als „strukturschwache" Zonen, in denen die soziale Ordnung im Fluss ist. Darin wird das Verhältnis von Peerkultur und schulischer Ordnung im Sinne der Umdefinition, des Widerstandes und der Affirmation interpretiert (vgl. Wagner-Willi 2005).

Diese Studien stehen im einem Zusammenhang mit Untersuchungen, die im Zuge der sozialkonstruktivistischen Wende der Sozialisationsforschung und der neuen Kindheitsforschung in den 1990er-Jahren entstanden sind und die ethnographische Tradition auf einem reflektierten Niveau fortsetzen (vgl. Krappmann/Oswald 1995; Breidenstein/Kelle 1998; Zinnecker 2000; Faulstich-Wieland/Güting/Ebsen 2001; Faulstich-Wieland u.a. 2004; Breidenstein 2006). Im Anschluss etwa an Piaget und Youniss wird die zentrale Bedeutung der Peerinteraktionen für soziale und schulische Lernprozesse hervorgehoben. Kinder und Jugendliche unterliegen in dieser Perspektive nicht einer vorausgesetzten schulischen Ordnung, sondern sie konstituieren und konstruieren diese entscheidend mit, so dass die Schule mitunter lediglich den Rahmen bereit zu stellen scheint, um eine eigensinnige soziale Welt der Peerkultur zu ermöglichen, die mit den offiziellen schulischen Rahmungen nur noch wenig zu tun hat. Geschärft durch einen kritischen Blick auf die schulpädagogisch eng geführte Perspektive auf Schulkindheit, wird die Schule als Ort konzipiert, an dem Gleichaltrige eigensinnig ihre soziale Realität konstruieren.

Allerdings blieb die Forschung zur Peerculture lange Zeit ohne einen systematischen Bezug zur schulischen und unterrichtlichen Situation. Inzwischen liegen allerdings neuere Studien vor: So arbeiten etwa Kalthoff und Kelle heraus, wie in den Interaktionen zwischen Lehrern und Schülern schulische Regeln ausgehandelt und etabliert werden (Kalthoff 1997; Kalthoff/ Kelle 2000). Wiesemann kann diese Aushandlungspraktiken von schulischen Regeln anhand der Stopp-Regel verdeutlichen, die von seiten der Kinder zur Regelung von Übergriffen eingeführt wurde und zu deren Erhalt Kinder auf die Lehrerautorität zugreifen und diese für ihre Absichten „verwenden" (Wiesemann 2000). Die Bedeutung der Schüler für die Gestaltung der Lernprozesse – die Jugendlichen als Kokonstrukteure des Unterrichts – kommt in Studien zum Gruppenunterricht zum Ausdruck (Krummheuer/Naujok 1999). Diese Perspektive wird auch in Studien zur Partizipation im Fachunterricht in den Blick genommen, in der die Schüler als Kokonstrukteure der schulischen Lernprozesse erscheinen und ihre eigenen Sinnmuster entwickeln (vgl. Meyer/Schmidt 2000; Meyer/Jessen 2000; Meyer u.a. 2007). Und Breidenstein kann in seinen ethnographischen Forschungsarbeiten verdeutlichen (Breidenstein 2006), wie die Peerculture eigensinnige Praxen in der Schule hervorbringt, die etwa die konkreten Sozialformen des Unterrichts (Einzelarbeit, Partnerarbeit, Gruppenarbeit, Lehrerzentrierung) jenseits ihrer didaktisch-methodischen Konzepte erst konkret ausgestalten bzw. eine eigensinnige Verwendung von Noten und schulischen Zertifikaten kreieren (vgl. Breidenstein u.a. 2008).

Dieser Brückenschlag gelingt auch Studien im Anschluss an performanz-, praxis- und machttheoretische Linien (vgl. Wulf u.a. 2007; Willems 2007; Breidenstein 2008; Kolbe u.a. 2008). In diesen Studien werden inzwischen Lernkulturen analysiert und die darin ruhenden Möglichkeiten für eine Subjektivierung bzw. Habitusbildung auf Seiten der Heranwachsenden herausgearbeitet: Dabei deuten sich in offenen, reformpädagogisch orientierten individualisierenden Lernsettings Subjektivierungsweisen an, in denen die Schülerinnen und Schüler auf Selbsttätigkeit, Eigenverantwortlichkeit und Selbstorganisation orientiert und zu diesen Haltungen angeleitet werden. Dabei zeigen sich Unterschiede zwischen Schulen, aber auch deutliche Unterschiede zwischen Fachkulturen und den in ihnen gepflegten fachspezifischen unterrichtlichen Praktiken und den mit ihnen einher gehenden Formen der Subjektivierung und Habitusbildung (vgl. Wulf u.a. 2007; Willems 2007; Faulstich-Wieland u.a. 2004).

In diese Richtung weisen auch objektiv-hermeneutische Studien, in denen die latenten Sinnstrukturen in Lehrer-Schüler-Interaktionen rekonstruiert und der soziale Sinn schulischer Szenen in der selektiven Antwort von Schülern erschlossen und deren Verwicklung in schulische Strukturprobleme analysiert wird (vgl. Wernet 2000; Fehlhaber/Garz 1999; Helsper/Böhme/ Kramer/Lingkost 2001).

8 Zusammenfassung und Perspektiven

Im Durchgang durch verschiedene theoretische Ansätze konnte gezeigt werden, dass sie zumeist nur Teilaspekte des Verhältnisses von Jugend und Schule erfassen. Ein umfassender Blick ist somit nur durch eine reflektierte Kombination von Ansätzen und Ebenen zu erreichen, in denen Mikro- und Makroperspektive, handlungs- und strukturtheoretische, interaktive, institutionelle und Systemperspektiven zueinander vermittelt werden können. Obwohl der Forschungsstand zum Verhältnis von Jugend und Schule inzwischen weit ausdifferenziert und in vielen Bereichen gut zu nennen ist, sind derartige komplexe, integrative Forschungszugänge immer noch die Ausnahme. Anregungen dazu finden sich etwa in den folgenden Ansätzen: der Verknüpfung umfassender reproduktionstheoretischer Positionen mit ethnotheoretischen und strukturalen

Konzepten, z.B. im Bereich der Forschungen zum Verhältnis von Schule und Jugendkultur (vgl. Willis 1979; Wexler 1994); in der Verknüpfung symbolisch-interaktionistischer mit lebenslauf- bzw. biographieanalytischen und organisationssoziologischen oder schulkulturtheoretischen Ansätzen (vgl. Nittel 1992; Kramer 2002); in der Verbindung schulklimatischer und -kultureller Perspektiven mit der Ebene der Einzelschule und des Schulsystems (vgl. Fend 1998, 2000); in der Verbindung von internationalen, Bildungssystemvergleiche eröffnenden Leistungsstudien mit familiären und milieuspezifischen Zusammenhängen von Schülern (vgl. Baumert u.a. 2001, 2006) oder der Verbindung mikrologischer Interaktions- und Sinnrekonstruktionen mit der Rekonstruktion schulkultureller und institutioneller Muster (Helsper u.a. 2001, 2009b). Allerdings sind derartige komplexe Verknüpfungen über verschiedene Ebenen hinweg – nicht zuletzt auch wegen der Aufwendigkeit derartiger Forschungsvorhaben – noch die Ausnahme, insbesondere auch die Verknüpfung von quantitativen und qualitativen Zugängen (vgl. etwa Tillmann u.a. 1999; Krüger/Reinhardt u.a. 2002) oder die komplexe Verbindung unterschiedlicher qualitativer Verfahren. Dabei bedarf es einer derartigen umfassenden Perspektive, die es ohne subsumtionslogische Verkürzungen ermöglicht, die Ebene des Subjekts, die interaktiven Netzwerke, die organisatorische, institutionelle, schulsystemische und die makrosoziale Ebene gesellschaftlicher Reproduktions- und Transformationsprozesse zu verbinden.

Literatur

Adick, C.: Forschung zur Universalisierung von Schule. In: Helsper, W./Böhme, J. (Hrsg.): Handbuch der Schulforschung. Wiesbaden 2008, S. 987-1009

Allerbeck, K./Hoag, W.: Jugend ohne Zukunft. Einstellungen, Umwelt, Lebensperspektiven. München/Zürich 1985

Anweiler, O.: Schulpolitik und Schulsystem in der DDR. Opladen 1988

Arnold, K. H./Bos, W./Richert, P./Stubbe, T. C.: Schullaufbahnpräferenzen am Ende der vierten Klasse. In: Bos, W. u.a. (Hrsg.): ICLU 2006. Lesekompetenzen von Grundschulkindern in Deutschland im internationalen Vergleich. Münster 2007, S. 271-299

Asmus, J./Peuckert, R. (Hrsg.): Abweichendes Schülerverhalten. Zur Devianzetikettierung in der Schule. Heidelberg 1979

Aster, R.I Kuckartz, U.: Jugend und Schule. Eine Sekundäranalyse schulspezifischer Fragen der Shell- Studie „Jugendliche und Erwachsene 85". In: Zeitschrift für Sozialisationsforschung und Erziehungssoziologie 8 (1988), H. 3, S. 200-213

Autorengruppe Bildungsberichterstattung: Bildung in Deutschland 2008. Bielefeld 2008

Bacher, J./Beham, M./Lachmayr, N. (Hrsg.): Geschlechterunterschiede in der Bildungswahl. Wiesbaden 2008

Bank, P.J.: Peer Cultures and their Challenge for Teaching. In: Biddle, B.J./Godd, T.L./Goodson, I.F. (Hrsg.): International Handbook of Teachers and Teaching. Volume II. Dordrecht/Boston/London 1997, S. 879-937

Baumert, J.: Deutschland im internationalen Bildungsvergleich. In: Kilius, N./Kluge, J./Reisch, L. (Hrsg.): Die Zukunft der Bildung. Frankfurt a. M. 2002, S. 100-151

Baumert, J./Lehmann, R.H. u.a.: TIMMS – Mathematisch-naturwissenschaftlicher Unterricht im internationalen Vergleich. Deskriptive Befunde. Opladen 1997

Baumert, J./Bos, W./Lehmann, R.H.: TIMMS/III. Dritte internationale Mathematik- und Naturwissenschaftsstudie – mathematische und naturwissenschaftliche Bildung am Ende der Schullaufbahn. Opladen 2000

Baumert, J. u.a.: PISA 2000. Basiskompetenzen von Schülerinnen und Schülern im internationalen Vergleich. Opladen 2001

Baumert, J./Schümer, G.: Familiäre Lebensverhältnisse, Bildungsbeteiligung und Kompetenzerwerb. In: Baumert, J. u.a.: PISA 2000. Basiskompetenzen von Schülerinnen und Schülern im internationalen Vergleich. Opladen 2001, S. 323-411

Baumert, J./Stanat, P./Watermann, R.: Schulstruktur und die Entstehung differenzieller Lern- und Entwicklungsmilieus. In: Baumert, J./Stanat, P./Watermann, R. (Hrsg.): Herkunftsbedingte Disparitäten im Bildungswesen. Vertriefende Analysen im Rahmen von PISA 2000. Wiesbaden 2006, S. 95-189

Becker, R.: Dauerhafte Bildungsungleichheiten als unerwartete Folge der Bildungsexpansion. In: Hadjar, A./Becker, R. (Hrsg.): Die Bildungsexpansion. Erwartete und unerwartete Folgen. Wiesbaden 2006, S. 27-63

Behnken, I. u.a.: Schülerstudie 90. Jugendliche im Prozeß der Vereinigung. Weinheim/München 1991

Bellenberg, G.: Individuelle Schullaufbahnen. Eine empirische Untersuchung über Bildungsverläufe von der Einschulung bis zum Abschluß. Weinheim/München 1999

Bellenberg, G./Klemm, K.: Scheitern im System. Scheitern des Systems? Ein etwas anderer Blick auf Schulqualität. In: Rolff, H.G. u.a. (Hrsg.): Jahrbuch der Schulentwicklung. Band 11. Weinheim/München 2000, S. 51-77

Bellenberg, G./Böttcher, W./Klemm, K.: Schule und Unterricht. In: Böttcher, W./Klemm, K./Rauschenbach, T. (Hrsg.): Bildung und Soziales in Zahlen. Statistisches Handbuch zu Daten und Trends im Bildungsbereich. Weinheim/München 2001, S. 93-127

Bellin, N.: Klassenkomposition, Migrationshintergrund und Leistung. Mehrebenenanalyse zum Sprach- und Leseverständnis von Grundschülern. Wiesbaden 2009

Bietau, A.: Arbeiterjugendliche zwischen Schule und Subkultur - Eine Straßenclique in einer ehemaligen Bergarbeitersiedlung des Ruhrgebietes. In: Breyvogel, W. (Hrsg.): Pädagogische Jugendforschung. Opladen 1989, S. 131-159

Bilz, L.: Schule und psychische Gesundheit. Risikobedingungen für emotionale Auffälligkeiten von Schülerinnen und Schülern. Wiesbaden 2008

Bilz, L./Hähne, /Melzer, W.: Die Lebenswelt Schule und ihre Auswirkungen auf die Gesundheit von Jugendlichen. In: Hurrelmann, K./Klocke, A./Melzer, W./Ravens-Sieberer, U. (Hrsg.): Jugendgesundheitssurvey. Weinheim/München 2003, S. 243-299

Blackman, S.J.: The School: „Poxy Cupid!" An Ethnography and Feminist Account of a Resistant Female Youth Culture: The New Wave Girls. In: Skelton, I./Valantine, G. (Hrsg.): Cool Places. Geographics of Youth Culture. London/New York 1998, S. 207-228

Blossfeld, P./Shavit, Y.: Dauerhafte Ungleichheiten. Zur Veränderung des Einflusses der sozialen Herkunft auf die Bildungschancen in 13 industrialisierten Ländern. In: Zeitschrift für Pädagogik 39 (1993), H. 1, S. 25-52

Böhm-Kasper, O.: Schulische Belastung und Beanspruchung. Münster 2004

Böhm-Kasper, O./Bos, W./Körner, S.C./Weishaupt, H.: Sind 12 Schuljahre stressiger? Belastung und Beanspruchung von Lehrern und Schülern am Gymnasium. Weinheim/München 2001

Böhme, J.: Schulmythen und ihre imaginäre Verbürgung durch oppositionelle Schüler. Ein Beitrag zur Etablierung erziehungswissenschaftlicher Mythosforschung. Bad Heilbrunn 2000

Böhme, J./Kramer, R.T. (Hrsg.): Partizipation in der Schule. Opladen 2001

Bolder, A.: Ausbildung und Arbeitswelt. Eine Längsschnittuntersuchung zu Resultaten von Bildungsentscheidungen. Frankfurt a.M./New York 1983

Bourdieu, P./Passeron, J.C.: Die Illusion der Chancengleichheit. Stuttgart 1971

Bourdieu, P. u.a.: Das Elend der Welt. Konstanz 1997

Bowles, S./Gintis, H.: Pädagogik und die Widersprüche der Ökonomie. Das Beispiel USA. Frankfurt a.M. 1978

Brendel, S.: Arbeitertöchter beißen sich durch. Bildungsbiographien und Sozialisationsbedingungen junger Frauen aus der Arbeiterschaft. Weinheim/München 1998

Breidenstein, G.: Teilnahme am Unterricht. Ethnographische Studien zum Schülerjob. Wiesbaden 2006

Breidenstein, G./Kelle, H.: Geschlechteralltag in der Schulklasse. Ethnographische Studien zur Gleichaltrigenkultur. Weinheim/München 1998

Breidenstein, G./Meier, M./Zaborowski, K.: Die Zeugnisausgabe zwischen Selektion und Vergemeinschaftung. Beobachtungen in einer Gymnasial- und einer Sekundarschulklasse. In: Zeitschrift für Pädagogik 53 (2007), H. 4, S. 522-534

Breidenstein, G./Meier, M./Zaborowski, K. (2008): Being Tested and Receiving Marks. An Ethnography of Pupil Assessment in the Classroom Setting. In: Krüger, H. H. u.a. (Hrsg.): Families, School, Youth Culture – Networked Spaces of Education and Social Inequality from the Perspective of Pupil Research. Frankfurt a.M. u.a. 2008, S. 163-178

Brusten, H./Hurrelmann, K.: Abweichendes Verhalten in der Schule. Eine Untersuchung zu Prozessen der Stigmatisierung. München 1973

Brusten, M./Holtappels, G.: Kooperieren oder verweigern? Empirische Ergebnisse zur Schulberichtspraxis und Problematik der Weitergabe von Informationen über Schüler an schulexterne Institutionen. In: Soziale Welt 36 (1985), H. 3, S. 313- 336

Büchner, P.: Das Kind als Schülerin oder Schüler: Über die gesellschaftliche Wahrnehmung der Kindheit als Schulkindheit und damit verbundene Forschungsprobleme. In: Zeiher, H./Büchner, P./Zinnecker, J. (Hrsg.): Kinder als Außenseiter? Weinheim/München 1996, S. 157-189

Büchner, P./Koch, K.: Von der Grundschule in die Sekundarstufe. Band 1. Der Übergang aus Kinder- und Elternsicht. Opladen 2001
Büchner, P./Brake, A. (Hrsg.): Bildungsort Familie. Transmission von Bildung und Kultur im Alltag von Mehrgenerationenfamilien. Wiesbaden 2006
Budde, J.: Männlichkeit und gymnasialer Alltag. Weinheim/München 2005
Budde, J.: Interaktion im Klassenzimmer – die Herstellung von Männlichkeit im Schulalltag. In: Andresen, S./Rendtorff, B. (Hrsg.): Geschlechtertypisierungen im Kontext von Familie und Schule. Jahrbuch Frauen- und Geschlechterforschung in der Erziehungswissenschaft. Opladen 2006, S. 113-121
Budde, J./Scholand, B./Faulstich-Wieland, H. (Hrsg.): Geschlechtergerechtigkeit in der Schule. Eine Studie zu Chancen, Blockaden und Perspektiven einer gender-sensiblen Schulkultur. Weinheim/München 2008
Burkhardt, A.: Prägend bis marginal – zur Position von Mädchen und Frauen in Bildung und Wissenschaft. In: Böttcher, W./Klemm, K./Rauschenbach, T. (Hrsg.): Bildung und Soziales in Zahlen. Weinheim/München 2001, S. 303-331
Busse, S.: Bildungsorientierungen Jugendlicher in Familie und Schule. Dissertation. Halle 2009
Coleman, J.S.: The Adolescent Society. The social Life of the Teenager and its Impact on Education. New York 1961
Combe, A./Helsper, W.: Was geschieht im Klassenzimmer? Weinheim 1994
De Boer, H.: Klassenrat als interaktive Praxis. Auseinandersetzung – Kooperation – Imagepflege. Wiesbaden 2004
Diefenbach, H.: Kinder und Jugendliche aus Migrantenfamilien im deutschen Bildungssystem. Erklärungen und empirische Befunde. Wiesbaden 2007
Diefenbach, H./Klein, M.: „Bringing Boys Back In." Soziale Ungleichheit zwischen den Geschlechtern im Bildungssystem zuungunsten von Jungen am Beispiel der Sekundarschulabschlüsse. In: Zeitschrift für Pädagogik 48 (2002), H. 6, S. 938-958
Ditton, H.: Ungleichheit und Mobilität durch Bildung. Weinheim/München 1992
Ditton, H.: Ungleichheitsforschung. In: Rolff, H.G. (Hrsg.): Zukunftsfelder der Schulforschung. Weinheim 1995, S. 89-124
Ditton, H.: Schule und sozial-regionale Ungleichheit. In: Helsper, W./Böhme, J. (Hrsg.): Handbuch der Schulforschung. Opladen 2004, S. 605-625
Ditton, H. (Hrsg.): Kompetenzaufbau und Laufbahnen im Schulsystem. Ergebnisse einer Längsschnittuntersuchung an Grundschulen. Münster 2007
Ditton, H./Krüsken, J./Schauenberg, M.: Bildungsungleichheit – der Beitrag von Familie und Schule. In: Zeitschrift für Soziologie der Erziehung und Sozialisation 25 (2005), H. 3, S. 285-303
Ditton, H./Krüsken, J.: Der Übergang von der Grundschule in die Sekundarstufe I. In: Zeitschrift für Erziehungswissenschaft 9 (2006), H. 3, S. 348-373
Dreeben, R.: Was wir in der Schule lernen. Frankfurt a.M. 1980
du Bois-Reymond, M.: Aura und Modernisierung der Schule. In: Keuffer, J. u.a. (Hrsg.): Schulkultur als Gestaltungsaufgabe. Weinheim 1998, S. 326-338
Ehmke, T./Siegle, T./Hohensee, F.: Soziale Herkunft im Ländervergleich. In: PISA-Konsortium Deutschland (Hrsg.): PISA 2003. Der zweite Vergleich der Länder in Deutschland – Was wissen und können Jugendliche? Münster 2005, S. 235-269
Ehmke, T./Baumert, J.: Soziale Herkunft und Kompetenzerwerb – Vergleiche zwischen PISA 200, 2003 und 2006. In: PISA-Konsortium Deutschland (Hrsg.): PISA 06. Die Ergebnisse der dritten internationalen Vergleichsstudie. Münster 2007, S. 309-337
Erdheim, M.: Die gesellschaftliche Produktion von Unbewußtheit. Frankfurt a.M. 1982
Faulstich-Wieland, H. u.a.: Erfolgreich in der Schule, diskriminiert im Beruf: Geschlechtsspezifische Ungleichheiten bei der Berufseinmündung. In: Rolff, H.G. u.a. (Hrsg.): Jahrbuch der Schulentwicklung, Bd. 3, Weinheim/Basel 1984, S. 117- 144
Faulstich-Wieland, H./Horstkemper, M.: „Trennt uns bitte, bitte nicht!" Koedukation aus Mädchen und Jungensicht. Opladen 1995
Faulstich-Wieland, H./Nyssen, E.: Geschlechterverhältnisse im Bildungssystem – eine Zwischenbilanz. In: Rolff, H.G. u.a. (Hrsg.): Jahrbuch für Schulentwicklung. Band 10. Weinheim/München 1998, S. 163-201
Faulstich-Wieland, H./Güting, D./Ebsen, S.: Einblicke in „Genderism" im schulischen Verhalten durch subjektive Reflexivität. In: Zeitschrift für Pädagogik 47 (2001), H. 1, S. 67-81
Faulstich-Wieland, H./Weber, M./Willems, K.: Doing Gender im heutigen Schulalltag. Empirische Studien zur sozialen Konstruktion von Geschlecht in schulischen Interaktionen. Weinheim/Basel 2004
Fehlhaber, G./Garz, D.: „und da es das erste Mal ist..." – über die pädagogische Formung des Klassenkörpers. In: Combe, A./Helsper, W./Stelmaszyk, B. (Hrsg.): Forum Qualitative Schulforschung 1. Weinheim 1999, S. 293-321
Fend, H. u.a.: Sozialisationseffekte der Schule. Weinheim/Basel 1976

Fend, H.: Theorie der Schule. München/Wien/Baltimore 1980
Fend, H.: Selbstbezogene Kognitionen und institutionelle Bewertungsprozesse im Bildungswesen: Verschonen schulische Bewertungsprozesse den "Kern der Persönlichkeit"? In: Zeitschrift für Sozialisationsforschung und Erziehungssoziologie 4 (1984), H. 2, S. 251-270
Fend, H.: Sozialgeschichte des Aufwachsens, Bedingungen des Aufwachsens und Jugendgestalten im 20. Jahrhundert. Frankfurt 1988
Fend, H.: Der Umgang mit der Schule in der Adoleszenz. Aufbau und Verlust von Lernmotivation, Selbstachtung und Empathie. Entwicklungspsychologie der Adoleszenz in der Moderne. Band IV. Bern u.a. 1997
Fend, H.: Qualität im Bildungswesen. Schulforschung zu Systembedingungen, Schulprofilen und Lehrerleistung. Weinheim/München 1998
Fend, H.: Entwicklungspsychologie des Jugendalters. Opladen 2000
Fend, H.: Geschichte des Bildungswesens. Der Sonderweg im europäischen Kulturraum. Wiesbaden 2006
Fend, H./Schneider, G.: Schwierige Schüler - schwierige Klassen. Abweichendes Verhalten, Sucht- und Delinquenzbelastung im Kontext der Schule. In: Zeitschrift für Sozialisationsforschung und Erziehungssoziologie 4 (1984), H. 1, S. 123-143
Fend, H./Prester, H.G.: Jugend in den 70er und 80er Jahren: Wertewandel, Bewußtseinswandel und potenzielle Arbeitslosigkeit. In: Zeitschrift für Sozialisationsforschung und Erziehungssoziologie 5 (1985), H. 1, S. 43-71
Fend, H./Schroer, S.: Depressive Verstimmungen in der Adoleszenz - Verbreitungsgrad und Determinanten in einer Normalpopulation. In: Zeitschrift für Sozialisationsforschung und Erziehungssoziologie 9 (1989), H. 4, S. 264-285
Foljanty-Jost, G.: Schule und Gewalt in Deutschland und Japan. Problemstand, Analysen und Prävention im Vergleich. In: Kreitz-Sandberg, S. (Hrsg.): Jugendliche in Japan und Deutschland. Soziale Integration im Vergleich. Opladen 2002, S. 247-265
Forschungsgruppe Schulevaluation: Gewalt als soziales Problem an Schulen. Opladen 1998
Freitag, M.: Was ist eine gesunde Schule? Einflüsse des Schulklimas auf Lehrer- und Schülergesundheit. Weinheim/München 1998
Freud, S.: Zur Psychologie des Gymnasiasten. In: Sigmund Freud Studienausgabe Bd. IV, Psychologische Schriften. Frankfurt a.M. 1970, S. 235-241
Fuchs, M./Lamnek, S./Luedtke, J.: Tatort Schule: Gewalt an Schulen 1994-1999. Opladen 2001
Fuchs, M./Lamnek, S./Luedtke, J.: Gewalt an Schulen – 1994 – 1999 – 2004. Wiesbaden 2005
Fuchs, W.: Jugend als Lebenslaufphase. In: Fischer, A./Fuchs, W./Zinnecker, J. : Jugendliche und Erwachsene 85, Generationen im Vergleich. Bd. 1, Studie im Auftrag des Jugendwerks der Deutschen Shell. Opladen 1985, S. 195- 265
Fuchs, W./Zinnecker, J.: Nachkriegsjugend und Jugend heute. Werkstattbericht aus einer laufenden Studie. In: Zeitschrift für Sozialisationsforschung und Erziehungssoziologie 5 (1985), H. 1, S. 5-29
Fuchs-Heinritz, W./Krüger, H.H.: Feste Fahrpläne durch die Jugend? Opladen 1990
Furtner-Kallmünzer, M./Sardei-Bierrmann, S.: Schüler: Leistung, Lehrer und Mitschüler. In: Beisenherz, G.H. u.a.: Schule in der Kritik der Betroffenen. München 1982, S. 21-63
Furtner-Kallmünzer, M.: Wenn du später was werden willst... Berufsbezug und Sinn der Schule. München 1983
Geißler, R.: Die Metamorphose der Arbeitertochter zum Migrantensohn. Zum Wandel der Chancenstruktur im Bildungssystem nach Schicht, Geschlecht, Ethnie und deren Verknüpfungen. In: Berger, P. A./Kahlert, H. (Hrsg.): Institutionalisierte Ungleichheiten. Wie das Bildungssystem Chancen blockiert. Weinheim/München 2005, S. 71-103
Gellert, U./Hümmer, A.-M.: Soziale Konstruktion von Leistung im Unterricht. In: Zeitschrift für Erziehungswissenschaft 11 (2008), H. 2, S. 288-312
Gille, M.: Umkehr des Wertewandels Veränderungen des individuellen Werteraumes bei Jugendlichen und jungen Erwchsenen seit Beginn der 1990er Jahre. In: Gille, M. (Hrsg.): Jugend in Ost und West seit der Wiedervereinigung. Ergebnisse aus dem replikativen Längsschnitt des DJI-Jugendsurveys. Wiesbaden 2008, S. 139-173
Göhlich, M./Wagner-Willi, M.: Rituelle Übergänge im Schulalltag. In: Wulf, C. u.a.: Das Soziale als Ritual: Zur performativen Bildung von Gemeinschaften. Opladen 2001, S. 119-205
Gomolla, M./Radtke, F.O. (Hrsg.): Institutionelle Diskriminierung. Die Herstellung ethnischer Differenz in der Schule. Opladen 2002
Graßhoff, G.: Zwischen Familie und Klassenlehrer. Pädagogische Generationsbeziehungen jugendlicher Waldorfschüler. Wiesbaden 2008
Graßhoff, G./Höblich, D./Stelmaszyk, B./Ullrich, H.: Klassnlehrer-Schüler-Beziehungen als biographische Passungsverhältnisse. Rekonstruktionen zum Verhältnis von Lehrer-Schüler-Interaktionen und Selbstverständnis der Lehrerschaft an Waldorfschulen. In: Zeitschrift für Pädagogik 52 (2006), H. 4, S. 571-590

Gruehn, S.: Unterricht und schulisches Lernen: Schüler als Quellen der Unterrichtsbeschreibung. Münster 2000
Hadjar, A./Becker, R. (Hrsg.): Die Bildungsexpansion. Erwartete und unerwartete Folgen. Wiesbaden 2006
Hage, K. u.a.: Das Methodenrepertoire von Lehrern. Eine Untersuchung zum Schulalltag der Sekundarstufe 1. Opladen 1985
Hansen, R./Rolff, H.G.: Abgeschwächte Auslese und verschärfter Wettbewerb - Neuere Entwicklungen in den Sekundarschulen. In: Rolff, H.G. u.a. (Hrsg.): Jahrbuch der Schulentwicklung Band 6. Weinheim/München 1990, S. 45- 81
Hansen, R./Pfeifer, H.: Bildungschancen und soziale Ungleichheit. In: Rolff, H.G. u.a. (Hrsg.): Jahrbuch der Schulentwicklung. Band 10. Weinheim/München 1998, S.51-87
Hansen, R./Hornberg, S.: Migration und Qualifikation: Zugewanderte Kinder in der deutschen Schule. In: Rolff, H.G. u.a. (Hrsg.): Jahrbuch der Schulentwicklung. Band 9. Weinheim/München 1996, S. 339-377
Hargreaves, D.H./Hester, S.K./Mellor, F.J.: Abweichendes Verhalten im Unterricht. Weinheim 1981
Heinze, T.: Schülertaktiken. München/Wien/Baltimore 1980
Heitmeyer, W./Ulbrich-Herrmann, M.: Verschärfung sozialer Ungleichheit, soziale Milieus und Gewalt. Zur Kritik der Blickverengungen schulbezogener Gewaltforschung. In: Holtappels, H:G./Heitmeyer, W./Melzer, W./Tillmann, K.J. (Hrsg.): Forschung über Gewalt an Schulen. Weinheim/München 1997, S.45-63
Helmke, A.: Schulische Leistungsangst. Erscheinungsformen und Entstehungsbedingungen. Frankfurt a.M./Bern/New York 1983
Helmke, A.: Selbstvertrauen und schulische Leistungen. Göttingen 1992
Helmke, A.: Die Entwicklung der Lernfreude vom Kindergarten bis zur 5. Klassenstufe. In: Zeitschrift für Pädagogische Psychologie 7 (1993), H.1, S. 77-86
Helmke, A.: Entwicklung lern- und leistungsbezogener Motive und Einstellungen: Ergebnisse aus dem Scholastik-Projekt. In: Weinert, F.E./Helmke, A. (Hrsg.): Entwicklung im Grundschulalter. Weinheim 1997, S. 59-76
Helmke, A.: Vom Optimisten zum Realisten? Zur Entwicklung des Fähigkeitsselbstkonzeptes vom Kindergarten bis zur 6. Klassenstufe. In: Weinert, F.E. (Hrsg.): Entwicklung im Kindesalter. Weinheim 1998, S. 119-132
Helmke, A.: Unterrichtsqualität. Seelze 2003
Helmke, A./Schneider, F./Weinert, F.E.: Quality of instruction and classroom learning outcomes – Result of the German contribution to the Classroom Environment Study of the IEA. In: Teaching and Teacher Education (1986), H. 2, S. 1-18
Helmke, A./van Aken, M.: The causal ordering of academic achieverment and selfconcept of ability during elementary school: A longitudinal study. In: Journal of Educational Psychology, (1995) H. 4, S. 624-637
Helmke, A./Weinert F.E.: Bedingungsfaktoren schulischer Leistungen. In: Weinert, F.E. (Hrsg.): Psychologie des Unterrichts und der Schule. Enzyklopädie der Psychologie. Serie 1. Band 3. Göttingen/Bern/Toronto/Seattle 1997, S. 71-177
Helsper, W.: Jugendliche Gegenkultur und schulisch-bürokratische Rationalität: Zur Ambivalenz von Informalisierungs- und Individualisierungsprozessen. In: Breyvogel, W. (Hrsg.): Pädagogische Jugendforschung. Opladen 1989, S.
Helsper, W.: Die verordnete Autonomie – zum Verhältnis von Schulmythos und Schülerbiographie im institutionellen Individualisierungsparadoxon der modernisierten Schulkultur. In: Krüger, H.H./Marotzki, W. (Hrsg.): Erziehungswissenschaftliche Biographieforschung. Opladen 1995a, S. 175-201
Helsper, W.: Zur „Normalität" jugendlicher Gewalt: Sozialisationstheoretische Reflexionen zum Verhältnis von Anerkennung und Gewalt. In: Helsper, W./Wenzel, H. (Hrsg.): Pädagogik und Gewalt. Opladen 1995b, S. 113-155
Helsper, W.: Wandel der Schulkultur. In: Zeitschrift für Erziehungswissenschaft 3 (2000), H.1, S. 35-61
Helsper, W.: Der Bedeutungswandel der Schule für Jugendleben und Jugendbiographie. In: Grunert, C./von Wensierski, H. J. (Hrsg.): Jugend und Bildung. Modernisierungsprozesse und Strukturwandel von Erziehung und Bildung am Beginn des 21. Jahrhunderts. Opladen 2008a, S. 135-165
Helsper, W.: Schulkulturen – die Schule als symbolische Sinnordnung. In: Zeitschrift für Pädagogik 54 (2008b), H. 1, S. 63-81
Helsper, W.: Schulkultur und Milieu – Schulen als symbolische Ordnungen pädagogischen Sinns. In: Melzer, W./Tippelt, R. (Hrsg.): Kulturen der Bildung. Opladen 2009
Helsper, W./Müller, H./Nölke, E./Combe, A.: Jugendliche Außenseiter. Zur Rekonstruktion scheiternder Bildungs- und Ausbildungsverläufe. Opladen 1991
Helsper, W./Böhme, J./Kramer, R.T./Lingkost, A.: Schulkultur und Schulmythos. Gymnasien zwischen elitärer Bildung und höherer Volksschule im Transformationsprozess. Rekonstruktionen zur Schulkultur 1. Opladen 2001
Helsper, W./Lingkost, A.: Schülerpartizipation in den Antinomien von Autonomie und Zwang sowie Interaktion und Organisation. In: Güthoff, F./Sünker, H. (Hrsg.): Handbuch Kinderrechte. Partizipation, Kinderpolitik, Kinderkultur. Münster 2001, S. 217-277

Helsper, W./Hummrich, M.: Erfolg und Scheitern in der Schulkarriere: Ausmaß, Erklärungen, biografische Auswirkungen und Reformvorschläge. In: Sachverständigenkommission Zwölfter Kinder- und Jugendbericht (Hrsg.): Band 3: Kompetenzerwerb von Kindern und Jugendlichen im Schulalter. München 2005, S. 95-175

Helsper, W./Bertram, M.: Biographieforschung und SchülerInnenforschung. In: Krüger, H.-H./Marotzki, W. (Hrsg.): Handbuch erziehungswissenschaftliche Biographieforschung. 2., überarbeitete und aktualisierte Auflage. Wiesbaden 2006, S. 273-295

Helsper, W./Wiezorek, C.: Zwischen Leistungsforderung und Fürsorge. Perspektiven der Hauptschule im Dilemma von Fachunterricht und Unterstützung. In: Die Deutsche Schule 98 (2006), H. 4, S. 436-456

Helsper, W./Krüger, H.-H./Fritzsche, S./Sandring, S./Wiezorek, C./Böhm-Kasper-O./Pfaff, N.: Unpolitische Jugend. Eine Studie zum Verhältnis von Schule, Anerkennung und Politik. Wiesbaden 2006

Helsper, W./Ullrich, H./Graßhoff, G./Höblich, D./Jung, D./Stelmaszyk, B.: Autorität und Schule. Die empirische Rekonstruktion der Klassenlehrer-Schüler-Beziehung an Waldorfschulen. Wiesbaden 2007

Helsper, W./Brademann, S./Kramer, R. T./Ziems, C./Klug, R.: „Exklusive" Gymnasien und ihre Schüler – Kulturen der Distinktion in der gymnasialen Schullandschaft. In: Ullrich, H./Strunck, S. (Hrsg.): Begabtenförderung an Gymnasien. Entwicklungen, Befunde, Perspektiven. Wiesbaden 2008, S. 215-249

Helsper, W./Kramer, R. T./Hummrich, M./Busse, S.: Jugendliche zwischen Familie und Schule. Eine Studie zu pädagogischen Generationsbeziehungen. Wiesbaden 2009

Henz, U./Maas, I.: Chancengleichheit durch die Bildungsexpansion? In: Kölner Zeitschrift für Soziologie und Sozialpsychologie 47 (1995), H. 4, S. 605-633

Hillmert, S./Jacob, M.: Zweite Chance im Schulsystem? Zur sozialen Selektivität bei „späteren" Bildungsentscheidungen. In: Berger, P. A./Kahlert, H. (Hrsg.): Institutionalisierte Ungleichheiten. Weinheim/München 2005, S. 155-179

Hirblinger, H.: „Unterricht ist doch kein Zirkus...". Zur Frage der psychoanalytischen Reflexionen im schulischen Unterricht. In: Zeitschrift für Pädagogik 45 (1999), H. 5, S.693-699

Holler-Nowitzki, B.: Psychosomatische Beschwerden im Jugendalter. Schulische Belastungen, Zukunftsangst und Streßreaktionen. Weinheim/München 1994

Holtappels, H.G.: Schülerprobleme und abweichendes Verhalten aus Schülerperspektive. Bochum 1987

Holtappels, H.G.: Sozialwissenschaftliche Theorien und Konzepte schulischer Gewaltforschung. In: Holtappels, H:G./Heitmeyer, W./Melzer, W./Tillmann, K.J. (Hrsg.): Forschung über Gewalt an Schulen. Weinheim/München 1997, S. 27-45

Holtappels, H.G.: Abweichendes Verhalten und soziale Etikettierungsprozesse in der Schule. In: Schweer, M.K.W. (Hrsg.): Die Lehrer-Schüler-Interaktion. Opladen 2000, S. 231-257

Holtappels, H.G./Klieme, E./Rauschenbach, T./Stecher, L. (Hrsg.): Ganztagsschule in Deutschland. Ergebnisse der Ausgangserhebung der „Studie zur Entwicklung von Ganztagsschulen" (StEG). Weinheim/München 2007

Hornstein, W.: Aufwachsen mit Widersprüchen – Jugendsituation und Schule heute. Stuttgart 1989

Horstkernper, M.: Schule, Geschlecht und Selbstvertrauen. Eine Längsschnittstudie über Mädchensozialisation in der Schule. Weinheim/München 1988

Hradil, S.: Sozialisation und Reproduktion in pluralistischen Wohlfahrtsgesellschaften. In: Sünker, H./Timmermann, D./Kolbe, F.U. (Hrsg.): Bildung, Gesellschaft, soziale Ungleichheit. Frankfurt a.M. 1994, S. 89-119

Huisken, F.: Erziehung und Kapitalismus. Hamburg 1998

Hummrich, M.: Bildungserfolg und Migration. Biographien junger Frauen in der Einwanderungsgesellschaft. Opladen 2002a

Hummrich, M.: Bildungserfolg trotz Schule? Über pädagogische Erfahrungen junger Migrantinnen. In: Liegle, L./Treptow, R. (Hrsg.): Welten der Bildung in der Pädagogik der frühen Kindheit und in der Sozialpädagogik. Freiburg 2002b, S. 140-154

Hummrich, M./Helsper, W.: „Familie geht zur Schule": Eine Reformschule als Familienerzieher und die Einschließung der familiären Generationsbeziehungen in eine schulische Generationsordnung. In: Ullrich, H./Idel, S./Kunze, K. (Hrsg.): Das Andere erforschen. Wiesbaden 2004, S. 235-249

Hurrelmann, K./Wolf, H.: Schulerfolg und Schulversagen im Jugendalter. Weinheim/München 1986

Hurrelmann, K./Neubauer, G.: Sozialisationstheoretische Subjektmodelle in der Jugendforschung. In: Heitmeyer, W. (Hrsg.): Interdisziplinäre Jugendforschung. Fragestellungen, Problemlagen, Neuorientierungen. Weinheim/München 1986, S. 157- 173

Hurrelmann, K./Holler, B./Nordlohne, E.: Die psychosozialen „Kosten" verunsicherter Statuserwartungen im Jugendalter. In: Zeitschrift für Pädagogik 34 (1988), H. 1, S. 25-45

Hurrelmann, K./Engel, U.: Psychosoziale Belastung im Jugendalter. Empirische Befunde zum Einfluß von Familie, Schule und Gleichaltrigengruppe. Berlin/New York 1989

Hurrelmann, K./Mansel, J.: Gesundheitliche Folgen wachsender schulischer Leistungserwartungen. Ein Vergleich von identisch angelegten repräsentativen Schülerbefragungen im Jahre 1986 und 1996. In: Zeitschrift für Soziologie der Erziehung und Sozialisation 18 (1998) H. 2, S. 168-183
Huschke-Rhein, R.: Lernen, Leben, Überleben. Die Schule als ‚Lernsystem' und das ‚Lernen fürs Leben' aus der Perspektive systemisch–konstruktivistischer Lernkonzepte. In: Voß, R. (Hg.): Die Schule neu erfinden. Neuwied 1997, S. 33–55
Huschner, A.: „Geregelter Zugang" zum Abitur in den 1970er Jahren. In: Zeitschrift für Pädagogik 47 (2001) H. 6, S. 819-825
Idel, T. S.: Waldorfschule und Schülerbiographie. Fallrekonstruktionen zur lebensgeschichtlichen Relevanz anthroposophischer Schulkultur. Wiesbaden 2007
Idel, T. S.: Biographische Erfahrungen reformschulischer Entgrenzung – am Beispiel der Waldorfschule. In: Breidenstein, G./Schütze, F. (Hrsg.): Paradoxien in der Reform der Schule. Ergebnisse qualitativer Sozialforschung. Wiesbaden 2008, S. 313-327
Kalthoff, H.: Wohlerzogenheit. Eine Ethnographie deutscher Internatsschulen. Frankfurt a.M./New York 1997
Kalthoff, H./Kelle, H.: Pragmatik schulischer Ordnung. Zur Bedeutung von „Regeln" im Schulalltag. In: Zeitschrift für Pädagogik 46 (2000), H. 5, S. 691-711
Kampshoff, M.: Geschlechterdifferenz und Schulleistung. Deutsche und englische tudien im vergleich. Wiesbaden 2007
Kanders, M./Rösner, E./Rolff, H.G.: Das Bild der Schule aus der Sicht von Schülern und Lehrern – Ergebnisse zweier IFS-Repräsentativbefragungen. In: Rolff, H.G. u.a. (Hrsg.): Jahrbuch der Schulentwicklung. Band 9. Weinheim/München 1996, S. 57-115
Karakusoglu-Aidin, Y.: Kinder von Zuwandererfamilien im Bildungssystem. In: Böttcher, W./Klemm, K./Rauschenbach, T. (Hrsg.): Bildung und Soziales in Zahlen. Weinheim/München 2001, S. 273-313
Keller, C.: Third international Mathematics and Science Study. Geschlechterdifferenzen in der Mathematik. Zürich 1998
Kifer, E.: Relationships between Academic Achievement and Personality Characteristics. In: American Educational Research Journal 12 (1975), H. 2, S. 191-210
Kleber, E.W.: Ökologische Erziehungswissenschaft – ein neues metatheoretisches Konzept? In: Twellmann, W. (Hrsg.): Handbuch Schule und Unterricht. Band 7.2. Schule und Unterricht als Feld gegenwärtiger interdisziplinärer Forschung. Düsseldorf 1985, S. 1167 -1194
Klemm, K. u.a. : Bildungsgesamtplan 90. Ein Rahmen für Reformen. München/Weinheim 1990
Klemm, K.: Bildungsexpansion und kein Ende? In: Helsper, W./Krüger, H.H./Wenzel, H. (Hrsg.): Schule und Gesellschaft im Umbruch. Band 1. Weinheim 1996, S.
Klewin, G./Tillmann, K.J.: Gewaltformen in der Schule – ein vielschichtiges Problem. In: Heitmeyer, W./Schröttle, M. (Hrsg.): Gewalt. Beschreibungen, Analysen, Prävention. Bonn 2006, S. 191-209
Koch, K.: Von der Grundschule in die Sekundarstufe. Band. 2. Die Sicht der Lehrerinnen und Lehrer. Opladen 2001
Köller, O.: Zielorientierung und schulisches Lernen. Münster 1998
Köller, O.: Konsequenzen von Leistungsgruppierungen. Münster 2004
Köller, O./Klieme, E.: Geschlechtsdifferenzen in den mathematisch-naturwissenschaftlichen Leistungen. In: Baumert, J./Bos, W./Lehmann, R.K. (Hrsg.): Dritte internationale Mathematik- und Naturwissenschaftsstudie – Mathematische und naturwissenschaftliche Bildung am Ende der Schullaufbahn. Band 2. Opladen 2000, S. 373-404
Köller, O./Watermann, R./Trautwein, U./Lüdtke, O. (Hrsg.): Wege zur Hochschulreife in Baden-Württemberg. TOSCA – Eine Untersuchung an allgemein bildenden und beruflichen Gymnasien. Opladen 2004
Kolbe, F. U./Reh, S./Fritzsche, B./Idel, T. B./Rabenstein, K.: Lernkultur: Überlegungen zu einer kulturwissenschaftlichen Grundlegung qualitativer Unterrichtsforschung. In: Zeitschrift für Erziehungswissenschaft 11 (2008), H. 1, S. 125-144
Konsortium Bildungsberichterstattung (Hrsg.): Bildung in Deutschland. Bielefeld 2006
Kramer, R.T.: Schulkultur und Schülerbiographie. Das „schulbiographische Passungsverhältnis". Rekonstruktionen zur Schulkultur 2. Opladen 2002
Kramer, R.T./Helsper, W./Brademann, S./Ziems, C.: Selektion und Schulkarriere. Kindliche Orientierungsrahmen beim Übergang in die Sekundarstufe I. Wiesbaden 2009
Krappmann, L./Oswald, H.: Alltag der Schulkinder. Beobachtungen und Analysen von Interaktionen und Sozialbeziehungen. Weinheim/München 1995
Kreitz-Sandberg, S. (Hrsg.): Jugendliche in Deutschland und Japan. Opladen 2002
Krohne, H.W./Hock, M.: Elterliche Erziehung und Angstentwicklung des Kindes. Bern 1994
Krohne, J.A./Meier, U.: Sitzenbleiben, Geschlecht und Migration. In: Schümer G./Tillmann, K. J./Weiß, M. (Hrsg.): Die Institution Schule und die Lebenswelt der Schüler. Wiesbaden 2004, S. 117-149

Krüger, H.-H./Grundmann, G./Kötters, C.: Jugendliche Lebenswelten und Schulentwicklung. Opladen 2000
Krüger, H.-H./Reinhardt, S./Kötters-König, C. u.a.: Jugend und Demokratie. Politische Bildung auf dem Prüfstand. Opladen 2002
Krüger, H.-H./Köhler, S. M./Pfaff, N./Zschach, M.: Die Bedeutung des Übergangs von der Grundschule auf die Sekundarstufe I für Freundschaftsbeziehungen von Kindern. In: Zeitschrift für Pädagogik 53 (2007), H. 4, S. 509-522
Krüger, H.-H./Köhler, S. M./Zschach, M./Pfaff, N.: Kinder und ihre Peers. Freundschaftsbeziehungen und schulische Bildungsbiographien. Opladen 2008
Krüger, H.-H./Deppe, U.: Zwischen Distinktion und Risiko. In: Diskurs Kindheits- und Jugendforschung 3 (2008), H. 2, S. 181-196
Krumm, V./Weiß, S.: Ungerechte Lehrer. Zu einem Defizit in der Forschung über Gewalt an Schulen. In: psychosozial 23 (2000) H. 1, S. 57-75
Krummheuer, G./Naujok, N.: Grundlagen und Beispiele interpretativer Unterrichtsforschung. Opladen 1999
Lange, B./Kuffner, H./Schwarzer, R.: Schulangst und Schulverdrossenheit. Eine Längsschnittanalyse von schulischen Sozialisationseffekten. Opladen 1983
Lehmann, R.H./Peek, R.: Aspekte der Lernausgangslage von Schülerinnen und Schülern der fünften Klasse an Hamburger Schulen. Hamburg 1997
Lenhardt, G.: Schule und bürokratische Rationalität. Frankfurt a.M. 1984
Lenhardt, G./Stock, M.: Bildung, Bürger, Arbeitskraft. Frankfurt a.M., 1997
Lenz, K.: Alltagswelten von Jugendlichen. Eine empirische Studie über jugendliche Handlungstypen. Frankfurt a.M./ New York 1986
Leschinsky, A./Gruner, P./Kluchert, G. (Hrsg.): Die Schule als moralische Anstalt. Erziehung in der Schule: Allgemeines und der „Fall DDR". Weinheim 1999
Leschinsky, A./Cortina, K.S.: Zur sozialen Einbettung bildungspolitischer Trends in der Bundesrepublik. In: Cortina, K.S./Baumert, J./Leschinsky, A./Mayer, K.U./Trommer, L. (Hrsg.): Das Bildungswesen in der Bundesrepublik Deutschland. Reinbek 2008, S. 21-53
Luhmann, N.: Das Erziehungssystem der Gesellschaft. Frankfurt a.M. 2002
Maas, M.: Selbsterprobung und Widerstand – eine Fallstudie zur emotionalen Bedürfnislage Jugendlicher im schulischen Kontext. In: Combe, A./Helsper, W./Stelmaszyk, B. (Hrsg.): Forum Qualitative Schulforschung 1. Weinheim 1999, S. 397-429
Maaz, K.: Soziale Herkunft und Hochschulzugang. Effekte institutioneller Öffnung im Bildungssystem. Wiesbaden 2006
Maaz, K./Watermann, R./Baumert, J.: Familiärer Hintergrund, Kompetenzentwicklung und Selektionsentscheidungen in gegliederten Schulsystemen im internationalen Vergleich. Eine vertiefende Analyse von PISA-Daten. In: Zeitschrift für Pädagogik 53 (2007), H. 4, S. 444-462
Maaz, K./Cortina, K.S.: Soziale und regionale Ungleichheit im deutschen Bildungssystem. In: Cortina, K.S./Baumert, A./Leschinsky, A./Mayer, K. U./Trommer, L. (Hrsg.): Das Bildungswesen in der Bundesrepublik Deutschland. Reinbek 2008, S. 205-245
Mansel, J.: Angst vor Gewalt. Eine Untersuchung zu jugendlichen Opfern und Tätern. Weinheim/München 2001
Mauthe, A./Pfeifer, H.: Schülerinnen und Schüler gestalten mit – Entwicklungslinien schulischer Partizipation und Vorstellung eines Modellversuchs. In: Rolff, H.G. u.a. (Hrsg.): Jahrbuch der Schulentwicklung. Band 9. Weinheim/München 1996, S. 221-261
Mauthe, A./Rösner, E.: Schulstruktur und Durchlässigkeit: Quantitative Entwicklungen im allgemeinbildenden weiterführenden Schulwesen und Mobilität zwischen den Bildungsgängen. In: Rolff, H.G./Bauer, K.O./Klemm, K./ Pfeiffer, H. (Hrsg.): Jahrbuch der Schulentwicklung 10. Weinheim/München 1998, S. 87-125
McLaren, P.: Schooling as a Ritual Performance. London/New York 1994
Mecheril, P.: "Is doch egal was man macht, man is aber trotzdem 'n Ausländer" – Formen von Rassismuserfahrungen. In: Buchkremer, H./Bukow, W. D./Emmerich, M. (Hrsg.): Die Familie im Spannungsfeld globaler Mobilität. Opladen 2000, S. 149-162
Melzer, W. : Familie und Schule als Lebenswelt. München 1987
Melzer, W./Hurrelmann, K.: Individualisierungspotentiale und Widersprüche in der schulischen Sozialisation von Jugendlichen. In: Heitmeyer, W./Olk, T. (Hrsg.): Individualisierung von Jugend. Weinheim/München 1990, S. 35-61
Melzer, W.: Zur Entwicklungsdynamik schulischer Gewalt in West- und Ostdeutschland. In: Krüger, H.H./Wenzel, H. (Hrsg.): Schule zwischen Effektivität und sozialer Verantwortung. Opladen 2000a, S. 255-267
Melzer, W.: Gewaltemergenz – Reflexionen und Untersuchungsergebnisse zur Gewalt in der Schule. In: psychosozial 23 (2000b), H. 1, S. 7-17

Melzer, W./Schubarth, W./Ehninger, F.: Gewaltprävention und Schulentwicklung. Analysen und Handlungskonzepte. Bad Heilbrunn 2004
Merkens, H./Wessel, A.: Zur Genese von Bildungsentscheidungen. Eine empirische Studie in Berlin/Brandenburg. Hohengehren 2002
Meulemann, H.: Bildung und Lebensplanung. Die Sozialbeziehungen zwischen Elternhaus und Schule. Frankfurt a.M./ New York 1985
Meulemann, H.: Die Geschichte einer Jugend. Weinheim/München 1995
Meulemann, H./Birkelbach, S./Hellwig, J. (Hrsg.): Ankunft im Erwachsenenleben. Lebenserfolg und Erfolgsdeutung in einer Kohorte ehemaliger Gymnasiasten zwischen 16 und 43. Opladen 2001
Meyer, J.W.: Weltkultur. Wie die westlichen Prinzipien die Welt durchdringen. Frankfurt a. M.
Meyer, M.E./Schmidt, R. (Hrsg.): Schülermitbestimmung im Fachunterricht. Englisch, Geschichte, Physik im Blickfeld von Lehrern, Schülern und Unterrichtsforschern. Opladen 2000
Meyer, M.E./Jessen, S.: Schülerinnen und Schüler als Kokonstrukteure ihres Unterrichts. In: Zeitschrift für Pädagogik 46 (2000), H. 5, S. 711-731
Meyer, M.A./Kunze, I./Trautmann, M. (Hrsg.): Schülerpartizipation im Englischunterricht. Eine empirische Untersuchung in der gymnasialen Oberstufe. Opladen 2007
Möller, K.: Coole Hauer und brave Engelein. Gewaltakzeptanz und Gewaltdistanzierung im Verlauf des frühen Jugendalters. Opladen 2001
Muck, M./Muck, G.: Die Institution Schule - psychoanalytisch betrachtet. In: Westermanns Pädagogische Beiträge (1985), H. 12, S. 578-585
Müller, W.: Erwartete und unerwartete Folgen der Bildungsexpansion. In: Kölner Zeitschrift für Soziologie und Sozialpsychologie. Sonderheft 38 (1998), S. 81-112
Müller, W./Haun, D.: Bildungsungleichheit im sozialen Wandel. In: Kölner Zeitschrift für Soziologie und Sozialpsychologie 46 (1994), H. 1, S. 1-42
Nickel, H.M.: Sozialisation im Widerstand? Alltagserfahrungen von DDR-Jugendlichen in Schule und Familie. In: Zeitschrift für Pädagogik 37 (1991), H. 4, S. 603 -617
Nittel, D.: Gymnasiale Schullaufbahn und Identitätsentwicklung. Weinheim 1992
Nordlohne, E.: Die Kosten jugendlicher Problembewältigung. Weinheim/München 1992
Oevermann, U.: Theoretische Skizze einer revidierten Theorie professionellen Handelns. In: Combe, A./Helsper, W. (Hrsg.): Pädagogische Professionalität. Frankfurt a.M. 1996, S. 70-182
Oevermann, U.: Die Soziologie der Generationenbeziehungen und der historischen Generationen aus strukturalistischer Sicht und ihre Bedeutung für die Schulpädagogik. In: Kramer, R.-T./Helsper, W./Busse, S. (Hrsg.): Pädagogische Generationsbeziehungen. Jugendliche im Spannungsfeld von Schule und Familie. Opladen 2001, S. 78-128
Oevermann, U.: Sozialisation als Prozess der Krisenbewältigung. In: Geulen, D./Veith, H. (Hrsg.): Sozialisationstheorie interdisziplinär. Aktuelle Perspektiven. Stuttgart 2004, S. 155-181
Olweus, D.: Gewalt in der Schule. Was Lehrer und Eltern wissen sollten – und tun können. Göttingen 1996
Parsons, T.: Sozialstruktur und Persönlichkeit. Frankfurt a.M. 1981
Paulus, W./Blossfeld, H.P.: Schichtspezifische Präferenzen oder sozioökonomisches Entscheidungskalkül? Zur Rolle elterlicher Bildungsaspirationen im Entscheidungsprozess beim Übergang von der Grundschule in die Sekundarschule. In: Zeitschrift für Pädagogik 53 (2007), H. 4, S.491-509
Pekrun, R. : Schulische Persönlichkeitsentwicklung. Frankfurt a.M./Bern/New York 1983
Pekrun, R.: Schulklima. In: Twellmann, W. (Hrsg.): Handbuch Schule und Unterricht Band 7.1. Dokumentation: Schule und Unterricht als Feld gegenwärtiger pädagogisch-personeller und institutionell-organisatorischer Forschung. Düsseldorf 1985, S. 524-548
Pekrun, R.: Schulleistung und Leistungsangst. In: Zeitschrift für Pädagogische Psychologie 5 /1991), H 1, S. 99-109
Pfaff, N.: Jugendkultur und Politisierung. Eine multimethodische Studie zur Entwicklung politischer Orientierungen im Jugendalter. Wiesbaden 2006
Pfaff, N./Fritzsche, S.: Zur lebensweltlichen und politischen Bedeutung von Gewalt: Erfahrungen, Einstellungen und Verhaltensweisen von Jugendlichen in Schule und Gleichaltrigengruppe. In: Helsper, W./Krüger, H.-H. u.a.: Unpolitische Jugend. Eine Studie zu Schule, Anerkennung und Politik. Wiesbaden 2006
PISA-Konsortium Deutschland (Hrsg.): PISA 2003. Der Bildungsstand der Jugendlichen in Deutschland. Ergebnisse des zweiten internationalen Vergleichs. Münster 2004
PISA-Konsortium Deutschland (Hrsg.): PISA 2003. Der zweite Vergleich der Länder in Deutschland. Münster 2005
PISA-Konsortium Deutschland (Hrsg.): PISA 06. Die Ergebnis der dritten internationalen Vergleichsstudie. Münster 2007
PISA-Konsortium Deutschland (Hrsg.): PISA 06. Die Kompetenzen der Jugendlichen im dritten Ländervergleich. Münster 2008

Pollard, A./Filer, A.: The Social World of Pupil Career. London 1999
Pongratz, L.A.: Freiwillige Selbstkontrolle. Schule zwischen Disziplinär- und Kontrollgesellschaft. In: Ricken, N./Rieger-Ladich, M. (Hrsg.): Michel Foucault: Pädagogische Lektüren. Wiesbaden 2004, S. 243-261
Popp, U.: Geschlechtersozialisation und schulische Gewalt. Weinheim/München 2002
Popp, I./Meier, U./Tillmann, K.J.: Es gibt auch Täterinnen. Zu einem bisher vernachlässigten Aspekt der schulischen Gewaltdiskussion. In: Zeitschrift für Soziologie der Erziehung und Sozialisation 21 (2001), H. 2, S. 170-192
Prenzel, M./Schütte, K./Rönnebeck, S./Senkbeil, M./Schöps, K./Carstensen, C. H.: Der Blick in die Länder. In: PISA-Konsortium Deutschland. PISA 06. Die Kompetenzen der Jugendlichen im dritten Ländervergleich. Münster 2008, S. 149-265
Projektgruppe Jugendbüro: Die Lebenswelt von Hauptschülern. Ergebnisse einer Untersuchung. München 1975
Projektgruppe Jugendbüro: Subkultur und Familie als Orientierungsmuster. Zur Lebenswelt von Hauptschülern. München 1977
Qvortrup, J.: Kolonisiert und verkannt: Schularbeit. In: Hengst, H./Zeiher, H. (Hrsg.): Die Arbeit der Kinder. Weinheim/München 2000, S. 43-46
Rabenstein, K. (2007): Das Leitbild des selbstständigen Schülers. Machtpraktiken und Subjektivierungsweisen in der pädagogischen Reformsemantik. In: Rabenstein, K./Reh, S.
Reich, K.: Systemisch–konstruktivistische Pädagogik: Einführung einer interaktionistisch–konstruktivistischen Pädagogik. Neuwied u.a. 1997
Rodax, K. (Hrsg.): Strukturwandel der Bildungsbeteiligung 1950-1985. Darmstadt 1989
Roeder, P.M.: Vergleichende ethnographische Studien zu Bildungssystem: USA, Japan, Deutschland. In: Zeitschrift für Pädagogik 47, H. 2, 2001, S. 201-217
Rolff, H.G.: Sozialisation und Auslese durch die Schule. Heidelberg 1973
Rosenholtz, S.J./Rosenholtz, S.H.: Class Room Organisation and the Receptions of Ability. In: Sociology of Education 54 (1981), H. 1, S. 132-140
Rost, J. u.a.: Struktur und Veränderung des Interesses an Physik bei Schülern der 6. bis 10. Klassenstufe., In: Zeitschrift für Entwicklungspsychologie und pädagogische Psychologie 31 (1999), H. 1, S. 18-31
Rost, D.H./Schermer, F.J.: Leistungsängstlichkeit. In: Rost, D.H. (Hrsg.): Handwörterbuch Pädagogische Psychologie. 2. Aufl. Weinheim 2001, S. 405-413
Roth, H. (Hrsg.): Begabung und Lernen. Gutachten und Studien der Bildungskommission, Bd. 4, Stuttgart 1968
Rumpf, H.: Die übergangene Sinnlichkeit. Drei Kapitel über die Schule. München 1981
Rutter, M. u.a.: Fünfzehntausend Stunden. Schulen und ihre Wirkung auf die Kinder. Weinheim/Basel 1980
Sandring, S./Gibson, A.: Schulische Grenzziehungen als Ausdruck schulischer Problembearbeitung – Die Probleme bleiben draußen. In: Helsper, W./Krüger, H.-H. u.a.: Unpolitische Jugend. Eine Studie zu Schule, Anerkennung und Politik. Wiesbaden 2006, S. 165-195
Schimpl-Neimanns, P.: Soziale Herkunft und Bildungsbeteiligung. In: Kölner Zeitschrift für Soziologie und Sozialpsychologie 52 (2000), H. 4, S. 637-669
Schnabel, K.U./Schwippert, K.: Einflüsse sozialer und ethnischer Herkunft beim Übergang in die Sekundarstufe II und den Beruf. In: Baumert, J./Bos, W./Lehmann, R.H. (Hrsg.): TIMMS/III. Dritte Internationale Mathematik- und Naturwissenschaftsstudie – mathematische und naturwissenschaftkiche Bildung am Ende der Schullaufbahn. Band 1. Opladen 2000, S. 261-300
Schröder, H.: Jugend und Modernisierung. Weinheim/München 1995
Schümer, G.: Zur doppelten Benachteiligung von Schülern aus unterprivilegierten Gesellschaftsschichten im deutschen Schulwesen. In: Schümer G./Tillmann, K. J./Weiß, M. (Hrsg.): Die Institution Schule und die Lebenswelt der Schüler. Wiesbaden 2004, S. 73-117
Schubarth, W.: Gewaltprävention in Schule und Jugendhilfe. Neuwied 2000
Schubert, V.: Jugend und Schule in Japan. Zur kulturellen Konstruktion des Jugendalters. In: Kreitz-Sandberg, S. (Hrsg.): Jugendliche in Japan und Deutschland. Opladen 2002, S. 71-91
Schuchart, C.: Die Bedeutung der Entkopplung von Schulart und Schulabschluss für die Schullaufbahnplanung aus Elternsicht. In: Zeitschrift für Soziologie der Erziehung und Sozialisation 26 (2006), H. 4, S. 403-420
Sinus-Institut: Die verunsicherte Generation. Jugend und Wertewandel. Opladen 1983
Sinus-Institut: Jugend privat. Verwöhnt? Bindungslos? Hedonistisch? Opladen 1985
Solga, H./Wagner, S. J.: Die Bildungsexpansion und ihre Konsequenzen für das soziale Kapital der Hauptschule. In: Engler, S./Krais, B. (Hrsg.): Das kulturelle Kapital und die Macht der Klassenstrukturen. Weinheim/München 2004, S. 97-115
Specht, W.: Die Schulklasse als soziales Beziehungsfeld altershomogener Gruppen. Konstanz 1982
Steiner, I.: Strukturwandel der Jugendphase in Ostdeutschland. In: Büchner, P./Krüger, H.H. (Hrsg.): Aufwachsen hüben und drüben. Opladen 1991, S. 21- 33

Stecher, L.: Entwicklung der Lern- und Schulfreude im Übergang von der Kindheit zur Jugend – Welche Rolle spielt die Familienkultur und die Qualität der Eltern-Kind-Beziehung? In: Zeitschrift für Soziologie der Erziehung und Sozialisation 20 (2000), H. 1, S. 70-89

Stecher, L.: Die Wirkung sozialer Beziehungen. Weinheim/München 2001

Sünker, H./Timmermann, D./Kolbe, F.U. (Hrsg.): Bildung, Gesellschaft, soziale Ungleichheit. Frankfurt a.M. 1994

Tenorth, H.E./Kudella, S./Paetz, A.: Politisierung im Schulalltag der DDR. Durchsetzung und Scheitern einer Erziehungsambition. Weinheim 1996

Terhart, E./Langkau, T./Lüders, M.: Selektionsentscheidungen als Problembereich professionellen Lehrerhandelns. Bochum 1999

Thiemann, F.: Schulszenen. Vom Herrschen und vom Leiden. Frankfurt a.M. 1985

Tillmann, K.J. u.a.: Die Entwicklung von Schulverdrossenheit und Selbstvertrauen bei Schülern der Sekundarstufe. In: Zeitschrift für Sozialisationsforschung und Erziehungssoziologie 4 (1984), H. 4, S. 231-249

Tillmann, K.J. u.a.: Schülergewalt als Schulproblem. Weinheim/München 1999

Todt, E.: Geschlechtsspezifische Interessen – Entwicklung und Möglichkeiten der Modifikation. In: Empirische Pädagogik 14 (2000), H. 3, S 215-254

Toyama-Bialke, C.: Adolescents daily Lives and parental Attitudes toward the School. In: Studies of Educational Evaluation 24 (1998), H. 4, S. 347-367

Toyama-Bialke, C.: Jugendliche Sozialisation und familiäre Einflüsse in Deutschland und Japan. Köln u.a. 2000

Trautwein, U.: Schule und Selbstwert. Münster 2003

Trautwein, U./Baeriswyl, F.: Wenn leistungsstarke Klassenkameraden ein nachteil sind. Referenzgruppeneffekte bei Übertrittsentscheidungen. In: Zeitschrift für Pädagogische Psychologie 21 (2007), H. 2, S. 119-133

Ullrich, H./Strunck, S. (Hrsg.): Begabtenförderung an Gymnasien. Entwicklungen, Befunde, Perspektiven. Wiesbaden 2008

Vester, M.: Die Illusion der Bildungsexpansion. Bildungsöffnungen und soziale Segregation in der Bundesrepublik Deutschland. In: Engler, S./Krais, B. (Hrsg.): Das kulturelle Kapital und die Macht der Klassenstrukturen. Sozialstrukturelle Verschiebungen und Wandlungsprozesse des Habitus. Weinheim/München 2004, S. 13-55

Wagner, H.J.: Krise und Sozialisation. Strukturale Sozialisationstheorie II. Frankfurt a. M. 2004

Wagner-Willi, M.: Kinder-Rituale zwischen Vorder- und Hinterbühne. Der Übergang von der pause zum Unterricht. Wiesbaden 2005

Wagner-Winterhager, L.: Jugendliche Ablösungsprozesse im Wandel des Generationsverhältnisses: Auswirkungen auf die Schule. In: Die deutsche Schule 82 (1990), H. 4, S. 452 –466

Walter, P.: Schule in der kulturellen Vielfalt. Beobachtungen und Wahrnehmungen interkulturellen Unterrichts. Opladen 2001

Walter, O.: Ethno-linguale Kompositionseffekte in neunten Klassen: Befunde aus der Klassenstichprobe von PISA 2006. In: Prenzel, M./Baumert, J. (Hrsg.): Vertiefende Analysen zu PISA 2006. Zeitschrift für Erziehungswissenschaft. Sonderheft 10. Wiesbaden 2008, S. 169-185

Walter, O./Taskinen, P.: Kompetenzen und bildungsrelevante Einstellungen von Jugendlichen mit Migrationshintergrund in Deutschland: Ein Vergleich mit ausgewählten OECD-Staaten. In: PISA-Konsortium Deutschland (Hrsg.): PISA 06. Die Ergebnisse der dritten internationalen Vergleichsstudie. Münster 2007, S. 337-367

Walter, O./Stanat, P.: Der Zusammenhang des Migrantenanteils in Schulen mit der Lesekompetenz. Differenzierte Analysen der erweiterten Migrationsstichprobe von PISA 2003. In: Zeitschrift für Erziehungswissenschaft 11 (2008), H. 1, S. 84-106

Weber, M.: Heterogenität im Schulalltag. Konstruktion ethnischer und geschlechtlicher Unterschiede. Opladen 2003

Weber, M.: Das Konzept „Intersektionalität" zur Untersuchung von Hierarchisierungsprozessen in schulischen Interaktionen. In: Budde, J./Willems, K. (Hrsg.): Bildung als sozialer Prozess. Heterogenitäten, Interaktionen, Ungleichheiten. Weinheim/München 2008, S. 73-95

Weißköppel, C.: Ausländer und Kartoffeldeutsche. Identitätsperformance im Alltag einer ethnisch gemischten Realschulklasse. Weinheim/München 2001

Weinert, F.E. (Hrsg.): Leistungsmessung in Schulen. Weinheim 2001a

Weinert, F.E.: Schulleistungen - Leistungen der Schule oder der Schüler? In: Weinert, F.E. (Hrsg.): Leistungsmessung in Schulen. Weinheim 2001b, S. 73-87

Wellendorf, F.: Schulische Sozialisation und Identität. Weinheim/Basel 1973

Wernet, A.: „Wann geben Sie uns die Klassenarbeiten wieder?" Eine Fallrekonstruktion in der Lehrerausbildung. In: Kraimer, K. (hrsg.): Die Fallrekonstruktion. Frankfurt a.M. 2000, S. 275-301

Wexler, P.: Becoming Somebody. Toward a Social Psychology of School. London 1992

Wexler, P.: Schichtspezifisches Selbst und soziale Interaktion in der Schule. In: Sünker, H./Timmermann, D./Kolbe, F.U. (Hrsg.): Bildung, Gesellschaft, soziale Ungleichheit. Frankfurt a.M. 1994, S. 287-306

Wiesemann, J.: Lernen als Alltagspraxis. Lernformen von Kindern an einer freien Schule. Bad Heilbrunn 2000
Wiezorek, C.: Biographie und Anerkennung. Eine fallbezogene Diskussion der Schule als Sozialisationsinstanz. Wiesbaden 2005
Wiezorek, C.: Die Schulklasse als heimatlicher Raum und als Ort der Einübung in demokratische Haltungen. In: Helsper, W./Krüger, H.H. u.a.: Unpolitische Jugend? Eine Studie zum Verhältnis von Schule, Anerkennung und Politik. Wiesbaden 2006, S. 259-293
Wiezorek C.: Bildungsentscheidungen und biographische Hintergründe von Hauptschülern. In: Kahlert, H./Mansel, J. (Hrsg.): Bildung, Berufsorientierung und Identität im Jugendalter. Weinheim/München 2007, S. 101-118
Wiezorek, C./Brademann, S./Köhler, S. M.: Die Bedeutung des Politischen in jugendkulturellen Auseinandersetzungen und die Schule als Artikulationsraum für die Jugendkultur. In: Helsper, W./Krüger, H. H. u.a.: Unpolitische Jugend? Eine Studie zum Verhältnis von Schule, Anerkennung und Politik. Wiesbaden 2006, S. 195-229
Willems, K.: Schulische Fachkulturen und Geschlecht. Physik und Deutsch – natürliche Gegenpole? Bielfeld 2007
Willis, P.: Spaß am Widerstand. Gegenkultur in der Arbeiterschule. Frankfurt a.M. 1979
Winterhager-Schmid, M.: In: Maas, M. (Hrsg.): Jugend und Schule. Hohengehren 2000, S.
Wooden, W.S.: Renegade kids, suburban outlaws. From youth culture to delinquency. Belmont u.a. 1995
Wulf, C. u.a.: Das Soziale als Ritual: Zur performativen Bildung von Gemeinschaften. Weinheim/München 2001
Wulf, C. u.a.: Bildung im Ritual. Schule, Familie, Jugend, Medien. Wiesbaden 2004
Wulf, C. u.a.: Lernkulturen im Umbruch. Rituelle Praktiken in Schule, Medien, Familie und Jugend. Wiesbaden 2007
Zeidner, M.: Test anxiety. New York 1998
Ziehe, T./Stubenrauch, H.: Plädoyer für ungewöhnliches Lernen. Reinbek 1982
Zinnecker, J.: Der heimliche Lehrplan. Weinheim/Basel 1975
Zinnecker, J.: Die Schule als Hinterbühne oder Nachrichten aus dem Unterleben der Schüler. In: Reinert, B./Zinnecker, J. (Hrsg.): Schüler im Schulbetrieb. Reinbek 1978, S.
Zinnecker, J.: Jugendkultur 1940-1985. Opladen 1987
Zinnecker, J.: Soziale Welten von Schülerinnen und Schülern. Über populare, pädagogische und szientifische Ethnographie. In: Zeitschrift für Pädagogik 46 (2000), H. 5, S. 667-691
Zinnecker, J.: Straßenkids. Kinder zwischen Straße und Schule. Weinheim/München 2001
Zinnecker, J./Georg, H.: Soziale Interaktion in der Familie und ihre Wirkung auf Schuleinstellung und Schulerfolg der Kinder. In: Zinnecker, J./Silbereisen, R.K. (Hrsg.): Kindheit in Deutschland. Weinheim/München 1996, S. 303-315
Zinnecker, J./Silbereisen, R.K. (Hrsg.): Kindheit in Deutschland. Weinheim/München 1996
Zymek, B.: Die Tektonik des deutschen Bildungssystems. Historische Konfliktlinien und ihre Verschiebung nach dem „Bologna-Prozess". In: Helsper, W./Busse, S./Hummrich, M./Kramer, R. T. (Hrsg.): Pädagogische Professionalität in Organisationen. Wiesbaden 2008, S. 39-55

Walter R. Heinz

Jugend, Ausbildung und Beruf

1 Einleitung: Der Übergang von der Schule in die Arbeitswelt im gesellschaftlichen Wandel

Die Vorbereitung auf das selbständige und selbstverantwortliche Leben als Erwachsener ist in Deutschland traditionell eng an die Entwicklung beruflicher Lebenspläne und fachlicher Qualifikationen gebunden. Dieser Prozess der vorberuflichen Sozialisation (Heinz 1995; Lempert 1998) charakterisiert die Jugendphase in Theorie (vgl. Hurrelmann 1997) und Praxis (vgl. BMBF 2000, 2008); er ist jedoch keineswegs konfliktfrei, da Sozialisation nicht nur mit der Übernahme gesellschaftlicher Wertvorstellungen, sondern auch mit Spannungen zwischen den Lebensvorstellungen, Handlungsinteressen und Arbeitsmarktchancen der Generationen zu tun hat. In unserer industrialisierten Dienstleistungsgesellschaft bedeutet Jugend eine Phase der Sozialisation, die auf den **Lebenslauf** durch den Erwerb von Kompetenzen für Arbeit, Beruf und bürgerschaftliche Beteiligung vorbereitet. Diese Kompetenzen sind zusammen mit Wertorientierungen Bausteine für die psychosoziale Identität und den gesellschaftlichen Status der Person. Die Vorbereitung auf die Arbeitswelt hat aber auch mit den Bildungschancen, der Lage auf dem **Arbeitsmarkt**, den Entwicklungstendenzen von Wirtschaft und Technik und nicht zuletzt mit dem Bevölkerungswachstum zu tun. Die gesellschaftliche Modernisierung seit den 1960er-Jahren, die als Individualisierungsschub (Beck 1986) mit abnehmender Verbindlichkeit konventioneller Alters- und Geschlechternormen und zunehmenden Risiken auf dem Arbeitsmarkt einhergeht, hat die „Lebensphase Jugend" (Hurrelmann 1997) zu einer ausgedehnten, in sich widersprüchlichen Übergangsperiode im Lebenslauf gemacht.

Bis in die 1980er-Jahre hat sich die Jugendforschung auf die Ursachen und Folgen des Wertewandels bei der jungen Generation konzentriert, während sie seit den 1990er-Jahren durch die Probleme steigender **Arbeitslosigkeit** und die Deregulierung auf dem Arbeitsmarkt, also durch den Blick auf soziale und wirtschaftliche Krisen geprägt wird. Beispielsweise stellen Fischer und Münchmeier in der 12. Shell-Jugendstudie (Jugendwerk 1997) fest, dass die gesellschaftliche Krise, d.h. die desolate Lage auf dem Arbeitsmarkt auch Lebensplanung und Lebenslage der Jugend beeinflusst. Von allen in dieser repräsentativen Studie angesprochenen Problemen fühlen sich die Jugendlichen am Ende des 20. Jahrhunderts vor allem durch die ungewissen Aussichten auf dem Arbeitsmarkt betroffen, nämlich Mangel an Ausbildungsplätzen, steigende Arbeitslosigkeit, Abbau von Arbeitsstellen und abnehmende soziale Sicherung: Die Sorge um einen Ausbildungsplatz und eine anschließende Erwerbschance ist auch für die Jugend im ersten Jahrzehnt des 21. Jahrhunderts eine prägende Erfahrung. Durch die Arbeitsmarktkrise und die sozio-kulturellen Veränderungen wurde in den 1980ern der „Strukturwandel der Jugendphase" (Hornstein 1988) bzw. die „Individualisierung von Jugend" (Heitmeyer/Olk 1990) beschleunigt. Dieser Wandel führte auch zu einer weiteren sozialen Differenzierung der Übergangschancen innerhalb der jungen Generation und zu steigenden Anforderungen an die individuelle Bewältigung des Übergangs in die Erwerbstätigkeit, der immer mehr zu einer biographischen Gestaltungsaufgabe wird. Damit wird es auch notwendig, die Dauer der Jugendphase zwischen 18 (Ende der Schulpflicht) und 28 Jahren (Durchschnittsalter am Ende des Studiums) anzusetzen. Ich unterscheide daher bezogen auf die nicht-studierende Jugend pragmatisch zwischen „Jugendlichen" und „jungen Erwachsenen" nach dem Kriterium noch in (Aus-)Bildung bzw. schon im Beschäftigungssystem, d.h. nicht nach Lebensalter sondern nach dem jeweils dominanten sozialen Kontext der Lebensführung.

Auch zu Beginn des 21. Jahrhunderts kommt die Diskussion über die Effektivität und Zukunftsfähigkeit des deutschen Berufsbildungssystems angesichts der arbeitsorganisatorischen Innovationen (Dezentralisierung, lernende Organisation, Qualitätsmanagement), der qualifikatorischen Konsequenzen der Informations- und Kommunikationstechnologien und des steigenden Defizits an Fachkräften vor allem im Bereich der Informations- und Pflegedienstleistungen nicht zur Ruhe. Diese Debatte betrifft auch die Jugendforschung, soweit sie sich mit den Strukturen und Prozessen der gesellschaftlichen Integration der jungen Generation und den Gründen sowie Konsequenzen sozialer Benachteiligung in Bildung und Beschäftigung befasst.

2   Sozialisation für und durch die Berufsarbeit

Das Thema Jugend, Ausbildung und Arbeit lässt sich mit der Theorie beruflicher Sozialisationsprozesse (Heinz 1991, 1995; Lempert 1998) in einen begrifflichen Bezugsrahmen stellen, in dem die sozialstrukturellen und individuellen Dimensionen des Lernens durch Arbeit in einem Wechselverhältnis zueinander gefasst werden. Während soziologische Rollenkonzepte und pädagogisch-psychologische Lerntheorien sich entweder mit den beruflichen Anforderungen oder den Qualifizierungsstrategien befassen, betont die Sozialisationstheorie die Interaktion zwischen individuellen Orientierungen, Ansprüchen und Handlungsweisen einerseits und den Ausbildungs- und Arbeitsumständen andererseits und zwar in einem lebenszeitlichen oder biographischen Zusammenhang. Dabei sind aber auch die Veränderungen in den technischen und organisatorischen Arbeitsbedingungen sowie die durch die Konjunkturentwicklung bestimmte Lage auf dem Arbeitsmarkt einzubeziehen, da diese die Chancen und Risiken der Verwertung von erworbenen Qualifikationen und die Realisierung von Lebensplänen bestimmen. In der Sozialisation durch Ausbildungs- und Arbeitserfahrungen werden nicht nur fachliches Können und Wissen angeeignet, sondern auch soziale Handlungskompetenzen und Bausteine für die Identitätsgestaltung.

Die neuere Sozialisationstheorie hebt die Verschränkung von sozialem Wandel und der Strukturierung von Lebensläufen hervor (Kohli 1991; Heinz 2001), eine sich lockernde Verbindung, die von den Menschen immer wieder Umorientierungen und Entscheidungen in einer unübersichtlichen Bildungs- und Arbeitsgesellschaft verlangt. Für die Übergangsphase Jugend bedeutet dies im Anschluss an Theorien der Modernisierung und Individualisierung, dass durch die **berufliche Sozialisation** Kompetenzen wie Planungsfähigkeit, gedankliche Beweglichkeit, Kooperationsfähigkeit, Risikobereitschaft, Selbstbehauptung, Flexibilität und nicht zuletzt Enttäuschungsfestigkeit vermittelt werden sollten. Gemäß der Interaktionstheorie kann ein solches Kompetenzprofil nur aus einem Wechselspiel zwischen individuellen Ansprüchen, Eigenleistungen und entwicklungsförderlichen Lernumständen, die Selbstgestaltung ermöglichen, entstehen. Dabei möchte ich mit Lempert (1998, S. 47) festhalten: „Die Bedingungen von Sozialisationsprozessen, auch die objektiven Voraussetzungen beruflicher Sozialisation sind den Individuen nicht einfach unveränderbar vorgegeben; sie können vielmehr durch die Personen verändert werden, individuell oder kollektiv, und das geschieht fortgesetzt".

Es ist sinnvoll, den Übergangsprozess in das Erwerbsleben in Phasen der vorberuflichen und beruflichen Sozialisation zu unterscheiden; Familie, Schule und andere Bildungseinrichtungen bereiten auf die Berufswelt vor, indem sie arbeitsbezogene Informationen und Orientierungen gleichsam aus zweiter Hand vermitteln. Diese Institutionen der vorberuflichen Sozialisation geben der Berufswahl und damit dem Übergang an der „ersten Schwelle" in die Ausbildung eine spezifische Ausrichtung. An der „zweiten Schwelle" nach abgeschlossener Ausbildung setzt die berufliche Sozialisation ein, bei der die Anforderungen und Erfahrungen auf dem Arbeitsmarkt und im Betrieb unmittelbar zur Geltung kommen. Diese stellen die Person durch die Einbindung in den Arbeitsprozess in einen Sozialisationskontext mit einem höheren Maß an Eigenverantwortung. Ich werde mich im folgenden auf die vorberufliche und berufliche Sozialisation vor allem mit Bezug auf die Übergangswege in das Erwerbssystem befassen, da die anderen institutionellen Kontexte in verschiedenen Beiträgen des Handbuchs angesprochen werden.

In Deutschland strukturiert das System der Berufsausbildung nicht nur die **Kompetenzentwicklung**, sondern auch die **Erwerbsbiographie**. Die Traditionslinie der beruflichen Bildung und der Facharbeit ist mit dem Ideal der kontinuierlichen Beschäftigung, also einer dauerhaften Erwerbsbiographie, wenn auch nicht mit einer Laufbahn wie im Beamtentum verbunden. Dies bietet für die Auszubildenden und jungen Erwerbstätigen einen sozialen und kulturellen Kontext für Lebenspläne, die sich auch auf Familiengründung und Lebensstandard beziehen. Die persönlichen Wertmaßstäbe und gesellschaftlichen Orientierungen entstammen vorberuflichen Sozialisationsprozessen, können sich durch Erfahrungen und Anforderungen in Ausbildung und Arbeit, aber auch infolge des eigenen beruflichen Handelns ändern, wie dies Kohn/Schooler (1983) für die USA und Hoff/Lempert/Lappe (1991) für Deutschland gezeigt haben.

Angesichts der anhaltenden Arbeitsmarktprobleme und der Umstrukturierung der Betriebe kommt es jedoch heute zu einer verstärkten Entkoppelung von Ausbildung und Erwerbstätigkeit, wodurch der Beruf für Ausbildung und Erwerb seine biographische Leitfunktion zu verlieren droht. Ehemals standardisierte, an Alter, soziale Schicht, Bildungsstand und Geschlecht gekoppelte Lebensverlaufsmuster und daran gebundene Sozialisationserfahrungen werden durch neue Sequenzen von Bildung, Ausbildung, Erwerbstätigkeit, Familienarbeit, aber auch von Erwerbslosigkeit und Sozialhilfeabhängigkeit (Arbeitslosengeld II) abgelöst. Lebensführung und Lebenslauf in der Risikogesellschaft können nicht vollständig durch Sozialisation vorbereitet werden, da neue Optionen von den Individuen selbst gestaltet und verantwortet werden müssen (vgl. Beck/Beck-Gernsheim 1996). Gegenüber umgreifenden und plausiblen Gesellschaftsdiagnosen zunehmender Handlungs- und Entscheidungsautonomie, lassen doch empirische Befunde eher den Schluss zu, dass weiterhin Bildungsniveau und die berufliche Erstqualifizierung auf den Lebensweg und die Lebensentwürfe Einfluss haben (vgl. Konietzka 1998; Born/Krüger/Lorenz-Meyer 1996). Der Individualisierungsprozess ist also sozial strukturiert, er erfolgt im Rahmen unsicher werdender gesellschaftlicher Verhältnisse als persönliche Gestaltung der Erwerbsbiographie unter Nutzung und Erweiterung von beruflich fundierten Handlungskompetenzen. Auf die beruflichen Sozialisationseffekte dieser Individualisierung verweist das Konstrukt eines neuen mobilen bzw. flexiblen Berufstypus, nämlich des „Arbeitskraftunternehmers" (Voß/Pongratz 1998).

Die Sozialisation für und durch die Berufsarbeit ist heute immer seltener mit Gelegenheiten für langfristig tragfähige und gleichzeitig flexible, auf dem Arbeitsmarkt verwertbare Lernerfahrungen verbunden. Daher erleben viele Jugendliche und junge Erwachsene **berufliche Diskontinuitäten** als biographische Krisen, die mit Phasen von Orientierungslosigkeit und drohendem sozialem Ausschluss einhergehen. Um Jugendlichen bei einer Umorientierung auf neue Bildungs- und Qualifizierungswege zu unterstützen, müssen Berufsbildung, Beratung und Personalpolitik prekäre Übergänge mit Sozialisations- und Mentorenangeboten flankieren, die Jugendliche und junge Erwachsene auf die Bewältigung von Übergangsrisiken vorbereiten.

3   Von der Schule in das Übergangssystem: Qualifizierungswege

Trotz des (langsam) steigenden Anteils von studienberechtigten Schulabsolventen haben seit den 1990er-Jahren etwa zwei Drittel der Jugendlichen eine Berufsausbildung aufgenommen. Laut Berufsbildungsbericht der Bundesregierung BMBF (2008) mündeten 1992 78,3% der Schulabgänger und -innen in eine betriebliche Ausbildung im dualen System ein, bis 1998 gab es einen Rückgang auf 65,7%, die Talsohle war 2005 mit nur noch 58,6% erreicht, seither gibt es einen Anstieg auf 66,2% im Jahre 2007.

Gemäß Berufsbildungsbericht (BMBF 2000) verteilten sich die Schulabgänger 1998 auf die verschiedenen Pfade im berufsqualifizierenden Übergangssystem wie folgt: 79,4% im dualen System, 10% in Berufsfachschulen, 5,7% in Schulen des Gesundheitswesens, 2% in Berufsfachschulen gem. BBIG und 1,7% in Fachschulen für Sozial- und Gesundheitsberufe. Diese Verteilung hat sich seither zu Ungunsten des dualen Systems verschoben (BMBF 2008).

Die Rangfolge der am stärksten besetzten Ausbildungsberufe ist seit vielen Jahren nahezu unverändert und spiegelt das Angebot der Betriebe: Bei Männern liegen Kfz-Mechaniker/Mechatroniker, Industriemechaniker und Elektroinstallateur/Elektroniker an der Spitze, bei den Frauen Bürokauffrau, Verkäuferin im Einzelhandel und Arzthelferin (vgl. BMBF 2000, 2008). Diese Prioritätenliste spiegelt nicht in erster Linie die Berufswünsche der Jugendlichen, sie ist vielmehr Resultat von Vertragsabschlüssen, die sich nach dem Angebot von Ausbildungsplätzen richten. Dabei fällt auf, dass das Spektrum der Berufe im dualen System, in denen junge Frauen ausgebildet werden, viel enger ist als das für junge Männer: über 50% der weiblichen Auszubildenden, aber nur gut ein Drittel der männlichen Lehrlinge verteilen sich auf die jeweils zehn am stärksten besetzten Berufe.

Trotz der durchaus wechselhaften Erfolgsgeschichte der Berufsausbildung ist der Weg in den Arbeitsmarkt zunehmend mühseliger geworden, wie der nationale Bildungsbericht (Autorengruppe Bildungsberichterstattung 2008) feststellt. Das Übergangssystem besteht heute aus drei Sektoren: Neben das duale System sind das Schulberufssystem und das System der Qualifizierungsmaßnahmen getreten. Während die ersten beiden Sektoren einen beruflichen Abschluss als Fachkraft vermitteln, führt der dritte Sektor nicht zu einem anerkannten Fachberuf, er soll vielmehr die Fähigkeiten und Kenntnisse sozial benachteiligter Jugendlicher für einen Einstieg in Ausbildungs- und Erwerbswege verbessern.

Ein Übergangspfad, der überwiegend von jungen Frauen verfolgt wird, sind die beruflichen Vollzeitschulen oder Berufsfachschulen (BFS), an denen für Sozial- und Pflegeberufe sowie für Assistentenberufe ausgebildet wird. Daneben gibt es in Arbeitsmarktregionen mit geringem Angebot an betrieblichen Ausbildungsplätzen, überwiegend in nördlichen und den neuen

Bundesländern, auch Berufsfachschulen als Auffangstation für Jugendliche, die keinen Ausbildungsplatz finden konnten. Dazu kommen, ebenfalls in wirtschaftlich schwachen Regionen außerbetriebliche Ausbildungsmaßnahmen, die staatlich anerkannte Berufsqualifizierung ermöglichen. Diese Programme werden meist vom Europäischen Sozialfonds (ESF) mitfinanziert und am Schnittpunkt von Bildungs- und Sozialpolitik eingesetzt. Für die **Übergangspfade** außerhalb des dualen Systems gilt jedoch, dass die Suche nach einem Arbeitsplatz durch die fehlende betriebliche Sozialisation sich äußerst schwierig gestaltet. Aus diesem Grund entschließen sich viele Jugendliche aus den strukturschwachen neuen Bundesländern dazu, eine betriebliche Berufsausbildung in den prosperierenden Regionen Westdeutschlands aufzunehmen

Während das duale System sich auf Grund des staatlichen Drucks (inkl. Subventionen) auf die Unternehmen und des Mangels an Fachkräften (Nationaler Pakt für Ausbildung und Fachkräftenachwuchs 2004-2010) seine Aufnahmekapazität erhöht, münden dennoch seit 2000 bis zu 40% der Ausbildungssuchenden in Qualifizierungsmaßnahmen ein. Auch die Berufsfachschulen im Schulberufssystem verzeichnen eine Steigerung um 25% seit 2000.

Die Verteilung der Schulabgänger auf die drei Sektoren spiegelt die mit dem Schulabschluss verknüpfte soziale Ungleichheit der beruflichen Bildungschancen: Nur etwa ein Fünftel der Jugendlichen ohne Hauptschulabschluss wurden 2006 in das duale System aufgenommen, hingegen betrug der Anteil zwei Fünftel bei Bewerbern mit Hauptschulabschluss, beinahe die Hälfte hatte einen Realschulabschluss und zwei Drittel Abitur. Der geringe Anteil von knapp 30% Migrantenjugendlichen, die eine duale Ausbildung aufnehmen, korrespondiert mit ihrem hohen Anteil von über 60% in Übergangsmaßnahmen.

Neben den Ungleichheiten in der Verteilung von Jugendlichen auf die drei Übergangspfade weist der Bildungsbericht (Autorengruppe 2008) auch auf beträchtliche Unterschiede in der Dauer der Suche nach Ausbildungsplätzen hin: 50% der Hauptschüler benötigen über ein Jahr für einen Erfolg, Realschüler nur drei Monate; erst nach eineinhalb Jahren gelingt es schließlich 60% der Jugendlichen mit oder ohne Hauptschulabschluss einen Ausbildungsplatz zu finden. Die Diskriminierung junger Frauen im dualen System ist immer noch offensichtlich, für sie zieht sich die Suche nach einem Ausbildungsbetrieb noch länger hin: ein Drittel von ihnen ist nach zweieinhalb Jahren immer noch ohne Ausbildungsplatz. Sie weichen auf eine schulisch basierte Berufsausbildung aus – die Domäne junger Frauen – ein Weg, der in vielen Fällen als zweitbeste Lösung oder Wartestation auf eine Lehrstelle verfolgt wird, wenn der Einstieg in eine betriebliche Ausbildung zunächst nicht gelingt.

Aus der Sicht des Lebenslaufs bedeutet die lange Dauer der Suche nach Ausbildung eine erzwungene Verlängerung der Jugendphase. Das wird daran deutlich, dass das Durchschnittsalter von Schülerinnen und Schülern an Berufsschulen seit 1970 von 16,6 auf 19,6 Jahre gestiegen ist (BMBF 2008). Mit besonders langen Suchprozessen werden schulisch gering Qualifizierte und Jugendliche mit Migrationshintergrund konfrontiert, deren Übergang ins Erwerbssystem meist mit Qualifizierungsmaßnahmen beginnt und sich bis in das dritte Lebensjahrzehnt hinziehen kann: Von den ausländischen Jugendlichen mit maximal Hauptschulabschluss hat nach zwei Jahren nur ein Drittel einen Ausbildungsplatz.

So ist es nicht verwunderlich, dass trotz einer (vorübergehenden) Entspannung auf dem Lehrstellenmarkt der Anteil der „Altbewerber" 2007 auf 50% der registrierten Lehrstellensuchenden angestiegen ist, das sind 385.000 junge Erwachsene! Diese Welle von bislang erfolglosen Bewerbern will der Staat durch einen Ausbildungsbonus für die Betriebe eindämmen, die für diesen Kreis zusätzliche Ausbildungsplätze anbieten. Dazu wäre ca. ein Sechstel der Betriebe laut einer Erhebung des Bundesinstituts für Berufsbildung (BIBB 2008) bereit.

Die Versäulung im Übergangssystem erweist sich als deutlicher Nachteil für Jugendliche, die im Maßnahmensektor landen, da dies einerseits auf das duale System vorbereiten soll, andererseits, wie der Bildungsbericht (Autorengruppe 2008) festhält, sie aber in einem mangelhaft koordinierten Geflecht von öffentlichen und privaten Institutionen quasi stecken bleiben.

Die Entwicklung seit den 1990er-Jahren verdeutlicht, dass im Verlauf des Übergangs nur bei denjenigen Jugendlichen noch von einer Berufswahl gesprochen werden kann, die in einer westdeutschen Metropolregion mit mindestens Realabschluss einen Ausbildungsplatz suchen. Für eine steigende Anzahl der Schulabgänger gilt, dass sie sich von ihren Wünschen und Erwartungen schrittweise verabschieden müssen, denn die Verknappung des Angebots und die Qualifikationsanforderungen verlangen Konzessionen und hohe Flexibilität schon bei der Berufssuche. Dies drückt sich auch darin aus, dass in den neuen Bundesländern nur 20%, in den alten immerhin noch 40% sich auf nur einen Beruf festlegen und ein erheblicher Anteil sich vorstellen kann, in irgendeinem Beruf ausgebildet zu werden. Diese am Ende der 1990er-Jahre erhobenen Aussagen der Jugendlichen ähneln den Anfang der 1980er-Jahre geäußerten Argumenten von Hauptschülern, die sich mit „Hauptsache eine Lehrstelle" (Heinz u.a. 1987) auf den Punkt bringen lassen.

Neben der Geschlechtersegmentation der Ausbildungsberufe und Ausbildungswege spielt auch das Bildungsniveau eine wichtige Rolle beim Zugang zu den verschiedenen Segmenten der Berufsstruktur. Die Ausbildungsanfänger mit Abitur konzentrieren sich auf Berufe im Bereich der Finanzdienstleistungen und der Industriekaufleute, ihr Anteil in den neuen Berufen des Fachinformatikers und der Mediengestaltung liegt bei 50% bis 75%. Laut einer Nachbefragung der 37% (männl. 30%, weibl. 44%) der Abiturienten, die 1994 eine nicht-akademische Ausbildung begonnen hatten, durch das Hochschul-Informations-System (HIS 1998) ist ein Drittel nach der Ausbildung an eine Hochschule gewechselt. Diese Strategie der Doppelqualifizierung erweist sich als vorteilhaft bei der Suche nach einem Arbeitsplatz. So waren von den Studienabsolventen 2005 diejenigen mit einem zusätzlichen (nicht-akademischen) Berufsabschluss nach einem Jahr 46% in einer unbefristeten Beschäftigung, gegenüber nur 29% ohne einen solchen zusätzlichen Abschluss. (BMBF 2008)

Realschüler, die den relativ höchsten Anteil der Schulabsolventen stellen, werden überwiegend im öffentlichen Dienst, in den freien Berufen und in Industrie und Handel ausgebildet. Die Hauptschüler und Jugendliche ohne Schulabschluss haben Ausbildungschancen allenfalls im Handwerk, mit einer besonders starken Polarisierung zwischen typischen Männerberufen, wie Kfz-Mechaniker oder Maler/Lackierer und typischen Frauenberufen, wie Einzelhandelskauffrau oder Friseurin. Diese Übersicht über die Verteilung der Jugendlichen auf die Segmente der Berufsstruktur wäre unvollständig ohne die ausländischen Jugendlichen: Sie finden sich überwiegend in Berufen des Handwerks, nämlich als Friseurinnen, Kfz-Mechaniker und Einzelhandelskaufleute.

Die Anzahl der Jugendlichen, die den Übergangsweg einer zwei- bis dreijährigen, vollqualifizierenden schulischen Berufsausbildung (BFS) beschreiten, ist laut Berufsbildungsbericht (BMBF 2008) seit Mitte der 1990er-Jahre stark, nämlich auf 566.000 im Jahr 2008 angestiegen. Diese Ausbildung findet nicht im dualen System statt, also ohne betriebliche Beteiligung, und richtet sich auf ein typisch weibliches Berufssegment. So liegt der Anteil junger Frauen, die eine solche schulische Berufsausbildung durchlaufen bei 77%, während ihr Anteil im dualen System nur 43,7% beträgt. Von den Absolventinnen der BFS sind nach etwa einem Jahr nicht mehr als die Hälfte erwerbstätig, ein hoher Prozentsatz ist wieder in einer Ausbildungsphase – oftmals im dualen System. Durch diese Art der sequentiellen Doppelqualifizierung versuchen die jungen

Erwachsenen ihre schlechten Arbeitsmarktchancen in einigen der angebotenen Berufe, aber auch die Arbeitsbedingungen zu verbessern (vgl. Krüger 1996).

Im Unterschied zu den BFS-AbsolventInnen können die jungen Fachkräfte mit einer betrieblichen Sozialisation damit rechnen, vom Ausbildungsbetrieb übernommen zu werden; dies war 2006 in den alten Bundesländern bei 57% und in den neuen Bundesländern nur für 44% der Fall, wobei die Frauen insgesamt nur einen Anteil von 43% erreichen (BMBF 2008). In den alten Ländern sind es vor allem die Mittel- und Großbetriebe, die ihre Azubis übernehmen.

Diese Zahlen machen deutlich, dass auch an der „zweiten Schwelle" im Übergangssystem das Risiko von **Arbeitslosigkeit** (in der Regel von kurzer Dauer) trotz absolvierter Ausbildung zunimmt. Dennoch fiel 1999 die deutsche Quote im Vergleich zur Arbeitslosenquote der unter 25-Jährigen von 19,6% im EU-Durchschnitt – bei erheblichen regionalen Unterschieden – mit 9,8% noch relativ gering aus. Dies hat sich seither erheblich geändert: Laut OECD-Daten ist die Jugendarbeitslosigkeit in Deutschland auf 15,2% im Jahr 2005 stark angestiegen und lag nahe am EU-15 Durchschnitt von 16,5% (Rothe/Tinter 2007).

Um zu verstehen, warum die Ausbildungskrise sich durch Konjunktureinbrüche und neue Personalbewirtschaftungsstrategien insbes. der Großbetriebe seit den 1990er-Jahren zugespitzt hat, ist ein Blick auf die Ausbildungsbereitschaft der Betriebe lehrreich. Von den ca. 2 Millionen Betrieben in Deutschland haben 2006 nur ein knappes Drittel (alte Länder) und ein Viertel (neue Länder) Ausbildungsplätze angeboten. Obwohl die Ausbildungsbeteiligung mit der Betriebsgröße zunimmt, sind es vor allem die Klein- und Mittelbetriebe (bis zu 49 Beschäftigte), die mehr als die Hälfte der Lehrlinge ausbilden, während nur etwa ein Fünftel der Auszubildenden in Betrieben mit über 500 Beschäftigten einen Beruf lernen (IAB-Betriebspanel 1998). Dazu kommt, dass sich trotz der Forderungen aus der Wirtschaft, die Berufsausbildung zu modernisieren, die seit Mitte der 1990er-Jahre neu gestalteten oder neu geschaffenen Ausbildungsberufe, Mechatroniker (aus Mechaniker und Elektriker) heute noch am unteren Ende der Rangfolge der zehn populärsten Ausbildungsberufe rangieren. Dies liegt weniger an unrealistischen Berufswünschen der Jugendlichen als an der zögerlichen Umsetzung der neuen Ausbildungsordnungen durch die Unternehmen.

4   Das duale System in der Krise: Modernisierungsdruck und Umbaustrategien

Seit Anfang 1990 gibt es engagiert-provokative Prognosen (vgl. Geißler 1991; aber: Arnold 1993) eines bevorstehenden Zusammenbruchs des (über)regulierten Systems der Berufsausbildung in Deutschland im Zuge der Restrukturierung der Betriebe durch eine Welle systemischer Rationalisierung (Schumann u.a. 1994) zu schlanken, marktflexiblen Organisationen, um im verschärften internationalen Wettbewerb zu bestehen. Die Industriesoziologen Kern und Sabel (1994, S. 606) kritisierten die „starren vertikalen und horizontalen Demarkationen zwischen den beruflich gefassten Tätigkeiten". Das im deutschen Ausbildungs- und Arbeitskonzept tragende Prinzip der Beruflichkeit sei nicht mehr zeitgemäß und so komme es zu einem Effektivitätsverlust der berufsbezogenen zu Gunsten einer flexiblen, organisationszentrierten Qualifizierung (vgl. Shavit/Müller 1998). Die anhaltende Debatte über die Krise der **Berufsbildung** bezieht sich somit nach Kutscha (1997, S. 140) auf „...den harten Kern des dualen Systems: nämlich auf die Standardisierung von Arbeitskraft im Medium des Berufs". An die Stelle früher fachlicher Spezialisierung soll eine breite berufliche Grundbildung treten, auf die bedarfsorientierte Qualifizierungsepisoden im Kontext von Weiterbildung aufbauen können.

Ein weiteres, seit der gesetzlichen Regelung der standardisierten Ausbildungswege durch das Berufsbildungsgesetz im Jahre 1969, immer wieder vorgetragenes Argument betrifft die Verteilungsgerechtigkeit von Lebenschancen, die durch die Undurchlässigkeit des Übergangssystems, also die institutionelle Trennung von beruflicher Fachausbildung, berufsvorbereitender Maßnahmen und akademischer Professionalisierung nicht gegeben ist. Weiterhin werden die schleppende Modernisierung der Ausbildungsordnungen und die mangelhafte Umsetzung neu gestalteter Berufsbilder bei den Trägern der Ausbildung in Betrieb und Berufsschule kritisiert. Dies geht zu Lasten der Ausbildungsbewerber und jungen Fachkräfte, deren Qualifizierung- bzw. Beschäftigungsperspektiven hinter den wirtschaftlichen Erfordernissen und den Organisationsformen wissensintensiver Arbeitstätigkeiten hinterherhinken.

Allen Unkenrufen und ökonomisch-rationalen Analysen zum Trotz ist das duale System auch zu Beginn des 21. Jahrhunderts - allerdings mit abnehmender Tendenz - noch der zentrale Übergangspfad in das Beschäftigungssystem für die Mehrheit der Schulabgänger aus Haupt- und Realschule und einen beträchtlichen Anteil der Abiturienten.

Worauf ist die (Über-)lebensfähigkeit zurückzuführen? Im Unterschied zu den wirtschaftlichen, organisationstheoretischen und bildungspolitischen Argumenten der industriesoziologischen Modernisierer, sind auch und nicht zuletzt kulturelle und sozialisationsbezogene Gründe einzubeziehen. Wie die Berufspädagogen Georg (1995, 1997) und Kutscha (1997) argumentieren, kann die auf handwerklich-kleinbetriebliche Traditionen aufruhende betriebliche Lehre sogar Modellfunktion für Ausbildung und Arbeitstätigkeiten in schlanken und projektförmig arbeitenden Betrieben haben. Sie qualifiziert für selbständige und berufsübergreifende Arbeitsgestaltung und ist Basis für Weiterbildung. Die Facharbeiterqualifikation umfasst nicht nur ein Bündel praktisch-technischer Fertigkeiten und Kenntnisse, die durch Ausbildungsordnungen standardisiert und somit auf dem Arbeitsmarkt als Kriterium für Einstellung und Aufstieg vergleichbar sind. Von zentraler Bedeutung ist vielmehr die berufliche Sozialisation: „Facharbeiterkompetenzen enthalten ... latent überschüssige Qualifikationsmomente, die über die unmittelbaren Anforderungen am einzelnen Arbeitsplatz und in der jeweiligen konkreten Arbeitssituation hinausgehen." (Georg 1997, S. 78) Dieses Qualifikationsprofil unterscheidet eine Fachkraft von einer durch Anlernen und Weiterlernen erworbenen (training-on-the-job) Qualifizierung, die ganz auf die Bedürfnisse des jeweiligen Betriebs zugeschnitten ist und die individuelle Mobilität der Arbeitskräfte begrenzt.

Hinter der Beständigkeit im Wandel des dualen Systems steht als struktureller Stabilisator die Interessensallianz der Sozialpartner (Unternehmer, Gewerkschaft, Staat), die laut Berufsbildungsgesetz gemeinsam für Form und Reform sowie Finanzierung der beruflichen Bildung zuständig sind. Die Sozialpartner und das Bundesinstitut für Berufsbildung haben die Aufgabe, die Ausbildungsordnungen auf die neuen Konzepte einer flexiblen Produktions-, Verwaltungs- und Dienstleistungsorganisation umzustellen. Diese fordern berufsübergreifende Qualifikationen zum Einsatz in integrativen und kooperativen, zugleich aber selbstgestalteten Arbeitsprozessen. Über die Grenzen beruflicher Spezialisierung hinweg, die den bisherigen Typus der Facharbeit auszeichnet, soll durch die Kooperation zwischen Fachleuten neuer Prägung die Arbeit effektiver und mit mehr Selbstverantwortung der Beschäftigten erledigt werden. Einer prozessorientierten Arbeitsgestaltung steht die eng geführte berufsfachliche Ausbildung geradezu im Wege, da Managementstrategien auf eine möglichst umfassende Einbeziehung der

Beschäftigten durch eine an die Unternehmens- und nicht an die Berufskultur gebundene Qualifizierung zielen.

Modernisierungskonzepte dieser Art haben sich als Innovationsimpulse insbesondere in den technisch geprägten Dienstleistungen ausgewirkt, wo neue Berufsbilder auf dem Sockel einer breiten beruflichen Grundbildung, vorzugsweise für Absolventen der Realschule, aber auch für Abiturienten entwickelt wurden. Damit wird auch Lernen am Arbeitsplatz und in den betrieblichen Abläufen wieder aktuell, anstatt in der Ausbildungswerkstatt. Diese Entwicklung entspricht berufspädagogischen Konzepten, die darauf verweisen, dass gerade das Lernen im Arbeitsvollzug fachliche und soziale Kompetenzen, sowie Erfahrungen durch selbstverantwortliche Problemlösungen vermittelt, die für ausbaufähiges Wissen über den Arbeitsprozess grundlegend sind und für Anschlussfähigkeit an die berufliche Weiterbildung sorgen (vgl. Dybowski/Haase/Rauner 1993; Erpenbeck/Heyser 1999). Wenn einmal erworbene fachliche Kenntnisse in eine umfassende, beruflich fundierte Handlungskompetenz transformiert werden sollen, dann muss die von Auszubildenden und jungen Erwerbstätigen gewünschte Beteiligung an der Gestaltung des Arbeitsprozesses ermöglicht werden. Allerdings werden heute noch die meisten Lehrlinge in beruflichen Monokulturen von Handwerk, Handel, freien Berufen und Büro ausgebildet, mit wenig Kooperation über Berufsgrenzen hinweg.

Kurzfristige Rentabilitätsüberlegungen vieler Betriebe und die unüberschaubaren Qualifizierungsmaßnahmen verschärfen die Spaltung des Übergangsmarkts und erschweren es jungen Erwachsenen, ohne Hochschulzugangsberechtigung in anspruchsvolle und selbst gestaltbare Arbeitssituationen und Berufswege zu gelangen. Hieran zeigt sich, dass soziale Ungleichheit durch die Bildungsexpansion nicht aufgehoben wurde; diese hat eher einen „Fahrstuhleffekt" (Beck 1986) erzeugt. Die Ausbildungs- und Beschäftigungsanforderungen steigen entsprechend an, so dass Hauptschüler kaum eine Chance für einen ausbaufähigen Beruf bekommen. So ist es das Handwerk, das nach einem Prozess der Bestenauslese auch solche Bewerber akzeptiert, die keinen Ausbildungsplatz in der Industrie, im kaufmännischen oder freiberuflichen Bereich gefunden haben. Diese Rekrutierungsweise von beruflichem Nachwuchs führt zu Ausbildung über den Bedarf hinaus und zu Diskrepanzen zwischen Qualifikationsprofilen und Arbeitsanforderungen. Dieses Missverhältnis drückt sich aus im Anteil abgebrochener Ausbildungen, der 2006 insgesamt bei knapp einem Fünftel aller Verträge, im Handwerk aber bei einem Viertel lag (BMBF 2008).

Daraus entstehen Diskontinuitäten im Übergangsprozess, die junge Fachkräfte dazu veranlassen, ihren Ausbildungsbetrieb oder den Beruf schon kurz nach Ende ihrer Ausbildung zu wechseln. Allerdings ist mit einem Betriebswechsel nicht immer auch ein Wechsel des Berufs verbunden, wenn die jeweiligen Einsatzfelder in den Fertigungs-, Büro- und Handelsberufen sich überschneiden (vgl. Schöngen/Westhoff 1992; Schaeper/Kühn/Witzel 2000).

5 Was kommt nach der Ausbildung?

Wie oben dargestellt, so ergibt sich die Verteilung der Jugendlichen auf die verschiedenen Pfade im Übergangssystem aus Kompromissen zwischen den beruflichen Präferenzen der Bewerber, ihrer schulischen Qualifikation und der Marktlage. So können seit Ende der 1990er-Jahre immer weniger Jugendliche, vor allem in den neuen Bundesländern, einen betrieblichen Ausbildungsplatz finden und münden stattdessen in staatlich geförderte außerbetriebliche, meist schulische Ausbildungen ein (vgl. Memorandum der Freudenberg Stiftung 1998; BMBF 2000, Autorengruppe 2008). Andererseits klagen in den alten Bundesländern die Handwerker und Einzelhändler, ebenso wie die Gastronomie, dass sie Lehrstellen nicht besetzen können. Dies liegt einmal an den mit gestiegenem Bildungsniveau verbundenen Qualifizierungsansprüchen der Jugendlichen, zum anderen aber an den schlechten Beschäftigungsaussichten nach der Ausbildung.

Laut Berufsbildungsbericht (BMBF 2000) fand 1998 etwa ein Viertel der jungen Fachkräfte direkt nach der Ausbildung keinen Arbeitsplatz, in den neuen Bundesländern lag der Anteil bei zwei Fünftel. Seither haben sich die Beschäftigungschancen nach einer Ausbildung weiter verschlechtert. Nach einer Studie der Bundesagentur für Arbeit (Rothe/Tinter 2007) ist der Übergang an der „zweiten Schwelle" von der Schule in den Beruf zu einem mehrstufigen Prozess geworden, da die Wege in den Arbeitsmarkt mit hohen Stolpersteinen gepflastert sind: bei den unter 25-Jährigen ist die Arbeitslosigkeit doppelt so häufig wie bei Erwachsenen. Die Arbeitslosenquote für männliche Jugendliche ist vom Jahr 2000 mit 10% auf 14% im Jahr 2005 gestiegen, die der jungen Frauen von 8,5% auf 12,2%. Das höchste Risiko, arbeitslos zu werden und länger zu bleiben tragen mit 16% die ausländischen Jugendlichen. In den neuen Ländern ist die Quote doppelt so hoch wie in den alten Ländern.

Beschäftigungsinstabilität charakterisiert den Übergang Jugendlicher und zunehmend auch junger Erwachsener in die Erwerbsbiographie: sie ist doppelt so hoch wie bei den Erwachsenen. Alle Zahlen verdeutlichen, dass die Wechseldynamik auf dem Arbeitsmarkt für Jugendliche und junge Erwachsene sehr hoch geworden ist, sie wandern zwischen Schule, Ausbildung, geförderter und ungeförderter Beschäftigung, befristeten Verträgen, Arbeitslosigkeitsepisoden und Maßnahmen. So wechselt die Hälfte der Erwerbstätigen unter 25 Jahren während eines Jahres ihren Erwerbsstatus, gegenüber nur einem Viertel der Erwachsenen. Sie beenden aber Phasen von Arbeitslosigkeit doppelt so schnell wie diese.

Die Dynamik führt auch dazu, dass schon ein halbes Jahr nach der Ausbildung ein hoher Anteil der Fachkräfte entweder nicht mehr im Ausbildungsbetrieb oder im erlernten Beruf tätig ist. Nach der „zweiten Schwelle" wird also ein unsicherer und verlängerter Übergangsprozess in die Beschäftigung immer häufiger. Diese Erfahrung führt jedoch weniger zu Kritik am erlernten Beruf, vielmehr äußern sich die jungen Fachkräfte mehrheitlich zufrieden über den zurückgelegten Qualifizierungsweg. Viele von ihnen haben bzw. konnten aufgrund ihrer Qualifikation nach der Ausbildung einen Wechsel des Berufs vollziehen: Knapp zwei Drittel der Berufswechsler waren unter 30 Jahre, wobei die wesentlichen Gründe in einer weiteren Berufsbildung oder Umqualifizierung, in Familienaufgaben und besseren Arbeitsbedingungen lagen. Wie die Bremer Untersuchung „Statuspassagen in die Erwerbstätigkeit" (vgl. Schaeper/Kühn/Witzel 2000) zeigt, ist nach fünf bis acht Jahren nach der Berufsausbildung knapp die Hälfte der Fachkräfte nicht mehr in dem erlernten Beruf tätig; wobei sowohl der Ausbildungsberuf als auch das schulische Bildungsniveau die Dauer der Berufsbindung beeinflussen. Diese Längsschnittstudie mit quantitativen Verlaufsdaten und qualitativ-biographischen Daten erhellt, wie eine Kohorte junger Fachkräfte, die Ende der 1980er-Jahre ihre Ausbildung abgeschlossen haben, mit Diskontinuitäten im Erwerbsverlauf umgehen. Zwar ist kontinuierliche Berufstätigkeit die häufigste Übergangserfahrung, jedoch gibt es daneben eine Vielfalt unterbrochener Verläufe mit verschiedenen Sequenzen und unterschiedlicher Dauer von Erwerbstätigkeit, Arbeitslosigkeit, Bildungsphasen oder Familientätigkeit. Neben dem jeweiligen Ausbildungsberuf erweisen sich verschiedene biographisch begründete Umgangsweisen mit betrieblichen Anforderungen und Arbeitsmarktbedingungen als Handlungsgrundlagen. Für die jungen Fachkräfte behält ihre berufliche Qualifikation, auch und gerade im Kontext von Diskontinuität, eine starke subjektive, die Identität definierende Bindekraft.

Wie schon erwähnt, strukturiert der Ausbildungsberuf in Deutschland die **Erwerbsbiographie** in erheblichem Maß vor, das liegt an der Ausrichtung des Berufswegs auf ein Segment des Arbeitsmarktes, dem dadurch zugänglichen Spektrum von Berufstätigkeiten und (Weiter-) Bildungsoptionen und nicht zuletzt an den sozialen Kompetenzen und Wertorientierungen der Persönlichkeit (vgl. Heinz 1995). Wenn aber eine abgeschlossene Berufsausbildung in ihrem Qualifikationsprofil nicht an die Anforderungen flexibel organisierter Arbeit angekoppelt werden kann, dann ist dies Folge der strukturellen Diskrepanz zwischen den Berufsfeldern in denen ausgebildet wird, überwiegend in Fertigungs-, Handwerks- und Büroberufen, und den Berufen, in denen eine Expansion der Nachfrage nach Fachkräften auftritt, nämlich in computerbezogenen und personenbezogenen Dienstleistungen. Andererseits gehen die mit der betrieblichen Sozialisation entwickelten Kompetenzen über reines Fachwissen hinaus und können durch Weiterbildung auch auf andere Formen der Arbeitsorganisation übertragen werden. Da das Arbeitsverständnis von Fachkräften nicht primär an den Betrieb, sondern an den Beruf geknüpft ist, kann dieses auch überbetrieblich eingesetzt werden. Ein erfolgreicher Wechsel des Betriebs und in neue Tätigkeitsfelder beruht also auf einer sozialisatorisch fundierten Transformation der erlernten beruflichen Fertigkeiten, Kenntnisse und Sozialkompetenzen in einen neuen organisatorischen Kontext. Allerdings bewegt sich die individuelle Mobilität im Berufsverlauf in Deutschland noch in den engen Grenzen von Berufsstruktur und Arbeitsmarktsegmentation, wie dies an der traditionellen Wanderung von in Handwerk und Kleinbetrieb Ausgebildeten in die industriellen Mittel- und Großbetriebe deutlich wird. Durch die relativ breite Palette von Fachwissen und sozialen Kompetenzen ergeben sich also für Absolventen des dualen Systems im Erwerbsverlauf immer wieder Substitutionsmöglichkeiten für den erlernten Beruf, aber auch das Risiko unterwertiger, d.h. nicht qualifikationsadäquater oder prekärer Beschäftigung.

Wenn in der wissensbasierten Arbeitsgesellschaft und der schlanken Organisation die fachinhaltlichen Qualifikationen einer schnelleren Verfallszeit unterliegen, dann gewinnen gerade die durch die berufliche Sozialisation in Betrieb und Berufsschule geförderten Handlungskompetenzen in Verbindung mit lebenslangem Lernen für wechselnde Arbeitskonstellationen an Bedeutung (vgl. Georg 1997; Erpenbeck/Heyse 1999).

Das die Lebenschancen von Jugendlichen bestimmende Zusammenspiel von sozialer Herkunft, Geschlecht, Bildungsniveau und Beschäftigungsaussichten, trägt jedoch ohne bildungs- und arbeitspolitische Strukturreformen weiterhin zur Reproduktion sozialer Ungleichheit im Übergangsprozess bei. Dieser Reproduktionsmechanismus kann nicht allein durch staatliche Programme durchbrochen werden, sondern durch eine Durchlässigkeit und Öffnung des dualen Systems, auch für sozial Benachteiligte, von der betrieblichen Lehre, über Aufstiegsfortbildung bis zur Fachhochschule (vgl. Dybowski u.a. 1994). Jungen Fachkräften muss die Möglichkeit geboten werden, schrittweise anerkannte Zertifikate zu erwerben und sich dadurch auch unabhängig vom innerbetrieblichen Facharbeiteraufstieg berufsbezogen höher zu qualifizieren. Durch die Institutionalisierung solcher Qualifizierungspfade könnte die Berufsausbildung für Jugendliche noch attraktiver werden, da ihnen als weitergebildete Fachkräfte verschiedene berufsbasierte Entwicklungswege offen stehen.

Eine weitere Verbesserung des Übergangs in das Beschäftigungssystem kann durch Neugestaltung des beruflichen Lernens gestützt werden; durch eine Modularisierung der praktischen und theoretischen Anteile würde den Auszubildenden zeitlich flexibel organisierte Erfahrungen an verschiedenen Lernorten innerhalb und außerhalb von Betrieb und Berufsschule vermitteln und den ausbildenden Betrieben mehr Flexibilität bei der Verbindung von Arbeiten und Lernen ermöglichen. Ein grundsätzlicher Reformansatz der Berufsausbildung liegt in der Reduzierung der Anzahl von Ausbildungsberufen und der Koppelung von Qualifikationsbausteinen zu neuen Berufsprofilen (Rauner 2001). Dies bedeutet, dass die Innovationen an den Schnittstellen zwischen ehemals eigenständigen Berufsbildern ansetzen, beispielsweise durch Verknüpfung von mechanischen und elektrotechnischen, informationsverarbeitenden, beratungsintensiven und kaufmännischen Berufen. Diese Entwicklung wird in den neuen Berufen des Mechatronikers (duales System) oder des Wirtschaftsinformatikers (Universität) sichtbar. Diese aus der Palette männlicher Berufe hervorgehenden neuen Profile finden ihre schleppende Ergänzung in den meist weiblich konnotierten personenbezogenen Dienstleistungen, wie z.B. Pflegefachkräfte oder Pflegemanagement (Fachhochschule). Neubildungen dieser Art reagieren nicht nur auf anspruchsvollere, wissensbasierte Aufgabenstellungen, sondern kommen auch den Erwartungen der Jugendlichen mit höherem Bildungsniveau entgegen, denn sie versprechen eine vielfältige Aufgabenstellung, die Wissenszuwachs in Tätigkeiten mit großem Handlungsspielraum ermöglicht.

Eine bessere Verbindung zwischen Erstausbildung und beruflicher Weiterbildung ist angesichts des raschen Wandels von Arbeitsinhalt und -organisation auch auf eine Verstetigung und Reflexion arbeitsbezogener Lernprozesse angewiesen. Allerdings ist die Teilnahme an betrieblicher Weiterbildung von Selektionskriterien abhängig, die an vorhandene berufliche Vorkenntnisse und individuelle Lernbereitschaft gebunden sind. Weiterbildung wird weniger zur Kompensation von Qualifikationsmängeln, sondern zum Ausbau vorhandenen Wissens eingesetzt (vgl. Bolder/Hendrich 2000).

Die zunehmende Bedeutung von Weiterbildung für den Erwerbsverlauf dürfte die Konzentration des qualifizierenden Lernens auf eine relativ kurze Phase zu Beginn des Berufsweges relativieren. Was das Programm der Wissensgesellschaft mit ihrer Forderung nach lebenslangem Lernen für das Verhältnis von Jugendlichen zu Ausbildung, Arbeit und Berufsplänen bedeutet, ist allerdings noch nicht abzusehen.

Angesichts der Kurzfristigkeit oder besser Kurzsichtigkeit der derzeitigen Personalpolitik, die auf schlechte Ertragsbilanzen mit Personalabbau und Reduzierung von Ausbildungsstellen reagiert, sind jedoch Zweifel angebracht, ob Programme zur Verbesserung der Durchlässigkeit von Übergangswegen und Entwürfe für eine neue, dynamische Beruflichkeit die individuellen Gestaltungsmöglichkeiten der Erwerbsbiographie erweitern. Es ist vielmehr mit den Industrie- und Berufssoziologen Voß und Pongratz (1998) anzunehmen, dass sich das Leitbild einer Arbeitspersönlichkeit herausbildet, die sich als „Arbeitskraftunternehmer" versteht, sich strategisch, um nicht zu sagen, opportunistisch die ertragreichsten Erwerbsbedingungen sucht, seine Qualifikation bedarfsorientiert ergänzt und Netzwerke an die Stelle von Loyalität zum Betrieb aufbaut. Diesen Trend hat der Sozialtheoretiker Sennett (1998) an Hand seiner Beobachtungen in den USA als Herstellung des flexiblen Menschen interpretiert und mit einem beträchtlichen Maß von Kulturpessimismus als Zerfall des Charakters kritisiert.

Derzeit ist es unwahrscheinlich, dass die Qualifizierung der jungen Erwachsenen von der Bindung an staatlich geregelte Ausbildungswege gelockert wird, denn dadurch würde ihre Abhängigkeit von den einzelbetrieblichen Nutzungsinteressen dominieren, was durch Berufsbildungsgesetz und Tarifvertrag beschränkt werden sollte. Wenn die Berufsförmigkeit der Ausbildung in den Hintergrund gedrängt werden würde, dann entsteht ein Orientierungsvakuum, es fehlen Handlungskompetenzen und Qualitätskriterien für Arbeits- und Sozialbeziehungen, die außerhalb des betrieblichen Erfahrungsbereichs liegen. Kurzum, es fällt eine wesentliche

Dimension im Sozialisationsprozess Jugendlicher aus, die Orientierungsmarken für den Übergang in die Arbeitsgesellschaft und die Gestaltung einer selbstbestimmten Lebensführung bietet (Heinz 2004).

Wie die Qualifizierungsdebatten in deregulierten Arbeitsmärkten in England und in Nordamerika zeigen, schwenken dort die Betriebe von „learning-on-the-job", also von an den Arbeitsplatz gebundenem Training, auf das Kriterium der Beschäftigungsfähigkeit („employability") um. Dies bedeutet, dass die Unternehmen eine Mischung aus Arbeitserfahrungen und Basiswissen, das in den Further Education Colleges (England) bzw. Community Colleges (in USA und Kanada) vermittelt wird, zum Rekrutierungskriterium für junge Arbeitskräfte machen (vgl. Grubb 1999). Da die Firmen Personalaustausch (hire and fire) an der Stelle von Investitionen in Ausbildung und Weiterbildungsphasen praktizieren, wird erwartet, dass sich Beschäftigte aus eigener Initiative (weiter-)qualifizieren. Damit wird der Übergang von der Schule in die Erwerbstätigkeit vollends der Rationalität der einzelbetrieblichen, an Rentabilität orientierten Personal- und Arbeitspolitik untergeordnet. Hierdurch wird das Sozialisationspotential der betrieblichen Arbeitstätigkeit erheblich eingeschränkt, da nur solche Fertigkeiten und Kenntnisse gefördert werden, die betriebsbezogen relevant sind.

Ebenso wie die Übergangswege in Fachhochschule und Universität, die auf eine praxisrelevante, aber nicht unmittelbar betriebsförmige berufliche Sozialisation setzen, bedarf also auch die duale Berufsausbildung einer Distanz zu dem betrieblichen Rentabilitätskalkül, wenn sie zu einer kompetenten und motivierten Gestaltung von Arbeit befähigen soll. Denn: „Die Nutzung von Lernchancen in betrieblichen Arbeitsprozessen hängt wesentlich davon ab, welche Motive, Kompetenzen, und Lernerfahrungen die Beschäftigten in den Arbeitsprozess einbringen." (Georg 1997, S. 79)

6 Arbeitsorientierungen im Wandel

Die gesellschaftliche Diskussion und die Forschung über die Jugend haben sich bis in die 1980er Jahre auf die Frage des Ausmaßes und der Richtung der Veränderungen von Wertvorstellungen der jungen Generation konzentriert: Es schien eine Erosion der Leistungsorientierung um sich zu greifen, die Bereitschaft, sich durch Erwerbstätigkeit früh vom Elternhaus zu emanzipieren gehe zugunsten eines möglichst langen Bildungsmoratoriums zurück, Freizeit und Konsum würden an die Stelle von Arbeitsleistung und beruflichen Interessen treten. Allerdings haben die steigende **Arbeitslosigkeit** einerseits und die vom Arbeitsmarkt erwarteten höheren Bildungsabschlüsse andererseits zu einer objektiv verlängerten Übergangsphase in das Erwerbssystem geführt, die sowohl auf kulturelle Umbrüche, als auch auf Veränderungen der Chancenstruktur verweist.

Wenn man dem Ausmaß auf die Spur kommen will, in dem sich die Einstellungen zu Arbeit und Beruf in der zweiten Hälfte des 20. Jahrhunderts geändert haben, dann empfiehlt es sich, die Forschung über Sozialisation für und durch den Beruf (vgl. Heinz 1995; Lempert 1998) und die repräsentativen Studien über die Wertvorstellungen Jugendlicher zu konsultieren. In Familie und Schule werden den Heranwachsenden Erwartungen und Ansprüche an das Arbeitsleben vermittelt. Dabei geht es weniger um konkrete Berufs- und Arbeitsmarktinformationen, die sich auf objektive strukturelle Bedingungen und Karrierechancen beziehen. Vielmehr wird in der vorberuflichen Sozialisation gleichsam der Bezugsrahmen für die Entwicklung individueller Vorstellungen und Interessen erworben und der subjektive Stellenwert von Arbeit für den Lebenslauf begründet. Dazu gehört die subjektiv unterschiedliche Bedeutung von Kriterien wie Einkommen, Arbeitsplatzsicherheit, Arbeitsinhalt, Handlungsspielraum, Karriere, Kollegialität, Entwicklungschancen und Selbstbestimmung. Diese Kriterien geben der Berufsfindung und der Suche nach einem Ausbildungsbetrieb bzw. der Wahl eines Studienfachs eine Grundorientierung. Sie entscheiden auch darüber, wie junge Erwachsene nach ihrem Übergang in das Beschäftigungssystem ihren Beruf und die Arbeitsumstände bewerten. Der Stellenwert dieser Kriterien für die individuelle **Arbeitsorientierung** kann sich von Generation zu Generation und im Lebenslauf durch eine Umgewichtung der Beurteilungsmaßstäbe verändern. Wesentliche Ursachen dieses Wandels sind nicht nur die Chancen und Risiken in Ausbildung und Beschäftigung, sondern auch die Veränderungen in den kulturellen Normen, die sich auf das Verhältnis von materiellen, solidarisch-mitbürgerlichen und individualistischen Werten beziehen (vgl. Fend 1988). Dies drückt sich zum Beispiel in den Einstellungen verschiedener Generationen gegenüber Leistungsprinzip, Karriere, Konsum und zum Verhältnis von Arbeit, Familie und Freizeit aus.

Das Thema des **Wertewandels** hat in Jugendforschung und -politik eine zentrale Bedeutung, wird doch in den Einstellungen zu Leistung in Arbeit und Beruf eine wesentliche Bedingung für die Sicherung des Wirtschafts- und Sozialsystems nach innen und für die Konkurrenzfähigkeit der Gesellschaft im internationalen Kontext gesehen.

Nun gibt es jedoch viele empirische Belege dafür, dass sich die Einstellungen zur Arbeit bei den 15- bis 25-Jährigen trotz gesellschaftlichen Wandels über Jahrzehnte hinweg insgesamt wenig verändert haben (für den Zeitraum bis 1980: vgl. Fuchs/Zinnecker 1985; Allerbeck/Hoag 1985). Dies wird auch in den bislang 15 veröffentlichten Shell-Jugendstudien (vgl. u.a. Jugendwerk 1975, 1981, 1997, 2000, 2006) dokumentiert; es haben sich seit den 1960er-Jahren wohl Akzentverschiebungen, aber keineswegs Umbrüche in den Arbeitsorientierungen bei der jeweiligen jungen Generation vollzogen. Im Hinblick auf die Arbeitswelt wird zu Anfang der 1980er-Jahre festgehalten: „Für die allermeisten Jugendlichen ist der Abschluss einer Berufsausbildung ein akzeptierter Schritt in ihrer Lebensführung" (Jugendwerk 1981, S. 192). Zwanzig Jahre später wird in der 13. Shell-Jugendstudie bei der jungen Generation ein gedämpfter Zukunftsoptimismus festgestellt, sie nimmt das „Lebensziel Beruf ernst und ihre Aufgabe, sich dafür zu qualifizieren und vorzubereiten, sehr genau" (Jugendwerk 2000, S. 15). In der jüngsten Studie (Jugendwerk 2006) wird von einer pragmatischen Jugend gesprochen, deren Motto „Aufstieg statt Ausstieg" lautet und die die Bedeutung der Familie betont. Diese Ergebnisse korrigieren die immer wieder auflebenden und populären Annahmen, dass sich unter den Jugendlichen eine Haltung ausbreite, die der beruflichen Leistung ablehnend gegenüber stehe und allgemein die Wertschätzung der Berufsarbeit im Lebenszusammenhang abnehme.

Zeitreihenvergleiche über 20 Jahre zwischen 1962 und 1983, die Fend (1988) anhand verschiedener Jugendstudien durchgeführt hat, zeigen, dass sich eine zunehmend kritische Haltung gegenüber der Gültigkeit des beruflichen Leistungsprinzip mit gestiegenen Ansprüchen an Handlungs- und Gestaltungsmöglichkeiten bzw. Selbstverwirklichung im Arbeitsprozess verbindet. Diesen Individualisierungsschub in den Arbeitsorientierungen hat Baethge (1991), auch gestützt auf eigene Studien, als „normative Subjektivierung der Arbeit" bei Jugendlichen und jungen Erwachsenen bezeichnet, als den Anspruch, nicht sich auf die Arbeit, sondern die Arbeit auf sich zu beziehen.

Die erste Krise auf dem Arbeitsmarkt nach dem „Ölschock" (1972) hat sich auf die Arbeitsorientierungen ausgewirkt. Wie Fend und Priester (1985) anhand eines Vergleichs von repräsentativen Umfragedaten nachzeichnen, hat zwischen 1973 und 1982 der Glaube der Jugendlichen abgenommen, dass persönlicher Einsatz zu gerechter Entlohnung und Aufstieg führe. Dieser Orientierungswandel beruht auf der Verknappung von Ausbildungs- und Arbeitsplätzen und auf den Erfahrungen, dass trotz verstärkter Bemühungen um Ausbildung und Arbeit der Zusammenhang zwischen persönlicher Anstrengung und Ertrag im Arbeitsleben immer unsicherer wird.

Es wird deutlich, dass Jugendliche im Übergang in die Arbeitswelt Erfahrungen machen, die zu Veränderungen in der subjektiven Gewichtung von Beurteilungskriterien und teilweise auch zu widersprüchlichen Erwartungen führen. Der Beruf soll der Selbstverwirklichung dienen, aber auch einen sicheren Arbeitsplatz bieten. Die eingangs angesprochene Ambivalenz der Übergangsphase wird hier deutlich, aber auch der Einfluss des Bildungsniveaus. Während Gymnasiasten sich (noch) nicht festlegen (müssen) und sich von beruflichen Leistungsstandards und konkreten Berufszielen eher distanzieren können, heben Haupt- und Realschüler und -innen eher das Kriterium Arbeitsplatzsicherheit hervor. Dies wird auch durch Ergebnisse einer Studie über 15- bis 30-Jährige (Sinus 1983) gestützt, die auf eine mit der Beschäftigungskrise steigende Bedeutung sozialer Sicherheit und eines festen Arbeitsplatzes hindeuten. Mit zunehmender Deregulierung (z.B. befristete Verträge) auf dem Arbeitsmarkt und dem Mangel an Ausbildungs- und Arbeitsplätzen steht seit Mitte der 1980er-Jahre fest, dass „Bildungspatente zunehmend weniger Berufschancen garantieren" (Allerbeck/Hoag 1985, S. 76).

Allerdings hat die Ungewissheit der beruflichen Zukunft keineswegs zu einer Flucht in die Freizeit oder in Resignation hinsichtlich beruflicher Pläne geführt, eher zu einer illusionslosen, d.h. realistischen Strategie der Verbesserung der Qualifikationsvoraussetzungen bzw. zu Kompromissen hinsichtlich der Arbeitsumstände beim Einstieg in die Beschäftigung. Dies wird auch in einer der wenigen qualitativen Längsschnittstudien mit Hauptschülern beim Übergang in den Arbeitsmarkt Anfang der 1980er-Jahre sichtbar. Wie Heinz u.a. (1987) aufzeigen, verlaufen vorberufliche Sozialisationsprozesse unter dem Druck des Arbeitsmarkts, der die Jugendlichen in eine „Optionslogik" der Berufsfindung einbindet. Diese Optionslogik ist durch die Chancenzuweisung auf einen der Schultypen im dreigliedrigen Bildungssystem vorgezeichnet und definiert die Realisierungschancen der Berufserwartungen, die Jugendliche im Verlauf des Übergangs durch Sozialisation in der Familie, Erfahrungen von peers, Beratung durch Lehrer und Arbeitsamt, Ferienjobs und nicht zuletzt durch eigene Bewerbungen entwickeln. In diesem Übergangsprozess sind die Jugendlichen mit Entscheidungen zwischen verschiedenen Pfaden konfrontiert, z.B. weiter zur Schule zu gehen, eine Ausbildungsstelle zweiter Wahl zu akzeptieren, nach der Ausbildung zurück zur Schule zu gehen (für jene ohne Abitur), den Bildungsweg an der Hochschule fortzusetzen oder die Lehre für eine interessantere und aussichtsreichere Ausbildung abzubrechen, auch wenn dies bedeutet, vorübergehend einen Gelegenheitsjob zu machen oder arbeitslos zu sein. All diese Pfade hängen in ihrer Begehbarkeit von den materiellen, sozialen und kulturellen Ressourcen ab, auf die sich ein Jugendlicher beziehen kann. Die mehrfach während des Übergangs in die Berufswelt befragten Jugendlichen entwickelten ein geschärftes Risikobewusstsein und eine erstaunliche Illusionslosigkeit, sie betonen geradezu ihre Zuständigkeit für die Verwirklichung ihrer auf Berufsarbeit gerichteten Lebensplanung.

Wir können aus den vorgestellten Ergebnissen der Forschung aus mehreren Jahrzehnten folgern, dass der Übergangsprozess in Abhängigkeit von Angebot und Qualität von Ausbildung und Arbeit mit Abstrichen oder Umorientierungen hinsichtlich arbeitsinhaltlicher und einkommensbezogener Kriterien, mit einer Zunahme von Risikobewusstsein und Sicherheitsüberlegungen einhergeht. Wie schon durch Ergebnisse der Lehrlingsstudien aus den 1970er-Jahren

(Kruse/Kühnlein/Müller 1981; Mayer u.a. 1981) belegt, veranlassen die Erfahrungen im Sozialisationskontext der betrieblichen Ausbildung viele gewerblich-technische und kaufmännische Lehrlinge dazu, die Übernahme im Ausbildungsbetrieb in den Mittelpunkt ihrer Lebensplanung zu rücken und die Erfüllung ihrer Ansprüche an Arbeitsinhalte und Gestaltungsspielraum in der Arbeit auf die Zeit nach Ausbildungsabschluss oder durch die Verbesserung des schulischen Bildungsniveaus in die Zukunft zu verschieben. Dies als Resignation vor den Anforderungen der Arbeitswelt zu werten, wäre unangebracht, denn diese Ausrichtung auf die Zukunft basiert auf einer rational-realistischen Einstellung, verbunden mit Überlegungen, sich nach der Berufsausbildung weiterzubilden, um die individuellen beruflichen Perspektiven auch in einem engen Arbeitsmarkt zu realisieren.

So ergibt sich schon aus der Forschung nach der ersten Beschäftigungskrise der 1970/80er-Jahre, dass junge Erwachsene ihre Erwerbsperspektiven nach der Ausbildung nicht (mehr) mit gesicherten Karrierewegen verbinden, sondern ihre berufliche Qualifikation als Voraussetzung bzw. Ausgangspunkt für die Realisierung einer subjektiv zufriedenstellenden Arbeitstätigkeit im zukünftigen Erwerbsverlauf sehen. Was Fend (1988, S. 285) in seiner Bilanz der Jugendforschung zwischen 1960 und 1980 formuliert, bestätigt sich auch für die 1990er-Jahre: „... die Einschätzung der Bedeutung von Arbeit für die eigene Lebensperspektive ist global relativ wenig zurückgegangen. Bei einer Betrachtung von Mädchen und Jungen zeigt sich die zentrale epochale Veränderung: für Mädchen mit höherer Bildung ist die Bedeutung von Arbeit sogar gestiegen..."

Die subjektive Verarbeitung von Erfahrungen während der Berufsausbildung erfolgt heute überwiegend in einem individualisierenden Deutungsschema. Aus enttäuschten arbeitsinhaltlichen Erwartungen und Sicherheitshoffnungen folgern Auszubildende, dass sie durch verstärkte Bewerbungs- und Qualifizierungsbemühungen ihre Berufsvorstellungen doch noch verwirklichen können. Inwieweit junge Fachkräfte ihre persönlichen Zumutbarkeitskriterien dabei reduzieren, hängt, wie Baethge u.a. (1988) zeigen, von dem Ausmaß ab, in dem die Arbeitsmarktkrise die Übergangsbiographien von der Schule in die Erwerbstätigkeit beeinträchtigt hat. Die relative geringe Anzahl der jungen Erwachsenen, die aus ihren Krisenerfahrungen folgern, dass sie sich der Anpassung an die Verhältnisse (noch nicht) stellen wollen, findet sich unter den Studierenden, die den Übergang durch Bildungsprozesse verlängern, aber auch unter den im Übergangsprozess sozial marginalisierten Jugendlichen, denen es auch nach Qualifizierungsmaßnahmen nicht gelingt, die gestiegenen Selektionskriterien der Betriebe zu erfüllen.

Die Befunde dieser qualitativen Querschnittstudie über die Arbeitsansprüche und Lebenskonzepte bei einer breit gestreuten Auswahl nicht-studierender junger Erwachsener verdeutlichen, dass Kontinuität und Brüche von Übergangsverläufen mit den Berufsvorstellungen und der subjektiven Bedeutung der Lebensbereiche Arbeit, Familie und Freizeit korrespondieren. Das zentrale Ergebnis ist: „In den persönlichen Identitätsentwürfen hat die Erwerbsarbeit für die Mehrheit der Jugendlichen einen hohen Stellenwert, gleichzeitig scheint sie aber für immer weniger Jugendliche den Kristallisationspunkt für kollektive Erfahrungen und die Basis für soziale und politische Identitätsbildung abzugeben" (Baethge u.a. 1988, S. 5). Nur knapp die Hälfte der Befragten ist unbeschädigt durch die Krise gekommen, je nach Schulniveau gab es Probleme bei der Berufsfindung („erste Schwelle") oder nach der Ausbildung („zweite Schwelle") und ein Sechstel blieb ohne Ausbildungsabschluss. Vor allem bei denen, die einen bruchlosen Übergang hatten, entdecken die Forscher ein neues Arbeitsverständnis, in dem sinnhaft-subjektbezogene Ansprüche gegenüber materiell-reproduktionsbezogenen Kriterien überwiegen. Auch in den Lebenskonzepten, die bei der Mehrheit der Befragten in einer Balance zwischen Arbeit, Familie und Freizeit bestehen, und bei immerhin beinahe einem Drittel (überwiegend junge Männer) auf Berufsarbeit zentriert sind, ist dieses Arbeitsverständnis dominant. Deutlich wird weiterhin, dass der Gewerkschaft überwiegend mit Skepsis begegnet wird, da weder in der vorberuflichen Sozialisation in der Familie noch im betrieblichen Alltag konkrete Erfahrungen mit der kollektiven Interessenvertretung gemacht werden. Vielmehr wird die Gewerkschaft als bürokratische Großorganisation erlebt, die wenig zur Durchsetzung der individuellen Interessen beitragen kann.

Mit der seit den 1990er-Jahren anhaltenden Ausbildungs- und Beschäftigungskrise breiten sich in den Übergängen Erfahrungen mit Diskontinuitäten weiter aus, womit der Stellenwert von Berufsarbeit und -karriere für Identität und gesellschaftliche Integration in Frage gestellt sein könnte.

In einer weiteren Studie des SOFI, Göttingen, mit jungen Facharbeitern in der Metall- und Elektroindustrie (Baethge-Kinsky/Kupka 2001) wird die These der Auflösung des traditionellen Profils des fachlichen Spezialisten zugunsten prozessbezogener Qualifikationen aus der Sicht der jungen Erwachsenen korrigiert. Es zeigt sich, dass nur eine Minderheit der Auszubildenden und jungen Facharbeiter sich mit den Arbeitsbedingungen eher defensiv arrangiert, die Mehrheit der „entwicklungsorientierten" jungen Erwachsenen aber an den neuen Arbeitsformen und Kooperationsanforderungen eigene arbeitsinhaltliche und kommunikative Ansprüche festmacht. Dies bedeutet, dass anspruchsvolle junge Facharbeiter auch Diskontinuitäten in Kauf nehmen, Betrieb oder Beruf wechseln, wenn sie ihre beruflichen Entwicklungsvorstellungen nicht verwirklichen können.

Vergleichbare Befunde liefern die 13. und 15. Shell-Jugendstudie (Jugendwerk 2000, 2006): Die Berufsorientierung (gemessen an der subjektiven Bedeutung einer guten Ausbildung und einer interessanten Arbeitstätigkeit) folgt nicht mehr vorgegebenen Standards, sondern ist zu einem Baustein eines selbstdefinierten Lebenskonzepts geworden, das persönlichen Einsatz verlangt. Diese Form der pragmatischen Berufsorientierung nimmt mit dem Bildungsstand zu; die stärker auf Beruf ausgerichteten Jugendlichen sind der Zukunft gegenüber optimistischer, setzen ihre Qualifikationen planvoller ein als die weniger Berufsorientierten, die sich eher an den gegebenen Bedingungen ausrichten. Die vor Abschluss der Ausbildung häufig geäußerte Option, sich beruflich selbständig zu machen, wird mit zunehmender Erfahrung mit den betrieblichen Realitäten und den Risiken der Erwerbsarbeit, insbes. von jungen Frauen, als immer weniger wahrscheinlich eingeschätzt.

Als Fazit ergibt sich, dass die Arbeitsorientierungen weniger einem epochalen Wandel unterliegen, sondern dass sich Jugendliche und vor allem junge Fachkräfte am Beginn des 21. Jahrhundert (noch) nicht auf ein bestimmtes Lebenskonzept festlegen (lassen), sondern ihren Übergang in die Erwerbsbiographie als Aufgabe sehen, bei der es neben beruflichen Qualifikationen auch auf Improvisation und möglichst erfolgreiches Selbstmanagement ankommt. Diese Haltung scheint sich gut mit den kurzfristigeren Beschäftigungs- und Weiterbildungsverläufen und Episoden von Arbeitslosigkeit in einem zunehmend flexibilisierten Arbeitsmarkt zu vertragen.

Ich folgere aus dem Stand der Forschung über Arbeitsorientierung, erstens, dass soziale Herkunft, Bildungsniveau und Geschlecht, die „klassischen" Faktoren der sozialen Ungleichheit weiterhin die Ausgangsbedingungen festlegen. Die vorberuflichen und beruflichen Sozialisationserfahrungen auf dem Arbeitsmarkt, während und nach der Ausbildung legen heute den jungen Erwachsenen eine flexible Strategie im Erwerbsverlauf nahe, also durch eine Verbindung von Erst- und Weiterqualifizierung, Betriebs- und Berufswechsel die Unsicherheiten im Beschäftigungssystem auszugleichen. Beim Wandel der Übergangsbiographien spielen, zweitens, die Verschiebungen in der Berufsstruktur von Fertigungs- zu qualifizierten Dienstleistungstätigkeiten eine entscheidende Rolle, die auch die Berufchancen der jungen Frauen allmählich verbessern. Auf Jugendliche in der Ausbildung, Arbeitsuchende, und junge Erwerbspersonen wird, drittens, ein erheblicher Leistungs- und Weiterqualifizierungsdruck ausgeübt, der wohl neue Bildungsmotivation fördert, aber primär durch die Selektionskriterien des flexiblen Arbeitsmarkts ausgelöst wird. Als Medium für soziale und materielle Verselbstständigung, soziale Anerkennung und gesellschaftliche Integration ist, viertens, die Berufsarbeit für die große Mehrheit der Jugendlichen und jungen Erwachsenen weiterhin von hoher, ihren gesamten Lebenslauf bestimmender Relevanz.

7 Ausblick

Die Bedingungen für den Übergang in das Erwerbssystem und der institutionelle sowie lebenszeitliche Rahmen für das Erwachsenwerden haben sich seit der zweiten Hälfte des 20. Jahrhunderts durch die Umstrukturierung der industriell geprägten Arbeitsgesellschaft zu einer wissensbasierten Dienstleistungsgesellschaft (vgl. z.B. Schmidt 1999; Brose 2000) in zweifacher Hinsicht geändert. Die Vorbereitungszeit für die Teilnahme am Beschäftigungssystem ist durch die längeren (Aus-)Bildungsphasen für Erst- und Weiterqualifizierung gekennzeichnet, bei gleichzeitiger Verschlechterung der Verwertungschancen der erworbenen Qualifikationen. Wie tief greifend diese strukturellen Veränderungen sind, lässt sich daran ablesen, dass 1960 zwei Drittel der 15- bis 20-Jährigen erwerbstätig waren, aber seit 2000 mit abnehmender Tendenz nur noch ein Viertel der jungen Männer und ein Drittel der jungen Frauen in dieser Altersgruppe.

Die Optionen und Risiken von Übergangswege und für Umorientierungen haben sich erweitert, was zu mehr Entscheidungsmöglichkeiten für junge Erwachsene führt, allerdings mit ungewissem Ausgang für den weiteren Lebenslauf. Durch die Deregulierung auf dem Arbeitsmarkt und den Stellenabbau ist einerseits mehr berufliche Flexibilität notwendig und möglich, andererseits aber wird die institutionalisierte soziale Sicherung der verschiedenen **Übergangspfade** abgebaut. Dies bedeutet vor allem für sozial benachteiligte Jugendliche eine biographische Hypothek, wenn sie trotz der Teilnahme an Qualifizierungsmaßnahmen und staatlicher Programme zum Abbau der Arbeitslosigkeit (vgl. BMBF 2000, Arbeitsgruppe 2008) allenfalls auf die Reservebank der Betriebe wechseln können. Die Lebenslaufpolitik des Sozialstaats kann jedoch zur Aktivierung von Lernpotenzial beitragen und soziale Exklusion verhindern, wenn sie ausbildungslosen Jugendlichen oder arbeitslosen jungen Erwachsenen Wege in eine Erwerbsbiographie bahnt, die auf regionaler Ebene durch individuelle Beratung, Förderung, Qualifizierung und Zertifizierung einerseits und die Schaffung von Ausbildungs- und Beschäftigungsnetzwerken andererseits stabilisiert werden.

Die derzeit populäre Orientierung beschäftigungs- und sozialpolitischer Reformüberlegungen am neo-liberalen Modell der USA und am „dritten Weg" in Großbritannien würde erhebliche Nachteile für ausbildungs- und arbeitslose Jugendliche und junge Erwachsene bringen. Wie neuere Studien zeigen, ist das deregulierte Übergangssystem im anglo-amerikanischen Wirtschaftsmodell mit einem hohen Risiko sozialer Ausschließung von Jugendlichen nach dem Ende der Schulpflicht verbunden (vgl. Heinz 1999; Settersten/Furstenberg/Rumbaut 2005). So kann beispielsweise für Übergangsverläufe in Großbritannien im Kohortenvergleich (Hillmert 2001) und im qualitativen Längsschnitt (Evans/Heinz 1994) gezeigt werden, dass im Unterschied zu Deutschland dort kurze, nicht institutionalisierte Übergänge vorherrschen. Da berufsbezogene Qualifikationen weder in Ausbildung noch Beschäftigung formalisiert sind, gibt es für Jugendliche und Unternehmer keine verbindlichen Standards. Dies bedeutet, dass in Großbritannien, ebenso wie in den USA und Kanada, die Betriebe im Wesentlichen über Qualifizierung „on-the-job" auf Übergangs- und Erwerbsverläufe Einfluss nehmen. Wohl sind mit der Reorganisation der Arbeitsgesellschaft die Übergänge in eine stabile Erwerbstätigkeit nach dem Verlassen des (Aus-)Bildungssystems auch in Deutschland zunehmend diskontinuierlich geworden, aber durch das duale System wird dieser Lebensabschnitt als Sozialisationsphase praktischen und theoretischen Lernens (noch) für die Mehrheit der nicht-studierenden Jugendlichen stabilisiert. In den USA hängt die Chance eines erfolgreichen Übergangs in das College und in Beschäftigung in hohem Maße vom Vermögen der Eltern ab, auch wenn die nicht-akademischen Pfade, für die es keine institutionalisierten Arrangements gibt, auch „zweite Chancen" eröffnen. Obwohl es für junge Leute in den USA viele Dienstleistungsjobs gibt, sind die Löhne vor allem für junge Erwachsene ohne Arbeitserfahrungen und Qualifikationen seit den 1990er Jahren rapide gefallen. So kommt es zu einer wachsenden Polarisierung der Übergänge zwischen Hochschulabsolventen und der Mehrheit der jungen Erwachsenen, die sich nach der Schule in einem unregulierten Arbeitsmarkt zu Recht finden müssen (vgl. Halperin 1998; Schneider/Stevenson 1998; Lehmann 2007). Diese fehlende Kontinuitätsperspektive prägt das Arbeitsverständnis der jungen Erwachsenen nachhaltig.

Angesichts dieser Beobachtungen ist es angeraten, die Kritik an der Berufsausbildung und deren Modernisierungsrückstand in Deutschland nicht zu überziehen und die arbeitsorganisatorischen und Kosten reduzierenden Argumente der Unternehmen nicht gegen die Interessen und Erwartungen der Jugend auszuspielen. Es gilt, nach den Erfahrungen mit dem fragwürdigen Umbau der Hochschulen nach dem anglo-amerikanischen Bachelor (BA) Modell, den Strukturwandel des schulischen und beruflichen Bildungssystems zu fördern. Dazu kann die Jugendforschung beitragen, wenn sie sich mit den gesellschaftlichen Rahmenbedingungen und den unterschiedlichen Interessenlagen, die die Übergangswege in das Beschäftigungssystem beeinflussen, auch aus einer gesellschaftsvergleichenden Perspektive zuwendet (vgl. Grollmann/Kruse/Rauner 2005).

Literatur

Allerbeck, K./Hoag, W.: Jugend ohne Zukunft? München 1985
Arnold, R.: Das duale System der Berufsausbildung hat eine Zukunft. In: Leviathan 21 (1993), S. 89-102
Autorengruppe Bildungsberichterstattung: Bildung in Deutschland. Bielefeld. Bertelsmann 2008
Baethge, M.: Arbeit, Vergesellschaftung, Identität. Zur zunehmenden normativen Subjektivierung der Arbeit. In: Soziale Welt 42 (1991), S. 6-20
Baethge, M. u.a.: Jugend: Arbeit und Identität. Opladen 1988
Baethge-Kinsky, V./Kupka, P.: Ist die Facharbeiterausbildung noch zu retten? Zur Vereinbarung subjektiver Ansprüche und betrieblicher Bedingungen in der Industrie. In: Bolder, A./Heinz, W.R./Kutscha, G. (Hrsg.): Deregulierung der Arbeit-Pluralisierung der Bildung? (Jahrbuch Bildung und Arbeit 99/00). Opladen 2001, S. 166-182
Beck, U.: Risikogesellschaft. Auf dem Weg in eine andere Moderne. Frankfurt a.M. 1986
Beck, U./Beck-Gernsheim, E. (Hrsg): Riskante Freiheiten. Frankfurt a.M. 1996

BIBB (Bundesinstitut für Berufsbildung): Ausbildungsbonus - bringt er Altbewerber in Ausbildung? BIBB-Report 5. Bonn 2008
BMBF (Bundesministerium für Bildung und Forschung): Berufsbildungsbericht 2000. Bonn 2000
BMBF (Bundesministerium für Bildung und Forschung): Berufsbildungsbericht 2008. Bonn 2008
Bolder, A./Hendrich, W.: Fremde Bildungswelten. Alternative Strategien lebenslangen Lernens. Opladen 2000
Born, C./Krüger, H./Lorenz-Meyer, D.: Der unentdeckte Wandel. Annäherung an das Verhältnis von Struktur und Norm im weiblichen Lebenslauf. Berlin 1996
Brose, H.-G. (Hrsg.): Die Reorganisation der Arbeitsgesellschaft. Frankfurt a.M./New York 2000
Dybowski, G. u.a.: Ein Weg aus der Sackgasse-Plädoyer für ein eigenständiges und gleichwertiges Bildungssystem. In: Berufsbildung in Wissenschaft und Praxis 23 (1994), S. 3-13
Dybowski, G./Haase, P./Rauner, F. (Hrsg.): Berufliche Bildung und betriebliche Organisationsentwicklung. Bremen 1993
Erpenbeck J./Heyse, V.: Die Kompetenzbiographie: Strategien der Kompetenzentwicklung. Münster 1999
Evans, K./Heinz, W.R. (Hrsg): Becoming Adults in England and Germany. London 1994
Fend, H.: Sozialgeschichte des Aufwachsens. Frankfurt a.M. 1988
Fend, H./Priester, H.G.: Jugend in den 70er und 80er Jahren: Wertewandel, Bewusstseinswandel und potentielle Arbeitslosigkeit. In: Zeitschrift für Sozialisationsforschung und Erziehungssoziologie 5 (1985), S. 43-70
Fischer, A./Münchmeier, R.: Jugend '97 (12. Shell-Jugendstudie, Jugendwerk der Deutschen Shell, Hrsg.) Opladen 1997
Freudenberg Stiftung (Hrsg.): Startchancen für alle Jugendlichen. Memorandum zur Ausbildungskrise. Weinheim 1998
Fuchs, W./Zinnecker, J.: Nachkriegsjugend und Jugend heute. In: Zeitschrift für Sozialisationsforschung und Erziehungssoziologie 5 (1985), S. 5-28
Geißler, K.A.: Das Duale System der industriellen Berufsausbildung hat keine Zukunft. In: Leviathan 19 (1991), S. 68-77
Georg, W.: Lernen im Prozess der Arbeit. In: Dedering, H. (Hrsg.): Handbuch zur arbeitsorientierten Bildung. München 1995
Georg, W.: Qualifikationsentwicklung in deutschen Klein- und Mittelbetrieben. In: Teichler, U. (Hrsg.): Berufliche Kompetenzentwicklung im Bildungs- und Beschäftigungssystem. Baden-Baden 1997
Grollmann, P./Kruse, W./Rauner, F. (Hrsg): Europäisierung beruflicher Bildung. Münster 2005
Grubb, W.N.: The Subbaccalaurate Labor Market in the United States. In: Heinz, W.R. (1999), S. 171-193
Halperin, S. (Hrsg.): The Forgotten Half Revisited: American Youth and Young Families, 1988-2008. Washington, DC 1998
Heinz, W.R. u.a.: Hauptsache eine Lehrstelle. Jugendliche vor den Hürden des Ausbildungsmarkts. (Neuausgabe). Weinheim 1987
Heinz, W.R.: Arbeit, Beruf und Lebenslauf. Eine Einführung in die berufliche Sozialisation. Weinheim 1995
Heinz, W.R. (Ed..): From Education to Work: Cross-National Perspectives. New York, NY 1999
Heinz, W.R. (Hrsg.): Übergänge. Individualisierung und Institutionalisierung des Lebenslaufs. Weinheim 2001
Heinz, W.R.: Kompetenzentwicklung in der industrialisierten Dienstleistungsgesellschaft. In: Gruber, H. u.a. (Hrsg.): Kapital und Kompetenz. Wiesbaden 2004, S. 313-323
Heitmeyer, W./Olk, T. (Hrsg.): Individualisierung von Jugend. Weinheim 1990
Hillmert, S.: Ausbildungssystem und Arbeitsmarkt. Lebensverläufe in Großbritannien und Deutschland im Kohortenvergleich. Wiesbaden 2001
HIS (Hochschul Informations System) (Hrsg.): Studium, Berufsausbildung und Werdegänge der Studienberechtigten. Hannover 1998
Hoff, E.-H./Lempert, W./Lappe, L.: Persönlichkeitsentwicklung in Facharbeiterbiographien. Bern 1991
Hornstein, W.: Strukturwandel der Jugendphase in Deutschland. In: Ferchhoff, W./Olk, T. (Hrsg.): Jugend im internationalen Vergleich. Weinheim 1988
Hurrelmann, K.: Lebensphase Jugend, 5. Aufl., Weinheim 1997
IAB (Institut für Arbeitsmarkt- und Berufsforschung): Betriebspanel. Nürnberg 1998
Jugendwerk der deutschen Shell AG (Hrsg.): Jugend zwischen 13 und 23. Vergleich über 20 Jahre. Bielefeld 1975
Jugendwerk der deutschen Shell AG (Hrsg.): Jugend '81. Lebensentwürfe, Alltags-Kulturen, Zukunftsbilder. Hamburg 1981
Jugendwerk der deutschen Shell AG (Hrsg.): Jugend '97; 12. Shell Jugendstudie. Opladen 1997
Jugendwerk der deutschen Shell AG (Hrsg.): Jugend 2000; 13. Shell Jugendstudie (2 Bde). Opladen 2000
Jugendwerk der deutschen Shell AG (Hrsg.): Jugend 2006: Eine pragmatische Generation unter Druck. Frankfurt a.M.

Kern, H./Sabel, C.: Verblaßte Tugenden. Zur Krise des deutschen Produktionsmodells. In: Beckenbach, N./van Treek, W. (Hrsg.): Umbrüche gesellschaftlicher Arbeit. Göttingen 1994, S. 605-624
Kohli, M.: Institutionalisierung und Individualisierung der Erwerbsbiographie. In: Brock, D. u.a. (Hrsg.): Subjektivität im gesellschaftlichen Wandel. München 1989, S. 249-278
Kohli, M.: Lebenslauftheoretische Ansätze in der Sozialisationsforschung. In: Hurrelmann, K./Ulich, D. (1991), S. 303-317
Kohn, M./Schooler, C.: Work and Personality. Norwood, NJ 1983
Konietzka, D.: Langfristige Wandlungstendenzen im Übergang von der Schule in den Beruf. In: Soziale Welt 49 (1998), S. 107-134
Krüger, H.: Die andere Bildungssegmentation: Berufssysteme und soziale Ungleichheit zwischen den Geschlechtern. In: Bolder, A. u.a. (Hrsg.): Die Wiederentdeckung der Ungleichheit (Jahrbuch Bildung und Arbeit '96). Weinheim 1996
Kruse, W./Kühnlein, G./Müller, U.: Facharbeiter werden – Facharbeiter bleiben? Frankfurt a.M./New York 1981
Kutscha, G.: Das duale System – Noch ein Modell mit Zukunftschancen? In: Arnold, R. u.a. (Hrsg.): Weiterungen der Berufspädagogik. Stuttgart 1997, S. 140-152
Lehmann, W.: Choosing to Labour? School-to-Work Transitions and Social Class. Montreal 2007
Lempert, W.: Berufliche Sozialisation oder Was Berufe aus Menschen machen. Hohengehren 1998
Mayer, E. u.a.: Betriebliche Ausbildung und gesellschaftliches Bewußtsein. Frankfurt a.M./New York 1981
Rauner, F.: Offene, dynamische Beruflichkeit? Zur Überwindung einer fragmentierten industriellen Berufstradition. In: Bolder, A./Heinz, W.R./Kutscha, G. (Hrsg.): Deregulierung der Arbeit – Pluralisierung der Bildung? (Jahrbuch Bildung und Arbeit 99/00) Opladen 2001, S. 183-203
Rothe, T./Tinter, S. : Jugendliche auf dem Arbeitsmarkt. (IAB Forschungsbericht Nr. 4). Nürnberg 2007
Schaeper, H./Kühn, T./Witzel, A.: Diskontinuierliche Erwerbskarrieren und Berufswechsel in den 1990ern. In: Mitteilungen aus der Arbeitsmarkt- und Berufsforschung 33 (2000), S. 80-100
Schmidt, G. (Hrsg.): Kein Ende der Arbeitsgesellschaft. Berlin 1999
Schneider, B./Stevenson, D.: The Ambitious Generation. American Teenagers, Motivated but Directionless. New Haven/London 1998
Schöngen, K./Westhoff, G.: Berufswege nach der Ausbildung. Die ersten drei Jahre. Bonn 1992
Schumann, M. u.a.: Trendreport Rationalisierung. Berlin 1994
Sennett, R.: Der flexible Mensch. Die Kultur des neuen Kapitalismus. Berlin 1998
Settersten, R.A./Furstenberg, F./Rumbaut, R.G. (Eds.): On the Frontier of Adulthood. Chicago 2005
Shavit, Y./Müller, W. (Hrsg): From School to Work: A Comparative Study of Educational Qualifications and Occupational Destinations. Oxford/New York 1998
Sinus-Institut (Hrsg.): Die verunsicherte Generation. Jugend und Wertewandel. Opladen 1983
Voß, G./Pongratz, H.: Der Arbeitskraftunternehmer. Ein neue Grundform der Ware Arbeitskraft? In: Kölner Zeitschrift für Soziologie und Sozialpsychologie 50 (1998), S. 131-158

Barbara Friebertshäuser | Birte Egloff

Jugend und Studium

1 Einleitung und Überblick

Etwa ein Drittel der jungen Leute eines Altersjahrgangs besucht gegenwärtig eine Hochschule. Seit der Bildungsreform der 1960er-Jahre eröffnete sich einem größeren Teil der Jugend die Möglichkeit, zu studieren. Insbesondere bildungsferne soziale Schichten und Frauen erhielten im Zuge der Diskussionen um Chancengleichheit neue Bildungsmöglichkeiten, die allerdings nur teilweise genutzt wurden. So ist etwa der Anteil der so genannten Arbeiterkinder, Kinder von Ungelernten und Kinder aus Migrantenfamilien unter den Studierenden sehr gering geblieben. Allerdings ist gegenwärtig fast die Hälfte der Studienanfänger weiblichen Geschlechts. Insgesamt ist die Zahl der Studierenden in den vergangenen Jahrzehnten kontinuierlich auf fast zwei Millionen gestiegen. Dadurch hat sich das Studium im 20. Jahrhundert von einer Eliteausbildung für relativ wenige junge Männer aus ökonomisch abgesicherten, bildungsorientierten sozialen Schichten zu einer Ausbildung für große Teile der männlichen und weiblichen Jugend gewandelt und daraus resultieren neue Chancen, aber auch neue Risiken für die Absolventinnen und Absolventen (vgl. hierzu ausführlich Isserstedt u.a. 2007).

Der Beitrag zeichnet die historische Entwicklung des Studiums und der **studentischen Jugend** nach und fragt dabei, welche akademischen Traditionen in der Geschichte wurzeln und teilweise bis heute lebendig sind. Außerdem wird erörtert, wie der Wandel der gesellschaftlichen Rahmenbedingungen (Öffnung der Hochschulen für bildungsferne Schichten, Frauenstudium, Entwicklung zur akademischen Massenausbildung, ausdifferenziertes Studienangebot, Akademikerarbeitslosigkeit in Teilbereichen, Bologna-Prozess) sich auf Lebensmuster und Einstellungen von Studierenden dem Studium gegenüber ausgewirkt haben. Von besonderem Interesse ist in diesem Zusammenhang die Frage danach, wie die jungen Leute selbst unter den gegenwärtigen Bedingungen den Prozess der Hochschulsozialisation gestalten und wie sich für sie der Zusammenhang von Jugend und Studium darstellt. Viele Befunde deuten darauf hin, dass die veränderten gesellschaftlichen und sozialen Rahmenbedingungen sich wiederum auf die Haltung gegenüber dem Studium auswirken. So kann man eine Vervielfältigung der Lebenslagen und Lebensmuster von Studierenden feststellen. Die klassische Statuspassage von der Schule direkt ins Studium trifft nur noch auf einen Teil der Studienanfänger zu, viele absolvieren zunächst eine Berufsausbildung und einige entscheiden sich erst nach Jahren für ein Hochschulstudium. Durch die Einführung neuer Studienformate wie Bachelor und Master werden Studium und Berufstätigkeit in neuer Weise miteinander verbunden. Während einige Studierende noch im elterlichen Haushalt leben, beziehen andere eine eigene Wohnung oder studieren an weiter entfernten Hochschulorten. Eine große Zahl von Studierenden ist während des Studiums erwerbstätig, einige gründen bereits eine Familie oder leben mit Kindern. Das klassische Modell des Studenten (jung, ungebunden, männlich, finanziell abgesichert und Vollzeit-Student) beschreibt inzwischen nur noch die Realität einer kleinen Gruppe von Studierenden. Heterogene Formen des Umgangs mit dem Studium haben sich herausgebildet. Das wirft die Frage auf, ob die traditionellen empirischen Zugänge die veränderten Lebenssituationen von Studierenden und deren Haltungen überhaupt noch ausreichend zu erfassen vermögen. Vieles deutet zudem darauf hin, dass die Vorstellung von einem klassischen Bildungsmoratorium nur noch einen Teil der studentischen Realität beschreibt. In die eigenständige Lebensphase „Studium" werden heute viele Elemente des Erwachsenenlebens integriert (z.B. Erwerbsarbeit, Heirat, eigene Wohnung, eigene Kinder). Das Leben im Hier und Jetzt scheint auch für die studentische Jugend bedeutsamer zu werden angesichts der unsicheren Zukunftsperspektiven. Daraus ergeben sich neue Herausforderungen auch für die Hochschulsozialisationsforschung.

Vor diesem Hintergrund stellt der Beitrag dar, welche historischen Wandlungsprozesse sich vollzogen haben und welche Einflussfaktoren auf den Prozess der Hochschulsozialisation von Studierenden einwirken. Außerdem wird er sich mit den Möglichkeiten und Grenzen verschiedener empirischer Zugänge – quantitativer und qualitativer Art – zur studentischen Lebenswelt auseinandersetzen. Angesichts der Fülle von Publikationen zu diesen Themen und den zahlreichen empirischen Untersuchungen in diesem Feld, können wir nur auf einige exemplarische Studien verweisen und haben uns dabei bemüht, möglichst aktuelle Arbeiten zu zitieren, die wiederum aufgrund ihrer gründlichen Recherche des Forschungsstandes weiterführende Literatur für ein vertiefendes Studium vermitteln. Ein solcher Überblicksbeitrag kann also viele Themen nur streifen, dennoch sollen einige Aspekte auch etwas genauer ausgeleuchtet und anschaulicher dargestellt werden, damit sich zu den nüchternen Zahlen und Fakten auch das alltägliche studentische Leben gesellt.

2   Historisches zum Studium und zur studentischen Jugend

Um die heutige Situation von Studierenden an den verschiedenen Hochschulen zu verstehen, ist es sinnvoll, einen Blick auf die universitären Traditionen zu werfen, denn sie wirken bis heute in vielen Bereichen fort. Zahlreiche akademische Bezeichnungen und Rituale wurzeln in der Entstehungsgeschichte der Universitäten und werden als Erbe der vergangenen Jahrhunderte an vielen Orten auch heute noch gepflegt oder wieder neu belebt. Interessant ist eine historische Perspektive auch im Hinblick auf die gegenwärtigen Debatten, die in der langen Universitätsgeschichte bereits mehrfach eine Rolle spielten. Zu verschiedenen Zeiten tauchten Klagen über die mangelnde Studierfähigkeit der Studenten und deren ungebührliche Verhaltensweisen auf, oder die Reformunfähigkeit der Hochschulen, sowie deren schlechte finanzielle Ausstattung wurden öffentlich verhandelt. Dennoch kennzeichnet die modernen Hochschulen zugleich ein enormer Wandel, der eng verknüpft ist mit den gesellschaftlichen, sozialen und kulturellen Veränderungen in Mitteleuropa. Charakteristisch für die etwa tausendjährige Geschichte der Universitäten scheint das spannende Nebeneinander von Traditionswahrung und Veränderung zu sein, das auch heute noch die Universitäten in einzigartiger Weise prägt. Kontinuität und Wandel der Hochschulen sollen in diesem Abschnitt anhand von einigen ausgewählten Beispielen anschaulich gemacht werden, dabei steht das Thema „studentische Jugend" im Zentrum der Aufmerksamkeit.

2.1 Studieren vom Mittelalter bis zum 20. Jahrhundert

Die ersten Universitätsgründungen des Mittelalters erfolgten zwischen 1150 und 1250 in Bologna, Paris, Oxford, Cambridge, also in Städten, die durch blühenden Handel, Gewerbe und Verwaltung die umherziehenden Gelehrten und Studenten an sich binden konnten (vgl. Prahl/Schmidt-Harzbach 1981, S. 15). Fernhändler und Kreuzzügler brachten Berichte über mohammedanische Hochschulen, die bereits im 9./10. Jahrhundert in Fes und Kairo gegründet worden waren, sowie arabische und antike Wissensbestände mit, so dass neue Organisationsformen neben den traditionellen Klosterschulen notwendig wurden, um sich mit diesem Wissen auseinandersetzen zu können (vgl. ebd., S. 16ff). An den neu gegründeten Universitäten in Europa entwickelte sich ein „**Studium generale**" (lat. allgemeines Studium)[1], die Artistenfakultät diente der Vorbereitung auf das „eigentliche" Studium (vgl. Ellwein 1997, S. 52f). Zu einer Universität gehörte zudem mindestens eine der drei höheren Fakultäten (Theologie, Medizin, Recht), die Artes liberales (die freien Künste) kamen an einigen Standorten hinzu. „Universität" (lat. (gesellschaftliche) Gesamtheit) bezeichnet seit dem Mittelalter die Gesamtheit der Lehrenden und Lernenden, die mit eigenen Rechten, eigener Selbstverwaltung und dem Recht zur Verleihung öffentlich anerkannter akademischer Grade ausgestattet ist. Die akademischen Grade bescheinigten dem Träger die Fähigkeit, eine wissenschaftliche Disziplin so zu beherrschen, dass er andere darin unterrichten könnte, unter Aufsicht als „baccalaureus" oder selbständig als „magister" oder „doctor". Der Gedanke der Universität kommt darin zum Ausdruck, dass die Magister einerseits die Scholaren unterrichten und zugleich bei anderen Gelehrten deren Vorlesungen hören und Doktorenkollegien angehören. „Studium" meint somit „wissenschaftliche Betätigung" und „eifriges Streben", also die aktive Beschäftigung mit wissenschaftlichen oder künstlerischen Inhalten. Lernende und lehrende Anteile sind somit eng miteinander verbunden. Kollegien sorgten bald an vielen Orten für die Unterkunft, Verpflegung, Bücher und Fürsorge gegenüber den ärmeren Scholaren und Magistern und widmeten sich durch Vorlesungen und Disputationen der wissenschaftlichen Arbeit (vgl. Prahl/Schmidt-Harzbach 1981, S. 23). „Alma Mater" (lat. Nährmutter), die Mutter der Weisheit, nährt auf einer mittelalterlichen Darstellung den Wissensdurst zweier Gelehrten, die an ihren Brüsten saugen[2], in übertragener Bedeutung bezeichnet Alma Mater noch heute die Universität als Quelle der Weisheit.[3]

Während in den wirtschaftlich und gesellschaftlich entwickelten Ländern wie Italien, Frankreich, England und Spanien bereits gegen Ende des 12. Jahrhunderts Universitäten entstanden, existierten in Deutschland bis zur Mitte des 14. Jahrhunderts überhaupt keine Hochschulen. Im Heiligen Römischen Reich entstanden die ersten Universitäten in Prag 1348, Wien 1365, Erfurt 1379/89 (eröffnet 1392), Heidelberg 1386, Köln 1388 und in vielen weiteren Städten. An der Wende vom 15. zum 16. Jahrhundert existierten in den deutschen Territorien schon 18 Universitäten[4], zu dieser Zeit entstand die Bezeichnung Professor und wurde an fast allen europäischen Universitäten gebräuchlich (vgl. Prahl/Schmidt-Harzbach 1981, S. 26f.). Die Universitäten zogen Studierende aus ganz Europa an. Ein Viertel der europäischen Universitäten wies mindestens 1000 Studenten auf, ein Viertel zwischen 300 und 1000, die andere Hälfte allerdings selten mehr als 100 Studierende und etwa zwei oder drei Professoren, etwa 200.000 Studierende zählte man vom 14. bis zum 16. Jahrhundert (vgl. Ellwein 1997, S. 34f.). Viele der Studenten waren sehr jung, denn man konnte sich ohne Vorbildung immatrikulieren und Bildungslücken in halb-privaten Kursen oder Kollegien schließen. Die Studentenschaft bestand nur aus jungen Männern und war primär aus Adeligen oder Söhnen wohlhabender Bürger zusammengesetzt, denn die Studenten mussten für ihr Studium bezahlen. Stipendien eröffneten einigen Begabten zwar einen Zutritt, aber manchmal dennoch keinen Zugang.[5] Unterrichtssprache an allen Universitäten war Latein, der Unterricht hatten meist bestimmte Bücher zum Gegenstand, die zunächst als Text vorgelesen oder auch diktiert und anschließend kommentiert wurden, denn der Bucherwerb war teuer. Dieser Vorlesung folgte dann die Disputation, zu der die Magister die Thesen vorstellten und die Diskussion leiteten. Lange Zeit verbesserte bereits der Besuch einer Universität die beruflichen Möglichkeiten, der erfolgreiche Abschluss des Studiums war weniger bedeutsam (vgl. Ellwein 1997, S. 26). Das Studium blieb allerdings Privileg einer kleinen Minderheit der Jugend. Um 1750-75 studierten in Oxford 0,2%, in Frankreich 1,2% und im Heiligen Römischen Reich 1,7% der entsprechenden Altersgruppe, durchschnittlich kaum 200 pro Hochschule.

Die französische Revolution und die Napoleonischen Kriege führten in Deutschland zur Auflösung zahlreicher Universitäten und zur Neugliederung. Die Gründungszeit der Berliner Humboldt-Universität 1810 fiel in die Zeit der Befreiungskriege. Wilhelm von Humboldt (1767-1835) schuf dafür eine Vorlage, die bis heute in der Idee der Einheit von Forschung und Lehre und eines Studiums in „Einsamkeit und Freiheit" als Anspruch über den deutschen Universitäten schwebt, aber auch als Vorlage für zahlreiche Universitätsneugründungen, nicht nur in den USA, sondern in vielen Ländern der Welt diente. Kerngedanken waren dabei die Autonomie der Universität vom Staat, die Entfaltung einer „Stätte der Wahrheitssuche", deren Arbeits- und Lebensform von der Einheit der Forschung und Lehre, sowie der Forschenden und Lernenden geprägt wird, verbunden mit einem Bildungsgedanken, der auf die vollständige Entfaltung der Persönlichkeit zielt und die spezielle Bildung einer allgemeinen Bildung nachordnet[6] (vgl. Prahl/Schmidt-Harzbach 1981, S. 93f.). Paulsen hat im Jahre 1902 im Rückblick auf das 19. Jahrhundert einige Zahlen zur Relation von Dozenten und Studenten zusammengestellt. Danach entfielen im Jahr 1840 in der Medizin auf einen Dozenten 8 Studierende und bis 1892 stieg diese Zahl auf 12 an. Ein Ordinarius in der Medizin hatte im Jahr 1840 durchschnittlich 17 Studenten zu betreuen und im Jahr 1892 bereits 41. In der Philosophie betreuten Dozenten in diesen Jahren jeweils 5 bis 6 Studenten und ein Ordinarius hatte ebenfalls 1840 durchschnittlich 10 Studenten, eine Zahl die 1892 auf 14 anstieg (vgl. Paulsen 1966, S. 230).

Viele Studenten und Professoren engagierten sich in der Zeit zwischen 1810 und 1850 für die nationale Erneuerung und Einigung in Deutschland sowie für politische Reformen, die Burschenschaften spielten dabei eine wichtige Rolle (vgl. Krause 1979). Gegen Mitte und Ende des 19. Jahrhunderts wurde die Grundhaltung konservativer, eine Tendenz, die bis ins 20. Jahrhundert hinein reichte und zu einer gewissen Begeisterung im Ersten Weltkrieg 1914 sowie für den Nationalsozialismus beitrug (vgl. Prahl/Schmidt-Harzbach 1981, S. 100f.). In der Zeit zwischen 1870 und 1914 stieg die Zahl der Studierenden von 15.000 auf ca. 75.000, dennoch umfasst diese Zahl nur eine Elite von etwa 3% der Bevölkerung (vgl. Windolf 1990, S. 27).

Kennzeichnend für die Zeit des Nationalsozialismus war, dass die Politik in vielfältiger Weise auch die Hochschulen ergriff (vgl. Kuhn u.a. 1966). Unter den Studierenden fand Hitler eine wachsende Zahl von Anhängern und Mitläufern und das Studieren veränderte sich insbesondere durch ideologische Beeinflussung, Vertreibung „nicht-arischer Studenten" und Hochschullehrer und den Krieg (vgl. Roegele 1966, S. 139f.; Blessing 1994).[7] Auf der anderen Seite waren es gerade auch Studentinnen und Studenten, die dieser Politik aktiven Widerstand entgegen setzten. So prangerten bspw. die Mitglieder der „Weißen Rose" in München auf Flugblättern die Verbrechen gegen die Menschlichkeit an, 1943 wurden Hans und Sophie Scholl sowie ihre Freunde Christoph Probst, Willi Graf, Alexander Schmorell und der Universitätsprofessor Kurt Huber verhaftet und hingerichtet (vgl. Jens 1989). Nach 1945 wurde das Hochschulwesen in der Bundesrepublik Deutschland neu aufgebaut (vgl. Oehler 1989). Das Hochschulwesen in der DDR nach 1945 ging eigene Wege (vgl. Waterkamp 1987).

Abitur und Studium sind im 20. Jahrhundert kein Privileg mehr für wenige, männliche und bürgerliche Jugendliche. Im gesamten 19. Jahrhundert partizipierten an dieser höheren Bildung nur 1% - 2% eines Altersjahrgangs. In den 1920er-Jahren des 20. Jahrhunderts stieg der Anteil auf 2% - 3% und lag in den 1950er-Jahren bei 6% und noch vor der Bildungsreform in den 1960er Jahren bei 9%. Am Ende des 20. Jahrhunderts erwerben über 30%, in einigen städtischen Regionen sogar über 40% eines Altersjahrgangs die Zugangsberechtigung zur Hochschule (vgl. Ferchhoff 1999, S. 187). Aber bevor wir zum Studieren im 20. Jahrhundert kommen, werfen wir noch einen Blick zurück auf die studentische Jugend und betrachten das studentische Leben anhand von einigen historischen Beispielen.

2.2 Studentische Jugend – einige historische Beispiele

Über das Leben der studentischen Jugend gibt es einige spannende historische Berichte. Bereits der Eintritt in die Universität wurde von Initiationsritualen begleitet. Dazu gehörte der Pennalismus, der Neuankömmling wurde von den Scholaren in Empfang genommen und durch Drangsalierungen dazu gebracht, einen reichlichen Festschmaus mit großem Gelage zu finanzieren und anschließend eine Zeit als „Leibbursche" oder „Pennal" einem Burschen zu dienen. Die Deposition (depositio cornuum = Ablegen der Hörner), eine Art symbolische Aufnahmeprüfung, wurde unter Beteiligung der offiziellen Organe der Universität veranstaltet und dabei kam es zu derben Scherzen auf Kosten des Novizen, der bspw. mit Hörnern versehen wurde, die er sich abstoßen musste (vgl. Busch 1989, S. 38f.; Friebertshäuser 1992, S. 56). Dieses Aufnahmeritual wurde erst im 17./18. Jahrhundert allgemein verboten (vgl. Prahl/Schmidt-Harzbach 1981, S. 32f.). Auch heute existieren in einigen europäischen Ländern noch vergleichbare Initiationsriten an Universitäten, die aber nicht selten die Grenze zur Misshandlung überschreiten und daher offiziell verboten sind (so wurde etwa in Frankreich „le bizutage" 1998 in das französische Strafgesetzbuch aufgenommen; vgl. zum bizutage Davidenkoff/Junghans 1993). Auch Studentenverbindungen legen teilweise Wert auf Initiationsriten, vor allem, um den Korpsgeist und das Zugehörigkeitsgefühl zu stärken.

Als Hinweise auf die notwendigen erzieherischen Funktionen der Institution kann auch die Tatsache gelesen werden, dass sich bald Instrumente zur Disziplinierung und Bestrafung der Studenten herausbildeten, bspw. unterhielten die Universitäten eigene Gerichte, den Pedellen, eine Art „Hauspolizei", es gab den „Karzer", eine Isolationszelle, sowie die Relegation, die Entlassung aus dem privilegierten Studenten-Stand.[8] In den Universitätschroniken finden sich zahlreiche Beispiele für diverse Vergehen der Studenten und Hinweise auf Disziplinlosigkeiten (vgl. Ellwein 1997, S. 70). Das Alltagsleben der Studenten wird allerdings nur selten beschrieben, Briefe geben manchen Einblick (vgl. ebd., S. 101f.). Auch Memoiren sind interessante Quellen, darin werden oft auch rückblickend die Studienjahre beschrieben. Über seine Zeit als Student an einer bayrischen Universität im Jahre 1782 schreibt Karl Heinrich Ritter von Lang: „Es war überhaupt Keinem vorgeschrieben, ob oder welche Collegien er hören sollte, es fanden keine Examinationen statt, nirgends waren Zeugnisse nöthig; jeder studirte mit seinem eigenen Gelde auf seine eigene Gefahr, und es ging wenigstens nicht schlechter, als heut' zu Tage."[9] (Ellwein 1997, S. 104). Ähnlich kritisch äußerte sich Wilhelm von Humboldt in seinen

Tagebüchern über die verschiedenen von ihm als junger Student besuchten Universitäten in Frankfurt/Oder, Göttingen und Marburg.[10]

Noch im Jahr 1902 schrieb Paulsen über die Bedeutung und Gefahren der akademischen Freiheit: „Die Studienzeit fällt gegenwärtig in die Zeit des Uebergangs vom Jüngling zum Mann. Die Erziehung durch das Elternhaus und die Schule ist abgeschlossen; es folgt nun der Kursus der Selbsterziehung und Selbstbildung. Durch eigene Vernunft und Kraft dem inneren Menschen Form und dem Leben Gehalt geben, ist die neue Aufgabe." (Paulsen 1966, S. 399). Hier wird also ein klassisches Bildungsmoratorium entworfen und bereits der Gedanke der Selbstbildung und Selbsterziehung konzipiert, der bis heute wirksam geblieben ist. Es wird deutlich, dass das Studium sich vom Mittelalter bis zum Ende des 19. Jahrhunderts gewandelt hat, allerdings finden sich viele Traditionen und Linien auch im 20. Jahrhundert wieder und es deutet sich an, dass sie – trotz gesellschaftlichen, sozialen, politischen Wandels – auch noch im 21. Jahrhundert ihre Gültigkeit behalten. Auf diesen Aspekt kommen wir später noch einmal zurück.

3 Frauenstudium – von der Ausnahme zur Normalität

In diesem Kapitel soll das **Frauenstudium** näher beleuchtet werden, das sich erst im 20. Jahrhundert etablieren konnte. Allerdings gab es einige Pionierinnen, die als Ausnahme-Frauen sich bereits in früheren Jahrhunderten einen Zugang zum Wissen und zur Wissenschaft verschafften. Ein Blick auf die Geschichte der Frauenbildung zeigt, dass es seit der Antike wissenschaftlich tätige Frauengestalten gab und auch zahlreiche gebildete Frauen, die in den Frauenklöstern des Mittelalters ihr Wissen erwarben, allerdings zeigt sich auch, dass zugleich mit der Institutionalisierung eine Vertreibung von Frauen aus den Wissenschaften betrieben wurde (Schmidt-Harzbach 1981, S. 175ff.). Die Geschichte dieser Frauen aufzuarbeiten, eröffnete der neuen Frauenbewegung einen Zugang zu dieser verschütteten Tradition (vgl. Feyl 1981; Kleinau 1996). Im 19. Jahrhundert begann der Kampf um das Frauenstudium. Im Zuge der Frauenbewegung der 1970er-Jahre entstanden eine Fülle von Studien, die sich mit dem Problem der fortbestehenden Benachteiligung von Frauen im Hochschulsystem befassten. Jüngere Studien zeigen, dass es bis heute ein geschlechtsspezifisches Studienfachwahlverhalten gibt.

3.1 Der Kampf um das Frauenstudium

Im 19. Jahrhundert wurde die Forderung nach einer qualifizierten Ausbildung für Frauen lauter und insbesondere die Frauen des Bürgertums drängten darauf, studieren zu können. Die Schweiz eröffnete als erstes Land in Europa ab 1840 Frauen den Zugang zu Vorlesungen, 1865 wurde einer jungen Russin an der Universität Zürich erlaubt, naturwissenschaftliche Vorlesungen zu besuchen, zwei Jahre später erwarb sie den Grad eines Doktors der Medizin. In den folgenden Jahren studierten vor allem Ausländerinnen in der Schweiz (vgl. Schmidt-Harzbach 1981; Schlüter 1992). Frankreich öffnete 1863 alle Fakultäten mit Ausnahme der theologischen den Frauen, Belgien, Holland, Dänemark, Schweden und andere skandinavische Länder folgten. In Russland wurden 1901 die Universitäten den Frauen zugänglich. In Deutschland führte der von der ersten Frauenbewegung geführte Kampf um das Frauenstudium dazu, dass ein Erlass

1896 die Zulassung von Frauen als Gasthörerinnen im Einzelfall von der Zustimmung der Dozenten abhängig machte. 1908 wurden Frauen in Preußen zum normalen Studium zugelassen, allerdings noch immer mit Einschränkungen, denn sie bedurften der Genehmigung des Ministers und konnten noch bis 1918 von der Teilnahme an einzelnen Vorlesungen ausgeschlossen werden, doch dann erhielten sie auch das Habilitationsrecht (vgl. Ellwein 1997, S. 179). Zu den ersten Studentinnen, Dozentinnen und Professorinnen in der Schweiz und in Deutschland hat die Frauenforschung inzwischen interessante Studien vorgelegt (vgl. Glaser 1992, sowie die Beiträge in Schlüter 1992; sehr lesenswert auch Chevallier 1998 und Sahmland 2008).

Bis 1893 gab es für Mädchen in Deutschland jedoch keine zum Abitur führenden Schulen und ein koedukativer Unterricht in den Knaben-Schulen war undenkbar, deshalb mussten vor allem Real- und Gymnasialschulkurse zur Vorbereitung auf das extern abzulegende Abitur weiter ausgebaut und Mädchengymnasien eingerichtet werden, um auch für Frauen die Voraussetzungen zur Aufnahme eines Studiums zu schaffen. Die Studentinnenzahlen stiegen rasch an, obwohl die anschließenden Berufsmöglichkeiten für Frauen weiter beschränkt waren, alle qualifizierten Beamten-Berufe und alle juristischen Berufe waren ihnen verschlossen, denn Frauen erhielten in Deutschland erst 1918 das Wahlrecht, ab 1922 öffneten sich auch die juristischen Berufe den Frauen (vgl. Schlüter 1992, S. 3f.). Mit dem Einzug der Frauen in die Wissenschaft entstanden auch erste Forschungsarbeiten über Frauen und deren Lebensumstände (vgl. Meyer-Renschhausen 1996).

1914 waren nur 5,4% aller Studierenden weiblichen Geschlechts, bis 1931 erhöhte sich dieser Anteil auf 16% (vgl. Frevert 1997, S. 101). Mit der Machtergreifung der Nationalsozialisten 1933 verschlechterte sich die Situation für die Frauen erneut, denn es hieß: „Die Hochschule gehört den Männern!" (vgl. Schlüter 1992, S. 4). Biographische Interviews beleuchten den Studentinnenalltag in dieser Zeit und zeigen auf, wie insbesondere Medizin- und Lehramtstudentinnen diese Zeit erlebt haben (vgl. Clephas-Möcker/Krallmann 1992). Ein geschlechtsspezifischer Numerus Clausus sorgte 1934 kurzfristig für ein Sinken der Studentinnenzahlen, der Anteil der Frauen sollte nicht mehr als 10% betragen, in den Kriegsjahren nach 1939 nahmen Frauen die Studien- und Arbeitsplätze allerdings als „Ersatz" für die Männer im Krieg wieder ein. Zusätzlich wurden jüdische Mädchen und Frauen verfolgt, so dass auch eine große Zahl von Wissenschaftlerinnen wieder aus den Hochschulen vertrieben wurde, ins Exil flüchtete, umgebracht wurde oder in diesen Jahren ihr Leben verlor. Nach 1945 besetzten die heimkehrenden Männer die wichtigen Positionen, aufgrund der begrenzten Studienplätze in der Nachkriegszeit erreichte der Studentinnenanteil an einzelnen Hochschulen nicht einmal 20% und lag insgesamt zwischen 20 und 30% (vgl. Clephas-Möcker/Krallmann 1992, S. 185). In den 1950er- und 1960er-Jahren prägte ein konservativ-traditionalistisches Frauenbild die Politik, so dass nur relativ wenige Frauen studierten, 1960 kletterte ihr Anteil unter den Studierenden auf 24%, allerdings wählten die Frauen zumeist den traditionell von Frauen besetzten Beruf der Lehrerin (vgl. Frevert 1997, S. 101).

3.2 Chancengleichheit und Studierverhalten

Ende der 1960er- und in den 1970er-Jahren entwickelte sich eine neue Frauenbewegung und forderte erneut **Chancengleichheit** für Frauen. Parallel dazu thematisierte die Bildungsreformdiskussion den geringen Anteil von Studentinnen, die Figur des katholischen Arbeitermädchens vom Lande repräsentierte jene bildungsferne Gruppe, die durch eine Bildungsreform einen

Hochschulzugang erhalten sollte. Im Zuge dieser Reformen ist die Studentinnenquote an allen Hochschultypen (Universität, Pädagogische Hochschule, Kunst- und Fachhochschule) in der Bundesprepublik kontinuierlich gestiegen. 1955 lag der Anteil der Studentinnen noch bei 18% und stieg bis 1980 auf einen Anteil von rund 40% bei den Studienanfängerinnen und bei den Studentinnen insgesamt auf über 35% (vgl. Schmidt-Harzbach 1981, S. 201). Anschließend kletterte der Anteil der Frauen unter den Studierenden an den Universitäten auf etwa 43% (vgl. Geißler 1996, S. 278f.), bei den Studienanfängern wurde zeitweise die 50% Marke erreicht.

Allerdings gibt es fachspezifische Besonderheiten bei der Studienfachwahl. Schaut man sich die Verteilung der Studentinnen in den einzelnen Fächergruppen an, zeigt sich, dass Frauen noch immer bestimmte Studienfächer bevorzugen und in anderen nur sehr schwach vertreten sind. So ist eine Dominanz von Studentinnen in solchen Studiengängen festzustellen, die eher den Geistes- und Sozialwissenschaften zuzurechnen sind und gemeinhin als „Frauenstudiengänge" gelten, während die Mathematik, die Naturwissenschaften, die Ingenieur- und Technikwissenschaften nach wie vor männlich dominierte Studiengänge darstellen (vgl. Isserstedt u.a. 2007, S. 153ff.). Auch dazu liegen inzwischen zahlreiche Studien vor, die sich mit diesem Aspekt – auch in historischer Perspektive – befassen (vgl. Berghahn u.a. 1984; Janshen/Rudolph u.a. 1987; Engler 1993; Giesbert 2001; Carl/Maier/Schmidt 2008). Um diesem Ungleichgewicht entgegenzuwirken, gibt es zahlreiche Versuche, junge Frauen explizit für „männliche" und junge Männer ausdrücklich für „weibliche" Studiengänge bzw. Berufe (etwa im Sozialbereich) zu interessieren. So stellen sowohl der seit 2001 stattfindende Aktionstag „Girl's Day – Mädchen-Zukunftstag" als auch das Vernetzungsprojekt „Neue Wege für Jungs", die beide u.a. von verschiedenen Bundesministerien unterstützt werden, derartige Versuche dar. Auch eigens eingerichtete Frauenstudiengänge (z.B. im Ingenieurwesen) oder Frauenuniversitäten, in denen Frauen unter sich sind bzw. in bestimmten Fächern von Männern getrennt lernen, gehen in diese Richtung (vgl. z.B. Kahlert/Mischau 2000; Metz-Göckel 2002; Neusel/Poppenhusen 2002; Maiworm/Teichler/Fleck 2006).

Insgesamt hat sich im 20. Jahrhundert für Frauen das Studium von der erkämpften Ausnahme zur Normalität gewandelt und gehört inzwischen für eine große Gruppe von jungen Frauen zu einem selbstverständlichen Element ihrer Ausbildung (vgl. Schlüter 1999). So weist die 18. Sozialerhebung des Deutschen Studentenwerks für das Studienjahr 2005 einen Frauenanteil der Studienanfänger an den Hochschulen von 48% aus (an den Universitäten sogar 53%, an den Fachhochschulen 38%; vgl. Isserstedt u.a. 2007, S. 44). Einen zunehmend geringer werdenden Frauenanteil finden wir jedoch, je höher das Niveau des jeweiligen Abschlusses liegt (vgl. Hradil 2005, S. 159f.): So ist zwar der Anteil der Frauen an den Habilitationen in den vergangenen Jahren insgesamt gestiegen, mit 22% im Jahr 2006 liegt er aber dennoch weit unter dem Anteil der Männer (vgl. Statistisches Bundesamt 2007). Neben der reinen Feststellung solcher Zahlen sind in jedem Fall auch die theoretischen Ansätze interessant, mit denen diese erklärt werden. So wird etwa unter Bezug auf die Theorien Bourdieus die Wissenschaft als nach wie vor männlich dominiertes soziales Feld verstanden, das insbesondere für Frauen zahlreiche, teilweise unsichtbare Barrieren bereit hält, etwa hinsichtlich Hierarchien, spezifischer Zeitstrukturen oder Organisationsformen, die sie daran hindern, ihre bis dahin erreichten beachtlichen Bildungserfolge weiter zu verteidigen (vgl. hierzu z.B. Krais 2000; Beaufaÿs 2003; Schlüter/Faulstich-Wieland 2006; Zimmermann/Kamphans/Metz-Göckel 2008).

Jugend und Studium

4 Studieren an der Schwelle zum 21. Jahrhundert

Im 20. Jahrhundert haben sich in der Bundesrepublik Deutschland bezüglich des Studierverhaltens von großen Teilen der Jugend enorme Entwicklungen vollzogen. Während zu Beginn dieses Jahrhunderts das Studium nur für eine privilegierte Minderheit der jungen Leute möglich war, hat die **Bildungsreform** Ende der 1960er-Jahre die Hochschulen verändert. Die Verbesserung der Bildungschancen für alle und Chancengleichheit im Bildungswesen waren die Schlagworte (vgl. Hradil 2005, S. 148ff). Die Reformdiskussionen führten zu gravierenden Veränderungen im Bildungssystem, zu einer Öffnung der höheren Bildung für bildungsferne soziale Gruppen und schließlich zu einer Expansion im Hochschulbereich. Gleichzeitig veränderten sich die Rahmenbedingungen und Impulse der 68er-Studentenbewegung gaben der alten Ordinarien-Universität ein neues Gesicht, die Richtung hieß Demokratisierung der Hochschule, alte Rituale wurden in Frage gestellt, Neuerungen auf vielen Gebieten eingeführt. Aber auch die Lebenssituation der Studierenden und ihr Studierverhalten veränderte sich.

Mit dem so genannten Bologna-Prozess, der Schaffung eines europäischen Hochschulraumes bis zum Jahr 2010, der u.a. die Einführung gestufter Studiengänge vorsieht, wurde am Ende des 20. Jahrhunderts eine weitere wichtige Reform des Hochschulwesens angestoßen, die von manchem Beobachter als die tiefgreifendste seit der Humboldtschen Bildungsreform charakterisiert wird. Erneut wandeln sich Studierverhalten und studentisches Leben dramatisch (vgl. Winter 2007).

4.1 Öffnung der Hochschulen und Bildungsexpansion

Ausgehend von der guten Wirtschaftsentwicklung und entsprechenden Prognosen, sowie den bildungspolitischen Debatten der 1960er-Jahre setzte in der Bundesrepublik Deutschland eine Expansion im Bildungssystem ein, die auch die Hochschulen mit erfasste (vgl. Geißler 1996, S. 252f). Einige Zahlen veranschaulichen diesen Wandel: „1950/51 befanden sich 132.000 Studenten an den wissenschaftlichen Hochschulen. (...) 1986 befanden sich 1.055.000 Studierende an den wissenschaftlichen Hochschulen, im Hochschulbereich insgesamt 1.368.000. (...) Mit über 1,41 Millionen erreichte die Gesamtzahl der Studierenden 1987 im Hochschulbereich einen neuen Rekord." (Oehler 1989, S. 15).[11] Mit der Vereinigung kamen in den neuen Ländern weitere Hochschulstandorte hinzu, einige Hochschulen wurden neu gegründet, insgesamt gibt es in den neuen Ländern inzwischen etwa 44 Hochschulstandorte (vgl. Buck-Bechler u.a. 1997, S. 108f.; siehe auch www.hochschulkompass.de). Damit erhöhte sich in der Bundesrepublik Deutschland insgesamt auch die Zahl der Studierenden. Nach Angaben des Statistischen Bundesamtes in Wiesbaden liegt die Zahl der immatrikulierten deutschen und ausländischen Studierenden an den Hochschulen in Deutschland im WS 2008/2009 bei etwa 2,0 Millionen. Davon sind fast die Hälfte Frauen.[12] Im Ausland studierten im WS 2005/2006 75.800 junge Menschen. In Deutschland studieren wiederum 248.357 ausländische Studenten und Studentinnen (WS 2006/2007).[13] Im Wintersemester 2005/06 haben in Deutschland 347.878 Studentinnen und Studenten ein Hochschulstudium begonnen (vgl. Isserstedt u.a. 2007, S. 44). Die Veränderung der Bildungslandschaft und der Trend zur höheren Bildung wird auch daran deutlich, dass der Anteil der Schüler und Studenten (ohne Auszubildende) in Deutschland in den vergangenen Jahren kontinuierlich gestiegen ist. Im Jahr 1991 hat die Zahl der Studierenden mit 1,8 Millionen erstmals die Anzahl der Lehrlinge (1,7 Millionen) übertroffen (vgl. Ferchhoff 1999, S.

187).¹⁴ Nach Angaben des Statistischen Bundesamtes gingen im April 1991 rund 4,4 Millionen junge Leute zur Schule oder studierten (das sind 26% dieser Altersgruppe), im Mai 2000 stieg diese Zahl auf 5 Millionen an, das sind rund 36% der Altersgruppe. Von den 20- bis 24-Jährigen war im Mai 2000 jeder vierte **Schüler** oder Student, 1991 lag der Anteil noch bei 19%. Bei den 25- bis unter 30-Jährigen betrug der Anteil der Schüler und Studenten fast 13% der Altersgruppe, gegenüber knapp 10% im Jahr 1991 (vgl. Das Hochschulwesen 4/2001, S. 112). Darin kommt ein Trend des 20. Jahrhunderts zu längeren Ausbildungszeiten und eine Tendenz zur Ausweitung der Studienzeit bis in die zweite Hälfte des dritten Lebensjahrzehnts deutlich zum Ausdruck (vgl. Hradil 2005, S. 144). Laut Statistischem Bundesamt hat sich auch die Anzahl derjenigen erhöht, die die Hochschulzugangsberechtigung erworben haben: So waren dies im Jahr 2007 rund 432.500 Schülerinnen und Schüler, dies sind 4,2% mehr als im Jahr 2006.

Trotz dieser Zahlen hat etwa die PISA-Studie¹⁵ der OECD deutlich gemacht, dass der Schulerfolg und die Bildungskarriere von Kindern und Jugendlichen in erheblichem Maße von der sozialen Herkunft abhängen und nicht alleine von der Leistung (vgl. Baumert 2006). Und auch die 18. Sozialerhebung des Deutschen Studentenwerks bestätigt die Bildungsungerechtigkeit. Sie stellt zunächst fest, dass „das an den Hochschulen anzutreffende Sozialprofil der Studierenden im Wesentlichen das Resultat von Entscheidungs- und Selektionsprozessen [ist], die der Hochschule zeitlich vorgelagert sind und sich sowohl innerhalb der Familien als auch in den Bildungsinstitutionen, insbesondere an den Übergangsstellen zwischen den aufeinander folgenden Bildungsstufen bzw. -einrichtungen vollziehen." (Isserstedt u.a. 2007, S. 3). Die selektive und sozialgruppenspezifische Wirkung institutionalisierter Bildung wird anschließend anhand von Quoten des Übergangs zwischen den einzelnen Bildungseinrichtungen veranschaulicht. Die Erhebung spricht dabei von „Schwellen" und „Bildungsbarrieren"¹⁶ und konstatiert – auch mit Blick auf frühere Erhebungen –, dass „die zum Teil sehr langen Zeitreihen (…) einen Eindruck von der – trotz einer beträchtlichen historischen Dynamik in der Entwicklung der Bildungsbeteiligung – weitgehend unveränderten sozialen Abhängigkeit der Bildungs- und Zugangschancen [geben]." (ebd., S. 3; vgl. auch Schölling 2005).

Parallel zu der weiter oben beschriebenen Expansion der Hochschulausbildung vollzieht sich eine weitere kritische Diskussion dieser Entwicklung. Mit den Hochschulreformen und der veränderten sozialen Zusammensetzung der Studierendenschaft wandelt sich auch das Studierverhalten. Nicht alle beginnen ihr Studium direkt im Anschluss an den schulischen Abschluss, sondern ein steigender Anteil von Studierenden an wissenschaftlichen Hochschulen erwirbt vor dem Studium eine berufliche Vorbildung (im Bundesdurchschnitt etwa 25% der Studierenden; vgl. Isserstedt u.a. 2007, S. 2). Die Studenten wechseln die Universität seltener, die Zahl der Auslandsaufenthalte stagniert und die verlängerten Studienzeiten und steigenden Abbruchquoten wirken alarmierend. Nach Untersuchungen der HIS-GmbH bewegen sich die Abbruchquoten im Hochschulbereich um 10%, so dass jährlich rund 18.000 Studierende die Hochschule ohne einen Abschluss verlassen (vgl. Oehler 1989, S. 155). Hinzu kommt, dass die Abbruchquoten in den einzelnen Fächern sehr unterschiedlich ausfallen, in einigen Studiengängen liegt sie bei 40% (vgl. hierzu auch den internationalen Vergleich Bildung auf einen Blick 2000, S. 178ff.). Die angemessene Vorbereitung auf das Studium und damit die Qualität der Schulausbildung wird unter dem Stichwort „Studierfähigkeit" immer wieder kritisch betrachtet. Der Numerus Clausus wird als Instrument zur Steuerung des Zugangs zu begehrten Studiengängen eingesetzt.

Die Zahl der Hochschullehrer und des wissenschaftlichen Personals an den Hochschulen ist nicht mit der der Studierenden gewachsen, deshalb hat sich in den vergangenen Jahrzehnten die Relation der Lehrenden zu den Studierenden und damit das Betreuungsverhältnis deutlich verschlechtert. Cloer hat auf der Basis unterschiedlicher Quellen dazu einige Zahlen für den Zeitraum zwischen 1965 und 1990 in der alten Bundesrepublik zusammengestellt. Im Jahr 1965 standen 308.000 Studierende 32.800 ProfessorInnen und wissenschaftlichen MitarbeiterInnen gegenüber, so dass ein Lehrender im Durchschnitt 9,4 Studierende zu betreuen hatte. 1975 verdoppelte sich die Zahl der Studierenden auf 691.300, die Zahl der Lehrenden auf 54.200, so dass sich nun statistisch eine Relation von einem Lehrenden für 12,75 Studierende ergibt. Im Jahr 1990 ist die Zahl der Studierenden auf über eine Millionen (1.208.000) gestiegen und hat sich damit fast verdoppelt, die Zahl der Lehrenden ist dagegen sogar zurückgegangen auf 53.000, so dass nun ein Lehrender etwa 22,4 Studierenden gegenüber steht und sich das Betreuungsverhältnis allein schon auf der Basis der Zahlen verschlechtert haben muss (vgl. Cloer 1997, S. 128; neuere Zahlen gehen von einem Betreuungsverhältnis von durchschnittlich 15 Studierenden pro Dozent aus, allerdings gibt es innerhalb der Fächer große Unterschiede: so kommen auf einen Lehrenden in den Rechts-, Wirtschafts- und Sozialwissenschaften 33,5 Studierende, während auf einen Lehrenden in der Medizin lediglich 3 Studierende kommen; vgl. Statistisches Bundesamt 2008, S. 22ff.).[17] Zugleich ist in Deutschland die Studienabbrecherquote überdurchschnittlich hoch. Auch dieses Problem wird auf die ungünstige Betreuungsrelation zurückgeführt.

Mit den steigenden Zahlen von Hochschulabsolventen wächst auch die Möglichkeit, von Akademiker-Arbeitslosigkeit betroffen zu sein, in den 1980er Jahren wurden alarmierende Zahlen publiziert.[18] Es entstand eine kritische Medienberichterstattung, die eine öffentliche Diskussion auslöste und es folgten eine Reihe von wissenschaftlichen Publikationen, die sich mit diesem Problem auseinandersetzten (vgl. Habel u.a. 1987; Schön 1986; Bader u.a. 1987). Außerdem wurden zahlreiche Absolventen-Untersuchungen durchgeführt (vgl. Teichler 1981; Bahnmüller u.a. 1988; Teichler u.a. 1992; Krüger/Rauschenbach u.a. 2003; Krüger/Rauschenbach 2004). Nun wird auch die Diskrepanz zwischen Berufsanforderungen und Wissenschaftsanspruch zu einem Gegenstand der öffentlichen und wissenschaftlichen Diskussionen (vgl. Sturzenhecker 1993). Als weitere Steuerungsinstrumente setzte man auf eine stärkere Reglementierung des Studienverlaufs durch ein festgeschriebenes Curriculum, sowie Zwischenprüfungen im Studium, verstärkte den Anteil der Praxisphasen im Studium, führte eine Begrenzung der Studienzeiten ein und entwickelte eine Qualitätsdebatte zur akademischen Lehre (vgl. Richter 1994; Fischer u.a. 1999).

4.2 Bologna und die Folgen

Einen weitreichenden und in seinen Konsequenzen gegenwärtig noch nicht absehbaren Wandel im Hochschulwesen setzte die 1999 von 29 europäischen Bildungsministern im italienischen Bologna unterzeichnete Erklärung zur Schaffung eines Europäischen Hochschulraums in Gang. Darin vereinbarten die Minister die Einführung eines gestuften Studiensystems mit einer Studienzeit von mindestens drei Jahren bis zum ersten berufsqualifizierenden Abschluss (Bachelor, Master, Promotion), die Einführung eines Leistungspunktesystems zur Förderung der Mobilität (ECTS, European Credit Transfer System), mehr Transparenz bei den Abschlüssen und Erleichterung der gegenseitigen Anerkennung von Studienleistungen durch die Einführung eines so genannten Diploma-Supplements (ein Dokument, in dem der abgeschlossene Studiengang detailliert erläutert wird) sowie die Förderung der europäischen Zusammenarbeit in Bezug auf die Qualitätssicherung. Obwohl es sich um eine völkerrechtlich nicht bindende Erklärung handelt, ist der Umstellungsprozess in den inzwischen 46 beteiligten europäischen Ländern in vollem Gange. Alle zwei Jahre treffen sich die Bildungsminister erneut, um den jeweiligen Stand der Umsetzung zu diskutieren.[19] Bis 2010 – so die Bologna-Erklärung – soll das neue System implementiert sein. Im föderalen Deutschland, in dem Bildung Ländersache ist, haben die einzelnen Bundesländer unterschiedliche Vorgaben für die Umsetzung des so genannten **Bologna-Prozesses** für ihre Hochschulen formuliert, die sich wiederum an den allgemeinen Richtlinien der Nationalen Bologna-Gruppe orientieren, die sich aus Vertretern des Bundesministeriums für Bildung und Forschung (BMBF), dem Deutschen Akademischen Austauschdienst (DAAD), der Hochschulrektoren-Konferenz (HRK) und der Kultusministerkonferenz (KMK), des freien zusammenschlusses von studentInnenschaften (fzs), der Bundesvereinigung Deutscher Arbeitgeberverbände (BDA), der Gewerkschaft Erziehung und Wissenschaft (GEW) sowie des Akkreditierungsrates zusammensetzt. Die Einstellung von Diplom- und Magister-Studiengängen und das Ersetzen durch modularisierte und konsekutive (d.h. inhaltlich aufeinander aufbauende) Bachelor- und Masterstudiengänge, die Einführung von Credit Points zur Bewertung von Studienleistungen, die Berücksichtigung von Lern- und Arbeitszeiten auch außerhalb der Lehrveranstaltungen (der so genannte „workload"), die Formulierung von Kompetenzen, die innerhalb des Studiums erworben werden sollen, mit dem Ziel der „employability", der Beschäftigungsfähigkeit, die Integration von Schlüsselkompetenzen in das Studium und die Qualitätssicherung durch die Akkreditierung von Studiengängen bilden dabei wichtige Kernpunkte der Studienreform.

Die Versprechen und die Hoffnungen, die mit der Umstellung verbunden sind, sind groß. Neben dem „offiziellen" Ziel der internationalen Harmonisierung, die jederzeit einen Studienortwechsel innerhalb Europas erlauben und die gegenseitige Anerkennung von Studienleistungen ermöglichen soll, sind auch weitere Aspekte von Bedeutung. So erhoffen sich die Hauptakteure der Studienreform in Deutschland mit der Einführung von Bachelor und Master eine Verkürzung der Studienzeiten, indem mit dem Bachelor bereits nach drei Jahren ein erster berufsqualifizierender, vollwertiger akademischer Abschluss erworben werden kann. Zugleich soll mit diesem ersten Studienabschluss und mit der Modularisierung, d.h. der Strukturierung des Studiums in inhaltliche und zeitlich abgeschlossene Einheiten (Module), der bis dahin hohen Abbrecherquote entgegengewirkt werden. Sehr passgenaue, kurze Studiengänge sollen zudem flexibler als bisher auf spezifische Anforderungen der Wirtschaft bzw. der Berufswelt reagieren. Und schließlich soll durch das Verfahren der Akkreditierung und regelmäßigen Re-Akkreditierung, d.h. der Begutachtung der Studiengänge durch externe Experten (Vertreterinnen und Vertreter der Wissenschaft, der Berufspraxis und der Studierendenschaft), die Qualität von Lehre und Studium gewährleistet werden (vgl. hierzu Jahn/Olbertz 1998; Welbers 2001).

Jenseits dieser Absichtserklärungen sieht die Realität derzeit jedoch noch anders aus bzw. ist das Ergebnis der Bologna- Reform noch offen, wobei es sicher zu berücksichtigen gilt, dass eine solch komplexe Umgestaltung eine geraume Zeit der Implementierung und Etablierung benötigt. Auch wenn die grundsätzlichen Ziele von Bologna von den meisten Akteuren im Hochschulbereich begrüßt werden – was ist schon dagegen einzuwenden, die internationale Mobilität zu fördern oder Studiengänge stärker curricular zu organisieren und damit transparenter zu gestalten –, so existieren doch viele kritische Stimmen, die sich insbesondere auf die als zu bürokratisch empfundene Umsetzung der Bologna-Beschlüsse beziehen oder die

Ignoranz gegenüber gewachsenen Bildungskulturen und -traditionen beklagen, insofern sie im Bologna-Prozess eine von oben diktierte Reform sehen, die nationale oder auch fachbezogene Eigenarten und Identitäten kaum berücksichtigt. Kritisiert werden auch eine zu starke inhaltliche Ausrichtung an Interessen und (vermeintlichen) Bedarfen des Arbeitsmarktes und ein damit verbundener „Verrat" an dem Humboldtschen Bildungsideal. Dabei ist zur Zeit auch noch nicht absehbar, wie der Arbeitsmarkt tatsächlich auf die Bachelor- und Master-AbsolventInnen reagieren wird.[20]

Auch Sicht der Studierenden bietet die Studienreform gleichermaßen Chancen und Risiken. So ist etwa die Vielzahl an Studiengängen, aus denen man seinen eigenen Interessen folgend, wählen kann, schier überwältigend: Laut Hochschulkompass, einem Service-Angebot der Hochschulrektorenkonferenz im Internet, existieren aktuell (Januar 2009) in Deutschland 8.907 grundständige und 4.571 weiterführende Studienmöglichkeiten an 356 Hochschulen in 165 Orten.[21] Dem Vorteil, aus einer Fülle an teilweise sehr spezifischen Angeboten zu wählen, steht der Nachteil gegenüber, eigentlich schon zu Beginn des Studiums sehr genau wissen zu müssen, welche beruflichen Ziele man verfolgt und das Studium entsprechend danach ausrichtet. Die Idee der Studienzeit als Moratorium scheint dabei verloren zu gehen.[22] Nachteilig wirkt sich die Vielfalt allerdings auch auf die gegenseitige Anerkennung von Studienleistungen aus: Vielfach sind die Studiengänge so unterschiedlich, dass eine Anrechnung von erbrachten Leistungen sich als kaum praktikabel herausstellt und folglich Mobilität eher verhindert als gefördert wird. Als einen weiteren Nutzen der Studienreform für Studierende lassen sich sicherlich die Modularisierung und die damit verbundene stärkere Kondensierung des für ein bestimmtes Fach relevanten Wissens betrachten. Auf der anderen Seite ist damit die Gefahr verbunden, einer möglicherweise problematischen Kanonisierung des Fachwissens Vorschub zu leisten und Studierende dazu zu verführen, nur noch nach vorgegebenen Modulinhalten und zu erwerbenden Credit Points, nicht aber nach eigenen Interessen und Neigungen zu studieren. Noch offen ist, wie sich die neue Studienstruktur auf die Chancengleichheit und die Bildungsgerechtigkeit auswirkt. Einen interessanten Beitrag zu der Frage, „ob durch die neue Studienorganisation sozialselektive Effekte zu befürchten oder deren Verminderung zu erhoffen sind" liefert z.B. Baumgart (2006a, S. 15). Unter Rückgriff auf Bourdieus bildungssoziologische Überlegungen und auf erste empirische Daten zu Bachelor-AbsolventInnen der Universität Bochum kommt er zu dem Schluss, dass die neuen Studienformate möglicherweise eine Verringerung sozialselektiver Effekte bewirken, etwa dadurch, dass ein sechssemestriges Studium einen überschaubareren Zeitraum darstellt, wodurch sich erstens die Studierbereitschaft auch von AbiturientInnen aus bildungsfernen Milieus erhöht und zweitens die Motivation der Studierenden nicht so schnell verloren geht. Auch die Modularisierung und die damit einhergehende stärkere „Verschulung" des Studiums komme denjenigen Studierenden entgegen, die mit den bislang eher offeneren Studienstrukturen wenig zurecht kommen bzw. die nur durch ein schulförmiges und – so Baumgart (ebd., S. 21) – „pedantisches" Lernen ihre herkunftsbedingten Nachteile kompensieren können (vgl. auch Baumgart 2006b). Dennoch räumt auch er ein, dass es sich hier nur um vorsichtige und vorläufige Überlegungen handele, zu deren Überprüfung es weiterer empirischer Forschung bedarf (vgl. auch Huber 2008).

4.3 Zur Lebenssituation von Studierenden

Zur Lebenssituation der Studierenden führt das Deutsche Studentenwerk seit 1951 regelmäßig große Repräsentativerhebungen durch. Auch die HIS-GmbH in Hannover hat in zahlreichen Untersuchungen Politik und interessierte Öffentlichkeit mit Informationen über die verschiedenen Abiturienten- und Studierenden-Generationen, ihre Voraussetzungen, Orientierungen und ihr Studierverhalten versorgt. Hinzu kommt eine Flut von Studien, die sich mit der Lebenswelt der Studierenden auf der Basis von quantitativen und qualitativen Ergebnungen auseinandersetzen. Diese Untersuchungen im Einzelnen zu referieren würde den Rahmen dieses Beitrages sprengen. Einen Überblick über quantiative Untersuchungen zum Bereich Studium und Studenten hat Schneider (1985) vorgelegt, in dieser Arbeit werden 276 Untersuchungen einbezogen. 283 Untersuchungen wurden bibliographiert. Einen breiten Überblick über den Stand der Hochschulsozialisationsforschung gibt Huber (1991, S. 417ff.). Ein Einblick in die Ergebnisse biographieanalytischer Zugänge der StudentInnenforschung findet sich bei Friebertshäuser (2006).

Ende des 20./Anfang des 21. Jahrhunderts stellt sich die Lebenssituation der Studierenden höchst heterogen dar, wodurch die Rede von „den Studenten" sich als äußerst problematisch erweist. Die Studierendenschaft setzt sich aus einer ganzen Reihe von Teilgruppen zusammen, deren Lebenssituation sich jeweils ganz spezifisch gestaltet und die häufig als „nicht-traditionelle" Studierende bezeichnet werden (vgl. Alheit/Rheinländer/Watermann 2008). Dazu gehören: Studierende mit vorhergehender Berufsausbildung oder solche, die auf dem zweiten Bildungsweg ins Studium gelangt sind, Studierende mit Kindern, behinderte Studenten, ausländische Studenten und deutsche Studierende an ausländischen Hochschulen, um hier nur einige Teilgruppen zu nennen. An dieser Stelle sei lediglich auf zwei Aspekte der Lebenssituation von Studierenden näher eingegangen: die Erwerbsarbeit neben dem Studium und das Studieren mit Kind.

4.2.1 Erwerbstätigkeit parallel zum Studium

Bildungsforscher verweisen seit Jahren darauf, dass der steigende Anteil von Studierenden, die sich den Lebensunterhalt durch berufliche Tätigkeiten und Jobs parallel zum Studium sichern, ein ernstzunehmendes Problem darstellt. Nach Angaben des Statistischen Bundesamtes ging Anfang Mai 2000 jeder achte Schüler oder Student einer **Erwerbstätigkeit** nach, die Motive reichen von der Aufbesserung des Taschengeldes bis zur einzigen Einkommensquelle zur Finanzierung des Studiums (vgl. Das Hochschulwesen, 4/2001, S. 112). Die bereits mehrfach zitierte 18. Sozialerhebung des Deutschen Studentenwerks weist eine Zahl von 63% aus, die ihr Studium über eigene Erwerbstätigkeit finanzieren (vgl. Isserstedt u.a. 2007, S. 17), wobei es sich zu einem großen Teil um keine studiennahen Tätigkeiten handelt. Der Anteil der durch BAföG gesicherten Studierenden ist hingegen auf 27,5% gesunken (vgl. ebd., S. 17).[23] Im Kontext des Bologna-Prozesses wird die Situation für Studierende vor allem durch zwei Faktoren schwieriger: So liegt vielen Studiengängen das Modell des Vollzeitstudiums zugrunde, d.h., dass der studentische Arbeitsaufwand für die Modulinhalte und Prüfungsleistungen so angelegt und berechnet ist, dass dies die Hauptbeschäftigung der Studierenden ausmacht. Für die notwendige Erwerbsarbeit bleibt also wenig Zeit. Der zweite Aspekt, der in den vergangenen Jahren hinzu gekommen ist, sind die in vielen Bundesländern eingeführten Studiengebühren, die in der Regel 500 Euro pro Semester betragen. Insbesondere diejenigen Studierenden, die finanziell nicht abgesichert sind, geraten so in die Situation, immer mehr Zeit für das Verdienen ihres Lebensunterhaltes und die Finanzierung der Fortsetzung ihres Studiums einbringen zu müssen und damit Zeit für das Studieren zu verlieren, so dass eine Negativspirale entsteht (vgl. hierzu auch Hanft 2008). Mit dem 22. Gesetz zur Änderung des BAföG 2008 sollen hier neue Akzente gesetzt werden.

4.2.2 Studieren mit Kind

Zwar bildet die Gruppe der Studierenden mit Kind nur einen kleinen Teil der heterogenen Studierendenschaft, allerdings wissen wir immer noch relativ wenig über die Lebens- und Studiensituation dieser Studierenden. Aus diesem Grund wurde zu diesem Thema innerhalb der 18. Sozialerhebung des Studentenwerks ein Sonderbericht erstellt (vgl. Middendorff 2008). Der Anteil der Studierenden mit mindestens einem Kind lag im Sommersemester 2006 bei ca. 7% (ca. 123.000 Studierende) und ist damit seit einigen Jahren relativ konstant. Der Anteil der Studierenden mit Kind ist dabei in den alten Ländern niedriger als in den neuen Ländern (4% vs. 6%). Der Studienverlauf von Studierenden mit Kind verläuft weniger kontinuierlich als der von Kommilitoninnen und Kommilitonen ohne Kind: So wird das Studium häufiger unterbrochen, etwa wegen Schwangerschaft, Kinderbetreuung oder Erwerbstätigkeit. Die familiale Arbeitsteilung folgt interessanterweise auch bei Studierenden relativ traditionellen Mustern: Der Anteil der Studenten mit Kind, die erwerbstätig sind, liegt mit 74% deutlich höher gegenüber dem Anteil der Student*innen* mit Kind, die erwerbstätig sind (45%). Studierende, die Kinder haben, befinden sich häufig im Konflikt zwischen den Anforderungen, die das Studium an sie stellt und dem Betreuungsbedarf, den das Kind hat. Und so sind folglich die Studienzeiten länger, fast jeder zweite Studierende mit Kind hat sein Studium schon einmal unterbrochen (mit durchschnittlich 5 Semestern Unterbrechung deutlich länger als Studierende ohne Kind, die ihr Studium durchschnittlich für 3 Semester unterbrechen) und auch die Wahrscheinlichkeit, das Studium abzubrechen, liegt deutlich höher als bei Studierenden ohne Kind. Dennoch halten etwa 60% der Studierenden Studium und Familie für miteinander vereinbar. Inzwischen haben auch die Hochschulen auf diese spezifische Studierendengruppe reagiert, indem sie vor Ort mehr Betreuungsmöglichkeiten schaffen, flexiblere Studiermöglichkeiten bieten und sich als „familiengerechte Hochschule" zertifizieren lassen. Nach wie vor lassen sich die Ergebnisse der Sozialerhebung aber auch so interpretieren, dass ein Studium mit Kind sich insbesondere für Studentinnen nachteilig auf den Studienverlauf auswirkt.

5 Empirische und theoretische Perspektiven der Hochschulforschung

In der Fülle empirischer Erhebungen zum Themenkomplex Studierende, Studium und Hochschule (vgl. Kehm 2008) kommt den bundesweiten Repräsentativerhebungen besondere Bedeutung zu, denn Politik, Hochschulen und Gesellschaft benötigen Zahlen, Daten, Fakten. Man interessiert sich für die Bereitschaft der jeweiligen Jugendgeneration zur Aufnahme eines Studiums, ihr Studienfachwahlverhalten, die Studienzufriedenheit, die Absicht zum Studienfachwechsel, die Anzahl von BAföG-Empfängern unter den Studierenden, ihre ökonomische und soziale Lage und forscht über bundesdeutsche Studierende im internationalen Vergleich. Seit 1951 veranstaltet beispielsweise das Deutsche Studentenwerk in etwa dreijährigen Abständen, mit finanzieller Förderung der Bundesregierung, Sozialerhebungen, auf deren Daten wir ja bereits mehrfach zurückgegriffen haben. Seit inzwischen mehr als 50 Jahren wird auf diese Weise jede Studierendengeneration mindestens einmal umfassend zu ihrer sozialen Situation befragt.[24] Einen zentralen Stellenwert im Rahmen der quantitativen Studentenforschung nehmen inzwischen die umfassenden Veröffentlichungen der HIS-GmbH (Hochschulinformationssystem in Hannover) ein, die im Rahmen staatlicher Auftragsforschung breite Erhebungen über die bundesdeutsche Studierendenschaft vorlegen.[25] Zu den großen Forschungsprojekten gehört auch das Konstanzer Projekt zur Hochschulsozialisation, das seit 1982 zahlreiche Publikationen der als Längsschnittstudien angelegten Forschungen über Studierende vorgelegt hat (vgl. z.B. Bargel u.a. 1989; Dippelhofer-Stiem 1983).[26] Bundesdeutsche Studierende werden auch im internationalen Vergleich untersucht (vgl. Framhein/Langer 1984; Dippelhofer-Stiem /Lind 1987). Nach der Wiedervereinigung Deutschlands wurden die Hochschulen und Studierenden in den neuen Ländern zu einem Forschungsgegenstand von besonderem Interesse (vgl. Buck-Bechler u.a. 1997). Gegenwärtig geben zahlreiche Studien, beispielsweise die Langzeitstudien des Wissenschaftlichen Zentrums für **Berufs- und Hochschulforschung** an der Universität-Gesamthochschule Kassel, interessante Einblicke, insbesondere auch zu Problemen des Berufseinstiegs von HochschulabsolventInnen (vgl. Teichler u.a. 1992; Teichler 2003). Diese empirischen Studien erheben ihr Datenmaterial auf der Basis schriftlicher Fragebogenerhebungen, und bemühen sich um Stichprobenrepräsentativität, damit allgemeingültige Aussagen gemacht werden können. Eine Vielzahl an empirischen Studien hat auch der oben skizzierte Bologna-Prozess hervorgebracht.[27]

Auf der anderen Seite haben sich gerade in den vergangenen Jahrzehnten eine Fülle von biographisch interessierten Studien ganz anderen Fragestellungen gewidmet. Anhand von verschiedenen qualitativen Interviewverfahren und biographieanalytischen Zugängen wird danach gefragt, inwieweit das Studierverhalten, Studienschwierigkeiten und die spätere berufliche Orientierung in biographischen Erfahrungen und Dispositionen gründen (vgl. Kokemohr/Marotzki 1989; Marotzki/Kokemohr 1990; Nittel/Marotzki 1997; Egloff 2002). Es kann angenommen werden, dass Selbst- und Weltbilder, biographisch erworbene Lern- und Deutungsmuster, sowie der Prozess der Subjektentwicklung für Bildungsprozesse von Studierenden in der Hochschule eine zentrale Rolle spielen. Diesem komplexen Verhältnis von Identität, Lernen und Bildung bei Studierenden geht die erziehungswissenschaftliche Biographieforschung empirisch nach.[28] Nach der Wiedervereinigung wurde die DDR-Vergangenheit aufgearbeitet (vgl. Schauer 1991) und man interessierte sich für das Studierverhalten und die Berufsperspektiven von ostdeutschen Studierenden nach der Wende, auch unter Studierenden im Diplom-Studiengang Erziehungswissenschaft wurden biographische Studien durchgeführt (vgl. Grunert 1999).

Ethnographische Forschungszugänge finden sich bis heute nur sehr spärlich in der StudentInnenforschung, dadurch bleibt offen, welche tatsächliche Handlungsrelevanz die in mündlichen oder schriftlichen Befragungen getroffenen Aussagen im studentischen Alltag besitzen und welche kulturellen Muster Studierende während ihres Studiums ausprägen. Einige Arbeiten interessieren sich für die studentische Lebenswelt. Beleuchtet wird bspw. die Wohnsituation und ihre Wahrnehmung aus Sicht der Studierenden (vgl. Kreutz 1981). Die Forschungsgruppe Huber, Portele, Liebau, Schütte (1983) knüpft theoretisch an das Habitus-Konzept Bourdieus an (vgl. Bourdieu 1982, S. 277ff.) und fragt danach, welche fachkulturellen Besonderheiten die einzelnen Studienfächer prägen. Sie weisen in einer Reihe von Studien nach, dass der Prozess der **Hochschulsozialisation** in fachspezifischen Milieus (Fachkulturen) verläuft, die sich unter dem Einfluss von mindestens vier Kulturen bilden: Herkunftskultur der Studierenden, studentische Kultur, akademische Fachkultur und antizipierte Berufskultur. „Für den Studienerfolg entscheidend ist die Entsprechung zwischen subjektiver Erfahrungsgeschichte, den in ihr erworbenen Interessen, Gewohnheiten und Zielen, die im Rahmen der familiären und der schulischen Herkunftskultur gebildet worden sind, und den aktivierbaren kulturellen, sozialen und ökonomischen Ressourcen des Studenten und der disziplinären Kultur - oder, anders ausgedrückt, die Entsprechung zwischen gewohntem alltäglichen Lebensstil und der durch die Fachkultur bestimmten und geforderten Lernform." (Liebau/Huber 1985, S. 336) Während des Studiums entwickelt sich bei den Studierende ein fachspezifischer Habitus, zu dem „Muster der Problemstellung und -bearbeitung, von der Problemdefinition bis zu den Lösungswegen und den geltenden Gütekriterien..." gehören (vgl. Huber/Liebau 1985, S. 323). In den folgenden Jahren entstanden eine Reihe von Studien, die durch den Fachkulturansatz inspiriert wurden.[29] Anknüpfend an diese Befunde entwickelte das Projekt „Studium und Biographie" zwischen 1985 und 1991 eine Fülle von methodischen Zugängen (vgl. Apel u.a. 1995), um den fachspezifischen Habitus bei Studierenden (zukünftigen Pädagogen, Juristen, Maschinenbauern und Elektrotechnikern) innerhalb und außerhalb der Universität forschend zu erkunden (vgl. Apel 1993). Dabei interessierte sich die Forschungsgruppe insbesondere für den Einfluss des Faktors Geschlecht auf den fachspezifischen Habitus der Studierenden (vgl. Engler/Friebertshäuser 1989; Engler 1993) und für die Bewältigungsmuster der Statuspassage Studienbeginn (vgl. Friebertshäuser 1992). In den vergangenen Jahren hat die Milieu-Forschung, ebenfalls basierend auf den Theorien Bourdieus, an Bedeutung gewonnen und sich u.a. auch mit studentischen Milieus befasst (vgl. z.B. Lange-Vester/Teiwes-Kügler 2004).

6 Ausblick auf das Studieren im 21. Jahrhundert

Lässt man die vergangenen Jahrhunderte und das Verhältnis der Jugend zum Studium noch einmal vor dem geistigen Auge Revue passieren, dann wird offenbar, dass die Hochschulgeschichte von zahlreichen Reformen, Reformversuchen und Visionen geprägt wurde (vgl. Führ 1993; Daxner 1996). Zwar hat die Bildungsexpansion mehr Bildungschancen eröffnet, aber die Kinder von un- und angelernten Arbeiterinnen, ebenso wie die Kinder aus Migrantenfamilien sind vom Bildungsboom kaum erfasst worden und die Anhebung des Ausbildungsniveaus führt zugleich zur allgemeinen Entwertung der Bildungszertifikate und Titel. Zugleich handelt es sich bei der Entscheidung eines jungen Menschen zu studieren, um eine individuelle und freie Wahl, die von vielen Einflussfaktoren bestimmt wird, nicht zuletzt von den Prognosen für die Absolventen eines Studiengangs und dem allgemeinen gesellschaftlichen Klima. Gegenwärtig gewinnt Bildung in einer Informations- und Wissensgesellschaft enorm an Bedeutung. Zahlreiche programmatische Schriften sind inzwischen erschienen, die die Bedeutung des Lebenslangen Lernens für die individuelle und gesellschaftliche Zukunft betonen.[30] Mit dem Gedanken des lebenslangen Lernens werden Lernbiographien interessant. Vor diesem Hintergrund kann angenommen werden, dass die gegenwärtigen Reformdebatten um das Bildungs- und Hochschulwesen ganz entscheidend mit beeinflusst werden von den weiteren gesellschaftlichen Entwicklungen. Aber es wird auch bedeutsam sein, welche Wünsche, Ziele und Vorstellungen die Jugend zukünftig mit einem Studium verbindet und mit welchen Haltungen und Orientierungen sie dann studiert. Einige große Trends zeichnen sich bereits am Beginn des 21. Jahrhunderts ab.

So werden in den kommenden Jahren auch weiterhin der Bologna-Prozesss, die Verwirklichung eines europäischen Bildungsraumes, die internationale Mobilität und die Folgen für die Studierenden und Lehrenden große Themen in der Hochschuldiskussion sein, ebenso die Dienstrechtreformen bezogen auf die Professorinnen und Professoren (vgl. z.B. die vor einigen Jahren eingeführten Juniorprofessuren oder aktuell die Umsetzung der leistungsbezogenen Besoldung von Professorinnen und Professoren). Die Analysen zur Entwicklung einer „nachindustriellen Wissensgesellschaft" (Bell 1989, S. 3) und die zunehmende Globalisierung weisen dem Erwerb von wissenschaftlich-technischem Wissen, und damit der Bildung und Ausbildung, sowie der Fähigkeit zum lebenslangen Lernen einen einen zentralen Stellenwert zu.[31] Daraus ergeben sich Herausforderungen auch für die Hochschulausbildung. Angesichts eines prognostizierten steigenden Bedarfs an akademisch ausgebildeten Kräften, fürchtet man Engpässe insbesondere im technischen Bereich.[32] Alarmierend wirken in diesem Zusammenhang Prognosen, nach denen die Studierbereitschaft der Abiturienten sinke. Unter dem Stichwort Internationalität soll die Ausrichtung der Hochschulen, sowie die Mobilität der Studierenden entsprechend beeinflusst werden, die Konkurrenzfähigkeit der Absolventen auf einem europäischen und internationalen Arbeitsmarkt ist das Ziel. In Deutschland wird deshalb das späte Berufseintrittsalter der Akademiker im europäischen Vergleich zu einem Dauerthema, wobei die Gymnasien und die Hochschulen sich wechselseitig die Verantwortung anzulasten suchen. Die Einführung von Studiengebühren für Langzeitstudierende oder Studierende insgesamt ist zwar inzwischen beinahe überall durchgesetzt, war aber von Beginn an heftig umstritten (vgl. Hilzenbecker 2001, S. 81ff.; Das Hochschulwesen 4/2001, S. 130) und ist es heute nach wie vor. Die Frage der Studierfähigkeit spielt in den gegenwärtigen Debatten ebenso eine Rolle wie die Situation der Lehre an den Hochschulen und die Betreuung der Studierenden angesichts einer knappen Personaldecke innerhalb der Hochschulen. Die Politik sucht mit Effizienzmessungen durch Evaluationskommissionen, Akkreditierungsagenturen, Marktmechanismen (wie die Förderung von Wettbewerb zwischen den Hochschulen u.a.), Exzellenzinitiativen (vgl. hierzu Hornbostel 2008) entsprechende Impulse zu geben. Neue Medien eröffnen neue Lehrkonzepte.[33]

Im Zuge der wirtschaftlichen und politischen Einigung Europas wird den Hochschulen eine bedeutsame Rolle zugewiesen, denn Europas Wettbewerbsfähigkeit basiert im Wesentlichen auf einem gut ausgebildeten Arbeitskräftepotential, wobei die Qualifikationsanforderungen kontinuierlich steigen und damit die akademische Ausbildung zu einem wesentlichen Faktor der Gesellschafts- und Wirtschaftsentwicklung machen. Neben der fachlichen Ausbildung sollen die Hochschulen auch Schlüsselqualifikationen oder Querschnittskompetenzen vermitteln, dazu gehört fächerübergreifendes Denken, kommunikative und Fremdsprachen-Kompetenz, sowie die Bereitschaft und Fähigkeit zum Umgang mit fremden Kulturen (vgl. Trotha 1994, S. 30). Die Bedeutung des Bildungskapitals und damit der „Humanressourcen" führt zur Entwicklung von europäischen Aktionsprogrammen im Bildungsbereich (vgl. Smith 1994, S. 35f). Die Europäische Gemeinschaft hat Mobilitätsprogramme für Studierende eingerichtet (z.B. Erasmus), um den sehr niedrigen Prozentsatz derjenigen Studenten zu steigern, die bereit sind, an einer anderen Hochschule in Europa ein Semester oder ein Jahr zu verbringen. Förderprogramme der Europäischen Gemeinschaft bemühen sich darum, den akademischen Austausch und Hochschulkooperation auf allen Ebenen innerhalb Europas zu fördern. Auf der anderen Seite verstärkt sich der Blick über die Landesgrenzen hinaus, der europäische und internationale Vergleich eröffnet neue Sichtweisen. Alarmierend wirken zudem Ländervergleiche, die zeigen, dass die Akademikerquote in Deutschland im Vergleich zu anderen Industrienationen viel zu gering ausfällt, um den Fachkräftebedarf in allen Bereichen mit eigenen Hochschulabsolventen zu decken.

Die große Frage im 21. Jahrhundert wird sein, wie sich die jungen Leute selbst im Hinblick auf Bildung, Ausbildung und Studium verhalten werden. Allerdings zeichnet sich ab, dass sich die Zahl der Studierenden – trotz gesunkener Geburtenraten der vergangenen Jahrzehnte – weiter steigern wird. Bildung ist nicht nur eine Investition in eine zukunftsfähige Wirtschaft und Gesellschaft, die sich angesichts zunehmender Globalisierung um Wettbewerbsfähigkeit bemüht, sondern sie eröffnet dem Einzelnen einen Zugang zu Denk- und Lebensräumen, die spezifische Entfaltungsmöglichkeiten in sich bergen. Trotz der Dialektik der Aufklärung (Horkheimer/Adorno 1969) ist die Vision einer Vervollkommnung der Menschheit durch Bildung lebendig geblieben. Aber die Frage, welche Beziehung die Jugend zum Studium entwickelt, hängt auch davon ab, wie sich die gesellschaftlichen Rahmenbedingungen entwickeln und welche Wirkungen die Bildungsreformdebatte hervorbringt. Ob man das Studium primär als direkte Berufsvorbereitung betrachtet oder sich stärker dem Bildungsgedanken verpflichtet fühlt, wird das Studierverhalten der Zukunft wesentlich beeinflussen. Beim Thema Jugend und Studium sind also auch für die Zukunft noch viele Fragen offen.

Anmerkungen

1 Noch heute wird damit der Erwerb eines Grundwissens an einer Hochschule bezeichnet, das über das partikulare Wissen eines Fachgebietes hinausgeht und oft in Form von Veranstaltungen für Studierende und Lehrende aller Fachbereiche – bspw. in Form von Ringvorlesungen oder Gastvorträgen – angeboten wird. Auch akademische Chöre und Orchester sowie Theaterensembles gehören zum Angebot. Im Zuge des Bologna-Prozesses sind an vielen Universitäten eigene „Studium-Generale"- Zentren entstanden, die ein entsprechendes Angebot bereitstellen. Außerdem wurden fachübergreifende Wissensbestände wie Rhetorik, Fremdsprachen oder Umgang mit Neuen Medien in zahlreichen Bachelor- und Master-Studiengängen in Form von so genannten Schlüsselqualifikationen integriert.
2 Siehe dazu die Abbildung bei Prahl/Schmidt-Harzbach 1981, S. 14.
3 Die feministische Wissenschaft aktualisierte diese Bezeichnung in den 1980er Jahren in ihren Schriften und gab bspw. ihren Publikationen den Titel „Töchter der Alma Mater" (Clemens u.a. 1986).
4 Eine sehr lesenswerte Geschichte über die 1477 gegründete Universität Tübingen hat Walter Jens geschrieben (vgl. Jens 1977).
5 Als ein Beispiel für die Schwierigkeiten eines wenig vermögenden jungen Mannes in der Universität zu bestehen, sei auf Karl Philipp Moritz' Romanfigur „Anton Reiser" verwiesen. Dabei zeigt sich, dass bereits die Kleiderordnung zur Stigmatisierung der ärmeren Studenten beitragen konnte und zur sozialen Isolation und Ausgrenzung beitrug. Im 18. Jahrhundert trugen die Studenten bspw. noch einen Frack, Schnallenschuhe, Perücken, Hut und einen Degen, lange Zeit galt die französische Herrenmode als Vorbild (vgl. Prahl/Schmidt-Harzbach 1981, S. 67f.).
6 In seiner berühmt gewordenen Denkschrift „Über die innere und äußere Organisation der höheren wissenschaftlichen Anstalten in Berlin" formulierte Wilhelm von Humboldt 1810 seine Überlegungen (vgl. Humboldt 1984, S. 82ff.).
7 Studentinnen stand das Regime sehr kritisch gegenüber, ein Gauleiter in München formulierte dies auf einer Kundgebung so: Die Studentinnen „sollten sich nicht an den Universitäten herumdrücken, sondern lieber ‚dem Führer ein Kind schenken'." (vgl. Roegele 1966, S. 161).
8 Das „Marburger Karzer-Buch" gibt einige Einblicke in das historische Studententum und das Universitätsgefängnis (vgl. Bickert/Nail 1989).
9 Aus den Memoiren des Karl Heinrich Ritters von Lang. Braunschweig 1842, S. 72ff. (Faksimileausgabe 1984 mit einem Nachwort von H.v. Mosch, Erlangen 1984, zit. nach Ellwein 1997, S. 102ff.).
10 „Die Studenten, auf die ich genau während des Kollegiums Acht gab, betrugen sich gesitteter, als gewöhnlich die Frankfurthischen, sie behielten wenigstens nicht die Hüte auf, und schienen auch übrigens gesitteter. Sonst sprachen sie sehr laut, lachten, warfen sich Komödienzettel zu, und trieben Possen von aller Art. Auch war ein grosser Hund im Kollegium, der sich nach Belieben wälzte, kratzte, und Töne aller Art von sich gab." So beschreibt Wil-

helm von Humboldt seinen Besuch an der Marburger Universität in seinem „Tagebuch der Reise nach dem Reich 1788" (Humboldt 1918, S. 20).

11 Im Zuge der allgemeinen Bildungreformeuphorie in der Bundesrepublik Deutschland wurden 1973 auch Bundeswehr-Hochschulen in Hamburg (seit 2003 Helmut-Schmidt-Universität) und München (Universität der Bundeswehr München) gegründet. Es sollte damit eine bessere berufliche Ausbildung der Offiziere sichergestellt werden, die dem technologischen und organisatorischen Stand der Bundeswehr entsprach, der Offiziersberuf sollte unter den jungen Männern – und seit 2001 auch unter den jungen Frauen – attraktiver werden und das Studium sollte den dann akademisch gebildeten Zeitsoldatinnen und -soldaten den Übergang in zivile Berufe erleichtern. Bereits 1978 studierten 4.600 Offiziere an den beiden Hochschulen und wurden von 200 Professoren und 300 Lehrbeauftragten unterrichtet. Die Studienfächer umfassen: Luft- und Raumfahrttechnik, Informatik, Bau- und Vermessungswesen, Elektrotechnik, Pädagogik und Wirtschafts- und Organisationswissenschaften, in Hamburg kommt Maschinenbau hinzu (vgl. Gross 1978; zur Lebenssituation studierender Offiziere vgl. Müller/Elbe/Sievi 2006).

12 1977 fassten die Regierungschefs von Bund und Ländern den sogenannten Öffnungsbeschluss, sie beschlossen die Hochschulen für die damaligen geburtenstarken Jahrgänge offenzuhalten, dadurch studieren inzwischen 1,8 Millionen Studierende auf etwa halb so vielen Studienplätzen, auch mehrere hochschulpolitische Sonderprogramme führten zu keiner wirksamen Entlastung (vgl. Führ 1993, S. 14). Mit dieser strukturellen Überlast, die sich je nach Fach in unterschiedlicher Weise auswirkt, haben die Hochschulen bzw. die in ihr Lehrenden und Lernenden auch heute noch zu kämpfen.

13 Seit 1997 unterscheidet die amtliche Statistik zwischen Bildungsinländern und Bildungsausländern: Mit Bildungsinländern sind solche ausländische Studierende gemeint, die in Deutschland aufgewachsen sind und ihre Hochschulzugangsberechtigung in Deutschland erworben haben. Als Bildungsausländer werden entsprechend diejenigen ausländischen Studierenden bezeichnet, die ihre Hochschulzugangsberechtigung im Ausland erworben haben und zum Studium nach Deutschland kommen. Die Zahl der Bildungsausländer unter den ausländischen Studierenden an deutschen Hochschulen lag 2006 bei 189.450, die der Bildungsinländer bei 58.907 (vgl. hierzu Isserstedt/Link 2008, S. 6).

14 Politische und berufsbiographische Orientierungen von Auszubildenden und Studenten untersucht Scherr (1995).

15 PISA steht für „Programme for International Student Assessment" und wird seit dem Jahr 2000 in dreijährigem Rhythmus in den OECD-Ländern (und zunehmend auch von OECD-Partnerländern) durchgeführt. Getestet werden bei 15-jährigen Schülerinnen und Schülern die Kenntnisse und Fähigkeiten im Lesen, in Mathematik und in den Naturwissenschaften.

16 Nach der Grundschule ist die 1. Schwelle der Übergang an weiterführende Schulen, die 2. Schwelle ist der Übergang in die Sekundarstufe II (gymnasiale Oberstufe), die 3. Schwelle der Erwerb der Studienberechtigung, die 4. Schwelle die Studienaufnahme und die 5. Schwelle der Erwerb des Hochschulabschlusses. Diese letzte Schwelle nehmen (von anfangs 100% in der Grundschule) noch 21% (vgl. Isserstedt u.a. 2007, S. 3ff.).

17 Siehe dazu auch die Ausführungen von Gerhard Neuweiler, der auch die Seite der Forschung und des wissenschaftlichen Nachwuchses beleuchtet, so wurden im Jahr 1990 10.126 Promotionen absolviert (ohne Humanmedizin, dort haben weitere 6.305 Ärztinnen und Ärzte promoviert) (vgl. Neuweiler 1997, S. 33ff.).

18 Wie sehr das Problem der Arbeitslosigkeit die Jugend beschäftigt und ihre Zukunftsvorstellungen beeinflusst, zeigte auch die 13. Shell Jugendstudie 2000. Nach den Kriterien für die Arbeitsplatzwahl befragt, geben „Sicherheit vor Arbeitslosigkeit" in den neuen Ländern 54% der Jugendlichen als Kriterium an, während dieser Aspekt in den alten Bundesländern mit 48% an zweiter Stelle rangiert (vgl. Deutsche Shell 2000, Bd. 1, S. 192). Die aktuellste Shell-Studie konstatiert, dass Jugendliche auch heute deutlich stärker darüber besorgt sind, ihren Arbeitsplatz zu verlieren bzw. keine adäquate Beschäftigung zu finden. Dennoch – so die Shell-Studie weiter – überwiege die Suche nach individuellen Lösungsansätzen. Mädchen und jungen Frauen wird indessen bescheinigt, dass sie sich auf der „Überholspur" befinden und häufiger höherwertige Bildungsabschlüsse anstreben (vgl. Deutsche Shell 2006).

19 Vgl. etwa die Länderberichte auf der Konferenz 2007 in London unter http://www.dcsf.gov.uk/londonbologna/

20 Inzwischen liegen auch einige Studien vor, die sich mit dieser Frage befassen (vgl. z.B. Grunert 2001; Vähning 2002; Rehburg 2006; Schaeper/Wolter 2008).

21 Vgl. http://www.hochschulkompass.de, Zugriff am 03.01.2009, 18.17.

22 Allerdings zeigt sich, dass auch bestimmte Studienelemente eine solche Moratoriums-Funktion übernehmen können bzw. Studierende in ihrem Aneignungsverhalten sich solche Räume selbst schaffen, so etwa das Praktikum (vgl. Egloff 2004). Man kann wohl davon ausgehen, dass auch zukünftig diese Möglichkeiten nicht gänzlich verschwinden werden.

23 In den neuen Ländern lag er bis Mitte der 1990er Jahre noch bei 58%, allerdings wird auch hier die staatliche Untersützung zunehmend durch Elternfinanzierung abgelöst (vgl. Buck-Bechler u.a. 1997, S. 520).

24 Die Studien werden publiziert unter dem Titel: „Das soziale Bild der Studentenschaft in der Bundesrepublik Deutschland. Sozialerhebung des deutschen Studentenwerks" Seit der 10. Sozialerhebung liegt die Durchführung bei der HIS-GmbH. Unter http://www.studentenwerke.de/se/ können die Ergebnisse der jeweils aktuellen Erhebungen abgerufen werden.
25 HIS-Publikationen und Kurzinformationen können unter der Internet-Adresse http://www.his.de bestellt werden.
26 Die AG Hochschulforschung an der Universität Konstanz existiert auch heute noch. Unter http://www.uni-konstanz.de/ag-hochschulforschung/ finden sich zahlreiche Publikationshinweise.
27 Da es kaum möglich ist, die Fülle der Literatur zu präsentieren, möchten wir auch hier auf die website der Hochschulrektorenkonferenz verweisen, auf der jeweils aktualisierte Literaturlisten bereit stehen. http://www.hrk-bologna.de/bologna/de/home/1952.php
28 Einen Überblick über die biographisch orientierte StudentInnen-Forschung gibt Friebertshäuser (2006); den Zusammenhang von Studium und Biographie beleuchten Friebertshäuser und Kraul (2002).
29 Den akademischen Habitus von Studierenden in den Fächern Biologie und Psychologie untersuchte bspw. Frank (1990).
30 Als nur ein Beispiel von vielen sei die von der Vereinigung der Bayerischen Wirtschaft e.V. herausgegebene Studie „Bildung neu denken! – Das Zukunftprojekt" genannt (vgl. Lenzen 2003).
31 Nach Richard Sennett (1998) fordert die Kultur des neuen Kapitalismus den flexiblen Menschen, der sich ständig neuen Aufgaben stellt und immer bereit ist, Arbeitsstelle, Arbeitsformen und Wohnort zu wechseln.
32 Insbesondere fehlen bereits heute Informatiker und teilweise auch Lehrerinnen und Lehrer.
33 Einige sehen in virtuellen Lehrveranstaltungen und Online-Seminaren die Zukunft. Sicher werden die neuen Medien das klassische Studium verändern und eine Reihe von neuen Möglichkeiten multimedialer Lehre eröffnen (vgl. Faschingbauer 2001, S. 113ff) Allerdings zeigt sich auch, dass sie das Präsenzstudium nicht zu ersetzen vermögen, sondern lediglich ergänzen. Inzwischen werden die Einsatzmöglichkeiten Neuer Medien in der Hochschullehre tatsächlich sehr viel differenzierter diskutiert (vgl. z.B. Zauchner u.a. 2008).

7 Literatur

Alheit, P./Rheinländer, K./Watermann, R.: Zwischen Bildungsaufstieg und Karriere. Studienperspektiven „nicht-traditioneller Studierender". In: Zeitschrift für Erziehungswissenschaft (2008), H.4, S. 577-606
Apel, H. u.a.: Kulturanalyse und Ethnographie. Vergleichende Feldforschung im studentischen Raum. In: König, E./Zedler, P. (Hrsg.): Bilanz qualitativer Forschung. Band II: Methoden. Weinheim 1995, S. 343-375
Apel, H.: Bildungshandeln im soziokulturellen Kontext. Studienfachwahl und Studiengestaltung unter dem Einfluß familialer Ressourcen. Wiesbaden 1993
Bader, R. u.a. (Hrsg.): Studenten im Schatten des Arbeitsmarktes. Studienwahl, Studium und Berufseinmündung zwischen Wunschtraum und Realitätssinn. Frankfurt a.M./New York 1987
Bahnmüller, R. u.a.: Diplom-Pädagogen auf dem Arbeitsmarkt: Ausbildung, Beschäftigung und Arbeitslosigkeit in einem Beruf im Wandel. Weinheim/München 1988
Bargel, T. u.a.: Studienerfahrungen und studentische Orientierungen in den 80er Jahren: Trends und Stabilitäten; Drei Erhebungen an Universitäten und Fachhochschulen 1983, 1985 und 1987. Hrsg. vom Bundesminister für Bildung und Wissenschaft, Bonn 1989
Baumert, J. (Hrgs.): Herkunftsbedingte Disparitäten im Bildungswesen: Differenzielle Bildungsprozesse und Probleme der Verteilungsgerechtigkeit. Vertiefende Analysen im Rahmen von PISA 2000. Wiesbaden 2006
Baumgart, F.: Stufung, Modularisierung, Kreditierung – Wem nützt die neue Studienorganisation? In: Der Pädagogische Blick (2006a), H.1, S. 15-24
Baumgart, F.: Soziale Selektion in der Hochschule – Stufung, Modularisierung, Kreditierung auf dem Prüfstand. In: Friebertshäuser, B. u.a. (Hrsg.): Reflexive Erziehungswissenschaft. Forschungsperspektiven im Anschluss an Pierre Bourdieu. Wiesbaden 2006b, S. 309-322
Beaufaÿs, S.: Wie werden Wissenschaftler gemacht? Beobachtungen zur wechselseitigen Konstitution von Geschlecht und Wissenschaft. Bielefeld 2003
Bell, D.: Die nachindustrielle Gesellschaft. Frankfurt a.M./New York 1989
Berghahn, S. u.a. (Hrsg.): Wider die Natur? Frauen in Naturwissenschaft und Technik. Berlin 1984
Bickert, H. Günther/Nail, N.: Marburger Karzer-Buch: 15 Kapitel zum Universitätsgefängnis und zum historischen Studententum. Marburg/L. 1989
Bildung auf einen Blick: OECD-Indikatoren. Ausgabe 2000. Paris 2000

Blessing, W. K.: Universität im Krieg. Erlanger Schlüsseljahre im 19. und 20. Jahrhundert. In: Strobel, K. (Hrsg.): Die deutsche Universität im 20. Jahrhundert. Die Entwicklung einer Institution zwischen Tradition, Autonomie, historischen und sozialen Rahmenbedingungen. Abhandlungen zum Studenten- und Hochschulwesen. Hrsg. von Golücke, F. u.a. Bd. 5, Vierow bei Greifswald 1994, S. 47-68
Bourdieu, P.: Die feinen Unterschiede. Kritik der gesellschaftlichen Urteilskraft. Frankfurt/M. 1982
Buck-Bechler, G. u.a. (Hrsg.): Hochschulen in den neuen Ländern der Bundesrepublik Deutschland. Ein Handbuch zur Hochschulerneuerung. Weinheim 1997
Busch, E.: Marburg und seine Philipps-Universität: Festreden zur Vierhundertfünfzigjahrfeier. Berglen 1989
Carl, A.-H./Maier, F./Schmidt, D.: Auf halbem Weg. Die Studien- und Arbeitsmarktsituation von Ökonominnen im Wandel. Berlin 2008
Chevallier, S.: Fräulein Professor. Lebensspuren der Ärztin Rahel Hirsch 1870-1953. Düsseldorf 1998
Clemens, B. u.a. (Hrsg.): Töchter der Alma Mater. Frauen in der Berufs- und Hochschulforschung. Frankfurt a.M./New York 1986
Clephas-Möcker, P./Krallmann, K.: Studentinnenalltag in der Weimarer Republik und im Nationalsozialismus im Spiegel biographischer Interviews. In: Schlüter, A. (Hrsg.): Pionierinnen, Feministinnen, Karrierefrauen? Zur Geschichte des Frauenstudiums in Deutschland. Pfaffenweiler 1992, S. 169-189
Cloer, E.: Die überschaubare Universität. Über Möglichkeiten und Grenzen ihrer Leistungswirksamkeit. In: Borsche, T. u.a. (Hrsg.): Begriff und Wirklichkeit der kleinen Universität. Positionen und Reflexionen. Hildesheimer Universitätsschriften, Bd. 2. Hildesheim 1997, S. 125-138
Davidenkoff, E./Junghans, P.: Du bizutage des Grandes Ecoles et de l'Elite. Paris 1993
Daxner, M.: Ist die Uni noch zu retten? Zehn Vorschläge und eine Vision. Reinbek bei Hamburg 1996
Das Hochschulwesen. Forum für Hochschulforschung, -praxis und –politik. Heft 4/2001. Neuwied
Deutsche Shell (Hrsg.): Jugend 2000. 13. Shell Jugendstudie. Opladen 2000
Deutsche Shell (Hrsg.): Jugend 2006. 15. Shell Jugendstudie. Eine pragmatische Generation unter Druck. Frankfurt 2006
Dippelhofer-Stiem, B.: Hochschule als Umwelt - Konzeptualisierung und empirische Befunde. Weinheim 1983
Dippelhofer-Stiem, B./Lind, G. (Hrsg.): Studentisches Lernen im Kulturvergleich. Ergebnisse einer international vergleichenden Längsschnittstudie zur Hochschulsozialisation. Weinheim 1987
Egloff, B.: Praktikum und Studium. Diplom-Pädagogik und Humanmedizin zwischen Studium, Beruf, Biographie und Lebenswelt. Opladen 2002
Egloff, B.: Möglichkeitsraum Praktikum. Zur studentischen Aneignung einer Phase im Pädagogik- und Medizinstudium. In: Zeitschrift für Erziehungswissenschaft (2004), H. 2, S. 263-276
Ellwein, Th.: Die deutsche Universität. Vom Mittelalter bis zur Gegenwart. Wiesbaden 1997
Engler, S./Friebertshäuser, B.: Zwischen Kantine und WG - Studienanfang in Elektrotechnik und Erziehungswissenschaften. In: Faulstich-Wieland, H. (Hrsg.): Weibliche Identität. Bielefeld 1989, S. 123-136
Engler, S.: Fachkultur, Geschlecht und soziale Reproduktion. Eine Untersuchung über Studentinnen und Studenten der Erziehungswissenschaft, Rechtswissenschaft, Elektrotechnik und des Maschinenbaus. Weinheim 1993
Faschingbauer, T.: Online-Seminare – die Zukunft der universitären Lehre? In: Das Hochschulwesen. Forum für Hochschulforschung, -praxis und –politik. Heft 4/2001. Neuwied 2001, S. 113-118
Ferchhoff, W.: Jugend an der Wende vom 20. zum 21. Jahrhundert. Lebensformen und Lebensstile. Opladen 1999
Feyl, R.: Der lautlose Aufbruch. Frauen in der Wissenschaft. Darmstadt, Neuwied 1983
Fischer, D. u.a. (Hrsg.): Neues Lehren und Lernen an der Hochschule. Einblicke und Ausblicke. Weinheim 1999
Framhein, G./Langer, J. (Hrsg.): Student und Studium im interkulturellen Vergleich. Student Worlds in Europe. Klagenfurt 1984
Frank, A.: Hochschulsozialisation und akademischer Habitus. Eine Untersuchung am Beispiel der Disziplinen Biologie und Psychologie. Weinheim 1990
Frevert, U.: Eine Universität – zwei Geschlechter. In: Hoebink, Hein (Hrsg.): Perspektiven für die Universität 2000. Reformbestrebungen der Hochschulen um mehr Effizienz. Neuwied u.a. 1997, S. 97-110
Friebertshäuser, B.: Übergangsphase Studienbeginn. Eine Feldstudie über Riten der Initiation in eine studentische Fachkultur. Weinheim/München 1992
Friebertshäuser, B.: StudentInnenforschung – Überblick, Bilanz und Perspektiven biographieanalytischer Zugänge. In: Krüger, H.-H./Marotzki, W. (Hrsg.): Handbuch erziehungswissenschaftliche Biographieforschung. Wiesbaden [2]2006, S. 295-315
Friebertshäuser, B./Kraul, M.: Studium und Biographie. In: Otto, H.-U. u.a. (Hrsg.): Erziehungswissenschaft: Lehre und Studium. Opladen 2002, S. 161-172

Führ, Ch.: Hochschulreformen in Deutschland im 20. Jahrhundert. In: Stifterverband für die Deutsche Wissenschaft (Hrsg.): Wozu Universitäten – Universitäten wohin? Die Universität auf dem Weg zu einem neuen Selbstverständnis. Essen 1993, S. 9-16

Geißler, R.: Die Sozialstruktur Deutschlands. Zur gesellschaftlichen Entwicklung mit einer Zwischenbilanz zur Vereinigung. Opladen 1996

Giesbert, K.: Geschlecht und Studienwahl. Biographische Analysen geschlechtsstypischer und –untypischer Bildungswege. Münster 2001

Glaser, E.: Hindernisse, Umwege, Sackgassen. Die Anfänge des Frauenstudiums am Beispiel der Universität Tübingen (1904-1934). Weinheim 1992

Gross, W.: Studenten in Uniform! oder: „Der Schoß ist fruchtbar noch..." Ein Bericht über die Bundeswehrhochschulen in der BRD mit ergänzendem dokumentarischem Anhang. Band 11 der DOKU-Reihe „alternative Dokumentation". Karlsruhe 1978

Grunert, C.: Vom Pionier zum Diplom-Pädagogen. Lebensgeschichten und Berufsperspektiven von ostdeutschen Studierenden im Diplomstudiengang Erziehungswissenschaft. Opladen 1999

Grunert, M.: BA auf dem Prüfstand: Zur Akzeptanz geisteswissenschaftlicher Studienprofile auf dem Arbeitsmarkt. Bochum 2001

Habel, W. u.a. (Hrsg.): Blockierte Zukunft – Reaktionen von Studierenden und Lehrenden. Weinheim 1987

Hanft, A.: Berufstätige Studierende – eine vernachlässigte Zielgruppe an deutschen Hochschulen? In: Kehm, B. (Hrsg.): Hochschule im Wandel. Die Universität als Forschungsgegenstand. Frankfurt 2008, S. 107-117

Hilzenbecker, M.: Studiengebühren in ökonomischer Perspektive. In: Das Hochschulwesen. H. 3/2001 Neuwied 2001, S. 81-85

Horkheimer, M./Adorno, Th. W.: Dialektik der Aufklärung. Philosophische Fragmente. Frankfurt/M. 1969

Hornbostel, St.: Exzellenz und Differenzierung. In: Kehm, B. (Hrsg.): Hochschule im Wandel. Die Universität als Forschungsgegenstand. Frankfurt 2008, S. 253-266

Hradil, St. (unter Mitarbeit von Schiener, J.): Soziale Ungleichheit in Deutschland. Wiesbaden ^{8}2005

Huber, L. u.a.: Fachcode und studentische Kultur. Zur Erforschung der Habitusbildung in der Hochschule. In: Becker, E. (Hrsg.): Reflexionsprobleme der Hochschulforschung. Weinheim/Basel 1983

Huber, L.: Sozialisation in der Hochschule. In: Hurrelmann, K./Ulich, D. (Hrsg.): Neues Handbuch der Sozialisationsforschung. Weinheim 1991, S. 417-441

Huber, L.: Wie studiert man in „Bologna"? Vorüberlegungen für eine notwendige Untersuchung. In: Kehm, B. (Hrsg.): Hochschule im Wandel. Die Universität als Forschungsgegenstand. Frankfurt 2008, S. 295-308

Humboldt, W. von: Wilhelm von Humboldts Tagebücher. Erster Band 1788-1798. Hrsg. von Albert Leitzmann. Gesammelte Schriften 1918, Band XIV, S. 17ff.

Humboldt, W. von: Schriften zur Anthropologie und Bildungslehre. Hrsg. von Andreas Flitner. Frankfurt/M. u.a. 1984

Isserstedt, W./Middendorff, E./Fabian, G./Wolter, A.: Die wirtschaftliche und soziale Lage der Studierenden in der Bundesrepublik Deutschland 2006. 18. Sozialerhebung des Deutschen Studentenwerks. Berlin 2007

Isserstedt, W./Link, J.: Internationalisierung des Studiums – Ausländische Studierende in Deutschland – Deutsche Studierende im Ausland. Ergebnisse der 18. Sozialerhebung des Deutschen Studentenwerks. Berlin 2008

Jahn, H./Olbertz, J.-H. (Hrsg.): Neue Stufen – alte Hürden? Flexible Hochschulabschlüsse in der Studienreformdebatte. Weinheim 1998

Janshen, D./Rudolph, H. u.a.: Ingenieurinnen. Frauen für die Zukunft. Berlin, New York 1987

Jens, I. (Hrsg.) 1989: Hans Scholl und Sophie Scholl, Briefe und Aufzeichnungen. Frankfurt/M.

Jens, W.: Eine deutsche Universität. 500 Jahre Gelehrtenrepublik. München 1977.

Kahlert, H./Mischau, A.: Neue Bildungswege für Frauen. Frauenhochschulen und Frauenstudiengänge im Überblick. Frankfurt 2000

Kehm, B. M. (Hrsg.): Hochschule im Wandel. Die Universität als Forschungsgegenstand. Frankfurt 2008

Kleinau, E. (Hrsg.): Frauen in pädagogischen Berufen. Bd. 1: Auf dem Weg zur Professionalisierung. Bad Heilbrunn 1996

Kokemohr, R./Marotzki, W. (Hrsg.): Biographien in komplexen Institutionen - Studentenbiographien I. Reihe Interaktion und Lebenslauf, Band 4. Frankfurt/M. u.a. 1989

Kommission der Europäischen Gemeinschaften (Hrsg.): EG-Studentenhandbuch Studieren in Europa: Das Hochschulwesen in der Europäischen Gemeinschaft. Köln 1988

Krais, B. (Hrsg.): Wissenschaftskultur und Geschlechterordnung. Über die verborgenen Mechanismen männlicher Dominanz in der akademischen Welt. Frankfurt 2000

Krause, P.: „O alte Burschenherrlichkeit". Die Studenten und ihr Brauchtum. Ein Text-Bild-Band. Graz u.a. 1979

Kreutz, H.: Wohnungsnot unter Studierenden: Realität oder ideologische Anklage? Empirische Ergebnisse über die tatsächliche Wohnungssituation und ihre Wahrnehmung aus der Sicht der Studenten. Nürnberg 1981

Krüger, H.H./Rauschenbach, Th. u.a.: Diplom-Pädagogen in Deutschland. Survey 2001. Weinheim/München 2003
Krüger, H.H./Rauschenbach, Th. (Hrsg.): Pädagogen in Studium und Beruf. Empirische Bilanz und Zukunftsperspektiven. Wiesbaden 2004
Kuhn, H. u.a.: Die deutsche Universität im Dritten Reich. München 1966
Lange-Vester, A./Teiwes-Kügler, Ch.: Soziale Ungleichheiten im studentischen Feld. Empirische Ergebnisse zu Studierendenmilieus in den Sozialwissenschaften. In: Engler, St./Krais, B. (Hrsg.): Das kulturelle Kapital und die Macht der Klassenstrukturen. Sozialstrukturelle Verschiebungen und Wandlungsprozesse des Habitus. Weinheim/München 2004, S. 159-187
Lenzen, D.: Bildung neu denken! – Das Zukunftsprojekt. Hrsg. von der Vereinigung der Bayerischen Wirtschaft e.V. Opladen 2003
Liebau, E./Huber, L: "Die Kulturen der Fächer". In: Neue Sammlung, Nr.3, (Themenheft: Lebensstil und Lernform.) Stuttgart 1985, S. 314-339
Maiworm, F./Teichler, U./Fleck, A.: Das Reform-Experiment ifu (Internationale Frauenuniversität): Potenziale, Risiken und Erträge aus der Sicht der Beteiligten. Kassel 2006
Marotzki, W./Kokemohr, R. (Hrsg.): Biographien in komplexen Institutionen - Studentenbiographien II. Reihe Interaktion und Lebenslauf Band 5. Weinheim 1990
Metz-Göckel, S. (Hrsg.): Lehren und Lernen an der Internationalen Frauenuniversität. Ergebnisse der wissenschaftlichen Begleituntersuchung. Opladen 2002
Meyer-Renschhausen, E.: Frauen in den Anfängen der Empirischen Sozialforschung. In: Kleinau, E./Opitz, C. (Hrsg.): Geschichte der Mädchen und Frauenbildung. Band 2: Vom Vormärz bis zur Gegenwart. Frankfurt a.M./New York 1996, S. 354-370
Middendorff, E.: Studieren mit Kind. Berlin 2008
Müller, F./Elbe, M./Sievi, Y.: „Ich habe mir einfach einen kleinen Dienstplan für das Studium gemacht" – Zur alltäglichen Lebensführung studierender Offiziere. In: v. Hagen, U. (Hrsg.): Armee in der Demokratie." Zum Verhältnis von zivilen und militärischen Prinzipien. Wiesbaden 2006, S. 189-212
Neusel, A./Poppenhusen, M. (Hrsg.): Universität Neu Denken. Opladen 2002
Neuweiler, H.: Masse und Elite – Zur Rolle der Universitäten. In: In: Hoebink, Hein (Hrsg.): Perspektiven für die Universität 2000. Reformbestrebungen der Hochschulen um mehr Effizienz. Neuwied u.a. 1997, S. 33-46
Nittel, D./W. Marotzki (Hrsg.): Berufslaufbahn und biographische Lernstrategien. Eine Fallstudie über Pädagogen in der Privatwirtschaft. Grundlagen der Berufs- und Erwachsenenbildung; Bd. 6, Baltmannsweiler 1997
Oehler, Chr.: Hochschulentwicklung in der Bundesrepublik Deutschland seit 1945. Frankfurt a.M./New York 1989
Paulsen, F.: Geschichte des gelehrten Unterrichts an den deutschen Schulen und Universitäten vom Ausgang des Mittelalters bis zur Gegenwart (2 Bd.) Berlin-Leipzig 1885. Hildesheim 1966 (1. Aufl. 1902)
Prahl, H.-W./Schmidt-Harzbach, I.: Die Universität. Eine Kultur- und Sozialgeschichte. München/Luzern 1981
Rehburg, M.: Hochschulreform und Arbeitsmarkt. Die aktuelle Debatte zur Hochschulreform und die Akzeptanz von konsekutiven Studienabschlüssen auf dem deutschen Arbeitsmarkt. Bonn 2006
Richter, R. (Hrsg.): Qualitätssorge in der Lehre: Leitfaden für die studentische Lehrevaluation. Neuwied u.a. 1994
Roegele, Otto B.: Student im Dritten Reich. In: Kuhn, Helmut u.a.: Die deutsche Universität im Dritten Reich. München 1966, S. 136-174
Sahmland, I.: 1908: Studentinnen in hessischen Hörsälen. Blickpunkt Hessen (hrsg. von der Hessischen Landeszentrale für politische Bildung), Wiesbaden 2008
Schaeper, H./Wolter, A.: Hochschule und Arbeitsmarkt im Bologna-Prozess. Der Stellenwert von „Employability" und Schlüsselkompetenzen. In: Zeitschrift für Erziehungswissenschaft (2008), H. 4, S. 607-625
Schauer, H.: Probleme der Alltagskultur von Studenten. In: Hennig, W./Friedrich, W. (Hrsg.): Jugend in der DDR. Daten und Ergebnisse der Jugendforschung vor der Wende. Weinheim/München 1991, S. 115-131
Scherr, A.: Soziale Identitäten Jugendlicher. Politische und berufsbiographische Orientierungen von Auszubildenden und Studenten. Opladen 1995
Schlüter, A.: Zur Geschichte des Frauenstudiums in Deutschland. In: dies (Hrsg.): Pionierinnen, Feministinnen, Karrierefrauen? Zur Geschichte des Frauenstudiums in Deutschland. Pfaffenweiler 1992, S. 1-6
Schlüter, A.: Bildungserfolge. Eine Analyse der Wahrnehmungs- und Deutungsmuster und der Mechanismen für Mobilität in Bildungsbiographien. Opladen 1999
Schlüter, A./Faulstich-Wieland, H.: Geschlechterforschung in der Erziehungswissenschaft – Inspirationen und Modifikationen durch Pierre Bourdieu. In: Friebertshäuser, B. u.a. (Hrsg.): Reflexive Erziehungswissenschaft. Forschungsperspektiven im Anschluss an Pierre Bourdieu. Wiesbaden 2006, S. 213-229
Schölling, M.: Soziale Herkunft, Lebensstil und Studienfachwahl. Eine Typologie. Frankfurt 2005
Schmidt-Harzbach, I.: Frauen, Bildung und Universität. In: Prahl, H.-W./Schmidt-Harzbach, I.: Die Universität. Eine Kultur- und Sozialgeschichte. München/Luzern 1981, S. 175-213.

Schneider, H.: Studentenbefragungen in der Bundesrepublik Deutschland. Pfaffenweiler 1985
Schön, B. (Hrsg.): Die Zukunft der sozialen Berufe. Arbeitsmarkt, Ausbildung, Alternativen. Frankfurt/M. 1986
Sennett, R.: Der flexible Mensch. Die Kultur des neuen Kapitalismus. Berlin 1998
Smith, A. (1994): Die Hochschulpolitik der EG und einige sich daraus ergebende Herausforderungen für die Bildungsforschung. In: Brinkmann, G. (Hrsg.): Europa der Regionen: Herausforderung für Bildungspolitik und Bildungsforschung. Köln u.a., S. 35-48
Statistisches Bundesamt: Fachserie 11, Reihe 4.4 (Personal an Hochschulen), Wiesbaden 2007
Statistisches Bundesamt (Hrsg.): Hochschulen auf einen Blick. Wiesbaden 2008
Sturzenhecker, B.: Wie studieren Diplom-Pädagogen? Studienbiographien im Dilemma von Wissenschaft und Praxis. Weinheim 1993
Teichler, U.: Der Arbeitsmarkt für Hochschulabsolventen. München 1981
Teichler, U.: Hochschule und Arbeitswelt: Konzeptionen, Diskussionen, Trends. Frankfurt 2003
Teichler, U. u.a.: Studium und Berufsweg von Hochschulabsolventen. Ergebnisse einer Langzeitstudie. Reihe Bildung - Wissenschaft - Aktuell 18/92, hrsg. vom Bundesminister für Bildung und Wissenschaft, Bonn 1992
Trotha, K. von: Europa der Regionen: Aufgaben und Perspektiven aus landespolitischer Sicht. In: Brinkmann, G. (Hrsg.): Europa der Regionen: Herausforderung für Bildungspolitik und Bildungsforschung. Köln u.a. 1994, S. 23-33
Vähning, K.: Karriere unter der Lupe: Bachelor und Master. Würzburg 2002
Waterkamp, D.: Handbuch zum Bildungswesen der DDR. Mit einem Vorwort von Oskar Anweiler. Berlin 1987
Welbers, U. (Hrsg.): Studienreform mit Bachelor und Master. Gestufte Studiengänge im Blick des Lehrens und Lernens an Hochschulen. Neuwied 2001
Windolf, P.: Die Expansion der Universitäten 1870-1985. Stuttgart 1990
Winter, M. (Hrsg.): Reform des Studiensystems. Analysen zum Bologna-Prozess. Wittenberg HoF 2007
Zauchner, S./Baumgartner, P./Blaschitz, E./Weissenbäck, A. (Hrsg.): Offener Bildungsraum Hochschule. Freiheiten und Notwendigkeiten. Münster 2008
Zimmermann, K./Kamphans, M./Metz-Göckel, S. (Hrsg.): Perspektiven der Hochschulforschung. Wiesbaden 2008
Zukunft der Bildung – Schule der Zukunft: Denkschrift der Kommission „Zukunft der Bildung – Schule der Zukunft" beim Ministerpräsidenten des Landes Nordrhein-Westfalen. Neuwied u.a. 1995

Freizeit, Medien und Kultur

Burkhard Fuhs

Kindheit und mediatisierte Freizeitkultur

1 Wandel von Kindheit, Bildungsorientierung und Mediatisierung

Kindheit hat sich seit dem Zweiten Weltkrieg tief greifend verändert und im Rahmen dieses Wandlungsprozesses sind neue Formen der **Kinderkultur** entstanden, die sich mit den Stichworten Freizeit- und Medienkindheit umschreiben lassen. Unter der Freizeit von Kindern sind heute vielfältigste Aktivitäten zusammengefasst, die die Kinder nach der Schule und jenseits der Hausaufgaben jede Woche absolvieren: Neben festen Terminen wie Musik- und Sportterminen, die zumeist von Erwachsenen angeleitet werden, finden sich freie Unternehmungen, die die Kinder im Rahmen ihrer Familien mit den Eltern und Großeltern durchführen, wie Fernsehen, Spazieren gehen, Ausflüge machen, Einkaufen oder ein Event besuchen. Des Weiteren gibt es Termine, die die Kinder gerne in ihrer Freundesgruppe unternehmen, wie auf dem Spielplatz spielen, Quatschen, Handyfonieren und SMS schreiben, Musik hören, einen Film ansehen, ins Kaufhaus gehen oder gemeinsam ein Computerspiel spielen. Schließlich sind noch Aktivitäten zu nennen, die die Kinder alleine für sich tun, wie etwa ein Buch lesen, ein Instrument üben, faulenzen oder sich um ein Tier kümmern. „Die Kinderkultur als Kultur für Kinder hat in den vergangenen Jahrzehnten eine erhebliche Ausweitung erfahren" (Fölling-Albers 2001, S. 31). Neben Schule und Familie ist die Gestaltung der freien Zeit immer wichtiger geworden: Man kann gar von einem dritten Sozialisationsbereich sprechen. War in den 1950er-Jahren der Nachmittag der schulpflichtigen Kinder – nach der Erledigung der Schulaufgaben und nach ihren Pflichten – vor allem durch Spielen mit Kindern aus der Nachbarschaft ausgefüllt, sind heutzutage die freien Zeiten der Kinder durch zahlreiche Termine gekennzeichnet. Kinder werden heute mit einer Vielzahl von Angeboten in ihrer Freizeit[1] konfrontiert, Angeboten von Sport- und Musikvereinen und Angeboten unterschiedlichster Medien wie Fernsehen, Computerspiele oder Internet. War die freie Zeit der Kinder in den 1950er- und 1960er-Jahren durch eine Kinderkultur bestimmt, die auf Entscheidungen der Kindergruppe basierte, so müssen heute Kinder vielfach alleine entscheiden, was sie am Nachmittag unternehmen wollen. Individualisierung der Freizeit der Kinder heißt somit, dass die Kinder aus einer großen Bandbreite von Möglichkeiten wählen können, aber auch wählen müssen. Die Lust der freien Wahl ist also stets mit dem Zwang verbunden, wählen zu müssen, da sich die Freizeit nicht mehr selbstverständlich aus der Tatsache ergibt, dass ein Kind vor die Türe tritt, auf der Straße Freunde trifft und mit diesen etwas unternimmt. Viele Kinder können sich heute nicht mehr auf eine Gleichaltrigengruppe aus der Nachbarschaft beziehen, sie finden ihre Freunde in der Schule

---

1 Unter Freizeit von Kindern soll die Zeit verstanden werden, die die Kinder nach eigenen Interessen gestalten können. Diese selbstgestaltete Eigen-Zeit der Kinder, die vor allem außerschulische und außerfamiliäre Zeit ist und oftmals in Peerbeziehungen gelebt wird, ist gleichwohl eine Zeit, die in einem generationalen Kontext und unter gesellschaftlichen Wertediskussionen über Kindheit und Zeitnutzung stattfindet (vgl. Wehr 2008).

und müssen ihre Freizeit, etwa durch Verabredungen oder Telefonate, organisieren (Du Bois-Reymond 1994).

Kindheit am Beginn des 21. Jahrhunderts ist nicht losgelöst von kommerziellen Interessen zu sehen. Die Veränderung der Kinderkultur vollzieht sich im Kontext einer intensiven, kontroversen öffentlichen Diskussion um die heutige Kindheit (Fuhs 1999). Die Freizeit der Kinder ist zu einer Bühne für die Auseinandersetzung um grundlegende Werte und Normen und um die heutigen Lebensstile aller Generationen geworden (Hengst/Zeiher 2005). Kinder – dies machen die Forschungsergebnisse deutlich – können keineswegs nur als Opfer einer Konsumindustrie verstanden werden, sie lernen mit ihrem Taschengeld umzugehen, treten als Konsumenten auf und beeinflussen das Kaufverhalten ihrer Eltern (Feil 2003). Auch im Umgang mit Werbung sind Kinder vielfach kompetenter, als dies Erwachsene manchmal vermuten (Müller 2004). Kindheit wird global wie auch regional hergestellt, und Kinderkultur muss vor diesem Hintergrund auch als Konsumkultur verstanden werden.

Die neue Konsum- und Markenwelt, an der Kinder heute (in sehr unterschiedlichem Maße) partizipieren, ist nicht nur mit Chancen, sondern auch mit Risiken und Unwägbarkeiten verbunden, die es nötig machen, dass etwa unter dem Aspekt des Jugendschutzes oder unter der Fragestellung von medien- und konsumpädagogischer Kompetenzvermittlung nach der veränderten Kindheit etwa bei der Diskussion von Werbung für Kinder gefragt werden muss (Fuhs/Rosenstock 2006, 2008). In jedem Fall – dies wird auch im neuen Jugendschutzmedienstaatsvertrag (JMStV 2003) deutlich – müssen Kinder in den neuen Medien vor Gewalt und Pornografie, Propaganda, entwicklungsbeeinträchtigender Werbung und Verletzung der Persönlichkeit geschützt werden. Insbesondere neuere interaktive Medien-Angebote wie social-networks (SchülerVZ), Instant Messaging (ICQ) oder andere WEB 2.0-Dienste, die auch bei Kindern an Bedeutung gewinnen, führen zu der Frage nach den Werten und der Bewertung heutiger Kinderkultur im Kontext von Datenschutz und Sicherheit für die Privatsphäre. Pädagogisch ist von besonderer Bedeutung, dass nicht alle Angebote, die „kindorientiert" sind (etwa Werbung für Süßigkeiten) im Sinne des Kinderwohls auch als „kindgemäß" verstanden werden können (Rosenberg 2005).

Allerdings sind auch neue Formen sozialer Ungleichheit auf dem Gebiet der kindlichen Freizeit entstanden, die bisher nicht im Blickfeld der Diskussionen waren (Fuhs 2001). Peter Büchner spricht in diesem Zusammenhang von einer „Kulturalisierung sozialer Ungleichheit im Kindesalter", die zu neuen Risikobiographien in der Kindheit geführt habe (Büchner 2001).

Soziale Ungleichheit in der Kindheit tritt in vielfältiger Form auf. Kinder sind heute in besonderer Weise von Armut betroffen (Herz u.a. 2008). Kinder, die in armen Verhältnissen leben müssen, sind in allen Lebensbereichen benachteiligt, ihre Bildungschancen sind deutlich verringert und die Armut der Familie beeinflusst den gesamten weiteren Lebensweg der Kinder in problematischer Weise (Herz u.a. 2008; Butterwegge u.a. 2008). Armut von Kindern in Deutschland hat viele Gesichter: Zu denken ist nicht nur an die Problematik der alltäglichen Grundsicherung und Lebensführung, sondern zum Beispiel auch an die mangelnde Partizipation an der medialen Entwicklung. So haben fehlende Zugänge etwa zum Internet zu neuen Formen der sozialen Ungleichheit in der Kindheit geführt. Ob wir es aber mit einer Form der digitalen Spaltung der Gesellschaft, mit einem digital divide, zu tun haben oder ob vielfältige unterschiedliche Nutzungsmilieus mit unterschiedlichen Bildungschancen und Bildungsrisiken entstehen, ist für die Entwicklung der Kinderkultur heute noch eine offene Frage.

In jedem Fall ist neben der Schule und der Familie (Büchner/Brake 2006), in denen bisher hauptsächlich Lebens- und Bildungschancen vergeben und erworben werden können, die mediale Freizeit der Kinder als Ort der sozialen Ungleichheit in den letzten Jahren verstärkt in den Blick geraten (DJI-Projekt „Digital Divide"). Unter dem Stichwort „Selbstsozialisation" (Fromme u.a. 1999) und „informelles Lernen" (Otto/Rauschenbach 2004) werden Lernprozesse und Lernmöglichkeiten auch für Kinder sichtbar, die außerhalb der Kontrolle von Erwachsenen für heutige Kinder in der Freizeit Bedeutung haben. Den Medien, insbesondere dem Fernsehen, der DVD, der Spielkonsole und dem Internet, kommt hier eine besondere Bedeutung für das Lernen der Kinder in informellen Situationen zu. Betrachtet man die medialen Angebote des Lernens in der Freizeit, die bei Kindern besonders beliebt sind, fällt auf, dass es vor allem Formate des **Edutainment** oder Infotainment (wie „Die Sendung mit der Maus" oder „Löwenzahn") sind, die Kinder besonders interessieren (Reinhardt 2005). Unterhaltsames Lernen spielt auch im Internet für Kinder eine zunehmende Rolle (vgl. die Kinderseiten auf www.seitenstark.de oder die Siegelträger des Erfurter Netcode e.V., www.erfurter.netcode.de). Zu nennen wäre hier die Games Convention 2008 in Leipzig, die als große Messe für digitales Spielen gezeigt hat, dass es ernste Bemühungen gibt, Computerspiel mit Lernen zu verbinden.

Die Diskussionen um **informelles Lernen** in der Kindheit und Jugend und die zunehmende Bedeutung unterhaltsamer Lernangebote für Kinder zeigen zwei für die Freizeit von Kindern bedeutsame Tendenzen. Erstens kommt im Bereich des informellen Lernens in der Freizeit der Motivation der Kinder für einen Lernstoff eine ganz neue Bedeutung zu (Du Bois-Reymond 2005, S. 231). Je mehr sie selbst mitentscheiden, was sie wann und wie lernen, desto stärker verschiebt sich die Machtbalance zwischen Erwachsenen und Kindern von Inhalten, die Erwachsene für Kinder als „sinnvoll" erachten, zu solchen Inhalten, die Kinder „interessieren". Die neuen Lernformen, so Manuela Du Bois-Reymond (2005), veränderten auch die Generationenverhältnisse in Schule, Familie und Freizeit und führten zu einer neuen Verhandlungskultur zwischen Kindern und Erwachsenen darüber, wo, was und wie gelernt wird. Zweitens verändert sich das Verhältnis von schulischem und außerschulischem Lernen. In dem Maße, wie die intrinsische Motivation für das Lernen in der Wissensgesellschaft unverzichtbare Notwendigkeit wird (ebd., S. 234), umso stärker gerät die Schule in Konkurrenz zu „unterhaltungsorientiertem" Lernen in der Freizeit der Kinder. Maria Fölling-Albers (2000) spricht im Kontext des Wandels von Kindheit von einer Entgrenzung von Schule und Freizeit, bei der es zu einer „Entscholarisierung von Schule" und einer „Scholarsierung von Freizeit" gekommen sei. Das bedeutet, dass Formen von Kinderkultur und Kinderunterhaltung, die traditionell in der Freizeit stattfanden, heute auch in der Schule, die zunehmend als umfassende Lebenswelt der Kinder verstanden wird, gelebt werden. Umgekehrt lassen sich in der Freizeit zunehmend informelle und non-formale Lernformen finden, die für die weitere Biografie heutiger Kinder bedeutsam sein können. In vielen Bereichen, die traditionell dem kindlichen Spiel und der Unterhaltung vorbehalten waren, finden sich heute – verstärkt durch die PISA-Diskussion – Bestrebungen, Kindheit als umfassendes Bildungskonzept von Geburt an zu gestalten (Schäfer 2001). Dieser veränderte Blick auf die frühe Kindheit wird zum Beispiel in den neuen Bildungsplänen für den Vorschulbereich deutlich, wo sich Kindertagesstätten zu Bildungseinrichtungen verändern sollen (Fthenakis 2003).

Diese neue Lernsehnsucht und der (globale) Bildungsdruck, der alle Teile der Kindheit erfasst hat, zeigen sich auch in den Bildungsplänen der Bundesländer[2] und in den Konzeptionen der Ganztagschulen. Ziel – so etwa eine engagierte Grundschulinitiative – sollte ein Ganztags-

---

2   Zu den Bildungsplänen der einzelnen deutschen Bundesländer vgl. Bildungspläne der Bundesländer für die frühe Bildung in Kindertageseinrichtungen. [online]. /www.bildungsserver.de (15.10.2008). Stichwort: Bildungspläne.

konzept sein, das den Kindern „Möglichkeiten der sinnvollen Freizeitbeschäftigung" aufzeigt (Dobe 2006, S. 186). Erwachsene planen in zunehmendem Maße auch jene Zeiten, die bisher als „freie" Zeiten, den Kindern überlassen waren. Die freie Zeit, in diesem Ganztagsgrundschulkonzept nun als „gebundene" und „ungebundene" Freizeit definiert, wird zunehmend Ziel von rationalen Bildungsplanungen von Erwachsenen, die in Auseinandersetzung mit dem Wandel von Kindheit, die sinnvolle Zeitnutzung von Kindern pädagogisch festlegen. Freizeit der Kinder entsteht heute also im Spannungsverhältnis von kindlicher Motivation und kindlichen Interessen sowie den expandierenden Bildungsplänen und -strategien der Erwachsenen. Diese „Gewichtsverschiebung zur Lern-Kindheit" kann positiv als Bildungsoffensive gesehen werden, sie kann aber auch als „Machtgewinn der Arbeitswelt über die Zeit der Kinder" kritisch gedeutet werden (Zeiher 2005, S. 214). Jenseits dieser Bewertungen muss festgehalten werden, dass der Trend zur Ausdehnung der institutionellen Bildung in die Freiräume der Kinder unübersehbar ist und dass es aus pädagogischer Sicht deshalb als besonders wichtig erscheint, diesen Wandlungsprozess durch die Evaluation der Qualität von Erziehung und Bildung in frühpädagogischen Einrichtungen, im Kindergarten, in der Grundschule und in der Familie zu begleiten (Tietze u.a. 2005).

Schon diese wenigen Aspekte und Überlegungen zeigen, dass die Freizeit von Kindern heute nicht mehr als separater Lebensbereich von Kindern neben Familie und Schule gesehen werden kann (Breidenstein/Prengel 2005): Die freie Zeit der Kinder ist vielmehr nur im Kontext der Neubewertung und Neugestaltung der gesamten Kindheit zu verstehen.

Grundlegend für die Grenzverschiebungen zwischen Schule und Freizeit, Lernen und Unterhaltung, Kinder-Peer-Kultur und Erwachsenen-Bildungsangeboten ist die Mediatisierung (Krotz 2007) aller Sozialisationsprozesse. Medienkultur ist heute nicht mehr nur ein Teilgebiet der Lebenswelt von Kindern und Erwachsenen. Im Zuge der Digitalisierung des Alltags müssen alle Kommunikationsprozesse vor dem Hintergrund medialer Vermittlung betrachtet werden. Auch dort wo Medien scheinbar keine Rolle spielen, ist die Weltsicht der Kinder und Erwachsenen doch durch mediale Erfahrungen und Deutungen beeinflusst. Die Bilder etwa von Tieren, die Kinder heute in unzähligen Bilderbüchern, im Fernsehen, im Internet und auf DVD sehen, verbinden sich mit den Onground-Bildern und realen Erfahrungen mit Tieren im Zoo, auf der Straße oder in privaten Räumen. Onground- und Online-Bildung sind kaum mehr zu trennen, da die medial-vermittelten Werte und Sichtweisen eine zentrale Bedeutung in der Kindheit einnehmen.

Medien sind zu einer grundlegenden Sozialisationsinstanz geworden. Dies wird verständlich, wenn – mit einem weiten Medienbegriff – die Geschichte heutiger Kindheit in den Blick genommen wird. Auch vor dem Fernsehzeitalter kamen Kinder mit kindorientierter Kommunikation in Berührung. Aus kindheitstheoretischer Sicht ist deshalb der populäre Begriff von **Medienkindheit** höchst problematisch, da Kindheit als pädagogisch kontrollierter Lebensraum von Kindern auch historisch gesehen immer schon eine Form der medial vermittelten Wirklichkeit meinte. Dort wo Kinder getrennt von der Welt der Erwachsenen aufwuchsen und aufwachsen und ihnen die Lebenswelt der Erwachsenen durch Schulbücher, Erzählungen, Bilder, Spielzeug, aber auch durch aufbereitete Ausflüge in die Wirklichkeit vermittelt wurde und wird, haben wir es stets mit Medienkindheit zu tun. Kindheit ist nicht von der medialen Lebenswelt von Kindern zu trennen: Das wissenschaftliche Nachdenken über Kinder muss daher stets ein Nachdenken über Medien (und umgekehrt) implizieren. Getrennte Bereiche wissenschaftlicher Deutungen, wie sie heute noch üblich sind, sind fragwürdig geworden. Natürlich hat sich durch die Einführung der elektronischen Medien ein tief greifender Wandel vollzogen, der auch Kindheit verändert hat und bisher nur unzureichend untersucht ist. Den Erwachsenen bereiten indes nicht allein die neuen Formen der Mediennutzung wie (privates, digitales) Fernsehen, Handy, Spielkonsole oder Internet als neue Techniken Probleme; für die Erwachsenen steht vielmehr auch die Frage nach der Veränderung der Beziehungen zwischen Alt und Jung und das Problem einer geringeren Kontrolle über die kindliche Mediennutzung im Mittelpunkt der Auseinandersetzung um den medialen Wandel der Kindheit (Fuhs 2007, S. 168).

Dass Jugendliche ihre heutige Kultur in einem hohen Maße medial organisieren und inszenieren, ist unumstritten. So sind Handy und SMS (Höflich 2007) für die jugendlichen Peergroups ebenso wichtig wie die Musikclips im Fernsehen und die Teilnahme an social-networks im Internet. Jugendliche bewältigen ihre Entwicklungsaufgaben heute in einem hohen Maße im Rahmen medialer Peerkultur (Krotz u.a. 2008), lernen in neuen Lernwelten (Wahler 2004), und die Vorbilder, Helden und Stars der Heranwachsenden entstammen größtenteils der Medienwelt (Paus-Haase 1998; Wegener 2008). Kinder sind heute in ihrer Lebenswelt mit unterschiedlichen Medien konfrontiert und integrieren diese Erfahrungen selbstverständlich in ihre Vorstellungen von der Welt. Dabei sind die unterschiedlichen Medien keineswegs mehr in dem Maße getrennt, wie dies noch vor Jahren der Fall war. Kindheit und mediatisierte Sozialisation bedeuten heute in hohem Maße Medienkonvergenz (Wagner/Theunert 2002, 2006). Unterschiedliche Medien wachsen im Internet zusammen und einzelne Geräte wie das Handy erlauben unterschiedliche Mediennutzung wie Fotografieren, Telefonieren, SMS versenden oder Musik hören. Die Neuen Medien verdrängen dabei keineswegs die alten Medienformen (Krotz 1999), auch wenn die „alten" Medien neue Nutzungsformen und Bedeutungen erhalten. So ist zwar das Fernsehen zum eindeutigen Leitmedium für Kinder geworden, und Kinder lernen bestimmte Erzählstoffe wie das Märchen in der Regel zuerst im Format des Filmes kennen, aber viele Kinder, die intensiv fernsehen, lesen gleichzeitig auch viel, so dass nicht ohne Weiteres von einer Verdrängung gesprochen werden kann (Richter/Plath 2005, S. 49). Aber die „alten" Medien erhalten eine neue Bedeutung: So wird das Anschauen von Filmen, wie bereits erwähnt, zu einer sozialen Tätigkeit mit Freunden und das Lesen ist vor allem eine Tätigkeit „für sich allein".

Mediatisierung der Kindheit meint einen umfassenden Prozess des sozialen Wandels, der insbesondere die Freizeit der Kinder verändert hat. Freizeitinteressen von Kindern haben heute vielfach eine Onground-Komponente (etwa Fußballspielen) und eine Online-(Medien-)Komponente (Fußball im Fernsehen und Internet, Fußballposter im Kinderzimmer, Kinderfilme mit Fußballhelden). Erst im Zusammenspiel der Medienwelten und der Kinderaktivitäten wird heutige Kinderkultur verständlich. Dass Kinder in mediatisierten Sozialisationsprozessen keineswegs nur als Opfer gesehen werden dürfen, ist eine zentrale Erkenntnis der Kindheitsforschung (Fölling-Albers 2001; Thole u.a. 2008). Als Akteure gestalten Kinder in unterschiedlicher Weise ihre Kindheit mit, sie nutzen Angebote in eigener Weise, um sich die Welt zu erschließen und ihre Aufgaben, Fragen und Herausforderungen zu bewältigen.

2 Individualisierte Freizeit: Kindliche Interessen und Aktivitäten

Die Lebenswelt der Kinder ab dem Grundschulalter ist ein „Wechselspiel zwischen verpflichtenden Tätigkeiten", „Zeiten in der Familie" und freier Zeit, in der die Kinder eine Vielzahl von Aktivitäten unternehmen (Kuchenbuch/Simon 2006, S. 71). Obwohl die Mediennutzung für fast alle Kinder von zentraler Bedeutung ist, gehören Draußen-Spielen und Freunde treffen immer noch zu den wichtigsten Tätigkeiten von 90% aller Kinder im Alter von 6 bis 13 Jahren (ebd.). 60% dieser Altersgruppe geben an, mindestens einmal in der Woche zu malen und über die Hälfte der Befragten treibt Sport, zumeist im Verein. Tiere, Musik, Bummeln und Shoppen benennen weitere Aktivitäten und Freizeitinteressen, die heutige Kinder gerne unternehmen, wobei Geschlechterunterschiede immer noch relevant sind. Die Mädchen gehen immer noch eher ruhigeren, kulturellen Tätigkeiten nach (und helfen mehr im Haushalt mit), und die Jungen sind immer noch stärker bewegungsorientiert (ebd.).

Ein Blick auf die älteren Kinder im Alter von acht bis zwölf Jahren zeigt, dass diese späte Kindheitsphase heute von vielen Kindern mit vielfältigen Aktivitäten ausgefüllt wird. Untersuchungen (Büchner u.a. 1996) zeigen, dass die eigenständigen Aktivitäten der Kinder im Alter der „späten Kindheit" besonders relevant sind, da sie den Heranwachsenden ermöglichen, ihre Interessen zu erkunden und in Auseinandersetzungen mit den jeweiligen kinderkulturellen Angeboten ihre Fähigkeiten und Möglichkeiten zu erproben.

Die Kultur der Kinder folgt deutlich anderen Bedürfnissen als die Kultur der Erwachsenen, auch wenn in ihr ähnliche psychische, soziale und ökonomische Faktoren wie Markt, Konsum, soziale Anerkennung oder Suche nach eigener Identität zum Ausdruck kommen. Für Kinder sind **Freizeitaktivitäten** nicht nur Formen der Erholung, sie sind immer auch eine Möglichkeit, sich als Kinder von den Erwachsenen und Jugendlichen abzugrenzen. Freizeitaktivitäten als Teil **kinderkultureller Praxis** können nur als Teil von Kindheit verstanden werden. Sie haben einen anderen, einen eigenen sozialen Sinn als die Freizeitaktivitäten der Erwachsenen, auch wenn die Betätigungen sich nach außen manchmal bis „aufs Haar" gleichen mögen.

Wenn vom „Ende der Kindheit" durch Verplanung und hohe Termindichte die Rede ist, die die freiwüchsige **Straßenkindheit** zerstöre, muss allerdings bedacht werden, dass die beschriebene Entwicklungstendenz – „vom freien Spiel" auf der Straße zur institutionalisierten Kindheit in Sporthallen und Vereinsräumen –, ein falsches Bild von der historischen Veränderung skizziert. Zwar hat die Straßenkindheit im Zuge der Verhäuslichung abgenommen, aber die historische Straßenkindheit war kein Kindheitsmodell, das für alle sozialen Klassen gleichermaßen galt (Zinnecker 1990; auch Fuhs 1990; Fuhs 1999, S. 177 ff.).

Wie sieht nun die Freizeit der heutigen Kinder aus? Im Rahmen einer neuen Kindheitsforschung sind eine ganze Reihe von quantitativen und qualitativen Studien zu den Tätigkeiten von Kindern in ihrer freien Zeit entstanden (Fölling-Albers 2001; DJI 1992; Kränzl-Nagl/Riepl/Wintersberger 1998; Wilk/Bacher 1994; Zinnecker/Silbereisen 1996). In den letzten Jahren wurden zudem von der Medienforschung umfassende Daten zum Freizeitverhalten von Kindern erfasst (Frey-Vor/Schumacher 2006; KIM-Studien 1999, 2000, 2003, 2005, 2006). Dabei wurde deutlich, dass der Wandel von Kindheit im Sinne einer Freizeitkindheit eng mit der Nutzung von Medien zusammenhängt und sich in den letzten Jahren grundlegend verändert hat. Allerdings – dies ist die zentrale Botschaft von Carsten Rohlfs (2006), der die Freizeitwelten von Grundschulkindern mittels einer Sekundäranalyse unterschiedlicher Studien untersucht hat – kann man nicht von einer einheitlichen Kinderkultur sprechen. „*Das* Freizeitverhalten von Kindern im Grundschulalter gibt es nicht, denn trotz deutlicher Kongruenzen weist es eine große Fülle individueller Besonderheiten auf" (Rohlfs 2006, S. 253). Die Freizeit von Kindern ist in einem hohen Maße individualisiert und pluralisiert, auch wenn sich hinter dieser Vielfalt große soziale Unterschiede verbergen. Auch kann nicht davon gesprochen werden, dass die neuen Formen der Kindheit die alten verdrängt hätten (ebd., S. 254). Immer noch gibt es die Spielkindheit im Freien und diese soziale Tatsache gehört neben der Mediennutzung zur Grunderfahrung heutiger Kinder. Zwar haben sich in den letzten 20 Jahren die Spielgelegenheiten für Kinder in ihrer Wohnumwelt weiter verschlechtert – wie die Kinder- und Medienstudie von ARD und ZDF 2003/04 aufzeigt – aber der Mehrzahl der Kinder stehen, so ein Ergebnis, immer noch hinreichend Spielflächen zur Verfügung (ebd., S. 29-31). Allerdings habe sich das Sicherheitsempfinden vieler Eltern in den letzten Jahren verändert und dadurch sei der Aktionsradius der Kinder weiter eingeschränkt worden (ebd.).

Neben der Mediennutzung und dem Spielen im Freien findet sich die **Terminkindheit,** die zu einem festen Bestandteil des heutigen Kinderlebens geworden ist. In der Regel haben Kinder heute drei und mehr Termine, aber auch fünf und mehr Termine in der Woche sind keine Seltenheit (Fuhs 2000).

Während sich bezüglich der Wahrnehmung eigener Termine keine Stadt-, Land-, Alters- oder Geschlechterunterschiede der Kinder zeigen, sind die Unterschiede nach sozialem Status der Eltern sehr deutlich. Vor allem bei Befragten aus Elternhäusern mit hohem sozialem Status kann von einer deutlichen Tendenz zu mehr festen Terminen gesprochen werden. In diesen Familien herrscht offensichtlich eine Norm zu einer vielfältigen, sinnvollen, aktiven Freizeitgestaltung (Büchner/Fuhs 1993).

Obwohl die heutige Terminkultur der Kinder Ausdruck einer neuen Form der Individualisierung und Selbstständigkeit ist, kommt den Erwachsenen, vor allem den Eltern, Freizeitbetreuern und -betreuerinnen, eine wichtige Bedeutung zu (Fuhs 2000). Hurrelmann (1993, S. 82) beispielsweise betont, dass Termine in der frühen Kindheitsphase „nur durch die elterliche Unterstützung eingehalten werden können". Aber auch in der späten Kindheit sind die Aktivitäten der Kinder vielfach auf die Rahmung durch die Eltern angewiesen.

3 Organisierte Freizeit: Sport und Musik als Beispiele für komplexe kindliche Lebensweisen

Die Untersuchungen von Gerlinde Frey-Vor und Gerlinde Schumacher (2006) haben deutlich gemacht, dass sich – im Vergleich „mit den Ergebnissen der Vorgängerstudie aus dem Jahr 1990" – „die Freizeitaktivitäten der Kinder in den letzten Jahren nicht grundlegend verändert haben" (ebd., S. 72). Allerdings sind die Kernaktivitäten Freunde treffen, Drinnen und Draußen spielen etwas rückläufig, ebenso wie die Mithilfe im Haushalt (ebd.).

Fragt man danach, wo Kinder und junge Jugendliche ihre festen Termine verbringen, rücken rasch die Vereine in den Mittelpunkt des Interesses. Heutige Kinderkultur ist in nicht geringem Maße Vereinskultur und **Vereinskindheit**: Kinder verbringen die Mehrzahl ihrer festen Termine in einem Verein (Fuhs 1996, S. 139). Große Unterschiede finden sich aber zwischen den unterschiedlichen sozialen Schichten. Während 10- bis 15-Jährige mit niedrigem sozialem Status zu über der Hälfte überhaupt keinem Verein angehören, sind Kinder und junge Jugendliche mit hohem Status nur noch zu rund einem Fünftel in keinem Verein. Den ersten Platz unter den Vereinen nehmen die Sportvereine ein, die die wichtige Vereinsaktivität heutiger Kinder und junger Jugendlicher kennzeichnen, gefolgt von den Musikvereinen (oder Musikschulen) und den christlichen Gruppen (Büchner/Fuhs 1993).

Sportlich-Sein ist für heutige Kinder und junge Jugendliche ein wichtiger Wert. Dabei ist nicht nur von Bedeutung, dass sich Jungen und Mädchen, die von Anderen anerkannt werden wollen, für Sport interessieren und im Fernsehen zum Beispiel Fußball oder Tennis schauen, wenn die Stars der Szene spielen. Sportlich-Sein ist vielmehr eine umfassende Lebensart, die von der Kleidung, der Gestaltung des Kinderzimmers bis zu regelmäßigen eigenen Sportaktivitäten reicht. Sport ist zudem eine Tätigkeit, die vielfältige biografische und soziale Anschlussmöglichkeiten eröffnet. Der allgemeine Wunsch, fit zu sein, geht für viele Kinder mit dem Traum von einer eigenen Sportkarriere einher. Aber nicht nur der Wunsch nach zukünftigen biografischen Erfolgen (an der Schule vorbei) und nach Anerkennung ist für die Kinder wichtig: Sport ist häufig auch mit sozialen Interessen verknüpft (Brinkhoff/Sack 1999, S. 102). Der Sportverein, die Hallen und Sportplätze sind also zu wichtigen Orten für die sozialen Kontakte dieser Altersgruppe geworden. Sporttreiben ist aber nicht nur eine Aktivität in der Gleichaltrigengruppe, sondern wird zum Teil auch mit den Eltern gestaltet. Rund ein Fünftel aller Kinder treibt nach eigenen Angaben gemeinsam mit den Eltern Sport (Fuhs 1996, S. 145).

In der Öffentlichkeit wird die Bewegungskultur von Kindern indes ambivalent diskutiert. Ulf Preuss-Lausitz (1993) etwa betont die Widersprüche zwischen Sportbegeisterung und Bewegungsmangel. Auch die Daten zum zunehmenden Übergewicht von Kindern sind alarmierend (Bjarnason-Wehrens/Dordel 2005). Die hohe Wertschätzung des Sportes durch Kinder bedeutet offensichtlich nicht, dass Kinder heute automatisch fitter oder sportlicher sind als vorherige Kinder-Generationen. Vielmehr wird in den Medien und in der Kindheitsforschung immer wieder der Bewegungsmangel heutiger Kinder problematisiert. Kinder brauchen (auch für ihre geistige) Entwicklung Bewegung. Schon im Kindergartenalter fallen Kinder heute durch mangelnde Bewegung auf, wie etwa das Online-Familien-Handbuch feststellt: „Ein Kind ist ein sich körperlich, geistig und emotional entwickelnder Heranwachsender. Es gilt als wissenschaftlich anerkannt, dass vielfältige Bewegungsanlässe den Prozess des Heranwachsens positiv beeinflussen. Bewegungsmangel dagegen ist ein entscheidender Ursachenfaktor für vielfältige Entwicklungsstörungen. Das, was viele Erwachsene nicht vermuten, gilt in der Zwischenzeit als wissenschaftlich belegt: der kausale Bezug von Bewegung und geistiger sowie psychisch-emotionaler und sozialer Entwicklung" (Breithecker 2008).

Auch das Essverhalten heutiger Kinder und Jugendlicher gerät zunehmend in den Blick und führt zu alarmierenden Feststellungen. Schon bei Kindern kann von einer „besorgniserregenden Zunahme des Übergewichts und der Fettsucht (Adipositas)" gesprochen werden (NVZ 2008, S. 6). Laut des Kinder- und Jugendgesundheitssurveys (KiGGS 2007) sind rund 15% der Kinder und Jugendlichen im Alter von drei bis 37 Jahren übergewichtig (Bertram 2008: 113). Ein Vergleich mit den Erwachsenen zeigt, dass es problematisch ist, die „Verfettung" heutiger Gesellschaften nur am Beispiel der „dicken Kinder" zu diskutieren (Fuhs 2003). Die Nationale Verzehr Studie II weist daraufhin, dass über die Hälfte aller Erwachsenen heute übergewichtig sind, und dass dieses Problem mit dem Alter dramatisch zunimmt (NVZ 2008, S. 111).

Die Diskussion um die körperliche Verfassung heutiger Kinder und um die Ernährungssituation der Heranwachsenden macht deutlich, dass die Freizeit keineswegs mehr nur eine freie Zeit für Kinder ist, die diese nach Belieben gestalten. Falsche Ernährung und zu wenig Bewegung können als neue Risiken für die Freizeit von Kindern identifiziert werden. Kinder dürfen aber auf keinen Fall als Couch Potatoes gesehen werden, die bei Cola, Pommes, Chips und Pizza stundenlang vor dem Fernsehen oder der Spielekonsole hocken. Wilhelm Kleine (2003) warnt davor, vorschnell den Kindern mangelnden Bewegungswillen zu unterstellen und stellt dieser kulturpessimistischen Defizitthese seine Untersuchungsergebnisse entgegen: Die allgemein verbreitete These kindlicher Bewegungsdefizite bestätigt sich in Kleines Studie nicht. Im Gegenteil erweisen sich Bewegung und Sport als der „Renner" unter den Alltagstätigkeiten von

Kindern. Aber auch eine solche Feststellung bleibt fragwürdig, wenn man in Rechnung stellt, dass laut KiGGS-Studie ein Drittel aller Kinder sich in der Woche nicht regelmäßig bewegt (KiGGS 2007, S. 640).

Ein weiterer Bereich der organisierten Freizeit ist die Musik. Fast rund 40% aller Kinder und jungen Jugendlichen spielen ein eigenes Musikinstrument. Schaut man, welche Instrumente die Kinder spielen, fällt auf, dass die Interessen der Kinder sehr vielfältig und unterschiedlich sind. Dabei mag es nicht verwundern, dass Musikinstrumente vor allem von Kindern und jungen Jugendlichen mit hohem und gehobenem sozialen Status erlernt werden. Neben dem Spiel eines eigenen Instrumentes kommt dem Musikkonsum, der Hitparade und der Musik-Fan-Kultur in den letzten Jahren auch für 10- bis 12-Jährige eine wachsende Bedeutung zu. Elemente früherer Jugendkultur finden sich damit auch schon in der späten Kindheit. Viele Kinder gestalten offensichtlich ihre Kindheit schon durch einen individuellen Musikgeschmack, der im Austausch mit anderen gleichaltrigen Kindern der eigenen Identitätsbildung und der Abgrenzung von anderen dient. Das Musikhören wird im Übergang zur Jugend immer wichtiger und zu einem dominanten Merkmal der Jugendkultur. Damit einhergehend verliert das aktive Musizieren an Bedeutung. Mit zunehmendem Alter scheinen sich die jungen Jugendlichen von den Instrumenten zu distanzieren.

Musik hören ist heute für Kinder – im Sinne einer Medienkonvergenz – mit anderen Aktivitäten verbunden: Kinder hören ihre Hits und ihre Lieblingsmusik im Radio, auf DVD oder mittels mp3-Player, sie schauen sich die Musikclips im Fernsehen oder im Internet an, sie lesen zum „Leben" ihrer Lieblingsgruppen in der Bravo oder im Internet, chatten mit ihren Stars im Kinderkanal (Kika), sammeln Poster, gehen auf Konzerte (mit den Eltern) oder orientieren sich an der Kleidung ihrer Idole, tauschen Musik mit Freunden aus, singen ihre Lieblingstitel bei Karaoke-Veranstaltungen, fiebern bei Talentsendungen im Fernsehen mit oder laden sich ihre Musik als Klingelton aufs Handy. Musikkonsum geht für heutige Kinder auch mit der Rezeption von Kinderfilmen einher, in denen die Filmmusik eine eigenständige Bedeutung hat. Auch Fernsehserien sind nicht zuletzt durch ihre Musik für Kinder interessant (die Sesamstraße hat ja wie die „Sendung mit der Maus" schon früh Kinderfernseh-Bildungsangebote mit Musik verbunden).

4 Mediennutzung am Beispiel ausgewählter Medien

Die Relevanz der Medien für die heutige Kindheit ist seit den letzten 20 Jahren deutlich gewachsen, so sehen 98% der Kinder mindestens einmal pro Woche fern, und 83% nutzen das Fernsehen jeden Tag (ebd., S. 74). Wichtig sind auch das Radio und die Musikmedien. Der Computer, den 1990 nur 7% der Kinder nutzten, ist heute bei 61% der Kinder fester Bestandteil des Alltags. Viele Kinder besitzen heute einen eigenen Fernseher (über 40%), einen CD-Player (57%), ein Radio, eine Spielkonsole oder ein Handy (36%) (KIM 2006). Ein weiterer bedeutsamer Wandel kündigt sich durch das Internet an (Feil 2001, 2004). Kinder nutzen das Netz, um eine SMS zu schreiben, mit ihren Freunden via Messenger Kontakt aufzunehmen, sich in einem social-network zu präsentieren, Themen zu suchen, die sie interessieren, zu chatten, zu spielen oder einfach nur um zu surfen (KIM 2006). Der Einstieg ist dabei nicht selten das Fernsehen und seine angeschlossenen Internetangebote für Kinder. 2006 zählten rund 60% der 6- bis 13-Jährigen zum Kreis der Internet-Nutzer (KIM 2006). Hinzu kommt, dass das Internet im Sinne einer Medienkonvergenz zunehmend zu einer Plattform für alle anderen Mediennutzungen wird (Radio, Musik, Telefon, Fernsehen, Film, Spielekonsole). Bei den 12- bis 13-Jährigen sind heute über 90% online, dennoch ist das Internet kein fester und zentraler Bestandteil der Kindheit, auch wenn sich eine Veralltäglichung dieses Mediums bis ins Vorschulalter abzeichnet.

Das Fernsehen ist heute immer noch das Medium Nr. 1, und die Kinder zeigen hier die stärkste Bindung. Neben den typischen Kindersendungen schauen die jungen Zuschauer auch Erwachsenensendungen wie etwa Vorabendserien.

Über den Fernsehkonsum von Kindern kursieren regelmäßig alarmierende Zahlen, die vermuten lassen, dass die Kinder ihre gesamte Freizeit vor dem Bildschirm verbringen. Die aufgeführten Ergebnisse zu den zahlreichen formellen und informellen Aktivitäten von heutigen Kindern zeigen allerdings, dass Kinder ein hohes Aktivitätsniveau neben der Mediennutzung haben. Fernsehen ist zwar eine zentrale Tätigkeit, aber, wie dargelegt, keineswegs die einzige, die den Kinderalltag bestimmt. Thomas Windgasse und Walter Klinger (1998, S. 53) geben bezüglich des 1. Halbjahres 1997 für die 3- bis 5-Jährigen eine durchschnittliche tägliche Sehdauer von 78 Minuten an, bei den 6- bis 9-Jährigen waren es 92 Minuten und bei den 10- bis 13-Jährigen bereits 114 Minuten. Seit 1992 ist die Sehdauer der 6- bis 13-Jährigen leicht gestiegen. In Westdeutschland sahen 1992 der Kinder im Durchschnitt 84 Minuten am Tag fern, 2003 waren es 90 Minuten. In Ostdeutschland lag die Durchschnittssehdauer an einem Schultag im Jahr 1992 bei 109 Minuten, 2003 waren es 118 Minuten. Dies sind keine gravierenden Unterschiede, und Kinder schauen immer noch deutlich weniger Fernsehen als Erwachsene. 2002 schauten die 40- bis 49-Jährigen im Westen am Tag 209 und im Osten 244 Minuten, bei den Senioren ab 65 Jahren waren es gar 277 Minuten im Westen und 318 Minuten im Osten (Plake 2004, S. 197). Kinder können insgesamt für die Fernsehkultur als vorbildlich gelten, der Erwachsenenkonsum dagegen müsste stärker diskutiert werden – nicht zuletzt auch unter der Perspektive von mangelnder körperlicher Bewegung und anderer möglicher Gesundheitsrisiken.

Bei heutigen Kindern lassen sich sehr unterschiedliche Nutzungsformen des Mediums Fernsehen feststellen. Es finden sich Vielseher und Wenigseher, und der Fernsehkonsum eines Kindes kann deutlich schwanken, ebenso wie seine Vorlieben (vgl. Simon 1998). Der Fernsehkonsum von Kindern darf allerdings nicht isoliert betrachtet werden, sondern ist in vielfältiger Weise in den Alltag der Kinder integriert (Paus-Haase 1998). Fernsehinhalte sind Teil der inneren und äußeren Realität von Kindern, sie dienen als Spielanlässe ebenso wie als Gesprächsthema in der Kindergruppe. Die enge Verzahnung der **Mediennutzung** mit der gesamten Kinderkultur und die sehr komplexen und individuellen Nutzungsformen müssen als Medienhandeln verstanden werden, das erst im Kontext seiner sozialen und subjektiven Bedeutung verstanden werden kann (vgl. Schorb 1995). Vorschnelle Kritik am kindlichen Fernsehkonsum ist demnach ebenso wenig angebracht wie ein blindes Vertrauen in die kindlichen Medienkompetenzen.

Das Medienhandeln von Kindern und Jugendlichen steht somit im Kontext der jeweiligen Kinderkultur. So zeigen sich beispielweise beim Fernsehen (wie auch bei anderen Aktivitäten) deutliche soziale Unterschiede. Je höher der soziale Status, desto geringer ist die von 10- bis 15-Jährigen angegebene Bedeutung des Fernsehens (Fuhs 1996, S. 154). Die Befragten mit hohem sozialen Status nutzen die Medien im Vergleich mit ihren statusniedrigeren Altersgenossen eher moderat, und Interviews zeigen, dass Kinder aus „Bildungsfamilien" dem Fernsehen oftmals kritisch gegenüber stehen, auch wenn sie viel und gerne schauen. Nicht selten sind in solchen Familien Normen einer guten, sinnvollen Freizeit vorherrschend, sodass Eltern den Fernsehkonsum aus erzieherischen Gründen beschränken (Büchner/Fuhs 1994).

Das Medienverhalten von Kindern ist eines der markantesten Phänomene des Wandels von Kindheit in den letzten 50 Jahren. Die öffentlichen Diskussionen über Medienkindheit sind sehr vielfältig und werden mit unterschiedlichem Ziel und zum Teil recht kontroversen Schlussfolgerungen geführt. So reichen beispielsweise die Stimmen, die Stellung zum Fernsehkonsum von Kindern nehmen, von der vom Kinderschutzgedanken getragenen Forderung nach einer schärferen Kontrolle, Zensur und auch Verbannung des Fernsehens aus der Kindheit (Spitzer 2005) bis hin zu liberalistischen Standpunkten, in denen gefordert wird, dass man die Kinder an die Fernbedienung lassen solle, weil sie im Grunde kompetent mit den Medien umgehen könnten (Gottberg/Mikos/Wiedemann 1997).

Es sind eine Vielzahl von Studien entstanden, die sich etwa mit dem Fernsehverhalten von Kindern auseinander setzen. Neben einer Analyse der gängigen Programme, die von Kindern gesehen werden (Frey-Vor/Schumacher 2006), hat sich die Forschung vor allem auf die Frage der Wirkung von Filmen auf Kinder konzentriert. Insbesondere geht es um das Problem der Gewalt im Fernsehen und ihrer Rezeption durch Jüngere. Eine direkte eindimensionale Wirkung des Fernsehens auf die Gewaltbereitschaft von Kindern konnte allerdings nicht nachgewiesen werden. Zum einen existieren sehr verschiedene Formen von Gewalt und zum anderen wird die Fernsehgewalt von Kindern sehr unterschiedlich erlebt und verarbeitet (Kübler 1998). Helga Theunert (1992, S. 197) betont in diesem Zusammenhang, dass zwar die Erfahrungen der Kinder sehr individuell seien, dass aber als Grundmuster deutlich werde, dass Kinder Gewalt vor allem aus der Perspektive des Opfers sehen. Dass Kinder, die sich selber in einer schwachen und abhängigen Situation erleben, im Medienkonsum vor allem ihre Ängste und Ohnmachtsgefühle verarbeiten, wird auch in den Studien von Ingrid Paus-Haase (1998, S. 247) deutlich. Kinder suchen Raum für ungelebte Teile ihrer Persönlichkeit, sie interessieren sich für Phantasien von Stärke, Schutz und Beschützen, Helfen oder Flucht. Sie bearbeiten innere und äußere Konflikte und suchen nach Modellen für Beziehungen. Außerdem fungieren die Medien nicht selten als Ersatz für noch nicht gelebte Erfahrungen oder für fehlende Beziehungen.

Wilhelm Kleine und Carola Podlich resümieren die Mediendiskussion mit der Feststellung, dass dem Fernsehen der schädigende Einfluss auf Kinder „bedingt abgesprochen" werden könne. „Vielmehr gesteht man Kindern heute die Fähigkeit zu und stellt ihnen frei, über ihre Fernsehnutzung nicht nur selbst zu bestimmen [...], sondern auch eigene Kompetenzen im Umgang mit ihr selbst zu entwickeln" (Podlich/Kleine 2000, S. 55).

5 Fazit

Eine Untersuchung des Wandels kinderkultureller Aktivitäten in den letzten 20 Jahren zeigt, dass sich neben einer Spielkultur im Freien eine moderne Terminkindheit aus vielen unterschiedlichen Aktivitäten etabliert hat. Viele Termine heißt für diese heutigen Kinder aber nicht, dass sie keine informellen Aktivitäten mehr haben oder die Termine das freie Spiel ersetzen. Die festen Termine verbringen die heutigen Kinder und jungen Jugendlichen vor allem in Vereinen, wobei die Sportvereine an erster Stelle stehen. Sport kann als ein wesentliches Element heutiger kinderkultureller Praxis von Jungen wie von Mädchen bezeichnet werden. Deutlich geworden sind aber auch die vielfältigen Widersprüche, die Kindheit bestimmen. Fehlerhafte Ernährung, Übergewicht und Bewegungsmangel sind gravierende gesundheitliche und soziale Probleme, die nicht nur eine kleine Gruppe von Kindern betreffen. Der Umgang mit dem Körper ist zu einem Kennzeichen des Wandels geworden. Gesunde Ernährung sowie (geistige und körperliche) Fitness stellen eine große Herausforderung an Familien, Schulen und die gesamte Öffentlichkeit dar und führen zu einer Neubewertung der Freizeit von Kindern und Jugendlichen. Der Wandel von Kindheit kann deshalb keineswegs nur als Fortschritt gesehen werden, sondern hat zu ambivalenten Entwicklungen im Freizeitbereich geführt.

Hinzu kommen alte und neue Formen sozialer Ungleichheit im Freizeitbereich von Kindern. Es zeigen sich immer noch deutliche Geschlechterunterschiede. Jungen spielen immer noch eher draußen, sind eher an Technik interessiert, und die Mädchen bevorzugen kulturell-kommunikative Aktivitäten drinnen, sie reden gerne mit Freunden, spielen eher ein Musikinstrument, lesen und interessieren sich in hohem Maße für Tiere. Schaut man auf den Bildungserfolg und das Sozialverhalten, so sind Jungen im Unterschied zu den Mädchen zu einer neuen Problemgruppe geworden. Mit den elektronischen Medien sind neue soziale Unterschiede aufgetaucht, und in dem Maße, wie die Freizeit zu einem Ort des informellen Lernens und der Bildung wird, werden die sozialen Unterschiede in den Aktivitäten der Kinder zu einem Ausdruck neuer Formen sozialer Ungleichheit.

Dem Spielen wird in der Betrachtung der Freizeit von Kindern heute zu wenig Aufmerksamkeit geschenkt, insbesondere die neuen Formen des Computerspielens stellen hier eine Herausforderung für Wissenschaft und Pädagogik dar, etwa unter dem Stichwort Edutainment.

Mit dem Alter nehmen die kindheitsspezifischen Aktivitäten ab und das Aktivitätsspektrum der Befragten wird kleiner. Die jungen Jugendlichen „spielen" nicht mehr, sie definieren sich vor allem über das Musikhören und über gemeinsame Aktivitäten mit der Peergroup. Das Alter von 11 bis 13 Jahren – die Lücke-Kinder zwischen Kindheit und Jugend – kann aus der Perspektive der kinderkulturellen Aktivitäten als eine ganz besondere Phase verstanden werden, die noch genauer untersucht werden müsste. Dieses Alter stellt den Höhepunkt der kinderkulturellen Aktivitäten dar. Es ist eine partielle Ablösung vom Elternhaus auf der Bühne der kinderkulturellen Aktivitäten festzustellen, wobei das Elternhaus als Versorgungs-, Beratungs- und Unterstützungsinstanz fungiert, und die Eltern ein Korrektiv und eine Auseinandersetzungsinstanz bei der Herausbildung eines eigenen Geschmacks der Kinder bilden. Mit der beginnenden Pubertät flacht die Aktivitätskurve ab. Die Mitgliedschaft in Vereinen, die Anzahl der informellen Aktivitäten und ihre Intensität, die Zahl der festen Termine, das Interesse für Musikinstrumente nehmen ab, ohne dass die Freizeitaktivitäten ganz zum Erliegen kommen. Die Terminfreizeit tritt lediglich in die zweite Reihe zurück, um der Auseinandersetzung mit den Anforderungen der beginnenden Jugendphase Platz zu machen.

Dass die späte Kindheit als hochaktive Phase eine biografisch wichtige Zeit darstellt, in der Kompetenzen erlernt werden, auf die die späteren Erwachsenen zurückgreifen, an die sie anschließen können, das lassen die teilweise gravierenden sozialen Unterschiede vermuten. Hier ist auf dem Bereich der kinderkulturellen Aktivitäten – neben der Schule – ein kulturelles Feld sozialer Auseinandersetzungen entstanden. Es haben sich unter dem Gewand von Freizeitspaß und Kinderinteressen neue **soziale Ungleichheiten** etablieren können.

Die Freizeit der Kinder wird heute – auch dies lässt sich zusammenfassend feststellen – in viel stärkerem Maße als zur Zeit ihrer Elterngeneration durch jedes einzelne Kind selbst hergestellt. Kinder organisieren ihre Termine, sie haben in der Regel eine Anzahl von festen Terminen, die ihren Alltag strukturieren und die erfordern, dass die Kinder auch ihre Treffen mit Freunden organisieren müssen. Auch der Medienkonsum wird von den Kindern in vielfacher Weise selbst gestaltet und mit anderen Aktivitäten verbunden.

Heutige Kindheit – dies als weiteres Fazit aus den Veränderungen seit den letzten 20 Jahren – muss als mediatisierte Kindheit verstanden werden. Medien sind nicht mehr ein gesonderter Teil des kindlichen Alltags, sondern durchweben alle Bereiche des Lebens. Alle Bildungs- und Sozialisationsprozesse sind heute auch Ausdruck vielfältiger informeller Lernprozesse, die vor allem durch die visuelle Kultur der Kindermedien zu einem neuen Weltverständnis der Kinder geführt haben und deren Freizeitinteressen und -tätigkeiten deutlich prägen.

Literatur

Angebote für Kinder im Internet. Ausgewählte Beiträge zur Entwicklung von Qualitätskriterien und zur Schaffung sicherer Surfräume für Kinder. BLM-Schriftenreihe Band 78. München 2005

Appelhoff, M. u.a. (Hrsg.): Debatte Kinderfernsehen. Analyse und Bewertung von TV-Programmen für Kinder. Hrsg. von der Zentralstelle Medien der Deutschen Bischofskonferenz und Gemeinschaft der Evangelischen Publizistik. Berlin 1998

Behnken, I./du Bois-Reymond, M./Zinnecker, J.: Stadtgeschichte als Kindheitsgeschichte. Lebensräume von Großstadtkindern in Deutschland und Holland um 1900. Opladen 1989

Bertram, H. (Hrgs.): Mittelmaß für Kinder. Der UNICEF-Bericht zur Lage der Kinder in Deutschland. München 2008

Bjarnason-Wehrens, B./Dordel, S.: Übergewicht und Adipositas im Kindes- und Jugendalter. Sankt Augustin 2005

Breidenstein, G./Prengel, A. (Hrsg.): Schulforschung und Kindheitsforschung – ein Gegensatz. Wiesbaden 2005

Breithecker, D. [online]: Kinder brauchen Bewegung zur gesunden und selbstbewussten Entwicklung. Das Online-Familienhandbuch des Staatsinstituts für Frühpädagogik (IFP). http://www.familienhandbuch.de/cmain/f_Aktuelles/a_Kindliche_Entwicklung/s_596.html (12.11.2008)

Brinkhoff, K./Sack, H.: Sport und Gesundheit im Kindesalter. Der Sportverein im Bewegungsleben der Kinder. Weinheim/München 1999

Büchner, P./Brake, A. (Hrsg.): Bildungsort Familie. Transmission von Bildung und Kultur im Alltag von Mehrgenerationenfamilien. Wiesbaden 2006

Büchner, P./Du Bois-Reymond, M./Ecarius, J./Fuhs, B./Krüger, H.-H.: Teenie-Welten. Aufwachsen in drei europäischen Regionen. Opladen 1998

Büchner, P./Fuhs, B./Krüger, H.-H. (Hrsg.): Vom Teddybär zum ersten Kuss. Wege aus der Kindheit in Ost- und Westdeutschland. Opladen 1996

Büchner, P./Fuhs, B.: Außerschulisches Kinderleben im deutsch-deutschen Vergleich. In: Aus Politik und Zeitgeschichte. Beilage zur Wochenzeitung Das Parlament. B24/93, 11.6.1993, S. 21-31

Büchner, P./Fuhs, B.: Kinderkulturelle Praxis: Kindliche Handlungskontexte und Aktivitätsprofile im außerschulischen Lebensalltags. In: du Bois-Reymond, M. u.a. 1994, S. 63-136

Büchner, P./Fuhs, B.: Kindersport. In: Markefka, M./Nauck, B. (Hrsg.): Handbuch der Kindheitsforschung. Neuwied 1993, S. 491-500

Büchner, P.: Kindliche Risikobiographien. Über die Kulturalisierung von sozialer Ungleichheit im Kindesalter. In: Rohrmann, E. (Hrsg.): Mehr Ungleichheit für alle. Fakten, Analysen und Berichte zur sozialen Lage der Republik am Anfang des 21. Jahrhunderts. Heidelberg 2001, S. 97-114

Butterwegge, C./Klundt, M. /Belke-Zeng, M.: Kinderarmut in Ost- und Westdeutschland. Wiesbaden 2008

DJI. Deutsches Jugendinstitut (Hrsg.): Was tun Kinder am Nachmittag? Ergebnisse einer empirischen Studie zur mittleren Kindheit. München 1992

Dobe, M.: Gebundene und ungebundene Freizeit. In: Burk, K./Deckert-Peaceman, H. (Hrsg.): Auf dem Weg zur Ganztags-Grundschule. Frankfurt am Main 2006, S. 186-193

Du Bois-Reymond, M./Büchner, P./Krüger, H.-H./Ecarius, J./Fuhs, B.: Kinderleben. Modernisierung im interkulturellen Vergleich. Opladen 1994

Du Bois-Reymond, M.: Neue Lernformen – neues Genererationenverhältnis. In: Hengst, H./Zeiher, H. (Hrsg.) 2005, S. 227-244

Erlinger, H. u.a. (Hrsg.): Handbuch des Kinderfernsehens. 2. überarb. Aufl., Konstanz 1998

Feil, C. (Hrsg.): Internet für Kinder: Hilfen für Eltern, Erzieher und Lehrer Opladen 2001

Feil, C./Decker, R./Gieger, C.: Wie entdecken Kinder das Internet? Wiesbaden 2004

Feil, C.: Kinder, Geld und Konsum. Die Kommerzialisierung der Kindheit. Weinheim/München 2003
Fölling-Albers, M./Hopf, A.: Auf dem Weg vom Kleinkind zum Schulkind. Opladen 1995
Fölling-Albers, M.: Entscholarisierung von Schule und Scholarisierung von Freizeit? Überlegungen zu Formen der Entgrenzung von Schule und Freizeit. In: Zeitschrift für Soziologie der Erziehung und Sozialisation, 20, 2/2000, S. 118–131
Fölling-Albers, M.: Schulkinder heute. Auswirkungen veränderter Kindheit auf Unterricht und Schulleben. Weinheim/Basel 1992
Fölling-Albers, M.: Veränderte Kindheit – revisited. Konzepte und Ergebnisse sozialwissenschaftlicher Kindheitsforschung der vergangenen 20 Jahre. In: Brügelmann, H. u.a. (Hrsg.):: Jahrbuch Grundschule III. Fragen der Praxis – Befunde der Forschung. Seelze/Velber 2001, S. 10–51
Frey-Vor, G./Schumacher, G. (Hrsg.): Kinder und Medien 2003/2004. Eine Studie der ARD/ZDF-Medienkommission. Baden-Baden 2006
Fromme, J. u.a. (Hrsg.): Selbstsozialisation, Kinderkultur und Mediennutzung. Opladen 1999
Fromme, J./Meder, N./Vollmer, N.: Computerspiele in der Kinderkultur. Opladen 2000
Fthenakis, W. F. (Hrsg.): Elementarpädagogik nach PISA. Wie aus Kindertagestätten Bildungseinrichtungen werden können. Freiburg u.a. 2006
Fthenakis, W. E. (Hrsg.): Elementarpädagogik nach PISA. Wie aus Kindertagesstätten Bildungseinrichtungen werden können. Freiburg u.a. 2003
Fuhs B./Roland R.: Kinder, Werbung, Wertekommunikation. In: von Gottberg, H.-J./Rosenstock, R. (Hrsg.): Werbung aus allen Richtungen. Crossmediale Markenstrategien als Herausforderung für den Jugendschutz. München 2008
Fuhs, B./Eichler, T.: Internetseiten für Kinder im Urteil von Kindern. In: Die Grundschule 07/2005, S. 7-8
Fuhs, B.: Brauchen Kinder (noch) die Werte, wie sie im Bilderbuch vermittelt werden? In: Thiele, J. (Hrsg.): Neue Impulse der Bilderbuchforschung. Baltmannsweiler 2007, S. 16-47
Fuhs, B.: Das außerschulische Kinderleben in Ost- und Westdeutschland. Vom kindlichen Spiel zur jugendlichen Freizeitgestaltung. In: Büchner, P./Fuhs, B./Krüger, H.-H. (1996), S. 129-158
Fuhs, B.: Dicke Kinder: Ein Internet-Recherche. Anmerkungen zu einem unterschätzten Körperdiskurs. In: ZBBS. Zeitschrift für qualitative Bildungs-, Beratungs- und Sozialforschung. 1/2003, S. 81-104
Fuhs, B.: Generationenbeziehungen als Form neuer Ungleichheiten im Kindes- und Jugendalter. In: Rohrmann, E. (Hrsg.): Mehr Ungleichheit für alle. Fakten, Analysen und Berichte zur sozialen Lage der Republik am Anfang des 21. Jahrhunderts. Heidelberg 2001, S. 81-96
Fuhs, B.: Kinderfreizeit als Familienprojekt. In: Herlth, A./Engelbert, A./Palentien, C. (Hrsg.): Spannungsfeld Familienkindheit. Neue Anforderungen, Risiken und Chancen. Opladen 2000 S. 202-217
Fuhs, B.: Kinderkultur und Internet. Überlegungen aus Sicht der Kindheitsforschung. In: Rosenstock, R./Schubert, C./Beck, K. (Hrsg.): Medien im Lebenslauf. Demographischer Wandel und Mediennutzung. München 2007, S. 163-180
Fuhs, B.: Kinderwelten aus Elternsicht. Zur Modernisierung von Kindheit. Opladen 1999
Fuhs, B.: Kindheitsforschung und Schulforschung – zwei Gegensätze? Überlegungen aus Sicht der Kindheitsforschung. In: Breidenstein, G./Prengel, A. (Hrsg.): Schulforschung und Kindheitsforschung – ein Gegensatz? Wiesbaden 2005, S. 161-176
Fuhs, B.: Überlegungen zur Freizeit von Kindern. In: Meder, N. (Hrsg.): Spektrum Freizeit. Halbjahresschrift Freizeitwissenschaft, I/2000, S. 38-54
Fuhs, B.: Wandel der Kindheit und Freizeitinteressen von Kindern. In: Bundesvereinigung Kulturelle Jugendbildung (Hrsg.): Praxisfeld Kinderkulturarbeit. Erweiterte Dokumentation der Fachtagung der BKJ – „Praxisfeld Kinderkulturarbeit" vom 11.-13.12.1992. Remscheid 1993, S. 9-15
Fuhs, B.: Weibliche und männliche Kinderwelten. Die Kategorie Geschlecht in der Kindheitsforschung. In: Köhle-Hezinger, C./Scharfe, M./Brednich, R. (Hrsg.): Männlich. Weiblich. Zur Bedeutung der Kategorie Geschlecht in der Kultur. 31. Kongreß der Deutschen Gesellschaft für Volkskunde, Marburg 1997. Münster u.a. 1999, S. 361-373
Gottberg, J./Mikos, L./Wiedemann, D. (Hrsg.): Kinder an die Fernbedienung. Berlin 1997
Groebel, J.: Kinder und Medien in der internationalen Forschung. medienpädagogik-online. bpb [online] (10/2006)
Hengst, H./Zeiher, H. (Hrsg.): Kindheit soziologisch. Wiesbaden 2005
Herz, B. u.a. (Hrsg.): Kinderarmut und Bildung. Armutslagen in Hamburg. Wiesbaden 2008
Höflich, J.: Zur Kommunikationskultur Jugendlicher – Handy und SMS. In: Rosenstock, R./Schubert, C./Beck, K. (Hrsg.): Medien im Lebenslauf. Demographischer Wandel und Mediennutzung. München 2007, S. 163-180, S. 139-162
Hurrelmann, K./Mansel, J.: Individualisierung in der Freizeit. In: Zentrum für Kindheits- und Jugendforschung (1993), S. 77-93

Interdisziplinäre Suchtforschungsgruppe der Charité-Universitätsmedizin Berlin 2006. Verlautbarung. http://www.innovations-report.de/html/berichte/medizin_gesundheit/bericht-67504.html (12.8.2008)
JIM 2007. Jugend, Information, (Multi-)Media. Basisstudie zum Medienumgang 12- bis 19-Jähriger in Deutschland. Hrsg.: Medienpädagogischer Forschungsverbund Südwest. Stuttgart 2007
KiGGS. Studie zur gesundheit von Kindern und Jugendlichen in Deutschland. [online]. www.kiggs.de (12.11.2008)
KIM-Studie 2006. Kinder und Medien. Computer und Internet. Basisuntersuchung zum Medienumgang 6- bis 13-Jähriger in Deutschland. Hrsg.: Medienpädagogischer Forschungsverbund Südwest. Stuttgart 2006.
Kleine, W.: Tausend gelebte Kindertage. Sport und Bewegung im Alltag der Kinder. Weinheim/Basel 2003
Kränzl-Nagl, R./Riepl, B./Wintersberger, H. (Hrsg.): Kindheit in Gesellschaft und Politik. Eine multidisziplinäre Analyse am Beispiel Österreichs. Frankfurt/New York 1998
Krotz, F. u.a.: Neue und alte Medien im Alltag von Kindern und Jugendlichen. Deutsche Teilergebnisse einer europäischen Studie. Hans-Bredow-Institut für Medienforschung an der Universität Hamburg. Hamburg 1999
Krotz, F./Lampert, C./Hasebrink, U.: Neue Medien. In: Silbereisen, R. K./Hasselhorn, M. (Hrsg.): Entwicklungspsychologie des Jugendalters. Göttingen u.a.. 2008, S. 331-363
Krotz, F.: Mediatisierung: Fallstudien zum Wandel von Kommunikation. Theoretischer Ansatz und empirischer Fall. Wiesbaden 2007
Krüger, H.-H./Kötters, C.: Zum Wandel der Freizeitaktivitäten und kulturellen Orientierung von Heranwachsenden in Ostdeutschland in den 90er Jahren. In: Büchner, P. u.a. (1998), S. 201-212.
Kuchenbuch, K./Simon, E.: Freizeit und Medien im Alltag von Sechs- bis 13-Jährigen. In: Frey-Vor/Schumacher 2006, S. 71-106
Kübler, H.: Kinder und Fernsehgewalt. In: Erlinger, H. u.a. (1998), S. 503-522
Ledig, M.: Vielfalt oder Einfalt. Das Aktivitätsspektrum von Kindern. In: DJI 1992, S. 31-74
Mikos, L.: Edutainment und Infotainment. Die lebensweltliche Orientierung des Lernens. In: Paus-Haase, I./Schnatmeyer, D./Wegener, D. (Hrsg.): Information, Emotion, Sensation. Wenn im Fernsehen die Grenzen zerfließen. Bielefeld 2000
Müller, N.: Der Anteil der Werbung an der Entstehung von Sucht. Dissertation Kiel 2004
Nissen, U.: Raum und Zeit in der Nachmittagsgestaltung von Kindern. In: DJI 1992, S. 127-170
NVZ. Nationale Verzehr Studie II. Hrsg.: Max Rubner-Institut. Bundesforschungsinstitut für Ernährung und Lebensmittel. Karlsruhe 2008
Otto H.-U./Rauschenbach, T.: Die andere Seite der Bildung. Zum Verhältnis von formellen und informellen Bildungsprozessen. Wiesbaden 2004
Paus-Haase, I.: Heldenbilder im Fernsehen. Eine Untersuchung zu Symbolik von Serienfavoriten. Opladen/Wiesbaden 1998
Plake, K.: Handbuch Fernsehforschung. Befunde und Perspektiven. Wiesbaden 2004
Podlich, C./Kleine, W.: Medien- und Bewegungsverhalten von Kindern im Widerstreit. Eine Zeitbudgetstudie an Grundschulkindern. Aachen 2000
Preuss-Lausitz, U.: Die Kinder des Jahrhunderts. Zur Pädagogik der Vielfalt im Jahr 2000. Weinheim/Basel 1993
Preuss-Lausitz, Ulf: Die Kinder des Jahrhunderts. Zur Pädagogik der Vielfalt im Jahr 2000. Weinheim/Basel 1993
Reinhardt, U.: Edutainment - Bildung macht Spaß. Münster 2005
Richter, K./Plath, M. Lesemotivation in der Grundschule. Empirische Befunde und Modelle für den Unterricht. Weinheim/München 2005
Richter, S.: Die Nutzung des Internets durch Kinder. Eine qualitative Studie zu internetspezifischen Nutzungsstrategien, Kompetenzen und Präferenzen von Kindern im Alter zwischen 11 und 13 Jahren. Frankfurt am Main 2004
Rohlfs, C.: Freizeitwelten von Grundschulkindern. Eine qualitative Sekundäranalyse von Fallstudien. Weinheim/München 2006
Rosenberger, K.: Kindgemäßheit im Kontext. Zur Normierung der (schul)pädagogischen Praxis. Wiesbaden 2005
Rosenstock, R./Fuhs, B.: Kinder – Werte – Werbekompetenz. In: tv diskurs. Medienkompetenz. 10. Jg. 4/2006, S. 40-45
Schäfer, G. E.: Bildungsprozesse im Kindesalter. Selbstbildung, Erfahrung und Lernen in der frühen Kindheit. 2. Aufl. München 2001
Schorb, B.: Medienalltag und Handeln. Medienpädagogik im Spiegel von Geschichte, Forschung und Praxis. Opladen 1995
Spitzer, M.: Vorsicht Bildschirm!: Elektronische Medien, Gehirnentwicklung, Gesundheit und Gesellschaft. Stuttgart 2005
Theunert, H. /Bernd S. (Hrsg.): Neue Wege durch die konvergente Medienwelt. München 2006
Theunert, H./Wagner, U. (Hrsg.): Medienkonvergenz: Angebot und Nutzung. Eine Fachdiskussion veranstaltet von BLM und ZDF. BLM-Schriftenreihe, Band 70, München 2002

Theunert, H.: Zwischen Vergnügen und Alltag – Fernsehen im Alltag von Kindern. Eine Untersuchung zur Wahrnehmung und Verarbeitung von Fernsehinhalten durch Kinder aus unterschiedlichen soziokulturellen Milieus in Hamburg. Hamburg 1992
Thole, W./Fölling-Albers, M./Roßbach, H.-G.: Die Pädagogik der Kindheit im Fokus der Wissenschaften. In: W. Thole/ M. Fölling-Albers, M./Roßbach, H. G./Tippelt, R. (Hrsg.): Bildung und Kindheit. Pädagogik der Frühen Kindheit in Wissenschaft und Lehre. Opladen 2008, S. 17-30
Tietze, W./Rossbach, H.-G./Grenner, K.: Kinder von 4-8 Jahren. Zur Qualität der Erziehung und Bildung in Kindergarten, Grundschule und Familie. Weinheim/Basel 2005
Treumann, K. u.a.: Medienhandeln Jugendlicher. Mediennutzung und Medienkompetenz. Wiesbaden 2007.
Vollmer, N.: Bildschirmspiele als Teil einer Kinderkultur zwischen Eigensinn und Vermarktungsinteressen. In: Spektrum Freizeit, I/2000, S. 55-67
Wagner, U./Theunert, H.: Neue Wege durch die konvergente Medienwelt. München 2006
Wahler, P./Tully, C. J./Preiß, C.: Jugendliche in neuen Lernwelten. Selbstorganisierte Bildung jenseits institutioneller Qualifizierung . Wiesbaden 2004
Wegener, C.: Medien, Aneignung und Identität. „Stars" im Alltag jugendlicher Fans. Wiesbaden 2008.
Wehr, L.: Kind sein, Zeit haben? Zur alltäglichen Zeitpraxis von Kindern im generationalen Kontext. Basel 2008 (unv. Dissertation)
Wilk, L./Bacher, J. (Hrsg.): Kindliche Lebenswelten. Eine sozialwissenschaftliche Annäherung. Opladen 1994
Windgasse, T./Klinger, W.: Die Fernsehnutzung von Kindern im Tages- und Wochenverlauf – Daten zum 1. Halbjahr 1997. In: Appelhoff, M. u.a. (1998), S. 53-61
Zeiher, H./Zeiher, H.: Orte und Zeiten der Kinder. Soziales Leben im Alltag von Großstadtkindern. Weinheim/München 1994
Zeiher, H.: Der Machtgewinn der Arbeitswelt über die Zeit der Kinder. In: Hengst, H./Zeiher, H. (2005), S. 201-226
Zinnecker, J./Silbereisen, R. K.: Kindheit in Deutschland. Aktueller Survey über Kinder und ihre Eltern. Weinheim/ München 1996
Zinnecker, J.: Vom Straßenkind zum verhäuslichten Kind. Kindheitsgeschichte im Prozeß der Zivilisation. In: Behnken, I. u.a. (1990), S. 142-162

Werner Thole*

Jugend: Freizeit, Medien und Kultur

Fragen nach den jugendlichen Freizeit- und Medienpräferenzen, sozialen und kulturellen Einbindungen und Orientierungen, nach den Stilbildungen und der Hervorbringung eines der Jugendphase entsprechenden sozial-kulturellen Habitus sind genuine Fragen der entwicklungspsychologischen und sozialwissenschaftlichen Adoleszenzforschung, der erziehungswissenschaftlichen, soziologischen wie psychologischen Sozialisations-, Kultur- und Bildungsforschung. Das Wissen über die Formen und Bedingungen des Aufwachsens resultiert also aus ganz unterschiedlichen wissenschaftlichen Kontexten. Entsprechend ihrer disziplinären Tradition und Kultur können unter Bezug auf diese Fachwissenschaften nicht nur differente Fragen beantwortet werden, sondern sie konstituieren den Gegenstand „Jugend" auch jeweils auf eine, ihrer disziplinären Perspektive entsprechenden Art und Weise empirisch und theoretisch. Die Jugendforschung präsentiert sich demzufolge keineswegs als eine eigenständige Disziplin, sondern als ein über die Lebensphase Jugend sich begründendes, interdisziplinäres Theorie- und Forschungsfeld. Aber nicht nur dieser Umstand, der im Übrigen keineswegs neu ist, gestaltet eine Rezeption der Befunde – auch und insbesondere der zu den freizeit-, medien- und kulturbezogenen Resultaten von Forschungen zur Jugend – so komplex und unüberschaubar (vgl. auch Münchmeier 2008, S. 13). Auch und insbesondere die dynamischen Veränderungen der Kultur- und Freizeitpraxen bereiten einer aktuellen Darstellung Probleme, ist es doch nur mit einem immensen jugendkulturellen Detailwissen möglich, die neuesten Variationen und Spielarten jugendlichen Freizeitverhaltens zu identifizieren.

Die Rezeption und theoretische Rahmung des Wissens über Jugend ist darüber hinaus nicht einfach, weil sich die Gestaltung von Übergängen in modernen Gesellschaften – und die Jugendphase wird wesentlich durch die Gestaltung von Übergängen geprägt – weitgehend von der Kindheits- und Jugendphase entkoppelt hat. Übergangsphasen sind inzwischen biografisch querverteilt, begegnen den Menschen episodenhaft auf verschiedenen Lebensabschnitten verteilt und können sogar als Gegensätze zwischen einzelnen Lebensabschnitten auftauchen. Biografische Moratorien werden nicht mehr ausschließlich in der Jugendzeit für alle Zeiten bewältigt. Kaum jemand ist von dem erneuten Eintreten in Statuspassagen geschützt (vgl. Stauber 2001; Thole/Höblich 2008). Hinter dieser Beobachtung verbirgt sich keineswegs die Botschaft von der Auflösung (vgl. Trotha 1982) oder der Destandardisierung der Jugendphase (vgl. Olk 1986). Im Kontrast zu diesen Diagnosen ist herauszustellen, dass die bisher an die Jugendphase adressierten Lebensbewältigungsaufgaben diffundieren und das Erwachsenenalter inzwischen eine Lebensphase darstellt, die von dem „Zwang", für die Jugendphase als typisch angenommene Aufgaben zu bewältigen, nicht befreit ist. Das Erlernen eines Berufes, das Finden eines

---

* Für den unprätentiösen Verzicht auf die Urheberschaft einiger Passagen des im Handbuch der Jugendforschung von 1993 gemeinsam publizierten Beitrages „Jugend, Freizeit, Medien" danke ich – erneut und immer noch – Heinz-Hermann Krüger. Für die wertvollen Hinweise auf die neuen jugendlichen Kommunikationspraxen bedanke ich mich bei Holger Schoneville.

sozial-kulturellen, ästhetischen Stils, der Aufbau eines sozialen, Sicherheit bietenden Freundeskreises und beispielsweise das Suchen und Finden einer festen, auf Liebe und Zuneigung begründeten primären Partnerschaft sind inzwischen Lebensprojekte, die heute nicht mehr nur in der Jugendzeit bewältigt werden und dann mit einem lebenslangen Haltbarkeitsdatum versehen sind. Kultur, Freizeit und Medien sind die gesellschaftlichen Handlungsfelder, in denen sich diese Prozesse der Neujustierung und Neumodellierung von Übergängen am deutlichsten zeigen. Zudem gewannen die informellen und non-formalen Bereiche im Zuge des Bedeutungsgewinns von Formen des lebenslangen Lernens an gesellschaftlicher Wertschätzung, auch in Bezug auf den Erwerb von Wissen und Können. Der Beitrag versucht sich den hier skizzierten Dynamiken zu stellen, wissend, dass dies nur beispielhaft möglich ist, auch weil die angezeigten Veränderungen sich empirisch nur mit deutlicher zeitlicher Verzögerung abbilden lassen.

Auch über die zuvor angedeuteten gesellschaftlichen Verschiebungen haben die klassischen theoretischen Positionierungen von Jugend an Erklärungskraft eingebüßt. Gleichwohl werden in einer ersten Annäherung anschließend die Theoriezugänge in gebotener Kürze vorgestellt und diskutiert, die zum Verstehen der freizeit- und medienbezogenen sowie der kulturellen Orientierungen von Jugendlichen von Bedeutung sind (1.). Der Ausdifferenzierung der Ansätze folgend, werden zuerst einige theoretische Ortsbestimmungen grob skizziert (1.1), bevor in einem zweiten Zugriff medientheoretisch akzentuierte Erklärungsansätze ins Zentrum rücken (1.2). Nach einem kurzen, einleitenden Rekurs werden die zeitlichen und materiellen Ressourcenlagen Jugendlicher (2.1) sowie die Ergebnisse der aktuelleren Freizeit- und Medienforschung erörtert (2.2). Auf Grund der enorm angewachsenen Forschungslage ist es angebracht und notwendig, einzelne Ergebnisse der Medienforschung ebenso gesondert zu präsentieren (2.3) wie das Wissen über die Einbindung Jugendlicher in informelle und formelle Freundschaftsnetze und **Gleichaltrigengruppen** (2.4). Einem resümierenden Blick auf die Gesamtpalette der dargestellten Befunde zu jugendlichen Freizeitorientierungen und kulturellen Präferenzen (3.1) folgt abschließend die Nennung der Desiderate, die insbesondere die Jugendfreizeit- und -medienforschung, aber auch die Jugendkulturforschung aufweist, und eine Diskussion der sich daraus ergebenden theoretischen und methodologischen Herausforderungen für die zukünftige empirische Bildungs-, Sozialisations- und Jugendforschung (3.2).

1 Theoretische Deutungen und Zugriffe

Die Konzepte, Entwürfe und Programme zur generationalen Ordnung der Jugendphase allgemein wie auch die zu den kulturellen und freizeitorientierten Verhaltensweisen von Jugendlichen sind in ihrer Theoriefokussierung gegenwärtig uneinheitlicher und unsicherer als je zuvor. In vielen empirischen Studien wird vielleicht auch deswegen auf eine explizite theoretische Ortsbestimmung der Analysen verzichtet oder diese in Randbemerkungen platziert. Gleichwohl schimmern in den Publikationen die favorisierten Deutungskonzepte zumindest zwischen den Zeilen mehr oder weniger durch und spätestens wenn die Studien hinsichtlich ihrer Konsequenzen für pädagogische Handlungskontexte angefragt werden, werfen die bevorzugten jugendtheoretischen Lokalisierungen auf die unterbreiteten Praxisempfehlungen ihre Schatten. Quasi aus ihrem handlungsbezogenen und empirieverhafteten Kontext gelöst, werden nachfolgend einige dieser „Schatten" referiert und kritisch diskutiert. Aus Umfangsgründen muss jedoch durchgängig darauf verzichtet werden, die einzelnen Theoriefolien und historischen Entwicklungslinien der Theorieprogramme breit zu entfalten.

1.1 Jugend- und freizeittheoretische Ortsbestimmungen
Klassische Theoriefolien
Nach der Dominanz zuerst von biologistischen und anthropologischen, dann von entwicklungspsychologischen Theorien und Konzepten in den frühen Freizeit- und Kulturstudien der 1920er-Jahre und ihrer vereinzelten Ergänzung durch pädagogische Reflektionen und statistische Daten kann die Phase ab den 1950er-Jahren als der Zeitraum identifiziert werden, in dem sich nicht nur ein Blick auf die Jugend herausbildete, der dieser Phase auch eine eigensinnige Gestaltungskraft attestiert, sondern die Besonderheit der Jugendphase auch theoretisch zu würdigen sucht. Ein zentraler theoretischer Erklärungsansatz, der sich mit jugendlichen Freizeitkulturen beschäftigt, ist das strukturfunktionalistische Konzept, wie es von T. Parsons und S.N. Eisenstadt entwickelt und in der Bundesrepublik Deutschland in den 1960er-Jahren von F.H. Tenbruck (1962) rezipiert und bekannt gemacht worden ist. Strukturfunktionalistische Ortsbestimmungen argumentieren auf der Basis der Existenz einer einheitlichen jugendlichen Teilkultur und begreifen die **Jugendkultur** als funktional notwendige, relativ eigenständige „interlinking sphere" im Freizeitbereich, die den Jugendlichen die Möglichkeit eröffnet, sich von den partikularistischen Werten der Herkunftsfamilie zu lösen und sich allmählich in die universalistischen Rollenerwartungen der Erwachsenengesellschaft einzuüben. Rückblickend ist die Studie „Kulturelle Interessen von Jugendlichen" (Rosenmayr/Köckels/Kreutz 1966) als eine zentrale Studie anzusehen, wird in ihr doch von einer genuin soziologischen Perspektive ausgehend den kulturellen Aktivitäten von Jugend Eigenständigkeit zugesprochen und zudem herausgearbeitet, dass die kulturellen Aneignungsprozesse wesentlichen von den jeweiligen sozialen Herkunftsmilieus der Jugendlichen grundgelegt werden. Aus heutiger Perspektive erweist sich die konzeptionelle Grundannahme des Strukturfunktionalismus für die Analyse jugendlicher Freizeitszenen jedoch nur noch als eingeschränkt geeignet. Die zu beobachtenden Ausdifferenzierungs- und Pluralisierungsprozesse jugendkultureller Szenen und Freizeitwelten können theoretisch nur unzureichend erklärt werden und die Verflüssigungen der Generationsgrenzen und der kulturellen Lebensstile nicht oder nur schwach wahrgenommen werden – siehe hierzu auch die einleitenden Anmerkungen zu diesem Beitrag.

Ein zweiter, inzwischen zu einem „Klassiker" in der Jugendfreizeit- und Jugendkulturforschung avancierter Theorieansatz ist der kulturtheoretische Ansatz des Birminghamer Centre for Contemporary Cultural Studies (CCCS) von Clarke u.a. (1979; vgl. auch Brake 1981). Die englischen Jugendforscher versuchen die Entstehung jugendlicher Alltagskulturen im Kontext klassenspezifischer Herkunftskulturen zu verorten und das Verhältnis von jugendlichen Sub- und Gegenkulturen sowie industriell erzeugten Jugendkulturen als dialektisches Spannungsverhältnis zu interpretieren. Die hegemoniale Jugendfreizeitkultur liefert den Subkulturen einerseits das kulturelle Rohmaterial, aus dem diese oppositionelle Bedeutungen herausschlagen. Dieser Ortung folgend werden jugendliche StilbastlerInnen nicht als manipulierte Opfer eines allgegenwärtigen Konsumzwanges gesehen, sondern als aktive und kreative Träger kulturellen und gesellschaftlichen Wandels. Andererseits gelingt es jedoch den industriell erzeugten Jugendkulturen, die subkulturellen Gruppenstile zu reintegrieren, indem sie die oppositionellen stilistischen Neuerungen aufgreifen, entschärfen und als modische Innovationen neu auf den

Markt bringen. Der kulturtheoretische Ansatz des CCCS wurde insbesondere in den 80er Jahren des letzten Jahrhunderts in der westdeutschen Kinder- und Jugendkulturforschung breit rezipiert und zum Bezugspunkt einer Reihe von empirischen Jugendkulturstudien (vgl. zusammenfassend Baacke/Ferchhoff 1993). Ein Transfer der theoretischen Grundannahmen dieses Ansatzes auf die westdeutschen Verhältnisse war damals und ist heute jedoch nur begrenzt möglich. Denn im Unterschied zu den Entwicklungen und Forschungen in Großbritannien entwickeln sich in der Bundesrepublik Deutschland die Jugendsubkulturen nicht mehr deckungsgleich zu den existierenden Klassen- und Schichtstrukturen. Angesichts erheblicher Auflösungserscheinungen traditioneller Sozialmilieus und kultureller Klassenbindungen ist es keineswegs durchgängig möglich, jugendliche Subkulturen präzise in den klassenspezifischen Stammkulturen zu lokalisieren. Das impliziert allerdings nicht, dass die Herausbildung jugendlicher Freizeitszenen und -gruppen inzwischen vollends beliebig erfolgt. Auch heute noch wird sie durch Soziallage und Bildungsniveau wesentlich mit beeinflusst. Hierauf hinzuweisen, ist ein Verdienst der klassen- und kulturtheoretischen Ortsbestimmungen. Auch die über eine kritische Durchsicht individualisierungstheoretischer Diagnosen herausfiltrierte Erkenntnis, dass heutige „Jugendkulturen in eigenwilliger, eben expressiver Form die neuen sozialen Ungleichheiten in der Gesellschaft repräsentieren und sichtbar machen" (Wensierski 2000, S. 210), verdankt sich nicht unwesentlich diesem Theoriekonzept.

In den **sozialwissenschaftlichen Jugendtheorien** der letzten Jahrzehnte wurde zuweilen ignoriert, dass ein unmittelbarer Zusammenhang zwischen den physischen und psychischen Entwicklungen im Jugendalter besteht. Auf dieses Defizit weisen neuerdings entwicklungspsychologische Theorieperspektiven wieder verstärkt hin. Im Kontrast zur älteren Entwicklungspsychologie akzentuieren die aktuellen Vorschläge jedoch stärker gesellschafts- und sozialwissenschaftliche Theorie- und Empiriebestände und betonen ihre Distanz zu starren, phasenbezogenen entwicklungspsychologischen Konzeptionen. Stattdessen wenden sie sich lebenslauf- und biografieorientierten Analyse- und Theoriemodellen zu, die kultur- und freizeitbezogene Aspekte zu beachten eher zulassen als stadienfixierte Modellkonstruktionen (vgl. u.a. Silbereisen 2002; Fend 2000) und verstärkt auch danach fragen, welche Kompetenzen Jugendliche in ihren informellen und non-formal gerahmten Freizeitpraxen erwerben (vgl. Reinders 2007).

Lebensweltorientierte und sozialökologische Ansätze

Lebensweltlich und in geringerem Maße auch sozialökologisch angelegte theoretische Positionierungen erleben insbesondere ab Ende der 1980er-Jahre eine fast schon als inflationär anzusehende Konjunktur.

Lebensweltliche Ansätze knüpfen grundlegend an die phänomenologisch-interpretative Soziologie an. In Abgrenzung zur normativ gesättigten Empirie der Tatsachenparadigmen favorisieren verstehensorientierte Zugänge eine totalitätsbezogene Empirie und Theorie. Der Symbolische Interaktionismus und die Ethnomethodologie sind neben wissens- und sprachsoziologischen Ansätzen als Ausdifferenzierungen der phänomenologischen („lebensweltlichen") Soziologie (vgl. u. a. die Beiträge in Hitzler/Honer 1997; Hitzler/Bucher/Niederbacher 2001) zu verstehen. Die Prämissen einer lebensweltlichen Theorieperspektive formulierte A. Schütz in Anknüpfung an die Phänomenologie E. Husserls. Dem Entwurf liegt die Intention zu Grunde, ein theoretisches Gerüst vorzulegen, welches es ermöglicht, die soziale Welt so zu verstehen wie das subjektive Erkennen diese sich erarbeitet und die Subjekte als KonstrukteurInnen ihrer sozialen Welt zu verstehen. Ethnomethodologie und Symbolischer Interaktionismus interessiert hieran anschließend (zum theoretischen Programm des Ansatzes vgl. u. a. Grathoff 1989), welche alltäglichen Strukturen die Gesellschaft zusammenfügen, mit welchen Sinnhorizonten die Alltagsakteure ihre Handlungen unterlegen und welche performativen Praxen sie dabei herausbilden (vgl. u. a. Wulf u.a. 2004).

In Beachtung dieser theoretischen Modelle beobachtet die Projektgruppe Jugendbüro (1973, 1977) schon vor inzwischen knapp dreißig Jahren die Lebenswelten von HauptschülerInnen. M. Kieper (1980) arbeitet nach einem Rekurs auf die phänomenologisch-interpretativen Forschungsansätze die Kompetenzen von „verwahrlosten" jugendlichen Mädchen bei der subjektiven Strukturierung der Lebenswelt heraus. Implizit beleuchten beide Studien auch das Verhalten von Jugendlichen in Familie und Freizeitkultur. Den Zusammenhang von Handlungs- und Sozialräumen und ihre Wirkungen auf soziale Milieus arbeitete die Arbeitsgruppe Jugendforschung mit einer materialistisch unterlegten lebensweltlichen Perspektive heraus (vgl. Becker u.a. 1984). Unterschiedliche Handlungsformen von Jugendlichen in ihrer Freizeit beschrieb K. Lenz (1988). Gegen das Konzept einer einheitlichen Gestalt Jugend argumentierend, schlägt K. Lenz vor, zwischen familien-, hedonistisch-, maskulin- und subjektorientierten jugendlichen Handlungsformen zu unterscheiden. An das kommunikativ reformulierte lebenswelttheoretische Paradigma anknüpfend (vgl. Habermas 1981), aber gleichfalls gegen das Muster einer einheitlichen Lebensphase Jugend argumentierend, interessierte sich W. Thole (1991) für den Alltag einer jugendlichen Szene und ihr Verhalten in institutionalisierten wie eigengestalteten Handlungsräumen, ihren Umgang miteinander und mit den gesellschaftlichen Normen. Jugendlichen aus vergleichbaren sozialen Milieus wenden sich neuere Studien unter Bezug auf ethnomethodologische Theorie- und Forschungsansätze zu (vgl. u.a. Tertilt 1996; Küster 2001; Hitzler/Bucher/Niederbacher 2001). Unter explizit ausformulierten sozialpädagogischen Fragestellungen untersuchten B. Müller, R. Rosenow und M. Wagner (1994) in einer im Kern lebensweltlichen Studie Dorfkulturen in „Ost" und „West".

Im Unterschied zu den lebensweltlichen Paradigmen, die sich an phänomenologisch und/oder kommunikativ-intersubjektiv begründete Theoriestränge anlehnen, entfalten sozialökologische Ansätze ihr Konzept mit Bezug auf feldtheoretisch-raumbezogene und öko-psychologische Theorietraditionen. Das Vorhaben des sozialökologischen Ansatzes, die Interdependenzen zwischen strukturellen und subjektiven Dimensionen offen zu legen (vgl. Bronfenbrenner 1976), fand anfänglich insbesondere in der Schulforschung Berücksichtigung. Aktuell finden sozialökologisch orientierte Ansätze unter dem Stichwort „sozialräumlich" insbesondere in Evaluations- und Konzeptentwicklungsprojekten zur außerschulischen Kinder- und Jugendarbeit Anwendung (vgl. u.a. Deinet 1999; Kessl/Reutlinger 2007).

Im Kontext der Jugendforschung untersuchten S. Hübner-Funk u.a. (1983) schon vor über zwanzig Jahren unter Rückgriff auf sozialökologische Modelle die Beziehungen zwischen den Lebensbedingungen und -orientierungen von Jugendlichen in drei unterschiedlichen Sozialräumen. Den erziehenden und sozialisierenden Einfluss der Wohnumwelt auf das jugendliche Freizeit- und Medienverhalten gingen R. Tippelt u. a. (1986) nach. I. Müller (1984) erforschte Szenarien der Umweltaneignung von Jugendlichen. Beziehen sich die genannten Studien lediglich forschungspragmatisch auf theoretische Entwürfe und verzichten darauf, ihre Erkenntnisse theoriegenerierend auszuwerten, belegen schon in den 1980er Jahren U. Sander und R. Vollbrecht (1985) unter Hinzuziehung des von D. Baacke entwickelten sozialökologischen Theoriekonzepts die empirischen Möglichkeiten des Ansatzes in Bezug auf die Erschließung subjektiver Deutungsmuster.

Lebenswelt- und sozialökologisch orientierte Theorie- und Forschungskonzeptionen haben insbesondere Ende der 1980er- und zu Beginn der 1990er-Jahre die Jugendfreizeit- und Jugendmedienforschung produktiv belebt und dazu beigetragen, Jugend mehr als Subjekt und damit sozialer Konstrukteur denn als Objekt von Freizeitwelten und Medienlandschaften zu verstehen. Die wissenschaftsgenerierende Bedeutung des Ansatzes ist angedeutet, jedoch noch nicht ausgeschöpft. Die teilweise theorieabstinente Beliebigkeit, mit der Rekurse auf lebensweltliche Theorietraditionen erfolgen, ist jedoch nicht zu übersehen. Versuche, durch theoretische Ergänzungen die diagnostizierten Schwächen des lebensweltlichen, aber auch des sozialökologischen Theorems zu überwinden und so die Ansätze auch für die Erschließung subjektiver und gesellschaftlicher Strukturen zu öffnen, werden gegenwärtig nicht weiter verfolgt. Gleichwohl finden auch in den letzten Jahren die Kernüberlegungen lebens- und sozialökologischer Theoriemodelle in der Jugendforschung weiterhin Beachtung, auch und insbesondere in ethnographisch angelegten Studien (vgl. u.a. Rieker 2000; Zinnecker 2000a; Lindner 2000; Cloos u.a. 2007).

Modernisierungstheoretische Theorieperspektiven und Lebensstilansätze

Im Kontext der makrosoziologischen Diskussion, die sich mit der Erklärung des Wandels und den gesellschaftlichen Determinanten jugendlicher Freizeit- und **Medienwelten** beschäftigt, erfahren in den letzten Jahren vor allem zwei Theoriekonzepte eine besondere Aufmerksamkeit: Zum einen ist hier das Konzept einer kritischen Modernisierungstheorie zu nennen, wie es vor allem von U. Beck (1986, 2000) entwickelt worden ist, und zum anderen auf die Kultursoziologie der Lebensstile als einer Theorie der **sozialen Ungleichheit** hinzuweisen, wie sie von dem französischen Soziologen P. Bourdieu (1984) vorgelegt wurde und in einer Studie über das alltägliche Leiden an der Gesellschaft eine eindrucksvolle, empirische Überprüfung fand (Bourdieu u.a. 1997).

Die kritische Modernisierungstheorie untersucht und beobachtet die ambivalenten Folgen der wohlfahrtsstaatlichen Modernisierung der bundesrepublikanischen Gesellschaft seit der Nachkriegszeit. Die Verbesserung des materiellen Lebensstandards für alle hat allerdings, so die Diagnose, nicht die Herausbildung neuer und die Stabilisierung alter sozialer Ungleichheiten verhindert, jedoch u. a. zu einer Infragestellung geschlechtsständischer Zuweisungen bei gleichzeitiger Konstanz alter Rollenzuweisungen sowie zu einer Auflösung klassenspezifischer Sozialmilieus und einer soziokulturellen Freisetzung aus überlieferten Traditionen geführt.

Das von den ProtagonistInnen der kritischen Modernisierungstheorie präsentierte dominante Deutungsmuster heißt Individualisierung. Mit **Individualisierung** ist jedoch keinesfalls, wie häufig angenommen, Individuierung oder gar Vereinsamung und Verinselung der Gesellschaftsangehörigen gemeint, sondern die Dynamisierung der sozialen Beziehungsformen und -regeln im letzten Drittel des 20. Jahrhunderts mit gravierenden Folgen für die Konstitution des Sozialen und der Subjekte. Individualisierung ist somit nicht nur der semantische Code für die oft gehuldigte „Biografisierung" bisher standardisierter Lebenslaufmuster, sondern auch und insbesondere Stichwort einer paradoxen Entwicklung der „Herstellung, Selbstgestaltung, Selbstinszenierung nicht nur der eigenen Biografie, sondern auch ihrer Einbindungen und Netzwerke, und dies im Wechsel der Präferenzen und Lebensphasen und unter dauernder Abstimmung mit anderen und den Vorgaben von Arbeitsmarkt, Bildungssystem und Wohlfahrtsstaat" (Beck/Beck-Gernsheim 1994, S. 14). Der Weg durchs Leben gestaltet sich nicht mehr als schablonierter Lebenslauf, sondern als biografische Bricolage, allerdings als eine Bastelei, die keineswegs unabhängig von den Herkunftsmilieus erfolgt (vgl. Thole/Höblich 2008).

Auch unter Rückgriff auf die modernisierungstheoretischen Gesellschaftsdiagnosen interpretieren seit Mitte der 1980er-Jahre eine Reihe von AutorInnen (vgl. u. a. Zinnecker 1987; Heitmeyer/Peter 1988; Krüger 1991; Krüger/Köhler/Zschach 2007; Matthesius 1992; Jugendwerk der Deutsche Shell 1997, 2000, 2006; Meyer 2000) die empirisch beobachteten Veränderungsprozesse im Bereich jugendlicher Freizeit- und Medienwelten. So hat beispielsweise H.-H. Krüger (1991) aufgezeigt, dass sich im Bereich des Freizeitvolumens, des finanziellen Freizeitbudgets und der Ausstattung mit Medien die Lebenslagen von Jugendlichen aus unterschiedlichen Bildungsniveaus bzw. sozioökonomischen Statusgruppen zwar angeglichen haben, hinter der vordergründigen Fassade einer Homogenisierung von Freizeitbedingungen und einer Vielfalt von Freizeitmöglichkeiten jedoch alte soziale Ungleichheiten in neuem Gewande fortbestehen. Allerdings haben weibliche Jugendliche im Unterschied zu den 50er und 60er Jahren des letzten Jahrhunderts inzwischen den öffentlichen Handlungsraum für sich erobert und sind genauso häufig wie die Jungen in die informellen Netzwerke der Gesellschaft der Altersgleichen eingebunden. Neben diesen Tendenzen zur Geschlechterangleichung lassen sich auch traditionelle Muster geschlechtsspezifischer Zuweisung ebenso wie neue Formen geschlechtsspezifischer Diskriminierung aufzeigen (vgl. u.a. Luca 1997; Rose 1997).

Analoge Ambivalenzen stecken auch in der von U. Beck (1986, S. 152) diagnostizierten „Enttraditionalisierung von sozialmoralischen Milieus", in dem Bedeutungsverlust von Kirchen, Nachbarschaften oder traditionellen Vereinen, an deren Stelle heute eine stärkere Informalisierung von Sozialkontakten auch bei Jugendlichen tritt. Dadurch erhalten die Heranwachsenden zwar die Möglichkeit, sich ihre Freundschaftsnetze selbstständig aufzubauen, gleichzeitig gehen damit jedoch die Sicherheiten traditionsbezogener Bindungen und die Stabilität und Nähe sozialer Milieus verloren (vgl. u.a. Bäumler/Bangert/Schwab 1994; Eckert/Reis/Wetzstein 2000; Wensierski 2000). Auch die Auswahl und Pluralisierung von Medienangeboten – vor allem bedingt durch die Entwicklung der „Neuen Medien" – ist deutlich präformiert durch die strukturellen Modernisierungen.

Neben der kritischen Modernisierungstheorie hat in jüngster Zeit vor allem eine Soziologie der Lebensstile (vgl. Bourdieu 1984) im theoretischen Diskurs der Jugendkultur- und Jugendfreizeitforschung an Bedeutung gewonnen. Lebensstile sind nach P. Bourdieu Ausdruck moderner Klassenverhältnisse in entwickelten Konsumgesellschaften. Die Klassenbasis als strukturelle Grundlage der Entwicklung eines Lebensstils wird jedoch gegenüber der alten Klassentheorie erweitert. Neben das ökonomische Kapital – Einkommen und Vermögen – treten das soziale Kapital und das kulturelle Kapital als prägende Komponenten.

Die Stärke der von P. Bourdieu (1984) entwickelten Kultursoziologie liegt sicherlich darin, dass sie durch die Unterscheidung unterschiedlicher Kapitalressourcen die traditionelle, marxistische Klassentheorie erweitert und sie zu einer Theoriefolie entwickelt, die es erlaubt, Veränderungsprozesse jugendlichen Freizeit- und Medienverhaltens im Raum sozialer Klassenfraktionen zu verorten. Der Nachteil dieses gesellschaftstheoretischen Modells ist, dass es sehr statisch ist und Wanderungs- und Assimilierungsbewegungen im Raum sozialer Klassen ebenso wenig fassen kann wie auf Grund der nur schwach angedeuteten subjekttheoretischen Perspektive die Erosionsprozesse kultureller Identitäten. Zudem zeigt sich die Komplexität dieses Theoriemodells gegenüber empirischen Operationalisierungen sperrig. In einzelnen Studien und Diskussionsbeiträgen sind zwar implizite Bezugnahmen zu erkennen (vgl. Schäffer 1996; Neumann-Braun/Deppermann 1998), eine explizit, sich auf diese theoretische Gegenwartsdiagnose beziehende neuere Studie für den deutschsprachigen Raum, die jugendliches Freizeit- und Medienverhalten beobachtet, liegt jedoch nicht vor.

In jüngster Zeit greifen poststrukturalistisch gefärbte Theorieperspektiven (vgl. u.a. Ferchhoff/ Neubauer 1997; Hitzler/Bucher/Niederbacher 2001) modernisierungstheoretische Erkenntnisse auf und konkretisieren den Vorschlag, von pauschalisierenden Jugendbildern Abschied zu nehmen. In Distanz jedoch zu vorliegenden Theoriemodellen plädieren sie für Theoriekonzepte, die es ermöglichen, die patchworkartigen Identitätsbildungsprozesse von Jugendlichen wahrzunehmen und die ausdifferenzierte jugendkulturelle Szenerie empirisch zu erkennen. Sensibel für die Binnenstruktur insbesondere avantgardistischer Jugendszenen ist ein vergleichbares, allerdings um deutlich herausgestellte ideologie- und kulturkritische Argumente angereichertes Beobachtungsmodell auch bei jüngeren „SzeneforscherInnen" auszumachen (vgl. u.a. Holert/ Terkessidis 1996; Zeitschrift „DE:BUG" 2001).

1.2 Medientheoretische und -rezeptive Ortsbestimmungen

Die gegenwärtig erkennbaren **medientheoretischen Konzeptionen** zeigen deutliche Überschneidungen mit den allgemeinen jugendtheoretischen und somit auch freizeitorientierten Standortbestimmungen. Gleichwohl sind einige konkretisierende Theorieansätze – in Ergänzung zu den klassischen Imitations-, Kartharsis-, Inhibitions- und Habilitationshypothesen – in den zurückliegenden zehn Jahren in der Medienforschung herausgearbeitet worden (vgl. übersichtlich u.a. Barthelmes/Sander 1997; Paus-Haase 1999; Eberle 2000):

- Medienzentristische Ansätze, die unter den Stichworten „Stimulus-Response-Ansatz" oder der „Kultivierungshypothese" bekannt wurden, gehen von der Modellvorstellung aus, dass Medien bei den RezipientInnen direkte Wirkungen hervorrufen. Entsprechend codierte Erklärungsansätze und Forschungsperspektiven konzentrieren sich den theoretisch explizierten Vorstellungen nach auch nicht primär auf die MedienkonsumentInnen, sondern primär auf die ästhetischen, formalen, dramaturgischen und inhaltlichen Gestaltungsformen der Medien selbst. Die MediennutzerInnen werden gängigen Studien zufolge allenfalls als Extrem-, Viel-, Wenig- oder NichtkonsumentInnen, nach ihrer Zugehörigkeit zu unterschiedlichen Altersgruppen und in seltenen Fällen allenfalls noch nach ihrer sozialen Lage und ihren Lebensbedingungen differenziert. Insbesondere in der psychologischen Aggressions- und Gewaltforschung bilden Varianten des „Stimulus-Response-Ansatzes" anerkannte Grundlagen, obwohl auch hier zuweilen die augenfällige Theoriearmut der zu Grunde gelegten Modelle kritisch angemerkt wird. Gleichwohl werden mithilfe dieses Ansatzes erhobene Daten immer wieder zitiert, um beispielsweise zu belegen, dass der übermäßige Konsum von gewalthaltigen Darstellungen im Fernsehen nachhaltige Folgen für Kinder und Jugendliche hat und diese dazu animiert, ihrerseits Probleme ebenfalls unter Rückgriff auf gewaltförmige, nichtsprachliche Handlungsstrategien zu lösen. Kritisch ist gegenüber diesem medientheoretischen Konzept so insbesondere eine Missachtung der spezifischen, subjektiven Verarbeitungsformen der Medienrepräsentationen durch die RezipientInnen, eine Ignoranz gegenüber den sozialen und kulturellen Situationen der Medienrezeption sowie eine Fixierung auf kausale Interpretationsmuster vorzutragen, die darauf basieren, eindimensional statt multikausal zu interpretieren.
- Auch gesellschafts-, kultur- und ideologiekritische medienbezogene Theorieperspektiven sind in gewisser Weise medienzentristisch akzentuiert, zumindest dann, wenn sie einbahnstraßenähnlich ihre Beobachtungen an massenmedial vermittelte Inhalte und Formen anbin-

den. Dort allerdings, wo an den frühen Studien der Frankfurter Schule anzuknüpfen versucht wird und den Vergesellschaftungsbedingungen mit Blick auf die industriellen Formen der Produktion von Kultur nachgegangen wird, verliert sich diese enge Perspektive und erweitert sich hin zu den rezipierenden Subjekten. Damit gerät in den Blick, dass es die entfremdeten Lern- und Arbeitsverhältnisse bürgerlicher Gesellschaften selbst sind, die ein Amüsement fernab der eigentlichen Bedürfnisse einfordern (vgl. Horkheimer/Adorno 1969). Neben U. Oevermanns Suche (1983) nach den objektiven Sinnstrukturen der Fernsehinhalte betrat in den letzten Jahren P. Bourdieu (1998) die fernsehkritische Bühne. Ihm folgend wären es insbesondere ökonomische Zwänge, die die Fernsehinhalte maßgeblich zensieren und Fernsehen zu einer „besonders schädlichen Form symbolischer Gewalt" (Bourdieu 1998, S. 21) und aus dem „Be-schreiben der sozialen Welt durch das Fernsehen ein Vor-schreiben" (Bourdieu 1998, S. 28) machen. P. Bourdieu verklärt hier die gesellschaftliche Wirkung und Bedeutung des Fernsehens insofern, als dass er hinter die kulturkritischen Analysen der Frankfurter Schule wie auch hinter seine eigenen gesellschaftsanalytischen Studien zurückfällt, weil er sowohl den Vergesellschaftungsmodus dieses Mediums wie auch die subjektiven Verarbeitungs- und Motivstrukturen der RezipientInnen unbeobachtet lässt.

- Unter den mediennutzerInnenorientierten Theorieperspektiven kann der „Uses-and-Gratifications-Ansatz" bis heute als ein Kernansatz identifiziert werden. Subjektive Bedürfnisse konstituieren im Zusammenspiel mit sozialen Dispositionen einerseits und gesellschaftlichen Strukturen andererseits spezifische Motive und Handlungsinteressen und diese wiederum spezifische Alltags- und Problemlösungsmuster. Daraus sich ergebene Handlungen motivieren zur Rezeption u. a. von medialen Repräsentationen mit der Intention, die aufgeschichteten Bedürfnisse zu befriedigen. Kaum ausformuliert verbirgt sich damit in diesem Ansatz eine handlungstheoretische Perspektive. Empirisch operationalisiert findet sich dieses Konzept insbesondere in nutzerInnenzentrierten Medienanalysen, beispielsweise in Studien, die die Abhängigkeit der NutzerInnenverhaltensweisen von den sie umgebenden Lebenssituationen eruieren. Die Validität der auf Grundlage des „Uses-and-Gratifications-Ansatzes" erhobenen Befunde ist allerdings kritisch zu beurteilen. Ihre theoretischen Schwachstellen wurden insbesondere im deutschsprachigen Raum diskutiert und unter Verweis auf kognitionstheoretische und/oder entwicklungspsychologische Erkenntnisse im so genannten „Nutzenansatz" durch Berücksichtigung der objektiven und subjektiven sozialkulturellen Lebenslagen der RezipientInnen und ihrer Motive empirisch validiert. Studien weisen darauf hin, dass Jugendliche Medien auch nutzen, um ihre Alltagserfahrungen angemessen be- und verarbeiten zu können (vgl. Paus-Haase u.a. 1999). Im Kern ebenfalls nutzerInnenorientiert sind konstruktivistische Perspektiven, also Ansätze, die davon ausgehen, dass es dem „Individuum nicht gelingen kann, die Wirklichkeit vollständig zu erfassen und zu verarbeiten" und deswegen „unvollständige Bilder durch subjektive Ergänzungen vervollständigt und mit Bedeutungen versehen" (Eberle 2000, S. 91) werden.

- Dynamisch-transaktionale Ansätze versuchen die Stärken und Schwächen der medienzentristischen Ansätze und des „Uses-and-Gratifications-Ansatzes" auszubalancieren und dadurch sowohl die qualitative Dramatik der Medienprodukte selbst als auch die handlungsmotivierten Grundhaltungen der RezipientInnen empirisch zu fassen. Damit können die Interdependenzen zwischen „Medienbotschaft und aktiver Interpretation sowie zwischen Wissen und Motivation" Gegenstand empirischer Beobachtung werden und erklären helfen, „warum unterschiedliche Inhalte verschiedene Nutzer unterschiedlich ansprechen und verschieden stark aktivieren können" (Eberle 2000, S. 85f.). Die Komplexität dieser theore-

tischen Perspektive erzeugt allerdings enorme methodische Operationalisierungsprobleme, die dazu führen, dass empirische Projekte sich bisher scheuen, diesen Ansatz verstärkt zu würdigen.
- Handlungstheoretische Ansätze präzisieren die Idee, dass der Medienrezeption Formen sozialen Handelns zu Grunde liegen und die RezipientInnen medialer Produktionen Medienwelten konstituieren, die ihrerseits wiederum einen integralen Teil moderner Lebenswelten darstellen – Jugendliche sowohl Objekt wie Subjekt des Sozialisationsprozesses und der hier eingebundenen Medien sind (vgl. Lukesch 1999). Theoretische Stützpfeiler derartiger Theorieperspektiven stellen der Symbolische Interaktionismus ebenso dar wie phänomenologische Konzepte und wissenssoziologische Überlegungen (vgl. Schröer 1994). Handlungstheoretische Theorieperspektiven gehen davon aus, dass „Medien (...) mit ihren Botschaften nur Gegenstände, Handlungen und Ereignisse anbieten, die von den handelnden Individuen zu Objekten ihrer Umwelt gemacht werden (...) Menschen nehmen mediale Botschaften wahr, interpretieren sie vor dem Hintergrund eigener Ziel- und Wertsetzungen, Pläne und Absichten und thematisieren sie, oder auch nicht. Sie sind damit ‚subjektive Produzenten handlungsrelevanter Botschaften'" (Eberle 2000, S. 105). Deutlicher noch als dynamisch-transaktionale Ansätze versprechen handlungstheoretisch fundierte Modelle damit sowohl die NutzerInnenseite wie auch die medialen Produktformen umfassend – quasi multiperspektivisch – sondieren zu können (vgl. auch u.a. Schorb/Mohn/Theunert 1991). Der Nachteil dieses Ansatzes zeigt sich ebenfalls in den Grenzen seiner forschungsmethodologischen Operationalisierbarkeit. Die Rekonstruktion der subjektiven Rezeptionsformen und -inhalte, Sinnhaftigkeiten und Deutungsmuster sowie der ihr zu Grunde liegenden Handlungsmotive erfordert ein umfangreicheres methodisches Setting als dies gängigen Medienwirksamkeitsbemühungen zur Verfügung steht, insbesondere wenn darüber hinaus die Prämisse angelegt wird, dass Kinder und Jugendliche Medieninhalte auch als bezugnehmendes Muster zum Verstehen ihres gelebten Alltags heranziehen. Soll dieser Aspekt in eine handlungstheoretische Perspektive eingewoben werden, ist diese unausweichlich um eine biografietheoretische Sichtweise zu vervollständigen.

Die „Neuen" wie auch die alten Medien sind aus dem Alltag Jugendlicher nicht mehr weg zu denken. Um ihre Bedeutung für die Sozialisationsbedingungen und -kontexte sowie die subjektiven Lebensempfindungen Jugendlicher schlüssig eruieren zu können, scheinen multiperspektivische, triangulierende, ideologiekritisch fundierte handlungs- und biografiebezogene Theorie- und Forschungsmodelle monokausalen Theorieperspektiven an Erklärungskraft weit überlegen (vgl. u.a. Hopf 2001), zumal dann, wenn sie nicht isoliert von allgemeinen jugendtheoretischen Ortbestimmungen angesiedelt werden.

2 Soziale und kulturelle Freizeitpraxen von Jugendlichen

„Seit vielen Jahren bemühen sich Jugendpflege und Volksbildung um die Freizeitgestaltung der Jugend. (...) Doch trotz aller Bemühungen werden bisher schätzungsweise nur 30 bis 40 von Hundert der Jugendlichen von diesen Bemühungen erfasst. Wo aber bleiben die Übrigen 60 von Hundert? Welche Bedeutung hat die Freizeit für diese nicht organisierten Jugendlichen? (...) Was treibt die große Mehrheit der Großstadtjugend in den Stunden, die ihnen die Arbeit lässt?

(…) Welche Rolle kommt Kino, Theater, Radio und Musik zu? (…) Wandert sie, treibt sie Sport oder sucht sie den Rummelplatz auf?" (Dinse 1932, S. 11) Übersehen wir unkommentiert den pädagogisch motivierten Impetus dieser Diagnose, dann haben sich im Kern die Fragen, die den forschenden Blicken bezüglich des jugendlichen Freizeitverhaltens zu Grunde liegen, seit der ersten großen, auf 5.000 Aufsätze basierenden Studie zum „Freizeitleben der Großstadtjugend" von R. Dinse (1932) bis heute nur wenig verändert. Die Frage, wie Jugendliche die Zeit gestalten, über die sie frei verfügen können, ist möglicherweise sogar der „Klassiker" der Jugendforschung schlechthin, zumindest scheint sie jene zu sein, die sich in den letzten achtzig Jahren als diejenige herauskristallisierte, die den Mainstream jugendzentrierten empirischen Interesses sowohl von quantitativen Panoramastudien (vgl. u.a. Jugendwerk der Deutschen Shell 1955, 1966, 1975, 1985/Bd. 2, 1992, 2000, 2006; Blücher 1956; Rosenmayr/Köckeis/Kreutz 1966; Silbereisen/Vaskovics/Zinnecker 1996; Gilles u.a. 2006) als auch, wenn auch in einem bescheideneren Umfang, von qualitativen Detailstudien (vgl. u.a. Schultz 1912; Dehn 1929; Schmidt 1934; Bals 1962; Clarke u.a. 1979; Friebel 1979; Thole 1991; Bohnsack u.a. 1995; Eckert/Reis/Wetzstein 2000) bestimmt.

Die Interdependenzen zwischen Freizeitinteressen und Freizeitbedürfnissen, Freizeithäufigkeiten, -präferenzen sowie erlangter Befriedigung wurden von der Jugendforschung schon früh aufgegriffen und erstmals von V. Blücher (1956, 1966) konzeptualisiert. Seine Erkenntnis, dass Freizeitinteressen und -orientierungen von Jugendlichen nur zum Teil in dem empirisch erhobenen Freizeitverhalten wieder zu finden sind, mündete in dem Vorschlag, zwischen „harten" und „weichen" Aktivitätsformen zu unterscheiden: „Je stärker das ‚Hobby', umso ‚härter' die Bewusstseinsverankerung; je selbstverständlicher die Tätigkeit, umso ‚weicher' die Bewusstseinsreaktion" (Blücher 1956, S. 65, auch 1966, S. 215). Welche Zuschreibung eine Aktivität schließlich erfährt, hängt von subjektiven Beweggründen, aber auch von der charakteristischen Semantik des Interessengebietes ab. Bücher lesen, sportive Praxen, Basteln und Handarbeiten sowie Musizieren können demnach als im Bewusstsein verankerte und dementsprechend oft ausgeübte, Tanzen und Kinobesuche als Interessengebiete mit einer weichen bewusstseinsmäßigen Verankerung charakterisiert werden. Unter erweiterter Perspektive ist möglicherweise sogar zu konstatieren, dass Freizeitaktivitäten von Jugendlichen, die eine hohe Integration in den Alltag genießen, zum selbstverständlichen, unhinterfragten Handeln gehören, und somit eine geringere kognitive Erinnerungsspur hinterlassen als Freizeitformen, die nicht im Strom des Alltagstreibens verwoben sind und besondere Materialien und damit exklusivere Aufmerksamkeit und Konzentration bedürfen (vgl. auch Strzelewicz 1965).

Die Strukturierungs- und Bündelungsversuche jugendlicher Aktivitäten in der Freizeit sahen sich ab der zweiten Hälfte der 1960er-Jahre mit grundlegenden Kritiken konfrontiert. Explizit wurde ihnen eine Missachtung klassen- bzw. schichtspezifischer Variabeln und Unterschiede vorgehalten (vgl. u.a. Neidthardt 1970; Lessing/Liebel 1974; Backhaus-Starost/Backhaus 1975; Onna 1976). Ein immer noch hervorzuhebender, die kritischen Einwände reflektierender Versuch, jugendliche Freizeitaktivitäten strukturell zu bündeln, liegt mit der Jugendstudie der Deutschen Shell (1985) vor. In Anlehnung an zivilisations- und kulturtheoretische Konzepte wurde hier entlang der Phänomenologie des Alltags zwischen „Entspannungstechniken", „Alltagsflips", sportiven und kulturell-ästhetischen **Freizeitpraxen von Jugendlichen** unterschieden. Neuere, qualitativ-empirische Studien und zusammenfassende Beiträge zur Ausfächerung jugendkultureller Stile knüpfen hieran an, nutzen jedoch darüber hinaus auch ihr Wissen über die Alltags- und Stilorientierungen von Jugendlichen für Beschreibungen des jugendlichen Freizeitverhaltens (vgl. u.a. Strzoda 1996; Ferchhoff/Neubauer 1997; Hitzler/Pfadenhauer 2001; Wetzstein u.a. 2005).

2.1 Über welche Ressourcen können Jugendliche verfügen? – „Zeit" und „Geld"

Im Verlauf der letzten einhundertfünfzig Jahre hat sich für diejenigen Jugendlichen, die nicht das Privileg genossen, nach einer verlängerten Schulzeit zu studieren, die jährliche Lohnerwerbsarbeitzeit mehr als halbiert, von 3.929 im Jahr 1850 auf gut 1.600 Stunden in den 1990er- und 2000er-Jahren. Verfügten erwerbstätige Jugendliche in den 30er-Jahren des letzten Jahrhunderts noch lediglich über 6 bis 10 Urlaubstage pro Jahr, so können sie zu Beginn des 21sten Jahrhunderts auf zumeist mehr als dreimal so viele Urlaubstage verweisen. SchülerInnen können gegenwärtig über durchschnittlich 90 Schulferientage verplanen (vgl. u.a. Jaide 1988). Generell hat sich damit objektiv die Zeit, über die Jugendliche frei verfügen können, seit der Herausbildung einer eigenen Generationsgestalt Jugend mehr als verdoppelt. Dass vor diesem Hintergrund insbesondere ältere Generationen die Jugendzeit mit „Freizeit" synonym setzen, ist allzu verständlich. Sie erinnern zugleich daran, dass „Freizeit" in der heutigen Form selbst ein Ergebnis der Moderne ist, setzt sie doch die Trennung von verpflichtenden, zumeist durch abhängige, produktionsfunktionale Erwerbsarbeit ausgefüllte oder schulisch gebundene Zeitkontingente sowie frei gestaltbaren Zeiteinheiten voraus. „Solche moderne, industriegesellschaftliche Freizeit kann in einzelnen Zügen bis weit ins Kaiserreich zurückgeführt werden. Jedoch gewann sie ihre charakteristische Ausformung vor allem nach dem Ersten Weltkrieg" (Peukert 1987, S. 190).

Übereinstimmend teilen aktuellere Jugendstudien mit, dass seit den letzten drei Jahrzehnten die frei gestaltbare Zeit für Jugendliche ein fast konstantes Niveau aufweist. Im Durchschnitt konnten und können sie werktags über vier bis acht Stunden, samstags durchschnittlich über etwas mehr als acht Stunden und sonntags über knapp 10 Stunden frei verfügen (vgl. u.a. Krüger 1991; Strzoda/Zinnecker 1996). Demzufolge haben Jugendliche an dem gesellschaftlichen Programm der strukturellen Veränderung der Zeitdispositionen (vgl. Negt 1984), also unter anderem an der Verkürzung der wöchentlichen und jährlichen Arbeitszeit, in den westlichen Bundesländern der alten Bundesrepublik in den zurückliegenden 20 Jahren nicht mehr partizipieren können (vgl. u.a. Strzoda/Zinnecker 1996, S. 284).

Für das Ende des letzten Jahrzehnts weisen Zeitbudgetstudien allerdings deutliche Unterschiede innerhalb der Jugendgeneration aus. Jugendliche in den westlichen Bundesländern verfügen gegenüber Jugendlichen aus den östlichen Bundesländern auch nach der „Wende" über mehr disponible Zeit, SchülerInnen erweisen sich insgesamt gegenüber Jugendlichen in Arbeits- und Ausbildungskontexten deutlich privilegiert, SchülerInnen in den östlichen Bundesländern verwenden mehr Zeit täglich für die Schule als ihre Altersgleichen in den westlichen Bundesländern und weibliche können gegenüber männlichen Jugendliche deutlich geringere Zeiten frei gestalten. Vorsichtig notieren Zeitbudgetstudien auch einen Wandel der StudentInnenrolle, signalisieren, dass das „Studium nicht mehr allein im Vordergrund der Zeitverwendung steht, sondern mit anderen Tätigkeiten" (vgl. Strzoda/Zinnecker 1996, S. 299) inzwischen in gewisser Art und Weise zu „konkurrieren" scheint.

Wie Kinder und Jugendliche ihre Freizeit verbringen, Kultur schaffen oder an ihr partizipieren hängt nicht zuletzt auch von den jeweils zur Verfügung stehenden ökonomischen Ressourcen ab. Eigenes Taschengeld stellt heute zwar eine Normalität dar und spätestens nach Eintritt in die Schule verfügen die meisten bis zum Alter von 14 über feste monatliche oder unregelmäßige Geldleistungen durch ihre Eltern (vgl. Feil 2003). Die ökonomischen und materiellen Ressourcen, die der Jugendgeneration insgesamt zur Verfügung stehen und ihr die Teilnahme am vergesellschafteten Freizeit- und Konsummarkt ermöglichen, haben sich von den 70er- bis zu den 90er-Jahren des letzten Jahrhunderts nahezu verdoppelt, von ca. 8 Milliarden Euro 1977 auf ca. 16 Milliarden Euro 1989 (Bravo-Studie 1986; G+J 1986; vgl. zusammenfassend Wolsing 1991), und im Vergleich zu den 1960er-Jahren (vgl. Scharmann 1965, S. 23) nahezu verzweieinhalbfacht. 1999 warb die Europäische Jugendmesse GmbH für die von ihr veranstaltete Jugendmesse „YOU" zukünftige Aussteller mit dem Hinweis, dass in „keiner Altersgruppe Marken so schnell und mit so geringem Aufwand ‚zu machen' sind wie im Jugendbereich. Über knapp 25 Milliarden Euro jährlich verfügt die Jugend in Deutschland selbstständig und noch mehr Geld bewegt ihr Einfluss auf Kaufentscheidungen innerhalb der Familien" (You-Team-Messe 2001). Konnten SchülerInnen in den 1950er-Jahren über durchschnittlich etwas mehr als 10 Euro (Blücher 1956, S. 47) und in den 1960er-Jahren über ca. 17 Euro (vgl. Blücher 1966, S. 16) im Monat frei entscheiden, so verfügen sie Mitte des ersten Jahrzehnts des 21sten Jahrhunderts über durchschnittlich 39 Euro im Monat (vgl. Fries/Göbel/Lange 2007.). Insbesondere das eigenverfügbare Geldvolumen von älteren Jugendlichen vervielfachte sich in den letzten Jahrzehnten im Durchschnitt, obwohl seit gut 20 Jahren immer weniger ältere männliche wie weibliche Jugendliche über ein eigen erwirtschaftetes Einkommen frei bestimmen können. Jugendliche der Altersgruppe der bis 14-Jährigen verfügen lediglich über 14 Euro monatlich; über 15 Jahre alte Jugendliche können durchschnittlich über 70 Euro monatlich ausgeben (vgl. Fries/Göbel/Lange 2007, S. 76). Die zu den materiellen Ressourcenlagen vorliegenden Durchschnittswerte verdecken allerdings soziale, geschlechts-, alters- und milieuspezifische Unterschiede sowie die Tatsache, dass nicht-deutsche Kinder und Jugendliche und die Heranwachsenden in den östlichen Bundesländern immer noch über deutlich geringere finanzielle Möglichkeiten verfügen als ihre AltersgenossInnen durchschnittlich in den westlichen Bundesländern (vgl. Fries/Göbel/Lange 2007; Jugendwerk der Deutschen Shell 2000, S. 286). Neben dem Erhalt von finanziellen Leistungen durch die Eltern kommt der eigenen Erwerbstätigkeit eine besondere Bedeutung zu. Die Erwerbstätigkeit bietet neben der Erweiterung der finanziellen Spielräume das Sammeln von Erfahrungen der Verselbständigung und eröffnet neue Verantwortungsspielräume, indem eigene Leistungsgrenzen und Interessen erlebt und Praxiserfahrungen in der Arbeitswelt erworben werden können. Ein Drittel aller Jugendlichen aus allen sozialen Statusgruppen gehen einem Nebenjob nach (vgl. Jugendwerk der Deutschen Shell 2006, S. 85). Andere Studien weisen allerdings daraufhin, dass Jugendliche aus bildungsentfernten und sozial exkludierten Familien seltener Erfahrungen durch Nebenjobs sammeln und somit schlechtere Chancen haben, ihre Berufschancen zu erhöhen (Tully 2004). Diese Befunde werden durch eine Befragung im Rahmen des Forschungsschwerpunkts „Übergänge in Arbeit" des Deutschen Jugendinstituts im Hinblick auf Gender und Migrationshintergrund verifiziert. Mädchen und Jugendliche mit Migrationshintergrund haben seltener Nebenjobs von 21 Stunden und mehr; zugleich messen sie ihren Tätigkeiten eine geringere Bedeutung für eine berufliche Orientierung zu (Hofmann-Lun u.a. 2004, S. 24).

Deutlich zugenommen hat in den letzten Jahrzehnten die Medienausstattung und die Ausstattung mit anderen konsumtiven Gütern (vgl. Behnken u.a. 1991; Wolsing 1991; Fritzsche 2000). Nur noch eine verschwindend kleine Minderheit der Jugendlichen und auch zunehmend weniger Kinder sind von der Möglichkeit ausgeschlossen, die klassischen Medien – Radio, Schallplatten und Kassettenrekorder, Fernseher und Fotoapparat – täglich nutzen zu können.

Auch im Bereich der „Neuen Medien" (Video, CD-Player und Computer) ist seit 20 Jahren ein Zuwachs dieser Medien bei Jugendlichen zu verzeichnen. Inzwischen besitzen über 50% aller deutschen Heranwachsenden einen Computer, den sie alleine benutzen können, und weitere 30% können zumindest über einen solchen mit verfügen (vgl. Fries/Göbel/Lange 2007, S. 114). Über 97% aller Jugendlichen sowohl in den östlichen als auch in den westlichen Bundesländern besitzen ein Radio sowie ein Fernsehgerät im bewohnten Haushalt, über 75% in den westlichen und über 41% in den östlichen eine Hifi-Anlage, über 42% in den westlichen und über 47% in den östlichen einen Radiorekorder, über 70% in den westlichen und 41% in den östlichen einen Plattenspieler, gut 45% in den westlichen und etwas weniger als 32% in den östlichen einen Videorekorder und über 30% in den westlichen und knapp 14% in den östlichen einen CD-Player (vgl. zu den Daten Fritzsche 2000; Fries/Göbel/Lange 2007). Inzwischen verfügen 66% aller Jugendlichen über ein eigenes Handy. Wenig überraschend, dennoch auffällig, dass weibliche Jugendliche beim medialen Güterbesitz immer noch nicht den Ausstattungsgrad erreicht haben wie ihre männlichen Altersgleichen. Dies betrifft den Besitz von Computern, von DVD-Playern und MP3-Playern, nicht jedoch den von CD-Playern und normalen Handys, wo inzwischen Mädchen besser ausgestattet sind als Jungen (Fries/Göbel/Lange 2007; auch Eckert u.a. 1991, S. 64; Fritzsche 2000).

Generell gilt, dass jüngere Jugendliche über geringere finanzielle Ressourcen verfügen als ältere, die eigenverfügbare Geldmasse von Mädchen geringer ist als die von Jungen, die materielle Kapitaldisposition der Eltern einerseits, andererseits der Zeitpunkt des Übergangs in das Berufsleben unterschiedliche materielle Ressourcenlagen bedingen. Mehr als 40% der Jugendlichen aus den unteren sozialen Milieus, aber nur 5% aus dem oberen Drittel der Gesellschaft sind mit ihrer finanziellen Lage zufrieden. Bei der Befragung der Shell-Studie waren fast zwei Drittel der Jugendlichen der Auffassung, sich in etwa genauso viel leisten zu können, wie ihre Freunde (vgl. Jugendwerk der Deutschen Shell 2006, S. 85). Die materiellen, finanziellen, häuslich-räumlichen, mobilen und zeitlichen Ressourcen, die Jugendlichen heute zur Verfügung stehen, scheinen allerdings nicht mehr wie noch bis in die 1970er-Jahre hinein ausschließlich und durchgehend schichtenspezifisch vermittelt zu sein, steuert sich allerdings immer noch über den Familienstatus und über das insgesamt zur Verfügung stehende familiale Einkommen. Diese, vornehmlich auf die altbundesrepublikanischen Länder zutreffende Feststellung stützt sich auf sozialwissenschaftliche Diagnosen, die von einer Diversifizierung der Lebenslagen und einer Ausdünnung sozialer Klassen und Schichten bei gleichzeitiger, sukzessiver „Verschärfung sozialer Ungleichheiten" (Beck 1986) ausgehen. **Soziale Ungleichheiten** formulieren sich im Jugendalter nicht mehr ausschließlich über das „Haben", sondern die sozialen und intellektuellen Kompetenzen, die über Art und qualifizierten Umgang mit den Ressourcen befinden, gestalten auf einem quasi kulturell vermitteltem Niveau soziale Ungleichheiten heute mit. Dieser generelle Trend scheint sich ungehindert der Tatsache, dass sich in der zweiten Hälfte der letzten Dekade soziale Ungleichheitslagen deutlich verschärften und Kinder und Jugendliche aus den fünf östlichen Bundesländern sowie aus strukturschwächeren Regionen, Jugendliche nicht-deutscher Nationalität und weibliche Jugendliche, trotz Ausdehnung ihrer Optionen, vornehmlich auf der Verliererseite zu finden sind, zu Beginn des neuen Jahrtausends zu konsolidieren, wenn auch mit der Tendenz der Zunahme von prekären Lebenslagen und darüber gesteuert auch von biografischen Perspektiven.

2.2 Zwischen aktiver Selbstverwirklichung und entspannenden Konsumpraxen – Freizeitorientierungen von Jugendlichen

Jugendliche Lebenswelten kennzeichnet eine expandierende Vervielfältigung und Ausdifferenzierung kreativer und konsumtiver Freizeittätigkeiten. Die Pluralisierung und Ausfächerung kultureller Praxen von Jugendlichen potenzierten die schon bestehende Unüberschaubarkeit des Freizeitangebots nochmals. V. Blüchers (1967, S. 220) Markierung, dass „das Freizeitsystem (…) vielgestaltig, schwer zu übersehen und auf einen Nenner zu bringen" ist, hat an Aktualität nicht verloren – im Gegenteil: Viele ehemals „exotische" Freizeitpraxen wurden zu einem genuinen, integrierten, ja fast unauffälligen Bestandteil des Alltags – verloren quasi ihre „Unschuld".

- Seine „Unschuld" verloren hat sicherlich auch der Konsum von Alltagsdrogen. Aus Sicht des Abstinenzgedankens ist hier für die letzten Dekaden eine erfreuliche Entwicklung zu vermelden. Der Anteil der 18- bis 25-jährigen RaucherInnen an der altersgleichen Bevölkerung sank in den letzten gut 25 Jahren von 62% auf 49% und der der 12- bis 17-Jährigen von 36% zu Beginn der 1970er-Jahre auf knapp 26% am Ende der 1990er-Jahre. Und tranken in den 1970er-Jahren von den 12- bis 25-Jährigen 42% mindestens einmal die Woche Bier, so waren es knapp 30 Jahre später lediglich noch 27% (Kolip 2000). Eine diesem Trend entgegen laufende Entwicklung wird jedoch für die fünf östlichen Bundesländer notiert. Hier legen neuere Befunde nahe, davon auszugehen, dass im Nachtransformationsprozess der Genuss sowohl von legalen wie von illegalen Genussmitteln und Drogen – auch bedingt durch die neuen Designerdrogen – stark zugenommen hat (Müller 2000). Mit Ausnahme des Tabakkonsums scheint der Gebrauch von legalen und illegalen Drogen bei Jugendlichen dennoch in den östlichen Bundesländern weniger ausgeprägt zu sein als in den westlichen (vgl. Nolternsting 1998). Trotz partieller gesellschaftlicher Skandalisierung wird das jugendliche Freizeitverhalten nicht primär von einem durchgehend expansiven Dogenkonsum getragen – trotz der sich wiederholenden Meldungen zum jugendlichen „Koma-Saufen".
- Dem widerspricht auch nicht die Beobachtung, dass im Allgemeinen das gesellige und kommunikative Freizeitmoment deutlich an Priorität gewann und zuweilen sogar von einem „Kult der Geselligkeit", der sich seit den fünfziger Jahren des letzten Jahrhunderts sukzessive etabliert hat (Strzoda 1996, S. 263; vgl. zuletzt Jugendwerk der Deutschen Shell 2006), gesprochen wird. So sind – neben dem stark präferiertem „Medienkonsum" – Tätigkeiten wie mit FreundInnen die Zeit verbringen, mit ihnen telefonieren und mit der Familie zusammen sein immer noch hoch gehandelte Aktivitäten. Jeweils über 60% der Jugendlichen zählen die non-medialen Tätigkeiten Sport treiben, FreudInnen treffen und „ausruhen, nichts" zu ihren liebsten Freizeitbeschäftigungen, wobei das Lesen in den letzten Jahren einen leichten Rückgang erfahren – insbesondere die regelmäßige Lektüre einer Abonnementszeitung ist in den letzten zwanzig Jahren des verstrichenen Jahrhunderts deutlich zurückgegangen, von knapp 64% regelmäßigen LeserInnen auf gut 50% (Noelle-Neumann 1999, S. 24; Medienpädagogischer Forschungsverbund Südwest 2008) – und die Beschäftigung mit dem Computer als Freizeitaktivität an Bedeutung gewonnen hat. Und auch die Gartenarbeit erhält inzwischen ebenfalls eine geringere Präferenz. In Bezug auf die musikalische Orientierung fällt auf, dass die Gitarre die Blockflöte als das am häufigsten gespielte Musikinstrument abgelöst hat. Insgesamt zeigt sich eine Höherbewertung derjenigen Musikinstrumente durch Jugendliche, die auch von den musikalischen Idolen der Jugendlichen gespielt werden. Aber

immerhin noch 16% der männlichen und über 20% der weiblichen Jugendlichen beschäftigen sich täglich oder mehrmals wöchentlich mit einem Musikinstrument und 21% der Mädchen malen oder basteln in einem vergleichbaren Rhythmus. Aber auch Familienunternehmungen stehen, für viele überraschend, bei den Jugendlichen hoch im Kurs und etwa ein Fünftel von ihnen nimmt mindestens mehrmals an entsprechenden Unternehmungen teil. Die hier schon offenkundige Tendenz dokumentiert sich noch deutlicher bei den Tänzen. Neben der Reanimierung klassischer Tänze ist die Herausbildung einer neuen, um sportive und kulturell-ästhetische Facetten angereicherten Tanzkultur mit starkem Event-Charakter zu erkennen – „Disco is death" (Geene 2001) erlebt in kleinen Bars ebenso wie in alten Lager- und Fabrikhallen täglich eine Wiedergeburt.

- In der ersten Shell Jugendstudie des neuen Jahrhunderts werden diese allgemeinen Daten präzisiert: 98% aller 14- bis 24-jährigen Jugendlichen gehen mehr oder weniger regelmäßig auf Partys oder Feste und immerhin noch 68% arbeiten oder spielen regelmäßig am Computer. Diese Präferenzen korrelieren mit dem Befund, dass 47,7% der männlichen und 60,9% der weiblichen Jugendlichen im Westen und 60% der männlichen und 71,8% der weiblichen Jugendlichen in den östlichen Bundesländern gern beziehungsweise sehr gern eine Diskothek besuchen (vgl. Nolteernsting 1998). Feiern und „Party machen" stellen Aktivitäten dar, die nach Angaben der älteren Kinder und Jugendlichen zu 42% gemeinsam mit nicht-deutschen Heranwachsenden ausgeübt werden (vgl. Jugendwerk der Deutschen Shell 2000, S. 207; vgl. auch Jugendwerk der Deutschen Shell 2006). Immerhin noch 19,7% der männlichen und 15,8% der weiblichen Jugendlichen im Westen und 22,9% der männlichen und 20,8% der weiblichen Jugendlichen in den östlichen Bundesländern statten gern beziehungsweise sehr gern Jugendzentren einen Besuch ab – in der Altersgruppe der 15- bis 17-Jährigen votieren dahingehend sogar jeweils über 30% der befragten Jugendlichen (vgl. Nolteernsting 1998).
- Insgesamt kann Unsicherheit darüber bestehen, ob die heutige Jugendgeneration unpolitischer ist als ihre Vorgängergenerationen oder ihre politischen Artikulationsbedürfnisse nur anders, intuitiver, projekt- und situationsbezogener kundtut. Festzuhalten ist jedoch, dass immerhin noch über 90% der Jugendlichen betonen, dass eine Teilnahme an Wahlen für sie in Frage käme (vgl. Gille u.a. 2006). Einigkeit hingegen dürfte darin schnell hergestellt sein, dass sie sich im Kern spaß- und lebensfroher artikuliert und stets zu wissen scheint, wo die nächste Party stattfindet. Und auch ihre Reise- und Urlaubsfreudigkeit scheint zugenommen zu haben. Natürlich gehört die Generation der Jüngeren nicht erst seit der Zeit der „fahrenden SchülerInnen" und dem Wanderbrauch der Handwerksgesellen zu der reise- und urlaubsfreudigsten Bevölkerungsgruppe. Doch die Reiseintensität der 14- bis 24-Jährigen war wohl noch in keiner Epoche so ausgeprägt wie in der jetzigen. Der Grund hierfür ist allerdings weniger in einem Mentalitätswandel, sondern wahrscheinlich eher in der Zunahme der finanziellen Ressourcenlagen zu vermuten. Über 60% der 14- bis 17-jährigen Jugendlichen haben Mitte der 1990er-Jahre eine Urlaubsreise von einer mindestens fünftägigen Dauer realisiert (vgl. Opaschowski 1996).
- 96% aller Jugendlichen hören regelmäßig Musik (vgl. Jugendwerk der Deutschen Shell 2000, S. 207; Jugendwerk der Deutschen Shell 2006). In den 90er-Jahren des letzten Jahrhunderts schienen jedoch gerade die jugendlichen Musikkulturen in eine unangenehme „Zwickmühle" geraten zu sein. Auf der einen Seite gibt es die Zwänge der ständig expandierenden Musikindustrie, auf der anderen Seite die „neuen Rebellen", die mit ihrem „Nazi-Rock" das subversive und aggressive Element der Rockmusik immer mehr für sich zu ver-

einnahmen trachten und über Skinbands wie „Störkraft", „Radikahl" und „Kraftschlag" mit ihrem „ultraharten Sound" partiell inzwischen das verkörpern, was Rock'n Roll schon immer sein wollte. Zeigten jedoch bis zu Beginn der 90er-Jahre des letzten Jahrhunderts vornehmlich – wenn auch nicht ausschließlich – männliche Jugendliche über 15 Jahre eine besonders hohe Affinität zu Rockgruppen und waren insbesondere sie es, die die jugendliche Musikkultur zu einer Jugendkultur erweiterten, so sind es heute auch und insbesondere jüngere Mädchen die eigenständige jugendkulturelle Stile kreieren. Zu Beginn des neuen Jahrtausends sind es insbesondere die medialen Inszenierungen und Präsentationen, die künstlich „Super Stars" hervorbringen, die in der Beliebtheitsskala hoch rangieren und insbesondere jüngere Mädchen begeistern, auch weil sie in einem hohen Maße Identifikationswünsche freisetzen und adoleszente Fantasien bedienen. Zudem stellen sie bedeutende Distinktionsoptionen zur Verfügung. Nach dem Motto „Sage mir, was du siehst und hörst, und ich sage dir, wer du bist" dienen insbesondere musikalische Orientierungen und die Selbstinszenierungspraxen der Casting-Shows zur Markierung von kulturell-ästhetischen Vorlieben, zur Herausbildung spezifischer Codes und des eigenen Selbstentwurfes (vgl. auch Hoffmann/Schmidt 2008). Mode, Musik, Pop und Rock sind heute allerdings keineswegs mehr Synonyme für das jugendliche Emanzipationspotenzial, für Nonkonformismus und Fortschritt. Die Geschichte „des jungen Mannes, der zur Gitarre griff, eine Band gründet und Musik spielt, die seine Eltern und die Gemeinschaft der Erwachsenen provoziert" (vgl. Holert/Terkissidis 1996, S. 5), ist inzwischen Mythos.

- Sport gehört auch im neuen Jahrhundert weiterhin zu den attraktivsten jugendlichen Freizeitbeschäftigungen – 81% der befragten Jugendlichen geben an, Sport zu treiben (vgl. Jugendwerk der Deutschen Shell 2000, S. 207). Vieles spricht dafür, in dem jugendlichen „Sport treiben" und den gewählten Optionen für bestimmte Sportarten eine der gravierendsten Veränderungen der letzten anderthalb Dekaden zu sehen. Über 23% der Jugendlichen geben an, fast jeden Tag, 27% zwei- bis dreimal die Woche und 19% zumindest einmal in der Woche außerhalb eines Vereins sich sportlich zu betätigen – damit treiben immerhin knapp 70% der Jugendlichen mindestens einmal die Woche unabhängig von einem Verein Sport. Lediglich 38% der befragten Jugendlichen aktivieren sich innerhalb eines Sportvereins. Die sportorientierten Präferenzen von Jugendlichen haben sich jedoch nicht nur enorm vervielfacht, sondern auch deutlich von ihrer bisherigen Fokussierung auf den Schul- und Vereinssport gelöst. Einige der spielerischen Bewegungsaktivitäten wie beispielsweise Fahrrad fahren, Mountainbiking, Skaten, Kickbord fahren, Wandern und Yoga werden von vielen nicht einmal mehr dem Sport zugeordnet (vgl. Brinkhoff 1998), obwohl sie wie das Fahrrad fahren vor dem Schwimmen, Fußball und Jogging die Ranking Liste der ausgeübten sportlichen Aktivitäten außerhalb der Schul- und Vereinskultur anführen. Insbesondere neue Trendsportarten erfreuen sich einer zunehmenden Akzeptanz. Bei den vereinsgebundenen Betätigungen rangiert bei den männlichen Jugendlichen zwar immer noch der Fußballsport mit Abstand an der ersten Stelle, jedoch haben Tennis, Handball und Basketball deutlich an Zuspruch gewonnen. Ausgeprägter ist der Diversifizierungsprozess allerdings bei den weiblichen Jugendlichen dokumentiert, wo der Pferdesport nur noch knapp vor Tennis, Schwimmen und Volleyball die Liste der ausgeübten Sportarten anführt. Auch bezüglich des Sporttreibens zeigen sich damit deutliche geschlechts- und bildungsaspirationsabhänge Verteilungen: Jungen betreiben immer noch wesentlich häufiger Sport als Mädchen und ebenfalls sportaktiver sind GymnasiastInnen als Real- und HauptschülerInnen (vgl. Brinkhoff 1998).

Erstmals Mitte der 1980er-Jahre fanden sich jugendliche Freizeitformen entlang ihrer alltagsphänomenologischen Ausfächerung unter den Etiketten „Ausruhen/Erholung" einerseits und den „Flip-Praxen" andererseits sortiert (vgl. Fuchs 1985, S. 7ff.). Offensichtlich ist, dass im „Supermarkt" der sich ständig wandelnden und kommerzialisierenden Freizeitangebote Jugendliche – zunehmend jedoch auch ältere Kinder – expressive „Flip-Praxen" entfalten. Für die Heranwachsenden stellen sie die „kleine Fluchten" aus der Alltagsroutine dar. „Musik irrsinnig laut hören", „beim Essen mal richtig sündigen", „seinen Körper mal bis zum Letzten verausgaben", „sich in seine Liebhabereien vergraben" und „mit anderen die Nacht bis zum Morgen durchmachen" sind jugendliche Alltagsflips, die von durchschnittlich immer noch knapp der Hälfte der Jugendlichen favorisiert werden. Schule „Blaumachen" und „verrückte Sachen anziehen" nennen hingegen nur ein Zehntel der Jugendlichen. Zu jüngsten, expressiven Freizeitpraxen, wie beispielsweise dem „Koma Saufen", liegen keine soliden empirischen Befunde vor. Sie erfreuen sich aber unabhängig von der Geschlechter- und der sozialen Milieuzugehörigkeit einer durchgehenden Beliebtheit. Heraus zu stellen ist, dass eine hohe Flip-Intensität aussagekräftig mit dem Geschlecht, auch mit dem Alter, jedoch weniger mit dem Schulniveau korreliert. Generell votieren Jungen für expressivere Aktionen als Mädchen. Zudem zeigt sich: Jugendliche mit einer hohen Flip-Intensität scheinen geselliger zu sein – Geselligkeit wird von Mädchen durchgängig mindestens so stark präferiert –, bevorzugen außerhäusliche Aktivitäten und sind sportlich engagiert, in ihrer Freizeit extrovertierter und in ihren Freizeitpräferenzen vielfältiger (vgl. Fuchs 1985, S. 28ff.; vgl. auch Jugendwerk der Deutschen Shell 2000).

Zunehmend schwieriger ist die Verortung bestimmter Freizeitpraxen und kultureller Stilmuster nach altersspezifischen Präferenzen. Die frühe Zwangs- und Wahlbiografisierung kindlicher und noch deutlicher jugendlicher Lebensläufe und die Öffnung des Freizeitmarkts für jüngere Altersgruppen haben zu einer Verflüssigung altersspezifischer Freizeitpräferenzen geführt und weisen auf die Auflösung eindeutiger Altersgrenzen bei Kindern und Jugendlichen hin. Keineswegs kann jedoch von einem ausschließlich hedonistisch ausgeprägten jugendlichen Freizeitverhalten gesprochen werden, da berufliche Weiterbildung, kulturelle Interessen und Zeitung lesen, wenn auch mit leicht abnehmender Tendenz, mit zunehmendem Alter ebenfalls häufige Freizeithandlungen sind. Das Freizeitverhalten ist neben seiner undeutlicher werdenden altersspezifischen Prägung gegenwärtig immer noch durch **geschlechtsspezifische Unterschiede** polarisiert, auch wenn diese ebenfalls zunehmend undeutlicher werden – Mädchen sind inzwischen aktive AkteurInnen der Kultur- und Freizeitlandschaft (vgl. Nordmann 2008; u.a. auch Strzoda 1996, S. 261).

Dennoch kann keineswegs von einer geschlechtsbezogenen Homogenisierung der freizeit- und kulturbezogenen Interessen gesprochen werden. Die größten geschlechtsspezifischen Unterschiede zeigen sich in der Altersgruppe der 13- bis 16-jährigen Jugendlichen. Mädchen bevorzugen stärker künstlerisch-musikalisch-literarische Aktivitäten wie Briefe und Tagebuch schreiben, Musik machen, Lesen und Malen. Insbesondere in der frühen Jugendphase stehen bei Mädchen Aktivitäten mit einem introvertierten und problemverarbeitenden Charakter in der Zeit des Durchlebens der Pubertät im Vordergrund. Weitere „typisch-weibliche" Präferenzen sind persönliche Probleme „bequatschen", einen „Schaufensterbummel" machen – u. a. ein Indiz für die modische Orientierung vieler Jugendlicher –, und Telefonieren. Bei den 17- bis 20-jährigen Mädchen gewinnt dann der gesprächsorientierte und gesellige Aspekt an Priorität. Eher „männliche" Freizeitbeschäftigungen sind Fernsehen, Videos schauen, Computerspiele, Comics lesen und im Allgemeinen technik- und motorisierungsorientierte Freizeithandlungen. Die Freizeitpräferenzen im Verlauf der Jugendphase beider Geschlechter liegen bei den Jüngeren eher im häuslichen, während der „Hochphase" im geselligen und kommunikativen und in der Nachjugendzeit wieder vermehrt im häuslichen Bereich – deutlich ist somit der Zusammenhang zwischen ausgeübter Freizeittätigkeit und biografischer Lebenslaufetappe ausgewiesen. Mit zunehmendem Alter synchronisieren sich, auch gerade vor diesem Hintergrund, die Lebensläufe von Jungen und Mädchen. Deshalb lässt sich hier eine Annäherung zwischen weiblicher und männlicher Freizeitgestaltung beobachten (vgl. Nordmann 2008; Strzoda 1996; Fritzsche 1997).

Neben den geschlechterbezogenen Differenzen ist die Frage nach den ethnischen sowie nach den sozialräumlichen Unterschieden zwischen den östlichen und westlichen Bundesländern nach wie vor von Interesse und Bedeutung. Insgesamt verweisen die empirischen Daten auf eine Einfriedung der Unterschiede bezüglich der jugendlichen Freizeitoptionen in den westlichen und östlichen Bundesländern. Während noch 1991 vielfältige Differenzen zwischen den Freizeitmustern der west- und ostdeutschen Jugend zu erkennen waren (Jugendwerk der Deutschen Shell 1992, Bd. 2, S. 242ff.), ist heute eine weitgehende Angleichung dokumentiert. Die kaum noch nennenswerten Unterschiede manifestieren sich, neben den infrastrukturellen, dort, wo die verschiedenen Lebensläufe sichtbar werden, beispielsweise in dem Freizeitverhalten der jungen ostdeutschen Frauen (vgl. Fritzsche 1997; Strzoda 1996; Jugendwerk der Deutschen Shell 2000, 2006). Doch die mittels Befragungen geronnenen Befunde sind noch vorsichtig zu betrachten, ist doch nicht auszuschließen, dass sich die Differenzen, auch dort, wo auf der quantitativen Ebene eine Angleichung signalisiert wird, quasi hinter den Kulissen der großen Zahlen fortsetzen und als bisher noch nicht entdeckte Unterschiede in den individuellen Motivlagen fortbestehen. Die bislang über ost-west Vergleiche identifizierten Unterschiede haben sich inzwischen regionalisiert. Das jugendliche Freizeitverhalten, insbesondere jedoch die mehrheitlich favorisierten sozial-kulturellen und sozial-politischen Orientierungen divergieren in einzelnen Regionen der neuen Bundesländer zu den vorliegen Durchschnittswerten aufgrund der demographischen Entwicklung, aber auch aufgrund der vorliegenden sozialstrukturelle Ungleichheiten deutlich. Dieser Befund ist auch in Bezug auf Unterschiede auszumachen, die über differente ethnische Zugehörigkeiten sich artikulieren. Zwar steuern sich unterschiedliche ästhetische Praxen von Jugendlichen und differente sozial-kulturelle Orientierungen auch über ethnische Zugehörigkeiten, deutlicher aber über zugleich erkennbare herkunfts- und milieubedingte Faktoren (vgl. u.a. Reinders u.a. 2000; Raabe/Titzmann/Silbereisen 2008).

2.3 Vom Radiohören bis zu Flashmob-Praxen – Mediennutzung und Technikorientierung von Jugendlichen

Ob und wenn ja inwieweit jugendliche Freizeitaktivitäten heute von Medien beeinflusst und über sie vorstrukturiert werden, visuelle und auditive Kommunikationsformen verbale Artikulationen zurückdrängen und die Lesekultur durch eine Techno- und Computerkultur abgelöst wird, ist in der Jugendforschung seit über zehn Jahren sehr umstritten. Mehr und mehr stellt sich jedoch nicht mehr primär die Frage, wie Medien Jugendliche beeinflussen, sondern die Frage, wie Jugendliche Medien und die Ressourcen der Medienwelten nutzen und an ihre zuvor schon praktizierten Freizeitvorlieben ankoppeln beziehungsweise in diese integrieren. Insbesondere die Tatsache, dass die traditionell von weiblichen Jugendlichen höher präferierte Freizeitform „Lesen" – als konventionelle, den bürgerlichen Bildungsidealen am nächsten stehende Freizeittätigkeit – seit den 50er-Jahren des letzten Jahrhunderts zwar an Zuspruch verloren hat, aber keinesfalls so gravierend wie in der Alltagskommunikation angenommen (vgl. Zinnecker 1987; Fritzsche 1997; Nolteernsting 1998) – immerhin 48% der befragten Mädchen und 28% der männlichen Jugendlichen geben an, täglich oder zumindest mehrmals wöchentlich in einem Buch zu lesen und jeweils knapp 50% der Jugendlichen lesen im gleichen Umfang Zeitung – relativieren Diagnosen, die von einer durchgehenden und tief greifenden Mediatisierung jugendlicher und kindlicher Freizeitwelten ausgehen. Gleichwohl ist herauszustellen, dass die so genannten neuen Medien den jugendlichen Alltag erobert haben:

- Der mehr oder weniger regelmäßige Fernsehkonsum von Kindern ab dem dritten Lebensjahr scheint sich in den letzten zwei Dekaden trotz anders lautender Annahmen kaum verändert und bei einer durchschnittlich zweistündigen Sehdauer pro Tag eingependelt zu haben. Leicht zugenommen hat jedoch die Sehdauer der 6- bis 13-Jährigen. Zwei Drittel dieser Altersgruppe sitzen täglich vor dem Bildschirm. Während die 12- bis 15-Jährigen am häufigsten das TV nutzen, geht der Fernsehkonsum in der Altersgruppe der 16- bis 19-jährigen Jugendlichen wieder deutlich zurück (Fritzsche 2000), aber immerhin über 90% dieser Altergruppe geben an, zumindest mehrmals die Woche Fernsehen zu sehen, und über 60% sehen täglich fern. Doch die empirischen Daten sind uneindeutig. Wird einerseits konstatiert, dass der tägliche Bilderkonsum via Fernsehen in der Altersgruppe der 14- bis 19-Jährigen in den 1990er-Jahren deutlich abgenommen hat und inzwischen über eine halbe Stunde unterhalb der durchschnittlichen Sehdauer der jüngeren Jugendlichen (vgl. Kofler/Graf 1995) liegt, halten andere Studien fest, dass die durchschnittliche Sehdauer in den vergangenen fünfzehn Jahren um cirka 10% zugenommen hat und bei den 10- bis 13-Jährigen bei cirka zwei und bei den über 14-jährigen Jugendlichen bei über drei Stunden liegt (vgl. Groebel 1999). Gehen ältere Studien davon aus, dass männliche Jugendliche gut doppelt so lange täglich „fernsehen" wie Mädchen, zeigen jüngere Daten einen entsprechend geschlechtsspezifisch differenzierten Befund nicht mehr an (vgl. Medienpädagogischer Forschungsverbund Südwest 2008). Medienstudien legen nahe, dass Kinder und Jugendliche mit einer geringeren Bildungsaspiration deutlich häufiger „fern"sehen und Jugendliche aus niedrigen sozialökonomischen Lebenswelten vorrangig harte Actionfilme und medial inszenierte Gewaltdarstellungen bevorzugen. Insgesamt meinten knapp 80% der 12- bis 24-Jährigen häufig oder sehr häufig Fernsehen zu schauen (vgl. Jugendwerk der Deutschen Shell 1997, 2000; Groebel 1999). Aber auch Vielseher scheinen an dieser Form der konsumtiven Freizeitbeschäftigung kein besonderes Vergnügen zu finden, sondern auf Grund mangelnder Handlungsalternativen auf sie zurück zu greifen (vgl. u.a. Eberle 2000, S. 319). Insgesamt, so weisen neuere Studien aus, überschätzen Jugendliche ihr Fernsehverhalten um durchschnittlich 20 Minuten pro Tag, so dass insgesamt von einer deutlich geringeren Nutzung dieses Mediums auszugehen ist als es die Selbstauskünfte nahe legen (vgl. Medienpädagogischer Forschungsverbund Südwest 2008).
- Vorurteile und unausgewiesene Bilder bestimmen die öffentlichen Meinungen über jugendliche FerseheherInnen immer noch entscheidend mit. Die Casting- und Talkshows sowie die Reality-Formate erfreuen sich, so die publikumswirksame Botschaft, insbesondere bei Jugendlichen einer erfreulichen Aufmerksamkeit. Den noch wenig validen Daten zufolge findet dieser Alltagsbefund in genereller Form jedoch keine empirische Sättigung. Nur wenige Sendungen, die öffentlich als erfolgreich gelten, erreichen eine über 25-prozentige Beachtung bei den 12- bis 17-jährigen Jugendlichen – und hierunter finden sich insbesondere die „daily soaps". Zu den VielseherInnen dieser Sendeformate zählen dabei eindeutig

weibliche Jugendliche wohingegen Jungen Zeichentrickfilme und Comedy-Sendungen zu bevorzugen scheinen (vgl. Medienpädagogischer Forschungsverbund Südwest 2008). Die zwischen authentischer Selbstrepräsentation und Inszenierung angesiedelten Sendungen stehen den vorliegenden Studien zufolge allerdings nicht im Zentrum der jugendlichen Fernsehnutzung und die diagnostizierbare Rezeptionshaltung schwankt zwischen „Fans", „Orientierungssuchenden" und „KritikerInnen" (vgl. Pauls-Haase u.a. 1999, S. 375), auch weil die Ansprüche der konsumierenden Fernseh„talkerInnen" uneinheitlich zwischen der Suche nach Amüsement, Entspannung und naiv-idealistischer Selbstverortungssuche pendelt (Pauls-Haase u.a. 1999, S. 408ff.).

- Festzustellen ist allerdings ein kontinuierlicher Anstieg des Video- und DVD-Konsums bei Kindern und Jugendlichen mit zunehmendem Alter, obwohl unter den 6- bis 10-Jährigen auch noch ein Drittel Nie-Seher zu finden ist und unter den 14- bis 16-Jährigen immerhin noch knapp ein Viertel keine medialen Konservenformate konsumiert. Einschränkend zu konstatieren ist jedoch, dass die Häufigkeit des Konsums von audiovisuellen Produktionen keine Aussage über die Qualität und die Tiefe der Rezeption erlaubt. In der Bundesrepublik Deutschland sahen Mitte der 1990er Jahre 9- bis 17-Jährige täglich cirka 16 Minuten Video, hörten knapp eine Stunde Radio, hörten cirka 50 Minuten Tonkassetten oder CDs und verbrachten durchschnittlich acht Minuten nicht spielend und cirka 20 Minuten spielend vor dem PC (vgl. Krotz 1999, S. 159; vgl. auch Medienpädagogischer Forschungsverbund Südwest 2008).

- Trotz des steigenden Einflusses der Bildmedien muss nicht unbedingt von einer Visualisierung des kindlichen und jugendlichen Freizeitverhaltens gesprochen werden, zumal auditive Medien mit zunehmendem Alter für Kinder und Jugendliche immer attraktiver werden. Insbesondere Musiksendungen im Radio, aber auch MP3 und entsprechende Handyformate erfreuen sich zunehmender Beliebtheit, und spätestens ab dem mittleren Jugendalter wird ihnen mehr Zeit gewidmet als dem Fernsehen. Für die aktuelle und zukünftige Printmedienforschung in Bezug auf Kinder und Jugendliche sollten vor allem nach Alterskohorten, bildungsspezifischen sowie geschlechtsspezifischen Aspekten differenzierende Analysen von Belang sein.

- Die „Neuen Medien" sind in der letzten Dekade des letzten Jahrhunderts zum selbstverständlichen Bestandteil des jugendlichen Alltags geworden. Medienpädagogische Untersuchungen deuten beispielsweise darauf hin, dass Jugendliche zur Computer- und Internetwelt ein sehr pragmatisches Verhältnis entwickelt haben. Über 80% der männlichen und weiblichen Jugendlichen greifen täglich oder mehrmals die Woche auf die entsprechenden Medien zurück. Mehr als ein technologischer Sprung ist der „Siegeszug" der Spielkonsole, die vorrangig jedoch weiterhin das Spielzeug von männlichen Jugendlichen bleiben. Der schon für das Videospiel seit Mitte der 1980er-Jahre konstatierte hohe Faszinationsgehalt mit einer enormen Abschirmungsfunktion gegenüber dem „grauen Alltag" erreichte erstmals durch die rasante Verbreitung von Handcomputern wie dem „Game Boy" eine neue Dimension. Inzwischen haben „Spielkonsolen" den Markt neu gemischt und einfache Spiele in Handys erfreuen sich als Freizeitbeschäftigungen „für zwischendurch" einer großen Beliebtheit. Inwieweit diese „technologischen Sprünge" Freizeitverhalten und -orientierungen von Kindern und Jugendlichen grundlegend beeinflussen und neu strukturieren, ist nicht zu prognostizieren und bisher noch zu wenig erforscht. Zumindest deutlich angezeigt ist, dass Jugendliche, die am Computer programmieren, weniger Videoproduktionen sehen als die Jugendlichen, die dem nie nachgehen. Im Vergleich zu den jugendlichen Nicht-Programmierern besitzen prozentual die jugendlichen Häufig-Programmierer und bildungsorientierten InternetnutzerInnen durchschnittlich 70 Bücher mehr. Jugendliche, die mit dem Computer arbeiten, sind entgegen landläufiger Meinungen auch nicht weniger kreativ. Jungen, die mit diesem Medium umgehen, malen häufiger als Nicht-Computerbenutzer, und „Computer"-Mädchen malen, basteln, schreiben Tagebuch und Briefe, verfassen Gedichte und Musizieren häufiger als ihre nicht „computerisierten" Altersgenossinnen. Insgesamt können allerdings lediglich 7% aller weiblichen, jedoch 19% aller männlichen Heranwachsenden der Altersgruppe der 9- bis 17-Jährigen auf einen direkten Zugriff auf einen Computer in ihrem eigenen Zimmer verweisen. Insgesamt können 69% aller 15- bis 17-jährigen Heranwachsenden über einen Computer verfügen (Fries/Göbel/Lange 2007, S. 114).

- Der Computer mit seinen weltumspannenden Interaktionsmöglichkeiten hat zu Beginn des 21sten Jahrhunderts das Fernsehen als technisches, häusliches Leitmedium abgelöst, zumindest jedoch ergänzt. Über 80% aller Jugendlichen surfen täglich oder mehrmals die Woche im Internet. Beim Zugang und der Nutzung zeigen sich jedoch deutlich schulabhängige Profile: HauptschülerInnen greifen lediglich zu gut 70%, GymnasiastInnen zu knapp 90% in dem genannten Umfang auf das Internet zu (vgl. Medienpädagogischer Forschungsverbund Südwest 2008; auch Harberg 2001). Laut eigenen Angaben greifen die NutzerInnen täglich ca. 120 Minuten auf das Internet zu, also ausdauernder, als Fernsehen konsumiert wird. Aktivitäten wie am Computer spielen, Texte schreiben und für die Schule arbeiten gehören neben Malen und Grafiken erstellen zu den am meisten ausgeübten Tätigkeiten am Computer. Berichtet wird auch von isolierten, in sich gekehrten, fast schon „pathologischen" VielnutzerInnen eines Mediums, jedoch treten entsprechende Extremfälle in quantitativen Untersuchungen kaum in Erscheinung (vgl. Baacke u.a. 1990, S. 248; vgl. auch Jugendwerk der Deutschen Shell 2000).

- Neue Kommunikations- und Freizeitpraxen sind mit den Begriffen Blog, Flashmob, Twitter und „social networking" verbunden. Die damit verbundenen Praxen sind in ihrer quantitativen Nutzung und Verbreitung sowie ihrer qualitativen Bedeutung bislang wenig erforscht. Blogs und soziale Netzwerke, wie StudiVZ, facebook und sVZ sie darstellen, ermöglichen neue Formen der Selbstpräsentation und der Kommunikation. Zudem stehen über Portale wie „you tube" und „my space" Kommunikationsforen zur Verfügung, die die neuen technischen Ressourcen in einer zuvor nicht möglichen Variationsbreite nutzen. Die Angebote erlauben, mit anderen zu kommunizieren, sich zu präsentieren und kreative Kompetenzen mit minimalen ökonomischen Ressourcen weltweit vorzustellen. An Formen des „Graswurzeljournalismus" einerseits, ans Tagebuchschreiben andererseits angelehnt präsentieren Blogs Möglichkeiten, bisher bekannte Kommunikationsformen fundamental zu verändern. Die Mehrzahl der gegenwärtig im Internet zu findenden Blogs sind Foren mit persönlichen Botschaften. Lediglich ein kleiner Teil widmet sich politischen oder kulturellen Themen. In Bezug auf die Flashmobs können zur Zeit zwei Formen unterschieden werden. Die Smart Mobs – die so genannten schlauen Mobs – sind im Kern politisch motiviert und Teil einer sich als Ad-hoc-Demokratie verstehen Bewegung, die neben dem Internet über kluge „Thumb Tribes", also über die mit dem Daumen verfasste SMS-Botschaften, ihre Anliegen verbreiten. Demgegenüber wird unter Flashmob – Blitzmeute – eine spontane, auf Spaß und Blödsinn hinauslaufende, öffentliche Aktion verstanden – zieht eure Pudelmützen auf und kommt heute Mittag zum Hauptbahnhof Rolltreppe fahren. Beide Varianten erhalten ihre Attraktivität über die jeweils gefundenen kreativen Praxen, organisieren sich über Internet und Handy ohne hierarchische Strukturen. Wie Blogs und Mob-Praxen konstituieren auch

„Twitter" soziale Netzwerke über SMS-ähnliche Textnachrichten. Die höchstens 140 Zeichen umfassenden Nachrichten und Kurzinformationen können an einen definierten Personenkreis schnell versandt werden und so diesen laufend über aktuelle Ereignisse zeitnah in Kenntnis setzen.

Das Handy, so ist den oben vorgestellten Studien zu entnehmen, hat sich in den zurückliegenden fünf Jahren zum zentralen, multifunktional genutzten Medium von Jugendlichen entwickelt. Es ist weit mehr als nur zentrales Kommunikationsmedium und wird inzwischen auch zur Entwicklung von Freizeitformen verwendet, die ursprünglich über ganz andere Medien artikuliert wurden. Inzwischen spielt es auch eine zentrale Rolle im Kontext von sexualisierten und gewaltorientierten jugendlichen Freizeitpraxen. Bezüglich der sozialisatorischen Bedeutung von Medienproduktionen mit aggressiven, gewaltförmigen Inhalten wird seit Jahren darauf hingewiesen, dass „es zweifellos einen bestimmten Anteil von Heranwachsenden – nach meinen Untersuchungen liegt dieser bei etwa 20% – gibt, die durch medial inszenierte Gewalt in ihrem emotionalen und sozialen Entwicklungsprozess behindert werden. Aber: Diese Gefährdung wird nicht durch die Medien erzeugt, sondern durch die Mediennutzung verstärkt" (Rogge 1995, S. 78). Gestärkt wird dieser Befund durch qualitative Biografiestudien. Gewaltbereite Jugendliche werden diesen zufolge durch filmische Gewaltdarstellungen in ihren aggressiven Orientierungen insbesondere dann gestärkt, wenn die medial präsentierten Gewaltanwendungen gerechtfertigt erscheinen (vgl. Hopf 2001).

Generell zeigen heutige Jugendliche in der Regel einen Wahrnehmungsmodus, der eine eigenständige, generativ gebundene mediale Kompetenz fundiert, die sich deutlich von der der Erwachsenen abgrenzt und stärker intuitiv als kognitiv-emotional geprägt ist (vgl. Vogelsang 2000). Medien stellen für Jugendliche Kompetenzagenturen und Orte der Subjektivierung dar (Lange/Theunert 2008). Aber auch dieser Befund kann nicht darüber hinweg täuschen, dass die Medienwirkforschung insgesamt noch relativ unterentwickelt ist. Gleichwohl gilt für die „Alten" und zunehmend auch für die „Neuen Medien", dass sie für immer mehr Jugendliche zum selbstverständlichen Bestandteil ihres Alltags werden. Medien sind längst keine exklusiven Freizeitangebote mehr und vom übrigen Alltag abgesondert, sondern in diesen integriert, sozusagen eingewoben – mit anderen Worten: **Medienwelten** sind heute in die Lebenswelten von Kindern und Jugendlichen fest eingebunden.

2.4 Jugendliche „unter sich" – non-formale und informelle Freizeitpraxen

Autonome, informelle und non-formal organisierte **Gleichaltrigengruppen** sind neben gleich- und andersgeschlechtlichen Beziehungen und neben Familie, Schule und Arbeitswelt das entscheidende Sozialisationsfeld für Jugendliche. Das Besondere an ihnen ist, dass sie als Orte der **Selbstsozialisation** Netzwerke für Sozialformen verkörpern, also Topoi, in denen Heranwachsende wesentlich „unter sich" sind (vgl. Mitterauer 1986). Oftmals präsentieren sie in den Biografien der Heranwachsenden die Ersten selbstständig aktivierten sozialen Netze.

Mit Blick auf die quantitative Seite fällt auf, dass im Vergleich zu den 60er-Jahren des 20sten Jahrhunderts, wo sich rund die Hälfte der befragten Jugendlichen im Kreis von gleich gesinnten Gleichaltrigen traf, gegenwärtig laut Selbstauskunft zwischen knapp 70% und 80% aller Jugendlichen einer vom Wir-Gefühl geprägten Clique angehören. Über 90% der 12- bis 24-Jährigen geben sogar an, oft oder sehr oft mit ihren FreundInnen zusammen zu sein (Nolternsting

1998; Der Spiegel 1999, Nr. 28; Jugendwerk der Deutschen Shell 2000) und 84% der weiblichen und sogar 89% der männlichen Jugendlichen teilen mit, sich mehrmals die Woche bis hin zu täglich mit FreundInnen oder einfach mit gleichaltrigen „Leuten" zu treffen. Demgegenüber scheint die Auffassung zu stehen, dass es den Jugendlichen heute an Gemeinsinn fehlt (Oswald 1992; Spiegel Special 1994). Das eigentlich Überraschende ist jedoch, dass institutionelle Kontakte nicht etwa im Zuge einer Intensivierung der informellen Beziehungen abnahmen, sondern, zumindest im historischen Vergleich, ein relativ konstantes Level zeigen (vgl. Lüdtke/Pawelka 1989; Jugendwerk der Deutschen Shell 1997; Gilles u. a. 2006). Knapp 60% aller 16- bis 29-Jährigen sind laut eigenen Angaben Mitglied in mindestens einem Verband oder einem Verein – aber die diesbezüglich vorliegenden Angaben variieren stark, denn anderen Studien zufolge zeigen an den klassischen Verbänden – eine Ausnahme bilden hier lediglich die Sportvereine – kaum mehr als 10% der jeweiligen Heranwachsendengeneration ein konstantes und kontinuierliches Interesse (vgl. Jugendwerk der Deutschen Shell 1992, 1997). Die Vereine und Organisationen dokumentieren insgesamt jedoch eine unterschiedliche Reichweite, das evangelische Verbandsmilieu erreicht ca. 10%, das katholische Milieu ca. 9% und kommunale Einrichtungen ca. 15% der Jugendlichen (vgl. Fauser/Fischer/Münchmeier 2006, S. 83). Überholten jedoch bei den informellen „Mitgliedschaften" die Mädchen im Verlauf der 1980er-Jahre die Jungen, ist die Differenz zwischen männlichen und weiblichen Jugendlichen in Bezug auf die Integration in non-formale Verbände und Projekte mit zirka 15 Prozentpunkten relativ unveränderlich geblieben (vgl. Zinnecker 1987; Jugendwerk der Deutschen Shell 1997; 2006). Der zentrale außerhäusliche, non-formal geregelte Freizeitort für Kinder und Jugendliche ist immer noch der Verein, vor allem, wie schon erwähnt, der Sportverein. Die stärkere Ausdifferenzierung der von Kindern und Jugendlichen favorisiertesten Sportarten (vgl. Zinnecker 1987, S. 230f.) – unter anderem hat das Interesse für Tischtennis, Tennis, Judo, Skilaufen, Volleyball, Karate, Bodybuilding und tanzbezogene Gymnastik zugenommen – deutet an, dass Jugendliche heute in ihren, auch sportlichen Freizeitorientierungen gebrauchswertorientierter sind und ein dienstleistungsorientiertes, keineswegs mehr ein milieugeprägtes Mitgliedsverständnis in und zu den Vereinen und Verbänden entwickeln. Trotz fortschreitender Technisierung kindlicher und jugendlicher Freizeitwelten kann somit keineswegs von einer „Entkörperlichung" der jugendlichen Freizeitorientierungen gesprochen werden – der Körperkult und die ästhetisierende Komponente der gewählten Freizeitbeschäftigung hat sogar an Bedeutung gewonnen. Bei den informellen Kontakten lässt sich allerdings eine Verschiebung von personell und sozial festen Peer-Groups und jugendkulturellen Orientierungen hin zu weicheren und in sich lockeren Szene-Verbindungen erkennen. Diese innere Entformalisierung jugendlicher Peer-Kontakte findet in Bezug auf die jugendliche Einbindung in formalisierte Kontexte eine Entsprechung in der Abwendung von konventionell-traditionellen Vereinen und Verbänden und einer höheren Präferierung von themengebundenen und temporär begrenzten Organisationsformen wie beispielsweise. Umwelt-, Musik- oder spontanen Hilfsinitiativen (vgl. Mitterauer 1986; Silbereisen/Vaskovics/Zinnecker 1996). Die vorliegenden Studien differenzieren dieses Bild jedoch nicht gleich lautend aus. Das statistisch erfasste, aktive ehrenamtliche Engagement der unter 25-jährigen Bevölkerung ging laut der einen Studie von 9,1% im Jahre 1985 auf 6,5% im Jahre 1994 zurück (vgl. u.a. Heinze/Strünk 2000). Eine andere hingegen betont eine beachtenswerte Entwicklung und hält fest, dass das freiwillige, soziale Engagement, das die Jugendlichen im Kontext ihrer Mitgliedschaften oder ihrer Projektorientierungen realisieren, bei 37% der befragten Jugendlichen der Altersgruppe der 14- bis 24-Jährigen liegt (vgl. Düx/Sass 2005; Düx u.a. 2008).

Eine Palette von quantitativen, insbesondere jedoch qualitativen Studien verdichtet und konkretisiert die Bedeutung von Peer-Konstellationen und Gleichaltrigenbeziehungen für Jugendliche. Verschiedene quantitative Studien aus dem zurückliegenden Jahrzehnt heben übereinstimmend hervor, dass keineswegs nur Jugendliche mit einem niedrigen Bildungs- respektive Berufsabschluss an der Verbreiterung der informellen Szenen beteiligt sind. Der Präferenz für informelle Gleichaltrigengruppen generell liegt demnach kein ausgeprägter sozial-kultureller Standort in der Gesellschaft zu Grunde. So richtig diese quantitative Trenddiagnose zu dem generellen Anstieg altershomogener jugendlicher Sozialbeziehungen in allen Statusgruppen auch ist, so darf daraus keineswegs geschlossen werden, dass sich die Zusammensetzung der jugendlichen Szenen und Peers von den Kriterien sozialer Differenzierung der Gesellschaft völlig abgelöst hat. Qualitative Studien, die verschiedene jugendliche Handlungstypen herauszuarbeiten oder unterschiedliche jugendliche Cliquen dicht zu beschreiben suchten (vgl. u.a. Lenz 1988; Thole 1991; Albrecht u.a. 2007), machten deutlich, dass das Kriterium „soziale und ethnische Herkunft" für die Konstituierung von jugendlichen Szenen und Peer-Groups keineswegs bedeutungslos geworden ist (vgl. Bohnsack u.a. 1995; Tertilt 1996; Sauter 2000; Eckert/ Reis/Wetzstein 2000). Maskulin-, körper- und aktionsorientierte Jugendliche kommen in der Regel aus Familien mit einem niedrigen Sozialstatus. Hingegen rekrutieren sich eher „subjektorientierte" Jugendliche aus Familien mit einem höheren sozialen Status. Gemeinsam ist ihnen aber mit anderen jugendlichen Orientierungen – wie den hedonistischen oder manieristischen, familien- und institutionell gebundenen, den spirituellen oder den alternativ engagierten –, dass sie sich zwar auch noch, aber nicht mehr ausschließlich und primär in festen Peers, sondern in offeneren Beziehungsformen bzw. Szenen finden und treffen (vgl. Strzoda 1996; Ferchhoff/ Neubauer 1997; Hitzler/Pfadenhauer 2001).

Gegenwärtig sind fast alle jugend- oder freizeitkulturellen Stilbildungen, die Jugendliche in den unterschiedlichen Epochen kreierten, anzutreffen. Neu entwickelte Stile lösen die alten nicht mehr ab, sondern platzieren sich neben diesen und reaktivieren sogar darüber hinaus längst verschwundene jugendkulturelle Muster.

Mehr und ausgefeilter denn je wird die Bricolage in jugendkulturellen Szenen als radikalisierte Praxis auf den Ebenen der symbolischen Handlungsformen, der Sprachspiele und ästhetischen Codes, der ästhetischen Stilisierungen und Signets, der kulturellen Produktionen, der interaktiven Beziehungsformen und der Selbstinszenierungen dynamisiert und habitualisiert. Dabei widersetzen sie sich zuweilen in einer souveränen, reflexiven Art den An- und Herausforderungen der Medien-, Konsum- und Alltagswelt, die bisherige Annahmen der Manipulation und Instrumentalisierung jugendkultureller Kontexte durch die hegemoniale Kultur zynisch konterkariert. Die unkonventionelle Adaption und kreative Dekontextualisierung gesellschaftlicher Vorgaben zu einem szeneeigenen „Symbol- und Zeichensystem ermöglicht (...) eine verlässliche Selbstvergewisserung und tritt in den Dienst der Funktion, Sinn zu verbürgen und Zugehörigkeiten zu vermitteln", und erschließt für die Jugendszenen neue Ressourcen der Selbstidentifikationen und -vergewisserung (Vogelsang 2001, S. 286; vgl. auch Wetzstein u.a. 2005). Interessant ist dabei, dass sich die einzelnen jugendlichen „Bastelsubjekte" zwar in jugendkulturellen Szenen bewegen und sich auch auf diese beziehen, ihre ästhetischen Kompositionen jedoch partiell unabhängig von dem Mainstream dieser Szenen zu realisieren scheinen und ihre stilbildenden, jugendkulturellen Bezugspunkte selbst zu dekontextualisieren wagen. Die Bricolage wird zynisch erweitert zu einem nimmer enden wollenden Sampling, zu einer „remixten" Designkultur, die zynisch und provokant selbst die vermeintlich konsensualen Grundfiguren der gelebten jugendkulturellen Formation kritisch in Frage zu stellen scheint. Das

Spiel mit sich Selbst, den eigenen ästhetischen und habituellen Bezugspunkten und den kulturellen Variationen der jeweiligen jugendkulturellen Szene scheint zu einem Grundmodus vieler neuer **Jugendkulturen** geworden zu sein, der es immer schwieriger macht, die Angehörigen einer bestimmten Jugendkultur eindeutig zu identifizieren. Trotz dieser neuen, Eindeutigkeiten vermissenden Remixen einzelner jugendkultureller Stile können W. Ferchhoff und W. Neubauer (1997) immerhin noch 28 differente, zum Teil sich allerdings auch überlappende jugendliche Kulturkontexte und kulturelle Stilformationen auflisten. Unter den genannten Stilen finden sich klassische wie die Psycho- und Rockabillys, Skinheads, Rocker und Hippies, aber auch so „exotische" wie die „Funsters", die postfeministischen Girlies und die „drup-outs" oder wiederentdeckte ästhetische Stile wie die Hip-Hop-Szene und die inzwischen hochdifferenzierte „Techno-Szenerie". Trotz der angeführten reflexiven Mentalität scheinen die freizeit- und stilbildenden Jugendkulturen im Vergleich zu ihren historischen Vorgängern an emanzipativen, Dissens und Nonkonformismus betonenden Drive jedoch verloren zu haben.

Dass die „dissidente Authenzität" der neuen wie neu-alten jugendlichen Freizeit-, Pop- und Rockkulturen jeweils nur noch kurze Zeit anhält, dafür garantieren die Trendsurfer und -beobachterInnen, deren Aufgabe und Funktion allein darin liegt, das kreative Potenzial der stilbildenden Jugendmilieus abzuschöpfen, damit es anderorts für konsumfähige Trends kooptiert werden kann. Darüber hinaus zeigen sich Tendenzen der Glorifizierung von eigensinnigen, subversiven und dissidenten Jugendkulturen durch die Milieus und Lebenswelten der Mainstream-Kultur. „Lollapalooza, das schlammige Neo-Woodstock der Piercing-Generation", wurde schon vor einiger Zeit zum „feuchten Traum der Aufsichtsräte und Entertainmentkonzerne. Hocherfreut präsentierte sich der Mainstream nun selbst als Minderheit" (Holert/Terkessidis 1996), was wiederum die kulturelle Avantgarde von kulturellen Minderheitenstilen nicht nur animiert, ihren Stil nun noch abgeschotteter zu kreieren, sondern auch dazu, sich auch zum ökonomischen Vermarkter und Reproduzenten „ihrer selbst" zu entwickelten. Und: Mehr denn je ist Jugendkultur und jugendliches Freizeitleben nicht mehr nur Adressat von Werbung und Medien, sondern selbst Ort von Werbung und medialer Inszenierung. Jugendkulturen sind heute nicht mehr nur Musikkulturen und Kristallisationspunkte von immer kurzweiligeren Lebensstilen, sondern werden mehr und mehr selbst zu ästhetisierten Medienorten.

Objekt von Negativschlagzeilen waren in den letzten Jahren insbesondere nationale oder rechtsextreme, xenophobisch oder antisemitisch orientierte jugendliche Peer-Gruppen und Szenen. Vorliegende regionale Studien zu aggressiven und delinquenten Verhaltensweisen betonen diesbezüglich jedoch die wechselnde Sensibilität der öffentlichen Wahrnehmung als Motor der doch enormen Schwankungen in Bezug auf die Registrierung von national gefärbten, fremdenfeindlich motivierten Gewalttaten (vgl. Mansel/Hurrelmann 1998; Jansen 2001). Verwiesen wird in diesem Zusammenhang zudem auf die Wirkung der bundesrepublikanischen Massenmedien als situativer „Durchlauferhitzer" fremdenfeindlicher und rechtsnational motivierter Aktionen, zeigt sich doch zumindest in den statistischen Sekundäranalysen eine auffallende Parallelität zwischen der öffentlichen Medienberichterstattung über und dem allgemeinen Anstieg von Gewaltaktionen (vgl. Ohlemacher 1998; kritisch Hopf 2001).

Aktuelle Jugendstudien entdecken in den jugendlichen Selbstauskünften für die letzte Dekade jedoch weder einen bedeutsamen Anstieg antijüdischer und fremdenfeindlicher Vorurteile sowie rechtsnational gefärbter Orientierungen noch einen Anstieg der rechtsextrem motivierten Gewaltakzeptanz (vgl. u.a. Sturzbecher 2001), gleichwohl der Anteil der Jugendlichen, die xenophobischen und rechtsnational gefärbten Deutungsmustern nahe stehen, sehr hoch ist und unterschiedlichen Studien zufolge bei ungefähr einem Viertel der Jugendlichen liegt (vgl. u.a. Mansel/Hurrelmann 1998; Münchmeier 2000). Für die Entwicklung fremdenfeindlicher, antisemitischer und **rechtsnationaler Orientierungen** tragen unterschiedlichen Studien zufolge sowohl desintegrierende Effekte der gesellschaftlichen Modernisierung und die Zunahme von allgemeinen Risikofaktoren Verantwortung als auch familiale Bedingungsfaktoren, subjektiver Anerkennungsmangel und ökonomisch, sozial und kulturell determinierte Ausgrenzungsprozesse (vgl. Heitmeyer/Hagan 2002). Zu minderheitenstigmatisierende Deutungen und darüber motivierte Gewalthandlungen kommt es insbesondere von jugendlichen Cliquen aus benachteiligten Lebenslagen. Männliche, jugendliche Aussiedler finden sich zudem nicht nur häufiger in Cliquen zusammen, sondern agieren in diesen Kontexten laut Selbstauskunft auch häufiger delinquente Verhaltensweisen aus (vgl. Raabe/Titzmann/Silbereisen 2008; Scheithauer/Hayes/Niebank 2008). Die über Selbstdefinitionen habitualisierten dichotomen Bilder von der Welt begünstigen die Gewaltaffinität und die darüber gruppenintern legitimierten gewalttätigen Aktionen. Ihnen kann die Funktion eines Selbstzwecks, eine Reaktion auf Benachteiligungsgefühle ebenso zufallen wie sie der Selbstbehauptung gegenüber anderen oder aber der Absicherung eines ideologischen Konstruktes dienen können (vgl. Bohnsack u.a. 1995; Menschik-Bendele/Ottomeyer 1998; Eckert/Reis/Wetzstein 2000; Heitmeyer 2002).

Auch wenn zunehmend mehr Mädchen in gewaltorientierten Szenen zu beobachten sind, scheinen weibliche Peer-Freundschaften generell gegenüber gleichaltrigen männlichen Peer-Gruppen in Bezug auf ihre innere Dynamik eine differente Qualität zu entwickeln. E. Breitenbach und S. Krausträter (1998, S. 400) heben so hervor, dass sich „die Beziehungen oft über Jahre hinweg" entwickeln, „körperlich-zärtliche Komponenten" aufweisen und offen sind für die Bearbeitung der „Unsicherheiten und Probleme mit den Beziehungen zu Jungen".

Generell auffällig ist und bleibt die öffentliche Unauffälligkeit vieler jugendlicher Szenen und Peer-Beziehungen. Die jugendkulturellen Gleichaltrigengruppen leben in ihrer Mehrzahl eine leise, stille Jugendzeit – und das Ausleben einer „stillen" Praxis wird durch die neuen medialen Möglichkeiten in ihren Möglichkeiten noch forciert. Das gesellschaftliche Bild bestimmen neben den exotischen Jugendszenen die expressiven, zu gewalttätigen und kriminalisierbaren Handlungen neigenden Jugendszenen wie die jugendlichen Fußballfans, Graffity-Groups, S-Bahnsurfer und Autocrashing-Gangs und Szenen wie die „Psychobillies", aber seit Beginn des neuen Jahrtausends auch wieder stärker Szenen von drogenkonsumierenden Jugendlichen. Auf der Suche nach Geborgenheit, Intimität, Anerkennung, Selbstvergewisserung und Autonomie inszenieren sie den Tanz als Kraftprobe, die Politik als Aktion gegen alles Fremde und den Alltag als Rebellion und Randale.

Die Aufmerksamkeit, die informellen jugendlichen Gleichaltrigengruppen und Szenen in den letzten beiden Dekaden immer wieder zukam, können die non-formal eingebundenen jugendlichen Gleichaltrigengruppierungen für sich nicht gewinnen. Wird den wenigen hierzu vorliegenden Untersuchungen vertraut, dann sind insbesondere vier unterschiedliche Anspruchshaltungen von Jugendlichen an Jugendverbände zu lokalisieren. Dient der Verband den einen als biografische Karrierestation, so ist er für andere eine Instanz psychosozialer Lebenshilfe, für dritte ein Raum für Peer-Beziehungen und für vierte ein Feld zur Entfaltung gesellschaftlichen und sozialen Engagements (vgl. Reichwein/Freund 1992; vgl. auch Jugendwerk der Deutschen Shell 1997; Fauser 2008). Die traditionellen, nicht sportorientierten Orte formal strukturierter jugendlicher Gleichaltrigenkultur konstituieren sich auch heute noch überwiegend über Prinzipien wie Milieunähe sowie Traditions- und Wertverbundenheit, also über Muster, die nicht nur eine anziehende, sondern aus der Perspektive vieler Jugendlicher auch eine abweisende

Botschaft mitteilen (vgl. auch Sturzenhecker 2007). Auch die methodische und konzeptionelle Erweiterung vieler Verbände vermochte bisher keine grundlegende Perspektivenerweiterung zu fundieren, zumindest keine, die deutlich signalisiert, dass zukünftig wieder deutlich mehr Kinder und Jugendliche für die Kinder- und Jugendverbandsarbeit Interesse zeigen. Wenn sich zudem bestätigen sollte, dass die Mitgliedschaft in Sportvereinen keine durchgängig identitätsstabilisierende Wirkung hat, der Alltagsdrogenkonsum von Jugendlichen insbesondere in Fußballvereinen in der Regel höher liegt als bei den nicht vereinsorganisierten Jugendlichen (vgl. Maschler 2001), dann wird die von der jeweilige Erwachsenengeneration gewünschte und öffentlich eingeklagte Mitgliedschaft von Jugendlichen in Vereinen zusätzlich infrage gestellt werden.

3 Zusammenfassung, offene Fragen und Forschungsperspektiven

3.1 Zwischen Hoffnungslosigkeit und Euphorie – Resümee

Trotz vieler offener Fragen zeigen die Befunde der freizeit- und medienorientierten Jugendforschung, dass in den letzten Jahren vielleicht zu prononciert der Wandel der Kindheits- und Jugendphase betont wurde und darüber strukturelle Kontinuitäten des gesellschaftlichen Modernisierungsprozesses zu sehr im Dunkeln blieben, vielleicht aber auch vor lauter Begeisterung über die Attraktivität modernisierungstheoretischer Begriffe die empirisch gewonnenen Ergebnisse zu schnell subsumtionslogisch verkürzt wurden und werden. Empirische Tiefenbohrungen fallen zuweilen diesem „Schnell-Erkennen-Effekt" zum Opfer. Mit anderen Worten: Der Wandel jugendgenerativer, insbesondere auch jugendkultureller Gestaltungen wird möglicherweise stärker von einer ungebrochenen Kontinuität gestützt als oftmals angenommen. Die vorliegenden Ergebnisse hinsichtlich der von Jugendlichen favorisierten Freizeitformen stützen diesen Befund nachdrücklich. Die Interessen, Freizeithäufigkeiten und die Strukturen der inhaltlichen und quantitativen Gestaltung von jugendlicher Freizeit haben sich in den letzten Jahrzehnten zwar verschoben, überraschend in den letzten Jahrzehnten qualitativ weit weniger modifiziert als in den öffentlichen Debatten angenommen wird. Dieses Ergebnis wird auch nicht durch die Tatsache konterkariert, dass sich die selbstaktiven und damit inhaltlichen Optionen an und in der Freizeit in den letzten zwei Dekaden enorm vervielfältigten. Weiterhin rangieren kreative Freizeittätigkeiten, sportive Praxen und Tanzen – und hier ist sogar eine Renaissance der traditionellen, klassischen Tanzformen zu erkennen – sowie die Orientierung auf Peers, Cliquen oder Jugendszenen und mit deutlich steigernder Tendenz Urlaubsoptionen auf der Hitliste der bevorzugten Freizeitpräferenzen weit oben. Im Kern findet damit die Prognose von V. Blücher (1956), dass jugendliches Freizeitverhalten durch eine strukturelle Kontinuität gekennzeichnet ist, eine späte, aber nachdrückliche Bestätigung. Dennoch signalisieren die einzelnen Freizeitpraxen eine deutlich ausgeprägte Vervielfältigung und Ausdifferenzierung und eine Erweiterung insofern, als dass der Umgang mit Medien und der Konsum von medialen Angeboten zugenommen hat und inzwischen ein integraler Bestandteil jugendlichen Freizeitverhaltens ist. Insgesamt weisen die Freizeitoptionen von Jugendlichen seit dem letzten Viertel des letzten Jahrhunderts einen hochdifferenzierten Geschmacks-, Ausgestaltungs- und Stilrichtungspluralismus auf. Die in den verschiedenen Studien dokumentierte inhaltliche Ausdifferenzierung kann einerseits auf eine gewendete, deutlich „jugendzentriertere" Umfragetechnik zurückzuführen sein, aber andererseits auch eine reale Pluralisierung und Ausfächerung jugendlicher Optionen für einzelne Freizeitformen spiegeln. Hinter der vordergründigen Fassade einer Vielfalt „frei wählbarer" sozialkultureller Optionen bestehen jedoch alte schicht- und geschlechtsspezifische Ungleichheiten in neuem Gewande fort (vgl. u.a. Thole/Höblich 2008; Isengard 2005) – und: Die sozial-kulturellen Praxen und sozial-ästhetischen Orientierungen der Jugend sind zwar weiterhin nicht nur „maßgeschneidert und dennoch von der Stange", werden aber nicht mehr für den gesamten Weg durch die Jugendbiografie entworfen.

Nicht nur die individuellen Optionen für diese oder jene Freizeitmöglichkeit haben sich potenziert, insgesamt haben sich die Fahrpläne durch die Jugendbiografie in den vergangenen zwei Dekaden aufgeweicht. Der Weg durch die Jugendzeit hat in den 80er Jahren des 20. Jahrhunderts endgültig das rechtlich und gesellschaftlich betonierte Flussbett überschwemmt und neue Verläufe gesucht und gefunden. Neben der jugendlichen Orientierung an starren Altersnormen suchen Jugendliche ihren Weg in der Balance zwischen Schule und Clique sowie zwischen individueller und institutionell vorgegebenen Zeitrahmungen oder aber in der Abkehr von klassischen zeitlichen Vorstrukturierungen und in der frühen Einkehr in ein neues familiales Dach (vgl. Fuchs-Heinritz/Krüger 1991; Abels 1993; Ferchhoff/Neubauer 1997). Die zunehmend komplexer, mobiler und undurchschaubarer werdende Gesellschaft zwingt seit den 90er-Jahren des letzten Jahrhunderts viele Jugendliche eine „**Patchwork-Identität**" zu entwickeln (vgl. Keupp 1992; Keupp u.a. 1999), mit der sie situativ heterogene Anforderungen zu „meistern" suchen, ohne Garantie, dies auch zu schaffen. Diese Form der Identitätsentwicklung erreicht sogar hybride Züge, wenn der Prozess über transnationale Erfahrungen oder einen Migrationshintergrund zusätzlich angereichert oder gebrochen wird (vgl. Fürstenau/Niedrig 2007) und wird noch undurchsichtiger, wenn die internet- und handygestützten Präsentations- und Kommunikationspraxen mit einbezogen werden. Ob und wenn wie diese neuen Alltagspraxen Identitätsbildungsprozesse neu und anders formen, ist bislang weitgehend unbekannt. Auch bleibt zu beobachten, ob Jugendliche sich bei ihren Inszenierungen auf den öffentlichen Bühnen und ihrer Suche nach Identität mehrheitlich auf pragmatische, idealistische, karrieristische oder spaß- und lustbetonte, systemkonforme oder nonkonforme Lebensbewältigungsstrategien verlassen. Der Weg durch die Jugendbiografie, zumindest diese Tatsache ist sicher, ist zu einer schwierigen, holprigen Tour – für viele sogar zu einer Tortur – geworden, auch, weil Jugendliche ein dynamisches „Abschleifen traditioneller Sozialformen" (Ziehe 1994, S. 259) verarbeiten und kompensieren müssen. Jugendlichen stehen kaum noch bindende und verlässliche Sicherheiten zur Verfügung, auf die sie ritualisiert zur Bewältigung von Risiken des Alltags zurückgreifen können und auf die – quasi als ritualisiertes soziales Korsett – bei der Herstellung und Aufrechterhaltung von sozialen Kontakten Verlass ist.

Die Involviertheit in Freizeitnetze, die subjektiven Freizeitpräferenzen sowie die autonom gestaltbaren Orte jugendlicher **Selbstsozialisation** haben bezüglich der biografischen Lebenswegoptionen gegenüber den klassischen Sozialisationskontexten an Bedeutung gewonnen und diese vieler ihrer lebenslaufprägenden Relevanzen beraubt. Freizeit ist nicht nur nach wie vor ein bedeutendes Sozialisationsfeld für Jugendliche, sondern auch ein entscheidendes Distinktions- und Identifikationsfeld (vgl. Fritzsche 1997, S. 348) – dies wird durch die aktuellen Freizeit- und Medienstudien nachhaltig untermauert. Die Bedeutung der Gleichaltrigennetzwerke in Bezug auf die erfolgreiche Absolvenz von schulischen Bildungskarrieren wird jedoch bislang in Studien ebenso unterschätzt wie die Präferenz für bestimmte Freizeitaktivitäten (vgl. Zinnecker 1987; Büchner/Brake 2006; Stecher 2005; Krüger/Köhler/Zschach 2007; Grunert 2006). Das zeigen zumindest die von Bettina Isengard (2005) publizierten Befunde, die einen strengen Zusammenhang von ökonomischen Ressourcen und Lebensstil, den sie als Freizeitverhalten begrifflich fasst, auf der Datenbasis der Sozio-oekonomischen Panels (SOEP) von 1990 und 2003 ausweisen. In der Analyse des Einflusses von Einkommen, Bildung, Alter und Geschlecht auf die Formen der Freizeitgestaltung zeigt sich, dass die Ungleichheitsfaktoren Einkommen und Bildung einen signifikanten Einfluss auf die gewählten Freizeitpraxen haben. Danach nimmt zwar insgesamt die Bedeutung von Bildung für das favorisierte Freizeitverhalten ab, es muss jedoch eher von einer Angleichung der oberen Bildungsgruppen an die mittleren gesprochen werden, so dass trotzdem nach wie vor Unterschiede im Freizeitverhalten der Bildungsgruppen bestehen, die vor allem im Bereich der Akzeptanz der „Hochkultur" offensichtlich werden. Die Ergebnisse korrespondieren mit anderen Befunden (Stein 2005) insofern, als die Hochkulturnutzung von den oberen Klassen als soziale Distinktionspraxis genutzt wird. Auch hier sind es gerade die unteren Bildungsschichten, die an den gesellschaftlichen Entstrukturierungsprozessen am wenigsten partizipieren. Noch drastischer zeigen sich die strukturellen Unterschiede in Bezug auf das Einkommen. Besonders die Erlebnisorientierung und Aktivitäten der Hochkultur hängen nicht nur stark mit dem Einkommen zusammen, der Einfluss ökonomischen Kapitals nimmt mit der Zeit sogar zu. Wenn die Verfügbarkeit über materielle Ressourcen die gesellschaftliche Partizipationsmöglichkeit am öffentlichen Leben und die Teilhabe an politischer und kultureller Macht regelt, dann ist mit einiger Berechtigung vielleicht sogar zu vermuten, dass sich genau über diesen Zusammenhang Ausschlussprozesse formieren, also Personen aus ökonomisch schwächeren Lebenslagen von der gesellschaftlichen Partizipation als BürgerInnen exkludiert werden (vgl. Bourdieu 1997). „Die individuelle Freizeitgestaltung beziehungsweise der Lebensstil reflektiert somit die Position im Ungleichheitsgefüge der Gesellschaft" und verfestigt und legitimiert soziale Ungleichheit (Isengard 2005, S. 257).

3.2 Offene Forschungsfragen und -zugänge

Die Erklärungen jugendgeprägter gesellschaftlicher Wirklichkeit haben sich in der zurückliegenden Dekade im Wesentlichen auf eine modernisierungstheoretische Perspektive eingependelt. Alles differenziert sich aus, ist vielfältiger und in sich pluraler als je zuvor, bunter und uneindeutiger, standardisierter und zugleich mehr denn je entstandardisiert, zumindest anders als früher und doch, folgen wir den vorliegenden Befunden und die sie codierenden modernisierungstheoretischen Vokabeln, strukturell vom Tradierten geprägt. Ein kritisches Gegenlesen dieser Ortsbestimmung der gesellschaftlichen Situation ist kaum noch zu beobachten. Nicht nur, aber auch weil das Basisvokabular dieser Perspektive – **Individualisierung**, Pluralisierung und Ausdifferenzierung – inzwischen zum Standardrepertoire der AkteurInnen gesellschaftsreflektierender Alltagsgespräche gehört, ist Skepsis gegenüber dieser anscheinend omnipotenten Theorieperspektive angebracht und zu Fragen, ob nicht gerade ihre Allgegenwart sie ihres aufklärerischen Stachels beraubt. Zumindest ist darüber nach zu denken, ob pauschale Hinweise auf gesellschaftliche Individualisierungs-, Pluralisierungs- und Entstandardisierungstendenzen ausreichen, den Wandel von Kindheit und Jugend genau zu markieren und die Spezifika der heutigen Kindheit und Jugend zu beschreiben. Diese Frage fordert natürlich auch dazu auf, zentrale Aussagen der vorgetragenen Befunde und Wertungen zu den jugendlichen Freizeit- und Medienorientierungen zu überdenken und die zukünftige Jugendfreizeit-, Jugendkultur- und Jugendmedienforschung neu zu justieren. Die aktuell favorisierten modernisierungstheoretisch angelegten Theorieperspektiven sind so möglicherweise um kulturtheoretische Ortsbestimmungen sowie um sozialökologische, subjekt- und biografietheoretische Ansätze aufzustocken, damit die Dialektik von gesellschaftlichen, lebenslagenbezogenen und lebensweltlichen sowie ökologischen beziehungsweise sozialräumlichen Bedingungen und individuellen Prozessen mit den sie auszeichnenden ambivalenten Dynamiken noch präziser erfasst werden kann. Unabhängig von der konkreten Ausformulierung einer für empirische Forschungen offenen Theorie jugendlichen Freizeit- und Medienverhaltens und der generellen Forderung, kultur-, freizeit- und medienbezogene Fragestellungen und Forschungen wieder stärker aufeinander zu beziehen und auch mit der klassischen Sozialisations- und neueren Bildungsforschung stärker zu verkoppeln, sind folgende Forschungsdesiderate identifizierbar:

- Wünschenswert erscheinen quantitative Studien zum Freizeit- und Medienverhalten, die modernisierungstheoretische und kultursoziologische Annahmen empirisch zu überprüfen suchen. Entsprechende Forschungsvorhaben hätten insbesondere auch den Blick auf soziale, kulturelle, ethnische und geschlechtsspezifische Ungleichheiten zu lenken und die Relevanz der informellen und non-formalen Lebensbereiche für die Herausbildung von kognitiven, sozialen und kulturellen Kompetenzen zu dokumentieren.
- Bislang zu wenig Beachtung wurde den Freizeitwelten und -ansprüchen von weiblichen Jugendlichen und Heranwachsenden und ihren zu männlichen Kommunikationsformen differenten Beziehungs- und Freundschaftsansprüchen und -varianten geschenkt.
- Qualitative Untersuchungen zur biografischen Bedeutung der in der Adoleszenz gewählten Freizeit- und Medienpräferenzen und ihrer Korrespondenz mit den familialen Herkunftsmilieus fehlen bislang ebenso wie tiefer fragende Studien zur Rekonstruktion der sinnhaften Bedeutung, die Jugendliche ihren Freizeit- und Medienaktivitäten zuschreiben.
- Nicht-expressive, in die „Normalität" des Alltags versinkende jugendkulturelle Praxen geraten immer noch zu selten in den Focus der forschenden Interessen. Zwar ist die Verteilung jugendlichen Freizeitverhaltens hinlänglich dokumentiert, jedoch die an diese Orientierungen gekoppelten Wünsche, Bedürfnisse und Hoffnungen, also quasi die innere Dynamik der ausgeübten Freizeittätigkeiten und ihre Alltagspraxen, sind weitgehend noch eine „Black Box". Mit anderen Worten: Die qualitative Seite der Freizeitwelten der „Stinkies" und „Normalos" ist bisher nur wenig erforscht.
- Unerforscht ist auch noch die Bildungs- und Freizeitwelt der außerschulischen, institutionalisierten, non-formalen Angebote. Die empirische Deskription und Rekonstruktion der Bedeutung und „Wirkung" außerschulischer, institutionalisierter Freizeitwelten – beispielsweise der Kinder- und Jugendarbeit – steht ebenso noch aus wie eine Identifizierung des hier realisierten Bildungsertrags.
- Von Interesse sind biografische Studien, die nach Kontinuität oder Diskontinuität von Freizeitverhalten in Lebensgeschichten fragen oder nach der biografischen Bedeutung von Freizeit- und Medienkarrieren sowie jugendkultureller Orientierungen für spätere Berufs- und Bildungswege.
- Kaum durchgeführt wurden bislang kultur- und ideologiekritische Analysen der ProduzentInnenseite: Inwieweit präformieren Freizeitangebote und -märkte das Freizeit- und Medienverhalten von Jugendlichen bewusst und welches Wissen haben die professionellen „FreizeitmacherInnen" von ihren BesucherInnen und KonsumentInnen.
- Unbeobachtet blieben bisher die neuen Freizeitformen der Wissensgesellschaft. Ihre Relevanz in Bezug auf die Initiierung von Bildungsprozessen und hinsichtlich ihrer Bedeutung bezüglich der Steuerung gesellschaftlicher Selektionsprozesse ist noch weitgehend unbekannt. Die sozialisatorische Bedeutung und Wirkung digitaler Welten und der Fluchten in

die „sozialen Laboratorien" (Marotzki 1997) des Cyberspace zu eruieren, obliegt weiterhin zukünftigen Studien.
- Weitgehend unbeleuchtet sind aus sozial- und erziehungswissenschaftlicher Perspektive bislang auch noch die neuronalen Aspekte der Medienrezeption. Diesbezüglich scheinen interdisziplinär angelegte Forschungsvorhaben sinnvoll und notwendig.
- Notwendig sind empirische Bemühungen bezüglich der neuen Kommunikations- und Präsentationspraxen wie sie über Angebote wie beispielsweise „you tube", StudiVZ und svz ermöglicht werden. Und notwendig sind auch Studien, die die Veränderung der Verabredungspraxen durch „Flashmobs"- und „Twitter-Praxen" nachgehen und ihre Bedeutungen für Jugendliche versuchen zu dimensionieren.
- Abgesehen von einigen phänomenologischen Beobachtungen wurden in den letzten zehn Jahren die kulturellen Jugendszenen und kulturellen Spielarten jugendlicher Identitätssuche empirisch nicht mehr umfassend in den Blick genommen und ihre Deutungs- und Handlungsmuster rekonstruiert. Wünschenswert scheinen wieder Studien, die sich insbesondere die Praxismodalitäten der national-, xenophobisch orientierten Szenen ansehen und mit den schon vorliegenden, qualitativ-rekonstruktiven Studien vergleichend analysieren.

Mit Blick insbesondere auf die vorliegenden Panorama- und Meinungsstudien ist zudem zu hoffen, dass künftige Forschungsprojekte ihre Ergebnisse weniger theoriefern publizieren und neue Fragen so methodisch operationalisieren, dass empirische Erkenntnisse nicht nur theorierezipierend, sondern auch theoriekorrigierend und theoriegenerierend wirken. Hierzu erscheint es sinnvoll, sich von monolithischen, einseitig quantitative oder qualitative Methoden favorisierenden methodologischen Grundlegungen zu verabschieden und noch stärker als bisher methodentriangulierend vor zu gehen. Um einen mehrperspektivischen Zugang zur Realität jugendlichen Freizeit- und Medienverhaltens zu gewinnen, ist einer Kombination von qualitativen und quantitativ-rekonstruktiven Methoden der Vorzug zu geben. Erst die Ausformulierung eines nicht in Beliebigkeit versinkenden Theorie- und Methodenpluralismus könnte den Bezugsrahmen für Untersuchungen abgeben, die skizzierten Forschungsdefizite im Bereich der Jugendkultur-, Jugendfreizeit- und -medienforschung empirisch und theoretisch aufzuarbeiten.

Wenn den öffentlichen Gesprächen vertraut wird, dann kennt die Erwachsenen-Gesellschaft „die" nachwachsende Generation. Über Jugend – insbesondere über deren Freizeitgewohnheiten und Medienverhalten – meint heute ein jeder mitreden zu können. Das Forschungswissen, egal wie dieses im Einzelnen auch bewertet wird, spielt in den öffentlichen Diskussionen kaum eine Rolle. Hier scheint die Jugendforschung angeregt, ihre Präsentationsweisen und -formen zu überdenken. Gleichwohl gilt: Mögen öffentliche Bilder und Muster noch so stringent und nachvollziehbar ihre Zeitdiagnose vom Zustand der Jugend vortragen, letztendlich bleibt es konkreten, empirischen Studien und Arbeiten vorbehalten, sensibel darüber aufzuklären, wie sich die Jugendphase in ihrer ambivalenten Dynamik gestaltet. Wer hofft, Wissen über jugendliches Freizeit- und Medienverhalten im virtuellen Netz unter „www.jugendfreizeitmedien.de" gut verpackt und aufbereitet zu finden oder über die Rezeption von publizistisch aufbereiteten Studien mit neuen Generationstypologien (vgl. Bonnner/Weiss 2008) zu erlangen, unterliegt einer Illusion.

Literatur

Abels, H.: Jugend vor der Moderne. Opladen 1993
Albrecht, P.-G. u.a.: Wir und die anderen: Gruppenauseinandersetzungen Jugendlicher in Ost und West. Wiesbaden 2007
Baacke, D./Ferchhoff, W.: Jugend und Kultur. In: Krüger, H.-H. (Hrsg.): Handbuch der Jugendforschung. Opladen 1993, S. 403-444
Baacke, D./Sander, U./Vollbrecht, R.: Lebenswelten Medienwelten. Opladen 1990
Backhaus-Starost, A./Backhaus, E.: Freizeitaktivitäten von Arbeiterjugendlichen. Frankfurt a. M. 1975
Bals, Ch.: Halbstarke unter sich. Köln/Berlin 1962
Barthelmes, J./Sander, E.: Medien in Familie und Peer-group. Opladen 1997
Bäumler, Ch./Banger, M./Schwab, U.: Kirche – Clique – Religion. Weinheim/München 1994
Beck, U./Beck-Gernsheim, E. (Hrsg.): Riskante Freiheiten. Individualisierung in modernen Gesellschaften. Frankfurt a. M. 1994
Beck, U.: Die Zukunft von Arbeit und Demokratie. Frankfurt a .M. 2000
Beck, U.: Risikogesellschaft. Auf dem Weg in eine andere Moderne. Frankfurt a. M. 1986
Becker, H. u. a.: Pfadfinderheim, Teestube, Straßenleben. Jugendliche Cliquen und ihre Sozialräume. Frankfurt a. M. 1984
Behnken, I. u. a.: Schülerstudie `90. Jugendliche im Prozess der Vereinigung. Weinheim/München 1991
Blücher, V. Graf: Die Generation der Unbefangenen. Düsseldorf/Köln 1966
Blücher, V. Graf: Freizeit in der Industriellen Gesellschaft. Stuttgart 1956
Blücher, V. Graf: Jugend, Bildung, Freizeit. Dritte Untersuchung zur Situation der deutschen Jugend (EMNID-STUDIE). Bielefeld 1967
Bohnsack, R. u. a.: Die Suche nach Gemeinsamkeit und die Gewalt der Gruppe. Opladen 1995
Bonner, St./Weis, A.: Generation Doof. Bergisch Gladbach 2008
Bourdieu, P. u. a.: Das Elend der Welt. Konstanz 1997
Bourdieu, P.: Die feinen Unterschiede. Frankfurt a. M. 1984
Bourdieu, P.: Über das Fernsehen. Frankfurt a. M. 1998
Brake, M.: Soziologie der jugendlichen Subkulturen. Frankfurt a. M.1981
Bravo-Studie: Jugend, die kaufbeeinflussende Kraft in der Familie. München 1986
Breitenbach, E./Kausträter, S.: „Ich finde, man braucht irgendwie eine Freundin". In: Zeitschrift für Sozialisationsforschung und Soziologie der Erziehung 18 (1998), H. 4, S. 389-402
Brinkhoff, K. P.: Sport und Sozialisation im Jugendalter. Weinheim/München 1998
Bronfenbrenner, W.: Ökologische Sozialisationsforschung. Stuttgart 1976
Clarke, J. u. a.: Jugendkultur als Widerstand. Frankfurt a. M. 1979
Cloos, P./Köngeter, St./Müller, B./Thole, W.: Die Pädagogik der Kinder- und Jugendarbeit. Wiesbaden 2007
DE:BUG: Zeitschrift für Musik, Medien, Kultur und Selbstbeherrschung. Berlin 2001
Dehn, G.: Proletarische Jugend. Lebensgestaltung und Gedankenwelt der großstädtischen Proletarierjugend. Berlin 1929
Deinet, U.: Sozialräumliche Jugendarbeit. Opladen 1999
Der Spiegel: Die Jungen Milden (1999), H. 28, S. 94-103
Dinse, R.: Das Freizeitleben der Großstadtjugend. 5000 Jungen und Mädchen berichten. Berlin 1932
Düx u. a.: Kompetenzerwerb im freiwilligen Engagement. Wiesbaden 2008
Düx, W./Sass, E. (2005): Lernen in informellen Kontexten. In: Zeitschrift für Erziehungswissenschaft 7 (2005), H. 4, S. 394-411
Eberle, Th.: Motivation des Fernsehverhaltens Jugendlicher. Heilbrunn 2000
Eckert, R. u. a.: Sinnwelt Freizeit. Jugendliche zwischen Märkten und Verbänden. Opladen 1991
Eckert, R./Reis, Ch./Wetzstein, Th.: „Ich will halt anders sein wie die anderen". Opladen 2000
Fauser, K.: Jugendliche im Verband. In: Bingel, G./Nordmann, A./Münchmeier, R.: Die Gesellschaft und ihre Jugend. Wiesbaden (2008), S. 223-239
Fauser, K./Fischer, A./Münchmeier, R.: Jugendliche als Akteure im Verband. Ergebnisse einer empirischen Untersuchung der evangelischen Jugend. Opladen 2006
Feil, Ch.: Kinder, Geld und Konsum. Die Kommerzialisierung der Kindheit. Weinheim/München 2003
Fend, H.: Entwicklungspsychologie des Jugendalters. Opladen 2000
Ferchhoff, W./Neubauer, G.: Patchwork-Jugend. Eine Einführung in postmoderne Sichtweisen. Opladen 1997
Fries, R./Göbel, P./Lange, E.: Teure Jugend. Wie Teenager kompetent mit Geld umgehen. Opladen 2007
Friebel, H. u. a.: Selbstorganisierte Jugendgruppen zwischen Partykultur und politischer Partizipation. Opladen 1979

Fritzsche, Y.: Jugendkulturen und Freizeitpräferenzen. In: Jugendwerk der Deutschen Shell (1997), S. 343-378
Fritzsche, Y.: Modernes Leben – Gewandelt, vernetzt und verkabelt. In: Jugendwerk der Deutschen Shell (2000), S. 181-221
Fuchs, W.: Entspannung im Alltag. In: Jugendwerk der Deutschen Shell (1985), S. 7-34
Fuchs-Heinritz, W./Krüger, H.-H.: Feste Fahrpläne durch die Jugendphase. Opladen 1991
Fürstenau, S./Niedrig, H.: Hybride Identitäten. Selbstverortungen jugendlicher TransmigrantInnen. In: Diskurs Kindheits- und Jugendforschung (2007), S. 247-262
Geene, St.: Death disco Club. In: spex. Das Magazin für Popkultur. 2001, Nr. 3, S. 60
Gilles, M. u. a.: Jugendliche und junge Erwachsene in Deutschland. Wiesbaden 2006
Grathoff, R.: Milieu und Lebenswelt. Frankfurt am Main 1989
Groebel, J.: Ergebnisse der internationalen UNESCO-Studie „Jugend und Gewalt". In: Roters, G./Klingler, W./Gerhards, M. (1999), S. 99-112
Grunert, C.: Bildung und Lernen – ein Thema der Kindheits- und Jugendforschung? In: Rauschenbach, T./Düx, W./Sass, E. (Hrsg.): Informelles Lernen im Jugendalter. Vernachlässigte Dimensionen in der Bildungsdebatte. Weinheim/München 2006, S. 15-35.
Habermas, J.: Theorie des kommunikativen Handelns. Frankfurt am Main 1981
Harberg, C.: Früh übt sich: Nur mit Handy echt fett. In: Commerzbank Journal 14 (2000), H. 1, S. 36-39
Heinze, R. G./Strünck, Ch.: Die Verzinsung des sozialen Kapitals. Freiwilliges Engagement im Strukturwandel. In: Beck, U. (2000), S. 171-216
Heitmeyer, W.: Rechtsextremistische Gewalt. In: Heitmeyer, W./Hagan, J. (Hrsg.): Internationales Handbuch der Gewaltforschung. Wiesbaden 2002, S. 501-544
Heitmeyer, W./Peter, H.: Jugendliche Fußballfans. Weinheim/München 1988
Heitmeyer, W./Hagan, J. (Hrsg.): Internationales Handbuch der Gewaltforschung. Wiesbaden 2002
Hitzler, R./Bucher, Th./Niederbacher, A.: Leben in Szenen. Kulturen unter den Bedingungen der Spätmoderne. Opladen 2001
Hitzler, R./Honer, A. (Hrsg.): Sozialwissenschaftliche Hermeneutik. Opladen 1997
Hitzler, R./Pfadenhauer, M.: Techno-Soziologie. Erkundungen einer Jugendkultur. Opladen 2001
Hofmann, D./Schmidt, A.: „Geile Zeit" und „Von hier an blind". In: Zeitschrift für Soziologie der Erziehung und Sozialisation 28 (2008), H. 3, S. 283-300.
Hofmann-Lun, I./Gaupp, N./Lex, T./Mittag, H./Reißig, B.: Schule und dann? Förderangebote zur Prävention von Schulabbruch und Ausbildungslosigkeit. Leipzig 2004
Holert, T./Terkessidis, M.: Einführung in den Mainstream der Minderheiten. In: Holert, T./Terkessidis, M. (Hrsg.): Mainstream der Minderheiten. Berlin 1996, S. 5-19
Hopf, Ch.: Gewalt, Biographie, Medien. In: Zeitschrift für Sozialisationsforschung und Soziologie der Erziehung 21 (2001), H. 2, S. 150-169
Horkheimer, M./Adorno, Th. W.: Dialektik der Aufklärung. Frankfurt a. M. 1969
Hübner-Funk, S. u. a.: Sozialisation und Umwelt. Berufliche Orientierungen und Gesellschaftsformen von Hauptschülern im sozialökologischen Kontext. München 1983
Isengard, B.: Freizeitverhalten als Ausdruck sozialer Ungleichheiten oder Ergebnis individualisierter Lebensführung? Zur Bedeutung von Einkommen und Bildung im Zeitverlauf. In: Kölner Zeitschrift für Soziologie und Sozialpsychologie 57 (2005), H. 2, S. 254-277
Jaide, W.: Generationen eines Jahrhunderts. Opladen 1988
Jansen, F.: Die Polizei registriert für 2000 Anstieg um knapp 4000 Delikte. In: Der Tagesspiegel – online, 17. Januar 2001
Jugendwerk der Deutschen Shell (Hrsg.): Jugend zwischen 15 und 24. Bielefeld 1955
Jugendwerk der Deutschen Shell (Hrsg.): Jugend – Bildung und Freizeit. Hamburg/Münster 1966
Jugendwerk der Deutschen Shell (Hrsg.): Jugend zwischen 13 und 24. Hamburg/Münster 1975
Jugendwerk der Deutschen Shell (Hrsg.): Jugend und Erwachsene '85. 5 Bde., Opladen 1985
Jugendwerk der Deutschen Shell (Hrsg.): Shell-Studie 1992 – Jugend '92. 4 Bde., Opladen 1992
Jugendwerk der Deutschen Shell (Hrsg.): Shell-Studie 1997 – Jugend '97. Opladen 1997
Jugendwerk der Deutschen Shell (Hrsg.): Jugend 2000 – 13. Shell Jugendstudie. 2 Bde., Opladen 2000
Jugendwerk der Deutschen Shell (Hrsg.): Jugend 2006. Eine pragmatische Generation unter Druck. Frankfurt a. M. 2006
Kessl, F./Reutlinger, Ch.: Sozialraum: eine Einführung. Wiesbaden 2007
Keupp, H. u. a.: Identitätskonstruktionen. Das Patchwork der Identitäten in der Spätmoderne. Reinbek b. Hamburg 1999

Keupp, H.: Verunsicherungen. Risiken und Chancen des Subjekts in der Postmoderne. In: Rauschenbach, Th./Gängler, H. (Hrsg.): Soziale Arbeit und Erziehung in der Risikogesellschaft. Neuwied 1992, S. 165-185
Kieper, M.: Lebenswelten verwahrloster Mädchen. München 1980
Kofler, G./Graf, G. (Hrsg.): Sündenbock Fernsehen? Berlin 1995
Kolip, P.: Tabak- und Alkoholkonsum bei Jugendlichen. In: Leppin, A./Hurrelmann, K./Petermann, H. (2000), S. 24-44
Krotz, F.: Computervermittelte Medien. In: Roters, G./Klingler, W./Gerhards, M. (1999), S. 155-172
Krüger, H.-H.: Zum Wandel von Freizeitverhalten und kulturellen Lebensstilen bei Heranwachsenden in Westdeutschland. In: Büchner, P./Krüger, H.-H. (Hrsg.): Aufwachsen hüben und drüben. Opladen 1991, S. 203-223
Krüger, H.-H./Köhler, S./Zschach, M. : Peergroups von Kindern und schulische Bildungsbiographien. In: Diskurs Kindheits- und Jugendforschung 2 (2007), H. 2, S. 201-218
Küster, E. U.: Fremdes Gelände. Ethnographie eines Jugendhauses. Münster 2001
Lange, A./Theunert, H.: Popularkultur und Medien als Sozialisationsagenturen. In: Zeitschrift für Soziologie der Erziehung und Sozialisation 28 (2008), H. 3, S. 231-242
Lenz, K.: Die vielen Gesichter der Jugend. Frankfurt a. M. 1988
Lessing, H./Liebel, M.: Jugend in der Klassengesellschaft. Marxistische Jugendforschung und antikapitalistische Jugendarbeit. München 1974
Lindner, W.: Ethnographische Methoden in der Jugendarbeit. Opladen 2000
Luca, R.: Weibliche Identitätsentwicklung und mediale Vorbilder. In: Friebertshäuser, B./Jakob, G./Klees-Möller, R. (1997), S. 83-94
Lüdtke, H./Pawelka, A.: Jugend in Organisationen. In: Markefka, M./Nave-Herz, R. (1989), S. 571-588.
Lukesch, H.: Das Forschungsfeld „Mediensozialisation" – eine Übersicht. In: Roters, G./Klingler, W./Gerhards, M. (1999), S. 59-83
Mansel, J./Hurrelmann, K.: Aggressives und delinquentes Verhalten Jugendlicher im Zeitvergleich. In: Kölner Zeitschrift für Soziologie und Sozialpsychologie 50 (1998), H. 1, S. 78-109
Marotzki, W.: Digitalisierte Biographien? Sozialisations- und bildungstheoretische Perspektiven virtueller Welten. In: Luhmann, N./Lenzen, D. (Hrsg.): Bildung und Weiterbildung im Erziehungssystem. Frankfurt am Main 1997
Maschler, N.: Der Sportler trinkt gerne. In: die tageszeitung, 6. 03. 2001, S. 7
Matthesius, B.: Anti Sozialfront. Opladen 1992
Medienpädagogischer Forschungsverbund Südwest: Jugend, Information, Multi-Media – JIM-Studie. Stuttgart 2008
Menschik-Bendele, J./Ottomeyer, K.: Sozialpsychologie des Rechtsextremismus. Opladen 1998
Meyer, E.: Die Techno-Szene. Opladen 2000
Mitterauer, M.: Sozialgeschichte der Jugend. Frankfurt a. M. 1986
Müller, B./Rosenow, R./Wagner, M.: Dorfjugend Ost – Dorfjugend West. Freiburg i. Br. 1994
Müller, H.: Zum Drogenkonsum bei der Schuljugend in den neuen Bundesländern. In: Leppin, A./Hurrelmann, K./Petermann, H. (2000), S. 45-63
Müller, I.: Jugend und Freizeit. Aufgabe der allgemeinen Sozialisation oder einer intentionalen Erziehung durch die Schule. Frankfurt a. M. 1984
Münchmeier, R.: Jugend im Spiegel der Jugendforschung. In: Bingel, G./Nordmann, A./Münchmeier, R.: Die Gesellschaft und ihre Jugend. Wiesbaden 2008, S. 13-26
Münchmeier, R. (Hrsg.): Miteinander – Nebeneinander – Gegeneinander? In: Jugendwerk der Deutschen Shell (2000), S. 221-259
Negt, O.: Lebendige Arbeit, enteignete Zeit. Frankfurt/New York 1984
Neidthardt, F.: Bezugspunkte einer soziologischen Theorie der Jugend. In: Neidthardt u.a. (Hrsg.). Jugend im Spektrum der Wissenschaften. München 1970
Neumann-Braun, K./Deppermann, A.: Ethnographie und Kommunikationskulturen Jugendlicher. In: Zeitschrift für Soziologie 27 (1998), H. 4, S. 239-255
Noelle-Neumann, E.: Die Verteidigung des Lesens – Kann man einen langfristigen Trend mit der Sozialforschung wieder umdrehen? In: Klingler, W./Roters, G./Gerhards, M. (1999), S. 13-26
Nolteernsting, E.: Jugend. Freizeit. Geschlecht. Opladen 1998
Nordmann, A. Zwischen Fremd- und Selbstbestimmung. In: Bingel, G./Nordmann, A./Münchmeier, R.: Die Gesellschaft und ihre Jugend. Wiesbaden 2008, S. 53-69
Oevermann, U.: Zur Sache. In: Friedeburg, L./Habermas, J. (Hrsg.): Adorno-Konferenz 1983. Frankfurt a. M. 1983
Ohlemacher, Th.: Fremdenfeindlichkeit und Rechtsextremismus. In: Soziale Welt 49 (1998), H. 4, S. 319-332
Olk, Th.: Jugend und Gesellschaft. In: Heitmeyer, W. (Hrsg.): Interdisziplinäre Forschung. Weinheim 1986, S. 290-301

Onna, B. van: Jugend und Vergesellschaftung. Eine Auseinandersetzung mit der Jugendsoziologie. Frankfurt a. M. 1976
Opaschowski, H.: Tourismus – eine systematische Einführung. Opladen 21996
Oswald, H.: Beziehungen zu Gleichaltrigen. In: Jugendwerk der Deutschen Shell (1992), S. 319-333
Paus-Haase, I. u. a.: Talkshows im Alltag von Jugendlichen. Opladen 1999
Peukert, D.: Jugend zwischen Krieg und Krise. Lebenswelten von Arbeiterjungen in der Weimarer Republik. Köln 1987
Projektgruppe Jugendbüro: Die Lebenswelt von Hauptschülern. München 1973
Projektgruppe Jugendbüro: Subkultur und Familie als Orientierungsmuster. München 1977
Raabe, T./Titzmann, P./Silbereisen, R.: Freizeitaktivitäten und Delinquenz bei jugendlichen Aussiedlern und Einheimischen. In: Psychologie in Erziehung und Unterricht 55 (2008), H. 1, S. 39-50
Reichwein, S./Freund, Th.: Karrieren, Action, Lebenshilfe. Opladen 1992
Reinders, H.: Messung sozialer und selbstregulativer Kompetenz in Kindheit und Jugend. München 2007
Reinders, H. u. a. : Individuation und soziale Identität – Kontextsensitive Akkulturation türkischer Jugendlicher in Berlin. Berlin 2000
Rieker, P.: Ethnozentrismus im Jugendalter. In: Zeitschrift für Sozialisationsforschung und Soziologie der Erziehung 20 (2000), H. 1, S. 39-54
Rogge, J.-U.: Die Faszination und die Bedeutung medialer Gewalt aus Sicht von Heranwachsenden. In: Kofler, G./Graf, G. (1995), S. 55-80
Rose, L.: Abenteuer – nur für Jungen? In: Friebertshäuser, B./Jakob, G./Klees-Möller, R. (1997), S. 171-182
Rosenmayr, L./Köckeis, E./Kreutz, H.: Kulturelle Interessen von Jugendlichen. Wien 1966
Sander, U./Vollbrecht, R.: Zwischen Kindheit und Jugend. Weinheim/München 1985
Sauter, S.: Wir sind „Frankfurter Türken". Adoleszente Ablösungsprozesse in der deutschen Einwanderungsgesellschaft. Frankfurt a. M. 2000
Schäffer, B.: Die Band. Opladen 1996
Scharmann, D.-L.: Konsumverhalten von Jugendlichen. München 1965
Scheithauer, H./Hayes, T./Niebank, K. (Hrsg.): Problemverhalten und Gewalt im Jugendalter. Stuttgart 2008
Schmidt, J.: Jugendtypen aus dem Arbeitermilieu. Ein Beitrag zur Typologie der erwerbstätigen Jugend. Weimar 1934
Schorb, B./Mohn, E./Theunert, H.: Sozialisation durch (Massen-)Medien. In: Hurrelmann, K./Ulich, D. (Hrsg.): Neues Handbuch der Sozialisationsforschung. Weinheim/Basel 1991
Schröer, N.: Umriss einer hermeneutischen Wissenssoziologie. In: Schröer, N. (Hrsg.): Interpretative Sozialforschung. Opladen 1994
Schultz, C.: Die Halbstarken. Hamburg 1912
Silbereisen, R.: Ausgewählte Trends der psychologischen Jugendforschung. In: Merkens, H./Zinnecker, J.: Jahrbuch der Jugendforschung. Opladen 2002, S. 197-220
Silbereisen, R. K./Vaskovics, L. A./Zinnecker, J. (Hrsg.): Jungsein in Deutschland. Jugendliche und junge Erwachsene 1991 und 1996. Opladen 1996
Spiegel-Special: Die Eigensinnigen. Selbstporträt einer Generation. November 1994
Stauber, B.: Junge Frauen und Männer in Jugendkulturen. Gewandelte Bedeutung in der späten Modernen und Konsequenzen für die Jugendforschung. In: Deutsche Jugend 49 (2001), H. 2, S. 62-70
Stecher, L.: Informelles Lernen bei Kindern und Jugendlichen und die Reproduktion sozialer Ungleichheit. In: Zeitschrift für Erziehungswissenschaft 68 (2005), H. 3, S. 347-392
Stein, P.: Soziale Mobilität und Lebensstile. In: Kölner Zeitschrift für Soziologie und Sozialpsychologie 57 (2005), H. 2, S. 205-229
Strzelewicz, W.: Jugend in freier Zeit. München 1965
Strzoda, C./Zinnecker, J.: Das persönliche Zeitbudget zwischen 13 und 30. In: Silbereisen, R.K./Vaskovics, L.A./Zinnecker, J. (1996), S. 281-300
Strzoda, C.: Freizeitverhalten und Freizeitmuster. In: Silbereisen, R.K./Vaskovics, L.A./Zinnecker, J. (1996), S. 261-280
Sturzbecher, D. (Hrsg.): Jugend in Ostdeutschland. Opladen 2001
Sturzenhecker, B.: Zum Milieucharakter von Jugendverbandsarbeit. In: Deutsche Jugend 55 (2007), H. 3, S. 112-119
Tenbruck, F. H.: Jugend und Gesellschaft. Freiburg i. Br. 1962
Tertilt, H.: Turkish Power Boys. Frankfurt a. M. 1996
Thole, W.: Familie – Szene – Jugendhaus. Alltag und Subjektivität einer Jugendclique. Opladen 1991

Thole, W./Höblich, D.: „Freizeit" und „Kultur" als Bildungsorte – Kompetenzerwerb über non-formale und informelle Praxen von Kindern und Jugendlichen. In: Rohlfs, C./Harring, M./Palentien, Ch. (Hrsg.): Kompetenz-Bildung. Soziale, emotionale und kommunikative Kompetenzen von Kindern und Jugendlichen. Wiesbaden 2008, S. 69-93
Tippelt, R. u. a.: Jugend und Medien. Weinheim/Basel 1986
Trotha, T. v.: Zur Entstehung der Jugend. In: Kölner Zeitschrift für Soziologie und Sozialpsychologie 34 (1982), H. 2, S. 254-277
Tully, C.: Arbeitsweltkontakte von Schülerinnen und Schülern an allgemein bildenden Schulen. Empirische Befunde zur Verbindung von Schule und Job. In: Zeitschrift für Soziologie der Erziehung und Sozialisation 24 (2004), H. 4, S. 408-430
Vogelsang, W.: Asymmetrische Wahrnehmungsstile. In: Zeitschrift für Sozialisationsforschung und Soziologie der Erziehung 20 (2000), H. 3, S. 273-290
Vogelsang, W.: Design-Kultur „Techno". In: Hitzler, R./Pfadenhauer, M. (2001), S. 265-289
Wensierski, H.-J.: Jugendsozialisation in ostdeutschen Jugendcliquen. In: Der pädagogische Blick 8 (2000), H. 4, S. 197-211
Wetzstein, Th. u. a.: Jugendliche Cliquen. Wiesbaden 2005
Wolsing, Th.: Die Kommerzialisierung von Kindheit und Jugend. In: deutsche jugend 39 (1991), H. 4, S. 175-186
Wulf, C. u. a.: Bildung im Ritual. Schule, Familie, Jugend, Medien. Wiesbaden 2004
You-Team-Messe: outfit – sport – lifestyle. Bonn 2001
Ziehe, Th.: Jugend, Alltagskultur und Fremdheiten. In: Negt, O. (Hrsg.): Die zweite Gesellschaftsreform. Göttingen 1994, S. 258-275
Zinnecker, J.: Jugendkultur 1940 – 1985. Opladen 1987
Zinnecker, J.: Pädagogische Ethnographie. In: Zeitschrift für Erziehungswissenschaft 3 (2000[a]), H. 3, S. 381-400

Burkhard Müller

Kinder und Jugendliche in sozialpädagogischen Institutionen

1   Zu Umfang und Aufgaben der Kinder- und Jugendhilfe

Der Sammelbegriff für sozialpädagogische Institutionen, die sich mit Kindern und Jugendlichen befassen, ist **Jugendhilfe.** Ihre zentrale Organisation ist das **Jugendamt**, das 1922 mit dem Reichsjugendwohlfahrtsgesetz (RJWG) als kommunale Einrichtung geschaffen wurde – Vorläufer gab es seit der Jahrhundertwende und früher (Hering/Münchmeier 2000, S. 63ff.; Müller 1994, S. 19f.; Uhlendorff 2001). Rechtsgrundlage heutiger Jugendhilfe ist das 1991 in Kraft getretene Kinder- und Jugendhilfegesetz (KJHG; im Folgenden, wie heute üblich als Teil des Sozialgesetzbuches mit SGB VIII zitiert). Es spricht in seinem § 1 jedem „jungen Menschen"[1] „ein Recht auf Förderung seiner Entwicklung und auf Erziehung zu einer eigenverantwortlichen und gemeinschaftsfähigen Persönlichkeit" zu. Dies in „Gesamtverantwortung" und „Planungsverantwortung" (SGB VIII § 79, 1) zu gewährleisten ist Aufgabe des öffentlichen – vor allem des kommunalen – Trägers[2]. Anders als das JWG ist das SGB VIII als Leistungs- nicht als Eingriffsrecht konzipiert, wobei die Leistungen sowohl von Einrichtungen des örtlichen Trägers selbst, als auch, koordiniert über Leistungs- und Entgeltvereinbarungen nach § 78 a–g, von „Freien Träger", mit denen die „öffentliche Jugendhilfe" „partnerschaftlich" und unter Achtung von deren „Selbständigkeit" zusammenarbeiten soll (SGB VIII, § 4, 1).

Obwohl Jugendhilfe – anders als die Schule – über keinen eigenständigen, sondern nur über einen dem Elternrecht subsidiär zugeordneten Erziehungsauftrag verfügt, soll sie doch sehr anspruchsvollen gesellschaftlichen Zielen dienen. Jugendhilfe trägt, so die immer noch gültige Zielvorgabe der Bund-Länderkommission von 1974, „dazu bei, dem Erziehungsanspruch des jungen Menschen, der durch Elternhaus, Schule und Berufsausbildung allein häufig nicht erfüllt werden kann, gerecht zu werden. Jugendhilfe gehört mit ihren verschiedenen Aufgaben sowohl zur gesellschaftlichen Daseinsvorsorge, als auch zum Bildungswesen" (zit. nach Jordan/Sengling 1977, S. 13). Jener § 1 von SGB VIII nennt als Auftrag „insbesondere", die Förderung der „individuellen und sozialen Entwicklung", „vermeiden oder abbauen" von „Benachteiligungen", „unterstützen und beraten" von Erziehungsberechtigten, Schutz vor „Gefahren" für das „Wohl" von Kindern und Jugendlichen. Hinzu kommt eine Aufgabe, die gewöhnlich als „Einmischungsauftrag" in kommunale und politische Verhältnisse interpretiert wird, nämlich dazu beizutragen, „positive Lebensverhältnisse für junge Menschen und ihre Familien sowie eine kinder- und familienfreundliche Umwelt zu erhalten oder zu schaffen" (SGB VIII, § 1, 3 Ziff. 4).

Solche allgemeinen Aufträge mag man für die faktische Lebenslage von Kindern und Jugendlichen als unverbindlich und somit auch für die Jugendforschung als unerheblich ansehen. Es handelt sich aber um „unbestimmte Rechtsbegriffe", die nicht beliebig, sondern in „rechtsgebundener sozialpädagogischer Fachlichkeit" (Burghardt 2001) auszufüllen sind. Nirgends sonst werden auf gesetzlicher Ebene so konkret wie im SGB VIII Anspruchsrechte von Eltern, Kindern und Jugendlichen an die Gesellschaft formuliert. Die Differenz zu dem primär ordnungspolitischen Diskurs, der die Anfänge der Jugendhilfe vor hundert Jahren prägte, zur heute eher auf Integration und Teilhabe orientierten Programmatik sollte ebenso wenig vergessen werden, wie die historische Kontinuität (vgl. Böhnisch 1998).

Der heutige gesetzliche Auftrag ist so weit gefasst wie die Definition, mit der einst Gertrud Bäumer – maßgebliche Mitautorin des RJWG – die Aufgabe der Sozialpädagogik überhaupt formulierte: als zuständig für „alles, was Erziehung umfasst, aber nicht Schule und nicht Familie ist" (Bäumer 1929, S. 1) und „ein System gesellschaftlicher Leistung für die gesunde und normale wie für die gefährdete Jugend" (Bäumer 1929a, S. 217). Zweifellos hat sich Jugendhilfe seit damals als Institution etabliert. Zwischen 1960 und 1998 haben sich die öffentlichen Ausgaben für Jugendhilfe mehr als versechzigfacht (von 0,5 auf 30,9 Milliarden DM)[3]. Die neuesten Zahlen des Statistischen Bundesamtes (2008) weisen für 2006 ein Ausgabenvolumen von 20,288 Milliarden Euro aus, (was dem fast dem Bundesetat für Verteidigung entspricht). Mit rund 550 000 Beschäftigten, davon über 400.000 in den alten Bundesländern (Rauschenbach 1999, S. 49 u. 51) ist sie der deutlich größte Bereich sozialer Berufe geworden (die insgesamt seit 1997 die Zahl der Lehrer überholt haben (vgl. ebd. S. 42)); sie ist als Arbeitsmarkt, wie auch als Kostenfaktor öffentlicher Daseinsvorsorge beachtlich. Die letzten Zahlen vom 31.12.2006 bzw. 1.3.2007 sind: 618.647 Beschäftigte in 79.837 Einrichtungen, davon 425.547 in 48.652 Kindertageseinrichtungen, wobei vom pädagogischen Personal 411.484 auf Vollzeitstellen fallen (vgl. Komdat Jugendhilfe 2008, S. 2).

In der Kindheits- und Jugendforschung allerdings spielte Jugendhilfe bis vor kurzem kaum eine Rolle (siehe aber Kap. 3). Die Shell Studie 2000 z.B. ermittelt zwar, wie viele Jugendliche freiwillige Mitglieder einer Organisation sind (über 40%, vor allem in Sportvereinen) und sie nennt dabei unter ferner liefen auch Organisationen, die herkömmlich dem Spektrum der „Freien Träger" von Jugendhilfe zugeordnet werden (wie „kirchliche Jugendgruppen", „freiwilligen Hilfsorganisationen" oder „Jugendverband (z.B. Pfadfinder)" (Shell 2000, Bd. 1, S. 276). Aber Jugendhilfe selbst oder gar ihre Bedeutung aus der Perspektive Jugendlicher ist, wie auch in den Vorgängerstudien, kein Thema. Erst neuerdings finden, vor allem im Kontext des Aufschwungs ethnographischer Zugänge, auch die Relevanz von Jugendhilfe-Kontexten für jugendkulturelle Aktivitäten (Küster 2003; Müller u. a. 2005; Cloos u.a. 2007; Rose/Schulz 2007; Hünersdorf u.a. 2008) stärkere Beachtung. Auch der Aufbau dieses Handbuches ist hier bezeichnend: Während das Verhältnis von Jugend zur Schule, immerhin als eigenes „Gebiet" der Jugendforschung ausgewiesen ist, treten „sozialpädagogische Institutionen" nur als Sammelkategorie in Erscheinung. Dennoch berühren eine Fülle von Beiträgen de facto Aufgaben und im SGB VIII kodifizierte Felder der Jugendhilfe, z.B.: „Institutionelle Betreuung von Kindern", „Jugend, Freizeit, Medien und Kultur", „Kinder und Politik", „Jugend, Recht und Kriminalität", „Kinder und Jugendliche in Kirchen und Verbänden", „Ausländische Kinder und Jugendliche", „Gewalt in Familie und Schule", „Kindheit, Jugend und Drogen", „Kinder und Jugendliche in Institutionen der psychosozialen Versorgung".

Die Schwierigkeit, Jugendhilfe als Bezugsfeld von Jugendforschung zu verorten, liegt demnach weniger in ihrer mangelnden Relevanz als in ihrer scheinbar diffusen Struktur. Sie scheint, wie C.W. Müller bezüglich des Jugendamtes formuliert, einem „Gemischtwarenladen" zu ähneln.

„Es enthält, wie ein historisches Museum, nahezu alle Aufgaben, die in der Geschichte der Jugendwohlfahrt postuliert, formuliert und bearbeitet worden sind:

- Aufgaben der alten Armenpolizei und Aufgaben im Vorfeld von Strafermittlung und Strafvollzug
- Ermittlungstätigkeit in bedürftigen Familien und die Überprüfung von Pflegefamilien und Adoptionseltern
- Amtsvormundschaften
- Erziehungsberatung
- Aufsicht über Erziehungsheime, Kindergärten und Kindertagesstätten
- Jugendpflegerische Aufgaben und Arbeitsplätze, die eher denen in einer Konzertagentur, einem Jazzkeller oder in einem Club Mediterrannée entsprechen." (Müller 1994, S. 11)

Jugendamt und Jugendhilfe im Allgemeinen erscheinen in dieser Aufzählung als nur historisch erklärbare Konglomerate ohne inneren Zusammenhang. Offenkundig ist jedenfalls, dass Jugendhilfe in mehrerlei Hinsicht hybride Strukturen aufweist:

- Sie ist zur Ausübung des auf Kinder und Jugendliche bezogenen staatlichen Wächteramtes berufen (SGB VIII § 1,2), kann dies aber nur mittels unterstützender Leistungen wahrnehmen, während sie bei Eingriffen gegen den Willen der Betroffenen das explizite Mandat des Familien- bzw. des Vormundschaftsgerichtes braucht.
- Sie leistet Hilfe für Kinder und Jugendliche – aber leistungsberechtigt sind, des grundgesetzlich gesicherten Elternrechts halber, die „Personensorgeberechtigten". Gleichwohl formuliert das Gesetz auch eigenständige Rechte für Kinder und Jugendliche, was wieder in Spannung zum Elternrecht steht – z.B. in SGB VIII § 8 ihr Recht zur Beteiligung an „allen sie betreffenden Entscheidungen der öffentlichen Jugendhilfe" und uneingeschränkten Anspruch auf Beratung „in allen Angelegenheiten der Erziehung und Entwicklung", nötigenfalls auch „ohne Kenntnis der Personensorgeberechtigten".
- Sie ist Teil sozialstaatlicher Daseinsvorsorge und errichtet doch mit der Vielfalt ihrer Träger (Subsidiaritätsprinzip nach SGB VIII, § 4, 2) Hindernisse gegen rationale Planung und Steuerung der Leistungen.
- Sie ist Teil kommunaler Leistungsverwaltung, aber das Prinzip der „Zweigliedrigkeit" des Jugendamtes, das nach SGB VIII § 70,1 aus „Jugendhilfeausschuss" und „Verwaltung des Jugendamts" besteht, und das „Fachkräfteprinzip" (§ 72,1) verknüpfen die kommunalpolitische, administrative und fachliche Zuständigkeit, was in Spannung – vielleicht notwendiger Spannung – zu den kommunalen Steuerungspolitiken steht (vgl. Merchel 2000; Heuchel/Schrapper 1996; Müller 1998).
- Sie umfasst infrastrukturelle Versorgungsangebote, die sich an eine Allgemeinheit richten (Jugendarbeit nach SGB VIII §§ 11-15; Förderungs- und Beratungsangebote für Familien in unterschiedlichen krisenhaften Lebenslagen nach §§ 16-21; Kindertagesstätten und entsprechende Fördereinrichtungen nach §§ 22-26); letztgenannte machen 57,4 % ihres Ausgabe-Volumens aus (Statistisches Bundesamt 2008). Aber ihr anderes Schwergewicht liegt in den Einzelfall bezogenen „Hilfen zur Erziehung" (§§ 27-41) (nach Statist. Bundesamt 2008 im Jahr 2006 27,9% der Gesamtausgaben oder 5,65 Milliarden)
- Sie könnte bezüglich jener infrastrukturellen Aufgaben der (außerschulischen) Bildung und/ oder dem Kulturbereich zugeordnet werden (wie dies z.B. in der DDR der Fall war), wird aber, wegen der faktischen Dominanz der Einzelfall bezogenen Hilfen, zumeist als Teil des Sozialwesens organisiert und zugeordnet. Gleichwohl ist heute angesichts der Verschränkung von schulischen mit lebensweltlichen Problemen (siehe PISA-Debatte) die Forderung

nach engster Zusammenarbeit von Schule und Jugendhilfe in aller Munde (Thimm 2000; Olk u.a. 2000; Bundesjugendkuratorium 2002).
- Sie ist nach SGB VIII § 52 und § 36a zur Kooperation mit Jugendgerichten und Familiengerichten verpflichtet, hat aber gleichzeitig den Auftrag, nicht einfach deren Weisungen zu folgen, sondern den Verfahrensregeln des Jugendrechts und dem „Wunsch- und Wahlrecht" ihrer Klienten Geltung zu verschaffen (SGB VIII § 36a, 2) (Goerdeler 2007).
- Sie ist aber auch mit dem Gesundheitswesen verbunden, (Hoeppner-Stamos 1999; Hurrelmann 2000), sofern sie auch für „seelisch Behinderte" Kinder und Jugendliche zuständig ist (SGB VIII § 35a) und ihnen nach § 35a, 2 auch heilpädagogische Angebote machen soll, in denen „behinderte und nicht behinderte Kinder gemeinsam betreut werden".

Man kann nun all diese scheinbaren Ungereimtheiten als nur historisch erklärbares Faktum hinnehmen oder man kann der fachlichen Tradition folgen, welche genau diese hybride Struktur gewollt und unter Begriffen wie „offene Erziehungsfürsorge" (Bäumer 1929a), „Einheit" und „Ganzheitlichkeit" einer „offensiven Jugendhilfe", in den letzten Jahrzehnten auch unter dem Begriff einer „lebensweltorientierten" Jugendhilfe (Thiersch 2000; BMJFFG 1990) entfaltet hat. Der folgende Abschnitt versucht, diese Traditionslinie zu skizzieren.

2 Die „Einheit" der Jugendhilfe als kritische Rekonstruktion und als Programm

Während Kinder- und Jugendhilfe „als ein in seiner empirischen Verfasstheit kaum mehr überschaubarer Fleckerlteppich" (Lüders 1998, S. 10) erscheint, besteht ihre Einheit in erster Linie als programmatischer Entwurf. Und zwar in zweierlei Perspektive: Zum einen als Entwurf von kritischen Rekonstruktionen der gesellschaftlichen Intentionen und Folgen ihrer Befassung mit „Jugendlichen" und „Jugendproblemen"; zum andern als reformpädagogisches Projekt, welches die Rede von den „Rechten" Kinder und Jugendlicher und die Aufgabe, zu „positiven Lebensbedingungen" für sie beizutragen, beim Wort nimmt – auch angesichts des Wissens über gegenläufige gesellschaftliche Tendenzen, die mächtiger sein können als alles, was Jugendhilfe zu leisten vermag. Im Folgenden sollen beide Perspektiven nur grob umrissen werden, zumal eine fachgeschichtliche Rekonstruktion in diesem Rahmen unmöglich ist. Mir kommt es aber darauf an, zu verdeutlichen, dass beide Perspektiven, obwohl sie sich widersprechen, als komplementäre Zugänge zu einem angemessenen Verständnis beitragen.

2.1 Jugendhilfe als Sozialdisziplinierung

Die kritische Rekonstruktion der Jugendhilfeentwicklung lässt sich am besten in der Formel Peukerts (1986) als Geschichte der „Sozialdisziplinierung" von Jugend und ihren „Grenzen" zusammenfassen. Jugendhilfe entwickelte sich demnach seit den letzten Jahrzehnten des 19. Jahrhunderts einerseits als Ausdifferenzierung eines spezifischen Instrumentariums zur Kontrolle jugendlicher Devianz – als Jugendgerichtsbarkeit, -Strafvollzug und **Jugendfürsorge**; und andererseits – seit Beginn des 20. Jahrhunderts – als **Jugendpflege**. Diese widmete sich jenem von Bäumer als „gesund und normal" bezeichneten Teil der Jugend, genauer, deren nicht-bürgerlichen Schichten. Hier wurde zwischen Schulentlasszeit und Militärzeit bzw. Verheiratung eine „Kontrolllücke" diagnostiziert (ausführlich dazu z.B. Siercks 1913; Duensing 1913). Mit dem berühmten preußischen Jugendpflegeerlass von 1911 wurde der Grundstein des bis heute wirksamen Systems der Kooperation von „freien Trägern" und staatlicher Subvention gelegt. Es soll, so jener Erlass „die Erziehungstätigkeit der Eltern, der Schule und Kirche, der Dienst- und Lehrherren unterstützen, ergänzen und weiterführen" (zit. nach Giesecke 1981, S. 65) und dabei „Erweckung eines selbsttätigen Eigeninteresses der Jugend für die Zwecke der zu ihren Gunsten getroffenen Veranstaltungen" bewirken (ebd., S. 68).

Wie Lutz Roth (1983) gezeigt hat, ist der Begriff des „Jugendlichen" im unmittelbaren Zusammenhang dieses Institutionalisierungsprozesses entstanden. Der ab den 70er Jahren des 19. Jahrhunderts aufkommende Begriff „Jugendlicher" meinte zunächst nur den jugendlichen Rechtsbrecher (andere Jugendliche hießen Jünglinge oder Jungfrauen). Er kam im Kontext jener Diskurse über jugendspezifischen Strafvollzug und Fürsorgepraxis in Gebrauch (Roth 1983, S. 106ff.). Ab 1911 wandelte sich der Begriff „innerhalb von drei, vier Jahren" vom negativen zum positiven Jugendkonzept (Roth 1983, S. 122). „Der eigentliche Austragungsort dieses Bedeutungswandels, – des bedeutendsten Ereignisses in der ganzen Geschichte des ‚Jugendlichen' – war die vor allem seit 1911 in gewaltigem Umfang betriebene Jugendpflege" (ebd.).

Man kann nun, diesen hybriden Doppelcharakter der Jugendhilfe, ihre auf die einzelnen „gefährdeten" Jugendlichen gerichtete „Jugend-Fürsorge"-Seite und ihre auf offene pädagogische Angebote gerichtete „Jugendpflege"-Seite, als Doppelstrategie mit einem einzigen Ziel betrachten: Soziale Disziplinierung, Schließen der „Kontrolllücke", die sich seit preußischen Zeiten ja gewaltig erweitert hat. In diesem Sinn eröffnete nach Peukert z.B. die Grundformel des JWG, „das Recht des Kindes auf Erziehung, das dieses als minderjähriges natürlich nicht selbst verfolgen konnte, der kontrollierenden Staatsintervention eine breite Eingriffsschneise (...) Ziel war das gläserne Kind " (1986, S. 132). Auf dieser Linie betrachtet wären die Jugendpflegepraktiken der Hitlerjugend oder der FDJ nur in ihren Formen und Mitteln, aber nicht in ihren grundsätzlichen Zielen von heutiger Jugendarbeit oder Jugendsozialarbeit zu unterscheiden. Für eine solche Interpretation spräche der immer noch in den Medien und politischen Gremien vorherrschende Präventions-Diskurs über Jugend. Handlungsleitend ist hier, wie Frehsee (2000) formuliert, kein Förderparadigma, sondern ein Störungsparadigma, ein „polizeiliches Weltbild" „der Störungs- und Gefahrenabwehr, der Gewährleistung von Sicherheit und Ordnung, deren fokussierende Blicke sich auf die möglichen Störungen und Verletzungen richten, also symptombezogen sind". Lindner (2000) befürchtet sogar, dass ein solcher gefahren*fixierter* Blick, der alles jugendliche Risikoverhalten als „symptom- und prognoseträchtig" betrachtet, eine „Kriminalisierung auf Vorrat" schaffe. Diese zugespitzte Interpretation mag im Einzelfall berechtigt sein, trifft aber im Ganzen weder das Selbstverständnis noch die faktischen Wirkungsmöglichkeiten der Jugendhilfe. Sie werden bis heute eher von Münchmeier beschrieben, der über **Jugendarbeit** – die hier als exemplarisches Feld der Jugendhilfe im Ganzen steht – sagte:

„Es geht ihr einerseits um ‚Emanzipation' in dem Sinne, dass sie Lerngelegenheiten und Hilfestellungen zur selbständigen Auseinandersetzung mit den gesellschaftlichen Bedingungen des Jugendalters bieten will; sie dient darin jedoch gleichzeitig der kompensatorischen Bearbeitung der Mängel und Widersprüche dieser Bedingungen und damit der Reproduktion und Stabilisierung der gegebenen gesellschaftlichen Verhältnisse" (Münchmeier 1980, S. 120f.).

2.2 Die Einheit der offenen Jugendhilfe als Programm: Von Gertrud Bäumer zum 8. Jugendbericht

Versucht man demgegenüber die Entwicklung von Jugendhilfe als normativen Entwurf, als „reformpädagogisches" Programm (Müller 1994), wie es zuletzt im KJHG seine gesetzliche Gestalt gefunden hat, zu skizzieren, so empfiehlt es sich, noch einmal bei Gertrud Bäumer anzusetzen. Sie hat als erste darauf insistiert, dass mit Jugendhilfe ein „neues System" intendiert sei, „dem *normalerweise* – und nicht nur ausnahmsweise – gewisse Leistungen in dem Ganzen der von Familie, Gesellschaft und Staat getragenen Bildung des Nachwuchses zufielen" (1929, S. 4, Hervorhebung im Orig.). Dabei sah sie drei Entwicklungslinien als maßgeblich an, die man auch heute noch als die entscheidenden Parameter für Jugendhilfe als einem in sich kohärenten gesellschaftlichen Aufgabenfeld betrachten kann:

- der Blick auf faktische Erziehungswirklichkeit in den Familien habe zu einer „Kritik der rechtlichen Voraussetzungen, die bisher das Schicksal des Kindes ausschließlich der Familie überantworteten" geführt, zu einer „grundsätzlichen Einschränkung der Macht der Familie über das Kind" (ebd., S. 5). Bäumer verweist damit auf die „sozialpädagogische Umgestaltung des Familienrechts" (ebd., S. 5ff.) im Sinne einer Stärkung der Schutzrechte von Kindern durch ein „staatliches Wächteramt". Die „kontrollierende Staatsintervention" (s.o.) ist aus dieser Perspektive die Bedingung der Möglichkeit einer gesellschaftlichen Garantenpflicht für Kinderrechte[4].
- „Die Erkenntnis der wirtschaftlichen Lage der Eltern und der sozialen Umstände der Familie als Erziehungsfaktoren führte zur Einsicht in soziale Probleme, die als gesellschaftliche Strukturveränderung über dem Schicksal des Einzelnen walten". Bäumer thematisiert damit das kinder- und jugendpolitische Mandat der Jugendhilfe, das – wie sie am Beispiel des Verbots von Kinderarbeit erläutert – immer dort einsetzt, wo für Kinder „das Leben aufgehört (hat), bildend zu sein" (ebd., S. 12). In diesem Sinn thematisiert sie auch die Entwicklung des Kindergartens als gesellschaftliche Reaktion auf Frauenerwerbsarbeit (ebd., S. 13f.). Jugendpflege dagegen wird, im Kontext anderer Reformen, nicht nur als Reaktion auf gesellschaftlich produzierte Mängellagen, sondern als „Plus gegenüber dem Jugendleben früherer Zeiten" interpretiert. „Hier sind die Stellen, an denen die Bildungskraft des Jugendlebens für breiteste Schichten gegenüber früheren Verhältnissen sich zweifellos erhöht hat'" (ebd., S. 15).
- Erst als dritte Entwicklungslinie nennt Bäumer „Die Erforschung der im Kinde selbst gegebenen Schwierigkeiten, die von den normalen Erziehungsfaktoren der Familie und Schule nicht überwunden werden konnten", welche „zur Ausbildung und Durchbildung der Erziehungsfürsorge bei Fehlentwicklungen (führte)" (ebd., S. 5). Bäumer schwebt hier offenkundig eine spezifische Heilpädagogik vor (ebd., S. 15ff.), wobei sie allerdings nur allgemeine „methodische Selbstbesinnung" fordert und im Übrigen der Medizin auf diesem Gebiet „unbedingten Vorrang" lassen will (ebd., S. 16).

Unter dem dritten Punkt wird die „Fürsorge-Seite" der Jugendhilfe eher dem zugeordnet, was man heute „psychosoziale Versorgung" nennt. Dennoch bleibt festzuhalten, dass für Bäumer die Einheit der Jugendhilfe in ihrem pädagogisch begründeten, aber als Handlungsfeld sozialpolitischen, Charakter als „neues System" konstituiert wird – als Infrastruktur würde man heute sagen – wobei der Schwerpunkt auf den gesetzlich verankerten offenen Hilfen liegt. Diese werden allerdings eher als Wächteramt, denn als bloßes Angebot verstanden. Bäumer lässt sich jedenfalls nicht, wie z.B. Niemeyer (1997) meint, der von Herman Nohl geprägten „disziplinären Engführung des Sozialpädagogikbegriffs" zuordnen, in deren Mittelpunkt die „im Kinde selbst gegebenen Schwierigkeiten" als „pädagogischer Ernstfall" (Nohl) stehen. Sie sind für Bäumer – wie auch für die heutige „lebensweltorientierte" Jugendhilfe – eher der Grenzfall.

In Bäumers anderem Beitrag zum Nohl/Pallat'schen Handbuch (1929a) wird diese sozialstrukturelle Orientierung noch durch eine vierte „Entwicklungslinie" ergänzt, die für heutige Jugendhilfe vielleicht aktuellste. Bäumer entwirft hier in nuce eine Theorie sozialstaatlicher Leistungsverwaltung, in eins mit einer Theorie der Professionalisierung von Jugendhilfe. Sie schreibt: „Die Eigentümlichkeit der jugendamtlichen Tätigkeit besteht darin, dass sie eine Verbindung von Verwaltung und Erziehung darstellen und in dieser Verbindung wieder auf Gebieten auszuüben sind, die die gesamte körperliche und geistige, allgemeine und berufliche Erziehung umfassen" (1929a, S. 213). Mit Verbindung von „Verwaltung und Erziehung" meint Bäumer nicht nur die Verbindung von pädagogischem (und weiblichem) „Außendienst" mit verwaltendem (und männlichem) „Innendienst", die sie als unzureichende Entwicklungsstufe kritisiert; „sondern, dass das Jugendamt als Ganzes ein sozial-pädagogisches Organ ist", womit die Frage „wenn man das Wort wagen will, nach der ‚Pädagogisierung' des Innendienstes gestellt (wird)" (ebd., S. 216). Ihre Vision ist ein Berufskonzept – auch für Männer – „in dessen Ausbildung die Sozialpädagogik Kern und die verwaltungstechnische Schulung Mittel und Zweck ist" (ebd.).

Ich wähle als vergleichendes Beispiel für das Selbstverständnis der Jugendhilfe zunächst die – immer noch – repräsentativste Gesamtdarstellung im 8. Jugendbericht (BMJFFG 1990), wo, mit zwei charakteristischen Unterschieden, die Notwendigkeit und die Einheit der Jugendhilfe sehr ähnlich begründet werden. Als ihre Parameter nennt der Bericht die „Anpassungs- und Orientierungsaufgaben im Modernisierungsprozess", „den Selbstanspruch unserer Gesellschaft, Sozialstaat zu sein" und „die Zwänge der Macht, Produktions- und Marktgesetze" (BMJFFG 1990, S. 75). Die Einheit der Jugendhilfe wird aber, wie bei Bäumer, darin begründet, dass diese Rahmenbedingungen als Wirkungskontext einer *pädagogischen* Perspektive begriffen werden:

„Die Einheit der Jugendhilfe ist zunächst darin begründet, dass dem Status von Kindheit und Jugend – so wie es der Entdeckung des Kindes und dem darin begründeten allgemeinen pädagogischen Programm entspricht – eine bestimmende Bedeutung (der primäre Status) beigemessen wird. In Bezug auf die Förderung von Entwicklungs- Erziehungs- und Lernprozessen haben die verschiedenen Arbeitsfelder einen tragenden gemeinsamen Grund. (...) Mit der Förderung der Entwicklungs-, Erziehungs- und Lernprozesse – mit der Anwaltschaft für die Bildungsansprüche, mit der Parteilichkeit für die Lebensmöglichkeiten der Heranwachsenden – konkretisiert Jugendhilfe den Sozialstaatsanspruch für ihre pädagogischen Aufgaben. Einheitlichkeit in ihren Aufgaben bedeutet dementsprechend, dass die Verschiedenartigkeiten, wie sie aus den Lebensverhältnissen normaler Heranwachsender und den Lebensschwierigkeiten besonders belasteter Heranwachsender erwachsen, als prinzipiell gleichwertig angesehen werden. Jugendhilfe ist nicht (sozialdisziplinierende) Eingriffsinstitution. **Jugendpflege** und **Jugendfürsorge** (in den alten terms) sind die beiden gleichgewichtigen Momente der Jugendhilfe; die Einheit von Jugendhilfe, in heutiger Formulierung, ist dezidiert nicht-stigmatisierend, sondern normalisierend konzipiert." (ebd., S. 76f.)

Der Unterschied zu Bäumer ist einerseits der entschieden demokratische Duktus. „Strukturmaximen" (ebd., S. 85ff.) wie „Zugänglichkeit" (ebd., S. 87), „Partizipation" (ebd., S. 88f.),

Recht von Klienten auf Ablehnung von Hilfe (ebd., S. 89), Orientierung an „Dienstleistungsangeboten" (ebd., S. 77) und „Ressourcenarbeit" (ebd., S. 78) kannte sie nicht, sondern blieb dem Fürsorgedenken der „geistigen Mütterlichkeit" ihrer Zeit verhaftet. In Bezug auf ihr Verständnis vom Primat des Pädagogischen scheint mir Bäumer allerdings im Ansatz klarer und realitätsgerechter zu sein als der 8. Jugendbericht. Dieser meint mit „primär pädagogisch", dass Jugendhilfe „...also nicht an Problemlösungsmustern von Verwaltung/Recht oder medizinischen Heilungszwecken orientiert ist, sondern auf Bildung, Aufklärung, Hilfe und Unterstützung in der Situation zielt und sich konkretisiert im Medium des personell belastbaren und verlässlichen Bezugs und im Angebot von entlasteten Räumen, in Anregungen von Provokationen zum Entwicklungs- und Bildungsprozess" (ebd., S. 77). Diese Gegenüberstellung von pädagogischen und anderen „Problemlösungsmustern" läuft, eher als Bäumers Konzept, auf „pädagogische Engführung" bzw. auf die Reduktion von Jugendhilfe auf „Beziehungsarbeit" hinaus. Bäumer dagegen insistiert darauf, dass gerade auch *innerhalb* der „Problemlösungsmuster" von Verwaltung und Recht, soweit sie die „sozialen Bedingungen von Bildung und die Bildungsbedingungen des Sozialen" (Natorp) gestalten, den Primat der pädagogischen Ziele (und den Mittelcharakter von Recht und Verwaltung) zur Geltung zu bringen die Aufgabe sei. D.h. gerade dort, wo Jugendhilfe „als Verwaltungshandeln" (Maas), als rechtlich gebotene Intervention, als „Einmischung" in kommunale Verhältnisse gefordert ist – und nur dem jeweiligen System entsprechende Handlungsstrategien Chancen haben – soll Jugendhilfe fähig sein, am Primat ihrer pädagogischen Ziele innerhalb des Handlungskontextes von Verwaltung, Recht und Politik festzuhalten[5]. Dies erfordert auch die Überwindung der Aufspaltung zwischen einer positivistischen Jugendrechts-Kasuistik und einer im vermeintlich rechtsfreien Raum operierenden sozialpädagogischen oder therapeutischen Kasuistik, die in den Aus- und Fortbildungen immer noch vorherrscht (Burghardt 2001).

Ein Verständnis von Jugendhilfe, in welchem deren „Einheit" als „pädagogisches" Feld weder durch eine bestimmte Art von „pädagogisch" genanntem Handeln, noch durch einen ganz eigentümlichen Typ von Problemlösung, sondern dadurch konstituiert wird, dass sie soziale, rechtliche, infrastrukturelle Kontexte des Aufwachsens von Kindern und Jugendlichen auf ihre Entwicklungsbedeutung hin befragt und mit dem Ziel besserer Entwicklungschancen zu beeinflussen sucht, entspricht sicher auch dem Konzept einer „lebensweltorientierten Jugendhilfe". Aber erst die neuere, durch die Verwaltungsreformdiskussion der 1990er Jahre provozierte Debatte über die fachliche Relevanz *organisatorischer* Qualitätskriterien (Merchel 1998; Heiner 1998) hat deutlich gemacht, was Schrapper (1998) am Beispiel des „Allgemeinen Sozialen Dienstes" (ASD) im Jugendamt entfaltet: „Gute Arbeit machen", z.B. im Sinne der „Strukturmaximen" mit Kindern und Jugendlichen zu kooperieren ist eine Sache; sie kann aber nur gelingen, wenn sie durch ein „die Arbeit gut machen" ergänzt wird: d.h. wenn die Herstellung von Rahmenbedingungen, Ressourcen, Legitimationen, Organisationsformen etc. ebenso als Teil der „einheitlichen" Aufgabe von Jugendhilfe, und nicht nur als deren Außenbedingung betrachtet wird (vgl. auch Müller 2000b).

2.3 Jugendhilfe als entgrenztes Feld und die bedrohte Einheit der Jugendhilfe

Nicht nur jene „Strukturmaximen" und ihr Einmischungsgebot, sondern auch die von außen einwirkenden sozial- und bildungspolitischen Entwicklungen (reflektiert in Debatten über Demographie, Bildungs-Standort, Armut- und Bildung, Aktivierender Sozialstaat, Jugendgewalt etc.) bewirken allerdings eine „Entgrenzung" der Jugendhilfe – wie der Sozialpädagogik im Ganzen (Böhnisch/Schröer, Thiersch 2005). Sie reflexiv „einzufangen" (vgl. ebd. S. 96) fällt schwer, was die Idee der Einheit der Jugendhilfe bedroht.

Im Zuge beschleunigter Modernisierungsprozesse sind jugendliche Bedürfnislagen und Bewältigungsstrategien, Gesellungsformen und jugendkulturelle Stilformen vielfältig und unübersichtlich geworden, wie die Jugendforschung vorführt (z.B. Eckert u.a. 2000; King/Müller 2000; Hitzler/Bucher/Niederbacher 2000). Dies verlangt Verzahnung von offenen Formen der Jugendhilfe mit spezielleren Angeboten (und ggf. auch mit anderen Institutionen wie Schule, Jugendgerichtsbarkeit etc.), die insgesamt herausgefordert sind, sich diesem Wandel ihres AdressatInnenmilieus zu stellen, um für benachteiligte oder beschädigte wie auch für „ganz normale", nicht marginalisierte Kinder und Jugendliche Unterstützungsleistungen für den Prozess ihrer Lebensbewältigung bereitzustellen. Sie soll die Benachteiligung von Mädchen oder ausländischen Jugendlichen ausgleichen und niedrigschwellige Angebote ebenso leisten, wie Betreuung von Jugendlichen mit jugendrichterlichen Auflagen, sowie präventiv ausgerichtet sein oder Angebotsformen der schulbegleitenden Kinder- und Jugendarbeit (Deinet 1997) entwickeln.

Ähnlich ist die Anforderung an die **Kindergärten** und Krippen, die, erst neu aus ihrem vernachlässigten Status als Kinderbewahranstalt herausgeholt, mit dem doppelten Anspruch befrachtet werden elementare Bildungsgrundlagen für alle zu liefern (Honig 2004; Fried 2008) und gleichzeitig zentrale Präventionsinstanz gegen Benachteiligung und Kindeswohl-Gefährdung zu sein. Wie in der **Jugendarbeit** werden hier die Aufgaben der Jugendhilfe entgrenzt und durch vielfältige *sozial*pädagogische Zielperspektiven ergänzt, durch welche sie sich als „normales gesellschaftliches Teilsystem" (Merten 1997, S. 164) neben andere Systeme zur Bewältigung „normaler Krisen" (ebd.) in die Pflicht genommen sieht.

Umgekehrt entgrenzen sich einzelfallbezogene Erziehungshilfen in Richtung offener Angebote, werden in „**Integrierte Erziehungshilfen**" (Peters/Trede/Winkler 1998; Birtsch/ Münstermann/Trede 2000; Koengeter 2008) transformiert, gemäß dem Auftrag, vom „Einzelfall" und der Einbeziehung des „engeren sozialen Umfeldes" auszugehen (KJHG § 27,2). Die ehemalige Fürsorgeseite der Jugendhilfe wandelt sich von der pädagogischen Provinz **Heimerziehung**, wie die ehemalige Jugendpflegeseite, zur „Infrastruktur der Lebensbewältigung" (Böhnisch 1997, 1998). Gemeinsam ist die „Aufgabe der Vermittlung der sozialen Balance zwischen individuellen Lebenswelten und gesellschaftlichen Anforderungen im Prozess der Modernisierung" (Münchmeier 1992, S. 34; vgl. auch Böhnisch 1994; Winkler 1995; Bommes/Scherr 1996); aber eben primär für die „Modernisierungsverlierer".

Für die Wirksamkeit sozialpädagogischer Institutionen im Lebenszusammenhang von Kindern, Jugendlichen und ihren Familien ist das in doppelter Weise bedeutsam. Zum einen steckt darin ein Zwang zur Dezentrierung und Fragmentierung der Jugendhilfe. Denn wirksame Beiträge zur Verbesserung der Lebenssituation von Kindern und Jugendlichen kann sie zunehmend nur noch leisten, wenn sie mit anderen Institutionen erfolgreich kooperiert: Mit anderen kommunalen Diensten, mit Schulen, mit Arbeitsagenturen, mit Jugendgerichten, mit Drogen- oder Schuldnerberatung, mit der Kinder und Jugendpsychiatrie und auch mit der Polizei. Dies führt nicht nur zu Tendenzen der Spezialisierung (die es immer schon gab) mit hybriden Formen des professionellen Selbstverständnisses ihrer Akteure (z.B. Thomsen 2006). Jugendhilfe kann vielmehr in dieser Zusammenarbeit nur dann erfolgreiche Partnerin sein, wenn sie einen schwierigen Spagat schafft: Sie darf sich auf der einen Seite nicht von der Eigenlogik anderer Institutionen vereinnahmen lassen, sondern muss ihren eigenen Auftrag (orientiert z.B. am

§ 1 SGB VIII) in der Kooperation zur Geltung bringen. Auf der anderen Seite besteht dieser Auftrag ja gerade darin, dem ganzen lebensweltlichen Kontext der Kinder und Jugendlichen im Relevanzsystem anderer Institutionen Beachtung zu verschaffen, was wiederum als *besonderer* professioneller Beitrag nur schwer zu vermitteln ist.

Beispiele aus drei aktuell besonders geforderten Kooperationsfeldern der Jugendhilfe können dies illustrieren. So ist es in der aktuellen Bildungsdebatte spätestens seit dem 12. Jugendbericht (BMFSFJ 2005) Konsens, dass Bildung mehr sein müsse als Schule und Kooperationsformen von Jugendhilfe und Schule unentbehrlich seien (Hartnuß/Maykus 2004; Rauschenbach/Düx/Sass 2006). Aber oft zeigt die Praxis, dass die Kooperation über Schulsozialarbeit als Nothilfe beim Scheitern an einer ansonsten unveränderten Schule kaum hinausgeht. Die neue Gesetzgebung zur Arbeitsförderung (SGB II) macht Kooperation von Jugendhilfe und Arbeitsagenturen (bzw. Mischformen der Angebote) unabweisbar nötig. Ob sich aber professionelle und berufsethisch auf Dauer vertretbare Kooperationsformen entwickeln lassen oder nur „funktionaler Dilettantismus" herrscht (Trube 2006; vgl. Buestrich, 2006; May 2007) ist offen. Schon älter und besser durchgearbeitet sind die Probleme der Zusammenarbeit von Jugendhilfe und Justiz (Kleinert 2006; Goerdeler 2007), ohne den prekären Charakter dieser Zusammenarbeit überwunden zu haben.

Zum andern, und quer dazu, hat Michael Winkler (2006) ein zweites Spaltungsmuster beschrieben, das insbesondere für die Jugendhilfe relevant ist. Er hat die These formuliert, die Sozialpädagogik zerfalle heute immer mehr in drei disparate Teile - und verliere damit ihre Einheit. Nämlich a) in eine „kapitalisierte Sozialpädagogik", reputierlich, offen für alle, dienstleistungsorientiert auf spezielle Probleme der Lebensbewältigung bezogen, die jeden treffen können: als saubere Sozialarbeit für saubere Klienten und klienten- wie marktgerechte Lösungen. b) Eine den Ideen bürgerschaftlichen Engagements und der Selbsthilfe nahe stehende, projektförmige Soziapädagogik. Es sind Projekte, die der Logik einer nur noch funktionalen Dienstleistung widerstreben, für die „ein Modell von Solidarität das Zentrum bildet" (ebd. S. 70). Sie sind freilich zugleich als Beispiele für einen Sozialstaat, der nicht mehr versorgen, sondern aktivieren will, höchst willkommen und funktional. c) Die „elende Sozialpädagogik" „im Restbereich der Gesellschaft, wo es um Kontrolle und Disziplinierung geht, wo entscheidend wird, mit Ausgegrenzten zu arbeiten" (Winkler 2006, S. 71) und wo Soziale Arbeit das Schicksal ihrer Adressaten tendenziell teilt.

Bezieht man dies Modell auf die zuerst beschriebenen Fragmentierungstendenzen, so könnte man etwas plakativ sagen: Unter a) würde eine Jugendhilfe fallen, die sich im Mainstream der Konzepte eines aktivierenden Sozialstaates bewegt, der „Fördern und Fordern" auf seine Fahnen geschrieben hat und Erziehung im Sinne optimierter Employability betreibt, aber auch therapienahe Formen der Einzelfallarbeit. Als Partner passen dazu Schulen die ähnlich denken, klinische Partner, verständnisvolle Jugendgerichte einerseits und in einzelne Krisen geratene aber im Ganzen noch relativ chancenreiche Jugendliche und Familien andererseits. Auch der große und im Aufwind befindliche Bereich der Tageseinrichtungen für Kinder, erst neu als Bildungsbereich entdeckt, gehört hier her. Unter b) würden eine romantische Sozialpädagogik - und engagierte Schul- Gesundheits- und Kommunalreformer als ihre Partner – fallen, welche in ihren Projekten am Partizipationsideal des 8. Jugendberichtes, an einem Bildungsbegriff der Teilhabe (Liebau 2002), an der Aushandelbarkeit von Heterogenitätskonflikten statt Integrationspolitik (Sauter 2007) festhalten. Aber sie können wenig dagegen tun, dass sie meist nur Ausnahmefälle schaffen, die zwar öffentlich gelobt, aber gleichzeitig zum Alibi eines generellen Desinteresses an all dem umfunktioniert werden. Unter c) würde die Elendsverwaltung von Suppenküchen und schlecht ausgestatteten „niedrigschwelligen Angeboten" bis zum „Stadtteilmanagement" von Wohnghettos fallen, wobei Polizei und Justiz, Wohnungsbaugesellschaften, Sozial- und Ordnungsämter, Sucht- und Schuldnerberatung die maßgeblichen, aber für die Verbesserung der Lebensqualität von Kindern, Jugendlichen und Familien ebenfalls schlecht ausgestatteten Partner sind (Lutz 2008).

3 Zur Empirie von Jugendhilfe

Die Jugendhilfe steht demnach hier vor dem doppelten Problem, angesichts der komplexen Problemlagen empirisch triftige Diagnosen für realistische Ziele aufzustellen und darüber hinaus im konkreten pädagogischen Alltag handlungsfähig zu bleiben (Müller 2000a). Zugleich gilt unter den mit Begriffen wie „Risikogesellschaft", „reflexive Modernisierung" und „Individualisierung" beschriebenen gesellschaftlichen Ausgangsbedingungen (Beck/Giddens/Lash 1996), dass gerade gesellschaftlich benachteiligte oder marginalisierte soziale Gruppen von »biographisierten«, nicht mehr auf einfache soziologische Nenner zu bringenden Benachteiligungen betroffen sind (vgl. dazu z.B. Mansel/Hurrelmann 1991; Neubauer/Hurrelmann 1995; für den Bereich der Jugendhilfe und Jugendarbeit Brüggemann u.a. 1996; Böhnisch u.a. 1998).

Auf empirischer Grundlage darzustellen, was eine hinreichende „Infrastruktur der Lebensbewältigung" für Kinder, Jugendliche und Familien erfordert, ist eine noch zu wenig eingelöste Aufgabe. Walter Hornsteins Mängelrüge zur sozialpädagogischen Forschung gilt immer noch und auch für die Jugendhilfe: Jene „Forschung beruht über weite Strecken auf der Anwendung von als ‚pädagogiknah' oder als ‚sozialpädagogisch relevant' eingeschätzten Konzepten, Theorien und Verfahren" (1998, S. 60): Was fehle sei dagegen „Forschung... die ihre leitenden Perspektiven und Fragestellungen aus einem explizit gemachten und begründeten Verständnis dessen, was Sozialpädagogik (hier: Jugendhilfe B.M.) heute ist und sein kann, entwickelt" (ebd.).

Mollenhauer (1998, S. 30f.) gibt ein zentrales Beispiel für dieses Desiderat, indem er als eine solche Fragestellung das Thema „Normalitätsbalancen" benennt, genauer, das Thema der *Differenz* der Art von Normalitätsbalancen, welche Kinder, Jugendlichen und ihre Familien in schwierigen Lebenslagen de facto zustande bringen und der Art, welche aus der Perspektive der Kinder- und Jugendhelfer als einigermaßen gelingendes und sozialverträgliches Leben erscheint. „Diese ‚eigentümliche Situation' müsste durch empirische Forschung zugänglich gemacht werden können. HeimerzieherInnen, ‚Street-Worker', das Personal von Beratungseinrichtungen oder Jugendzentren etc., sie alle stehen ständig vor der Frage – von der die Schulen entlastet sind –, wo die Grenze liegt zwischen solchen Normalitätsentwürfen, die kalkulierbar sich in die gesellschaftlich konformen Lebenspraktiken einfädeln lassen, und anderen, die keine in dieser Art verträgliche Prognose erlauben" (ebd.).

3.1 Qualitative Jugendhilfe-Empirie und ihr Beitrag zu lebensweltlichen Balanceakten

Nun traf es schon in den 1990er-Jahren nicht zu, dass es für diese „eigentümliche Situation" keine empirischen Beschreibungen gäbe. Im Bereich der Jugendarbeit z.B. existiert immerhin eine Tradition detaillierter Feldstudien seit den 1970er-Jahren, von Kraußlach (1976), Aly (1977) und Roth (1978) über Miltner (1981), Becker u.a. (1984), Knoll-Krist (1985) und Deinet (1987) bis zu Schröder (1991), Thole (1991) und Krafeld (1996). Sie sind aber, ähnlich wie für andere Felder die Studien in Grunwald/Thiersch (2008), meist noch forschungsmethodisch wenig ausgewiesen (Ausnahme Thole), und eher gute Beispiele einer selbstreflexiven und rekonstruktiven Praxisbeschreibung als Forschung im strengen Sinn.

Erst neuere Arbeiten sind von anderer methodischer Qualität und zeigen, dass die Erforschung jener „eigentümlichen Situation" dennoch Fortschritte macht (Schweppe/Thole 2005). Beispiele für sehr unterschiedliche Ansätze rekonstruktiv-qualitativer Forschung überwiegend ethnographischen Typs sind hier Bohnsack (1998) zu Jugendarbeit als Schnittstelle von pädagogischem und jugendkulturellem Milieu; als Gelegenheitsstruktur für mit Jugendlichen ko-konstruktiv hergestellte Arbeitsbeziehungen zeigen sie Küster (2003), Müller u.a. (2005), Cloos u.a. (2007); als Aktionsfeld der Jugendlichen selbst zeigen sie Rose/Schulz (2007), als Feld ehrenamtlicher Akteure Fauser u.a. (2006). Auf die Rekonstruktion des Handlungsverständnisses der Jugendhelfer beschränkt, aber doch in diesem Zusammenhang zu erwähnen, sind die Arbeiten von Thole/Küster-Schapfl (1997), ebenso wie die Studien von Nagel (1997) oder von Kurz-Adam zur Erziehungsberatung (1997) oder Thomsen zur Schuldnerberatung (2006). Neuere Studien rekonstruieren die Handlungsperspektiven von Adressaten als Spiegel des professionellen Handlungsraums (vgl. Olerich/Schaarschuch 2005; Koengeter 2008).

Koengeters Studie ist auch ein gutes Beispiel für Forschungsfortschritte in den Hilfen zur Erziehung, wo die Empirie der pädagogischen Konstellationen bis vor kurzem im Wesentlichen der Praxisreflexion in psychoanalytisch-pädagogischer Tradition überlassen blieb (z.B. Reiser/Trescher 1987; Heinemann u.a. 1992; Becker 1996; Gerspach 1998). Wichtige Meilensteine sind hier die Bände von Mollenhauer/Uhlendorff (1992, 1995), die über ihre praxisreflexive Zielsetzung hinaus eine hermeneutische Methodik der Rekonstruktion von „Lebensthemen" und Deutungsmustern von Jugendlichen in Erziehungshilfen entwickeln. Vergleichbares leisten für den Bereich der ambulanten Hilfen für Familien die Arbeiten von Allert u.a. (1994) und Woog (1998), oder King/Schwab (2000) für Einzelhilfe im Migrationskontext. Spezieller auf stationäre Erziehungshilfen bzw. Heimerziehung zugeschnitten ist die sehr fundierte ethnographische Studie von Wolf (1999), der Versuch von Wigger (2007), „Heimalltag" zu rekonstruieren, Müller/Schwabe 2009, die Projekte mit schwierigen Jugendlichen rekonstruieren oder die Tübinger Studie zu „Leistungen und Grenzen von Heimerziehung" (Thiersch u.a. 1998). Letztere konfrontiert mittels Aktenanalysen und biographischen Interviews die Perspektiven der Jugendhilfe mit denen der Jugendlichen selbst und belegt

- „dass in gut 70% Arrangements der Heimerziehung für Kinder hilfreich sind, indem sich für die Einzelnen die Ausgangssituationen die schwierigen gegebenen Konstellationen, die zur Heimeinweisung führen, verändern, auflichten und verbessern, und
- dass diese Leistung von Heimerziehung unmittelbar abhängig ist von der Einhaltung von Qualitätsstandards, dass also die Chance einer effektiven Hilfe da sechsmal größer ist, wo in ihnen gearbeitet wird, als da, wo sie vernachlässigt werden" (Thiersch u.a. 1998, S. 13).

Ein weniger helles Bild zeigen allerdings Studien zu marginalisierten Jugendlichen, an denen auch die Erziehungshilfen scheitern (Koettgen 2007) oder die mehrperspektivischen Studien zu „Konfliktgeschichten nicht beschulbarer Jugendlicher" (v. Freyberg/Wolff 2005/2006), welche die „Macht- Ohnmacht-Spiralen" zwischen jugendlichen Störern und ihren hilflosen Helfern in Schule und Jugendhilfe rekonstruieren. Dagegen zeichnet die erste zugleich quantitative und qualitative Studie zur so genannten geschlossenen Unterbringung (Hoops/Permien 2006) ein weniger pessimistisches Bild, als es die bis dahin eher grundsätzlich geführte Diskussion vermuten ließ.

3.2 Jugendhilfeforschung als Qualitäts- und Organisationsforschung

Charakteristisch unterscheidet sich der hier nur beispielhaft aufgezählte Forschungsbestand von sonstiger Kindheits- und Jugendforschung darin, dass er Kinder und Jugendliche nur im Kontext und in Wechselwirkung zum Handeln in Sozialpädagogischen Institutionen zum Thema macht. Es geht aber in diesen Institutionen nicht nur um die Interaktionen der beteiligten Akteure, sondern auch um die organisatorischen Strukturen, welche die Interaktionen steuern. Mit dem Stichwort „Qualitätsstandards" ist ein anderes weites Feld genannt, auf dem es eine gewaltige Fülle empirischer Befunde zur Jugendhilfe gibt, ohne dass man schon von einer befriedigenden Forschungslage sprechen könnte. Nicht nur der achte Jugendbericht mit seinen Vorgängern und Nachfolgern bis zu dem der Situation von Kindern gewidmeten zehnten und dem vor allem den Fragen zum Verhältnis von Bildung und Jugendhilfe gewidmeten zwölften Jugendbericht, samt zugehörigen Materialbänden, liefern vielfältige Leistungsbeschreibungen und -bewertungen, die hier nur genannt werden können. Von der klassischen Studie Blinkerts zum Handlungsverständnis von Mitarbeitern (1976), über Ansätze zu einer Empirie gestützten Ausbildungs- und Methodenentwicklung (Groddek/Schumann 1994), Studien zu „Strukturveränderungen des Jugendamtes" (Liebig 2000; Glinka/Neuberger 1999) oder zu „Integrierten Erziehungshilfen" (Wolff 2000) bis zu vielen Arbeiten zu Sozialräumen als Handlungsfeld (Kessl u.a. 2005) häufen sich die Einzeluntersuchungen, freilich zumeist beschränkt auf die Perspektive der Anbieter, nicht der Nutzer von Jugendhilfe (Ausnahme Koengeter 2008). Im Zuge der Verwaltungsreformdebatten der 1990er-Jahre wurde die Verpflichtung auf **„Qualitätsentwicklung"** durch Leistungsbeschreibungen und Verfahren der Fremd- und Selbstevaluation (Merchel 1998; Heiner 1998; Müller-Kohlenberg/Münstermann 2000) zum Standard auch auf gesetzlicher Ebene (SGB VIII § 78 a-g, in Kraft seit dem 1.1.1999). Seitdem ist die Literaturflut vollends unübersehbar geworden (Gerull 1999); einen Überblick über die gängigen Qualitätskonzepte geben Boeßenecker u.a. (2003). Allerdings handelt es sich meist, ähnlich wie bei analogen Studien zur Jugendarbeit (z.B. v. Spiegel 2000) um Beiträge, in denen die empirischen Befunde primär nach ihrer praktischen und weniger nach ihrer wissenschaftlichen Relevanz zu bewerten sind, bestenfalls eine „Wahlverwandtschaft" zwischen dem „Praktiker als Forscher" und der „Erforscherin von Praxis" erkennen lassen (Müller 2001). Systematischer ist hier der Ansatz der Projektgruppe Wanja (2000), die mit ihrem „Handbuch zum Wirksamkeitsdialog in der Offenen Kinder- und Jugendarbeit" ein Arbeitsinstrument für Praktiker zur Rekonstruktion ihres eigenen Handelns, wie auch der darauf bezogenen Handlungsperspektive und Interessenlage Jugendlicher vorgelegt hat, und beansprucht, in methodisch kontrollierter Empirie den Herstellungsprozess dieses Instrumentariums nachvollziehbar zu machen.

Die Qualität des Wechselverhältnisses zwischen organisatorischer Struktur und ihrer Herstellung im Interaktionsprozess zwischen Pädagogen und Adressaten rekonstruieren allerdings erst neuere Untersuchungen (z.B. Honig u.a. 2004; Cloos u.a. 2007; Rose/Schulz 2007). Solche Forschungen haben in einem Bereich wie der Jugendarbeit noch keine Auswirkungen auf die Qualität und die fachpolitische Steuerung der Einrichtungen, während im Bereich der Kindertagesstätten der Zusammenhang zwischen der Qualitätsentwicklung auf fachlicher und auf politischer Ebene weit enger ist (beispielhaft dafür Schäfer 2007).

3.3 Jugendhilfe als Feld quantitativer Forschung

Während nach alldem, und trotz genannter Einschränkungen, im qualitativen Bereich der Jugendhilfeforschung einiges vorzuweisen ist, ist die Forschungslage im quantitativen Bereich weniger ergiebig. Zwar gibt es ambitionierte Untersuchungen zu Teilbereichen, z.B. zu den sogenannten „Neuen Ambulanten Maßnahmen" für straffällige Jugendliche (Soziale Trainingskurse, Täter-Opfer-Ausgleich) (Dünkel/Geng/Kirstein 1998). Auf die umfangreichen Materialien zur Kinder- und Jugendhilfestatistik, die sich im wesentlichen auf die Fachserie 13, Reihe 6.3 des Statistischen Bundesamtes stützt (zuletzt 2008), aufbereitet vor allem von der Dortmunder Arbeitsstelle für Jugendhilfestatistik (Komdat Jugendhilfe 2000 und 2008 und Rauschenbach/Schilling 2001; Schilling 2005) wurde schon eingangs verwiesen. Noch gibt es aber wenig, was die fachliche Relevanz von Daten im Sinne der Forderung Hornsteins (s.o.) interpretierbar macht. Becker u.a. (1999) und Bürger (2000) oder das Deutsche Jugendinstitut (DJI) (Seckinger u.a. 1998) z.B., ebenso wie die Zeitschrift Komdat Jugendhilfe (1999ff.) liefern immerhin bilanzierende Facetten der quantitativen Jugendhilfeentwicklung seit Einführung des KJHG, insbesondere im Bereich „Hilfen zur Erziehung". So kann man z.B. erfahren, dass die Gesamtzahl der Hilfen zur Erziehung zwischen 1991-1997 von 206.788 auf 314.451 gestiegen ist (vgl. Becker u.a. 2000 S. 386f.), am stärksten bei den 15-21 Jährigen (ebd., S. 385), obwohl die Gesamtzahl der Kinder und Jugendlichen gesunken ist oder stagnierte (ebd., S. 384). Ein anderes Beispiel: Komdat. (2000) referiert als ergänzende Information aus der Bundesstatistik, dass die Inanspruchnahme der Hilfen durch die deutsche und die nicht-deutsche Bevölkerung nach Hilfearten unterscheidet (2000, S. 3): Erziehungsberatung wird, ebenso wie die Pflegefamilie, pro 10.000 Personen mehr als doppelt so oft von Deutschen als von Nicht-Deutschen „in Anspruch genommen", während bei der „Sozialen Gruppenarbeit" das Verhältnis umgekehrt ist.

Fachlich interessant ist auch, die quantitative Entwicklung wichtiger Teilbereiche der Jugendhilfe miteinander zu vergleichen. Anders als in den insgesamt immer noch expandierenden, auf Problem belasteten Kinder und Jugendliche zielenden Bereichen der Erziehungshilfe, scheinen Angebot und Nachfrage in der offenen Kinder- und Jugendarbeit neuerdings eher zu stagnieren. Zwar werden für diesen Bereich 2006 immerhin noch 1,4 Milliarde Euro ausgegeben (Statistisches Bundesamt 2008; zum Vergleich: Ausgaben für Hilfen zur Erziehung 5,6 Mrd.; siehe ebd.) aber seit 2004 gehen die zuvor stetig wachsenden Zahlen zurück: Die Bundesstatistik von 2002 wies noch 17.000 Einrichtungen mit mehr als 45.000 Beschäftigten (ca. zur Hälfte in Teilzeit) aus (Thole/Pothmann 2006). Nach Pothmann (vgl. 2008 S. 5) reduzierte sich das Beschäftigungsvolumen seit Ende der 1990er-Jahre um 14 %, am stärksten in den Neuen Bundesländern. Rauschenbach/Schilling (2008, S. 3) konstatieren auf der Basis von Vollzeitäquivalenten eine Reduktion der Jugendarbeit von 2002-2006 um 28%, aber auch in andern Bereichen Personalabbau (ohne Kitas um 11,3%), allerdings mit großen Unterschieden der Bundesländer, während die Tageseinrichtungen, vor allem im alten Bundesgebiet, zulegen. Ob man in dieser Umverteilung die Tendenz zu einer „gespaltenen Jugendhilfe" (vgl. ebd. S. 2) erkennen will, etwa als Folge des gewachsenen Gewichts von allgemeinen Bildungsaufgaben der Jugendhilfe im Zuge des Wandels vom versorgenden zum investiven Sozialstaat (Olk 2000) (was allerdings zum Abbau der Jugendarbeit nicht passt), bleibt abzuwarten.

Solche Daten, die hier nur schlaglichtartig referiert werden können, liefern allerdings noch keine quantitative Gesamtbeschreibung der Jugendhilfe oder verlässliche Beurteilungsgrundlagen hinsichtlich ihrer Relevanz für Kinder und Jugendliche. Nach Lüders (1998) fehlt es im Bereich der Institutionen- und Organisationsforschung in der Bundesrepublik überhaupt an „Vorerfahrungen und ausgereiften Vorbilder(n)" und speziell „an Konzepten und Erfahrungen, wie ein institutionell derart heterogenes und komplexes Praxisfeld wie die Kinder- und Jugendhilfe empirisch angemessen mit Hilfe quantifizierender Erhebungs- und Auswertungsverfahren erfasst und beschrieben werden kann" (ebd., S. 10). Für das Gesamtfeld bleibt das schwierig. Dennoch ist die quantitative Forschung auch hier vorangekommen, insbesondere durch die Datenbanken des dji, die anstreben „so etwas wie eine Dauerbeobachtung, also eine kontinuierliche fortzuschreibende, möglichst repräsentative Sozialberichterstattung über die Entwicklung der Kinder- und Jugendhilfe in der Bundesrepublik Deutschland zu etablieren" (Lüders 1998, S. 11). Relevant sind hier, neben den Längsschnittstudien zu Familie, Jugend und seit 2001 auch Kindern, eine Reihe von Datenbanken zu speziellen Bereichen (z.B. zur Kooperation von Jugendhilfe und Schule, zu Modellprojekten der beruflichen und sozialen Integration oder zur Gewaltprävention). Eine Regionaldatenbank ermöglicht Vergleiche der „Länder und Kreisdaten" zu den Lebenslagen von Familien und ihren Mitgliedern (Quelle: homepage dji). Leider hat das dji ein Pilotprojekt (Gawlik u.a. 1995), das die Adressatenperspektive in die Leistungsbeschreibungen mit einbezog, nicht weiter verfolgt, obwohl „die Leistungen der Kinder- und Jugendhilfe erst dann angemessen eingeschätzt werden könnten, wenn sie in Beziehung gesetzt werden zu den Lebens- und Problemlagen der Adressatinnen und Adressaten" (Lüders 1998, S. 12). Dies wurde zurückgestellt, da schon „die empirische Beschreibung und Analyse der Entwicklungen auf Seiten der institutionellen Angebote, also der öffentlichen und freien Träger, und deren strukturelle Rahmenbedingungen" (ebd., S. 13) schwierig genug sei. Wichtige quantitative Daten finden sich auch regelmäßig in den Publikationen des BMFSFJ (zumeist über die Homepage des Ministeriums abrufbar). Beispiele sind etwa Dossiers zu Armutsrisiken von Kindern und Jugendlichen in Deutschland oder zum Ausbau der Kinderbetreuung (beide 2008), die Handbücher zur Kooperation zwischen Schule und Jugendhilfe, zur Kindertagespflege oder zur Sozialpädagogischen Familienhilfe oder auch die „Umsetzungsberichte der Bundesrepublik Deutschland zu Informationen und Partizipation junger Menschen" (alle 2006; Quelle: homepage BMFSFJ).

Trotz der Fülle solcher Daten tragen sie doch nur wenig dazu bei, Theorie der Jugendhilfe auf Empirie zu gründen. Auf der Ebene der quantifizierbaren Strukturen institutioneller Angebote bleibt es notwendig dabei, den „Fleckerlteppich" Jugendhilfe zu vermessen. Das, was oben als „Einheit der Jugendhilfe" diskutiert wurde, kann dabei nicht in den Blick kommen, denn es erschließt sich grundsätzlich nur aus der qualitativen Beschreibung von Bezugnahmen auf die Lebenswelt der Adressaten in pädagogischer Absicht. „Verschiedenes für verschiedene Menschen tun" als Qualitätskriterium sozialpädagogischen Handelns nannte Alice Salomon einst diesen Zugang. Dies darf nicht individualisierenden Wildwuchs als Prinzip bedeuten und kein Verzicht auf die Aufgabe sein, Jugendhilfe als quantifizierbares Leistungsgefüge empirisch fassbar zu machen. Aber erst wenn in qualitativen Beschreibungen und Analysen gezeigt werden kann, wie es gerade die Offenheit und Vielfalt der Aufgabenfelder, zusammen mit ihrem „Querschnitts"- und Netzwerkcharakter, der Jugendhilfe ermöglichen, zu einer für Kinder-,

Jugendliche und ihre Familien zuträglichen Infrastruktur beizutragen, erst dann können die quantitativen Daten auch Kriterien für fachliches Handeln liefern.

4 Ausblick

Es bleibt die Frage nach den Zukunftsperspektiven empirischer Erforschung der Jugendhilfe und ihrer selbst. Ich möchte dazu nur zwei Bemerkungen machen, einerseits zu den Perspektiven auf der Ebene sozialstaatlicher Entwicklung, zum andern auf der Ebene sozialpädagogischen Handelns.

Wenn die Jugendhilfe die „Strukturmaximen" einer partizipativen und lebensweltorientierten Arbeitsweise zum Normalfall entwickeln, gleichzeitig aber nicht in der unkritischen „Parteilichkeit" für jeweilige, eher zufällige Klientengruppen stecken bleiben will, sondern zugleich mehr an verlässlicher, gerechter und doch bezahlbarer Infrastruktur für ein menschenwürdiges Heranwachsen Jugendlicher bieten soll, dann muss sie sich als Teil und Organ eines „aktivierenden Staates" (Olk 2000 mit Bezug auf Giddens; kritisch dazu Kessl 2005) begreifen. Dieser steht nicht, wie Bäumers Fürsorgestaat, für die „Durchführungsverantwortung", wohl aber für die „Gewährleistungsverantwortung" (Olk 2000, S. 109) der Rechte auf Erziehung, Entwicklung und die Berücksichtigung „unterschiedlicher Lebenslagen" (SBG VIII § 9,3). Vor allem die öffentliche Jugendhilfe hat dann diese Verantwortung. Für die Lebensweltorientierung der Jugendhilfe bedeutet das zugleich, dass sie, wie Thiersch (2000) betont, sich nicht darin erschöpfen kann „Probleme und Hilfen nur in Bezug auf die institutionellen und professionellen Angebote der Jugendhilfe zu sehen. Lebensweltorientierung verlangt, die Jugendhilfe im Zusammenspiel mit anderen Formen sozialer Hilfe, im Horizont also der Kultur des Sozialen, wie sie Nachbarschaften, Vereine, bürgerschaftlich engagierte Gruppen praktizieren (...) zu sehen „ (ebd., S. 542). Für sie fördernde Bedingungen im Sinne einer „neuen Infrastruktur" (Helbrecht-Jordan 1996) zu ermöglichen ist vielleicht die wichtigste Zukunftsaufgabe der Jugendhilfe. Anklagende Sozialberichterstattung oder „Lobby" für Kinder und Jugendliche sein zu wollen genügt nicht. Wie aber die Jugendhilfe ihre Mitverantwortung für eine jugendfreundliche „Kultur des Sozialen" (auch jenseits der eigenen „Durchführungsverantwortung") konzeptionell und organisatorisch mitgestalten kann, das ist noch zu wenig fachlich durchdacht (Müller 1996a; vgl. aber Böhnisch u.a. 2005) und erst recht nicht empirisch erforscht.

Auf die andere hier anzusprechende Ebene verweist Mollenhauer (1998), indem er als zentrale Thematik sozialpädagogischer Forschung „Generation" vorschlägt (neben den erwähnten „Normalitätsbalancen" und „Armut"). Mollenhauer bezieht sich dabei auf den kultursoziologischen Generationsbegriff mit der These, „dass das Generationsverhältnis nicht mehr in kulturalistischer Kurzform analysiert werden kann, sondern tief in die Probleme der materiellen Produktion, in Sozialpolitik hineinreicht" (ebd., S. 35). So dringlich der damit benannte Forschungsbedarf sein mag, ein anderer Aspekt des Generationsbegriffs scheint mir für Jugendhilfe noch wichtiger zu sein. Nämlich Generation nicht als kultursoziologischer, sondern als anthropologischer Differenzbegriff. Der Generationsbegriff überhaupt spielt in der Jugendhilfediskussion (anders als in der Allgemeinen Pädagogik oder der Biographieforschung) derzeit kaum eine Rolle (vgl. aber Schweppe 2002). Der nicht hintergehbare Tatbestand, dass die in der Jugendhilfe Handelnden in aller Regel Angehörige einer älteren Generation sind, welche an Angehörigen einer jüngeren handeln und verfügbare Ressourcen zugunsten der jüngeren Generation verwalten sollen, wird selten zum Thema (Ausnahmen bezogen auf Jugendarbeit: Böhnisch 1998; Müller 1996, 2000, 2002; Schröder 2004) bezogen auf Kinder: Lepenies 1999). Vera King hat herausgearbeitet, „dass die Fähigkeit zur Individuierung in modernisierten Gesellschaften an die Fähigkeit zur Generativität gebunden ist"(2004, S. 59, im Orig. kursiv). Die Bedeutung dieser Einsicht für die Chancen von sozialpädagogischen Institutionen, zur gelingenden Lebensbewältigung von Kindern und Jugendlichen beizutragen, hat die Jugendhilfe noch kaum erkannt. Der glücklich überwundene Matriarchalismus einer Jugendhilfe Bäumer'scher Prägung scheint eine Leerstelle des Verschweigens hinterlassen zu haben – so als ob Partnerschaft der Jugendhilfe mit ihren Adressaten ohne Abarbeitung dieser Generationendifferenz möglich sei. Jugendhilfe kann aber nun mal nicht nur im Verteilen und Verwalten von Ressourcen bestehen, sondern sie ist auch, ob sie das will oder nicht, ein Beziehungsverhältnis von zu Erziehenden und (hoffentlich) Erzogenen. Kinder und Jugendliche selbst erleben die in der Jugendhilfe Handelnden jedenfalls als Angehörige der Generation, von der sie abstammen und als Verwalter von deren Ressourcen; und ihr Reagieren auf die Angebote, ihre „Koproduktivität" ist tief von den Ambivalenzen geprägt, die daraus entstehen. Eine Jugendhilfe, die solche Tatbestände verleugnet, wird in der Gefahr sein, den ihr möglichen Beitrag zu einer gelingenden Partnerschaft der Generationen zu verfehlen, weil dann die Jugendlichen (und selbst die Kinder) nach dem Motto reagieren: "Sie wollen nur unser Bestes – aber das kriegen sie nicht". Empirische Forschung zum Generationenverhältnis im triangulierenden Bezug zu außerfamilialen Beziehungen (Müller 2000) wäre immer auch ein Beitrag zu einer empirisch fundierteren Jugendhilfe.

Anmerkungen

1   Nach § 7,1 ist im Sinne des Gesetzes „Kind, wer noch nicht 14 Jahre alt ist", „Jugendlicher, wer 14, aber noch nicht 18 Jahre alt ist", „junger Mensch, wer noch nicht 27 Jahre alt ist".
2   „Örtliche Träger" sind nach SGB VIII § 69 Landkreise und kreisfreie Städte; je nach Landesrecht „können auch kreisangehörige Gemeinden auf Antrag zu örtlichen Trägern bestimmt werden, wenn ihre Leistungsfähigkeit zur Erfüllung der Aufgaben ... gewährleistet ist" (SGB VIII § 69,2). Anders als unter dem JWG sind die örtlichen Träger heute für alle unmittelbar Kinder, Jugendliche und ihre Familien betreffenden Leistungen und Maßnahmen zuständig.
3   Angaben nach: Institut der deutschen Wirtschaft: 2000, Tabelle 92. Zum Vergleich: Nach derselben Quelle ist das Sozialbudget insgesamt im selben Zeitraum um das knapp 20fache gestiegen. Nur die Ausgaben für Arbeitsförderung und Arbeitslosenversicherung sind noch stärker gestiegen (um das über 100fache) als die der Jugendhilfe.
4   Bäumer sagt bezüglich des RJWG: „... es hat der Familie zwar die Priorität in der *Ausübung* der Erziehung gelassen und hier den Staat zum subsidiären Träger gemacht. Aber grundsätzlich steht das Recht des Kindes auf Erziehung und das Wächteramt des Staates über der Familie. Ihre Priorität ist rein praktischer Natur" (Hervorhebung im Orig.). Die problematische Kehrseite des Wächteramtes „Jenseits des Kindeswohls" hat sie offenkundig noch nicht im Blick.
5   Im Verhältnis zur Medizin ist Bäumers Position übrigens, wie ihre Formulierung von deren „unbedingtem Vorrang" bei kindlichen „Fehlentwicklungen" zeigt, recht inkonsequent. Außerdem hat sie bei ihrer Idee der „Pädagogisierung des Innendienstes" nicht im Blick, dass die damit gestellte Aufgabe eine paradoxe Vermittlungsleistung verlangt. Denn der „Primat des Pädagogischen" hat systematisch mit der Übermacht anders gerichteter Kräfte und Eigenlogiken zu rechnen, und die Jugendhilfe kann jene Ziele nur mit List und Flexibilität und immer nur partiell durchsetzen (Hörster/Müller 1996; Müller 1998a).
6   Fälle nach § 28 (Erziehungsberatung) steigen demnach von 154.483 auf 254.585, nach §§ 29-32 (ambulante Maßnahmen) von 46.287 auf 84.860, nach §§ 33/34 (Pflegefamilie und Heimerziehung) von 144.370 auf 170.729. Die Wachstumsraten sind insgesamt in den neuen Bundesländern erheblich höher als in den alten, was angesichts des Neuaufbaus der Jugendhilfe dort allerdings wenig erstaunlich ist.

Literatur

Allert, T./Bieback-Diel, L./Oberle, H./Seyfarth, L.: Familie, Milieu und sozialpädagogische Intervention. Münster 1994
Bäumer, G.: Die historischen und sozialen Voraussetzungen der Sozialpädagogik und die Entwicklung ihrer Theorie. In: Nohl, H./Pallat, L. (1929), S. 1-17
Bäumer, G.: Die sozialpädagogische Erzieherschaft und ihre Ausbildung. In: Nohl, H./Pallat, L. (1929), S. 209-226
Beck, U./Giddens, A./Lash, C.: Reflexive Modernisierung. Frankfurt a.M. 1996
Becker, P./Petermann, F./Pfarr, S.: Wieviele sind es eigentlich? Die Entwicklung der Jugendhilfe seit Einführung des KJHG. In: Jugendwohl 80 (1999), H. 9, S. 382-399
Becker, St. (Hrsg.): Setting, Rahmen, therapeutisches Milieu in der psychoanalytischen Sozialarbeit. Gießen 1996
Birtsch, V./Münstermann, K./Trede, W.: Handbuch der Erziehungshilfen. Münster 2000
BMJFFG (Hrsg.): Achter Jugendbericht. Bericht über Bestrebungen und Leistungen der Jugendhilfe. Bonn 1990
BMFSFJ (Hrsg.): Zwölfter Kinder- und Jugendbericht. Berlin 2005
Böhnisch, L.: Sozialpädagogik der Lebensalter. Eine Einführung. Weinheim/München 1997
Böhnisch, L.: Der andere Blick in die Geschichte. Jugendarbeit als Ort der Identitätsfindung und der jugendgemäßen Suche nach sozialer Integration. In: Böhnisch, L. u.a. (1998), S. 19-38
Böhnisch, L./Rudolph, M./Wolf, B.: Jugendarbeit als Lebensort. Weinheim/München 1998
Böhnisch, L./Schröer, W./Thiersch, H.: Sozialpädagogisches Denken. Weinheim/München 2005
Boeßenecker, K.H./Vilain, M./Biebricher, M./Buckley, A./Markert, A.: Qualitätskonzepte in der Sozialen Arbeit. Weinheim/Basel/Berlin 2003
Bohnsack, R.: „Milieubildung". Pädagogisches Prinzip und empirisches Phänomen. In: Böhnisch, L. u.a. (1998), S. 95-112
Bommes, M./Scherr, A.: Soziale Arbeit als Inklusionsvermittlung, Exklusionsvermeidung und Exklusionsverwaltung. In: Neue Praxis 26 (1996), S.107- 124
Buestrich, M.: Aktivierung, Arbeitsmarktchancen und (Arbeits)Moral. In: Neue Praxis 36 (2006), S. 435 - 448
Brüggemann, K.: Psychosoziale Belastungen und soziale Unterstützungssysteme. Eine empirische Rekonstruktion der Vielfältigkeit des Hilfe und Unterstützungsbedarfs junger Menschen. In: ZfPäd 42 (1996), S. 811-831
Bürger, U.: Zehn Jahre Kinder- und Jugendhilfegesetz. Neue Perspektiven und Akzente im Feld der Hilfen zur Erziehung? In: Zentralblatt für Jugendrecht 87 (2000), H. 12, S. 446-454
Bundesjugendkuratorium: Zukunftsfähigkeit sichern! Für ein neues Verhältnis von Bildung und Jugendhilfe. In: Neue Praxis 32 (2002), S. 3-9
Burghardt, H.: Recht und Soziale Arbeit. Grundlagen für eine rechtsgebundene sozialpädagogische Fachlichkeit. Weinheim/München 2001
Cloos, P.: Die Inszenierung von Gemeinsamkeit. Eine vergleichende Studie zu Biografie, Organisationskultur und beruflichem Habitus von Teams in der Kinder- und Jugendhilfe. Weinheim/München: 2007
Cloos, P.; Köngeter, St.; Müller,B.; Thole, W.: Die Pädagogik der Kinder- und Jugendarbeit. Wiesbaden 2007.
Cloos, P., Thole, W. (Hrsg.): Ethnographische Zugänge. Professions- und adressatInnenbezogene Forschung im Kontext von Pädagogik. Wiesbaden 2006
Deinet, U. (Hrsg.): Schule aus – Jugendhaus? Münster 1997
Deutsche Shell (Hrsg.): Jugend 2000. Bd. 1, Opladen 2000
Dortmunder Arbeitsstelle Kinder- und Jugendhilfestatistik: Literatur zur KJHG-Statistik und ihren angrenzenden Gebieten. Dortmund, Stand Februar 2000
Duensing, F. (Hrsg.): Handbuch der Jugendpflege. Langensalza 1913
Dünkel, F./Geng, B./Kirstein, W.: Soziale Trainingskurse und andere neue ambulante Maßnahmen nach dem JGG in Deutschland. Bonn/Bad Godesberg (BM Justiz) 1998
Fauser, K., Fischer, A., Münchmeier, R. (Hrsg.): Jugendliche als Akteure im Verband. Opladen 2006
Fried, L.: Das wissbegierige Kind. Weinheim/München 2008
Frehsee, D.: Korrumpierung der Jugendarbeit durch Kriminalprävention. In: Freund, Th./Lindner, W. (2001); S. 51-67
Freund, Th./Lindner, W. (Hrsg.): Prävention. Zur kritischen Bewertung von Präventionsansätzen in der Jugendarbeit. Opladen 2001
Gawlik, M./Krafft, E./Seckinger, M.: Jugendhilfe und sozialer Wandel. Die Lebenssituation Jugendlicher und der Aufbau der Jugendhilfe in Ostdeutschland. Weinheim/München 1995
Gerspach, M.: Wohin mit den Störern. Zur Sozialpädagogik der Verhaltensauffälligen. Stuttgart 1998
Giesecke, H.: Vom Wandervogel bis zur Hitlerjugend. Jugendarbeit zwischen Pädagogik und Politik. München 1981

Glinka, H.J./Neuberger, Ch.: Interaktionsformen des Jugendamtes mit Kindern und Jugendlichen: Umbruch und Irritationen im Sinn- und Orientierungsmilieu von sozial-helfenden Instanzen. In: Glinka, H.J. u.a.: Kulturelle und politische Partizipation von Kindern. Materialien zum 10. Jugendbericht Bd. 3, Opladen 1999, S. 9-137

Goerdeler, J.: Jugendstrafrecht als institutionalisierte Schnittstelle von Strafgerichtsbarkeit und Jugendhilfe. In: Köttgen, C. (Hrsg.): Ausgegrenzt und mittendrin. Jugendliche zwischen Erziehung, Therapie und Strafe. Frankfurt a. M. 2007, S. 172 - 198

Groddeck, N./Schumann, M. (Hrsg.): Modernisierung der Sozialen Arbeit durch Methodenentwicklung und -reflexion. Freiburg i.B. 1994

Grunwald, K., Thiersch, H. (Hrsg.): Praxis Lebensweltorientierter Sozialer Arbeit. 2. Aufl., Weinheim/München 2008

Hartnuß, B., Maykus St. (Hrsg.): Handbuch Kooperation von Jugendhilfe und Schule. Frankfurt a.M.: Deutscher Verein für öffentliche und private Fürsorge 2004

Heinemann, E./Rauchfleisch, S./Grüttner, T.: Gewalttätige Kinder. Psychoanalyse und Pädagogik in Schule, Heim und Therapie. Frankfurt a.M. 1992

Heiner, M. (Hrsg.): Experimentierende Evaluation. Ansätze zur Entwicklung lernender Organisationen. Weinheim/München 1998

Hering, S./Münchmeier, R.: Geschichte der Sozialen Arbeit. Eine Einführung. Weinheim/München 2000

Hitzler, R./Bucher, Th./Niederbacher, A.: Leben in Scenen. Juvenile Kulturen unter den Bedingungen der Spätmoderne. Opladen 2000

Hoepner-Stamos, F.: Chronische Erkrankungen im Jugendalter. Weinheim/München 1999

Hörster, R./Müller, B.: Zur Struktur sozialpädagogischer Kompetenz. Oder: Wo bleibt das Pädagogische in der Sozialpädagogik. In: Combe, A./Helsper, W. (Hrsg.): Pädagogische Professionalität. Frankfurt a.M. 1996, S. 614-648

Honig, M./Joos, M./Schreiber, M. (Hrsg.): Was ist ein guter Kindergarten? Theoretische und empirische Analysen zum Qualitätsbegriff in der Pädagogik. Weinheim 2004

Hoops, S./Permien, H.: „Mildere Maßnahmen sind nicht möglich!. Freiheitsentziehende Maßnahmen nach § 1631 b BGB in Jugendhilfe und Jugendpsychiatrie.München (dji) 2006

Hornstein, W.: Erziehungswissenschaftliche Forschung und Sozialpädagogik. In: Rauschenbach, Th./Thole, W. (1998), S. 47-80

Hünersdorf, B./Maeder, Ch./Müller, B. (Hrsg.): Ethnographie der Erziehungswissenschaft. Weinheim und München 2008

Hurrelmann, K.: Gesundheitssoziologie. Eine Einführung in sozialwissenschaftliche Theorien von Krankheitsprävention und Gesundheitsförderung. 4. völlig überarbeitete Aufl., Weinheim/München 2000

Institut der Deutschen Wirtschaft (Hrsg.): Zahlen zur wirtschaftlichen Entwicklung der Bundesrepublik Deutschland. Köln 2000

Jordan, E./Sengling, D.: Einführung in die Jugendhilfe. München 1977

Kessl, F.: Der Gebrauch der eigenen Kräfte. Weinheim 2005

Kessl, F./Reutlinger, Ch./Maurer, S./Frey, O. (Hrsg.): Handbuch Sozialraum. Wiesbaden 2005

King, V.: Die Entstehung des Neuen in der Adoleszenz. Wiesbaden 2. Aufl. 2004

King, V./Müller, B. (Hrsg.): Adoleszenz und pädagogische Praxis. Freiburg i.B. 2000

King, V./Schwab, A.: Flucht und Asylsuche als Entwicklungsbedingung von Adoleszenz. Ansatzpunkt pädagogischer Begleitung am Beispiel einer Fallgeschichte. In: King, V./Müller, B. (2000), S. 209-232

Kleinert, U.: Sozialer Arbeit im Bereich der Justiz, In: Neue Praxis, 36 (2006), S. 413 - 434

Knoll-Krist, D. H.: Profis im Jugendhaus. Identitätsprobleme zwischen Alltagsrealität und Utopie. Stuttgart 1985

Koengeter, S.: Relationale Professionalität. eine professionstheoretische Studie zu Arbeitsbeziehungen zwischen Eltern und SozialpädagogInnen in den Erziehungshilfen. Diss. Hildesheim 2008

Komdat Jugendhilfe: Informationsdienst der Dortmunder Arbeitsstelle Kinder- und Jugendhilfestatistik. H. 2, 2000

Komdat Jugendhilfe: Jubiläumsheft zum Jugendhilfetag 11 (2008), H. 1 und 2, Dortmund

Köttgen, Ch. (Hrsg.): Ausgegrenzt und mittendrin. Jugendliche zwischen Erziehung, Therapie und Strafe. Frankfurt a.M. 2007

Kurz-Adam, M.: Professionalität und Alltag in der Erziehungsberatung. Institutionelle Erziehungsberatung im Prozess der Modernisierung. Opladen 1997

Küster, E.U.: Fremdheit und Anerkennung. Ethnographie eines Jugendhauses. Weinheim/Basel/Berlin 2003

Lepenies, A.: Die Jungen und die Alten. Generationenkonflikte außerhalb der Familie. In: Lepenies, A./Nunner-Winkler, G./Schäfer, G.E./Walper, S.: Kindliche Entwicklungspotentiale. Normalität, Abweichung und ihre Ursachen. Bd. 1, Materialien zum 10. Jugendbericht. Opladen 1999, S. 9-52

Liebig, R.: Strukturveränderungen des Jugendamts. Kriterien für „gute" Organisation der öffentlichen Jugendhilfe. Weinheim/München 2000

Liebau, E.: Jugendhilfe, Bildung, Teilhabe. In: Münchmeier, R./Otto, H.U./Rabe-Kleberg, U. (Hrsg.): Bildung und Lebenskompetenz. Opladen 2002, S. 19 - 32
Lindner, W.: Einleitung. In: Freund, Th./Lindner, W. (2001)
Lüders, Ch.: Sozialberichterstattung in der Kinder- und Jugendhilfe. Erfahrungen und Herausforderungen. In: Seckinger, M. u.a. (1998), S. 9–14
Lutz, R.: Innovationen und Transformationen – Reflektionen zur Straßensozialarbeit. In: Neue Praxis 38 (2008), S. 146 - 165
Mansel, J./Hurrelmann, K: Alltagsstreß bei Jugendlichen. Weinheim/München 1991
May, M.: Jugendberufshilfe. In: Neue Praxis 37 (2007), S. 420 -437
Merchel, J. (Hrsg.): Qualität in der Jugendhilfe. Kriterien und Bewertungsmöglichkeiten. Münster 1998
Merchel, J.: Das Jugendamt als „allmählich verschwindende Institution"? Zur Debatte um grundlegende Organisationsstrukturen in der Jugendhilfe. In: Thole, W./Galuske, M./Struck, N. (Hrsg.): Zukunft des Jugendamtes. Neuwied 2000, S. 36-58
Merten, R.: Autonomie der Sozialen Arbeit. Weinheim/München 1997
Mollenhauer, K.: „Sozialpädagogische" Forschung. Eine thematisch-theoretische Skizze. In: Rauschenbach, Th./Thole, W. (1998), S. 29-46
Mollenhauer, K./Uhlendorff, U.: Sozialpädagogische Diagnosen I: Über Jugendliche in schwierigen Lebenslagen. II: Selbstdeutungen schwieriger Jugendlicher als empirische Grundlage für Erziehungspläne. Weinheim/München 1992 und 1995
Müller, B.: Jugendliche brauchen Erwachsene. In: Brenner, G./Hafeneger, B. (Hrsg.): Pädagogik mit Jugendlichen. Weinheim/München 1996, S. 22-29
Müller, B.: Öffentlichkeit und sozialpädagogische Fachlichkeit. In: Müller, B.: Qualitätsprodukt Jugendhilfe. Freiburg i.B. 1996a, S. 131-139
Müller, B.: Probleme der Qualitätsdiskussion in sozialpädagogischen Handlungsfeldern. In: Merchel, J. (1998), S. 43-60
Müller, B.: Jugendarbeit als intergenerationaler Bezug. In: King, V./Müller, B. (2000), S. 119-142
Müller, B.: Zum Nutzen fachlichen Wissens und seinen Grenzen. In: King, V./Müller, B. (2000a), S. 269-278
Müller, B.: Qualitätsmanagement und professionelle Autonomie. In: Institut für Soziale Arbeit e.V. (Hrsg.): Prädikat wertvoll. Qualität sozialer Arbeit. Münster 2000b
Müller, B.: Praktiker als Forscher – Forschen als Praxis: Eine Wahlverwandtschaft? In: Neue Praxis 31 (2001), H. 1
Müller, B.: Sozialpädagogische Arbeitsbündnisse – Beziehungen zwischen den Generationen. In: Schweppe, C. (2002) a.a.O., S. 263-282
Müller, B.: Siedler oder Trapper? Professionelles Handeln im Alltag der Offenen Jugendarbeit. In: Deinet, U./Sturzenhecker, B. (Hrsg.): Handbuch offene Jugendarbeit. 3. völlig überarbeitete Aufl. Wiesbaden 2005, S. 49 - 58
Müller, B./Schmidt, S./Schulz, M.: Wahrnehmen können. Jugendarbeit und informelle Bildung. Freiburg i.B. 2005
Müller, B., Schwabe, M.: Pädagogik mit „schwierigen" Jugendlichen. Weinheim/München 2009
Müller, B.: Ethnographie und Jugendarbeit. In: Hünersdorf, B./Maeder, Ch./Müller, B. (Hrsg.): Ethnographie und Erziehungswissenschaft. Weinheim/München 2008, S. 79-94
Müller, C.W.: JugendAmt. Geschichte und Aufbau einer reformpädagogischen Einrichtung. Weinheim/Basel 1994
Müller, S. u.a. (Hrsg.): Soziale Arbeit. Gesellschaftliche Bedingungen und professionelle Perspektiven. Neuwied 2000
Müller-Kohlenberg, H./Münstermann, K. (Hrsg.): Qualität von Humandienstleistungen. Evaluation und Qualitätsmanagement in Sozialer Arbeit und Gesundheitswesen. Opladen 2000
Münchmeier, R.: „Wofür wirst du eigentlich bezahlt?" Zur Professionalisierung in der Jugendarbeit. In: Böhnisch, L./Münchmeier, R./Sander, E. (Hrsg.): Abhauen oder bleiben? Berichte und Analysen aus der Jugendarbeit. München 1980, S. 117-131
Nagel, U.: Engagierte Rollendistanz. Opladen 1997
Neubauer, G./Hurrelmann, K. (Hrsg.): Individualization in Childhood and Adolescence. Berlin/New York 1995
Niemeyer, Ch.: Die disziplinäre Entführung des Sozialpädagogikbegriffs im Zuge des Jugendwohlfahrtsdiskurses der Weimarer Epoche. In: Niemeyer, Ch./Schröer, W./Böhnisch, L. (Hrsg.): Grundlinien Historischer Sozialpädagogik. Weinheim/München 1997, S. 71-94
Nohl, H./Pallat, L.: Handbuch der Pädagogik. Bd. V, Langensalza 1929
Olerich, G./Schaarschuch A. (Hrsg.): Soziale Dienstleistungen aus Nutzersicht. München/Basel 2005
Olk, Th.: Der „aktivierende Staat". Perspektiven einer lebenslagenbezogenen Sozialpolitik für Kinder, Jugendliche, Frauen und ältere Menschen. In: Müller, S. u.a. (2000), S. 99-118
Olk, Th./Bathke, G.W./Hartnuß, B.: Jugendhilfe und Schule. Empirische Befunde und theoretische Reflexionen zur Schulsozialarbeit. Weinheim/München 2000

Peters, F. (Hrsg.): Diagnosen – Gutachten – Hermeneutisches Fallverstehen. Frankfurt a.M. 1999
Peters, F./Trede, W./Winkler, M. (Hrsg.): Integrierte Erziehungshilfen. Frankfurt a.M. 1998
Peukert, D.: Grenzen der Sozialdisziplinierung. Aufstieg und Krise der deutschen Jugendfürsorge von 1878 bis 1932. Köln 1986
Pothmann, J.: Vergessen in der Bildungsdebatte. Dimensionen des Personalabbaus in der Kinder- und Jugendarbeit. In: Komdat Jugendhilfe 2008 a.a.O. S. 5f.
Projektgruppe Wanja (Hrsg.): Handbuch zum Wirksamkeitsdialog in der Offenen Kinder und Jugendarbeit. Münster 2000
Rauschenbach, Th.: Das sozialpädagogische Jahrhundert. Weinheim/München 1999
Rauschenbach, Th./Thole, W. (Hrsg.): Sozialpädagogische Forschung. Weinheim/München 1998
Rauschenbach, Th./Düx, W./Sass, E. (Hrsg.): Informelles Lernen im Jugendalter. Weinheim 2006
Rauschenbach, Th./Schilling, M.: Steht die Einheit der Kinder- und Jugendhilfe zur Disposition? In: Komdat Jugendhilfe 2008, a.a.O., S. 1 – 4
Reiser, H./Trescher, H.G. (Hrsg.): Wer braucht Erziehung? Impulse der Psychoanalytischen Pädagogik. Mainz 1987
Rose, L./Schulz, M.: Gender-Inszenierungen. Jugendliche im pädagogischen Alltag. Königstein/Ts. 2007
Sauter, S.: Schule Macht Ungleichheit. Bildungsbarrieren im Aushandlungsprozess. Frankfurt a.M. 2007
Schäfer, G. (Hrsg.): Bildung beginnt mit der Geburt. ein offener Bildungsplan für Kindertageseinrichtungen in Nordrhein-Westfalen. Berlin/Düsseldorf/Mannheim 2. Aufl. 2007
Schweppe, C. (Hrsg.): Generation und Sozialpädagogik. Weinheim/München 2002
Schweppe, C./Thole, W. (Hsrg.): Sozialpädagogik als forschende Disziplin. Opladen 2005
Seckinger, M./Weigel, N./van Santen, E./Markert, A.: Situation und Perspektiven der Jugendhilfe. Eine empirische Zwischenbilanz. Weinheim/München 1998
Siercks, H.: Jugendpflege I. Männliche Jugend. Berlin/Leipzig 1913
Statistisches Bundesamt (Hrsg.): Fachserie 13: Sozialleistungen. Reihe 6.3: Einrichtungen und tätige Personen in der Jugendhilfe 1986. Stuttgart 1988
Statistisches Bundesamt (2008): Fachserie 13: Sozialleistungen. Reihe 6.3: Ausgaben und Einnahmen der Kinder und Jugendhilfe (zit. nach GEW Dokumente 2008/01/04)
Thiersch, H.: Lebensweltorientierung in der Sozialen Arbeit als radikalisiertes Programm. Eine Skizze. In: Müller, S. u.a. (2000), S. 529-546
Thimm, K.: Schulverweigerung. Zur Begründung eines neuen Verhältnisses von Sozialpädagogik und Schule. Münster 2000
Thole, W.: Familie, Scene, Jugendhaus. Alltag und Subjektivität einer Jugendclique. Opladen 1991
Thole, W.: Kinder- und Jugendarbeit. Eine Einführung. Weinheim/München 2000
Thole, W./Küster-Schapfl, E.U.: Sozialpädagogische Profis. Opladen 1997
Thole, W./Pothmann, J.: Realität des Mythos von der Krise der Kinder. und Jugendarbeit.In: Lindner, W. (Hrsg): 1964 – 2004: vierzig Jahre Kinder- und Jugendarbeit in Deutschland. Wiesbaden 2006, S. 123 - 144
Thomsen, M.: Der Blick von Schuldnerberaterinnen und Schuldnerberater auf ihre eigene Arbeit. Diss. Hildesheim, 2008
Trube, A.: Moderne Dienstleistungen am Arbeitsmarkt oder funktionaler Dilettantismus? In: Neue Praxis 36 (2006), S. 68 - 79
Uhlendorff, U.: Geschichte des Jugendamtes: Entwicklungslinien öffentlicher Jugendhilfe 1871-1929. Münster 2001
v.Freyberg, Th./Wolff, A.(Hrsg.): Störer und Gestörte. Bd. 1 und 2. Frankfurt a.M. 2005 und 2006a
Wigger, A.: Was tun SozialpädagogInnen und was glauben sie, was sie tun? 2. Aufl., Opladen 2007
Winkler, M.: Die Gesellschaft der Moderne und ihre Sozialpädagogik. In: Thiersch, H./Grunwald, K. (Hrsg.): Zeitdiagnose Soziale Arbeit. Weinheim/München 1995, S. 155-184
Winkler, M.: Kleine Skizze einer revidierten Theorie der Sozialpädagogik. In: Badawina, T./Luckas, H./Müller, H. (Hrsg.): Das Soziale gestalten. Wiesbaden 2006, S.55 - 80
Wolf, K.: Machtprozesse in der Heimerziehung. Münster 1999
Wolff, M.: Integrierte Erziehungshilfen. Eine exemplarische Studie über neue Konzepte der Jugendhilfe. Weinheim/München 2000
Woog, A.: Soziale Arbeit in Familien. Theoretische und empirische Ansätze zur Entwicklung einer pädagogischen Handlungslehre. Weinheim/München 1998
Wulf, C./Althans, B./Blaschke, G./Ferrin, N./Göhlich, M./Jörissen, B./Mattig, R./Nentwig-Gesemann, I./Schinkel, S./Tervooren, A./Wagner-Willi, M./Zirfas, J.: Lernkulturen im Umbruch. Rituelle Praktiken in Schule, Medien, Familie und Jugend. Wiesbaden: 2007, S. 253-287

Recht und Politik

Heinz Sünker | Thomas Swiderek

Kinder: Politik und Kinderpolitik

Noch vor wenigen Jahren galt die Forderung, Kinder mit dem politischen Geschehen der Gesellschaft zu konfrontieren, pädagogisch, politisch und gesellschaftlich nicht mehr als en vogue. Nach Kinderladenbewegung und Schülerrevolten in den 1970er-Jahren – ausgelöst u. a. durch die (Bildungs)debatten um Herrschaft, Autorität und Erziehung im Gefolge der 68er-Bewegung – und den damit einher gehenden Auffassungen über die Bedeutung politischer Bildung und Lernens für die Erziehung und Sozialisation jedes jungen Menschen und dessen demokratischer Entwicklung, deren Bedeutung für gesellschaftliche Entwicklungen, verstummten die Forderungen nach einer politischen Bildung – bereits für Kinder, nach einer offensiven Teilhabe von Kindern am/im gesellschaftlichen Leben (u.a. mehr Mitbestimmung in den Schulen, beteiligungsorientierte Konzepte in den Kindergärten) fast nahezu.

Konzepte antiautoritärer sowie auf Selbstregulierung und Selbstbestimmung bezogene Bildung/Erziehung fanden – partiell, aber meist nicht artikuliert oder konzeptionell – Eingang in erzieherisches Handeln in der Kleinkinderziehung in Familie und Kindergarten; die entstandenen Modelle und Versuche (Kinderschulen, sozialistische Kinderläden, politische Kindergruppen) überlebten meist nicht vollständig (vgl. Bott o.J.; Baader 2008). Die pädagogisch-politische Auffassung, politische Erziehung oder **politische Bildung** habe schon im Kindesalter zu beginnen, setzte sich – zumindest als grundlegend gesellschaftspolitisch akzeptiert und somit wesentlich in Schulkonzepten, damit auf breiter Basis im Erfahrungshandeln realisiert (vgl. Melzer 2001; Sünker/Swiderek/Richter 2005) – nicht durch. Politische Bildung fand zwar in den Schulen statt, aber isoliert als sachpolitischer Unterricht (Sozialkunde) und meistens für ältere Schüler und Jugendliche. „Die antiautoritäre Idee von der grundlegenden Veränderung der Gesellschaft auch durch Veränderung der Erziehung verkam für manche zu einem lächerlichen Traum von gestern." (Köhler/Krammling-Jöhrens 2000, S. 82)

Warum seit einigen Jahren dieser Geistes-, ja Einstellungswandel, warum „Kinder der Freiheit" (Beck 1997)[1]? Weshalb glaubt man – erneut –, Kinder wieder früher und unmittelbarer mit gesellschaftspolitischen Themen und Fragen konfrontieren zu können und es auch für pädagogisch vertretbar, ja sinnvoll zu halten? Warum ist man plötzlich interessiert daran, die Meinungen und Sichtweisen von Kindern hören und ihnen Beteiligungsrechte einräumen zu wollen? Denn jetzt sollen sie mitreden, mitgestalten und sogar selber gestalten. Dieser Wandel der Sichtweise begann – in Teilen der Wissenschaft und Öffentlichkeit gab es diesen Neubeginn so nicht – Mitte der 1980er-Jahre parallel zu internationalen Diskussionen über **Kinderrechte** und die allgemeine Stellung von Kindern in der Gesellschaft; eingebunden auch in neue Diskurse der Kindheitsforschung (Bühler-Niederberger/Sünker 2008; Moran-Ellis/Sünker 2008; Lange 1996). Auch in Deutschland wurde 1979 das Jahr des Kindes ausgerufen; in den folgenden Jahren wurde nach langjährigen Diskussionen das neue Kinder- und Jugendhilfegesetz (KJHG) – mit partizipativen Elementen – verabschiedet und international die UN-Kinderrechtskonvention ratifiziert – und in Deutschland entstanden die ersten Kinderinteressensvertretungen in der

Gestalt von Kinderbüros, Kinderbeauftragten etc. Was waren die Ursachen und Gründe für die immer lauter werdenden Rufe nach einer Beteiligung von Kindern am gesellschaftspolitischen Geschehen, sie an ihren eigenen, unmittelbaren wie mittelbaren Lebensumständen partizipieren zu lassen (vgl. Sünker 2001; Swiderek 2001)?

Ein Erklärungsansatz sind hier gesamtgesellschaftliche Entwicklungen und Ereignisse. Deutlich wird dies seit der Zeit der deutschen Vereinigung an den Begriffen, die unter anderem seit den Ereignissen jugendlicher Gewalttätigkeiten gegen ausländische BürgerInnen und der vermehrt öffentlich sichtbaren Gewalt Jugendlicher untereinander und der seitdem in Jugendhilfe, Schule und breiter Öffentlichkeit stattfindenden Diskussion genutzt werden. Darunter finden sich solche, die seit Jahren und durch zuvor breite gesellschaftliche Zustimmung längst in der pädagogischen Mottenkiste zu liegen schienen, wie der Ruf nach mehr Ordnung und Strafe, mehr Disziplin, das Konstatieren fehlender Vorbilder, die Bedeutung von Rechten und Pflichten und der vermeintliche Verlust von Autorität[2]. Gleichzeitig aber wird auch die Angst vor Politikverdrossenheit zukünftiger Generationen geäußert, wird die Forderung nach mehr demokratischem Verhalten und dem Erlernen von Demokratie laut. Die Frage steht mithin, was als Voraussetzung für eine partizipatorische Demokratie und demokratische Zukunftsfähigkeit herauszustellen, zu bilden ist, gemeinhin als normal vorausgesetzt wird, aber eben noch immer nicht „normal" ist und bekanntlich in der Geschichte immer wieder zu Katastrophen geführt hat.[3] Denn auch in weiteren Forschungen zu politischer Sozialisation und **Partizipation** wird die gesellschaftsstrukturell produzierte Ungleichheit, im Bereich politischer Aktivität hervorgehoben (Verba et al 1995, S. 509, 513).

Nicht zu unterschätzen sind des weiteren die empörten Reaktionen nach Bekanntwerden verschiedener Schulleistungsuntersuchungen der letzten Jahre, die deutschen Schülern vor allem in naturwissenschaftlichen Fächern, aber auch mit Bezug auf Lesekompetenz nur mittelmäßige Leistungen bescheinigen. Die daraufhin einsetzende Diskussion ähnelt in ihren Forderungen und in ihrer Vehemenz den Bildungsdiskussionen Anfang der 1970er-Jahre (vgl. Sünker 2003: Kap. I). Forderungen wie die Steigerung des Bildungs-Outputs, in erster Linie qualitativ, aber bezogen auf die Hochschulabsolventen auch quantitativer Natur, die ständige Betonung des lebenslangen Lernens und der Bedeutung neuer Schlüsselqualifikationen und moderner Kompetenzen reißen in der aktuellen Debatte nicht ab.

Des weiteren lässt sich ein deutlicher Wahrnehmungswandel hinsichtlich der Lebensphase Kindheit und der Kindern zugeschriebenen Kompetenzen im Lebenslauf konstatieren (s. Honig 1999; Hutchby/Moran-Ellis 1999; Sünker/Swiderek 1997).

Waren lange Zeit Jugendliche bevorzugtes Klientel von Pädagogen und pädagogischem Handeln, so wird dem Thema 'Kindheit' und der Realität von Kindern, Kinderleben – in unterschiedlichen Gestaltungen den Differenzen von Klasse, Kultur und Gender folgend – nun immer häufiger pädagogische, politische Beachtung und wissenschaftliche Aufmerksamkeit zuteil. Was verbirgt sich hinter diesen Wandlungsprozessen?

Während Kindheit und Kinder bis vor wenigen Jahren vorwiegend aus der Sicht der Entwicklungspsychologie und Sozialisationsforschung, als Stadium vor der Jugendphase und dem angestrebten Erwachsensein, dargestellt und somit als nicht eigenständige, defizitäre Lebensphase definiert wurden, wird nun eben diese Eigenständigkeit von Kindern, werden ihre Rechte und Selbstbestimmtheit im Spannungsverhältnis von Autonomie und Abhängigkeit erkannt, vermehrt eingeklagt und festgeschrieben. Das heißt, Kindheitsforschung aus Sicht kritischer Pädagogik sieht Kinder als eigenständig handelnde Subjekte. Pädagogisches Handeln sucht die Rechtsstellung von Kindern zu verbessern, die Einflussnahme und Beteiligung von Kindern im öffentlichen Leben und in kinder- und jugendhilfepolitischen Angelegenheiten zu stärken, ihre bisherige Position als Klientel der Pädagogik zu hinterfragen und zu ändern.

Diese geänderte Sichtweise von Kindheit und Kinderleben beruht auf einer entsprechenden pädagogisch-politischen Sichtweise, die sich mit den Stichworten 'Bildung – Gesellschaft – Subjektwerdung' (Sünker 1989) kennzeichnen lässt. Gesellschaftstheoretisch und -politisch basiert diese Haltung auf einer emanzipatorischen Perspektive: es gilt, den Kindern die Voraussetzungen wie Kompetenzen zu einem selbstbestimmten und mündigen Leben in einer demokratischen Gesellschaft zu vermitteln.

Festzuhalten bleibt, dass die Forderungen nach einem Mehr an Politik für Kinder und mit Kindern einerseits einen Vorgriff über die bestehenden Verhältnisse hinaus versuchen, so gesehen ein Stück politischer Antizipation verkörpern, andererseits aber auch eine Reaktion auf die speziellen ökonomisch-gesellschaftlichen und pädagogischen Problemlagen darstellen.

1 Konzepte und Ansätze von Kinderpolitik

Die allgemeine Diskussion über **Kinderpolitik**, **Kinderrechte** und die **Partizipation** von Kindern bewegt sich heute so auch und noch immer in der gesellschaftspolitischen Auseinandersetzung über die Standortfrage von Kindheit und Kinderleben in der Gesellschaft. Dabei geht es vorrangig um zwei unterschiedliche Positionen: einmal um ein Kindheitsbild, mit dem Kindheit als ein defizitäres Übergangsstadium im Prozess des Erwachsenwerdens definiert wird und aus dem sich, vermittelt über einen traditionellen Gebrauch der Begriffe „Schutz" und „Sorge", eine Ablehnung aller weitgreifenden Diskussionen über Kinderrechte ergibt (vgl. Sünker 2001). Alternativ dazu wird eine Position deutlich, die die Einbindung von Kindern in plurale Formen von Familienleben nicht leugnet, gleichwohl die Fragilität des Status von Kindern in Familie und Gesellschaft – gerade in der Folge gesellschaftspolitischer Veränderungen und deren Konsequenzen für das Leben von Kindern – zum Anlass nimmt, einen deutlichen Bezug der Rechte von Kindern auf Menschen- und Bürgerrechte im Sozialstaat – u. a. durch Bezug auf die UN-Konvention – (vgl. Sünker/Swiderek 1998; Honig 2001b) und die Stellung von Kindern als (auch) selbständig handelnde Akteure in gesellschaftlichen Kontexten herauszustellen, um so die Bedeutung von Partizipation von Kindern und Jugendlichen für das Gestalten von Demokratie als Lebensform aufzuzeigen (vgl. Sünker 2003: Kap. X; Sünker 2008). Die Dialektik von Autonomie und Abhängigkeit wird als eine Besonderung für kindliches Leben und Erleben begriffen, ohne daraus etwas allein für Kinder Verallgemeinerbares zu konstruieren, eine Bestimmung, die nur dem Kinderleben unterlegt wäre; denn diese Dialektik gilt für alle Lebensalter, den gesamten Lebenslauf in je spezifischer Weise.

1.1 Politik für Kinder: Stellvertretung und Lobbyismus

Politik für Kinder geschieht auf verschiedenen Ebenen und mit unterschiedlichem Hintergrund. Ganz traditionell auf staatlicher Ebene – sowohl auf Bundes- als auch auf Landesebene – als Politik für Familien, durch finanzielle Unterstützung – aktuell die vom Bundesverfassungsgericht angemahnte besondere Berücksichtigung von Familien mit Kindern im Hinblick auf den Generationenvertrag –, Kindergeld, steuerliche Freibeträgen und Erziehungszeiten für Eltern.

Nicht zu vergessen, Gesetze zum Schutz von Kindern und Jugendlichen, Bildungsangebote und Freizeit.

Grundlage hier ist die im Grundgesetz Artikel 6 garantierte Schutzstellung von Ehe und Familie, mit der Einschränkung und Hinweisung auf die zu vorderste Pflicht der Eltern hinsichtlich Pflege und Erziehung ihrer Kinder. Wichtige rechtliche Rahmungen erfährt das Leben von Kindern des weiteren im Bürgerlichen Gesetzbuch, demzufolge der Staat als Wächter zum Wohl des Kindes eingreift (§ 1666, Abs. 1 BGB) und gegebenenfalls als Stellvertreter Entscheidungen für das weitere Leben des Kindes trifft. Dies geschieht in Zusammenarbeit mit staatlichen und freien Trägern der Kinder- und Jugendhilfe. Das Kinder- und Jugendhilfegesetz (KJHG) – definiert als ein modernes, präventiv orientiertes Leistungsgesetz mit partizipativem Charakter – soll den gesamten Lebensbereich der Kinder und Jugendlichen einschließlich des gewandelten Lebens und Erlebens der Kinder berücksichtigen und in seinen gesetzlichen Handlungsvorgaben abdecken. Hier finden sich die entsprechenden Vorgaben und Richtlinien, wie sich der Staat – auch in Vertretung durch andere kinder- und jugendpolitischen Organe – eine Politik für Kinder in der Praxis vorstellt. Der Anspruch der Jugendhilfe, als Interessensvertretung für Kinder zu wirken, wird schon durch § 1, Abs. 1 KJHG deutlich wenn es heißt, „Jeder junge Mensch hat ein Recht auf Förderung seiner Entwicklung und auf Erziehung zu einer eigenverantwortlichen und gemeinschaftsfähigen Persönlichkeit". Weiterhin soll die Jugendhilfe zur Verwirklichung des Rechts beitragen, „positive Lebensbedingungen für junge Menschen und ihre Familien sowie eine kinder- und familienfreundliche Umwelt zu erhalten und zu schaffen" (§1, Abs. 3 KJHG).

Nach diesem Verständnis geht die Jugendhilfe über ihren engeren Zuständigkeitsbereich der herkömmlichen Jugendhilfeaufgaben hinaus. Im Sinne einer Querschnittspolitik soll sie auch im Interesse von Kindern in andere Politikfelder hineinwirken, um positive Lebensbedingungen sowie eine kinderfreundliche Umwelt zu ermöglichen. Hier sind beispielsweise Wohnungsbau- und Stadtentwicklungsplanung zu nennen. Diese Interessenwahrnehmung geschieht dann durchaus auch auf der Makroebene und nicht nur als anwaltschaftliche Funktion für den Einzelfall.

Eine Form der Interessensvertretung von Kindern ist die Einsetzung von politischen beziehungsweise parlamentarischen Kinderbeauftragten. Die Forderung nach einem Kinderbeauftragten hat bereits Tradition. So forderte der Deutsche Kinderschutzbund bereits 1981, einen Kinderbeauftragten analog der Stellung eines Wehr-, Ausländer,- Behinderten,- Frauen- oder Datenschutzbeauftragten zu schaffen. Bei der Forderung nach einem solchen „parlamentarischen Kinderbeauftragten" konnte man durchaus auf Erfahrungen aus dem europäischen Ausland[4] zurückgreifen. Es wurde davon ausgegangen, dass ein Kinderbeauftragter im gesellschaftspolitischen Feld handele. Danach ist die Situation der Kinder in Deutschland nicht nur von den Verhältnissen in den Familien und im unmittelbaren Lebensraum abhängig, sondern alle gesellschaftlichen Bedingungen wirken sich direkt und indirekt auf die Situation von Kindern aus.

Diese Forderung nach einem parlamentarischen Kinderbeauftragten auf Bundesebene führte 1988 zur Gründung der „Kommission zur Wahrnehmung der Belange der Kinder" (Kinderkommission). Diese nach dem Gleichheitsgrundsatz besetzte Kommission – je ein Mitglied der im Bundestag vertretenen Parteien[5] – entscheidet nach dem Einstimmigkeits-, beziehungsweise Konsensprinzip. Am 14. März 1991 billigte der Ältestenrat des Bundestages eine Vereinbarung der Fraktionen, auf deren Grundlage die Kinderkommission auch als gemeinsamer Unterausschuss der Ausschüsse für Familie und Senioren sowie für Frauen und Jugend fungiert (vgl.

Kommissionsbericht 1995). Diese Anbindung an die Bundestagsausschüsse sollte den Einstieg in die parlamentarischen Geschäftsabläufe und die Unterstützung durch zuständige Bundesministerien sichern.

Der enorm breite Sach- und Themenkatalog – von der Mitwirkung an der Umsetzung der UN-Konvention, bei der Novellierung des KJHG, der Berichterstattung (Kinder- und Jugendbericht) aller die Kinder betreffenden Alltags- und Lebensbereiche wie Verkehr, Wohnen, Gewalt, Armut, Gesundheit, Bildung, Freizeit und die entsprechende Einflussnahme auf die Diskussionen – lässt auch hier wieder die Funktion der **Kinderpolitik** als eine Querschnittsaufgabe deutlich werden. Sogenannte „Kinderfreundlichkeitsprüfungen" sollen hier als Bewertungsgrundlage dienen, alle bundesrechtlichen Vorschriften auf ihre Auswirkungen auf Kinder hin zu überprüfen.

Doch darf nicht übersehen werden, dass nicht nur der beachtliche Themenkatalog, sondern auch die bei vielen Parlamentariern untergeordnete und randständige Bedeutung der Kinderkommission im Bundestag es der Kommission schwer macht, großen Einfluss auf die Entscheidungen der Regierung zu nehmen. Diese Einschätzung wird auch von den Mitgliedern der Kinderkommission geteilt (vgl. FR vom 6.7.1995). Der bestmögliche Erfolg der Kommission, für die Belange der Kinder einzutreten, liegt nach eigenen Aussagen im Bereich der Öffentlichkeitsarbeit.

Darüber hinaus bleibt die Forderung nach einem Bundeskinderbeauftragten weiterhin bestehen. Denn, so die Auffassung von Jeand' Heur, „einer unabhängigen, der Arbeit des Bundestages selbstkritisch gegenüberstehenden, nur den Kindeswohl-Belangen verpflichteten Aufgabenstellung mag diese Konstellation [die Kinderkommission als Unterausschuss, d. V.] nicht unbedingt förderlich sein. Denn: Abhängigkeitsverhältnisse sind eine schlechte Voraussetzung für Kontrollfunktionen" (Jeand' Heur 1993, S. 250). Diese/r Bundeskinderbeauftragte müsste deshalb als rechtlich abgesicherte Kontrollinstanz, ausgestattet mit eigenem Personal und ausreichend finanziellen Mitteln, fungieren können.

Auf Länderebene existiert diese Form der Interessensvertretung einer Politik für Kinder in einigen Bundesländern bereits seit über zehn Jahren. Nordrhein-Westfalen beispielsweise setzte 1989 per Kabinettsentschluss den ersten Kinderbeauftragten in Deutschland ein, der organisatorisch in die Hierarchie eines Ministeriums (Ministerium für Frauen, Jugend, Familie und Gesundheit) integriert ist. Doch eine gesetzliche Grundlage, die die Rechte, die Kompetenzen und Aufgaben des Kinderbeauftragten regelt, gibt es nicht. Diese rudimentäre rechtliche Absicherung, die u.a. auch für die Kinderbeauftragte des Landes Sachsen-Anhalt zutrifft, wird zunehmend von Wissenschaftlern als auch Praktikern kritisiert. Der Landesbeauftragte ist hier primär auf den Goodwill Dritter und die Zusammenarbeit und Informationsbereitschaft anderer staatlicher Stellen angewiesen und kann deshalb im überwiegenden nur informelle Rechte, etwa auf frühzeitigen Einbezug im Rahmen von Gesetzesverfahren und Akteneinsicht geltend machen. Doch in der Praxis hat sich die Arbeit des Kinderbeauftragten auf Landesebene bewährt und ist notwendiger Bestandteil der Politik für Kinder geworden. Inhaltliche Arbeitsschwerpunkte waren von Beginn an die Stärkung der **Kinderrechte** sowie die Erarbeitung sogenannter „Leitfragen zur Kinderfreundlichkeit". Diese Handlungsanleitung für Kinderpolitiker als auch Verwaltungen vor Ort wurden im Laufe der Jahre auf den seit 1993 stattfindenden Jahrestagungen zur Politik für Kinder erarbeitet und in kontinuierlichen Diskussionen zwischen Politik, Wissenschaft und Praxis weiterentwickelt. Ziel des Landeskinderbeauftragten war und ist es, tragfähige Arbeitsstrukturen für kinderpolitische Aktivitäten sowohl auf Landes- als auch auf kommunaler Ebene zu schaffen. Aus dem „Prüfverfahren – Kinderfreundlichkeit" wurde ein „Dialogverfahren – Kinderfreundlichkeit"(vgl. Ministerium für Frauen, Jugend, Familie und Gesundheit 2000), um die angestrebte Zielrichtung eines dialogischen und diskursiven Verfahren deutlich zu formulieren. Diese Umbenennung des Verfahrens lässt aber auch ein Stück der Widersprüchlichkeit eines solchen „Prüfkatalog zum Abhacken" deutlich werden, denn Kinderfreundlichkeit bis ins Detail festzulegen widerspricht sowohl pädagogischen als psychologischen Gesichtspunkten, wenn so die Bedürfnisse und Interessen der Kinder schon zu einem sehr frühen Stadium und aus Sicht der Erwachsenen statisch und mechanisch festgeschrieben werden. Des weiteren muss zu bedenken bleiben, dass mit dem Prüfverfahren Kinderfreundlichkeit eine neue bürokratische Hürde errichtet wird, die die Verfahrenswege verlängert, nur noch lästiges Abarbeiten bewirkt und Kinderfreundlichkeit so zu einem sterilen Verwaltungsvorgang macht.

Weitere kinderpolitische Vertretungen auf Landesebene in Deutschland existieren u.a.: in Schleswig-Holstein hat ein Landesabgeordneter die Rolle des Kinderbeauftragten inne, in Rheinland-Pfalz gibt es eine „Leitstelle **Partizipation**" und im Saarland eine landesweite Kinderkommission.

Resümierend lässt sich konstatieren, dass **Kinderpolitik** hier vorrangig als Stellvertretung verstanden und realisiert wird, daher mit Partizipation im konzeptuellen Sinne von Mitsprache – Mitwirkung – Mitbestimmung (vgl. Széll 1992) kaum etwas bzw. sogar nichts zu tun hat. Diese Form von Politik für Kinder kann in bestimmten Konstellationen notwendig und sinnvoll sein, sollte aber ohne die tatsächliche Mitwirkung und letztendliche Befähigung zur Selbstgestaltung von Kindern nicht isoliert stehen bleiben.

1.2 Politik mit und von Kindern: Interessensvertretung, partielle Beteiligung und Partizipation

Die ersten Formen kinderpolitischer Interessensvertretungen in Deutschland auf kommunaler Ebene sind im Anschluss des 1979 ausgerufenen „Internationalen Jahres des Kindes" entstanden. Aus diesem Anlass hat im selben Jahr ‚Till Eulenspiegel' seine Tätigkeit als Kinderanwältin unter der freien Trägerschaft der Arbeiterwohlfahrt in Düsseldorf (vgl. AWO 1994) aufgenommen.

Neben dieser ersten institutionalisierten und kommunalpolitisch arbeitenden Kinderinteressensvertretung haben andere Verbände wie das Deutsche Kinderhilfswerk oder der Deutsche Kinderschutzbund sich bundesweit und fallbezogen auch zuvor schon für die Belange von Kindern eingesetzt.

Doch die eigentliche Entstehung der kommunalen kinderpolitischen Arbeitsformen begann im Zusammenhang mit der Reformierung des Jugendwohlfahrtsgesetzes (verstärkt in den 1980er-Jahren), der Verabschiedung der UN-Kinderrechtskonvention (1989) und dem Inkrafttreten des neuen Kinder- und Jugendhilfegesetzes (KJHG). Seit Ende der 1980er-Jahre wächst die Zahl der unterschiedlichsten kinderpolitischen Arbeitsformen ständig an. Wurden bis 1994 bundesweit mehr als 80 (vgl. Arnold/Wüstendörfer 1994)[6] verschiedene Kinderinteressensvertretungen in Deutschland gezählt, erfuhr die **Partizipation** von Kindern in den letzten Jahren einen wahren Boom. Heute befindet sich in fast jeder (Groß-) Stadt in Deutschland wenigstens eine Form der Interessensvertretung für Kinder, in zahlreichen Städten und Kommunen existieren Kinderparlamente, und die Beteiligung von Kindern an Projekten ist vielfältig. Zwei Drittel der Einrichtungen und Projekte werden von öffentlichen Trägern angeboten (vgl. Bundesministerium für Familie, Senioren, Frauen und Jugend 1999).

Doch besagt die Vielzahl der Formen und Modelle von Beteiligung nichts über den tatsächlichen Gehalt und die Effektivität der Partizipation für die Kinder. So erfordert gerade diese flächendeckende Etablierung von Beteiligungsstrukturen in städtischen wie kommunalen Verwaltungen unseres Erachtens weiterhin eine kritische Beachtung, damit die Partizipation in ihrer Dynamik nicht zum bürokratisch-statischen Standard verkommt, sich so in ihr Gegenteil verkehrt.

Bisher gibt es keine einheitliche Systematisierung der unterschiedlichen Modelle. Zum einen liegt dies in der für viele Institutionen ungenauen Zuordnung im bisherigen Jugendhilfebereich, zum anderen handelt es sich bei verschiedenen Formen nie um ‚Reinformen'. Die meisten Kinderinteressensvertretungen arbeiten auf mehreren Ebenen und haben überschneidende Arbeitsbereiche und Aufgabenstellungen.

Generell lassen sich die kinderpolitischen Aktivitäten in drei Gruppen unterteilen. Auf der Ebene der Infrastruktur sind dies: Kinderbüros, Kinderbeauftragte, Kinderanwälte und das Amt für **Kinderinteressen** ("Politik für Kinder"); weitere Möglichkeiten eröffnen Kinderparlamente und Kinderversammlungen ("Politik mit Kindern") und offene Formen, wie beispielsweise Runde Tische oder Sprechstunden beim Bürgermeister. Darüber hinaus sind auch Aktionen und Aktivitäten zu erwähnen, mit denen an bestimmten Tagen (wie z. B.: dem Weltkindertag) kinderfreundliche Aktionen und demzufolge Öffentlichkeitsarbeit für Kinder durchgeführt werden. Solche Maßnahmen finden in fast allen größeren Städten und Kommunen statt.

Das Hauptmerkmal all dieser Modelle administrativer Stärkung von **Kinderrechten** ist die Stellvertretung. Erklärtes Ziel ist es, den kindlichen Lebenswelten in Politik, Verwaltung und Öffentlichkeit stärkere Bedeutung zu schenken und die vorherrschenden Lebensbedingungen zu verbessern – dies bildet unserer Einschätzung nach auch den Schwerpunkt des 10. Jugendberichtes (vgl. BMFSFJ 1998). Diese Stellvertretungsorgane verstehen sich als „Sprachrohr" für die Belange der Kinder gegenüber den Interessen der Erwachsenen. Diese Interessensvertretung geschieht dann auf unterschiedliche Weise und aus unterschiedlichen Positionen heraus.

Die wohl umfassendste und weitgehendste Form der Institutionalisierung von Kinderinteressensvertretung auf kommunaler Ebene ist das ‚Amt für Kinderinteressen' der Stadt Köln. Dieses Amt arbeitet seit 1991 und setzt zwei Schwerpunkte in seiner Tätigkeit: zum einen die „Interessensvertretung und Planung" (dazu gehört auch die Jugendhilfeplanung) und den Arbeitsschwerpunkt "Freizeit- und Spielpädagogik". Organisatorisch ist das Amt dem Dezernat für Kinder, Jugend und Familie untergeordnet und damit dem Jugendamt gleichgestellt.

Eine weitere Form der institutionalisierten Wahrnehmung von **Kinderinteressen** ist das Kinderbüro. Die MitarbeiterInnen der Kinderbüros (Kinderbeauftragte) sind entweder dem zuständigen Dezernenten für Soziales oder dem Bürgermeister zugeordnet (wie beispielsweise in Essen, Freiburg oder Weimar) oder dem Jugendamt beziehungsweise dem Dezernenten des Jugendamtes unterstellt (wie beispielsweise in Frankfurt a.M. oder Karlsruhe).

Die Kinderbüros sind Koordinierungs- und Geschäftsstellen innerhalb der kommunalen Verwaltungen. Ihre Aufgabe innerhalb der Verwaltung ist es, bei kommunalen Vorhaben die Interessen der Kinder ämterübergreifend bereits im Planungsprozess einzubringen. Diese Vorgehensweise macht den Querschnittscharakter von **Kinderpolitik** deutlich. Jegliche Planungsvorhaben wie Verkehrsplanungen, Wohnungsbau, Grünflächenplanungen, Neu- oder Umbauten von Schulen oder Planungen im Jugendhilfebereich sollen vorab vom Kinderbüro auf die Kinderfreundlichkeit hin untersucht (Kinderfreundlichkeitsprüfung) und Änderungsvorschläge berücksichtigt werden. Darüber hinaus werden Stellungnahmen für die Jugendhilfeausschüsse verfasst, wobei bzw. obwohl ihnen keine Entscheidungsbefugnisse zugebilligt werden. „Dieses bloße Vorschlagsrecht macht die besondere Stellung der Kinderbüros deutlich. Einerseits sind sie einer dem Jugendamt übergeordneten Stelle wie dem zuständigen Jugend- oder Sozialdezernenten zugeordnet, ein anderer Teil ihrer Arbeitskapazität ist weiterhin inhaltlich und organisatorisch dem Jugendamt zugeordnet" (vgl. AWO 1994, S. 90). In vielen Kommunen fehlt eine eindeutige Zuordnung und damit eine detaillierte Kompetenzzuweisung.

Die zu Beginn angesprochene unterschiedliche Ämterzuordnung hat auch Einfluss auf die konkreten Arbeitsschwerpunkte. Während die Kinderbeauftragten der Kinderbüros, „die eine Stabsstelle an übergeordneter Position einnehmen, (…) ihren Arbeitsansatz überwiegend in einer Tätigkeit auf infrastruktureller Ebene und weniger in einer konkreten Arbeit an Einzelfällen oder an einer Arbeit mit Kindern" (AWO 1993, S. 89) sehen, lässt sich für die Kinderbüros mit einer formalen Anbindung an das Jugendamt bzw. den zuständigen Dezernenten für Jugend ein wesentlich breiteres und konkreteres Arbeitsfeld erkennen.

Kinder- und Jugendparlamente und Jugendgemeinderäte haben zu Beginn der kinderpolitischen Aktivitäten in Deutschland nur eine relativ geringe Bedeutung gehabt. Doch inzwischen kann man fast von einer „inflationären Verbreitung" von Kinder- und Jugendparlamenten sprechen, was aber unserer Meinung nach durchaus nicht immer per se als Qualitätsmerkmal offensiver beziehungsweise fortschrittlicher Kinderpolitik verstanden werden darf.

Der erste Jugendgemeinderat wurde 1985 im baden-württembergischen Weingarten gegründet, einer Kleinstadt mit ca. 20.000 Einwohnern. Hier lässt sich schon das erste Charakteristikum der bestehenden Kinder- und Jugendgemeinderäte erkennen. Diese Form der Kinderpolitik und auch **Partizipation** von Kindern findet man überwiegend in Klein- und mittleren Städten. In der Verbreitung dieser Partizipationsform lässt sich eindeutig ein Stadt- Landgefälle erkennen.

Gewählt werden diese Parlamente entweder über die in den Gemeinden existierenden Schulen, in Weingarten zum Beispiel sind alle Schülerinnen und Schüler ab der 7. Klasse wahlberechtigt. In anderen Gemeinden wird die Wahl der Kinder- und Jugendparlamente ähnlich wie klassische parlamentarische Wahlen durchgeführt, sogar mit der Möglichkeit einer Briefwahl. Die Wahlbeteiligung bzw. das Interesse der Kinder ist bei der ‚Schulwahl' deutlich höher, hier sind die Kandidaten eher bekannt und man kann innerhalb des Unterrichts auf diese Möglichkeit der Beteiligung an kommunalen Abläufen eingehen und aufklären. Generell kann man von einer Altersspanne in den Kinder- und Jugendparlamenten zwischen 12-16 Jahren ausgehen, wobei durchaus schon 9- oder 10-jährige Kinder an solchen Kinderparlamenten teilnehmen. Die Kandidaten werden in der Regel für drei Jahre gewählt, in einigen Gemeinden werden nach Ablauf von zwei Jahren ein Drittel der Mitglieder ausgewechselt (Rotationssystem). In der "Sitzungsfreien Zeit" werden von den Kindern und Jugendlichen in vier Arbeitsgruppen mit den Schwerpunkten: Schule – Umweltschutz – Jugendhaus – Jugend/Vereine[7] Themen und Änderungsvorschläge erarbeitet, die auf den unterschiedlich oft stattfindenden Zusammenkünften diskutiert und an die anwesenden Politiker weitergegeben werden.

Vorbilder für diese kinderpolitischen Aktivitäten finden sich in Frankreich, Österreich und der Schweiz. Vor allem Frankreich setzt auf diese Formen der politischen Bildung als Lernort parlamentarischer und demokratischer Verhaltensweisen. Es existieren momentan ca. 800 solcher Kinder- und Jugendparlamente, zum Teil mit einem eigenen Etat für Aktivitäten von bis zu 25.000 €.

Im Unterschied zu den parlamentarischen Arbeitsformen bieten die offeneren Formen allen interessierten Kindern die Möglichkeit, ihre Themen und Anliegen vortragen zu können. Kinderforen bestehen nicht aus gewählten Vertretern, sondern sind für jedes interessierte Kind offen. In ihrer Handlungsform ähneln sie den Kinderparlamenten: zu festgesetzten Terminen treffen sich Kinder, Politiker, die Initiatoren und interessierte Erwachsene meist in städtischen Räumen (Rathaus) und diskutieren nach Art eines Parlamentes ihre Themen.

Kinder- und Jugendforum sehen sich als Mittler zwischen Kindern und der Verwaltung. Die Aufgabe der erwachsenen Betreuer liegt in der Moderation, Protokollführung und Antragsformulierung. Oberstes Ziel ist es, die Beteiligung der Erwachsenen so weit wie möglich zu beschränken und somit den Kindern einen größeren Eigenanteil an der Gestaltung und Durchführung des Forums zu ermöglichen.

Neben diesen Kinderforen bestehen noch weitere offene Formen der Kinderinteressensvertretung, wie beispielsweise ‚Runde Tische' und ‚Sprechstunden beim Bürgermeister'. Die Form des ‚Runden Tisches' ist angelehnt an die im Prozess der deutschen Vereinigung entstandenen politischen Gespräche am Runden Tisch, nach dem Motto: gemeinsam an einem Tisch sitzen, sich zuhören und miteinander ins Gespräch kommen.

2 Kinder: Politik und Partizipation in der Auseinandersetzung von Forschung, Wissenschaft und Politik

Sozialwissenschaftliche Kindheitsforschung ist ein noch relativ junger Forschungszweig (vgl. Lange 1995; Honig 1999). Wurde das Thema Kindheit bis Mitte der 1980er-Jahre – sowohl in der Pädagogik, Soziologie als auch in den Sozialwissenschaften – nur randständig behandelt, wächst die Zahl der Veröffentlichungen in den letzten Jahren rapide an. Thorne hat in dem 1985 erschienenen Buch „Putting a price on children. Contemporary Sociology" noch darauf hingewiesen, dass „die Erforschung des Lebens und der Erfahrungen von Kindern (...), wenn überhaupt, auf wenige Felder beschränkt (wurde): Familie, Erziehung oder Sozialpsychologie der Sozialisation (...). Soziologische Theorien sind stark erwachsenenzentriert und berücksichtigen Kinder nur unter der Frage, wie sich die soziale Ordnung reproduziert. Die ahistorische, individualistisch und teleologisch geprägte Rahmentheorie von ‚Sozialisation' und ‚Entwicklung', die Kinder mehr durch ihr Werden als durch ihr Dasein definiert, hat andere soziologische Zugangsweisen zu Kindheit und Erwachsenheit weitgehend verstellt" (zit. n. Qvortrup 1993, S. 109). Die Situation hat sich heute, sowohl was die praxisorientierten als auch theoretischen Arbeiten zum Thema Kindheit betrifft, entschieden geändert.

Seit dem Inkrafttreten des KJHG, wo, wie bereits angedeutet, explizite Aussagen und Forderungen bezüglich des Wandels und der heutigen Stellung von Kindern in der Gesellschaft und der Umsetzung innerhalb des Angebotes der Kinder- und Jugendhilfe formuliert sind (s. Wiesner 1995, S. 1-93), beschäftigt sich die (sozial)pädagogische Praxis mit möglichen Umsetzungsformen einer Politik für und von Kindern. Die Palette der Arbeiten reicht von rechtlichen Begründungen bis zu Darstellungen und Systematisierungen von Formen und Modellen der Beteiligung von Kindern - nicht zu vergessen die Vielzahl von Praxisbeispielen gelungener und versuchter **Partizipation** in Jugendhilfe und Schule (vgl. bspw. Landesjugendamt Hessen 1998).

Die wissenschaftliche Auseinandersetzung erweist sich als ebenso breitgefächert. Je nach Fachzugehörigkeit orientieren sich die Arbeiten an ihrem je inhaltlichen Schwerpunkt. Doch eines lässt sich übergreifend feststellen, der Blickwinkel auf Kinder und Kindheit als Lebensphase hat sich von einer objekt- zu einer eher subjektorientierten Sichtweise gewandelt. Pädagogen, Soziologen, Psychologen, Sozialwissenschaftler und Juristen deuten die neue Sichtweise von Kindern und Kindheit im Kontext ihrer Fachdisziplin und übertragen viele der bisher auf Jugendliche gerichteten Forderungen nun auf Kinder. Darüber hinaus werden Stimmen laut, die eine (eigene)Theorie der Kindheit (Honig 1999) fordern, damit die Möglichkeit, alle Bilder von Kindheit, alle Sichtweisen, Erkenntnisse und Forschungsergebnisse zu bündeln und der Lebensphase Kindheit somit eine neue Gewichtung in der generationalen Ordnung (vgl. Bühler-Niederberger/Tremp 2001) zu geben.

Bisher stellt es sich als schwierig dar, einen strukturierten Überblick über die vielfältigen Untersuchungen der unterschiedlichsten Lebensbereiche von Kindern zu erhalten. Als ein Versuch, die verschiedenen Forschungsergebnisse zu sammeln, sie mit politischen Forderungen und staatlichen Maßnahmen zu verschmelzen, sind die – in politischem Auftrag erfolgenden – Sozialberichterstattungen der letzten Jahre zu werten. Im Auftrag der Bundesregierung wurden 1998 zwei Arbeiten veröffentlicht, die zwar vom gleichen Bundesministerium für Familie, Senioren, Frauen und Jugend herausgegeben wurden, realisiert aber mit deutlich differenten Schwerpunkten und daraus abzuleitenden Forderungen und Zielsetzungen. Beide Berichte, sowohl der Zehnte Kinder- und Jugendbericht als auch das Gutachten ‚Kinder und Kindheit in Deutschland', sollen als eine Grundlage für die **Kinderpolitik** in Deutschland dienen. Aber nur der Kinderbericht spricht hier von Kindern als Subjekten und formuliert auf der Basis einer „Kultur des Aufwachsens" die Aufgaben, die bewältigt werden müssen und institutionelle Hilfen, die hier nötig sind; allerdings mit einer Präferenz für eine Politik für Kinder. Politik für Kinder wird dabei als eine Sozialpolitik für Kinder verstanden, vergleichbar mit der Idee einer Sozialökologie menschlicher Entwicklung, der das Gutachten – letztlich entwicklungspsychologisch argumentierend – folgt. Dass dies aber allein mit den Mitteln des KJHG nicht zu erreichen ist, machen die Autoren des Kinderberichts unmittelbar deutlich. Honig (2001a, S. 6) hat in diesem Zusammenhang von einem dem Bericht innewohnenden Gedanken einer „Gesellschaftsreform vom Kinde aus" gesprochen. So erklärt sich auch die besondere Bedeutung und Hervorhebung der Auseinandersetzung über Partizipationsmöglichkeiten von Kindern – eingelassen in die Debatte über **Kinderrechte**.

Das Kindergutachten hingegen versteht **Kinderpolitik** subsumtionslogisch argumentierend im Kontext einer Familienpolitik, die sich daran orientiert, entwicklungsfördernde Umwelten für Kinder zu schaffen (Bundesministerium für Familie, Senioren, Frauen und Jugend 1998, S. 14). Sie grenzt sich deutlich von einer Sichtweise ab, die Kinderrechte „als Individualrechte losgelöst vom Familienzusammenhang versteht oder gar die Rechte der Kinder gegen ihre Eltern begründen will" (a.a.O., S. 67).

Beide Berichte als Grundlage einer staatlichen Kinderpolitik machen die Uneindeutigkeit der Ausrichtung beziehungsweise die politische Brisanz der Konzeptionsfragen zum Verhältnis von Schutz, Versorgung und **Partizipation** im Leben von Kindern als auch in den darin eingeschlossenen Statuszuweisungen, wie dies der UN-Konvention für die Rechte des Kindes insgesamt unterlegt ist (vgl. Neubauer/Sünker 1993), deutlich. Die Beteiligung von Kindern an sie betreffenden Angelegenheiten, mithilfe zumeist institutionalisierter Formen wird generell und übergreifend befürwortet, die Rahmung einer Politik für, mit und von Kindern als eigenständige, autonome Kinder-, eben nicht Familienpolitik, allerdings bleibt umstritten. Gemeinsamer

Nenner bleibt bisher die wohlfahrtsstaatliche, schützende und erzieherische Ausrichtung des beteiligungsorientierten Kinder- und Jugendhilfegesetzes.

Die bisher einzige bundesweite Studie[8] „Beteiligung von Kindern und Jugendlichen in Kommunen" (BMFSFJ 1999), die sich mit einer möglichen Umsetzung von Kinderpolitik in der Gesellschaft befasst hat, untersucht die Beteiligung von Kindern in der Kommune. Sie ist insofern ein Novum, da sich bisher alle Untersuchungen zu Fragen der politischen Orientierung, des Vertauens in politische Institutionen und auch der politischen Partizipation auf Jugendliche beziehen[9].

Die vom Bundesministerium für Familie, Senioren, Frauen und Jugend in Auftrag gegebene Erhebung – Stichprobenziehung von 1.003 Kommunen im gesamten Bundesgebiet und durchgeführt vom Deutschen Jugendinstitut - über Modelle gesellschaftlicher Partizipation, ist in erster Linie eine Studie über bestehende Modelle und Formen von Beteiligung, über ihre Verbreitung, die inhaltliche Ausrichtung, die Teilnehmerinnen und Teilnehmer und die organisatorischen Rahmenbedingungen. In zweiter Linie wird deutlich, inwieweit die Gesellschaft es ernst meint, Kinder an sie betreffende Angelegenheiten zu beteiligen, inwieweit sie Politik für Kinder, von und mit Kindern als eigenständigen Politikbereich wahrnimmt, Möglichkeiten eröffnet und Kinderrechte in Form partizipatorischer Handlungsoptionen umsetzt. Abschließend werden indirekt Aussagen möglich, über welche (politischen) Einstellungen, Interessen und Kompetenzen Kinder verfügen, perspektivisch stellt sich dabei die Frage nach den Bildungsfunktionen solcher Beteiligungsaktivitäten.

2.1 Partizipation: Ergebnisse und Perspektiven

Zum methodischen Vorgehen dieser Studie muss vorab festgehalten werden, dass Kommunen als Anbieter befragt wurden. Von den angeschriebenen 1.003 Kommunen haben 400 geantwortet, das entspricht einer Rücklaufquote von 40%; gefragt wurden Fachkräfte in den zuständigen Institutionen.

Die Ergebnisse lassen eine beachtliche quantitative wie qualitative Entwicklung im Hinblick auf die Verbreitung und die Vielfalt von Beteiligungsangeboten erkennen. In Zukunft muss es darum gehen, die entstandenen Beteiligungsstrukturen hinsichtlich ihrer Verbreitung (im Sommer 1998 fanden in 153 Gemeinden und Städten ein oder mehrere Beteiligungsangebote statt, das bedeutet 38%ige Beteiligung; in den Kommunen mit Beteiligung, gibt es meist mehrere Angebotsformen, es herrscht ein eindeutiges Stadt-Land-Gefälle vor) als auch in ihrer Qualität stetig zu erweitern und zu verbessern. Ein vorrangiges Ziel muss es dabei sein, Beteiligung allen Kindern und Jugendlichen zugänglich zu machen. Deshalb muss vor allem in kleineren Städten und Gemeinden die Beteiligungsinfrastruktur ausgebaut werden und in den Großstädten ein flächendeckendes Angebot angestrebt werden.

Projektorientierte Formen (häufigste Nennung mit 70%) verhindern die Gefahr von bildungs- und schichtbezogenen Ausschlussprozessen, wie sie bei repräsentativen (in 20% der Kommunen) als auch offenen Formen (ca. ein Drittel 35%) vorkommen (verbale Voraussetzungen). Sowohl ausländische Kinder als auch Mädchen müssen mehr als bisher in Beteiligungsprozesse eingebunden werden, das heißt, es müssen entsprechende Formen der Ansprache als auch der Umsetzung gefunden werden. Ausländische Kinder beteiligen sich weniger in repräsentativen als in projektorientierten Formen, wenn doch, dann in den westdeutschen Großstädten. In fast 50% der repräsentativen und in ca. 33% der offenen Formen finden ausländische Kinder keine

Beteiligung. Das heißt, je anwendungs- und handlungsorientierter die Methode, desto mehr ausländische Kinder nehmen teil.

Das Verhältnis von Jungen und Mädchen in den unterschiedlichen Beteiligungsformen lässt sich wie folgt charakterisieren: in ca. 46% der genannten Modelle sind sie gleich stark vertreten. Tendenziell ist zu erkennen, dass die Zahl der Mädchen mit zunehmendem Alter sinkt. Oft sind zu Beginn eines Projektes mehr Mädchen als Jungen beteiligt, dies verändert sich im Verlauf der Projektphase. Entscheidend sind hier u. a. die Methoden: je kreativer, je mehr Mädchen, je mehr Ausgestaltung, desto mehr Jungen. Die höchsten Beteiligungsquoten finden sich bei den projektorientierten Formen.

Vorrangig werden zwei Altersgruppen angesprochen: 10- bis 13-Jährige (81%) und 14- bis 18-Jährige (86%). Fast die Hälfte der Angebote richten sich auch an 6- bis 9-Jährige (46%), ca. 12% auch an unter 6-Jährige. Die Verteilung ergibt, dass die jüngeren Kinder überwiegend in projektorientierten Beteiligungsformen mitmachen, während die 14- bis 18-Jährigen hier nur noch einen Anteil von 54% einnehmen.

3   Fazit und Ausblick

Zusammenfassend lässt sich feststellen, dass **Kinderpolitik** in Deutschland in erster Linie noch immer eine Politik für Kinder ist, auch wenn inzwischen viele konkrete Projekte, die die Lebensbedingungen von Kindern unmittelbar betreffen, mit Kindern zusammen geplant werden. Vieles ist modellhaft, so dass nach Abschluss eines Projekts die Einbettung in ein Konzept „alltäglichen Lernens von Demokratie" fehlt. Wichtig wäre deshalb eine Kontinuität, eine Dauerhaftigkeit und eine selbstverständliche Beteiligungskultur in den Kommunen. Als entscheidend stellt sich hier die Kooperation mit der Verwaltung und der Politik heraus, wobei dies auf verlässlichen Transferstrukturen beruhen muss (Rede- und Antragsrecht, Dienstanweisungen).

Fragt man Kinder, wie sie sich ihre Zukunft vorstellen und was sie gerne verändern würden, so sind das bessere Spielmöglichkeiten, weniger Autos, andere Schulen mit weniger Leistungsdruck, mehr Umweltschutz und die Möglichkeit mehr Zeit mit ihren Eltern und Familien verbringen zu können. Fragt man Kinder, die sich in Kinderparlamenten, Kinderforen und anderen kinderpolitischen Beteiligungsformen engagieren, nach ihren momentanen Wünschen, so betrifft das ganz konkret die Herabsetzung des Wahlalters und ganz allgemein die Forderung nach mehr Mitsprache und Beteiligungsrechte (s. hierzu: LBS-Initiative Junge Familie 2001; Burdewick 2003).

Insgesamt ist bei dem hier abgehandelten Thema, dessen unterschiedlichen Facetten und Implikationen, abschließend deutlich die demokratiepraktische wie demokratietheoretische Relevanz der konzeptuellen Diskurse hervorzuheben, geht es doch um die Zukunft von Gesellschaft(en), deren Demokratisierung und damit deren Gestaltung im Interesse eines guten und gerechten Lebens aller. Angesichts der katastrophalen Geschichte des vergangenen Jahrhunderts lässt sich dies gar nicht oft und nachdrücklich genug betonen[10]. Verknüpft ist diese Perspektive mit den Kompetenzen im Denken und Handeln aller Bürgerinnen und Bürger, da die gesellschaftliche Gestaltungsaufgabe weniger denn je den herrschenden Eliten überlassen werden kann und darf[11]. Gebunden ist dies an die Bildung aller, so dass die institutionelle Absicherung von Bildungsprozessen mit partizipatorischer Grundlegung auf der Tagesordnung steht[12]; zudem gilt, wie Bowles und Gintis in ihrer Studie „Democracy & Capitalism" schreiben: „Because the growth and effectiveness of democratic institutions depend on the strength of democratic capacities, a commitment to democracy entails the advocacy of institutions that promote rather than impede the development of a democratic culture. Further, because learning, or more broadly, human development, is a central and lifelong activity of people, there is no coherent reason for exempting the structures that regulate learning – whether they be schools, families, neighborhoods, or workplaces – from the criteria of democratic accountability and liberty" (1987, S. 205; vgl. Sünker 2008).

Angesichts der gegenwärtigen Lage zum Thema "Kinder und Politik"[13] sowie einer nur als marginal zu kennzeichnenden Forschungssituation zur politischen Sozialisation von Kindern[14], bei gleichzeitigen Tendenzen der Formierung von Kinderleben, mit dem die traditionelle Instrumentalisierung noch einmal verschärft wird (vgl. Steinberg/Kincheloe 1997)[15], ist diese Perspektive notwendiger denn je.

Damit ist die Politikfrage und die nach den Akteuren – erneut - gestellt. Bildungsprozesse, zentriert um die historisch-konkrete Füllung von „Mündigkeit" – als der zentralen Kategorie von Bildungstheorie (s. Sünker 2003: Kap. V + VII) – sind auf diese Gestaltungsaufgabe zu beziehen, an deren Ende, ohne damit und darin zu enden, eine demokratische politische Kultur, gegründet auf realer **Partizipation** aller, stehen mag.

Anmerkungen

1   Beck verortet die Freiheitsidee historisch im Aufklärungsdenken als dem Beginn der europäischen Moderne, verkörpert in der Idee der „Selbstautorisierung des Individuums" – als Idee (!) gesetzt mit Allgemeinheitsanspruch (1997, S. 9ff).
2   Während Ende der 1960er-/Anfang der 1970er- Jahre, ausgelöst durch die Studentenbewegung, in der Folge bildungspolitischer Reformen und gesellschaftstheoretischer Diskussionen – einem Bündnis von Aufklärern und Modernisieren verpflichtet (von Friedeburg 1994) – auch in der Pädagogik und der Erziehungswissenschaft auf der Folie dieser Ideen und Ansätze emanzipatorisch, kritisch und subjektorientiert gedacht und gehandelt wurde, so sind heute wieder Tendenzen einer pädagogischen „Rückwärtsentwicklung" (Wertediskussion, Grenzen der Erziehung etc.) zu konstatieren (vgl. Bueb 2006; Otto/Sünker 2008).
3   In ihrer Zeitdiagnose zur ersten Hälfte des 20. Jahrhunderts, damit auch von Faschismus und Stalinismus, hat A. Siemsen beschrieben, es gelte zu verhindern, dass Menschen „der blinden Unterwerfung unter eine Staatsleitung, eine Partei oder einen Führer" sich befleißigen (1948, S. 5)
4   Norwegen hat 1981 die erste parlamentarische Kinderbeauftragte eingesetzt. Diese Einrichtung eines „Ombudsman-Amtes" für Kinder gilt als die erste Einrichtung ihrer Art weltweit. „Nach dem norwegischen Gesetz hat die Beauftragte nicht die Befugnis, Verwaltungsentscheidungen zu treffen oder zu ändern" (Arnold/Wüstendörfer 1994, S. 42), deshalb hängt ihre Wirkung sehr stark von der Qualität der Öffentlichkeitsarbeit und der Kraft ihrer Argumente ab. Eine von UNICEF 1989 in Auftrag gegebene Umfrage über die Bekanntheit und Einschätzung des Ombudsamtes in der norwegischen Bevölkerung ergab eine breite Akzeptanz für die Erhaltung und Tätigkeit des Amtes (vgl. Frädrich 1995).
    Weitere Beispiele von Interessensvertretung für Kinder im Ausland sind: das „South Australien Children's Bureau in Australien (seit 1983); der Ombutsman für Kinder und Jugendliche in Jerusalem (seit 1986); der Children's Rights Shop in Amsterdam (seit 1985) (vgl. Arnold/Wüstendörfer 1994).
5   Ganz im Gegensatz zum Ombutsman in Norwegen. Hier wird besonderer Wert auf Parteiunabhängigkeit gelegt, damit bei einem möglichen Regierungswechsel der Ombutsman und das Amt nicht abgeschafft oder ausgewechselt werden kann.
6   Nach diesen Untersuchungsergebnissen zufolge, „liegt die Verbreitung von (kommunalen) Kinderbeauftragten zwischen 14,7% (Bezugsgröße: alle kreisfreien Städte und Landkreise) und 10,7% (Bezugsgröße: alle Jugendämter)" (AWO 1994, S. 12). Andere Interessensvertretungen wie fallbezogene Aktivitäten (beispielsweise Spielplatzplanungen) sind weiter verbreitet.
7   Diese Arbeitsgruppen und Schwerpunkte beziehen sich auf den Kinder- und Jugendgemeinderat in Weingarten.

8   Das hessische Sozialministerium hat eine wissenschaftliche Begleitforschung in Auftrag gegeben, die die Entwicklung und Vielfalt der geförderten Modellprojekte in Hessen untersucht. Im Mai 2001 wurde hier ein erster Zwischenbericht vorgelegt (Hessisches Sozialministerium (Hrsg.) 2001: Aktionsprogramm Partizipation im Rahmen des Hessischen Jugendbildungsförderungsgesetzes. Wiesbaden.
9   Beispielhaft zu nennen sind: Hoffmann-Lange, U. 1995 (Hg.): DJI-Jugendsurvey 1 (Befragung von 16-29jährigen); die ALLBUS-Umfragen von 1992 und 1994; die Jugendstudien des IPOS von 1993 und 1995 bei 14-27jährigen; die seit 1953 regelmäßig durchgeführten Shell-Studien, aktuell die 13. Studie von 2000.
10 A. Siemsen hat bereits vor langer Zeit – in Übereinstimmung mit vielen Überlegungen der Kritischen Theorie – in ihrer Untersuchung „Die gesellschaftlichen Grundlagen der Erziehung" als wesentlich für eine Analyse der Entwicklung in Europa herausgestellt: „Ich sehe die Ursache vielmehr darin, dass unser Bewusstsein ausschließlich technisch orientiert wurde, auf dem Gebiete der Naturbeherrschung und materiellen Technologie gewaltige Erfolge erzielte und dafür das Gebiet der gesellschaftlichen Beziehungen völlig vernachlässigte. Die objektive Folge davon ist der Zerfall und die chaotische Verwirrung unserer sozialen Verhältnisse gewesen, welche den Menschen zwar politisch emanzipierte, dafür aber sozial isolierte und einer Unsicherheit aussetzte, welche schwere Einsamkeits-, Angst- und Hasskomplexe entstehen ließ. (...) der ‚Kampf ums Dasein' wird für ihn der Konkurrenzkampf mit seinesgleichen, in welchem schließlich jedes Mittel recht ist. Bis endlich die Unerträglichkeit dieses Zustandes und dieser Bewusstseinshaltung zur Flucht verführt in irgendeine gesellschaftliche Bindung, sei es auch die der blinden Unterwerfung unter eine Staatsleitung, eine Partei oder einen Führer" (Siemsen 1948, S. 5).
11 Auf dieses Problem verweisen auch die Forschungsergebnisse von Vester et al. : „Entgegen den Annahmen von Anthony Giddens und Ulrich Beck sind es nicht die Milieus, die heute zerfallen. Die Klassenkulturen des Alltags sind vielmehr, gerade wegen ihrer Umstellungs- und Differenzierungsmöglichkeiten, außerordentlich stabil. Was erodiert, sind die Hegemonien bestimmter Parteien (und Fraktionen der Intellektuellen) in den gesellschaftspolitischen Lagern. Daher haben wir auch heute keine Krise der Milieus (als Folge des Wertewandels), sondern eine Krise der politischen Repräsentation (als Folge einer zunehmenden Distanz zwischen Eliten und Milieus)" (2001, S. 13; vgl. S. 58, 103).
12 Vergleiche hierzu die Forschungsergebnisse von Wilkinson: „In allen Analysen fällt nämlich auf, dass junge Menschen gesellschaftliche Bindungen eingehen und das Soziale und Politische eben mitgestalten wollen. In gewisser Hinsicht gibt es sogar ein stärkeres Gefühl persönlicher Verantwortung als in der Vergangenheit, da die Kinder der Freiheit ihre Einstellung als Resultat einer Infragestellung erworben und nicht in blindem Gehorsam übernommen haben. Junge Väter sprechen heute freimütig darüber, dass sie die Fehler ihrer Väter vermeiden möchten: statt Distanz und Autorität suchen sie Nähe, Gemeinsamkeit und eine enge Beziehung zu ihren Kindern. Junge Angestellte wollen mehr Einfluß auf die Entscheidungen in ihrer Firma und nicht nur auf einfach ihren Lohn; und sie sind auch zunehmend geneigt, Unternehmen mehr nach ihrer Haltung zu Gleichberechtigung, Vielfalt und sozialer Verantwortung zu beurteilen als aufgrund des Prestiges, das die Mitarbeit in einem großen, allgemein anerkannten Unternehmen mit sich bringt. Mündige Bürger, Citizen, erwarten, an Entscheidungen teilhaben zu können, die ihr Leben betreffen, und wollen die Verantwortung dafür nicht anderen übertragen" (1997, S. 120-121).
13 Zu erinnern ist hier an die über 30 Jahre alte Studie von Greeenstein, deren Gegenstand – anders als die Ergebnisse – nach wie vor aktuell ist: „My main concern in this book will be the political development of children between the ages of nine and thirteen, in the last five years of elementary school. What is the nature of political awareness and involvement during these years? What do children learn about politics? Is the sequence of political learning in childhood significant? Of what relevance is the political development during this period for the individual's later political participation and, more generally, for the political system?" (1969, S. 1). Interessant ist auch, dass in dem Band „Researching Children's Experiences" (Greene/Hogan 2005) dr Bezug of „Politik" fehlt.
14 Mehrheitlich – und das verweist bereits die Desiderata - beziehen sich Forschungen aus diesem Kontext auf Jugend, die Frage nach politischen Werten und Orientierungen, deren Konstitutionsbedingungen und Folgen für Bewusstsein und Handeln (vgl. Sünker 1996); Kinder kommen nur am Rande vor (vgl. exemplarisch Niemi/Jennings 1991) und wenn doch, fokussiert auf die Perspektive und Vermittlung schulischer politischer Sozialisation (vgl. Deth/ Abendschön/ Rathke/ Vollmar 2007)
15 S. dazu die Einschätzung von Bühler-Niederberger: „Allzu lange und ausschließlich wurde also eine Politik der sozialen Ordnung betrieben, als dass nun eine Politik für Kinder, selbst wenn sie als solche deklariert wird, nicht in die alten Denkmuster zurückfallen müsste. Eine Politik für Kinder, und das heißt sicher auch eine Politik mit Kindern, die ihren Namen verdient, zielt nicht auf die Zukunft des Humanvermögens, sie zielt auch nicht auf eine straffere Ordnung, sie hat in erster Linie eine Politik zu sein, die Kinder als Gesellschaftsmitglieder ebenso berücksichtigt wie alle anderen Gesellschaftsmitglieder auch. Eingedenk der Paradoxie gesellschaftlicher Ordnungskonstruktion, nämlich der abhängigen Kindheit als Baustein einer politischen Ordnung, die auf persönliche Unabhängigkeit setzen will, ist damit eine ganz grundsätzliche politische Diskussion zu eröffnen" (2000, S. 354).

Literatur

Arnold, T./Wüstendörfer, W.: Auf der Seite der Kinder - Kinderbeauftragte in Deutschland. Frankfurt/M. 1994
Arbeiterwohlfahrt (Hrsg.): Till Eulenspiegel der Kinder- und Jugendanwalt. Jahresbericht 1992. Düsseldorf 1993
Arbeiterwohlfahrt (Hrsg.): Konzeption der Kinder- und Jugendanwältin der AWO in Düsseldorf. Düsseldorf 1994
Baader, M.S. (Hrsg.): „Seid realistisch, verlangt das Unmögliche!" Wie 1968 die Pädagogik bewegte. Weinheim 2008
Beck, U. (Hrsg.): Kinder der Freiheit. Frankfurt a. M. 1997
Beck, U.: Kinder der Freiheit: Wider das Lamento über den Werteverfall. In: Beck, U. 1997, S. 9-33
Bernhard, A./Rothermel, L. (Hrsg.): Handbuch Kritische Pädagogik. Weinheim 1997
Bott, G.: Erziehung zum Ungehorsam. Antiautoritäre Kinderläden. Frankfurt/M. o. J.
Bowles, S./Gintis, H.: Democracy & Capitalism. New York 1987
Burdewick, I.: Jugend – Politik – Anerkennung. Eine qualitative empirische Studie zur politischen Partizipation 11 bis 18-Jähriger. Opladen 2003
Bueb, B.: Lob der Disziplin. 9. Aufl. Berlin 2006
Bühler-Niederberger, D. : Programme der Politik. In: Larass, P. (Hrsg): Kindsein kein Kinderspiel. Das Jahrhundert des Kindes (1900-1999). Halle (Saale) 2000, S. 337-357
Bühler-Niederberger, D./Tremp, P. : Kinder und gesellschaftliche Ordnung generationale Grundlage moderner Demokratien. In: Güthoff, W./Sünker, H. (Hrsg.): Handbuch Kinderrechte. Partizipation, Kinderpolitik, Kinderkultur. Münster 2001, S. 37-66
Bühler-Niederberger,D./Sünker, H.: Theorie und Geschichte der Kindheit und des Kinderlebens. In: Sünker, H./Swiderek, Th. (Hrsg.): Lebensalter und Soziale Arbeit: Kindheit. Baltmannsweiler 2008, S. 5-46
Bundesministerium für Familie, Senioren, Frauen und Jugend (Hrsg.): 10. Kinder- und Jugendbericht. Bericht über die Lebenssituation von Kindern und die Leistungen der Kinderhilfen in Deutschland. Bonn 1998
Bundesministerium für Familie, Senioren, Frauen und Jugend (Hrsg.): Kinder und ihre Kindheit in Deutschland. Eine Politik für Kinder im Kontext von Familienkindheit. Bonn 1998
Bundesministerium für Familie, Senioren, Frauen und Gesundheit (Hrsg.): Beteiligung von Kindern und Jugendlichen in der Kommune. Ergebnisse einer Bundesweiten Erhebung. Bonn 1999
Deth, J.W. v./Abendschön, S./Rathke, J./Vollmar, M. : Kinder und Politik. Politische Einstellungen von jungen Kindern im ersten Grundschuljahr. Wiesbaden 2007
Frankfurter Rundschau: Kinderlose Ehepaare unerwünscht, 06.07.1995
Frädrich, J.: Kinder bestimmen mit. München 1995
Greene, S./Hogan, D. (eds.): Researching Children's Experience. Approaches and Methods. London 2005
Greenstein, F. I.: Children and Politics. Revised ed. New Haven/London 1969
Güthoff, W./Sünker, H. (Hrsg.): Handbuch Kinderrechte. Partizipation, Kinderpolitik, Kinderkultur. Münster 2001
Honig, M.-S.: Soziale Frage, Frauenfrage – Kinderfrage? In: Sozialwissenschaftliche Literatur Rundschau 24/1 (2001a), S. 59-83
Honig, M.-S.: Kinderpolitik. In: Otto, H.-U./Thiersch, H. (Hrsg.): Handbuch Sozialarbeit/Sozialpädagogik. 2. Aufl. Neuwied 2001b, S. 936-948
Hutchby, I./Moran-Ellis, J. (eds.): Children and Social Competence. Arenas of Action. London 1998
Jeand`Heur, B.: Verfassungsrechtliche Schutzgebote zum Wohl des Kindes und staatliche Interventionspflichten aus der Garantienorm des Artikels 6, Abs. 2 GG. Berlin 1993
Jugendrecht: Kinder- und Jugendhilfegesetz. In: Beck-Texte. München 1991, S. 12-75
Köhler, U./Krammling-Jöhrens, D.: Die Glocksee-Schule. Bad-Heilbrunn 2000
Landesjugendamt Hessen (Hrsg.): Anstöße III. Partizipation und Beteiligung von Kindern und Jugendlichen. Darmstadt 1998
Lange, A.: Sozialwissenschaftliche Kindheitsforschung. In: Sozialwissenschaftliche Literatur Rundschau 18/1 (1995), S. 55-67
LBS-Initiative Junge Familie (Hrsg.): Kindheit 2001. Das LBS-Kinderbarometer. Opladen 2002
Melzer, W.: Schülerpartizipation: Ansprüche, Realität und Möglichkeiten einer Beteiligung von Schülern im Schulalltag. In: Güthoff, W./Sünker, H. (Hrsg.) 2001, S. 172-187
Melzer, W./Sünker H. (Hrsg.): Wohl und Wehe der Kinder. Weinheim/München 1989
Ministerium für Frauen, Jugend, Familie und Gesundheit: Dialogverfahren Kinderfreundlichkeit. Düsseldorf 2000
Moran-Ellis, J./Sünker, H.: Giving Children a Voice: Childhood, Power and Culture. In: Houtsonen, J./Antikainen, A. (eds.): Symbolic Power in Cultural Contexts. Uncovering Social Reality. Rotterdam 2008, S. 67-83
Neubauer, G./Sünker, H. (Hrsg.): Kindheitspolitik international. Opladen 1993
Niemi, R. G./Jennings, M. K.: Issues and Inheritance in the Formation of Party Indentification. In: American Journal of Political Science 35 (1991), S. 970-988

Otto, H.-U./Sünker, H. (Hrsg.): Demokratische Bildung oder Erziehung zur Unmündigkeit. Lahnstein
Qvortrup, J.: Kind – Kinder – Kindheit. In: Neubauer, G./Sünker, H. (Hrsg.) 1993, S. 9-24
Siemsen, A. : Die gesellschaftlichen Grundlagen der Erziehung. Hamburg 1948
Steinberg, S./Kincheloe, J. (eds.): Kinderculture. The Corporate Construction Of Childhood. Boulder 1997
Sünker, H.: Bildung, Alltag und Subjektivität. Weinheim 1989
Sünker, H.: Informelle Gleichaltrigen-Gruppen im Jugendalter und die Konstitution politischen Alltagsbewusstseins. In: Claußen, B./Geißler, R. (Hrsg.): Die Politisierung des Menschen. Instanzen der politischen Sozialisation. Opladen 1996, S. 101-112
Sünker, H.: Kindheit heute – die Zukunft von Kinderpolitik. In: Güthoff, W./Sünker, H. (Hrsg.) 2001, S. 68-80
Sünker, H.: Politik, Bildung und soziale Gerechtigkeit. Frankfurt/M. 2003
Sünker, H.: Globalisation, Democracy and Education. In: Széll, G./Bösling, C.-H./Széll, U. (eds.): Education, Labour & Science. Frankfurt/M. 2008, S. 51-72
Sünker, H./Swiderek, Th.: Kinder. In: Bernhard, A./Rothermel, L. (Hrsg.): Handbuch Kritische Pädagogik. Weinheim 1997, S. 173-188
Sünker, H./Swiderek, Th.: Partizipation, Kinderpolitik und politische Kultur. In: Hufer, K.-P./Wellie, B. (Hrsg.): Sozialwissenschaftliche und bildungstheoretische Reflexionen: fachliche und didaktische Perspektiven zur politisch-gesellschaftlichen Aufklärung. Glienicke/Berlin 1998, S. 367-389
Sünker, H./Swiderek, Th./Richter, E.: Der Beitrag partizipativer Handlungsansätze in der pädagogischen Arbeit mit Kindern und Jugendlichen zur Bildung und Erziehung. Düsseldorf 2005
Swiderek, Th.: Partizipation von Kindern – ein Beitrag zur Demokratisierung der Gesellschaft? In: Güthoff, W./Sünker, H. (Hrsg.) 2001, S. 114-139
Széll, G. (ed.): Concise Encyclopaedia of Participation and Co-Management. Berlin/New York 1992
Verba, S./Schlozman, K./Brady, H.: Voice and Equality. Civic Voluntarism in American Polities. Cambridge/London 1995
Vester, M./Oertzen von, P./Geiling, H./Hermann, Th./Müller, D.: Soziale Milieus im gesellschaftlichen Strukturwandel. Frankfurt/M. 2001
Wiesner, R. et al.: SGB VIII. Kinder- und Jugendhilfe. München 1995
Wilkinson, H.: Kinder der Freiheit. Entsteht eine neue Ethik individueller und sozialer Verantwortung? In: Beck, U. (Hrsg.) 1997, S. 85-123

Karin Bock | Sibylle Reinhardt

Jugend und Politik

Die Bestimmung des Verhältnisses von Jugend und Politik bereitet zunächst formale Schwierigkeiten, die nicht nur mit den Begriffen Jugend und Politik zusammenhängen, sondern auch in der Betrachtung des Verhältnisses von Jugend und Politik selbst liegen: Denn zum einen wird der „Jugend" ausdrücklich eine politische Dimension zugeschrieben, die meist als „Jugendprotest" oder „Generationskonflikt" bezeichnet wird oder in öffentlichen Diskussionen um „Politikverdrossenheit" bzw. „politische Apathie" von Jugendlichen zum Ausdruck kommt. Zum anderen ist das Verhältnis von Jugend und Politik in vielen Überlegungen und Ansätzen der Jugendforschung implizit enthalten: Jugendkulturen werden politisch gedeutet und als politische Generationen etikettiert (z.B. die 68er-Generation, die APO-Generation); historische und sozialgeschichtliche Überlegungen über Jugend werden immer auch (sozial-)politisch ausgeleuchtet. Schließlich wird ‚politisch' argumentiert, wenn es um die Zukunft von Kindern und Jugendlichen in unserer Gesellschaft geht. Das liegt erstens darin begründet, dass ‚der Jugend' die Fähigkeit zu politischen Veränderungen zugestanden wird. Zweitens wird gleichzeitig von den Jugendlichen erwartet, sich politisch zu beteiligen und neue Entwürfe im Hinblick auf Politik für die Zukunft hervorzubringen. Drittens beinhaltet schon das bloße Vorhandensein von Kindern und Jugendlichen in der Gesellschaft eine politische Dimension, die man sich in Gesetzen und Regelungen (z.B. Kinder- und Elterngeld, Schulpflicht, Kinder- und Jugendhilfe), Partei- und Wahlprogrammen vergegenwärtigen kann (vgl. Palentien/Hurrelmann 1997).

Besonders bedeutsam für die Frage nach dem Verhältnis von Jugend und (bzw. zur) Politik ist die Annahme, dass sich insbesondere in der Jugendphase *spezifische* politische Einstellungen und Orientierungsmuster herausbilden. Verschiedene Disziplinen (Erziehungswissenschaft, Psychologie, Soziologie, Politikwissenschaft) haben sich sowohl theoretisch-systematisch als auch empirisch mit der Frage auseinandergesetzt, wann und wie Kinder, Jugendliche und Erwachsene politische Orientierungen, Handlungsweisen, Normen und Einstellungen in Interaktion mit ihrer sozialen Umwelt erwerben (vgl. Hopf/Hopf 1997). Dieser Prozess wird als *politischer Sozialisationsprozess* bezeichnet und ist für die Frage nach dem Verhältnis von Jugend und Politik besonders aufschlussreich. In der politischen Sozialisationsforschung liegen inzwischen zahlreiche Erklärungsansätze zur Entwicklung der politischen Persönlichkeit vor, die mit unterschiedlicher Reichweite und Erklärungsstärke den politischen Sozialisationsprozess im Kindes- und Jugendalter näher beleuchten.

In diesem Beitrag werden wir uns nach den begrifflichen Klärungen zu Jugend, Politik und den wichtigsten Grundannahmen der politischen Sozialisationsforschung (vgl. Abschnitt 1) auf die zentralen Ergebnisse der politischen Sozialisationsforschung stützen, um das Verhältnis von Jugend und Politik zu diskutieren (vgl. Abschnitt 2). Im Anschluss werden neuere empirische Forschungsergebnisse zum Verhältnis von Jugend und Politik vorgestellt (vgl. Abschnitt 3). In einer abschließenden Betrachtung fassen wir die Perspektiven zu Jugend und Politik für die Kindheits- und Jugendforschung zusammen (vgl. Abschnitt 4).

1 Begriffliche Klärungen: Jugend, Politik und der Prozess der politischen Sozialisation

Die Begriffe Jugend und Politik wie auch der Prozess der politischen Sozialisation werden in ihrem jeweiligen Forschungszusammenhang und den vielfältigen Zugängen unterschiedlich verwendet und bestimmt. Wir konzentrieren uns im Folgenden auf die Verwendung der Begriffe in der politischen Sozialisations- und Bildungsforschung:

Der Begriff *Jugend* schließt hierbei immer zwei Bedeutungen ein, (a) Jugend als Lebensphase und (b) als gesellschaftlich und sozialgeschichtlich bestimmbare Größe:

a) Einerseits wird mit Jugend ein bestimmter Lebensabschnitt bezeichnet, der zwischen Kindheit und Erwachsenenalter liegt, also eine bestimmte Phase im Lebenslauf, die sich als individuelles Jugendalter beschreiben lässt (vgl. Hornstein 1996). Der Übergang von der Kindheits- in die Jugendphase wird hier auch als Eintritt in die Adoleszenz bezeichnet, die in die frühe, mittlere und späte Adoleszenzphase unterschieden werden kann. Die verschiedenen Phasen der Adoleszenz orientieren sich am Lebensalter der Jugendlichen und variieren z.T. erheblich.
b) Andererseits wird mit Jugend eine bestimmte soziale Gruppe innerhalb der Gesellschaft bezeichnet, die sich als die jeweilige ‚Jugend von heute' beschreiben lässt. Damit wird die Jugend zu einer gesellschaftlichen Größe, „die mit gesellschaftlichen Wandlungsprozessen Veränderungen unterworfen ist" und als „gesellschaftlich-geschichtliches Phänomen" betrachtet werden kann (Hornstein 1996, S. 296). Durch diese gesellschaftlich-geschichtliche Bestimmung wird ‚Jugend' zu einer bestimmten und gleichzeitig bestimmbaren Generation, die jeweils über eine eigene historische Gestalt verfügt und z.T. durch diese identifiziert werden kann (vgl. Nave-Herz 1989).

Mit *Politik* ist im Allgemeinen gemeint, dass das Zusammenwirken (besonders in differenzierten modernen Gesellschaften) verbindlicher Regelungen der gemeinsamen Angelegenheiten bedarf. Das Einhalten von Regeln wird über Sanktionen zu garantieren versucht (staatliches Gewaltmonopol); die Gestaltung von Lebensbereichen bedarf des Einsatzes von Ressourcen. Auch im nichtstaatlichen gesellschaftlichen Leben sind Regeln (Normen, Werte) und die Verteilung von Ressourcen für die Koordination des Handelns von Einzelnen nötig. Der Begriff „Politik" kann sehr unterschiedlich gefasst werden (vgl. Dörner/Rohe 1994). Hier werden drei Differenzierungen ausgewählt: a) die Perspektive vom System bzw. vom Individuum aus, b) die Unterscheidung dreier Dimensionen des Gegenstandes und c) ein enger bzw. ein weiter Politik-Begriff:

a) Das System der Demokratie ist nicht nur über seine Idee(n) und über historisch gewordene Institutionen zu definieren, sondern auch über die Kompetenzen und Qualifikationen, die dieses System bei seinen Teilnehmerinnen und Teilnehmern unterstellt: kognitive, affektive, evaluative, pragmatische Fähigkeiten und Bereitschaften gehen in die domänenspezifischen Kompetenzen ein (vgl. Reinhardt 2007, S. 23): Perspektivenübernahme, Konfliktfähigkeit, Sozialwissenschaftliche Analyse, Politisch-moralische Urteilsfähigkeit und politische Partizipation sind für die Realisierung des Systems nötig. „Der mündige Staatsbürger" formuliert diesen Anspruch des demokratischen Systems. – Aus der Perspektive des Individuums ergeben sich zu allererst Ansprüche an dieses System, also Erwartungen an den Prozess und die Ergebnisse von Politik. Auf das System und die konkreten Vorgänge (oder was davon wahrgenommen wird) wird beispielsweise reagiert mit Vertrauen oder Misstrauen, Loyalität oder dessen Entzug, Interesse oder Apathie, Entscheidungen zur Wahl und anderen Formen der Partizipation oder Nicht-Entscheiden.

b) Der deutschsprachige Begriff „Politik" umfasst drei Dimensionen, die analytisch getrennt werden können (vgl. Rohe 1978): „Policy" bezeichnet die inhaltliche Dimension von Politik, also die Bearbeitung von gesellschaftlichen Problemen durch eine bestimmte Politik (z.B. Bildungspolitik). „Politics" bezeichnet den Prozess der Auseinandersetzungen um diese inhaltlichen Politiken, die in pluralistischen Gesellschaften legitim und notwendig sind. Dieser konflikthafte Kampf um Macht und Einfluss wird seinerseits durch Regeln kanalisiert (s. polity). Gemeinsame Regelungen gemeinsamer Angelegenheiten sind das Ergebnis demokratischer Auseinandersetzungen. „Polity" bezeichnet den Rahmen, in dem policy und politics stattfinden. So formuliert das Grundgesetz für die Bundesrepublik Deutschland Wege und Grenzen für politisches Handeln in Deutschland. Die kodifizierten Institutionen werden ergänzt durch tief gegründete kulturelle Selbstverständlichkeiten für den politischen Umgang.

c) Ein sehr enger Politik-Begriff fasst nur den staatlichen Sektor politischen Handelns ins Auge, was aber nicht einmal den so definierten Politikprozess mit seinen vor- und nichtstaatlichen Akteuren erfassen kann. Ein sehr weiter Politik-Begriff macht die Beobachtungen zum Zentrum, dass alle Lebens- und Systemwelten der koordinierenden Regelungen bedürfen und dass politische Sozialisation auch im Alltag stattfindet; dann ist das Leben überhaupt politisch. Politikwissenschaftlich kann die Begriffsdifferenz zum Austauschprozess von sozialem und politischem System umformuliert werden (vgl. Holtmann 1994). Die Betrachtung von Jugend und Politik kann diese Unterscheidung nutzen, damit die unterschiedlichen Zugänge von Männern und Frauen zu Politik (vgl. Wetterau 2000) und der unterschiedliche Zugang von Generationen zu Politik (vgl. Reinhardt/Richter/Scherer 1996; Bock 2000) sichtbarer werden. Die These, das Private sei auch politisch, provoziert dann die Gegenthese, das Politische sei auch privat, und die Frage, was damit überhaupt gemeint sei.

Politische Sozialisation verweist auf die Annahme, dass sich innerhalb des umfassenden, allgemeinen Sozialisationsprozesses ein Teilprozess identifizieren lässt, in dem die Entstehung und Entwicklung von politischen Orientierungen, Handlungsweisen, Normen und Einstellungen genauer untersucht werden kann. Dieser Prozess umfasst all diejenigen „individuellen Persönlichkeitsmerkmale, welche *die Menschen als staatsbürgerliche Wesen im Raume der Regelung öffentlicher Angelegenheiten* im engeren und weiteren Sinne konstituieren sowie vermittels häufigen Vorkommens und/oder Verdichtung in gesellschaftlichen Verhältnissen kollektive Bedeutung erlangen" (Claußen 1996, S. 15, kursiv i.O.). Politische Sozialisation kann damit prinzipiell nicht auf bestimmte Lebensphasen oder -abschnitte eingegrenzt werden, sondern sie ist ein lebenslanger Lern- und individueller Aneignungsprozess von der Kindheit über die Jugend und das Erwachsenenalter bis zum Alter.

Die politische Sozialisationsforschung hat sich im Verlauf der 1960er-Jahre als eigene Forschungsrichtung innerhalb der Sozialisationsforschung in Westdeutschland entwickelt. In den USA bestand zu dieser Zeit bereits eine breite Forschungskultur zur politischen Sozialisation. Hier setzten die Forschungen zur politischen Sozialisation Anfang der 1950er-Jahre ein. Der

Begriff der „politischen Sozialisation" wurde von Herbert Hyman geprägt. Hyman analysierte Anfang der 1950er-Jahre Schüler- und Jugendbefragungen und stellte fest, dass in der Kindheit bestimmte soziale Muster erlernt werden, die für spätere politische Einstellungen und Verhaltensweisen bedeutsam sind. Die Regelmäßigkeiten der geäußerten politischen Orientierungen beschrieb er als Phase des ‚learning of social patterns' (vgl. Lemke 1991). Ausdifferenziert wurde der Begriff politische Sozialisation von Fred Greenstein zu Beginn der 1960er-Jahre, der in *manifeste* und *latente* politische Sozialisation unterschied. Politische Sozialisation verstand er als „all political learning, formal and informal, deliberate and unplanned, at every stage of the life cycle, including not only explicite political learning, but also nominal nonpolitical learning that effects political behaviour, such as the learning of politically relevant social attitudes and the acquisition of politically relevant personality characteristics" (Greenstein zit. nach Lemke 1991, S. 24).

Nach Hopf/Hopf (1997, S. 12ff.) können die manifeste und die latente politische Sozialisation weiter ausdifferenziert werden in (1) die explizit politischen Inhalte und die implizit (indirekten) politischen Inhalte als *Inhaltsdimensionen politischen Lernens* und (2) die *Lernformen*, d.h. der beabsichtigten Einflussnahme eines Sozialisationsagenten und dem beiläufigen Lernen durch Arrangements:

Tabelle 1: manifeste und latente politische Sozialisation*

	explizit politischer Inhalt	implizit politischer Inhalt
beabsichtigte Einflussnahme eines Sozialisationsagenten	manifeste politische Sozialisation Beispiel: in einer Familiendiskussion um politische Positionen wollen Vater und (oder) Mutter ihre Kinder von einer bestimmten politischen Ansicht überzeugen	latente politische Sozialisation Beispiel: Erwachsene wollen humanistische Prinzipien wie „Alle Menschen sind gleichberechtigt" bewusst fördern
beiläufiges Lernen durch Arrangements	latente politische Sozialisation Beispiel: politische Rituale, wie etwa das Aufstehen beim Erklingen der Nationalhymne etc.	latente politische Sozialisation Beispiel: mediale Einflüsse, etwa Gewalt als natürliche Konfliktlösung in Action-Filmen u.ä.

*Quelle: erstellt in Anlehnung an Hopf/Hopf 1997, S. 12f.

2 Theoretische Zugänge: Politische Sozialisation von der Kindheits- in die Jugendphase

Fragt man nun danach, wie sich der politische Sozialisationsprozess im Verlauf der Jugendphase im Einzelnen vollzieht und wovon er abhängt, so ergibt sich aus den Ergebnissen der politischen Sozialisationsforschung kein eindeutiges Bild: Bis heute ist nicht klar, wie die Erlebnisse und Erfahrungen in der Kindheit tatsächlich auf die Entfaltung der politischen Persönlichkeit in der Jugendphase wirken, welche Bedeutung dabei die Erfahrungen in der Familie, in der Schule und unter Gleichaltrigen haben und inwiefern z.T. extreme politische Orientierungen für das Erwachsenenalter bedeutsam sind. In der politischen Sozialisationsforschung wurden verschiedene Theorieansätze (wie bspw. die Psychoanalyse, strukturfunktionalistische Ansätze, interaktionistische und handlungstheoretische Ansätze als auch Lern- und Bildungstheorien) herangezogen, um den Prozess der **politischen Sozialisation** genauer beschreiben zu können und empirische Befunde zu politischen Einstellungen und Verhaltensweisen von Kindern, Jugendlichen und Erwachsenen zu erklären (vgl. ausf. Görlitz 1977; Zängle 1978; Greiffenhagen u.a. 1981; Claußen/Wasmund 1982; Lemke 1991; Claußen/Geißler 1996; Hopf/ Hopf 1997; Roller u.a. 2006; von Alemann u.a. 2006; Biedermann u.a. 2007).

Die vorliegenden theoretischen Ansätze und empirischen Befunde der politischen Sozialisationsforschung können zunächst grob in zwei Fragekomplexe unterschieden werden:

- Zum einen standen die *Einflussmöglichkeiten* einzelner Sozialisationsinstanzen (etwa die politische Sozialisation durch Familie, Schule, Gleichaltrigengruppen und Massenmedien sowie durch Ausbildung und Beruf, durch Verbände, Vereine, Institutionen und Organisationen etc.) und verschiedener *Sozialisationsagenten* (durch Eltern, Großeltern, LehrerInnen, Freunde etc.) im Mittelpunkt zahlreicher Untersuchungen.
- Zum zweiten wurden die *Wirkungen* der Instanzen und Agenten auf das Subjekt erforscht, d.h. es wurde danach gefragt, wie und warum die verschiedenen Sozialisationsinstanzen und -agenten die Entwicklung der politischen Persönlichkeit beeinflussen bzw. welche Erklärungsansätze herangezogen werden könnten, um die Verarbeitung (biographischer) Erfahrungen für die Entwicklung der politischen Persönlichkeit näher zu beleuchten.

In der politischen Sozialisationsforschung hält sich nach wie vor die Vorstellung, dass die Entwicklung politischer Orientierungen und Handlungsweisen (lebens-)phasenspezifisch verläuft und der Einfluss zentraler Sozialisationsinstanzen in diesem Prozess unterschiedliche Wirkungen hat.

Der *Kindheitsphase* wird dabei die Entwicklung diffuser, „vorpolitischer", zumeist affektiver Einstellungen zugewiesen, die vor allem durch die Erfahrungen in der Herkunftsfamilie beeinflusst werden[1]. Hintergrund dafür ist die Annahme, dass die Familie eine zentrale Sozialisationsinstanz im Verlauf der Kindheit und (frühen) Jugendphase mit nachhaltigen Wirkungen auf die Entwicklung politischer Orientierungen sei. Ausgangspunkt dieser überragenden Bedeutung, die der Familie im politischen Sozialisationsprozess zugesprochen wurde, war die Annahme, dass in der primären Sozialisation, die in der Familie stattfindet, zentrale politische Orientierungen vermittelt werden, die einen prägenden Einfluss auf das gesamte Leben hätten. Hier wird davon ausgegangen, dass die Eltern das ‚Zugangsmonopol' zu den Neugeborenen in den ersten Lebensjahren hätten, da sie die zentralen Bezugspersonen in der frühen Kindheitsphase sind[2]. Zudem seien Kinder „keine politisch unbeschriebenen Blätter", sondern verfügten bereits „über ein Set von Vorstellungen und Einstellungen im Hinblick auf die Welt der Politik (...); diese mögen naiv, richtig, falsch, unvollständig, konfus, idealisiert, positiv oder negativ sein, in jedem Falle sind sie aber vorhanden" (Wasmund 1982, S. 28)[3].

Eine entscheidende und herausragende Bedeutung bei der Entstehung und Entfaltung politischer Orientierungen und Handlungsweisen wird nach wie vor der *Jugendphase* zugeschrieben. Diese immense Bedeutung der Jugendphase im politischen Sozialisationsprozess hat zunächst eine Reihe von „praktischen Gründen", die Hopf/Hopf (1997, S. 79ff.) zusammengetragen haben:

- Im Übergang von der frühen zur mittleren Adoleszenz (zwischen 12 und 16 Jahren) lässt sich ein offensichtlicher Wandel im ‚Sprechen und Nachdenken über Politik' bei den Jugendlichen erkennen (ebd.). Während etwa Boehnke (1988) bei 11- bis 15-jährigen Jugendlichen noch relativ diffuse Konstrukte politischer Orientierungen vorfindet, verzeichnet

bspw. Adelson (1980) eine „dramatische Veränderung" im politischen Denken von Jugendlichen (Hopf/Hopf 1997, S. 80).
- Jugendliche werden zwischen mittlerer und später Adoleszenz für ‚mündig' erklärt und können sich im öffentlich-politischen Raum einbringen und beteiligen (passives und aktives Wahlrecht).
- Aus Sicht der Erwachsenen werden gerade Jugendliche oft als „Problemgruppe" wahrgenommen, insbesondere in der öffentlichen Meinung als ‚politisch apathisch', ‚politikverdrossen' und zum Teil auch in den Diskussionen um den Zusammenhang von Extremismus und Gewalt (ebd.).

Neben diesen ‚praktischen Gründen' wird vor allem in entwicklungspsychologischen Theorien immer wieder darauf hingewiesen, dass sich im Übergang von der Kindheits- in die Jugendphase die kognitiven Fähigkeiten entwickeln, die für das politische Denken und Handeln bedeutsam sind (vgl. Oerter 1997). Der Jugendphase werden hierbei verschiedene Entwicklungsaufgaben zugeschrieben, etwa die Lockerung der affektiven Bindung zu den Eltern und die Hinwendung zu Gleichaltrigen, die Entwicklung moralischen Urteilsvermögens auf höherem Niveau oder die Entwicklung einer Identität mit klarem Selbst- und Weltverständnis (vgl. Hopf/Hopf 1997). Fend hat als eine der Entwicklungsaufgaben im Jugendalter zusätzlich die Parteibindung herausgearbeitet (vgl. Fend 1991; Fend/Grob 2007).

Im Kontext der zentralen Entwicklungsaufgaben im Jugendalter wird in der politischen Sozialisationsforschung außerdem nach wie vor betont, dass andere Sozialisationsinstanzen wie die Gleichaltrigengruppen (vgl. etwa Sünker 1996) und die Schule (vgl. Kandzora 1996), vor allem auch die Massenmedien (vgl. Geißler 1982; Claußen 1993; Pöttker 1996) zunehmend an Bedeutung gewinnen und bei der Entstehung *spezifischer* politischer Orientierungen und Handlungsweisen entscheidend seien.

Zudem ist auch immer wieder das Verhältnis zwischen *sozialer Ungleichheit* und politischer Sozialisation thematisiert worden. Es lassen sich sowohl geschlechtsspezifische Unterschiede bei der Beteiligung an öffentlicher Politik zwischen Jungen und Mädchen bzw. jungen Männern und Frauen als auch direkte und indirekte Zusammenhänge zwischen Herkunftsmilieu, Ausbildung (**sozioökonomische Ungleichheit**) und politischer Sozialisation aufzeigen: *Geschlechtsspezifische Unterschiede* zeigen sich vor allem bei den Formen der politischen Beteiligung an öffentlicher (etablierter Partei-) Politik, jedoch nicht bei unkonventionellen Beteiligungsformen, wie z.B. bei sozialen Bewegungen, Bürgerinitiativen, Sitzblockaden etc. (vgl. etwa Hoecker 1995). Einen interessanten Erklärungsansatz für die geschlechtsspezifischen Unterschiede hat Schulze bereits 1977 vorgelegt. Er arbeitet heraus, dass sich zwar geschlechtsspezifische Unterschiede im Vergleich der politischen Aktivität von Jungen und Mädchen bzw. Männern und Frauen aufzeigen lassen, aber die politische Aktivitäts*bereitschaft* bei beiden Geschlechtern annähernd gleich ist, jedoch für Mädchen abstrakter als für Jungen, da sie kaum Ansatzpunkte für die *Frau* in der Politik sehen. „Bei Mädchen tritt neben die Disposition der politischen Aktivitätsbereitschaft eine weitere, handlungsblockierende Disposition: eine Art politischer Aktivitätsangst oder Aktivitätsunsicherheit, begründet durch die Schwierigkeit, weibliche Identität und politisches Handeln miteinander zu vereinen" (Schulze 1977, S. 124). Für Mädchen und Frauen ist diese Hürde dadurch bestimmt, dass die gesellschaftlichen Geschlechtsrollenerwartungen an die Mädchen nicht mehr explizit herangetragen (etwa Männer = Politik), sondern lediglich implizit vermittelt werden (vgl. Schulze 1977; auch Geißler 1996; Hopf/Hopf 1997).

Sozioökonomische Unterschiede sind für die Frage nach der politischen Sozialisation in der Jugendphase wichtig, weil sich Jugendliche „in einer Übergangsphase aus dem sozioökonomischen Umfeld der Herkunftsfamilie in einen eigenen sozioökonomischen Status" befinden (Hopf/Hopf 1997, S. 182). So zeigen verschiedene Untersuchungen, dass ein starker Zusammenhang zwischen der Schichtzugehörigkeit der Eltern und der politischen Beteiligung als auch den politischen Orientierungen von Jugendlichen besteht. Diesen Zusammenhängen werden wir anhand von ausgewählten qualitativen und quantitativen Studien im Folgenden nachgehen.

3 Empirische Befunde: Politische Orientierungen von Jugendlichen

3.1 Biographische Erfahrungen und politische Orientierungen von Jugendlichen: Qualitative Befunde

Individuelle politische Handlungsmuster und Verhaltensweisen von Jugendlichen sind in der empirischen Sozialforschung mit Rückgriff auf sozialisations- und individualisierungstheoretische sowie schicht- und milieuspezifische Konzepte untersucht worden. Wie extreme politische Orientierungen bei Jugendlichen entstehen und wodurch sie begünstigt werden, ist in der Autoritarismusforschung untersucht worden (vgl. bspw. Heitmeyer u.a. 1993; Oesterreich 1974, 1993; Hopf u.a. 1995; Oepke 2007)[4].

Während in quantitativen Studien keine korrelative Beziehung zwischen dem Familienklima und dem **Autoritarismus** nachgewiesen werden konnte, hat sich in den qualitativen Studien gezeigt, dass es eine enge Verbindung zwischen den familialen Beziehungen und der Neigung zu autoritären Charakterzügen gibt. Harte und restriktive Erziehungsmaßnahmen, Zwang zur Normenanpassung, Kontrolle, Unterordnung und ein kühles Klima in der Familie, in der für Kinder kaum Verständnis gezeigt wird, begünstigen die Entwicklung autoritärer Züge. Doch Menschen mit autoritären Tendenzen neigen dazu, die Beziehungen zwischen sich und ihren Eltern rückblickend zu idealisieren. Unangenehme Erfahrungen werden bei dieser Tendenz zur Elternidealisierung als unbedeutend dargestellt oder völlig geleugnet (vgl. Geißler 1996).

Christel Hopf (1990) hat bereits in ihrer Analyse verschiedener amerikanischer und deutscher Untersuchungen herausgefunden, dass nicht die Vater-Dominanz den Autoritarismus begünstigt, sondern dass die Mutter-Kind-Beziehung von entscheidender Bedeutung ist, da in vielen Familien die Mütter dominieren. Das problematische Verhältnis zwischen Kindern und deren Vätern, die als distanziert und ernst, hart arbeitend und streng beschrieben werden, entspricht oft einer ähnlich gelagerten Beziehung zu den Müttern, die als restriktiv, zurückweisend, verständnislos und emotional distanziert charakterisiert werden. Durch dieses gespannte Verhältnis zu beiden Elternteilen werden die Kinder oft verunsichert und zweifeln an sich selbst. Später können diese Selbstzweifel durch Hass und Aggressionen kompensiert werden; das Selbstbild wird gestärkt (vgl. Hopf 1990).

Auch in der Konventionalismus-Forschung, die auf die Theorie des Kohlbergschen Stufenmodells zur Entwicklung der moralischen Urteilsfähigkeit zurückgeht (vgl. Kohlberg 1995), wird dem Familienmilieu eine große Bedeutung zugesprochen (vgl. bspw. Haan u.a. 1977 und die Studien von Döbert/Nunner-Winkler 1975, 1983). Konventionalisten sind Menschen, die eine starke Ordnungsliebe und eine kritiklose Anpassungsbereitschaft an Autoritäten entwickelt haben und sich stark an Normen orientieren, ohne deren moralische Qualität zu hinterfragen. Sie wuchsen häufig in harmonischen Familienmilieus auf, in denen klare Vorgaben und Regeln herrschten. Von ihnen wurde Leistung und Gehorsam erwartet und sie standen unter starker Aufsicht. Die Eltern werden als selbstsicher und emotional stabil beschrieben. Dagegen wuchsen Postkonventionalisten in einem Familienmilieu auf, in denen Konflikte offen ausgetragen wurden und kein starres Machtgefälle zwischen Eltern und Kindern bestand. Sie zeichnen sich durch die Fähigkeit aus, bestehende Normen an Gerechtigkeitsprinzipien zu messen (vgl. Geißler 1996).

Zu ähnlichen Ergebnissen kommt auch Fend (1991) in seiner empirischen Analyse zur Identitätsentwicklung in der Adoleszenz. Je gesprächsbereiter, politisch interessierter und aufgeschlossener die Eltern sind, desto politisch aufgeschlossener und kritischer verhalten sich auch die Kinder. Dagegen neigen Kinder aus autoritären Elternhäusern eher dazu, autoritär zu denken. Zudem stellt er fest, dass der Einfluss auf die konkrete politische Meinungsbildung von den Eltern auf ihre Kinder umso höher ist, je politisch interessierter und gesprächsintensiver sich die Eltern verhalten. Insgesamt, so stellt Fend fest, haben die Eltern und die Medien einen starken Einfluss auf die politische Identitätsbildung von Jugendlichen in den 1980er-Jahren (vgl. Fend 1991, S. 238). Den Einfluss der Eltern auf das politische Interesse fanden Fend/Grob noch 20 Jahre später (2007, S. 138).

Auch in den psychologischen Forschungen zur Persönlichkeitsentwicklung wird das familiale Milieu als entscheidend beschrieben. Hier wird davon ausgegangen, dass sich wichtige Grundlagen der Persönlichkeitsstruktur im familialen Zusammenhang herausbilden, die eng mit politischer Teilnahmebereitschaft gekoppelt sind. Merkmale wie Selbstvertrauen, Kompetenz- oder Dominanzgefühl, Norm- oder Sinnlosigkeit, Vertrauen in andere und das Gefühl, das eigene Leben gestalten zu können, hängen eng mit politischen Orientierungen zusammen. So hat etwa Schöbel (1997) auf der Grundlage ihrer ost-west-vergleichenden empirischen Analyse herausgearbeitet, dass die Persönlichkeitsstruktur eng mit der Systemzugehörigkeit und der jeweiligen politischen Kultur eines Landes verwoben ist[5].

In biographischen Studien zu politischen Sozialisationsprozessen von Erwachsenen wurde der Frage nachgegangen, welche alltäglichen Erfahrungen im Lebenslauf für politische Orientierungen Bedeutung haben (vgl. Heinze 1996; Bock 2000). Hier zeigt sich deutlich, wie eng politische Sozialisationsprozesse mit Erlebnissen in der Herkunftsfamilie verwoben sind. Die Abkehr vom Herkunftsmilieu als biographischer Realitätsbewältigung, die Aufarbeitung latenter politischer Sozialisationsprozesse in der Kindheits- und Jugendphase innerhalb und außerhalb der Familie sind entscheidend für die Suche nach individuellen politischen Positionen (Heinze) bzw. nach dem eigenen politischen Selbst- und Weltbild (Bock) im Erwachsenenalter.

Auch in der politischen Bildungsdiskussion liegen inzwischen Ergebnisse vor, die zeigen, wie stark alltägliche biographische Erfahrungen auf politische Orientierungen von Kindern, Jugendlichen und jungen Erwachsenen wirken. Reinhardt (1996) betrachtet – ausgehend von einigen irritierenden Erfahrungen im Schulalltag – die gegenwärtigen Identitätsbildungsprozesse von SchülerInnen unter dem Aspekt zunehmender Individualisierungstendenzen, wie sie Beck in seiner „Risikogesellschaft" und Schulze in seiner „Erlebnisgesellschaft" beschrieben haben. In ihren Überlegungen zeigt sie, dass die soziale Kategorie Geschlecht als ein zentrales „Muster für die Identitätsformulierung" (Reinhardt 1996, S. 15) in die Didaktik der Konstruktion von Schulfächern eingebunden werden sollte und nicht einer Defizitinterpretation zum Opfer fallen dürfe. Vielmehr sollten die unterschiedlichen geschlechtsspezifischen Wahrnehmungen allgemein genutzt und verknüpft werden. Das gilt besonders für den Politikunterricht als Raum moralisch-politischer Urteilsbildung.

Richter beschäftigt sich mit der Politikwahrnehmung bei Studierenden und führt dazu ein Dreiphaseninterview durch, in dem sie von einer offenen über eine narrative zu einer standardisierten Gesprächsphase überleitet. Es zeigt sich, dass sich die Studierenden immer dort politisch engagieren, wo sie konkrete, an ihrer Lebenswelt orientierte Handlungsspielräume entdecken. Zudem findet sie die Studierenden weder intolerant noch dogmatisch, vielmehr zeichnen sich die Befragten durch ein hohes Maß an Toleranz gegenüber Älteren und Jüngeren sowie differierenden politischen Meinungen aus. Dennoch verfügen die meisten der Befragten über ein ‚Zwei-Welten-Modell', denn sie kennen zwar den Zusammenhang von alltäglichem Handeln und der politischen Realität, blenden ihn aber sukzessiv aus ihrer Wahrnehmung aus. In ihren Konsequenzen zur Praxis politischer Bildung fordert sie denn auch, dass **politische Bildung** an den alltäglichen Deutungsmustern der Lernenden ansetzen sollte, in dem mit einem Politikbegriff gearbeitet wird, der „Öffentlichkeit und Privatheit als komplementäre Strukturkategorien" enthält (Richter 1996, S. 71).

Und schließlich zeigt auch Scherer in seinem Vergleich der 68er- mit der 89er-Generation, dass die Beschreibungen der einen als „politisch", der anderen als „unpolitisch" weder hilfreich sind noch der Realität entsprechen. Das Verhältnis von Jugend und Politik hat sich in mehreren Dimensionen stark gewandelt. Die VertreterInnen der 89er-Generation verfolgen nach Scherer eine ganz andere Herangehensweise an das Politische, als es bei der Generation der 68er zu finden ist. Für Scherer lautet denn auch die Alternative: Entweder „‚Vergreisung' von Parteipolitik, damit letztlich Gefährdung von gemeinwohlorientierter Integration und politischer Demokratie, oder ‚Verjüngung' von Parteipolitik, damit eine Wiedergewinnung der Attraktivität politischen Engagements bei der jüngeren Generation" (Scherer 1996, S. 104). Folgerichtig formuliert er in seinen didaktischen Konsequenzen für die Arbeit der Parteien, dass das Festhalten an einer bestimmten Weltanschauung ebenso überholt sei wie die agitierende Überzeugungsarbeit im Stil autoritativer Verkündungen. Vielmehr sollten Kommunikationsprozesse auf der Basis inhaltlicher Offenheit zwischen Jüngeren und Älteren in Gang gesetzt werden, die sich an gemeinsamen Lernprozessen orientieren.

3.2 Politische Orientierungen, Geschlecht, Alter und sozioökonomischer Status von Jugendlichen: Quantitative Befunde

Mehrfache bundesweite Befragungen (deutscher) Jugendlicher zu ihrem Verhältnis zur Politik sind insbesondere in den Shell-Jugendstudien und in den drei Jugendsurveys des Deutschen Jugendinstituts dokumentiert. Die Frageinstrumente sind teils identisch bzw. angelehnt an häufiger benutzte Instrumente in der Politikwissenschaft und in bundesweiten Umfragen (z.B. ALLBUS). Deshalb ist es möglich, die Gruppen der Jugendlichen und jungen Erwachsenen mit der Gesamtbevölkerung zu vergleichen. Solche Vergleiche schützen davor, Ergebnisse der Jugendforschung vorschnell zum Jugendproblem zu erklären und dabei zu unterstellen, die erwachsene Wahlbevölkerung der Bundesrepublik sei ein Volk engagierter und aufgeklärter Demokraten (vgl. Hoffmann-Lange 1999; Hoffmann-Lange 2006).

Der Blick auf empirische Ergebnisse kann aus zwei Perspektiven erfolgen, der des Systems der Demokratie und der des Individuums in diesem System. Das System der Demokratie betont die staatsbürgerliche Gleichheit ihrer Mitglieder (zusammengefasst im Grundsatz des gleichen Wahlrechts) und die gesellschaftliche Ungleichheit ihrer Mitglieder (zusammengefasst im Pluralismus von Lebenslagen und der Individualisierung von Lebenswegen). Politische Entscheidungen als verbindliche Regelungen für den Rahmen oder auch das Detail des gesellschaftlichen Lebens werden in der bundesrepublikanischen parlamentarischen Demokratie von Repräsentanten gefällt, die (in der Regel) in politischen Parteien zusammengeschlossen sind. (Elemente direkter Demokratie finden sich eher auf der Ebene der Länder und Kommunen.) Die Bürgerinnen und Bürger vermitteln sich also nicht als isolierte Individuen mit dem politischen System, sondern über Institutionen und Organisationen, zu denen auch die vielen Interessenverbände und Initiativen gehören.

Aus der Perspektive des Systems sind unterschiedliche Politik-Begriffe (vgl. Abschnitt 1) zu unterscheiden: Der Rahmen für den Austrag der – wegen der Pluralität von Lebenslagen, Erfahrungen, Überzeugungen und Loyalitäten – notwendigen politischen Auseinandersetzungen ist das institutionelle Gerüst, das in erster Linie im Grundgesetz festgelegt ist (mit den zentralen staatlichen Merkmalen von Grundrechten, Gewaltenteilung, demokratischer Volksherrschaft, Föderalismus und Bundesstaatlichkeit). In diesem Rahmen werden die Konflikte um die Regelungen für das Zusammenleben ausgetragen, so dass der institutionelle Rahmen den Konfliktaustrag ermöglicht und kanalisiert. Dabei geht es inhaltlich um die Bearbeitungen (seltener um die Lösungen) gesellschaftlicher Probleme, also um inhaltliche Politik-Fragen, deren Spannweite sehr groß ist (von Gesundheits- und Bildungspolitik bis hin zu Wirtschafts- und Außenpolitik).

Das politische System der Demokratie ist normativ anspruchsvoll wegen der Gleichachtung seiner Bürgerinnen und Bürger und empirisch komplex wegen der Vielschichtigkeit der Aufgaben, der Kompliziertheit der Verfahren und der Kontroversität der Auseinandersetzungen. Damit stellt das System seiner Idee nach utopisch hohe Anforderungen an seine Bürger: kognitive Komplexität, affektive Toleranz für Unterschiede, Werte-Reflexion auf Entscheidungen und Streitkultur für den Prozess der öffentlichen Diskussionen sind Qualifikationen des idealen Bürgers der Demokratie. Dieser ideale Bürger ist ein Bezugspunkt für den Entwurf von Bildungszielen und Kompetenzen und letztlich auch ein Bezugspunkt für das Einordnen empirischer Ergebnisse der Sozialforschung.

Aus der Perspektive des Individuums wird sich kaum die Frage stellen, ob die Bürgerin bzw. der Bürger den Ansprüchen des Systems genügt, sondern eher umgekehrt. Dem System werden Überzeugungen auch normativer Art entgegengebracht (positive oder negative Bewertungen, Vertrauen oder Misstrauen, Zustimmung oder Ablehnung, Teilnahme oder Abstinenz) und dem System werden Leistungen abverlangt (bestimmte inhaltlich-konkrete Entscheidungen, prozessuale Forderungen auf Partizipation oder mindestens Berücksichtigung der je individuellen Interessen und Sichtweisen). Die Wahrnehmung der Bürger und Bürgerinnen, wie sich ihnen das politische System in Idee und Realität darstellt, ist über diese subjektive Sicht hinaus in einem demokratischen System relevant für das System selbst, dessen „Logik" ja die gleichberechtigte Teilhabe aller ausmacht.

Die Perspektive der Sozialforschung ist die Feststellung und eventuell Erklärung, welche Unterschiede sich in der Stellung zum System und in der Teilnahme an den Möglichkeiten zeigen. Gibt es sozio-ökonomische Merkmale oder Differenzen in Herkunft und Sozialisation, die solche Unterschiede „erklären" können? Solche Daten können für die Politikberatung dann relevant sein, wenn sich Empfehlungen für Inhalt, Prozess und Verfahren der Politik (vgl. oben: die drei Dimensionen des Politik-Begriffs) oder mögliche Konsequenzen für Sozialisationsprozesse ergeben.

Die Relevanz der politischen Sozialisation im Jugendalter für die politischen Orientierungen im Erwachsenenalter ist intuitiv einleuchtend. Inzwischen konnte Fend seinen Konstanzer Längsschnitt 20 Jahre später fortsetzen und die Intuition belegen. „Die Adoleszenz ist für die spätere politische Orientierung (…) kritische Phase des Aufbaus politischer Haltungen" (Fend/Grob 2007, S. 138). Die bekannten soziostrukturellen Determinanten Geschlecht und Bildung (Einzelheiten unten) wurden wieder sichtbar. „Über diese sozialstrukturellen Determinanten hinaus pflanzen sich das politische Interesse und das politische Wissen der Adoleszenz ins Erwachsenenalter fort" (ebd.).

Politisches Interesse – Daten

Als ein plausibler Indikator für die Verwicklung des Subjekts mit dem politischen System kann das abgefragte politische Interesse gelten (Frageformulierungen und Antwortvorgaben sind in den verschiedenen Untersuchungen u.U. unterschiedlich). In der alten Bundesrepublik zeigt dieser Indikator in den allgemeinen Umfragen einen Anstieg seit den 1950er-Jahren bis Mitte der 1990er-Jahre, wobei in den 1960er-Jahren der Anstieg besonders bemerkenswert ist, was in Verbindung mit dem kulturellen Umbruch und der Studentenrevolte von 1968 zu sehen ist. Seit Mitte der 1990er-Jahre geht das politische Interesse zurück, wobei es sich entweder um ein gewisses Schwanken oder um einen längerfristigen Trend handeln kann (vgl. Meulemann 1996: 104; Hoffmann-Lange 1999, S. 367).

In der Gruppe der Jugendlichen und jungen Erwachsenen (15 bis 24 Jahre) steigt das politische Interesse von 1984 bis 1991 an, sinkt bis 2002 und steigt dann leicht.

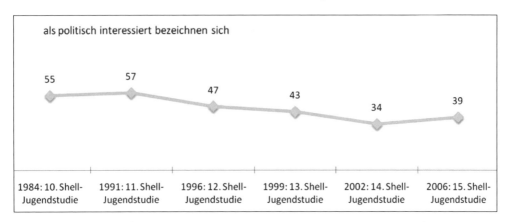

Quelle: Shell 2006, S. 105 (Vierer-Antwortskala, hier „stark interessiert" und „interessiert")
Abbildung 1: Politisches Interesse im Zeitvergleich der Shell-Jugendstudien (15-24 Jahre; Angaben in %)

Die Unterteilung nach sozio-ökonomischen Gruppen zeigt, dass dieser Durchschnittswert aus unterschiedlich antwortenden Teilgruppen gebildet wird. Dabei stellen sich drei Faktoren als besonders wichtig heraus: Geschlecht, Alter, Bildung. Die Shell-Studie 2006 zeigt, dass das politische Interesse bei männlichen Jugendlichen und Jungerwachsenen höher ist, dass formale Bildung wichtig ist und dass mit steigendem Alter das politische Interesse zunimmt:

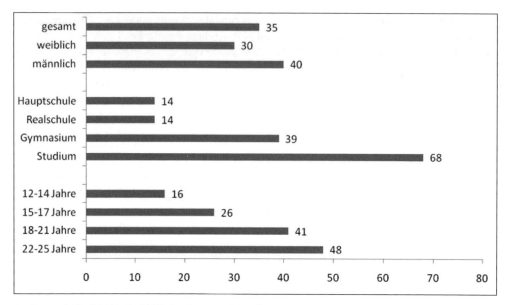

Quelle: nach Shell 2006, S. 107 (Beim Faktor „Bildung" ist zu berücksichtigen, dass der Faktor „Alter" hier mitwirkt.)
Abbildung 2: Politisches Interesse in verschiedenen Gruppen (12-25 Jahre; Angaben in %)

Diese Faktoren wurden und werden in anderen Studien bestätigt (vgl. Hoffmann-Lange 1999; Krüger/Reinhardt u.a. 2002; Hoffmann-Lange/deRijke 2006), so auch im DJI-Jugendsurvey 2, der in einer Graphik die Variablen Alter, Region (Ost/West) und Bildung erfasst.

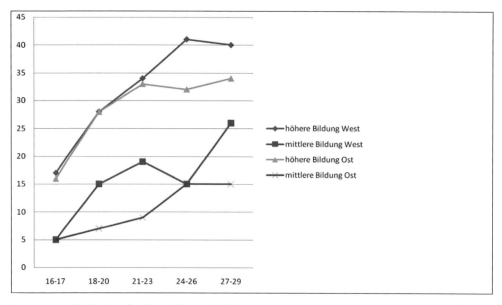

Quelle: nach Gille/Krüger/de Rijke 2000, S. 215 (Fünfer-Antwortskala, hier „sehr stark" und „stark")
Abbildung 3: Starkes politisches Interesse nach Altersgruppen und Bildungsabschluss (Angaben in %)

Fasst man die bisher vorgestellten quantitativen Befunde zusammen, so ist wiederholt deutlich geworden, dass politisches Interesse mit den Merkmalen Geschlecht (Frauen sind weniger interessiert als Männer), Bildung (2006 bezeichneten sich etwa zwei Drittel der Studenten als politisch interessiert, vgl. Shell 2006, S. 106), Alter (bis zum Lebensalter von ca. 30 steigt i.d.R. das Interesse stetig an, vgl. Hoffmann-Lange/deRijke 2006, S. 62) und Region (im Osten war das Interesse nach der Wende höher als im Westen, und zwar besonders auch bei jungen Frauen, sank dann aber stark ab, besonders bei den jungen Frauen, a.a.O.) variiert. Die Suche nach Erklärungen ist häufig eher eine nach Interpretationen, also nach Verständnishilfen.

Politisches Interesse – Interpretationen

Die Situation im Osten wird diskutiert als Enttäuschung von Erwartungen, als Zunahme von Realismus und auch als Normalisierungsprozess. Dies ist deshalb so schwierig zu interpretieren, weil die Messlatten für die Aussagen schwer zu definieren und noch schwerer zu beurteilen sind: Waren Erwartungen illusorisch und deshalb Enttäuschungen notwendig oder waren die Erwartungen gerechtfertigt in tatsächlicher und moralischer Hinsicht? Was heißt Normalisierung – ist „Norm" eine Idee von Demokratie als allseitiger und allgegenwärtiger Teilnahme an Politik oder ist „Normalität" vielmehr eine auch im internationalen Vergleich übliche empirische Größe, die offensichtlich dem Funktionieren des gegebenen demokratischen Systems nicht entgegensteht?

Die Unterschiede zwischen **West und Ost** – die sich nicht mehr beim „Interesse" zeigen, aber bei weiteren Indikatoren für die Stellung zum System (wie Zufriedenheit mit der Demokratie überhaupt und der Demokratie in Deutschland, beim Vertrauen in die politischen Akteure und ihre Bereitschaft, die Bedürfnisse der Bürger im politischen Prozess zu berücksichtigen) - werden ebenfalls unterschiedlich diskutiert (vgl. Hoffmann-Lange 1999; Shell 2006; Gaiser u.a. 2005). Die Bedeutung der sozio-ökonomischen Lage als Auslöser bzw. Verursacher der „Belastung der eigenen Biografie" schlägt auf die biografische Planung durch und führt letztlich als Verunsicherung oder als Gefühl relativer Deprivation zu einem negativen Bild von Politik (Shell 2006, S. 111; Pickel 2006, S. 124ff.). In diesen Zusammenhang gehört dann auch Ausländerfeindlichkeit (vgl. unten), für die von Münchmeier als Gegenstrategie deshalb nicht „Widerlegung und argumentative(n) Auseinandersetzung" empfohlen wird, sondern ein „arbeits- und ausbildungsplatzbezogene(s) Programm" (Münchmeier 2000: S. 260). Erklärungen, die sich auf Sozialisationsprozesse in der DDR beziehen, sind durch die Medien gegangen und werden natürlich auch als Hypothesen im wissenschaftlichen Diskurs erörtert (vgl. z.B. Kleinert 2000, S. 392; Holtmann 2000, S. 63, 66f). Mehreres ist bei dieser Ursachenzuschreibung sehr schwierig: Der Blick zurück kann sehr schwer vermeiden (auch wenn dies nicht gewollt wird), die Lebensgeschichte der damals und dort lebenden Menschen nicht nur nicht zu würdigen, sondern eher noch zu diffamieren – und sei es in der Wahrnehmung der Objekte, wenn sie die Subjekte der Lektüre sind. Dies hängt auch mit der Notwendigkeit zusammen, ganz bestimmte Beobachtungen und Faktoren (zusammengefasst in Hypothesen) aus dem Gesamtzusammenhang des Lebens herauszunehmen und zu betrachten, so dass der Zeitgenosse sein Leben evtl. nicht wieder erkennt. Und selbst diese isolierende Betrachtung ist nicht wirklich empirisch prüfbar, weil die in Rede stehende Realität so nicht mehr existiert. Schließlich ergibt sich aus dem Blick in die Vergangenheit auch die Frage, ob sie irgendwie in der Gegenwart nachwirkt – und sei es nur durch die Tatsache, dass die Geschichte der alten Bundesrepublik und ihre alltäglichen und organisierten Lernprozesse nur im Westen abliefen (was zur Gewöhnungs-These führt). Damit nimmt die Komplexität noch einmal zu und auch die Schwierigkeit, Vermutungen auch nur zu plausibilisieren[6].

Das Interesse – und Ähnliches gilt auch für andere Indikatoren der politischen Involviertheit – hängt sehr stark mit dem formalen **Bildungsniveau** zusammen. Hier bieten sich neben der schwierigeren ökonomischen Lage unterer Bildungsgruppen (Gaiser u.a. 2005, S. 178, 183) zwei Erklärungen an: Zum einen begünstigt die relativ längere Jugendphase die Ausbildung auch anderer Interessen als der unmittelbar auf die eigene Existenz bezogenen. Zum anderen entsprechen anspruchsvolle Bildungsgänge eher der Eigenart demokratischer Politikprozesse. Im Rahmen der international angelegten Studie „Civic Education" ermittelte das Max-Planck-Institut für Bildungsforschung in Berlin die nationalen Daten (vgl. Oesterreich 2002), in der Studie „Jugend und Demokratie in Sachsen-Anhalt" wurde verstärkt der Bedeutung schulischer Lern- und Partizipationsprozesse für Demokratie-Lernen nachgegangen (vgl. Krüger/Reinhardt u.a. 2002).

Die hohe Bedeutung des Bildungsniveaus legt die Vermutung nahe, dass aufgrund der Bildungsexpansion in den letzten Jahrzehnten (vgl. Reinhardt 1999) das Interesse an Politik gestiegen sein müsste – was durch die Daten aber nicht bestätigt wird, ganz im Gegenteil. Eine plausible Erklärung hierfür hat Hoffmann-Lange (2000) vorgeschlagen: Es ist unklar, ob „politisches Interesse" primär das Interesse am Verständnis für politische Fragen bedeutet oder an der Bereitschaft zu politischer Partizipation. Davon hinge aber der Zusammenhang mit der Bildungsexpansion ab: Verständnis bedeutet den subjektiven Prozess der Aufklärung – sie ist ein vermehrbares Gut, da sie nicht in Konkurrenz zu den Bemühungen anderer steht. Partizipation im politischen Prozess ist aber ein knappes Gut, weil mit zunehmender Teilnahme mehr Bürger häufiger um ein und dieselbe Entscheidung konkurrieren. Die Erfolgswahrscheinlichkeit für Partizipation wird geringer, was das Interesse verringern mag.

Der Zusammenhang von **Politik-Interesse** und **Alter** legt zwei Erklärungen nahe: Zum einen handelt es sich wohl um einen lebenszyklischen Vorgang, dass mit der Übernahme von Erwachsenenrollen und damit der zunehmenden Übernahme von Verantwortung für andere auch die Bedeutung von Politik eher bewusst wird. Zum zweiten – darauf verweist ja auch der enge Zusammenhang von Politik-Interesse und Bildung – muss dieses Interesse erst erlernt werden, denn es liegt nicht „nahe". Die Sozialisationsprozesse finden im Alltag statt und – wahrscheinlich nur zu einem zeitlichen Bruchteil davon – in organisierten Lernprozessen politischer Bildung. Die Forschungslage hierzu, wie unterschiedliche Instanzen zusammenwirken oder sich gegenseitig stören, ob und welche Erfolge und Misserfolge sich ergeben, ist – wie oben erwähnt – bescheiden.

Schließlich ist der Zusammenhang von **Politik-Interesse** und **Geschlecht** zu interpretieren. Inzwischen ist klar, dass das niedrigere politische Interesse von Mädchen und Frauen nicht durch ihre – früher einmal gegebene, aber in den jüngeren Generationen überwundene – geringere Bildungsbeteiligung erklärt werden kann. Innerhalb derselben Altersgruppe und desselben Bildungsniveaus sind Frauen desinteressierter – auch für die Selbstzuschreibung politischer Kompetenz und für die Teilnahme an Gesprächen außerhalb des familiären Zusammenhangs zeigen sie niedrigere Werte (vgl. Gaiser u.a. 2000; Westle 2006). Natürlich macht eine naturalistische Erklärung nur durch das biologische Faktum des Geschlechts wenig Sinn, auch darf dies geringere politische Interesse „nicht als ein ihnen anzulastendes Defizit interpretiert werden" (Gaiser u.a. 2000, S. 14). Aber auch die Interpretation als „strukturelles Defizit der politischen Kultur" (ebd.), das auf die gesellschaftlich übliche Arbeitsteilung und die damit verbundenen Rollendefinitions- und Sozialisationsprozesse verweist, ändert nichts an der – ebenfalls strukturellen – Tatsache, dass politisches Handeln auch Fragen der institutionalisierten Politik betrifft (vgl. auch Hoffmann-Lange 1999, S. 368). Die bei allen Bürgern und auch allen Jugendlichen, aber bei Frauen noch stärker vorhandene Tendenz, sich der politischen Öffentlichkeit fern zu halten und eher den Raum des Privaten zu suchen, ist – wie sich auch beim Problem der Ausländerfeindlichkeit zeigen dürfte – nicht produktiv. Vermutlich bringen junge Frauen ihre Stimme auch in ihren Cliquen und Freundesgruppen nicht ein, wenn es darum ginge, gegen Gewalt und gegen aggressive Vorurteile als vornehmlich männlichen Äußerungen Stellung zu nehmen.

Diese Interpretationen der Daten zum politischen Interesse unter Heranziehung der sozialstrukturellen Merkmale Region (Ost/West), Bildung, Alter und Geschlecht sind Versuche, die Zusammenhänge zu verstehen und auch zu erklären. Wenn Konsequenzen daraus für staatliches Handeln zu ziehen wären, zum Beispiel für institutionalisierte Bildungsbemühungen, dann könnten die o.g. Ergebnisse für die Konstruktion der Lehr-/Lernprozesse hilfreich sein. Beispielsweise wäre eine wichtige didaktische Frage, wie Mädchen und Jungen ihre unterschiedlichen Interessen und Sichtweisen auf Fragen des Zusammenlebens und seine politische Gestaltung vermitteln könnten (vgl. Reinhardt 1997).

Zwei weitere Ergebnisse sind geeignet, in anderer als der üblichen Interpretation, Schlaglichter auf die große Anforderung, die Demokratie-Lernen darstellt, zu werfen. Zum einen geht es um das Vertrauen gegenüber unterschiedlichen Institutionen, zum anderen um das Verständnis von Demokratie als einem konflikthaften Prozess.

Vertrauen in Institutionen

Einer Liste mit unterschiedlichen Organisationen und Institutionen wird eine Skala beigelegt, in der die Befragten jeweils ankreuzen, ob sie zu einer Institution „überhaupt kein Vertrauen" (Skalenwert = 1) oder – über Abstufungen – „sehr großes Vertrauen" (Skalenwert = 7) haben[7]. Gaiser u.a. (2006, S. 24f.) unterteilen acht der Institutionen der DJI-Befragung in solche der etablierten Politik (Bundestag, Bundesregierung, politische Parteien), der Judikative und Exekutive (Bundesverfassungsgericht, Gerichte, Polizei) sowie der nicht etablierten Politik (Bürgerinitiativen, Greenpeace). Es fällt auf, dass Judikative und Exekutive das höchste Vertrauen erhalten und dass der etablierten Politik relativ wenig Vertrauen ausgesprochen wird:

Tabelle 2: Großes Vertrauen in Institutionen von 16- bis 29Jährigen in 2003, Angaben in %)*

Politische Institutionen	West	Ost
Bundesverfassungsgericht	73	70
Polizei	72	65
Gerichte	68	63
Bundeswehr	51	54
Bürgerinitiaven	50	53
Greenpeace	53	46
Gewerkschaften	38	37
Großunternehmen	29	36
Bundestag	38	35
Bundesregierung	31	29
Kirchen	30	21
Politische Parteien	18	17

*Quelle: Gaiser u.a. 2006, S. 25 [Großes Vertrauen entspricht den Skalenpunkten 5-7 auf einer Skala von 1 (überhaupt kein Vertrauen) bis 7 (sehr großes Vertrauen)]

Das **Vertrauen in** diese **Institutionen** war noch 1997 im Westen höher als im Osten. Die einzige Ausnahme, nämlich das Vertrauen zu Bürgerinitiativen, ist ausweislich der Shell-Studie 2000 im Osten im Jahre 1999 abgerutscht (vgl. Fischer 2000, S. 271). Diese Ost-West-Differenz ist unterschiedlichen Interpretationen offen, die nicht schlüssig gewichtet werden konnten. Von der schlichten Gewöhnung (die wohl eine veränderliche, weil strukturell kontingente, Größe zur Tatsache umdeutet) über die Unzufriedenheit mit der eigenen Situation oder die unterschiedlichen Gerechtigkeitsvorstellungen (vgl. Achatz 2000, S. 100ff.), von aktuellen Vorgängen und Fehlleistungen bis hin zu Sozialisationsprozessen (und anderem mehr) können die Erklärungen reichen. Die weitgehende Angleichung des Vertrauens 2003 führen Gaiser u.a. plausibel darauf zurück, dass das nach der Wende in den Osten übertragene System der Institutionen dort selbstverständlich und akzeptabel geworden ist (2006, S. 26). Das Muster ist übrigens nicht jugendspezifisch (vgl. ebd.).

Interpretiert man die Daten als solche, die über den Prozess der politischen Bildung **allgemein** etwas aussagen, dann erhält man die folgende Deutung: Das normativ anspruchsvolle und empirisch hoch-komplexe System der Demokratie verlangt von den Bürgerinnen und Bürgern kognitive Komplexität, affektive Toleranz, reflexive Werte-Kompetenz und eine Kultur des zivilen Streitens – also eine Konfliktfähigkeit, die allen privaten Wünschen nach Eindeutigkeit, Harmonie und gemeinschaftlicher Solidarität mit deutlichen Abgrenzungen, unbefragten und unbefragbaren Werten (natürlich solchen des eigenen Milieus) und klaren Expressionen von Standpunkten, die nicht in Zweifel gezogen werden müssen, widerspricht. „Pluralismus" als Wort ist einfach zu buchstabieren, „Kompromiss" hat inzwischen fast einen Nebenklang von Gleichgewicht (und weniger von „kompromittieren"), aber der konkrete Prozess der Auseinandersetzungen, in dem die anderen vielleicht gute oder mindestens verständliche Argumente haben, die auf jeden Fall verunsichern (wenn sie überhaupt angehört werden), in dem die anderen vielleicht am Ende die Abstimmung gewinnen (und der Verlierer seine Frustration ertragen können muss aus Einsicht in den Sinn der Mehrheitsregel und aus Achtung für die anderen), ist kognitiv und affektiv enorm schwierig.

Die Abstufung des Vertrauens lesen wir so (ohne damit die oben erwähnten Erklärungen beiseite zu schieben): Viel Vertrauen erhalten Institutionen, die eingegrenzte, teilweise lokale Themen mit unmittelbarer moralischer Überzeugungskraft bzw. klarer Einbindung des unmittelbaren Interesses verfolgen. Die Bürgerinitiativen müssen nicht die verschiedensten Themen bündeln und dabei recht heterogene Interessen zu vermitteln versuchen, sondern die Klarheit des Themas („Umweltschutz", „Bedrohte Tiere", „Kindertagesstätten") macht ihre Logik aus. Sie brauchen keine dauerhaft partizipierende Mitgliedschaft (allerdings Spender und Sponsoren) und im Falle der BI werden sie sich auflösen, wenn der Zweck erreicht oder verfehlt worden ist. Diese – im Vergleich mit Institutionen der parlamentarischen Demokratie – geringe Komplexität ist ihre Stärke. Sie sind leichter begreifbar und verlangen vom Mitglied oder Förderer in der Regel nicht die Konfliktfähigkeit der demokratischen Streitkultur.

Demgegenüber werden die Institutionen der etablierten Politik als wenig vertrauenswürdig angesehen. Dass es den politischen Parteien dabei am schlechtesten geht, mag mit Häme notiert werden (wenn Skandale im Vordergrund stehen oder die handelnden Personen wenig medienwirksam auftreten), aber die tiefere Ursache dürfte in der Anstrengung des Systems liegen, das die Gleichachtung aller in ihrer teils erheblichen Ungleichheit in einem politischen Prozess verwirklichen muss, dessen Zivilität überhaupt nicht gemütlich oder herzwärmend ist und der Ego-Zentrik in einen Zusammenhang einbaut. In vergleichbarer Weise ließen sich die Zustimmungsunterschiede zu Prinzipien einer Demokratie deuten: Die Zustimmung zu den individuellen Bürgerrechten der Demonstrationsfreiheit und Meinungsfreiheit auch gegen die Mehrheit ist höher als die Zustimmung zur (ziemlich abstrakt formulierten) Oppositionsrolle und die Kompromissbereitschaft, die nur noch bei ca. der Hälfte auf Zustimmung stößt. Je näher der Konflikt an das Individuum und seine Interessen heranrückt und sie im Prozess der demokratischen Auseinandersetzung inhaltlich einschränkt, umso weniger wird ihm zugestimmt (vgl. Gaiser u.a. 2005, S. 178; Gille/Krüger/de Rijke 2000, S. 221ff.).

Diese Interpretation, die Demokratie-Lernen als äußerst anspruchsvollen Bildungsprozess betont und damit dieses Lernen bzw. diese Entwicklung in den Vordergrund der Erklärung rückt, vermag scheinbare logische Widersprüchlichkeiten zu erfassen. So ist es – gemessen am Begriff und an der Institutionalisierung von Demokratie – unangemessen, nach der starken Hand des Staates oder im Staat zu rufen. Auch könnte man vermuten, dass die historischen Erfahrungen zum Ergebnis hatten, dass die Führung durch eine Person oder eine Teilgruppe der Gesellschaft keineswegs die Förderung der Interessen aller oder der Allgemeinheit zur Konsequenz hatten.

Die starke Hand im Staat

In die DJI-Befragung 1997 wurde eine Aussage (übernommen aus einer ZEIT-Umfrage) aufgenommen, die wohl geeignet ist, autoritäre Staatsvorstellungen zu erfassen. Damit wollten die Forscherinnen und Forscher der allgemein hohen Zustimmung zu Grundprinzipien der Demokratie nachspüren. Sie waren kaum auf nichtdemokratische Einstellungen in der Form klarer Ablehnung gestoßen und suchten deshalb eine Operationalisierung, die u.U. weniger der Tendenz zu sozial erwünschten Antworten unterliegt. „Ich bin gegen eine Diktatur, aber eine starke Hand müsste mal wieder Ordnung in unseren Staat bringen" lautet die Aussage, zu der die Befragten eine sechsstufige Antwortvorgabe erhielten. Die beiden stärksten Zustimmungsvorgaben (die stärkste lautete „stimme voll und ganz zu") wurden als „Zustimmung" zusammengefasst (Gille u.a. 2000, S. 221ff.). Die Jugendlichen und jungen Erwachsenen stimmten 1997 der Forderung nach der starken Hand im Westen zu mehr als einem Viertel zu.

Der etwas kürzer formulierten Aussage „Eine starke Hand müsste mal wieder Ordnung in unseren Staat bringen" stimmte 2006 (Shell 2006, S. 115f.) die Hälfte der Befragten eher zu, die andere Hälfte lehnte dies eher ab (sechsstufe Antwortskala, je drei Antwortvorgaben wurden zusammengefasst; tendenziell mehr Zustimmung im Osten). Die Zustimmung zu dieser Aussage bedeutet das Fehlen jedes Verständnisses für den konfliktreichen Prozess der Demokratie und vermutlich auch die egozentrische Illusion, diese starke Hand werde das eigene Interesse befördern und dabei dann doch irgendwie den allgemeineren Zusammenhang bewahren[8].

Zwei Differenzen von Subgruppen machen sehr deutlich, dass Sozialisationsprozesse vermutlich eine große Rolle bei dem Erwerb der Widerstandsfähigkeit gegen solche Aussagen spielen. Zum einen ist der Zusammenhang mit dem Bildungsniveau groß: Im Westen stimmten laut DJI 1997 (Gille u.a. 2000, S. 226) Befragte des Hauptschulganges zu 44% zu, solche mittlerer Bildungswege zu 32% und jene der Wege zur Hochschulreife nur zu 16% – die Daten im Osten sind strukturell ähnlich, aber höher (so auch 2003; vgl. Gaiser u.a. 2005, S. 178, 180).

Der Ruf nach der starken Hand „bietet" die Möglichkeit zur Vereinheitlichung – statt kognitiver Komplexität dürfen klare Verhältnisse herrschen. Die Verfahren werden durchsichtig und zudem personalisierbar und laden ein zur Identifikation. Über eine Illusion des „Wir"-Zusammenhangs wird die Chance für Frustrationen eigener Wünsche scheinbar verringert. Die Abwesenheit von Konflikten macht vermutlich auch das Vertrauen leichter, denn der Streit um Alternativen kann nicht verunsichern. Der Erwerb demokratischer Konfliktfähigkeit wird durch anspruchsvolle Bildungsprozesse – in Moratorien ohne direkte Existenzzwänge – gefördert; wo sie nicht stattfinden (oder stattfinden können – die Suche nach diesen Ursachen ist ein anderes Thema), ist die Wahrscheinlichkeit für die Resistenz gegen autoritäre Verführungen geringer.

Der Ruf nach der starken Hand im Staat wird in der Shell-Studie 2006 harmonisierend und privatisierend interpretiert, nämlich nicht als autoritäres Gesellschaftsbild (S. 19 in teilweisem Widerspruch zu S. 119) oder Absage an Demokratie (S. 115), sondern als „Forderung an Geradlinigkeit und Konsequenz in der Politik" (S. 19) bzw. als „Wunsch nach (…) Verbesserung der eigenen Lebensbedingungen" (S. 115 und 119). Dem steht hier die Interpretation entgegen, dass der Ruf nach der starken Hand die Logik demokratischer Politik verfehlt und einen Mangel an Konfliktfähigkeit signalisiert.

Die West-Ost-Differenz machte laut DJI 1997 (Gille u.a. 2000, S. 221, 226) insgesamt 15% aus (ebenso 2003; vgl. Gaiser u.a. 2005, S. 178): im Westen stimmen 27% der Befragten für die Existenz einer starken Hand, im Osten sogar 42%. Diese Differenz provoziert natürlich die Fragen nach einer Unterschiedlichkeit von Sozialisationsprozessen in Ost und West, und zwar in der Vergangenheit und in der Gegenwart. Der DDR werden häufig der Charakter und die Struktur eines vormundschaftlich-fürsorgenden Systems zugesprochen (vgl. Pollack 1997; Jarausch 1998), das Partizipationsprozesse nicht betonte und Konflikte nicht positiv wertete. Insofern war die offizielle Sozialisation nicht demokratie-förderlich, sondern eher strikt lenkend und leitend. Vorbilder sollten einen klaren Weg weisen, anti-faschistische Indoktrination musste nicht unbedingt die subjektive Auseinandersetzung mit dem Ergebnis des Erfahrungsgewinns (weit über die Fähigkeit zur Reproduktion sozial erwünschter Aussagen hinaus) fördern. Natürlich wäre es naiv zu glauben, solche Sozialisationsmuster gehörten mit dem Beitritt zur Bundesrepublik Deutschland der Vergangenheit an. Technik lässt sich – überall in der Welt – recht schnell verpflanzen, Institutionen zu transformieren dauert Jahre länger, aber Sozialisationsvorgänge – die in die vielfältige Alltagspraxis der Menschen eingebettet sind und sie stützen und durch sie verstärkt werden – sind tief gegründet und brauchen für ihre Veränderung die Veränderung von Menschen, und zwar nicht nur im Sinne von Fakten-Wissen.

In einem allgemeineren Sinne ist bedeutsam, wie mühsam der Bildungsprozess zur Demokratie ist, was sich ja auch an den Daten im Westen zeigt, die keineswegs darauf hinweisen, dass zur Demokratie durchweg eine reflexionsfähige Einstellung besteht.

Ausländer = Fremde = Feinde?

Zwei Vorgänge aus Sachsen-Anhalt dienen hier als Beispiele für das Problem, das nicht nur im Jahre 2000 die Öffentlichkeit weithin bewegte. Im Sommer des Jahres 2000 wurde in Dessau der Mosambikaner Alberto Adriano, der seit über 20 Jahren dort lebte, in den Arbeitsmarkt integriert war und Frau und drei Kinder hinterließ, von drei jungen Männern im Alter von 16 bzw. 24 Jahren tot geprügelt und getreten. Etwa zwei Jahre vorher hatte die Deutsche Volks Union DVU in der Landtagswahl am 26. April 1998 das bis dahin höchste Stimmenergebnis einer Partei der äußersten Rechte erreicht. Dabei war der DVU-Anteil bei den 18- bis 21-Jährigen Erstwählern sogar 29% hoch, in der jüngsten männlichen Wählergruppe der 18- bis 24-Jährigen erreichte die DVU sogar 32% der Stimmen (infratest dimap nach Holtmann 1998, S. 31f.). Ein zentraler Slogan im Wahlkampf der DVU hatte das Ressentiment gegen Ausländer zum Inhalt. Zwar blieb bisher der Erfolg der DVU nur Episode, weil schon in der darauffolgenden Bundestagswahl die Partei keinen nennenswerten Erfolg im Lande hatte, aber diese Vorgänge provozieren Vorsicht und Aufmerksamkeit für die Beziehung zwischen Jugendlichen und Ausländern.

Die beiden großen Jugendstudien sind methodisch nicht identisch, aber in ähnlicher Weise vorgegangen, um Ausländer- oder Fremdenfeindlichkeit zu identifizieren. Aus Aussagen zu Ausländern (Stichworte: Kriminalität, kulturelle Bereicherung, knappe Arbeitsplätze, Gleichberechtigung, Wohlstand, bessere Menschen, Sozialstaat, Heirat, Kontakte u.a.m.) wurde jeweils über Zahlenwerte (also auf statistischem Wege) ein Index gebildet, der die Jugendlichen und jungen Erwachsenen in Gruppen mit hoher, mittlerer und niedriger Ausländerfeindlichkeit unterteilte. Während sich bei den Mittelwerten nur ein geringer Unterschied nach dem Geschlecht ergab (Gaiser u.a. 2000, S. 20; Münchmeier 2000, S. 256), wurde diese Differenz massiv sichtbar, wenn nur die Gruppe derer mit als hoch definierter Ausländerfeindlichkeit betrachtet wurde: besonders im Osten – der überhaupt eine höhere Ausländerfeindlichkeit zeigte (vgl. auch Decker/Brähler 2005) – überwog das männliche Geschlecht spürbar. Diese Gruppe hatte eher einen niedrigeren Schulabschluss, war früher in die Arbeitswelt eingetreten und hatte insgesamt eine geringere Ressourcenausstattung (vgl. Münchmeier 2000, S. 257).

Der DJI-Jugendsurvey 2 konnte zeigen, dass die individuelle Tatsache der Arbeitslosigkeit nicht direkt die Ausländerfeindlichkeit erklären kann, sondern dass auch andere in sozial besser abgesicherten Lebensumständen Immigranten aus Deutschland ausschließen wollen – die Gemeinsamkeit ist das Fehlen formal höherer Bildungsabschlüsse (was ja für die Perspektiven in der Zukunft auch eine Bedeutung für den Arbeitsmarkt hat). Orientierungsunsicherheit zeigte einen klaren Zusammenhang mit Fremdenfeindlichkeit. Die Orientierungsunsicherheit wurde über drei Aussagen operationalisiert: „Heutzutage ist alles so unsicher geworden, dass man auf alles gefasst sein muss" – „Heute ändert sich alles so schnell, dass man nicht weiß, woran man sich halten soll" – „Früher waren die Leute besser dran, weil jeder wusste, was er zu tun hatte". Diese Sätze betreffen nicht einen akuten Mangel in einem bestimmten Zeitpunkt (wie bestehende eigene Arbeitslosigkeit), sondern sie erfassen die subjektive Kompetenz zum Umgang mit Strukturbrüchen (wie nach der Wende in der DDR), mit inner-gesellschaftlicher Dynamik und mit internationaler Globalisierung bzw. ihren Auswirkungen auf die Region. Die Autoren (Kleinert u.a. 1998, S. 23) sprechen von dem „Nicht-Zurechtkommen mit der Komplexität, Ambivalenz und dem schnellen Wandel der heutigen Welt". Hiermit werden die beiden Aspekte der objektiven Situation und der subjektiven „Befindlichkeit" (Ost-Deutschland nach der Wende: weitgehender Umbau von Institutionen und radikales Umbrechen der Wirtschafts- und Beschäftigungsstruktur, deren Notwendigkeit die subjektiven Konsequenzen vielleicht mildert, aber nicht beseitigt) in vielleicht fairer Weise erfasst.

Tabelle 3: Fremdenfeindlichkeit und Orientierungsunsicherheit in den westdeutschen und in den ostdeutschen Bundesländern (Spaltenprozent)*

Fremdenfeindlichkeit	westdeutsche Bundesländer			ostdeutsche Bundesländer		
	Verunsicherung			Verunsicherung		
	niedrig	mittel	hoch	niedrig	mittel	hoch
niedrig	41,4	25,2	14,5	35,8	15,6	8,8
mittel	49,5	58,2	51,5	40,1	51,8	42,5
hoch	9,1	16,7	34,1	24,1	32,6	48,8
n	1.130	2.437	787	349	1.292	763

*Quelle: nach Kleinert u.a. 1998, S. 23

Die Problemgruppe der Männer mit deutlich negativer Haltung zu Ausländern ist zudem viel häufiger als bei Frauen gleichzeitig rechtsorientiert, also „politisch stärker kontextualisiert" (Kleinert u.a. 1998, S. 26) im Unterschied zur Gruppe der Frauen mit hoher Ausländerfeindlichkeit. Es ist hier zu fragen, ob womöglich das höhere politische Interesse bei Männern (s.o.) bei dieser Teilgruppe einen gemeinsamen Punkt von hoher Ausländerfeindlichkeit und Rechtsorientierung ausmacht. Die Sachsen-Anhalt-Studie versammelt entsprechende quantitative Daten und die Beobachtung einer einzelnen Klasse, die von allen untersuchten 75 Klassen mit Abstand das höchste politische Interesse zeigte – und rein männlich, zu einem Drittel rechts orientiert und überdurchschnittlich ausländerfeindlich war (Reinhardt/Tillmann 2002, S. 54f.). Hier ist ein „rechter" Weg zur Politik zu sehen.

Es ist auch zu fragen, ob die oben geäußerte Vermutung stimmt, dass Frauen wegen ihres geringeren Politikinteresses und ihrer allgemein geringeren Involviertheit in das politisch-demokratische System in geringerem Maße, als zu erwarten sein könnte, eine Gegenstimme und ein Gegengewicht darstellen. Die Gruppenmeinung und die öffentliche Meinung dürften besonders für Orientierungsunsichere, die Anhaltspunkte suchen und nach Konformität streben, bedeutungsvoll sein. Die Teilnahme an ihrer Bildung ist nicht nur ein kulturelles Phänomen, sondern im Falle der Beziehung zu Ausländern über die Bildung der Sitten für das Zusammenleben mit ihnen ein eminent politischer Vorgang. Hier treffen ein staats-bezogener Politikbegriff und ein „weicher", lebensweltlicher Polis-Begriff zueinander.

4 Resümee und Perspektiven für die Kindheits- und Jugendforschung

Fasst man nun abschließend die hier dargestellten theoretischen und empirischen Forschungsergebnisse zusammen, so bleibt als erstes festzuhalten: Das Verhältnis von Jugend und Politik kann mit den Zugängen der politischen Sozialisationsforschung erhellt werden, da hier bereits sozialisationstheoretische als auch psychologische Ansätze herangezogen wurden, die die Entfaltung und Entstehung politischer Orientierungen und Handlungsweisen in der Kindheits- und Jugendphase betonen. In den vorliegenden empirischen Untersuchungen zeigt sich deutlich, wie eng die alltäglichen biographischen Erfahrungen in Kindheit und Jugend das Verhältnis zum politischen System und zur Gesellschaft bestimmen. Die Erfahrungen in der Familie sind neben denen in der Schule und in Gleichaltrigengruppen von entscheidender Bedeutung für die politischen Orientierungen von Jugendlichen. Dennoch können politische Sozialisationsprozesse nicht allein Erklärungen für das Verhältnis von Jugend und Politik liefern. Gerade in den empirischen Befunden zeigt sich, dass gesellschaftliche Ausschlussmechanismen die politische Aktivitätsbereitschaft verhindern können. Strukturell angelegte geschlechtsspezifische oder auch **sozioökonomische Ungleichheiten** schlagen sich in den politischen Orientierungen von Jugendlichen nieder.

Insbesondere im Hinblick auf **politische Bildungsprozesse** von Kindern und Jugendlichen haben die vorliegenden Ergebnisse zum Verhältnis von Jugend und Politik zunächst drei Konsequenzen:

Erstens bedeuten Prozesse der Bildung sowohl mitlaufende Sozialisation im Alltag als auch intentionale Bildung in Institutionen sowie Selbstbildung einer Person, die sich in einer Welt der Anregungen oder Verhinderungen oder Verschiebungen abspielt. Die entstehenden Kompetenzen bzw. Qualifikationen sind in doppeltem Sinn bedeutsam: zum einen für das Lernsubjekt und sein persönliches Einwirken auf sein Leben, hier auf Politik. Zum anderen ist das Ergebnis des Lernens für die gesamte Gesellschaft bedeutsam, deren politische Organisation die Mitwirkung der Bürger und Bürgerinnen nicht nur normativ und ideal fordert, sondern die in ihrem Funktionieren auf diese Mitwirkung (mindestens zu einem gewissen Ausmaß) angewiesen ist. Die Institutionen der Demokratie können sich nicht nur selbst reproduzieren, sondern sie bedürfen der tätigen und verständigen Mitwirkung des Souveräns. Die empirischen Daten zeigen sehr eindrücklich, dass junge Menschen keineswegs allein bzw. „aus sich selbst heraus" Konzepte entwickeln, um im Eigeninteresse und im Interesse der Allgemeinheit zu Konzepten des Verstehens und zu Formen der Partizipation zu finden, die dem demokratischen System und der Gleichachtung der Staatsbürger entsprechen. Demokratie-Lernen muss deshalb eine gesamtgesellschaftliche Aufgabe sein und darf nicht dem privaten Alltag überlassen bleiben (vgl. zur Politik-Didaktik Reinhardt 2007).

Zweitens macht die Eigenart der verfügbaren qualitativen wie quantitativen Daten darauf aufmerksam, dass recht wenig über die politischen Bildungsprozesse bekannt ist. Die Entwicklung zentraler politischer Konstrukte (wie „Politik", „Staat", „Demokratie" und „Konflikt") ist weder in kognitiver, noch in affektiver oder pragmatischer Hinsicht erforscht. Für didaktische wie für sozialisations-, bildungs- und lerntheoretische Entwürfe wäre es aber wichtig zu wissen, wie der domänenspezifische Erwerb von Konzepten, Haltungen und Handhabungen verläuft. Hier ergibt sich zum einen eine wichtige Verbindung zur Entwicklungspsychologie, in der die Entfaltung von Kompetenzen wie der Fähigkeit zur Abstraktion und zum logischen Denken sowie der Fähigkeiten zum moralischen Urteilen und zur Empathie relativ gut erforscht ist, aber in der Fragen nach der Entwicklung zur Demokratie bisher nur ansatzweise diskutiert bzw. aufgenommen wurden. Eine zweite Verbindung ergibt sich bei der Frage nach politischen Bildungs- und Sozialisationsprozessen im Kindes- und Jugendalter zu handlungstheoretischen Entwürfen, d.h. zur Theorie praktischer Intersubjektivität (vgl. Joas 1989) bzw. symbolvermittelter Interaktion. Auch hier sind bereits Qualifikationen des Rollenhandelns herausgearbeitet worden, die für eine Bestimmung des „demokratischen Bürgers" Geltung beanspruchen könnten: Empathie und Rollenübernahmefähigkeit, Identitätsdarstellung, Rollendistanz, kommunikative Kompetenzen und Ambivalenztoleranz etc. sind auch für das Verständnis des Demokratielernens gerade im Kindes- und Jugendalter besonders bedeutsam.

Drittens zeigt sich – und diese interpretierende Hypothese wäre zu prüfen –, dass im sich entwickelnden Verständnis von „Demokratie" – verstanden als „Herrschaft des Volkes" – ein Missverständnis nahe liegt: Das Demokratiekonzept suggeriert womöglich, dass an die Stelle der Entscheidung des ‚überlieferten Oberen' nun die Entscheidung jedes Einzelnen getreten ist, die dann wiederum alle binde und als homogenes ‚Ganzes' – wegen der Unterstellung des ‚Volkes' – akzeptiert werden kann bzw. muss. Die Erfahrung bzw. das Entdecken, dass andere Mitglieder oder Gruppen einer Gesellschaft unterschiedliche Interessen, Lebenslagen, Loyalitäten und Wertvorstellungen haben, ist vor diesem Hintergrund keineswegs nur faszinierend, sondern oftmals auch frustrierend. Denn diese Erkenntnis bedeutet, die eigene Person in ein Verhältnis mit anderen und dem Gesamtsystem setzen zu müssen, das wiederum ein hohes Maß an Abstraktion voraussetzt und nicht einfach durch Wissen erworben werden kann – sondern es muss (oftmals als schmerzhafte Differenzerfahrung) *erfahren werden* (im Sinne John Deweys) durch Lern- und Bildungsprozesse des Verstehens und Begreifens (vgl. Reinhardt 2005).

Für die Kindheits- und Jugendforschung wäre es deshalb wichtig, das Politikverständnis wie das Demokratielernen von Kindern und Jugendlichen nicht nur als aktuelle Meinungsumfragen bzw. als Ergebnisse von politischen Sozialisationsprozessen zu erforschen, sondern auch den Prozess der Aneignung bzw. des Verstehens und Begreifens von Politik und Demokratie resp. politischen Strukturen in den Mittelpunkt zu stellen. Dabei wären sowohl qualitative Studien zum Prozess des Verstehens und Begreifens von Politik bei Kindern und Jugendlichen sinnvoll, die sozioökonomische Ungleichheiten sowie lebensverlaufs- und bildungstheoretische Aspekte einbeziehen, als auch quantitative Längsschnittstudien, die nicht nur aktuelle politische Einstellungen berücksichtigen, sondern der Frage nachgehen, warum, wann und wie sich Kinder und Jugendliche diese Orientierungen angeeignet haben bzw. welche Erfahrungen dabei bedeutsam waren und sind. Schließlich wäre zu überlegen, wie geeignete empirische Forschungsmethoden weiter zu entwickeln wären, die qualitative und quantitative Zugangsweisen derart verknüpfen, dass tatsächlich der Prozess des Politik- und Demokratielernens aufgeschlüsselt und verfolgt werden kann – und nicht nur in ex-post-Betrachtungen nachvollzogen wird.

Wenn wir durch qualitative und quantitative Studien mehr über die Aneignung bzw. Nicht-Aneignung demokratischer Kompetenzen wüssten, könnten wir vermutlich manches empirische Datum differenzierter und eindeutiger interpretieren. Denn die eingangs aufgeworfenen formalen Schwierigkeiten bei der Bestimmung des Verhältnisses von Jugend und Politik liegen u.E. auch in den Herangehensweisen begründet, in denen versucht wird, das Verständnis von Jugend zur Politik zu erforschen.

Anmerkungen

1 Vgl. bspw. die frühen US-amerikanischen Studien von Hyman; Greenstein; Almond; Easton/Dennis, ausf. beschrieben in Zängle 1978; Lemke 1991; Hopf/Hopf 1997; Bock 2000.
2 Ausschlaggebend für diese Annahmen waren hier vor allem die „Studien über Autorität und Familie" (vgl. Horkheimer 1967) bzw. die „Studien zum autoritären Charakter" (vgl. Adorno u.a. 1995) der Frankfurter Schule. In diesen Studien wurde davon ausgegangen, dass die Entfaltung des Charakters entscheidend vom Erziehungsverlauf in der Kindheit und der häuslichen Umwelt abhängt; diese ist wiederum von sozialen und ökonomischen Faktoren bestimmt. Mit dieser Annahme betrachteten Adorno u.a. die familialen Beziehungen und Aufwachsbedingungen nicht isoliert von gesellschaftlichen Zusammenhängen und Umwelteinflüssen, sondern verknüpften sie miteinander. Auf der Grundlage ihrer empirischen Ergebnisse entwickelten sie ein umfassendes Modell des autoritären Charakters (vgl. Adorno u.a. 1995, S. 322ff.), das bis heute einen zentralen Stellenwert in der politischen Sozialisationsforschung hat. Obwohl die theoretischen Annahmen, das Forschungsdesign als auch die Ergebnisse der „Studien zum autoritären Charakter" vielfach scharf kritisiert worden sind, existiert bis heute keine Studie, die die theoretischen Annahmen des autoritären Syndroms eindeutig widerlegen könnte (vgl. Geißler 1996).
3 Der Zusammenhang zwischen politischen (Lern-) Erfahrungen in der Kindheit und dem politischen Handeln und Bewusstsein im Jugend- und Erwachsenenalter war lange einer der wohl umstrittensten Aspekte in der politischen Sozialisationsforschung. Ende der 1960er und Anfang der 1970er Jahre wurde durch Kohortenvergleiche (etwa Hess/Torney; vgl. Görlitz 1977) versucht zu belegen, dass frühe Kindheitserfahrungen keinen Einfluss auf die Entwicklung politischer Einstellungen haben. Diese Diskussion wurde mit einer fundamentalen Kritik am gesamten Vorgehen der politischen Sozialisationsforschung verknüpft, die als nach Systemunterstützung forschend zurückgewiesen wurde (vgl. etwa die Grundsatzdiskussion zwischen Nyssen und Preuss-Lausitz (1973) in der Zeitschrift „betrifft erziehung").
4 In diesen Untersuchungen stand ein weitgefasster Politikbegriff im Mittelpunkt, der auf die Formen des politischen Alltagsbewusstseins ausgedehnt wurde (vgl. Abschnitt 1).
5 In der Studie von Schöbel zeigt sich, dass unter den Ostberlinern mehr als doppelt so viele ein hohes Autoritarismus- und Entfremdungsniveau aufweisen als unter den Westberlinern (vgl. Schöbel 1997, S. 179).
6 Untersuchungen, die sich auf ostdeutsche Länder konzentrieren und weitere Faktoren der politischen Sozialisation (wie Schule, Elternhaus, Medien und Gleichaltrigengruppen) berücksichtigen, können zu differenzierteren

Aussagen führen; Untersuchungen liegen bisher für Brandenburg (vgl. Sturzbecher 2000) und Sachsen-Anhalt (Krüger/Reinhardt u.a. 2002) vor.
7   Diese 7er-Skala mit den gen. Abstufungen wird vom DJI verwendet, die Shell-Studie 2000 verwendet eine 5er-Skala und eine teilweise andere Formulierung („sehr viel Vertrauen" bis „sehr wenig Vertrauen", vgl. Deutsche Shell 2000, S. 447, so auch Shell 2006, S. 114 mit ähnlichen Ergebnissen wie 2000).
8   Ein Vergleich mit der Erwachsenenbevölkerung ist aus Mangel an Vergleichsdaten nicht möglich. - Die DJI-Surveys 2 und 3 fanden 1997 bzw. 2003 statt, die Shell-Befragungen jeweils im Jahr des Erscheinens der Studien.

Literatur

Achatz, J.: Lebensverhältnisse in Deutschland im Spiegel subjektiver Wahrnehmung. In: Gille, M./Krüger, W. (2000), S. 81-119
Adorno, T.W. u.a.: Studien zum autoritären Charakter. Frankfurt a.M. 1995 (zuerst 1950)
Alemann, U. von/Morlok, M./Godewerth, Th. (Hrsg.): Jugend und Politik. Möglichkeiten und Grenzen politischer Beteiligung der Jugend. Baden-Baden 2006
Biedermann, H./Oser, F./Quesel, C. (Hrsg.): Vom Gelingen und Scheitern Politischer Bildung. Zürich/Chur 2007
Bock, K.: Politische Sozialisation in der Drei-Generationen-Familie. Opladen 2000
Claußen, B.: Politische Sozialisation Jugendlicher in Ost und West. 1989, S. 13-23
Claußen, B.: Jugend und Politik. In: Krüger, H.-H. (Hrsg.): Handbuch der Jugendforschung. 2. erw. Aufl., Opladen 1993, S. 527-541
Claußen, B.: Die Politisierung des Menschen und die Instanzen der politischen Sozialisation. In: Claußen, B./Geißler, R. (1996), S. 15-48
Claußen, B./Geißler, R. (Hrsg.): Die Politisierung des Menschen. Instanzen der politischen Sozialisation. Opladen 1996
Claußen, B./Wasmund, K. (Hrsg.): Handbuch der politischen Sozialisation. Braunschweig 1982
Decker, O./Brähler, E.: Rechtsextreme Einstellungen in Deutschland. In: Aus Politik und Zeitgeschichte, B. 42 (2005), S. 8-17
Deutsche Shell (Hrsg.): Jugend 2000. 13. Shell Jugendstudie. Bd. 1, Opladen 2000
Döbert, R./Nunner-Winkler, G.: Adoleszenzkrise und Identitätsbildung. Frankfurt a.M. 1975
Döbert, R./Nunner-Winkler, G.: Moralisches Urteilsniveau und Verlässlichkeit. In: Lind, G./Hartmann, H.A./Wakenhut, R. (Hrsg.): Moralisches Urteilen und soziale Umwelt. Weinheim/Basel 1983, S. 95-122
Dörner, A./Rohe, K.: Stichwort „Politikbegriffe". In: Holtmann, E. (1994), S. 460-464
Fend, H.: Identitätsentwicklung in der Adoleszenz. Lebensentwürfe, Selbstfindung und Weltaneignung in beruflichen, familiären und politisch-weltanschaulichen Bereichen. Bern/Stuttgart/Toronto 1991
Fend, H./Grob, U.: Jugend und Politik – eine verständliche aber nur vorübergehende Kluft? Politische Sozialisation im Jugendalter und ihre Folgen für politische Haltungen im Erwachsenenalter. In: Biedermann, H./Oser, F./Quesel, C. (2007), S. 109-140
Fischer, A.: Jugend und Politik. In: Deutsche Shell (2000), S. 261-282
Gaiser, W./Gille, M./Krüger, W./de Rijke, J.: Politikverdrossenheit in Ost und West? In: Aus Politik und Zeitgeschichte, B. 19-20 (5.5.2000), S. 12-22
Gaiser, W./Gille, M./deRijke, J./Sardei-Biermann, S.: Zur Entwicklung der Politischen Kultur bei deutschen Jugendlichen in West- und Ostdeutschland. In: Merkens, H./Zinnecker, J.(Hrsg.): Jahrbuch Jugendforschung 2005. Wiesbaden 2005, S. 163-198
Gaiser, W./Gille, M./deRijke, J.: Beteiligung von Jugendlichen in Organisationen und der Stellenwert von Kirchen und Gewerkschaften. In: Alemann, U.von/Morlok, M./Godewerth, Th. (2006), S. 23-41
Geißler, R.: Politische Sozialisation in der Familie. In: Claußen, B./Geißler, R. (1996), S. 51-70
Geißler, R.: Welchen Einfluß haben Massenmedien auf politisches Bewusstsein und politisches Handeln? In: Claußen, B./Wasmund, K. (1982), S. 84-103
Gille, M./Krüger, W. (Hrsg.): Unzufriedene Demokraten. Politische Orientierungen der 16- bis 20jährigen im vereinigten Deutschland. Jugendsurvey 2 des DJI. Opladen 2000
Gille, M./Krüger, W./de Rijke, J.: Politische Orientierungen. In: Gille, M./Krüger, W. (2000), S. 205-265
Görlitz, A.: Politische Sozialisationsforschung. Stuttgart 1977
Greiffenhagen, M./Greiffenhagen, S./Präterius, R. (Hrsg.): Handwörterbuch zur politischen Kultur in der Bundesrepublik Deutschland. Opladen 1981

Haan, N.: Moralische Argumentationsstrukturen junger Erwachsener: Politisch-soziales Verhalten, Familiendaten und Persönlichkeitskorrelate. In: Döbert, R./Habermas, J./Nunner-Winkler, G. (Hrsg.): Entwicklung des Ichs. Köln 1977, S. 307-377
Heinze, F.: Die Inszenierung der Besonderheit. Bielefeld 1996
Heitmeyer, W./Buhse, H./Liebe-Freund, J.: Die Bielefelder Rechtsextremismus-Studie. Weinheim/München 1993
Helsper, W./Krüger, H.-H. u.a.: Unpolitische Jugend? Zum Verhältnis von Schule, Anerkennung und Politik. Wiesbaden 2006
Hoecker, B.: Politische Partizipation von Frauen. Kontinuität und Wandel des Geschlechterverhältnisses in der Politik. Opladen 1995
Hoffmann-Lange, U.: Trends in der politischen Kultur Deutschlands: Sind Organisationsmüdigkeit, Politikverdrossenheit und Rechtsextremismus typisch für die deutsche Jugend? In: Gegenwartskunde (1999), H. 3, S. 365-390
Hoffmann-Lange, U.: Abkehr von der Politik oder verändertes Politikverständnis? Vortrag beim Kongreß der Deutschen Vereinigung für Politische Bildung in Potsdam am 18.3.2000
Hoffmann-Lange, U.: Was kann die Jugendforschung zur politischen Kulturforschung beitragen? In: Roller, E./Brettschneider, F./Deth, J.W.v. (2006), S. 55-74
Hoffmann-Lange, U./deRijke, J.: Die Entwicklung politischer Kompetenzen und Präferenzen im Jugendalter: Ein empirischer Beitrag zur Diskussion um die Herabsetzung des Wahlalters auf 16 Jahre. In: Alemann, U.v./Morlok, M./Godewerth, Th. (2006), S. 59-74
Holtmann, E. (Hrsg.): Politik-Lexikon. 2. Aufl., München/Wien 1994
Holtmann, E.: Stichwort „Politisches System". In: Holtmann, E. (1994), S. 517-520
Holtmann, E.: Protestpartei am rechten Rand. Die DVU in der Wählerschaft Sachsen-Anhalts. Magdeburg 1998
Holtmann, E.: Das Demokratieverständnis in seinen unterschiedlichen Dimensionen – eine vergleichende Betrachtung ostdeutscher und westdeutscher Einstellungen. In: Gegenwartskunde (2000), H. 1, S. 61-70
Hopf, C.: Autoritarismus und soziale Beziehungen in der Familie. In: Zeitschrift für Pädagogik 36 (1990), S. 371-391
Hopf, C./Hopf, W.: Familie, Persönlichkeit, Politik. Weinheim/München 1997
Hopf, C./Rieker, P./Sanden-Marcus, M.: Familie und Rechtsextremismus. Weinheim 1995
Horkheimer, M.: Autorität und Familie in der Gegenwart. In: Rebel, K. (Hrsg.): Zwang – Autorität – Freiheit in der Erziehung. Weinheim/Basel 1967, S. 161-176
Hornstein, W.: Jugend. In: Kreft, D./Milenz, I. (Hrsg.): Wörterbuch der Sozialen Arbeit. 4. Aufl., Weinheim 1996, S. 296-299
Jarausch, K.H.: Realer Sozialismus als Fürsorgediktatur. Zur begrifflichen Einordnung der DDR. In: Aus Politik und Zeitgeschichte B. 20 (8.5.1998), S. 33-46
Joas, H.: Praktische Intersubjektivität. Frankfurt a.M., xxx
Kandzora, G.: Schule als vergesellschaftete Einrichtung: Heimlicher Lehrplan und politisches Lernen. In: Claußen, B./Geißler, R. (1996), S. 71-89
Kleinert, C.: Einstellungen gegenüber Migranten. In: Gille, M./Krüger, W. (2000), S. 355-397
Kleinert, C./Krüger, W./Willems, H.: Einstellungen junger Deutscher gegenüber ausländischen Mitbürgern und ihre Bedeutung hinsichtlich politischer Orientierungen. In: Aus Politik und Zeitgeschichte, B. 31 (24.7.1998), S. 14-27
Kohlberg, L.: Die Psychologie der Moralentwicklung. (Hrsg. W.Althof mit G. Noam, F. Oser) Frankfurt/M. 1995
Krüger, H.-H./Reinhardt, S./Kötters-König, C./Pfaff, N./Schmidt, R./Krappidel, A./Tillmann, F.: Jugend und Demokratie. Politische Bildung auf dem Prüfstand. Opladen 2002
Lemke, C.: Die Ursachen des Umbruchs 1989. Opladen 1991
Meulemann, H.: Werte und Wertewandel. Weinheim/München 1996
Münchmeier, R.: Miteinander – Nebeneinander – Gegeneinander? Zum Verhältnis zwischen deutschen und ausländischen Jugendlichen. In: Deutsche Shell (2000), S. 221-260
Nave-Herz, R.: Jugend: Historische Gestalt, Generation. In: Nave-Herz, R./Markefka, M. (Hrsg.): Handbuch der Familien- und Jugendforschung. Bd. 2, Frankfurt/Neuwied 1989, S. 135-144
Nyssen, F.: Kinder und Politik. In: Redaktion: betrifft erziehung (Hrsg.): Politische Bildung – Politische Sozialisation. Weinheim/Basel 1973, S. 43-65
Oepke, M.: Rechtsextreme Einstellungen bei Jugendlichen in Mannheim und Leipzig: Einflüsse von sozialem Wandel, Schulbildung und elterlichen rechtsextremen Orientierungen. In: Biedermann, H./Oser, F./Quesel, C. (2007), S. 333-343
Oerter, R.: Psychologische Aspekte: Können Jugendliche politisch mitentscheiden? In: Palentien, C./Hurrelmann, K. (1997), S. 32-46
Oesterreich, D.: Autoritarismus und Autonomie. Bd. 2, Stuttgart 1974

Oesterreich, D.: Autoritäre Persönlichkeit und Gesellschaftsordnung. Weinheim 1993
Oesterreich, D.: Politische Bildung von 14-Jährigen in Deutschland. Studien aus dem Projekt Civic Education. Opladen 2002
Palentien, C./Hurrelmann, K. (Hrsg.): Jugend und Politik. Neuwied/Kriftel/Berlin 1997
Pickel, G.: Die ostdeutsche Jugend – im deutschen Vergleich besonders verdrossen oder auf dem Weg in eine gemeinsame politische Kultur? In: Roller, E./Brettschneider, F./Deth, J.W.v. (2006), S. 99-131
Pollack, D.: Das Bedürfnis nach sozialer Anerkennung. In: Aus Politik und Zeitgeschichte, B. 13 (21.3.1997), S. 3-14
Pöttker, H.: Politische Sozialisation, durch Massenmedien: Aufklärung, Manipulation und ungewollte Einflüsse. In: Claußen, B./Geißler, R. (1996), S.149-157
Preuss-Lausitz, U.: Politisches Lernen. In: Redaktion: betrifft erziehung (Hrsg.): Politische Bildung – Politische Sozialisation. Weinheim/Basel 1973, S. 66-93
Reinhardt, S.: Schüler-Sein und Lehrer-Sein heute – im Fach Sozialwissenschaften. In: Reinhardt, S./Richter, D./Scherer, K.-J. (1996), S. 8-28
Reinhardt, S.: Männlicher oder weiblicher Politikunterricht? Fachdidaktische Konsequenzen einer sozialen Differenz. In: Reinhardt, S./Weise, E. (Hrsg.): Allgemeine Didaktik und Fachdidaktik. Weinheim 1997, S. 37-66
Reinhardt, S.: Etappen und Perspektiven der Bildungspolitik. In: Ellwein, Th./Holtmann, E. (Hrsg.): 50 Jahre Bundesrepublik Deutschland. Opladen 1999, S. 310-326
Reinhardt, S.: Fehlverstehen und Fehler verstehen: Aus Fehlern lernen ist aktives Lernen. In: Himmelmann, G./Lange, D.(Hrsg.): Demokratie-Kompetenz. Wiesbaden 2005, S. 129-140
Reinhardt, S.: Politik-Didaktik. Praxishandbuch für die Sekundarstufe I und II. Berlin 2007 (2. Aufl.)
Reinhardt, S./Richter, D./Scherer, K.-J.: Politik und Biographie. Schwalbach/Ts. 1996
Reinhardt, S./Tillmann, F.: Politische Orientierungen, Beteiligungsformen und Wertorientierungen. In: Krüger, H.-H./ Reinhardt, S./Kötters-König, C./Pfaff, N./Schmidt, R./Krappidel, A./Tillmann, F.: Jugend und Demokratie – Politische Bildung auf dem Prüfstand. Eine quantitative und qualitative Studie aus Sachsen-Anhalt. Opladen 2002, S. 43-74
Richter, D.: Politikwahrnehmung bei Studierenden. In: Reinhardt, S./Richter, D./Scherer, K.-J. (1996), S. 29-77
Rohe, K.: Politik. Begriffe und Wirklichkeiten. Stuttgart 1978
Roller, E./Brettschneider, F./Deth, J.W.van (Hrsg.): Jugend und Politik: „Voll normal!". Der Beitrag der politischen Soziologie zur Jugendforschung. Wiesbaden 2006
Scherer, K.-J.: Zuwendung und Abwendung von Politik? Jugendgenerationen der siebziger und der neunziger Jahre. In: Reinhardt, S./Richter, D./Scherer, K.-J. (1996), S. 78-112
Schöbel, C.: Macht Persönlichkeit einen Unterschied? Eine empirische Analyse über das Wechselverhältnis von politischer Kultur und Persönlichkeitsstruktur. Berlin 1997
Schulze, G.: Politisches Lernen in der Alltagserfahrung. München 1977
Shell Deutschland Holding (Hrsg.): Jugend 2006. Eine pragmatische Generation unter Druck. (Konzeption & Koordination: K. Hurrelmann, M. Albert, TNS Infratest Sozialforschung) Frankfurt/M. 2006
Sturzbecher, D.: Jugend in Ostdeutschland. Opladen 2000
Sünker, H.: Informelle Gleichaltrigengruppen im Jugendalter und die Konstitution politischen Alltagsbewußtseins. In: Claußen, B./Geißler, R. (1996), S. 101-111
Wasmund, K.: Ist der politische Einfluß der Familie ein Mythos oder eine Realität? In: Claußen, B./Wasmund, K. (1982), S. 23-63
Westle, B.: Politisches Interesse, subjektive politische Kompetenz und politisches Wissen – Eine Fallstudie mit Jugendlichen im Nürnberger Raum. In: Roller, E./Brettschneider, F./Deth, J.W.v. (2006), S. 209-240
Wetterau, K.: Politische Bildung in Zeiten der Politikverdrossenheit oder wie geschlechtsneutral ist die Krise der politischen Bildung? In: Oechsle, M./Wetterau, K. (Hrsg.): Politische Bildung und Geschlechterverhältnis. Opladen 2000, S. 29-51
Zängle, M.: Einführung in die politische Sozialisationsforschung. Paderborn 1978

Günter Albrecht

Jugend: Recht und Kriminalität*

1 Die soziale Bedeutung des Rechts

Das Recht stellt eines der fundamentalen Instrumente dar, durch die Gesellschaften das grundlegende Problem der gesellschaftlichen Ordnung zu lösen versuchen. Daher ist es nicht verwunderlich, dass Jugend, Recht und Kriminalität in einem prekären Spannungsverhältnis stehen. Die Jugend ist eine kritische und entscheidende Phase der lebenslangen Sozialisation, die im Idealfall in einer Einpassung des jungen Erwachsenen in die gegebene gesellschaftliche Ordnung mündet. Durch diese Interaktion zwischen Neuem und Altem können gleichzeitig kulturelle und soziale Traditionen aufrecht erhalten, aber auch neue Denk- und Verhaltensweisen eingebracht werden, die Kontinuität im Wandel oder Wandel in der Kontinuität ermöglichen. Damit wird das besondere Verhältnis der Jugend zum Recht verständlich. Recht bezeichnet alle Verhaltensregeln, bei deren Übertretung eine Sanktion droht oder eine autorisierte Instanz einschreiten kann. In ausdifferenzierten Gesellschaften wird die Zahl dieser Verhaltensregeln immer größer und damit die Komplexität immer weniger durchschaubar. Man muss daher davon ausgehen, dass der Sozialisationsprozess vor zunehmende Schwierigkeiten gestellt wird, die geltenden Normen hinreichend transparent und verbindlich zu machen. Selbst wenn sich die Zahl jener Rechtsregeln, die *Strafrechts*tatbestände festlegen, kaum vergrößert hat, wird ein Gelingen des Sozialisationsprozesses prekärer. Das eigentliche Problem für die Sozialisation besteht nicht allein darin, die entsprechenden Strafrechtsnormen an sich zu vermitteln, sondern auch jene *Meta*regeln zu implementieren, nach denen diese Normen – z.B. situationsspezifisch – anzuwenden sind.

Zweitens ist nach Max Weber das Recht neben der Religion, der politischen Herrschaft, der Ökonomie etc. ein wesentlicher Bereich der **Sozialstruktur**. Der Jugendliche bzw. der Heranwachsende hat in Bezug auf alle diese Aspekte der Sozialstruktur diffizile Statuspassagen zu bewältigen, die auf der kognitiven, emotionalen und motivationalen Ebene schwere Herausforderungen darstellen (vgl. z.B. Olbrich 1984; Thomae 1984; Seiffge-Krenke 1984). Da das Recht die gesellschaftliche Ordnung symbolisiert, stellt es auch den Adressaten für Handlungen Jugendlicher dar, die sich mit der geltenden Ordnung (noch) nicht abfinden wollen oder können. Verstöße gegen geltendes Recht haben – so Durkheim (vgl. Durkheim 1961, 1988 sowie kommentierend und empirisch prüfend dazu Albrecht 1981; Gephart 1990) – dabei immer zwei wichtige Funktionen: Auf der einen Seite stellen sie einen Anlass dar, das geltende Recht deutlich zu machen und die Solidarität der Konformen in einer emotional aufgeladenen Situation nachdrücklich empfinden zu lassen, auf der anderen Seite sind sie immer auch Anlass, über die Legitimität des geltenden Rechts nachzudenken und Alternativen ins Auge zu fassen.

---

* Für Regina Fischer, in dankbarer und liebevoller Erinnerung an die treuen und immer sehr klugen Dienste, vor allem aber die stete und einfühlsame Aufmunterung in schwierigen Jahren und ihre hervorragenden menschlichen Eigenschaften. Meine Emeritierung setzt dieser Arbeitsbeziehung leider ein Ende.

Abweichendes Verhalten kann Resultat sozialen Wandels sein, der bis dahin noch nicht so weit durchgedrungen ist, dass er zu einer „neuen Moral" geführt hat, aber der Verbrecher von gestern ist vielleicht der Moralist von morgen (vgl. Durkheim 1961, S. 159-161).

2 Die Kriminalität der Jugendlichen und ihre rechtliche Behandlung

2.1 Die rechtliche Wertung des kriminellen Handelns von „Jugendlichen" in der Vergangenheit

Das Recht, insbesondere das Strafrecht, hat den besonderen Merkmalen der Jugend lange Zeit nur begrenzt Rechnung getragen – ohne die Existenz einer Altersphase „Jugend", so wie wir sie seit geraumer Zeit kennen, war die reale Situation eines „Jugendlichen" insgesamt eine ganz andere als heute – , doch wurde seit jeher die „Jugend" eines Täters als Grund für eine Milderung oder für ein Absehen von Bestrafung angesehen. Allerdings lag die Altersgrenze auch im Mittelalter zunächst noch recht niedrig. So durften nach germanischem Recht im 11. Jahrhundert keinem Jugendlichen unter 12 Jahren die Hände abgeschlagen werden, sondern die von ihnen begangenen Rechtsverletzungen sollten durch Züchtigung mit der Rute oder Peitsche geahndet werden. Auch der aus dem ersten Drittel des 13. Jahrhunderts stammende „Sachsenspiegel" verbot Todesurteile gegen Kinder, und ein noch nicht 12-jähriger Rechtsbrecher blieb straflos. Die „Peinliche Halsgerichtsordnung" Karls V. von 1532 kannte Regelungen für Jugendliche unter 14 Jahren, die die Todesstrafe verboten und stattdessen Leibesstrafen vorsahen. Das deutsche Strafrecht unterschied bis zum Ausgang des 18. Jahrhunderts drei Altersstufen: Die Kinder im Alter von 0-6 Jahren waren nicht schuldfähig, während die Kinder im Alter von 7-14 Jahren bedingt zurechnungsfähig waren und der Richter von Fall zu Fall darüber zu entscheiden hatte, ob die Person zu bestrafen war. Die sog. „Minores", d.h. die 14-25-jährigen Täter, waren dagegen strafrechtlich in vollem Umfang verantwortlich.

Auch die Aufklärung brachte keine wirklichen Neuerungen im Strafrecht in Bezug auf die Behandlung junger Rechtsbrecher, und noch das Strafgesetzbuch von 1871 kannte nur einige Sonderbestimmungen für jugendliche Straftäter. Das Strafmündigkeitsalter begann mit der Vollendung des zwölften Lebensjahres, und für Täter zwischen 12 und 17 Jahren musste das Gericht feststellen, ob der Jugendliche als strafmündig anzusehen sei. Die Strafzumessung sollte jedoch verglichen mit den Erwachsenen deutlich milder sein. Nach § 57 StGB sollte die Strafe für jugendliche Angeklagte zwischen dem gesetzlichen Mindestbetrag der angedrohten Strafart und der Hälfte des Höchstbetrages liegen. Resultat dieser Regelung waren für Jugendliche häufig kurze Freiheitsstrafen, die sie in den allgemeinen Strafanstalten verbüßen mussten und die oft ohne Trennung vom Erwachsenenvollzug erfolgten. Da zudem der Makel des Vorbestraftseins lebenslänglich haften blieb, war diese Praxis sehr schädlich.

Wenn bis zu dieser Zeit junge Rechtsbrecher eine mildere Behandlung bzw. Bestrafung erfuhren als Erwachsene, so war dies in der Regel in Mitleid begründet. Eine grundsätzlichere Fundierung einer besonderen Behandlung des jungen Rechtsbrechers ergab sich erst, nachdem Kindheit und Jugend in der „Neuzeit" als besondere Phasen im Leben eines Menschen eindeutig sozial konstituiert und in ihrer besonderen Problematik auch wissenschaftlich erkannt waren (vgl. Ariès 1975), die „abweichendes Verhalten" von Kindern und Jugendlichen als etwas anderes als das von Erwachsenen erscheinen ließen. Vor allem in den angelsächsischen Ländern gewann diese Sichtweise an Boden, so dass hier der Ausdruck „Delinquenz" für das rechtliche Fehlverhalten von Kindern und Jugendlichen üblich wurde, um es gegen die „Kriminalität" der Erwachsenen abzusetzen (vgl. zur Geschichte und Ideologiekritik dieser Bewegung der „Child Savers" Platt 1969). Die internationale Reformbewegung forderte, den jugendlichen Rechtsbrecher nicht mehr als jungen Erwachsenen zu betrachten, sondern die biologischen, psychologischen und soziologischen Eigengesetzlichkeiten dieser Altersstufe zu berücksichtigen und entsprechend geeignete Maßnahmen zu konzipieren. Von besonderer Bedeutung war dabei der Gedanke, der auch heute noch nachwirkt, dass die angemessene Behandlung nicht unbedingt *milder*, sondern *zweckmäßiger* sein soll, was unter Umständen sogar eine härtere Behandlung erforderlich zu machen schien.

Ganz auf dieser Linie liegt die Tendenz, für Kinder und Jugendliche eine ganze Reihe von Tatbeständen als Straftatbestände zu definieren, die für Erwachsene nicht kriminalisiert sind. Dies ist bspw. im amerikanischen Strafrecht besonders ausgeprägt, in dem eine ganze Reihe von „status offenses" Auslöser strafrechtlicher Sanktionen sind. Dies gilt z.B. für den Genuss von Alkohol und Tabak, die Teilnahme an Tanzveranstaltungen in den späten Abendstunden, den vorehelichen Geschlechtsverkehr etc. Natürlich unterliegen diese Verhaltensweisen auch bei uns rechtlicher Reglementierung, doch bedient sich der Staat hier weitgehend eines anderen rechtlichen Instrumentariums bzw. sucht Problemlösungen unterhalb der Anwendung des Strafrechtes. Andererseits gibt es auch für die Bundesrepublik eine Reihe von Nachweisen dafür, dass das Strafrecht gegen Jugendliche teilweise konsequenter und härter angewendet wird als gegen Erwachsene, obwohl man doch allgemein meint, es müsste genau umgekehrt sein.

Im Jugendgerichtsgesetz von 1923 wurde in Deutschland erstmals die Erziehung des Täters in den Vordergrund gerückt und dem Jugendrichter ein breiter Handlungsspielraum zur Verfügung gestellt (§§ 5-7 JGG 1923), wobei schon damals ausdrücklich vorgeschrieben war, von Strafe abzusehen, wenn Erziehungsmaßregeln ausreichten. Es erfolgte die Einrichtung reiner Jugendgerichte, Jugendgerichtshilfe wurde eingeführt, der Ausschluss der Öffentlichkeit gängige Praxis, und wenn Jugendstrafe unvermeidlich schien, so sollte sie doch rein erzieherisch gestaltet werden. Zwischen diesem Anspruch und der Realität waren – und sind auch noch heute – enorme Diskrepanzen vielleicht nicht die Regel, aber bedauerlich häufig.

Nachdem alle diese *relativen* Fortschritte durch die nationalsozialistische Gesetzgebung weitgehend rückgängig gemacht worden waren, stellte das JGG des Jahres 1953 die Erziehungsmaßregeln wieder eindeutig in den Vordergrund, hob einige Verschärfungen und Verwässerungen der Nationalsozialisten wieder auf, konnte jedoch nicht annähernd die relativ fortschrittlichen Weimarer Ideen aufgreifen oder gar mächtig weiterentwickeln (Ausnahme: die Aufnahme der Heranwachsenden in das JGG). Dieses Gesetz aus dem Jahre 1953 hat bis in die Gegenwart allenfalls Modifikationen in Details erfahren. Die beobachtbaren Veränderungen in den justiziellen Reaktionen auf die Jugendkriminalität lassen sich als eine Art „innerer Reform" verstehen, die jedoch weit hinter dem zurückbleibt, was aufgrund sozialwissenschaftlicher Erkenntnisse hätte geschehen sollen.

2.2 Eine Skizze der gegenwärtigen Rechtssituation im Jugendstrafrecht

Das Jugendstrafrecht ist im Jugendgerichtsgesetz geregelt. Gemäß §§ 1 Abs. 1 und 4 JGG erfolgt die rechtliche Einordnung der Straftaten von Jugendlichen nach den Vorschriften des allgemeinen Strafrechts, d.h. die Tat behält auch im Jugendstrafrecht ihr zentrales Gewicht und wird ohne Rückgriff auf pädagogische Kriterien juristisch klassifiziert. Wenn man das Jugendstrafrecht dennoch durch Begriffe wie „*Täter*strafrecht" und „*Erziehungs*strafrecht" kennzeichnet (Schaffstein 1983, S. 11), so liegt das darin begründet, dass das JGG einen ganzen Kanon von jugendspezifisch konzipierten besonderen Sanktionen kennt, die die Sanktionen des allgemeinen Strafrechts ersetzen.

Die Sanktionen gehen von einfachen „Erziehungsmaßregeln" (z. B. Erteilung von Weisungen, Erziehungsbeistandschaft, Heimerziehung) (§§ 9-12 JGG), über „Zuchtmittel" (z.B. Verwarnung, Auflagen, Jugendarrest) (§§ 13-16 JGG) bis zu verschiedenen Formen der „Jugendstrafe", wobei ausdrücklich der *Strafrahmen* des *Erwachsenen*strafrechts *nicht* gilt (§ 18 Abs. 1 JGG). § 8 JGG lässt eine große Vielfalt von Kombinationen von Sanktionen zu, so dass die Sanktionspraxis eigentlich ein sehr differenziertes Bild ergeben könnte. Allerdings legt § 5 Abs. 2 JGG fest: „Die Straftat eines Jugendlichen wird mit Zuchtmitteln oder mit Jugendstrafe geahndet, wenn Erziehungsmaßregeln nicht ausreichen", und will damit erreichen, dass Reaktionen möglichst geringer Eingriffsintensität gewählt werden, wenn mit ihnen der gewünschte Effekt erreichbar zu sein scheint. Merkwürdigerweise hat diese Regelung keine Änderung erfahren, obwohl sie doch z.B. insofern in sich widersprüchlich ist als z.B. die Heimerziehung/ Fürsorgeerziehung als Erziehungsmaßregel sicher sehr viel eingriffsintensiver ist als die bloße Verwarnung, die als „Zuchtmittel" als die schwerere Sanktion gilt. Grundsätzlich gilt, dass im Jugendstrafrecht neben das Schuldprinzip das sog. „Subsidiaritätsprinzip" gestellt ist. Die Rechtsfolgen sind in jedem Einzelfall primär an der Erforderlichkeit erzieherischer Maßnahmen zu orientieren. Kaiser stellt dazu fest: „Die eher tatorientierte Schuldfeststellung begrenzt sodann das Entscheidungsermessen des Gerichts hinsichtlich der Obergrenze der Intensität der angeordneten Rechtsfolge. Im Jugendstrafrecht kann weder allein um dieses Schuldausgleichs willen (Sühne) gestraft werden, noch sind Maßnahmen zulässig, die zwar aus pädagogischer Sicht erforderlich, hinsichtlich der Tat jedoch unverhältnismäßig wären" (Kaiser 1993, S. 201).

Der Umstand, dass in § 10 JGG die verschiedenen Formen von Weisungen nicht abschließend bestimmt, sondern zum einen allgemein umschrieben und dann eher beispielhaft und nicht abschließend aufgeführt sind, macht es möglich, immer wieder neue sozialpädagogische Angebote zu konzipieren und in die Praxis einzuführen, die nach neuen Erkenntnissen positive Effekte auf straffällig gewordene Jugendliche zu haben versprechen (in der Vergangenheit bspw. Erziehungskurse, Betreuungsweisungen, Arbeitsweisungen, gemeinnützige Arbeiten, Täter-Opfer-Ausgleich etc.).

Die eher *ahndenden* Zuchtmittel, die nach der Devise „short, sharp and shocking" wirken sollten, sind im § 13ff. JGG abschließend aufgezählt und konnten sich daher durch die Praxis nicht wesentlich weiterentwickeln. Insbesondere der *Jugendarrest*, dessen Dauer auf maximal vier Wochen begrenzt ist, wurde bis in die jüngste Vergangenheit durchgehend als veraltet und unsinnig bewertet, von einigen Bundesländern praktisch gar nicht mehr angewendet und von anderen sehr stark eingeschränkt. In den letzten Jahren wurde jedoch im Zuge populistischer kriminalpolitischer Kampagnen eine Reaktivierung und Verschärfung dieses Instrumentes gefordert. Die in § 15 JGG umschriebenen Auflagen, die die *Schadenswiedergutmachung*, die

Entschuldigung beim Opfer, die Erbringung einer *Arbeitsleistung* sowie eine *Zahlung an eine gemeinnützige Einrichtung* vorsehen, hatten sich dagegen in den letzten Jahrzehnten weiterentwickelt und an Bedeutung gewonnen, werden aber sicher immer noch nicht hinreichend als Alternativen genutzt.

Die *Jugendstrafe* ist im juristischen, sicher nicht im *subjektiven* Sinne, die einzige wirkliche „Strafe" des JGG und darf nur als letztes Mittel eingesetzt werden. Ihr Mindestmaß beträgt deshalb 6 Monate, das Höchstmaß liegt bei 5, in Ausnahmefällen bei 10 Jahren (§ 18 JGG). Für die Aussetzung der Strafe zur Bewährung gelten die Regeln des allgemeinen Strafrechtes. Gegen die Jugendstrafe werden – wie gegen die Freiheitsstrafe generell – gravierende Bedenken vorgetragen. Sie reichen von der Kritik an einer unzureichenden rechtlichen Regelung des Vollzuges bis zu einer grundsätzlichen Kritik der Freiheitsstrafe. Die Fragwürdigkeit der Freiheitsstrafe an Jugendlichen wird durch eine Reihe empirischer Arbeiten nachhaltig bewiesen (vgl. die Arbeiten in Albrecht/Schüler-Springorum 1983, insbesondere Albrecht/Lamott; Bielefeld sowie Kersten/Kreissl/von Wolffersdorff-Ehlert). Dass die aus vielen Bundesländern berichteten, zum Teil unhaltbaren Zustände in den Jugendstrafanstalten nicht nur wenig positive Wirkungen der Jugendstrafe bedingen, sondern häufig geltendem Recht nicht entsprechen, lässt die von manchen Rechts- und Kriminalpolitikern erhobene Forderung nach häufigeren, härteren und längeren Jugendstrafen als blanken Hohn erscheinen.

3 Epidemiologische Befunde zur Jugendkriminalität

3.1 Die Entwicklung und Häufigkeit der Jugendkriminalität und der offiziellen Reaktionen im Längsschnitt

Klagen über die vermeintlich überhandnehmende **Kriminalität** und die besonders erschreckend erscheinende zunehmende Beteiligung junger Menschen, die zudem immer gewalttätiger zu werden scheinen, sind seit langem feststehender Bestandteil der öffentlichen Meinung und zahlreicher Berichte in den Medien. Die Datenlage ist allerdings nicht so eindeutig. Zunächst einmal muss man die Behauptung, in Deutschland nehme die Gewaltkriminalität insgesamt seit langem zu, deutlich zurückweisen. Verglichen mit den Verhältnissen in der zweiten Hälfte des 19. Jahrhunderts und den ersten Jahrzehnten des vorigen Jahrhunderts ist die Entwicklung (langfristig betrachtet) entschieden *rückläufig*. Das heißt nicht, dass es kurzfristig nicht doch zu erheblichen Steigerungen kommen kann bzw. in jüngster Zeit auch gekommen ist, doch muss beachtet werden, dass gerade bei besonders schweren Delikten, an denen sich die öffentliche Diskussion leicht entzündet, die Häufigkeitsziffern wegen ihrer sehr niedrigen Höhe durch vergleichsweise geringe Steigerungen der absoluten Fallzahlen exorbitante Steigerungsraten aufweisen können, die zu völlig falschen Schlussfolgerungen führen.

Beginnen wir unsere Betrachtung auf der Basis der *Polizeilichen Kriminalstatistik*. Fasst man nun speziell die Kriminalität der Jugendlichen und der Heranwachsenden ins Auge, so gilt, dass die anscheinend so bedrohliche Entwicklung vor dem Hintergrund einer ganz undramatischen Ausgangslage zu sehen ist. Nach Albrecht/Lamnek (1979, S. 163) wurden im Jahre 1971 von der gesamten 6- bis unter 21-jährigen Wohnbevölkerung der Bundesrepublik lediglich 2,5 % und 1977 3,1 % von der Polizei als einer Straftat verdächtig registriert. Zwar war die Zahl der bekannt gewordenen Straftaten insgesamt (also für alle Altersgruppen und Delikttypen) pro

100.000 Einw. in den späten 1970er- und den frühen 1980er-Jahren in den alten Bundesländern deutlich gestiegen, in den 1980er-Jahren aber eindeutig stagnierend (ca. 7.000 pro 100.000 Einw.). Erst mit dem Jahr 1992 setzt – insbesondere nach der statistischen Einbeziehung der neuen Bundesländer ab 1993 – ein sehr entschiedener Anstieg (auf max. 8.337 pro 100.000 Einw.) ein, auf den aber ein zunächst deutlicher Rückgang, abgelöst von einem kurzen Wiederanstieg bis 2004 (8.037), folgt, um dann bis 2007 wieder auf das Niveau der späten 1990er-Jahre abzufallen (7.635).

Ein an sich dringend notwendiger genauerer Blick auf die Entwicklung bei einzelnen Untergruppen steht vor gravierenden methodischen Problemen. Zum einen ist eine längsschnittliche Analyse dadurch fast unmöglich gemacht, dass durch die Wiedervereinigung die Zahlenreihen ab dem Jahr 1990 kaum noch und ab dem Jahre 1995 im Grunde gar nicht mehr mit den früheren vergleichbar sind. Zweitens hat die Polizeiliche Kriminalstatistik aus guten methodischen Gründen in den letzten Jahren darauf verzichtet, die sog. „Tatverdächtigenbelastungsziffern" für die *Gesamt*bevölkerung und die *nicht-deutsche* Bevölkerung zu berechnen, insbesondere weil die sog. „Risikopopulation" bei der ausländischen Bevölkerung nur sehr ungenau zu bestimmen ist und aller Wahrscheinlichkeit nach erheblich unterschätzt wird, so dass sich entschieden zu hohe Belastungsziffern ergeben würden.

Betrachtet man den Verlauf der *Tatverdächtigenbelastungsziffern* für die *deutsche* Bevölkerung *aller* Bundesländer für die Zeit von 1995 bis 2007, so zeigt sich für *Kinder ab 8 Jahre* nach einem anfänglichen Anstieg (von 1.855 auf 2.417 in 1998) ein deutlicher Rückgang auf ca. 1.861 in 2007), so dass in etwa das Niveau der frühen 1990er-Jahre wieder erreicht wird. Für die *deutschen Jugendlichen* verläuft die Entwicklung ähnlich, aber die höchsten Werte werden erst in 2001 erreicht (1990: 4.377; 2001: 7.416); nach einem kurzzeitigen Rückgang (2005: 6.744) sind die Zahlen dann wieder ansteigend (2007: 7.029), so dass am Ende ein deutlich höheres Niveau vorliegt als zu Beginn der 1990er Jahre. Für die *deutschen Heranwachsenden* registrieren wir von 1990 bis 2004 einen fast durchgehenden jährlichen Anstieg der Belastungsziffern (1990: 4.366; 2004: 7.921), bevor danach ein recht deutlicher Rückgang einsetzt (2007: 7.519); aber auch hier gilt, dass am Ende sehr viel höheres Niveau als 1990 erreicht wird. Für die deutschen *Jungerwachsenen* (21 bis unter 25 Jahre) sehen wir einen fast durchgehenden Anstieg der Belastungsziffern bis zum Jahr 2004 (1990: 3.443; 2004: 6.221); ein Niveau, das dann in etwa beibehalten wird und das sehr deutlich über dem zu Beginn der 1990er-Jahre liegt.

Global könnte man also sagen, dass die 1990er-Jahre des letzten Jahrhunderts und die ersten Jahre dieses Jahrhunderts durch einen erheblichen Anstieg der Belastungsziffern für die junge deutsche Bevölkerung gekennzeichnet sind. Erfreulich ist allenfalls, dass die Kinder aus diesem Bild herausfallen und dass die problematische Entwicklung bei den anderen jungen Altersklassen gebremst zu sein scheint.

Betrachtet man die Entwicklung *delikt*spezifisch, so sind die Werte für *Mord und Totschlag* annähernd konstant (eher leicht rückläufig) und unterscheiden sich in Ost und West kaum. Die Werte für *Vergewaltigung und sexuelle Nötigung* sind leicht steigend, bei Jugendlichen und Jungerwachsenen im Westen ein wenig höher als im Osten. Beim *Raub* beobachten wir für West und Ost recht unterschiedliche Trends: Während im Osten die Werte bei allen jungen Altersklassen deutlich zurückgehen, gilt dies im Westen nur für Kinder und Jugendliche, bei den Heranwachsenden und Jungerwachsenen nehmen sie im Westen leicht zu. Dadurch gleichen sich die Belastungsziffern für beide Teile an, da der Osten mit sehr viel höheren Ausgangswerten zu Ende der 1990er-Jahre startet.

Bedenklich stimmen die Zahlen für das Delikt „*Gefährliche und schwere Körperverletzung*", da mit Ausnahme der Jugendlichen in den neuen Bundesländern für alle anderen Klassen die Werte zum Teil sehr drastisch zunehmen (z.B. von 576 für 1999 auf 772 in 2005 für die westdeutschen Jugendlichen, von 587 in 1999 auf 898 in 2005 bei den westdeutschen Heranwachsenden, von 385 in 1999 auf 548 in 2005 bei den westdeutschen Jungerwachsenen). Da die Steigerungsraten bei den Westdeutschen sehr deutlich über denen der ostdeutschen Personen der betreffenden Altersklassen liegen, haben sich die Belastungsziffern für die alten und neuen Bundesländer am Ende (2005) fast völlig angeglichen, nachdem die ostdeutschen Personen mit sehr deutlich höheren Ziffern am Ende der 1990er Jahre begonnen hatten. Die für die Jahre 2006 und 2007 allein vorliegenden Daten für Gesamtdeutschland zeigen an, dass diese negative Entwicklung bis 2007 weiter gegangen ist.

Auch die Daten für die „*Leichte Körperverletzung*" zeigen diesen negativen Verlauf, der allerdings für die alten und neuen Bundesländer sehr unterschiedlich ausfällt. Für die alten Bundesländer ergeben sich für alle jungen Altersklassen Steigerungen der Belastungsziffer um über 50%. Bei den ostdeutschen Kindern und Jungerwachsenen zeigen sich leichte Zunahmen (ca. 10%), aber bei Jugendlichen und Heranwachsenden stellen wir deutliche bzw. leichte Rückgänge fest. Resultat ist, dass die ursprüngliche Gewaltbelastung in Ost und West sich nahezu völlig angleicht (Ausnahme die Kinder), leider eben auf dem gegenüber Westdeutschland zu Ende der 1990er-Jahre sehr deutlich höherem Niveau, und dieser negative Trend setzt sich 2006 und 2007 für das Land insgesamt fort.

Für das Delikt der *Sachbeschädigung*, die ja ein Aggressionsdelikt darstellt, beobachten wir, wie bei den Körperverletzungsdelikten, eine mäßige Zunahme der Belastungsziffern für die westdeutsche Population (Ausnahme die Kinder mit leichtem Rückgang), für die ostdeutschen Kinder und Heranwachsenden finden wir eine Stagnation, für die Jugendlichen einen leichten Rückgang (von 2.040 in 1999 auf 1.902 in 2005) und für die Jungerwachsenen einen deutlichen Anstieg. Die vorher sehr ausgeprägte höhere Belastung der ostdeutschen Population ist durch die differente Entwicklung nicht mehr ganz so extrem, aber immer noch sehr ausgeprägt. Die gesamtdeutschen Daten für die Jahre 2006 und 2007 zeigen leider eine deutliche Erhöhung der Belastungsziffern für diesen Deliktbereich.

Ganz anders als bei der leichten Körperverletzung sieht das Bild beim „*Diebstahl ohne erschwerende Umstände*" aus. Hier beobachten wir in beiden Landesteilen und bei allen jungen Altersklassen zum Teil sehr deutliche Rückgänge der Belastungsziffern, die in der Regel im Osten etwas stärker ausfallen als im Westen (Ausnahme die Kinder; Rückgang bei den Jugendlichen in Ostdeutschland von 3.780 in 1999 auf 2.630 in 2005), so dass die Relationen sich etwas angleichen. Die Belastung im Osten ist aber immer noch deutlich höher. Der leicht positive Trend setzt sich 2006 und 2007 fort.

Ein ähnliches Bild finden wir für den „*Diebstahl unter erschwerenden Umständen*". Auch hier finden wir für alle jungen Altersklassen in beiden Landesteilen rückläufige Werte, die insbesondere im Osten deutlich zurückgehen. Allerdings sind die Werte im Osten immer noch deutlich höher als im Westen (bei den Jungerwachsenen 310 zu 624). Leider scheint dieser positive Trend in den Jahren 2006 und 2007 gebrochen, denn die Werte steigen wieder ein wenig.

Bei den *Rauschgiftdelikten* zeigt sich insofern ein erfreuliches Bild, als die Belastungsziffern für alle Altersklassen in Westdeutschland nicht nennenswert zunehmen (Ausnahme die Jungerwachsenen: von 1.086 in 1999 auf 1.334 in 2005), sondern im Grunde stagnieren. Bei den ostdeutschen Personen sieht das leider anders aus: Alle Altersklassen verzeichnen Zunahmen der Ziffern; je älter die Kategorie, desto stärker der Zuwachs (sieht man von der quantitativ aber geringen Belastung bei den Kindern ab). Tendenziell gleichen sich die Belastungsziffern in den beiden Landesteilen dadurch an. Interessant ist aber, dass die jüngeren Altersklassen in Ostdeutschland die im Westen nun überholt haben. Bei den älteren Probanden ist die höhere Belastung im Westen immer noch markant. In den beiden letzten Jahren ist die gesamtdeutsche Belastung für die jungen Altersklassen tendenziell rückläufig.

Grundsätzlich beträgt die Häufigkeitsziffer der *weiblichen* Jugendlichen nur etwa ein Drittel der *männlichen* Jugendlichen (bei den Heranwachsenden sogar nur etwa ein Sechstel), aber auch hier gab es seit den 1970er-Jahren zunächst deutliche Steigerungen (von ca. 1.400 im Jahre 1972 auf ca. 2.000 im Jahre 1982 bei den weiblichen Jugendlichen), denen dann nur ein schwacher Rückgang bis zu den späten 1980er-Jahren folgte. Besonders hoch sind bei deliktspezifischer Betrachtung die Disparitäten der Kriminalitätsbelastungsziffern zwischen männlichen und weiblichen jungen Deutschen bei solchen Delikten, die entweder einen hohen Einsatz von Gewalt (Raub 14,22 zu 1; gefährliche und schwere Körperverletzung 9,07 zu 1; Sachbeschädigung 11,58 zu 1; Mord und Totschlag 8,5 zu 1) oder von „krimineller Energie" voraussetzen (z.B. Diebstahl unter erschwerenden Umständen 11,75 zu 1), während bei den weniger schweren Varianten (leichte Körperverletzung 5,36 zu 1; Diebstahl ohne erschwerende Umstände 2,74 zu 1) die überdurchschnittliche Belastung der männlichen Probanden weitaus weniger ausgeprägt, aber immer noch nennenswert ist. Betrachtet man die geschlechtlichen Disparitäten für verschiedene Altersklassen, so nehmen diese tendenziell mit dem Alter zu, allerdings gilt, dass die Disparitäten bei den besonders schweren Delikten für die Heranwachsenden ein wenig höher ausfallen als bei den Jungerwachsenen.

Auf die an sich dringend gebotene gründliche Betrachtung der Kriminalitätsbelastung unter dem Gesichtspunkt der *Ethnizität* muss hier leider weitgehend verzichtet werden. Die Daten der Polizeilichen Kriminalstatistik stellen dafür aus den oben genannten Gründen keine geeignete Grundlage dar (vgl. die immer noch aktuellen Aussagen bei Albrecht 1972, S. 237 ff; Albrecht/Pfeiffer 1979; Mansel 1989; Mansel/Raithel 2003). Die bisher berichteten Daten werden sehr verschieden interpretiert (vgl. u.a. H. J. Albrecht 2001; Steffen 2001a,b; Mansel 2001). Bei vorsichtiger Interpretation spricht manches für eine höhere Belastung bspw. türkischer Jugendlicher, die jedoch nach Kontrolle relevanter Drittvariablen (Geschlecht, Schicht, selektiver Anzeigebereitschaft etc.) entschieden kleiner zu sein scheint als von vielen gesehen wird. Bedeutsam ist, dass genauere Analysen, die hier nur kurz erwähnt werden können, zeigen, dass die scheinbar deutlich höhere Delinquenzbelastung der nichtdeutschen Bevölkerung sich dann stark relativiert, wenn man Verstöße gegen ausländerrechtliche Bestimmungen, das Geschlecht, das Alter und die soziale Schicht kontrolliert und zwischen verschiedenen Migrantenkategorien unterscheidet. Die Kinder der „Gastarbeiter" sind dann keineswegs mehr durchgehend deutlich stärker belastet als vergleichbare deutsche Jugendliche und Heranwachsende, sondern das gilt nur für besonders stark „entwurzelte" und vom Schicksal gebeutelte Gruppen von Migranten (z.B. Asylanten, Flüchtlinge (vgl. zu „Flüchtlingskriminalität" Steffen 2004) etc. und einige besondere Gruppen von Gastarbeiterpopulationen) (vgl. Geißler 2002). Ohne darauf an anderer Stelle näher einzugehen, sei jedoch darauf verwiesen, dass sich in *Dunkelfeldstudien* bei vergleichbaren Samples von jugendlichen Aussiedlern, jugendlichen Ausländern und jugendlichen „Deutschen" zeigt, dass die jugendlichen Ausländer signifikant höhere Delinquenzbelastungen aufweisen, während dies für jugendliche Aussiedler nicht gilt (vgl. Strobl/Kühnel 2000; Kawamura-Reindl 2002; Kühnel/ Strobl 2001; Pfeiffer et al. 1998b). Es zeigt sich aber auch, dass viele der Befunde in Bezug auf den Zusammenhang von Ethnizität und Delinquenz

Jugend: Recht und Kriminalität

von Jugendlichen in komplexer Weise mit den jeweiligen Lebenskontexten der Jugendlichen zusammenhängen (vgl. vor allem Oberwittler 2003a, 2003b; Oberwittler et al. 2001; Oberwittler/Köllisch 2003; Naplava 2005).

In Bezug auf die Kriminalitätsbelastung auf der Basis der Polizeilichen Kriminalstatistik gilt ebenfalls, dass deutlich widersprüchliche Befunde berichtet werden. Hierbei sollte aber bedacht werden, dass derartige Befunde möglicherweise nur für sehr begrenzte Zeiträume gelten, so dass die sehr unterschiedlichen Befunde zur Krimalitätsbelastung der Aussiedler (vgl. u.a. Pfeiffer et al. 1997 und Grundies 2000 mit Belegen für eine höhere, Luff 2000 und Elsner et al. 1998 mit Belegen für eine Gleichbelastung) (vgl. als eine Übersicht über die diskrepanten Befunde zur Delinquenz der Aussiedlerjugendlichen Schmitt-Rodermund/Silbereisen 2003, S. 242 f.) vielleicht auf die jeweils unterschiedlichen Erhebungsorte und –zeitpunkte zurückzuführen sind, ganz abgesehen davon, dass offensichtlich das Anzeigeverhalten der einheimischen und der nicht-deutschen Bevölkerung neben der u.U. auch nach ethnischen Gesichtspunkten variierenden Intensität der Bemühungen der Strafverfolgunsgbehörden für die ethnie-spezifischen Bilder eine Rolle spielt, auch wenn hier sehr komplexe Muster vorliegen (vgl. Mansel 2003; Mansel/Albrecht 2003a, 2003b; Mansel et al. 2001; Mansel/Raithel 2003).

Wechselt man von der Polizeilichen Kriminalstatistik zur *Gerichtsstatistik*, die wegen der eindeutigeren rechtlichen Würdigung der Straftaten einerseits genauer, wegen ihrer größeren Selektivität jedoch theoretisch weniger aussagefähig ist (vgl. zur Aussagefähigkeit der Rechtspflegestatistik Heinz 1999 „Sanktionspraxis", S. 464f.), und spannt einen zeitlich weiteren Bogen, so sprechen auch hier die *Verhältnis*zahlen eine eindeutige Sprache. Die Verurteiltenziffern bei den *deutschen* Jugendlichen und Heranwachsenden im Gebiet der alten Bundesländer insgesamt waren bei der männlichen Bevölkerung von 1980 bis 1990 von 3.306 bzw. 5.756 auf 2.020 bzw. 4.083 pro 100.000 Einw. stark gefallen. Die Vergleichszahlen für die weibliche Bevölkerung belegen auf einem sehr viel niedrigeren Niveau einen entsprechenden Verlauf (von 451 bzw. 713 auf 282 bzw. 559 pro 100.000 Einw.). Zwischen 1990 und 2000 nahmen die Werte bei den männlichen Jugendlichen bzw. Heranwachsenden dann auf 2.533 bzw. 5.064, also um ca. 25% zu, während Zahlen für die vergleichbaren weiblichen Altersgruppen bei 458 bzw. 814% liegen, die Steigerung also deutlich markanter war. Diese negative Entwicklung setzt sich mit Ausnahme der männlichen Heranwachsenden bis 2005 fort (männliche Jugendliche 2.746, männliche Heranwachsende 5.216, weibliche Jugendliche 520 und weibliche Heranwachsende 949). Auch hier ist zu beachten, dass die Verurteiltenziffern bei den männlichen Jugendlichen und Heranwachsenden der deutschen Bevölkerung trotz der sehr deutlichen Steigerung der letzten Jahre immer noch deutlich unter den Werten von 1980 bleiben, während die Entwicklung bei der weiblichen Population eindeutig in eine schlechtere Richtung geht. Auch hier also ein komplexes Bild: Unter längerfristiger Betrachtung stellt die gegenwärtige Höhe der Verurteiltenziffern keine besondere Zuspitzung im Bereich der Jugendkriminalität dar, kurzfristig gesehen dürften sich die enormen Steigerungsraten in den 1990er-Jahren als Indikatoren für eine sich insbesondere bei den Jugendlichen und Heranwachsenden auswirkende gesellschaftliche Krise deuten lassen (vgl. Albrecht 1997).

Unter dem Gesichtspunkt der *Geschlechterverhältnisse* ist zu beachten, dass sich die Relationen der Verurteiltenziffern der männlichen Bevölkerung zu der der altersgleichen weiblichen Bevölkerung bei den Jugendlichen bzw. den Heranwachsenden von 1980 über 1990 bis 2000 und 2005 wie folgt verändert haben: von 7,33 über 7,16 und 5,53 auf 5,28 bzw. von 8,07 über 7,30 und 6,22 zu 5,50. Bei beiden Altersgruppen ist eine deutliche, wenn auch langsame Angleichung der Relation der Verurteiltenziffern zwischen den Geschlechtern zu erkennen, die aber immer noch auf eine gut fünfmal so hohe Belastung der männlichen jugendlichen und heranwachsenden Population hinausläuft. Die von manchen Autoren (vgl. Adler 1975, 1981) erwartete bzw. behauptete Aufholbewegung der Frauen im Bereich der Kriminalität als Begleiterscheinung der Emanzipation ist zwar eingetreten, aber in zurückliegenden fast drei Jahrzehnten nur langsam vorangeschritten (vgl. u. a. H.-J. Albrecht 1987; Albrecht/Howe/Wolterhoff-Neetix 1988; Steffensmeier 1978; Steffensmeier/Steffensmeier 1980).

Absolut gesehen ist die Zahl der Fälle, in denen die gesellschaftlichen Kontrollinstanzen zum Strafrecht greifen zu müssen glauben, um dem abweichenden Verhalten von Jugendlichen Einhalt zu gebieten, natürlich sehr hoch. Betrachtet man dazu absolute Zahlen für die alten Bundesländer, so wurden 1970 in ca. 89.600 Jugendgerichtsverfahren (davon ca. 62% gegen Jugendliche) Urteile gefällt. Die vergleichbaren Zahlen nehmen zunächst deutlich zu (im Jahr 1980 132.600), fallen bis 1990 ganz entschieden (ca. 77.300), um zunächst bis 2000 mäßig (93.840), dann bis 2005 sehr deutlich zuzunehmen (106.655). Dabei war von 1980 auf 1990 eine starke Steigerung des Anteils der Heranwachsenden unter den nach Jugendstrafrecht Verurteilten (auf über 55%) zu verzeichnen, der dann aber wieder deutlich rückläufig wurde (bis auf ca. 46%).

In den 1970er- und 1980er-Jahren bleibt der Anteil der nach Jugendstrafrecht Verurteilten, die die Sanktionen der besonders eingriffsintensiven *Jugendstrafe* erfahren, bei den Jugendlichen und Heranwachsenden relativ konstant (zwischen 7% und 9% bzw. ca. 20%), um danach leicht zuzunehmen (maximal ca. 13% bzw. 26%). Die Jugendgerichtsbarkeit scheint wieder etwas punitiver zu reagieren. Es wird zunehmend bei den Alternativen zur Jugendstrafe auf die „härteren" Zuchtmittel zurückgegriffen (vgl. zur Entwicklung der Sanktionspraxis Heinz 1999; Pfeiffer 2000).

Da die Zahl der der Polizei bekannt gewordenen Straftaten und Straftäter und damit auch die Zahl der Personen, die in das Strafjustizsystem Eingang finden, in hohem Maße eine Funktion der Anzeigebereitschaft der Bevölkerung ist (ca. 80% der polizeilichen Ermittlungsverfahren gehen auf private Anzeigen zurück) und diese wiederum gegenüber dem abweichenden Verhalten von jungen Leuten aus bestimmten Gründen langfristig zugenommen zu haben scheint (vgl. z.B. schon Albrecht/Lamnek 1979), könnte es sein, dass hinter der oben aufgezeigten komplexen Entwicklung der „offiziellen Kriminalität" der Jugendlichen eine ganz andere „Wirklichkeit" verborgen ist. Es ist nicht per se ausgeschlossen, dass die Jugendkriminalität relativ konstant geblieben ist, dass sie aber vor dem Hintergrund spezifischer gesellschaftlicher Konstellationen und Problemlagen anders als früher wahrgenommen, gedeutet und „problematisiert" wird (vgl. dazu unten den sog. Labeling approach).

3.2 Ausgewählte Dunkelfeldbefunde

Aus den genannten Gründen stellen die oben diskutierten Daten der Kriminalstatistik keine valide Basis dar, um zwingende Aussagen zur Entwicklung der Jugendkriminalität zu treffen. Diese wären nur dann möglich, wenn wir im historischen Längsschnitt Kriminalitätsdaten zur Verfügung hätten, die nicht durch diese komplexen Selektionsfilter von informellen und formellen Kontrollinstanzen produziert bzw. deformiert sind (vgl. dazu Kerner 1972; Sack 1968; Sack 1978). Dazu könnten sog. „Self-Report-Daten" beisteuern, die seit einiger Zeit erhoben werden und zu sehr wichtigen Ergebnissen geführt haben (Nye/Short/Olson 1958; Short/Nye 1968). So zeigte sich, dass die auf der Basis offizieller Kriminalstatistiken immer wieder behauptete negative Korrelation zwischen Schichthöhe und Kriminalitätsbelastung, die den Ausgangspunkt vieler theoretischer Erklärungsansätze abgibt, nicht existiert, wenn man diese Datenquelle heranzieht (vgl. dazu vor allem die zentrale Arbeit von Tittle/Villemez/Smith 1978), sondern dass man von einer annähernden schichtmäßigen Gleichverteilung ausgehen muss. Nun zeichnet sich die Forschung auf der Basis der Self-Report-Daten in Deutschland leider dadurch aus, dass sie in der Regel allenfalls episodisch, bei kleineren, oft selektiven und systematisch verzerrten Auswahlen durchgeführt wurde, so dass es nur schwer möglich ist, auf der Basis dieser Daten Entwicklungen im Längsschnitt zu rekonstruieren oder Vergleiche zwischen verschiedenen Regionen oder sonstigen sozialen Einheiten anzustellen. Zwar verfügen wir nach den Studien von Quensel (1971), Brusten/Hurrelmann (1973), Schwind (1975), Stephan (1976), Villmow/Stephan (1983), Schumann et al. (1987), Albrecht et al. (1988), Oberwittler et al. (2001, 2003), Boers/Reinecke (2006), vor allem aber durch die diversen Studien des KfN (u.a. Baier 2008; Baier/Pfeiffer 2007; Baier/Windzio/Wetzels et al. 2001, vgl. zusammenfassend Wilmers et al. 2002) über einige lokale Studien, doch sind diese mehrheitlich jeweils nur zu einem Zeitpunkt bzw. mit zu geringer zeitlicher Distanz (Lösel et al. 1997, 1998) und an begrenzten Stichproben durchgeführt worden, so dass wir kaum allgemeine Entwicklungstrends aus diesen Daten ableiten können.

Für einen kurzen Zeitraum (1988 und 1996 bzw. 1990 und 1996) zeigte die für NRW und Sachsen repräsentative Untersuchung von Mansel/Hurrelmann (1998) für die 7. und 9. bzw. 9. und 10. Schuljahrgänge bei der selbstberichteten Delinquenz für NRW von Eigentums- und Gewaltdelikten von 1988 auf 1996 signifikante Steigerungen, während für Sachsen die Prävalenz der Gewaltdelikte bei Jugendlichen nicht signifikant und bei den Eigentumsdelikten im Grunde nur bei Fälschungsdelikten und (nicht ganz signifikant; p > .05) Einbruchsdiebstählen gestiegen war. Ein Abgleich mit den Daten der Polizeilichen Kriminalstatistik führt die Autoren zu dem Schluss, dass der „tatsächliche" Anstieg der Jugendkriminalität – erfasst über die Dunkelfelddaten – zwar nicht zu bestreiten ist, aber keineswegs die Größenordnung erreicht, die die offizielle Statistik für die genannten Zeiträume suggeriert.

Um eine Vorstellung von der „wahren" Kriminalitätsbelastung der Jugend zu vermitteln, stellen wir einige wenige Daten aus den Untersuchungen von Albrecht u.a. dar (Albrecht/Howe/Wolterhoff-Neetix 1988; Albrecht/Howe/Wolterhoff 1991; Albrecht/Howe 1991), die aus einer für die Städte (mit Umland) Bielefeld und Münster repräsentativen Stichprobe aus dem Jahre 1986 stammen, ohne auf Details der Untersuchungsmethode eingehen zu können. Die Untersuchung erstreckte sich auf 13- bis 17-Jährige, die anhand einer Umschreibung von 12 Deliktformen angeben konnten, ob sie eine entsprechende Handlung schon einmal in ihrem Leben begangen haben bzw. wie oft dies im letzten Jahr schon einmal vorgekommen ist. Auf die vorgegebenen Delikttypen entfallen in der offiziellen Kriminalstatistik in der Regel ca. 75% aller Delikte, so dass die Auswahl die ganz überwiegende Mehrzahl der Delikte zu erheben vermochte. Für die gesamte Lebenszeit betrachtet behaupten ca. 40% der Probanden, dass sie bisher keine der genannten kriminellen Handlungen begangen hätten (im Detail für die Oberkategorien Betrug ca. 65%, einfacher Diebstahl 68%, Körperverletzung 75%, Sachbeschädigung 78%, schwerer Diebstahl 88% ohne Delikt), doch ist dabei zu beachten, dass diese Daten nach Alter und Geschlecht der Probanden stark variieren. So behaupten nur ca. 34% der Jungen, sie hätten keine Delikte begangen, und die Delikthäufigkeit steigt signifikant mit dem Alter. Insbesondere wird deutlich, dass die Zahl derjenigen Jugendlichen, die mehrfach delinquent gehandelt hat, mit dem Alter ansteigt. Zwischen den Geschlechtern zeigen sich ganz deutliche Disparitäten, die umso größer werden, je schwerer die Delikte sind (ganz entsprechend der internationalen Literatur; vgl. u. a. Steffensmeier 1978, 1980; Steffensmeier/Steffensmeier 1980; vgl. H.-J. Albrecht 1988).

Für die interessante Frage der Entwicklungsverläufe der Kriminalität von weiblichen Jugendlichen und Heranwachsenden sowie der Erwachsenen im internationalen Vergleich und die differenzierte Analyse der Beteiligung von Frauen an bestimmten Formen kriminellen Verhaltens können wir nur auf die Literatur verweisen (vgl. zu ersterem die Daten in Adler 1981; speziell zu Deutschland Middendorff/Middendorff 1981; Clark 1989; Heidensohn 1991; Smith/Visher1980; vgl. zur speziellen Problematik der Beteiligung weiblicher Jugendlicher an delinquenten Gangs, die keineswegs mehr ignorierbar ist, Bjerregaard/Smith 1995; Esbensen/Deschenes 1998; Campbell 1995; Curry 1998; Giordano 1978; Mears/Ploeger/Warr 1998).

Betrachtet man die Prävalenz im letzten Jahr auf der Basis der Untersuchung von Mansel/Hurrelmann für NRW im Jahr 1996, so ergeben sich u. a. folgende Raten: Sachbeschädigung ca. 19%, Körperverletzung ca. 33%, Nötigung 14%, Raub 22%, leichten Diebstahl ca. 20%, Einbruch 5%, Fälschung einer Unterschrift 23%. Die Vergleichsdaten für Aggressionsdelikte in Sachsen im selben Jahr liegen (bis auf die Nötigung) signifikant, aber nur wenige Prozent niedriger, bei den Eigentumsdelikten ergeben sich keine signifikanten Differenzen. Betrachtet man die Daten für die Schüler verschiedener Schultypen, so ergeben sich zum Teil deutlich Unterschiede, die aber ein komplexes Muster aufweisen. So haben z.B. bei der Körperverletzung die Gesamtschüler die höchsten Werte, beim Raub jedoch die Gymnasiasten. Beim Einbruch und bei der Unterschriftenfälschung dominieren dagegen die Gesamtschüler, die ohnehin insgesamt die höchsten Belastungen aufweisen. Unter dem Gesichtspunkt der *Geschlechtsspezifität* ergibt sich auf der Basis dieser Dunkelfelddaten für NRW, dass bis auf die Unterschriftenfälschung noch immer die männlichen Jugendlichen eine deutlich höhere Belastung aufweisen, auch wenn die Unterschiede nicht annähernd so groß ausfallen wie die in der Polizeilichen Kriminalstatistik berichteten. Betrachtet man die Relationen zwischen den Prävalenzraten der männlichen und der weiblichen Population im Zeitablauf, so ergibt sich (bis auf die Körperverletzung!) ein systematischer Rückgang von 1988 auf 1996: für die Sachbeschädigung von 2,84 auf 1,78, für die Körperverletzung von 1,67 auf 1,89 (!), für die Nötigung von 2,07 auf 1,60, den Raub von 1,99 auf 1,46, für den leichten Diebstahl von 2,04 auf 1,45, für den Einbruch von 6,5 auf 2,59 (!) und für die Fälschung von 1,28 auf 1,07. Auch hier zeigt sich, dass die Relation umso ausgeglichener ist, je leichter die Deliktschwere. Signifikant ist aber vor allem, dass selbst bei dem schweren Delikt des Einbruchs die weiblichen Jugendlichen in Richtung auf die Parität weit vorangekommen sind, dass sie sich aber bei dem einzigen Delikt, bei dem die physische Integrität des Opfers geschädigt wird, von dieser Parität weiter *entfernt* haben.

Insgesamt zeigen die vorgestellten Daten, dass wir erstens in den frühen 1990er-Jahren zwar eine deutliche Steigerung der Delinquenzbelastung erfahren hatten, dass die in früheren Jahren als dramatisch interpretierbare Entwicklung jedoch ihre Dynamik verloren hat. Ob die davon etwas abweichende weitere Zunahme der Gewaltkriminalität in Wissenschaft und Öffentlichkeit angemessen interpretiert und bewertet wird, ist schwer zu entscheiden (vgl. Albrecht 2001a; Heinz 1999). Die von Pfeiffer (1998a) herausgestellte Parallelität der Entwicklung der Jugendkriminalität in den meisten westlichen Gesellschaften in den letzten 15 Jahren spricht dafür, dass sich hier eine umfassende gesellschaftliche Krise auswirkt, mit der sich die Jugend dieser Gesellschaften auseinanderzusetzen hat. Zweitens belegen die Daten, dass wir davon ausgehen müssen, dass bis zum Erreichen des Status des Heranwachsenden bzw. des jungen Erwachsenenalters nahezu jeder Mensch Handlungen begangen hat – wenn auch meist im

Dunkelfeld verbleibende –, die potentiell kriminalisierbar sind. So gesehen stimmte die Behauptung einiger wichtiger Theorien (vgl. z.B. Sack 1968; Sack 1978), dass Kriminalität ein universell verbreitetes Phänomen darstellt, das allerdings für verschiedene gesellschaftliche Subgruppen mit unterschiedlichen Kriminalisierungsrisiken verknüpft ist. Dieser Befund ist deshalb von besonderer Bedeutung, weil er dramatisierenden Reaktionen auf Jugendkriminalität den Boden entzieht. Offensichtlich betätigt sich ein erheblicher Teil aller Menschen in der Jugend in einem nicht unerheblichen Maße kriminell, fast immer ohne entdeckt zu werden, und offensichtlich wird die weit überwiegende Mehrheit dieser „Delinquenten" später doch zum mehr oder weniger gesetzestreuen Bürger (das Exemplar der Gattung Mensch, das ohne Rechtsbruch bleibt, wird noch geboren werden müssen). Die von den Kontrollinstanzen nahezu durchgehend vertretene Meinung, dass ohne ihre Intervention (sei sie pädagogisch oder strafend) aus dem jugendlichen „Kriminellen" ein „Karriere-Krimineller" werde, erhält dadurch einen ersten schweren Schlag, dessen Wucht noch zunimmt, wenn man beachtet, dass gerade diese (gut gemeinte) Intervention meist erst die Entwicklungsaussichten verschlechtert (vgl. Albrecht 1990), und dies umso mehr, je intensiver diese Intervention ausfällt (vgl. McCord 1990). Ob die Daten allerdings die Behauptung rechtfertigen, Kriminalität sei zwischen den gesellschaftlichen Gruppen, insbesondere zwischen den sozialen Schichten *gleich* verteilt, soll an anderer Stelle erörtert werden.

4 Ausgewählte Theorieansätze zur Erklärung von Jugendkriminalität und einige Forschungsbefunde

Betrachten wir die Geschichte der Theorien zur Erklärung von Kriminalität, so stellen wir fest, dass die unabhängigen, also die erklärenden Variablen, von der biologisch-genetischen, physiologischen, individualpsychologischen, sozialpsychologischen, mikrosoziologischen bis zur makrosoziologischen Ebene reichen. Lange Zeit waren die theoretischen Erklärungsansätze insofern *unspezifisch* als sie Kriminalität *insgesamt* zu erklären bemüht waren und nicht die Besonderheit des kriminellen Verhaltens von Jugendlichen beachtet haben. Allerdings kann man dies auch als einen relativen Vorteil ansehen, da natürlich grundsätzlich die *allgemeinere* Theorie, die sich auf eine breitere Palette von Phänomenen anwenden lässt, wertvoller ist. Es könnte sich jedoch herausstellen, dass jene Theorien, die auf der Basis des Wissens über die Kriminalität von Erwachsenen entwickelt wurden, nicht auf Jugendliche übertragbar sind etc. In den letzten Jahrzehnten befassen sich die meisten Theorien kriminellen Verhaltens jedoch eher mit dem Verhalten Jugendlicher bzw. Heranwachsender oder junger Erwachsener, so dass sich das obige Problem hier nicht stellt. Anders verhält es sich mit der Variable *Geschlecht*.

Die empirische Forschung und die Theoriebildung haben wegen der für die meisten Gesellschaften entschieden höheren offiziellen Kriminalitätsbelastung der männlichen Bevölkerung ihr Augenmerk fast nur auf das *männliche* Geschlecht gerichtet. Hinzu kommt, dass die Jugendkriminalität sich traditionell in den großen städtischen Gebieten in besonders prägnanter Weise präsentiert und daher zu einer Konzentration auf diese Kontexte geführt hat. Unser theoretisches und empirisches Wissen über Kriminalität ist daher in Wirklichkeit eigentlich nur Wissen über das kriminelle Handeln männlicher Jugendlicher in den großen Metropolen. Die Übertragung auf das weibliche Geschlecht, andere Altersgruppen, die ländliche Bevölkerung, ja auf andere gesellschaftliche Konstellationen ist durchaus fragwürdig. Dennoch gibt es theoretische und empirische Fortschritte in der Soziologie der weiblichen Devianz. Den Beginn machte die grundsätzliche Kritik an der traditionellen – männlich dominierten – Kriminologie und ihren Sichtweisen (vgl. u.a. Brökling 1980; Franke 2000; Kersten 1997; Klein 1995; Leder o.J.; Naffine 1987; Smart 1977). Nach heftigen ideologischen Grabenkriegen, die sich insbesondere daran entzündet hatten, dass einige Kriminologinnen – ohne damit eine Kritik an dem verständlichen und berechtigten Kampf um mehr Gleichberechtigung zu beabsichtigen – den korrelativen Zusammenhang zwischen Fortschritten in der Frauenemanzipation und der Zunahme abweichenden Verhaltens von Frauen angesprochen hatten (vgl. Adler 1975 und die heftigen Reaktionen u. a. bei Simon 1975, 1976 sowie die empirischen Beispiele bei Sato 1981; Grasmick et al. 1984 sowie die differenzierte Analyse bei Karstedt 1991), setzte eine Phase der Entwicklung eher genereller feministisch inspirierter Alternativen ein (vgl. u. a. Carlen 1990; Chesney-Lind 1989; Gipser/Stein-Hilbers 1987; Gregory 1986; Heidensohn 1985; Messerschmidt 1993; Miller 2000; Rafter/Heidensohn 1995; Simpson 1989; Smart 1995; Walklate 1995). Der Weg von solch allgemeinen theoretischen Überlegungen zu einer umfassenden theoretischen Perspektive, deren Auflösungsvermögen so groß ist, dass auch delikt-, situations-, alters-, schicht-, ethnie- und persönlichkeitsspezifische Aspekte des Zusammenhangs von Geschlecht und Kriminalität differenziert erklärbar werden, ist weit, aber die ersten Schritte sind getan (vgl. Carlen 1994; Chesney-Lind 1997; Chesney-Lind/Shelden 1998; Daly/Maher 1998; Heimer 1995; Heimer/De Coster 1999; Hill/Crawford 1990; Messerschmidt 1997). Die deutlichen Hinweise darauf, dass die Kriminalität von Frauen und Mädchen in quantitativer und qualitativer Hinsicht und auch ihre rechtliche und kulturelle Etikettierung (vgl. u. a. Schur 1984; Elliott 1988) in einem engen Zusammenhang mit spezifischen Unterdrückungsmechanismen stehen, haben der Kriminologie wichtige Anstöße gegeben, sich wieder stärker strukturellen statt individualpsychologischen Perspektiven zuzuwenden, so dass hier der feministischen Herausforderung eine ganz wichtige positive Funktion zugekommen ist. Die neueste Bilanz von Miller/Mullins (2008) zeigt, dass sich ein genauer Blick auf die feministische Kriminologie der jüngeren Vergangenheit und Gegenwart durchaus lohnen würde; allein der begrenzte Raum macht das hier nicht möglich.

Mit diesem Vorbehalt sei ein äußerst knapper Überblick über einige zentrale Theorien der Jugendkriminalität gegeben. Dabei verzichten wir zwar auf die strenge Einhaltung disziplinärer Grenzen, vermeiden aber jegliches Vollständigkeitsstreben, da dies nie einzulösen wäre.

Wir verzichten insbesondere auf eine Darlegung biologisch-genetischer und/oder physiologischer Erklärungen – nicht deshalb, weil wir davon ausgehen, dass sie *grundsätzlich* ohne irgendeinen wissenschaftlichen Wert seien (vgl. die Meta-Analyse zum Zusammenhang von Genetik und Kriminalität bei Walters 1992), sondern deshalb, weil sie ganz offensichtlich ungeeignet sind, die Kriminalität von Jugendlichen als ein *Massen*phänomen (s.o.), das sozusagen jeden betrifft, verständlich zu machen. Manche, aber in der Regel relativ seltene Fälle kriminellen Handelns von Jugendlichen mögen in einer genetischen Unregelmäßigkeit/Störung ihre Ursache haben, oder bestimmte problematische Ernährungsgewohnheiten mögen bei einem sehr kleinen Teil der Jugendlichen für bestimmte Kumulationen von Auffälligkeiten kausal bedeutsam sein, aber für die übergroße Mehrheit der Fälle dürfte all das irrelevant sein, so dass wir auf eine nähere Diskussion hier verzichten wollen. Insbesondere auch deshalb, weil die häufig genetisch gedeutete Kumulation von Problemverhaltensweisen in bestimmten Familien durchaus meist besser durch „soziale Ansteckung" erklärt werden kann (vgl. Jones/Jones 2000). Wir müssen leider auch auf eine Auseinandersetzung mit der wichtigen Problematik der

Rolle des Konsums gewalthaltiger Medienprodukte, gewaltverherrlichender Computerspiele etc. verzichten, da das ein eigenes Kapitel erfordern würde.

4.1 Der Psychologie nahestehende Ansätze

4.1.1 Psychoanalyse

Klassische Beiträge zur Kriminalitätserklärung hat die Psychoanalyse beizusteuern, die Kriminalität als Ausdruck einer Persönlichkeitsstörung deutet, deren Bedingungen in frühen Beeinträchtigungen der psychischen Entwicklung gesucht werden (z.B. traumatische Veränderungen oder Defekte der sozialen Umwelt). Auch wenn Psychoanalytiker grundsätzlich die Möglichkeit nicht leugnen, dass auch bei „normaler" Persönlichkeitsstruktur bei extremer aktueller Belastung der verschiedensten Art Kriminalität auftreten kann, so haben sie doch eher zwei Delinquenzkonzepte entwickelt, die auf bestimmte Persönlichkeitsstrukturen als Quelle abweichenden Verhaltens abstellen. Ergeben sich im Verlaufe der Sozialisation ungelöste Konflikte zwischen verdrängten Triebansprüchen des Es und einem zu starken Über-Ich, das u.U. auf rigide elterliche Erziehungs- oder Unterwerfungsprozesse zurückgeht, so kommt es u.U. zur neurotisch bedingten Kriminalität, die auch als „Ausagieren" gedeutet wird, während andere Neurotiker sich in der Symptomwahl z.B. gegen die eigene Person richten. Erfolgt dagegen durch gravierende Störungen der frühen Mutter-Kind-Beziehung, die eine Identifikation mit der Mutter und eine Gewissensbildung verhindert oder behindert haben, die Ausbildung eines zu schwachen Über-Ichs, so muss mit durch Verwahrlosung bedingter Kriminalität gerechnet werden. Die wichtige Sozialisationstechnik des Liebesentzuges, die die Grundlage für das Lernen von Schuldgefühlen ist, bleibt in solchen Fällen relativ wirkungslos, denn da die intensive mütterliche Zuwendung nicht erfahren wurde, stellt ihr Entzug auch keine relevante Entbehrung mehr dar.

Neben diesen älteren Konzeptionen gibt es umfassendere psychoanalytische Phasenmodelle der Entstehung psychischer Störungen und Erkrankungen, durch die neurotische und verwahrlosungsbedingte Delinquenzformen kausal auf Entwicklungsstörungen in bestimmten Altersabschnitten der Kindheit zurückgeführt werden (vgl. Toman 1983). Während die Theorie des „dissozialen Syndroms" (De Boor 1977) vor allem die Bedeutung von Über-Ich-Defiziten betont, stellen andere Autoren stärker auf Probleme des Realitätskonzeptes bzw. Ich-Störungen ab, die sich bei den Individuen in mangelnder Frustrationstoleranz, mangelnder Konfliktbewältigungsfähigkeit, begrenzten Zeit- und Planungshorizonten, Fehlattributionen sowie unangemessenen Rationalisierungstendenzen auswirken und daher die Wahrscheinlichkeit kriminellen Handelns deutlich erhöhen (Redl/Wineman 1951).

Auch wenn die Frage der empirischen Haltbarkeit vieler Aussagen durchaus skeptisch beurteilt werden muss (zur wissenschaftstheoretischen Kritik siehe Mucchielli 1994), kann nicht bestritten werden, dass die Bedeutung familialer Deprivationen, psychischer Konflikte und irrationaler Motive für die Erklärung abweichenden Verhaltens ernst genommen werden muss. Vor einer (vor-)schnellen kausalen Zurechnung kriminellen Verhaltens auf bestimmte Persönlichkeitsmerkmale sei aber gewarnt, da eine solche Strategie mit der *Universalität* kriminellen Handelns nicht vereinbar wäre. Desgleichen tendiert die psychoanalytische Position zu sehr zur Individualisierung und Pathologisierung, obwohl doch die soziale und kulturelle Relativität der Normen, gegen die kriminelles Handeln verstößt, auf der Hand liegt.

4.1.2 Die Theorie der moralischen Entwicklung und der Rechtssozialisation

Ein in den letzten Jahren besonders bekannt gewordener „kognitiver" Ansatz, der sich für die Entwicklung einer Theorie der Kriminalität eignen zu können schien, ist in der „Entwicklungstheorie des moralischen Urteils" von Kohlberg (1971) zu sehen, die auf einer Weiterentwicklung Piagetscher Ideen beruht (vgl. generell Bertram 1988; Edelstein/Nunner-Winkler 1986; Edelstein/Nunner-Winkler/Noam 1993; Garz 1989; Kurtines/Gewirts 1984; Portele 1978; Thornton 1987). Kohlberg nimmt an, dass die Entwicklung des moralischen Urteils von der Entwicklung des Denkens (operativen Niveaus) und der Entwicklung sozial-kognitiver Kompetenzen (z.B. zur Perspektivenübernahme) abhängt. Kohlberg nimmt eine Entwicklungssequenz an, die als invariant und als universell gültig verstanden wird. Sie kennt drei Niveaus, die in sich jeweils zwei Stufen darstellen, wobei die letzte Stufe – empirisch gesehen – selten erreicht wird. Das sogenannte „vorkonventionelle Niveau" kennt auf der 1. Stufe die „Orientierung des Akteurs an Gehorsam und Strafe" und auf der 2. Stufe die sog. „naivegoistische Orientierung", die sich dadurch auszeichnet, dass Handlungen nach ihrem instrumentellen Wert zur Befriedigung eigener Bedürfnisse bewertet werden. Stufe 3, die untere Stufe des „konventionellen Niveaus", ist gekennzeichnet durch die Orientierung am Bild des „braven Kindes", d.h. wichtig sind die Erwartungen anderer, während auf der Stufe 4 die „Orientierung an Autorität und sozialer Ordnung" bezeichnend ist. Auf der unteren (5.) Stufe des nachkonventionellen oder prinzipiengeleiteten Niveaus orientieren sich die Akteure an Recht und Sozialverträgen, deren Willkürlichkeit erkannt, aber doch als durch die Mehrheit vertretene Grundlage akzeptiert wird. Auf der 6. Stufe, der sog. Prinzipienorientierung, basieren die Handlungsbewertungen auf universellen Prinzipien der Gerechtigkeit, die das Individuum in freier, vernünftiger Entscheidung wählt (vgl. als allgemeine Darstellungen zu diesem Theoriegebäude Kohlberg 1969, 1971, 1976, 1981, 1984, 1995 sowie Tapp/Kohlberg 1976).

Sehen wir von einigen methodischen Problemen der Handhabung der Forschungsoperationen ab, die zur Feststellung der **moralischen Entwicklung** von Individuen durchgeführt werden müssen, und konzentrieren uns auf die Frage des Bezuges dieser Entwicklungsstufen zur Jugendkriminalität, so ist klar, dass sich Bezüge zur Rechtssozialisation (vgl. dazu den interessanten Theorievergleich zwischen dem Ansatz Kohlbergs und der Lerntheorie aus der Tradition von Akers u.a. 1979 sowie die empirischen Befunde bei Cohn/White 1990) aufdrängen. Verlaufen Sozialisationsprozesse so, dass Probanden überhaupt nicht oder entwicklungsverzögert das konventionelle Niveau erreichen, so wäre mit einer deutlichen Erhöhung der Wahrscheinlichkeit kriminellen Handelns zu rechnen. Erreichen Jugendliche nur die Stufe 3, so wäre zu befürchten, dass sie sich weniger von den abstrakten Rechtsnormen, sondern eher von den antizipierten Erwartungen anderer, z.B. von peers, in potentiell devianten Jugendgruppen leiten lassen und damit der Gefahr, kriminell zu handeln, verstärkt ausgesetzt sind. Problematischer wird es schon, zwischen den erwartbaren Auswirkungen der Verortung auf der 4. bzw. 5. Stufe für das Legalverhalten zu unterscheiden. Vorstellbar wäre bspw., dass in bestimmten sozialen Situationen eine konsequente Orientierung auf der 5. Stufe die Wahrscheinlichkeit von Brüchen des konkret existierenden positiven Rechtes erhöht. Dies wird jedoch ganz zweifellos zu einem Problem auf der Stufe 6, der der Prinzipienorientierung, denn bei gegebener gesellschaftlicher Ordnung und gegebenem Recht mag eine konsequente Prinzipienorientierung unter Umständen gar auf die Begehung von Rechtsbrüchen hinauslaufen. Wie dem auch immer sei. Empirische Überprüfungen der Annahme, dass Kriminalität mit einem niedrigeren Niveau der Moralentwicklung korreliert, ergeben durchaus widersprüchliche Ergebnisse (vgl. Campagna/Harter

1975; Guerra/Nucci/Huesmann 1994; Irvine 1979; Schumann 1987; Cohn/White 1990). Dies dürfte nicht zuletzt darin begründet liegen, dass diese Theorie zum einen die *emotionalen* Faktoren allzu sehr vernachlässigt, vor allem aber unterstellt, die Befähigung zu einem bestimmten Niveau der moralischen *Reflektion* sei bedeutungsgleich mit der Anwendung dieser Kompetenz im *tatsächlichen* Verhalten, ganz abgesehen davon, dass Handeln immer in bestimmten Situationen erfolgt, die hier völlig außer Betracht bleiben.

Gegen die Annahme Kohlbergs einer ausgeprägten Bindung der Entwicklung des moralischen Bewusstseins an bestimmte stark altersbedingte Entwicklungsstufen spricht der experimentelle Nachweis durch Nunner-Winkler (1996, S. 129-154), dass Kinder universell und schon früh ein *kognitives* Moralverständnis entwickeln und dass das moralische Bewusstsein von Kindern nicht durch utilitaristische und instrumentalistische Nutzenkalküle geprägt ist. Zum anderen hebt sie nachdrücklich hervor, dass die Wahl eines bestimmten Verhaltens nicht nur vom kognitiven Moral*verständnis* abhängt, sondern auch und entscheidend von der moralischen *Motivation*, die später und in Lernprozessen erworben wird, die von anderer Art sind als die, die zum Erwerb des Moral*verständnisses* führen. Als Modelle zur Erklärung dieser Prozesse kommen infrage die klassische Konditionierung, das Lernen am Modell, das Freudsche Modell der Identifikation mit dem Aggressor sowie die anaklitische Identifikation nach Parsons (1964). Nunner-Winkler fügt dem das Modell der „freiwilligen Selbstbindung aus Einsicht" (1992) hinzu, das aufgrund sozialstruktureller Veränderungen, die vor allem auch auf das innerfamiliale Klima Auswirkungen haben (Kinderwunsch statt Mussehe, Abbau des (vor allem) väterlichen Autoritarismus, egalitäreres Verhältnis zwischen Eltern und Kindern und zwischen den Ehegatten und sich daraus ergebender Zwang zur Konsensbildung), an Relevanz gewonnen haben dürfte: „In der ersten Institution, in die es hineinwächst, erlebt das Kind die Grundprinzipien von Moral überhaupt: intrinsisch person- statt statusorientierte Interaktion, Konfliktlösung durch egalitäre Aushandlungsprozesse statt einseitig autoritativer Willensdurchsetzung" (Nunner-Winkler 1996, S. 152; vgl. auch Döbert/Nunner-Winkler 1981). Für eher unwahrscheinlich hält Nunner-Winkler den Aufbau moralischer Motivation, „wenn Eltern im eigenen Verhalten ein Modell instrumentalistischer Interaktion bieten, also durch strategische Ausbeutung und machtorientierte Durchsetzung ihren Kindern den Vorrang von Erfolg oder Macht vor Moral signalisieren" (ebd.). Es dürfte allerdings realistisch sein, davon auszugehen, dass die von Nunner-Winkler angesprochene Entwicklung zwar tendenziell eingetreten, im realen Leben bzw. im Einzelfall aber oft in von dieser idealtypischen Form abweichender Weise ausgefallen sein dürfte, z.B. in Abhängigkeit von Bildungsstand, wirtschaftlicher Lage, regionaler Einbettung, sozio-kulturellem Milieu der betreffenden Familie (vgl. u. a. Niemczynski/Maciejowska 1989). Nicht zuletzt hierin dürfte die erkennbar erhebliche Varianz der moralischen Motivation bei Jugendlichen begründet liegen. Ein von Soziologen leider immer noch nicht wirklich entdecktes Forschungsfeld, das für die Problematik der Jugendkriminalität von erheblicher Bedeutung sein dürfte, ist der Zusammenhang zwischen Moral, Rechtsbewusstsein und Recht, obwohl sich schon die soziologischen Klassiker intensiv damit befasst hatten (vgl. u.a. Durkheim 1984, 1991, 1992). Die Fruchtbarkeit solcher Ansätze wird erkennbar an Studien zum Verhältnis von Recht und Moral aus der Perspektive von Kohlberg (vgl. Eckensberger/ Breit 1997; Helwig/Jasiobedzka 2001), von Normstrukturen und Rechtsbewusstsein (Weitzel 1997), zur Entwicklung von Rechtsbewusstsein im Kindesalter (Lampe 2006), zur familialen Kommunikation und den Vorläufern des Rechtsempfindens bei Kleinkindern (Kreppner 1997).

Zu beachten sein dürfte auch das Problem der Konstanz der in Kindheit und früher Jugend entwickelten moralischen *Motivation*, wenn die Heranwachsenden zunehmend erfahren müssen, dass außerhalb des familialen Milieus (z.B. in Schule, in Cliquen, im Berufsleben etc.) instrumentalistische Interaktionen, strategische Ausbeutung und machtorientierte Durchsetzung nicht nur vorkommen, sondern deutlich erkennbar den Vorrang vor Moral haben (vgl. Morash 1983). Es gibt in der Literatur in neuerer Zeit verstärkt die Deutung der Zunahme der Kriminalität bei Erwachsenen und Jugendlichen als durch das Vordringen von Marktbeziehungen in alle zwischenmenschlichen Beziehungen bedingt (vgl. hierzu vor allem die vorzügliche Studie von Burkatzki 2007).

Für eine Erklärung abweichenden Verhaltens müssten diese moraltheoretischen Ansätze aber über die Dimensionen „moralisches Wissen" und „moralische Motivation" hinaus weitere Faktoren einbeziehen, die für die Entscheidung zu tatsächlichem Handeln und die Umsetzung der Entscheidung in Handeln von Bedeutung sein können (vgl. Rest 1983, S. 556-629). Der empirische Nachweis der Bedeutung von Schüchternheit und die Diskussion von Kosten-Nutzenerwägungen bei Nunner-Winkler (1996) verweisen auf Theorietraditionen, die an anderer Stelle dargestellt werden (Selbstkonzept, Selbstwert, Situation, Theorie der rationalen Wahl, Selbstwirksamkeitserwartungen etc.). Dringend wünschenswert wäre eine subtile Rekonstruktion der Entwicklung der Sichtweisen Jugendlicher in Hinsicht auf Kriminalität und Gerechtigkeit (vgl. z.B. Adelson/Gallatin 1983), weil nur auf diese Weise verstanden werden kann, warum und wie Jugendliche und Heranwachsende auf informelle und formale Sanktionen reagieren, also z.B. statt der erwünschten Einsicht, Scham und Reue Trotz und Reaktanz entwickeln (vgl. u. a. Jennings/Kilkenny/Kohlberg 1983; Van Voorhis 1987; Van Willigenburg 1996). Ferner wäre es wichtig, die in anderen Theorien als relevant erachtete Strategie der Neutralisierungstechniken vor dem Hintergrund der kognitiven und motivationalen Einflüsse auf moralisches Handeln theoretisch weiter abzuklären (vgl. zum ersten Sykes/Matza 1968 sowie die Weiterentwicklungen bei Minor 1980, 1981, 1984; Mitchell/Dodder 1983; Agnew 1985, 1990, 1994; Agnew/Peters 1986; Topalli 2005; vgl. zum zweiten Lanza-Kaduce et al. 1983; McCarthy 1998). Die Bedeutsamkeit von „Techniken der Neutralisierung" zur Reduktion bzw. Ausschaltung von Schuldgefühlen bzw. zur Attribution von Verantwortung an andere bzw. an Situationen etc. steht ausser Zweifel (vgl. u.a. die Arbeiten von Agnew (s.o.), Ball 1983; Copes 2003; Dodder 1999; Egg/Sponsel 1978; Mannle/Lewis 1979; Maruna/Copes 2005), aber es wäre zu erforschen, in genau welcher Weise Zuflucht zu solchen Techniken der Bewältigung von Schuld von der erreichten Höhe des moralischen Urteils abhängt. Ob die von Brumlik (1999) gesehenen Verknüpfungsmöglichkeiten der Theorie des moralischen Bewusstseins mit der Theorie des Reputationsmanagements (Emler 1984) auf der einen und der weiter unten näher zu behandelnden General Theory of Crime von Gottfredson und Hirschi (1990) auf der anderen Seite, die das Ausmaß der in der kindlichen Sozialisation erworbenen „Selbstkontrolle" bzw. deren Interaktion mit der Gelegenheitsstruktur als zentrale kausale Variable in den Mittelpunkt stellt, zu einer „Theorie des moralischen Selbsts" inhaltlich eine Weiterführung ergeben können, lässt sich noch nicht abschätzen. Wichtige Aspekte der Thematik (vor allem Selbstwertprobleme, fehlende Empathie, Defizite beim Praktizieren normativen Regelwissens aufgrund subkultureller Einbindungen) sind schon durch andere Theorien differenzierter behandelt worden (Bartusch/Matsueda 1996; Kaplan 1975, 1980, 1982; Mead 1968, 1980; Heimer/Matsueda 1994; Matsueda 1992; Matsueda/Heimer 1987; Miller 1968; Cohen 1955, 1968; Akers 1997) – eine stringente Verknüpfung mit Synergieeffekten ist noch nicht sichtbar.

4.2 „Klassische" soziologisch orientierte ätiologische Erklärungsansätze
4.2.1 Die Theorie der differentiellen Assoziation

Eine der klassischen Theorien der Erklärung von Kriminalität allgemein stammt von Sutherland (1968 bzw. 1939), der sich in seinen Ideen sehr stark an der Lerntheorie orientiert hat, die er jedoch in einer relativ groben Form entwickelte, wobei die Zuordnung seines Beitrages zur Kriminalpsychologie oder Kriminalsoziologie hier nicht näher diskutiert werden muss. Der entscheidende Grundgedanke der neun Hypothesen Sutherlands, die teilweise widersprüchlich, teilweise redundant sind, besteht darin, dass abweichendes und kriminelles Verhalten wie jedes Verhalten *erlerntes* Verhalten ist. Für die Frage, ob ein Individuum kriminelles oder nichtkriminelles Verhalten zeigt, ist entscheidend, ob es in seiner mikrosozialen Umwelt einen Überschuss an Definitionen erlernt hat, die kriminelles Verhalten positiv bewerten und damit zulassen. Für den Lernprozess ist besonders wichtig, welche interpersonellen Kontakte ein Individuum aufweist und welche Definitionsleistungen mit diesen Kontakten verknüpft sind. Je früher im Leben eine Person in Kontakt mit kriminellen Definitionsleistungen kommt, desto größer ist die Wahrscheinlichkeit, dass sie später selbst kriminell handelt. Je intensiver die Kontakte zu kriminellen Situationsdefinitionen sind, desto größer ist die Wahrscheinlichkeit, dass eigenes kriminelles Handeln daraus resultiert etc. Sutherland erklärt die Häufigkeit kriminellen Verhaltens als direkten Niederschlag dieser *differentiellen* Kontakte. Dabei ist natürlich auffällig, dass Sutherland die Verteilung solcher, Kriminalität positiv bewertender Situationsdefinitionen in der Gesellschaft selber nicht erklärt und auch die Entstehung der differentiellen Assoziationen nicht thematisiert. So gesehen argumentiert er eher psychologisch als soziologisch, ganz abgesehen von einer ganzen Reihe von Vagheiten, auf die die Literatur immer wieder hingewiesen hat (vgl. Opp 1974). Auf der anderen Seite ist ganz eindeutig, dass seine Erklärungsmechanismen auf die moderne Lerntheorie zurückgehen (siehe Burgess/Akers 1966; Akers u.a. 1979; Akers 1985) und seine Theorie sich als noch unzulänglicher Vorläufer der sozial-kognitiven Lerntheorie Banduras (1979) deuten lässt. Eine Reihe von neueren empirischen Arbeiten hat die Brauchbarkeit des Ansatzes der differentiellen Assoziation durchaus belegen können (vgl. v.a. Akers u.a. 1979), auch wenn sich bei genauerer Betrachtung zeigt, dass diese Autoren - teilweise uneingestanden - recht zahlreiche erklärende Variablen aus anderen Theorien (z.B. Labeling approach und Subkulturtheorie) einbeziehen und damit die Ursprungstheorie verwässern. Eine der zentralen Fragen an diesen Ansatz, ob sich die Delinquenz als Ergebnis der differentiellen Assoziation oder umgekehrt die differentielle Assoziation sich als Folge delinquenten Verhaltens einstellt (wie die Kontrolltheorie Hirschis (1969) behauptet), lässt sich – wie vielleicht erwartet – mit einem „Sowohl als Auch" beantworten (vgl. zu entsprechenden zeitlichen Verlaufsmustern u. a. Elliott/Menard o.J.; Esbensen/Huizinga 1993). Vieles spricht dafür, dass die Zugehörigkeit zu einer Gang zwar vor allem von denen gesucht wird, die schon vor der Gruppenzugehörigkeit eine zunehmende Frequenz delinquenter Handlungen aufweisen, dass während der Gangzugehörigkeit diese Frequenz aber noch deutlich erhöht wird, so dass von einem „Befähigungseffekt" durch die Peergruppe gesprochen werden kann (Thornberry et al. 1993). Die Frage, welche der oben unterschiedenen theoretischen Varianten die stärkeren Effekte für sich verbuchen kann, geht unentschieden aus (stärkere Effekte für die zweite bei Matsueda/Anderson 1998; anders jedoch bei Alarid/Burton/Cullen 2000, bei denen sich die konsistenteren Effekte für die differentielle Assoziation ergeben, insbesondere bei den männlichen Jugendlichen; ähnlich Esbensen/Deschenes 1998). Während Sutherland davon ausging, dass die Zugehörigkeit zu einer delinquenten Gruppe ihre Wirkungen auf die Delinquenz der Individuen durch Wahrnehmung der *Einstellungen* der anderen zu abweichendem Verhalten hervorruft, zeigten Warr/Stafford (1991), dass der Effekt der Einstellungen zwar gegeben, aber verglichen mit dem Effekt des *Handelns* der anderen klein ist. Auch nach Kontrolle der Einstellungen der anderen und der des Akteurs selbst bleiben die Effekte des delinquenten Verhaltens der anderen signifikant und stark. Die Rolle der Einstellungen bzw. der Situationsdefinitionen ist also nicht zentral, vielmehr kommt es auf andere Mechanismen des sozialen Lernens, wie z.B. die Nachahmung oder stellvertretende Verstärkungen, an. Dabei gilt, dass die beobachteten devianten Verhaltensmuster eng mit den „Routineaktivitäten" jugendlicher Gruppen verbunden sind, die insbesondere dann ein erhebliches Devianzpotential aufweisen, wenn soziale Respektspersonen als Kontrolleure abwesend sind (vgl. Osgood et al. 1996). Die Rolle der Geschlechtsvariable für die Bedeutsamkeit differentieller Assoziationen für deviante Karrieren ist aber noch genauer zu erforschen, kommen doch Giordano und Rockwell (2000) – abweichend von früheren Studien – zum Ergebnis, dass sie für Frauen wichtiger sind als für Männer. Das Potential der sozialen Lerntheorie abweichenden Verhaltens zeigt sich auch bei anderen, mit dem Geschlecht zusammenhängenden Phänomenen, so z.B. bei der Analyse des Zusammenhangs von Delinquenz und Depression (DeCoster 2003), beim geschlechtsspezifischen Zusammenwirken von Selbstbildern, moralischen Einstellungen und Peers für abweichendes Verhalten (Jensen 2003) sowie beim Komatrinken (Kanza-Kaduce/Capece 2003).

In neuerer Zeit hat sich Akers wieder um eine sozialstrukturelle Einbettung der Theorie der differentiellen Assoziation bemüht (Akers 1998), da die Entwicklung delinquenter Gruppen offensichtlich in quantitativer als auch qualitativer Hinsicht etwas mit der gesamtgesellschaftlichen Entwicklung zu tun hat (vgl. auch Bellair et al. 2003). Ferner ist zu beachten, dass Gruppen von Jugendlichen und die sich darum rankenden Netzwerke sehr unterschiedlich ausfallen können (vgl. Lerman 1967, 1968; Short/Strodtbeck 1965; Yablonsky 1962, 1973) und nicht zuletzt deshalb sehr verschiedene Auswirkungen auf das Verhalten der daran beteiligten Jugendlichen haben (vgl. Kühnel/Matuschek 1995).

Der Nachweis durch Akers (1990), dass wesentliche Ideen neuerer Theorien (insbesondere die Theorie der rationalen Wahl (vgl. weiter unten S. 868ff.) letztlich immer schon Bestandteil seines Ansatzes waren, sollte Grund genug sein, ihn wieder stärker zu beachten. Zum selben Ergebnis kommt man, wenn man Akers und Jensens neueste Bilanz der sozialen Lerntheorie und den Überblick über neue Entwicklungen derselben würdigt (Akers/Jensen 2008; zum Vergleich von differentiellen Assoziations- und Rational Choice-Ansatz siehe auch Ratzka 2001).

4.2.2 Die Anomietheorie

Kommt der Theorie der differentiellen Assoziation der Verdienst zu, gezeigt zu haben, dass abweichende Dispositionen erlernt werden und nicht biologisch bedingt sind, so ergaben sich die größeren wissenschaftlichen Fortschritte im Bereich der Kriminologie danach doch eher im Bereich der Kriminalsoziologie. Hier ist an vorderster Stelle die Anomietheorie Robert K. Mertons zu nennen, die sich darum bemühte, die Verteilung abweichenden Verhaltens auf gesellschaftliche Gegebenheiten zurückzuführen (vgl. als beste Einführungen und theoretische und empirische Wertungen dieser Theorie Bohle 1975; Lamnek 1977). Merton nimmt seinen Ausgangspunkt von der Beobachtung, dass in bestimmten Gesellschaften die kulturelle und die soziale Struktur nicht aufeinander abgestellt sind, sondern dissoziiert sein können. Betont eine Gesellschaft bestimmte zentrale kulturelle Werte derart entschieden, dass sie von *allen* Subjekten im Sozialisationsprozess äußerst stark internalisiert werden, stellt jedoch durch die Gestaltung des Sozialisationsprozesses nicht sicher, dass die Individuen mit der gleichen Intensität auch verinnerlichen, welche *Mittel und Wege* zur Erreichung dieser Ziele als *legitim* angesehen werden, so ergibt sich insbesondere dann eine sehr prekäre Situation, wenn auch die Chancen, auf legitime/legale Art und Weise die allgemein geteilten Werte und Ziele zu erreichen, nicht gleich verteilt sind. In dieser Situation des „strains" stehen dem Individuum bzw. bestimmten gesellschaftlichen Gruppen bestimmte Formen der Anpassung zur Verfügung. Die sog. „Innovation" stellt eine solche Anpassung dar, bei der zwar die allgemein geteilten Ziele und Werte beibehalten, die bisher als legitim angesehenen Mittel zur Erreichung dieser Ziele jedoch durch andere, „innovative" Lösungen ersetzt werden. Andere Anpassungsformen zeichnen sich dadurch aus, dass die Individuen die allgemein geteilten Ziele aufgeben, aber an den als legitim angesehenen Mitteln zur Erreichung dieser Ziele festhalten (Ritualismus); oder dadurch, dass sie sowohl in Bezug auf die Ziele als auch in Bezug auf die Mittel auf Distanz gehen (Rückzug) oder dass sie sowohl die Ziele als auch die als legitim angesehenen Mittel aktiv durch andere Ziele und Mittel zu ersetzen versuchen (Rebellion). Merton glaubte, durch Hinweise auf die Raten abweichenden Verhaltens in verschiedenen gesellschaftlichen Gruppen zeigen zu können, dass es tatsächlich zwischen dieser Dissoziation von kultureller und sozialer Struktur, die als Zustand der **Anomie** benannt wird, und den ungleichen Erfolgschancen auf der einen und der Verteilung abweichenden Verhaltens auf der anderen Seite deutliche Beziehungen gibt.

Diese auf den ersten Blick bestechende makrosoziologische Theorie des abweichenden Verhaltens weist einige gravierende Mängel auf (vgl. jedoch auch Merton 1964), die sich insbesondere dann erkennen lassen, wenn man sich die Frage stellt, ob die Unterstellung, dass in modernen differenzierten Gesellschaften alle gesellschaftlichen Teilgruppen die zentralen Ziele und Werte der Gesellschaft wirklich teilen und in der gleichen Intensität verinnerlichen, stimmen kann. Tatsächlich gab es immer wieder Hinweise darauf, dass die höchsten Ziele und Werte sowohl qualitativ als auch quantitativ zwischen einzelnen Teilgruppen variieren können, so dass eine der Grundannahmen der Anomietheorie unter Umständen unrealistisch sein könnte (vgl. Bohle 1975, S. 78-125). Allerdings berichten selbst neueste Studien, dass der „amerikanische Traum" (vgl. Messner/Rosenfeld 1997), nämlich die Wunschvorstellung von hohem materiellem Reichtum und der Glaube bzw. die empfundene Verpflichtung, mit aller Kraft diesen Traum realisieren zu sollen und zu können, – anders als meist unterstellt – bei den Schwarzen in den USA sogar stärker internalisiert ist als bei den Weißen. Nun gibt es eine alternative Deutung der Rolle dieser Verpflichtung auf den amerikanischen Traum durch die weiter unten behandelte *Kontrolltheorie*. Diese unterstellt, dass die Internalisierung zentraler gesellschaftlicher Werte (in diesem Fall: das Streben nach Erfolg und materiellem Reichtum) als *Bindung* an die Gesellschaft zu sehen ist, die die Wahrscheinlichkeit abweichenden Verhaltens reduziert. Ein solcher Effekt konnte jedoch weder für die Weißen noch für die Schwarzen nachgewiesen werden, wohl aber ein Effekt, der mit der Anomietheorie übereinstimmt: Je stärker der amerikanische Traum und je weniger ausgeprägt die Möglichkeiten, diesen Traum zu realisieren, desto höher die Wahrscheinlichkeit kriminellen Handelns. Auch dieser Effekt tritt nur bei den Weißen, nicht bei den Schwarzen auf, woraus deutlich wird, dass die Theorie offensichtlich mindestens eine wichtige Variable übersehen hat (vgl. Cernkovich/Giordano/Rudolph 2000). Insbesondere dürfte es angebracht sein, zwischen Aspirationen und Erwartungen zu unterscheiden, um angemessen differenzierende Aussagen machen zu können (vgl. Albrecht 1997, S. 509f.).

Dadurch, dass sich die bei Merton unterstellte negative Korrelation zwischen Schichtzugehörigkeit und Delinquenzhäufigkeit in einer Vielzahl von Studien nicht zeigen ließ, ergab sich sehr früh ein erheblicher Zweifel an der gesamten Konzeption Mertons, der durch viele empirische Analysen im Detail genährt wurde (vgl. die Befunde in Clinard 1964). Mit Bezug auf die Frage des Zusammenhangs zwischen Schichtzugehörigkeit und Kriminalität hat Tittle (1983) aber auch vielen anderen Kriminalitätstheorien immanente Inkonsistenzen nachweisen können, die Anlass zur Revision nahezu aller Ansätze sein sollten. Da wundert es nicht, wenn sich empirisch ergibt, dass der Zusammenhang zwischen Schicht und Kriminalitätshäufigkeit nicht nur global nicht nachweisbar ist (Tittle/Villemez/Smith 1978), sondern auch dann im Grunde nicht, wenn man die verschiedensten in den Theorien vorgeschlagenen Spezifikationen dieser Relation berücksichtigt (vgl. Tittle/Meier 1990). Zu einem anderen Befund kamen dagegen Brownfield (1986), dessen Arbeit einen starken Zusammenhang zwischen der Zugehörigkeit zu den sog. „disreputable poor" und Gewaltkriminalität fand, und Farnworth et al. (1994), bei denen sich ein starker Zusammenhang dann ergibt, wenn die Korrelation zwischen der Zugehörigkeit zur sog. „Underclass" auf der einen und der Begehung wiederholter schwerer Straßenkriminalität auf der anderen Seite berechnet wird. Auch in der Bundesrepublik zeigen sich auf der Basis von Self-Report-Daten nur für ganz spezifische Delikte und soziale Untergruppen entsprechende, meist inhaltlich eher schwache Zusammenhänge (vgl. Albrecht/Howe 1991). Auch hier zeigt die neueste Forschung, dass voreilige Interpretationen dieser korrelativen (Nicht-) Befunde unterlassen bleiben sollten. Wright et al. (1999) konnten nämlich belegen, dass das Nichtvorliegen einer Korrelation zwischen elterlichem sozio-ökonomischem Status und Jugenddelinquenz nicht heißt, dass die elterliche Schicht keine kausale Bedeutung hat. Vielmehr gilt, dass der elterliche Status sowohl indirekte negative als auch indirekte positive kausale Effekte auf die Delinquenz hat, die sich insgesamt aufheben. Unter theoretischen Gesichtspunkten wäre es also völlig falsch, die elterliche Schichtzugehörigkeit als kausalen Faktor zu ignorieren (vgl. generell dazu Albrecht 2001b). Ferner ist zu beachten, dass ein Teil der Kritik an den Strain-Theorien aus der Sicht der Kontrolltheorie (s. u.) fragwürdig ist (vgl. Bernard 1984) und viele der empirischen Überprüfungen der Mertonschen Anomietheorie von einer Methodologie ausgehen, die nicht unwidersprochen geblieben ist (vgl. Bernard 1987).

Nach Jahren der Stagnation scheint wieder Leben in die Anomietheorie zu kommen. Zu beachten sind insbesondere die Versuche Agnews, die Anomietheorie zu einer allgemeinen Straintheorie auszubauen (Agnew 1985a, 1990a, 1992, 1995, 2001, 2002, 2005, 2006, 2008; Agnew/White 1992; Agnew et al. 2002), die nicht nur auf die Blockade der Versuche zur Erreichung bestimmter positiver Ziele als kausale Variable abstellt, sondern zusätzlich den Verlust und/oder das Verschwinden begehrter Objekte und die tatsächliche oder wahrgenommene Unmöglichkeit, bestimmte schmerzliche oder frustrierende Erlebnisse zu vermeiden, als Elemente der kausalen Strainvariable auffasst. Als solche Erlebnisse sind z.B. vorstellbar körperliche oder seelische Verwundungen durch Eltern, Ausbilder, Vorgesetzte, Peers etc., denen sich Kinder und Jugendliche aufgrund ihrer spezifischen sozialen Lage oft auf legale Weise nicht entziehen können: Sei es, dass das Verlassen der Schule, das Fortlaufen aus dem Elternhaus etc. selbst wiederum als abweichendes Verhalten kriminalisiert werden; sei es, dass es Jugendlichen aufgrund der starken Bindung und der Machtüberlegenheit z.B. der Eltern schwer fällt, das formale Recht gegen Misshandlung/Missbrauch durch die Erzieher oder andere Personen zu mobilisieren. Diese neue „generelle" Straintheorie hat sich bei den früheren empirischen Überprüfungen durch Agnew (s.o.) passabel bewährt, und auch Tests durch andere Autoren bestätigen dieses Bild (vgl. u.a. Baron 2004 in Bezug auf Straßenkinder bzw. -jugendliche; vgl. Capovich et al. 2001 zur Rolle negativer Emotionen und zur Rolle von Netzwerken; ähnlich Mazerolle/Piquero 2000; Mazerolle et al. 2000; Jang/Johnson 2003 zur Rolle negativer Emotionen/Ärger als intermediäre Variablen; zur Rolle der Ethnizität Eitle/Turner 2003). So erwiesen sich die oben genannten drei Elemente des Strains bei Paternoster/Mazerolle (1994) als mit verschiedenen Delinquenzarten direkt positiv verknüpft. Hinzu kommen indirekte Effekte dadurch, dass Strain zum einen die Hemmungen in Bezug auf Devianz durch Lockerung der Bindungen an andere unterminiert und zum anderen die Einbindung in deviante Netzwerke fördert (siehe auch Capovich et al. 2001; vgl. die Kontrolltheorie von Hirschi 1969). Interessant ist diese Theorie nicht zuletzt deshalb, weil sie ganz offensichtlich eine sehr starke Verwandtschaft mit der generellen *Stresstheorie* aufweist, die sich insbesondere bei der Erklärung gesundheitlicher Probleme als sehr fruchtbar erwiesen hat (vgl. u.a. Lazarus/Folkman 1984 sowie die sehr kluge und äusserst differenzierte Weiterentwicklung durch Brücker 1994). In Orientierung an dieser Theorie untersuchten Hoffmann/Su (1997), inwieweit das Geschlecht den Effekt von Strain/Stress auf Delinquenz und Drogenmissbrauch moderiert, konnten jedoch keine prinzipiellen Differenzen zwischen den Geschlechtern in Bezug auf diesen Zusammenhang finden. Bei Broidy/Agnew (1997) hingegen zeigte sich, dass die beiden Geschlechter nicht nur unterschiedliche Arten und Stärken von Strains erleben, sondern dass die Reaktionen auf Strain in gewisser Hinsicht unterschiedlich sind und dass verschiedene Varianten von Strain unter spezifischen Bedingungen dazu tendieren, Kriminalität auszulösen. Die unterschiedliche Reaktion der Geschlechter dürfte nach Broidy/Agnew daran liegen, dass sie nach wie vor deutlich unterschiedliche Sozialisationen durchlaufen und unterschiedlichen sozialen Kontrollen unterliegen, die bei weiblichen Personen entschieden deutlicher durch Unterdrückung gekennzeichnet sind (siehe dazu auch Piquero/Sealock 2004; Mazerolle 1998; vgl. die Power-Control-Theory von Hagan et al. weiter unten). Durch die Affinität zur Stresstheorie liegt die Frage nahe, inwieweit die Delinquenz als ein spezifischer, nämlich externalisierender Copingversuch verstanden werden kann, durch den die Akteure den wahrgenommenen Stress zu bewältigen versuchen (vgl. Mansel/Hurrelmann 1998, bei denen sich zeigte, dass sich externalisierende und internalisierende Bewältigungsversuche nicht gegenseitig ausschließen), und inwieweit die Akteure durch abweichendes Verhalten tatsächlich subjektiv Erleichterung erfahren, die Devianz also (zumindest kurzfristig) als effektives Problemlöseverhalten zu sehen ist. In einer interessanten Studie konnte Brezina (1996) zeigen, dass Delinquenz tatsächlich die negativen emotionalen Konsequenzen von Strain verringert (vgl. die differenzierte Ausformulierung der entsprechenden theoretischen Hintergründe bei Brezina 2000).

Für die Weiterentwicklung der Anomietheorie spricht ferner, dass makrosoziologische Studien, die Anleihen bei der Anomietheorie machen, passable Erklärungsleistungen erbringen (vgl. Albrecht/Howe 1992; Albrecht 1999; Arts/Hermkens/van Wijck 1995). Eine Wiederbelebung dieser Debatte kann man nur begrüßen, da Analysen auf der gesamtgesellschaftlichen Ebene dringend erforderlich sind. Welche Entwicklungsmöglichkeiten die Straintheorie Agnews bieten könnte, wird an dem neuesten Versuch Agnews (1999) deutlich, sie so umzuformulieren, dass sie unterschiedliche Kriminalitätsraten auf Gemeindeebene erklären kann, wobei sich zeigt, dass sie teilweise alternativ, teilweise ergänzend zur Theorie der sozialen Desorganisation und zur Subkulturtheorie einsetzbar ist (vgl. zu einem neueren Versuch der Evaluation der älteren Varianten der Anomietheorie v.a. Ortmann 2000).

Eine wichtige junge Weiterentwicklung der klassischen Variante der Anomietheorie ist in der sog. „institutionellen Anomietheorie" von Messner und Rosenfeld (Messner 2003; Messner/Rosenfeld 1997) zu sehen. Diese geht – sehr vereinfacht gesagt – davon aus, dass in solchen Gesellschaften, die aufgrund der strukturellen Gegebenheiten potentiell einen hohen Grad an Anomie ausbilden könnten, aber durch sozial- bzw. wohlfahrtsstaatliche institutionelle Arrangements das Ausmaß der Kommodifizierung des menschlichen Arbeitsvermögens begrenzen und auf diese Weise Solidarität mit „sozial Schwachen" und besonders Belasteten (Familien mit Kindern, Behinderte, Arbeitslose, Alte, Kranke etc.) zeigen, die Raten abweichenden Verhaltens vergleichsweise niedrig sind, während sie in jenen Gesellschaften, in denen das nicht so ist, also „institutionelle Anomie" herrscht, besonders hoch ausfallen. Die bisherigen Befunde zeigen, dass tatsächlich institutionelle Anomie als Folge der völlig ungebändigten Gesetze des freien Marktes in einer korrelativen Beziehung zu Kriminalitätsraten, insbesondere Gewaltkriminalität steht, auch wenn man andere Variablen (z.B. Ungleichheit) kontrolliert (vgl. Messner/Rosenfeld 1997; Chamlin/Cochran 1997, 2007; Muftić 2006; Savolainen 2000). Die meisten dieser Studien stellen aber nicht spezifisch auf Jugendkriminalität ab, die vermutlich auch weniger eng mit institutioneller Anomie verbunden ist als die von jungen Erwachsenen. Vor allem aber stellt sich die Frage, ob institutionelle Anomie nicht die Folge von strukturellen Variablen ist, die in einem *direkten* kausalen Zusammenhang mit Kriminalität stehen, bzw. institutionelle Anomie deren Wirkungen nur vermittelt (vgl. zu Weiterentwicklungen Messner/Rosenfeld 2008).

4.2.3 Die subkulturtheoretischen Ansätze

Haben wir gerade darauf hingewiesen, dass die Mertonsche Unterstellung eines allgemeinen Wertekonsenses durchaus zweifelhaft sein dürfte, so betonen bestimmte Versionen der Subkulturtheorie genau diesen Aspekt der Unterschiedlichkeit verschiedener Teilkulturen in der modernen Gesellschaft. So vertritt beispielsweise Miller (1968) die These, dass sich die in bestimmten westlichen Gesellschaften historisch seit langem gewachsene Unterschichtkultur dadurch auszeichnet, dass sie bestimmte „Kristallisationskerne" aufweist (z.B. Schwierigkeiten, Härte, Cleverness/Wendigkeit, Schicksal, Autonomie, Erregung), die sich so darstellen, dass Jugendliche aus dieser Subkultur dann, wenn sie sich den in ihr geltenden Erwartungen gegenüber konform verhalten, zwangsläufig mit den geltenden bürgerlichen Regeln und Gesetzen in Konflikt kommen müssen. Hinter dem Verhalten der Jugendlichen lässt sich schließlich als Antriebsmotor die Suche nach Anerkennung und nach Zugehörigkeit nachweisen.

Albert K. Cohen (1955, 1968) führte dagegen die typischen Verhaltensweisen von amerikanischen Großstadtgangs, die sich nach Cohen dadurch auszeichneten, dass sie nicht-utilitaristisch, hedonistisch und bösartig waren, auf die problematische Stellung der Jugendlichen aus unteren sozialen Schichten in der dominanten Mittelschichtkultur zurück, die insbesondere durch die Schule repräsentiert wird. In der Schule als klassischer Mittelschichtinstitution begegnen die Jugendlichen aus unteren Schichten, insbesondere der untersten Schicht, einer Lebenswelt, deren Anforderungen sie nur begrenzt gewachsen sind. In Bezug auf den gesamten Lebensstil, die Kleidung, die sprachliche Kompetenz und die Lernvoraussetzungen insgesamt weisen Jugendliche aus unteren sozialen Schichten gravierende Handicaps auf, die dazu führen, dass ein erheblicher Teil von ihnen die Situation in der Schule als eine Situation des notorischen Versagens erfährt, die ausgesprochen frustrierend ist. Zwar hält ein Teil der Jugendlichen aus der unteren sozialen Schicht dennoch an dem Ziel des Statuserwerbs innerhalb der „Mittelschichtgesellschaft" – als die sie die Gesellschaft durch die „Mittelschichtinstitution Schule" kennengelernt haben – fest, aber nur wenige dieser Jugendlichen sind dabei erfolgreich. Andere geben das Ziel des Aufstiegs in die Mittelschicht auf, arrangieren sich mit der Schule mehr schlecht als recht und sind auf diese Weise in der Lage, ihre potentiell frustrierende Erfahrung relativ gut zu überwinden. Wieder andere Unterschichtjugendliche aber, die am Ziel des gesellschaftlichen Aufstiegs und der Akzeptanz durch die „bürgerliche" Gesellschaft intensiv festhalten, aber ihr Scheitern des Versuchs, dies mit den von der Mittelschichtinstitution Schule vorgesehenen Mittel zu erreichen, nachhaltig erleben, befinden sich in einer Situation des kollektiven Versagens und der kollektiven Frustration, die unter bestimmten Gruppenbedingungen dazu führen kann, dass sie – sich in der Gruppensituation entschieden und entschlossen gegenseitig stimulierend – nun gezielt gegen die Institutionen und die Interessen der Mittelschichtgesellschaft verstoßen. In bestimmten Gruppensituationen agieren sie die massiv angestaute Frustration dadurch aus, dass sie durch bestimmte Verhaltensweisen diese Institutionen zu treffen versuchen (ungezieltes Entwenden bestimmter Gegenstände aus Kaufhäusern, die für sie zwar nicht von materiellem Wert, jedoch von ideellem Wert sind – als Demonstration dafür, dass sie gegen zentrale Regeln der bürgerlichen Gesellschaft verstoßen). So gesehen ist diese Form der Eigentumskriminalität nicht utilitaristisch, da kein direkter materieller Nutzen daraus resultiert, wohl aber hedonistisch insofern als der Verstoß gegen die Regeln der bürgerlichen Gesellschaft „lusterzeugend" zu sein vermag. In anderen Situationen führt die Frustration der Unterschichtjugendlichen aufgrund der oben genannten Gegebenheiten dazu, dass sie sich ausgesprochen bösartig verhalten, indem sie beispielsweise wehrlosen Opfern schweren körperlichen Schaden zufügen und auf grausame Art und Weise Opfer quälen. Hier spielen Gruppenprozesse (vgl. Short/Strodtbeck 1965; Yablonsky 1962, 1973) eine zentrale Rolle, die dazu beitragen, dass die empfundenen Frustrationen ungehemmt in kriminelles Verhalten umgesetzt werden. Im deutschen Sprachbereich wurde diese theoretische Konzeption nur zögerlich aufgegriffen bzw. weiterentwickelt, vielleicht deshalb, weil eine so stark zugespitzte soziale Ungleichheit hier lange nicht bestanden hat, die sich jetzt erst seit zwei Jahrzehnten durch die Verknüpfung von Arbeitslosigkeit, Armut, ethnischer Diskriminierung etc. zu entwickeln scheint – mit erkennbar negativen Folgeerscheinungen. Die beispielhafte Studie von Haferkamp (1975) sollte unter den veränderten Bedingungen wiederholt werden, denn es scheint sich mittlerweile eine bunte Vielfalt jugendlicher Subkulturen entwickelt zu haben, die spezifische Affinitäten zu bestimmten Formen abweichenden Verhaltens aufweisen, die damals noch nicht bzw. selten beobachtet wurden. Zu denken ist z.B. an Skinheads und fremdenfeindlich agierende Gruppen (vgl. generell Mischkowitz 1994; die Beiträge in Bergmann/Erb 1994; Funke 1995; Jabs 1995; König 1998; zur Rolle der Mädchen in rechtsextremen Gruppen Niebergall 1995), an Rocker (vgl. u.a. Cremer 1992; Steuten 2000), die Subkultur der „Rapper" (vgl. u.a. Lamnek/Schwenk 1995, die in der Szene am Marienplatz in München ein sehr vielfältiges Spektrum von Gruppen beobachteten, das als Gestalt vielleicht eher ein Produkt der Aktivitäten der Instanzen sozialer Kontrolle denn „Realität" war), die Subkultur der Hooligans und Musikgruppen, bei denen der Suche nach Gemeinsamkeit die schon von Miller betonte große Bedeutung zukommt (Bohnsack et al. 1995). Aufgrund der eingetretenen Entwicklung spielen in bestimmten Kontexten (Großstädte mit hohem Migrantenanteil) ethnisch strukturierte und subkulturell geprägte Jugend- und Heranwachsendengruppen eine besonders große Rolle (vgl. u.a. Tertilt 1996; Garhammer 2003). Von besonderer Wichtigkeit für die Auslösung gewalttätiger Handlungen sind offensichtlich eine „Kultur der Ehre" und kulturspezifische Männlichkeitsnormen (vgl. allgemein zur Ehre Vogt 1997; Vogt/Zingerle 1994; vgl. Anderson 1999 für den Ehrenkodex der „Straße"; Horowitz/Schwartz 1974 für den informellen Druck der Ehre in Gangs; vgl. Matt 1999 zum generellen Zusammenhang zwischen Männlichkeit und Delinquenz; zur Bedeutung von Ehre und Männlichkeitsnormen für Gewalt in der Neuzeit in Europa und Amerika siehe die Beiträge in Spierenburg 1998; in europäischen und mediterranen Gesellschaften bei Hauschild 2008; bei türkischen Migranten Bohnsack 2001; Schiffauer 1983; vgl. Strasser/Zdun 2003,

2005 zum Verhalten männlicher Russlanddeutscher und zur Rolle stark ausgeprägter „Männlichkeitsnormen"; vgl. Enzmann et al. 2003; Schmitt-Rodermund-Silbereisen 2003).

Eine besonders fruchtbare Wendung scheint die subkulturtheoretische Sichtweise dadurch zu nehmen, dass sie mit einer *lebenslauftheoretischen* Sicht verbunden wird. So ging Hagan (1991) davon aus, dass solche Jugendliche, die auf Distanz zur elterlichen Kontrolle und zur Kontrolle durch Erziehungs- und Ausbildungsinstitutionen gehen, gemäßigte oder schwer abweichende subkulturelle Präferenzen entwickeln, bei denen sich zwei verschiedene Ausprägungen unterscheiden lassen: die Präferenz für die sog. *„Partysubkultur"* und die „Subkultur der Delinquenz". Diese subkulturellen Prägungen haben in Abhängigkeit vom Geschlecht und dem elterlichen Schichthintergrund unterschiedliche Folgen für den weiteren Lebenslauf: Bei männlichen Jugendlichen mit *Arbeiterschicht*hintergrund hat die Identifikation mit der *delinquenten* Subkultur einen negativen Effekt auf die frühen Statuspassagen in die Welt der Erwachsenen. Bei männlichen Jugendlichen mit *Mittelschicht*herkunft hat die Identifikation mit der *Party*subkultur einen positiven Nettoeffekt auf die ersten Statuspassagen, wenn man die negativen Effekte dieser Subkultur auf die Schulleistungen kontrolliert. Bei den weiblichen Probanden treten Effekte kaum auf. Wie komplex derartige Zusammenhänge sind, zeigte sich nach Hagan (1997), wenn man, Straintheorie und Subkulturtheorie miteinander verbindend, die Frage aufwirft, wieso der nach der Straintheorie zu erwartende höhere Distress bei delinquenten Jugendlichen in der Regel nicht nachweisbar war bzw. warum solche Jugendlichen, die sich stark mit einer „Gegenkultur zur Schule" identifizieren, die Schule relativ früh und wenig problembeladen verlassen und zunächst erfolgreich Erwachsenenrollen übernehmen. Die *delinquente* Subkultur isoliert ihre Teilhaber offensichtlich zeitweilig von Stressquellen, denen sie ansonsten ausgesetzt gewesen wären. Diese oppositionelle Disposition führt allerdings später zu Ausbildungs- und Beschäftigungsproblemen, die in Interaktion mit der subkulturellen Prägung bzw. deren Relikten Stressfaktoren bedingen. Dieser „Schläfereffekt" wird erst im frühen Erwachsenenalter relevant und äußert sich dann in ernsten Beschäftigungproblemen, in Gefühlen der Hoffnungslosigkeit und der strukturellen Benachteiligung, mit entsprechenden Devianzrisiken als Folge. In diesem Zusammenhang stellt sich auch die in der Kontroverse zwischen Miller und Cohen zum Ausdruck kommende Frage, ob subkulturelle Formen von Delinquenz und Kriminalität vollständige Zurückweisungen oder verzerrte Widerspiegelungen der zentralen Werte von marktorientierten Gesellschaften sind. Die Forschungslage spricht eher gegen die erste Sichtweise. Die zweite geht davon aus, dass eine „Kultur der Konkurrenz" hierarchische Formen des Selbstinteresses befördert, die zur Akzeptanz von Ungleichheit und anomischer Amoralität führt und damit letztlich auch zu einer gruppenbezogenen Delinquenz. Hagan et al. (1998) glauben, anhand von Daten aus vier deutschen Regionen zeigen zu können, dass „unterirdische Verbindungen" zwischen den zentralen Werten der Marktgesellschaft und subkultureller Delinquenz bestehen.

Besonders fruchtbar ist die subkulturtheoretische Sichtweise, wenn sie gezielt mit anderen theoretischen Ansätzen verbunden wird. Dies zeigt sich z.B. wenn Jacobs/Wright (1999) bei aktiven Räubern belegen können, dass strukturelle Variablen zwar den Problemdruck (z.B. finanzieller Art) erklären, dass die Motivation zum räuberischen Handeln aber durch die Teilhabe an einer spezifischen „Straßenkultur" entsteht (vgl. zur Erklärung der „wütenden Aggression" Bernard 1990 sowie zum Beleg der Funktion subkulturell vermittelter Neutralisierungstechniken Agnew 1994 bzw. von subkulturellen Situationsdefinitionen Hagan/McCarthy 1997; Heimer 1997; Matsueda et al. 1992).

4.2.4 Die Theorie der differentiellen Gelegenheiten

Eine sehr wichtige Integration zweier verschiedener Theorierichtungen stellt die Theorie der differentiellen Gelegenheiten von Cloward und Ohlin (vgl. Cloward 1968 bzw. Cloward/Ohlin 1960) dar. Diese Theorie bemüht sich darum, einen gravierenden Mangel der Anomietheorie Mertons zu beheben. Bei Merton bestand eine der zentralen kausalen Variablen für die Erklärung von Anomie in der Variable „Blockierung des Zugangs zu legalen Mitteln zur Erreichung zentraler gesellschaftlicher Werte für bestimmte gesellschaftliche Teilgruppen". Die Frage des Zugangs zu bestimmten illegalen bzw. illegitimen Wegen zur Erreichung von gesellschaftlichen Zielen blieb ungeklärt. Zwar sah Merton, dass die Akteure auf die Situation der Blockierung legaler Mittel auf verschiedene Weise reagieren können (vgl. die verschiedenen Reaktionsformen), doch hat er sich zu den Determinanten dieser Wahlen eher ad hoc als systematisch und zu der Frage der sozialen Strukturierung des Zugangs zu illegalen Mitteln dieser Alternativen nicht geäußert. Von Cloward und Ohlin stammt die wichtige Einsicht, dass auch der Zugang zu illegitimen bzw. illegalen Wegen sozial strukturiert ist. Nicht jeder Akteur hat die Chance, bestimmte illegale Wege wählen zu können. Cloward und Ohlin arbeiteten die sozialstrukturellen und subkulturellen Gegebenheiten heraus, von denen es abhängt, welche illegalen Mittel den Akteuren zur Verfügung stehen. Von dieser Strukturierung des Zugangs zu illegalen Wegen hängt die konkrete Form des gewählten abweichenden Verhaltens ab. Unter bestimmten Bedingungen beteiligen sich deviante Jugendliche bei blockierten Chancen im Bereich der legalen Mittel zur Erreichung der zentralen gesellschaftlichen Werte an der Welt des organisierten Verbrechens. Unter anderen Bedingungen, in denen ihnen dieser Zugang nicht offen steht, wählen sie möglicherweise die Mitgliedschaft in bestimmten conflict-gangs, die die entstandenen Frustrationen in aggressives Bandenhandeln umsetzen. In wieder anderen sozialstrukturell und subkulturell geprägten Situationen sind den Jugendlichen auch diese beiden Alternativen nicht zugänglich, so dass sie u. U. als sog. „doppelte Versager" nur noch den Zugang in die Subkultur der Süchtigen finden.

Diese Erweiterung bzw. Synthese aus Anomietheorie und Subkulturtheorie stellt einen gravierenden Fortschritt dar, da mit den genannten Erklärungsmechanismen die verschiedenen Delinquenzphänomene bzw. die altersspezifische, die soziale und ethnische Strukturierung der Kriminalität deutlich besser erklärt werden können. Insbesondere ist dieser Gedankengang für die *geschlechtsspezifische* Ausprägung kriminellen Handelns von großer Bedeutung, da sich die spezifische Qualität und Quantität der weiblichen Kriminalität u. a. dadurch erklären lässt, dass die begrenzten Zugangschancen für Frauen auch in den Bereichen des abweichenden Verhaltens mitverantwortlich sind für den Umstand, dass Frauen in bestimmten Bereichen kriminellen Handelns absolut unterrepräsentiert sind (organisiertes Verbrechen, Gewaltkriminalität), während sie in anderen Bereichen im Zuge der Angleichung der Geschlechter schon erheblich an Boden gewonnen haben. Ferner würden entsprechende Überlegungen bei einer gewissen Erweiterung auch erklärbar machen, warum sich die bekannten epidemiologischen Befunde in Bezug auf die Belastung von Männern und Frauen mit kriminellen Handlungen, mit physischen und psychischen Erkrankungen etc. ergeben.

Eine interessante Verknüpfung lässt sich auch zum sog. *Routineaktivitäten-Ansatz* herstellen, der davon ausgeht, dass Auslösung und spezifische soziale und räumliche Verteilung der Kriminalität eine Funktion der dominanten Routineaktivitäten von Tätern und Opfer darstellen, da sich entsprechende Delikte erst dann ergeben, wenn ein potentieller Täter durch die alltäglichen Aktivitäten einem potentiellen Opfer begegnet, das durch die situative Gegebenheit keine oder nur geringe Chancen hat, sich oder seinen Besitz vor dem Zugriff zu schützen (vgl. u.a. Felson 1986; Bernburg/Thorlindsson 2001). Merkwürdigerweise hat diese sehr wichtige Theorie, die zudem in ausdrücklich praktisch-politischer Absicht konzipiert worden ist, lange Zeit wenig Beachtung gefunden. Neuerdings belebt sich die Diskussion auch hier und einige differenzierende Forschungsergebnisse erscheinen (z.B. Simons/Gray 1989; Agnew 1990), die insofern teilweise sehr interessante Ergebnisse liefern als sich zeigt, dass bei Jugendlichen mit steigenden finanziellen Ressourcen die Delikthäufigkeit teilweise steigt – offensichtlich deshalb, weil sie mit diesen Ressourcen einen Lebensstil pflegen können, der die Wahrscheinlichkeit des Zugangs zu kriminellen Handlungen bzw. die Freiheit von der Kontrolle durch Erziehungspersonen erhöht (vgl. zu devianten Lebensstilen und Routineaktivitäten von Jugendlichen Hawdon 1996).

4.2.5 Die Easterlin-Hypothese: Der Kohortenumfang als Chancenbarriere

Wenig Gutes könnte man für die weitere Entwicklung der bundesrepublikanischen Gesellschaft und ihre Kriminalität erwarten, wenn sich die Versuche von Hagan et al. (1998) erhärten lassen, jugendliches abweichendes Verhalten und damit auch einen großen Teil der Gewaltkriminalität unserer Gesellschaft als Folge quasi „unterirdischer" subkultureller Varianten von Werten, die für eine Marktgesellschaft mit Betonung des Konkurrenzkampfs im Zeitalter der Globalisierung typisch, ja zentral sind, zu deuten. Dieser Sichtweise zufolge müsste die Kriminalitätsrate über längere Zeit steigend sein, da sich die genannten gesellschaftlichen Tendenzen nicht als kurzfristige „Ausreißer", sondern eher als epochaler Trend darstellen. Demgegenüber hat Easterlin (vgl. u.a. Easterlin 1980, 1990; Easterlin/Crimmins 1991) den Gedanken entwickelt, dass neben einer bestimmten Altersstruktur (vgl. u.a. Greenberg 1979) auch, ja insbesondere der relative quantitative *Umfang* von bestimmten Kohorten für deren Lebenschancen und damit auch für deren Ausmaß an abweichendem Verhalten kausal bedeutsam sein könnte. Der im Grunde simple Gedanke ist der, dass einerseits bei einer sehr groß ausfallenden Kohorte zum einen die Eltern für die Sozialisation ihrer Kinder – relativ gesehen – pro Kind nicht dieselbe Sorgfalt aufbringen können oder wollen wie bei kleinen Kohorten und andererseits die Mitglieder aus besonders groß ausgefallenen Kohorten bei der Konkurrenz in den Ausbildungseinrichtungen und bei der Einmündung in den Arbeitsmarkt vor besonders hohen Hürden stehen (vgl. Welch 1979; Smith/Welch 1981) und auf diese Erfahrungen mit den entsprechenden Verhaltensweisen reagieren, also z.B. politischer Entfremdung (vgl. Kahn/Mason 1987), allgemein mit Kriminalität (vgl. Maxim 1985; Menard 1992; Steffensmeier et al. 1992) oder eben auch mit Mord und Totschlag (vgl. O'Brien 1989; O'Brien et al. 1999 für die Mordrate). Auch wenn die Befunde keineswegs eindeutig und stark sind (vgl. kritisch Levitt 1999; mit schwachen Effekten Pampel/Gartner 1995), so dürfte dies wohl daran liegen, dass wichtige zusätzliche Variablen – wie z.B. die Veränderung der Familienstruktur und ethniespezifische Sonderentwicklungen – in den entsprechenden Studien nicht angemessen berücksichtigt wurden (vgl. Savolainen 2000). Demnach wäre kein längerfristiger, gleichgerichteter Trend von Raten abweichenden Verhaltens zu erwarten, sondern ein eher zyklisches Muster in Abhängigkeit von wechselnden Umfängen bestimmter Alterskohorten. Die sich verstärkenden Hinweise darauf, dass der jüngste deutliche Anstieg der Gewaltkriminalität ein vorübergehender gewesen sein könnte, auf den ein deutlicher Rückgang folgt, sprechen dafür, die Easterlin-Hypothese einmal auf die deutsche Gesellschaft anzuwenden.

4.2.6 Die Theorie der sozialen Desorganisation

Die in den Subkulturtheorien enthaltenen Verweise auf die Bedeutsamkeit makrosozialer Strukturmerkmale finden sich in anderer Nuancierung auch in der Desorganisationstheorie. Die Slum-Desorganisationstheorie betont z.B., dass in bestimmten Settings die soziale Situation dadurch gekennzeichnet ist, dass durch ein hohes Maß an Urbanität und Anonymität, durch eine große Mobilität und durch eine starke Industrialisierung die einstmals vorhandenen sozialen Strukturen zerstört und damit jene Regelsysteme und Kontrollmechanismen, die an sich ein gewisses Ausmaß an Konformität sichern, „desorganisiert" werden (soziale Desorganisation), so dass die davon betroffenen Individuen in einen Zustand der personalen Desorganisation verfallen, der das Auftreten abweichenden Verhaltens und insbesondere von Kriminalität sehr wahrscheinlich werden lässt (vgl. Cohen 1959). Dies liegt darin begründet, dass für die neu entstandene soziale Situation entweder keine Regelungsmechanismen zur Verfügung stehen oder solche, die miteinander im Widerspruch stehen, so dass keine klare Verhaltensregulierung erfolgen kann.

Eine spezielle Variante der Desorganisationstheorie bezieht sich auf die **Familie,** die durch raschen sozialen Wandel, durch ökonomische Krisen, durch häufige Mobilität, durch räumliche Trennung der Familienmitglieder etc. aus den Fugen geraten kann, so dass sie ihre wichtige sozialisatorische Aufgabe nicht vollständig wahrnehmen kann. Diese theoretische Argumentation, die die sog. Desorganisation der Familie (vgl. allgemein König 1949, 1974a, 1974b) in den Vordergrund rückt, hat in der Soziologie abweichenden Verhaltens eine sehr zentrale Rolle gespielt, wobei jedoch das Interesse an dieser Fragestellung eher ideologischen Moden als vorliegenden wissenschaftlichen Erkenntnissen gefolgt ist (vgl. Wilkinson 1974). Die Argumentation hat sich noch dazu häufig auf die Fragestellung der „unvollständigen Familie" und ihrer kausalen Bedeutung für Jugendkriminalität eingeengt (vgl. allgemein zu konzeptuellen Ideen und empirischen Befunden Johnson 1986; Wells/Rankin 1986), obwohl vorsichtige Warner (vgl. König 1974b, S. 114, S. 117) schon lange auf potentielle Denkfehler dieser Argumentation hingewiesen haben. Es wäre dennoch voreilig, wie dies mancher Autor im deutschsprachigen Raum fordert, diese Fragestellung ganz aufzugeben, denn während Albrecht/Howe/Wolterhoff (1991) auf breiter Basis zwar die relativ geringe Relevanz verschiedener Konzeptualisierungen von „broken home" für die selbstberichtete Kriminalitätshäufigkeit zeigen konnten (Ausnahmen: bestimmte Kombinationen von Familienstruktur und sozialer Herkunft sowie bestimmte Altersgruppen (z.B. 16-Jährige) insbesondere bei Gewaltdelikten), berichten immer wieder psychologisch-orientierte Arbeiten (vgl. als hervorragende Übersicht Hetherington 1988) neben bestimmten Reifungsvorsprüngen von Kindern aus unvollständigen Familien von langfristigen psychischen Folgeschäden elterlicher Trennung. Allerdings scheint es auch dabei weniger auf die Unvollständigkeit der Familie an und für sich als vielmehr auf die *funktionale* Qualität des Familienlebens anzukommen (vgl. eine umfassende Meta-Analyse der deutschen Literatur zum Zusammenhang zwischen Familienvariablen und „psychopathologischen" Problemen Lösel 1991 sowie Wells/Rankin 1991 mit einer Meta-Analyse der internationalen Befunde). Jedenfalls sollte dem Zusammenhang zwischen Familienprozessen und Gewaltkriminalität weiter nachgegangen werden, da die Hinweise auf kausale Beziehungen nicht zu übersehen sind. Im Zentrum der Forschungen der letzten Jahre steht die Frage, inwieweit manifester Streit oder gar Gewalt zwischen den Eltern für das Wohlbefinden der Kinder relevante Spätfolgen zeitigt oder gar die Quelle von gewalttätigem Verhalten der Kinder darstellt. Hanson (1999) konnte zeigen, dass in Bezug auf den ersten Aspekt gesagt werden kann, dass bei 12 von 16 gewählten Methoden zur Bestimmung des jugendlichen Wohlbefindens negative Effekte auftreten, und Foshee et al. (1999) fanden, dass sowohl für männliche als auch weibliche Jugendliche gezeigt werden kann, dass sie bei intimen Beziehungen erhöhte Wahrscheinlichkeiten gewalttätigen Verhaltens aufweisen, wenn sie Gewalt zwischen den Eltern erleben mussten. Die Brücke zwischen diesen Sozialisationsbedingungen und dem eigenen abweichenden Verhalten wird über Variablen hergestellt, die in der Theorie der sozialen Lerntheorie und der Kontrolltheorie verwendet werden (letztere nur bei männlichen Individuen). Kontrolltheoretische, (soziale) lerntheoretische und straintheoretische Deutungen des in der Literatur oft berichteten Zusammenhangs zwischen erduldeter Misshandlung durch die Eltern und Jugenddelinquenz bewähren sich in der empirischen Überprüfung jeweils nur partiell (Brezina 1998); sie sind einzeln gesehen also offensichtlich unterkomplex.

Nach einer umfassenden Darlegung der Mängel der früheren Desorganisationsansätze, aber auch ihrer Potentiale durch Bursik (1988) haben sich die Vertreter dieses Ansatzes auf ihre *makro*soziologischen Ursprünge zurückbesonnen und Studien zur Rolle der Desorganisation auf der Quartiers- bzw. Stadtteilebene bzw. der Gemeinde insgesamt für die Auslösung abweichenden Verhaltens vorgelegt, bei denen wieder hohe Mobilitäts- bzw. Migrationsraten, ethnische Spannungen, Verarmungs- und Gettoisierungsprozesse, Segregation, mangelnde Netzwerkintegration, fehlende politische Gemeindestrukturen etc. zentrale Dimensionen darstellen. Letztere werden verstanden als Begleiterscheinungen massiven sozialen Wandels durch Modernisierung, die die Effekte dieses Prozesses auf das Ausmaß abweichenden Verhaltens kausal „vermitteln" (vgl. u.a. Bursik/Grasmick 1993a, 1993b). Eine eindrucksvolle Bestätigung schien diese Theorie für Großbritannien zu finden (Sampson/Groves 1989; vgl. ähnliche Befunde in den USA bei Elliott et al. 1996; Bellair 1997), bei Einsatz elaborierterer Auswertungsverfahren zeigt sich aber, dass wohl zwischen verschiedenen Typen von Desorganisation unterschieden werden muss, die auch verschiedene Effekte aufweisen, und dass zu einer guten Erklärung auch auf Bestandteile anderer Theorien zurückgegriffen werden muss (z.B. differentielle Assoziation) (vgl. Veysey/Messner 1999 sowie für die USA ähnlich Esbensen/ Huizinga 1990). Die neuesten Befunde belegen, wie komplex offensichtlich die Zusammenhänge zwischen Sozialstruktur, Desorganisation und Kohäsion auf der einen und Kriminalität auf der anderen Seite sind. So hängt die Wirkung von strukturell relevanten Variablen vom Kontext ab, in dem sie sich verändern (vgl. Morenoff/Sampson 1997), oder Kohäsion bewirkt in besonders armen Quartieren keine Reduktion der Kriminalität (wie in reichen Quartieren), sondern das Gegenteil (Hirschfield/Bowers 1997). Ferner gilt, dass in ländlichen Gemeinden Armut nicht mit jugendlicher Gewaltkriminalität zusammenhängt, weil Armut hier nicht mit residentieller Mobilität verbunden ist, daher vergleichsweise intakte soziale Kontrollnetze existieren (Osgood/Chambers 2000; vgl. ganz ähnlich in Bezug auf das Wohlbefinden, einer kausal relevanten Variable für abweichendes Verhalten, Ross/Reynolds/Geis 2000).

Besonders fruchtbar dürfte der Versuch von Sampson und Raudenbush (1999) sein, den Ansatz der sozialen Desorganisation zu einer „Theorie der kollektiven Wirksamkeit und der strukturellen Begrenzungen" umzuformulieren, die mit den Elementen „Kohäsion der Bevölkerung" und „geteilte Erwartungen in Bezug auf soziale Kontrolle öffentlicher Räume" operiert (vgl. zu den neuesten Entwicklungen Sampson 2008). Interessanter Nebenbefund ist der, dass entgegen der „Theorie der zerbrochenen Fenster" die Beziehung zwischen „broken windows" und Gewaltkriminalität (Raub und Tötungsdelikte) eine Scheinbeziehung ist (ausgenommen für den Raub).

4.3 Die interaktionistische Theorie abweichenden Verhaltens und verwandte Ansätze

4.3.1 Der Labeling Approach

Während alle bisher genannten Theorien sog. *ätiologische* Theorien waren, die nach den Ursachen für das Auftreten kriminellen Handelns suchen, hat sich ein wesentlicher Fortschritt in der Betrachtung der Kriminalität durch den **Labeling-Ansatz** eingestellt, der die alte Fragestellung als naiv erscheinen lässt. Diese symbolisch-interaktionistische Theorierichtung hält die ätiologische Fragestellung für unsinnig, da aus ihrer Sicht der zu erklärende Sachverhalt, die vermeintliche kriminelle Handlung, erst durch einen nachträglichen Definitionsprozess, der in Interaktion zustande kommt, als solcher konstituiert wird (vgl. Becker 1963; Sack 1968; Sack 1978). Die vermeintlich „kriminelle" Handlung weist nicht bestimmte objektive Verhaltensqualitäten auf, sondern diese werden erst durch die Beteiligten in einem komplizierten Interaktionsprozess, bei dem bestimmte Alltagstheorien, Berufsroutinen, aber auch persönliche Interessen, Machtpositionen etc. von Bedeutung sind, diesem Handeln zugeschrieben – oder auch nicht. Da man vor der Handlung selbst gar nicht „objektiv" bestimmen kann, was sie bedeutet, sondern diese „Bedeutung" erst durch einen komplexen Interaktions- und Aushandlungsprozess konstruiert wird, kann man sie auch nicht im üblichen Sinne *kausal* erklären, denn bei etwas anderem Verlauf des Definitionsprozesses hätte sie vielleicht etwas ganz anderes bedeutet. Folgerichtig richtet dieser theoretische Ansatz sein Augenmerk auf andere Fragen als die anderen Ansätze: Nicht mehr der Versuch steht im Vordergrund, aus der materiellen oder psycho-sozialen Situation bestimmter Kategorien von Jugendlichen deren kriminelle Handlungen ursächlich zu erklären, sondern gefragt wird danach, wie es dazu kommt, dass durch bestimmte Reaktionen der Instanzen informeller und formeller **sozialer Kontrolle** einem prinzipiell sehr verschieden deut- und bewertbarem Handeln in Auseinandersetzung mit den Deutungen und Definitionen der Handelnden ein bestimmtes Etikett oder Label zugeschrieben wird – oder auch nicht. Eine solche Position lässt das Hantieren mit offiziellen Statistiken abweichenden Verhaltens fragwürdig erscheinen, da diese Daten durch einen sehr komplexen Prozess der Realitätskonstruktion entstehen, der von lokalen, regionalen und historischen Randbedingungen etc. abhängt. Folgt man diesem Argumentationsgang, scheinen alle Versuche relativ wertlos zu sein, durch eine Analyse der offiziellen Polizeilichen Kriminalstatistik oder der Gerichtsstatistik zu entscheiden, ob sich im Zeitablauf die Kriminalitätshäufigkeit bei Jugendlichen erhöht hat etc. Erst wenn man zeigen könnte, dass sich im betreffenden Zeitraum weder die Anzeigebereitschaft der Bevölkerung, noch die Ermittlungsbereitschaft und Sanktionsbereitschaft von Polizei und Staatsanwaltschaft bzw. Gericht, noch die „Zählpraktiken" verändert haben, könnte man von steigenden Häufigkeitsziffern auf eine wirkliche Zunahme „krimineller" Handlungen schließen. Ansonsten könnte es sein, dass ein erheblicher Teil der z.B. für die 1970er-Jahre oft behaupteten kräftigen Zunahme der Jugendkriminalität in Wirklichkeit daraus resultierte, dass – bedingt durch zunehmende Anonymität der Lebenszusammenhänge, durch reduzierte Toleranz, durch (oft unberechtigtes) Vertrauen auf die Handlungskompetenz professioneller Sozialkontrolleure etc. – gegenüber früher eine deutlich verstärkte Neigung entstanden war, wahrgenommenes abweichendes Verhalten zum Anlass zu nehmen, formale Kontrollinstanzen zu informieren oder zu mobilisieren, statt sie wie früher als „Ungezogenheiten", Streiche etc. zu „normalisieren" (vgl. Albrecht/Lamnek 1979).

Eine ganz wesentliche Leistung dieses Ansatzes besteht auch und gerade darin, aufgezeigt zu haben, dass Form und Inhalt dieser Definitionsprozesse eine Art Eigendynamik aufweisen, die es erforderlich erscheinen lässt, diese „Kreation" abweichenden Verhaltens durch „gesellschaftliche Reaktion" im Längsschnitt zu untersuchen (vgl. Albrecht/Karstedt-Henke 1987). Insbesondere betont dieser Ansatz, dass durch die spezifische Ausprägung dieses Definitionsprozesses der „abweichende Akteur" in doppelter Weise betroffen zu sein pflegt. Erstens gehen mit den informellen, vor allem aber mit den formellen Sanktionen und deren oft unbeabsichtigten Nebenfolgen Beschneidungen des Rollenrepertoires einher (Role engulfment bei Becker 1963), die von ganz erheblicher langfristiger und irreversibler Bedeutung sein können (Berufsverbot für bestimmte Berufe etc.), da sie die gesamte weitere Laufbahn betreffen können (vgl. DeLi 1999). Zweitens können derartige Definitionsprozesse, auch wenn sie rechtlich gesehen u.U. ohne gravierende Folgen bleiben, auf den betroffenen Akteur in fataler Weise einwirken, indem sie unter bestimmten Umständen Identitätstransformationen oder zumindest Selbstkonzept- bzw. Selbstwertveränderungen auslösen (vgl. Frey 1983; Stenger 1985; als Übersicht Albrecht/van Kampen 1991). Hierbei ist allerdings zu unterscheiden, ob die Reaktionen bspw. im informellen Bereich durch solche Personen erfolgen, die das deviante Handeln möglicherweise positiv bewerten (z.B. peers von delinquenten Jugendlichen), oder aber durch formelle Instanzen sozialer Kontrolle, die ihre Reaktion als eindrucksvolle öffentliche „Degradationszeremonie" inszenieren, durch die der Akteur so massiv stigmatisiert wird, dass es zu einer retrospektiven Neuinterpretation der gesamten Biographie kommt, die ihn als „zutiefst anders", als Außenseiter diskreditiert. Dadurch wiederum – so der besonders provokative Gedanke dieser Theorie – kommt es in der Regel erst zu dem, was die gesellschaftliche Reaktion schon unterstellt: War die erste abweichende Handlung, deren abweichende Qualität ohnehin erst post hoc zustande kommt, verstehbar als Resultat eines reinen Zufallsprozesses (primäre Devianz; vgl. Lemert 1967, 1975), so handelt der als deviant Etikettierte und Stigmatisierte in Reaktion auf diesen Degradationsprozess, der zu einer Identitätstransformation geführt hat, mit erhöhter Wahrscheinlichkeit deviant (sekundäre Devianz) (vgl. zur Sozialpsychologie des Stigmas u.a. Major/O'Brien 2005). Dabei gibt es gute Gründe dafür anzunehmen, dass gesellschaftliche Reaktionen dieser Art bei Personen, deren Identitätsbildungsprozess aufgrund der typischen Verlaufsmuster der Biographieentwicklung in einer kritischen Phase ist, wie dies bei der Jugend der Fall ist, besonders gravierende Auswirkungen haben, während sie bei Personen mit konsolidierter Identität vergleichsweise geringe Folgen haben werden (vgl. Heiss 1981). Damit ergibt sich eine ganz eigentümliche Beziehung zwischen abweichendem Verhalten und Jugend: Man kann aus zwingenden Gründen annehmen, dass die Jugend als eine brisante Übergangsphase, in der eine aus bestimmten Gründen auftretende Kumulation von Statuspassageproblemen in einem solchen Ausmaß zu Stress führt, dass neben einigen anderen, teilweise problematischen Coping-Strategien (wie z.B. Drogenkonsum) auch zu kriminellen Handlungen gegriffen wird, auch jene Phase ist, in der gesellschaftliche Etikettierungen besonders explosive Folgen haben. Aus diesem Grunde ist diese Phase für die Problematik der kriminellen Karriere von zentraler Bedeutung und die Qualität der informellen und formellen sozialen Kontrolle so entscheidend wichtig. Angesichts dieser Tatsache ist es sehr erstaunlich, dass es nicht sehr viele Studien gibt, die die unterstellten problematischen Auswirkungen formaler und informeller Etikettierungen auf methodisch einwandfreie Weise und als sehr gravierend nachweisen konnten (vgl. als Beispiele Klein 1986; Palamara et al. 1986; Ray/Downs 1986; Rojek/Maynard 1982). Man muss davon ausgehen, dass solche Effekte auftreten, aber an bestimmte Bedingungen gebunden sind, also z.B. die Intensität, Dauer, Reichweite der negativen Etikettierung, die Art und Qualität der Netzwerke der betroffenen, als deviant stigmatisierten Akteure, die personale und soziale Identität des Akteurs vor der Stigmatisierung etc. Man sollte diese negativen Effekte nicht überschätzen, darf sie aber keineswegs übersehen oder gar durch populistische Law and Order-Politiken verschärfen (vgl. eine Übersicht bei Albrecht u.a. 1991; vgl. als Nachweis der Folgen harter Einstiegssanktionen, die kaum einen Weg der Deeskalation zulassen Albrecht 1990; Höfer 2003; vgl. zum Zusammenhang von Sanktion und Rückfall Heinz 1996). Der sog. Labeling-Ansatz bedarf sicher einer kritischen Überarbeitung und Weiterentwicklung; manche seiner „Gewissheiten" scheinen sich als irrig herauszustellen (vgl. u.a. Greve/Enzmann 2001), jedenfalls wenn man den Ansatz in einer „vulgarisierten" Version zur Grundlage nimmt, die aber eben nicht dem komplexen Ideengebäude entspricht (vgl. allgemeiner Pogarsky/Piquero 2003).

Aus der Stagnation des Labeling-Ansatzes herausführen könnten Versuche von Heimer und Matsueda (Heimer/Matsueda 1994; Matsueda 1992; Matsueda/Heimer 1987, 1997), Ideen dieses Ansatzes mit denen aus der sozialen Lerntheorie zu einem umfassenderen interaktionistischen Ansatz zusammenzufügen. Der zentrale Gedanke dabei ist, dass soziale Kontrolle über einen Prozess der Rollenübernahme geschieht, durch den mittels des Bezugs auf den *generalisierten Anderen* die Verbindung zur umfassenden sozialen Organisation und Ordnung hergestellt wird, da damit ganz explizit Rollenerwartungen und Bezugsgruppen ins Spiel kommen. Die Delinquenzursachen werden in einem Zusammenspiel von Variablen gesehen, die vom Labeling-Ansatz und der Theorie der differentiellen Assoziation herausgestellt werden, die von den beiden Autoren als Bestandteile einer umfassenden interaktionistischen Theorie der Devianz betrachtet werden. In einer komplexen Analyse werden die Erklärungsleistungen dieser beiden Theoriebestandteile explizit in Konkurrenz zur Desorganisationstheorie und zur Kontrolltheorie, die von anderen Annahmen ausgehen, getestet. Die Ergebnisse stützen die oben genannte symbolisch-interaktionistische Perspektive, dass die Delinquenz ein Resultat der verschiedenen Elemente der Rollenübernahme ist, unter denen insbesondere die Assoziation mit delinquenten Peers, die Übernahme und Deutung der Reaktionen der Bezugspersonen auf das eigene delinquente Verhalten (reflected appraisals) und die Ausbildung delinquenter Einstellungen relevant sind. Entgegen den Hypothesen der Theorie der sozialen Desorganisation und der Kontrolltheorie sind die Desorganisationsvariablen- sowie die Variablen Attachment und Commitment nur *indirekt* wirksam – und zwar über differentielle Kontrollprozesse im Rahmen der Rollenübernahme.

In enger Anlehnung an diese theoretischen Überlegungen haben Bartusch/Matsueda (1996) die oben genannten komplexen Zusammenhänge unter dem Gesichtspunkt der Geschlechtsspezifität näher betrachtet. Dabei zeigt sich, dass die Beurteilungen/sozialen Reaktionen der Eltern für Jugendliche beiderlei Geschlechts signifikant die subjektiv wahrgenommenen Bewertungen (reflected appraisals) beeinflussen, die wiederum von kausaler Relevanz für zukünftige Delinquenz sind. Dennoch gibt es Differenzen zwischen den Geschlechtern – und zwar in der Hinsicht, dass 1. bei Jungen die elterlichen Bewertungen und die Wahrnehmungen dieser elterlichen Reaktionen deutlich größere Effekte auf die spätere Delinquenz als bei Mädchen haben und 2. Jungen offensichtlich häufiger fälschlicherweise beschuldigt werden als Mädchen. Wenn die Differenzen in den relevanten Prädiktoren bei beiden Geschlechtern dieselben Werte aufweisen würden, dann würde sich eine fast identische Delinquenzbelastung für männliche und weibliche Jugendliche ergeben – ein indirekter Beleg dafür, dass die vorgestellte Theorie sachlich angemessen sein dürfte. Die Erkenntnismöglichkeiten, die dieser Ansatz eröffnet, sind sicher nicht ausgeschöpft, er selbst allerdings scheint leider aus der Mode gekommen zu sein (vgl. Matsueda 2001).

4.3.2 Abweichendes Verhalten zur Verteidigung des Selbstwertes

In Ergänzung und Konkurrenz zur labelingtheoretischen Diskussion hat sich eine relativ neue sozialpsychologische Theorie der Abweichung entwickelt, die abweichendes Verhalten u. a. als einen Versuch der Verteidigung des Selbstwertes deutet (Kaplan 1975, 1980). Diese Theorie nimmt – äußerst verkürzt dargestellt – an, dass der Mensch ein Bedürfnis nach Erhaltung bzw. Steigerung seines Selbstwertes hat, so dass er dann, wenn er aufgrund mangelnder Fähigkeit, den Standards seiner Bezugsgruppe zu entsprechen, vor das Problem der Unterschreitung eines bestimmten Minimums an Selbstachtung gestellt wird, durch die Begehung von devianten Handlungen, die in den Augen einer neuen, devianten Bezugsgruppe Zustimmung und Anerkennung finden, eine Steigerung seines Selbstwertes erfährt, wodurch die Gefahr weiterer Straftaten steigt, da sie ja Achtung bringen, wenn auch nur in den Augen der neuen Bezugsgruppe. Das aber heißt, dass unangemessene Reaktionen auf Leistungsversagen und auf Verhaltensprobleme den Jugendlichen in eine Situation bringen können, aus der ihm nur die Begehung von abweichenden, oft eben auch kriminellen Handlungen herauszuhelfen scheint. Aus dieser Sicht wäre ein „schlechtes Selbstkonzept" weniger die Folge kriminellen Handelns, sondern eher die Ursache. Brisant ist, dass nach Kaplan kriminelles Handeln unter bestimmten Bedingungen zu einer Selbstwertsteigerung führen kann, und wenn die Lerntheorie stimmt, würde sich daraus die Gefahr weiterer Delikte eindeutig ergeben. Während Kaplan und in seiner Nachfolge viele andere zeigen konnten, dass ein niedriger Selbstwert tatsächlich für jugendliche Delinquenz von kausaler Bedeutung sein dürfte, wobei die relative Bedeutung des Selbstwertes – verglichen mit anderen kausalen Variablen – bei Mittelschichtjugendlichen größer ist als bei Unterschichtjugendlichen, ist der Nachweis einer Selbstwertsteigerung nach Delinquenz erheblich umstrittener (vgl. z.B. Albrecht/van Kampen 1991; Rosenberg/Schooler/Schoenbach 1989; Scheff/Retzinger/Ryan 1989; Wells 1989; Jang/Thornberry 1998). Es spricht vieles dafür, dass Selbstwertsteigerungen durch Kriminalität – wenn überhaupt – nur bei solchen Jugendlichen auftreten, die zuvor einen äußerst niedrigen Selbstwert aufgewiesen hatten. Nach Jang/Thornberry (1998) könnte der fehlende Nachweis selbstwertsteigernder Effekte von Delinquenz darin begründet sein, dass die intervenierenden Prozesse nicht angemessen berücksichtigt wurden, insbesondere die Rolle der delinquenten Peers übersehen wurde, für die sie zeigen konnten, dass Assoziationen mit delinquenten Peers den Selbstwert steigern, nicht aber eigene abweichende Handlungen selbst. Da sich in neueren Arbeiten zeigt, dass relative Deprivation nur dann zu abweichenden Reaktionen führt, wenn sie mit negativen Selbstgefühlen verbunden ist (vgl. Stiles/Liu/Kaplan 2000), ergeben sich hier zudem interessante Verknüpfungsmöglichkeiten mit der Anomietheorie.

Wie dem auch immer sei, während die klassische interaktionistische Position für viele Fälle jugendlicher Kriminalität die Strategie der „radikalen Nicht-Intervention" empfahl (Schur 1973) und dafür viele Gründe angeben konnte, melden sich nun Autoren zu Wort, die die diesem Modell unterliegende „Normalisierungsstrategie" aufgrund theoretischer Überlegungen bedenklich finden. Sie empfehlen stattdessen, die aufgetretenen Fälle jugendlicher Devianz durchaus missbilligend und kritisierend zur Kenntnis zu nehmen, ja sogar den betreffenden Akteur zu „beschämen" – aber in einer solchen Art und Weise, dass er sich dennoch nicht als ausgeschlossen fühlen muss, da die Kritik und Sanktionierung ihm deutlich machen können, dass man ihm eine Chance gibt. Durch dieses „reintegrative shaming" könnten und sollten die moralischen Grenzen der Gemeinschaft verdeutlicht, aber Stigmatisierungen, die durch neue Subkulturbildungen neue Kriminalitätsursachen hervorrufen würden, vermieden werden (vgl.

Braithwaite 1989, 1995; aber auch Albrecht 1995). So interessant dieser Ansatz zu sein scheint, so bleibt er doch in Bezug auf die Vorstellungen für die Entwicklung solcher Sanktionsprozeduren zu vage und beschwört andererseits die Gefahr herauf, dass jene, die immer schon für eine etwas „entschiedenere Gangart" waren, sich irrtümlicherweise bestätigt sehen.

4.4 Kontrolltheorien abweichenden Verhaltens

4.4.1 Die Kontrolltheorie Hirschis

In den vergangenen Jahrzehnten haben sich diverse Ansätze zur Erklärung abweichenden Verhaltens entwickelt, die man als „Kontrolltheorien" bezeichnen kann (vgl. dazu generell Robinson 2007). Eine der frühen Varianten dieser Richtung ist zum Teil von psychoanalytischen Kriminalitätstheorien inspiriert, bemüht sich aber um eine stärkere soziologische Akzentuierung unter Rückgriff auf Ideen Durkheims. Es handelt sich hierbei um die sog. Kontrolltheorie von Hirschi (1969), die sich dadurch von den anderen „Kriminalitätstheorien" unterscheidet, dass sie nicht das abweichende Verhalten als erklärungsbedürftig ansieht, sondern die Konformität. Sie geht davon aus, dass der Mensch ohne soziale Kontrolle und soziale Einbindung abweichendes Verhalten zeigen wird, das auch die Form der Kriminalität annehmen kann. Erst durch gesellschaftliche Bindungen und Kontrollmechanismen wird Konformität erklärbar. Hirschi nimmt an, dass vier Arten von Bindungen für die Erzeugung von Konformität verantwortlich sind. Als erstes wäre die Dimension des Attachments zu nennen, die für die emotionalen Bindungen des Menschen an andere Personen, in diesem konkreten Fall für die emotionalen Bindungen von Kindern an ihre Eltern bzw. an ihre Erziehungspersonen, steht. Je intensiver und stärker das Attachment, desto geringer die Wahrscheinlichkeit des Auftretens von kriminellem Handeln. Die Akteure stellen in Rechnung, dass abweichendes Verhalten die emotionale Bindung an die Eltern bzw. an andere Personen gefährden würde, und vermeiden aus diesem Grunde abweichendes Verhalten. Der zweite Typ der Bindung besteht nach Hirschi im Commitment, d.h. einer Selbstverpflichtung auf bestimmte Handlungslinien bzw. bestimmte Ziele. Wenn eine Person in Bezug auf einen bestimmten Lebensentwurf, z.B. ein bestimmtes berufliches Ziel, Arbeit und Mühe und Verzicht investiert hat, so wird sie das bisher Erreichte vor dem Hintergrund der starken Verpflichtung auf die zentralen Ziele nicht durch abweichendes Verhalten gefährden, da jede Form von kriminellem Handeln die Realisierung des eigenen Lebensentwurfs verhindern könnte. Der dritte Typ der Bindung besteht in einer Verpflichtung auf bestimmte normative Vorstellungen, die im Sozialisationsprozess erworben werden und von denen man sich im Regelfall nur unter ganz spezifischen Bedingungen lösen kann. Je stärker diese normativen Vorstellungen (beliefs) verinnerlicht worden sind, desto unwahrscheinlicher wird es, dass gegen sie ohne Vorliegen wichtiger Gründe verstoßen wird, so dass die Beobachtung von Sykes und Matza (1968), dass die weit überwiegende Mehrheit aller Rechtsbrecher im Grunde die gebrochene Norm durchaus akzeptiert und sich wegen des Normbruches bei Entdecktwerden schämt, plausibel erscheint. Das vierte Band schließlich besteht in der sozialen Einbindung in bestimmte Netzwerke und Handlungszusammenhänge (involvement), die den Akteuren die Zeit und die Gelegenheit zu kriminellem Handeln nimmt. Dahinter steckt die Alltagserfahrung, dass solche Personen, die durch Arbeitsauslastung und durch soziale Kontakte mit geschätzten anderen Personen nahezu nie alleine sind, auch keine Gelegenheit haben, kriminelle Handlungen zu begehen, da sie entweder von vornherein die Verurteilung durch die

Anwesenden scheuen oder wegen der Einbindung in bestimmten Aktivitäten gar nicht auf den Gedanken, eine kriminelle Handlung zu begehen, kommen würden.

Diese Theorie Hirschis erwies sich in ersten empirischen Untersuchungen als relativ brauchbar (vgl. als Übersicht LaGrange/White 1985), musste aber in einer Reihe von Punkten modifiziert werden (vgl. u.a. Krohn/Massey 1980). Bei (angemessener) längsschnittlicher Perspektive (Hirschi ist in diesem Punkt ganz anderer Ansicht) fällt dagegen die Überprüfung eher negativ aus (Agnew 1991). Vergleiche mit anderen Theorien (vgl. u. a. Alarid/Burton/Cullen 2000; Cernkovich/Giordano/Rudolph 2000; Matsueda/Anderson 1998) erbringen in der Regel, dass dieser Ansatz rivalisierenden Theorien, insbesondere der von ihm scharf abgelehnten Theorie der differentiellen Assoziation bzw. der sozialen Lerntheorie, nicht überlegen ist. Zwischen elterlicher Kontrolle und Delinquenz liegen *wechselseitige*, also keineswegs einlinige Beziehungen vor, wie die Kontrolltheorie ursprünglich behauptet hatte (vgl. Jang/Smith 1997). Zudem gibt es wohl interaktive Effekte zwischen verschiedenen Kontrollvariablen auf die Delinquenz (vgl. Agnew 2003). Hirschi hat wiederholt scharfe Attacken gegen die soziale Lerntheorie abweichenden Verhaltens geritten sowie die Unvereinbarkeit beider Ansätze behauptet (vgl. dazu aus „neutraler" Sicht Armstrong 2003), und Gottfredson (2008) sieht überlegene empirische Bewährung gegeben (bezieht sich dabei allerdings mehrheitlich auf die sog. Selbstkontrolltheorie (s.u.)), dennoch finden sich immer erneut Versuche der Verknüpfung (vgl. zum Beispiel Cattarello 2000; Costello/Vowell 1999; Erickson et al. 2000), nicht zuletzt weil sich empirischen Theorievergleichen häufig zeigt, dass verschiedene Ansätze sich offensichtlich eher ergänzen als ausschließen (vgl. zum Test von Lerntheorie, Kontrolltheorie und Straintheorie Hoffmann 2003). Es gibt viele hinreichende Belege für die Anwendbarkeit bei verschiedenen ethnischen Gruppierungen (vgl. Junger/Marshall 1997) und Ansätze zur Erklärung der unterschiedlichen Delinquenzhäufigkeit bei beiden Geschlechtern (vgl. Costello/Mederer 2003) und starke Bezüge zur Theorie der sozialen Desorganisation, aber auch zur institutionellen Anomietheorie (Bellair/Roscigno 2000; Herrenkohl et al. 2003; Wadsworth 2000) (vgl. ferner zur Rolle der religiösen Bindung Cretacci 2003).

Die Kontrolltheorie hat den Vorzug, dass sie Möglichkeiten der pädagogischen und sozialen Intervention zu bieten scheint. Andererseits ist sie in einigen Punkten doch entschieden revisionsbedürftig, da sie sich vorschnell von einer sozialstrukturellen Betrachtung des Phänomens Kriminalität absetzt. Durch Integration dieses Ansatzes in die allgemeinere Theorie sozialer Netzwerke und des social support dürften sich wichtige Fortschritte für die Kriminalitätstheorie ergeben (zu einem Versuch in diese Richtung vgl. Albrecht u.a. 1991).

Schließlich und endlich wäre es erfreulich, wenn die inhaltlich auf der Hand liegenden Verbindungen zur Selbstkontrolltheorie von Gottfredson und Hirschi (1990) stärker geklärt und eine Synthese versucht würde, denn offensichtlich hängen die vier „social bonds" der Kontrolltheorie mit der Wahrscheinlichkeit zusammen, dass Kinder und Jugendliche Selbstkontrolle entwickeln können (Felson 2000; Wright et al. 1999, 2001). Mehr dazu im Abschnitt zur Selbstkontrolltheorie bzw. „General Theory of Crime".

4.4.2 Die Power-Control-Theorie der geschlechtsspezifischen Tendenzen jugendlichen abweichenden Verhaltens

Besonders bedauerlich war lange Zeit die mangelnde theoretische und empirische Forschung zur *Geschlechtsspezifität* der Problematik der Jugenddelinquenz. Zwar haben wir bei der Darstellung der früheren theoretischen Ansätze die Bemühungen angesprochen, diesem Desiderat zumindest ein wenig zu entsprechen, doch war der ad hoc-Charakter dieser Beiträge unschwer zu erkennen. Positiv davon sticht das Bemühen Hagans ab, durch seine Power-Control-Theorie der Kriminalität die unterschiedliche Prävalenz delinquenten Verhaltens bei männlichen und weiblichen Jugendlichen in modernen westlichen Gesellschaften zu erklären (Hagan 1989; Hagan/Gillis/Simpson 1985, 1988, 1990, 1993; Hagan/Simpson/Gillis 1987). Dabei geht Hagan davon aus, dass die traditionelle Familie in diesen Gesellschaften dadurch ausgezeichnet ist, dass sie eine doppelte Schichtung aufweist, nämlich zum einen nach dem Alter und zum anderen nach dem Geschlecht. Die Erwachsenen beherrschen und kontrollieren in der Familie die Sozialisation der nachwachsenden Generation, wobei für die Kontrolle in der Familie der Frau eine besondere Rolle zukommt. Zweitens gilt, dass in diesem Familientyp patriarchale Strukturen dominieren, bei denen der Familienvater durch seine, durch die Rolle des Hauptsernährers sich ergebende Dominanz sowohl gegenüber seiner Frau als auch gegenüber seinen Kindern Macht ausübt. Die vor allem von der Frau ausgeübte soziale Kontrolle über die Kinder erfolgt in einer Weise, die sicherstellen soll, dass diese Strukturen reproduziert werden. Das heißt, dass bei den männlichen Kindern Unternehmungsgeist, Durchsetzungsfähigkeit, Mut und Risikobereitschaft gefördert und sich daraus u. U. ergebende problematische, weil abweichende Verhaltensweisen zumindest innerhalb gewisser Grenzen toleriert, ja vielleicht sogar erwartet werden. Für die weiblichen Kinder werden dagegen Konformität und Anpassung positiv sanktioniert und abweichende Tendenzen streng überwacht und konsequent negativ sanktioniert. Für die konkrete Ausprägung der innerfamilialen Struktur in modernen westlichen Gesellschafen ist entscheidend, ob und welchen Tätigkeiten die elterlichen Erziehungsberechtigten nachgehen. Besonders unausgewogen patriarchalisch ist die Familie dann, wenn der Vater erwerbstätig und in leitender und/oder selbständiger Stellung tätig, die Mutter dagegen nicht erwerbstätig und/oder in wenig qualifizierten Berufen tätig ist. In einem solchen Fall sollte die oben angesprochene differentielle Sozialisation für die beiden Geschlechter besonders krass ausgeprägt, mithin die Differenz der Raten delinquenten Verhaltens zwischen beiden Geschlechtern besonders groß ausfallen. Je ähnlicher die beruflichen Stellungen und damit gleichberechtigter die beiden Elternteile, desto ähnlicher müssten die Delinquenzbelastungen der beiden Geschlechter sein.

Hagan hat diesen wiederholt reformulierten Theorieentwurf, der in einigen Punkten allerdings durchaus zu Widerspruch anregt, einer Reihe von empirischen Tests unterworfen und seine Hypothesen tendenziell bestätigen können (s.o.; vgl. aber auch Jensen 1993, 1997; Jensen/Thompson 1990; Singer/Levine 1988). Neuere Arbeiten belegen, dass sich die so erklärten unterschiedlichen Risikopräferenzen entsprechend auch noch bei Erwachsenen nachweisen lassen (Grasmick et al. 1996). In eine ähnliche Richtung weisen auch die Befunde von Liu/Kaplan (1999), die die unterschiedliche Delinquenzbelastung von männlichen und weiblichen Jugendlichen durch unterschiedliche Strains bzw. Reaktionen darauf zu erklären versuchen. Ausgangspunkt ist die Beobachtung, dass sich männliche Individuen weniger an konventionelle Werte, dafür aber stärker an delinquente **Peers** gebunden fühlen und – ganz im Sinne der Argumentation Hagans (s.o) – entschieden mehr Probleme mit Autoritäten haben. Diese Differenzen bleiben auch nach Kontrolle soziodemographischer und sozialstruktureller Variablen erhalten. Entscheidende Differenz ist ferner, dass männliche Jugendliche in höherem Maße Frustrationen von Ziel- und Leistungserwartungen erfahren, die allerdings nicht direkt, sondern vermittelt über einige intervenierende Variablen zur Delinquenz führen. Diese Mediatoren sind bei beiden Geschlechtern nahezu identisch (vgl. zu einer anderen kontrolltheoretischen Erklärung der Geschlechtsunterschiede in Bezug auf kriminelles Verhalten Costello/Mederer

2003) und ganz ähnlich wirksam (vgl. einen ähnlichen Befund von Esbensen/Deschenes 1998 in Bezug auf die Problematik der Gangzugehörigkeit von Jungen und Mädchen).

Es läge also nahe, die geschlechtsspezifische Differenz durch eine Verknüpfung straintheoretischer und power-controll-theoretischer Argumente noch besser zu erklären. In die richtige Richtung verweist dabei Matt (1999), der aufzeigt, dass die Übergangsphase der Jugend für männliche Jugendliche mit der Problematik der Entwicklung einer angemessenen Männlichkeitskonstruktion verbunden ist. Im Rahmen der genannten nach wie vor noch tendenziell patriarchalen Strukturen machen diese Konstruktionen sich an Kristallisationspunkten wie Ehre, Gesichtwahren, Härte, Gewalt etc. fest. Dabei ist zu beachten, dass die „Spiegel", in denen sich die männlichen Jugendlichen über das Bild, das sie bei anderen abgeben, vergewissern, vor allem die altersgleichen Peers sind, die wegen des besonders bedeutsamen Motivs „Suche nach Zugehörigkeit" als besonders strenge Richter gefürchtet werden und vor denen unter Umständen ein Verhalten gezeigt wird, das im Grunde selbst nicht für gut gehalten wird. Die Rolle von Peers, anderen Kontrollinstanzen (z.B. von kirchlichen Organisationen), aber auch von Massenmedien im Zusammenwirken mit den Faktoren, die sich aus der Power-Control-Theorie ergeben, bedürfte mit Sicherheit einer genaueren Prüfung (vgl. Avakame 1997), von der differenzierteren Analyse der Position der Eltern in der Machthierarchie am Arbeitsplatz ganz zu schweigen (vgl. Uggen 2000).

4.4.3 Die utilitaristische Theorie der Kriminalität (Abschreckungstheorie)

Eine weitere neuere Kriminalitätstheorie ist ebenfalls als Neuauflage von eher psychologischen bzw. klassischen sozialphilosophischen Überlegungen zu verstehen. Es handelt sich dabei um die sog. utilitaristische Theorie kriminellen Handelns, auch als *Abschreckungstheorie* bezeichnet. Der Grundgedanke dieser Theorie besteht darin, wie die allgemeine Theorie der rationalen Wahl (Rational Choice) die Wahrscheinlichkeit kriminellen Handelns als Funktion des Kosten-Nutzen-Kalküls der Akteure zu verstehen (vgl. zu den Grundlagen dieser Theorie u.a. Clarke/Cornish 2001; Hess/Scheerer 2004; Vanberg 1982; sowie Liska 1982, S. 89ff.; Liska/Messner 1999, S. 88-113; Lüdemann/Ohlemacher 2002, S. 51ff.). Anders als bei der eigentlichen Rational-Choice-Theorie bleibt in der Abschreckungstheorie die *Nutzenseite* des kriminellen Handelns meist außer acht; die ganze Aufmerksamkeit hat sich aus eher praktisch-politischen Gründen auf die Kostenseite der Kriminalität für den Akteur verlagert. Als relevante Kosten werden insbesondere die Entdeckungswahrscheinlichkeit, die erwartete Sanktionsschwere sowie die Schnelligkeit der Sanktion in Betracht gezogen (vgl. zur inhaltlichen Verknüpfung dieser drei Dimensionen Nagin/Pogarsky 2001). Während diese Theorie zunächst allein auf die *objektiven* Kostenfaktoren zentriert war (also z.B. die objektive Sanktionswahrscheinlichkeit), haben sich spätere Spielarten um die Berücksichtigung der *subjektiven* Wahrnehmungen dieser Kostenfaktoren bemüht. Als besonders komplex erweist sich insgesamt das Muster der Beziehungen zwischen den unabhängigen Variablen und der Deliktwahrscheinlichkeit. Es zeigte sich alsbald, dass man nicht von einer additiven Beziehung zwischen diesen Kostenfaktoren und der Wahrscheinlichkeit kriminellen Handelns ausgehen kann, sondern eine *multiplikative* anzunehmen ist. Das wird durch eine einfache Überlegung verständlich: Bei Vorliegen einer additiven Beziehung würde sich eine sehr schwere angedrohte Strafe bei einem subjektiven Entdeckungsrisiko von Null in einer mittleren Wahrscheinlichkeit der Begehung einer kriminellen Handlung umsetzen, aber ein potentieller Täter, der die Wahrscheinlichkeit, entdeckt zu werden, für so niedrig hält, dass sie mathematisch gleich null gesetzt werden kann, wird sich auch von einer noch so harten Strafe nicht abschrecken lassen, da er ja mit Strafe überhaupt nicht rechnet (bei einem solchen multiplikativen Modell ist das Produkt null, weil ein Multiplikator null ist). Ferner ist zu beachten, dass die Beziehung zwischen den einzelnen Kostenfaktoren und der Deliktwahrscheinlichkeit nicht linear zu sein pflegt, d.h. eine Erhöhung der Sanktionswahrscheinlichkeit bspw. wird sich erst ab einer bestimmten Schwelle in einer Reduktion der Deliktwahrscheinlichkeit auswirken (vgl. z.B. die amerikanischen Befunde, die dafür sprechen, dass sich erst ab einer Sanktionswahrscheinlichkeit von 30% bzw. 40% eine weitere Steigerung der Sanktionswahrscheinlichkeit delinquenzreduzierend auswirkt; vgl. u.a. Tittle/Rowe 1974). Des Weiteren ist empirisch belegt, dass eine Steigerung der Strafhärte im Regelfall die Sanktionswahrscheinlichkeit verringert, wohl deshalb, weil bei einer drohenden besonders schweren Strafe die Strafjustiz mit einer Verurteilung zögert bzw. die prozessualen Regeln besonders sorgfältig einhält und damit (im Zweifelsfalle) eher von einer Verurteilung absieht (vgl. Liska/Messner 1999, S. 95f.). Besonders schwer erschüttert wird die Abschreckungstheorie durch den Nachweis, dass der korrelative Zusammenhang zwischen Sanktionshärte bzw. Sanktionswahrscheinlichkeit auf der einen und Deliktbelastung auf der anderen Seite besser durch einen Erfahrungseffekt als durch einen Abschreckungseffekt gedeutet werden kann (vgl. u.a. Saltzman et al. 1982; Minor/Harry 1982; Paternoster et al. 1983).

Eine Reihe von empirischen Arbeiten hat gezeigt, dass die ursprüngliche Abschreckungstheorie wichtige soziale Kostenfaktoren, insbesondere solche im *informellen* Bereich (z.B. Scham, Peinlichkeit, Verlust sozialer Beziehungen etc.; vgl. Meier et al. 1984), übersehen, andere dagegen erheblich überschätzt hat (formale Sanktionierung). So konnte bspw. Foglia (1997) zeigen, dass die wahrgenommene Sanktionswahrscheinlichkeit nicht einmal bivariat mit der Delinquenz von Jugendlichen verbunden ist und multivariate Analysen sogar ergeben, dass letztlich die Kontakte zu Peers, das Modellverhalten Erwachsener und die Härte der erwarteten Sanktion durch die Eltern für das Verhalten der Jugendlichen entscheidend sind. Zentral ist dabei der Befund, dass internalisierte Normen über die Effekte und die Bedeutung von sozialen Sanktionen entscheiden, nicht die Faktoren objektive Strafhärte, Schnelligkeit und Wahrscheinlichkeit der Sanktion, die durch kriminalpolitische Maßnahmen direkt beeinflusst werden könnten.

Der potentielle Ertrag dieser theoretischen Richtung ist daher noch schwer endgültig abzuschätzen. Offensichtlich berücksichtigt diese Theorie noch zu wenig die Frage des Typs des kriminellen Handelns, um den es geht (mala in se vs. mala prohibita), und beachtet auch allzu wenig die konkreten Umstände, unter denen bestimmte Delikte begangen werden, bzw. die besonderen Merkmale bestimmter Akteursgruppen, die Kosten-Nutzen-Überlegungen in bestimmter Art und Weise strukturieren (vgl. dazu Seipel/Eifler 2003). In diesem Punkt dürften sich z.B. ältere Kinder und Jugendliche deutlich von jungen Erwachsenen mit eigenen festen Partnerbeziehungen unterscheiden. Ganz abgesehen davon bereitet die Rationalitätsannahme (auch in der Konzeption der " bounded rationality") für viele Delikte erhebliche Probleme (so z.B. bei den vielen delinquenten Handlungen in intoxikiertem Zustand (vgl. Exum 2002), bei Handlungen in hochgradiger emotionaler Erregung (vgl. Bouffard 2002; Wilkinson 2002), es sei denn man liefert sich unter der Hand Tautologien aus (vgl. allgemein zur Rationalität abweichenden Verhaltens Brezina 2002; de Haan/Vos 2003; Kleck 2003; Massoglia/Macmillan 2002).

Aber nicht nur die Wirkungen von Sanktions*erwartungen* auf Abweichung oder Konformität sind durch komplexe Strukturen vermittelt, dasselbe gilt auch für die Wirkungen von *Strafen*, die außerordentlich unterschiedlich ausfallen können, je nach Tätertyp, Art der Straftat, sozialem Setting etc. Gefragt ist eine „Theorie des Trotzes", die erklärt, unter welchen Bedingungen das Erleben von Strafe sogar die Wahrscheinlichkeit zukünftigen abweichenden Verhaltens erhöht. Prozedurale Gerechtigkeit (das Erleben von Fairness bzw. Legitimität) der erlittenen Strafe ist entscheidend für das Sicheingestehen von Scham, das zu Abschreckungswirkungen führt. Als ungerecht empfundene Strafe führt zu einer nichteingestandenen Scham und damit zu trotzigem Stolz, der zukünftige Abweichung forciert. Sowohl „spezifischer", d.h. individueller, als auch „genereller" Trotz, den Kollektive entwickeln, resultieren aus als unfair und übermäßig empfundenen Strafen. Sie lassen den Nettoabschreckungseffekt unter Umständen völlig verschwinden (vgl. Sherman 1993).

Zwar vertreten neuerdings nicht wenige Kriminologen die Ansicht, dass dieser Ansatz einen entscheidenden Fortschritt bringen wird (so die meisten Beiträge in Cornish/Clarke 1986), doch kommen die neueren empirischen Studien zu eher bescheidenen Resultaten (vgl. Bailey/Hubbard 1990; Piliavin et al. 1986; Smith/Gartin 1989; anders dagegen Klepper/Nagin 1989), und Paternoster (1988, 1989) meint gar, dass angesichts der Komplexität und der Widersprüchlichkeit seiner Befunde Abhilfe nur durch eine umfassendere Theorie der informellen sozialen Kontrolle gefunden werden kann, die die utilitaristische Theorie in dieser Form nicht bietet (unabhängig von der Analyse von Akers 1990, dass diese Theorie nichts enthält, was nicht plausibler durch die soziale Lerntheorie abweichenden Verhaltens ableitbar ist). Bestärkt wird diese Ansicht durch die Ergebnisse der Metaanalyse von Pratt et al. (2008), die zeigten, dass 1. die Effektstärken der Beziehungen zwischen Kriminalität/Devianz und den Variablen der Abschreckungstheorie schwach, wenn nicht vernachlässigenswert klein ausfallen, dass 2. diese Effekte tendenziell gegen Null gehen, wenn multivariate Analysen durchgeführt, also andere Variablen einbezogen werden, dass 3. die Befunde sehr stark von den methodologischen Entscheidungen der Untersuchenden abhängen, damit sehr stark artefaktverdächtig sind (und zwar in dem Sinne, dass keine Effekte mehr nachweisbar sind, wenn strenge methodische Standards eingehalten werden), dass 4. jene Abschreckungsvariable, die sich noch am besten bewährt, die Sanktionswahrscheinlichkeit, am besten bei White-Collar Kriminalität funktioniert, also bei Delikten, bei denen die Relevanz rationaler Strategien auch für den Alltagsverstand besonders groß zu sein verspricht. Indirekt folgt daraus, dass für die allermeisten jugendspezifischen Delikte das Setzen auf Abschreckung als Mittel der Kriminalpolitik völlig ins Leere zielen würde (wie problematisch die Prüfung dieser Theorie ist, zeigt sich bei den Operationalisierungsversuchen von Mehlkop/Becker 2004).

4.4.4 General Theory of Crime: Theorie der Selbstkontrolle

Im Zentrum der kriminologischen Debatten des letzten Jahrzehnts steht die General Theory of Crime von Gottfredson und Hirschi (1990), die den Anspruch erhebt, alle verschiedenen Formen abweichender und riskanter Verhaltensweisen (z.B. Missbrauch von Drogen, gesundheitsschädliche Konsumgewohnheiten, gefährliche Freizeitaktivitäten etc.) als Ergebnis eines im frühen Kindesalter erworbenen Persönlichkeitszuges, nämlich der geringen Selbstkontrolle, erklären zu können. Ferner sind im Rahmen dieser Theorie „Gelegenheiten" für abweichendes Verhalten relevant, aber letztlich haben die Autoren bisher nicht genau geklärt, welche Rolle sie spielen, also ob bspw. geringe Selbstkontrolle nur in Interaktion mit bestimmten Gelegenheitsstrukturen kausale Effekte erzielt oder aber neben den Haupteffekten von Selbstkontrolle und Gelegenheitsstruktur auch mit einem Interaktionseffekt zu rechnen ist. Merkmale der niedrigen Selbstkontrolle sind Impulsivität (Here and now orientation), Präferenz für einfache Aufgaben (kein Fleiß, keine Ausdauer), Vorliebe für risikoreiches Verhalten (Suche nach Aufregung, Risiko), Präferenz für körperliche Aktivität (geringe kognitive Kompetenz, Bedürfnis nach Bewegung), Selbstbezogenheit (keine Empathie, kein Mitleid) und schließlich geringe Frustrationstoleranz/Gereiztheit. Alle diese Züge ergeben sich infolge kindlicher Sozialisationserfahrungen, die dadurch geprägt sind, dass die Eltern bzw. Erziehungspersonen das Verhalten der Kinder nicht hinreichend überwachen, die Problematik des Fehlverhaltens ihrer Kinder nicht erkennen und wenn, dann nicht konsequent und klar genug durch entsprechende Sanktionen die geltenden Normen verdeutlichen. Entscheidend ist die Annahme, dass der Grad der Selbstkontrolle schon nach wenigen Jahren ausgebildet ist und dann kaum, wenn überhaupt, noch verändert werden kann, sondern als lebenslanges Merkmal erhalten bleibt und die entsprechenden Verhaltenstendenzen bedingt, woraus u.a. kriminelle Karrieren erklärbar werden.

Angesichts der erkennbaren Tautologiegefahr durch definitorischen Kurzschluss zwischen niedriger Selbstkontrolle und abweichendem Verhalten und angesichts der unklaren theoretischen Verknüpfung von Selbstkontrolle und Gelegenheiten ist es nicht verwunderlich, wenn die empirische Überprüfung zu unterschiedlichen Einschätzungen der Qualität dieser Theorie kommt. Neben eher skeptischen bis zurückweisenden Befunden (vgl. Grasmick et al. 1993) finden sich viele zumindest partielle Bestätigungen (z.B. bei Keane et al. 1993; Nagin/Paternoster 1993; Strand/Garr 1994 und Higgins 2002). Bei Gibbs/Giever/Martin (1998) ist die Erklärungsleistung für Jugenddelinquenz jedoch bescheiden, insbesondere wenn man beachtet, dass hier zusätzlich das elterliche Kontrollverhalten einbezogen wurde. Besonderer Aufmerksamkeit bedarf die zwar einleuchtende, aber dennoch zu prüfende Behauptung, dass niedrige bzw. hohe Selbstkontrolle das Resultat der genannten elterlichen Erziehungspraktiken ist (vgl. dazu u.a. Hay 2001; Taylor 2001). Insbesondere aber findet sich hier – wie in den meisten empirischen Überprüfungen dieser Theorie – kein simultaner Test rivalisierender Ansätze, so dass man nicht ausschließen kann, dass deren Erklärungskraft deutlich höher ausfällt (vgl. z.B. den Nachweis geringer Effekte für Alkoholkonsum bei Eifler 1997 sowie den Nachweis vergleichsweise hoher Effekte für Variablen der differentiellen Assoziationstheorie).

In die gleiche Richtung weisen die Befunde von LaGrange/Silverman (1999) für kanadische Jugendliche in Bezug auf generelle Delinquenz, Eigentums-, Gewalt- und Drogendelikte, allerdings sind die Effekte der niedrigen Selbstkontrolle geschlechts- und deliktspezifisch. Die Variable Geschlecht ist auch nach Kontrolle der Variable Selbstkontrolle ein wichtiger Prädiktor, d.h. also, dass das Geschlecht nicht nur über die Variable Selbstkontrolle von kausaler Bedeutung für Jugenddelinquenz ist. Zu einem ähnlichen Ergebnis kommen Nakhaie et al. (2000) und Lynskey et al. (2000) auch in Bezug auf die verbleibende Relevanz von Alter, Ethnizität und Geschlecht nach Kontrolle der Variable Selbstkontrolle (vgl. ferner zur Relevanz des Geschlechts Hayslett-McCall/Bernard 2002). Auch im internationalen Vergleich bewährt sich die Theorie nicht schlecht (vgl. Vazsonyi et al. 2001), und Metaanalysen (vgl. Pratt/Cullen 2000 sowie vor allem Schulz 2006) stellen der Theorie gute Noten aus.

Besonders interessant ist der Versuch von Nagin/Paternoster (1994), die auf der Hand liegenden Berührungspunkte mit der früheren Kontrolltheorie von Hirschi stärker herauszuarbeiten und dabei gleichzeitig die Ideen der Theorie der rationalen Wahl einzubringen. So kommen sie zu der Hypothese, dass Menschen mit einer starken Gegenwarts- und Selbstorientierung (zwei der Teildimensionen von niedriger Selbstkontrolle) weniger dazu neigen, etwas in soziale Bindungen zu investieren, so dass sie weniger durch die Gefährdung dieser Bindungen infolge abweichenden Verhaltens von Verbrechen abgeschreckt werden als andere, da sie solche Bindungen seltener haben werden. Diese Hypothese wurde ebenso bestätigt wie die Annahmen, dass die Intention, abweichend zu handeln, nach Kontrolle des Ausmaßes der Selbstkontrolle eine Funktion des Anreizes der Devianz und die Präventivwirkung der Risikowahrnehmung eine Funktion der Gegenwarts- und Selbstzentrierung darstellen. Die genannten Ergebnisse stellen also sowohl für die klassische Kontrolltheorie als auch für die Selbstkontrolltheorie zumindest partielle Bestätigungen dar.

Kontrolltheorie und Selbstkontrolltheorie haben also Berührungspunkte, aber auch deutlich verschiedene Akzentuierungen: Während die soziale Kontrolltheorie auf die proximalen, ja gegenwärtigen sozialen Bedingungen als Kausalfaktoren abstellt, weist die Selbstkontrolltheorie Affinitäten zu sozialen Selektionsansätzen auf, denn die sich in der frühen Kindheit ausprägenden Persönlichkeitsmerkmale führen zu spezifischen Auswahlen aus gegebenen Optionsmöglichkeiten (vgl. Taylor 2001). Wright et al. (1999) untersuchten in einer umfassenden Längsschnittstudie (von der Kindheit bis zum 21. Lebensjahr) die relative Erklärungskraft eines entsprechenden sozialen Verursachungs-, eines sozialen Selektions- und eines integrierten Modells. In partieller Bestätigung des Selektionsmodells zeigt sich, dass niedrige Selbstkontrolle in der Kindheit zu einer Einschränkung sozialer Bindungen und zu abweichendem Verhalten im Erwachsenenalter führt. In partieller Bestätigung des sozialen Verursachungsmodells ergibt sich, dass das Fehlen sozialer Bindungen und jugendliche Delinquenz Kriminalität bei Erwachsenen bedingen, vor allem aber, dass die Effekte der Selbstkontrolle auf Kriminalität weitgehend durch die Qualität der sozialen Bindungen mediatisiert werden. Die sozialen Verursachungseffekte bleiben aber signifikant, selbst wenn das frühere Niveau der Selbstkontrolle statistisch kontrolliert wird.

Auf die Rolle der von dieser Theorie behaupteten Konstanz des Niveaus der Selbstkontrolle von der Kindheit an (vgl. dazu u.a. Turner/Piquero 2002) für die Rolle der Erklärung „krimineller Biographien" sei an anderer Stelle kurz eingegangen (vgl. auch Stelly/Thomas 2001).

Die von Gottfredson (2008) gezogene Bilanz, dass die Kontrolltheorie sich durchgehend bewährt habe und keine vergleichbare Theorie mit ähnlichem Anspruch und analoger Erklärungskraft vorliege, geht u.E. auch darauf zurück, dass in den referierten Studien in vielen Fällen Theorieelemente mit aufgenommen wurden, die eigentlich im engeren Sinne nur zur älteren Kontrolltheorie von Hirschi (1969) gehören, dennoch findet seit längerer Zeit keine Theorie so viel Beachtung wie die „General Theory of Crime".

4.4.5 Kontrollbalancetheorie nach Tittle

Als Reaktion auf das Versagen der meisten sozialstrukturell ansetzenden Kriminalitätstheorien, in gleicher Weise die verschiedensten Formen kriminellen Verhaltens von der Kleinkriminalität bis Wirtschaftskriminalität, von der Gewalt in der Familie bis zum Genozid erklären zu können, hat Tittle seine Theorie der Control Balance entwickelt. Danach zeichnen sich Menschen universell dadurch aus, dass sie ein bestimmtes Maß an Autonomie anstreben. Ein *ausgewogenes* Verhältnis zwischen der Kontrolle, die andere über einen ausüben, und der Kontrolle, die man über andere ausübt, reduziert die Wahrscheinlichkeit, dass Individuen durch abweichendes Verhalten versuchen, diese Kontrollbalance in eine Richtung zu verändern, die dem Streben nach Autonomie zweckdienlich ist. Ein Kontroll*defizit* dagegen führt unter spezifischen, von Tittle sehr präzise theoretisch durchdachten Bedingungen dazu, dass Individuen bestimmte Formen kriminellen Handelns einsetzen, um diese Imbalance zu reduzieren. Ein extremer *Kontrollüberschuss* ist nicht in sich befriedigend, sondern verleitet zu devianten und kriminellen Handlungen, um diese Imbalance zu stabilisieren bzw. sich ihres Fortbestehens zu versichern, z.B. durch dekadente Verhaltensweisen und perverse Demütigungen der Kontrollunterworfenen etc.

Diese in gewisser Weise faszinierende Theorie enthält in sich einige Unstimmigkeiten und bedarf einer sehr kritischen Prüfung (vgl. Braithwaite 1977; Jensen 1999; Tittle 1997). Erste empirische Überprüfungen belegten, dass es sich lohnen dürfte, diesen Ansatz weiter zu verfolgen (vgl. Piquero/Hickman 1999, 2002), wobei die Verbindungen mit der generellen Straintheorie nach Agnew, mit der allgemeinen Stresstheorie und der Kontrollüberzeugungstheorie bzw. der Selbstwirksamkeitstheorie zu klären und fruchtbare Verknüpfungsmöglichkeiten zu prüfen wären. Insbesondere für die Situation von Jugendlichen in der gegenwärtigen Gesellschaft könnte die Theorie der Kontrollimbalance fruchtbar sein. Die „Entstrukturierung der Jugend" (vgl. Münchmeier 1998) und die starke zeitliche Ausdehnung der „Jugend" (hier definiert nach dem Kriterium des Noch-Nicht-Erreichthabens" der finanziellen Unabhängigkeit) beschreibt ja eine Situation, in der jeder einzelne Jugendliche immer stärker je individuell den sehr langen und komplexen Prozess strukturieren muss, in dem er einerseits den gesellschaftlich vermittelten Wert der individuellen Autonomie zu erlangen versuchen, andererseits den durch lange Ausbildungszeiten immer weiter ausgedehnten Zustand der finanziellen und sozialen Abhängigkeit, wenn nicht der Bevormundung aushalten muss. Das Gefühl, Kontrolle zu haben, ist außerordentlich wichtig für das Gelingen des Übergangs in das Erwachsenenalter, und Tittle betont sehr stark die Rolle von Situationen und Provokationen, in denen man schlagartig das eigene Kontrolldefizit erfährt, für die Entscheidung zu Handlungen, die auf den ersten Blick keinen Sinn zu machen scheinen, durch die der Akteur aber zumindest für Sekunden oder Minuten die Illusion der Kontrolle oder des Kontrollüberschusses genießen kann. Amokläufe von Schülern, die in den letzten Jahren großes öffentliches Interesse gefunden haben, dürften eine der Handlungsweisen sein, die auf diese Weise eine Erklärung finden können (bisherige Publikationen dazu sind leider noch etwas zu wenig theoretisch fundiert, auch wenn sie zum Teil sehr hilfreiche Beiträge für die Praxis der Instanzen sozialer Kontrolle (Schule, Polizei etc.) liefern (vgl. u.a. Hoffmann/Wondrak 2007; Newman/Fox/Roth 2004; Pollmann 2008; Robertz 2004; Robertz/Wickenhäuser 2007; Waldrich 2007).

Generell dürfte gelten, dass die Verfügbarkeit von gesellschaftlich akzeptierten jugendspezifischen Handlungs- und Selbstdarstellungsmöglichkeiten, die Kontrollbalance erlebbar machen, neben dem Bildungsstand der Eltern und den kognitiven Kompetenzen der Jugendlichen ein wichtiger Prädiktor für das Nichtauftreten vielfältiger jugendtypischer Probleme bei der Bewältigung der Statuspassage in das Erwachsenenalter ist (vgl. Lewis/Ross/Mirowsky 1999).

4.5 Lebenslauftheorie

Eine seit langem intensiv verfolgte Fragestellung ist die Suche nach Verlaufsmustern in den „kriminellen Aktivitäten" großer Bevölkerungssegmente in der Form sog. „Kohortenstudien" (vgl. die klassische Untersuchung von Wolfgang et al. 1987). In der Folge konzentrierte man sich häufig auf die Untersuchung der Biographien jener Personen, die – anders als die Mehrheit aller Kinder und Jugendlichen – nach fast universell verbreiteten „Dummheiten" im Sinne von gelegentlicher Delinquenz im Kindes- und Jugendalter in der späten Jugend und im Heranwachsendenalter tatsächliche oder scheinbare Verfestigungen abweichenden Verhaltens („Antisocial Behavior") zeigen. Von diesen lassen nun (nach Moffitt 1997a, 2008; Moffitt et al. 1996; Moffitt et al. 2006) die meisten nach der Jugend von diesem „antisozialen Verhalten" ab, während ein kleinerer Kreis auch während des weiteren Lebens überproportional viele Delikte begeht („Career Criminals"; vgl. die Arbeiten in Blumstein et al. 1986; zum Paradigma der kriminellen Karriere Piquero et al. 2003). Diese Forschungsrichtung war von der Vorstellung inspiriert, es gäbe in der Persönlichkeit von einigen Individuen (mit lebenslangem „antisozialem Verhalten") spezifische Eigenschaften, die hinter dieser Dynamik steckten, seien es nun genetische Determinanten oder auch nur frühkindliche Prägungen, die den Entwicklungskorridor der betreffenden Person so weit strukturieren, dass im Grunde nur noch deviante Karrieren resultieren können (vgl. u.a. Moffitt 1990, 1997a, 1997b, 2008; Moffitt et al. 1994, 1996; Moffitt/Harrington 2006). Andererseits muss man auch zur Kenntnis nehmen, dass Moffitt durchaus unterscheidet zwischen jenen Gruppen, die schon in der Kindheit antisoziales Verhalten zeigen, es aber wieder aufgeben, jenen, die erst in der Jugend damit beginnen, später aber mehr oder weniger unauffällig sind, solchen, die in der Jugend beginnen und ein Leben lang kriminell aktiv werden und schließlich solchen, bei denen das antisoziale Verhalten erst im Erwachsenenalter auftritt. Von einer näheren Darstellung entsprechender Untersuchungen (vgl. Lösel et al. 2001) sei hier aus zwei Gründen abgesehen: Erstens machen solche Individuen unter all denjenigen Personen, die im Jugendalter kriminelle Handlungen begehen, nur einen verschwindend kleinen Anteil aus, spiegeln also nicht „die" Jugenddelinquenz wider. Zweitens richten diese Lebenslaufuntersuchungen in der Regel ihr Augenmerk fast ausschließlich auf die Entwicklung der Persönlichkeit bzw. des intimen Umfeldes dieser Personen und ziehen aus den entsprechenden Entwicklungen mit „Vorliebe" Schlüsse in Richtung auf individualpsychologische Prozesse, ohne hinreichend zu prüfen, inwieweit die genannte Entwicklung nicht auch, ja vielleicht vor allem Ergebnis der gesellschaftlichen Reaktionen auf bestimmte erkennbare oder auch nur unterstellte Besonderheiten der Probanden ist. Sie ignorieren Erkenntnisse bzw. Ideen des Labeling-Ansatzes, obwohl sie diese sehr genau kennen. In diese Richtung tendieren die Arbeiten von Autoren wie Donker et al. (2003), Farrington (1991, 1995, 1997, 2008), Huesmann et al. (2001), Moffitt (s.o.), Nagin (1999; Nagin et al. 1995; Nagin/Tremblay 2005), Paternoster et al. (1997), Piquero et al. 2003), bei denen im Vordergrund die Idee steht, im Verlauf einer „kriminellen Karriere" „entfalteten" sich die früh erworbenen bzw. angeborenen Persönlicheitszüge im Sinne einer gesetzmäßigen Entwicklung („natural history", vgl. Moffitt/ Harrington 2006).

Wir rücken solche biographischen Längsschnittstudien in den Vordergrund, die die zweite Deutungsmöglichkeit mit zu prüfen versuchen. Wählt man einen solchen Ausgangspunkt, so erschließt sich erst die ganze Komplexität krimineller Biographien. So gingen bspw. Laub und Sampson (Laub et al. 1998, 2001; Laub/Sampson 1995, 2001) bzw. Sampson und Laub (1990, 1993, 1995, 1997, 2001, 2003a, 2003b, 2005) davon aus, dass „antisoziales Verhalten" in der Kindheit zwar auf vielfache Weise die Wahrscheinlichkeit problematischen Verhaltens in der Jugend und im Erwachsenenalter bewirkt, dass aber soziale Bindungen (im Sinne der Kontrolltheorie von Hirschi) im Jugend- und Erwachsenenalter die Entwicklung der Kriminalität in diesen Phasen mitbestimmen. Sie zeigten auf, dass Stabilität in der Erwerbsbiographie und eine starke eheliche/partnerschaftliche Bindung die Kriminalität im Erwachsenenalter entscheidend beeinflussen. Die Daten stützen die Theorie, dass es in der Biographie Stabilität und Wandel gibt und dass die informelle und formelle soziale Kontrolle in der Jugend und im Erwachsenenalter über das Ausmaß an kriminellem Verhalten entscheiden, nicht eine genetische und/oder frühkindlich erworbene Disposition, wie es die „General Theory of Crime" von Gottfredson/ Hirschi (1990; vgl. auch Turner/Piquero 2002) behauptet. Auf derselben Datenbasis zeigen Laub/Sampson (1993) auf, welche proximalen sozialen Prozesse darüber entscheiden, welche Wege die späteren Biographien nehmen. Insgesamt zeigt sich, dass sowohl inkrementale als auch abrupte Änderungen in den sozialen Bindungen von Heranwachsenden und Erwachsenen auftreten, die für die Frage der Begehung krimineller Handlungen bedeutsam sind (vgl. dazu auch die Ergebnisse deutscher Studien bei Böttger et al. 2003a, 2003b; Schumann 2003a, 2003b und Seus/Prein 2003). Es wäre jedenfalls voreilig, Kriminalität in der Jugend und im Erwachsenenalter deterministisch aus einer problematischen Entwicklung in der Kindheit ableiten zu wollen. Zu anderen Schlussfolgerungen kommen dagegen Woodward/Ferguson (2000), die zwischen kindlicher Aggression und elterlichen Dysfunktionen und späterer Gewaltkriminalität bzw. Betroffensein durch Gewalt (bis zu 18 Jahren) einen engen Zusammenhang beobachten, ganz ähnlich wie zwischen kindlicher Aggressivität und sozialer Anpassung, insbesondere Störungen der Erwerbsbiographie, im Erwachsenenalter durch Kokko/Pulkkinen (2000), bei denen sich allerdings zeigte, dass diese Beziehungen dann weitgehend verschwinden, wenn ein kinderorientierter und prosoziales Verhalten fördernder Erziehungsstil der Eltern dem entgegenwirkte. Gingen Laub und Sampson in den oben erwähnten Arbeiten davon aus, dass die Entwicklung der Kriminalität durch lebenslaufbedingte Veränderungen in den sozialen Bindungen (z.B. in Bezug auf Ehe, Beschäftigung, Militärdienst etc.) bestimmt wurde (vgl. auch Uggen 2000), so hielt dem Warr (1998) entgegen, dass diese Lebenslaufübergänge ihre Effekte dadurch erreichen, dass sie die Beziehungen zu delinquenten Peers verändern. Am Beispiel der Eheschließung und ihrer Effekte kann er zeigen, dass diese mit dramatischen Rückgängen in dem Ausmaß an Zeit, die die Probanden mit Freunden und damit eben auch und gerade mit delinquenten Freunden, verbringen, verbunden ist. Das sich ändernde Muster der Peerbeziehungen steckt demnach hinter der Wirkung der veränderten sozialen Bindungen. Ganz in diesem Sinne deutet auch Elliott (1994) die scheinbar enge und konsistente Beziehung zwischen früher Aggression im Kindesalter und späterer Gewaltkriminalität. Die Stabilität von Aggression/Gewaltverbrechen im Lebenslauf beruht stärker in einer Stabilität der Art und Qualität der sozialen Beziehungen und der nahen persönlichen Bindungen oder dem Fortbestehen von stressenden Lebenslagemerkmalen (vgl. Agnew 1997) als in irgendeiner dem unterliegenden individuellen Prädisposition. Zu einem ganz ähnlichen Ergebnis kommen Simons et al. (1998, 2002), denn auch hier zeigte sich, dass es zwar eine mäßige bivariate Beziehung zwischen antisozialem Verhalten in der Kindheit und Verhaltensproblemen in der Jugend gibt, aber diese Beziehung schwindet, wenn die Effekte von elterlicher sozialer Kontrolle, Schule und Peers kontrolliert werden. Eine Besserung im Verhältnis zu den Eltern, ein gebessertes Commitment in Bezug auf die Schule und eine Einschränkung der Beziehungen zu delinquenten Peers können die problematischen Startbedingungen im weiteren Verlauf weitgehend neutralisieren, so dass die Autoren davon ausgehen, dass die Beziehung zwischen Kindheits- und Jugenddelinquenz einen komplexen Entwicklungsprozess und nicht das Sich-Entfalten eines latenten antisozialen Zuges reflektiert. Während Wright et al. (2001) die Effekte von Änderungen in sozialen Bindungen und Beziehungen im Lebenslauf auf das Legalverhalten als von den aus der frühen Jugend stammenden kriminellen Neigungen (Antisozialität) abhängend ansehen, betonen Wiesener et al. (2003), dass eine interaktionistische Interpretation dieser Prozesse angemessener sei. Weitere Erkenntnisfortschritte scheinen in diesen für Prävention und Intervention im Umgang mit Kriminalität entscheidenden Fragen erst wieder möglich zu sein, wenn die bisherigen Theorien neu durchdacht werden (vgl. Maruna/Farrall 2003).

5 Ausblick in theoretischer und praktischer Hinsicht

5.1 Theoretische Entwicklungen

Die Mehrheit der existierenden Theorien ist zwar in der Auseinandersetzung mit empirischen Daten für jugendliche Populationen gewonnen, doch beachten sie die besonderen Probleme, die für die Jugendphase in modernen Gesellschaften bezeichnend sind, nur begrenzt; sie sind in der Regel ja auch schon recht betagt. Wenn sie es doch tun, dann wählen sie aus den vielen wichtigen Aspekten der Jugendproblematik einige isolierte heraus, so dass sie meist über Theorien mittlerer Reichweite nicht hinaus kommen. Dennoch verfügen wir über einen bunten Strauß sehr unterschiedlicher Theorieansätze, die zumindest für die Erklärung von Teilaspekten relevant sein dürften und die für die gesellschaftliche Praxis des Umgangs mit der Kriminalität von Jugendlichen wichtige Anregungen geben.

Entschiedene Fortschritte in der Theorie der Jugendkriminalität sind aber nur dann erwartbar, wenn erstens eine systematische Berücksichtigung der theoretischen Entwicklungen in der allgemeinen Jugendforschung (vgl. als Musterbeispiel Fend 2000) erfolgt. Zweitens muss beachtet werden, dass Kriminalität nur eine der vielen möglichen problematischen Reaktionsweisen von Akteuren auf belastende Ereignisse und Situationen darstellt (z.B. neben psychischen Erkrankungen, physischen Erkrankungen, Drogenabhängigkeit, politischem Extremismus, Suizid etc.), zwischen denen die jeweiligen Akteure wählen können oder müssen, zwischen denen sich aber auch komplexe, wechselseitige kausale Beziehungen entwickeln können (z.B. zwischen Drogenabhängigkeit und Raubkriminalität oder Prostitution etc.). Drittens wäre eine stärkere Verbindung mit umfassenderen gesellschaftstheoretischen Analysen herzustellen (vgl. als beispielhafte Versuche Fend 1988, 1999, 1991).

Wichtige Fortschritte ergeben sich schon aus der Verknüpfung von Individualisierungstheorie und Desorganisationstheorie. **Individualisierung** resultiert aus der im Laufe der Modernisierung sich ergebenden Transformation des *Wohlfahrtsstaats* mit einer enormen Steigerung des Lebensstandards bei gleichzeitig fortbestehender *sozialer und wirtschaftlicher Ungleichheit, Anhebung des Bildungs- und Qualifikationsniveaus* der Bevölkerung und Zunahme der *vertikalen, horizontalen und räumlichen Mobilität,* wodurch sich die *traditionellen Bindungen* an die eigene Herkunftsfamilie, an die Schicht und/oder Klasse der Eltern und spezifische Herkunftsmilieus im Verlauf des Lebens immer mehr auflösen. Die *Individuen* können sich aus etablierten Verhaltensmustern und Denkgewohnheiten lösen, und die Zugehörigkeit zu den genannten Milieus verliert einen Teil ihrer prägenden Kraft für die Entwicklung der Lebensführung, die Herausbildung von homogenen Präferenzen in Bezug auf Politik, Konsum, Freizeit etc. Gesellschaftliche Strukturierung erfolgt „Jenseits von Stand und Klasse" (vgl. Beck 1983). Diese „Befreiung" bedingt aber auch den *Verlust kollektiver Gefühle und Deutungsmuster,* unterminiert die Voraussetzungen für kollektives Handeln und konfrontiert die Individuen mit dem neuen Problem, die Risiken hochmoderner Gesellschaften nicht mehr als *kollektives Schicksal* deuten und anpacken zu können: Nach wie vor *gesellschaftlich* verursachte Lebensprobleme werden nun nur noch als *individuell* zu verantwortende und zu bewältigende Versagenserlebnisse deutbar, vor allem deshalb, weil diese Lebensprobleme nicht mehr fest an die Zugehörigkeit zu bestimmten sozialen Kategorien gebunden zu sein scheinen, sondern wegen der mit der Modernisierung verbundenen gesellschaftlichen Dynamik fortwährend neue und andere Risikogruppen hervorgerufen werden.

Die Folgen für die psychische Bewältigung von problematischen Situationen sind enorm, denn nun lässt sich keine selbstwert- und identitätsstabilisierende Attribution der kausalen Verantwortung an Umstände, Schicksal, mächtige Andere etc. vornehmen, sondern der Akteur ist letztlich auf sich selbst in seiner Vereinzelung verwiesen. Das Ausmaß, in dem Akteure in dieser Situation zur Attribution von Erfolg und Misserfolg an internale Faktoren, also z.B. eigene Fähigkeiten und/oder Anstrengungen, oder aber an externale, stabile oder variable, Faktoren greifen, ist nicht mehr nur Resultat objektiver Klassen- oder Schichtlagen, sondern hängt von einer Reihe weiterer Bedingungen, z.B. Persönlichkeitszügen, sozialen Netzwerkeinbindungen und anderen situativen Gegebenheiten und deren Wechselwirkungen, ab. Da die Art der kausalen Attribution von Erfolg oder Misserfolg für die Auslösung verschiedener Anpassungsformen als Reaktion auf Blockade von angestrebten Zielen von zentraler Bedeutung sein dürfte, wird verständlich, warum so vergleichsweise einfache Erklärungsversuche für verschiedene Formen abweichenden Verhaltens wie die Anomietheorie (vgl. oben) sich in ihrer ursprünglichen Formulierung kaum bestätigen lassen.

Insbesondere Heitmeyer (z.B. Heitmeyer 1994; Heitmeyer et al. 1995, S. 56ff.) geht davon aus, dass die negativen Seiten des Individualisierungsprozesses die Gefahr *sozialer Desintegration* heraufbeschwören, die in *sozialer Desorganisation* und *Desorientierung* bestehen kann. Erstere wird verstanden als die *strukturelle* Dimension der tiefgehenden Zerrüttung der Beziehungen zwischen sozialen Institutionen und Lebenszusammenhängen, aus der sich isolierte und anonymisierte Lebensformen ergeben können, bis zum Verzicht oder zum Ausschluss von der Teilhabe an zentralen gesellschaftlichen Institutionen, während mit dem Begriff der *Desorientierung* die *kulturelle* bzw. *personale* Dimension gemeint ist, die angesprochen wird, wenn bei den Akteuren durch die Pluralisierung der Lebensformen und Lebenswelten „kognitive Irritationen" in Bezug auf „als gemeinsam geteilte Werte und Normen" bzw. über die Deutung von Grenzlinien bei Normverstößen auftreten. Aus differenten Entwicklungen in Bezug auf beide Dimensionen der Desintegration können sich komplexe Muster ergeben. So beispielsweise wenn sich bei Akteuren, die nach wie vor bestimmten sozialen Gruppen und Organisationen zugehören, eine emotionale Ablehnung der Normen und Werte einstellt („individuell-emotionale Desintegration"), oder aber wenn – bei gegebener Identifikation mit Werten und Zielen – der Zugang zu sozialen Positionen und die Zugehörigkeit zu angestrebten Gruppen verwehrt werden (z.B. aufgrund ethnischer Kriterien („ausgrenzende Desintegration")). Dabei wird allerdings nicht ganz klar, in welcher Weise sich diese Theorie von dem mittlerweile fast „klassischen" Ansatz der sozialen Desorganisation der amerikanischen Theorietradition unterscheidet (vgl. oben). Zum anderen entgeht sie nicht ganz der altbekannten Kritik Clinards, es handele sich bei „Desorganisation" um ein „desorganisierendes Konzept" (Clinard 1968, S. 41f.), da es keine klaren Kriterien für die Entscheidung zur Verfügung stelle, wann von Desorganisation gesprochen werden kann: Was aus der einen Perspektive nach „Desorganisation" aussehe, stelle sich aus einer anderen u.U. als klar strukturiert und wohl organisiert dar. Ferner bedürfte die Frage der kausalen Beziehung zwischen Desorganisation und Desorientierung größerer Aufmerksamkeit.

Neuere Arbeiten (vgl. u.a. Bohle et al. 1997) explizieren die Beziehungen zwischen dem sog. Desintegrationstheorem und der *Anomietheorie*. Die gesellschaftsstrukturelle Differenzierung wird nicht erst auf der Ebene der konkreten *Realisationsvoraussetzungen* von Wünschen und Bedürfnissen berücksichtigt, sondern „auch schon die Konstitution von Bedürfnislagen und Zielen sowie deren kulturelle Normierung als Spezifika verschiedener gesellschaftlicher Funktionsbereiche bzw. Bevölkerungsgruppen" werden aus diesem Blickwinkel gesehen (ebd.,

S. 56). Für die gegenwärtige Phase der Modernisierung stellt sich die Problematik des Verhältnisses von *Systemintegration* und *Sozialintegration* zugespitzt dar. Die Konflikte zwischen beiden Integrationserfordernissen führen zwar nicht unbedingt zu einem *Zusammenbruch* des Systems, aber infolge der Spannungen zwischen der herrschenden institutionellen Ordnung und ihrer materiellen Basis kann es zu *durchgreifendem sozialem Wandel* und Konflikten kommen, durch die das institutionelle System in Gefahr gerät.

Von den auf der *zweiten* analytischen Ebene angesiedelten *Integrationsmodi* (Sander/Heitmeyer 1997) hängt es ab, wie sich die im Zuge des Modernisierungsprozesses auftretenden Strukturänderungen und Strukturbrüche auf die verschiedenen Teilsysteme auswirken, und zwar im Hinblick auf *1. die Sozialstruktur, 2. die Aspirationen, 3. die Werte und Normen und 4. die sozialen Bindungen*. Disbalancen oder Spannungen zwischen Kultur und Struktur äußern sich im Falle von Strukturumbrüchen als *Strukturkrise*, beim Zusammentreffen von Fehlanpassungen von Aspirationen an faktische Gegebenheiten und exzessiver Normpluralisierung als *Regulations-* und bei der Auflösung oder massiven Schwächung von sozialen Bindungen und Zerreißen von Netzwerken als *Kohäsionskrise*. Hier tut sich allerdings das Problem auf, dass sich diese drei Typen von Disbalancen zwar analytisch trennen lassen, aber in der Realität in der Regel gemeinsam auftreten werden bzw. sich gegenseitig bedingen, so dass die resultierenden „Krisen" kaum hinreichend trennscharf unterschieden werden können.

Aus der für moderne Gesellschaften typischen funktionalen Differenzierung mit der Ausbildung einer Vielzahl von ausdifferenzierten Teilsystemen, die sich um die Verarbeitung dieser verschiedenen Typen von Krisen und Integrationsproblemen zu kümmern haben, die aber in einer gewissen „legitimen Indifferenz" und Isolation voneinander fungieren, und aus der Existenz diverser intermediärer Gruppen, die sich an der Abarbeitung der betreffenden Schwierigkeiten beteiligen, resultiert das Risiko der Verstärkung der Krisen durch misslingende Gegensteuerung, von der auch das für die Kriminalitätsproblematik zentrale Funktionssystem der sozialen Kontrolle betroffen sein kann. Auf der letzten von Bohle et al. (1997) unterschiedenen Analyseebene geht es um die *individuellen Verarbeitungsformen* auf der Einstellungs- und Handlungsebene, die sich bei misslingender Bewältigung auf der Einstellungsebene als *Anomia* und auf der Handlungsebene als *abweichendes Verhalten* in seinen sehr vielfältigen Schattierungen zu äußern pflegen (vgl. Albrecht 1997, S. 511).

Dieser Theorieentwurf (vgl. Albrecht 2001a) verspricht einen hilfreichen Orientierungsrahmen für weitere Theoriearbeit, lässt aber noch keine konkrete Hypothesenbildung über die spezifischen Reaktionsformen der Individuen auf die so umschriebenen gesellschaftlichen Problemstellungen zu. Weder wird klar bestimmt, welche Jugendlichen sich mit den Gegebenheiten in konstruktiver und konformer Weise auseinandersetzen werden und welche nicht, noch wird bestimmbar, welche Jugendlichen gegebenenfalls welche Variante abweichenden Verhaltens im Zuge ihrer nichtkonformen Problembewältigungsversuche wählen werden. Auch die Chancen und Grenzen spezifischer Modi sozialer Kontrolle in dieser gesellschaftlichen Situation können nicht konkret bestimmt werden. Hinzu kommt, dass bestimmte Varianten abweichenden Verhaltens von Jugendlichen – z.B. von aggressiven und fremdenfeindlichen jugendlichen Subkulturen (vgl. ähnlich Eckert 1990; Willems 1993) – nur begrenzt als Desintegrationsphänomene, sondern vielleicht besser als *Reaktionen* auf drohende Desintegration deutbar zu sein scheinen. Eine Entscheidung der Frage, ob der Umstand, dass die Vertreter dieses Ansatzes bei der Konfrontation mit den empirischen Daten nahezu jeden Befund im Sinne ihres Theorienentwurfs zu deuten vermögen, an der Qualität der Theorie oder an der (zu großen) Dehnbarkeit der Konzepte liegt (vgl. ähnlich Diedrich/Meyer/Rössner 1999, S. 97), ist auch jetzt noch nicht möglich. Erste Schritte zur Korrektur einiger Schwachpunkte sind getan (vgl. u.a. Anhut/Heitmeyer 2000), weitere entschiedene müssten folgen.

Der ganze Umfang der Folgen der oben angesprochenen potentiell krisenhaften gesellschaftlichen Veränderungen, die im Zeitalter der Globalisierung noch eine ganz neue quantitative und qualitative Dimension annehmen könnten, für die davon ganz besonders betroffene Jugend ist noch nicht entfernt einzuschätzen (vgl. zu Individualisierung und Jugend Fend 2000, S. 140ff.), wobei es schon fraglich geworden sein dürfte, von „der" Jugend zu sprechen (vgl. Fend 2000, S. 179ff.). Die von Individualisierungstheoretikern postulierten Effekte lebensgeschichtlich vorgezogener selbständiger Wahlentscheidungen im Bereich biographischer und ästhetischer Optionen (1), des Nachlassens der Wirksamkeit milieuspezifischer Altersnormen, durch das die kollektiv verbindliche Synchronizität und Sequenzialisierung von Statuspassagen verloren gehen (2) und des Nachlassens der Prädiktionskraft sozialstruktureller Variablen auf spezifische Handlungs- und Einstellungsbereiche und Handlungsalternativen (3) sind offensichtlich nur zum Teil eingetreten, zum Teil haben sich sogar gegenteilige Entwicklungen eingestellt.

Lebensgeschichtlich vorgezogene selbständige Wahlentscheidungen fanden sich bei Jugendlichen nur im Bereich der Gestaltung des eigenen Äußeren und in der Teilhabe an politischen Gesprächen. Die Schulbildung weist – ganz im Gegensatz zu den theoretischen Erwartungen – eine steigende Effektstärke auf, und die Schichtspezifität der biographischen Verläufe nimmt zu (Georg 1997). Offensichtlich sind der von Jugendlichen schon in der Schule wahrgenommene Konkurrenzdruck – eine bedeutende Quelle abweichenden Verhaltens – und die Wahrnehmung ungleicher Lebenschancen nicht unrealistisch. Die jüngsten Entwicklungen (Verkürzung der Schulzeit bis zum Abitur und noch stärkere Abhängigkeit der Schulkarrieren von der sozialen Lage des Elternhauses) werden diese Problematik mit Sicherheit noch verschärfen.

Die erwartete Zunahme der Varianz in Bezug auf die Gestaltung der Statuspassagen ist nur für die männliche, nicht für die weibliche Bevölkerung nachzuweisen; für letztere finden wir dagegen sowohl Destandardisierung als auch Standardisierung, nämlich erstere bei den privaten Statuspassagen, die zweite bei öffentlichen Statuspassagen. Die Entstrukturierung der Jugend ist für die männliche Bevölkerung weiter gegangen als für die weibliche. Dies vielleicht ist auch ein Kausalfaktor für die nach wie vor deutlich höhere und steigende Belastung der männlichen Jugendlichen mit Kriminalität, die u.U. verstärkt auch Folge des zunehmend schlechter werdenden Leistungsstands in der Schule im Vergleich zum weiblichen Geschlecht ist.

Den Aussagen aus den obigen Passagen widerspricht aber der Nachweis der besonders widersprüchlichen und damit brisanten Auswirkungen der Individualisierung für weibliche Jugendliche und Heranwachsende bei Ziehlke (1993), insbesondere für solche aus benachteiligten Lebenslagen. Die Bewältigungsversuche von Frauen führen aber vergleichsweise häufiger zu abweichendem Verhalten, das nicht zum Bereich der Kriminalität im engeren Sinne gehört. Dabei gilt: „'Abweichendes' Verhalten entsteht in einer dialektischen Lebensbelastungs- und Bewältigungsdynamik, in der sich nicht nur die soziale Herkunft, sondern auch das soziale Geschlecht oftmals als Dauerbelastung auswirkt" (Zielke 1993, S. 205). Das abweichende Verhalten von Mädchen und jungen Frauen ist als Ergebnis geschlechtstypischer Lebensbewältigung zu interpretieren. Die Zurichtung auf die weibliche Unterordnung, die häufigen Deprivationen der individuellen Lebenswelt und Verletzungen der physischen und psychischen Integrität führen tendenziell zu „Verhaltensweisen, in denen sich eine auf Sexualität reduzierte Weiblichkeit artikuliert" (ebd., S. 204). In den Biographien der als deviant stigmatisierten Mädchen finden sich – nach dieser Studie – die durch die Individualisierungstheorie postulierte Optionsvielfalt und die gleichberechtigten Beziehungsmuster nicht wieder, wohl aber die Kontinuität der „traditionell benachteiligten weiblichen Existenz" (ebd.).

5.2 Entwicklungstrends in der Kontrollpolitik

Ein Blick auf die Entwicklung des Umgangs mit der Jugendkriminalität zeigt, dass die Fortschritte bescheiden sind – jedenfalls verglichen mit dem, was sich Sozialwissenschaftler vorstellen könnten (vgl. Albrecht 1982). Zum Teil mag das daran gelegen haben, dass die Sozialwissenschaftler selbst durch Slogans wie „Nothing works" (vgl. v.a. Lipton/Martinson/Wilks 1975) die Basis für die Abstinenz gegenüber Neuerungen mitgelegt haben. Diese Einschätzung zwar als Ergebnis ernsthafter Systematisierungsversuche der Evaluationsforschungen zur Intervention im Bereich der Kriminalität, die zur wissenschaftlichen Begleitung der vielen neuen Modelle durchgeführt worden waren, sehr viel differenzierter formuliert, wurde aber schlagwortartig vergröbernd in der Öffentlichkeit verbreitet. Noch heute tobt ein erbitterter Streit darüber, ob für die *neueren* Modelle nicht doch ein ähnlich zwiespältiges bis negatives Ergebnis gilt, wenn man methodologisch ganz streng vorgeht (vgl. bejahend dazu Whitehead/Lab 1989, entschieden in die gegenteilige Richtung dagegen Andrews et al. 1990). Der methodisch sehr behutsamen Vorgehensweise bei Lösel (1991, 1995; Lösel/Köferl/Weber 1986; Lösel/Köferl 1987), die zu recht positiven Bewertungen des Ertrags dieser Interventionsversuche führte, sollte man durchaus vertrauen dürfen (vgl. zur Frage der geschlechtsspezifischen Wirksamkeit von Interventionsformen Andrews/Dowden 1999).

Die dabei gewählten Behandlungsmethoden und Modelle sind Legion und können hier nicht dargestellt werden. Blicken wir stattdessen kurz auf die Alternativen zum klassischen Sanktionsarsenal, die wir oben angesprochen hatten, denn es gibt diese ja in reichem Maße (vgl. Heinz 1993). Während entschiedene Schritte zur „Entkriminalisierung" der Jugenddelinquenz nicht mehr durchzusetzen sind (vgl. Rössner 1995), scheinen jene Modelle eine gewisse Akzeptanz gefunden zu haben, die sich um eine frühzeitige Herauslenkung (Diversion) delinquenter Jugendlicher aus dem Kriminaljustizsystem bemühen. Diese waren nach den Regeln des § 45 JGG in verschiedenen Formen, die hier nicht dargestellt werden können, schon lange möglich, waren jedoch von den Staatsanwaltschaften (allerdings regional sehr unterschiedlich) lange Zeit eher zögernd genutzt worden (vgl. zur Sanktionsentwicklung Heinz 1999). In den letzten zwei Jahrzehnten hat sich diese Praxis – wenn auch regional und lokal sehr unterschiedlich – deutlich ausgeweitet und nachweislich empirisch bewährt (Heinz/ Hügel 1986; Heinz/Storz 1992; Albrecht 1995; Crasmöller1996). Gleiches gilt für die richterliche Diversion nach § 47 JGG, die aber insofern nur eine nachrangige Bedeutung haben sollte, als die Diversion im Grunde schon durch den Staatsanwalt hätte praktiziert werden können.

Gegen viele dieser neuen Praktiken gibt es erhebliche Einwände. Während die eher konservative Position befürchtet, dass der Verzicht auf formelle Verfahren und insbesondere der Verzicht auf solche Maßnahmen, die zumindest subjektiv Bestrafungscharakter haben, bei den Betreffenden, vor allem aber bei den Jugendlichen allgemein, zu einer Normerosion führt, die mittel- und langfristig die Kriminalität wird ansteigen lassen, fürchten verschiedene kritisch-fortschrittliche Geister zum einen, dass die Informalisierung zu einem erheblichen Verlust an Rechtsstaatlichkeit führen kann, der sich insbesondere durch Rechtsungleichheit und Rechtsunsicherheit umschreiben ließe, zum anderen, dass die Vertreter der pädagogischen und sozialarbeiterischen Berufe, aber auch die Polizei und die Staatsanwaltschaften wegen der Annahme, eine Interventionsmaßnahme gegen bestimmte deviante Jugendliche ende ohnehin nahezu nie in einer strafrechtlich relevanten Entscheidung, verstärkt zu offiziellen Kontroll- und Interventionsmaßnahmen greifen würden, um dem Jugendlichen zu „helfen", und zwar auch bei Verhaltensweisen und Problemkonstellationen, in denen man bisher – mit Recht – eher weggesehen oder nur mit dem Finger gedroht habe (net widening) (vgl. u.a. Ludwig bzw. Ludwig-Mayerhofer 1989, 1998). Die bisher vorliegenden Forschungsergebnisse haben für die Bundesrepublik keine eindeutigen Hinweise auf solche negativen Begleiterscheinungen erbracht, wohl aber gezeigt, dass die verschiedenen neuen Modelle wie Täter-Opfer-Ausgleich (vgl. Bannenberg /Uhlmann 1998; Dölling et al. 1998), Konfliktschlichtungsgespräche (Messmer 1995), Gruppenpädagogik, Erlebnispädagogik, Wiedergutmachung, gemeinnützige Arbeiten etc. mindestens genau so gute Ergebnisse, meist jedoch bessere Ergebnisse erzielen als die alte Praxis.

Noch sind wir aber weit davon entfernt, das vorhandene theoretische und empirische Wissen phantasievoll in einen wirklich neuen Umgang mit der Jugendkriminalität umgesetzt zu haben, obwohl schon lange vernünftige Vorschläge vorlagen und in der aktuellen Situation auch weiterhin angeboten werden (vgl. u.a. die Überlegungen von Heinz 2006; Mansel 2006; Pfeiffer/ Windzio 2006). Die Kriminalpolitik ist mit ihrem Latein nicht am Ende, sondern am Anfang. Sie muss nur noch mehr Mut aufbringen und sich nicht durch Populismus einschüchtern lassen (vgl. Heinz 2000). Es ist sehr erfreulich, dass eine außerordentlich große Zahl von Sachverständigen sich einer Resolution der DVJJ angeschlossen hat, in der diese mit großem Nachdruck die Argumente gegen eine repressive Politik im Umgang mit der Jugenddelinquenz zusammengestellt hat (vgl. Heinz 2007), gestützt auf internationale Erfahrungen, die uns gerade auch aus den USA signalisieren, dass simple Repression wenig oder gar nichts, vernünftige Prävention und Intervention immerhin einiges bringen kann (vgl. Sherwood et al. 1998). Auch wenn es vielen nicht einleuchtet, aber im Grunde sind kriminelle Jugendliche weniger *gefährlich*, sondern eher *gefährdet* (vgl. Heinz 2006). Denen, die gefehlt haben, sollte mit umsichtigen Reaktionen der Unrechtscharakter deutlich gemacht, aber auch die Hand ausgestreckt werden, wie es das „Reintegrative Shaming" versucht (vgl. Braithwaite 1989, 1995, 2008).

Literatur

Adelson, J./Gallatin, J.: The Adolescent View of Crime and Justice. In: Laufer, W. S./Day, J. M. (Hrsg.): Personality Theory, Moral Development, and Criminal Behavior. Lexington/Mass./Toronto 1983, S. 373-384
Adler, F.: Sisters in Crime. The Rise of the New Female Criminal. New York 1975
Adler, F: The Incidence of Female Criminality in the Contemporary World. New York 1981
Adler, F.: International Concern in Light of the American Experience. In: Adler, F. (Hrsg.): The Incidence of Female Criminality in the Contemporary World. New York 1981, S. 1-13
Agnew, R.: A Revised Strain Theory of Delinquency. In: Social Forces 64 (1985), S. 151-166
Agnew, R.: Social Control Theory and Delinquency: A Longitudinal Test. In: Criminology 23 (1985), S. 46-61
Agnew, R.: The Origins of Delinquent Events: An Examination of Offender Accounts. In: Journal of Research in Crime and Delinquency 27 (1990), S. 267-294
Agnew, R.: Adolescent Resources and Delinquency. In: Criminology 28 (1990), S. 535-565
Agnew, R.: A Longitudinal Test of Social Control Theory. In: Journal of Research in Crime and Delinquency 28 (1991), S. 126-156
Agnew, R.: Foundation for a General Strain Theory of Crime and Delinquency. In: Criminology 30 (1992), S. 47-87
Agnew, R.: Why Do They Do It? An Examination of the Intervening Mechanisms between „Social Control" Variables and Delinquency. In: Journal of Research in Crime and Delinquency 30 (1993), S. 245-266
Agnew, R.: The Techniques of Neutralization and Violence. In: Criminology 32 (1994), S. 555-580

Agnew, R.: The Contribution of Social-Psychological Strain Theory to the Explanation of Crime and Delinquency. In: Adler, F. /Laufer, W. S. (Hrsg.): The Legacy of Anomie Theory. New Brunswick/London 1995, S. 113-137

Agnew, R.: Stability and Change in Crime over Life Course: A Strain Theory Explanation. In: Thornberry, T.P. (Hrsg.): Developmental Theories of Crime and Delinquency. New Brunswick 1997, S. 101-132

Agnew, R.: A General Strain Theory of Community Differences in Crime Areas. In: Journal of Research in Crime and Delinquency 36 (1999), S. 123-155

Agnew, R.: Strain Theory and School Crime. In: Simpson, S. S. (Hrsg.): Of Crime and Criminality. The Use of Theory in Everyday Life. Thousand Oaks, Cal. 2000, S. 105-120

Agnew, R.: Building On the Foundation of General Strain Theory: Specifying the Types of Strain Most Likely To Lead to Crime and Delinquency. In: Journal of Research in Crime & Delinquency 38 (2001), S. 319-361

Agnew, R.: Experienced, Vicarious, and Anticipated Strain: An Exploratory Study On Physical Victimization and Delinquency. In: Justice Quarterly 19 (2002), S. 603-632

Agnew, R.: The Interactive Effects of Social Control Variables on Delinquency. In: Britt, C.L./Gottfredson, M.R. (Hrsg.): Control Theories of Crime and Delinquency. New Brunswick/London 2003, S. 53-76

Agnew, R.: Why Do Criminals Offend. A General Theory of Crime and Delinquency. Los Angeles 2005

Agnew, R.: Pressured Into Crime. An Overview of General Strain Theory. Los Angeles 2006

Agnew, R.: General Strain Theory: Current Status and Directions for Further Research. In: Cullen, F.T./Wright, J.P./ Blevins, K.R. (Hrsg.): Taking Stock. The Status of Criminological Theory. Advances in Criminological Theory, Vol. 15. New Brunswick/London 2008, S. 101-123

Agnew, R./Brezina, T./Wright, J.P./Cullen, F. T.: Strain, Personality Traits, and Delinquency: Extending General Strain Theory. In: Criminology 40 (2002), S. 43-71

Agnew, R./Peters, A. A. R.: The Techniques of Neutralization. An Analysis of Predisposing and Situational Factors. In: Criminal Justice and Behavior 13 (1986), S. 81-97

Agnew, R./White, R.H.: An Empirical Test of General Strain Theory. In: Criminology 30 (1992), S. 475-499

Akers, R.L.: Deviant Behavior: A Social Learning Approach, 3. Aufl. Belmont, C.A., 1985

Akers, R.L.: Rational Choice, Deterrence, and Social Learning Theory in Criminology: The Path Not Taken. In: The Journal of Criminal Law and Criminology 81 (1990), S. 653-676

Akers, R.L.: Self-Control as a General Theory of Crime. Besprechung von Gottfredson u. Hirschi : A General Theory of Crime. In: Journal of Quantitative Criminology 7 (1991), S. 201-211

Akers, R.L.: Criminological Theories. Introduction and Evaluation. 2. Aufl. Los Angeles, Ca. 1997

Akers, R.L: Social Learning and Social Structure. A General Theory of Crime and Deviance. Boston 1998

Akers, R.L./Jensen, G.F.: The Empirical Status of Social Learning Theory of Crime and Deviance: The Past, Present, and Future. In: Cullen, F.T./Wright, J.P./Blevins, K.R. (Hrsg.): Taking Stock. The Status of Criminological Theory. Advances in Criminological Theory , Vol. 15. New Brunswick/London 2008, S. 37-76

Akers, R.L./Krohn, M.D./Lanza-Kaduce, L./Radosevich, M.: Social Learning and Deviant Behavior: A Specific Test of a General Theory. In: American Sociological Review 44 (1979), S. 636-655

Alarid, L.F./Burton, V.S., Jr./Cullen, F.T.: Gender and Crime Among Felony Offenders: Assessing The Generality of Social Control and Differential Association Theories. In: Journal of Research in Crime and Delinquency 37 (2000), S. 171-199

Albrecht, G.: Soziologie der geographischen Mobilität. Stuttgart 1972

Albrecht, G.: Zwerge auf den Schultern eines Riesen? Neuere Beiträge der Theorien abweichenden Verhaltens und sozialer Kontrolle in der Tradition Emile Durkheims. In: Alemann, H. von/Thurn, H.P. (Hrsg.): Soziologie in weltbürgerlicher Absicht. Festschrift für René König zum 75. Geburtstag. Opladen 1981, S. 323-358

Albrecht, G.: Muß angewandte Soziologie konforme Soziologie sein? Zum Verhältnis von Theorie und angewandter Soziologie im Bereich des abweichenden Verhaltens und der sozialen Kontrolle. In: Beck, U. (Hrsg.): Soziologie und Praxis. Göttingen 1982, S. 161-204

Albrecht, G.: Möglichkeiten und Grenzen der Prognose "Krimineller Karrieren". In: Deutsche Vereinigung für Jugendgerichte und Jugendgerichtshilfen (Hrsg.): Mehrfach Auffällige- Mehrfach Betroffene. Erlebnisweisen und Reaktionsformen. Bonn 1990, S. 99-116

Albrecht, G.: Diversion in Juvenile Justice: Theoretical Expectations and Preliminary Results of a Treatment Outcome Evaluation of Juvenile Offenders. In: Albrecht, G./Ludwig-Mayerhofer, W. (Hrsg.): Diversion and Informal Social Control. Berlin/New York 1995, S. 187-226

Albrecht, G.: Anomie oder Hysterie - oder beides? Die bundesrepublikanische Gesellschaft und ihre Kriminalitätsentwicklung. In: Heitmeyer, W. (Hrsg.): Was treibt die Gesellschaft auseinander? Frankfurt a. M. 1997, S. 506-554

Albrecht, G.: Sozialer Wandel und Kriminalität. In: Albrecht, H.-J./Kury, H. (Hrsg.): Kriminalität, Strafrechtsreform und Strafvollzug in Zeiten des sozialen Umbruchs, Beiträge zum Zweiten deutsch-chinesischen Kolloquium. Freiburg 1999, S. 1-56

Albrecht, G.: Gewaltkriminalität zwischen Mythos und Realität. In: Albrecht, G./Backes, O./Kühnel, W. (Hrsg.): Gewaltkriminalität zwischen Mythos und Realität. Frankfurt a. M. 2001a, S. 9 - 67
Albrecht, G.: Soziale Ungleichheit, Deprivation und Gewaltkriminalität. In: Albrecht, G./Backes, O./Kühnel, W. (Hrsg.): Gewaltkriminalität -zwischen Mythos und Realität. Frankfurt a. M. 2001b, S. 195 - 235
Albrecht, G.: Soziallage jugendlicher Straftäter. Ein Vergleich für selbstberichtete Delinquenz im Dunkel- und Hellfeld und die Sanktionspraxis im Kontrollfeld. In: Raithel, J./Mansel, J. (Hrsg.): Kriminalität und Gewalt im Jugendalter. Hell- und Dunkelfeldbefunde im Vergleich. Weinheim/München 2003, S. 87 -116
Albrecht, G. et al.: Alternative Konfliktlösungs- und Sanktionierungspraktiken: Auswirkungen auf strafrechtlich Auffällige. Finanzierungsantrag des SFB 227 für die dritte Förderungsphase (1992-1994), Bielefeld 1991
Albrecht, G./Howe, C.-W.: Soziale Schicht und Delinquenz. Verwischte Spuren oder falsche Fährte? In: Kölner Zeitschrift für Soziologie und Sozialpsychologie 44 (1992), S. 697-730
Albrecht, G./Howe, C.-W./Wolterhoff-Neetix, J.: Neue Ergebnisse zum Dunkelfeld der Jugenddelinquenz: Selbstberichtete Delinquenz von Jugendlichen in zwei westdeutschen Großstädten. In: Kaiser, G./Kury, H./Albrecht, H.J. (Hrsg.): Kriminologische Forschungen in den 80er Jahren. Projektberichte aus der Bundesrepublik Deutschland. 2. Halbbd. Freiburg 1988, S. 661-696
Albrecht, G./Howe, C.-W./Wolterhoff, J.: Familienstruktur und Delinquenz. In: Soziale Probleme 2 (1991), S. 107-156
Albrecht, G./Karstedt-Henke, S.: Alternative Methods of Conflict-Settling and Sanctioning: Their Impact on Young Offenders. In: Hurrelmann, K./Kaufmann, F.-X./Lösel, Fr. (Hrsg.): Social Intervention: Potential and Constraints. Berlin/New York 1987, S. 315-332
Albrecht, G./van Kampen, N.: Auswirkungen der Diversion auf die Entwicklung des Selbstbildes delinquenter Jugendlicher. Universität Bielefeld. SFB 227, Preprint Nr. 45, 1991
Albrecht, H.-J.: Die sanfte Minderheit. Mädchen und Frauen als Straftäterinnen. In: Bewährungshilfe 34 (1987), S. 341 – 359
Albrecht, H.-J.: Immigration, Kriminalität und Innere Sicherheit. In: Albrecht,G./Backes. O./Kühnel, W. (Hrsg.): Gewaltkriminalität zwischen Mythos und Realität. Frankfurt a. M. 2001, S. 259 - 281
Albrecht, P.A./Lamnek, S.: Jugendkriminalität im Zerrbild der Statistik. Eine Analyse von Daten und Entwicklungen. München 1979
Albrecht, P.A./Lamott, F.: Innenansichten. Gruppendiskussionen mit Bediensteten des Jugendstrafvollzugs. In: Albrecht, P.A./Schüler-Springorum, H. (Hrsg.): Jugendstrafe an Vierzehn-und Fünfzehnjährigen. Strukturen und Probleme. München 1983, S. 135 – 176
Albrecht, P.A./Pfeiffer, Ch.: Kriminalisierung junger Ausländer. Befunde und Reaktionen sozialer Kontrollinstanzen. Weinheim 1979
Amelang, M.: Sozial abweichendes Verhalten. Entstehung, Verbreitung, Verhinderung. Berlin 1986
Anderson, E.: Code of the Street. Decency, Violence, and the Moral Life of the Inner City. New York 1999
Andrews, D.A. et al.: Does Correctional Treatment Work? A Clinically Relevant and Psychologically Informed Meta-Analysis. In: Criminology 28 (1990), S. 369-404
Andrews, D.A./Dowden, C.: A meta-analytic investigation into effective correctional intervention for female offenders. In: Forum on Corrections Research 11 (1999), S. 18-21
Anhut, R./Heitmeyer, W.: Desintegration, Konflikt und Ethnisierung. Eine Problemanalyse und theoretische Rahmenkonzeption. In: Heitmeyer, W. /Anhut, R. (Hrsg.): Bedrohte Stadtgesellschaft. Soziale Desintegrationsprozesse und ethnisch-kulturelle Konfliktkonstellationen. Weinheim/München 2000, S. 17-75
Ariés, P.: Geschichte der Kindheit. München 1975
Armstrong, T.A.: The Effect of Learning on Crime: Contrasting *A General Theory of Crime* and Social Learning Theory. In: Britt, C.L./Gottfredson, M.R. (Hrsg.): Control Theories of Crime and Delinquency. New Brunswick/London 2003, S. 39-52
Arts, W./Hermkens, P./Van Wijck, P.: Anomie, Distributive Injustice and Dissatisfaction with Material Well-Being in Eastern Europe. In: International Journal of Comparative Sociology 36 (1995), S. 1-16
Avakame, E. F.: Modeling the Patriarchial Factor in Juvenile Delinquency. Is There Room for Peers, Church, and Television? In: Criminal Justice and Behavior 24 (1997), S. 477- 494
Bachman, J.G.: Die Bedeutung des Bildungsniveaus für Selbstwertgefühl, berufsbezogene Einstellungen, Delinquenz und Drogenkonsum von Jugendlichen. In: Olbrich, E./Todt, E. (Hrsg.): Probleme des Jugendalters. Neuere Sichtweisen. Berlin etc. 1984, S. 131 - 157
Baier, D./Pfeiffer, Ch./Windzio, M.: Jugendliche mit Migrationshintergrund als Opfer und Täter. Fachwissenschaftliche Analyse. In: Heitmeyer, W./Schröttle, M. (Hrsg.): Gewalt. Beschreibungen, Analysen, Prävention (Bundeszentrale für politische Bildung, Bd. 563). Bonn 2006, S. 240-268

Baier, D./Windzio, M.: Zur Entwicklung der Jugendgewalt seit 1998 in den Städten München, Stuttgart, Hannover und Schwäbisch Gmünd. In: Rehberg, K.S. (Hrsg.): Die Natur der Gesellschaft. Verhandlungen des 33. Kongresses der Deutschen Gesellschaft für Soziologie in Kassel 2006. Frankfurt a. M. 2008, CD-Rom, S. 4560-4575

Bailey, S. L./Hubbard, R. L.: Developmental Variation in the Context of Marijuana Initiation among Adolescents. In: The Journal of Health and Social Behavior 31 (1990), S. 58 – 70

Ball, R. A.: Development of Basic Norm Violation. Neutralization and Self-Concept within a Male Cohort. In: Criminology 21 (1983), S. 75-94

Bandura, A.: Lernen am Modell. Ansätze zu einer sozial-kognitiven Lerntheorie. Stuttgart 1976

Bandura, A.: Sozial-kognitive Lerntheorie. Stuttgart 1979

Bannenberg, B./Uhlmann, P.: Die Konzeption des Täter-Opfer-Ausgleichs in Wissenschaft und Kriminalpolitik. In: Dölling, D. et al. (Hrsg.): Täter-Opfer-Ausgleich in Deutschland. Bestandsaufnahme und Perspektiven, hrsg. v. Bundesministerium der Justiz. Bonn 1998, S. 1- 47

Baron, St. W.: General Strain, Street Youth and Crime: A Test of Agnew's Revised Theory. In: Criminology 42 (2004), S. 457 - 483

Bartusch, D. J./Matsueda, R. L.: Gender, Reflected Appraisals, and Labeling: A Cross-Group Test of an Interactionist Theory of Delinquency. In: Social Forces 75 (1996), S. 145-177

Beck, U.: Jenseits von Stand und Klasse? Soziale Ungleichheiten, gesellschaftliche Individualisierungsprozesse und die Entstehung neuer sozialer Formationen und Identitäten. In: Kreckel, R. (Hrsg.): Soziale Ungleichheiten. Sonderband 4 der Sozialen Welt. Göttingen 1983, S. 35-74

Becker, H.S.: Outsiders: Studies in the Sociology of Deviance. New York 1963

Bellair, P.E.: Social Interaction and Community Crime: Examining the Importance of Neighbor Networks. In: Criminology 35 (1997), S. 677-703

Bellair, P.E./Roscigno, V. J.: Local Labor-Market Opportunity and Adolescent Delinquency. In: Social Forces 78 (2000), S. 1509-1538

Bellair, P./Roscigno, V. J. /Vélez, M.B.: Occupational Structure, Social Learning, and Adolescent Violence. In: Akers, R.L./Jensen, G.F. (Hrsg.): Social Learning Theory and the Explanation of Crime. New Brunswick 2003, S. 197 -225

Bergmann, W./Erb, R. (Hrsg.): Neonazismus und rechte Subkultur. Berlin 1994

Bernard, T.: Control Criticisms of Strain Theories. An Assessment of Theoretical and Empirical Adequacy. In: Journal of Research in Crime and Delinquency 21 (1984), S. 353 - 372

Bernard, T.: Testing Structural Strain Theories. In: Journal of Research in Crime and Delinquency 24 (1987), S. 262-280

Bernard, Th.J.: Angry Aggression Among the „Truly Disadvantaged". In: Criminology 28 (1990), S. 73-95

Bernburg, J. G./Thorlindsson, Th.: Routine Activities in Social Context: A Closer Look at the Role of Opportunity in Deviant Behavior. In: Justice Quarterly 18 (2001), S. 543-567

Bertram, H.: Moralische Sozialisation. In: Hurrelmann, K./Ulich, D. (Hrsg.): Handbuch der Sozialisationsforschung. Weinheim 1980, S. 717-744

Bielefeld, U.: Exkurs: Geschlossene Heime als Alternative zum Jugendstrafvollzug? Eine Auswertung von Literatur zur Heimunterbringung. In: Albrecht, P. A./Schüler-Springorum, H. (Hrsg.): Jugendstrafe an Vierzehn- und Fünfzehnjährigen. Strukturen und Probleme. München 1983, S. 177 -185

Bjerregaard, B./Smith, C.: Gender Differences in Gang Participation, Delinquency, and Substance Use. In: Klein, M. W./Maxson, C.L./Miller, J. (Hrsg.): The Modern Gang Reader. Los Angeles 1995, S. 93-107

Blumstein, A./Cohen, J./Roth, J.A./Visher, Ch.A. (Hrsg.): Criminal Careers and „Career Criminals". 2 Vols. Washington 1986

Boers, K./Walburg, Ch./Reinecke, J.: Jugendkriminalität - Keine Zunahme im Dunkelfeld, kaum Unterschiede zwischen Einheimischen und Migranten. Befunde aus Duisburger und Münsteraner Längsschnittstudien. In: Monatsschrift für Kriminologie und Strafrechtsreform 89 (2006), S. 63-87

Böttger, A./Köller, R./Solberg, A.: Delinquente Episoden - Ausstiege aus kriminalisierbarem Handeln. In: Schumann, K.F. (Hrsg.): Delinquenz im Lebensverlauf. Weinheim/München 2003a, S. 95- 122

Böttger, A./Köller, R./Solberg, A.: Lebenslauf, Beruf und Delinquenz. In: Schumann, K.F. (Hrsg.): Berufsbildung, Arbeit und Delinquenz. Weinheim/München 2003b, S. 213-240

Bohle, H.H.: Soziale Abweichung und Erfolgschancen: Die Anomietheorie in der Diskussion. Darmstadt-Neuwied 1975

Bohle, H.H./Heitmeyer, W./Kühnel, W./Sander, U.: Anomie in der modernen Gesellschaft: Bestandsaufnahme und Kritik eines klassischen Ansatzes soziologischer Analyse. In: Heitmeyer, W. (Hrsg.): Was treibt die Gesellschaft auseinander? Frankfurt a. M. 1997, S. 29-65

Bohnsack, R.: Der Habitus der "Ehre des Mannes". Geschlechterspezifische Erfahrungsräume bei Jugendlichen türkischer Herkunft. In: Döge, P./Meuser, M. (Hrsg.), Männlichkeit und soziale Ordnung. Neuere Beiträge zur Geschlechterforschung. Opladen 2001, S. 49-71

Bohnsack, R./Loos, P./Schäffer, B./Städtler, K./Wild, B.: Die Suche nach Gemeinsamkeit und die Gewalt der Gruppe. Hooligans, Musikgruppen und andere Jugendcliquen. Opladen 1995

Boor, C. de: Soziotherapie als angewandte Psychoanalyse in einer Sondereinrichtung der holländischen Justiz. In: Lüderssen, K./Sack, F. (Hrsg.): Seminar: Abweichendes Verhalten III. Frankfurt a. M. 1977, S. 402-416

Bouffard, J.A.: The influence of emotion on rational decision making in sexual aggression. In: Journal of Criminal Justice 30 (2002), S. 121-134

Braithwaite, J.: Crime, Shame, and Reintegration. Cambridge 1989

Braithwaite, J.: Diversion, Reintegrative Shaming and Republican Criminology. In: Albrecht, G./Ludwig-Mayerhofer, W. (Hrsg.): Diversion and Informal Social Control. Berlin/New York 1995, S. 141-158

Braithwaite, J.: Charles Tittle's Control Balance and Criminological Theory. In: Theoretical Criminology 1 (1997), S. 77-97

Braithwaite, J./Ahmed, E./Braithwaite, V.: Shame, Restorative Justice, and Crime. In: Cullen, F.T./Wright, J.P./Blevins, K.R. (Hrsg.), Taking Stock. The Status of Criminological Theory. Advances in Criminological Theory, Vol. 15. New Brunswick, USA/London 2008, S. 397-417

Brezina, T.: Adapting To Strain: An Examination of Delinquent Coping Responses. In: Criminology 34 (1996), S. 39-60

Brezina, T.: Adolescent Maltreatment and Delinquency: The Question of Intervening Processes. In: Journal of Research in Crime and Delinquency 35 (1998), S. 71-99

Brezina, T.: Delinquent Problem-Solving: An Interpretative Framework for Criminological Theory and Research. In: Journal of Research in Crime and Delinquency 37 (2000), S. 3-30

Brezina, T.: Assessing the Rationality of Criminal and Delinquent Behavior: A Focus on Actual Utility. In: Piquero, A.R./Tibbetts, S.G. (Hrsg.): Rational Choice and Criminal Behavior. Recent Research and Future Challenges. London 2002, S. 241-264

Broidy, L./Agnew, R.: Gender and Crime: A General Strain Theory Perspective. In: Journal of Research in Crime and Delinquency 34 (1997), S. 275-306

Brökling, E.: Frauenkriminalität. Darstellung und Kritik kriminologischer und devianzsoziologischer Theorien. Versuch einer Neubestimmung. Stuttgart 1980

Brownfield, D.: Social Class and Violent Behavior. In: Criminology 24 (1986), S. 421-438

Brücker, H.: Sozialer Stress, Defensives Coping und Erosion der Kontrollüberzeugung. Eine empirische Studie zu Störfaktoren des gesundheitlichen Wohlbefindens von Erwachsenen. Münster/New York 1994

Brumlik, M.: Kriminogene Sozialisation. Vorüberlegungen zu einer Entwicklungspathologie des moralischen Selbst. In: Neue Praxis 29 (1999), S. 44-56

Brusten, M./Hurrelmann, K.: Abweichendes Verhalten in der Schule. Eine Untersuchung zu Prozessen der Stigmatisierung. München 1973

Burgess, R.L./Akers, R. L.: A Differential Association-Reinforcement Theory of Criminal Behavior. In: Social Problems 14 (1966), S. 128–147

Burkatzki, E.: Verdrängt der *Homo oeconomicus* den *Homo communis*? Normbezogene Orientierungsmuster bei Akteuren mit unterschiedlicher Markteinbindung. Wiesbaden 2007.

Bursik, R.J.: Social disorganization and theories of crime and delinquency: Problems and prospects. In: Criminology 26 (1988), S. 519-552

Bursik, R. J./Grasmick, H.G.: Economic Deprivation and Neighborhood Crime Rates, S. 1960-1980. In: Law and Society Review 27 (1993a), S. 263-284

Bursik, R. J./Grasmick, H.G.: Neighborhoods and Crime. The Dimensions of Effective Community Control. New York 1993b

Campagna, A.F./Harter, S.: Moral Judgment in Sociopathic and Normal Children. In: Journal of Personality and Social Psychology 31 (1975), S. 199-205

Campbell, A.: Female Participation in Gangs. In: Klein, M. W./Maxson, C. L./Miller, J. (Hrsg.): The Modern Gang Reader. Los Angeles 1995, S. 70-77

Capovich, G.E./Mazerolle, P./Piquero, A.: General Strain Theory, Situational Anger, and Social Networks. An Assessment of Conditioning Influences. In: Journal of Criminal Justice 29 (2001), S. 445-461

Carlen, P.: Women, Crime, Feminism, and Realism. In: Social Justice 17 (1990), S. 106-123

Carlen, P.: Gender, Class, Racism, and Criminal Justice: Against Global and Gender-Centric Theories, For Poststructuralist Perspectives. In: Bridges, G. S./Myers, M. A. (Hrsg.): Inequality, Crime, and Social Control. Boulder/San Francisco/Oxford 1994, S. 134-144

Cattarello, A.M.: Community-Level Influences On Individual's Social Bonds, Peer Associations, and Delinquency: A Multilevel Analysis. In: Justice Quarterly 17 (2000), S. 33-60
Cernkovich, St.A./Giordano, P.C.: Family Relationships and Delinquency. In: Criminology 25 (1987), S. 295 - 322
Cernkovich, St.A./Giordano, P.C./Rudolph, J. L.: Race, Crime and the American Dream. In: Journal of Research in Crime and Delinquency 37 (2000), S. 131-170
Chamlin, M.B./Cochran, J.K.: Social Altruism and Crime. In: Criminology 35 (1997), S. 203-227
Chamlin, M.B./Cochran, J.K.: An Evaluation of the Assumptions That Underlie Institutional Anomie Theory. In: Theoretical Criminology 11 (2007), S. 39-61
Chesney-Lind, M.: Girls' Crime and Woman's Place: Toward a Feminist Model of Female Delinquency. In: Crime and Delinquency (1989), S. 5-29
Chesney-Lind, M.: The Female Offender: Girls, Women, and Crime. Thousand Oaks, CA. 1997
Chesney-Lind, M./Shelden, R.G.: Girls, Delinquency, and Juvenile Justice, 2. Aufl. Belmont, CA, 1998
Clark, R.: Cross-National Perspectives on Female Crime: An Empirical Investigation. In: International Journal of Comparative Sociology 30 (1989), S. 195-215
Clarke, R.V./Cornish, D.B.: Rational Choice. In: Paternoster, R./Bachman, R. (Hrsg.): Explaining Criminals and Crime. Essays in Contemporary Criminological Theory. Los Angeles 2001, S. 23-42
Clinard, M.B.: Sociology of Deviant Behavior. 3. Aufl. New York 1968
Clinard, M.B. (Hrsg.): Anomie and Deviant Behavior. A Discussion and Critique. New York/London 1964
Cloward, R.A.: Illegitime Mittel, Anomie und abweichendes Verhalten. In: Sack, F./König, R. (Hrsg.): Kriminalsoziologie. Frankfurt a.M. 1968, S. 314-338
Cloward, R.A./Ohlin, L.E.: Delinquency and Opportunity. A Theory of Delinquent Gangs. New York 1960
Cohen, A.K.: Kriminelle Jugend. Reinbek 1955
Cohen, A.K.: The Study of Social Disorganization and Deviant Behavior. In: Merton, R. K./Broom, L./Cottrell, L. S. (Hrsg.): Sociology Today. Problems and Prospects. New York 1959, S. 461 - 484
Cohen, A.K.: Zur Erforschung delinquenter Subkulturen. In: Sack, F./König, R. (Hrsg.): Kriminalsoziologie. Frankfurt a.M. 1968, S. 372-394
Cohn, E. S./White, S.O.: Legal Socialization. A Study of Norms and Rules. New York etc. 1990
Copes, H. : Societal attachments, offending frequency, and techniques of neutralization. In: Deviant Behavior 24 (2003), S. 101-127
Cornish, D.B./Clarke, R.V. (Hrsg.): The Reasoning Criminal. Rational Choice Perspectives on Offending. New York/ Berlin etc. 1986
Costello, B.J./Vowell, P. R.: Testing Control Theory and Differential Association: A Reanalysis of the Richmond Youth Project Data. In: Criminology 37 (1999), S. 815-842
Costello, B.J./Mederer, H.J.: A Control Theory of Gender Differences in Crime and Delinquency. In: Britt, C.L./Gottfredson, M.R. (Hrsg.): Control Theories of Crime and Delinquency. New Brunswick/London 2003, S. 77-107
Crasmöller, B.: Wirkungen strafrechtlicher Sozialkontrolle jugendlicher Kriminalität. Eine empirische Analyse der spezialpräventiven Effekte staatsanwaltlicher Diversion. Pfaffenweiler 1996
Cremer, G.: Jugendliche Subkulturen. Eine Literaturdokumentation. München 1984
Cremer, G.: Die Subkultur der Rocker. Erscheinungsformen und Selbstdarstellung. Pfaffenweiler 1992
Cretacci, M.A.: Religion and Social Control: An Application of a Modified Social Bond on Violence. In: Criminal Justice Review 28 (2003), S. 254-277
Curry, G.D.: Female Gang Involvement. In: Journal of Research in Crime and Delinquency 35 (1998), S. 100-118
Daly, K./Maher, L.: Criminology at the Crossroads: Feminist Readings in Crime and Justice. Oxford 1998
Decker, S.H./Winkle, B. van: Life in the Gang. Family, Friends, and Violence, Cambridge 1996
De Coster, St.: Delinquency and Depression: A Gendered Role-Taking and Social Learning Perspective. In: Akers, R.L./Jensen, G.F. (Hrsg.): Social Learning Theory and the Explanation of Crime. New Brunswick 2003, S. 129 - 150
De Haan, W./Vos, J.: Widersprüchliche Gefühle. Rationalität und Emotionalität im Entscheidungsverhalten von jugendlichen Straftätern. In: Oberwittler, D./Karstedt, S. (Hrsg.): Soziologie der Kriminalität. Sonderheft 43 der Kölner Zeitschrift für Soziologie und Sozialpsychologie. Wiesbaden 2003, S. 316-336
De Li, S.: Legal Sanctions And Youths' Status Achievement: A Longitudinal Study. In: Justice Quarterly 16 (1999), S. 377-401
Diedrich, I./Meyer, A./Rössner, D.: Der Kampf um den Limes der Gesellschaft. Eine Kritik der Kontrolltheorie und des Desintegrationsansatzes. In: Kriminologisches Journal 31 (1999), S. 82-106
Dodder, R.A.: An Examination of Parental Influence on Juvenile Delinquency Using Neutralization Theory. In: International Journal of Sociology of the Family 29 (1999), S. 81-95
Döbert, R./Nunner-Winkler, G.: Adoleszenzkrise und Identitätsentwicklung. Frankfurt a. M. 1982 (1. Aufl. 1975)

Döbert, R./Nunner-Winkler, G.: Intrafamiliale Bedingungen von kognitiven und motivationalen Aspekten des moralischen Bewußtseins. In: Matthes, J. (Hrsg.): Lebenswelt und soziale Probleme, Verhandlungen des 20 deutschen Soziologentages in Bremen 1980. Frankfurt a. M. 1981, S. 469-480

Dölling, D./Heinz, W./Kerner, H.-J./Rössner, D./Walter, M.: Rechtspolitischer Ausblick. In: Dölling, D. et al. (Hrsg.): Täter-Opfer-Ausgleich in Deutschland. Bestandsaufnahme und Perspektiven, hrsg. v. Bundesministerium der Justiz. Bonn 1998, S. 481-494

Donker, A. G./Smeenk, W. H./Van der Laan, P. H./Verhulst, F. C.: Individual Stability of Antisocial Behavior from Childhood to Adulthood: Testing the Stability Postulate of Moffitt's Developmental Theory. In: Criminology 41 (2003), S. 593-609

Durkheim, É..: Die Regeln der soziologischen Methode. Neuwied 1961

Durkheim, É.: Erziehung, Moral und Gesellschaft. Vorlesungen an der Sorbonne 1902/1903. Frankfurt a. M. 1984

Durkheim, É..: Über soziale Arbeitsteilung. Frankfurt a. M. 1988

Durkheim, É.: Physik der Sitten und des Rechts. Vorlesungen zur Soziologie der Moral. Frankfurt a. M. 1991

Durkheim, É.: Professional Ethics and Civic Morals. With a New Preface by Bryan S. Turner. London/New York 1992

Easterlin, R.A.: Birth and Fortune. The Impact of Numbers on Personal Welfare. New York 1980

Easterlin, R.A./Crimmins, E. M.: Recent Social Trends: Changes in Personal Aspirations of American Youth. In: Sociology and Social Research 72 (1988), S. 217-223

Eckensberger, L.H./Breit, H.: Recht und Moral im Kontext von Kohlbergs Theorie der Entwicklung moralischer Urteile und ihrer handlungstheoretischen Rekonstruktion. In: Lampe, E.-J. (Hrsg.): Zur Entwicklung von Rechtsbewußtsein. Frankfurt a. M. 1997, S. 253 -340

Eckert, R.: Aggressive Gruppen. In: DVJJ (Hrsg.): Mehrfach Auffällige - Mehrfach Betroffene. Dokumentation des 21. Deutschen Jugendgerichtstages, 30.9.-4.10. 1989 in Göttingen. Godesberg 1990, S. 190-210

Eckert, R./Willems, H.: Politisch motivierte Gewalt. In: Informationszentrum Sozialwissenschaften: Gewalt ín der Gesellschaft. Eine Dokumentation zum Stand der sozialwissenschaftlichen Forschung seit 1985. Bonn 1993, S. 27-55

Edelstein, W./Nunner-Winkler, G. (Hrsg.): Zur Bestimmung der Moral. Philosophische und sozialwissenschaftliche Beiträge zur Moralforschung. Frankfurt a.M. 1986

Edelstein, W./Nunner-Winkler, G./Noam, G. (Hrsg.): Moral und Person. Frankfurt a.M. 1993

Egg, R./Sponsel, R.: "Bagatelldelinquenz" und Techniken der Neutralisierung - eine empirische Überprüfung der Theorie von Sykes und Matza. In: Monatsschrift für Kriminologie und Strafrechtsreform 61 (1978), S. 38-50

Eifler, St.: Einflußfaktoren von Alkoholkonsum. Sozialisation, Self-Control und Differentielles Lernen. Wiesbaden 1997

Eitle, D./Turner, R.J.: Stress Exposure, Race, and Young Adult Male Crime. In: The Sociological Quarterly 44 (2003), S. 243-269

Elliott, D.S.: Serious Violent Offenders: Onset, Developmental Course, And Termination - the American Society Of Criminology 1993 Presidential Address. In: Criminology 32 (1994), S. 1-21

Elliott, D.S./Wilson, W. J./Huizinga, D./Sampson, R. J./Elliott, A./Rankin, B.: The Effects of Neighborhood Disadvantage on Adolescent Development. In: Journal of Research in Crime and Delinquency 33 (1996), S. 389-426

Elsner, E./Molnar, H.: Kriminalität Heranwachsender und Jungerwachsener in München. Untersuchung zu Ursachen und Entwicklung der Kriminalität in der Altersgruppe der 18-24-Jährigen am Beispiel eines Großstadtpräsidiums. München (Bayerisches Landeskriminalamt) 2001

Elsner, E./Steffen, W./Stern, G.: Kinder- und Jugendkriminalität in München. München (Bayerisches Landeskriminalamt) 1998

Enzmann, D./Brettfeld, K./Wetzels, P.: Männlichkeitsnormen und die Kultur der Ehre. Empirische Prüfung eines theoretischen Modells zur Erklärung erhöhter Delinquenzraten jugendlicher Migranten. In: Oberwittler, D./Karstedt, S. (Hrsg.): Soziologie der Kriminalität. Sonderheft 43 der Kölner Zeitschrift für Soziologie und Sozialpsychologie. Wiesbaden 2003, S. 264-287

Erickson, K.G./Crosnoe, R./Dornbusch, S.M.: A Social Process Model of Adolescent Deviance: Combining Social Control and Differential Association Perspectives. In: Journal of Youth and Adolescence 29 (2000), S. 395-425

Esbensen, F.-A./Deschenes, E.P.: A Multisite Examination of Youth Gang Membership: Does Gender Matter? In: Criminology 36 (1998), S. 799-827

Esbensen, F.-A./Huizinga, D.: Community Structure and Drug Use: From a Social Disorganization Perspective. In: Justice Quarterly 7 (1990), S. 691-709

Esbensen, F.-A./Huizinga, D.: Gangs, Drugs, and Delinquency in a Survey of Urban Youth. In: Criminology 31 (1993), S. 565-589

Exum, M.L.: The Application and Robustness of the Rational Choice Perspective in the Study of Intoxicated and Angry Intentions to Aggress. In: Criminology 40 (2002), S. 933-966

Farrington, D.P.: A Critical Analysis of Research on the Development of Antisocial Behavior from Birth to Adulthood. In: Stoff, D.M./Breiling, J./Maser, J.D. (Hrsg.): Handbook of Antisocial Behavior. New York 1997, S. 234-240

Farrington, D.P.: Building Developmental and Life-Course Theories of Offending. In: Cullen, F.T./Wright, J.P./Blevins, K.R. (Hrsg.): Taking Stock. The Status of Criminological Theory. Advances in Criminological Theory, Vol. 15. New Brunswick/London 2008, S. 335 -364

Farnworth, M./Thornberry, T.P./Krohn, M.D./Lizotte, A. J.: Measurement in the Study of Class Delinquency: Integrating Theory and Research. In: Journal of Research in Crime and Delinquency 31 (1994), S. 32-61

Felson, M.: Linking Criminal Choices, Routine Activities, and Informal Control and Criminal Outcomes. In: Cornish, D.B./Clarke, R.V. (Hrsg.): The Reasoning Criminal. New York/Berlin etc. 1986, S. 121-128

Felson, M.: Reconciling Hirschi's 1969 Control Theory with the General Theory of Crime. In: Lab, S.P. (Hrsg.): Crime Prevention at a Crossroads. Highland Heights/KY/Cincinnati/OH 2000, S. 31-40

Fend, H.: Sozialgeschichte des Aufwachsens. Bedingungen des Aufwachsens und Jugendgestalten im zwanzigsten Jahrhundert. Frankfurt a.M. 1988

Fend, H.: Vom Kind zum Jugendlichen. Der Übergang und seine Risiken. Entwicklungspsychologie der Adoleszenz in der Moderne, Bd. 1. Bern/Stuttgart/Toronto 1990

Fend, H.: Identitätsentwicklung in der Adoleszenz. Lebensentwürfe, Selbstfindung und Weltaneignung in beruflichen, familiärem und politisch-weltanschaulichen Bereichen. Entwicklungspsychologie der Adoleszenz in der Moderne, Bd. II. Bern/Stuttgart/Toronto 1991

Fend, H.: Entwicklungspsychologie des Jugendalters. Ein Lehrbuch für pädagogische und psychologische Berufe. Opladen 2000

Foglia, W.D.: Perceptual Deterrence and the Mediating Effect of Internalized Norms Among Inner-City Teenagers. In: Journal of Research in Crime and Delinquency 34 (1997), S. 414-442

Foshee, V.A./Baumann, K.E./Linder, G.F.: Family Violence and the Perpetration of Adolescent Dating Violence: Examining Social Learning and Social Control Processes. In: Journal of Marriage and the Family 61 (1999), S. 331-342

Frey, H.P.: Stigma und Identität. Eine empirische Untersuchung zur Genese und Änderung krimineller Identität bei Jugendlichen. Weinheim 1983

Franke, K.: Frauen und Kriminalität. Eine kritische Analyse kriminologischer und soziologischer Theorien. Konstanz 2000

Funke, F.: Jugendkulturen, Massenmedien und Gewalt - Variationen über ein Thema. In: Frindte, W. (Hrsg.): Jugendlicher Rechtsextremismus und Gewalt zwischen Mythos und Wirklichkeit. Sozialpsychologische Untersuchungen, Münster/Hamburg 1995, S. 212-245

Garhammer, M.: Der Fall Ahmet und die Ethnisierung von Jugendgewalt. In: Groenemeyer, A./Mansel, J. (Hrsg.): Die Ethnisierung von Alltagskonflikten. Opladen 2003, S. 179-200

Garz, D.: Sozialpsychologische Entwicklungstheorien. Von Mead, Piaget und Kohlberg bis zur Gegenwart. Opladen 1989

Geis, G.: On the Absence of Self-Control as the Basis for a General Theory of Crime. In: Theoretical Criminology 4 (2000), S. 35-54

Geißler, R.: "Ausländerkriminalität" - Vorurteile, Missverständnisse, Fakten. Anmerkungen zu einer vielschichtigen Problematik. In: Kawamura-Reindl, G./Keicher, R./Krell, W. (Hrsg.): Migration, Kriminalität und Kriminalisierung. Herausforderung an Soziale Arbeit und Straffälligenhilfe. Freiburg 2002, S. 27-45

Gephart, W.: Strafe und Verbrechen. Die Theorie Emile Durkheims. Opladen 1990

Georg, W.: Individualisierung der Jugendphase in den 80er Jahren. Ein Vergleich zweier Jugendkohorten von 1981 und 1992. In: Zeitschrift für Soziologie 26 (1997), S. 427-437

Gibbs, J.J./Giever, D./Martin, J.S.: Parental Management and Self-control: An empirical test of Gottfredson and Hirschi's general theory. In: Journal of Research in Crime and Delinquency 35 (1998) S. 40-70

Giordano, P.C.: Girls, Guys and Gangs: The Changing Social Context of Female Delinquency. In: The Journal of Criminal Law and Criminology 69 (1978), S. 126-132

Giordano, P.C./Cernkovich, St.A./Rudolph, J.L.: Gender, Crime, and Desistance: Toward a Theory of Cognitive Transformation. In: American Journal of Sociology 107 (2002), S. 990-1064

Giordano, P.C./Rockwell, S. M.: Differential Association Theory and Female Crime. In: Simpson, S. S. (Hrsg.): Of Crime and Criminality. The Use of Theory in Everyday Life. Thousand Oaks etc. 2000, S. 3-24

Gipser, D./Stein-Hilbers, M. (Hrsg): Wenn Frauen aus der Rolle fallen. Alltägliches Leiden und abweichendes Verhalten von Frauen. 2. überarb. Aufl. Weinheim/Basel 1987

Goldstein, A.P.: Delinquent Gangs. In: Huesmann, L.R. (Hrsg.): Aggressive Behavior. Current Perspectives. New York – London 1994, S. 255-273

Gottfredson, M.R./Hirschi, T.: A General Theory of Crime. Stanford/CA. 1990

Gottfredson, M.R./Hirschi, T.: Self-Control and Opportunity. In: Britt, C.L./Gottfredson, M.R. (Hrsg.): Control Theories of Crime and Delinquency. New Brunswick/London 2003, S. 5-19

Gottfredson, M.R.: The Empirical Status of Control Theory in Criminology. In: Cullen, F.T./Wright, J.P./Blevins, K.R. (Hrsg.): Taking Stock. The Status of Criminological Theory. Advances in Criminological Theory, Vol. 15. New Brunswick/London 2008, S. 77 -100

Grasmick, H.G./Bursik, R.J., Jr./Arneklev, B. J.: Reduction in drunk driving as a response to increased threats of shame, embarrassment, and legal sanctions. In: Criminology 31 (1993), S. 41-67

Grasmick, H.G./Finley, J./Glaser, D.L.: Labor Force Participation, Sex-Role Attitudes, and Female Crime. In: Social Science Quarterly 65 (1984), S. 703-718

Grasmick, H.G./Hagan, J./Blackwell, B.S./Arneklev, B.J.: Risk Preferences and Patriarchy: Extending Power-Control Theory. In: Social Forces 75 (1996), S. 177-199

Grasmick, H.G./Tittle, Ch.R./Bursik, R.J./Arneklev, B.J.: Testing the Core Empirical Implications of Gottfredson and Hirschi's General Theory of Crime. In: Journal of Research in Crime and Deliquency 30 (1993), S. 5-29

Greenberg, D.F.: Delinquency and the Age Structure of Society. In: Messinger, Sh. L./Bittner, E. (Hrsg.): Criminology Review Yearbook. Beverly Hills 1979, S. 586-620

Gregory, J.: Sex, Class and Crime: Towards a Non-Sexist Criminology. In: Matthews, R./Young, J. (Hrsg.): Confronting Crime. Beverly Hills, Ca./London/New Dehli 1986, S. 53-71

Greve, W./Enzmann, D. : Etikettierungen durch Jugendstrafte? Wider einige Gewissheiten des Labeling-Ansatzes. In: Bereswill, M./Greve, W. (Hrsg.): Forschungsthema Strafvollzug. Baden-Baden 2001, S. 207-250

Grundies, V.: Kriminalitätsbelastung junger Aussiedler. In: Monatsschrift für Kriminologie und Strafrechtsreform 83 (2000), S. 290-305

Guerra, N.G./Nucci, L./Huesmann, L.R.: Moral Cognition and Childhood Aggression. In: Huesmann, L. R. (Hrsg.): Aggressive Behavior. Current Perspectives. New York/London 1994, S. 13-33

Haferkamp, H.: Kriminelle Karrieren. Handlungstheorie, Teilnehmende Beobachtung und Soziologie krimineller Prozesse. Reinbek 1975

Hagan, J: Micro and Macro Structures of Delinquency Causation and a Power-Control Theory of Gender and Delinquency. In: Messner, St. F./Krohn, M. D./Liska, A. E. (Hrsg.): Theoretical Integration in the Study of Deviance and Crime. Problems and Prospects. Albany/New York 1989, S. 213-227

Hagan, J.: Destiny and Drift: Subcultural Preferences, Status Attainments, and the Risks and Rewards of Youth. In: American Sociological Review 56 (1991), S. 567-582

Hagan, J.: Defiance and Despair: Subcultural Linkages Between Delinquency and Despair in the Life Course. In: Social Forces 76 (1997), S. 119-134

Hagan, J./Gillis, A.R./Simpson, J.: The Class Structure of Gender and Delinquency: Toward a Power-Control Theory of Common Delinquent Behavior. In: American Journal of Sociology 90 (1985), S. 151-178

Hagan, J./Gillis, A.R./Simpson, J.: Clarifying and Extending Power-Control Theory. In: American Journal of Sociology 95 (1990), S. 1024-1037

Hagan, J./Gillis, A.R./Simpson, J.: The Power of Control in Sociological Theories of Delinquency. In: Adler, F./Laufer, W.S. (Hrsg.): New Directions in Criminological Theory. New Brunswick, N.J./London 1993, S. 381-398

Hagan, J./Hefler, G./Classen, G./Merkens, H.: Subterranean Sources of Subcultural Delinquency beyond the American Dream. In: Criminology 36 (1998), S. 309-339

Hagan, J./McCarthy, B.: Mean Streets. Youth Crime and Homelessness. Cambridge, U.K./New York etc. 1997

Hagan, J./Merkens, H./Boehnke, K.: Delinquency and Disdain: Social Capital and the Control of Right-Wing Extremism among East and West Berlin Youth. In: American Journal of Sociology 100 (1995), S. 1028-1052

Hagan, J./Simpson, J./Gillis, A. R.: Class in the Household: A Power-Control Theory of Gender and Delinquency. In: American Journal of Sociology 92 (1987), S. 788-816

Hagan, J./Simpson, J./Gillis, A. R.: Feminist scholarship, relational and instrumental control, and a power-control theory of gender and delinquency. In: British Journal of Sociology 39 (1988), S. 301-336

Hanak, G.: Diversion und Konfliktregelung. Überlegungen zu einer alternativen Kriminalpolitik bzw. zu einer Alternative zur Kriminalpolitik. In: Kriminalsoziologische Bibliographie 9 (1982), Heft 35, S. 1-39

Hanson, Th.L.: Does Parental Conflict Explain Why Divorce Is Negatively Associated with Child Welfare? In: Social Forces 77 (1999), S. 1283-1315

Hartmann, U.I.: Staatsanwaltschaft und Täter-Opfer-Ausgleich. Eine empirische Analyse zu Anspruch und Wirklichkeit. Baden-Baden 1998

Haas, H./Killias, M.: The Versatility vs. Specialization Debate: Different Theories of Crime in the Light of a Swiss Birth Cohort. In: Britt, C.L./Gottfredson, M.R. (Hrsg.): Control Theories of Crime and Delinquency. New Brunswick/London 2003, S. 249-273

Hauschild, Th.: Ritual und Gewalt. Ethnologische Studien an europäischen und mediterranen Gesellschaften. Frankfurt a. M. 2008

Hawdon, J.E.: Deviant Lifestyles - The Social Control of Daily Routines. In: Youth & Society 28 (1996), S. 162-188

Hay, C.: Parenting, Self-Control, and Delinquency: A Test of Self-Control Theory. In: Criminology 39 (2001), S. 707-736

Hayslett-McCall, K.L./Bernard, Th.J.: Attachment, masculinity, and self-control: A theory of male crime rates. In: Theoretical Criminology 6 (2002), S. 5-33

Heidensohn, F.: Women and Crime. Basingstoke etc. 1985

Heidensohn, F.: Women and crime in Europe. In: Heidensohn, F./Farrell, M. (Hrsg.): Crime in Europe. London 1991, S. 55-71

Heimer, K.: Gender, Race, and the Pathway to Delinquency. In: Hagan, J./Peterson, R. D. (Hrsg.): Crime and Inequality. Stanford, Cal. 1995, S. 140-173

Heimer, K.: Gender, Interaction, and Delinquency: Testing a Theory of Differential Social Control. In: Social Psychology Quarterly 59 (1996), S. 39-61

Heimer, K.: Socioeconomic Status, Subcultural Definitions, and Violent Delinquency. In: Social Forces 75 (1997), S. 799-833

Heimer, K./De Coster, St.: The Gendering of Violent Delinquency. In: Criminology 37 (1999), S. 277-317

Heimer, K./Matsueda, R.L.: Role-Taking, Role Commitment, and Delinquency: A Theory of Differential Social Control. In: American Sociological Review 59 (1994), S. 365-390

Heinz, W.: Jugendstrafe und ihre Alternativen: Rechtliche Anforderungen - empirische Befunde. In: Trenczek, Th. (Hrsg.): Freiheitsentzug bei jungen Straffälligen. Die Situation des Jugendstrafvollzugs zwischen Reform und Alternativen. Bonn 1993.

Heinz, W.: Diversion in German Juvenile Justice: Its Practice, Impact, and Penal Policy Implications. In: Albrecht, G./Ludwig-Mayerhofer, W. (Hrsg.): Diversion and Informal Social Control. Berlin/New York 1995, S. 159-186

Heinz, W.: Die Wechselwirkungen zwischen Sanktionen und Rückfall bzw. Kriminalitätsentwicklung. In: Bundesministerium für Justiz (Hrsg.): Strafrechtliche Probleme der Gegenwart, Schriftenreihe des Bundesministeriums für Justiz 76. Wien 1996

Heinz, W.: Sanktionierungspraxis in der Bundesrepublik Deutschland im Spiegel der Rechtspflegestatistiken. In: Zeitschrift für die Gesamte Strafrechtswissenschaft 111 (1999), S. 461-503

Heinz, W.: Kriminalpolitik an der Wende zum 21. Jahrhundert: Taugt die Kriminalpolitik des ausgehenden 20. Jahrhunderts für das 21. Jahrhundert? In: Bewährungshilfe 47 (2000), S. 131-157

Heinz, W.: Kriminelle Jugendliche – gefährlich oder gefährdet? Konstanz 2006

Heinz, W.: Stellungnahme zur aktuellen Diskussion um eine Verschärfung des Jugendstrafrechts. DVJJ Resolution. Konstanz 2007

Heinz, W.: Polizeiliche Kriminalstatistik 2007. Konstanz. Lehrstuhl für Kriminologie und Strafrecht. Web: http://www-uni-konstanz.de/rtf/heinz (2008)

Heinz, W.: Wenn junge Gewalttäter Schlagzeilen machen. 15 Thesen. Vortrag gehalten am 8.12.2008 im Pädagogisch-Theologischen-Zentrum (Haus Birkach) der Evangelischen Landeskirche Württemberg in Stuttgart-Birckach. Konstanz. Web: http://www.uni-konstanz.de/rtf/heinz

Heinz, W./Hügel, Chr.: Erzieherische Maßnahmen im deutschen Jugendstrafrecht. Bonn 1986

Heinz, W./Storz, R.: Diversion im Jugendstrafverfahren der Bundesrepublik Deutschland. Bonn/Bad Godesberg 1992

Heiss, J.: The Social Psychology of Interaction. Englewood Cliffs, N.J. 1981

Heitmeyer, W. (Hrsg.): Das Gewalt-Dilemma. Gesellschaftliche Reaktionen auf fremdenfeindliche Gewalt und Rechtsextremismus. Frankfurt a.M. 1994

Heitmeyer, W.: Das Desintegrations-Theorem. Ein Erklärungsansatz zu fremdenfeindlich motivierter, rechtsextremistischer Gewalt und zur Lähmung gesellschaftlicher Institutionen. In: Heitmeyer, W. (Hrsg.): Das Gewalt-Dilemma. Gesellschaftliche Reaktionen auf Gewalt und Rechtsextremismus. Frankfurt a.M. 1994, S. 29-69

Heitmeyer, W.: Gesellschaftliche Integration, Anomie und ethnisch-kulturelle Konflikte. In: Heitmeyer, W. (Hrsg.): Was treibt die Gesellschaft auseinander? Frankfurt a. M. 1997, S. 629-653

Heitmeyer, W./Müller, J.: Fremdenfeindliche Gewalt junger Menschen. Biographische Hintergründe, soziale Situationskontexte und die Bedeutung strafrechtlicher Sanktionen. Bonn/Bad Godesberg 1995

Heitmeyer, W. u.a.: Gewalt. Schattenseiten der Individualisierung bei Jugendlichen aus unterschiedlichen Milieus. Weinheim 1995

Helwig, Ch.C./Jasiobedzka, U.: The Relation between Law and Morality: Children's Reasoning about Socially Beneficial and Unjust Law. In: Child Development 72 (2001), S. 1382-1393

Hermann, D./Weniger, W., 1999: Das Dunkelfeld in Dunkelfelduntersuchungen. Über die Messung selbstberichteter Delinquenz. In: Kölner Zeitschrift für Soziologie und Sozialpsychologie 51 (1999), S. 759-766

Herrenkohl, T.I./Huang, B./Tajima, E.A./Whitney, St.D.: Examining the Link Between Child Abuse and Youth Violence. An Analysis of Mediating Mechanisms. In: Journal of Interpersonal Violence 18 (2003), S. 1189-1208

Hess, H./Scheerer, S.: Theorie der Kriminalität. In: Oberwittler, D./Karstedt, S. (Hrsg.): Soziologie der Kriminalität. Sonderheft 43 der Kölner Zeitschrift für Soziologie und Sozialpsychologie. Wiesbaden 2003, S. 69-92

Hetherington, E.M./Anderson, E.R.: The Effects of Divorce and Remarriage on Early Adolescents and Their Families. In: Levine, M.D./McAnarney, E.R. (Hrsg.): Early Adolescent Transitions. Lexington und Toronto 1988, S. 49 – 67

Higgins, G.E.: General Theory of Crime and Deviance: A Structural Equation Modeling Approach. In: Journal of Crime & Justice 25 (2002), S. 71-95

Hill, G.D./Crawford, E.M.: Women, Race, and Crime. In: Criminology 28 (1990), S. 601-626

Hirschi, T.: Causes of Delinquency. Berkeley 1969

Hirschi, T./Gottfredson, M.R.: Punishment of Children from the Perspective of Control Theory. In: Britt, C.L./Gottfredson, M.R. (Hrsg.): Control Theories of Crime and Delinquency. New Brunswick/London 2003, S. 151 - 160

Höfer, S.: Sanktionskarrieren. Eine Analyse der Sanktionshärteentwicklung bei mehrfach registrierten Personen anhand von Daten der Freiburger Kohortenstudie. Freiburg 2003

Hoffmann, J.P.: A Contextual Analysis of Differential Association, Social Control, and Strain Theories of Delinquency. In: Social Forces 81 (2003), S. 753-785

Hoffmann, J./Wondrak, I.: Amok und zielgerichtete Gewalt an Schulen: Früherkennung/Risikomanagement/Kriseneinsatz/Nachbetreuung. Frankfurt a. M. 2007

Hoffmann, J.P./Su, S.S.: The Conditional Effects of Stress on Delinquency and Drug Use: A Strain Theory Assessment of Sex Differences. In: Journal of Research in Crime and Delinquency 34 (1997), S. 46-78

Horowitz, R./Schwartz, G.: Honor, Normative Ambiguity and Gang Violence. In: American Sociological Review 39 (1974), S. 238-251

Huesmann, L.R.: Observational Learning of Violent Behavior. Social and Biosocial Processes. In: Raine, A. et al. (Hrsg.): Biosocial Bases of Violence. New York 1997, S. 69-88

Huesmann, L.R./Eron, L.D./Lefkowitz, M.M./Walder, L.O.: Stability of Aggression over Time and Generations. In: Piquero, A./Mazerolle, P. (Hrsg.): Life-Course Criminology. Contemporary and Classic Readings. Belmont, Ca. 2001, S. 261 - 282

Huesmann, L.R. /Moise, J.F. /Podolski, Ch.L.: The Effects of Media Violence on the Development of Antisocial Behavior. In: Stoff, D.M./Breiling, J./Maser, J.D. (Hrsg.): Handbook of Antisocial Behavior. New York etc. 1997, S. 181-193

Irvine, R.: Legal Socialisation- A Critique of a New Approach. In: Farrington, P./Hawkins, K./Lloyd-Bostock, S. M. (Hrsg.): Psychology, Law and Legal Process. London 1979, S. 69-89

Jabs, K.: Vom Sinn, in einer rechten Clique zu sein. In: Frindte W. (Hrsg.): Jugendlicher Rechtsextremismus und Gewalt zwischen Mythos und Wirklichkeit. Sozialpsychologische Untersuchungen. Münster/Hamburg 1995 , S. 192-211

Jacobs, B.A./Wright, R.: Stick-up, Street Culture, and Offender Motivation. In: Criminology 37 (1999), S. 149-173

Jang, S.J./Johnson, B.R.: Strain, Negative Emotions, and Deviant Coping Among African Americans: A Test of General Strain Theory. In: Journal of Quantitative Criminology 19 (2003), S. 79-105

Jang, S.J./Smith, C.A.: A Test of Reciprocal Causal Relationships among Parental Supervision, Affective Ties, and Delinquency. In: Journal of Research in Crime and Delinquency 34 (1997), S. 307-336

Jennings, W.S./Kilkenny, R./Kohlberg, L.: Moral-Development Theory and Practice for Youthful and Adult Offenders. In: Laufer, W.S./Day, J. M. (Hrsg.): Personality Theory, Moral Development, and Criminal Behavior. Lexington, Mass./Toronto 1983, S. 281-355

Jensen, G.F.: Power-Control vs Social-Control Theories of Common Delinquency: A Comparative Analysis. In: Adler, F./Laufer, W.S. (Hrsg.): New Directions in Criminological Theory. New Brunswick, N.J./London 1993, S. 363-380

Jensen, G.F.: A critique of control balance theory: Digging into details. In: Theoretical Criminology 3 (1999), S. 339-343

Jensen, G.F.: Comment. „Setting the Record Straight": A Response to Hagan, Gillis and Simpson. In: Thornberry, T. P. (Hrsg.): Developmental Theories of Crime and Delinquency. New Brunswick 1997, S. 343-359

Jensen, G.F.: Gender Variation in Delinquency: Self-Images, Beliefs and Peers as Mediating Mechanismus. In: Akers, R.L./Jensen, G.F. (Hrsg.): Social Learning Theory and the Explanation of Crime. New Brunswick 2003, S. 151-177

Jensen, G.F./Thompson, K.: What's Class Got to Do with It? A Further Examination of Power-Control Theory. In: American Journal of Sociology 95 (1990), S. 1009-1023

Johnson, R.E.: Family Structure and Delinquency: General Patterns and Gender Differences. In: Criminology 24 (1986), S. 65 – 809

Jones, M.B./Jones, D.R.: The Contagious Nature of Antisocial Behavior. In: Criminology 38 (2000), S. 25-46

Junger, M./Marshall, I. H.: The Interethnic Generalizability of Social Control Theory: An Empirical Test. In: Journal of Research in Crime and Delinquency 34 (1997), S. 79-112

Junger, M./Dekovic, M.: Crime as Risk-Taking: Co-occurrence of Delinquent Behavior, Health-Endangering Behaviors, and Problem Behaviors. In: Britt, C.L./Gottfredson, M.R. (Hrsg.): Control Theories of Crime and Delinquency. New Brunswick/London 2003, S. 213-248

Kahn, J.R./Mason, W.M.: Political Alienation, Cohort Size, and the Easterlin Hypothesis. In: American Sociological Review 52 (1987), S. 155-169

Kaiser, G.: Jugendstrafrecht. In: Kaiser, G./Kerner, H.-J./Sack, F./Schellhoss, H. (Hrsg.): Kleines Kriminologisches Wörterbuch. 3., völlig neu bearb. Aufl. Heidelberg 1993, S. 199 - 204

Kaplan, H.B.: Self-Attitudes and Deviant Behavior. Pacific Palisades, Cal. 1975

Kaplan, H.B.: Deviant Behavior in Defense of Self. New York 1980

Kaplan, H.B.: Deviant Behavior and Self-Enhancement in Adolescence. In: Rosenberg, M./Kaplan, H.B. (Hrsg.): Social Psychology of the Self-Concept. Arlington Heights 1982, S. 466-482

Karstedt, S.: Emanzipation und Kriminalität: Ein neuer "Mythos"? In: Ostendorf, H. (Hrsg.): Strafverfolgung und Strafverzicht, Festschrift zum 125jährigen Bestehen der Staatsanwaltschaft Schleswig-Holstein. Kiel 1991, S. 633-672

Kawamura-Reindl, G.: Der „kriminelle Aussiedler" - das neue Problemkind der Institutionen sozialer Kontrolle? In: Kawamura-Reindl, G./Keicher, R./Krell, W. (Hrsg.): Migration, Kriminalität und Kriminalisierung. Herausforderung an Soziale Arbeit und Straffälligenhilfe. Freiburg 2002, S. 47-65

Keane, C./Gillis, A.R./Hagan, J.: Deterrence and Amplification of Juvenile Delinquency by Police Contact. The Importance of Gender and Risk-Orientation. In: British Journal of Criminology 29 (1989), S. 336-352

Keane, C./Maxim, P.S./Teevan, J.J.: Drinking and Driving, Self-Control, And Gender: Testing A General Theory Of Crime. In: Journal of Research in Crime and Delinquency 30 (1993), S. 30-46

Kerner, H.-J.: Verbrechenswirklichkeit und Strafverfolgung. München 1972

Kersten, J./Kreissl, R./von Wolffersdorff-Ehlert, Chr.: Die sozialisatorische Wirkung totaler Institutionen. Eine Analyse von Lebensbildern. In: Albrecht, P.A./Schüler-Springorum, H. (Hrsg.): Jugendstrafe an Vierzehn- und Fünfzehnjährigen. Strukturen und Probleme. München 1983, S. 186-244

Kersten, J.: Gut und Geschlecht. Männlichkeit, Kultur und Kriminalität. Berlin 1997

Kleck, G.: Constricted Rationality and the Limits of General Deterrence. In: Blomberg, T.G. (Hrsg.): Punishment and Social Control. New York 2003, S. 291-310

Klein, M.W.: Labeling Theory and Delinquency Policy. An Experimental Test. In: Criminal Justice and Behavior 13 (1986), S. 47-79

Klein, U.: Die Geschlechterperspektive in der Kriminalsoziologie am Beispiel der Straffälligkeit von Frauen. In: Kneer, G./Kraemer, K./Nassehi, A. (Hrsg.): Spezielle Soziologien. Münsteraner Einführungen: Soziologie, Bd. 2. Münster 1995, S. 79-99

Klepper, St./Nagin, D.: The Deterrent Effect of Perceived Certainty and Severity of Punishment Revisited. In: Criminolgy 27 (1989), S. 721-746

Kohlberg, L.: Stage and Sequence: The Cognitive-Developmental Approach to Socialization. In: Goslin, D.A. (Hrsg.): Handbook of Socialization Theory and Research. Chicago 1969, S. 347 - 480

Kohlberg, L.: From Is to Ought: How to Commit the Naturalistic Fallacy and Get Away with It in the Study of Moral Development. In: Mischel, T. (Hrsg.): Cognitive Development and Epistemology. New York 1971, S. 151-235

Kohlberg, L.: Moral Stages and Moralization. In: Lickona, T. (Hrsg.): Moral Development and Behavior. New York 1976, S. 31-53

Kohlberg, L.: Essays on Moral Development I: The Philosophy of Moral Development. Moral Stages and the Idea of Justice. San Francisco 1981

Kohlberg, L.: Essays on Moral Development II: The Psychology of Moral Development. The Nature and Validity of Moral Stages. San Francisco 1984

Kohlberg, L.: Die Psychologie der Moralentwicklung. Frankfurt a. M. 1995

Kokko, K./Pulkkinen, L.: Aggression in Childhood and Long-Term Unemployment in Adulthood: A Cycle of Maladaptation and Some Protective Factors. In: Developmental Psychology 36 (2000), S. 463-472
König, H.-D.: Die rechte Subkultur und die Motive jugendlicher Gewalttäter. Sozialpsychologische Kritik der Studien von Willems u. a. zur fremdenfeindlichen Gewalt. In: König, H. D. (Hrsg.): Sozialpsychologie des Rechtsextremismus. Frankfurt a. M. 1998, S. 177-215
König, R.: Überorganisation der Familie als Gefährdung der seelischen Gesundheit. In: Pfister-Ammende, M. (Hrsg.): Die Psychohygiene. Grundlagen und Ziele. Bern 1949, S. 130-144
König, R.: Materialien zur Soziologie der Familie. Neuaufl. Köln 1974a
König, R.: Die Familie in der Gegenwart. München 1974b
König, R.: Das Recht im Zusammenhang der sozialen Normensysteme. In: Hirsch, E. E./Rehbinder, M. (Hrsg.): Studien und Materialien zur Rechtssoziologie. Sonderheft 11 der Kölner Zeitschrift für Soziologie und Sozialpsychologie. Köln/Opladen 1976, S. 36-53
König, R.: Soziologie der Familie. In: König, R. (Hrsg.): Handbuch der empirischen Sozialforschung, 2., revid. Aufl., Bd. 7. Stuttgart 1976, S. 1-217
Kreppner, K.: Einfluß von Familienkommunikation auf das Entstehen von Vorläufern des Rechtsempfindens bei Kleinkindern. In: Lampe, E.-J. (Hrsg.): Zur Entwicklung von Rechtsbewußtsein. Frankfurt a. M. 1997, S. 341-370
Krettenhauer, T.: Aktuelle Jugendprobleme im Licht von Kohlbergs Theorie: Kann Entwicklung noch das Ziel moralischer Erziehung sein? In: Edelstein, W./Oser, F./Schuster, P. (Hrsg.): Moralische Erziehung in der Schule. Entwicklungspsychologie und pädagogische Praxis. Weinheim/Basel, S. 93-110
Kreuzer, A.: Schülerbefragungen zur Delinquenz. In: Recht der Jugend und des Bildungswesens 23 (1975), S. 229-244
Kreuzer, A./Görgen, Th./Krüger, R./Münch, V./Schneider, H.: Jugenddelinquenz in Ost und West. Bonn 1993
Krohn, M.D./Massey, J.L.: Social Control and Delinquent Behavior. An Examination of the Elements of the Social Bond. In: Sociological Quarterly 21 (1980), S. 529-543
Kühnel, W./Matuschek, I.: Gruppenprozesse und Devianz. Risiken jugendlicher Lebensbewältigung in großstädtischen Monostrukturen. Weinheim/München 1995
Kühnel, W./Strobl, R.: Junge Aussiedler als Täter und Opfer von Gewalthandlungen. In: Albrecht, G./Backes, O./ Kühnel, W. (Hrsg.): Gewaltkriminalität zwischen Mythos und Realität. Frankfurt a. M. 2001, S. 326 - 354
Kurtines, W.M./Gewirts, J.L. (Hrsg.): Morality, moral behavior, and moral development. New York 1984
Lab, St.P./Whitehead, J.T.: From "Nothing Works" to "The Appropriate Works": The Latent Stop on the Search for the Secular Grail. In: Criminology 28 (1990), S. 405 -417
LaGrange, R.L./White, H.R.: Age Differences in Delinquency: A Test of Theory. In: Criminology 23 (1985), S. 19-45
LaGrange, T. C./Silverman, R.A.: Low Self-Control and Opportunity: Testing the General Theory of Crime as an Explanation for Gender Differences in Delinquency. In: Criminology 37 (1999), S. 41-72
Lamnek, S.: Kriminalitätstheorien kritisch. Anomie und Labeling im Vergleich. München 1977
Lamnek, S.: Sozialisation und kriminelle Karriere. In: Schüler-Springorum, H. (Hrsg.): Mehrfach auffällig. München 1982, S. 13-85
Lamnek, S. Theorien abweichenden Verhaltens I: „Klassische Ansätze". München 2007
Lamnek, S.: Theorien abweichenden Verhaltens II: Moderne Ansätze. München 2008
Lamnek, S./Schwenk, O.: Die Marienplatz-Rapper. Zur Soziologie einer Großstadt-Gang. Pfaffenweiler 1995
Lanza-Kaduce, L./Capece, M.: Social Structure-Social Learning (SSSL) and Binge Drinking: A Specific Test of an Integrated General Theory. In: Akers, R.L. /Jensen, G.F. (Hrsg.): Social Learning Theory and the Explanation of Crime. New Brunswick 2003, S. 179-196
Lanza-Kaduce, L./Radosevich, M./Krohn, M.D.: Cognitive Moral Development, Neutralizing Definitions, and Delinquency. In: Laufer, W. S./Day, J. M. (Hrsg.): Personality Theory, Moral Development, and Criminal Behavior. Lexington, Mass./Toronto 1983, S. 441-464
Lampe, E.-J.: Die Entwicklung von Rechtsbewußtsein im Kindesalter. In: Archiv für Rechts- und Sozialphilosophie 92 (2006), S. 397-427
Laub, J.H./Nagin, D.S./Sampson, R. J.: Trajectories of Change in Criminal Offending: Good Marriage and the Desistance Process. In: American Sociological Review 63 (1998), S. 225-238
Laub, J.H./Sampson, R.J.: Turning Points in the Life Course: Why change matters to the study of crime. In: Criminology 31 (1993), S. 301-325
Laub, J.H./Sampson, R.J.: Crime and Context in the Lives of 1,000 Boston Men, Circa 1925-1955. In: Hagan, J. (Hrsg.): Current Perspectives on Aging and the Life Cycle, Vol. 4: Delinquency and Disrepute in the Life Course. Greenwich, Con./London 1995, S. 119-139
Laub, J.H./Sampson, R.J.: Understanding Desistance from Crime. In: Crime and Justice 28 (2001), S. 1-69

Laub, J.H./Sampson, R.J./Allen, L.C.: Explaining Crime over the Life Course. Toward a Theory of Age-Graded Informal Social Control. In: Paternoster, R./Bachman, R. (Hrsg.): Explaining Criminals and Crime. Essays in Contemporary Criminological Theory. Los Angeles 2001, S. 97-112

Laub, J.H./Sampson, R.J./Sweeten, G.A.: Assessing Sampson and Laub's Life-Course Theory of Crime. In: Cullen, F.T./Wright, J.P./Blevins, K.R. (Hrsg.): Taking Stock. The Status of Criminological Theory. Advances in Criminological Theory, Vol. 15. New Brunswick/London 2008, S. 313-333

Lazarus, R.S. / Folkman, S.: Stress, Appraisal, and Coping. New York 1984

Leder, H.-C.: Frauen- und Mädchenkriminalität. Eine kriminologische und soziologische Untersuchung. 2. völlig neu überarb. u. erw. Auflage. Heidelberg (o.J.)

Lemert, E.M.: Human Deviance, Social Problems and Social Control. Englewood Cliffs, N.J. 1967

Lemert, E.M.: Der Begriff der sekundären Devianz. In: Lüderssen, K./Sack, F. (Hrsg.): Seminar Abweichendes Verhalten 1. Die selektiven Normen der Gesellschaft. Frankfurt a.M. 1975, S. 433 - 476

Levitt, St.D.: The Limited Role of Changing Age Structure in Explaining Aggregate Crime Rates. In: Criminology 37 (1999), S. 581-597

Lewis, S.K./Ross, C.E./Mirowsky, J.: Establishing a Sense of Personal Control in the Transition to Adulthood. In: Social Forces 77 (1999), S. 1573-1599

Liska, A.E.: Perspectives on Deviance. Englewood Cliffs, N.J. 1981

Liska, A.E./Messner, St.F.: Perspectives on Crime and Deviance. 3. Aufl. Upper Saddle River, N.J. 1999

Liu, X./Kaplan, H.B.: Explaining the Gender Difference in Adolescent Delinquent Behavior: A Longitudinal Test of Mediating Mechanisms. In: Criminology 37 (1999), S. 195-215

Lösel, F.: Handlungskontrolle und Jugenddelinquenz: Persönlichkeitspsychologische Erklärungsansätze delinquenten Verhaltens - theoretische Integration und empirische Prüfung. Stuttgart 1975

Lösel, F. (Hrsg.): Kriminalpsychologie. Weinheim 1983

Lösel, F.: Entwicklung und Ursachen der Gewalt in unserer Gesellschaft. In: Gruppendynamik 26 (1995), S. 5-22

Lösel, F.: Meta-Analysis and Social Prevention: Evaluation and a Study on the Family-Hypothesis in Developmental Psychopathology. In: Albrecht, G./Otto, H.-U. (Hrsg.): Social Prevention and the Social Sciences. Theoretical Controversies, Research Problems, and Evaluation Strategies. Berlin/New York 1991, S. 305 - 332

Lösel, F.: The Efficacy of Correctional Treatment: A Review and Synthesis of Meta-evaluations. In: McGuire, J. (Hrsg.): What Works: Reducing Reoffending: Guidelines from Research and Practice. Chichester etc. 1995, S. 79 – 111

Lösel, F./Averbeck, M./Bliesener, Th.: Gewalt zwischen Schülern der Sekundarstufe: Eine Untersuchung zur Prävalenz und Beziehung zu allgemeiner Aggressivität und Delinquenz. In: Empirische Pädagogik. Zeitschrift zu Theorie und Praxis erziehungswissenschaftlicher Forschung 11 (1997), S. 327-349

Lösel, F./Bliesener, Th./Averbeck, M.: Hat die Delinquenz von Schülern zugenommen? Ein Vergleich im Dunkelfeld nach 22 Jahren? In: DVJJ-Journal 9 (1998), S.115-125

Lösel, F./Köferl, P.: Evaluationsforschung zur sozialtherapeutischen Anstalt: Eine Meta-Analyse. In: Gruppendynamik 18 (1987), S. 385- 406

Lösel, F./Köferl, P./Weber, F.: Meta-Evaluation der Sozialtherapie. Qualitative und quantitative Analysen und Vorschläge zur Behandlungsforschung in sozialtherapeutischen Anstalten des Justizvollzugs. Stuttgart 1986

Ludwig, W.: Diversion: Strafe im neuen Gewand. Berlin/New York 1989

Ludwig-Mayerhofer, W.: Das Strafrecht und seine administrative Rationalisierung. Kritik der informalen Justiz. Frankfurt a.M./New York 1998

Luff, J.: Kriminalität von Aussiedlern. Polizeiliche Registrierungen als Hinweis auf misslungene Integration? München 2000, KFG, Bayerisches Landeskriminalamt.

Lynskey, D.P./Winfree, L.T./Esbensen, F.-A./Clason, D. L.: Linking Gender, Minority Group Status and Family Matters to Self-Control Theory: A Multivariate Analysis of Key Self-Control Concepts in a Youth-Gang Context. In: Juvenile and Family Court Journal 51 (2000), S. 1-19

Major, B./O'Brien, L.T.: The Social Psychology of Stigma. In: Annual Review of Psychology 56 (2005), S. 393-412

Mannle, H.W./Lewis, P.W.: Control Theory Reexamined: Race and the Use of Neutralizations Among Institutionalized Delinquents. In: Criminology 17 (1979), S. 58-74

Mansel, J.: Die Selektion innerhalb der Organe der Strafrechtspflege am Beispiel von jungen Deutschen, Türken und Italienern. Eine empirische Untersuchung zur Kriminalisierung durch formelle Kontrollorgane. Frankfurt a.M. etc. 1989

Mansel, J.: Konfliktregulierung bei Straftaten - Variation des Anzeigeverhaltens nach der Ethnie des Täters. In: Groenemeyer, A./Mansel, J. (Hrsg.): Die Ethnisierung von Alltagskonflikten. Opladen 2003, S. 261-283

Mansel, J.: Über die Auswirkungen der hohen Gewaltbelastung junger Migranten. Kommentar zur fachwissenschaftlichen Analyse. In: Heitmeyer, W./Schröttle, M. (Hrsg.): Gewalt. Beschreibungen, Analysen, Prävention. (Bundeszentrale für politische Bildung, Bd. 563). Bonn: 2006, S. 269-275

Mansel, J./Albrecht, G.: Die Ethnie des Täters als ein Prädiktor für das Anzeigeverhalten von Opfern und Zeugen. Die private Strafanzeige als Form der Konfliktregulierung. In: Soziale Welt 53 (2003a), S. 339-372

Mansel, J./Albrecht, G.: Migration und das kriminalpolitische Handeln staatlicher Strafverfolgungsorgane. Ausländer als polizeilich Tatverdächtige und gerichtlich Abgeurteilte. In: Kölner Zeitschrift für Soziologie und Sozialpsychologie 55 (2003b), S. 679-715

Mansel, J./Raithel, J.: Verzerrungsfaktoren im Hell- und Dunkelfeld und die Gewaltentwicklung. In: Raithel, J./Mansel, J. (Hrsg.): Kriminalität und Gewalt im Jugendalter. Weinheim/München 2003, S. 7 -24

Mansel, J./Suchanek, J./Albrecht, G.: Anzeigeverhalten und die Ethnie des vermeintlichen Täters. Befunde einer Pilotstudie. In: Kriminologisches Journal 33 (2001), S. 288-300

Mansel, J.: Kriminalitätsberichterstattung und Anzeigeverhalten. Informelle Kontrollstrategien gegenüber kriminalisierbarem Verhalten Jugendlicher. In: Albrecht, G./Backes, O./Kühnel, W. (Hrsg.): Gewaltkriminalität zwischen Mythos und Realität. Frankfurt a. M. 2001, S. 301- 325

Mansel, J./Hurrelmann, K.: Außen- und innengerichtete Formen der Problemverarbeitung Jugendlicher. Aggressivität und psychosomatische Beschwerden. In: Soziale Welt 45 (1994), S. 147-179

Mansel, J./Hurrelmann, K.: Aggressives und delinquentes Verhalten Jugendlicher im Zeitvergleich. Befunde der Dunkelfeldforschung aus den Jahren 1988, 1990 und 1996. In: Kölner Zeitschrift für Soziologie und Sozialpsychologie 50 (1998), S. 78-109

Maruna, S./Copes, H.: What have we Learned from Five Decades of Neutralization Research? In: Crime and Justice 32 (2005), S. 221-320

Maruna, S./Farrall, St.: Desistance from Crime: A Theoretical Reformulation. In: Oberwittler, D./Karstedt, S. (Hrsg.): Soziologie der Kriminalität. Sonderheft 43 der Kölner Zeitschrift für Soziologie und Sozialpsychologie. Wiesbaden 2003, S. 171-194

Massoglia, M./Macmillan, R.: Deterrence, Rational Choice, and Criminal Offending: A Consideration of Legal Subjectivity. In: Piquero, A.R./Tibbetts, S.G. (Hrsg.): Rational Choice and Criminal Behavior. Recent Research and Future Challenges. London 2002, S. 323-340

Matsueda, R.L.: Reflected Appraisals, Parental Labeling, and Delinquency: Specifying a Symbolic Interactionist Theory. In: American Journal of Sociology 97 (1992), S. 1577-1611

Matsueda, R.L./Anderson, K.: The Dynamics of Delinquent Peers and Delinquent Behavior. In: Criminology 36 (1998), S. 269-308

Matsueda, R.L.: Labeling Theory. Historical Roots, Implications, and Recent Developments. In: Paternoster, R./Bachman, R. (Hrsg.), Explaining Criminals and Crime. Essays in Contemporary Criminological Theory. Los Angeles 2001, S. 223-241

Matsueda, R.L./Gartner, R./Piliavin, I./Polakowski, M.: The Prestige of Criminal and Conventional Occupations: A Subcultural Model of Criminal Activity. In: American Sociological Review 57 (1992), S. 752-770

Matsueda, R.L./Heimer, K.: Race, Family Structure, and Delinquency: A Test of Differential Association and Social Control Theories. In: American Sociological Review 52 (1987), S. 826-840

Matsueda, R.L./Heimer, K.: A Symbolic Interactionist Theory of Role-Transitions, Role-Commitments, and Delinquency. In: Thornberry, T. P. (Hrsg.): Developmental Theories of Crime and Delinquency. New Brunswick 1997, S. 163-213

Matt, E.: Jugend, Männlichkeit und Delinquenz. Junge Männer zwischen Männlichkeitsritualen und Autonomiebestrebungen. In: Zeitschrift für Soziologie der Erziehung und Sozialisation 19 (1999), S. 259-276

Matza, D.: Delinquency and Drift. New York 1967

Maxim, P.S.: Cohort Size and Juvenile Delinquency: A Test of the Easterlin Hypothesis. In: Social Forces 63 (1985), S. 661-681

Mazerolle, P.: Gender, General Strain, and Delinquency: An Empirical Examination. In: Justice Quarterly 15 (1998), S. 65-91

Mazerolle, P./Burton, V. S./Cullen, F. T./Evans, T. D./Payne, G. L.: Strain, anger, and delinquent adaptations. Specifying general strain theory. In: Journal of Criminal Justice 28 (2000), S. 89-101

Mazerolle, P./Maahs, J.: General Strain and Delinquency: An Alternative Examination of Conditioning Influences. In: Justice Quarterly 17 (2000), S. 753-773

Mazerolle, P./Piquero, A.: Linking Exposure to Strain with Anger: An Investigation of Deviant Adaptations. In: Journal of Criminal Justice 26 (1998), S. 195-211

McCarthy, J.G.: Neutralisation as a Process of Graduated Desensitisation: Moral Values of Offenders. In: International Journal of Offender Therapy and Comparative Criminology 42 (1998), S. 278-290

McCord, J.: The Psychopath and Moral Development. In: Laufer, W. S./Day, J. M. (Hrsg.): Personality Theory, Moral Development, and Criminal Behavior. Lexington, Mass./Toronto 1983, S. 357-372

McCord, J.: Crime in Moral and Social Contexts. In: Criminology 28 (1990), S. 1 - 26

Mead, G.H.: Geist, Identität und Gesellschaft. Frankfurt a.M. 1968 (zuerst Chicago 1934)
Mead, G.H.: Die Genesis der Identität und die soziale Kontrolle. In: G. H. Mead, Gesammelte Aufsätze, Bd. 1. Frankfurt a. M. 1980, S. 289-328
Mears, D.P./Ploeger, M./Warr, M.: Explaining the Gender Gap in Delinquency: Peer Influence and Moral Evaluations of Behavior. In: Journal of Research in Crime and Delinquency 35 (1998), S. 251-266
Mehlkop, G./Becker, R.: Soziale Schichtung und Delinquenz. Eine empirische Anwendung eines Rational Choice-Ansatzes mit Hilfe von Querschnittsdaten des ALLBUS 1990 und 2000. In: Kölner Zeitschrift für Soziologie und Sozialpsychologie 56 (2004), S. 95-126
Meier, R.F./Burkett, St.R./Hickman, C. A.: Sanctions, Peers, and Deviance. Preliminary Models of Social Control Process. In: Sociological Quarterly 25 (1984), S. 67-82
Menard, S.: Demographic and Theoretical Variables in the Age-Period-Cohort Analysis of Illegal Behavior. In: Journal of Research in Crime and Delinquency 29 (1992), S. 178- 199
Merton, R.K.: Social Theory and Social Structure, 2., rev. Aufl. New York 1957 (zuerst Glencoe, Ill., 1951)
Merton, R.K.: Anomie, Anomia, and Social Interaction: Contexts of Deviant Behavior. In: Clinard, M.B. (Hrsg.): Anomie and Deviant Behavior. A Discussion and Critique. New York 1964, S. 213 -242
Messerschmidt, J.W.: Masculinities and Crime. Critique and Reconceptualization of Theory. Lanham, Md. 1993
Messerschmidt, J.W.: Crime As Structured Action: Gender, Race, Class, and Crime in the Making. Thousand Oaks, Cal./London 1997
Messmer, H.: Informal Justice and Communication: The Case of Diversion and Victim-Offender Mediation. In: Albrecht, G./Ludwig-Mayerhofer, W. (Hrsg.): Diversion and Informal Social Control. Berlin/New York 1995, S. 277-294
Messner, St.F.: An Institutional-Anomie Theory of Crime: Continuities and Elaborations in the Study of Social Structure and Anomie. In: Oberwittler, D./Karstedt, S. (Hrsg.): Soziologie der Kriminalität. Sonderheft 43 der Kölner Zeitschrift für Soziologie und Sozialpsychologie. Wiesbaden 2003, S. 93-109
Messner, St.F./Rosenfeld, R.: Crime and the American Dream, 2. Aufl., Belmont, Cal. etc. 1997
Messner, St.F./Rosenfeld, R., 1997: Political Restraint of the Market and Levels of Criminal Homicide: A Cross-National Application of Institutional-Anomie Theory. In: Social Forces 75 (1997), S. 1393-1416
Messner, St.F./Rosenfeld, R.: The Present and Future of Institutional-Anomie Theory. In: Cullen, F.T./Wright, J.P./Blevins, K.R. (Hrsg.): Taking Stock. The Status of Criminological Theory. Advances in Criminological Theory. Vol. 15. New Brunswick/London 2008, S. 127- 148
Miller, J.: Reconciling Feminism and Rational Choice Theory: Women's Agency in Street Crime. In: Piquero, A.R./Tibbetts, S.G. (Hrsg.): Rational Choice and Criminal Behavior. Recent Research and Future Challenges. London 2002, S. 219-240
Minor, W.W.: The Neutralization of Criminal Offense. In: Criminology 18 (1980), S. 103-120
Minor, W.W.: Techniques of Neutralization: A Reconceptualization and Empirical Examination. In: Journal of Research in Crime and Delinquency 18 (1981), S. 295-318
Minor, W.W.: Neutralization as a Hardening Process: Considerations in the Modeling of Change. In: Social Forces 62 (1984), S. 995-1019
Middendorff, W./Middendorff, D.: Changing Patterns of Female Criminality in Germany. In: Adler, F. (Hrsg.): The Incidence of Female Criminality in the Contemporary World. New York 1981, S. 122-133
Miller, J.: Feminist Theories of Women's Crime. Robbery as a Case Study. In: Simpson, S. S. (Hrsg.): Of Crime and Criminality. The Use of Theory in Everyday Life. Thousand Oaks/Cal. 2000, S. 25-46
Miller, W.B.: Die Kultur der Unterschicht als ein Entstehungsmilieu für Bandendelinquenz. In: Sack, F./König, R. (Hrsg.): Kriminalsoziologie. Frankfurt a.M. 1968, S. 339 - 359 (zuerst 1958)
Miller, J./Mullins, Ch.W.: The Status of Feminist Theories in Criminology. In: Cullen, F.T./Wright, J.P./Blevins, K.R. (Hrsg.): Taking Stock. The Status of Criminological Theory. Advances in Criminological Theory , Vol. 15. New Brunswick, USA/London 2008, S. 217 – 249
Minor, W./Harry, J.: Deterrent and Experiential Effects in Perceptual Deterrence Research: A Replication and Extension. In: Journal of Research in Crime and Delinquency 19 (1982), S. 190-203
Mischkowitz, R.: Fremdenfeindliche Gewalt und Skinheads. Eine Literaturanalyse und Bestandsaufnahme polizeilicher Maßnahmen. Wiesbaden 1994
Mitchell, J./Dodder, R.A.: Types of Neutralization and Types of Delinquency. In: Journal of Youth and Adolescence 12 (1983), S. 307-318
Moffitt, T.E.: The Neuropsychology of Juvenile Delinquency: A Critical Review. In: Tonry, M./Morris, N. (Hrsg.): Crime and Justice. A Review of Research, Vol. 12. London 1990c, S. 99-169

Moffitt, T.E.: Adolescence-Limited and Life-Course-Persistent Offending: A Complementary Pair of Developmental Theories. In: Thornberry, T.P. (Hrsg.): Developmental Theories of Crime and Delinquency. New Brunswick 1997a, S. 11-54

Moffitt, T. E.: Neuropsychology, Antisocial Behavior, and Neighborhood Context. In: McCord, J. (Hrsg.): Violence and Childhood in the Inner City. Cambridge, UK./New York 1997b, S. 116-170

Moffitt, T.E.: A Review of Research on the Taxonomy of Life-Course Persistent Versus Adolescence-Limited Antisocial Behavior. In: Cullen, F.T./Wright, J. P./Blevins, K.R. (Hrsg.): Taking Stock. The Status of Criminological Theory. Advances in Criminological Theory, Vol. 15. New Brunswick/London 2008, S. 277-311

Moffitt, T.E./Caspi, A./Dickson, N./Silva, P./Stanton, W.: Childhood-onset versus adolescent-onset antisocial conduct problems in males: Natural history from ages 3 to 18 years. In: Development and Psychopathology 8 (1996), S. 399-424

Moffitt, T. E./Caspi, A./Rutter, M. /Silva, P.: Sex Differences in Antisocial Behavior. Cambridge 2001

Moffitt, T. E./Gabrielli, W. F./Mednick, S. A. /Schulsinger, F.: Socioecenomic Status, IQ, and Delinquency. In: Journal of Abnormal Psychology 90 (1981), S. 152-156

Moffitt, T.E./Harrington, H.L.: Delinquency: The Natural History of Antisocial Behaviour. In: Silva, P.A./Stanton, W.R. (Hrsg.): From Child to Adult. The Dunedin Multidisciplinary Health and Development Study. Auckland - Oxford /Melbourne /New York 2006, S. 163-185

Moffitt, T.E./Lynam, D./Silva, P.: Neuropsychological Tests Predicting Persistent Male Delinquency. In: Criminology 32 (1994), S. 277-300

Moffitt, T.E./Mednick, S.A./Gabrielli, W.F.: Predicting Careers of Criminal Violence: Descriptive Data and Predispositional Factors. In: Brizer, D.A./Crowner, M. (Hrsg.): Current Approaches to the Prediction of Violence. Washington, D.C. 1989, S. 15-34

Morash, M.: An Explanation of Juvenile Delinquency: The Integration of Moral-Reasoning Theory and Sociological Knowledge. In: Laufer, W. S./Day, J. M. (Hrsg.): Personality Theory, Moral Development, and Criminal Behavior. Lexington, Mass./Toronto 1983 , S. 385-410

Morenoff, J.D./Sampson, R.J.: Violent Crime and the Spatial Dynamics of Neighborhood Transition: Chicago, 1970-1990. In: Social Forces 76 (1997), S. 31-64

Mucchielli, L.: Le sens du crime. Histoire des (r)apports de la psychanalyse à la criminology. In: Mucchielli, L. (Hrsg.): Histoire de la Criminologie Francaise. Paris 1994, S. 351-410

Münchmeier, R.: "Entstrukturierung" der Jugendphase. Zum Strukturwandel des Aufwachsens und zu den Konsequenzen für Jugendforschung und Jugendtheorie. In: Aus Politik und Zeitgeschichte 31 (1998), S. 3-13

Muftić, L.R.: Advancing Institutional Anomie Theory. A Microlevel Examination Connecting Culture, Institutions, and Deviance. In: International Journal of Offender Therapy and Comparative Criminology 50 (2006), S. 630-653

Naffine, N.: Female Crime: The Construction of Women in Criminology. Sydney 1987

Nagin, D.S.: Analyzing Developmental Trajectories: A Semiparametric, Group-Based Approach. In: Psychological Methods (1999), S. 139-157

Nagin, D.S./Farrington, D.P./Moffitt, T.E.: Life-Course Trajectories of Different Types of Offenders. In: Piquero, A./Mazerolle, P. (Hrsg.): Life-Course Criminology. Contemporary and Classic Readings. Belmont, Ca. 2001, S. 173-198

Nagin, D.S./Paternoster, R.: The Preventive Effects of the Perceived Risk of Arrest: Testing an Expanded Conception of Deterrence. In: Criminology 29 (1991), S. 561-588

Nagin, D.S./Paternoster, R.: Enduring Individual Differences and Rational Choice Theories of Crime. In: Law and Society Review 27 (1993), S. 467-496

Nagin, D.S./Paternoster, R.: Personal Capital and Social Control: The Deterrence Implications of a Theory of Individual Differences in Criminal Offending. In: Criminology 32 (1994), S. 581-606

Nagin, D.S./Pogarsky, G.: Integrating Celerity, Impulsivity, and Extralegal Sanction Threats Into a Model of General Deterrence: Theory and Evidence. In: Criminology 39 (2001), S. 865-889

Nakhaie, M.R./Silverman, R.A./LaGrange, T. C.: Self-Control and Social Control: An Examination of Gender, Ethnicity, Class and Delinquency. In: Canadian Journal of Sociology 25 (2000), S. 35-59

Nagin, D.S./Tremblay, R.E.: From Seduction to Passion: A Response to Sampson and Laub. In: Criminology 43 (2005), S. 915-918

Naplava, Th.: Jugenddelinquenz im interethnischen Vergleich. Erklärungsmöglichkeiten delinquenten Verhaltens einheimischer und immigrierter Jugendlicher. Dissertation an der Fakultät für Soziologie, Universität Bielefeld, Bielefeld 2005

Newman, K.S./Fox, C./Roth, W.: Rampage: The Social Roots of School Shootings. New York 2004

Niebergall, B.: Der mädchenspezifische Umgang mit Gewalt innerhalb rechter Jugendgruppen. In: Frindte, W. (Hrsg.): Jugendlicher Rechtsextremismus und Gewalt zwischen Mythos und Wirklichkeit. Sozialpsychologische Untersuchungen. Münster/Hamburg 1995, S. 139- 191

Niemczynski, A./Maciejowska, A.: Contextual Relativism of Moral Judgment in Late Childhood and Early Adoloescence. In: Eisenberg, N./Reykowski, J./Staub, E. (Hrsg.): Social and Moral Values. Hillsdale 1989, S. 105-115

Nunner-Winkler, G.: Moralisches Wissen - moralische Motivation - moralisches Handeln. In: Honig, M.-S./Leu, H. R./Nissen, U. (Hrsg.): Kinder und Kindheit. Sozio-kulturelle Muster - sozialisationstheoretische Perspektiven. Weinheim/München 1996, S. 129-156

Nunner-Winkler, G.: Zurück zu Durkheim? Geteilte Werte als Basis gesellschaftlichen Zusammenhalts. In: Heitmeyer, W. (Hrsg.): Was hält die Gesellschaft zusammen? Frankurt a. M. 1997, S. 360-402

Nunner-Winkler, G.: Moralische Integration. In: Friedrichs, J./Jagodzinski, W. (Hrsg.): Soziale Integration. Sonderheft 39 der Kölner Zeitschrift für Soziologie und Sozialpsychologie. Opladen 1999, S. 293-319

Nye, F.I./Short, J.F./Olson, V.J.: Socio-Economic Status and Delinquent Behavior. In: American Journal of Sociology 63 (1958), S. 381-389

Oberwittler, D.: Geschlecht, Ethnizität und sozialräumliche Benachteiligung - überraschende Interaktionen bei sozialen Bedingungsfaktoren von Gewalt und schwerer Eigentumsdelinquenz von Jugendlichen. In: Lamnek, S. (Hrsg.): Gewalt-Geschlecht-Gesellschaft. Opladen 2003a, S.1-27

Oberwittler, D.: Stadtstruktur, Freundeskreise und Delinquenz. Eine Mehrebenenanalyse zu sozialökologischen Konteffekten auf schwere Jugenddelinquenz. In: Oberwittler, D./Karstedt, S. (Hrsg.): Soziologie der Kriminalität. Sonderheft 43 der Kölner Zeitschrift für Soziologie und Sozialpsychologie. Wiesbaden 2003b, S.135-170

Oberwittler, D./Blank, T./Köllisch, T./Naplava, T.: Soziale Lebenslagen und Delinquenz von Jugendlichen. Ergebnisse der MPI-Schulbefragung 1999 in Freiburg und Köln. (Arbeitsberichte aus dem Max-Planck-Institut für ausländisches und interationales Strafrecht , Freiburg im Breisgau). Freiburg im Brsg. 2001

Oberwittler, D./Hofer, S.: Crime and Justice in Germany: An Analysis of Recent Trends and Research. European Journal of Criminology 2/4 (2005), S. 465-508

Oberwittler, D./Köllisch, T.: Jugendkriminalität in Stadt und Land. In: Raithel, J./Mansel, J. (Hrsg.): Kriminalität und Gewalt im Jugendalter. Weinheim/München 2003, S. 135-160

O'Brien, R.M./Gwartney-Gibbs, P.A.: Relative Cohort Size and Political Alienation: Three Methodological Issues and a Replication Supporting the Easterlin Hypothesis (Comment on Kahn and Mason, ASR, April 1987). In: American Sociological Review 54 (1989), S. 476-480

O'Brien, R.M./Stockard, J./Isaacson, L.: The Enduring Effects of Cohort Characteristics on Age-Specific Homicide Rates, 1960-1995. In: American Journal of Sociology 104 (1999), S. 1061-1095

Offer, D.: Das Selbstbild normaler Jugendlicher. In: Olbrich, E./Todt, E. (Hrsg.): Probleme des Jugendalters. Neuere Sichtweisen. Berlin etc. 1984, S. 111 - 130

Olbrich, E.: Jugendalter- Zeit der Krise oder der produktiven Anpassung? In: Olbrich, E./Todt, E. (Hrsg.): Probleme des Jugendalters. Neuere Sichtweisen. Berlin etc. 1984, S. 1 -46

Opp, K.-D.: Abweichendes Verhalten und Gesellschaftsstruktur. Darmstadt/Neuwied 1974

Ortmann, R.: Abweichendes Verhalten und Anomie. Entwicklung und Veränderung abweichenden Verhaltens im Kontext der Anomietheorien von Durkheim und Merton. Freiburg im Brsg. 2000

Osgood, D.W./Chambers, J.M.: Social Disorganization outside the Metropolis: An Analysis of Rural Youth Violence. In: Criminology 38 (2000), S. 81-115

Osgood, D.W./Wilson, J. K./O'Malley, P.M./Bachman, J.G./Johnston, L.D.: Routine Activities and Individual Deviant Behavior. In: American Sociological Review 61 (1996), S. 635-655

Pampel, F.C./Gartner, R.: Age Structure, Socio-Political Institutions, and National Homicide Rates. In: European Sociological Review 11 (1995), S. 243-260

Parsons, T.: The Social System. New York 1951

Parsons, T.: Entstehung und Richtung abweichenden Verhaltens. In: Sack, F./König, R. (Hrsg.): Kriminalsoziologie. Frankfurt a.M. 1968, S. 249-260

Paternoster, R.: Examining Three-Wave Deterrence Models: A Question of Temporal Order and Specification. In: The Journal of Criminal Law and Criminology 79 (1988), S. 135 -178

Paternoster, R.: Decisions to Participate in and Desist from Four Types of Common Delinquency: Deterrence and the Rational Choice Perspective. In: Law and Society Review 23 (1989), S. 7-40

Paternoster, R./Brame, R.: On the Association among Self-Control, Crime, and Analogous Behaviors. In: Criminology 38 (2000), S. 971-982

Paternoster, R./Dean, Ch.W./Piquero, A./Mazerolle, P./Brame, R.: Generality, Continuity, and Change in Offending. In: Journal of Quantitative Criminology 13 (1997), S. 231-266

Paternoster, R./Mazerolle, P.: General Strain Theory and Delinquency: A Replication and Extension. In: Journal of Research in Crime and Delinquency 31 (1994), S. 235-263

Paternoster, R./Saltzman, L.E./Waldo, G.P./Chiricos, Th.: Perceived Risk and Social Control: Do Sanctions Really Deter? In: Law and Society Review 17 (1983), S. 457-479

Pfeiffer, Ch.: Juvenile Crime and Violence in Europe. In: Crime and Justice. A Review of Research 23 (1998a), S. 255-327

Pfeiffer, Ch.: Neuere kriminologische Forschungen zur jugendrechtlichen Sanktionspraxis in der Bundesrepublik Deutschland - eine Analyse unter dem Gesichtspunkt der Verhältnismäßigkeit. In: Bundesministerium der Justiz (Hrsg.): Grundfragen des Jugendkriminalrechts und seiner Neuregelung. Bonn 2000, S. 60-90

Pfeiffer, Ch./Brettfeld, K. /Delzer, I.: Kriminalität in Niedersachsen – Eine Analyse auf der Basis der Polizeilichen Kriminalstatistik 1985-1996. KfN-Forschungsberichte Nr. 60. Hannover 1997

Pfeiffer, Ch./Delzer, I./Enzmann, D./Wetzels, P.: Ausgrenzung, Gewalt und Kriminalität im Leben junger Menschen- Kinder und Jugendliche als Opfer und Täter. Sonderdruck zum 24. Deutschen Jugendgerichtstag vom 18.-22. September 1998 in Hamburg. In: DVJJ 1998b

Pfeiffer, Ch./Kleimann, M./Petersen, S./Schott, T.: Migration und Kriminalität. Ein Gutachten für den Zuwanderungsrat der Bundesregierung. Baden-Baden 2005

Pfeiffer, Ch./Windzio, M./Baier, D.: Elf Vorschläge zur Gewaltvorbeugung und sozialen Integration. Prävention und Intervention. In: Heitmeyer, W./Schröttle, M. (Hrsg.): Gewalt. Beschreibungen, Analysen, Prävention. Bonn 2006, S. 276-290

Piliavin, I./Gartner, R./Thornton, C./Matsueda, R.L.: Crime, Deterrence, and Rational Choice. In: American Sociological Review 51 (1986), S. 101-119

Piquero, A./Farrington, D.P./Blumstein, A.: The Criminal Career Paradigm. In: Crime and Justice 30 (2003), S. 359-506

Piquero, A.R./Hickman, M.: An Empirical Test of Tittle's Control Balance Theory. In: Criminology 37 (1999), S. 319-341

Piquero, A.R./Hickman, M.: The Rational Choice Implications of Control Balance Theory. In: Piquero, A.R./Tibbetts, S.G. (Hrsg.): Rational Choice and Criminal Behavior. Recent Research and Future Challenges. London 2002a, S. 85-107

Piquero, A.R./Pogarsky, G.: Beyond Stafford and Warr's Reconceptualization of Deterrence: Personal and Vicarious Experiences, Impulsivity, and Offending Behavior. In: Journal of resarch in crime and delinquency 39 (2002), S. 153-186

Piquero, A.R./Sealock, M.D.: Generalizing General Strain Theory: An Examination of an Offending Population. In: Justice Quarterly 17 (2000), S. 449-484

Pogarsky, G./Piquero, Alex R., 2003: Can Punishment Encourage Offending? Investigating the „Resetting" Effect. In: Journal of resarch in crime and delinquency 40 (2003), S. 95-120

Pollmann, E.: Tatort Schule: Wenn Jugendliche Amok laufen. Marburg 2008

Platt, A.M.: The Child Savers: The Invention of Delinquency. Chicago 1969

Portele, G. (Hrsg.): Sozialisation und Moral. Weinheim 1978

Pratt, T.C./Cullen, F.T.: The Empirical Status of Gottfredson and Hirschi's General Theory of Crime: A Meta-Analysis. In: Criminology 38 (2000), S. 931-964

Pratt, T.C./Cullen, F.T./Blevins, K.R./Daigle, L.E./Madensen, T.D.: The Empirical Status of Deterrence Theory: A Meta-Analysis. In: Cullen, F.T./Wright, J.P./Blevins, K.R. (Hrsg.): Taking Stock. The Status of Criminological Theory. Advances in Criminological Theory , Vol. 15. New Brunswick/London 2008, S. 367-395

Quensel, St.: Delinquenzbelastung und soziale Schicht bei nichtbestraften männlichen Jugendlichen- Untersuchung mit einem Delinquenzbelastungsbogen. In: Monatsschrift für Kriminologie und Strafrechtsreform 54 (1971), S. 236-262

Rafter, N.H./Heidensohn, F. (Hrsg): International Feminist Perspectives in Criminology. Engendering a Discipline. Buckingham 1995

Ratzka, M.: Differentielle Assoziationen, Rational Choice und kriminellles Handeln. In: Fakultät für Soziologie (Hrsg.): Gelegenheitsstrukturen und Kriminaliät. Soziale Probleme, Gesundheit und Sozialpolitik. Materialien und Forschungsberichte Nr. 2. Bielefeld 2001, S. 37 -59

Redl, E./Wineman, D.: Children Who Hate. New York 1951

Regoli, R.M./Poole, E.D.: The Commitment of Delinquents to Their Misdeads: A Reexamination. In: Journal of Criminal Justice 6 (1978), S. 261-268

Robertz, F.J: School Shootings. Über die Phantasie für die Begehung von Mehrfachtötungen durch Jugendliche. Frankfurt a. M. 2004

Robertz, F.J./Wickenhäuser, R.: Der Riss in der Tafel. Amoklauf und schwere Gewalt in der Schule. Heidelberg 2007

Robinson, D.T.: Control Theories in Sociology. In: Annual Review of Sociology 33 (2007), S. 157-174
Rogers, Joseph W./Buffalo, M. D.: Fighting Back: Nine Modes of Adaptation to a Deviant Label. Social Problems 22 (1974), S. 101-118
Rosenberg, M./Schoenbach, C./Schooler, C.: Self-Esteem and Adolescent Problems: Modelling Reciprocal Effects. In: American Sociological Review 54 (1989), S. 1004-1018
Ross, C.E./Reynolds, J.R./Geis, K.J.: The Contingent Meaning of Neighborhood Stability For Residents' Psychological Well-Being. In: American Sociological Review 65 (2000), S. 581- 597
Rössner, D.: Juvenile-Specific Forms of Decriminalization. In: Albrecht, G./Ludwig-Mayerhofer, W. (Hrsg.): Diversion and Informal Social Control. Berlin/New York 1995, S. 395-405
Sack, F.: Neue Perspektiven in der Kriminalsoziologie. In: Sack, F./König, R. (Hrsg.): Kriminalsoziologie. Frankfurt a.M. 1968, S. 400-431
Sack, F: Probleme der Kriminalsoziologie. In: König, R. (Hrsg.): Handbuch der empirischen Sozialforschung, 2., revid. Auflage Stuttgart 1978, S. 192-492
Saltzman, L.E./Paternoster, R./Waldo, G.P./Chiricos, T.G.: Deterrent and Experiential Effects: The Problem of Causal Order in Perceptual Deterrence Research. In: Journal of Research in Crime and Delinquency 19 (1982), S. 172-189
Sampson, R.J.: Collective Efficacy Theory: Lessons Learned and Directions for Future Inquiry. In: Cullen, F.T./Wright, J.P./Blevins, K.R. (Hrsg.), Taking Stock. The Status of Criminological Theory. Advances in Criminological Theory, Vol. 15. New Brunswick/London 2008, S. 149-167
Sampson, R.J./Groves, W.B.: Community Structure and Crime. Testing Social-Disorganization Theory. In: American Journal of Sociology 94 (1989), S. 774-802
Sampson, R.J./Laub, J.H.: Crime and Deviance Over the Life Course: The Salience of Adult Social Bonds. In: American Sociological Review 55 (1990), S. 609-628
Sampson, R.J./Laub, J.H.: Crime in the Making. Pathways and Turning Points Through Life. Cambridge, Mass. 1993
Sampson, R.J./Laub, J.H.: Understanding Variability in Lives Through Time: Contributions of Life-Course Criminology. In: Studies on Crime and Crime Prevention 4 (1995), S. 143-158
Sampson, R.J./Laub, J.H.: A Life-Course Theory of Cumulative Disadvantage and the Stability of Delinquency. In: Thornberry, T.P. (Hrsg.): Developmental Theories of Crime and Delinquency. New Brunswick 1997, S. 133 -161
Sampson, R. J./Laub, J.H.: Crime and Deviance in the Life Course. In: Piquero, A./Mazerolle, P. (Hrsg.): Life-Course Criminology. Contemporary and Classic Readings. Belmont, Ca. etc. 2001, S. 21-42
Sampson, R.J./Laub, J.H.: Desistance from Crime over the Life Course. In: Mortimer, J. T./Shanahan, M. J. (Hrsg.): Handbook of the Life Course. New York 2003a, S. 295-309
Sampson, R.J./Laub, J.H.: Life-Course Desisters? Trajectories of Crime Among Delinquent Boys Followed to Age 70. In: Criminology 41 (2003b), S. 555-592
Sampson, R.J./Laub, J.H.: A Life-Course View of the Development of Crime. In: Annals of the American Academy of Political and Social Sciences 602 (2005), S. 12-45
Sampson, R.J./Raudenbush, St.W.: Systematic Social Observation of Public Spaces: A New Look at Disorder in Urban Neighborhoods. In: American Journal of Sociology 105 (1999), S. 603-651
Sander, U./Heitmeyer, W.: Was leisten Integrationsmodi? Eine vergleichende Analyse unter konflikttheoretischen Gesichtspunkten. In: Heitmeyer, W. (Hrsg.): Was hält die Gesellschaft zusammen? Frankfurt a. M. 1997, S. 447-482
Sato, K.S.: Emancipation of Women and Crime in Japan. In: Adler, F. (Hrsg.): The Incidence of Female Criminality in the Contemporary World. New York 1981, S. 258-272
Savolainen, J.: Relative Cohort Size and Age-Specific Arrest Rates: A Conditional Interpretation of the Easterlin Effect. In: Criminology 38 (2000), S. 117-136
Savolainen, J.: Inequality, Welfare State, and Homicide: Further Support for the Institutional Anomie Theory. In: Criminology 38 (2000), S. 1021-1042
Schaffstein, E.: Jugendstrafrecht. Stuttgart 1983
Schiffauer, W.: Die Gewalt der Ehre. Erklärungen zu einem türkisch-deutschen Sexualkonflikt. Frankfurt a. M. 1983
Schmitt-Rodermund, E./Silbereisen, R.K.: „Ich war gezwungen, alles mit der Faust zu regeln" - Delinquenz unter jugendlichen Aussiedlern aus der Perspektive der Entwicklungspsychologie. In: Oberwittler, D./Karstedt, S. (Hrsg.): Soziologie der Kriminalität. Sonderheft 43 der Kölner Zeitschrift für Soziologie und Sozialpsychologie. Wiesbaden 2003, S. 240 -263
Schulz, St.: Beyond Self-Control: Analysis and Critique of Gottfredson & Hirschi's General Theory of Crime (1990). Berlin 2006
Schumann, K.F./Berlitz, C./Guth, H.-W./Kaulitzki, R.: Jugendkriminalität und die Grenzen der Generalprävention. Eine empirische Untersuchung. Bremen 1987

Schumann, K.F.: Delinquenz im Lebenslauf - Ergebnisbilanz und Perspektiven. In: Schumann, K.F. (Hrsg.): Delinquenz im Lebensverlauf. Weinheim/München 2003a, S. 209 - 222

Schumann, K.F.: Delinquenz in der Lebenslaufperspektive. In: Schumann, K.F. (Hrsg.): Delinquenz im Lebensverlauf. Weinheim/München 2003b, S. 9-33

Schur, E.M.: Radical Nonintervention: Rethinking the Delinquency Problem. Englewood Cliffs, N.J. 1973

Schur, E.M.: Abweichendes Verhalten und Soziale Kontrolle. Etikettierung und gesellschaftliche Reaktionen. Frankfurt a.M. 1974

Schur, E.M.: Interpreting Deviance. A Sociological Introduction. New York etc. 1979

Schur, E.M.: Labeling Women Deviant. Gender, Stigma, and Social Control. Philadelphia 1984

Schwind, H.D.: Dunkelfeldforschung in Göttingen 1973/74. Eine Opferbefragung zur Aufhellung des Dunkelfeldes und zur Erforschung der Bestimmungsgründe für die Unterlassung von Strafanzeigen. Wiesbaden 1975

Schwind, H.D./Fetchenhauer, D./Ahlborn, W./Weiß, R.: Kriminalitätphänomene im Langzeitvergleich am Beispiel einer deutschen Großstadt. Bochum 1975-1986-1998. Neuwied/Kriftel 2001

Seiffge-Krenke, I.: Formen der Problembewältigung bei besonders belasteten Jugendlichen. In: Olbrich, E./Todt, E. (Hrsg.): Probleme des Jugendalters. Berlin etc. 1984, S. 353 - 386

Seipel, Ch./Eifler, St.: Gelegenheiten, Rational Choice und Selbstkontrolle. Zur Erklärung abweichenden Handelns in High-Cost- und Low-Cost-Situationen. In: Oberwittler, D./Karstedt, S. (Hrsg.): Soziologie der Kriminalität. Sonderheft 43 der Kölner Zeitschrift für Soziologie und Sozialpsychologie. Wiesbaden 2003, S. 288-315

Seus, L./Prein, G.: Überraschende Beziehungen : Lebenslauf, Kriminalität, Geschlecht. In: Oberwittler, D./Karstedt, S. (Hrsg.): Soziologie der Kriminalität. Sonderheft 43 der Kölner Zeitschrift für Soziologie und Sozialpsychologie. Wiesbaden 2003, S. 215-239

Sherman, L.W.: Defiance, Deterrence, and Irrelevance: A Theory of the Criminal Sanction. In: Journal of Research in Crime and Delinquency 30 (1993), S. 445-473

Sherman, L.W./Gottfredson, D./Mackenzie, D./Eck, J./Reuter, P./Bushwa, S.: Preventing Crime: What Works, What Doesn't, What's Promising. A Report to the United States Congress. College Park, MA 1997

Short, J. F/Nye, F. I.: Erfragtes Verhalten als Indikator für abweichendes Verhalten. In: Sack, F./König, R. (Hrsg.): Kriminalsoziologie. Frankfurt a.M. 1968, S. 60-70

Short, J. F./Strodtbeck, F. L.: Group Process and Gang Delinquency. Chicago 1965

Simon, R.J.: Women and Crime Revisited. In: Social Science Quarterly 56 (1976) S. 658-663

Simon, R.J.: Women and Crime. Lexington, Mass. 1975

Simons, R.L./Gray, P. A.: Perceived Blocked Opportunity as an Explanation of Delinquency among Lower-Class Black Males: A Research Note. In: Journal of Research in Crime and Delinquency 26 (1989), S. 90-101

Simons, R.L./Johnson, Ch./Conger, R.D./Elder, G., Jr.: A Test of Latent Trait versus Life-Course Perspectives on the Stability of Adolescent Antisocial Behavior. In: Criminology 36 (1998), S. 217-243

Simons, R.L./Miller, M. G./Aigner, St. M.: Contemporary Theories of Deviance and Female Delinquency: An Empirical Test. In: Journal of Research in Crime and Delinquency 17 (1980), S. 42-53

Simons, R.L./Stewart, E./Gordon, L. C./Conger, R. D./Elder, G. H., Jr.: A Test of Life-Course Explanations for Stability and Change in Antisocial Behavior from Adolescence to Young Adulthood. In: Criminology 40 (2002), S. 401-434

Simpson, S.S.: Feminist Theory, Crime, and Justice. In: Criminology 27 (1989), S. 605-631

Singer, S.I./Levine, M.: Power-Control Theory, Gender, and Delinquency: A Partial Replication With Additional Evidence on the Effects of Peers. In: Criminology 26 (1988), S. 627-647

Smart, C.: Women, Crime and Criminology. London 1977

Smart, C.: Feminist Approaches to Criminology, or Postmodern Woman Meets Atavistic Man. In: Smart, C.: Law, Crime and Sexuality. London 1995, S. 32-48

Smart, C.: Law, Crime and Sexuality. Essays in Feminism. London 1995

Smith, D./Gartin, P. R.: Specifying Specific Deterrence: The Influence of Arrest on Future Criminal Activity. In: American Sociological Review 54 (1989), S. 94-105

Smith, D.A./Paternoster, R.: The Gender Gap in Theories of Deviance: Issues and Evidence. In: Journal of Research in Crime and Delinquency 24 (1987), S. 140-172

Smith, D.A./Visher, Ch.A.: Sex and Involvement In Deviance/Crime: A Quantitative Review of the Empirical Literature. In: American Sociological Review 45 (1980), S. 691-701

Smith, J./Welch, F.: No Time to be Young: The Economic Prospects for Large Cohorts in the United States. In: Population and Developments Review 7 (1981), S. 71-84

Spierenburg, P. (Hrsg.): Men and Violence. Gender, Honor, and Rituals in Modern Europe and Amerika. Oklahoma 1998

Steffen, W.: Ausländerkriminalität zwischen Mythos und Realität. In: Albrecht, G./Backes, O./Kühnel, W. (Hrsg.): Gewaltkriminalität zwischen Mythos und Realität. Frankfurt a. M. 2001a, S. 282 – 300

Steffen, W.: Strukturen der Kriminalität der Nichtdeutschen. In: Jehle, J.-M. (Hrsg.): Raum und Kriminalität. Mönchengladbach 2001b, S. 231 - 262

Steffen, W.: Flüchtlinge in Deutschland: Kriminalisiert oder kriminell? Polizeiliche Daten zur "Flüchtlingskriminalität" und ihre Konsequenzen für die Sozialarbeit. In: Fritz, F./Groner, F. (Hrsg.): Wartesaal Deutschland. Ein Handbuch für die Soziale Arbeit mit Flüchtlingen. Stuttgart 2004, S. 28 - 54

Steffensmeier, D.J.: Crime and the Contemporary Woman: An Analysis of Changing Levels of Female Property Crime, 1960-1975. In: Social Forces 57 (1978), S. 566-584

Steffensmeier, D.J.: Sex Differences in Patterns of Adult Crime, 1965-77: A Review and Assessment. In: Social Forces 58 (1980), S. 1080-1109

Steffensmeier, D.J./Steffensmeier, H. R.: Trends in Female Delinquency: An Examination of Arrest, Juvenile Court, Self-Report, and Field Data. In: Criminology 18 (1980), S. 62 - 85

Steffensmeier, D./Streifel, C./Shihadeh, E. S.: Cohort Size and Arrest Rates Over the Life Course: The Easterlin Hypothesis Reconsidered. In: American Sociological Review 57 (1992), S. 306-314

Steffensmeier, D.J./Ulmer, J./Kramer, J.: The Interaction of Race, Gender, and Age in Criminal Sentencing: The Punishment Cost of Being Young, Black, and Male. In: Criminology 36 (1998), S. 763-797

Stelly, W./Thomas, J.: Einmal Verbrecher - Immer Verbrecher? Wiesbaden 2001

Stephan, E.: Die Stuttgarter Opferbefragung. Eine kriminologisch-viktimologische Analyse zur Erforschung des Dunkelfeldes unter besonderer Berücksichtigung der Einstellung der Bevölkerung zur Kriminalität. Wiesbaden 1976

Steuten, U.: Rituale bei Rockern und Bikern. In: Soziale Welt 51 (2000), S. 25-44

Stiles, B. L./Liu, X./Kaplan, H. B.: Relative Deprivation and Deviant Adaptations: The Mediating Effects of Negative Self-Feelings. In: Journal of Research in Crime and Delinquency 37 (2000), S. 64-90

Strand, G.C., Jr./Garr, M.S.: Driving under the Influence. In: Hirschi, T./Gottfredson, M. (Hrsg.): The Generality of Deviance. New Brunswick, N.J. 1994, S. 131-147

Strasser, H./Zdun, St.: Ehrenwerte Männer - Jugendliche Russlanddeutsche und die deutsche Polizei. In: Zeitschrift für Jugendkriminalrecht und Jugendhilfe , Jg. (2003), S. 266-271

Strasser, H./Zdun, St.: Gewalt ist (k)eine Antwort! - Zur Bedeutung der Ehre für abweichendes Verhalten russlanddeutscher Jugendlicher. Soziale Probleme 15 (2005), S. 5-24

Strobl, R./Kühnel, W.: Dazugehörig und ausgegrenzt. Analysen zu Integrationschancen junger Aussiedler. Weinheim/München 2000

Sutherland, E.H.: Die Theorie der differentiellen Kontakte. In: Sack, F./König, R. (Hrsg.): Kriminalsoziologie. Frankfurt a. M. 1968, S. 395 - 399

Swart, W. J: Female Gang Delinquency: A Search for ‚Acceptably Deviant Behavior'. In: Klein, M. W./Maxson, C. L./Miller, J. (Hrsg.), The Modern Gang Reader. Los Angeles 1995

Sykes, G.M. /Matza, D.: Techniken der Neutralisierung: Eine Theorie der Delinquenz. In: Sack, F./König, R. (Hrsg.): Kriminalsoziologie. Frankfurt a. M. 1968, S. 360 - 371

Tapp, J.L./Gunnar, M./Keating, D.: Socialization: Three Ages, Three Rule Systems. In: Perlman, D./Cosby, P.C. (Hrsg.): Social Psychology. New York 1983, S. 42 - 74

Tapp, J.L./Kohlberg, L.: Developing Senses of Law and Legal Justice. In: Tapp, J. L./Levine, F. J. (Hrsg.): Law, Justice and the Individual in Society. New York 1977

Taylor, C.: The Relationship between Social and Self-Control: Tracing Hirschi´s Criminological Career. In: Theoretical Criminology 5 (2001), S. 369-388

Tertilt, H.: Turkish Power Boys. Ethnographie einer Jugendbande. Frankfurt a. M. 1996

Thomae, H.: Formen der Auseinandersetzung mit Konflikt und Belastung im Jugendalter. In: Olbrich, E./Todt, E. (Hrsg.): Probleme des Jugendalters. Berlin etc. 1984, S. 89 - 110

Thornberry, T.B./Krohn, M.D./Lizotte, A.J.: The Role of Juvenile Gangs in Facilitating Delinquent Behavior. In: Klein, M.W./Maxson, Ch.L./Miller, J. (Hrsg.): The Modern Gang Reader. Los Angeles 1995, S. 174-185

Thornberry, T.B./Lizotte, A.J./Krohn, M./Farnworth, M./Jang, S. J.: Delinquent Peers, Beliefs, and Delinquent Behavior: A Longitudinal Test of Interactional Theory. In: Criminology 32 (1994), S. 47-83

Thornton, D.: Moral Development Theory. In: McGurk, B. J./Thornton, D. M./Williams, M. (Hrsg.): Applying Psychology to Imprisonment. London 1987, S. 129-150

Tibbetts, St.G./Gibson, C. L.: Individual Propensities and Rational Decision-Making: Recent Findings and Promising Approaches. In: Piquero, A.R./Tibbetts, S.G. (Hrsg.): Rational Choice and Criminal Behavior. Recent Research and Future Challenges. London 2002, S. 3-24

Tittle, Ch.R.: Social Class and Criminal Behavior: A Critique of the Theoretical Foundation. In: Social Forces 62 (1983), S. 334 - 358

Tittle, Ch.R.: Control Balance. Toward a General Theory of Deviance. Boulder, Col./Oxford, U.K. 1995
Tittle, Ch.R.: Thoughts stimulated by Braithwaite's analysis of control balance theory. In: Theoretical Criminology 1 (1997), S. 99-110
Tittle, Ch.R./Meier, R.F.: Specifying the SES/Delinquency Relationship. In: Criminology 28 (1990), S. 271 - 299
Tittle, Ch.R./Villemez, W.J./Smith, D. A.: The Myth of Social Class and Criminality: An Empirical Assessment of the Empirical Evidence. In: American Sociological Review 43 (1978), S. 643 – 656
Todt, E.: Selbstkonzept und Selbstkonzeptänderung als Mittler bei der Bewältigung von Anforderungen in der Adoleszenz. In: Olbrich, E./Todt, E. (Hrsg.): Probleme des Jugendalters. Neuere Sichtweisen. Berlin etc. 1984, S. 159-186
Toman, W.: Der psychoanalytische Ansatz zur Delinquenzerklärung und Therapie. In: Lösel, F. (Hrsg.): Kriminalpsychologie. Weinheim/Basel 1983, S. 41-51
Topalli, V.: When Being Good Is Bad: An Expansion Of Neutralization Theory. In: Criminology 43 (2005), S. 797-835
Turner, M./Piquero, A.: The Stability of Self-control. In: Journal of Criminal Justice 30 (2002), S. 457-471
Uggen, Ch.: Class, Gender, and Arrest: An Intergenerational Analysis of Workplace Power and Control. In: Criminology 38 (2000), S. 835-862
Uggen, Ch.: Work as a Turning Point in the Life Course of Criminals: A Duration Model of Age, Employment, and Recidivism. In: American Sociological Review 67 (2000), S. 529-546
Uggen, Ch./Massoglia, M.: Desistance from Crime and Deviance as a Turning Point in the Life Course. In: Mortimer, J.T./Shanahan, M.J. (Hrsg.): Handbook of the Life Course. New York 2003, S. 311- 329
Van Voorhis, P.: Theoretical Perspectives on Moral Development and Restitution. In: Laufer, W. S./Day, J. M. (Hrsg.): Personality Theory, Moral Development, and Criminal Behavior. Lexington, Mass./Toronto 1983, S. 411-440
Van Willigenburg, Th.: Criminals and Moral Development: Towards a Cognitive Theory of Moral Change. In: Tam, H. (Hrsg.): Punishment, Excuses and Moral Development. Sidney 1996, S. 127-141
Vanberg, V.: Verbrechen, Strafe und Abschreckung. Die Theorie der Generalprävention im Lichte der neueren sozialwissenschaftlichen Diskussion. Tübingen 1982
Vazsonyi, A.T.: The General Theory of Crime in the European Context: Revisiting Hedonic Calculus. In: Oberwittler, D./Karstedt, S. (Hrsg.): Soziologie der Kriminalität. Sonderheft 43 der Kölner Zeitschrift für Soziologie und Sozialpsychologie. Wiesbaden 2003, S. 337-355
Vazsonyi, A.T./Pickering, L.E./Junger, M./Hessing, D.: An Empirical Test of a General Theory of Crime: A Four-Nation Comparative Study of Self-Control and the Prediction of Deviance. Journal of Research in Crime & Delinquency 38 (2001), S. 91-131
Verona, E./Carbonell, J.L.: Female Violence and Personality. Evidence for a Pattern of Overcontrolled Hostility among One-Time Violent Female Offenders. In: Criminal Justice and Behavior 27 (2000), S. 176-195
Veysey, B.M./Messner, St.F.: Further Testing of Social Disorganization Theory: An Elaboration of Sampson and Grove's „Community Structure and Crime". In: Journal of Research in Crime and Delinquency 36 (1999), S. 156-174
Villmow, B./Stephan, E.: Jugendkriminalität in einer Gemeinde. Freiburg 1983
Vogt, L.: Zur Logik der Ehre in der Gegenwartsgesellschaft. Differenzierung - Macht - Integration. Frankfurt a.M. 1997
Vogt, L./Zingerle, A. (Hrsg.): Ehre. Archaische Momente in der Moderne. Frankfurt a.M. 1994
Wadsworth, T.: Labor Markets, Delinquency, and Social Control Theory: An Empirical Assessment of the Mediating Process. In: Social Forces 78 (2000), S. 1041-1066
Waldrich, H.-P.: In blinder Wut: Warum junge Menschen Amok laufen. Köln 2007
Walklate, S.: Gender and Crime. An Introduction. London etc. 1995
Walters, G.D.: A Meta-Analysis of the Gene-Crime Relationship. In: Criminology 30 (1992), S. 595-613
Warr, M.: Life-Course Transitions and Desistance from Crime. In: Criminology 36 (1998), S. 183-216
Warr, M./Stafford, M.: The Influence of Delinquent Peers: What they think or what they do? In: Criminology 29 (1991), S. 851-866
Weitzel, J.: Versuch über Normstrukturen und Rechtsbewußtsein. In: Lampe, E.-J. (Hrsg.): Zur Entwicklung von Rechtsbewußtsein. Frankfurt a. M. 1997, S. 371-402
Wells, L.E.: Theories of Deviance and the Self-Concept. In: Social Psychology 41 (1978), S. 189-204
Wells, L.E.: Self-Enhancement Through Delinquency: A Conditional Test of Self-Derogation Theory. In: Journal of Research in Crime and Delinquency 26 (1989), S. 226-252
Wells, L.E./Rankin, J.H.: Self-Concept as a Mediating Factor in Delinquency. In: Social Psychology Quarterly 46 (1983), S. 11 - 22

Wells, L.E./Rankin, J.H.: The Broken Home Model of Delinquency: Analytical Issues. In: Journal of Research in Crime and Delinquency 23 (1986), S. 68 - 93
Wells, L.E./Rankin, J.H.: Families and Delinquency: A Meta-Analysis of the Impact of Broken Homes. In: Social Problems 38 (1991), S. 71-93
Wetzels, P./Enzmann, D./Mecklenburg, E./Pfeiffer, Ch.: Jugend und Gewalt. Eine repräsentative Dunkelfeldanalyse in München und acht anderen deutschen Städten. Baden-Baden 2001
Whitehead, J.T./Lab, St. P.: A Meta-Analysis of Juvenile Correctional Treatment. In: Journal of Research in Crime and Delinquency 26 (1989), S. 276-295
Wiesner, M./Capaldi, D.M./Patterson, G.R.: Development of Antisocial Behavior and Crime across the Life-Span from a Social Interactional Perspective: The Coercion Model. In: Akers, R.L./Jensen, G.F. (Hrsg.): Social Learning Theory and the Explanation of Crime. New Brunswick 2003, S. 317-337
Wilkinson, D.L.: Decision Making in Violent Events among Adolescent Males: An Examination of Sparks and Other Motivational Factors. In: Piquero, A.R./Tibbetts, S.G. (Hrsg.): Rational Choice and Criminal Behavior. Recent Research and Future Challenges. London 2002, S. 163-196
Wilkinson, K.: The Broken Family and Juvenile Delinquency: Scientific Explanation or Ideology? In: Social Problems 21 (1974), S. 726-739
Willems, H.: Gewalt und Fremdenfeindlichkeit. Anmerkungen zum gegenwärtigen Gewaltdiskurs. In: Otto, H.-U./ Merten, R. (Hrsg.): Rechtsradikale Gewalt im vereinigten Deutschland. Jugend im gesellschaftlichen Umbruch. Opladen 1993, S. 88-108
Wilmers, N./Enzmann, D./Schaefer, D./Herbers, K./Greve, W./Wetzels, P.: Jugendliche in Deutschland zur Jahrtausendwende: Gefährlich oder gefährdet? Ergebnisse wiederholter, repräsentativer Dunkelfelduntersuchungen zu Gewalt und Kriminalität im Leben junger Menschen 1998-2000. Baden-Baden 2002
Wolfgang, M.E./Thornberry, T.P./Figlio, R.: From Boy to Man, from Delinquency to Crime. Chicago 1987
Woodward, L./Fergusson, D. M./Bilsky, J.: Timing of Parental Separation and Attachment to Parents in Adolescence: Results of a Prospective Study From Birth to Age 16. In: Journal of Marriage and the Family 62 (2000), S. 161-174
Wright, B.R.E./Caspi, A./Moffitt, T.E./Miech, R.A./Silva, P.A.: Reconsidering the Relationship Between SES and Delinquency: Causation But Not Correlation. In: Criminology 37 (1999), S. 175-194
Wright, B.R.E./Caspi, A./Moffitt, T.E./Paternoster, R.: Does the Perceived Risk of Punishment Deter Criminally Prone Individuals? Rational Choice, Self-Control, and Crime. In: Journal of Research in Crime & Delinquency 41 (2004), S. 180-213
Wright, B.R.E./Caspi, A./Moffitt, T.E./Silva, P.A.: Low Self-Control, Social Bonds, and Crime: Social Causation, Social Selection, or Both? In: Criminology 37 (1999), S. 479-514
Wright, B.R.E./Caspi, A./Moffitt, T.E./Silva, P.A.: The Effects of Social Ties On Crime Vary By Criminal Propensity: A Life-Course Model of Interdependence. In: Criminology 39 (2001), S. 321-351
Wright, J.P./Cullen, F.T.: Parental Efficacy and Delinquent Behavior: Do Control And Support Matter? In: Criminology 39 (2001), S. 677-705
Yablonsky, L.: The Violent Gang. New York 1962
Yablonsky, L.: The Delinquent Gang as a Near Group. In: Rubington, E./Weinberg, M.S. (Hrsg.): Deviance. The Interactionist Perspective. New York 1973, S. 245 - 255
Ziehlke, B.: Deviante Jugendliche. Individualisierung, Geschlecht und soziale Kontrolle. Opladen 1993

Religion

Ulrich Schwab

Kinder und Jugendliche in Kirchen und Verbänden

Der Bund der deutschen katholischen Jugend (BDKJ) sowie die Arbeitsgemeinschaft Evangelische Jugend (AEJ) vertreten nach eigenen Angaben miteinander etwa 1,5 Millionen Kinder und Jugendliche in **Kirchen** und Verbänden. Sie gehören damit zu den großen Kinder- und Jugendverbänden in Deutschland. Historisch auf getrennten Wegen entstanden und organisiert, zeichnet sich heute ab, dass katholische und evangelische Kinder- und Jugendarbeit in der Analyse der Problemlagen sowie in der Zielbestimmung ihrer Arbeit in Kirchen und Verbänden weithin konform gehen. Von daher können die nachfolgenden Ausführungen im Wesentlichen gemeinsam erfolgen und entsprechen damit auch der Entwicklung hin zu einer ökumenischen Religionspädagogik, die die plural verfasste Gesellschaft bejaht und konstruktiv aufzunehmen versucht (Schweitzer/Englert/Schwab/Ziebertz 2002). Im Folgenden wird in einem ersten Teil zunächst die historische Entwicklung der **Kinder- und Jugendarbeit** in Kirchen und Verbänden nachgezeichnet, um dann einzelne gegenwärtige Problembereiche zu skizzieren.

1 Historische Entwicklungslinien

Kinder gehören von Anfang an zu den christlichen **Kirchen** mit dazu. Nach dem Neuen Testament (Mk 10,13) gilt Frauen und Kindern in besonderer Weise Jesu Zuwendung (Müller 1992). Schon die ersten christlichen Gruppen kannten neben der Erwachsenentaufe auch die Kindertaufe. Dabei gilt bis in die Neuzeit hinein, dass es vor allem Fragen der **Taufe** und des Unterrichts sind, innerhalb derer Kinder in den Kirchen thematisiert werden. Klöster werden für viele Jahrhunderte die zentralen Bildungseinrichtungen im Abendland. Allerdings gibt es neben den Kloster- und Domschulen noch eine Vielfalt von pädagogischen Bemühungen, zu denen Reliquien, Schauspiele, Prozessionen u.a.m. hinzuzurechen sind (Leder 1973).

Im 16. Jahrhundert wird die Reform des Schulwesens zu einem wichtigen kirchlichen Anliegen sowohl für die Reformatoren als auch für die die Gegenreformation tragenden Jesuiten. Der Unterricht für Konfirmandinnen und Konfirmanden wird auf evangelischer Seite neu konzipiert, findet jedoch erst im 18. und 19. Jahrhundert eine flächendeckende Verbreitung (Adam 1980). Durch den Pietismus im 17. und 18. Jahrhundert rücken die sozialen Problemlagen von Kindern stärker in den Blick. Hervorragendes Beispiel sind etwa die Franckeschen Stiftungen in Halle, die August Hermann Francke ab 1695 dort aufbaut. Religiöse und soziale pädagogische Zielsetzungen werden hier eng verknüpft.

Zu Beginn des 19. Jahrhunderts werden die ersten Rettungsanstalten (Johannes Falk in Weimar) sowie die evangelischen Jünglings- und Jungfrauenvereine (Elberfeld, Stuttgart) im Kontext der Erweckungsbewegung gegründet (Schwab 1992). Auch die Vorläufer der Kindergärten, die Kleinkinderbewahranstalten, entstehen ab 1830 häufig im Rahmen kirchlicher Arbeit (Erning 1987). Bei all diesen neuen Projekten, die vorrangig in den Städten angesiedelt sind, liegen die Gründe für ihre Entstehung in den sozialen Nöten der Kinder und Jugendlichen (Schwab 1999a). Dies ist besonders gut an den sog. Sonntagssälen abzulesen, die etwa ab 1830 in den Städten gegründet werden. Den Anfang machte der evangelische Pfarrer Theophil Passavant in Basel, der zusammen mit einem Kreis von Bürgern der Stadt Basel für diejenigen Gesellen und Lehrlinge, die sich nur eine Schlafstelle, aber keinen Wohnraum leisten konnten, an den Sonntagnachmittagen im Winter beheizte Räumlichkeiten zur Verfügung stellte. Hier konnten sich diese Gesellen und Lehrlinge treffen und waren so nicht auf das Wirtshaus angewiesen. Später entwickelten sich aus diesen offenen Treffs, die es bald z.B. auch in Stuttgart, Straßburg, Bremen und Nürnberg gab, auch eigenständige Vereine. Offene Angebote und Gruppenangebote gehören also von Anfang an zur Struktur der **Kinder- und Jugendarbeit** in **Kirchen** und Verbänden hinzu.

Ab 1848 kommt es zum Zusammenschluss der bis dahin entstandenen christlichen Jünglingsvereine zu einzelnen Landesverbänden. Sie werden auf evangelischer Seite nicht in die kirchlichen Strukturen integriert, sondern figurieren zunächst - nicht unumstritten - als bürgerliche Vereine. Die katholischen Gesellen- und Jünglingsvereine (Kolpingvereine) dagegen werden in die Diözesanstrukturen eingebunden, was ihrer Verbreitung in der zweiten Hälfte des 19. Jahrhunderts sehr förderlich ist (Hastenteufel 1988). In Norditalien gründet der Priester Don Bosco 1859 die Salesianer (anerkannt 1874), die sich ebenfalls insbesondere um Jugendliche in sozialen Notlagen kümmern wollen. Jede **Kirche**, die die Salesianer bauen, wird mit einer Schule und einem Sportplatz versehen. Dieses Konzept verbindet bis heute Geselligkeit, Bildung und **Religiosität** auf eine sehr hilfreiche Art und Weise (Birklbauer 1998). 1883 wird der erste deutsche CVJM (Christlicher Verein junger Männer) in Berlin gegründet, der zu den evangelischen Jünglingsvereinen in ein Konkurrenzverhältnis tritt, indem er sich von Anfang an nicht auf einzelne **Kirchengemeinden** beschränkt. Mit dem Verband der evangelischen Jungfrauenvereine wird 1890 durch den Berliner Pfarrer Johannes Burckhardt auch für die Mädchenarbeit ein eigener Dachverband begründet. Für die katholischen Vereine wird 1895 das Zentralkomitee der Präsides der kath. Jünglingsvereine Deutschlands begründet. In den Jahren bis 1914 entstehen noch eine ganze Reihe weiterer Verbände für Jungen und Mädchen, die dann auch eigene Kinderabteilungen haben. Dabei pflegen die sog. Schülerbibelkränzchen an den Oberschulen erstmals einen autonomen Leitungsstil, der sie deutlich von der Jugendpflege dieser Zeit abhebt (Brandenburg 1993; Eysholt 1997).

In den zwanziger Jahren bemühen sich alle Verbände, stärker Anschluss an die „Jugendbewegung" zu finden. Auch die evangelischen **Kirchen** sind inzwischen um einen guten Kontakt zu den auf Vereinsebene organisierten Verbänden bemüht. Mit dem Verbot der freien Jugendarbeit nach 1933 müssen sich die evangelischen Verbände 1934 in die Hitler-Jugend eingliedern lassen (Jürgensen 1984). Die meisten Verbände ziehen es nun jedoch vor, ihre Jugendabteilungen aufzulösen. An ihre Stelle treten dann Gemeindejugendgruppen, die keine eigene Mitgliedschaft über die Kirchengliedschaft hinaus kennen. Auch die katholischen Jugendvereine werden in dieser Zeit hart bedrängt, so dass kirchliche Jugendarbeit insgesamt bis 1945 weitgehend als Gemeindejugend stattfindet.

Nach 1945 kommt es im Westen schnell zur Wiedergründung einer Vielzahl von Verbänden, die sich nun als freie Träger in der Jugendarbeit engagieren (Schwab 2002). Das führt hier zu einer Doppelstruktur der Jugendarbeit, die nun in verschiedenen Modellen organisiert war: a) von einer **Kirchengemeinde**, b) von einem Verband oder c) von einem Verband im Auftrag einer Kirchengemeinde. Im Westen entwickeln sich neue Ansätze einer internationalen Begegnungsarbeit, zunächst innerhalb Europas und in Kontakt mit den USA, dann aber auch mit den Ländern Südamerikas, Afrikas und Asiens. Besonders wirkt hier in den nächsten Jahrzehnten die schon 1940 in Südburgund von Roger Schütz gegründete ökumenische Gemeinschaft von Taizé. Von ihr geht bis heute eine große spirituelle Wirkung auf die Jugend aus.

Im Osten entwickelt sich durch die anders strukturierte politische Lage in der Nachkriegszeit eine eigene Struktur. Neben der Gründung der staatlichen Jugendorganisation FDJ (Freie Deutsche Jugend) 1946 waren andere Jugend-Verbände nicht erwünscht (Mählert, Stephan 1996). Einzelne Verbände können sich zwar de facto als Kirchliche Jugendwerke auch im Osten neu konstituieren, ansonsten steht der FDJ aber nun die Gemeindejugend der **Kirchen** als „Junge Gemeinde" gegenüber (Dorgerloh 1999). Dies führt im Osten bis zur Wiedervereinigung 1990 immer wieder zu großen Spannungen zwischen Kirche und Staat.

Im Bereich der katholischen **Kirche** entsteht 1947 der Bund der Deutschen Katholischen Jugend (BDKJ), der als Dachverband die Interessen der katholischen Einzelverbände und ihrer Mitglieder vertritt. Auf evangelischer Seite wird 1949 die Arbeitsgemeinschaft Evangelische Jugend (AEJ) gegründet, die zum Ansprechpartner der EKD für die Evangelische Jugend und ihre Jugendverbände wird. Erst nach der Wiedervereinigung 1990 entstehen auch im Osten wieder eigenständige Verbandsstrukturen neben der kirchlichen Jugendarbeit, die heute ebenfalls in der AEJ vertreten sind.

1984 und 2000 lädt Papst Johannes Paul II. zu einem Weltjugendtreffen nach Rom ein, an dem Hunderttausende von Jugendlichen aus aller Welt teilnehmen. Die Sternsingeraktion, die 1959 vom Kindermissionswerk gegründet und seit 1961 gemeinsam mit dem BDKJ in der Zeit zwischen Weihnachten und Heilig-Drei-König veranstaltet wird, gehört heute zu den größten Aktionen der Arbeit mit Kindern in **Kirchen** und Verbänden. Jährlich nehmen an dieser Aktion etwa 500.000 Kinder und 100.000 Ehrenamtliche teil. Durch die Aktion konnten bisher 25.000 Projekte in aller Welt mit ca. 250 Millionen Euro unterstützt werden. Die evangelischen und katholischen Kirchentage, die im 2-Jahres-Rhythmus abgehalten werden, werden jeweils von etwa 100.000 Jugendlichen besucht.

Zu den Einzelverbänden des BDKJ gehören heute:

- Aktion West-Ost
- Bund der St.-Sebastianus-Schützenjugend
- Bund junger Katholiken in Wirtschaft und Verwaltung
- Christliche ArbeiterInnenjugend
- Deutsche Pfadfinderschaft St. Georg/Pfadfinderinnenschaft St. Georg
- DJK-Sportjugend
- Jugend des Berufsverbands katholischer Arbeitnehmerinnen in der Hauswirtschaft
- Jugendverbände der Gemeinschaft Christlichen Lebens
- Katholische Junge Gemeinde
- Katholische Landjugendbewegung Deutschlands e.V.
- Katholische Studierende Jugend
- Katholische Studierende Jugend/Hochschulring
- Kolping-Jugend
- Quickborn Arbeitskreis
- Unitas-Verband
- sowie 27 Diözesanverbände.

In der AEJ sind derzeit folgende Einzelverbände vertreten:

- Arbeitsgemeinschaft Evangelische Schülerinnen- und Schülerarbeit (AES)
- Arbeitsgemeinschaft MBK. Missionarisch-biblische Dienste unter Berufstätigen und Jugendlichen e.V.
- Christlicher Verein junger Menschen - Gesamtverband Deutschland e.V.
- Deutscher Jugendverband Entschieden für Christus (EC) e.V.
- Ring missionarischer Jugendbewegungen e.V.
- Verband der christlichen Pfadfinderinnen und Pfadfinder
- sowie die 5 freikirchlichen und 24 landeskirchlichen Jugendwerke.

2 Gegenwärtige Problemlagen

2.1 Ziele und Aufgaben der Kinder- und Jugendarbeit in **Kirchen** und Verbänden angesichts einer veränderten Kindheits- und Jugendphase

Im Jahre 1975 veröffentlichte die gemeinsame Synode der katholischen Bistümer der Bundesrepublik Deutschland eine für die kirchliche Kinder- und Jugendarbeit wegweisende Erklärung: „Ziele und Aufgaben kirchlicher Jugendarbeit" (Deutsche Bischofskonferenz 1975). Hier wird festgelegt, dass kirchliche Jugendarbeit nicht auf bestimmte Zielgruppen begrenzt sein soll, sondern sich für alle Kinder und Jugendlichen innerhalb und außerhalb der **Kirche** öffnet. So werden Räume und Lernfelder geschaffen, in denen Kinder und Jugendliche Leben erfahren, verstehen und gestalten lernen. Dabei gelten Jugendliche nicht nur als Adressaten des kirchlichen Dienstes, sondern als selbst handelnde Träger dieser Arbeit. Auf diese Weise dient die kirchliche Jugendarbeit dem Zweck, Mündigkeit in Gesellschaft und Kirche einzuüben. Schon 1975 wird dabei gesehen, dass es in der Jugend ein großes Unbehagen an der Kirche gibt. Dies soll zum Ausdruck gebracht und auf seine Hintergründe befragt werden. Thematisch rücken dabei insbesondere die drei Fragen nach dem Sinn des Lebens, nach einem menschlichen Zusammenleben und nach sozialer Verantwortung in den Vordergrund. Entscheidend für kirchliche Jugendarbeit ist es, dass Kinder und Jugendliche in der Jugendarbeit auf Gleichaltrige und Erwachsene treffen, die ihnen als glaubwürdig gelten können. Dieses „personale Angebot" steht noch vor allem „Sachangebot". Es geht darum, Erfahrungen der Kinder und Jugendlichen auf ihre gemeinsame Tiefen- und Glaubensdimension hin zu deuten. Dazu ist ein wichtiges Hilfsmittel die „reflektierte Gruppe", in der zwischenmenschliche Beziehungen in Gruppenprozessen gemeinsam durchdacht werden können. Das sich darin einbettende Sachangebot ist dann so vielfältig wie das Leben selbst und muss vor Ort konkretisiert werden. Konkrete Formen einer solchen Jugendarbeit sind z.B.:

- Gruppenarbeit (Gleichaltrigengruppe, Interessengruppe, Projektgruppe, Gremien)
- religiöse Bildung (Besinnungswochenende, Bibelgespräche)
- Ministrantinnen- und Ministrantenarbeit
- Liturgische Feiern (Meditationen, Jugendgottesdienste, Jugendkreuzwege)
- Offene Arbeit (Offene Treffs, Teestuben, Jugendzentren)
- Erlebnisorientierte Fahrten, Schulentlasstage, Freizeitmaßnahmen

- Jugendkulturarbeit (Filmabende, Konzerte, Ausstellungen, Medienarbeit, Kurse, Musik, Theater- und Tanzgruppen, Chöre, Bands)
- Internationale Jugendbegegnungsmaßnahmen
- projektbezogenes Arbeiten (Aktionen wie Sternsinger, Arbeitsgemeinschaften)
- Zielgruppenarbeit mit Schülerinnen und Schülern, Auszubildenden, jungen Erwachsenen, Menschen mit besonderen Lebenserschwernissen
- Beratungsangebote
- Mitarbeiterfortbildungsmaßnahmen, Jugendbildungsmaßnahmen
- Gremienarbeit (Verbandskonferenzen, Arbeitsgemeinschaften)

Der Synodenbeschluss von 1975 war als Kompromiss einer heftigen Debatte zwischen reformerischen und bewahrerischen Kräften innerhalb der katholischen **Kirche** zustande gekommen. Wie zu erwarten war, löste er nicht alle Spannungen auf, konnte aber mit seiner Betonung des personalen Angebots und der „reflektierten Gruppe" doch wesentliche Anstöße in der Folgezeit geben (Steinkamp 1996).

Auch auf evangelischer Seite fand dieses Synodenpapier Beachtung, bietet es doch eine Möglichkeit, die vor allem im evangelischen Bereich heftig ausgetragene Debatte zwischen missionarischer und emanzipatorischer Jugendarbeit hinter sich zu lassen (Affolderbach 1982). Ein in seiner Bedeutsamkeit vergleichbares Dokument haben die Evangelischen **Kirchen** in Deutschland für ihr kirchliches Praxisfeld der Kinder- und Jugendarbeit bis heute jedoch nicht vorlegen können. Das liegt vielleicht auch an der im evangelischen Bereich noch stärker landeskirchlich orientierten Konzeptionsdebatte, die zwar eine Vielzahl von regionalen Einzelpapieren, aber kaum Ansätze zu einer gemeinsam getragenen Konzeption hervorgebracht hat. Allerdings hat sich auch auf katholischer Seite gezeigt, dass die Weiterentwicklung des Synodenpapiers heute eher auf der Ebene der einzelnen Diözesen geschieht (Hobelsberger, Lechner, Tzscheetzsch 1996).

Wie viele andere Institutionen auch erleben die **Kirchen** und Verbände seit den achtziger Jahren, dass Jugendliche sich von solchen Einrichtungen heute eher distanzieren. Eine Mitgliedschaft auf Dauer wird nur noch selten angestrebt. Für viele Jugendliche erscheinen die Kirchen und ihre Verbände heute nicht als relevanter Lebensort (Deutsche Shell 2000). Die Ausdehnung der Schulzeit auf den Nachmittag führt bei Kindern und Jugendlichen zu einem zusätzlichen Termindruck, so dass häufig auch nur noch wenig Zeit für Veranstaltungen der freien Träger am Nachmittag bleibt. Die Kirchen und Verbände nehmen dies mit großer Besorgnis wahr und versuchen, darauf angemessen zu reagieren.

So hat die Jugendkammer der EKD 1992 ein Grundsatzpapier zur Jugendarbeit erstellt, in der die veränderten gesellschaftlichen Bedingungen des Aufwachsens benannt werden (Kirchenamt der EKD 1992). Die individualisierte Sinnsuche sowie die Pluralität der Lebenslagen heutiger Kinder und Jugendlicher wird darin besonders betont. Aufgabe der Jugendarbeit ist es, Kinder und Jugendliche im Alltag zu begleiten und hier als vielfältiger Gesprächspartner für Sinn- und Glaubensfragen zur Verfügung zu stehen. Die Kinder und Jugendlichen sollen ihr Umfeld in **Kirche** und Gesellschaft selbständig gestalten können. Im Kontext einer erlernten „Zeitgenossenschaft" soll sich die Jugendarbeit der Kirchen zusammen mit den Kindern und Jugendlichen den Herausforderungen der Gegenwart stellen und so zum Experimentierfeld für neue Erfahrungen mit dem Glauben und Leben der Gemeinde werden. Kinder und Jugendliche würden damit zum Teil einer sich erneuernden Kirche werden.

Speziell mit der Situation von Kindern in **Kirche** und Gesellschaft hat sich auch die Synode der EKD 1994 befasst und mit der Frage: „welche Kirche braucht das Kind?" einen wichtigen Perspektivenwechsel in der kirchlichen Arbeit angeregt (Kirchenamt der EKD 1995). Kinder sollen von den **Kirchengemeinden** stärker als bisher in ihrer Eigenständigkeit und in ihrer individuellen **Religiosität** wahrgenommen und gehört werden. Der Kindergottesdienst müsse als vollgültiger Gottesdienst betrachtet werden, die Zulassung der Kinder zum Abendmahl auch schon vor der **Konfirmation** soll zur Regel werden. Vermehrt sollen sich die Kirchengemeinden auch um Eltern-Kinder-Treffs, Kinderbibelwochen, Kinderkirchentage, Kinderseiten im Gemeindeblatt, spezielle seelsorgerliche Einrichtungen für Kinder (Krankenhausseelsorge für Kinder, Sorgentelefone), thematische Arbeiten über Kinderprobleme in den Gemeinden und neue Projekte zur Integration von Kindern mit besonderen Lebenserschwernissen kümmern. Damit sind den Kirchengemeinden Prüfsteine vorgelegt, anhand derer sie einschätzen könnten, inwieweit sie bereits als ein familien- und kinderfreundlicher Ort gelten könnten.

Von besonderer konzeptioneller und methodologischer Bedeutung ist eine von Katrin Fauser, Arthur Fischer und Richard Münchmeier verantwortete Studie zur Jugendverbandsarbeit aus dem Jahre 2006. Die Jugendlichen gelten in dieser Studie nicht nur als *Adressaten* von Jugendverbandsarbeit, sondern werden als *handelnde Subjekte* gesehen, die die Praxis eines Jugendverbandes immer schon mitgestalten. Insofern sind sie Co-Produzenten dieser Wirklichkeit und nicht nur passive Konsumenten der vorgegebenen Programme. Dabei sind wichtige empirische Messinstrumente entstanden, die auch zur Untersuchung anderer Jugendverbände herangezogen werden können. Jugendverbandsarbeit, hier am Beispiel der Evangelischen Jugend, ist überraschend erfolgreich: die Studie zeigte, dass über 10% aller deutschen Jugendlichen mit einer der unterschiedlichen Formen evangelischer Jugendarbeit in Kontakt gekommen sind. Die vielfältigen Angebote, die sich hinter dem Markennamen, Evangelische Jugend verbergen, sollten sinnvollerweise sowohl ein inhaltliches Profil als auch eine großherzige Offenheit haben. Auch wenn sich dies in der Studie als Ost-West-Differenz lesen lässt (Osten: Wunsch nach Profil; Westen: Wunsch nach Offenheit), so wäre es doch grundverkehrt, hier einen falsch verstandenen Gegensatz aufzumachen (Fauser 2008).

2.2 Firmung und Konfirmation

Die Frage nach der Arbeit mit Firmlingen, Konfirmandinnen und Konfirmanden war lange als die Form der Nachwuchspflege der **Kirchen** betrachtet worden. So sprach etwa Martin Doerne in den dreißiger Jahren des letzten Jahrhunderts noch von einer pädagogischen Ordnungskirche, zu der die diffuse Volkskirche mit Hilfe des Konfirmandenunterrichts geführt werden sollte (Doerne 1936). Auch hier hat in den 1960er- und 1970er-Jahren ein Umdenken eingesetzt, indem heute weniger institutionen- als vielmehr subjektorientiert angesetzt wird. Angeregt durch Forschungsarbeiten z.B. von W. Neidhart, Ch. Bäumler und S. Leimgruber werden Jugendliche heute stärker als religiöse Subjekte verstanden, die als Gruppe bereits eine eigenständige Form von Gemeinde repräsentieren und nicht erst zur Gemeinde hingeführt werden müssen (Neidhart 1964; Bäumler 1970; Leimgruber 1978; Kirchenamt der EKD 1998). Als Bildungsziel wird nun religiöse Selbständigkeit und Mündigkeit benannt. Freilich bleibt dabei von Bedeutung, dass **Firmung** und **Konfirmation** nicht nur als individuelle Feierlichkeit, sondern als ein segnendes Handeln der Kirche an den Jugendlichen verstanden wird (Rahner 1960). Die Kirchen sind dabei aber stärker als bisher auch aus der Sicht der Jugendlichen – und damit auch aus der Perspektive von Enttäuschungen und Absagen – zu betrachten (Comenius-Institut 1998). Auf die erheblichen Entwicklungsaufgaben in der Altersphase der Konfirmandinnen und Konfirmanden ist einzugehen, damit sich der Unterricht als sinnvoll und lohnend für die Jugendlichen erweisen kann. Durch die Vermittlung einer elementaren Struktur des christlichen Glaubens sollen die Jugendlichen die Möglichkeit haben, einen eigenständigen Glauben zu entfalten. Das kann allerdings nicht ohne Praxisbezug geschehen. An der Begegnung mit Menschen, die in einer Kirchengemeinde mitarbeiten, kann so die Idee von **Kirche** konkret werden. Begegnungen mit der Praxis der **Kirchengemeinde** sind heute also wichtiger Bestandteil einer Firm- bzw. Konfirmandenarbeit. Wie schwierig ein solcher Ansatz allerdings offensichtlich umzusetzen ist, hat eine empirische Untersuchung gezeigt, die in der Evangelischen Kirche von Westfalen Anfang der neunziger Jahre durchgeführt wurde (Böhme-Lischewski 1995). Obwohl viele Pfarrer von einer lebensweltlich orientierten Konzeption des Konfirmandenunterrichts ausgingen, war die Durchführung dann doch weithin von der traditionellen Stoffvorgabe geprägt. Mittel und Ziele stimmen hier also häufig nicht überein. Das zeigt sich dann auch in der Methodenwahl, die sich weithin im gelenkten Unterrichtsgespräch erschöpft. Kreative Methoden kommen – obwohl grundsätzlich bejaht – nur selten zur Anwendung. Ähnlich wie in der Jugendarbeit ist auch hier die Beziehungsebene häufig der entscheidende Faktor für das Gelingen der Arbeit mit den Jugendlichen. Hier sind die Wochenendfreizeiten bzw. die mehrwöchigen sog. „Konfi-Lager" von besonderer Bedeutung. Gerade dieser Bereich wird aber zugunsten einer Schwerpunktsetzung im Bereich der stofflichen Vermittlung nicht überall genügend bedacht. Man kann vermuten, dass die stoffliche Vermittlung für viele Pfarrerinnen und Pfarrer weniger angstbesetzt ist als eine Beziehungsarbeit mit Jugendlichen. Und Beziehungsarbeit kostet Zeit – etwas, was Erwachsene immer weniger für Kinder und Jugendliche zur Verfügung stellen. Darauf wäre in der Fortbildung in Zukunft stärker einzugehen.

2.3 Mitarbeiterinnen und Mitarbeiter

Kirchliche **Kinder- und Jugendarbeit** ist ohne ehrenamtliches Engagement vieler Jugendlicher nicht denkbar. Das gehört bereits zum historischen Erbe der Jugendarbeit mit hinzu und hat sich bis heute auch so gehalten. Geändert hat sich allerdings die Motivation zur Mitarbeit bei den Jugendlichen. Während ältere empirische Untersuchungen hier besonders auf altruistische Motive hinwiesen (Kliemann 1983), wird heute stärker betont, dass das Engagement Spaß machen soll und auch einen persönlichen Gewinn abwerfen muss. Dabei hat Kliemann Anfang der 1980er-Jahre gut herausgearbeitet, dass Jugendliche mit einer solchen altruistischen Motivation in der Gefahr stehen, in die Rolle des „hilflosen Helfers" abzugleiten. Die Unterstützung der „schwachen" Anderen lenkt dann erfolgreich von einer Auseinandersetzung mit den eigenen Schwächen ab. Heute wird demgegenüber stärker der Wunsch nach Kontakt zu Gleichaltrigen sowie der Wunsch nach sozialer Anerkennung durch Mitarbeit betont (Bäumler, Bangert, Schwab 1994). Es ist zudem wichtig, dass die Ziele in angemessener Zeit erreichbar sind und dass es sich um ein Engagement auf Zeit handelt, aus dem Jugendliche relativ leicht wieder aussteigen können. Manchmal entwickelt sich allerdings aus dem Motiv, „etwas für sich selber tun" eine geschlossene Gruppe der Ehrenamtlichen, die sich dann nur noch um sich selbst dreht. Hier ist es Aufgabe der hauptberuflichen Mitarbeiterinnen und Mitarbeiter, die Offenheit der Jugendarbeit wieder neu herzustellen. Die Begleitung und Beratung der Ehrenamtlichen ist heute das wichtigste Arbeitsfeld der hauptberuflichen Mitarbeiterinnen und Mitarbeiter geworden. Die Ehrenamtlichen brauchen diese fachliche Beratung kontinuierlich und dürfen in ihrem Engagement nicht allein gelassen werden. Dies gilt sowohl in inhaltlicher als auch in persönlicher Hinsicht. Vor allem im Hinblick auf unterschiedliche Rollenerwartungen ist dies von Bedeutung. Jugendliche gelten einerseits als Vertreter der Jugendlichen (bei den Erwachsenen) und andererseits bei den Jugendlichen selbst zugleich als Vertreter einer wenig angesehenen Organisation. Dies erfordert eine gefestigte Persönlichkeit, die sich erst allmählich entwickeln kann (Beck/Wulf 1984). Wenn Jugendliche hier eine kompetente Begleitung haben, dann kann sich das Engagement in der Jugendarbeit auch als eine große persönliche Lernchance herausstellen. Das gilt auch für die Mitarbeit in den Gremien, die ein wichtiges Element jugendlicher Partizipation in **Kirchen** und Verbänden ist. Gremienarbeit vermittelt eine elementare, praxisorientierte politische Bildung. Die Artikulation und Durchsetzung eigener Interessen wird hier eingeübt und erprobt. Allerdings sind Jugendliche heute in der Regel nur dann bereit, diese Lernchance zu ergreifen, wenn sie auch hier das Gefühl haben, sich nicht auf unabsehbare Zeit hinaus verpflichten zu müssen. Hier sind die Jugendverbände auch aufgerufen, neue Formen der Partizipation zu entwickeln, die nicht nur auf der Basis jahrelanger Mitarbeit funktionieren können. Jugendliche formulieren deutlich ihren Anspruch auf mehr Flexibilität und sind nicht bereit, diesen Anspruch zugunsten festgefahrener Strukturen aufzugeben.

2.4 Neue Formen der Kinder- und Jugendarbeit in Kirchen und Verbänden

Es ist ein Kennzeichen unserer Zeit, dass die Zugehörigkeit zu **Kirchen** oder Verbänden nicht mehr einfach naturwüchsig gegeben ist, sondern nach Attraktivität je individuell entschieden wird. Kirchlichkeit wird so zum Spezialfall einer weit gefassten Spannbreite des Religiösen in der modernen Gesellschaft (Gabriel/Hobelsberger 1994). Es entstehen religiöse Stile, die sich eher der Lebenswelt eines Subjekts als institutionellen Anforderungen verpflichtet wissen (Tzscheetzsch/Ziebertz 1996). **Religiosität** wird dadurch notwendig diffuser (Matthes 1992). Diese veränderte Einstellung zur Religiosität im Allgemeinen und zu den Kirchen im Besonderen führt zu Neuüberlegungen im Bereich der Kinder- und Jugendarbeit (Schwab 1999b). Die Kommerzialisierung religiöser Inhalte, wie sie vor allem in der Film- und Musikindustrie, aber auch in vielen Beispielen der Werbung vorzufinden ist, macht zusehends auch in der Kinder- und Jugendarbeit eine Betonung des kritischen Umgangs mit **Religiosität** notwendig. Gleichzeitig erfordert die Individualisierung von Religiosität, dass auch die Mitarbeiterinnen und Mitarbeiter in der Kinder- und Jugendarbeit ihr eigenes religiöses Profil zu erkennen geben. In neuen Konzepten für Kinder- und Jugendgottesdienste sowie für Schulgottesdienste wird erprobt, noch stärker als bisher die religiöse Dimension lebensweltlicher Aspekte mit Hilfe einer jugendkulturellen Szenen angepassten Symbolsprache zu verdeutlichen (Bangert/Schwarz/Tröger 1998). Dabei wird stets betont, dass Kinder- und Jugendgottesdienste keine Nebenform des Hauptgottesdienstes sind, sondern sich selbst als vollgültigen Gottesdienst in der Gemeinde begreifen. Die Zielgruppenorientierung wird so zur gottesdienstlichen Normalität.

In den letzten Jahren haben vor allem die neuen Jugendkirchen- und Jugendgemeinde-Projekte in den Verbänden und Gemeinden Aufmerksamkeit erregt. Jugendkirchen haben in der Regel ein eigenes Kirchengebäude, in dem mehr oder weniger ausschließlich Angebote für Jugendliche stattfinden. Sie sind nicht auf einen festen Kreis von Jugendlichen bezogen, sondern bieten eher eine offene Arbeit an. Jugendgemeinden dagegen sind häufig in Gemeinde- oder anderen Räumen untergebracht, verstehen sich stärker als eine feste Gemeinschaft, die mehr

Verbindlichkeit leben möchte, als dies in der Regel eine volkskirchliche Gemeinde anbieten kann. Jugendkirchen und Jugendgemeinden gewinnen ihr Profil besonders durch das regelmäßige Abhalten von Jugendgottesdiensten, die Jugendliche selbst gestalten und die als Kristallisationspunkt dieser Arbeit gelten können. Jugendkirchen und -gemeinden sind mit ihrem spezifischen, auf eine Region zielenden Angebot ein Teil kirchlicher Jugendarbeit. Keineswegs wollen sie die Formen herkömmlicher Gemeindejugendarbeit ersetzen. Kirchliche Jugendarbeit ist heute vielfältig angelegt und muss darauf bedacht sein ein Angebot zu unterbreiten, das unterschiedliche Teilnahmestrategien von Kindern und Jugendlichen anspricht. Ihre Stärke liegt in ihrer Tradition und Flexibilität vor Ort (Schwab 2002; Hobelsberger 2003; Freitag 2006).

In seinem Roman „crazy" hat Benjamin Lebert die Jugendlichen im Unterschied zu den Erwachsenen als „Fadensucher" bezeichnet (Lebert 2001). Es kann hier offen bleiben, ob nicht auch die Erwachsenen in der Moderne notwendig immer wieder neu zu „Fadensuchern" werden. Wichtig für die Zukunft von Kindern und Jugendlichen in **Kirchen** und Verbänden ist jedoch, dass sie diese als Orte erleben können, die ihnen bei ihrer eigenen Suche nach dem Faden zur Seite stehen. Denn dafür sind Kirchen und Verbände da.

Literatur

Adam, G.: Der Unterricht der Kirche. Studien zur Konfirmandenarbeit. Göttingen 1980
Affolderbach, M. (Hrsg.): Grundsatztexte evangelischer Jugendarbeit. Stuttgart ²1982
Bäumler, Ch.: Der Nachwuchs der Volkskirche. In: Theologia Practica 8 (1973), S. 230-242
Bäumler, Ch./Bangert, M./Schwab, U.: Kirche, Clique, Religion. Fallstudien zur kirchlichen Jugendarbeit in der Großstadt. München 1994
Bangert, M./Freitag, M./Schmucker, K. (Hrsg.): Muss evangelische Jugendarbeit not-wendiger werden? Hannover 1998
Bangert, M./Schwarz, R./Tröger, Ch. (Hrsg.): Werkstatt Jugendgottesdienst. Ideen, Anregungen, Modelle. Gütersloh 1998
Beck, Ch./Wulf, Ch.: Ehrenamtliche Mitarbeiter in der Jugendarbeit. Ergebnisse aus einem Forschungsprojekt. In: deutsche jugend 32 (1984), S. 33-38
Birklbauer, A.: Don Bosco. Lebensbild eines ungewöhnlichen Heiligen. München 1998
Böhme-Lischewski, Th./Lübking, H.-M.: Engagement und Ratlosigkeit. Konfirmandenunterricht heute. Bielefeld 1995
Brandenburg, H.-Ch.: Die Anfänge evangelischer Jugendbewegung. Der Weg der Schülerbibelkränzchen 1883 bis 1919. Köln 1993
Comenius-Institut/Verein KU-Praxis (Hrsg.): Handbuch für die Arbeit mit Konfirmandinnen und Konfirmanden. Gütersloh 1998
Deutsche Bischofskonferenz, Sekretariat: Ziele und Aufgaben kirchlicher Jugendarbeit. [Synodenbeschlüsse Nr. 8, hrsg. von J. Homeyer]. Bonn 1975
Deutsche Shell (Hrsg.): Jugend 2000. 2 Bde. Opladen 2000
Doerne, M.: Neubau der Konfirmation. Gütersloh 1936
Erning, G./Neumann, K./Reyer, J. (Hrsg.): Geschichte des Kindergartens. Bd. 1: Entstehung und Entwicklung der öffentlichen Kleinkindererziehung in Deutschland von den Anfängen bis zur Gegenwart. Freiburg i.B. 1987
Eysholdt, T.: Evangelische Jugendarbeit zwischen „Jugendpflege" und „Jugendbewegung". Die deutschen Schülerbibelkreise (BK) 1919 bis 1934. Köln 1997
Fauser, K./Fischer, A./Münchmeier, R.: Jugendliche als Akteure im Verband. Opladen 2008
Freitag, M./Scharnberg, Chr.: Innovation Jugendkirche. Konzepte und Know-how. Hannover u. Kevelaer 2006
Gabriel, K./Hobelsberger, H. (Hrsg.): Jugend, Religion und Modernisierung. Kirchliche Jugendarbeit als Suchbewegung. Opladen 1994
Gabriel, K. (Hrsg.): Religiöse Individualisierung oder Säkularisierung. Biographie und Gruppe als Bezugspunkte moderner Religiosität. Gütersloh 1996

Hastenteufel, P.: Katholische Jugend in ihrer Zeit. Bd. 1 u 2. Bamberg 1988 u. 1989
Hobelsberger, H./Lechner, M./Tzscheetzsch, W. (Hrsg.): Ziele und Aufgaben kirchlicher Jugendarbeit. München 1996
Hobelsberger, H./Stams, E./Heck, O./Wolhar, B. (Hg.): Experiment Jugendkirche. Event und Spiritualität. Kevelaer 2003
Jürgensen, J.: Die bittere Lektion. Evangelische Jugend 1933. Stuttgart 1984
Kirchenamt der EKD (Hrsg.): Beobachtungen und Anregungen zu Situation, Grundlagen und Perspektiven evangelischer Jugendarbeit im westlichen Teil Deutschlands. [EKD-Texte 43] Hannover 1992
Kirchenamt der EKD (Hrsg.): Aufwachsen in schwieriger Zeit. Kinder in Gemeinde und Gesellschaft. Gütersloh 1995
Kirchenamt der EKD (Hrsg.): Glauben entdecken. Konfirmandenarbeit und Konfirmation im Wandel. Gütersloh 1998
Kliemann, P.: Ehrenamtliche Mitarbeiter. Zur Identität von Gruppenleitern in der kirchlichen Jugendarbeit. Stuttgart 1983
Kruip, G./Hobelsberger, H./Gralla, A. (Hrsg.): Diakonische Jugendarbeit. Option für die Jugend und Option von Jugendlichen. München 1999
Lebert, B.: Crazy. Köln 2001
Leder, K.: Kirche und Jugend in Nürnberg und seinem Landgebiet 1400 bis 1800. Neustadt a. d. Aisch 1973
Leimgruber, S.: Das Sprechen vom Geist. Sprache und Erfahrung am Beispiel der Firmung. Zürich, Köln 1978
Mählert, U./Stephan, G.-R.: Blaue Hemden, rote Fahnen. Die Geschichte der Freien Deutschen Jugend. Opladen 1996
Matthes, J.: Auf der Suche nach dem „Religiösen". Reflexionen zu Theorie und Empirie religionssoziologischer Forschung, in: Sociologica Internationalis 30 (1992) S. 129-142
Müller, P.: In der Mitte der Gemeinde. Kinder im Neuen Testament. Neukirchen-Vluyn 1992
Neidhart, W.: Konfirmandenunterricht in der Volkskirche. Zürich 1964
Rahner, K.: Kirche und Sakramente. Freiburg i.B. 1960
Schwab, U.: Evangelische Jugendarbeit in Bayern 1800-1933. München 1992
Schwab, U. (1999a): „Der Jugend Noth und Hülfe". Die Anfänge evangelischer Jugendarbeit im 19. Jahrhundert. In: Bundesarbeitsgemeinschaft Evangelische Jugendsozialarbeit (Hrsg.): Evangelische Jugendsozialarbeit im Wandel der Zeit. Münster 1999, S. 50-61
Schwab, U. (1999b): Jungsein und Kirche. In: Pastoraltheologie 88 (1999), S. 334-349
Schwab, U. (Hrsg.): Vom Wiederaufbau zur Wiedervereinigung. Geschichte der Evangelischen Jugend in Westdeutschland 1945-1990. Hannover 2002
Schwab, U.: „To fit their culture." Neue Jugendarbeit für neue Jugendliche. Pastoraltheologie 91 (2002), H. 3
Schweitzer, F./Englert, R./Schwab, U./Ziebertz, H.-G.: Entwürfe einer pluralitätsfähigen Religionspädagogik. Gütersloh und Freiburg i.B. 2002
Steinkamp, H.: Die innovatorischen Grundzüge des Synodenbeschlusses. In: Hobelsberger, H./Lechner, M./Tzscheetzsch, W. (Hrsg.): Ziele und Aufgaben kirchlicher Jugendarbeit. München 1996, S. 35-48
Tzscheetzsch, W./Ziebertz, H.-G. (Hrsg.): Religionsstile Jugendlicher und moderne Lebenswelt. München 1996

Andreas Feige

Jugend und Religion

1   Theoretischer und methodologischer Kontext der Verhältnisbestimmung ‚Jugend und Religion'

Religionssoziologisch ist das Verhältnis von ‚Jugend' zu ‚**Religion**' abhängig von der umfassenderen Problemkonstellation ‚Religion und Gesellschaft'. Für unsere Weltregion gilt, dass die Ausdrucksgestalten und damit auch der *Begriff* der Religion kulturell uneindeutig(er) geworden sind. Das Spektrum der möglicherweise als ‚religiös' zu verstehenden Phänomene stellt sich äußerst vielfältig dar. Insbesondere ist ein Nachlassen der normativen Integrationskraft der christlichen Groß-Kirchen zu verzeichnen. Ihre Funktion der Legitimation und emotionalen Fundierung von Sozialität und deren Kontrolle, vor allem aber die Selbstverständlichkeit, dass allein sie die Sinn- und Verweisungszusammenhänge menschlichen Daseins institutionell symbolisieren und repräsentieren können, hat schon seit Beginn der Neuzeit stetig, besonders drastisch aber in der zweiten Hälfte des 20. Jh. abgenommen. Zugleich ist die geistig-kulturelle Selbstbewusstheit des Gesellschaftssystems von „Horizontlosigkeit" (Kaufmann 1999, S. 72) geprägt. Das Zeitverhältnis dieses Bewusstseins fokussiert sich allein auf die Gegenwart. Damit wird diese zu einer bloß momenthaften Aktualität, „in der allein etwas geschehen kann" (Luhmann 1975, S. 19).

Das bereitet Probleme bei der *symbolischen* Erfassung und Bearbeitung von unstrukturierbarer Kontingenz, was, nach Luhmann, soziologisch gesehen die Funktion der Religion ist. Ob die Symbole und ihr entsprechendes subjektives Erleben als ‚religiös' begriffen werden, ist heute das Ergebnis einer Einverständnisherstellung zwischen den Subjekten über die Zuständigkeit eines als religiös geltenden Deutungsrahmens. Dabei zeigt sich, dass es „offenkundig keine [alleinige] Instanz und keinen zentralen Ideenkomplex (mehr gibt), die imstande wären, alle ... Funktionen [der Deutung und Bestimmung] zugleich zu erfüllen; in diesem Sinne gibt es ‚Religion' nicht mehr" (Kaufmann 1989, S. 86).

Freilich gibt es weiterhin Bedürfnisse nach nicht-rationalen und technologisch nicht determinierten, vielmehr auf **Transzendenz** ausgerichteten Modi der Verarbeitung des Erlebens von Kontingenz. Diese Bedürfnisse suchen heute zunehmend nach Ausdrucksgestalten auch jenseits der kirchlichen Formen und Deutungsfiguren. Das geschieht etwa im Modus der Selbsthilfegruppe, z.B. zum Erlernen eines mit der Natur ‚versöhnten' (Körper-)Lebens. Oder sie finden sich in einem politischen Aktionsbündnis im Kampf gegen die Weiternutzung der Kernspaltungstechnik, dessen Transzendenz-Qualität in der Berufung auf die Zukunft der Menschheit besteht. Häufig artikulieren sich die Bedürfnisse auch ‚nur' als eine sich im Konstantin-Wecker- oder Herbert-Grönemeyer-Sound ausdrückende Sensibilitätsästhetik in Bezug auf das ‚Leben schlechthin'.

Entsprechend erscheint die Religionspraxis heute mehrheitlich in den privaten Raum verlagert (Luckmann 1991). Aus der Sicht der Institution, die die Religion theologisch professionell zu tradieren hat, mag diese Praxis als tendenziell häretisch (Berger 1980) erscheinen. Sicher ist jedenfalls, dass nach J. Matthes *wissenssoziologisch* Religion und **Religiosität** als „diskursive Tatbestände" zu verstehen sind: Erst im sozialen bzw. gesellschaftlichen *Diskurs* konstituieren sie sich (Matthes 1992, S. 129). Das Wort „Religion" steht für eine „kulturelle Programmatik, die einen *Möglichkeitsraum* absteckt" (ebd., kursiv A.F.). Innerhalb dessen kann sich etwas diskursiv verwirklichen. Das ‚Religiöse' ist mithin keine Substanz-, sondern eine *Reflexiv*-Kategorie: Es kann sich seiner selbst nur durch Selbst- bzw. Rückbezüglichkeit, d.h. als ‚Aufmerksamkeit seiner selbst' bewusst und nur darin *existent* werden.

Entsprechend kann man auch für den wissenschaftlichen Rekonstruktionsversuch die jeweiligen sozialen Ausdrucksgestalten des Religiösen theoretisch konsequent nur rückbezogen auf die Generierung ihrer Selbstaufmerksamkeit erfassen. Allerdings sind nur wenige empirisch-massenstatistische Erhebungen dementsprechend instrumentell konzipiert und von kontrastiv-ergänzenden Studien begleitet, die *methodologisch-hermeneutisch* diese Selbstaufmerksamkeit berücksichtigen. Stattdessen finden sich in der Sprache ihrer standardisierten Antwortvorgaben häufig nur Elemente aus theologisch komprimierten, z.T. in Jahrhunderten geronnenen Sprachgestalten. In denen sind sicherlich eine Vielzahl von existentiellen Erfahrungen gebündelt. Aber genau deswegen ist der Bezug dieser Formeln zu je konkreter Lebenspraxis mehr oder weniger abstrakt. Stets bedürfen sie der ‚übersetzenden' An- bzw. Rückbindung an je neu erfahrene Situationen, für die sie dann ihre Symbolisierungskraft für deren nicht anders formulierbaren Sinnüberschüsse entfalten können. In vielen Erhebungsinstrumenten werden freilich diese Komprimate nicht kritisch auf ihre Kraft zur *heute* inhaltlich angemessenen *Widerspiegelung* jener transzendenz- bzw. immanenzerfahrungshaltigen Handlungsakte und Wahrnehmungsweisen überprüft. Stattdessen werden sie lediglich den Befragten, gleichsam wortmagisch, als die ‚Substanz' des Glaubens zur Zustimmung/Ablehnung angeboten. Damit reduzieren sich solchermaßen konzipierte Studien zur bloßen ‚Bestätigungs- bzw. Gehorsamsforschung' und im Ablehnungsfalle wäre die Nicht-Existenz des Religiösen keineswegs erwiesen (prototypisch: EMNID 1997; zur ausführlichen Methodenkritik mit Beispielen vgl. Feige/Lukatis 2004, Feige 2008).

2 Empirische Forschungsfelder

Zur Darstellung von Forschungsbeständen gibt es unterschiedliche Präsentationskriterien. Deren Wahl hängt von den Zielen und Zwecken der Publikation ab. Welche Gliederungslogik z.B. als sinnvoll angesehen werden kann, zeigt ein Forschungsbericht zur deutschsprachigen Religions- und Kirchensoziologie zwischen 1990 und 2004 (Feige/Lukatis 2004 sowie www.ekd.de/download/emp-1990-b.pdf). Für die in diesem Beitrag „*Jugend* und Religion" verfolgten Ziele erscheint die folgende Gliederung als angemessen.

2.1 Christentumskulturell-kirchenmitgliedschaftliche Dimensionen in Problembestimmung und Forschung

(1) Empirisch-repräsentative Untersuchungen in diesem Bereich lassen sich nach 1945 für den deutschsprachigen Raum vier Zeitabschnitten zuordnen (Feige 1990a). Beispielhaft für die erste Phase ist die EMNID-Umfrage ‚Jugend und Religion'. Sie wurde unter dem Titel „Religi-

on ohne Entscheidung?" allerdings nur einseitig *theologisch* interpretiert (Wölber 1959). Die zweite Phase ist geprägt von den kirchlicherseits initiierten, statistisch repräsentativen **Kirchenmitgliedschaftsuntersuchungen** Anfang der 1970er-Jahre nach dem völlig unerwarteten Anstieg der Kirchenaustrittszahlen (Schmidtchen 1972, 1973; Hild 1974; Feige 1976; Hanselmann 1984). Sie beziehen Jugendliche zwar in grob altersklassifizierender Weise in ihre Fragestellungen ein, aber es fehlen jugendspezifisch vertiefende Perspektiven. Bereits diese Studien belegen den auch heute geltenden Sachverhalt, dass konfessionelle Unterschiede weitaus geringer ausfallen als solche zwischen den ‚Kirchennahen' und ‚Kirchenfernen'. In einer dritten Phase fokussieren Arbeiten das Problemverhältnis ‚Jugend und Kirche' erstmals speziell religionssoziologisch: „Erfahrungen [von 16-22jährigen] mit Kirche" (Feige 1982); „Jugend auf dem [ev.] **Kirchentag**" (Feige/Lukatis/Lukatis 1984, 1987); sowie „Analysen literarischer (religiöser) Selbstzeugnisse Jugendlicher" (Sziegaud-Roos in der Shell-Jugendstudie 1985, Bd. 4); eine jugendbezogene Sekundäranalyse von Daten aus der Allgemeinen Bevölkerungsumfrage der Sozialwissenschaften – ALLBUS '82 – (Lukatis/Lukatis 1989); eine Sekundäranalyse der Daten der ersten beiden EKD-(‚Ev. Kirche in Deutschland')-Studien zur kritischen Sensibilität gegenüber der Kirche besonders 18- bis 22-Jähriger (Feige 1990b), sowie eine Befragung von Studierenden über ihr Verhältnis zu Kirche und Religion (EKD 1991). Für die vierte, bis in die Gegenwart reichende Phase sind für das Thema ‚Jugend und großkirchlich organisierte Religionspraxis' – in Auswahl – die Untersuchungen zur Akzeptanz des schulischen **Religionsunterrichts** (Bucher 2000) zu nennen; weiterhin die auch Ostdeutsche sowie Konfessionslose einbeziehende, erstmals auch qualitative Methoden umfassende dritte EKD-Studie „Fremde Heimat Kirche" (Engelhardt u.a. 1997) sowie die vierte EKD-Studie „Kirche in der Vielfalt der Lebensbezüge" (Huber u.a. 2006). Hinzuzuzählen sind hier auch die methodisch und theoretisch ausdifferenzierte Untersuchung von „Religiösen Signaturen" (gymnasialer, westdeutscher) Jugendlicher (Ziebertz u.a. 2003; für 2008 siehe auch unter 2.2) sowie die thematisch etwas ausgeweiteten, aber religionstheoretisch eher insuffizienten Shell-Jugendstudien (Shell 2000, 2002, 2006).

(2) In den genannten Studien lassen sich zwei Tendenzen ausmachen: Zum einen gibt es – wenn auch in ihrer Deutlichkeit eher abnehmende – Signale immer noch kritischer, allerdings nicht unbedingt aggressiver *Distanz* zu den Kirchen bis hin zum ‚aktiven Desinteresse' durch Kirchenaustritt. (Shell 2006) Zum anderen finden sich seit ca. 30 Jahren Belege für ein – zumindest partielles – Interesse auch an kirchlich-christlich getragenen Angeboten für eine *individuell* lebbare religiöse Deutungs- und Verhaltenspraxis. Das lässt sich paradigmatisch an Untersuchungen der „Ev. Kirchentage", an den „Katholikentagen" oder, sehr medienspektakulär inszeniert, am (kath.) „Weltjugendtag" in Köln 2005 sowie an der bereits erwähnten Studie von Ziebertz u.a. (2003) zeigen. Dabei ist die sozialwissenschaftliche Analyse des ‚Weltjugendtag-Events': „Megaparty Glaubensfest" (Gebhardt u.a. 2007) in ihrer konzeptionellen Mehrdimensionalität selber bereits der Ausdruck einer neuen, stark *gegenwartsmedienästhetischen* Wahrnehmung des Religiösen und des Kirchlichen – nicht nur bei einer zunehmenden Zahl von Jugendlichen, sondern auch bei der jüngeren Forschergeneration. Durchgängig sind die Verhältnisse in Ostdeutschland deutlich von denen im Westen unterschieden. So ist im Osten nicht nur die soziale Tradierung kirchlich-religiöser Bindung weitgehend abgebrochen (72% stammen aus Elternhäusern ohne jede religiöse/kirchliche Bindung, 79% sind konfessionslos; Westdeutschland: 25% bzw. 12%), sondern auch die Einstellungen gegenüber dem Transzendental-Metaphysischen überhaupt („Gott"/"überirdische Macht") fallen deutlich ablehnender aus (Shell 2006; speziell auch Pollack/Pickel 1999). Gleichwohl sollte nicht übersehen werden,

dass auch in den neuen Bundesländern ein zwar deutlich kleiner, aber nicht zu übersehender Teil der Jugend ein engagiertes und zugleich differenziertes Verhältnis zur Kirche an den Tag legt (Huber u.a. 2006).

(2.1) *Signale der Distanz*: Abgelehnt wird eine als einengend empfundene kirchlich-rituelle Praxis, weil sie weitestgehend keinen ‚Sitz im Leben' der Jugendlichen hat. Entsprechend besuchten 1999 einen Gottesdienst innerhalb der letzten vier Wochen vor der Befragung „gar nicht": 83%, „einmal": 9%, „zweimal": 4%, „dreimal und öfter": 4% (Shell 2000; qualitative Daten zum Gottesdiensterleben: Feige 1982). Strukturell ähnliche Ergebnisse finden sich bei den Antworten auf die Frage nach dem Beten (Shell 2006) sowie nach der Teilnahmehäufigkeit Jugendlicher an Abendmahls- bzw. Eucharistiefeiern (Lukatis/Lukatis 1987). Die vierte EKD-Studie (Huber u.a. 2006; mit Daten aus 2002) bestätigt für Westdeutschland diese Tendenz auch für die Frage nach dem ‚Glauben an Gott'. Bei den 18- bis 29-Jährigen finden sich die höchsten Distanzwerte: „Ich glaube an eine höhere Kraft, aber nicht an einen Gott, wie ihn die Kirche beschreibt"; alle Befragten: 26,3%; 14- bis 17-Jährige: 19,3%; 18- bis 29-Jährige: 32,6%. Zugleich finden sich die jungen Altersjahrgänge weitaus häufiger unter denen, die aus der (ev.) Kirche austreten: 14- bis 34-Jährige (20 Jahrgänge) = 60% aller Austritte bei einem Messraum bis zum 72. Lebensjahr (Amtsblatt der EKD 1987, Stat. Beilage Nr. 80, seitdem werden Altersdifferenzierungen nicht mehr veröffentlicht; vgl. auch Feige 1976 und eine historische Synopse der Austrittsdaten bei Dütemeyer 2000). Die Daten für den katholischen Bereich liegen niedriger, sind aber strukturell identisch (ebd.).

(2.2) *Zeichen für Ambiguität und Ambivalenz.* Es gibt Unterschiede zwischen Antworten auf die Selbstbeschreibungs-Vorgaben „weniger/überhaupt nicht religiös" (Shell 2006, WD: 72%; OD: 90% vgl. auch frühere Daten in Lukatis/Lukatis 1987) einerseits und andererseits den Reaktionen auf die Frage nach der geglaubten Existenz transzendenter Kräfte. Dort zeigen sich für die drei Alternativen „persönlicher Gott"/„überirdische Macht"/„weiss nicht, was ich glauben soll" zusammengenommen 78% in WD (bzw. 35% in OD). Besonders die 18- bis 29-Jährigen neigen zu einer eher offenen Haltung, die „Gestaltungsräume für subjektive Deutungen bereit hält und ... klaren Abgrenzungen von Glaubensüberzeugungen mit Indifferenz begegnet" (Engelhardt u.a. 1997, S. 136). Ambivalenz ist auch dadurch indiziert, dass selbst bei denjenigen, die entsprechend der Fragebogenvorgabe „weder an Gott noch eine überirdische Macht" glauben, es gleichwohl einen Anteil von 47% gibt, der es, so die Vorgabe, „gut findet, dass es die Kirche gibt" (Jugendliche insgesamt: 69%; Shell 2006). Das zeigt: Es scheint etwas zu geben, das vermittels der üblichen Fragestellungen nur nicht zum Vorschein kommen kann, nämlich eine Differenz zwischen einer vielleicht nur freiwillig/widerwillig übernommenen Fremddefinition dessen, was man durch institutionelle und lebensweltlich-öffentliche Sozialisationsprozesse für ‚religiös' halten zu *sollen* gelernt hat, und der eigenen, sprachlich schwer zu formulierenden, aber eben authentischen Variante eines subjektiv-religiösen „Gefühls schlechthinniger Abhängigkeit" (Schleiermacher), für dessen Ausdruck die als ‚üblich' kennengelernte Semantik aber nicht angemessen erscheint. Das können auch die qualitativen Untersuchungsteile der dritten und vierten EKD-Studie (Engelhardt u.a. 1997; Huber u.a. 2006) sehr anschaulich machen. Neuerdings berücksichtigt auch eine empirisch quantitativ konzipierte Untersuchung von allgemeinen „Lebensorientierungen Jugendlicher" (Feige/Gennerich 2008) diese Sachlage und kommt deshalb im Blick auf die den Orientierungen möglicherweise *inhärente* religiöse Dimension zu Einsichten, die für manchen vielleicht überraschend erscheinen. Die Untersuchung lässt sich mit den Ergebnissen von ansatzweise ähnlich fokussierenden Studien (Ziebertz u.a. 2003, 2008) synergetisch verknüpfen. Näheres dazu nachfolgend unter 2.2. Indizien für Ambivalenz und Ambiguität gegenüber einer institutionalisierten Religionspraxis lassen sich auch an der eher ‚qualitativ' konzipierten und nicht auf den Punkt der Religiositätsmessung fokussierten „Sinus-Milieustudie U27" (2008) zeigen.

(2.3) *Signale der Zustimmung*: Insbesondere die überwiegend von jungen TeilnehmerInnen mit höheren (gymnasialen) Bildungsabschlüssen besuchten (ev.) Kirchentage (14- bis 25-Jährige: 65% Besucheranteil; Feige/Lukatis/Lukatis 1987) und ebenso die in Form und Stil fast identisch gewordenen Katholikentage sind ein Paradigma für Möglichkeiten akzeptierter christlich-kirchlicher Kommunikation unter moderngesellschaftlichen Bewusstseins- und Gestaltungsbedingungen. Jugendlichen Kirchentags- und Katholikentagsteilnehmern geht es nicht um ein ‚entweder-oder' bei der Suche nach geistlichen und nach gesellschaftlich-politischen Inhalten, sondern darum, beide Zugangsweisen verbinden zu können. Die Jugendlichen fordern den Respekt der Institution vor ihrer „kommunikativen, frei gestaltenden und sich bewusst engagierenden Subjektivität" (Bizer 1984, S. 276). Zwar bleibt auch die Kirchentags-Kommunikation nicht frei von religiösen Differenzerfahrungen. Sie ist aber – insoweit paradox – zugleich von einer Hoffnung auf ‚*In*-differenz' bei der Erfahrung von Religion getragen: Dabei bekommen Begriffe wie z.B. ‚Einigkeit' und ‚Ewigkeit' ihr semantisches, kommunikationskontextlich – also *reflexiv* – eben als ‚heilig' erlebtes Profil. Insoweit Kirchen- bzw. Katholikentage die Teilnahme an *dergestalt* ‚Heiligem' ermöglichen, lassen sie Jugendliche ‚Religiöses' erleben. Sie realisieren damit, im Sinne des Matthesschen Ansatzes, ein Stück kulturelle Programmatik (Feige 1998). Im Kirchentags-Modus erleben sie ‚Kirche' als die bewusst offen organisierte (statt starr ‚institutionalisierte') Gemeinsamkeit auf der Suche nach Erfahrungen, die man – *vielleicht* – auch für sich persönlich als ‚**Glaube**' bezeichnen kann, und nicht als einen ‚Bekenntnisraum', den man aufsucht, wenn man bereits ‚Gewissheit' besitzt und sich über sein Ja zum ‚Bekenntnis' entschieden hat.

(3) *Zusammenfassende Charakterisierung*: Auch in Gesellschaften der „entfalteten Moderne" (Gabriel) braucht – insbesondere wegen der in ihr konstitutiv gewordenen Individualisierungszumutungen an jeden Einzelnen – auch und gerade die „Teilkultur ‚Jugend'" (Feige 2000b) *Traditionen* bzw. *Orientierungen* als Objekte für eine *kritisch*-aneignende Abarbeitung bzw. Anverwandlung. Unter der gesellschaftlichen Dominanz eines naturwissenschaftlich-szientistischen Weltbildes gilt das besonders für die institutionell tradierte christliche Religion mit ihrem stets auf die *Person* zielenden Geltungsanspruch ihrer Weltdeutung. Allerdings laufen die Abarbeitungs- und Anverwandlungsprozesse schichten- bzw. milieuspezifisch unterschiedlich und mit durchaus unterschiedlichen Ergebnissen ab. Das kann die Shell-Jugendstudie 2000 anhand kirchlich-konfessioneller Jugendgruppen zeigen. (In der Shell-Studie 2006 werden schichtspezifische Differenzierungen nur noch einmal im Blick auf den Gottesglauben präsentiert.) Insofern erscheint es geboten, etwa ein sozial sichtbares Kirchlichkeitsverhalten oder die demoskopisch erfragte Akzeptanz substantiierter Glaubensformeln nicht als ein empirisch schon ausreichend valides und reliables Kriterium bei der Deskription und Deutung der *Gesamt*verhältnisse im Bereich religiös-christlicher Kulturgestalten anzusehen.

Zudem ist die „Teilkultur ‚Jugend'" keineswegs einstellungshomogen. Die meisten 18- bis 22-Jährigen erweisen sich als Angehörige einer „Bewusstseinslagerung" (K. Mannheim), in der sich vergleichsweise sehr deutlich gesteigerte Distanzwerte zeigen. Der biographisch-lebenszyklische ‚Wendepunkt' der Volljährigkeit mit 18 bestimmt wohl gerade wegen seines Verunsicherungspotenzials bei gleichzeitiger Freiheitsverheißung maßgeblich die Haltung zur ‚religiösen Bevormundungsinstitution Kirche' mit ihren überwiegend als ideologisch-dogmatisch wahrgenommenen Ansprüchen. Diese werden als Ausdruck von Fremdbestimmtheit begriffen und entsprechend abgelehnt. Offenbar erst hier und nicht generell in der Jugendphase, z.B. eher wenig im Kommunions- und Konfirmandenalter, äußert sich ‚Jugendkultur' in Gestalt einer ernsthaft kritisch-oppositionellen „Belastung von Relationen" (Feige 2000b, S. 64). Gleichwohl – so zeigen es die zumindest in Westdeutschland insgesamt seit drei Jahrzehnten relativ konstant bleibenden Kirchenaustrittsquoten, die somit mehrere ehemalige, in den seinerzeitigen Shell-Studien als ‚kritisch-abständig' erfasste ‚Jugendgenerationen' umfassen – münden diese Belastungen keineswegs grundsätzlich in einen endgültigen, durch Mitgliedschaftskündigung demonstrierten Traditions*abbruch*.

Der Befund einer im höheren Jugendalter progressiv wachsenden kritischen Haltung wird auch in Untersuchungen von Bucher zur Akzeptanz und Effizienzeinschätzung des schulischen (kath.) Religionsunterrichts bestätigt. So ist die Akzeptanz des Religionsunterrichts in der Primarstufe „enorm hoch: Mehrheitlich fühlen sich die Kinder wohl und erleben ihre Lehrkräfte, überwiegend Frauen, als freundlich und paidotrop" (Bucher 2000, S. 141). Diese positive Einstellung zum Religionsunterricht korreliere mit einer unbefangenen Haltung gegenüber Religion und Christentum. Der Religionsunterricht wecke auch bei solchen SchülerInnen Interesse, „bei denen zuhause kein Kreuz hängt" (ebd.). Demgegenüber ist die thematische und motivationale Akzeptanz mit zunehmendem Alter linear rückläufig und mit einer Umakzentuierung der Interessen verkoppelt: „Je älter die SchülerInnen, desto weniger *theologische* Inhalte registrieren sie bzw. desto mehr *anthropologische* Themen nehmen sie wahr" und finden ihr gesteigertes Interesse (ebd., S. 144, kursiv A.F.). Der Befund des Bedürfnisses nach einer *Anthropozentrierung* bei der Thematisierung ethisch-religiös begründeter Verhaltensnormen indiziert ein signifikantes Defizit institutionell-theologischer Deutungsangebote. Sie werden von älteren Jugendlichen als tendenziell problemlösungs*un*fähig empfunden, zumindest, wenn man sie als ‚eigentlich undiskutierbar richtig' meint wahrnehmen zu sollen, ohne sie verstehen zu können.

2.2 ‚Religiöse Weltanschauungsforschung' und allgemein gesellschaftskulturelle Perspektiven des religiösen Ausdrucks

Unter dieser Signatur finden sich Problematisierungen und Erforschungen des Themas ‚Jugend und Religion' (a) als theoretische Reflexion von Typen (pop-)kultureller Gestalten des Religiösen bzw. seiner jugendspezifisch ästhetischen Rezeption; (b) als empirisch-statistisch mehr oder weniger repräsentativ abgesicherte Aufdeckung weltanschaulich fundierter ‚Religionsstile' bzw. ‚Religiositäts-Typen', z.T. in ihrem Zusammenhang mit Perspektiven der Weltwahrnehmung und individuellen wie gesellschaftlichen Wertorientierungen sowie (c) als Versuch, in den *alltags*ethischen Handlungsmaximen und Weltwahrnehmungen die ihnen *inhärente* religiöse Dimension für nachfolgende ‚religiös-reflexive Anschlusskommunikationen' zu entdecken und – nach Typen von ‚Lebenshaltungen' differenziert – auch, so weit möglich und theoretisch sinnvoll, verteilungsquantitativ zu beschreiben.

Die in (a) thematisierten *ästhetischen* Perspektiven (pop-)kultureller Ausdrucksgestalten von religiös-transzendenter Erfahrungs- bzw. Erlebnisqualität werden auf der Ebene der Hermeneutik von ‚objektivierbaren' Kulturgestalten und nicht auf der einer psychologisch-empirisch instrumentierten Erforschung der Verarbeitung durch die Subjekte formuliert. Auf deren Rezeption wird nur von den Phänomenbeschreibungen her geschlossen: „Dass Herbert Grönemeyer in Harmonie mit 150.000 Konzertbesuchern ‚keine innere Heimat, keine Heimat mehr' zu besingen vermag, und die Aussage seines Liedes ausdrücklich mit religiösen Gehalten füllt, gibt der religiösen Bedürftigkeit ebenso einen jugendästhetischen Ausdruck, wie es die Suche nach ‚religiösen Potentialen' jenseits von vorfindlichen Dogmen, Traditionen und Institutionsgestalten erfolgen lässt." (Drehsen 1994, S. 82f.) Drehsen konstatiert die Existenz eines „Kulturmarkt(s) einer freien, ... de-institutionalisierten Religiosität", die die „Ausdruckskultur einer sinnorientierten, die religiösen Dimensionen umfassenden Lebensführung" ist, „in der religiöse Bedürftigkeiten auch ohne bewusste Entscheidung für einen verbindlichen religiösen Sozialkörper zu ihrem Recht kommen" können (ebd.). Den diesem Befund inhärenten ‚Synkretismus' (Drehsen/Sparn 1996) sowie den Zusammenhang von populärer Kultur und Religion reflektieren, z.T. anhand konkreter Beispiele, auch die Arbeiten von Sauer (1990) besonders zur Musik; und von Gutmann (1998) zu Filmgestalten und Phänomenen elektronischer Medien sowie der Sammelband von Wermke (2000).

Für (b) steht beispielhaft zum einen die empirisch-repräsentative Analyse von Wippermann zur Rekonstruktion des Zusammenhangs zwischen *Weltanschauungen* „als Kern von Religion" und Religiositätsdispositionen nach Pollack (Wippermann 1998). Wippermann unterscheidet mit Hilfe einer Clusteranalyse sechs **Weltanschauungstypen** (Christen, [nicht-christl.] Theisten, Reinkarnationsgläubige, Deistische Naturalisten, Atheistische Naturalisten [Vitalisten, Expressivisten] und Subjektivisten bzw. Autonomisten). Dabei greift er auf Überlegungen von Pollack zurück (Pollack 1995, S. 189), wenn er über zwei dichotome Dimensionen – die der *Reflexion über* religiöse Themen bzw. Weltanschauungen und die der *Identifikation mit* ihnen – vier Religiositätsdispositionen herausarbeitet: Vitale Religiosität, Religiöse Suche, Religiöser Ritualismus und A-Religiosität. Die (relativ) häufige Wahl ‚vitaler Religiosität' durch (jüngere) „Christen" führt er auf die überdurchschnittlich hohe, institutionell (vor allem schulisch) geförderte Kommunikationsdichte zurück. Ältere Jugendliche vom Typ „Christen" neigten demgegenüber eher zu „A-Religiosität" oder zum „Ritualismus". Grund für diese Entwicklung, die sich auch bei den schon erwähnten Bucherschen Ergebnissen abzeichnet (vgl. 2.1), sei das „kommunikative Vakuum" für junge Erwachsene: Zu den spezifischen Institutionen der Adoleszenz, aus denen sie entlassen werden, fänden sie nun kein passendes Gegenstück. Insgesamt konstruiert Wippermann mittels Korrelationsrechnungen acht „**Religionsstile**" bzw. Trägertypen („Ignoranten", „Praktiker", „Grübler", „Eremit", „Aktivist", „Plauderer", „Theoretiker" und „Lebendiger"). Er zeigt zudem, dass die statistisch identifizierten Religionsstile weitgehend Korrelate von *Bildung* sind, die entscheidend den Umgang mit der Weltanschauung präformierten und die Zahl der Arrangements reduzierten.

Zum anderen stehen für (b) zwei Arbeiten von Ziebertz u.a (2003, 2008). Die Studie von 2008 (als Teil einer europäischen Vergleichsstudie unter Gymnasiasten bzw. als eine Weiterentwicklung einer Studie der Autoren aus 2003 mit Daten aus 2002) sucht Antworten auf die Frage, ob die Mit-Formung der gegenwärtigen Weltbilder der entfalteten Moderne auch über *Bildungs*prozesse, insbesondere über deren *religiös* orientierten Elemente möglich erscheint. Im Mittelpunkt von fünf Teil-Konzepten steht (1) das „Weltbild" der Jugendlichen. Damit soll erfasst werden können, wie von Jugendlichen die Konsequenzen der gesellschaftlichen Modernisierungsprozesse (Funktionswandel der Institutionen, Pluralisierung der Orientierungen und Individualisierungserwartungen) wahrgenommen bzw. konzeptuell in „Weltbildern" verarbeitet werden. Als das jeweilige Weltbild mitbestimmend werden außerdem abgefragt: (2) individuelle Lebenseinstellungen und Wertorientierungen; (3) Einstellungen zum politischen und gesellschaftlichen Leben; (4) Einstellungen zur Religion sowie (5) soziodemographisch beschreibbare Lebenslagen. Das hier näher interessierende Teilkonzept (4) fragt die Jugendlichen nach ihrer Einschätzung (a) des Verhältnisses zwischen Religion und Moderne, (b) der kulturellen und (c) der religiösen Pluralität, (d) der Kirche (als Institution und ‚vor Ort') und (e) des schulischen RU. Zudem wird (f) nach „religiöser Praxis" und (g) nach „religiöser Erfahrung" gefragt. Thematisieren die Items von (a) - (f) die Funktionseinschätzung von Religion/ Kirche bei der Gestaltung des Sozialen, nimmt (g) die ‚akzeptierende Affinität' zu jenem in den Fokus, was man die *Anverwandlungs*bereitschaft und -fähigkeit im Blick auf das ‚Religiöse' in der eigenen *Gefühlspraxis* nennen kann. (Beispiel: „Manche Menschen sagen, dass der Glaube ihnen ein Gefühl der Geborgenheit gibt, das mit dem Verstand nicht erklärt werden kann": [1] Glauben Sie, dass das stimmt? [2] Würden Sie sich dieses Gefühl auch wünschen? [3] Haben Sie diese Geborgenheit selbst schon erfahren?"). Insbesondere damit kommt die Studie ein wichtiges Stück der Antwort auf die Frage nach der Integrierbarkeit des Religiösen in das sich in *Lebenspraxis* ausdrückende „Weltbild" näher. Als Ergebnis ihrer Weltbild-Analyse werden aus dem Datenmaterial empirisch-statistisch sieben Dimensionen destilliert (universalistische, evolutionistische, agnostische, deistische, immanente, religionskritische und nihilistische D.) Es wird belegt, dass „Religion in Weltbildzusammenhängen als eine wichtige Größe der Unterscheidung funktioniert". Dabei muss allerdings „Religion in einem weiteren Verständnis gesehen werden und ist nicht mit einem bestimmten konfessionellen Verständnis identisch" (Ziebertz, u.a., 2008, S.186). Analog zu dieser Studie (Ziebertz u.a. 2008) zeigen die seit 1990 auch in **Österreich** im Kontext der „Österreichischen Jugend-Wertestudie" (Friesl u.a., 2008) zur religiösen Selbsteinschätzung und Gottesglaube gestellten Fragen einerseits eine Erosion traditionell-kirchlich/konfessionell gebundener Praxis und eine sehr niedrige Selbsteinschätzung als ‚religiös'(ca. 33%), wohingegen 69% angeben, an einen Gott zu glauben – auch dies ein Hinweis auf die Problematik der *Semantik* herkömmlicher religionssoziologischer Studien auf der Suche nach der Religiosität junger Menschen.

Als eine Arbeit vom Typ (c) hat die Studie von Feige/Gennerich (2008) zu gelten. Aus dem Charakteristikum des wissenssoziologischen (und damit ‚nicht-substantiellen') Religionsbegriffs von J. Matthes, nämlich aus der *Diskursivität* und *Reflexivität* als Kern des Religiösen, folgt nicht nur für den rekonstruierenden Forscher, sondern vor allem auch für die Beteiligten selbst, dass die „Verwirklichungen" der „kulturellen Programmatik" (= ‚Religion'; Matthes 1992, S. 131f.) immer nur *ex post*, d.h. über die *semantischen Spiegelungen* der *Gefühls*reflexionen in Bezug auf Erlebtes/Wahrgenommenes zugänglich sind. Das muss Folgen für das methodische Forschungsinstrumentarium haben. Dementsprechend versucht diese Studie dem Umstand der Diskursivität/Reflexivität dadurch Rechnung zu tragen, dass sie (1) neben der Abfrage von alltagsethischen Handlungs- und Urteilsmaximen (z.B. Erziehungszielen im Blick auf die eigenen Kinder, Partnerschaftsmaximen) auch (2) lebenspraktisch-emotionale Konnotationen zu Semantiken von herkömmlich als religiös geltender Sprache (z.B. Sünde, Gewissen, religiös, Gottes Segen) sowie (3) Vermutungen über per se transzendentale Sachverhalte (z.B. Weltentstehung, Nachtod-Vorstellungen) in ein insgesamt 167 Items umfassendes Fragebogeninstrument aufgenommen hat. 2006 konnte bei einer repräsentativen Stichprobe von 8.000 17-24jährigen SchülerInnen aller sechs Schultypen des Berufsbildungssystems in Deutschland das Instrument eingesetzt werden. Darunter befindet sich auch eine Teilstichprobe von **Muslimen** (n = 477). Aus den Erziehungszielen wurde im Anschluss an B. Spiegels Theorie des sozialen Feldes (Spiegel 1961), die ihrerseits auf der Lewinschen Feldtheorie fußt, faktorenanalytisch ein zweidimensionales soziales Wertefeld sowie – auf der Basis sämtlicher Items der Untersuchung – vermittels einer Clusteranalyse aus der Befragtengesamtheit vier Typen von ‚Lebensführung' extrahiert („Integrierte", „Autonome", Statussuchende", „Humanisten"). Das Besondere des Spiegelschen Ansatzes liegt in der mit heutiger Statistiksoftware gegebenen Möglichkeit, durch Korrelation der Factorscores der beiden Felddimensionen mit sämtlichen Items und soziodemographischen Merkmalen die für den Matthesschen Religionsbegriff konstitutiven *semantischen Spiegelungen* der lebensgeschichtlich und milieubedingten Gefühlserfahrungen aufzudecken (Gennerich 2001). Das umfasst auch die Konnotationen zu den als ‚religiös' geltenden Semantiken. Dadurch kann u.a. der Zusammenhang deutlich werden zwischen der Affirmation/Negation von Konnotationen (z.B. solchen zur Semantik der ‚Sünde') und den Lebenslagen der Befragten, die näherungsweise durch die Cluster abgebildet werden. So zeigt sich z.B., dass die Sünden-Konnotation „Gewalt anwenden" von „Statussuchenden" (überwiegend männliche Jugendliche aus autoritär strukturierten Sozialisationskontexten, u.a. mit einem überproportionalen Anteil muslimischer Schüler) weniger ausgeprägt ist, dafür aber sehr deutlich „Homosexualität" als ‚Sünde' begriffen wird. Bei den „Humanisten"/"Integrierten" verhält es sich genau umgekehrt. Mit dieser über Spiegelungen vorgehenden Erfassung des Zusammenhangs von ‚Jugend und Religion' ist natürlich kein ‚substantielles' Ergebnis im Sinne einer quantitativen ‚Ausmaßfeststellung' der Substanz-Existenz von ‚Religiosität' präsentierbar, wie sie etwa die Shell-Jugendstudienforschung immer noch meint treffen zu können. Stattdessen – und vielmehr – können nun, religionstheoretisch und damit auch empirisch angemessen, ‚kommunikative Anschlussstellen' für die je individuelle und/oder gesellschaftlich-kollektive *Reflexion* über die Transzendenz-Bedingungen menschlicher Existenz (= Religion) identifiziert werden – für eine Reflexion also, die z.B. der Theologie, Philosophie, Psychologie und Soziologie gleichermaßen zugänglich ist.

2.3 Fundamentalistische, nichtchristliche, esoterische und magisch-okkulte Dimensionen in der Analyse von Ausdrucksgestalten jugendlicher Religion/Religiosität

Hier signalisieren eher vage Sammelbegriffe wie ‚Religiöse Szene' oder ‚Neue Religiöse Bewegungen' (NRB) eine beträchtliche Dynamik in der gesellschaftlichen Selbstwahrnehmung. Nach dem (religionssoziologisch zutreffenden, aber sicherlich nicht ausreichenden) Klassifikationskriterium von nachlassender sozialer Verdichtung bzw. abnehmendem Organisationsgrad kann man nach (1) **Sekten**, (2) NRB /Psycho- und Therapiekultur und (3) privatem **Okkultismus** unterscheiden. Grundsätzlich gilt für den gesamten Bereich der ‚religiösen Szene': (a) Sie ist keineswegs inhaltlich jugendspezifisch oder – mit Ausnahme von Okkultpraktiken unter Schülern – mehrheitlich von Jugendlichen besetzt. (b) Man muss unterscheiden zwischen massenmedial vermitteltem Bekanntheitsgrad und tatsächlichen Häufigkeiten je eigener Praxis.

(1) *Sekten*. Das Ergebnis der Arbeit einer vom Deutschen Bundestag etablierten Enquete-Kommission, die verschiedene Studienaufträge über Formen und Einfluss vergab (Dt. Bundestag 1998) fällt in Bezug auf Jugend gleichsam ‚unauffällig' aus, soweit es um den Aspekt massenwirksamer Verbreitung geht. Allerdings haben die Studien von Schöll (1998) zu fernöstlich orientierten und Streib (1998) zu christlich-fundamentalistischen Gruppen und Phänomenen für das Verstehen von Kontakt-, Legitimations-, Konversions- und Distanzierungsprozessen in jeweiligen Einzelfällen religionssoziologisch wichtige Einsichten erbracht.

(2) **Neue religiöse Bewegungen (NRB)/‚New Age'** (NA)/Psycho- und Therapiekultur finden generell und insonderheit im Blick auf Jugend in den letzten zwanzig Jahren forschungspraktisch und theoretisch keine nennenswerte Aufmerksamkeit. Die in diesem Bereich schwerpunktmäßig spirituell-esoterisch-körperzentrierten Versuche zur Selbsterfahrung und -verwirklichung geschehen ja auf der Basis bereits z.T. jahrzehntelang gesammelter Lebenser-

fahrung bzw. erfolgen zu deren Veränderung und sind auf die Überwindung von Entfremdungserfahrungen angelegt – Erfahrungen also, die (möglicherweise) zu machen Jugendliche gerade erst im Begriffe sind.

(3) **Okkultpraktiken** *Jugendlicher.* Auch hier ist weniger für die Gegenwart und eher für die 90er-Jahre des 20. Jh. eine relativ rege, vor allem qualitativ-hermeneutisch arbeitende Forschung zu verzeichnen: angefangen von den (sicherlich nur seinerzeitig gültigen) Bestands- und Bekanntheitsuntersuchungen von Müller (1989a,b), Mischo (1991) und die auch Ostdeutschland einschließende Arbeit von Zinser (1993), über die in diesem Bereich theoretisch grundlegenden Arbeiten von Helsper (1992, 1993), die Thüringer Studie von Straube (1995) sowie die religionspädagogisch-theologisch interessierte Studie von Streib (1996) bis hin zur Arbeit von Schöll/Streib (2001) über den Zusammenhang von der *Sinnsuche* Jugendlicher und deren *Okkultfaszination* (mit einer Synopse und Evaluation aller bis dahin vorliegenden quantitativen Verteilungsdaten). Die Autoren arbeiten drei in Praxis, Motivation und Funktion deutlich differente Stile heraus. In dem vor allem bei den Jüngeren (13- bis 14-Jährigen) vorfindlichen Typ 1 bedeutet Okkultpraxis eine „spielerisch-experimentelle Test-Praxis" (Schöll/Streib 2001, S. 197ff.), in der – anders als in den Typen 2 und 3 – individuelle lebensthematische Problemlagen nicht relevant sind bzw. latent bleiben. Bestimmend bleibt die Lust am Experiment; vorrangig sind Fragen an die Zukunft, deren durch die ‚okkulten' Arrangements provozierten ‚Antworten' allerdings zugleich als *nicht*-determinierend (!) erwartet werden. Das „Bild vom Jenseits und Überirdischen ... ist von der Idee des Guten, Beschützenden und Harmonischen beherrscht" (ebd., S. 201). Typ 2 identifiziert „Okkultfaszination als tatsächliche Praxis der Inklusion oder Exklusion unter lebensthematischer Dominanz" (S. 206ff.); hier findet sich häufig ein „defensiv-beschwichtigender Stil magischen Denkens und Handelns" (S. 206). Das Weltbild wird von vornherein vom „Dualismus zwischen Gott und Dämonen, zwischen Religion und Okkultismus, zwischen Gut und Böse" geprägt (S. 210). Typ 3 identifiziert Okkultpraxis als „ambivalente Praxis und verunsichertes biografisches Durchgangsstadium" (S. 211ff.). Hier kann eine bestehende lebensthematische Problematik auf längere Zeit nicht befriedigend gelöst werden und Selbstspannungen und Lebensthemen sind (erst) im Rahmen der Okkultpraxis in Erscheinung getreten. Deren Aktivierung stellt dann aber das Hauptcharakteristikum dieses Typs dar. Die Autoren resümieren: „Ob mit der Faszination gegenüber magischem Denken und Handeln im Rahmen des Jugendokkultismus handfeste magische Weltbilder entstehen", hänge auch davon ab, ob in den Okkultpraktiken und Weltbildvorstellungen „*Lebensthemen* ... mit eingebracht oder reaktiviert werden" (ebd., kursiv A.F.).

3 Religion in der Lebensphase ‚Jugend' – ein Resümee der Forschungslage

Nach Ulrich Beck ist unsere Gesellschaft, in die die Jugendkohorten hineinwachsen, u.a. durch den Begriff der „Selbstkultur" zu charakterisieren: durch die je „wechselseitige(n) Anerkennung(en) des Selbst (seiner Unbestimmtheit, Unbestimmbarkeit und der Konflikte, Krisen und Entwicklungschancen, die sich daraus ergeben)". Es gibt „den Zwang und die Lust, ein eigenes, unsicheres Leben zu führen und mit anderen eigen(artig)en Leben abzustimmen" (Beck 1997, S. 183). Das für diese Kultur zivilgesellschaftlich-politisch notwendige ‚aktive

Vertrauen' „unterstellt gerade nicht Konsens" (den es abzurufen oder einzuklagen gilt), sondern einen „Dissens", der auf der „Anerkennung" (und nicht auf der Verteufelung) „der Ansprüche des ‚ich lebe' in einer kosmopolitischen Welt" beruht und damit „unvereinbar mit dem Pochen auf Pflichten und dem Einklagen von vorgegebenen Rollen", z.B. von Institutionen ist (ebd., S. 188). Zugleich steigt für jeden – damit insonderheit für die Jugendkultur mit ihrer besonderen Funktion der ‚experimentellen Relationenbelastung'– die „Last der imaginären Selbstansprüche" und die „Arbeit am Selbst wird zusehends unabschließbar und tendiert zur Sisyphusarbeit" (Helsper 1991, S. 88). Das alles muss Auswirkungen auf die Ausdrucksgestalten von Religion und auf die religiös zu nennende Erlebnisfähigkeit haben, die ja ihrerseits immer (kultur-)kontextgeprägt ist. Lässt man einmal für die vergangenen 50 Jahre die Aktualitätsgeschichte des Themas ‚Religion in der Gesellschaft' mit ihren ‚finalen Säkularisierungsdiagnosen' (nicht etwa nur für die Kirchen und das Christentum, sondern auch für das Religiöse überhaupt) Revue passieren (für die Forschungsgeschichte vgl. Feige 1992), dann zeigt sie keinen ‚Finalitätsverlauf', sondern vielmehr Indizien für eine *Transformationsgeschichte*. Deren Sequenzen sind keineswegs so kurzatmig-hektisch, wie das in der Thematisierung insbesondere durch die Massenmedien erscheinen mag. Diese Transformationsgeschichte sozialer ebenso wie individuell-mentaler Verarbeitungsgestalten des Bedürfnisses nach Transzendenz und des elementaren Gefühls der Vorausgesetztheit der eigenen Existenz, die sich naturgemäß von *institutionellen* Ausdrucksgestalten des Religiösen unterscheidet, kann im Blick auf ‚Jugend' vielleicht so gefasst werden: Es zeigt sich der in der Jugendphase unausweichliche, durch die gesellschaftlichen Struktur- und Bewusstseinsverhältnisse erzwungene Versuch der *Montage*, der ‚*bricolage*' verschiedenster Sinnelemente als ‚Selbsterfahrungsbausteinen des Alltags', die genau darin ihre religiöse, weil die eigene Existenz transzendierende Funktion bekommen. Dabei kann man angesichts der Vielfalt, Gleichzeitigkeit und Inkonsistenz von als ‚möglich' erscheinenden Lebensmodellen und wegen des Zwangs zur individuell-‚einsamen' und insoweit risikobehaftet zu treffenden Entscheidung über den eigenen Lebensentwurf eigentlich „keinem Ganzheitsentwurf mehr trauen" (Helsper 1992, S. 355). Die Verarbeitungsmuster für dieses Problem fallen unterschiedlich aus. So überantworten sich biographisch perspektivlose (männliche) Jugendliche, gehäuft in den neuen Bundesländern, gern dem Surrogat eines (zumeist rechtsradikalen) geschlossenen Weltbildes. Und etwa in der muslimischen Minderheitenkultur kann es vor allem unter den männlichen, soziökonomisch prekär gelagerten Jugendlichen und Jungen Erwachsenen zu einer Zuwendung zu fundamentalistisch-radikalen Elementen ihres religionskulturellen Weltbildes kommen (zu den eher spärlichen, empirisch gesicherten Daten über junge Muslime siehe z.B. Wetzels/Brettfeld 2003; Feige/Gennerich 2008). Wo es aber bei den Jugendlichen – nicht zuletzt durch die breitenwirksame und systematische Thematisierung von ‚Religion' im öffentlichen Schulsystem des religionsneutralen Staates – zumindest in Ansätzen zu einem Bemühen um Komplexitätsbewältigung und Konsistenzerfüllung kommt, dort müssen heute alle Orientierungsmuster und Handlungsmodelle, die die disparaten Lebensbereiche dennoch zu integrieren versuchen, *synkretistisch* genannt werden. **Synkretismus** ist eine unverzichtbare Strategie sozialer „Welt-Aufordnung" (Claessens) geworden. Die kann den religiösen Bereich gar nicht aussparen. Und sie muss sich zudem nach Maßgabe der je individualisierten Existenz selektiv vollziehen (vgl. Drehsen 1994b, insbes. S. 314-326). Daraus folgt die Nötigkeit einer permanenten Relativierung, nämlich das „In-Beziehung-Setzen meiner Überzeugungen zum Geltungsanspruch anderer Überzeugungen" (Drehsen 1994a, S. 86). Dabei zwingen die moderngesellschaftlichen Entfremdungserscheinungen ebenso wie die durch weltweite Mobilität entstandenen ‚Distanzkontakte' zu kulturell fremden Religionsgestalten, z.B. zu den islamischen MitschülerInnen im Klassenraum, auch die Mitglieder der ‚Mehrheitsgesellschaft' dazu, das Lernen (auch) als Relativierung, und Relativierung wiederum als Gestalt des hermeneutischen Fremdverstehens in der eigenen, sozialkulturell heterogenisierten Lebenswelt zu vollziehen: ‚Lernen als Fremdverstehen im eigenen Land'. Wie die empirischen Daten zeigen, spielt bei den dazu heute genötigten Jugendlichen ‚Religiöses' in vielfältig-gemischten, sich auch aus institutionellen Ressourcen speisenden Ausdrucksgestalten und in unterschiedlichen sozialen Verdichtungen bzw. Organisationsformen eine – bei genauem Hinsehen – lebensweltlich keineswegs unwichtige Rolle, sondern hat erkennbar kulturpraktische Relevanz.

Literatur

Adam, G./Gossmann, K.: Religion in der Lebensgeschichte: Interpretative Zugänge am Beispiel der Margret E.. Gütersloh 1993
Amtsblatt der EKD: Statistische Beilage Nr. 80 zum Heft 10 v. 15.10.87/Statistische Beilage Nr. 85
Beck, U.: Die uneindeutige Sozialstruktur: Was heißt Armut, was Reichtum in der Selbstkultur? In: Beck, U./Sopp, P. (Hrsg.): Individualisierung und Integration. Opladen 1997, S. 183-198
Beile, H.: Religiöse Emotionen und religiöses Urteil. Eine empirische Studie über die Religiosität bei Jugendlichen. Ostfildern 1998
Berger, P.L.: Der Zwang zur Häresie. Frankfurt 1980
Bizer, Chr.: Leere Kirchen – volle Hallen? In: Schmieder, T./Schuhmacher, Kl. (1984), S. 273-284
Bucher, A.A.: Ist Okkultismus die neue Jugendreligion? Eine empirische Untersuchung an 650 Jugendlichen. In: Archiv für Religionspsychologie 21 (1994), S. 248-266
Bucher, A.A.: Religionsunterricht zwischen Laberfach und Lebenshilfe. Stuttgart 2000
Chowanski, J./Dreier, R.: Die Jugendweihe. Eine Kulturgeschichte seit 1852. Berlin 2000
Dähn, H./Gotschlich, H. (Hrsg.): „Und führe uns nicht in Versuchung...". Jugend im Spannungsfeld von Staat und Kirche in der SBZ/DDR 1945 bis 1989. Berlin 1998
DAS – Deutsches Allgemeines Sonntagsblatt 1997, Nr. 25, S. 2ff.
Deutscher Bundestag, Enquete-Kommission (Hrsg.): Neue religiöse und ideologische Gemeinschaften und Psychogruppen. Forschungsprojekte und Gutachten der Enquete-Kommission ‚Sogenannte Sekten und Psychogruppen'. Hamm 1998
Drehsen, V.: Wie religionsfähig ist die Volkskirche? Sozialisationstheoretische Erkundungen neuzeitlicher Christentumspraxis. Gütersloh 1994
Drehsen, V./Sparn, W. (Hrsg.): Im Schmelztiegel der Religionen. Konturen des modernen Synkretismus. Gütersloh 1996
Dubach, A./Campiche, R.J. (Hrsg.): Jede(r) ein Sonderfall? Religion in der Schweiz. Zürich/Basel 1993
Dütemeyer, D.: Dem Kirchenaustritt begegnen. Frankfurt 2000
EKD, Kirchenamt (Hrsg.): Der Dienst der Evangelischen Kirche an der Hochschule. Eine Studie im Auftrag der Synode der EKD. Gütersloh 1991
EMNID: Was glauben die Deutschen? Tabellenband, Bielefeld 1997
Engelhardt, K./Loewenich, H. v./Steinacker, P. (Hrsg.): Fremde Heimat Kirche: Die dritte EKD-Erhebung über Kirchenmitgliedschaft. Gütersloh 1997
Feige, A.: Kirchenaustritte. Eine soziologische Untersuchung von Ursachen und Bedingungen. Gelnhausen/Berlin 1976
Feige, A.: Erfahrungen mit Kirche. Daten und Analysen einer empirischen Untersuchung über Beziehungen und Einstellungen Junger Erwachsener zur Kirche. Hannover 1982
Feige, A.: Kirchenmitgliedschaft in der Bundesrepublik Deutschland. Gütersloh 1990a
Feige, A.: Kirche auf dem Prüfstand. Die Radikalität der 18-20jährigen. Biographische und epochale Momente im Verhältnis der Jugend zur Kirche. In: Matthes, J. (Hrsg.): Kirchenmitgliedschaft im Wandel. Untersuchungen zur Realität der Volkskirche. Gütersloh 1990b, S. 65-98
Feige, A.: Soziale Topographie von Religion. In: International Journal of Practical Theology (IJPT) (1998), vol. 2, pp 52-64

Feige, A.: Auf dem richtigen Weg zur Religion der Bürger? In: Matthes, J. (Hrsg.) Fremde Heimat Kirche. Erkundungsgänge. Beiträge und Kommentare zur dritten EKD-Untersuchung über Kirchenmitgliedschaft. Gütersloh 2000a, 94-126

Feige, A.: Konfirmation und Jugendweihe – Symbolischer Übergang in eine ‚entstrukturierte' Jugendphase? In: Griese, H.M. (2000)b, S. 59-68

Feige, A./Lukatis, I./Lukatis, W.: Jugend auf dem Kirchentag. In: Schmieder, T./Schuhmacher, Kl. (1984), S. 11-154

Feige, A./Lukatis, I./Lukatis, W.: Kirchentag zwischen Kirche und Welt. Auf der Suche nach Antworten. Eine empirische Untersuchung auf dem 21. Deutschen Evangelischen Kirchentag in Düsseldorf 1985. Berlin 1987

Feige, A./Lukatis, I.: Empirie hat Konjunktur. In: Praktische Theologie 39 (2004), H. 1, S. 12-32

Feige, A./Gennerich, C.: Lebensorientierungen Jugendlicher, Münster 2008

Fetz, R.L. u.a.: Weltbildentwicklung und Gottesvorstellung. Eine strukturgenetische Untersuchung bei Kindern und Jugendlichen. In: Schmitz, E. (Hrsg.): Religionspsychologie. Göttingen 1992, S. 101-130

Fischer, D./Schöll, A.: Lebenspraxis und Religion. Fallanalysen zur subjektiven Religiosität von Jugendlichen. Gütersloh 1994

Friesl, Chr./Kromer, I./Polak, R. (Hrsg.): Lieben. Leisten. Hoffen. Die Wertewelt junger Menschen in Österreich. Wien 2008. (= Österreichische Jugend-Wertestudie 2006/07)

Gabriel, K. (Hrsg.): Religiöse Individualisierung oder Säkularisierung. Biographie und Gruppe als Bezugspunkte moderner Religiosität. Gütersloh 1996

Gebhardt, W. u.a., Megaparty Glaubensfest. Weltjugendtag: Erlebnis – Medien – Organisation, Wiesbaden 2007

Gennerich, C., Die Kirchenmitglieder im Werteraum: Ein integratives Modell zur Reflexion von Gemeindearbeit. In: Pastoraltheologie 90 (2001), H.1, S.168-185

Gennerich, C./Feige, A.: Jugend und Religion in neuer Perspektive: Empirisch valide Forschungsergebnisse durch eine theoretisch angemessene Fundierung. In: International Journal of Practical Theology (IJPT) (2009) vol. 13, 22-45

Greverus, I.-M./Welz, G.: Spirituelle Wege und Orte. Untersuchungen zum New Age im urbanen Raum. Frankfurt a.M. 1990

Griese, H.M. (Hrsg.): Übergangsrituale im Jugendalter. Jugendweihe, Konfirmation, Firmung und Alternativen. Positionen und Perspektiven am „runden Tisch". Münster 2000

Grom, H.: Faszination Esoterik. In: Aus Politik und Zeitgeschichte. B 41/42. 1993, S. 9-15

Gutmann, H.-M.: Der Herr der Heerscharen, die Prinzessin der Herzen und der König der Löwen. Religion lehren zwischen Kirche, Schule und populärer Kultur. Gütersloh 1998

Hanselmann, J. u.a. (Hrsg.): Was wird aus der Kirche? Ergebnisse der zweiten EKD-Umfrage über Kirchenmitgliedschaft. Gütersloh 1984

Haack, F.W.: Jugendreligionen – zwischen Scheinwelt, Ideologie und Kommerz. München 1994

Hanisch, H./Pollack, D.: Religion – ein neues Schulfach. Eine empirische Untersuchung zum religiösen Umfeld und zur Akzeptanz des Religionsunterrichts aus der Sicht von Schülerinnen und Schülern in den neuen Bundesländern. Stuttgart 1997

Helsper, W. (Hrsg.): Jugend zwischen Moderne und Postmoderne. Opladen 1991

Helsper, W.: Okkultismus, die neue Jugendreligion? Die Symbolik des Todes und des Bösen in der Jugendkultur. Opladen 1992

Helsper, W.: Religion und Magie in der modernen Adoleszenz. Habilitationsschrift 1993

Hemminger, H.: Psychische Abhängigkeit in extremen religiösen und weltanschaulichen Gemeinschaften (I). In: EZW (Evangelische Zentralstelle für Weltanschauungsfragen) Materialdienst (1997), H. 9, S. 257-266 ; (II): H. 10, S. 290-297

Hild, H. (Hrsg.): Wie stabil ist die Kirche? Berlin/Gelnhausen 1974

Holzapfel, I. (Hrsg.): Jugend und Religion. „Wer glaubt denn heute noch an die sieben Gebote?" aej-Studientexte. H. 2, Stuttgart 1992

Huber, W./Friedrich, W./Steinacker, P. (Hrsg.), Kirche in der Vielfalt der Lebensbezüge. Die vierte EKD-Erhebung über Kirchenmitgliedschaft. Gütersloh 2006

Kaufmann, F.-X.: Religion und Modernität. In: Berger, J. (Hrsg.): Die Moderne – Kontinuitäten und Zäsuren. Soziale Welt. Sonderband 4. Göttingen 1986, S. 283-310

Kaufmann, F.-X.: Kirche für die Gesellschaft von morgen. In: Kaufmann, F.-X./Metz, J.B.: Zukunftsfähigkeit. Suchbewegungen im Christentum. Freiburg 1987

Kaufmann, F.-X.: Auf der Suche nach den Erben der Christenheit. In: ders.: Religion und Modernität. Tübingen 1989, S. 70-88

Kauke, W.: Ritualbeschreibung am Beispiel der Jugendweihe. In: Fix, U. (Hrsg.): Ritualität in der Kommunikation der DDR. Frankfurt a.M. 1998, S. 101-214

Klosinski, G.: Psychokulte – Was Sekten für Jugendliche so attraktiv macht. München 1996
Knoblauch, H.: Das unsichtbare Zeitalter. „New Age", privatisierte Religion und kultisches Milieu. In: Kölner Zeitschrift für Soziologie und Sozialpsychologie 41 (1989), S. 504-525
Krüggeler, M.: Religion und Jugend in der Schweiz. In: Friesl, C./Polak, R. (1999), S. 255-263
Luckmann, T.: Die unsichtbare Religion. Frankfurt 1991
Luhmann, N.: Veränderungen im System gesellschaftlicher Kommunikation und die Massenmedien. In: Schatz, O. (Hrsg.): Die elektronische Revolution. Graz/Wien/Köln 1975, S.13-30
Lukatis, I./Lukatis, W.: Jugend und Religion in der Bundesrepublik Deutschland. In: Nembach, U. (1987), S. 107-144
Lukatis, I./Lukatis, W.: Protestanten, Katholiken und Nicht-Kirchenmitglieder. Ein Vergleich ihrer Wertorientierungsmuster. In: Daiber, K.-F. (Hrsg.): Religion und Konfession. Studien zu politischen, ethischen und religiösen Einstellungen von Katholiken, Protestanten und Konfessionslosen in der BR Deutschland und in den Niederlanden. Hannover 1989, S. 17-71
Matthes, J.: Auf der Suche nach dem „Religiösen". Reflexionen zu Theorie und Empirie religionssoziologischer Forschung. In: Sociologia Internationalis 30 (1992), S. 129-141
Minhoff, C./Lösch, H.: Neureligiöse Bewegungen. Strukturen, Ziele, Wirkungen. Herausgegeben von der Bayrischen Landeszentrale für politische Bildungsarbeit. München 1996
Mischo, J.: Okkultismus bei Jugendlichen. Ergebnisse einer empirischen Untersuchung. Mainz 1991
Müller, U.: Das Leben und Wirken des „Satanisten" T. Eine Dokumentation. Regensburg 1989a
Müller, U.: Ergebnisse einer Umfrage unter bayrischen Schülern und Schülerinnen zu Okkultismus und Spiritismus. Regensburg 1989b
Nembach, U. (Hrsg.): Jugend und Religion in Europa. Frankfurt a.M. 1987
Nembach, U. (Hrsg.): Jugend – 2000 Jahre nach Jesus: Jugend und Religion in Europa II. Frankfurt a.M. 1996
Nipkow, K. E.: Gotteserfahrung im Jugendalter. In: Nembach, U. (1987), S. 233-259
Oevermann, U.: Ein Modell zur Struktur von Religiosität. In: Wohlrab-Sahr, M. (1995), S. 27-102
Pollack, D.: Was ist Religion? Probleme der Definition. In: Zeitschrift für Religionswissenschaft 3 (1995), S. 163-190
Pollack, D./Pickel, G. (Hrsg.): Religiöser und kirchlicher Wandel in Ostdeutschland 1989-1999. Opladen 1999
Porzelt, B.: Jugendliche Intensiverfahrungen. Qualitativ-empirischer Zugang und religionspädagogische Relevanz. Graz 1999
Sandt, F.-O.: Religiosität bei Jugendlichen in der multikulturellen Gesellschaft. Münster 1996
Sauer, R.: Mystik des Alltags. Jugendliche Lebenswelt und Glaube. Eine Spurensuche. Freiburg 1990
Schäfers, M.: Jugend, Religion, Musik. Münster 1999
Schmidtchen, G.: Zwischen Kirche und Gesellschaft. Freiburg 1972
Schmidtchen, G.: Gottesdienst in einer rationalen Welt. Stuttgart/Freiburg 1973
Schmidtchen, G.: Sekten und Psychokultur. Reichweite und Attraktivität von Jugendreligionen in der Bundesrepublik Deutschland. Freiburg 1987
Schmieder, T./Schumacher, Kl. (Hrsg.): Jugend auf dem Kirchentag. Stuttgart 1984
Schöll, A.: Zwischen religiöser Revolte und frommer Anpassung. Die Rolle der Religion in der Adoleszenzkrise. Gütersloh 1992
Schöll, A.: Einfach das Leben nicht irgendwie zu verpennen... Zur Funktion religiöser Deutungsmuster in der Adoleszenz. In: Gabriel, K. (1996), S. 112-129
Schöll, A.: Fernöstliche Gruppen, Bewegungen und Organisationen. Aussteiger, Konvertierte und Überzeugte. Kontrastive Analysen zu Einmündung, Karriere, Verbleib und Ausstieg in bzw. aus neureligiösen und weltanschaulichen Milieus oder Gruppen. In: Deutscher Bundestag, Enquete-Kommission (1998), S. 159-230
Schöll, A./Streib, H.: Wege der Entzauberung. Jugendliche Sinnsuche und Okkultfaszination – Kontexte und Analysen. Münster 2001
Scholz, R.: Probleme mit Jugendsekten. München 1993
Spiegel, B., Die Struktur der Meinungsverteilung im sozialen Feld, Bern 1961
Schuster, R. (Hrsg.): Was sie glauben. Texte von Jugendlichen. Stuttgart 1984
Schweitzer, F.: Lebensgeschichte und Religion. Religiöse Erziehung und Entwicklung im Kindes- und Jugendalter. Gütersloh 1994
Shell-Jugendstudie (Nr.10): Jugendliche und Erwachsene '85. Generationen im Vergleich. 4 Bde., Opladen 1985
Shell-Jugendstudie (Nr.13): Jugend 2000. 2 Bde., Opladen 2000
Shell-Jugendstudie (Nr.14): Jugend 2002. 2 Bde., Opladen 2002
Shell-Jugendstudie (Nr.15): Jugend 2006, Frankfurt a.M., 2006
Sinus-Milieustudie U27: Wie ticken Jugendliche? Düsseldorf 2008
Steininger, Th.: Konfession und Sozialisation. Adventistische Identität zwischen Fundamentalismus und Postmoderne. Göttingen 1993

Stenger, H.: Satan, Selbsterfahrung und Subjekt. Zum okkulten Interesse Jugendlicher. In: Helsper, W. (1991), S. 133-146
Stenger, H.: Die soziale Konstruktion okkulter Wirklichkeit. Eine Soziologie des ‚New Age'. Opladen 1993
Straube, E.: Abschlußbericht zum Forschungsprojekt: ‚Affinität zu Okkultismus und Sekten' des Instituts f. Psychologie. Friedr. Schiller Universität Jena. Jena 1995
Streib, H.: Entzauberung der Okkultfaszination. Magisches Denken und Handeln in der Adoleszenz als Herausforderung an die Praktische Theologie. Kampen 1996
Streib, H.: Jugendokkultismus. Überblick über die Ergebnisse empirischer Forschung. In: Ritter, W.H./Streib, H. (Hrsg.): Okkulte Faszination – Symbole des Bösen und Perspektiven der Entzauberung. Theologische, religionssoziologische und religionspädagogische Annäherungen. Neukirchen-Vluyn 1997, S. 15-24
Streib, H.: Milieus und Organisationen christlich-fundamentalistischer Prägung. Aussteiger, Konvertierte und Überzeugte. In: Deutscher Bundestag, Enquete-Kommission (1998), S. 108-157
Tscheetzsch, W. u.a. (Hrsg.): Religionsstile Jugendlicher und moderne Lebenswelten. München 1996
Waßner, R.: Neue religiöse Bewegungen in Deutschland. Ein soziologischer Bericht. In: EZW-Texte 1991/1, Information Nr. 113
Wermke, M. (Hrsg.): Jugend und Kultur und Religion. Theologische und religionspädagogische Annäherungen an die Alltagskultur Jugendlicher. Loccum 2000
Wetzels, P./Brettfeld, K.: Auge um Auge, Zahn um Zahn. Migration, Religion und Gewalt junger Menschen. Münster 2003
Wippermann, C.: Religion, Identität und Lebensführung. Typische Konfigurationen in der fortgeschrittenen Moderne. Opladen 1998
Wölber, H.-O.: Religion ohne Entscheidung. Göttingen 1959
Ziebertz, H.-G./Kalbhein, B./Riegel, U., Religiöse Signaturen heute. Ein religionspädagogischer Beitrag zur empirischen Jugendforschung. Gütersloh/Freiburg 2003
Ziebertz, H.-G./Riegel, U., Letzte Sicherheiten. Eine empirische Untersuchung zu Weltbildern Jugendlicher. Gütersloh/Freiburg 2008
Zinnecker, J. u.a.: Kirchlich-religiöse Praxis und religiöse Erziehung in der Familie. In: Ders. u.a. (Hrsg.): Kindheit in Deutschland. Weinheim 1996, S. 331-346
Zinser, H.: Jugendokkultismus in Ost und West. Vier quantitative Untersuchungen 1989-1991. München 1993
Zinser, H.: Moderner Okkultismus als kulturelles Phänomen unter Schülern und Erwachsenen. In: Aus Politik und Zeitgeschichte. B 41/42. 1993, S. 16-24
Zöller, C.: Rockmusik als jugendliche Weltanschauung und Mythologie. München 2000

Besondere und schwierige Lebenssituationen

Ursula Apitzsch

Ausländische Kinder und Jugendliche

Die Kategorie „Ausländische Kinder und Jugendliche" umfasst aufgrund der gesetzlichen Definitionen derer, die in der Bundesrepublik als „Ausländer" gelten, Personen mit sehr unterschiedlichem Status. Das Zuwanderungsgesetz („Gesetz zur Steuerung und Begrenzung der Zuwanderung und zur Regelung des Aufenthalts und der Integration von Unionsbürgern und Ausländern") regelt wesentliche Teile des deutschen Ausländerrechts neu (zu den Bestimmungen des vorangehenden Ausländergesetzes von 1990 vgl. Frankenberg 1993). Die wichtigste Neuregelung ist das mit Artikel 1 des Zuwanderungsgesetzes neu eingeführte Aufenthaltsgesetz, das den Aufenthalt von Ausländern regelt, die nicht aus einem Land der EU kommen. Artikel 2 des Zuwanderungsgesetzes enthält das ebenfalls neu eingeführte „Gesetz über die allgemeine Freizügigkeit von Unionsbürgern", das den Aufenthalt von Ausländern aus einem Land der EU und deren Familienangehörigen regelt und das frühere Aufenthaltsgesetz/EWG von 1980 ersetzt. Das Zuwanderungsgesetz ist am 1. Januar 2005 in Kraft getreten.

Die Zahl der „ausländischen" Kinder und Jugendlichen wird seit 1982 in der Jugendhilfestatistik der BRD gesondert ausgewiesen.

Diese Gruppe ist entsprechend den Regelungen des Ausländer- und Zuwanderungsgesetzes hinsichtlich ihres rechtlichen Status intern differenziert. Zum einen handelt es sich um EU-Mitglieder, deren Freizügigkeit im Territorium der Mitgliedstaaten seit 1980 geregelt ist, zum anderen um Mitglieder der restlichen sogenannten „Anwerbestaaten" für „Gastarbeiter", d.h. Staatsangehörige des ehemaligen Jugoslawien, Marokkos und der Türkei. Für die letzteren gilt die grundsätzliche Freizügigkeit der ehemaligen Gastarbeiter und ihrer Familien nicht, ebenso sind sie ausgeschlossen von politischen Wahlen im Rahmen der europäischen Gremien.

Die bundesrepublikanische Literatur zum Thema bezog sich in den 1970er- und 1980er-Jahren vor allem auf diejenigen Jugendlichen, deren Eltern in der Bundesrepublik den Status von Arbeitsmigranten hatten, denen also die Rechtstitel von Aufenthaltserlaubnis bzw. (unbefristeter) Aufenthaltsberechtigung zukamen, die also auch aus der retrospektiven Perspektive der damals gültigen Ausländergesetze als Menschen galten, die ihren Lebensmittelpunkt rechtmäßig seit so langer Zeit in der Bundesrepublik Deutschland hatten, dass ihnen seit dem Ausländergesetz von 1990 ein Regelanspruch auf Einbürgerung zustand, die mithin als „eingewandert" gelten mussten (vgl. Frankenberg 1993, S. 49), auch wenn sowohl das Ausländergesetz von 1990 als auch das Zuwanderungsgesetz von 2005 diesen Terminus vermeiden.

Generell werden die Kinder der Arbeitsmigranten im Rahmen der Thematik der „Zweiten Generation" (vgl. Schrader u.a. 1979; Wilpert 1980) wissenschaftlich adressiert. Seit Inkrafttreten des neuen Staatsangehörigkeitsrechts am 1.1.2000 erhalten in der Bundesrepublik geborene Kinder mindestens eines aufenthaltsberechtigten Elternteils die deutsche Staatsangehörigkeit bzw. das mit Erreichen der Volljährigkeit auszuübende Optionsrecht darauf und gehören nicht mehr der Kategorie „ausländische Kinder und Jugendliche" an. Da somit diese Kinder und Jugendlichen aus der Ausländerstatistik herausfallen, ist es fraglich, ob die Kategorie „ausländische Kinder und Jugendliche" noch soziologisch aussagekräftig ist. Die bundesamtliche Statistik hat auf diese Tatsache dadurch reagiert, dass seit dem Mikrozensus 2005 die „Bevölkerung mit Migrationshintergrund" erfasst wird. Diese Erhebung gibt einen umfassenden Überblick über die aktuelle Lage der Bevölkerung mit Migrationshintergrund (nach dem Geburtsland der Eltern) und ihrer Teilgruppen, über Gemeinsamkeiten und Unterschiede untereinander und im Vergleich zur deutschen Bevölkerung mit Blick auf demographische und soziodemographische Merkmale, Lebensformen in Privathaushalten, Erwerbsbeteiligung, Bildung, Altersvorsorge, Angaben zur Gesundheit und räumlicher Verteilung. Entsprechend ist in den einschlägigen Publikationen der Migrationsforschung seit 2005 zumeist nicht mehr von „ausländischen Kindern und Jugendlichen", sondern von „Jugendlichen mit Migrationshintergrund" die Rede. Diese Diktion wurde insbesondere durch die von der OECD durchgeführten PISA- Bildungs-Studien verbreitet (vgl. Stanat/Christensen 2006).

Der Großteil der Untersuchungen zur „Zweiten Generation" befasst sich mit der Situation der türkischen Jugendlichen (vgl. Bielefeld 1988; Boos-Nünning/Nieke 1982; Leschinsky 1989; Stüwe 1982; Yakut u.a. 1986; Tertilt 1996; Heitmeyer u.a. 1997). Huth-Hildebrand, die 2002 in ihrer Studie die zu Migrantinnen in Deutschland erschienene Literatur bis zum Jahr 2000 ausgewertet hat, kommt zu dem Ergebnis, dass 101 Titeln über Frauen und Mädchen aus der Türkei zwei Texte zu Jugoslawinnen, vier zu Italienerinnen, zwei Texte zu Spanierinnen, ein Text zu Griechinnen und zwei Texte zu asiatischen Frauen gegenüberstehen (Huth-Hildebrand 2002, S. 55). Zu den Angehörigen anderer Herkunftsnationen unter den Gruppen der Arbeitsmigranten liegen vermutlich so wenige Untersuchungen vor, weil sie allgemein als weniger „problematisch" etikettiert werden (vgl. z.B. Martini 2001, S. 17). Als Hauptprobleme gelten dabei Kulturdifferenzen, Sprachschwierigkeiten in Kindergarten und Schule, Lernschwäche, Devianz und unzureichende berufliche Ausbildung und Integration.

Zum Ende der 1990er-Jahre hin verändert sich der Fokus des wissenschaftlichen Interesses. Zunehmend stehen nicht mehr die ehemaligen „Gastarbeiter" aus den Anwerbestaaten und ihre Kinder im Brennpunkt sozialpolitischer Diskussionen, sondern es wird deutlich, dass jene Institutionen, die die Statuspassagen von der Kinder- in die Jugend- und schließlich in die Nachjugendphase begleiten, zunehmend von anderen Gruppen belegt werden: von Zuwanderern aus Osteuropa, von Flüchtlingen aus den Bürgerkriegsregionen Europas, von Flüchtlingen außerhalb Europas, dabei zunehmend von Kinderflüchtlingen (vgl. WOGE e.V. 1999). Die diskutierten Probleme sind hier anders gelagert als diejenigen, der sog. „Zweiten Generation". Vornehmlich geht es hier nicht um Probleme von Integration und Identität, sondern um Probleme radikalen Ausschlusses aus den Ansprüchen von „social citizenship" (Faist 1995), von Leben in der Illegalität und in der bewussten Doppelexistenz („Doppelidentität", vgl. Zenk 1999).

Nicht nur im Vergleich zur autochthonen Bevölkerung, sondern auch im Vergleich zu den Kindern der Arbeitsmigranten unterliegen Flüchtlingskinder bzw. Kinderflüchtlinge in vielfacher Hinsicht noch einmal ganz besonderer Benachteiligung. Dies gilt insbesondere für Kinder und Jugendliche ohne gefestigten Aufenthaltsstatus Insbesondere für die sprachliche Förderung von Flüchtlingskindern sind bislang kaum tragfähige Konzepte entwickelt worden (vgl. G. Apitzsch 1999). Erst im Jahr 2008 erklärten sich als letzte unter den Bundesländern Hessen, Baden-Württemberg und das Saarland bereit, Kinder und Jugendliche, deren Aufenthaltsstatus auf einer Duldung beruht, der Schulpflicht zu unterstellen. Die Bleiberechtsregelung der IMK vom 17. November 2006, wie auch die gesetzliche Altfallregelung in §§ 104a, 104b AufenthG stellen für die Erlangung eines sicheren Aufenthaltsstatus besonders für junge Flüchtlinge noch immer kaum überwindbare Barrieren auf (Apitzsch, G. 2009). Problematisch ist insbesondere die Situation illegal sich aufhaltender Kinder, die in der Mehrheit der Bundesländer (Ausnahmen stellen Nordrhein-Westfalen und Bayern dar) faktisch vom Schulbesuch ausgeschlossen sind. Wenn auch keine konkreten Daten vorliegen, sind sich Experten doch einig, dass von einer „alarmierend hohen Zahl" von Kindern auszugehen ist, die in der aufenthaltsrechtlichen Illegalität zu leben gezwungen sind (Cyrus 2004, S. 27). Aus Angst vor Statusaufdeckung ist es Eltern ohne Papiere nicht möglich, ihre Kinder zum Kindergarten oder in die Schule zu schicken. Hieraus folgt, dass diese Jungen und Mädchen erheblich in ihrer sozialen Entwicklung gestört werden: Der Umgang mit Gleichaltrigen ist für sie aus Furcht vor Entdeckung nahezu unmöglich, sie haben aufgrund der ständigen Angst vor Entdeckung mit erheblichen psychischen Belastungen zu kämpfen, und es werden ihnen grundlegende Bildungschancen genommen. Kritik hieran üben in erster Linie die Kirchen wie auch Wohlfahrtsverbände und Flüchtlingsorganisationen auf Landes- wie Bundesebene. Sie fordern eine Sicherstellung der Schulbildung illegal aufhältiger Kinder und die Abschaffung der Meldepflichten von Schulleitungen und Lehrern. (BaMF 2006)

Gemeinsam ist der Behandlung all dieser Themen in der sozialwissenschaftlichen Diskussion der Bundesrepublik, dass sie sehr lange strikt getrennt von der allgemeinen Diskussion um Jugendprobleme in der Dominanzkultur geführt wurden und werden. In Handbüchern zur Kinder- und Jugendarbeit sowie großen Jugend-Surveys wurde das Problem ausländischer Jugendlicher in der Regel gar nicht, wenn überhaupt additiv bearbeitet und nicht im Zusammenhang der einzelnen thematischen und disziplinären Aspekte (vgl. Bukow 1999, S. 269). Erst die 13. Shell-Studie 2000 hat systematisch ausländische Jugendliche in ihre Untersuchung aufgenommen (vgl. Jugend 2000). Diese Praxis, die in Deutschland auffällig ist, findet sich in anderen europäischen Ländern nicht in gleicher Weise. In Großbritannien und Frankreich z.B. verweisen Auseinandersetzungsprozesse um Jugendkultur auf eine postkoloniale Tradition, die einen ambivalenten Effekt erzeugt hat. Auf der einen Seite wird die „eigene" Tradition der Migranten zurückverwiesen auf ihre kolonialen und postkolonialen Rahmungen; auf der anderen Seite hat die Zugehörigkeit der Herkunftsländer zum Commonwealth bzw. zu den ehemaligen französischen Kolonien auch zu einer erheblichen Erleichterung der Einbürgerung sowie der selbstverständlicheren Thematisierung von Migrantenkulturen im Kontext der kulturellen Debatten der Aufnahmegesellschaften geführt. Es entstehen kulturelle Formen, die weißen wie schwarzen Jugendlichen z.B. in London und anderen großen Städten Großbritanniens in interethnischen Verständigungsprozessen ebenso als Ausdruck von gemeinsamen Alltagspraktiken wie auch als „selbstverständliche" Widerstandsform gegen Ausgrenzungen dienen, etwa kreolische Sprachformen und Musik (vgl. Jones 1988). Roger Hewitt bezeichnet sie als „Hybridformen", die als Möglichkeit von Traditionsbildungen „von unten" bei Jugendlichen inländischer wie ausländischer Herkunft von Bedeutung sein können (vgl. Hewitt 1990). Konsequenterweise wurden solche Formen hybrider Traditionsbildung und Jugendkulturen beispielsweise in der Forschungstradition des Centre for Contemporary Cultural Studies (CCCS) in Birmingham für Jugendkulturen generell thematisiert. Das CCCS legte 1982 unter dem Titel „The Empire Strikes Back" eine Untersuchung vor, die die gegenseitige Bedingung von kultureller Hegemonie der Aufnahmegesellschaft und der Ausbildung sogenannter ethnischer Identitäten gerade im Bereich der Jugendkulturen aufzeigte. Ähnliche Untersuchungen fehlten bislang für die Bundesrepublik weitgehend. Angesprochen wird diese Problematik u.a. in den Untersuchungen von Mecheril (2003), Riegel (2004), Geisen (2007).

1 Migration und die Lebensphase Jugend

Die Herausbildung einer deutlich konturierten Jugendphase zwischen Kindheit und Erwachsenenalter wird in der Jugendforschung zum einen als historische Errungenschaft der modernen Industriegesellschaft begriffen, zum anderen als eine spezifische soziale Ausprägung in bürgerlichen Schichten verstanden, an denen Arbeiterkinder historisch erst sehr spät und in der individuellen Biographie nur sehr kurz partizipieren. Seit den 1980er-Jahren des 20. Jahrhunderts sehen Jugendstudien eine zunehmende Annäherung von Mittelschicht- und Arbeiterjugend, insofern sich durch verlängerte Ausbildungszeiten auch auf unteren Schulniveaus zum ersten Mal in der Geschichte der Adoleszenz von den Eltern tolerierte Räume der Selbsterfahrung eröffnen. Beck argumentiert in Richtung auf eine Individualisierung von Jugendbiographien (Beck 1983), Gillis spricht vom Bruch mit „der historischen Norm des Jugendalters" (Gillis 1980, S. 217), Fuchs und Zinnecker betonen die für Jugendliche „gestiegenen Möglichkeiten, sich jenseits verpflichtender regelmäßiger (Lohn-) Arbeit ausreichend Mittel für den Lebensunterhalt zu verschaffen" (Fuchs/Zinnecker 1985, S. 24). Im Anschluss an die genannten Autoren schlussfolgert Hurrelmann, durch den hohen Autonomiegrad des Handelns, „den Jugendliche im Partnerschafts-, Freundschafts-, Freizeit- und Konsumbereich heute erhalten, werden ihre Verhaltensweisen, Orientierungsmuster und Lebensstile erwachsenenähnlich und erwachsenengleich" (Hurrelmann 1995, S. 287). Mit Zinnecker (1981) betont er die Auffälligkeit einer „Spät-Jugendphase" mit einer fortschreitenden Öffnung der „Schere zwischen soziokultureller und sozioökonomischer Selbständigkeit" (ebd. S. 289). Er spricht dabei von der Situation einer „Statusinkonsistenz", also einer „Ungleichzeitigkeit und Unausgewogenheit von sozialen Positionen und Rollen" (ebd.). Mit Helsper (1991) betont Hurrelmann, dass es dennoch fraglich sei, ob die spezifische Ausprägung der Statusinkonsistenz am Ende der Jugendphase die Basis für eine eigenständige und einheitliche Lebensform bilde, die vom Typ her für alle Jugendlichen gültig sei. Zu unterschiedlich seien die „Lebenskonstellationen" der Postadoleszenz (z.B. Studium, Arbeitslosigkeit, Szenenmitgliedschaft; vgl. auch Baethge/Schomburg/Voskamp 1983, S. 202).

Probleme von Jugendlichen ausländischer Nationalität werden in all diesen Studien erstaunlicherweise nicht thematisiert, ebensowenig die Haltung deutscher Jugendlicher zur Migrationsproblematik, obgleich in den 1980er-Jahren die Kinder der ausländischen Arbeitsmigranten bereits einen großen Teil der Schüler, Lehrlinge, Jungarbeiter und jugendlichen Arbeitslosen ausmachten (vgl. Bohnsack/Nohl 2001). Die Besonderheit von **Adoleszenz** –verstanden als Krise, Moratorium und Möglichkeitsraum- im Kontext von Migrationsprozessen wird explizit von Apitzsch (1990; 2005), Sauter (2000), King (2006), Günther (2007) und Geisen (2007) untersucht.

Für die Kinder von Arbeitsmigranten ist die Statuspassage vom Jugend- zum Erwachsenenalter durch einen doppelten Bezug gekennzeichnet. Zum einen sind ausländische Jugendliche ein Teil jener Generation, die die Wissensbestände, Werte und Normen der Aufnahmegesellschaft reproduziert; zum anderen sind sie jedoch auch zugleich immer definiert als „zweite Generation, das heißt als diejenige Generation, die auf Erfahrungen des Familienprojekts **Migration** bezogen bleibt und die Evaluation ursprünglicher Auswanderungsziele durch die Elterngeneration zum Ausgangspunkt eigener Projekte machen muss (vgl. Wilpert 1983, S. 57). Die Jugendphase der Kinder von Arbeitsmigranten ist durch eine doppelte Stresssituation gekennzeichnet. Zum einen projizieren die Eltern auf die Kinder jene Erfolgserwartungen der Migration, die sie selbst trotz immer wieder herausgeschobener Rückkehr nicht haben verwirklichen können.

Zum anderen evaluieren die Kinder – gerade wenn sie schon seit langer Zeit in der Bundesrepublik leben, möglicherweise dort schon geboren sind – nicht nur das ursprüngliche Migrationsprojekt der Eltern, sondern auch die eigene Chance, im Aufnahmeland Erfolg zu haben. Es fehlt der Zweiten Generation als Bildungsinländern zunehmend die Bereitschaft, Unterschichtungsphänomene hinzunehmen, wie die Eltern es im Hinblick auf das Ziel einer erfolgreichen Remigration ins Herkunftsland in der Regel taten.

Insgesamt ist die Erfahrung dieses Transformationsprozesses des Familienprojekts durch eine typische gemeinsame Erfahrungsaufschichtung bestimmt, durch das, was Karl Mannheim die „Perspektivität" (Mannheim 1980, S. 212) eines „konjunktiven Erfahrungsraumes" mit typischem Erleben und typischer Erfahrungsaufschichtung genannt hat (Mannheim ebd., S. 236), die einen „Generationszusammenhang" konstituiert (vgl. dazu auch Cappai 2005, S. 52-56). Daher ist es sinnvoll, das Sprechen von einer „zweiten Generation" beizubehalten, statt nur undifferenziert einen „Migrationshintergrund" zu konstatieren (Apitzsch 2009a). Die „zweite Generation" der ehemaligen Gastarbeiter in Deutschland bilden dabei eine „zweite Generation" im genealogischen Sinn der Familiengeneration wie auch im Sinne einer historischen Generation. Subjekte in einem historischen Generationszusammenhang müssen und werden sich in der Regel nicht als bewusste Gemeinschaft konstituieren, aber sie können sich doch als gesellschaftliche Akteure verstehen und nicht nur als bloß durch einen „Hintergrund" Geschädigte.

1.1 Generations-Differenzen

In der Zweitgenerationsforschung in der Bundesrepublik wird bis in die 1990er-Jahre hinein von einer strukturellen Benachteiligung der Zweiten Generation ausgegangen (vgl. Boos-Nünning 1986; Seifert 1992), und es wird auf eine erhöhte Anomie als Folge dieser Unterprivilegierung hingewiesen (vgl. Bendit 1987; Nieke 1991; Heitmeyer 1997a). Für die Schweiz wird ebenfalls die schulische und berufliche Situation der türkischen und italienischen Zweiten Generation lange als benachteiligt dargestellt (vgl. Meyer-Sabino 1987). So berichtet noch die in der Schweiz 1997 durchgeführte Untersuchung von Oliver Hämmig und Jörg Stolz „Strukturelle (Des-) Integration, Anomie und Adaptionsformen bei der Zweiten Generation", dass in der Schweiz die befragten Angehörigen der Zweiten Generation mehrheitlich strukturell benachteiligt und gegenüber den Schweizer Altersgenossen „desintegriert" seien (Hämmig/Stolz 2001, S. 186). Aufgrund dieser strukturellen Benachteiligung und Desintegration komme es bei der Zweiten Generation im Vergleich zu der schweizerischen Kontrollgruppe zu erhöhter Statusfrustration (Deprivationsanomie) sowie zu verstärkter sozialer Verunsicherung (Orientierungsanomie). Beide Formen der Anomie seien bei Angehörigen der Zweiten Generation mit gewissen Rückzugs- und Ethnisierungstendenzen verbunden (Hämmig/Stolz 2001, S. 194). Gegen die These von der strukturellen Desintegration der 2. Generation sprechen sich jedoch eine Reihe gut belegter neuerer Studien aus. Die strukturelle Situation und Position der Zweiten Generation erscheint insgesamt als verbessert gegenüber derjenigen der ersten Generation (Juhasz/Mey 2003). Empirische Belege für Aufstiegsprozesse insbesondere durch Bildung finden sich in den Untersuchungen von Hummrich (2002) und Pott (2002).

Seit Langem wird in der deutschen Migrationsforschung darüber diskutiert, ob es aufgrund struktureller Benachteiligung bei ausländischen Jugendlichen zu besonderen Varianten eines allgemein jugendtypischen Verhaltens komme, oder ob man von einer ausländerspezifischen Jugend-Devianz sprechen müsse. Insbesondere Franz Hamburger betont in seinen Studien über ausländische Jugendliche die Strukturen eines universalen jugendtypischen Verhaltens. Hinsichtlich der Bedingungen zur Ausbildung dieses Typus sei „nicht von ausländer-spezifischen Bedingungen, sondern allenfalls von ausländertypischen Ausprägungsmerkmalen der strukturellen Übergangssituation ‚Jugend' auszugehen" (Hamburger u.a. 1981, S. 61).

Zu vergleichbaren Ergebnissen kommt die 13. Shell-Jugendstudie (2000). Danach schätzen die ausländischen Jugendlichen die Gesellschaft etwas optimistischer ein als die deutschen. Für die ausländischen Jugendlichen konstatiert Fuchs-Heinritz: „ihnen dürfte die Mischung von ökologischer Krisenerwartung, Atomkriegsangst und politischem Engagement, wie sie in den Protestbewegungen ... artikuliert und gelebt wurde, fremd sein" (ebd., S. 27-28). Zwar ergibt sich anhand der Shell-Studie 2000, dass insbesondere männliche italienische und türkische Jugendliche mit schweren Herausforderungen in der Zukunft rechnen (ebd., S. 41); zugleich ergibt sich die Einstellung der ausländischen Jugendlichen aus dem Vergleich mit einem möglichen Lebensverlauf im Herkunftsland der Eltern. Dieser Vergleich fällt in den biographischen Skizzen der Shell-Jugendstudie 2000 zugunsten Deutschlands aus (Fuchs-Heinritz 2000c, S. 372-74). In der Folge konzipieren danach auch ausländische Jugendliche eine Lebensphase Jugend, die ihnen eine abwartende Offenheit zur Zukunft hin ermöglicht. Bei den Jugendlichen mit klarer Lebensplanung unterscheiden sich nach der Shell-Jugendstudie 2000 deutsche und ausländische Jugendliche insgesamt nicht (vgl. Fuchs-Heinritz 2000a, S. 43). Diese Ergebnisse sind in späteren Shell-Studien nicht weiter verfolgt und neu überprüft worden. Interessanterweise werden sie jedoch durch die Heidelberger Studie 2007 „Die Milieus der Menschen mit Migrationshintergrund in Deutschland" (Sinus 2007), durchgeführt u.a. im Auftrag des Bundesministeriums für Familie, Senioren, Frauen und Jugend, in der Tendenz teils bestätigt, teils im Sinne eines Vorteils der Migranten modifiziert. Hauptergebnis der Studie ist, dass die Herkunftskultur der Migranten nicht ihre Milieuzugehörigkeit bestimmt. Die Milieus unterscheiden sich vielmehr nach Lebensstilen und Wertvorstellungen, die ihrerseits stark von Bildungsvoraussetzungen abhängig sind. Die Sinus-Studie konstatiert bei den befragten Migranten insgesamt eine höhere Leistungs- und Einsatzbereitschaft als in der deutschen Bevölkerung. Im intellektuell-kosmopolitischen Milieu wird unabhängig von Herkunftsgruppen eine Orientierung an den Werten Aufklärung, Toleranz und Nachhaltigkeit konstatiert.

1.2 Gender-Differenzen

In Anknüpfung an die Untersuchung familienzentrierter Orientierungen deutscher Arbeiterjugendlicher hatte Franz Hamburger 1981 in seiner Studie über deviantes Verhalten ausländischer Jugendlicher die Vermutung geäußert, dass gerade auf der Basis der Familienorientierung „generalisierte Zukunftsvorstellungen, Moralorientierung und Selbstinterpretationen" entstehen könnten (Hamburger u.a. 1981, S. 77). Die Ergebnisse der biographischen Untersuchungen von Apitzsch (1990a) untermauern diese Hypothese auch für ausländische Jugendliche aus Migrantenfamilien. Die Möglichkeit zu einer frühen Distanzierung von der Familie ist für männliche Migrantenkinder sehr viel einfacher als für weibliche, ohne dass es dabei zu einem eklatanten Bruch mit der Familie kommen muss. Die männlichen Jugendlichen, die traditionellerweise von Pflichten und Verantwortung für die Familie freigesetzt sind, und denen von vornherein ein großer Freiraum außerhalb von Schule, Beruf und familiären Pflichten eingeräumt wird, können diesen Freiraum jedoch unter den Bedingungen der Immigration meist nur in der Weise nutzen, dass sie sich in der peer group als Außenseiter profilieren. Im Anschluss an Hamburger konstatiert Apitzsch in einer Untersuchung über italienische Jugendliche im Rhein-Main-Gebiet die genderspezifische Ausprägung einer jugendtypischen Peer-Group-Orientierung bei männlichen Jugendlichen, wohingegen bei weiblichen Jugendlichen typischerweise eine familienorientierte Prägung der Jugendphase vorliege. Letztere bedeute jedoch keineswegs eine eher traditionsorientierte Prägung der Jugendphase bei weiblichen Angehörigen der Zweiten Generation. Es komme vielmehr zu einer „Dialektik der Familienorientierung" (vgl. Apitzsch 1990b). Es zeige sich dabei, dass sich die Familienorientierung insbesondere ausländischer Mädchen im Verlaufe des Migrationsprozesses häufig in eine verstärkte individuelle Bildungsorientierung verwandelt, wenn zwar am Wunsch einer erfolgreichen Migration festgehalten wird, aber das Kriterium des Erfolges sich allmählich von der erfolgreichen Rückkehr in die Heimatregion auf die erfolgreiche Berufsperspektive im Aufnahmeland verlagert. Diese Bildungsorientierung der jungen Frauen wird freilich von der Aufnahmegesellschaft kaum honoriert. Wohl nicht das Normensystem einer angeblich traditionellen Frauenrolle der Herkunftsgesellschaft (vgl. Yakut u.a. 1986; Bundesanstalt 1993), sondern die auf dem Arbeitsmarkt aufgerichteten Barrieren drängen Migrantinnen der Zweiten Generation in jene Frauenrollen zurück, die sie ihrer Intention nach gerade hatten verlassen wollen. Dies könnte erklären, dass junge Frauen der Zweiten Generation in der Bundesrepublik gegenüber den männlichen Jugendlichen deutlich bessere Schulerfolge aufweisen, jedoch keine entsprechende berufliche Allokation finden (vgl. Granato 1994b). Diese Situation hat sich bis Ende der 1990er-Jahre nicht entscheidend verändert (Attia u.a. 2000). Der schon 1990 deutlich sichtbare Trend hin zu einer gesellschaftlichen Besserstellung von Töchtern aus Migrationsfamilien wird 10 Jahre später in den Daten des Statistischen Bundesamtes für das Schuljahr 2000/2001 eindrucksvoll bestätigt. „Insgesamt muss aufgrund dieser Daten von einer deutlichen Schlechterstellung männlicher Kinder und Jugendlicher im deutschen Schulsystem gesprochen werden" (Heß-Meining 2004, S. 144). Zu den allgemeinen Gründen für das schlechtere Abschneiden männlicher Schüler zählen die Autoren der PISA-Studie 2000 erstmals auch, „dass die aggressive Cliquenorientierung bei Mädchen seltener anzutreffen ist als bei Jungen" (PISA (2000) 2001, S. 500). Den Bildungsaufstieg der Frauen gerade in islamischen Familien mit starker Familienorientierung betont Siegrid Nökel. „In den biografischen Erzählungen ist die Schule zentral für die Beschreibung der Kindheitsphase und für die Selbsterkenntnis als Subjekt. Dabei sind es nicht einseitig Abwertungs- oder Marginalisierungserfahrungen, die ausschlaggebend sind. Die meisten der Frauen sind Bildungsaufsteigerinnen. In ihren Augen hat die ‚Integrationsmaschine' Schule nicht versagt (...) noch fühlen sie sich bei der Verteilung von Bildungs- und sozialen Chancen benachteiligt, sondern sie haben ihre Chancen bekommen bzw. sich genommen, sie sich erkämpft" (Nökel 2002, S. 131). Unter den Schulentlassenen ohne Hauptschulabschluss des Schuljahres 1999/2000 befinden sich nur 15,1% weibliche, aber 24,6% männliche ausländische Jugendliche. Eine allgemeine Hochschulreife haben 10,9% der ausländischen weiblichen Schulentlassenen erreicht, aber nur 8,9% der männlichen (Heß-Meining 2004, S. 149).

Interessant ist nun jedoch, die Schulabgängerquoten mit den Quoten von Bildungsinländern unter den Studierenden in der Bundesrepublik zu vergleichen. Während weibliche Bildungsinländerinnen, wie wir sahen, zu einem größeren Anteil als männliche die allgemeine Hochschulreife erlangen, ist paradoxerweise die Quote der weiblichen Studierenden bei den Bildungsinländern geringer als die der männlichen Angehörigen der Zweiten Generation der traditionellen Gastarbeiter-Minoritäten. Jeweils mehr als 10 Prozentpunkte unterscheiden hier männliche und weibliche Studierende aus Griechenland, Italien, Spanien und der Türkei, und zwar zu Ungunsten der weiblichen Studierenden. So studieren etwa 59,7% der männlichen türkischen Abiturienten aber nur 40,3% der weiblichen. Diese plötzliche Umkehrung der geschlechtsspezifischen Verteilung von Kindern aus Migrantenfamilien in höheren Institutionen des Bildungssystems ist erklärungsbedürftig. Leider bietet die im Auftrag des BMFSFJ erstellte sehr umfangreiche und differenzierte quantitative Studie von Boos-Nünning und Karakasoglu zu Lebenslagen von Mädchen und jungen Frauen mit Migrationshintergrund in der BRD aus dem Jahre 2005 hier keine weiteren Aufschlüsse, da Erfolgs- und Misserfolgsfaktoren nicht nach Geschlecht und biographischer Phase differenziert werden (vgl. Boos-Nünning/Karakasoglu 2005, S. 261-64).

Im Hinblick auf die Gender-Differenzierung in der 2.Generation weist Herwartz-Emden noch 2000 darauf hin, „dass die Entwicklung des Vaters in Verbindung mit kulturellen, sozialen und institutionellen Aspekten seiner Vaterschaft und Männlichkeit noch weitgehend unerforscht ist" (Herwartz-Emden 2000, S. 44). Diese unbefriedigende Forschungslage hat sich jedoch nach 2000 entscheidend geändert. Sven Sauter (2000) entwickelt eine Hypothese für die unterschiedliche geschlechtsspezifische Verarbeitung der Enttäuschungen der „bedürftigen Väter" in der nächsten Generation: Während Töchter die Väter zu entlasten versuchen, wenden Söhne ihre Aggression nach außen und setzen damit für sich selbst negative Verläufe in Gang (Sauter 2000, S. 255). Männliche Peer-Group-Milieus etablieren sich außerhalb der „inneren Sphäre" der Familie (Bohnsack/Nohl 2001). Eine Reihe neuerer Untersuchungen (z.B. Spindler 2007; Weber 2007) erforschen die Ethnisierung von Männlichkeitsinszenierungen als Ausgangspunkt für unterschiedliche biographische und soziale Verläufe.

2 Ethnizität

Im Zusammenhang von Jugendkultur und **Ethnizität** interessiert in der Regel insbesondere, wie die Jugendlichen aus Migrantenfamilien den Wandlungsprozess der eigenen Familie erfahren und in welcher Weise sie die sich überlagernden und teilweise konfrontierenden Strukturen des Herkunfts- und des Aufnahmelandes zu verarbeiten lernen. Bukow kritisiert, dass zumeist am binären Denkschema Ausländer – Deutscher angesetzt wurde, nicht jedoch an der konkreten Lebenssituation, aus der heraus handelnde Subjekte ihren Alltag entwickeln (Bukow 1999, S. 277). Selten wird untersucht, wie Jugendliche der Mehrheitsgesellschaft sich in einem Selbstethnisierungsprozess in Größenphantasien der Geschichte der eigenen dominanten Gruppe hineinreden (Inowlocki 2000; Rommelspacher 2000). Gewalttätigkeit aufgrund ethnischer Konflikte wird in der Regel bei Jugendlichen aus Einwandererfamilien, insbesondere bei Jugendlichen muslimischer Religionszugehörigkeit verortet. Gewaltbereitschaft unter Jugendlichen aus Migrantenfamilien wird mit deren „kollektiv-kultureller Verankerung" begründet (Heitmeyer u.a. 1997). „Jugendliche gelten insofern als Opfer der Migration ihrer Eltern, als sie sich zum einen wegen sich notwendigerweise ergebenden ‚Kulturkonflikten' und zum anderen wegen der schwierigen Ausbildungs- und Arbeitssituation in der Bundesrepublik nicht integrieren könnten. Auf ihre Herkunftskultur zurückgeworfen, durch einen islamischen Fundamentalismus indoktriniert und ideologisiert, träten sie nun als Rächer auf" (Inowlocki 2000, S. 370). Pfeiffer und Wetzels (1999) stellen in ihrer Arbeit zu „Struktur und Entwicklung der Jugendgewalt in Deutschland" fest, es sei „wegen der starken Zuwanderung fremder Ethnien seit Ende der 1980er-Jahre in Westdeutschland ... bei der Jugendgewalt zu einem Anstieg solcher inter-ethnischen Täter-Opfer-Kombinationen gekommen" (Pfeiffer/Wetzels 1999, S. 3). Die Autoren nehmen des Weiteren an, dass „mit der ethnischen Zugehörigkeit gewaltbefürwortende Männlichkeitsvorstellungen verbunden sind" (ebd., S. 14). Sie knüpfen damit an die Kultur-Konflikt-These in der Migrationsliteratur der Bundesrepublik der 1970er- und 1980er-Jahre an, welche Enkulturation als Bestandteil der Ausbildung einer national-kulturellen „Basispersönlichkeit" verstand. Die zentrale Vorstellung einer so eingeengten Enkulturationstheorie besteht darin, dass menschliche Identität nicht ausgebildet werden kann ohne die Fixierung einer bestimmten nationalkulturellen Rolle. Diese Rolle wird als ethnisch und unveränderbar definiert (Schrader u.a. 1979, S. 58).

Das Kulturkonflikt-Konzept führt auf der Grundlage der extrapolierten Kulturcharaktere in der Regel zu Typenbildungen, deren Pole die jeweils angenommenen Ethnien bzw. Nationalcharaktere sind. Kritisch dazu haben Llaryora und Bukow (1988) das zugrunde liegende Interpretationsschema von Kulturkonflikten als „Ethnogonie" gedeutet, nämlich als Produktion ethnischer Differenzen durch die Wissenschaft (Bukow/Llaryora 1988, S. 75). Christian Sigrist kritisiert im Unterschied zu Bukow und Llaryora die rein negative Konnotation von Ethnizität. Für ihn kann Ethnizität auch eine positive Form von Selbstorganisation sein (Sigrist 1994). Sigrists Vorschlag, Ethnizität als nicht durch nationale Organisation, sondern autopoietische Selbstorganisation geschaffene nicht-essentialistische Kollektivität zu verstehen, fand jedoch in der bundesrepublikanischen Diskussion bislang wenig Unterstützung. Apitzsch (1994, 1996, 1999) unterstreicht, dass die Kritik an sogenannten „ethnischen" Orientierungen von Jugendlichen häufig die transformative Kraft von Traditionalität und Traditionsbildung in der Migration übersieht. Bohnsack und Nohl haben darauf hingewiesen, dass adoleszenz- und geschlechtsspezifische Erfahrungen in der Migration unter den Bedingungen des Verlusts tradierter Bindungen häufig den Charakter der Suche nach „habitueller Übereinstimmung" annehmen (2001, S. 77-78), welche durchaus als „Neubildung von Traditionen und Milieus" auftreten könne. Diese Idee wird auch in einigen Studien zur Verbindung von Islam und Männlichkeit in der 2. Generation untersucht (z.B. Tietze 2001).

Entscheidend für die negative Konnotation des Ethnizitätsbegriffs in der wissenschaftlichen Auseinandersetzung ist hingegen ein Verständnis von Ethnizität, „das diese auf eine kulturell-identifikatorische Dimension reduziert und dabei Ethnien als ursprünglich kulturelle, soziale Einheiten voraussetzt" (Dittrich/Lenz 1994, S. 24). Integration werde in der an diesem Begriff anknüpfenden Forschung nicht mehr unter dem Aspekt der politisch-rechtlich-sozialen Gleichstellung analysiert, sondern als „individuelle Aufgabe der Auseinandersetzung mit den vorgegebenen Normen der aufnehmenden Kultur" (Czock 1993, S. 22).

Zu den Normen der aufnehmenden Kultur gehören auch Geschichts- und Erinnerungskultur des Aufnahmelandes. Georgi befasst sich in ihrer empirischen Studie „Entliehene Erinnerung. Geschichtsbilder junger Migranten in Deutschland" (2003) mit der Frage, wie junge Migranten sich mit dem Nationalsozialismus und dem Holocaust als identitätskonkretem und normativ-einheitsstiftenden Moment deutscher Geschichte auseinandersetzen und welche Bedeutung diese Auseinandersetzung in der Konstruktion ihrer Zugehörigkeit(en) einnimmt. Dabei verblüfft der Befund, dass der national-kulturelle Hintergrund der Jugendlichen in der Konstruktion ihrer historischen Identitäten in der deutschen Mehrheitsgesellschaft weniger relevant ist als die Tatsache, einer Minderheit anzugehören. Die Minderheitenerfahrung in Deutschland wird zur Drehscheibe historischer Analogiebildungen, neuer Ethnizitätskonstruktionen und postethnischer Orientierungen der Jugendlichen.

Dannenbeck, Eßer und Lösch (1999, 2000) möchten anhand empirischer Untersuchungen jugendlicher Zugehörigkeiten in einem Münchner Stadtteil Ethnizität als „Verhandlungsgegenstand" definieren. „Wir sehen heute in ‚Herkunft', ‚Abstammung', ‚Kultur' nur eine unter vielen anderen Möglichkeiten, Differenzen gegenüber anderen herzustellen bzw. solchen Differenzsetzungen unterworfen zu werden. Diese Erkenntnis hat Folgen für unseren Forschungsprozess insofern, als wir unsere eigene Forschungstätigkeit und unsere Ergebnisse als Bestandteil der Reproduktion des differenzsetzenden Ethnizitätsdiskurses mit in die Analyse einbeziehen" (dies. 2000, S. 117-118).

Im Gefolge der Kritik an der Ethnisierung und „Pädagogisierung sozialer Konflikte" (Auernheimer 1988; Bommes/Scherr 1992, S. 200) entwickelte sich die Auseinandersetzung mit der sogenannten Ausländerpädagogik, die vielfach als Konzeption der Ausgrenzung Jugendlicher in der pädagogischen Praxis durch die pädagogische Konstruktion von Merkmalen der Zielgruppe angesehen wird (vgl. Hamburger 1994).

Diese Kritik wurde im Verlauf der 1990er-Jahre auch auf die Konzepte der **interkulturellen Pädagogik** (Kiesel 1996) sowie der **multikulturellen Erziehung** ausgeweitet. Insgesamt wird dabei bezweifelt, ob die institutionelle pädagogische Förderung einen Mangel ausgleichen kann, der durch das politische System der Bundesrepublik, insbesondere durch die fehlende Einwanderungspolitik verursacht ist. Thomas Faist hat in einem hochinteressanten Vergleich zwischen jungen Türken in Deutschland und Mexican Americans in den Vereinigten Staaten empirisch nachgewiesen, welche Konsequenzen die Tatsache hat, dass auch in der Bundesrepublik geborene Migranten bis zum neuen Staatsangehörigkeitsrecht aus dem Jahr 2000 hier in der Regel nicht citizens, sondern lediglich „denizens" waren, d.h. aufenthaltsberechtigte und mit sozialen Rechten versehene „Mitbürger", aber nicht Staatsbürger (Faist 1995, S. 19-20). Faists Studie kommt zu dem sehr gut belegten Ergebnis, dass die höchst Policy-intensive Erziehung junger Türken in der Bundesrepublik im Ergebnis zu einem ähnlichen Exklusions-Status in Bezug auf das Beschäftigungssystem führte wie das auf reinen Markt-Prozessen basierende System der Vereinigten Staaten. Ein Vergleich der Arbeitslosenraten unter jungen Türken in Deutschland und Mexican Americans in den USA im Alter zwischen 16 und 19 Jahren zeigte erstaunlich wenig Differenzen (Faist 1995, S. 141). Dies sollte keineswegs heißen, dass die Lage der Mexican Americans in den USA und die Lage der türkischen Jugendlichen in der Bundesrepublik insgesamt gleich sei. Es zeigte jedoch, dass die intensiven Policies in der Bundesrepublik, die die Phase zwischen Schule und Beruf begleiteten, durch Ethnisierungsstrategien und fehlende Einwanderungspolitik um entsprechende Resultate gebracht und durch eine liberalere Einwanderungspolitik in den USA in ihren Effekten annähernd ausgeglichen wurden. „Designing and implementing public policies that address the material foundation for social citizenship for all citizens and denizens is of prime importance at a time when social rights and the membership of immigrants in Western welfare states have become matters of intensive conflict, and distributional issues have increasingly come to be perceived in ethnic terms" (Faist 1995, S. 182).

Im Folgenden sollen die in Bezug auf die Bundesrepublik geführten Diskussionen über ausgewählte institutionell zentrierte Policies für ausländische Kinder und Jugendliche kurz skizziert werden.

3 Institutionelle Förderung bzw. Diskriminierung

Die Entdeckung der Dialektik von institutioneller Förderung ausländischer Kinder und Jugendlicher und ihrer Diskriminierung ist einer der charakteristischen Aspekte des Migrationsdiskurses in der Bundesrepublik in den 1990er-Jahren. Er ist interesseleitend für eine Reihe von

Projekten, die im Rahmen des Forschungsschwerpunktprogramms der Deutschen Forschungsgemeinschaft zum Thema „Folgen der Arbeitsmigration für Bildung und Erziehung" (FABER) in den Jahren 1991 bis 1997 durchgeführt wurde (vgl. Gogolin/Nauck 2000). Aus dieser Entdeckung resultiert – zumeist bezogen auf das empirische Feld der Schule – eine Umkehrung der üblichen Blickrichtung auf Migrantenkinder und -jugendliche. Statt die Defizite und Benachteiligungen in der familiären Umwelt und der kulturellen Herkunft der Betroffenen zu suchen, wird „ein Erklärungsansatz ‚institutioneller Diskriminierung' vorgeschlagen, der die bestehenden Ungleichheitsmuster in der Bildungsbeteilung als Resultat organisatorischen Handelns konzipiert. ... Die Mechanismen institutionalisierter Diskriminierung wirken weitgehend unabhängig von den Eigenschaften und Leistungen der SchülerInnen und den Einstellungen und Haltungen der LehrerInnen" (Gomolla/Radtke 2000, S. 321). Ein zweifelloses Verdienst dieser Blickinversion ist es, dass die Individuen von der Bürde der ihnen zugeschriebenen Defizite befreit werden. Allerdings kann ein vereinseitigter Blick auf die Mechanismen institutionalisierter Diskriminierung auch zu einer Festschreibung von Benachteiligung führen, da die Annahme einer rein systemfunktionalen Integration von Subjekten nun einmal auch von der Systemfunktionalität von Ungleichheit ausgeht. Selbst wenn man postuliert, dass die Chance zu Interventionen in die Organisation der Schulen besteht (Gomolla/Radtke 2000, S. 338), so ist doch eine solche, nur von der Logik der Institutionen gedachte Veränderung nicht in kurzen Zeiträumen und zumeist gerade nicht den betroffenen Individuen möglich. Die Erkenntnis, „dass die Pädagogik keine Probleme lösen kann, die gesellschaftlich erzeugt sind, (ist) mittlerweile zur Binsenweisheit geworden; sie entlässt die sozialwissenschaftliche und pädagogische Forschung allerdings nicht aus der Verpflichtung, die heteronomen Strukturen und Einflüsse zu benennen, die die Handlungsspielräume und Aktionsschemata der MigrantInnen einschränken oder erweitern" (Lutz 2000, S. 181). Wenn generative Strukturen biographischer Entwicklungen der Subjekte mit der Praxis der Apparate in eins gesetzt werden, gibt es kein Entkommen aus den Zwängen, die den Institutionen der Einwanderungsgesellschaft eingeschrieben sind. Die beschriebenen institutionellen Strukturen lassen sich dann folgerichtig nur als „nicht hintergehbare", vom System ständig reproduzierte Lösungen interpretieren (vgl. Bommes/Dewe/Radtke 1996, S. 135). Entgegen einer solchen Einengung erscheint es sinnvoll, institutionelle Determinanten als „Verlaufskurvenpotential" (Riemann/Schütze 1991) zu definieren, welches in der Tat die Lebensverläufe von Subjekten im Sinne von „trajectories" prozessiert, die von den Subjekten nicht beliebig veränderbar oder stornierbar sind. Dennoch muss es den Sozialwissenschaften und der Pädagogik auch darum gehen, die Bedingungen für biographische Wandlungsprozesse zu erforschen (Alheit 1994, S. 277-278; Apitzsch 1999, 2000). In diese Richtung weisen Paul Mecherils „Migrationspädagogik" (2004) sowie neuere Diskussionen zur Heterogenität in der Schule (Hamburger 2005)

3.1 Vorschulerziehung und Elementarpädagogik

Zu Beginn der Beschäftigung mit ausländischen Kindern in der Elementarerziehung wird Kindergärten vor allem eine wichtige „Brückenfunktion" bei der Vermittlung zwischen den Kulturen des Heimat- und des Aufnahmelandes zugeschrieben (Akpinar u.a. 1978, S. 40-41). Durchgängig finden sich Annahmen zu den widersprüchlichen konflikthaften und insgesamt defizitären Sozialisationsbedingungen ausländischer Kinder (Diehm 1993, S. 100-102). Entsprechend gelten fehlende Kindergartenzeiten bei Migrantenkindern als Indikator für Sozialisationsdefizite im Zusammenhang mit dem Regelschulbesuch (vgl. Radtke/Gomolla 2000, S. 331). Diehm verweist auf die Gefahr, dass curriculare Vorgaben für Sozialisationshilfen kategorisierende gruppenbezogene Betrachtungsweisen fördern und dazu verführen könnten, nationalitäten- und kulturspezifische Zuordnungen vorzunehmen (Diehm 1993, S. 134). Sie plädiert für eine individuelle Problemanalyse, in der das biographie- und situationsbezogene Vorgehen mit einer Einzelfallanalyse verbunden wird und argumentiert dahingehend, dass es in einer multikulturellen Praxis in der Elementarpädagogik nicht darum gehen könne, den Kindern die Differenz der Kulturen zu zeigen, sondern die Kinder „das Andere, das Differente als selbstverständlichen Bestandteil des Alltagslebens eines Kindes ihrer Gruppe" erleben zu lassen (Diehm 1995, S. 147).

War in den 1970er-Jahren in der öffentlichen Berichterstattung die Notwendigkeit des Kindergartenbesuches als wichtige Eingangsvoraussetzung für die Integration von Migrantenkindern in die Grundschule betrachtet worden, so änderte sich die Aufmerksamkeitsrichtung nach dem Einwanderungsstopp und der vermehrten Zuwanderung von Frauen und Kindern. Im Rahmen der Familienzusammenführung wurde vermehrt auf das Problem eines möglicherweise zu hohen Anteils ausländischer Kinder in den deutschen Einrichtungen hingewiesen (vgl. Gomolla/Radtke 2002, S. 107). Die Diskussion um die Vorschulerziehung von Migrantenkindern verlief allerdings auch in den 1980er-Jahren in polaren Argumentationen. Während auf der einen Seite die muttersprachliche Betreuung der Kleinkinder durch die Anstellung ausländischer ErzieherInnen in multinationalen Kindergärten gefordert wurde (vgl. Pfriem/Vink 1980), knüpfte man andererseits an den Besuch des Kindergartens die Hoffnung, dass ausländische Kinder frühzeitig „mit Regeln und Wertvorstellungen der deutschen Gesellschaft bekannt" werden (Zehnbauer 1984, S. 342).

Mit der Einreise neuer Migrantengruppen wie Aussiedler, Asylbewerber und Kriegsflüchtlinge im Verlauf der 1980er- und 1990er-Jahre treten die Probleme der Migrantenkinder aus den Anwerbeländern allmählich in den Hintergrund. Besonders dringend werden die Probleme geduldeter Flüchtlinge (vgl. G. Apitzsch 1996). Die Forderung nach einem frühen Einreisealter von Migrantenkindern, um Schulkarrieren gleichsam als „kulturfreie" Folgen der Migration konzipieren zu können (vgl. Esser 1989, S. 335) erweist sich gegenüber diesen neuen Realitäten als unwirksam.

3.2 Schule

Der Rat der Europäischen Gemeinschaft hatte am 25.07.1977 „Richtlinien über die schulische Betreuung der Kinder von Wanderarbeitern" erlassen (vgl. Jakobs 1982). Diese sollten den evidenten Ausschluss von Migrantenkindern aus dem höheren Schulsystem der Bundesrepublik zu beseitigen helfen. In den Empfehlungen der deutschen Kulturministerkonferenz stand jedoch (verstärkt nach dem Anwerbestopp von 1973 und den neuen Empfehlungen von 1976) nicht nur die **Integration ausländischer Kinder** in das deutsche Schulsystem, sondern auch der Erhalt der Rückkehrfähigkeit in die Schulen der Auswanderungsländer zur Debatte. Entsprechend ambivalent waren die praktischen Konsequenzen der Kultusministerempfehlungen. Der Anteil ausländischer SchülerInnen in deutschen Regelklassen sollte zwanzig Prozent nicht übersteigen. Diese Maßnahmen waren nicht geeignet, eine systematische institutionelle Diskriminierung ausländischer SchülerInnen zu verhindern. Statistiken zeigen, dass noch Anfang der

1980er-Jahre ca. 60% aller Migrantenkinder ohne Hauptschulabschluss die Schule verließen (vgl. Czock 1993, S. 71).

Vergleicht man das Übergangsverhalten von der Grundschule in weiterführende Schulen von deutschen und ausländischen Schülern im Zeitraum zwischen 1979 und 1992 (vgl. Gomolla/Radtke 2002, S. 123), so lässt sich eine Entwicklung konstatieren, die als „Normalisierung" des Bildungsverhaltens beschrieben worden ist (vgl. Klemm 1987).

Das durchschnittliche Niveau der Schulabschlüsse von Migrantenkindern in Deutschland hat sich in den vergangenen Jahren kontinuierlich erhöht. Es zeigt sich bei den ausländischen Schülern ein Trend weg von der Hauptschule hin zur Gesamtschule und zur Realschule. Dennoch konnte der Abstand zu den gleichzeitig verbesserten Schulerfolgen der deutschen SchülerInnen kaum verringert werden. Gomolla und Radtke (2002, S. 19) verweisen auf eine Reihe spektakulärer Belege für die große Differenz aller wichtigen Abschlussquoten für deutsche und nichtdeutsche Schülergruppen. Eindrucksvoll ist insbesondere der Anteil der ausländischen Schüler an den Sonderschulen für sogenannte Lernbehinderte, der in den 1990er-Jahren sogar weiter angestiegen ist und 1996 bei 6,2% der ausländischen Schüler gegenüber 3,8% der deutschen Schüler lag. Allerdings differieren die Zahlen ausländischer Sonderschüler in den verschiedenen Bundesländern erheblich (vgl. Kornmann u.a. 1997). Sieber hat auf die historisch-institutionelle Logik verwiesen, die dieser Entwicklung innewohnt, insofern ständig neue Gruppen für das „System" Sonderschule erschlossen werden müssen (Sieber 2007).

Als Erklärung für diese weiterhin bestehende und z.T. sogar zunehmende Benachteiligung ausländischer (besonders männlicher) Kinder im deutschen Schulsystem wird neben der referierten These institutioneller Diskriminierung (Gomolla/Radtke 2002) weiterhin die defizitorientierte These einer angeblich mangelhaften kulturellen „Passung" zwischen Migrantenkindern und den Anforderungen des deutschen Schulsystems angeführt (kritisch dazu Bender-Schymanski/Hesse 1987; Czock 1993). Lanfranchi (1993) glaubt in Anlehnung an das sozialökologische Modell Bronfenbrenners (1981) die Übergangsstrukturen von familialer und Schulinteraktion als Ursache der Schulprobleme der Kinder identifizieren zu können. Familienstrukturen und die damit gekoppelten Kommunikationsmodi mit der schulischen Welt werden als latente generative Strukturen für das Schulversagen der Kinder ausfindig gemacht. Fallrekonstruktiv wird von Lanfranchi schulisches Versagen im Wesentlichen als Folge nicht transformativer Familienstrukturen analysiert. Auf eine differenzierte Weise wird damit ebenfalls an die Passungsthese angeknüpft.

Neumann (1997) berichtet kritisch über die weiter bestehende Kulturdifferenz- bzw. Passungsdefizit-These in Bezug auf die Erklärung des geringen Schulerfolgs von Kindern aus türkischen Migrantenfamilien. Bei Neumanns eigener Erklärung der Benachteiligung wird insbesondere auf die Rolle der sprachlichen Voraussetzungen im schulischen Selektions- und Allokationsprozess hingewiesen.

3.3 Übergang Schule – Ausbildung

Beim Übergang von der Schule in die berufliche Ausbildung bzw. in ein weiterführendes Studium ist ähnlich wie beim Schulbesuch eine „Normalisierung" im Sinne eines „Fahrstuhleffekts" deutlich auszumachen. Einerseits haben ausländische Jugendliche – insbesondere die BildungsinländerInnen – inzwischen die deutschen Universitäten erreicht, andererseits entspricht ihr Anteil an den Studierenden und Auszubildenden bei weitem nicht ihrem Anteil an der Wohnbevölkerung (vgl. Karakaşoğlu-Aydin 2000, S. 103). Während in früheren Untersuchungen (vgl. Yakut u.a. 1986; Bundesanstalt 1993) die fehlende Passung zwischen der deutschen Berufsstruktur und den familialen Rahmungen, insbesondere den Rückkehrplänen, für die Benachteiligung der ausländischen Jugendlichen verantwortlich gemacht worden waren, führt eine 1996 an der Technischen Universität Berlin durchgeführte Studie zur Ausbildungsplatzsituation junger MigrantInnen (vgl. Attia u.a. 2000) die Differenz zwischen der Ausbildungssituation deutscher und ausländischer Jugendlicher vor allem auf ethnische Diskriminierung durch die Betriebe einerseits, auf desillusionierende Berufsberatung andererseits zurück (Attia u.a. 2000, S. 84). Diese Ergebnisse werden bestätigt durch eine neuere Schweizer Studie (Fibbi 2006), in der nachgewiesen wurde, dass ausländische Namen in Bewerbungsschreiben einen ausgeprägten diskriminierenden Effekt besitzen.

Besondere Bedeutung für die Verbesserung der Situation von BildungsinländerInnen an deutschen Universitäten hatte der „Staatsvertrag über die Vergabe von Studienplätzen", der ab dem Wintersemester 1993/94 die Gleichbehandlung deutscher Studienbewerber mit ausländischen BewerberInnen vorsah, die das deutsche Bildungssystem durchlaufen hatten (vgl. BMWW 1994, S. 55). Diese Bildungsinländer machten seit 1994 mehr als 40% der ausländischen Studierenden in Deutschland insgesamt aus (BMWF 1996, S. 20). Insbesondere ist im Verlauf der 1990er-Jahre der Anteil weiblicher Studierender türkischer Herkunft stark angestiegen (Karakaşoğlu-Aydin 2000, S. 104). Die früher geäußerte Vermutung, dass der kulturelle Hintergrund Kinder ausländischer Eltern aus den Anwerbestaaten in wenige, frauentypische Berufe dränge, hat sich bei den weiblichen Studierenden nicht bestätigt. Im Gegenteil dringen insbesondere die Bildungsinländerinnen türkischer Herkunft in stärkerem Maße als ihre deutschen Kommilitoninnen in klassische „Männerdomänen" wie Rechts- und Wirtschaftswissenschaften ein (Karakaşoğlu-Aydin 2000, S. 106). Dies ist um so erstaunlicher, als die BildungsinländerInnen aus den Anwerbestaaten zu 77% aus Arbeiterhaushalten stammen, während dies nur für 17% der deutschen Studierenden gilt (BMWF 1996, S. 22-23). Wenn insgesamt der Anteil der Studierenden unter den BildungsinländerInnen noch immer weit hinter dem Anteil deutscher Studierender im Vergleich zur Gesamtbevölkerung zurückbleibt, so ist dies zweifellos einerseits den sozialen Barrieren für ausländische Arbeiterfamilien geschuldet. Andererseits ist jedoch auch zu bedenken, dass BildungsinländerInnen, deren Eltern Migranten sind, zunehmend von der Möglichkeit Gebrauch machen, die deutsche Staatsangehörigkeit zu erwerben bzw. sie bereits besitzen. Sie fallen damit aus den Statistiken über ausländische Studierende heraus.

4 Methoden zur Erforschung der Situation ausländischer Kinder und Jugendlicher

Die Betonung des Faktors **institutioneller Diskriminierung** ausländischer Kinder und Jugendlicher wurde gestützt insbesondere durch statistische Untersuchungen, in denen die Diskriminierungseffekte sichtbar gemacht werden konnten, „die jenseits subjektiver Intentionen wirken und den sozialen Institutionen eingeschrieben zu sein scheinen" (Radtke 1991, S. 393). Diese Interpretation statistischer Auffälligkeiten wird ergänzt durch Argumentationsanalysen, in denen die Strukturierung einer Entscheidung der Institution in einer gegebenen Institution nachvollzogen wird (Gomolla/Radtke 2002, S. 144). Diese Methodenkombination legitimiert sich durch die

Annahme, „dass die Befragten genau die Deutungsmuster zur Plausibilisierung und Legitimierung ihrer Entscheidungen anführen, von denen sie sicher wissen, dass sie institutionell approbiert sind und als Kommentierung der eigenen Praxis akzeptiert werden" (ebd., S. 145). Damit besteht die Möglichkeit, die Rahmung von Entscheidungen zu erfassen sowie die Zuschreibung von Sinn zu rekonstruieren.

Die ehemaligen konfrontativen Entgegensetzungen von quantitativen und qualitativen Verfahren in der Migrationsforschung werden zunehmend hinfällig, jedoch ergibt sich eine neue Abgrenzung zwischen (de-)konstruktivistischen, rekonstruktiven und objektivierenden Methoden (Bohnsack/Nohl 2001, S. 74ff.).

Die konstruktivistische Perspektive auf öffentliche Diskurse und Institutionen hat – so Bohnsack und Nohl – ihren Verdienst und ihren Erkenntnisgewinn darin, dass Mechanismen der Fremd-Ethnisierung identifiziert werden können. Die Bedeutung solcher Ethnisierungsprozesse für die Handelnden kann jedoch nur in der Rekonstruktion alltäglicher Handlungspraxis deutlich werden, in der die Verarbeitungsstrategien solcher Kategorisierungsprozesse im Verlauf der Herstellung von Handlungsprozessen freigelegt wird (ebd., S. 77).

Eine Kombination quantitativer und qualitativer (biographienanalytischer) empirischer Studien findet auch in der 2001 publizierten Replikationsstudie „Das Fremde in der Schweiz" (Hofmann-Nowotny 2001) Anwendung. Der rekonstruktive biographische Zugang beinhaltet die Chance, „die Jugendlichen ausländischer Herkunft als handelnde, aktive Subjekte zu betrachten und nicht nur als erleidende, sozial determinierte Individuen, wie es insbesondere in der klassischen Migrationsforschung üblich war. Die Perspektive wird also bewusst auch auf konstruktive und kreative Elemente in der Lebensorganisation Jugendlicher ausländischer Herkunft gerichtet" (Juhasz/May 2001, S. 208). In diesen Rekonstruktionen sollen empirisch begründete Hypothesen darüber verifiziert und verdichtet werden, „wie jene Jugendlichen, welche trotz oder vielleicht gerade wegen mangelnder Ressourcen einen beruflichen oder schulischen Aufstieg vollzogen haben, diesen begründen" (ebd., S. 210). Diese Verknüpfung von rekonstruktiver Biographieforschung und Mobilitätsforschung erscheint insofern als besonders interessant, als hier die häufig gestellte Frage nach sozialer und kultureller Zugehörigkeit ausländischer Jugendlicher nicht nur im Zusammenhang mit ihrer ausländischen Herkunft, sondern ebenso im Zusammenhang ihrer sozialen Interaktion im Ankunftsland gesehen werden kann. Diese Möglichkeit wird heute zunehmend von der transnationalen Migrationsforschung genutzt (vgl. Apitzsch/Siouti 2008; Fürstenau/Niedrig 2007). Es konnte hier gezeigt werden, dass für Jugendliche die Verweigerung einer vollständigen Assimilation und das Umgehen von Bildungsbarrieren im Ankunftsland durch transnationale zirkuläre und Pendelmigrationen zu einem erfolgreichen Bildungsaufstieg führen können.

Eine allen quantitativen und qualitativen empirischen Studien gemeinsame Fragestellung ist diejenige nach dem kulturellen Vorwissen der Forschenden und dessen Einfluss auf die Forschungsergebnisse. Die Interaktionsbedingungen werden teilweise als Hürden und Fallen des interkulturellen Interviews wahrgenommen (vgl. Herwartz-Emden 2000, S. 65). In der Regel ist das interkulturelle Interview durch asymmetrische Strukturbedingungen charakterisiert, in denen die Angehörigen der dominanten Gruppe einer Gesellschaft Minderheiten zu Forschungszwecken befragen. Das Interview hat somit „kontrollierende und plazierende Funktionen" (ebd., S. 66).

Generell ist für quantitative wie qualitative Sozialforschung zu fordern, dass systematisch die Erzeugungsbedingungen der Daten reflektiert werden und das Sich-Einlassen der Probanden auf die Beobachtungsweise der Forscher selbst als „Arbeitsbündnis" kritisch hinterfragt wird. Im Rahmen solcher Arbeitsbündnisse lassen sich fallrekonstruktiv generative Strukturen menschlicher Handlungen auch in verzerrten Kommunikationssituationen identifizieren. Weder werden sie vollständig durch das Konstrukt der Interviewsituation ausgelöscht oder überschrieben, noch fallen subjektive Transformationspotentiale vollständig mit strukturfunktionalen Systemzusammenhängen zusammen (vgl. Apitzsch 1999b). Empirische Analysen der Situation ausländischer Kinder und Jugendlicher stützen sich dabei zunehmend auf die Methode der von Glaser und Strauss entwickelten „Grounded Theory", die mit einer abduktiven Forschungslogik im Sinne von Peirce verbunden wird. Danach sollte weder deduktiv bzw. objektivierend aus einer generellen Kulturhypothese über die jeweilige Herkunftskultur die gesellschaftliche Orientierung der Betroffenen abgeleitet werden (vgl. Bohnsack/Nohl 2001, S. 74-75), noch reicht es aus, lediglich induktiv die sozialstrukturelle Situation ausländischer Jugendlicher in einem Gesamtbild zu erfassen und verteilungstheoretisch zu erläutern. Interkulturelle Forschung hat generell der Tatsache Rechnung zu tragen, dass in Migrationssituationen Innovationen geleistet und neue Lösungen hervorgebracht werden zur Überwindung von Krisen, in denen die Routinen des Alltagshandelns versagen.

Literatur

Akpinar, Ü./Lopéz-Blasco, A./Vink, J.: Pädagogische Arbeit mit ausländischen Kindern und Jugendlichen – Bestandsaufnahmen und Praxishilfen. München 1977

Alheit, P.: Taking the Knocks. Youth Unemployment and Biography – A Qualitative Analysis. London 1994

Apitzsch, G.: Der Umgang mit minderjährigen Flüchtlingen. Ein blinder Fleck der interkulturellen Pädagogik. In: Auernheimer, G./Gstettner P. (Hrsg.): Jahrbuch für Pädagogik 1996. Pädagogik in multikulturellen Gesellschaften. Frankfurt a.M. 1996, S. 99-119

Apitzsch, G.: Pädagogik Nebensache? In: Dieckhoff, P. (Hrsg.): Kinderflüchtlinge – Ein Handbuch für die Praxis. Wiesbaden 2009 (im Erscheinen)

Apitzsch, U.: Migration und Biographie. Zur Konstitution des Interkulturellen in den Bildungsgängen junger Erwachsener der 2. Migrantengeneration. Bremen (Habilitationsschrift) 1990a

Apitzsch, U.: Besser integriert und doch nicht gleich. Bildungsbiographien jugendlicher Migrantinnen als Dokumente widersprüchlicher Modernisierungsprozesse. In: Rabe-Kleberg, U. (Hrsg.): Besser gebildet und doch nicht gleich! Frauen und Bildung in der Arbeitsgesellschaft. Bielefeld 1990b, S. 197-217

Apitzsch, U.: Jugendkultur und Ethnizität. In: Brähler, R./Dudek, P. (Hrsg.): Fremde Heimat. Neuer Nationalismus versus interkulturelles Lernen – Probleme politischer Bildungsarbeit. Frankfurt a.M. 1992, S. 153-183

Apitzsch, U.: Migration und Ethnizität. In: Kössler, R./Schiel, T. (Hrsg.): Nationalstaat und Ethnizität. Frankfurt a.M. 1994, S. 161-178

Apitzsch, U.: Interkulturelle Arbeit: Migranten, Einwanderungsgesellschaft, interkulturelle Pädagogik. In: Krüger, H.-H./Rauschenbach, T. (Hrsg.): Einführung in die Arbeitsfelder der Erziehungswissenschaft. 2. Aufl., Opladen 1997, S. 251-268

Apitzsch, U. (Hrsg.): Migration und Traditionsbildung. Opladen 1999a

Apitzsch, U.: Biographieforschung und interkulturelle Pädagogik. In: Krüger, H.-H./Marotzki, W. (Hrsg.): Handbuch erziehungswissenschaftliche Biographieforschung. Opladen 1999b, S. 471-486

Apitzsch, U.: Leben in der Stadt: Der „Modernisierungsvorsprung" der allochthonen Bevölkerung. In: Bukow, W.-D. u.a. (2001), S. 44-58

Apitzsch, U.: Migration und Adoleszenz. In: Kind, Jugend und Gesellschaft. Zeitschrift für Jugendschutz (2005), H. 1, Neuwied S. 12-18

Apitzsch, U./Siouti, I.: Transnationale Biographien. In: Homfeldt, H.G./Schröer, W./Schweppe, C. (Hrsg.): Soziale Arbeit und Transnationalität. Weinheim/München 2008, S. 97-113

Apitzsch, U.: Kinder und Jugendliche in Migrantenfamilien – Chancenlos in der zweiten Generation? In: Neue Praxis, Sonderheft 9 (2009), S. 34-45

Attia, I./Aziz, L./Marburger, H./Menge, J.: Ausbildungsplatzsuche. In: Attia, I./Marburger, H. (2000), S. 71-100

Attia, I./Marburger, H. (Hrsg.): Alltag und Lebenswelten von Migrantenjugendlichen. Frankfurt a.M. 2000
Auernheimer, G.: Der sogenannte Kulturkonflikt. Orientierungsprobleme ausländischer Jugendlicher. Frankfurt 1988
Auernheimer, G.: Interkulturelle Erziehung. Darmstadt 1990
Auernheimer, G.: Jugendliche türkischer Herkunft in der Bundesrepublik Deutschland – Ethnizität, Marginalität und Interethnische Beziehungen. In: Krüger, H.-H. u.a. (1990), S. 229-243
Baethge, M./Schomburg, U./Voskamp, U.: Jugend und Krise – Krise aktueller Jugendforschung. Frankfurt a.M. 1983
Beck, U.: Jenseits von Stand und Klasse? Soziale Ungleichheiten, gesellschaftliche Individualisierungsprozesse und die Entstehung neuer sozialer Format-Identitäten. In: Soziale Welt, Sonderheft 2 (1983), S. 35-74
Bednarz-Braun, I./Heß-Meining, U. (Hrsg.): Migration, Ethnizität und Geschlecht. Theorieansätze – Forschungsstand – Forschungsperspektiven. Wiesbaden 2004
Beer-Kern, D: Schulbildung junger Migranten. Berlin/Bonn (BIBB) 1994
Bender-Schymanski, D./Hesse, H.-G.: Migrantenforschung. Eine kritische Analyse deutschsprachiger empirischer Untersuchungen aus psychologischer Sicht. Köln 1987
Bendit, R.: Zweite-Generations-Forschung: Lebenslage und Sozialisation ausländischer Jugendlicher. In: Deutsches Jugendinstitut (Hrsg.): Ausländerarbeit und Integrationsforschung – Bilanz und Perspektiven. Weinheim/München 1987, S. 123-136
Bielefeld, U.: Inländische Ausländer. Zum gesellschaftlichen Bewusstsein türkischer Jugendlicher in der Bundesrepublik. Frankfurt a.M./New York 1988
Bohnsack, R./Nohl, A.-M.: Adoleszenz und Migration – empirische Zugänge einer praxeologisch fundierten Wissenssoziologie. In: Bohnsack, R./Marotzki. W. (Hrsg.): Biographieforschung und Kulturanalyse. Opladen 1998, S. 260-282
Bohnsack, R./Nohl, A.-M.: Allochthone Jugendcliquen. Die adoleszenz- und migrationsspezifische Suche nach habitueller Übereinstimmung. In: Bukow, W.-D. u.a. (2001), S. 73-93
Bommes, M.: Migration und Sprachverhalten. Eine ethnographisch-sprachwissenschaftliche Fallstudie. Wiesbaden 1993
Bommes, M./Dewe, B./Radtke, F.-O.: Sozialwissenschaften und Lehramt. Opladen 1996
Boos-Nünning, U.: Determinanten der Schulorientierung und des Schulerfolgs ausländischer Kinder. In: Boos-Nünning, U./Hohmann, M./Reich, H.H.: Integration ausländischer Arbeitnehmer. Schulbildung ausländischer Kinder. Bonn 1976, S. 65-123
Boos-Nünning, U.: Die schulische Situation der zweiten Generation. In: Meys, W./Sen, S. (Hrsg.): Zukunft in der Bundesrepublik oder Zukunft in der Türkei? Eine Bilanz der 25jährigen Migration von Türken. Frankfurt a.M. 1986
Boos-Nünning, U./Neumann, U./Reich, H./Yakut, A.: Zwischen Elternhaus und Arbeitsamt. Türkische Jugendliche suchen einen Beruf. Berlin 1986
Boos-Nünning, U./Nieke, W.: Orientierungs- und Handlungsmuster türkischer Jugendlicher zur Bewältigung der Lebenssituation in der Bundesrepublik. In: psychosozial 16 (1982)
Bronfenbrenner, U.: Die Ökologie der menschlichen Entwicklung. Stuttgart 1981
Bukow, W.-D./Llaryora, R.: Mitbürger aus der Fremde. Soziogenese ethnischer Minoritäten. Opladen 1988
Bukow, W.-D./Ottersbach, M. (Hrsg.): Der Fundamentalismusverdacht. Plädoyer für eine Neuorientierung der Forschung im Umgang mit allochthonen Jugendlichen. Opladen 1999
Bukow, W.-D./Nikodem, C./Schulze, E./Yildiz, E. (Hrsg.): Auf dem Weg zur Stadtgesellschaft. Die multikulturelle Stadt zwischen globaler Neuorientierung und Restauration. Opladen 2001
Bundesanstalt für Arbeit (Hrsg.): Jugendliche ausländischer Herkunft vor der Berufswahl. Handbuch für die Berufsberatung. Berlin 1993
Bundesamt für Migration und Flüchtlinge (Hrsg.): Illegal aufhältige Drittstaatsangehörige in Deutschland. Staatliche Ansätze, Profil und soziale Situation. Forschungsstudie von A. Sinn, A. Kreienbrink, H.D. von Loeffelholz und M. Wolff im Rahmen des Europäischen Migrationsnetzwerks 2005
Cappai, G.: Im migratorischen Dreieck. Eine empirische Untersuchung über Migrantenorganisationen und ihre Stellung zwischen Herkunfts- und Aufnahmegesellschaft. Stuttgart 2005
CCCS (Hrsg.): The Empire Strikes Back. Birmingham 1982
Czock, H.: Der Fall Ausländerpädagogik. Erziehungswissenschaftliche und bildungspolitische Codierung der Arbeitsmigration. Frankfurt a.M. 1993
Dannenbeck, C./Eßer, F./Lösch, H.: Herkunft (er)zählt. Befunde über Zugehörigkeit Jugendlicher. Münster/New York/München/Berlin 1999
Dannenbeck, C./Lösch, H.: Zugehörigkeiten als Verhandlungsgegenstand – Ein Beitrag zur Entmythologisierung von Ethnizität. In: Gogolin, I./Nauck, B. (2000), S. 113-127
Dannenbeck, C./Lösch, H.: Reflexionen urbanen Zusammenlebens Jugendlicher in einem Münchner Stadtteil. In: Bukow, W.-D. u.a. (2001), S. 59-72

Deutsche Shell (Hrsg.): Jugend 2000. 13. Shell-Jugendstudie. 2 Bde., Opladen 2000
Diehm, I.: Erziehung in der Einwanderungsgesellschaft. Konzeptionelle Überlegungen für die Elementarpädagogik. Frankfurt a.M. 1993
Diehm, I./Radtke, F.-O.: Erziehung und Migration. Eine Einführung. Stuttgart 1999
Dittrich, E./Lenz, A.: Die Fabrikation von Ethnizität. In: Kössler, R./Schiel, T. (Hrsg.): Nationalstaat und Ethnizität. Frankfurt a.M. 1994, S. 23-43
Esser, H.: Familienmigration, Schulsituation und interethnische Beziehungen. Prozesse der „Integration" bei der 2. Generation von Arbeitsmigranten. In: Zeitschrift für Pädagogik 35 (1989), H. 3, S. 317-326
Faist, T.: Social Citizenship for Whom? Young Turks in Germany and Mexican Americans in the United States. Aldershot 1995
Fibbi, R./Lerch, M./Wanner, P.: Unemployment and Discrimination against Youth of Immigrant Origin in Switzerland: When the Name Makes the Difference. In: Journal of International Migration and Integration 7 (2006), H. 3, S. 351-366
Frankenberg, G: Zur Alchemie von Recht und Fremdheit. Die Fremden als juridische Konstruktion. In: Balke, F. (Hrsg.): Schwierige Fremdheit. Über Integration und Ausgrenzung in Einwanderungsländern. Frankfurt a.M. 1993, S. 41-67
Fuchs, W./Zinnecker, J.: Nachkriegsjugend und Jugend heute. Werkstattbericht aus einer laufenden Studie. In: Z.S.E. (1985), H. 1, S. 5-28
Fuchs-Heinritz, W.: Zukunftsorientierungen und Verhältnis zu den Eltern. In: Deutsche Shell (Hrsg.): Jugend 2000. 13. Shell-Jugendstudie, Opladen 2000, Bd. 1, S. 23-92
Fuchs-Heinritz, W.: Religion. In: Jugend 2000. 13. Shell-Jugendstudie. Opladen 2000b, S. 157-180
Fuchs-Heinritz, W.: Lebensentwürfe: Eindrücke aus dem qualitativen Material. In: Deutsche Shell (Hrsg.): Jugend 2000. 13. Shell-Jugendstudie. Opladen 2000c, Bd. 2, S. 371-395
Fürstenau, S. und H. Niedrig: Jugend in transnationalen Räumen. Bildungslaufbahnen von Migrantenjugendlichen mit unterschiedlichem Rechtsstatus. In: Geisen, T./Riegel, C. (2007), S. 239-280
Geisen, T./Riegel, C. (Hrsg.): Jugend, Partizipation und Migration. Orientierungen im Kontext von Integration und Ausgrenzung. Wiesbaden 2007
Geisen, T.: Gesellschaft als unsicherer Ort. Jugendliche MigrantInnen und Adoleszenz. In: Geisen, T./Riegel, C. (2007), S. 29-50
Georgi, V.: Entliehene Erinnerung. Geschichtsbilder junger Migranten in Deutschland. Hamburg 2003
Gillis, J.R.: Geschichte der Jugend. Weinheim/Basel 1980
Glumpler, E.: Schullaufbahn und Schulerfolg türkischer Migrantenkinder. Hamburg 1985
Gogolin, I./Nauck, B. (Hrsg.): Migration, gesellschaftliche Differenzierung und Bildung. Resultate des Forschungsschwerpunktprogramms FABER. Opladen 2000
Gomolla, M./Radtke, F.-O.: Mechanismen, institutionalisierter Diskriminierung in der Schule. In: Gogolin, I./Nauck, B. (2000), S. 321-341
Gomolla/Radtke: Institutionelle Diskriminierung. Die Herstellung ethnischer Differenz in der Schule. Opladen 2002
Granato, M.: Bildungs- und Lebenssituation junger Italiener. Berlin/Bonn 1994a
Granato, M./Meissner, V.: Hochmotiviert und abgebremst. Junge Frauen ausländischer Herkunft in der Bundesrepublik Deutschland. Berlin/Bonn 1994b
Gündüz, V.: Wir haben unsere Stimme noch nicht laut gemacht. Türkische Arbeiterkinder in Europa. Feldsberg/Istanbul 1985
Günther, M.: „So geniesse ich jetzt das Single-Leben in Frankfurt". Adoleszente Bearbeitung der Migrations-Situation. In: Riegel, C./Geisen, T. (2007), S.129-146
Hamburger, F.: Pädagogik der Einwanderungsgesellschaft. Frankfurt a.M. 1994
Hamburger, F. (Hrsg.): Migration und Bildung : über das Verhältnis von Anerkennung und Zumutung in der Einwanderungsgesellschaft. Wiesbaden 2005
Hamburger, F./Seus, L./Wolter, O.: Zur Delinquenz ausländischer Jugendlicher. Wiesbaden 1981
Hämmig, O./Stolz, J.: Strukturelle (Des)Integration, Anomie und Adaptionsformen bei der 2. Generation. In: Hoffmann-Nowotny, H.-J. (Hrsg.): Das Fremde in der Schweiz. Zürich 2001, S. 163-196
Heitmeyer, W.: Gesellschaftliche Integration, Anomie und ethnisch-kulturelle Konflikte. In: Heitmeyer, W. (Hrsg.): Was treibt die Gesellschaft auseinander? Bundesrepublik Deutschland: Auf dem Weg von der Konsens- zur Konfliktgesellschaft. Frankfurt a.M. 1997a
Heitmeyer, W./Müller, J./Schröder, H.: Verlockender Fundamentalismus. Türkische Jugendliche in Deutschland. Frankfurt a.M. 1997b
Helsper, W. (Hrsg.): Jugend zwischen Moderne und Postmoderne. Opladen 1991

Helsper, W./Müller, H./Nölke, E./Combe, A.: Jugendliche Außenseiter. Zur Rekonstruktion scheiternder Bildungs- und Ausbildungsverläufe. Opladen 1991
Herwartz-Emden, L. (Hrsg.): Einwandererfamilien: Geschlechterverhältnisse, Erziehung und Akkulturation. Osnabrück 2000
Herwartz-Emden, L./Westphal, M.: Methodische Fragen in interkulturellen Untersuchungen. In: Gogolin, I./Nauck B. (2000), S. 53-75
Heß-Meining, U.: Empirischer Forschungsstand in Deutschland und Forschungsfragen zu ausgewählten Bereichen. In: Bednarz-Braun, I./Heß-Meining, U. (2004): 97-174
Hewitt, R.: Inter-ethnische Beziehungen von Jugendlichen und die Bedeutung der Sprache in ethnisch gemischten Jugendgruppen in Großbritannien. In: Krüger, H.-H. u.a. (1990), S. 245-256
Hofmann-Nowotny, H.-J. (Hrsg.): Das Fremde in der Schweiz. Ergebnisse soziologischer Forschung. Zürich 2001
Hummrich, M.: Bildungserfolg und Migration, Opladen 2002
Hurrelmann, K.: Lebensphase Jugend. Eine Einführung in die sozialwissenschaftliche Jugendforschung. 4. Aufl., Weinheim/München 1995
Inowlocki, L.: Sich in die Geschichte hineinreden. Biographische Fallanalysen rechtsextremer Gruppenzugehörigkeit. Frankfurt a.M. 2000
Jakobs, H.: Ein- und Beschulungsmodelle für ausländische Kinder und Jugendliche in der Bundesrepublik Deutschland. München 1982
Jones, S.: Black Culture, White Youth: The Reggae Tradition from JA to UK. London 1988
Juhasz, A./May, E.: Die zweite Ausländergeneration erzählt: Zur Lebenssituation der Zweiten Generation im Kanton Zürich. In: Hofmann-Nowotny, H.-J. (2001), S. 208-228
Kallert, H.: Flüchtlinge und Migranten in der Heimerziehung. In: Handbuch Heimerziehung und Pflegekinderwesen in Europa. Neuwied 1999, S. 651-662
Karakaşoğlu-Aydin, Y.: Studentinnen türkischer Herkunft an deutschen Universitäten unter besonderer Berücksichtigung der Studierenden pädagogischer Fächer. In: Attia, I./Marburger, H. (2000), S. 101-126
Kiesel, D.: Das Dilemma der Differenz. Zur Kritik des Kulturalismus der Interkulturellen Pädagogik. Frankfurt a.M. 1996
Klemm, K.: Die Bildungs(be)nachteiligung ausländischer Schüler in der BRD. In: Westermanns pädagogische Beiträge 39 (1987), S. 18-21
King, V. (Hrsg.): Adoleszenz-Migration-Bildung: Bildungsprozesse Jugendlicher und junger Erwachsener mit Migrationshintergrund. Wiesbaden 2006
Kornmann, R.: Die Problematik des Sonderschulaufnahmeverfahrens für ausländische Kinder und Ansätze zur Lösung. In: Buchkreemer, H./Emmerich, M. (Hrsg.): Ausländerkinder. Sonder- und sozialpädagogische Fragestellungen. Rissen 1987, S. 148-163
Krüger, H.-H./Büchner, P./Chisholm, L. (Hrsg.): Kindheit und Jugend im interkulturellen Vergleich. Opladen 1990
Lajios, K. (Hrsg.): Die zweite und dritte Ausländergeneration. Ihre Situation und Zukunft in der Bundesrepublik Deutschland. Opladen 1991
Lanfranchi, A.: Immigranten und Schule. Opladen 1993
Langenohl-Weyer, A./Wennekes, R./Bendit, R./Lopez-Balsco, A./Akpinar, Ü./Vink, J.: Zur Integration der Ausländer im Bildungsbereich. München 1979
Leschinsky, A.: Türkische Schüler in der Bundesrepublik Deutschland: Familienmigration, Trennungserfahrungen und Schulsituation. In: Zeitschrift für Pädagogik 35 (1989), H. 3, S. 313- 328
Lutz, H.: Biographisches Kapital als Ressource der Bewältigung von Migrationsprozessen. In: Gogolin, I./Nauck, B. (2000), S. 179-210
Mannheim, K.: Strukturen des Denkens, Frankfurt a.M. 1980
Martini, C.: Italienische Migranten in Deutschland. Transnationale Diskurse. Berlin 2001
Mecheril, P.: Einführung in die Migrationspädagogik. Weinheim u.a. 2004
Meyer-Sabino, G.: La generazione della sfida quotidiana. Studio sulla condizione dei giovani italiani in Svizzera. Zürich (ENAIP) 1987
Nauck, B.: 20 Jahre Migrantenfamilien in der Bundesrepublik. Familiärer Wandel zwischen Situationsanpassung, Akkulturation und Segregation. In: Nave-Herz, R. (Hrsg.): Wandel und Kontinuität der Familie in der Bundesrepublik Deutschland. Stuttgart 1988, S. 279-297
Neumann, U.: An der ‚Schwelle'. Die Rolle der Mehrsprachigkeit beim Übergang von der Grundschule in die Sekundarstufe. In: Neumann, U./Gogolin, I. (Hrsg.): Großstadt-Grundschule. Eine Fallstudie über sprachliche und kulturelle Pluralität als Bedingung der Grundschularbeit. Münster 1997, S. 251-310
Nieke, W.: Situation ausländischer Kinder und Jugendlicher in der Bundesrepublik Deutschland: Vorschule, Schule, Berufsausbildung, Freizeit, Kriminalität. In: Lajios, K. (1991), S. 13-41

Nohl, A.-M.: Migration und Differenzerfahrung. Junge Einheimische und Migranten im rekonstruktiven Milieuvergleich. Opladen 2001

PISA 2000: Basiskompetenzen von Schülerinnen und Schülern im internationalen Vergleich, hrsg. v. Baumert, J. et al., Opladen 2001

Pfeiffer, C./Wetzels, P.: Zur Struktur und Entwicklung der Jugendgewalt in Deutschland. In: Aus Politik und Zeitgeschichte, B. 26 (1999), S. 1-22

Pfriem, R./Vink, J.: Materialien zur interkulturellen Erziehung im Kindergarten. Stuttgart 1980

Portera, A.: Interkulturelle Identitäten. Faktoren der Identitätsbildung Jugendlicher italienischer Herkunft in Südbaden und in Süditalien. Köln 1995

Pott, A.: Ethnizität und Raum im Aufstiegsprozess : eine Untersuchung zum Bildungsaufstieg in der zweiten türkischen Migrantengeneration. Opladen 2002

Reich, H.H./Wittek, F. (Hrsg.): Migration – Bildungspolitik – Pädagogik. Aus der Diskussion um die interkulturelle Erziehung in Europa. Essen/Landau 1984

Riegel, C./Geisen, T. (Hrsg.): Jugend, Zugehörigkeit und Migration. Subjektpositionierung im Kontext von Jugendkultur, Ethnizitäts- und Geschlechterkonstruktionen. Wiesbaden 2007

Riegel, C.: Zwischen Kämpfen und Leiden. Handlungsfähigkeit im Spannungsfeld ungleicher Geschlechter-, Generationen- und Ethnizitätsverhältnisse. In: Riegel, C./Geisen, T. (2007), S. 247-272

Riemann, G./Schütze, F.: „Trajectory" as a Basic Theoretical Concept for Suffering and Disorderly Social Processes. In: Maines, D. (Hrsg.): Social Organisation and Social Process. Essays in Honour of Anselm Strauss. New York 1991

Riesner, S.: Junge türkische Frauen der zweiten Generation in der Bundesrepublik Deutschland. Eine Analyse von Sozialisationsbedingungen und Lebensentwürfen anhand lebensgeschichtlich orientierter Interviews. 3. Aufl., Frankfurt a.M. 1995

Rommelspacher, B.: Politische Orientierungen von Jugendlichen in der Einwanderungsgesellschaft. Rechtsextremismus und islamischer Fundamentalismus in der Diskussion. In: Fechler, B. u.a. (Hrsg.): „Erziehung nach Auschwitz" in der multikulturellen Gesellschaft. Pädagogische und soziologische Annäherungen. Weinheim/München 2000, S. 95-117

Rosen, R./Stüwe, G.: Ausländische Mädchen in der Bundesrepublik. Opladen 1985

Sauter, S.: Wir sind „Frankfurter Türken". Adoleszente Ablösungsprozesse in der deutschen Einwanderungsgesellschaft. Frankfurt a.M. 2000

Scherr, A.: Bildung zum Subjekt in der multikulturellen Gesellschaft? In: Grubauer, F. u.a. (Hrsg.): Subjektivität – Bildung – Reproduktion. Perspektiven einer kritischen Bildungstheorie. Weinheim 1992

Schrader, A./Nickles, B./Griese, H.: Die Zweite Generation. Sozialisation und Akkulturation ausländischer Kinder in der Bundesrepublik. 2. Aufl. Kronberg 1979

Seifert, W.: Die 2. Ausländergeneration in der Bundesrepublik. Längsschnittbeobachtungen in der Berufseinstiegsphase. In: Kölner Zeitschrift für Soziologie und Sozialpsychologie 44 (1992), S. 677-696

Sieber, P.: Der Umgang mit migrationsbedingter Vielfalt im Bildungswesen – historische gestaltete Institutionen als Rahmen für Ausgrenzungsprozesse. In: Geisen, T./Riegel, C. (2007), S. 281-304

Sigrist, Ch.: Ethnizität als Selbstorganisation. In: Kössler, R./Schiel, T. (Hrsg.): Nationalstaat und Ethnizität. Frankfurt a.M. 1994, S. 45-55

Sinus 2007: Die Milieus der Menschen mit Migrationshintergrund in Deutschland. Eine qualitative Untersuchung von Sinus Sociovision. Heidelberg 2007

Spindler, S.: Eine andere Seite männlicher Gewalt. Männlichkeit und Herkunft als Orientierung und Falle. In: Riegel, C./Geisen, T. (2007), S. 289-306

Stanat, P./Christensen, G.: Schulerfolg von Jugendlichen mit Migrationshintergrund im internationalen Vergleich : eine Analyse von Voraussetzungen und Erträgen schulischen Lernens im Rahmen von PISA 2003. Bonn 2006

Steiner-Khamsi, G.: Multikulturelle Bildungspolitik in der Postmoderne. Opladen 1992

Stüwe, G.: Türkische Jugendliche. Eine Untersuchung in Berlin-Kreuzberg. Bensheim 1982

Tertilt, H.: Turkish Power Boys. Ethnographie einer Jugendbande. Frankfurt a.M. 1996

Tietze, N.: Islamische Identitäten. Formen muslimischer Religiosität junger Männer in Deutschland und Frankreich. Hamburg 2001

Weber, M.: Ethnisierung und Männlichkeitsinszenierungen. Symbolische Kämpfe von Jungen mit türkischem Migrationshintergrund. In: Riegel, C./Geisen, T. (2007), S. 307-322

Wilpert, C.: Die Zukunft der Zweiten Generation. Erwartungen und Verhaltensmöglichkeiten ausländischer Kinder. Königstein/Ts. 1980

WOGE e.V. (Hrsg.): Handbuch der sozialen Arbeit mit Kinderflüchtlingen. Münster 1999

Yakut, A./Reich, H.H./Neumann, U./Boos-Nünning, U.: Zwischen Elternhaus und Arbeitsamt. Türkische Jugendliche suchen einen Beruf. Berlin 1986
Zehnbauer, A.: Ausländerkinder in Kindergarten und Tagesstätte. Eine Bestandsaufnahme zur institutionellen Betreuung von ausländischen Kindern im Vorschulalter. München (DJI) 1980
Zehnbauer, A.: Vorschul- und Elementarerziehung. In: Handwörterbuch Ausländerarbeit. Weinheim/Basel 1984, S. 338-344
Zenk, R.: Doppelidentität. In: WOGE e.V. (1999), S. 394-400
Zinnecker, J.: Jugendliche Subkulturen. Ansichten einer künftigen Jugendforschung. In: Zeitschrift für Pädagogik 27 (1981), H. 3, S. 221-444

Wolfgang Melzer | Karl Lenz | Ludwig Bilz

Gewalt in Familie und Schule

1   Was ist Gewalt?

Der Begriff der **Gewalt** ist schillernd und vieldeutig; weder im Recht noch in der Wissenschaft gibt es einen umfassenden Konsens über den Begriff Gewalt (vgl. Neidhardt 1986; Honig 1992; Trotta 1997; Imbusch 2002). Für eine Systematisierung kann zwischen personeller und struktureller Gewalt unterschieden werden.

Das Konzept der **strukturellen Gewalt** hat Johan Galtung (1975) eingeführt. Jegliche durch gesellschaftliche Strukturen bewirkte Behinderung, die eigene Potentialität voll auszuschöpfen, wird danach als Gewalt bezeichnet. Dieses Konzept hat vor allem im Umfeld von sozialen Bewegungen eine breite Rezeption erfahren, jedoch auch erhebliche Einwände ausgelöst (vgl. Neidhardt 1986; Schwind u.a. 1990). Unverkennbar hat diese Diskussion dazu beigetragen, die sozialen und kulturellen Verursachungsfaktoren von Gewalt stärker in den Blick zu nehmen.

Im Unterschied dazu ist der Begriff der **personellen Gewalt** auf individuelle Akteure bezogen. Darunter werden Handlungen (und Unterlassungen) verstanden, die auf andere Personen gerichtet sind; hier geht es immer um Täter und um Opfer. In einer engen Fassung wird Gewalt auf solche Handlungen beschränkt, die eine physische Schädigung auf Seiten des Opfers zur Konsequenz haben. Vielfach wird darauf hingewiesen, dass der Begriff der personellen Gewalt mit einer psychischen Komponente erweitert werden sollte. So können verbale Attacken gegen eine Person eine Wirkung haben, die in der Perspektive des Opfers durchaus mit physischer Gewalt vergleichbar sind. Folgt man dem, dann kann als (personelle) Gewalt jede ausgeführte oder angedrohte Handlung (einschließlich Duldung oder Unterlassung) bezeichnet werden, die mit der Absicht oder der perzipierten Absicht ausgeführt wird, eine andere Person psychisch oder physisch zu schädigen. In dieser Definition wird bewusst zwischen einer Täter- und Opferperspektive differenziert. Dies ist erforderlich, da Täter und Opfer nicht immer darin übereinstimmen, ob eine Handlung Gewalt war oder nicht. Für diese Bestimmung von Gewalt ist es ausreichend, wenn das Opfer eine auf Schädigung ausgerichtete Absicht beim Täter wahrnimmt.

In der **Schulgewaltforschung** spielen in der internationalen Diskussion zusätzlich die Begriffe „Bullying" und „Mobbing" als spezifische Aspekte personeller Gewalt eine gewichtige Rolle (vgl. u.a. Olweus 1995). Wichtig wäre es auch für dieses Forschungsfeld, weitere Formen von Gewalt, wie z. B. Vandalismus oder Gruppenschlägereien, stärker zu erfassen.

2 Gewalt in Familien

Konstitutiv für eine Familie ist das Vorhandensein zumindest einer Generationenbeziehung, in der die Eltern- und Kind-Position eingenommen wird. Die Erwachsenengeneration kann eine Person (Ein-Eltern-Familie) oder ein Paar umfassen, das verheiratet (eheliche Familie) oder nicht verheiratet (nichteheliche Familie) ist. Familie setzt nicht zwangsläufig biologische Elternschaft voraus, sondern kann auch durch eine soziale Elternschaft gebildet werden (vgl. Lenz 2003).

In ihrem Abschlussbericht hat die Gewaltkommission der Bundesregierung die Gewalt in Familien „als die bei weitem verbreitetste Form von Gewalt, die ein Mensch im Verlaufe seines Lebens erfährt" bezeichnet. Sie ist zugleich „die am wenigsten kontrollierte und sowohl in ihrer Häufigkeit als in ihrer Schwere am stärksten unterschätzte Form der Gewalt" (Schwind u.a. 1990, Bd. 1, S. 75).

Gewalt in Familien (im Englischen: family violence oder family abuse) ist historisch keineswegs ein neues Phänomen. Neu ist nur, dass inzwischen ein breites Problembewusstsein entstanden ist. Handlungen, die bis in die jüngste Vergangenheit als „Rechte" oder gar als „Pflichten" oder zumindest als Gestaltungsspielraum der Eltern bzw. der Ehemänner aufgefasst wurden, haben einen massiven Legitimationseinbruch zu verzeichnen. Durch eine „Neubewertung einer bis dato als selbstverständlich oder zumindest partiell legitim angesehenen Wirklichkeit" (Honig 1992, S. 22) ist die Gewalt in Familien zu einem inzwischen breit thematisierten sozialen Problem aufgestiegen. Gewalt in Familien wird in der Gegenwart vor allem als Gewalt gegen (Ehe-)Frauen und als Gewalt gegen Kinder thematisiert [1].

Die Entdeckung **familialer Gewalt** ist vor allem der Verdienst der Frauenbewegung und der Kinderschutzinitiativen. Die Familienforschung dagegen hat auch dann noch lange gebraucht, bis sie die „dark side of families" (Finkelhor et al. 1983) als Forschungsthema aufgegriffen hat. Sowohl in Fachzeitschriften als auch Einführungsbüchern und Handbüchern wurde Gewalt jahrzehntelang als Thema vollständig ausgeblendet. Noch deutlich länger als für die amerikanische Familienforschung trifft dies für die deutschsprachige zu, in der offensichtlich ein harmonistisches Familienbild bis weit in die 1980er-Jahre einer Thematisierung entgegenstand.

Im Weiteren wird es in diesem Zusammenhang nur um Gewalt gegen Kinder gehen. Allerdings ist darauf hinzuweisen, dass diese beiden Hauptformen von familialer Gewalt – wie noch gezeigt wird - nicht unabhängig voneinander sind (vgl. Kavemann 2007).

Was heute als Gewalt gegen Kinder oder als Kindesmisshandlungen aufgefasst wird, wurde über Jahrhunderte durch die Überzeugung gerechtfertigt, dass körperliche Strafen notwendig sind, um aus den Kindern böse Geister zu vertreiben, ihnen Disziplin beizubringen und aufrechtzuerhalten oder um bestimmte Erziehungsideale zu vermitteln. Lloyd de Mause (1980, S. 12) hat mit Blick auf diese familiale Praxis die Geschichte der Kindheit als Alptraum bezeichnet, „aus dem wir gerade erst erwachen. Je weiter wir in der Geschichte zurückgehen, desto unzureichender wird die Pflege der Kinder, die Fürsorge für sie, desto größer wird die Wahrscheinlichkeit, dass Kinder getötet, ausgesetzt, gequält und sexuell missbraucht wurden". Erst nach und nach sind lange Zeit praktizierte Formen der „schwarzen Pädagogik" verschwunden und haben stärker kindorientierten Erziehungsformen Platz gemacht. Als Beginn der wissenschaftlichen Analyse der Gewalt gegen Kinder können die Arbeiten zum „battered

---

1 Ein weiteres wichtiges Feld ist die Gewalt gegen alte Menschen (vgl. Miller/Langley/Knudsen 1999; Aikten/Griffin 1996); für Deutschland ist hier vor allem auf die KFN-Studie (Wetzels et al. 1995) zu verweisen.

child syndrome" der Gruppe um Charles H. Kempe aus den 1960er-Jahren gelten. In der Anfangszeit dominierten medizinische und juristische Arbeiten bei der Erforschung von Gewalt gegen Kinder; die Sozialwissenschaften haben erst in den 1970er-Jahren allmählich dieses Thema aufgegriffen.

Zunächst sollen die Formen der Gewalt gegen Kinder kurz dargestellt und anschließend der Frage nach empirischen Zugängen zum Ausmaß der Gewalt nachgegangen werden. Abgeleitet aus den vorliegenden Studien, wird dann eine Einschätzung der Gewalthäufigkeit in Deutschland gegeben. Thematisiert werden sollen abschließend auch die Ursachen und die Auswirkungen von Gewalt gegen Kinder.

2.1 Formen der Gewalt gegen Kinder

Es ist weithin üblich, vier Formen von Gewalt gegen Kinder zu unterscheiden (vgl. z.B. Amelang/Krüger 1995; Deegener 2005, 2008; Engfer 1997; Kindler et al. 2006): Körperliche Misshandlung, psychische Misshandlung, sexueller Missbrauch und Vernachlässigung.

(1) Als *körperliche Misshandlung* gelten Schläge oder andere gewaltsame Handlungen (z.B. Stöße, Schütteln, Verbrennungen usw.), die beim Kind zu Verletzungen führen können. Manchmal wird noch auf die Unangemessenheit der Handlung hingewiesen (vgl. z.B. Amelang/Krüger 1995). Verbreitet ist auch die Unterscheidung zwischen körperlicher Züchtigung und körperlicher Misshandlung (vgl. z.B. Wetzels 1997). Unter körperlicher Züchtigung („physical punishment") wird das Zufügen eines körperlichen Schmerzes zum Zwecke der erzieherischen Einflussnahme oder Verhaltenskontrolle verstanden; die körperliche Misshandlung („maltreatment") wird dagegen auf das nicht legitimierte Erzeugen körperlicher Schmerzen bezogen. Diese Unterscheidung lassen den Versuch erkennen, eine eingeschränkte Gewaltanwendung noch zu einem zulässigen Erziehungsrepertoire zu rechnen. In der Leitidee der gewaltfreien Erziehung wird diese Differenzierung jedoch verworfen und alle Formen der intendierten körperlichen Schmerzzufügung als Gewalt aufgefasst. Bei all diesen Handlungen ist immer die besondere Empfindlichkeit des kindlichen Organismus in Rechnung zu stellen.

(2) Als *psychische Misshandlung* werden Verhaltensweisen zusammengefasst, die Kinder ängstigen, Gefühle des Abgelehntseins oder der eigenen Wertlosigkeit vermitteln und sie dadurch in ihrer psychischen und körperlichen Entwicklung beeinträchtigen. Die psychische Misshandlung ist die am schwersten fassbare Form von Gewalt; schwierig ist hier die Grenzziehung zwischen verbreiteten und weitgehend tolerierten Erziehungspraktiken (wie z.B. Bestrafen mit Hausarrest, Liebesentzug) und den psychisch schädigenden Formen.

(3) Unter *sexuellem Missbrauch* wird die Instrumentalisierung von Kindern und Jugendlichen für die Befriedigung sexueller Bedürfnisse von Erwachsenen verstanden (vgl. Brügge 2008). Unterschieden werden kann dabei zwischen Hands-on- (z.B. Vergewaltigung) und Hands-off-Handlungen (Anleitung zur Prostitution, obszöne Anreden usw.), je nach dem, ob diese Praktiken körperlichen Kontakt zwischen Täter und Opfer einschließen oder nicht.

(4) Die *Vernachlässigung* ist eine Gewaltform, der Kinder in besonderer Weise ausgeliefert sind; sie ergibt sich aus der entwicklungsbedingten Abhängigkeit der Kinder von erwach-

senen Bezugspersonen. Eine Vernachlässigung („neglect") liegt vor, wenn die Kinder nicht ausreichend ernährt, gepflegt, gefördert, gesundheitlich versorgt, beaufsichtigt oder vor Gefahren geschützt werden. Bei der Vernachlässigung kann zwischen physischer und psychischer unterschieden werden, je nachdem, ob diese Formen der Vernachlässigung unmittelbar körperliche Auswirkungen haben oder nicht.

2.2 Empirische Zugänge zum Ausmaß der Gewalt gegen Kinder

Über das Ausmaß der Gewalt gegen Kinder finden sich in aktuellen Debatten weit auseinander klaffende Schätzungen, wobei vielfach nicht hinreichend deutlich gemacht wird, auf welche empirische Basis sich diese Zahlen stützen.

Das Ausmaß an Gewalt kann in Form von Inzidenz- und Prävalenzraten (vgl. Ernst 1997; Garbarino 1989; Starr et al. 1990) erfasst werden. Die *Inzidenzrate* gibt an, wie viele Personen bezogen auf die Grundgesamtheit der Population innerhalb eines Jahres Gewalt erleiden mussten. Die *Prävalenzrate* gibt an, wie viele Personen in ihrer Kindheit zumindest einmal einer Gewalthandlung ausgesetzt waren. Prävalenz- und Inzidenzstudien können sich auf Befragungen von Personen stützen und Opfer- und/oder Tätererfahrungen eruieren. Da es schwierig ist, über eigene Opfer- oder auch Tätererfahrung zu sprechen, ist davon auszugehen, dass die Ergebnisse das volle Ausmaß der Gewalt unterschätzen. Inzidenzstudien basieren zusätzlich auf Befragungen Professioneller über ihnen bekannt gewordene Gewalthandlungen oder auch aggregierte Daten institutionell erfasster Vorkommnisse.

Da es in Deutschland keine Meldepflicht für Hilfseinrichtungen und kein mit dem amerikanischen Child Protection Service vergleichbares Register für Gewaltvorfälle gibt (für die USA vgl. Starr et al. 1990; Knutson 1995), ist man in diesem Land bei institutionell verfügbaren Daten auf die Polizeiliche Kriminalstatistik verwiesen. Die Polizeiliche Kriminalstatistik ist aber bei Gewalt gegen Kinder eine unzureichende Informationsgrundlage (ausführlich und profund dazu vgl. Wetzels 1997). Dies nicht nur deshalb, da der größte Teil entsprechender Vorfälle niemals zur Anzeige kommt; die Brauchbarkeit wird auch durch die Erfassungsmodalitäten (z.B. Erfassung in unterschiedlichen Deliktgruppen, z.T. fehlende Aufschlüsselung nach Alter, Geschlecht und Täter-Opfer-Beziehungen) erheblich eingeschränkt. Auch Befragungen Professioneller fehlen in Deutschland mit wenigen Ausnahmen.

Insgesamt die wichtigste Auskunftsquelle sind direkte Befragungen von Personen zu ihren persönlichen Erfahrungen als Opfer oder Täter. Nachhaltigen Einfluss auf die Forschungen auf diesem Gebiet der *physischen Gewalt* hatte der 1975 in den USA unter der Leitung von Murray A. Straus durchgeführte „Family Violence Survey" (vgl. Straus/Gelles/Steinmetz 1980), der 1985 repliziert wurde (vgl. Straus/Gelles 1986, 1990). In diesen beiden Studien wurden Erwachsene über 18 Jahre befragt, die aus der Täterperspektive Auskunft über Gewalt gegen Kinder gaben. Als Erhebungsverfahren zur innerfamilialen Gewalt entwickelte die Forschungsgruppe die Conflict Tactics Scale (CTS) (vgl. Straus 1979, 1990). Erhoben wird, wie häufig bestimmte Gewaltformen (z.B. Ohrfeigen, mit Gegenständen schlagen) im letzten Jahr ausgeübt wurden und ob es vorher dazu schon einmal gekommen ist. Zu dem CTS-Instrument gibt es eine kontroverse Debatte (als Zusammenfassung vgl. Godenzi 1996), die der Verbreitung nicht hat schaden können. Das Instrument wurde ursprünglich primär zur Erfassung von Gewalt gegen Beziehungspersonen konzipiert, ist aber auch zur Erfassung der Gewalt gegen Kinder international sehr verbreitet. Darauf aufbauend hat die Forschungsgruppe von Straus ein

Messinstrument speziell für Gewalt in der Eltern-Kind-Beziehung entwickelt, die Parent-Child Conflict Tactics Scales (kurz: CTSPC) (vgl. Straus et al. 1998), das der Gewalt gegen Kinder stärker gerecht werden soll.

Die Vorbehalte gegen eine empirische Erforschung von Gewalt in Familien sind in Deutschland größer als in vielen anderen Ländern. Mit physischer Gewalt befassen sich die folgenden Studien: In den Studien von Klaus Schneewind, Michael Beckmann und Anette Engfer (1983) zu Familien mit acht- bis vierzehnjährigen Kindern und in der repräsentativen Befragung von Erwachsenen des Deutschen Jugendinstituts (vgl. Wahl 1990) werden Teile der CTS verwendet. Kai-Detlef Bussmann (2000, 2005c) hat für seine repräsentativen Befragungen von Jugendlichen und von Erwachsenen ein selbst entwickeltes Erhebungsinstrument verwendet. Die vollständige CTS mit den Antwortvorgaben („sehr häufig", „häufig", „manchmal" und „nie") kam in der repräsentativen Erwachsenenbefragung des Kriminologischen Forschungsinstituts Niedersachsen (KFN) zum Einsatz (vgl. Wetzels u.a. 1995; Wetzels 1997; Pfeiffer/Wetzels 1997). Die beiden zuletzt genannten Studien erstrecken sich auf West- und Ostdeutschland. Schließlich ist die telefonische Befragung von Siegfried Lamnek et al. zu nennen, bei der Haushalte mit mindestens einem Kind im Alter von 14 bis 18 Jahren in Bayern befragt wurden (vgl. Lamnek/Luedtke/Ottermann 2006).

Die ersten repräsentativen Erhebungen zur *sexualisierten Gewalt gegen Kinder* wurden Mitte der 1980er-Jahre in den USA und in Großbritannien durchgeführt (vgl. Finkelhor et al. 1990; Baker/Duncan 1985). Inzwischen liegen aus mehreren Ländern repräsentative Studien vor. Die Studien stützen sich auf retrospektive Befragungen von Erwachsenen zu ihren Opfererfahrungen in der Kindheit, Befragungen von Kindern und Jugendlichen (für die Schweiz vgl. Halperin et al. 1996 und für Finnland vgl. Sariola/Uutela 1992) bilden eine Ausnahme.

Für die Bundesrepublik wurden die ersten Prävalenzstudien zu Beginn der 1990er-Jahre durchgeführt und zwar in Form von Befragungen von Studierenden, Berufs- und Fachschüler/innen an einzelnen Orten (als Überblick vgl. Bange 2004). Die erste und bislang einzige repräsentative Studie ist die bereits im Zusammengang mit physischer Gewalt vorgestellte Forschungsstudie des Kriminologischen Forschungsinstitut Niedersachsen (vgl. Wetzels 1997; Pfeiffer/Wetzels 1997). Die sexuellen Missbrauchserfahrungen wurden durch sechs konkrete Handlungsformen (Exhibitionismus; sexuelle Berührung beim Täter; sexuelle Berührung beim Opfer; Penetration mit Objekt, Finger oder Zunge; vaginale Penetration mit Penis; anale/orale Penetration) sowie eine unspezifische Frage zu sonstigen Handlungen erhoben.

Eine besondere Schwierigkeit für Vergleiche sind die sehr unterschiedlich breiten Definitionen von sexuellem Missbrauch. Manchmal werden zudem Vorgaben für einen Mindestaltersabstand zwischen Opfer und Täter verwendet, um sexuelle Kontakte zwischen Gleichaltrigen auszuklammern; andere Studien verzichten darauf. Im Unterschied zur physischen Gewalt fehlt ein Erhebungsinstrument, das sich international etabliert hat. Die Parent-Child Conflict Tactics Scales (CTSPC) umfasst auch Items zur sexualisierten Gewalt – und übrigens auch zur Vernachlässigung (vgl. Strauss et al. 1998). Es ist abzuwarten, ob sich dadurch ein internationaler Forschungsstandard etabliert.

2.3 Ausmaß der Gewalt gegen Kinder

Auf der Grundlage der vorliegenden Studien lassen sich Aussagen über Ausmaß der Gewalt gegen Kinder machen. Die Anlage der deutschen Studien lässt dabei jedoch nur Aussagen zu den Prävalenzraten zu. Neben der physischen und der sexualisierten Gewalt werden auch die beiden anderen Gewaltformen (Vernachlässigung und psychische Gewalt), die im vorangegangenen Abschnitt aufgrund ihrer äußerst schwachen Forschungspräsenz nicht eigens behandelt wurden, thematisiert.

(1) Physische Gewalt
Aus der KFN-Studie geht hervor, dass drei Viertel der heute Erwachsenen als Kinder körperlichen Gewalthandlungen seitens ihrer Eltern ausgesetzt waren (vgl. Wetzels 1997). Jede/r Zehnte war Opfer elterlicher Misshandlungen, worunter die Gewalthandlungen „mit der Faust schlagen, treten, beißen", „verprügeln", „mit einer Waffe bedrohen", „absichtlich verbrennen oder verbrühen" sowie „eine Waffe einsetzen" zusammengefasst wurden. „Häufiger als selten" wurden knapp 39% körperlich gezüchtigt und knapp 5% körperlich misshandelt. Einer Anregung von Straus (1990) folgend, wird von „häufiger als selten" in der Studie dann gesprochen, wenn eine der Gewalthandlungen „manchmal", „häufig" oder „sehr häufig" erlebt wurde. In weitgehender Übereinstimmung mit anderen oben erwähnten deutschen Studien wird daraus deutlich, dass körperliche Strafen weiterhin in den Familien stark verbreitet sind. Die Ergebnisse der KFN-Studie entsprechen in etwa den Werten der Schneewind/Beckmann/Engfer- und auch der Bussmann-Studie und fallen höher als die in der DJI-Studie aus. In der DJI-Studie erklärte etwa die Hälfte der Eltern, ihr Kind zumindest einmal geschlagen oder geohrfeigt zu haben (vgl. Wahl 1990). Lamnek et al. (2006) weisen die Gewaltanwendung nur für den letzten Monat aus: Ein Drittel der Eltern haben in diesen Zeitraum Gewalt angewandt; 3,3% schwere Gewalt.

Die Einschätzung von Engfer in ihrem Forschungsüberblick (1997, S. 25), dass „ca. die Hälfte bis zwei Drittel der deutschen Eltern ihre Kinder körperlich strafen", ist angesichts dieser Ergebnislage nicht haltbar. Naheliegend erscheint vielmehr davon auszugehen, dass bislang gerade mal jedes vierte Kind gewaltfrei aufwächst. Dagegen gewinnt der von ihr eingeschätzte Anteil von Familien, in denen Kinder schweren Misshandlungen ausgesetzt sind mit 10-15% durch die KFN-Studie eine Bestätigung, wobei eigens darauf hinzuweisen ist, dass hier – aus nicht nachvollziehbaren Gründen – das Schlagen mit Gegenständen nicht als schwere Misshandlung aufgefasst wird[2]. Vergleicht man das Gewaltniveau in deutschen Familien, dann wird sichtbar, dass es offensichtlich deutlich höher ist als in Schweden. In der schwedischen Studie von A. W. Edfeldt (1996) gaben nur 29% der Bevölkerung an, als Kinder geschlagen worden zu sein. Man gewinnt den Eindruck, dass in den deutschen Familien ein Gewaltniveau vorhanden ist, das weitgehend dem amerikanischer Familien entspricht (vgl. Straus et al. 1998; Bussmann 2000).

Eine wichtige Variable ist das Alter der Kinder, die aber in den deutschen Studien meist außer Acht bleibt. Die amerikanischen Studien zeigen, dass die kleinen Kinder am stärksten von körperlicher Gewalt bedroht sind. Körperliche Strafen gegen Kinder erreichen einen Höhepunkt im Alter von drei Jahren; mit dem Schuleintritt beginnt dann der Anteil der geschlagenen Kinder zu sinken, zunächst noch langsam und ab dem 10. Lebensjahr dann beschleunigt (vgl.

---

2 Wetzels (1997, S. 123) begründet dies durch ein BGH-Urteil aus dem Jahre 1986, wonach das mehrfache Schlagen eines achtjährigen Kindes mit einem Gartenschlauch noch nicht das (alte) elterliche Züchtigungsrecht überschreitet. Dieses Urteil ist sicherlich aussagefähig, wie stark und lange Gewalt gegen Kinder rechtlich legitimiert wurde. Gleichwohl sollte dies nicht dazu führen, diese Gewalthandlungen aus der Kategorie der schweren Gewalt zu eliminieren. Dies entspricht auch nicht der Verwendung bei Straus, der „hit or tried to hit him/her with something" als „severe violence", und keineswegs als „minor violence" auffasst (vgl. Straus/Gelles 1990).

Straus 1994; Lamnek/Luedtke/Ottermann 2006). Es hat den Anschein, dass Körperstrafen als Erziehungsmittel in den neuen Bundesländern weiter verbreitet sind als in den alten. Peter Wetzels (1997) stellt fest, dass knapp über 80% der Befragten aus den neuen Bundesländern und knapp unter 73% der Befragten aus den alten Bundesländern physische Gewalthandlungen ihrer Eltern erlebt haben. Dieses Bild kehrt sich allerdings um, wenn man den Blick nur auf die schweren Formen von Gewalt richtet. Mehr westdeutsche als ostdeutsche Kinder waren körperlichen Misshandlungen ausgesetzt (ausführlicher zur DDR vgl. Greis 2002).

Weitgehend übereinstimmend zeigen die deutschen und internationalen Studien, dass Jungen von ihren Eltern häufiger als Mädchen körperlich bestraft werden (vgl. z.B. Schneewind u.a. 1983; Straus/Donnely 1993; Wetzels 1997; Amelang/Krüger 1995). Auch scheinen Jungen häufiger Opfer von körperlichen Misshandlungen zu werden. Geschlechtsunterschiede gibt es – so zumindest nach einigen Studien (vgl. z.B. Schneewind u.a. 1983; Gelles/Edfeldt 1986; Wetzels 1997) – in der Täterschaft. Körperliche Gewalt wird häufiger von Müttern als von Vätern ausgeübt und dies weitgehend unabhängig von der Gewalthandlung. Dieses Ergebnis konnte allerdings in der Studie von Lamnek et al. (2006) nicht bestätigt werden. Auch ist in Rechnung zu stellen, dass die Mütter in aller Regel auch deutlich mehr Zeit mit Kindern verbringen als Väter. Berücksichtigt man dies, dann ist nicht auszuschließen, dass Väter – auch wenn sie insgesamt weniger Gewalt anwenden – bezogen auf die gemeinsame Zeit mit Kindern dennoch häufiger Gewalt in der Erziehung einsetzen als die Mütter.

Gewalthandlungen gegen Kinder kommen in Ein-Eltern-Familien häufiger als in leiblichen Kernfamilien vor; noch höher ist das Gewaltniveau in Stieffamilien (vgl. Gelles 1989; Wetzels 1997). Allerdings ist durchaus fraglich, ob die Familienform für diese Unterschiede der eigentlich kausale Faktor ist. Naheliegend erscheint es, diese Unterschiede zwischen leiblichen Kernfamilien und Ein-Eltern-Familien auf die deutlich schwierigere Situation von alleinerziehenden Müttern zurückzuführen. Körperliche Gewalt und auch körperliche Misshandlung kommen in allen sozio-ökonomischen Statusgruppen vor. Allerdings zeigt sich in den vorliegenden Studien übereinstimmend, dass die Gewaltbelastung in unteren Statusgruppen deutlich höher ist (vgl. Wahl 1990; Bussmann 1995; Wetzels 1997). Besonders hoch ist die Gewaltbelastung auch in einigen Migrantengruppen (vgl. Wendler 2005).

Viele Anzeichen sprechen dafür, dass die Anwendung körperlicher Strafen als Erziehungsmittel rückläufig ist (vgl. Deegener 2005). Die Liberalisierung der Eltern-Kind-Beziehung, ein ansteigender Übergang von einem Befehls- zu einem Verhandlungshaushalt werden vielfach als zentrale Veränderungstendenzen der Kindheit und Jugendphase herausgestellt (vgl. Bois-Reymond u. a. 1994; Büchner 1998). Dies findet auch in den vorliegenden Studien eine Bestätigung, wenn die Prävalenzraten der Geburtskohorten betrachtet werden. Aus der KFN-Studie geht hervor, dass der Anteil derjenigen, die gewaltfrei erzogen wurden von 22,9% in der Geburtskohorte 1933 bis 1942 auf 30,5% in der Kohorte 1972 bis 1976 angestiegen ist (vgl. Wetzels 1997). Dies wird aus den Studien von Kai-Detlef Bussmann (2005c) aus den Jahren 1992, 2002 und 2005 deutlich. Zu vermuten ist, dass auch diejenigen in den jüngeren Geburtenkohorten, die elterlicher Gewalt ausgesetzt waren, Gewalt in einer geringeren Häufigkeit und auch geringeren Intensität erlebt haben. Dies wird aber durch die vorliegenden Gewaltstudien nicht im hinreichenden Maße abgebildet. Diese Zahlen machen zwar einen Rückgang der Gewaltbelastung deutlich; zeigen jedoch zugleich eindrucksvoll, dass aus den vorhandenen Veränderungstendenzen nicht vorschnell das Bild einer gewaltfreien Familie konstruiert werden darf.

(2) Sexualisierte Gewalt

Die Prävalenzraten sexualisierter Gewalt schwanken stark in Abhängigkeit von der definitorischen Eingrenzung (vgl. Wetzels 1997). Die KFN-Studie bezieht nur sexuelle Missbrauchsvorfälle ein, die sich vor dem 16. Lebensjahr mit einem erwachsenen Täter ereignet haben. In der weiten Fassung werden auch exhibitionistische Vorfälle einbezogen, in der engen nur Vorfälle mit Körperkontakt (Berührungen und Penetration). **Sexuellen Missbrauch** mit Körperkontakt haben 4,7% der Frauen einmal und 3,9% mehrmals erlitten. Bezieht man exhibitionistische Handlungen mit ein, dann erhöht sich der Anteil auf 7,5% bzw. 6,3%. In weitgehender Übereinstimmung mit anderen Prävalenzstudien zeigt sich, dass Fälle sexuellen Missbrauchs bei Frauen etwa dreimal häufiger vorkommen als bei Männern (vgl. auch Engfer 1997; Finkelhor 1994; Bange 2004). Die im Vergleich dazu deutlich höheren Prävalenzraten der anderen aktuellen deutschen Studien – Bange/Deegener (1996) berichten eine Opferrate für Frauen von 25% bzw. 22%, für Männer von 8% bzw. 5% – werden durch eine breitere Definition von sexualisierter Gewalt hervorgerufen, vor allem dadurch, dass hier auch sexuelle Handlungen zwischen Gleichaltrigen mit einbezogen werden. Auch in der amerikanischen Repräsentativstudie von David Finkelhor et al. (1990), in der die Grenze für Vorkommen sexuellen Missbrauchs bei 18 Jahren lag und ein Altersabstand zwischen Täter und Opfer nicht erfordert war, lagen die Prävalenzraten mit 27% bei den Frauen und 16% bei den Männern deutlich höher (ausführlich zum sexuellen Missbrauch von Jungen vgl. Bange 2007). Überhaupt zeigen sich im internationalen Vergleich größere Unterschiede zwischen den Studien (vgl. Finkelhor 1994). Aufgrund der unterschiedlichen Messinstrumente kann nicht entschieden werden, ob darin nationale Unterschiede zum Vorschein kommen oder ob es sich nur um Artefakte der konzeptionellen Fassung von sexualisierter Gewalt handelt.

Hinsichtlich des Vorkommens von sexualisierter Gewalt gibt es in den neuen Bundesländern etwas niedrigere Raten. Allerdings sind die Unterschiede – mit einer Ausnahme des sexuellen Missbrauchs einschließlich Exhibitionismus bei den Männern – nicht signifikant (vgl. Wetzels 1997). Für den Zusammenhang sexuellen Missbrauchs und sozialer Herkunft gibt es keine konsistenten Ergebnisse. Zum Teil weisen die höheren, zum Teil die niedrigeren Statusgruppen höhere Prävalenzraten auf, manchmal bestehen überhaupt keine Unterschiede. Wie schon bei der physischen Gewalt zeigen die vorliegenden Studien, dass sexualisierte Gewalt in leiblichen Kernfamilien seltener und in broken-home-Konstellationen häufiger auftritt (vgl. Wetzels 1997; Bange 2004).

Sexueller Missbrauch wird – wie alle Studien übereinstimmend zeigen – ganz überwiegend von Männern ausgeübt. Der Anteil der Männer unter den Tätern liegt bei ca. 90% (vgl. auch Engfer 1997; Brügge 2008). Die Täter stammen in sehr hohem Umfang aus dem sozialen Nahraum. Es trifft jedoch nicht zu – wie der Titel des Buches von Barbara Kavemann und Ingrid Lohstöter (1984) nahe legt –, dass vor allem Väter Täter sind. Der Anteil der Väter unter den Tätern liegt bei ca. 3-5%. Das größte Risiko für Mädchen und auch für Jungen geht von bekannten Personen im Umfeld der Familie aus. Bis zu 50% der Täter kommen aus dem Bekanntenkreis. Zwei weitere stark vertretene Tätergruppen sind die weiteren Familienmitglieder bzw. Verwandte (Onkel, Großvater, Bruder) und unbekannte Personen (vgl. Bange/Deegener 1996; Engfer 1997; Finkelhor 1994; Wetzels 1997). Sexueller Missbrauch ist – wie Florence Rush schon 1980 (dt. 1982) formuliert hat – „the best kept secret": Immerhin 42,5% der Betroffenen geben in der KFN-Studie an, bislang mit niemanden über den Vorfall gesprochen zu haben, nur in jedem 10. Fall wurde der sexuelle Missbrauch den Strafverfolgungsbehörden angezeigt.

Auch zeigt die KFN-Studie, dass zwischen sexueller und physischer Gewalterfahrung ein großer Überlappungsbereich besteht. Kinder, die Opfer der physischen Gewalt ihrer Eltern waren, sind mit erhöhter Wahrscheinlichkeit auch von sexuellem Kindesmissbrauch betroffen. Nur 13% der Opfer sexuellen Kindesmissbrauchs mit Körperkontakt haben in ihrer Familie keinerlei körperliche Elterngewalt erlitten.

(3) Vernachlässigung und psychische Gewalt

Zeigten sich bereits bei der physischen und sexualisierten Gewalt einige Forschungsdefizite, so trifft dies für diese beiden Gewaltformen noch mehr zu. Für die **psychische Gewalt** gibt es aufgrund der Probleme, diese Gewaltform von üblichen und weitgehend tolerierten Praktiken abzugrenzen, überhaupt keine brauchbaren Aussagen zur Inzidenz und Prävalenz (vgl. Hart/Brassard 1991; Engfer 1997; Miller/Langley/Knudsen 1999; Deegener 2005). Auch die **Vernachlässigung** als Gewaltform ist in der Forschung stark unterbelichtet. Eine der wenigen Forschungsarbeiten ist die bereits erwähnte Klinikstudie von Reiner Frank (1995): Knapp 1% der Kinder wurden von den befragten Ärzten und Schwestern der Münchner Universitätsklinik als misshandelt, 3% als misshandelt und vernachlässigt und weitere 3 bis 6% als vernachlässigt diagnostiziert. Geht man von diesem Ergebnis aus, gewinnt man den Eindruck, dass Vernachlässigungsfälle häufiger vorkommen als Misshandlungen. Gestützt wird dies durch die Feststellung von Anette Engfer (1997), dass es sich bei in den Jugendämtern bekannt werdenden Gewaltfällen zu ca. drei Viertel um Vernachlässigungen handelt. Dies findet allerdings in den amerikanischen Studien keine Bestätigung (vgl. Gelles/Cornell 1990). Hier kommen Misshandlungen etwas häufiger (9,2 Fälle auf 1.000 Kinder pro Jahr) vor als Vernachlässigungen (7,9 Fälle auf 1.000 Kinder pro Jahr).

2.4 Ursachen von Gewalt

Die family-violence-Forschung hat eine Fülle von Erklärungsansätzen entwickelt (als Überblick vgl. Gelles/Strauss 1979; Steinmetz 1987; Godenzi 1996; Miller/Langley/Knudson 1999). Vielfach handelt es sich um ad-hoc-Konstruktionen, deren jeweilige Erklärungskraft begrenzt ist. Weitgehend übereinstimmend wird darauf hingewiesen, dass es nicht die eine Ursache für Gewalt in Familien gibt, sondern dass es multifaktorieller Erklärungen bedarf. Proximale und distale Schutz- und Risikofaktoren wirken in komplexer Weise zusammen und bestimmen, ob es zur Gewalt kommt (ausführlich vgl. Bender/Lösel 2005). Da eine integrative Theorie aber nicht in Sicht ist, sollen im Weiteren zwei Erklärungshypothesen genauer betrachtet werden, die eine breite Aufmerksamkeit gefunden haben: der Zusammenhang zwischen Gewalt und Familienqualität und die intergenerationale Weitergabe von Gewalt.

(1) Familiengewalt und die Qualität der Familienbeziehungen

Gewalthandlungen sind keine bloße Ausnahme-Episoden, sondern sind in aller Regel eingebettet in konflikthafte Familienbeziehungen. Unmittelbar empirische Evidenz kann hierfür aus der KFN-Studie gewonnen werden (vgl. Wetzels 1997). Personen, die als Kinder Opfer körperlicher und/oder sexualisierter Gewalt waren, berichten über ein signifikant niedriges Maß an positiver Zuwendung (Lob für gute Leistungen; in den Arm nehmen usw.), über häufigere negative Reaktionen (Beschimpfung, Taschengeldkürzung usw.) und überhaupt über ein stark konfliktgeladenes Familienklima (Eltern haben sich laut gestritten; sich angeschrien usw.). Die ausgeprägten Zusammenhänge seien hier für das Familienklima kurz angezeigt: Befragte, die aus ihrer Kindheit eine sehr niedrige Konflikthäufigkeit berichten, wurden zu 2,1% von ihren Eltern körperlich misshandelt, die Befragten, die eine sehr hohe Konflikthäufigkeit angaben dagegen zu 29%. Bei einer sehr niedrigen Konflikthäufigkeit in der Herkunftsfamilie beträgt die Prävalenzrate für mehrfachen sexuellen Missbrauch 1,5%, bei sehr hoher Konflikthäufigkeit 7,3%. Ein deutlicher Zusammenhang besteht auch zwischen der elterlichen Partnergewalt in der Kindheit und der Viktimisierung der Kinder (vgl. auch Erel/Burman 1995; Rossman/Robbie/Hughes/Rosenberg 2000). Kinder, die elterliche Partnergewalt miterlebt haben, werden nach Wetzels (1997) mit einer acht Mal höheren Wahrscheinlichkeit Opfer von körperlicher Gewalt. Im Falle des **sexuellen Missbrauches** ist die Wahrscheinlichkeit etwa drei Mal höher. Dies macht deutlich, dass Gewalt gegen Kinder und Gewalt in der Zweierbeziehung nicht getrennt gesehen werden kann. Wenn Eltern lernen, Beziehungskonflikte konstruktiv und gewaltfrei auszutragen, dürfte dies zugleich die Gewalt gegen Kinder reduzieren.

(2) Intergenerationale Weitergabe von Gewalt

Das wohl verbreitetste und auch am stärksten akzeptierte Erklärungsmuster für Gewalthandlungen in der Familie ist die Gewalt-Kreislauf-These, die intergenerationale Weitergabe von Gewalt: Kinder erfahren in ihrer Herkunftsfamilie Gewalt und wenden dann später gegen ihre eigenen Kinder wieder Gewalt an (vgl. Gelles/Straus 1988; Bender/Lösel 2005; Lamnek/Luedtke/Ottermann 2006). Trotz der hohen Popularität dieser These ist die empirische Basis – wie inzwischen bereits mehrfach gezeigt wurde – nicht eindeutig. Aus dem amerikanischen Family-Violence-Survey geht hervor, dass nur weniger als 20% der misshandelten Kinder als Erwachsene selbst zu Misshandlern werden (vgl. Straus/Gelles 1990). Joan Kaufmann und Edward Zigler (1993) zeigen in ihrem Aufsatz „The Intergenerational Transmission of Abuse Is Overstated", dass weniger als ein Drittel der Erwachsenen, die als Kinder misshandelt wurden, ihren eigenen Kindern Gewalt zufügen. Zu einem ähnlichen Ergebnis sind auch R. Karl Hanson und Sheila Slater (1988) in einer Metaanalyse zu der intergenerationalen Weitergabe sexualisierter Gewalt gekommen. Dies macht es notwendig, die Gewalt-Kreislauf-These neu zu bewerten, wobei zwei Aspekte auseinander gehalten werden müssen.

Zum Einen zeigen diese Studien überzeugend, dass es keinen Automatismus gibt. Kinder, die misshandelt oder missbraucht wurden, müssen nicht notwendigerweise diese Gewalthandlungen auch an ihren eigenen Kindern wiederholen. Im Gegenteil, den meisten Opfern gelingt es, aus diesem Kreislauf auszubrechen. Eine empirische Bestätigung dieser Aussage liefert auch die KFN-Studie: Von Personen, die von ihren Eltern in ihrer eigenen Kindheit physisch misshandelt wurden, sagen gerade mal 14,3%, dass sie ihre eigenen Kinder misshandeln. 65,9% aus dieser Gruppe geben an, dass sie körperliche Gewalt als Eltern einsetzen. Dies macht deutlich, dass jeder Dritte aus der Gruppe der Geschlagenen als Elternteil völlig auf Gewalt verzichtet (vgl. Wetzels 1997).

Wenngleich dieser Automatismus widerlegt ist, darf nicht außer Acht gelassen werden – und das ist der zweite Aspekt – dass mit der Opfererfahrung eine höhere Wahrscheinlichkeit einhergeht, im Erwachsenenalter Täter zu werden (vgl. Malinosky-Rummell/Hansen 1993). Von den Eltern, die als Kinder keine bzw. selten elterliche physische Gewalt erfahren haben, gebraucht nur ein sehr geringer Anteil schwere Gewalt gegen die eigenen Kinder (0,5% bzw. 1,4%) und damit deutlich weniger als von misshandelten Eltern (14,3%). Diese höhere Wahrscheinlichkeit als Opfer Täter zu werden, zeigt sich auch in der körperlichen Züchtigung, also bei den „leichteren" Formen der Gewalt.

Cathy S. Widom (1989, 1991) konnte in einer prospektiven Kontrollgruppenstudie zeigen, dass Misshandelte wie auch vernachlässigte Kinder eine signifikant erhöhte Wahrscheinlichkeit aufweisen, als Jugendliche offiziell wegen krimineller Delikte registriert zu werden. Erlittene familiale Gewalt macht nicht nur anfälliger, als Erwachsene in der Familie gewalttätig zu werden, sondern Studien zeigen auch, dass innerfamiliale Gewalterfahrung in der Kindheit ein relevanter Risikofaktor für Delinquenz im Jugendalter ist.

2.5 Auswirkungen von Gewalt

Es existiert eine Anzahl von Studien, in denen die Auswirkungen von Gewalt auf Kinder dokumentiert werden, jedoch sind die gesicherten Kenntnisse eher bescheiden. Als eine besondere Schwierigkeit erweist es sich nachzuweisen, ob ein bestimmtes Verhalten erst nach der Gewalthandlung aufgetreten ist oder bereits vorher existierte. In den allermeisten Fällen handelt es sich um Retrospektivstudien, die diese Fragen nicht klären können. Auch stehen meist die kurzfristigen Auswirkungen im Vordergrund (vgl. Moggi 2005; Kindler et al. 2006). Es existieren nur sehr wenige Studien, die sich mit Langzeitfolgen befassen. Vielfach außer Acht gelassen wird schließlich überwiegend, dass Kinder vielfach nicht einer Gewaltform, sondern mehreren Gewaltformen ausgesetzt sind.

Vor allem beim **sexuellen Missbrauch** sind Auswirkungen auch unmittelbar für die Aufdeckung von hoher Relevanz. Es setzt sich immer mehr eine Position durch, dass es – wie Anette Engfer (1997, S. 32) in Anschluss an Fegert (1993) formuliert – „in der Regel weder klare körperliche Symptome noch im psychischen Bereich ein eindeutiges Syndrom des sexuellen Missbrauchs" gibt. Entgegen anfänglicher Annahmen unterscheidet sich das Spielverhalten missbrauchter und nicht-missbrauchter Kinder mit anatomisch korrekten Puppen nicht prinzipiell. Auch Kinderzeichnungen können keine gesicherten Hinweise liefern. Deshalb sind spontane Berichte der Kinder die zuverlässigste Quelle. Allerdings lassen sich kleinere Kinder durch Suggestivfragen leicht zu Falschaussagen verleiten.

Einen Forschungsüberblick über die Folgen sexuellen Missbrauchs geben Kathleen A. Kendall-Tackett et al. (1993). Da Missbrauch meist in sehr konfliktgeladenen Familien stattfindet, ist es sehr schwierig, die Auswirkungen der Familiensituation von denen des Missbrauchs zu trennen. Nur etwa die Hälfte der Missbrauchsopfer zeigt psychische Beeinträchtigungen. Zu vermuten ist, dass die Auswirkungen nicht unmittelbar zum Vorschein kommen. Auch eine sehr weite Fassung des Missbrauchbegriffes, wie er in manchen Studien verwendet wird, trägt zu diesem unerwarteten Ergebnis bei. Insgesamt zeigt sich, dass die Symptombelastung ansteigt mit Dauer, Intensität und Bedrohlichkeit des Missbrauchs, dem Alter des Opfers, der Beziehungsenge zum Täter, der fehlenden Unterstützung und demütigenden Reaktionen bei der Aufdeckung. Von sexuellem Missbrauch betroffene Frauen leiden unter Ängsten, Depression, sexuellen Störungen, psychosomatischen Problemen, emotionaler Abstumpfung, Selbstwertverlust und auch Suizidgefährdung (vgl. Engfer 1997; Joraschy 1997; Amelang/Krüger 1995; Brügge 2008). Sexueller Missbrauch erhöht die Wahrscheinlichkeit, im Jugendalter von zu Hause wegzulaufen oder auch wegen Prostitution verhaftet zu werden (vgl. Widom/Ames 1994). Die Verarbeitung der dramatischen Erfahrung gelingt besser, wenn die Verantwortung ausschließlich dem Täter zugewiesen wird und von einer Mitschuld Abstand genommen werden kann (vgl. Wyatt/Newcomb/Riederle 1993).

Sehr gravierend sind auch die Auswirkungen von Vernachlässigungen. Vernachlässigungen von Geburt an führen zu schweren Entwicklungsstörungen. Vernachlässigte Kinder weisen erhebliche Rückstände in der kognitiven und emotionalen Entwicklung auf und zeigen auch im sozialen Verhalten massive Beeinträchtigungen (vgl. Engfer 1997; Amelang/Krüger 1995: Kindler et al. 2006).

Studien zu Auswirkungen von physischer Gewalt zeigen, dass misshandelte Kinder im Vergleich zu nicht-misshandelten ein niedrigeres Selbstbewusstsein besitzen, weniger soziale Kompetenz haben, geringere verbale und kognitive Fähigkeiten aufweisen und eine stärkere Gewaltbereitschaft zeigen (vgl. Malinosky-Rummell/Hansen 1993; Miller/Langley/Knudsen 1999). Die sorgfältigste Studie zu den Langzeitfolgen von physischer Gewalt ist weiterhin „Beating the Devil Out of Them: Corporal Punishment in American Families" von Murray Straus (1994). Straus zeigt, dass schon „gewöhnliche" körperliche Bestrafungen schwerwiegende Auswirkungen haben können: Erwachsene, die als kleine Kinder geschlagen wurden, neigen in einem höheren Maße zu Depressionen und denken häufiger über Selbstmord nach (vgl. auch Malinosky-Rummell/Hansen 1993). Je häufiger Kinder körperlich bestraft werden, desto größer das Risiko der Eskalation, da dieses „Erziehungsmittel" zu aggressiverem Verhalten des Kindes führt und das Kind nicht angeregt wird, ein internalisiertes Bewusstsein zu entwickeln. Je mehr die Eltern sich auf Schlagen verlassen, desto häufiger müssen sie es tun und desto größer ist die Wahrscheinlichkeit, dass das Kind zurückschlägt. Körperliche Bestrafungen bergen das Risiko der körperlichen Misshandlung in sich. Straus (1994) verweist auch darauf, dass es klare Zusammenhänge zwischen Gewalterfahrungen und eigenem Gewaltverhalten und Delinquenz gibt. Nicht das Erleiden sexualisierter Gewalt, sondern physische Gewalt erhöht die Wahrscheinlichkeit wegen gewalttätiger Sexualdelikte verhaftet zu werden (vgl. Widom/Ames 1994). Außerdem erhöht Gewalt in der Erziehung die Entfremdung und verringert die Leistungsbereitschaft (vgl. Straus 1994). In einer weiteren Studie hat Straus mit Mitarbeitern den Zusammenhang zwischen Gewalterfahrungen und antisozialen Verhaltensweisen näher untersucht. Geschlagene Kinder weisen eine höhere Wahrscheinlichkeit auf, zu betrügen, zu lügen, andere Kinder zu drangsalieren und haben auch häufiger Schulprobleme (vgl. Straus/Sugarman/Giles-Sims 1997).

Vor diesem Hintergrund gewinnt die Festschreibung der gewaltfreien Erziehung als gesetzliche Norm zusätzliche Bedeutung (vgl. Rabe 2007). Durch das Gesetz zur Ächtung der Gewalt in der Erziehung vom 2. November 2000 wurde der § 1631, Abs. 2 BGB geändert: „Kinder", so die Neufassung, „haben ein Recht auf gewaltfreie Erziehung. Körperliche Bestrafungen, seelische Verletzungen und andere entwürdigende Maßnahmen sind unzulässig". Mit dieser Gesetzesänderung hat die Bundesregierung eine Bestimmung der UN-Kinderrechtskonvention umgesetzt, die jeden Staat dazu verpflichtet, Kinder „vor jeder Form körperlicher oder geistiger Gewaltanwendung, Schadenszufügung oder Misshandlung" (§ 19) zu schützen. Deutschland folgt damit dem Weg, den Schweden als erstes Land bereits 1979 beschritten hat (vgl. Bussmann 2000, 2005a, b, 2006). Welche Wirkungen dieses Gewaltverbot in Deutschland haben wird, ist eine Frage für die zukünftige Forschung zur Familiengewalt. Die kontroverse schwedische Diskussion zum Kausalzusammenhang von Recht und familialer Gewalt kann hierzu als Anregung dienen (vgl. Durrant 1999; Roberts 2000). Bussmann (2005a) vermutet, dass diese Rechtsreform vor allem eine symbolische Wirkung haben wird, indem sie zu einer Sensibilisierung des Erziehungsverhaltens beiträgt.

3 Gewalt an Schulen

Die Schule baut als sekundäre Sozialisationsinstanz auf den familialen Erfahrungen und Kompetenzen der Heranwachsenden auf und ist zugleich eine Institution, die stark durch gesellschaftliche Funktionszuschreibungen und Aufgabenstellungen geprägt ist (vgl. Melzer/Sandfuchs 2001). Allgemein anerkannt werden drei Hauptfunktionsbereiche unterschieden: die Qualifikationsfunktion, die Selektions- und Allokationsfunktion sowie die Legitimationsfunktion (vgl. Fend 1980). Auf der ersten Ebene geht es um die Vermittlung von Wissen und allgemeinen Qualifikationen – dieser Funktionsstrang ist auf die Verwertbarkeit der erworbenen Fachkompetenzen im Berufssystem gerichtet –, auf der zweiten Ebene um Bewertungen, Prüfungen, die Vergabe von Berechtigungen und in Verbindung damit um die gesellschaftliche Statuspositionierung und Einbindung in die Sozialstruktur. Auf der dritten Ebene, der der Vermittlung von Normen und Werten, ist die hier zu untersuchende Fragestellung von „Gewalt in der Schule" primär angesiedelt, obwohl noch zu zeigen sein wird, dass die Vermittlungsprozesse von Fachleistungs-, Sozial- und Selbstkompetenzen sich wechselseitig bedingen.

Gewalt in der Schule ist ein internationales Phänomen, das mittlerweile wissenschaftlich-interdisziplinär gut untersucht ist[3] und auch in gesellschaftlichen Debatten sowie als Medienereignis starke Beachtung findet. Im Unterschied zum Untersuchungsfeld der Gewalt in der Familie (vgl. Punkt 2 dieser Abhandlung) haben jedoch nicht US-amerikanische Studien die internationalen Debatten über Gewalt in der Schule beherrscht (vgl. zum internationalen Forschungsstand die Beiträge von Klewin/Tillmann/Weingart 2001 und von Smith u.a. 1999), sondern vor allem die jahrzehntelangen Arbeiten des Skandinaviers Dan Olweus (vgl. zusammenfassend und in deutscher Übersetzung Olweus 1995, 1999). Von dieser Seite gehen auch starke Einflüsse auf den deutschsprachigen Forschungsbereich aus, wenngleich dem Mobbing-Konzept z.T. auch mit Distanz und Kritik begegnet wird (vgl. Punkt 1 dieses Beitrages). Schwerpunkt der folgenden Abhandlung ist – aus Gründen einer, in diesem Rahmen notwendigen Begrenzung – die Darstellung des Forschungstandes im deutschsprachigen Raum, und zwar zum Ausmaß und den Ursachen von Gewalt in der Schule – unter Berücksichtigung eigener Untersuchungsergebnisse. Fragen der Gewaltprävention können in diesem Zusammenhang nur angedeutet werden.

3.1 Untersuchungsergebnisse zu Ausmaß und Entwicklungsdynamik von Gewalt

In Westdeutschland lässt sich die **schulische Gewaltforschung** bis in die 1960er-Jahre zurückverfolgen, als sie einen ersten Schwerpunkt verzeichnete; Anfang der 1990er-Jahre erlebte sie eine neue gesamtdeutsche Hochkonjunktur. Von den wissenschaftlichen Arbeiten der 1970er- und 1980er-Jahre, die heute weitgehend in Vergessenheit geraten sind, besitzen einige auch im Hinblick auf den derzeitigen Erkenntnisstand eine nachhaltige Bedeutung. Hierzu gehört die Analyse von Grauer/Zinnecker (1978), in der auf den engen Zusammenhang von Schulgewalt und Schülergewalt und eine historische Tradition der „Schule als Zwangsanstalt" hingewiesen wird. Überlegungen wie diese oder die von Gronemeyer (1978) firmieren unter dem Terminus

---

3 Vgl. zum Forschungsstand *im deutschsprachigen Raum* den Übersichtsband von Holtappels u.a. 1999; internationale Studien und Berichte liegen u.a. zu folgenden Ländern vor: *USA*: Elliot u.a. 1998; Mercy/Rosenberg 1998; *Kanada*: Carter/Stewin 1999; *Japan*: Foljanty-Jost/Rössner 1997; *Skandinavische Länder*: Olweus 1995; *Frankreich*: Krämer 1995; Mallet/Paty 1999; *Türkei*: Sümer/Aydin 1999.

„Heimlicher Lehrplan": die Schüler würden zwar offiziell lernen, dass Gewalt abzulehnen und strikt zu verurteilen sei; zugleich aber machten sie die dazu widersprüchliche Erfahrung, dass Gewalt als bewährtes Mittel der Interessendurchsetzung anerkannt werde. In diesem Zusammenhang werden auch die problematischen Wirkungen des Konkurrenzprinzips diskutiert (vgl. u.a. Jopt 1976).

Eine Akzentverschiebung, die letztlich zu einem Perspektivenwechsel hin zur Gewalt von und unter Schülern führt, beginnt mit der interaktionistisch ausgerichteten Studie von Brusten/Hurrelmann (1973): 13- bis 16-jährige Schülerinnen und Schüler wurden danach befragt, welche „Delikte" (unterschiedliche Formen abweichenden Verhaltens, vom Rauchen in der Öffentlichkeit über Schlägereien bis zum Kfz-Diebstahl) sie selbst wie häufig begangen haben. Das Ergebnis zeigt verhältnismäßig niedrige Gewaltquoten im Bereich härterer Aggressionsphänomene – 5% der Jugendlichen berichteten über selbst verübte Schlägereien,

2% haben andere mit Waffen bedroht und 11% fremdes Eigentum zerstört (ebd., S. 125). Bezüglich der Ursachen wird neben einer Kritik an der Institution Schule auf den engen Zusammenhang zwischen (körperlichen) Aggressionen und Cliqueneinfluss verweisen.

Eine weitere Ausdifferenzierung des Ursachenspektrums wird in einer der wenigen Gewaltstudien der 1980er-Jahre (Holtappels 1987) vorgenommen: Über die pauschale Institutionenkritik hinausgehend unterscheidet der Autor schulstrukturelle Bedingungen und soziale Kontroll- und Etikettierungsprozesse als bedingende Faktoren für gewaltförmiges Schülerhandeln. Die Studie kommt aus der Perspektive der Schüler zu dem Ergebnis, dass Normverstöße als „normal" eingestuft werden, und der Einschätzung, dass diese zum Verhaltensrepertoire von Heranwachsenden gehörten, um „Schule zu überleben". Sie seien eingebettet in pubertäre, jugendspezifische Reaktionen, z.B. auf schulische Langeweile. Dabei besteht offensichtlich ein gleitender Übergang hin zu Normverstößen, die auch gewalthaltige Anteile haben.

Die Grundtendenz der Forschung in den 60er- bis 80er-Jahren des 20. Jahrhunderts, Gewalt in der Schule als eine primär von Schülern ausgehende Problematik zu begreifen, setzt sich fort. Symptomatisch dafür ist die Studie von Klockhaus und Habermann-Morbey (1984) mit ihrer Fokussierung auf den Schülervandalismus.

Anfang der 1990er Jahre ist eine neue Phase der Gewaltentwicklung zu verzeichnen; die Sensibilität bei der Registrierung von Gewalt wird in allen Bereichen der Gesellschaft (z.B. rechtsextremistische Ausschreitungen, sexualisierte Gewalt in der Familie, Mobbing am Arbeitsplatz) stärker, und es beginnt eine Dramatisierung und Inszenierung von Gewalt als Medienereignis. Gleichzeitig setzt ein Boom der empirischen Forschung auf diesem Gebiet ein, der nur vor dem Hintergrund des seit Beginn der 1990er-Jahre intensiven öffentlichen Interesses an Aufklärung über die tatsächliche Gewaltsituation an deutschen Schulen und des diesbezüglich artikulierten Reformbedarfs im Schulbereich verständlich wird. Die Anfang der 1990er-Jahre meistens im Behördenauftrag durchgeführten Studien (z.B. in Frankfurt a.M., Hamburg und Nürnberg) führen in ihrer Beschränkung auf die deskriptive Erfassung der Gewaltverbreitung den öffentlichen Erwartungsdruck exemplarisch vor. Gleichwohl wurde mit diesen und anderen – teils lokal oder regional beschränkten Fallstudien (z.B. Dettenborn/Lautsch 1993; Schwind u.a. 1995; Funk 1995), teils auf ein gesamtes Bundesland ausgeweiteten Repräsentativstudien (Fuchs u.a. 1996; Forschungsgruppe Schulevaluation 1998; Tillmann u.a. 1999) – über das Ausmaß und die Erscheinungsformen von Gewalterscheinungen an Schulen ein erster Forschungsschwerpunkt gesetzt, dem die Klärung der Fragen nach gewaltfördernden Einflussfaktoren und der Täter-Opfer-Typologie folgten. Alle drei Bereiche wurden in der Dekade der 1990er systematisch untersucht; wie eine Bilanz der „Forschung über Gewalt an Schulen" (vgl. Holtappels u.a. 1999; Tillmann 1999, S. 15ff.) zeigt, sind wir in der Zwischenzeit gut über Formen und Häufigkeiten von Gewalterscheinungen an bundesdeutschen Schulen und über Schulform-, Alters- und Geschlechtsunterschiede informiert, und auch die „Täter- und Opfer-Rollen" sind differenziert beschrieben und in ihrem Entstehungsprozess analysiert worden.

Der Ertrag dieser Forschungsbemühungen spiegelt sich nicht allein in einem quantitativ breit abgesicherten Datenfundament wider, sondern ebenso in der weitgehenden Übereinstimmung der Untersuchungsergebnisse (vgl. Schubarth 2000, S. 66ff.; Klewin u.a. 2001). So wird zur Frage der Gewaltverbreitung in allen Studien eine Entwarnung im Bereich harter Gewaltformen gegeben: Nimmt man beispielsweise den in der Presse besonders hervorgehobenen Besitz von Waffen, so ergibt sich – im Unterschied zu entsprechenden amerikanischen Studien – z.B. für eine hessische Studie ein Anteil von ca. 4% der Schüler, die beobachtet haben, dass häufiger Waffen in die Schule mitgebracht werden; in der sächsischen Vergleichsstudie trifft dies auf 1,4% zu (vgl. Forschungsgruppe Schulevaluation 1998, S. 56). Ähnliches gilt für das noch massivere Bedrohen mit Waffen, das von 3,9% der Jungen und 0,9% der Mädchen in einer Nürnberger Studie zugegeben wird (Funk 1995, S. 43). Demgegenüber wurde eine besorgniserregende Normalisierung bei psychischen und verbalen Aggressionsformen registriert, die sich beispielsweise – so die Ergebnisse einer nordrhein-westfälischen Regionalstudie – in einer Quote von 39,4% älterer Schüler widerspiegelt, die verbale Aggressionen gegen Lehrer häufig wahrgenommen haben (Schwind u.a. 1995, S. 155).

Diese allgemeinen Befunde müssen unter folgenden Gesichtspunkten differenziert werden:

In allen Studien zeigen sich signifikante *Geschlechterunterschiede* hinsichtlich des Involvements in Gewalthandlungen und auch der Einstellungen zur Gewalt. Jungen sind bei allen Gewaltformen sowohl als Täter als auch als Opfer häufiger beteiligt. Die Geschlechterunterschiede nehmen dabei mit der Härte der Gewalt zu, fallen also etwa bei verbalen Aggressionsformen deutlich geringer als bei körperlichen Auseinandersetzungen aus (vgl. u.a. Funk 1995, S. 43; Forschungsgruppe Schulevaluation 1998, S. 58; Tillmann u.a. 1999, S. 100ff.; Popp u.a. 2001). Ungeachtet dessen darf weibliche Gewalt nicht außer Acht gelassen werden. Einige Autoren verweisen diesbezüglich auf die Notwendigkeit, weibliche und männliche Interaktionen und deren Auswirkungen auf das Gewalthandeln der Jungen zu analysieren (Fuchs/Lamnek/Luedtke/Baur 2005).

Neben dem Geschlecht sind es vor allem die *Schulformen*, die eine klare Differenzierung des Gewaltaufkommens erlauben. Durchgängig hat sich hier für die Gymnasien die niedrigste und für Förder- bzw. Sonderschulen die höchste Gewaltbelastung ergeben (vgl. z.B. Meier u.a. 1995, S. 176; Kolbe 1996; Fuchs u.a. 1996; Lösel/Bliesener 2003). Als grobe Tendenz lässt sich dabei festhalten, dass für Förderschulen eher körperliche, für Gymnasien eher verbale und psychische, für Mittelschulen alle drei Gewaltformen kennzeichnend sind. Jedoch wird die Erklärungskraft der Schulform von einigen Autoren in Zweifel gezogen, da in der Schulform letztlich die Individualmerkmale der Schüler (vgl. Funk /Passenberger 1997, S. 260) bzw. milieuspezifische Merkmale der Schülerpopulationen (vgl. Heitmeyer/Ulbrich-Herrmann 1997, S. 48f.) mit ihrem jeweiligen Einfluss auf Gewalthandeln gebündelt würden und sich ein direkter Einfluss des Schultyps kaum nachweisen lasse.

Im Gegensatz zu den Sekundarschulen liegen für die Grundschulen nur spärliche empirische Informationen vor. Bezüglich der Wahrnehmung verbaler Gewaltformen ermittelten Hanewinkel u.a. (1995) für Schleswig-Holstein eine Vorkommenshäufigkeit an Grundschulen, die in der Regel deutlich hinter der anderer Schulformen zurückbleibt; im Vergleich mit der Hauptschule treten verbale Aggressionsformen wie Spotten oder Auslachen an Grundschulen nur halb so oft auf. Gleichwohl bestätigt sich mit einem Anteil von beispielsweise 36% Grundschülern, die das Benutzen von gemeinen Ausdrücken oft oder sehr oft registrierten, der oben beschriebene Trend einer weiten Verbreitung weicher Aggressionsformen auch für Grundschulen (ebd., S. 33). Ein erstaunlich breites, über verbale Gehässigkeiten auch hinausgehendes Spektrum aggressiver Verhaltensmuster wurde auch in einer Beobachtungsstudie unter Viertklässlern festgestellt (vgl. Krappmann 1995): Die Beobachtungsprotokolle enthalten „geringfügige Missachtungen" ebenso wie „hämische Bloßstellungen" und „ernste Handgreiflichkeiten" (ebd., S. 51f.). Beide Ergebnisse verweisen darauf, dass Gewalt an Grundschulen zwar auf insgesamt geringerem Niveau, jedoch in teilweise analogen Erscheinungsformen stattfindet.

Noch stärker als die Grundschule sind die Berufsschulen ein Stiefkind empirischer Gewaltforschung (Ausnahme: die Studie von Fuchs u.a. 2005). Insbesondere die möglicherweise unterschiedlichen Verhaltensweisen der Heranwachsenden an den verschiedenen Lernorten der beruflichen Bildung – im Betrieb, in der Berufsschule und in den überbetrieblichen Ausbildungsstätten – sind ein interessantes und bislang unentdecktes Forschungsgebiet.

Wenig kontrovers werden die nicht bis ins letzte Detail übereinstimmenden Ergebnisse der *altersabhängigen Gewaltbereitschaft* diskutiert. Im Großen und Ganzen ist hier Tillmanns Charakterisierung der 13- bis 15-Jährigen, also der Schüler des mittleren Sekundarschulalters, als „Gewaltspitze" (1999, S. 16) zuzustimmen. Die beispielsweise in der sächsischen Untersuchung von 1996 ausgemachten unterschiedlichen Tendenzen bei verschiedenen Gewaltformen – klassischer Verlauf z.B. bei verbalen Aggressionen (Anstieg vom 6. zum 8. Jahrgang, danach Abfall der Auftretenshäufigkeit), bei Vandalismus und Aggressionen gegen Lehrer dagegen ein permanenter Anstieg vom 6. zum 10. Jahrgang (Forschungsgruppe Schulevaluation 1998, S. 60f.) – geben entwicklungspsychologisch aufschlussreiche Nuancen wieder, lassen aber an der Grundtendenz keine Zweifel aufkommen.

Der oben skizzierte Perspektivenwechsel von der Schulgewalt hin zur Schülergewalt hat für die 1990er-Jahre auch aufschlussreiche Erkenntnisse über das Rollengefüge der an Gewalt beteiligten Schüler erbracht. Zwei Problemkreise standen dabei im Vordergrund: einerseits Bemühungen, die Größe des Täterkreises zu ermitteln, andererseits die Erforschung der Wechselbeziehung zwischen Tätern und Opfern.

In zwei identischen Stichproben, die im Abstand von zwei Jahren untersucht wurden, haben Rostampour und Melzer (1999) ein Rollenspektrum ausgemacht, das neben den klassischen Gruppen der „Täter" (8%), der „Opfer" (7%) und der „Unbeteiligten" (56%) zwei weitere Typen – die sogenannten „Episoden-Täter" (26%) und die „Täter-Opfer" (3%) – umfasst. Die Existenz der beiden letzten Statuspositionen verweist insgesamt auf ein eher dynamisches Rollengefüge, das ein Changieren zwischen zwei divergierenden Positionen durchaus zulässt. So nehmen die Episoden-Täter eine Stellung zwischen den an Gewalthandlungen Unbeteiligten und den Tätern ein, während die Existenz von Täter-Opfern darauf schließen lässt, dass sich diese beiden scheinbar gegensätzlichen Rollen keineswegs ausschließen, vielmehr ein permanenter Rollenwechsel möglich ist (vgl. Rostampour/Melzer 1999; Forschungsgruppe Schulevaluation 1998, S. 115ff.; Rostampour 2000). Bestätigt werden diese Ergebnisse durch eine im Abstand von zwei Jahren durchgeführte Replikationsstudie, bei der sich zeigte, dass eine Rollenzuweisung im Laufe einer Schülerbiografie durchaus nicht irreversibel festgelegt ist. Beispiele für einen Rollenwechsel konnten dabei in jegliche Richtung nachgewiesen werden – sowohl der Übergang von den problematischen Gruppen der Täter und Opfer zu den Unbeteiligten als auch umgekehrt. Optimistisch darf allerdings stimmen, dass die negativen Entwicklungsverläufe in der Minderzahl sind, d. h. ein „Aging-out" feststellbar ist (vgl. Rostampour

2000, S. 26). Ähnliche Ergebnisse hinsichtlich der Gruppengrößen und -struktur finden sich in einer Untersuchung unter bayerischen Schülern (Lösel u.a. 1999, S. 145f.), bei der die Autoren darüber hinaus eine Gruppe der so genannt „Sozial Kompetenten" bzw. „Deeskalierenden" eruiert haben.

Da bislang in Deutschland keine Kohorten-Studien zum Ausmaß schulischer Gewalt vorliegen, sind wissenschaftlich exakte Aussagen über ein mögliches *Anwachsen schulischer Gewalt* nur eingeschränkt und mit Hilfskonstruktionen möglich. In Bezug auf Ostdeutschland ist die subjektive Einschätzung von Lehrern festzuhalten, dass das Problem seit der Wende deutlich gravierender geworden sei. Über zwei Drittel der von uns im Jahr 1996 befragten sächsischen Lehrer – darunter 78,2% der Mittelschul- und 86,8% der Förderschullehrer an Schulen für Lernbehinderte und Erziehungshilfe – sind dieser Auffassung, während die Mehrzahl der Gymnasiallehrer feststellte, dass in ihrem Bereich das Problem gleich geblieben sei bzw. sich sogar gebessert habe.

In unseren Schulleitungsuntersuchungen sowie einer Reihe sekundäranalytisch ausgewerteter Schulleiter- und Lehrerbefragungen ist als mehrheitliche Tendenz die einer Zunahme von gewaltförmigen Verhaltensweisen an den Schulen festzustellen (vgl. Schubarth 1996, S. 41ff.). Bei dieser Diagnose könnte sich jedoch die angewachsene öffentliche Sensibilisierung für dieses Thema auf die Urteilsbildung ausgewirkt und zu einer Überzeichnung beigetragen haben.

Zu methodisch abgesicherteren Aussagen in Bezug auf einen möglichen Anstieg schulischer Gewalt kommt die Arbeitsgruppe von Klaus-Jürgen Tillmann. Durch eine nachträgliche Anpassung einer Teilstichprobe ihrer Hessischen Studie an die Stichprobe der Delinquenzstudie von Brusten/Hurrelmann (1973) kommen die Bielefelder Forscher zu einem Zeitvergleich zweier sozialstrukturell ähnlicher städtischer Regionen mit Daten von 1972 und 1995 (vgl. Tillmann u.a. 1999, S. 141ff.). Durch diese methodische Hilfskonstruktion ließen sich insgesamt leichte, in Hauptschulen deutliche Zuwachsraten bei delinquenten Handlungen ermitteln.: So hatten 23 Jahre zuvor nur 10% der Hauptschüler „bei einer Schlägerei mitgemacht und dabei jemanden zusammengeschlagen und arg zugerichtet", Mitte der 1990er-Jahre war es fast ein Viertel. Die „Beschädigung fremden Eigentums" wuchs bei dieser Gruppe im selben Zeitraum von 11,0% auf 17,5% und „Einbruch" von 1,0% auf 13,2%, bei Gymnasien von 0% auf 1,2%.

Mansel/Hurrelmann (1998) stellen ebenfalls, und zwar für den Zeitraum von 1988 bis 1996 und die Entwicklung in Nordrhein-Westfalen, einen erheblichen Anstieg an aggressiven und delinquenten Handlungen in der Schülerschaft fest, wobei nicht genau zu ermitteln ist, ob diese Taten innerhalb oder außerhalb der Schule verübt werden; für die sächsische Vergleichsstichprobe und den Zeitraum von 1990 bis 1996 ist das Bild dagegen uneinheitlich: bei vier der sieben Items gibt es keinen Anstieg, wohl aber bei „Jemandem eine Sache wegnehmen" und „Irgendwo einbrechen" einen leichten und bei „Urkundenfälschung" einen großen Anstieg.

Die von unserer eigenen Forschungsgruppe in den Jahren 1996 und 1998 in Sachsen durchgeführten Schülerbefragungen ergaben für diesen späteren Zeitpunkt und den relativ geringen Abstand von zwei Jahren Erhebungen keine bedeutsamen Veränderungen (vgl. Ackermann u.a. 2001; Rostampour 2000, S. 20); eine ganz leichte Zunahme ließ sich lediglich bei den beiden Formen der „Aggression gegen die Lehrer" und der „Waffengewalt" feststellen.

Auch im Rahmen der internationalen HBSC-Studie (Health Behaviour in School-aged Children) wird im 4-Jahres-Turnus nach gewalttätigem Verhalten der 11- bis 16-jährigen Schüler gefragt. Hier zeigen unsere Analysen der deutschen Daten von 2002 und 2006 einen leichten Rückgang des Täterverhaltens, aber auch eine Zunahme von Opfer-Erfahrungen in diesem Zeitraum (Melzer/Bilz/Dümmler 2008).

Zu einem ähnlichen Befund kommen Fuchs u.a. (2005), die das Ausmaß schulischer Gewalt in Bayern untersuchen. Über die drei Erhebungen in den Jahren 1994, 1999 und 2004 hinweg zeigt sich zwar ein Anstieg der Opferzahlen (von 3,9% auf 6,2%), hingegen nimmt der Anteil der Täter und hierbei vor allem des „harten Kerns" ab.

Insgesamt ergibt sich ein uneinheitliches Bild. Nach Abwägen aller Befunde kommen wir zu der Auffassung, dass sich die Gewaltproblematik an deutschen Schulen tendenziell bis Mitte der 1990er-Jahre verschärft hat, seitdem aber konstant geblieben ist. Stärkere Anstiege hat es vermutlich in sozialen Brennpunkten und in unteren Schulformen gegeben. Für eine Dramatisierung, wie sie in den Medien und der Öffentlichkeit teilweise stattfindet, liefern die vorliegenden wissenschaftlich-empirischen Befunde jedoch keinerlei Beleg.

3.2 Ursachen von Gewalt in der Schule

In Bilanzen zur schulbezogenen Gewaltforschung werden neben den erwähnten Leistungen auch einige Forschungsdesiderate formuliert, die neben der Theoriebildung und methodischen Fragen vor allem die Ursachenforschung sowie die Evaluation von Präventionsmaßnahmen betreffen (vgl. u.a. Holtappels 1999; Krumm 1999; Tillmann 1999). Mögliche Ursachen der Gewalt sind bereits im vorangegangenen Abschnitt in unsystematischer Weise mit angeklungen, insbesondere personale und sozialisatorische Faktoren.

Unter dem Gesichtspunkt einer theoriegeleiteten Ursachenforschung sind die in verschiedenen Ländern durchgeführten Studien nach dem Konzept des „Bullying" bzw. „Mobbing" als die umfassendsten und aussagekräftigsten einzuschätzen. Folgende Ursachen für Gewalthandeln kristallisieren sich in diesen Untersuchungen heraus: mangelnde emotionale Zuwendung der Eltern, unzureichende Grenzziehung bei aggressivem Verhalten durch die Erziehungsberechtigten – insbesondere die Lehrer –, körperliche und machtbetonte Sanktionen, bestimmte psychophysische Voraussetzungen des Kindes (z.B. ein „hitzköpfiges" Temperament) sowie ein u.U. negativer Einfluss der Peers in der Jugendphase (Olweus 1995, S. 48ff.).

Im Rahmen der Untersuchungen der Forschungsgruppe Schulevaluation (vgl. u.a. 1998) wurde der Versuch unternommen, diese auf verschiedenen Ebenen angesiedelten Ursachen und Bedingungsfaktoren in ein sozial-ökologisches Modell zu integrieren. Dieses schließt an einschlägige Sozialisations- und Entwicklungstheorien an, nach denen neben den bio-physischen und personalen Voraussetzungen (z.B. Geschlecht, Alter, soziale Herkunft, Selbstkonzept) vor allem die primäre Sozialisation innerhalb des emotionalen Zentrums der Familie, die sekundäre Sozialisation mit dem Einfluss schulischer Prägungen, Erfahrungen und Interaktionen sowie die insbesondere in der Jugendphase relevante Peer-Sozialisation mit ihren vergleichsweise höheren Freiheitsgraden von grundlegender Bedeutung für die „Ökologie menschlicher Entwicklung" (Bronfenbrenner 1989) sind. Dementsprechend liegen im Hinblick auf die Erklärung des Gewaltverhaltens mögliche Ursachen im Bereich des familialen Erziehungsstils und des Familienklimas, der Lern-, Erziehungs- und Kommunikationskultur in den Schulen sowie der Verkehrsformen der Peers einschließlich des Medien- und Freizeitverhaltens der Jugendlichen (vgl. ausführlich Melzer 2000, S. 85ff.). Dieses Theoriemodell haben wir in mehreren Studien, die seit 1993 in Ost- und Westdeutschland durchgeführt worden sind, systematisch überprüft (vgl. Forschungsgruppe Schulevaluation 1998; Melzer/Schubarth/Ehninger 2004). Die in diesem Rahmen betriebene Ursachenforschung lässt sich – wie folgt – zusammenfassen. Bezüglich der Einflussfaktoren auf Gewalthandeln zeigt sich, dass restriktives, aggressives und etwas abgeschwächter auch gleichgültiges Elternverhalten sowohl den Täterstatus als auch den Opferstatus für härtere und weichere Aggressionsformen begünstigt, ein positives Familienklima hingegen scheint protektiv zu wirken. Die bivariaten Zusammenhänge der einzelnen Variablen bewegen sich zwar auf niedrigem Niveau, werden aber ausgeprägter, wenn man das Erziehungsmilieu (Familie, Medien, Peers) als Ganzes in die Analyse einbringt. Diese Faktoren zeigen zusammengefasst eine stärkere „Wirkung" als die Schulkultur, von der aber ebenfalls ein sehr hoher Einfluss ausgeht. Diese Befunde werden deutlicher sichtbar, wenn man die Analysen mit Daten, die auf Klassenebene aggregiert sind, durchführt. Interessant und bei der Prävention unbedingt zu berücksichtigen ist, dass von der Schulkultur lediglich der Täterstatus, nicht aber der Opferstatus beeinflusst wird.

In aktuellen Auswertungen der HBSC-Daten haben wir den Stellenwert der sozialen Herkunft für schulische Gewalt mit dem Einfluss des Erziehungsklimas verglichen (Melzer/Bilz 2006). Hierbei zeigte sich, dass der Täterstatus unabhängig vom ökonomischen und kulturellen Kapital der Familie ist, das Risiko Opfer zu werden aber bei Schülern mit Migrationshintergrund erhöht ist. Noch bedeutsamer für die Konstituierung beider Gruppen ist jedoch der Bereich der familiären Unterstützung und der Eltern-Kind-Beziehungen. Das Risiko Täter zu werden erhöht sich, wenn es an schulbezogener Unterstützung von Seiten der Eltern mangelt und bei Jungen, wenn der Erziehungsstil der Eltern autoritäre Züge aufweist. Für den Opferstatus ergeben sich Zusammenhänge zu einem rigiden und kontrollierenden Erziehungsverhalten.

Eine weitere Aussage lässt sich in Bezug auf die Schulkultur treffen: die Zusammenhänge zur Gewalt fallen im Vergleich zum Erziehungsmilieu etwas geringer aus, sind aber dennoch nicht unerheblich. Innerhalb der Schulkultur ist die Lehrerprofessionalität der mit Abstand wichtigste Faktor, der offenbar auch am besten geeignet ist, der Schuldevianz und dem Täterstatus – also den innerschulischen Delikten – zu begegnen. An der Person des Lehrers macht sich also implizit oder explizit das Ausmaß der Gewaltprävention und -intervention fest. In diesem Zusammenhang stellt sich auch die Frage, inwieweit Lehrer Opfer bzw. Akteure im Prozess der Entstehung von Gewalt in der Schule sind. Bei der von Schülern gegen ihre Lehrer gerichteten Gewalt dominieren, wie bei allen Gewaltakten in der Schule, die psychischen und verbalen Faktoren; relativ selten kommt es zu Telefonterror und zu Übergriffen gegen Gegenstände, die den Lehrern gehören; ganz selten werden Lehrer von Schülern physisch angegriffen. Umgekehrt gibt es einen kleinen Teil der Lehrer, die dazu neigen Schüler abzuwerten, vor der Klasse „fertig zu machen", zu etikettieren oder gar aggressiv gegen sie vorzugehen (vgl. Forschungsgruppe Schulevaluation 1998, S. 200). Untersuchungen dazu, wie nachhaltig ein solches Lehrerverhalten sein kann, sind durch die Forschungsgruppe von Volker Krumm vorgelegt worden. Mit Hilfe von rekonstruktiven Befragungen von Studierenden über eigene Mobbingerfahrungen während der Schulzeit wird ein besorgniserregend breit gefächertes Spektrum der Formen kränkenden Lehrerverhaltens, von der willkürlichen Notengebung bis zur rechthaberischen und erniedrigenden Stigmatisierung, ermittelt (vgl. u.a. Krumm/Weiß 2001).

Im Vergleich der Gewaltformen ist zu registrieren, dass bei der Delinquenz, die im außerschulischen Raum stattfindet, in erster Linie strukturelle, verstärkende und regulierende Einflüsse von Gleichaltrigen und Freunden wirksam werden. Medienverhalten und -konsum ist bei der Entstehung aller Formen des Gewaltsyndroms wichtig. Die Schuldevianz als Sektor alltäglicher Schülerstrategien und -verweigerungen wird im Vergleich mit den beiden anderen, gravierenderen Formen von Gewalt etwas weniger durch vorgängige Sozialisation beeinflusst, wohl auch, weil jeder Schüler „mal so etwas macht" wie Unterricht stören oder Schule schwänzen.

Was die Ursachenforschung von Gewalt in der Schule anbelangt, stehen wir erst am Beginn anspruchsvoller methodischer Analysen. Insbesondere das Problem von *Korrelation und Kausalität* ist nicht gelöst. Auch im Vorangegangenen sind die festgestellten empirischen Zusammenhänge z.T. als Ursachen interpretiert worden. Eine Annäherung zur Lösung des Kausalitätsproblems bietet das Verfahren der „Cross-Lagged-Panel-Analyse", für die allerdings Longitudinalbefragungen mit mindestens zwei Messzeitpunkten Voraussetzung sind (vgl. Bortz/Döring 1995). Durch unsere beiden sächsischen Studien (1996, 1998) konnten wir diese Bedingungen erfüllen und eine Gruppe von 700 Schülern identifizieren, die in diesem Zeitraum entweder von Klasse 6 nach Klasse 8 (jüngere Altersgruppe) oder von Klasse 8 nach Klasse 10 (ältere Altersgruppe) gewechselt waren (vgl. ausführlich Melzer 2001). Auch wenn nicht alle Kriterien des methodischen Verfahrens erfüllt sind (vgl. Cook/Campbell 1979), lassen sich die folgenden Tendenzen festhalten (vgl. auch Melzer 2001).

Innerhalb der Familie und bezüglich des Familienklimas verhält es sich so, dass bei der jüngeren Altersgruppe die Kausalrichtung zutrifft, dass das Klima in der Familie das Sozialverhalten der Kinder innerhalb und außerhalb der Familie prägt. In der Gruppe der Älteren (14- bis 17-Jährige) gibt es die entgegengesetzte Tendenz: das negative Sozialverhalten außerhalb trägt zu einer Beeinträchtigung des Familienlebens bei.

Ein zweiter Aspekt der familialen Sozialisation: Zwischen dem Erziehungsstil der Eltern und dem Sozialverhalten der Kinder gibt es fast gleichwertige Wechselbeziehungen – also die Überstrenge bringt ebenso kindliche Aggression hervor wie das abweichende Verhalten der Kinder in der Schule oder im Freizeitbereich ein rigideres Verhalten der Eltern herausfordert. Demgegenüber führt die Aggressivität im Elternhaus (Schreien und Schlagen der Eltern) dazu, dass bei den älteren Heranwachsenden keine Kausalrichtung mehr festzustellen ist. Das heißt, dass das aggressive Milieu des Elternhauses und der Peer-Gruppe, der solche Jugendliche angehören, sich so weit gegeneinander verselbstständigt haben, dass beide Gruppen ein weitgehend separates Eigenleben führen, sich kaum mehr aufeinander beziehen und sich somit weder positiv noch negativ beeinflussen.

In Bezug auf die Variablen zur Jugendkultur erweist sich die Auffassung, durch den Umgang mit aggressiven Jugendlichen werde das Individuum erst aggressiv, als so nicht haltbar. Die Daten zeigen, dass es eine derartige Beeinflussung zwar gibt, stärker fällt aber die entgegengesetzte Richtung aus: das aggressive Individuum gesellt sich zu aggressiven Gruppen.

In Bezug auf Medienkonsum greift die häufig angenommene Gefährdung vor allem bei der Gruppe der Älteren, die dauerhaft und unkontrolliert sowie mit hoher täglicher Sehdauer Sendungen wie Action-, Horror-/Gewalt-, Porno-/Sexfilme konsumieren. Aber die Gesellungseffekte sind auch hier stark, bei den Jüngeren sogar etwas stärker als Medienwirkungen: man ist aus verschiedenen Gründen Täter geworden und wählt daher diese Genres aus, sieht eine Sendung vielleicht gemeinsam mit Gleichgesinnten, muss solche Videos und Fernsehfilme vor allem gesehen haben, weil es zum Tätermilieu gehört.

Auch zum Lehrerverhalten konnten interessante Erkenntnisse gewonnen werden. Abwertendes, die Schüler beschämendes Verhalten und auch etikettierende Verhaltensweisen von Lehrern wird von beiden Seiten ausgelöst, ist aber etwas stärker durch das negative Sozialverhalten der Schüler induziert, während beim aggressiven Lehrerverhalten die Tendenz umgekehrt ist. Also: schreiende Lehrer, denen auch schon mal „die Hand ausrutscht", haben größtenteils einen aggressiven Charakter; ihr Verhalten wird weniger durch die Schüler provoziert.

Zum Abschluss ein weiteres Ergebnis, das die Lehrerintervention bei aggressivem Schülerverhalten oder in Gewaltsituationen betrifft. An Hand von Individualdaten konnte belegt werden, dass ein empirischer Zusammenhang von Interventionsbereitschaft der Lehrer und geringerem Gewaltvorkommen in den Klassen besteht. Mit den Individualdaten lassen sich in der Cross-Lagged-Panel-Analyse aber keinerlei Kausalitäten nachweisen. Lehrerintervention, könnte man zusammenfassend interpretieren, trägt sehr wohl zur Klärung eines Konfliktes und auch zu einem geringeren Täter-Niveau in den Klassen bei, besitzt aber keine nachhaltige Wirkung auf das Individuum, trägt nicht zu einer „Besserung" der Täter bei.

3.3 Folgen schulischer Gewalt

Die Auswirkungen schulischer Gewalt insbesondere für die Entwicklung der Opfer sind erst in den letzten Jahren in das Blickfeld der Forschung geraten. Inzwischen gibt es Hinweise aus mehreren Studien, dass schulische Gewalt tiefgreifende Folgen für die psychische Gesundheit der Opfer haben kann. Williams u.a. (1996) fanden Verbindungen zwischen Erfahrungen als Bullying-Opfer und depressiven sowie psychosomatischen Symptomen bei 8- bis 9-Jährigen. Als risikoerhöhend für depressive Entwicklungen bis hin zu Suizidgedanken erweisen sich insbesondere indirekte Formen schulischer Gewalt (Forero/McLellan/Rissel/Baumann 1999). Ähnliche Befunde ergaben sich auch in einer eigenen Studie unserer Forschungsgruppe, in der Zusammenhänge zwischen schulischen Gewalterfahrungen und emotionalen Auffälligkeiten im Längsschnitt analysiert wurden. Demnach leiden Schüler, die als Fünftklässler Opfer von Mobbing geworden sind, noch vier Jahre später mit deutlich erhöhter Wahrscheinlichkeit unter psychosomatischen Beschwerden (Bilz 2008).

Aber auch für die Täter ergeben sich Einschränkungen in ihrer gesundheitlichen Entwicklung. Richter u.a. (2007) finden insbesondere bei männlichen Tätern einen erhöhten Tabak- und Alkoholkonsum sowie wiederholte Rauscherfahrungen. Wie auch in der Studie von Forero u.a. (1999) sind die gesundheitlichen Einschränkungen besonders hoch bei denjenigen Jugendlichen, die sowohl Erfahrungen als Opfer und als Täter haben.

3.4 Zusammenwirken des Sozialverhaltens mit anderen Kompetenzbereichen

Es spricht vieles dafür, das Sozialverhalten der Schüler in der Schule nicht als eine isolierte Dimension zu betrachten, sondern den Zusammenhang verschiedener Kompetenzbereiche in ihrer wechselseitigen Beeinflussung zu berücksichtigen (vgl. u.a. Edelstein 1995). Die Untersuchung dieser Synergismen ist auch ein Schwerpunkt eigener Arbeiten. Wir haben den Zusammenhang der drei zentralen Dimensionen der Kompetenzentwicklung – also der Fachleistungs-, Sozial- und Selbstkompetenzen – anhand von drei großen Stichproben mit jeweils über 3.000 Schülerinnen und Schülern untersucht und kommen zu folgenden Ergebnissen.

Der Leistungsstatus, gemessen durch Noten in den drei Hauptfächern, hängt empirisch nachweisbar mit der Sozialkompetenz der Schüler und ihrem Selbstvertrauen bzw. ihren Selbstwirksamkeitsüberzeugungen zusammen. Unterschiedliche Konfigurationen dieser Kompetenzdimensionen, die sich zu einem Oberfaktor „Bildungserfolg" zusammenfassen lassen, werden in einer Clusteranalyse deutlich (vgl. Melzer/Al-Diban 2001, S. 46ff.). Es lassen sich fünf Gruppen ermitteln und wie folgt charakterisieren:

Gruppe 1 gehört etwa ein Viertel der Schülerschaft an und hat einen relativ niedrigen Leistungsstatus. Die ihr angehörenden Schüler können aber im Sozialverhalten und in Bezug auf das Selbstkonzept überdurchschnittlich positive Werte erzielen. *Gruppe 2* ist mit etwa 10% der Schüler die kleinste aller Gruppen; ihre Mitglieder haben schulischen Misserfolg auf der ganzen Linie. *Gruppe 3* gehört – wie Gruppe 1 – etwa ein Viertel der Schülerschaft an; ihre Mitglieder haben trotz guter Noten und eines ausgeprägten prosozialen Verhaltens nur ein gering entwickeltes Selbstvertrauen; Mädchen in Gymnasien sind in dieser Gruppe überrepräsentiert. *Gruppe 4* ist mit etwa 28% die größte aller Gruppen und versammelt Schüler, die auf der ganzen Linie erfolgreich sind – sie stellt also den Gegenpol zur Gruppe 2 dar. *Gruppe 5* ist die Gruppe mit den extremsten Ausschlägen in den einzelnen Erfolgsdimensionen; ihr gehören Schüler mit durchschnittlichen Noten, einem sehr negativen Sozialverhalten und einem gleichzeitig starken Selbstbewusstsein an – sie ist mit ca. 12% der Schüler die zweitkleinste Gruppe. Gleichzeitig ist eine Ausdifferenzierung dieser Typologie nach Schulformen, Bildungsgängen und Geschlecht feststellbar. So ist die problematische Gruppe 5 im Gymnasium mit 9,4%, im Hauptschulbildungsgang aber mit fast 26% vertreten; zu ihr gehören 4,3% der Mädchen gegenüber 21% der Jungen.

Die Ergebnisse zeigen, dass nur ein mehrdimensionales Modell den Bildungserfolg umfassend beschreiben kann. Aus der Gruppenstruktur lässt sich ableiten, dass Fachleistungsstatus, Sozial- und Selbstkompetenzen in unterschiedlichen Ausprägungskombinationen auftreten können und eine dementsprechende spezifische Unterstützung der jeweiligen Schüler durch die Lehrer und die Institution Schule erforderlich erscheint. Ebenso wird deutlich, dass die primäre schulische Förderstrategie, die auf Kompensation fachlicher Defizite zielt, nur für ein gutes Viertel der Schüler ein probates Mittel darstellt. Auf der anderen Seite kommt eine Verbesserung der Lehrerprofessionalität, der Lern- und Schulkultur auch dem Sozialverhalten zugute (vgl. ausführlich Melzer/Al-Diban 2001).

In bivariaten Analysen (Korrelationen) haben wir die Einflussfaktoren dieser mehrschichtigen Kompetenzkonfigurationen untersucht und festgestellt, dass die familialen, schulischen und sonstigen Kontextbedingungen im Prinzip als Bedingungsfaktoren für alle drei Dimensionen gelten und auf die dort ablaufenden Prozesse einwirken – allerdings mit unterschiedlichen Akzentuierungen: Negative Sozialisationserfahrungen in der Familie weisen einen relativ stärkeren Zusammenhang zum Selbstkonzept und z.T. zum Sozialverhalten auf. Letzteres wird ganz stark durch Medienverhalten und Peer-Erfahrungen geprägt. Das gilt auch abgeschwächt für die Fachleistungen, die durch schlechten Umgang und problematischen Medienkonsum beeinträchtigt werden können.

Überraschend für uns war, dass Aspekte der Lernkultur, der Unterrichtsgestaltung und der didaktischen Kompetenz der Lehrer primär mit dem Sozialverhalten der Schüler zusammenhingen, sekundär mit dem Selbstkonzept und erst tertiär mit den Fachleistungen, wobei es auf der Linie aller bekannten Befunde liegt, von wechselseitigen Beeinflussungen der drei Faktoren auszugehen.

3.5 Prävention schulischer Gewalt

Aus eigenen Analysen und den Untersuchungen der Arbeitsgruppe um Tillmann (Tillmann u.a. 1999) wissen wir, dass Schulkulturvariablen, wie Lehrer-Schüler-Beziehung, Lehrerengagement, Lebensweltbezug des Lernens, partizipative Unterrichts- und Schulgestaltung – also alles Variablen, die einen im weitesten Sinne offenen und schülerorientierten Unterricht repräsentieren, ganz stark mit Schulfreude und Interesse am Unterricht korrelieren und sich auf das Gewaltniveau mindernd auswirken. In dem Maße, wie die Qualität der Einzelschule positiv entwickelt ist, z.B. durch eine offene Kommunikationsstruktur zwischen allen beteiligten Gruppen, eine gute Schulraumqualität, die es erlaubt, sich in der Schule wohlzufühlen, durch interessante Lern- und Freizeitangebote über den Kernbereich des Unterrichts hinaus und Partizipationsmöglichkeiten für die Schüler, in dem Maße verzeichnet sie auch weniger Gewaltprobleme. *Insofern kann Schulentwicklung als Entwicklung der gesamten Schulkultur, d.h. als Organisationsentwicklung, Personalentwicklung und Unterrichtsentwicklung, als ein probates Mittel der Gewaltprävention gelten.* Die Forschungsgruppe Schulevaluation (1998) hat dazu das Präventionskonzept „Gewaltprävention durch Schulentwicklung" konzipiert und erprobt (vgl. ebd., Kap. 8). Damit erübrigen sich jedoch nicht andere Präventionsverfahren, wie Sozialtraining mit Schülern, Täter-Opfer-Ausgleich und Peer-Mediation, Curricula zum sozialen Lernen oder Trainingsprogramme für Lehrer etc. Denn durch unsere Studien konnte neben dem Einfluss schulkultureller Variablen auf das *Täter-Niveau* in den Schulen und Klassen auch festgestellt werden, dass der *Opferstatus* durch diese Variablen in keiner Weise beeinflusst wird (ebd., S. 213). Daraus resultiert für die Gewaltprävention in der Schule, dass eine *Doppelstrategie* verfolgt werden muss, die einerseits auf eine Optimierung von Schulkultur im umfassenden Sinn zielt, andererseits opferbezogene und auf schwierige Schüler gerichtete Maßnahmen, die auf Individual- oder Gruppenebene angesiedelt sind, einbeziehen muss. Auch erfordern die Leistungs- und Defizitprofile Einzelschulen, deren Gewaltprobleme mit dem der Schule zur Verfügung stehenden Handlungspotenzial nicht zu bewältigen sind, Überlegungen hinsichtlich einer verbesserten Passung der Unterstützungsnetzwerke von Elternhaus, Schule und Jugendhilfe.

An Bedeutung gewonnen hat die Evidenzbasierung von Präventionsmaßnahmen. Immer stärker wird gefordert, dass Präventionsprogramme in kontrollierten Studien ihre Wirksamkeit unter Beweis stellen müssen (siehe auch Melzer/Schwind 2004). Nur wenige Programme haben eine solche anspruchsvolle Evaluation durchlaufen. In einer ersten Metaanalyse zur Wirksamkeit schulbasierter Gewaltprävention finden die Autoren international nur 16 Studien, in denen Präventionsprogramme mit einem experimentellen oder quasi-experimentellen Design überprüft wurden (Merrell/Gueldner/Ross/Isava 2008). Kein einziges der in diesen Studien untersuchten Programme kommt aus Deutschland.

Ernüchternd sind auch die Ergebnisse. Zwar ergeben sich positive Effekte im Bereich der sozialen Kompetenz und des Selbstwertes der Schüler, jedoch kaum bedeutsame Reduktionen des gewalttätigen Verhaltens und der Opfererfahrungen. Hier steht die Interventionsforschung noch vor großen Herausforderungen.

Mit Blick auf unsere Untersuchungsergebnisse ist zu vermuten, dass eine stärkere Berücksichtigung umweltzentrierter Maßnahmen (Verbesserung der Schulkultur) eine erfolgreiche Strategie sein könnte. Solche, die Schule und das schulische Umfeld einbeziehenden Programme der Gewaltprävention werden nicht nur in den skandinavischen Ländern seit Jahren mir Erfolg praktiziert; sie schließen immer schulische, unterrichtsbezogene und außerschulische sowie schulpädagogische, psychologische und sozialpädagogische Maßnahmen ein. Das Gesamtkonzept muss auf die jeweils vorhandenen Bedingungen der betreffenden Einzelschule und ihres Umfeldes sowie die spezifische Schülerschaft zugeschnitten sein und in einer „konzertierten Aktion" aller Beteiligten, im Sinne eines Netzwerkes kompetenter Personen und unterstützender Institutionen, in Angriff genommen werden – nur dann ist ihm Erfolg beschieden. Die Schule allein ist mit dieser Aufgabe überfordert.

Literatur

Ackermann, Ch./Darge, K./Ehninger, F.: Gewalt in der Schule: Ausmaß und Ursachen - Möglichkeiten der Prävention und Intervention im schulischen Kontext. In: Hanckel, C./Jötten, B./Seifried, K. (Hrsg.): Schule zwischen Realität und Vision. Bonn 2001 S. 419-439

Aikten, L./Griffin, G.: Gender issues in elder abuse. Newbury Park, CA 1996

Amelang, M./Krüger, C.: Misshandlung von Kindern. Darmstadt 1995

Baker, A. W./Duncan, S.P.: Child sexual abuse. A study of prevalence in Great Britain. In: Child Abuse & Neglect 9 (1985), S. 457-467

Bange, D./Deegener, G.: Sexueller Missbrauch an Kindern. München 1996

Bange, D.: Die dunkle Seite der Kindheit. Köln 1992

Bange, D.: Definition und Häufigkeit von sexuellem Missbrauch. In: W. Körner/A. Lenz (Hrsg.), Sexueller Missbrauch. Band 1: Grundlagen und Konzepte. Göttingen 2004, S. 29-37

Bange, D.: Sexueller Missbrauch an Jungen: Die Mauer des Schweigens. Göttingen 2007

Bender, D./Lösel, F.: Misshandlung von Kindern: Risikofaktoren und Schutzfaktoren. In: Deegener, G./Körner, W. (Hrsg.): Kindesmisshandlung und Vernachlässigung. Ein Handbuch. Göttingen 2005, S. 317-346

Bilz, L.: Schule und psychische Gesundheit. Risikobedingungen für emotionale Auffälligkeiten von Schülerinnen und Schülern. Wiesbaden 2008

Bois-Reymond, M. du u.a.: Kinderleben. Modernisierung von Kindheit im interkulturellen Vergleich. Opladen 1994

Bortz, J./Döring, N.: Forschungsmethoden und Evaluation. Heidelberg/Berlin 1995

Bronfenbrenner, U.: Die Ökologie der menschlichen Entwicklung. Frankfurt a.M. 1989

Brusten, M./Hurrelmann, K.: Abweichendes Verhalten in der Schule. München 1973

Brügge, C.: Sexueller Missbrauch. In: Lenz, K./Nestmann, F. (Hrsg.): Handbuch Persönliche Beziehung. Weinheim 2008, S. 837-860

Büchner, P. u.a.: Teenie-Welten. Aufwachsen in drei europäischen Regionen. Opladen 1998

Burger, E./Reiter, K.: Sexueller Missbrauch von Kindern und Jugendlichen: Intervention und Prävention. Stuttgart 1997

Bussmann, K.-D.: Familiale Gewalt gegen Kinder und das Recht. Erste Ergebnisse aus einer Studie zur Beeinflussung von Gewalt in der Erziehung durch Rechtsnormen. In: Gerhardt, U./Hradil, S./Lucke, D./Nauck, B. (Hrsg.): Familie der Zukunft. Opladen 1995, S. 261–279

Bussmann, K.-D.: Verbot familialer Gewalt gegen Kinder. Zur Einführung rechtlicher Regelungen sowie zum (Straf-) Recht als Kommunikationsmedium. Köln /Berlin u.a. 2000

Bussmann, K.-D.: Verbot elterlicher Gewalt gegen Kinder - Auswirkungen des Rechts auf gewaltfreie Erziehung. In: G. Deegener/W. Körner (Hrsg.): Kindesmisshandlung und Vernachlässigung. Ein Handbuch. Göttingen 2005, S. 243-258

Bussmann, K.-D.: Rechtliche Konsequenzen des neuen Rechts auf gewaltfreie Erziehung. In: G. Deegener/W. Körner (Hrsg.): Kindesmisshandlung und Vernachlässigung. Ein Handbuch. Göttingen 2005b, S. 259-263

Bussmann, K.-D.: Report über die Auswirkungen des Gesetzes zur Ächtung der Gewalt in der Erziehung. Vergleich der Studien von 2001/2002 und 2005. Eltern-, Jugend- und Expertenbefragung. Hrsg.: Bundesministerium der Justiz, Berlin 2005c

Bussmann, K.-D.: Bilanz nach fünf Jahren. Auswirkungen des Gesetzes zur Ächtung der Gewalt in der Erziehung. In: Kindesmisshandlung und -vernachlässigung 9 (2006), S. 4-22

Carter, S.P./Stewin, L.L.: School violence in the Canadian context: An overview an model for intervention. In: International Journal for the Advancemant of Counselling 21 (1999), No. 4, S. 267-277

Cook, Th.D./Campbell, D.T.: Cross-lagged-panel-correlations. In: Quasi-Experimentation. Design and analysis issues for field settings. Chicago 1979, S. 309-321

Deegener, G.: Gewalt in Eltern-Kind-Beziehungen. In: Lenz, K. /Nestmann, F. (Hrsg.): Handbuch Persönliche Beziehung. Weinheim 2008, S. 815-836

Dettenborn, H./Lautsch, E.: Aggression in der Schule aus der Schülerperspektive. In: Zeitschrift für Pädagogik (1993) H. 5, S. 745-774

Durrant, J.E.: Evaluating the success of Sweden's corporal punishment ban. In: Child Abuse & Neglect 23 (1999), S. 435-448

Edelstein, W. (Hrsg.): Entwicklungskrisen kompetent meistern. Der Beitrag der Selbstwirksamkeitstheorie von Albert Bandura zum pädagogischen Handeln. Heidelberg 1992

Edfeldt, A.W.: The Swedish Aga Ban plus fifteen. In: Frehsee, D./Horn, W./Bussmann, K.-D. (Hrsg.): Family violence against children a challenge for society. Berlin 1996, S. 27-37

Elliot, D.S./Hamburg, B.H./Wiliams, K.R. (Eds.): Violence in American Schools. Cambridge University Press 1998

Engfer, A.: Gewalt gegen Kinder in der Familie. In: Egle, U.T./Hoffmann, S.O./Joraschky, P. (Hrsg.): Sexueller Missbrauch, Misshandlung, Vernachlässigung. Stuttgart 1997, S. 21-34

Engfer, A.: Kindesmißhandlung und Vernachlässigung. In: Markefka, M. /Nauck, B. (Hrsg.): Handbuch der Kinderforschung, Bd. 1: Familienforschung. Neuwied 1989, S. 617-629

Erel, O./Burman, B.: Interrelatedness of marital relations and parent-child relations. A metaanalytic review. In: Psychological Bulletin (1995), H. 118, S. 108-132

Ernst, C.: Zu den Problemen der epidemiologischen Erforschung des sexuellen Missbrauchs. In: Amann, G./Wipplinger, R. (Hrsg.): Sexueller Missbrauch. Tübingen 1997, S. 55-71

Fegert, J. M.: Sexuell missbrauchte Kinder und das Recht. Band 2. Köln 1993

Fend, H.: Theorie der Schule. München 1980

Finkelhor, D./Gelles, R.J./Hotaling, G. T./Straus, M. A. (Hrsg.): The dark side of families. Beverly Hills 1983

Finkelhor, D./Hotaling, G./Lewis, I. A./Smith, C.: Sexual abuse in a national survey of adult men, women. Prevalence, characteristics, and risk factors. In: Child Abuse & Neglect 14 (1990), S. 19-28

Finkelhor, D.: Epidemiological factors in the clinical identification of child sexual abuse. In: Child Abuse & Neglect 17 (1993), S. 67-70

Finkelhor, D.: International epidemiology of child sexual abuse. In: Child Abuse & Neglect 18 (1994), S. 409-417

Foljanty-Jost, G./Rössner, D. (Hrsg.): Gewalt unter Jugendlichen in Deutschland und Japan. Baden-Baden 1997

Forero, R./McLellan, L./Rissel, C./Baumann, A.: Bullying behaviour and psychosocial health among school students in New South Wales, Australia: Cross Sectional Survey. In: British Medical Journal 319 (1999), S. 344-348

Forschungsgruppe Schulevaluation: Gewalt als soziales Problem in Schulen. Die Dresdner Studie: Untersuchungsergebnisse und Präventionsstrategien. Opladen 1998

Frank, R.: Kinderärztlich-kinderpsychiatrische Untersuchungen an misshandelten und vernachlässigten Kindern und deren Familien. München 1995

Fuchs, M./Lamnek, S./Luedtke, J.: Schule und Gewalt. Realität und Wahrnehmung eines sozialen Problems. Opladen 1996

Fuchs, M./Lamnek, S./Luedtke, J./Baur, N.: Gewalt an Schulen. 1994-1999-2004. Wiesbaden 2005

Funk, W. (Hrsg.): Nürnberger Schülerstudie 1994. Gewalt an Schulen. Regensburg 1995

Funk, W./Passenberger, J.: Determinanten der Gewalt an Schulen. Mehrebenenanalytische Ergebnisse aus der Nürnberger Schüler-Studie 1994. In: Holtappels/Heitmeyer/Melzer/Tillmann 1999, S. 243-260

Galtung, J.: Strukturelle Gewalt. Reinbek 1975

Garbarino, J.: The incidence and prevalence of child maltreatment. In: Ohlin, L./Tonry, M. (Hrsg.): Family Violence. Chicago 1989, S. 219-261

Gelles, R.J./Cornell, C.P.: Intimate Violence in Families. 2. Aufl., Newbury Park 1990

Gelles, R.J./Edfeldt, A.: Violence towards children in the United States and Sweden. In: Child Abuse & Neglect 10 (1986), S. 501-510

Gelles, R.J./Straus, M.A.: Determinants of violence in the family. Toward a theoretical integration. In: Burr, W.R./Kill, R./Nye, F.I./Reiss, I.L. (Hrsg.): Contemporary theories about the family. New York 1979, S. 549-581

Gelles, R.J./Straus, M. A.: Intimate violence. New York 1988

Gelles, R.J.: Child abuse and violence in single parent families. Parent absence and economic deprivation. In: American Journal of Orthopsychiatry 59 (1989), S. 492-501

Godenzi, A.: Gewalt im sozialen Nahraum. Basel 1996

Grauer, G./Zinnecker, J.: Schülergewalt. Über unterschlagene und dramatisierte Seiten des Schülerlebens. In: Reinert/Zinnecker 1978, S. 292-348

Gries, S.: Kindesmisshandlung in der DDR. Kinder unter dem Einfluss traditionell-autoritärer und totalitärer Erziehungsleitbilder. Münster 2002

Gronemeyer, M.: Übermut tut selten gut? Gewalt in der Schule. In: Reinert/Zinnecker 1978, S. 262-279

Halperin, D.S. et al.: Prevalence of child sexual abuse among adolescents in Geneva. Results of a cross-sectional survey. In: British Medical Journal (1996), H. 312, S. 1326-1329

Hanewinkel, R./Niebel, G./Ferstl, R.: Zur Verbreitung von Aggression und Gewalt an den Schulen - ein empirischer Überblick. In: Valtin/Portmann 1995, S. 26-38

Hanson, R.K./Slater, S.: Sexual victimization in the history of child sexual abusers. A review. In: Annals of Sex Research 1 (1988), S. 485-499

Hart, S.N./Brassard, M.R.: Psychological maltreatment. Progress achieved. In: Development and Psychopathology 3 (1991), S. 61-70

Holtappels, H.G./Heitmeyer, W./Melzer, W./Tillmann, K.-J. (Hrsg.): Forschung über Gewalt an Schulen. Erscheinungsformen und Ursachen, Konzepte und Prävention. Weinheim/München 1999

Holtappels, H.G.: Schulprobleme und abweichendes Verhalten aus Schülerperspektive. Empirische Studien zu Sozialisationseffekten im situationellen und interaktionellen Kontext. Bochum 1987

Holtappels, H.G.: Sozialwissenschaftliche Theorien und Konzepte schulischer Gewaltforschung. In: Holtappels/Heitmeyer/Melzer/Tillmann 1999, S. 27-43

Honig, M.-S.: Verhäuslichte Gewalt. Sozialer Konflikt, wissenschaftliche Konstrukte, Alltagswissen, Handlungssituationen. Eine Explorativstudie über Gewalthandeln von Familien. Frankfurt a.M. 1992

Imbusch, P.: Der Gewaltbegriff. In: Heitmeyer, W./Hagan, J. (Hrsg.): Internationales Handbuch der Gewaltforschung. Wiesbaden 2000, S. 26- 57

Jopt, U.: Aggression und Erziehung. In: Heitmeyer, W. u. a. (Hrsg.): Curriculum „Schule und aggressives Konflikthandeln". Konzept - Materialien - Praxisberichte - Einstellungsuntersuchungen. Opladen 1985

Joraschky, P.: Sexueller Missbrauch und Vernachlässigung in Familien. In: Egle, U.T./Hoffmann, S. O./Joraschky, P. (Hrsg.): Sexueller Missbrauch, Misshandlung, Vernachlässigung. Stuttgart 1997, S. 79-92

Kaufman, J./Zigler, E.: The intergenerational transmission of abuse is overstated. In: Gelles, R. J./Loseke, D.R. (Hrsg.): Current controversies on family violence. London 1993, S. 209-221

Kavemann, B./Lohstöter, I.: Väter als Täter. Reinbek 1984

Kavemann, B.: Zusammenhang von häuslicher Gewalt gegen die Mutter mit Gewalt gegen Töchter und Söhne - Ergebnisse neuerer deutscher Untersuchungen. In: Kavemann, B./Kreyssig, U. (Hrsg.): Handbuch Kinder und häusliche Gewalt. Wiesbaden 2007, S. 13-35

Kempe, C.H./Silverman, F.M./Steele, B.F./Droegemueller, W./Silver, H.K.: The battered child syndrome. In: Journal of the American Medical Association 181 (1962), S. 17-24

Kendall-Tackett, K.A./Meyer-Williams, L./Finkelhor, D.: Impact of sexual abuse on children. A review and synthesis of recent empirical studies. In: Psychological Bulletin (1993), H. 113, S. 164-180

Kindler, H./Werner, A.: Auswirkungen von Partnerschaftsgewalt auf Kinder: Forschungsstand und Folgerungen für die Praxis. In: Deegener, G./Körner, W. (Hrsg.): Kindesmisshandlung und Vernachlässigung. Ein Handbuch. Göttingen 2006, S. 104-127

Kindler, H. et al.: Handbuch Kindeswohlgefährdung nach § 1666 BGB und Allgemeiner Sozialer Dienst. München 2006.

Klewin; G./Tillmann, K.-J./Weingart, G.: Gewalt in der Schule. In: Heitmeyer, W./Hagan, J. (Hrsg.): Handbuch der Gewaltforschung/Handbook of Research on Violence. Opladen 2001

Klockhaus, R./Habermann-Morbey, B.: Psychologie des Schulvandalismus. Göttingen/Toronto/Zürich 1986

Knudsen, D.D.: Child maltreatment: Emerging perspectives. Dix Hills, NY 1992

Knutson, J.F.: Psychological characteristics of maltreated children. Putative risk factors and consequences. In: Annual Review of Psychology 46 (1995), S. 401-431

Kolbe, F.-U.: Schulformspezifische Belastung durch abweichendes Verhalten in bundeslandeigener Problemkonstellation. Ergebnisse einer vergleichenden Schulleiterbefragung. In: Schubarth/Kolbe /Willems 1996, S. 48-70

Krämer, L.H.: Die Gewaltproblematik im französischen und deutschen Schulsystem. In: Lamnek 1995, S. 171 – 188

Krappmann, L.: Rauhe Spiele, Grobheit, Prügelei. Beobachtungen unter Viertklässlern. In: Valtin/Portmann 1995, S. 46-53

Krumm, V./Weiß, S.: „Du wirst das Abitur nie bestehen". Befunde aus einer Untersuchung über verletzendes Lehrerverhalten. In: Lernchancen 3. Jg. (2001) H. 20, S. 14-18

Krumm, V.: Methodenkritische Analyse schulischer Gewaltforschung. In: Holtappels/Heitmeyer/Melzer/Tillmann 1999, S. 63-79

Lamnek, S. (Hrsg.): Jugend und Gewalt. Devianz und Kriminalität in Ost und West. Opladen 1995, S. 11 – 24

Lamnek, S.: Jugend und Gewalt – A Never Ending Story. In: Lamnek 1995, S. 11-24

Lamnek, S./Luedtke, J./Ottermann, R.: Tatort Familie: häusliche Gewalt im gesellschaftlichen Kontext. 2. Aufl., Wiesbaden 2006

Lenz, K.: Familie - Abschied von einem Begriff? In: Erwägen Wissen Ethik (EWE) 14 (2003), S. 485-498

Lösel, F./Bliesener, T./Averbeck, M.: Erlebens- und Verhaltensprobleme von Tätern und Opfern. In: Holtappels/Heitmeyer/Melzer/Tillmann 1999, S. 137-154

Lösel, F./Bliesener, T.: Delinquenz unter Jugendlichen. Untersuchungen von kognitiven und sozialen Bedingungen. Neuwied 2003

Malinosky-Rummell, R./Hansen, J.: Long-term consequences of childhood physical abuse. In: Psychological Bulletin (1993), H. 114, S. 68-79

Mallet, P./Paty, B.: How French counsellers treat school violance. In: International Journal for the Advancement of Counselling 21 (1999), No. 4, S. 279-299

Mansel, J./Hurrelmann, K.: Aggressives und delinquentes Verhalten Jugendlicher im Zeitvergleich. In: Kölner Zeitschrift für Soziologie und Sozialpsychologie 50 (1998) H. 1, S. 78-109
Mause, L. de (Hrsg.): Hört ihr die Kinder weinen. Frankfurt a.M. 1980
Meier, U./Melzer, W./Schubarth, W./Tillmann, K.-J.: Schule, Jugend und Gewalt. Ergebnisse einer Schulleiterbefragung in Ost- und Westdeutschland. In: Zeitschrift für Sozialisationsforschung und Erziehungssoziologie H. 2 (1995), S. 168-182
Melzer, W.: Gewaltemergenz - Erscheinungsformen und Ursachen von Gewalt in der Schule. In: Müller, S./Sünker, H./Olk, Th./Böllert, K.: Soziale Arbeit. Gesellschaftliche Bedingungen und professionelle Perspektiven. Neuwied 2000, S. 79-98
Melzer, W./Al-Diban, S.: Vermittlung von Fachleistungs-, Sozial- und Selbstkompetenzen als zentrale Bildungsaufgabe von Schule. In: Melzer, W./Sandfuchs, U. (Hrsg.): Was Schule leistet. Funktionen und Aufgaben von Schule. Weinheim, München 2001, S. 37-64
Melzer, W./Sandfuchs, U. (Hrsg.): Was Schule leistet. Funktionen und Aufgaben von Schule. Weinheim, München 2001
Melzer, W.: Der Einfluss der Familie auf das Sozialverhalten der Kinder. In: Konrad, F.-M. (Hrsg.): Kindheit und Jugend im interkulturellen Vergleich. Festschrift für Ludwig Liegle. Münster 2001
Melzer, W./Schubarth, W./Ehninger, F.: Gewaltprävention und Schulentwicklung. Analysen und Handlungskonzepte. Bad Heilbrunn 2004
Melzer, W./Schwind, H.-D. (Hrsg.): Gewaltprävention in der Schule. Grundlagen – Praxismodelle – Perspektiven. Baden-Baden 2004
Melzer, W./Bilz, L.: Familiäre Lebensverhältnisse und Sozialverhalten von Heranwachsenden: Empirische Befunde und Vorschläge für die Prävention. In: Feltes, T./Pfeiffer, C./Steinhilper, G.: Kriminalpolitik und ihre wissenschaftlichen Grundlagen. Heidelberg 2006, S. 1071-1093
Melzer, W./Bilz, L./Dümmler, K.: Mobbing und Gewalt in der Schule im Kontext sozialer Ungleichheit. In: Richter, M./Hurrelmann, K./Klocke, A./Melzer, W./Ravens-Sieberer, U. (Hrsg.): Gesundheit, Ungleichheit und jugendliche Lebenswelten. Weinheim 2008, S. 116-140
Mercy, J.A./Rosenberg, M.L.: Prevention firearm violence in and around schools. In: Elliott/Hamburg/Williams 1998, S. 159-187
Merrel, K.W./Gueldner, B.A./Ross, S.W./Isava, D.M.: How effective are school bullying intervention programs? A meta-analysis of intervention research. In: School Psychology Quarterly 23 (2008), S. 26-42
Miller, L./Langley, A./Knudsen, D.D.: Family abuse and violence. In: Sussman, M./Steinmetz, S. K./Peterson, G.W. (Hrsg.): Handbook of marriage and the family. 2. Aufl., New York 1999, S. 705-741
Moggi, F.: Folgen der Kindermisshandlungen. In: Deegener, G./Körner, W. (Hrsg.): Kindesmisshandlung und Vernachlässigung. Ein Handbuch. Göttingen 2005, S. 94-103
Neidhardt, F.: Gewalt. Soziale Bedingungen und sozialwissenschaftliche Bedingungen des Begriffs. In: BKA (Hrsg.), Was ist Gewalt. Bd. 1. Wiesbaden 1986, S. 109-147
Olweus, D.: Gewalt in der Schule. Was Lehrer und Eltern wissen sollten - und tun können. Bern 1995
Olweus, D.: Täter-Opfer-Probleme in der Schule. Erkenntnisstand und Interventionsprogramm. In: Holtappels/Heitmeyer/Melzer/Tillmann 19992, S. 281-297
Pfeiffer, C./Wetzels, P.: Kinder und Jugendliche als Opfer und Täter. Eine Analyse auf der Basis der PKS und einer repräsentaitven Opferbefragung. KFN-Forschungsberichte Nr. 68. Hannover: 1997
Pfeiffer, C./Wetzels, P.: Zur Struktur und Entwicklung der Jugendgewalt in Deutschland. Ein Thesenpapier auf Basis aktueller Forschungsergebnisse. In: Aus Politik und Zeitgeschichte (1999), H. 22, S. 3-22
Popp, U./Meier, U./Tillmann, K.-J.: Es gibt auch Täterinnen: Zu einem bisher vernachlässigten Aspekt der schulischen Gewaltdiskussion. In: Zeitschrift für Soziologie der Erziehung und Sozialisation 21 (2001) H. 3, S.170-191
Rabe, H.: Rechtlicher Schutz für Kinder vor häuslicher Gewalt. In: Kavemann, B./Kreyssig, U. (Hrsg.): Handbuch Kinder und häusliche Gewalt. Wiesbaden 2007, S. 125-147
Raupp, U./Eggers, C.: Sexueller Missbrauch von Kindern. Eine regionale Studie über Prävalenz und Charakteristik. In: Monatsschrift für Kinderheilkunde 141 (1993), S. 316-322
Reinert, B./Zinnecker, J. (Hrsg.): Schüler im Schulbetrieb. Reinbek 1978
Richter, M./Bowles, D./Melzer, W./Hurrelmann, K.: Bullying, psychosoziale Gesundheit und Risikoverhalten im Jugendalter. In: Gesundheitswesen 69 (2007), S. 475-482
Roberts, J.V.: Changing public attitudes towards corporal punishment. The effects of statutory reform in Sweden. In: Child Abuse & Neglect 24 (2000), S. 1027-1035
Rossman, B.B./Robbie, H./Hughes, M./Rosenberg, M.S.: Children and interparental violence. The impact of exposure. Philadelphia 2000

Rostampour, P./Melzer, W.: Täter-Opfer-Typologien im schulischen Gewaltkontext. Forschungsergebnisse unter Verwendung von Cluster-Analyse und multinomialer logistischer Regression. In: Holtappels/Heitmeyer/Melzer/Tillmann 1999, S. 169-189

Rostampour, P.: Schüler als Täter, Opfer und Unbeteiligte. Veränderungen der Rollen im sozialen und biografischen Kontext. In: psychosozial 23 (2000) H. 1, S. 17-27

Rush, F.: Das bestgehütete Geheimnis. Sexueller Kindesmissbrauch. Berlin 1982

Sariola, H./Uutela, A.: The prevalence and context of family violence against children in Finland. In: Child Abuse & Neglect, 16 (1992), S. 823-832

Schneewind, K. A./Beckmann, M./Engfer, A.: Eltern und Kinder. Stuttgart 1983

Schötensack, K./Elliger, T./Gross, A./Nissen, G.: Prevalence of sexual abuse of children in Germany. In: Acta Paedopsychiatrica 55 (1992), 211-216

Schubarth, W./Darge, K./Mühl, M./Ackermann, Ch.: Im Gewaltausmaß vereint? Eine vergleichende Schülerbefragung in Sachsen und Hessen. In: Holtappels/Heitmeyer/Melzer/Tillmann 1999, S. 101-118

Schubarth, W./Kolbe, F.-U./Willems, H. (Hrsg.): Gewalt an Schulen. Ausmaß, Bedingungen und Prävention. Opladen 1996

Schubarth, W./Melzer, W. (Hrsg.): Schule, Gewalt und Rechtsextremismus. Opladen 1993, 1995

Schubarth, W.: Gewaltprävention in Schule und Jugendhilfe. Theoretische Grundlagen - Empirische Ergebnisse - Praxismodelle. Neuwied /Kriftel 2000

Schubarth, W.: Je liberaler, desto mehr Gewalt an Schulen? Ergebnisse eines Ost-West-Vergleichs. In: Schubarth/Kolbe/Willems 1996, S. 29-47

Schütze, F.: Emergenz. In: Fuchs, W. u.a. (Hrsg.): Lexikon der Soziologie. Opladen 1978, S. 185

Schwind, H.-D. u.a. (Hrsg.): Ursachen, Prävention und Kontrolle von Gewalt. Analysen und Vorschläge der unabhängigen Regierungskommission zur Verhinderung und Bekämpfung von Gewalt Bd. I, Berlin 1990

Schwind, H.-D./Roitsch, K./Ahlborn, W./Gielen, B. (Hrsg.): Gewalt in der Schule. - am Beispiel von Bochum. Mainz 1995

Smith, P.K./Morita, Y./Junger-Tas, J./Olweus, D./Catalano, R./Slee, P. (Hrsg.): The nature of school bullying: A crossnational perspective. London /New York 1999

Starr, R.H.Jr./Dubowitz, H./Bush, B.A.: The epidemiology of child maltreatment. In: Ammerman, R. T./Hersen, M. (Hrsg.): Children at risk. An evaluation of factors contributing to child abuse and neglect. New York 1990, S. 23-53

Steinmetz, S.K.: Family violence. In: Sussman, M. B./Steinmetz, S.K. (Hrsg.): Handbook of marriage and the family. New York 1987, S. 725-765

Straus, M.A./Donelly, D.A.: Corporal punishment of adolescence by American parents. In: Youth & Society 24 (1993), S. 419-442

Straus, M.A./Gelles, R.J./Steinmetz, S.K.: Behind closed doors: Violence in American families. New York 1980

Straus, M.A./Gelles, R.J.: How violent are American families? Estimates from the National Family Violence Survey and other studies. In: Straus, M.A./Gelles, R.J. (Hrsg.): Physical violence in American families. New Brunswick 1990, S. 95-131

Straus, M.A./Gelles, R.J.: Societal change and change in family violence from 1975 to 1985 as revealed by two national surveys. In: Journal of Marriage and the Family 48 (1986), S. 465-479

Straus, M.A./Hamby, S.L./Finkelhor, D./Moore, D.W./Runyan, D.: Identification of child maltreatment with the parent-child conflict tactics scales. Development and psychometric data for a national sample of American parents. In: Child Abuse & Neglect 22 (1998), H. 4, S. 249-270

Straus, M.A./Sugarman, D.U./Giles-Sims, J.: Spanking by parents in subsequent behavior of children. In: Archives of Pediatric and Adolescent Medicine 151 (1997), S. 761-767

Straus, M.A.: Beating the devil out of them. Corporal punishment in American families. Boston 1994

Straus, M.A.: Measuring intrafamily conflict and violence: The conflict tactics (CT) scale. In: Journal of Marriage and the Family 41 (1979), S. 75-88

Straus, M.A.: The conflict tactics scales and its critics. An evaluation and new data on validity and reliability. In: Straus, M.A./Gelles, R.J. (Hrsg.): Physical violence in American families. New Brunswick 1990, S. 49-73

Sümer, Z.H./Aydin,G.: Incidence of violonce in Turkish schools: A review. In: International Journal for the Advancement of Councelling 21 (1999), No. 4, S. 335-347

Sussman, M.B./Steinmetz, S.K. (Hrsg.): Handbook of Marriage and the Family. New York 1987

Tillmann, K.-J./Holler-Nowitzki, B./Holtappels, H.G./Meier, U./Popp, U.: Schülergewalt als Schulproblem. Verursachende Bedingungen, Erscheinungsformen und pädagogische Handlungsperspektiven. Weinheim /München 1999

Tillmann, K.-J.: Gewalt an Schulen: öffentliche Diskussion und erziehungswissenschaftliche Forschung. In: Holtappels/Heitmeyer/Melzer/Tillmann 1999, S. 11-25

Trotta, T. v.: Zur Soziologie der Gewalt. In: Trotta, T. v. (Hrsg.): Soziologie der Gewalt. KZfSS-Sonderheft 37. Opladen 1997, S. 9-49

Valtin, R./Portmann, R.: Gewalt und Aggression. Herausforderungen für die Grundschule. Frankfurt/M. 1995

Wahl, K.: Studien über Gewalt in Familien. München 1990

Wendler, E.: Kindesmisshandlung und Vernachlässigung in Migrantenfamilien. In: Deegener, G. /Körner, W. (Hrsg.): Kindesmisshandlung und Vernachlässigung. Ein Handbuch. Göttingen 2005, S. 186-197

Wetzels, P./Greve, W./Mecklenburg, E./Bilsky, W./Pfeiffer, C.: Kriminalität im Leben alter Menschen. Stuttgart 1995

Wetzels, P.: Gewalterfahrungen in der Kindheit. Sexueller Missbrauch, körperliche Misshandlung und deren langfristige Konsequenzen. Baden-Baden 1997

Widom, C.S./Ames, M.A.: Criminal consequences of childhood sexual victimization. In: Child Abuse & Neglect 18 (1994), S. 303-318

Widom, C. S.: Childhood victimization: Risk factor for delinquency. In: Gore, S. (Hrsg.): Adolescent stress. Causes and consequences. New York 1991, S. 201-221

Widom, C.S.: Does violence beget violence? A critical examination of the literature. In: Psychological Bulletin (1989), H. 106, S. 3-28

Williams, K./Chambers, M./Logan, S./Robinson, D.: Association of common health symptoms with bullying in primary school children. In: British Medical Journal 313 (1996), S. 17-19

Georg Neubauer

Kindheit, Jugend und Sexualität

1 Die wissenschaftliche und gesellschaftliche Konstruktion von Kinder- und Jugendsexualität

1.1 Die Definition des wissenschaftlichen Sexualbegriffs

Die wissenschaftliche Konstruktion des Begriffs ‚**Sexualität**' ging einher mit der Ein- und Ausgrenzung von sexuellen Praktiken, die als pervers und als nicht richtige Sexualität eingestuft wurden. Das 1886 veröffentlichte Standardwerk „Psychopathia sexualis" über sexuelle Perversionen des Wiener Psychiaters Richard von Krafft-Ebing war zwar Ausgangspunkt der entstehenden Sexualwissenschaft, stand aber gleichzeitig am Ende einer Entwicklung, die bisher gängige Lebens- und Sexualpraktiken verurteilte und z.T. kriminalisierte.

Wenn zur Betrachtung kindlicher Sexualität die wissenschaftliche Definition von Sexualität herangezogen wird, haben Kinder keine Sexualität, denn ein Hauptkriterium für Sexualität ist die Fortpflanzungsfunktion von Sexualität. Da Kinder keine Kinder zeugen können, haben sie somit per definitionem keine Sexualität. Das trifft aber nicht nur für Kinder zu, sondern z.B. auch für die Sexualität zwischen alten Menschen und Homosexuellen.

Den Kindern und auch den pubertierenden Jugendlichen wurde nicht nur die Hetero- und Homosexualität, sondern insbesondere die Selbstbefriedigung verboten. Da der Begriff Sexualität nicht „in den Mund genommen wurde", wurden die wissenschaftlichen Begriffe Masturbation und Onanie erfunden. Insgesamt wurde jegliche Form von Sexualität spätestens im 18. Jahrhundert aus der Lebenswelt von Kindern und Jugendlichen ausgeschlossen. Bis dahin war es durchaus üblich Kindern und Jugendlichen Sexualität zuzugestehen.

Am 14. Februar 1608 findet sich in den Aufzeichnungen des Leibarztes von Ludwig XIII., Heroard, über den zweijährigen Ludwig XIII. folgender Eintrag: „Um zehn Uhr ausgezogen und ins Bett gelegt, fragt er mich, nachdem er das Nachtgebet gesprochen hat: ‚Moussu Heroua, raten Sie, wo ich meine Hände habe?' - ‚Monsieur, zwischen den Beinen.' - ‚Ich lege sie immer auf meinen Piephahn.'" (zit. n. Kentler 1988, S. 25)

Weitaus überraschender noch sind aber die Aufzeichnungen Heroards über – so würden wir heute sagen – das sexuelle Verhalten des Kindes und die sexuellen Beziehungen zwischen ihm und den Erwachsenen (die folgende Beispiele sind nur eine kleine Auswahl aus den zahlreichen ganz ähnlich lautenden Aufzeichnungen des Leibarztes).

> Mit zehn Monaten ist er sehr vergnügt, als seine Amme ihn morgens beim Ankleiden mit den Fingerspitzen an den Genitalien kitzelt. Er ist noch nicht ein Jahr alt, als er schon aus vollem Halse lacht, „ wenn man mit seinem Piephahn (sa guillery) spielt". Er ist ein Jahr und zwei Monate alt, als er mit dem König zum Essen geht und von mehreren Höflingen (sie sind namentlich aufgeführt) seine Genitalien küssen lässt. Als er ein Jahr ist, wird er der Infantin von Spanien anverlobt, und man spielt mit ihm „Wo ist

der Allerliebste der Infantin?", worauf das Kind seine Hand auf seinen Penis legt. Mit drei Jahren ruft er einer Dame zu, sein „Piephahn" mache eine „Zugbrücke". (....) Er kennt die Koituspositionen und spricht darüber mit seiner Kammerzofe. (....) Zwischen seinem fünften und sechsten Jahr lässt er Mademoiselle Mercier, die in seinem Zimmer schläft, solche Stellungen einnehmen, dass er ihre Genitalien sehen kann; etwas später befühlt er sie." (Kentler 1988, S. 22f.)[1]

Bis ins 17. Jahrhundert hinein waren Kinder am Geschlechtsleben der Erwachsenen beteiligt und sie spielten die Spiele der Erwachsenen. So ist nicht verwunderlich, dass das von Erasmus von Rotterdam herausgegebene Lateinbuch „Colloquia" für die fünf- und sechsjährigen Schüler „mit dem Zwiegespräch eines jungen Mannes mit seiner Braut beginnt, in dem vom Wert der Jungfräulichkeit die Rede ist und die Frage untersucht wird, ob Ehefrauen das Recht haben, ihren Männern den Geschlechtsverkehr zu verweigern; dass im zweiten Kapitel sogar das Gespräch zwischen einem jungen Mann und einer Dirne zu lesen ist, hält ebenfalls niemand für kindergefährdend." (Kentler 1988, S. 23)

Die dem Mittelalter folgende Epoche der Aufklärung war deutlich verschieden: Geschlechtsverkehr wurde nicht mehr im Beisein von Kindern praktiziert, kleine Kinder wurden nicht mehr masturbiert, um sie ruhig zu halten, ältere Menschen hatten zu jüngeren keine sexuellen Kontakte und außereheliche Beziehungen waren untersagt. Norbert Elias (1976) zeichnet diesen Zivilisationsprozess nach: Ausscheidungen, Nahrung und Schlaf werden dem öffentlichen Raum entzogen und das Private als Rückzugsbereich des Individuums entsteht als scheinbarer Freiraum, dem auch die Intimität des Sexuellen zugeordnet wird (vgl. Elias 1976, S. 230ff.). Es wird ein Anwachsen des Schamgefühls konstatiert, Nacktheit wird tabuisiert. Vieles wird als sexuell definiert und somit aus der Öffentlichkeit verdrängt (vgl. auch Ussel 1970).

War Sexualität – auch wenn es diesen Begriff ja nicht gab – im Mittelalter ein Zeichen von Gesundheit, so wird sie zunehmend als gesundheitsgefährdend betrachtet. „Die Menschen des 19. Jahrhundert glaubten, das der Geschlechtsverkehr ihre Vitalität aufzehre, vor allem die des Mannes. Das Sperma galt als knappes Gut, als Lebenssaft, der sich nur begrenzt erneuern lässt und daher äußerst sparsam eingesetzt werden sollte." (Schenk 1991, S. 92) Sexuelle Handlungen, die nicht der Fortpflanzung dienten, waren somit auch moralisch verwerflich, da sie nicht der nun geltenden Moral des Verzichts, der Disziplin, der Zuverlässigkeit, der Funktionstüchtigkeit und der Sparsamkeit entsprachen. So war es nicht verwunderlich, dass sich die Ärzteschaft mit der Kirche verbündete: Ärzte wiesen die Schädlichkeit des Coitus interruptus nach, die Kirchen betonten die Unvollständigkeit des Geschlechtsaktes ohne Fortpflanzung. „Je mehr das sexuelle Verhalten von der moralischen Norm abweiche, um so größer sei der Schaden." (Ussel 1970, S. 115)

Aber auch die Pädagogik tut sich mit der Medizin zusammen. 1710 erscheint in England eine anonym herausgegebene Schrift mit dem Titel: „Onanie, oder die abscheuliche Sünde der Selbstbefleckung und all ihre erschreckenden Folgen für beide Geschlechter, unter Berücksichtigung einiger Ratschläge für Geist und Körper", die auch in Deutschland zum Bestseller wird (1736 erscheint die deutsche Ausgabe). 1760 folgt die Schrift „De l'onanisme" vom französischen Mediziner Tissot, der Onanie nicht als sittliche Verfehlung, sondern als Krankheit bekämpfen will und zählt fast alle Krankheiten auf, die durch Onanie verursacht werden, deren Ursachen bis dahin ungeklärt waren.

Die ersten Schriften machen auf heutige Leser einen ziemlich verworrenen Eindruck, weil noch ungeklärt zu sein scheint, was unter Onanie zu verstehen ist. Zwischen nächtlichen Samenergüssen, unfreiwilliger Tagbefleckung, homosexuellen Verkehrsformen und Masturbation wird kaum unterschieden. (...) Die Streiter gegen die Selbstbefriedigung mussten sich also offensichtlich selbst klar darüber werden (...). Bis ins 18. Jahrhundert hinein spielte selbst in den kirchlichen Schriften wie Beichtbüchern, Katechismen und moraltheologischen Werken die Selbstbefriedigung keine Rolle. (...) Die Ärzte waren bis ins 18. Jahrhundert davon überzeugt, dass Enthaltsamkeit schädlich sei. Sie waren Anhänger der griechisch-römischen Medizin und glaubten, die Körpersäfte müssten regelmäßig durch Furzen, Rülpsen, Spucken, Masturbieren von überflüssigen Dämpfen und Säften sowie von verdorbenen Anteilen gereinigt werden. Frauen wurde die Masturbation gegen Menstruationsbeschwerden empfohlen. Nachdem jedoch der Gegner einmal ausgemacht ist, erscheint vom letzten Viertel des 18. Jahrhunderts an eine förmliche Flut von Kampfschriften gegen die Onanie (....), als stünden sie letztlich alle im Kampf gegen „diese Seuche". (....) Eine strenge Diät wird verordnet (wenig Eier und Fleisch, keine Süßigkeiten); lange wird gestritten, ob Hosen getragen werden dürfen (einerseits erschweren sie den „Zugang zu den Schamteilen", andererseits können Wärme und Enge Reize verursachen); der Schlafanzug wird erfunden; eine Kältepädagogik wird rigoros eingesetzt (Schlafen in kalten Räumen, ohne Federbett, kalte Wassergüsse); die Nacktheit wird tabuiert; die Eltern werden hart kritisiert, weil sie die Kinder mit ihren Liebkosungen geradewegs zum „heimlichen Laster" verführen; Antionanie-Instrumente werden eingesetzt (das Schlimmste unter Ihnen ist wohl ein von Campe empfohlener Draht, der derart durch die vorgezogene Vorhaut gebohrt und durch Verbiegen befestigt wird, dass Onanieren unmöglich ist und jede Erektion Schmerzen verursacht – bei Mädchen wird die „Infibulation" an den großen Venuslippen vorgenommen); der Höhepunkt der Kampagne ist erreicht, als im 19. Jahrhundert Ärzte die Klitoris entfernen, um Frauen von der Wollust zu befreien. (Kentler 1988, S. 26f.; vgl. Ussel 1970, S. 132ff.)

Wie schon erwähnt, werden die der pädagogischen Bewegung zugehörigen Philanthropen (Menschenfreunde), vor allem Campe, Oest, Salzmann, Villaume, zu den engagiertesten Bekämpfern der „Selbstschwächung". Überall sahen sie die Verführung zur Selbstbefriedigung lauern und so warnt Salzmann: „Hab ein wachsames Auge auf deiner Kinder Einsamkeit!" (zit. n. Kentler 1988, S. 27)

Die bisherigen Ausführungen verdeutlichen die gegensätzlichen Bilder über Kinder und deren Sexualität. Bei Ludwig XIII. existierte keine Kindheit als eigenständige Entwicklungs- und Lebensphase. Kinder wurden in die Erwachsenenwelt einbezogen, auch hinsichtlich ihrer Sexualität. Dagegen wurde im Zuge der Aufklärung und Verwissenschaftlichung von Sexualität Kindern Sexualität abgesprochen und sexuelle Handlungen als Verunreinigung ihrer ursprünglichen Reinheit angesehen. „Darum muss man den Anfängen wehren, da es sich dabei immer um Zeichen einer Fehlentwicklung handelt, die auch zu schweren charakterlichen Schäden führen kann." (Wegner 1998, S. 3)

Diese neuartige Definition von kindlicher Sexualität ging einher mit der Konstruktion von Kindheit jenseits der Erwachsenenwelt. Kinder bekamen ihre Kinderzimmer, in denen sie zu schlafen hatten, ihre Schule, in der sie zu arbeiten hatten usw. Dabei wurde diese Lebensphase altersmäßig immer mehr ausgeweitet und erfasste auch junge Menschen in der dann neu konstruierten Jugendphase. Obwohl Jugendliche sich aufgrund ihrer körperlichen Reife durchaus fortpflanzen konnten, wurde den Jugendlichen die sittliche Reife für Sexualität abgesprochen, da sie angeblich ihre sexuellen Bedürfnisse nicht beherrschen und ggfs. unterdrücken könnten, was ja gerade die Wesensart eines zivilisierten und somit kultivierten Menschen war bzw. ist. Hierzu hat Sigmund Freud (1856-1939) wesentliche Aussagen getroffen, die unser Bild über Sexualität und sexuelle Entwicklung im Kindes- und Jugendalter prägen.

1.2 Kindliche Sexualität aus psychoanalytischer Sicht

Freud hat zu Anfang dieses Jahrhunderts u.a. in „Drei Abhandlungen zur Sexualtheorie" die „infantile Sexualität" beschrieben. Nach Freud ist die Sexualität des Menschen zu Beginn seiner Entwicklung ‚polymorph-pervers', d.h., dass sich sexuelle Bedürfnisse an vielen körperlichen Bereichen befriedigen lassen. Sexualität wird durch einen ‚Sexualtrieb' erzeugt, den er als „die psychische Repräsentanz einer kontinuierlich fließenden, innersomatischen Reizquelle" (Freud 1961, S. 43) definiert, als eine körperlich verankerte Energiequelle, die ständig Erregung im Inneren des Körpers aufbaut.[2] Dieser sexuelle Spannungszustand bedarf der Befriedigung. Dabei weist Freud darauf hin, dass sich sexuelle Impulse unter die Zwecke der Selbst- und Arterhaltung, des Lust- unter das Realitätsprinzips unterordnen muss, um Fortpflanzung und Arbeitsfähigkeit zu garantieren. Denn nur (partieller) Triebverzicht könne in kulturelle Arbeit sublimiert werden (Freud 1961, S. 74ff).

Somit müssen die polymorph-perversen Triebanlagen des Kindes im Erziehungsprozess umgeformt werden, um die kindliche Entwicklung hin zu einem arbeits- und kulturfähigen erwachsenen Menschen zu unterstützen. Um die Fortpflanzung im Erwachsenenalter zu ermöglichen, ist die Entwicklung auch auf die heterosexuelle genitale Sexualität auszurichten. (Freud 1961, S. 43ff) Diesen Entwicklungsprozess hat Freud in aufeinanderfolgende Phasen unterteilt: von der oralen Phase über die anale Phase zur phallischen Phase.[3]

Orale Phase: Im ersten Lebensjahr ist der Mund (lat. Os,oris) das Organ der Lust, die Körperstelle mit zentraler erogener Bedeutung. Über den Mund wird die Nahrung aufgenommen und so der Hunger gestillt. Dabei wird das Saugen an der Brust der Mutter oder an der Flasche von dem Säugling lustvoll erlebt, es befriedigt elementare körperliche und sinnliche Bedürfnisse.

In der Folge dient auch das unabhängig von der Nahrungsaufnahme zu beobachtende Saugen und Lutschen an Fingern, Schnullern, Tüchern, Spielzeug, Schlüsseln etc. dazu, Lust zu erleben, sich wohl und zufrieden zu fühlen und auch die Umwelt sinnlich wahrzunehmen. Das Wonnesaugen ist mit voller Aufmerksamkeit verbunden, führt zu einer motorischen Reaktion in einer Art von Orgasmus, der in seiner Endphase Entspannung bewirkt und häufig ins Einschlafen mündet. „Nicht selten kombiniert sich mit dem Wonnesaugen die reibende Berührung gewisser empfindlicher Körperstellen, etwa der Brust oder der äußeren Genitalien. Auf diesem Wege gelangen viele Kinder vom Ludeln zur Masturbation." (Freud 1961, S. 54)

Anale Phase: Ungefähr im zweiten Lebensjahr, in dem das Kind mehr und mehr nach eigenem Willen über sein Muskelsystem verfügen kann, wird die Analzone (lat. Anus = der After) zur wichtigsten erogenen Körperstelle. Das Kind lernt seine Schließmuskeln zu kontrollieren. Kot und Urin festhalten zu können wird ein angenehmes Spiel. Und dieses Festhalten und Loslassen wird lustvoll erlebt. Kinder schenken in dieser Phase ihren Ausscheidungen oft eine große Aufmerksamkeit, sie riechen an ihnen, betrachten sie ausgiebig und fassen sie an. Oder sie bringen Erwachsenen Kot oder Urin als „Geschenk" dar, um Lob zu erhalten.

Phallisch-genitale Phase: Mit dem dritten bis fünften Lebensjahr entwickeln Kinder ein besonderes Interesse an ihrem Körper, wie auch an anderen Menschen. Bei der Entdeckungsreise am eigenen Körper erfahren Kinder, dass die Berührung der Scheide und der Klitoris bzw. des Penis Spaß, Lust und Befriedigung bereiten kann. Gleichzeitig stellen Mädchen fest, dass sie die gleichen Geschlechtsteile wie die Mutter und die Freundin haben; Jungen stellen fest, dass sie unten ähnlich wie der Vater und der Freund aussehen. Nicht selten ist zu beobachten, dass ein Mädchen mit ihrer Mutter um den Vater konkurriert; Jungen konkurrieren mit dem Vater um die Mutter („ödipale Phase").

Festzuhalten bleibt, dass sich in der phallisch-genitalen Phase die erwachende Wissbegier des Kindes auf all das richtet, was mit Sexualität in Verbindung gebracht werden kann. So werden nicht nur die Geschlechtsteile Objekte lustorientierten Interesses, auch die soziale Wahrnehmung von Mann und Frau erweitert sich. Die Geschlechter werden nicht mehr allein aufgrund von Namen (Mädchen-, Jungennamen) und Outfit (Mädchen-, Jungenkleider, Haarlänge, Ohrringe usw.) unterschieden, sondern auch nach körperlichen Merkmalen. Das sexuelle Neugierverhalten äußert sich dann in „Vater-Mutter-Kind-Spielen" und „Doktorspielen".

Freud ging davon aus, dass ein Kind sich normalerweise von der oralen über die anale und phallische Phase weiterentwickelt. Wenn z.B. die besonderen Bedürfnisse des Kindes in den jeweiligen Phasen zu wenig oder zu sehr befriedigt würden, könne ein Kind „fixiert" und so in seiner psychosexuellen Entwicklung behindert werden. So entsteht z.B. ein „analer Charakter" durch zu restriktive oder zu nachsichtige Sauberkeitserziehung, was dazu führe, dass jemand später Disziplin, Ordnung und Sauberkeit schätzt, aber auch die anale Stimulierung jeder anderen Form des Sexualkontaktes vorzieht.

Am Ende dieser Phasen tritt nach Freud die Latenzphase ein. Kinder von sechs bis zwölf Jahren sollen nach der Theorie von Freud, ihr Interesse an dem anderen Geschlecht verloren haben.[4] Zudem lassen auch autoerotische Aktivitäten nach. Dieser Einschätzung kann gefolgt werden, wenn Sexualität auf die Genitalien und dem Geschlechtsverkehr reduziert werden.[5] „Trotz grundlegender Verschiedenheit im Ansatz bestätigen Studien aus diesem Jahrhundert zumindest einige Ergebnisse der Freudschen Theorie. So besteht kein Zweifel mehr daran, dass Kinder zu sexuellen Reaktionen fähig sind und frühe Kindheitserlebnisse einen entscheidenden Einfluss auf spätere sexuelle Entwicklungen eines Menschen haben. (....)

Natürlich wissen wir, dass erotische Vorlieben wesentlich spezifischer und individueller sind, als eine allgemeine Phasentheorie sie beschreiben könnte. So werden bestimmte Personen mit einem bestimmten Alter, Haarfarbe, Wesensart etc. bevorzugt. Manche Menschen entwickeln eine starke Bindung an einen bestimmten Partner und sind fast unfähig, auf andere Personen sexuell zu reagieren; andere wiederum wechseln ihre Partner häufig. Manche lieben in ihren erotischen Techniken die Abwechslung; andere bleiben ihr Leben lang bei einer einzigen. Manche Menschen sind bei ihrer sexuellen Annäherung leidenschaftlich, rücksichtslos oder sogar brutal; andere Menschen bevorzugen ein langsames, zärtliches und bedächtiges Vorgehen.

Die Liste von Verhaltensweisen könnte fortgesetzt werden und durch viele Erfahrungen aus der Kindheit begründet werden (auch psychoanalytisch). Andererseits muss festgestellt werden, dass viele Phänomene heutzutage nicht erklärt werden können, erst recht nicht aus der Kindheit. So ist in den einzelnen Altersstufen und Entwicklungsstadien die Sexualität von unterschiedlicher Art und Bedeutung. Dies hat auch damit zu tun, dass den Menschen in den unterschiedlichen Altersgruppen verschiedene Formen des Sexualverhaltens erlaubt sind." (Neubauer 1996, S. 27f.) Das genannte Beispiel von Ludwig XIII. würde in unserer Gesellschaft als sexueller Missbrauch eingestuft und polizeilich verfolgt werden. Es zeigt aber auch, dass Kinder durchaus sexuelle Stimulierungen lustvoll erleben.

„Viele nicht-westliche Kulturen haben bewiesen, dass diese Art sexueller Unterdrückung überflüssig ist. In den Gesellschaften mancher amerikanischer Indianerstämme und der Polynesier wurden Kindern sexuelle Spiele erlaubt, manchmal wurden sie ausdrücklich befürwortet. Bei den Muria in Zentralindien wurde eigens zu diesem Zweck ein besonderes Haus gebaut, das Ghotul , (....) zu dem die Eltern keinen Zutritt hatten. (....) Die älteren ermunterten die jüngeren Kinder (die jüngsten waren sechs Jahre alt, Autor) zu sexueller Aktivität und unterwiesen sie in allen sexuellen Praktiken. Regelmäßiger und häufiger Geschlechtsverkehr war so wesentlicher Bestandteil der Kindheit." (Haeberle 1985, S. 466)

Es kann an dieser Stelle nicht die Diskussion darüber geführt werden, inwieweit in Zukunft der Katalog der Kinderrechte um die sexuelle Selbstbestimmung von Kindern erweitert werden kann. „Sie werden auch in der Erklärung der Vereinten Nationen über die Rechte des Kindes von 1959 nicht erwähnt. In diesen zehn Grundprinzipien wird das Recht auf Namen, Nationalität, Nahrung, Wohnung, ärztliche Betreuung und Schulpflicht (!) festgelegt, es wird aber mit keinem Recht auf sexuelle Aufklärung, sexuelle Handlungen und Freiheit von sexuellen Rollenklischees erwähnt." (Haeberle 1985, S. 487)

Die sexuelle Befreiung Jugendlicher im Laufe der Schüler- und Stundentenbewegung am Ende der 60er-Jahre des letzten Jahrhunderts zeigt, dass hierzu ein Aushandlungsprozess zwischen Gesellschaft, Eltern und Kindern/Jugendlichen initiiert werden muss, um Befürchtungen, Schutzbedürfnisse und Selbstbestimmung aller Seiten gerecht zu werden. Aber: „Während über die Einführung der Kinder in die Welt der Liebe, der Erotik und Sexualität längst nicht mehr nachgedacht wird, tut man es um so mehr, wenn es um ihren Schutz vor sexuellem Missbrauch geht" (Rutschky 1992, S. 118; siehe hierzu auch Neubauer 1993).

Im Anschluss an den Ausführungen zur **Kindersexualität** möchte ich mich den wissenschaftlichen und somit den gesellschaftlichen Sichtweisen über **Jugendsexualität** zuwenden, die schon anhand der Vorstellungen zur Onanie angedeutet worden sind.

1.3 Jugendsexualität als gesellschaftliche und individuelle Gefahr

Wie schon erwähnt, wurde im 19. Jahrhundert Enthaltsamkeit oder zumindest größte sexuelle Mäßigung zur gesellschaftlichen Norm, denn Sexualität galt für das Individuum als auch für die Gesellschaft als Gefahr. Sexualität wird als übles, aber notwendiges Mittel zur Fortpflanzung dargestellt (vgl. Ussel 1970, S. 39).

In Anlehnung an Freud und unter Berücksichtigung kulturvergleichender Studien argumentierte Schelsky (1955), dass Sexualität und andere Antriebe, „die gerade wegen ihrer biologischen Ungesichertheit und Plastizität der Formung und Führung durch soziale Normierung und durch Stabilisierung zu konkreten Dauerinteressen in einem kulturellen Überbau von Institutionen bedürfen, damit die Erfüllung schon des biologischen Zweckes, so im Falle der Sexualität etwa die Fortpflanzung, sichergestellt ist" (ebd., S. 11). Weiterhin argumentiert er anthropologisch, dass im Gegensatz zu den Tieren, der Mensch keine ‚Brunftzeit' besitze und somit der ‚Geschlechtstrieb' immer aktuell sei und sich somit vom Fortpflanzungszweck lösen könnte und eine Gefahr der ‚Pansexualität' und ‚Promiskuität' drohe. Der menschliche Sexualtrieb sei deshalb auf kulturelle Regelungen und gesellschaftliche Führung angewiesen.

Normen sollten die Funktion der Instinkte übernehmen und Kultur die Sexualität stabilisieren. Hier zeigt sich auch die ‚kulturelle Chance' des Menschen, indem er die ‚biologische Gefährdung' der Instinktreduktion überwindet. „Das ‚Natürliche' ist nicht die biologische Natur, sondern die anerkannte Sitte." (Schelsky 1955, S. 50). Ähnlich wie Freud argumentiert er, dass die so institutionell und habituell regulierte Sexualität von dem ‚Sexualtrieb' entlaste und den Menschen für kulturelle und gesellschaftliche Zwecke freimacht (ebd., S. 72).

Der Blick in die 1950er- und 1960er-Jahre verdeutlicht die gesellschaftlichen Regularien von Sexualität.[6] Vor- und außerehelicher Geschlechtsverkehr war unvorstellbar und wurde heimlich oder gar nicht ausgeübt. In der Regel verlobte man sich zuerst oder wartete sogar bis zur Heirat. Falls die Frau vor der Ehe schwanger wurde, kam es zur „Mussehe", so dass die „Verfehlung" legitimiert und legalisiert wurde.

Auch rechtlich war durch das Kuppeleigesetz geregelt, dass unverheiratete Paare keine Räumlichkeiten zur Übernachtung – sei es durch Anmietung einer eigenen Wohnung oder eines Hotelzimmers – erhielten, da hierdurch Prostitution Vorschub geleistet würde. So war vordergründig gewährleistet, dass Jugendsexualität und somit „Gefährdungen" von Jugendlichen weitestgehend ausgeschlossen wurden. Das Ziel war also, durch Repression Jugendsexualität zu verhindern, zumindest zu erschweren.

In diesem Zusammenhang muss natürlich erwähnt werden, dass schwule und lesbische Sexualität für Jugendliche nicht nur ein Tabu war, sondern auch gesetzlich verboten (§ 175 StGB).

Die Aufhebung bzw. Veränderung der Beschränkungen der (Jugend-) Sexualität, so wurden z.B. die genannten Gesetze in den 1970er-Jahren abgeschafft bzw. verändert, ging nicht ohne erhebliche Bedenken in der Gesellschaft, aber auch in der Wissenschaftsgemeinschaft vonstatten. So glaubte der angesehene Soziologe Schelsky (1955), das durch die Freigabe von Jugendsexualität, die Werte der abendländischen Kultur verloren gingen und die Gesellschaft im Chaos ersticken würde. Diese Bedenkenträger hielten eine restriktive Verbotshaltung durch die Eltern und Gesellschaft im Hinblick auf Jugendsexualität und eine repressive Sexualaufklärung von Jugendlichen für angebracht.

Der Zusammenhang zwischen Sexualität und Gesellschaft wird auch von der Kritischen Sexualtheorie gesehen (Reiche 1968; Marcuse 1970). Ihr Ergebnis unterscheidet sich deutlich von dem Schelsky's: die Regulierung der Sexualität durch allgemeine Normen wird als Unterdrückungsinstrument schlechthin bestimmt. Der Kernthese dieser Repressionshypothese zufolge wird seit Herausbildung des Kapitalismus Sexualität zunehmend unterdrückt, ja sogar erst wissenschaftlich kreiert und geformt, weil ungehemmter Genuss und ungehemmte Lust mit der protestantischen Arbeitsethik unvereinbar seien. Durch Unterdrückung und Eingrenzung von Sexualität würden zum einen disziplinierte Arbeitskräfte und zum anderen autoritätsfixierte, gehorsame Untertanen herangebildet (Kentler 1988, S. 43f.).

Die Jugendlichen in der Schüler- und Studentenbewegung in den 1960er-Jahren machten sich gerade die letztgenannten Ideen zu eigen: Sie wollten nicht länger ihre sexuellen Wünsche allein in der gesellschaftlich nützlichen Schularbeit sublimieren. Sie setzten ein Umdenkungsprozess in Gang, der auch die Sexualaufklärung in den Schulen erheblich veränderte und die Strategie des „Totschweigens" von Sexualität in der Schule aufhob. So wurde in den 1970er-Jahren von fast allen Schulbehörden der Länder Regelungen für den Sexualkundeunterricht erlassen und erstmals für die Schulen vorgeschrieben (Kluge 1984).

Es ist nicht von der Hand zu weisen, dass an die Stelle der Verzichts- und Unterdrückungsmoral ein breites Feld der „Sexualaufklärung" in den verschiedenen Medien getreten ist, so dass auch Jugendliche sich schon frühzeitig ein Bild über Sexualität machen können. Hierbei stehen sie vor dem Problem, dass Sexualität sich bunt darstellt (schon am Nachmittag können sie in den Talkshows die verwegensten sexuellen Subkulturen „erleben"). Sexualität wird aber auch vermarktet, so dass frühzeitig z.B. ein Leistungsdruck entsteht, sich in den Fitnessstudios sexuell attraktiv zu trainieren und durch Piercing und Tätowierung – an welchen Körperteilen auch immer – körperlich und somit sexuell attraktiv zu stylen. Sexualität wird häufig mit Körperkultur gleichgesetzt und die emotionalen Voraussetzungen von Sexualität z.T. vergessen.

Trotzdem muss davor gewarnt werden, dass sich ein Bild (auch über Jugendliche) besonders bei den Eltern im Kopf festsetzt, sie wollten nur Sex und wären hierzu schrankenlos bereit. Gerade die Sexualforschung der letzten Jahrzehnte zeigte auf, dass die sexuelle Liberalisierung zur „Lieberalisierung" von Sexualität geführt hat. „Liebe" ist immer noch für viele Jugendliche, auch für Jungen, Voraussetzung für Sexualität (Schmidt 1993).

Bevor ich aber näher auf die empirischen Ergebnisse der Jugendsexualitätsforschung eingehe, muss zusammenfassend nochmals festgehalten werden, dass auch die empirische Feststellung von Veränderungen im Sexualverhalten von Jugendlichen, ohne die Berücksichtigung gesellschaftlicher Zusammenhänge und Veränderungen, nicht verstanden werden können. Sexualität ist nicht so sehr ein biologisches, sondern ein gesellschaftliches Konstrukt. Wissenschaft und Gesellschaft definieren und legen fest, wer Sexualität, wann und wie haben darf (Foucault 1977). So ist der Diskurs noch nicht abgeschlossen, ob Kinder, alte Menschen, geistig Behinderte usw. Sexualität haben dürfen. Auch Jugendliche müssen heutzutage noch erfahren, dass Eltern und andere Erwachsene ihr sexuelles Treiben argwöhnisch beäugen.

2 Jugendsexualität im Spiegelbild empirischer Sexualforschung

2.1 Sexualverhalten von Jugendlichen

Im Zuge der Liberalisierung jugendlicher Sexualität sind eine Reihe von empirischen Befragungen Jugendlicher inszeniert worden. Heute können wir schon auf eine Reihe von Replikationsstudien (Clement 1986; Schmidt 1993; BZgA 1998; BzgA 2006) zurückschauen. Hieraus lassen sich wesentliche Grundstrukturen jugendlicher Sexualentwicklung in der heutigen Zeit feststellen.

Eigene heterosexuelle Erfahrungen machen Kinder und Jugendliche fast ausnahmslos nach Beginn der Pubertät um das 12. Lebensjahr. In der Regel basieren vorherige heterosexuelle Erfahrungen auf sexuellen Missbrauch. Vor der Pubertät machen Kinder eigene sexuelle Erfahrungen durch Selbstbefriedigung (Neubauer 1990). Heutzutage beginnen Jungen und Mädchen deutlich früher mit der Masturbation als in den 1980er- oder gar in den 1960er-Jahren, wobei in diesem Bereich Jungen früher aktiv sind als Mädchen (Schmidt u.a. 1998).

Kinder wissen über viele sexuelle Dinge Bescheid. Besonders im Übergang vom Kind zum Jugendlichen zwischen dem 10. und 13. Lebensjahr (Neubauer 1999) werden zentrale Informationen ausgetauscht, wobei die Jugendzeitung „Bravo" eine zentrale Rolle spielt.

Während der **Pubertät** werden Kinder durch die Veränderungen ihres Körpers auf ihre neue Rolle in der Gesellschaft verwiesen. Die direkte soziale Umgebung reagiert auf diese körperlichen Veränderungen. Andererseits werden von der Umgebung, insbesondere von den Eltern, Probleme heraufbeschworen – wie zu frühe sexuelle Erfahrungen, Teenagerschwangerschaften, verantwortungsloser Umgang mit Sexualität, usw. – die von Jugendlichen nicht so wahrgenommen werden. Jugendliche tasten sich recht langsam an den ersten Geschlechtsverkehr heran. So werden erst einmal über längere Zeit Pettingerfahrungen gemacht, so dass nach dem ersten Samenerguss bzw. nach der ersten Menstruation durchschnittlich vier Jahre vergehen bis es bei Jugendlichen zum ersten Geschlechtsverkehr kommt (Neubauer 1990, S. 68). Bis zum 16. Lebensjahr haben fast alle Jungen und Mädchen ihre erste Monatsblutung bzw. ihren ersten Samenerguss erlebt. Es zeigt sich, dass Jugendliche, die sehr früh geschlechtsreif sind, auch in der Regel die ersten sexuellen Erfahrungen früher machen. Dabei können Jungen ungestörter ihre Erfahrungen machen als Mädchen. Insgesamt ist aber zu beobachten, dass Mädchen genauso sexuell aktiv sind (gemessen am Koitusvorkommen) wie Jungen. „Sowohl bei Frauen als auch bei Männern ergeben sich frappierende Übereinstimmungen zwischen 1996 und 1981 und große Unterschiede zu 1966. Zur drastischen Vorverlagerung beim ersten Geschlechtsverkehr kam es offenbar um 1970, als die 1955 Geborenen in ihre Adoleszenz kamen. Danach, also seit 25 Jahren, hat sich im Hinblick auf den Beginn von Koitusbeziehungen wenig geändert." (Schmidt 1993, S. 147)

Gaben bis in die 1970er-Jahre besonders Jungen an, Geschlechtsverkehr zu haben, da sie jetzt in dem Alter sind (1970: männlich 68%, weiblich 28%; 1990: männlich 33%, weiblich 8%), so geben Jugendliche heute – auch Jungen – vorwiegend an, es aus Liebe zu tun (1970: männlich 46%, weiblich 80%; 1990: männlich 71%; weiblich 81%). Jugendliche sind sich auch treu und es gibt keine „Seitensprünge". So sprechen Sexualforscher, wie Schmidt (1993) u.a. davon, dass Jugendliche seriell monogam leben. Insgesamt leben die Jugendlichen auch nicht promisk. So haben 1980/81 als auch 1994 drei Viertel der Mädchen mit maximal 2 Partnern Geschlechtsverkehr gehabt, den gleichen Anteil erreichen Jungen mit 3 Partnerinnen (BzgA 1998, S. 255).

„Die große Mehrheit der koituserfahrenen Jugendlichen verfährt, zumindest in der Theorie, nach dem Grundsatz: ‚Man verspricht sich die Treue und man ist sich auch treu.' (...) Vor 20 Jahren war das noch anders: In der Gesamtgruppe der Jugendlichen im Westen, ob koituserfahren oder nicht, sagten 1970 noch 25%, dass ‚jeder ruhig auch mal mit einem anderen Partner Geschlechtsverkehr haben könne, wenn er das möchte', 1990 waren es nur noch 4%" (Schmidt 1993, S. 69).

Aus moralischen und religiösen Gründen wird heutzutage nicht auf den vorehelichen Geschlechtsverkehr verzichtet. Vielmehr sind es eher lebensweltliche Gründe: man hat noch nicht den bzw. die Richtige/n gefunden (Clement 1986, 48; Neubauer 1990, S. 67).

Jugendliche geraten aber unter Druck, wenn sie älter als 20 Jahre sind und keine sexuellen Erfahrungen nachweisen können. Bis dahin zeigen insbesondere Abiturientinnen Gelassenheit, dagegen sind Berufstätige heterosexuell aktiver. Es zeigt sich, dass Jugendliche, die heterosexuelle Erfahrungen gemacht haben, sich eher entspannt fühlen, besonders dann, wenn sie von ihren Eltern Unterstützung erfahren und nicht behindert werden. Solche Jugendliche sind dann in Gleichaltrigengruppen integriert und haben sexuelle Erfahrungen gemacht (Neubauer 1990, 124). Jugendliche, die in der Jugendphase bis zum 20. Lebensjahr jugendtypische Entwicklungsaufgaben (wie z.B. Integration in eine Gleichaltrigengruppe, schulische Leistungen, Auseinandersetzungen mit den Eltern wegen abendlichem Ausgehen, usw.) nicht zufriedenstellend gelöst haben, haben häufig keine heterosexuellen Erfahrungen gemacht (Neubauer 1990, S. 127ff). Schlottke/Wetzel (1981) stellen aufgrund der Durchsicht verschiedener Studien fest, dass der beste Prädiktor für psychische Gesundheit von Jugendlichen nicht das Fehlen von Symptomen oder Problemen in irgendeinem Lebensabschnitt zu sein scheint, sondern die Kompetenz mit der altersspezifische Anforderungen aus dem Arbeitsbereich oder dem sozialen

Bereich bewältigt werden konnten (ebd., S. 31). Hierzu gehört heutzutage auch, sexuelle Erfahrungen im Jugendalter zu machen. Dabei tasten sich Jugendliche schrittweise über Verabredungen, Küssen und Petting heran und lassen sich dabei durchaus Zeit.

Anders als beim Konsum legaler Drogen zeigt sich die Altersgrenze des ersten Geschlechtsverkehrs in den letzten 30 Jahren sehr stabil. Sie liegt bei allen Studien zwischen 16 und 17 Jahren. Die von der WHO in Auftrag gegebene Studie „Sexuality Education in Europe" (2006) zeigt, dass Deutschland mit dem Durchschnittsalter von 16,2 Jahren beim ersten Geschlechtsverkehr an der 2. Stellen der 23 europäischen Staaten liegt, die eine Angabe gemacht haben. An erster Stelle liegt Island mit 15,7 Jahren. Es fällt auf, dass die eher protestantischen Länder des Nordens und die Niederlande bei 16,5 Jahren liegen, dagegen befinden sich die eher katholischen Länder in der Regel erheblich über 17 Jahre. Den religiösen Hintergrund verdeutlichen Großbritannien mit 16,7 Jahren und das katholische Irland mit 17,5 Jahren. Eine Ausnahme macht das katholische Österreich mit 16,3 Jahren. Am Ende liegen Polen und die Slowakei mit 17,9 bzw. 18,0 Jahren. (WHO 2006, S. 20)

Im Folgenden werde ich der Frage nachgehen, welche Problemlagen sich für Jugendliche heutzutage auftun und inwieweit Jugendliche beim Geschlechtsverkehr verhüten. Da Jugendliche heute häufiger und früher Geschlechtsverkehr haben als Jugendliche in den 60er-Jahren des letzten Jahrhunderts ist zu fragen, inwieweit sie verantwortlich damit umgehen können.

2.2 Sexuelles Problemverhalten von Jugendlichen

Schmidt-Tannwald/Urdze hatten sich noch 1983 pessimistisch und besorgt geäußert und eine **Sexualerziehung** gefordert, „die Jugendliche zu einem verantwortungsvollen Sexualverhalten befähigt und ihnen die Notwendigkeit und Verpflichtung zu einer sicheren Kontrazeption eindringlich bewusst macht" (ebd., S. 248). Dieser Anspruch ist heute zu einem großen Teil erfüllt. Das bedeutet nicht, dass Sexualaufklärung z.B. das Kontrazeptionsverhalten unproblematisch macht. Jugendliche sind durchaus unsicher, wie sie z.B. verhüten sollen.

Im Vergleich zu den 1960er-Jahren hat sich das Verhütungsverhalten drastisch verbessert: Weniger Jugendliche verhüten heute beim ersten Koitus überhaupt nicht und wesentlich mehr verhüten mit Kondom und/oder Pille. So hatten ungeschützten Geschlechtsverkehr beim ersten Mal 1970 31% der Jungen und 26% der Mädchen, 1990 hatten nur 13% der Jungen und 17% der Mädchen ungeschützten Geschlechtsverkehr beim ersten Mal (Schmidt 1993, 146). Die von Schmidt-Tannwald und Urdze (1983) wiederholte Studie (BzgA 1998) bestätigt diesen Trend zu einem deutlich sicheren Verhütungsverhalten und wird in der neuesten Wiederholungsbefragung noch einmal unterschritten. So verhüten heute 91% der Mädchen und 85% der Jungen beim ersten Geschlechtsverkehr (BZgA 2006, S. 102f.).

Mädchen benutzen heutzutage beim ersten Mal zu 71% Kondome und zu 35% die Pille, ähnlich verhalten sich Jungen (66% benutzen Kondom bzw. bei 37% der Jungen benutzten die Mädchen die Pille beim ersten Mal) (BZgA 2006, S. 102f.).

Die vorliegenden Studien zeigen, dass dem Mythos von einem ungeschützten Geschlechtsverkehr (besonders beim ersten Mal) widersprochen werden muss. Fast alle Jugendlichen zeigen heutzutage durchaus Verantwortungsbewusstsein im Hinblick auf die Verhütung ungewollter Schwangerschaft.

Aber nicht nur vor dem ersten Geschlechtsverkehr, sondern auch danach bleibt die Verhütung eine wichtige Frage. So ist zu beobachten, dass die Jugendlichen häufig bei späteren Sexualkontakten anders verhüten als beim ersten Mal. Es gilt insgesamt, dass nur wenige Jugendliche dann nicht verhüten (BzgA 1998, S. 258f.). Für den letzten Geschlechtsverkehr gaben die koituserfahrenen Mädchen zu 46% Kondom und 70% die Pille an, bei den koituserfahren Jungen lag die Zahl bei 60% für Kondom und 58% für Pille (BZgA 2006, S. 107) Insgesamt ist bei den heutigen Jugendlichen zu beobachten, dass der Kondomgebrauch zurückgeht, wenn der Partner bzw. die Partnerin längere Zeit bekannt ist und dann in der Regel nur mit der Pille verhütet wird (Schmidt 1993, S. 150; BzgA 1998, S. 258f.).

Gleichzeitig ist aber auch festzustellen, dass heutzutage viel häufiger mit dem Kondom verhütet wird als früher, zu der Zeit der heute 65-Jährigen. So haben 88% der Jungen und 91% der Mädchen heutzutage Erfahrungen mit dem Kondom (BZgA 2006, S. 108). AIDS hat anscheinend auch die Jugendlichen nicht unbeeindruckt gelassen. Die Zahl der koituserfahrenen Jugendlichen ist zwar nicht zurückgegangen, aber gerade in den 1980er-Jahren ist im Zuge der AIDS-Kampagne zu beobachten, dass der Kondomgebrauch und auch die Akzeptanz des Kondoms erheblich zugenommen hat.

In einer von mir durchgeführten Studentenbefragung (Neubauer 1994) gaben 56% der Studierenden an, wegen **AIDS** Angst vor Partnerwechsel zu haben. Da die meisten aber monogam leben, gaben auch nur 22% an, wegen AIDS die Häufigkeit von Sexualkontakten verringert zu haben. Falls dies doch einmal der Fall wäre, würden drei Viertel der Studierenden ein Kondom benutzen. Insgesamt glaubten 90%, im Hinblick auf AIDS sich verantwortlich zu verhalten (ebd., S. 101f.). Auch wenn die befragten Jugendlichen angaben, dass der Wunsch nach partnerschaftlicher Treue keine Reaktion auf die AIDS-Gefahr war, kann festgestellt werden, dass gerade in dieser Zeit der Einstellungswandel („Treue" wird auch von Jungen gefordert) und Kondomgebrauch (obwohl z.T. gleichzeitig die Pille benutzt wird) zu beobachten ist.

So ist es nicht verwunderlich, dass die HIV-Rate in Deutschland relativ gering ist. Schon in den 1980er-Jahren haben die deutschen Sexualforscher im Arbeitskreis „Sozialwissenschaftler und AIDS" des damaligen Bundesgesundheitsamts, dem ich auch angehörte, darauf hingewiesen, dass die Deutschen seriell monogam leben und das Ausbreiten des HIV in Deutschland recht moderat ausfallen wird.[6] Die WHO Studie 2006 bestätigt nochmals diese Annahme. So sind in Deutschland 22 Personen auf 1 Millionen Menschen HIV-infiziert. Insgesamt liegt die Bandbreite in Europa bei 2,4 (Slowakei) bis 671,9 (Estland). Unser Nachbar Holland liegt z.B. bei 207,6 (WHO 2006, S. 20).

Es ist natürlich nicht so einfach direkte Bezüge zwischen Verhütungsverhalten, ungewollte Schwangerschaft und HIV-Infizierung herzustellen, da es sich jedes Mal um Querschnittsdaten aus verschiedenen Erhebungen handelt.

Insgesamt haben die Debatten um AIDS der Jugendsexualitätsforschung einen neuen Auftrieb verschafft. Nun galt es zu untersuchen, ob sich durch AIDS das Verhalten der Jugendlichen geändert hatte, so dass wir heute auf eine Reihe von Replikationsstudien (Clement 1986; Schmidt 1993; BZgA 1998; BzgA 2006) zurückschauen können. Die Studien verdeutlichen, dass die Jugendlichen im Hinblick auf Sexualität noch nie so vernünftig waren wie heute.

So ist es auch nicht verwunderlich, dass die Rate der Geburtsabbrüche in Deutschland sehr gering ist. Sie beträgt 7 auf 1000 Jugendliche im Alter von 15-19 Jahren (WHO 2006, S. 20). Von den 26 europäischen Staaten, die in der WHO Studie verglichen wurden, haben 21 Staaten eine Angabe gemacht. Bei den restlichen, z.B. Polen, ist ein Abbruch legal nicht möglich. Von den 21 Staaten haben Island, Schweden, Großbritannien und Estland mehr als das Dreifache an Abbrüchen im Alter von 15-19 Jahren als Deutschland. Die Geburtenrate von 15- bis 19-jährigen Mädchen ist aber in Deutschland doppelt so hoch wie in Schweden und ist mit 11,7 Fällen auf 1000 Jugendliche im Alter von 15-19 Jahren vergleichsweise zu den anderen europäischen Staaten moderat. Die Bandbreite reicht von 5,7 (Zypern) bis 39,0 (Bulgarien) (WHO 2006, S. 20).

Aber – wie schon erwähnt – geben die deutschen Jugendlichen in den empirischen Studien sehr häufig an, dass sie verhüten. Auch bei der WHO Studie liegen die deutschen Mädchen am zweiten Platz hinsichtlich Verhütung. So gaben rund 95% der Mädchen an, beim letzten Geschlechtsverkehr verhütet zu haben. Hier liegen die Holländer auf dem ersten Platz (97%) und Polen auf dem letzten (72%) (WHO 2006, S. 20).

Der internationale Vergleich zeigt aber, dass anderen Orts noch viele andere Variablen eine Rolle spielen, die in Deutschland zu vernachlässigen sind. So spielen in Deutschland religiöse Aspekte gar keine Rolle. Auch wird in Deutschland die Frage nach einem Schwangerschaftsabbruch im Jugendalter anders beantwortet als in vielen anderen europäischen Ländern.

Für Deutschland muss festgestellt werden, dass die Freiheiten und neuen Anforderungen vom größten Teil der Jugendlichen bewältigt werden konnte.

Die Veröffentlichungen der Untersuchungen zum **sexuellen Missbrauch** Anfang der 1990er-Jahre brachte aber auch ans Tageslicht, dass viele sexuelle Übergriffe an Kindern durch Jugendliche geschehen und auch Jugendliche sexuelle Gewalt von Gleichaltrigen erfahren. Es hat aber wiederum gut 10 Jahre gedauert bis erste Untersuchungen hierzu in Deutschland durchgeführt wurden (s. hierzu Veröffentlichungen von Krahé u.a. 2002, 2004, 2007).

So hatte ich schon 1990 daraufhingewiesen, dass in meiner Studie 1% der Jugendlichen zum Geschlechtsverkehr gezwungen worden waren und 3% es taten, da sie Angst hatten, verlassen zu werden. Immerhin fast ein Viertel der Jungen und 7% der Mädchen hatten ihren ersten Geschlechtsverkehr unter Alkoholeinfluss (Neubauer/Ferchhoff 1990, S. 140). Gerade Alkohol sind Risikofaktoren für sexuelle Gewalt, auch im Jugendalter (Small/Luster 1994).

Die Studien, die sich im engeren Sinne mit sexuellem Missbrauch beschäftigten, zeigten, dass das Bild des „dirty old man", der im Gebüsch Mädchen auflauert, nicht typisch für sexuellen Missbrauch sind. „Was sagen Untersuchungen dazu? Unter den 1991 bei der Polizei angezeigten Fällen von sexuellem Missbrauch (§ 176 StGB, BRD einschließlich neue Länder) waren rund 20% der Beschuldigten jünger als 21 Jahre (Bundeskriminalamt 1991). Verschiedene wissenschaftliche Untersuchungen zeigen, dass die Täter im Wesentlichen unter 40 Jahren und meist Anfang bis Mitte dreißig sind (z.B. Russell 1986; Courtois 1982; Kercher & McShane 1984; Finkelhor 1979 und Bange 1992). Viele Erhebungen legen in ihren Definitionen von sexueller Ausbeutung bestimmte Altersdifferenz fest und berücksichtigen dadurch keine ausbeuterischen Kontakte unter Gleichaltrigen. Ohne die Festsetzung solcher Grenzen werden aber z.T. erhebliche Prozentsätze sexuell gewalttätiger Beziehungen unter Gleichaltrigen ermittelt. So sind bei Russell (1986) in den Fällen von intrafamilialer Ausbeutung 15% der Täter weniger als fünf Jahre älter als das Opfer. Gordon (1990) ermittelt zudem in seiner Analyse des Los Angeles Times Poll-Daten, dass Jungen relativ häufiger als Mädchen von einem Gleichaltrigen sexuelle Gewalt erfahren: Bei 20% der betroffenen Jungen, aber nur bei 10% der Mädchen war der Täter bis zu fünf Jahre älter. Auch Bange (1992) fand einen hohen Gleichaltrigen-Anteil und eine entsprechende Differenz zwischen Mädchen und Jungen. 43% der betroffenen Männer und 28% der betroffenen Frauen berichteten, dass der sexuelle Übergriff durch eine Person verübt wurde, die weniger als fünf Jahre älter war." (Brockhaus/Kolshorn 1993, S. 67f.)

Die Täter sind sowohl bei Mädchen als auch bei Jungen vor allem männlichen Geschlechts (Mädchen 98%; Jungen 86%) (Brockhaus/Kolshorn 1993, S. 68).

Die klinischen Stichproben legen nahe, dass die Täter vor allem Verwandte (55%) sind, gefolgt von Bekannten (35%) und Fremden (10%). Untersuchungen aus der Allgemeinbevölkerung ergeben, dass vor allem Bekannte (45%), dann Verwandte (25%) und 30% Fremde die Täter sind. Bei den angezeigten Fällen handelt es sich vorwiegend um Fremde (50%), dann Bekannte (35%) und Verwandte (15%) (Brockhaus/Kolshorn 1993, S. 73).

Studien, die daraufhin in Deutschland zur jugendlichen sexuellen Gewalt von Krahé/Scheinberger-Olwig (2002) durchgeführt wurden, belegen, dass es bei den befragten Mädchen zu 1,7% zu erzwungenem Geschlechtsverkehr unter Androhung oder Einsatz körperlicher Gewalt kam. Bei 3,7% der befragten Mädchen kam es zum Vergewaltigungsversuch. Mehr als jede zehnte Jugendliche berichtete, von einem Partner durch verbalen Druck zu unfreiwilligen sexuellen Handlungen gebracht worden zu sein, in 3,3% der Fälle nutzte der Partner die Widerstandsunfähigkeit (z.B. aufgrund von Alkoholkonsum) des Opfers aus (Krahé/Scheinberger-Olwig 2002, S. 128).

Die Studie reiht sich ein in amerikanische Studien, die ähnliche Zahlen hervorgebracht haben. Zum Beispiel ergab eine sehr groß angelegte Studie mit mehr als 80.000 Jugendlichen in den USA, dass 4,4% der Mädchen und 3,4% der Jungen schon einmal Opfer eines „date rape" waren (Ackard/Neumark-Sztainer 2002).

Obwohl diese Erkenntnisse schon länger bekannt sind, brauchte es aber seine Zeit, bis sie von Wissenschaftlern und Politikern entsprechend wahrgenommen wurden. Parallel dazu haben die Veröffentlichungen in den Medien ein besonderes Licht auf die Thematik geworfen. So wurde darüber berichtet, dass Jugendliche sich Videos per Handy austauschen, die sie aufgenommen hatten als sie ein Mädchen vergewaltigt hatten. Sogenannte Gang-Bang-Parties („eine „Bande" Männer fällt über eine Frau her") sind z.B. laut Walter Wüllenweber im stern vom 14.02.2007 Thema unter Jugendlichen. So wird ein Jugendlicher zitiert mit der Aussage: „Klar, Sachen wie Gang-Bang, das sind schon Riesenthemen. Da reden alle drüber und fragen sich: Soll ich das auch machen?" Jessica (19 Jahre) berichtet in dem gleichen Artikel: "Ich bin die mit den Zwölfen. Na das ist jetzt mein Rekord. Also bis jetzt. Und die sind alle gekommen."

In diesem Artikel wird ein Bild von einer Jugendkultur gezeichnet, die Musik von den Rappern Frauenarzt, Sido, Bushido und King Orgasmus One hören. „Viele Ihrer Songs werden nie im Radio gespielt, weil sie auf dem Index stehen. Sie sind als jugendgefährdend eingestuft. Trotzdem werden sie vorwiegend von Jugendlichen gehört. Und von Kindern. Im Internet kann sie jeder problemlos downloaden." (Wüllenweber 2007) Der bekannteste Hit von Sido heißt „Arschficksong" und der von Bushido „Gang-Bang".[7]

Aber nicht nur Lieder werden runtergeladen, sondern auch Pornos, die untereinander verschickt werden. „Wie viele Menschen häufig Pornos gucken und wie das ihre Sexualität und Persönlichkeit verändert, das erforscht hierzulande leider niemand", sagt Volkmar Sigusch, der Altvater der deutschen Sexualwissenschaft. Die jüngste Studie dazu habe er noch selbst gemacht. Wann, daran erinnert sich der 66-Jährige nicht genau. (Wüllenweber 2007)

Tatsächlich wurden in Deutschland hauptsächlich Studien zur **Pornografie** bis in die 80er-Jahre des letzten Jahrhunderts durchgeführt. Dagegen wurde im Ausland auf die aktuelle Lage reagiert „und sich speziell mit der Frage beschäftigt, wie die starke und weiter zunehmende Pornografisierung des Alltags sich auf Kinder und Jugendliche auswirkt" (Heiliger 2008, S. 36).

Die Studien zeigen, dass unter Jungen eine hohe Toleranz und Akzeptanz von Pornografie zu beobachten ist. Dieses Verhalten galt sowohl unter Jungen als auch unter Mädchen als normal. Fast so viel Mädchen (ca. 80%) wie Jungen (ca. 85%) haben schon mal einen pornographischen

Film geschaut. Aber die Häufigkeit und die Regelmäßigkeit sind bei Jungen erheblich höher, als bei Mädchen.

Aussagen zur Wirkung von **Pornografie** auf Jugendliche können nur bedingt gemacht werden. So weisen Flood und Hamilton darauf hin (2003), dass Pornografie nicht der einzige Einflussfaktor sei. Der soziale und kulturelle Hintergrund des Einzelnen wie das Elternhaus, die emotionale Situation usw. spielen natürlich auch eine wichtige Rolle.

In den USA vertritt man die Meinung, dass vor allem Gewaltpornografie aggressives Verhalten und negative Einstellungen zu Frauen verstärken, insbesondere bei denjenigen, die eine aggressive Prädisposition aufweisen (Malmuth 1988).

Kanadische Studien kommen zu dem Ergebnis, dass der Vergewaltigungsmythos („Frauen wollen vergewaltigt werden") unter den gewohnheitsmäßigen Pornografiekonsumenten weit verbreitet ist (vgl. Heiliger 2008, S. 35).

Festzustellen ist, dass einige Studien nachweisen, dass der Pornokonsum gestiegen ist. Welche Auswirkungen diese Entwicklung hat, ist bisher nicht ausreichend untersucht worden.

Trotzdem kommt Heiliger (2008) zu dem Ergebnis: „Dass Jugendliche durch – zumal häufigen Konsum von Pornografie, in der sie mit zum Teil sehr abstoßenden Bildern und Darstellungen von Frauen und Sexualität konfrontiert werden, auch in der Entwicklung ihrer Sexualität, der Ausgestaltung ihrer Geschlechterrolle und ihrem späteren Verhalten beeinflusst werden, kann kaum bezweifelt werden." (ebd., S. 35f.)

Sie weist in Ihrem Artikel aber auch darauf hin, dass andere Forscher darauf aufmerksam machen, „sie wirke nicht schädlich, sei eine Bereicherung und könne sogar Aggressionen reduzieren, ja sogar die Verminderung von Sexualstraftaten wird behauptet" (Heiliger 2008, S. 33). Diese Forscher weisen daraufhin, dass z.B. in Dänemark, wo 1969 die Pornografie freigegeben wurde, die Anzahl der sexuellen Vergehen zurückgegangen ist (Kuchinsky 1972).

3 Ausblick und Zusammenfassung

Die genannten Beispiele und Verhaltensweisen, die (angeblich) beobachtet wurden, sind möglicherweise ein weiterer Versuch, Jugendsexualität einzuschränken. Studien zur Jugendsexualität legen eher das Bild nahe, dass Jugendliche sehr vernünftig mit Sexualität umgehen. So besteht die Gefahr, dass Sexualität unter Gleichaltrigen im Kindes- und Jugendalter voreilig kriminalisiert wird. Nicht ohne Grund wird in verschiedenen Studien, als Kriterium für sexuellen Missbrauch, ein mindestens fünfjähriger Altersunterschied zwischen Opfer und Täter vorausgesetzt (Finkelhor 1979, 1984; Frohmuth 1986 und Wyatt 1985).

Neue Formen der Verbreitung von Pornografie im Internet und durch das Handy lassen die Frage aufkommen, ob sich hierdurch auch die sexuellen Verhaltensweisen und -einstellungen ändern werden. Auf jeden Fall scheint es eine jugendkulturelle Bewegung zu geben, die sich Porno-Rap anhören, Pornos konsumieren und Gang-Bang-Parties besuchen. Wie groß diese Gruppe ist, ist bisher nicht bekannt. In unserer sexualpädagogischen Arbeit begegnen sie uns.[8]

Andererseits haben sich Befürchtungen, Jugendliche könnten nicht verantwortlich mit den neuen sexuellen Freiheiten umgehen, bisher nicht bestätigt. Jugendliche scheinen den von Elias (1976) aufgezeigten Zivilisationsprozess verinnerlicht zu haben und frönen eher einem kontrollierten Sex, bei dem z.B. ein Gummi dazwischen geschoben und Liebe vorausgesetzt wird. Auch unterliegen Jugendlichen nicht ihren Trieben und lassen sich durchaus Zeit bis es zum ersten Geschlechtsverkehr kommt. Hier scheint sich bei vielen Jugendlichen in den Köpfen die Altersgrenze von 16 Jahren festgesetzt zu haben.

Anders als beim Konsum legaler Drogen zeigt sich diese Altersgrenze in den letzten 30 Jahren sehr stabil. Das bedeutet aber nicht, dass Jugendliche bzw. Kinder vorher keine sexuellen Erfahrungen gemacht haben. In der Kindheit sind es vorwiegend autoerotische Erfahrungen durch Selbstbefriedigung (siehe Phasentheorie von Freud), in der frühen Jugendphase zusätzlich Pettingerfahrungen. Aber auch in der Kindheit können Zuneigungen über freundschaftliche Gefühle hinausgehen. So waren in der Studie von Milhoffer u.a. (1996) nur ein Viertel der Jungen und ein Drittel der Mädchen im Alter von 8-10 Jahren noch nie verliebt (ebd., S. 52). D.h. die sogenannte Latenzphase scheint sich eher auf genitales Petting und Geschlechtsverkehr zu beziehen.

Auf diesem Sektor scheinen Kinder kein Verlangen zu haben. Die geschichtliche Betrachtung am Anfang des Beitrages zeigte aber, dass dieses Phänomen eher gesellschaftlich bedingt zu sein scheint. Erst die Konstruktion von Kindheit und die Trennung der kindlichen von der erwachsenen Welt beschränken die sexuellen Erfahrungen von Kindern. Die Diskussion über sexuellen Missbrauch verdeutlicht aber, dass durch solch eine Konstruktion Grenzüberschreitungen problematisch werden (Neubauer 1993).

Die Diskussion und die Erforschung des sexuellen Missbrauchs von Kindern hat ein Phänomen aufgedeckt, dass bis dahin kaum in der Diskussion war: Die sexuelle Gewalt, insbesondere gegen Mädchen durch Jungen im Jugendalter. Auch hier gilt wieder, dass die Diskussion, ähnlich wie beim sexuellen Missbrauch von Kindern, in den USA rund 10 Jahre eher geführt wurde als in Deutschland.

Die Ergebnisse über sexuelle Gewalterfahrungen unter Gleichaltrigen lassen aber auch die bisherigen Annahmen über Kindersexualität und einer ungestörten Entwicklung in einem neuen Licht erscheinen. Kinder erfahren nicht nur Sexualität durch Erwachsene und Medien, sondern sind durchaus schon vor ihrer Pubertät untereinander sexuell aktiv. In den Jugendsexualitätsstudien der letzten 20 Jahre (vgl. Neubauer 1990) zeigt sich, dass ein hoher Anteil der Jugendlichen schon vor dem 10. Lebensjahr Kusserfahrungen gemacht und rund ein Zehntel der Jungen und Mädchen Pettingerfahrung haben. Dagegen liegt der Anteil der Jugendlichen, die Erfahrungen mit Geschlechtsverkehr vor dem 10. Lebensjahr besitzen unter 0,1% (Neubauer 1989, 1990). Diese Zahlen erwecken den Eindruck als ob die Zahlen zum sexuellen Missbrauch stark überhöht sind. Andererseits muss man in Rechnung stellen, dass im Kontext von (Jugend-)Sexualitätsstudien die Befragten möglicherweise sexuelle Missbrauchserfahrung nicht als sexuelle Erfahrung eingestuft haben.

Die letzten Ausführungen sollten dafür sensibilisieren, dass Sexualität im Jugendalter nicht voreilig als unproblematisch gesehen werden kann. Andererseits gilt für den größten Teil der Jugendlichen, dass sie trotz problematischer Ausgangslagen (Verhütung, Partnerwechsel usw.) die Entwicklungsaufgabe „Aufnahme von intimen Kontakten" in der Regel relativ gut bewältigen und hierzu in der Lage sind. Kindliche Sexualität wird dagegen eher tabuisiert und wissenschaftlich stiefmütterlich behandelt, was u.a. auch mit der Diskussion über sexuellen Missbrauch zu tun hat. Möglicherweise wird das Thema wieder offensiver aufgegriffen, wenn verstärkt über Kinderrechte nachgedacht wird.

Anmerkungen

1 Längere Auszüge finden sich bei Philippe Aries (1975) S. 175ff.
2 Ein einfaches Triebmodell wurde Ende des 19. Jahrhunderts vom französischen Arzt Fére vertreten. Er vertrat die Ansicht, dass sexuelles Verlangen durch den Druck des Samens und Sexualsekrets auf Hoden und Prostata entstehe. Der Abbau des sexuellen Verlangens bedarf deshalb der Ejakulation des Samens. Sexuelles Verlangen wird durch die Nachproduktion des Samens und der Sekrete wieder aufgebaut (vgl. Schmidt 1975, S. 31). Dieses Modell bezieht sich auf den Mann und unterstellt, dass Frauen keine sexuellen Sekrete aufbauen, so dass Frauen zur Weckung ihrer Sexualität auf den Mann angewiesen sind. Darauf weist auch Freud hin (vgl. Freud 1961, S. 88ff und 159ff): Die Libido des kleinen Mädchens ist ‚männlicher Natur', da der Trieb an sich immer aktiv, sprich männlich, definiert ist. Diese aktive Libido muss das pubertierende Mädchen verdrängen, um die ihr von der Gesellschaft zugedachte Rolle der sexuell empfangenden, passiven Frau einnehmen zu können. Physiologisch schlägt sich dieser Verdrängungsprozess darin nieder, dass die erogene Zone von der Klitoris auf den Scheideneingang verlagert wird. Erst dann ist die weibliche Entwicklung ‚gelungen' (Wrede/Hunfeld 1997, S. 22f.).
3 Die Beschreibung der einzelnen Phasen ist vorwiegend meinem Beitrag „Kuscheln, Streicheln, Doktorspiele" aus dem Themenheft „Schüler 1996" des Friedrich Verlags entnommen.
4 Gegen die Behauptung einer Latenzphase sprechen die Beobachtungen von Wolffheim (1975). (vgl. hierzu Kentler 1988, S. 102ff). Die Studie von Milhoffer u.a. (1996) unter 9- bis 13-jährigen Kindern weist in die gleiche Richtung.
5 Kentler (1973) weist daraufhin, dass bei einem erweiterten Begriff von Sexualität, „viele Aktivitäten des Kindes sexuell sein (können), ohne sich auf das Genital zu beziehen" (ebd., S. 86).
6 Dieses monogame Sexualverhalten in Deutschland scheint auch ein wichtiger Grund zu sein, dass in Deutschland insgesamt viel weniger Menschen an AIDS erkrankt sind als ursprünglich angenommen. So vermutete in der Mitte der 1980er-Jahren z.B. das Bundesgesundheitsamt, dass rund 100.000 Deutsche mit HIV infiziert seien und korrigierte diese Zahl in den 1990er-Jahren auf rund 40.000. Vom Robert Koch Institut werden bis zum 31.12.1999 18.524 AIDS-Fälle genannt (88% männlich), wovon 83 Fälle im Alter von 15 bis 19 waren (84% männlich) und 522 im Alter von 20 bis 24 Jahren (76% männlich). Auch wenn Deutschland im europäischen Vergleich, insbesondere zum südeuropäischen Raum, günstig dasteht, darf nicht vergessen werden, dass sich insgesamt die Problematik verschärfen wird. So weist das Kinderhilfswerk der Vereinten Nationen darauf hin, dass weltweit bereits 50% aller Neuinfektionen zu den Jugendlichen zwischen 15 und 24 Jahren gehören. Jeden Tag infizieren sich auf der Welt 7.000 Jugendliche pro Tag (Unicef 1998). Das Ausmaß der Infektion weltweit ist verheerend. So schätzt die WHO für das Jahr 2000 rund 40 Millionen infizierte Menschen, wobei rund 16.000 Menschen jeden Tag neu infiziert werden.
7 Im stern vom 30.04.2008 wird die weibliche Variante Lady Bitch Ray vorgestellt. Bezeichnend im Artikel die Aussage von Lady Bitch Ray, dass die Autorin des Buches „Feuchtgebiete" Charlotte Roche „die Zotenkönigin vom Muschiland" sei.
8 Die Bundesregierung wollte aufgrund dieser Diskussionen die Paragrafen § 182 (Sexueller Missbrauch von Kindern) und § 184b (Verbreitung, Erwerb und Besitz kinderpornographischer Schriften) im Dezember 2007 verändern und sie auf Jugendliche als Täter bzw. Opfer ausweiten.
Aufgrund von Protesten insbesondere der Linkspartei und Der Grünen und auch durch wissenschaftliche Gutachten, Expertisen und Stellungnahmen ist die Gesetzesvorlage zurückgezogen worden und wurde überarbeitet.
In der Thüringer Allgemeinen vom 21.6.2008 konnte man lesen, „dass nach kontroverser Debatte die Regierung das Täteralter auf 18 Jahre festsetzte, um eine Kriminalisierung Jugendlicher zu verhindern. Auch für Kinder- und Jugendpornografie gelten künftig strengere Gesetze. Strafbar sind Besitz und Verbreitung pornografischer Schriften, die Jugendliche unter 18 Jahren darstellen".

Literatur

Ackard, D. M./Neumark-Sztainer, D.: Date violence and date rape among adolescents. Associations with disordered eating behaviors and psychological health. In: Child Abuse Neglect 26 (2002), S. 455-473
Aries, Ph.: Geschichte der Kindheit. München/Wien 1975
Bange, Dirk: Die dunkle Seit der Kindheit. Sexueller Missbrauch an Mädchen und Jungen. Köln 1982
Brockhaus, U./Kolshorn, M.: Sexuelle Gewalt gegen Mädchen und Jungen. Mythen, Fakten, Theorien. Frankfurt/New York 1993

Bundeszentrale für gesundheitliche Aufklärung (BZgA) (Hrsg.): Sexualität und Kontrazeption aus der Sicht der der Jugendlichen und ihrer Eltern. Köln 1998
Bundeszentrale für gesundheitliche Aufklärung (BZgA) (1999): Wissenschaftliche Grundlagen. Teil 2 – Jugendliche. Köln: Reihe Forschung und Praxis der Sexualaufklärung und Familienplanung. Band 13.2
Bundeszentrale für gesundheitliche Aufklärung (BZgA) (Hrsg.): Jugendsexualität 2006. Repräsentative Wiederholungsbefragung von 14-17jährigen und ihren Eltern. Köln 2006
Clement, U.: Sexualität im sozialen Wandel. Eine empirische Vergleichsstudie an Studenten 1966 und 1981. Stuttgart 1986
Coutois, Ch. A.: Studying and Counseling Woman with Past Incest Experience. In: Victimology, 7 (1982), S. 322-334
Elias, N.: Über den Prozess der Zivilisation. Soziogenetische und psychogenetische Untersuchungen. Frankfurt a.M. 1976
Finkelhor, D.: Sexual victimized children. New York 1979
Finkelhor, D. (Ed.): Child Sexual Abuse. New Theory and Research. New York 1984
Flood, M./Hamilton, C./The Australia Institute (Eds.): Youth and Pornography in Australia. Evidence on the extent of exposure and likely effects. Discussion paper No. 52. Manuka 2003
Foucault, M.: Sexualität und Wahrheit. Frankfurt 1977
Freud, S.: Drei Abhandlungen zur Sexualtheorie. Gesammelte Werke, Bd. V. Frankfurt a.M. 1961
Frohmuth, M.E.: The Relationship of childhood sexual abuse with later psychological and sexual adjustment in a sample of college woman. Child abuse and neglect 10 (1986), S. 5-15
Haeberle, E.J.: Die Sexualität des Menschen. Berlin/New York 1985 (2. erw. Auflage)
Heiliger, Anita: Zu Wirkungen von Pornografie auf Jugendliche. Aktuelle internationale Studien. In: IzKK-Nachrichten, 1/2008, S. 33-37
Kentler, H. (Hrsg.): Texte zur Sozio-Sexualität. Opladen 1973
Kentler, H.: Auf der Suche nach der Bedeutung eines Begriffs. In: Kentler, H. (Hrsg.): Sexualwesen Mensch. München 1988, S. 7-58
Kentler, H. (Hrsg.): Sexualwesen Mensch. Texte zur Erforschung der Sexualität. München 1988
Kercher, G./McShane, M.: Charaacterizing child sexual abuse on the basis of a multi-agency sample. In: Victimology, 9 (1984), S. 364- 382
Kluge, N. (Hrsg.): Handbuch der Sexualpädagogik. Bd. 1 + 2. Düsseldorf 1984
Krahé, B,/Scheinberger-Olwig, R: Sexuelle Aggression. Göttingen 2002
Krahé, B./Bieneck, St./Schenberger-Olwig, R.: Sexuelle Skripts im Jugendalter. In: Zeitschrift für Sozialpsychologie, 35 (2004), S. 241-260
Krahé, B./Bieneck, St./Schenberger-Olwig, R: Adolescents' sexual scripts. Schematic representations of consensual and non consensual heterosexual interactions. In: Journal of Sex Research 44 (2007), S. 306-327
Kuchinsky, B.: Pornographie und Sexualverbrechen. Das Bespiel Dänemark. Köln 1988
Malmuth, N. M.: The mass media and aggression against woman. Research findings and prevention. In: Abel, G. (ed.): Rape. Research and prevention. New York 1988
Marcuse, H.: Der eindimensionale Mensch. Studien zur Ideologie der fortgeschrittenen Industriegesellschaft. Neuwied/Berlin 1970
Milhoffer, P./Krettmann, U./Gluszczynski, A.: Selbstwahrnehmung, Sexualwissen und Körpergefühl 9-13jähriger Mädchen und Jungen (3.-6. Klasse). Bremen 1996
Neubauer, G.: Jugendphase und Sexualität. Eine empirische Überprüfung eines sozialisationstheoretischen Modells. Stuttgart 1990
Neubauer, G./Ferchhoff, W.: Jugendsexualität im Wandel. Neue Freiheiten und Zwänge. In: Heitmeyer, W./Olk, Th. (Hrsg.): Individualisierung von Jugend. Weinheim/München 1990, S. 131-158
Neubauer, G.: Kindheitspolitik oder Politik für Kinder: Das Beispiel „Sexueller Missbrauch von Kindern". In: Neubauer, G./Sünker, H. (Hrsg.): Kindheitspoltitik international. Opladen 1993, S. 148-171
Neubauer, G.: AIDS-Ängste bei Studierenden. In: Heckmann, W./Koch, M.A. (Hrsg.): Sexualverhalten in Zeiten von AIDS. Berlin 1994, S. 99-105.
Neubauer, G.: Kuscheln Streicheln, Doktorspiele. Sexualität bei Kindern. In: Schüler 1996, Themenzeitschrift des Friedrich Verlags, 1996, S. 26-28
Neubauer, G.: Die 10-13jährigen und ihre mediale Aufklärung. In: Fromme, J. u.a. (Hrsg.): Selbstsozialisation, Kinderkultur und Mediennutzung. Opladen 1999, S. 316-326.
Neubauer, G.: Sexuelle Risikolagen und sexuelles Risikoverhalten von Jugendlichen. In: Raithel, J. (Hrsg.): Risikoverhaltensweisen Jugendlicher. Opladen 2001S. 183-200
Reiche, R.: Sexualität und Klassenkampf. Zur Abwehr repressiver Entsublimierung. Frankfurt 1968
Russel, D.E.H.: The secret trauma. Incest in the lives of girls and woman. New York 1986

Rutschky, K.: Erregte Aufklärung – Kindesmisshandlung. Fakten und Fiktionen. Hamburg 1992
Schelsky, H.: Soziologie der Sexualität. Über die Beziehungen zwischen Geschlecht, Moral und Gesellschaft. Reinbek 1955
Schenk, H.: Die Befreiung des weiblichen Begehrens. Köln 1991
Schlottke, P.F./ Wetzel, H.: Psychologische Behandlung von Kindern und Jugendlichen. München 1980
Schmid-Tannwald, I./Urdze, A.: Sexualität und Kontrazeption aus der Sicht der Jugendlichen und ihrer Eltern. Stuttgart 1983
Schmidt, G.: Sexuelle Motivation und Kontrolle. In: Schorsch, E./Schmidt, G. (Hrsg.): Ergebnisse zur Sexualforschung - Arbeiten aus dem Hamburger Institut für Sexualforschung. Köln 1975, S. 30-47
Schmidt, G.: Jugendsexualität. Sozialer Wandel, Gruppenunterschiede, Konfliktfelder. Stuttgart 1993
Schmidt, G. u.a.: Veränderungen des Sexualverhaltens von Studentinnen und Studenten 1966-1981-1996. In: Schmidt,G./ Strauss, B. (Hrsg.): Sexualität und Spätmoderne. Über den kulturellen Wandel der Sexualität. Stuttgart 1998, S.135-154.
Small, St.A./Luster, T.: Adolescent sexual activity. An ecological, riskfactor approach. In: Journal of Marriage and the Family, 56 (1994), H. 1, S. 181-192
Ussel, J. van: Sexualunterdrückung. Geschichte der Sexualfeindschaft. Reinbek b. Hamburg 1970
Wegner, W.: Endlich erkannt. Wahrheiten über die Sexualität von Kindern. In: pro familia magazin, H.3/4, 1998, S. 2-4
WHO (Eds. IPFF European Networks): Sexuality Education in Europe. A Reference Guide to Policies and Practices. Brüssel 2006
Wolffheim, N.: Psychoanalyse und Kindergarten und andere Arbeiten zur Kinderpsychologie. München 1975
Wrede, B./Hunfeld, M.: Sexualität - (K)ein Thema in der Hochschulausbildung? Bielefeld 1997
Wüllenweber, W.: Sexuelle Verwahrlosung. Voll Porno!", stern, Heft 14.02.2007 (http://www.sternde/politik/deutsch land/581936.html?nv=cb)
Wyatt, G.E.: The sexual abuse of Afro-American and white American woman in childhood. In: Child abuse and neglect, 9 (1985), S. 507-519.

Christian Palentien | Marius Harring

Kindheit, Jugend und Drogen

1 Lebenssituation von Kindern und Jugendlichen

Die Bedingungen des Aufwachsens von Kindern und Jugendlichen haben sich in den letzten Jahrzehnten gravierend verändert. So besitzen Kinder und Jugendliche heute zahlreiche Freiheiten und Freiräume: Bei der Wahl der Freunde und der Bekannten, der Kleidung und des „Stils" der Lebensführung, der räumlichen, zeitlichen und medialen Organisation außerschulischer und -beruflicher Tätigkeiten, aber auch des Bildungs- und Ausbildungsweges, des Berufes, der religiösen Zugehörigkeit etc. existieren hohe Freiheitsgrade. Jedoch sind es gleichzeitig gerade diese Freiheiten, die auch die Anforderungen an eine selbständige Lebensführung, sich zu orientieren, einzuschätzen, abzuwägen und zu entscheiden, erhöhen, die zudem durch die Lockerung von sozialen Bindungen auch Halt und Orientierung reduzieren. Hinzu kommt, dass dieser Prozess der Verselbstständigung in verschiedenen Lebensbereichen inzwischen typischerweise asynchron verläuft. So ist es charakteristisch für die Lebenssituation heutiger Kinder und Jugendlicher, dass sie sowohl im Bereich des Freizeit- und Medienverhaltens wie auch hinsichtlich ihrer Teilnahme am Konsumwarenmarkt schon sehr früh in die Rolle Erwachsener einrücken können, gemessen am Zeitpunkt einer Familiengründung und der Aufnahme einer Erwerbstätigkeit aber erst sehr spät diesen Status erreichen. Es gehört also zu den Merkmalen dieses Lebensabschnittes, mit widersprüchlichen sozialen Erwartungen umzugehen.

Wird dieser ohnehin schwierige Prozess des „Einrückens" von akuten oder überdauernden Belastungssituationen im Lebensalltag, wie z.B. Beziehungsprobleme und Konflikte mit den Eltern, Anerkennungsprobleme in der Gleichaltrigengruppe, moralisch-wertmäßige Orientierungsprobleme, Zukunftsunsicherheiten und schulische Leistungsschwierigkeiten, begleitet, dann besteht die Gefahr, dass Überforderungen und Stress entstehen, die zu gesundheitlichen Störungen führen, in aggressivem Verhalten oder im verstärkten Konsum legaler oder illegaler Drogen münden. Während experimenteller Konsum vor allem von Tabak und Alkohol quasi-normativer Bestandteil des Erwachsenwerdens ist, ist habitueller und exzessiver Konsum **psychoaktiver Substanzen** meist Indikator einer Störung der normalen Entwicklung im sozialen, psychischen und körperlichen Bereich und kann als Signal für eine erschwerte Verarbeitung von Lebensbedingungen angesehen werden.

Probleme dieses Entwicklungsprozesses und **Drogenkonsum** als deren mögliche Folgeerscheinung sind Thema des folgenden Beitrags. Da der Konsum und Missbrauch legaler und illegaler psychoaktiver Substanzen in der Regel erst im Jugendalter seinen Anfang nimmt, wird sich auch dieser Beitrag vornehmlich mit Jugendlichen beschäftigten, wobei allerdings davon auszugehen ist, dass viele Entwicklungsstörungen, die im Jugendalter manifest werden, ihren Ausgangspunkt in der Kindheit haben. „Denn der Grundstein für den Umstand, ob, aus welchen Gründen und mit welcher Intensität Menschen bestimmte Rauschmittel – seien sie nun legal oder illegal – zukünftig nennenswert und dauerhaft konsumieren oder aber ablehnen werden, wird genau in dieser Lebensphase gelegt" (Baumgärtner 2005, S. 47).

2 Problemverhalten und Entwicklungsprobleme

2.1 Entwicklungsaufgaben im Jugendalter

Jugendliche müssen in allen gesellschaftlichen Handlungssektoren psychische, soziale, motivationale und praktische Kompetenzen erwerben, um ihren **Entwicklungsaufgaben** gerecht zu werden. Als Basis einer Individuation bilden diese Kompetenzen die Voraussetzung für eine vollständige gesellschaftliche Integration, also den Eintritt in das Erwachsenenleben. Probleme im Individuations- und Integrationsprozess ergeben sich dann, wenn wegen spezifischer personaler oder sozialer Bedingungen vorübergehend oder dauerhaft in einem oder mehreren der Handlungsbereiche Jugendlicher unangemessene oder unzureichende Kompetenzen erworben und die von der sozialen Umwelt erwarteten Fertigkeiten und Fähigkeiten, Motivationen und Dispositionen nicht erbracht werden können. Die Handlungs- und Leistungskompetenzen eines Jugendlichen entsprechen in diesem Fall nicht den durch jeweilige institutionelle oder Altersnormen festgelegten vorherrschenden Standards.

Wird eine „Fehl-Passung" von objektiven Anforderungen und subjektiven Kompetenzen nicht durch personale oder soziale Strategien verändert oder bewältigt, dann sind erhebliche individuelle Beanspruchungen und Belastungen bei Jugendlichen zu erwarten. Da jede unbewältigte Entwicklungsaufgabe eine ungünstige Startposition für die Bewältigung weiterer Aufgaben ist, können sie zu Störungen des weiteren Individuations- und Integrationsprozesses führen. Ein „Problemstau" von mehreren unbewältigten Entwicklungsaufgaben kann darüber hinaus in einer Beeinträchtigung der Bildung von Handlungskompetenzen auch in einzelnen Handlungsbereichen münden (Coleman 1980; Olbrich 1984).

2.2 Aufbau von Bewältigungsstilen

Jugendliche lernen im Verlauf der Lebensspanne bestimmte Muster der **Problembewältigung** und erwerben Kompetenzen, die es ihnen ermöglichen, normative Entwicklungsaufgaben wie die Ablösung von den Eltern, den Erwerb einer Berufsrolle, die Entwicklung einer Geschlechtsidentität etc. sowie lebenslaufspezifische Belastungen und Krisen mehr oder weniger konstruktiv zu bewältigen. Eine wichtige grundlegende Komponente für den Aufbau von Bewältigungsstilen ist der Grad der aktiven Erschließung einer Problemkonstellation und das Ausmaß, in dem sich Jugendliche auf überlieferte Vorgaben für ihre Orientierungen und Problemlösehandlungen verlassen. Als günstig für eine flexible Problembewältigung hat sich eine gut strukturierte, aber flexible und eigenaktive Wahrnehmung der sozialen Realität erwiesen, die für neue Eindrücke und rasche spontane Reaktionen bei neu entstehenden Konstellationen offen ist. Als ungünstig erweisen sich ausweichende und passive Strategien der Reaktion (Oerter/Montada 2008; Fend 2003).

Die unterschiedliche Ausprägung der Kompetenzen für die Bewältigung eines Problems ist ein maßgeblicher Entscheidungsfaktor dafür, ob eine Problemkonstellation in ihren Folgen und Auswirkungen zu einer Belastung wird oder nicht:

- Eine hohe Problembewältigungskompetenz kann dazu führen, dass ein Jugendlicher trotz einer objektiv ungünstigen Lebenslage auch in schwierigen Konstellationen keine Beeinträchtigung der psychosozialen Befindlichkeit und keine Symptome von Belastungen zeigt.

Die Chancen, solche Problembewältigungskompetenzen aufzubauen, sind bei denjenigen Jugendlichen besonders hoch, die von früher Kindheit an ein aktives und aufgeschlossenes Temperament haben, gute Vorbilder in ihren Eltern finden sowie günstige Anregungen und Herausforderungen für die Stärkung und Stabilisierung ihrer Persönlichkeit vorfinden.
- Fehlen günstige Anregungen und Herausforderungen für die Stärkung und Stabilisierung der Persönlichkeit, dann kann es zur Ausprägung von motivationalen und/oder kognitiven Dispositionen kommen, die eine nur defensive oder passive Reaktion auf problematische Lebenslagen und Krisen wahrscheinlicher machen. Die Strategien der Problemanalyse, der Informationssuche, der Beeinflussung der belastenden Bedingungen oder der Veränderung des eigenen Verhaltens sind bei solchen Jugendlichen weniger gut entwickelt; sie haben deshalb für die Anforderungen in verschiedenen Lebensbereichen erheblich ungünstigere „personale Ressourcen" als ihre Altersgenossen (Keupp 1982; Pearlin/Schooler 1978; Seiffge-Krenke 1994).

So bedeutsam die individuellen Bewältigungskompetenzen sind, sie allein sind oftmals nicht ausreichend, um Problemkonstellationen zu meistern. Speziell Probleme, die nicht unmittelbar oder ausschließlich durch das eigene Handeln beeinflussbar und veränderbar sind (z.B. Jugendarbeitslosigkeit, Beziehungskrisen usw.), können auch bei Jugendlichen mit hohen Bewältigungskompetenzen zu Überforderungen führen (Franz 1983).

2.3 Bedingungen für Problembelastungen

Aus einem Missverhältnis zwischen situativen Anforderungen einerseits und eigenen Handlungskompetenzen andererseits entwickeln sich oftmals „untaugliche Lösungen", die in ihren Erscheinungsformen und Folgen von der sozialen Umwelt als inakzeptabel bezeichnet werden. Dissozialität und Delinquenz, psychosomatische Störungen und gesundheitsgefährdende Verhaltensweisen stellen solche sozial gemiedenen oder geächteten und damit für die jeweiligen Personen prekäre Strategien der Reaktion auf Problemkonstellationen dar; in diesem Sinne handelt es sich um „fehlgeleitete" Formen der Auseinandersetzung mit der eigenen Lebenslage. Dem stehen Formen der Problemverarbeitung gegenüber, die von der sozialen Umwelt als konform bezeichnet werden.

Symptome der Problembelastung treten im Jugendalter – im Vergleich zu anderen Bevölkerungsgruppen – gehäuft auf; innerhalb der Jugendpopulation sind solche Störungen – auf der Basis repräsentativer Studien – aber nur bei einer Minderheit von 15% bis 30% zu verzeichnen (siehe Seiffge-Krenke 1994). Zu ihrer Klassifikation bieten sich analytisch zwei Dimensionen an:

- Zum einen lässt sich nach der „Richtung" der Problemverarbeitung unterscheiden. Die Problemverarbeitung kann sich nach „außen", an die Bezugspersonen und Institutionen wenden, oder nach „innen" gerichtet sein, also eine Auseinandersetzung mit dem eigenen Selbst darstellen. Beispiele hierfür sind depressive und aggressive Verhaltensweisen.
- Zum zweiten lassen sich die Erscheinungsformen und Resultate der Problemverarbeitung danach unterscheiden, ob sie von der Gesellschaft als konform oder als deviant gegenüber den gesellschaftlich vorherrschenden Normen und Verhaltenserwartungen eingeschätzt

werden. Beispiele hierfür sind Teilnahmen an politischen Demonstrationen und kriminelle Verhaltensweisen.

Vor allem das Auftreten devianten Verhaltens weist auf erhebliche Schwierigkeiten des persönlichen Entwicklungs- und des sozialen Eingliederungsprozesses im Jugendalter hin (Böhnisch 2006).

2.4 Drogenkonsum

Unter Drogen werden alle Substanzen subsumiert, die über das Zentralnervensystem die subjektive Befindlichkeit eines Konsumenten direkt oder indirekt beeinflussen. Die Genussmittel Alkohol und Tabak zählen hierzu ebenso wie die illegalen Drogen Haschisch, Halluzinogene, Amphetamine, Opiate (vor allem Heroin) und Kokain. Der Einstieg in den **Drogenkonsum** erfolgt bei Kindern und Jugendlichen in der Regel über die legalen Drogen Alkohol und Tabak (Farke/Broekman 2002), zunehmend aber auch über Medikamente und Arzneimittel. Insbesondere hier ist der Übergang vom Gebrauch zum Missbrauch oft fließend und besonders schwer erkennbar (BMG 2008, S. 69; Glaeske 2003).

Während kriminelles Verhalten in die Gruppe der konfliktorientierten, überwiegend nach „außen" gerichteten Problemverarbeitungsweisen fällt, gehört der Drogenkonsum zu den nach „innen" gerichteten, rückzugsorientierten Formen der Problemverarbeitung, gleichwohl Drogenkonsum als „demonstratives" Verhalten durchaus auch eine nach außen gerichtete „Signalfunktion" haben kann. Jugendliche, die auf Problemkonstellationen im Individuations- und Integrationsprozess mit dem Muster des „Drogenkonsums" reagieren, wählen den Weg der Manipulation ihrer psychosomatischen Befindlichkeit. Mit psychotropen Substanzen versuchen sie sich in bessere Stimmungslagen zu versetzen und ihrer alltäglichen Lebenswelt mit künstlich geschaffenen „besseren" Erlebniswelten zu entfliehen: „Drogenkonsum biete daher in dieser Lebensspanne für junge Menschen einen – gesellschaftlich nicht tolerierten – Ausweg, sich der Anforderung und Erwartung, die aus der Erwachsenengeneration an die Jugend herangetragen werden, zu entziehen" (Jungblut 2004, S. 203).

Drogenkonsum bei Jugendlichen (dies gilt für Kinder umso mehr) kann rasch zu einer „problematischen Form der Lebensbewältigung" werden – dann, wenn Abhängigkeit und Sucht drohen und/oder wenn er beginnt eine produktive Weiterentwicklung der Persönlichkeit zu blockieren. Allerdings ist bei der Auseinandersetzung mit jugendlichem Substanzkonsum immer zu berücksichtigen, dass dieser zur Befriedigung vielfältiger alters- und entwicklungsbezogener sowie ereignis- und lebenslagenspezifischer Bedürfnisse beiträgt.

Der Konsum von Drogen dient u.a. als:

- demonstrative Vorwegnahme des Erwachsenenverhaltens;
- bewusste Verletzung von elterlichen Kontrollvorstellungen;
- Ausdrucksmittel für sozialen Protest und gesellschaftliche Wertkritik;
- ein „Instrument" bei der Suche nach grenzüberschreitenden, bewusstseinserweiternden Erfahrungen und Erlebnissen;
- Zugangsmöglichkeit zu Freundesgruppen;
- Symbol für die Teilhabe an subkulturellen Lebensstilen;

- Mittel der Lösung von frustrierendem Leistungsversagen oder
- Notfallreaktion auf heftige psychische und soziale Entwicklungsstörungen.

Nur ein Teil dieser Funktionen kann von vorneherein im Sinne einer unproduktiven Bewältigung von Entwicklungsproblemen verstanden werden; gerade Rauchen und Alkoholkonsum sind auch gesellschafts- und kulturspezifische Status- und Reifesymbole und besitzen (schon immer) Initiationscharakter, das Erlernen eines verantwortlichen Umgangs mit **psychoaktiven Substanzen** hat somit selbst den Charakter einer Entwicklungsaufgabe (Jungblut 2004, S. 205).

Die zu diesen Zusammenhängen vorliegenden Studien (siehe z.B. Pinquart/Silbereisen 2002; Farke/Graß/Hurrelmann 2002; Kraus et al. 2004; BZgA 2004a, 2004b, 2004c; Richter 2005; Shell Deutschland Holding 2006, S. 89ff.) legen eine große Breite und Vielfalt der subjektiven Motive und Bedürfnisse ihrer Konsumenten offen. Gleichzeitig zeigen sie, dass der Drogenkonsum oftmals fest in den alltäglichen Verhaltensmustern von Jugendlichen verankert ist. Das früheste Lernfeld für das Einüben des Umgangs mit Drogen ist dabei die Familie, und erst mit steigendem Alter orientieren sich Jugendliche an Gleichaltrigengruppen (Fuchs 2000; Richter 2005): Schon Kinder im Alter von sechs bis zehn Jahren entwickeln erste Vorstellungen über spezifische Charakteristika und Wirkungen von Alkohol und Tabak und über die kulturelle und soziale Wertung dieser Drogen (Dinh/Sarason/Peterson/Onstad 1995), die dann ihrerseits die Initiierung von Substanzkonsum Jahre später beeinflussen. So verwundert es auch wenig, dass Kinder von alkoholabhängigen Eltern als die größte Risikogruppe für die Entwicklung eigner Abhängigkeitsmuster gelten (Klein 2003, S. 18).

2.4.1 Tabak und Alkohol

Die Zahl der Neueinsteiger wie der rauchenden Jugendlichen insgesamt ist in den letzten Jahrzehnten deutlich geringer geworden. In der Altersgruppe der 12- bis 17-Jährigen ist der Anteil der Raucher in den letzten dreißig Jahren fast kontinuierlich zurückgegangen. Während im Jahre 1979 noch ein Drittel der männlichen (33,4%) und etwas mehr als ein Viertel der weiblichen (26,8%) 12- bis 17-Jährigen die Angabe machten, dass sie gelegentliche oder ständige Raucher seien, trifft dies aktuell nur noch auf jeden siebten Jugendlichen (männlich = 14,7%; weiblich = 16,2%) dieser Altersgruppe zu. Damit hat sich die Raucherquote der Heranwachsenden in dieser Alterklasse bei beiden Geschlechtern in etwa halbiert und erreicht im Jahr 2008 einen historischen Tiefstand (BZgA 2008; siehe hierzu auch Kolip 2000; Müller 2000). Parallel hierzu ist der Anteil von Personen, die noch nie geraucht haben seit 1979 deutlich angestiegen und beläuft sich momentan auf 61,7% der männlichen und 59,4% der weiblichen 12- bis 17-jährigen Bevölkerungsgruppe. Diese insbesondere in den letzten Jahren zu beobachtende Verhaltensänderung ist nicht ausschließlich auf ein höheres Gesundheitsbewusstsein Jugendlicher zurückzuführen, sondern liegt wahrscheinlich primär in der Erhöhung der Tabaksteuer und der EC-Karten-Sicherung von Zigarettenautomaten begründet.

Festzuhalten ist allerdings auch, dass zum einen mit zunehmendem Alter nach wie vor der der Anteil von Raucherinnen und Rauchern steigt – in der Altergruppe der 20- bis 25-Jährigen raucht fast die hälfte aller Personen (44%) (BZgA 2004a, S. 9) – und zum anderen der Konsum alternativer Tabakgenussmittel (wie etwa Shishas oder Bidis, aber auch selbst gedrehter Zigaretten) aufgrund verhältnismäßig geringerer Kosten an Attraktivität und Bedeutung bei einer wachsenden Anzahl von Jugendlichen gewonnen hat (Bornhäuser 2002, S. 69; BZgA 2005, S. 3; BZgA 2008, S. 10). Es bleibt abzuwarten, ob diese Entwicklung nur kurzfristig ist oder eine längerfristige Trendwende signalisiert und inwiefern lediglich eine Verschiebung bei der Produktwahl stattfindet – Jugendliche also, den Konsum nicht grundlegend aufgeben, sondern eventuell auf andere Stoffe ausweichen.

Die Initiierung des Rauchens wird wesentlich von sozialen Einflüssen geprägt, wobei sowohl das familiale Umfeld, vor allem aber die gleichaltrigen Peers eine wichtige Rolle spielen (Fuchs 2000). Dabei handelt es sich jedoch nicht um einen nur passiven Beeinflussungsprozess, sondern man muss davon ausgehen, dass Jugendliche sich aufgrund bestimmter motivationaler Konstellationen, die vor allem mit Identitätssuche und „Imagebildung" zu tun haben, die jeweiligen Freundesgruppen in denen spezifische Normen dominieren, durchaus aktiv aussuchen (Wetzstein et al. 2005; BZgA 2004a, S. 26ff.). Ein weiterer wichtiger Einflussfaktor sind emotionale Regulationsprozesse, d.h. es ist davon auszugehen, dass der Zigarettenkonsum nicht nur von Erwachsenen, sondern bereits von Jugendlichen als Mittel zur Entspannung und Befindlichkeitsverbesserung eingesetzt wird (Duymel 2004; BZgA 2006, S. 46) – besonders dort, wo vermehrt Stressereignisse und Belastungserleben durch die Schule oder die Familie auftreten. Eine Rolle bei der Initiierung wie bei der Habitualisierung spielen darüber hinaus anscheinend auch biologisch-genetische Faktoren im Sinne einer differentiellen Sensitivität für die physiologischen Effekte von Nikotin (Klein 2002).

Ein Rückgang der Konsumquoten lässt sich auch für den Alkohol konstatieren. Nach der Drogenaffinitätsstudie der BZgA (2004b) sind die Prävalenzraten für alle alkoholischen Getränkearten in den letzten fünfundzwanzig Jahren deutlich zurückgegangen. So hat sich unter den 12- bis 25-Jährigen der (mindestens) einmal wöchentliche Bierkonsum zwischen 1979 und 2004 von 38% auf 22% fast halbiert, die Raten für Wein sind von 17% auf 7%, die von Spirituosen von 9% auf 5% gesunken (BZgA 2004b, S. 19ff.). Auch ein zeitweiliger Trend des vermehrten Konsums von spirituosenhaltigen Alcopops hat sich nach Einführung einer Sondersteuer für diese Getränke eingestellt (BZgA 2007). Trotz dieses positiven Effekts und eines über eine längere Zeitdauer zu beobachtenden Rückgangs der Prävalenzraten für alkoholische Getränke muss gleichzeitig auch besorgniserregend darauf verwiesen werden, dass der Einstieg in den Alkoholkonsum heute relativ früh in der Lebensbiografie von Kindern und Jugendlichen erfolgt: jede bzw. jeder zweite Heranwachsende im Alter von 12 Jahren hat mindestens einmal in ihrem bzw. seinem Leben Alkohol getrunken und bereits die Hälfte aller 14-Jährigen hat erste Erfahrungen mit Trunkenheit gemacht (Kraus et al. 2004, S. 55). Zudem gibt es auch unter den jugendlichen Konsumenten nach wie vor relevante – vor allem männliche – Subgruppen, die riskante Alkoholkonsummuster zeigen. Laut des Drogen- und Suchtberichts 2008 der Drogenbeauftragten der Bundesregierung hat sich im Zeitraum von 2000 bis 2006 insbesondere die Zahl der augrund von akutem Alkoholmissbrauch – im Zuge von so genanntem „Binge Drinking" – ins Krankenhaus eingelieferten Kinder und Jugendlichen auf fast 20.000 jährlich registrierte Fälle mehr als verdoppelt (BMG 2008).

Die Ausgangssituation für die Aufnahme des Alkoholkonsums ist zumindest teilweise mit den Ursachen für Tabakkonsum vergleichbar. So gibt es Parallelen bezüglich der Bedeutung des elterlichen sowie vor allem des Peereinflusses und auch Belastungs- und Versagenserleben scheinen hier eine Rolle zu spielen (siehe Klein 2007; BZgA 2004b; BMGS 2003; Farke/Graß/Hurrelmann 2002). Eine genetische Komponente nimmt hier wahrscheinlich eine noch größere Bedeutung ein als beim Rauchen. Bereits durch ältere Studien (z.B. Kaprio et al. 1987; Prescott/Kendler 1999; Schuckit/Goodwin/Winokur 1972) scheint belegt zu sein, dass elterlicher Alkoholismus – über den Sozialisationseffekt hinaus – offensichtlich einen wichtigen ätiologischen Faktor für die Entstehung von Alkoholmissbrauch und -abhängigkeit darstellt (siehe hierzu auch Klein 2002, 44ff.). Immer wieder hat es Hinweise auf Selbstkonzeptprobleme bei alkoholmissbrauchenden Jugendlichen gegeben, allerdings stammen viele dieser empirischen Befunde aus Querschnittstudien, während einige Längsschnittuntersuchungen solche Zusammenhänge nicht bestätigen konnten, so dass diese Frage nach wie vor offen ist (zur Diskussion um diesen Punkt siehe Leppin 2000). Zu bestätigen scheint sich dagegen die Annahme einer frühkindlichen Prädisposition für Alkoholmissbrauch und -abhängigkeit, die sich u.a. durch emotionale Labilität, geringe Impulskontrolle, aggressives und antisoziales Verhalten („conduct disorder") auszeichnet (Block/Block/Keyes 1988; Pulkkinen/Pitthauen 1994; Slutske et al. 1998).

Tabak und Alkohol – so lassen sich diese Befunde zusammenfassen – sind eindeutig die verbreitetsten Drogen in unserem Kulturkreis. Obwohl sie legal sind, müssen sie daher als die gefährlichsten aller Drogen eingestuft werden: Mittel- und langfristig können sie zu Abhängigkeit führen, was vor allem im Fall des Alkoholkonsums mit psychovegetativen Störungen, Lern- und Konzentrationsproblemen und erheblichen Beeinträchtigungen und Blockierungen der weiteren Persönlichkeitsentwicklung einhergehen kann. Verantwortlich sind sie darüber hinaus langfristig – dies gilt für Rauchen und starken Alkoholkonsum – für massenhaft auftretende Gefährdungen der physischen Gesundheit wie Herz-Kreislaufstörungen und Krebskrankheiten. Geschätzt wird, dass etwa 50% der auftretenden Mortalität im Erwachsenenalter direkt auf verhaltensbezogene Faktoren des Jugendalters zurückgeht (Bornhäuser 2002, S. 68).

2.4.2 Illegale Drogen

Die Drogenaffinitätsstudie (DAS) der Bundeszentrale für gesundheitliche Aufklärung zeigt 2004, dass etwa ein Drittel (32%) der 12- bis 25-Jährigen eine lebenszeitbezogene Drogenerfahrung (Lebenszeitprävalenz) mit illegale Drogen – hierzu zählen Cannabis, Amphetamine, Ecstasy, LSD, Kokain, Crack oder Heroin – gemacht haben. Historisch gesehen, ist nach konstanten Raten in den 1980er Jahren und zu Beginn der 1990er Jahre spätestens seit Mitte/Ende der 90er Jahre des letzten Jahrhunderts der Anteil der Jugendlichen mit Drogenerfahrung kontinuierlich gestiegen und hat sich damit gegenüber 1979 (16%) bis heute verdoppelt (BZgA 2004c).

Die EDPS-Studie, die auf einer repräsentativen Befragen von 11.043 Schülerinnen und Schülern des neunten und zehnten Jahrgangs aller Schulformen der Länder Bayern, Berlin, Brandenburg, Hessen, Mecklenburg-Vorpommern und Thüringen basiert, bestätigt bereits für das Jahr 2003 die aktuell zu beobachtenden hohen Lebenszeitprävalenzraten von knapp 33% (Kraus et al. 2004). Geschlechtsspezifisch betrachtet, berichten mehr männliche (36%) als weibliche (29,5%) Jugendliche von einem zumindest einmaligen Konsum illegaler Substanzen (Kraus et al. 2004). Eindeutig am häufigsten war in dieser Stichprobe – wie auch in der Drogenaffinitätsstudie – die Erfahrung mit Haschisch/Marihuana: 30,6% der Befragten gaben an, Cannabis mindestens probiert zu haben (DAS: 31%). Die Prozentsätze für andere Substanzen sind demgegenüber in beiden Studien deutlich geringer. Die EDPS berichtet eine Lebenszeitprävalenz für Ecstasy von 4,4% (DAS: 4%), 2,8% für Kokain (DAS: 2%), 2,1% für Crack (DAS: 0,2%) und 1,0% für Heroin (DAS: 0,3%) (BZgA 2004c; Kraus et al. 2004). International gesehen unterscheiden sich deutsche Jugendliche damit kaum von ihren Altersgenossen im westeuropäischen Ausland. Zudem wird durch unterschiedliche Studien eine Annäherung der deutschen an die US-amerikanischen Drogenprävalenzwerte bei Jugendlichen und jungen Erwachsenen dokumentiert (vgl. hierzu Kraus 2005; Abraham et al. 2002; Office of Applied Studies, 2001). Das durchschnittliche Einstiegsalter für Cannabis und Schnüffelstoffe liegt bei 16,4 Jahren, das für Ecstasy bei 17,3 Jahren, für LSD bei 17,1 Jahren, Kokain folgt mit 18,0 Jahren (BZgA 2004c, S. 18).

Nach der ersten Ergebnissen der aktuellen Drogenaffinitätsstudie (2008, S. 12) bezeichnen sich 2,1% als regelmäßige Cannabis-Konsumenten (mindestens 10maliger Gebrauch im Jahr). Damit gelten die meisten der Jugendlichen als Probier- oder Gelegenheitskonsumenten, womit der illegale Drogenkonsum für den überwiegenden Teil der Heranwachsenden, wenn überhaupt, dann nur eine kurze Episode darstellt.

Dennoch: Obwohl der größte Teil der Jugendlichen, der Haschisch/Marihuana konsumiert, hiermit seine „Drogenkarriere" beendet, setzt eine Minderheit von ihnen diese Karriere fort. Zusätzlich zum Haschisch/Marihuana werden von diesen Jugendlichen oftmals „harte" illegale Drogen konsumiert oder der Cannabiskonsum durch diese härteren Drogen ersetzt (Kraus 2005; Bachmann/ Johnston/Malley 1990). Insgesamt kann davon ausgegangen werden, dass Erfahrungen mit einer Substanz den Konsum weiterer Drogen begünstigen. So erhöht Rauchen die Wahrscheinlichkeit für intensiveres Alkohohltrinken, häufige Alkoholräusche wiederum machen Cannabiskonsum wahrscheinlicher (Simon et al. 2004, S. 20; BzGA 2004c; Kraus et al. 2004), der wiederum eher zum Gebrauch anderer illegaler Drogen wie Ecstasy, LSD, Kokain oder Heroin führt, wobei sich die Wahrscheinlichkeit weiteren (und „härteren") Konsums besonders dann erhöht, wenn bereits mehrere andere Substanzen genommen wurden (BzgA 2004c, S. 41ff.).

Der Beginn des Konsums von Haschisch/Marihuana vollzieht sich in vielen Fällen im Sinne eines Probier- und Experimentierverhaltens. Ob es zu regelmäßigem Konsum und dann auch zum Transfer auf „härtere" Substanzen kommt, hängt von Persönlichkeits- und Umweltfaktoren sowie biologischen und psychologischen Rahmenbedingungen für Suchtprozesse ab (Kraus/Semmler/ Kunz-Ebrecht et al. 2004; Bilke 2005). Die Ausgangskonstellationen für die Aufnahme des Konsums von Haschisch – wie auch anderer illegaler Drogen zeigen Parallelen zu denen des Alkoholmissbrauchs: Auch hier spielt eine familiäre Belastung mit Substanzstörungen wie der Konsum in der Peer-Gruppe eine Rolle (Greca 2008; Töppich 2005; Böhnisch 2002). Unter den betroffenen Jugendlichen finden sich auch sehr häufig solche, die tiefsitzende Familienkonflikte mit schweren Störungen der zwischenmenschlichen Beziehungen erlebt haben.

Fragt man die Jugendlichen selbst nach ihren Gründen für den Drogenkonsum, so scheint neben Belastungserleben insbesondere „Neugier" ein ausschlaggebender Faktor zu sein (Baumgärtner 2004). Gängig – und vor allem auffällig häufiger gegenüber der vorhergehenden Befragung von 1998 – waren in der Drogenaffinitätsstudie 2004 jedoch auch Motive, die sich auf den Wunsch nach Entspannung und Anhebung der Stimmung bezogen (BzgA 2004c).

Immer wieder diskutiert worden ist auch die Rolle bestimmter Persönlichkeitsstrukturen wie depressiver Neurosen oder unsicher-labiler sowie ängstlich-verschlossener Persönlichkeitsstrukturen, allerdings stellt sich angesichts der meist querschnittlichen Untersuchungen oft die Frage nach der Prä- bzw. Postmorbidität solcher Diagnosen (siehe auch oben zum Thema Alkohol), zudem eine „Drogenpersönlichkeit" im engeren Sinne eher nicht nachweisbar scheint (Biliza/Schuhler 2007). Relativ gesichert scheint dagegen eine „Störungskontinuität" im Lebenslauf: Ähnlich wie für Alkoholmissbrauch und -abhängigkeit gilt auch für anhaltenden Missbrauch illegaler Drogen, dass Kinder, die bereits sehr früh im Lebenslauf Verhaltensauffälligkeiten und -störungen gezeigt haben, vulnerabler zu sein scheinen (Pedersen/Mastekaasa/Wichstrom 2001). Während die große Mehrheit der Jugendlichen nur phasenspezifisch durch experimentellen Drogengebrauch auffällt, wobei dieser primär durch akute soziale Erfahrungen bedingt scheint, gelten etwa 10% der Population als hochbelastet. Hier ist davon auszugehen, dass der Missbrauch Symptom eines komplexeren kumulativen Störungsprozesses ist, der in der frühen Kindheit begonnen hat und über die Jugendzeit hinaus chronifiziert wird (Böhnisch 2002).

3   Prävention und Gesundheitsförderung im Jugendalter

Eine Vielzahl der Ursachen, die heute für den Drogenkonsum im Jugendalter benannt werden, zeichnen sich zumeist durch einen langandauernden Verlauf aus und haben ihre Wurzeln oftmals in Verhaltensdispositionen, Lebensweisen und -stilen, die teilweise bis in das Kindesalter zurückgehen.

Gesellschaftliche Lebensbedingungen, gesellschaftlicher Wandel und darauf bezogene Verhaltensgewohnheiten und -optionen erweisen sich als zunehmend bedeutsam für die Gesundheitssituation Jugendlicher. Immer mehr setzt sich deshalb die Erkenntnis durch, dass sozialepidemiologische, sozialpsychologische, psychosomatische und medizinsoziologische Betrachtungsweisen nötig sind, um das rein biomedizinisch ausgerichtete Analysespektrum im Hinblick auf die Krankheitsentstehung und -vermeidung zu ergänzen (siehe hierzu bspw. Hurrelmann/Laaser/Razum 2006). Diese Betrachtung muss dabei neue Strukturen präventiv-gesundheitsvorsorglicher Konzepte einschließen, denn der bisherigen Gesundheitserziehung mit ihren traditionellen Zugangswegen über die Vermittlung rationaler Wissensbestände und Schadenswarnungen oder moralisierenden Ermahnungen ist es – wie das Beispiel der **Suchtprävention** zeigt – nicht gelungen, stabile Vorsorgeorientierungen und gesundheitsbewusstes Verhalten in den Lebensweisen von Jugendlichen zu verankern (Leppin 2001).

Mit dem Stichwort „**Gesundheitsförderung**" werden in der interdisziplinären Diskussion verschiedene Maßnahmen der Verbesserung der Lebens- und Umweltbedingungen Jugendlicher bezeichnet. Gesundheitsförderung ist dabei nicht ausschließlich an medizinische Dienste und Versorgungseinrichtungen gebunden, vielmehr bemüht sie sich um die Motivierung möglichst breiter Bevölkerungskreise zur dauerhaften Teilhabe und Teilnahme an gesundheitsfördernden Maßnahmen (Kickbusch 2003). Gesundheitsförderung zielt nicht nur auf die Vermeidung und Verminderung gesundheitsriskanter Faktoren in der alltäglichen Lebenswelt und den damit verbundenen gesundheitsschädlichen Verhaltensstilen und Lebensweisen, sondern will explizit auch individuelle und kollektive gesundheitsprotektive Ressourcen fördern. Sie schließt dabei im umfassenden Sinne sowohl verhaltens- wie auch verhältnisbezogene Strategien ein, die Individuen sowie Institutionen und Organisationen unterstützen und befähigen sollen, gesundheitsriskante Potentiale zu erkennen und Handlungsmöglichkeiten zu entwickeln, um hiermit individuell und kollektiv umzugehen.

Strategien der Gesundheitsförderung müssen – wollen sie erfolgreich sein – an die subjektiven Einstellungen Jugendlicher ihrer Gesundheit gegenüber anknüpfen. Zwar wird der Gesundheit von Jugendlichen heute ein hoher Wert beigemessen, als Problem hat sie jedoch nur eine geringe oder gar keine Bedeutung. Jugendliche „Gesundheitskonzepte" variieren je nach Alter und Geschlecht und sind bezüglich ihrer Formulierung und ihres Bedeutungsgehaltes für gesundheitsrelevante Verhaltensweisen abhängig von den schon gemachten Erfahrungen mit Gesundheitsbeeinträchtigungen an der eigenen Person oder in der näheren Umgebung.

- Für die meisten Jugendlichen ist Gesundheit eine Selbstverständlichkeit und ein nicht gefährdetes Potential. Als zentrales Entwicklungsproblem in dieser Altersphase kann der alltägliche Umgang mit dem Körper angesehen werden. Jedoch wird der Körper nicht nur lust- und erfahrungsbetont, sondern auch als unkontrollierbar und schwer nachvollziehenden Entwicklungsgesetzen gehorchend erlebt. Aufgabe von Programmen der Gesundheitsförderung sollte es deshalb sein, diese „Zwänge" offenzulegen und zusammen mit Jugendlichen Lösungs- und Bewältigungsstrategien zu entwickeln. Dabei sollte die Förderung von solchen Lebensweisen und -gewohnheiten im Vordergrund stehen, die dem sozialen, psychischen und physischen Wohlbefinden zuträglich sind und den Selbstentfaltungsbedürfnissen der Jugendlichen gerecht werden.
- Dem starken Gegenwartsbezug der Jugendlichen muss Rechnung getragen werden. Da sie andere Sorgen als „Vorsorge" haben, besitzt die Orientierung und der Hinweis auf die spätere Lebenserwartung und Lebensqualität für sie kaum Handlungsrelevanz. In einer ohnehin schon schwer planbaren Zukunft ist die Aneignung eines langfristig planenden Gesundheitshandelns kaum realistisch. Gesundheitsförderung, die sich an der Gegenwart der Lebenserfahrungen, an körperlicher Attraktivität und am aktuellen Wohlbefinden orientiert, kann hingegen erfolgreich sein. Das Bewusstsein zu schaffen, dass beispielsweise gesundheitsbewusstes Verhalten auch ganz aktuell positive Wirkungen (z.B. Vitalität, erhöhte Stressresistenz, Genussfähigkeit etc.) haben kann, scheint wirkungsvoller zu sein als die Warnung vor langfristigen Schädigungen. Anknüpfungspunkt sollten Erfahrungen und Erlebnisse von Lebensfreude und das Bestreben der Jugendlichen nach Selbständigkeit und Selbststeuerung sein.
- Risikoverhaltensweisen haben einen funktionalen Stellenwert im Leben und in der Bewältigung von Entwicklungsaufgaben von Jugendlichen. Problematisch ist hierbei, dass diese Risikoverhaltensweisen von Jugendlichen nur wenig mit Gesundheit in Verbindung gebracht werden: Viele Jugendliche sind nicht bereit, aus Vorsorgegründen auf die psychosoziale Funktionalität solcher Verhaltensweisen zu verzichten. Sollen Jugendliche zur Aufgabe oder Reduzierung dieses Verhaltens motiviert werden, dann müssen ihnen hierzu Alternativen geboten werden. Deshalb kommt allen Ansätzen Bedeutung zu, die Abenteuer, Spaß, Erlebnis und Selbstherausforderung in gesundheitsverträglicher Form anbieten (Coates et al. 1982).

Der hohe Organisationsgrad unserer Gesellschaft steht dem Bedürfnis nach Ausdrucks- und Gestaltungschancen einer nicht restlos kalkulierbaren Entwicklung entgegen. Eine effektive Gesundheitsförderung für Jugendliche muss diese Impulse aufnehmen. Zu ihrer Zielsetzung gehört es, soziale und kulturelle Freiräume zur Verfügung zu stellen und darauf zu verzichten, Entwicklungsverläufe manipulieren zu wollen. Sie muss an den Bedürfnissen der Jugendlichen anknüpfen und mit ihnen Kompetenzen entwickeln, die zu einer gesunden und erfüllten Lebensweise führen (Pott 2005; Schmidt 2004).

Die angesprochenen Programmprinzipien wurden in den letzten Jahren in verschiedenen Konzepten im Familien-, Kindergarten-, Schul- und Gemeindebereich und auch in breit angelegten Öffentlichkeitskampagnen über Massenmedien umgesetzt. Ziel ist dabei primär, unter den Stichworten „life skills" und „soft skills" (siehe hiezu auch Rohlfs/Harring/Palentien 2008) an den Kompetenzen und Ressourcen der Kinder und Jugendlichen anzusetzen, diese „stark zu machen", um ihnen so die Bewältigung von Entwicklungsaufgaben auch ohne Rückgriff auf psychoaktive Substanzen zu ermöglichen. Dabei hat sich in einer ganzen Reihe von Evaluationsstudien gezeigt, dass diese neueren Ansätze im Gegensatz zu den traditionellen Präventionsbemühungen der siebziger, achtziger und zum Teil neunziger Jahre des letzten Jahrhunderts durchaus erfolgreich zu sein scheinen (siehe z.B. Loss et al. 2004; BMG 2008). Dabei darf jedoch nicht vergessen werden – und das ist eine wesentliche Aufgabe der kommenden Jahre –, dass eine Stärkung der betroffenen Individuen nur ein Aspekt einer umfassenden Gesundheitsförderung sein kann, der immer auch begleitet sein muss von dem Versuch, die sozialen Settings, in denen diese Individuen sich bewegen, also vor allem Familie und Schule oder Arbeitsplatz, so zu beeinflussen, dass sie nicht ihrerseits gesundheitsschädigende Reaktionen als funktionales Verhalten provozieren.

Literatur

Abraham, M.D., Kaal, H.L. & Cohen, P.D.A.: Licit and illicit drug use in the Netherlands 2001. Amsterdam: Cedro Centrum voor Drugsonderzoek 2002
Bachmann, J.R./Johnston, L.D./O'Malley, P.: Explaining the recent decline in cocaine use among young adults. In: Journal of Health and Social Behavior 31 (1990), S. 173-184
Baumgärtner, T.: Rauschmittelkonsumerfahrungen der Hamburger Jugendlichen und jungen Erwachsenen 2004. Zusammenfassender Basisbericht der Schüler und Lehrerbefragungen zum Umgang mit Suchtmitteln (Hamburger SCHULBUS). Büro für Suchtprävention, Hamburg 2004
Baumgärtner, T.: Ergebnisse der SCHULBUS-Untersuchung. In: Die Drogenbeauftragte der Bundesregierung (Hrsg.): Jugendkult Cannabis – Risiken und Hilfen. Berlin 2005, S. 43-56
Block, J./Block, J.H./Keyes, S.: Longitudinally foretelling drug usage in adolescence: Early childhood personality and environment precursors. In: Child Development 52 (1988), S. 452-464
Biliza, K.W./Schuhler, P.: Sucht. In: Senf, W./Broda, M. (Hrsg.): Praxis der Psychotherapie: Ein integratives Lehrbuch. Stuttgart 2007, S. 701-718
Bilke, O.: Wie lässt sich Cannabisabhängigkeit diagnostizieren? In: Die Drogenbeauftragte der Bundesregierung (Hrsg.): Jugendkult Cannabis – Risiken und Hilfen. Berlin 2005, S. 85-93
Böhnisch, L.: Drogengebrauch in den Jugendphasen. In: Arnold, H./Schille, H.-J. (Hrsg.): Praxishandbuch Drogen und Drogenprävention. Handlungsfelder – Handlungskonzepte – Praxisschritte. Weinheim/München 2002, S. 107-119
Böhnisch, L.: Abweichendes Verhalten. Eine pädagogisch-soziologische Einführung. Weinheim/München 2006
Bornhäuser, A.: Tabakkonsum im Kindes- und Jugendalter. In: Farke, W./Graß, H./Hurrelmann, K. (Hrsg.): Drogen bei Kindern und Jugendlichen: legale und illegale Substanzen in der ärztlichen Praxis. Stuttgart 2002, S. 68-80
Bundesministerium für Gesundheit und soziale Sicherung (Hrsg.): Familiengeheimnisse – Wenn Eltern suchtkrank sind und Kinder leiden. Berlin 2003
Bundesministerium für Gesundheit/Drogenbeauftragte der Bundesregierung (Hrsg.): Drogen- und Suchtbericht 2008. Berlin 2008
Bundeszentrale für gesundheitliche Aufklärung: Die Drogenaffinität Jugendlicher in der Bundesrepublik Deutschland 2004. Eine Wiederholungsbefragung der Bundeszentrale für gesundheitliche Aufklärung. Teilband Rauchen Köln 2004a
Bundeszentrale für gesundheitliche Aufklärung: Die Drogenaffinität Jugendlicher in der Bundesrepublik Deutschland 2004. Eine Wiederholungsbefragung der Bundeszentrale für gesundheitliche Aufklärung. Teilband Alkohol. Köln 2004b
Bundeszentrale für gesundheitliche Aufklärung: Die Drogenaffinität Jugendlicher in der Bundesrepublik Deutschland 2004. Eine Wiederholungsbefragung der Bundeszentrale für gesundheitliche Aufklärung. Teilband illegale Drogen. Köln 2004c
Bundeszentrale für gesundheitliche Aufklärung: Neue Ergebnisse zur Entwicklung des Rauchverhalten bei Jugendlichen. Köln 2005
Bundeszentrale für gesundheitliche Aufklärung: Förderung des Nichtrauchens. Eine Wiederholungsbefragung der Bundeszentrale für gesundheitliche Aufklärung. Köln 2006
Bundeszentrale für gesundheitliche Aufklärung: Alkoholkonsum der Jugendlichen in Deutschland 2004 bis 2007. Ergebnisse der Repräsentativbefragung der Bundeszentrale für gesundheitliche Aufklärung. Köln 2007

Bundeszentrale für gesundheitliche Aufklärung: Die Drogenaffinität Jugendlicher in der Bundesrepublik Deutschland 2008. Alkohol-, Tabak- und Cannabiskonsum Erste Ergebnisse zu aktuellen Entwicklungen und Trends. Köln 2008

Coates, T.J./Petersen, A.C./Perry, C.S. (Eds.): Promoting adolescent health. New York 1982

Coleman, J.: The Nature of Adolescence. New York 1980

Dinh, K.T./Sarason, I.G./Peterson, A.V./Onstad, L.E.: Children's perceptions of smokers and nonsmokers: A longitudinal study. In: Health Psychology 14 (1995), S. 32-40

Duymel, C.: Drogengebrauch in jugendkulturellen Szenen; Zwischen genussvollem Konsum, Abhängigkeit und Sucht. Münster 2004

Farke, W./Broekman, A.: Drogenkonsum aus Sicht suchtgefährdeter Jugendlicher – Pävalenz und Bedarf an Hilfe. In: Farke, W./Graß, H./Hurrelmann, K. (Hrsg.): Drogen bei Kindern und Jugendlichen: legale und illegale Substanzen in der ärztlichen Praxis. Stuttgart 2002, S. 6-18

Farke, W./Graß, H./Hurrelmann, K. (Hrsg.): Drogen bei Kindern und Jugendlichen: legale und illegale Substanzen in der ärztlichen Praxis. Stuttgart 2002

Fend, H.: Entwicklungspsychologie des Jugendalters. Ein Lehrbuch für pädagogische und psychologische Berufe. Wiesbaden 2003

Franz, H. J.: Bewältigung gesundheitsgefährdender Belastungen. Konstanz 1983

Fuchs, R.: Entwicklungsbedingungen des Rauchverhaltens. In: Leppin, A./Hurrelmann, K./Petermann, H.: Jugendliche und Alltagsdrogen. Konsum und Perspektiven der Prävention. Neuwied 2000, S. 95-113

Glaeske, G.: Psychotrope und andere Arzneimittel mit Missbrauchs- und Abhängigkeitspotential. In: Deutsche Hauptstelle für Suchtfragen (Hrsg.): Jahrbuch Sucht 2003. Geesthacht 2003, S. 42-51

Greca, R.: Das Projekt Suchtprävention. In: Greca, R./Schäfferling, S./Siebenhüter, S. (Hrsg.): Gefährdung Jugendlicher durch Alkohol und Drogen. Eine Fallstudie zur Wirksamkeit von Präventionsmaßnahmen. Wiesbaden 2008

Hurrelmann, K./Laaser, U./Razum, O.: Handbuch Gesundheitswissenschaften. Weinheim/München 2006

Jungblut, H.J.: Drogenhilfe. Eine Einführung. München 2004

Kaprio, J./Koskenvio, M./Langinvainio, H. u.a.: Genetic influences on use and abuse of aclohol: Study of 5638 adult Finnish twin brothers. In: Alcoholism: Clinical and Experimental Research 11 (1987), S. 349-356

Keupp, H.: Soziale Netzwerke. In: Keupp, H./Rerrich, O. (Hrsg.): Psychosoziale Praxis – gemeindepsychologische Perspektive. München 1982, S. 43-45

Kickbusch, I.: Gesundheitsförderung. In: In: Schwartz, F. W./Badura, B./Busse, R./Leidl, R./Haspe, H. /Siegrist, J./ Walter, U. (Hrsg.): Das Public Health Buch: Gesundheit und Gesundheitswesen. München/Wien/Baltimore 2003

Klein, M.: Kinder und Jugendliche in suchtbelasteten Familien. In: Farke, W./Graß, H./Hurrelmann, K. (Hrsg.): Drogen bei Kindern und Jugendlichen: legale und illegale Substanzen in der ärztlichen Praxis. Stuttgart 2002, S. 39-51

Klein, M.: Kinder suchtkranker Eltern – Fakten, Risiken, Lösungen. In: Bundesministerium für Gesundheit und soziale Sicherung (Hrsg.): Familiengeheimnisse – Wenn Eltern suchtkrank sind und Kinder leiden. Berlin 2003, S. 18-27

Klein, M.: Kinder und Suchtgefahren. Risiken – Prävention – Hilfen. Stuttgart 2007

Kolip, P.: Tabak- und Alkoholkonsum bei Jugendlichen: Entwicklungstrends, Prävalenzen und Konsummuster in den alten Bundesländern. In: Leppin, A./Hurrelmann, K./Petermann, H. (2000), S. 24-44

Kraus, L./Heppekausen, K./Barrera, A./Orth, B.: Die Europäische Schülerstudie zu Alkohol und anderen Drogen (ESPAD). Befragung von Schülerinnen und Schülern der 9. und 10. Klasse in Bayern, Berlin, Brandenburg, Hessen, Mecklenburg-Vorpommern und Thüringen. München 2004

Kraus, L./Semmler, C./Kunz-Ebrecht, S./Orth, B./Hüffer, I./Hose, A./Welsch, K./Sonntag, D./Augustin, R.: Kokainkonsum und kokainbezogene Störungen. Epidemiologie, Therapie und Prävention. Institut für Therapieforschung, München 2004

Kraus, L.: Cannabiskonsum bei Erwachsenen – Epidemiologische Evidenz. In: Die Drogenbeauftragte der Bundesregierung (Hrsg.): Jugendkult Cannabis – Risiken und Hilfen. Berlin 2005, S. 19-23

Leppin, A.: Alkoholkonsum und Alkoholmißbrauch bei Jugendlichen: Entwicklungsprozesse und Determinanten. In: Leppin, A./Hurrelmann, K./Petermann, H.: Jugendliche und Alltagsdrogen. Konsum und Perspektiven der Prävention. Neuwied 2000, S. 64-94

Leppin, A.: Wem nützen schulische Gesundheitsförderungsprogramme? Zur Bedeutung personaler und sozialer Ressourcen für die Wirksamkeit eines schulischen Kompetenzförderungsprogramms. Bern 2001

Loss, J./Hurrle, C./Tomenendal, G./Nagel, E.: Evaluation des "KlarSicht"-Mitmach-Parcours der Bundeszentrale für gesundheitliche Aufklärung. Abschlussbericht. Bayreuth 2004

Müller, H.: Zum Drogenkonsum bei der Schuljugend in den neuen Bundesländern. In: Leppin, A./Hurrelmann, K./Petermann, H. (2000), S. 45-61

Office of Applied Studies: Summary of findings from the 2000 National Household Survey on Drug Abuse. Rockville, MD: Department of Health and Human Services 2001

Olbrich, E.: Jugendalter – Zeit der Krise oder der produktiven Anpassung ? In: Olbrich, E./Todt, E. (Hrsg.): Probleme des Jugendalters. Berlin 1984, S. 1-48
Oerter, R./Montada, L. (Hrsg.): Entwicklungspsychologie. Ein Lehrbuch. München 2008
Pearlin, L.I./Schooler, C.: The structure of coping. In: Journal of Health and Social Behavior 19 (1978), S. 2-21
Pedersen, W./Mastekaasa, A./Wichstrom, L.: Conduct problems and early cannabis initiation: A longitudinal study of gender differences. In: Addiction 96 (2001), S. 415-431
Pinquart, M./Silbereisen, R.K.: Gesundheitsverhalten im Kindes- und Jugendalter. Entwicklungspsychologische Ansätze. In: Bundesgesundheitsblatt, 45, (11) 2002, S. 873-878
Pott, E.: Tabak- und Alkoholprävention für Jugendliche. In: Bundesministerium für Gesundheit/Drogenbeauftragte der Bundesregierung (Hrsg.): Deutsch-französische Fachtagung zur Suchtprävention bei Jugendlichen. Berlin 2005, S. 67-76
Prescott, C.A./Kendler, K.S.: Genetic and environmental contributions of alcohol abuse and dependence in a population-based sample of male twins. In: American Journal of Psychiatry 156 (1999), S. 34-40
Pulkkinen, L./Pitthauen, T.: A prospective study of the precursors to problem drinking in young adulthood. In: Journal of Studies on Alcohol 55 (1994), 578-587
Richter, M.: Gesundheit und Gesundheitsverhalten im Jugendalter. Der Einfluss sozialer Ungleichheit. Wiesbaden 2005
Rohlfs, C./Harring, M./Palentien, C. (Hrsg.): Kompetenz-Bildung. Soziale, emotionale und kommunikative Kompetenzen von Kindern und Jugendlichen. Wiesbaden 2008
Schmidt, B.: Suchtprävention in der Bundesrepublik Deutschland. Grundlagen und Konzeption. Köln 2004
Schuckit, M.A./Goodwin, D.W./Winokur, G.: Life history research in psychopathology. Minneapolis 1972
Seiffge-Krenke, I.: Gesundheitspsychologie des Jugendalters. Göttingen 1994
Shell Deutschland Holding (Hrsg.): Jugend 2006. Eine pragmatische Generation unter Druck. 15. Shell Jugendstudie. Frankfurt am Main 2006
Simon, R./Sonntag, D./Bühringer, G./Kraus, L.: Cannabisbezogene Störungen: Umfang, Behandlungsbedarf und Behandlungsangebot in Deutschland. München 2004
Slutske, W.S./Heath, A.C./Dinwiddie, S.H. et al.: Common genetic risk factors for conduct disorder and alcohol dependence. In: Journal of Abnormal Psychology 107 (1998), S. 363-374
Töppich, J.: Cannabiskonsum von Jugendlichen. In: Die Drogenbeauftragte der Bundesregierung (Hrsg.): Jugendkult Cannabis – Risiken und Hilfen. Berlin 2005, S. 15-18
Wetzstein, T./Erbeldinger, P.I./Hilgers, J./Eckert, R.: Jugendliche Cliquen. Zur Bedeutung der Cliquen und ihrer Herkunfts- und Freizeitwelten. Wiesbaden 2005

Roland Schleiffer

Kinder und Jugendliche in Institutionen der psychosozialen Versorgung

1 Funktionssysteme psychosozialer Hilfe

Da jede Gesellschaft darauf angewiesen ist, dass ihre Mitglieder sich angemessen an ihrer Kommunikation beteiligen, müssen deren psychische Probleme für sie ein Problem bedeuten. Die Tatsache, dass die moderne Gesellschaft zur Lösung solcher Probleme eigene Institutionen der psychosozialen Versorgung eingerichtet hat, lässt vermuten, dass mit der Entwicklung hin zur funktional ausdifferenzierten Gesellschaft sowohl eine Zunahme psychischer Problemlagen als auch eine Sensibilisierung für diese einherging.

Im Gegensatz zur traditionellen Gesellschaft, in der Geburt, die Familie, also Standes- und Schichtzugehörigkeit den Lebenslauf prägten, haben in der modernen, funktional ausdifferenzierten Gesellschaft alle die Möglichkeit, an den Teilsystemen der Gesellschaft wie etwa dem Wirtschaftssystem, dem Rechtssystem, dem politischen System, dem Wissenschaftssystem oder dem Medizin- bzw. Krankenversorgungssystem teilzunehmen, sei es in einer professionellen Leistungsrolle, etwa als Lehrer oder Arzt, oder in einer Komplementärrolle, etwa als Schüler, Klient oder Patient (Stichweh 1996, S. 60). Dies meint das Prinzip der Inklusion. Diese Inklusion stellt nun besondere Anforderungen an eine ausreichende Funktionstüchtigkeit des psychischen Systems. Im Verlaufe seiner Sozialisation muss es nämlich lernen, sich damit abzufinden, dass eine Beteiligung an der Kommunikation in den funktional differenzierten Teilsystemen immer an die Einhaltung der dort geltenden systemspezifischen Kommunikationsregeln gebunden ist. Da die Funktionssysteme Personen auf kommunikative Adressen verkürzen (Fuchs 1997), die nur in bestimmten Hinsichten relevant sind, ist eine Adressierung als Vollperson nur noch in der intimen Kommunikation der Familie zu erwarten.

Wichtige Aufgabe der Familie ist die Früherziehung, bei der es zur strukturellen Kopplung der erzieherischen Kommunikation mit dem psychischen System des Kindes kommt. Erfolgreich ist sie, wenn es ihr gelingt, das psychische System des Kindes so mit sozialen Ressourcen zu versorgen, dass dieses im Laufe seiner Selbstsozialisation ein ausreichend flexibles und anpassungsfähiges internales Selbstkonzept aufzubauen in der Lage ist, das ihm die Inklusion ermöglicht, die an einen Verzicht auf die Adressierung als Vollperson außerhalb familiärer Kommunikation gebunden ist. Anderenfalls wird es zur Aufrechterhaltung seiner autopoietischen Reproduktion Verhaltensweisen entwickeln, die als gestört und bei externalisierten Störungsmustern auch als störend imponieren. Psychische Probleme im Kindes- und Jugendalter verweisen auf eine problematische strukturelle Kopplung und äußern sich typisch in Erziehungsschwierigkeiten, wenn die Resonanz im Erziehungssystem überwiegend über normabweichende Beiträge zu sichern versucht wird. Die Erwartungen an das Funktionssystem Familie und damit auch dessen Störanfälligkeit in der modernen Gesellschaft dürften gestiegen sein. Psychische Probleme im Entwicklungsalter werden prognostisch brisant. Als neue Disziplin etablierte sich die **Kinder- und Jugendpsychiatrie** sowie die Entwicklungspsychopathologie als ihr theoretischer Bezugsrahmen. Familientherapie wird zu einem Standardbehandlungsverfahren.

Die Familie wird zur Gewährleistung ihrer Erziehungsfunktion unterstützt durch die professionelle Erziehung in Kindergarten und Schule. Der soziale Wandel des Gesellschaftssystems führte zu einem steigenden Bedarf an sozialer Hilfe, die nicht mehr ausreichend sicher im nahen Umfeld in Form individueller Hilfsbereitschaft und als Erfüllung einer religiös-moralischen Pflicht zu erwarten ist (Weber/Hillebrandt 1999, S. 193), sondern nun in den den gesellschaftlichen Funktionssystemen zugeordneten Organisationen als erwartbare Leistung bereitgestellt wird. Dass die Psychiatrie und damit das Medizinsystem für psychische Probleme zuständig wurde, zeugt von der Hoffnung, bei der Veränderung auch der psychischen Systeme profitieren zu können von der technologischen Überlegenheit der modernen Medizin, deren Erfolge sich allerdings der Möglichkeit verdanken, den Körper als triviale Maschine (Von Foerster 1996) zu behandeln.

Mit der funktionellen Ausdifferenzierung gehen in der Regel Prozesse der Institutionalisierung und Professionalisierung einher. Heute bieten zumindest drei Systeme Hilfen bei psychischen Problemen von Kindern und Jugendlichen an: das Medizinsystem bzw. Krankenversorgungssystem, das mit dem Code „krank/gesund" operiert (Luhmann 1990), das Erziehungssystem, dessen Code als „vermittelbar/nicht vermittelbar" (Kade 1997) bestimmt werden kann, sowie das Rechtssystem mit seinem Code „Recht/Unrecht" (Luhmann 1995), wenn das störende Verhalten eines Jugendlichen dort als Unrecht, d.h. als Straftat bewertet wird. Derzeit wird diskutiert, ob man bereits von einem eigenen funktional ausdifferenzierten System sozialer Hilfe sprechen darf (vgl. Merten 2004). Nach Fuchs (2000, 2004) handelt es sich bei der Sozialen Arbeit um ein Funktionssystem im Werden, das die Aufgabe hat, soziale Adressaten im Fall einer Beschädigung zu reorganisieren und so die Chance zur Gleichheit der Inklusion zu garantieren. Soziale Arbeit sei kommunikative Arbeit an Kommunikationen, die ein Übergreifen von Exklusionsfolgen blockieren solle. Ihr Code lasse sich eher als „Fall/Nicht-Fall" denn als „Hilfe/Nicht-Hilfe" (Baecker 1994) bestimmen. Eine solche Einschätzung wird auch geteilt von Merten (2000), der die Funktion des eigenständigen Funktionssystems der Sozialen Arbeit in der sozialen Integration sieht, und von Weber und Hillebrandt (1999), die Soziale Hilfe als ein System beschreiben, das zwar im Kontext des Erziehungssystems entstanden, diesem aber dennoch nicht untergeordnet sei und sich als Sozialpädagogik definiere.

Von anderen Autoren wird allerdings für die Soziale Arbeit eine Ausdifferenzierung auf der Ebene eines autonomen Funktionssystems und damit deren exklusive Zuständigkeit für die Beobachtung von Hilfsbedürftigkeit bestritten (Scherr 2000b; Bommes/Scherr 2000; Stichweh 2000). Demnach gebe es keinen Code, der die Kommunikation innerhalb der Sozialen Arbeit trennscharf von wirtschaftlicher, therapeutischer oder rechtlicher Kommunikation beschreiben könnte. Soziale Hilfe werde vielmehr in mehreren Systemen angeboten, wo sie die staatlichen Sicherungssysteme sowie die Leistungen des Erziehungssystems, des Gesundheitssystems und des Rechtssystems ergänze. Soziale Arbeit sei als eine an die Programmatik des Wohlfahrtsstaates anschließende Kommunikationsweise zu beschreiben, die auf Folgeprobleme **funktionaler Differenzierung** reagiere (Scherr 2004), um Exklusion zu vermeiden, Reinklusion zu ermöglichen bzw. Exklusion zu verwalten. Mit Beratung, Erziehung, Bildung, Qualifizierung, sozialer Therapie etc. würden die Jugendlichen unterstützt und motiviert, sich an den jeweiligen Teilnahmebedingungen der Funktionssysteme und Organisationen auszurichten (Scherr 2000a, S. 460).

Solange diese Kontroverse noch nicht entschieden ist, bietet es sich an, bei der Beschreibung von Institutionen der psychosozialen Versorgung gewissermaßen topographisch vorzugehen. Im Folgenden soll daher auf die Organisationen Heim, psychiatrische Klinik und Jugendgefängnis näher eingegangen werden.

2 Historische Entwicklung der Ausdifferenzierung

Will man dem historischen Differenzierungsprozess auf der Organisationsebene nachgehen, muss man zwei Differenzierungslinien unterscheiden, die auf noch kaum verstandene Weise untereinander verbunden waren. Die eine Linie führte zur Gründung von Anstalten, wobei als **Anstalt** im 19. Jahrhundert „jede nach gewissen Regeln und Gesetzen für einen bestimmten Zweck getroffene Einrichtung" (Meyer's Conversations-Lexicon 1842) verstanden wurde. Die andere Linie betrifft die Trennung von Kindern und Jugendlichen von den Erwachsenen in den Institutionen, die eingerichtet wurden für Personen, deren Versorgung in ihrer Familie nicht erwartet werden konnte, weil es diese nicht gab oder sie hierfür zu arm war.

2.1 Zweckorientierte Differenzierung von Häusern und Asylen zu Anstalten

Die Probleme dieser Differenzierung lassen sich verdeutlichen an den Folgen der Auflösung der pädagogischen Institution des Zucht- und Arbeitshauses am Ende des 18. Jahrhunderts. Es kam zur Gründung von Irrenanstalten. Die Profession der Ärzte beanspruchte ihre Zuständigkeit für die Versorgung der Geisteskranken. Allerdings vermochte die Psychiatrie ihren Heilungsanspruch damals auch nicht annähernd einzulösen aufgrund des auch für sie betreffenden Technologiedefizits, das erst lange Zeit später mit der Entwicklung psychopharmakologischer Behandlungsverfahren überwunden werden konnte. Es fehlten die diagnostischen und therapeutischen Programme, die eine Entwicklung hin zur Systemautonomie wie in den somatischen Medizindisziplinen hätten garantieren können. Das Problem der unheilbaren Kranken wurde institutionell-organisatorisch zu lösen versucht, vor allem durch eine Trennung von Heil- und Pflegeanstalten, die aber dann an der Kostenfrage scheiterte. Die Unheilbaren wurden in pädagogisch geführte Aufbewahrungsanstalten nach dem Vorbild des Zucht- und Arbeitshauses verbracht. Aber auch bei der Behandlung der als heilbar angesehenen Kranken wurden die alten Zucht- und Besserungsmittel angewendet im Sinne eines „irrenärztlichen Pädagogentums" (Leibbrand-Wettley 1967). Diese Erziehungsmittel sollten die Patienten gehorsam machen und so die Behandlung vorbereiten, für die bei psychisch Kranken eine Bereitschaft häufig nicht besteht. Die Psychiater bezeichneten die neuen Heilanstalten als Erziehungsanstalten und verstanden Heilung als Erziehungsarbeit. Insofern lässt sich die damalige Psychiatrie durchaus „als Fortführung der pädagogischen Zucht mit gesteigerten Mitteln" (Engel 1996, S. 162) charakterisieren.

2.2 Differenzierung von Erwachsenen und Kindern

Auch wenn es Waisen- und Findelkinderanstalten schon im 15. Jahrhundert gab, war das Waisenhaus lange Zeit noch gleichzeitig Arbeits- und Zuchthaus für Kinder und Jugendliche (Post 1997, S. 12). Erst im 19. Jahrhundert wurden im pädagogischen Bereich Kinder von Erwachsenen systematisch getrennt. Allerdings war die Klientel dieser Institutionen, die bis weit in das 19. Jahrhunderts fast ausschließlich von Pädagogen geleitet wurden, ausgesprochen inhomogen. In Pestalozzis Wirkungsstätte, der „Anstalt auf dem Neuhof", lebten verwahrloste sowie auch geistig behinderte arme Kinder (Mühl 1991, S. 9). Zur Versorgung solcher Kinder gründeten die beiden Pädagogen Georgens und Deinhard im Jahre 1861 die Heilpflege- und Erziehungsanstalt Levana (Möckel 1988). Gegen Ende dieses Jahrhunderts reklamierten Ärzte die Leitung solcher Heime.

Ihre Zuständigkeit wurde mit dem „klinischen Blick" begründet, als dessen zentrale Komponente sich der Entwicklungsgedanke herausstellte (Fegert 1986). Mit Hinweis auf ihre biomedizinische Kompetenz wurden körperlich beeinträchtigte und damit in die Zuständigkeit eines Arztes gehörende Kinder und Jugendliche, sogenannte Idioten, Sinnesgeschädigte, Epileptiker, vom „Veitstanz" und nach Ende des 1. Weltkriegs auch von Enzephalitis befallene Kinder ausgemacht. Für deren Störungen war eine organische Ätiologie eindeutig. Die ersten kinderpsychiatrischen Abteilungen zu Beginn des 20. Jahrhunderts, die entweder der Pädiatrie oder der Erwachsenenpsychiatrie zugeordnet waren wie etwa in Wien (1911), Heidelberg (1917), Köln (1919), Tübingen (1922), Leipzig (1923) oder Berlin (1926), nannten sich denn auch Beobachtungsstationen.

Auch für schwer erziehbare und schon straffällig gewordene Jugendliche wurde eine Zuständigkeit von Ärzten beansprucht, durchaus gegen den Widerstand der Pädagogen, allerdings mit Unterstützung von Seiten des Rechtssystems. So wurde etwa vom deutschen Juristentag 1906 gefordert, jeden kriminellen Jugendlichen psychiatrisch untersuchen zu lassen. Eine „einheitliche Durchsuchung" des „gesamten Materials an Fürsorgezöglingen" durch einen kompetenten Psychiater wurde als notwendig erachtet (Hirschmüller 1997, S. 21). Erwachsenenpsychiatrische Konzepte wie die Theorie des „geborenen Verbrechers" von Lombroso oder die aus der französischen Psychiatrie kommende Entartungslehre dienten als Begründung für die Auffassung, bei „psychopathisch minderwertigen Kindern und Jugendlichen" sei nicht Fürsorgeerziehung, sondern Krankenbehandlung angezeigt. Das gelte auch für den Strafvollzug (Hirschmüller 1997).

Diese biologische Kompetenz erwies sich auch in der NS-Zeit als folgenreich. Der Psychiater Max Eyrich, 1926 der zuständige Assistent der Kinderabteilung der Tübinger Nervenklinik und 1929 Oberarzt an der Bonner Provinzial-Kinderanstalt für seelisch Abnorme, die als vermutlich erste eigenständige kinder- und jugendpsychiatrische Klinik Deutschlands im Jahre 1926 eröffnet wurde (Waibel 2000), beschrieb denn 1939 das Ziel klar: „Die Neuordnung des Fürsorgewesens hat uns auch der Verwirklichung des Plans näher gebracht, die Fürsorgeerziehung zum erbbiologischen Sieb für die sozial abwegigen Jugendlichen zu machen." (Hirschmüller 1997, S. 25).

2.3 Differenzierungsdefizite

In der Folgezeit zeigte sich, dass sowohl das Erziehungssystem als auch das Krankenversorgungssystem auf ihrem Weg zu modernen funktional ausdifferenzierten gesellschaftlichen Systemen mit komplexen, in verschiedenen Funktionssystemen thematisierten Problemen konfrontiert wurden, denen mit ihren Programmen nicht beizukommen war. Mit der Lösung dieser Probleme wurden mit der **Heilpädagogik** und Psychiatrie zwei Subdisziplinen beauftragt, die von dieser funktionalen Differenzierung weitgehend ausgespart blieben. Die interdisziplinären Konflikte zwischen Heilpädagogik und Kinderpsychiatrie wie die Kooperationsprobleme zwischen Pädagogen und Therapeuten sind letztlich also auf ein beiden Funktionssystemen gemeinsames Differenzierungsdefizit zurückzuführen (Schleiffer 1995).

Die undeutliche Ausdifferenzierung auf der Organisationsebene reflektiert ein Differenzierungsdefizit auf der Systemebene, das in Deutschland für viele Kinder und Jugendliche durchaus tödliche Folgen hatte. In der NS-Zeit waren etwa von der berüchtigten T4-Aktion Kinder betroffen, die, intellektuell behindert und daher als nicht bildbar geltend, nicht in der Lage waren, sich an der Erziehungskommunikation zu beteiligen, aber auch Kinder, die aufgrund einer familiären Verwahrlosung eine solche Beteiligung ablehnten und so erziehungsschwierig wurden (Schleiffer 1994). Die Exklusion aus dem Erziehungssystem wurde dann zu einer totalen und tödlichen Exklusion als „Ballastexistenz", als das Medizinsystem die versprochene Zuständigkeit sowohl für diese behinderten und daher nicht heilbaren als auch für die nicht behandlungswilligen Menschen nicht einhielt.

Diese existenziell wichtige Inklusion von Kindern und Jugendlichen im Erziehungssystem darf heute weitgehend oder zumindest solange als gesichert gelten, als eine Bildungsfähigkeit und auch Schulfähigkeit auch Menschen mit schwerer geistiger Behinderung zugesprochen wird. Allerdings gibt es nach wie vor Differenzierungsdefizite. Sie betreffen heute vor allem diejenigen Kinder und Jugendlichen, die im Erziehungssystem als erziehungsschwierig gelten, im Medizinsystem als dissozial diagnostiziert und im Rechtssystem als kriminell verurteilt werden.

3 Heutige Hilfsangebote für Kinder und Jugendliche mit psychischen Problemen

3.1 Das Heim als Institution des Erziehungssystems

Erscheint das Kindeswohl gravierend gefährdet, weil Eltern nicht in der Lage sind, ihren Erziehungspflichten ausreichend nachzukommen, kommt es zur Inklusion des Kindes in das Jugendhilfesystem als Teil des Sozialen Hilfesystems. Dies kann von Staats wegen geschehen oder auf Antrag der Eltern. Das neue Kinder- und Jugendhilfegesetz (**KJHG**), das in Deutschland 1991 das bis dahin geltende Jugendwohlfahrtsgesetz (JWG) abgelöst hat und seit Januar 1995 uneingeschränkt gültig ist, betont den Hilfecharakter der Leistungen, deren Adressaten in erster Linie die Personenberechtigten, zumeist also die Eltern sind. Insofern ist das KJHG familienorientiert und zielt auf die Beteiligung und Mitwirkung der Betroffenen ab. Dabei sollen sich Art und Umfang der in Frage kommenden Hilfe nach dem jeweils bestehenden erzieherischen Bedarf richten.

Der Vorsorge wird ein hoher Stellenwert eingeräumt, auch wenn auf die entsprechenden präventiven Leistungen im Gegensatz zu den leistungsrechtlich konstruierten Hilfen zur Erziehung kein einklagbarer Rechtsanspruch besteht (Post 1997, S. 50). Es verwundert daher auch nicht, dass **Heimerziehung** nach den nichtstationären Hilfsangeboten wie Erziehungsberatung, Jugendberatung, Suchtberatung, sozialpädagogischer Familienhilfe und den Hilfen außerhalb des Elternhauses wie Tagesgruppe (§32 KJHG) und Vollzeitpflege (§33 KJHG) zusammen mit der intensiven sozialpädagogischen Einzelbetreuung (§35 KJHG) im Gesetz als vorletztes Glied der Leistungskette aufgeführt ist.

Heimerziehung ist als die eingreifendste Form der Jugendhilfe vorgesehen für den Fall, dass weniger gravierende Formen nicht (mehr) in Frage kommen. Schon im Gesetzestext kommt die zwiespältige Haltung gegenüber dieser Form der Jugendhilfe zum Ausdruck. Der Begriff „Heimerziehung" findet sich nur eingeklammert als Erläuterung für die sonst nur schwer verständliche Bezeichnung „Erziehungshilfe in einer Einrichtung über Tag und Nacht" (§34 KJHG). Trotzdem wird der Heimerziehung weiterhin als „Fall der Jugendhilfe schlechthin" (Winkler 1994, S. 8) paradigmatische Bedeutung für das Verständnis von Jugendhilfe und Sozialpädagogik beigemessen. Sie habe den Charakter einer „Visitenkarte" für den Entwicklungsstand der Jugendhilfe (Post 1997, S. 5).

Dabei weckt dieser Begriff nach wie vor überwiegend negative Assoziationen. Diesen pädagogischen Ort sucht schließlich kaum jemand aus freien Stücken auf, oft auch nicht die dort tätigen professionellen Erzieher (Trede 1996). Vielmehr „landet" man dort. Dieses Vorurteil gegenüber Heimerziehung dürfte in ihrer moralischen Konnotation begründet liegen. Nicht nur wird das Verhalten von Eltern, die ihr Kind nicht angemessen erziehen, als unmoralisch angesehen, sondern häufig auch das dissoziale und unmoralische Verhalten der Kinder, das Anteilnahme kaum aufkommen lässt. In der Öffentlichkeit wird der Status eines ehemaligen Heimzöglings geradezu als ein Persönlichkeitsmerkmal verwendet, das dieses abweichende Verhalten vermeintlich ausreichend erklärt.

3.1.1 Zur Geschichte der Heimkritik

Im Nachhinein erscheinen die Heime bis in die 1960er-Jahre als totale Institutionen, dem Gefängnis nur insofern nicht vergleichbar, als die Verweildauer in ihnen höher lag und – verhaltensabhängig – bis zur Volljährigkeit ausgedehnt werden konnte (Münchmeier 1999). Die augenfälligen Veränderungen in der Heimerziehung verdanken sich in Deutschland nicht der pädagogischen Diskussion. Anstoß für die Heimreform in Deutschland war die sog. Heimkampagne, zu der es allerdings eher aus politischen Motiven der Studentenbewegung als aus einer Empörung über die Zustände in den Heimen oder gar fachlicher Unzufriedenheit in der Jugendhilfe kam. Vor allem der Frage nach der Berechtigung geschlossener Unterbringung in der Heimerziehung kam ein hoher symbolischer Wert zu (Wolf 1995). Ihre Abschaffung wurde denn auch mit Emphase gefordert.

Die Situation stellte sich im angloamerikanischen Sprachraum doch anders dar. Der vom englischen Kinderpsychiater und Psychoanalytiker John Bowlby 1951 (1973) im Auftrag der WHO verfasste Bericht „Maternal Care and Mental Health" markiert den Ausgangspunkt einer Welle der Kritik an der Praxis der Heimerziehung, die letztlich in der Forderung mündete, auf diese Form der Fremderziehung ganz zu verzichten. Er verglich die schädlichen Folgen von Heimerziehung für die psychosoziale Entwicklung von Kindern und Jugendlichen mit den Symptomen des Säuglingshospitalismus. Als pathogen wurde die Trennung von der Mutter ausgemacht. Heimerziehung sei schädlich vor allem wegen des Fehlens einer engen und dauerhaften Beziehung zu einer erwachsenen Person, die die Funktion einer Bindungsperson übernehmen könnte. Eine Versorgung außerhalb des eigenen Elternhauses könnte nur die „letzte aller Möglichkeiten" sein (Bowlby 1973, S. 100). Das anfangs noch undifferenzierte Konzept der mütterlichen Deprivation mit seiner emphatischen Betonung der Bedeutung von Mutterliebe wurde in den folgenden Jahren von Bowlby ausgearbeitet zur Bindungstheorie, die für die weitere Entwicklung der Entwicklungspsychologie und Entwicklungspsychopathologie von großer Bedeutung wurde (Spangler/Zimmermann 1999). Diese ausschließlich destruktive Kritik dürfte eine angemessene Rezeption der Bindungstheorie, wiewohl im Heimkontext entstanden, in der Literatur zur Heimerziehung bislang denn auch verhindert haben (vgl. Schleiffer 2009).

Die Reformbestrebungen der nachfolgenden Jahre haben den traditionellen Anstaltscharakter der Heimerziehung weitgehend aufgehoben. Die Institution Heimerziehung erwies sich insofern als flexibel und wandlungsfähig, als es ihr gelang, mit Maßnahmen wie etwa der intensiven Einzelbetreuung als betreutes Wohnen oder der Tagesgruppen sogar Hilfeformen in eigener Regie anzubieten, die ursprünglich als Alternativen zu ihr gedacht waren (Müller-Kohlenberg 1999).

Wolf (1995) skizziert die folgenden sechs großen Linien der Veränderungen in der Heimerziehungspraxis:

- Dezentralisierung
- Entinstitutionalisierung
- Entspezialisierung
- Regionalisierung
- Professionalisierung
- Individualisierung

Zentrale Versorgungseinrichtungen wurden zunehmend aufgelöst, separate Wohneinheiten in Häuser außerhalb eines zentralen Heimgeländes verlagert, um die mit Anstaltserziehung verbundenen Nachteile wie „Unselbständigkeit, Stigmatisierung, Subkultur und Hierarchie" (Wolf 1995, S. 16) zumindest zu verringern. Bei der Entinstitutionalisierung geht es um die weitgehende Reduzierung arbeitsteiliger Organisation, die sich im Heim ausdrückt etwa in der Trennung in einen hauswirtschaftlichen, therapeutischen und pädagogischen Funktionsbereich. Die Entspezialisierung führte innerhalb der Einrichtungen zu einer Reduzierung bis hin zur Abschaffung sogenannter gruppenergänzender Dienste, die vor allem psychotherapeutische Maßnahmen anbieten. Dadurch wurde die Aufteilung in eine pädagogische Grundversorgung und ein therapeutisches Zusatzangebot durch in der Regel höher qualifizierte, in der Hierarchie höher angesiedelte und daher auch besser bezahlte MitarbeiterInnen zurückgenommen, die geeignet ist, den Stellenwert von Erziehung zu verringern. Durch die Aufhebung der Spezialisierung von Heimen für ausgewählte Gruppen von Kindern sollte zudem einer Abschiebepraxis von tatsächlichen oder vermeintlichen Problemfällen entgegengewirkt werden. Regionalisierung bedeutet eine wohnort- und „milieunahe" Unterbringung, die den Verlust von sozialen Beziehungen verhindern soll, denen für das betreffende Kind oder den Jugendlichen immer auch eine identitätsstiftende Funktion zukommt. Die genannten Veränderungsprozesse beförderten eine Professionalisierung, erhöhten allerdings auch die Anforderungen an die beruflichen Fähigkeiten und Fertigkeiten der Erzieherinnen. Für die Individualisierung als Voraussetzung für die Entwicklung individueller, an den jeweiligen Lebenserfahrungen der Kinder und Jugendlichen ausgerichteter Betreuungsarrangements erwies sich die Erziehung in Gruppen, die zwangsläufig immer mit einem beträchtlichen Organisationsgrad verbunden ist, allerdings als kaum zu umgehendes Hindernis.

3.1.2 Häufigkeit und Dauer von Heimerziehung

Bei aller Kritik an der Praxis der Heimerziehung erwiesen sich Heime doch als notwendig. Allerdings ist der Kenntnisstand über die Heimunterbringungsentwicklung unzureichend und widersprüchlich (Bürger u.a. 1994, S. 49). Dies betrifft auch den internationalen Vergleich (Rauschenbach 2007). Colton/Hellinckx (1999) konstatieren einen europaweiten Rückgang von Heimunterbringungen. Von Heimerziehung seien vor allem Jugendliche betroffen, deren Versorgung aus den bereits aufgeführten Gründen zunehmend problematischer würde. Mit einer zeitlichen Verzögerung hat auch in Deutschland die Inanspruchnahme der Hilfen in Heimerziehung und sonstigen betreuten Wohnformen gemäß § 34 SGB VIII abgenommen. Waren Ende 2000 insgesamt noch 69.723 junge Menschen von einer solchen Maßnahme betroffen, waren es Ende 2005 noch 61.806 (Statistisches Bundesamt 2007). Grund für diesen Rückgang dürfte neben dem demographischen Faktor die erhebliche Zunahme nichtstationärer Hilfeangebote sein. Auch besteht inzwischen Übereinstimmung darüber, Heimerziehung bei Kleinkindern zu vermeiden zugunsten ihrer Aufnahme in einer Adoptiv- oder Pflegefamilie, da institutionelle Erziehung mit der Gefahr einer Störung der Bindungsentwicklung verbunden ist (Browne et al. 2006). Trotzdem dürfte in Deutschland die „relative Bedeutung des Heimes für die Jugendhilfe kaum gesunken" sein (Trede 1993, S. 580). Demnach „haben sich die stationären Hilfen seit Inkrafttreten des KJHG faktisch nicht zu einem Auslaufmodell entwickelt, sondern sie erweisen sich als ein unverändert bedeutsames Element auch innerhalb einer insoweit modernisierten Kinder- und Jugendhilfe" (Bürger 2007, S. 45). Auch wenn die durchschnittliche Dauer der Heimaufenthalte leicht zurückgegangen ist (Pluto u.a. 2007, S. 243f.), verbringen die von Heimerziehung betroffenen Jugendlichen insgesamt doch recht lange Episoden außerhalb des Elternhauses. So hatten in Deutschland von den Jugendlichen, die ihren Heimaufenthalt im Jahre 1993 beendeten, 40% nicht länger als ein Jahr, 15% allerdings über 5 Jahre dort gelebt (Trede 1996, S. 118).

3.1.3 Indikation zur Heimerziehung

Heimerziehung steht vorrangig an für Kinder, die aus sozial benachteiligten Familien stammen, bei denen „in der Regel eine Kumulierung von wirtschaftlichen, sozialen und psychisch/gesundheitlichen Problemen vorliegt" (Trede 1996, S. 115). Bauer u.a. (1998) schließen aus den Ergebnissen ihrer umfangreichen Evaluationsstudie über Jugendhilfeleistungen (JULE), dass es neben sozioökonomischen Belastungen häufig die psychischen Probleme der Eltern seien, etwa Alkoholprobleme und Partnerschaftskonflikte, die eine stationäre Erziehungshilfe der Jugendlichen begründeten, und weniger deren Verhaltensauffälligkeiten. Vor allem verfahrene chaotische Beziehungsverhältnisse in der Familie, die zu einer allgemeinen Überforderung der Eltern und zu erheblichen Belastungen in den Beziehungen zu den Kindern führen, machten eine Heimeinweisung unumgänglich. Häufig liege ein regelrechtes Netzwerk aus psychosozialen Problemlagefaktoren vor, bestehend aus Armut, Verschuldung, Arbeitslosigkeit und problematischen Wohnverhältnissen. In über der Hälfte der Fälle erschienen die Kinder und

Jugendlichen das Opfer familiärer Kämpfe, geprägt von Gewalt, Missbrauchserfahrungen, Vernachlässigung und Verwahrlosung.

Demnach dürfte Heimeinweisung heute mit einer elementaren Gefährdung des Kindeswohls begründet werden, auch wenn etwa Maywald (1997) kritisch anmerkt, dass die Indikation zu Fremdunterbringungen zu oft einseitig an der äußeren Versorgung beziehungsweise an dem körperlichen Zustand der betroffenen Kinder orientiert sei und zu wenig am psychischen Wohlergehen des Kindes und seinem Grundbedürfnis nach kontinuierlichen Bindungen. Nach Meinung von Holländer und Schmidt (1998) werde in der Praxis der Jugendhilfe „bisher im wesentlichen nur auf der Grundlage von individuellen und tradierten institutionellen subjektiven Erfahrungen" ermittelt, welche Hilfeart bei einer bestimmten Problemlage angezeigt sei. Zumindest für die von ihnen untersuchte Gruppe von Kindern im Alter von 5 bis 13 Jahren ließ sich die Hypothese einer Hilfepräferenz mit zunehmendem Schweregrad der Problematik von Sozialpädagogischer Familienhilfe (§31 KJHG) über Erziehung in einer Tagesgruppe (§32 KJHG) bin zur vollstationären Versorgung in einem Heim (§34 KJHG) nicht bestätigen. Allerdings waren die Kinder, die im Rahmen der Heimerziehung betreut wurden, insgesamt doch psychisch auffälliger, vor allem vermehrt dissozial.

Diese Befunde sprechen dafür, dass das breite und differenzierte Angebot an Hilfsmaßnahmen im ambulanten Bereich sowie die Bevorzugung der Unterbringung in einer Pflegefamilie dazu führt, dass sich nun in den Heimen vermehrt solche Kinder und Jugendliche finden, bei denen andere, weniger eingreifende Maßnahmen für nicht oder nicht mehr erfolgversprechend gehalten werden. Emotional gestörte und dissoziale Jugendliche machen inzwischen eine anwachsende Gruppe aus, da sie, kaum vermittelbar und letztlich gar unbetreubar, länger im Heim bleiben müssen (Gooch 1999; Schleiffer 2007). Es verwundert daher auch nicht, dass es zwischen den Institutionen der Jugendhilfe und der Kinder- und Jugendpsychiatrie immer wieder in Bezug auf diese verhaltensauffälligen, erziehungs- wie behandlungsschwierigen und daher in allen Funktionssystemen von Exklusion bedrohten „Grenzfällen" zu Verschiebevorgängen kommt (Gintzel/ Schone 1990; Köttgen u.a. 1990). Überhaupt handelt es sich bei Kindern und Jugendlichen, die in einem Heim leben, um eine psychiatrische Hochrisikogruppe für die Entwicklung psychiatrischer Störungen. So ließ sich in der Ulmer Heimkinderstudie bei einer Stichprobe von 689 Kindern und Jugendlichen in über 60% der Fälle eine zumeist komplexe und behandlungsbedürftige kinder- und jugendpsychiatrische Störung diagnostizieren (Nützel u.a. 2005; Fegert u.a. 2007; Schmid 2007).

3.1.4 Evaluation von Heimerziehung

Die empirische Forschung ist bei dieser Frage mit einer Reihe schwieriger methodischer und konzeptioneller Fragen konfrontiert (vgl. Sierwald/ Weigel 2007). Den Erfolg von Heimerziehung an relativ leicht erfassbaren und vermeintlich objektiven quantitativen Daten festzumachen, wie etwa an einer schulischen und beruflichen Qualifizierung oder an der legalen Bewährung, kann nicht befriedigen. Grundsätzliche Einwände gegen eine solche Art der Erfolgsmessung führten in der Vergangenheit allerdings zu einer Vernachlässigung der Evaluation von Heimerziehung, zumal eine methodisch angemessene Bearbeitung dieser Frage etwa mit einem prospektiven Erhebungsdesign und Kontrollgruppenvergleich aufgrund der komplexen Zusammenhänge nur sehr aufwendig sein kann und zudem auch ethische Probleme aufwerfen muss. Auch ist in Rechnung zu stellen, dass die internationalen Berichte mit den deutschsprachigen nicht ohne weiteres zu vergleichen sind (Gabriel 2003). Die pädagogischen Traditionen dürften schon zu unterschiedlich sein. Dies zeigt sich auch an den in diesen Untersuchungen verwendeten Evaluationskriterien.

Dabei vermitteln die Ergebnisse angloamerikanischer Längsschnittstudien (Hodges/Tizard 1989a,b; Quinton/Rutter 1988; Roy u.a. 2000), in denen vor allem quantitativ-empirische Methoden eingesetzt wurden, geradezu den Eindruck, dass sich die Situation in der Heimerziehung seit den Tagen von Bowlby und Spitz nicht zum Besseren gewandelt habe. Demnach habe Heimerziehung letztlich kaum Erfolge aufzuweisen. Diese enttäuschenden Ergebnisse werden in Verbindung gebracht zum einen mit einer ausgeprägten psychiatrischen Auffälligkeit dieser Kinder und Jugendlichen, zum anderen auch mit deren schlechten Erfahrungen in ihren Familien vor ihrer Heimunterbringung. Im Rückblick ließ sich feststellen, dass diese Jugendlichen auch nach der Herausnahme aus ihrer Herkunftsfamilie im Heim weiter anhaltenden ungünstigen Einflüssen ausgesetzt waren. Insbesondere hatten sie dort wenig Gelegenheit, dauerhafte Beziehungen einzugehen.

In den wenigen deutschsprachigen Untersuchungen, die insgesamt eher hermeneutischen Methoden den Vorzug geben, schneidet Heimerziehung insgesamt doch besser ab. Bürger (1990) fand bei seiner Prä-Post-Analyse des Legalverhaltens und der schulischen/beruflichen Qualifikation von 222 Probanden eine „Verbesserung der zuvor deutlich eingeschränkten sozialen Teilnahmechancen". Auch nach Meinung von Trede (1993), der sich in seiner Untersuchung den ehemals in Kinderdörfern lebenden Heimkindern annahm, bewähre sich die Mehrzahl im späteren Leben. Ebenfalls ein eher positives Bild der Heimunterbringung zeichnet Gehres (1997), der qualitative Interviews mit ehemaligen Heimkindern führte. Der Erfolg der außerfamiliären Erziehungshilfe zeigte sich abhängig von einer gelungenen Thematisierung der Gründe für die Heimunterbringung, einer positiven Einstellung zum Unterbringungsprozess, der Möglichkeit zu einer intensiven Beziehungsaufnahme mit den Erzieherinnen und Erziehern und nicht zuletzt von deren offenem und interessiertem Verhältnis zu den Eltern der von ihnen betreuten Kinder und Jugendlichen. Erfolgreiche Heimerziehungsarbeit sei demnach letztlich Beziehungsarbeit.

Die bereits erwähnte JULE-Studie, bei der Jugendhilfeverläufe über die Analyse von Jugendamtsakten retrospektiv bewertet wurden, kommt zu dem Schluss, dass „teilstationäre und stationäre Erziehungshilfen notwendige und hilfreiche Funktionen im System der Jugendhilfe übernehmen und für eine Vielzahl von Kindern und Jugendlichen in schwierigen Situationen die richtige Hilfe geben können" (Baur u.a. 1998, S. 298). Heimerziehung müsse Erfahrungen von emotionaler Geborgenheit, Akzeptanz, Sicherheit, Zuwendung und vor allem die grundlegende Unterstützung und Auseinandersetzung mit den Kindern ermöglichen. Sie brauche Zeit, damit die Beteiligten sich aufeinander einlassen und tragfähige Beziehungen aufbauen könnten.

Auch die ersten Ergebnisse der Jugendhilfe-Effekte-Studie, bei der es sich um die erste prospektive, hilfeartübergreifende multizentrische Längsschnittstudie handelt (Schmidt u.a. 2002), sprechen dafür, dass Heimerziehung durchaus zu stabilen positiven Veränderungen zumindest bei Kindern führen kann, dies allerdings eher im Bereich ihrer Verhaltensauffälligkeiten als bezüglich ihrer psychosozialen Situation, die zu beeinflussen erwartungsgemäß seltener gelang. Dieser Studie zufolge ist der Jugendhilfe durchaus eine generelle Leistungsfähigkeit zuzutrauen (Petermann/Schmidt 2000). Auch in der Kosten-Nutzenanalyse zeigten sich positive Effekte von Heimerziehung, insbesondere in den Bereichen nachfolgender Erwerbstätigkeit bzw. Arbeitslosigkeit (Roos/ Petermann 2006). Diese Ergebnisse sollten das Misstrauen zu verringern, mit der die Sozialpädagogik auf die Debatte um den Qualitätsnachweis ihrer Leistungen reagiert, die sie als von außen aufgezwungen ansieht (Hornstein 2000). Auch wenn diese Diskussion nicht aus der Profession selbst heraus, sondern unter ökonomischen Interessen vom Politiksystem initiiert wurde, sollte sie Chancen eröffnen, „inhaltliche und verfahrensmäßige Orientierungen für professionelles Handeln und für die prozesshafte Weiterentwicklung des eigenen Handlungsinstrumentariums zu erörtern und zu formulieren" (Merchel 2000).

3.2 Institutionen des Medizinsystems

3.2.1 Kinder- und Jugendpsychiatrie

Im Medizinsystem ist die Versorgung von Kindern und Jugendlichen mit psychischen Störungen Aufgabe der Kinder- und Jugendpsychiatrie, die es als eigenständige ärztliche Fachdisziplin in Deutschland seit 1968 gibt. 1993 wurde ihre Bezeichnung um den Zusatz „Psychotherapie" erweitert, um die herausragende Bedeutung psychotherapeutischer Behandlungsverfahren zu betonen. Die **Kinder- und Jugendpsychiatrie** und - psychotherapie umfasst nach der Definition der Bundesärztekammer „die Erkennung, nichtoperative Behandlung, Prävention und Rehabilitation bei psychischen, psychosomatischen, entwicklungsbedingten und neurologischen Erkrankungen oder Störungen sowie bei psychischen und sozialen Verhaltensauffälligkeiten im Kindes- und Jugendalter" (Warnke/Lehmkuhl 2003).

Eine Metaanalyse epidemiologischer Studien zur Prävalenz psychischer Auffälligkeit bei Kindern und Jugendlichen in Deutschland ergab eine mittlere Rate von 17,2% (Barkmann/Schulte-Markwort 2004), wobei sich eine Zu- oder Abnahme über die Jahrzehnte nicht ableiten ließ. Im Kinder- und Jugendgesundheitssurvey (KiGGS) des Robert Koch-Instituts, der aktuellen repräsentativen Studie zur Kinder- und Jugendgesundheit in Deutschland, zeigten sich bei 17,8% der Jungen und bei 11,5% der Mädchen im Alter von 3–17 Jahren im Elternurteil Merkmale psychischer Auffälligkeiten (Hölling et al. 2007). Bei etwa 5% dieser Kinder und Jugendlichen dürfte eine Behandlungsbedürftigkeit bestehen (Remschmidt 1995a, S. 88).

3.2.2 Das kinder- und jugendpsychiatrische Versorgungsangebot in Deutschland

Die folgende Aufstellung gibt einen Überblick über das derzeitige kinder- und jugendpsychiatrische Versorgungsangebot in Deutschland (modifiziert nach Remschmidt 1995b):

Ambulanter Sektor
1. Kinder- und Jugendpsychiater in eigener Praxis
2. Kinder- und Jugendlichenpsychotherapeuten in eigener Praxis
3. Ambulanzen und Polikliniken an kinder- und jugendpsychiatrischen Kliniken
4. Kinderpsychiatrischer Dienst am Gesundheitsamt (vgl. Stober 1990)
5. Kinder- und Jugendpsychiater an Familien- und Erziehungsberatungsstellen
6. Kinder- und Jugendpsychiater in Frühförderzentren und Sozialpädiatrischen Zentren

Tagesklinik

Stationärer Sektor
1. Universitätskliniken
2. Kinder- und jugendpsychiatrische Fachkliniken
3. Kinderpsychiatrische Abteilungen an Allgemeinkrankenhäusern und Kinderkliniken

Komplementärer Sektor
1. Rehabilitationskliniken (z.B. für Patienten mit Epilepsie oder Hirntraumata)
2. Heilpädagogisch-therapeutische Einrichtungen

Entsprechend dem allgemein akzeptierten Grundsatz „so ambulant wie möglich" erbringt die Kinder- und Jugendpsychiatrie ihre Versorgungsleistungen überwiegend ambulant. Hierfür stehen neben Kliniken angegliederten Ambulanzen und Polikliniken in Deutschland derzeit etwa 650 in eigener Praxis niedergelassene Fachärztinnen und Fachärzte zur Verfügung. Diese Zahl ist allerdings noch zu gering. Dagegen kann das stationäre Versorgungsangebot mit derzeit etwa 6.000 teilstationären und vollstationären Behandlungsplätzen in über 150 Kliniken als durchaus ausreichend angesehen werden, auch wenn in manchen Regionen eine gemeindenahe Versorgung als Voraussetzung für eine bedarfsgerechte Inanspruchnahme noch nicht gesichert ist.

Ein tagesklinisches Angebot erscheint den entwicklungsbedingten Besonderheiten psychisch gestörter Kinder angemessen. Hierbei werden die betroffenen Patienten vom Morgen bis zum Nachmittag klinisch betreut, können also einen großen Teil des Tages sowie die Wochenenden in ihren Familien verbringen. Diese Behandlungsform bietet sich auch an, wenn es darum geht, nach einem stationären Aufenthalt den Übergang in den familiären Alltag behutsam vornehmen zu können. Schon aus diesem Grunde erscheint eine institutionelle Anbindung von Tageskliniken an stationäre Einrichtungen sinnvoll. Voraussetzung für die Nutzung eines tagesklinischen Angebots ist allerdings die verkehrstechnische Erreichbarkeit. Derzeit gibt es in Deutschland 150 kinder- und jugendpsychiatrische Tageskliniken mit ungefähr 2.000 Behandlungsplätzen (Thieme 2008).

Die stationäre Aufnahme eines Kindes oder Jugendlichen kommt dann in Frage, wenn eine ambulante oder teilstationäre Therapie nicht zu dem gewünschten Erfolg geführt hat oder wenn der Schweregrad der Störung eine weniger eingreifende diagnostische und therapeutische Versorgung nicht zulässt, wenn also die psychische Störung den jungen Patienten daran hindert, seinen Alltagsroutinen nachzukommen und einen ausreichenden sozialen Kontakt in seiner Familie, in der Schule und mit den Gleichaltrigen aufrechtzuerhalten. Dies dürfte regelhaft der Fall sein bei einer psychotischen Erkrankung, die mit einer Einschränkung der Realitätswahrnehmung einhergeht, einer lebensbedrohlichen Essstörung oder beim Vorliegen einer akuten Suizidalität. Eine stationäre Aufnahme ist auch dann angezeigt, wenn die diagnostische Abklärung nicht ambulant vorgenommen werden kann, weil sie nur durch ein multiprofessionelles Team zu erbringen ist.

Charakteristisch für die stationäre kinder- und jugendpsychiatrische Versorgung ist ihre ausgeprägte Multiprofessionalität (Remschmidt 1995a). Dabei richtet sich der von den Kostenträgern zu finanzierende Personalbedarf seit der Realisierung der Psychiatrie-Personalverordnung im Jahre 1995 nicht mehr wie früher ausschließlich nach der Zahl der Patienten, sondern vor allem nach dem Behandlungsbedarf, der wiederum abhängt von der Art der zugrundeliegenden Störung. Als Standard (vgl. Zielsetzungen/Orientierungsdaten Kinder- und jugendpsychiatrischer Kliniken und Abteilungen der Bundesarbeitsgemeinschaft der leitenden Ärzte

Kinder- und Jugendpsychiatrischer Kliniken und Abteilungen e.V. 1993) gilt heute eine Größe der Stationen mit etwa 10 belegbaren Betten, wobei die Patientenzimmer jeweils 2 bis 3 Plätze aufweisen. Die Gruppen sollten in der Regel gemischtgeschlechtlich belegt werden. Grundsätzlich werden die Stationen offen geführt, wobei allerdings die Möglichkeit bestehen muss, im Bedarfsfall wie etwa beim Vorliegen einer Selbst- und/oder Fremdgefährdung zumindest vorübergehend die Behandlung unter geschlossenen Bedingungen durchführen zu können. Basis der stationären Behandlung ist die pflegerisch-heilpädagogische Gruppenpflege. Den Mitarbeitern und Mitarbeiterinnen des Pflege- und Erziehungsdienstes, die den stationären Alltag gestalten, kommt für die Qualität der Therapie insofern eine herausragende Bedeutung zu, als die betreffenden Kinder und Jugendlichen aufgrund ihrer psychischen Störung einer besonderen pädagogischen Führung und Unterstützung bedürfen.

Ein umfassendes Bild des stationären kinder- und jugendpsychiatrischen Versorgungsangebotes in einer Region vermitteln die Ergebnisse einer multizentrischen Untersuchung, an der alle 13 Einrichtungen in Niedersachsen und Bremen beteiligt waren (Presting u.a. 1998). Demnach lässt sich kein Prototyp stationärer kinder- und jugendpsychiatrischer Versorgung ausmachen. Am häufigsten finden sich kleinere Einrichtungen mit höchstens 30 Plätzen. Große Kliniken mit über 100 Betten sind in Deutschland ausgesprochen selten. Ein Drittel der Patienten wohnte in einer Entfernung von über 50 km zur Klinik. Deren Störung war im Durchschnitt stärker ausgeprägt, was als Hinweis auf eine verspätete Inanspruchnahme fachlicher Hilfe anzusehen ist und die Forderung nach gemeindenaher Versorgung unterstreicht. Der Anteil der Jungen betrug 56%. Die durchschnittliche Aufenthaltsdauer betrug 3,5 Monate bei einer Streubreite zwischen 76 und 342 Tagen. Hervorzuheben ist der Befund, dass fast alle der stationär versorgten Kinder und Jugendlichen psychotherapeutisch behandelt wurden. Lediglich etwa 30% von ihnen erhielten Medikamente. Die Einbeziehung der Eltern in den therapeutischen Prozess war die Regel. Kinder und Jugendliche aus Heimen waren mit einem Anteil von 12,4% gegenüber 0,4% in der Allgemeinbevölkerung deutlich überrepräsentiert. Häufig wurden im Anschluss an die klinische Behandlung Empfehlungen stationärer Jugendhilfemaßnahmen ausgesprochen. Knapp 20% der Patienten wurden denn auch in ein Heim entlassen. Auch die Tatsache, dass am häufigsten, nämlich in 30% der Fälle, eine Störung des Sozialverhaltens diagnostiziert wurde, unterstreicht die enge Verbundenheit der Kinder- und Jugendpsychiatrie mit der Jugendhilfe. Macht die Symptomatik des Kindes oder Jugendlichen und/oder die Desorganisation der Familie deren Herausnahme aus der Familie notwendig, hängt die Aufenthaltsdauer des Patienten unmittelbar ab von der Qualität der Kooperation der beteiligten Versorgungssysteme.

Eine gemeindenahe Versorgung ist für Patienten nicht möglich, deren Versorgung solch spezielle therapeutische Maßnahmen erfordert, die nicht von jeder kinder- und jugendpsychiatrischen Einrichtung angeboten werden können. Dies betrifft vor allem psychisch schwer gestörte Kinder und Jugendliche mit einer chronischen Epilepsie, mit Folgeerscheinungen eines schweren Schädel-Hirn-Traumas, mit geistiger Behinderung oder auch delinquente Jugendliche, deren Delikte auf eine psychiatrische Krankheit zurückgeführt werden müssen (Remschmidt 1999). Auch bei der Behandlung von straffälligen Jugendlichen mit Suchtmittelmissbrauch ist die Kinder- und Jugendpsychiatrie auf die Kooperation mit der Erwachsenenpsychiatrie angewiesen.

Kommt es bei einem jungen Patienten krankheitsbedingt zu einer unmittelbaren Selbst- oder Fremdgefährdung, sind vorübergehende freiheitsbeschränkende und freiheitsentziehende Interventionen nicht zu vermeiden. Die einschlägige Gesetzgebung erlaubt eine solche Behandlung dann auch gegen den Willen des Kranken gemäß §1631b BGB bzw. der entsprechenden Unterbringungsgesetze der Länder. Diese Maßnahmen dürfen nur erfolgen, wenn der zuständige Richter sich durch ein psychiatrisches Sachverständigengutachten und durch eigene Erkundungen von der Notwendigkeit und dem Vorliegen dieser Voraussetzungen überzeugt hat.

Eine stationäre Unterbringung von Jugendlichen unter geschlossenen Bedingungen stellt darüber hinaus der Maßregelvollzug nach den §§63 und 64 StGB bzw. §7 JGG dar. Er betrifft psychisch kranke Straftäter, bei denen eine Wiederholungsgefahr dieser die Allgemeinheit gefährdenden Delinquenz als wahrscheinlich angesehen werden muss. Dieser Tatbestand ist bei Jugendlichen allerdings selten gegeben, bisweilen bei akut psychotisch erkrankten oder bei persönlichkeitsgestörten Jugendlichen mit einer intellektuellen Behinderung.

Bedeutet das unkontrollierte, aggressive Handeln dissozialer Jugendlicher eine erhebliche Gefährdung für sich selbst oder eine andere Person, werden bisweilen freiheitsbeschränkende oder freiheitsentziehende Maßnahmen auch als Teil eines Therapiekonzeptes eingesetzt, die mit „mangelnder pädagogischer Lenkbarkeit oder Erreichbarkeit der betreffenden Kindern und Jugendlichen" begründet wird (Leitlinien freiheitsbeschränkende und freiheitsentziehende Maßnahmen zur Sicherung des Behandlungszieles in der Kinder- und Jugendpsychiatrie und Psychotherapie, herausgegeben von der Bundesarbeitsgemeinschaft der Leitenden Klinikärzte für Kinder- und Jugendpsychiatrie und Psychotherapie e.V.). Ein solches Therapieangebot kann für die Jugendhilfe insofern attraktiv sein, als von einer solchen sozialtherapeutischen Arbeit durchaus positive Katamnesen vorliegen (Hirschberg 1999). Angesichts der inzwischen fast flächendeckenden Schließung geschlossener Heimeinrichtungen geraten kinder- und jugendpsychiatrische Einrichtungen allerdings leicht zum „Ausfallbürgen" für die Jugendhilfe (Hoops/Permien 2006, S. 53).

3.2.3 Evaluation und Qualitätssicherung

Der Ausbau ambulanter und teilstationärer Versorgungsmöglichkeiten hat in den letzten Jahren dazu geführt, dass in zunehmenden Maße überwiegend solche Patienten stationär aufgenommen werden, bei denen eine komplexe psychiatrische Problematik besteht, auch im Sinne einer Komorbidität, mithin eines Bestehens unterschiedlicher psychischer Störungen zum selben Zeitpunkt. Insofern muss die Evaluation der stationär geleisteten Versorgung interessieren, zumal es sich bei dieser ausgesprochen kostenintensiven Maßnahme um eine Therapiemodalität handelt, bei der doch auch erhebliche Risiken und Nachteile bestehen. So bedeutet eine stationäre Aufnahme für das betreffende Kind oder den Jugendlichen eine Unterbrechung seines normalen Lebens, das sicherlich kaum jemals ausschließlich auf ungünstige Aspekte zu reduzieren ist. Auch dürfte ein ungünstiger Einfluss von Seiten der ebenso verhaltensauffälligen Mitpatienten nie ganz auszuschließen sein.

Die derzeit verfügbaren Evaluationsstudien entstammen fast ausschließlich dem angloamerikanischen Sprachraum (etwa Green u.a. 2007). Insofern gibt es immer noch erstaunlich wenig gesichertes Wissen über die Effizienz stationärer kinder- und jugendpsychiatrischer Interventionen (Blanz/Schmidt 2000). Dieser Sachverhalt ist auf die Diskrepanz zwischen der doch geringen Zahl stationär versorgter Patienten und der großen Zahl der für diese Fragestellung relevanten Variablen zurückzuführen, die auch für methodische Mängel wie nur retrospektives Design, fehlende Kontrollgruppe oder unzureichende Datenqualität mitverantwortlich ist. Trotzdem überwiegen positive Ergebnisse (vgl. Bredel u.a. 2004). Dabei ist der Erfolg einer stationären kinder- und jugendpsychiatrischen Behandlung an bestimmte Therapiebedingungen gekoppelt wie etwa dem Vorliegen einer guten therapeutischen Beziehung, dem Angebot eines kognitiv orientierten Trainings zur Verbesserung der Problemlösefähigkeiten sowie der Aufstellung von klaren Entlassungskriterien. Vor allem psychotische Krankheiten sowie externalisierende Störungen haben eine eher schlechte Prognose im Vergleich zu rein internalisierenden Störungen wie etwa Angstsyndromen und affektiven Störungen. Grundsätzlich erweisen sich Symptome leichter beeinflussbar als der familiäre Hintergrund des Patienten. Gravierende Störungen des Familiensystems, wie sie im Falle von Vernachlässigung oder Misshandlung vorliegen, oder eine psychiatrische Störung der Eltern verschlechtern die Erfolgsaussichten deutlich. Auch diese Ergebnisse verweisen auf das bekannte Hilfeparadox. Weniger gestörte, gesündere Kinder und Jugendliche profitieren am meisten auch von einem stationären Behandlungsangebot.

Weitere Forschung zu den Auswirkungen der verschiedenen von der Kinder- und Jugendpsychiatrie angebotenen Versorgungsformen ist also dringend angezeigt, zumal eine Qualitätssicherung nach den Bestimmungen des Gesundheitsstrukturgesetzes sowie des Sozialgesetzbuches vorgeschrieben ist (vgl. Laireiter/Vogel 1998). Dabei erweist sich aus methodischen Gründen insbesondere die Einschätzung der Prozessqualität mit ihren Versorgungsabläufen sowie der Ergebnisqualität als besonders schwierig (Mattejat/Remschmidt 1995; Remschmidt 1996).

Derzeit werden im Zuge einer deutlichen Remedikalisierung auch in der stationären Kinder- und Jugendpsychiatrie kognitiv-behaviorale Methoden oder Methoden des Verhaltensmanagements als kompakte, zielorientierte und daher unter ökonomischen Gesichtspunkten attraktive Therapieformen bevorzugt. Trotzdem kann die Bedeutung der Qualität der Kommunikation im Sinne eines fördernden Stationsklimas nicht hoch genug eingeschätzt werden (Du Bois 1997; Streek-Fischer 1997). Gerade beim Vorliegen einer pathogenen intrafamiliären Kommunikation ist ein entwicklungsförderndes Stationsmilieu von besonderem prognostischem Wert. In der Klinik können diese Patienten dann erstmals die Erfahrungen befriedigender und therapeutisch wirksamer Beziehungen machen (Brunner u.a. 1998).

3.3 Jugendstrafanstalt als Institution des Rechtssystems

Im Rechtssystem, dem die Funktion der Einrichtung und Stabilisierung normativer Erwartungen zukommt (Luhmann 1995), wird entschieden, ob und wann ein von den Normen abweichendes Verhalten gegen das geltende Recht verstößt. Handelt es um ein kriminelles Handeln, werden Sanktionen ausgesprochen, deren Ausmaß, wenn es sich um Jugendliche handelt, im Jugendgerichtsgesetz (JGG) festgelegt ist.

Das Jugendstrafrecht weist gegenüber dem Erwachsenenstrafrecht zwei Besonderheiten auf, die eine strukturelle Kopplung des Rechtssystems mit dem Erziehungssystem bedingen. Es ist zum einen eher täterorientiert denn tatorientiert. Zum anderen soll es als Erziehungsstrafrecht dem Zweck der Erziehung dienen in der Annahme, dass bei Jugendlichen entwicklungsbedingt noch größere Chancen bestehen, deren psychische Entwicklung günstig zu beeinflussen.

Das Reichsjugendgerichtsgesetz räumte im Jahre 1923 erstmals dem Erziehungsgedanken Vorrang gegenüber dem Straf- und Vergeltungsgedanken ein, nachdem noch im 19. Jahrhundert die Alternative Klerikalisierung oder Militarisierung des Strafvollzugs hieß (Deimling 1969, S. 29). Seitdem muss Jugendstrafe in speziellen Jugendgefängnissen vollstreckt werden. Damit war die Trennung der Jugendlichen von den Erwachsenen, die etwa von der Mitte des 19. Jahrhunderts an zu beobachten war und 1912 in Wittlich zur Einrichtung des ersten Jugendgefängnisses in Deutschland führte, auch im Strafvollzug vollzogen (vgl. Deimling 1969).

Alle im JGG vorgesehenen Maßnahmen, von den Erziehungsmaßregeln wie Weisungen, etwa eine Teilnahme an sozialen Trainingskursen oder Bemühungen um einen Täter-Opfer-Ausgleich, über die Zuchtmittel und Jugendarrest bis hin zur Jugendstrafe, sollen dazu beitragen, weitere Straftaten zu verhindern. Jugendstrafe, die den Freiheitsentzug in einer **Jugendstrafanstalt** bedeutet, steht an, wenn das Gericht bei dem betreffenden Jugendlichen schädliche Neigungen feststellt oder wenn es die Schwere der Tat fordert. Schädliche Neigungen werden vorzugsweise Jugendlichen attestiert, deren dissoziale Entwicklung früh beginnt und einen kontinuierlichen Verlauf nimmt. Diese Gruppe ist dann auch für die Mehrzahl der Delikte verantwortlich (Moffitt 1993). Schon von daher kann es kaum überraschen, dass im Falle von Jugendstrafe als der eingriffsintensivsten Sanktion des JGG die Rückfallquote innerhalb von 5 Jahren nach Entlassung bis zu 80% und damit sogar noch über der des Erwachsenenstrafvollzugs mit ungefähr 50% (Averbeck/Lösel 1994) liegt. Sie hat sich offenbar in den letzten 100 Jahren nicht verändert. 1899 wurde die Rückfallquote jugendlicher Verbrecher vom englischen Gefängnisgeistlichen Morrison mit 79% angegeben (zit. bei Trüper 1904). Auch die Tatsache, dass es zu den Rückfällen häufig in der ersten Zeit nach der Entlassung kommt, kann die Zweifel an der erzieherischen Effektivität dieser Maßnahme nur verstärken (Hosser/Bosold 2008b). Eine Inhaftierung von Jugendlichen wird nach Möglichkeit zu vermeiden gesucht, vor allem durch ein Aussprechen von Bewährungsstrafen oder durch Maßnahmen der Diversion. Daher ist der Jugendstrafvollzug im Wesentlichen ein Vollzug an jungen Männern (Greve/Höynck 1998).

Auch wenn es nicht berechtigt ist, in Gefängnissen generell „Schulen des Verbrechens" zu sehen (Steller 1994), bedeutet Strafhaft einen weiteren Risikofaktor für die psychische Entwicklung der Jugendlichen (Greve u.a. 2004). Im Strafvollzug kommt es bei den Jugendlichen zu einer weiteren Schwächung ihrer familiären Bindungen bis hin zur sozialen Isolation. Ihre durch die Haftbedingungen beeinträchtigte Autonomie und bedrohte Identität können diese häufig nur über eine Orientierung an ihren dissozialen Mithäftlingen aufrechterhalten. Es entwickelt sich dann im Gefängnis eine gegen das Personal gerichtete Subkultur. Solche „Prisonierungseffekte" (Hosser 2008) können dem Resozialisierungsziel nur zuwiderlaufen.

Da es sich bei inhaftierten Straftätern zweifelsfrei um eine psychiatrische Risikopopulation handelt (Jacobs/Reinhold 2004), kommt es in einigen Organisationen der Justiz auch zu strukturellen Kopplungen mit dem Krankenbehandlungssystem wie etwa in Form der Sozialtherapeutischen Anstalten. Ermutigende Ergebnisse im Sinne einer gewissen Kompensation sozialer Defizite zugunsten des Aufbaus sozial kompetenterer Verhaltensweisen werden etwa von einer sozialtherapeutischen Wohngruppe innerhalb einer Jugendjustizvollzugsanstalt berichtet (Clemens u.a. 1994). Insofern erscheint die Übernahme des pauschalen Verdikts eines „nothing works" aus dem amerikanischen Schrifttum nicht berechtigt. Trotzdem wird der Nutzen von im Strafvollzug angeboten Therapiemaßnahmen insgesamt doch recht skeptisch als höchstens begrenzt wirksam beurteilt (Ortmann 1994; Hosser/Bosold 2008a). Das in der JVA Hameln entwickelte Anti-Aggressivitäts-Training, bei dem jugendliche Gewalttäter auf der Basis einer guten persönlichen Beziehung mit ihrer eigenen Aggressivität konfrontiert werden (Weidner u.a. 1997), wird derzeit heftig und kontrovers diskutiert (vgl. Hörmann/Trapper 2007). Ob diese aus den USA importierte Form einer konfrontativen Pädagogik, die mit den traditionellen sozialpädagogischen Gepflogenheiten in Deutschland kaum zu vereinbaren ist, tatsächlich geeignet ist, langfristig Aggressionen einzudämmen, bedarf noch weiterer Überprüfung. Bei der bislang einzigen Evaluationsstudie (Ohlemacher u.a. 2001) ließen sich zumindest keine bedeutsamen Effekte nachweisen.

4 Besonderheiten organisierter Hilfe

Für die moderne, funktionale differenzierte Gesellschaft sind Probleme mit Inklusion und Exklusion typisch. Inklusion erfordert eine ausreichende soziale Kompetenz auf der Basis einer Toleranz hinsichtlich des geforderten Verzichts auf eine Volladressierung in der Kommunikation. Die Gesellschaft reagiert denn auch besonders empfindlich auf eine Einschränkung dieser grundlegenden Kompetenz, insbesondere wenn sie sich in einer dissozialen Verweigerung zur angepassten Inklusion äußert. In einem solchen Falle droht eine generalisierende Exklusionsdrift (Fuchs/Schneider 1995). Die Teilsysteme reagieren mit der Einrichtung helfender und kontrollierender Organisationen, die eine Teilnahme an der Kommunikation ermöglichen und damit ihre Funktionsfähigkeit erhalten sollen. Diese Institutionen – Heime, psychiatrische Kliniken oder Gefängnisse – streben eine Reinklusion an. Gleichzeitig schaffen sie allerdings auch wiederum neue Exklusionsbereiche mit exkludierenden Karrieren.

Diese Widersprüche spiegeln sich in der besonderen Kommunikationsweise, die Merkmale sowohl einer Organisation als auch einer Interaktion aufweist. Psychosoziale Hilfe, die also Personen zu verändern sucht, kann nur angeboten werden in Form von Interaktion als einer Kommunikation unter Anwesenden. Da es sich um eine häufig anstehende, personalintensive und damit teure Hilfeform handelt, wird diese interaktionale Kommunikation in den funktional ausdifferenzierten Systemen über die Vermittlung von Organisationen (Kieserling 1999, S. 336) angeboten. Da deren Programme grundsätzlich nie nur für einen Einzelfall Geltung beanspruchen, eignen sie sich für den Erziehungszweck denkbar schlecht. Schließlich wird anlässlich einer erzieherischen Kommunikation ein hohes Maß von Einmaligkeit erwartet, wie sie gerade in der familiären Kommunikation vorkommt. Es entsteht daher ein Bedarf nach Familienideologie. Die organisierte Interaktion ist typisch asymmetrisch. Nur die Leistungserbringer wie etwa Erzieher, Psychotherapeuten oder Aufseher, besitzen in der Organisation eine formalisierte Mitgliedschaft und sind daher als Personal grundsätzlich austauschbar. Von den Zöglingen und Patienten wird allerdings erwartet, dass sie sich in hohem Maße inkludieren und „einbringen". Reziprozität wird ihnen aber beim „helfendem Handeln" typisch verweigert (Baecker 2000). Gerade Dissoziale lehnen eine nicht-kontingente Beteiligung an dieser nicht reziproken, professionalisierten Kommunikation als mit ihren Autonomiebedürfnissen unvereinbar ab. In einem solchen Fall bietet es sich für die Organisationen an, deren Anwesenheit zur Fortsetzung der interaktionalen Kommunikation über eine zwangsmäßige Adressierung am Körper sicher zu stellen. Eine geschlossene Unterbringung soll dann die Vollinklusion gewährleisten. Für die betroffenen Jugendlichen ist dann ein Entweichen aus einer solch „totalen Institution" (Goffman 1972) häufig der letztmögliche Autonomiebeweis.

Vor allem am Umgang mit dissozialen und delinquenten Kindern und Jugendlichen zeigt sich, dass deren psychische Probleme in Organisationen verschiedener Funktionssysteme thematisiert werden, die ihre Aufgaben und Möglichkeiten durchaus unterschiedlich definieren. Eine Kooperation zwischen den diesen Systemen zugeordneten Institutionen erscheint sicherlich geboten. Sie wird denn auch immer wieder gefordert. Ziel sei es etwa, „unter Berücksichtigung der Vielzahl der heutigen und multifaktoriell bedingten Erkrankungen, zu einer multidisziplinären und multiperspektivischen Betrachtung der kinder- und jugendspezifischen Probleme zu gelangen" (Palentien/Hurrelmann 1994). Lempp (1995) plädiert für ein einheitliches Jugendhilferecht, in dem für alle Jugendlichen die Ressourcen der Sozialhilfe, der Justiz, des Gesundheitswesens und des Ausbildungswesens vereinigt seien. So sinnvoll die Einrichtung etwa eines integrierten bzw. „vernetzten" Versorgungssystems (Filsinger/Bergold 1993) auch erscheint, welches einen an den jeweiligen Bedürfnissen des Kindes und Jugendlichen orientierten Katalog ambulanter, teilstationärer bis stationärer Maßnahmen anbietet, so fragt sich doch, wer diese psychosoziale Versorgung letztlich koordiniert. Trotz aller strukturellen Gemeinsamkeiten gehören sie doch unterschiedlichen Teilsystemen an, die mit jeweils differenten Codierungen und Programmen operieren. Insofern lässt sich ein durch den „Fall" gegebener Konsens schwerlich erwarten, wird er doch in den Kommunikationen der verschiedenen Hilfesysteme unterschiedlich thematisiert.

Solange es kein einheitliches System der psychosozialen Versorgung gibt, dürfte Kooperation auch immer Konkurrenz bedeuten (vgl. Fegert/Schrapper 2004), die aber keineswegs nur als negative Beziehungsform zu betrachten ist (Bergold/Filsinger 1993, S. 67). In jedem Fall kann aber ein besseres Verständnis um die jeweils systemspezifischen Kommunikationsweisen dazu beitragen, den „Narzissmus der kleinen Differenz" (Freud 1921, S. 111) auszuhalten und auf gegenseitige Abwertungen zu verzichten. Angesichts der häufig doch angespannten Kommunikation zwischen den Vertretern der an der psychosozialen Versorgung beteiligten Professionen wäre dies durchaus schon etwas.

Literatur

Artelt, W. /Rüegg, W.: (Hrsg.): Der Arzt und der Kranke in der Gesellschaft des 19. Jahrhunderts. Stuttgart 1967
Averbeck, M./Lösel, F.: Subjektive Theorien über Jugendkriminalität – Eine Interview-Studie im Justizsystem. In: Steller, M. u.a. (1994), S. 213-226
Baecker, D.: Soziale Hilfe als Funktionssystem der Gesellschaft: In: Zeitschrift für Soziologie 23 (1994), S. 93-110
Baecker, D.: „Stellvertretende" Inklusion durch ein „sekundäres" Funktionssystem: Wie „sozial" ist die soziale Hilfe? In: Merten, R. (2000), S. 39-46
Barkmann, C./Schulte-Markwort, M.: Prävalenz psychischer Auffälligkeit bei Kindern und Ju-gendlichen in Deutschland - ein systematischer Literaturüberblick. In: Psychiatrische Praxis 31 (2004), S. 278-287
Baur, D./Finkel, M./Hamberger, M./Kühn, A.D./Thiersch, H.: Leistungen und Grenzen der Heimerziehung. Stuttgart 1998
Bergold, J.B./Filsinger, D.: Psychosoziale Versorgung als System. In: Bergold, J.B./Filsinger, D. (1993), S. 49-70
Bergold, J.B./Filsinger, D. (Hrsg.): Vernetzung psychosozialer Dienste. Weinheim 1993
Blanz, B./Schmidt, M.H.: Practioner review: preconditions and outcome of inpatient treatment in child and adolescent psychiatry. In: Journal of Child Psychology and Psychiatry 41 (2000), S. 703-712
Bommes, M./Scherr, A.: Soziale Arbeit, sekundäre Ordnungsbildung und die Kommunikation unspezifischer Hilfsbedürftigkeit. In: Merten, R. (2000), S. 67-86
Bowlby, J.: Mütterliche Zuwendung und geistige Gesundheit. München 1973
Bredel, R./Brunnen, J./Haffner /Resch, F.: Behandlungserfolg, Behandlungserleben und Behandlungszufriedenheit aus der Sicht von Patienten, Eltern und Therapeuten - Ergebnisse einer evaluativen Studie aus der stationären Kinder- und Jugendpsychiatrie. In: Praxis Kinderpsychologie und Kinderpsychiatrie 53 (2004), S. 256-276
Brunner, R./Parzer, P./Mundt, C./Resch, F.: Psychotherapeutische Aspekte in der stationären Behandlung akutpsychiatrisch erkrankter Jugendlicher. In: Psychiatrische Praxis 25 (1998), S. 274-278
Bürger, U.: Heimerziehung und soziale Teilnahmechancen. Pfaffenweiler 1990
Bürger, U.: Stationäre Erziehungshilfen - ein Auslaufmodell der modernisierten Kinder- und Jugendhilfe? In: Sozialpädagogisches Institut im SOS-Kinderdorf 2007, S. 40-57
Bürger, U./Lehnig, K./Seidensücker, B.: Heimunterbringungsentwicklung in der Bundesrepublik Deutschland. Frankfurt 1994
Bundesarbeitsgemeinschaft der leitenden Ärzte Kinder- und Jugendpsychiatrischer Kliniken und Abteilungen: Zielsetzungen/Orientierungsdaten Kinder- und Jugendpsychiatrischer Kliniken und Abteilungen (1993). In: Specht, F./Anton, S. (1995), S. 30-42
Clemens, K./Greuel, L./Scholz, O.B.: Effekte der Sozialpädagogischen Wohngruppe einer JVA auf ausgewählte Aspekte Sozialer Kompetenz. In: Steller, M. u.a. (1994), S. 60-65

Colla, H./Gabriel, T./Millham, S./Müller-Teusler, S./Winkler, M.: Handbuch Heimerziehung und Pflegekinderwesen in Europa. Neuwied 1999
Colton, M./Hellinckx, W.: Foster and residential care in the EU. In: Colla, H. u.a. (1999), S. 41-51
De Berg, H./Schmidt, J. (Hrsg.): Rezeption und Reflexion. Frankfurt a.M. 2000a
Deimling, G.: Theorie und Praxis des Jugendstrafvollzugs in pädagogischer Sicht. Neuwied 1969
Dempwolf, G.: Heimerziehung und Jugendhilfepolitik – Positionen, Probleme, Perspektiven. Freiburg 1998
Du Bois, R.: Therapiestunden und therapeutischer Alltag in der stationären Behandlung. In: Klosinski, G. (1997), S. 99-119
Engel, U.: Zum Verhältnis von Psychiatrie und Pädagogik. Frankfurt a.M. 1996
Expertenkommission der Bundesregierung: Empfehlungen zur Reform der Versorgung im psychiatrischen und psychotherapeutisch/psychosomatischen Bereich. Auf der Grundlage des Modellprogramms Psychiatrie der Bundesregierung. Bonn 1988
Fegert, J.M.: Zur Vorgeschichte der Kinder- und Jugendpsychiatrie. In: Zeitschrift für Kinder- und Jugendpsychiatrie 14 (1986), S. 126-144
Fegert, J.M./Schrapper, C.: Kinder- und Jugendpsychiatrie und Kinder- und Jugendhilfe zwischen Kooperation und Konkurrenz. In: Fegert, J.M./Schrapper, C. (2004), S. 5–25
Fegert, J.M./Schrapper, C. (Hrsg.): Handbuch Jugendhilfe - Jugendpsychiatrie. Interdisziplinäre Kooperation. Weinheim 2004
Fegert, J.M/Besier, T. /Goldbeck, L. /Reisensburger: interdisziplinärer Appell der Fachkräfte: Positionspapier: Kinder und Jugendliche mit psychischen Störungen in der stationären Jugendhilfe. In: Forum der Kinder- und Jugendpsychiatrie und Psychotherapie 17 (2007), S. 103-116
Filsinger, D./Bergold, J.B.: Entwicklungsmuster und Entwicklungsdynamik psychosozialer Dienste: Probleme und Perspektiven der Vernetzung. In: Bergold, J.B./Filsinger, D. (1993), S. 11-47
Freud, S.: Massenpsychologie und Ich-Analyse (1921). Gesammelte Werke, Bd. 13. Frankfurt a.M. 1960, S. 71-161
Fuchs, P.: Systemtheorie und Soziale Arbeit. In: Merten, R. (2000), S. 157-175
Fuchs, P.: Die Moral des Systems Sozialer Arbeit - systematisch. In: Merten, R./Scherr, A. (2004), S. 17-32
Fuchs, P./Schneider, D.: Das Hauptmann-von-Köpenick-Syndrom. In: Soziale Systeme 1 (1995), S. 203-224
Gabriel, T.: Was leistet Heimerziehung? Eine Bilanz deutschsprachiger Forschung. In: Gabriel, T./Winkler, M. (2003), S. 167-195
Gabriel, T./Winkler, M. (Hrsg.): Heimerziehung. Kontexte und Perspektiven. München 2003
Gehres, W.: Das zweite Zuhause. Opladen 1997
Gintzel, U./Schone, R.: (Hrsg.): Zwischen Jugendhilfe und Jugendpsychiatrie. Münster 1990
Goffman, E.: Asyle – Über die soziale Situation psychiatrischer Patienten und anderer Insassen. Frankfurt a.M. 1972
Gooch, D.: Children in residential care. In: Colla, H. u.a. (1999), S. 179-187
Green, J./Jacobs, B./Beecham, J./Dunn, G./Kroll, L./Tobias, C./Briskman, J.: Inpatient treatment in child and adolescent psychiatry - a prospective study of health gain and costs. In: Journal of Child Psychology and Psychiatry 48 (2007), S. 1259-67
Greve, W./Höynck, T.: Die Zukunft des Jugendstrafvollzugs. In: Kriminalpädagogische Praxis 26 (1998), S. 4-11
Greve, W./Hosser, D.: Psychische und soziale Folgen einer Jugendstrafe: Forschungsstand und Desiderate. In: Monatsschrift für Kriminologie 81 (1998), S. 83-103
Greve, W./Enzmann, D./Hosser, D.: Entwicklungsfolgen der Jugendstrafe. Eine längsschnittliche Untersuchung von erstmals inhaftierten Jugendlichen und Heranwachsenden. Konzeption eines Forschungsprojekts. Hannover 2004
Günter, M. (Hrsg.): Täter und Opfer. Bern 1995
Hirschberg, W.: Sozialtherapie bei Jugendlichen mit Störungen des Sozialverhaltens – Ergebnisse und Katamnesen. In: Praxis der Kinderpsychologie und Kinderpsychiatrie 48 (1999), S. 247-259
Hirschmüller, A.: Die „Kinderabteilung der Tübinger Nervenklinik": Konzeption – Realisierung – Protagonisten. In: Klosinski, G. (1997), S. 17-35
Hodges, J./Tizard, B.: IQ and behavioural adjustment of ex-institutional adolescents. In: Journal of Child Psychology and Psychiatry 30 (1989a), S. 53-75
Hodges, J./Tizard, B.: Social and family relationships of ex-institutional adolescents. In: Journal of Child Psychology and Psychiatry 30 (1989b), S. 53-75
Hölling, H./Erhart, M./Ravens-Sieberer, U./Schlack, R.: Verhaltensauffälligkeiten bei Kindern und Jugendlichen. Erste Ergebnisse aus dem Kinder- und Jugendgesundheitssurvey (KiGGS). In: Bundesgesundheitsblatt – Gesundheitsforschung – Gesundheitsschutz, 50 (2007), S. 784-793
Hörmann, G./Trapper, T. (Hrsg.): Konfrontative Pädagogik im intra- und interdisziplinären Diskurs. Baltmannsweiler 2007

Hohm, E./Petermann, F.: Sind Effekte erzieherischer Hilfen stabil? Ergebnisse einer 1-Jahreskatamnese. In: Kindheit und Entwicklung 9 (2000), S. 212-224
Holländer, A./Schmidt, M.H.: Zur Wahl von Sozialpädagogischer Familienhilfe, Tagesgruppe oder Heim: Ein Rekonstruktionsversuch anhand von Problemlagen und Ressourcen. In: Kindheit und Entwicklung 7 (1989), S. 20-34
Hoops, S./Permien, H.: "Mildere Maßnahmen sind nicht möglich!" - Freiheitsentziehende Maßnahmen nach § 1631 b BGB in Jugendhilfe und Jugendpsychiatrie. München 2006
Hornstein, W.: Qualität und Evaluation in der Sozialpädagogik. In: Zeitschrift für Pädagogik 46 (2000), S. 129-136
Hosser, D.: Prisonierungseffekte. In: Steller, M./Volbert, R. (2008), S. 172-179.
Hosser, D./Bosold, C.: Behandlung im Jugendvollzug. In: Steller, M./Volbert, R. (2008a), S. 128-134
Hosser, D./Bosold, C.: Erziehung im Jugendvollzug. In: Steinhausen, H.-C./Bessler, C. (2008b), S. 165-175
Jacobs, S./Reinhold, B.: Psychische Störungen inhaftierter Jugendlicher und Heranwachsender. In: Recht & Psychiatrie 22 (2004), S. 142-146
Kade, J.: Vermittelbar/nicht-vermittelbar: Vermitteln: Aneignen. Im Prozeß der Systembildung des Pädagogischen. In: Lenzen, D./Luhmann, N. (1997), S. 30-69
Kieserling, A.: Kommunikatikon unter Anwesenden. Studien über Interaktionssysteme. Frankfurt a.M. 1999
Klosinski, G. (Hrsg.): Stationäre Behandlung psychischer Störungen im Kindes- und Jugendalter. Bern 1997
Köttgen, C./Kretzer, D./Richter, S. (Hrsg.): Aus dem Rahmen fallen. Kinder und Jugendliche zwischen Erziehung und Psychiatrie. Bonn 1990
Laireiter, A.-R./Vogel, H. (Hrsg.): Qualitätssicherung in der Psychotherapie und psychosozialen Versorgung. Tübingen 1998
Leibbrand-Wettley, A.: Die Stellung der Geisteskranken in der Gesellschaft des 19. Jahrhunderts. In: Artelt, W. /Rüegg, W.: (1967), S. 50-69
Lempp, R.: Ist Strafe Erziehung? – Strafe statt Erziehung oder Erziehung statt Strafe. In: Günter, M. (1995), S. 16-31
Lenzen, D./Luhmann, N. (Hrsg.): Bildung und Weiterbildung im Erziehungssystem. Frankfurt a.M. 1997
Luhmann, N.: Der medizinische Code. In: Luhmann, N.: Soziologische Aufklärung 5. Opladen 1990, S. 183-195, 196-217
Luhmann, N.: Das Recht der Gesellschaft. Frankfurt a.M. 1995
Luhmann, N.: Die Gesellschaft der Gesellschaft. Frankfurt a.M. 1997
Markefka, M./Nauck, B.: (Hrsg.): Handbuch der Kindheitsforschung. Neuwied 1993
Mattejat, F./Remschmidt, H.: Aufgaben und Probleme der Qualitätssicherung in der Psychiatrie und Psychotherapie des Kindes- und Jugendalters. In: Zeitschrift für Kinder- und Jugendpsychiatrie 23 (1995), S. 71-83
Maywald, J.: Zwischen Trauma und Chance. Trennungen von Kindern im Familienkonflikt. Freiburg 1997
Merten, R.: Soziale Arbeit als autonomes Funktionssystem der modernen Gesellschaft? Argumente für eine konstruktive Perspektive. In: Merten, R. (2000), S. 177-204
Merten, R. (Hrsg.): Systemtheorie Sozialer Arbeit. Opladen 2000
Merten, R.: Inklusion/Exklusion und Soziale Arbeit. Überlegungen zur aktuellen Theoriedebatte zwischen Bestimmung und Destruktion. In: Merten, R./Scherr, A. (2004), S. 99-118
Merten, R./Scherr, A. (Hrsg.): Inklusion und Exklusion in der Sozialen Arbeit. Wiesbaden 2004
Merchel, J.: Zwischen Hoffnung auf Qualifizierung und Abwehrreflex. In: Zeitschrift für Pädagogik 46 (2000), S. 161-183
Möckel, A.: Geschichte der Heilpädagogik. Stuttgart 1988
Moffitt, T.E.: Adolescence-limited and life-course-persistent antisocial behavior: a developmental taxonomy. In: Psychological Review 100 (1993), S. 674-701
Mühl, H.: Einführung in die Geistigbehindertenpädagogik. 2. Aufl., Stuttgart 1991
Müller-Kohlenberg, H.: Alternativen zur Heimerziehung. In: Colla, H. u.a. (1999), S. 129-137
Münchmeier, R.: Erziehung und Epochenbruch. In: Colla, H. u.a. (1999), S. 141-151
Nützel, J./Schmid, M./Goldbeck, L./Fegert, J.M.: Kinder- und jugendpsychiatrische Versorgung von psychisch belasteten Heimkindern. In: Praxis der Kinderpsychologie und Kinderpsychiatrie 54 (2005), S. 627-644
Ohlemacher, T./Sögding, D./Höynck, T./Ethé, N./Welte, G.: Anti-Aggressivitätstraining und Legalbewährung: Versuch einer Evaluation. Forschungsberichte des Kriminologischen Forschungsinstituts Niedersachsen Nr. 83. Hannover 2001
Ortmann, R.: Zur Evaluation der Sozialtherapie. In: Zeitschrift für die gesamte Strafrechtswissenschaft 106 (1994), S. 782-821
Palentien, C./Hurrelmann, K.: Gesundheitsprobleme und Strukturen medizinischer und psychosozialer Versorgung im Jugendalter. In: Gesundheitswesen 56 (1994), 181-186
Petermann, F./Schmidt, M.H.: Jugendhilfe-Effekte – Einführung in den Themenschwerpunkt. In: Kindheit und Entwicklung 9 (2000), S. 197-201

Pluto, L./Gragert, N./van Santen, E./Seckinger, M.: Kinder- und Jugendhilfe im Wandel. München 2007
Post, W.: Erziehung im Heim. Weinheim 1997
Presting, G./Höger, C./Witte-Lakemann, G./Specht, F.: Variationsbreite stationärer Kinder- und Jugendpsychiatrie. In: Zeitschrift für Kinder- und Jugendpsychiatrie und Psychotherapie 26 (1998), S. 97-112
Quinton, D./Rutter, M.: Parenting Breakdown. Aldershot 1988
Remschmidt, H.: Grundsätze zur Versorgung psychisch gestörter Kinder und Jugendlicher. In: Settertobulte, W./Palentien, C./Hurrelmann, K. (1995a): S. 87-100
Remschmidt, H.: Versorgungseinrichtungen für psychisch kranke Kinder und Jugendliche. In: Settertobulte, W./Palentien, C./Hurrelmann, K. (1995b), S. 101-118
Remschmidt, H.: Qualitätssicherung in der Kinder- und Jugendpsychiatrie und -psychotherapie. In: Zeitschrift für Kinder- und Jugendpsychiatrie und Psychotherapie 24 (1996), S. 65-66
Remschmidt, H./Schmidt, M.H. (Hrsg.): Multiaxiales Klassifikationsschema für psychische Störungen des Kindes- und Jugendalters nach ICD-10 der WHO. 3. Aufl., Bern 1994
Roy, P./Rutter, M./Pickles, A.: Institutional care: Risk from family background or pattern of rearing? In: Journal of Child Psychology and Psychiatry 41 (2000), S. 139-149
Scherr, A.: Luhmanns Systemtheorie als soziologisches Angebot an Reflexionstheorien der Sozialen Arbeit. In: De Berg, H./Schmidt, J. (2000a), S. 440-468
Scherr, A.: Keineswegs ein unkritischer Beobachter. Niklas Luhmann, Kritische Theorie und Soziale Arbeit. In: Sozialextra Mai/Juni 2000b, S. 21-24
Schleiffer, R.: Zur Selbstsozialisation erziehungsschwieriger Kinder. In: Vierteljahrsschrift für Heilpädagogik und ihre Nachbargebiete 63 (1994), S. 467-479
Schleiffer, R.: Zur Unterscheidung von (Sonder)erziehung und (Psycho)therapie. In: Sonderpädagogik 25 (1995), S. 193-204
Schleiffer, R.: Der heimliche Wunsch nach Nähe. Bindungstheorie und Heimerziehung. 4. Aufl., Weinheim 2009
Schmid, M.: Psychische Gesundheit von Heimkindern. Eine Studie zur Prävalenz psychischer Störungen in der stationären Jugendhilfe. Weinheim 2007
Schmidt, M.H./Schneider, K./Hohm, E./Pickartz, A./Macsenaere, M./Petermann, F./Flosdorf, P./Hölzl, H./Knab, E.: Effekte erzieherischer Hilfen und ihre Hintergründe. Schriftenreihe des Bundesministeriums für Frauen, Senioren, Familie und Jugend. Stuttgart 2002
Settertobulte, W./Palentien, C./Hurrelmann, K. (Hrsg.): Gesundheitsversorgung für Kinder und Jugendliche. Heidelberg 1995a
Sierwald, W./Weigel, H.-G.: Wirksamkeit stationärer Hilfen überprüfen. In: Sozialpädagogisches Institut im SOS-Kinderdorf (2007), S. 293-321.
Spangler, G./Zimmermann, P. (Hrsg.): Die Bindungstheorie. 3. Aufl., Stuttgart 2002
Sozialpädagogisches Institut im SOS-Kinderdorf e.V.: Wohin steuert die stationäre Jugendhilfe? München 2007
Specht, F./Anton, S.: Einrichtungen für Kinder- und Jugendpsychiatrie in der Bundesrepublik Deutschland. Göttingen 1995
Spitz, R.A.: Hospitalism: an inquiry into the genesis of psychiatric conditions in early childhood. In: The Psychoanalytic Study of the Child 1 (1945), S. 53-74
Statistisches Bundesamt (Hrsg.): Statistisches Jahrbuch 2007. Wiesbaden (www.destatis)
Steller, M.: Behandlung und Behandlungsforschung – Einführung. In: Steller, M. u.a. (1994), S. 3-12
Steinhausen, H.-C./Bessler, C. (Hrsg.): Jugenddelinquenz. Stuttgart 2008
Steller, M./Dahle, K.-P./Basqué, M. (Hrsg.): Straftäterbehandlung. Pfaffenweiler 1994
Steller, M./Volbert, R. (Hrsg,): Handbuch der Rechtspsychologie. Göttingen 2008
Stichweh, R.: Professionen im System der modernen Gesellschaft. In: Merten, R. (2000), S. 29-38
Stober, B.: Kinder- und Jugendpsychiatrie am Gesundheitsamt – eine Bestandsaufnahme. In: Öffentliches Gesundheitswesen 52 (1990), S. 530-533
Streek-Fischer, A.: Was heißt integrierte stationäre Psychotherapie bei Kindern und Jugendlichen. In: Klosinski, G. (1997), S. 86-98
Thieme, H.: Bilder, Zahlen und Gedanken zur kinder- und jugendpsychiatrischen Tagesklinikllandschaft in Deutschland. In: Forum der Kinder- und Jugendpsychiatrie und Psychotherapie 17 (2007), S. 3-14.
Trede, W.: Heimerziehung und Kinderdörfer. In: Markefka, M./Nauck, B. (1993), S. 577-587
Trede, W.: Mehr Ahnung als Wissen. Heimerziehung und Heimerziehungsforschung im internationalen Vergleich. In: Treptow, R. (1996), S. 107-136
Treptow, R.: Internationaler Vergleich und Soziale Arbeit. Theorie, Anwendung und Perspektive. Rheinfelden 1996
Trüper, J.: Psychopathische Minderwertigkeiten als Ursache von Gesetzesverletzungen Jugendlicher. Langensalza 1904

Von Foerster, H.: Lethologie. Eine Theorie des Erlernens und Erwissens angesichts von Unwißbarem, Unbestimmbaren und Unentscheidbarem. In: Voss, R. (1996), S. 14-32
Voss, R. (Hrsg.): Die Schule neu erfinden. Neuwied 1996
Waibel, A.: Die Anfänge der Kinder- und Jugendpsychiatrie in Bonn. Köln 2000
Warnke, A./Lehmkuhl, G. (Redaktion): Kinder- und Jugendpsychiatrie und Psychotherapie in der Bundesrepublik Deutschland. 3. Aufl., Stuttgart
Weber, G./Hillebrandt, F.: Soziale Hilfe – Ein Teilsystem der Gesellschaft? Opladen 1999
Weidner, J./Kilb, R./Kreft, D. (Hrsg.): Gewalt im Griff. Neue Formen des Anti-Agressivitäts-Trainings. Weinheim 1997
Winkler, M.: Flexibilisierung als Modernisierung? In: Colla, H. u.a. (1999), S. 961-978
Wolf, K.: Wohin hat uns die Heimreform gebracht? In: Wolf, K. (Hrsg.): Entwicklungen in der Heimerziehung. 2. Aufl., Münster 1995, S. 92-102

Verzeichnis der Autorinnen und Autoren

Albrecht, Günter, geb. 1943, Dr. phil., em. Professor für Soziologie an der Universität Bielefeld; Arbeitsschwerpunkte: Soziologie sozialer Probleme, Soziologie abweichenden Verhaltens, insbes. Kriminalsoziologie, Gewalt- und Konfliktforschung, Sozialpsychiatrie, Medizinsoziologie, Migrationsforschung, Sozialökologie, Historische Sozialforschung.

Apitzsch, Ursula, geb. 1947, Dr. phil. habil., Professorin für Politikwissenschaft und Soziologie an der Universität Frankfurt am Main; Arbeitsschwerpunkte: Migrationsforschung mit besonderer Berücksichtigung der Geschlechterverhältnisse, Biographieforschung, Kulturtheorie.

Bilz, Ludwig, geb. 1977, Dr. phil., Dipl.-Psychologe, wissenschaftlicher Mitarbeiter an der Fakultät Erziehungswissenschaften der TU Dresden; Arbeitsschwerpunkte: Schule und die psychische Gesundheit von Schülern, Gewalt in der Schule, Gesundheitsverhalten von Schülern.

Bock, Karin, geb. 1970, Dr. phil. habil., Professorin für Sozialpädagogik an der Universität Münster; Arbeitsschwerpunkte: Generationen- und Familienforschung, Theorien zu Lern- und Bildungsprozessen, qualitative Sozialforschung.

Böhme, Jeanette, geb. 1969, Dr. phil. habil., Professorin für Schulpädagogik an der Universität Essen-Duisburg; Arbeitsschwerpunkte: Schulforschung, Medienforschung, Bildungsforschung, Qualitative Methoden.

Boehnke, Klaus, geb. 1951, Dr. phil., Professor for Social Science Methodology an der Jacobs University Bremen, Arbeitsschwerpunkte: Jugendforschung, politische Soziologie/Psychologie, sozialwissenschaftliche Forschungsmethoden.

Büchner, Peter, geb. 1941, Dr. rer. soc., em. Professor für Erziehungswissenschaft an der Universität Marburg; Arbeitsschwerpunkte: Soziologie der Erziehung und des Bildungswesens, Kindheits-, Familien- und Generationenforschung, schulische und außerschulische Sozialisationsforschung.

Dudek, Peter, geb. 1949, Dr. phil. habil., Professor für Erziehungswissenschaft an der Universität Frankfurt; Arbeitsschwerpunkte: Historische Bildungsforschung, Wissenschaftsgeschichte, Historische Jugendforschung.

du Bois-Reymond, Manuela, geb. 1940, em. Professorin für Pädagogik/Jugendstudien an der Universität Leiden, Niederlande; Arbeitsschwerpunkte: vergleichende Übergangsforschung, Eltern-Kind Beziehungen, europäische Jugendpolitik.

Ecarius, Jutta, geb. 1959, Dr. phil. habil., Professorin für Erziehungswissenschaft an der Universität Gießen; Arbeitsschwerpunkte: Biographieforschung, Kindheits-, Jugend- und Frauenforschung, Lern- und Bildungsforschung, Generationenforschung.

Egloff, Birte, geb. 1969, Dr. phil., wissenschaftliche Mitarbeiterin im Dekanat des Fachbereichs Erziehungswissenschaften an der Universität Frankfurt am Main; Arbeitsschwerpunkte: Erwachsenenbildung, qualitative Forschungsmethoden, Hochschulforschung.

Engelbert, Angelika, geb. 1955, Dr. rer. soc., Privatschuldozentin an der Universität Bielefeld; Leiterin des Informations- und Qualifizierungszentrums für Kommunen an der Ruhr-Universität Bochum. Arbeitsschwerpunkte: Familiensoziologie, Soziologie der Kindheit, Soziologie der Sozialpolitik.

Erdheim, Mario, geb. 1940, Dr. phil., Privatdozent an der Universität Frankfurt; Arbeitsschwerpunkte: Adoleszenztheorie, Psychoanalyse und Sozialwissenschaften.

Feige, Andreas, geb. 1942, Dr. disc. pol. et phil. habil., Dr. theol. h.c., em. Professor für Soziologie an der Technischen Universität Braunschweig; Arbeitsschwerpunkte: Religions- und Kirchensoziologie, Jugendsoziologie, Massenmedien, (religions-)pädagogische Berufsforschung.

Flammer, August, geb. 1938, Dr. phil. habil., Professor für Entwicklungspsychologie an der Universität Bern, Schweiz; Arbeitsschwerpunkte: Entwicklungstheorie, Entwicklung des kompetenten Selbst, Adoleszenz, interkulturelle Studien.

Friebertshäuser, Barbara, geb. 1957, Dr. phil. habil., Professorin für Allgemeine Erziehungswissenschaft an der Universität Frankfurt; Arbeitsschwerpunkte: Qualitative Forschungsmethoden, ethnographische Feldforschung und Kulturanalysen, Geschlechterforschung, Jugendforschung, Hochschulsozialisationsforschung, Statuspassagen im menschlichen Lebenslauf.

Fuhs, Burkhard, geb. 1956, Dr. phil. habil., Professor für Grundschulpädagogik und Kindheitsforschung an der Universität Erfurt; Arbeitsschwerpunkte: Kindheits- und Jugendforschung, Modernisierungsforschung.

Geulen, Dieter, geb. 1938, Dr. phil., em. Professor für Allgemeine Erziehungswissenschaft an der Freien Universität Berlin; Arbeitsschwerpunkte: Sozialisationstheorie, Geschichte der Sozialisationsforschung, Theorie des sozialen Handelns, Kindheits-, DDR-Forschung.

Grunert, Cathleen, geb. 1972, Dr. phil., wissenschaftliche Mitarbeiterin an der Universität Halle; Arbeitsschwerpunkte: Kindheits- und Jugendforschung, Hochschulforschung, erziehungs- und sozialwissenschaftliche Forschungsmethoden.

Hagemann-White, Carol, geb. 1942, Dr. phil. habil., em. Professorin für Allgemeine Pädagogik und Frauenforschung an der Universität Osnabrück; Arbeitsschwerpunkte: Sozialisation und Konstruktion von Geschlecht; Gewalt im Geschlechterverhältnis, Frauengesundheit, Geschlechtergerechtigkeit.

Harring, Marius, geb. 1977, Dipl.-Päd., wissenschaftlicher Mitarbeiter im Arbeitsgebiet Medienpädagogik, Forschungsmethoden und Jugendforschung an der Fakultät für Erziehungswissenschaft der Universität Bielefeld; Arbeitsschwerpunkte: Sozialisations- und Bildungsforschung: Jugend-, Migrations-, Freizeitforschung.

Heinz, Walter R., geb. 1939, Dr. phil., Professor em. für Soziologie, Sozial- und Arbeitspsychologie an der Universität Bremen; Arbeitsschwerpunkte: Sozialisation, Bildung und Arbeit, Lebenslaufforschung.

Heinzel, Friederike, geb. 1962, Dr. phil. habil., Professorin für Grundschulpädagogik an der Universität Kassel; Arbeitsschwerpunkte: Grundschulforschung, Sozialisationsforschung, Kindheitsforschung, Geschlechterforschung, Qualitative Methoden.

Helfrich, Hede, geb. 1950, Dr. phil. habil., Professorin für Psychologie an der Universität Hildesheim; Arbeitsschwerpunkte: Kulturvergleichende Psychologie, Kognitionspsychologie, Sozialpsychologie.

Helmke, Andreas, geb. 1945, Dr. rer. soc., Professor für Entwicklungspsychologie an der Universität Koblenz-Landau; Arbeitsschwerpunkte: Lehr-Lern-Forschung, Unterrichtsqualität, Bedingungsfaktoren schulischer Leistungen, Schulische Sozialisation, Kulturvergleich.

Helsper, Werner, geb. 1953, Dr. phil. habil., Professor für Schulforschung und Allgemeine Didaktik an der Universität Halle; Arbeitsschwerpunkte: Schul- und Jugendforschung, Professionstheorie und professionelles Lehrerhandeln, hermeneutisch-rekonstruktive Methoden.

Herlth, Alois, geb. 1946, Dr. rer.soc., wissenschaftlicher Mitarbeiter an der Fakultät für Gesundheitswissenschaften der Universität Bielefeld; Arbeitsschwerpunkte: Familienforschung, Sozialisationsforschung, Gesundheitsförderung.

Hesse, Hermann-Günter, geb. 1942, Dr. phil., wissenschaftlicher Mitarbeiter am Deutschen Institut für Internationale Pädagogische Forschung in Frankfurt am Main; Arbeitsschwerpunkte: Psychologische Akkulturationsforschung, interkulturelle Kompetenz, international vergleichende Lehr-Lern-Forschung, internationale Bildungsevaluation.

Honig, Michael-Sebastian, geb. 1950, Dr. rer. soc. habil., Professor für Social Work an der Université du Luxembourg; Arbeitsschwerpunkte: Kindheitsforschung, Theorie und Ethnographie pädagogischer Felder sowie die Instituetik von Betreuung, Erziehung und Bildung in früher Kindheit.

Krüger, Heinz-Hermann, geb. 1947, Dr. phil. habil., Professor für Allgemeine Erziehungswissenschaft an der Universität Halle; Arbeitsschwerpunkte: Bildungs- und Schulforschung, Kindheits- und Jugendforschung, Theorien und Methoden der Erziehungswissenschaft.

Lenz, Karl, geb. 1955, Dr. phil., Professor für Mikrosoziologie an der Technischen Universität Dresden; Arbeitsschwerpunkte: Soziologie persönlicher Beziehungen, Kinder- und Jugendforschung, Soziale Probleme, Soziologie der Geschlechter, Qualitative Sozialforschung.

Melzer, Wolfgang, geb. 1948, Dr. phil. habil., Professor für Schulpädagogik: Schulforschung an der Technischen Universität Dresden; Arbeitsschwerpunkte: Empirische Schulforschung, Schulevaluation und Schulentwicklung, Gewaltforschung, Kindheits- und Jugendforschung.

Merkens, Hans, geb. 1937, Dr. phil habil., em. Professor für empirische Erziehungswissenschaft an der Freien Universität Berlin; Arbeitsschwerpunkte: empirische Forschung im Bereich Jugendforschung und interkulturelles Lernen, Unternehmenskultur und Sozialisation, Forschungsmethoden und Methodologie der Erziehungswissenschaft.

Mierendorff, Johanna, geb. 1966, Dr. phil., Vertretungsprofessur für Pädagogik unter besonderer Berücksichtigung von Theorie, Geschichte und Methoden der Sozialpädagogik an der Universität Trier; Arbeitsschwerpunkte: Soziologische Kindheitsforschung, Armutsforschung, Kinder- und Jugendhilfeforschung.

Müller, Burkhard, geb. 1939, Dr. theol. habil., em. Professor für Sozialpädagogik an der Universität Hildesheim; Arbeitsschwerpunkte: Jugendhilfe, Jugendarbeit, Psychoanalytische Sozialpädagogik, Theorie und Methodik professionellen sozialpädagogischen Handelns, interkulturelle Lernprozesse.

Neubauer, Georg, geb. 1950, Dr. phil. habil., Professor für Erziehungswissenschaft an der Fachhochschule Jena; Arbeitsschwerpunkte: Kindheits- und Jugendforschung, Sexualpädagogik, Gesundheitsförderung, Kindheitspolitik.

Olk, Thomas, geb. 1951, Dr. phil. habil., Professor für Sozialpädagogik und Sozialpolitik an der Universität Halle; Arbeitsschwerpunkte: Professionalisierung helfender Berufe, Dritte-Sektor- und Wohlfahrtsverbändeforschung, Kindheits- und Jugendforschung, Armutsforschung, Jugendhilfeforschung, Sozialpolitikforschung.

Palentien, Christian, geb. 1969, Dr. phil. habil., Professor für das Arbeitsgebiet Bildung und Sozialisation am Fachbereich Erziehungs- und Bildungswissenschaften der Universität Bremen; Arbeitsschwerpunkte: Sozialisations- und Bildungsforschung: Kindheits-, Jugend-, Armutsforschung.

Pfaff, Nicolle, geb. 1975, Dr. phil., Juniorprofessorin für empirische Schulforschung mit den Schwerpunkten Migration und Integration an der Universität Göttingen; Arbeitsschwerpunkte: internationale Kindheits- und Jugendforschung, Ungleichheitsforschung, erziehungs- und sozialwissenschaftliche Forschungsmethoden.

Reinhardt, Sibylle, geb. 1941, Dr. phil. habil., em. Professorin für Didaktik der Sozialkunde an der Universität Halle; Arbeitsschwerpunkte: Fachdidaktik Sozialkunde, Werte und Politiklernen, Jugend in der Demokratie.

Renner, Erich, geb. 1936, Dr. phil. habil., em. Professor für Grundschulpädagogik und Kindheitsforschung an der Universität Erfurt; Arbeitsschwerpunkte: Biographieforschung, interkulturelle Kindheitsforschung, Ethnographie.

Schäfer, Alfred, geb. 1951, Dr. phil. habil., Professor für Systematische Erziehungswissenschaft an der Universität Halle; Arbeitsschwerpunkte: Konstitutionsprobleme von Erziehungs- und Bildungstheorien, Subjektivierungsformen in anderen Kulturen.

Schleiffer, Roland, geb. 1947, Dr. med. habil., Professor für Psychiatrie und Psychotherapie in der Heilpädagogik an der Universität Köln; Arbeitsschwerpunkte: Entwicklungspsychopathologie, Bindungsforschung, Autismus, Heimerziehung.

Schwab, Ulrich, geb. 1957, Dr. theol., Professor für Praktische Theologie mit dem Schwerpunkt Religionspädagogik an der Universität München; Arbeitsschwerpunkte: Religionspädagogik in der Moderne, Gruppendynamik in religionspädagogischen Handlungsfeldern, Jugendforschung.

Sünker, Heinz, geb. 1948, Dr. phil., Professor für Sozialpädagogik an der Bergischen Universität Wuppertal; Arbeitsschwerpunkte: Gesellschaftstheorie, Theorie und Geschichte Sozialer Arbeit, Bildungstheorie, Kindheitsforschung.

Swiderek, Thomas, geb. 1960, Dr. phil. an der Bergischen Universität Wuppertal; Arbeitsschwerpunkte: Jugend und Kindheit, Kinderpolitik und Partizipation von Kindern.

Thole, Werner, geb. 1955, Dr. phil. habil., Professor für Jugend und Erwachsenenbildung an der Universität Kassel, Institut für Sozialpädagogik und Soziologie der Lebensalter; Arbeitsschwerpunkte: Theoretische, professionsbezogene und disziplinäre Fragen der Sozialpädagogik, Theorie und Praxis der Kinder- und Jugendhilfe, insbesondere der außerschulischen Kinder- und Jugendarbeit, Kinder- und Jugendforschung.

Tietze, Wolfgang, geb. 1945, Dr. phil., Professor für Erziehungswissenschaft mit dem Schwerpunkt Kleinkindpädagogik an der Freien Universität Berlin; Arbeitsschwerpunkte: Pädagogische Qualitätsforschung, internationaler Vergleich.

Tippelt, Rudolf, geb. 1951, Dr. phil., Professor für Allgemeine Pädagogik und Bildungsforschung an der Universität München; Arbeitsschwerpunkte: Bildungsforschung, Jugendforschung, Weiterbildung, Allgemeine Pädagogik.

Walper, Sabine, geb. 1956, Dr. phil. habil., Professorin für Jugendforschung an der Universität München; Arbeitsschwerpunkte: Jugend- und Familienforschung, Armutsforschung, Scheidungsforschung.

Stichwortregister

A
Adoleszenz 44, 56, 57, 65, 68, 77, 162, 175, 187, 419, 938
Adoleszenzprozesse, weibliche 78
Adoleszenz und Kultur 72
Adoleszenz und Rechtsextremismus 79
Aggression 297
AIDS 997
Akkommodation 48
Akteurstheorien 383
Alleinerziehende 425
Alphabetisierung 505
Alltagssituation 389
Altersklassen 177, 194
Altersordnung 337, 346
Altersschichtung 127
Anlage 284
Anomie 851
Ansatz, emischer 275
Ansatz, etischer 275
Ansatz, konstruktivistischer 23
Ansatz, modernisierungstheoretischer 24
Ansatz, sozialökologischer 19, 109
Ansatz, strukturell-funktionaler 15
Anstalt 1021
Anstrengungsbereitschaft 495
Anthropologie, historische 313, 314
Antisemitismus 391
Äquivalenz, materiale 279
Äquivalenz, funktionale 279
Arbeitslosigkeit 425, 661, 667, 673
Arbeitsmarkt 661
Arbeitsorientierung 257, 674
Armut 425, 431
Armutsforschung 118
Assimilation 48
Auswertungsverfahren 262
Autobiographieforschung 317, 322, 323, 326
Autoritarismus 811

B
Basispersönlichkeit 182
Befragungen, schriftliche 209
Belastungen, schulische 634
Beobachtung, teilnehmende 261
Beobachtungsdaten 209
Berichterstattung, sozialwissenschaftliche 205
Berufsbildung 667
Berufsbiographie 257
Berufsforschung 698
Betreuung, institutionelle 550
Betreuungsmarkt 550, 551
Bewusstsein, moralisches 96
Bevölkerungsumfrage 422
Bildinterpretation 325
Bildung, politische 789, 813
Bildungsbeteiligung 426, 428
Bildungsbenachteiligung, geschlechtsspezifische 625
Bildungsbenachteiligung, soziale 628
Bildungsexpansion 623
Bildungsmoratorium 126, 140, 381, 388, 623
Bildungsprozesse 345
Bildungsprozesse, politische 824
Bildungsreform 691
Bildungsungleichheit 426, 629
Bindungstheorie 69
Bildungssystem 426
Biographieforschung 312, 318, 321, 322, 323
Biographisierung 339, 345, 351
Bologna-Prozess 694

C
Chancengleichheit 689
child rearing practices 463, 465
Clusteranalyse 216

D
Dekonstruktion 165, 166
Differenzierung, funktionale 1020
Diskontinuitäten, berufliche 664
Diskriminierung, institutionelle 948
doing gender 164, 627
Dokumentenanalysen 209
Drogenkonsum 432, 1005, 1008

E
Edutainment 713
Einheit der Jugendhilfe 770
Einwanderergruppen 428
Eltern-Kind-Verhältnis 533
Entwicklung, moralische 846
Entwicklung, sozial-kognitive 96
Entwicklungs- und Erziehungsparadigma 128
Entwicklungsaufgaben 1006
Entwicklungsphasen 44
Entwicklungspsychologie 13
Entwicklungstheorie, dialektische 46
Entwicklungstheorie, ökologische 45
Erbanlagen 87
Erosion von Kindheit 134
Erwerbsbiographie 663, 671
Erziehung 88
Erziehung, informelle 452
Erziehung, multikulturelle 944
Erziehungshilfen, integrierte 773
Erziehungskindheit 341, 344

Erziehungsstil 110, 253, 385
Erwerbstätigkeit 696
Ethnizität 942
Ethnographie 261
Ethnozentrismus 258
Exosystem 106

F

Fallstudie, historische 326
Familialisierung 133
Familie 382
Familie, bürgerliche 521, 525
Familienerziehung 109, 519
Familienform 569, 424, 569
Familienstrukturen 111
Familienkindheit 132, 409, 519, 520, 531
Familie und Kultur 76
Fertigkeitsentwicklung 45
Firmung 912
Frauenstudium 688
Freie Deutschen Jugend 364
Freizeit 503
Freizeitaktivitäten 716
Freizeitpraxen von Jugendlichen 737

G

Geburtenrückgang 342, 343
gender 153
Generation 383, 407
Generation, skeptische 365
Generation, zweite 935
Generationenbeziehungen 344
Generationenkonflikt 581, 582
Geschlechterverhältnis 155, 169
Geschlechtsidentität 156, 161
Gesundheit 449
Gesundheitsförderung 1013
Gewalt 78, 957
Gewalt, familiale 958
Gewalt, personelle 957
Gewalt, physische 959, 960, 962
Gewalt, psychische 959, 965
Gewalt, schulische 641
Gewalt, strukturelle 957
Gewaltforschung, schulische 641, 969
Gewalt in der Schule 969
Glaube 921
Gleichaltrigengruppen 111, 128, 728, 749
Grundschule, generationenvermittelnde 612
Grundschulforschung, empirische 605
Gruppendiskussion 260

H

Heilpädagogik 1023
Heimerziehung 773, 1024
Hierarchisch-lineares Modell 225
Hitler-Jugend 368

Hochschulforschung 698
Hochschulsozialisation 698
Humanökologie 105

I

Identität 188
Identitätsentwicklung 57
Individualisierung 157, 168, 580, 732, 756, 876
Individualisierungsanspruch 612
Individualisierungstheorem 26
Informalisierung 532
Initiationen 469
Institutionalisierung von Kindheit 336, 339, 344, 350
Institutionalisierung des Lebenslaufs 339, 351
Integration ausländischer Kinder 946
Intelligenz 94, 294
Interaktion, familiale 573, 578, 583
Interaktionsmodelle 187
Interview, narratives 259
Interview, problemzentriertes 259
Inzestverbot 77

J

Jugend als Lernjugend 584
Jugend, Begriff der 361
Jugend, studentische 683
Jugendalter 360, 362, 363
Jugendamt 765
Jugendarbeit 769, 773
Jugendarbeitslosigkeit 429
Jugendberichterstattung 207
Jugendbewegung 364, 369
Jugendbilder 359, 361, 364
Jugendbiographie 256
Jugendforschung, europäische 405
Jugendforschung, historische 309
Jugendforschung, historisch-materialistische 16
Jugendforschung, ökologische 224, 226, 237
Jugendforschung, pädagogische 17
Jugendforschung, kulturvergleichende 33
Jugendforschung in der DDR 27
Jugendfürsorge 768, 771
Jugendhilfe 207, 765
Jugendkriminalität 502
Jugendkultur 215, 434, 729, 752
Jugendmythos 364, 369
Jugendpflege 366, 768, 771
Jugendpolitik, europäische 408
Jugendsexualität 432, 992
Jugendstrafanstalt 1034
Jugendsurvey 422
Jugendtheorien, sozialwissenschaftliche 730
Jüngling 362

K

Kind als Akteur 604
Kind und Kultur 185

Stichwortregister

Kinder als Marktteilnehmer 344
Kinder als sozialstrukturelle Bevölkerungsgruppe 23
Kinderalltag 254
Kinderarbeit 504
Kinderbetreuung, frühkindliche 193
Kinderbiographien 253
Kinder- und Jugendarbeit 907, 908, 913
Kinder- und Jugendpsychiatrie 1020, 1029
Kindergarten 545, 546, 547, 548, 552, 557, 773
Kindergesellschaften 177
Kinderhilfe 207
Kinderinteressen 795
Kinderkrippe 546
Kinderkultur 345, 711
Kinderpartizipation 412
Kinderpolitik 791, 793, 794, 795, 798, 800
Kinderprostitution 506
Kinderrechte 789, 791, 793, 795, 798
Kinderschule 595
Kindersexualität 992
Kinderwohlfahrtspolitik 340, 344
Kindeswohl 531, 533
Kindgemäßheit 595, 600, 612
Kindheit, die Entdeckung 524
Kindheit, frühe 65, 77, 288
Kindheit als Generationenverhältnis 141
Kindheit als soziales Konstrukt 141
Kindheit als Sozialform 341
Kindheitsforschung, europäische 409
Kindheitsforschung, erziehungswissenschaftliche 30
Kindheitsforschung, historische 309
Kindheitsforschung, kulturvergleichende 33
Kindheitsforschung, neue 115, 117
Kindheitsforschung in der DDR 25
Kindheitsideal 336, 341, 346
Kindorientierung 533
Kindzentrierung 521
Kirchen 907, 908, 909, 911, 913, 914, 915
Kirchengemeinde 908, 912, 913
Kirchenmitgliedschaftsuntersuchung 919
Kirchentag 919
KJHG 1023
Koedukation 156
Kohortenanalysen 319, 326
Kohorten-Sequenz-Analyse 223
Kompetenzentwicklung 663
Konfirmation 912
Konfuzianismus 483
Konstruktion von Geschlecht 165
Konstruktivismus 167
Kontexte, sozialökologische 109, 119
Kontexte, sozialräumliche 114
Kontextuierung 103
Kontrolle, soziale 861
Konzeptionen, medientheoretische 734
Krieg 78
Kriminalität 835

Kultur 275, 276
Kulturdeterminismus 181
Kulturmuster 182
Kulturvergleich 182
Kulturvermittlung 186

L

Labeling-Ansatz 861
Längsschnittstudie 28, 210, 217, 224
Lebenslauf 45, 576, 661
Lebenslaufforschung 312, 317
Lebenswelten, jugendliche 741
Lebensweltorientierung 427
Leistungsvergleichsstudie 492
Lernen 286
Lernen, informelles 713
Lernen, lebenslanges 406, 409
Lernkindheit 132
Lernmilieus, schulische 632

M

Makrosystem 106
Mediatisierung 715
Medienkindheit 714
Mediennutzung 434, 720
Medienwelt 732, 749
Mehrebenen-Analysen 225
Mesosystem 106
Messungen, physiologische 209
Messungen, neurologische 209
Methoden, biographische 22
Methoden, ethnographische 22
Migration 78, 938
Migrationsbewegungen 79
Mikrosystem 106
Milieuansatz 118
Minderheiten, ethnische 430
Minderheiten, sexuelle 430, 431
Missbrauch, sexueller 959, 964, 966, 967, 998
Modernisierungstheorie 381
Moralisierungskonflikte 340, 345
Moratorium 345, 350
Mündigkeit 338

N

Nachträglichkeit 70
Neue religiöse Bewegungen (NRB) 925
New Age 925
non-formal education 406

O

Obdachlose 426
Ökologie 103
Ökologie der Familie 110
Ökologie der menschlichen Entwicklung 105
Okkultismus 925
Okkultpraktiken 926

oral history 312, 318, 321
Ordnung, generationale 337
Ordnung, symbolische 158
Orientierungen, rechtsnationale 753

P
Pädagogik
Pädagogik der Befreiung 453
Pädagogik der Unverfügbarkeit 468
Pädagogik vom Kinde aus 596
Pädagogik, indigene 198
Pädagogik, interkulturelle 944
Pädagogisierung 526
Panoramastudien 17, 213
Partizipation 406, 409, 639, 790, 791, 794, 796, 797, 798, 800
Partizipation, politische 436
Patchwork-Identität 755
Peers 867
Peergruppe 111
Peerkultur 643
Perspektive von Kindern 115, 116, 117, 604
Perspektivenübernahme 97
Perspektive, sozialökologische 104
Pfadanalyse 233
Politik-Interesse 818
Pornographie 999, 1000
Postmoderne 26
Praxis, kinderkulturelle 253, 716
Problembewältigung 1006
Psychoanalyse 90
Psychologie, ökologische 104
Pubertät 994

Q
Qualifikationsparadox 136
Qualität, pädagogische 553, 555, 556, 557
Qualitätsentwicklung 777
Quer-Sequenz-Analyse 223
Querschnittstudie 211, 224

R
Raumbezug 112
Recht auf Erziehung 140
Rechtsextremismus 388, 391
Reifung 286
Reifungs- und Stufenmodelle 600, 601
Regionalstudien, historische 322, 326
Reliabilität 229
Religion 435, 917
Religionsstile 923
Religionsunterricht 919
Religiosität 908, 912, 914, 918
Replikationsstudien 31, 218, 237, 320, 326
Repräsentativität 229
Respekt 467, 468
Retrospektivbefragung 320

S
Scham 458, 468
Schlüsselkompetenz, soziale 535
Scholarisierung von Kindheit 139
Schule in Afrika 459
Schulfreude 637
Schulgewaltforschung 957
Schulkindheit 523, 524, 527
Schulkultur 645
Schulleistung 427, 631
Schulpflicht 341, 427
Sekten 925
Selbstsozialisation 155, 452, 749, 755
Selbstzeugnisse 262
Sexualerziehung 996
Sexualität 450, 987
Social Relations Model 225
Sozialberichterstattung 116, 117, 118
Sozialforschung, empirische 208
Sozialisation 85, 86
Sozialisation, berufliche 662
Sozialisation, politische 807, 808
Sozialisationsforschung 18
Sozialisationsforschung, empirische 86, 98
Sozialisationsforschung, ökologische 99, 116
Sozialisationsforschung, sozialökologische 99, 108
Sozialisationsforschung, schichtenspezifische 87, 98
Sozialisationstyp, neuer 74
Sozialraum 115
Sozialstruktur 831
Soziologie der Kindheit 24
Soziotop 108
Spiel 177
Spielgruppen 187
Sprache 96
Spracherwerb 293
Statistik, amtliche 220, 237
Status-Rollen-Konfiguration 129
Stichprobenziehung 229
Straßenkinder 447, 448, 451
Straßenkindheit 716
Studium generale 685
Substanzen, psychoaktive 1005, 1009
Subversion 461
Suchtprävention 1013
Survey-Studien 230
Synkretismus 927

T
Tagespflege 552, 555
Taufe 907
Teenager-Schwangerschaften 425
Terminkindheit 717
Tests 209
Testzeit-Sequenz-Analyse 223
Theorien, phänomenologische 17
Theorien, symbolisch-interaktionistische 17

TIMSS 295, 493
Tradition und Moderne 457
Transformation 382, 386
Transition 379
Transzendenz 917
Triangulation 32, 263

U
Über-Ich 93
Übergangsforschung 402, 405, 406
Übergangspfad 665, 678
Umfrage 210
Umwelt 86, 109, 114, 284
Umwelt, räumlich-dinghafte 112, 115
Umwelteinflüsse 103
Umweltpsychologie 105
Ungleichheit, soziale 108, 431, 449, 451, 535, 722, 732, 740
Ungleichheit, sozioökonomische 810, 824
Unterschiede, geschlechtsspezifische 744
Urteil, moralisches 45, 52

V
Validität 229
Vaterbetreuung 551
Vereinskindheit 717
Verhäuslichung 113, 522, 534
Verhalten, abweichendes 640
Verinselung 113, 137
Vernachlässigung 965, 959
Verschulung von Kindheit 134
Verschwinden der Jugend 135
Vertrauen in Institutionen 820

W
Wandel, sozialer 379, 386
Weltanschauungstypen 923
Wertewandel 674
Wohnquartier 107, 108

Z
Zeitreihen 221, 319
Zeitwandelstudien 211
Zweigeschlechtlichkeit 164, 170

Grundlagen Erziehungswissenschaft

Isabell van Ackeren / Klaus Klemm
Entstehung, Struktur und Steuerung des deutschen Schulsystems
Eine Einführung
2009. 199 S. Br. EUR 16,90
ISBN 978-3-531-16469-4

Ben Bachmair
Medienwissen für Pädagogen
Medienbildung in riskanten Erlebniswelten
2009. 375 S. Br. EUR 24,90
ISBN 978-3-531-16305-5

Helmut Fend
Entwicklungspsychologie des Jugendalters
Ein Lehrbuch für pädagogische und psychologische Berufe
3., durchges. Aufl. 2003. 520 S. Br. EUR 24,90
ISBN 978-3-8100-3904-0

Detlef Garz
Sozialpsychologische Entwicklungstheorien
Von Mead, Piaget und Kohlberg bis zur Gegenwart
4. Aufl. 2008. 189 S. Br. EUR 22,90
ISBN 978-3-531-16321-5

Erhältlich im Buchhandel oder beim Verlag.
Änderungen vorbehalten. Stand: Juli 2009.

Jürgen Raithel / Bernd Dollinger / Georg Hörmann
Einführung Pädagogik
Begriffe – Strömungen – Klassiker – Fachrichtungen
3., durchges. Aufl. 2009. 357 S. Br. EUR 16,90
ISBN 978-3-531-16320-8

Christiane Schiersmann
Berufliche Weiterbildung
2007. 272 S. Br. EUR 19,90
ISBN 978-3-8100-3891-3

Bernhard Schlag
Lern- und Leistungsmotivation
3. Aufl. 2009. 173 S. Br. EUR 19,90
ISBN 978-3-531-16511-0

Agi Schründer-Lenzen
Schriftspracherwerb und Unterricht
Bausteine professionellen Handlungswissens
3. Aufl. 2008. 252 S. Br. EUR 19,90
ISBN 978-3-531-16168-6

Peter Zimmermann
Grundwissen Sozialisation
Einführung zur Sozialisation im Kindes- und Jugendalter
3., überarb. u. erw. Aufl. 2006. 232 S. Br. EUR 18,90
ISBN 978-3-531-15151-9

www.vs-verlag.de

VS VERLAG FÜR SOZIALWISSENSCHAFTEN

Abraham-Lincoln-Straße 46
65189 Wiesbaden
Tel. 0611.7878-722
Fax 0611.7878-400

Soziale Passagen –
Journal für Empirie und Theorie Sozialer Arbeit

Soziale Passagen

- sind ein interaktives Projekt, das sich den durch gesellschaftliche Veränderungen provozierten Herausforderungen stellt und sich dezidiert als wissenschaftliche Publikationsplattform zu Fragen der Sozialen Arbeit verstehen.
- stehen für eine deutlich konturierte empirische Fundierung und die ‚Entdeckung' der Hochschulen, Forschungsprojekte und Forschungsinstitute als Praxisorte. Sie bieten einen diskursiven Raum für interdisziplinäre Debatten und sind ein Forum für empirisch fundierte und theoretisch elaborierte Reflexionen.
- enthalten in jeder Ausgabe einen Thementeil und ein Forum für einzelne Beiträge. Einen weiteren Schwerpunkt bilden Kurzberichte aus laufenden Forschungsprojekten. Die inhaltliche Qualität ist über ein peer-review-Verfahren gesichert.
- richten sich an Mitarbeiterinnen, Mitarbeiter und Studierende an Universitäten, Fachhochschulen und Instituten sowie an wissenschaftlich orientierte Leitungs- und Fachkräfte in der sozialpädagogischen Praxis.

1. Jahrgang 2009 – 2 Hefte jährlich

www.sozialepassagen.de

Abonnieren Sie gleich!
vs@abo-service.info
Tel: 0611. 7878151 · Fax: 0611. 7878423

Erhältlich im Buchhandel oder beim Verlag.
Änderungen vorbehalten. Stand: Juli 2009.

VS-JOURNALS.DE

Abraham-Lincoln-Straße 46
65189 Wiesbaden
Tel. 0611. 7878 - 722
Fax 0611. 7878 - 400